Hans E. Büschgen

Das kleine
Börsen-Lexikon

Hans E. Büschgen

DAS KLEINE BÖRSEN-LEXIKON

20. aktualisierte Auflage

VERLAG WIRTSCHAFT UND FINANZEN GMBH
EIN UNTERNEHMEN DER
VERLAGSGRUPPE HANDELSBLATT DÜSSELDORF

1. Auflage 1954
20. Auflage 1994

ISBN 3-87881-089-X

Umschlag u. Titelei: Thomas Brink, Viersen.

Gesamtherstellung: Lengericher Handelsdruckerei,
Jürgen Bossemeyer GmbH + Co KG, 49525 Lengerich/Westf.

Vorwort zur 20. Auflage

Es ist schon Tradition geworden, im Vorwort zum „kleinen Börsen-Lexikon“ auf die außerordentliche Dynamik der Finanzmärkte hinzuweisen, um daran anschließend einige spezielle, die jeweilige Neuauflage in besonderer Weise prägende Entwicklungen zu skizzieren. So waren einerseits für die nun vorliegende 20. Auflage instrumentelle Innovationen – z. B. im facettenreichen Bereich der Optionsscheine mit seinem schillernden begrifflichen Umfeld und in Form neuer Kontrakte der Deutschen Terminbörse – aufzunehmen; andererseits galt es, sehr wesentlichen Veränderungen im legislativen und im institutionellen Bereich Rechnung zu tragen. In diesem Zusammenhang spielen die Neuordnung des Deutschen Börsenwesens – die Schaffung der Deutsche Börse AG – und die Einführung der Kapitalertragsteuer für Zinseinkünfte – die „Zinsabschlagsteuer“ – eine besondere Rolle. Weiterhin prägend für den Finanzplatz Deutschland sind das erste und das zweite Finanzmarktförderungsgesetz mit einer Fülle von Neuregelungen.
Das zweite Finanzmarktförderungsgesetz lag zum Bearbeitungszeitpunkt indessen nur als Entwurf vor, erschien aber so wichtig, in seinen Grundzügen bereits jetzt – neben den zunächst weiter gültigen „alten“ Vorschriften – eingearbeitet zu werden.
Meinen Mitarbeitern, den Herren Dr. Henning Klöppelt und Dipl.-Kfm. Christoph Börner, danke ich für ihre Arbeiten zu dieser Neuauflage sehr herzlich.

Köln 1994 — Hans E. Büschgen

Aus dem Vorwort zur 19. Auflage

Die Vereinigung Deutschlands, der Start der Deutschen Terminbörse (DTB) und die damit verbundene Wiederaufnahme des Terminhandels in Deutschland, zahlreiche Gesetzesnovellierungen sowie die fortschreitende Technisierung im Börsenbereich u. v. a. m. erforderten neben einer umfangreichen Aktualisierung auch eine Erweiterung des „kleinen Börsen-Lexikons“.

Köln 1991 — Hans E. Büschgen

Aus dem Vorwort zur 17. Auflage

Die 17. Auflage des „kleinen Börsen-Lexikons“ ist eine grundlegend überarbeitete Fassung des Nachschlagewerkes. Die weitgehende Überarbeitung erklärt sich einmal aus der großen Schnellebigkeit des Gebietes, das das „kleine Börsen-Lexikon“ möglichst präzise und umfassend abdecken soll. Zum anderen zeigt praktisches Arbeiten mit dem Buch – sei es durch Praktiker des täglichen Geschäfts, durch betriebs- und volkswirtschaftliche Abteilungen von Unternehmen und Banken, sei es in der Ausbildung im Betrieb und an Fortbildungseinrichtungen –, daß sich immer wieder Begriffe, Zusammenhänge und Fragestellungen ergeben, die man im „kleinen Börsen-Lexikon“ ebenfalls oder weitergehend erläutert finden möchte.

Köln 1987 Hans E. Büschgen

Aus dem Vorwort zur 15. Auflage

Aus dem Verständnis heraus, daß von einer Darstellung zur „Börse“ wesentlich mehr zu erwarten ist und erwartet wird als Beschreibungen von Börsentechnik, Aktienrecht u. dgl., ist die vorliegende Neuauflage um den Kern und Schwerpunkt „Börsen- und Aktienwesen“ herum zu einem Handbuch für zahlreiche Fragen und Gebiete eines umfassenden Vermögens- und Kapitalanlage-Managements erweitert und vertieft worden. Der rationale Kapitalanleger muß sich heute – neben seinem eigentlichen „Zielgebiet“: der Börse und der Wertpapieranlage – mit einer Vielzahl alternativer Anlageobjekte und -wege auf inländischen, ausländischen und internationalen Märkten auseinandersetzen. Die Anlagepolitik und der anlagestrategische Möglichkeitsbereich des Kapitalanlegers ebenso wie das Umfeld des Börsen- und Wertpapierinteressenten im engeren Sinne unterliegen heute einer Vielzahl von externen Einflüssen und Bedingungen, die es zu kennen und einzuschätzen gilt (so sind – nur als Beispiel – steuerliche Fragen in erheblichem Maße behandelt), möglichst durch schnell verfügbare und präzise Information.
Diese und entsprechende weitere Zielvorstellungen hat sich die Neubearbeitung des „kleinen Börsen-Lexikons“ zu eigen gemacht. Ihre Vorgabe hat bewirkt, daß es sich sowohl für den Börsen- und Wertpapier-„Profi“ als auch für den „normalen“ Kapitalanleger, für den „newcomer“ und allgemein für

den wirtschaftlich Interessierten, den die Wirtschaftspresse heutzutage mit einer großen Fülle finanztechnischer Begriffe überschüttet, als umfassende Informationsquelle darzubieten sucht. Aber auch die Sicht der Unternehmen – vor allem Finanzierungs-, aktienrechtliche und andere wichtige gesellschaftsrechtliche Fragen – finden ausreichende Berücksichtigung.
Neben den damit angesprochenen Zielgruppen des „kleinen Börsen-Lexikons" soll dieses aber auch dem Lern- und Kenntnisbedürfnis des Nachwuchses in Banken und Unternehmen sowie Studierenden und anderen Auszubildenden entsprechende Dienste leisten und zur vertiefenden Lektüre Anlaß geben. Bewußt wird zugunsten der Grundlagendarstellung und längerfristigen Relevanz darauf verzichtet, tagesaktuelle Tatbestände auszubreiten. Jedoch sind, um dem Leser das Hin- und Herblättern durch viele Querverweise zu ersparen, zu besonders wesentlich erscheinenden Gebieten einander entsprechende Darstellungen unter verschiedenen Stichwörtern gebracht.
Dem Benutzer des „kleinen Börsen-Lexikons" seien darüber hinaus noch folgende Hinweise gegeben: Mit Verweisungspfeilen wurde recht sparsam gearbeitet; sie finden sich im wesentlichen dort, wo dem Leser ein weiteres Stichwort ausdrücklich zur Lektüre empfohlen wird, ferner als Verweis von einem auf ein anderes Stichwort, worunter ersteres behandelt ist. Innerhalb der Stichworttexte wurde im Interesse flüssigerer Lesbarkeit weitestgehend von Verweisen beim Auftreten von im Lexikon auch behandelten Begriffen abgesehen; die gegenüber der Vorauflage sehr starke Vermehrung der Stichwörter bewirkt zugleich, daß zu in einem Stichwortartikel auftauchenden wesentlichen Sachbegriffen die entsprechende Erläuterung unter diesem betreffenden Sachwort existiert. Soweit im Text aus Platzgründen mit Abkürzungen gearbeitet wird, sind diese – wenn es sich nicht um selbstverständliche, formale, sondern materielle (z. B. AktG, DBA, HV, KG) handelt – als eigenes Stichwort aufgenommen. Bei Stichwörtern, die sich aus mehreren Wörtern oder Begriffen zusammensetzen, findet sich die Erläuterung in der Regel unter dem spezifischeren Begriff (z. B. suche man die steuerliche Behandlung von Investmentanteilen nicht unter „steuerliche Behandlung ...", sondern unter „Investmentanteile, steuerliche Behandlung"). Schließlich ist zu beachten, daß in den Fällen, in denen sich beschriebene Tatbestände offensichtlich auf die Bundesrepublik Deutschland beziehen, dies nicht ausdrücklich gesagt wird. Andererseits sind wichtige fremdsprachige einschlägige Begriffe aufgenommen, deren Herkunft – soweit ohne weiteres erkennbar – ebenfalls nicht besonders vermerkt ist.

Köln 1984 | Hans E. Büschgen

A

A

In französischen Kursblättern Abk. f. argent (= Geld).

AAA

Triple A; höchste Bewertung der rating-Agentur Standard & Poor's von Anleihen am US- und internationalen Kapitalmarkt. Weitere Rangfolge: AA, A, BBB, usw. bis D.

abandonnieren

→ Abandonrecht.

Abandonrecht

Es bietet die Möglichkeit, auf ein bestimmtes Recht zu verzichten, ein Recht aufzugeben, wenn man bestimmte, damit verknüpfte Pflichten nicht erfüllen kann oder will. Im Börsentermingeschäft (→ Prämiengeschäft) das Recht, am Prämienerklärungstag vom Kauf bzw. von der Lieferung der kontrahierten Aktien zurückzutreten. Im Aktienrecht das Recht eines Aktionärs, bei Umwandlung einer GmbH in eine AG seine neue Aktie der Gesellschaft zur Verfügung zu stellen, wenn er gegen die Umwandlung Widerspruch zu Protokoll gegeben hat. Die Aktie ist für Rechnung des Aktionärs öffentlich zu versteigern oder zu verkaufen. Entsprechendes gilt bei Umwandlung einer AG in eine GmbH hinsichtlich des resultierenden Geschäftsanteils, den die Gesellschaft gegen angemessene Barabfindung erwerben muß.

Abberufung von Aufsichtsratsmitgliedern der AG

Aufsichtsratsmitglieder, die von der HV der AG ohne Bindung an einen Wahlvorschlag gewählt worden sind, können von ihr auch vor Ablauf ihrer Amtszeit abberufen werden. Der Beschluß bedarf einer Mehrheit von mind. ¾ der abgegebenen Stimmen. Die Satzung kann eine andere Mehrheit und weitere Erfordernisse bestimmen. Ein Aufsichtsratsmitglied, das aufgrund der Satzung in den Aufsichtsrat entsandt ist, kann von dem Entsendungsberechtigten jederzeit abberufen und durch ein anderes ersetzt werden. Sind die in der Satzung bestimmten Voraussetzungen des Entsendungsrechts weggefallen, kann die HV das entsandte Mitglied mit einfacher Mehrheit abberufen. Ist das Aufsichtsratsmitglied aufgrund der Satzung in den Aufsichtsrat entsandt worden, können auch Aktionäre, deren Anteile zusammen 10% des Grundkapitals oder den Nennbetrag von DM 2 Mio. erreichen (→ Minderheitsrechte der Aktionäre), den Antrag stellen. Gegen die Entscheidung ist sofortige Beschwerde zulässig. Für die Abberufung von Aufsichtsratsmitgliedern, die weder von der HV ohne Bindung an einen Wahlvorschlag gewählt worden sind noch aufgrund der Satzung in den Aufsichtsrat entsandt sind, gelten neben Vorstehendem Betriebsverfassungsgesetz, Mitbestimmungsgesetz und Mitbestimmungsergänzungsgesetz.

Abberufung von Vorstandsmitgliedern der AG

Der Aufsichtsrat kann die Bestellung zum Vorstandsmitglied widerrufen, wenn ein wichtiger Grund vorliegt. Als ein solcher gilt vor allem grobe Pflichtverletzung, Unfähigkeit zur ordnungsmäßigen Geschäftsführung oder Vertrauensentzug durch die HV.

Abbröckeln (der Kurse), abbröckelnd

Tendenzbez. f. leichte, langsame Kursrückgänge an der Börse.

Abendbörse

Bez. f. eine Börsen- oder börsenartige Versammlung, die nicht, wie üblich, zur Mittagszeit – während der offiziellen Börsenstunden – stattfindet, sondern am späten Nachmittag oder Abend. Bis 1939 wurde in Frankfurt a. M. zwischen 17 und 18 Uhr eine Abendbörse abgehalten.

Aberdepot, Aberverwahrung

Frühere Bez. f. Stückekonto. Beim Aberdepot geht das Eigentum auf die verwahrende Bank über. Der Hinterleger erlangt nur einen schuldrechtlichen Anspruch auf Lieferung nach Art und Zahl bestimmter Wertpapiere. Da der Hinterleger seine dinglichen Rechte am hinterlegten Wertpapier preisgibt (kein Aussonderungsrecht im Konkurs des Verwahrers), muß die Erklärung des Hinterlegers für das einzelne Geschäft ausdrücklich und schriftlich abgegeben werden. → Depotgeschäft → Verwahrung von Wertpapieren.

Abfallanleihen

→ junk bonds.

Abfallbörse

In den Ursprüngen 1973 vom Verband der Chemischen Industrie Deutschlands gegründete, fälschlich als „Börse" bezeichnete Institution, die sich mit der bundesweiten Vermittlung von Produktionsrückständen und wiederverwendungsfähigen Abfällen (recycling) befaßt.

Abfindung außenstehender Aktionäre

Wenn eine AG mind. 95% der Aktien einer anderen AG besitzt, kann sie letztere AG eingliedern, die damit in 100%igen Besitz der Hauptgesellschaft übergeht. Die restlichen und ausscheidenden Aktionäre haben einen Rechtsanspruch auf eine angemessene Abfindung. Diese erhalten sie in Bargeld oder in Aktien der Hauptgesellschaft. → Beherrschungsvertrag → Abfindungsangebot → Abfindung bei Eingliederung.

Abfindung bei Eingliederung

Die bei Eingliederung durch Mehrheitsbeschluß ausgeschiedenen Aktionäre haben einen Rechtsanspruch auf angemessene Abfindung. Als Abfindung sind ihnen eigene Aktien der Hauptgesellschaft zu gewähren. Ist diese ein abhängiges Unternehmen, so sind ihnen nach ihrer Wahl eigene Aktien der Hauptgesellschaft oder angemessene Barabfindung zu gewähren. Werden als Abfindung Aktien der Hauptgesellschaft gewährt, ist die Abfindung dann als angemessen anzusehen, wenn die Aktien in dem Verhältnis gewährt werden, zu dem bei einer Verschmelzung auf eine Aktie der AG Aktien der Hauptgesellschaft zu gewähren wären, wobei Spitzenbeträge durch bare Zuzahlungen ausgeglichen werden können. Die angemessene Barabfindung muß die Ertrags- und Vermögenslage der AG im Zeitpunkt der Beschlußfassung über die Eingliederung berücksichtigen. Die Barabfindung sowie bare Zuzahlungen sind von der Bekanntmachung der Eintragung der Eingliederung im Handelsregister an mit 5% p. a. zu verzinsen. Die Geltendmachung eines weiteren Schadens ist nicht ausgeschlossen. Ist die angebotene Abfindung nicht angemessen, so hat das in Frage kommende Gericht auf Antrag die angemessene Abfindung zu bestimmen. Das Gleiche gilt, wenn die Hauptgesellschaft eine Abfindung nicht oder nicht ordnungsgemäß angeboten hat und eine hierauf gestützte Anfechtungsklage innerhalb der Anfechtungsfrist nicht erhoben oder zurückgenommen oder rechtskräftig zurückgewiesen worden ist. Antragsberechtigt ist jeder ausgeschiedene Aktionär. Der Antrag kann nur innerhalb von 2 Monaten nach dem Tag gestellt werden, an dem die Eintragung der Eingliederung ins Handelsregister nach HGB als bekanntgemacht gilt.

Abfindungsangebot

Soll eine Abfindung von Aktionären wegen der Rechte aus ihren Aktien vorgenommen werden, wird ihnen ein Abfindungsangebot unterbreitet. Dieses enthält die näheren Einzelheiten der Abfindung, insbesondere den Abfindungsbetrag und die technische Durchführung der Abfindung. → Abfindung bei Eingliederung → Abfindung außenstehender Aktionäre.

Abfindungsbilanz

Außerordentliche Bilanz, die erstellt wird zum Zweck der Erfassung von Vermögens- und Schuldenteilen einer Unternehmung als Grundlage der Berechnung und Festlegung von Abfindungen.

Abfindungsguthaben

Der Betrag der Abfindung, der einem ausscheidenden Gesellschafter im Zeitpunkt seines Ausscheidens zusteht und ihm einen schuldrechtlichen Zahlungsanspruch gegen die Gesellschaft bzw. die anderen Gesellschafter gewährt. → Auseinandersetzung → Auseinandersetzungsguthaben.

Abfindungswerte

Bez. f. Aktien solcher AG, die von einer anderen Unternehmung – meist Obergesellschaft eines Konzerns – übernommen werden oder übernommen werden sollen, womit eine Abfindung der freien Aktionäre in Bargeld oder in Aktien der übernehmenden Unternehmung verbunden bzw. erwartet wird. Wird vom Börsenpublikum ein Abfindungsangebot als wahrscheinlich oder möglich angesehen, steigen häufig die Kurse der betreffenden Aktien.

Abgaben

Bez. f. Verkäufe an der Börse.

Abgabeneigung

Bez. f. eine überwiegend durch Verkäufe an der Börse gekennzeichnete Tendenz, verbunden mit leichten bis mäßigen Kursrückgängen.

Abgabenordnung (AO)

Steuergesetzliche Grundlage zur Sicherstellung und Regelung gleichmäßiger und effizienter Vollziehung der Steuergesetze. Regelt auch die Modalitäten von Steuerermittlungs- und -fahndungsverfahren.

Abgabesätze

Zins- bzw. Diskontsätze, zu denen bestimmte Geldmarktpapiere – so vor allem Schatzwechsel und unverzinsliche Schatzanweisungen des Bundes, der Bundesbahn und der Bundespost – von der

Deutschen Bundesbank im Rahmen ihrer Offenmarktpolitik verkauft werden. Die Festsetzung der Sätze erfolgt nach Lage am Geldmarkt und kreditpolitischen Zielsetzungen der Bundesbank.

Abgeld

→ Disagio → Damnum.

abhängige und herrschende Unternehmen

Abhängige Unternehmen sind rechtlich selbständige Unternehmen, auf die eine andere Unternehmung – herrschendes Unternehmen – unmittelbar oder mittelbar einen beherrschenden Einfluß ausüben kann. Von einem in Mehrheitsbesitz stehenden Unternehmen wird vermutet, daß es von der an ihm mit Mehrheit beteiligten Unternehmung abhängig sei. → Abhängigkeitsvermutung.

Abhängigkeitsbericht

Besteht kein Beherrschungsvertrag, hat der Vorstand einer abhängigen AG in den ersten 3 Monaten des Geschäftsjahrs einen Bericht über die Beziehungen der AG zu verbundenen Unternehmen aufzustellen.

Abhängigkeitsvermutung

Wenn eine Unternehmung im Mehrheitsbesitz einer anderen Unternehmung steht, wird – widerlegbar – vermutet, daß erstere von letzterer abhängig sei.

abhandengekommene oder vernichtete Schuldverschreibungen

Falls auf den Inhaber lautend, können sie, wenn nicht in der Urkunde das Gegenteil bestimmt ist, im Wege des Aufgebotsverfahrens für kraftlos erklärt werden. Ausgenommen: Zins-, Renten- und Gewinnanteilscheine sowie auf Sicht zahlbare unverzinsliche Schuldverschreibungen. Der Aussteller ist verpflichtet, dem bisherigen Inhaber auf Verlangen die zur Erwirkung des Aufgebots oder der Zahlungssperre erforderlichen Auskünfte zu erteilen und die benötigten Zeugnisse auszustellen. Ist eine auf den Inhaber lautende Schuldverschreibung für kraftlos erklärt worden, kann derjenige, der das Ausschlußurteil erwirkt hat, vom Aussteller die Erteilung einer neuen Schuldverschreibung anstatt der für kraftlos erklärten verlangen. Die Kosten für die Zeugnisse und das neue Wertpapier hat der Antragsteller zu übernehmen und vorzuschießen. → Kraftloserklärung von Aktien → Verlust von Wertpapieren.

abhandengekommene Wertpapiere

→ Verlust von Wertpapieren → Kraftloserklärung von Aktien.

Abkürzungen in Börsenkurszetteln

Kurszusätze, die zur genaueren Bezeichnung der Börsentendenz dienen.

Ablehnung eines Zulassungsantrags

Die Zulassungsstelle der Börse kann einen Zulassungsantrag einer Emission von Wertpapieren ohne Angabe von Gründen ablehnen. Die Bestimmungen über die Zusammensetzung der Zulassungsstelle sowie über die Zulässigkeit einer Beschwerde gegen deren Entscheidungen werden durch die jeweilige Börsenordnung getroffen.

Ablösungsanleihen (-schuldverschreibungen)

Die Ablösung der dem Allgemeinen Kriegsfolgengesetz unterliegenden Kapitalanlagen (Reichsanleihen, Anleihen der Reichsbahn, der Reichspost und des Freistaates Preußen) erfolgte durch Eintragung der Ablösungsschuld als Schuldbuchforderung, die grundsätzlich auf 10% des RM-Nennbetrages festzusetzen und mit 4% ab 1955 zu verzinsen war.

Ablösungsschuld

→ Ablösungsanleihen (-schuldverschreibungen).

Abnahmepflicht

Vertraglich begründete Verpflichtung, die vom Vertragspartner angebotene Sache abzunehmen. So ist ein Wertpapierkäufer aus dem Kaufvertrag verpflichtet, das gekaufte Wertpapier abzunehmen. Mit der Abnahme geht die Gefahr auf den Abnehmer über; gleichzeitig wird die vereinbarte Vergütung fällig.

Abrechnungsverkehr

Findet in Deutschland vor allem bei den Landeszentralbanken, den Zweigstellen der Deutschen Bundesbank, statt. Dient dem bargeldlosen Zahlungsverkehr und besteht darin, daß banktäglich zu bestimmten Terminen Schecks, Wechsel, Anweisungen, Wertpapierabrechnungen, Zinsscheine, Dividendenscheine, Überweisungen usw. zwischen den daran teilnehmenden Banken des betreffenden Platzes multilateral verrechnet und der sich für jede Bank ergebende Saldo über deren LZB-Konto verrechnet wird. Weiter existiert der Abrechnungsverkehr der Wertpapiersammelbanken. Auch: Skontration, Clearing.

Abrechnungsverkehr der Deutscher Kassenverein AG

Die Deutscher Kassenverein AG ist in ihrer Funktion als Wertpapiersammelbank nicht nur im Effektengiroverkehr tätig, sondern übernimmt auch weitgehend den finanziellen Abrechnungsverkehr, d. h. die Abwicklung der Geldleistungen der Käufer- an die Verkäuferbanken (und umgekehrt) im über sie laufenden Wertpapierhandel. → Deutscher Kassenverein AG.

Absatzkennzahlen

Absatzkennzahlen von Unternehmen sind im Rahmen der Fundamentalanalyse von Bedeutung. Wesentlich sind diejenigen, die den Umsatz einer Unternehmung in Relation zu verschiedenen anderen Größen setzen. So können gebildet werden: das Verhältnis von Umsatz zu Bestandsgrößen (durchschnittlicher Lagerbestand, Debitorenbestand, Gesamtkapital); Kennzahlen zur Umschlagsdauer (durchschnittlicher Lagerbestand × Tage: Umsatz), zur Umsatzrentabilität (Gesamtgewinn : Umsatz) oder das Verhältnis von Umsatz zu einzelnen Kostenfaktoren (Umsatz : beschäftigte Personen; Umsatz : qm Verkaufsfläche).

Absaufklausel

Passus in den Optionsscheinbedingungen, der den Anlageerfolg, den geläufige Kennziffern – wie Aufgeld, Hebel oder Bezugsverhältnis – versprechen, konterkarieren kann. Besondere Brisanz erhalten die Optionsschein-Bedingungen bei der Durchführung von Kapitalerhöhungen während der Laufzeit des Optionsscheins. Häufig ist in den Verwässerungsschutzklauseln für Kapitalerhöhungen, die fester Bestandteil eines jeden Emissionsprospektes sind, geregelt, welche Anpassungsvorschriften hinsichtlich Bezugskurs und/oder Bezugsverhältnis durchzuführen sind, um den Optionsscheininhaber nicht schlechter zu stellen als vor Durchführung der Kapitalerhöhung. Allerdings wird damit häufig nicht ein tatsächlicher Verwässerungsschutz erreicht.

Abschlag

→ Deport (2).

Abschlag (vom Börsenkurs)

Geringere Bewertung bei Börsenkursen, wenn bestimmte Tatbestände Veranlassung zu Kursrückgängen geben, so vor allem die Abtrennung fälliger Dividendenscheine (→ Dividendenabschlag), der Fortfall des Bezugsrechts (→ Bezugsrechtsabschlag), die Ausgabe von Berichtigungsaktien (→ Kapitalerhöhung aus Gesellschaftsmitteln), bei Ausschüttung einer Liquidationsrate, als Zinsabschlag. Auch: Spanne, um die ein Kurs oder Preis hinter dem Nominalbetrag zurückbleibt (Disagio, Damnum).

Abschlagsdividende (1)

Im voraus auf den Jahresabschluß gezahlte Dividende. Bei der AG während des Geschäftsjahres unzulässig. Sie kann aber nach Ablauf des Geschäftsjahres, wenn dies die Satzung zuläßt, bei Vorliegen eines vorläufigen Abschlusses gezahlt werden. Sie ist der Höhe nach begrenzt. → Abschlagszahlung auf den Bilanzgewinn der AG.

Abschlagsdividende (2)

Im Konkursverfahren der aus der verfügbaren Masse bei der Abschlußverteilung an die Gläubiger zu zahlende Prozentsatz.

Abschlagszahlung auf den Bilanzgewinn der AG

Die Satzung der AG kann den Vorstand ermächtigen, nach Ablauf eines Geschäftsjahres auf den voraussichtlichen Bilanzgewinn einen Abschlag an die Aktionäre zu zahlen. Der Vorstand darf dies nur tun, wenn ein vorläufiger Jahresabschluß für das abgelaufene Geschäftsjahr einen Jahresüberschuß ergibt. Als Abschlag darf höchstens die Hälfte des Betrags gezahlt werden, der von dem Jahresüberschuß nach Abzug der Beträge verbleibt, die nach Gesetz oder Satzung in Gesetzliche Rücklagen einzustellen sind. Außerdem darf der Abschlag nicht die Hälfte des vorjährigen Bilanzgewinns übersteigen. Die Zahlung eines solchen Abschlags bedarf der Zustimmung des Aufsichtsrats. → Interimsdividende → Abschlagsdividende (1).

Abschlußerklärung

Bekanntgabe des Jahresergebnisses (→ Jahresabschluß der AG) der AG nach Abstimmung zwischen Vorstand und Aufsichtsrat. Um den Verdacht der Ausnutzung von Insiderinformationen zu verhindern, wird das Jahresergebnis einer AG, deren Aktien an der Börse gehandelt werden, unmittelbar nach der Erörterung innerhalb der Verwaltung der AG in einer redaktionellen Notiz der Presse für die Öffentlichkeit bekanntgegeben.

Abschlußerwartungen

Vermutungen bzw. Schätzungen von Kapitalanlegern an der Börse usw. vor der offiziellen Bekanntgabe des Jahresabschlusses bzw. Jahresergebnisses.

Abschlußkurse

Kurse, die während der Börsenzeit für eine Schlußeinheit bezahlt und im Kurszettel notiert werden. Abschlußkurse sind bezahlte Kurse, im Unterschied zu reinen Brief- und Geldkursen, die nur gebotene Verkaufs- bzw. Ankaufskurse darstellen. → Kurszusätze.

Abschlußprüfer bei der AG

Der Jahresabschluß und der Lagebericht der AG, ausgenommen sog. „kleine AGs" i. S. v. § 267 Abs. 1 HGB, sind durch einen Abschlußprüfer zu prüfen. Hat keine Prüfung stattgefunden, so kann der Jahresabschluß nicht festgestellt werden. In die Prüfung des Jahresabschlusses ist auch die Buchführung einzubeziehen. Die Prüfung des Jahresabschlusses hat sich darauf zu erstrecken, ob die gesetzlichen Vorschriften und sie ergänzende Bestimmungen des Gesellschaftsvertrages oder der Satzung beachtet sind. Der Lagebericht ist darauf zu prüfen, ob dieser mit dem Jahresabschluß in Einklang steht und ob die sonstigen Angaben im Lagebericht nicht eine falsche Vorstellung von der Lage der Unternehmung erwecken. Der Abschlußprüfer des Jahresabschlusses wird von den Gesellschaftern gewählt. Er soll jeweils vor Ablauf des Geschäftsjahres gewählt werden, auf das sich seine Prüfungstätigkeit erstreckt. Die gesetzlichen Vertreter haben unverzüglich nach der Wahl den Prüfungsauftrag zu erteilen. Auf Antrag der gesetzlichen Vertreter, des Aufsichtsrats oder von Aktionären, deren Anteile 10% des Grundkapitals oder den Nennbetrag von DM 2 Mio. erreichen, hat das Gericht nach Anhörung der Beteiligten und des gewählten Prüfers einen anderen Abschlußprüfer zu bestellen, wenn dies aus einem in der Person des gewählten Prüfers liegenden Grund geboten erscheint, insbesondere wenn Besorgnis der Befangenheit besteht. Der Antrag ist binnen zwei Wochen seit dem Tage der Wahl des Abschlußprüfers zu stellen. Aktionäre können den Antrag nur stellen, wenn sie gegen die Wahl des Abschlußprüfers bei der Beschlußfassung Widerspruch erklärt haben. Unterliegt die AG einer staatlichen Aufsicht, so kann auch die Aufsichtsbehörde den Antrag stellen. Als Abschlußprüfer bei der AG können nur Wirtschaftsprüfer und Wirtschaftsprüfungsgesellschaften fungieren.

Abschlußtestat

Auch: Bestätigungsvermerk. Sind nach dem abschließenden Ergebnis der Prüfung keine Einwendungen zu erheben, hat der Abschlußprüfer dies durch folgenden Vermerk zum Jahresabschluß und zum Konzernabschluß zu bestätigen: „Die Buchführung und der Jahresabschluß entsprechen/Der Konzernabschluß entspricht nach meiner/unserer pflichtgemäßen Prüfung den gesetzlichen Vorschriften. Der Jahresabschluß/Konzernabschluß vermittelt unter Beachtung der Grundsätze ordnungsmäßiger Buchführung ein den tatsächlichen Verhältnissen entsprechendes Bild der Vermögens-, Finanz- und Ertragslage der Kapitalgesellschaft/des Konzerns. Der Lagebericht/Konzernlagebericht steht im Einklang mit dem Jahresabschluß/Konzernabschluß". Sind Einwendungen zu erheben, so hat der Abschlußprüfer den Bestätigungsvermerk einzuschränken oder zu versagen. Die Versagung ist durch einen Vermerk zum Jahresabschluß oder zum Konzernabschluß zu erklären, die Einschränkung oder Versagung ist zu begründen. Der Abschlußprüfer hat den Bestätigungsvermerk oder den Vermerk über seine Versagung unter Angabe von Ort und Tag zu unterzeichnen. Der Bestätigungsvermerk bzw. seine Versagung ist auch in den Prüfungsbericht aufzunehmen. → Testat → Testateinschränkung → Testatverweigerung.

Abschlußvereinigungen

Vereinigungen zum Zweck des Abschlusses von nicht verbotenen wie auch von verbotenen Börsentermingeschäften. Für diese Vereinigungen gelten die §§ 52–59 BörsG bzw. §§ 66, 69 (→ verbotene Börsentermingeschäfte). Dadurch wird vermieden, daß über Abschlußvereinigungen börsentermingeschäftsunfähige Personen, die sich mit börsentermingeschäftsfähigen Personen zusammengeschlossen haben, sich wie termingeschäftsfähige Personen am Terminhandel beteiligen.

Abschnitt

Bez. f. die Stückelung einzelner Titel bei Wertpapieren, die gleichartig sind und in größerer Anzahl ausgegeben werden. Auch: Bez. f. einzelne Wechsel.

Abschreibungen

Die in einer Unternehmung investierten Vermögenswerte werden in Buchführung und Bilanz mit ihren Anschaffungs- oder Herstellungskosten aufgenommen. Sie verlieren an Wert durch Gebrauch, Verschleiß, Überholung usw. Durch die Abschreibung werden die auf solche Weise unrichtig gewordenen Werte – Buch-, Bilanzwerte – an die niedrigeren Werte angepaßt. Abschreibung ist damit zugleich auch eine buchhalterische Erfassung von Wertminderungen. Neben der Berichtigung zu hoher Buchwerte haben Abschreibungen auch die Aufgabe der Verteilung der Gesamtanschaffungs- oder -herstellungskosten auf die Nutzungszeit des Vermögensgegenstandes. Sie sind zugleich Element der Preiskalkulation, indem die entsprechend angesetzten, die jährlichen Abschreibungsbeträge enthaltenden Verkaufserlöse die spätere Ersatzbeschaffung möglich machen sollen. Abschreibungen spielen für die Wertpapieranalyse eine Rolle. Für Kapitalanleger ist zu beachten, daß Wertpapiere im Privatvermögen nicht abschreibbar sind und daß Anlagen in Gebäuden, bestimmten Immobilienzertifikaten u. ä. über Abschreibungsmöglichkeiten steuerliche Vorteile gewähren, die bei anderen Anlageformen nicht gegeben sind.

Abschreibungsgesellschaft

Gesellschaft (i. d. R. eine KG), die mit den aus dem Verkauf von Gesellschaftsanteilen erhaltenen Mitteln steuerbegünstigte Projekte finanziert. Eine Kommanditgesellschaft investiert z. B. in den neuen Bundesländern, wobei ein Teil der notwendigen Finanzmittel durch zahlreiche Kommanditisten aufgebracht und der verbleibende Finanzbedarf fremdfinanziert wird. Charakteristisch für diese Gesellschaften ist die Verrechnung hoher laufender Aufwendungen und Sonderabschreibungen. Der für die Gesellschafter in der Anfangsphase realisierte Steuerspareffekt darf nicht darüber hinwegtäuschen, daß in den Folgeperioden regelmäßig gegenläufige Effekte auftreten, die die entstandenen Steuerersparnisse und Liquiditätsvorteile zumindest teilweise kompensieren. Hinzu kommt, daß die Verlustzuweisungen i. d. R. nicht zu einer endgültigen Steuerentlastung, sondern nur zu einem temporären Steuer- und Liquiditätsvorteil führen, quasi eine zinslose Steuerstundung darstellen.

Abschreibungskennzahlen

Verhältniszahlen, die Beziehungen zwischen Abschreibungen und verschiedenen anderen Bilanzpositionen zum Zwecke der Unternehmensanalyse herstellen. So beantwortet die Kennzahl Abschreibungen auf Sachanlagen × 100 : Sachanlagenzugänge, ob und inwieweit die Anlagenzugänge eines Geschäftsjahres aus Abschreibungen finanziert worden sind.

Abschwächung

Tendenzbez. f. leichte Kursrückgänge an der Börse.

Absetzung für Abnutzung (AfA)

Nach den steuerlichen Vorschriften können und müssen die Anschaffungs- bzw. Herstellungskosten von Vermögensgegenständen auf die Jahre ihrer Nutzung verteilt werden (Abschreibung). Die AfA bemißt sich nach der betriebsgewöhnlichen Nutzungsdauer. AfA für außergewöhnliche technische oder wirtschaftliche Abnutzung sind zulässig. Bei beweglichen Wirtschaftsgütern des Anlagevermögens kann AfA in fallenden Jahresbeträgen bemessen werden, und zwar nach einem unveränderbaren Prozentsatz vom jeweiligen Buchwert. Für Kapitalanleger in Immobilien ist wesentlich, daß bei Gebäuden als AfA folgende Werte abzuziehen sind: Siehe Tabelle S. 7.

Absichtserklärung

Bei bestimmten, vor allem ausländischen Investmentfonds kann der Kapitalanleger mittels einer schriftlichen Erklärung, innerhalb einer bestimmten Zeitspanne einen bestimmten Geldbetrag, verteilt auf eine Anzahl von Raten, in Investmentanteilen des Fonds anlegen und eine Verringerung der Ankaufsgebühren erreichen. In diesen Fällen wird bei der Errechnung der Gebühren für jede Einzahlung der für den Gesamtbetrag geltende Gebührensatz zugrunde gelegt. Eine solche Absichtserklärung begründet keine bindende Leistungspflicht des Anlegers; bei Nichterfüllung des Vertrages wird die Gebührendifferenz nachberechnet.

Absonderung, Absonderungsrecht

Das Recht auf bevorzugte Befriedigung aus einem zu einer Konkursmasse gehörenden Objekt, das demjenigen Gläubiger zusteht, der daran ein Pfandrecht oder ein pfandähnliches Recht hat. Die abgesonderte Befriedigung erfolgt außerhalb des eigentlichen Konkursverfahrens. Vor allem solche Gläubiger sind absonderungsberechtigt, denen Hypotheken, Grundschulden oder Rentenschulden zustehen, weiter solche, die ein gesetzliches oder vertragliches Pfandrecht oder Zurückbehaltungsrecht haben (wie z. B. Banken an

Die wichtigsten Abschreibungsmöglichkeiten bei fremdgenutzten Immobilien

Art der Abschreibung / Geltungsbereich und Grundlage	Linear nach § 7 (4) Einkommensteuergesetz		Degressiv nach § 7 (5) Einkommensteuergesetz für Mietwohnungen und Gewerbeimmobilien	Degressiv nach § 7 (5) Einkommensteuergesetz für Mietwohnungen ohne Sozialbindung		Degressiv nach § 7 k Einkommensteuergesetz für Mietwohnungen mit Sozialbindung	§ 7 c Einkommensteuergesetz für Ausbauwohnungen
Art und Zeitpunkt der Anschaffung	fertiggestellt		Antrag auf Baugenehmigung	Herstellungsfälle: Bauantrag für das Gebäude muß nach dem 28. 2. 1989 gestellt worden sein	Erwerbsfälle: Anschaffung nach dem 28. 2. 1989. Obligatorischer Kaufvertrag bis Ende des Jahres der Fertigstellung	Vermietung an Sozialmieter. Bauantrag oder Kaufvertrag nach dem 28. 2. 1989. Fertigstellung vor 1996	Vermietung während des fünfjährigen Begünstigungszeitraums Bauantrag oder Baubeginn nach dem 2. 10. 1989 Fertigstellung vor 1993 (nur § 7 k EStG wurde bis 1996 verlängert)
	vor dem 1. 1. 1925	nach dem 31. 12. 1924	Herstellungsbeginn nach dem 29. 7. 1981				
Abschreibung (Jahre und Prozentsatz)	2,5%	2%	8 × 5% 6 × 2,5% 36 × 1,25%	4 × 7% 6 × 5% 6 × 2% 24 × 1,25%		5 × 10% 5 × 7% 30 × 0,5%	5 × bis 20%, Restwert erhöht Gebäudebemessungsgrundlage
Bemessungsgrundlage	Herstellungskosten/ Anschaffungskosten		Herstellungskosten/ Anschaffungskosten	Herstellungskosten/ Anschaffungskosten		Herstellungskosten/ Anschaffungskosten	Herstellungskosten/ maximal 60000 DM pro Wohnung. Für darüber hinausgehenden Aufwand 2%
Personenkreis	Bauherr/Erwerber		Bauherr und Ersterwerber im Jahr der Fertigstellung	Bauherr und Ersterwerber im Jahr der Fertigstellung		Bauherr und Ersterwerber im Jahr der Fertigstellung	Bauherr und Ersterwerber im Jahr der Fertigstellung
Abschreibung im Jahr der Anschaffung oder Fertigstellung	zeitanteilig		voll	voll		voll	voll

Quelle: Lindmayer, K. H., *Geldanlage und Steuern 93*, S. 267

von ihnen im Sammeldepot verwahrten Wertpapieren). Bei Sicherungsübereignungen und Sicherheitsabtretungen ist der Sicherungsnehmer ebenfalls nur absonderungsberechtigt. → Aussonderung.

Abstempelung von Wertpapieren

Erfolgt zur Vermeidung des Neudrucks von Wertpapieren auf maschinellem Weg oder mittels Handstempels, z. B. bei Änderung der Firmenbezeichnung, des Zinssatzes von Schuldverschreibungen u. dgl.

Abstimmung

Ausüben des Stimmrechts zur Beschlußfassung in einer Versammlung. Auch: bei der Prüfung von Büchern, die von verschiedenen Stellen geführt werden, die aber, da sie dieselben Tatbestände wiedergeben sollen, übereinstimmen müssen, z. B. Depotabstimmung.

Abstimmungsverhalten in der Hauptversammlung der AG

Das mit dem Besitz von Aktien i. d. R. verbundene Stimmrecht berechtigt den Aktionär zur Abstimmung in der HV über die Punkte der Tagesordnung. Der Aktionär hat die Wahl, entweder selbst an der HV teilzunehmen, um auf diese Weise durch Abgabe seiner Ja-Stimme, Nein-Stimme oder Stimmenthaltung zu den einzelnen Tagesordnungspunkten sein Stimmrecht auszuüben, oder nicht an der HV teilzunehmen. In diesem Fall kann er seine Depotbank beauftragen, ihn durch schriftliche Vollmacht (→ Depotstimmrecht) zu vertreten, i. S. der Verwaltungsvorschläge oder nach Maßgabe von ihm selbst erteilter Weisungen. Das Abstimmungsverhalten in den HV ist i. d. R. durch überwiegende Zustimmung zu den vorgeschlagenen Punkten gekennzeichnet. Diese Zustimmung ist nicht zuletzt zurückzuführen auf das hohe Stimmpotential der Bankenvertreter, das i. d. R. keinen direkten Weisungen der Aktionäre unterliegt und fast immer den Vorschlägen der Verwaltungen folgt.

Abstimmung über Wahlvorschläge von Aktionären

Hat ein Aktionär einen Vorschlag zur Wahl von Aufsichtsratsmitgliedern gemacht und beantragt er in der HV die Wahl des von ihm Vorgeschlagenen, so ist über seinen Antrag vor dem Vorschlag des Aufsichtsrats zu beschließen, wenn es eine Minderheit der Aktionäre verlangt (→ Minderheitsrechte der Aktionäre), deren Anteile zusammen 10% des vertretenen Grundkapitals erreichen.

abstraktes Schuldversprechen

Einseitig verpflichtender Vertrag, durch den einseitig eine Verpflichtung übernommen oder ein Recht übertragen wird (Gegens.: kausale Verträge). Erforderlich ist i. d. R. Schriftform, manchmal – z. B. bei Schenkung – auch öffentliche Beurkundung (Notar, Gericht). Wichtigste Formen: Wechsel, Scheck.

Abtretung (Zession)

Übertragung von Rechten und Ansprüchen, wenn dies nicht ausdrücklich ausgeschlossen ist. Dient der Kreditsicherung, vor allem für Banken. Abtretbar sind i. a.: Ansprüche aus Lebensversicherungen, Risikoversicherungen, Warenforderungen, Darlehensverträgen, Wertpapieren usw.

Abtretung von Forderungen (Forderungszession)

Vertragliche Übertragung einer Forderung vom Gläubiger auf einen Dritten. Der neue Gläubiger (Zessionar) tritt damit in jeder Hinsicht an die Stelle des alten, des Zedenten. Forderungsabtretung erfolgt oft als Kreditsicherheit für kreditgebende Banken. Bei Orderpapieren ist ein Indossament erforderlich, bei Inhaberpapieren genügt einfache Übergabe des Papiers. Mit bestimmten Ausnahmen sind alle Forderungen abtretbar (zedierbar), sofern sie ausreichend bestimmbar sind. Es gibt gesetzliche und vertragliche Abtretungsverbote. → Zession.

Abwärtsbewegung

Tendenzbez. f. Kursrückgänge an der Börse.

abwartend

Tendenzbez. f. zögerliches Verhalten der Börsenhandelsteilnehmer hinsichtlich Abschlüssen, da man neue Informationen oder Ereignisse – z. B. geldpolitische Maßnahmen der Zentralnotenbank – erwartet. Meist mit nur geringen oder keinen Kursveränderungen verbunden, oder es treten Zufallsschwankungen auf.

Abweichungsindikator

Bemessungsgröße, nach der im EWS die Position einer Währung zur Gesamtheit der anderen Mitgliedswährungen ausgedrückt wird.

Abwertung (Devalvation)

Herabsetzung des Außenwertes einer Währung durch Dekret der Regierung oder der Zentralnotenbank im System fester Wechselkurse. Eine Währungsabwertung dient meist der Sanierung einer defizitären Zahlungsbilanz. Abwertungserwartungen bestimmen wesentlich die Börsenentwicklung mit. Gegens.: Aufwertung (Revalvation).

Abwertungsgewinn (-verlust)

Gewinn (Verlust), der entsteht, wenn eine offene Fremdwährungsposition (→ offene Position) zu einem Devisenkurs aufgelöst wird, der höher (niedriger) ist als derjenige Kurs, zu dem sie begründet wurde. → Abwertung (Devalvation) → Aufwertung (Revalvation).

Abwicklung (1)

Soll nach Auflösung einer Handelsgesellschaft die persönlichen und vermögensrechtlichen Bindungen der Gesellschafter lösen, um das planmäßige Ende der Gesellschaft zu bewirken. → Abwicklung der AG → Auflösung der AG.

Abwicklung (2)

Liquidation von Börsentermingeschäften (Skontration), i. d. R. mit Hilfe besonderer Institutionen (Liquidationsvereine). Nicht jedes Einzelgeschäft wird liquidiert, sondern für jeden Titel alle Engagements als Saldo. Das zuständige Börsengremium setzt den dafür anzuwendenden Liquidations- oder Kompensationskurs fest. Differenzbeträge werden untereinander ausgeglichen.

Abwicklung (3)

Durchführung und Realisierung von Transaktionen und Geschäften aller Art, z. B. Abwicklung von Kauf- und Verkaufaufträgen in Wertpapieren durch Banken. → Abwicklungsgeschäft.

Abwicklung der AG

Findet nach Auflösung (Liquidation) der AG statt; i. d. R. durch die Vorstandsmitglieder als Abwickler. Die Satzung oder ein Beschluß der HV können andere Personen als Abwickler bestellen. Auf Antrag des Aufsichtsrats oder einer Minderheit von Aktionären, deren Anteile zusammen 5% des Grundkapitals ausmachen oder den Nennbetrag DM 1 Mio. erreichen (→ Minderheitsrechte der Aktionäre), hat das Gericht bei einem wichtigen Grund die Abwickler zu bestellen bzw. abzuberufen. Die Abwickler haben die Gläubiger der AG in den Gesellschaftsblättern dreimal zur Anmeldung ihrer Ansprüche aufzufordern. Sie haben die laufenden Geschäfte zu beenden, die Forderungen einzuziehen, das übrige Vermögen in Geld umzusetzen und die Gläubiger zu befriedigen. Soweit es die Abwicklung erfordert, dürfen sie auch neue Geschäfte eingehen. Die Abwickler, die die AG gerichtlich und außergerichtlich vertreten, haben für den Beginn der Abwicklung eine Bilanz (Eröffnungsbilanz) sowie für den Schluß jedes Jahres einen Jahresabschluß und einen Lagebericht aufzustellen. Das Grundkapital braucht auf der Passivseite der Bilanz nicht mehr ausgewiesen zu werden. Die Vermögenswerte sind mit dem voraussichtlichen Veräußerungserlös einzusetzen. Die HV beschließt über die Feststellung der Eröffnungsbilanz, des Jahresabschlusses, die Entlastung der Abwickler und des Aufsichtsrats. Das nach der Befriedigung der Verbindlichkeiten verbleibende Vermögen der AG wird unter die Aktionäre verteilt, sobald 1 Jahr nach dem 3. Gläubigeraufruf vergangen ist.

Abwicklungsbilanz

Zu unterscheiden sind Abwicklungseröffnungs- und Abwicklungsschlußbilanz. Erstere stellt die Basis für die Tätigkeit der Abwickler dar. Aus ihr erfolgt der Ansatz der Vermögenswerte zum vermutlichen Veräußerungswert. Die Abwicklungsschlußbilanz ist die Basis für die Vermögensverteilung und die Rechnungslegung der Abwickler. Auch steuerlich besteht die Pflicht zur Aufstellung einer Abwicklungseröffnungsbilanz.

Abwicklungsfirma

Firmenbez. der auch bei Abwicklung einer Unternehmung bis zur endgültigen Auflösung fortbestehenden Firma. Es ist ein die Abwicklung bezeichnender Zusatz zu wählen, meist „i. L." (in Liquidation) oder „i. A." (in Abwicklung).

Abwicklungsgeschäft

Geschäft zwischen dem Kommissionär und seinem Kommittenten nach Ausführung einer Kommission. → Abwicklung (3) → Ausführungsgeschäft.

Abwicklungsgesellschaft

Entsteht nach der Auflösung einer Handelsgesellschaft, und zwar bis zur restlosen Abwicklung. Sie darf keinerlei werbende Tätigkeiten mehr vornehmen. Geschäftsführungs- und Vertretungsbefugnisse haben nur die Abwickler. Sie führt die Abwicklungsfirma.

Abzinsung, abzinsen

Rechnerische Ermittlung des Barwertes, Gegenwartswertes oder Kapitalwertes einer oder mehrerer zukünftiger Zahlungen mittels Zinseszinsrechnung. Erfolgt durch Multiplikation des Zeitwertes des (der) betreffenden Betrages (Beträge) mit dem Abzinsungsfaktor Gegens.: Aufzinsung, aufzinsen. Die Abzinsungsmethode wird z. B. beim Sparbrief angewendet: Anstelle eines laufend verzinslichen Papiers handelt es sich um einen die Zwischenzinsen bis zur Fälligkeit berücksichtigenden abgezinsten Titel. → Abzinsungspapier.

Abzinsungsfaktor

Mit dem Zeitwert eines Zahlungs- oder Kapitalbetrages zu multiplizierende Größe, um so den Barwert, Gegenwartswert oder Kapitalwert des (der) Betrages (Beträge) zu ermitteln. In einfachster Form ergibt sich der Abzinsungs- oder Diskontierungsfaktor aus

$$\frac{1}{(1+\frac{p}{100})^n}$$

, wobei symbolisieren:
p = Kalkulationszinsfuß p. a.,
n = Laufzeit in Jahren.

Abzinsungspapier

Wenn vom Erwerbspreis eines Wertpapiers der für die gesamte Laufzeit zu vergütende Zins (Zwischenzins) abgesetzt wird (nicht zu verwechseln mit der Emission eines Wertpapiers unter pari (→ Unterpari-Emission), wo der Ausgabepreis eines Wertpapiers unabhängig von der Verzinsung unter dem Nominalwert liegt). Abzinsungspapiere sind bestimmte Formen der Sparbriefe, der Bundesschatzbriefe, auch zero-bonds. Es werden dabei die während der Laufzeit anfallenden Zinsen auf den Kaufpreis angerechnet. → Abzinsung, abzinsen.

account day

→ pay day.

acheter

Bez. f. kaufen. In der Schweiz bedient man sich zur Vermeidung von Hörfehlern und Verwechselungen im Börsenhandel, vor allem im Telefonverkehr, dieses Wortes. Gegens.: vendre.

acid test

Bez. f. die Bilanzkennzahl Liquidität 1. Grades (→ Liquidität). Dargestellt wird das Verhältnis zwischen der Summe der liquiden Mittel und kurzfristigen Forderungen zu kurzfristigen Verbindlichkeiten.

a-conto-Dividende

→ Abschlagsdividende (1) → Interimsdividende.

action à dividende prioritaire

In Frankreich Form der stimmrechtslosen Vorzugsaktie.

actuals

Die einem futures-Kontrakt zugrunde liegenden Instrumente (Zinstitel, Devisen, Waren).

Ad-hoc-Publizität

Ein Emittent bereits zugelassener Wertpapiere ist nach § 44a Abs. 1 S. 1 BörsG verpflichtet, alle Tatsachen unverzüglich zu veröffentlichen, die in seinem Tätigkeitsbereich eingetreten und dem Publikum nicht bekannt sind und die wegen der Auswirkungen auf die Vermögens- und Finanzlage oder den allgemeinen Geschäftsablauf des Emittenten zu einer erheblichen Kursänderung zugelassener Aktien führen können, oder, im Fall zugelassener Schuldverschreibungen, wenn die Gefahr besteht, daß der Emittent seinen Verpflichtungen nicht mehr nachkommen kann (Ad-hoc-Publizitätspflicht). Die Bekanntmachung von Tatsachen stellt eine Ergänzung zu den regelmäßig zu veröffentlichenden Jahresabschlüssen und Lageberichten sowie der Zwischenberichterstattung dar. Damit soll sichergestellt werden, daß der Kapitalmarkt auch zwischen den Abschlußstichtagen des Jahresabschlusses und Zwischenberichterstattung über wichtige Unternehmensereignisse informiert wird.

Ad-hoc-Publizitätspflicht

→ Ad-hoc-Publizität.

adjustable rate preferred stocks

US-Variante der Vorzugsaktien mit variabler Dividende, deren Höhe an die Zinssätze verschiedener staatlicher Schuldverschreibungen gekoppelt ist. Nach einer Anlaufphase, für die ein Dividendensatz festgelegt wird, richtet sich die vierteljährlich fällige Ausschüttung an dreimonatigen Treasury bills, 10jährigen US-Government notes und 20jährigen US-Government bonds aus. Alle 3 Monate wird vom jeweiligen höchsten Zinssatz der 3 Titel ein Abschlag in Höhe der banküblichen Bruttozinsspanne vorgenommen. Bei fallenden Zinsen ist der Obligationär nach unten abgesichert, da die Mindestdividende 6% beträgt.

adjustieren

Berichtigen: Vor allem je Aktie ausgedrückte Zahlenangaben um technische Werteinflußfaktoren, z. B. Dividenden, Berichtigungsaktien u. dgl.

ADR

Abk. f. American depository receipt, von US-amerikanischen Banken ausgegebene Hinterlegungsscheine nichtamerikanischer, z. B. auch deutscher Aktien. Sie werden anstelle der Aktien selbst im Freiverkehr an US-Börsen gehandelt. → Vollregistrierung für ADR-Werte.

Adresse

Im Bankwesen Bez. f. einen Geschäftspartner, z. B. im Großkredit-, Emissions-, Geldhandelsgeschäft usw. Nach ihrer Bonität und Kreditwürdigkeit werden – auch international – gute und schlechte Adressen oder auch erste und zweite Adressen unterschieden. Größere Banken haben für ihre Geldhandelsgeschäfte Adressenlisten, die Angaben über Kreditwürdigkeit, Kreditlimite, Sicherheiten, Konditionen bzw. -zugeständnisse usw. enthalten.

Adressenliste

→ Adresse.

advance-decline-Zahl (AD-Zahl)

Element der Aktienanalyse bzw. Aktienmarktanalyse (Fortschritt-Rückschritt-Zahl). Gibt Auskunft über die Kursveränderungen aller am Markt befindlichen Aktien. Festgestellt wird die Differenz zwischen der Zahl der Aktien mit Kurssteigerungen und derjenigen mit Kursminderungen (z. B.: Am 31. 12. hatten 50 Aktien Kurssteigerungen und 30 Aktien Kursminderungen gegenüber dem Vortag; die advance-decline-Zahl des 31. 12. beträgt 20.) Um diesen Unterschied steigt (bzw. fällt bei überwiegenden Kursminderungen) die advance-decline-Linie. → technische Aktienanalyse. Neuerdings werden „globale Erwartungen", das „psychologische Klima" oder die „Psychologie der Märkte" mit einbezogen.

advance-decline-Linie (AD-Linie)

Graphische Darstellung der Kursveränderungen aller Aktien im Markt im Zeitverlauf (z. B.: Beginn der Aufzeichnung am 2. 1.: die advance-decline-Zahl beträgt 100. Am 3. 1. finden statt: 30 Kurssteigerungen und 50 Kursminderungen; die advance-decline-Zahl beträgt 20. Die advance-decline-Linie fällt gegenüber dem Vortag um diesen Betrag auf 80.) Die advance-decline-Linie zeigt i. a. Trendwechsel früh an. → technische Aktienanalyse.

advanced pricing

Verfahren der Preis- bzw. Kursfestsetzung bei internationalen Anleiheemissionen, bei dem die management group frühzeitig dem Emittenten einen bestimmten Emissionskurs garantiert. Sofern sich das Konsortium zugleich zur Festübernahme (firm commitment) der zu begebenden Wertpapiere verpflichtet, spricht man von einem bought deal.

AERFC

Abk. f. →Association of European Regional Financial Centres.

AEX

Aktienindex der Amsterdamer Effektenbörse.

AfA

Abk. f. → Absetzung für Abnutzung.

Affidavit

Im Effektenhandel gebräuchliche schriftliche Erklärung, i. d. R. von einer Bank ausgestellt, über den Besitz und die Herkunft bestimmter Wertpapiere. Positiv- oder Negativbescheinigungen über Eigentumsverhältnisse an Effekten, meist seit einem bestimmten Termin. → Lieferbarkeitsbescheinigung (Affidavit).

AFBD

Abk. f. → Association of Futures Brokers and Dealers.

after market

Am Euromarkt von market makers organisierter Handel eines Wertpapiers nach Erscheinen.

AG, A. G., Akt.-Ges.

Abk. f. Aktiengesellschaft(en).

AG i. L.

Abk. f. Aktiengesellschaft in Liquidation.

agency-futures

Bez. f. Terminkontrakte auf langfristige Anleihen von Emittenten hoher Bonität (sog. AAA-Titel). Zur Erfüllung eines agency-futures-Kontrakts kommen nicht nur Titel der öffentlichen Hand in Frage, sondern auch Anleihen von z. B. bonitätsmäßig einwandfreien Banken, Industrie- und Handelsunternehmen.

agent (agent bank)

Konsortialführer oder dem Konsortialführer nahestehende Bank (oft Tochtergesellschaft), die im Rahmen von Effektenemissionen, Konsortialkrediten bzw. euronotes-Fazilitäten die Konditionenfixierung (bei variabel verzinslicher Mittelaufnahme), die Auszahlung der Mittel und die Erbringung des Schuldendienstes überwacht.

aggressive Fonds
Investmentfonds, die aggressive Anlagepolitik verfolgen, d. h. in starkem Maße spekulative Wertpapiere oder solche mit starken Kursschwankungen erwerben. Sie stellen i. d. R. durch schnelle Käufe und Verkäufe auf das Erzielen möglichst hoher Kursgewinne ab.

Agio (Aufgeld) bei Devisen
Differenz zwischen Kaufpreis bzw. Kurs und Parität einer Devise. Gegens.: Deport, Disagio, Abgeld. → Report (2).

Agio (Aufgeld) bei Wertpapieren
Differenz zwischen Nennwert eines Wertpapiers und tatsächlich zu zahlendem höheren Kurs (Preis), z. B. dem Emissionskurs. Meist in % des Nennwertes ausgedrückt. Bei der Emission von Schuldverschreibungen ist ein Agio selten, dagegen der entgegengesetzte Fall, ein Disagio (Abgeld), sehr häufig. Bei Aktien besteht das Verbot der Unterpari-Emission; die Aktienausgabe mit Agio ist dagegen üblich. Auch beim Umtausch von Wandelschuldverschreibungen in Aktien und beim Bezug von Aktien über Optionsanleihen wird meist ein Aufgeld angesetzt. Der bei Aktienausgabe nach Abzug der Ausgabekosten verbleibende Teil des Aufgeldes ist der gesetzlichen Rücklage zuzuführen.

Agiopapiere
Schuldverschreibungen, die bei Auslosung oder Kündigung mit Agio zurückgezahlt werden, d. h. höher als pari (100%).

Agioschätze
Bez. f. Schatzanweisungen, die höher als zu 100% (pari) eingelöst werden.

Agiotage
Ausnutzung von Kursschwankungen, vor allem bei Aktien, zu spekulativen Gewinnen. Oft als unseriös geltend.

Agio-zero-bond
Spezieller zero-bond, bei dem im Gegensatz zu den ansonsten am Markt offerierten Anleihen statt eines hohen Disagios ein Aufgeld zum Rückzahlungstermin vereinbart wird. → zero-bonds.

agreement among (by) underwriters
Vertrag zwischen den Mitgliedern der underwriting group bei konsortialiter organisierten internationalen Aktien- und Anleiheemissionen nach dem amerikanischen Verfahren der two-tier syndication, der ausschließlich das Innenverhältnis betrifft und u. a. die underwriters bestimmt, die zugleich die management group bilden.

agreement among managers
Bei internationalen konsortialiter organisierten Aktien- und Anleiheemissionen auf Basis der three-tier syndication Vertrag zwischen den Mitgliedern der management group, der nur das Innenverhältnis betrifft und die Aufgaben- und Provisionsverteilung zwischen den Mitgliedern der management group regelt.

AIBD
Abk. f. Association of International Bond Dealers.

AK, Aktkap.
Abk. f. Aktienkapital.

AKG
Abk. f. Allgemeines Kriegsfolgengesetz v. 1957. → Kriegsfolgengesetz.

Akklamation
Wahl oder Beschlußfassung durch Zuruf o. ä. ohne genaue zahlenmäßige Feststellung der Gegenstimmen und der Stimmenthaltungen. Genügt bei eindeutig feststehenden Mehrheiten und wird, da sie rasch vorgenommen werden kann, u. a. auch in der HV der AG praktiziert.

Akkumulationsrecht
Recht des Inhabers von Investmentanteilen bei bestimmten Investmentgesellschaften, seinen vorhandenen Anteilsbesitz bei Berechnung der Ankaufsgebühren für den Kauf weiterer Anteile des Fonds angerechnet zu erhalten. Der so errechnete Gesamtbetrag ist Berechnungsgrundlage für den Prozentsatz der Ankaufsgebühren für die neue Anlage.

AktG
Abk. f. Aktiengesetz.

Aktie
Anteils- oder Teilhaberpapier. Verbrieft das Anteilsrecht – wirtschaftliches Miteigentum – an der AG. Der Inhaber bzw. Eigentümer der Aktie, der Aktionär, ist nicht Gläubiger der Unternehmung, sondern an dieser mitgliedschaftlich beteiligt. Als Teilhaber hat er bestimmte Rechte: Stimmrecht in der HV, Bezugsrecht bei Ausgabe junger Aktien u. a. m. (→ Aktionärsrechte) sowie Pflichten, vor allem die Pflicht zur Leistung der Einlage (→ Aktionärspflichten). Zwar besteht kein Anspruch des Aktionärs auf Gewinnausschüttung, erfolgt jedoch eine Ausschüttung, verbrieft die Aktie einen Anspruch

auf anteilsmäßige Dividende. Der Aktionär hat durch seinen Aktienbesitz bestimmte Auskunfts- und Informationsrechte sowie bei Liquidation der AG Anspruch auf Anteil am Liquidationserlös. Aktien sind unteilbar. Ihr Mindestnennwert beträgt DM 5; höhere Nennbeträge sind möglich, müssen aber durch 5 teilbar sein. Aktien dürfen nicht unter dem Nennwert ausgegeben werden (Verbot der Unterpari-Emission); Überpari-Emission ist zulässig und üblich. In einigen Ländern, vor allem USA, gibt es auch nennwertlose Aktien; in Deutschland sind Nennwertaktien vorgeschrieben. Im ersteren Fall wird das Aktienkapital durch eine bestimmte Anzahl von Aktien dargestellt und nicht, wie im letzteren, durch einen bestimmten Nennbetrag. Der Nennwert der Aktie ist eine rechnerische Größe, die die Höhe des Anteils am Grundkapital und damit am bilanziellen Gesamtvermögen der AG darstellt. Wenn Wertzuwächse im Vermögen der AG eintreten, stehen diese den Aktionären zu. Da sich aber dabei der Nominalbetrag der Aktien nicht erhöht, gibt der Nennwert ihren echten (inneren) Wert nicht korrekt wieder. Diesen repräsentiert ihr Börsenkurs: Wenn Aktien an der Börse eingeführt und gehandelt werden – Regelfall –, werden sie dort börsentägig marktmäßig bewertet, indem ihre Marktpreise (Börsenkurse) festgesetzt werden, die sich aus Angebot und Nachfrage ergeben (→ Kursbildung am Aktienmarkt). Es kommt auch vor, daß Aktien an der Börse zu Kursen gehandelt werden, die unter ihren Nennwerten liegen. In solchen Fällen weisen die AG meist nachhaltige, hohe Verluste auf, die das Eigenkapital dezimieren, oder ihre Ertragskraft ist langfristig so schwach, daß eine angemessene „Verzinsung" des von den Aktionären angelegten Kapitals nicht (mehr) erwartet werden kann. Auch in solchen Fällen tritt i. d. R. keine Änderung des Nennwertes der Aktien ein. Die Kurse der Aktien werden in DM pro Stück notiert; Kursnotierung in % des Nennwertes gibt es an den deutschen Börsen nicht (mehr). Da nicht alle AG Aktiennennbeträge von DM 5 haben, sondern häufig DM 50; z. T. auch DM 100, muß der Kapitalanleger sich darüber informieren, auf welchen Nennwert sich eine Kursangabe bezieht; die amtlichen Kursblätter geben Auskunft. Formal besteht die Aktienurkunde aus dem Mantel und dem Bogen (Gewinnanteilschein-, Couponbogen); ersterer ist die das Anteilsrecht verbriefende Urkunde, letzterer weist die Dividendenscheine (Coupons) auf, die zur Kassierung der ausgeschütteten Dividende dienen (→ Aktie, äußere Beschaffenheit). Ferner enthält der Bogen den Erneuerungsschein (Talon). Aktien können Inhaber- oder Namenspapiere sein. Erstere überwiegen bei weitem. Bei Inhaberaktien stehen dem Inhaber der Urkunde, der sie präsentiert, die Rechte daraus zu (die Rechte aus dem Papier folgen dem Recht am Papier); mit der – durch einfache Einigung und Übergabe möglichen – Übertragung der Aktie gehen sie auf den Erwerber über. Dagegen ist bei Namensaktien eine bestimmte Person als Inhaber genannt. Die Übertragung erfolgt durch Übertragungsvermerk (Indossament) auf der Rückseite der Urkunde (wie beim Wechsel). Durch ein Blankoindossament kann die Namensaktie so fungibel wie ein Inhaberpapier gemacht werden. Die Aktienübertragung kann aber auch von der Zustimmung der AG abhängig gemacht werden (gebundene, vinkulierte Namensaktien), vor allem bei AG, bei denen die Aktionäre Nebenverpflichtungen haben (Nebenleistungsaktiengesellschaft). Aktien sind i. a. voll eingezahlt. Bei Versicherungsaktien kommt es z. T. vor, daß nur ein Teil des Nennbetrags von den Aktionären eingefordert wird. Dann bildet das nicht eingezahlte Aktienkapital eine Reserve für Verluste, die bei ungünstigem Schadensverlauf eintreten können. Nicht eingezahltes Kapital kann jederzeit durch den Vorstand der AG eingefordert werden. Nicht voll eingezahlte Aktien müssen auf den Namen lauten; meist sind es vinkulierte Namensaktien. Bei einigen AG gibt es Stammaktien und Vorzugsaktien. Vorzugsaktionären wird in der Satzung der AG eine Vorzugsdividende garantiert, die allerdings voraussetzt, daß Gewinn erzielt wird. Diese Aktionäre erhalten die Garantiedividende, bevor Ausschüttungen an die Stammaktionäre erfolgen; z. T. beziehen die Vorzugsaktionäre auch eine Zusatzdividende neben der allen Aktionären zustehenden Ausschüttung. Vorrechte können auch bei der Verteilung eines Liquidationserlöses gegeben sein. I. w. S. sind auch Mehrstimmrechtsaktien, deren Ausgabe grundsätzlich untersagt ist, Vorzugsaktien. Die Aktie gewährt keine festen Zinsen; vielmehr wird aus dem jährlichen Reingewinn (Bilanzgewinn) der AG die (variable) Dividende gezahlt. Die Zahlung erfolgt gegen Einreichung der Dividendenscheine, was die depotverwaltende Bank für den Aktionär vornimmt (→ Depotverwaltung). Dividendenzahlung ist nur zulässig, wenn Gewinn erzielt worden ist und keine Verluste aus Vorjahren mehr abzutragen sind: Denn das der AG zur Verfügung gestellte Grundkapital kann sich zwar durch Verluste verringern, darf aber nicht durch Ausschüttungen an die Aktionäre geschmälert werden. Entsprechend der Kursnotierung in DM je Stück erfolgt die Angabe der Dividendenhöhe nicht (mehr) in %, sondern in DM pro Stück. Von der ausgezahlten Bruttodividende werden 25% KESt als Quellensteuer einbehalten, die bei der späteren Steuerveranlagung als Vorauszahlung berücksichtigt werden bzw. dem nicht veranlagten Aktionär unter bestimmten Voraussetzungen erstattet werden (→ Kapitalertragsteuererstattung). Seit der Körperschaftsteuerreform 1977 erhält der Aktionär neben der eigentlichen Dividende eine Steuergutschrift in Höhe der bereits von der AG an das Finanzamt abgeführten anrechenbaren KSt. Dieses Körperschaftsteuerguthaben macht seit 1. 1. 1994 3/7 der Bardividende aus und wird bei der Einkommensteuerveranlagung auf die Steuerschuld des Aktionärs angerechnet (→ Aktie, Gesamtertrag). Dabei rechnen Nettodividende und Steuerguthaben bei den Anteilseignern zu den Einkünften aus Kapitalvermögen. Die Aktionäre, vor allem die mit niedrigem Steuersatz, erzielen dadurch eine verbesserte Rendite (→ Dividendenrendite) auf ihr investiertes Kapital. Die Steuergutschriften werden den Aktionären zusammen mit den Dividendengutschriften von ihren Banken zugeleitet. Wie bei der KESt kann auch der Betrag des Körperschaftsteuerguthabens auf Antrag den Aktionären erstattet werden, die nicht zur ESt veranlagt werden. Ausländische Aktionäre erhalten grundsätzlich keine Anrechnung oder Vergütung der KSt. Bei Auflösung der AG ist der Liquidationserlös unter den Aktionären aufzuteilen, und zwar im Verhältnis ihrer nominellen Beteiligung am Grundkapital. Es sind jedoch zunächst alle Schulden zu tilgen, bevor eine Ausschüttung an die Aktionäre vorgenommen werden darf. Bei einem Konkurs der AG werden die Aktien, wenn die Mittel – wie in der Praxis üblich – nicht zur Abdeckung aller Schulden ausreichen, wertlos. Das Beteiligungsrecht macht die Aktie zu einem Substanzwert im Gegensatz zu Schuldverschreibungen, die Nominalwertforderungen darstellen.

Aktie, äußere Beschaffenheit

Aktien bestehen aus Mantel und Bogen. Der Mantel ist die das Anteilsrecht verbriefende Aktienurkunde. Der (Coupon-)Bogen besteht aus einer Anzahl – meist 20 – Dividendenscheinen oder Coupons (Gewinnanteilscheine) und einem Erneuerungsschein (Talon). Die Dividende wird gegen Vorlage der Coupons ausgezahlt; sie wird bei Depotverwahrung und -verwaltung durch eine Bank von dieser automatisch eingezogen und dem Depotkunden auf Konto gutgeschrieben. Sind die Coupons aufgebraucht, erhält der Aktionär gegen Vorlage des Talons einen neuen Bogen mit Coupons; auch dessen Beschaffung erfolgt durch die depotverwahrende Bank.

Aktie als Anlageobjekt

Die Aktie bietet dem Anleger als Anlagepapier zwei Ertragsquellen: Eine resultiert aus der Dividendenausschüttung, die andere aus Kursgewinnen. Die Aktie ist jedoch ein Risikopapier, d. h., weder Dividende noch Kursgewinne werden dem Anleger garantiert. Während die Aktienanlage früher den Inhabern großer Vermögen und wenigen börsenkundigen Sparern vorbehalten blieb, sind spätestens seit Einführung von Volksaktien breite Bevölkerungskreise an der Aktienanlage beteiligt. Weitere, aus Sicht des Anlegers positive Determinanten für die Aktie als Anlageobjekt sind die starke Stückelung bei gleichzeitig niedrigem Nennwert, die durch den hochentwickelten Börsenhandel erreichte Fungibilität der Aktien sowie die im Aktienrecht verbrieften Rechte aus dem Papier. Zur Förderung des Aktiensparens wurde die Aktie zu einem Element der staatlichen Sparförderung. Insbesondere sollen steuerliche Anreize die Aktienanlage fördern (→ Aktien als Kapitalanlage, steuerliche Aspekte).

Aktie als Finanzierungsinstrument

Durch Ausgabe von Aktien besteht für Unternehmen in der Rechtsform der AG die Möglichkeit, ihren Eigenkapitalbedarf zu decken. Charakteristikum der Aktienfinanzierung ist, daß die Emission durch Stückelung auf eine große Zahl von Anlegern verteilt wird. Der Anleger hat somit einen fungiblen, jederzeit über die Börse veräußerbaren Vermögenswert, während der Unternehmung die Summe der von den Anlegern aufgebrachten Kapitalbeträge als unkündbares Eigenkapital zur Verfügung steht. Die Kosten der Aktienfinanzierung setzen sich aus einmaligen (zeitfixen) und laufenden (variablen) Kosten zusammen. Zu den fixen Kosten gehören die Emissionskosten; als variable Kosten sind zu nennen: Dividendenzahlungen, Steuerzahlungen u. a. Die Kosten der Aktienfinanzierung sind meist höher als die Kosten der langfristigen Fremdfinanzierung. Der Grund liegt vor allem in der unterschiedlichen steuerlichen Belastung von Dividendenausschüttungen und Fremdkapitalzinsen. Zu beachten ist jedoch die Qualität des aufgenommenen Kapitals. Von Liquiditätsrisiken ist die AG in Höhe des zur Verfügung stehenden Aktienkapitals befreit, da das Aktienkapital sowohl unbefristet als auch unkündbar zur Verfügung steht. Positiv erscheint die Aktienfinanzierung auch unter Risiko- und Unabhängigkeitsaspekten. Aus der wichtigen Funktion des Eigenkapitals, der Haftung für Verluste, resultiert die Notwendigkeit, eine in Relation zu den Verlustrisiken entsprechende Eigenkapitalbasis (Grundkapital und Rücklagen) zu haben. Hieraus stellt sich die Problematik des optimalen Verschuldungsgrades (→ leverage). Bei der Aktienfinanzierung sind die Mitspracherechte der Aktionäre zu beachten. Das AktG sieht jedoch Möglichkeiten zur Überfremdungsabwehr vor. Bei der Entscheidung für die Aktie als Finanzierungsinstrument sind zudem die strengen Publizitätspflichten zu beachten. Potentielle Kapitalgeber sind nur dann zur Kapitalhergabe bereit, wenn die Kapitalanlage ihren Rentabilitäts- und Risikovorstellungen entspricht. Voraussetzung ist daher für die Aktienfinanzierung eine solide wirtschaftliche Lage der AG. Zur weiteren Kapitalbeschaffung nach der Erstausgabe besteht die Möglichkeit der Kapitalerhöhung. Im Rahmen der Emissionspolitik sind nicht nur betriebswirtschaftliche Erfordernisse der Kapitalbedarfsplanung, sondern darüber hinaus die davon unabhängigen Bedingungen auf dem Kapitalmarkt zu berücksichtigen.

Aktie als Spekulationsobjekt

Wird der Kauf von Aktien als Spekulation angesehen, stehen insbesondere Kursgewinnerwartungen im Mittelpunkt der Kaufentscheidung. Dividenden sind von sekundärem Interesse. I. d. R. ist der Kauf von Aktien als Spekulationsobjekt tendenziell kurzfristig geplant. Schnelle Realisierung von Kursgewinnen wird angestrebt. Zu beachten sind jedoch besondere steuerliche Vorschriften für Spekulationsgewinne. → Spekulationsfrist, einkommensteuerlich.

Aktie, Gesamtertrag

Der Gesamtertrag von Aktien setzt sich aus 2 Teilen zusammen: der von der AG ausgeschütteten Dividende und dem Steuerguthaben, das bei Veranlagung zur ESt oder KSt bzw. in einem besonderen Vergütungsverfahren (→ Körperschaftsteueranrechnungsverfahren) realisiert wird; es beträgt 3/7 der Dividende.

Beispiel:

auszuschüttender Gewinn vor KSt		100
von der ausschüttenden AG zu entrichtende KSt von 30%		30
bleibt als auszuschüttende Dividende		70
abzügl. einzubehaltende KESt in Höhe von 25% von 70		17,5
an den Aktionär auszuzahlen		52,50
Der Aktionär hat bei seinen Einkünften aus Kapitalvermögen zu erfassen:		
Dividende (einschl. einbehaltener KESt)		70
KSt-Guthaben (3/7 der Dividende)		30
ergibt Einnahmen aus Kapitalvermögen		100
Auf seine ESt-Schuld sind anzurechnen: KESt		17,5
KSt-Guthaben		30
ergibt als Gesamtanrechnungsbetrag		47,5
Bei einem ESt-Satz von z. B. 40% beträgt die ESt-Schuld des Aktionärs		40
Anrechnung der KESt	17,5	
Anrechnung der KSt	30	47,5
bleibt dem Aktionär zu erstattende Steuer		7,5

Der dem Aktionär verbleibende Nettobetrag von 60 ergibt sich also aus 52,50 Bardividende plus 7,50 Steuererstattung.

Aktien als Kapitalanlage, steuerliche Aspekte

Von der Gewinnausschüttung zahlt die AG 30% KSt, über die der Aktionär eine Steuergutschrift erhält. Bei Auszahlung der Dividende wird 25% KESt einbehalten (Quellensteuer), die auf die Einkommensteuerschuld der Aktionäre angerechnet wird. Sind Empfänger von Dividenden lohnsteuerpflichtig, wird ihnen die Dividende plus Steuerguthaben ohne Abzug von KESt ausgezahlt, wenn sie der Bank einen → Freistellungsauftrag und/oder eine entsprechende Bescheinigung ihres Finanzamtes (→ Nichtveranlagungsbescheinigung) beibringen. Die Dividendenerträge, die bei allen zur ESt veranlagten Steuerpflichtigen erfaßt werden, sind dort

Einkünfte aus Kapitalvermögen. Steuerfrei bleiben Erträge in Höhe eines Werbungskostenpauschbetrages von DM 100, bei zusammenveranlagten Ehegatten DM 200. Da sich die Nettodividende für einen Aktionär nach seinem persönlichen Einkommensteuersatz richtet, erhalten Aktionäre, sofern dieser unter 44% liegt, wegen der Körperschaftsteueranrechnung des von der AG gezahlten Betrages eine Steuervergütung. Folgende Beispielrechnung zeigt, daß einem Aktionär mit einem persönlichen Einkommensteuersatz von z. B. 30% von DM 100 Gewinn der AG vor Ausschüttung DM 67,30 verbleiben:

Gewinn vor Ausschüttung		100,00
KSt (30% von 100,00 Gewinn)		30,00
KESt (25% von 70,00 Dividende)		17,50
auszuzahlender Betrag		52,50
schon abgeführte Steuern (30,00 + 17,50)	47,50	
ESt des Aktionärs z. B. 30%	30,00	
Kirchensteuer (9% der ESt)	2,70	
zurückzuvergütende Steuer	14,80	14,80
Nettodividende		67,30

Die Dividende aus ausländischen Aktien wird im Ursprungsland meist um die dort anfallende (Quellen-)Steuer gekürzt (→ Doppelbesteuerungsabkommen [DBA]). Der Abzugsbetrag ist meist auf die deutsche Einkommensteuerschuld anrechenbar. Für die VSt sind Freibeträge und Freigrenzen gegeben: Danach sind für bestimmte Kapitalforderungen, zu denen auch Aktien gehören, DM 10000 – bei Zusammenveranlagung DM 20000 – bei Ermittlung des sonstigen Vermögens frei. Dieser Freibetrag wird nicht gewährt, wenn die Dividendenwerte nicht zum sonstigen Vermögen, sondern zu einer anderen Vermögensart im Sinne des BewG gehören. Daneben werden vom Vermögen persönliche Freibeträge abgezogen. Erlöse aus dem Verkauf von Bezugsrechten sind steuerfrei. Kursgewinne bleiben steuerfrei, wenn die Aktien zum Privatvermögen gehören und es nicht Gewinne aus Spekulationsgeschäften sind. Letztere sind zu versteuern, wenn zwischen An- und Verkauf der Aktien weniger als 6 Monate liegen und sie DM 1000 jährlich übersteigen (bei Ehegatten mit getrennten Depots je DM 1000). Spekulationsgewinne können mit Spekulationsverlusten innerhalb desselben Kalenderjahres kompensiert werden. Bei der Errechnung der Einkünfte aus Kapitalvermögen kann nach Abzug der Werbungskosten ein Sparerfreibetrag von DM 6000 – bei Ehegatten DM 12000 – subtrahiert werden. → Zinsabschlagsteuer.

Aktienanalyse

Dient der Auswahl bzw. Überprüfung von Aktien für Anlagezwecke. Sie umfaßt eine systematische, nach bestimmten Kriterien erfolgende Untersuchung und Bewertung von Aktien, AG und Aktienmärkten sowie des entscheidungsrelevanten Umfeldes. Aktienanalyse ist Voraussetzung für die Konzeption einer erfolgreichen Anlagestrategie bei privaten und institutionellen Anlegern. Aufgaben der Aktienanalyse sind einerseits Information und andererseits Prognose. So verschafft sich der potentielle Anleger Informationen über den Kurs der Aktien, die Marktbreite, den Gewinn je Aktie, weiter über das Kurs-Gewinnverhältnis sowie über andere prognoserelevante Determinanten. Aufgrund der Informationsbeschaffung wird die Prognose durchgeführt. Bestimmt werden i. d. R. die künftige Börsenentwicklung sowie zukünftige Kursentwicklungen einzelner Aktien. Ziel der Aktienanalyse ist über die Untersuchung der Ertragskraft einer Aktie die Ermittlung des „echten" Gewinns der vergangenen Jahre und der Abschätzung des zu erwartenden Gewinns der folgenden Jahre. Diese gefundenen Werte sind Grundlage für Kauf- und Verkaufsentscheidungen bei der Zusammenstellung eines möglichst optimalen Portefeuilles. Dem Analytiker stehen verschiedene Verfahren der Aktienanalyse zur Verfügung. Zu unterscheiden sind → Fundamentalanalyse, → technische Aktienanalyse. Neuderdings werden „globale Erwartungen", das „psychologische Klima" oder die „Psychologie der Märkte" mit einbezogen.

Aktienarten

Die Aktien der meisten deutschen AG werden – anders als z. T. im Ausland (USA) – als Inhaberaktien emittiert. Bei ihnen ist ein Eigentumswechsel wie bei jeder beweglichen Sache, also ohne besondere Formalitäten, möglich (Einigung und Übergabe). Namensaktien sind in Deutschland selten und als Börsentitel kaum üblich; allerdings können sie als Orderpapiere durch Blankoindossament so fungibel wie Inhabertitel gemacht werden. Namensaktien, die nicht Orderpapiere sind, sondern Rektapapiere, kommen praktisch kaum vor; sie können nur durch notarielle oder gerichtlich beglaubigte Zession übertragen werden (nicht an Order). Aktien müssen stets dann auf den Namen lauten, wenn sie emittiert werden, ohne daß der volle Nennbetrag und das evtl. Agio eingezahlt werden (→ teileingezahlte Aktien); der Betrag der Teilleistung muß in der Aktienurkunde angegeben werden. Namensaktien sind unter genauer Angabe des Inhabers nach Namen, Wohnort und Beruf in das Aktienbuch der AG einzutragen. Für diese kann die Namensaktie den Vorteil haben, daß ihr die Anteilseigner bekannt sind. In der Satzung der AG kann zudem fixiert werden, daß die Aktienübertragung an die Zustimmung der AG – die i. d. R. der Vorstand erteilt – gebunden ist (→ vinkulierte Namensaktien). Daneben wird die vinkulierte Namensaktie z. B. von Versicherungsgesellschaften verwendet, wenn die ausgegebenen Aktien nur teileingezahlt sind, da die AG wegen der Resteinzahlungsverpflichtung ein Interesse an der Person des neuen Anteilseigners haben muß. In Sonderfällen können per Satzung den Inhabern vinkulierter Namensaktien Nebenleistungen auferlegt werden. Die Aktien einer AG können verschiedene Rechte gewähren (→ Aktiengattungen), vor allem bei der Verteilung des Gewinns und des Gesellschaftsvermögens (Liquidationserlöses). Dabei stellen Aktien mit gleichen Rechten jeweils eine Gattung dar. Aktien ohne bestimmte Vorrechte sind Stammaktien, die hinsichtlich vor allem der Gewinnverteilung mit Vorrechten versehenen sind Vorzugsaktien. Letztere können mit und ohne Stimmrecht emittiert werden; stimmrechtslose Vorzugsaktien müssen jedoch mit einem nachzuzahlenden Vorzug bei der Gewinnverteilung versehen sein; bei Dividendenausfall lebt das Stimmrecht auf. Außerdem dürfen solche Vorzugsaktien nur bis zu einem Gesamtnennbetrag in Höhe des Gesamtnennbetrages der anderen Aktien emittiert werden. Normalerweise gewährt jede Aktie gleiches Stimmrecht; Mehrstimmrechtsaktien dürfen nur sehr begrenzt ausgegeben werden. Umgekehrt kann für bestimmte Aktienbeträge eines Aktionärs ein Höchststimmrecht eingeführt werden. Durch Emission von Berichtigungsaktien (Zusatz-, Aufstockungs-, Gratisaktien) wird das Grundkapital einer AG erhöht, ohne daß neue Mittel von außen zufließen (→ Kapitalerhöhung aus Gesellschaftsmitteln). Globalaktien umfassen mehrere Aktien in einer Urkunde. Sie gewähren sovielmal die Aktionärsrechte, wie Aktien zusammengefaßt sind. Dagegen haben Großaktien einen hohen Nennwert, für den nur einmal das Aktionärsrecht gewährt wird (z. B. 1 Stimme); Kleinaktien sind solche, die nicht den gesetzlichen Mindestnennwert erreichen. Ihre Emission ist nicht zulässig; sie können nur in Sonderfällen entstehen und müssen alsbald umgestellt werden. Nicht notierte Aktien sind solche, die nicht zum amtlichen Börsenhandel zugelassen sind. Belegschaftsaktien werden von einer AG ihren Arbeitnehmern gratis oder zum Vorzugskurs überlassen. Eigene Aktien sind Aktien im Besitz der betreffenden AG selbst; sie sind nur in Ausnahmefällen und eng begrenzt zulässig.

Aktienaufteilung

Split einer Aktie in mehrere Aktien mit entsprechend geringerem Nennwert, bei nennwertlosen Aktien mit entsprechend geringerem statutarischen Wert. Der prozentuale Anteil der Gesamtbeteiligung am Aktienkapital geht entsprechend zurück. Sinn ist ein „Leichtermachen" der Aktie, die aufgrund ihres hohen Börsenkurses nur noch schwer handelbar ist. Aktienaufteilungen dürfen nicht zur Unterschreitung des Mindestnennwertes führen.

Aktienausgabekurs (-preis)

Zu einem geringeren Betrag als dem Nennwert dürfen Aktien nicht emittiert werden (Verbot der Unterpari-Emission). Für einen höheren Betrag ist die Emission zulässig und üblich (Überpari-Emission). Der Aktienausgabekurs ist Gegenstand der Bezugskurspolitik der AG bei Grundkapitalerhöhungen. → Emissionskurspolitik.

Aktienausgabe, ordnungswidrige

Mitglieder von Vorstand oder Aufsichtsrat handeln ordnungswidrig, wenn sie Inhaberaktien ausgeben, bevor auf sie der Nennbetrag oder höhere Ausgabebetrag voll geleistet ist, oder wenn sie Namensaktien ausgeben, in denen der Betrag einer evtl. Teilleistung nicht abgegeben ist, oder wenn sie Aktien oder Zwischenscheine über einen niedrigeren als den gesetzlichen Mindestnennbetrag ausgeben.

Aktienausstattung

→ Ausstattung von Aktien.

Aktienaustausch

Wollen AG sich gegenseitig beeinflussen, können sie Pakete eigener Aktien austauschen. Jede der beiden AG gewinnt dadurch in der HV der anderen AG durch ihr Stimmrecht die Möglichkeit dazu. Wird durch den Aktienaustausch wechselseitig eine mehr als 25%ige Beteiligung erreicht, liegt eine wechselseitige Beteiligung i. S. d. AktG vor.

Aktienbanken

Banken in der Rechtsform der AG, evtl. auch KGaA.

Aktienbesitzzeit

Ist die Ausübung von Rechten aus der Aktie davon abhängig, daß der Aktionär während eines bestimmten Zeitraumes Inhaber der Aktie gewesen ist, steht dem Eigentum ein Anspruch aus Übereignung gegen eine Bank gleich. Die Eigentumszeit eines Rechtsvorganges wird dem Aktionär zugerechnet, wenn er die Aktie unentgeltlich, von seinem Treuhänder, als Gesamtrechtsnachfolger, bei Auseinandersetzung einer Gemeinschaft oder bei einer Bestandsübertragung nach dem VAG erworben hat.

Aktienbewertung

Die Frage nach zuverlässigen Bewertungsmaßstäben für Aktien ist zentrales Problem der Anlageentscheidung. Die besonderen Schwierigkeiten der Bewertung von Aktien resultieren daraus, daß sie keine feststehenden Leistungen verbriefen und somit Werte verkörpern, die wegen des starken Wandels der wirtschaftlichen Gegebenheiten laufenden Veränderungen unterworfen sind. Es sind verschiedene Maßstäbe zur Aktienbewertung entwickelt worden. Von besonderer Bedeutung sind die am Ertrag orientierten Beurteilungskriterien. So richten sich die Vorstellungen über den angemessenen Kurs einer Aktie nach der Barrendite, d. h. dem in % angegebenen Dividendenbetrag. Die Barrendite allein ist jedoch ein unzuverlässiger Maßstab, weil einerseits die AG nur einen Teil des Unternehmensgewinnes als Dividende ausschüttet und andererseits die Gewinnausschüttung höher als der effektive Gewinn ausfallen kann, die Dividende demnach zu Lasten der Vermögenssubstanz bezahlt wird. Für den Anleger ist vor allem das Verhältnis zwischen gesamtem Gewinn je Aktie und Aktienkurs bedeutungsvoll (→ Kurs-Gewinn-Verhältnis [KGV], → price-earnings ratio [PER]). Die PER erhält als Orientierungsgröße bei der Aktienbewertung erst dann einen Wert, wenn Vorstellungen darüber bestehen, ob die ermittelte Ziffer hoch oder relativ niedrig ist. Die PER einer Aktie wird deshalb mit der gleichen Kennziffer anderer Aktien oder, für sich allein, in historischer Sicht betrachtet. Neben den gewinnorientierten Maßstäben der Aktienbewertung treten weitere Kriterien, wie Substanz- oder Buchwert je Aktie, eher zurück. Weitere Kennziffer der Aktienbewertung ist das Kurs-cash-flow-Verhältnis. → Finanzanalyse → Aktienanalyse.

Aktienbuch

Auch: Aktienregister. Namensaktien sind unter Angabe des Inhabers nach Namen, Wohnort und Beruf in das Aktienbuch der AG einzutragen. Im Verhältnis zur AG gilt als Aktionär nur, wer als solcher eingetragen ist. Ist jemand nach Ansicht der AG zu Unrecht als Aktionär eingetragen, kann sie die Eintragung nur löschen, wenn sie vorher die Beteiligten von der beabsichtigten Löschung benachrichtigt und ihnen angemessene Frist zur Geltendmachung eines Widerspruchs gesetzt hat. Widerspricht ein Beteiligter innerhalb der Frist, hat die Löschung zu unterbleiben. Geht die Namensaktie auf einen anderen über, ist dies bei der AG anzumelden. Die Aktie ist vorzulegen, der Übergang nachzuweisen. Die AG vermerkt ihn im Aktienbuch. Diese Vorschriften gelten sinngemäß für Zwischenscheine. Jedem Aktionär ist auf Verlangen Einsicht in das Aktienbuch zu gewähren.

Aktien, Deckungsstockfähigkeit

Aktien können für den Deckungsstock von Versicherungsunternehmen erworben werden, sofern sie voll eingezahlt sind und an einer inländischen Börse zum amtlichen Handel oder Geregelten Markt zugelassen sind. Der Erwerb nicht börsennotierter inländischer Aktien ist nur zulässig, sofern diese ebenfalls voll eingezahlt sind und das die Aktien emittierende Unternehmen der Versicherung zu jedem Bilanzstichtag einen Jahresabschluß vorlegt. Die Anlage des Deckungsstocks in nicht voll eingezahlte Aktien eröffnet sich Versicherungsunternehmen in geringem Umfang durch von inländischen Kapitalanlagegesellschaften verwalteten Wertpapier-Sondervermögen. Aktien einer Gesellschaft dürfen nur insoweit erworben werden, als der Nennbetrag dieser erworbenen Aktien zusammen mit dem Nennbetrag der bereits im gebundenen Vermögen (Deckungsstock und übriges gebundenes Vermögen) befindlichen Aktien derselben Gesellschaft 10% des Grundkapitals dieser Gesellschaft nicht übersteigt. Ferner darf der Anteil der Anlagen eines Versicherungsunternehmens in Beteiligungstiteln, in Wertpapier-Sondervermögen sowie in Beteiligungs-Sondervermögen zusammen 20% des Deckungsstockvermögens nicht übersteigen.

Aktien einer herrschenden Gesellschaft

Aktivische Bilanzposition der AG, unter der Aktien einer Gesellschaft zu bilanzieren sind, die durch Beteiligung oder durch Vertrag oder Satzung beherrschenden Einfluß auf die bilanzierende AG hat. Sie dürfen grundsätzlich nicht erworben werden.

Aktieneinziehung

Kann erfolgen zum Zweck der Kapitalherabsetzung. Aktien können zwangsweise oder nach Erwerb durch die AG eingezogen werden. Bei der Einziehung sind die Vorschriften über die ordentliche Kapitalherabsetzung zu befolgen; das Grundkapital der AG wird um den Gesamtnennbetrag der eingezogenen Aktien herabgesetzt.

Aktienemission

→ Emission von Aktien.

Aktienerwerb auf Kredit, lohnsteuerlich

Kauft ein Arbeitnehmer Wertpapiere auf Kredit, sind die Schuldzinsen insoweit nicht abzugsfähig, als sie nicht bei der Ermittlung der Einkünfte aus Kapitalvermögen oder im Fall eines Verkaufes der Effekten nicht bei der Ermittlung evtl. steuerpflichtiger Gewinne – bei Veräußerung von Gesellschaftsanteilen bei einer wesentlichen Beteiligung oder bei Spekulationsgeschäften in Wertpapieren – abgezogen werden können.

Aktienfinanzierung

→ Aktie als Finanzierungsinstrument.

Aktienfonds

Investmentfonds, dessen Portefeuille ganz oder überwiegend Aktien enthält.

Aktiengattungen

Aktien können verschiedene Rechte gewähren, so bei Gewinnverteilung und Verteilung des Gesellschaftsvermögens (Liquidationserlöses) sowie bei der Ausübung des Stimmrechts. Aktien einer AG mit gleichen Rechten bilden eine Gattung. In der Jahresbilanz sind beim gezeichneten Kapital die Gesamtnennbeträge der Aktien jeder Gattung gesondert anzugeben. Bedingtes Kapital ist mit dem Nennbetrag zu vermerken. Bestehen Mehrstimmrechtsaktien, sind beim gezeichneten Kapital die Gesamtstimmenzahl der Mehrstimmrechtsaktien und die der übrigen Aktien auszuweisen. → Aktienarten.

Aktiengesellschaft (AG, A. G., Akt.-Ges.)

Handelsgesellschaft („Aktienverein") mit eigener Rechtspersönlichkeit, also eine juristische Person, deren Gesellschafter, die Aktionäre, i. d. R. nicht aktiv bei ihr tätig sind, sondern lediglich mit ihren Einlagen auf das in Aktien aufgeteilte Grundkapital beteiligt sind und nur damit haften. Eine persönliche Haftung der Aktionäre existiert nicht; für die Verbindlichkeiten der AG haftet ausschließlich das Aktienkapital. Bei Gründung der AG muß das Grund- oder Aktienkapital mind. DM 100000 betragen; meist ist es höher. Das Grundkapital, das mit seinem Nennbetrag im Handelsregister eingetragen ist, entspricht dem Nennwert der Summe aller von der AG emittierten Aktien. Es wird aufgebracht, indem die Anteile an Kapitalanleger verkauft werden, die natürliche Personen als auch andere Unternehmen sein können. Die AG ist die geeignetste Unternehmungsform, die die Möglichkeit bietet, große Kapitalbeträge dadurch aufzubringen (→ Beteiligungsfinanzierung), daß sehr viele Kapitalanteile mit niedrigen Nennwerten emittiert werden und sich auch kleine Kapitalanleger an ihr beteiligen können. Sie ist zugleich die typische Rechtsform für Großunternehmen. Aktien dürfen nicht unter pari emittiert werden, während die Ausgabe über pari zulässig und üblich ist; das Agio ist der Kapitalrücklage zuzuführen. Die Satzung der AG bestimmt Firma, Sitz, Unternehmensgegenstand, Höhe des Grundkapitals, Nennwerte und Gattungen der Aktien (→ Aktienarten → Aktiengattungen) u. a. m. Die AG hat 3 Organe: Vorstand, Aufsichtsrat und HV. Der Vorstand hat die AG unter eigener Verantwortlichkeit zu leiten; er vertritt sie gerichtlich und außergerichtlich. Die Vorstandsmitglieder werden max. 5 Jahre vom Aufsichtsrat bestellt; Wiederbestellung ist möglich und üblich (→ Amtszeit der Vorstandsmitglieder der AG). Der Aufsichtsrat besteht aus mind. 3 Personen. Er hat die Geschäftsführung zu überwachen, Jahresabschluß und Lagebericht zu prüfen, der HV darüber zu berichten u. a. m. Die HV ist die Versammlung der Anteilseigner. Sie wird i. d. R. – als ordentliche HV – einmal pro Jahr einberufen, beschließt über die Dividende, erteilt

Vorstand und Aufsichtsrat Entlastung (oder verweigert diese) u. a. m. Sie wählt i. a. die Hälfte der Aufsichtsratsmitglieder, während die andere Hälfte nach den Regeln der Mitbestimmungsgesetze von der Belegschaft gewählt wird. In der HV richtet sich bei den Abstimmungen das Stimmrecht – das auch durch einen Bevollmächtigten, z. B. eine Bank ausgeübt werden kann (Depot-, Vollmacht-, Auftragsstimmrecht) – nach Aktiennennbeträgen. Die Konstruktion AG findet sich in den Grundlagen in sämtlichen westlichen Industriestaaten; allerdings differieren die rechtlichen Regelungen. Prototyp sind vor allem die großen Publikumsgesellschaften, bei denen eine große Anzahl von Aktionären mit oft kleinen und kleinsten Aktienbeträgen beteiligt ist.

Aktiengesellschaft, ausländische Bezeichnungen

Die der deutschen AG entsprechenden ausländischen Unternehmen tragen – in wichtigen Ländern – folgende Bez. (Abk. in Klammern): Österreich, Schweiz: Aktiengesellschaft (AG); USA, Kanada, Japan: corporation (Corp.) bzw. incorporated (Inc.); Großbritannien, Australien, Kanada, Südafrikanische Union: limited (Ltd.); Schweden: actiebolaget (AB); Dänemark: aktieselskabet (A/S); Norwegen: aksjeselskabet (A/S); Spanien: sociedad anónima (S. A.) bzw. limitada (Ltda.); Niederlande: naamloze vennootschap (N. V.); Finnland: osakeyhtiö (Oy); Italien: società anonima (S. A.) bzw. società per azioni (S. p. A.); Frankreich, Belgien, Luxemburg: société anonyme (S. A.); Portugal: sociedade anónima de responsabilidade limitada (S. A. R. L.).

Aktiengesellschaft, kleine

→ kleine Aktiengesellschaft.

Aktiengesetz (AktG)

Das Aktiengesetz v. 6. 9. 1965 mit Einführungsgesetz (EGAktG) – veröff. in: BGBl. I S. 1089 – regelt detailliert die Rechtsverhältnisse von AG und KGaA, und es enthält ein ausgebildetes, modernes Recht der verbundenen Unternehmen (kurz: Konzernrecht). Das AktG enthält folgende Hauptgliederungspunkte: Gründung der Gesellschaft, Rechtsverhältnisse der Gesellschaft und der Gesellschafter, Verfassung der AG, Satzungsänderung und Maßnahmen der Kapitalbeschaffung und -herabsetzung, Nichtigkeit von Hauptversammlungsbeschlüssen und des festgestellten Jahresabschlusses sowie Sonderprüfung wegen unzulässiger Unterbewertung, Auflösung und Nichtigerklärung der Gesellschaft, Kommanditgesellschaft auf Aktien, verbundene Unternehmen, Verschmelzung, Vermögensübertragung und Umwandlung.

Aktienindex, gekoppelte Einlagenzertifikate

Finanzinnovation. Inhaber dieser Einlagenzertifikate haben nach Ablauf der Laufzeit das Recht auf Rückzahlung eines Betrages, der sich aus dem Nominalbetrag und einem variablen Betrag zusammensetzt. Der variable Betrag ist bei an einen Aktienindex gekoppelten Einlagenzertifikaten abhängig vom Stand des zugrunde gelegten Aktienindex und ggf. vom Wechselkursverhältnis. Sollte der errechnete variable Betrag negativ sein, erhält der Anleger den Nominalbetrag zurück, d. h., sein Verlust ist auf entgangene Zinsen beschränkt. Effektive Einlagenzertifikate werden nicht ausgegeben; den Inhabern stehen Miteigentumsanteile an einem Inhaberzertifikat zu. Oft erfolgen eine Zulassung zum Börsenhandel im Geregelten Markt sowie die Einbeziehung in den Freiverkehr. Die Laufzeit beträgt i. d. R. nur ein Jahr.

Aktienindex (Kursindex)

Form der Preisindizes, der die Kursentwicklung des Aktienmarktes insgesamt und/oder einzelner Aktiengruppen abbilden soll. Für die Kapitalanleger soll er als Orientierungshilfe für die Tendenz am Aktienmarkt dienen. Der Indexberechnung werden entweder besonders wichtige, den Markt bestimmende Aktienwerte oder alle notierten Titel zugrunde gelegt. Neben dem allgemeinen Index wird die Kursentwicklung in wichtigen Branchen ermittelt. Solche Indizes werden von Börsen, Banken, Beratungsfirmen, Wirtschaftspresse u. a. m. errechnet und publiziert. Das Statistische Bundesamt z. B. ermittelt einen Aktienindex auf der Basis von 430 ausgewählten börsennotierten Stammaktien, aufgeteilt in 4 Haupt- und 33 Wirtschaftsgruppen. Die Frankfurter Wertpapierbörse gibt an jedem Börsentag über die bei ihr festgestellten Aktienkurse einen Index – dazu einen Umsatzindex – bekannt. Der Index der → Frankfurter Allgemeine Zeitung (FAZ-Index) erscheint seit dem 4. 9. 1961 börsentäglich. Seit 1988 wird der von der Frankfurter Wertpapierbörse, der Arbeitsgemeinschaft der Deutschen Wertpapierbörsen und der Börsen-Zeitung gemeinsam entwickelte → Deutsche Aktienindex (DAX) börsentäglich errechnet. Seit 1993 veröffentlicht die Deutsche Börse AG den → Composite DAX (CDAX), der als minütlich aktualisierter Performance-Index konzipiert ist und ca. 320 Werte umfaßt. Zusammenstellung – und somit auch Genauigkeit – der verschiedenen Aktienindizes sind unterschiedlich. Neben der Anzahl der erfaßten Einzelwerte ist auch die Art der Gewichtung der Kapitalien relevant, dazu technische Einzelheiten: so, ob (Regel) die in den Index einbezogenen Aktienkurse um Splits und Bezugsrechte bereinigt (adjustiert) werden (ausgeschüttete Dividenden bleiben meist unberücksichtigt) oder ob es sich um einen unbereinigten Index handelt. Wesentlich ist auch bei in Kennziffern ausgedrückten Indizes die Wahl des gleich 100 gesetzten Basisjahres. Entsprechende Aktienindizes gibt es in allen Ländern mit Börsen- und Effektenwesen; auch im europäischen Rahmen werden Indizes ermittelt.

Aktienindexhandel

Einige Terminbörsen bieten die Möglichkeit, auf die künftige Kursentwicklung einer festgelegten Anzahl von Aktien zu spekulieren. So wird in Chicago der Standard & Poor's-Aktienindex „gehandelt", der einen Kursdurchschnitt von 500 Aktien, rd. 80% der an der NYSE gehandelten, darstellt. In Kansas City wird der Value-Line-composite-index auf Terminbasis notiert, der rd. 1700 Aktien abdeckt. An der NYFE wird ein Index aus den gewichteten Durchschnittsschwankungen von 1520 notierten Aktien gehandelt. Im Gegensatz zu den US-Börsen, die Kontrakte auf bereits seit langem bestehende, weithin bekannte Indizes handeln, hat die Börse in Toronto eine Art künstlichen Index kreiert, der sich aus 10 „schweren", in breitem Besitz befindlichen kanadischen Aktien zusammensetzt, die Spitzenwerte darstellen. Die Sidney Futures Exchange betreibt einen Terminhandel auf den Aktienindex all ordinaries, den bekanntesten australischen Börsenindex, der rd. 250 an den Börsen in Sidney und Melbourne gehandelte Werte umfaßt. Am 23. 11. 1990 wurde an der Deutschen Terminbörse der Terminhandel auf den Deutschen Aktienindex (→ Deutscher Aktienindex-Terminkontrakt) aufgenommen. Bei den Index-Terminhandelsgeschäften erzielt der Anleger ähnliche Vorteile wie beim Terminhandel in Fremdwährungen oder Rohstoffen: Bei Inkaufnahme entsprechender Risiken entsteht für ihn bei relativ geringem Kapitaleinsatz, der als Einschuß zu hinterlegen ist (Kaution), aufgrund des leverage-Effekts ein überproportionales Gewinnpotential. Der Anleger kauft also praktisch einen „Aktienkorb" mit nur etwa 10% Eigenkapital. Würde er die gleiche Anzahl Dividendenwerte effektiv erwerben, müßte er mind. 50% des Gesamtwertes aufbringen. Liquidiert werden solche Terminpositionen anders als beim üblichen Termingeschäft nicht durch tatsächliche Andienung von Stücken, sondern durch Abrechnung in bar: Während beim normalen Finanzterminkontrakt auf die spätere effektive Lieferung und Abnahme der gehandelten Objekte – Wertpapiere, Devisen, evtl. Waren – abgestellt wird, wird beim Index-Terminkontrakt der Gegenwert des zugrunde liegenden Aktienindex bei Fälligkeit des Kontraktes in Geld ausgeglichen. I. d. R. wartet man allerdings nicht bis zum Fälligkeitstag, sondern üblicherweise werden die Verpflichtungen aus den Kontrakten durch ein entsprechendes Gegengeschäft, also Kauf bzw. Verkauf, kompensiert (→ hedging [hedge]). Mittels Index-Terminkontrakten kann auf Hausse wie auf Baisse spekuliert werden; zudem können Aktienbestände durch Kauf eines Index-Terminkontraktes bei fallenden Kursen gegen eine Baisse abgesichert werden. Im übrigen kann man an den Terminkursen ablesen, ob der Markt mit steigenden oder fallenden Kursen rechnet. Man kann zwischen verschiedenen Fälligkeitsterminen wählen.

Aktien, jüngste

→ jüngste Aktien.

Aktien, junge

→ junge Aktien.

Aktienkapital

Bez. f. das Grundkapital der AG. Bei Gründung der AG wird in der Satzung fixiert, wie hoch das Aktienkapital sein soll; der Mindestbetrag ist DM 100 000. Das Aktienkapital verändert sich während des Bestehens der AG durch Grundkapitalerhöhungen und – selten vorkommend – Grundkapitalherabsetzungen. Diese sind – neben anderen Erfordernissen – jeweils im Handelsregister einzutragen.

Aktienkauf und -verkauf, Transaktionskosten

Beim Kauf von Aktien fallen als Kosten an: Provision i. d. R. 1% vom Kurswert, oft mind. DM 30 bis DM 50; Maklergebühr (Courtage) 0,6‰ vom Kurswert, mind. DM

0,50. Wenn Lieferungskosten entstehen, werden sie gesondert in Rechnung gestellt. Dies gilt auch für Sonderkosten ausländischer Aktien. Werden Geschäfte nicht über die Börse abgewickelt – z. B. Bezug junger Aktien oder sonstiger Ersterwerb –, fällt Courtage fort. An deutschen Börsen gehandelte Auslandsaktien werden gegen DM zu den Bedingungen für deutsche Aktien ge- und verkauft. Beim Kauf von Auslandsaktien an ausländischen Börsen liegen die Kosten zwischen 2% und 5% des Kurswertes.

Aktienkurs

Preis, zu dem eine Aktie gehandelt, d. h. ge- oder verkauft wird. Der amtlich notierte Aktienkurs wird an der Börse vom Kursmakler so bestimmt, daß er das größtmögliche Umsatzvolumen in der jeweiligen Aktie gewährleistet.

Aktienkursindex

→ Aktienindex.

Aktienkurstheorie

Theoretische Erklärungsansätze zur Beschreibung und Prognose der Kursbildung am Aktienmarkt. Wesentliche Bedeutung haben in jüngeren Ansätzen die Portfoliotheorie und Hypothesen zur Kapitalmarkteffizienz. Erklärungsdeterminanten sind das systematische (unvermeidbare) Risiko, Renditeerwartungen und Annahmen zur Informationsverteilung und Informationsverarbeitung der Marktpartner. Der Aktienkurs ergibt sich als Ausdruck risikoabhängiger Bewertung der von Anlegern erwarteten Vorteile aus dem Besitz von Aktien.

Aktienlaufzeitenfonds

Wie bei Laufzeitenfonds üblich, wird das Sondervermögen nach Verstreichen einer bestimmten Frist geschlossen und dann zu einem festgelegten Zeitpunkt wieder aufgelöst. Bei Aktienlaufzeitfonds wird darüber hinaus besonders risikoscheuen Anlegern die Investition in Aktien dadurch erleichtert, daß der Einsatz von DTB-Instrumenten das Kapitalrisiko ausschließt.

Aktienmantel

Auch: Titelmantel. Die eigentliche Aktienurkunde (neben dem Bogen). → Aktie, äußere Beschaffenheit.

Aktienmarkt

Nicht einheitliche Abgrenzung für den Handel mit Aktien: Teilmarkt der Börse für den Handel mit Aktien; i. e. S. nur der amtliche Handel, evtl. auch der Geregelte Markt sowie der Freiverkehr; i. w. S. auch der Handel mit Aktien außerhalb der Börse (Telefonverkehr).

Aktienmehrheit

In der HV der AG wird das Stimmrecht der Aktionäre nach Nennbeträgen der Aktien ausgeübt. Da das Prinzip einfacher Stimmenmehrheit gilt, die in der HV nicht vertretenen oder nicht abstimmenden Aktien demnach nicht als Nein-Stimmen gelten, ist i. a. bei Besitz von 50% des Grundkapitals nachhaltiger Einfluß auf die AG gesichert. Eine einfache Mehrheit liegt vor, wenn die Anzahl der Aktien mehr als die Hälfte des Grundkapitals repräsentiert. Qualifizierte Mehrheit ist eine solche von mind. ¾ des Aktienkapitals. Satzungsänderungen, Maßnahmen der Kapitalbeschaffung oder Kapitalherabsetzung u. a. m. bedürfen einer solchen qualifizierten Mehrheit.

Aktien mit Rückzahlungsversprechen

Sind nicht zulässig, d. h., eine AG darf ihren Aktionären eine Rückzahlung ihrer Einlagen auf das Grundkapital weder zusagen noch gewähren.

Aktienoption (1)

Beim Optionsgeschäft das Recht, eine bestimmte Anzahl Aktien zum vereinbarten Kurs während eines bestimmten Zeitraums (amerikanische Option) oder zu einem bestimmten Zeitpunkt (europäische Option) zu kaufen (bzw. auch zu verkaufen).

Aktienoption (2)

Bei der Optionsanleihe das Recht des Obligationärs, eine bestimmte Anzahl Aktien zu den vertraglichen Bedingungen zu erwerben.

Aktienoption (3)

Bei der Wandelschuldverschreibung das Recht des Obligationärs, im Umtausch gegen die Obligation Aktien entsprechend den vertraglichen Wandlungsbedingungen zu beziehen.

Aktienoptionen, Deutsche Terminbörse (DTB)

Der Aktienoptionshandel an der Deutschen Terminbörse (DTB) wurde am 26. 1. 1990 aufgenommen. Die Kontraktspezifikationen der Aktienoptionen lauten wie folgt:

Basiswerte:
Umsatzstarke deutsche Aktien:
Allianz Holding, BASF, Bayer, BMW, Commerzbank, Daimler Benz, Deutsche

Bank, Dresdner Bank, Hoechst, Mannesmann, RWE St., Siemens, Thyssen, VEBA, Volkswagen St.

Kontraktgröße:
Ein Kontrakt bezieht sich auf 50 Aktien des zugrundeliegenden Basiswertes, soweit nicht vom Börsenvorstand etwas anderes bestimmt wird. Ein Optionskontrakt auf Allianz-Aktien bezieht sich auf fünf Aktien.

Basispreise:
Optionsserien können folgende Basispreise haben:
DM 5 oder ein Vielfaches davon bis einschließlich DM 100; DM 110 oder ein höherer durch 10 teilbarer Betrag bis einschließlich DM 200; DM 220 oder ein höherer durch 20 teilbarer Betrag bis einschließlich DM 500; DM 550 oder ein höherer durch 50 teilbarer Betrag bis einschließlich DM 1000; DM 1100 oder ein höherer durch 100 teilbarer Betrag.

Einführung neuer Basispreise:
Bei Einführung neuer Kontrakte stehen für jeden call und put für jede Fälligkeit drei Basispreise zur Verfügung. Ein Basispreis ist im Geld, ein Basispreis am Geld und ein Basispreis aus dem Geld. Eine Optionsserie mit neuen Basispreisen für einen bestehenden Verfallmonat wird eingeführt am Börsentag, nachdem der Schlußkurs des Basiswertes an der Frankfurter Wertpapierbörse das Mittel zwischen den beiden höchsten/niedrigsten bestehenden Basispreisen über- bzw. unterschritten hat. Eine neue Optionsserie wird nicht eingeführt, wenn die Restlaufzeit weniger als zehn Börsentage beträgt.

Maximale Preisspanne:
Die Deutsche Terminbörse kann eine maximale Preisspanne zwischen Geld- und Briefkurs für quotes festlegen.

Preisabstufungen:
DM 0,10; unabhängig vom Wert der zugrundeliegenden Aktien.

Laufzeiten:
Die drei aufeinanderfolgenden Monate sowie die nächsten beiden Monate aus dem Zyklus März, Juni, September, Dezember; d. h., es sind Laufzeiten von 1, 2, 3 sowie maximal 6 und max. 9 Monate verfügbar.

Letzter Handelstag:
Fällt grundsätzlich auf den dritten Freitag des Verfallmonats, sofern dieser ein Börsentag ist, andernfalls auf den davorliegenden Börsentag.

Verfalltag:
Verfalltag einer Optionsserie ist grundsätzlich der auf den letzten Handelstag folgende Börsentag.

Erfüllungstag:
Zwei Börsentage nach der Ausübung.

Ausübung:
Der Käufer kann eine Option grundsätzlich an jedem Börsentag ausüben (amerikanische Option), mit Ausnahme des Tages eines Dividendenbeschlusses. Letzter Ausübungstag ist der Verfalltag. Allerdings kann der Inhaber einer an der Deutschen Terminbörse gekauften Option diese jedoch letztmalig an dem letzten Handelstag dieser Optionsserie ausüben, damit die Option fristgerecht vor Verfall von der Deutschen Terminbörse gegenüber den jeweiligen Stillhaltern und gegebenenfalls von diesen gegenüber Dritten ausgeübt werden kann.

Optionsprämie:
Der Käufer eines Optionskontraktes ist verpflichtet, an den Stillhalter den Preis für den Erwerb des Optionsrechts, die Optionsprämie, an dem Geschäftstag zu zahlen, der dem Kauftag folgt.

Lieferbarkeit:
50 Aktien der zugrundeliegenden Gattung, mit Ausnahme der Allianzkontrakte, die nur fünf Aktien umfassen und in bar abgerechnet werden.

Kombinationshandel:
Der Börsenvorstand legt die im System der Deutschen Terminbörse möglichen kombinierten Aufträge fest. Zur Zeit sind folgende Kombinationen handelbar:
- bull spreads (calls und puts),
- bear spreads (calls und puts).
- bullish time spreads nur mit calls,
- bearish time spreads nur mit puts
- straddles und
- strangles.

Täglicher Abrechnungspreis:
Preis des letzten während der letzten Handelsstunde eines Börsentages zustande gekommenen Geschäfts in dieser Optionsserie. Sind in diesem Zeitraum in dieser Serie keine Geschäfte zustande gekommen oder entspricht der ermittelte Preis nicht den tatsächlichen Marktverhältnissen, so legt die Deutsche Terminbörse den Abrechnungspreis fest.

risk based margining:
Bestimmter Betrag, der je nach Volatilität des Kontraktes für die Netto-Kauf- oder -Verkaufsposition von der Deutschen Terminbörse berechnet wird.

Handelszeit:
9.30 bis 16.00 Uhr.

Aktienpaket
Maßgeblicher Anteilsbesitz eines Aktionärs bei einer AG, der einen Einfluß auf die AG sichert. So kann schon ein Paket von 5% des Grundkapitals die Einberufung einer HV erzwingen. Bei einer Sperrminorität von mehr als 25% lassen sich alle eine qualifizierte Mehrheit erfordernden HV-Beschlüsse blockieren (Satzungsänderungen, Kapitalerhöhung, -herabsetzung, Verschmelzung, Auflösung usw.). Ein großes Paket von mehr als 75% sichert die Beherrschung der AG in nahezu jeder Hinsicht. Besitzt eine AG 95% der Aktien einer anderen, kann sie letztere unter Abfindung der restlichen Aktionäre eingliedern (→ Eingliederung durch Mehrheitsbeschluß).

Aktienpromesse
→ Zwischenscheine (Interimsscheine).

Aktienquorum
Aufgrund der Satzung der AG in bestimmten Abstimmungsfällen vorgesehene Mindestzahl von Aktien bzw. Personen. Nach ein- oder zweimaliger Vertagung ist eine ein weiteres Mal einberufene HV trotz Verfehlens des Quorums beschlußfähig.

Aktienrecht
Das Recht der AG und KGaA war früher im allgemeinen Handelsgesetzbuch geregelt. Nach der Währungsumstellung 1923 wurde für die Handelsgesellschaften eine der wichtigsten Vorschriften die Verordnung über Goldbilanzen von 1923. Durch Gesetz über Aktiengesellschaften und Kommanditgesellschaften auf Aktien v. 1937 entstand für diese beiden Gesellschaften ein Spezialgesetz. Im Anschluß an die Währungsumstellung 1948 wurde das Aktienrecht durch DMark-Bilanzgesetz v. 1948 geändert, desgl. durch Wertpapierbereinigungsgesetz von 1949 und die Gesetze über die Beteiligung der Arbeitnehmer im Aufsichtsrat der AG (Mitbestimmungsgesetze). Das AktG v. 1937 selbst ist abgelöst worden durch AktG v. 9. 6. 1965. → Aktiengesetz (AktG).

Aktienregister
→ Aktienbuch.

Aktienrendite
→ Rendite → Dividendenrendite.

Aktienring
In der Schweiz (u. a. Ländern) ringförmige Balustrade im Börsensaal, an dem die Börsenhändler stehen und ihre Aufträge abwickeln. Im Ring selbst sitzen der kantonale Börsenschreiber, der Börsenkommissär und der Vertreter der Telekurs AG, die die Weiterleitung der Aktienkurse an die Öffentlichkeit bewirkt. → Obligationenring.

Aktiensparen
Bez. für die Vermögensbildung und -anlage in Beteiligungswerten. Häufig im Hinblick auf die staatliche Förderung bzw. die Anlage in Aktienfonds verwendet.

Aktiensparen, staatliche Förderung
Die Vermögensbildung und -anlage in Beteiligungswerten wird (1) durch das → Vermögensbildungsgesetz (936-DM-Gesetz) und (2) durch § 19a EStG gefördert. 1990 bis 1993 war die staatliche Sparförderung nach Vermögensbildungsgesetz auf das Beteiligungssparen konzentriert, da nur bei der Anlage in Aktien eine zwanzigprozentige Arbeitnehmersparzulage gezahlt wurde. Dies führte zu einem deutlichen Anstieg der Zahl der Aktienfondssparer in Deutschland. Bei den Mitgliedern des BVI hat sich die Zahl der vermögenswirksamen Anlagekonten in diesem Zeitraum verdreifacht. Seit Anfang 1994 wird auch für Aktiensparverträge eine nur noch zehnprozentige Arbeitnehmersparzulage gezahlt, Aktiensparen ist damit anderen Anlageformen gleichgestellt worden. Die Förderung des Beteiligungssparens nach § 19a EStG sieht vor, daß jeder Arbeitgeber seinen Arbeitnehmern, unabhängig von der Einkommenshöhe, aufgrund eines Dienstverhältnisses unentgeltlich oder verbilligt Vermögensbeteiligungen überlassen kann. Diese Möglichkeit wird in erster Linie für die Überlassung von Belegschaftsaktien, seltener auch für die Anlage in Aktienfonds genutzt. Bis zur Hälfte des Wertes der Vermögensbeteiligung und bis zu maximal DM 300 jährlich – bis Anfang 1994 noch DM 500 – bleiben dabei lohn- oder einkommensteuer- sowie sozialabgabenfrei. Obwohl es mittels Aktienfonds allen Unternehmen gleich welcher Rechtsform möglich ist, ihren Mitarbeitern diese Vorteile zukommen zu lassen, gibt es bei den deutschen Kapitalanlagegesellschaften derzeit nur einen vergleichsweise geringen Bestand von diesbezüglichen Verträgen. Für die nachhaltige Verbreitung des Aktiensparens ist letztlich der Anlageerfolg ausschlaggebend. Im Durchschnitt von insgesamt 25 Siebenjahresperioden seit 1962 hat eine Anlage in Aktienfonds – berechnet nach den derzeitigen

Fristen des Vermögensbildungsgesetzes – ohne Berücksichtigung der Sparzulage einen durchschnittlichen Wertzuwachs von 36,9% bzw. eine Rendite von 7,8% p. a. erreicht. Die Umlaufrendite von festverzinslichen Wertpapieren lag im gleichen Zeitraum bei durchschnittlich 7,6%. Allerdings unterliegt der Anlageerfolg vermögenswirksamer Sparverträge in Aktienfonds beachtlichen Schwankungen.

Aktiensplit, -splitting

Aufteilung von Aktien. → split (splitting).

Aktienstimmrecht

Wird ausgeübt in der HV der AG nach Nennbeträgen der Aktien. In Ausnahmefällen kann die Satzung der AG das Stimmrecht durch Festsetzung eines Höchstbetrages oder von Abstufungen beschränken (Höchststimmrecht). Das Stimmrecht beginnt regelmäßig mit vollständiger Einzahlung. Es kann auch durch einen Stimmrechtsbevollmächtigten ausgeübt werden, z. B. von Banken (Depotstimmrecht, Auftragsstimmrecht, Vollmachtstimmrecht). Die Form der Ausübung des Stimmrechts richtet sich nach der Satzung. Diese kann die Ausübung des Stimmrechts davon abhängig machen, daß die Aktien hinterlegt wurden und daß die Aktionäre sich anmelden. Ausgeschlossen ist das Stimmrecht in den Fällen, in denen der zu fassende Beschluß andere Rechte als Aktionärsrechte der Stimmberechtigten betrifft, z. B. ob er von einer Verbindlichkeit befreit werden soll (→ Stimmrechtsausschluß bei der AG). Bei Vorzugsaktien kann das Stimmrecht ausgeschlossen werden (Vorzugsaktien ohne Stimmrecht). Die (seltenen) Mehrstimmrechtsaktien gewähren in bestimmten Abstimmungsfällen mehrfaches Stimmrecht; ihre Neuausgabe ist nur eng begrenzt zulässig. Unbefugte und bestimmte mißbräuchliche Ausübungen des Aktienstimmrechts sind strafwürdige Ordnungswidrigkeiten (→ Stimmrechtsverletzung).

Aktienteilung

→ split (splitting).

Aktientrendanalyse

Wesentlicher Bereich der technischen Analyse von Aktien. Entnimmt aus den Kursverläufen der Vergangenheit Trendlinien und Formationen, die Signale für die weitere Kursentwicklung der betreffenden Aktien geben sollen. Auf der Grundlage graphischer Darstellung der bisherigen Aktienkursentwicklung wird versucht, Aufschlüsse zu finden, die es erlauben, die wahrscheinliche Entwicklung eines Aktienkurses und den Zeitpunkt der Umkehr des Trends zu bestimmen. Der Grundgedanke der Aktientrendanalyse liegt darin, daß sich Aktienkursverläufe in langfristigen Trends bewegen, die von mittelfristigen Gegenbewegungen unterbrochen und von kurzfristigen Fluktuationen überlagert sein können. Die Aktientrendanalyse beinhaltet im Grunde zwei Vorgänge: Sie beschreibt zunächst nur den Verlauf des Aktienkurses. Erst in einem zweiten Schritt erfolgt die eigentliche Prognose der zukünftigen Kursentwicklung, indem der Analytiker im Kursverlauf verschiedene Formationen erkennt, die ihm eine bestimmte Kursentwicklung signalisieren. → Trendanalyse → Trendlinienmethode → chart reading.

Aktienübernahme (1)

Element des Emissionsgeschäfts. Die Aktien eines Emittenten werden i. d. R. von einem Bankenkonsortium übernommen und zur Zeichnung aufgelegt. Der Emittent erhält den Gegenwert der Aktien zum Übernahmekurs abgerechnet.

Aktienübernahme (2)

Bestand und Zugang von Aktien, die ein Aktionär für Rechnung einer AG oder einer abhängigen bzw. im Mehrheitsbesitz der AG stehenden Unternehmung übernommen hat. Ferner zählen zur Aktienübernahme Bestand und Zugang an Aktien, die ein abhängiges oder im Mehrheitsbesitz einer AG stehendes Unternehmen als Gründer oder Zeichner oder in Ausübung bei einer bedingten Kapitalerhöhung eingeräumten Umtausch- oder Bezugsrechts übernommen hat. Über die übernommenen Aktien sind im Lagebericht der AG Angaben zu machen.

Aktienumtausch

Die Satzung der AG kann bestimmen, daß auf Verlangen eines Aktionärs seine Inhaber- in eine Namensaktie – oder umgekehrt – umzuwandeln ist. Ein Aktienumtausch i. eigentl. S. erfolgt evtl. nach einer Verschmelzung (Umtausch von Aktien der aufgenommenen AG in solche der aufnehmenden AG), ggf. bei einer Kapitalherabsetzung oder aus anderen Gründen. Nach Ablauf der Umtauschfrist erfolgt die Kraftloserklärung der Aktien durch die AG. Die Aufforderung zum Umtausch ist in den Gesellschaftsblättern und bei Börsenwerten in mind. einem Pflichtblatt jeder beteiligten Börse zu veröffentlichen.

Aktien und GmbH-Anteile ohne Einfluß auf die Geschäftsführung, vermögensteuerlich

Das vermögensteuerliche Bewertungsverfahren ist i. d. R. auf die Bewertung von Beteiligungen ausgerichtet. Es wird unterstellt, daß GmbH-Anteile echten Beteiligungscharakter aufweisen; ebenso für unnotierte Aktien. Daher müssen die Aktien und GmbH-Anteile besonders behandelt werden, die einen Beteiligungscharakter nicht aufweisen, weil sie keinen Einfluß auf die Geschäftsführung gewähren. Bei Feststellung des gemeinen Wertes erfolgt dies in der Form, daß das Gesellschaftsvermögen statt um 15% um 25% gekürzt wird. Zudem ist bei Berechnung des Ertragsprozentsatzes nicht von den Erträgen der Gesellschaft auszugehen, sondern von der tatsächlich ausgeschütteten Dividende plus anzurechnende oder zu vergütende Körperschaftsteuer. Daß ein Gesellschafter keinen Einfluß hat, wird unterstellt, wenn er weniger als 5% des Nominalkapitals einer AG bzw. weniger als 10% des Stammkapitals einer GmbH besitzt. Dasselbe gilt bei Besitz zwischen 5% bzw. 10% und 25% des Nominalkapitals, wenn ein anderer Gesellschafter eine Beteiligung von über 50% hat.

Aktienurkunde

I. e. S. nur der Mantel der Aktie, i. w. S. Mantel und Bogen. Ersterer verbrieft die eigentlichen Mitgliedschaftsrechte, während der Bogen aus Gewinnanteilscheinen (Coupons) – für die Dividendenansprüche und zur Teilnahme an Kapitalerhöhungen – und einem Erneuerungsschein (Talon) besteht. Banken verwahren im Rahmen der Verwahrung und Verwaltung von Wertpapieren Mäntel und Bögen in gesonderten Tresoren (Sicherheitsgründe). → Aktie, äußere Beschaffenheit.

Aktien, vermögensteuerlich

Vermögensteuerlich gehören Aktien zum Sonstigen Vermögen. Für ihre Bewertung gilt: (1) Aktien, die am 31. 12. an einer deutschen Börse zum amtlichen Handel zugelassen waren, werden mit dem am 31. 12. dort notierten Kurs angesetzt. Liegt eine Kursnotiz nicht vor – z. B. wegen Kursstreichung oder -aussetzung –, ist der letzte innerhalb 30 Tagen vorher amtlich notierte Kurs anzusetzen. War die Aktie an mehreren deutschen Börsen zum amtlichen Handel zugelassen, ist der niedrigste notierte Kurs anzusetzen. (2) Für am 31. 12. nicht zum amtlichen Handel zugelassene Aktien, die an einer deutschen Börse im Geregelten Markt oder Freiverkehr gehandelt wurden, ist der nicht-amtlich ermittelte Kurs bzw. der in den letzten 30 Tagen zuvor ermittelte Kurs anzusetzen. (3) Aktien, die am 31. 12. weder amtlich notiert noch im Geregelten Markt oder Freiverkehr gehandelt wurden, sind zum gemeinen Wert anzusetzen. Hat eine AG Aktien mit unterschiedlicher Ausstattung (→ Aktiengattungen) emittiert und wurde nur für eine davon ein Börsenkurs notiert, kann der Wert der anderen davon abgeleitet werden. Die danach maßgeblichen Börsenkurse und Freiverkehrspreise werden für den jeweils vorausgehenden Stichtag vom Bundesfinanzministerium zusammengestellt und in einer Beilage zum Bundesanzeiger publiziert; sie werden von den Finanzämtern der Bewertung zugrunde gelegt. Der Nichtansatz eines amtlich oder nichtamtlich notierten Kurses kann noch im Verfahren über die Veranlagung der Vermögensteuer oder die Einheitsbewertung des Betriebsvermögens mit der Begründung verlangt werden, ungewöhnliche oder persönliche Verhältnisse hätten den Kurs beeinflußt; als solche werden jedoch nur derartige akzeptiert, die auch bei einem Antrag auf Kursstreichung durch den Börsenvorstand berücksichtigt worden wären. Der erwähnte gemeine Wert ist primär aus erfolgten Verkäufen abzuleiten, und zwar aus solchen, die weniger als 1 Jahr zurückliegen, im gewöhnlichen Geschäftsverkehr getätigt wurden und bei denen der Kaufpreis nicht durch besondere Umstände beeinflußt war. Telefonkurse können hier i. a. geeignete Anhaltspunkte sein. Sind vorgenannte Umstände nicht gegeben, muß der gemeine Wert nach Vermögensverhältnissen und Ertragsaussichten der betreffenden AG geschätzt werden. Entsprechende Grundsätze gelten auch für in Deutschland gehandelte ausländische Aktien. Sind Vorzugsaktien mit Dividendenvorzug oder Dividendengarantie gegenüber den Stammaktien ausgezeichnet, ist ihr Wert so zu ermitteln, daß zum Kurs der Stammaktie ein dem dreifachen Dividendenunterschied entsprechender Zuschlag vorgenommen wird. Vorzugsaktien ohne Stimmrecht sind mit demselben Kurs wie die Stammaktien anzusetzen. Dies gilt auch für Mehrstimmrechtsaktien. Junge Aktien, die noch nicht an der Börse eingeführt sind, aber bereits voll dividendenberechtigt sind, sind zum Kurs der alten Aktien anzusetzen; wegen (noch) Fehlens des amtlichen Handels kann ein Abschlag von 10 bis max. 15 Punkten gemacht werden. Bei nicht voll dividendenberechtigten jungen Aktien kann daneben ein zusätzlicher Abschlag vorgenommen werden. Ein Bezugsrecht ist am Stichtag nur dann zu bewerten, wenn es bereits selbständig gehandelt wurde und die alten Aktien somit ex Bezugsrecht notierten; dabei ist es gleich, ob der Steuerpflichtige von dem Bezugsrecht Gebrauch gemacht hat oder nicht. Es gehört als selbständiges Recht ebenfalls zum sonstigen Vermögen. Bewertungsmaßstab ist der gemeine Wert. Das notierte Bezugsrecht wird zum niedrigsten am Stichtag im amtlichen Handel notierten Kurs angesetzt. Belegschaftsaktien, auch wenn mit Vorzugskurs überlassen, sind mit dem vollen Kurs anzusetzen, auch dann, wenn sie wegen besonderer Vergünstigungen nicht vor Ablauf einer Sperrfrist verkauft werden dürfen.

Aktien, Verwahrungskosten

Aktionäre können ihre Aktien außer durch Eigenverwahrung, wobei keine Kosten anfallen (soweit sie nicht speziell versichert sind), von Banken verwahren (und verwalten) lassen (→ Verwahrung von Wertpapieren → Verwaltung von Wertpapieren). Es bestehen die Möglichkeiten der Streifbandverwahrung (Sonderverwahrung) und Sammelverwahrung. Für erstere betragen die Kosten i. d. R. 0,6–1,2‰ des Kurswertes bzw. des Nennwertes. Bei Girosammelverwahrung machen die Kosten meist 0,2–0,6‰ des Nenn- oder Kurswertes aus (ca. DM 0,10 bei Notierung in Stück). Die Mindestgebühren betragen i. d. R. bei Streifbandverwahrung 8–12 DM, bei Girosammelverwahrung 6 DM pro Jahr und Depot. → Depotgebühren.

Aktienzertifikate

Bescheinigungen, die für hinterlegte Aktien ausgestellt werden, wenn der Handel der Aktien selbst nicht möglich ist oder durch die Zertifikate erleichtert wird. Ausgestellt i. d. R. von Banken. Auch in Deutschland sind für ausländische Aktien Zertifikate ausgegeben worden, die bei einer Wertpapiersammelbank hinterlegt und an den Börsen gehandelt werden. Vor allem erforderlich bei Namensaktien, um mittels der auf den Inhaber lautenden Zertifikate den Börsenhandel zu erleichtern. Auf Wunsch erfolgt Umtausch in das Originalpapier. Eine Sonderform ist die Leistungsschuldverschreibung: in Wertpapierform gekleidete Quittung eines Kassenvereins über die Originalaktien. Die Inhaber der Papiere können an der HV der betreffenden AG wie Aktionäre teilnehmen, auch gegen Rückgabe der Leistungsschuldverschreibung im Aktienbuch der AG für eine entsprechende Anzahl Aktien eingetragen werden und diese erhalten.

Aktienzinsen

Feste Verzinsung der Kapitaleinlage des Aktionärs. Nach deutschem Aktienrecht nicht zulässig. Ausnahme: Bauzinsen, die von der Vorbereitungszeit der AG bis zur vollen Betriebsaufnahme gezahlt werden dürfen. Im Ausland z. T. üblich, meist in Anrechnung auf die zu erwartende Dividende als Interkalarzinsen (vor allem bei Dividendengarantie, etwa des Staates).

Aktienzusammenlegung

Erfolgt bei Herabsetzung des Grundkapitals, wenn der Mindestnennbetrag für die Aktien nicht einhaltbar ist. Zustimmung aller betroffenen Aktionäre ist erforderlich.

Aktionär

Besitzer von Aktien einer AG, somit Gesellschafter oder Miteigentümer der Unternehmung, dessen Verpflichtung zur Leistung von Einlagen nach der Gründung der AG oder bei der Ausgabe neuer Aktien bei Grundkapitalerhöhungen durch den Nennbetrag oder höheren Ausgabebetrag begrenzt wird. Er hat i. d. R. keine Geschäftsführungsbefugnisse noch muß er bei der AG tätig sein (Ausnahme: Belegschaftsaktionäre). Der Aktionär haftet nicht persönlich für die Schulden der AG. Die Aktionäre haben Anspruch auf den Bilanzgewinn, soweit nicht nach Gesetz oder Satzung, durch Beschluß der HV oder als zusätzlicher Aufwand aufgrund des Gewinnverwendungsbeschlusses von der Verteilung unter die Aktionäre ausschlossen. Weitere Ansprüche: Bezugsrecht bei Emission junger Aktien, Wandelschuldverschreibungen, Optionsanleihen, Gewinnschuldverschreibungen und Genußrechten, sofern das Bezugsrecht nicht entfällt (HV-Beschluß erforderlich), sowie bei evtl. Auflösung der AG auf das restliche Vermögen, das nach Begleichung der Verbindlichkeiten übrig bleibt (→ Liquidation der AG). Die Aktionäre sind in der HV stimmberechtigt; diese ist ihr oberstes Willensbildungsorgan.

Aktionärsbrief

Zur Unterrichtung über die Geschäftsentwicklung ergänzend zur sonstigen (jährlichen) Berichterstattung versenden viele AG Aktionärsbriefe als Zwischenberichte. Als „Aktionärsbriefe“ bezeichnen auch manche mit Anlageberatung befaßte Personen oder Unternehmen ihre gewerbsmäßig vertriebenen Mitteilungen.

Aktionärsclub

→Effektenclub → Investmentclub.

Aktionärsmesse, Internationale

→ Internationale Aktionärsmesse.

Aktionärsminderheiten

Das AktG kennt verschiedene Minderheiten von Aktionären, die sich aus einem bestimmten Anteil am Grundkapital oder einem bestimmten Nennbetrag an Aktien errechnen. Ihnen stehen besondere Rechte zu. → Minderheitsrechte der Aktionäre → Aktionärsrechte.

Aktionärspflege

Maßnahmen von AG, die nicht zuletzt wegen der umfassenden Publizitätspflichten durchgeführt werden, um Ansprüche und Erwartungen der Aktionäre zu befriedigen. Aktionäre erwarten i. d. R. eine ausgewogene, angemessene Dividendenpolitik sowie umfassende Information über „ihre" AG. Aktionärspflege dient dem Standing einer AG. Gesellschaften mit guter Aktionärspflege können davon ausgehen, daß z. B. das nach einer Kapitalerhöhung den Aktionären angebotene Kapital von diesen gezeichnet wird. → investor relations.

Aktionärspflichten

Hauptverpflichtung der Aktionäre ist die Leistung der Einlage auf das Grundkapital. Deren Höhe ist begrenzt durch den Ausgabebetrag der Aktien, d. h. den Nennbetrag bzw. diesen plus Agio. Eine Nachschußpflicht existiert nicht. Nebenverpflichtungen der Aktionäre sind möglich, wenn die Übertragung der Aktien an die Zustimmung der AG gebunden ist (→ vinkulierte Namensaktien). In diesem Fall kann die Satzung den Aktionären auferlegen, neben den Einlagen auf das Grundkapital auch wiederkehrende, nicht in Geld bestehende Leistungen zu erbringen. Verpflichtung und Umfang der Leistungen müssen in den Aktienurkunden oder Zwischenscheinen genannt werden. Die Satzung kann Vertragsstrafen für den Fall vorsehen, daß die Nebenleistung nicht erbracht wird.

Aktionärsrechte

Die Rechte der Anteilseigner einer AG sind vor allem durch AktG und Satzung der AG bestimmt. Da die Willensbildung in der HV nach dem Prinzip der Stimmenmehrheit vor sich geht, haben der einzelne Aktionär und z. T. auch bestimmte Aktionärsminderheiten Schutzbedürfnisse. Daher existieren Einzelrechte von Aktionären als auch spezielle Minderheitenbefugnisse. Die Aktionärsrechte werden teils in, teils außerhalb der HV realisiert. Zu ersteren gehört das Teilnahmerecht an der HV. Wichtigstes Mitgliedschaftsrecht ist das Stimmrecht, das jede Aktie gewährt; Vorzugsaktien können ohne Stimmrecht emittiert werden; jedoch lebt es u. U. auch bei diesen auf. Das Ausmaß des Stimmrechts ergibt sich für den Aktionär aus seinem Aktiennennbetrag, relativ zu dem der übrigen Nennbeträge. Die Satzung kann Höchststimmrechte einrichten; Mehrstimmrechtsaktien sind nur in Ausnahmefällen zulässig. Weiteres Aktionärsrecht ist das Auskunftsrecht in der HV: Jedem Aktionär ist auf Verlangen durch den Vorstand Auskunft über Angelegenheiten der AG zu geben, soweit sie zur sachgemäßen Beurteilung des betreffenden Tagesordnungspunktes notwendig sind. Die Auskunftspflicht, die sich auch auf die Beziehungen zu verbundenen Unternehmen erstreckt, muß Grundsätzen gewissenhafter Rechenschaftslegung entsprechen. Der Vorstand hat Auskunftsverweigerungsrechte in bestimmten Fällen. Ist einem Aktionär in dessen Aktionärseigenschaft eine Auskunft außerhalb der HV gewährt worden, ist sie jedem anderen Aktionär auf Verlangen in der HV ebenfalls zu erteilen. Wird einem Aktionär die gewünschte Auskunft verweigert, kann er verlangen, daß seine Frage und der Verweigerungsgrund in die Verhandlungsniederschrift aufgenommen werden. Zum Auskunftsrecht kann eine gerichtliche Entscheidung herbeigeführt werden. Ein Aktionär kann gegen einen HV-Beschluß Widerspruch zu Protokoll geben – bei dem den Inhalt der HV beurkundenden Notar –, wenn der Beschluß seiner Meinung nach Gesetz oder Satzung widerspricht. Außerhalb der HV hat der Aktionär das Recht auf Sondermitteilung. Das AktG verlangt, daß der Vorstand innerhalb von 12 Tagen nach Bekanntmachung der Einberufung der HV im Bundesanzeiger den Aktionären die HV-Einberufung, Tagesordnungsbekanntmachung sowie etwaige Anträge und Wahlvorschläge von Aktionären einschließlich des Namens des Aktionärs, seiner Begründung und der etwaigen Stellungnahme der Verwaltung der AG zu übersenden hat, die (1) eine Aktie bei der AG hinterlegt haben, (2) es nach der Bekanntmachung der HV-Einberufung im Bundesanzeiger verlangen oder

(3) als Aktionär im Aktienbuch der AG eingetragen sind und deren Stimmrechte in der letzten HV nicht durch eine Bank ausgeübt worden sind. Darüber hinaus kann jeder Aktionär, der eine Aktie hinterlegt hat oder im Aktienbuch eingetragen ist, vom Vorstand verlangen, ihm die in der HV gefaßten Beschlüsse schriftlich mitzuteilen. Auch ohne Aktienhinterlegung kann ein Aktionär verlangen, daß ihm sofort nach Einberufung der HV von der Verwaltung der AG Abschriften der für die HV bestimmten Vorlagen – vor allem Jahresabschluß, Lagebericht, Bericht des Aufsichtsrates, Gewinnverwendungsvorschlag – geliefert werden. Soweit Rechte von Aktionärsminderheiten in Frage kommen, ist deren Ausübung daran gebunden, daß diese einen bestimmten Anteil des Grundkapitals aufweisen, z. T. auch bei einem bestimmten Aktiennennbetrag. Vor allem sind hier Sperrminoritäten bedeutsam, und zwar in den Fällen, in denen Gesetz oder Satzung qualifizierte Mehrheiten vorschreiben.

Aktionärsvereinigung

Zusammenschluß der Aktionäre einer AG oder auch mehrerer AG zur Vertretung gemeinsamer Interessen, z. B. in den HV. Mitteilungen wegen der HV haben die Aktionärsvereinigungen an ihre Mitglieder auf deren Verlangen sofort weiterzuleiten. Beispiele: Deutsche Schutzvereinigung für Wertpapierbesitz e. V., Schutzgemeinschaft der Kleinaktionäre e. V.

Aktionärsvertreter

Beauftragter eines Aktionärs oder mehrerer Aktionäre, z. B. zur Vertretung in der HV. Beruht darauf, daß der Aktionär die ihm aus seinen Aktien zustehenden Rechte nicht persönlich wahrzunehmen braucht, sondern sich durch einen von ihm bevollmächtigten Vertreter vertreten lassen kann. Solche Vertretungen in Vollmacht werden von Banken und Aktionärsvereinigungen berufsmäßig vorgenommen. Im Vertretungsfall müssen die Vertreter Weisungen der Aktionäre zu den Tagesordnungspunkten der HV einholen. → Stimmrechtsausübung.

Aktionärszeitschriften

Werden – neben Aktionärsbriefen – i. d. R. nur von den großen AG herausgegeben. Der Inhalt umfaßt einen breiteren Themenkreis als der Aktionärsbrief, der meist nur den Geschäftsabschluß kommentiert. So informiert die Aktionärszeitschrift über die Produkte der AG, ihre Absatzmärkte und -entwicklungen, Personalsituation und -entwicklung, kulturelle und soziale Möglichkeiten und Einrichtungen im Unternehmen u. a. m. Als Aktionärszeitschriften gelten auch Publikationen privater Wirtschaftsverlage, die Informationen über den Aktienmarkt liefern, Anlagetips geben, vergleichende Analysen zwischen verschiedenen AG durchführen u. a. m.

Aktiva

Die in eine Unternehmung eingebrachten (investierten), auf der Aktivseite der Bilanz ausgewiesenen Vermögenswerte, vor allem Grundstücke, Gebäude, Maschinen und maschinelle Anlagen, Beteiligungen, Vorräte, Forderungen u. a. m. Grundsätzlich sind die Unternehmen verpflichtet, entgeltlich erworbene Vermögenswerte zu Anschaffungs- oder Herstellungskosten zu aktivieren. Der Wertminderung unterliegende Vermögensteile müssen während ihrer Nutzungsdauer abgeschrieben werden (→ Abschreibungen). Die Aktivseite informiert über die Mittelverwendung, also in welchen Werten das beschaffte Kapital investiert ist. Aus der Zusammensetzung der Aktivseite können – begrenzt – Schlüsse auf die Leistungsfähigkeit der Unternehmung gezogen werden, bei Gegenüberstellung zur Passivseite ggf. auch auf die Zahlungsbereitschaft (→ Liquidität).

aktive Position

→ Währungsposition (Valutaposition).

Aktivseite (der Bilanz)

Linke Seite der Bilanz mit dem Vermögen der Unternehmung. Gegens.: Passivseite. → Aktiva.

AKX

Abk. f. → Anleihekursindex.

à la baisse

Auf rückläufige Börsenkurse spekulieren. Gegens.: à la hausse.

à la criée

Auf Zuruf. Art der Kursbildung an der Börse.

aladin bond

Bez. f. eine im Austausch gegen eine alte erfolgende Neuemission.

à la hausse

Auf steigende Börsenkurse spekulieren. Gegens.: à la baisse.

Allgemeine Geschäftsbedingungen (AGB) der Banken

Enthalten in allgemeiner und schematisierter Form Bestimmungen für den

Geschäftsverkehr mit der Kundschaft. Haben große Bedeutung auch für das Wertpapiergeschäft in allen Formen. Bedeuten für die Banken Vereinfachung des massenhaften Geschäftsverkehrs als auch in gewissem Rahmen ein Instrument der Risikoabwälzung auf Kunden.

Allgemeiner Sparvertrag

Bei diesem wird i. d. R. ein bestimmter Sparbetrag auf ein Sparkonto eingezahlt. Früher gab es eine staatliche Förderung nach dem Vermögensbildungsgesetz. Die Festlegungsfrist beträgt 4 und mehr Jahre. Weitere Einzahlungen können nicht geleistet werden.

Allgemeines Kriegsfolgengesetz (AKG)

→ Kriegsfolgengesetz.

all-in

Bez. für pauschalisierte Bankgebühren bei Wertpapierkommissionsgeschäften. Es wird eine Beratungspauschale als Prozentsatz vom Anlagevolumen jährlich bzw. vierteljährlich sowie ein standardisierter, vom Auftragswert unabhängiger Betrag pro Wertpapierrechnung erhoben. Zu diesen Komplettgebühren können Wertpapiertransaktionen in deutschen Aktien- und Rententiteln an den wichtigsten deutschen Wertpapierbörsen getätigt werden. Die Kosten für limitierte Aufträge sind in der Pauschale enthalten. Größere Barguthaben werden als Tagesgelder angelegt. Wird angeboten für aktive, private Wertpapierinteressenten mit einem Anlagevolumen von mindestens DM 1,5 Mio., die häufig Börsenaufträge in verschiedenen Größenordnungen erteilen. Aufgrund der unterschiedlichen Kundenwünsche wird ein individueller Beratungsvertrag mit jedem einzelnen Kunden geschlossen, in dem sämtliche Leistungen und das Procedere der Abwicklung festgehalten werden. Eine Beratungsleistung findet nur hinsichtlich des Order-Timings, nicht aber bei der Selektion von Werten statt. Die Vorteilhaftigkeit von all-in-Abrechnungen i. Vgl. zur Abrechnung von Einzelgeschäften bestimmt sich aus Anlagevolumen, durchschnittlicher Auftragsgröße und Transaktionshäufigkeit.

Allonge

Anhang, Verlängerungsstück bei Namenspapieren (Namensaktien) und vor allem Wechseln für das Indossament, einen Quittungsvermerk oder die Protesturkunde, wenn die Rückseite des Papiers bereits vollständig beschriftet ist. Allongen müssen mit der Haupturkunde fest verbunden und an der Verbindungsstelle so gestempelt werden, daß eine Abtrennung offensichtlich würde.

all-or-none-Emission

Eine Bank (bei konsortialiter organisierten Emissionen der lead manager oder die management group) übernimmt die Verpflichtung gegenüber dem Emittenten, die Emission innerhalb einer festgesetzten Zeit vollständig zu plazieren. Gelingt der mit der Emissionsbegebung betrauten Bank dies nicht, wird das gesamte Emissionsvorhaben storniert.

Allotment

Verlosung, abschnittsweise Zuteilung.

Alma Ata, Börse

Alma Ata Stock Exchange, 42, Tirmiriazeva Str., VDNH, 480057 Alma Ata, Tel.: 007-3272-448777, Fax: 007-3272-636634/631297. Im Aufbau befindliche Wertpapierbörse von Kasachstan.

al pari

Zum Nennwert; Kurswert eines Wertpapiers ist gleich dem Nennwert. → pari.

alpine bonds

Auf US-Dollar lautende bonds für Anleger in der Schweiz.

Altanleihen

→ Auslandsbonds.

Altanleihen, Betrug

→ Auslandsbonds, Betrug.

Altbesitz

→ Ablösungsanleihen (-schuldverschreibungen) → Altsparergesetz.

Altbesitzanleihen

→ Ablösungsanleihen (-schuldverschreibungen).

alte Aktien, Altaktien

Zur Unterscheidung von neuen oder jungen Aktien, falls die beiden Aktiengattungen nach Grundkapitalerhöhungen noch nicht gleichgestellt oder an der Börse noch nicht gleich bewertet sind.

alternative Kapitalanlagen

Kapitalanlage in Vermögenswerten, für die i. d. R. nur ein begrenzter oder kein organisierter Markt besteht. Vermögenswerte außerhalb der traditionellen Effektenanlage, wie z. B. Diamanten, Edelmetalle oder alte Kunst. Auch die Kapitalanlage in Abschreibungsgesellschaften u. ä. wird als alternative Anlage angesehen.

alternativer Kapitalmarkt

Kapitalmarkt, der nicht, wie z. B. der Effektenmarkt, organisiert ist. Angelegte Gelder fließen z. B. in Bauherrenmodelle, Abschreibungsgesellschaften o. ä. alternative Kapitalanlagen. → grauer Kapitalmarkt → nicht organisierter Kapitalmarkt.

Alternativsanierung

Sanierung, bei der die Gesellschafter einer AG wählen können zwischen einer Verminderung des Nennwerts ihrer Aktien bzw. deren Zusammenlegung oder freiwilliger Zuzahlung nach Maßgabe ihrer Beteiligung.

Altersversorgung

Die Leistungsarten bei der Altersversorgung können dem Arbeitnehmer nach seinem Ausscheiden aus dem Arbeitsleben einen einmaligen Kapitalbetrag oder eine laufende Rente gewähren. Als Elemente ausreichender Altersversorgung gelten i. a. Altersruhegeld für den Arbeitnehmer, Witwen-, Waisen- und Invalidenrente. Zu unterscheiden sind staatliche, betriebliche und private Altersversorgung bzw. -vorsorge.

Altersvorsorge

Bez. für die Vermögensbildung und -anlage zum Zweck der Sicherung des Lebensunterhalts und des Lebensstandards nach dem Ausscheiden aus dem Berufsleben. Besteht i. d. R. aus den drei Teilen: (1) gesetzliche Rentenversicherung, (2) betriebliche Altersvorsorge und (3) private Altersvorsorge. Letztgenannte Elemente haben besondere Bedeutung, weil bei einer ausschließlichen Absicherung über die gesetzliche Rentenversicherung häufig eine Versorgungslücke entsteht.

Altkux

Anteile an bergrechtlichen Gewerkschaften, die nach dem Allgemeinen Preußischen Berggesetz ausgegeben wurden und nicht auf bestimmte Werte lauteten, sondern quotale Anteile waren (Hundertstel-Kux, Tausendstel-Kux usw.).

Altsparanlagen

→ Altsparergesetz.

Altsparergesetz

Von 1953. Gewährte Entschädigung für Gläubigerverluste, die mit der Währungsumstellung 1948 im Bundesgebiet und in Westberlin an (Alt-)Sparanlagen entstanden waren.

American depository receipts (ADR)

Von bedeutenden US-Banken ausgestellte Zertifikate (→ Aktienzertifikate) über bei ihnen hinterlegte nichtamerikanische Aktien. Werden anstelle der Aktien gehandelt, und zwar zur Erleichterung, Verbilligung und Beschleunigung des Handels und ursprünglich, um ihn in solchen Titeln, die nicht direkt an den US-Börsen zulassungsfähig waren, überhaupt zu ermöglichen. Aktienzertifikate sind aus ähnlichen Gründen auch in anderen Ländern gebräuchlich. ADR werden meist im Verhältnis 1:1 für 100 Stücke eines Dividendenwertes, aber auch für weniger ausgefertigt. Dividenden werden von der ausländischen Hinterlegungsstelle eingezogen und dem Zertifikatinhaber zugeleitet. Er erhält auch die wichtigsten für die Aktionäre bestimmten Unternehmungsinformationen. Die AG, deren Aktien bei den Hinterlegungsstellen deponiert sind, haben keine vertraglichen Beziehungen zu den Emittenten der ADR.

american option

Option, die jederzeit während ihrer Laufzeit ausgeübt werden kann. Gegens.: → european option.

American ownership certificates (AOC)

→ Zinsausgleichsteuer.

American quotation

Form der Basispreis- und Prämiennotierung börsengehandelter Devisenoptionskontrakte. Die Prämien werden in Cents (z. B. 96 Cents/DM), die Basispreise in US-Dollar (0,56 US-$/DM) je Einheit der Fremdwährung notiert. Die Vergleichbarkeit dieser Notierungsform mit der in der BR Deutschland üblichen Preisnotierung wird durch einfache Umrechnung hergestellt (z. B. 0,56 US-$/DM entspricht 1,7857 DM/US-$).

American Stock Exchange (AMEX)

86 Trinity Place, New York, N.Y. 10006, USA. Tel.: 001-212-306 1000. Telex: 4669256. Telefax: 001-212-306 1802. Neben der NYSE sehr bedeutende US-Wertpapierbörse. Intensiver Handel in Aktienindexoptionen (airline, computer technology, oil und major market index options).

amerikanische Optionen

→ american option.

a metà

Vertragliche Vereinbarung von Geschäftspartnern (Metisten), bei einem von ihnen durchgeführten Geschäft Gewinn und Verlust zu teilen (→Metageschäfte).

AMEX

Abk. f. American Stock Exchange.

Am-Geld-Option

Option, deren Basispreis dem aktuellen Preis des zugrundeliegenden Basisobjekts (Terminkontrakt, Kassamarktinstrument) entspricht (= at the money option).

Amortisation, Amortisierung

Tilgung eines geschuldeten Betrages nach einem im voraus festgelegten Tilgungsplan. Spezielle Bez. f. die Rückzahlung von Schuldverschreibungen auf Basis der Emissionsbedingungen. In anderem Sinne auch gerichtliche Kraftloserklärung von Wertpapieren bei Verlust durch öffentliche Ausschreibung und richterliches Urteil.

Amortisationsanleihe

Schuldverschreibung, bei der die Tilgung des geschuldeten Betrages nicht in einem Betrag am Laufzeitende erfolgt, sondern nach und nach in im voraus im Tilgungsplan festgelegten jährlichen Tranchen (Raten). → Amortisation, Amortisierung.

Amsterdamer Börse

Vereeniging voor de Effectenhandel: Beursplein 5, NL-1012 JW Amsterdam, Niederlande. Tel.: 0031-20239711, Telex: 12302, Fax: 0031-6248062. Handelszeiten: 10.00–16.30 Uhr; für die fünf internationalen Hauptwerte (Royal Dutch Petroleum, Royal Dutch Airlines KLM, Unilever, Philips und Akzo) bis Börsenschluß in New York und für niederländische Staatsanleihen: 8.00–16.30 Uhr. Erster Handel 1602, damit ältester Markt für Wertpapiere der Welt. Neben der Wertpapierbörse – Abk.: Damrak – existieren in Amsterdam die → Europäische Optionsbörse EOE und die Börse für Finanztermingeschäfte FTA.

amtliche Kursfestsetzung (Kursfeststellung)

Erfolgt an deutschen Börsen durch den Börsenvorstand unter Mitwirkung der Kursmakler, in Frankfurt durch die Maklerkammer unter Aufsicht des Börsenvorstands. → amtliche Notiz (Notierung).

amtliche Makler

Setzen an den deutschen Wertpapierbörsen die amtlichen Kurse im eigenen Namen oder im Auftrag des Börsenvorstandes fest; daher auch Kursmakler genannt. Vermitteln Geschäftsabschlüsse zwischen den an der Börse zugelassenen Banken und zwischen Banken und freien Maklern. Für seine Tätigkeit bezieht der amtliche Makler Provision (Courtage). Er ist als Handelsmakler selbständiger Kaufmann i.S.d. HGB. Ernannt wird er auf Vorschlag des Börsenvorstandes durch den für das Börsenwesen zuständigen Landesminister. Da er amtliche Kurse feststellt, wird er vereidigt. Amtliche Makler dürfen in den Wertpapieren, für die sie amtliche Kurse feststellen, keine Geschäfte auf eigene Rechnung machen, auch nicht über Strohmänner; sie sind nur zu Spitzenausgleichen befugt.

amtliche Notiz (Notierung)

Börsenkurs von Wertpapieren, der an einer Börse vom Kursmakler als amtlicher Kurs der Börse festgestellt wird. Diese Kurse werden im amtlichen Kursblatt und in Zeitungen publiziert. Gegens.: Freiverkehr, auch Telefonverkehr.

amtlicher Börsenverkehr, Zulassung von Wertpapieren

Für Handel und amtliche Notierung von Wertpapieren ist i. d. R. die Durchführung eines Zulassungsverfahrens Vorbedingung. Die Zulassung in- und ausländischer Wertpapiere zum Börsenhandel wird an deutschen Börsen von einer Kommission (Zulassungsstelle) erteilt. Ihre Mitglieder müssen mind. zur Hälfte Personen sein, die nicht berufsmäßig am Börsenhandel mit Wertpapieren teilnehmen. Von Beratung und Beschlußfassung über die Zulassung eines Papiers zum Börsenhandel sind diejenigen ausgeschlossen, die an der Einführung dieses Titels unmittelbar als Mitglied eines Bankenkonsortiums beteiligt sind. Die Zulassungsstelle muß: (1) die Vorlegung der Urkunden, die die Grundlage für die einzuführenden Wertpapiere bilden, verlangen und diese prüfen; (2) dafür sorgen, daß das Publikum über alle zur Beurteilung der Wertpapiere notwendigen tatsächlichen und rechtlichen Verhältnisse informiert wird, und bei Unvollständigkeit von Angaben die Wertpapiere nicht zulassen; (3) Wertpapiere nicht zulassen, durch die allgemeine Interessen geschädigt werden oder die offenkundig zur Übervorteilung des Publikums führen. Der Antrag auf Zulassung von Wertpapieren zum Börsenhandel muß bei der Zulassungsstelle der Börse schriftlich von einer Bank gestellt werden, die an der Börse vertreten ist. Allgemeine Voraussetzungen für die Zulassung zum Börsenhandel (die Zulassungsstelle kann in bestimmten Fällen von einzelnen absehen): (1) Die Wertpapiere müssen voll eingezahlt oder ihre Volleinzahlung jederzeit zulässig sein, wobei Aktien und Interimsscheine von Versicherungsgesellschaften ausgenommen sind; (2) der Geldbetrag , auf den sie lauten, muß in deutscher Währung oder gleichzeitig in dieser und einer anderen Währung angegeben sein; (3) der Gesamtnennbetrag der neu zuzulassenden Wertpapiere muß mind. DM 500000 betragen (an einigen Börsen höher). Ausnahmen sind zulässig: (a) wenn Wertpapiere desselben Ausstellers schon an der Börse zum Handel zugelassen sind; (b) bei Anteilen einer AG, deren Kapital herabgesetzt worden ist, wenn die Anteile vor der Herabsetzung an der Börse zugelassen waren; (4) die Verpflichtung muß übernommen werden, die Auszahlung fälliger Zinsen oder Gewinnanteile sowie des Gegenwertes verloster oder gekündigter Stücke und die Aushändigung neuer Zinsschein- oder Gewinnanteilscheinbogen an einem deutschen Börsenplatz kostenfrei zu bewirken; (5) Aktien einer zur AG oder KGaA umgewandelten Unternehmung dürfen vor Ablauf eines Jahres nach Eintragung der Gesellschaft in das Handelsregister und vor der Veröffentlichung der ersten Jahresbilanz sowie der GuV-Rechnung nicht zum Börsenhandel zugelassen werden. Die Landesregierung kann diese Frist in besonderen Fällen ganz oder z. T. erlassen. Die Börseneinführung wird i. d. R. nicht nur allein von einer Bank, sondern von einem Bankenkonsortium bewirkt. Der Zulassungsantrag wird von den Konsortialbanken gestellt, die Mitglieder der betreffenden Börse sind. Die Antragstellung wird von der Zulassungsstelle unter Angabe des Antragstellers, des Betrags und der Art der einzuführenden Wertpapiere auf Kosten des Emittenten im Bundesanzeiger und in mind. einem Pflichtblatt der Börse sowie im amtlichen Kursblatt bekanntgemacht. Zwischen dieser Veröffentlichung und der Einführung an der Börse müssen mind. 6 Tage liegen. Dem Zulassungsantrag sind die nach BörsG erforderlichen Unterlagen beizufügen, d. h. i. d. R.: (1) Prospekt, der vom Aussteller der Wertpapiere und der antragstellenden Bank bzw. den an dem zulassenden Börsenplatz vertretenen Mitgliedern des Bankenkonsortiums unterschrieben sein muß, und eine Anzahl weiterer, nicht unterschriebener Abdrucke des Prospekts; (2) Satzung mit Bestätigungsschreiben der Gesellschaft, daß es die zum Zeitpunkt der Antragstellung gültige Fassung ist; (3) beglaubigter Handelsregisterauszug des zuständigen Amtsgerichts nach neuestem Stand; (4) Geschäftsberichte (Lageberichte) für die letzten 3 Jahre; (5) entwertete Vordrucke (Blankette) der zuzulassenden Wertpapiere in jeder Stückelung (Mantel und Bogen); (6) Nachweis über die Rechtsgrundlagen, auf der die Berechtigung zur Ausgabe der Wertpapiere beruht, sowie über das Verhältnis zu früher ausgegebenen Titeln, dies sind bei einem Zulassungsantrag für: (a) Aktien: beglaubigter Auszug der notariellen Niederschrift über die HV, die die Emission der neuen Aktien beschlossen hat; (b) Schuldverschreibungen: Genehmigungsbescheid des Bundesfinanzministers zur Emission der Anleihe sowie ggf. ein Auszug aus der Niederschrift über die Aufsichtsratssitzung, in der die Zustimmung zur Emission der Anleihe erteilt wurde; (7) Erklärung der AG über Haftungsverhältnisse, Rechtsstreitigkeiten, Patente und Betriebsstörungen; bei Schuldverschreibungen besteht zudem die Verpflichtung zur Unterrichtung von Börse und Öffentlichkeit über Verlosungen; (8) Bericht der Gründungsprüfer, falls seit Eintragung ins Handelsregister noch nicht 2 volle Jahre vergangen sind. Ausländische Gesellschaften haben entsprechende, in ihrem Land übliche Unterlagen vorzulegen. Kraft Gesetzes direkt zugelassen und vom Prospektzwang befreit sind Bundes- und Landesanleihen, so daß hier kein Zulassungsverfahren stattfindet. Auch gelten Berichtigungsaktien ohne weiteres als zugelassen, wenn die alten Aktien, auf die die Berichtigungsaktien entfallen, an einer deutschen Börse amtlich notiert werden. Darüber hinaus kann die Landesregierung als Börsenaufsichtsbehörde für Schuldverschreibungen, die vom Bund oder einem Land verbürgt sind, sowie bestimmte Kommunalobligationen und Schuldverschreibungen einer unter staatlicher Aufsicht stehenden Pfandbriefanstalt anordnen, daß ein Prospekt nicht eingereicht werden muß und die Titel ohne weiteres zugelassen sind.

amtlicher Devisenkurs

Der an der Devisenbörse börsentägig festgestellte Kurs für amtlich notierte Währungen. Bildet sich durch Angebot und Nachfrage. Er wird als Mittelkurs festgestellt. Der jeweilige amtliche Geld- und Briefkurs (nur diese werden veröffentlicht) wird festgestellt durch Addition und Subtraktion einer vom Börsenvorstand festgelegten Spanne vom und zum Mittelkurs. Die amtlichen Geld- und Briefkurse dienen insbesondere den Banken zur

Abrechnung von Devisengeschäften mit ihren Nichtbankkunden.

amtlicher Handel, amtlicher Börsenverkehr

An den deutschen Wertpapierbörsen ist der amtliche Handel oder amtliche Markt am umfangreichsten. Für diesen Markt ist der Börsenvorstand unter Mitwirkung der amtlichen Makler zuständig. Die Einführung eines Wertpapiers in den amtlichen Handel unterliegt strengen Zulassungsvorschriften. Die ermittelten Börsenkurse haben offiziellen Charakter. Als Börsenpreis ist derjenige Kurs festzustellen, der der tatsächlichen Geschäftslage entspricht, d. h. den größtmöglichen Umsatz gewährleistet. Kurse werden entweder nur einmal während der Börsenzeit festgesetzt (Kassamarkt) oder – bei Wertpapieren mit großem Umsatzvolumen – auch mehrfach (variabler Markt). Kassakurse und fortlaufende Notierungen werden im amtlichen Kursblatt der Börse publiziert. Dem Anleger bietet der amtliche Börsenverkehr den Vorteil, daß er jederzeit seine Wertpapiere verkaufen kann. Auch wird bei amtlich notierten Papieren der Anleger durch die in Zeitungen veröffentlichten Kurse und Berichte sowie durch die von den Emittenten zu publizierenden Bekanntmachungen (z. B. Einladung zur HV, Dividendenbekanntmachung, Jahresabschluß, vorgesehene Kapitalveränderungen) über die AG laufend informiert.

amtlicher Makler

→ Kursmakler.

amtlicher Markt

Markt der zur amtlichen Notierung an der Börse zugelassenen Wertpapiere.

amtliches Fixing

Amtliche Notierung des Devisenkurses an der Frankfurter Börse.

amtliches Kursblatt

An jeder Börse börsentäglich herausgegebenes Organ mit den amtlich festgestellten Kursen. Enthält auch Bekanntmachungen der Börse. Die Kurse im amtlichen Kursblatt sind eine Wiedergabe der amtlichen Kursfeststellung der Wertpapierbörse. Druckfehler sind zu berichtigen. Das amtliche Kursblatt gliedert sich in 2 Hauptteile: (1) festverzinsliche Werte: (a) Anleihen des Bundes und der Länder, (b) Anleihen der Städte und Kommunalverbände, (c) Pfandbriefe und Schuldverschreibungen von Hypothekenbanken, öffentlich-rechtlichen Kreditanstalten und Körperschaften, (d) Schuldverschreibungen von Sonderinstituten, (e) internationale Anleihen, (f) Schuldverschreibungen der Industrie (einschl. Optionsanleihen), (g) Wandelschuldverschreibungen; (2) Aktien: (a) Industrie, (b) Banken, (c) Verkehr, (d) Versicherungen. Es folgen Kursangaben der ausländischen Aktien, Kurse der fortlaufenden Notierungen, amtliche Devisenkurse, Edelmetallkurse, Bezugsrechtskalender, Bezugsrechtsnotierungen, Privatdiskontsätze, Verlosungskalender, bevorstehende HV, Kursmakler für Wertpapiere, für Devisen und für Edelmetalle, vereidigte Versteigerer für Wertpapiere, Bekanntmachungen des Börsenvorstandes, der Zulassungsstelle und der Maklerkammer, laufende Zulassungsverfahren, abgeschlossene Zulassungsverfahren, Maklergebühren und die Nummern des Fernsprechansagedienstes. Bestellungen des Kursblatts bei der Post oder der Geschäftsstelle der Börse bzw. der Maklerkammer.

amtliches Organ der Zulassungsstelle

Am Börsenplatz erscheinende Zeitung(en), in der (denen) die Wertpapieraussteller, deren Emissionen an der betreffenden Börse in den amtlichen Verkehr eingeführt sind, ihre Pflichtbekanntmachungen veröffentlichen. Börsenpflichtblätter enthalten auch die Bekanntmachungen der Wertpapieraussteller, deren Emissionen zum Geregelten Markt zugelassen oder in den Freiverkehr einbezogen wurden.

amtlich nicht notierte Werte

Nicht zum amtlichen Handel an der Börse zugelassene Wertpapiere. Sie werden im Freiverkehr der Börse gehandelt und ihre Kurse in einer Beilage zum amtlichen Kursblatt bekanntgegeben. Oder sie werden nur im ungeregelten Freiverkehr (Telefonverkehr) außerhalb der Börsen gehandelt. Ihre Kurse werden inoffiziell bekanntgemacht, z. B. über die beteiligten Banken.

Amtshilfe

Gerichte und Behörden müssen nach der AO dem Finanzamt die zur Durchführung der Besteuerung erforderliche Amtshilfe leisten. Schuldenverwaltungen, Postgiroämter, Postsparkassenämter, Kreditinstitute, private Unternehmen und Körperschaften öffentlichen Rechts sind nicht zur Amtshilfe verpflichtet. Die Finanzbehörden können auch zwischenstaatliche Rechts- und Amtshilfe nach Maßgabe des deutschen Rechts in Anspruch nehmen und können diese aufgrund völkerrechtlicher Vereinbarungen leisten, wie auch in anderen Fällen, wenn Gegenseitigkeit garantiert ist, der ersuchende Staat gewährleistet, daß die übermittelten Auskünfte und Unterlagen nur für Besteuerungs- oder Steuerstrafverfahren verwendet werden und bereit ist, durch sachgerechte Abgrenzung von Besteuerungsgrundlagen Doppelbesteuerung zu vermeiden, sowie keine Gefahr besteht, daß dem inländischen Beteiligten ein mit dem Zweck der Rechts- und Amtshilfe nicht zu vereinbarender Schaden entsteht.

Amtszeit der Aufsichtsratsmitglieder der AG

Beträgt i. d. R. 5 Jahre. Die Wahl ist nicht für längere Zeit als bis zur Beendigung der HV, die über die Entlastung für das 4. Geschäftsjahr nach Beginn der Amtszeit beschließt, möglich. Das Geschäftsjahr, in dem die Amtszeit beginnt, wird nicht mitgezählt. Die Mitglieder des ersten Aufsichtsrats können nur für die Zeit bis zur Beendigung der HV bestellt werden, die über die Entlastung für das erste Voll- oder Rumpfgeschäftsjahr beschließt. Eine Wiederwahl von Aufsichtsratsmitgliedern ist für die Vertreter der Anteilseigner sowie für die der Arbeitnehmervertreter, die sich aus Belegschaftsmitgliedern und Gewerkschaftsvertretern zusammensetzen, möglich. Während die Anteilseignervertreter häufig wiedergewählt werden, wechseln die Vertreter der Arbeitnehmer, vor allem die Belegschaftsmitglieder häufiger; diese müssen vor der Nominierung ein nach Maßgabe des jeweiligen Mitbestimmungsgesetzes vorgeschriebenes Nominierungs- bzw. Wahlverfahren durchlaufen.

Amtszeit der Vorstandsmitglieder der AG

Vorstandsmitglieder bestellt der Aufsichtsrat i. d. R. für 5 Jahre. Wiederholte Bestellung oder Verlängerung der Amtszeit, jeweils für weitere 5 Jahre, ist zulässig und üblich. Werden mehrere Personen zu Vorstandsmitgliedern bestellt, kann der Aufsichtsrat ein Mitglied zum Vorsitzenden des Vorstands ernennen. Der Aufsichtsrat kann die Bestellung zum Vorstandsmitglied und die Ernennung zum Vorsitzenden des Vorstandes widerrufen, wenn ein wichtiger Grund vorliegt. Fehlt ein erforderliches Vorstandsmitglied, so hat in dringenden Fällen das Gericht auf Antrag eines Beteiligten das Mitglied zu bestellen. Das Amt des gerichtlich bestellten Vorstandsmitglieds erlischt, sobald der Mangel behoben ist.

Analyse von Formationen

Element der technischen Analyse. Gehört dort zu den Verfahren zur Analyse von Kursverläufen einzelner Aktien. Ergänzt sich in ihrer Anwendung mit der Trendlinien-Methode und der Kursanalyse mittels gleitender Durchschnitte. Bei Analyse von Formationen werden anhand typischer Erscheinungsbilder von Kursverläufen Aussagen über erwartete Richtungen der Kurse gemacht. Formationen sind z. B. Dreieck und Wimpel. → Formationen.

Analyst, Analytiker

(Meist professioneller) Beurteiler der Anlagequalität und des (inneren) Wertes sowie der Kurschancen von Wertpapieren, z. B. bei Banken.

an Aufgabe

Der als Vermittler an der Börse tätige freie Makler kann, bis er einen Dritten als Geschäftskontrahent gefunden hat, selbst in ein Effektengeschäft eintreten. Er erteilt einen Verkauf dann „an Aufgabe" in seiner Ausführungsanzeige. Der Gegenkontrahent muß von ihm i. d. R. innerhalb 24 Stunden benannt werden. → Aufgabemakler → Aufgabe (bei Börsengeschäften) → Aufgabegeschäfte.

Anderdepot (Anderverwahrung)

Bez. f. ein Depot, auf das von einem Notar oder Treuhänder Wertpapiere eines Kunden bei einer Bank eingeliefert werden. Gegenüber der Bank ist der Kontoinhaber zwar der Alleinberechtigte und -verpflichtete. Es handelt sich hier aber um Vermögen eines Dritten, das vom Anderdepot-Inhaber betreut wird. Anderdepots dürfen nur für einen begrenzten Personenkreis – z. B. Notare, Rechtsanwälte, Wirtschaftsprüfer, vereidigte Buchprüfer, Steuerberater, Steuerbevollmächtigte – geführt werden. → Anderkonten.

andere Einnahmen aus Kapitalvermögen, einkommensteuerlich

Einnahmen aus stiller Beteiligung und partiarischen Darlehen sind steuerpflichtig, Zinsen aus Hypotheken und Grundschulden und Renten aus Rentenschulden ebenfalls. Außerrechnungsmäßige und rechnungsmäßige Zinsen aus Versicherungen sind steuerpflichtig. Außerrechnungsmäßige Zinsen sind die zur Beitragsrückerstattung oder Erhöhung der Versicherungssumme verwendeten Zinsen; rechnungsmäßige Zinsen sind die von vornherein garantierten und mit der fälligen Versicherungssumme zufließenden Zinsen aus Sparanteilen, die in den Beiträgen zu Versicherungen auf den Erlebens- oder Todesfall enthalten sind. Zu den steuerpflichtigen Einnahmen rechnen stets Zinsen aus Kapital- und Rentenversicherungen mit Kapitalwahlrecht gegen Einmalbeitrag, aus Kapitalversicherungen gegen laufende Beitragsleistungen, wenn der Vertrag nicht für mind. 12 Jahre abgeschlossen ist, sowie Zinsen aus Rentenversicherungen mit Kapitalwahlrecht gegen laufende Beitragsleistung, bei denen die Kapitalauszahlung zu einem Zeitpunkt vor Ablauf von 12 Jahren seit Vertragsabschluß verlangt werden kann. Kapitalerträge aus Sparanteilen von Versicherungen, bei denen die Beitragszahlungen als Vorsorgeaufwendungen begünstigt sind, sind grundsätzlich nicht steuerpflichtige Einnahmen. Die Zinsen sind jedoch steuerpflichtig, soweit sie zu dem laufenden Vertrag oder im Fall des Rückkaufs des Vertrags vor Ablauf von 12 Jahren seit Vertragsabschluß mit dem Rückkaufswert ausgezahlt werden. Unerheblich ist, ob ein Sonderausgabenabzug tatsächlich erfolgte. Kapitalerträge aus fondsgebundenen Lebensversicherungen sind Zinsen aus normalen Lebensversicherungen gleichgestellt. Die Höhe der steuerpflichtigen Kapitalerträge ist vom Versicherer zu ermitteln, der hiervon auch KESt einzubehalten hat. Bauzinsen, die den Gesellschaftern einer Kapitalgesellschaft für die Zeit der Vorbereitung der Unternehmung bis zum vollen Betrieb gewährt werden können, bei denen also verzinsbares Fremdkapital fehlt, sind nicht Zinsen im üblichen Sinne, sondern eine Ausschüttungsgarantie der AG in bestimmter Höhe, die unabhängig vom tatsächlich erwirtschafteten und ausschüttbaren Bilanzgewinn besteht. Zinsen aus sonstigen Kapitalforderungen sind z. B. solche aus Kontokorrent- und Sparguthaben, aus Bausparguthaben, aus Anleihen oder festverzinslichen Wertpapieren der öffentlichen Hand (z. B. Kommunalobligationen), der Banken (z. B. Pfandbriefe) oder der Industrie (z. B. Industrieobligationen) sowie aus privaten Forderungen und Darlehen. Die Besteuerung der Zinsen aus Einlagen bei Banken nach ihrem Nennwert verstößt gemäß Bundesverfassungsgericht nicht gegen das Grundgesetz. Bei Sparbriefen, bei denen der Sparer den Nennwert einzahlen muß, gelten die Zinsen steuerlich mit der Gutschrift als zugeflossen. Entsprechendes gilt für Bundesschatzbriefe Typ A und Bundesobligationen. Beim anderen Typ zahlt der Sparer einen unter dem Nennwert liegenden abgezinsten Betrag und erhält nach Ablauf der unkündbaren Laufzeit den vollen Nennwert. Die Steigerungsbeträge, also aufgelaufene Zinsen, sind für die gesamte Laufzeit erst im Jahr der Rückgabe oder Einlösung zugeflossen. Macht der Sparer von einem früheren Einlösungsrecht Gebrauch oder verkauft oder tritt er die Sparschuldverschreibung oder den Sparbrief ab, sind die Steigerungsbeträge ihm in dem Veranlagungszeitraum zugeflossen, in dem sich der Vorgang abgespielt hat. Der Unterschiedsbetrag zwischen Ausgabe und Einlösungskurs festverzinslicher Wertpapiere des Privatvermögens gehört i. d. R. nicht zu den Einkünften aus Kapitalvermögen. Dies gilt auch für die Umtauschvergütung, die ein Emittent im Rahmen einer Konversion den Gläubigern alter Anleihestücke beim Umtausch gegen neue, niedriger verzinsliche gewährt.

Anderkonten

Können von Banken nur für Angehörige bestimmter Berufsgruppen eingerichtet werden (Rechtsanwälte, Notare, Treuhänder wie Wirtschaftsprüfer, Wirtschaftsprüfungsgesellschaften, vereidigte Buchprüfer, Buchprüfungsgesellschaften). Nehmen vom Kontoinhaber treuhänderisch verwaltete Gelder auf. Die Bank kann Guthaben auf Anderkonten nicht zur Verrechnung mit ihren Forderungen gegen den Kontoinhaber heranziehen, wie auch andere Gläubiger in das Anderkonto nicht wegen persönlicher Schulden des Kontoinhabers vollstrecken können. Dasselbe gilt auch für Anderdepotkonten, auf denen Angehörige der genannten Berufsgruppen ihnen treuhänderisch übergebene Wertpapiere hinterlegen können.

andienen

Bez. f. anbieten, die eigene Lieferbereitschaft erklären.

Andienung von Wertpapieren

Lieferung von Wertpapieren sowie Lieferung der Stücke bei Ausübung einer Verkaufsoption. → Optionsgeschäft.

Anfangskurs

Bei Börsenbeginn festgesetzter Kurs für ein Wertpapier, das zum Handel mit fortlaufenden Notierungen (variabler Verkehr) zugelassen ist. → erster Kurs im variablen Verkehr.

anfechtbare Hauptversammlungsbeschlüsse bei der AG, Bestätigung

Die Anfechtung von HV-Beschlüssen kann nicht mehr erfolgen, wenn die HV den anfechtbaren Beschluß durch einen neuen Beschluß bestätigt hat und dieser Beschluß innerhalb der Anfechtungsfrist nicht angefochten oder die Anfechtung rechtskräftig zurückgewiesen worden ist.

Anfechtung der Feststellung des Jahresabschlusses der AG

Die Feststellung des Jahresabschlusses durch die HV kann angefochten werden. Die Anfechtung kann jedoch nicht darauf gestützt werden, daß der Inhalt des Jahresabschlusses gegen Gesetz oder Satzung verstößt. Die Anfechtungsfrist beginnt auch dann mit der Beschlußfassung, wenn der Jahresabschluß erneut zu prüfen ist. → Anfechtungsgründe bei der AG.

Anfechtung der Kapitalerhöhung gegen Einlagen

Der Beschluß über eine Kapitalerhöhung gegen Einlagen kann angefochten werden. Die Anfechtung kann, wenn das Bezugsrecht der Aktionäre ganz oder z. T. ausgeschlossen worden ist, auch darauf gestützt werden, daß der sich aus dem Erhöhungsbeschluß ergebende Ausgabebetrag oder der Mindestbetrag, unter dem die neuen Aktien nicht ausgegeben werden sollen, unangemessen niedrig ist. Dies gilt nicht, wenn die neuen Aktien von einem Dritten mit der Verpflichtung übernommen werden sollen, sie den Aktionären zum Bezug anzubieten.

Anfechtung der Verwendung des Bilanzgewinns der AG

Der Beschluß über die Verwendung des Bilanzgewinns kann außer nach § 243 AktG auch angefochten werden, wenn die HV aus dem Bilanzgewinn Beträge in Rücklagen stellt, die nicht nach Gesetz oder Satzung von der Verteilung unter die Aktionäre ausgeschlossen sind, obwohl die Einstellung bei vernünftiger kaufmännischer Beurteilung nicht notwendig ist, um die Lebens- und Widerstandsfähigkeit der AG für einen hinsichtlich der wirtschaftlichen und finanziellen Notwendigkeiten übersehbaren Zeitraum zu sichern, und dadurch unter die Aktionäre kein Gewinn in Höhe von mind. 4% des Grundkapitals abzüglich von noch nicht eingeforderten Einlagen verteilt werden kann. Die Anfechtungsfrist beginnt auch dann mit der Beschlußfassung, wenn der Jahresabschluß erneut zu prüfen ist. Zu einer Anfechtung wegen zu hoher Einstellung in Rücklagen sind Aktionäre nur befugt, wenn ihre Anteile zusammen 5% des Grundkapitals oder den Nennwert von DM 1 Mio. erreichen.

Anfechtung der Wahl von Aufsichtsratsmitgliedern der AG

Die Wahl eines Aufsichtsratsmitglieds durch die HV kann wegen Verletzung des Gesetzes oder der Satzung durch Klage angefochten werden. Ist die HV an Wahlvorschläge gebunden, kann die Anfechtung auch darauf gestützt werden, daß der Wahlvorschlag gesetzwidrig zustande gekommen ist. Die Wahl eines Aufsichtsratsmitglieds, das nach dem Mitbestimmungsgesetz auf Vorschlag der Betriebsräte oder einer Spitzenorganisation gewählt worden ist, kann auch von jedem Betriebsrat eines Betriebs der AG, jeder in den Betrieben der AG vertretenen Gewerkschaft oder deren Spitzenorganisation angefochten werden. Die Wahl eines weiteren Mitglieds, das nach dem Mitbestimmungsgesetz oder dem Mitbestimmungsergänzungsgesetz auf Vorschlag der übrigen Aufsichtsratsmitglieder gewählt worden ist, kann auch von jedem Aufsichtsratsmitglied angefochten werden. → Nichtigkeit der Wahl von Aufsichtsratsmitgliedern der AG.

Anfechtungsbefugte bei der AG

Zur Anfechtung ist nach AktG befugt: (1) jeder in der HV erschienene Aktionär, wenn er gegen den Beschluß Widerspruch zur Niederschrift erklärt hat; (2) jeder in der HV nicht erschienene Aktionär, wenn er zu der HV zu Unrecht nicht zugelassen worden ist, die HV nicht ordnungsgemäß einberufen oder der Gegenstand der Beschlußfassung nicht ordnungsgemäß bekanntgemacht worden ist; (3) in bestimmten Fällen jeder Aktionär, (4) der Vorstand; (5) jedes Mitglied des Vorstandes und Aufsichtsrats, wenn durch die Ausführung des Beschlusses Mitglieder des Vorstandes oder des Aufsichtsrats eine strafbare Handlung oder eine Ordnungswidrigkeit begehen oder wenn sie ersatzpflichtig werden würden. → Anfechtungsklage bei der AG.

Anfechtungsgründe bei der AG

Ein Beschluß der HV kann wegen Verletzung des Gesetzes oder der Satzung durch Klage angefochten werden. Die Anfechtung kann auch darauf gestützt werden, daß ein Aktionär mit der Ausübung des Stimmrechts für sich oder einen Dritten Sondervorteile zum Schaden der Gesellschaft oder der anderen Aktionäre zu erlangen suchte und der Beschluß geeignet ist, diesem Zweck zu dienen. Dies gilt nicht, wenn der Beschluß den anderen Aktionären einen angemessenen Ausgleich für ihren Schaden gewährt. Auf eine Verletzung des § 128 AktG kann die Anfechtung nicht gestützt werden. Für eine Anfechtung, die auf die Verweigerung einer Auskunft gestützt wird, ist es unerheblich, daß die HV oder Aktionäre erklärt haben oder erklären, die Verweigerung der Auskunft habe ihre Beschlußfassung nicht beeinflußt.

Anfechtungsklage bei der AG

Eine Anfechtungsklage muß innerhalb eines Monats nach Beschlußfassung erhoben werden. Die Klage ist gegen die AG zu richten. Die AG wird durch Vorstand und Aufsichtsrat vertreten. Klagt der Vorstand oder ein Vorstandsmitglied, wird die AG durch den Aufsichtsrat, klagt ein Aufsichtsratsmitglied, wird sie durch den Vorstand vertreten. Zuständig für die Klage ist ausschließlich das Landgericht, in dessen Bezirk die AG ihren Sitz hat. Die mündliche Verhandlung findet nicht vor Ablauf der o. a. Monatsfrist statt. Mehrere Anfechtungsprozesse sind zur gleichzeitigen Verhandlung und Entscheidung zu verbinden. Der Vorstand hat die Erhebung der Klage und den Termin zur mündlichen Verhandlung sofort in den Gesellschaftsblättern bekanntzumachen.

Anfechtungsstreitwert bei der AG

Den Streitwert bei einer Anfechtung bei der AG bestimmt das Prozeßgericht unter Berücksichtigung aller Umstände des Einzelfalles, insbesondere der Bedeutung der Sache für die Parteien, nach billigem Ermessen. Er darf jedoch 10% des Grundkapitals oder, wenn dieses mehr als DM 1 Mio. beträgt, diesen Wert nur dann übersteigen, sofern die Bedeutung der Sache für den Kläger höher zu bewerten ist. Macht eine Partei glaubhaft, daß die Belastung mit den Prozeßkosten nach dem Streitwert ihre wirtschaftliche Lage erheblich gefährden würde, so kann das Prozeßgericht auf Antrag anordnen, daß ihre Verpflichtung zur Zahlung von Gerichtskosten sich nach einem ihrer Wirtschaftslage angepaßten Teil des Streitwerts bemißt. → Anfechtungsklage bei der AG.

Anfechtungsurteil bei der AG, Wirkung

Wenn ein Beschluß der HV durch rechtskräftiges Urteil für nichtig erklärt ist, wirkt das Urteil für und gegen alle Aktionäre sowie die Mitglieder des Vorstands und Aufsichtsrats, auch wenn sie nicht Partei sind. Der Vorstand hat das Urteil unverzüglich zum Handelsregister einzureichen. War der Beschluß ins Handelsregister eingetragen, ist auch das Urteil einzutragen. Die Eintragung des Urteils ist in gleicher Weise wie die des Beschlusses bekanntzumachen. → Anfechtungsklage bei der AG.

Anfechtung von Hauptversammlungsbeschlüssen der AG

Ist möglich, wenn das Gesetz oder die Satzung durch den Beschluß verletzt worden ist. Unter bestimmten Voraussetzungen können anfechtbare HV-Beschlüsse bestätigt werden. Die Anfechtungsklage ist durch einen Anfechtungsbefugten zu erheben. Besonders geregelt sind Anfechtung der Wahl von Aufsichtsratsmitgliedern, der Verwendung des Bilanzgewinns, der Kapitalerhöhung gegen Einlagen sowie der Feststellung des Jahresabschlusses.

anfixen

Eine Baissespekulation forcieren. Spekulanten veranlassen, rückläufige Kurse zu eskomptieren. → fixen.

Angebot überwog

Tendenzbez. an der Börse für mehr Angebot als Nachfrage in einzelnen oder allen Wertpapieren. Mit Kursrückgängen verbunden.

Angebot von Wertpapieren

→ Brief → Kurszusätze.

angemessene Abfindung

→ Abfindung bei Eingliederung.

angemessener Ausgleich

Wird gezahlt an außenstehende Aktionäre bei verschiedenen Unternehmensverträgen. So muß z. B. beim Gewinnabführungsvertrag eine auf die Aktiennennbeträge bezogene wiederkehrende Geldleistung (Ausgleichszahlung) vorgesehen sein. Als Ausgleichszahlung ist mind. die jährliche Zahlung des Betrages zuzusichern, der nach der bisherigen Ertragslage der Gesellschaft und ihren künftigen Ertragsaussichten voraussichtlich als durchschnittlicher Gewinnanteil auf die einzelne Aktie verteilt werden könnte. → Abfindung außenstehender Aktionäre → Abfindung bei Eingliederung.

an Hand lassen

Kurzbefristete feste Zusage, bestimmte Wertpapiere zu einem vereinbarten Kurs abzunehmen oder abzugeben.

Anhang

Der Anhang zum Jahresabschluß, der von Kapitalgesellschaften erstellt werden muß, ist Bestandteil des Jahresabschlusses. Die im Anhang zu machenden Angaben sind Erläuterungen und Ergänzungen zur Bilanz sowie zur GuV-Rechnung. Hierzu zählen insbesondere Angaben über angewandte Bewertungsmethoden, Name und Sitz von Beteiligungsgesellschaften, Aktiengattungen, Verbindlichkeiten mit einer Restlaufzeit von mehr als fünf Jahren u. a. m. → Jahresabschluß → Jahresabschluß der AG.

Ankaufsgebühren

Gebühren, die beim Verkauf von Fondsanteilen (Investmentzertifikaten) zur Dekkung der Plazierungskosten berechnet werden. Diese Ausgabekosten sind im Ausgabepreis der Zertifikate enthalten und betragen etwa 2–5% des Ausgabekurses. Sie werden als Prozentsatz des Ausgabepreises oder Anlagebetrages ausgedrückt. Berechnet linear oder in degressiver Staffel, bezogen auf den Anlagebetrag.

Anlage

→ Kapitalanlage.

Anlageausschuß

Berät bei KAG die Geschäftsführung hinsichtlich Kauf und Verkauf von Wertpapieren. Setzt sich aus Fachleuten der Wertpapieranalyse und des Wertpapiergeschäfts zusammen. Die Banken haben solche Sachverständigengremien auch für Vermögensverwaltungen und Betreuung von Großdepots geschaffen.

Anlageberater

Personen, die Dritten, vor allem Kapitalanlegern gewerbsmäßig Empfehlungen u. dgl. geben mit dem Ziel, Entscheidungshilfen für Kauf und Verkauf von Wertpapieren, i. w. S. auch aller anderen Kapitalanlagen zu liefern. → Anlageberatung.

Anlageberatung

Dienstleistungsgeschäft der Banken und darauf spezialisierter Unternehmen und Personen. Die Beratung umfaßt meist alle Kapitalanlageformen. Wesentlich ist die Bedarfsklärung durch den Anlageberater. Sein Anlagevorschlag muß an den Zielen und Bedürfnissen des zu Beratenden hinsichtlich Sicherheit, Liquidität und Ertrag der Anlage orientiert sein. Auch steuerliche Aspekte sind zu berücksichtigen. Die Entscheidung für eine bestimmte Anlage muß aber letztlich vom Anleger selbst getroffen werden.

Anlageberatung, Haftung

→ Verbraucherschutz bei der Anlageberatung.

Anlagebetrug

Kommt insbesondere bei Anlagemöglichkeiten am grauen Kapitalmarkt vor, die über Inserate oder durch die Vermittlung von Drittpersonen angeboten werden. In den meisten Fällen kommt es schnell zu einem Vertragsabschluß. Typisch ist, daß, obwohl fast alle Geschädigten den Täter vor der Kapitalanlage noch nicht kennen, sie ihm häufig von vornherein Vertrauen schenken. Betrüger werden von den Geschädigten häufig als sympathisch, gut informiert oder fachkompetent beschrieben. Tatsächlich verfügen die Täter aber kaum über qualifiziertes Wissen, während immerhin fast die Hälfte der Opfer eine kaufmännische Ausbildung abgeschlossen hat. Viele Geschädigte versprechen sich von ihren Kapitalanlagen eine besonders hohe Rendite, andere geben an, kein Vertrauen gegenüber Banken zu besitzen. In einigen Fällen schafft die „persönliche" Betreuung durch den Täter beim Opfer Vertrauen, und sie fördert die Bereitschaft zum Vertragsabschluß. Die Täter versuchen dabei, sich auf die Persönlichkeitseigenschaften und Motive der zukünftigen Opfer einzustellen. Zur Vorbeugung gegen Anlagebetrug wird empfohlen, sich besser zu informieren und nicht allein dem Gesprächspartner zu vertrauen. Auch dürfen Anleger nicht ihr gesamtes Geld in eine Anlage investieren. Sie sollten vielmehr für sich einen Maximalbetrag festlegen, von dem sie sich nicht durch die Verkäufer abbringen lassen.

Anlagefonds

Bez. des schweizerischen Investmentgesetzes für open-end-Investmentfonds.

Anlagegesellschaft

Bez. f. Kapitalanlage- oder Investmentgesellschaft, vor allem in Österreich und der Schweiz.

Anlagegrundsätze von Investmentfonds

Aus ihnen ergibt sich, in welchem Maße die Fondsverwaltung Kapitalwachstum oder hohe Ausschüttungen anzustreben gedenkt und welche Arten von Wertpapieren im Rahmen dieses Anlagezieles für den Fonds erworben werden sollen. → Anlagepolitik von Investmentgesellschaften.

Anlagekäufe

Wertpapierkäufe zu Anlagezwecken (→ Dauerbesitz).

Anlageliste bei Investmentfonds

Aufstellung einer Auswahl von Wertpapieren, die zum Kauf vorgesehen sind oder vom Anlageausschuß empfohlen werden.

Anlage mit DAX-Kopplung

→ Innovative Anleihekonstruktion, bei der der Rückzahlungsbetrag nach Ablauf der Anleihe vom Stand des Deutschen Aktienindex (DAX) abhängig gemacht wird. Beispielsweise kann der Emittent bestimmen, daß eine Anleihe mit einer Stückelung von 2000 DM wahlweise zum Nominalwert oder zu einem Rückzahlungsbetrag zurückzuzahlen ist, der 6000 DM minus zweimal dem Schlußstand des DAX am Fälligkeitstag entspricht; diese Konstruktion eignet sich für Baissiers. Als Ausgleich für das höhere Risiko erhält der Anleger eine deutlich höhere laufende Verzinsung.

Anlagen

Bez. f. am Geld- und Kapitalmarkt angelegte Mittel. Auch: Bez. f. Sachwerte wie Immobilien, Edelmetalle, Kunstgegenstände usw. Auch: Kurzbez. f. Anlagevermögen von Unternehmen.

Anlagendeckungsgrad

Horizontale Bilanzkennzahl, die angibt, in welchem Umfang das Anlagevermögen einer Unternehmung durch langfristige Finanzierungsmittel (Eigenkapital, langfristiges Fremdkapital) gedeckt ist. Anzustreben ist i. d. R. ein kongruenter Anlagendeckungsgrad, d. h. ein Verhältnis von 1:1. Kriterium in der Aktienanalyse.

Anlagenmarkt

In Österreich Teil der Börse, der sich auf den Handel in festverzinslichen Wertpapieren erstreckt.

Anlagepapiere, -werte

Wertpapiere, die als Kapitalanlage über längere Fristen geeignet sind. Vor allem festverzinsliche Papiere, aber auch Aktien mit Wachstumschancen und defensive Titel. Aktien ausgesprochen zyklischer Branchen sind weniger zum Dauerbesitz geeignet. → blue chips.

Anlageplanung

I. w. S. alle planerischen Vorkehrungen eines Kapitalanlegers hinsichtlich der Anlage und Disposition seines Kapitals.

Anlagepolitik

→ Anlageplanung → Anlageregeln.

Anlagepolitik von Investmentgesellschaften

Dient zur Realisierung der Anlageziele eines Investmentfonds. So werden bei Wertpapierfonds im Rahmen der Anlagepolitik Entscheidungen gefällt zur Auswahl und „Mischung" der Wertpapiere nach Art, Ländern, Branchen, Unternehmen usw., zum timing, über anzuwendende Anlagetechniken, Leerverkäufe, Termingeschäfte usw., soweit sie erlaubt sind, zur Höhe der Barposition, zum Einsatz des leverage, soweit erlaubt, u. a. m. Bei Immobilienfonds wird die Auswahl der Objekte nach Art der Nutzung – Wohnzwecke, gewerbliche Zwecke – und geografischer Lage, Höhe und Laufzeit der Fremdfinanzierung, Höhe der Barposition usw. entschieden. Die Anlagepolitik wird meist von den geschäftsführenden Gremien der Investmentgesellschaften festgelegt.

Anlageregeln

Allgemeingültige Regeln der Kapitalanlage existieren nicht. Ein oft genannter Weg fängt beim Sparkonto an, geht über die Einbeziehung staatlicher Sparförderung zu den Wertpapiermärkten; hier kommen zuerst festverzinsliche Wertpapiere in Frage, weiter Investmentzertifikate und ab einer bestimmten Vermögens- und Einkommenshöhe an die Anlage in Aktien (→ Wertpapierreife). In Deutschland ist aber auch die Kapitalanlage in Immobilien verbreitet. Der Altersvorsorge i. e. S. dienen das Sparen im Rahmen der gesetzlichen Rentenversicherung und – oft zusätzlich bzw. parallel dazu – private Lebensversicherungsverträge sowie Sparpläne mit/ohne Versicherungsschutz, so daß die anderen Kapitalanlagen meist nur Ergänzungen dazu darstellen. Anlagen in Gold, Beteiligungen und anderen Objekten sind sehr individueller Art und nur für große Vermögen bedeutsam. Kapitalanlagen können spekulativ oder unter durchdachten Risikostreuungsaspekten getätigt werden. Rendite- oder Ertragsüberlegungen einerseits und das Bestreben, Wachstum mit oder ohne Ertrag zu erzielen anderseits, können dominieren. → Anlegerziele.

Anlagevermögen

Zum Anlagevermögen zählen die einer Unternehmung i. d. R. langfristig dienenden immobilen bzw. wenig mobilen Güter wie z. B. Grundstücke, Gebäude, Maschinen usw. Als Unterarten des Anlagevermögens unterscheidet man Finanzanlage- und Sachanlagevermögen ferner materielles und immaterielles Anlagevermögen.

Anlagevorschriften

Durch Anlagevorschriften wird ein Teil der Eigen- und Fremdmittelverwendung solcher Unternehmen reglementiert, die in besonderem Maße Anforderungen des Anlegerschutzes unterliegen. Hierbei handelt es sich primär um die verschiedenen Kapitalsammelstellen, vor allem Versicherungen und KAG, aber auch Banken. Anlagevorschriften dieser institutionellen Anleger sind in den Spezialgesetzen dieser Institutsgruppen geregelt: für Banken im KWG und den Grundsätzen über das Eigenkapital und die Liquidität, für Versicherungen im VAG, für KAG im KAGG. Die hier in besonderem Maße relevanten Vorschriften zur Anlage in Wertpapieren stellen Anforderungen an die Bonität des Wertpapieremittenten sowie an die Risikobegrenzung innerhalb des von der Kapitalsammelstelle gehaltenen Portefeuilles. So sehen die Anlagevorschriften für Versicherungen grundsätzlich die Anlage in deckungsstockfähigen Wertpapieren vor.

Anlagewerte

→ Anlagepapiere.

Anlagewürdigkeit

Zur Beurteilung der Anlagewürdigkeit bestimmter Wertpapiere sollte der Anleger verschiedene Kriterien beachten. So kann man tendenziell von einer höheren Anlagewürdigkeit eines Wertpapiers ausgehen, wenn der Emittent am Markt ein gutes Standing besitzt, wenn in der Vergangenheit kontinuierliche und angemessene Dividenden gezahlt wurden, wenn durch Publikationen u. ä. eine gute Aktionärspflege betrieben wurde. Abgesehen von diesen grundlegenden Kriterien erscheint ein Wertpapier dann anlagewürdig, wenn es – und sei es nur kurzfristig – gewisse Ertragserwartungen durch Kurssteigerungen o. ä. beinhaltet.

Anlaufdividende

Bez. f. die erstmalige Dividendenausschüttung einer AG bzw. einer solchen nach vielen Jahren Dividendenlosigkeit.

Anleger

→ Kapitalanleger.

Anlegerschutz

Grundgedanke ist, den Anleger vor Vermögensverlusten oder nicht einkalkulierbaren Risiken zu schützen. Besonders Kleinanleger, oft durch relativ schwache und schlecht informierte Position gekennzeichnet, bedürfen einer umfassenden Anlegerschutzgesetzgebung. Ferner ist von Bedeutung, durch den Schutz des Individuums einen leistungsfähigen Kapitalmarkt zu schaffen und zu erhalten. → Insiderhandelsrichtlinien → Bankenaufsicht.

Anlegerziele

Wer Geld spart, wird dies i. d. R. in irgendeiner Weise anlegen wollen, um aus der Anlage einen Nutzen – laufende Rendite, Kapitalzuwachs oder beides – zu erzielen. Wer Geld in Wertpapieren der Industrie, des Handels, der Bank- und Versicherungswirtschaft investiert, beteiligt sich damit an einer Unternehmung, von der er erwartet, daß sie sich wirtschaftlich und finanziell günstig entwickelt und ihm für seine angelegten Mittel Sicherheit und Ertrag bietet. Die Risiken, die mit einer Kapitalanlage in Wertpapieren stets in Kauf genommen werden müssen, kann der sorgfältige Kapitalanleger durch überlegte Auswahl einschränken. Er macht mit dem Kauf eines Wertpapiers nicht ein bloßes Börsengeschäft, sondern tritt zu einer Unternehmung in eine Art Interessenverhältnis: als Miteigentümer durch Kauf von Aktien oder als Gläubiger durch Kauf von Obligationen. In beiden Fällen ist eine Prüfung der Unternehmung, der Kapital anvertraut werden soll, erforderlich. Es gibt kein Anlageprogramm, das in jedem Einzelfall gültig sein kann; jeder Anleger hat eine individuelle Einstellung zur Anlage seiner verfügbaren Mittel. Daher ist es auch nicht ausreichend, nur die richtige Auswahl der Unternehmen zu treffen, deren Wertpapiere man kaufen will. Vielmehr erfordert jede Anlage in Wertpapieren auch Berücksichtigung der individuellen Erfordernisse des Anlegers und seiner wirtschaftlichen Situation. Eine erste wichtige Voraussetzung für den Kapitalanleger besteht in der Feststellung seines Anlageziels. Darauf und auf die ihm zum Erreichen dieses Ziels zur Verfügung stehenden – vorwiegend finanziellen – Möglichkeiten ist Anlageplanung abzustellen. Der Anleger hat festzulegen, was er als „ideales" Wertpapierdepot ansieht bzw. welche Wünsche er dem Wertpapierkauf beilegt. So kann z. B. zwischen 3 Zielen unterschieden werden: Sicherheit in der Anlage bzw. Risikominimierung, Vermehrung des Kapitalbestandes, hohe Rendite (Einkommen bzw. Ertrag). In der Praxis kann nicht eine Wertpapierart all dies erfüllen; es ist ein Kompromiß anzustreben, indem der Kapitalanleger ein für ihn optimales Depot zu realisieren sucht.

Anleihe mit gleitenden Zinssätzen

→ Gleitzinssanleihen.

Anleihe (Obligation, Schuldverschreibung)

Sammelbez. f. alle Schuldverschreibungen mit bestimmter, fester oder variabler Verzinsung, fester, meist längerer Laufzeit sowie anleihevertraglich fixierter Tilgung. Dienen der Beschaffung langfristiger Finanzierungsmittel. Werden vom Bund, der Treuhandanstalt, Bahn oder Post, den Bundesländern, bestimmten öffentlichen Körperschaften (z. B. Städten), Industrieunternehmen, Kreditinstituten, Spezialbanken wie Hypothekenbanken, öffentlich-rechtlichen Grundkreditanstalten und Kreditinstituten mit Sonderaufgaben emittiert. Der Gesamtbetrag einer Anleihe ist gestückelt in Teilbeträge (→ Teilschuldverschreibung) von mind. DM 100 Nennwert oder einem Vielfachen davon, die über Banken an jedermann verkauft werden. Je nach Emittent unterscheidet man öffentliche Anleihen (Anleihen der öffentlichen Hand, z. B. Bundesanleihen, Anleihen von Bundesländern, Städten, Bundespost, Bundesbahn), Industrieanleihen (Industrieobligationen), Anleihen von Hypothekenbanken oder öffentlich-rechtlichen Grundkreditanstalten (Pfandbriefe, Kommunalobligationen) und von sonstigen Banken (Bankschuldverschreibungen, eigene Schuldverschreibungen). Auch ausländische Emittenten (Staaten, Großstädte, Unternehmen) sowie supranationale Institutionen (z. B. Europäische Gemeinschaften, Weltbank) legen in Deutschland Anleihen auf. Je nach Region der Begebung und der zu beachtenden regulativen Anforderungen können Inlands-, Auslands-, internationale und Euro-Anleihen unterschieden werden. Daneben gibt es verschiedene Anleihesonderformen. Die nähere Gestaltung der Anleihen ergibt sich aus den Anleihebedingungen (Anleiheausstattung, Anleihebesicherung usw.). Anleihen einer AG sind auf der Passivseite der Jahresbilanz mit dem Rückzahlungsbetrag auszuweisen.

Anleiheausschreibung

Einladung zum Erwerb einer Anleihe durch Prospekte, Plakate am Bankschalter und Anzeigen in der Presse. → tombstone.

Anleiheausstattung

Merkmale einer Anleihe, vor allem Ausgabejahr, Reihe, Serie usw., Anleihebedingungen und Anleihebesicherung. In den Anleihebedingungen, die auf den Urkunden (Mantel) abgedruckt sind, sind alle für die Anleihe und die Rechtsbeziehungen zwischen Emittent und Gläubiger wichtigen Details, Besicherung, Verzinsung, Laufzeit, Tilgung, Zahlstellen usw. fixiert. Die Schuldverschreibungen können als Inhaber- und Orderschuldverschreibungen emittiert werden. Orderschuldverschreibungen sind nur dann praktisch unbeschränkt umlauffähig, wenn sie auf den Namen z. B. des Konsortialführers oder dessen Order ausgestellt sind und dieser die Titel mit Blankoindossament versehen hat. Daher wird die Inhaberschuldverschreibung weitaus bevorzugt. Hinsichtlich der Laufzeiten gibt es kurz-, mittel- und langfristige Anleihen: Nach „klassischer" Einteilung sind kurzfristige Anleihen solche bis zu 4 Jahren, mittelfristige i. d. R. bis zu 12 Jahren Laufzeit; bei mit darüber hinausgehenden Laufzeiten ausgestatteten langfristigen Anleihen waren es früher vor allem Pfandbriefe und Kommunalobligationen, die Laufzeiten bis 50 Jahre hatten, während Industrieobligationen meist schon nach max. 15 Jahren getilgt waren. Derartig langfristige Laufzeiten sind heute am deutschen Kapitalmarkt kaum realisierbar; vielmehr sind die max. Laufzeiten auch der Pfandbriefe und Kommunalobligation auf etwa 20 Jahre begrenzt. Ganz kurzfristige Anleihen mit Laufzeiten bis 2 Jahre – z. B. unverzinsliche Schatzanweisungen des Bundes, der Bundesbahn und der Bundespost – sowie → commercial paper gehören zu den Wertpapieren des Geldmarktes. Emissionskurs von Anleihen ist der Preis, zu dem die Schuldverschreibungen an den Kapitalanleger, den Investor, verkauft werden. Davon zu unterscheiden ist der Übernahmekurs, zu dem die Emissionsbank bzw. das Emissionskonsortium die Anleihe übernimmt, sowie der Nettoerlös der

Anleihe als der Betrag, der dem Schuldner (Emittent) nach Abzug der Emissionskosten bleibt. Der Emissionskurs richtet sich nach der Marktlage; er liegt um so näher am Nennwert, je mehr die Nominalverzinsung dem Marktzins entspricht. Setzt man einen unter dem Nennwert liegenden Emissionskurs fest, errechnet sich für den Anleger unter Berücksichtigung des Disagios eine über der Nominalverzinsung liegende Effektivverzinsung. Die Tilgung von Anleihen erfolgt als: (1) Tilgung nach festem Tilgungsplan, und zwar mit Rückzahlung der gesamten Anleihe zu bestimmtem Termin (Einmaltilgung), Rückzahlung in gleichen Raten zu regelmäßig aufeinanderfolgenden Terminen (Ratentilgung), Rückzahlung in um die ersparten Zinsen steigenden Raten zu bestimmten Terminen (Annuitätentilgung) bzw. als Rückzahlung in steigenden oder fallenden Raten zu festgesetzten Terminen; (2) Rückzahlung zu einem im Ermessen des Schuldners stehenden Zeitpunkt, jedoch mit Bestimmung des spätesten Rückzahlungstermins; (3) planmäßige Rückzahlung, jedoch mit beliebig verstärkter oder vollständiger vorzeitiger Tilgung (Auslosung, freihändiger Rückkauf). Bei den neueren Staats-, Länder- und Industrieanleihen erfolgt die Tilgung i. a. so, daß nach einer Reihe tilgungsfreier Jahre die Anleihe in gleichen Raten zurückgezahlt wird; der Anleihebetrag ist hierzu in so viele (durch Buchstaben oder Ziffern bezeichnete) Serien oder Gruppen eingeteilt, wie Tilgungsraten geplant sind. Bei den mit langfristigen Laufzeiten ausgestatteten Pfandbriefen und Kommunalobligationen ist der Emittent meist berechtigt, durch Gesamtkündigung, Auslosung oder unter Verwendung freihändig zurückgekaufter Stücke zu tilgen.

Anleihebesicherung

Wegen der meist langen Laufzeiten von Anleihen ist ihre Besicherung bedeutsam. Bei öffentlichen Anleihen liegt die Sicherheit im Vermögen und der Steuerkraft der emittierenden Körperschaft. Bei Pfandbriefen sind Hypotheken und bei Kommunalobligationen Darlehen an die Kommunen die Deckung. Bei Industrieobligationen sind dingliche Sicherheiten durch Eintragung von Hypotheken und Grundschulden am verbreitetsten. Andere, weniger oft vorkommende Besicherungsarten sind selbstschuldnerische Bürgschaften oder Garantien einer Muttergesellschaft für die Anleihe ihrer Tochtergesellschaft oder einer Gemeinde bzw. eines Landes für die Anleihe einer kommunalwirtschaftlichen Unternehmung. Auch Patronatserklärungen haben Bedeutung. Bei Emittenten, deren Größe und Kapitalausstattung schon hinreichende Sicherheit bieten, wird manchmal auf besondere Besicherung verzichtet. Jedoch muß dann wenigstens eine Negativerklärung erstattet werden: Darin verpflichtet sich der Schuldner, die Anleihe anteilsmäßig gleichrangig zu besichern, falls während ihrer Laufzeit neue Anleihen, die besichert werden, emittiert oder das Vermögen des Schuldners oder Teile davon in anderer Weise belastet werden. Für die Deckungsstockfähigkeit, die für die Unterbringung einer Anleihe bei großen Kapitalsammelstellen (Lebensversicherungen) wesentlich ist, ist dingliche Besicherung erforderlich.

Anleihebewertung

Unterscheiden kann man im wesentlichen 2 Arten der Bewertung: erstens die durch Kursbildung am Rentenmarkt, zweitens durch Festsetzung einer Bewertungsskala zum Zweck der Bonitätsbeurteilung des Emittenten der jeweiligen Anleihe, zum einen also durch ein marktdeterminiertes Verfahren, zum anderen durch ein vorgegebenes Ordnungsschema. Wichtig für die Bewertung ist die Effektivverzinsung der Anleihe, die sich orientiert am Emissionskurs, dem Nominalzins, Rückzahlungsagio, der Laufzeit, dem Zeitpunkt und der Form der Tilgung. → rating.

Anleihedienst

Bedienung von Anleihen, d. h. Zahlung der fälligen Zinsen, Durchführung der vertraglichen Tilgungen bzw. Rückzahlungen, evtl. Ausstellung neuer Bogen u. dgl.

Anleiheemission

→ Emissionsgeschäft → Anleihefinanzierung. → Emission von Schuldverschreibungen.

Anleihefinanzierung

Die langfristige Fremdfinanzierung einer Unternehmung durch Anleihen ist eine der klassischen Finanzierungsformen, die jedoch nur größeren Unternehmen (Kapitalgesellschaften) offensteht. Sie kann erfolgen durch Emission reiner Fremdfinanzierungstitel wie Teilschuldverschreibungen oder durch Emission von Wandel- und Optionsanleihen, die neben der Fremdmittelaufnahme auch die Eigenkapitalfinanzierung gemäß bestimmten Vorschriften und Bedingungen erlauben. Voraussetzung für die Anleiheemission und damit die Anleihefinanzierung war bis zum 31. 12. 1990 eine staatliche Emissionsgenehmigung. Weiterhin ist darauf zu achten, daß die Anleihe deckungsstockfähig ist, da Versicherungen als potentielle Erwerber von großen Teilen einer Anleihenemission in Frage kommen. Die Fremdfinanzierung durch Anleihen hängt wesentlich von verschiedenen Marktdeterminanten ab. Daher muß die Anleihe hinsichtlich des Nennbetrages, der Laufzeit, Tilgung, Kündigung und Verzinsung sowie einiger anderer Kriterien so ausgestattet werden, daß sie vom Markt, d. h. von potentiellen Anlegern akzeptiert wird. So hängt zwar das Volumen der Anleihe vom Fremdfinanzierungsbedarf ab; es gilt jedoch abzuschätzen, welches Volumen der Markt aufnehmen wird. In der Praxis werden Anleiheemissionen von einem Emissionskonsortium übernommen und auf deren Risiko plaziert (→ Anleihekonsortium).

Anleihegeschäft

Fremdemission von Anleihen durch die Banken, d. h. Übernahme und Unterbringung von Schuldverschreibungen, meist im Konsortium.

Anleihegesetz

V. 1950/51. Bestimmt u. a., daß in Reichsgesetzen und reichsrechtlichen Verordnungen enthaltene Vorschriften, die sich auf Schuldurkunden des Reichs sowie Reichsschuldbuchforderungen beziehen, sinngemäß auch für die Schuldurkunden der BR Deutschland sowie für die in das Bundesschuldbuch eingetragenen Forderungen gelten.

Anleihegläubiger

Die Vertragspartner des Anleiheschuldners. Käufer und Inhaber von Anleihen, die die Rechte daraus dem Emittenten gegenüber geltend machen können.

Anleihekonditionen

→ Anleiheausstattung.

Anleihekonsortium

Zur Plazierung einer Anleihe am Markt kann vom Emittenten ein aus mehreren Banken gebildetes Konsortium eingeschaltet werden. Grundformen: das reine Übernahmekonsortium, das die Anleihe zu einem festen Kurs übernimmt, um sie im eigenen Besitz zu behalten; das reine Begebungskonsortium, das für Rechnung des Emittenten ohne Absatzrisiko den Verkauf übernimmt; das Garantiekonsortium, das sich verpflichtet, z. B. bei Selbstemission den nicht abgesetzten Teil zu übernehmen. Üblich ist in Deutschland das kombinierte Übernahme- und Begebungskonsortium. Im internationalen Emissionsgeschäft wird üblicherweise ein dreistufiger Konsortiumsaufbau praktiziert: Neben einer aus Konsortialführer(n) und mehreren co-managers bestehenden Führungsgruppe (management group) wird ein Garantiekonsortium (underwriting group) gebildet, dem Banken sowie institutionelle Investoren mit hoher Kapitalkraft angehören und die für den Fall der nicht vollständigen Plazierung der zu begebenden Wertpapiere die Übernahme einer festgelegten Quote der Emission in den eigenen Bestand garantieren. Darüber hinaus lädt die management group weitere Banken und Wertpapierhäuser mit leistungsfähigen Absatzsystemen ein, als Mitglieder einer Verkaufsgruppe – der selling group – zu fungieren, die für die Plazierung der Wertpapiere zuständig ist. Das typische Prinzip dieser Konsortialtechnik liegt somit in der Trennung der Funktionen Absatzrisikoübernahme und Distribution. Aus ökonomischer Sicht kann eine Bank auch alle drei rechtlich getrennten Funktionen wahrnehmen. Nach der Art der Konsortiumsbildung kann unterschieden werden zwischen dem Verfahren der three-tier syndication und dem der two-tier syndication. Bezüglich der vom Konsortium gegenüber dem Emittenten eingegangenen Verpflichtung ist zu unterscheiden zwischen der festen Übernahme der Wertpapiere (firm commitment) und der Plazierung nach bestem Bemühen (best effort).

Anleihekündigung

Der Anleiheschuldner ist meist berechtigt, die Anleihe nach mehreren (i. d. R. 5) Jahren Laufzeit zur Rückzahlung zu kündigen. Der Anleihegläubiger besitzt i. d. R. kein Kündigungsrecht, aber die Möglichkeit, seine Wertpapiere über die Börse zu verkaufen (→ Degussa-Klausel).

Anleihekursindex

Abk.: AKX. Der AKX spiegelt die aktuelle Kursentwicklung aller an der Wiener Börse notierten Schillinganleihen mit Ausnahme der österreichischen Bundesobligationen wider; er umfaßt sechs Einzelindizes und wird von der Österreichischen Kontrollbank AG berechnet.

Anleihemarkt

Andere Bez.: → Rentenmarkt; neben dem Aktienmarkt der zweite, vom Volumen her umfangreichere Teilmarkt der Börse.

Allg.: der Handel mit festverzinslichen Wertpapieren überhaupt. I. e. S.: Markt für öffentliche Anleihen.

Anleihen, Deckungsstockfähigkeit

Anleihen können von Versicherungsunternehmen für den nach §§ 6ff. VAG zu bildenden Deckungsstock (Teil des Prämienaufkommens) erworben werden, sofern sie mündelsichere Wertpapiere darstellen oder vom Bundesaufsichtsamt für das Versicherungswesen als deckungsstockfähig anerkannt sind. Als solche kommen gemäß § 54a Abs. 2, Nr. 3 VAG in Betracht im Inland ausgestellte Inhaberschuldverschreibungen, Namensschuldverschreibungen, für die kraft Gesetz eine besondere Deckungsmasse besteht, und Orderschuldverschreibungen, wenn sie Teil einer Gesamtemission sind, sowie ferner im Ausland ausgestellte auf DM lautende Schuldverschreibungen, die an einer inländischen Börse zum amtlichen oder Geregelten Markt zugelassen sind; der Anteil der im Ausland ausgestellten Schuldverschreibungen darf 5% des gebundenen Vermögens (Deckungsstock und übriges gebundenes Vermögen) nicht übersteigen. Die Deckungsstockfähigkeit von Anleihen ist für ihre Aufnahme am Markt, insbesondere durch Lebensversicherungsunternehmen, von großer Bedeutung.

Anleihen, Konvertierung (Konversion)

Die Konvertierung einer Anleihe durch Änderung ihrer ursprünglichen Anleihebedingungen wird vor allem zur Anpassung des Zinssatzes an veränderte Marktbedingungen vorgenommen. Manchmal kann eine Konvertierung auch Änderungen der Laufzeit oder Herabsetzung des Nennbetrags der Stücke zum Gegenstand haben. Konvertierungen werden meist so realisiert, daß der noch umlaufende Rest einer Anleihe gekündigt und dafür eine neue Anleihe mit den geänderten Bedingungen emittiert wird. Die bisherigen Anleihegläubiger werden bei der Emission der neuen Anleihe bevorzugt, oft auch eine Umtauschprämie gewährt. Erst wenn bisherige Anleihegläubiger, die das Umtauschangebot angenommen haben, bedient sind, werden die restlichen Stücke an Neuzeichner verkauft. Z. T. wird die Anleihe in gewissem Umfang gegenüber dem noch umlaufenden Betrag der alten Anleihe aufgestockt. → Konversionsanleihe.

Anleihen, Lombardfähigkeit

Die Bundesbank kann Banken verzinsliche Darlehen gegen Pfand (Lombardkredite) auf max. 3 Monate gewähren. Als Pfandobjekte können dabei auch Schuldverschreibungen und Schuldbuchforderungen, deren Aussteller oder Schuldner der Bund, ein Sondervermögen des Bundes oder ein Bundesland ist, oder andere von der Bundesbank bestimmte Schuldverschreibungen und Schuldbuchforderungen dienen. Die Bundesbank hat ein Verzeichnis der bei ihr beleihbaren Wertpapiere (Lombardverzeichnis) herausgegeben.

Anleihen mit Indexklausel

→ Indexanleihe → Wertsicherungsklausel.

Anleihen, Mündelsicherheit

Mündelsicherheit basiert auf gesetzlichen Regelungen, die dem Schutz von Vermögenswerten von unter Vormundschaft stehenden Personen dienen. Nach den Vorschriften des BGB ist Mündelgeld verzinslich anzulegen: in verbrieften Forderungen gegen den Bund oder ein Bundesland sowie in Forderungen, die in das Bundesschuldbuch oder das Schuldbuch eines Landes eingetragen sind, oder in verbrieften Forderungen, deren Verzinsung vom Bund oder einem Bundesland gewährleistet ist, oder in Wertpapieren, vor allem Pfandbriefen sowie verbrieften Forderungen gegen inländische kommunale Körperschaften oder Kreditanstalten solcher Körperschaften, wenn die Titel oder Forderungen von der Bundesregierung mit Zustimmung des Bundesrates zur Anlage von Mündelgeld als geeignet erklärt sind. Die mündelsicher erklärten Wertpapiere sind deckungsstockfähig (→ Anleihen, Deckungsstockfähigkeit), nach Börseneinführung auch lombardfähig (→ Anleihen, Lombardfähigkeit).

Anleihenoptionshandel

→ Rentenoptionshandel. In der BR Deutschland derzeit nur für Bundesanleihen zulässig (Emissionsvolumen mind. 300 Mio. DM, ca. 4 Jahre Restlaufzeit, keine vorzeitige Tilgungs- und Kündigungsmöglichkeit).

Anleihen, Plazierung

Unterbringung von Schuldverschreibungen im Publikum. Anleihen der öffentlichen Hand und von Industrieunternehmen werden zunächst von einem Bankenkonsortium übernommen, das die Plazierung durchführt (Fremdemission). Für die Plazierung kommen Auflegung zur öffentlichen Zeichnung – wobei eine Zeichnungsfrist sowie die Möglichkeit eines vorzeitigen Schlusses und einer Repartierung vorgesehen sind – und freihändiger Verkauf in Frage, wobei letzteres Verfahren die Regel darstellt. Bei freihändigem Verkauf werden – anders als bei öffentlicher Zeichnung – die Stücke von vornherein den Konsortialbanken nach Höhe ihrer Konsortialquoten zugeteilt. Jede Bank kann über die auf sie entfallenden Papiere nach eigenem Ermessen verfügen; sie bietet sie normalerweise ihren Kunden zum Kauf an. Anders als bei der öffentlichen Zeichnung gibt es auch keine Zeichnungsfrist, sondern es wird nur der Verkaufsbeginn festgelegt. Wollen die Banken das Risiko der Festübernahme des gesamten Anleihebetrages nicht auf sich nehmen, weil etwa eine unsichere Lage am Kapitalmarkt Absatzprobleme bereiten kann, kann das Konsortium zunächst nur einen Teilbetrag übernehmen und auf die übrigen Anleiheteile eine Option einräumen lassen. Ähnlich wird gelegentlich vorgegangen, wenn eine Anleihe in mehrere Tranchen aufgeteilt wird, die entsprechend dem Bedarf und der Lage am Kapitalmarkt einzeln übernommen und plaziert werden. Das Konsortium, das eine Tranche übernommen hat, übernimmt dann meist auch die Unterbringung der weiteren Tranchen.

Anleihenterminhandel
Termingeschäfte in festverzinslichen Wertpapieren. In Deutschland früher nur als Anleihenoptionshandel. Inzwischen findet ein Handel von verschiedenen Anleiheterminkontrakten (→ Bund-futures, → Bobl-futures → Buxl-futures, → Optionen auf den Bund-futures → Optionen auf den Bobl-future) an der DTB statt.

Anleihen, Tilgung
Die Tilgungs- bzw. Rückzahlungsmodalitäten von Anleihen werden in den Anleihebedingungen fixiert. Bei in Deutschland aufgelegten Anleihen sind heute nur der Anleiheschuldner, nicht auch die Gläubiger berechtigt, die Anleihe nach bestimmten Fristen vorzeitig zu kündigen. Nur wenn der Schuldner mit der Zahlung von Zinsen und Kapital in Verzug kommt, hat der Gläubiger das Recht der Kündigung (außerordentliche Kündigung); im übrigen ersetzt die Möglichkeit des Verkaufs über die Börse das Gläubigerkündigungsrecht (→ Degussa-Klausel). Anleihen können einmal in jährlichen, um die ersparten Zinsen anwachsenden Jahresraten getilgt werden (Annuitätentilgung); hierbei bleibt der für Verzinsung und Tilgung insgesamt jährlich aufzubringende Betrag gleich, während der auf die Tilgung entfallende Anteil sich entsprechend der sich ermäßigenden Zinsbelastung vergrößert. Bei heutigen Anleihen ist eine Vereinfachung üblich: Sie werden i. d. R. nach einigen tilgungsfreien Jahren in nennbetragsmäßig gleichen Tilgungsraten zum Nennbetrag zurückgezahlt. Die Anleihe wird daher bei ihrer Emission in so viele Serien eingeteilt, wie Tilgungsjahre geplant sind, so daß jedes Jahr nur eine dieser Serien ausgelost werden muß; dabei brauchen meist während der Tilgungszeit nur Endziffern ausgelost zu werden. Diese Verfahren bedeuten für Banken als auch Emittenten Vereinfachungen. Die Stücke können schnell erfaßt und in kurzer Bekanntmachung publiziert werden. Für den Emittenten ist es zweckmäßig, sich die Möglichkeit verstärkter Tilgung und das Recht vorzubehalten, von einem bestimmten Termin an den noch umlaufenden Rest der Anleihe vorzeitig zur Rückzahlung zu kündigen. Hinsichtlich der verstärkten Tilgung ist in den meisten Anleihebedingungen vorgesehen, daß der Anleiheschuldner berechtigt ist, Anleihestücke jederzeit zur Tilgung zurückzukaufen, wobei die zurückgekauften Schuldverschreibungen auf die Tilgungsraten angerechnet werden, wenn die jeweiligen Serien ausgelost sind. Bei in Deutschland aufgelegten Anleihen vor allem ausländischer Emittenten sind auch abweichende Regelungen hinsichtlich Tilgung und verstärkter Tilgung vorzufinden: So vergrößert sich die Tilgungsrate stufenweise, während zugleich gekaufte Stücke auf nächstfällige Tilgungsraten anrechenbar sind; oder gekaufte Stücke, die auf die nächstfällige Tilgungsrate nicht angerechnet wurden, bleiben von der Anrechnung auf spätere Tilgungsraten ausgeschlossen, solange noch ausreichend viele Schuldverschreibungen, die für die Tilgung benötigt werden, umlaufen; oder der Emittent ist berechtigt, die jährlichen Tilgungsraten zu verdoppeln, wobei diese zusätzlichen Tilgungen auf die zuletzt fällige planmäßige Tilgungsrate angerechnet werden. Darüber hinaus sind alle Stücke anrechenbar, die vom Schuldner erworben werden. Das dem Emittenten fast stets vorbehaltene Recht vorzeitiger Kündigung ist i. d. R. darauf beschränkt, daß der Anleiheschuldner berechtigt ist, ab einem bestimmten Jahr der Laufzeit der Anleihe diese ganz oder teilweise zum Nennbetrag zu kündigen. Gelegentlich ist, insbesondere bei in

Deutschland begebenen Anleihen ausländischer Emittenten, vorgesehen, daß ab einem bestimmten Termin sämtliche noch nicht ausgelosten Schuldverschreibungen zu einem Tilgungstermin mit einem in den Anleihebedingungen genannten Zuschlag zurückgezahlt werden können. Dieses Agio ist meist gleitend: Es ermäßigt sich zum Jahr der Endfälligkeit hin. Manchmal ist vorgesehen, daß nur bei Kündigung in den ersten Jahren nach den Freijahren eine feststehende Prämie gezahlt wird, die später wegfällt.

Anleiheschein

Mantel einer Anleihe.

Anleiheschuldner

Emittent einer Anleihe. Gegens.: Anleihegläubiger.

Anleihesicherheiten

→ Anleihebesicherung.

Anleihetreuhänder

Bei Schuldverschreibungen der Industrie wird i. d. R. eine Bank für die jeweiligen Gläubiger als Grundbuchvertreter bestellt und ins Grundbuch eingetragen. Diese Bank ist auch Vertreter der Gläubiger i. S. d. Gesetzes betreffend die gemeinsamen Rechte der Besitzer von Schuldverschreibungen v. 1899. → Treuhänder bei Pfandbriefen.

Annäherungskurs bei Börsenaufträgen

→ Zirka-Kurs.

ANNA

Abk. f. → Association of National Numbering Agencies.

Annahmeschluß

Von einer Bank festgesetzter letzter Zeitpunkt zur Annahme von Orders für den betreffenden Börsentag.

annual report

Angelsächsische Bez. f. Geschäftsbericht.

annualized premium

Jährliches Aufgeld eines Optionsscheines. Kann verstanden werden als die jährliche prozentuale Veränderung des Marktwertes des Basiswertes, die notwendig ist, damit aus dem Kauf des Optionsscheins kein Verlust resultiert.

Annuität

Gleichbleibender, pro Jahr für Tilgung und zur Verzinsung einer Kapitalschuld zu zahlender Betrag. Innerhalb der in der Höhe immer gleichbleibenden Annuität steigt im Zeitablauf der Tilgungsanteil, da der Zins nur auf die rückläufige Restschuld zu zahlen ist. Man unterscheidet aber auch zwischen konstanter Annuität, bei der der Betrag ständig gleich bleibt, und variabler Annuität, wo der Amortisationsanteil unverändert bleibt, die Annuität aber um den eingesparten Zinsanteil kleiner wird. → Annuitätenanleihe.

Annuitätenanleihe

Anleihen, die durch gleichbleibende Annuitäten getilgt werden. Demgegenüber werden Tilgungsanleihen in gleichbleibenden Tilgungsraten zurückgezahlt. → Anleihen, Tilgung.

Annuitätenfaktor

Finanzmathematische Bez. für den Multiplikator, mit dem man einen Betrag multiplizieren muß, um die jährlichen (konstanten) Annuitäten zu erhalten. Er lautet:

$$\frac{i\,(1+i)^n}{(1+1)^n-1}$$

worin i = Zinssatz (= p/100, p = Zinsfuß), n = Laufzeit (Jahre).

Annuitätentilgung

Tilgung einer Schuld durch (z. B. jährliche) Annuitäten. → Annuitätenanleihe.

annuity

Annuität, Jahresrente.

annullieren

Für ungültig erklären, z. B. einen Börsenauftrag widerrufen.

anonyme Konten

Bankkonten, die nicht unter dem Namen des Kontoinhabers, sondern unter einer nur ihm (und in der Bank eng beschränkt) bekannten Bez. geführt werden. Aus steuerlichen Gründen in Deutschland untersagt, aber in einigen anderen Ländern zulässig. → Nummernkonto.

Anrechnung ausländischer Steuern

→ Körperschaftsteuer, Anrechnung ausländischer Steuern → Doppelbesteuerungsabkommen (DBA) → Körperschaftsteueranrechnung(sverfahren).

Anrechnung der Kapitalertragsteuer

Bei Veranlagung zur ESt wird die KESt auf die Steuerschuld angerechnet bzw. erstattet; letzteres an Aktionäre, die nicht zur ESt veranlagt werden, also an Aktionäre mit einem zu versteuernden Jahreseinkommen von weniger als DM 27000, bei zusammenveranlagten Ehepaaren DM 54000, deren Nebeneinkünfte nach Abzug des Sparerfreibetrages (DM 6000/12000) und der Werbungskostenpauschale (DM 100/200) den Betrag von DM 800 nicht überschreiten. Sie erhalten bei ihrem zuständigen Finanzamt eine Nichtveranlagungsbescheinigung (NV-Bescheinigung); diese ist max. 3 Jahre gültig. Gegen Vorlage bei der Bank wird den Aktionären der volle Gesamtertrag, also Dividende (ohne Abzug der KESt) plus Steuerguthaben direkt gutgeschrieben. Gleiches gilt bei Vorlage eines → Freistellungsauftrags. Bei Gebietsfremden kommt eine Erstattung der KESt nur dann in Betracht, wenn sich ein Erstattungsanspruch aus einem DBA ergibt.

Anrechnungsmethode

Ist wie die Freistellungsmethode geeignet, die grenzenüberschreitende Doppelbesteuerung zu vermeiden. Bei der Anrechnungsmethode werden die Einkünfte zwar sowohl im Quellenstaat als auch im Wohnsitzstaat versteuert. Bei der Steuer des Wohnsitzstaates wird aber die im Quellenstaat gezahlte Steuer angerechnet. Die Anrechnungsmethode ist häufig in DBA vereinbart. Sie gilt bei der deutschen Besteuerung auch in den Fällen, die nicht durch ein DBA geregelt sind. Angerechnet wird die auf die Auslandseinkünfte entfallende ausländische Steuer, die den Auslandseinkünften bzw. dem Auslandsvermögen entspricht.

Anrechnungsverfahren, körperschaftsteuerlich

Das körperschaftsteuerliche Anrechnungsverfahren verfolgt vor allem das Ziel, bei der KSt die Beseitigung der Doppelbelastung ausgeschütteter Gewinne zu realisieren. Das System bringt eine Entlastung auf 2 Ebenen: (1) Bei der ausschüttenden Unternehmung wird durch Minderung oder Erhöhung der KSt die stets gleichbleibende Ausschüttungsbelastung von 30% hergestellt; (2) die Restkörperschaftsteuer in Höhe von 30% wird beim Anteilseigner auf seine Körperschaft- oder Einkommensteuer angerechnet, wodurch eine endgültige und vollständige Entlastung erreicht wird. Zahlenbeispiel:

Behandlung bei der Unternehmung:	
Gewinn vor Abzug der KSt	100
minus KSt 45%	45
verbleiben	55
Bei Ausschüttung des gesamten Betrags mindert sich die KSt von 45% auf 30%, d. h. um 15%-Punkte	15
Dividende	70
minus KSt (25% von 70)	7,50
Dividendengutschrift	70

Behandlung beim Aktionär:		
Dividendengutschrift	52,50	52,50
KESt (25% von 70)	17,50	
Dividende		70
plus Steuerguthaben (anrechenbare KSt)		30
steuerpflichtiger Ertrag (Gesamtertrag)		100
Besteuerung:		
ESt, z. B. 40%iger Steuersatz		40
anrechenbare KSt	30	
anrechenbare KESt	17,50	47,50
Steuererstattung bzw. Steuerverrechnung		7,50
Nettoertrag		60

Anrechnungsverfahren bei Belegschaftsaktionären

Das Anrechnungsverfahren kommt auch bei Belegschaftsaktien in Betracht. Werden diese im Depot auf den Namen des Arbeitnehmers bei einer inländischen Bank verwahrt, liegen im Vergleich zu anderen Aktionären keine Besonderheiten vor. Bei Vorlegung einer NV-Bescheinigung oder eines → Freistellungsauftrags erhalten die Belegschaftsaktionäre ihre Dividende ohne Abzug von KESt plus Steuerguthaben. Wird keine NV-Bescheinigung oder ein → Freistellungsauftrag beigebracht, wird die Dividende unter Abzug von KESt und mit Erteilung einer Steuerbescheinigung gutgeschrieben. In diesen Fällen können bei Gewinnausschüttungen auf Belegschaftsaktien anstelle der Banken die AG oder auch von diesen bestellte Treuhänder Sammelanträge auf Vergütung der KSt und Erstattung der KESt – in Vertretung der Arbeitnehmer – an das Bundesamt für Finanzen stellen. Unter bestimmten Voraussetzungen können die Vergütung der KSt und Erstattung der KESt per Sammelantragsverfahren von der AG oder einem Treuhänder auch dann vorgenommen werden, wenn die Belegschaftsaktionäre zur ESt veranlagt werden. Dann ist zuständig das Finanzamt, dem die Besteuerung der AG oder des Vertreters obliegt.

Anrechnungsverfahren bei Investmentfonds

Beim Anrechnungsverfahren für Investmentfonds gelten die einkommensteuerlichen Vorschriften über die Vergütung der KSt und Erstattung der KESt entsprechend. KSt und KESt werden dabei auf Antrag an die Depotbank vergütet bzw. erstattet.

Anrechnungsverfahren bei nicht zur Einkommensteuer veranlagten Anteilseignern

Vor allem Kleinaktionäre haben nicht die Möglichkeit, durch Anpassung von Steuervorauszahlungen wenigstens einen Teil des Anrechnungsanspruchs auf das ihnen zukommende KSt-Guthaben zeitnah geltend zu machen; sie sind vielmehr auf eine spätere Erstattung angewiesen. Um dies zu vermeiden, können Anteilseigner, die ihre Aktien im Depot bei einer inländischen Bank verwahren und einen → Freistellungsauftrag oder eine Bescheinigung ihres Finanzamtes vorlegen, wonach sie nicht zur ESt veranlagt werden (NV-Bescheinigung), die Dividende ohne Abzug von KESt und zzgl. KSt-Guthaben gutgeschrieben bekommen.

Anrechnungsverfahren bei zur Einkommensteuer veranlagten Anteilseignern

Unbeschränkt steuerpflichtige natürliche Personen, die zur Anrechnung der KSt berechtigt sind, können ihren Anspruch darauf als auch für KESt bei ihrer Veranlagung zur ESt geltend machen. Voraussetzung für die Anrechnung ist das Vorliegen einer Bescheinigung einer (inländischen) Bank, aus der sich die Höhe des anrechenbaren Steuerguthabens und der KESt ergibt (Steuerbescheinigung). Anrechnung im Rahmen der Veranlagung kommt nur in Betracht, wenn der Anspruch auf das Steuerguthaben nicht schon im Rahmen der Vergütung geltend gemacht wurde. Der vergütungsberechtigte Anteilseigner hat die Wahl, den Anspruch per Vergütungsverfahren oder per Veranlagungsverfahren geltend zu machen. Das folgende Zahlenbeispiel verdeutlicht die Rechnung des Aktionärs:

Dividendenausschüttung auf 5 Aktien	DM 100,00
minus KESt (25%)	DM 25,00
Dividende nach KESt plus Steuerguthaben (3/7 von DM 100) von DM 42,86 (später auf die ESt angerechnet), Gutschrift durch die Bank	DM 75,00
	DM 75,00
Gesamtertrag DM 100 (Ausschüttung plus DM 42,86 Steuergutschrift)	DM 42,86
Veranlagung (z. B. bei einem Einkommensteuersatz von 40% ESt auf DM 142,86	−DM 57,14
Anrechnung der KESt	+DM 25,00
Anrechnung des Steuerguthabens	+DM 42,86
Erstattung durch das Finanzamt	+DM 10,72
Nettoertrag (Bankgutschrift plus Erstattung durch das Finanzamt)	DM 85,72

Anrechnungsverfahren, einbezogene Anteilseigner

Hinsichtlich der Berechtigung zur Anrechnung der KSt und der KESt sind folgende Gruppen von Anteilseignern zu unterscheiden: (1) inländische Anteilseigner, (a) einkommensteuerpflichtige Anteilseigner: Anrechnungsberechtigt sind alle unbeschränkt steuerpflichtigen Anteilseigner, sowohl hinsichtlich des Körperschaftsteuerguthabens als auch der Kapitalertragsteuer. Der Anrechnungsanspruch kann schon bei Festsetzung der Einkommensteuervorauszahlungen berücksichtigt werden. Bei Steuerpflichtigen, die zur ESt veranlagt werden, vollzieht sich die Anrechnung im Veranlagungsverfahren. Anteilseigner, die nicht zur ESt veranlagt werden, bekommen auf Antrag das Steuerguthaben vergütet und die KESt erstattet, d. h. insbesondere der Personenkreis, dessen zu versteuerndes Einkommen unter den Veranlagungsgrenzen DM 27000 bzw. DM 54000 für Ehegatten liegt und Nebeneinkünfte weniger als DM 800 ausmachen. Vergütung der Körperschaftsteuer und Erstattung der Kapitalertragsteuer werden im einheitlichen Verfahren durchgeführt; zuständig ist das Bundesamt für Finanzen. Der Anteilseigner kann selbst seinen Vergütungs- und Erstattungsantrag an das Bundesamt stellen oder aber seine Bank beauftragen, dies für ihn durch einen Sammelantrag zu tun. Voraussetzung ist in beiden Fällen, daß der Anteilseigner eine Bescheinigung seines zuständigen Finanzamtes hat, aus der hervorgeht, daß er voraussichtlich nicht zur ESt veranlagt wird (NV-Bescheinigung). Außerdem kann der Aktionär bei Vorlage eines Freistellungsauftrags die Vergütung der KSt und die Erstattung der KESt erreichen. Erforderlich ist zudem, daß sich die Aktien in einem Wertpapierdepot, das auf den Namen des Inhabers lautet, bei einer inländischen Bank befinden; (b) körperschaftsteuerpflichtige Anteilseigner: Anrechnung von Steuerguthaben und KESt wird auch allen unbeschränkt steuerpflichtigen, nicht steuerbefreiten Körperschaften gewährt; (2) ausländische Anteilseigner: Diese – natürliche und juristische Personen – sind

i. d. R. von der Anrechnung des Körperschaftsteuerguthabens ausgeschlossen. Eine Anrechnung kommt nur in Betracht, wenn die Kapitalerträge in einer inländischen Betriebsstätte steuerpflichtig sind.

Anrechnungsverfahren, nicht einbezogene Unternehmen und Anteilseigner

Nicht im körperschaftsteuerlichen Anrechnungsverfahren erfaßte Unternehmen sind vor allem die der öffentlichen Hand, Versicherungsvereine auf Gegenseitigkeit, sonstige juristische Personen des privaten Rechts, nicht rechtsfähige Vereine, Anstalten und Zweckvermögen des privaten Rechts, wirtschaftliche Geschäftsbetriebe einer steuerbefreiten Stiftung, Betriebsstätten ausländischer Unternehmen und Sparkassen. Eine Ausnahme betrifft Gewinnausschüttungen, die eine von der KSt befreite Körperschaft an eine andere steuerbefreite inländische Körperschaft oder eine juristische Person des öffentlichen Rechts leistet: Hier wird der ausgeschüttete Gewinn nicht mit KSt belastet. Auf der Ebene der Anteilseigner sind nur die unbeschränkt Steuerpflichtigen anrechnungsberechtigt (einkommen- und körperschaftsteuerpflichtige Anteilseigner). Bei den Körperschaftsteuerpflichtigen sind die steuerbefreiten Körperschaften und die juristischen Personen des öffentlichen Rechts nicht einbezogen worden. Weiter sind ausländische Anteilseigner – unabhängig davon, ob sie natürliche oder juristische Personen sind – i. d. R. von der Körperschaftsteueranrechnung ausgeschlossen. Eine solche kommt nur in Frage, wenn die Kapitalerträge in einer inländischen Betriebsstätte steuerpflichtig sind. Nicht zur Anrechnung der die Dividenden belastenden KSt sind beschränkt steuerpflichtige natürliche Personen, beschränkt steuerpflichtige Körperschaften sowie unbeschränkt steuerpflichtige, aber von der KSt befreite Körperschaften berechtigt. Bei diesen Anteilseignern gilt die KSt für Einkünfte, die dem Quellensteuerabzug unterlegen haben, als durch die KESt abgegolten. Um die Gesamtbelastung für nicht anrechnungsberechtigte inländische Anteilseigner nicht zu hoch werden zu lassen, ist die Erstattung der KESt in bestimmter Höhe an diese vorgesehen: (1) an juristische Personen des öffentlichen Rechts und an steuerbefreite Körperschaften, Personenvereinigungen und Vermögensmassen (einschl. gemeinnütziger Wohnungsunternehmen) wird die KESt zur Hälfte erstattet; (2) an gemeinnützige Anteilseigner und an Kirchen wird sie voll erstattet.

Anrechtsscheine

→ Zwischenscheine (Interimsscheine).

Ansammlungszins

Zinssatz, mit dem in der Lebensversicherung aufgelaufene Gewinnanteile verzinst werden.

Anschaffung

Zur-Verfügung-Stellen eines Geld-, Devisen- oder Wertpapierbetrages auf dem vom Erwerber benannten Konto.

Anschaffungsgeschäfte (in Wertpapieren)

Entgeltliche Verträge, die auf den Erwerb des Eigentums an Wertpapieren gerichtet sind. Anschaffungsgeschäfte sind auch: (1) Geschäfte, die das Einbringen von Wertpapieren in eine Kapitalgesellschaft o. a. Personenvereinigung zum Gegenstand haben; (2) Geschäfte, durch die bei der Auseinandersetzung einer Kapitalgesellschaft mit ihren Gesellschaftern, bei der Auflösung einer anderen Personenvereinigung, die beim Ausscheiden eines Gesellschafters aus einer Personenvereinigung den Gesellschaftern Wertpapiere aus dem Vermögen der Gesellschaft überwiesen werden; (3) bedingte oder befristete Anschaffungsgeschäfte; (4) die Versicherung von Wertpapieren gegen Verlosung, wenn der Versicherungsfall eintritt. Als Anschaffungsgeschäfte gelten: (1) bei Tauschgeschäften sowohl die Vereinbarung über die Leistung als auch die Vereinbarung über die Gegenleistung; (2) bei Kommissionsgeschäften sowohl das Geschäft, das der Kommissionär zur Ausführung des Kommissionsauftrags mit einem Dritten abschließt (Ausführungsgeschäft) als auch das Abwicklungsgeschäft zwischen Kommissionär und Kommittent; (3) bei Geschäften für gemeinschaftliche Rechnung die Abrechnung zwischen den Beteiligten.

Anschaffungskosten (bei Wertpapieren)

Die Anschaffungskosten von Wertpapieren enthalten den am Kauftag gezahlten Börsenkurs plus die Anschaffungsnebenkosten. Erfolgt der Erwerb der Wertpapiere durch bilanzierungspflichtige Unternehmen, hängt die bilanzielle Art der Ansetzung der Anschaffungskosten davon ab, ob die Wertpapiere dem Anlage- oder dem Umlaufvermögen zugerechnet werden. Bei Wertpapieren des Anlagevermögens können die Anschaffungskosten angesetzt und auch dann beibehalten werden, wenn zum Bilanzstichtag der Börsenwert geringer ist (gemildertes Niederstwertprinzip). Bei Wertpapieren des Umlaufvermögens müssen die Anschaffungskosten dann angesetzt werden, wenn sie niedriger sind als der aktuelle Börsenkurs am Bilanzstichtag (strenges Niederstwertprinzip).

Anschaffungsnebenkosten (bei Wertpapieren)

Courtage, Banken gezahlte Provisionen und evtl. fremde Spesen. Früher mußte noch Börsenumsatzsteuer (seit dem 1. 1. 1991 abgeschafft) gezahlt werden. Diese Anschaffungsnebenkosten sind bei bilanzierungspflichtigen Unternehmen zusammen mit den Anschaffungskosten in der Bilanz zu aktivieren. Die Courtage beträgt bei verzinslichen Wertpapieren 0,075‰ bis 0,75‰ (Standard) je nach Größenordnung des Auftrages, bei Aktien 0,6‰ des Kurswertes. Die von Banken geforderten Provisionen und Spesen belaufen sich i. d. R. auf max. 1% des Auftraggegenwertes. Zu beachten sind die von den jeweiligen Börsen und Banken festgelegten Mindestsätze je Auftrag.

Anschaffung und Veräußerung, steuerlich

Der Abschluß des Kauf- oder Tauschvertrags, also nicht die dinglichen Übertragungsgeschäfte. Bei der Veräußerung kann es auch auf den Zeitpunkt der Abgabe eines bindenden Angebots ankommen. Wird ein Wertpapier aus dem Betriebsvermögen in das Privatvermögen oder umgekehrt überführt, ist ein derartiger Übergang keine Anschaffung oder Veräußerung. Unentgeltlicher Erwerb durch Erbschaft, Vermächtnis oder Schenkung ist gleichfalls keine Anschaffung. Unentgeltlicher Erwerb ist auch anzunehmen, wenn die Wertpapiere von einem Miterben bei der Erbauseinandersetzung erworben werden und dieser den übrigen Miterben außer der Aufgabe seiner Rechte an den anderen Nachlaßgegenständen aus seinem Vermögen keine Ausgleichszahlungen geleistet hat. Ein Spekulationsgeschäft ist jedoch gegeben, wenn Erbe oder Beschenkter ein durch den Erblasser oder Schenker angeschafftes Wertpapier innerhalb von 6 Monaten nach Anschaffung durch Erblasser oder Schenker veräußert. Erwirbt ein Steuerpflichtiger bei einer Kapitalerhöhung durch Ausübung seines Bezugsrechts junge Aktien und veräußert er diese innerhalb der Spekulationsfrist, gehört der Wert des Bezugsrechts neben dem Zuzahlungsbetrag und den sonstigen Kosten zu den Anschaffungskosten für die jungen Aktien. Der Bezug von Berichtigungsaktien bei einer Kapitalerhöhung aus Gesellschaftsmitteln ist jedoch keine Anschaffung, so daß hier ein Spekulationsgewinn nur vorliegt, wenn die Anschaffung der alten Aktien und die Veräußerung der Aufstockungsaktien in der Spekulationsfrist erfolgt. Veräußerungen sind nicht nur Verkäufe, sondern auch Tauschgeschäfte, Teilungsverträge unter Miteigentümern und Einbringung von Wertpapieren in eine Kapitalgesellschaft. Ebenso rechnen dazu Veräußerungsgeschäfte, bei denen die Veräußerung früher als der Erwerb erfolgt; dabei ist gleichgültig, ob Erwerb und Lieferung der Wertpapiere nachträglich erfolgen oder unterbleiben und nur der Kursunterschied gezahlt werden muß (Prämiengeschäfte). Umtausch von Schuldverschreibungen in niedriger verzinsliche desselben Schuldners (Konversion) gehört nicht dazu.

Anschlußaufträge

Im Börsenhandel Aufträge, die nach Eröffnung der Börse bzw. des variablen Handels eingehen.

Anschlußaufträge fehlten

Aussage im Börsenbericht. Dies heißt, daß nach Ausführung der Aufträge zu den Anfangskursen des variablen Verkehrs weitere nennenswerte Aufträge für die fortlaufende Notierung nicht eingingen.

Anschlußkonkurs

Ein sich an ein gescheitertes Vergleichsverfahren anschließendes Konkursverfahren (vor allem, wenn der Schuldner die Vergleichsquote nicht erbringen kann).

Anschlußsparbuch

Bei Sparkonten, die längere Zeit bestanden haben und auf denen oft Buchungen erfolgt sind, kann im Sparbuch kein Platz für weitere Eintragungen sein. Die Bank zieht dann das Buch ein und gibt dem Sparer bei gleichzeitiger Übertragung des Guthabens das Anschlußsparbuch.

an Sie, an Dich

Per Zuruf börsenübliche Redewendung eines Wertpapierverkäufers an den -käufer (bzw. auch des Maklers) über das damit zustande gekommene Geschäft; der Verkäufer hat sich dadurch mit dem gebotenen Kurs einverstanden erklärt (umgekehrt: von Ihnen, von Dir).

Anspannung
Tendenzbez. an der Börse bei einer Situation, in der ein starkes Überwiegen der Nachfrage gegenüber dem Angebot vorliegt.

Ansteigerung von Wertpapieren
Ist ein Verkäufer von Wertpapieren, die an der Börse nicht gehandelt werden, mit der Lieferung in Verzug, erfolgt die Beschaffung der zu liefernden Stücke durch Ansteigerung, die nach Ankündigung von einem Kursmakler durchgeführt wird, der als öffentlicher Versteigerer von Wertpapieren bestellt und vereidigt ist. → Versteigerung von Wertpapieren.

Anstellen von Wertpapieren
Festes, meist befristetes Angebot von Wertpapieren.

Anteilinhaber
Besitzer eines Anteils an einer Kapital- oder Personengesellschaft. I. e. S. Inhaber eines Investmentzertifikats (-anteils). Auch: Anteilseigner.

Anteilsaktie
→ nennwertlose Aktien → Quotenaktie.

Anteilsbindungskonsortium
Im Gegensatz zu den meisten anderen Konsortien versucht das Anteilsbindungskonsortium nicht in erster Linie den Kapitalbedarf eines Emittenten zu befriedigen, sondern Einfluß bzw. Beherrschung einer Unternehmung zu erhalten oder neu zu begründen. Die Gesellschaften, deren Anteile, i. d. R. Aktien, gebunden werden sollen, regen die Bildung solcher Konsortien selbst an, stehen ihr aber teilweise auch ablehnend gegenüber. Ein Anteilsbindungskonsortium wird z. B. begründet, um der Gefahr einer Überfremdung durch Aufkäufe zu entgegnen. Es kann auch gebildet werden von verschiedenen Aktionären, um gemeinsam stärkeren Einfluß geltend machen zu können. Veräußerung oder Verpfändung derartig gepoolter Aktien oder Anteile ist i. d. R. erschwert oder untersagt. So müssen bei einem geplanten Verkauf die Anteile i. d. R. erst den Konsorten angeboten werden.

Anteilsbruchteil
Einzahlungen auf ein Investmentkonto, die den Preis eines Fondsanteils nicht erreichen, werden buchmäßig als Anteilsbruchteile dargestellt. Spitzenbeträge werden von der kontoführenden Bank bis zur dritten Kommastelle in Anteilsbruchteile umgerechnet.

Anteilschein (bei der Kapitalanlagegesellschaft)
Die Ansprüche des Anteilinhabers gegenüber der KAG werden in Anteilscheinen (Investmentanteile, -zertifikate) verbrieft, die auf den Inhaber oder Namen lauten können. Der Wert des Anteils ergibt sich durch Teilung des Wertes des Sondervermögens durch die Zahl der Anteile. Der Wert des Sondervermögens ist aufgrund der jeweiligen Kurswerte der zu ihm gehörenden Wertpapiere und Bezugsrechte zzgl. des Wertes der Geldbeträge, Forderungen und sonstigen Rechte von der Depotbank zu ermitteln; bei Grundstückssondervermögen wird der Wert durch einen Sachverständigenausschuß festgestellt. Jedes Sondervermögen muß bei der Ausgabe des ersten Anteilscheins in so viele Anteile zerlegt werden, daß der Wert jedes Anteils im Zeitpunkt der Ausgabe des ersten Anteilscheins nicht mehr als DM 100 beträgt. Kein Anteilinhaber kann die Aufhebung der Gemeinschaft der Anteilinhaber fordern, aber er kann verlangen, daß ihm gegen Rückgabe des Anteilscheins sein Anteil am Sondervermögen aus diesem ausgezahlt wird. Die Rücknahmekosten sind bei den Investmentgesellschaften unterschiedlich. Bei Investmentgesellschaften des Vertragstypus verbrieft der Anteilschein schuldrechtliche Ansprüche des Inhabers gegenüber der Investmentgesellschaft, bei Gesellschaften des Gesellschaftstypus verbrieft er Mitgliedschafts- und Eigentumsrechte an der Gesellschaft.

Anteilseigner
Besitzer von Anteilsrechte verbriefenden Kapitalanteilen. Auch: Besitzer von Investmentanteilen. → Anteilinhaber.

Anteilspapier
Wertpapier, das Anteilsrechte an einer Unternehmung verbrieft. → Aktie.

Anteilsrecht
Beteiligungsrecht, bei der AG durch Wertpapiere (Aktien) verbrieft, das vor allem die Mitgliedschaftsrechte beinhaltet.

anticipatory hedge
Absicherungsgeschäft, das gegen eine erwartete Marktentwicklung frühzeitig absichern soll.

anticipation approach
Schätzmethode zur Beurteilung der künftigen Entwicklung von Börsenkursen. Stellt maßgeblich auf die künftige Ertrags-

kraft (Gewinnentwicklung) der beurteilten Unternehmen ab. → Aktienanalyse.

Antizipation, antizipieren

Vorwegnehmen einer zu erwartenden Entwicklung: z. B. der erwarteten Börsenkurse – Kurssteigerung – in einer konjunkturellen Aufschwungperiode bereits in der voraufgehenden Rezessionsphase, und dementsprechendes Tätigen von Aktienkäufen. Zur Vorwegnahme von Kurs- und Zinsentwicklungen werden häufig Termin- und Optionsgeschäfte abgeschlossen.

antizyklische Anlagepolitik

Anlageverhalten, das dem gerade aktuellen Markttrend entgegenläuft. D. h., wenn z. B. am Aktienmarkt oder am Rentenmarkt die Kurse haussieren, also starkes Kaufinteresse vorliegt, wird der antizyklische Anleger verkaufen, bei niedrigen oder fallenden Kursen dagegen kaufen.

Anträge von Aktionären für die Hauptversammlung der AG

Anträge von Aktionären brauchen nur mitgeteilt zu werden, wenn der Aktionär innerhalb 1 Woche nach Bekanntmachung der Einberufung der HV im Bundesanzeiger der AG einen Gegenantrag mit Begründung übersandt und dabei mitgeteilt hat, er wolle in der HV einem Vorschlag des Vorstandes und Aufsichtsrates widersprechen und die anderen Aktionäre veranlassen, für seinen Gegenantrag zu stimmen. Ein Gegenantrag und dessen Begründung brauchen nicht mitgeteilt zu werden: (1) soweit sich der Vorstand durch die Mitteilung strafbar machen würde; (2) wenn der Gegenantrag zu gesetz- oder satzungswidrigem Beschluß der HV führen würde; (3) wenn die Begründung in wesentlichen Punkten offensichtlich falsche oder irreführende Angaben oder Beleidigungen enthält; wenn ein auf denselben Sachverhalt gestützter Gegenantrag des Aktionärs bereits zu einer HV der AG mitgeteilt worden ist; (5) wenn derselbe Gegenantrag des Aktionärs mit überwiegend gleicher Begründung in den letzten 5 Jahren zumindest zwei HV der AG mitgeteilt worden ist und in der HV weniger als 5% des vertretenen Grundkapitals für ihn gestimmt hat; wenn der Aktionär zu erkennen gibt, daß er an der HV nicht teilnehmen und sich nicht vertreten lassen wird; (7) wenn der Aktionär in den letzten 2 Jahren in 2 HV einen von ihm mitgeteilten Gegenantrag nicht gestellt hat oder nicht hat stellen lassen. Die Begründung braucht nicht mitgeteilt zu werden, wenn sie insgesamt mehr als 100 Worte beträgt. Stellen mehrere Aktionäre zu demselben Gegenstand der Beschlußfassung Gegenanträge, kann der Vorstand die Gegenanträge und ihre Begründungen zusammenfassen.

Antwerpener Börse

Beurscommissie van Antwerpen. Korte Klarenstraat 1, 2000 Antwerpen, Belgien. Tel.: 323233 8016. Telex: 32309b. Börsenzeit: 9.00–17.00 Uhr.

Anwartschaftsrecht

Von der Rechtsprechung entwickeltes, dem Eigentum entsprechendes dingliches Recht, das aber geringwertiger als Volleigentum ist. Es resultiert aus der in mehreren Schritten zu vollziehenden Eigentumsübertragung.

Anwesenheitsliste

Verzeichnis der Teilnehmer an der HV einer AG (Präsenzliste).

Anzeige bei Verlust der Hälfte des Aktienkapitals

→ Verlustanzeige durch den Vorstand der AG.

Anzeige der Ausführung des Auftrags

Nach Ausführung eines Auftrages zum Kauf oder Verkauf von Wertpapieren zeigt die Bank die Erledigung des Auftrags dem Kunden an. Bleibt nach Erteilung eines Auftrags die Anzeige aus, hat der Kunde dies der Bank unverzüglich nach Ablauf der Frist mitzuteilen, innerhalb derer er die Anzeige im normalen Postlauf hätte erwarten müssen. → Ausführung von Kundenaufträgen.

anziehend

Tendenzbez. f. steigende Börsenkurse.

AO

Abk. f. Abgabenordnung.

A/O

Abk. f. die Zinstermine April/Oktober bei Schuldverschreibungen, d. h. Zinszahlung am 1. 4. und 1. 10.

a. o. HV

Abk. f. außerordentliche Hauptversammlung.

application

Antrag.

Applikation, applizieren

→ Selbsteintritt.

Applikationskurs

Angebotspreis, der ein beabsichtigtes Geschäft vorbereiten soll, z. B. bei Verhandlungsaufnahme mit dem Ziel der Übernahme eines Paketes bestimmter Aktien.

appoint (1)

Nachschuß oder Ergänzung eines Geldbetrages zur Realisierung eines vorgegebenen Gesamtbetrags.

appoint (2)

Einzelne Stücke von Wertpapieren, z. B. bei Aktien, Wechseln, auch Banknoten.

approved primary dealers

Wertpapierhäuser, die amerikanische und englische Staatspapiere verkaufen dürfen.

APT-System

Abk. f. → Automated Pit Trading-System der LIFFE.

AR

Abk. f. Aufsichtsrat.

Arbeitnehmeraktien

→ Belegschaftsaktien.

Arbeitnehmersparzulage

Nach dem → 5. Vermögensbildungsgesetz (936-DM-Gesetz) werden nur noch die Geldanlagen bis zu DM 936 in Produktivkapital (Beteiligungen, Geschäftsanteile, Aktien, Aktienfonds) und in Bausparverträgen mit 10% gefördert. Eine Ausnahme besteht dahingehend, daß vermögenswirksames Sparen auf dem Sparkonto, mit Sparbriefen und festverzinslichen Wertpapieren und in Form von Lebensversicherungen weiterhin mit einer Sparzulage von 10% bis zu DM 624 gefördert wird, sofern Vertragsabschluß und Sparbeginn vor dem 31. 12. 1988 erfolgt sind.

Arbeitnehmer und Arbeitnehmervertreter im Aufsichtsrat der AG

→ Aufsichtsrat der AG, Zusammensetzung.

Arbeitsgemeinschaft der deutschen Wertpapierbörsen

Die Arbeitsgemeinschaft der deutschen Wertpapierbörsen als Spitzenorganisation der acht deutschen Wertpapierbörsen diente der gemeinsamen Vertretung ihrer Mitglieder in sämtlichen Börsenangelegenheiten. Durch die 1986 erfolgte Reformierung der Arbeitsgemeinschaft der deutschen Wertpapierbörsen wurde die Wettbewerbsfähigkeit des Finanzplatzes Deutschland sowie die Leistungsfähigkeit der deutschen Börsen gestärkt. Die Arbeitsgemeinschaft der deutschen Wertpapierbörsen ging zum Jahreswechsel 1992/93 in die → Deutsche Börse AG über.

Arbeitsgemeinschaft der Volksaktienvereine

Zusammenschluß der an verschiedenen Orten zur Vertretung und Beratung von Volks- und Kleinaktionären errichteten Volksaktienvereine. → Aktionärsvereinigung.

Arbeitskreis zur Förderung der Aktie e. V.

Frühere Bez. f. → Deutsches Aktieninstitut e. V.

Arbitrage

Geschäft, das Preisunterschiede für dasselbe Objekt an verschiedenen Märkten – vor allem Börsen – zur Gewinnerzielung ausnutzt. Voraussetzung ist schnelle Nachrichtenübermittlung per Fernschreiber oder Telefon sowie eine Kursdifferenz, die höher ist als die anfallenden Kosten. Arbitrage erfolgt als Ausgleichsarbitrage und Differenzarbitrage. Diese Geschäfte bewirken eine Angleichung der Kurse und Preise. Arbitragegeschäfte sind besonders zahlreich im Börsenhandel mit Wertpapieren. Da per Arbitrage nur örtliche Kursdifferenzen ausgenutzt werden, ist sie theoretischen risikolos. Bei der Wertpapierarbitrage versuchen jedoch viele Banken, dieselben Kursunterschiede auszunutzen; daher verbinden sich praktisch der Zeitfaktor und damit auch Kursrisiken mit der Arbitrage. Differenzarbitragen werden meist als Metageschäfte durchgeführt, d. h., die Partnerbanken teilen Gewinne und Verluste; sie rechnen die Geschäfte auf Nettobasis ab. Nach dem Gegenstand der Arbitrage unterscheidet man vor allem Devisenarbitrage, Effektenarbitrage, Zinsarbitrage, Goldarbitrage und Arbitrage börsenmäßig gehandelter Rohprodukte. Arbitrage ist zu unterscheiden von Spekulationsgeschäften.

Arbitragegeschäft

Das Geschäft der Arbitrageure. → Arbitrage.

Arbitrageklausel

Schiedsgerichtsklausel, vor allem im Waren-, speziell Getreidehandel, als Vereinbarung, daß sich die Parteien im Streitfall über die Warenbeschaffenheit u. ä. einem privaten Schiedsgericht unterwerfen.

Arbitragerechnung

Rechnung, die zur Realisation einer Arbitrage anzustellen ist.

Arbitrageur

(Börsen-) Händler, der sich besonders mit der Wertpapier- oder Devisenarbitrage befaßt. Da im Devisenhandel Arbitrage und Handel praktisch einander entsprechen, wird der Devisenhändler oft als Devisenarbitrageur bezeichnet.

arbitrage value

Prozentsatz, der das Verhältnis zwischen dem Marktpreis eines Optionsscheins und der Summe aus innerem Wert und Finanzierungskostenvorteil, den der Optionsschein im Vergleich zum Erwerb des Basiswertes bietet, ausdrückt. Entspricht dem Anteil des fairen Wertes am Marktpreis bei einer Volatilität von Null.

Arbitragewerte

Wertpapiere, die an mehreren Börsen gehandelt und in denen regelmäßig Arbitragen erfolgen.

Arcdelta-Faktor

Maß, welches die Schwankungsintensität des Basisobjekts einer Option um seinen gegenwärtigen Preis innerhalb eines spezifischen Intervalls ausdrückt. Arcdelta-Faktoren sind von Bedeutung für die Berechnung der einzufordernden Sicherheitsleistungen bei Termingeschäften an futures-Börsen.

Archiv für Buchungsunterlagen über abhandengekommene Wertpapiere

Wird insbesondere von den Banken unterhalten über diejenigen Wertpapiere, die nicht der Wertpapierbereinigung unterliegen, sowie über diejenigen, die nach Kriegsende aufgrund der Militärregierungsgesetzgebung als ausländische Wertpapiere abgeliefert werden mußten. Mit der Archivierung erfolgt die Austragung aus den Depotbüchern; es werden auch keine Depotgebühren mehr erhoben.

argent (A)

In französischen Kursblättern Bez. f. Geld.

ARIEL

Abk. f. Automated Real-Time Investments Exchange Limited. Elektronisches, außerbörsliches Handelssystem in England.

Arrangement

Bez. f. die Abwicklung von Börsengeschäften; speziell an der Wiener Börse üblich.

arranger

Zum einen Führungsbank (lead manager) bei euronotes-Fazilitäten, zum anderen im Rahmen von swap-Geschäften die Bank, die die swap-Parteien zusammenführt und bei den Verhandlungen berät; anders als die als intermediary auftretende Bank ist der arranger selbst nicht swap-Partei, trägt also kein Erfüllungsrisiko.

Arrest, Arrestverfahren

Gerichtliche Anordnung, die erlassen wird bei Glaubhaftmachen einer Arrestforderung (in Geld) und eines Arrestgrundes (Besorgnis der Vereitelung oder Erschwerung der Zwangsvollstreckung), um die künftige Zwangsvollstreckung zu sichern. Schlechte Vermögenslage allein ist kein Arrestgrund.

arrondieren

Auf- oder abrunden, z. B. von Wertpapierbeständen durch Zu- oder Verkauf.

Arrosement, Arrosierung

Konversion einer Staatsanleihe im Hinblick auf den Nominalzins bei unverändert bleibendem Schuldkapital.

Asiatische Optionsscheine

Optionsscheinvariante, die sich bei der Ausübung nicht wie üblich auf den Kurs des Basiswertes am Ausübungstag, sondern auf den Durchschnittskurs – etwa in Form des geometrischen Mittels – während der Laufzeit beziehen. Sind gegenüber Kursschwankungen des Basiswertes weniger anfällig als übliche Optionsscheine.

Asiengeldmarkt, -dollarmarkt

Der asiatische Teil des Eurogeldmarktes. Zentren: Hongkong, Singapur, Tokio. Beim Asiendollar handelt es sich analog zum Eurodollar um US-$-Guthaben, die von in Asien domizilierenden Banken an andere Banken oder Unternehmen kurzfristig, z. T. auch mittelfristig ausgeliehen werden.

asked

Englischer Börsenausdruck, der Angebot (Brief) bedeutet. Gegens.: bid = Nachfrage (Geld).

asked price

Ausgabepreis, vor allem bei Emissionen, auch bei Investmentzertifikaten.

asset allocation

Aufteilung eines Anlagekapitals auf verschiedene Anlageformen, Währungen usw.

asset backed financing
Finanzierung von Unternehmen durch Begebung von asset backed securities. Hierbei werden Finanzaktiva gegen liquide Mittel getauscht. Üblicherweise verkauft das Finanzbedarf aufweisende Unternehmen Finanzaktiva an eine Finanzierungsgesellschaft gegen Erhalt liquider Mittel. Die Finanzierungsgesellschaft begibt auf Basis der erhaltenen Finanzaktiva durch diese besicherte Wertpapiere. Asset backed financing stellt für Unternehmen eine günstige Art der Refinanzierung dar, da durch diese Finanzierungstechnik am Markt ein rating erzielt werden kann, das besser als das der Unternehmung ist. Entscheidend für die rating-Qualifizierung ist ausschließlich die Qualität der besichernden Aktiva.

asset backed securities
Durch einen Pool von Finanzaktiva, insbesondere Hypotheken, gedeckte und besicherte Wertpapiere. Die bekanntesten asset backed securities sind mortgage backed securities und collateralized mortgage obligations.

asset backed transaction
Amerikanisches Finanzierungsmodell. Hierbei verkauft ein Unternehmen einen Teil seiner Forderungen an eine Gesellschaft, die sich durch einen Bankkredit oder die Ausgabe von Wertpapieren (→ asset backed securities) refinanziert. Durch den Verkauf der Forderungen erhält das Unternehmen zusätzliche Liquidität, mit der bestehende Verbindlichkeiten getilgt oder zusätzliche Aktiva erworben werden können. → asset backed financing.

Association of European Regional Financial Centres
Abk: AERFC. 1992 gegründete Vereinigung europäischer regionaler Finanzplätze. Sie hat sich zum Ziel gesetzt, die regionalen Finanzplätze in Europa zu fördern und ihre bedeutende komplementäre Funktion zu den Hauptfinanzzentren wie Frankfurt, London und Paris herauszustellen. Zudem will sie die Interessen der regionalen Zentren gegenüber den Regierungen und der EG-Kommission vertreten, die wirtschaftlichen Aktivitäten in den europäischen Regionen stärken und eine Brückenfunktion zwischen Unternehmen in den Mitgliedszentren erfüllen. Gründungsmitglieder der AERFC sind Barcelona, Bilbao, Edingburgh, Lyon, Stuttgart und Turin. Sitz ist Brüssel.

Association of Futures Brokers and Dealers (A.F.B.D.)
Vereinigung der an den Finanzterminmärkten tätigen Händler.

Association of International Bond Dealers (A.I.B.D.)
Frühere Bez. der → International Securities Market Association (ISMA).

Association of National Numbering Agencies
Zusammenschluß aus Börsen, Kenn-Nummer-Organisationen und clearing-Häusern aus 18 Ländern, der sich zum Ziel gesetzt hat, einen weltweit gültigen Standard und ein Identifikationssystem für Wertpapiere (International Securities Identification Number – ISIN) zu schaffen, um zu einer höheren Effizienz beim Handel und der Verwaltung von internationalen Wertpapieren beizutragen. Das neue internationale Kennummernsystem soll soweit wie möglich die nationalen Besonderheiten berücksichtigen, doch soll ein internationales Netzwerk geschaffen werden, mit dessen Hilfe Informationen weltweit zugänglich werden.

Association Tripartite Bourses (ATB)
Vereinigung der drei großen Schweizer Börsen Zürich, Genf und Basel. Ist u. a. zuständig für die Berechnung von Indizes.

ATB
Abk. f. → Association Tripartite Bourses.

Attentismus
Im Zusammenhang mit der Börsenberichterstattung: abwartende, zurückhaltende Einstellung von Kapitalanlegern oder Kreditgebern oder vor dem Hintergrund ungünstiger Wirtschaftslage. Durch Attentismus können Zins- oder Kursänderungen beschleunigt werden.

at the market call
Kündigung zum marktgängigen Zinssatz.

at the money option
Option, deren Basispreis gleich dem aktuellen Preis des Terminkontraktes ist.

ATX
Abk. f. → Austrian Traded Index.

atypische stille Gesellschaft
Bei ihr ist der Gesellschafter nicht nur am Gewinn und Verlust, sondern auch an den Vermögenswerten (stille Reserven, Firmenwert) beteiligt und übt u. U. auch unternehmerische Funktionen aus. Man

kann somit von einer Mitunternehmerschaft sprechen. Gegens.: typische stille Gesellschaft.

auditor

Wirtschaftsprüfer, Abschlußprüfer.

Aufbaukonto

Wird von Investmentgesellschaften angeboten. Der Anleger hat die Möglichkeit, auch mit geringeren, z. B. monatlichen Sparbeiträgen Investmentzertifikate zu erwerben. Durch das Aufbaukonto hat der Anleger die Möglichkeit des Anteilserwerbs zu i. d.R. durchschnittlichen Einstandskosten, d. h., durch die Einzahlung eines konstanten Beitrags auf sein Konto erwirbt er Investmentanteile einmal zu höheren, zu anderen Zeitpunkten zu niedrigeren Kursen. → Sparplan bei Investmentfonds.

Aufbauversicherung

Form der gemischten Lebensversicherung mit vertraglichen Aufstockungsmöglichkeiten. Später kann der Versicherungsnehmer die Laufzeit des Vertrags durch Sonderzahlungen verkürzen (Abkürzungsversicherung). Meist wird auch die Überschußbeteiligung verwendet. Der Versicherungsnehmer ist so in der Lage, die Fälligkeit der Versicherungssumme auf den Beginn des Ruhestandes vorzuverlegen und sie für die eigene Altersversorgung zu nutzen.

Aufbewahrung von Wertpapieren

Ein Wertpapierbesitzer kann seine Wertpapiere selbst aufbewahren – unter erhöhten Risiken – oder dies unter Kosten bei einer Bank tun – im Tresor – oder damit seine Bank beauftragen. → Depotverwahrung → Girosammelverwahrung.

Auffanggesellschaft

Wird gebildet im Zusammenhang mit der Sanierung von Unternehmen. Tritt die Nachfolge einer sanierungsbedürftigen Unternehmung an, indem sie deren Vermögens- und Schuldenteile übernimmt.

Aufgabe (bei Börsengeschäften)

Bestätigungsnotiz eines Börsenmaklers, der bei Abschluß eines Geschäfts zunächst selbst als Kontrahent fungiert, bis er einen endgültigen Käufer oder Verkäufer findet. I.d.R. muß der Makler die Adresse innerhalb von 24 Stunden benennen. → an Aufgabe → von Aufgabe.

Aufgabegeschäfte

Wenn Makler bei der Ausführung von Aufträgen einen Kontrahenten nicht sofort benennen können, setzen sie sich bis zum Finden der endgültigen Ausführungsadresse selbst ein (eigene Aufgabe). Bei solchen Geschäften unter Einschaltung einer Makler-Aufgabe wird der Kurs sofort festgelegt, so daß Kursrisiken und -chancen bis zur endgültigen Ausführung der Makler trägt. Aufgabegeschäfte müssen spätestens am 2. Börsentag geschlossen werden, d. h., der Makler muß eine Bankenadresse als Kontrahenten benennen. Freimakler erledigen über Aufgabegeschäfte den Großteil ihrer kurzfristigen Eigengeschäfte.

Aufgabemakler

Börsenmakler (Kursmakler und freie Makler), denen vom Börsenvorstand die Berechtigung erteilt worden ist, Geschäfte mit späterer Bekanntgabe der Adresse abzuschließen (→ Aufgabegeschäfte). Wird die Aufgabe zu einem anderen Kurs als dem zunächst abgeschlossenen erteilt, wird der Unterschiedsbetrag dem Makler zugerechnet. Gelingt es dem Makler nicht, einen geeigneten Geschäftspartner zu finden, muß er selbst eintreten, indem er die Bank, mit der er in Geschäftsverbindung steht, als Adresse benennt. Makler, die als Aufgabemakler tätig sind, müssen i. a. dem Börsenvorstand zusätzliche Sicherheit stellen.

Aufgabe vorbehalten

→ Aufgabe (bei Börsengeschäften).

Aufgebot

Öffentliche Aufforderung durch ein Gericht o. a. dafür zugelassene Stellen, zur Vermeidung von Rechtsverlusten Rechte innerhalb der angegebenen Frist anzumelden. Soll in gesetzlich begründeten Fällen bestimmte Ansprüche oder Urkunden für kraftlos erklären (→ Kraftloserklärung von Wertpapieren). Das Aufgebot richtet sich an bestimmte oder unbekannte Beteiligte. Das gerichtliche Aufgebot zur Anmeldung von Ansprüchen oder Rechten hat die Wirkung, daß aus der Unterlassung der Anmeldung Rechtsnachteile folgen. Es ist i. d. R. im Bundesanzeiger oder einem anderen amtlichen Mitteilungsblatt bekanntzumachen. Ein vereinfachtes außergerichtliches Aufgebot besteht im Bankwesen, so u. a. beim Aufgebot zum Zwecke der Kraftloserklärung eines verlorenen Sparbuches.

Aufgebotsverfahren (bei Wertpapieren)

Verlorengegangene Wertpapiere können durch Ausschlußurteil für kraftlos erklärt werden (→ Kraftloserklärung von Wertpapieren). Zuständig ist das Amtsgericht des in der Urkunde bezeichneten Erfüllungsortes. Die Kraftloserklärung muß u. a. im Bundesanzeiger veröffentlicht werden. Zur Einleitung sind bestimmte Fristen zu beachten.

Aufgeld

→ Agio.

aufgerufene Wertpapiere

Wertpapiere, die als gestohlen oder sonstwie abhanden gekommen gemeldet und daher gesperrt wurden.

Aufkäufe

Börsenbez. f. am Aktienmarkt in einer bestimmten Aktie erfolgende starke Käufe zur Erhöhung des Anteils am Kapital der betreffenden AG mit dem Ziel der Einflußsteigerung. Auch: → Interessenkäufe.

Aufkaufspekulation

Bei Gerüchten über Aufkäufe an der Börse das „Sich-Anhängen" an letztere aus spekulativen Gründen. Risikobehaftet wegen der Ungewißheit über die Richtigkeit solcher Gerüchte, bei feststellbaren Aufkäufen über die Dauer dieser und der damit induzierten Kurssteigerungen.

Auflassung

Die zur Übereignung eines Grundstücks neben der Eintragung ins Grundbuch notwendige Einigung zwischen Verkäufer und Erwerber über den Eigentumsübertrag. Die Auflassung muß bei Anwesenheit der Vertragspartner vor einem Notar geklärt werden, kann aber auch vor Gericht erfolgen. Wer Geld in Grundstükken anlegt, sollte erst bezahlen, wenn die Eintragung erfolgt ist oder eine Auflassungsvormerkung im Grundbuch eingetragen wurde. Es sollte sichergestellt werden, daß der Verkäufer über den Kaufpreis erst nach einer dieser Eintragungen verfügen kann, indem er auf ein Anderkonto oder Sperrkonto mit gemeinsamer Verfügungsberechtigung des Käufers und Verkäufers eingezahlt wird.

Auflassungsvormerkung

Eintragung im Grundbuch zur Sicherung des künftigen Eigentumserwerbs, die die zwischen Käufer und Verkäufer eines Grundstücks bei Auflassung notwendige Vereinbarung betrifft, daß der Anspruch des Käufers auf Eigentumsübertragung im Grundbuch eingetragen wird. Hierdurch soll sichergestellt werden, daß ein Verkäufer ein Grundstück nicht mehrfach verkaufen kann, denn der den Grundstücksvertrag protokollierende Notar ist zur Einsichtnahme des Grundbuches verpflichtet.

Auflegung zur öffentlichen Zeichnung

Vertriebsverfahren für Wertpapiere. Nachdem sie i. d. R. zunächst von einem Bankenkonsortium übernommen worden sind, werden sie durch Bekanntgabe eines Verkaufsprospekts zur öffentlichen Zeichnung aufgelegt. Dieses Zeichnungsangebot enthält die Bedingungen, zu denen ein potentieller Anleger die zur Zeichnung aufgelegten Papiere durch Ausfüllen des Zeichnungsscheins ordern kann. Ziel: möglichst breite Streuung der Wertpapiere. Bei Überzeichnung werden i. d. R. die Zeichnungen mit geringem Volumen vollständig bedient, großvolumige Zeichnungen oft nur anteilig.

auf letzter Basis, auf Vortagsbasis

Tendenzbez., wenn – vor allem zu Beginn der Börsensitzung – Wertpapiere im wesentlichen zu am Vortag bzw. am Schluß der vortäglichen Börsensitzung zustande gekommenen Kursen gehandelt werden.

Auflösung der AG

Die AG wird aufgelöst: (1) durch Ablauf der in der Satzung bestimmten Zeit; (2) durch Beschluß der HV; dieser bedarf einer Mehrheit, die mind. ¾ des vertretenen Grundkapitals umfaßt; die Satzung kann eine größere Kapitalmehrheit und weitere Erfordernisse bestimmen; (3) durch Eröffnung des Konkursverfahrens über das Vermögen der AG; (4) mit der Rechtskraft des Beschlusses, durch den die Eröffnung des Konkursverfahrens mangels einer den Kosten des Verfahrens entsprechenden Konkursmasse abgelehnt wird; (5) mit der Rechtskraft einer Verfügung des Registergerichts, durch welche nach dem Gesetz über die Angelegenheiten der freiwilligen Gerichtsbarkeit ein Mangel der Satzung festgestellt worden ist.

Aufnahme geschlossen

Aufruf des Kursmaklers an der Effektenbörse vor der Kurserrechnung, wenn er weitere Aufträge nicht mehr entgegennimmt.

Aufschlag (1)

→ Report.

Aufschlag (2)

Bei deutschen Investmentgesellschaften muß der Ausgabepreis dem Wert des Anteils am Sondervermögen (Fondsvermögen) zzgl. eines in den Vertragsbedingungen festzusetzenden Aufschlags entsprechen.

aufschwänzen

Aufkauf von Waren oder Wertpapieren mit dem Ziel, einem Bassier, der in der Erwartung auf fallende Preise oder Kurse Lieferungsverpflichtungen (Leerverkäufe) eingegangen ist, seine Erfüllungspflichten zu erschweren: nämlich über Herauftreiben der Preise bzw. Kurse oder durch Leerkaufen des Marktes. Auch: corner, da die Verkäufer von den Schwänzern in die Ecke gedrängt werden.

Aufsichtsbehörden der Börse

Bis zur Verabschiedung des zweiten Finanzmarktförderungsgesetzes ausschließlich die jeweilige Landesregierung, die die unmittelbare Aufsicht an Handelsorgane bzw. Staatskommissare übertragen kann. Das Wertpapierhandelsgesetz (WpHG) sieht – im Rahmen des zweiten Finanzmarktförderungsgesetzes – die Schaffung eines Bundesaufsichtsamtes für den Wertpapierhandel vor, dem erstmalig zentrale Aufsichtsfunktionen für den börslichen wie für den außerbörslichen Wertpapierhandel übertragen werden. Es wird unterstützt durch einen Wertpapierrat, der aus Ländervertretern gebildet wird. Hat u. a. die Überwachung von Insider-Vorfällen, die Einhaltung von Meldepflichten nach der EG-Transparenz-Richtlinie sowie die Zusammenarbeit auf dem Gebiet der internationalen Börsenaufsicht zur Aufgabe und ergänzt die Landesaufsicht. Diese ist insbesondere zuständig für die Rechts- und Marktaufsicht. Die Börsen werden verpflichtet, Handelsüberwachungsstellen als eigenständige Organe zu schaffen, die das Handelsgeschehen an der Börse laufend überwachen und derer sich die Börsenaufsichtsbehörden im Wege der Organleihe zur Erfüllung ihrer Aufgaben bedienen dürfen.

Aufsichtsrat (AR)

Gesetzlich vorgeschriebenes Organ für AG, KGaA, Genossenschaft und KAG. Bei GmbH und bergrechtlicher Gewerkschaft kann ein AR bestellt werden; er muß es bei Beschäftigung von mehr als 500 Arbeitnehmern. Der AR besteht bei der AG aus mind. 3 Mitgliedern, die nicht gleichzeitig auch dem Vorstand angehören dürfen. Er wird – anders als Arbeitnehmervertreter – von der HV gewählt. Je nach Beschäftigtenzahl der Unternehmung (unter oder über 2000 Personen) wird ⅓ oder die Hälfte der AR-Mitglieder von den Belegschaftsangehörigen gewählt. Die AR-Mitglieder brauchen nicht Aktionäre der AG usw. zu sein. Der AR wählt aus seiner Mitte den Vorsitzenden und mind. 1 Stellvertreter. Für ihre Tätigkeit erhalten die Mitglieder eine Vergütung. Sie haften mit der Sorgfaltspflicht des ordentlichen Kaufmanns. Der AR überwacht die Geschäftsführung der AG. Er hat eine HV einzuberufen, wenn das Wohl der AG es erfordert. Für den Beschluß dazu genügt einfache Mehrheit der AR-Mitglieder. Mitgliedern des Vorstandes gegenüber vertritt der AR die AG gerichtlich und außergerichtlich. Die AR-Mitglieder können ihre Aufgaben nicht durch andere wahrnehmen lassen.

Aufsichtsrat bei KAG

Investmentgesellschaften müssen, auch wenn keine AG, gesetzlich einen Aufsichtsrat haben. Dabei müssen die Mitglieder des Aufsichtsrats der KAG ihrer Persönlichkeit und Sachkunde nach die Wahrung der Interessen der Anteilsinhaber gewährleisten. Dies prüft das BAK.

Aufsichtsrat der AG, Beschlußfassung

Die Beschlußfähigkeit des Aufsichtsrats der AG kann, soweit nicht gesetzlich geregelt, durch die Satzung bestimmt werden. Ist Beschlußfähigkeit des Aufsichtsrats weder gesetzlich noch durch Satzung geregelt, ist er nur beschlußfähig, wenn mind. die Hälfte der Mitglieder an der Beschlußfassung teilnimmt. In jedem Fall müssen mind. 3 Mitglieder teilnehmen. Abwesende Aufsichtsratsmitglieder können dadurch an der Beschlußfassung teilnehmen, daß sie schriftliche Stimmabgaben überreichen lassen. Schriftliche, telegraphische oder fernmündliche Beschlußfassungen des Aufsichtsrats oder eines Ausschusses sind nur zulässig, wenn kein Mitglied diesem Verfahren widerspricht. Zu den Sitzungen des Aufsichtsrats und seiner Ausschüsse können Sachverständige und Auskunftspersonen zur Beratung über einzelne Gegenstände zugezogen werden.

Aufsichtsrat der AG, Ersatzmitglied

Stellvertreter von Aufsichtsratsmitgliedern können nicht bestellt werden. Jedoch kann für jedes Aufsichtsratsmitglied mit Ausnahme des weiteren Mitglieds, das nach dem MitbestG oder dem MitbestErgG auf Vorschlag der übrigen Aufsichtsratsmitglieder gewählt wird, ein Ersatzmitglied bestellt werden, das Mitglied des Aufsichtsrats wird, wenn das Aufsichtsratsmitglied vor Ablauf seiner Amtszeit ausscheidet. Das Ersatzmitglied kann nur gleichzeitig mit dem Aufsichtsratsmitglied bestellt werden.

Aufsichtsrat der AG, Zusammensetzung

Der Aufsichtsrat der AG besteht aus 3 Mitgliedern. Die Satzung kann eine höhere Zahl festsetzen. Die Zahl muß durch 3 teilbar sein. Die Höchstzahl der Aufsichtsratsmitglieder beträgt bei AG mit Grundkapital bis DM 3 Mio. 9, von mehr als DM 3 Mio. 15, von mehr als DM 20 Mio. 21. Durch diese Vorschriften werden die abweichenden Vorschriften der Mitbestimmung der Arbeitnehmer und Arbeitnehmervertreter im Aufsichtsrat nicht berührt. Der Aufsichtsrat setzt sich zusammen: (1) bei AG, für die das BetrVerfG gilt, aus Aufsichtsratsmitgliedern der Aktionäre und der Arbeitnehmer; (2) bei AG, für die das MitbestG gilt, aus Aufsichtsratsmitgliedern der Aktionäre und der Arbeitnehmer sowie aus weiteren Mitgliedern; (3) bei AG, für die das MitbestErgG gilt, aus Aufsichtsratsmitgliedern der Aktionäre und der Arbeitnehmer sowie aus einem weiteren Mitglied; (4) bei den übrigen AG nur aus Aufsichtsratsmitgliedern der Aktionäre.

Aufsichtsrat, Einberufung

→ Einberufung des Aufsichtsrats der AG.

Aufsichtsratsmitglieder der AG, Abberufung

→ Abberufung von Aufsichtsratsmitgliedern der AG.

Aufsichtsratsmitglieder der AG, Amtszeit

→ Amtszeit der Aufsichtsratsmitglieder der AG.

Aufsichtsratsvergütung

Für ihre Tätigkeit kann den Mitgliedern des Aufsichtsrats eine Vergütung gewährt werden, die in der Satzung festgesetzt oder von der HV bewilligt werden kann. Die Vergütung soll in einem angemessenen Verhältnis zu den Aufgaben der Aufsichtsratsmitglieder und zur Lage der AG stehen. Wird den Aufsichtsratsmitgliedern ein Anteil am Jahresgewinn der AG gewährt, berechnet sich der Anteil nach dem Bilanzgewinn, vermindert um einen Betrag von mind. 4% der auf den Nennbetrag der Aktien geleisteten Einlagen.

Aufstockungsaktien

→ Kapitalerhöhung aus Gesellschaftsmitteln → Berichtigungsaktien.

Auftrag

Speziell im Wertpapiergeschäft Beauftragung – vor allem einer Bank – zum Kauf oder Verkauf von Effekten. → Kundenaufträge → Auftragsart → Auftragserteilungszeitpunkte → Auftragsform.

Auftragsart

Aufträge können dem Makler als limitierte Aufträge oder bestens bzw. billigst aufgegeben werden. Enthält ein Auftrag keine Kursangabe, gilt er als bestens bzw. billigst aufgegeben. Aufträge können auch zu einer bestimmten Kursfeststellung (z. B. Eröffnungs-, Einheits-, Schlußkurs) aufgegeben werden. → Kundenaufträge.

Auftragsbefristung

→ Auftragsform.

Auftragsbestätigung

Der Makler hat der Bank nach Vermittlung des Geschäfts den Auftrag zu bestätigen. Er stellt seinen Auftraggebern einen Schlußschein aus. Wird die Börsengeschäftsabwicklung mittels einer Datenverarbeitungsanlage vorgenommen, hat der Makler das vermittelte Geschäft einzugeben, damit der Abschluß durch einen mechanisch hergestellten Schlußschein bestätigt werden kann. Hat bei einem Abschluß kein Makler mitgewirkt, muß der Verkäufer dem Käufer den Abschluß bestätigen. Unterbleibt die Bestätigung, gilt im Zweifel der Abschluß als nicht zustande gekommen.

Auftragserteilungszeitpunkte

Aufträge zu bestimmten Kursfeststellungen, die nur einmal am Börsentag stattfinden (Eröffnungskurs, Einheitskurs, Schlußkurs), müssen vor Beginn der Ermittlung des betreffenden Kurses dem Kursmakler erteilt sein. Beim Eröffnungskurs sollen die Aufträge bei Börsenbeginn vorliegen. Der Annahmeschluß für die Aufträge zum Einheitskurs wird generell vom Börsenvorstand bestimmt. Bei Aufträgen zum Schlußkurs richtet sich der Annahmeschluß nach den gerade herrschenden tatsächlichen Gegebenheiten.

Auftragsform

Die Börsenaufträge können dem Makler mündlich oder schriftlich erteilt werden. Mündlich erteilte und unbefristete schriftliche Aufträge gelten nur als Tagesaufträge. Befristung von Aufträgen über den Ultimo des laufenden Monats hinaus ist nicht zulässig. → Auftragsart → Kundenaufträge.

Auftragsstimmrecht

→ Vollmachtstimmrecht → Depotstimmrecht → Bankenstimmrecht.

Aufwärts(bewegung)

Tendenzbez. f. Kurssteigerungen an der Börse.

Aufwendungsersatz für Banken

In der Verordnung des Bundesjustizministeriums v. 1977 über den Ersatz von Aufwendungen der Kreditinstitute geregelt. Danach kann eine Bank, die HV-Mitteilungen an die Aktionäre weiterleitet, von der AG zur Abgeltung der Aufwendungen Beträge ersetzt verlangen. Soweit eine AG der Bank die an die Aktionäre weiterzugebenden Mitteilungen nicht rechtzeitig in der erforderlichen Anzahl zur Verfügung stellt, kann die Bank für die Vervielfältigung von der AG die übliche Vergütung verlangen.

Aufwertung (Revalvation)

Heraufsetzung des Außenwertes einer Währung durch Regierung oder Zentralnotenbank. Dient der Anpassung des Wechselkurses an die Kaufkraftverhältnisse zwischen In- und Ausland. Nach der Aufwertung müssen für ausländische Zahlungsmittel weniger inländische Währungseinheiten gezahlt werden (Preisnotierung), oder man erhält für die inländische Währungseinheit mehr ausländische Zahlungsmittel (Mengennotierung). Ändern sich die Warenpreise nicht, wird durch Aufwertung die Einfuhr verbilligt und die Ausfuhr verteuert; dies kann im Inland zur Preisstabilisierung beitragen. Gegens.: Abwertung (Devalvation).

Aufzinsung

Berechnung des Endwertes, der sich nach einer bestimmten Zeit, ausgehend von einem heutigen Kapitalbetrag, durch Hinzurechnung der Zinsen und Zinseszinsen ergibt. Dabei wird der Kapitalbetrag mit dem Aufzinsungsfaktor multipliziert. Gegens.: Abzinsung.

Aufzinsungsfaktor

Faktor, mit dem heute oder laufend anfallende Kapitalbeträge multipliziert werden, um den zukünftigen Endwert zu erhalten. Ein heutiger Kapitalbetrag ist so mit dem Faktor $(1+\frac{p}{100})^n$ zu multiplizieren, worin bedeuten: p = Zinsfuß, n = Laufzeit (Jahre). Sind gleichbleibend anfallende Beträge (Renten) aufzuzinsen, lautet der Faktor, mit dem die einzelne Rentenrate zu multiplizieren ist:

$\frac{q(q^n-1)}{q-1}$, worin q für $(1+\frac{p}{100})$ steht.

Aufzinsungspapier

Wertpapier, das zum Nennwert emittiert wird, dessen Rückzahlung nach fest vereinbarter Laufzeit erfolgt, das aber nicht laufend verzinst wird, sondern dessen Rückzahlungsbetrag neben dem Kapitalbetrag auch Zinsen und Zinseszinsen enthält. Gegens.: Abzinsungspapier.

Auktion

Öffentliche Versteigerung von Kunst-, Wertgegenständen usw., in bestimmten Fällen auch Wertpapieren und Anteilsrechten.

Auktionsbörse

Bez. f. Börse, die auf Basis des Auktionsprinzips arbeitet. Gegensatz: market-maker-Prinzip. Erfolgt der Handel nach dem Auktionsprinzip, konkurrieren die Aufträge der Anleger direkt miteinander. Im Einheitskursverfahren werden alle vorliegenden Kauf- und Verkaufsaufträge gesammelt. Auf der Grundlage dieser Aufträge wird zu einem bestimten Zeitpunkt der Kurs ermittelt, zu dem die meisten Aufträge ausgeführt werden können (Meistausführungsprinzip). Beim Einzelkursverfahren im variablen Handel wird ein Kurs schon dann ermittelt, wenn sich einzelne Kauf- und Verkaufsaufträge entsprechen. Als wesentlicher Vorteil des Auktionsprinzips gegenüber dem market-maker-Prinzip wird angeführt, daß der Anleger stets den günstigsten Kurs erhält, der zudem beim Einheitskursverfahren die Gesamtheit der vorliegenden Aufträge repräsentiert. Bei umsatzschwachen Wertpapieren birgt das Auktionsprinzip die Gefahr einer Verstärkung von Kursschwankungen.

au porteur

Inhaberklausel, die sich auf Wertpapieren findet und zum Ausdruck bringt, daß an jeden Inhaber des Papiers die fälligen Leistungen daraus (z. B. Zinszahlungen) zu erbringen sind. → Inhaberwertpapiere → Inhaberaktie → Inhaberschuldverschreibung.

Ausbildungssparen

Bez. für das systematische Ansparen von Geld der Eltern für die Ausbildung ihrer Kinder. Banken, Versicherungen und Investmentgesellschaften bieten häufig speziell dafür geeignete langfristige Sparpläne an.

Ausbrechen des Kurses

Situation, wenn der Kurs, z. B. einer Aktie, starke Ausschläge gegenüber dem bisherigen Kursverlauf entweder nach oben oder nach unten aufweist. Ein Ausbrechen der Kurse wird im täglichen Börsenhandel insbesondere bei der variablen Notierung durch Doppelplus oder Doppelminus angekündigt. Im Rahmen der technischen Aktienanalyse beschreibt das Ausbrechen des Kurses das Verlassen einer bisher vorliegenden Formation oder eines Trendkanals.

aus dem Markt nehmen (gehen)

(1) Reduzierung des Volumens umlaufender Wertpapiere durch Banken mit dem Ziel der Kursstabilisierung, indem Banken als Käufer dieser Wertpapiere am Sekundärmarkt auftreten. Auch Reduzierung der im Umlauf befindlichen Zentralnotenbankgeldmenge durch die Deutsche Bundesbank mittels Einsatz des geldpolitischen Instrumentariums. (2) Keine Kursstellung durch Banken bzw. market makers im Devisen- oder Wertpapierhandel, zu beobachten insbesondere bei sehr turbulenten Kursentwickungen. Vereinzelt auch Bez. f. Banken, die ihre Geschäftsaktivitäten in einzelnen Marktsegmenten, z. B. aufgrund einer ungenügenden Ertragssituation beenden und sich aus diesem Markt zurückziehen.

Aus-dem-Geld-Option (out of the money option)

Verkaufsoption mit einem Basispreis unter dem aktuellen Preis des zugrundeliegenden Basisobjekts (Terminkontrakt, Kassamarkttitel). Kaufoption, deren Basispreis über dem aktuellen Preis des Basisobjekts notiert. Bei Ausübung einer Option, die aus dem Geld notiert, würde im Vergleich zu einer direkten Transaktion am futures- oder Kassamarkt ein Verlust realisiert.

Auseinandersetzung

Aufteilung des Gesellschaftsvermögens unter den Gesellschaftern einer Unternehmung. Verbleibt nach Tilgung der Gesellschaftsschulden ein Überschuß, ist dieser im Verhältnis der Anteile der Gesellschafter am Gewinn zu verteilen. Reicht das Vermögen zur Deckung der Schulden nicht aus, müssen die Gesellschafter nach Maßgabe ihrer Verlustbeteiligung einen Nachschuß leisten. Im handelsrechtlichen Sinne muß Auseinandersetzung nach Auflösung der Personengesellschaft oder bei Ausscheiden eines Gesellschafters erfolgen. Die Form kann frei vereinbart werden. Im wesentlichen unterscheidet man die Abwicklung, die Übernahme des Geschäfts durch ein oder mehrere Gesellschafter, die Einbringung der Gesellschaft in eine andere Unternehmung oder die Versteigerung des Geschäfts unter den Gesellschaftern.

Auseinandersetzungsguthaben

Das beim Ausscheiden eines Gesellschafters aus einer Personengesellschaft entstehende Guthaben. Es setzt sich i. d. R. zusammen aus seinem Geschäftsanteil auf dem Kapitalkonto, vermehrt um die anteiligen aufzulösenden stillen Reserven. → Auseinandersetzung.

Ausfallrisiko

Risiko des Verlustes, z. B. eines Forderungsanspruchs, der verschiedenartig begründet sein kann. Ausfallrisiken bestehen auch, wenn auch in geringerem Umfang, für Kapitalanleger, z. B. wenn die Unternehmung, deren Anteile oder festverzinsliche Wertpapiere der Anleger erworben hat, in Konkurs geht. Aufgrund der strengen Vorschriften der Börsenzulassung, deren Zielsetzung der Anlegerschutz ist, sind solche Fälle relativ selten.

Ausführungsanzeige

Mitteilung einer Bank an ihren Kunden über die Erledigung eines ihr von diesem erteilten Börsenauftrags vor Erteilung der Effektenabrechnung. Enthält die wichtigsten Angaben des Geschäfts.

Ausführungsgeschäft

Vom Kommissionär zur Ausführung des Kommissionsauftrages mit einem Dritten abgeschlossenes Geschäft. → Abwicklungsgeschäft.

Ausführungsplatz bei Börsenaufträgen

Die Börse, an der der Auftrag ausgeführt wird. Der Bankkunde kann, wenn das von ihm zu kaufende oder zu verkaufende Wertpapier an mehreren Börsen gehandelt wird, bestimmen, an welchem Börsenplatz der Auftrag ausgeführt werden soll. Bestimmt er dies nicht, gibt die Bank den Auftrag an die Börse, die ihr am zweckmäßigsten erscheint, die Börse am Sitz der Bank oder die Heimatbörse der Unternehmung. Bei sehr großen Beträgen kann eine Aufteilung des Auftrags auf mehrere Börsen sinnvoll sein.

Ausführung von Kundenaufträgen

Die Bank führt Kauf- und Verkaufaufträge in Wertpapieren, die an der Börse des Ausführungsplatzes zum amtlichen Handel oder Geregelten Markt zugelassen sind, regelmäßig als Kommissionär durch Selbsteintritt aus. Geschäfte in nicht zum amtlichen oder Geregelten Markt zugelassenen Werten erledigt die Bank regelmäßig als Eigengeschäft. Sind Wertpapiere an mehreren Börsen zum amtlichen Handel oder Geregelten Markt zugelassen, trifft mangels anderer Weisungen die Bank die Wahl des Ausführungsplatzes, dessen Usancen dann maßgeblich sind. Verkaufsaufträge darf die Bank ausführen, ohne zu prüfen, ob ihr der Kunde die Wertpapiere zur Verfügung gestellt hat. Ist das Wertpapier zum Handel mit fortlaufenden Notierungen (variabler Verkehr) zugelassen, wird der Auftrag im variablen Handel ausgeführt, sofern der Mindestbetrag (i. d. R. bei Aktien 50 Stück, bei Wandel- und Optionsanleihen DM 5000, bei Optionsscheinen 100 Stück, bei festverzinslichen Wertpapieren DM 1 Mio. Nennbetrag oder ein Vielfaches davon) erreicht wird und nicht die Ausführung zum Einheitskurs vorgeschrieben ist. Liegt der Auftrag bis 15 Minuten vor Börsenbeginn im Händlerbüro der Bank vor, erfolgt Ausführung nach Möglichkeit zum Anfangskurs. Später eintreffende Orders werden zum nächsten Kurs bzw. zum Schlußkurs ausgeführt. Diese Bestimmungen gelten für unlimitierte und für limitierte Aufträge, sofern die vorgeschriebenen Kurse den Tageskursen entsprechen. Erinnerungen wegen der Anzeige der Ausführung des Auftrags oder wegen Nichtausführung von Börsenaufträgen sind vom Kunden unverzüglich vorzunehmen, da andernfalls Anzeigen, Abrechnungen oder die Nichtausführung von Aufträgen als genehmigt gelten. Besonderheiten gelten bei Optionsgeschäftsaufträgen.

Ausführung von Kundenaufträgen, Ausführungsanspruch

Gegenüber der Bank, die ein Kunde beauftragt, für ihn als Kommissionär Kauf- oder Verkaufsaufträge für Wertpapiere auszuführen, hat dieser Kunde bestimmte Ausführungsansprüche. Zunächst hat die Bank eine Auswahlpflicht. Sie muß zu ihrem Auftrag den günstigsten Käufer bzw. Verkäufer auswählen, d. h. muß zum günstigsten Kurs abschließen. Stellt der Kunde Kurslimits, muß sie trotzdem zu einem niedrigeren Kurs kaufen bzw. zu einem höheren Kurs verkaufen, wenn dieser günstigere Abschluß im Vergleich zum Limit möglich ist. Diese günstigeren Konditionen müssen zudem dem Kunden weitergegeben werden. Weiterhin besteht eine Abschlußpflicht, d. h., die Bank ist dem Kunden gegenüber verpflichtet, den Auftrag auszuführen, und zwar zu den besten Konditionen. Bleibt ein Auftrag liegen, obwohl ein Abschluß möglich gewesen wäre, liegt darin eine Pflichtverletzung und Leistungsstörung in der Erfüllung des Kommissionsvertrages. Dem Kunden ist die Erledigung eines Auftrages durch Erteilung einer Abrechnung oder durch besondere Mitteilung am Tage der Auftragsausführung anzuzeigen.

ausg.

Abk. f. ausgesetzt. → Kurszusätze.

Ausg.

Abk. f. Ausgabe (z. B. eine bestimmte Serie festverzinslicher Wertpapiere).

Ausgabekosten

Kosten, die bei der Ausgabe von Anteilen an Investmentfonds berechnet werden. Die Ausgabekosten werden bei den deutschen Investmentgesellschaften in den Ausgabepreis einbezogen oder als Aufschlag auf den Inventarwert pro Anteil berechnet (Ausgabeaufschlag). Die Höhe der Ausgabekosten ist in den jeweiligen Vertragsbedingungen angegeben. Ausgabekosten werden bei der Ausgabe sonstiger Wertpapiere i. a. dem Erwerber nicht gesondert angerechnet.

Ausgabekurs

→ Emissionskurs (-preis) → Aktienausgabekurs (-preis).

Ausgabepreis

Kurs oder Preis, zu dem neue Aktien oder festverzinsliche Wertpapiere ausgegeben werden. Ausgabepreis bei Anteilscheinen von KAG: Wird nach dem Inventarwert pro Anteil ermittelt. Der Ausgabepreis wird von den KAG i. a. börsentäglich festgestellt und in der Tagespresse veröffentlicht. Der laufend veröffentlichte Ausgabepreis ist dann der jeweilige Anteilwert des Fonds mit Hinzurechnung eines Zuschlages, den sich die Investmentgesellschaften in den Vertragsbedingungen zur Deckung der Ausgabekosten der Anteilsscheine ausbedungen haben. Letzterer beträgt je nach Fonds zwischen ca. 3% und 8½%.

Ausgabe von Wertpapieren

Die Möglichkeit zur Ausgabe von Wertpapieren haben insbesondere Unternehmen in der Rechtsform der AG. Sie dient in erster Linie der Kapitalbeschaffung. Zum Zweck der Beschaffung von Eigenkapital werden Aktien ausgegeben (→ Aktie als Finanzierungsinstrument); der Fremdkapitalbedarf kann gedeckt werden durch Anleihefinanzierung. → Emission von Aktien → Emission von Schuldverschreibungen.

ausgeführte Börsenaufträge bei bestimmten Kurszusätzen

Bestimmte Kurszusätze im Börsenkurszettel zeigen gleichzeitig an, welche Börsenaufträge in dem jeweiligen Wertpapier ausgeführt worden sind: → Tab.: wichtige Kurszusätze (s. unten) → Kurszusätze.

ausgeglichen

Tendenzbez. an der Börse, wenn sich Angebot und Nachfrage in etwa die Waage halten, so daß keine nennenswerten Kursausschläge in irgendeiner Richtung zu verzeichnen sind und der Markt praktisch geräumt wird.

ausgenommen Ziehung

Der Hinweis am Auslosungstag (exZ) eines Wertpapiers macht darauf aufmerksam, daß nur die nicht ausgelosten Stücke gehandelt werden können. → Kurszusätze.

Tab.: Wichtige Kurszusätze

b:	bezahlt (Angebot und Nachfrage sind bei diesem Kurs ausgeglichen). Ausgeführt wurden:		
	an Käufen:	(1)	ohne Kurslimit (billigst)
		(2)	zum notierten Kurs oder höher limitiert
	an Verkäufen:	(1)	ohne Limit (bestens)
		(2)	zum notierten Kurs oder niedriger limitiert.
bG:	bezahlt und Geld (zu dem Kurs bestand weitere Nachfrage). Ausgeführt wurden:		
	an Käufen:	(1)	ohne Limit (billigst)
		(2)	höher limitiert
		(3)	zum Kurs limitierte Aufträge nur zum Teil (ca. ⅔)
	an Verkäufen:	(1)	ohne Limit (bestens)
		(2)	zum Kurs oder niedriger limitiert.
bB:	bezahlt und Brief (zu dem Kurs bestand weiteres Angebot). Ausgeführt wurden:		
	an Käufen:	(1)	ohne Limit (billigst)
		(2)	zum Kurs oder höher limitiert
	an Verkäufen:	(2)	ohne Limit (bestens)
		(2)	niedriger limitiert
		(3)	zum Kurs limitierte Aufträge nur zum Teil (ca. ⅔).
ebG:	etwas bezahlt und Geld (zu dem Kurs bestand weitere Nachfrage). Ausgeführt wurden:		
	an Käufen:	(1)	ohne Limit (billigst)
		(2)	höher limitiert
		(3)	zum Kurs limitierte Aufträge nur zu einem kleinen Teil (ca. ⅓)
	an Verkäufen:	(1)	ohne Limit (bestens)
		(2)	zum Kurs oder niedriger limitiert.
ebB:	etwas bezahlt und Brief (zu dem Kurs bestand weiteres Angebot). Ausgeführt wurden:		
	an Käufen:	(1)	ohne Limit (billigst)
		(2)	zum Kurs oder höher limitiert
	an Verkäufen:	(1)	ohne Limit (bestens)
		(2)	zum Kurs oder niedriger limitiert
		(3)	zum Kurs limitierte Aufträge nur zu einem kleinen Teil (ca. ⅓).
G:	Geld (zu dem Kurs bestand nur Nachfrage). Es wurden keine Aufträge ausgeführt.		
B:	Brief (zu dem Kurs bestand nur Angebot). Es wurden keine Aufträge ausgeführt.		

ausgereizte Kurse

Tendenzbez., wenn an einem Börsentag die Kurse entweder nach oben oder unten ihr vernünftigerweise zu erwartendes Extremniveau erreicht haben.

ausgesetzt

Hinweis im Kursblatt, daß die Kursnotierung ausgesetzt ist; ein Handel findet nicht statt. → Kurszusätze.

Ausgleichsanspruch

Bei Gewinnabführungs- und Beherrschungsverträgen zu gestaltender Anspruch der Aktionäre, um sie vor Übervorteilung zu schützen. Bei Beherrschungsverträgen behält der Aktionär grundsätzlich den Anspruch auf Dividenden. Reicht der Gewinn nicht aus, eine garantierte Dividende zu zahlen, hat der Aktionär einen Ausgleichsanspruch. Bei Gewinnabführungsverträgen entfällt die Ausschüttung einer Dividende. Der Ausgleich ist aus dem Gesellschaftsgewinn zu bestreiten bzw. von der Obergesellschaft zu leisten. Bzgl. des Ausgleichsanspruchs besteht Vertragsfreiheit. Die Höhe des Ausgleichs orientiert sich an der bisherigen und zukünftigen Ertragslage.

Ausgleichsarbitrage

Arbitrage vor allem im Devisengeschäft, bei der zum Ausgleich einer Fremdwährungsverbindlichkeit der günstigste Weg (Kurs) gesucht und realisiert wird.

Ausgleichsfondsanleihe

Vom → Ausgleichsfonds Währungsumstellung emittierte Anleihe. Die Schuldverschreibung hat die Qualität einer Bundesanleihe, d. h. sie ist deckungsstockfähig, lombardfähig und mündelsicher. Sie wird jeweils zum ersten Tag des Quartals verzinst, in dem die Umwandlung aus Ausgleichsforderungen erfolgte. Die Verzinsung erfolgt zum Drei-Monats-FIBOR. Der Ausgleichsfonds ist berechtigt, die Anleihe außerplanmäßig durch Auslosung von Serien zu tilgen.

Ausgleichsfonds-Bond

→ Ausgleichsfondanleihe

Ausgleichsfonds Währungsumstellung

Anstalt des öffentlichen Rechts. Entstand durch das „Gesetz über die Errichtung des Ausgleichsfonds Währungsumstellung" vom 13. 9. 1990. Die Geschäftsbesorgung liegt bei der Staatsbank Berlin. Aufgabe des Fonds ist es, die Ausgleichsforderungen der ostdeutschen Banken zu verwalten, die durch die Währungsumstellung auf DM entstanden sind, Zins- und Tilgungsdienst zu leisten und die Forderungen in Inhaberschuldverschreibungen umzuwandeln. Auf Verlangen der Gläubiger von zugeteilten Ausgleichsforderungen ist der Fonds verpflichtet, diese Forderungen in börsennotierte Inhaberschuldverschreibungen (sog. Ausgleichsfondsanleihe oder Ausgleichsfonds-Bond) des Fonds mit einer Stückelung von 1000 DM umzuwandeln. Die Ausgleichsforderungen stellen für die ostdeutschen Banken eine wichtige Refinanzierungsquelle dar.

Ausgleichsforderungen

Schuldbuchforderungen von Banken, Versicherungen und Bausparkassen aus der Währungsreform von 1948 gegen den Bund (und z. T. die Bundesländer). Für die nach Umstellung im Verhältnis 100:6,5 vorhandenen Einlagen erhielten die Banken für je DM 100 Sichtverbindlichkeiten DM 15 und für je DM 100 Spareinlagen DM 7,50. Soweit die Vermögenswerte einschließlich dieser Gelder zur Deckung der umgestellten Verbindlichkeiten nicht reichten, bekamen die Institute Ausgleichsforderungen, die mit 3 bis 3,5% verzinst werden. Die Ausgleichsforderungen wurden aus einem Fonds, dem die Bundesbank jährlich einen bestimmten Teil ihres Reingewinns zuführte, getilgt. Die Ausgleichsforderung von 8,1 Mrd. DM in der Bilanz der Deutschen Bundesbank resultiert aus der DM-Erstausstattung 1948.

Ausgleichsposten für Anteile in Fremdbesitz

In der Konzernbilanz ist für nicht dem Mutterunternehmen gehörende Anteile an in den Konzernabschluß einbezogenen Tochterunternehmen ein Ausgleichsposten für die Anteile der anderen Gesellschafter in Höhe ihres Anteils am Eigenkapital unter entsprechender Bezeichnung innerhalb des Eigenkapitals gesondert auszuweisen. In den Ausgleichsposten sind auch die Beträge einzubeziehen, die bei Anwendung der Kapitalkonsolidierungsmethode dem Anteil der anderen Gesellschafter am Eigenkapital entsprechen.

Ausgleichszahlungen

An außenstehende Aktionäre zu zahlende Geldleistungen, wenn zwischen der AG und einer anderen Unternehmung ein Gewinnabführungs- oder Beherrschungsvertrag abgeschlossen wurde. Es handelt sich um wiederkehrende Leistungen, deren Höhe sich nach der bisherigen Ertragslage und den zukünftigen Ertragsaussichten richtet. Werden auf Aktiennennbeträge bezogen.

Aushang im Börsensaal

Bekanntmachung der Börse an der Anschlagtafel im Börsensaal.

Aushungern der Aktionäre

Unterläßt eine AG Gewinnausschüttungen, obwohl sie dazu in der Lage wäre, und besteht der Verdacht, daß durch anhaltenden Dividendenausfall und pessimistische, aber unberechtigte Zukunftsaussagen die sich in der Minderheit befindenden freien Aktionäre zum Verkauf ihrer Aktien veranlaßt werden sollen, spricht man vom „Aushungern" der Aktionäre. Gegenmittel ist Anfechtung des HV-Beschlusses über die Verwendung des Bilanzgewinnes. → Minderheitsrechte der Aktionäre.

Auskunftersuchen der Finanzbehörde

Gegenüber den Finanzbehörden können sich Banken nicht auf das Bankgeheimnis berufen. Es gelten aber interne Erlasse der Finanzbehörden, die anordnen, daß Auskunftsersuchen an Banken wegen der Besteuerung ihrer Kunden nur dann ergehen sollen, wenn die Steueransprüche nicht auf andere Weise ermittelt werden können. Durch die behördlichen Eingriffe soll das Vertrauensverhältnis zwischen Banken und Kunden möglichst wenig beeinträchtigt werden.

Auskunftsrecht der Aktionäre

Das Recht der Anteilseigner der AG, vom Vorstand Auskunft über Angelegenheiten der AG zu verlangen, soweit sie zu sachgemäßer Beurteilung von Tagesordnungspunkten der HV erforderlich sind. → Auskunftsrecht in der Hauptversammlung der AG → Auskunftsverweigerung(srecht) bei der AG.

Auskunftsrecht der Finanzbehörden

Recht von Finanzbehörden, in bestimmten Fällen von Banken Auskunft über finanzielle Dinge bestimmter Bankkunden zu verlangen, ohne daß sich die Banken auf das Bankgeheimnis berufen könnten. Einzelheiten regelt die AO.

Auskunftsrecht, gerichtliche Entscheidung

Ob der Vorstand der AG Auskunft zu geben hat, entscheidet auf Antrag das Landgericht, in dessen Bezirk die AG ihren Sitz hat. Ist bei diesem Landgericht eine Kammer für Handelssachen gebildet, entscheidet diese an Stelle der Zivilkammer. Antragsberechtigt ist jeder Aktionär, dem die verlangte Auskunft nicht gegeben worden ist, und, wenn über den Gegenstand der Tagesordnung, auf den sich die Auskunft bezog, Beschluß gefaßt worden ist, jeder in der HV erschienene Aktionär, der in der HV Widerspruch zur Niederschrift erklärt hat. Der Antrag ist innerhalb zwei Wochen nach der HV zu stellen, in der die Auskunft abgelehnt worden ist. Wird dem Antrag stattgegeben, ist die Auskunft auch außerhalb der HV zu geben. Aus der Entscheidung findet Zwangsvollstreckung nach ZPO statt.

Auskunftsrecht in der Hauptversammlung der AG

Jedem Aktionär ist auf Verlangen in der HV vom Vorstand Auskunft über Angelegenheiten der AG zu geben, soweit sie zur sachgemäßen Beurteilung des Gegenstands der Tagesordnung erforderlich ist. Die Auskunftspflicht erstreckt sich auch auf die rechtlichen und geschäftlichen Beziehungen der AG zu einem verbundenen Unternehmen. Die Auskunft hat den Grundsätzen gewissenhafter Rechenschaftslegung zu entsprechen (→ gerichtliche Entscheidung über das Auskunftsrecht).

Auskunftsverweigerung(srecht) bei der AG

Der Vorstand der AG darf die Auskunft verweigern, (1) soweit die Erteilung der Auskunft nach vernünftiger kaufmännischer Beurteilung geeignet ist, der AG oder einem verbundenen Unternehmen einen nicht unerheblichen Nachteil zuzufügen; (2) soweit sie sich auf steuerliche Wertansätze oder die Höhe einzelner Steuern bezieht; (3) über den Unterschied zwischen dem Wert, mit dem Gegenstände in der Jahresbilanz angesetzt worden sind, und einem höheren Wert, es sei denn, daß die HV den Jahresabschluß feststellt; (4) über die Bewertungs- und Abschreibungsmethoden; dies gilt nicht, wenn die HV den Jahresabschluß feststellt; (5) soweit sich der Vorstand durch Erteilung der Auskunft strafbar machen würde. Aus anderen Gründen darf Auskunft nicht verweigert werden. Ist einem Aktionär wegen seiner Eigenschaft als Aktionär eine Auskunft außerhalb der HV gegeben worden, ist sie jedem anderen Aktionär auf dessen Verlangen in der HV zu geben, auch wenn sie zur sachgemäßen Beurteilung des Gegenstandes der Tagesordnung nicht erforderlich ist. Wird einem Aktionär eine Auskunft verweigert, kann er verlangen, daß seine Frage und der Grund, aus dem die Auskunft verweigert worden ist, in die Niederschrift über die HV aufgenommen werden. → gerichtliche Entscheidung über das Auskunftsrecht.

Ausländerbesteuerung

Besteuerung von natürlichen Personen, die weder Wohnsitz noch ständigen Aufenthalt und von juristischen Personen, die weder Sitz noch Geschäftsleitung im Bundesgebiet haben. Sinn: den Ausländer gegenüber dem Inländer nicht schlechter zu stellen, vor allem dadurch, daß er Einkünfte aus Deutschland zweimal versteuern müßte: hier und in seinem Land. Wichtig im Rahmen der Ausländerbesteuerung sind die beschränkte Steuerpflicht sowie die mit verschiedenen Ländern abgeschlossenen DBA. Mit den Regelungen der Ausländerbesteuerung soll auch die Attraktivität deutscher Anlagepapiere für Ausländer gewährleistet bleiben.

Ausländer-bonds

Bez. f. Anleihen amerikanischer Emittenten, die nur Zeichnern außerhalb der USA angeboten werden. Die Auflage derartiger Titel erfolgt seit der Befreiung ausländischer Investoren von der amerikanischen Quellensteuer. Als für die Weiterleitung der Anleihen z. T. problematisch angesehen wird die Tatsache, daß die übernehmenden Banken und Finanzhäuser der amerikanischen Steueraufsichtsbehörde gegenüber verpflichtet sind, einmal im Jahr eine pauschale Erklärung abzugeben, daß sie bei der Weitergabe der Titel, die auf den Namen der übernehmenden Banken registriert werden, keine amerikanischen Steuerzahler berücksichtigen.

Ausländereffekt

Im deutschen Körperschaftsteuersystem. Ergibt sich daraus, daß ausländische Anteilseigner vom körperschaftsteuerlichen Anrechnungsverfahren ausgeschlossen sind. Sie können nur die KESt entsprechend dem jeweiligen ausländischen Recht angerechnet bekommen, soweit sie nicht schon nach dem bestehenden DBA und je nach Abkommensart lediglich mit 15% belastet oder bei höherer Belastung bis auf 15% erstattet wird.

Ausländerkonvertibilität

Nur Ausländern (Gebietsfremden) gewährte Konvertierbarkeit (freie Austauschbarkeit) einer Währung in andere Währungen.

ausländische Aktien und Anteile, steuerlich

Im Regelfall sind Erträge aus ausländischen Aktien und sonstigen Anteilen an ausländischen Kapitalgesellschaften wie die Erträge entsprechender inländischer Aktien und sonstiger Anteile zu behandeln. Eine Ausnahme gilt für Anteile an ausländischen Zwischengesellschaften, also Kapitalgesellschaften, an denen unbeschränkt steuerpflichtige Personen zu mehr als 50% beteiligt sind. Bei diesen Gesellschaften sind unter bestimmten Voraussetzungen nicht die ausgeschütteten Erträge, sondern die Einkünfte der Zwischengesellschaft mit dem Teil steuerpflichtig, der davon auf ihre Anteile am Nennkapital entfällt. → ausländische Zwischengesellschaften, steuerlich.

ausländische Aktien, vermögensteuerlich

Ausländische Aktien gehören zum steuerpflichtigen Vermögen dann, wenn mit dem Sitzstaat der AG ein DBA besteht; das Besteuerungsrecht für Wertpapiere steht bei der VSt regelmäßig dem Wohnsitzstaat zu. Werden für ausländische Aktien im amtlichen Börsenhandel, Geregelten Markt oder Freiverkehr Kurse notiert, sind diese als steuerlicher Wertansatz maßgeblich. Bestehen Kurse im Telefonverkehr, können diese einen Anhalt bieten. Im übrigen ist von den Kursen auszugehen, die im Sitzstaat der Kapitalgesellschaft zum 31. 12. notiert worden sind. Die daraus resultierenden Werte sind in DM umzurechnen; maßgeblich sind die amtlichen Devisenkurse. Amtliche Umrechnungskurse werden vom Bundesfinanzministerium zusammen mit der Kursliste publiziert.

ausländische Anteilseigner (Aktionäre)

Im Ausland domizilierende Besitzer von Anteilen, vor allem Aktien, an deutschen Unternehmen.

ausländische festverzinsliche Wertpapiere, steuerlich

Ausländische festverzinsliche Wertpapiere sind in gleicher Weise wie entsprechende deutsche Wertpapiere zu behandeln. Allerdings haben ausländische Wertpapiere z. T. Ausstattungsmerkmale, die in Deutschland nicht gebräuchlich sind.

ausländische Investmentanteile (-zertifikate)

Nach dem Auslandsinvestmentgesetz Anteile an einem ausländischem Recht unterstehenden Vermögen aus Wertpapieren oder Grundstücken, das nach dem Grundsatz der Risikomischung angelegt ist.

ausländische Investmentanteile, steuerlich

Hinsichtlich der Besteuerung der Erträge aus ausländischen Investmentanteilen muß zwischen ausländischen Investmentfonds, die in Deutschland registriert sind, und solchen, die nicht registriert sind, unterschieden werden. Gesetzliche Grundlage bilden die §§ 16–20 des Auslandsinvestmentgesetzes. Der Anteilsinhaber an einem ausländischen Investmentfonds wird genauso besteuert wie der Anteilsinhaber an einem inländischen; Voraussetzung ist, daß die ausländische Investmentgesellschaft beim BAK registriert ist. Dem Anteilsinhaber werden bei jeder Ausschüttung ihr Betrag sowie der der ausschüttungsgleichen Erträge und die in dem Ausschüttungsbetrag enthaltenden Gewinnanteile aus dem Verkauf von Wertpapieren, von Grundstücken und grundstücksgleichen Rechten benannt. Die Ausschüttungen auf ausländische Investmentanteile sind, soweit sie zum Privatvermögen rechnen, als Einkünfte aus Kapitalvermögen bzw., wenn sie zum Betriebsvermögen gehören, als Betriebseinnahmen zu behandeln. Zu den steuerpflichtigen Erträgen gehören neben unmittelbaren Ausschüttungen bei Investmentanteilen im Betriebsvermögen auch die darin enthaltenen Veräußerungsgewinne. Bei Investmentanteilen im Privatvermögen bleiben die auf Gewinne aus dem Verkauf von Aktien, Bezugsrechten u. a. Wertpapieren entfallenden Teile steuerfrei, es sei denn, daß es sich um Bezugsrechte aus Freiaktien handelt, die ihrerseits steuerpflichtige Kapitalerträge sein würden. Ebenso bleiben bei Investmentanteilen im Privatvermögen Gewinne aus Grundstücksverkäufen steuerfrei, es sei denn, die Zeit zwischen Anschaffung und Verkauf war nicht länger als 2 Jahre. Ausschüttungsgleiche Erträge bei Thesaurierungsfonds sind die von dem Fonds vereinnahmten, aber nicht ausgeschütteten Erträge. Sie gelten mit Ablauf des Geschäftsjahres des Fonds, in dem sie von diesem vereinnahmt wurden, als dem Anteilseigner zugeflossen. Veräußerungsgewinne werden nicht in die ausschüttungsgleichen Erträge einbezogen. Hat sich eine ausländische Investmentgesellschaft nicht registrieren lassen, ist ihr der öffentliche Vertrieb ihrer Anteile untersagt; ist sie der Auflage zur Bekanntgabe der Ausschüttungsbeträge an die Anteilseigner und der Aufschlüsselung der Ausschüttung nicht nachgekommen, werden die Erträge ihrer Anteile wesentlich einschneidender besteuert: Die Ausschüttungen sind beim Privatvermögen wie beim Betriebsvermögen voll steuerpflichtig. Das gilt auch für ausschüttungsgleiche Erträge, so daß auch Steuerfreiheit für die enthaltenen Veräußerungsgewinne nicht existiert. Die steuerpflichtigen Erträge des Anteils an einem nicht registrierten Thesaurierungsfonds setzen sich aus den vereinnahmten Zinsen, Dividenden, Erträgen aus Vermietung und Verpachtung, Veräußerungsgewinnen usw. zusammen. Die Besteuerung setzt voraus, daß die Besteuerungsgrundlagen von dem Fonds nachgewiesen werden. Er muß zudem einen Vertreter mit Sitz im Inland bestellt haben, der ihn gegenüber Finanzbehörden und den Steuergerichten vertreten kann. Wird der Nachweis von einem nicht registrierten Fonds nicht einwandfrei erbracht oder kein inländischer Vertreter bestellt, erfolgt noch härtere Besteuerung: Es sind beim Anteilseigner als Erträge aus dem Fonds neben den tatsächlichen Ausschüttungen zur Abgeltung der thesaurierten Fondserträge 90% des Mehrbetrags zwischen erstem und letztem im Kalenderjahr festgesetzten Rücknahmepreis für den Anteil, mind. jedoch 10% des letzten Rücknahmepreises, als steuerpflichtige Erträge anzusetzen. Wird ein Rücknahmepreis nicht festgesetzt, ist ein Börsen- oder Marktpreis maßgebend. Wird auf Ausschüttungen auf ausländische Investmentanteile im Sitzstaat des Fonds ESt erhoben und ist diese auf die deutsche ESt anrechenbar (wegen DBA), ist sie auch beim unbeschränkt steuerpflichtigen Zertifikatinhaber anzurechnen, und zwar bis zu dem Betrag der deutschen ESt, der auf die Einkünfte aus dem ausländischen Investmentanteil einschließlich der ausländischen Abzugsteuer entfällt. Dieser Betrag wird so ermittelt, daß die ESt, die sich bei Veranlagung des Einkommens des Anteilseigners einschließlich seiner ausländischen Einkünfte ergibt, im Verhältnis dieser ausländischen Einkünfte zum Gesamtbetrag der Einkünfte aufgeteilt wird. Soweit Ausschüttungen steuerfrei sind (Veräußerungsgewinne), ist die auf diesen Teil der Ausschüttungen entfallende ausländische Abzugsteuer nicht zu berücksichtigen. Sind beim Zufluß der Erträge schon im Drittstaat Abzugsteuern angefallen und ihrerseits schon auf ausländische Abzugsteuern angerechnet worden, wird für die Anrechnung beim Anteilseigner der Betrag der ausländischen Steuern zugrunde gelegt, der sich vor dem Abzug der von dem Drittstaat erhobenen Steuer ergeben würde. Anrechnung ausländischer Steuern ist nur bei Anteilen an registrierten Fonds möglich. Die Höhe der steuerfreien und -pflichtigen Erträge ausländischer Investmentfonds sowie die anrechenbare ausländische Steuer werden vom Bundesamt für Finanzen im Bundessteuerblatt veröffentlicht. Die Erträge aus ausländischen Investmentfonds unterliegen nicht dem Zinsabschlag, unabhängig davon, ob die Papiere im In- oder Ausland verwahrt werden (Schuldnerlösung); (Änderung bei Inlandsverwahrung geplant). Im übrigen muß der Zertifikatinhaber die ausländischen Einkünfte und Steuern durch Vorlage entsprechender Unterlagen nachweisen. → ausländische Investmentfondserträge, steuerlich.

ausländische Investmentfondserträge, steuerlich

Sind in den Ausschüttungen eines inländischen Investmentfonds Erträge aus ausländischen Wertpapieren enthalten, ist bedeutsam, ob für diese im ausländischen Staat KESt einbehalten oder ESt erhoben worden ist oder sie wegen eines DBA steuerfrei geblieben sind. Besteht kein DBA, sind die einem Fonds zugeflossenen Auslandserträge um den Anteil der dafür einbehaltenen ausländischen Steuer zu erhöhen. Die ausländische Steuer kann jedoch bei Veranlagung des Inhabers des Investmentanteiles auf dessen deutsche Steuer angerechnet werden. Die Höhe des anrechenbaren Betrages wird jeweils von der Investmentgesellschaft bekanntgemacht. Die dabei angegebene ausländische Steuer ist aber nur bis zu dem Betrag anrechenbar, der sich ergibt, wenn die deutsche ESt des Anteilsinhabers im Verhältnis seines Anteils an den ausländischen Fondserträgen zum Gesamtbetrag seiner Einkünfte aufgeteilt wird. → ausländische Investmentanteile, steuerlich.

ausländische Investmentgesellschaft

Nach dem Auslandsinvestmentgesetz die ausländische Unternehmung, die ausländische Investmentanteile ausgibt.

ausländische Wertpapiere, Handel an deutschen Börsen

Aktien ausländischer Unternehmen sind in den deutschen amtlichen Börsenhandel eingeführt worden, andere in den Geregelten Markt, den Freiverkehr und den Telefonverkehr einbezogen. Weil die deutschen Börsenbestimmungen teilweise von den Usancen der für die betreffenden Wertpapiere zuständigen Börsen abweichen, mußten Wege gefunden werden, um Handel und Lieferbarkeit der Stücke ohne Schwierigkeiten zu gewährleisten. Bei Aktien niederländischer und französischer Unternehmen handelt es sich i. d. R. um auf den Inhaber lautende Stücke, die im Original ins Inland gebracht werden können. Nur aus devisenrechtlichen Gründen müssen niederländische Aktien ein rotes Ausfuhrzertifikat der Nederlandsche Bank N. V. oder eine rote Stückerklärung haben. Alle Rechte können vom Aktionär ohne weiteres ausgeübt werden. Bei US-amerikanischen Aktien, die auf einen bestimmten Inhaber im Aktienregister der Unternehmung eingetragen sein müssen, wurden Namenszertifikate ausgestellt. Um Aktienzertifikate wie Inhaberpapiere übertragbar zu machen, sind nur solche amerikanischen Aktien an deutschen Börsen lieferbar, die auf den Namen einer deutschen Bank oder Wertpapiersammelbank eingetragen und mit deren Blankoindossament versehen sind. Die eingetragene Bank verschafft dem eigentlichen Erwerber (beneficial owner) die Erträge und sonstigen Rechte aus den Zertifikaten. An deutschen Börsen werden nur die Originalzertifikate amerikanischer Unternehmen gehandelt. Die Aktien italienischer Unternehmen werden dagegen an deutschen Börsen nicht in Originalzertifikaten, sondern in speziellen, von einer deutschen Bank ausgegebenen Inhaberzertifikaten gehandelt; die zur Deckung dieser Zertifikate dienenden ausländischen Originalurkunden sind meist bei einer Wertpapiersammelbank hinterlegt. Auch hier wird den Inhabern die Ausübung der Rechte ermöglicht. Bei spanischen Aktien können die Originaltitel, die die Deckung für von einer deutschen Bank auszugebene Zertifikate darstellen, bei einer Bank im Ausland verwahrt bleiben, da die Urkunden lediglich Auszüge aus dem Aktionärsregister sind, die keinen Wertpapiercharakter haben, spanische Namensaktien also i. w. S. unverbriefte Titel sind. Der Deckungsbestand wird auch hier von einer Wertpapiersammelbank gehalten, die ein Depot bei einer spanischen Bank unterhält. Für einige im ungeregelten Freiverkehr gehandelte spanische Aktien kommt ein ähnliches Verfahren zum Tragen: Der Bestand wird von einem Kassenverein in Spanien unterhalten; an ihm sind die deutschen Anleger beteiligt; hier werden aber keine deutschen Zertifikate ausgestellt, bei solchen

Werten erfolgt nur eine buchmäßige Übertragung in die Wertpapierrechnung. Ähnliche Verfahren gibt es auch für englische Aktien. Anstelle von Inhaberzertifikaten einer deutschen Bank wurden aber Inhaber-Leistungsschuldverschreibungen eines deutschen Kassenvereins für den amtlichen Börsenhandel ausgegeben und auch hier der Deckungsbestand im Ausland gehalten. Bei der Leistungsschuldverschreibung verpflichtet sich der Kassenverein, ihrem Inhaber die Rechte zu verschaffen, die den im Register der Unternehmung eingetragenen Aktionären zukommen. Neben ausländischen Aktien werden an deutschen Börsen Anleihen ausländischer Emittenten (Auslandsanleihen) gehandelt, die auf DM oder andere Währungen lauten und durch deutsche oder internationale Konsortien plaziert worden sind. Emittenten sind vor allem ausländische Staaten, Städte, Banken, supranationale Institutionen sowie bekannte internationale Unternehmen. In der Ausgestaltung entsprechen solche Anleihen denen der deutschen Emittenten. Einbeziehung ausländischer Effekten in den deutschen amtlichen Börsenhandel ist für Käufer wie ausländische Emittenten von Vorteil. Für die Unternehmen gilt, daß die Veröffentlichungen weiten Bereichen im Inland bekannt werden. Auch sind ausländische Unternehmen z. T. an breiter internationaler Streuung ihrer Titel interessiert und betreiben daher die Börseneinführung im Ausland. Für die Käufer zum amtlichen Verkehr zugelassener ausländischer Wertpapiere ergibt sich der Vorteil, daß die Papiere grundsätzlich nach inländischen Usancen gehandelt werden und daß sie ihre Rechte wahrnehmen können wie bei Wertpapieren des eigenen Landes. Zulassungen ausländischer Wertpapiere werden von einer deutschen Bank oder einem Bankenkonsortium bei den Zulassungsstellen der Wertpapierbörsen beantragt. Daher gelten die gleichen Bestimmungen wie für deutsche Unternehmen. Hauptunterlage ist der Börseneinführungsprospekt. Er soll neben den üblichen Angaben auch Angaben über die im Land des Wertpapieremittenten geltenden devisenrechtlichen Bestimmungen und die steuerlichen Behandlung der Erträge enthalten. Darüber hinaus müssen Effekten in Druck und Ausstattung den Richtlinien für den Druck von Wertpapieren entsprechen, die wegen der in Deutschland üblichen Form des Inhaberpapiers besonders streng sind. Für Geschäfte in ausländischen Wertpapieren gelten in Ergänzung zu den AGB der Banken Sonderbedingungen für Auslandsgeschäfte in Wertpapieren. Zur Ausführung von Kundenaufträgen kommen 2 Möglichkeiten in Frage: Entweder schafft die Bank ausländische Effekten, die nicht zum amtlichen Handel an einer inländischen Börse zugelassen sind, im Ausland an; sie werden unter dem Namen der Bank im Ausland verwahrt. Oder ausländische Wertpapiere, die zum Handel an deutschen Börsen zugelassen sind, werden von der Bank für den Kunden im Inland angeschafft. Beide Modalitäten können durch anders lautende Weisungen der Kunden geändert werden.

ausländische Wertpapiere, Besteuerung

Ausländische Kapitalerträge, also auch solche aus ausländischen Wertpapieren, unterliegen der deutschen ESt. Doch werden die im Ausland schon gezahlten Steuern der deutschen ESt angerechnet. Statt Anrechnung kann die ausländische Steuer auch bei der Ermittlung des Gesamtbetrags der Einkünfte abgezogen werden. Dies ist insbesondere bei ausländischen Steuern interessant, die nicht der deutschen ESt entsprechen, aber auch dann empfehlenswert, wenn die ausländische Steuer über die nach deutschen Grundsätzen ermittelten ausländischen Einkünfte hinausgeht. Kommen die ausländischen Einkünfte aus einem Staat, mit dem ein DBA abgeschlossen wurde, sind die vereinbarten Regelungen für die steuerliche Behandlung maßgeblich. Solche DBA bestehen mit den meisten Staaten der westlichen Welt.

ausländische Wertpapiererträge, Besteuerung bei Doppelbesteuerungsabkommen (DBA)

I. d. R. steht nach DBA die Besteuerung der Dividenden und Zinsen dem Wohnsitzstaat des Empfängers zu – bei unbeschränkt Steuerpflichtigen also der BR Deutschland –, auch dann, wenn eine Besteuerung in dem ausländischen Staat (Quellensteuer) ebenfalls erfolgt. In den meisten DBA wird jedoch diese Quellensteuer nach oben zu Gunsten des deutschen Wertpapieranlegers begrenzt. Dies wird entweder bereits von der die Dividende auszahlenden ausländischen Stelle berücksichtigt, oder in einem besonderen Verfahren wird zuviel erhobene ausländische Steuer durch das deutsche Finanzamt erstattet; auch kann die ausländische Steuer auf die deutsche Steuer angerechnet werden. In den wichtigsten DBA ist folgendes vorgesehen: (1) Belgien (DBA v. 1967): Für Dividenden und Zinsen wird KESt erhoben. Sie ist auf 15% begrenzt. In Deutschland werden Dividenden und Zinsen voll besteuert, die KESt angerechnet. (2) Dänemark (DBA v. 1962): Nur für Dividenden wird KESt erhoben. Sie ist auf 15% begrenzt. In Deutschland werden Dividenden und Zinsen voll besteuert, die KESt angerechnet. (3) Finnland (DBA v. 1979): Begrenzung der Steuer ist nicht vorgesehen. In Finnland erhobene KESt kann auf die deutsche Steuer angerechnet werden; sie wird von 25% auf 15% ermäßigt. (4) Frankreich (DBA v. 1959): Für Dividenden und Zinsen wird KESt erhoben; nach dem DBA entfällt jedoch ihre Erhebung. In Deutschland werden Dividenden und Zinsen voll besteuert. In Frankreich wird 50% der von der Kapitalgesellschaft gezahlten KSt auf die ESt der Gesellschaft angerechnet. Dies gilt auch für deutsche Gesellschafter. Diese können daher verlangen, daß 50% (avoir fiscal) als Steuergutschrift auf die deutsche ESt angerechnet werden. Dann ist sie einerseits Teil der in Deutschland steuerpflichtigen Einkünfte, wird andererseits aber angerechnet oder bei Nichtveranlagung vergütet (durch die deutsche Finanzverwaltung). Die Steuergutschrift wird so wie deutsche KESt behandelt. (5) Griechenland (DBA v. 1966): Für Dividenden und Zinsen wird KESt erhoben. Sie ist für Dividenden auf 25% und für Zinsen auf 10% begrenzt. In Deutschland werden die Dividenden und Zinsen voll besteuert; die KESt wird mit 10% der Erträge angerechnet. (6) Großbritannien (DBA v. 1964): Für Dividenden und Zinsen wird KESt erhoben. Sie ist für Dividenden auf 15% begrenzt; für Zinsen entfällt die Erhebung. In Deutschland werden die Dividenden und Zinsen voll besteuert. In Großbritannien werden 3/7 der von der Kapitalgesellschaft gezahlten KESt auf die ESt der Gesellschafter angerechnet. Dies gilt auch für deutsche Gesellschafter. Sie erhalten eine entsprechende Steuergutschrift. Diese ist Teil ihrer in Deutschland steuerpflichtigen Einkünfte; 15% der Dividende plus Steuergutschrift können auf die ESt angerechnet werden. (7) Irland (DBA v. 1962): Für Dividenden und Zinsen wird KESt erhoben, ohne daß für Dividenden eine Begrenzung vorgesehen ist. Für Zinsen entfällt die Erhebung. In Deutschland werden Dividenden und Zinsen voll besteuert, bei Dividenden 18% des ausgeschütteten Betrags angerechnet. (8) Israel (DBA v. 1962): Für Dividenden und Zinsen wird KESt erhoben, ohne daß für Dividenden eine Begrenzung vorgesehen ist; für Zinsen ist sie auf 15% begrenzt. In Deutschland werden Dividenden und Zinsen voll besteuert, die KESt bei Dividenden mit 25% und bei Zinsen mit 15% angerechnet, auch wenn sie in Israel nicht oder nicht in dieser Höhe erhoben wird. (9) Italien (DBA v. 1992): Für Zinsen wird eine auf 10% begrenzte KESt, für Dividenden eine auf 15% begrenzte KESt erhoben. Ermäßigungen bei Schachtelbeteilungen. (10) Japan (DBA v. 1966): Für Dividenden und Zinsen wird KESt erhoben. Sie ist bei Dividenden auf 15% und bei Zinsen auf 10% begrenzt. In Deutschland werden Dividenden und Zinsen voll besteuert, die KESt angerechnet. (11) Kanada (DBA v. 1981): Für Dividenden und Zinsen wird KESt erhoben. Sie ist jeweils auf 15% begrenzt. In Deutschland werden Dividenden und Zinsen voll besteuert, die KESt wird angerechnet. (12) Luxemburg (DBA v. 1958): Für Dividenden und Zinsen wird KESt erhoben, ohne daß eine Begrenzung vorgesehen ist; bei Zinsen entfällt sie. Für Aktien im amerikanischen Streubesitz beträgt der deutsche Abzugsteuersatz seit 1990 10 Prozent. In Deutschland werden Dividenden und Zinsen voll besteuert, die KESt angerechnet. (13) Niederlande (DBA v. 1959): Nur für Dividenden wird KESt erhoben. Sie ist auf 15% begrenzt. In Deutschland werden Dividenden und Zinsen voll besteuert, die KESt angerechnet. (14) Norwegen (DBA v. 1958): Nur für Dividenden wird KESt erhoben. Sie ist auf 15% begrenzt. In Deutschland werden Dividenden und Zinsen voll besteuert, die KESt angerechnet. (15) Österreich (DBA v. 1954): Für Dividenden wird KESt erhoben. Sie ist auf 19,6% begrenzt. In Deutschland werden Dividenden und Zinsen voll besteuert, die KESt angerechnet. (16) Schweden (DBA v. 1959): Nur für Dividenden wird KESt erhoben. Sie ist auf 15% begrenzt. In Deutschland werden Dividenden und Zinsen voll besteuert, die KESt angerechnet. (17) Schweiz (DBA v. 1971): Für Dividenden und Zinsen wird KESt erhoben. Sie ist für Dividenden auf 15% begrenzt; für Zinsen entfällt sie. Für Aktien im amerikanischem Streubesitz beträgt der deutsche Abzugsteuersatz seit 1990 10 Prozent. In Deutschland werden Dividenden und Zinsen voll besteuert, die KESt angerechnet. (18) Spanien (DBA v. 1966): Für Dividenden und Zinsen wird KESt erhoben. Sie ist für Dividenden auf 15% und für Zinsen auf 10% begrenzt. In Deutschland werden Dividenden und Zinsen voll besteuert, die KESt angerechnet.

Bei Zinsen erfolgt eine Anrechnung von 10% als KESt, auch wenn diese in Spanien nicht oder nicht in dieser Höhe erhoben wurde. (19) Vereinigte Staaten von Amerika (DBA v. 1989): Für Dividenden und Zinsen wird KESt erhoben. Sie ist für Dividenden auf 15% begrenzt, für Zinsen entfällt sie. Für Aktien in amerikanischem Streubesitz beträgt der deutsche Abzugsteuersatz seit 1990 zehn Prozent. In Deutschland werden Dividenden und Zinsen voll besteuert, die KESt angerechnet. → ausländische Wertpapiererträge, Steueranrechnung.

ausländische Wertpapiererträge, Steueranrechnung

Soweit Doppelbesteuerung nicht mittels DBA ausgeschlossen wird, kann im Ausland entrichtete bzw. einbehaltene Steuer bei unbeschränkt Steuerpflichtigen in Deutschland auf die ESt angerechnet werden, wenn die Einkünfte – wie bei Kapitalerträgen regelmäßig der Fall – auch deutscher Besteuerung unterliegen. Dabei kommt eine Höchstgrenze in Frage: Diese wird so ermittelt, daß die sich für Einkommen einschließlich der ausländischen Einkünfte ergebende ESt im Verhältnis der ausländischen Einkünfte zum Gesamtbetrag der Einkünfte aufgeteilt wird; dabei sind ausländische Kapitalerträge zum Bruttowert, also vor ausländischer Quellensteuer, anzusetzen. Die max. anrechenbare ausländische ESt ergibt sich aus dem Ausdruck

$$\text{deutsche ESt} \times \frac{\text{ausländische Einkünfte}}{\text{Gesamteinkünfte}}$$

Die ausländische Steuer wird nur angerechnet, wenn sie im Veranlagungszeitraum gezahlt wurde. Entspricht die ausländische Steuer nicht der deutschen ESt, kann die nachweislich gezahlte ausländische Steuer vom Gesamtbetrag der Einkünfte abgezogen werden, wenn die ausländischen Einkünfte bei der deutschen ESt erfaßt werden. Den Betrag der ausländischen Kapitalerträge sowie Festsetzung und Zahlung der ausländischen Steuer muß der Steuerpflichtige jeweils durch entsprechende Urkunden – Steuerbescheid, Zahlungsquittungen u. dgl. – nachweisen. → ausländische Wertpapiererträge, Besteuerung bei Doppelbesteuerungsabkommen.

ausländische Wertpapiere, Verwahrung

Bei Wertpapieren, die von Banken für ihre Kunden im Ausland angeschafft und aufbewahrt werden – also vor allem ausländische Wertpapiere –, hat die Bank dem Kunden nur auf dessen ausdrückliches Verlangen Eigentum an den Papieren zu verschaffen. Verlangt der Kunde dies nicht, verschafft sich die Bank nach bestem Ermessen unter Beachtung der Kundeninteressen Eigentum oder Miteigentum an den Wertpapieren oder andere, am Lagerort übliche und gleichwertige Rechtstellung. Der Kunde erhält eine Gutschrift in seiner Wertpapierabrechnung. Dadurch wird klargemacht, daß er nicht Eigentümer geworden ist, ihm vielmehr nur ein schuldrechtlicher Anspruch gegen seine Bank auf Lieferung der Effekten zusteht. Gründe für diese vom DepG abweichende Regelung sind in den oft schwierigen ausländischen Rechtsverhältnissen zu suchen. So haben die ausländischen Wertpapiere oft nicht die Struktur von Wertpapieren i. S. d. DepG. Die Übertragungsformen können in den einzelnen Staaten unterschiedlich sein: So ist die Rechtswirksamkeit einer Übertragung manchmal an die Zustimmung der Gesellschaft, an ein Indossament oder an vorherige Zahlung einer ausländischen Stempelsteuer gebunden. Daher entstehen bei Umschreibung von im Ausland liegenden Wertpapieren meist zusätzliche Kosten. Deshalb ist es im Interesse des Kunden günstiger, die Wertpapiere für ihn durch seine Bank treuhänderisch verwahren zu lassen, zumal er sie sich jederzeit (auf seine Kosten) aushändigen lassen kann. Dieses Verfahren richtet sich nach den Sonderbedingungen für Auslandsgeschäfte in Wertpapieren. Die Bank muß für die in Wertpapierrechnung verbuchten Wertpapiere im Ausland einen entsprechenden Deckungsbestand unterhalten. Die Lieferpflicht der Bank beschränkt sich auf den Deckungsbestand an den in der Gutschrift bezeichneten Wertpapieren am betreffenden Lagerort. Der Kunde, der Gutschrift in Wertpapierrechnung erhalten hat, trägt anteilig die eventuellen wirtschaftlichen und rechtlichen Nachteile und Schäden, die den Deckungsbestand infolge höherer Gewalt, Krieg, Aufruhr o. ä. bzw. durch von der Bank nicht verschuldete Zugriffe Dritter oder durch Verfügungen von hoher Hand des In- oder Auslandes treffen können. Das gilt auch für Nachteile und Schäden, die durch Handlungen oder Unterlassungen des ausländischen Aufbewahrers oder seiner Erfüllungsgehilfen oder durch Einwirkungen Dritter entstehen. Die Bank haftet aber für sorgfältige Auswahl des ausländischen Aufbewahrers, ebenso eines evtl. Zwischenverwahrers.

ausländische Zwischengesellschaften, steuerlich

Ist ein unbeschränkt Steuerpflichtiger an einer ausländischen Kapitalgesellschaft beteiligt, sind unter bestimmten Voraussetzungen bei ihm nicht die tatsächlich ausgeschütteten Erträge, sondern die Einkünfte, für die diese Kapitalgesellschaft als Zwischengesellschaft anzusehen ist, mit dem Teil steuerpflichtig, der davon auf seinen Anteil am Nennkapital entfällt. Sie sind bei ihm in dem Betrag anzusetzen, der sich nach Abzug ausländischer Steuern für die Einkünfte und das Vermögen dieser Kapitalgesellschaft ergibt. Dieser Hinzurechnungsbetrag gehört zu Einkünften aus Kapitalvermögen oder, falls die Anteile Betriebsvermögen sind, aus Gewerbebetrieb.

Auslandsaktien (ausländische Aktien)

Als Kapitalanlage haben Auslandsaktien auch für deutsche Anleger wachsende Bedeutung angenommen. Es sind dies Anteile an ausländischen Unternehmen. Die Aktien bedeutender Auslandsunternehmen werden an deutschen Wertpapierbörsen gehandelt und amtlich notiert. Zudem kann der deutsche Anleger jedes ausländische Wertpapier kaufen, wenn dem nicht Restriktionen des betreffenden Landes entgegenstehen.

Auslandsaktien, steuerliche Behandlung

→ ausländische Aktien und Anteile, steuerlich → ausländische Aktien, vermögensteuerlich.

Auslandsaktien, Dividendenzahlung

Bei in Deutschland eingeführten ausländischen Aktien wird dem Aktionär der fällige Dividendenbetrag i. d. R. in DM gutgeschrieben oder ausgezahlt; der in ausländischer Währung eingegangene Betrag wird zum Tageskurs umgerechnet. Der Aktionär kann aber auch Zahlung in der Währung des betreffenden Landes verlangen. In den Dividendenbekanntmachungen für an deutschen Börsen zugelassene ausländische Aktien sind außer der Bekanntgabe von Zahlstellen und der für die Zahlung vorzulegenden Nachweise alle anderen speziellen Angaben, wie z. B. etwaiger Stichtag (record date), abgezogene Quellensteuer usw., angegeben. Veröffentlichung der Dividendenbekanntmachung erfolgt neben dem Bundesanzeiger in wenigstens einem Pflichtblatt der Börsen, an denen die Aktien zugelassen sind.

Auslandsaktien, Stimmrechtsausübung

Bei den in Deutschland eingeführten Auslandsaktien handelt es sich entweder um Inhaber- oder um Namensaktien, die in Form von Originalzertifikaten oder auch als Inhaberzertifikate oder Inhaber-Leistungsschuldverschreibungen einer deutschen Bank bzw. Wertpapiersammelbank lieferbar sind. Die Möglichkeit der Stimmrechtsausübung und Teilnahme an den HV besteht bei Inhaberaktien ohne weiteres. Originalzertifikate über ausländische Namensaktien (vor allen von amerikanischen Gesellschaften) sind meist auf eine deutsche Bank bzw. Wertpapiersammelbank eingetragen und von diesen blanko indossiert, um so reibungslose und schnelle Belieferungen der Effektengeschäfte zu erreichen und Kosten für Umschreibungen zu sparen. Voraussetzung für die Stimmrechtsausübung aus solchen Titeln ist die Eintragung im Aktienbuch der Gesellschaft zu einem bestimmten Termin (record date). Die als Aktionär eingetragene deutsche Bank behält sich zuweilen vor, das Stimmrecht so ausüben zu lassen, wie es im Interesse der Berechtigten geboten ist. Die eingetragene Bank bzw. Wertpapiersammelbank kann aber auch dem Berechtigten selbst auf Verlangen die Ausübung des Stimmrechts ermöglichen. Dazu stellt ihr die amerikanische Gesellschaft eine Anzahl unausgefüllter proxy-cards und Vormerkkarten für die Teilnahme von Aktionären an der HV zur Verfügung. Über eine in der HV-Einladung genannte deutsche Stelle wird dem Berechtigten eine proxy-card zugesandt, die er ausgefüllt an die Gesellschaft weiterleiten oder zur persönlichen Teilnahme an der HV verwenden kann; im letzteren Fall muß der Gesellschaft oft eine Vormerkkarte vorab eingesandt werden. Der als Aktionär eingetragenen deutschen Bank wird eine proxy-card über den ihr entsprechenden Gesamtbestand zugesandt. Die Bank kann dann für die restlichen Aktien oder solche, für die sie Stimmrechtsvollmacht hat, das Stimmrecht ausüben oder ausüben lassen. Andere ausländische Aktien sind zwar ebenfalls auf den Namen einer deutschen Bank bzw. Wertpapiersammelbank eingetragen, werden aber nicht in Originalzertifikaten, sondern in von deutschen Banken oder Wertpapiersammelbanken ausgegebenen Zertifikaten gehandelt; bei einer Wertpapiersammelbank ist dann meist der entsprechende Deckungsbestand an ausländischen Aktien hinterlegt oder wird von ihr im Ausland gehalten. Der Bank als eingetragenem Aktionär steht aufgrund der Zertifikatbedingungen meist das Stimmrecht zu, das sie im Interesse der Zertifikatinhaber ausübt. Auf Antrag wird dem Zertifikatinhaber eine Vollmacht erteilt, die ihn selbst zur Teilnahme an der HV und Ausübung des Stimmrechts berechtigt. Hierzu verlangen die Satzungen der Gesellschaften z. T. jedoch, daß Originalaktien vorübergehend auf den Berechtigten umgeschrieben werden.

Auslandsanleihen
Im Ausland emittierte auf ausländische Währung lautende verzinsliche Wertpapiere öffentlicher und privater, z. B. deutscher Schuldner. Auch: Die von ausländischen Emittenten in Deutschland emittierten auf DM lautenden Anleihen. Wichtigste internationale Anleihewährungen sind US-$, Yen, DM, Schweizer Franken, £ und die Rechnungseinheit ECU als abstrakte Rechengröße. Bekannte deutsche Unternehmen, aber auch Banken, gründeten an bestimmten ausländischen Plätzen Tochtergesellschaften, um auf diesem Sektor vorteilhafte Bedingungen ausnutzen zu können. Da ausländische Emittenten nicht der deutschen Rechtshoheit unterliegen, sind die Kapitalanlagen in solchen Anleihen mit höheren Risiken verbunden als Emissionen inländischer Emittenten; dies zeigt sich in höherer Verzinsung. Für gebietsfremde Käufer kommt hinzu, daß die Anleihen couponsteuerfrei sind. Hinzu kommt aber neben dem üblichen Risiko der Zahlungsunfähigkeit des Emittenten auch das Transferrisiko: Die Bedienung der Anleihen verlangt, daß die Notenbanken in den Schuldnerländern den Emittenten die entsprechenden Fremdwährungsbeträge für Zins- und Tilgungsleistung zur Verfügung stellen, also ins Ausland transferieren lassen. Aus politischen und zahlungsbilanzmäßigen Gründen kann aber der Transfer solcher Zahlungen unterbunden werden. Bei Anleihen auf ausländische Währung kommt das Währungsrisiko hinzu: Durch Abwertung der Anleihewährung bzw. durch Aufwertung der Währung des Gläubigers können sich die Verzinsung und Wert der Anleihe für den Kapitalanleger erheblich vermindern, denn aufgrund der Verschlechterung des Wechselkurses der Anleihewährung erhält der Gläubiger weniger in seiner eigenen Währung ausbezahlt, als er beim Erwerb der Anleihe erwartet hat. Von umgekehrten Entwicklungen kann der Anleger dagegen Nutzen ziehen. → internationale Anleihen.

Auslandsbeteiligung
Form des Kapitalexports, bei der das Kapital in einer Beteiligung im Ausland ertragbringend angelegt wird. Wesentlicher Unterschied zum Kauf einer Auslandsanleihe ist, daß die Kapitalverwendung vom Kapitalexporteur direkt oder indirekt bestimmt oder beeinflußt werden kann. Der Zweck des Erwerbs einer Auslandsbeteiligung kann unterschiedlich sein: Sie kann dem Streben nach Diversifikation dienen, der Erschließung neuer Märkte für den Absatz der im eigenen Unternehmen produzierten Waren, der Sicherung bereits bestehender Absatzmärkte oder Beeinflussung ausländischer Mitbewerber. → Auslandsinvestitionen.

Auslandsbonds
Im Ausland begebene, auf ausländische Währung lautende festverzinsliche deutsche Wertpapiere, deren Bereinigung nach dem Bereinigungsgesetz für deutsche Auslandsbonds v. 1952 durchgeführt wurde. Es handelt sich um Emissionen, die im Rahmen des Londoner Schuldenabkommens zur Ablösung von meist auf Fremdwährungen lautenden Altschulden öffentlicher Stellen und Unternehmen aus der Zeit vor dem 2. Weltkrieg entstanden. Am bekanntesten sind die Dawes- und Young-Anleihen: Die Kapitalansprüche aus den betreffenden Vorkriegsemissionen wurden in Konversionsschuldverschreibungen, die bis 1945 angefallenen Zinsansprüche in Fundierungsschuldverschreibungen verbrieft. Zu deutschen Auslandsbonds gehören ferner die Zündholz- oder Kreuger-Anleihe, Anleihen der Konversionskasse für deutsche Auslandsschulden, Preußische Äußere Anleihe, Anleihen von Ländern, Städten, Gemeinden und von verschiedenen Industrieunternehmen. Ihre Zinsen sind i. d. R. steuerfrei. Der größte Teil dieser Altschulden ist heute getilgt. Die Zinsentschädigung für 1945–1953 wurde nach Wiedervereinigung Deutschlands am 3. Oktober 1990 für jede Anleihe neu festgesetzt. Es erfolgte zunächst eine Neubewertung und Zusammenfassung der Zinsrückstände. Bezogen auf den Nominalbetrag der ursprünglichen Anleihen ergaben sich folgende sog. Fundierungswerte: 40 Prozent bei der Dawes-Anleihe (= 8 Zinsjahre à 5 Prozent), 36 Prozent bei der Young-Anleihe (= 8

Zinsjahre à 4,5 Prozent) und 30 Prozent bei der Zündholz- oder Kreuger-Anleihe (=7,5 Zinsjahre à 4 Prozent). Die Bundesrepublik Deutschland emittierte Schuldverschreibungen in Höhe dieser Fundierungswerte mit einer Laufzeit von 20 Jahren. Die Verzinsung beträgt rückwirkend ab dem 3. Oktober 1990 drei Prozent p. a. Die Zinszahlungen erfolgen halbjährlich; die Tilgungen setzen nach 5 Freijahren ein und betragen 2 Prozent (bei der Dawes-Anleihe) bzw. 1 Prozent (bei der Young-Anleihe). Die Rückzahlung von Zinsrückständen weiterer Anleihen wird ähnlich abgewickelt. Die Bez. wird heute oft auch für die heutigen Auslandsanleihen verwendet.

Auslandsbonds, Betrug

Seit der Wiedervereinigung tauchen vermehrt „zufällig“ aufgefundene, vor 1945 emittierte Dawes- oder Young-Anleihen auf. Es muß davon ausgegangen werden, daß es sich hierbei teilweise um den Versuch handelt, bei Kriegsende aus Berliner Banktresoren geraubte, unentwertete, aber zurückgezahlte deutsche Auslandsanleihen an Dritte zu veräußern. Seit 1990 werden unter dem Londoner Schuldenabkommen von 1953 in Wertpapierform verbriefte Zinsrückstände aus Auslandsanleihen des ehemaligen Deutschen Reiches nach einem von der Bundesschuldenverwaltung festgelegten Verfahren in 3%ige Fundierungsschuldverschreibungen der Bundesrepublik Deutschland umgetauscht. Nach deren Börseneinführung erhielten in- und ausländische Banken sowie Privatpersonen verschiedene Anfragen über den Wert von „zufällig“ gefundenen Auslandsbonds. Solche Anfragen erfolgen ausschließlich telefonisch oder per Fax. Nähere Angaben zum Gesamtnominalwert oder zu Stückenummern, zur Art oder zum Zustand der Wertpapiere, zur Anzahl der anhängenden Kupons etc. werden nur zögerlich oder gar nicht gegeben. Oft werden zweifelhafte Gutachten von Treuhändern, Experten oder Personen aus bestimmten Finanzressorts mitgesandt, die beispielsweise einen hohen Wert testieren, die Ordnungsmäßigkeit eines Rechenverfahrens bestätigen oder die Möglichkeit der Einklagbarkeit der verbrieften Forderung bestätigen. Die heutige geringe Kenntnis über diese Anleihen sowie eine Verwechslungsmöglichkeit der angebotenen wertlosen Wertpapiere mit Schattenquoten-Bezugsscheinen und insbesondere mit den Fundierungsschuldverschreibungen ermöglicht diese Renaissance der von 1952 bis 1980 immer wieder entstandenen „schwarzen Märkte“.

Auslandsinvestitionen

Oberbegriff für die Formen des längerfristigen Kapitalexports. Grundsätzlich wird unterschieden in Investitionen in Anleihen ausländischer Emittenten, also das Bereitstellen von Fremdkapital, und in Investitionen in Beteiligungspapieren, also die Bereitstellung von Eigenkapital. Im allgemeinen Sprachgebrauch werden insbesondere die letztgenannten als Auslandsinvestitionen bezeichnet. Für den Investor besteht die Möglichkeit des Erwerbs von Aktien ausländischer Emittenten, des Erwerbs von Beteiligungen und des Aufbaus eigener Unternehmen im Ausland. Motive für Auslandsinvestitionen sind vielschichtiger Natur. Sie dienen in erster Linie der Gewinnung von Auslandseinfluß, zum Zweck der Diversifikation, Erschließung neuer Märkte, Sicherung vorhandener Märkte o. ä. Besondere Probleme im Zusammenhang mit Auslandsinvestitionen sind die Einschätzung der spezifischen Länderrisiken und Wechselkursrisiken.

Auslandsinvestmentgesetz

Regelt den Vertrieb ausländischer Investmentanteile und die Besteuerung ihrer Erträge, sichert den Sparerschutz und stellt Wettbewerbsgleichheit zu den KAG deutschen Rechts her. Mit seinen Vorschriften über den Vertrieb erfaßt es nur das öffentliche Anbieten, die öffentliche Werbung und den Vertrieb in ähnlicher Weise. Nicht betroffen sind die an einer deutschen Börse zum amtlichen Handel zugelassenen ausländischen Investmentanteile gemäß der von der deutschen Börse vorgeschriebenen Bekanntmachungen. Investmentanteile i. S. d. Auslandsinvestmentgesetzes sind solche Anteile, die in einem ausländischem Recht unterstehenden Vermögen aus Wertpapieren oder Grundstücken, das dem Grundsatz der Risikomischung unterliegt, angelegt sind. Der Vertrieb ausländischer Investmentanteile unterliegt gewissen Voraussetzungen, die vom BAK zu prüfen sind. Dem Erwerber von Investmentanteilen sind Vertragsbedingungen, Verkaufsprospekt der ausländischen Investmentgesellschaft und Durchschrift des Antrags auf Vertragsabschluß auszuhändigen. Die ausländischen Investmentgesellschaften haben die gleichen Rechenschafts- und Halbjahresberichte zu veröffentlichen wie die deutschen. Ausgabe- und Rücknahmepreis sind laufend, mind. einmal wöchentlich, im Bundesanzeiger und täglich in einem im Verkaufsprospekt anzugebenden, hinreichend verbreiteten Blatt mit Erscheinungsort in Deutschland zu veröffentlichen. Der für den niedrigsten Anlagebestand berechnete Ausgabepreis ist zu benennen. Das BAK muß Mißständen bei der Werbung für ausländische Investmentanteile entgegenwirken und kann bestimmte Arten der Werbung untersagen. Das Auslandsinvestmentgesetz enthält weiter Bestimmungen über Widerrufsrecht des Käufers, Prospekthaftung, Besteuerung der Erträge aus ausländischen Investmentanteilen u. a. → Vertriebsvoraussetzungen für ausländische Investmentanteile.

Auslandskassenverein

→ Deutsche Auslandskassenverein AG.

Auslandsvermögen

Vermögen(steile) – z. B. auch Wertpapiervermögen – eines Inländers im Ausland. → Portfolio-Investitionen → Auslandsinvestitionen.

Auslandsvermögen, Vermögensteuerermäßigung

Die deutsche VSt erfaßt auch das Auslandsvermögen von Vermögensteuerpflichtigen. Wird in dem Land, in dem das Auslandsvermögen liegt, gleichfalls VSt erhoben, führt dies zu doppelter Besteuerung. Zur Vermeidung solcher Doppelbesteuerung gibt es, wie bei anderen Steuerarten auch, bei der VSt die Freistellungs-, Anrechnungs- und Pauschalierungsmethode; Freistellung erfolgt über DBA. Die für ausländische Vermögen gezahlte ausländische VSt kann auf die deutsche max. mit dem Betrag angerechnet werden, der sich ergibt, wenn man die inländische VSt im Verhältnis des Wertes des auf das Ausland entfallenden steuerpflichtigen Auslandsvermögens zum Wert des Gesamtvermögens aufteilt. Die meisten anderen Staaten erheben jedoch keine VSt, wenn doch, besteht ein DBA, so daß die Anrechnungsmöglichkeit keine große Bedeutung aufweist. Auf Antrag ist in bestimmten Fällen die auf ausländische Betriebsvermögen entfallende VSt auf die Hälfte zu ermäßigen.

Auslegung des Jahresabschlusses der AG

Jahresabschluß, Lagebericht, Bericht des Aufsichtsrats und der Vorschlag des Vorstands für die Verwendung des Bilanzgewinns sind, sobald die HV einberufen ist, im Geschäftsraum der AG zur Einsicht aufzulegen.

Auslieferung

Der Hinterleger von Wertpapieren kann ihre Auslieferung von der Depotbank fordern. Im Falle der Sammelverwahrung kann er verlangen, daß ihm aus dem Sammelbestand Wertpapiere in Höhe des Nennbetrages der für ihn in Verwahrung genommenen Wertpapiere ausgeliefert werden. Bei Wertpapieren ohne Nennbetrag richtet sich die Auslieferungsverpflichtung nach der Stückzahl der in Verwahrung genommenen Wertpapiere.

Auslosung von Wertpapieren

Tilgung durch Auslosung aufgrund der Anleihebedingungen nach Ablauf einer Anzahl tilgungsfreier Jahre (Freijahre). Der Aussteller von Wertpapieren, die zum Börsenhandel zugelassen werden, muß sich verpflichten: (1) die Börse spätestens 14 Tage vor einer Auslosung über die Ziehungstage unter Angabe des Auslosungsbetrages, Rückzahlungstermines und Rückzahlungskurses zu verständigen; (2) alsbald nach der Ziehung in einem Pflichtblatt der Börse die ausgelosten Nummern sowie die Nummern der bereits früher ausgelosten, aber noch nicht zur Einlösung vorgelegten Stücke (Restantenliste) zu veröffentlichen.

Auslosungsanleihen

Durch Auslosung zu tilgende Anleihen.

ausmachender Betrag

Endbetrag der Abrechnung beim Kauf und Verkauf von Wertpapieren.

Ausreißen des Kurses

Tendenzbez. f. stärkere Kursänderungen, die zur Nichtausführbarkeit limitierter Aufträge führen; die Kurse sind „fortgelaufen“.

ausrufen

→ Kursausruf.

ausschließlich Berichtigungsaktien

Bei einer Kapitalerhöhung aus Gesellschaftsmitteln wird der Kurs der Aktien an dem Tag gekennzeichnet, wenn sich der Handel erstmalig ausschließlich des Anspruchs auf Berichtigungsaktien versteht. Wird in den Kursblättern durch exBA angezeigt. → Kurszusätze.

ausschließlich Bezugsrecht

Kurszusatz am Tag des Bezugsrechtsabschlags. Abk. exB oder exBR. → Kurszusätze.

ausschließlich Dividende

Kurszusatz am Tag des Dividendenabschlags, i. d. R. am 1. Börsentag nach der HV, der in den Kursblättern durch exD bzw. exDiv dargestellt wird. → Kurszusätze.

Ausschließung (Ausschluß) vom Börsenbesuch

Kann dauernd oder vorübergehend sein. Personen, die grundsätzlich vom Börsenbesuch ausgeschlossen sind, bestimmt das BörsG. Die Entscheidung über die Ausschließung zugelassener Börsenbesucher trifft der Börsenvorstand nach den Vorschriften des BörsG und der Börsenordnung. Für Beschwerden ist die Börsenaufsichtsbehörde zuständig.

Ausschluß des Bezugsrechts

Bei Grundkapitalerhöhungen kann unter bestimmten Umständen der Ausschluß des gesetzlichen Bezugsrechts beantragt werden, z. B. um das Wandlungsrecht bei einer neu zu begebenden Wandelanleihe sicherzustellen oder um den Betrag der neuen Aktien für bestimmte Zwecke – z. B. Abfindung von Anteilseignern einer aufzunehmenden Unternehmung – zu verwenden. Ein rein formaler Ausschluß erfolgt i. d. R. nur zu dem Zweck, die jungen Aktien an ein Bankenkonsortium geben zu können, das dann die Aktien zu den mit der AG vereinbarten Bedingungen innerhalb der Bezugsfrist den Aktionären anbietet.

Ausschluß des Stimmrechts in der Hauptversammlung der AG

→ Stimmrechtsausschluß bei der AG.

Ausschluß säumiger Aktionäre

Aktionären, die den eingeforderten Betrag für übernommene Aktien nicht rechtzeitig einzahlen, kann eine Nachfrist mit der Androhung gesetzt werden, daß sie nach Fristablauf ihrer Aktien und der geleisteten Einzahlungen zugunsten der AG verlustig erklärt werden. Die Nachfrist muß dreimal in den Gesellschaftsblättern bekanntgemacht werden. Die 1. Bekanntmachung muß mind. 3 Monate, die letzte mind. 1 Monat vor Fristablauf ergehen. Zwischen den Bekanntmachungen müssen mind. 3 Wochen liegen. Ist Übertragung der Aktien an die Zustimmung der AG gebunden (vinkulierte Namensaktien), genügt anstelle der öffentlichen Bekanntmachung einmalige Einzelaufforderung an die säumigen Aktionäre. Dabei muß eine Nachfrist gewährt werden, die mind. 1 Monat nach dem Empfang der Aufforderung beträgt. Jeder im Aktienbuch verzeichnete Vormann des ausgeschlossenen Aktionärs ist der AG zur Zahlung des rückständigen Betrages verpflichtet, soweit der Betrag von seinen Nachmännern nicht zu erlangen ist.

Ausschlußurteil

→ Aufgebotsverfahren (bei Wertpapieren).

Ausschüsse und Kommissionen des Börsenvorstandes

Haben die Aufgabe, Entscheidungen des Börsenvorstandes vorzubereiten; teilweise sind ihnen auch Aufgaben des Börsenvorstandes übertragen. Beispiele an der Frankfurter Wertpapierbörse: Ausschuß für Aufnahme der Werte in die elektronische Datenverarbeitungsanlage, Ausschuß für Devisenfragen, Ausschuß für Fragen des Börsenhandels, Ausschuß für Öffentlichkeitsarbeit, Börsenaufsichtsausschuß, Devisenaufsichtsausschuß, Einschätzungskommission, Finanz- und Personalausschuß, Pressekommission, Skontri-Kommission. Ähnlich an den anderen deutschen Wertpapierbörsen.

Ausschüttung

Sammelbez. f. Zahlungen wie Dividende, Boni, Gratisaktien, Liquidationserlöse u. dgl., die an die Anteilseigner einer Unternehmung ausgeschüttet (verteilt) werden.

Ausschüttung an die Aktionäre

Dividende (Gewinnanteil), Bonus (kann auch Gewinnanteil sein), Berichtigungsaktien (Zusatzaktien), Freiaktien (Gratisaktien), Bezugsrechte, Abwicklungsrate(n) bei einer in Abwicklung (Liquidation) befindlichen AG.

Ausschüttungsbelastung

Das KStG sieht ein bestimmtes Verfahren vor, wie die korrekte Belastung der Gewinnausschüttung (Dividende usw.) mit KSt bei den in Frage kommenden Unternehmen herzustellen ist, d. h. wie von der Tarif- zur Ausschüttungsbelastung übergegangen wird. Dies trifft nur die ausschüttende Unternehmung; bei Anteilseignern wird KSt immer mit einem fixen Satz von 3/7, der der Ausschüttungsbelastung entspricht, angerechnet. Ziel ist, Doppelbelastungen zu vermeiden, nicht nur im Hinblick auf offene Gewinnausschüttung, sondern auch auf verdeckte. Zur Ausschüttung können nicht nur voll besteuerte Gewinne verwendet werden, sondern auch solche, die ermäßigter KSt unterlegen haben oder unbesteuert sind (z. B. Gewinne aus einer ausländischen Betriebsstätte, wenn mit dem ausländischen Staat ein DBA mit Freistellungsmethode besteht, Gewinne aus steuerfreien Zinsen, Sanierungsgewinne u. dgl.). Hinsichtlich der Ausschüttungsreihenfolge gelten die mit KSt belasteten Teilbeträge in der Reihenfolge als für die Ausschüttung verwendet, in der die Belastung abnimmt. Die anrechenbare KSt wird beim Aktionär in ein konstantes Verhältnis zur Dividende gesetzt ($^{30}/_{70}$ bzw. $^{3}/_{7}$ der Dividende), das es andererseits erforderlich macht, daß die Unternehmen alle Ausschüttungen auf eine einheitliche Belastungshöhe bringen. Liegt die Tarifbelastung der ausschüttenden Unternehmung bei 45% oder zwischen 30 und 45% (ermäßigte Belastung), muß die ausschüttende Körperschaft zur Herstellung der Ausschüttungsbelastung die KSt entsprechend mindern; umgekehrt ist die KSt-Belastung zu erhöhen, wenn die Tarifbelastung niedriger als die konstante Ausschüttungsbelastung liegt; eine solche Anhebung wird nötig, wenn zur Ausschüttung Eigenkapital als verwendet gilt, das nicht oder unter 30% belastet ist. Die KSt-Minderung läßt sich, wo Bezugsgrößen in einem konstanten Verhältnis stehen, durch Brüche darstellen: Bei der Tarifbelastung von 45% ist die Minderung $^{15}/_{70} = {}^{3}/_{14}$ bezogen auf die Dividende, $^{15}/_{55} = {}^{3}/_{11}$ bezogen auf das zur Ausschüttung verwendete Eigenkapital.

Ausschüttungspolitik

→ Dividendenpolitik → Gewinnverwendungspolitik.

Ausschüttungspolitik von Investmentgesellschaften

Gegenstand sind die Erträgnisausschüttungen. Überwiegend werden Zins- und Dividendenerträge des Fondsvermögens an die Zertifikatinhaber ausgeschüttet. Die Ausschüttungsentscheidung des Fondsmanagements beschränkt sich daher im wesentlichen auf die Entscheidung, ob und in welcher Höhe außerordentliche Erträge ausgeschüttet werden sollen. Oft verwenden Fondsleitungen realisierte Kursgewinne zur Ausschüttung, um die Ausschüttungsrendite auf die Höhe der Kapitalmarktrendite zu bringen.

Ausschüttungsrendite

Erträgnisausschüttung pro Investmentanteil in % des Ausgabepreises.

Ausschuß für Devisenfragen

Ausschuß an deutschen Börsen, der die Devisenbörse betreffende Fragen behandelt.

Ausschuß für Geschäfte in amtlich nicht notierten Werten

An jeder Börse bestehende Kommission zur Überwachung des Freiverkehrs. Mitglieder des Ausschusses sind Börsenbesucher mit Handelsbefugnis. → Ständige Kommission für Angelegenheiten des Handels in amtlich nicht notierten Werten.

Außenkonsortium

Im Gegensatz zum Innenkonsortium, das auf der mittelbaren Vertretung fußt, obliegt dem Außenkonsortium die unmittelbare Vertretung. Das Außenkonsortium ist also durch eine gemeinschaftliche Vertretung aller Konsorten nach außen in Geschäften mit Dritten gekennzeichnet.

außenstehende Aktionäre

Außerhalb einer beherrschenden Unternehmung stehende (Minderheits-, Streubesitz-)Aktionäre bei einer AG, die besonders geschützt werden müssen. Bei Beherrschungs- und Gewinnabführungsverträgen haben die außenstehenden Aktionäre einen angemessenen Ausgleich zu erhalten (→ außenstehende Aktionäre, Ausgleich), und sie können verlangen, daß sie gegen Abgabe ihrer Aktien eine angemessene Abfindung erhalten (→ außenstehende Aktionäre, Abfindung).

außenstehende Aktionäre, Abfindung

Außer der Verpflichtung zum Ausgleich muß ein Beherrschungs- oder Gewinnabführungsvertrag die Verpflichtung des anderen Vertragsteils enthalten, auf Verlangen eines außenstehenden Aktionärs dessen Aktien gegen eine im Vertrag bestimmte angemessene Abfindung zu erwerben. Als Abfindung muß der Vertrag: (1) wenn der andere Vertragsteil eine nicht abhängige und nicht in Mehrheitsbesitz stehende AG oder KGaA mit Sitz im Inland ist, die Gewährung eigener Aktien dieser Gesellschaft, (2) wenn der andere Vertragsteil eine abhängige oder in Mehrheitsbesitz stehende AG oder KGaA und das herrschende Unternehmen eine AG oder KGaA mit Sitz im Inland ist, entweder die Gewährung von Aktien der herrschenden oder mit Mehrheit beteiligten Gesellschaft oder eine Barabfindung, (3) in allen anderen Fällen eine Barabfindung vorsehen. Die Anfechtung des Beschlusses, durch den die HV der AG dem Vertrag oder einer Änderung des Vertrags zugestimmt hat, kann nicht darauf gestützt werden, daß der Vertrag keine angemessene Abfindung vorsieht. Sieht der Vertrag überhaupt keine oder eine den Vorschriften nicht entsprechende Abfindung vor, hat das Gericht auf Antrag die vertraglich zu gewährende Abfindung zu bestimmen. Dabei hat es in den Fällen, wenn der Vertrag die Gewährung von Aktien der herrschenden oder mit Mehrheit beteiligten AG vorsieht, das Verhältnis, in dem diese Aktien zu gewähren sind, wenn der Vertrag nicht die Gewährung von Aktien der herrschenden oder mit Mehrheit beteiligten AG vorsieht, die angemessene Barabfindung zu bestimmen.

außenstehende Aktionäre, Abfindung mit anderen Aktien

Werden als Abfindung Aktien einer anderen AG gewährt, ist die Abfindung als angemessen anzusehen, wenn die Aktien in dem Verhältnis gewährt werden, in dem bei einer Verschmelzung auf eine Aktie der AG Aktien der anderen AG zu gewähren wären, wobei Spitzenbeträge durch bare Zuzahlungen ausgeglichen werden können. Die angemessene Barabfindung muß die Vermögens- und Ertragslage der AG im Zeitpunkt der Beschlußfassung ihrer HV über den Vertrag berücksichtigen. Die Verpflichtung zum Erwerb der Aktien kann befristet werden. Die Frist endet frühestens 2 Monate nach dem Tag, an dem die Eintragung des Bestehens des Vertrags im Handelsregister nach HGB als bekanntgemacht gilt. Ist ein Antrag auf Bestimmung des Ausgleichs oder der Abfindung durch das Gericht gestellt worden, endet die Frist frühestens 2 Monate nach dem Tag, an dem die Entscheidung über den zuletzt beschlossenen Antrag im Bundesanzeiger bekanntgemacht worden ist.

außenstehende Aktionäre, Ausgleich

Ein Gewinnabführungsvertrag muß einen angemessenen Ausgleich für die außenstehenden Aktionäre durch eine auf die Aktiennennbeträge bezogene wiederkehrende Geldleistung (Ausgleichzahlung) vorsehen. Ein Beherrschungsvertrag muß, wenn die AG nicht auch zur Abführung ihres ganzen Gewinns verpflichtet ist, den außenstehenden Aktionären als angemessenen Ausgleich einen bestimmten jährlichen Gewinnanteil nach der für die Ausgleichszahlung bestimmten Höhe garantieren. Von der Bestimmung eines angemessenen Ausgleichs kann nur abgesehen werden, wenn die AG im Zeitpunkt der Beschlußfassung ihrer HV über den Vertrag keinen außenstehenden Aktionär hat. Als Ausgleichszahlung ist mind. die jährliche Zahlung des Betrags zuzusichern, der nach der bisherigen Ertragslage der AG und ihren künftigen Ertragsaussichten unter Berücksichtigung angemessener Abschreibungen und Wertberichtigungen, jedoch ohne Bildung freier Rücklagen, voraussichtlich als durchschnittlicher Gewinnanteil auf die einzelne Aktie verteilt werden könnte. Ist der andere Vertragsteil eine AG oder KGaA, kann als Ausgleichszahlung auch die Zahlung des Betrags zugesichert werden, der auf Aktien der anderen Gesellschaft mit mind. dem entsprechenden Nennbetrag jeweils als Gewinnanteil entfällt. Der entsprechende Nennbetrag bestimmt sich nach dem Verhältnis, in dem bei einer Verschmelzung auf eine Aktie der AG Aktien der anderen AG zu gewähren wären. Ein Vertrag, der entgegen o. a. Vorschriften keinen Ausgleich vorsieht, ist nichtig. Die Anfechtung des Beschlusses, durch den die HV der AG dem Vertrag oder einer Änderung des Vertrages zugestimmt hat, kann nicht auf § 243 Abs. 2 AktG oder darauf gestützt werden, daß der im Vertrag bestimmte Ausgleich nicht angemessen ist.

außenstehende Aktionäre, Gerichtsverfahren

Zuständig ist das Landgericht, in dessen Bezirk die AG, deren außenstehende Aktionäre antragsberechtigt sind, ihren Sitz hat. Das Landgericht hat den Antrag in den Gesellschaftsblättern der AG, deren außenstehende Aktionäre antragsberechtigt sind, bekanntzumachen. Außenstehende Aktionäre können noch innerhalb 2 Monaten nach dieser Bekanntmachung eigene Anträge stellen. Auf dieses Recht ist in der Bekanntmachung hinzuweisen. Das Landgericht hat die Vertragsteile des Unternehmensvertrags zu hören. Es hat den außenstehenden Aktionären, die nicht Antragsteller sind oder eigene Anträge gestellt haben, zur Wahrung ihrer Rechte einen gemeinsamen Vertreter zu bestellen, der die Stellung eines gesetzlichen Vertreters hat. Werden die Festsetzung des angemessenen Ausgleichs und die Festsetzung der angemessenen Abfindung beantragt, hat es für jeden Antrag einen gemeinsamen Vertreter zu bestellen. Die Bestellung kann unterbleiben, wenn die Wahrung der Rechte dieser außenstehenden Aktionäre auf andere Weise sichergestellt ist. Die Bestellung des gemeinsamen Vertreters hat das Landgericht in den Gesellschaftsblättern bekanntzumachen. Das Landgericht hat seine Entscheidung den Vertragsteilen des Unternehmensvertrags sowie den Antragstellern, den außenstehenden Aktionären, die eigene Anträge gestellt haben, und, wenn ein gemeinsamer Vertreter bestellt ist, diesem zuzustellen. Der Vorstand der AG hat die rechtskräftige Entscheidung ohne Gründe in den Gesellschaftsblättern bekanntzumachen.

Außensteuerrecht

Gesamtheit der Rechtsätze eines Staates, die seine Steuergewalt gegenüber dem Ausland abgrenzen. Die wichtigsten Vorschriften sind in bezug auf Kapitalanlagen von Ausländern in Deutschland die uneingeschränkte und beschränkte Steuerpflicht, Vorschriften über Anrechnung, Pauschalierung oder Freistellung ausländischer Einkünfte bei der ESt sowie DBA. → Ausländerbesteuerung.

Außenwert einer Währung

Kaufkraft einer über den Wechselkurs umgerechneten Währungseinheit im Ausland. Auch: festgestellter Wechselkurs der Inlands- gegenüber der Auslandswährung.

Außenwirtschaftsgesetz (AWG)

Rahmengesetz zur Regelung des Außenwirtschaftsverkehrs der BR Deutschland. Beim Erlaß von Rechtsverordnungen im Bereich des Kapital- und Zahlungsverkehrs sowie des Verkehrs mit Auslandswerten und Gold hat die Bundesregierung das Benehmen mit der Bundesbank herzustellen. Für die Erteilung von Genehmigungen in diesen Bereichen ist die Bundesbank zuständig. Besonders wesentlich für die Beschränkung grenzenüberschreitender Kapitalanlagen. → Außenwirtschaftsgesetz §§ 22, 23.

Außenwirtschaftsgesetz §§ 22, 23

Beinhalten Vorschriften zur Kapitalausfuhr (§ 22) und Kapital- und Geldanlagen Gebietsfremder (§ 23). Gem. § 22 kann die Kapitalausfuhr, die auf Rechtsgeschäften zwischen Gebietsansässigen und Gebietsfremden beruht, beschränkt werden. Rechtsgeschäfte, die einen Kapitalexport induzieren, sind z. B.: Erwerb von Grundstücken im Ausland, Erwerb ausländischer Wertpapiere, Erwerb von Wechseln, die Gebietsfremde ausgestellt haben, Unterhaltung von Guthaben bei Banken im Ausland, Gewährung von Krediten, Zahlungsfristen u. a. m. Restriktionen sind zulässig, um das Gleichgewicht der Zahlungsbilanz sicherzustellen. Zudem kann das öffentliche Anbieten ausländischer Schuldverschreibungen im Inland eingeschränkt werden, um erheblichen nachteiligen Auswirkungen auf den Kapitalmarkt vorzubeugen bzw. entgegenzuwirken. Umgekehrt können – so § 23 AWG – die Kapitaleinfuhr bzw. die Geldanlage von Gebietsfremden im Inland eingeschränkt werden. Beschränkt werden können zusätzlich Gründung von Unternehmen oder Ausstattung von Unternehmen oder Tochtergesellschaften mit Vermögenswerten. Auch die Maßnahmen des § 23 AWG dienen der Sicherstellung des Zahlungsbilanzgleichgewichts. Zudem sollen die durch einen evtl. übermäßigen Zustrom von Kapital induzierte mögliche Vergrößerung des inländischen Geldvolumens und damit verbundene Kaufkraftherabsetzungen sowie steigende Inlandspreise verhindert werden.

Außenwirtschaftsverordnung (AWVO)

Auf Basis des AWG erlassene Verordnung zu dessen Durchführung, mit zahlreichen Details über Einschränkungsmöglichkeiten grenzenüberschreitender Transaktionen, vor allem auch im Zahlungs-, Geld- und Kapitalverkehr.

außerbörslicher Handel in Wertpapieren

→ außerbörslicher Wertpapierhandel → Telefonhandel, -verkehr.

außerbörslicher Wertpapierhandel

Außerhalb der Börsen werden Wertpapiere gehandelt vor allem vor der offiziellen Börsenzeit (vorbörslich) oder danach (nachbörslich). Geschäfte solcher Art dürfen allerdings nicht in den Räumen der Börse selbst getätigt werden. Außerbörslich werden vor allem Geschäfte abgewikkelt, die zwischen Banken untereinander hinsichtlich deren eigener Bestände und zwischen den Banken u. a. Kapitalsammelstellen, insbesondere Versicherungsgesellschaften, abgewickelt werden. Der Kurs wird frei ausgehandelt. Der Handel erfolgt von Bank zu Bank, i. d. R. telefonisch oder per Telex (Telefonverkehr). Weiter werden Wertpapiere gehandelt, die weder in den amtlichen Handel oder Geregelten Markt eingeführt noch in den Freiverkehr einbezogen sind. Dies sind vor allem Papiere von Unternehmen, die sich wegen ihrer schmalen Kapitalbasis oder eines nur eng begrenzten Interessentenkreises zum offiziellen Handel an der Börse nicht eignen (Telefonverkehr). Weder für den Freiverkehr noch für den Telefonverkehr tragen der Börsenvorstand oder der Ausschuß für Geschäfte in amtlich nicht notierten Werten (Freiverkehrsausschuß) Verantwortung. Die Kurse werden meist von den Banken als Zirkakurse veröffentlicht. Es sind Spannungskurse, denen nicht stets auch Geschäfte zugrunde liegen müssen. Es besteht auch kein Anspruch auf Ausführung erteilter Aufträge. Veröffentlichung der Kurse erfolgt in Preislisten nicht notierter Werte. Zur Verbesserung des außerbörslichen Wertpapierhandels wurde das → Integrierte Börsenhandels- und Informations-System (IBIS) eingeführt, mit dem Aktien und Renten vollelektronisch und standortunabhängig ganztägig von 8.30 bis 17.00 Uhr gehandelt werden können.

Außerkurssetzung von Wertpapieren

Er folgt durch Kraftloserklärung von Wertpapieren. Wertpapiere mit entsprechenden Außerkurssetzungsvermerken sind an deutschen Börsen i. a. lieferbar, auch wenn eine Wiederinkurssetzung nicht erfolgt ist. Anstelle von Außerkraftsetzungsvermerken kann bei Inhaberschuldverschreibungen Umschreibung auf den Namen des Berechtigten erfolgen, wodurch das Papier zum Namenspapier wird.

außerordentliche Hauptversammlung der AG

HV einer AG, die außer der mind. einmal pro Jahr stattfindenden ordentlichen HV bei wichtigen Anlässen einberufen wird, sei es durch den Vorstand der AG oder auf Verlangen von Aktionären, denen insgesamt mind. 5% des Grundkapitals zustehen (→ Minderheitenrechte). → Einberufung der Hauptversammlung der AG → Einberufung der Hauptversammlung der AG auf Verlangen einer Minderheit.

Aussetzung der Kursnotierung (-notiz)

Wenn Ereignisse eintreten, die an der Börse zu plötzlich starken Kursänderungen bestimmter Werte führen, kann der Börsenvorstand die Kursnotierung aussetzen. Es können dann in diesem Papier an der Börse keine Umsätze getätigt werden. Im Interesse des Anlegerschutzes soll so verhütet werden, daß bestimmte Personen oder Personengruppen Informationsvorteile ausnutzen; die Kursaussetzung soll dem Anleger sagen, daß bei dem betreffenden Papier Umstände eingetreten oder zu erwarten sind, die für die Bewertung wesentlich sein können. Die Maßnahme erfolgt in der Praxis entweder auf Veranlassung der Hausbank der betreffenden AG oder nach Rücksprache mit dieser, wenn dem Börsenvorstand Informationen zugehen, die ihm einen solchen Schritt angezeigt erscheinen lassen. Wesentlich ist dabei eine in diesem Zeitpunkt mangelhafte Unterrichtung der Öffentlichkeit über tatsächliche Verhältnisse bei der AG oder unmittelbar bevorstehende Beschlüsse des Vorstands bzw. des Aufsichtsrates der AG, die einschneidende Auswirkungen auf die Zukunft der AG und damit auch auf die Kursentwicklung der Aktie haben können. Der Anleger soll gegen Transaktionen von Personen geschützt werden, die aufgrund ihrer Stellung innerhalb der AG oder wegen besonderer Beziehungen zu dieser (Insider) einen Informationsvorsprung gegenüber der Allgemeinheit haben und diesen Nachteil anderer durch Kauf- und Verkaufsaufträge an der Börse nützen könnten. Wesentliches Instrument im Vorfeld der Kursaussetzung ist die Kursintervention in einer Aktie – meist durch die Emissionsbank – mit dem Ziel, mittels An- und Verkäufen größere Kursschwankungen spekulativer Art zu unterbinden. Sobald die Kursnotierung eines Wertpapieres ausgesetzt wird, erlöschen sämtliche laufenden Aufträge in diesem Papier. Eine Kursaussetzung darf jedoch nicht dazu führen, daß der Handel in der Aktie länger als erforderlich unterbunden wird; daher sollen Kursaussetzungen i. d. R. nicht länger als für 5 Tage veranlaßt werden. Von den Emittenten wird erwartet, daß sie die Voraussetzungen schaffen, daß nach Ablauf der Aussetzungfrist das Publikum hinreichend informiert ist. Zumindest soll nach Ablauf der Frist bekanntgemacht werden, wann mit Informationen der Öffentlichkeit zu rechnen ist. Ist dies nicht erreichbar, soll die Notierung i. d. R. nicht weiter ausgesetzt bleiben: Ein Hinweis im amtlichen Kursblatt auf die vorausgegangene Aussetzung des Börsenkurses soll das Publikum dann auf die Bewertungsunsicherheit hinweisen. Emittenten sind verpflichtet, in allen Fällen, in denen Umstände eintreten oder zu erwarten sind, die für die Bewertung eines Papiers wesentlich sein können, die aber noch nicht bekannt sind, selbst über das Emissionshaus so früh wie möglich die Kursaussetzung unter Angabe der Gründe anzuregen. Dadurch soll erreicht werden, daß einer Kursaussetzung eine tatsächliche Signalwirkung zukommt, durch die der Anleger gewarnt wird. In Ausnahmefällen ist allerdings auch eine längere Aussetzung der Kursnotierung möglich. Auch in diesem Fall ist das Interesse des Anlegerschutzes ausschlaggebend.

Aussie bonds

Auf australische Dollar lautende Eurobonds, auch als aussies bezeichnet.

Aussonderung

Trennung von nicht zum Vermögen eines in Konkurs befindlichen Gemeinschuldners gehörenden Vermögenswerten von der allgemeinen Konkursmasse, da in diese nur Werte fallen, die dem Gemeinschuldner gehören. Dies können auch dem Gemeinschuldner durch bestimmte Verträge überlassene Wertpapiere sein. → Aussonderungsrecht.

Aussonderungsrecht

Befinden sich in einer Konkursmasse Gegenstände, die nicht zum Vermögen des Konkursschuldners gehören, kann der Berechtigte verlangen, daß diese Gegenstände aus der Konkursmasse ausgesondert und ihm ausgehändigt werden. Bankmäßig hinterlegte Wertpapiere sind im Fall des Konkurses des Verwahrers sowie bei Sonderverwahrung als auch bei Sammelverwahrung auszusondern, d. h., sie gehören nicht zur Konkursmasse des Verwahrers, z. B. vor allem einer Bank. Ein Aussonderungsrecht besteht auch bei Wertrechten, aber nicht bei Aberdepot und Wertpapierrechnung. → Aussonderung.

Ausstattung von Aktien

Das Grundkapital einer AG und die Aktien müssen auf einen Nennbetrag in DM lauten. Mindestnennbetrag einer Aktie ist DM 5; höhere Nennbeträge müssen auf volle DM 5 lauten. Die Aktienurkunden selbst bestehen aus dem Mantel, d. h. der Urkunde, in der die Aktionärsrechte verbrieft sind, und Bogen (Couponbogen), der meist mit 10 oder 20 Gewinnanteilscheinen (Coupons) und einem Erneuerungsschein (Talon) versehen ist. Mantel und Bogen sind bei deutschen Aktien i. d. R. nicht miteinander verbunden, werden aus Sicherheitsgründen von den Banken meist auch getrennt voneinander aufbewahrt. Das Aktienkapital der AG ist meist in Aktien über verschiedene Nennbeträge (z. B. von DM 1000, 500, 200, 100 und 50) eingeteilt. Es dürfen nur Aktien mit festen Nennbeträgen emittiert werden; nennwertlose sind unzulässig. Für den Druck von Effekten gelten besondere Richtlinien, die die deutschen Wertpapierbörsen für verbindlich erklärt haben. Diese beziehen sich auf den Schutz der Wertpapiere vor Fälschungen und Verfälschungen, enthalten ferner banktechnische Anweisungen für das Drucken von Effekten, um eine einheitliche bankmäßige Verwahrung und Verwaltung der Wertpapiere zu ermöglichen. Dabei darf der Druck von Effekten nur anerkannten Wertpapierdruckereien übertragen werden; alle Emissionen eines Ausstellers sollen möglichst bei derselben Druckerei mit der jeweils gleichen Ausstattung gedruckt werden. Durch die Wahl anderer Umrahmungen, Farben, Untergrundzeichnungen, Typensorten u. dgl. sind die Wertpapiere verschiedener Emittenten abweichend zu gestalten. Es dürfen von der Wertpapierdruckerei bzw. dem Wertpapieraussteller nur gesetzlich geschützte, unverkäufliche Wasserzeichenpapiere mit mind. zweistufigem, helldunkel wirkenden Wasserzeichen, nur im eigenen Betrieb der Druckerei hergestellte, unverkäufliche Druckplatten unter Verwendung von Guillochen – ein auf mechanischem Wege produziertes, nach bestimmten geometrischen Gesetzen verschlungenes Schutzlinienwerk – verwendet werden. Der Druck darf nur im Buchdruck (Hochdruck) oder Linientiefdruck ausgeführt werden. Die banktechnischen Anweisungen bestimmen, daß die Nummer des Stückes auf der rechten oberen Hälfte des Mantels anzubringen, der Nennbetrag der Wertpapiere an der oberen Kante rechts außerhalb der Umrahmung zu wiederholen ist (bei festverzinslichen Papieren auch der Zinsfuß, ggfs. Reihe, Serie usw.), verschiedene Stückelungen derselben Emission durch veränderte Farbzusammenstellungen zu unterscheiden sind, Mantel und Bogen getrennt sein müssen, Mäntel und Ertragsscheine bestimmte Formate und festgesetzte Größen haben, die Gewinnanteil- und Zinsscheine die Nummern der Papiere und den Nennbetrag tragen, die Gewinnanteilscheine statt Angabe des Geschäftsjahrs fortlaufende Nummern aufweisen müssen. Außerdem ist ggfs. beim Bogen am unteren Ende der Erneuerungsschein anzubringen, der den Nennbetrag der Aktien oder Schuldverschreibungen sowie den nächstfälligen Gewinnanteilschein bezeichnen muß.

Ausstattung von Anleihen

→ Anleiheausstattung → Ausstattung von Wertpapieren.

Ausstattung von Wertpapieren

Dazu zählen Untergrund, Umrahmung, Farben, Typen für Schrift und Zahlen, Embleme, Firmenzeichen. Eine firmeneigene Ausstattung darf nur für den betreffenden Wertpapieraussteller verwendet werden. → Richtlinien für den Druck von Wertpapieren.

ausstehende Einlagen auf das gezeichnete Kapital

Forderung einer AG oder KGaA gegenüber den Aktionären, die ihren Anteil am gezeichneten Kapital (noch) nicht in voller Höhe eingezahlt haben. Ist unter den Aktiva der Bilanz gesondert auszuweisen, da für das gezeichnete Kapital eine Passivierungspflicht in voller Höhe besteht. → ausstehendes Kapital.

ausstehendes Kapital

(Noch) nicht eingezahlter Teil des gezeichneten Stammkapitals. Forderungen einer Gesellschaft gegenüber ihren Anteilsinhabern (→ ausstehende Einlagen auf das gezeichnete Kapital). Bei Personengesellschaften bezeichnet man mit ausstehendem Kapital die (noch) nicht eingezahlten Geschäftsanteile der Gesellschafter.

aussteigen, Ausstieg

Bez. f. Verkauf von Wertpapieren wegen befürchteten Kursrückgangs.

Aussteller von Wertpapieren

Emittent. Derjenige, der Wertpapierurkunden anfertigt und begibt bzw. durch Dritte begeben läßt. Bei der AG z. B. Aussteller der Aktien, bei Pfandbriefen und Kommunalobligationen die betreffende Hypothekenbank.

aussuchen

Börsenbez. f. Kauf oder Verkauf zum gleichen Kurs. Ruft ein Börsenmakler „X-Aktien 250 aussuchen", dann will er diese Aktien zu DM 250 kaufen oder verkaufen. Setzt er keinen Betrag hinzu, bezieht sich sein Angebot auf den Mindestbetrag der variablen Notierung.

Australian Securities Commission

Landesweit in Australien tätige Behörde, der seit 1991 die Verantwortung für die einheitliche Handhabung des Firmen- und Wertpapierrechts obliegt, während die Aufsicht zuvor Kompetenz der Einzelstaaten war.

Australian Stock Exchange Ltd.

Abk.: ASX. Die seit 1990 vollcomputerisierte ASX entstand aus einem Zusammenschluß der Börsen Adelaide, Brisbane, Hobart, Melbourne, Perth und Sydney. Der Handel erfolgt über das elektronische Handelssystem SEATS (Stock Exchange Automated Trading System). Terminals dieses Systems befinden sich in Brokerhäusern. Handelszeit: 10.00 bis 16.00 Uhr australischer Ostküsten-Zeit. Die Abwicklung der Wertpapiertransaktionen erfolgt über den National Guarantee Fund (NGF); sie erfolgt innerhalb von fünf Börsentagen. Für die 100 größten Aktiengesellschaften erfolgt das settlement über das computerisierte FAST-System, das lediglich eine Verbuchung der gehandelten Stücke vornimmt. Adresse: Level 9, 87–95 Pitt Street, Sydney NSW 2000.

Austrian Traded Index (ATX)

Börsenkapitalisierter österreichischer Aktienindex. Der ATX wird in seiner letzten Ausbaustufe 30 an der Wiener Börse gehandelte Fließhandelswerte umfassen. Die Gewichtung der einzelnen Titel erfolgt nach der Börsenkapitalisierung, d. h. Werte mit hoher Börsenkapitalisierung haben einen stärkeren Einfluß auf den Index als Werte mit geringer; Dividendenzahlungen bleiben unberücksichtigt. Der ATX ist ein real time Index, d. h., bei der Berechnung gehen die aktuellen Aktienkurse ein. Es gibt pro Börsentag so viele ATX-Kurse, wie es insgesamt Notierungen für die im Index enthaltenen Werte gibt. Die Berechnung erfolgt anhand folgender Formel:

$$ATX_t = ATX_{t-1} * \left[\frac{\sum_{i=0}^{30} (P_{i,t} * Q_{i,t-1})}{\sum_{i=1}^{30} (P_{i,t-1} * Q_{i,t-1})} \right]$$

ATX_t: heutiger ATX-Wert zum Zeitpunkt t

ATX_{t-1}: gestriger ATX-Schlußkurs

$P_{i,t}$: heutiger Preis der i-ten Aktien zum Zeitpunkt t

$P_{i,t-1}$: gestriger Schlußkurs der i-ten Aktien

$Q_{i,t-1}$: gestrige Anzahl der begebenen Stücke im Wert i

Ausübung von Aktionärsrechten

Ein Aktionär ist Miteigentümer der AG, von der er Aktien besitzt. Zur Ausübung der damit verbundenen Mitwirkungs- und Entscheidungsrechte muß jede AG jedes Jahr eine HV abhalten, in der die Aktionäre über wesentliche Angelegenheiten der AG Beschlüsse fassen, vor allem über folgende Punkte: Entlastung von Vorstand und Aufsichtsrat, Beschlußfassung über die Verwendung des Bilanzgewinns (sowie

Vorstand und Aufsichtsrat den Jahresabschluß feststellen, können nur bis zu 50% des Jahresüberschusses nach Abzug der Zuweisung zur gesetzlichen Rücklage bzw. ggfs. nach Abzug eines Verlustvortrags in andere Gewinnrücklagen eingestellt werden; über die Verwendung der zweiten 50% des Jahresüberschusses in Form von Zuweisungen zu den anderen Gewinnrücklagen, als Dividendenzahlung und/oder eines Gewinnvortrages entscheidet die HV), Bestellung und Abberufung des Aufsichtsrats, Bestellung des Abschlußprüfers und evtl. eines Sonderprüfers, Satzungsänderungen einschl. Maßnahmen der Kapitalbeschaffung und der -herabsetzung, schließlich besondere Ereignisse wie Vermögensübertragung, Umwandlung, Verschmelzung der AG, Auflösung der AG, Geltendmachung von Verzicht auf Ersatzansprüche gegen Vorstand, Aufsichtsrat, Gründer. Jeder Aktionär kann an der HV teilnehmen. Um zu sichern, daß Stimmrechte nicht von solchen Aktionären ausgeübt werden, die ihre Aktien kurz vor der HV verkauft haben, müssen Aktien, für die das Stimmrecht ausgeübt werden soll, bei von der AG benannten Hinterlegungsstellen bis zur Beendigung der HV im Sperrdepot hinterlegt werden. Dies vermittelt die depotführende Bank. Der Aktionär erhält eine Stimmkarte und hat damit Zutritt zur HV. Er ist berechtigt, zu jedem Tagesordnungspunkt seine Stimme abzugeben. Der Umfang seines Stimmrechts richtet sich nach seinem Aktienbesitz. Stimmberechtigt sind nur die in der HV vertretenen Aktien. Bei besonders gravierenden Beschlüssen ist ¾-Mehrheit, i. a. einfache Mehrheit des vertretenen Grundkapitals vorgeschrieben. Die Satzung kann andere Mehrheiten verlangen. Will ein Aktionär seine Rechte nicht selbst ausüben, kann er sich vertreten lassen. Er vermeidet damit, daß u. U. zufällige Minderheiten die Geschicke der AG wesentlich bestimmen. Daher vertreten Banken ihre Depotkunden in der HV, falls sie nicht selbst ihre Stimmrechte ausüben wollen. Die Kunden erteilen Banken in diesem Fall Vollmachten, nach denen die Stimmrechte entweder unter Bekanntgabe des Namens des Aktionärs oder anonym im Namen dessen, den es angeht, ausgeübt werden können. Die Banken lassen sich i. d. R. jedes Jahr von ihren Depotkunden Rahmenvollmachten geben, die sich auf alle im Depot befindlichen Aktien beziehen. Die Geltung solcher Rahmenvollmachten darf 15 Monate nicht übersteigen. Auch wenn er eine Rahmenvollmacht erteilt hat, kann der Kunde vor einer HV von seiner Bank Ausstellung einer Stimmkarte verlangen und sein Stimmrecht selbst ausüben. Der Vorstand einer AG hat mind. 1 Monat vor jeder HV die Einberufung der HV, Tagesordnung, etwaige Anträge und Wahlvorschläge von Aktionären, Begründung solcher Anträge und eigene Stellungnahme in den Gesellschaftsblättern bekanntzugeben und den Banken mitzuteilen. Diese geben die Mitteilungen an ihre Depotkunden weiter. Dabei hat eine Bank zugleich, wenn sie Aktionäre in der HV vertreten will, zu den Gegenständen der Tagesordnung Vorschläge für die Stimmrechtsausübung zu machen und um die Erteilung von Weisungen zu ersuchen. Bei den Vorschlägen hat sich die Bank von den Interessen der Aktionäre leiten zu lassen. Erteilt der Aktionär der Bank keine Weisung, hat sie das Stimmrecht entsprechend ihren eigenen Vorschlägen auszuüben. Von diesen Vorschlägen oder von einer ausdrücklichen Weisung des Kunden darf die Bank nur abweichen, wenn sich nachträglich Umstände derart verändern, daß eine abweichende Ausübung des Stimmrechts angezeigt erscheint und anzunehmen war, daß der Aktionär die Abweichung bei Kenntnis der Sachlage gebilligt hätte; in diesem Fall muß der Aktionär nachträglich unter Angabe der Gründe unterrichtet werden.

Ausweichkurs

Bez. f. einen genannten Angebots- oder Nachfragekurs, durch den Schwierigkeiten eines engen Marktes oder bei der Kursbildung behoben werden sollen.

Ausweis der Kapitalherabsetzung

Der aus der Kapitalherabsetzung gewonnene Betrag ist in der GuV-Rechnung als Ertrag aus der Kapitalherabsetzung gesondert, und zwar hinter dem Posten Entnahmen aus Gewinnrücklagen, auszuweisen. Einstellung in die Kapitalrücklage ist nach den Vorschriften über die vereinfachte Kapitalherabsetzung gesondert auszuweisen. Im Lagebericht ist zu erläutern, ob und in welcher Höhe die aus der Kapitalherabsetzung und aus der Auflösung von Gewinnrücklagen gewonnenen Beträge (1) zum Ausgleich von Wertminderungen, (2) zur Deckung von sonstigen Verlusten oder (3) zur Einstellung in die Kapitalrücklage verwendet werden.

Auszahlung

Im Bank- und Börsensprachgebrauch üblicher Begriff zur Bezeichnung des

Ortes, an dem eine Fremdwährung an den Käufer ausgezahlt, d. h. auf ein von ihm dort unterhaltenes Bankkonto übertragen werden soll. Mitunter wird der Begriff auch zur Bezeichnung der betreffenden Landeswährung benutzt. So ist z. B. mit „Auszahlung London" das Pfund Sterling gemeint.

authorized capital

→ autorisiertes Kapital.

authorized stock

Das gesamte Aktienkapital einer Gesellschaft in den USA, bestehend aus issued stocks und non issued stocks; issued stocks bestehen wiederum aus outstanding stocks (Aktien im Umlauf) und treasury stocks (Vorratsaktien).

Autographen

Alte, außer Kurs gesetzte Aktien (Nonvaleurs), die von Sammlern und Liebhabern solcher Antiquitäten gekauft werden, die die eigenhändige, also nicht, wie heute ausschließlich üblich, faksimilierte Unterschrift bekannter Unternehmensgründer tragen. Am Markt solcher Titel erzielen diese historischen Aktien hohe Preise. → Historische Wertpapiere als Kapitalanlage.

Automated Pit Trading-System

An der London International Financial Futures Exchange (LIFFE) installiertes elektronisches Handelssystem. Der Handel erfolgt über Bildschirm. APT-Handelszeiten: 15.31–16.55 Uhr Londoner Zeit. Gehandelt werden u. a. 3-Monats-Euro-DM-futures, Terminkontrakte auf langfristige deutsche Bundesanleihen (Bund-futures) sowie Euro-sfr-futures.

Automated Real-Time Investments Exchange Limited (ARIEL)

Auf dem US-amerikanischen System Institutional Network aufbauendes und mit diesem kooperierendes elektronisches, außerbörsliches Handelssystem für Aktien mit Sitz in London. Mitglieder sind vor allem institutionelle Investoren, die über das System Blocktransaktionen abschließen. ARIEL arbeitet auf Basis des Auktionsprinzips. Die per Computer in das System eingegebenen Aufträge werden nach der Priorität Kurs und Eingabezeit geordnet und den Teilnehmern bekanntgegeben. Kurs- und Mengenverhandlungen können über den Computer vorgenommen werden. Bei Vorliegen entsprechender Gegenaufträge nimmt das System den Handelsabschluß automatisch vor.

automatische Kursanzeige

Erfolgt täglich während des Börsenhandels. Während früher die fortlaufenden Notierungen per Hand von den Börsenmaklern angeschrieben werden mußten, ist heute durch Einsatz der automatisierten Datenverarbeitung eine laufende Anzeige der Kurse, zu denen die Geschäfte abgeschlossen wurden, möglich. Die automatische Kursanzeige wird an den Börsen auf Anzeigetafeln oder Bildschirmen visualisiert. Größere, am Börsenhandel teilnehmende Banken übertragen i. d. R. die automatische Kursanzeige in den an den Börsenplätzen domizilierenden Niederlassungen.

automatischer Abhebungsplan

Investmentkonto bzw. -programm, bei denen regelmäßige Zahlungen in vorher vereinbarter Höhe an den Anteilinhaber bzw. auch an eine andere von ihm bestimmte Person geleistet werden. Der Auszahlungsbetrag wird, wenn die vereinbarten Erträgnisse nicht ausreichen, aus Verkaufserlösen entsprechend ausreichender Fondsanteile bezahlt, die die kontoführende Stelle vor dem vereinbarten Zahlungstermin aus dem Anteilsbestand des Investmentsparers verkauft. I. d. R. ist zur Eröffnung eines automatischen Abhebungsplans Guthaben in gewisser Mindesthöhe notwendig.

automatischer Ausübungskurs

Kurs, zu dem entsprechend konzipierte Optionen bzw. Optionsscheine („caps") auch ohne Anweisung des Käufers ausgeübt werden.

autorisiertes Kapital

Bez. f. das Kapital, den Kapitalbetrag, den der Vorstand einer AG in Aktien ausgeben darf. In diesem Sinne ist das genehmigte Kapital auch autorisiertes Kapital. I. a. spricht man aber nur bei ausländischen Gesellschaften von autorisiertem Kapital: Es ist ein vor allem im angelsächsischen Recht verankertes Recht der Verwaltung, neue Aktien auszugeben.

A. v.

Abk. f. Aufgabe vorbehalten.

availability clause

→ Verfügbarkeitsklausel (availability clause).

averaging

Auch: cost-averaging. Ein anlagepolitisches Verfahren, das darin besteht, daß ein Kapitalanleger über einen bestimmten

Zeitraum einen z. B. monatlich feststehenden Betrag für den Kauf von bestimmten ausgewählten Wertpapieren – meist Aktien oder Anteilscheine von Investmentfonds – verwendet. Durch ein solches Vorgehen – über mehrere Kurszyklen hinweg – sichert sich der Anleger auf längere Frist einen günstigeren Durchschnittspreis pro Wertpapiereinheit, da er die entsprechenden Titel sowohl bei steigenden als auch bei fallenden Kursen erwirbt. Der fixe Betrag bewirkt zwangsläufig, daß von teureren Titeln eine kleinere, von billigeren Titeln eine größere Anzahl gekauft wird. Der Durchschnittspreis ergibt sich aus dem Ausdruck:

$$P_t = \frac{(B \times T) - K}{N}$$

worin: P_t = durchschnittlicher Einstandspreis sämtlicher bis zur Periode t bezogenen Titel; B = fest gewählter monatlicher Anlagebetrag; T = Anzahl aller bisherigen Zahlungsperioden; K = verbleibender Barbetrag (= Kassenbestand) in der Periode t, wenn der Erwerb von Bruchteilen eines Wertpapiers nicht möglich ist; N = Zahl aller bisher erstandenen Stücke. → Formelanlageplanung.

Avis

Ankündigung, Benachrichtigung oder Anzeige in Form der Vorankündigung, z. B. schriftliche Mitteilung über die Ankunft einer Effektensendung. Bei Wechseln Benachrichtigung des Ausstellers an den Bezogenen über die Wechselziehung.

AWG, AWVO

Abk. f. Außenwirtschaftsgesetz, Außenwirtschaftsverordnung.

azioni di risparmio

Art stimmrechtsloser Aktien in Italien.

B

B (1)

Abk. f. Brief (Angebot): Zum genannten Kurs wurden Wertpapiere angeboten, ohne daß aber Nachfrage vorlag. → Kurszusätze.

B (2)

Abk. f. Bénéfice. → Report.

BA

Abk. f. Bundesanzeiger sowie für → Berichtigungsaktien.

B-Aktien

→ China-Aktien

BBB

Triple B. → AAA → rating.

b

Abk. f. bezahlt: Zum angegebenen Kurs wurden sämtliche Kauf- und Verkaufaufträge abgewickelt. → Kurszusätze.

Baby-bonds

Schuldverschreibungen mit sehr geringen Nennwerten. In USA stärker gebräuchlich, z. T. bis zu Nennwerten von nur 1 US-$. In Deutschland wurden 1951 Baby-Bonds – Prämienschatzanweisungen der BR Deutschland – emittiert, die, mit Nennwerten von DM 10 ausgestattet, 1956–1961 zu diesem eingelöst wurden. Die Emission war ein Mißerfolg.

back bond

Ein aus der Ausübung eines warrant-Rechts entstandener Eurobond. Auch: virgin bond.

back-up-Linie

Absicherungszusage gegen Plazierungsrisiken bei der Emission von Wertpapieren. Auch Verfügbarkeitszusage einer Bank; sie erlaubt eine Mittelinanspruchnahme durch diverse Finanzierungsinstrumente und -verfahren.

backwardation

Der Kassapreis ist höher als der Preis für Terminware. Häufig auch Bez. f. die Situation, daß Terminkontrakte mit längeren Laufzeiten höher notieren als solche mit kürzeren Laufzeiten. Backwardation läßt i. d. R. auf eine inverse Zinsstruktur schließen.

Baden-Württembergische Börse zu Stuttgart

Königstraße 28, 70173 Stuttgart. Tel.: 0711/29018384. Telefax: 0711/2268119. Börsenzeit: 10.30–13.30 Uhr.

Bärenfalle

→ bear trap.

Bahnanleihen

Schuldverschreibungen (Anleihen), deren Emittent die Bundesbahn – allgemein: eine Eisenbahngesellschaft – ist. Bahnanleihen waren früher ausschließlich mit einem Festzins-Kupon ausgestattet. Inzwischen werden auch variabel verzinsliche Schuldverschreibungen emittiert.

Baisse

Durch anhaltend sinkende Kurse charakterisierte Börsentendenz (Gegens.: Hausse). Umfaßt i. d. R. große Teile des Marktes bzw. den Gesamtmarkt und hält oft längere Zeit an.

Baisse-Engagement

Im Terminhandel eingegangene Verpflichtung zum Verkauf im Hinblick auf erwartetes Sinken der Kurse (Preise). Der ein solches Engagement eingehende Baissier erwartet, daß er die kontrahierten Wertpapiere spätestens kurz vor dem Termin seiner Lieferverpflichtung zu einem niedrigeren Kurs erwerben kann. → fixen → Schwänze. Gegens.: Hausse-Engagement.

Baisseklausel

Vereinbarung, daß sich ein Geldbetrag bei einem höheren Kurs einer bestimmten Auslandswährung entsprechend erhöht. → Indexierung.

Baissespekulation

Marktpolitisches Verhalten an der Börse, das in Erwartung sinkender Kurse durch Verkäufe gekennzeichnet ist. Der Spekulant spekuliert à la baisse; er ist Baissier. Gegens.: Haussespekulation.

Baissier

Wertpapierverkäufer, der mit rückläufigen Börsenkursen rechnet und deshalb Wertpapiere verkauft bzw. im Terminhandel Geschäfte zur Lieferung an einem späteren Termin abschließt, also ein Baisse-Engagement eingeht. Der Baissier (Gegens.: Haussier) spekuliert à la baisse und hofft, die für die Erfüllung seiner Lieferverpflichtung kontrahierten Wertpapiere vor dem vereinbarten Liefertermin zu niedrigeren Kursen kaufen zu können (Fixer). Auch: Leerverkauf oder Fixen. Treten die vom Baissier erwarteten Kursrückgänge nicht ein, muß er die verkauften Wertpapiere mit Verlust eindecken. Allerdings gibt es im Termingeschäft Prolongationsmöglichkeiten. Börsenweisheit: la baisse amène la baisse.

balloon

Restbetrag einer Anleihe, der am Ende der Laufzeit noch nicht getilgt ist und dann in einem Betrag zurückzuzahlen ist.

ballooning

Künstliches Hinauftreiben von Börsenkursen.

balloon maturity

Am Euromarkt die letzten zur Tilgung vorgesehenen Papiere einer Gesamtemission, wenn sie am Laufzeitende wesentlich größere Mengen darstellen als die Beträge der voraufgegangenen planmäßigen Tilgungen.

Baltic International Freight Futures Market (BIFFEX)

Nach der Fusion von Baltic Futures Exchange Markets und London FOX 1991 Marktsegment der London FOX. Gehandelt werden Frachten-futures (Baltic Freight Index futures, kurz: BIFFEX futures) sowie Optionen auf BIFFEX futures. Handelszeiten: 10.15–12.30 Uhr und 14.30–16.30 Londoner Zeit. Adresse: London FOX, 1 Commodity Quay, St Katharine Docks, London E1 9AX, Tel. 0044-71-4812080, Fax: 0044-71-7029923/4.

Baltic Mercantile and Shipping Exchange Ltd

14 St. Mary Axe, GB-London EC3A 8BU, England. Tel.: 01-623-5501.

baltische Börsen

In den Hauptstädten der baltischen Staaten sind Wertpapierbörsen geplant bzw. haben ihre Geschäftstätigkeit begonnen. Estland: The Exchange Association of Estonia, Kuhlbarsi 1, Tallinn EE0100, Tel. und Fax: 00372-2-431726. Lettland: (1) The Baltic Universal Exchange – Unibalt, 1, Lomonosava Str., Riga, Tel.: 007-0132-103152, Fax: 007-0132-371103319. (2) Baltische Wertpapierbörse (Baltic Stock Exchange), 19, Blaumaya Str., 226011 Riga, Tel.: 007-371-217580, Fax: 007-371-228247. Litauen: (1) Lithuanian Exchange Ltd., Laisves pr. 5, 232600 Vilnius. (2) Joint-Stock State Exchange – Baltic Exchange, 4, Gagrino Str., 2739 Vilnius-39.

Bandgold

Gold, das in dünne Bänder von meist einigen cm Breite ausgewalzt ist.

Bangkoker Börse

→ Securities Exchange of Thailand.

Bankaktien (Bankwerte)

Aktien der deutschen Großbanken und anderer Banken, die in den Rechtsformen der AG oder KGaA geführt werden. Zum Börsenhandel zugelassene Bankaktien sind im Kursblatt der Börse in einer besonderen Gruppe zusammengefaßt. Im Rahmen der Kapitalanlage nehmen Bankaktien meist einen besonderen Platz ein: Sie stellen defensive Titel dar, die keine kurzfristig starken Kursschwankungen aufweisen; dies wird teilweise erreicht durch entsprechende Interventionen der betreffenden Banken hinsichtlich ihrer eigenen Aktien. Bankaktien gehören in Deutschland zu den an der Börse am höchsten bewerteten Papieren. Es sind weitgehend konjunkturunabhängige Wertpapiere, die zudem von Geldwertverschlechterungen – wegen der bilanziellen Beidseitigkeit von Nominalwerten – kaum negativ betroffen werden. Durch Beteiligungen der deutschen Geschäftsbanken an vielen und branchenmäßig gestreuten Unternehmen profitieren die Banken und damit deren Aktien auch von den Konjunkturentwicklungen anderer Branchen über entsprechende Erträge aus den Beteiligungen. Zu unterscheiden ist bei Beurteilung und Bewertung zwischen Aktien von Geschäftsbanken, Hypothekenbanken und Spezialbanken.

Bankanleihen

→ Bankschuldverschreibungen.

Banken als Aktionärsvertreter in der Hauptversammlung der AG

→ Bankenstimmrecht → Stimmrechtsausübung durch Banken → Depotstimmrecht → Vollmachtstimmrecht → Weitergabe von Mitteilungen wegen der Hauptversammlung der AG.

Bankenerlaß

Aufgrund des früheren „Bankenerlasses", der in die AO übernommen wurde, wird den Finanzbehörden Zurückhaltung bei der Fahndung nach Steuertatbeständen auferlegt. Er ist eine der Grundlagen des Bankgeheimnisses. Danach dürfen die Finanzämter von den Banken Auskünfte über Kunden nur bei Vorliegen konkreter Anhaltspunkte verlangen. Eine allgemeine Überwachung kann nicht verlangt werden. Guthabenkonten und Depots, die bei den Banken nach Prüfung der Legitimation errichtet wurden, dürfen bei Außenprüfungen nicht abgeschrieben werden. In amtlichen Vordrucken dürfen Angaben von Konten und Depots nicht verlangt werden. Einzelauskunftsersuchen an die Banken sind jedoch im Rahmen der AO zulässig. Schließlich werden im Bankenerlaß die Möglichkeiten der Steuerfahndung bezeichnet.

Bankenkonsortium

Gemeinschaft von Banken zur Durchführung eines einmaligen Geschäfts oder sich wiederholender Geschäfte z. B. zur Unterbringung von Wertpapieren im Rahmen des Emissionsgeschäfts, zur Gewährung von Krediten. Konsortien werden als Gesellschaften bürgerlichen Rechts geführt. Bei Konsortialgeschäften handelt es sich i. a. um Großgeschäfte, die über die Finanzkraft eines Instituts hinausgehen. Auch: Syndikate.

Bankenstimmrecht

Ein Aktionär kann das ihm zustehende Stimmrecht aus seinen Aktien auf einen anderen übertragen. Die meisten Aktionäre beauftragen mit der Stimmrechtsausübung die Bank, die ihre Wertpapiere verwahrt (Depotstimmrecht). Die Bank muß sich von dem Depotkunden dazu bevollmächtigen lassen und Weisungen für die Abstimmungen zu den einzelnen Tagesordnungspunkten der HV einholen. → Vollmachtstimmrecht → Stimmrechtsausübung durch Banken.

Bankgeheimnis

Banken bewahren grundsätzliches Stillschweigen gegenüber Dritten hinsichtlich aller geschäftlichen Dinge ihrer Kunden. Sie erteilen nur dann Auskünfte, wenn es im Interesse von Kunden liegt, der Kunde es erlaubt bzw. verlangt oder wenn es gesetzliche Vorschriften fordern, etwa in Strafverfahren und strafrechtlichen Ermittlungsverfahren gegenüber Richtern und Staatsanwälten. Ähnliches gilt für die Auskunftspflicht der Bank gegenüber den Finanzbehörden (→ Bankenerlaß). Diese besteht nach der AO im Besteuerungsverfahren, wenn etwa direkte Beziehungen des Finanzamts mit dem Steuerpflichtigen nicht zum Ziel führen, sowie in Steuerstrafverfahren. Weiter sind die Banken verpflichtet, beim Tod eines Kunden dem Finanzamt innerhalb eines Monats Nachricht über das in ihrem Gewahrsam befindliche Nachlaßvermögen zu geben. Nach dem → Gewinnaufspürungsgesetz sind die Banken verpflichtet, bei Finanztransaktionen einschließlich Einzahlungen auf Konten über 20000 DM die Identifikation des Kunden festzuhalten. Bonitätsfragen über Privatkunden dürfen Banken nur beantworten, wenn sie der Kunde dazu ermächtigt. Dagegen müssen Geschäftskunden von sich aus ihren Widerspruch gegen die Beantwortung von Bonitätsanfragen erklären.

Bankguthaben

Guthaben, vor allem Einlagen der Bankkunden bei Banken, als Sparguthaben und befristete Guthaben zur verzinslichen Geldanlage und Liquiditätsreserve, als Sichtguthaben für Zahlungsverkehrs- und andere laufende Transaktionszwecke.

Bankierbonifikation

→ Bonifikation.

Bankkonto

Die von einer Bank für ihren Kunden geführte Rechnung, über die die Eingänge und Ausgänge von Zahlungen zugunsten und zulasten des Kunden gebucht werden. Die Bank muß sich nach § 154 AO vor der Eröffnung eines Kontos Gewißheit über die Legitimation des künftigen Kontoinhabers verschaffen.

Bankobligation

→ Bankschuldverschreibungen → eigene Schuldverschreibungen.

Bankprovision

Für ihre Dienstleistungen verlangen Banken Provisionen: so für Kauf und Verkauf von Wertpapieren im Kundenauftrag, Kontoführung, Kreditgewährungen, Emissionen u. a. m. Nicht zu verwechseln mit Zinsen (Zinsen sind der Preis für Geldüberlassungen).

Bankschuldverschreibungen

Festverzinsliche Wertpapiere, die von Banken ausgegeben (emittiert) werden. Insbesondere versteht man darunter Pfandbriefe und Kommunalobligationen, Schuldverschreibungen von Sonderkreditinstituten, Kassenobligationen und sonstige Inhaberschuldverschreibungen. → eigene Schuldverschreibungen.

Bankschuldverschreibungen, sonstige

Neben Pfandbriefen, Kommunalobligationen usw. (Bankschuldverschreibungen) bieten zunehmend Sparkassen und Banken ihren Kunden diverse Schuldverschreibungen mit unterschiedlichen Ausstattungsmerkmalen an, z. B. Sparkassenobligationen und Sparbriefe. Erstere ist eine auf den Namen des Gläubigers ausgestellte nichtbörsenfähige Orderschuldverschreibung mit mittel- bis langfristiger Laufzeit. Nach 4 Jahren kann sie zurückgegeben werden. Verschiedene Ausstattungsformen werden angeboten (normal verzinslicher Typ mit halbjähriger oder jährlicher Zinszahlung, abgezinster Typ, bei dem Zinsen und Zinseszinsen für die Laufzeit beim Kauf vom Nennwert abgezogen und bei Tilgung zum Nennwert vergütet werden, aufgezinster Typ, bei dem die Zinsen dem Nennwert zugeschlagen und bei Fälligkeit ausbezahlt werden). Sparbriefe sind auf den Namen des Gläubigers ausgestellte Rektapapiere mit unterschiedlichen Laufzeiten. Vorzeitige Rückgabe ist nicht möglich. Es gibt solche mit laufender halbjähriger oder ganzjähriger Zinszahlung und einen abgezinsten Typ, neuerdings auch Nullcoupon-Anleihen (→ zerobonds).

Bankspesen

Von den Banken für viele Geschäfte dem Kunden in Rechnung gestellte, meist von ihnen für ihn verauslagte oder pauschaliert berechnete Beträge. Sind weder Zinsen noch Bankprovisionen. Werden aber i. w. S. oft als diese mitumfassend verstanden.

Bankvaloren

→ Valoren.

Bankverkehr

Im Wertpapiergeschäft, Devisenhandel: Handel von Bank zu Bank, mündlich (an der Börse), am Telefon, am Fernschreiber.

b-Ansprüche

Im Zusammenhang mit der Währungsreform 1948 (DM-Umstellung) und der Wertpapierbereinigung Ansprüche, die Bewohnern des Bundesgebietes und Berlins (West) zustanden. → a-Ansprüche.

Bapepam

Indonesische Kapitalmarktbehörde. Nach dem Muster der US-amerikanischen Securities and Exchange Commission (SEC) organisiert. → Jakarta Stock Exchange.

Barausschüttung

Bez. f. die Ausschüttung einer AG an die Aktionäre nach Abzug der KESt bzw. ohne Abzug, wenn diese Steuer von der AG getragen wird oder die KESt nach Ausstellung einer Freistellungsbescheinigung durch das Finanzamt entfällt. → Dividende → Aktie, Gesamtertrag.

Barcelonaer Börse

Colegio de Agentes de Cambio y Bolsa de Barcelona. Paseo de Isabel ii, 1, Barcelona 3, Spanien. Tel.: 3196200. Telex: 54131 bolsa-e. Telegrammadr: bolsabarna. Börsenbeginn 10.00 Uhr.

Bardividende

Entsprechend dem ausgeschütteten Gewinn nach Abzug der körperschaftsteuerlichen Ausschüttungsbelastung. Im Gegensatz dazu schließt die Bruttodividende den Anrechnungsanspruch (→ Körperschaftsteuer-Anrechnungsverfahren) mit ein und übersteigt damit die Bardividende um 42,86% (Bezugsgröße: Bardividende). → Aktie, Gesamtertrag.

Bareinlage

Im Gegensatz zur Sacheinlage Einbringung von Bargeld in eine Unternehmung, z. B. bei der Zeichnung von Aktien einer AG bei deren Gründung oder einer Grundkapitalerhöhung. → Bargründung.

Bareinschuß

→ Marge (2) → Marge (3) → margin.

bargain

Bez. der Londoner Börse für den einzelnen Abschluß.

Bargründung

Im Gegensatz zur Sachgründung Gründung einer Unternehmung unter Einbringung von Geldkapital, von Bareinlagen. Normalfall vor allem bei Gründung der AG.

Barliquidität

Kennziffer zur Messung der Liquidität. Verhältnis der liquiden Mittel zu den kurzfristigen Verbindlichkeiten.

Barposition

Bei Investmentfonds der Teil des Fondsvermögens, der (noch) nicht in Wertpapieren oder Immobilien investiert ist oder vertragsgemäß in bar zu unterhalten ist. Umfaßt liquide Mittel, Geldmarktpapiere, u. a. kurzfristige Forderungen (vor allem Termineinlagen bei Banken). I. d. R. liegt es im Ermessen des Fondsmanagements, die Barposition zu bestimmen. Sie wird je nach Börsenlage hoch oder niedrig sein. Open-end-Fonds müssen ständig eine Barreserve unterhalten, um ihre Verpflichtung zur Rücknahme von Anteilen erfüllen zu können.

Barrendite

→ Rendite.

Barrengold

→ Goldbarren → Gold als Kapitalanlage.

Barrenmünzen

→ bullion coins.

barrier-Option(sscheine)

→ knock-out-Option(sscheine)

Barter-Börse

Bez. für Tauschbörse. Die Forderung nach Gründung von Barter-Börsen entsteht häufig, wenn Importländer aufgrund eigener Devisenknappheit an Kompensationsgeschäften in Waren interessiert sind.

Barwert

Heutiger Wert eines oder mehrerer anfallender, in Zukunft fälliger Kapitalbeträge unter Berücksichtigung von Zinsen und Zinseszinsen. Wird errechnet durch Abzinsung jener Beträge. Formelmäßig ist der Barwert K_o eines künftigen Kapitalbetrages K_n

$$K_o = \frac{K_n}{(1 + \frac{p}{100})^n},$$ worin: p = Zinsfuß (p. a.),

n = Jahre der Laufzeit.

Handelt es sich um konstante künftige Jahresraten (Renten) r, deren Barwert R_o zu ermitteln ist, ergibt sich dieser als

$$R_o = r \cdot \frac{[(1 + \frac{p}{100})^n - 1]}{\frac{p}{100} \cdot (1 + \frac{p}{100})^n}$$

Der Barwert bringt gewissermaßen den Zeitwert des Geldes zum Ausdruck. Er hat große Bedeutung in der Ermittlung der Rentabilität von Kapitalanlagen, z. B. Obligationen und Aktien.

Barzeichnung

Einzahlung von Geldkapital auf das Obligationen- oder Aktienkapital, im Gegensatz zur Konversion oder zur Sacheinlage bei Aktien, wo andere Vermögenswerte, Immobilien, Patente, Forderungen usw. statt Barkapital in die Unternehmung eingebracht werden. → Bareinlage → Bargründung.

Basis (1)

Im Terminhandel: Unterschied zwischen Kassa- und Terminkontraktpreis.

Basis (2)

Prämienbasis im Termingeschäft in Form des Prämiengeschäfts. → Termingeschäfte.

Basisgesellschaft

→ Doppelbesteuerung.

basis hedge (hedging)

Absicherung einer Kassaposition durch einen bezüglich des Basisobjekts identischen Terminkontrakt mit somit (fast) gleicher Wertentwicklung. Bsp.: Bundesanleihen und Terminkontrakte auf Bundesanleihen. Hierdurch wird die Divergenz der Wertentwicklung von Kassaposition und Terminkontraktposition minimiert. Ggs.: cross hedge.

Basiskurs

→ Basispreis → Optionsgeschäft.

Basisobjekt

Bei Options- und Termingeschäften das Kassamarktinstrument, welches bei Ausübung oder Fälligkeit des Options- oder Termingeschäfts anzudienen oder zu erhalten ist. Aufgrund dieser Beziehung besteht eine hohe Korrelation der Wertentwicklung von Options- oder Termingeschäft und Kassamarktinstrument. Bei Optionen auf financial futures ist das Basisobjekt der entsprechende Terminkontrakt.

basis point

Am Euromarkt 1/100 eines Prozents.

Basispreis

Da der Käufer einer Kauf- oder Verkaufsoption das Recht hat, nach ausgeübter Option Wertpapiere zu erwerben oder zu liefern, muß bei Abschluß des Geschäftes außer dem Optionspreis auch der Basispreis vereinbart werden, zu dem die betreffenden Wertpapiere ggfs. bei Optionserfüllung abzurechnen sind.

Basispreise im Aktienoptionshandel an den Wertpapierbörsen

Optionsgeschäfte über Aktien, die nicht in den Optionshandel der Deutschen Terminbörse (DTB) einbezogen sind, können in Deutschland zu folgenden Basispreisen abgeschlossen werden: DM 2,50 oder ein Vielfaches davon bis einschl. DM 30; DM 35 oder ein höherer Betrag, der durch 5 teilbar sein muß, bis einschl. DM 100; DM 110 oder ein höherer durch 10 teilbarer Betrag bis DM 200 einschl.; DM 220 oder ein höherer durch 20 teilbarer Betrag bis einschl. DM 500; DM 550 oder ein höherer durch 50 teilbarer Betrag bis DM 1000 einschl.; DM 1100 oder ein höherer durch 100 teilbarer Betrag.

Basispreise im Aktienoptionshandel an der Deutschen Terminbörse (DTB)

Gemäß den Bedingungen für den Handel an der DTB können Optionsserien folgende Basispreise besitzen: DM 5 oder ein Vielfaches davon bis einschließlich DM 100; DM 110 oder ein höherer durch 10 teilbarer Betrag bis einschließlich DM 200; DM 220 oder ein höherer durch 20 teilbarer Betrag bis einschließlich DM 500; DM 550 oder ein höherer durch 50 teilbarer Betrag bis einschließlich DM 1000; DM 1100 oder ein höherer durch 100 teilbarer Betrag. Wird ein neuer Kontrakt eingeführt, stehen für jeden call und put für jede Fälligkeit drei Basispreise zur Verfügung. Dabei ist ein Basispreis im Geld (in the money), ein weiterer am Geld (at the money) sowie ein Basispreis aus dem Geld (out of the money). An der Deutschen Terminbörse (DTB) gelten folgende Bestimmungen für Veränderungen der Basispreise: Fallen Dividenden, Boni oder sonstige Barausschüttungen an, findet eine Berichtigung des Basispreises nicht statt. Werden Bezugsrechte gewährt, so ermäßigt sich bei Optionen auf Aktien der Basispreis für Optionen, die vor dem ersten Handelstag des Bezugsrechtes abgeschlossen worden sind, um einen Betrag, der dem Wert des Bezugsrechtes nach Maßgabe einer von der Terminbörse festgelegten Formel Rechnung trägt; entsprechend wird die dem Kontrakt zugrunde liegende Zahl der Aktien so erhöht, daß der ursprüngliche Kontraktwert erhalten bleibt. Bei Ausübung nimmt die Terminbörse einen Barausgleich für die Standardkontraktgröße, also grundsätzlich 50 Aktien, übersteigende Zahl der Aktien vor. Der Barausgleich bestimmt sich nach der Differenz zwischen dem ermäßigten Basispreis der Aktie und dem Schlußkurs an der Frankfurter Wertpapierbörse. Bei vinkulierten Namensaktien bestimmt sich der Barausgleich nach dem Durchschnitt der letzten drei über das elektronische Handelssystem der Frankfurter Wertpapierbörse bis Ende der Post-Trading-Periode am Ausübungstag veröffentlichten cum-Bezahlt-Preise. Sind seit Ende des Handels mit amtlicher Notierung an der Frankfurter Wertpapierbörse keine drei cum-Bezahlt-Preise über das elektronische Handelssystem der Frankfurter Wertpapierbörse veröffentlicht worden, ist der Schlußkurs an der Frankfurter Wertpapierbörse maßgebend. Die zum Bezug berechtigenden Ausweise sind mitzuliefern, wenn die Option vor dem ersten Handelstag des Bezugsrechts ausgeübt wird. Bei Kapitalerhöhungen aus Gesellschaftsmitteln erhöht sich die Zahl der dem Kontrakt zugrundeliegenden Aktien entsprechend dem Verhältnis ihrer Anteile am bisherigen Grundkapital. Der Basispreis verringert sich um einen Wert, der den ursprünglichen Kontraktwert unverändert läßt. Bei Ausübung nimmt die Terminbörse einen Barausgleich für den nicht ganzzahligen Teil der neuen Kontraktgröße vor; im übrigen sind gemäß der neuen Kontraktgröße Aktien und etwaige Teilrechte zu liefern. Das gilt auch für Stockdividenden, Aktiensplits und ähnliches. Bei Kapitalherabsetzungen bleibt der Basispreis sowie die Kontraktgröße der Optionen unverändert, wenn die Kapitalherabsetzung durch Herabsetzung des Nennbetrages der Aktien oder durch Zusammenlegung erfolgt. Bei einer Kapitalherabsetzung durch Einziehung von Aktien verringert sich die Zahl der dem Kontrakt zugrunde liegenden Aktien entsprechend dem Herabsetzungsverhältnis. Gleichzeitig erhöht sich der Basispreis um einen Wert, der den ursprünglichen Kontraktwert unverändert läßt. Bei Änderungen der Kontraktgröße und des Basispreises werden neue Serien eingeführt. Bei Kapitalveränderungen werden alle im Auftragsbuch vorhandenen Aufträge und Quotes in den betroffenen Optionsserien von der Terminbörse gelöscht. Die Terminbörse benachrichtigt alle Börsenteilnehmer von einer bevorstehenden Löschung.

Basispreise im Rentenoptionshandel

Abschlüsse sind nur zu Basispreisen in der Bezugsgröße von DM 2 bzw. 2 Prozentpunkten oder einem Vielfachen davon möglich. Der Basispreis lautet folglich stets über einen geraden DM-Betrag im Sprung von DM 2 bzw. über einen geraden Prozentbetrag im Abstand von jeweils 2 Prozentpunkten.

Basispreis, Limitherabsetzung

Fallen vor Abschluß des Optionsgeschäftes bei inländischen Werten Dividenden oder sonstige Barausschüttungen an, ermäßigt sich das Limit für den Basispreis um den Betrag der Bruttoausschüttung.

Basispunkt

→ basis point.

Basis-Risiko

Möglichkeit der Veränderung der → Basis (1) – definiert als Preisdifferenz zwischen Kassatitel und futures-Kontrakt – im Verlauf einer Absicherungsstrategie, d. h. zwischen Öffnen und Schließen der Kontraktposition. Eine möglichst konstante Basis ist Hauptbedingung einer effizienten Absicherung. Zu berücksichtigen ist jedoch die „natürliche" Basisveränderung durch die Reduktion der cost of carry.

Basistrend

Grundlegende langfristigste, säkulare Entwicklungsrichtung eines oder mehrerer Aktienkurse, wenn man diese über einen Mehrjahreszeitraum verfolgt. Wird von 3 zyklischen Kursbewegungen überlagert, die jeweils eine Kursbewegung unterschiedlicher Fristigkeit repräsentieren. Der langfristig um den Basistrend schwankende Zyklus wird Primärtrend genannt; es folgen der Sekundär- und der Tertiärtrend. → technische Aktienanalyse.

Basiswert

→ Basisobjekt.

Basler Börse

Börsenkammer des Kantons Basel Stadt. Freie Str. 3, 4001 Basel, Schweiz. Tel.: 061-25 10 06. Telex: 62 524 biag.

Bau-basket warrant

Optionsschein zum Bezug eines Korbes von Aktien deutscher Unternehmen der Bau- und Bauzulieferindustrie.

Baudarlehen, steuerlich

Beiträge an Bausparkassen zur Erlangung von Baudarlehen rechnen zu den beschränkt abzugsfähigen Sonderausgaben. Nur noch 50% der eingezahlten Bausparbeiträge werden berücksichtigt. Bei Alleinstehenden/Zusammenveranlagten wirken sich maximal 2340/4680 DM steuerlich aus. Höhere Leistungen werden zur Hälfte, höchstens aber zu 50% dieser Höchstbeträge berücksichtigt. Ein Arbeitnehmer kann wahlweise statt Sonderausgabenabzug Wohnungsbauprämien für seine Bausparkassenbeiträge beantragen.

Bauherrenmodell

Für private Immobilieninvestitionen, die für den Bauherrn keine konzeptionellen, betreuenden oder verwaltenden Arbeiten erfordern. Eine Baubetreuungsunternehmung bereitet das Bauprojekt vor und gewinnt die notwendigen Kapitalanlage- bzw. Bauinteressenten als „Bauherren". Charakteristisch ist, daß der Kapitalanleger – anders als beim konventionellen Kauf, bei dem er eine Immobilie zum Pauschalpreis erwirbt – beim Bauherrenmodell als Bauherr auftritt. Dies bedeutet, daß er bestimmte Baunebenkosten als sofort abzugsfähige Werbungskosten geltend machen kann, d. h., beim Bauherrenmodell werden die sonst in den Gesamtkosten enthaltenen Werbungskosten wie Schuldzinsen, Zwischenfinanzierungszinsen, Disagio, Bearbeitungs- und Auszahlungsgebühren, Gebühren für die Vermittlung und Bearbeitung der Zwischen- und Endfinanzierung, Treuhandgebühren usw. gesondert ausgewiesen. Bei nur geringem Eigenkapitaleinsatz und hoher Fremdfinanzierung entstehen steuerliche Verlustzuweisungen. Die steuerliche Anerkennung von Verlustzuweisungen an die Gesellschafter erfolgt jedoch nur in den Fällen, in denen die Gesellschaft nach einer Betriebsvermögensvermehrung strebt. Rechtliche und steuerliche Grundlage ist die Anerkennung der Bauherreneigenschaft. Bauherr ist nach dem Bauherrenerlaß, wer auf eigene Rechnung und Gefahr ein Gebäude errichtet oder errichten läßt und das Baugeschehen beherrscht.
Damit die Bauherrengemeinschaft auch steuerlich anerkannt wird, müssen vom Bauherrn die üblichen Risiken getragen werden (Bau-, Vertrags-, Finanzierungs- und Kostenrisiken). Außerdem müssen rechtlich Planung und Ausführung tatsächlich in seiner Hand liegen. Nicht als Bauherr gelten Anleger, die sich aufgrund eines von Projektanbietern vorformulierten Vertragswerks beteiligen und die sich bei den damit zusammenhängenden Rechtsgeschäften durch Dritte umfassend vertreten lassen. Sie gelten im Sinne des neuen Bauherren-Erlasses als Erwerber eines bebauten und ggf. modernisierten oder sanierten Grundstücks. Für Erwerber wurde die sofortige Abzugsfähigkeit von Werbungskosten erheblich eingeschränkt. Bauherrenmodelle sind abhängig hinsichtlich des Erfolges der Anlage von der Wahl der Partner, der einkommensteuerlichen Anerkennung der Bauherrengemeinschaft, den Werbungskosten und der Grunderwerbsteuerbefreiung. → Erwerbermodell → Bauträgermodell.

Bauland

Der Erwerb von Bauland gilt in Zeiten starker Bautätigkeit als beliebte Form der Kapitalanlage. Veräußerungsgewinne können nach 2 Jahren einkommensteuerfrei vereinnahmt werden. → Immobilien als Kapitalanlage.

Baumwollbörsen
Warenbörsen für den Handel von Rohbaumwolle in bestimmten Standards. Wichtigste Börsen: in New York, New Orleans, Liverpool, Alexandria.

Baumwollterminbörsen
→ Baumwollbörsen. Eine solche besteht auch in Bremen.

Bausparen
Vertraglich fixiertes Zwecksparen (kontraktgebundenes Sparen): Die Sparer sammeln ihre Spargelder in einem Fonds an (Kollektivsparen) und haben dadurch das Recht, nach bestimmter Ansparzeit neben ihrem Sparkapital ein zweitrangig gesichertes Hypothekendarlehen ohne Zinsänderungsrisiko unter anderem zur Finanzierung von Wohnungsbaumaßnahmen zu beanspruchen (für Neubauten, Wiederaufbauten, bauliche Veränderungen, Kauf, Instandsetzung, Entschuldung von Wohnhäusern, Baukostenzuschuß, Eigentumswohnungen, Erwerb von Anteilsrechten an Immobilienfonds, Kauf eines Bauplatzes u. dgl.). Durch den Vertragsabschluß verpflichten sich die Sparer zu planmäßigen Spar- und (nach Erhalt des Darlehens) Tilgungsleistungen, die Bausparkassen zur Darlehensgewährung. Nach Mindestansparzeit von 18 Monaten und Vorliegen der Mindestansparsumme von i. d. R. 50% der Vertragssumme kann Zuteilung erfolgen. Da i. d. R. jedoch nicht alle Verträge, die die Mindestvoraussetzungen erfüllt haben, zugeteilt werden können, wird die Reihenfolge der Zuteilungen durch Leistungszahlen festgelegt, die die „Liegezeit" der Sparleistungen berücksichtigen. Durch Vor- und Zwischenfinanzierung kann das Bauvorhaben evtl. schon vor der Zuteilung des Bausparvertrages verwirklicht werden. Diese als auch weitere Finanzierungsarten werden bei Zuteilung des Bausparvertrages abgelöst. Nach Zuteilung kann über das angesparte Kapital sofort verfügt werden, über das Darlehen erst nach Sicherheitenstellung. Das Darlehen hat eine Laufzeit von ca. 10 Jahren; in Einzelfällen können längere Tilgungsvereinbarungen getroffen werden. Der Bausparer kann jederzeit die Spartätigkeit beenden oder den Vertrag kündigen; jedoch können gewährte Steuervergünstigungen bei vorzeitiger Verfügung entfallen. Das Darlehen beträgt i. d. R. 50% der Vertragssumme (Bausparsumme). Die höchste Beleihungsgrenze für Bausparmittel beträgt 80% des Wertes des bebauten Grundstücks. Bausparkassen verzinsen die Spareinlagen meist nur mit 2,5–3%; für die Darlehen werden meist 4,5–5% berechnet. Diese Zinssätze bleiben unverändert und unabhängig von Schwankungen am Markt. In begrenztem Umfang erfolgt noch eine staatliche Förderung des Bausparens. → Vermögensbildungsgesetz (936-DM-Gesetz).

Bausparkassen
Zwecksparunternehmen, die das Bausparen und die Gewährung von Baudarlehen betreiben. In der BR Deutschland existieren öffentlich-rechtliche Landesbausparkassen, die den Sparkassen und Landesbanken angegliedert sind, sowie private Bausparkassen. Bausparkassen unterliegen der Aufsicht durch das BAK nach dem KWG und dem Bausparkassengesetz.

Bausparkassenbeiträge, steuerlich
Beiträge an Bausparkassen zur Erlangung von Baudarlehen gehören zu den als Sonderausgaben berücksichtigungsfähigen Vorsorgeaufwendungen. Beiträge zur Erlangung von Baudarlehen sind nur solche, die aufgrund eines Bausparvertrages geleistet werden, bei dem der Abschluß auf eine bestimmte Summe gerichtet ist und der Bausparer sich zu bestimmten Einzahlungen verpflichtet. Voraussetzung für den Abzug von Bausparkassenbeiträgen als Sonderausgaben ist, daß sie weder unmittelbar noch mittelbar in wirtschaftlichem Zusammenhang mit der Aufnahme eines Kredites stehen. Weitere Voraussetzung ist, daß für andere Aufwendungen eine Wohnungsbauprämie nicht beantragt worden ist (Kumulierungsverbot). Seit 1990 können Beiträge an Bausparkassen nur noch zu 50% als Sonderausgaben geltend gemacht werden. Weiter ist Voraussetzung für den Abzug als Sonderausgaben, daß vor 10 Jahren seit Vertragsabschluß (Sperrfrist) die Bausparsumme weder ganz noch teilweise ausgezahlt wird, geleistete Beiträge weder ganz noch z. T. zurückgezahlt und Ansprüche aus dem Bausparvertrag weder ganz noch z. T. abgetreten oder beliehen werden. Bausparer verwenden die durch vorzeitige Beleihung ihrer Bausparverträge erlangten Mittel oft teilweise zur Einzahlung auf den Bausparvertrag (Auffüllungskredit), um die beschleunigte Bereitstellung der Bausparsumme zu erreichen, teilweise zum Wohnungsbau (Zwischenkredit). Zur Sicherstellung der Kredite tritt der Bausparer dabei seine Rechte aus dem Bausparvertrag ab. Diese Abtretung steht wirtschaftlich der Beleihung gleich. Der-

artige vorzeitige Beleihung ist nur dann prämien- und steuerunschädlich, wenn der Bausparer die erhaltenen Beträge unverzüglich und unmittelbar zum Wohnungsbau verwendet. Vorzeitige Verfügung über die Bausparsumme ist ferner prämien- und steuerunschädlich, wenn der Steuerpflichtige nach Vertragsabschluß gestorben, völlig erwerbsunfähig oder mind. 1 Jahr lang ununterbrochen arbeitslos ist oder wenn sein Ehegatte nach Vertragsabschluß stirbt oder völlig erwerbsunfähig wird.

Bausparversicherung

Form der Risikolebensversicherung mit fallender Versicherungssumme. Die Zuteilung eines Baudarlehens machen die Bausparkassen i. d. R. vom Abschluß einer solchen Versicherung abhängig. Im Falle vorzeitigen Todes des Baudarlehensschuldners wird das restliche Darlehen mit der fällig gewordenen Versicherungssumme getilgt.

Bauträgermodell

Als steuersparende Kapitalanlagevariante konzipierte Kombination der Steuervorteile des Bauherrenmodells mit dem Grundtyp des Handelsobjekts am Immobilienmarkt, dem Kauf einer fertiggestellten Wohnung (Eigentumswohnung). → Bauherrenmodell → Erwerbermodell.

Bauzinsen

→ Aktienzinsen.

Bayer-Formel

Finanzwirtschaftliche Kennziffer, die u. a. bei Beurteilung der Deckungsstockfähigkeit von Anleihen und damit der Kreditwürdigkeit des Emissionsunternehmens durch die Versicherungswirtschaft benutzt wird. Wird als Ausdruck der Verschuldungskapazität angesehen, da sie das Verhältnis zwischen Gesamtverschuldung und cash-flow angibt. Hinter dieser Ziffer steht die Vorstellung, daß es der Unternehmung bei konstanten Bedingungen in einem Zeitraum von x Jahren möglich sein müßte, die Verschuldung aus eigener Kraft abzubauen.

Bayerische Börse zu München

Lenbachplatz 2a, 80333 München. Tel.: 089/5990-0. Telefax: 599032. Telex: 523515. Börsenzeit: 10.30–13.30 Uhr.

bB

Abk. f. bezahlt und Brief; das Angebot überwog die Nachfrage, so daß nur ein Teil der Verkaufsaufträge ausgeführt – darunter alle Bestens-Orders – werden konnte. → Kurszusätze.

BBF

Abk. f. Bolsa Brasileira de Futuros.

bBr, bezBr, bzBr

Frühere Abk. f. bezahlt Brief rationiert bzw. repartiert (beschränkte Abnahme); heute: → rat B. Das Angebot überstieg die Nachfrage erheblich, so daß nur ein geringer Teil der Verkaufsaufträge – meist auch der unlimitierten – ausgeführt werden konnte. → Kurszusätze.

beachtet, Beachtung

Tendenzbezeichnung für größeres Kaufinteresse an der Börse für bestimmte Wertpapiere.

bear, bearish

Ein insbesondere an der New Yorker und Londoner Börse gebräuchlicher Ausdruck für einen Anleger, der von einer Abschwächung der Kurse auf breiter Front überzeugt ist. Demgemäß qualifiziert man ihn als bearish bzw. den ganzen Markt als bear market.

bear call spread

Baisse-spread mit Kaufoptionen. Die Bildung erfolgt über Kauf einer billigeren Kaufoption mit höherem Basispreis und gleichzeitigem Verkauf einer teureren Kaufoption mit niedrigerem Ausübungspreis. Bear call spreads können über die Deutsche Terminbörse (DTB) abgewickelt werden. → Strategien mit Optionen.

bearer

Inhaber eines Wertpapiers.

bearer participation certificates

Form stimmrechtsloser Vorzugsaktien.

bearer shares

Angelsächsische Bez. f. Inhaberaktien.

bear market

Bez. an den US-Börsen für fallende Kurstendenz. → bear, bearish.

bear put spread

Baisse-spread mit Verkaufsoptionen. Dabei wird eine teurere Verkaufsoption mit höherem Basispreis gekauft und eine billigere Verkaufsoption mit niedrigerem Basispreis verkauft. Die Deutsche Terminbörse (DTB) bietet den Aufbau dieser Kombination an. → Strategien mit Optionen.

bear trap
Bez. f. den Fall, daß die technische Aktienanalyse für den sich ihrer bedienenden Baissier versagt, ihm eine „Falle" stellt.

bear warrant
Optionsschein, der dem Anleger dann einen Gewinn ermöglicht, wenn ein Aktienindex – z. B. der Deutsche Aktienindex DAX – den vorab fixierten Basispreis unterschreitet. Der Inhaber erhält dann einen prozentualen Anteil an der Differenz zwischen dem Basispreis und dem Index-Stand am Ausübungstag. Eignet sich für Anleger, die auf ein fallendes Kursniveau spekulieren oder ein Aktieninvestment dagegen absichern wollen.

BECS
Abk. f. bearer Eurodollar collateralised securities.

Bedienung
Allgemein die pünktliche Zinszahlung sowie bei Fälligkeit die Rückzahlung (Tilgung) an die Gläubiger von Forderungen.

Bedienung von Aktien
Bez. f. die Ausschüttung von Gewinnen (Dividenden) auf Aktien.

Bedienung von Anleihen
→ Anleihedienst.

Bedienung von Wertpapieren
Erfüllung der Verpflichtungen, die bei der Ausgabe von Wertpapieren vom Schuldner (bzw. zusätzlich von anderer Seite) übliche Einlösung der Zinsscheine, planmäßige Durchführung der Tilgung usw. → Anleihedienst.

bedingte Kapitalerhöhung
Die HV der AG kann eine Erhöhung des Grundkapitals beschließen, die nur insoweit effektiv werden soll, wie von einem Umtausch- oder Bezugsrecht Gebrauch gemacht wird, das die AG auf neue Aktien aus der Emission von Wandel- oder Optionsanleihen einräumt. Der Nennbetrag des bedingten Kapitals darf die Hälfte des Grundkapitals, das z. Z. der Beschlußfassung über die bedingte Kapitalerhöhung vorhanden ist, nicht übersteigen. Sie soll nur zur Gewährung von Umtausch- oder Bezugsrechten an Gläubiger der angeführten Schuldverschreibungen, zur Vorbereitung des Zusammenschlusses mehrerer Unternehmen oder zur Gewährung von Bezugsrechten an die Arbeitnehmer beschlossen werden, die neue Aktien unter Verrechnung ihrer Geldforderung aus einer ihnen von der AG gewährten Gewinnbeteiligung beziehen. Der Beschluß über die bedingte Kapitalerhöhung bedarf einer Mehrheit von mind. ¾ des vertretenen Grundkapitals. Ein Beschluß der HV, der dem Beschluß über die bedingte Kapitalerhöhung entgegensteht, ist nichtig. Die Vorschriften über das Bezugsrecht gelten sinngemäß für das Umtauschrecht.

bedingtes Kapital
Aus der bedingten Kapitalerhöhung resultierendes (potentielles) (Aktien-)Kapital.

befristete Einlagen
→ Festgelder, feste Gelder → Kündigungsgelder → Termineinlage.

Begebung
→ Emission.

Begebungskonsortium
Aufgabe: Wertpapiere für Rechnung eines anderen, i. d. R. des Emittenten, in Umlauf zu bringen. Dabei gehen die das Konsortium bildenden Banken – im Gegensatz zum Übernahmekonsortium – kein Risiko ein. Tritt das Konsortium als Kommissionär auf, vertreiben sie die Effekten im eigenen Namen und stellen dem Emittenten einen Emissionskredit zur Verfügung. Bei der einfachsten Form des Begebungskonsortiums werden die Papiere nicht nur für Rechnung, sondern auch im Namen des Emittenten veräußert, d. h., das Konsortium tritt nur als Vermittler oder Makler auf. Bei dieser Form liegt im Grunde eine Fremdemission nicht mehr vor. Die heute übliche Form eines Konsortiums ist das kombinierte Übernahme- und Begebungskonsortium. → Bankenkonsortium.

Begebung von Wertpapieren
→ Emission von Aktien → Emission von Schuldverschreibungen → Emission von Wandel- und Optionsanleihen.

behaupten, behauptet
Tendenzbezeichnung für unveränderte oder kaum veränderte Kurse an der Börse; gibt der Kurs eines bestimmten Wertpapiers trotz Verkaufsaufträgen nicht wesentlich nach, hat er sich behauptet.

Beherrschungsvertrag
Unternehmensverträge sind Verträge, durch die eine AG die Leitung ihrer Unternehmung einer anderen Unternehmung unterstellt (Beherrschungsvertrag) oder sich verpflichtet, ihren ganzen Gewinn an eine andere Unternehmung abzuführen (Gewinnabführungsvertrag). Als Vertrag über die Abführung des ganzen Gewinns

gilt auch ein Vertrag, durch den eine AG es übernimmt, ihre Unternehmung für Rechnung einer anderen Unternehmung zu führen. Stellen sich Unternehmen, die voneinander nicht abhängig sind, durch Vertrag unter einheitliche Leitung, ohne daß dadurch eines von ihnen von einer anderen abhängig wird, ist dieser Vertrag kein Beherrschungsvertrag.

Beilage zum amtlichen Kursblatt

Enthält bei einigen Börsen die Kurse, die im Freiverkehr sowie für sonstige unnotierte Werte ermittelt werden.

beim Kurs dabei sein

Hat ein Börsenhändler einen Kurs zu regulieren oder einen Auftrag auszuführen, läßt er sich vom Kursmakler über die Marktlage unterrichten, bevor dieser die Kursberechnung abschließt.

Beiräte

Bestehen neben dem Aufsichtsrat bei einigen AG, besonders bei Banken, als Verbindung mit Vertretern der Wirtschaft. Mitglieder sind meist führende Personen aus der übrigen Wirtschaft. Ein Beirat besteht bei jeder LZB zur Sicherstellung ihrer regionalen Wirtschaftsnähe.

Beitragsangleichungsklauseln

Auch: Prämienangleichungsklauseln. Da Versicherungsverträge meist über mehrere Jahre abgeschlossen werden und zusätzliche Verlängerungsklauseln enthalten, muß der Versicherer steigende Kosten über Beitragsangleichungen während der Laufzeit der Verträge ausgleichen.

beitragsfreie Lebensversicherung

Fälschliche Bezeichnung für Fälle, in denen Lebensversicherungen wegen besonderer Umstände in Zukunft beitragsfrei weiterlaufen.

Beitragsrückerstattung

Auch: Beitragsrückgewähr, Prämienrückerstattung, -rückgewähr. Nach Ablauf einer Versicherungsperiode erstattet die Versicherungsunternehmung Teile des Beitrags an die Versicherungsnehmer zurück, wenn bestimmte Voraussetzungen gegeben sind: bei Gewinnbeteiligung, wenn Gewinn erwirtschaftet wurde und ausgeschüttet werden soll.

Bekanntgabe der Besteuerungsgrundlagen bei ausländischen Investmentanteilen

Voraussetzung der Besteuerung der Erträge aus ausländischen Investmentanteilen nach dem Auslandsinvestmentgesetz (→ Besteuerung der Erträge öffentlich vertriebener und börsengehandelter ausländischer Investmentanteile) ist u. a., daß den Inhabern der ausländischen Investmentanteile bestimmte Angaben wegen der Besteuerung mitgeteilt werden. Die ausländische Investmentgesellschaft hat den Inhabern bei jeder Ausschüttung, bei ausschüttungsgleichen Erträgen spätestens 3 Monate nach Ablauf des Geschäftsjahrs, in dem sie als zugeflossen gelten, bezogen auf einen Investmentanteil in deutscher Sprache bekanntzumachen: (1) den Betrag der Ausschüttungen und der ausschüttungsgleichen Erträge; (2) die in der Ausschüttung enthaltenen Beträge an (a) Veräußerungsgewinnen i. S. d. Auslandsinvestmentgesetzes, (b) Erträge i. S. d. Auslandsinvestmentgesetzes, soweit die Erträge nicht Kapitalerträge i. S. d. EStG sind, (c) Veräußerungsgewinne i. S. d. Auslandsinvestmentgesetzes, es sei denn, daß es sich um Veräußerungsgeschäfte handelt, bei denen der Zeitraum zwischen Anschaffung und Veräußerung nicht mehr als 2 Jahre betragen hat.

Bekanntmachung der Tagesordnung der Hauptversammlung der AG

Die Tagesordnung der HV der AG ist bei der Einberufung in den Gesellschaftsblättern bekanntzumachen. Hat die Minderheit nach der Einberufung der HV die Bekanntmachung von Gegenständen zur Beschlußfassung der HV verlangt, genügt es, wenn diese Gegenstände innerhalb 10 Tagen nach der Einberufung der HV bekanntgemacht werden. Steht die Wahl von Aufsichtsratsmitgliedern auf der Tagesordnung, ist in der Bekanntmachung anzugeben, nach welchen gesetzlichen Vorschriften sich der Aufsichtsrat zusammensetzt, und ob die HV an Wahlvorschläge gebunden ist. Soll die HV über eine Satzungsänderung oder über einen Vertrag beschließen, der nur mit ihrer Zustimmung wirksam wird, ist auch der Wortlaut der vorgeschlagenen Satzungsänderung oder der wesentliche Inhalt des Vertrags bekanntzumachen. Zu jedem Gegenstand der Tagesordnung, über den die HV beschließen soll, haben Vorstand und Aufsichtsrat, zur Wahl von Aufsichtsratsmitgliedern und Prüfern nur der Aufsichtsrat, in der Bekanntmachung der Tagesordnung Vorschläge zur Beschlußfassung zu machen. Dies gilt nicht, wenn die HV bei der Wahl von Aufsichtsratsmitgliedern nach dem MitbestG an Wahlvorschläge gebunden ist, oder wenn der Gegenstand der Beschlußfassung auf Verlangen einer Minderheit auf die Tagesordnung gesetzt worden ist. Über Gegenstände der Tagesordnung, die nicht ordnungsgemäß bekanntgemacht sind, dürfen keine Beschlüsse gefaßt werden. Zur Beschlußfassung über den in der HV gestellten Antrag auf Einberufung einer HV zu Anträgen, die zu Gegenständen der Tagesordnung gestellt werden, und zu Verhandlungen ohne Beschlußfassung bedarf es keiner Bekanntmachung. → Einberufung der Hauptversammlung der AG.

Bekanntmachungen der AG

Bestimmt das AktG oder die Satzung, daß eine Bekanntmachung der AG in den Gesellschaftsblättern erfolgen soll, ist sie in den Bundesanzeiger einzurücken. Daneben kann die Satzung andere Blätter als Gesellschaftsblätter bezeichnen.

Bekanntmachungen der Börse

Werden im amtlichen Kursblatt und durch Aushang im Börsensaal veröffentlicht, Zulassungsanträge außerdem in mindestens einem Börsenpflichtblatt und im Bundesanzeiger.

belebt, Belebung

Tendenzbezeichnung für erneut auftretende Umsatztätigkeit an der Börse, meist nach Tagen ruhigen Geschäftsverlaufs.

Belegschaftsaktien

Im Interesse individueller, unmittelbarer Beteiligung von Arbeitnehmern am wirtschaftlichen Erfolg, aber auch am unternehmerischen Risiko ihrer Unternehmung, bieten im Rahmen der Vermögensbildungspolitik Unternehmen den Mitarbeitern Anteile, bei der AG Aktien der Unternehmung zu Vorzugskursen an, die z. T. erheblich unter dem Börsenkurs liegen. Oft haben die Erwerber eine Sperrfrist einzuhalten: Innerhalb dieser dürfen die Aktien nicht veräußert werden. Die Aktien stammen entweder aus Verwertungsbeständen aus Kapitalerhöhungen oder werden an der Börse gekauft.

Belegschaftsaktien, Anrechnungsverfahren

→ Anrechnungsverfahren bei Belegschaftsaktionären.

Belegschaftsaktien, steuerlich

Für Belegschaftsaktien ist Begünstigung bei Einkommen- und Lohnsteuer für den Fall vorgesehen, daß die AG ihren Arbeitnehmern eigene Aktien zum Vorzugskurs überläßt. Der Vorteil ist steuerfrei, soweit er nicht höher als der halbe Wert der Vermögensbeteiligung ist und insgesamt 500 DM nicht übersteigt. Voraussetzung hierfür ist u. a., daß die Vermögensbeteiligung innerhalb einer Sperrfrist von 6 Jahren nicht verkauft wird. Diese Belegschaftsaktien sind vermögensteuerlich mit vollem Kurswert anzusetzen. Es ist weder im Hinblick auf den Vorzugskurs noch auf die Sperrfrist ein Abschlag zulässig. Dasselbe gilt auch für Aktien, die im Rahmen des Vermögensbildungsgesetzes festgelegt sind und innerhalb einer Sperrfrist nicht ohne rückwirkenden Verlust der steuerlichen Vorteile verkauft werden dürfen.

Beleihung

Vermögenswerte können i. a. als Sicherheit für ein Darlehen beliehen werden. Die Höhe der Beleihung hängt ab vom Beleihungswert des Sicherungsgutes sowie der Beleihungsgrenze.

Beleihungsgrenze

Wert, bis zu dem ein Sicherungsgut beliehen wird. Richtet sich nach dessen Beleihungswert und dem voraussichtlichen Verwertungserlös bei Insolvenz. Die Beleihungsgrenze für Spar- und Bausparguthaben liegt bei 100% und damit höher als bei sonstigen Forderungen und beweglichen Sachen. Aktien werden meist nicht höher als 50–60% des Kurswertes, Anleihen als 75–80% des Kurs- oder Nennwertes beliehen. Die Beleihungsgrenze von Grundstücken liegt beim erststelligen Realkredit zwischen 50 und 60%, bei zweitstelligen Baudarlehen bis 80% des Beleihungswertes. Das Hypothekenbankgesetz schreibt eine Beleihungsgrenze von 60% des Beleihungswertes vor, der den Verkaufswert nicht übersteigen darf und dem der sorgfältig ermittelte Ertragswert sowie der Sachwert zugrunde liegen.

Beleihungswert

Wert bei einem Sicherungsgut, der bei objektiver Betrachtung beizulegen ist. Richtet sich nach dem auf Dauer zu erzielenden Veräußerungserlös. Im langfristigen Bereich werden Hilfswerte verwendet: Ertragswert, Bau- und Bodenwert, Verkehrs-, Versicherungs-, Einheitswert. Oft wird ein Mittelwert zwischen Ertrags- und Sachwert festgesetzt. Bei Festsetzung sind alle für die Bewertung wesentlichen Umstände zu berücksichtigen, vor allem eine evtl. notwendige spätere Verwertung.

BELFOX

Abk. f. Belgian Futures and Options Exchange.

Belgian Futures and Options Exchange (BELFOX)

Palais de la Bource, Rue Henri Maus Straat 2, B-1000 Bruxelles, Tel. 00322512.8040, Telefax: 5238342. 1991 gegründet. Gehandelt werden unter anderem Terminkontrakte auf belgische Staatsanleihen (BGB), Aktienoptionen sowie Terminkontrakte auf den Brüsseler Dreimonats-Interbankensatz (BIB). Handelszeiten: Vorhandel: 8.25 – 8.30 Uhr (BGB und BIB), 9.00 – 10.15 Uhr (Aktienoptionen); Eröffnung und Handel: 8.30 – 15.00 Uhr (BGB), 8.30 – 16.30 Uhr (BIB) und 10.15 – 16.00 Uhr (Aktienoptionen).

bellwether bond

Leitemission, die allgemeine Marktlage widerspiegelnd.

benchmark

Neutraler Bezugspunkt zur Beurteilung des Anlageerfolgs eines Spezialfonds- oder Vermögensverwalters; wird i. d. R. bei der Beauftragung des Verwalters, entsprechend den Anlagezielen des Kunden, festgesetzt. Die benchmark definiert ein Vergleichs- bzw. Referenzportfolio, anhand dessen die Performance des tatsächlichen Portfolios bewertet werden kann. Dies ist insbesondere dann von Bedeutung, wenn im tatsächlichen Portfolio von der Struktur des Referenzportfolios bewußt abgewichen wird, um ein im Vergleich zur benchmark-Performance besseres Ergebnis zu erzielen. Benchmarking verdichtet die Anlageziele des Anlegers auf zwei Dimensionen: Es ist Ausdruck seiner Renditeerwartung und seiner Risikopräferenz.

Beraterregeln

→ Händler- und Beraterregeln.

Bereinigungsdivisor, -faktor

→ Bereinigung von Aktienkursen und Ergebnissen pro Aktie.

Bereinigung von Aktienkursen und Ergebnissen pro Aktie

Für Vergleiche von Aktienkursen in verschiedenen Zeitpunkten ist es u. U. erforderlich, sie zu bereinigen, vor allem beim Abschlag eines Bezugsrechts (→ Bezugsrechtsabschlag). Die Bereinigung der Kurse soll ihre Vergleichbarkeit wiederherstellen, indem die angefallenen Bezugsrechte, die der Kompensation des Substanzverlustes der alten Aktien dienen, rechnerisch ausgeschaltet werden. Beim progressiven Bereinigungsverfahren nimmt man einen zurückliegenden Zeitpunkt als Ausgangspunkt an und korrigiert von da an alle späteren Kurse. Diese Methode hat jedoch Schwächen. Daher empfiehlt sich die retrograde Methode. Dabei geht man von einem beliebigen Tag nach dem letzten Kursabschlag aus – etwa dem Tageskurs –, ist also bei der Wahl des Stichtages frei. Stets ergeben sich für die Jahre vorher die gleichen korrigierten Kurse. Vor allem ist vorteilhaft, daß die Kurse nach dem letzten Abschlag stets die echten Börsennotierungen sind. Allerdings ist erforderlich, nach jedem neuen Abschlag sämtliche zurückliegenden Kurse neu zu bereinigen. Der retrograde Bereinigungsfaktor, also die Zahl, mit der der zu bereinigende Börsenkurs multipliziert wird, ergibt sich als: s. Tabelle auf S. 100.

Sollen Kurse von Zeiträumen verglichen werden, innerhalb derer mehrere Kapitalerhöhungen vorgenommen worden sind, kann man den für die 1. Kapitalerhöhung bereinigten Kurs mit dem Bereinigungsfaktor für die 2. Kapitalerhöhung abermals bereinigen usw. Einfacher ist es aber, zunächst die einzelnen Bereinigungsfaktoren für jede Kapitalerhöhung zu ermitteln, diese zu multiplizieren und mit dem sich ergebenden Produkt den (die) zu beurteilenden Kurs(e) zu multiplizieren. Bereinigungsfaktoren müssen auch verwendet werden, wenn man die für eine Anzahl von Jahren ermittelten Ergebnisse pro Aktie auf einen gleichbleibenden Kapitalanteil, d. h. auf eine Aktie mit konstant bleibender Substanz beziehen will. Erst nach einer solchen Bereinigung wird es möglich, eine zutreffende Beurteilung über die Entwicklung von Pro-Aktie-Größen abzugeben.

bergrechtliche Gewerkschaft

Früher gebräuchliche Rechtsform für Bergbauunternehmen u. ä. Soweit diese Kapitalgesellschaften nicht liquidiert wurden, fand in den letzten Jahrzehnten Umwandlung sämtlicher noch bestehender Gesellschaften dieser Rechtsform in AG statt.

Berichte des Vorstandes an den Aufsichtsrat bei der AG

Der Vorstand hat dem Aufsichtsrat regelmäßig Bericht zu geben über die beabsichtigte Geschäftspolitik, Rentabilität der AG, Gang der Geschäfte, Geschäfte von

Bereinigung von Aktienkursen:

$$\text{Bereinigungsfaktor} = 1 - \frac{\text{Kurs der alten Aktien vor dem Bezugsrechtsabschlag} - \text{Emissionskurs der jungen Aktien}}{\text{Kurs der alten Aktien vor dem Bezugsrechtsabschlag} \times \text{Bezugsverhältnis} + \text{Kurs der alten Aktien vor dem Bezugsrechtsabschlag}}$$

Statt des Bereinigungsfaktors kann man auch einen Bereinigungsdivisor verwenden, durch den der zu beurteilende Kurs dividiert wird:

$$\text{Bereinigungsdivisor} = 1 + \frac{\text{Kurs der alten Aktien vor dem Bezugsrechtsabschlag} - \text{Emissionskurs der jungen Aktien}}{\text{Kurs der alten Aktien vor dem Bezugsrechtsabschlag} \times \text{Bezugsverhältnis} + \text{Emissionskurs der jungen Aktien}}$$

Bei der Kapitalerhöhung aus Gesellschaftsmitteln vereinfacht sich der Bereinigungsfaktor zu:

$$\text{Bereinigungsfaktor} = 1 - \frac{\text{Kurs der alten Aktien vor dem Bezugsrechtsabschlag}}{\text{Kurs der alten Aktien vor dem Bezugsrechtsabschlag} \times \text{Bezugsverhältnis} + \text{Kurs der alten Aktien vor dem Bezugsrechtsabschlag}}$$

und der Bereinigungsdivisor zu:

$$\text{Bereinigungsdivisor} = 1 + \frac{\text{Kurs der alten Aktien vor dem Bezugsrechtsabschlag}}{\text{Kurs der alten Aktien vor dem Bezugsrechtsabschlag} \times \text{Bezugsverhältnis}}$$

erheblicher Bedeutung. Außerdem ist dem Vorsitzenden des Aufsichtsrats aus sonstigen wichtigen Anlässen zu berichten. Der Aufsichtsrat kann vom Vorstand jederzeit Bericht verlangen über Angelegenheiten der AG, ihre rechtlichen und geschäftlichen Beziehungen zu verbundenen Unternehmen, geschäftliche Vorgänge bei diesen Unternehmen, die auf die Lage der AG von erheblichem Einfluß sein können. Die Berichte haben den Grundsätzen gewissenhafter Rechenschaft zu entsprechen.

Berichterstatter der Zulassungsstelle der Börse

Das Mitglied der Zulassungsstelle, das den Börsenzulassungsprospekt sowie die sonstigen Zulassungsunterlagen prüft und der Zulassungsstelle die Annahme oder Ablehnung des Antrages empfiehlt.

berichtigen

Auch: adjustieren. Technisches Hilfsmittel der Aktienanalyse mit dem Ziel, alle je Wertpapiereinheit (Aktie, Partizipations- und Genußschein) ausgedrückten Angaben wie Ertrag, Kurs, cash-flow, Dividende usw. jedweden Veränderungen des Aktienkapitals anzupassen und mit den zurückliegenden Jahren vergleichbar machen zu können. Besonders nach Kapitalerhöhungen, Splits, Stockdividenden. → Bereinigung von Aktienkursen und Ergebnissen pro Aktie.

berichtigter Kurs

Wird in den Kursblättern der deutschen Börsen durch Zusatz eines schwarzen Rechtecks bzw. eines schwarzen oder durch Umrißstriche dargestellten Quadrats gekennzeichnet. → Kurszusätze.

Berichtigungsaktien

Aktien, die von der AG aus den Rücklagen oder dem Reingewinn an die Inhaber der alten Aktien verteilt werden. Bei börsennotierten Aktien sind sie sofort ohne Zulassungsverfahren zum Börsenhandel zugelassen. Da sie aus Mitteln gewährt werden, an denen der Aktionär beteiligt ist, sind sie keine Gratisaktien i. e. S. Der Kurswert der Altaktien geht entsprechend der Aktienkapitalerhöhung zurück. → Kapitalerhöhung aus Gesellschaftsmitteln → Zusatzaktien.

Berichtswesen der AG

→ Jahresabschluß der AG → Lagebericht → Sozialbilanz.

Berliner Börse

Fasanenstraße 3, 12526 Berlin. Tel: 030/311091-0, Telefax: 311091-79, Telex: 183663, Börsenzeit: Mo.–Fr. 10.30–13.30.

Berner Börse

Berner Börsenverein, Aarbergergasse 30, 3011 Bern, Schweiz, Tel.: 031/224042.

Berufshändler, Berufshandel

Banken und von ihnen beauftragte Personen (Wertpapierhändler) sowie Börsenmakler und deren angestellte Händler an den Effektenbörsen. Allgemein: Personen und Institutionen, die sich berufsmäßig mit Handel und Vertrieb von Waren, Produkten und Dienstleistungen beschäftigen.

Berufsopponent

Hauptberuflicher Vertreter einzelner Aktionäre oder Aktionärsgruppen, der in HV von AG gegen die Verwaltung und/oder ihre Vorschläge auftritt.

beschädigte oder verunstaltete Aktien

Sind Aktien oder Zwischenscheine so beschädigt oder verunstaltet, daß die Urkunde zum Umlauf nicht mehr geeignet ist, so kann der Berechtigte, wenn der wesentliche Inhalt und die Unterscheidungsmerkmale der Urkunde noch sicher zu erkennen sind, von dem Aussteller eine neue Urkunde gegen Aushändigung der alten verlangen. Die Kosten hat der Antragsteller zu tragen und vorzuschießen. → Lieferbarkeit beschädigter Wertpapiere.

Beschäftigungsgrad

Relation von tatsächlicher zu möglicher Beschäftigung einer Unternehmung. Oft mit Kapazitätsauslastungsgrad gleichgesetzt. Für die Fundamentalanalyse einer AG wichtige Information.

Beschlußfähigkeit der Organe der AG

Für die HV gilt der Grundsatz einfacher Stimmenmehrheit (Mehrheit der abgegebenen Stimmen), soweit nicht Gesetz oder Satzung eine größere Mehrheit oder weitere Erfordernisse bestimmen. Im Regelfall ist daher die HV ohne Rücksicht auf die Zahl der erschienenen oder vertretenen Aktionäre beschlußfähig. Die Beschlußfähigkeit des Vorstands bestimmt sich aus der Befugnis zur Geschäftsführung der AG.

beschränkte Abnahme

→ Repartierung.

beschränkte Einkommensteuerpflicht

Beschränkt einkommensteuerpflichtig sind natürliche Personen, die im Geltungsbereich des EStG weder Wohnsitz noch gewöhnlichen Aufenthalt haben, mit den aus diesen Gebieten erzielten Einkünften.

beschränkte Körperschaftsteuerpflicht

Beschränkt körperschaftsteuerpflichtig sind: (1) Körperschaften, Personenvereinigungen und Vermögensmassen, die weder Geschäftsleitung noch Sitz im Inland haben, mit ihren inländischen Einkünften; (2) sonstige Körperschaften, Personenvereinigungen und Vermögensmassen, die nicht unbeschränkt steuerpflichtig sind, mit den inländischen Einkünften, von denen ein Steuerabzug vorzunehmen ist.

beschränkte Vermögensteuerpflicht

Beschränkt vermögensteuerpflichtig sind natürliche Personen, die im Bundesgebiet weder Wohnsitz noch gewöhnlichen Aufenthalt haben, und Körperschaften, Personenvereinigungen, Vermögensmassen, die weder Geschäftsleitung noch Sitz im Bundesgebiet haben. Während sich die unbeschränkte Vermögensteuerpflicht auf das Gesamtvermögen erstreckt, erfaßt die beschränkte Vermögensteuerpflicht nur das Inlandsvermögen. Dazu rechnen die Vermögensgegenstände, soweit sie auf das Bundesgebiet entfallen. Ferner besteht erweiterte beschränkte Vermögensteuerpflicht. Zu ihren persönlichen Voraussetzungen gehört, daß der Steuerpflichtige in den letzten 10 Jahren vor Ende seiner unbeschränkten Steuerpflicht als Deutscher insgesamt mind. 5 Jahre unbeschränkt einkommensteuerpflichtig war. Über das Inlandsvermögen hinaus fallen unter die erweiterte beschränkte Steuerpflicht u. a.: Kapitalforderungen gegen Schuldner im Inland, Sparguthaben und Bankguthaben bei Banken im Inland, Aktien und Anteile an Kapitalgesellschaften im Inland, soweit es sich nicht schon um eine zum normalen Inlandsvermögen rechnende Beteiligung handelt, Versicherungsansprüche gegen Versicherungsunternehmen im Inland und bewegliche Gegenstände, die sich im Inland befinden; hinzu kommen Anteile an Zwischengesellschaften, d. h. an ausländischen Gesellschaften, an denen der erweitert beschränkt Steuerpflichtige allein oder mit anderen unbeschränkt oder erweitert beschränkt Steuerpflichtigen zu mehr als 50% beteiligt ist und zu deren Gesellschaftsvermögen Inlands- oder erweitertes Inlandsvermögen gehört; ein entsprechender Anteil an diesem wird dem erweitert beschränkt Steuerpflichtigen zugerechnet. Ermittlung und Bewertung des erweiterten Inlandsvermögens erfolgt wie beim Gesamtvermögen. Für das erweiterte Inlandsvermögen wird ein Freibetrag von DM 60000 gewährt.

beschränkte Verpfändung

Hierbei ermächtigt der Kunde seine Bank, seine Wertpapiere oder Sammelbestandsanteile bis zur Höhe des Kredits zu verpfänden, den ihm die Bank gewährt.

beschränkte Zuteilung

→ Repartierung.

Besicherung von Anleihen

→ Anleihebesicherung.

Besinnungspause

→ criée.

Besitz

Zum Unterschied gegenüber dem Eigentum tatsächliche Verfügungsgewalt über eine Sache. Als Besitzer gilt sowohl der unmittelbare Besitzer, der die Rechte über die Sache selbst ausübt, als auch der mittelbare, der durch ein Besitzmittlungsverhältnis (Miete, Pacht, Leihe) einem anderen den unmittelbaren Besitz überlassen hat. Besitz ist vererblich und übertragbar. Er wird durch die Rechtsordnung gegen Eingriffe Dritter geschützt. Wer eine Sache vom Besitzer gutgläubig erwirbt, wird Eigentümer, sofern die Sache nicht gestohlen, verlorengegangen oder sonstwie abhanden gekommen ist. Es wird vermutet, daß ein Besitzer zugleich Eigentümer einer Sache ist.

Besitznachweis

→ Affidavit.

besonders langfristige Bund-futures

Bez. f. Buxl-futures. → Terminkontrakte auf eine Schuldverschreibung des Bundes oder der Treuhandanstalt mit fünfzehn- bis dreißigjähriger Laufzeit.

Besserungsschein

Urkunde, in der ein Schuldner dafür, daß der Gläubiger auf Forderungen ganz oder teilweise verzichtet, sich diesem gegenüber verpflichtet, die erlassene Verbindlichkeit ganz oder teilweise zu tilgen, wenn sich die Vermögensverhältnisse wieder bessern. Besserungsscheine werden oft bei Sanierungsmaßnahmen für in Zahlungsschwierigkeiten geratene Unternehmen gegeben (Moratorium, Vergleichsverfahren, Liquidationsvergleich). Sie werden zuweilen auch bei der Übernahme von Wertpapieren dem Verkäufer gewährt, zumal dann, wenn sich der innere Wert bei der Abgabe des Angebots nicht genau ermitteln läßt. Der Besserungsschein enthält i. d. R. den Anspruch des Verkäufers auf eine zusätzliche Leistung, die unter festgelegten Voraussetzungen fällig wird. Auch werden Abfindungs- oder Übernahmeangebote manchmal mit Besserungsscheinen für den Fall versehen, daß die abfindende oder übernehmende Stelle während eines überschaubaren Zeitraumes ein besseres Angebot macht.

Bestätigungsvermerk

Sind nach dem abschließenden Ergebnis der Prüfung eines Jahresabschlusses, vor allem der AG, keine Einwendungen zu erheben, haben die Abschlußprüfer dies durch folgenden Vermerk zum Jahresabschluß zu bestätigen: „Die Buchführung und der Jahresabschluß entsprechen/Der Konzernabschluß entspricht nach meiner/unserer pflichtgemäßen Prüfung den gesetzlichen Vorschriften. Der Jahresabschluß/Konzernabschluß vermittelt unter Beachtung der Grundsätze ordnungsmäßiger Buchführung ein den tatsächlichen Verhältnissen entsprechendes Bild der Vermögens-, Finanz- und Ertragslage der Kapitalgesellschaft/des Konzerns. Der Lagebericht/Konzernlagebericht steht im Einklang mit dem Jahresabschluß/Konzernabschluß." Sind Einwendungen zu erheben, haben die Abschlußprüfer die Bestätigung einzuschränken oder zu versagen. Sie haben den Bestätigungsvermerk mit Angabe von Ort und Tag zu unterzeichnen. Der Bestätigungsvermerk ist auch in den Prüfungsbericht aufzunehmen. Die Abschlußprüfer haben in der HV an den Verhandlungen über die Feststellung des Jahresabschlusses teilzunehmen, sind jedoch nicht verpflichtet, einem Aktionär Auskunft zu geben. Verletzung der Berichtspflicht und der Geheimhaltungspflicht ist strafbar (→ Verletzung der Berichtspflicht durch Prüfer oder Gehilfen eines Prüfers → Verletzung der Geheimhaltungspflicht bei der AG).

beste Adresse

→ Adresse.

best effort

Bei der Emission von Aktien oder Anleihen erklären Banken nur ihr Bemühen, das vom Emittenten gewünschte Volumen nach besten Kräften aufzubringen. Die Verpflichtung wird erst nach Maßgabe des Plazierungserfolges bindend. Bei konsortialiter erfolgenden Emissionen wird die best-effort-Erklärung vom lead manager oder der management group abgegeben. Zeichnet sich eine teilweise Nichtplazierbarkeit der Emission ab, sind entweder die bereits fixierten Konditionen neu festzulegen, das Gesamtvolumen der Emission zu reduzieren oder das Emissionsvorhaben ganz aufzugeben. Bei best-effort-Aktienemissionen in den USA sind Wertpapierhäuser verpflichtet, einen von der SEC (Securities and Exchange Commisson, Aufsichtsbehörde für den Aktienhandel) festgelegten Mindestbetrag auf ein Sperrkonto einzuzahlen. Erlösen die die Emission begebenden Wertpapierhäuser nicht den Mindestbetrag, müssen die von Anlegern bereits eingezahlten Gelder ohne Abzug zurückgezahlt werden.

bestens

Ohne Kursangabe (Limit) erteilter Auftrag zum Verkauf von Wertpapieren. Verkauf zum höchstmöglichen Kurs. Der Verkauf soll nach den bestmöglichen Bedingungen am Verkaufstage erfolgen. Gegens.: billigst.

Besteuerung der Erträge aus ausländischen Wertpapieren

Die → Wertpapiererträge sind als Einkünfte aus Kapitalvermögen zu versteuern, gehören aber zu den Einkünften aus Gewerbebetrieb oder selbständiger Arbeit, wenn die Wertpapiere zu einem Betriebsvermögen gehören. Bei Kapitalgesellschaften sind Wertpapiererträge stets Einkünfte aus Gewerbebetrieb. Werden Erträge in ausländischer Währung gezahlt, sind sie in DM anzusetzen, und zwar mittels des Devisenkurses, der für den Tag, an dem die Erträge dem Wertpapierinhaber zuflossen, amtlich festgesetzt und im Bundesanzeiger veröffentlicht worden ist. Während Veräußerungsgewinne bei Papieren, die zu einem Betriebsvermögen gehören, stets steuerpflichtig sind, müssen Gewinne aus der Veräußerung von Wertpapieren des Privatvermögens nur bei Spekulationsgeschäften versteuert werden, d. h. wenn zwischen Anschaffung und Verkauf nicht mehr als 6 Monate liegen und die Spekulationsgewinne nach Abzug von Spekulationsverlusten im Kalenderjahr DM 1 000 überschreiten. Die im Inland ansässigen Wertpapierbesitzer haben neben der Besteuerung in Deutschland als Wohnsitzstaat regelmäßig auch in dem ausländischen Staat, dem Quellenstaat, Steuer zu zahlen. Solche von den Erträgen erhobene Steuer kann bei Ermittlung der Einkünfte aus dem ausländischen Wertpapier nicht abgesetzt werden; Dividenden und Zinsen sind somit vor Abzug der ausländischen Steuer als Einkünfte anzusetzen. Doppelbesteuerung wird aber meist vermieden: entweder durch Steuererleichterungen, die das deutsche Steuerrecht vorsieht, oder über ein Doppelbesteuerungsabkommen (DBA). Wichtigste einseitige Maßnahme zur Vermeidung der Doppelbesteuerung ist die Steueranrechnung. Danach wird die ausländische Steuer auf die anteilige deutsche Steuer von den Wertpapiererträgen angerechnet; daneben der Abzug der ausländischen Steuer bei der Einkommensermittlung und die Steuerpauschalierung. Wichtig sind die DBA. Sie haben den Vorteil, daß sie über Steuererleichterungen bei der deutschen Besteuerung hinaus auch die ausländische Steuer begrenzen, einschränken oder aufheben können. Heute bestehen mit allen wichtigen Anlageländern DBA. Sind Wertpapiererträge im ausländischen Quellenstaat steuerpflichtig, kann die ausländische Steuer durch das anzuwendende DBA begrenzt oder beseitigt sein. Beseitigt das Abkommen die Besteuerung, muß der im Inland ansässige Wertpapierinhaber nur noch mit der deutschen Steuer rechnen. Dies kommt vor allem für Zinsen in Betracht. Wenn die ausländische Steuer nicht entfällt, wird sie durch die DBA meist der Höhe nach begrenzt. Dies ist bei Dividenden üblich. Wenn die ausländische Steuer die in den DBA gesetzte Grenze nicht überschreitet, ergibt sich keine Ermäßigung der ausländischen Steuer. Die DBA bestimmen zur Begrenzung der ausländischen Steuer, daß sie einen bestimmten Prozentsatz der Bruttozahlung nicht übersteigen darf: für Dividenden regelmäßig 15%. Dabei wird überwiegend die ausländische KESt zunächst einbehalten, und der in Deutschland ansässige Wertpapierinhaber muß in einem besonderen Antragsverfahren die Erstattung der nach dem Abkommen zuviel erhobenen Steuern verlangen. Soweit die ausländische Steuer nicht entfällt, wird sie im Rahmen der deutschen Besteuerung des Wertpapierinhabers durch Steueranrechnung ausgeglichen. Diese setzt voraus, daß die ausländische

Steuer der deutschen ESt entspricht. Angerechnet werden kann nur die ausländische Steuer, die das DBA noch zuläßt; wird die ausländische Steuer begrenzt, kann sie nur bis zu dieser Höhe angerechnet werden. Die Steueranrechnung beinhaltet, daß die im Ausland von den Wertpapiererträgen erhobene Steuer auf die deutsche ESt oder KSt angerechnet wird. Dazu muß sie in DM umgerechnet werden. Die ausländische Steuer ist für jeden ausländischen Staat gesondert festzustellen. Die ausländische Steuer darf nur bis zur Höhe der deutschen Steuer angerechnet werden, die anteilig auf die Erträge aus dem ausländischen Staat entfällt. Somit besteht eine Höchstgrenze, bis zu der im Ausland erhobene Steuer angerechnet werden kann. Milderung der Doppelbesteuerung durch Abzug der ausländischen Steuer vom Gesamtbetrag der Einkünfte kommt als einseitige Maßnahme in Betracht, wenn zwar ein DBA besteht, dieses sich aber nicht auch auf die Steuer erstreckt, die dort von Wertpapiererträgen erhoben wird, außerdem, wenn ohne DBA die Steueranrechnung als einseitige Maßnahme nicht zum Zuge kommen kann, weil die ausländische Steuer der deutschen ESt nicht entspricht. Besteht mit dem Quellenstaat kein DBA, kommt zur Vermeidung der Doppelbesteuerung auch eine Steuerpauschalierung in Betracht. Diese kann nur beantragt werden, wenn weder Steueranrechnung noch Abzug der ausländischen Steuer vom Gesamtbetrag der Einkünfte geltend gemacht wird.

Besteuerung der Erträge aus inländischen Wertpapieren

Während des Besitzes von Wertpapieren fallen i. d. R. laufende und periodische Erträge, also vor allem Dividenden aus Aktien, Zinsen aus festverzinslichen Wertpapieren usw. an. Zu den Wertpapiererträgen rechnen weiter auch sonstige Gewinnausschüttungen, Einnahmen aus anderen Anteilen, Genußscheinen usw. wie auch andere Vorteile, etwa verdeckte Gewinnausschüttungen, besondere Entgelte, Einkünfte aus der Veräußerung von Dividendenscheinen, Zinsscheinen und sonstigen Ansprüchen. Alles dies sind Einkünfte aus Kapitalvermögen. Bei Kapitalherabsetzungen und Kapitalrückzahlungen an Gesellschafter führen die zurückgezahlten Beträge bei den Gesellschaftern nicht zur Steuerpflicht. Auch Bezugsrechte sind keine steuerpflichtigen Wertpapiererträge, ebenso nicht Berichtigungsaktien bei Kapitalerhöhungen aus Gesellschaftsmitteln. Unbeschränkte Einkommensteuerpflicht liegt vor, wenn der Wertpapierbesitzer als natürliche Person Wohnsitz oder gewöhnlichen Aufenthalt im Inland hat. Ist weder Wohnsitz noch gewöhnlicher Aufenthalt bzw. Sitz im Inland, liegt beschränkte Steuerpflicht vor. Die laufenden Erträge aus Wertpapieren rechnen grundsätzlich zu Einkünften aus Kapitalvermögen; sie sind als solche einkommensteuerpflichtig. Die Einkünfte in Gestalt von Wertpapiererträgen können aber auch anderen Einkunftsarten zuzurechnen sein (z. B. aus Gewerbebetrieb, selbständiger Arbeit, Vermietung und Verpachtung), wenn sie im Rahmen dieser zugeflossen sind. Nicht können sie den Einkünften aus nichtselbständiger Arbeit zugeordnet werden. Ebenso können nicht Erträge aus Wertpapieren, sondern nur Veräußerungsgewinne den sonstigen Einkünften zuzuordnen sein. Im Rahmen letzterer werden nur die Veräußerungsgewinne erfaßt, bei denen die Zeit zwischen Anschaffung und Veräußerung der Wertpapiere des Privatvermögens nicht mehr als 6 Monate beträgt; dieser Veräußerungsgewinn gilt als Spekulationsgewinn und unterliegt der ESt. Dabei bleiben Einkünfte aus dem Verkauf von Schuldverschreibungen, auch wenn der Verkauf innerhalb der 6-Monatsfrist erfolgt ist, außer Ansatz (nicht aber Wandel-, Options- und Gewinnobligationen). Veräußerungsgewinne von Anteilen an Kapitalgesellschaften bei wesentlicher Beteiligung rechnen zu Einkünften aus Gewerbebetrieb; der Veräußerungsgewinn bei einer wesentlichen Beteiligung ist gegeben, wenn der Verkäufer innerhalb der letzten 5 Jahre am Kapital der Gesellschaft zu mehr als 25% unmittelbar oder mittelbar beteiligt war und die innerhalb des Veranlagungszeitraumes verkauften Anteile 1% des Kapitals der Gesellschaft übersteigen. Der Veräußerungsgewinn einer wesentlichen Beteiligung wird nur zur ESt herangezogen, wenn er den Teil von DM 20000 übersteigt, der dem verkauften Anteil an der Kapitalgesellschaft entspricht. Der Freibetrag vermindert sich bei einem Veräußerungsgewinn zwischen DM 80000 und DM 100000 jeweils um den die Grenze von DM 80000 übersteigenden Betrag. Bei einem Veräußerungsgewinn ab DM 100000 beträgt er somit 0. Die ESt beträgt für den Teil des Veräußerungsgewinns (außerordentliche Einkünfte), der nach dem 31. 12. 1989 erzielt wurde und DM 30 Mio. nicht übersteigt, die Hälfte des durchschnittlichen Steuersatzes, der sich ergäbe, wenn die tarifliche ESt zuzüglich der dem Progressionsvorbehalt unterliegenden Einkünfte zu bemessen wäre. Auf den verbleibenden zu versteuernden Veräußerungsgewinn wird in der Regel die Einkommensteuertabelle angewendet. Werden Wertpapiere im Betriebsvermögen gehalten, fließen die Erträge aus diesen Wertpapieren als Betriebseinnahmen im Rahmen des Gewerbebetriebs zu und werden zusammen mit den übrigen Betriebseinnahmen, soweit sie die Betriebsausgaben übersteigen, bzw. nach der Gewinnermittlung im Rahmen der Bilanz, als Einkünfte aus Gewerbebetrieb der ESt unterworfen. Die Besteuerung richtet sich nach dem einheitlich für den Gewerbebetrieb festgestellten Gewinn und dem auf den einzelnen Gesellschafter entfallenden Gewinnanteil. Der auf den Gesellschafter entfallende Gewinnanteil unterliegt dem sich bei diesem nach den individuellen Verhältnissen ergebenden Einkommensteuersatz. Werden die Wertpapiere im Betriebsvermögen einer Körperschaft gehalten, unterliegen die Erträge der KSt. Fließen die Wertpapiererträge, wenn die Wertpapiere im Privatvermögen gehalten werden, als Einkünfte aus Kapitalvermögen zu, sind die Einkünfte als Überschuß der Einnahmen über die Werbungskosten zu ermitteln. Dieser Überschuß wird nach dem sich nach den individuellen Verhältnissen des Steuerpflichtigen ergebenden tariflichen Einkommensteuersatz besteuert. Die Zuordnung von Wertpapieren zum Betriebs- oder Privatvermögen richtet sich danach, ob sie betriebl. oder privat „genutzt" werden. Wertpapiere, die ausschließlich und unmittelbar Zwecken des Betriebes dienen, gehören zum notwendigen Betriebsvermögen, etwa Wertpapiere, die nicht nur vorübergehend für Betriebskredite verpfändet werden. Zum gewillkürten Betriebsvermögen gehören Wertpapiere dann, wenn ein objektiver Zusammenhang mit dem Betrieb besteht und sie diesem dienen, etwa wenn die Wertpapiere unmittelbar aus Betriebsmitteln erworben sind und im Betriebsvermögen belassen werden. Haben die Wertpapiere keinerlei Beziehung zum Betriebsvermögen, rechnen sie zum Privatvermögen des Steuerpflichtigen. Im Einzelfall sind bei den Erträgen aus Wertpapieren zur Ermittlung der steuerpflichtigen Einkünfte die anfall. Betriebsausgaben bzw. Werbungskosten abzuziehen. Bei Berücksichtigung von Werbungskosten bei Wertpapiererträgen ist der innere Zusammenhang der Werbungskosten mit der Erzielung spezieller Kapitalerträge maßgebend. Soweit es sich um Kosten der Einziehung von Zinsen und sonstigen Einkünften aus Kapitalvermögen, Prozeßkosten für Einklagen von Kapitalerträgen, Gebühren von Lieferbarkeitsbescheinigungen für Wertpapiere, Safemiete usw. handelt, ist dieser Zusammenhang immer als gegeben anzusehen. Dagegen sind allgemeine Verwaltungskosten nur in dem Umfange als Werbungskosten anzusehen und nur insoweit abzugsfähig, wie sie in unmittelbarem Zusammenhang mit den steuerpflichtigen Einnahmen stehen (z. B. Steuerberatungskosten, Aufwendungen für die Vermögensverwaltung). Abzug von Schuldzinsen ist nur bis zur Höhe der Wertpapiererträge als Werbungskosten zulässig; ein darüber hinausgehender Betrag ist als Sonderausgaben abzugsfähig. Aufwendungen, die als Nebenkosten bei der Anschaffung und Veräußerung von Wertpapieren entstanden sind (z. B. Provisionen, Maklergebühren usw.), sind keine Werbungskosten. Sie gelten als Anschaffungskosten und mindern im Veräußerungsfall bei Wertpapieren im Betriebsvermögen, bei Veräußerungen wesentlicher Beteiligungen und bei Ermittlung des Spekulationsgewinns den Veräußerungsgewinn. Wird ein Nachweis tatsächlicher Aufwendungen als Werbungskosten nicht geführt, wird bei den Einkünften aus Kapitalvermögen ohne Rücksicht auf die Höhe effektiver Werbungskosten eine Werbungskostenpauschale von DM 100, für zusammenveranlagte Ehegatten von DM 200 gewährt; außerdem wird der Sparerfreibetrag von DM 6 000 bzw. DM 12 000 gewährt. Grundsätzlich sind Umfang und Zeitpunkt des Zuflusses von Wertpapiererträgen durch die rechtlichen Verhältnisse bestimmt. So fließen Zinsen aus festverzinslichen Wertpapieren der Gläubiger mit Auszahlung oder Gutschrift der Erträge zu. Neben der ESt gibt es bei bestimmten Kapitalerträgen als besondere Erhebungsform den Steuerabzug vom Kapitalertrag (KESt). Sie ist im Verhältnis zur ESt eine vorgelagerte Steuer. Die der KESt unterliegenden Kapitalerträge sind: Gewinnanteile (Dividenden), Zinsen, Ausbeuten und sonstige Bezüge aus Aktien, Genußscheinen, Anteilen an GmbH, an Erwerbs- und Wirtschaftsgenossenschaften und Kolonialgesellschaften, aus Anteilen an Bergbau treibenden Vereinigungen, die die Rechte einer juristischen Person haben, sowie Erträge aus Gewinnobligationen und Wandelanleihen. KESt wird unabhängig von persönlichen Verhältnissen der Steuerpflichtigen unmittelbar an der Quelle beim Emittenten der Wertpapiere als Schuldner der Kapitalerträge erhoben (Quellensteuer) und in dem Zeitpunkt, in dem die Kapitalerträge dem Gläubiger zufließen. Bemessungsgrundlage der KESt ist der volle Kapitalertrag ohne Abzug, ohne daß Betriebsausgaben oder Werbungskosten absetzbar sind. Derartige Abzüge sind bei der Veranlagung vorzunehmen. Darüber hinaus wird seit dem 1. 1. 1993 eine → Zinsabschlagsteuer erhoben. Es handelt sich hierbei um eine besondere Erhebungsform der Einkommensteuer. Im Gegensatz zu einer Quellensteuer, die am Sitz des Zinsschuldners oder Emittenten ansetzt und durch Ausweichen auf Fremdwährungsanleihen und Auslandsanleihen umgangen werden könnte, erfaßt die als Zahlstellensteuer konzipierte Zinsabschlagsteuer grundsätzlich alle im Inland anfallenden Zinserträge oder im Inland eingelösten Zinsscheine, unabhängig vom Sitz des Emittenten. Die Zahlstellen, i. d. R. Banken, behalten den Zinsabschlag ein und führen ihn anonym an das Finanzamt ab. Der Zinsabschlag beträgt 30 % auf Zinserträge aus Guthaben und im Depot verwahrten Wertpapieren. Bei Tafelgeschäften erhöht sich der Abschlagsatz auf 35%. Im Rahmen der Einkommensteuer- bzw. Körperschaftsteuerveranlagung wird die einbehaltene KESt und Zinsabschlagsteuer auf die sich nach den individuellen Verhältnissen des Steuerpflichtigen und dem Tarifsteuersatz ergebende Einkommensteuerschuld angerechnet.

Besteuerung der Erträge nicht öffentlich vertriebener und nicht börsengehandelter ausländischer Investmentanteile

Die Besteuerung ist im Auslandsinvestmentgesetz unterschiedlich danach geregelt, ob die ausländische Investmentgesellschaft einen Vertreter mit Sitz oder Wohnsitz im Geltungsbereich des Gesetzes bestellt hat, der sie gegenüber den Finanzbehörden und Finanzgerichten vertreten kann, und ob sie die Besteuerungsgrundlage nachweist oder ob sie diese beiden Voraussetzungen nicht erfüllt. Im 1. Fall erfolgt die Besteuerung gemäß der nachgewiesenen Besteuerungsgrundlage. Im 2. Falle sind die Besteuerungsgrundlagen aus den Ausschüttungen und den Rücknahmepreisen zu entnehmen. Als zu versteuernde Erträge sind bei dem Empfänger die Ausschüttungen sowie 90% des Mehrbetrags anzusetzen, der sich zwischen dem ersten und dem letzten im Kalenderjahr festgesetzten Rücknahmepreis ergibt; mind. sind 10% des letzten im Kalenderjahr festgesetzten Rücknahmepreises anzusetzen. Wird ein Rücknahmepreis nicht festgesetzt, tritt der Börsen- oder Marktpreis an seine Stelle.

Besteuerung der Erträge öffentlich vertriebener und börsengehandelter ausländischer Investmentanteile

Die Besteuerung ist im Auslandsinvestmentgesetz geregelt. Im Gegensatz zu den anderen ausländischen Investmentanteilen (→ Besteuerung der Erträge nicht öffentlich vertriebener und nicht börsengehandelter ausländischer Investmentanteile) sind bei ihnen Ausschüttungen insoweit steuerfrei: (1) als sie Gewinne aus der Veräußerung von Wertpapieren und Bezugsrechten auf Anteile an Kapitalgesellschaften enthalten, es sei denn, daß die Ausschüttungen Betriebseinnahmen des Steuerpflichtigen sind. Enthalten die Ausschüttungen Erträge aus der Veräußerung von Bezugsrechten auf Freianteile an Kapitalgesellschaften, kommt die Steuerfreiheit insoweit nicht in Betracht, als die Erträge Kapitalerträge i. S. d. § 20 EStG sind; (2) als sie Gewinne aus der Veräußerung von Grundstücken und grundstücksgleichen Rechten enthalten, es sei denn, daß es sich um Veräußerungsgeschäfte handelt, bei denen der Zeitraum zwischen Anschaffung und Veräußerung nicht mehr als 2 Jahre betragen hat oder daß die Auschüttungen Betriebseinnahmen des Steuerpflichtigen sind. Voraussetzung für die Anwendung dieser Besteuerungsgrundlagen und für die Steuerfreiheit ist, daß den Inhabern der ausländischen Investmentanteile bestimmte Angaben wegen der Besteuerung mitgeteilt (→ Bekanntgabe der Besteuerungsgrundlagen bei ausländischen Investmentanteilen) und daß die Richtigkeit der Angaben auf Anforderung nachgewiesen wird. Bei börsengehandelten ausländischen Investmentanteilen ist zudem noch Voraussetzung, daß sie mit Ausnahme der von der deutschen Börse vorgeschriebenen Bekanntmachungen nicht im Wege öffentlichen Anbietens, öffentlicher Werbung o. ä. vertrieben werden und daß die ausländische Investmentgesellschaft einen Vertreter mit Sitz oder Wohnsitz im Geltungsbereich des Auslandsinvestmentgesetzes bestellt hat, der sie gegenüber den Finanzbehörden und den Finanzgerichten vertreten kann.

Besteuerung der Sondervermögen von Investmentgesellschaften

Die Sondervermögen (Investmentfonds) der KAG sind von KSt, GewSt und VSt befreit. Die Entrichtung der Steuer obliegt den Zertifikatinhabern. Die KESt auf steuerabzugspflichtige Kapitalerträge der Sondervermögen wird vom Fiskus an die Fonds zurückerstattet. Ausschüttungen an inländische Anteilinhaber erfolgen frei von KESt. Auch die Ausschüttungen von Gewinnen aus der Veräußerung von Wertpapieren oder Bezugsrechten sind steuerfrei, sofern die Anteilscheine nicht zu einem inländischen Betriebsvermögen gehören. Seit 1. 1. 1993 unterliegen Erträge aus Anteilscheinen an inländischen Wertpapiersondervermögen bei Verwahrung im Inland dem → Zinsabschlag. Dies gilt nicht für die Erträge aus dem Aktienbesitz des Fonds; diese sind bereits mit der KSt von 30% (seit 1. 1. 1994) belastet. Bei ausschüttenden Fonds erfolgt bei einer Verwahrung der Papiere im Ausland ebenfalls kein Zinsabschlag.

Besteuerung von ausländischen Erträgen inländischer Investmentfonds

→ ausländische Investmentfondserträge, steuerlich.

Besteuerung von Auslandsanleihen

Die Einführung der 10%igen KESt (Quellensteuer) auf Zinserträge von Bankguthaben und Wertpapieranlagen per 1. 1. 1989 (inzwischen wieder aufgehoben) hat zu einem verstärkten Interesse an Auslandsanlagen, insbesondere an Auslandsanleihen, geführt. Während Euroanleihen grundsätzlich keiner KESt unterliegen, da für sie nationale Gesetze und Regelungen nationaler Notenbanken nicht gelten, ist dies bei Auslandsanleihen davon abhängig, ob KESt im Domizilland des Emittenten erhoben wird. Ist im Emissionsland bereits ein Quellensteuerabzug vorgenommen worden, kann diese je nach Existenz und Ausgestaltung des Doppelbesteuerungsabkommens (DBA) mit dem ausländischen Staat zurückverlangt werden oder auf die inländische EStschuld angerechnet werden. Unabhängig davon, ob eine KESt bereits abgezogen wurde oder nicht, unterliegen die aus der Wertpapieranlage bezogenen Erträge der Besteuerung in der BR Deutschland (ESt, KSt). Diesbezüglich interessant sind von Entwicklungsländern, hierzu zählen in dieser Abgrenzung auch Spanien und Griechenland, emittierte Anleihen, da die DBA mit diesen Ländern i. d. R. die Anrechnung einer (fiktiven) Quellensteuer in Höhe von 10–20% auf die KSt- bzw. EStschuld vorsehen, unabhängig davon, ob diese Quellensteuer im Ausland erhoben wurde oder nicht. Seit dem 1. 1. 1993 unterliegen die im Inland an Steuerinländer gezahlten Zinsen aus ausländischen Wertpapieren dem → Zinsabschlag von 30% bzw. von 35% bei Tafelgeschäften.
→ ausländische Wertpapiere, Besteuerung bei Doppelbesteuerungsabkommen.

Besteuerung von Kapitalvermögen

Das Kapitalvermögen von natürlichen und juristischen Personen unterliegt nach Abzug von Schulden und Freibeträgen der VSt. Die Besteuerung von Kapitalvermögen bildet neben der bedeutenderen Besteuerung von Kapitaleinkünften eine Ergänzungsteuer. Die Problematik der Besteuerung von Kapitalvermögen liegt darin, daß sie faktisch die Substanz des Vermögens angreift, wenn die laufenden Erträge aus dem Vermögen nicht dazu ausreichen, um den Vermögensteuerbetrag zu decken.

Besteuerung von Wertpapiergeschäften

Nach Abschaffung der Kapitalverkehrsteuern (Börsenumsatz-, Gesellschaft- und Wechselsteuer) sind bei Erwerb, Veräußerung und Ausgabe von Wertpapieren keine Steuern mehr zu bezahlen. Weiterhin führt der Besitz zu Steuerzahlungen. Bei Empfängern von Erträgen aus Wertpapieren besteht eine differenzierte Steuerpflicht. Außer Wertpapiererträgen und evtl. Kursgewinnen werden auch die Wertpapiere selbst einer Steuer, der VSt, unterworfen, die vom Wert des Vermögens berechnet wird. Unentgeltliche Übertragung von Wertpapieren durch Schenkung oder von Todes wegen unterliegt der Erbschaftsteuer, wenn mindestens einer der Beteiligten Inländer ist oder die Wertpapiere zum Betriebsvermögen eines inländischen Betriebes gehören. → Besteuerung der Erträge aus ausländischen Wertpapieren → Besteuerung der Erträge aus inländischen Wertpapieren.

Betafaktor

Mit Hilfe des Betafaktors lassen sich tendenzielle Aussagen über die zukünftige Kursbewegung einer Aktie in Abhängigkeit von der Gesamtmarktentwicklung treffen. Dadurch ergibt sich eine Vielzahl von Anwendungsmöglichkeiten im Rahmen der technischen Wertpapieranalyse. Theoretische Grundlagen des Betakonzepts bilden die portfolio-selection-Theorie sowie das darauf basierende capital-asset-pricing-Modell. Normiert läßt sich der Betafaktor einer Aktie als Quotient aus der Kovarianz der Marktrenditen zu den Aktienrenditen und der Varianz der Marktrenditen darstellen. Dieser Faktor dokumentiert bei einer Analyse unter aktienspezifischen Gesichtspunkten die Sensitivität der Kursbewegungen einer Aktie auf Schwankungen des Gesamtmarktes. Für die meisten Aktien werden dabei Betafaktoren von etwa 1 ermittelt. Konkret sagt ein Betafaktor von z. B. 1,12 aus, daß eine Aktie um 1,12mal stärker steigt als der Gesamtmarkt; umgekehrt waren in Baissephasen die Kursrückgänge durchschnittlich um 1,12mal höher als die des Marktdurchschnitts. Bei den institutionellen Anlegern ist der Betafaktor von Aktien zu einer wichtigen Entscheidungsgröße bei Anlagetransaktionen geworden. Er wird daher von einer Vielzahl von Brokern für die meisten Aktien kontinuierlich berechnet. Die Vorteile des Betafaktors liegen in der Vereinfachung der Wertpapieranalyse und in seiner Eigenschaft als objektiver Risikomaßstab. Die Problematik liegt insbesondere darin, daß die zeitliche Stabilität der berechneten Betafaktoren konstant sein muß, dies aber, wie verschiedene Untersuchungen gezeigt haben, nicht zutrifft.

Beteiligung

Der Erwerb von Anteilscheinen einer Unternehmung gilt als Beteiligung. Als Beteiligungen, die in der Jahresbilanz der AG unter den Finanzanlagen an 1. Stelle auszuweisen sind, gelten im Zweifel Anteile an einer Kapitalgesellschaft, wenn diese insgesamt 20% des Nennkapitals der Gesellschaft erreichen. Sobald einer Unternehmung mehr als 25% oder mehr als die Hälfte der Aktien einer AG mit Sitz im Inland gehört bzw. in der mitteilungspflichtigen Höhe nicht mehr gehört, hat sie dies der AG unverzüglich schriftlich mitzuteilen. Die AG hat solche Mitteilungen in den Gesellschaftsblättern bekanntzumachen. Dabei ist die meldende Unternehmung anzugeben. Sobald einer AG mehr als 25% der Anteile oder die Mehrheitsbeteiligung an einer anderen Kapitalgesellschaft mit Sitz im Inland gehört bzw. in der mitteilungspflichtigen Höhe nicht mehr gehört, hat die AG dies der Unternehmung, an der die Beteiligung besteht oder nicht mehr besteht, unverzüglich schriftlich mitzuteilen. Eine Unternehmung, der eine Minderheitsbeteiligung (25% der Anteile) oder eine Mehrheitsbeteiligung mitgeteilt worden ist, kann jederzeit verlangen, daß ihr das Bestehen der Beteiligung nachgewiesen wird. Über Beteiligungen sind in jedem Anhang der AG Angaben zu machen.

Beteiligungen als Kapitalanlage

Mit Beteiligungen als Kapitalanlage sind insbesondere solche gemeint, die in Form einer stillen Beteiligung entweder direkt oder indirekt an nicht emissionsfähigen, i. d. R. mittelständischen Unternehmen übernommen werden. Es handelt sich also um Beteiligungen, für die kein etwa dem Aktienmarkt vergleichbarer organisierter Markt besteht. Dem potentiellen Anleger werden Beteiligungen über Angebote in Zeitungen oder durch sonstige Vermittlungen offeriert. Der Anleger hat im Vergleich zur Aktienanlage i. d. R. nur ein schmales Informationsspektrum. Neben dem direkten Beteiligungserwerb besteht jedoch die Möglichkeit, durch Einschaltung von Kapitalbeteiligungsgesellschaften indirekt Beteiligungen an Unternehmen zu erwerben. Zu diesem Zweck erwirbt man eine Beteiligung an einer solchen Gesellschaft, die dann ihrerseits aus diesem von mehreren Beteiligungsgebern gebildeten Fonds stille Beteiligungen an verschiedenen Unternehmen übernimmt.

Beteiligungsfinanzierung

Die verschiedenen Formen der Zuführung von Eigenkapital in eine Unternehmung von außen, d. h. durch die Gesellschafter. Beteiligungsfinanzierung bietet einer Unternehmung eine i. d. R. langfristig zur Verfügung stehende meist unkündbare Kapitalbereitstellung, für die kein Zwang zur konstanten Verzinsung besteht, die jedoch am Gewinn der Unternehmung in den meisten Fällen partizipiert. Dem Beteiligungsgeber werden im Regelfall Informations-, Mitsprache- bzw. Mitentscheidungsrechte, ein Anteil am Liquidationserlös sowie eine Gewinnbeteiligung zuerkannt. Die Haftung ist in vielen Fällen auf die Höhe der Beteiligung beschränkt, kann aber auch unbeschränkt sein. Als Formen der Beteiligungsfinanzierung kommen in Frage: bei AG Erhöhung des Grundkapitals durch Kapitalerhöhung, bei GmbH Erhöhung des Stammkapitals, bei Personengesellschaften Erhöhung der Einlagen der Gesellschafter oder Aufnahme neuer Gesellschafter u. a. m.

Beteiligungsgesellschaft

Der Ausdruck wird irreführend für eine Gesellschaft verwendet, an der eine andere Unternehmung eine Minderheitsbeteiligung besitzt. → Holding(-Gesellschaft).

Beteiligungshandel

Im Gegensatz zum Handel mit Wertpapieren existiert kein organisierter Markt wie die Börse, über den ein solcher Handel abgewickelt werden könnte. Daher werden Beteiligungen i. d. R. entweder in direktem Geschäft zwischen Veräußerer und Erwerber gehandelt, oder der Handel wird durch die Einschaltung von Finanzmaklern oder Banken abgewickelt.

Beteiligungsrechte

Wesentliche Rechte, die einem Beteiligungsgeber durch Übernahme einer Beteiligung zustehen, sind die Gewinnbeteiligung, der Anteil am Liquidationserlös sowie die Informations- und Mitsprache- bzw. Mitentscheidungsrechte.

Beteiligungsveräußerung, steuerlich

Zu den steuerpflichtigen Einkünften aus Gewerbebetrieb wird auch der Gewinn aus der entgeltlichen Veräußerung der zum Privatvermögen gehörenden Anteile gerechnet, wenn der Verkäufer an der Kapitalgesellschaft wesentlich beteiligt war und der veräußerte Anteil 1% ihres Grund- oder Stammkapitals übersteigt. Wesentliche Beteiligung liegt vor, wenn der Verkäufer innerhalb der letzten 5 Jahre zu mehr als 25% unmittelbar oder mittelbar am Nennkapital der Kapitalgesellschaft beteiligt war. Mittelbare Beteiligung liegt vor, wenn diese über eine zwischengeschaltete Personengesellschaft oder Kapitalgesellschaft gehalten wird. Anteile an einer Kapitalgesellschaft i. S. d. § 17 EStG sind Aktien, GmbH-Anteile, Genußscheine u. ä. Beteiligungen; auch Bezugsrechte und Wandelobligationen gehören dazu. Ähnliche Beteiligungen sind Darlehen, die steuerlich als verdecktes Stammkapital behandelt werden. Ein Veräußerungsgewinn ist nur dann steuerpflichtig, wenn die Anteile gegen Entgelt veräußert werden. Als Veräußerungsvorgänge kommen somit nur Verkauf, Tausch u. dgl. in Betracht. Veräußerung ist aber auch gegeben, wenn die Anteile per Zwangsversteigerung übertragen werden, wenn eine wesentliche Beteiligung in eine nicht wesentliche Beteiligung umgetauscht wird u. ä. Veräußerungsgewinn ist der Betrag, um den der Veräußerungspreis die Anschaffungskosten der veräußerten Anteile übersteigt. Sind diese Anteile zu verschiedenen Zeiten und Preisen erworben worden, kann der Durchschnitt der Anschaffungskosten zugrunde gelegt werden. Ein Anteilseigner kann aber auch bestimmen, welche Anteile oder Teile er davon veräußert hat; dann sind die tatsächlichen Anschaffungskosten dieser Anteile zur Ermittlung des Veräußerungsgewinns maßgebend. Der Veräußerungsgewinn ist im Jahr der Veräußerung steuerpflichtig, unabhängig davon, wann der Veräußerungspreis gezahlt wird. Auch ein Veräußerungsverlust kann hier berücksichtigt werden. Für den Veräußerungsgewinn besteht ein Freibetrag von DM 20000. Dieser vermindert sich bei einem Veräußerungsgewinn zwischen DM 80000 und DM 100000 jeweils um den die Grenze von DM 80000 übersteigenden Betrag. Bei einem Veräußerungsgewinn ab DM 100000 beträgt er somit 0. Die ESt beträgt für den Teil des Veräußerungsgewinns (außerordentliche Einkünfte), der nach dem 31. 12. 1989 erzielt wurde und DM 30 Mio. nicht übersteigt, die Hälfte des durchschnittlichen Steuersatzes, der sich ergäbe, wenn die tarifliche ESt zuzüglich der dem Progressionsvorbehalt unterliegenden Einkünfte zu bemessen wäre. Auf den verbleibenden zu versteuernden Veräußerungsgewinn wird in der Regel die Einkommensteuertabelle angewendet. Unter denselben Voraussetzungen, die zu einer Erfassung des Veräußerungsgewinns führen, wird auch ein Gewinn versteuert, der entsteht, wenn eine Kapitalgesellschaft eine Kapitalherabsetzung durchführt oder Kapital zurückzahlt, soweit die Rückzahlung nicht schon als Gewinnanteil zu den steuerpflichtigen Einkünften aus Kapitalvermögen gehört. Als Veräußerungspreis gilt hier der gemeine Wert des zurückgezahlten Vermögens der Kapitalgesellschaft. Ansonsten gilt das zur Veräußerung einer Beteiligung Gesagte.

Beteiligungsvermittlung

Die Vermittlung von Beteiligungen, für deren Handel kein organisierter Markt besteht, erfolgt i. d. R. über Finanzmakler. Teilweise sind Banken in die Vermittlung einbezogen, oder die Beteiligung bzw. Beteiligungsabsicht wird in Zeitungen inseriert.

Betongold

Scherzhafte Bez. f. Immobilien, speziell Häuser, als Kapitalanlage.

betriebliche Altersversorgung

Umfaßt alle freiwilligen Sozialleistungen, die Unternehmen zusätzlich zu den gesetzlichen zugunsten der Alters-, Invaliditäts- und Hinterbliebenenversorgung der Arbeitnehmer leisten. Wichtige Erscheinungsformen: (1) betriebliche Pensionszusagen, die vorwiegend über Pensionsrückstellungen finanziert werden; (2) Pensionsversicherungen, bei denen die Mitglieder der betrieblichen Pensionskassen unmittelbare Rechtsansprüche auf Versorgungsleistungen erhalten; (3) Versorgungsleistungen von Unterstützungskassen u. ä. Institutionen, bei denen die Mitglieder keinen Rechtsanspruch auf Leistungen erwerben; (4) Direktversicherungen.

Betriebsausgaben

Steuerlich alle Aufwendungen, die durch den Betrieb veranlaßt werden. Der Begriff geht weiter als der der Werbungskosten: Es sind nicht nur solche Ausgaben, die der Erzielung von Betriebseinnahmen dienen, sondern sie können auch zur Erhaltung des Betriebsvermögens oder zu anderen betrieblichen Zwecken gemacht werden.

Betriebseinnahmen

Steuerlich alle Einnahmen, die im Rahmen eines Betriebs zufließen. Können in Geld oder in geldwerten Gütern (z. B., wenn Waren gegen andere Waren eingetauscht werden) bestehen.

Betriebsergebnis

Maßstab bzw. Kennzahl zur Beurteilung der Ertragskraft einer Unternehmung. Dabei wird meist der Bilanzgewinn, der eine manipulierbare Größe ist (außerordentliche oder betriebsfremde Aufwendungen, außerordentliche bzw. betriebsfremde Erträge, bilanztechnische Vorgänge), korrigiert, z. B. nach diesem Schema: Bilanzgewinn + außerordentliche und betriebsfremde Aufwendungen – außerordentliche und betriebsfremde Erträge + Vorwegzuführung zu Rücklagen – Entnahmen aus Rücklagen = Betriebsergebnis. Wesentliches Kriterium für die Wertpapieranalyse.

betriebsnotwendiges Vermögen

Für betriebliche Zwecke eingesetzte Vermögensteile einer Unternehmung. → notwendiges Betriebsvermögen.

Betriebspachtvertrag

Unternehmensvertrag, durch den eine Unternehmung (AG, KGaA) den Betrieb ihrer Unternehmung einer anderen verpachtet. → Unternehmensverträge.

Betriebsrat

Organ und Vertretung der Arbeitnehmer einer Unternehmung. Das Betriebsverfassungsgesetz enthält die Aufgaben, Rechte und Pflichten des Betriebsrats. Ein Unternehmer ist verpflichtet, bei geplanten Betriebsänderungen, die erhebliche Auswirkungen auf die Belegschaft mit sich bringen, den Betriebsrat zu informieren und mit ihm zu beraten.

Betriebsrat der AG

Bei AG hat der Betriebsrat ein Antragsrecht auf Nachprüfung der ordnungsgemäßen Zusammensetzung des Aufsichtsrats (→ gerichtliche Entscheidung über die Zusammensetzung des Aufsichtsrats der AG); er ist parteifähig für die Klage auf Feststellung der Nichtigkeit der Wahl von Aufsichtsratsmitgliedern und kann die Anfechtung der Wahl von Aufsichtsratsmitgliedern der AG betreiben.

Betriebsschulden

Schulden und Lasten, die in wirtschaftlichem Zusammenhang mit dem Gewerbebetrieb oder einzelnen Teilen davon stehen, sind als Betriebsschulden steuerlich abzugsfähig. Dabei muß die Entstehung der Schuld ursächlich und unmittelbar auf Vorgängen beruhen, die das Betriebsvermögen betrifft.

Betriebsstätte

Steuerlich jede feste Geschäftseinrichtung oder Anlage, die der Tätigkeit einer Unternehmung dient.

Betriebsstillegung

Betriebswirtschaftlich: Einstellung jeglicher betrieblicher Tätigkeit. Arbeitsrechtlich: Auflösung der zwischen Arbeitgeber und Arbeitnehmer bestehenden Produktionsgemeinschaft. Liegt vor, wenn die ernstliche Absicht des Unternehmers erkennbar wird, die Weiterverfolgung des bisherigen Betriebszweckes dauernd oder für unbestimmte, wirtschaftlich nicht unerhebliche Zeit aufzugeben. Ist Wiedereröffnung nach kurzer Zeit beabsichtigt: Betriebsunterbrechung.

Betriebsüberlassungsvertrag

Unternehmensvertrag, durch den eine Unternehmung (AG, KGaA) sich verpflichtet, den Betrieb ihrer Unternehmung einem anderen zu überlassen. → Unternehmensverträge.

Betriebsveräußerung, steuerlich

→ Veräußerung des Betriebs, steuerlich.

Betriebsverfassungsgesetz (BetrVerfG)

Regelt insbesondere die Beteiligung der Arbeitnehmer im Aufsichtsrat sowie Aufgaben, Rechte und Pflichten des Betriebsrates. → Arbeitnehmer und Arbeitnehmervertreter im Aufsichtsrat der AG → Mitbestimmung der Arbeitnehmer im Aufsichtsrat.

Betriebsvergleich

Vergleichende Gegenüberstellung von Betrieben bzw. Unternehmen ähnlicher Struktur und Aufgabe, meist derselben Branche. Durch Analyse der Abweichungen zu Vergleichsunternehmen sollen Stärken und Schwächen erkannt werden. Kriterien für solche Vergleiche sind vor allem aus Bilanz und GuV-Rechnung zu entnehmen. Teilweise Instrument der Wertpapieranalyse.

Betriebsvermögen

Steuerlich das Vermögen, das dem Betrieb als Hauptzweck dient.

Betriebsvermögen bei Kapitalgesellschaften

Alle im Eigentum einer Kapitalgesellschaft stehenden Wirtschaftsgüter sind Betriebsvermögen der Gesellschaft und bei Ermittlung des Einheitswerts ihres Gewerbebetriebes zu erfassen. Es ist dabei gleichgültig, ob sie einem gewerblichen Betrieb oder anderen Zwecken dienen. Im Gegensatz zu Personengesellschaften sind Kapitalgesellschaften selbständig vermögensteuerpflichtig; sie werden mit dem Einheitswert ihres gewerblichen Betriebs der VSt unterworfen. Die Gesellschafter versteuern ihre Beteiligung an der Unternehmung, wobei der Wert dieser Anteile sich unabhängig vom Einheitswert der Gesellschaft aufgrund der Börsenkurse ergibt oder in einem besonderen Bewertungsverfahren ermittelt wird. Somit entsteht gewisse Doppelbelastung des Gesellschaftsvermögens: bei der Gesellschaft als Betriebsvermögen, bei den Gesellschaftern in Form ihrer Anteile. Zum Betriebsvermögen rechnen auch Darlehen, die als verdeckte Beteiligungen am Gesellschaftskapital zu betrachten sind.

Betriebsvermögen bei Personengesellschaften

Bei OHG und KG werden alle Wirtschaftsgüter zu einer wirtschaftlichen Einheit des Betriebsvermögens zusammengefaßt, wenn sie auch einen Gewerbebetrieb unterhalten; dabei ist es gleichgültig, ob die Wirtschaftsgüter diesem Gewerbebetrieb auch tatsächlich dienen. Unterhalten OHG oder KG keinen Gewerbebetrieb, sind die Wirtschaftsgüter jeweils der Vermögensart zuzuordnen, zu der sie auch sonst rechnen würden. Alle Wirtschaftsgüter, die der Gesellschaft (d. h. der Gesamtheit der Mitunternehmer) gehören, gehören zum Betriebsvermögen, gleichgültig, ob sie dem Betrieb dienen oder zu welchen Zwecken sie benutzt werden. Der Einheitswert für den Gewerbebetrieb einer Gesellschaft wird so festgestellt, als ob der Betrieb nur einer Person gehören würde. Dieser ist maßgebend für die Gewerbekapitalsteuer. Die Gesellschaft ist aber selbst nicht vermögensteuerpflichtig, sondern die einzelnen Mitunternehmer. Die Aufteilung des Einheitswertes auf sie erfolgt nach Bruchteilen; deren Höhe ist nach den Anteilen zu bestimmen, mit denen die Beteiligten an dem Vermögen zur gesamten Hand beteiligt sind (Vermögensanteil) bzw. nach dem Verhältnis dessen, was ihnen bei Auflösung zufallen würde (Liquidationsanteil). Normalerweise wird die Aufteilung so durchgeführt, daß zunächst dem Gesellschafter das auf dem Kapitalkonto nach dem Stand vom Bewertungsstichtag ausgewiesene Vermögen zugerechnet wird; der anteilige Unterschiedsbetrag zwischen der Summe der Kapitalkonten plus etwaiger Sonderkonten und dem Einheitswert des Betriebs wird aufgrund des Gewinn- und Verlustverteilungsschlüssels zugerechnet oder subtrahiert.

Betriebsvermögen, gewillkürtes

→ gewillkürtes Betriebsvermögen.

Betriebsvermögen, notwendiges

→ notwendiges Betriebsvermögen.

Beurkundung der Hauptversammlungsbeschlüsse bei der AG

Erfolgt durch einen Notar. → Verhandlungsniederschrift der Hauptversammlung der AG.

Beurscommissie van Antwerpen

→ Antwerpener Börse.

Bewertung bebauter Grundstücke

→ Grundstücksbewertung.

Bewertung des Betriebsvermögens, steuerlich

Zur Ermittlung des Einheitswertes eines Gewerbebetriebes müssen zunächst der Wert aller Besitzposten, dann der aller Schuldposten jeweils gesondert ermittelt werden. Die Differenz ergibt das Reinvermögen, das nach Abrundung auf DM 1000 den Einheitswert des Gewerbebetriebs darstellt. Für die Ermittlung des Einheitswerts ist eine besondere Aufstellung über die innerhalb des Gewerbebetriebes am Bewertungsstichtag vorhandenen Besitz- und Schuldposten zu erstellen, unabhängig davon, ob eine Steuerbilanz zu erstellen ist oder der Gewinn durch Einnahmenüberschußrechnung ermittelt wird (Vermögensaufstellung). Gehört zum Betriebsvermögen ein Anteil an einer Personengesellschaft, ist dieser wie jedes andere Wirtschaftsgut als Besitzposten aufzuführen; maßgeblicher Wert ist der darauf entfallende Anteil am Einheitswert des Betriebsvermögens der Personengesellschaft. Wertpapiere, die zum Betriebsvermögen gehören, sind in gleicher Weise zu bewerten wie Wertpapiere im Privatvermögen, also auch Aktien, GmbH-Anteile usw. Bei festverzinslichen Wertpapieren entstehen Stückzinsen. Für die Vermögensaufstellung ist davon auszugehen, daß es sich bei diesen um am Stichtag bereits entstandene, aber noch nicht fällige Kapitalforderungen handelt, die neben dem Wert der Wertpapiere gesondert anzusetzen sind, und zwar zu den Werten, die sich nach den Grundsätzen über die steuerliche Gewinnermittlung ergeben, d. h., sie sind zum Nennwert anzusetzen. Kapitalforderungen (Darlehen, Kredite usw.) sind mit denselben Werten anzusetzen, die für die Ertragsbesteuerung maßgeblich sind. Wertberichtigungen können dabei gleich hoch wie in der Steuerbilanz berücksichtigt werden. Forderungen in ausländischer Währung müssen als Kapitalforderungen ebenfalls in gleicher Weise wie in der Steuerbilanz bewertet werden; dagegen sind Schulden, deren Bedienung entweder in ausländischer Währung zu erfolgen hat oder die wahlweise in deutscher oder ausländischer Währung bedient werden können, nach dem Umrechnungskurs vom Stichtag in DM umzurechnen.

Bewertung nicht abnutzbarer Wirtschaftsgüter des Anlagevermögens, steuerlich

Nicht abnutzbare Wirtschaftsgüter des Anlagevermögens (z. B. Grund und Boden, Beteiligungen an anderen Unternehmen, Geschäftswert) sind mit Anschaffungs- oder Herstellungskosten zu bewerten. Ist der Teilwert niedriger, kann dieser angesetzt werden.

Bewertungsgesetz (BewG)

Neben der AO das wichtigste Steuergrundgesetz, in dem alle steuerlichen Bewertungsfragen geregelt sind, und das nur insoweit nicht anzuwenden ist, als spezielle Steuergesetze eigene Bewertungsvorschriften aufweisen.

Bewertungsvorschriften in der Bilanz

Allgemeine Bewertungsvorschriften: Aus den GoB folgt insbesondere der Grundsatz der Periodenabgrenzung, der durch das Realisations- und Imparitätsprinzip bestimmt und durch den Grundsatz der Vorsicht ergänzt wird. Der als Ertrag des Geschäftsjahres auszuweisende Betrag wird nach dem Realisationsprinzip bestimmt. Eine Unternehmensleistung gilt mit dem Verlassen des Verfügungsbereiches der Unternehmung und der Rechnungserstellung als realisiert. Negative Beiträge zum Jahreserfolg werden hingegen bereits in der Erkenntnisperiode als Aufwand antizipiert; wegen der ungleichen Behandlung positiver und negativer Erfolgsbeiträge wird dieser Grundsatz als Imparitätsprinzip bezeichnet. Handelsrechtliche Bewertung: Im HGB sind folgende Bewertungsgrundsätze fixiert: Sowohl für die Güter des Anlage- als auch für die des Umlaufvermögens stellen die Anschaffungs- oder Herstellungskosten Wertobergrenze dar. Bei den abnutzbaren Anlagegegenständen sind die Anschaffungs- oder Herstellungskosten um planmäßige Abschreibungen oder Wertberichtigungen zu verringern; außerplanmäßige Abschreibungen oder Wertberichtigungen können bei allen Gütern des Anlagevermögens vorgenommen werden, um die Gegenstände mit dem niedrigeren beizulegenden Wert oder dem ertragsteuerlich zulässigen niedrigeren Wert anzusetzen. Hingegen müssen bei einer voraussichtlich dauernden Wertminderung außerplanmäßige Abschreibungen oder Wertberichtigungen vorgenommen werden. Für Gegenstände des Umlaufvermögens gilt das strenge Niederstwertprinzip, d. h., von den möglichen Wertansätzen ist der jeweils niedrigste zu wählen. Verbindlichkeiten sind mit ihrem Rückzahlungsbetrag anzusetzen; ist dieser höher als der Ausgabebetrag, kann der Unterschied als aktiver Rechnungsabgrenzungsposten bilanziert werden. Rentenverpflichtungen sind mit dem Barwert anzusetzen. Steuerrechtliche Bewertung: Dabei ist zu unterscheiden zwischen Bewertung in Ertragsteuerbilanz und Vermögensteuerbilanz nach BewG. Von den handelsrechtlichen

Bewertungsvorschriften weichen die ertragsteuerlichen z. T. ab. → Steuerbilanz der AG → Steuerbilanzwert.

Bewertung von Aktien

→ Aktienbewertung.

Bewertung von Anleihen

→ Anleihebewertung.

Bewertung von Einlagen, steuerlich

Einlagen bei Unternehmen, die aus Sachwerten bestehen, sind zum Teilwert anzusetzen; sie dürfen aber in bestimmten Fällen höchstens zu Anschaffungs- oder Herstellungskosten angesetzt werden.

Bewertung von Entnahmen, steuerlich

Entnahmen sind mit dem Teilwert zu bewerten. I. d. R. kommen also die Wiederbeschaffungskosten in Betracht. Dies sind bei Wertpapieren die Börsenkurse am Tage der Entnahme, bei Grundstücken der Betrag, der für das Grundstück im Zeitpunkt der Entnahme bei einem Kauf hätte aufgewendet werden müssen.

Bewertung von festverzinslichen Wertpapieren

→ Anleihebewertung.

Bewertung von Forderungen, steuerlich

Forderungen sind grundsätzlich zum Nominalwert anzusetzen, ggfs. – vor allem bei minder- oder unverzinslichen – zum niedrigeren Teilwert. Fehlende Verzinslichkeit einer Forderung kann durch die Ausstattung der Forderung mit besonderen Vorteilen ausgeglichen werden, wenn diese nach dem Inhalt des Vertrages oder nach den Vorstellungen beider Vertragsteile eine Gegenleistung für die Gewährung des Darlehens darstellen. Auch geringfügige Forderungen müssen aktiviert werden.

Bewertung von Verbindlichkeiten, steuerlich

Als Anschaffungskosten einer Verbindlichkeit gilt der Nennwert (Rückzahlungsbetrag) der Verbindlichkeit. Schulden in ausländischer Währung (Valutaverbindlichkeiten) sind auch dann zum Nennwert anzusetzen, wenn der Kurs der ausländischen Währung gesunken ist; der höhere Teilwert der Schuld kann angesetzt werden, wenn der Kurs gestiegen ist. Darlehensschulden, bei denen der dem Schuldner zugeflossene Betrag, d. h. der Ausgabebetrag niedriger als der Rückzahlungsbetrag ist, sind mit letzterem anzusetzen; der Unterschiedsbetrag (Agio, Disagio, Damnum, Abschluß-, Bearbeitungs-, Verwaltungsgebühren) ist als Rechnungsabgrenzungsposten auf die Laufzeit des Darlehens zu verteilen.

Bewertung von Wertpapieren des Betriebsvermögens, steuerlich

Beteiligungen u. a. Wertpapiere, die zum Betriebsvermögen gehören, müssen aktiviert werden. Sie sind grundsätzlich zu Anschaffungskosten anzusetzen. Zu diesen gehören auch Nebenkosten (Notariatsgebühren, Bankprovision usw.), dagegen nicht Kreditbeschaffungskosten; diese können sofort als Betriebsausgaben abgezogen werden. Auch nachträgliche Anschaffungskosten (z. B. Aufwendungen für bereits früher erworbene Beteiligungen) müssen aktiviert werden. Wird bei Gründung einer Gesellschaft oder bei einer Kapitalerhöhung zunächst nur ein Teil eingezahlt, sind auch die Anschaffungskosten nur in dieser Höhe anzusetzen. Die bloße Einzahlungsverpflichtung kann dabei erst bei förmlicher Anforderung passiviert werden; erst in diesem Fall sind auch die Anschaffungskosten voll zu berücksichtigen. Anschaffungskosten für Wertpapiere in ausländischer Währung sind grundsätzlich zum amtlichen Devisenkurs vom Tag der Anschaffung in DM umzurechnen. Wenn der Wert von Wertpapieren dauernd und nicht nur geringfügig unter die Anschaffungskosten sinkt, kann es zum Ansatz des niedrigeren Teilwerts kommen, z. B. dann, wenn die Börsenkurse fallen oder sich bei einer DM-Aufwertung eine Wertminderung ergibt. Eine Beteiligung kann jedoch solange nicht auf den niedrigeren Teilwert abgeschrieben werden, als der aus der Summe sämtlicher Anteile für den einzelnen Anteil ermittelte Durchschnittsbetrag niedriger ist als der Börsenkurs vom Stichtag. Eine Verpflichtung zur Abschreibung auf den Teilwert besteht jedoch nicht. Teilwert ist der Betrag, den ein (gedachter) Erwerber im Rahmen des Kaufpreises des gesamten Betriebs für die Wertpapiere aufwenden würde. Anhaltspunkt für den Teilwert notierter Wertpapiere ist der Börsenkurs; er ist deshalb i. d. R. mit dem Kurswert identisch. Bei Teilwertabschreibung können die beim Erwerb angefallenen Nebenkosten nur in dem Verhältnis abgeschrieben werden, in dem der damalige Kaufpreis zu dem gesunkenen Börsenkurs steht; dies gilt auch für die früher vorhandene BUSt. Bei nichtnotierten Aktien und GmbH-Anteilen kann Teilwertabschreibung vorgenommen werden, wenn die wirtschaftliche Lage der Gesellschaft, an der die Beteiligung besteht, dies rechtfertigt (z. B. bei Konkurs, Sanierung u. a. m.). Liegen keine Verkäufe vor, aus dem ein vertretbarer Kaufpreis abgeleitet werden kann, ist der Teilwert durch Schätzung zu ermitteln. Als werterhöhend können bei einer Teilwertermittlung besondere geschäftliche Beziehungen des Steuerpflichtigen zur Unterstützung sowie ggf. seine Möglichkeit, auf deren Geschäftsführung Einfluß auszuüben, in Betracht zu ziehen sein, wenn im Hinblick darauf der Wert der Beteiligung über dem gesunkenen Börsenkurs liegt. Wertpapiere, die schon auf den Teilwert abgeschrieben sind, können in folgenden Wirtschaftsjahren wieder den gestiegenen und über dem letzten Bilanzansatz liegenden Börsenkursen als Teilwert angepaßt werden, jedoch höchstens bis zu den Anschaffungskosten; eine Verpflichtung dazu besteht nicht. Auch Zwischenwerte können angesetzt werden. Wertpapiere des Umlaufvermögens sind in der Steuerbilanz gleichfalls zu Anschaffungskosten anzusetzen. Auch hier kann eine Abschreibung auf den niedrigeren Teilwert erfolgen. Zu verfahren ist in gleicher Weise wie bei den Wertpapieren des Anlagevermögens. Hier können aber auch die einzelnen Anteile, wenn ihr Börsenkurs unter den Anschaffungskosten liegt, stets mit dem niedrigeren Teilwert angesetzt werden. Zur Bewertung von Einlagen und Entnahmen von Wertpapieren: Wertpapiere sind als Einlage mit dem Teilwert, also i. d. R. zum Börsenkurs vom Tage der Einlage (und nicht mit dem Teilwert vom letzten Bilanzstichtag) anzusetzen. Anstelle des höheren Börsenkurses vom Tag der Einlage müssen die niedrigeren Anschaffungskosten angesetzt werden, wenn die Wertpapiere erst innerhalb der letzten 3 Jahre vor der Zuführung angeschafft worden sind oder es sich dabei um Anteile an einer Kapitalgesellschaft handelt, an der der Einbringende beteiligt ist. Wie bei der Einlage ist auch zu verfahren, wenn die Wertpapiere einer Unternehmung bei der Eröffnung zugeführt werden. Wertpapiere, die dem Betriebsvermögen entnommen werden, sind mit dem Teilwert vom Zeitpunkt der Entnahme anzusetzen. Liegt der Teilwert über den Anschaffungskosten bzw. über dem Buchwert, ergibt sich ein steuerpflichtiger Gewinn, liegt er darunter, ein abzugsfähiger Verlust. Bei Überführung von Wertpapieren von einem in einen anderen Betrieb des Steuerpflichtigen liegen weder Entnahme noch Einlage vor; auch unentgeltliche Übertragung eines Betriebs, Teilbetriebs oder Anteils an einem Betrieb führt nicht zu einer Entnahme. Ein Tausch von Anteilsrechten an Kapitalgesellschaften führt grundsätzlich zur Realisierung der im Buchwert der abgegebenen Anteile enthaltenen stillen Reserven außer in den Fällen, in denen bei wirtschaftlicher Betrachtung wegen Wert-, Art- und Funktionsgleichheit der getauschten Anteile Nämlichkeit der hingegebenen und der erhaltenen Anteile zu bejahen ist.

bezahlt

→ Kurszusätze.

bezahlt Brief, bezahlt Geld

→ Kurszusätze.

bezB, bzB, bB

Abk. f. bezahlt und Brief. → Kurszusätze.

bezBr, bzBr, bBr

Abk. f. bezahlt Brief repartiert bzw. rationiert = beschränkte Abnahme. → Kurszusätze.

bezahlter Kurs

Börsenkurs, zu dem mind. eine Schlußeinheit an der Börse umgesetzt worden ist.

bezG, bzG, bG

Abk. f. bezahlt und Geld. → Kurszusätze.

bezGr, bzGr, bGr

Abk. f. bezahlt Geld rationiert bzw. repartiert = beschränkte Zuteilung. → Kurszusätze.

Bezüge

Kurzbez. f. Bezugsrechte (vor allem auf junge Aktien, ferner auf Wandel- und Optionsschuldverschreibungen).

Bezüge der Mitglieder des Vorstands, des Aufsichtsrats und eines Beirats der AG

Sind im Anhang zum Jahresabschluß getrennt anzugeben. Gesondert auszuweisen sind die Gesamtbezüge der früheren Vorstandsmitglieder und ihrer Hinterbliebenen.

Bezüge des Vorstands der AG

Bei der Festsetzung der Gesamtbezüge (Gehalt, Gewinnbeteiligung, Aufwandsentschädigung, Versicherungsentgelte, Provisionen, Nebenleistungen jeder Art) des einzelnen Vorstandsmitglieds hat der Aufsichtsrat dafür zu sorgen, daß die Gesamtbezüge in einem angemessenen Verhältnis zu den Aufgaben des Vorstandsmitglieds und zur Lage der AG stehen. Dies gilt sinngemäß für Ruhegehalt,

Hinterbliebenenbezüge und Leistungen verwandter Art.

Bezugnahmeprospekt

Verkürzter Börsenzulassungsprospekt, der den Bezug zu einem voraufgegangenen herstellt. Die Veröffentlichung des letzteren darf nicht mehr als 1 Jahr zurückliegen. → Prospekterleichterungen.

Bezugsaktien

Junge Aktien, die insbesondere bei einer bedingten Kapitalerhöhung für bestimmte Zwecke ausgegeben werden. → bedingte Kapitalerhöhung.

Bezugsangebot, -aufforderung

Bekanntmachung zum Bezug der neuen (jungen) Aktien. Die Veröffentlichung der Bezugsbedingungen hat im Bundesanzeiger und in den Gesellschaftsblättern und bei Börsenpapieren auch in mind. einem Pflichtblatt der Börse zu erfolgen, an der die Aktien der AG im amtlichen Verkehr oder im Geregelten Markt gehandelt werden. Die Banken teilen ihren Depotkunden das Bezugsrecht schriftlich mit und erwarten Weisungen, ob bzw. inwieweit das Bezugsrecht ausgeübt oder verkauft werden soll. Falls sich der Kunde seiner Bank gegenüber nicht äußert, werden die Bezugsrechte am letzten Handelstag verkauft.

Bezugsbedingungen

Modalitäten einer Kapitalerhöhung und Einzelheiten ihrer Durchführung wie Bezugsfristen, Bezugsverhältnis, Bezugskurs, Termin der Einzahlung des Bezugspreises, Gewinnbeteiligung der jungen Aktien u. dgl.

Bezugsfrist

Zeitspanne für die Ausübung des Bezugsrechts (mind. 2 Wochen), in der der Aktionär zu entscheiden hat, ob er sich an einer Kapitalerhöhung beteiligt oder nicht. Gewöhnlich wird bankintern eine Nachfrist für säumige Aktionäre eingeräumt.

Bezugskurs, -preis

Preis, der bei Bezug einer jungen Aktie zu bezahlen ist. Legt also den Preis fest, zu dem ein Bezugsrecht bei der Emission neuer Aktien bei einer Kapitalerhöhung ausgeübt werden kann. Wird in % des Nennwerts oder DM festgesetzt und darf nicht unter pari liegen. Bei Wandelanleihen wird ein Bezugskurs bzw. -preis für den etwaigen Bezug von Aktien der AG während der vorgesehenen Bezugsfrist festgesetzt.

Bezugsrecht (1)

Das AktG schreibt vor, daß bei einer Kapitalerhöhung die jungen Aktien den Aktionären der AG im Verhältnis ihres Anteilsbesitzes zum Erhöhungsbetrag anzubieten sind: Jedem Aktionär muß auf sein Verlangen ein seinem Anteil an dem bisherigen Grundkapital entsprechender Teil der neuen Aktien zugeteilt werden (→ Kapitalerhöhung gegen Einlagen). Für die Ausübung des Bezugsrechts wird eine Frist von mind. 2 Wochen bestimmt (Bezugsfrist). Der Vorstand hat den Ausgabebetrag und gleichzeitig die vorgenannte Frist in den Gesellschaftsblättern bekanntzumachen. Das Bezugsrecht kann ganz oder z. T. nur im Beschluß über die Erhöhung des Grundkapitals ausgeschlossen werden. In diesem Fall bedarf der Beschluß neben den in Gesetz oder Satzung für die Kapitalerhöhung aufgestellten Erfordernissen einer Mehrheit, die mind. ¾ des vertretenen Grundkapitals umfaßt. Die Satzung kann eine größere Kapitalmehrheit und weitere Erfordernisse bestimmen. Ein Beschluß, durch den das Bezugsrecht ganz oder z. T. ausgeschlossen wird, darf nur gefaßt werden, wenn die Ausschließung ausdrücklich und ordnungsgemäß bekanntgemacht worden ist. Als Ausschluß des Bezugsrechts ist es nicht anzusehen, wenn nach dem Beschluß die neuen Aktien von Banken mit der Verpflichtung übernommen werden sollen, sie den Aktionären zum Bezug anzubieten. Der Vorstand hat das Bezugsangebot der Bank unter Angabe des für die Aktien zu leistenden Entgelts und einer für die Annahme des Angebots gesetzten Frist in den Gesellschaftsblättern bekanntzumachen. Gleiches gilt, wenn die neuen Aktien von einem anderen als einer Bank mit der Verpflichtung übernommen werden sollen, sie den Aktionären zum Bezug anzubieten. Da Bezugsrechte selbständig handelbare Werte sind, unterliegt ihre Bewertung an den Börsen den Einflüssen, die sich in Angebot und Nachfrage niederschlagen. Bezugsrechte können während der gesamten Bezugsfrist (außer den für die Lieferung erforderlichen 2 letzten Tagen) gehandelt werden; die Handelsfrist beträgt 8–15 Börsentage. Wer sein Bezugsrecht nicht ausüben will, kann es über die Börse verkaufen; auch können Käufe oder Zukäufe von Bezugsrechten vorgenommen werden. Der rechnerische Bezugsrechtswert wird am 1. Handelstag vom Kurs der Altaktie abgezogen. Wie bei der Ausgabe von Berichtigungsaktien erhält der Altaktionär nichts, was ihm nicht schon gehörte: Das Bezugsrecht ist eine Entschädigung für die Kapitalverwässerung durch die Kapitalerhöhung. Das gesetzliche Bezugsrecht von Altaktionären besteht auch bei der Kapitalerhöhung aus Gesellschaftsmitteln, der Ausgabe von Wandel-, Options- und Gewinnschuldverschreibungen.

Bezugsrecht (2)

Bei einer Lebensversicherung mit Todesfalleistung kann der Versicherungsnehmer einem bzw. mehreren Dritten ein Bezugsrecht einräumen. Dies ist eine Verfügung unter Lebenden, die die Versicherungsleistung aus dem Nachlaß herauslöst. Es stellt das Recht dar, über Leistungen aus dem Versicherungsvertrag unter bestimmten Bedingungen verfügen zu können.

Bezugsrecht auf Optionsanleihen

→ Bezugsrecht auf Wandelobligationen; die Aussagen gelten sinngemäß.

Bezugsrecht auf Wandelobligationen

Da eine Wandelobligationenemission auch die Interessen der Aktionäre direkt berührt, ist für die Beschlußfassung bei einer Emission ¾-Mehrheit der HV erforderl. Die Aktionäre haben auf Wandelobligationen das gleiche Bezugsrecht wie auf Aktien. Exakte Errechnungsmöglichkeit für den Wert des Wandelanleihebezugsrechts ähnlich der für den Wert junger Aktien gibt es nicht, da sich der Kurs aufgrund subjektiver Einschätzung der Chancen und Risiken der Wandelobligation einspielt.

Bezugsrecht, Besteuerung

Einkünfte aus der Verwertung des Bezugsrechts unterliegen bei Privatpersonen i.d.R. nicht der ESt. Der Vorgang wird vielmehr als (nicht ertragsteuerpflichtige) Umschichtung schon vorhandenen Vermögens gewertet. Werden jedoch z. B. Bezugsrechte mit 20 DM gekauft und später mit 30 DM wieder verkauft, ist der Gewinn einkommensteuerpflichtig, wenn er DM 1000 übersteigt oder zusammen mit Gewinnen aus anderen Wertpapiergeschäften, bei denen zwischen Kauf und Verkauf weniger als 6 Monate liegen, im Kalenderjahr mehr als DM 1000 beträgt. → Spekulationsgeschäfte, steuerlich.

Bezugsrechte und junge Aktien, steuerliche Bewertung

Wird bei einer Kapitalerhöhung ein Bezugsrecht gewährt, gehört dieses, wenn die alten Aktien zum Betriebsvermögen gehören, ebenfalls dazu. Da ein Teil des Wertes der alten Aktien auf das Bezugsrecht übergeht, ist ihm ein entsprechender Teil des für die alte Aktie maßgeblichen Buchwertes zuzuordnen. Nach der Gesamtwertmethode, die überwiegend vertreten wird, ergibt sich als Buchwertanteil des Bezugsrechts:

$$\frac{\text{Buchwert der alten Aktie} \times \text{Börsenkurs des Bezugsrechts}}{\text{Börsenkurs der alten Aktie vor Kapitalerhöhung}}$$

Gleichzeitig mit der Bewertung des Bezugsrechts wird auch eine Neubewertung der alten Aktie notwendig. Beim Aktienerwerb aufgrund von Wandelschuldverschreibungen tritt die Aktie an deren Stelle. Hier bilden der Buchwert der Wandelanleihe zusammen mit evtl. Zuzahlungen die Anschaffungskosten der Aktie. Beim Aktienerwerb aufgrund von Optionsanleihen ist zur Ermittlung des Buchwertes der neuen Aktien wie bei einer Kapitalerhöhung zu verfahren, d. h., er ist aus dem Buchwert der Anleihe abzuleiten.

Bezugsrechtsabschlag

Ermäßigung des Börsenkurses einer Aktie um den Wert des Bezugsrechts zu Beginn des Bezugsrechtshandels. Die alten Aktien werden dann ab 1. Bezugsrechtshandelstag mit Zusatz ex Bezugsrecht gehandelt. Die bis dahin vorliegenden Börsenaufträge erlöschen mit Ablauf des vorhergehenden Börsentages.

Bezugsrechtsarbitrage

Bei Bezugsrechtsarbitrage ergibt sich nicht nur die Arbitragemöglichkeit von Ort zu Ort, sondern darüber hinaus aufgrund der verschiedenen Erscheinungsformen des Bezugsrechtswertes auch auf den verschiedenen Teilmärkten der gleichen Börse. Der Wert eines Bezugsrechts ist bis zum Abschlag ein Bestandteil der Altaktie; es kann gleichzeitig aber auch selbständig gehandelt werden und geht nach Durchführung der Kapitalerhöhung ganz oder teilweise in den Wert der neu emittierten Aktien ein. Hierdurch bedingt, zerfällt der Markt für Bezugsrechte in 3 Teilmärkte, auf denen Bezugsrechte in verschiedener Form angeboten oder nachgefragt werden. Die eine Möglichkeit, Bezugsrechtsarbitrage an der gleichen Börse zu betreiben, ist an die Voraussetzung gebunden, daß das Bezugsrecht unter seinem rechnerischen Wert notiert, ohne daß der Kurs der Altaktie einschl. Bezugsrecht entsprechend fällt. Dann kauft der Arbitrageur das billige Bezugsrecht und bezieht nach Ablauf der Notierungsfrist junge Aktien. Der Bezugsrechtsabschlag liegt, der schwachen Notiz entsprechend, ebenfalls unter dem rechnerisch ermittelten Wert des Bezugsrechts, so daß die nun gleichberechtigten jungen Aktien zu relativ hohem Kurs wieder verkauft werden können. Die Voraussetzung der anderen Arbitragemöglichkeit ist, daß bei einem Ansteigen des Bezugsrechtskurses über seinen rechnerischen Wert hinaus der Kurs der Altaktien unverändert bleibt oder sogar sinkt. Der Vorteil besteht in diesem Fall im Kauf relativ billiger Altaktien. Ihr Bezugsrecht kann dann zu hohem Kurs verkauft werden. Der hohen Bezugsrechtsnotiz entsprechend wird jedoch auch der Abschlag einen relativ hohen Wert darstellen, den Aktienkurs nach der Kapitalerhöhung also zunächst stärker als rechnerisch erwartet senken. Der Arbitrageur muß, um einen Gewinn realisieren zu können, mit dem Verkauf der Papiere bis zu einem Kursanstieg warten.

Bezugsrechtsausschluß

→ Ausschluß des Bezugsrechts.

Bezugsrechtsausübung

Erfolgt nach Maßgabe der im Bezugsangebot bekanntgegebenen Bezugsbedingungen. I. d. R. wird der Aktionär, der sein Bezugsrecht ausüben will, seine Depotbank beauftragen, die jungen Aktien zu beziehen. Das Bezugsrecht wird meist durch die Vorlage eines in den Bezugsbedingungen bezeichneten Dividendenscheins geltend gemacht. Sollte ein Kunde seiner Bank bis zum vorletzten Tag der Bezugsrechtsnotierung keinen Auftrag zur Bezugsrechtsausübung erteilt haben, verkauft diese i. d. R. das Bezugsrecht am letzten Handelstag für Rechnung ihres Kunden an der Börse. Bei Wandel- und Optionsanleihen sind die Modalitäten für die Ausübung des Bezugsrechts von Anfang an festgelegt. Bei Wandelschuldverschreibungen wird die Schuldverschreibung unter Zuzahlung des Aufgeldes in Aktien der betreffenden AG umgetauscht. Bei Optionsanleihen können die Aktien durch Einlösung des Optionsscheins und Zahlung des festgelegten Optionspreises erworben werden. Der Optionsschein ist jedoch ähnlich dem Bezugsrecht auch selbständig handelbar.

Bezugsrechtsbewertung, rechnerisch

Rechnerische Wertermittlung des Bezugsrechts auf junge Aktien an einem Beispiel: Eine AG hat ein Grundkapital von DM 200 Mio.; ihre Aktien werden an der Börse zu DM 400 gehandelt. Sie will ihr Grundkapital um DM 50 Mio. auf DM 250 Mio. erhöhen (Verhältnis 4:1). Die jungen Aktien sollen zu DM 200 emittiert werden. Der rechnerische Wert des Bezugsrechts errechnet sich wie folgt:

4 alte Aktien haben einen Kurswert von zusammen	DM 1600
1 darauf entfallende junge Aktie kostet	DM 200
5 Aktien haben einen Mischkurs von zusammen	DM 1800
1 Aktie hat einen Mischkurs von	DM 360

Somit ergibt sich ein rechnerischer Wert des Bezugsrechts, das zu einer alten Aktie gehört, von DM 400 – DM 360 = DM 40. Wenn die Angebots-Nachfrage-Konstellation nicht für einen vom rechnerischen Wert abweichenden Kurs sorgt, notiert das Bezugsrecht an der Börse zum rechnerischen Wert. Die alten Aktien werden ex Bezugsrecht, d. h. zu – theoretisch – DM 360 gehandelt. Nach mehr oder weniger langer Zeit gleicht sich der Kurs der jungen Aktien dem der alten an, und beide werden zum gleichen Kurs gehandelt; alte und junge Aktien werden nicht mehr getrennt notiert. Als Formel zur schnellen Errechnung des Bezugsrechtswerts ergibt sich aus nachstehender Beispielrechnung: siehe → Bezugsrechtsbewertung. Legt man zur Wertberechnung des Bezugsrechts das dargestellte üblicherweise auf Substanzwerten beruhende Verfahren zugrunde, ist es – unabhängig von der absoluten Höhe des Bezugsrechtswerts – unsinnig, ein Bezugsrecht als „wertvoll", „günstig", und ein anderes als „geringwertig", „schlecht" zu bezeichnen. In jedem Falle ist das Produkt aus dem Wertverlust an jeder der alten Aktien und der Zahl dieser Aktien gleich dem Produkt aus Kursgewinn an der jungen Aktie und Anzahl der jungen Aktien.

Bezugsrechtsdispositionen

Bei einem konstanten Börsenkurs, also unter der Voraussetzung gleicher Gesamtbewertung des Unternehmungsvermögens durch die Börse, ist es für die Vermögenslage des Aktionärs gleichgültig, ob er Bezugsrechte vollständig, teilweise oder nicht ausübt. Es findet lediglich eine Vermögensumschichtung insofern statt, als im

1. Fall eine Umwandlung liquider Mittel in Aktien und im 3. Fall das Umgekehrte erfolgt. Jedoch kann der Aktionär nicht mit rechnerischen Bezugsrechten und gleichbleibenden Kursen kalkulieren; er muß auch die Reaktion der übrigen Marktbeteiligten berücksichtigen und Kurssteigerungen und -abschwächungen einzuschätzen versuchen. Ein Bezug junger Aktien ist empfehlenswert, wenn der neue innere Wert (P) der Anlage nach der Kapitalerhöhung (N) abzüglich der für den Bezug aufgewendeten Mittel (n . b) größer ist als der neue innere Wert (P) der alten Nominalbeteiligung (A) zuzügl. Bezugsrechtserlös (B · A):

$$NP - nb > AP + BA$$

Dem Altaktionär, der sich zu einer Vermehrung seines Aktienbesitzes entschlossen hat, stehen neben dem normalen Bezug junger Aktien weitere Wege offen.

Bezugsrechtsdisposition:

$$x = \frac{\text{Bezugskurs der jungen Aktien} \times \text{Aktienbesitz des Aktionärs nominal}}{\begin{matrix}\text{rechnerischer Wert}\\\text{des Bezugsrechts}\end{matrix} \times \begin{matrix}\text{zum Bezug einer jungen Aktie}\\\text{erforderliche Zahl an Altaktien}\end{matrix} + \begin{matrix}\text{Bezugskurs der jungen}\\\text{Aktien}\end{matrix}}$$

Je nach Kursentwicklung an den einzelnen Teilmärkten kann er von einer für ihn vorteilhaften Möglichkeit Gebrauch machen: (1) Der tatsächliche Bezugsrechtswert ist unter den rechnerischen Wert gesunken. Der Kurs der Altaktie bleibt trotzdem auf seiner alten Höhe. In diesem Fall kann der Altaktionär seinen Besitz an Aktien verkaufen, gleichzeitig die erforderliche Anzahl von Bezugsrechten kaufen und anschließend junge Aktien beziehen. (2) Das Bezugsrecht notiert über seinem rechnerischen Wert. Der Kurs der Altaktie trägt dieser Bewertung nicht durch entsprechenden Anstieg Rechnung. Es ist vorteilhaft, die Vermehrung des Aktienbesitzes nicht durch Bezug vorzunehmen, sondern das Bezugsrecht zu verkaufen, die Altaktien zu behalten und nach dem Bezugsrechtsabschlag die gewünschte Menge junger Aktien an der Börse zu kaufen. Der Mehrerlös aus dem Verkauf des hochbewerteten Bezugsrechts bietet den Ausgleich für die zu erwartende, ebenfalls über den rechnerischen Wert hinausgehende Wertminderung des Aktienbesitzes durch den Bezugsrechtsabschlag. (3) Natürlich können auch die bezugswilligen Nichtaktionäre in der dargestellten Weise disponieren. Ihnen bieten sich unter Berücksichtigung der jeweiligen Kursentwicklung ebenfalls die entsprechenden, unterschiedlich günstigen Möglichkeiten. (4) Der nicht bezugswillige Aktionär hat gleichfalls die Wahl zwischen einer selbständigen Veräußerung seiner Bezugsberechtigung und dem Gesamtverkauf seines Aktienbesitzes mit anschließendem Rückkauf des gleichen Nominalbetrages zum Kurs ex Bezugsrecht. Welche Alternative erwählt, hängt im Einzelfall von der Kursnotiz auf den beiden Märkten während der Notierungsfrist für das Bezugsrecht ab. Während ein über dem rechnerischen Wert liegender Bezugsrechtskurs die Entscheidung zu einem selbständigen Verkauf positiv beeinflussen wird, kann eine überproportional große Kurssteigerung der Altaktien in dieser Zeit den zweiten Weg anraten. Allerdings ist auch hier zu berücksichtigen, daß die durch diese Überlegungen ausgelösten Nachfrage- und Angebotsverschiebungen den vorher maßgeblichen Tendenzen entgegenwirken können. (5) Eine weitere Verwertungsalternative für das Bezugsrecht besteht in einer Kombination von Veräußerung und Bezug: Wenn der Aktionär neue Mittel zum Bezug nicht aufwenden will oder kann, kann er so viele Bezugsrechte verkaufen, daß ihr Erlös gerade ausreicht, um eine Anzahl junger Aktien zu beziehen (opération blanche). Der Nominalbetrag alter Aktien, deren Bezugsrechte zu diesem Zweck verkauft werden müssen (x), ergibt sich als: siehe unten.

Der Nominalbetrag alter Aktien, deren Bezugsrechte ausgeübt werden können (y), ist:

$$y = \text{Aktienbesitz des Aktionärs nom.} - x$$

Das Bezugsrecht bietet also einem Aktionär die Möglichkeit, im Zuge einer Kapitalerhöhung den Nominalwert des bisherigen Aktienbesitzes auch ohne zusätzlichen Kapitaleinsatz, nämlich durch partielle Ausnutzung seiner Bezugsansprüche, zu erhöhen.

Bezugsrechtshandel

An deutschen Börsen beginnt der Bezugsrechtshandel, abgesehen von Sonderregelungen durch den Börsenvorstand, am 1. Tag der Bezugsfrist und erstreckt sich über die gesamte Bezugsfrist mit Ausnahme der beiden letzten Bezugstage, die für die Belieferung von Geschäften in Bezugsrechten freibleiben. Aktionäre, die ihr Bezugsrecht nicht ausüben wollen, und

Bezugsrechtsbewertung:

$$\text{rechnerischer Bezugsrechtswert} = \frac{\text{Börsenkurs der alten Aktien} - \text{Emissions-(Bezugs-)kurs der jungen Aktien}}{\text{Bezugsverhältnis} + 1}$$

Darin ist:

$$\text{Bezugsverhältnis} = \frac{\text{Zahl der alten Aktien bzw. altes Grundkapital}}{\text{Zahl der jungen Aktien bzw. nominaler Kapitalerhöhungsbetrag}}$$

Handelt es sich nicht um eine Kapitalerhöhung mit Bareinzahlungen, sondern eine Kapitalerhöhung aus Gesellschaftsmitteln, ist in der Formel im Zähler als Bezugspreis der jungen Aktien Null einzusetzen; sie wird also zu:

$$\text{rechnerischer Bezugsrechtswert} = \frac{\text{Börsenkurs der alten Aktien}}{\text{Bezugsverhältnis} + 1}$$

Die Grundformel der rechnerischen Bezugsrechtswertermittlung bedarf einer Modifizierung, wenn sich Minderrechte der jungen Aktien gegenüber den alten ergeben. So sind die jungen Aktien nicht immer von Anfang an den alten im Anspruch auf Dividende gleichgestellt. Vielmehr findet sich oft die Bestimmung, daß die jungen Aktien an der Dividende des laufenden Jahres nur zur Hälfte partizipieren sollen. Dadurch wird der rechnerische Wert des Bezugsrechts geringer:

$$\text{rechnerischer Bezugsrechtswert} = \frac{\text{Börsenkurs der alten Aktien} - \left(\text{Emissionskurs der jung. Aktien} + \frac{1}{2}\,\text{der Dividende auf die alten Aktien}\right)}{\text{Bezugsverhältnis} + 1}$$

Würden die jungen Aktien besser gestellt als die alten, wäre in der Formel nur das Vorzeichen vor dem Dividendensatz im Zähler umzukehren. Würde die Dividendenausschüttung auf die jungen Aktien pro rata temporis erfolgen, d. h. im Kapitalerhöhungsjahr wird die Dividende für die Anzahl der Tage von Einzahlung des Bezugspreises bis Jahresende gezahlt, würde auf die jungen Aktien eine Dividende von

$$\text{Dividendensatz} \times \frac{\text{Zahl der Tage vom Tag der Bezahlung des Bezugspreises bis zum Jahresende}}{\text{360 Tage}}$$

Der Unterschied gegenüber der Dividende auf die alten Aktien ist also

$$\text{Dividendensatz} \times 1 - \frac{\text{Zahl der Tage vom Tag der Bezahlung des Bezugspreises bis zum Jahresende}}{\text{360 Tage}}$$

$$\text{rechnerischer Bezugsrechtswert} = \frac{\text{Börsenkurs der alten Aktien} - \text{Emissionskurs der jungen Aktien} + \text{Dividendensatz} \times 1 - \frac{\text{Zahl der Tage vom Tag der Bezahlung des Bezugspreises bis zum Jahresende}}{\text{360 Tage}}}{\text{Bezugsverhältnis} + 1}$$

$$\text{Kurs der Altaktie nach Bezugsrechtsabschlag} = \text{Kurs der Altaktie vor Bezugsrechtsabschlag} \times \frac{\text{Zahl der Altaktien (bisheriges Grundkapital)}}{\text{Zahl der alten + jungen Aktiven (neues Grundkapital)}} + \text{Emissionspreis der jungen Aktien} \times \frac{\text{Zahl der jungen Aktien (Grundkapitalerhöhungsbetrag)}}{\text{Zahl der alten + jungen Aktien (neues Grundkapital)}}$$

Interessenten, die Bezugsrechte erwerben wollen, lassen ihre Aufträge durch die Banken im Bezugsrechtshandel ausführen. Vom 1. Bezugsrechtshandelstag an werden – abgesehen von Sonderregelungen – die alten Aktien ex Bezugsrecht gehandelt und notiert. Sämtliche Aufträge für die Aktien der AG erlöschen mit Ablauf des vorhergehenden Börsentages. Die Bezugsaufforderung ist spätestens am 4. Börsentag vor Beginn der Bezugsfrist zu veröffentlichen. Bezugsrechte werden nicht variabel gehandelt. Bezugsrechte, über die bis zum vorletzten Handelstag noch nicht verfügt worden ist, werden von der verwahrenden Bank am letzten Handelstag für das Bezugsrecht zum Verkauf aufgegeben.

Bezugsrechtskurs

Kurs, der für den Erwerb eines Bezugsrechts während des Bezugsrechtshandels an der Börse gezahlt werden muß. Die Höhe des Bezugsrechtskurses richtet sich i. d. R. nach dem Bezugsrechtswert, der wiederum abhängt vom Kurs der alten Aktie, dem Kurs der neuen Aktie und dem Bezugsverhältnis. Der Bezugsrechtskurs wird an der Börse aber auch von Angebot und Nachfrage bestimmt. Das Bezugsrecht kann deshalb an der A-Börse mit einem anderen Kurs bewertet werden als an der B-Börse. Nach Möglichkeit dürfte versucht werden, größere Kursabweichungen zu vermeiden. Das wird gelingen, wenn eine Bank den Bezugsrechtskurs an allen Börsen reguliert. Bei unzureichendem Angebot oder bei fehlender Nachfrage wird für das Bezugsrecht kein Kurs notiert. Die Bezugsrechtsparität wird aufgrund des Aktienkurses am 1. Tag des Bezugsrechtshandels berechnet. Sind die neuen Aktien nicht mit demselben Gewinnanspruch wie die alten Aktien ausgestattet, ist bei der Ermittlung des rechnerischen Wertes des Bezugsrechts vom Kurs der alten Aktien zuerst die letzte Gewinnausschüttung (Dividende bzw. Dividende + Bonus) ganz oder anteilig abzuziehen. → Bezugsrechtsbewertung, rechnerisch.

Bezugsrechtsnotierung

Der Handel in Bezugsrechten und damit auch deren Börsenkursnotierung beginnt am 1. Tag der Bezugsfrist und geht über die gesamte Frist, außer den beiden letzten Tagen der Bezugsfrist, die für Regulierungszwecke davon frei bleiben.

Bezugsrechtsobligation

→ Optionsanleihe (-obligation, -schuldverschreibung).

Bezugsrechtsparität

Rechnerischer Wert des Bezugsrechts. → Bezugsrechtsbewertung, rechnerisch.

Bezugsrecht, Zusicherung

Rechte auf den Bezug neuer Aktien können nur unter Vorbehalt des Bezugsrechts der Aktionäre zugesichert werden. Zusicherungen vor dem Beschluß über die Erhöhung des Grundkapitals sind der AG gegenüber unwirksam.

Bezugsschein

Andere Bez. f. Gewinnanteil- oder Dividendenschein (Coupon).

Bezugsscheinbogen

Andere Bez. f. Gewinnanteil- oder Dividendenscheinbogen (Bogen, Couponbogen).

Bezugsscheine auf Aktien

Bez. f. Wertpapiere und Wertrechte, die ein Aktienbezugsrecht verbriefen, z. B. Optionsanleihen bzw. warrants, Wandelschuldverschreibungen.

Bezugstag

Der 1. Tag, an dem die auf das Bezugsrecht bezogenen Wertpapiere ausgeliefert werden. I. w. S. nennt man alle Tage innerhalb der Bezugsfrist Bezugstage.

Bezugsverhältnis

Verhältnis, das bei einer Grundkapitalerhöhung die Anzahl alter Aktien in Relation zu den jungen Aktien bezeichnet. Z. B. 3:2, d. h., auf 3 alte Aktien entfallen 2 junge; ist das bisherige Grundkapital 300 Mill. DM, wird es auf 500 Mill. DM erhöht.

Bezugsverhältnis, glattes

Bez. f. den Fall, wenn bei einer Grundkapitalerhöhung ein Bezugsverhältnis besteht, bei dem auf eine „runde“, u. U. niedrige Zahl alter Aktien eine ebenfalls „runde“ Zahl junger Aktien entfällt. Ein glattes Bezugsverhältnis wäre z. B. 1:1, 2:1, 3:1 usw., wohl auch noch 3:2, 4:2 u. ä. Nicht als glatte Bezugsverhältnisse dürften gelten z. B. 7:3, 13:1 u. ä. Eine exakte Definition existiert aber nicht.

bG

Abk. f. bezahlt und Geld: Zum angegebenen Kurs wurden Aufträge ausgeführt; es blieb aber ein Teil der Nachfrage unerfüllt. → Kurszusätze.

BGB

Abk. f. The Belgian Government Bond Future Contract.

BGBl

Abk. f. Bundesgesetzblatt.

bgls.

Abk. f. bogenlos.

BIB

Abk. f. The BIBOR 3 Month Future Contract.

bid

Nachfrage, Geld. Gegens.: asked (Angebot, Brief).

bid price

Bei Investmentanteilen der Rücknahmepreis. Auch: Geldkurs.

BIFFEX

Abk. f. Baltic International Freight Futures Market.

BIFOS

Abk. für Börseninfomations- und Ordersystem. Von der Rheinisch-Westfälischen Börse zu Düsseldorf entwickelt. Findet Anwendung an einigen Regionalbörsen, wird dort aber Zug um Zug durch → BOSS-CUBE ersetzt.

Big Bang

Eher scherzhafte Umschreibung der einschneidenden Deregulierungsmaßnahmen, die am englischen Wertpapiermarkt Ende 1986 vorgenommen wurden. Unter anderem wurden zum einen sog. broker-dealer zugelassen, die sowohl die Tätigkeit als broker, also die kommissionsweise Ausführung von Aufträgen Dritter, als auch die Tätigkeit als jobber, die lediglich Eigenhandel betreiben, ausüben können. Zum anderen sind die Provisionssätze nunmehr aushandelbar. Auch Beteiligungen ausländischer Finanzinstitute an englischen broker- und jobber-Häusern sind erlaubt.

Big Board

(Inoffizieller) Name der New York Stock Exchange.

big figure

Die ersten Stellen eines Devisenkurses; z. B. bei einem $-Kurs von DM 1,7055 die Stellen 1,70.

Bilanz

Abschlußkonto der Buchhaltung, das der Erfassung und Gegenüberstellung – mind. einmal jährlich – der bilanzierungsfähigen Vermögenswerte, Eigenkapital- und Schuldenposten einer Unternehmung dient. Zu unterscheiden sind Handels- und Steuerbilanz.

Bilanzanalyse

Untersuchung der Bilanz einer Unternehmung zum Zweck der Beurteilung dieser Unternehmung aufgrund unterschiedlicher Motive. So unterscheidet man im wesentlichen zwischen interner und externer Bilanzanalyse. Die interne Bilanzanalyse ist als ein Teil des betrieblichen Controlling anzusehen. Sie dient der Geschäftsleitung zur Informationsgewinnung. Die externe Bilanzanalyse wird von außenstehenden Personen oder Institutionen durchgeführt oder veranlaßt, um durch die Analyse der publizierten oder vorgelegten Handels- oder Steuerbilanzen Einblick in die betreffende Unternehmung zu bekommen. Häufiges Motiv der externen Bilanzanalyse ist die Kreditwürdigkeitsprüfung, die vor allem durch Gesellschafter vor der Übernahme einer langfristigen Beteiligung oder durch Banken vor der Kreditvergabe durchgeführt wird. Externe Bilanzanalyse erfolgt zudem bei Steuerprüfungen durch das Finanzamt oder, insbesondere bei großen Unternehmen wie Publikumsaktiengesellschaften, durch die Wirtschaftspresse u. a. Institutionen. Inhalt der Bilanzanalyse ist die Untersuchung bestimmter Aktiv- und Passivpositionen sowie die Bildung verschiedener Relationen zwischen einzelner Positionen der Aktiv- oder Passivseite und von Relationen zwischen Aktiv- und Passivpositionen (Bilanzkennzahlen). Wichtigstes Instrument der Fundamentalanalyse.

Bilanz der AG

Für AG sind aufgrund des HGB Erstellung und Gliederung der Bilanz zwingend vorgeschrieben. Sog. kleine Kapitalgesellschaften i. S. v. § 267 Abs. 1 HGB brauchen nur eine verkürzte Bilanz aufzustellen. Die Aktiva sind grundsätzlich geordnet in der Reihenfolge abnehmender Kapitalbindungsdauer, d. h., zunächst werden die Positionen des Anlagevermögens, dann diejenigen des Umlaufvermögens aufgeführt. Die Passivseite ist gegliedert in der Reihenfolge abnehmender Fristigkeit des zur Verfügung stehenden Kapitals. So wird als erste Position das der Unternehmung für unbegrenzte Zeit zur Verfügung stehende gezeichnete Kapital aufgeführt. Es folgen die offenen Kapital- und Gewinnrücklagen, anschließend die Positionen des Fremdkapitals. Für die Wertansätze in der Bilanz einer AG sind ebenfalls besondere Vorschriften im HGB erlassen. Diese regeln im wesentlichen, welche Positionen in welcher Höhe in der Bilanz anzusetzen sind (Bilanzierungspflichten); darüber hinaus bestehen für einige Wirtschaftsgüter Bilanzierungswahlrechte und Bilanzierungsverbote. Mit Hilfe dieser u. a. Instrumente wird es der Geschäftsleitung möglich, Bilanzpolitik zu betreiben, d. h., sie kann durch den sinnvollen Einsatz der ihr zur Verfügung stehenden Spielräume bei der Bilanzerstellung z. B. einen höheren oder niedrigeren Bilanzgewinn ausweisen.

Bilanz für Kapitalerhöhung aus Gesellschaftsmitteln

Dem Beschluß wegen einer Kapitalerhöhung aus Gesellschaftsmitteln kann die letzte Jahresbilanz zugrunde gelegt werden, wenn diese geprüft und die festgestellte Jahresbilanz mit dem uneingeschränkten Bestätigungsvermerk der Abschlußprüfer versehen ist und ihr Stichtag höchstens 8 Monate vor Anmeldung des Beschlusses zur Eintragung in das Handelsregister liegt. Wird nicht die letzte Jahresbilanz zugrunde gelegt, muß die Bilanz den §§ 150, 152 AktG, 242–256, 264–274, 279–283 HGB entsprechen. Der Stichtag der Bilanz darf höchstens 8 Monate vor der Anmeldung des Beschlusses zur Eintragung ins Handelsregister liegen. Die Bilanz muß durch einen oder mehrere Abschlußprüfer darauf geprüft werden, ob sie den o. a. Vorschriften entspricht. Sie muß mit uneingeschränktem Bestätigungsvermerk versehen sein.

Bilanzgewinn

Auch: Reingewinn. Überschuß der Aktivposten über die Passivposten. Ist in der Jahresbilanz sowie in der GuV-Rechnung (in Staffelform) ungeteilt und gesondert auszuweisen. Über die Verwendung des Bilanzgewinns beschließt die HV, die an den festgestellten Jahresabschluß gebunden ist. Der Bilanzgewinn einer AG ergibt sich, indem der Jahresüberschuß um einen Gewinnvortrag aus dem Vorjahr oder um Entnahmen aus den Gewinnrücklagen erhöht oder um einen Verlustvortrag aus dem Vorjahr und/oder um Einstellungen in die Gewinnrücklagen vermindert wird. Bilanzgewinn ist somit der zu verteilende Reingewinn, d. h. der Teil des Jahresüberschusses, der vom Vorstand nicht in Rücklagen eingestellt worden ist. Ist der Bilanzgewinn höher als der Jahresüberschuß, ist dies Zeichen dafür, daß Gewinne vorhergehender Perioden mit zur Ausschüttung gelangen; ist er geringer, wurden entweder Verluste vergangener Perioden gedeckt oder Einstellungen in die Gewinnrücklagen vorgenommen. I. d. R. wird der Bilanzgewinn an die Aktionäre ausgeschüttet. In besonderen Fällen, vor allem bei betriebswirtschaftlicher Notwendigkeit, kann die HV per Beschluß weitere Beträge in Gewinnrücklagen überführen. → Gewinnverwendungsbeschluß der AG.

Bilanzierung der AG

Der Jahresabschluß hat den Grundsätzen ordnungsgemäßer Buchführung zu entsprechen. Er ist klar und übersichtlich aufzustellen und muß im Rahmen der Bewertungsvorschriften einen sicheren Einblick in die Vermögens-, Finanz- und Ertragslage der AG geben.

Bilanzierungsgrundsätze

Grundregeln und Prinzipien, die ein Kaufmann bei Erstellung seiner Bilanzen beachten muß: Die Bilanzierungsgrundsätze kommen insbesondere dann in Betracht, wenn bei auftretenden Bilanzierungsfragen konkrete gesetzliche Regelungen nicht bestehen. Sie sollen dem Bilanzleser durch die Bilanz einen möglichst sicheren Einblick in die Vermögens-, Finanz- und Ertragslage der Unternehmung und deren Veränderungen geben. Bekannte Bilanzierungsgrundsätze sind: (1) Grundsatz der Bilanzwahrheit: Über- und Unterbewertungen sowie Ausweis nicht vorhandener Vermögenswerte oder Nichtausweis von Verbindlichkeiten sind nicht zulässig; (2) Grundsatz der Vorsicht: Anhaltspunkte, die niedrigere Bewertung fordern, sind stärker zu gewichten; daraus folgt, daß noch nicht realisierte Gewinne nicht ausgewiesen werden dürfen, während drohende, aber noch nicht realisierte Verluste ausgewiesen werden müssen (Imparitätsprinzip); (3) Grundsatz der Bilanzklarheit: Die Bilanz ist ausreichend und übersichtlich zu gliedern; eine Saldierung von z. B. Aufwendungen und Erträgen ist nicht zulässig; (4) Grundsatz der Bilanzstetigkeit (-kontinuität): Dieser verlangt die Beibehaltung von Gliederung und Bezeichnungen sowie die Bewertung bei aufeinanderfolgenden Bilanzen. Die Schlußbilanz des Vorjahres muß mit der Eröffnungsbilanz des neuen Jahres übereinstimmen (Bilanzidentität); (5) Grundsatz der wirtschaftlichen Betrachtungsweise: Maßgeblich bei der Bilanzerstellung ist die wirtschaftliche, nicht die juristische Betrachtungsweise.

Bilanzkennzahlen

Verhältniszahlen aus Positionen der Aktivseite und/oder der Passivseite der

Bilanz zum Zweck der Bilanzanalyse. Bilanzkennzahlen werden im wesentlichen gebildet zur Untersuchung der Vermögens-, Kapital- und Finanzstruktur, der Ertragskraft, der Fertigungsstruktur und Produktpalette und als Entscheidungskriterium innerhalb der Investitionspolitik. Von besonderer Bedeutung für den externen Analytiker sind Kennzahlen zur Analyse der Vermögens-, Kapital- und Finanzstruktur einer Unternehmung. Wichtige Bilanzkennzahlen sind hier das Verhältnis zwischen Anlage- und Umlaufvermögen, das Verhältnis zwischen Eigen- und Fremdkapital (Verschuldungsgrad), die Relation zwischen Eigenkapital und Bilanzsumme (Eigenkapitalquote), die Dekkung des Anlagevermögens durch Eigenkapital und langfristiges Fremdkapital (Anlagendeckungsgrad), das Verhältnis zwischen flüssigen Mitteln und kurzfristigen Verbindlichkeiten, das z. B. Aussagen über die Liquidität einer Unternehmung zuläßt u. a. m. Bilanzkennzahlen sind auch wichtig im Rahmen der Fundamentalanalyse.

Bilanzkurs, -wert

Eigenkapital der AG in % des gezeichneten Kapitals, d. h.

$$\text{Bilanzkurs} = \frac{\text{gezeichnetes Kapital} + \text{Rücklagen}}{\text{gezeichnetes Kapital}}$$

Berichtigter Bilanzwert: Hier umfaßt die Größe Rücklagen auch stille Reserven.

Bilanzkurs, -wert der Aktie

Wert einer Aktie, der sich aus der veröffentlichten Bilanz errechnet. Zeigt das Verhältnis des ausgewiesenen Eigenkapitals zum gezeichneten Kapital einer AG pro Aktie. Der Informationswert des Bilanzkurses ist gering, da die Höhe der stillen Reserven nicht berücksichtigt wird.

Bilanzpolitik

Im Rahmen der Bilanzpolitik erfolgt eine interessenausgerichtete Gestaltung der Bilanz, um bei den verschiedenen Bilanzempfängern, z. B. bei Aktionären, Gläubigern oder Bilanzkritikern, einen bestimmten Eindruck hervorzurufen. Formelle Bilanzpolitik beinhaltet die äußere Gestaltung der Bilanz. Es bestehen 2 unterschiedliche Auffassungen: Zum einen soll den Außenstehenden durch die Beschränkung auf die vom Gesetz her zwingend vorgeschriebenen Angaben ein möglichst geringer Einblick gegeben werden. Zum anderen soll, auch aus image-(standing-)wirksamen Gründen, eine detaillierte Rechnungslegung mit weitergehenden Angaben präsentiert werden. Materielle Bilanzpolitik ist Ausdruck der unternehmerischen Finanzpolitik und beinhaltet im wesentlichen die Abschreibungspolitik, d. h. die Bemessung der Höhe der Abschreibungen und die Auswahl geeigneter Abschreibungsmethoden, Rücklagenpolitik, Dividendenpolitik, Liquiditätspolitik sowie Steuerpolitik. Wichtig für die Wertpapieranalyse.

Bilanzrichtliniengesetz (BiRiLiG)

Das BiRiLiG v. 1985 ist ein Artikelgesetz, das ausschließlich bereits bestehende Gesetze ändert. 8 wesentliche Gesetze haben dadurch erhebliche Änderungen erfahren: HGB, AktG, GmbHG, GenG, PublG, KWG, VAG und die WPO. Das BiRiLiG dient der Anpassung des deutschen Rechts an die folgenden Richtlinien der EG: 4. EGRL über den Jahresabschluß von Gesellschaften bestimmter Rechtsformen, 7. EGRL über den konsolidierten Abschluß und 8. EGRL über die Zulassung der mit der Pflichtprüfung der Rechnungsunterlagen beauftragten Personen. Die wohl bedeutendsten Änderungen hat das HGB erfahren, das seitdem die Rechnungslegungsvorschriften für alle Kaufleute und Kapitalgesellschaften verschiedenster Rechtsformen regelt.

Bilanzsitzung

Beratung des Aufsichtsrats und des Vorstands über den Jahresabschluß.

Bilanzstichtag

Der Tag, zu dem die Jahresbilanz aufgestellt wird. Die meisten AG stellen die Jahresbilanz zum Schluß des Kalenderjahres auf. Steuerlich ist von Bedeutung, daß die Wirtschaftsgüter nach den für den jeweiligen Bilanzstichtag maßgeblichen Verhältnissen bewertet werden müssen. Dabei sind für die Bewertung i. a. die Umstände maßgebend, die am Bilanzstichtag vorhanden waren. Der Kaufmann ist verpflichtet, bei Aufstellung der Bilanz alle Umstände zu berücksichtigen, die nach den GoB unter Beachtung der steuerlichen Vorschriften für die Verhältnisse am Bilanzstichtag von Bedeutung sind, auch wenn sie am Bilanzstichtag noch nicht eingetreten sind oder noch nicht bekannt waren, aber hierfür am Bilanzstichtag bereits ausreichende Anzeichen erkennbar waren.

Bilanzstruktur

Bez. f. den strukturellen Aufbau einer Bilanz. Dieser läßt z. B. das Verhältnis von Eigen- zu Fremdkapital (vertikale Bilanzstruktur) oder von langfristigen Finanzierungsmitteln zum Anlagevermögen (horizontale Bilanzstruktur) erkennen. Ausgehend von der Bilanzstruktur lassen sich demnach Kennzahlen ermitteln, denen besondere Bedeutung im Rahmen der Wertpapieranalyse zukommt.

Bilanzverlust

Überschuß der Passiva über die Aktiva in der Jahresbilanz. Er ist hier sowie in der GuV-Rechnung (in Staffelform) ungeteilt und gesondert auszuweisen. Die HV kann beschließen, den Verlust ganz oder z. T. auf neue Rechnung vorzutragen, durch Auflösung von Rücklagen auszugleichen oder durch eine Herabsetzung des gezeichneten Kapitals zu decken.

Bilanzwert

→ Bilanzkurs, -wert.

Bildungsfonds

Investmentfonds, der gemeinnützige Bildungseinrichtungen – private Schulen und Universitäten – unterstützt. Die Inhaber der Fondsanteile können freiwillig und jederzeit widerrufbar die jährliche Ausschüttung des Fonds einer entsprechenden Einrichtung steuerbegünstigt spenden bzw. dieser im Erbfall die Anteile übertragen.

bill futures

Terminkontrakte auf US-Schatzwechsel.

billiges Geld

Auch: leichtes Geld (easy money, cheap money). Zentralnotenbankpolitik, die zur Belebung der Konjunktur über niedrige Zinsen die Wirtschaft anregen will. Beeinflußt meist auch die Börsenentwicklung.

billigst (-Auftrag, -Order)

Ohne Kursangabe erteilter Auftrag zum Kauf von Wertpapieren. Der Käufer ist mit der Ausführung zum sich ergebenden Börsenkurs einverstanden.

Billion

Tausend Milliarden. In USA einer Milliarde entsprechend. Eine deutsche Billion entspricht einer US-Trillion. Abk.: Bio oder Bill.

black knight

Investor, der – im Gegensatz zum → „white knight" die Übernahme einer Unternehmung mittels als „Überfall" empfundenen Abfindungsangebots an die Anteileigner gegen den Willen der betreffenden Unternehmungsleitung zu erreichen sucht.

Black/Scholes

Amerikanische Wissenschaftler, die eine – mittlerweile vielfältig modifizierte – Formel zur Bewertung von Optionen bzw. Optionsscheinen, entwickelt haben. In ihrer einfachsten Form bezieht sich diese Formel auf eine europäische Aktienoption (call), sie schließt die fünf wichtigsten Einflußgrößen für den Optionspreis ein: den Aktienkurs, den Ausübungspreis, die Restlaufzeit, den Zinssatz und die Volatilität. Die Formel lautet:

$$C = S_0 N(d_1) - Ee^{rt} N(d_2)$$

$$d_1 = \frac{\ln\left(\frac{S_0}{E}\right) + t\left(r + \frac{1}{2}v^2\right)}{v\sqrt{t}}$$

$$d_2 = \frac{\ln\left(\frac{S_0}{E}\right) + t\left(r - \frac{1}{2}v^2\right)}{v\sqrt{t}}$$

wobei:
C = Wert einer call-Option auf Aktien; S_0 = aktueller Aktienkurs; E = Ausübung der call-Option; ln = natürlicher Logarithmus; e = Eulersche Zahl (Basis des natürlichen Logarithmus $\approx$ 2,7128); r = auf der Basis einer stetigen Verzinsung berechneter annualisierter Zins einer risikolosen Anlage; $N(d)$ = Funktionswert der kumulativen Normalverteilung an der Stelle d; v = Standardabweichung der stetig verzinsten annualisierten Aktienerträge (Volatilität der Aktie); t = Restlaufzeit des call, ausgedrückt als Bruchteil eines Jahres.

Das erste Glied in der Black-Scholes-Formel spiegelt das Verhältnis wider, in dem eine kleine Änderung im Preis der zugrunde gelegten Aktie eine Änderung im Wert der Option bewirkt; es wird zumeist als Delta bezeichnet.

Blankett

Mantel und Bogen des Wertpapiers in der endgültigen Ausführung, jedoch ohne Nummern und ohne Kontrollunterschrift. Sind mit dem Zulassungsantrag einzureichen. Zur Prüfung des Neudrucks von Wertpapieren werden Blankette vorgelegt. Blankette sind keine lieferbaren Wertpapiere.

blanko

Bezeichnung, wenn Urkunden noch nicht (ganz, in allen Teilen) ausgefüllt sind, wie es für ihre eigentliche Rechtskraft notwendig ist (z. B. Blankoscheck, Blankowechsel), oder um sie uneingeschränkt gültig zu machen (z. B. Blankovollmacht). Daneben in Spezialbedeutungen (z. B. Blankokredit, Blankoverkäufe, Blankowechsel u. a.).

Blankogiro, -indossament

Übertragungsvermerk auf Wertpapieren, der den Empfänger nicht bezeichnet und i. d. R. nur die Unterschrift des Giranten (Indossanten) enthält. Ein Orderpapier (z. B. Namensaktie) mit Blankoindossament ist für den Börsenverkehr einem Inhaberpapier (fast) gleichwertig, da ein blanko indossiertes Wertpapier wie ein Inhaberpapier übertragen werden kann. Namensaktien, die mit Zustimmung der AG übertragen werden können, sind auch in der Art lieferbar, daß ihnen ein Blanko-Unterschriftsantrag des Verkäufers beigefügt ist.

Blankopapier

Noch nicht in allen Teilen ausgefülltes Wertpapier. Der Empfänger ist berechtigt, vereinbarungsgemäß fehlende Angaben zu ergänzen.

Blankoverkäufe

Verkäufe von Wertpapieren, die der Verkäufer nicht besitzt, sondern später zu niedrigeren Kursen anschaffen will. (Leerverkauf). Es handelt sich um Spekulationsgeschäfte.

block distribution, sell

Plazierung von Aktienpaketen.

Blockfloating

Gemeinsames freies Schwankenlassen der Wechselkurse einer Gruppe von Staaten.

Blockhandel

Bez. f. große Wertpapiertransaktionen von meist institutionellen Anlegern. Eine Blockorder ist eine in Relation zu den üblichen Tagesumsätzen große Order. Mindeststückzahl sind z. B. 100 Schlußeinheiten.

Blockverkauf

Bez. f. den Verkauf einer größeren Menge von Aktien auf einmal. → Pakethandel.

blue chips

Bez. f. Aktien höchster Qualität. Dazu ist erforderlich, daß die Aktie im ganzen Land und über seine Grenzen hinaus bekannt ist, daß sich die Gesellschaft durch erstklassige Bonität, gute Wachstumsperspektiven und regelmäßige Dividendenzahlungen auszeichnet. Der Begriff stammt aus den USA, wo man vor allem solchen Aktien den Titel blue chip zubilligt, die im Dow-Jones-Index vertreten sind.

BM&F

Abk. f. Bolsa de Mercadorias & Futuros.

Bobl

Abk. f. Bundesobligation.

Bobl-futures

Abk. f. Terminkontrakte auf mittelfristige Schuldverschreibungen des Bundes.

Bodenkreditinstitute

Öffentlich-rechtliche oder privatrechtliche Grundkreditanstalten, die bebaute und unbebaute Grundstücke langfristig beleihen und langfristige Kommunalkredite gewähren. Die erforderlichen Mittel werden beschafft durch Ausgabe von Pfandbriefen, Landesbodenbriefen, Rentenschuldverschreibungen, Kommunalobligationen, festverzinslichen Wertpapieren also, die von privaten Anlegern (Sparern) oder von Institutionen (z. B. Versicherungsunternehmen) gekauft werden. Bodenkreditinstitute sind vor allem die Hypothekenbanken.

BÖGA

Abk. f. Börsengeschäftsabwicklung an der Frankfurter Wertpapierbörse. EDV-System für Orderroutings und die Notierung von Wertpapieren in ausländischer Währung. BÖGA ist für einen bundesweiten Einsatz konzipiert und wurde von der DWZ Deutsche Wertpapierdaten-Zentrale entwickelt. Sie beinhaltet moderne, bildschirmgestützte Funktionen für die Börsengeschäftserfassung und ermöglicht eine Beschleunigung der nachbörslichen Abstimmungstätigkeit.

Börse

Die Entwicklung der Börsen begann im 16. Jahrhundert. In bedeutenden Hafenstädten Europas fanden sich Kaufleute zu regelmäßigen Zusammenkünften ein, in denen sie ihre Handelsgeschäfte abwickelten. Daraus entstanden nach und nach feste Märkte und Messen, die sich z. T. zu straff organisierten Börsen entwickelten. An Börsen werden Waren und Wertpapiere, Devisen u. a. Objekte gehandelt. Es muß sich stets um vertretbare Sachen handeln, die im Verkehr üblicherweise nach Zahl, Maß oder Gewicht bestimmt werden; andernfalls wären die Geschäfte ohne Besichtigung der Ware nicht möglich, wie es für die Börsen typisch ist. Die reinen Effekten- oder Wertpapierbörsen haben sich erst später entwickelt. Sie wurden erforderlich, als die Emission von Staats- und Kommunalanleihen ein geordnetes öffentliches Schuldenwesen brachte und der Kapitalbedarf der wachsenden Industrialisierung zunehmend durch neu gegründete AG gedeckt wurde, deren Aktien bei einem breiten Publikum untergebracht werden mußten. In Deutschland bestehen heute eine Terminbörse (→ Deutsche Terminbörse, DTB) und 8 Wertpapierbörsen: Bayerische Börse in München, Berliner Wertpapierbörse, Bremer Wertpapierbörse, Frankfurter Wertpapierbörse, Hanseatische Wertpapierbörse, Hamburg, Niedersächsische Börse zu Hannover, Rheinisch-Westfälische Börse zu Düsseldorf, Baden-Württembergische Wertpapierbörse in Stuttgart. Der Verkehr an den Börsen vollzieht sich, indem sich an den Börsentagen (Mo.–Fr., außer Feiertage) zu bestimmten Stunden die zum Börsenhandel zugelassenen Personen an der Börse versammeln, um die Aufträge ihrer Kundschaft sowie eigene Geschäfte auszuführen. Die Käufe und Verkäufe werden von Kursmaklern vermittelt. Seit jeher geben sich die Börsenbesucher ihre Ordnung selbst, die den jeweiligen Anforderungen angepaßt wurde. Die Börse verwaltet sich nicht nur selbst, sondern ihr sind in Form der Börsengerichte auch gewisse richterliche Funktionen in dem vom Börsengesetz bestimmten Rahmen übertragen. Das BörsG hat den Organen der Börse bestimmte hoheitliche Aufgaben (z. B. Zulassung von Personen und von Wertpapieren zum Börsenhandel, Feststellung des Börsenpreises, strafrechtliche Befugnisse) übertragen; daher sind Börsenvorstand, Zulassungsstelle/Zulassungsausschuß und Börsengerichte öffentlich-rechtliche Einrichtungen eigener Art nach Maßgabe des BörsG. Die Maklerkammer als Zusammenschluß der Kursmakler ist gemäß Maklerordnung eine Körperschaft öffentlichen Rechts. Die Errichtung einer Börse – als eingetragener Verein organisiert – bedarf der Genehmigung der Landesregierung, die durch einen von ihr benannten Staatskommissar auch die Aufsicht über sie ausübt. Die unmittelbare Aufsicht kann sie Handelsorganen, i. d. R. der IHK, übertragen. Eine Ausnahme bildet die → Deutsche Börse AG, die die Trägerschaft der Frankfurter Wertpapierbörse 1992 übernommen hat. Für jede Börse ist eine Börsenordnung zu erlassen, die durch die Landesregierung genehmigt werden muß. Sie muß Bestimmungen über die Börsenleitung und ihre Organe enthalten, Geschäftszweige, für die die Börseneinrichtungen bestimmt sind, Voraussetzung der Zulassung zum Besuch der Börse, Art und Weise, in der die Preise und Kurse zu notieren sind. Die Börsenaufsichtsbehörde ist berechtigt, zur Aufrechterhaltung der Ordnung und für den Geschäftsverkehr an der Börse Anordnungen zu erlassen. Die Handhabung der Ordnung an der Börse obliegt dem Börsenvorstand. Dessen Zusammensetzung richtet sich nach der Börsenordnung. Auch für die Wahl des Börsenvorstandes und das dabei anzuwendende Verfahren ist die Börsenordnung maßgebend. Die Mitglieder des Börsenvorstandes werden für 1–3 Kalenderjahre gewählt. Das aktive und passive Wahlrecht zum Börsenvorstand steht meist nur den mit der Befugnis zur selbständigen Teilnahme am Börsenhandel dauernd zugelassenen Personen zu. Der Börsenvorstand wählt aus seiner Mitte einen Vorsitzer und einen oder mehrere Stellvertreter. Der Börsenvorstand hat neben den im BörsG umrissenen Aufgaben weitere Aufgaben und Befugnisse, die in der Börsenordnung festgelegt sind. Ihm obliegt es vor allem – falls kein besonderer Ausschuß damit beauftragt ist –, über die Zulassung zum Börsenbesuch zu beschließen und Personen vom Börsenbesuch auszuschließen, die Befolgung der für die Börse erlassenen Gesetze, Verordnungen, Verwaltungsbestimmungen usw. zu überwachen, Ordnungs- und Disziplinargewalt an der Börse auszuüben, Geschäfts- und Verkehrsbedingungen der Börse festzusetzen, Kursfeststellungen und die Notierungsweise zu beaufsichtigen u. a. m. Zum Börsenbesuch können mit der Befugnis zur Teilnahme am Handel volljährige Personen zugelassen werden, wenn sie in das Handelsregister oder das Genossenschaftsregister als Einzelkaufleute oder persönlich haftende Gesellschafter einer oHG, KG, KGaA oder als gesetzliche Vertreter einer juristischen Person eingetragen sind und wenn die von ihnen vertretene Institution Bank- oder Börsengeschäfte betreibt; außerdem werden Vorstandsmitglieder öffentlich-rechtlicher Banken zugelassen. Ferner können Direktoren, Prokuristen oder Handlungsbevollmächtigte eines Börsenmitglieds als ständige Börsenbesucher zugelassen werden. Mit der Befugnis, im Namen und für Rechnung eines Börsenmitglieds am Börsenhandel teilzunehmen, können daneben für eine bestimmte Dauer Direktoren, Prokuristen, Handlungsbevollmächtigte und Handlungsgehilfen eines Börsenmitglieds sowie Angestellte eines Kursmaklers oder freien Maklers zum Börsenbesuch zugelassen werden. Ohne Handelsbefugnis können zum Besuch der Börse Berichterstatter und andere Angehörige der Presse, Personen, die ein dem Börsenhandel dienendes Hilfsgewerbe betreiben, Boten von Börsenmitgliedern o. a. Personen, die besonderes Interesse nachweisen, zugelassen werden. An jeder Börse besteht ein Ehrengericht, das Börsenbesucher zur Verantwortung zieht, die im Zusammenhang mit ihrer Tätigkeit an der Börse sich eine mit der Ehre oder dem Anspruch auf kaufmännisches Vertrauen nicht zu vereinbarende Handlung haben zuschulden kommen lassen. Mögliche Strafen sind ein Verweis oder zeitweilige bzw. dauernde Ausschließung von der Börse. Im Bank- und Finanzbereich meint man i. d. R. die Aktienbörse, wenn man von der Börse schlechthin spricht. Der Ausdruck kommt auch für das Gebäude zur Anwendung, in dem die Börsensitzungen abgehalten werden. Er wird meist auf die belgische Patrizierfamilie van der Beurse oder van den Bursen zurückgeführt, die in ihrem Wappen einen Geldbeutel (Börse) führte und vor deren Haus sich die Händler zum Warenaustausch trafen. Zu beachten ist, daß durch die Börsen selbst kein Kapital geschaffen wird: Sie stellen vielmehr im Rahmen des Kapitalmarktes die organisatorischen Voraussetzungen zum Handel in Wertpapieren. Da ohne geordneten Handel die Fungibilität von Effekten ungenutzt bleiben würde, hängen Aufbau und Leistungsfähigkeit des Kapitalmarktes eng mit einem funktionsfähigen Börsenwesen zus. Die Plazierung neuer Wertpapiere, die i. d. R. ohne Einschaltung der Börsen erfolgt, würde erheblich erschwert, wenn nicht ein geordneter Handel in diesen Werten durchgeführt werden könnte. Bis 1968 gab es in Deutschland keinen Börsenzwang: Die Banken konnten Kauf- und Verkaufsaufträge ihrer Kunden auch ohne Einschaltung der Börse durch Kompensation mit anderen Kundenaufträgen oder mit Eigengeschäften abwickeln, allerdings zu Börsenkursen, so daß der erforderliche Kundenschutz gewährleistet war. Im Zuge von Börsenreformbestrebungen haben sich die Banken ab 1968 bereit gefunden, Kundenaufträge unter Einschaltung eines amtlichen oder freien Maklers über die Börse abzuwickeln. Die Börsenumsätze werden z. T. regelmäßig, z. T. auf Wunsch bekanntgegeben. → Wertpapierbörse → Devisenbörse → Warenbörse → Frachtenbörse.

Börse AG

→ Deutsche Börse AG.

Börsekammer Wien

→ Wiener Börse.

Börsenabteilung

Abteilung einer Bank, die zur Abwicklung der Effektengeschäfte (Eigengeschäfte und Aufträge von Kunden) an der Börse zuständig ist. Die Geschäfte werden von den Börsenvertretern der Banken getätigt. Die vorliegenden Kauf- und Verkaufsaufträge werden von den Börsenvertretern in einem Händlerbuch erfaßt und mit Hilfe der Börsenmakler an der Börse ausgeführt. Nach Ausführung vervollständigt der Börsenvertreter sein Auftragsbuch und gibt die Unterlagen und Belege an die Effektenverwaltungsabteilung weiter, die die Kunden tagesgleich durch Abrechnung oder Ausführungsanzeige informieren muß. Die Abwicklung der Börsengeschäfte erfolgt heute zunehmend vollelektronisch oder zumindest technisch unterstützt. Auch: Börsenbüro. → Effektenabteilung.

Börsenagent

Schweiz. Bez. f. vom Kanton zum Börsenhandel zugelassene und konzessionierte Börsenhändler, überwiegend Vertreter von Banken. Die Börsenagenten bilden zusammen den lokalen Effektenbörsenverein. Nur der Börsenagent ist berechtigt, an der Börse Käufe oder Verkäufe von Wertpapieren zu tätigen.

Börsenauftrag (Order)

Auftrag eines Kunden an seine Bank zum Erwerb oder zum Verkauf von Effekten. Solche Aufträge können in Deutschland nur über eine Bank an die Börse gelangen. Ein Börsenauftrag muß bestimmte Angaben enthalten, u. a.: Nennwert oder Stückzahl der Papiere, genaue Bezeichnung des Wertpapiers, evtl. Kurslimit, Geltungsdauer des Auftrags. Ein Auftrag kann mündlich, telefonisch, schriftlich, fernschriftlich oder telegrafisch erteilt werden. Schriftlich limitierte Börsenaufträge ohne Bezeichnung des Erledigungstermins gelten bis zum Monatsende. Aufträge, die nicht limitiert sind, werden bestens (Verkauf) oder billigst (Kauf) ausgeführt. → Kundenaufträge → Ausführung von Kundenaufträgen → Erlöschen von Börsenaufträgen → Erfüllung von Wertpapiergeschäften.

Börsenaufsicht

Ständige Überwachung des Börsengeschehens und der Kursfeststellung durch den Börsenvorstand der Börse. Auch: staatliche Börsenbeaufsichtigung nach dem BörsG. Die Aufsicht über die Börsen in Deutschland obliegt den jeweiligen Landesregierungen, die Rechtsaufsicht über die Selbstverwaltung der Börsenorgane beinhaltet. Diese Aufsicht umfaßt Auskunfts- und Prüfungsrechte, die durch einen für jede Börse zu bestellenden Staatskommissar ausgeübt werden. Er überwacht den Geschäftsverkehr an der Börse, die Befolgung des Börsenrechts und der Verwaltungsbestimmungen. Die Landesregierung kann spezifische Weisungen an den Staatskommissar erteilen. Er kann an allen Beratungen der Börsenorgane teilnehmen. Die Landesregierungen haben Befugnis, die Börsen zu schließen. Die Bundesregierung hat dazu die Berechtigung, wenn schwerwiegende Gefahren für die Gesamtwirtschaft zu erwarten sind. Zusätzlich zu der Überwachung durch den Staatskommissar kann die laufende Aufsicht auch den Industrie- und Handelskammern übertragen werden, die dann an die Weisungen der Landesregierung gebunden sind. Das für 1994 zur Ratifizierung vorgesehene zweite Finanzmarktförderungsgesetz sieht die Schaffung eines → Bundesaufsichtsamts für den Wertpapierhandel vor, das die Landesaufsicht ergänzt.

Börsenaufträge, Abrechnung

Nach Ausführung eines Kauf- oder Verkaufsauftrages (für Wertpapiere) erteilt die beauftragte Bank dem auftraggebenden Kunden eine Effektenabrechnung, die meist formularmäßig gefertigt wird. Sie enthält außer persönlichen Daten (Name, Adresse, Konto- bzw. Depotnummer) den Nennbetrag bzw. die Stückzahl und den Kurs sowie den sich daraus ergebenden Kurswert. Weiter werden bei Kommissionsgeschäften Maklergebühr (Courtage), Provision der Bank sowie Spesen (Telefon- und Fernschreibegebühren, von ausländischen Banken belastete Spesen, evtl. Sendespesen usw.) berechnet. Bei festverzinslichen Wertpapieren werden Stückzinsen verrechnet.

Börsenaufträge, Auftragsausführung

Aufträge zum Kauf und Verkauf von Wertpapieren können auf verschiedene Art ausgeführt werden: durch reines Kommissionsgeschäft, Kommissionsgeschäft mit Selbsteintritt und Eigenhändlergeschäft. Nach ihren AGB führen die Banken alle Aufträge zum Kauf und Verkauf von Wertpapieren, die an der Börse des Ausführungsplatzes zum amtlichen Handel zugelassen sind, als Kommissionär durch Selbsteintritt aus, ohne daß es ausdrücklicher Anzeige nach § 405 HGB bedarf: Dort ist vorgesehen, daß in der Ausführungsanzeige angegeben wird, daß der Kommissionär selbst eintritt. Bei Geschäften in nicht zum amtlichen Handel zugelassenen Papieren tritt eine Bank immer als Eigenhändler auf: Sie schließt das Geschäft im eigenen Namen und für eigene Rechnung ab. Gleiches gilt für zugelassene Wertpapiere, deren Notierung durch Bekanntmachung der Börsenorgane ausgesetzt ist. Bei Geschäften im Eigenhandel rechnet die Bank netto, d. h. ohne gesonderte Inrechnungstellung von Provisionen und Maklergebühren ab. Banken betreiben die Ausführung von Effektenaufträgen als reines Kommissionsgeschäft ohne Selbsteintritt nicht, weil die gesetzlichen Vorschriften bei der oft großen Zahl von Einzelgeschäften praktischen Erfordernissen nicht entsprechen. Durch das Selbsteintrittsrecht ist es der Bank als Kommissionär gestattet, die zu kaufenden Wertpapiere selbst als Verkäufer zu liefern und bei Verkaufsaufträgen die Titel selbst als Käufer zu übernehmen. Zum Schutz des Kommittenten ist vorgeschrieben, daß der an der Börse amtlich notierte Kurs zugrunde gelegt werden muß. Die dem Kommissionär auferlegte Rechenschaftspflicht beschränkt sich auf den Nachweis, daß beim berechneten Preis der Börsenpreis eingehalten ist. Bei den normalen täglichen Effektenkäufen und -verkäufen leiten die Banken die Aufträge ihrer Kunden i. d. R. jedoch in der aufgegebenen Form über die Börse. Eine besondere Ausführungsart ist das Tafelgeschäft: ein Eigenhändlergeschäft, bei dem Zahlung und Lieferung der Stücke Zug um Zug erfolgen. Börsenaufträge müssen oft auch über Dritte ausgeführt werden, weil eine Bank am Börsenplatz keinen Sitz oder Niederlassung hat oder für die Ausführung des Geschäfts ein anderer Börsenplatz vorgeschrieben bzw. die Wertpapiere am eigenen Börsenplatz nicht notiert werden. Wenn ein Kunde keine besondere Weisung erteilt, bleibt der Bank die Wahl des Börsenplatzes und des Zentralbankiers offen. Für die Durchführung des Auftrags sind die Usancen des Ausführungsplatzes maßgebend. → Zentralbankier.

Börsenaufträge, Auftragserteilung

Aufträge zum Kauf oder Verkauf von Wertpapieren kommen in Deutschland nur über Banken an die Börse. Voraussetzung für die Ausführung eines Effektenkaufauftrags ist normalerweise, daß der Käufer den Gegenwert für die zu kaufenden Wertpapiere auf seinem Konto aufweist oder die Bank ihm Kredit zum Erwerb der Wertpapiere eingeräumt hat, wobei dann die Wertpapiere des Kunden meist als Sicherheit dienen. Laut ihren AGB sind die Banken berechtigt, die Ausführung von Kaufaufträgen ganz oder teilweise zu unterlassen oder Ausführungen rückgängig zu machen, wenn das Guthaben eines Auftraggebers nicht ausreicht. Auch darf die Bank Verkaufsaufträge sowie Aufträge zur Ausübung oder zum Verkauf von Bezugsrechten ausführen, ohne zu prüfen, ob dem Kunden entsprechende Werte bei ihr zur Verfügung stehen; sie wird nichtsdestoweniger eine solche Prüfung vornehmen, um Fehler oder Irrtümer rechtzeitig feststellen zu können. Für die Erteilung von Effektenaufträgen sind bankspezifische Vordrucke zu verwenden. Außer Auftragserteilung am Bankschalter sind briefliche, fernschriftliche, telegrafische und telefonische Aufträge üblich. Bei den beiden letztgenannten Formen der Auftragserteilung wird – ist nichts anderes vereinbart – der Auftrag nur als für den Empfangstag gültig vorgemerkt; allerdings werden Aufträge, die am Eingangstag nicht mehr erledigt werden konnten, für den nächsten Börsentag vorgemerkt. Der ordnungsgemäß ausgefüllte Auftrag soll Namen und Adresse sowie Konto- und Depotbezeichnung des Auftraggebers enthalten. Daneben muß außer dem Nennbetrag bzw. der Stückzahl vor allem die Wertpapierart genau angegeben werden. Zweckmäßigerweise wird noch die für jede Wertpapierart bestehende Wertpapierkennummer vermerkt. In dem Effektenauftrag ist weiter anzugeben, ob ein Auftrag bestens (Verkauf) bzw. billigst (Kauf) oder zu einem bestimmten Kurs, d. h. limitiert, ausgeführt werden soll. Ist kein Limit angegeben, gilt der Auftrag bestens bzw. billigst erteilt. Größere Aufträge werden zuweilen interessewahrend aufgegeben; bei dieser Art der Auftragserteilung wird die Ausführung über mehrere Tage oder längere Zeit verteilt. Schließlich soll in jedem Auftrag dessen Gültigkeitsdauer angegeben werden: Man unterscheidet Tagesorders, die nur für einen Tag gelten, oder Orders mit Gültigkeit bis zum Monatsschluß. Briefliche Kauf- und Verkaufsaufträge ohne zeitliche Beschränkung werden bis auf Widerruf, längstens bis Monatsschluß vorgemerkt. Über die erteilten Kundenaufträge muß die Bank Auftragsbücher führen. Hierin sind die Einzelheiten über die Aufträge bis zur Ausführung einschl. des Ausführungskurses festzuhalten. Stattdessen können auch die Auftragsformulare entsprechend ergänzt aufbewahrt werden.

Börsenaushang

Aushang der Börsenbekanntmachungen an einer dazu bestimmten Stelle in den Börsenräumen. → Börsentafel.

Börsenausschuß

Ein nach BörsG vorgesehener Ausschuß von Sachverständigen, der in Börsenangelegenheiten beratend tätig werden soll. Z. Zt. bestehen an deutschen Börsen keine Börsenausschüsse.

Börsenbanken, Börsenbankiers

Bez. f. Banken, die Börsenmitglieder sind.

Börsenbedingungen

→ Börsengeschäftsbedingungen.

Börsenbeginn

An deutschen Wertpapierbörsen 10.30 Uhr. An der Deutschen Terminbörse (DTB) beginnt der Options- und futures-Handel um 7.30 Uhr (Vorhandelsphase) bzw. um 9.30 Uhr (Eröffnungs- und Handelsphase). Ausnahmen: Die Eröffnungs- und Handelsphase für Optionen auf Bund- und Bobl-futures sowie für Bund- und Bobl-futures beginnt bereits um 8.00 Uhr.

Börsenbehörden

Behördliche Organe mit Aufsichts- und Rechtsbefugnissen zur Überwachung und Regelung des Börsenwesens. Die Börsenbehörde genehmigt die Errichtung von Börsen und kann Börsen aufheben. Ihr obliegt u. a. auch die Bestellung und Entlassung von Kursmaklern. → Börsenaufsicht.

Börsenbeiträge

Beiträge der Börsenmitglieder zur Dekkung der Verwaltungskosten der Börse.

Börsenbericht

Ausführungen über die Geschäfts- und Kursentwicklung an der Börse mit allgemeinen und speziellen Angaben. Der Börsenbericht soll die Ursachen für den Börsenverlauf und möglichst auch Angaben über nennenswerte Umsätze enthalten

(Tagesbericht, Wochenbericht, Monatsbericht, Berichte über noch längere Zeitspannen, Berichte in Presse, Rundfunk und Berichte der Banken).

Börsenberichterstattung

Die Berichterstatter über das Börsengeschehen sind Anlageberater i. S. d. Händler- und Beraterregeln, da sie Meinungen äußern, die geeignet sind, Dritte bei Entschließungen über Wertpapiergeschäfte zu beeinflussen.

Börsenbesucher

Zum Börsenbesuch berechtigte Personen mit und ohne Handelsbefugnis. Über die Zulassung zum Börsenbesuch entscheidet der Börsenvorstand. Börsenbesucher sind: (1) Angestellte der Banken, die im Auftrag letzterer handeln, nicht auch auf eigene Rechnung; (2) Bankenvertreter und Bankiers, die als selbständige Börsenbesucher als Kommissionäre und auf eigene Rechnung handeln; (3) freie Makler und ihre Angestellten, die auf eigene Rechnung handeln; (4) Kursmakler, denen die amtliche Kursfeststellung obliegt; (5) am Börsenhandel nicht aktiv teilnehmende Personen (Boten, Pressevertreter, Schreibkräfte usw.). Nicht als Börsenbesucher gelten die Besucher der Börsengalerie, also interessierte Zuschauer, die das Geschehen an der Börse beobachten wollen. → Zulassung zum Börsenbesuch.

Börsenblatt

Pflichtblatt der Börse. Publikationsorgan für Mitteilungen einer Börse.

Börsenbriefe

Bez. f. die Mitteilungsblätter der Börseninformationsdienste, die Hinweise für die Kapitalanleger geben.

Börsenbüro

Bez. f. die Abteilung einer Bank, die für die Ausführung und Behandlung börsenmäßiger Effektengeschäfte zuständig ist. → Börsenabteilung.

Börsen-Chinesisch

Scherzhafte Bez. f. die Sprache der Händler und Makler an den Börsen, die im Interesse zügiger Geschäftsabwicklung durch viele, nur Börsenkennern voll geläufige Abkürzungen und Fachtermini charakterisiert ist.

Börsenclearing

→ Effektengiroverkehr → Wertpapiersammelbanken.

Börsen-Daten-Zentrale GmbH, Frankfurt

Gesellschaft, die 1970 zur datentechnischen Abwicklung der Börsengeschäfte sowie den damit verbundenen Datenverarbeitungsaufgaben der Kassenvereine gegründet wurde. Daneben bietet die Börsen-Daten-Zentrale Spezialleistungen für Kreditinstitute an. Grundlage der Tätigkeit dieser Gesellschaft ist das Wertpapier-Service-System, das zu einer verbesserten Kursinformation führen und den Wertpapierverkehr rationell und schneller abwikkeln soll. Am 31. 10. 1988 wurde die Gesellschaft umfirmiert in → DWZ Deutsche Wertpapierdaten-Zentrale GmbH.

Börsenehrenausschuß, Börsenehrengericht

Das an jeder deutschen Börse bestehende Ehrengericht hat die Aufgabe, Börsenbesucher zur Verantwortung zu ziehen, die sich im Zusammenhang mit ihrer Tätigkeit an der Börse eine Handlung haben zuschulden kommen lassen, die mit der Ehre oder dem Anspruch auf kaufmännisches Vertrauen nicht zu vereinbaren ist.

Börseneinführung

Erfolgt nach formeller Zulassung von Wertpapieren zum amtlichen Börsenhandel. Impliziert öffentlich-rechtliche Erlaubnis, derzufolge amtliche Kursfeststellung und Veröffentlichung des Börsenkurses stattfinden können. Die Beantragung der Börseneinführung muß durch eine an der Börse zugelassene Bank bei der Börsenzulassungsstelle erfolgen. Dieser Antrag muß bestimmte, gesetzlich fixierte Angaben enthalten. Außerdem müssen vom Emittenten zu beschaffende Unterlagen, zu denen u. a. der Entwurf eines Emissionsprospektes gehört, beigefügt werden. Die einzuführenden Wertpapiere müssen festgelegten Richtlinien entsprechen. Die Zulassung wird im Bundesanzeiger, dem amtlichen Kursblatt und einem Börsenpflichtblatt veröffentlicht. Außerdem kann man die Einbeziehung von Wertpapieren in den Geregelten Markt ebenfalls als Börseneinführung bezeichnen. Hierbei muß die Zulassung vom Emittenten der Wertpapiere zusammen mit einer Bank, die an einer inländischen Börse mit dem Recht zur Teilnahme am Handel zugelassen ist, erfolgen. Allerdings kann der Börsenvorstand auch anderen Unternehmen gestatten, die Zulassung der Wertpapiere zusammen mit dem Emittenten zu beantragen. Voraussetzung ist, daß diese Unternehmen die fachliche Eignung und Zuverlässigkeit besitzen, die für die Beurteilung des Emittenten sowie für die Gewährleistung eines ordnungsgemäßen Börsenhandels und eines hinreichenden Schutzes des Publikums notwendig sind, und sie über die für diese Tätigkeit erforderlichen ausreichenden Mittel verfügen. Die Zulassungsvoraussetzungen für Wertpapiere zum Geregelten Markt sind weniger streng als die Zulassungsvoraussetzungen für Wertpapiere zum amtlichen Handel.

Börseneinführungskosten

Die Zulassung von Wertpapieren zum Börsenhandel ruft folgende Kosten und Gebühren hervor: (1) Zulassungsgebühr, (2) Kosten der Veröffentlichung des Zulassungsantrages und des Prospektes, (3) Druckkosten für den Prospekt, (4) Börseneinführungsprovision der Banken. Zu diesen einmaligen Kosten kommen laufende Kosten der Veröffentlichung der Jahresabschlüsse, der Einladung zur HV und der Dividendenbekanntmachung hinzu. Die Zulassungsgebühren, die von den Börsen berechnet werden, betragen: bei festverzinslichen Wertpapieren für jede angefangene Mio. DM des Nennbetrages DM 150 bis 300 Mio. Nennwert und DM 75 bei über DM 300 Mio., mind. DM 1000; bei Aktien inländischer AG für jede angefangene Mio. bis zu DM 20 Mio. Kapital DM 300, von DM 20–50 Mio. Kapital DM 200, über DM 50 Mio. Kapital DM 100, mind. DM 500. Bei Aktien ausländischer Unternehmen werden die Zulassungsgebühren jeweils gesondert festgesetzt. Die Börseneinführungsprovision, die für Ausarbeitung des Prospektes, die Stellung des Zulassungsantrages, Durchführung des Zulassungsverfahrens und Übernahme der Prospekthaftung erhoben wird, wird von der einführenden Bank dem Emittenten bzw. der Unternehmung, die die Einführung des Wertpapieres betreibt, berechnet und unter die Mitglieder des Emissionskonsortiums nach ihren Quoten aufgeteilt.

Börseneinführungsprospekt

→ Börsenzulassungsprospekt.

Börseneinführungsprovision

Für die Börseneinführung von Wertpapieren in den amtlichen Handel muß eine an der Börse zugelassene Bank die Antragstellung übernehmen. Für die dabei entstehenden Kosten berechnet die Bank dem betreffenden Emittenten eine Provision, deren Berechnung i. d. R. von der Höhe des zur Zulassung beantragten Grundkapitals abhängt. → Börseneinführungskosten.

Börseneröffnung

Wird durch Glockenzeichen angekündigt. → Börsenbeginn → Börsenglocke.

Börsenfähigkeit

Besitzen die zum amtlichen Handel an den Wertpapierbörsen zugelassenen Wertpapiere. → Börsengängigkeit.

Börsenfavoriten

Bez. f. solche Börsenpapiere – i. d. R. Aktien –, die von den Käufern bevorzugt werden. Börsenfavoriten können wechseln. Bei einer Aufwärtsbewegung der Kurse werden oft frühere Börsenfavoriten zuerst gekauft.

Börsenfeiertage

Entsprechen i. a. den Bankfeiertagen.

Börsenflaute

Tendenzbezeichnung für anhaltende Geschäftsstille.

börsengängige Wertpapiere

Effekten, die im amtlichen Handel, im Geregelten Markt oder im Freiverkehr gehandelt werden (können).

Börsengängigkeit

Handelbarkeit an der Börse aufgrund entsprechender Fungibilität. Börsengängigkeit, z. B. die eines Wertpapiers, ist erkennbar an der Höhe der während des Börsenhandels getätigten Umsätze. Man spricht von hoher Börsengängigkeit, wenn die Umsätze eines Wertpapiers nicht nur zeitweise, sondern über längerfristige Zeiträume hinweg ein angemessenes Volumen haben. Die Börsengängigkeit wird neben der Fungibilität eines Wertpapiers von verschiedenen Faktoren determiniert. Von Bedeutung ist vor allem der Umfang des an der Börse zugelassenen Kapitals. Ist dieser eher gering (Marktenge), wird auch die Börsengängigkeit weniger ausgeprägt sein; evtl. vorliegende Aufträge können u. U. nicht ausgeführt werden, da keine Nachfrage oder kein Angebot vorliegt. Darüber hinaus ist das Standing der emittierenden AG für die Börsengängigkeit eines Wertpapiers nicht unerheblich. → Börsenfähigkeit.

Börsengeschäfte (1)

An den Börsen übliche Geschäfte. Grundformen: sofort (Kassageschäfte, Comptantgeschäfte) und auf Zeit (Termingeschäfte) abgeschlossene Geschäfte. → Börsengeschäfte, Erfüllungsarten.

Börsengeschäfte (2)
Alle an der Börse abgeschlossenen Käufe und Verkäufe über die an der Börse gehandelten Wertpapiere, Waren oder Devisen. I. w. S. zählen dazu die zwischen Banken und ihren Kunden vereinbarten Geschäfte, die Kauf bzw. Verkauf von börsenfähigen Gegenständen zum Inhalt haben. Börsengeschäfte können einmal nach der Art der gehandelten Gegenstände (Wertpapiere, Waren, Devisen usw.) unterschieden werden. Zum anderen können Börsengeschäfte nach dem Erfüllungstermin der Verträge in Kassa- und Termingeschäfte unterteilt werden (Börsengeschäfte (1)) wobei letztere, je nach gesetzlicher Regelung, in amtliche und nicht amtliche, sowie nach rechtlicher Verbindlichkeit in feste und bedingte Termingeschäfte differenziert werden. Abwicklung von Börsengeschäften erfolgt z. T. durch besondere Einrichtungen. So ist z. B. durch die Wertpapiersammelbanken die effektive Lieferung von Wertpapieren größtenteils überflüssig.

Börsengeschäfte, Eigentumserwerb
Beim Kauf deutscher Wertpapiere über eine Bank wird dem Erwerber Eigentum oder Miteigentum daran spätestens innerhalb 1 Woche verschafft. Nach den Usancen der Börsen sind allerdings alle an der Börse abgeschlossenen Geschäfte schon am 2. Werktag nach Abschlußtag zu erfüllen. Je nach technischer Art der Geschäftsabwicklung vollzieht sich der Eigentumserwerb nach den Vorschriften des bürgerlichen Rechts (§§ 929ff. BGB) und den ergänzenden Bestimmungen des Depotrechts (§§ 18ff. DepG). Ein Eigentumsübergang nach BGB erfolgt durch Einigung und Übergabe der Stücke. Ist der Käufer der Papiere Depotkunde der Bank, wird die Übergabe z. B. dadurch ersetzt und damit das Eigentum daran übertragen, daß die gekauften Titel in das Streifbanddepot des Kunden gelegt werden. Im übrigen geht mit Absendung des Stückeverzeichnisses das Eigentum an den betreffenden Wertpapieren auf den Erwerber über. Im Stückeverzeichnis sind die Papiere nach Gattung, Nennbetrag, Nummern oder sonstigen Merkmalen zu bezeichnen. Darüber hinaus geht bei sammelverwahrten Wertpapieren das Miteigentum am Sammelbestand des betreffenden Papiers mit der buchmäßigen Übertragung des entsprechenden Sammelbestandanteils vom Kommissionär auf den Käufer über. Ersterer hat letzterem die Verschaffung des Miteigentums unverzüglich mitzuteilen. Für diese Benachrichtigung reicht ein Vermerk auf der Effektenabrechnung „zugunsten Girosammeldepot“. Bei Auslandsgeschäften, wenn also die Wertpapiere im Ausland angeschafft und aufbewahrt werden, muß die Bank das Stückeverzeichnis nur auf besonderes Verlangen des Kunden übersenden. I. d. R. wird hiervon abgesehen, da bei Auslandsgeschäften meist ausländische Wertpapiere gekauft werden und die Stücke i. d. R. auch unter dem Namen der Bank im Ausland verwahrt bleiben und für den Kunden durch die deutsche Depotbank unter Wertpapierrechnung verbucht werden; er hat damit einen Lieferungsanspruch aus dem Kauf gegen die deutsche Depotbank.

Börsengeschäfte, Erfüllungsarten
Im Börsenhandel wird grundsätzlich zwischen Handel per Kasse und dem Handel per Termin unterschieden; entscheidend ist, in welchem Zeitpunkt die abgeschlossenen Geschäfte erfüllt werden müssen. → Börsengeschäfte (1).

Börsengeschäfte, Lieferung
Für den Handel an den deutschen Wertpapierbörsen gelten besondere Geschäftsbedingungen (Usancen). Ihrem Inhalt nach sind sie für alle Börsen im wesentlichen gleich. Danach sind alle an der Börse abgeschlossenen Geschäfte am 2. Werktag nach Abschlußtag zu erfüllen. Lieferung kann in lieferbaren Stücken oder Sammelbestandsanteilen erfolgen; Lieferung in bestimmter Stückelung kann nicht verlangt werden, es sei denn, daß auch sie Gegenstand des Auftrags war. Nicht lieferbar sind Wertpapiere, die einen sichtbaren oder unsichtbaren Mangel haben, die also gefälscht oder verfälscht, unvollständig ausgefertigt oder aufgeboten, mit Opposition belegt sind oder wesentliche Beschädigungen aufweisen. Der Käufer kann statt eines nicht lieferbaren Stücks ein lieferbares verlangen; Anspruch auf Wandlung oder Minderung des Preises besteht nicht. Lieferung und Bezahlung der Wertpapiere müssen jeweils usancegemäß oder zum besonders festgesetzten Termin erfolgen. Hat der eine Teil nicht rechtzeitig erfüllt, kann der nichtsäumige Teil ihm unter Androhung der Zwangsregelung per Einschreiben oder schriftlich gegen Empfangsbescheinigung eine Nachfrist zur Erfüllung setzen. Nach ergebnislosem Ablauf muß der nichtsäumige Teil an dem Börsentag, an dem die Frist endet, Zwangsregelung vornehmen. Diese muß zu dem am Zwangsregelungstag notierten

Einheitskurs unter Vermittlung eines Kursmaklers durch Kauf oder Verkauf bewirkt werden bzw. bei fortlaufend notierten Wertpapieren zu den entsprechenden Kursen. Ein Unterschied zwischen dem Zwangsregelungskurs und dem Vertragskurs muß dem Teil, zu dessen Gunsten er sich ergibt, erstattet werden. Weiter muß der säumige Teil Maklergebühr, Portoauslagen, sonstige Spesen sowie den Zinsverlust tragen. Zur Vermeidung der Zwangsregelung und deren Kosten eignet sich die → Wertpapierleihe. Die Lieferung von Wertpapieren wird heute wenig in effektiven Stücken und nur noch selten durch einen Boten von Bank zu Bank besorgt. Die meisten Banken bedienen sich der Vermittlung der bei den Landeszentralbanken bestehenden Abrechnungsstellen sowie der Deutscher Kassenverein Aktiengesellschaft (Wertpapiersammelbank) und ihren Niederlassungen. Bei der Abrechnungsstelle der LZB kommen täglich Vertreter der Banken am Ort zusammen und tauschen die für die Verrechnung bestimmten Unterlagen (Wechsel, Schecks, Effektenabrechnungen) aus. Dabei wird zugleich die Verrechnung zwischen den Beteiligten vorgenommen. Wertpapiere werden, falls nicht ausnahmsweise effektiv ausgeliefert werden soll, durch von der Bank des Verkäufers ausgestellten roten Wertpapierscheck (Übertragungsscheck) eines Kassenvereins geliefert. Dieser wird zur Buchung und damit endgültigen Verrechnung zwischen den beiden Partnern an die zuständige Niederlassung der Deutscher Kassenverein AG weitergegeben. Weitere Vereinfachung ist gegeben, wenn nicht nur die stückemäßige, sondern auch die geldmäßige Abrechnung über den Kassenverein erfolgen kann oder die Geldseite bei den beiden Partnern unmittelbar verrechnet wird und nur die Stücke über den Kassenverein zu liefern sind.

Börsengeschäftsabwicklung an der Frankfurter Wertpapierbörse

→ BÖGA.

Börsengeschäftsbedingungen

Werden vom Börsenvorstand erlassen und geben die Bedingungen an, unter denen an der Börse gehandelt werden kann, z. B. Art, Form, Dauer und Ausführung der Aufträge, Auftragserteilung, Möglichkeiten des Limits, Erfüllung von Börsengeschäften, Geschäfte bei einem Bezugsrecht, Zwangsregelung usw.

Börsengeschäftsführer

Leiter der Börsenverwaltung, der bei einigen Börsen Syndikus heißt.

Börsengeschäftszweige

Die gemäß BörsG in der Börsenordnung angegebenen Handelsgebiete, für die die Börseneinrichtungen bestimmt sind.

Börsengesellschaft

Unternehmung, deren Aktien und/oder Schuldverschreibungen an der Börse gehandelt werden (können).

Börsengesetz (BörsG)

Das BörsG v. 22. 6. 1896 mit späteren Änderungen regelt Organisation und Tätigkeit der deutschen Börsen. Enthält 6 Hauptabschnitte: allgemeine Bestimmungen über die Börsen und ihre Organe, Feststellung des Börsenpreises, des Maklerwesens, Zulassung von Wertpapieren zum Börsenhandel, Börsenterminhandel, Ordnungsstrafverfahren, Straf- und Schlußbestimmungen. Mit der zum 1. 8. 1989 in Kraft getretenen Änderung des Börsengesetzes wurden insbesondere Termingeschäfte, Börsenaufsicht und Risikobegrenzung sowie Computerbörse, Notierungen in Fremdwährung oder Rechnungseinheiten und die vereinfachte Zulassung von Wertpapieren neu geregelt.

Börsenglocke

Akustisches Zeichen zum Beginn und zur Beendigung der Börsenversammlung; auch bei Beginn der Festsetzung der Einheitskurse.

Börsenhändler

Bez. f. die Personen, die an der Börse im Namen und für Rechnung der Bank, für die sie tätig sind, Geschäfte abschließen. Im wesentlichen umfaßt der Begriff die an der Börse handelnden Angestellten von Banken. Aber auch die leitenden Personen von Banken, die unmittelbar am Börsenhandel teilnehmen, rechnen zu den Börsenhändlern. → Börsenhandelsteilnehmer.

Börsenhandel

Bez. f. den Handel mit Wertpapieren, Optionen, futures, Devisen und anderen fungiblen, also börsenfähigen Objekten an einer Börse. Wird nach bestimmten Regeln und Usancen abgewickelt. Der Börsenhandel in Wertpapieren in Deutschland vollzieht sich an den verschiedenen Börsenplätzen. An der Deutschen Terminbörse (DTB) findet der Handel von Optionen und futures statt. Grundsätzlich sind der amtliche Handel, der Geregelte Markt, der

Freiverkehr sowie der Termin- und Optionshandel zu unterscheiden. Grundlage des Börsenhandels sind Angebot und Nachfrage in bezug auf die zum amtlichen Börsenhandel und Geregelten Markt zugelassenen, die in den Freiverkehr einbezogenen Effekten sowie die an der Deutschen Terminbörse gehandelten Optionen und futures. Beide Seiten, Angebot und Nachfrage, werden i. d. R. vertreten durch die Börsenhändler, die die ihnen vorliegenden Aufträge an die Börsenmakler weitergeben (Kursfestsetzung). Der Freiverkehr wickelt sich ebenfalls innerhalb der Börse ab, jedoch ohne Einbeziehung der amtlichen Makler. Hier werden die Geschäftsabschlüsse i. d. R. durch Vermittlung von freien Maklern getätigt. Der Handel an der als Computerbörse gestalteten Deutschen Terminbörse wird über Bildschirme abgewickelt. Angebot und Nachfrage nach Optionen und futures werden in das EDV-System der DTB eingegeben. Für die Ausführung von Kundenaufträgen sind Makler zuständig. Die Bereitstellung von Kursstellungen erfolgt über market maker. In jedes abgeschlossene Geschäft tritt die DTB Deutsche Terminbörse GmbH als Clearing-Stelle ein.

Börsenhandel mit ausländischen Wertpapieren

→ ausländische Wertpapiere, Handel an deutschen Börsen.

Börsenhandelsteilnehmer

Ordentliche Mitglieder an den Effektenbörsen können nur natürliche oder juristische Personen sein, die gewerbsmäßig Wertpapiergeschäfte betreiben. Alle anderen – also auch große Industrieunternehmen, Versicherungen usw. – müssen sich zur Abwicklung ihrer Wertpapiergeschäfte von den gewerbsmäßigen Wertpapierhändlern, insbesondere Banken, vertreten lassen. Demgemäß ist auch der Besuch der Börse geregelt: Neben Maklern sind ordentliche Börsenbesucher Inhaber, persönlich haftende Gesellschafter, Vorstandsmitglieder und leitende Direktoren der Banken. Hinzu kommen außerordentliche Börsenbesucher: Personen mit der Befugnis, im Namen und für Rechnung eines Börsenmitgliedes am Börsenhandel teilzunehmen; hierzu rechnen die Vertreter der Banken, die sich mit der Ausführung der Börsenaufträge befassen. Schließlich sind Personen ohne Handelsbefugnis tätig: vor allem Schreibkräfte, Telefonisten u. dgl. Bestimmte Gruppen sind vom Besuch der Börse ausgeschlossen: insbesondere Personen, die sich nicht im Besitz der bürgerlichen Ehrenrechte befinden, wegen Bankrotts rechtskräftig verurteilt sind, sich im Zustand der Zahlungsunfähigkeit befinden usw. An jeder Börse besteht ein Ehrenausschuß. Diese Kommission zieht Börsenbesucher zur Verantwortung, die sich im Zusammenhang mit ihrer Tätigkeit an der Börse eine mit der Ehre oder dem Anspruch auf kaufmännisches Vertrauen nicht zu vereinbarende Handlung haben zuschulden kommen lassen. Derartige Bestimmungen sollen sicherstellen, daß nur vertrauenswürdige Personen am Börsenhandel teilnehmen. Bei Maklern wird zwischen amtlichen oder Kursmaklern und freien Maklern unterschieden. Erstere vermitteln Kauf- und Verkaufsaufträge zwischen den am Börsenverkehr teilnehmenden Banken. Ihr Amt ist öffentlich; sie werden vereidigt und dürfen i. a. in dem ihnen zugeteilten Effektenbereich Geschäfte für eigene Rechnung nur vornehmen, soweit diese zur Ausführung ihnen erteilter Aufträge erforderlich sind. Dagegen unterliegen freie Makler solchen Bestimmungen nicht. Sie betreiben vor allem den Handel mit amtlich nicht notierten Werten, können aber auch im amtlichen Handel notierte Titel handeln, sie für eigene Rechnung kaufen und verkaufen. Sie bilden mit den Banken, die auch für eigene Rechnung Wertpapiergeschäfte an der Börse abwickeln, die Kulisse.

Börsenindex

→ Aktienindex → Index → Kursindex.

Börsenindikator

→ Indikator.

Börseninformationsdienste

Unternehmen, die Mitteilungsschriften mit Ratschlägen für die Kapitalanlage (Börsenbriefe) an ihre Abonnenten herausgeben.

Börseninformationssysteme im Vergleich

Auf moderner Technik basierende Informationssysteme, die der Übermittlung neuester börsenrelevanter Informationen und Kursentwicklungen an nationalen und internationalen Börsen dienen. Angeschlossene Teilnehmer sind neben Nachrichtendiensten, Börsen, Research- und Wertpapierabteilungen der Banken z. T. auch schon Private. Neben der Übermittlung üblicher börslicher Eckdaten wie Jahreshöchst- und -tiefstkurse erlauben die Informationssysteme je nach Ausstat-

Börseninformationen in Datex-J

Anbieter	Einstiegsseite	Kosten/Bemerkungen
AS-Börse	*633122#	0,10 DM – 1,00 DM/Abruf; GBG: 325 DM hjährl.
Bartholemy-Datentechnik	*732# *987000#	34,00 – 47,00DM/Monat
Bayerische Hypo Bank	*3103141#	kostenlos
Bayerische Landesbank	*380002#	kostenlos
Bayerische Vereinsbank	*20202900#	kostenlos
Berliner Bank	*500051226#	kostenlos
Berliner Volksbank	*740#215004#	kostenlos
Börse Online	*55102#	0,70 DM/Abruf
Bundesverband dt. Banken	*4590007#	kostenlos
Capital	*3450055#	kostenlos
Commerzbank	*389005#	kostenlos
Deutsche Bank	*6000042#	kostenlos
Dresdner Bank	*3366644#	kostenlos
Economique Network	*3377331#	59,00 DM/Monat: Probeabonnement kostenlos
FINANZEN	*22088#	teilweise kostenlos; sonst 0,50 – 1,00 DM/Abruf; GBG; 395 DM/Jahr; bei Abo von FINANZEN Optionsscheine 195 DM/Jahr
Foxware	*732# *9250107#	30 DM/Monat; für 4 Wochen kostenlos
GFI Cofex	*20110#	0,60 DM je Abruf
Hornblower Fischer AG	*555532000#	teilweise kostenlos, sonst 0,10–0,70 DM/Abruf GBG: ab 60 DM/Monat; Realtime 95,00DM/M.
Landesbank Rheinland-Pfalz	*66565123#	kostenlos
Landesbank Schleswig-Holstein	*232303#	kostenlos
Lenz+Partner	*47147#	GBG: 32 DM/Monat (Kompakt), 54 DM/Monat (Privat/Selektiv), 79 DM/Monat (Profi)
Market Maker Software GmbH	*22245#	54,90 DM/Monat (Deutschland), 79,90 DM/Monat (Deutschland+Übersee bzw. Deutschland+Europa, 99 DM/Monat (Deutschland+Übersee+Europa), 35,00 DM/Monat (DTB), 32,90 DM/Monat (Light)
Neue Wirtschaftspresse NWP	*45045032#	0,10 DM/Abruf, GBG: 44,00 DM/Monat (Privat) 65,00 DM/Monat (Profi)+10,00 DM Lizenzgebühr
portfolio concept GmbH	*26161#	GBG: 45,00 DM/Monat; für 1 Woche kostenlos
Südwestbank	*46644241#	kostenlos

GBG=Geschlossene Benutzergruppe, Zugang nach Antrag und Bezahlung der laufenden Gebühren.

Börseninformationen in Datex-J (Fortsetzung)

Anbieter	Einstiegsseite	Kosten/Bemerkungen
Telekurs	*5050511 #	0,70 DM/Abruf
Top Trading Finanzdienste	*23339112 #	0,60 DM – 6,60 DM/Abruf; GBG: 390 DM/vtl., 1250,00 DM/jrl.
Vereins- und Westbank	*2030011 #	kostenlos

GBG = Geschlossene Benutzergruppe, Zugang nach Antrag und Bezahlung der laufenden Gebühren.

Datenquellen für den privaten Anleger

Anbieter	Kosten/Bemerkungen
BKD Bartholomy Herterichstr. 22, 81479 München, Tel. 089/7914583	34,00 – 47,00 DM/Monat
b. i. s. börsen-informations-systeme GmbH Markt 4, 97421 Schweinfurt, Tel. 09721/72910	Grundgebühr: 250,00 DM/Monat Frankfurter Wp.börse: 100,00 DM/Monat DTB: 200,00 DM/Monat IBIS/LIFFE: 150,00 DM/Monat
CTS Vertrieb GmbH Leonhardsweg 1, 82008 Unterhaching, Tel. 089/6114095	Tagestitel: 43,00 DM/Monat Realtime: 95,00 DM/Monat zus. Realtime-Connectz.: 35,00 DM/Monat
EAG Financial Informations GmbH Hanauer Landstr. 208 – 216. 60314 Frankfurt, Tel. 069/440071	Deutschland-Paket: 99,00 DM/Monat
Economique Network Aachener Str. 321, 50931 Köln, Tel. 0221/9400001	59,00 DM/Monat
Market Maker Software GmbH Grüner Graben 1, 67655 Kaiserslautern, Tel. 0631/69011	Deutschland: 54,90 DM/Monat Deutschland + Übersee: 79,90 DM/Monat Deutschland + Europa: 79,90 DM/Monat Deutschland + Übersee + Europa: 99,90 DM/Monat DTB: 35,00 DM/Monat Light: 32,90 DM/Monat Fundamental: 35,00 DM/Monat Nachrichten: 45,00 DM/Monat
Markt & Technik – Börse Intime Ingolstädter Str. 20, 80807 München, Tel. 089/3509304	0,01 – 0,30 DM/Abruf
Neue Wirtschaftspresse GmbH (NWP) Goethestraße 15, 67547 Worms, Tel. 06241/4751	Einsteiger: 32,00 DM/Monat Privat: 54,90 DM/Monat Profi: 75,00 DM/Monat Ausland: 32,00 DM/Monat DTB: 35,00 oder 97,00 DM/Monat
Sharework GmbH Wachtelpforte 26, 33640 Goslar, Tel. 05321/2796	Hist. Daten 1 Jahr : 2298,85 DM Hist. Daten 3 Jahre: 3448,85 DM Hist. Daten 6 Jahre: 5748,85 DM mind. 4300 Notier.: 343,85 DM/Monat Einführungspreis: 286,35 DM/Monat Futures „add on“: 228,85 DM/Monat Einführungspreis: 171,35 DM/Monat Futures „stand alone“: 343,85 DM/Monat Einführungspreis: 286,35 DM/Monat

Alle Angaben: Stand März 1994. *Quelle:* Peter Jobst, Postfach 3, 83365 Nußdorf tung auch die Vornahme von Unternehmensanalysen anhand ausgewählter Kennzahlen usw. Bei einer weiteren Fortentwicklung der Informationstechnologie erwarten einige Beobachter sogar die Möglichkeit, daß der private Kapitalanleger z. B. über das Btx-System der Deutschen Bundespost Telekom seine Wertpapiertransaktionen autonom vornehmen kann, zudem über ein weitgefächertes Informationsangebot von Anlageempfehlungen verfügt. Bei einigen der verbreitetsten Informations- und Kommunikationssysteme (siehe Schaubilder Seiten 135–136) können Kurse an ausländischen Börsen gehandelter Wertpapiere real time geliefert werden. Mit dem Integrierten Börsenhandels- und Informationssystem (IBIS) steht den Marktteilnehmern ein Computersystem zur Verfügung, das den vollelektronischen und standortunabhängigen Handel von Aktien und Renten in Deutschland ermöglicht. Darüber hinaus liefern BIFOS, KISS und pcKISS wichtige Börseninformationen.

Börsenkammer des Kantons Basel Stadt

→ Basler Börse.

Börsenkapitalisierung

Verfahren zur marktorientierten Unternehmensbewertung einer AG. Die Berechnung des Wertes erfolgt, indem die Anzahl aller Aktien mit dem aktuellen Börsenkurs (häufig bestimmter Stichtagskurs, z. B. 31. 12.) multipliziert wird. Der Börsenkurs spiegelt oft erwartete Unternehmensentwicklungen (Ertragslage usw.) wider. Man bezeichnet daher das Bewertungsverfahren als Kapitalisierung, da man annimmt, daß eine Transformation zukünftiger Entwicklungen auf den gegenwärtigen Zeitpunkt erfolgt.

Börsenkarten

Ausweise zum Börsenbesuch: Dauerkarten und Jahreskarten mit Handelsbefugnis; Karten ohne Handelsbefugnis für Unternehmensangehörige von Börsenmitgliedern, Pressevertreter u. a.; Eintrittskarten zum Galeriebesuch.

Börsenkommissär

In der Schweiz vom Regierungsrat gewähltes Börsenorgan. Muß die Handhabung der Gesetzesvorschriften, der Statuten, Reglemente und Usancen sowie die vorschriftsgemäße Veröffentlichung der Effektenkurse überwachen. Kontrolliert die Eintragungen im Börsenjournal. Bei jeder Börsensitzung muß ein Börsenkommissär zugegen sein.

Börsenkommissar

Vertreter der Börsenaufsichtsbehörde. (Staatskommissar). Überwacht den Börsenbetrieb im Hinblick auf die Einhaltung der gesetzlichen Vorschriften und ist berechtigt, den Börsenversammlungen, den Beratungen der Börsenorgane und dem Börsenhandel beizuwohnen.

Börsenkrach

Bez. f. den Sturz der Börsenkurse bei Wirtschaftskrisen.

Börsenkurs, -preis

Der festgestellte Preis der an einer Börse zum Handel zugelassenen Objekte. Der Börsenpreis an den deutschen Effektenbörsen wird für Aktien in DM pro Stück und für festverzinsliche Wertpapiere in % vom Nennwert festgelegt. → Kurs → Kursfestsetzung → Kursbildung.

Börsenkursblatt

→ amtliches Kursblatt.

Börsenkursnotierung (-notiz)

Festsetzung der amtlichen Börsenkurse. Erfolgt für Aktien in DM/Stück und für Rentenwerte in % vom Nennwert. Die Kursnotierung für Wertpapiere wird an den verschiedenen Börsenplätzen gesondert durchgeführt; es bestehen jedoch keine gravierenden Unterschiede. I. d. R. erfolgt die Kursnotierung zu Einheitskursen (Kassakurse). Für Wertpapiere, die in großen Stückzahlen gehandelt werden, erfolgt eine variable Notierung. Die Mindestanzahl an Aktien für diese Art der Notierung beträgt i. d. R. 50 Stück.

Börsenmakler

Berufsmäßiger Vermittler von Börsengeschäften. Man unterscheidet vereidigte (Kurs-)Makler für den amtlichen Verkehr und nicht vereidigte freie Makler, die Geschäfte in allen Wertpapieren vermitteln. Beide Gruppen sind Makler i. S. d. BGB und Handelsmakler i. S. d. HGB. Amtliche Makler werden von der Landesregierung bestellt; sie stehen in öffentlich-rechtlichem Rechtsverhältnis, das sie zur amtlichen Kursfeststellung der zum amtlichen Handel zugelassenen Wertpapiere autorisiert und den im BörsG festgelegten Bestimmungen unterwirft. Freimakler werden vom Börsenvorstand zugelassen, werden im Gegensatz zu den amtlichen Maklern nicht vereidigt und dürfen an der amtlichen Kursfeststellung nicht teilnehmen. Sie unterliegen den Richtlinien des

Ausschusses für Geschäfte in amtlich nicht notierten Werten der jeweiligen Börse. Eine Doppelzulassung an mehreren Börsen ist möglich. Ihnen obliegt die Geschäftsabwicklung im Geregelten Markt und Freiverkehr.

Börsenmaßnahmen gegen größere Kursschwankungen

Stellt der Kursmakler aufgrund der bei ihm vorliegenden Aufträge fest, daß der Kurs erheblich von dem zuletzt notierten Kurs bzw. der Taxe (Kursschätzung) abweichen wird, hat er – rechtzeitig vor der Kursfestsetzung – an der Maklertafel durch Pluszeichen (+) oder Minuszeichen (- bzw. ./.) darauf hinzuweisen. Kursveränderungen bei Aktien von 5–10% des Kurswertes sind durch 1 Zeichen anzukündigen, Kursveränderungen von mehr als 10% durch 2 Zeichen. Bei festverzinslichen Wertpapieren werden Kursschwankungen von über 1–2% des Nennwertes mit 1 Zeichen angezeigt, von über 2% des Nennwertes durch 2 Zeichen. Für Kursveränderungen bei Bezugsrechtsnotierungen sind die für Aktien gültigen Bestimmungen anzuwenden, doch kann davon abgesehen werden, wenn der Wert des Bezugsrechts nicht mehr als DM 10 beträgt. Für Kursveränderungen bei Wandelobligationen und Optionsanleihen gilt die Regelung für Aktien sinngemäß.

Börsenmitglieder

Zum Börsenhandel zugelassene Unternehmen bzw. deren Inhaber, persönlich haftende Gesellschafter, gesetzliche Vertreter u. a. m. → Börsenhandelsteilnehmer.

Börsennamen

Abkürzungsbezeichnungen für bestimmte Börsenpapiere unter den Börsenhändlern.

börsennotierte Aktien

Aktien, die an Wertpapierbörsen eingeführt sind und für die börsentäglich ein Kurs festgesetzt wird. → Kursnotierung, -notiz.

Börsenordnung

Satzung der Börse. Das BörsG schreibt vor, daß für jede Börse eine Börsenordnung zu erlassen ist. Sie ist von dem zuständigen Landeswirtschaftsministerium zu genehmigen. Die Börsenordnungen der einzelnen deutschen Börsen weichen inhaltlich zwar leicht voneinander ab, doch sind die wesentlichen Fragen einheitlich geregelt. So sind in den Börsenordnungen Bestimmungen über Geschäftszweige und Organisation der Börse, Veröffentlichung der Preise und Kurse, Zusammensetzung und Wahl der Mitglieder der Zulassungsstelle, Berechtigung des Börsenvorstandes, die Umsätze zu veröffentlichen, Bedeutung der Kurszusätze und Hinweise u. a. zu treffen. Bei den Bestimmungen über die Organe wird geregelt, wieviele Mitglieder der Börsenvorstand hat, wie er sich zusammensetzt und die Wahl zu erfolgen hat.

Börsenorgane

Börsenvorstand, Wertpapierzulassungsstelle (Zulassungsstelle), Zulassungsausschuß (also der Ausschuß für die Zulassung von Effekten zum Geregelten Markt), Kursmaklerkammer (Maklerkammer), Börsenehrengericht, Börsenschiedsgericht und Staatskommissar.

Börsenorgane nach dem zweiten Finanzmarktförderungsgesetz

Im für 1994 zur Ratifizierung vorgesehenen zweiten Finanzmarktförderungsgesetz bzw. in der darin enthaltenen Novellierung des Börsengesetzes werden die Börsenorgane neu gefaßt. Die Leitung der Börse soll demnach zukünftig der Geschäftsführung der Börse obliegen; diese wird kontrolliert durch den Börsenrat. Geschäftsführung und Börsenrat übernehmen somit die Aufgaben des bisherigen Börsenvorstands. Daneben ist die Einführung einer Handelsüberwachungsstelle vorgesehen.

Börsenpflichtblatt

Von jeder Wertpapierbörse ist für die Pflichtbekanntmachung der Wertpapieremittenten mind. ein am Börsenplatz erscheinendes Publikationsorgan zu benennen; es ist gleichzeitig Publikationsorgan der betreffenden Zulassungsstelle. An großen Börsen ist es üblich, daß mehreren Zeitungen die Pflichtblatteigenschaft zuerkannt wird. → amtliches Organ der Zulassungsstelle.

Börsenplätze

Orte, an denen Börsen bestehen. In Deutschland gibt es 8 Börsenplätze mit Wertpapierbörsen: Berlin, Bremen, Düsseldorf, Frankfurt, Hamburg, Hannover, München und Stuttgart. Die bedeutendsten sind Frankfurt und Düsseldorf. Während in Deutschland das Regionalprinzip vorherrscht, gibt es im Ausland z. T. nur 1 oder 2 dominierende Börsenplätze, daneben unbedeutende Regionalbörsen.

Börsenpräsident

Vorsitzender des Börsenvorstandes.

Börsenpreis

→ Börsenkurs, -preis.

Börsenprospekt

Abk. f. Börsenzulassungsprospekt im Gegensatz zum Verkaufsprospekt bei der Ausgabe von Anteilscheinen von Investmentgesellschaften, festverzinslichen Wertpapieren oder Aktien oder zum Zeichnungsprospekt bei Ausgabe festverzinslicher Wertpapiere oder Aktien. Soll ein Wertpapier an der Börse zugelassen werden, muß zuvor in bestimmten großen Tageszeitungen (Börsenpflichtblättern) ein Prospekt (Anzeige) publiziert werden, der die Öffentlichkeit über das Wertpapier und über die emittierende AG informiert. Der Prospekt muß bestimmte Informationen geben: u. a. zur Entwicklung des Emittenten, Geschäfts- und Unternehmenstätigkeiten, Zukunftsaussichten. Er muß die Vorstands- und Aufsichtsratsmitglieder nennen und den letzten Jahresabschluß enthalten (Bilanz, GuV-Rechnung). Die Zulassungsstelle der Börse entscheidet, ob der Prospekt das Publikum ausreichend informiert. → Börsenzulassungsprospekt.

Börsenpublizität

Unterrichtung der Öffentlichkeit über die wesentlichen Tatsachen, die i. w. S. eine Beziehung zur Börse haben. Nach dem Geber der Informationen ist zu unterscheiden zwischen Börsenpublizität der börsennotierten AG und Publizität der Börse selbst. Bei dieser handelt es sich um alle Maßnahmen, die von den Börsen ergriffen werden, um das Verständnis für die und die Transparenz der Börsengeschäfte zu heben. Anderes ist dagegen die Unternehmenspublizität. Umfassende Veröffentlichung aller Börsenkurse erfolgt in dem bei jeder Börse erscheinenden amtlichen Kursblatt. Durch Kurszusätze wird die Aussagefähigkeit der Notierungen verbessert. Die Kurse werden von vielen Presseorganen übernommen. Börsenumsätze werden nur teilweise publiziert. Darüber hinaus bemühen sich die Börsen, durch Vorträge, Führungen und Publikationen das Wissen um das Wertpapierwesen zu erweitern. Zudem erstatten die Börsen auch Jahresberichte.

Börsenrat

Im für 1994 zur Ratifizierung vorgesehenen zweiten Finanzmarktförderungsgesetz bzw. im novellierten Börsengesetz konzipiertes Börsenorgan: Ihm obliegt u. a. (1) der Erlaß der Börsen- und Gebührenordnung, (2) die Bestellung bzw. Abberufung der Geschäftsführung im Benehmen mit der Börsenaufsichtsbehörde, (3) die Überwachung der Geschäftsführung, (4) der Erlaß einer Geschäftsordnung für die Geschäftsführung, (5) der Erlaß der Bedingungen für die Geschäfte an der Börse, (6) die Entscheidung über die Einführung von technischen Systemen, die dem Handel oder der Abwicklung von Börsengeschäften dienen sowie (7) der Erlaß von Regeln für den Freiverkehr. Dem Börsenrat gehören höchstens 18 Personen an; es müssen die zur Teilnahme am Börsenhandel zugelassenen Banken, freien Makler und sonstigen zugelassenen Unternehmen, die Kursmakler, die Versicherungsunternehmen, deren emittierte Wertpapiere amtlich notiert werden oder zum Geregelten Markt zugelassen sind, andere Emittenten und Anleger vertreten sein. Die Zahl der Bankenvertreter darf maximal die Hälfte der Mitgliederzahl ausmachen.

Börsenrecht

Gesamtheit der Gesetze, Verordnungen, Bestimmungen usw., die die Einrichtung, Organisation und den Geschäftsablauf der Börsen regeln. Von besonderer Bedeutung ist das BörsG. Daneben bestehen die Börsenordnung, Regelungen zum Schiedswesen (an der Börse), Maklerordnung, Geschäftsbedingungen der einzelnen Börsen, Usancen, z. B. für den Handel mit amtlich nicht notierten Werten, Händler- und Beraterregeln u. a. m.

Börsenreife

Setzt sich aus einer formellen und einer wirtschaftlichen Komponente zusammen. Formell kann eine AG als börsenreif bezeichnet werden, wenn sie den Voraussetzungen zur Zulassung von Wertpapieren zum Börsenhandel genügt. Wirtschaftlich wird die Börsenreife determiniert durch Einschätzung der AG in erster Linie durch Banken und Anleger. Wird einer AG Börsenreife zugesprochen, hat sie i. d. R. die Möglichkeit, durch Emission und Zulassung ihrer Aktien zum Börsenhandel ihren Kapitalbedarf zu decken (going public).

Börsenring

→ Aktienring → Obligationenring.

Börsensachverständigenkommission

Kommission beim Bundesfinanzministerium. Aufgabe: sich mit Fragen des Börsenwesens zu seiner Verbesserung zu befassen (→ Börsenreform). Mitglieder der

Kommission sind Sachverständige der am Börsenwesen interessierten Institutionen einschl. des Arbeitskreises der Länder für Börsen- und Wertpapierfragen und der Bundesbank.

Börsenschiedsgericht

Börsengremium zur Schlichtung von Streitigkeiten aus Börsengeschäften. Es führt in geeigneter und beschleunigter Form Schlichtungen von Streitigkeiten aus Börsengeschäften durch. Diese Kommission besteht meist aus Mitgliedern des Börsenvorstandes.

Börsenschließung

Da die Börsenaufsichtsbehörde die Aufhebung bestehender Börsen anordnen kann, gehen die Aufsichtsbehörden der deutschen Börsen davon aus, daß sie die Börsen bei Vorliegen triftiger wirtschaftlicher Gründe zeit- und teilweise schließen können (z. B. befristete Schließung der Devisenbörsen). Die Bundesregierung kann durch Rechtsverordnung, wenn wirtschaftliche Schwierigkeiten bei Banken schwerwiegende Gefahren für die Gesamtwirtschaft erwarten lassen, u. a. auch die Wertpapierbörsen vorübergehend schließen.

Börsenschluß (1)

Beim Börsenhandel der Mindestbetrag eines Abschlusses bei Wertpapieren mit fortlaufender Notierung (variabler Verkehr), i. d. R. 50 Stück zu je 5 DM. Auch: im Terminhandel festgesetzter Mindesthandelsbetrag.

Börsenschluß (2)

Schluß der Börsenzeit; an deutschen Wertpapierbörsen 13.30 Uhr. An der Deutschen Terminbörse (DTB) enden der Handel von Aktienoptionen, DAX-Optionen, Optionen auf den DAX-future sowie von DAX-Terminkontrakten um 16.00 Uhr sowie der Handel von Optionen auf den Bund- und Bobl-future sowie von Bund- und Bobl-Terminkontrakten um 17.30 Uhr.

Börsenschreiber

In der Schweiz sitzt ein vom Regierungsrat gewählter Börsenschreiber in der Mitte des Börsenrings. Er gibt durch Verlesung in der Reihenfolge ihrer Eintragung im offiziellen Kursblatt die kotierten Wertpapiere zum Handel frei und hält die zustande gekommenen Kurse (Brief- und Geldkurse) für jedes Wertpapier fest.

Börsen-Software

Computerprogramme für die Wertpapieranalyse. Können u. a. eingesetzt werden zur technischen und fundamentalen Aktienanalyse, zur Depotverwaltung, zur Bewertung von Optionen/Optionsscheinen, zur Berechnung von Effektivzinssätzen. Eine Übersicht über deutsche Börsen-Software kann gegen eine Schutzgebühr (DM 20,—) angefordert werden bei: Peter Jobst, Weidangerstraße 5, 83365 Nußdorf.

Börsenspesen

Die von der Bank dem Kunden berechneten Spesen für die Abwicklung eines Börsengeschäfts.

Börsensprache

Börsenhändler und Kursmakler sind bemüht, sich beim Wertpapierhandel so knapp wie möglich auszudrücken. Daher entstand eine Ausdrucksweise, die nur in der Börsensprache anzutreffen und für den Laien nicht ohne weiteres verständlich ist („Börsen-Chinesisch"). Hat ein Börsenmakler z. B. Aktien des Volkswagenwerks mit DM 313 zu kaufen und mit DM 315 zu verkaufen, dann ruft er nur „VW 3 Geld – 5 Brief". Vorzahlen werden weggelassen, so daß bei größeren Kursveränderungen erhöhte Aufmerksamkeit erforderlich ist, damit Fehler vermieden werden. Aus mehreren Teilen bestehende Unternehmensnamen werden soweit wie möglich, oft bis zum Stümmelwort, gekürzt.

Börsenstimmung

→ Börsentendenz → Tendenzbezeichnungen.

Börsentafel

Dient zum Aushang der Börsenbekanntmachungen in den Börsenräumen.

Börsentage

In Deutschland für DTB, Wertpapier- und Devisenbörsen Montag bis Freitag, außer an Feiertagen.

Börsentendenz

Geschäfts- und Kursentwicklung an der Börse. Zur Kenntlichmachung der Börsenstimmung stehen zahlreiche Ausdrücke zur Verfügung, die dem Börsenberichterstatter eine anschauliche Wiedergabe des Börsenverlaufs ermöglichen. → Tendenzbezeichnungen.

Börsentermingeschäfte

→ Börsenterminhandel.

Börsenterminhandel

Der Terminhandel an den deutschen Börsen war bis zur Eröffnung der Deutschen Terminbörse (DTB) im Vergleich zum Terminhandel an ausländischen Börsen nur gering ausgeprägt. Er war in der Vergangenheit zweimal für eine längere Zeit nicht gestattet. So ruhte er in den Jahren von 1914–1925 und von 1931 (13. Juli, schwarzer Freitag) bis 1970. Ab 1970 wurde der Börsenterminhandel in Form von Optionsgeschäften in Aktien wieder zugelassen; 1986 folgte die Zulassung des Optionshandels in festverzinslichen Wertpapieren, am 26. 1. 1990 die Aufnahme des Terminhandels an der Deutschen Terminbörse. Der Börsenterminhandel bietet dem Anleger mehr Raum zur Ausnutzung kurzfristiger Börsentendenzen, zur Absicherung von Wertpapierportefeuilles vor Kursrisiken und zu Spekulationsgeschäften. → Termingeschäfte.

Börsentheorien

I. d. R. auf statistischen Unterlagen und Darstellungen (charts) aufgebaute Modelle, die Hinweise über mögliche künftige Kurstendenzen vermitteln sollen. Börsentheorien sind vor allem in USA entwickelt worden. Mit ihrer Hilfe wird versucht, präzise Aussagen über Kursverläufe, insbesondere der von Aktienkursen, zu machen. Eine solche Theorie hat zu erklären, warum Kurse in einem Zeitpunkt so und in einem anderen Zeitpunkt so sind, und dann aus den Aussagen über die Kurshöhen in verschiedenen Zeitpunkten Aussagen über Gesetzmäßigkeiten der Kursverläufe abzuleiten. Weiterhin sollen Börsentheorien erklären, worauf Anleger ihre Entscheidungen über Angebot und Nachfrage aufbauen und wie sie Aktien bewerten sollen. Diesen Ansprüchen werden die gängigen Börsentheorien jedoch nur bedingt gerecht. Bisher gibt es keine Theorie, die den Verlauf einzelner oder mehrerer Kurse exakt vorausbestimmen könnte. Börsentheorien wurden entwickelt im Rahmen der Fundamentalanalyse, insbesondere jedoch in der technischen (Aktien-)Analyse (advance-decline-Linie, Dow-Theorie; daneben die auf der Annahme von Zufallsschwankungen im Aktienkursverlauf aufbauende random-walk-Theorie).

Börsentips

Anregungen zum Kauf oder Verkauf von Wertpapieren; finden sich in vielerlei Publikationsorganen.

Börsenträger

Die deutschen Wertpapierbörsen müssen, da das BörsG über die privatrechtliche Rechtsfähigkeit der Börse nichts aussagt, einen Rechtsträger haben, der privatrechtlich die Börse mit sich identifiziert. Rechtsträger sind eingetragene Vereine privaten Rechts, eine IHK oder auch Aktiengesellschaften. Börsen sind keine Erwerbsunternehmen. Im Laufe der Zeit sind die staatlichen Aufsichts- und Mitwirkungsbefugnisse, die zur Vermeidung von Mißbräuchen für erforderlich gehalten wurden, derart gravierend geworden, daß die Börsen praktisch eine Art öffentlich-rechtlichen Charakter erhalten haben. Der Rechtsträger hat keinen Einfluß auf die Selbstverwaltung der Börse. Öffentlich-rechtlich sind die Selbstverwaltungsorgane (Börsenvorstand, Zulassungsstelle) Rechtssubjekte. Die Maklerkammern in Berlin und Frankfurt sind Körperschaften öffentlichen Rechts.

Börsenumsätze

Umsätze während der Börsenzeit. Börsenumsätze in festverzinslichen DM-Wertpapieren und in DM-Aktien werden veröffentlicht, u. a. auch durch die Bundesbank in ihren Monatsberichten und den Beiheften dazu. Umsatzangaben können entweder stück- oder betragsmäßig erfolgen. Bei der technischen Analyse haben Börsenumsätze und ihre Veränderungen speziellen Aussagewert. Bekanntgabe und Veröffentlichung sind an deutschen und ausländischen Börsen unterschiedlich geregelt. Das in Deutschland übliche Verfahren der Umsatzermittlung wurde Anfang 1987 dem im Ausland üblichen angepaßt. Seither Erfassung (wie international vielfach üblich) sowohl der Kauf- als auch der Verkaufseite, des Handels unter Maklern, der Direktgeschäfte zwischen Banken soweit bekannt und des platzüberschreitenden Effektenverkehrs. In Deutschland werden für eine Anzahl bedeutender Aktien die börsentäglich gehandelte Stückzahl und der Kurswert bekanntgegeben. Darüber hinaus veröffentlichen verschiedene Wirtschaftszeitungen börsentäglich die Aktienumsätze der deutschen Börsen, eine Umsatzstatistik deutsche Börsen insgesamt, regionale Umsätze sowie die getätigten Käufe und Verkäufe an der DTB.

Börsenumsatzsteuer

Form der Kapitalverkehrsteuer, die zum 1. 1. 1991 abgeschafft wurde.

Börsenusancen

Handelsbräuche für die Ausführung von Börsengeschäften. Viele sind auf der Basis von Gewohnheitsrecht in Anordnungen und Vorschriften festgelegt. Es handelt sich somit um Geschäftsbedingungen der Börsen.

Börsenverein

Rechtsträger der Börsen in Bremen, Düsseldorf, Hamburg, Hannover, München, Stuttgart.

Börsenversammlung

Zusammenkunft der Börsenbesucher zum Abschluß von Börsengeschäften. Die Versammlung braucht theoretisch nicht im Börsengebäude stattzufinden, da der Börsenvorstand berechtigt ist, Ort und Zeit der Börsenversammlung zu bestimmen.

Börsenvertreter

Beauftragter eines Börsenmitglieds. Der Börsenvertreter ist befugt, im Namen und für Rechnung seines Auftraggebers – vor allem einer Bank – am Börsenhandel teilzunehmen. Das Börsenmitglied haftet für die von seinem Vertreter abgeschlossenen Börsengeschäfte. Für eigene Rechnung darf der Börsenvertreter keine Börsengeschäfte tätigen.

Börsenvorstand

Die Leitung der Börse erfolgt durch den Börsenvorstand, dessen Mitglieder großenteils von den Börsenbesuchern gewählt werden. Aufgaben des Börsenvorstandes sind vor allem: (1) Zulassung von Personen zum Börsenbesuch: An der Börse können nur Personen tätig werden, die dazu vom Börsenvorstand zugelassen worden sind. Voraussetzung der Zulassung ist, daß der Bewerber guten Ruf genießt und seine bisherige Tätigkeit und seine Sachkenntnis ihn zur Teilnahme am Börsenhandel als geeignet erscheinen lassen; auch geordnete Vermögensverhältnisse sind bedeutsam. Auch die Ausschließung von Personen, die sich zum Börsenbesuch als ungeeignet erweisen, obliegt dem Börsenvorstand; (2) Überwachung der die Börse betreffenden Bestimmungen; (3) Aufrechterhaltung der Ordnung in den Börsenräumen: Der Börsenvorstand kann Börsenbesucher, die Ordnung oder Geschäftsverkehr an der Börse stören, aus den Börsenräumen verweisen, sie bis zu 10 Tagen von der Börse ausschließen oder mit Ordnungsstrafe belegen; (4) Die Festsetzung der Börsengeschäftsbedingungen und der Maklergebühren: Der Börsenvorstand legt die Geschäftsbedingungen (Usancen) fest; er bestimmt Börsentage und -zeiten und regelt die Maklergebühren (Courtage); (5) Überwachung der der Maklerkammer zugewiesenen Kursfeststellung: Neben allgemeiner Überwachung ist bei der Kursfeststellung der Börsenvorstand (in der Börsenversammlung führt ein Mitglied des Börsenvorstandes Aufsicht) regelmäßig in 2 Fällen heranzuziehen: wenn Angebot und Nachfrage hinsichtlich ihres Umfanges so stark divergieren, daß sich der Ausgleich nur durch Zuteilung (Rationierung) erreichen läßt; außerdem, wenn die festzustellenden Kurse wegen stark veränderter Auftragslage von denen des Vortages stark abweichen müßten (bei Aktien 5%, bei Renten 1% über oder unter den zuletzt festgestellten Kursen); (6) Entscheidungen über die amtliche Notierung: Der Börsenvorstand entscheidet über die Aufnahme, Aussetzung und Einstellung der amtlichen Kursnotiz an der Börse. Weiter verfügt der Börsenvorstand notwendige Anordnungen hinsichtlich besonderer Formen der Notierung (bei Dividenden-, Bezugrechtabschlag, Berechtigungsaktien). Er läßt zudem Effekten zur fortlaufenden Notierung zu. Auch die Zulassung von Wertpapieren zum Terminhandel obliegt ihm. Als Mitglieder des Börsenvorstandes sind bis zu 18 Personen aus dem Kreis der mit der Befugnis zur Teilnahme am Börsenhandel dauernd zugelassenen Personen zu wählen; unter diesen Personen müssen sich je ein Kursmakler und ein freier Makler befinden. Außerdem wählen die Angestellten, die zum Börsenbesuch zugelassen sind, ein Mitglied des Börsenvorstandes als ihren Vertreter. Die Mitglieder des Börsenvorstandes werden auf 3 Kalenderjahre gewählt. In der ersten Börsenvorstandssitzung eines Jahres wählt der Vorstand aus seiner Mitte den Vorsitzenden und seine Stellvertreter.

Börsenwert (1)

Gibt an, wie hoch eine AG von ihren Anteilseignern – in DM gemessen – bewertet wird. Der Börsenwert einer Unternehmung als Summe der Anzahl der mit ihrem Börsenkurs multiplizierten Aktien der Unternehmung. Da der Börsenkurs i. d. R. täglich schwankt, verändert sich auch der Börsenwert einer Unternehmung laufend. → Börsenkapitalisierung.

Börsenwert (2)

Bez. f. ein zum Börsenhandel zugelassenes Wertpapier, vor allem Aktien.

Börsenwert (3)

Wert eines an der Börse gehandelten Wertpapiers.

Börsenzeit der deutschen Devisenbörsen

Mo.–Fr. 13.00–14.30 Uhr.

Börsenzeit der Deutschen Terminbörse (DTB)

→ Handelsphasen an der Deutschen Terminbörse (DTB).

Börsenzeit der deutschen Wertpapierbörsen

Mo.–Fr. 10.30–13.30 Uhr.

Börsenzeit der Goldbörse in Frankfurt a. M.

Mo.–Fr. ab 12.00 Uhr.

Börsenzeithandel

→ Termingeschäfte in Wertpapieren → Börsenterminhandel.

Börsenzulassung

Die Börsen sind in doppelter Weise geschlossene Veranstaltungen: Zutritt zu den Börsenversammlungen hat einmal nur ein bestimmter Personenkreis, so berufsmäßige Börsenhändler, Hilfskräfte, Pressevertreter usw.; zum anderen werden je nach Börsenordnung nur ganz bestimmte Objekte zum Handel an den Börsen zugelassen. An den Wertpapierbörsen dürfen sich am Handel nur die vom Börsenvorstand zugelassenen Unternehmen bzw. deren Vertreter und Bevollmächtigte sowie Makler beteiligen; sie haben besondere Händlerkarten. Darüber hinaus werden Besucherkarten für Hilfskräfte, Presseberichterstatter, Beobachter usw. vergeben. Für die zum Handel zugelassenen Wertpapiere gelten unterschiedliche Anforderungen je nach Handelsmarkt. Die Zulassung zum amtlichen Handel erfolgt durch die Zulassungsstelle, der Persönlichkeiten aus Banken und Industrie angehören. Die Zulassung zum Geregelten Markt erfolgt durch speziell hierfür eingerichtete Zulassungsausschüsse der jeweiligen Börsen. Zur Einbeziehung von Wertpapieren in den Freiverkehr ist keine Zustimmung eines Zulassungsausschusses oder einer Zulassungsstelle notwendig. → Börsenzulassung von Personen → Börsenzulassungsprospekt.

Börsenzulassungsgebühren

→ Zulassungsgebühren für Wertpapiere.

Börsenzulassungsprospekt

Vor der Einführung von Wertpapieren ist im Regelfall (→ Prospektbefreiung) ein Prospekt zu veröffentlichen, der die für die Beurteilung der Wertpapiere wesentlichen Angaben enthält. Die Bekanntmachung betreffend die Zulassung von Wertpapieren zum Börsenhandel (Zulassungsbekanntmachung) enthält eingehende Regelungen. Es werden z. B. Angaben gefordert über Gesellschaften und Personen, die für den Inhalt des Prospekts die Verantwortung übernommen haben; die zuzulassenden Wertpapiere; Art, Stückzahl, Nummern und Gesamtbetrag der Ausgabe; evtl. Einschränkungen der freien Handelbarkeit sowie Übertragbarkeit der Papiere; Zeichnungs- und Zahl-/Hinterlegungsstellen; bei Aktien sind Angaben über die mit ihnen verbundenen Rechte sowie der Beginn der Dividendenberechtigung zu machen; bei Schuldverschreibungen sind Ausgabepreis, Laufzeit, Verzinsung und Tilgungsmodalitäten anzugeben. Außerdem muß der Prospekt folgende Aussagen zum Emittenten enthalten: Firma, Sitz und Rechtsform, Gegenstand der Unternehmung sowie wesentliche Tätigkeitsbereiche, Höhe des gezeichneten Kapitals, für die letzten drei Geschäftsjahre Bilanzen, Gewinn- und Verlustrechnungen in Form einer vergleichenden Darstellung, außerdem Anhang aus dem Jahresabschluß des letzten Geschäftsjahres; Einzelheiten über Beteiligungen an Unternehmen, wenn diese einen Buchwert i. H. v. mindestens 10% des Eigenkapitals ausmachen oder mindestens 10% des Jahresgewinns beisteuern. Darüber hinaus sind Großaktionäre, die mit 20% und mehr am Kapital des Emittenten beteiligt sind, Einzelheiten (Namen, Anschrift, Tätigkeiten) der Geschäftsleitungs- und Aufsichtsorganmitglieder sowie die Geschäftsentwicklung seit dem letzten Jahresabschluß und Aussichten für das laufende Geschäftsjahr bekanntzugeben. Zudem muß der Prospekt die Prüfung der Jahresabschlüsse enthalten. Im Börsenzulassungsprospekt müssen Angaben, die aus den in den Prospekt aufzunehmenden Jahresabschlüssen entnommen werden können, nicht eigens wiederholt werden. Angaben, die von geringer Bedeutung sind oder deren Veröffentlichung im Gegensatz zum öffentlichen Interesse steht, können von der Zulassungsstelle dem Emittenten erlassen werden. In bestimmten Fällen ersetzen → Verkaufsprospekte die Börsenzulassungsprospekte. → Börsenzulassung → Prospektveröffentlichung → Prospekthaftung.

Börsenzulassungsstelle

→ Zulassungsstelle.

Börsenzulassung von Personen

Über die Zulassung von Personen zum Börsenhandel entscheidet der Börsenvorstand. Hierbei werden 3 Gruppen von

Börsenbesuchern unterschieden: Personen mit dem Recht zur dauernden Teilnahme am Börsenhandel, Personen mit der Befugnis, im Namen und für Rechnung eines Börsenmitgliedes am Börsenhandel teilzunehmen und Personen ohne Handelsbefugnis. Zu Erstgenannten zählen i. d. R. geeignete Personen aus dem Kreditgewerbe, die aufgrund ihrer Qualifikation geeignet erscheinen. Zu dieser ersten Gruppe gehören u. a. die Makler im Freiverkehr. Bei den Zweitgenannten handelt es sich um die Vertreter der Banken, die in ihren Effektenabteilungen Börsenaufträge ihrer Kunden entgegennehmen und an der Börse ausführen. Die dritte Gruppe bilden Hilfspersonen der Banken im Börsengeschäft, z. B. für die Bedienung von Telefonen und Fernschreibern, die Annahme und Weiterleitung von Aufträgen usw.

Börsenzulassung von Wertpapieren

→ Zulassung (von Wertpapieren zum Börsenhandel) → Börsenzulassung → Zulassungsstelle → Börsenzulassungsprospekt.

Börsenzwang

Pflicht zum Abschluß aller Geschäfte in Börsenpapieren über die Börse. Die deutschen Banken haben in ihren Geschäftsbedingungen niedergelegt, daß alle Kundenaufträge in amtlich notierten Aktien über die Börse geleitet werden (Vermittlung durch Kursmakler oder freie Makler), es sei denn, daß der Kunde andere Weisung gibt. Praktisch führt diese Regelung zu Ergebnissen wie dem Börsenzwang. Der durch den Börsenzwang entstehende breitere Markt soll zu möglichst „richtigen" einheitlichen Kursen führen. Von totalem Börsenzwang wird gesprochen, wenn dem Wertpapierkäufer und -verkäufer nicht das Recht gegeben wird, über die Ausführung seiner Aufträge selbst zu befinden.

Börse und Politik

Politische Ereignisse haben auf den Verlauf des Börsengeschehens, insbesondere auf die Kursentwicklung am Aktienmarkt, immer einen besonderen Einfluß ausgeübt. Die Börse reagiert sowohl im Vorfeld als auch nach Eintritt eines politischen Ereignisses. Ein Beispiel hierfür ist ein anstehender Wahltermin. Vor einem solchen Ereignis ist oft eine abwartende Haltung erkennbar; danach ereignet sich entweder ein Kursausschlag nach oben oder nach unten, je nachdem, wie die zukünftige, politische Entwicklung vom Anlegerpublikum eingeschätzt wird. Werden dagegen bei einer solchen Wahl klare Ergebnisse erwartet, antizipiert die Börse bereits vor dem eigentlichen Termin die Erwartung der zukünftigen Entwicklung durch steigende oder fallende Kurse. Von Bedeutung für das Börsengeschehen sind zudem unvorhersehbare politische Ereignisse, z. B. Ausbruch eines Krieges, Revolution in einem Land o. ä. Politische Entscheidungen können auch die Kursverläufe einzelner Aktien oder von Aktien bestimmter Branchen sowie die Devisenkursentwicklung beeinflussen.

Börse und Psychologie

→ Psychologie und (der) Börse.

Börse und Wirtschaftsentwicklung

Die Börse wird oft als Barometer der Wirtschaft bezeichnet. Das Anlegerpublikum hat i. d. R. eine bestimmte Erwartung über die zukünftige Wirtschaftsentwicklung. Diese Erwartung stützt sich nicht zuletzt auf die Vielzahl der Publikationen, die zur Wirtschaftsentwicklung nahezu täglich erscheinen. Beispielhaft sind nur die Prognosen der Wirtschaftsforschungsinstitute oder die Veröffentlichungen der Bundesbank zu nennen. Die Börse, konkret die Kursentwicklung – insbesondere die des Aktienmarktes –, antizipiert häufig die erwartete Wirtschaftsentwicklung. Bei positiver Einschätzung steigen die Kurse und umgekehrt. Diese Kursänderungen entstehen, ohne daß sich bereits reale Daten geändert haben.

BörsG

Abk. f. Börsengesetz.

Börsianer

Bez. f. regelmäßige, professionelle Börsenbesucher und -handelsteilnehmer.

Bogen (der Wertpapiere)

Enthält bei Aktien 10 oder 20 Gewinnanteilscheine (Coupons) und einen Erneuerungsschein (Talon). Bei festverzinslichen Wertpapieren entsprechend Zinsscheine. Bogen sind stets im Hochformat DIN A 4 210 × 297 mm zu drucken. Bogen und Mäntel müssen getrennt sein. Die Gewinnanteil- und Zinsscheine sind von rechts nach links angeordnet, um das Abtrennen zu erleichtern. Die Bogen der Wertpapiere werden im Tresor der Banken getrennt von den Mänteln aufbewahrt. → Dividendenschein → Zinsschein → Mäntel der Wertpapiere → Richtlinien für den Druck von Wertpapieren.

Bogenerneuerung

Erfolgt gegen Ablieferung des Erneuerungsscheins kostenfrei bei den vom Wertpapieraussteller dazu bestimmten Stellen. Bei Wertpapieren, die an der Börse im amtlichen Verkehr oder im Geregelten Markt gehandelt werden, muß der Aussteller am Börsenplatz mind. eine Bank zur Durchführung der Bogenerneuerung benennen und bekanntgeben. Bei der Ausgabe neuer Gewinnanteilscheinbogen beginnt der nächste Gewinnanteilschein mit der folgenden Nummer.

bogenlose Stücke

Wertpapiere ohne Gewinnanteilscheinbogen. Abkürzung im Kursblatt: bgls.

Bohranteil

Heute nicht mehr im organisierten Handel vorkommender Anteil an Bohrgesellschaften. Die Finanzierung vergleichbarer Unternehmen erfolgt entweder durch Aktien- oder GmbH-Anteilsausgabe, in jüngerer Zeit auch über Abschreibungsgesellschaften.

Bohrfonds

Unternehmen, das Kapitalanlegern die Möglichkeit der Beteiligung an Explorationsprojekten für vor allem Erdöl und Erdgas bietet. Meist wird dafür die Konstruktion der KG (bzw. GmbH & Co. KG) oder stillen Gesellschaft gewählt, an denen die Interessenten relativ hohe Mindestanteile übernehmen müssen. Auch wenn seriöse Unternehmen Anbieter sind, ist die Beteiligung überaus risikobehaftet.

Bohrgesellschaft

Unternehmung, die nach Bodenschätzen sucht und diese erschließt. → Bohranteil.

Bolsa de Comercio de Madrid

→ Madrider Börse.

Bolsa Brasileira de Futuros

Rua do Mercado, 7 – 2 Andar E. Sobreloja, Rio de Janeiro 200010, Brazil, Tel. 00552122466062. Handel in Kassa-Gold-Kontrakten, Gold-futures, Optionen auf Kassa-Gold-Kontrakte, Tageszinssatz-Terminkontrakten und Terminkontrakten auf den The Sao Paulo Stock Exchange Index (BOVESPA) sowie in US-Dollar-Terminkontrakten, US-Dollar-Optionen und US-Dollar-futures.

Bolsa de Mercadorias & Futuros

Praca Antonio Prado, 48, 01010-901 Sao Paulo SP, Tel. 0055112325454, Telefax: 239-3531. 1991 entstanden aus einer Fusion der Bolsa de Mercadorias de Sao Paulo (BMSP) und der Bolsa Mercantil & de Futuros (BM&F). Gehandelt werden unter anderem Kassa Gold, Goldoptionen, Aktienindex-futures, Zins-futures, Fremdwährungs-futures sowie Terminkontrakte auf landwirtschaftliche Erzeugnisse.

Bolsa de Valores de Sao Paulo (BOVESPA)

Rua Alvares Penteado 151, 01012 Sao Paulo, Brasilien. 1890 gegründete, inzwischen vollcomputerisierte und größte Aktienbörse Brasiliens. Handelszeiten: 9.30 – 13.00 Uhr im System des open outcry; 15.00 – 16.00 Uhr Computerhandel von Aktien und Aktienoptionen.

bond

Angelsächsische Bez. f. festverzinsliches Wertpapier, Obligation, Schuldverschreibung; meist abgesichert. Government-bonds sind Staatsanleihen, mortgage-bonds Hypothekenpfandbriefe, zero-bonds Anleihen ohne laufende Verzinsung, baby-bonds Wertpapiere in sehr kleiner Stückelung usw.

bond cum warrants

Anleihe mit Optionsscheinen (Optionsanleihe).

bon de jouissance

Französische Bez. f. Genußschein.

bond ex warrants

Anleihe ohne Optionsscheine.

bond-fund

Angelsächsische Bez. f. Rentenfonds.

bond futures contract

Terminkontrakt auf US-Treasury bonds.

bondholder

Besitzer von bonds, d. h. von festverzinslichen Wertpapieren.

bond lending

Technik im internationalen Wertpapierclearing zur valutagerechten Erfüllung internationaler Handelsgeschäfte und zur Erhöhung der Abwicklungseffizienz im internationalen Anleihehandel. Um trotz der in einzelnen Ländern üblichen mehrwöchigen Lieferzeiten eine fristgerechte Erfüllung der internationalen Geschäfte zu gewährleisten, bieten die clearing-Organisationen Euro-Clear und Cedel den Service bond lending an. Als Verleiher von Wertpapieren zur Erfüllung der Geschäfte treten vor allem Banken und Versicherungen auf, die bei den genannten clearing-Organisationen im Depot über entsprechende Wertpapiere verfügen müssen. Sie erhalten für die Verleihung von den Entleihern eine Vergütung. Zugleich vermeiden sie für den Zeitraum der Entleihung Depotgebühren. Die durchschnittliche Entleihdauer beträgt 3–5 Tage. Der Entleiher hat eine Sicherheit in Höhe von 110% des Kurswertes der entliehenen Wertpapiere zu stellen. → Wertpapierleihe.

Bondmarkt

Auch im deutschen Sprachgebrauch verwendete Bezeichnung für den Rentenmarkt.

bond warrants

Bez. f. Optionsscheine, die zum Bezug bestimmter anderer Anleihestücke mit anderen Konditionen oder weiterer mit gleicher Struktur berechtigen. Sehr vielfältige Formen.

Bonifikation

Vermittlerprovision für die Unterbringung neu begebener Wertpapiere durch Banken. Daueremittenten (Pfandbriefbanken, Hypothekenbanken) schließen mit den plazierenden Instituten oft Bonifikationsabkommen ab. Die Bonifikationssätze werden dabei den Marktbedingungen angepaßt (0,5%–2%). Sie werden meist in % des Nennwerts – mit dem Bonifikationssatz – bemessen. Dabei wird i. d. R. eine Sperrfrist für den Weiterverkauf vereinbart; kommen die Papiere während der Frist an den Markt und müssen vom Emissionsinstitut wieder aufgenommen werden, ist die Bonifikation ganz oder teilweise zurückzuzahlen. Es ist üblich, daß die Banken an Großabnehmer Teile ihrer Bonifikation weitergeben. Die Sätze werden jeweils in den Konsortialverträgen festgelegt. Die Bonifikationsregelung gilt sowohl für reine Vermittlungsgeschäfte als auch für Festübernahmen in Verbindung mit der Plazierung.

Bonifikationsabkommen

Banken, die die von den Hypothekenbanken und öffentlich-rechtlichen Banken ausgegebenen Pfandbriefe und Kommunalobligationen als dauernde Kapitalanlage unterbringen, erhalten für diese Plazierung eine Vergütung, die als Bonifikation bezeichnet wird.

Bonifikationssperre

→ Bonifikation.

Bonifizierung

→ Bonifikation. Auch: Gewährung eines Zinszuschlags auf Spareinlagen.

Bonität

Der gute Ruf (Image) von Personen und Unternehmen. Maßstab für deren Zahlungsfähigkeit und -willigkeit als Basis für ihre Kreditwürdigkeit. Grundlage sind vor allem persönliche, fachliche und finanzielle Verhältnisse des Kreditnehmers. Der Begriff wird vor allem auch im Hinblick auf Wertpapieremittenten verwendet.

Bonitätsrisiko

Das Risiko der Rückzahlungsunfähigkeit oder mangelnden Rückzahlungsbereitschaft fälliger Kreditbeträge und Zinsen durch den Schuldner. Im Rahmen der Emission von Anleihen spielt das Bonitätsrisiko insbesondere eine Rolle bei Beurteilung des Emittenten und der Ausstattung der Anleihe.

Bonos-futures

Bez. f. Zinsterminkontrakte auf spanische Staatsanleihen.

bons de caisse

Kassenscheine in Frankreich und Belgien, d. h. von Banken ausgegebene kurzfristige Wertpapiere (bis 5 Jahre Laufzeit). Auch: bons à échéance fixe.

bons du trésor

In Frankreich Schatzanweisungen mit mittel- bis längerfristigen Laufzeiten (meist mind. 3 Jahre).

Bonus

Sonderausschüttung einer AG (z. B. Jubiläumsbonus, Bonus aus Sondererträgen), also eine neben der normalen Dividende zur Ausschüttung kommende einmalige Sondervergütung, die den Aktionären in besonders guten Geschäftsjahren oder im Falle von außergewöhnlichen Gewinnen gezahlt wird.

Bonusaktienverfahren

Wird von einer AG Dividende in Form einer Sonderausschüttung oder eines Bonus, meist zusätzlich zur Bardividende ausgeschüttet, kann durch Beschluß der HV eine Kapitalerhöhung in dem Verhältnis der Sonderausschüttung zum bisherigen gezeichneten Kapital erfolgen. → Stockdividende.

Bonussparen

Generelle Bezeichnung für die verschiedenartigen Sparprogramme und -pläne der Banken mit besonderen Zinsgestaltungen.

Bonussysteme

Verschiedene Systeme bei privaten Lebensversicherungsunternehmen, mittels derer anfallende Gewinnanteile ganz oder z. T. in Versicherungssummen umgewandelt werden.

book runner

Konsortialführer.

Boom

Starker Geschäftsauftrieb, verbunden mit erheblichen Kurs(Preis-)steigerungen an den Börsen (Börsenhausse).

Bors 2

Parallelmarkt an der Osloer Börse.

Borsa Valori di Milano

→ Mailänder Börse.

Borsa Valori di Roma

→ Römische Börse.

BOSS-CUBE

Abk. f. Börsen-Order und Service-System-Computer unterstütztes Börsenhandels- und Entscheidungssystem, kurz: BOSS. 1992 eingeführtes Ordererfassungs-, Orderrouting-, Orderverwaltungs- und Kursvorschlagssystem der Frankfurter Wertpapierbörse zur Rationalisierung der Auftragsabwicklung und Stärkung der Leistungskraft des Börsenmarktes. BOSS stellt ein System dar, das eine elektronische Übermittlung von Wertpapierkauf- und Verkaufsaufträgen von der Bank direkt in das elektronische Skontro des Börsenmaklers ermöglicht und die Kursfeststellung unterstützt. Nach Ausführung eines Auftrags erhält die auftraggebende Bank eine elektronische Ausführungsanzeige. Unmittelbar nach der Kursfeststellung werden die kursausgezeichneten Aufträge mit Kurs, aber noch ohne den Kontrahenten an die auftraggebende Bank elektronisch übermittelt. Sie kann ihre Kunden ohne Zeitverzögerung informieren und die Abrechnung erstellen. Außerdem erfolgt über BOSS eine automatische Weiterleitung der getätigten Geschäfte in die Abwicklung des Börsenhandels, d. h. Überleitung in die Kassenvereinsorganisation. Der festgestellte Kurs wird zusammen mit weiteren Informationen automatisch an Ticker Plant Frankfurt (TPF) übermittelt und veröffentlicht. Die einzelnen Geschäftsdaten werden in das System der Börsengeschäftsabwicklung (BÖGA), wo die Erstellung der Schlußnoten erfolgt, weitergeleitet und anschließend an die Kassenvereinsorganisation, die für die Lieferung und die Regulierung der Geschäfte zuständig ist, weitergegeben. BOSS läßt sich zusammen mit anderen Informations-, Handels- und Abwicklungsdienstleistungen der Deutsche Börse AG in das EDV-Programm pcKISS integrieren. Der Anwender hat die Möglichkeit, auf einem Bildschirm die Kursentwicklung an den Präsenzbörsen mit IBIS und der Deutschen Terminbörse zu vergleichen und Orders zu erteilen.

Boston Stock Exchange, Inc.

One Boston Place, Boston, MA 02108, USA. Tel.: 617-7239500. Telex: 172103.

Botengeschäft

In sehr seltenen Fällen erfolgt die Erfüllung bzw. Lieferung bei Wertpapiergeschäften durch körperliche Überbringung durch Bankboten.

bottom

Bez. in der technischen Aktienanalyse für den Tiefpunkt einer Kursentwicklung nach einer Baisse.

bought deal

Bei internationalen Wertpapieremissionen die Festübernahme der zu plazierenden Titel zu einem frühzeitig fixierten Kurs durch das Emissionskonsortium, wobei dieses das Risiko der Nichtplazierbarkeit der Wertpapiere trägt.

Bourse de Genève

→ Genfer Börse.

Bourse de Lausanne

→ Lausanner Börse.

Bourse de Paris

→ Pariser Börse.

BOVESPA

Abk. f. Bolsa de Valores de Sao Paulo.

box arbitrage

Eine auf den unterschiedlichen Kursen verwandter Terminkontrakte basierende Arbitrage.

bp

Abk. f. basis point.

Brady-Bond-Index

Von Salomon Brothers ermittelte und veröffentlichte Zusammenstellung der Rentabilitätswerte für Obligationen aus Entwicklungsländern, die sich insbesondere auf die aus Bankkrediten umgewandelten handelbaren Obligationen nach dem Brady-Plan bezieht.

Branchenfonds

Investmentfonds, der ganz oder weitgehend auf Risikostreuung verzichtet, was Branchenstreuung betrifft. Er konzentriert statt dessen seine Anlagen in Aktien eines Wirtschaftszweigs oder einiger weniger, meist in wirtschaftlichem Zusammenhang stehender Branchen. Dabei wird innerhalb dessen Streuung realisiert.

Branchenstreuung

Aus Gründen der Risikominderung vorgenommene Streuung oder Diversifikation der Kapitalanlagen in Werten verschiedener Branchen (Wirtschaftszweigen). Es wird erwartet, daß die wirtschaftliche Entwicklung nicht in allen Branchen gleichzeitig negativ verläuft.

Bratislava, Börsen

(1) The Bratislava Stock Exchange, Cukrova 14, P.O. Box 151, 81499 Bratislava, Tel.: 0042-7-305111/305125, Fax: 0042-7-335725/368638. Slowakische Wertpapierbörse. Handel einmal wöchentlich in acht gelisteten Aktien, fünf Anleihen und zwei Investmentfonds. Optionsbörse mit täglichem Handel in acht Optionen und 25 futures. Außerbörsliches Handelssystem RMS. (2) Bratislava International Commodity Exchange, Nábr. arm. gen. L. Svobodu 33, 84104 Bratislava, Tel.: 0042-7-724849/725194, Fax: 0042-7-721049. Slowakische Warenbörse.

break even point

Gewinnschwelle. Im Rentenhandel der Devisenkurs, bei dem eine Fremdwährungsanleihe den gleichen Ertrag liefert wie eine inländische Anleihe. Zur Vereinfachung wird häufig unterstellt, daß die Anleihen bis zur Endfälligkeit gehalten und Zinszahlungen in der jeweiligen Währung und zu unverändertem Zinsniveau reinvestiert werden.

Bremer Baumwollbörse

→ Baumwollterminbörsen.

Bremer Tabakbörse

Fälschliche Bezeichnung als Börse für den deutschen Zentraltabakmarkt für indonesische Zigarettentabake in Bremen.

Bremer Wertpapierbörse

Obernstraße 2 – 12, Postfach 100726, 28195 Bremen. Tel. 0421/321282, Telefax: 323123, Telex: 244812. Börsenzeiten: Mo. – Fr. 10.30–13.30 Uhr.

Brief

Der Kurszusatz B = Brief (Angebot) wird verwendet, wenn der amtliche Makler Umsätze nicht getätigt hat, obwohl Angebot vorlag. Steht hinter dem veröffentlichten Kurs eines Wertpapiers der Zusatz B, bedeutet dieser, daß das Papier zum Verkauf angeboten wurde, sich aber zum genannten Kurs keine Käufer finden ließen.

Briefgrundschuld

Grundschuld, über die ein Grundschuldbrief ausgestellt worden ist. Gegens.: Buchgrundschuld. Die Briefgrundschuld ist besser verkehrsfähig. → Briefhypothek.

Briefhypothek

Hypothek, für die ein Hypothekenbrief ausgestellt worden ist (Gegens.: Buchhypothek). Ihr Vorteil besteht in ihrer besseren Verkehrsfähigkeit. Die Rechte aus einer Briefhypothek gehen erst mit der Aushändigung des Hypothekenbriefes an den Gläubiger über. Er enthält die wesentlichen Angaben zu der Hypothek, kann gehandelt und verpfändet werden.

Briefkastengesellschaft

An einem bestimmten steuerbegünstigten Ort („Steueroase") nur für die Nutzung steuerlicher u. ä. Vorteile gegründete Gesellschaft, die dort weder aktive Tätigkeiten ausübt noch größeren Ausmaßes ist.

Briefkurs, -notiz

Kurs, zu dem ein Angebot besteht. Gegens.: Geldkurs.

Briefträger

Scherzhafte Bezeichnung für einen Börsenhändler, der Wertpapiere anbietet.

Brief verlost

→ Verlosung (2).

broker

An der Londoner Börse führen broker die bei ihnen eingegangenen Aufträge der Großanleger und des Publikums durch Inanspruchnahme der jobbers und dealers aus. Auch in USA als Börsenhändler tätige Unternehmen. Für seine Dienste erhält der broker eine Maklergebühr (brokerage). Im Unterschied zum Börsenmakler darf der broker auch private Kundschaft haben; er darf jedoch keine anderen Geschäfte als Effektengeschäfte betreiben.

brokerage

Vergütung des broker: Maklergebühr.

Bruchteilseigentum

Bez. für das Eigentum mehrerer an einer Sache. Das Rechtsverhältnis der Miteigentümer untereinander richtet sich nach den Vorschriften über die Bruchteilgemeinschaft. Im Rahmen des Effektengeschäfts spielt Bruchteilseigentum insbesondere eine Rolle bei der Beteiligung von Anlegern an den Sondervermögen von Investmentgesellschaften und im Depotgeschäft. → Miteigentum.

Bruchteilseigentumfonds

Organisationsform von Immobilienfonds vor allem in Deutschland. → Bruchteilseigentum.

Bruchteilsgemeinschaft

Gemeinschaft von gemeinschaftlichen Eigentümern an einem Vermögen. Jeder Teilhaber hat das Recht, seinen Anteil jederzeit zu belasten oder zu veräußern. → Bruchteilseigentum.

Brüsseler Börse

Société de la Bource de Valeurs Mobiliéres de Bruxelles, Palais de Bource, B-1000 Bruxelles, Belgien. Tel.: 32-2-5125110. Telex: 21374 bours-b. Börsenzeit: 11.30–14.30 Uhr.

Bruttoabrechnung

Im Wertpapiergeschäft übliche Abrechnungsform. Dabei wird der reine Kurswert der Wertpapiere zugrunde gelegt; Spesen, und Gebühren werden dem Kunden gesondert in Rechnung gestellt. Diese Abrechnungsmethode wird bei den Kommissionsgeschäften in amtlich und im Geregelten Markt notierten Wertpapieren verwendet. Die im Freiverkehr und außerbörslich gehandelten Werte können ebenfalls brutto abgerechnet werden, werden aber häufiger netto abgerechnet. Brutto werden auch die Erfüllungsgeschäfte im Optionshandel (→ Optionsgeschäfte, Erfüllung) abgerechnet.

Bruttoabsatz (festverzinslicher Wertpapiere)

Erstabsatz neu aufgelegter Wertpapiere ohne Berücksichtigung getilgter und zurückgeflossener Beträge. Wird in den Monatsberichten der Bundesbank bzw. den Beiheften dazu veröffentlicht. Die Festübernahme der Papiere durch ein Bankenkonsortium gilt statistisch als Absatz.

Bruttodividende

Dividendenbetrag ohne Abzug der KESt, ggfs. einschl. KESt-Guthaben. Gegens.: Nettodividende. → Bardividende.

Bruttoertragswert

→ Ertragswert.

Bruttogewinn

Erlös aus Verkäufen ohne Abzug von Verkaufskosten (z. B. Transaktionskosten bei Wertpapieren). Fiktiver Gewinn, da erst nach Subtraktion der Aufwendungen der tatsächliche Gewinn bzw. Verlust ermittelt wird.

Bruttorendite

Rendite ohne Berücksichtigung von Steuern (Rendite vor Steuern).

Bruttoverzinsung

Verzinsung ohne Berücksichtigung von Steuern (Zinsen vor Steuern).

Bu-Bills

Bez. f. Schatzwechsel des Bundes mit Laufzeiten von wenigen Monaten.

Buchgewinn

Vermögensgegenstände einer Unternehmung stehen in den Geschäftsbüchern mit einem bestimmten (Bilanz-)Wert, der von Jahr zu Jahr durch Abschreibungen verringert wird. Wird ein solcher Gegenstand verkauft und erbringt einen höheren Preis als den in den Büchern stehenden Wert, realisiert der Verkäufer in Höhe der Differenz einen Buchgewinn. Häufig bei Verkäufen von Wertpapieren. Gegens.: Buchverlust.

Buchgrundschuld

Grundschuld, bei der kein Grundschuldbrief ausgestellt wird; der Buchhypothek analog. Gegens.: Briefgrundschuld.

Buchhypothek

Hypothek, bei der die Ausfertigung eines Hypothekenbriefes vertraglich oder kraft Gesetz ausgeschlossen ist, die also lediglich im Grundbuch eingetragen wird. Wird über eine Hypothek ein Brief nicht ausgestellt, wird die Grundbucheintragung um den Zusatz „unter Briefausschluß" ergänzt. Alle Rechte aus einer Buchhypothek können nur über entsprechende Grundbucheintragungen übertragen werden. Gegens.: Briefhypothek.

Buchverlust

Entsteht, wenn der Verkaufserlös eines Vermögensgegenstandes niedriger ist als der Buchwert. Gegens.: Buchgewinn. Oft bei Wertpapieren nach Kursrückgängen der Fall.

Buchwert

Der in der Bilanz einer Unternehmung ausgewiesene Wert von Vermögensgegenständen sowie von Verbindlichkeiten. Der Buchwert von Vermögensteilen kann mit dem wirklichen Wert übereinstimmen, wenn die Abschreibungen der betreffenden Objekte der tatsächlichen Wertminderung entsprechen; sind die Abschreibungen höher, ist der Buchwert niedriger als der tatsächliche Wert, und umgekehrt.

bucket shop

Bez. f. Unternehmen, die nichtbörsenfähige, evtl. auch minderwertige Wertpapiere vertreiben. Auch: Bez. f. Unternehmen, die sich mit Effektenhandelsgeschäften befassen, jedoch nicht zweifelsfreie Seriosität aufweisen.

Budapester Börse

Budapest Stock Exchange, Deák Ferenc u. 5., H-1052 Budapest, Tel.: 00361-1175226, Fax.: 00361-1181200. Ungarische Wertpapierbörse, Wiedereröffnung am 21. 6. 1990. Täglicher Handel in 25 Aktien, zehn Schatzwechseln (T-Bills), 14 Staatsanleihen und sechs Investmentfonds.

Bürgerliches Gesetzbuch (BGB)

Wichtigste Grundlage des deutschen Privatrechts. Am 1. 1. 1900 in Kraft getreten; mit späteren Änderungen. Hauptteile: allgemeiner Teil, Recht der Schuldverhältnisse, Sachen-, Familien-, Erbrecht. Enthält die wichtigsten Rechtsbeziehungen zwischen den Bürgern, soweit nicht Sondervorschriften für bestimmte Berufsgruppen (HGB u. a.) maßgebend sind. Zum BGB gehört eine größere Zahl von Nebengesetzen.

bürgerliches Recht

I. w. S. Zusammenfassung von Gesetzen, die die Rechtsverhältnisse von Privatpersonen – einschl. juristischer Personen – untereinander regeln (demgegenüber: öffentliches Recht). Es rechnen dazu neben dem BGB und dessen Nebengesetzen das Handelsrecht, das Recht des gewerblichen Rechtsschutzes u. a. m. I. e. S. Recht des BGB und seiner Nebengesetze.

Bürgschaftsverpflichtungen der AG

In der Jahresbilanz, sofern nicht auf der Passivseite auszuweisen, in voller Höhe gesondert zu vermerken, auch dann, wenn ihnen gleichwertige Rückgriffsforderungen gegenüberstehen. Besteht die Verbindlichkeit oder die Haftung gegenüber verbundenen Unternehmen, ist dies bei den einzelnen Vermerken unter Angabe des Betrags anzugeben. Steuerlich als aufschiebend bedingt nicht abzugsfähig.

Bürohandel

Bez. f. Telefonhandel.

bufferstock

Ausgleichslager für Rohstoffe, die meist weltweit gehandelt werden. Durch geeignete Bevorratungspolitik sollen Preisschwankungen kompensiert, zumindest begrenzt werden.

Bukarest, Börse

In der rumänischen Hauptstadt befinden sich eine Wertpapier- und eine Devisenbörse im Aufbau.

Bulis

Abk. f. Bundesbank-Liquiditäts-U-Schätze.

bull, bullish

Ein insbesondere an der New Yorker und Londoner Börse gebräuchlicher Ausdruck für einen Anleger, der auf eine markante Aufwärtsbewegung der Kurse an der Börse setzt. Dieser kann bullish für eine bestimmte Aktie oder für den gesamten Markt sein.

bull-call-spread

Kombination von Optionspositionen, bei der die zu entrichtende Optionsprämie ganz oder teilweise durch den Verkauf einer Option finanziert wird. Es wird eine call-Option gekauft und eine aus dem Geld notierende call-Option verkauft. Das Verlustpotential ist begrenzt, aber das Gewinnpotential ebenso auf den Bereich zwischen den beiden Basispreisen beschränkt.

bulldog-Anleihen, -bonds

In Großbritannien begebene Auslandsanleihen.

Bullenfalle

→ bull trap.

bullet

Am Euromarkt eine Wertpapieremission, für die keine besonderen Amortisationsvorkehrungen getroffen werden.

bullion

Edelmetall in Barren oder Plättchen von mind. 995 fein.

bullion broker

Vermittler (Makler) im Edelmetallhandel.

bullion coins

Barrenmünzen, die gesetzliches Zahlungsmittel sind und einen geregelten Markt haben, was sie von Medaillen unterscheidet. Im Unterschied zu numismatischen Goldstücken werden Barrenmünzen in unlimitierter Auflage hergestellt und mit einem geringen Agio über ihrem Goldwert gehandelt. → Goldhandel.

bull market

Bez. f. Hausse. Gegens.: bear market (Baisse).

bull trap

Bez. f. den Fall, daß die technische Analyse für den Haussier, der sich ihrer bedient, versagt, ihm eine „Falle" stellt.

bull warrant

Optionsschein, der dem Anleger dann einen Gewinn ermöglicht, wenn ein Aktienindex – z. B. der Deutsche Aktienindex DAX – den vorab fixierten Basispreis überschreitet. Der Inhaber erhält dann einen prozentualen Anteil an der Differenz zwischen Index-Stand am Ausübungstag und Basispreis. Eignet sich für Anleger, die auf ein steigendes Kursniveau spekulieren oder ein zukünftiges Aktieninvestment dagegen absichern wollen.

Bund(s)

Im Börsenjargon Abk. f. Bundesanleihe(n).

Bundesanleihekonsortium

Die Anleihen des Bundes, des Fonds „Deutsche Einheit", der Treuhandanstalt, der Bundesbahn und der Bundespost werden über das unter Führung der Bundesbank stehende Bundesanleihekonsortium begeben, dem etwa 80 Banken angehören. Bei den Verhandlungen über Emissionszeitpunkt, Anleihebetrag und Konditionen wird das Bundesanleihekonsortium durch den Engeren Ausschuß vertreten. Größtes deutsches Bankenkonsortium.

Bundesanleihen, -obligationen

Anleihen der BR Deutschland. Werden an den deutschen Wertpapierbörsen ohne Prospekt zugelassen und amtlich gehandelt. Sie zählen zu den anlegerfreundlichen und risikoarmen Kapitalanlagen. Bei Bundesanleihen und -obligationen liegt der Mindestanlagebetrag bei DM 100 Nominalwert. Die Zinszahlungen erfolgen jährlich; die Tilgung wird am Ende der Laufzeit zum Nennwert vorgenommen. Die Laufzeit neu emittierter Bundesanleihen beträgt gewöhnlich 10 Jahre; in den vergangenen Jahren wurden vom Bund aber auch Anleihen mit 12- und 30jähriger Laufzeit aufgelegt. Neu emittierte Bundesobligationen laufen 5 Jahre. Beide Anleiheformen können nach Börseneinführung jederzeit verkauft werden. Bundesanleihen und -obligationen existieren nicht als effektiv lieferbare Stücke sondern nur als Wertrechte. Die Verwaltung übernehmen Banken, Sparkassen, Kreditgenossenschaften und (kostenlos) die Bundesschuldenverwaltung sowie Landeszentralbanken.

Bundesanleihen, Terminkontrakte auf

→ Terminkontrakte auf eine langfristige Schuldverschreibung des Bundes oder der Treuhandanstalt.

Bundesanzeiger

Amtliches Verkündungsorgan der Bundesregierung. In ihm sind z. B. sämtliche Neueintragungen im Handelsregister, offizielle Veröffentlichungen der AG, Konkurs- und Vergleichsverfahren, Löschungen in Registern usw. zu publizieren. Bestimmt das Gesetz oder die Satzung, daß eine Bekanntmachung der AG durch die Gesellschaftsblätter erfolgen soll, ist sie in den Bundesanzeiger einzurücken. Ein Hinweis auf die Veröffentlichung des Zulassungsantrags in mind. einer von der Zulassungsstelle bestimmten inländischen Tageszeitung (Pflichtblatt der Börse) ist im Bundesanzeiger unter Angabe des Namens, des Ausgabetages und der Nummer der Zeitung aufzunehmen.

Bundesaufsichtsamt für den Wertpapierhandel

Geregelt im Wertpapierhandelsgesetz, das im Zuge des zweiten Finanzmarktförderungsgesetzes zur Verabschiedung vorgesehen ist. Selbständige Bundesoberbehörde im Geschäftsbereich des Bundesministeriums der Finanzen. Der Präsident/die Präsidentin des Amtes wird auf Vorschlag der Bundesregierung vom Bundespräsidenten ernannt. Die Bundesregierung hat bei ihrem Vorschlag die für das Börsenwesen zuständigen Länderministerien anzuhören. Das Aufsichtsamt übt die Aufsicht über den Wertpapierhandel nach Maßgabe des Gesetzes über den Wertpapierhandel aus. Es hat im Rahmen seiner Aufgaben Mißständen entgegenzuwirken, welche die ordnungsgemäße Durchführung des Wertpapierhandels beeinträchtigen oder erhebliche Nachteile für den Wertpapiermarkt bewirken können. Das Bundesaufsichtsamt kann Anordnungen treffen, die geeignet sind, diese Mißstände zu beseitigen oder zu verhindern. Es nimmt seine Aufgaben ausschließlich im öffentlichen Interesse wahr. Es wird durch den Wertpapierrat unterstützt und kann sich bei der Durchführung seiner Aufgaben anderer Personen und Einrichtungen bedienen. Die Börsenaufsichtsbehörden werden im Wege der Organleihe für das Bundesaufsichtsamt z. B. tätig bei eilbedürftigen Maßnahmen für die Überwachung der Insidergeschäfte. Das Bundesaufsichtsamt für den Wertpapierhandel tauscht mit den Bundesaufsichtsämtern für das Kreditwesen und für das Versicherungswesen sowie mit den Börsenaufsichtsbehörden der Länder Beobachtungen und Feststellungen aus, die für die Erfüllung ihrer Aufgaben von Bedeutung sein können. Dem Bundesaufsichtsamt für den Wertpapierhandel obliegt die Zusammenarbeit mit den für die Aufsicht über Börsen, andere Wertpapiermärkte und den Wertpapierhandel zuständigen Stellen anderer Staaten.

Bundesaufsichtsamt für den Wertpapierhandel, Meldepflichten

Inländische Banken sowie andere Unternehmen, die ihren Sitz im Inland haben und an einer inländischen Börse zum Handel zugelassen sind, sind verpflichtet, dem Bundesaufsichtsamt für den Wertpapierhandel jedes Geschäft in Wertpapieren oder Derivativen, die zum amtlichen Handel oder zum Handel an einem europäischen, amtlichen oder staatlich anerkannten und beaufsichtigten Markt zugelassen oder in den Freiverkehr einer inländischen Börse einbezogen sind, unverzüglich mitzuteilen, wenn sie das jeweilige Geschäft im Zusammenhang mit einer Wertpapierdienstleistung abschließen. Dies gilt auch für Inlandstransaktionen ausländischer, an einer inländischen Börse zugelassener Unternehmen. Die Mitteilung hat auf Datenträgern oder im Wege der elektronischen Datenfernübertragung zu erfolgen. Sie muß Aufschluß geben über die Bezeichnung des Wertpapiers oder Derivats und seine Wertpapierkennummer, Datum und Uhrzeit des Abschlusses, Kurs, Stückzahl und Nennbetrag, die am Geschäft beteiligten Unternehmen, die Börse bzw. das elektronische Handelssystem sowie Kennzeichen zur Identifikation des Geschäfts. Das Bundesfinanzministerium kann weitere Angaben sowie Details der Meldung festlegen.

Bundesbahnanleihen

Anleihen, deren Emittent die Bundesbahn ist. Form der öffentlichen Anleihen.

Bundesbankgenußrechte

Nach der Liquidation der Reichsbank billigte man den Anteilseignern eine Ablösung der Reichsbankanteilscheine zu einer Quote von 100:66⅔ zu. Sie erhielten in dieser Höhe 6%ige Bundesbankgenußscheine, die durch jährliche Auslosung zu 150% zu tilgen waren.

Bundesbank-Liquiditäts-U-Schätze

Geldmarktpapiere, die von der Bundesrepublik Deutschland über die Deutsche Bundesbank gemäß § 42 Bundesbankgesetz zu geldpolitischen Zwecken emittiert werden. Alle Zins- und Tilgungsverpflichtungen sind von der Bundesbank zu erfüllen. Von der Konstruktion vergleichbar den Unverzinslichen Schatzanweisungen der Bundesrepublik Deutschland (U-Schätze): Zins wird diskontiert, Nennbeträge DM 500000 oder ein ganzes Vielfaches, Laufzeit drei, sechs oder neun Monate. Zuteilung nach dem Tenderverfahren über Banken mit einem LZB-Konto.

Bundesbankschätze, Finanzierungsschätze

Zur Vereinfachung der Ausgabe und Verwahrung von U-Schätzen über Beträge bis DM 100000 verkauft die Bundesbank standardisierte Tranchen von nicht vor Fälligkeit rückverkaufbaren U-Schätzen. Sie werden als Finanzierungsschätze begeben, d. h. für Finanzierungszwecke öffentlicher Haushalte emittiert. Zeitweilig hat die Bundesbank auch standardisierte Tranchen von nicht vor Fälligkeit zurückgebbaren U-Schätzen als Bundesbank-Schätze begeben, wobei der Erlös aus dem Verkauf dieser Titel bei der Bundesbank stillgelegt wurde. Diese speziell auf die Anlagebedürfnisse privater Käufer zugeschnittenen Titel werden an bestimmten Tagen (3, 6, 12, 18, 24 Monate nach Erwerbsmonat) fällig; sie werden pro Käufer, Laufzeittyp und Geschäftstag bis zum Nominalbetrag von DM 100000 (Mindestbetrag DM 5000) verkauft (stückelos als Anteile am Sammelbestand einer Wertpapiersammelbank).

Bundeseinheitliche Kurszusätze und -hinweise

→ Kurszusätze, → Kurshinweise.

Bundesgesetzblatt (BGBl)

Amtliches Organ der BR Deutschland vor allem zur Bekanntmachung (Verkündung) von Gesetzen und Gesetzesänderungen.

Bundeskonzerne

Dachgesellschaften für bundeseigene Unternehmen mit 100% Beteiligung der BR Deutschland. Auch: Konzerne mit hoher Bundesbeteiligung.

Bundesobligationen

Daueremissionen des Bundes. Ausgabe erfolgt in Serien mit festem Nominalzins und variablen Ausgabekursen. Mittelfristige Schuldbuchforderungen des Bundes über Beträge ab DM 100 oder ein Mehrfaches. Laufzeit: 5 Jahre. Werden an den Börsen gehandelt. Bundesobligationen sind mündelsicher. Der Bund haftet für ihre Einlösung und Bedienung mit seinem Vermögen und Steueraufkommen. Wegen ihrer festen Laufzeit können sie weder vom Gläubiger noch vom Schuldner vorzeitig gekündigt werden. Jedoch ist jederzeitiger Verkauf an der Börse möglich. Neue Serien werden aufgelegt, wenn die Marktlage den Übergang zu einem anderen Nominalzins erfordert. Die Konditionen orientieren sich am Kapitalmarkt. Es entstehen keine Ankaufskosten. Bei Verkauf, Einlösung sowie Übertragung auf Dritte werden i. d. R. 0,5‰ vom Nennwert berechnet.

Bundespostanleihen

Anleihen, deren Emittent die Deutsche Bundespost ist. Form der öffentlichen Anleihen.

Bundesschätzchen

Scherzhafte Bezeichnung für Bundesschatzbriefe.

Bundesschatzanweisung

I. d. R. kurz-, aber auch mittelfristige Schuldverschreibungen des Bundes zur Finanzierung eines vorübergehenden Geldbedarfs. Sind im Laufe der Zeit zum wichtigen Instrument der öffentlichen Finanzpolitik geworden. Kurzfristige Schatzanweisungen sind meist unverzinslich und werden von der Bundesbank ähnlich wie Wechsel diskontiert. Diese U-Schätze sind daher von den Schatzwechseln nicht exakt abgrenzbar. → Geldmarktpapiere → unverzinsliche Schatzanweisungen.

Bundesschatzbriefe

Mittelfristige Schuldbuchforderungen des Bundes (Bundesschätzchen) über Beträge ab DM 50 bzw. 100 oder ein Mehrfaches. Mit steigendem Zinssatz ausgestattet, der vor der Emission jeder Tranche neu festgesetzt wird. 2 Formen: Bei Typ A erfolgen Erwerb und Rückzahlung in Höhe des Nominalbetrages; die Zinsen werden jährlich nachträglich ausgeschüttet; die Stükkelung beträgt DM 100 oder ein Mehrfaches, Laufzeit 6 Jahre. Bei Typ B erfolgt der Erwerb in Höhe des Nominalbetrages; die Zinsen werden während der Laufzeit akkumuliert und mit dem Kapital bei Fälligkeit des Titels ausgezahlt; die kleinste Stückelung ist DM 50; Laufzeit 7 Jahre. Bundesschatzbriefe sind mündelsicher; der Bund haftet für sie mit seinem Vermögen und Steueraufkommen. Vorzeitige Rückzahlung ist nach Ablauf des 1. Jahres bis zum Höchstbetrag von monatlich DM 10 000 pro Gläubiger möglich. Schatzbriefe sind mit Festzins ausgestattet, der im Verlauf der Anlagezeit steigt. Die Durchschnittsverzinsung liegt i. d. R. leicht unter dem Zins am Kapitalmarkt. Der Zins wird bei jeder Tranche neu festgesetzt. Keine Ankaufskosten; beim Verkauf werden z. T. 0,5‰ vom Nennwert berechnet. Werden nicht an den Börsen gehandelt. Verkauf erfolgt durch die Bundesbank im Namen und für Rechnung des Bundes.

Bundesschatzwechsel

→ Schatzwechsel.

Bundesschuldbuch

→ Schuldbuch.

Bundesschuldenverwaltung

Eine dem Bundesfinanzministerium nachgeordnete obere Bundesbehörde in Bad Homburg. Aufgabe: Verwaltung der Schulden und Bürgschaften des Bundes, der Schulden der Bundesbahn und der Bundespost u. a. Schulden aufgrund besonderer Aufträge. Schuldverschreibungen des Bundes, von Bahn und Post (Anleihen, Bundesschatzbriefe, Finanzierungsschätze, Schatzanweisungen usw.) können bei der Bundesschuldenverwaltung in Depotverwaltung gegeben werden. Depotgebühren fallen – anders als bei der Verwahrung durch eine Bank – nicht an; Aufträge werden direkt an die Bundesschudenverwaltung oder über die Hausbank erteilt.

Bundesverband der Börsenvereine an deutschen Hochschulen e. V. (BVH), Mannheim

Zusammenschluß von studentischen Börsenklubs; will den Informationsgrad über die Kapitalmärkte erhöhen und dabei zur Gründung von Börsenvereinen an den einzelnen Universitäten ermuntern sowie Veranstaltungen zu einschlägigen Themen organisieren. Außerdem wird die Verbindung von Theorie und Praxis angestrebt, z. B. durch die Anbahnung von Kontakten zwischen den Vereinen einerseits und Banken, Investmenthäusern und der Industrie andererseits.

Bundesverband Deutscher Investment-Gesellschaften e. V.

BVI. Anschrift: Eschenheimer Anlage 28, 60318 Frankfurt am Main, Tel.: 069-1540900, Fax.: 069-5971406.

Bundesverband Finanzdienstleistungen e. V., Berlin

Verband der Finanz- bzw. Anlageberater. Setzt sich insbesondere für die Schaffung eines Berufsbildes für Wirtschaftsberater ein, in dem die Aus- und Fortbildung geregelt ist und Fachprüfungen vorgesehen sind. Anschrift: FiFa, Budapester Str. 39 IV, 10787 Berlin, Tel.: 030-2617999, Fax.: 030-2618558.

Bund-futures

Bez. f. → Terminkontrakte auf eine langfristige Schuldverschreibung des Bundes oder der Treuhandanstalt.

bunny bonds

Eurobonds mit einer Zinswiederanlageoption.

Buoni Ordinari del Tesoro (BOT)

Nicht amtlich notierte, im italienischen Freiverkehr gehandelte diskontierte Schatzwechsel mit Laufzeiten von 3,6 oder 12 Monaten. Emittent Italien. Auf BOTs entfallen ca. 30% der italienischen Staatsverschuldung.

BUSt

Abk. f. Börsenumsatzsteuer, die in der BR Deutschland zum 1. 1. 1991 abgeschafft wurde.

busted convertible

Wandelschuldverschreibungen mit einem nur geringfügigen Aufgeld infolge einer niedrigen Kursnotierung der zu beziehenden Aktien.

Buxl-futures

Bez. f. → Terminkontrakte auf Schuldverschreibungen des Bundes oder der Treuhandanstalt mit fünfzehn- bis dreißigjähriger Laufzeit.

BVG

Abk. f. Bundesverfassungsgericht.

BVH

→ Bundesverband der Börsenvereine an deutschen Hochschulen e. V.

BVI

Abk. f. Bundesverband Deutscher Investment-Gesellschaften e. V.

BWM

Abk. f. Bundeswirtschaftsministerium.

C

c

Abk. f. cours (= Kurs) in französischen Börsenkurszetteln. In der Schweiz Abk. f. comptant (= per Kassa; Kurs für effektiven Abschluß) in Kurszetteln.

C

Kurshinweis an der Frankfurter Wertpapierbörse. Bedeutet, daß zum angegebenen Kurs ausschließlich Aufträge ausgeführt wurden, bei denen Käufer und Verkäufer identisch waren.

CAC 40

Index der Pariser Wertpapierbörse, der die vierzig umsatzstärksten Werte umfaßt und Gegenstand von futures und Optionskontrakten ist.

CAES

→ Computer Assisted Executive System (CAES).

call (1)

Börsenbez. f. Kaufoption. Bei dieser zahlt der Käufer an den Verkäufer eine Hausseprämie, die ersteren berechtigt, innerhalb der Laufzeit jederzeit (amerikanische Option) oder am Laufzeitende (europäische Option) eine bestimmte Anzahl Aktien zum vorweg vereinbarten Preis zu erwerben. Der Verkäufer muß zu diesem Preis liefern. Gegens.: put. Die an der Deutschen Terminbörse (DTB) gehandelten call-Optionen sind standardisiert und können Laufzeiten von 1, 2, 3 bis max. 6 und 9 Monaten haben. Spekulanten kaufen calls, wenn sie an von ihnen erwarteten Kurssteigerungen der betreffenden Aktien gewinnen wollen. Calls werden vor allem dann verkauft, wenn eine long-Position in der betreffenden Aktie abgesichert werden soll und zusätzliche Prämieneinnahmen erzielt werden sollen. Geht die Kurserwartung nicht auf, kann sich beim call-Käufer ein 100%iger Verlust des eingesetzten Kapitals ergeben.

call (2)

Am Euromarkt die Option eines Emittenten, seine Emission vor Fälligkeit zurückzuzahlen.

callable preferred stock

Auch: redeemable preferred stock. Rückzahlbare Vorzugsaktie. Sie wird auf Beschluß der HV zu einem im voraus festgelegten Preis von der Gesellschaft zurückgekauft.

call buyer

Käufer einer Kaufoption.

call exercise price

Basispreis einer Kaufoption, also der Kurs/Preis, zu dem die Ausübung einer Kaufoption erfolgt.

call-Geld, callmoney

Täglich kündbare Einlagen in hohen, runden Beträgen bei Banken, deren Verzinsung von Tag zu Tag den Marktbedingungen angepaßt werden kann (call money).

call-Geschäft

Börsengeschäft, bei dem ein Kauf- oder Verkaufsgebot zum Ausruf kommt, das von den Interessenten unter- bzw. überboten werden kann. Das niedrigste Kauf- bzw. höchste Verkaufsgebot führt dann den Geschäftsabschluß herbei.

call money

→ call-Geld, callmoney.

call option

→ call (1) → Kaufoption.

call premium

Kaufoptions-Prämie, also die Prämie, die der Erwerber einer Kaufoption dem Optionsverkäufer zahlt.

call price

Basispreis einer Kaufoption bzw. Kündigungskurs.

call protection

Schutz vor vorzeitiger Kündigung eines Titels.

call provision

Kündigungsklausel.

call warrant

Optionsschein, der den Kauf eines exakt definierten Gegenstandes (so z. B. einer Anleihe) an einem festgelegten Termin bzw. innerhalb einer vereinbarten Frist zu einem im voraus fixierten Preis erlaubt. → put warrant.

call writer

Verkäufer einer Kaufoption (Stillhalter).

cancellation

Widerruf eines Auftrages beim Börsentermingeschäft.

cap (1)

Zinsbegrenzungs-Zertifikate. Inhaber eines bankemittierten cap erhalten dann eine Zahlung vom Emittenten, wenn ein Referenzzinssatz – z. B. Libor oder Fibor – einen in den Emissionsbedingungen festgelegten Satz überschreitet. Diese Zahlung errechnet sich als auf einen Nominalwert bezogene Differenz der beiden Sätze; sie wird entweder für die gesamte Laufzeit oder für einzelne Zinsperioden errechnet und gezahlt. Caps eignen sich für spekulative Anleger und für Kreditnehmer, die sich vor stark steigenden Zinsen schützen wollen.

cap (2)

Von einer variabel verzinslichen Anleihe (floating-rate note) abtrennbares Recht auf eine festgesetzte Maximalverzinsung. Eine „gekappte" floating-rate note ist demnach eine variabel auf der Basis von Geldmarktsätzen zu verzinsende Anleihe, bei der aber ein Höchstzinssatz (der cap) festgelegt wird, über den hinaus der Anleihezins nicht steigt, auch wenn sich die Geldmarktzinsen weiter nach oben bewegen. Derjenige, der eine gekappte Anleihe kauft, hat gegenüber der normalen floating-rate note einen Nachteil, da er über den Höchstzinssatz hinaus keine Zinssteigerung erhält, auch wenn der Geldmarktsatz weiter steigt. I. d. R. erhält er dafür jedoch einen Zins, der über den Zins einer normalen floating-rate note hinausgeht. Um den Schuldner vor einer zu hohen Zinsbelastung zu schützen, verkauft ihm die Bank den cap, also den Höchstzinssatz gegen eine „Versicherungsgebühr" von z. B. ⅜%. Mit diesem Verkauf des cap verpflichtet sich die Bank gegenüber dem Schuldner, an ihn die Differenz zwischen tatsächlichem Zinssatz für seine Verbindlichkeit und dem Höchstzinssatz zu zahlen, wenn der tatsächliche Zins den Höchstzinssatz übersteigt. Die den cap verkaufende Bank kann dieses Versprechen auch ohne Schwierigkeiten abgeben. Sie erhält damit aus ihrem Aktivgeschäft Zinsen ohne Höchstzinssatz, während sie dem Anleihegläubiger aber maximal den Höchstsatz zahlt. Eine eventuelle Differenz zugunsten der Aktivzinssätze kann die Bank demnach an den Käufer des cap weitergeben. Der Vorteil für die Bank besteht darin, daß sie dem Käufer der gekappten Anleihe zwar ⅛% mehr Zinsen zahlen muß, aber andererseits für den Verkauf des cap eine „Versicherungsprämie" erhält, so daß sich ihre Refinanzierung letztlich um ¼%-Punkt verbilligt.

cap-Hypothek

Zinsvariable Hypothek mit einer Zinsobergrenze. Die Besonderheit liegt darin, daß innerhalb einer Laufzeit von i. d. R. mehreren Jahren die Chance für den Kreditnehmer besteht, an künftig sinkenden Zinsen teilzunehmen, während eine Zinserhöhung über die vereinbarte Zinsobergrenze (cap) hinaus ausgeschlossen ist. Als Entgelt ist eine cap-Prämie zu entrichten. Häufig wird zusätzlich eine Zinsuntergrenze vereinbart. Die Verzinsung der Hypothek orientiert sich an Geldmarktsätzen wie z. B. DM-FIBOR; die Anpassung der Nominalzinsen erfolgt jeweils zum Quartalsende.

CAPM

Abk. f. capital asset pricing model.

capped warrant

Optionsschein mit einer Gewinnobergrenze. → Optionsscheine, gekappte.

capital-asset-pricing-Modell (CAPM)

Ergebnis einer Weiterentwicklung der Portefeuille-Theorie zu einer Theorie des Kapitalmarktgleichgewichts. Auf der Grundlage stark vereinfachender Annahmen befindet sich bei diesem Modell der Markt der risikobehafteten Wertpapiere dann im Gleichgewicht, wenn keine Überschußnachfrage bzw. kein Überschußangebot an Papieren mehr besteht. Jeder der Investoren hält dann einen Teil des Marktportefeuilles. Seine Risikopräferenz kommt zum Ausdruck durch die Kombination des Marktportefeuilles mit der risikolosen Anlage. Im Kapitalmarktgleichgewicht liegen alle Wertpapiere auf einer Geraden (Kapitalmarktlinie). Die Steigung dieser Linie gibt an, wieviel zusätzliche Renditeeinheiten der Anleger erhält, der bereit ist, eine weitere Einheit Risiko auf sich zu nehmen. Die Steigung wird auch als Marktpreis des Risikos bezeichnet. Das Modell der Kapitalmarktlinie macht noch keine Aussagen über den Marktwert (Börsenkurs) eines einzelnen Wertpapiers innerhalb des Marktportefeuilles. Die Bestimmung des Marktwertes eines einzelnen Wertpapiers ist erst Gegenstand der nächsten Stufe der Theorie des Kapitalmarktgleichgewichts, des Modells der Wertpapierlinie. Das modelltheoretische Ergebnis besagt, daß die erwartete Rendite eines Wertpapiers linear abhängig vom systematischen Risiko (Beta-Risiko oder Betafaktor) des Papiers ist, also dem Teil des Gesamtrisikos eines Titels, der auch in einem Portfolio wie dem Marktportefeuille, in dem die Diversifikationsmöglichkeiten voll ausgeschöpft sind und somit keine unsystematischen Risiken existieren, bestehen bleibt; die Betafaktoren werden mit Hilfe statistischer Methoden geschätzt. Graphisch betrachtet liegen die Rendite-Risiko-Kombinationen auf einer steigenden Gerade, der sogenannten Wertpapierlinie. Aus der Wertpapierlinie lassen sich für die Beurteilung risikobehafteter Geldanlagen (Wertpapiere, aber auch Sachanlagen) die relevanten Kapitalkostensätze ermitteln. Da annahmegemäß alle Investoren effiziente Portefeuilles halten, ist der anzuwendende Kapitalkostensatz und damit die Vorteilhaftigkeit einer Geldanlage ausschließlich vom systematischen Risiko, und nicht, wie man vielleicht annehmen könnte, vom Gesamtrisiko eines Investments abhängig.

capital authorized

Gesamter Nennbetrag des Grundkapitals bei englischen Aktiengesellschaften. Bis zu seiner Höhe können satzungsmäßig Aktien emittiert werden. Das tatsächlich eingezahlte Grundkapital ist das paid-up capital.

capital gain

Realisierter Kursgewinn bei Börsengeschäften

capital gain distribution

Ausschüttung, Verteilung realisierter Kursgewinne, speziell bei Investmentfonds.

capital growth

Kapitalwachstum, -zuwachs.

capital growth bond

Wertzuwachsanleihe.

capital stock

Angelsächsische Bez. f. das Grundkapital der AG.

Carat (ct.)

Maßangabe für Gewicht und damit Größe von Diamanten: 1 ct. = 0,2 g. → Diamanten als Kapitalanlage.

carry

Am Euromarkt Bez. f. die Zinskosten für die Finanzierung einer Wertpapierposition.

carrying charge

Lager- und Finanzierungskosten im futures-Geschäft. → cost of carry.

cash-and-carry-Arbitrage

Bez. im Terminhandel für Arbitrage zwischen Kassa- und Terminmarkt, z. B. durch Verkauf von futures und Kauf des underlying am Kassamarkt. → Arbitrage.

cash bid

Übernahmeangebot mit Barabfindung.

cash dividend

→ Bardividende.

cash earnings

→ cash-flow.

cash equivalent

Zusammenfassende Bez. f. Geldmarktpapiere, die bei einem Investmentfonds zur Barposition gehören.

cash-flow

In der Bilanz-, Unternehmungs- und Aktienanalyse verwendete Kennzahl zur Beurteilung der Finanz- und Ertragskraft einer Unternehmung. Der cash-flow (Umsatz- oder Finanzüberschuß) bezeichnet den Zugang an flüssigen Mitteln einer Unternehmung aus dem Umsatzprozeß und anderen Quellen innerhalb eines bestimmten Zeitraumes, i. d. R. des Geschäftsjahres. Zur Berechnung des cash-flow werden verschiedene Elemente berücksichtigt. Üblicherweise setzt er sich zusammen aus dem Bilanzgewinn der Periode (ohne Vortrag), vermindert um die Auflösung von Rücklagen, plus Zuführung zu den Rücklagen, plus Abschreibungen auf das Anlagevermögen. Eine detaillierte cash-flow-Ermittlung berücksichtigt darüber hinaus z. B. die Zu- bzw. Abgänge an Wertberichtigungen oder Pensionsrückstellungen usw. → cash-flow-Analyse.

cash-flow-Analyse

Instrument der Finanzanalyse und -planung mit praktischer Bedeutung bei Wertpapieranalyse und Kreditwürdigkeitsprüfung. Hauptziele sind die Untersuchung des Finanzierungspotentials, die Prüfung des Zuflusses an neuen Mitteln, des Selbstfinanzierungspotentials sowie der Fähigkeit zur Schuldentilgung und die Untersuchung der Ertragskraft. Die cash-flow-Analyse wird meist bei großen Unternehmen, z. B. AG, durch Banken, Börsenberatungsdienste und Finanzpresse durchgeführt. Man vergleicht den cash-flow einer Unternehmung von Jahr zu Jahr oder zwischen Unternehmen der gleichen Branche. Zu letzterem, aber auch zu internationalen Vergleichen, empfiehlt sich die Bildung von cash-flow-Kennzahlen. Im cash-flow statement wird auch die Verwendung der durch den cash-flow angefallenen Mittel analysiert.

cash-flow-Kennzahlen

Werden zur cash-flow-Analyse gebildet. Verhältniszahlen aus cash-flow einerseits und mit ihm in Zusammenhang stehenden Größen andererseits. Bei der cash-flow-

Analyse von AG wird vor allem der cash-flow pro Aktie gebildet. Dazu wird der cash-flow durch die Anzahl der Aktien dividiert. Mit dieser Kennzahl besitzt der Anleger ein Instrument, um den Wert seiner Aktien mit dem anderer AG zu vergleichen. Eine andere Kennzahl wird ermittelt durch Division des Kurses der Aktie durch den cash-flow pro Aktie. Diese, als price/cash-flow ratio bezeichnete Kennzahl gibt an, wievielfach der cash-flow pro Aktie im Kurs der Aktie enthalten ist.

cash-forward-Markt

Kassageschäft, abgeschlossen auf ein festes, in der Zukunft liegendes Datum zu der zum Tageskurs geltenden Verzinsung für den Abschlußzeitraum.

cash futures arbitrage

Auf den unterschiedlichen Kursen von Kassainstrumenten und entsprechenden Finanzterminkontrakten oder commodity futures basierende Arbitrage.

cash position

Barposition, vor allem bei Investmentfonds.

cash swap (1)

Swapgeschäft mit Tausch und Zurücktausch von Devisen auf gleicher Kassakursbasis.

cash swap (2)

Variante des loan swap. Hierbei veräußert Bank Forderung gegenüber einem hochverschuldeten Land an anderen Investor gegen Barzahlung. Der Verkauf erfolgt i. d. R. zu dem jeweils gültigen Sekundärmarktkurs. Häufig erfolgt cash swap in Verbindung mit einem komplexen loan swap, z. T. jedoch auch unter Renditegesichtspunkten.

CATS (1)

Abk. für certificates of accrual on Treasury securities. Man bezeichnet damit eine zerobond-Art, für deren Einlösung US-Staatsanleihen bei einer Großbank hinterlegt sind. Je nach Brokerhaus werden diese Papiere mit anderen Namen belegt (z. B. tigrs, strips, stags, zebras). Die Ausstattung unterscheidet sich z. B. darin, daß es seitens des Emittenten kündbare und nicht kündbare Titel gibt.

CATS (2)

→ Computer Assisted Trading System (CATS).

CBOE

Abk. f. Chicago Board Options Exchange.

CBOE 100 Options

Variante der Optionskontrakte an der CBOE. Die Option basiert auf 100 US-Standardaktien (blue chips), die an der CBOE in Optionen gehandelt werden. Die Erfüllung des eingegangenen Kontraktes bei Verfall der Option erfolgt, wie bei Aktienindex-Terminkontrakten, durch Barabwicklung.

CBOE-Market-Volatility Index

Volatilitäts-Index der CBOE, der auf Basis aktueller Optionskurse zeitgleich berechnet und veröffentlicht wird. Bei der Ermittlung des Index wird ein Durchschnittswert impliziter Volatilitäten von at-the-money-call- und -put-Optionen auf den S&P 500 errechnet.

CBOT

Abk. f. → Chicago Board of Trade.

cc

Abk. für cours de compensation (Kompensationskurs) in französischen Börsenkurszetteln.

cd.

Abk. f. cum dividend (= einschl. Dividende).

CD

Abk. f. → certificate of deposit.

CDAX

Abk. f → Composite DAX.

CEDEL

Abk. f. → Centrale de Livraison de Valeurs Mobilières S.A.

Centrale de Livraison de Valeurs Mobilières S.A. (CEDEL)

Internationale, von zahlreichen im internationalen Wertpapiergeschäft tätigen Banken 1970 gegründete Aufbewahrungsstelle für internationale Anleihen in Luxemburg. Ähnlich der Deutscher Kassenverein AG vermeidet die CEDEL den physischen Transport von Wertpapieren, indem nur Umbuchungen vorgenommen werden (im wesentlichen automatisiert).

Central Selling Organisation (CSO)

Institution, die rund 90% der Diamenten-Weltproduktion aufkauft und den Vertrieb übernimmt. → Diamanten und Diamantenmarkt.

certificat d'investissement

In Frankreich Art einer stimmrechtslosen Aktie.

certificat d'investissement priviligé

In Frankreich Form einer stimmrechtslosen Vorzugsaktie.

certificate

→ Zertifikat.

certificates of accrual on Treasury securities

→ CATS (1).

certificates of deposit (CD)

Von US-Banken ab Anfang der 60er Jahre emittierte Geldmarktpapiere mit Laufzeiten von 30–360 Tagen. Für sie wurde ein regelmäßiger Markt entwickelt. Die Verzinsung richtet sich nach der Laufzeit und den Marktverhältnissen. Auch von am Euromarkt tätigen Banken werden solche Titel emittiert. Diese lauten überwiegend auf US-$ und haben Laufzeiten bis 5 Jahre. Mit diesen Papieren soll das Bedürfnis der Banken nach Termingeldern mit fester Laufzeit und die Bedürfnisse der Kunden nach kurzfristiger Liquidierbarkeit (vor Fälligkeit) gleichermaßen berücksichtigt werden. Sie werden meist von Unternehmen für kurzfristige liquide Anlagen erworben und sind vergleichbar mit Kassenobligationen. Seit 1986 können deutsche Banken auch DM-CD emittieren.

Certificati del Tesoro Reali (CTR)

Italienische Anleihen, deren Verzinsung an die Entwicklung der Inflationsrate gebunden ist.

Certificati di Credito del Tesoro (CCT)

Variabel verzinsliche Anleihen mit 6- bzw. 12monatiger Zinsanpassung und einer Laufzeit zwischen 4 und 10 Jahren. Emittent Italien. Auf CCTs entfallen etwa 50% der italienischen Staatsverschuldung.

CFTC

Abk. f. → Commodity Futures Trading Commission.

chairman

Angelsächsische Bez. f. den Vorsitzenden eines Gremiums.

chart

Graphische Darstellung von in der Vergangenheit beobachteten Kursverläufen und Umsatzvolumina einzelner Wertpapiere oder auch Börsen- und Branchenindizes. Je nach Beobachtungszeitraum werden Tageszahlen bis gleitende Monatswerte in optisch leicht überschaubaren und verständlichen Diagrammen oder Kurven abgebildet. → chart reading → chartist → technische Aktienanalyse.

chart-Analyse

→ chart reading.

chartist

Bez. f. einen Wertpapieranalytiker, der sich bei seinen Analysen speziellen Kursdiagrammdarstellungen, der charts, bedient. Er ist Anhänger der technischen Analyse, die davon ausgeht, daß der Kursverlauf von Wertpapieren bestimmten typischen Formationen folgt. → chart reading.

chart reading

Techniken zur Interpretation von charts mit dem Ziel, Kursprognosen und -potentiale abzuleiten, um so geeignete Zeitpunkte für Kauf- und Verkaufsdispositionen zu gewinnen. Dabei wird den Wertpapiermärkten eine eigene Logik oder Dynamik zugeordnet. Für langfristig orientierte Analysen und Anlagen greift man auf gleitende Durchschnitte zurück (z. B. 200-Tage-Durchschnitt). Zur Herleitung und Fundierung kurzfristiger Trendbewegungen (gerade, gekrümmt, Linien, Kanäle usw.) wird insbesondere auf trendbestätigende, graphische Formationen (z. B. Flagge, Wimpel, Dreieck, Rechteck, Bogen usw.), Trendumkehrformationen (z. B. V-Form, M-Form, Kopf-Schulter-Formation, Untertasse) sowie auf Stützungs- und Widerstandslinien verwiesen. → technische Aktienanalyse.

cheapest to deliver

Bez. im Handel mit Zins-futures für die Möglichkeit des Verkäufers, seine Lieferverpflichtung durch die Lieferung der günstigsten Anleihe zu erfüllen: Er wird unter den lieferbaren Anleihen diejenige Anleihe auswählen, deren Verkaufserlös am Kassamarkt am weitesten unter dem Erlös bei Lieferung liegt. Hat der Kontraktverkäufer diese Anleihe in seinem Portefeuille, so wird er sie liefern. Ansonten kann er sie sich unter der Ausnutzung von cash-and-carry-Arbitrage am Kassamarkt beschaffen. Ob und in welchem Umfang eine solche Arbitrage-Transaktion lohnend ist, wird durch die implied repo rate (IRR), die implizierte Rendite, angezeigt. Die Anleihe mit der höchsten IRR bietet gleichzeitig die günstigste Erfüllungsmöglichkeit für den Terminkontrakt. Die IRR berechnet sich wie folgt:

$$IRR = \frac{F-A}{A} \times \frac{360}{d} \times 100,$$

wobei F = Abrechnungssumme der futures, A = Kassakurs der (lieferbaren) Anleihe, d = Tage bis Lieferung.

Chicago Board of Trade (CBOT)

1848 gegründete größte Terminbörse für Rohstoff- und Finanzkontrakte der Welt mit Sitz in Chicago. Gehandelt werden ausschließlich futures (f) und Optionen auf futures (Of). Folgende Instrumente sind am CBOT handelbar: US T-bond (f, Of), 10-year-T-notes (f, Of), 5-year-T-notes (f, Of), 2-year-T-notes (f, Of), long-term municipal bond index (f, Of), major market index (f), 30-day-interest rate (f), zero-coupon U.S. treasury bond (f), zero-coupon U.S. treasury note (f), Hafer (f, Of), Mais (f, Of), Weizen (f, Of), Sojabohnen (f, Of), Sojamehl (f, Of), Sojaöl (f, Of), Eisenschrott (t), Silber (f, Of) und Gold (f). Darüber hinaus werden Ammoniak-futures, Diammonium-Phosphat-futures, Schlepperfrachtratenindex-futures und zwei Katastrophenversicherung-futures sowie Optionen auf diese futures gehandelt. Anschr.: 141 West Jackson Blvd., Chicago, IL. 60604-2994, USA., Tel.: 312-435 7955, Telefax: 312-341-3027, Telex: CBOT 253223.

Chicago Board Options Exchange (CBOE)

Sehr starker Handel in Optionen auf Aktien und Aktienindizes wie z. B. Standard & Poor's 100, Standard & Poor's 500, over-the-counter 250. Erfolgt durch market makers und brokers. Letztere bringen Kundenaufträge an die Börse und versuchen eine Gegenposition zu finden, ohne daß sie, im Gegensatz zu market makers, eigenes Kapital investieren und auf eigenes Risiko handeln. Durch Bereitschaft zur Risikoübernahme sorgen market makers für die notwendige Marktliquidität. Kundenaufträge bis zu 10 Optionen pro Auftrag werden mittels eines Computersystems automatisch zu dem letzten festgestellten Kurs ausgeführt. Anschrift: 400 South Lasalle, Chicago, IL., 60605, Tel. 312-786-5600, Telefax: 312-786-7413.

Chicagoer Wertpapierbörse

→ Midwest Stock Exchange, Inc.

Chicago Rice & Cotton Exchange

444 West Jackson Boulevard, Chicago, IL., 60606, Tel. 312-341-3078. Handel in Reis-futures („rough rice").

Chicago Mercantile Exchange (CME)

Zweitgrößte Terminbörse für commodity und financial futures sowie entsprechende Optionen auf futures der Welt in Chicago, 1874 gegründet. 1972 wurde als ein Zweig dieser Börse der International Monetary Market eingerichtet. Hauptgeschäfte in ausländischen Währungen ($/DM, $/Yen u. a.), in Eurodollar-Depositen, T-bills und Euro-rate differentials zwischen verschiedenen Währungen. An der zweiten Unterabteilung der CME, am Index and Option Market (IOM), werden hauptsächlich futures und Optionen auf futures auf den S & P 500 Aktienindex gehandelt. Anschr.: 30 South Wacker Drive, Chicago, IL., 60606, Tel. 1-312-930-1000, Telefax 466-4410.

China-Aktien

Sammelbez. für Aktien, die direkt oder indirekt Bezug zur Volksrepublik China haben: (1) red chips: Aktien von Unternehmen, die in Hongkong ansässig sind mit chinesischer Beteiligung, die bis zur beherrschenden Kontrolle gehen kann. Diese Unternehmen verfügen als Holding-Gesellschaften zumeist vor allem oder ausschließlich über Beteiligungen außerhalb von China. (2) H-Aktien: Aktien in China domizilierender Unternehmen, die an der Börse in Hongkong gehandelt werden und der dortigen Börsenaufsicht unterliegen. (3) B-Aktien: Für ausländische Anleger zugängliche Aktien chinesischer Unternehmen, die an den neuen chinesischen Börsen – vor allem in Shanghei und Shenzhen, neuerdings auch in Peking – gehandelt werden. (4) A-Aktien: Aktien in China domizilierender Unternehmen, die in China bzw. in Hongkong gehandelt werden, aber nur für chinesische Investoren bestimmt sind. (5) china plays: Aktien von nicht-chinesischen Unternehmen, die einen bedeutenden Teil ihrer Erträge in China oder aus dem Handel mit China erwirtschaften. Aufgrund der immer enger werdenden Verflechtungen zwischen Hongkong und China verschwimmen diese Abgrenzungen allerdings zusehends. Einige Aktien chinesischer Unternehmen werden auch in New York und London notiert.

china plays

→ China-Aktien.

Chinesische Börsen

Im Zuge der Neuordnung der vormals zentralverwalteten Wirtschaft in China sind in Shanghai und Shenzhen zwei Effektenbörsen sowie mehrere Warenbörsen gegründet worden. Weitere Börsenplätze – etwa in Peking und Wuhan – befinden sich in Planung. Für ausländische Investoren zugänglich sind dort B-Aktien, die teilweise auch in Hongkong, New York oder London notiert werden. Daneben werden A-Aktien für chinesische Anleger gehandelt. Indizes: China-A-Aktienindex, China-B-Aktienindex und als Zusammensetzung beider Indizes China-Index. → China-Aktien.

Cie.

Im Firmenrecht Abk. f. Compagnie (ähnlich Co., Comp.).

Circa-Auftrag (-Order), -kurs

Bei Börsenaufträgen, die limitiert und mit Zusatz circa (ca.) versehen sind, erlaubt es der Kunde der von ihm beauftragten Bank, das Geschäft auch leicht abweichend von dem Limitkurs abzuschließen: bei festverzinslichen Wertpapieren etwa ⅛%, bei Aktien bis DM 100 Kurs ¼%, bei über DM 100 Kurs etwa ½%. Es soll damit der Gefahr begegnet werden, daß bei nur ganz geringen Kursabweichungen vom Limit ein Geschäft nicht ausgeführt wird.

City

Kurzbez. f. den internationalen Finanzplatz London (City of London).

clearing

Über eine zentrale Institution aufgrund einer multilateralen Vereinbarung abgewickelte, geregelte, gegenseitige Auf- und Verrechnung von Forderungen und Verbindlichkeiten der clearing-Teilnehmer mit dem Ergebnis, daß nur die sich zugunsten oder zulasten eines jeden ergebenden Salden gutgeschrieben bzw. belastet werden (d. h. auszugleichen sind). Von clearing spricht man auch bei der Abrechnung im Terminhandel (Termin-clearing).

clearing house

Clearingstelle einer Termin- oder Optionsbörse. Die Clearingstelle steht bei jedem Options- oder Terminkontraktgeschäft als Mittler zwischen Käufer und Verkäufer, d. h. Liefer- und Abnahmeverpflichtungen bestehen gegenüber der Clearingstelle. An der Deutschen Terminbörse übt die DTB Deutsche Terminbörse GmbH die Funktion des clearing house aus.

clearing member

Am clearing house zugelassenes Mitglied, das zugleich auch Mitglied der entsprechenden Terminbörse sein muß.

closed-end fund

Investmentfonds des Gesellschaftstypus. Das Kapital des Fonds bzw. der (closed-end-)Investmentgesellschaft wird durch Zeichnung einer bestimmten, von vornherein begrenzten Anzahl von Anteilen aufgebracht. Weitere Anteile werden nicht ausgegeben, es sei denn, die Anteilseigner beschließen Kapitalheraufsetzungen. Eine vertragliche o. ä. Verpflichtung zum Rückkauf von Anteilen besteht nicht. Handel und Preisbildung erfolgen nach Angebot und Nachfrage, u. U. an der Börse, falls Zulassung erfolgt ist. Die Anteile werden also nicht wie die bei deutschen Investmentfonds zu Inventarwerten bewertet. Nach deutschem Investmentrecht dürfen Wertpapierinvestmentfonds bzw. Fonds, die dem KAGG unterliegen, nur als open-end-Fonds ausgegeben werden.

closing out

Aufheben bzw. Glattstellen einer futures-Position durch ein identisches, jedoch kompensatorisch wirkendes Gegengeschäft.

closing-rate-Methode

Umrechnung von Währungen zu einem einheitlichen Stichtagskurs. Das Verfahren zeichnet sich durch seine Einfachheit und Praktikabilität aus, die aber nicht immer den tatsächlichen wirtschaftlichen Gegebenheiten genügend Rechnung trägt.

club deal

Am Eurokapitalmarkt Kreditgewährung oder Anleiheplazierung durch eine kleine Gruppe von Banken ohne Syndizierung am Markt. Oft stellt der Kapitalnehmer die Gruppe selbst zusammen.

CME

Abk. f. Chicago Mercantile Exchange.

CMM

Abk. f. → convertible money market units.

Co.

Im Firmenrecht Abk. für Compagnon oder Compagnie (auch Cie., Comp.).

codes of conduct

Allgemeine Verhaltensmaßregeln für die Erbringung von Wertpapierdienstleistungen; in der Europäischen Union im Zuge der Umsetzung einer Wertpapierdienstleistungs-Richtlinie harmonisiert. In Deutschland im zweiten Finanzmarktförderungsgesetz berücksichtigt.

Coffee, Sugar & Cocoa Exchange

4 World Trade Center, New York, NY 10048. Tel. 212-938-2966, Telefax 212-524-9863. Bedeutende Warenbörse. Starker Handel in futures und Optionen auf Kaffee, Zucker und Kakao.

Colegio de Agentes de Cambio y Bolsa de Barcelona

→ Barcelonaer Börse.

collar

Höchst- und Mindestzinssatz bei einer floating-rate note.

collar issue

Zinsvariabler Schuldtitel mit einem Mindest- und einem Höchstzinssatz.

collateralized mortgage obligations

Durch einen Pool von Hypothekardarlehen besicherte Wertpapiere, die meist von speziellen Finanzierungsgesellschaften begeben werden. Die Höhe der Verzinsung und das ihnen immanente Risiko richtet sich nach der Qualität der im Pool vereinten Hypothekendarlehen. Im Gegensatz zu mortgage backed securities erfolgt bei collateralized mortgage obligations keine gleichbleibende Rückzahlung der Wertpapiere. Aus steuerlichen Gründen werden die Rückzahlungen der Hypothekendarlehen, aus denen wiederum die Wertpapiere bedient werden, auf einzelne Wertpapiertranchen konzentriert, um diese möglichst schnell zu tilgen.

co-manager

Am Euroanleihemarkt werden co-manager bzw. Mitglieder der Führungsgruppe vom lead manager, z. T. auch auf Wunsch des Anleiheschuldners bzw. auch eines Bürgen ad hoc zur Mitwirkung bei einer Emission eingeladen. Meist sind 2–10 co-manager mitverantwortlich vor allem für Konditionenfestlegung und Plazierung. Die co-manager übernehmen meist zudem höhere Eventualverpflichtungen als die underwriter.

combination

Im Optionshandel Bez. f. den gleichzeitigen Kauf oder Verkauf von Kauf- und Verkaufsoptionen mit unterschiedlichen Basispreisen und Verfalldaten.

Comex

Abk. f. Commodity Exchange Inc.

Comit 30

Index an der Mailänder Börse, von der Banca Commerciale Italiano entwickelt. Umfaßt die Entwicklung der 30 größten und meistgehandelten Aktienwerte. Der Index enthält die Titel Generali, Fiat, Comit, Sip, Stet, Mediobanca, Montedison, Alleanza, Banca San Paolo, RAS, Banca Roma, Credit, SME, Italgas, Pirelli SpA, Olivetti, Benetton, Sirti, Edison, Fondiaria SpA, IFI Vorzüge, Ferruzzi Finanziaria, Gemina, Italcementi, Rinascente, CIR, Ambroveneto, Assitalia, SAI und Toro.

commercial paper

In USA weit verbreitete kurzfristige Schuldtitel von Unternehmen mit Laufzeiten von einem bis neun Monaten, in denen auch Terminkontrakte organisiert gehandelt werden. Seit 1991 werden in Deutschland in DM denominierte commercial paper emittiert.

Commerzbank-Aktienindex

Ältester börsentäglich errechneter deutscher Aktienindex. Durch die Auswahl von 60 marktbreiten Standardwerten aller wichtigen Branchen erfaßt der Index ca. 75% des Kurswertes sämtlicher börsennotierter deutscher Gesellschaften. Bezugsbasis ist das Kursniveau per Ultimo 1953 (= 100). Durch die zusätzliche Berechnung von zwölf Branchenindizes wird die häufig differenzierte Kursentwicklung der großen Wirtschaftszweige transparent. Die Branchenindizes werden an jedem Jahresende gleich 100 gesetzt. Seit September 1988 erfolgt die Berechnung auf Basis der an der Frankfurter Börse festgestellten Kassakurse. Ausnahme: Victoria Holding, die nur in Düsseldorf notiert wird. Der Commerzbank-Aktienindex wird börsentäglich von den wichtigsten Nachrichtenagenturen und Wirtschaftszeitungen im In- und Ausland veröffentlicht.

commission

Bank- u. a. Provisionen.

commission broker

Börsenteilnehmer, der als Angestellter eines zum Börsenhandel zugelassenen Unternehmens oder selbständig nur Kundenaufträge ausführt. Sein Einkommen besteht nur aus Gebühren, da er selbst keine Positionen eingeht. Er muß entweder selbst Mitglied der Abrechnungsstelle (clearing house) sein oder mit einem clearing member zusammenarbeiten. Auch: floor broker.

Commission de la Bourse de Bruxelles

→ Brüsseler Börse.

Commission des Opérations de Bourse

Börsenzulassungsstelle an französischen Wertpapierbörsen.

commodities

Bez. für (meist börsengehandelte) Waren.

Commodity Exchange Authority

US-Börsenaufsichtsbehörde, zuständig für Terminhandel in Waren an den Börsen.

Commodity Exchange Inc. (COMEX)

Führende Rohstoffbörse für Kupfer, Silber, Gold. Anschr.: 4 World Trade Center. New York, N.Y. 10048, USA. Tel.: 212-938 7921, Telefax: 21 29 38 26 60. Starker Handel in Metall-futures und -optionen (Platin-, Kupfer-, Gold-, Silber-futures). Darüber hinaus werden futures auf den → Eurotop-100-Index und auf Kerosin gehandelt.

commodity fund

Investmentfonds, bei dem das Fondsvermögen vor allem in (börsengängigen) Waren, Warenterminkontrakten, Edelmetallen u. dgl. investiert ist. In Deutschland nicht zulässig.

Commodity Futures Clearing Corp. of New York (CFCCNY)

Von der COMEX und CSCE 1992 gemeinsam gegründete Tochtergesellschaft, die die technische Abwicklung der an beiden Börsen vorgenommenen Transaktionen durchführt.

Commodity Futures Trading Commission (CFTC)

Für den gesamten Terminhandel (Ausnahme: Aktien) in USA zuständige Aufsichtsbehörde. Hat zugleich die Aufsicht über den Handel in standardisierten, börsengehandelten Optionen, die auf die Lieferung oder Andienung eines futures-Kontraktes gerichtet sind.

Commodity Research Bureau futures-Index

Der CRB futures-Index spiegelt die Preisentwicklung von 21 an US-amerikanischen Terminkontrakt-Börsen auf Termin gehandelten Rohstoffen wider. Hierbei handelt es sich u. a. um Rohstoff-Terminkontrakte auf Kakao, Kaffee, Edelmetalle, Schweine, Schweinebäuche und Lebendvieh sowie insbesondere Getreide. Der CRB futures-Index hat besondere Bedeutung erlangt, seit dem die New York Futures Exchange (NYFE) einen Terminkontrakt auf den CRB futures-Index in ihre Anlagepalette aufgenommen hat. Das zum Verlagshaus Knight-Ridder gehörende CRB errechnet darüber hinaus zahlreiche weitere, weniger bedeutende Rohstoffindizes.

common law trust

In angelsächsischen Ländern Investmentfonds des Vertragstypus.

common shares

In USA und England Bez. f. Stammaktien.

common stock

Bez. f. Stammaktien in USA.

common stock fund

Aktieninvestmentfonds.

Comp.

Abk. f. Compagnie bzw. Compagnon im Firmenrecht (auch Cie., Co.).

Compagnie des Commissionaires Agrées

La Bourse de Commerce de Paris. 2 Rue de Viarmes, 75001 Paris, Tel. 33-1-45088250. Futures-Handel (soft futures) in Kaffee, Kakao und weißem Zucker.

compliance officer

Mitarbeiter in Finanzdienstleistungsunternehmen, der Wertpapiergeschäfte der Angestellten überwacht. Er soll vor allem Insiderverstöße verhindern bzw. ahnden.

Composite DAX

Seit 1993 veröffentlicht die Deutsche Börse AG den Composite-Dax (CDAX). Der Index wird aus den Kursen aller zum amtlichen Handel an der Frankfurter Wertpapierbörse zugelassenen inländischen Aktien berechnet. Damit repräsentiert der CDAX den breiten deutschen Aktienmarkt; derzeit umfaßt er etwa 320 Aktien. Die Berechnung des CDAX erfolgt analog zum DAX. Die Aktien sind gemäß ihrer Börsenkapitalisierung gewichtet. Da der CDAX als total-return-Index konzipiert ist, werden Kursveränderungen um Kapitalmaßnahmen und Dividendenzahlungen bereinigt. Die Berechnung erfolgt minütlich während der Börsenzeit. Zusätzlich werden täglich 16 Branchenindizes berechnet. Zur Ermittlung einer langen Indexzeitreihe des CDAX wurden die Indexwerte des (alten) FWB Indexes als Basis verwandt. Tagesschlußkurse des CDAX stehen seit 1970 zur Verfügung. Analog zum DAX ist das Basisdatum der 30. 12. 1987. Um Verwechselungen zu vermeiden, wurde die Basis des CDAX auf 100 gesetzt, während die des DAX am gleichen Tag 1 000 betrug. Für den Anleger hat dies den Vorteil, daß die Wertentwicklung des Gesamtmarktes ohne Schwierigkeiten mit derjenigen des DAX verglichen werden kann.

compound interest
→ Zinseszins.

comptant
Gegen Barzahlung; zur sofortigen Belieferung (börsenmäßig).

comptant-clearing
Abrechnung im Kassahandel.

Comptantgeschäft
→ Kassageschäft.

Comptantkurs
→ Kassakurs.

compulsory repurchase
Zwangsweiser Rückkauf von Anteilen von Investmentfonds.

Computer Assisted Executive System (CAES)
Vollautomatisches, computerisiertes Handelssystem des National Association of Securities Dealers Automated Quotations-Systems (NASDAQ) am US-amerikanischen OTC-Markt. Eingesetzt wird CAES für Aktienaufträge kleinerer Stückzahlen. Die Aufträge werden automatisch dem market maker zugeteilt, der zum Zeitpunkt der Eingabe den günstigsten Kurs stellt. Der Kurs hat verbindlichen Charakter. Ein persönlicher Kontakt zwischen market maker und Kunde erfolgt nicht.

Computer Assisted Trading System (CATS)
Handelssystem der Toronto Stock Exchange, das kleinere Aufträge im Zentralcomputer zusammenführt, einen Einheitskurs ermittelt und die Aufträge ausführt.

Computerbörse
I. e. S. Bez. f. Börse, an der Marktteilnehmer mit Hilfe von Computern Börsengeschäfte abschließen können, ohne persönlich oder fernmündlich mit den Marktteilnehmern in Kontakt zu treten. I. w. S. vielfach auch für Börsen gebraucht, die insbesondere zur Rationalisierung der Wertpapierverwaltung und -abrechnung Computer einsetzen. Entsprechend zu unterscheiden sind drei Arten von Computerbörsen. (1) Computerunterstützter Handel: Der Handel erfolgt auf Basis mündlicher (visueller) Absprachen zwischen den Marktteilnehmern. Zur Durchleitung neuer Aufträge an die Börse, Abwicklung der abgeschlossenen Aufträge oder auch Kontrolle der Regelmäßigkeit des Handels werden Computer eingesetzt. (2) Computergestützter Handel: Computer finden hier als Informationssystem von Kursen, nachgefragter oder angebotener Stückzahlen etc. Anwendung, der Handel erfolgt jedoch nicht über das Computersystem. Computergestützte Handelssysteme gewähren eine verbesserte Information der Marktteilnehmer, fundieren somit die Entscheidungsfindung, erhöhen die Effizienz und Transparenz des Börsenhandels. (3) Computerhandel: Marktteilnehmer treten nicht mündlich oder visuell, sondern nur noch über Computersysteme in Kontakt. Kursverhandlungen als auch Handelsabschlüsse erfolgen durch Eingabe entsprechender Signale in den Computer. Weitestgehend realisiert ist der Computerhandel z. B. an der Deutschen Terminbörse (DTB), in einzelnen Segmenten der Tokyo Stock Exchange mit dem Computer Operated Order Routing and Execution System und der Cincinnati Stock Exchange (National Securities Trading System) sowie in dem von Reuters entwickelten außerbörslichen, weltumspannend arbeitenden System INSTINET. Als wesentliche Vorteile des Computerhandels werden perfekte Abwicklung, schnelle Reaktionszeit, flexible Märkte und Möglichkeit der Internationalisierung des Handels genannt. Kritiker bemängeln insbesondere die Anonymität des Handels.

computergestützte Technische Analyse
→ Moderne Technische Analyse

Computer Operated Order Routing and Execution System (CORES)
Automatisches Computer-Aktienhandels-, Kursinformations- und Abwicklungssystem der Tokyo Stock Exchange. Umfaßt ca. 1200 Werte, ausgenommen sind die 250 umsatzstärksten Aktien. CORES arbeitet auf Basis des Auktionsprinzips. Börsenmitglieder können ihre Kauf- und Verkaufsaufträge via Computer direkt in den zentralen Börsencomputer eingeben. Die nach der Priorität Kurs und Eingabezeit geordneten Aufträge werden über Computer allen Börsenmitgliedern zugänglich gemacht, so daß eine hohe Kurs- und Markttransparenz erreicht wird. Die Ausführung der Aufträge erfolgt zu einem festgelegten regelmäßigen Zeitpunkt automatisch durch den Computer, sofern der vom Computer vorgeschlagene Kurs (Einheitskurs nach Meistausführungsprinzip) eine von dem zuständigen Saitori (Kursmakler) gesetzte Kursspanne nicht überschreitet.

condor-Anleihe

Anleiheinnovation. Es handelt sich um eine festverzinsliche Anleihe, deren Rückzahlungsbetrag an einen Index gekoppelt ist. Liegt der Index am Tag der Fälligkeit innerhalb einer in den Anleihebedingungen festgelegten Schwankungsbreite, erhält der Inhaber der condor-Schuldverschreibung sein Kapital zu 100% zurück. Unterschreitet der Index die Untergrenze oder überschreitet er die Obergrenze, wird dem Investor ein geringer Betrag zurückgezahlt. Der maximale Verlust ist begrenzt. Als Ausgleich für das Rückzahlungsrisiko erhält der Anleger eine über dem Marktzinsniveau liegende laufende Verzinsung.

Conf-futures

Bez. f. an der SOFFEX gehandelte Terminkontrakte auf idealtypische, langfristige Schuldverschreibungen der Schweizerischen Eidgenossenschaft mit einem 6%-Kupon. Die Kontraktgröße beträgt sfr 100 000. Der futures-Preis wird in Prozent des Nominalwertes, auf zwei Dezimalstellen gerundet notiert. Die Minimalschwankung – tick – beträgt 0,01%, entsprechend einem tick-Wert von sfr 10. Gehandelt werden die Monate März, Juni, September und Dezember. Lieferbar sind ausschließlich Schweizer Bundesanleihen mit einer Restlaufzeit zwischen sieben und 15 Jahren. Sollte die Anleihe vorzeitig kündbar sein, so darf dies frühestens nach Ablauf von sieben Jahren nach dem Liefertag der Fall sein.

conglomerates

Mischkonzerne, deren Geschäftsbereiche nicht in organischem Zusammenhang stehen und die durch diese starke Diversifizierung einen Risikoausgleich erwarten. Hat bei zu starkem Ausmaß zu Fehlschlägen geführt. Auch: „Ramschkonzerne".

cons.

Abk. f. consols.

consolidated stocks

Konsolidierte Staatspapiere. → consols.

consols

In Großbritannien Bez. f. staatliche Anleihen (Rentenanleihen).

contango

Begriff des Terminhandels. Bez. die normale Situation, daß Terminkontrakte mit späteren Fälligkeiten geringere Kurs- bzw. Preisnotierungen aufweisen als solche mit kürzeren Fälligkeiten, da bei ersteren die costs of carry höher sind. Ggs.: backwardation.

contract clearing

Abrechnung bzw. Abwicklung eines Termin- oder Optionskontraktes.

contract month

Fälligkeitsmonat eines Terminkontrakts. Die an futures-Börsen gehandelten Kontrakte weisen standardisierte Fälligkeiten auf, i. d. R. 4 pro Jahr.

contractual program

Kontraktgebundenes Sparprogramm für Anleger bei Investmentfonds. Hauptformen: single payment (fully paid) program, contractual accumulation program und automatic withdrawal plan.

contrary opinion

→ gegensätzliche Meinung

contrepartie

Gegenseite beim Börsengeschäft.

controlling company

→ Holding(-Gesellschaft).

convergence

Bez. f. die Abnahme der cost of carry mit zunehmend kürzerer Laufzeit der Terminposition. Die Basis als Differenz zwischen dem Kurs der Terminkontraktposition und dem der Kassamarktposition tendiert gegen Null.

convertible bonds

Angelsächsische Bez. f. Wandelanleihen. Werden in größerem Umfang auch am Eurokapitalmarkt emittiert.

convertible preferred stocks

In USA Vorzugsaktien, die in Stammaktien umgetauscht werden können.

convertibles

Kurzbez. f. convertible bonds bzw. convertible securities.

convertible money market units

Insbesondere in der Schweiz vorkommende Anlagefazilität am Geldmarkt, die in Abhängigkeit von der Aktienkursentwicklung entweder in Aktien oder in einem Geldbetrag zurückgezahlt wird. Liegt der Aktienkurs am Verfalltag über dem vereinbarten Wandlungskurs, erhält der Inhaber einer Geldmarkteinheit den aktuellen Kurs ausbezahlt, liegt der Aktienkurs am Verfalltag unter dem vereinbarten Wandlungskurs, so erfolgt die Lieferung einer Aktie des Emittenten. Convertible money market units sind somit Kapitalanlagen, bei denen der Investor auf steigende Notierungen spekuliert. In diesem Fall erhält er eine weit über der aktuellen Verzinsung am Geldmarkt liegende Rendite. Das Risiko des Anlegers besteht in einem Verfall des Aktienkurses, weil der Ermittent in diesem Fall in Aktien zurückzahlt. Ein Totalverlust ist im Konkursfall des Schuldners theoretisch nicht ausgeschlossen, aufgrund der notwendigerweise hohen Bonität der Emittenten aber sehr unwahrscheinlich.

convertible securities

In USA Bez. f. Wertpapiere, die umtauschbar sind, meist als debenture bonds oder preferred stocks, mit dem Recht, sie zu bestimmten Terminen und Bedingungen in andere Wertpapiere der betreffenden Unternehmung umtauschen zu können. Vergleichbar den Wandel- und Optionsanleihen.

corbeille

Markt festverzinslicher Wertpapiere an der Pariser Börse. Daneben existieren die übrigen Spezialmärkte der Börse (corbeilles subsidiaires).

corbeilles subsidiaires

→ corbeille.

CORES

Abk. f. → Computer Operated Order Routing and Execution System. Kursinformations-, Handels- und Abwicklungssystem der Tokyo Stock Exchange.

corner

Planmäßiges Aufkaufen von Wertpapieren (oder auch börsenmäßig o. ä. gehandelten Waren), um auf diese Weise eine Knappheit in diesen Titeln hervorzurufen und Leerverkäufer dadurch „in die Ecke" zu drängen: Diese sind nämlich gezwungen, zur Eindeckung ihrer Engagements praktisch jeden verlangten Preis (Kurs) zu bezahlen. → aufschwänzen.

corp.

Abk. f. corporation.

corporate settlement

Regulierung eines Wertpapiergeschäftes 5 Geschäftstage nach dem Ausführungstag.

corporation

In USA, Canada, Japan u. a. Ländern Bez. für eine der deutschen AG entsprechende Unternehmungsform.

Corredores de Comercio

→ Madrider Börse.

corridor

Kombination des Kaufs eines cap mit einer niedrigen Zinsbegrenzung und des Verkaufs eines cap mit einer höheren Zinsbegrenzung jeweils mit dem gleichen Nominalbetrag; durch die Erlöse aus dem Verkauf des Cap sinken die Absicherungskosten. Allerdings besteht bei einer Zinssteigerung über den Basispreis des verkauften Cap hinaus keine volle Zinsabsicherung mehr.

cost-averaging

Auch: Durchschnittskostenmethode. Formel zur Reduzierung des durchschnittlichen Kaufkurses beim Erwerb von Wertpapieren. Bei diesem Verfahren der Formelanlagepläne investiert der Kapitalanleger während einer bestimmten Zeit regelmäßig gleiche Beträge in Wertpapieren derselben Art. Er erreicht, daß bei fallenden Kursen mehr, bei steigenden Kursen entsprechend weniger Wertpapiere erworben werden. Damit ergibt sich für ihn bei schwankenden Kursen ein günstigeres Ergebnis als z. B. beim share-averaging, bei dem im Zeitablauf regelmäßig eine konstante Anzahl von Wertpapieren erworben wird. → Formelanlageplanung → averaging → Dollar cost-averaging.

cost of carry

Nettokosten, die im futures-Geschäft mit der Finanzierung einer Kassaposition verbunden sind. Aufgrund der cost of carry notieren spätere Fälligkeiten im Terminhandel höher oder tiefer als Termingeschäfte mit kürzeren Laufzeiten. Die cost of carry umfassen bei Warentermingeschäften Lager- und Finanzierungskosten sowie Versicherungsprämien der alternativ zu einem Termingeschäft am Kassamarkt zu erwerbenden Ware. Aufgrund dieser Kosten notieren Warentermingeschäfte mit späteren Fälligkeiten geringer als solche mit kürzeren Laufzeiten. Bei Zinsfutures errechnet sich die cost of carry als Differenz aus den Finanzierungskosten des sofortigen Erwerbs der Finanztitel am Kassamarkt und dem Zinsertrag aus diesen Finanztiteln bis zur Fälligkeit der alternativ zu erwerbenden futures-Kontrakte, abzgl. der Finanzierungskosten der initial margin bei Eröffnung der Terminkontraktposition. Sofern die Zinsertragskurve keine inverse Struktur aufweist, notieren Zins-futures mit längeren Laufzeiten geringer als solche mit kürzeren. Bei Devisen-futures sind zusätzlich die unterschiedlichen Zinsniveaus in den Ländern der Kontraktwährungen zu berücksichtigen.

Cotation Assisteé en Continu (CAC)

Computerhandelssystem der Pariser Wertpapierbörse. Börsenzeit: 9–17 Uhr.

cote

→ amtliches Kursblatt.

cote officielle

Amtliches Kursblatt an der Pariser Börse.

count-down floating rate note

Zinsvariabler Schuldtitel, bei dem sich die Aufschläge auf den Referenz-Zinssatz jährlich verringern.

counterpurchase credit exchange

Bez. f. eine Art Computerbörse für Tauschüberschüsse, die von einem Londoner Beratungsbüro für internationalen Tauschhandel eingerichtet wurde. Diese Börse soll der Schwierigkeit abhelfen, Käufer für die Waren zu finden, die ein Exportunternehmen in Zahlung nehmen muß. Neben einem bestimmten Mitgliedsbeitrag erhebt die Institution eine Provision als Prozentsatz des Wertes der jeweiligen Transaktion. → barter-Börse.

Coupon (Kupon)

Sammelbez. für die zu einem Wertpapier gehörenden Ertragscheine, Dividendenscheine oder Zinsscheine, die neben dem Erneuerungsschein den (Coupon-)Bogen bilden (→ Ausstattung der Wertpapiere). Der Inhaber des Coupons bezieht auf ihn die fällige Dividende bzw. Zinszahlung. Er ist zu diesem Zweck der betreffenden Unternehmung vorzulegen (nach Abtrennung vom Bogen). Beim Normalfall der Depotverwahrung durch eine Bank gehört die Einziehung der Coupons und die Auszahlung der entsprechenden Beträge zu den Depotverwaltungsarbeiten, die ohne Mitwirkung des Depotkunden erledigt werden. Ansprüche aus fälligen Coupons verjähren in 4 Jahren. → Depotverwaltung.

Couponarbitrage (Kuponarbitrage)

Arbitrage in Coupons ausländischer Wertpapiere aufgrund von Unterschieden in den Couponkursen an in- und ausländischen Börsenplätzen, wo es Couponmärkte gibt. Sie ist nur von geringer Bedeutung.

Couponbogen (Kuponbogen)

Neben dem Mantel Bestandteil von Effekten. Die auf ihm enthaltenen Coupons – meist 20 Dividenden- oder Zinsscheine – verbriefen den Anspruch auf die fällige Dividende bzw. Zinszahlung. Teilweise werden sie auch als Bezugsrechtsausweis verwendet. Als letzter Abschnitt auf dem Couponbogen findet sich – bei entsprechend länger laufenden Titeln – der Erneuerungsschein (Talon), der zum Bezug des neuen Couponbogens berechtigt. Bei Namensaktien wird teilweise kein Couponbogen ausgestellt. Ebenso fehlt der Bogen oft bei ausländischen, vor allem US-Aktien; bei diesen wird die Dividende mittels Scheck bezahlt. → Aktie, äußere Beschaffenheit.

Couponeffekt (Kuponeffekt)

In Zinsstrukturbetrachtungen wird generell unterstellt, daß die (Rest-)Laufzeit eines Wertpapiers die bestimmende Größe für die Rendite ist. Es spielen jedoch noch andere Faktoren im Renditekalkül eine Rolle, von denen dem sog. Couponeffekt eine besondere Bedeutung in der BR Deutschland beigemessen wird. Der Couponeffekt entsteht, weil Zinserträge aus Anleihen zu versteuern sind, realisierte Kursgewinne dagegen für private Anleger steuerfrei bleiben. Daher greifen steuerpflichtige Privatanleger mit hoher Steuerprogression gern zu Anleihen mit einem niedrigen Nominalzins: Denn je niedriger der Coupon, um so größer ist der Anteil des steuerfreien Kapitalgewinns an der Gesamtperformance (Zinsertrag plus Kapitalgewinn) der Rentenanlage.

coupon issue

Als Nullkupontitel verkaufte, aus der Trennung von Mantel und Kupons entstandene Zinsscheine.

Couponkasse (Kuponkasse)

Abteilung bei den Banken. Nimmt die von Kunden eingereichten Coupons entgegen und verwertet sie für den Kunden, falls die betreffende Bank nicht selbst Zahlstelle ist und als solche die Coupons auf Rechnung des betreffenden Wertpapieremittenten einlöst. Sie erhält zur Einlösung die Coupons der im Depot der Bank befindlichen Effekten, die von Kunden eingereichten Coupons sowie von anderen Banken die Coupons, für die sie Zahlstelle ist.

Couponmarkt (Kuponmarkt)

Börsenmarkt für fällige Coupons ausländischer Wertpapiere. An einzelnen Börsen durch besondere Bedingungen geregelt.

Couponsteuer (Kuponsteuer)

Allg. Bez. f. eine Ertragsteuer auf Dividenden und/oder Zinsen, die als Quellensteuer einbehalten wird. Z. T. zur Abgeltung aller Steuern, so bei den Zinserträgen nach dem 1. Kapitalmarktförderungsgesetz (30%). → Kapitalertragsteuer bei festverzinslichen Wertpapieren.

Coupontermin (Kupontermin)

Bez. f. den Zeitpunkt, an dem Coupons fällig sind. Wichtige Coupontermine: 2. 1. und 1. 7. (J./J.), 1. 4. und 1. 10. (A./O.) bei halbjähriger Zinszahlung.

coupure

→ Abschnitt → Stückelung.

cours

Abk. c = Kurs (in französischen Börsenkurszetteln).

cours demandé

→ Geldkurs.

cours offert

→ Briefkurs, -notiz.

Courtage (Kurtage)

Vermittlungsprovision von Maklern. Im Börsenhandel Provision der Börsenmakler für die Vermittlung von Börsengeschäften. Ihre Höhe ist für die Kursmakler einheitlich festgesetzt, i. d. R. in % bzw. ‰ des Kurswertes bei Aktien bzw. des Nennwertes bei festverzinslichen Wertpapieren. Sie kann nach Wertpapiergattungen, nach Kurswerthöhe und nach Geschäftsart gestaffelt sein. Die Kundenaufträge abwickelnde Bank stellt dem Kunden die Courtage jeweils in Rechnung. Bei freien Maklern gibt es meist keine feststehenden Sätze, sondern diese werden für den Einzelfall ausgehandelt; manchmal fällt die Courtage im Freiverkehr ganz weg (franco Courtage). An deutschen Börsen beträgt die Courtage im amtlichen Handel bei Aktien und Bezugsrechten 0,6‰ vom Kurswert, mind. DM 0,50, bei festverzinslichen Werten gestaffelt von ¾‰ (mind. DM 0,50), bei Beträgen bis einschl. DM 50000 bis zu 0,075‰ (mind. DM 500), bei Beträgen über DM 5 Mio. bis zu 0,03‰ vom Nennwert. Auch: → Sensarie.

Courtier

Schweizerischer Börsenhändler, der in eigenem Namen, aber für fremde Rechnung die Vermittlung von Wertpapier- oder Warentransaktionen gegen eine Vergütung übernimmt. → Kursmakler.

COSI

Elektronisches Informationssystem der Kopenhagener Börse, das den Handel in ausländischen Werten unterstützt.

covenants

Am Euromarkt bestimmte, auf eine Handlung oder Unterlassung gerichtete Verpflichtungen eines Kreditnehmers. Hierzu rechnen vor allem die Nichtbesicherungsklausel (negative pledge). Covenants beziehen sich oft auch auf die Fortdauer gegebener representations und warranties.

cover

Am Euromarkt Differenz zwischen höchstem akzeptierten Gebot und nächsthöherem Gebot.

coverage

Bez. f. die Deckung von Tilgungs-, Zins- oder Dividendenzahlungen durch die Erträge einer Unternehmung, speziell zur Beurteilung der Qualität von Wertpapieren.

covered call writing

Gedeckter Verkauf einer Kaufoption. Der Verkäufer der Option verfügt über das Basisobjekt, welches er im Falle der Ausübung der Option durch den Käufer an diesen liefern muß. Eine ungünstige Kursentwicklung führt zu Opportunitätskosten, nicht jedoch zu effektiven finanziellen Verlusten. Bei günstiger Kursentwicklung kann der Verkäufer der Kaufoption die Rendite des Basisobjekts, auf das er die Option geschrieben hat, um die erhaltene Prämie steigern.

covered warrants

→ Optionsscheine, gedeckte.

covering

Devisen- oder Geldgeschäfte zum Ausschluß eines sonst gegebenen Kursrisikos. Vorzeitige Eindeckung.

CP

Abk. f. commercial paper.

crash

Bez. f. die erheblichen Kurseinbrüche an den Weltbörsen am 19. 10. 1987. Ausgelöst wurden die gewaltigen Kursverluste durch den Kurssturz an der New York Stock Exchange. Der Dow Jones Index sackte am 19. 10. 1987 um 508 Indexpunkte ab. Dies führte an den internationalen Aktienmärkten zur größten Vertrauenskrise seit dem „schwarzen Freitag" am 25. 10. 1929. Während einzelne ausländische Börsen im pazifischen Raum infolge des 19. 10. 1987 vorübergehend geschlossen wurden, andere erhebliche zeitliche Verzögerungen bei der Auftragsabwicklung aufwiesen, zeigte sich die Leistungsfähigkeit der deutschen Börsen- und Kassenvereinsorganisation. Der deutsche Aktienmarkt war vom crash allerdings insofern besonders stark betroffen, als zwar die internationalen Aktienmärkte stärkere Kursverluste aufwiesen, diese nach dem 19. 10. jedoch im Gegensatz zum deutschen Aktienmarkt durch kräftige Erholung der Aktienkurse gekennzeichnet waren. Für die Turbulenzen des 19. 10. 1987 verantwortlich gemacht werden einerseits geld- und wirtschaftspolitische Maßnahmen, andererseits der vor allem an den amerikanischen Aktienbörsen übliche Programmhandel sowie die von institutionellen Investoren praktizierten Portfolio-Versicherungsstrategien. Die weniger starken Kursrückgänge an den internationalen Finanzmärkten im Oktober 1989 werden als „mini"-crash bezeichnet.

crash-Versicherung

Absicherung eines Aktienportefeuilles gegen Kurseinbrüche z. B. durch den Kauf von puts.

credit rating

Beurteilung der Bonität von Forderungstiteln, die durch bestimmte definierte Symbole formuliert wird, so z. B. über die Qualität von Großkreditnehmern am internationalen (Euro-)Kreditmarkt oder von Kreditnehmern im Konsumentenkreditgeschäft. I. e. S. bezieht sich das rating allerdings nur auf Bonitätsurteile über Anleihen u. a. Förderungsrechte verbriefende Wertpapiere (notes, commercial paper usw.) bzw. deren Emittenten. Credit ratings werden von darauf spezialisierten Unternehmen – rating-Agenturen – ermittelt. Dabei dominieren zwei in den USA domizilierende Agenturen: Standard & Poor's und Moody's Investors Service. Diese Agenturen verstehen unter einem rating eine Feststellung i. S. einer Meinungsbildung über die Fähigkeit und die rechtliche Bindung eines Schuldners, den mit einem bestimmten Finanztitel verbundenen Zahlungsverpflichtungen voll und rechtzeitig nachkommen zu können. Diese ratings werden von den Agenturen unter Verwendung bestimmter Symbole veröffentlicht, so daß eine schnelle Orientierung über die Bonität der Schuldner möglich ist.

criée

Beim Handel à la criée – d. h. durch Ausrufen – werden die Geld- und Briefkurse von Wertpapieren an der Börse ausgerufen. Der Abschluß kommt auch durch Zuruf unmittelbar zwischen den handelnden Partnern zustande. A la criée wird an französischen und schweizerischen Börsen gehandelt. Festsetzung der Kurse erfolgt dabei laufend, je nach augenblicklichem Angebot und Nachfrage. Dieses Handelssystem läßt jederzeit die Marktstimmung erkennen. An schweizerischen Börsen kann der Börsenkommissär, um mögliche Kursübertreibungen auszuschalten, „Besinnungspausen" von 15 Minuten anordnen, wenn der Eröffnungskurs eines Wertpapieres bei einer Börsensitzung um mehr als 10% vom Schlußkurs des Vortages abweicht.

cross-currency interest-rate swaps

→ Zinsswap → Währungsswap.

cross-default-Klausel

In internationalen Kreditverträgen übliche Bedingung, die den Banken einen Kündigungsgrund gibt, wenn der Kreditnehmer seinen Verpflichtungen aus anderen Kreditverträgen nicht ordnungsmäßig nachkommt.

cross hedge

Absicherung einer Kassaposition durch einen bezüglich des Basisobjekts unterschiedlichen, hinsichtlich der Wertentwicklung ähnlichen Terminkontrakt.

cross holdings

Bez. f. die insbesondere in Japan bestehenden, für Außenstehende schwer durchschaubaren Kapitalverflechtungen zwischen Unternehmen.

cross rate

Kreuzkurs, Parität oder Austauschverhältnis zweier ausländischer Währungen zueinander.

CSCE

Abk. f. Coffee, Sugar & Cocoa Exchange, Inc.

CSO

Abk. f. Central Selling Organisation.

ct.

Abk. f. Carat (Karat) (Diamantengröße, -gewicht).

CTD-Anleihe

Abk. f. cheapest-to-deliver-Anleihe → cheapest to deliver.

cum

Am Euromarkt Bez. f. Wertpapiere mit Zins-, Dividenden- oder sonstigen Bezugsscheinen u. ä.

curb market

Auch: street market. In USA Bez. f. ungeregelten Freiverkehr. Aus dem New Yorker curb market hat sich die American Stock Exchange entwickelt.

currency exposure

Angelsächsische Bez. f. Währungsrisiko.

currency futures (contract)

Devisenterminkontrakt. Hierbei handelt es sich um die Verpflichtung, einen Währungsbetrag zu einem bestimmten Zeitpunkt zu einem vereinbarten Kurs zu kaufen oder zu verkaufen. I. d. R. wird ein Kontrakt jedoch physisch nicht erfüllt, d. h. die Transaktion wird vor oder zum Liefertermin durch den Verkauf eines erworbenen Kontraktes oder durch den Rückkauf eines leerverkauften Kontraktes glattgestellt.

currency option

Devisen-, Währungsoption.

currency swap

→ Währungsswap.

currency warrant

In Verbindung mit Anleihen begebener oder separat emittierter Währungsoptionsschein („nackter" warrant), der den Inhaber zum Bezug eines bestimmten Fremdwährungsbetrages zu einem ex ante festgelegten Preis berechtigt.

current-noncurrent-Methode

Verfahren zur Umrechnung ausländischer Währungen in der Bilanz mittels differenzierter Wertansätze. So werden zur Bewertung des Anlagevermögens, Eigenkapitals und langfristiger Forderungen und Verbindlichkeiten historische Kurse herangezogen. Vorräte, liquide Mittel und kurzfristige Forderungen und Verbindlichkeiten werden zum Stichtagskurs oder aktuellen Kurs umgerechnet. Anders: closing-rate-Methode.

cushion bond

Am Euromarkt hochverzinsliche Anleihe, die über ihrem Rückzahlungskurs gehandelt wird.

custodian bank

→ Depotbank.

custodian fee

→ Depotgebühren.

cylinder option

Kauf einer Kaufoption und Verkauf einer Verkaufsoption, deren Basis gewöhnlich unter der der Kaufoption liegt, die jedoch gleiche Fälligkeiten aufweisen. Ziel dieser Strategie ist die Absicherung einer Zins- oder Währungsposition gegen einen Kursanstieg bei gleichzeitiger Reduktion der Kosten um die erhaltene Optionsprämie. Das Risiko dieser Position ist bei Kurssenkungen unbegrenzt.

D

d

In französischen Kursblättern Abk. f. demande (= Geld).

D (1)

Abk. im Kursblatt der Berliner Börse für dividendenberechtigt ab.

D (2)

Bei deutschen Münzen: Prägestätte München.

Dachfonds

Investmentfonds, deren Vermögen ganz oder vorwiegend in Anteilen anderer Investmentfonds angelegt ist. Wegen der Unübersichtlichkeit ihrer Vermögensanlagen und damit verbundenen Risiken sowie Mehrfachkostenbelastung des Anlegers nach deutschem Recht nur eingeschränkt zulässig. Der öffentliche Vertrieb ausländischer Dachfonds ist nicht statthaft.

Dachgesellschaft

Obergesellschaft im Konzern, Holding-Gesellschaft. Eine Unternehmung, die durch entsprechende Beteiligungen innerhalb eines Konzerns die Herrschaft über andere Unternehmen ausübt (überwiegend als AG oder GmbH), die also nicht selbst produziert, sondern Aktien bzw. Geschäftsanteile anderer Gesellschaften erwirbt, um sie zu kontrollieren oder zu verwalten. Die Einflußnahme der Dachgesellschaft auf die kapitalmäßig verbundenen Unternehmen kann von bloßer Kapitalanlage über Kontrolle bis zur völligen Beherrschung reichen. Rechtliche Selbständigkeit der Tochterunternehmen bleibt bestehen. Oft wird durch die Dachgesellschaft ein Konzern begründet, wobei die Grenze zur Fusion fließend sein kann.

DAFOX

Abk. f. → Deutscher Aktien-Forschungsindex

DAI

Abk. f. → Deutsches Aktieninstitut e. V.

Damnum, Damno

Differenzbetrag zwischen dem Nennbetrag eines Darlehens bzw. anderer Forderungen und dem Auszahlungs- oder Verfügungsbetrag. Es ist ein Darlehensabgeld (Disagio). Hypothekendarlehen z. B. werden regelmäßig nicht zu 100 % ausbezahlt, sondern unter Abzug eines Damnums. Gegens.: Aufgeld Agio.

DAMRAK

Kürzel f. Amsterdamse Effectenbeurs. → Amsterdamer Börse.

Daueraktionär

Aktionär, der an einer AG für lange Zeit beteiligt bleibt. → Dauerbesitz.

Dauerauftragssparen

Sparen mit Dauerauftrag. Hierbei läßt der Sparer zu vereinbarten Terminen einen gleichbleibenden Betrag von seinem Girokonto abbuchen und seinem Sparkonto gutschreiben, meist monatlich.

Dauerbesitz, -anlage

Kauf und Besitz von Wertpapieren o. a. Vermögensobjekten zu langfristigen Anlagezwecken. Spekulative Geschäfte sind keine Daueranlage.

Daueremittenten

Wertpapieremittenten, die den Kapitalmarkt laufend beanspruchen. In Deutschland treten manche Institutionen nur gelegentlich und in größeren zeitlichen Abständen mit Anleihewünschen an den Kapitalmarkt heran (Einmalemittenten). Andere dagegen haben laufenden Kapitalbedarf und geben regelmäßig Wertpapiere aus (Daueremittenten). Dazu gehören vor allem die Realkreditinstitute und die öffentliche Hand.

Dawes-Anleihe

Anleihe des Deutschen Reichs von 1924 über 960 Mio. Goldmark oder US-$ 230 Mio., mit ursprünglich 7%iger Verzinsung. Diente zur Teilbezahlung der Reparationslasten des 1. Weltkriegs und wurde überwiegend im Ausland gezeichnet. Nach dem 2. Weltkrieg wurde entsprechend dem Londoner Schuldenabkommen die Verzinsung mit 3% bzw. 5% wieder aufgenommen und die Laufzeit – ursprünglich bis 1949 – bis 1969 prolongiert. Nach der deutschen Vereinigung wurde die Tilgung der Zinsrückstände aus den Jahren 1945 bis 1952 aufgenommen. Die Zinsrückstände wurden zu einem sog. Fundierungswert zusammengefaßt, der für die Dawes-Anleihe 40% Prozent (8 = Zinsjahre à 5%) ausmacht. In dieser Höhe hat die BR Deutschland Schuldverschreibungen mit einer Laufzeit von 20 Jahren begeben. Die Verzinsung beträgt ab dem 3. 10. 90 3%; Zinszahlungen erfolgen halbjährlich. Die Tilgung setzt nach fünf Freijahren mit 2% ein.

DAX

→ Deutscher Aktienindex (DAX).

DAX 30

→ Deutscher Aktienindex (DAX).

DAX 100

Im Frühjahr 1994 eingeführter Aktienindex der Deutsche Börse AG, der 100 ausgewählte deutsche Aktien, die im variablen Handel notiert sind, umfaßt. Er ist wie der Deutsche Aktienindex (DAX) und der Composite DAX als Performance-Index konzipiert, d. h., Kapitalveränderungen und Ausschüttungen werden mit einer operation blanche bereinigt. Er wird wie DAX und C-DAX am selben Stichtag – am 16. September jeden Jahres – in der Zusammensetzung aktualisiert und verfügt über die gleiche zeitliche Basis. Als Basis wurde für den Jahreswechsel 1987/1988 ein Wert von 500 zugrundegelegt. Die Berechnung erfolgt minütlich. Die Auswahl der im Index enthaltenen Werte geschieht nach der Kapitalisierung und dem Börsenumsatz der Werte. Hinzu treten die ergänzenden Kriterien des Stückumsatzes, der Anzahl der börsentauglich festgestellten Kurse in einem Wert sowie die Höhe des nicht in festen Händen befindlichen Kapitalanteils. Die im DAX enthaltenen Werte machen 78% des Indexgewichtes aus. Die Einführung des DAX 100 dient zur Schaffung eines benchmark, in der einzelne Werte ein geringeres Gewicht als im DAX haben, die aber enger ist als der C-DAX.

DAX-Branchenindizes

Andere Bez. DAX-Subindizes. Aus dem Deutschen Aktienindex (DAX) abgeleitete Subindizes, auf die Optionsscheine begeben werden. In den Subindizes sind nur solche Aktien enthalten, die auch in die Berechnung des DAX eingehen. Die Summe der Subindizes entspricht dem DAX. Die Indizes werden fortlaufend berechnet. Emittiert werden z. B. call- und put-Optionen auf vier Branchenindizes, und zwar Auto/Transport, Banken/Versicherungen, Chemie/Pharma und Maschinenbau/Elektro.

DAX Composite

→ Composite DAX.

DAX-future

Abk. f. → Terminkontrakt auf den Deutschen Aktienindex DAX. Wird an der Deutschen Terminbörse (DTB) gehandelt.

DAX-Hochzinsbonds

Auf DM lautende Schuldverschreibungen, die mit Optionen auf den Deutschen Aktienindex DAX verbunden sind. Beim Kauf der Schuldverschreibungen verkauft der Erstinvestor dem Emittenten gleichzeitig DAX Call Optionen. Der Emittent erwirbt mit der Emission der Anleihe diese Optionen und begleicht die Optionsprämien über den Zinskupon, der wesentlich höher liegt als jener vergleichbarer Schuldverschreibungen ohne integrierte Option.

DAX-Option

Abk. f. → Option auf den Deutschen Aktienindex (DAX).

DAX-Optionsscheine

Optionsscheine (calls und puts) auf den Deutschen Aktienindex (DAX). → Indexoptionsscheine.

DAX-Subindizes

→ DAX-Branchenindizes.

DAX-warrant

→DAX-Optionsschein.

day order

Für einen Tag gültiger Börsenauftrag an US-Börsen.

day to day money

Am internationalen Geldmarkt gebräuchliche Bez. f. Einlagen bei Banken, die auf grundsätzlich unbegrenzte Zeit festgelegt sind, über die jedoch nach Ablauf einer Kündigungsfrist von 1 Tag verfügt werden kann.

day trader

Börsenteilnehmer, der versucht, Tagestrends zu erkennen und für sich zu nutzen. Für ihn ist die Haltungsdauer eines Kontraktes länger als beim scalper, doch nimmt er selten Positionen über mehrere Handelstage ein. Limitiert wird sein tägliches Gewinnpotential von den maximalen Preisschwankungsbreiten eines Kontraktes pro Tag, die evtl. von den Börsen festgelegt werden.

DB, Deb.

In britischen Kurszetteln Abk. f. debentures.

DBA

Abk. f. Doppelbesteuerungsabkommen.

dealer

Im angelsächsischen Börsengeschäft Person oder Unternehmung, die mit Wertpapieren handelt. Anders als der broker vermittelt der dealer in USA nicht nur als Makler den Kauf und Verkauf von Wertpapieren für seine Kunden, sondern übernimmt solche Titel auch für eigene Rechnung oder gibt sie aus seinem eigenen Bestand ab.

debenture bonds

→ debentures.

debentures

Kurzbez. f. Schuldverschreibungen, die nicht pfandrechtlich gesichert sind. Zu unterscheiden: debenture bonds (die Stükke lauten auf gleiche Beträge) und debenture stocks (auf unterschiedliche Beträge lautend).

debenture stocks

→ debentures.

Debitor

Schuldner.

debt

Schulden, Verbindlichkeiten, Fremdkapital.

debt-equity swaps

Transformation von Bankforderungen gegenüber hochverschuldeten Ländern in Beteiligungskapital. Gläubigerbanken treten ihre Forderungen unter Berücksichtigung entsprechender Bonitätsabschläge entgeltlich an Investoren ab, die diese Forderungen bei der Zentralbank des jeweiligen Schuldnerlandes für investive Verwendungen im Schuldnerland zum Nominalwert in die entsprechende Landeswährung eintauschen können. Gläubigerbanken können hierdurch ihre Risikopositionen verringern. Investoren, die diese Forderungen unter Nominalwert kaufen, erhalten günstig Landeswährung. Schuldnerländer können hierdurch ihre Auslandsschulden ohne Einsatz von Devisenreserven verringern.

debt-for-nature swap

Finanzierungsform von Umweltmaßnahmen in der Dritten Welt. Die Idee der Verknüpfung von Schuldenkrise und Umweltproblematik wird Thomas Lovejoy, dem damaligen Vizepräsidenten des World Wildlife Fund (WWF), zugeschrieben. Er schlug vor, der Dritten Welt Schulden zu erlassen, wenn diese sich im Tausch zur Durchführung von Umweltschutzmaßnahmen verpflichtet. Praktisch erprobt wurde das Konzept erstmals 1987, als zwischen Bolivien und Conservation International, einer US-amerikanischen Umweltorganisation, eine debt-for-nature-Vereinbarung getroffen wurde. Die Vorteile liegen zum einen in der Reduktion der Verschuldung der Entwicklungsländer in Hartwährung, zum anderen werden dringend erforderliche Investitionen im Umweltbereich getätigt. Die Abschläge auf dem Sekundärmarkt für Schuldtitel von solchen Ländern, deren langfristige Zahlungsfähigkeit zweifelhaft geworden ist, bilden die ökonomische Grundlage der swap-Transaktionen. Der Käufer (i. d. R. eine Umweltorganisation) erwirbt von dem ursprünglichen Gläubiger eine unsichere Forderung, zahlt dafür aber nur einen Bruchteil des Nominalbetrages. Diese Forderung tauscht der neue Halter in Landeswährung um, wobei üblicherweise von der Zentralbank des Schuldnerlandes ein Umtauschabschlagsatz von 10 bis 30 Prozent erhoben wird. Der neue Gläubiger erhält dadurch günstige Finanzmittel in Landeswährung, die er für die Realisierung von Umweltschutzinvestitionen einsetzt. Der Schuldner reduziert seine Hartwährungsverbindlichkeiten zu vorteilhaften Konditionen. Debt-for-nature-swaps, bei denen die Forderungen gegen Umweltinvestitionen getauscht werden, sind eine Variante des debt-swap-Konzepts. → debt-equity swaps.

debt-loan swaps

Tausch von Kreditforderungen gegenüber hochverschuldeten Ländern in von diesen emittierte Wertpapiere unter Anrechnung von Bonitätsabschlägen auf die Kreditforderungen. Für Banken wird hierdurch die Handelbarkeit der Forderungen infolge ihrer Verbriefung erleichtert. Schuldnerländer erzielen einen Schuldenabbau sowie eine Erleichterung ihrer Zins- und Tilgungsleistungen.

debtor

Schuldner, Debitor.

Deckungsdarlehen

Realkreditinstitute verkaufen Pfandbriefe an private Sparer u. a. Käufer. Zur gesetzlich vorgeschriebenen Absicherung (Dekkung) dieser Wertpapiere dienen Hypothekarkredite als Deckungsdarlehen. Diese dürfen nur im Rahmen der Beleihungsgrenze ausgegeben werden; ihr Gesamtbetrag muß jederzeit mind. so hoch und von gleichem Zinsertrag sein wie der Gesamtbetrag der verkauften Pfandbriefe (Kongruenz-, Deckungs- oder Gleichgewichtsprinzip). Für die verkauften Kommunalobligationen dienen zur Deckung Kommunalkredite, d. h. Forderungen gegen Körperschaften und Anstalten des öffentlichen Rechts (z. B. Post, Bahn, Bundesländer, Gemeinden, Gemeindeverbände).

Deckungsgeschäft

Dient zur Eindeckung leer verkaufter Wertpapiere (→ Leerverkauf), d. h. als Deckungskauf. Im Terminhandel gebräuchliche Bezeichnung.

Deckungskapital

Die privaten Lebensversicherungen ermitteln jährlich für jeden Versicherungsvertrag das Deckungskapital aus Sparanteil der Prämien und den Zinsen darauf. Die Summe aller Deckungskapitalien ergibt bilanziell die Deckungsrückstellung.

Deckungskauf

Börsengeschäft zum Ausgleich der aus einem Leerverkauf resultierenden Verpflichtung (Deckungsgeschäft). Allgemein: Wertpapierkäufe zur Erfüllung von Lieferverpflichtungen.

Deckungsmasse

Gesamtheit aller Darlehen und Wertpapiere, die in einem besonderen Register, dem Deckungsregister, eingetragen sind und dazu dienen, die Einlösung emittierter Schuldverschreibungen sicherzustellen. Die Deckungsmasse muß mind. so hoch sein wie die Verpflichtungen aus den im Umlauf befindlichen Schuldverschreibungen. Umfaßt die als ordentliche Deckung und Ersatzdeckung zugelassenen Werte.

Deckungsregister

Die zur Deckung von Kommunalschuldverschreibungen verwendeten Kommunaldarlehen und Ersatzdeckungswerte sind von der Hypothekenbank einzeln in ein Register einzutragen. Innerhalb des 1. Monats jeden Kalendervierteljahres ist eine von dem Treuhänder beglaubigte Abschrift der Eintragungen, die während des letzten Vierteljahres in dem Deckungsregister vorgenommen worden sind, der Aufsichtsbehörde einzureichen.

Deckungsrücklage

→ Deckungsrückstellung.

Deckungsrückstellung

Auch: Prämienreserve, Deckungskapital, Deckungsrücklage. Rechnet zu den versicherungstechnischen Rückstellungen. Im Rahmen des Deckungsstocks werden Vermögenswerte mind. in Höhe der Deckungsrückstellung vom übrigen Vermögen des Versicherers abgesondert und getrennt geführt. Lebensversicherer bilden eine Deckungsrückstellung in Höhe der verzinslich angesammelten Sparbeträge. Rückkaufswert und Beleihungswert einer Lebensversicherung ergeben sich aus dem Wert der vorhandenen gezillmerten Deckungsrückstellung.

Deckungsstock

Sondervermögen von Versicherungsunternehmen. Gegenposten der Deckungsrückstellung bzw. der in jener zum Ausdruck kommenden Verpflichtung der Versicherer. Vorgeschrieben sind u. a. Aussonderung und getrennte Führung des Deckungsstockvermögens, Führung eines Deckungsstockverzeichnisses nach besonderen Richtlinien, Einhaltung von Vermögenanlagevorschriften, laufende Angleichung an Veränderungen der Deckungsrückstellung. Die Einhaltung dieser Vorschriften kontrolliert ein Treuhänder. Alle Verfügungen über den Deckungsstock sind an dessen Zustimmung gebunden. Das Deckungsstockvermögen ist dem Zugriff von Konkursgläubigern entzogen, da es im Konkurs den Versicherungsnehmern zusteht. Die Mittel des Deckungsstocks dürfen nur in deckungsstockfähigen Werten angelegt werden. Ferner können von der Versicherungsaufsichtsbehörde andere Anlagen für den Deckungsstock zugelassen werden.

deckungsstockfähige Wertpapiere

Wertpapiere, die zur Anlage des von den (Lebens-)Versicherung aufgrund gesetzlicher oder satzungsmäßiger Bestimmungen zu bildenden Deckungsstocks (Prämienreservefonds) zugelassen sind. Dazu rechnen Inhaber- und Namensschuldverschreibungen, für die kraft Gesetzes eine besondere Deckungsmasse besteht. Auch Orderschuldverschreibungen, als Teil einer Gesamtemission, und im Ausland auf DM ausgestellte Anleihen, die zum inländischen Börsenhandel amtlich zugelassen sind, rechnen hierzu; ferner volleingezahlte, zum amtlichen Handel oder Geregelten Markt zugelassene Aktien, des weiteren bei Erfüllung bestimmter Voraussetzungen auch nicht börsennotierte Aktien, Geschäftsanteile an einer Gesellschaft mit beschränkter Haftung, Beteiligungen als stiller Gesellschafter sowie Genußrechte; ferner die von der Bundesbank ausgegebenen Mobilisierungs- und Liquiditätspapiere und die im Schuldbuch des Bundes oder der Bundesländer eingetragenen Forderungen (öffentliche Anleihen). Anteile an Wertpapier- oder Beteiligungs-Sondervermögen, die von einer inländischen KAG verwaltet werden, sind zugelassen, wenn diese Sondervermögen entsprechend den Vertragsbeziehungen überwiegend voll eingezahlte und an einer inländischen Börse zum amtlichen Handel oder Geregelten Markt zugelassene Aktien oder überwiegend im Inland ausgestellte Schuldverschreibungen enthalten. Bei Versicherungen, die in ausländischer Währung erfüllt werden müssen, sind die Bestände des Deckungsstocks in entsprechende, auf dieselbe Währung lautende Vermögenswerte anzulegen. Darüber hinaus kann das Bundesaufsichtsamt für das Versicherungswesen weitere Anlagefazilitäten als dekkungsstockfähig erklären. Die Deckungsstockfähigkeit ist für den Absatz insbesondere festverzinslicher Wertpapiere von entscheidender Bedeutung, da Versicherungen in erheblichem Umfang angesammelte Kapitalteile ihrem Deckungsstock zuleiten. → Aktien, Deckungsstockfähigkeit; → Anleihen, Deckungsstockfähigkeit.

declaration day

Erklärungstag bei Wertpapiertermingeschäften.

découvert (dekuvert)

Schulden von Wertpapieren aus Leerverkäufen.

découvrieren (dekuvrieren)

Enthüllen, Bekanntgabe der Handelsabsichten (vor allem im Effektentermingeschäft).

deep discount bond

Mit einem außergewöhnlich hohen Disagio emittierte Anleihe (Extrem: zerobond).

default

Am internationalen Kapitalmarkt Verletzung einer Vertragsverpflichtung durch den Schuldner, die zur unmittelbaren Vertragsauflösung führt oder den Banken Grund zur Kündigung gibt. Hierzu gehört die Nichtleistung von Zins- und Rückzahlungsverpflichtungen, als häufiger Grund aber auch der Drittverzug (cross-default).

Defektivzinsen

Rechnerischer Zinsverlust bei Zeichnung von Anleihen, wenn der Kauftermin vor Laufzeitbeginn liegt. → Stückzinsen.

defensive Aktien

Charakterisiert durch relativ geringe Kurschancen, bescheidenes Wachstum, relativ gute Sicherheit des investierten Kapitals des Anlegers und oft attraktive Rendite. Der Begriff deckt sich im wesentlichen, bezieht man den Aspekt der langfristigen Kapitalanlage ein, mit konservativen Aktien. Defensive Aktien mit Wuchscharakter zeigen ein mehr oder weniger ausgeprägtes, mittleres Wachstum (z. B. Versorgungswerte).

defensive Anlagepolitik

Anlagepolitik oder Anlagestrategie, die darauf abzielt, den Vermögensstand zu sichern. Kennzeichen ist eine ausgeprägte Risikoaversion, die zu konservativen Anlagen in sicheren, festverzinslichen Wertpapieren führt. → defensive Kapitalanlagen → defensive Fonds → defensive Aktien.

defensive Fonds

Investmentfonds, die ihren Anlageschwerpunkt im Bereich defensiver Kapitalanlagen haben.

defensive Kapitalanlagen

Anlageobjekte, bei denen Rendite- hinter Sicherheitsansprüchen zurücktreten. → defensive Anlagepolitik. → defensive Aktien → defensive Fonds.

deferred (def., defd.) shares

Aktien, die nicht die vollen Rechte der Stammaktien (ordinary shares) aufweisen.

deferred (delayed) warrants

Warrants, die nur nach Ablauf bestimmter Perioden ausgeübt werden können.

Deflation

Verringerung des Geldvolumens in einer Volkswirtschaft. Als Folgen treten Preisrückgänge und Rezession bis zu konjunkturellen Krisen ein, da das gesamte Angebot an Gütern und Dienstleistungen über die kaufkräftige Nachfrage in der Volkswirtschaft hinausgeht (Gegens.: Inflation).

Degussa-Klausel

Kündigungsrecht von Anleihegläubigern nach Ablauf einer Sperrfrist. Um Industrieanleihen, die steuerlich gegenüber den öffentlichen Anleihen benachteiligt waren, attraktiver zu gestalten, schuf man 1952 das bis dahin neuartige Ausstattungsmerkmal des Kündigungsrechts für Gläubiger. Die erste mit einem solchen Kündigungsrecht ausgestattete Industrieanleihe wurde von der Deutschen Gold- und Silberscheideanstalt (Degussa) 1953 ausgegeben.

dekuvrieren

→ découvrieren.

delayed cap floating rate note

Eine floating rate note mit einem Höchstzinssatz, der erst nach einer bestimmten Anfangsperiode wirksam wird.

delivery

Erfüllung eines Terminkontraktes durch tatsächliche Lieferung.

delivery, delivery month

Lieferung der Basisobjekte (Devisen, Wertpapiere, Waren) bei Terminkontrakt- und Optionsgeschäften. Die Andienung der Finanztitel oder Waren kann bei futures und european options nur zu wenigen, standardisierten Terminen erfolgen, hingegen bei american options jederzeit bis zur Fälligkeit der Optionen.

Delkredere

Sicherheitsleistungskonto eines Remisiers.

Delta-Faktor

Faktor, der die erwartete Veränderung der Optionsprämie im Verhältnis zu einer (geringfügigen) Wertänderung des zugrundeliegenden Basisobjekts der Option mißt. Variiert bei Kaufoptionen zwischen 0 und 1, bei Verkaufsoptionen zwischen -1 und 0. Optionen „am Geld" weisen i. d. R. Delta-Faktoren von 0,5 auf, d. h. eine positive Wertänderung des Basisobjekts um 1 Einheit bewirkt bei Kaufoptionen einen Preisanstieg von 0,5 Einheiten, bei Verkaufsoptionen eine Preisreduzierung um 0,5 Einheiten.

DepG

Abk. f. Depotgesetz.

Deponent

Hinterleger, z. B. von Wertpapieren.

deponieren

Hinterlegen, z. B. Wertpapiere.

Deport (1)

Verlängerung einer Baisseposition auf einen späteren Liquidationstermin. Durch die von der Bank präsentierten Kauf- und Verkaufsabrechnungen erwachsen dem Leerverkäufer Spesen; diese werden, in % ausgedrückt, als Deportsatz bezeichnet und sind vom Deporteur zu tragen (→ Reportgeschäft).

Deport (2)

Im Devisenhandel Kursabschlag bei der Termindevise gegenüber der Kassadevise. In % des Kassakurses ausgedrückt: Swapsatz. Gegens.: Report.

Deport (3)

Leihgebühr des Baissiers im Reportgeschäft. → Deport (1).

Deporteur

→ Deport (1).

Deportgeschäft

→ Deport (1).

Deportsatz

→ Deport (2).

Depositalschein

→ Depotschein.

Depositen

Gelder in Form von Einlagen, die von den Kunden der Banken zur Geldanlage kurz- oder mittelfristig gegen Verzinsung angelegt werden, soweit es sich nicht um Spar- oder Sichteinlagen handelt. Unterschieden werden Kündigungsgelder und Festgelder. Die Höhe der Verzinsung richtet sich hauptsächlich nach der vereinbarten Kündigungs- bzw. Festlegungsfrist. Oft werden auch Tagesgelder als Depositen bezeichnet.

deposit margin

→ initial margin.

depository receipts

Kurzbez. für → American depository receipts (ADR).

Depository Trust Company

US-amerikanischer Zentralverwahrer mit Sitz in New York, vergleichbar der → Deutscher Kassenverein AG in Deutschland. Abk. DTC.

deposit rollover

Festgeldverlängerung verbunden mit einer Neufestsetzung des Zinssatzes.

depositum irregulare

Auch: uneigentliche Verwahrung. Hinterlegungsart, bei der der Verwahrer nicht dieselben Stücke, die eingeliefert wurden, zurückgeben muß, sondern nur die nach Art, Menge, Wert usw. gleichen. Typisch für das heutige Wertpapiergeschäft der Banken ist die Depotverwahrung vor allem im Girosammeldepot u. a. Gegens.: depositum regulare.

depositum regulare

Hinterlegungsart, bei der der Verwahrer das Hinterlegte selbst wieder zurückgeben muß. Ist z. B. bei allen nicht vertretbaren Objekten, also bestimmten Wertpapieren, die keine Vertretbarkeit aufweisen, der Fall. Im heutigen Bank- und Börsengeschäft eine Ausnahme. Gegens.: depositum irregulare.

Depot

Bez. f. die bei einer Bank zur Verwahrung hinterlegten Sachen, vor allem Wertpapiere. Bei den Banken wird zwischen offenen und verschlossenen Depots unterschieden: Bei ersteren werden die Wertgegenstände der Bank offen übergeben, so daß auch die Depotverwaltung möglich ist; beim verschlossenen Depot werden die Gegenstände (z. B. neben Effekten auch Gold, Schmuckstücke, Urkunden) in verschlossenen Behältnissen der Bank zur Verwahrung anvertraut (Safe). Im Wertpapiergeschäft unterscheidet man zwischen Sonderverwahrung und Sammelverwahrung (Sammeldepot): Bei Sonderverwahrung (Streifbandverwahrung) werden die Wertpapiere für jeden Hinterleger gesondert aufbewahrt; der Hinterleger behält damit das Eigentum an den deponierten Stücken (depositum regulare). Bei Sammelverwahrung werden die deponierten Stücke der Kunden ungetrennt mit gleichartigen Stücken anderer Kunden und auch der Depotbank selbst verwahrt; hier erlischt das Eigentum an bestimmten Stücken und wird durch einen Miteigentumsanspruch an dem Gesamtdepot sowie Herausgabeanspruch auf gleichwertige Stücke ersetzt (depositum irregulare). Werden die Wertpapiere bei bestimmten Sammelbanken aufbewahrt (Drittverwahrung), liegt Girosammelverwahrung vor, wozu eine besondere Ermächtigung des Kunden erforderlich ist. Die meisten Kunden, die Wertpapiere erwerben, belassen diese heute zur Verwahrung bei ihrer Bank. Dies hat für die Kunden wesentliche Vorteile. Der Wertpapiereigentümer ist dadurch vor allem gegen den Verlust der Papiere, z. B. durch Diebstahl oder Feuer, geschützt; auch ist die Verwaltung der Wertpapiere für ihn einfacher, da die Fälligkeitstermine für Zinsen und Dividenden, Auslosungen, Aufforderungen zur Ausübung von Bezugsrechten, HV-Termine usw. von der Bank ohne besonderen Auftrag wahrgenommen werden. → Depotarten.

Depot A, B, C, D

(1) Eigendepot = Depot A: Dient der Aufnahme eigener Wertpapiere des hinterlegenden Bankiers sowie derjenigen Wertpapiere seiner Kunden, die für alle Forderungen des Drittverwahrers gegen ihn unbeschränkt als Pfand haften, und der Wertpapiere, die im Eigentum des Zwischenverwahrers stehen. (2) Fremddepot = Depot B: In dieses gelangen sämtliche Wertpapiere, die von einem Bankierkunden eingeliefert werden oder die für ihn angeschafft und unbelastet für den Kunden des Lokalbankiers beim Zentralbankier aufbewahrt werden. (3) Pfanddepot = Depot C: Diesem sind die Wertpapiere beizufügen, die der Zwischenverwahrer entsprechend einer Ermächtigung zur Verpfändung dem Drittverwahrer verpfändet hat. (4) Sonderpfanddepot = Depot D: Der Drittverwahrer hat in diesem die Wertpapiere zu verwahren, die ihm von einem Zwischenverwahrer unter Angabe der betreffenden Kundennummer verpfändet worden sind. Für jeden dieser Kunden ist ein besonderes Depot D zu führen. → Depotgeschäft → Depotarten.

Depotabstimmung

Erfolgt einmal jährlich zwischen depotverwahrender Bank und Kunde. Aufgrund des Depotauszuges wird von dem Kunden verlangt, daß er bei Unkorrektheiten umgehend widerspricht. Ansonsten ist die Aufstellung von ihm (stillschweigend) genehmigt.

Depotabteilung

Abteilung der Banken, die sich mit der Abwicklung des gesamten Depotgeschäfts befaßt. Auch kurz als Depot bezeichnet.

Depotanerkenntnis

→ Depotauszug.

Depotarten

Im Rahmen des Depotgeschäfts lassen sich offenes und geschlossenes Depot unterscheiden. Beim geschlossenen Depot findet eine Verwahrung von der Bank nicht bekannten Wertgegenständen in ihren Tresoren statt (Tresorgeschäft). Im Wertpapiergeschäft ist diese Aufbewahrungsart weniger üblich. Von besonderer Bedeutung ist die Verwahrung und Verwaltung in offenen Depots. Bei diesen hat die Depotbank Kenntnis über die Beschaffenheit und Zugang zu den Verwahrungsgegenständen. Sie unterliegen dem Depotgesetz. Verwahrer i. S. d. DepG sind Wertpapiersammelbanken und Banken. Man unterscheidet folgende Arten: Girosammeldepot (Sammelverwahrung). Diese Aufbewahrungsart ist heute Regelfall. Es werden Wertpapiere derselben Art und Gattung verschiedener Hinterleger in einem Depot verwahrt. Der einzelne Hinterleger verliert sein Eigentum an seinem Wertpapier, wird dafür aber Miteigentümer nach Bruchteilen am Sammelbestand des Depots. Der Vorteil liegt in der kostengünstigen Verwaltung und leichten Übertragbarkeit (→ Effektengiroverkehr). Träger sind meist Wertpapiersammelbanken, seltener einzelne Banken, die nicht Kassenverein sind (Haussammelverwahrung). Beim Streifbanddepot (Sonderverwahrung) bleibt der Hinterleger Eigentümer der einzelnen Papiere, die äußerlich erkennbar im Streifband verwahrt werden. Wird Tauschverwahrung (Tauschdepot) vereinbart, ermächtigt der Hinterleger von sonderverwahrten Wertpapieren die Bank, Stücke aus seinem Depot gegen Stücke derselben Gattung auszutauschen bzw. ihm zurückzuliefern (z. B. Tausch vieler kleiner in wenige große Stücke). Bei Drittverwahrung (Nostrodepot) gibt eine Bank als Zwischenverwahrer einer anderen Bank Effekten weiter, die ihr von Kunden zur Verwahrung gegeben worden sind. Das Aber-Depot (Summenverwahrung, -depot) ist eine besonders im Ausland gebräuchliche Depotart, bei der das Eigentum übergeht. Der Hinterleger hat nur einen schuldrechtlichen Herausgabeanspruch und kein Aussonderungsrecht im Konkursfall. Gebräuchlich bei Namensaktien, da Veräußerung erleichtert wird. Anderdepots werden meist für Rechtsanwälte, Notare, Wirtschaftsprüfer oder Treuhänder für Effekten ihrer Klienten geführt. Bei Sperrdepots ist eine Herausgabe hinterlegter Gegenstände nur auf Basis spezieller Vereinbarungen und nur mit Zustimmung einer dritten Person möglich. Ein Gemeinschaftsdepot ist ein für gemeinsame Rechnung mehrerer Kunden errichtetes Depot. Für den Effektenverkehr der Banken und Wertpapiersammelbanken untereinander ist die Unterscheidung in Depot A, B, C, D wichtig.

Depotaufstellung

→ Depotauszug.

Depotauszug

Eine Aufstellung der Depotbestände wird den Depotkunden von den Banken mind. einmal jährlich erteilt. Zur Vereinfachung der mit dem Jahresabschluß zusammenhängenden Formalitäten verzichten die Banken grundsätzlich auf schriftliche Anerkennung der Kontokorrent- und Depotauszüge, da die dem Kunden zugehenden Tagesauszüge und Buchungsaufgaben die Möglichkeit bieten, die Konto- und Depotbewegungen laufend zu prüfen und etwaige Unstimmigkeiten umgehend anzuzeigen. Nach den AGB gilt der Auszug als anerkannt, wenn nicht innerhalb einer Ausschlußfrist von 14 Tagen seit Zugang des Auszuges schriftlicher Einspruch gegen den Auszug an die Bank abgesandt worden ist.

Depotbanken

Banken, die berechtigt sind, die Verwahrung und Verwaltung von Wertpapieren für andere vorzunehmen. Aus der Verwahrung von Wertpapieren ergibt sich eine Reihe von Verpflichtungen, auch die Stimmrechtsausübung in den HV.

Depotbanken für Investmentfonds

Investmentfonds müssen mit der Verwahrung von Sondervermögen sowie mit der Ausgabe und Rücknahme von Anteilscheinen eine Bank als Depotbank beauftragen. Bei Wertpapiersondervermögen sind die Wertpapiere von der Depotbank in ein gesperrtes Depot zu legen. Der Preis für die Ausgabe von Anteilscheinen ist an die Depotbank zu entrichten und auf ein gesperrtes Konto zu buchen. Gleiches gilt für den Kaufpreis aus dem Verkauf von zum Sondervermögen gehörenden Wertpapieren und für Erträge aus solchen Papieren. Aus den gesperrten Konten oder Depots führt die Depotbank auf Weisung der KAG die Bezahlung des Kaufpreises beim Erwerb von Wertpapieren oder Bezugsrechten, die Lieferung beim Verkauf von Wertpapieren oder Bezugsrechten, die Zahlung des Rückkaufpreises bei der Rücknahme von Anteilen sowie die Ausschüttung der Gewinnanteile an die Anteilinhaber durch. Die Depotbank hat dafür zu sorgen, daß bei den für gemeinschaftliche Rechnung der Anteilinhaber getätigten Geschäften der Gegenwert in ihre Verwaltung gelangt. Bei Grundstückssondervermögen obliegt der Depotbank die laufende Überwachung des Bestandes an Grundstücken, die Verwahrung der zum Sondervermögen gehörenden Geldbeträge und Wertpapiere und die Ausgabe und Rücknahme von Anteilscheinen.

Depotbescheinigung

Bescheinigung der Bank über die für den Kunden verwahrten Wertpapiere mit zahlreichen Einzelangaben.

Depotbuch

→ Verwahrungsbuch, Verwahrbuch → persönliches (lebendes) Depotbuch → Sachdepot.

Depotbuchhaltung

In sich geschlossene Buchhaltung der Depotabteilung (Wertpapierabteilung, Effektenabteilung). Nicht verbunden mit der Hauptbuchhaltung. Die Aufgaben bestehen in der ordnungsgemäßen Ausweisung der von ihr verwahrten Wertpapiere sowie in der Erstellung von buchmäßigen Unterlagen für die Depotverwaltung. Ferner dient sie der Kontrolle bei Gutschriften für Zinsen und Dividenden, bei der Erstellung des Depotauszugs und der Depotgebührenrechnung, der Anfertigung von Listen für die Ausübung von Stimm- und Bezugsrechten und bei Zusammenlegungen und Konvertierungen von Wertpapieren. Folgende Depotbücher werden geführt: Personendepot (Gliederung nach Kunden), Sachdepot (Gliederung nach Wertpapieren), Nummernverzeichnisse (Zusammenstellung aus den Durchschriften der Stükkeverzeichnisse, Streifbanddepot) und Lagerstellenkartei (Ordnung nach Drittverwahrern). Das verwendete Buchungssystem war schon früh das Durchschreibeverfahren. Der besonders umfangreiche Anfall von Terminarbeiten (Zins- und Dividendengutschriften, Beachtung von HV, Auslosungen oder Ausgabe neuer Aktien) legt den Einsatz moderner Datenverarbeitungsanlagen nahe. → Depotgeschäft → Depotprüfung.

Depotgebühren

Gebühren für Verwahrung und die Verwaltung von Wertpapieren für Kunden durch Banken. Diese Verwahrung und Verwaltung ist eine kostenintensive Dienstleistung. Daher berechnen die Banken ihren Depotkunden jährliche Gebühren. Als Berechnungsgrundlage dienen Nennwert (i. d. R. bei festverzinslichen Wertpapieren) und Kurswert (i. d. R. bei Aktien und Investmentanteilen) der jeweiligen Positionen am Jahresende. Die Gebührensätze liegen im Bereich von 0,5‰–5‰. Innerhalb dieses Bereichs sind die Sätze nach Wertpapierarten und Verwahrungsart gestaffelt, so z. B. bei festverzinslichen Wertpapieren: Girosammelverwahrung 1,25‰ vom Nennwert, Streifbandverwahrung 2,5‰ vom Nennwert, Wertpapierrechnung (Ausland) zwischen ca. 3–6‰ vom Nennwert. Mit der Staffelung soll dem unterschiedlichen Aufwand für die einzelnen Verwahrarten Rechnung getragen werden. Für kleine Depots werden Mindestgebühren erhoben; desgl. wird eine Mindestgebühr je Depotposten berechnet. Schuldverschreibungen des Bundes, von Bahn und Post (Anleihen, Bundesschatzbriefe, Finanzierungsschätze, Schatzanweisungen usw.) können bei der Bundesschuldenverwaltung oder bei den Landeszentralbanken in Depotverwaltung gegeben werden. Depotgebühren fallen – anders als bei der Verwahrung durch eine Bank – nicht an; Aufträge werden direkt an die Bundesschuldenverwaltung bzw. Landeszentralbank oder über die Hausbank erteilt.

Depotgeschäft

Im Bankwesen die gewerbsmäßige Verwahrung und meist auch Verwaltung von Sachen, vor allem von Wertpapieren. Das KWG definiert das Depotgeschäft als Verwahrung und Verwaltung von Wertpapieren für andere. Wesentliche Teilaspekte und Tätigkeitsfelder können sein: Anbieten offener und geschlossener Depots, das Einrichten entsprechender Konten, die Aufbewahrung und Haftung für die eingereichten Wertgegenstände, die Wertpapier- oder Effektenverwaltung, Wertpapiertransaktionen, Depotbuchhaltung und Depotaufstellungen und Gebührenberechnung.

Depotgesetz (DepG)

Gesetz über die Verwahrung und Anschaffung von Wertpapieren v. 4. 2. 1937 mit späteren Änderungen. Regelt zum Schutz der Depotkunden der Banken das eigentliche Depotgeschäft, also bankmäßige Verwahrung und Verwaltung von Wertpapieren. Soll vor allem den Sparer, der Geld in Wertpapieren investiert hat, schützen. Das Gesetz sorgt zum einen dafür, daß der Kunde möglichst frühzeitig an den Wertpapieren, die er über seine Bank kauft, Eigentum erwirbt; es stellt zudem sicher, daß der Kunde das Eigentum an den Wertpapieren, die er bei seiner Bank hinterlegt hat, auch behält.

Depotkonto

Konto des Kunden einer Bank, auf dem die dort für ihn verwahrten Wertpapiere sowie alle Bewegungen seines Wertpapierbestandes durch Käufe, Verkäufe usw. verbucht werden. → Depotkonto, Form.

Depotkonto, Form

Die Form des Depotkontos entspricht der des Girokontos, d. h., es ist, wenn keine besonderen Abmachungen mit der Bank getroffen werden, ein Einzelkonto. Es kann aber auch als Gemeinschaftskonto geführt werden, bei dem 2 oder mehr Personen Inhaber des Kontos sind. Dann ist klarzustellen, ob jeder Kontoinhaber allein (Oder-Konto) oder nur alle Kontoinhaber gemeinsam (Und-Konto) verfügen können. Oder-Konten, bei denen der eine oder andere verfügen kann, werden i. d. R.

für Eheleute eingerichtet, wobei jeder Ehegatte, auch in Abwesenheit des anderen, über das Konto Verfügungen treffen kann; bei Tod eines Ehegatten kann der Überlebende das Depotkonto auf seinen Namen umschreiben lassen. Die Einrichtung von Und-Konten liegt dann nahe, wenn die Werte mehreren Kontoinhabern gemeinsam gehören und jeder bei Verfügungen mitentscheiden soll; die Einrichtung ist aber auch zweckmäßig, wenn Wertpapiere zwar einem Kontoinhaber allein zustehen, dessen alleinige Verfügungen aber verhindert werden sollen. Die Kontobezeichnung gibt Aufschluß über die Eigentumsverhältnisse an den hinterlegten Wertpapieren.

Depotkonto, Vollmachten

Für ein Depotkonto können in gleicher Form Vollmachten erteilt werden wie z. B. für ein Girokonto.

Depotkunde

Kunde einer Bank, der bei dieser ein Depot, vor allem mit Wertpapieren als offenes Depot, unterhält. Auch: Deponent.

Depotprüfung

Nach KWG sind bei Banken, die das Effektengeschäft oder/und das Depotgeschäft betreiben, diese Geschäfte i. d. R. einmal pro Jahr zu prüfen. Nähere Bestimmungen über Art, Umfang und Zeitpunkt dieser Depotprüfung hat das BAK erlassen, das auch die Depotprüfer bestellt. Das BAK überträgt das Recht zur Bestellung der Depotprüfer in Einzelfällen auf die Bundesbank (LZB). Die Depotprüfung wird aufgrund der Depotbücher der Bank und der an die Kunden versandten Depotauszüge vorgenommen; sie dient dem Schutz der Depotkunden und erstreckt sich auf alle Arten der Wertpapierverwahrung.

Depotprüfungsbericht

Prüfungsbericht nach Abschluß der Depotprüfung. Aus ihm gehen neben Angaben zum Depotprüfer insbesondere der Umfang und die Ergebnisse der Prüfung hervor. Auf jeden Fall muß er Aufschluß darüber geben, ob das Effekten- und Depotgeschäft ordnungsgemäß betrieben worden ist, insbesondere den gesetzlichen Vorschriften und bekanntgegebenen Hinweisen des BAK über die materiellen Prüfungsergebnisse entsprochen hat. Der Prüfungsbericht geht dem BAK, der zuständigen LZB und, sofern keine wesentlichen Mängel festgestellt wurden, dem geprüften Unternehmen zu.

Depotprüfungsrichtlinien

In Ergänzung des DepG und als Sicherheitsmaßnahme für den Wertpapierkunden wurden vom BAK Richtlinien über Art, Umfang und Zeitpunkt der Depotprüfung erlassen. Diesen unterliegen alle Banken, die Wertpapiere als Kommissionsgeschäft, im Kommissionsgeschäft mit Selbsteintritt und Eigenhandel für andere anschaffen und veräußern (Effektengeschäft) oder für andere verwahren oder verwalten (Depotgeschäft). Die Richtlinien bestimmen, daß i. d. R. einmal pro Kalenderjahr durch einen Depotprüfer unangemeldet und zu einem durch diesen unregelmäßig zu bestimmenden Zeitpunkt eine Depotprüfung stattfindet, die sich auf die Zeit zwischen der letzten Depotprüfung und die der folgenden erstrecken muß. Die Prüfung muß sich auf alle Teilgebiete des Effekten- und Depotgeschäfts sowie auf die Einhaltung der §§ 128, 135 AktG erstrecken. Dabei kann sich der Prüfer nach pflichtgemäßem Ermessen auf Stichproben beschränken. Im Rahmen seines Auftrages und soweit für die ordnungsgemäße Depotprüfung notwendig, hat er das Recht, Einsicht in alle Bücher und Schriften der Bank zu nehmen, Auskünfte über alle einschlägigen Geschäftsangelegenheiten zu verlangen, Einsicht in interne Revisionsberichte zu nehmen, auf auch außerhalb des Effekten- und Depotgeschäfts liegende Geschäftsvorgänge zurückzugreifen und erforderlichenfalls die Bank zu veranlassen, von Dritten Auskünfte und Erklärungen einzuholen. Die Depotprüfer unterliegen der Geheimhaltung. Zu Depotprüfern können Wirtschaftsprüfer, Wirtschaftsprüfungsgesellschaften, die Prüfungsstellen der Sparkassen- und Giroverbände und die genossenschaftlichen Prüfungsverbände bestellt werden. Die Bestellung erfolgt durch das BAK, wenn dieses nicht die Bestellung in Einzelfällen der Bundesbank (LZB) übertragen hat. In seinem Prüfungsbericht hat der Depotprüfer über den Umfang der Prüfungshandlungen zu berichten und darüber Auskunft zu geben, ob das Effekten- und Depotgeschäft der geprüften Bank ordnungsgemäß betrieben worden sind. Der Prüfungsbericht ist dem BAK und der zuständigen LZB zuzuleiten, sofern nicht auf die Einreichung verzichtet wird. Bei wesentlichen Mängeln, insbesondere solchen, die zu einer Schädigung führen können, bei Verdacht strafbarer Handlungen und bei unwesentlichen Mängeln, die nicht innerhalb der gesetzlichen Frist beseitigt worden sind, muß der Depotprüfer sofort das BAK und die zuständige LZB unterrichten.

Depotrecht

Regelt die bankmäßige Aufbewahrung von Wertpapieren und die zugrundeliegenden Anschaffungsgeschäfte. Gegenstand des depotrechtlichen Schutzes sind vertretbare Wertpapiere (Aktien, Zwischenscheine, Erträgnisscheine, Erneuerungsscheine, Schuldverschreibungen), die in offenen Depots verwahrt werden. Gesetzliche Grundlagen im wesentlichen im DepG, BGB, HGB und AGB der Banken sowie Geschäftsbedingungen für den Wertpapierverkehr von Bank zu Bank.

Depotschein

Auch: Depositalschein. Gebräuchliche Bescheinigung der Bank über die bei ihr für einen Kunden verwahrten Wertpapiere. → Depotbescheinigung → Depotauszug.

Depotstimmrecht

Auch: Auftrags-, Ermächtigungs-, Vollmachtstimmrecht, Bankenstimmrecht. Ausübung des Stimmrechts durch Banken für die bei ihnen im Depot liegenden Aktien von Kunden aufgrund einer Vollmacht. Die Vollmacht bedarf der Schriftform, muß die bevollmächtigte Bank genau spezifizieren und gilt höchstens 15 Monate. Die Bank hat die gesetzlich vorgeschriebenen Veröffentlichungen des Vorstandes weiterzuleiten, dem vertretenen Aktionär die eigenen Vorschläge zu den einzelnen Tagesordnungspunkten der HV mitzuteilen und ihn um eigene Weisungen zu bitten. Sie hat bei der Ausübung des Depotstimmrechts die Interessen des Aktionärs zu vertreten.

Depotüberwachung, sonstige Aufgaben der Banken

Die Bank informiert ihre Depotkunden über evtl. Konvertierungsangebote (Umtausch von Schuldverschreibungen). Weiter hat die Bank zu beachten, ob bei nicht voll eingezahlten Aktien Einzahlungen eingefordert werden. Das gleiche gilt, wenn AG in besonderen Fällen ihre Aktionäre zu einem Umtausch der Aktien auffordern (z. B. bei Fusionen). Solche und weitere Vorgänge, die ein Tätigwerden des Wertpapierbesitzers erfordern, muß die depotführende Bank überwachen, ihre Depotkunden darüber unterrichten und ihre Entscheidung herbeiführen, ggf. den Kunden sachgerecht beraten.

Depotunterschlagung

Nach dem Depotgesetz rechtswidrige Verfügung über bei einer Bank hinterlegte Effekten oder einen Sammelbestand von Effekten durch den Verwahrer zum eigenen oder fremden Vorteil. Bei schwerer Depotunterschlagung: wenn Verwahrer, Pfandgläubiger oder Kommissionär Wertpapiere im Bewußtsein eigener Zahlungsunfähigkeit unterschlagen und die Zahlungen einstellen bzw. in Konkurs gehen. Schwere Strafen.

Depotvertrag

Vertrag einer Bank mit ihrem Kunden über die Verwahrung und Verwaltung von hinterlegten Wertpapieren und Wertrechten. Wird meist nicht gesondert geschlossen, sondern ist Bestandteil der AGB.

depotverwahrfähige Wertpapiere

Einer Bank können alle Wertgegenstände, die nach Größe und Beschaffenheit für die Verwahrung geeignet sind, als Verwahrstücke oder Schließfachinhalt zur Aufbewahrung übergeben werden. Jedoch bezieht sich das DepG allein auf Verwahrung und Verwaltung von Wertpapieren, die vertretbar sind (außer Banknoten). Vertretbar sind alle beweglichen Sachen, die im Geschäftsverkehr nach Zahl, Maß oder Gewicht bestimmt werden, Wertpapiere also nach Gattung und Nennbetrag bzw. Stückzahl (Effekten). Nicht vertretbar und damit für die Depotverwahrung nicht geeignet sind Wertpapiere wie Sparbücher, Depotscheine, Urkunden über Anteile an GmbH, Schuldscheine, Hypotheken- und Grundschuldbriefe, Wechsel, Schecks, Versicherungspolicen. Diese u. a. m. können nicht beliebig durch andere Wertpapiere ersetzt werden. Für depotmäßige Verwahrung und Verwaltung sind somit insbesondere Schuldverschreibungen jeder Art, Aktien und Investmentanteile geeignet; gelegentlich werden durch die Banken auch solche Werte mit in die Depotverwahrung und -verwaltung einbezogen, die zwar nicht Effekten, diesen jedoch eng verwandt sind.

Depotverwahrung

→ Depotgeschäft.

Depotverwaltung

Mit der Aufbewahrung von hinterlegten Wertpapieren verbundene verwaltungsmäßige Betreuung. Im wesentlichen: Einziehung von Zinsen und Dividenden, Ausübung des Stimmrechts, Einziehung gekündigter oder verloster Stücke, Besorgung neuer Zins- und Dividendenscheinbogen, Ausübung oder Verwertung von Bezugsrechten, Umtausch und Abstempelungen usw. → Depotgeschäft → Wertpapiergeschäft.

Depotzwang

Gesetzlicher Zwang, Wertpapiere bei einer Bank zu hinterlegen (Depot). Angewendet bei Devisenbewirtschaftung und zur Eindämmung von Kapitalflucht (z. B. Kapitalfluchtgesetz von 1919/1923). Zeitweiliger Depotzwang ergab sich auch bei der Wertpapierbereinigung. Praktisch besteht er auch bei nur im Schuldbuch eingetragenen Wertpapieren.

Depression

Phase im Zyklus der Konjunktur, in der die Wirtschaftslage sehr schlecht ist. Eine milde Form, die aber Vorstufe zur Depression sein kann, ist die Rezession.

Deregulation

Abbau staatlicher Beschränkungen an nationalen Finanzmärkten.

derivative Finanzinstrumente

Andere Bez. Derivate, Derivative. Rechte, deren Bewertung überwiegend von dem Preis und den Preisschwankungen und -erwartungen eines zugrundeliegenden Basisinstrumentes (Aktien, Devisen, Indizes, Anleihen etc.) abhängig ist. Zu den derivativen Finanzinstrumenten zählen vor allem Optionen, financial futures und swaps.

Derivative nach Wertpapierhandelsgesetz

Derivative im Sinne des Gesetzes über den Wertpapierhandel sind an einer in- oder ausländischen Börse gehandelte Rechte, deren Börsen- oder Marktpreis von der Entwicklung des Börsen- oder Marktpreises von Wertpapieren oder der Veränderung von Zinssätzen abhängt.

Déroute, déroutiert

Tendenzbezeichnung für beträchtliche Kursrückgänge an den Börsen.

Designated Order Turnaround (DOT)

Automatisches Handelssystem der New York Stock Exchange für Aktienaufträge bis zu 600 Stück pro Auftrag. Die Aufträge werden direkt in den Börsencomputer geleitet und bei Vorliegen entsprechender Gegenaufträge ohne Einbeziehung von brokers oder specialists ausgeführt.

Deutsche Ausgleichsbank

Anstalt des öffentlichen Rechts mit Sitz in Bonn. Schwerpunkte der Geschäftstätigkeit dieses Kreditinstitutes mit Sonderaufgaben sind Existenzgründungsfinanzierungen insbesondere für den gewerblichen Mittelstand und die freien Berufe, Umweltschutzfinanzierungen sowie Finanzierungen im sozialen Bereich. Die Mittel zur Durchführung ihrer Aufgaben beschafft sich das Institut überwiegend durch Darlehensaufnahme beim ERP-Sondervermögen, durch Ausgabe von Schuldverschreibungen und Aufnahme von Schuldscheindarlehen.

Deutsche Börse AG

Im Zuge der strukturellen Neuorientierung des deutschen Börsenwesens zum 1. 1. 1993 aus der Umfirmierung der Frankfurter Börse AG entstanden. Die Gesellschaft ist nicht nur Trägerin der öffentlich-rechtlichen Frankfurter Wertpapierbörse, sondern auch – nach der Fusion von Deutsche Börse AG und DTB Deutsche Terminbörse GmbH zum 1. 1. 1994 – die der Deutschen Terminbörse. Darüber hinaus ist sie Alleinaktionär der Deutscher Kassenverein AG und damit auch mittelbar an der DWZ Deutsche Wertpapierdaten-Zentrale GmbH und an der Deutscher Auslandskassenverein AG zu 100% beteiligt. Von der Arbeitsgemeinschaft der Deutschen Wertpapierbörsen, die mit der Gründung der Deutsche Börse AG ihre Tätigkeit auf diese übergeleitet hat, übernahm die neue Gesellschaft eine 80%ige Beteiligung an der Fördergesellschaft für Börsen und Finanzmärkte in Mittel- und Osteuropa mbH mit Sitz in Frankfurt. Gesellschafter der Deutsche Börse AG sind Kursmakler und Freimakler (10%), die Deutsche Börsen Beteiligungsgesellschaft mbH (10%) und Banken (80%). Die nach unternehmerischen Grundsätzen gestaltete Deutsche Börse AG soll langfristig eine integrative Weiterentwicklung des Handels über Parkett und Bildschirm sowie über alle Marktsegmente (Kassa- und Terminhandel) gewährleisten. Zudem ist durch die Zentralisation der Entscheidungskompetenzen in der Deutsche Börse AG auch eine Vereinheitlichung der EDV-Infrastruktur sowohl hinsichtlich der Geschäftsabwicklung wie auch der Wertpapierverwaltung sicherzustellen. Die Deutsche Börse AG bietet „unter einem Dach" sowohl Kassatransaktionen von der elektronischen Auftragserteilung bis zu ihrer Abwicklung als auch Terminmarkttransaktionen an. Entscheidenden Einfluß erwartet man sich durch die zentrale Koordinationsinstanz der Deutsche Börse AG, aber auch bei der Repräsentation des Finanzplatzes

Deutschland im internationalen Wettbewerb um Transaktionsdienstleistungen in deutschen Aktien und der Vertretung in internationalen Wertpapiergremien.

Deutsche Börse Beteiligungsgesellchaft mbH

1992 gegründete Gesellschaft, an der die Träger der sieben Regionalbörsen wie folgt beteiligt sind: Düsseldorf 44%, München 18%, Hamburg 13%, Stuttgart 13%, Berlin 6%, Hannover 3% und Bremen 3%. Die Deutsche Börse Beteiligungsgesellschaft mbH ist zu 10% an der Deutsche Börse AG beteiligt und vertritt die Interessen der Regionalbörsen bei der Neugestaltung des deutschen Börsenwesens.

Deutsche Bundesbank

1957 gegründete Zentralnotenbank der BR Deutschland. Sitz: Frankfurt/M. Wichtigste Aufgaben und Funktionen: alleiniges Recht zur Ausgabe von Banknoten (Notenprivileg), Regelung der Geld- und Kreditversorgung der Wirtschaft mit dem Ziel, die Währung zu sichern, die allgemeine Wirtschaftspolitik der Bundesregierung zu unterstützen, Management der Diskont-, Kredit- und Offenmarktpolitik sowie Festsetzung der Mindestreservesätze, Gewährung von Kassenkrediten an den Bund und dessen Sondervermögen sowie an die Bundesländer, Überwachung des bankmäßigen Zahlungsverkehrs im Inland und mit dem Ausland, An- und Verkauf von Wechseln und Schecks sowie Schatzwechseln und Schatzanweisungen des Bundes und der Bundesländer, An- und Verkauf ausländischer Zahlungsmittel und Edelmetalle, vor allem Gold u. a.m. Die in jedem Bundesland bestehenden Landeszentralbanken sind rechtlich unselbständige Hauptverwaltungen.

Deutsche Bundesbank, öffentliche Emissionen

Nach Bundesbankgesetz sollen die Anleihen des Bundes, seiner Sondervermögen und der Bundesländer durch die Bundesbank begeben werden; andernfalls muß die Begebung im Benehmen mit ihr erfolgen.

Deutsche Genossenschaftsbank (DG-Bank)

Körperschaft des öffentlichen Rechts. Zentralinstitut des Kreditgenossenschaftswesens in der BR Deutschland. Emittiert eigene Schuldverschreibungen. Sitz: Frankfurt/M.

Deutsche Girozentrale – Deutsche Kommunalbank

Körperschaft des öffentlichen Rechts. Spitzeninstitut der regionalen Girozentralen und letztlich des gesamten Sparkassenwesens. Emittent von Pfandbriefen, Kommunalobligationen sowie sonstigen Schuldverschreibungen. Sitz: Frankfurt/M.

Deutsche Mark (DM, DMark)

Seit der Währungsreform v. 1948 ist die DM die Währungseinheit im Gebiet der BR Deutschland einschl. Berlin (West) und seit dem 1. 7. 1990 auch auf dem Gebiet der ehemaligen DDR und Berlin (Ost). Die Münzhoheit liegt bei der Bundesregierung, das Banknotenmonopol bei der Bundesbank.

Deutsche Pfandbrief- und Hypothekenbank AG

Realkreditinstitut, u. a. Organ staatlicher Wohnungspolitik. Gewährt für den sozialen Wohnungsbau Hypothekarkredite sowie Kommunaldarlehen. Daueremittent für Pfandbriefe und Kommunalobligationen. Sitz: Wiesbaden.

Deutscher Aktien-Forschungsindex (DAFOX)

Kapitalgewichteter Performance-Aktienindex, der um Dividenden und Kapitalveränderungen bereinigt wird. Die Konzeption des DAFOX entspricht der hypothetischen Investition von DM 100 (im Basisjahr 1974) in ein Aktienportfolio, das genau mit der DAFOX-Zusammensetzung übereinstimmt. Dividenden und Bezugsrechtserlöse werden in die jeweilige Aktie reinvestiert (operation blanche). Neuemissionen und Streichungen werden sofort in der Indexberechnung berücksichtigt. Dies entspricht dem kapitalgewichteten Verkauf bzw. Kauf der Aktien des Portfolios zwecks Finanzierung der neu emittierten Aktien bzw. Anlage des Erlöses der herausgenommenen Aktien. Der DAFOX wurde nachträglich ab dem Basisjahr 1974 (in reduzierter Form ab 1960) auf Tagesbasis mit allen an der Frankfurter Wertpapierbörse notierten Aktien nach Laspeyres berechnet.

Deutscher Aktienindex (DAX)

Der gemeinsam von der Frankfurter Wertpapierbörse, der Arbeitsgemeinschaft der Deutschen Wertpapierbörsen und der „Börsen-Zeitung“ 1988 entwickelte Index enthält 30 zum überwiegenden Teil an allen deutschen Börsen zum amtlichen Handel zugelassene Aktiengesellschaften und repräsentiert damit fast 60% des gesamten Grundkapitals inländischer börsennotierter Aktiengesellschaften, mehr als 75% des in Streubesitz befindlichen Grundkapitals und über 80% der 1987 in deutschen Beteiligungspapieren getätigten Börsenumsätze. Die Berechnung erfolgt anhand der Formel von Laspeyres, gewichtet werden die Aktien-Werte mit dem börsenzugelassenen Aktienkapital. Kapitalveränderungen und Dividendenzahlungen werden bereinigt. Basis ist 1000 per Ultimo 1987. Der seit dem 1. Juli 1988 börsenminütlich berechnete und publizierte DAX dient als Basis für den deutschen Index-Terminhandel. Zugleich soll vor allem internationalen Investoren hiermit eine Art offizieller Index des deutschen Aktienmarktes geboten werden. In seiner Entwicklung ist der DAX an den inzwischen nicht mehr berechneten Index der „Börsen-Zeitung" bzw. den früheren Hardy-Index angelehnt. Die Verknüpfung der Indizes ermöglicht die bis 1959 zurückzuverfolgende Entwicklung deutscher Aktienkurse. Andere Bezeichnung: DAX, DAX 30.

Deutscher Aktienindex (DAX) – Terminkontrakt

→ Terminkontrakt auf den Deutschen Aktienindex DAX.

Deutscher Auslandskassenverein AG

1970 gegründete AG mit der Aufgabe, den Handel mit ausländischen Werten zu erleichtern, indem sie als Treuhänder bei Einführung ausländischer Aktien zum amtlichen Börsenhandel tätig wird und einen Treuhandgiroverkehr in solchen ausländischen Aktien ermöglicht, die keine amtliche Notiz in Deutschland haben und bei denen daher nur die Ansprüche auf Auslieferung der im Ausland lagernden Wertpapiere Gegenstand des Handels sind. Gesellschafter der AG, die ihren Sitz in Frankfurt hat, ist die Deutscher Kassenverein AG.

Deutscher Kassenverein AG

Die Deutscher Kassenverein AG, Frankfurt am Main, ging aus der am 28. 12. 1989 vollzogenen Verschmelzung folgender Kassenvereine/Wertpapiersammelbanken hervor: Bayerische Wertpapiersammelbank AG, München, Berliner Kassenverein AG, Berlin, Frankfurter Kassenverein AG, Frankfurt am Main, Norddeutscher Kassenverein AG, Hamburg, Wertpapiersammelbank Baden-Württemberg AG, Stuttgart und Wertpapiersammelbank Nordrhein-Westfalen AG, Düsseldorf. Aufnehmende Gesellschaft war die Frankfurter Kassenverein AG, Frankfurt am Main, aus der nach Umfirmierung die Deutscher Kassenverein AG hervorging. Die durch die Verschmelzung untergehenden Wertpapiersammelbanken bzw. Kassenvereine werden zusammen mit der Niederlassung Hannover der Norddeutscher Kassenverein AG, Hamburg, als Niederlassungen der Deutscher Kassenverein AG weitergeführt. Alleiniger Gesellschafter der Deutscher Kassenverein AG ist die Deutsche Börse AG. Zu den Aufgaben der Deutscher Kassenverein AG zählen u. a. die Abwicklung des Effektengiroverkehrs, d. h. des stückelosen Wertpapierverkehrs, sowie die Schaffung organisatorischer Voraussetzungen für die Beschleunigung von Wertpapiertransaktionen. Wesentliche EDV-technische Neuentwicklungen für den Kassenvereinsbereich sind gleichtägige Erfüllungsmöglichkeit (same day settlement), gleichtägige Buchung von Transaktionen über mehrere Beteiligte (same day turnaround), maschinelle Übereinstimmungsüberwachung von Zahlungs- und Lieferungsinstruktionen (matching), Vergabe von Prioritätsmerkmalen und Verkettungen von Aufträgen (chaining), Einstellung von Aufträgen mit frei wählbarer Ausführungsvaluta sowie die Wertpapierleihe. Der Deutscher Kassenverein AG gehört zu 100% die Deutscher Auslandskassenverein AG.

Deutscher Rentenindex (REX)

→ REX und → REX-Performanceindex.

Deutsches Aktieninstitut e. V. (DAI)

Frühere Bez. Arbeitskreis zur Förderung der Aktie e. V. und Arbeitskreis Aktie e. V. Die Zielsetzung dieser 1953 gegründeten Institution liegt in der Förderung der Aktie als Mittel der Unternehmensfinanzierung und als Anlageinstrument breiter Bevölkerungsschichten. Träger sind Unternehmen und Banken. Anschrift: Berliner Allee 4, 40212 Düsseldorf.

Deutsche Schutzvereinigung für Wertpapierbesitz e. V.

Aufgaben und Ziele dieser Aktionärsvereinigung sind die Erhaltung und Festigung des Privateigentums sowie Achtung und Wahrung der Rechte der Aktionäre. Die Schutzvereinigung bemüht sich durch Öffentlichkeitsarbeit um Kapitalmarktpflege und Förderung der Eigenkapitalbildung. Sitz: Düsseldorf.

Deutsche Siedlungs- und Landesrentenbank

→ DSL Bank Deutsche Siedlungs- und Landesrentenbank Bonn/Berlin.

Deutsche Terminbörse (DTB)

Deutsche Finanzterminkontrakt-Börse in Frankfurt a. M. Konzipiert ist die DTB als Computerbörse auf Basis des market-maker-Prinzips. Dies eröffnet die Möglichkeit einer standortunabhängigen Teilnahme am Börsenhandel via Computerterminal. Durch Anwendung des market-maker-Prinzips soll die Liquidität des Terminmarktes gesichert werden, zumal durch die Verantwortlichkeit mehrerer market makers für eine Kontraktart der Wettbewerb forciert wird. Als Börsenmitglieder können Banken zum Handel für eigene Positionen und für Kundenpositionen sowie als market makers zugelassen werden, Makler zum Handel für eigene Rechnung und als market makers. Die Trägergesellschaft (Deutsche Terminbörse GmbH, Stammkapital DM 10 Mio., Sitz in Frankfurt; zum Januar 1994 mit der Deutsche Börse AG fusioniert) der Deutschen Terminbörse tritt bei jedem Geschäftsabschluß als Kontraktpartner der Börsen- bzw. clearing-Mitglieder ein und fungiert als zentrale clearing-Stelle. Geschäftsbeziehungen entstehen somit nur zwischen der clearing-Stelle und den clearing-Mitgliedern. Zu unterscheiden sind General-clearing-Mitglieder, die Geschäfte mit ihren Kunden, für eigene Rechnung und Geschäfte von Börsenmitgliedern, die nicht zum clearing zugelassen sind, abwickeln können sowie Direkt-clearing-Mitglieder, die ausschließlich Geschäfte mit ihren Kunden und für eigene Rechnung abwickeln dürfen. Makler sind aufgrund zu geringer Eigenkapitalausstattung nicht als clearing-Mitglieder, wohl aber als Börsenmitglieder zugelassen. Durch online-Verbindungen zwischen den clearing-Mitgliedern und der Trägergesellschaft der DTB wird eine schnellstmögliche geld- und stückemäßige Abwicklung der Termingeschäfte über die Landeszentralbanken und die Deutscher Kassenverein AG gewährleistet. Entsprechend der am 1. August 1989 in Kraft getretenen Börsengesetznovelle können auch Privatpersonen, d. h. Nichtkaufleute, verbindlich Geschäfte an der DTB abschließen, wenn sie zuvor über die besonderen Risiken von Börsentermingeschäften schriftlich informiert wurden. Die DTB nahm ihre Handelstätigkeit Anfang 1990 mit Optionen auf umsatzstarke deutsche Aktien auf. Ende 1990 wurde die Handelspalette ergänzt um Terminkontrakte auf langfristige Bundesanleihen (Bund-futures) und auf den Deutschen Aktienindex (DAX-futures). In der Folgezeit kamen Terminkontrakte auf mittelfristige Bundesanleihen (Bobl-futures) und auf Bundesanleihen mit fünfzehn- bis dreißigjähriger Laufzeit (Buxl-futures) sowie auf den Zinssatz für DMark-Dreimonatsgeld (Fibor-futures) hinzu. Darüber hinaus werden an der DTB Optionen auf den DAX, auf DAX-futures, auf Bund-futures und auf Bobl-futures gehandelt. Für Geschäfte an der DTB gelten die Bedingungen sowie die Clearing-Bedingungen für den Handel an der DTB. → Organisation der Deutschen Terminbörse (DTB). Adresse: Grüneburgweg 102, 60323 Frankfurt/M., Tel.: 069-153030, Fax: 069-557492.

Deutsche Warenterminbörse DWB

Eine Warenterminbörse existiert in Deutschland noch nicht; ihre Gründung ist jedoch für 1995 vorgesehen. Zu diesem Zweck wurde der Trägerverein Warenterminbörse e. V. – unter maßgeblicher Mitwirkung der Deutsche Terminbörse DTB – gegründet, der das Projekt umsetzen soll. Ansatzpunkte sind die wesentlichen Änderungen in der Europäischen Agrarpolitik, durch die Produzenten Preisrisiken ausgesetzt werden. Über die institutionelle Ordnung der DWB ist noch nicht entschieden worden, es gilt aber eine Angliederung an die DTB als wahrscheinich. Es wird erwogen, den Handel zunächst mit futures auf Ölsaaten (Raps), Schweinehälften und Kartoffeln aufzunehmen.

Deutsche Wertpapierdaten-Zentrale GmbH

→ DWZ Deutsche Wertpapierdatenzentrale GmbH.

Devalvation

= Abwertung: Herabsetzung des Außenwertes einer Währung. Gegens.: Revalvation (Aufwertung).

Development Markets Sector

Marktsegment des internationalen Aktienhandelsbereichs SEAQ International der Londoner Wertpapierbörse. Es wurde 1992 für den Handel von Aktienwerten aus osteuropäischen Staaten eingerichtet.

Devinkulation

Umwandlung eines Namenswertpapiers in ein Inhaberpapier.

Devisen
Ansprüche auf Zahlungen in fremder Währung an ausländischen Plätzen, meist in Form von Guthaben bei ausländischen Banken, im Ausland zahlbare Schecks und Wechsel. Im Devisenhandel häufig enger verstanden als bei ausländischen Banken gehaltene Guthaben. Nach Fälligkeit zu unterscheiden: Termindevisen, Kassadevisen (auf fremde Währung lautende Banknoten und Münzen sind keine Devisen, sondern Sorten).

Devisenarbitrage
Auf Gewinnerzielung oder Verlustvermeidung zielende Ausnutzung von zu einem bestimmten Zeitpunkt an verschiedenen Börsenplätzen bestehenden Kurs- und Zinsunterschieden durch Kassa- und Termingeschäfte: (1) Ausgleichsarbitrage: Ausgleich bestehender Verbindlichkeiten in fremder Währung durch Ausnutzung des Kurses, bei dem der geringste inländische Geldbetrag aufgewendet werden muß. Dabei nutzt man den Kursunterschied zweier (direkte Arbitrage) oder mehrerer, meist dreier (indirekte Arbitrage) Währungen aus. (2) Differenzarbitrage: Eigengeschäfte der Bank, wobei durch rasches Handeln versucht wird, Kursgewinne zu erzielen. → Arbitrage.

Devisenausländer
Jeder, auch ein deutscher Staatsangehöriger, der Wohnsitz oder dauernden Aufenthalt außerhalb des Bundesgebietes hat. Fremde Staatsangehörige, die sich ständig in der Bundesrepublik Deutschland aufhalten, sind devisenrechtlich Inländer. Bei juristischen Personen ist der Sitz der Leitung entscheidend. Das Außenwirtschaftsgesetz spricht von Gebietsfremden.

Devisenbewirtschaftung
Maßnahmen eines Staates zur teilweisen oder totalen Zwangsregelung des Zahlungsverkehrs mit dem Ausland durch Vorschriften, Verbote und Kontrollen. Meist Instrument zum Ausgleich der Zahlungsbilanz. Anders als bei Konvertibilität von Währungen ist bei Devisenbewirtschaftung ein freier Austausch und Besitz von Devisen nicht zulässig. Die für exportierte Güter eingenommenen Devisen erfaßt und verwaltet der Staat; sie werden nach einer von ihm aufgestellten Bedarfsskala verwendet. Das AWG gibt dem Bund im Benehmen mit der Bundesbank die Befugnis, den Verkehr mit Devisenwerten und Gold zu regeln.

Devisenbörse
Börsenmäßig organisierter Markt für Devisen. Dient der Bildung der Devisenkurse entsprechend der Devisenmarktlage, d. h. nach Angebot und Nachfrage, mit den evtl. sich aus Währungsvorschriften und Währungspolitik ergebenden Beschränkungen. In Deutschland bestehen seit 1953 5 Devisenbörsen (Berlin, Düsseldorf, Frankfurt, Hamburg, München). Als zentrale Börse fungiert die Frankfurter Devisenbörse; dort besteht die Möglichkeit unmittelbarer Abstimmung der Devisenkurse mit der oft intervenierenden Bundesbank. Es ist während der Börsenzeit (13–14.30 Uhr) ein Vertreter der Bundesbank anwesend, der ggf. Interventionen vornimmt. Bei allen Devisenbörsen müssen gleichlautende amtliche Devisenkurse festgestellt werden. Notiert werden Geld- und Briefkurse für die Haupthandelswährungen. Die zugelassenen Währungen können durch Beschluß der Börsenvorstände verändert werden. An den Börsen wird nach der Technik, der Preisnotierung der Preis in DM für 1, 100 oder 1000 Einheiten Fremdwährung angegeben. Die Spannen zwischen Geld- und Briefkursen der verschiedenen Währungen betragen durchschnittlich 3,25‰. → Devisenmarkt.

Devisenbörsen in Deutschland
Werden Mo.–Fr. in Berlin, Düsseldorf, Frankfurt, Hamburg und München abgehalten. Die amtlichen Tageskurse werden gleichlautend an allen 5 Börsenplätzen notiert. Börsenzeit: 13–14.30 Uhr. Wegen der Teilnahme der Deutschen Bundesbank ist die Frankfurter Devisenbörse die Leitbörse.

Devisen-Dumping
Devisenmarktinterventionen eines Staates im Hinblick auf eine Angebot und Nachfrage an sich nicht entsprechende Ermäßigung des Außenwertes der eigenen Währung (Abwertung), um dadurch Exportvorteile zu erzielen. Auch: „schmutziges“ floating.

Devisen-futures
An Terminbörsen gehandelte Devisenterminkontrakte. Beinhalten die Verpflichtung, einen bestimmten Währungsbetrag zu einem bestimmten (standardisierten) Zeitpunkt zu einem vereinbarten Kurs zu kaufen oder zu verkaufen. Gewöhnlich erfolgt jedoch keine physische Erfüllung des Vertrages. Vielmehr wird die eingegangene Verpflichtung durch ein Gegen-

geschäft aufgehoben, d. h. vor Fälligkeit des Devisenterminkontrakts werden erworbene Kontrakte durch Verkauf, leerverkaufte Kontrakte durch Rückkauf gleicher Kontrakte glattgestellt. Die Differenz zwischen Kauf- und Verkaufskurs entscheidet über Gewinn und Verlust aus der Terminposition. Sofern die Terminposition zur Absicherung einer offenen Währungskassaposition aufgebaut wird (hedging), ist diese hinsichtlich Wahl der Kontraktwährung, Zeitpunkt der Kontraktfälligkeit und Höhe des Kontraktvolumens so zu gestalten, daß Gewinn und Verlust aus Termin- und Kassaposition sich möglichst weitgehend kompensieren. Erwartet ein Unternehmen, welches eine offene Forderung in Fremdwährung hat und diese sichern möchte, eine Stärkung der Heimatwährung gegenüber der Fremdwährung, mithin eine Schwächung der Fremdwährung, wird es Devisen-futures in dem Umfang, in dem die offene Forderung besteht, und mit einer der Forderung entsprechenden Fälligkeit erwerben. Im Falle einer offenen, zu sichernden Verbindlichkeit in Fremdwährung wird der hedger bei erwarteter Stärkung der Fremdwährung gegenüber der Heimatwährung Devisen-futures der jeweiligen Währung verkaufen. Existiert hinsichtlich der zu sichernden Währungsposition kein in der gleichen Währung denominierter futures-Kontrakt, wird ein hedger entweder Devisen-futures auswählen, die eine der Fremdwährungskassaposition ähnliche Kurserwartung aufweisen (sog. cross hedge), oder vollständig auf die Sicherung mittels Devisen-futures verzichten und z. B., soweit erhältlich, ein Devisentermingeschäft mit einer Bank abschließen. Grundsätzlich besteht bei der Absicherung mittels Devisen-futures infolge der Standardisierung der Kontrakte ein Basisrisiko, welches bei cross hedges besonders stark geprägt ist. Basisrisiko bedeutet, daß Kassa- und Terminposition keine genau gleichläufigen, sich kompensierenden Wertentwicklungen aufweisen. Ein geringes Basisrisiko beinhaltet jede Absicherung mittels Devisen-futures. Dies resultiert daraus, daß die Sicherung z. B. einer Fremdwährungsverbindlichkeit alternativ auch durch den sofortigen Kauf der Fremdwährungsbeträge am Kassamarkt erfolgen könnte und hierdurch in entsprechender Höhe Liquidität gebunden wäre. Hingegen ist bei dem Verkauf von Devisen-futures nur ein geringfügiger Sicherheitseinschuß (initial margin) zu tätigen. Die hiermit einhergehende differierende Höhe der Liquiditätsbindung und daraus resultierend der Zinsaufwendungen kommt diskontiert im Kurs des futures zum Ausdruck, die Wertentwicklung von Kassa- und futures-Position kann folglich nicht vollständig gleichläufig sein. Rege gehandelt werden Devisen-futures vor allem an den Terminbörsen von Chicago, New York, Philadelphia und London; seit einigen Jahren ferner in Amsterdam und Paris.

Devisengeschäfte der Deutschen Bundesbank

→ Devisenmarktpolitik der Deutschen Bundesbank → Devisenpensionsgeschäfte der Deutschen Bundesbank.

Devisenhandel

Kauf oder Verkauf von Devisen per Termin oder per Kasse, wobei in erster Linie telegraphische Auszahlungen (Bankanweisungen) gehandelt werden. Voraussetzung ist, daß Devisen untereinander vergleichbar, austauschbar und marktmäßig bewertbar sind. Grundsätzlich auch Aufgabe der Devisenbörsen; doch machen die Börsenumsätze nur einen kleinen Teil der gesamten Devisenumsätze aus. Der Devisenhandel liegt in Verbindung mit dem Außenhandelsfinanzierungsgeschäft weitgehend bei den Banken, die besondere Devisenabteilungen haben. Der Devisenhandel umfaßt Kassa- und Termingeschäfte. → Devisenbörse → Devisenmarkt → Devisenkassageschäft → Devisentermingeschäft → Devisenswapgeschäft.

Deviseninländer

Personen mit gewöhnlichem Aufenthalt, Hauptniederlassung oder Sitz im Bundesgebiet. Das AWG spricht von Gebietsansässigen.

Devisenkassageschäft

Werden bei Devisenhandelsabschlüssen (Verpflichtungsgeschäft) keine besonderen Vereinbarungen über den Termin der beiderseitigen Leistungen getroffen, so handelt es sich um Devisenkassageschäfte (Comptantgeschäfte). Die Anschaffung der Devisen (Erfüllungsgeschäft) erfolgt beiderseits am 2. Werktag nach dem Geschäftsabschluß („zweiwerktägig valuta kompensiert"). → Devisentermingeschäft → Devisenswapgeschäft.

Devisenkommissionsgeschäft

An- und Verkauf von Devisen für Rechnung und im Auftrag eines Kunden durch eine Bank.

Devisenkurs
Preis, der in einem Land für eine fremde Währung bezahlt wird. An den deutschen Devisenbörsen notieren die Makler Geld- und Briefkurse bis höchstens 4 Stellen hinter dem Komma. Die Kursspanne zwischen Geld- und Briefkurs wurde auf ca. 3,25‰ festgelegt. Aus der Kursnotierung an den Devisenbörsen geht nicht hervor, wenn beschränkte Zuteilung bzw. beschränkte Abnahme erfolgte. Im vor- und nachbörslichen Freiverkehr zwischen den Banken (In- und Ausland) werden sämtliche Währungen frei gehandelt. Den veröffentlichten Devisenterminkursen (Taxen) für 1, 2, 3 und 6 Monate liegt der außerbörsliche Terminhandel zugrunde.

Devisenkursbildung
Bei freiem Devisenhandel unterliegt die Ermittlung des Austauschverhältnisses (Wechsel-, Devisenkurs) den Gesetzen des Marktes, wonach Angebot und Nachfrage den Kurs bestimmen. Den Devisenbörsen kommt die Aufgabe zu, börsentäglich Geld-, Brief- und Mittelkurse festzustellen. Der Großteil des Devisenhandels vollzieht sich unter Banken außerhalb der Börse oder der Börsenzeiten. Für diesen Handel, insbesondere bei Devisenarbitrage und Devisenterminhandel, vollzieht sich die freie Kursbildung entsprechend der Augenblickslage am Markt und wird nicht amtlich notiert. Anders bei Devisenbewirtschaftung, wo amtliche Reglementierungen die freie Kursbildung erheblich einschränken oder sogar feste Kurse vorschreiben.

Devisenkursmakler
Amtlich bestellter Makler an der Devisenbörse.

Devisenkurssicherung
Kurssicherung zum Schutz vor Schwankungen einer Währung. Ziel hierbei ist es nicht, Gewinn zu erzielen, sondern Verluste zu vermeiden, die sich aus einer Auf- oder Abwertung ergeben können. Risikokompensierende Maßnahmen liquidieren Währungsrisiken durch Schaffung konträrer Fremdwährungspassiva bzw. -aktiva. Bedeutsam sind Devisentermingeschäfte und Wechselkursversicherungen. Der Besitzer von Währungsaktivpositionen kann ferner über das Finanzhedging am Devisenkassamarkt durch Aufnahme eines auf gleiche Währung und auf gleiche Höhe lautenden Kredits in Fremdwährung und gleichzeitigen Umtausch eine Sicherung vornehmen. I. w. S. können auch vorzeitiges Begleichen von Verbindlichkeiten (leading), Diskontierung von Fremdwährungswechseln, Forfaitierung und Factoring hinzugerechnet werden. Zu den risikovermeidenden Maßnahmen bieten sich besonders im Außenhandel die Fakturierung in heimischer Währung, Kurssicherungsklauseln sowie Vorauszahlungen an.

Devisenmakler
Vereidigte Kursmakler, die an den Devisenbörsen täglich die amtlichen Kurse ermitteln. Außerhalb der Börsenzeiten sind sie häufig als freie Makler im Devisenhandel unter den Banken tätig (Freiverkehr).

Devisenmarkt
Am deutschen Devisenmarkt spielen Banken als Händler und Vermittler die maßgebliche Rolle. Man versteht als Devisenmarkt den (meist telefonischen) Handel mit an ausländischen Plätzen zahlbaren Fremdwährungsguthaben (Devisen). Aus den am Devisenmarkt bestehenden Angebots- und Nachfragebedingungen ergibt sich der Devisen- oder Wechselkurs der Fremdwährungen, der in Deutschland als DM-Preis für 1, 100 oder 1000 Fremdwährungseinheiten ausgedrückt wird. Entsprechend den vertraglichen Vereinbarungen über die Erfüllung von Devisengeschäften werden Devisenkassa- und Devisentermingeschäfte unterschieden. Die den Kassa- bzw. Termingeschäften zugrundeliegenden Devisenkurse sind die Kassa- bzw. Terminkurse. Die Differenz zwischen Termin- und Kassakurs wird als Swapsatz bezeichnet. Ein positiver Swapsatz, d. h. ein Aufschlag auf den Kassakurs, heißt Report, ein Abschlag Deport. Die Swapsätze sind ein wichtiges Kalkulationselement für die internationale Zinsarbitrage; sie entsprechen bei den wichtigsten Währungen im wesentlichen dem internationalen Geldmarktzinsgefälle. An den Devisenbörsen Deutschlands als Devisenmärkten i. e. S. wird für jede notierte Währung börsentägig ein amtlicher Kassakurs festgestellt, der i. a. als Basis für das Devisengeschäft der Banken mit ihren Kunden dient. Dabei hat die Frankfurter Devisenbörse besondere Bedeutung. Der größte Teil der Devisengeschäfte wird jedoch nicht an den Devisenbörsen, sondern im Telefonverkehr unter Banken abgewickelt.

Devisenmarktpolitik der Deutschen Bundesbank

Um die von den Devisenmärkten ausgehenden Störungen der Geldpolitik zu beschränken, setzt die Bundesbank devisenpolitische Instrumente ein, mit denen sie die internationalen Geldströme beeinflussen kann. Hierbei handelt es sich um Interventionen am Devisenkassamarkt, swap-Geschäfte und outright-Operationen am Devisenterminmarkt sowie Devisenpensionsgeschäfte. Am Devisenkassamarkt interveniert die Bundesbank durch Käufe oder Verkäufe, um exzessive und erratische Kursschwankungen zu verhindern; derartige Interventionen erfolgen vor allem gegenüber dem US-$. Aufgrund des Vertrages über das EWS muß die Bundesbank zudem nach bestimmten Interventionsregeln hinsichtlich der angeschlossenen Währungen aktiv werden. Bei ihren swap-Geschäften werden von der Bundesbank Devisen per Kasse gekauft (verkauft) und gleichzeitig per Termin verkauft (gekauft) (Koppelung von Kassa- und Termingeschäften), wobei der swap-Satz ein Zinsäquivalent darstellt. Die zeitweilig durchgeführten outright-Terminoperationen unterscheiden sich vom Kassageschäft dadurch, daß erst zu einem späteren Termin (z. B. in 3 Monaten) zu erfüllen ist. Dabei wird die Bankliquidität zeitlich verzögert ebenso beeinflußt wie durch ein entsprechendes Kassageschäft. Diese Devisengeschäfte dienen heute nur der „Feinsteuerung" des Geldmarktes: Kauft die Bundesbank von Banken per swap-Geschäft US-$ an, so stellt sie ihnen damit gezielt für bestimmte Zeit Zentralbankguthaben zur Verfügung; gibt sie Dollar per swap an die Banken ab, entzieht sie dem Geldmarkt für begrenzte Zeit Liquidität. Diese Transaktionen werden zu Marktsätzen abgewickelt. Um Liquidität temporär zu absorbieren, schließt die Bundesbank auch Devisenpensionsgeschäfte ab. Dabei wird den Banken der „Herausgabeanspruch" auf Auslandsaktiva der Bundesbank für befristete Zeit übertragen. Hinsichtlich der Liquiditätswirkung führt ein Devisenpensionsgeschäft zu demselben Resultat wie ein swap-Geschäft.

Devisenoptionen

Der Käufer einer Devisen-call-Option erwirbt das Recht – jedoch nicht die Verpflichtung –, einen bestimmten Devisen-, z. B. US-$-Betrag am Verfalltag zu einem im voraus bestimmten Kurs (Basispreis) zu beziehen; dafür bezahlt er eine Prämie, deren Höhe am Markt nach Angebot und Nachfrage unterschiedlich ist. Basispreis plus Prämie ergeben die Kosten. Wenn der $-Preis steigt, wird der Käufer bei Fälligkeit die Option ausüben; fällt er, wird er die Option verfallen lassen und sich preisgünstiger am Kassamarkt eindecken. Der Käufer einer Devisen-put-Option kauft das Recht, einen bestimmten Devisen-, z. B. US-$-Betrag zu einem im voraus festgelegten Preis bei Fälligkeit zu verkaufen. Für dieses Andienungsrecht muß er eine Prämie bezahlen. Durch den Kauf einer put-Option sichert er sich gegen einen Kursrückgang ab; steigt der Preis, wird er die put-Option verfallen lassen und seine Fremdwährung am Kassamarkt zu einem höheren Preis verkaufen.

Devisenoptionsscheine

→ Währungsoptionsscheine.

Devisenpensionsgeschäfte

Verkauf von Devisen durch eine Bank o. a. Institution an z. B. eine andere Bank – auch die Zentralnotenbank – mit Übernahme der Rückkaufverpflichtung seitens des Pensionsgebers gegenüber dem Pensionsnehmer. Dient der kurzfristigen Beschaffung liquider Mittel seitens des Pensionsgebers und der ertragbringenden kurzfristigen Geldanlage durch den Pensionsnehmer. → Pensionsgeschäfte.

Devisenpensionsgeschäfte der Deutschen Bundesbank

Um Liquidität bei den Banken zu absorbieren, schließt die Bundesbank mit den Banken Devisenpensionsgeschäfte ab. Hierbei werden den Banken Auslandsaktiva der Bundesbank für befristete Zeit übertragen. Die Zinssätze bei diesen Operationen orientieren sich an den Geldmarktsätzen.

Devisen-Performance-Anleihe

Schuldverschreibung, deren Rendite von der Entwicklung eines Devisenkurses abhängt. Der Rückzahlungskurs wird danach gestaffelt, wie sich der Devisenkurs einer bestimmten Währung entwikkelt hat. Bezugsgröße ist hierbei der Devisenkurs am Ende der Laufzeit oder zu einem bestimmten Zeitpunkt während der Laufzeit; i. d. R. werden Mindest- und Höchstkurse für die Rückzahlung festgelegt.

Devisenrechnung

Feststellung des Austauschverhältnisses zwischen Währungen zur Kalkulation von Devisengeschäften sowie deren Abrechnung. Unterschieden werden: Geldkurs, Mittelkurse und Briefkurs; daneben kommen gespannte Geld- und Briefkurse zur Anwendung. Abgezogen werden daneben Maklergebühr (Courtage), Provision, Abwicklungsgebühren u. a. m.

Devisenreserven

Bestand der Zentralnotenbank an Fremdwährungen, d. h. internationalen Zahlungsmitteln. I. w. s. auch die Devisenbestände von Banken und Unternehmen.

Devisenrestriktionen

Maßnahmen eines Staates, die auf eine Erschwerung, Einschränkung oder Verhinderung des Erwerbs, der Übertragung usw. von Devisen abzielen, auch zur Verhinderung von Kapitalflucht oder des Zuflusses von heißem Geld, d. h. zur Eindämmung von Devisenspekulationen. → Devisenbewirtschaftung → Devisenzwangswirtschaft.

Devisenspekulation

Ausnutzen der Kursschwankungen von Devisen zum Erzielen von Gewinnen. Die internationale Devisenspekulation kann wegen ihres hohen Volumens Währungskrisen beschleunigen oder sogar induzieren. Voraussetzung für spekulative Devisengeschäfte ist Konvertibilität der beteiligten Währungen.

Devisenswap-Geschäft

Kombination aus einem Verkauf von Devisen am Kassamarkt und gleichzeitigem Rückkauf dieser Devisen per Termin. Dadurch kann der Besitzer einer Währungsposition, der diese im Zeitpunkt des swap-Geschäfts nicht benötigt, später jedoch Verbindlichkeiten in dieser Währung zu erfüllen hat, den DM-Betrag bis zur Erfüllung des Termingeschäfts anders verwenden, etwa zur Rückführung von Kontokorrentkrediten in heimischer Währung. Umgekehrt ist eine Position denkbar, in der etwa bis zum Eingang einer Forderung in Fremdwährung Devisen benötigt werden. In diesem Fall bietet sich ein Kauf am Kassamarkt mit gleichzeitigem Verkauf am Devisenterminmarkt an.

Devisentermingeschäft

Mittel der Kurssicherung. Ein Devisentermingeschäft ist, im Gegensatz zum Devisenoptionsgeschäft, ein verbindlicher Devisenkauf bzw. -verkauf, der von den Kontrahenten nicht – wie beim Devisenkassageschäft – innerhalb von 2 Werktagen nach Abschluß, sondern erst zu einem vereinbarten späteren Zeitpunkt erfüllt wird. Der Kurs, der dem Kauf bzw. Verkauf zugrunde liegt, wird schon am Abschlußtag vereinbart. Der Zeitraum zwischen Abschlußtag und vereinbartem Erfüllungstag ist die Laufzeit des Termingeschäfts. Den Erfüllungstag bezeichnet man auch als Termin oder Fälligkeit. Der Importeur sichert auf diese Weise seine in einer bestimmten Frist zu bezahlende Verbindlichkeit ab, der Exporteur die später eingehende Bezahlung seiner Forderung in Fremdwährung. Als Kontrahenten für Termingeschäfte treten Banken auf. Devisentermingeschäfte werden überwiegend mit Standardlaufzeiten kontrahiert: Termine von 1, 2, 3, 6, 12 Monaten; Abschlüsse mit längeren Laufzeiten – etwa bis 3 Jahre – sind in Ausnahmefällen möglich. Termingeschäfte mit Fälligkeiten, die von den Standardlaufzeiten abweichen, werden von den Banken i. a. zwar ebenfalls abgeschlossen; doch kann damit nicht in allen Fällen gerechnet werden. Der Kurs, der bei einem Termingeschäft mit bestimmter Laufzeit zugrunde gelegt wird, ist normalerweise nicht gleich dem für dieselbe Währung zum gleichen Zeitpunkt geltenden Kassakurs. Überschreitet der Terminkurs den gleichzeitigen Kassakurs, nennt man die Differenz Report; ist der Terminkurs niedriger als der Kassakurs, ist die Differenz der Deport (auch Terminaufschlag oder Aufschlag bzw. Terminabschlag oder Abschlag). Als Oberbegriff für Report und Deport verwendet man die Bezeichnung swap-Satz. Wenn der Terminkurs einer Währung dem Kassakurs entspricht, nennt man den Terminkurs pari Kassa oder pari. Der swap-Satz – als Report wie als Deport – läßt sich in einen Jahresprozentsatz umrechnen, was vor allem bei Finanzkrediten über fremde Währungen üblich ist. Unterschiede bestehen meist nicht nur zwischen Terminkurs und Kassakurs einer Währung, sondern auch zwischen den Terminkursen für verschiedene Laufzeiten derselben Währung. Devisentermingeschäfte treten in 2 Varianten auf: outright- und swap-Geschäfte. Die beiden Arten kommen für unterschiedliche Kurssicherungszwecke in Frage. → Devisenoptionen.

Devisenterminhandel

Handel von Devisen, wobei – anders als beim Kassageschäft – der Erfüllungstermin des Geschäftes in der Zukunft liegt. Kurs, Laufzeit, Währungen, Erfüllungstermin, Erfüllungsort u. ä. sind dabei von vornherein festgelegt und verbindlich. In Deutschland sind derartige Geschäfte in allen Währungen ohne Beschränkungen zugelassen. Marktteilnehmer sind Banken sowie alle an Devisenbörsen zugelassenen Händler. Unter normalen Verhältnissen wickelt sich der Handel am Devisenterminmarkt in freiem Verkehr über Telefon und Telex ab. Marktpartner sind in- und ausländische Banken, die in Kommission die vom Kunden erteilten Aufträge ausführen. → Devisentermingeschäfte.

Devisenterminkontrakte

→ Devisen-futures.

Devisenvorschriften für Wertpapiergeschäfte

Geschäfte zwischen Deviseninländern (Gebietsansässigen) und Devisenausländern (Gebietsfremden) sind im Zuge der Liberalisierungsmaßnahmen durch Devisenvorschriften in Deutschland kaum eingeschränkt: So dürfen zwischen Deviseninländern und -ausländern alle Geschäfte abgeschlossen werden, die ausländische Wertpapiere zum Gegenstand haben; der Kaufpreis kann in jeder Währung geleistet werden. Geschäfte in Wertpapieren inländischer Emittenten unterliegen gleichfalls keinen Beschränkungen. Trotz der fast völligen Aufhebung aller Beschränkungen für Geschäfte in Wertpapieren zwischen Deviseninländern und -ausländern hat die Bundesbank jedoch das Recht, Auskünfte zu verlangen und Prüfungen vorzunehmen. In der Praxis verlangt sie, daß ihr jedes Geschäft mit ausländischen Wertpapieren gemeldet wird (außer mit Gegenwerten unter DM 500). Erträge aus ausländischen Wertpapieren können in jeder Währung entgegengenommen und ins Inland verbracht werden; Zins- und Dividendeneingänge sind – soweit im Einzelfall über DM 500 – durch den Zahlungsempfänger an die Bundesbank zu melden.

Devisenzwangswirtschaft

Administrative Kontrolle sämtlicher Transaktionen in ausländischer Währung unter Beschränkung oder völliger Aufhebung der Freizügigkeit des Devisenhandels und des Zahlungsverkehrs mit dem Ausland. → Devisenbewirtschaftung.

diagonaler Konzern

→ Konzern → Diversifikation, Diversifizierung.

Diamanten als Kapitalanlage

Beurteilungskriterien für Diamanten (C-Faktoren) sind: (1) Carat (ct.), Gewicht: Gewicht und damit Größe von Diamanten werden in Carat angegeben; 1 ct. = 0,2 g. Es wird mit 3 Stellen hinter dem Komma angegeben. Das Carat ist in 100 Punkte eingeteilt (der Halbcaräter hat somit 50 Punkte); (2) colour, Farbe: eines der wichtigsten Kriterien beim Diamanten. Vollkommen farblose Diamanten sind sehr selten, woraus ihre hohe Wertschätzung resultiert. Die Farbskala reicht von hochfeinem Weiß + bis zu stufenlos zunehmender Gelbsättigung (siehe Tabelle). Für Kapitalanlagen kommen praktisch nur Diamanten mit mindestens 1 Karat Gewicht und der Farbbezeichnung „River E" (hochfeines Weiß) in Frage. Höherwertige Farbstufen wie „River D" sind bereits absolute Raritäten. (3) clarity, Reinheit: Man geht von der inneren Reinheit des Steines aus. Lupenrein als Bezeichnung für die höchste Reinheitsstufe heißt, daß selbst bei zehnfacher Vergrößerung kein Einschluß im Stein zu sehen ist. Die Reinheitsbemessung wird in den vorgeschriebenen Abstufungen vorgenommen, wobei für Anleger nur 2 Reinheitsgrade in Frage kommen sollten: if (internally flawless) = lupenrein, und vvs: (very, very small inclusions) = sehr, sehr kleine Einschlüsse; (4) cut, Schliff: Das „Feuer" eines Steines wird durch den Schliff sichtbar gemacht, der daher den Wert des Diamanten mitbestimmt. Auch bei bester Bearbeitung verliert der Diamant beim Schleifen ca. 40–60% seines Rohsteingewichts. (5) certificate, Expertise: Für den Anleger ist eine dem Diamanten zugehörige Expertise, die von hochqualifizierten Experten nach international gültigen Kriterien erstellt wird, wesentlich. Eine solche verdeutlicht neben Größe, Farbe, Reinheit und Schliff alle Indentifikationsmerkmale eines Diamanten. Ihre Erstellung erfolgt in Übereinstimmung mit Nomenklaturen für die Bewertung geschliffener Diamanten in

Farbklassen von Diamanten

G.I.A	Internat. Normen	Britisches System	Deutsches System
D	Exceptional white +	Finest white	River
E	Exceptional white		
F	Rare white +	Fine white	Top Wesselton
G	Rare white		
H	White	White	Wesselton

Form der weltweit gültigen CIBJO-Bestimmungen. Der internationale Diamantenhandel bewertet Expertisen des Gemological Institute of America (GIA) und des Hoge Road voor Diamant (HRD), Antwerpen, am höchsten. Expertisen dieser Institute bieten die Gewähr, beim Wiederverkauf keine Qualitätsabschläge hinnehmen zu müssen. Vielmehr werden Diamanten mit allgemein anerkannten Expertisen im Vergleich zu unqualifizierten Steinen häufig um bis zu 100% höher bewertet. Um Diamanten unverwechselbar zu halten, erfolgt vielfach eine Kennzeichnung mit Laserstrahl auf dem Rondist, dem Gürtel des Steins. (6) company, Anbieter: Einfluß auf den Wert des Diamanten hat auch die Seriosität des Händlers. Namhafte Diamantenhäuser sind international bekannt und haben deswegen einen guten Ruf zu verlieren. Ein Faktor, den es insbesondere auch beim Wiederverkauf zu berücksichtigen gilt. Während die Preise bei Industriediamanten wegen ihrer Abhängigkeit von den synthetischen Diamanten relativ stabil sind (bis ca. US-$ 40 je ct.), ist der Markt für Schmuck- und Investmentdiamanten differenzierter. Bei Schmuckdiamanten ist Anhaltspunkt, daß bei hochwertigen Qualitäten für Steine von ¼ ct. ein Preis von US-$ 1.600 je ct. erzielbar ist. Bei Investmentdiamanten sind dagegen verschiedene Faktoren wirksam: ein enger Markt, in dem nur Topqualitäten feinster Farb- und höchster Reinheitsstufe der Diamantenklassifikationsskala des G.I.A. und HRD gehandelt werden. 1980 wurden für Diamanten der Stufe „River E", lupenrein, bis zu 80000 DM pro ct. bezahlt. Nach einem scharfen Preiseinbruch hat sich inzwischen für obige Diamantenqualität wieder ein Preisniveau von 20000 DM bis 30000 DM etabliert. Dabei ist jedoch zu berücksichtigen, daß Diamanten individuelle, also keine homogenen Produkte darstellen, ein einheitlicher Preis mithin nicht existiert. Der Diamantenmarkt war bis vor einiger Zeit eine Domäne nur von wenigen Experten. Durch die sich verstärkende Verbreitung und Akzeptanz auch der Diamantenzertifikate ist er aber transparenter geworden. Das Wachstum des Investmentdiamantenmarktes sowie die Erwerbsbereitschaft auch Privater haben zu weiterem Bekanntwerden des Zertifikats und damit auch des Produktes geführt.

Diamantenbörse

→ Diamanten und Diamantenmarkt.

Diamanten und Diamantenmarkt

Ein Diamant besteht aus reinem Kohlenstoff mit besonders dichter Atompackung. Diamanten stellen Kohlenstoffatome dar, die sich in Form eines Kristallgitters angeordnet haben. Hierbei ist jeweils ein Atom über seine vier Elektronen mit vier weiteren Atomen verbunden. Aus dieser Gitterkonstruktion resultiert die große Härte der Diamanten. Man unterscheidet aus geologischer Sicht bei den Naturdiamanten: primary deposits, die in vulkanischen Schichten enthalten sind, und secondary deposits, die aus angeschwemmten Grundstoffen bestehen und im Flußbett gefunden werden. Bei Vermarktung wird unterschieden nach Industriediamanten und Edelsteinen (gems). Der größte Teil der Förderung geht in den Industriesektor (geschätzt ca. 80% am Gesamtmarkt). Der verbleibende Anteil von ca. 20% hat ein Wertvolumen, das ca. 80% am Gesamtmarkt ausmacht. Edelsteine werden in Schmucksteine und Investmentdiamanten eingeteilt; letztere machen aber nur einen kleinen Anteil von 20% am Edelsteinmarkt in Carat gemessen aus. Die Rohdiamanten aus aller Welt werden von der Central Selling Organization (CSO) des De-Beers-Konzerns aufgekauft und an die Schleifzentren weitergeleitet. Die CSO veranstaltet zehnmal pro Jahr Verkaufsaktionen (sights), an denen weltweit nur etwa 350 Händler teilnehmen dürfen. Diese Händler versorgen die Welt über die wichtigsten Diamantenmärkte New York, Antwerpen, Tel Aviv, Bombay, Hong Kong und Singapur mit den Edelsteinen. Die CSO stellt praktisch ein Verkaufskartell dar. Sie beherrscht etwa 85% des Welt-Diamantenmarktes. Sie bietet bei großer Nachfrage mehr, bei geringem Kaufinteresse weniger Material am Markt an und bestimmt kraft ihrer Stellung den Preis.

Diebstahl von Wertpapieren

Ohne oder gegen den Willen (Abhandenkommen) von verbrieften Forderungen. Zur Abwendung von Schäden ist eine Verlusterklärung erforderlich, ggf. eine Kraftloserklärung. Besondere Probleme bereiten Papiere, die ohne Indossament oder Abtretungserklärung bzw. ohne Anzeigepflichten wirksam übertragen werden können. Bei solchen Inhaberpapieren entsteht ein nicht unbedeutendes Beweisproblem für den rechtmäßigen Eigentümer.

Dienstleistungsbörse

Fälschliche Bez. als Börse für Institutionen oder Veranstaltungen, die der Transparentmachung des Angebots von und der Nachfrage nach verschiedenen Dienstleistungen – z. B. Transportleistungen – dienen.

Dienstmädchenbörse

Scherzhafte Bez. für den meist in der Endphase einer Hausseperiode liegenden Zeitpunkt, wenn, angelockt durch vermeintlich leichte Börsengewinne, jedermann in Aktien zu spekulieren beginnt. Auch: Hausfrauenbörse.

Differenzarbitrage

Dient der Ausnutzung von Kursunterschieden in einem Zeitpunkt an verschiedenen Märkten durch Abschluß von 2 oder mehr sich insgesamt kompensierenden Geschäften. I. a. sind die Margen, die zur Erzielung eines Arbitragegewinns genutzt werden können, sehr gering, zumal die Kosten der Transaktion mit in Betracht zu ziehen sind. Die Differenzarbitrage hat, anders als die Ausgleichsarbitrage, nicht das Ziel, ohnehin erforderliche Devisen möglichst billig anzukaufen oder vorhandene Bestände teuer zu verkaufen, sondern richtet sich auf die Gewinnerzielung durch unmittelbare Kombination von Kauf und Verkauf und damit der Herstellung einer geschlossenen Position. → Arbitrage.

Differenzeinwand, -einrede

Bei einem Differenzgeschäft gem. §§ 762, 764 BGB Spiel- oder Differenzeinwand: Rechtsmittel zur Anfechtung eines Börsentermingeschäftes.

Differenzgeschäft

Termingeschäfte über Wertpapiere oder Waren, bei denen die Parteien davon ausgehen, daß nur die Differenz zwischen An- und Verkaufspreis von dem Verlierenden an den Gewinnenden zu zahlen ist, also keine effektiven Transaktionen stattfinden. Differenzgeschäfte sind in Deutschland rechtlich wegen ihres Spielcharakters nicht einklagbar. Es besteht keine Möglichkeit, den Differenzeinwand zu erheben, wenn nach börsengesetzlicher Regelung der Termineinwand nicht mehr erhoben werden darf. Dies gilt für Kaufleute und für Privatpersonen (Nichtkaufleute), die ein schriftliches Informationsblatt über typische Risiken des Börsentermingeschäfts unterzeichnet haben. → Differenzeinwand.

DINGO

Ein auf australische Dollar lautender zerobond aufgrund „gestrippter" australischer Staatspapiere.

direkte Notierung

→ Mengennotierung.

Direktgeschäft

Börsengeschäft unmittelbar zwischen Banken ohne Vermittlungshilfe durch Kursmakler oder freie Makler, außerhalb der Börse. Auch: Geschäfte der Zentralnotenbank mit Nichtbanken.

Direktgutschrift

Verfahren in der Lebensversicherung zur Überschußbeteiligung: Die Versicherungsunternehmen können entweder einen Teil ihres jährlichen Überschusses direkt den Konten der Versicherten gutschreiben oder das angesammelte Sparkapital aus der Lebensversicherung im Wege der Direktgutschrift zusätzlich verzinsen.

Direktversicherung

Von einem Unternehmen im Rahmen der betrieblichen Altersvorsorge auf das Leben eines Beschäftigten – zu dessen Gunsten bzw. zu seiner Angehörigen Gunsten – abgeschlossene gemischte Lebensversicherung. Hierbei schließt das Unternehmen mit einer Versicherungsgesellschaft einen Versicherungsvertrag ab, aus dem als Versicherte der Arbeitnehmer und ggf. seine Angehörigen unmittelbar bezugsberechtigt sind (widerruflich oder unwiderruflich). Möglich sind Einzelversicherungen und Gruppenversicherungen. Direktversicherung ist als Rentenversicherung und Kapitalversicherung möglich. Beitragsaufwendungen des Arbeitgebers gelten als Einkommensbestandteil des Arbeitnehmers. Direktversicherungen unterliegen steuerlichen Vergünstigungen, wenn sie eine Laufzeit bis zur Vollendung des 59. Lebensjahres des Versicherten, mindestens aber von fünf Jahren haben, eine vorzeitige Kündigung und eine Abtretung ausgeschlossen sind sowie die Beiträge aus einem ersten Dienstverhältnis bestritten werden. In diesem Fall wird der vom Arbeitgeber entrichtete Beitrag beim Arbeitnehmer bis zu einer Höhe von DM 3000 p. a. nicht mit dessen persönlichem Steuersatz, sondern mit einem pauschalen Satz von 15% Lohn- bzw. Einkommensteuer und davon 7% Kirchensteuer belastet. Werden die Beiträge zu einer Direktversicherung auf Grundlage einer teilweisen Gehaltsumwandlung bestritten, so unterliegen sie ebenfalls der o. a. Besteuerung. Beiträge zu einer Direktversicherung gelten als Sonderzahlung des Arbeitgebers und unterliegen nicht der Sozialversicherungspflicht.

dis.

Abk. in britischen Kurszetteln für discount oder disagio.

Disagio

Unterschied zwischen Rückzahlungs- und niedrigerem Ausgabekurs bzw. auch Differenz zwischen Börsenkurs und Nennwert. Emission von Aktien mit Disagio ist nicht zulässig (Verbot der Unterpariemission), von festverzinslichen Wertpapieren üblich (zur „Feineinstellung" der Verzinsung). Gegens.: Agio.

Disagiokonto

Ist der Rückzahlungsbetrag von Verbindlichkeiten oder Anleihen höher als der Ausgabebetrag, darf der Unterschied unter die Rechnungsabgrenzungsposten der Aktivseite der Jahresbilanz aufgenommen werden. Der Betrag ist gesondert auszuweisen und durch planmäßige jährliche Abschreibungen, die auf die gesamte Laufzeit verteilt werden dürfen, zu tilgen. Ein Disagio bei Hypothekenpfandbriefen darf höchstens zu ⅘ unter die Rechnungsabgrenzungsposten der Aktivseite aufgenommen werden. Dieser Betrag muß in jedem folgenden Geschäftsjahr zu mind. ¼ aufgelöst werden.

disclaimer

Erklärung des lead manager als Vertreter des Emissionskonsortiums, daß die im Prospekt gemachten Angaben auf Informationen des Emittenten basieren und sie nur nach bestem Wissen geprüft werden konnten. Intention der Erklärung ist eine Haftungsbegrenzung des lead manager.

discount

→ Disagio.

discount bond

Anleihe mit einem stark unter pari liegenden Emissionskurs; eine marktgerechte Rendite wird durch eine vergleichsweise niedrige Nominalverzinsung erreicht. Auch: Ausdruck für abgezinste Wertpapiere.

discount broker

Broker, der Effektenkommissionsgeschäfte zu marktunüblichen, sehr niedrigen Gebühren abwickelt. Damit verbunden ist allerdings ein weitgehender Verzicht auf Service-Leistungen.

Disintermediation

Verdrängung von Banken aus ihrer Funktion als Kapitalgeber und -nehmer infolge des vor allem an internationalen Finanzmärkten zu beobachtenden Trends der Verbriefung von Forderungen und Verbindlichkeiten (securitization). Entsprechend übernehmen Banken vermehrt Vermittler- und Händlerfunktionen.

diskontieren, Diskontierung

→ Abzinsung, abzinsen.

Diskontierungsfaktor

→ Abzinsungsfaktor.

Diskontpapier

→ Abzinsungspapier.

Diskontsatz

Zinssatz beim Wechselankauf. I. e. S. versteht man darunter als Bankrate den Zinssatz, zu dem die Bundesbank Wechsel von den Banken ankauft.

Diskretionskonten

→ Nummernkonten → anonyme Konten.

distribution

Verteilung, Vertrieb. Bei Investmentfonds Erträgnisausschüttung. Ex distribution amtlich notierter ausländischer Wertpapiere wird in den Kursblättern wie ausschließlich Dividende angezeigt.

distributor

Vertriebsgesellschaft eines Investmentfonds.

Disziplinarausschuß der Maklerkammer

Die Mitglieder werden von der Maklerkammer aus dem Kreis der Kursmakler gewählt. Ahndet Verstöße von Kursmaklern gegen ihre Berufspflicht.

Div.

In Kurszetteln Abk. f. Dividende.

diversified investment company

Bez. des US Investment Company Act für Investmentgesellschaften, die die Anforderungen des Gesetzes bzgl. Risikostreuung erfüllen. Sie darf nicht mehr als 5% ihres Vermögens in Wertpapieren eines Ausstellers anlegen und nicht mehr als 10% des stimmberechtigten Kapitals einer Unternehmung halten. Investmentgesellschaften, die den Bestimmungen nicht entsprechen: semi-diversified, non-diversified.

Diversifikation, Diversifizierung

Expansion des Leistungsprogramms einer Unternehmung auf neue Leistungsbereiche, die meist im Zusammenhang mit der bisherigen Leistungspalette stehen. Dadurch sollen gesteigertes langfristiges Wachstum und zugleich Risikoausgleich erreicht werden. Kriterium bei der Aktienanalyse. Auch bei Wertpapierportefeuilles, die durch Anlagen in verschiedenen Wertpapieren – verschiedene Arten, Aktien, verschiedene Branchen, verschiedene Laufzeiten, Länder usw. – eine Risikostreuung aufweisen, die den Kapitalanleger gegen Extremverluste – wie bei Risikoballung oder -kumulation – schützen soll. Theoretische Grundlage: portfolio-selection-Theorie. Auch: wenn ein Kapitalanleger sein Vermögen über verschiedene Anlagearten streut, also z. B. Wertpapiere, Grundstücke, Gold usw. besitzt, um auf diese Weise für sein Vermögen insgesamt Risiken zu mindern. Diversifikation beinhaltet dann die gezielte Streuung von Vermögenswerten in Anlagewerte mit unterschiedlichen, teils sogar gegenläufigen Risikostrukturen. Ziel solcher Streuung ist in jedem Fall die Herstellung einer Vermögensgesamtposition, bei der sich die Risiken der einzelnen Elemente kompensieren sollen. → Kapitalanlagen, Diversifikation.

Dividende

Anteil am Gewinn einer AG (auch der GmbH, Genossenschaft u. a.), der auf eine einzelne Aktie (Geschäftsanteil) entfällt. Bei Aktien, die pro Stück notiert werden, bezieht sich die Dividende auf das Stück. Die HV beschließt nach dem Vorschlag von Vorstand und Aufsichtsrat über die Höhe. Die Satzung kann auch eine andere Form der Gewinnverteilung vorschreiben. Anders als der Zins ist die Dividende vom Bilanzgewinn abhängig, den eine Unternehmung im Geschäftsjahr erzielt bzw. ausweist. Sie kann daher schwanken, evtl. ausfallen, wenn die Ertragslage schlecht ist oder Investitionen Verzicht auf Dividendenausschüttung anraten. Feste Zinsen dürfen den Aktionären nicht zugesagt oder gezahlt werden, doch kann ihnen die Zusicherung einer bestimmten (Mindest-)Dividende durch Dritte gegeben werden (Dividendengarantie).

Dividendenabschlag

Kursminderung bei Aktien, die nach der Dividendenauszahlung eintritt. Auf dem Kurszettel wird dies durch ex Dividende gekennzeichnet. Ist die Dividende sofort zahlbar, erfolgt der Dividendenabschlag am 1. Börsentag nach der HV. Wird die Dividende ausnahmsweise später ausgezahlt, wird der Abschlag am Fälligkeitstag bzw. am nächsten Börsentag vorgenommen. Der Kurs versteht sich am Abschlagstag ohne Dividende und erhält den Zusatz exD (→ Kurszusätze). Der Abschlag entspricht der Bruttogewinnausschüttung. Oft wird er kursmäßig bald wieder eingeholt. Findet während der Gültigkeit eines limitierten Wertpapierauftrags der Abschlag einer Gewinnausschüttung statt, wird am Abschlagstag das Limit in Höhe der Gewinnausschüttung ermäßigt.

Dividendenaktien

Bez. f. Aktien, die von Unternehmen ihren Aktionären statt einer Bardividende angeboten werden. Erfolgt überwiegend in Großbritannien. Dort liegt der Vorteil für (Klein-)Aktionäre darin, daß sie die Zusatzaktien ohne Zahlung von Courtage und Provisionen beziehen können. Die britischen Aktiengesellschaften zahlen auf die emittierten Aktien – im Gegensatz zur Bardividende – keine vorgezogene Körperschaftssteuer.

Dividendenbarwert

Der Wert einer Aktie bestimmt sich auch nach der Höhe der (künftigen) Dividende. Bei der einfachsten Methode zur Errechnung des Dividendenbarwerts wird von einer geschätzten zukünftigen Dividende und einem angenommenen Kapitalisierungszinssatz (zur Abzinsung der erst künftig zu zahlenden Dividenden) ausgegangen. Daraus erfolgt Abzinsung auf den Gegenwartswert (Barwert).

Dividendenberechtigung bei der AG

Aktien derselben Gattung haben i. d. R. denselben Dividendenanspruch. Bei einer Kapitalerhöhung werden die jungen Aktien teilweise mit unterschiedlicher Dividendenberechtigung ausgestattet. Bei der Börseneinführung junger Aktien ist die Dividendenberechtigung anzugeben. Bis zur Gleichberechtigung mit den alten Aktien werden getrennte Kurse notiert.

Dividendenbesteuerung

Die ausgeschütteten Gewinne von AG unterliegen der von der AG einzubehaltenden und abzuführenden KSt von z. Z. 30% des zur Ausschüttung verwendbaren Betrages. Im Rahmen der Körperschaftsteueranrechnung wird dem Aktionär bei Vorlage einer Körperschaftsteuerbescheinigung dieser einbehaltene Steuerbetrag als Vorauszahlung auf seine ESt angerechnet, so daß die tatsächliche Besteuerung von Dividenden sich nach dem individuellen Steuersatz des einzelnen Aktionärs richtet, im günstigsten Falle also die gezahlte KSt voll erstattet wird. → Aktie, Gesamtertrag.

Dividendendeckung(sverhältnis)

Durch Inbezugsetzung von erzieltem Jahresgewinn und ausgeschüttetem Gewinn in Form einer Dividende, ausgedrückt in %, wird eine Verhältniszahl ermittelt, die besonders für solche Aktienkategorien von Bedeutung ist, die nicht den Wuchsaktien zuzurechnen sind. Dieses Dividendendeckungsverhältnis gibt an, wie oft die ausgeschüttete Dividende durch den Gewinn der Unternehmung überdeckt ist, und hat Wirkung auf die Einstellung des Marktes zu der Aktie.

Dividendenergänzungsstock

→ Dividendenrücklage.

Dividendenerklärung der AG

Bekanntgabe des Dividendenvorschlags nach der Abstimmung über den Jahresabschluß zwischen Aufsichtsrat und Vorstand der AG.

Dividendengarantie

Gewährleistung einer Dividende zugunsten der freien Aktionäre, i. d. R. durch Mehrheitsbesitzer (Obergesellschaft). I. a. ist die Dividendengarantie befristet. Eine Dividendengarantie weisen auch stimmrechtslose Vorzugsaktien oft auf, d. h. der Anspruch auf Dividende verfällt nicht, auch wenn in einzelnen Jahren eine Dividende nicht gezahlt werden kann. Diese ist in späteren Jahren nachzuzahlen.

Dividendenkapitalerhöhung

Sonderform der im US-Aktienrecht möglichen, im deutschen Recht nicht vorgesehenen Stockdividende. Zusammen mit dem Beschluß einer normalen Dividende, einer Sonderausschüttung oder eines Bonus beschließt die HV eine aktienrechtliche Grundkapitalerhöhung unter Bezugsrechtsgewährung an die Aktionäre. Dabei reicht die Ausschüttung gerade aus, um mit ihr die angebotenen jungen Aktien erwerben zu können. Ausschüttung und Kapitalerhöhung müssen dafür das gleiche Verhältnis zum bisherigen Grundkapital haben. Die AG holt sich somit die ausgeschüttete Dividende sofort wieder zurück, weshalb dieses Verfahren auch als Schütt'-aus/hol'-zurück-Verfahren bezeichnet wird. Andere Bez.: Bonusaktienverfahren.

Dividendenkontinuität, -stetigkeit

Ausschüttungspolitik, bei der unterstellt wird, daß Anleger eine weitgehend von Schwankungen des Ertragsverlaufs der Unternehmung unabhängige Dividende wünschen. Damit erhalten die an sich erfolgsabhängigen Dividenden quasi Zinscharakter. → Dividendenpolitik.

Dividendenlosigkeit

Geschäftsjahre, in denen eine AG keine Dividenden ausschüttet, meist wegen schlechter Ertragslage. Die Aktien werden als dividendenlose Aktien (Papiere) bezeichnet.

Dividendenoptik

Bez. f. die – z. T. mehr psychologische – Wirkung, die von der absoluten Höhe der Dividende ausgeht und von manchen AG gezielt eingesetzt wird.

Dividendenpapiere

→ Dividendenwerte, -papiere → Aktie.

Dividendenpolitik

Verhaltensgrundlagen, Regeln und Maßnahmen der Verwaltung einer AG über die Verwendung des Gewinns bzw. die Höhe der Ausschüttung. Ziel dieser Ausschüttungspolitik ist es, den Interessengegensatz zwischen Geschäftsführung und Gesellschaftern einer AG im Hinblick auf die Gewinnverwendung möglichst klein zu halten. Kapitalerhaltung und Selbstfinanzierung als Zielen der AG steht auf seiten der Aktionäre das Interesse an möglichst hoher Ausschüttung gegenüber. Ist aufgrund der Zusammensetzung des Aktionärskreises nicht mit einer Dotierung der Rücklagen in angemessenem Maße zu rechnen, wird der Vorstand unter Ausnutzung von Bewertungsrechten versuchen, den ausgewiesenen Jahresüberschuß zu reduzieren. I. a. hat sich in der Praxis die Politik der Dividendenverstetigung durchgesetzt, da sie einerseits den Unternehmen erlaubt, mit festen Auszahlungsgrößen zu planen, andererseits auch dem Aktionär eine feste Rendite für sein Wertpapier suggeriert. Tatsächlich ist aber völlige Loslösung der Ausschüttung von der Gewinnsituation durchaus nicht unproblematisch und birgt einerseits die Gefahr einer Auszehrung der Unternehmungssubstanz in sich, andererseits die der Aktie wesensfremde „Verrentung“.

Dividendenrecht der Aktionäre

Besteht bei Vorzugsaktien mit bestimmtem Dividendensatz, bei Aktien mit Dividendengarantie und sonst, sobald die HV eine Gewinnverteilung beschlossen hat.

Dividendenrendite

Dividende mal 100 geteilt durch den Kurs einer Aktie. Sie gibt an, wie sich das eingesetzte Kapital, gemessen am Tageswert der betreffenden Aktie, „verzinst". Bei der Beurteilung einer Aktienanlage spielt die Dividendenrendite eine wichtige Rolle als Kennzahl für den prozentualen Anteil der Ausschüttung einer AG am Börsenkurs. Für die Bewertung einer AG gibt die Dividendenrendite aber keine erschöpfenden Einblicke. Hierzu ist die Ertragskraft in die Analyse miteinzubeziehen.

Dividendensatz

Bez. f. die Höhe der Dividende in % vom Nennwert oder DM. Zu Kenntnissen, die nicht von Insidern (als Insiderinformationen in Insidergeschäften) ausgenutzt werden dürfen, gehören auch die über eine Änderung des Dividendensatzes.

Dividendenschein

Auch: Gewinnanteilschein, Coupon, Erträgnisschein (Bezugsschein). Dient zur Auszahlung der Dividende und anderer Ausschüttungen (Bonus) sowie zur Ausübung des Bezugsrechts und zur Ausgabe der Berichtigungsaktien. Der Nennbetrag des Wertpapiers ist auf dem Dividendenschein anzugeben. Bei Dividendenscheinbogen mit 10 Abschnitten ist das Format 100–101 mm breit und 45 mm hoch, bei Bogen mit 20 Dividendenscheinen etwa 23 mm hoch.

Dividendenscheinbogen

Auch: Couponbogen, Gewinnanteilscheinbogen, Erträgnisscheinbogen. → Ausstattung von Aktien.

Dividendenscheinveräußerung, steuerlich

Zu den steuerpflichtigen Einkünften aus Kapitalvermögen rechnen auch die Einnahmen aus Veräußerung des Dividendenscheins, wenn die dazugehörenden Aktien und Anteilsrechte nicht mitveräußert werden. Dasselbe gilt für Einnahmen aus der Abtretung von Dividendenansprüchen, wenn die dazugehörenden Anteilsrechte nicht in Wertpapieren verbrieft sind.

Dividendenscrip

Gewinnanrechtsschein, der von einer US-Gesellschaft ausgegeben wird, wenn wegen Mangels an liquiden Mitteln ein Gewinn nicht verteilt werden kann. Scrips, die auch gehandelt werden, werden später mit Aufgeld eingelöst.

Dividendenstopp

Begrenzung der Höhe von Dividendenausschüttungen, i. d. R. durch staatliche Verordnung.

Dividenden-stripping

Umwandlung von steuerpflichtigen Kapitalerträgen in Form von Dividenden in steuerfreie Kursgewinne. Ursachen sind die unterschiedliche steuerliche Behandlung von Dividenden und Kursgewinnen, von Inländern und Ausländern und von Privatpersonen und Unternehmen. Insbesondere für Ausländer und Privatpersonen ist es vorteilhaft, kurz vor Ausschüttung der Dividende Aktien zu verkaufen und nach dem Tag des Dividendenabschlags zurückzukaufen und somit statt steuerpflichtiger Dividende einen steuerfreien Kursgewinn – die Aktien werden billiger zurückgekauft als zuvor verkauft – zu vereinnahmen. Für gewerbliche Anleger ist es interessant, die Gegenposition einzunehmen und Aktien vor dem Dividendentermin zu kaufen, die Bruttodividende zu vereinnahmen und den nach dem Tag der Dividendenausschüttung i. d. R. anfallenden Kursverlust steuerlich gegenzurechnen. Eine besondere Form des Dividenden-stripping wird mit jungen Aktien betrieben: Aktionäre, die steuerpflichtige Dividendenzahlungen vermeiden wollen, verkaufen vor dem Dividendentermin Altaktien und erwerben gleichzeitig junge Aktien, die an der Dividendenausschüttung nicht voll beteiligt sind, zu einem niedrigeren Kurs. Die Lieferung der jungen Aktien erfolgt erst nach dem Tag der Dividendenzahlung, wenn die jungen Aktien in Altaktien umgewandelt worden sind. Darüber hinaus wird Dividendenstripping über Wertpapierleih-, swap- und Termingeschäft betrieben. Die Steuerbestimmungen des Standortsicherungsgesetzes be- bzw. verhindern Steuerkürzungen, die durch die Trennung von Stammrecht und Dividendenschein bzw. durch Dividenden-stripping möglich sind. Als Ausnahme werden typische – und nicht nur formale – Börsengeschäfte angesehen, die von der Anonymität der Geschäftspartner geprägt sind, insbesondere beim Verkauf/Erwerb von Wertpapieren im Amtlichen Handel, im Geregelten Markt oder im Freiverkehr durch den skontroführenden Makler; das gleiche gilt beim Erwerb über ein elektronisches Börsenhandelssystem, wenn das Verkaufsangebot allen Börsenteilnehmern zugänglich und diesen die Annahme des Angebots möglich war.

Dividendenvorschlag

→ Dividendenerklärung der AG.

Dividendenwerte, -papiere

Bez. f. Wertpapiere, bei denen Erträge in Form von Dividende ausgeschüttet wird. Verkörpern Mitgliedschaftsrechte, d. h. Teilhaberschaft bzw. Beteiligung oder Miteigentum an einer Unternehmung. Anteile am Eigenkapital der AG. Der Eigentümer eines solchen Wertpapiers erhält keinen festen Zins, sondern hat als Miteigentümer der AG Anspruch auf einen seinem Aktienbesitz entsprechenden Anteil am Jahresgewinn der AG. Da der zur Ausschüttung gelangende Gewinnanteil bei der AG Dividende heißt, werden Effekten, die Mitgliedschaftsrechte verbriefen, Dividendenpapiere oder -werte genannt. Neben Aktien zählen dazu auch Sonderformen und ausländische Werte.

Dividendenzahlung der AG

Erfolgt, sofern die HV keinen späteren Termin bestimmt hat, unmittelbar nach der HV an der Gesellschaftskasse und bei den Banken. Für die Zahlung der Dividende ist meist eine Reihe von Zahlstellen benannt, die i. d. R. Niederlassungen der für die AG tätigen Banken sind; diese Zahlstellen sind fast durchweg mit den Hinterlegungsstellen der AG identisch. Oft ist die Gesellschaftskasse als weitere oder auch alleinige Zahlstelle bestimmt. Im letzteren Fall handelt es sich meist um kleinere AG, deren Aktien nicht an den Börsen notiert werden. Die AG veröffentlicht in den Gesellschaftsblättern eine Bekanntmachung, in der die Aktionäre über die Dividendenzahlung unterrichtet werden. In dieser Dividendenbekanntmachung werden die Höhe der von der HV beschlossenen Dividende sowie der Tag genannt, ab dem die Dividende gezahlt wird. Ferner sind die für die Dividendenzahlung wichtigen weiteren Einzelheiten angeführt, wie der als Empfangsausweis dienende Gewinnanteilschein, die Zahlstellen und der Betrag der von der AG einzubehaltenden KSt.

Dividendenzahlung bei Auslandsaktien

→ Auslandsaktien, Dividendenzahlung.

Dividende pro Aktie

Auf eine Einheit des Aktienkapitals, d. h. eine Aktie, entfallende Dividende. Anders: Dividende in % des Nennwertes ausgedrückt.

Dividende, vermögensteuerliche Behandlung

→ Zinsen und Dividenden, vermögensteuerlich.

DJ, DJI

Abk. f. Dow Jones Index.

DK, DKed

Abk. f. don't know am Euromarkt.

DMark-Aktie

Auf DM lautende Aktie. Ist für Aktien deutscher AG vorgeschrieben. Oft Bez. f. im Ausland gehandelte Aktien deutscher AG.

DMark-Anleihen (-Schuldverschreibungen)

Auf DM lautende festverzinsliche Wertpapiere. Insbesondere zur Bezeichnung für im Ausland emittierte Anleihen, die auf DM lauten, und solchen, die in Deutschland von ausländischen Emittenten begeben werden. → DMark-Auslandsanleihe.

DMark-Auslandsanleihe

(1) Im Ausland aufgelegte, auf DM lautende Anleihe eines inländischen Schuldners. (2) Im Inland aufgelegte Anleihe eines ausländischen Emittenten in DM. Neben US-$ und Yen ist die DM eine weitere bedeutende Währung am Euro-Bondmarkt. Emittiert werden i. d. R. langfristige Anleihen mit Laufzeiten bis 15, max. 20 Jahren und meist gestaffelten Rückzahlungen. Emittenten sind internationale Institutionen, Staaten, Kommunen sowie private und öffentliche Unternehmen mit entsprechendem Standing. Durch günstige Zinsrelationen und erwartete Währungsgewinne der Anleger wurde die starke Expansion der DM-Auslandsanleihen in den letzten beiden Jahrzehnten begünstigt. Hinzu kommt, daß Deutschland ausländischen Emittenten freien Zugang zum Kapitalmarkt gewährt. Neben einer Einbeziehung von DM-Auslandsanleihen in den amtlichen Handel an deutschen Börsen werden diese vereinzelt auch im Geregelten Markt und Freiverkehr notiert. Damit das Marktsegment „Freiverkehr“ nicht zur preisgünstigeren Alternative für ausländische Emittenten im Vergleich zum amtlichen Handel oder Geregelten Markt degradiert, hat der Frankfurter

Freiverkehrsausschuß resriktiv abgefaßte „Grundsätze für die Einbeziehung von öffentlichen DM-Emissionen und DM-Privatplazierungen ausländischer Emittenten" in den Freiverkehr beschlossen.

DMEB

Abk. f. DM-Eröffnungsbilanz.

DMark-Eröffnungsbilanz (DMEB)

Bilanz, die nach der Währungsumstellung per 21. 6. 1948 aufgestellt wurde. Sie mußte nach den Richtlinien des DM-Bilanzgesetzes v. 1949 und des DM-Bilanzergänzungsgesetzes 1950 sowie zahlreichen Durchführungsverordnungen erstellt werden und hatte den Zweck, durch einmalige Durchbrechung der Bilanzkontinuität unter Berücksichtigung der Ansätze der zu erstellenden Vermögensbilanz einen Übergang der Bilanzausweise in Reichsmark in die neue Währung zu vollziehen.

DMark pro (je) Aktie

Auf ein Stück der Aktien einer AG umgerechnete Unternehmensgrößen, z. B. Dividende pro Aktie, Gewinn pro Aktie, cashflow pro Aktie usw.

DMark pro (je) Stück

→ DMark pro (je) Aktie → Stücknotierung, -notiz.

DM-CD

Abk. f. auf Deutsche Mark lautende certificates of deposit (Einlagenzertifikate).

DM China Basket

In Frankfurt emittierte Optionsscheine auf einen Korb chinesischer Aktien, die an der Börse in Hongkong gehandelt werden.

DM-commercial paper

In DMark denominierte kurzfristige Schuldverschreibungen mit Laufzeiten von sieben Tagen bis unter zwei Jahren, die im Rahmen eines zeitlich nicht begrenzten Emissionsprogramms von in der Regel bonitätsmäßig einwandfreien Unternehmen im Inland revolvierend emittiert werden. Besondere Merkmale dieser Inhaberschuldverschreibungen sind, daß keine Zinszahlungen erfolgen – der Zins wird bei der Emission im Diskontverfahren von der Emissionssumme abgezogen –, und daß im Regelfall keine Börsennotierung vorgesehen ist, d. h. für die Anleger besteht während der Laufzeit der Papiere keine Möglichkeit eines vorzeitigen Verkaufs an einem Sekundärmarkt. Die Gestaltung und die Auflegung sowie die Dokumentation übernehmen in der Regel als Arrangeure (arrangers) tätige Banken, die darüber hinaus auch für die technische Seite der Emission der Papiere verantwortlich sind und als Zahlstelle die Tilgung abwickeln. Die Plazierung der DM-commercial-paper erfolgt über Plazeure – in der Regel Banken mit hoher Plazierungskraft –, die vornehmlich kleine Tranchen bei institutionellen Anlegern im Rahmen eines private placement auf besteffort-Basis unterbringen. Die Banken üben dabei „nur noch" die Funktion eines dealer (Händlers) aus. Erst per 1. Januar 1991 wurden in Deutschland die rechtlichen Hindernisse abgeschafft, die bis dahin die Entwicklung eines DM-commercial-paper-Marktes verhinderten: Mit dem Gesetz zur Vereinfachung der Ausgabe von Schuldverschreibungen wurde das Genehmigungsverfahren für die Emission von Schuldverschreibungen gemäß §§ 795 und 808a BGB aufgehoben. Außerdem erfolgte im Rahmen des Ersten Finanzmarktförderungsgesetzes die Abschaffung der Börsenumsatzsteuer, wodurch die Plazierung bzw. der Handel in kurzfristigen Titeln auch wirtschaftlich attraktiv wurden.

DM-commercial-paper-Programm

Rahmenvereinbarung ohne Laufzeitbegrenzung, die die Daueremission von DM-commercial-paper umfaßt. In der Vereinbarung sind zwischen dem als Emittenten auftretenden Unternehmen und den als Plazeure benannten Banken die Einzelheiten der Plazierung geregelt. Sie enthält im wesentlichen die Abstimmung des zeitlichen Rahmens für die einzelnen Inanspruchnahmen, das Mindesttranchenvolumen – üblich sind 5 Mio. DM –, den Laufzeitrahmen der Papiere – sieben Tage bis zwei Jahre minus ein Tag – sowie die Mindeststückelung der Titel, in der Regel 500 000 DM.

DM-CP

Abk. f. → DM-commercial paper.

DM-Globalanleihe

→ Globalanleihe.

DM-medium term notes (DM-MTN)

In DM denominierte Inhaberschuldverschreibungen, die im Rahmen eines zeitlich nicht begrenzten Programms (Daueremission) revolvierend emittiert werden können. Entsprechend den Erklärungen der Deutschen Bundesbank zu DM-Auslandsemissionen vom 20. 6. 1989 ist die Ausgabe von DM-MTN seit dem 1. 7. 1989 möglich. Exakte Laufzeit, Verzinsungsart und Betrag sind nicht standardisiert und können entsprechend den Wünschen des Emittenten und/oder der Kapitalanleger angepaßt werden. Die Mindestlaufzeit von DM-MTN beträgt zwei Jahre; die Bonität des Emittenten muß erstklassig sein; als Arrangeur und Dealer ist eine Bank mit Sitz in Deutschland zu beauftragen.

DM-MTN

Abk. für → DM-medium term notes.

Dollar

Kurzbez. f. die Währung der Vereinigten Staaten von Amerika, den US-Dollar (US-$). Wichtigste Transaktions-, Reserve-, Anlage- und Emissionswährung der Welt. Leitwährungsfunktion.

Dollaranleihen

An den Kapitalmärkten emittierte, auf US-$ lautende Anleihen. → Eurokapitalmarkt → internationale Anleihen.

Dollar bonds

→ Dollaranleihen.

Dollar bond warrants

Optionsscheine auf Dollar-Anleihen.

Dollar cost-averaging

System zur quasi-automatischen Reduzierung der durchschnittlichen Einstandskosten beim Kauf von Wertpapieren mit schwankenden Kursen. Auch Kursdurchschnittsverfahren oder Durchschnittspreisverfahren genannter Anlageplan, bei dem in festgelegten Zeitabständen ein bestimmtes Wertpapier in festgelegtem Betrag zum jeweiligen Tageskurssatz erworben wird. Durch den konstanten Geldbetrag ergibt sich in Zeiten niedriger Kurse der Erwerb einer größeren Stückzahl als in Zeiten hoher Kurse, wodurch sich die Durchschnittseinstandspreise niedriger stellen als die durchschnittlichen Marktpreise des Wertpapiers.

Dollar Eagle

→ Eagle.

Dollarklausel

Verpflichtung eines Schuldners, seine Verbindlichkeit bei Fälligkeit in US-$ oder auf der Basis des Dollarkurses zurückzuzahlen. Bei internationalen Anleihen zu finden. → Wertsicherungsklausel.

Dollarkurs

Wechselkurs des US-$. Hat vielbeachtete Leit- und Signalfunktion.

Dollarparität

Austauschverhältnis einer Währung zum US-$.

Dollar scrip

→ scrip (2).

dollar straights

Festverzinsliche Dollaranleihen.

Dollar(wert)papiere

Auf US-$ lautende Schuldverschreibungen und Aktien. Am internationalen Kapitalmarkt am stärksten verbreitet. Es handelt sich nicht nur um in USA emittierte Wertpapiere, sondern auch um die am Euromarkt aufgelegten Papiere. Die Wahl des US-Dollar als Währung besonders für die Emission von Drittwährungsanleihen oder am Euro-Kapital- und Euro-Geldmarkt ist weitgehend im Vertrauen begründet, das die Anleger dieser Währung entgegenbringen. Bei Anlage in US-$ ist zu berücksichtigen, daß zu dem Risiko, das in der Anlageform selbst begründet ist, beispielsweise das Zinsänderungsrisiko bei längerfristigen Anleihen oder das Bonitätsrisiko bei Anlagen in Aktien, das Währungsrisiko bei Rückumtausch in die heimische Währung hinzukommt. Diesem Risiko steht die Chance auf zusätzlichen Gewinn gegenüber, so daß Anlagen in Dollarwertpapieren z. T. spekulativer Charakter zugeschrieben werden kann.

dolphin

Käufer hoher Aktienbeträge von neu an die Börse kommenden Unternehmen, die dann zu stark höheren Kursen wieder verkauft werden.

domestic bonds

Im Sitzland des Emittenten und in dessen Währung emittierte Schuldverschreibung.

Domizil

Allgemein: Wohnsitz einer natürlichen Person, Sitz einer juristischen Person, einer Unternehmung.

Dont

Prämiengeschäft des Terminhandels früherer Art, bei dem der Käufer oder der Verkäufer sein Risiko gegen Zahlung einer Prämie, des Dont-Satzes, beschränkt.

Dont-Geschäft

→ Prämiengeschäft → Dont.

Dont-Satz

→ Dont.

don't know (DK, Dked)

Am Euromarkt Bez. f. eine Situation, in der ein Händler Unkenntnis hinsichtlich einer bestimmten Transaktion geltend macht.

Auch: wenn verschiedene Instruktionen einer Partei in Konflikt stehen (Geschäft Dked).

Doppelbesteuerung (1)

Auch: Mehrfachbesteuerung. Liegt vor, wenn verschiedene Gemeinwesen (Bund, Länder, Gemeinden) das gleiche Steuerobjekt (z. B. Einkommen, Vermögen) eines Steuerpflichtigen für die gleiche Zeit mit gleicher oder gleichartiger Steuer belasten (z. B. Besteuerung des Vermögens und des Gewinns einer AG bei dieser und beim Aktionär).

Doppelbesteuerung (2)

Doppelte oder mehrfache Steuerbelastung einer Person oder Unternehmung in verschiedenen Ländern. Besitzt jemand z. B. ausländische Wertpapiere, kann es sein, daß von den Erträgen (Zinsen, Dividenden) an der Quelle eine KESt (Quellensteuer) abgezogen wird und er die Erträge im eigenen Land außerdem als Einkünfte aus Kapitalvermögen zu versteuern hat. Zur Vermeidung solcher doppelten Belastungen haben viele Länder untereinander DBA abgeschlossen.

Doppelbesteuerung der Erträge aus Anteilscheinen und ausländischen Investmentanteilen

Durch KAGG und Auslandsinvestmentgesetz weitgehend ausgeschlossene Doppelbesteuerung.

Doppelbesteuerungsabkommen (DBA)

Werden zwischen einzelnen Ländern abgeschlossen. Dienen der Vermeidung der Doppelbesteuerung im grenzüberschreitenden Kapitalverkehr. Ihr Inhalt kann von Land zu Land unterschiedlich sein, entspricht jedoch gewöhnlich weitgehend dem OECD-Musterabkommen. Zur Vermeidung der Doppelbesteuerung werden vor allem 2 Verfahren angewendet: Bei der Freistellungsmethode werden bestimmte Einkommens- und Vermögensteile nur in einem der beiden Staaten besteuert; im anderen bleiben sie steuerfrei. In diesem Fall kommt in Deutschland i. a. der Progressionsvorbehalt zur Anwendung, d. h. die Besteuerung des im Inland zu versteuernden Einkommens wird mit dem Steuersatz vorgenommen, der für das gesamte Einkommen einschl. der Auslandseinkünfte in Frage käme. Bei der Anrechnungsmethode wird die im Ausland gezahlte ESt auf die inländische ESt angerechnet, soweit diese auf die Auslandseinkünfte entfällt. Auch hier kann auf Antrag statt dessen die ausländische Steuer bei der Ermittlung des Gesamtbetrages der Einkünfte abgezogen werden. Werden in einem DBA für bestimmte Steuern keine Regelungen getroffen oder wird Doppelbesteuerung nach DBA nicht aufgehoben, sind die Bestimmungen des deutschen Einkommensteuerrechts über die Besteuerung ausländischer Einkünfte maßgeblich. Die Bundesrepublik Deutschland hat DBA mit einer Vielzahl von Ländern geschlossen; eine Übersicht findet sich auf den Seiten 202–206. Zu bedenken ist hierbei, daß von der ehemaligen DDR geschlossene DBA ihre Gültigkeit verloren haben. Für die betreffenden Staaten gelten jetzt neue oder die vor der Wiedervereinigung mit der alten Bundesrepublik Deutschland vereinbarten DBA. Für die Staaten der ehemaligen UdSSR, für die Nachfolgestaaten Jugoslawiens und der CSFR gelten bis auf weiteres die mit den untergegangenen Ländern geschlossenen Abkommen fort.

Doppeldecker

Bez. f. den kombinierten Einsatz von Zins- und Mengentender im Rahmen des Offenmarktgeschäfts der Deutschen Bundesbank.

Doppelminus

An der Kursanzeigetafel Ankündigung des Maklers, wenn starke Kursrückgänge in einer Aktie eintreten.

Doppelplus

An der Kursanzeigetafel Ankündigung des Maklers, wenn starke Kursanstiege in einer Aktie eintreten.

Doppelprämie

Prämie, die im Zusammenhang mit einem Doppelprämiengeschäft zu zahlen ist.

Doppelprämiengeschäft

Termingeschäft. Beim Prämiengeschäft erwirbt der Käufer ein Wahlrecht, Wertpapiere zum vereinbarten Kurs zu erwerben oder zu veräußern. Durch ihre Konstruktion sind Prämiengeschäfte geeignet, die Verlustgefahr des Käufers eines Wahlrechts, des Wählers, zu begrenzen, während seine Gewinnchancen theoretisch unbegrenzt bleiben. Für den Kontrahenten dagegen, den Stillhalter, sind die Gewinnchancen begrenzt, während das Risiko eines Verlustes für ihn theoretisch unbegrenzt ist. Durch entsprechende Gegengeschäfte hat er jedoch die Möglichkeit, seinerseits das einseitig unbegrenzte Risiko einzuschränken. Während bei Vorliegen einer festen Erwartung bezüglich

I. Geltende Abkommen

Abkommen		Fundstelle				Inkrafttreten			
		BGBl. II		BStBl. I		BGBl. II		BStBl. I	
mit	vom	Jg.	S.	Jg.	S.	Jg.	S.	Jg.	S.
1. Abkommen auf dem Gebiet der Steuern vom Einkommen und vom Vermögen									
Ägypten	8. 12. 87	90	278	90	280	91	1042	92	7
Argentinien	13. 7. 78	79	585	79	326	79	1332	80	51
Australien	24. 11. 72	74	337	74	423	75	216	75	386
Bangladesch[1)]	29. 5. 90	91	1410	92	34	93	847	93	466
Belgien	11. 4. 67	69	17	69	38	69	1465	69	468
Brasilien	27. 6. 75	75	2245	76	47	76	200	76	86
Bulgarien	2. 6. 87	88	770	88	389	88	1179	89	34
China	10. 6. 85	86	446	86	329	86	731	86	339
Côte d'Ivoire	3. 7. 79	82	153	82	357	82	637	82	628
Dänemark	30. 1. 62	63	1311	63	756	64	216	64	236
Ecuador	7. 12. 82	84	466	84	339	86	781	86	358
Finnland	5. 7. 79	81	1164	82	201	82	577	82	587
Frankreich	21. 7. 59/	61	397	61	342	61	1659	61	712
	9. 6. 69/	70	717	70	900	70	1189	70	1072
	28. 9. 89	90	770	90	413	91	387	91	93
Griechenland	18. 4. 66	67	852	67	50	68	30	68	296
Indien	18. 3. 59/	60	1828	60	428	60	2299	60	630
	28. 6. 84/	85	810	85	482	85	1097	85	612
(Neufassung)	30. 5. 86	86	684	86	309	–	–	–	–
Indonesien	30. 10. 90	91	1086	91	1001	91	1401	92	186
Iran, Islamische Republik	20. 12. 68	69	2133	70	768	69	2288	70	777
						70	282		
Irland	17. 10. 62	64	266	64	320	64	632	64	366
Island	18. 3. 71	73	357	73	504	73	1567	73	730
Israel	9. 7. 62/	66	329	66	700	66	767	66	946
	20. 7. 77	79	181	79	124	79	1031	79	603
Italien	18. 10. 89	90	742	90	396	93	59	93	172
Jamaika	8. 10. 74	76	1194	76	407	76	1703	76	632
Japan	22. 4. 66/	67	871	67	58	67	2028	67	336
	17. 4. 79/	80	1182	80	649	80	1426	80	772
	17. 2. 83	84	194	84	216	84	567	84	388
Jugoslawien	26. 3. 87	88	744	88	372	88	1179	89	35

Abkommen		Fundstelle				Inkrafttreten			
		BGBl. II		BStBl. I		BGBl. II		BStBl. I	
mit	vom	Jg.	S.	Jg.	S.	Jg.	S.	Jg.	S.
Kanada	17. 7. 81	82	801	82	752	83	652	83	502
Kenia	17. 5. 77	79	606	79	337	80	1357	80	792
Korea, Republik	14. 12. 76	78	191	78	148	78	861	78	230
Kuwait	4. 12. 87	89	354	89	150	89	637	89	268
Liberia	25. 11. 70	73	1285	73	615	75	916	75	943
Luxemburg	23. 8. 58	59	1269	59	1022	60	1532	60	398
	15. 6. 73	78	109	78	72	78	1396	79	83
Malaysia	8. 4. 77	78	925	78	324	79	288	79	196
Malta	17. 9. 74	76	109	76	56	76	1675	76	497
Marokko	7. 6. 72	74	21	74	59	74	1325	74	1009
Mauritius	15. 3. 78	80	1261	80	667	81	8	81	34
Mexiko	23. 2. 93	93	1966						
Neuseeland	20. 10. 78	80	1222	80	654	80	1485	80	787
Niederlande	16. 6. 59/	60	1781	60	381	60	2216	60	626
	13. 3. 80/	80	1150	80	646	80	1486	80	787
	21. 5. 91	91	1428	92	94	92	170	92	382
Norwegen	4. 10. 91	93	970	93	655	93	1895	93	926
Österreich	4. 10. 54	55	749	55	369	55	891	55	557
Pakistan[1)]	7. 8. 58/	60	1799	60	399	60	2349	60	814
	27. 8. 63/	71	25	71	134	71	1030	72	54
	24. 1. 70	71	25	71	134	71	1030	72	54
Philippinen	22. 7. 83	84	878	84	544	84	1008	84	612
Polen	18. 12. 72/	75	645	75	665	75	1349	76	6
	24. 10. 79	81	306	81	466	81	1075	81	778
Portugal	15. 7. 80	82	129	82	347	82	861	82	763
Rumänien	29. 6. 73	75	601	75	641	75	1495	75	1074
Sambia	30. 5. 73	75	661	75	688	75	2204	76	7
Schweden	17. 4. 59/	60	1814	60	414	60	2195	60	622
	22. 9. 78	80	747	80	396	80	1250	80	678
Schweiz	11. 8. 71/	72	1021	72	518	73	74	73	61
	30. 11. 78/	80	751	80	398	80	1281	80	678
	17. 10. 89/	90	766	90	409	90	1698	91	93
	21. 12. 92	93	1886	93	927				
Simbabwe	22. 4. 88	89	713	89	310	90	244	90	178
Singapur	19. 2. 72	73	373	73	513	73	1528	73	688
Spanien	5. 12. 66	68	9	68	296	68	140	68	544

Abkommen		Fundstelle				Inkrafttreten			
		BGBl. II		BStBl. I		BGBl. II		BStBl. I	
mit	vom	Jg.	S.	Jg.	S.	Jg.	S.	Jg.	S.
Sri Lanka	13. 9. 79	81	630	81	610	82	185	82	373
Südafrika	25. 1. 73	74	1185	74	850	75	440	75	640
Thailand	10. 7. 67	68	589	68	1046	68	1104	69	18
Trinidad und Tobago	4. 4. 73	75	679	75	697	77	263	77	192
Tschechoslowakei	19. 12. 80	82	1022	82	904	83	692	83	486
Türkei	16. 4. 85	89	866	89	471	89	1066	89	482
Tunesien	23. 12. 75	76	1653	76	498	76	1927	77	4
UdSSR	24. 11. 81	83	2	83	90	83	427	83	352
Ungarn	18. 7. 77	79	626	79	348	79	1031	79	602
Uruguay	5. 5. 87	88	1060	88	531	90	740	90	365
Vereinigtes Königreich	26. 11. 64	66	358	66	729	67	828	67	40
	23. 3. 70	71	45	71	139	71	841	71	340
Vereinigte Staaten	29. 8. 89	91	354	91	94	92	235	92	262
Zypern	9. 5. 74	77	488	77	340	77	1204	77	618
2. Abkommen auf dem Gebiet der Erbschaftsteuern									
Griechenland	18. 11. 10/ 1. 12. 10	12	173[2)]	–	–	53	525	53	377
Österreich	4. 10. 54	55	755	55	375	55	891	55	557
Schweden	14. 5. 35	35	859[2)]	36	85[3)]	51	151	51	284
Schweiz	30. 11. 78	80	594	80	243	80	341	80	786
Vereinigte Staaten	3. 12. 80	82	847	82	765	86	860	86	478
3. Sonderabkommen betreffend Einkünfte und Vermögen von Schiffahrt (S)- und Luftfahrt (L)-Unternehmen[4)]									
Brasilien (S) (Protokoll)	17. 8. 50	51	11	–	–	52	604	–	–
Chile (S) (Handelsvertrag)	2. 2. 51	52	325	–	–	53	128	–	–
China (S) (Seeverkehrsvertrag)	31. 10. 75	76	1521	76	496	77	428	77	452
Jugoslawien (S)	26. 6. 54	59	735	–	–	59	1259	–	–
Kolumbien (S, L)	10. 9. 65	67	762	67	24	71	855	71	340
Paraguay (L)	27. 1. 83	84	644	84	456	85	623	85	222
Venezuela (S, L)	23. 11. 87	89	373	89	161	89	1065	90	2

Änderungen sind durch seitliche Striche gekennzeichnet.

II. Künftige Abkommen und laufende Verhandlungen

Abkommen mit	Art des Abkommens[5])	Sachstand[6])		Geltung für Veranl.-steuern[7]) ab	Geltung für Abzug-steuern[8]) ab	Bemerkungen
1. Abkommen auf dem Gebiet der Steuern vom Einkommen und vom Vermögen						
Australien	R–A	V		–	–	
Belgien	R–A	V		–	–	
Bolivien	A	U:	30. 9. 1992	1991	1991	
Costa Rica	A	U:	25. 1. 1993	KR	KR	
Dänemark	R–A	P:	5. 3. 1993	KR	KR	
Estland	A	V		–	–	
Finnland	R–P	P:	13. 7. 1993	KR	KR	
Indien	R–A	V		–	–	
Iran	R–P	V		–	–	
Jamaika	R–A	P:	30. 9. 1989	KR	KR	
Lettland	A	V		–	–	
Litauen	A	V		–	–	
Mongolei	A	P:	18. 5. 1992	KR	KR	
Namibia	A	P:	13. 12. 1991	1993	1993	
Niederlande	R–A	V		–	–	
Österreich	R–A	V		–	–	
	R–P	U:	8. 7. 1992	1992	1992	
Pakistan	R–A	P:	2. 10. 1992	KR	KR	
Papua-Neuguinea	A	P:	1. 12. 1989	KR	KR	
Russiche Föderation	R–A	V		–	–	
Schweden	R–A	U:	14. 7. 1992	KR	KR	
Venezuela	A	P:	22. 10. 1992	–	–	
Vereinigte Arabische Emirate	A	P:	19. 10. 1993	1992	1992	
Vietnam	A	V		–	–	

Abkommen mit	Art des Abkommens[5])	Sachstand[6])	Geltung für Veranl.-steuern[7]) ab	Geltung für Abzug-steuern[8]) ab	Bemerkungen
2. Abkommen auf dem Gebiet der Erbschaftssteuer					
Dänemark[9])	R–A	V	–	–	
Niederlande[9])	R–A	V	–	–	
Schweden[9])	R–A	U: 14. 7. 1992	KR	KR	
3. Sonderabkommen betreffend Einkünfte und Vermögen von Schiffahrt (S)- und Luftfahrt (L)-Unternehmen					
Algerien	A (L)	P: 10. 4. 1981	1969 (L, S)/	–	
	A (S, L)	P: 27. 1. 1988	1988 (S)	–	
Jemen	A (L)	P: 24. 6. 1988	1982	–	
Oman	A (L)	P: 19. 3. 1988	1985	–	
Saudi-Arabien	A (L)	V	–	–	

1) Gilt nicht für die VSt.
2) Angabe bezieht sich auf RGBl.
3) Angabe bezieht sich auf RStBl.
4) Siehe auch Bekanntmachungen über die Steuerbefreiungen nach § 49 Abs. 4 EStG und § 2 Abs. 3 VStG:
Äthiopien (L): BStBl. I 1962, S. 536
Afghanistan (L): BStBl. I 1964, S. 411
Brunei Darussalam (L)
Chile (L): BStBl. I 1977, S. 350
Ghana (S, L): BStBl. I 1985, S. 222
Irak (S, L): BStBl. I 1972, S. 490
Jordanien (L): BStBl. I 1976, S. 278
Libanon (S, L): BStBl. I 1959, S. 198
Mexiko (S): BStBl. 1990, S. 123
Papua-Neuguinea (L): BStBl. I 1989, S. 115
Sudan (L): BStBl. I 1983, S. 370
Syrien, Arab. Rep. (S, L): BStBl. I 1974, S. 510
Taiwan (S): BStBl. I 1988, S. 423
Uruguay (S, L): BStBl. I 1963, S. 622
Zaire (S, L): BStBl. I 1990, S. 178
5) A: Erstmaliges Abkommen
R–A: Revisionsabkommen als Ersatz eines bestehenden Abkommens
R–P: Revisionsprotokoll zu einem bestehenden Abkommen
E–P: Ergänzungsprotokoll zu einem bestehenden Abkommen.
6) V. Verhandlung
P: Paraphierung
U: Unterzeichnung hat stattgefunden, Gesetzgebungs- oder Ratifizierungsverfahren noch nicht abgeschlossen.
7) ESt., KSt., GewSt. und VSt. KR: Keine Rückwirkung vorgesehen
8) Abzugsteuern von Dividenden, Zinsen und Lizenzgebühren KR: Keine Rückwirkung vorgesehen
9) Die ErbSt. ist in den unter II. 1. aufgeführten Abkommen enthalten.

Quelle: DER BETRIEB, Heft 5 vom 4. 2. 1994.

der künftigen Kursentwicklung terminhandelsfähige Wertpapiere eine Schließung der Risikoposition nicht geboten erscheint, ist im Falle der Erwartung starker Kursschwankungen ohne Erwartung einer bestimmten Richtung der Entwicklung der Abschluß sich kompensierender Vorprämiengeschäfte (Haussespekulation) und Rückprämiengeschäfte (Baissespekulation) angezeigt. Ein solches Doppelprämiengeschäft hat somit risikobegrenzende Funktion für den Wähler.

Doppelsitz der AG

Hauptsitz der AG an 2 Orten (Eintragung des Hauptsitzes bei 2 Registergerichten).

Doppeltender

Angebotsverfahren der Deutschen Bundesbank für ein Wertpapierpensionsgeschäft in zwei Tranchen mit unterschiedlicher Laufzeit.

doppeltes Treuhandverhältnis

→ Schuldbuchgiroverkehr.

doppelt gespannter Kurs

Devisenkurs, der in der Mitte zwischen Mittelkurs und gespanntem Geld- oder Briefkurs liegt.

Doppelwährungsanleihe

Charakteristikum der Doppelwährungsanleihe (dual currency issue, bond) ist, daß die Einzahlung der Käufer der Anleihe sowie die laufenden Zinszahlungen des Emittenten in anderer Währung erfolgen als die Rückzahlung des Anleihebetrages bei Fälligkeit. Hierdurch besteht für den Emittenten die Möglichkeit der Senkung der Finanzierungskosten, wenn der Zinssatz einer ausländischen Währung deutlich unter dem Zinssatz im Sitzland der emittierenden Unternehmung liegt. Des weiteren entstehen ihr keine Kosten zur Absicherung des Währungsrisikos für den Rückzahlungsbetrag, da dieser in für sie inländischer Währung zu leisten ist. Das Währungsrisiko, das den jährlichen Zinszahlungen anhaftet, kann der Emittent bezogen auf den Gesamtemissionsbetrag vergleichsweise günstig am Devisenterminmarkt absichern. Somit besteht neben einer günstigen Finanzierungsbasis für den Emittenten die Möglichkeit, das Währungsrisiko weitgehend auf den Anleger abzuwälzen.

dosierte Anleihebegebung

Anpassung der Emissionen an die Aufnahmefähigkeit des Kapitalmarktes.

DOT

→ Designated Order Turnaround (DOT).

Dotationskapital

Kapitalausstattung öffentlich-rechtlicher Banken und anderer Unternehmen (Eigenkapital) durch ihre Träger.

Double Eagle

US-Goldmünze im Nominalwert von 20 Dollar mit dem Bildnis des Adlers. Vorkommende Prägungen stammen aus den Jahren 1850 bis 1933. Die Münze gilt noch als gesetzliches Zahlungsmittel, wird aber nicht mehr neu geprägt. Ihr Durchmesser beträgt 34,2 mm, das Rohgewicht 33,437 g und das Feingewicht 30,0933 g. → Eagle.

Dow Jones Index (DJI)

US-amerikanischer Aktienindex, der seit 1897 von der Börsenzeitung des Verlags Dow Jones & Comp. für die New Yorker Aktienkurse von 30 Industrie-, 20 Eisenbahn- und 15 Versorgungswerten berechnet wird. Man zieht aus Entwicklungen und Veränderungen des DJI mit seinen sorgfältig ausgewählten Gesellschaften z. T. weitgehende Schlüsse für Gesamtlage und Entwicklung auch der US-Wirtschaft. Der Index wird jedoch wegen seiner geringen Basis auch kritisiert. Der japanische Dow-Jones-Index umfaßt insgesamt 225 Aktienwerte.

Dow Jones Industrial Index

Der bekannteste aller Aktienindizes, erstmals im Jahr 1897 von der Dow Jones & Co. veröffentlicht. Er ist ein gewichteter, aus 30 umsatzstarken Aktien (20% des Kurswertes der an der New York Stock Exchange gehandelten Aktien) zusammengesetzter Index, der die marktführenden Unternehmen repräsentiert. Er wird während der Börsensitzung laufend ermittelt. Die Aussagekraft des Index ist insofern relativ gering, als er als ungewichteter arithmetischer Durchschnitt der enthaltenen 30 Aktien-Werte berechnet wird. Der relative Anteil eines Aktien-Wertes richtet sich folglich nach seinem Kurs. Kapitalmaßnahmen werden berücksichtigt, indem die Notierungen durch entsprechend bereinigte Konstanten dividiert werden.

Dow Jones Transportation Index (DJTI)

Aus 20 Aktien der führenden Transportgesellschaften der USA ermittelter gewichteter Aktienindex, in dem in erster Linie Eisenbahn- und Luftverkehrswerte erfaßt sind. Wird nach dem gleichen Prinzip ermittelt wie der Dow Jones industrial Index.

Dow Jones World Stock Index

Von Dow Jones & Co. seit 1993 veröffentlichter Aktienindex. Repräsentiert die Notierungen von 2200 Aktiengesellschaften aus mehreren Ländern; die Aktienkurse sind in 120 Gruppierungen zusammengefaßt. Darüber hinaus werden neun Branchenindizes veröffentlicht. Neben den Dow-Jones-Einzelindizes werden Indizes von Australien, Deutschland, Frankreich, Großbritannien, Hongkong, Italien, Japan, Kanada, Österreich und Singapur ausgewiesen; diese fließen in die Berechnung des Weltindex ein. Außerdem werden drei Regionalindizes (Pazifisches Bekken, Europa und Amerika) publiziert. Der Weltindex und die regionalen Indizes werden in US-Dollar, Pfund Sterling, DMark und Yen dargestellt, die Länderindizes ergänzend dazu in ihrer jeweiligen Währung. Der Dow Jones Stock Index stellt vor allem für globale Anleger ein nützliches Richtmaß der Aktienperformance dar.

Dow-Theorie

Der Schöpfer des Dow-Jones-Index, C. H. Dow, entwickelte die Dow-Theorie als Vorhersageinstrument des Börsengeschehens. Er stellte fest, daß die Aktienkurse, in einzelnen Indizes dargestellt, in ihren Bewegungen bestimmten Trends folgen. Dabei unterschied er 3 sich überlagernde Bewegungen: den primären Trend, der während mindestens eines Jahres gilt; die sekundären Schwingungen, die mit dem oder gegen den primären Trend laufen können und von einigen Wochen bis zu mehreren Monaten dauern; die tertiären Fluktuationen, die nur während weniger Tage wirksam sind und ebenfalls den längerfristigen Bewegungen gleichgerichtet oder entgegen laufen können. Durch die Überlagerungen ergibt sich die in etwa sinuskurvenförmige Entwicklung des effektiven Börsenkursverlaufs auch in Hausse- oder Baisseperioden. Damit das Andauern z. B. eines Börsenaufschwungs erhalten bleibt, verlangt die Dow-Theorie, daß jeder Wellenberg höher stehen muß als der voraufgehende, und ebenso darf jedes Wellental nicht mehr so tief sein wie das ihm direkt voraufgegangene. Weist ein Kursaufschwung nicht mehr die Kraft auf, über den voraufgehenden Höhepunkt hinauszugehen, ist dies als Warnsignal aufzufassen: Der grundlegende Haussetrend kann damit beendet sein. Eine Tendenzwende wird aber erst dann als sicher angenommen, wenn nicht nur der Index der Industrieaktien, sondern auch der der Transportaktien das gleiche Signal gibt. Die Dow-Theorie als wichtige methodische Grundlage der Chartisten ist umstritten, hat aber insbesondere in USA nach wie vor zahlreiche Anhänger.

drehen, sich

Bez. f. einen Wechsel der Position im Börsengeschäft; z. B. herausgehen aus einem Hausse-Engagement und neues Engagement in dem gleichen Titel à la baisse.

Dreieck

Formation aus der technischen Analyse bzw. chart-Analyse, die sich durch Verbinden der Hochpunkte der Kursbewegung mit den Tiefpunkten der Kursbewegung in einer Konsolidierungsphase ergibt. Je nach der Form der sich auf diese Weise ergebenden Figuren spricht man von Keilen, wenn sowohl die obere als auch die untere Begrenzungslinie entgegen der Trendbewegung verlaufen und aufeinander zulaufen, und von Dreiecken, wenn die obere Begrenzungslinie entgegen dem Trend, die untere Begrenzungslinie mit ihm verläuft.

Dreifachtender

Angebotsverfahren der Deutschen Bundesbank für ein Wertpapierpensionsgeschäft in drei Tranchen mit unterschiedlicher Laufzeit.

Dreimännerkommission

Eine aus Börsenbesuchern gebildete Kommission (Schiedsgericht), die Streitigkeiten aus einem Börsengeschäft, die die Lieferbarkeit von Wertpapieren oder die Auslegung bzw. Anwendung der Börsenbestimmungen sowie bestehende Usancen betrifft.

Dreimonatsgeld

Termingeld für 90 Tage, seltener gebraucht für Einlagen mit dreimonatiger Kündigung.

Dreiviertelmehrheit (¾-Mehrheit)

I. S. d. AktG bezieht sie sich i. d. R. auf 75% des bei Beschlußfassung vertretenen Grundkapitals. Grundsätzlich ist für jede Satzungs- oder Strukturänderung der AG die ¾-Mehrheit des in der HV vertretenen Grundkapitals erforderlich. Die Satzung kann jedoch für bestimmte Maßnahmen, z. B. die Kapitalerhöhung gegen Einlagen, eine andere Kapitalmehrheit bestimmen, für z. B. die Ausgabe von Vorzugsaktien ohne Stimmrecht jedoch eine größere Kapitalmehrheit. → qualifizierte Mehrheit.

dritter Markt

Third market. In USA Bez. f. over the counter market.

Drittbeteiligung

Beteiligung einer konzernfremden Unternehmung an einer Konzerngesellschaft mit einer Minderheitsbeteiligung, die in der Konzernbilanz durch Bildung eines Konsolidierungsausgleichspostens berücksichtigt werden muß.

Drittverpfändung

Weiterverpfändung von Effekten. Der Zwischenverwahrer darf danach die ihm anvertrauten Wertpapiere einem Drittverwahrer weiterverpfänden. Je nach Verknüpfung dieser Weiterverpfändung mit der Geschäftsbeziehung zwischen dem Zwischenverwahrer und dem Depotkunden werden unterschieden: übliche Verpfändung, beschränkte Verpfändung und unbeschränkte Verpfändung. Abgrenzungskriterium ist, ob die Wertpapiere als Sicherheit für Forderungen dienen dürfen, denen kein Kredit an den Depotkunden gegenübersteht.

Drittverwahrer

Eine Bank, die für einen anderen Verwahrer Wertpapiere, die dessen Kunden als Hinterleger gehören, verwahrt. Diese Funktion üben z. B. die Wertpapiersammelbanken aus. → Verwahrung von Wertpapieren → Drittverwahrung.

Drittverwahrung

Gibt der Verwahrer Wertpapiere an einen weiteren Verwahrer weiter, ist der erste Verwahrer Zwischenverwahrer, der zweite Verwahrer Drittverwahrer. Die Girosammelverwahrung ist eine Form der Drittverwahrung, bei der Drittverwahrer der betreffende Kassenverein ist.

Drittwährungsanleihe

Auslandsanleihen, die weder auf die Währung des Emittenten noch des Emissionslandes lauten. Entscheidend für die Wahl der Währung ist deren Ansehen bzgl. ihrer Stabilität. Daher kommen nur wenige Währungen hierfür in Frage, vornehmlich der US-$.

drop-lock

Am Euromarkt verzinsliches Wertpapier, das – als floating rate note oder bond – variabel verzinslich emittiert worden ist, das aber zu einem fest verzinsten Titel wird, wenn der in Frage kommende Bezugs- oder indizierte Zinssatz unter einen bestimmten Wert (strigger) fällt.

drop-lock floating rate note

Schuldtitel mit variabler Verzinsung, der bei Erreichen eines bestimmten Mindestzinssatzes in eine Festzinssatzanleihe umgewandelt wird. → straight debt securities.

drop-lock-Klausel

Vertragliche Vereinbarung, aufgrund derer ein variabler Zinssatz bei Erreichen eines festgelegten Mindestzinssatzes in einen festen Zinssatz konvertiert wird.

DRSCI

Abk. f. Dresdner Bank Smaller Companies Index.

Druckkosten des Prospekts

→ Börseneinführungskosten.

Druck von Wertpapieren

Für den Druck von Wertpapieren bestehen festgelegte Regeln, als Richtlinien für den Druck von Wertpapieren von den Börsenvorständen und Zulassungsstellen der deutschen Wertpapierbörsen erlassen.

DSL Bank Deutsche Siedlungs- und Landesrentenbank Bonn-Bad Godesberg

Anstalt öffentlichen Rechts. Finanzierung öffentlicher und privater Vorhaben, insbesondere solcher, die unmittelbar oder mittelbar der Verbesserung oder Erhaltung der wirtschaftlichen oder strukturellen Verhältnisse des ländlichen Raumes dienen. Ausgabe von Pfandbriefen und Rentenschuldverschreibungen. Sitz: Bonn-Bad Godesberg.

DTB

Abk. f. → Deutsche Terminbörse (DTB).

DTC

Abk. f. → Depository Trust Company.

dual currency bond

Doppelwährungsanleihe. Eurobond, auf eine bestimmte Währung lautend, in der auch die Zinsen gezahlt werden, der aber in einer anderen Währung zurückgezahlt wird. → Doppelwährungsanleihe.

dualer Handel

Nebeneinander von Computer- und Präsenzbörse.

dual-index floating rate note

Zinsvariabler Schuldtitel, bei dem die Verzinsung zum jeweils höheren Satz von 2 oder mehreren Referenz-Zinssätzen erfolgt.

dual purpose fund

Auch: dual vest fund. Eine Investmentgesellschaft, die 2 Anlageziele, Wachstum und Einkommen, verfolgt. Ein closed-end fund, dessen Gesellschaftskapital hälftig in 2 verschiedene Arten von Anteilen (shares) eingeteilt ist: growth shares, denen die Kursgewinne bzw. -verluste des Fondsvermögens zugeschrieben werden, und income shares, auf die die Erträgnisse des Fondsvermögens entfallen. Bei den meisten Fonds wird eine Mindestausschüttung garantiert. Diese Konstruktion bedeutet permanentes leverage: Das Kapital der income shares arbeitet zugunsten der growth shares; die Inhaber letzterer geben als Kompensation einen Quasizins, die Erträge ihrer Anteile, an die Inhaber der income shares weiter, deren Inventarwert konstant bleibt. Derartige in Deutschland nicht zulässige Fonds sind hinsichtlich des dual-purpose-Charakters meist befristet, etwa auf 10–17 Jahre; nach der in der Satzung fixierten Frist werden die income shares gegen Rückzahlung des Inventarwertes eingezogen.

dual trading

Bez. f. Handelspraxis, bei der Händler gleichzeitig für eigene wie auch für Rechnung ihrer Kunden Geschäfte abschließen. Kritiker sehen im dual trading eine Quelle für zweifelhafte bzw. illegale Aktivitäten, da Händler die Möglichkeit haben, ihre eigenen Positionen zu Lasten ihrer Kunden zu korrigieren. → intermarket frontrunning.

dual vest fund

→ dual purpose fund.

due diligence

Bei internationalen Aktien- und Anleiheemissionen die Prüfung der Ertrags-und Geschäftslage sowie der letzten Jahresabschlüsse des Emittenten durch Vertreter des lead manager.

Düsseldorfer Börse

→ Rheinisch-Westfälische Börse zu Düsseldorf.

Dukaten

Ursprünglich venezianische Goldmünze, dort aber als „Zechine" bezeichnet, mit besonders hohem Feingehalt. Hauptverbreitungsgebiete waren Deutschland, Österreich, Böhmen und die Niederlande. Österreich prägt offiziell Dukaten aus Dukatengold (986/1000) mit Nennwerten von 1 und 4 Dukaten neu.

Duplikat

Doppel(ausfertigung), Zweitschrift.

Duration

Kennzahl zur Beurteilung der Zinsempfindlichkeit von Vermögensanlagen. Mißt die mittlere künftige Zeitspanne, in der ein Anleger sein Vermögen in einem Wertpapier oder einem Portefeuille von Wertpapieren gebunden hat, wenn er die Position bis zur Endfälligkeit behält oder im Portefeuille keine Umschichtung durchführt. Dies ist die durchschnittliche Bindungsdauer. Die Formel zur Ermittlung der Duration lautet:

$$D = \frac{\sum_{t=1}^{m} t \cdot BWCF_t}{\sum_{t=1}^{m} BWCF_1}$$

Erklärung:

D = Duration in Jahren
m = Fälligkeit (Maturity) des Papiers
$BWCF_t$ = Barwert des Cash-flow zum Zeitpunkt t, d. h.

$$BWCF_t = \frac{CF_i}{(t + r/100)^t}$$

CF_t = Cash-flow (Zinsen oder Tilgung) zum Zeitpunkt t
t = Rendite auf die Endfälligkeit

Ein Anleger, der in einem bestimmten Zeitpunkt in der Zukunft über sein gesamtes Portefeuillevermögen verfügen will, kann bei einer in unmittelbarer Folge auf die Portefeuillebildung erfolgenden Veränderung des Marktzinses über einen höheren Betrag als bei gleichbleibendem Marktzins in dem Fall verfügen, wenn die durchschnittliche Bindungsdauer seines Portefeuilles mit seinem Planungszeitraum in Übereinstimmung steht. Legt der Anleger Geld in einer Anlage an, deren Restlaufzeit kürzer als seine Planungsperiode ist, gewinnt er bei einem steigenden Marktzins und verliert bei sinkendem aufgrund der nun geringer verzinsten Wiederanlagemöglichkeiten.

durchhalten

Eine Wertpapierposition – auch Devisen – über verschiedene Kursbewegungen hinweg unverändert behalten.

Durchschnitt

Zum Zwecke der technischen Analyse werden häufig Mittelwerte in Form gleitender Durchschnitte von einzelnen Werten über einen abgegrenzten Zeitraum gebildet. Ebenso können Indizes als spezielle Form der Durchschnittsbildung angesehen werden.

durchschnittliche Laufzeit bei Schuldverschreibungen

→ mittlere Laufzeit bei Schuldverschreibungen.

Durchschnittsvaluta

→ mittlerer Verfalltag (mittlere Verfallzeit).

Dutch Top 5 Index

Aktienindex, der die Kursentwicklung von fünf international bekannten niederländischen Unternehmen widerspiegelt, deren Aktien nicht nur an der Amsterdamer Börse, sondern auch an verschiedenen europäischen und US-amerikanischen Börsen gehandelt werden. Im einzelnen fließen die Kurse von Akzo, KLM, Philips, Royal Dutch und Unilever in den Index ein. Die Werte repräsentieren die Branchen Chemie, Transport, Elektrotechnik, Energie und Nahrungsmittel. Akzo, Philips, Royal Dutch und Unilever sind mit jeweils 22,5% und KLM mit 10% im Index gewichtet.

DVFA

Abk. f. Deutsche Vereinigung für Finanzanalyse und Anlageberatung e. V.

DVFA-Formel

Von der Deutschen Vereinigung für Finanzanalyse und Anlageberatung entwickeltes Verfahren, das, ausgehend vom ausgewiesenen Jahresüberschuß der Bilanz durch Korrekturen vor allem der außerordentlichen und periodenfremden Aufwendungen und Erträge, den erwirtschafteten Gewinn pro Aktie aufzeigen soll. Problematisch ist jedoch die Abhängigkeit von freiwilligen Zusatzangaben der bilanzierenden AG zur Durchführung dieser Form der Fundamentalanalyse. Die Weiterentwicklung des Verfahrens führte zur → DVFA/SG-Methode.

DVFA-GmbH

Von der Deutschen Vereinigung für Finanzanalyse und Anlageberatung e. V. gegründete Gesellschaft mit beschränkter Haftung. Sie hat die Aufgaben, neue Mitglieder für die DVFA zu gewinnen, Förderbeiträge von Sponsoren zu beschaffen sowie die Veranstaltung von Seminaren u. a. m. Die DVFA-GmbH hat ihre Geschäftstätigkeit zum 1. 1. 1991 aufgenommen.

DVFA/SG-Methode

Gemeinsame Empfehlung der Deutschen Vereinigung für Finanzanalyse und Anlageberatung e. V. und der Schmalenbach-Gesellschaft Deutsche Gesellschaft für Betriebswirtschaft (SG) zur Berechnung des Ergebnisses je Aktie einer Aktiengesellschaft. Entscheidende Änderung gegenüber der „alten" DVFA-Formel ist die Behandlung der Verlustvorträge. So fällt die fiktive Ertragssteuerbelastung weg, die die Vergleichbarkeit von Unternehmen, die in der Gewinnzone liegen und die daher ertragsabhängige Steuern zahlen müssen, mit denen, die Verlustvorträge steuerlich nutzen können, herstellen sollte. Dadurch erhöht sich nach der DVFA/SG-Methode das Ergebnis je Aktie.

DWB

Abk. f. → Deutsche Warenterminbörse.

DWZ Deutsche Wertpapierdaten-Zentrale GmbH, Frankfurt a. M.

Gesellschaft, die am 31. 10. 1988 durch Umfirmierung der BDZ Börsen-Daten-Zentrale GmbH, Frankfurt a. M., entstand. Gleichzeitig wurde die Betriebsgesellschaft Datenverarbeitung für Wertpapiersysteme (BDW) aufgenommen. Damit kam es zur Zusammenfassung der EDV-Aktivitäten für die Börsengeschäfts- und Kassenvereinsabwicklung am Finanzplatz Deutschland. Zu den Aufgaben der DWZ zählen u. a. die EDV-mäßige Betreuung in den Bereichen Börsenhandel, vor- und nachbörslicher Handel, Kursinformation, Abwicklung und Bankenservice. Die DWZ hat das im Dezember 1989 gestartete IBIS-System realisiert und ist an dessen Weiterentwicklung beteiligt. Darüber hinaus entwickelte die DWZ für den Börsenhandel das Börsen-Order-Service-System (BOSS).

dynamische Analyse

Neben den beiden „klassischen" Formen der Aktienanalyse und, damit verbunden, der Anlageplanung (technische Analyse und Fundamentalanalyse) kann der Versuch einer Verknüpfung dieser beiden Formen als dynamische Analyse betrachtet werden. Hierzu sind neben der statistischen Analyse von Zeitreihen sowohl die Konstruktion eines Prognosemodells auf der Basis der Regressionsanalyse als auch die Entwicklung eines computergestützten Planungssystems mit entscheidungstheoretisch begründeter Zielfunktion erforderlich.

dynamisches Sparen
Bez. f. Sparformen, bei denen der Kontensparvorgang aufgrund eines der Bank erteilten Auftrags zu Lasten des Girokontos des Sparers in bestimmten Abständen, meist einmal jährlich, um einen festgelegten Prozentsatz verstärkt wird.

dynamische Lebensversicherung
Auch: Anpassungs-, wachsende Lebens- und Wachstumsversicherung. Tritt vor allem bei der gemischten Lebensversicherung auf: Diese soll Sofortversorgung von Hinterbliebenen durch Gewährung von Versicherungsschutz und Altersversorgung durch Vermögensbildung gewähren. Sinkt der Geldwert, wird die Kaufkraft einer konstanten Versicherungssumme im Zeitablauf geringer. Das implizierte Problem soll die dynamische Lebensversicherung lösen helfen, bei der Beitrag bzw. Versicherungssumme planmäßig der Einkommensentwicklung angepaßt wird.

Dynamisierung von Kennzahlen
Zur Analyse von Kennzahlen und vor allem zur Ableitung von Entwicklungstrends bietet es sich an, durch Einbeziehung einer Zeitkomponente und durch ihre mathematische Verknüpfung den Aussagegehalt der Untersuchung zu erhöhen, vor allem für die Wertpapieranalyse.

E

Eagle
Amerikanische 10-Dollar-Goldmünze mit dem Bildnis des Adlers, die von 1838 bis 1933 geprägt wurde und heute noch gesetzliches Zahlungsmittel ist. Ihr Durchmesser beträgt 27 mm, das Rohgewicht 16,7185 g und das Feingewicht 15,0466 g. → Double Eagle.

earning power
→ Ertragskraft, -lage.

earnings yield
→ Gewinnrendite.

easy money policy
→ Politik (des) billigen Geldes.

eb
Abk. f. etwas bezahlt. → Kurszusätze.

eB
Auch: exB, ex BR. Abk. f. ex/ohne Bezugsrecht. → Kurszusätze.

ebB
Abk. f. etwas bezahlt und Brief. Die zum festgestellten Kurs limitierten Verkaufsaufträge konnten nur zu einem geringen Teil ausgeführt werden. → Kurszusätze.

ebG
Abk. f. etwas bezahlt und Geld. Die zum festgestellten Kurs limitierten Kaufaufträge konnten nur zu einem geringen Teil ausgeführt werden. → Kurszusätze.

écart
Auch: Ekart. Spanne zwischen 2 Beträgen, z. B. écart zwischen Geld- und Briefkurs, zwischen Tageskurs und Kauf- oder Verkaufspreis im Terminhandel, zwischen dem Preis einer Kauf- und einer Verkaufsoption usw. Auch z. B. Differenz zwischen den Kursen von Inhaber- und Namensaktien der gleichen AG oder Unterschied bei Prämiengeschäften und den festen Terminkursen oder zwischen Kassa- und Terminkurs. Oft auch i. S. v. Zinsdifferenz (Zinsécart) gebraucht.

Ecke
→ corner → aufschwänzen → Schwänze.

Eckzins
Bez. für den Zinssatz für Spareinlagen mit gesetzlicher Kündigungsfrist.

ECP
→ eurocommercial paper.

ECU
Abk. f. European Currency Unit, die europäische Währungseinheit, die 4 Funktionen hat: Bezugsgröße zur Festsetzung der Wechselkurse der EWS-Währungen, Indikator für Wechselkursabweichungen, Rechengröße für Forderungen und Verbindlichkeiten im EWS, Zahlungsmittel und Reserveinstrument zwischen den EG-Zentralnotenbanken. Das ECU stellt einen „Währungskorb" dar, der sich aus festen Beträgen der Währungen der EG-Länder zusammensetzt. Es basiert auf der 1974 eingeführten Europäischen Rechnungseinheit (ERE). Die Gewichtung beträgt derzeit: DM 0,6242, Britische Pfund 0,08784, FF 1,332, Lit 151,8, hfl 0,2198, bfr 3,301, lfr 0,130, dkr 0,1976, Irische Pfund 0,008552, Dr. 1,440, pta 6,885, Esc 1,393. Grundsätzlich erfolgt alle 5 Jahre eine Überprüfung des Währungskorbes. Die Teilnehmerländer am EWS haben für ihre Währungen einen Leitkurs in ECU erklärt. Dient auch als Anleihewährung: → ECU-Anleihe.

ECU-Anlagen
Die zunächst nur als Recheneinheit der Haushalte der Europäischen Gemeinschaft konzipierte Kunstwährung entwikkelt sich zunehmend zu einem vielfach verwendbaren Anlagemedium. So sind bereits renommierte Schuldner wie z. B. die Weltbank mit ECU-Anleihen an den Markt gegangen. Zudem wurde ein ECU-Geldmarkt mit Laufzeiten bis zu einem Jahr sowie ein Devisenhandel gegenüber allen konvertiblen Währungen gebildet. Bei Banken in manchen Ländern können ECU-Konten unterhalten werden.

ECU-Anleihe
Anleihen mit ECU als Emissionswährung. Das ECU erfüllt damit die Funktion einer Parallelwährung zu der des Emissionslandes. Die dazu erforderlichen Rahmenbedingungen sind größtmögliche Stabilität gegenüber den Währungen der Parteien und erstklassiger Ruf der in Frage kommenden Schuldner zur Erhöhung des Vertrauens der Anleger. Eine Anleihe in ECU entspricht einem Portefeuille aus Anleihen sämtlicher im ECU enthaltenen Währungen entsprechend ihrer quotalen Beteiligung am Währungskorb und hat somit für den Anleger risikomindernde Funktion.

ECU-futures-Kontrakt
Hinsichtlich der Kontraktspezifika ist sowohl dieser Terminkontrakt als auch die ECU-Option im wesentlichen analog zu den in den „natürlichen" Währungen

denominierten futures und Optionen aufgebaut. Entsprechend werden die Kontraktgrößen ECU 125.000 und ECU 62.500 gehandelt; die Mindestwertänderung eines ECU-Terminkontrakts beträgt US-$ 25 je Basispunkt. Aufgrund des „Währungskorb"charakters der Europäischen Währungseinheit ECU bieten sich die in US-$/ECU notierten ECU-Termin- und Optionskontrakte sowohl für die Absicherung einer in US-$ fixierten offenen Position als auch für die Sicherung der in den einzelnen nationalen Währungen der EG denominierten Engagements an.

ECU-Option

→ ECU-futures-Kontrakt.

ECU-warrant-Emission

Im allgemeinen werden hier eine gleiche Anzahl von ECU-Kaufoptions- und Verkaufsoptionsscheinen emittiert, um zum einen Kreditnehmern, zum anderen auch Mittelanlegern eine Absicherung gegen Währungsrisiken im US-$- und ECU-Bereich zu ermöglichen.

Edelmetalle als Kapitalanlage

Als Anlageobjekte kommen vor allem Gold, Platin und Silber in Betracht. Abgesehen von der spekulativen Anlage in Edelmetallen unter erhoffter Ausnutzung kurzfristiger Kurssprünge ist das häufigste Anlagemotiv die eher emotional begründete Hoffnung, Inflation ausgleichen zu können. Da die Anlage in Edelmetallen unverzinslich ist, müßte zur Erreichung einer Nettorendite der jährliche Preisanstieg der Edelmetalle deutlich über der jährlichen Inflationsrate liegen. Eine derartige kontinuierliche Entwicklung ist jedoch kaum nachzuweisen, so daß im Vordergrund der betrachteten Kapitalanlage wohl Werterhaltung und nicht Wertzuwachs stehen dürfte. Die häufigste Anlage in Edelmetallen erfolgt in Gold.

Edelmetallhandel

Der Handel mit Edelmetallen wird vor allem über die Warenbörsen abgewickelt, die sowohl den Bedarf an Edelmetallen für den industriellen Verbrauch als auch zu Kapitalanlagezwecken zu decken haben. Maßgeblichen Einfluß auf die Preisentwicklung haben die Jahresproduktionsmengen der Hauptförderländer sowie deren Marktverhalten, aber auch Sondereinflüsse aus politischen Entwicklungen und Erwartungen oder Sonderverkäufe internationaler Organisationen wie z. B. des IWF.

Edelmetallkonten

Deutsche Banken bieten in Luxemburg Anlagen auf Edelmetallkonten an (→ Goldkonten), die ähnlich wie ein Kontokorrentkonto funktionieren. Über die Edelmetallmenge wird kein Zertifikat ausgestellt; der Kontoinhaber erhält Gutschrift auf einem Kontoauszug. Einrichtung und Abwicklung dieses Kontos können neben der Beratung über die inländischen Bankstellen erfolgen. Edelmetallkonten in Luxemburg können auf Unzen, Gramm, Krüger-Rand, Maple Leaf, Tscherwonez u. a. Goldmünzen lauten; darüber hinaus können in gleicher Weise Silber- und Platinkonten geführt werden, jedoch nur in Feinunzen. Für den Kunden besteht hohe Flexibilität in der Disposition. Er hat die Möglichkeit, wie bei einem Girokonto Mindestmengen von Münzen oder Barrenteilen zuzuführen oder abzuziehen. Es besteht ein Lieferanspruch über eine genau definierte Edelmetallmenge. Der Kontoinhaber kann seine Disposition telefonisch oder schriftlich vornehmen, ohne daß Vorlage eines Dokumentes nötig ist. Auslieferung kann grundsätzlich gemäß Kundenwunsch weltweit erfolgen. An Kosten fallen An- und Verkaufsspesen von rd. 0,5 bis 1,5% an, die bei Metallkonten im Preis enthalten sind; hinzu kommen Depotgebühren. Für die Größenordnung von Edelmetallgeschäften gibt es Untergrenzen.

Edelmetalltermingeschäfte

In der BR Deutschland bieten einige Banken ihrer Privatkundschaft Gold-, Silber- und Platintermingeschäfte an. Diese können gegen D-Mark oder US-$ abgeschlossen werden. Eine Lieferung der Kontraktmengen ist i. d. R. nicht vorgesehen. Die Geschäfte werden als Differenzgeschäfte ausgestaltet und sind deshalb umsatzsteuerfrei. Gebräuchliche Mindestmengen sind beim Kauf und Verkauf von Gold/Platin 5 KG und bei Silber 300 KG.

e. E.

Abk. f. eigene Effekten.

EFFAS

Abk. f. → European Federation of Financial Analyst Societies.

Effekten

Bez. f. die am Kapitalmarkt handelbaren, vertretbaren Wertpapiere, deren gutgläubiger Erwerb besonders geschützt wird. Daher werden die Wertpapierbörse auch als Effektenbörse und die Wertpapierabteilung als Effektenabteilung bezeichnet.

Zu den Effekten gehören vor allem Aktien, Schuldverschreibungen, Pfandbriefe, sonstige Anleihen, Investmentanteile usw. Keine Effekten sind Banknoten, Schecks, Wechsel usw. Das Effektengeschäft der Banken besteht im An- und Verkauf jener Wertpapiere für eigene oder fremde Rechnung.

Effektenabteilung

Berät über Wertpapieranlagen aller Art, technische Abwicklung des An- und Verkaufs von Effekten, Übernahme der mit dem Effektenbesitz verbundenen Dienstleistungen wie z. B. Einzug fälliger Zins- und Dividendenscheine, Anmeldung und Hinterlegung von Stücken zur HV u. a. m., z. T. auch Emissionsgeschäft.

Effektenabrechnung

Die dem Bankkunden – Effektenkäufer, -verkäufer – erteilte Abrechnung seines Auftrags. Sie enthält Wertpapierbezeichnung, Kurs, Gebühren, unter Umständen BUSt, evtl. Stückzinsen, ausmachenden Betrag, Börsenort, Schlußtag.

Effektenanalyse

→ Wertpapieranalyse.

Effektenarbitrage

Ausnutzung von Kursunterschieden von Effekten an verschiedenen Börsen o. a. Märkten. Die Differenzarbitrage baut eine geschlossene Position von 2 oder mehr sich kompensierenden Effektengeschäften auf; die Ausgleichsarbitrage beschränkt sich auf die Auswahl des Marktes mit dem günstigsten Kurs beim einzelnen Geschäft. → Arbitrage.

Effektenbörse

→ Börse.

Effektenbörsenverein

Trägerorganisation der Effektenbörsen in der Schweiz.

Effektenclub

Lockerer Zusammenschluß von Personen zum Zweck gemeinsamer langfristiger Kapitalanlage in Wertpapieren.

Effektendepot

Bez. f. die bei einer Bank zur Verwahrung oder Verwaltung hinterlegten Wertpapiere. Für jeden Depotkunden wird ein Depot als Gegenstück zum Konto im Geldverkehr eingerichtet, aus dem Arten, Nennbeträge oder Stückzahlen, Nummern usw. der eingereichten Papiere hervorgehen. → Depot → Depotgeschäft → Depots A, B, C, D.

Effektendiskont

Ankauf von Wertpapieren durch eine Bank vor deren Fälligkeit unter Abzug eines Abschlags. Durch den Effektendiskont bieten Banken (selten) eine Möglichkeit zur vorzeitigen Verwertung von Wertpapieranlagen.

Effekteneigengeschäft

Eigengeschäft der Banken in Effekten.

Effektenemission

→ Emission (1) → Wertpapieremission.

Effektenferngiroverkehr

Effektengiroverkehr zwischen den verschiedenen Börsenplätzen über die Wertpapiersammelbanken, die in gegenseitigen Kontobeziehungen stehen.

Effektenfinanzierung

→ Aktie als Finanzierungsinstrument → Anleihefinanzierung.

Effektenfremdemission

Heute der Regelfall einer Effektenemission, bei der Banken als Vermittler eingeschaltet sind. 3 Möglichkeiten: (1) Die Bank tritt als Geschäftsbesorger auf; ihre Funktionen beschränken sich auf Zeichnungs-, Vermittlungs- und Verwaltungstätigkeiten; Kapital stellt die Bank nicht zur Verfügung. (2) Die Bank führt den Verkauf kommissionsweise für Rechnung des Ausstellers der Wertpapiere durch und erhält für ihre Tätigkeit eine Bonifikation. (3) Die Bank tritt als Selbstkäufer auf und übernimmt die Wertpapiere zu einem festen Übernahmekurs, bietet anschließend zu einem darüber liegenden Kurs, dem Emissionskurs, die Effekten dem Publikum zum Kauf an. Als Vertriebsorganisation bei Fremdemission dient heute i. a. nicht eine einzelne Bank, sondern ein Emissionskonsortium. Nach dem Zweck ihres Zusammenschlusses können Konsortien in Übernahme-, Begebungs- und Garantiekonsortien unterschieden werden. In Deutschland tritt heute meist eine Kombination aus Übernahme- und Begebungskonsortium auf, indem die zusammengeschlossenen Banken die Effekten als Käufer übernehmen und dann versuchen, diese weiter unterzubringen.

Effektengeschäft

Sammelbez. f. eine bankgeschäftliche Sparte, die die Emission von Wertpapieren, den Handel (An- und Verkauf) von Wertpapieren sowie die Verwahrung und Verwaltung von Effekten umfaßt. Gemäß KWG ist die Anschaffung und Veräußerung von Wertpapieren für andere, also das Effektengeschäft, Bankgeschäft. Durch die Wörter „für andere" wird deutlich, daß nur die Anschaffung und Veräußerung von Wertpapieren im eigenen Namen, aber für fremde Rechnung, also das Handeln in Form des Kommissionsgeschäftes, ein Effektengeschäft i. S. d. KWG ist.

Effektengirobanken

→ Wertpapiersammelbanken.

Effektengirodepot

Bei einer Wertpapiersammelbank in Sammelverwahrung befindliche Wertpapiere. Depotkunde einer Wertpapiersammelbank kann nur sein, wer der gesetzlichen Depotprüfung unterliegt oder sich einer gleichartigen Prüfung freiwillig unterwirft, praktisch also nur Banken. Die Sammelbestände der Wertpapiersammelbanken, die sowohl aus effektiven Stücken als auch aus Wertrechten, insbesondere Schuldbuchforderungen bestehen, werden als Girosammelbestände bezeichnet, da sie die Grundlage des von Wertpapiersammelbanken durchgeführten Effektengiroverkehrs und des Effektenferngiroverkehrs, also der rein buchmäßigen Übertragung von Sammelanteilen, bilden. Die im Auszug aus dem Effektengirodepot vermerkten Wertpapiere repräsentieren einen entsprechenden Anteil an den gesamten Beständen der bei der Wertpapiersammelbank hinterlegten Effekten, nicht jedoch Eigentum an einzelnen bestimmten Beständen.

Effektengiroverkehr

Um das effektive Übergeben und Versenden von Wertpapieren überflüssig zu machen, wurden Wertpapiersammelbanken eingerichtet; bei ihnen können die Banken ihre Wertpapierbestände lagern (sofern diese Papiere zur Girosammelverwahrung zugelassen sind). Die Eigentumsübertragung von Wertpapieren kann somit stückelos erfolgen, also ohne Übergabe von Effektenurkunden: Sie erfolgt nur buchmäßig (ähnlich dem bargeldlosen Zahlungsverkehr).

Effektenhändler

Auch: Börsenhändler. Angestellte von Banken, die die Befugnis haben, für die Bank an der Börse oder auch am Telefon Effektengeschäfte abzuschließen. Oft sind ihnen bestimmte Effektengattungen zugewiesen.

Effektenhandel

Der berufsmäßige Handel mit Wertpapieren, der von Effektenhändlern an der Börse oder im Telefonverkehr, also dem ungeregelten Freiverkehr zwischen Banken bzw. sonstigen Adressen ausgeübt wird.

Effektenkasse

Besorgt bei den Banken die Abwicklung der stückemäßigen Ein- und Auslieferung von Wertpapieren aller Art zwischen Kunde, Wertpapiersammelbank bei Girosammelverwahrung und Kundentresor. Organisatorische Einheit, die der Effektenverwaltung zugeordnet ist.

Effektenkennummer

→ Wertpapier-Kennummern.

Effektenkommission

→ Ausführung von Kundenaufträgen.

Effektenkommissionsgeschäft

Diese Form der Abwicklung von Kundenaufträgen ist heute im Bereich An- und Verkauf von Effekten allgemein üblich. Bei Aufträgen in amtlich notierten Wertpapieren tritt die Bank i. d. R. als Kommissionär auf, handelt also im eigenen Namen und für Rechnung anderer. Gewöhnl. behält sie sich das Recht des Selbsteintritts vor, so daß der Dritte, mit dem das Geschäft abgeschlossen wurde, nicht namhaft gemacht zu werden braucht. Im Freiverkehr kommt diese Abwicklungsform nicht in Betracht, da dort der Selbsteintritt nicht möglich ist und wird daher durch das Eigengeschäft ersetzt.

Effektenkonto

→ Wertpapierkonto.

Effektenkredit

Kredit zum Kauf von Wertpapieren gegen Sicherheitsleistung i. d. R. durch Verpfändung von den zu erwerbenden oder bereits im Depot befindlichen Wertpapieren. Auch: Kreditaufnahme gegen Verpfändung von Wertpapieren, wobei bei dieser Form der Kreditzweck keine Rolle spielt. Klassischer Lombardkredit.

Effektenlieferung

Lieferung von Effekten kann entweder in effektiven Stücken oder in Anteilen am Sammelbestand erfolgen. Zwischenscheine sind nicht lieferbar. Werden die gehandelten Wertpapiere in Sammelbestandsanteilen geliefert, sind die Geschäfte über die Abrechnungsstellen des jeweiligen Kassenvereins abzurechnen. Über diese können auch Geschäfte in effektiven Stükken abgewickelt werden. Über die Lieferbarkeit eines Wertpapiers entscheidet auf Antrag eine vom Börsenvorstand gebildete Kommission. Angesichts der Vielzahl von Wertpapiergeschäften, die täglich an

Börsen und im außerbörslichen Handel zwischen den Banken abgeschlossen werden, wäre die Erfüllung der Geschäfte durch die Auslieferung der Wertpapiere gegen Bargeld jedoch zu zeitraubend, gefährlich und kostspielig. Die Banken bedienen sich daher heute fast ausnahmslos der Vermittlung durch die Kassenvereine (Wertpapiersammelbanken). Auslieferung effektiver Stücke erfolgt dagegen nur selten, meist aufgrund ausdrücklichen Wunsches des Käufers.

Effektenlombard

→ Effektenkredit → Lombard → Lombardeffekten → Lombardkredit.

Effektenplazierung (-placierung)

Teil des Emissionsgeschäfts, also das Primärgeschäft zum Zweck der Unterbringung von Effekten beim Anlegerpublikum. I. d. R. werden zu plazierende Effekten zunächst von einem Bankenkonsortium übernommen und der zwischen Emittent und Konsortium ausgehandelte Wert der Papiere unmittelbar gutgeschrieben. Anschließend werden dann die Effekten über die den Emissionsbanken zur Verfügung stehenden Vertriebswege den Anlegern zum Kauf angeboten.

Effektenprovision

Vergütung für die Ausführung von Effektenkauf- oder Verkaufsaufträgen. Wird i. d. R. mit der Effektenabrechnung durch die ausführende Bank erhoben und dem Verrechnungskonto des Kunden belastet. Die Höhe der Effektenprovision richtet sich nach der Art des gehandelten Papiers und liegt bei Aktien bei 1% des Kurswertes, bei Renten bei 0,5%, bezogen auf inländische Werte mit Verwahrung im Girosammeldepot.

Effektenscheck

Scheckähnliche Urkunde zur Eigentumsübertragung oder zur Verpfändung von Effekten, die bei einer Wertpapiersammelbank liegen. Kein Scheck i. S. d. Scheckgesetzes, sondern ein Auftrag oder eine Quittung. Nach verschiedenen Auftragsinhalten sind die Schecks farblich unterschiedlich gestaltet. Weiße Effektenschecks dienen dem Effektengirokunden (der Bank des Depotkunden) als Auftrag zur Auslieferung effektiver Stücke zu Lasten des Sammeldepots. Mit rotem Effektenscheck wird durch den Effektengirokunden der Auftrag erteilt, einen bestimmten Nennbetrag vom Sammeldepotkonto des Auftraggebers abzubuchen und dem neuen Eigentümer gutzuschreiben. Der grüne Effektenscheck ist der Auftrag des Effektengirokunden an die Wertpapiersammelbank, einen bestimmten Nennbetrag auf das Verpfändungskonto des Pfandgläubigers zu übertragen. Die Abwicklung erfolgt heute allerdings weitgehend mittels EDV. → Sammelverwahrung → Effektengiroverkehr.

Effektenselbstemission

Bei dieser Form der Emission setzt das emittierende Unternehmen seine Effekten selbst im Anlegerpublikum ab, ohne dabei eine Bank einzuschalten. Diese Methode ist – außer bei Banken – nur in kapitalkräftigen Ländern und bei Vorliegen entsprechender Kontakte zu potentiellem Anlegerpublikum erfolgversprechend. Gegens.: Effektenfremdemission.

Effektenstatistik

Statistische Erfassung und Publikation des Effektenwesens eines Landes. In Deutschland speziell die von der Bundesbank in dem Beiheft Kapitalmarktstatistik veröffentlicht. → Kapitalmarktstatistik, Beiheft. Vor allem: Neuemissionen, umlaufende Effekten (Börsenstatistik), Effektenerträge (Renditen, Effektivverzinsungen), Laufzeiten.

Effektensubstitution

Ersetzung eines Wertpapiers durch ein anderes, insbesondere durch bestimmte Investmentgesellschaften und Holdinggesellschaften, die mit der Effektenverwaltung betreut sind. Die Aktiva solcher Gesellschaften sind durch Ausgabe von Aktien und Obligationen finanziert.

Effektentermingeschäft

→ Termingeschäfte in Wertpapieren → Effektenterminhandel.

Effektenverwahrung

Die Verwahrung ist zusammen mit der Verwaltung von Effekten für andere Kriterium zur Beurteilung, ob ein Depotgeschäft i. S. d. KWG betrieben wird. Rechtsgrundlage ist das DepG. Als Verwahrarten sind das Streifband- oder Sonderdepot sowie die Sammelverwahrung zu unterscheiden, bei der im Gegensatz zur erstgenannten Verwahrart Effekten gleicher Art ungetrennt von eigenen und fremden Beständen aufbewahrt werden. Die Hinterleger haben Miteigentum an dem zum Sammelbestand gehörenden Bestand von Effekten gleicher Art.

Effektenverwaltung

Die Verwaltung ist zusammen mit der Verwahrung von Effekten für andere durch Banken Kriterium zur Beurteilung, ob das Depotgeschäft i. S. d. KWG betrieben wird. Bei der depotgeschäftlichen Verwaltung von Effekten handelt es sich beispielsweise um die Einlösung von Zins- und Dividendenscheinen, die Besorgung neuer Couponbogen, das Inkasso ausgeloster Stücke, auftragsweise die Wahrnehmung von Bezugsrechten, die Ausübung des Depotstimmrechts. Unter die Bezeichnung Effektenverwaltung fallen sämtliche mit der Verwahrung von Wertpapierbeständen einhergehenden Arbeiten sowie die Übernahme sämtlicher ansonsten dem Eigentümer zufallenden Aufgaben und Rechte in dessen Interesse.

effektive, greifbare Stücke

Im Gegensatz zum Effektengiroverkehr wird Lieferung und gelegentlich auch Aushändigung von Wertpapierurkunden verlangt. Auch: Handelsform im Gegensatz zum Handel mit Wertrechten oder zum Handel per Erscheinen.

Effektivgeschäft

Geschäft mit Waren oder Wertpapieren, das auf konkrete Erfüllung abzielt, im Gegensatz zum Differenzgeschäft. Zu Effektivgeschäften gehören die Lokogeschäfte.

Effektivklausel

Ist eine Verbindlichkeit, die im Inland zahlbar ist und auf ausländische Währung lautet, durch Zusatz „effektiv" bei der Schuldsumme gekennzeichnet, muß die Bezahlung in der betreffenden Auslandswährung erfolgen. Fehlt dieser Zusatz, ist Bezahlung in DM möglich.

Effektivmarkt

→ Kassamarkt.

Effektivverzinsung

Tatsächlicher (relativer) Ertrag, den ein Wertpapier erbringt (Gegens.: Nominalzins). Wird bestimmt von Erwerbskurs, Erwerbskosten, Zinsertrag, Zinstermine, Agio bzw. Disagio bei Rückzahlung, Laufzeit und Form der Tilgung. Wird ein Titel zu einem Kurs unter 100 gekauft, liegt die effektive Verzinsung über dem Nominalzins; bei einem Kaufkurs über 100 ist die Effektivverzinsung niedriger als die Nominalverzinsung. Der Effektivzins bei Krediten bringt für den Schuldner das tats. Leistungsentgelt für die Aufnahme des Kredits zum Ausdruck. Für den Gläubiger ist er Ausdruck der Rentabilität (Rendite). Durch die verschiedenen Faktoren weichen regelmäßig der Nominalzins einer Anleihe und ihre tatsächliche Rendite voneinander ab. Unter Berücksichtigung dieser Faktoren ergibt sich eine schwer handhabbare Formel, die den üblichen Renditetabellen zugrunde liegt.

Effektivzins (-fuß, -satz)

Der unter Berücksichtigung renditebestimmender Faktoren ermittelte tatsächliche Zinssatz, der einer Anlage in Wertpapieren beizumessen ist. Vereinfachte Formel zur Berechnung des Effektivzinses:

$$r = \frac{(\text{Nominalzins} + \text{Rückzahlungsgewinn}) \times 100}{\text{Anschaffungskurs}}$$

wobei gilt:

$$\text{Rückzahlungsgewinn} = \frac{\text{Rückzahlungskurs} - \text{Anschaffungskurs}}{\text{Laufzeit}}$$

→ Dividendenrendite → Effektivverzinsung → Rendite.

efficient-market-Theorie

In einem effizienten Markt wird unterstellt, daß sich Kursveränderungen auf der Basis neu erschlossener Informationen im Rahmen eines kontinuierlichen Anpassungsprozesses entsprechend den tatsächlichen ökonomischen Bedingungen, die der Preisbildung zugrunde liegen, entwikkeln. Die Markteffizienztheorie knüpft an den erforderlichen Informationen an. In ihrer weitesten Fassung wird behauptet, daß effiziente Märkte die in der beobachtbaren Kursentwicklung der Vergangenheit enthaltenen Informationen in der gegenwärtigen Kursbildung bereits berücksichtigt haben und somit aus chart-Analysen keine überdurchschnittlichen Gewinne resultieren können. In der mittelstrengen Fassung der Markteffizienzhypothese wird postuliert, daß sich alle öffentlich verfügbaren Informationen in der gegenwärtigen Kursbildung ausdrükken. Veröffentlichungen sind demnach im Augenblick ihrer Bekanntmachung bereits im Kurs berücksichtigt. Die strengste Form der Hypothese behauptet, daß es keine Investorengruppe gibt, die durch Informationsvorsprünge überdurchschnittliche Kursgewinne erreichen kann, da selbst solche nur Insidern zugängliche Informationen bereits in der Kursbildung Berücksichtigung gefunden hätten.

effizienter Markt

Allgemein ein Markt, der nach Effizienzkriterien organisiert ist. Daneben die der efficient-market-Theorie zugrundeliegende Marktform.

Effektivzinsberechnung nach den Methoden von Moosmüller und Braess/Fangmeyer

Die von Moosmüller entwickelte Methode zur Berechnung des Effektivzinses ist besonders im deutschen Rentenhandel weit verbreitet. Sie lautet:

$$K+S=\frac{1}{(1+f\cdot \mathring{e}/100)}\cdot\left[\frac{z}{P}+\frac{\frac{z}{P}\cdot\frac{q^n-1}{q-1}+100+A}{q^n}\right]$$

mit $q=1+\mathring{e}/100;$ $\quad e=[(1+\mathring{e}/100)^P-1]\cdot 100$

$n=\mathrm{INT}[T_M-T_S)\cdot P]$ (ganze Perioden)

$f=\frac{T_1-T_S}{B}$ (gebrochene Periode)

$S=\frac{T_S-T_{-1}}{B}\cdot\frac{z}{P}$ (Stückzinsen)

Beispiel:

T_S	Kauf (Settlement Date)	15.5.1988
T_1	nächster Kupon	1.7.1988
T_M	Fälligkeit (Maturity Date)	1.7.1992
z	Nominalzins (% p.a.)	5.250
K	Kurs (%)	97.875
P	Perioden (Kuponzahlungen) pro Jahr	2
A	Agio bei Rückzahlung(%)	0.000
	Berechnung der Zinstage	30/360
B	Tage in der Basisperiode	180
ê	Perioden-Effektivzins (%)	2.916
e	Effektivzins (% p.a.)	5.918

Quelle: Wagner, E., Effektivzins von Krediten und Wertpapieren, S. 135

Die Formel von Braess/Fangmeyer besitzt große Ähnlichkeit mit der Methode von Moosmüller; bei der Berechnung des Effektivzinses von Anleihen mit einem Jahreskupon liefern beide Verfahren das gleiche Ergebnis; nur Anleihen mit mehr als einem Kupon pro Jahr werden bei der Braess/Fangmeyer-Formel anders berücksichtigt als bei der Moosmüller-Methode. So wird der Effektivzins von Anleihen normaler Ausstattung nach Braess/Fangmeyer wie folgt berechnet:

$$K+S=\frac{\left[z\cdot(1+\frac{R-1}{R}\cdot\frac{e}{200})\cdot\frac{q^J-1}{q-1}+100+A\right]\cdot\frac{1}{q^J}+\left[1+r\cdot(1+\frac{r+1}{R}\cdot\frac{e}{200})\right]\cdot\frac{z}{R}}{1+f\cdot\frac{e}{100}}$$

mit $q=1+e/100$

$L=T_M-T_S$ (Laufzeit)

$J=\mathrm{INT}(T_M-T_S)$ (ganze Jahre)

$f=\mathrm{FRAC}(T_M-T_S)$ (gebrochenes Jahr)

$S=[1-\mathrm{FRAC}(L\cdot R)]\cdot\frac{z}{R}$ (Stückzinsen)

$r-\mathrm{INT}(f\cdot R)$ (Raten im gebr. Jahr)

Quelle: Wagner, E., Effektivzins von Krediten und Wertpapieren, S. 142

Beispiel:

T_S	Kauf (Settlement Date)	15.5.1988
T_1	nächster Kupon	1.7.1988
T_M	Fälligkeit (Maturity Date)	1.7.1992
z	Nominalzins (% p.a.)	5.250
K	Kurs (%)	97.875
R	Kuponzahlungen pro Jahr	2
A	Agio bei Rückzahlung (%)	0.000
	Berechnung der Zinstage	30/360
e	Effektivzins (% p.a.)	5.916

effizientes Portefeuille
Im Rahmen der Portefeuilletheorie Zusammenstellung von Wertpapieren, die bei gegebener Rendite ein minimales Risiko beinhaltet bzw. bei gegebenem Risiko eine maximale Rendite verspricht.

EG
Abk. f. Europäische Gemeinschaft(en). Emittent von internationalen Anleihen.

EG-Aktienindex
→ IndEC.

Egalisationskurs
→ Paritätskurs.

EG-Insiderrichtlinie
Richtlinie des Rates der Europäischen Gemeinschaften vom 13. November 1989 zur Koordinierung der Vorschriften betreffend Insider-Geschäfte. Mitgliedstaaten sollten sie bis zum 1. Juni 1992 in nationales Recht umsetzen. → EG-Insiderrichtlinie, Insider-Informationen, → EG-Insiderrichtlinie, Insider-Begriff, → EG-Insiderrichtlinie, Sekundär-Insider, → EG-Insiderrichtlinie, verbotenes Verhalten von Insidern, → EG-Insiderrichtlinie, Sanktionen.

EG-Insiderrichtlinie, Insider-Begriff
Die EG-Richtlinie definiert als Insider Mitglieder von Vorstand bzw. Management und Aufsichtsrat, Großaktionäre sowie alle Personen, die aufgrund ihrer Arbeit, ihres Berufs oder ihrer Aufgaben zu Insider-Informationen Zugang haben. Danach sind Personen Insider im Rechtssinne, die dem betroffenen Unternehmen zwar nicht angehören, die aber aufgrund ihres Tätigkeitsfeldes Insider-Informationen erhalten. Dazu zählen z. B. Organmitglieder und Bedienstete der Zentralbank, Mitglieder der Regierung und des Parlaments, Personen aus vielen Bereichen der öffentlichen Verwaltung aber auch Journalisten. → EG-Insiderrichtlinie, Sekundär-Insider.

EG-Insiderrichtlinie, Insider-Informationen
Die EG-Richtlinie definiert Insider-Informationen als nicht öffentlich bekannte präzise Informationen, die einen oder mehrere Emittenten von Wertpapieren oder ein oder mehrere Wertpapiere betreffen und die, wenn sie öffentlich bekannt würden, geeignet wären, den Kurs dieses Wertpapiers oder dieser Wertpapiere beträchtlich zu beeinflussen. Informationen über politische, ökonomische oder sonstige Vorgänge allgemeiner Art, die keinen spezifischen Bezugsgrad zu dem Unternehmen des Insiders oder den von diesem Unternehmen emittierten Wertpapieren aufweisen, werden nicht erfaßt. Darüber hinaus gelten Informationen, die sich auf bloße Gerüchte oder Vermutungen stützen, nicht als Insider-Informationen, weil sich solche Informationen nicht in signifikanter Weise auf die Wertpapierkurse auswirken, andererseits aber zu jedem Marktgeschehen gehören. Informationen über eine bevorstehende Diskontsatzerhöhung/-senkung durch die Zentralbank oder über einen bevorstehenden Regierungsbeschluß über neue Maßnahmen zum Umweltschutz, die die Produktionskosten allgemein und nicht nur in der Branche erhöhen, der das Unternehmen des Insiders angehört, fallen ebenfalls nicht unter den Begriff der Insider-Information, weil sie keinen spezifischen Bezug zu einem bestimmten Unternehmen oder zu bestimmten Wertpapieren aufweisen.

EG-Insiderrichtlinie, Sanktionen
Die EG-Richtlinie beinhaltet keine konkreten Sanktionen bei Verstößen gegen Insider-Regeln, sondern sie bestimmt nur, daß die Sanktionen so weit gehen müssen, daß sie einen hinreichenden Anreiz zur Einhaltung dieser Vorschriften darstellen. Sanktionen können strafrechtlicher, verwaltungsrechtlicher oder zivilrechtlicher Art sein.

EG-Insiderrichtlinie, Sekundär-Insider
Nach der EG-Richtlinie erstreckt sich das Verbot der Ausnutzung von Insider-Informationen auf alle Personen, die in Kenntnis der Sache über eine Insider-Information verfügen, die unmittelbar oder mittelbar nur von einem der Insider i. e. S. – also einem „Primär-Insider“ – stammen. Dazu zählen unter anderem Wirtschaftsprüfer, Steuerberater oder Rechtsanwälte, wenn diese nicht schon aufgrund ihrer beruflichen Tätigkeit Zugang zu einer Insider-Information haben und damit zu den Primär-Insidern gehören. Darüber hinaus wird jedermann Sekundär-Insider im Sinne der Richtlinie, wenn ihm nur auf irgendeine Weise eine von einem Primär-Insider stammende Information zugeht. Damit können nicht nur Familienmitglieder oder Freunde und Bekannte eines Primär-Insiders von dem Verbot, Insider-Informationen auszunutzen, erfaßt werden, sondern auch die Klientel von Beratern, Anwälten etc. des Unternehmens.

EG-Insiderrichtlinie, verbotenes Verhalten von Insidern

Die EG-Richtlinie verbietet nicht generell Insider-Geschäfte im Sinne von Geschäften von Insidern mit Wertpapieren des betroffenen Unternehmens. Das Verbot bezieht sich nur auf die vorsätzliche Ausnutzung von Insider-Informationen für den Erwerb oder die Veräußerung solcher Wertpapiere. Nach dieser Regelung gelten nur solche Transaktionen als Insider-Geschäfte, die auf einer Insider-Information beruhen. Das Verbot von Insider-Geschäften kann folglich nur durchgesetzt werden, wenn im Einzelfall sowohl der kausale Zusammenhang als auch das subjektive Element des Vorsatzes nachgewiesen werden kann. Nach der Richtlinie ist Primär-Insidern auch die Weitergabe von Insider-Informationen an Dritte untersagt, soweit dies nicht in einem normalen Rahmen in Ausübung ihrer Arbeit oder ihres Berufs oder in Erfüllung ihrer Aufgaben geschieht.

EGKS

Abk. f. Europäische Gemeinschaft für Kohle und Stahl (Montanunion). Emittent von internationalen Anleihen.

EG-Richtlinien zum Börsenwesen

→ Richtlinien des Rates der Europäischen Gemeinschaften zum Börsenwesen.

EG-Wertpapierrichtlinie

Richtlinie des Rates der Europäischen Gemeinschaften, die von den EG-Mitgliedsländern bis Ende 1994 in nationales Recht umzusetzen ist, damit die Bestimmungen bis zum 1. Januar 1996 in Kraft treten können. Durch die Richtlinie sollen Wertpapierfirmen in den Genuß eines europäischen Passes für Wertpapierdienstleistungen kommen, d. h., auf Basis von Zulassung und Beaufsichtigung im Herkunftsland können sie ihre Dienstleistungen über Niederlassungen oder in grenzüberschreitender Tätigkeit in allen EG-Staaten anbieten. Durch die Richtlinie über Kapitaladäquanz müssen einfache Maklerfirmen ohne Kundeneinlagen mind. 50000 ECU, Makler und Brokerfirmen, die nur auf Anweisung von Anlegern operieren, mind. 25000 ECU und Firmen, die sämtliche Wertpapierhandelsdienstleistungen anbieten, mind. 730000 ECU Eigenkapital aufweisen.

Ehrengericht

Institution der Börse. Zieht Börsenbesucher zur Verantwortung, die sich im Zusammenhang mit ihrer Tätigkeit an der Börse eine mit Ehre und Anspruch auf kaufmännisches Vertrauen nicht zu vereinbarende Handlung haben zuschulden kommen lassen. Strafen: Verweis, zeitweiliger oder dauernder Ausschluß von der Börse. Die Mitglieder des Ehrengerichts und deren Stellvertreter wählt der Börsenvorstand für 3 Jahre.

EHS

Abk. f. → Elektronisches Handelssystem.

EIB

Abk. f. Europäische Investitionsbank. Emittent von internationalen Anleihen.

Eidgenossen

Börsenbez. f. von der Schweiz begebene Anleihen.

Eigendepot (-konto)

Im Verkehr der Banken untereinander gehaltene Bestände an Wertpapieren oder Sammeldepotanteilen, über die der Zwischenverwahrer zu verfügen berechtigt ist. Die im Eigendepot verbuchten Wertpapiere und Sammeldepotanteile haften der verwahrenden Bank (Zentralbankier bzw. Wertpapiersammelbank) unbeschränkt für alle Verbindlichkeiten der hinterlegenden Bank.

eigene Aktien

Aktien einer AG im Besitz dieser AG. Sie darf sie nur erwerben: (1) wenn der Erwerb notwendig ist, um schweren Schaden von der AG abzuwenden; (2) wenn die Aktien den Arbeitnehmern der AG zum Erwerb angeboten werden sollen (Belegschaftsaktien); (3) wenn der Erwerb geschieht, um Aktionäre abzufinden; (4) wenn auf die Aktie der Nennbetrag oder der höhere Ausgabebetrag voll geleistet ist und der Erwerb unentgeltlich geschieht oder die AG mit dem Erwerb eine Einkaufskommission durchführt (Aktienbanken); (5) durch Gesamtrechtsnachfolge oder (6) aufgrund eines HV-Beschlusses zur Einziehung nach den Vorschriften über die Herabsetzung des Grundkapitals. Der Gesamtnennbetrag der zu den Zwecken nach (1)–(3) erworbenen Aktien darf zusammen mit dem Betrag anderer Aktien der AG, die die AG oder eine abhängige oder eine in ihrem Mehrheitsbesitz stehende Unternehmung oder ein anderer für Rechnung der AG oder einer abhängigen oder einer in ihrem Mehrheitsbesitz stehenden Unternehmung bereits zu diesen Zwecken erworben hat und noch besitzt, 10% des Grundkapitals nicht übersteigen. Aus eigenen Aktien stehen der AG keine Rechte zu. Bei Kapitalerhöhung aus Gesellschaftsmitteln nehmen eigene Aktien an der Erhöhung des Grundkapitals allerdings teil. In der Bilanz müssen eigene Aktien gesondert ausgewiesen werden; zudem bestehen Berichtspflichten für den Anhang.

eigene Effekten (e. E.)

Im Eigentum einer Bank befindliche Effekten im Gegensatz zu Fremdeffekten, die ihr von anderen zur Verwahrung übergeben worden sind.

Eigenemission

Auch: Selbstemission. Form der Unterbringung von Effekten, bei der nicht ein Dritter zunächst die Wertpapiere übernimmt und anschließend absetzt, sondern bei der der Emittent selbst versucht, die Effekten bei den Anlegern unterzubringen. Typisch ist die Eigenemission besonders für solche Institutionen, die aufgrund ihrer normalen Geschäfte ohnehin Beziehungen zum Anlegerpublikum haben, also für Banken. Gegens.: Fremdemission.

eigene Mittel

Eigenkapital einer Unternehmung. Bei der AG: Aktienkapital (gezeichnetes Kapital), Kapitalrücklage, Gewinnrücklagen (Gesetzliche Rücklage und Andere Gewinnrücklagen) sowie Genußrechtskapital.

eigene Schuldverschreibungen

Unter dieser Bezeichnung werden auf der Aktivseite der Bankbilanz, insbesondere bei Hypothekenbanken, Schiffspfandbriefbanken und öffentlich-rechtlichen Banken, bereits ausgegebene und nunmehr – nicht zum Zwecke der Tilgung – zurückerworbene Schuldverschreibungen eigener Emission ausgewiesen. Hierunter sind nicht solche Wertpapiere auszuweisen, die zum Zwecke der Tilgung zurückgekauft wurden, da diese von der Position der Passivseite „Schuldverschreibungen im Umlauf" abzusetzen sind. Bewertung der eigenen Schuldverschreibungen erfolgt nach strengem Niederstwertprinzip.

Eigengeschäft

Auch: Eigenhandel. Wertpapier- bzw. Börsengeschäfte einer Bank für eigene Rechnung und die Tafelgeschäfte. Als Eigenhändler tritt die Bank auch bei Ausführung von Kundenaufträgen in amtlich nicht notierten Wertpapieren auf.

Eigenhändler

Eigenhändler ist eine Bank bei Geschäften in amtlich nicht notierten Werten, bei Geschäften in Börsenpapieren, die ohne Vermittlung eines Maklers abgeschlossen werden (außerbörslicher Handel), bei Börsengeschäften für eigene Rechnung. Die Abrechnung der Geschäfte erfolgt aufgrund der von der Bank gemachten Ankaufs- und Verkaufsangebote, an die sie gebunden ist. Für ein Wertpapier wird ein unterschiedlicher Ankaufs- und Verkaufskurs genannt. Gebühren und Spesen der Bank werden durch die Spanne abgegolten. Es kann aber auch nur ein einheitlicher An- und Verkaufskurs genannt werden. Dann werden die Spesen beim An- und Verkauf gesondert berechnet. Sonderform des Eigenhändlergeschäftes ist das Tafelgeschäft: Hier werden die Wertpapiere am Schalter unmittelbar ge- oder verkauft; der Kunde erhält die Wertpapiere effektiv ausgeliefert und zahlt den Gegenwert in bar, bzw. er liefert die Wertpapiere ab und erhält den Gegenwert ausgezahlt. Nach den Händler- und Beraterregeln dürfen aufgrund eines Kundenauftrages zum An- oder Verkauf von Wertpapieren grundsätzlich keine Eigengeschäfte der Bank, ihrer Geschäftsleiter oder ihrer Mitarbeiter vorgenommen werden, die kursmäßige Nachteile für den Auftraggeber zur Folge haben. Demnach ist es Banken, deren Geschäftsleitern und Mitarbeitern verboten, die Kenntnis von Kundenaufträgen zum Nachteil der Kunden zu verwenden. Der Kundenauftrag darf nicht Anlaß eines den Kunden benachteiligenden Geschäftes sein. Der Bank ist es, wenn sie nicht aufgrund eines Kundenauftrages tätig wird, gestattet, parallel gleichartige Wertpapiergeschäfte wie ihr Kunde vorzunehmen. Im Streitfall muß dem Händler oder Anlageberater nachgewiesen werden, daß er „aufgrund" eines Kundenauftrags Eigengeschäfte getätigt hat.

Eigenhändlergut

Bestände an Effekten, die zur Abwicklung des Eigengeschäfts bzw. des Eigenhändlergeschäfts erforderlich sind.

Eigenkapital (EK)

Der Bestand an Kapital einer Unternehmung kann aus 2 Quellen zugeführt worden sein: (1) Vermögen der Eigentümer, (a) durch Einzahlung der Unternehmer, (b) durch Einbehaltung angefallener Gewinne, also Selbstfinanzierung, (2) Vermögen Dritter. Eigenkapital in weitester Deutung sind sämtliche den Gläubigern einer Unternehmung haftenden Mittel, also auch z. B. das Privatvermögen eines voll haftenden Gesellschafters. In engerer Fassung wird unter Eigenkapital das bilanzielle Eigenkapital verstanden, das als

Residualgröße aus den übrigen Positionen der Bilanz ermittelt werden kann, wodurch sich die Abhängigkeit des Kapitalausweises von den Bewertungen der Bilanzposten erklärt. Rechnerisch ergibt sich seine Höhe aus der Gleichung: Eigenkapital = Vermögen (Aktivseite der Bilanz) – Schulden + Einlagen + einbehaltene Gewinne – Entnahmen – eingetretene Verluste. Unter dem effektiven Eigenkapital ist das um die stillen Reserven erweiterte bilanzielle Eigenkapital zu verstehen. Dem Eigenkapital werden verschiedene Funktionen zugeschrieben, die es für die Unternehmung erfüllt: Zunächst dient es der Finanzierung von Objekten und Vermögensgegenständen, für die kein Fremdkapital eingesetzt werden soll (Finanzierungsfunktion). Daneben hat es Haftungs- und Garantiefunktion, indem es auftretende Verluste zu tragen und auszugleichen hat. Dies erfordert eine Eigenkapitalausstattung in angemessener Höhe, d. h. Einhaltung einer bestimmten Relation zwischen Eigen- und Fremdkapital. Damit im Zusammenhang steht die vertrauenschaffende Funktion des Eigenkapitals im Rahmen des normalen Geschäftsablaufs, insbesondere bei Anbahnung neuer Kunden- und Lieferantenverbindungen. Bei Banken übt Eigenkapital vorwiegend Garantiefunktion bzgl. des Fremdkapitals aus. Daher ist seine absolute Höhe in diesen Bereichen auch eher niedrig. Die genannten Funktionen bestimmen weitgehend das Risiko der Kapitalbeteiligung an einer Unternehmung. Weiter ist die relative Höhe der Eigenkapitalposition u. U. entscheidend für die Verteilung der Herrschafts- und Geschäftsführungsfunktion. Diese Mitwirkung am Entscheidungsprozeß der Unternehmung ist den Fremdkapitalgebern i. d. R. verwehrt. Schließlich dient Eigenkapital als Maßstab zur Gewinnverteilung. Quellen des Eigenkapitals sind die Beteiligungsfinanzierung und die Selbstfinanzierung.

Eigenkapitalbegriffe, körperschaftsteuerlich

Während handelsrechtlich und betriebswirtschaftlich die Differenz der in der Bilanz ausgewiesenen Aktiva und Passiva als Eigenkapital bezeichnet wird, verwendet das Steuerrecht dafür den Begriff Betriebsvermögen. Nach KStG ist Eigenkapital i. S. d. Vorschriften des Anrechnungsverfahrens der Unterschiedsbetrag zwischen dem auf der Aktivseite und dem auf der Passivseite der Steuerbilanz ausgewiesenen Betriebsvermögen. Dieses Eigenkapital enthält aber Teile, deren Bildung und Auszahlung an die Anteilseigner ertragsteuerlich irrelevant sind, so vor allem das Nennkapital. Um die Einbeziehung solcher Eigenkapitalteile zu vermeiden, wird eine Trennung in einen für die Anrechnung relevanten und einen irrelevanten Teil durch die Aufteilung des Eigenkapitals in verwendbares Eigenkapital und übriges Eigenkapital vorgenommen.

Eigenkapitalentzug

Ein Entzug von Eigenkapital kann sich ergeben aus gewinnübersteigenden Ausschüttungen sowie aufgetretenen Verlusten. Die Folgen sind i. d. R. eine Verschlechterung der Bilanzstruktur und damit einhergehend der Bonität und Kreditwürdigkeit einer Unternehmung.

Eigenkapitalkennzahlen

Kennzahlen, die das in der Bilanz ausgewiesene Eigenkapital zu anderen Bilanzpositionen ins Verhältnis setzen. Z. B. für vertikale Eigenkapitalkennzahlen: Verschuldungskoeffizient bzw. Verschuldungsgrad (→ Eigenkapitalrentabilität). Horizontale Eigenkapitalkennzahlen beziehen sich meist auf unterschiedlich weit abgegrenzte Gegenstände des Anlagevermögens (Anlagendeckungsgrad). Darüber hinaus wurden Kennzahlen entwickelt, die sich auf nicht unmittelbar aus der Bilanz ersichtl. Größen beziehen, wie z. B. auf den Umsatz (Umschlagshäufigkeit) oder den cash-flow.

Eigenkapitalkonten

Werden vor allem in Personengesellschaften und Einzelunternehmen häufig nach Dauer der Belassung des Kapitals im Unternehmen aufgespalten. Über Kapitalkonto I werden die fest vereinbarten Kapitalrelationen verbucht, an denen sich etwa das Stimmrecht oder die Gewinnverteilung orientieren. Kapitalkonto II dient der Verbuchung eher kurzfristiger Bestände an haftendem Kapital, wie noch nicht ausgeschütteten Gewinnen.

Eigenkapitalquote

Anteil des Eigenkapitals an der Bilanzsumme in %.

Eigenkapitalrentabilität

Ertrag des investierten Eigenkapitals einer Unternehmung. Auch: Rendite. → Rentabilität.

Eigenkapitalzinsen

Im Rahmen der Ermittlung von Herstellungskosten zur Aktivierung von Vermögensgegenständen ist i. d. R. der Ansatz von Zinsen für das eingesetzte Eigenkapital nicht zulässig, da es sich hierbei um nicht realisierte Gewinne handelt.

Eigentum der Gesamthand

Form des Miteigentums, also des Eigentums mehrerer an derselben Sache. Für das Gesamthandseigentum charakteristisch ist die Zugehörigkeit einer Sache zu einem Vermögen, das mehreren als gesonderte rechtliche Einheit zur gesamten Hand zusteht. Dabei besteht ein Teilrecht des einzelnen an dem zum Sondervermögen gehörenden Gegenstand nicht. Vielmehr ist jeder Teilhaber Eigentümer, in der Ausübung des Eigentumsrechts jedoch beschränkt durch das Recht der anderen Teilhaber. Auch kann der Anteil am Gesamtvermögen – außer bei der Erbengemeinschaft – nicht selbständig veräußert werden.

Eigentumsgarantie

Gewährleistung des Eigentums durch Art. 14 GG der BR Deutschland. Eine Enteignung ist nur unter engen, genau umrissenen Voraussetzungen zulässig und erfordert Entschädigung des Enteigneten.

Eigentumswohnung

Seit dem Wohnungseigentumsgesetz v. 1951 „kann an Wohnungen das Wohnungseigentum, an nicht zu Wohnzwecken dienenden Räumen eines Gebäudes das Teileigentum begründet werden". Die zu investierenden Mittel sind meist geringer als beim Erwerb oder Bau von Eigenheimen.

Eigenverwahrung

Bei der Eigenverwahrung übernimmt der Kunde selbst die effektiven Stücke und überträgt die Verwaltung der Effekten nicht auf die Bank. → Effektenverwahrung.

Einberufung der Hauptversammlung der AG

Die HV ist in den durch Gesetz oder Satzung bestimmten Fällen sowie dann einzuberufen, wenn das Wohl der AG es erfordert. Die HV wird durch den Vorstand einberufen, der darüber mit einfacher Mehrheit beschließt. Personen, die in das Handelsregister als Vorstand eingetragen sind, gelten als befugt. Das auf Gesetz oder Satzung beruhende Recht anderer Personen, die HV einzuberufen, bleibt unberührt. Die Einberufung ist in den Gesellschaftsblättern bekanntzumachen. Sie muß Firma, Sitz der AG, Zeit und Ort der HV und die Bedingungen angeben, von denen die Teilnahme an ihr und die Ausübung des Stimmrechts abhängen. Wenn die Satzung nichts anderes bestimmt, soll die HV am Sitz der AG stattfinden. Sind die Aktien der AG an einer deutschen Börse zum amtlichen Handel zugelassen, kann, wenn die Satzung nichts anderes bestimmt, die HV auch am Sitz der Börse stattfinden. → Einberufung der Hauptversammlung der AG auf Verlangen einer Minderheit → Bekanntmachung der Tagesordnung der Hauptversammlung der AG → Mitteilungen wegen der Hauptversammlung an Aktionäre und Aufsichtsratsmitglieder → Weitergabe der Mitteilungen wegen der Hauptversammlung der AG.

Einberufung der Hauptversammlung der AG auf Verlangen einer Minderheit

Eine HV ist einzuberufen, wenn Aktionäre, deren Anteile zusammen 5% des Grundkapitals erreichen, die Einberufung schriftlich unter Angabe des Zwecks und der Gründe verlangen; das Verlangen ist an den Vorstand zu richten. Die Satzung kann das Recht, die Einberufung der HV zu verlangen, an den Besitz eines geringeren Anteils am Grundkapital knüpfen. In gleicher Weise können Aktionäre, deren Anteile zusammen 5% des Grundkapitals oder den Nennbetrag von DM 1 Mio. erreichen, verlangen, daß Gegenstände zur Beschlußfassung einer HV bekanntgemacht werden. Wird dem Verlangen nicht entsprochen, kann das Gericht die Aktionäre, die das Verlangen gestellt haben, ermächtigen, die HV einzuberufen oder den Gegenstand bekanntzumachen. Zugleich kann das Gericht den Vorsitzenden der HV bestimmen. Auf die Ermächtigung muß bei der Einberufung oder Bekanntmachung hingewiesen werden. Gegen die Entscheidung ist sofort Beschwerde zulässig. Die AG trägt die Kosten der HV und im vorgenannten Fall auch die Gerichtskosten, wenn das Gericht dem Antrag stattgegeben hat. → Einberufung der Hauptversammlung der AG.

Einberufung des Aufsichtsrats der AG

Jedes Aufsichtsratsmitglied oder der Vorstand kann unter Angabe des Zwecks und der Gründe verlangen, daß der Vorsitzende des Aufsichtsrats unverzüglich den Aufsichtsrat einberuft. Die Sitzung muß binnen 2 Wochen nach der Einberufung stattfinden. Wird einem Verlangen, das von mindestens zwei Aufsichtsratsmitgliedern oder vom Vorstand geäußert ist, nicht entsprochen, so können die Antragsteller unter Mitteilung des Sachverhalts selbst den Aufsichtsrat einberufen. Der Aufsichtsrat soll in der Regel einmal im Kalendervierteljahr, er muß einmal im Kalenderhalbjahr einberufen werden.

Einbeziehung von Wertpapieren in den Freiverkehr

Der Antrag auf Einbeziehung von Wertpapieren in den Freiverkehr kann nur schriftlich von einer an der jeweiligen Börse zugelassenen Bank gestellt werden. Der Antrag ist vielfach nicht erforderlich, wenn die einzubeziehenden Wertpapiere bereits an einer inländischen oder ausländischen Wertpapierbörse zum amtlichen Handel oder Geregelten Markt bzw. deren ausländisches Äquivalent zugelassen sind. Die Emittentin soll vom Antragsteller über die beabsichtigte Einbeziehung in den Freiverkehr unterrichtet werden. Bei Widerspruch der Emittentin wird i. d. R. die Einbeziehung unterbleiben, auch wenn entsprechend der Freiverkehrsrichtlinien einzelner Börsen dieses nicht zwingend ist. In den Freiverkehr kann man somit nicht eintreten, sondern wird man gebracht, sofern Händler einen Handelsbedarf erwarten. Dies erklärt zugleich die Notwendigkeit der Einschaltung von Banken, die in dem höheren Segment des Geregelten Marktes nicht erforderlich ist. Über die Einbeziehung von Wertpapieren in den Freiverkehr entscheidet ein besonderer Ausschuß an jeder Börse. Einführungsprospekt und Zwischenberichte sind im Freiverkehr nicht obligatorisch. Ferner werden keine generellen Anforderungen an das Mindestemissionsvolumen, die Pflicht zur Zulassung aller Aktien einer Gattung, der Streuung der Aktien oder Mindestlebensdauer einer Gesellschaft gestellt. Die unterschiedlichen Einbeziehungsvoraussetzungen sind in den Freiverkehrsrichtlinien der deutschen Börsen festgelegt.

Einbeziehung von Wertpapieren in den Geregelten Markt

→ Zulassung von Wertpapieren zum Geregelten Markt.

eindecken

Glattstellung einer Leerposition durch Kauf der betreffenden Wertpapiere. → Blankoverkäufe.

einfache Eingliederung der AG

Die HV einer AG kann die Eingliederung der AG in eine andere AG mit Sitz im Inland (Hauptgesellschaft) beschließen, wenn sich alle Aktien der AG in der Hand der zukünftigen Hauptgesellschaft befinden. Auf den Beschluß sind die Bestimmungen des AktG und der Satzung über Satzungsänderungen nicht anzuwenden. Der Beschluß über die Eingliederung wird nur wirksam, wenn die HV der zukünftigen Hauptgesellschaft zustimmt. Der Beschluß bedarf einer Mehrheit von mind. ¾ des vertretenen Grundkapitals. Die Satzung kann eine größere Kapitalmehrheit und weitere Erfordernisse bestimmen. Jedem Aktionär ist auf Verlangen in der HV, die über die Zustimmung beschließt, Auskunft auch über alle im Zusammenhang mit der Eingliederung wesentlicher Angelegenheiten der einzugliedernden AG zu geben. Der Vorstand der einzugliedernden AG hat die Eingliederung und die Firma der Hauptgesellschaft zur Eintragung ins Handelsregister anzumelden. Bei der Anmeldung hat der Vorstand zu erklären, daß die HV-Beschlüsse innerhalb der Anfechtungsfrist nicht angefochten worden sind oder daß die Anfechtung rechtskräftig zurückgewiesen worden ist. Der Anmeldung sind die Niederschriften der HV-Beschlüsse und ihre Anlagen in Ausfertigung oder öffentlich beglaubigter Abschrift beizufügen. Mit Eintragung der Eingliederung ins Handelsregister des Sitzes der AG wird die AG in die Hauptgesellschaft eingegliedert. → eingegliederte Gesellschaft.

einfache Mehrheit, einfache Stimmenmehrheit

Mehr als die Hälfte der abgegebenen Stimmen. Bei Stimmengleichheit entscheidet in bestimmten Fällen die Stimme des Sitzungsleiters.

einfache Währungsklauseln

→ Währungsklauseln, einfache.

Einführung in den amtlichen Handel (Verkehr)

→ Börseneinführung.

Einführungsbanken

Banken, die die Zulassung von Wertpapieren zum amtlichen Börsenhandel oder Geregelten Markt betreiben und den Börsenzulassungsprospekt unterzeichnen bzw. bei einem unnotierten Papier die Einbeziehung in den Freiverkehr beantragen.

Einführungskurs

Kurs am Einführungstag eines Wertpapiers. An einigen Börsen wird der Einführungskurs vorher angekündigt.

Einführungstag

Tag, an dem ein neues Wertpapier erstmalig an der Börse notiert wird. Wird durch

Börsenaushang und im amtlichen Kursblatt sowie von der Wirtschaftspresse bekanntgegeben.

Einführung zum Börsenhandel
→ Börseneinführung.

Eingang vorbehalten (E. v.)
Banken schreiben ihren Kunden bestimmte Beträge, die sie selbst zunächst einziehen müssen, sofort E. v. gut, ansonsten nach Eingang des Gegenwertes (Inkasso).

eingegliederte Gesellschaft
Die HV einer AG kann die Eingliederung der AG in eine andere AG mit Sitz im Inland (Hauptgesellschaft) beschließen, wenn sich alle Aktien der AG in der Hand der zukünftigen Hauptgesellschaft befinden. Die Hauptgesellschaft haftet für die vor und nach der Eingliederung begründeten Verbindlichkeiten der eingegliederten AG den Gläubigern dieser AG als Gesamtschuldner. Sie ist verpflichtet, jeden bei der eingegliederten AG sonst entstehenden Bilanzverlust auszugleichen. Die Hauptgesellschaft ist berechtigt, dem Vorstand der eingegliederten AG hinsichtlich der Leitung der AG Weisungen zu erteilen. Jedem Aktionär der Hauptgesellschaft ist über Angelegenheiten der eingegliederten AG ebenso Auskunft zu erteilen wie über Angelegenheiten der Hauptgesellschaft. Die Eingliederung endet (1) durch Beschluß der HV der eingegliederten AG, (2) wenn die Hauptgesellschaft nicht mehr AG mit Sitz im Inland ist, (3) wenn sich nicht mehr alle Aktien der eingegliederten AG in der Hand der Hauptgesellschaft befinden, (4) durch Auflösung der Hauptgesellschaft.

Eingliederung durch Mehrheitsbeschluß
Die HV einer AG kann die Eingliederung der AG in eine andere AG mit Sitz im Inland auch dann beschließen, wenn sich Aktien der AG im Gesamtnennbetrag von 95% des Grundkapitals in der Hand der zukünftigen Hauptgesellschaft befinden. Eigene Aktien und Aktien, die einem anderen für Rechnung der AG gehören, sind vom Grundkapital abzusetzen. Die Bekanntmachung der Eingliederung als Gegenstand der Tagesordnung ist nur ordnungsgemäß, wenn: (1) sie die Firma und den Sitz der zukünftigen Hauptgesellschaft enthält, (2) ihr eine Erklärung der zukünftigen Hauptgesellschaft beigefügt ist, in der diese den ausscheidenden Aktionären als Abfindung für ihre Aktien eigene Aktien, in bestimmten Fällen außerdem eine Barabfindung anbietet. Jedem Aktionär ist auf Verlangen in der HV, die über die Eingliederung beschließt, Auskunft auch über alle im Zusammenhang mit der Eingliederung wesentlichen Angelegenheiten der zukünftigen Hauptgesellschaft zu geben. Mit der Eintragung der Eingliederung in das Handelsregister gehen alle Aktien, die sich nicht in der Hand der Hauptgesellschaft befinden, auf diese über. Sind über diese Aktien Aktienurkunden ausgegeben, verbriefen sie bis zu ihrer Aushändigung an die Hauptgesellschaft nur den Anspruch auf Abfindung.

Einheitsgründung
Form der Gründung einer AG, bei der sämtliche Aktien von den Gründern fest übernommen werden. Sie ist nach AktG die allein zulässige Form der Gründung. → Simultangründung.

Einheitskurs
Für die Mehrzahl der Wertpapiere werden an den Börsen die Kurse während der Börsenzeit nur einmal festgesetzt und nicht fortlaufend. Der Einheitskurs (auch Kassakurs) ist somit der Börsenkurs, der im amtlichen Verkehr am Börsentag nur einmal festgestellt wird, im Gegensatz zu den fortlaufenden Notierungen für die Papiere, die zum variablen Handel zugelassen sind. Bei den Wertpapieren, die nicht zum variablen Handel zugelassen sind, wird börsentägig nur der Einheitskurs festgestellt. Für die zum variablen Handel zugelassenen Papiere werden, i. a. gegen Ende der ersten Börsenstunde, Einheitskurse für die Aufträge festgestellt, die den Mindestschluß nicht erreichen, die nach dem Auftrag des Auftraggebers zum Einheitskurs ausgeführt werden sollen und die zwar im variablen Handel hätten abgewickelt werden können und sollen, die aber mangels eines geeigneten Geschäftspartners bis zur Feststellung des Einheitskurses nicht ausgeführt werden konnten.

Einheitsmarkt
Teil der Börse, an dem für die auf diesem Markt gehandelten Wertpapiere nur ein Einheitskurs festgestellt wird. Es handelt sich um den Teil des Kassamarktes, an dem einzelne Kauf- und Verkaufaufträge von Kunden abgewickelt werden, die ein Mindestvolumen bzw. eine Mindeststückzahl nicht überschreiten. Am Aktienmarkt beträgt die Mindeststückzahl zur Abwicklung eines Geschäfts am variablen Markt 50 Stück oder ein Vielfaches davon. Spit-

zenbeträge oder kleinere Aufträge werden am Einheitsmarkt abgewickelt. Außerdem werden solche Wertpapiere am Einheitsmarkt gehandelt, die etwa aufgrund regelmäßig geringer Umsatztätigkeit nicht zum variablen Handel zugelassen sind.

Einheitswert

Um für die zahlreichen steuerliche Zwecke möglichst einheitliche Werte zu haben, existiert für bestimmte Vermögensgegenstände ein besonderes steuerliches Bewertungsverfahren: Es regelt die Feststellung eines Einheitswerts, der gleichzeitig für die Vermögen-, Grund-, Gewerbekapital-, Erbschaftsteuer u. a. m. gilt. Die Ermittlung eines Einheitswerts erfolgt nur, wenn er bei einer Steuer als Bemessungsgrundlage benötigt wird. Unterliegt eine wirtschaftliche Einheit den einzelnen einheitswertabhängigen Steuern in unterschiedlichem Ausmaß, wird für den steuerpflichtigen Teil jeweils ein eigener Einheitswert ermittelt. Bei ausländischem Besitz ist kein besonderes Bewertungsverfahren vorgesehen, sondern dessen Wert wird im Rahmen der Vermögensteuerveranlagung formlos festgestellt. Die bei Hauptfeststellung oder durch Nachfeststellung festgestellten Einheitswerte bleiben grundsätzlich für den gesamten bzw. den restlichen Hauptfeststellungszeitraum unverändert wirksam. Soweit jedoch zwischenzeitlich wesentliche Änderungen eintreten, sind diese zu berücksichtigen, und zwar durch Fortschreibung von Einheitswerten.

Einheitswert des Grundvermögens

Um für die Erfassung des Grundvermögens bei den einzelnen Steuern eine einheitliche Grundlage zu haben, werden in einem besonderen Verfahren verbindliche Werte, die Einheitswerte ermittelt. Eine allgemeine, für alle Grundstücke durchgeführte Einheitswertfeststellung ist die Hauptfeststellung. Zwischen zwei Hauptfeststellungsterminen werden nur Fortschreibungen und Nachfeststellungen von Einheitswerten vorgenommen. Die letzte Hauptfeststellung ist zum 1. 1. 1964 durchgeführt worden. Die seit 1964 am Grundstück eingetretenen Änderungen werden durch Fortschreibung oder Nachfeststellung des Einheitswerts berücksichtigt.

Einkaufskommission

Kauf im eigenen Namen, jedoch im Auftrag und für Rechnung eines Dritten. Die Banken wickeln Effektengeschäfte für ihre Kunden i. d. R. als Kommissionäre ab. Führt ein Kommissionär einen Auftrag zum Kauf von Wertpapieren aus, so hat er dem Kommittenten – seinem Auftraggeber – unverzüglich, spätestens innerhalb 1 Woche, ein Stückeverzeichnis zu übersenden. Mit Absendung des Stückeverzeichnisses geht das Eigentum an den darin bezeichneten Wertpapieren, soweit der Kommissionär über sie zu verfügen berechtigt ist, auf den Kommittenten über, wenn es nicht nach den Bestimmungen des bürgerlichen Rechts schon früher auf ihn übergegangen ist. → Ausführung von Kundenaufträgen.

Einkommensaktien

Bez. f. Aktien, aus denen ihre Besitzer vor allem relativ hohe, vor allem aber stabile Erträge aus Dividenden erzielen (wollen), nicht aber spekulative aus Kursgewinnen. Diese Werte weisen i. a. keine größeren Kursschwankungen auf.

Einkommensanlage

→ Kapitalanlagearten.

Einkommensfonds

Investmentfonds, dessen Anlageziel vor allem die Erzielung hoher Erträge ist. Das Portefeuille solcher Fonds enthält daher insbesondere hochrentierliche Papiere wie Schuldverschreibungen, Standardaktien, Vorzugsaktien u. dgl. Typisch sind kontinuierlich hohe und stabile Erträgnisausschüttungen. Entsprechend ihrem Anlageziel und Portefeuilleaufbau alle Rentenfonds.

Einkommensteuer (ESt)

Wird vom Einkommen natürlicher Personen erhoben. Rechtsgrundlagen: Einkommensteuergesetz (EStG), Einkommensteuer-Durchführungsverordnung (EStDV) und Einkommensteuerrichtlinien (EStR). Natürliche Personen, die im Bundesgebiet ihren Wohnsitz oder gewöhnlichen Aufenthalt haben, sind unbeschränkt einkommensteuerpflichtig. Die unbeschränkte Steuerpflicht erstreckt sich auf sämtliche Einkünfte, egal, ob sie aus dem In- oder Ausland zufließen. Natürliche Personen, die im Bundesgebiet weder Wohnsitz noch gewöhnlichen Aufenthalt haben, sind nur mit bestimmten inländischen Einkünften beschränkt steuerpflichtig. Die ESt bemißt sich nach dem Einkommen, das der Steuerpflichtige innerhalb eines Kalenderjahres bezogen hat. Einkommen ist der Gesamtbetrag der Einkünfte nach Ausgleich mit Verlusten, die sich bei den einzelnen Einkunftsarten ergeben und nach Abzug der Sonderausgaben, Werbungskosten und außergewöhnlichen Belastungen. Der ESt unterliegen: Einkünfte aus Land- und Forstwirtschaft, aus Gewerbebetrieb, aus selbständiger Arbeit, aus nichtselbständiger Arbeit, aus Kapitalvermögen, aus Vermietung und Verpachtung und sonstige Einkünfte (wiederkehrende Bezüge, Einkünfte aus Spekulationsgeschäften, aus gelegentlichen Vermittlungen u. a. m.). Bei Einkünften aus land- und forstwirtschaftlichen Betrieben, Gewerbebetrieben und selbständiger Arbeit kommt es für die Ermittlung der steuerpflichtigen Einkünfte auf den Gewinn an. Dieser ergibt sich entweder durch Vergleich des Betriebsvermögens am Schluß eines Wirtschaftsjahres mit dem Betriebsvermögen am Schluß des vorangegangenen Wirtschaftsjahres oder – bei nicht zur Buchführung verpflichteten Steuerpflichtigen – durch Ermittlung des Überschusses der Betriebseinnahmen über die Betriebsausgaben. Bei den anderen Einkunftsarten entsprechen die Einkünfte den Einnahmen minus Werbungskosten. Ergibt sich bei einer Einkunftsart ein Verlust bzw. ein Überschuß der Werbungskosten über die Einnahmen, wird dieser, abgesehen von bestimmten Ausnahmen, bei der Ermittlung des Gesamtbetrags aller Einkünfte mit anderen Einkünften ausgeglichen, soweit solche vorhanden sind. Aufwendungen, die weder Betriebsausgaben noch Werbungskosten sind, vor allem also alle Aufwendungen, die zum privaten Lebensbereich gehören, sind bei der Ermittlung des steuerpflichtigen Einkommens nicht abzugsfähig; Ausnahmen bilden Sonderausgaben und außergewöhnliche Belastungen.

Einkommensteuer bei Wertpapiererträgen natürlicher Personen

Natürliche Personen, die im Bundesgebiet ihren Wohnsitz oder gewöhnlichen Aufenthalt haben, sind i. d. R. unbeschränkt einkommensteuerpflichtig. Zu den Einkünften gehören neben Wertpapiererträgen auch Gewinne aus dem Ankauf und Verkauf von Wertpapieren (Spekulationsgewinne). Steuerfrei bleiben jedoch Einkünfte aus der Veräußerung von: (1) Schuldverschreibungen von Schuldnern, die Wohnsitz, Geschäftsleitung oder Sitz im Inland haben, es sei denn, daß neben der festen Verzinsung ein Recht auf Umtausch in Gesellschaftsanteile (Wandel-, Optionsanleihen) oder eine Zusatzverzinsung, die sich nach der Höhe der Gewinnausschüttung des Schuldners richtet, eingeräumt ist oder daß sie von dem Steuerpflichtigen im Ausland erworben worden sind; (2) Forderungen, die in ein inländisches öffentliches Schuldbuch eingetragen sind; (3) anderen Wertpapieren, wenn der aus Spekulationsgeschäften erzielte Gesamtgewinn im Kalenderjahr weniger als DM 1000 betragen hat. War der Zeitraum zwischen Anschaffung und Veräußerung mehr als 6 Monate, besteht Steuerfreiheit ohne Rücksicht auf die Höhe des erzielten Gewinnes. Zusammenveranlagte Eheleute können beide die Freigrenze von DM 1000 beanspruchen, jedoch nur für Spekulationsgewinne aus eigenen Wertpapieren, was im Einzelfall nachweisbar sein muß.

Einkünfte aus Gewerbebetrieb

Einkünfte aus Gewerbebetrieb sind steuerlich: (1) Einkünfte aus gewerblichen Unternehmen; (2) die Gewinnanteile der Gesellschafter der OHG, der KG u. a. Gesellschaften, bei der der Gesellschafter als Unternehmer (Mitunternehmer) anzusehen ist, und die Vergütungen, die der Gesellschafter von der Gesellschaft für seine Tätigkeit im Dienst der Gesellschaft oder für die Gewährung von Darlehen oder für die Überlassung von Wirtschaftsgütern bezogen hat; (3) die Gewinnanteile der persönlich haftenden Gesellschafter einer KGaA, soweit sie nicht auf Anteile am Grundkapital entfallen, und die Vergütungen wie unter (2).

Einkünfte aus Kapitalvermögen

Zu den Einkünften aus Kapitalvermögen gehören steuerlich: (1) Gewinnanteile (Dividenden) und sonstige Bezüge aus Aktien, Genußscheinen, mit denen das Recht am Gewinn und Liquidationserlös einer Kapitalgesellschaft verbunden ist, aus Anteilen an GmbH, an Erwerbs- und Wirtschaftsgenossenschaften, Kolonialgesellschaften und an bergbautreibenden Vereinigungen, die die Rechte einer juristischen Person haben. Die Bezüge gehören nicht zu den Einnahmen, soweit sie aus Ausschüttungen einer unbeschränkt steuerpflichtigen Körperschaft stammen, für die Eigenkapital i. S. d. KStG als verwendet gilt; (2) Bezüge, die aufgrund einer Kapitalherabsetzung oder nach der Auflösung unbeschränkt steuerpflichtiger Körperschaften oder Personenvereinigungen i. S. d. Nr. (1) anfallen, soweit bei diesen für Ausschüttungen verwendbares Eigenkapital i. S. d. KStG als verwendet gilt und die Bezüge nicht zu den Einnahmen i. S. d. Nr. (1) gehören; (3) die anzurechnende oder zu vergütende KSt; diese gilt i. a. als zusammen mit den Einnahmen bezogen; (4) Einnahmen aus der Beteiligung an einem Handelsgewerbe als stiller Gesellschafter und aus partiarischen Darlehen, es sei denn, daß der Gesellschafter oder Darlehensgeber als Mitunternehmer anzusehen ist; (5) Zinsen aus Hypotheken und Grundschulden sowie Renten aus Rentenschulden; bei Tilgungshypotheken und -grundschulden ist nur der Teil der Zahlungen anzusetzen, der als Zins auf den jeweil. Kapitalrest entfällt; (6) i. a. außerrechnungsmäßige und rechnungsmäßige Zinsen aus den Sparanteilen, die in den Beiträgen zu Versicherungen auf den Erlebens- oder Todesfall enthalten sind; (7) Zinsen i. S. d. § 57 Abs. 3 AktG; (8) Zinsen aus sonstigen Kapitalforderungen jeder Art, z. B. aus Einlagen und Guthaben bei Banken, aus Darlehen und Anleihen; (9) Diskontbeträge von Wechseln und Anweisungen einschl. Schatzwechseln. Zu den Einkünften aus Kapitalvermögen gehören auch: (1) besondere Entgelte oder Vorteile, die neben den vorgenannten Einnahmen oder an deren Stelle gewährt werden; (2) Einnahmen aus der Veräußerung (a) von Dividendenscheinen und sonstigen Ansprüchen durch den Anteilseigner, (b) von Zinsscheinen durch den Inhaber der Schuldverschreibung, wenn die dazugehörigen Aktien, sonstige Anteile oder Schuldverschreibungen nicht mitveräußert werden; sind einem Nießbraucher oder Pfandgläubiger die Einnahmen im vorgenannten Sinne zuzusprechen, gilt er als Anteilseigner; (3) Einnahmen aus der Veräußerung von Zinsscheinen, wenn die dazugehörigen Schuldverschreibungen mitveräußert werden und das Entgelt für die für den Zeitraum bis zur Veräußerung der Schuldverschreibung entfallenden Zinsen des laufenden Zinszahlungszeitraums (Stückzinsen) besonders in Rechnung gestellt ist; die bei der Einlösung oder Weiterveräußerung der Zinsscheine vom Erwerber der Zinsscheine vereinnahmten Zinsen sind um das Entgelt für den Erwerb der Zinsscheine zu kürzen. Nr. (2) und (3) gelten sinngemäß für die Einnahmen aus der Abtretung von Dividenden- oder Zinsansprüchen oder sonstigen Ansprüchen i. S. d. Nr. (2), wenn die dazugehörigen Anteilsrechte oder Schuldverschreibungen nicht in einzelnen Wertpapieren verbrieft sind. Das Vorgenannte gilt auch bei der Abtretung von Zinsansprüchen aus Schuldbuchforderungen, die in ein öffentliches Schuldbuch eingetragen sind. Bei Ermittlung der Einkünfte aus Kapitalvermögen ist nach Abzug der Werbungskosten (Pauschale DM 100/200) ein Betrag von DM 6000 abzuziehen (Sparerfreibetrag). Ehegatten, die zusammen veranlagt werden, wird ein gemeinsamer Sparerfreibetrag von DM 12000 gewährt. Sparerfreibetrag und gemeinsamer Sparerfreibetrag dürfen nicht höher sein als die um die Werbungskosten geminderten Kapitalerträge.

Einkünfte aus Kapitalvermögen bei Lohnsteuerpflichtigen

Bei Lohnsteuerpflichtigen können andere Einkünfte, die sie neben ihren Einkünften aus nichtselbständiger Arbeit haben, solange unberücksichtigt bleiben, wie sie DM 800 nicht übersteigen. Voll zu versteuern sind sie erst, wenn sie DM 1600 betragen, denn von den genannten Einkünften ist zunächst der Betrag abzuziehen, um den sie niedriger als DM 1600 sind. Der Abzugsbetrag vermindert sich noch um den Altersentlastungsbetrag, sow. dieser 40% des Arbeitslohnes übersteigt. Bei Ehepaaren bezieht sich die Grenze von DM 800 auf die Summe der von beiden zusammen bezogenen, nicht der Lohnsteuer unterliegenden Einkünfte.

Einkünfte aus Kapitalvermögen, Werbungskosten

Aufwendungen für die einzelne Kapitalanlage und für die Gesamtheit der Kapitalanlagen (z. B. Depotgebühren), die zur Erwerbung, Sicherung und Erhaltung der Einnahmen gemacht werden, sind als Werbungskosten abziehbar (auch dann, wenn sie gleichzeitig der Sicherung und Erhaltung des Kapitalbestands dienen). Schuldzinsen, die für einen zum Erwerb von Wertpapieren aufgenommenen Kredit gezahlt werden, sind grundsätzlich in voller Höhe im selben Jahr als Werbungskosten abziehbar, es sei denn, daß ein Überschuß der Einnahmen über die Ausgaben auf Dauer nicht erwartet werden kann. Aufwendungen, die auf ein Vermögen entfallen, das nicht zur Erzielung von Kapitaleinkünften angelegt ist oder bei dem Kapitalerträge nicht mehr zu erwarten sind, können nicht als Werbungskosten anerkannt werden. Keine Werbungskosten sind auch Aufwendungen, die vorwiegend der Beschaffung oder Veräußerung von Vermögenswerten dienen (z. B. Bankauslagen, Provisionen, Maklergebühren) sowie Wertverluste am Stammrecht. Bei Ermittlung der Einkünfte aus Kapitalvermögen ist ein Werbungskostenpauschbetrag von DM 100, bei zus. veranlagten Ehegatten von DM 200 abzuziehen, wenn nicht höhere Werbungskosten nachgewiesen werden. Der Pauschbetrag darf nur bis zur Höhe der Einnahmen abgezogen werden.

Einkünfte aus selbständiger Arbeit

U. a. Einkünfte aus freiberuflicher Tätigkeit und aus sonstiger selbständiger Arbeit, z. B. Vergütungen für die Vollstreckung von Testamenten, für Vermögensverwaltung und für die Tätigkeit als Aufsichtsratsmitglied. Zu den Einkünften aus selbständiger Arbeit gehört auch der Gewinn, der bei der Veräußerung des Vermögens oder eines selbständigen Teils oder eines Anteils am Vermögen erzielt wird, das der selbständigen Arbeit dient.

Einkünfte aus Vermietung und Verpachtung

Sind: (1) Einkünfte aus Vermietung und Verpachtung aus unbeweglichem Vermögen, insbesondere von Grundstücken, Gebäuden, Gebäudeteilen, Schiffen, die in ein Schiffsregister eingetragen sind, und Rechten, die den Vorschriften des bürgerlichen Rechts über Grundstücke unterliegen (z. B. Erbbaurecht, Erbpachtrecht, Mineralgewinnungsrecht); (2) Einkünfte aus Vermietung und Verpachtung von Sachinbegriffen, insbesondere von beweglichem Betriebsvermögen; (3) Einkünfte aus zeitlich begrenzter Überlassung von Rechten; (4) Einkünfte aus der Veräußerung von Miet- und Pachtzinsforderungen.

Einlagen (1)

Im Bankwesen die von Kunden oder anderen Banken entgegengenommenen fremden Gelder, wobei die Initiative zur Geldeinlage vom jeweiligen Einleger ausgeht. Nach Fälligkeit und Art unterscheidet man die Einlagen in (täglich fällige) Sichteinlagen, befristete Einlagen (Termineinlagen, Fest- bzw. Kündigungsgelder), Spareinlagen und Sparbriefe.

Einlagen (2)

Alle Geld- und Sachleistungen, die in eine Unternehmung von Dritten eingelegt werden mit dem Ziel, damit eine Beteiligung an der Unternehmung zu erwerben.

Einlagen (3)

Im Steuerrecht alle Wirtschaftsgüter (Geld- und Sacheinlagen), die ein Steuerpflichtiger seinem Betrieb zuführt.

Einlagenrückgewähr

Nach AktG ist Rückzahlung von Einlagen an die Aktionäre nicht zulässig.

Einlagensicherung

Einlagen aller Art sind bei den deutschen Banken weitgehend gesichert. Dabei bestehen für die 3 großen Gruppen der Bankwirtschaft – Sparkassen, Kreditgenossenschaften und Kreditbanken – gruppenspezifische Sicherungssysteme.

Einlagenzertifikate

Handelbare festverzinsliche Geldmarktpapiere, die aufgrund ihres Rechtscharakters als Inhaberpapiere sowie wegen ihrer laufzeit- und betragsgemäßen Standardisierung hohe Flexibilität aufweisen. An ausländischen Finanzplätzen, insbesondere in den USA, sind Einlagenzertifikate seit langem eingeführt und haben seitdem als Instrument der Liquiditätsbeschaffung an Bedeutung gewonnen. In den USA werden die certificates of deposit von Banken ab US-$ 100000 mit unterschiedlichen Laufzeiten, i. d. R. 30–270 Tage, emittiert und bei Fälligkeit zum Nennwert zurückgenommen. Ihre Verzinsung liegt geringfügig über der Rate für Schatzwechsel. Sekundärmarkt ermöglicht dem Anleger, die Titel zu aktuellen Marktkonditionen wieder zu verkaufen. Nachdem die Bundesbank zunächst Bedenken gegen die Ausgabe von DM-Einlagenzertifikaten geäußert hatte, ist es deutschen Banken nach erfolgter Modifizierung der Mindestreservebestimmungen nunmehr möglich, DM-Einlagenzertifikate auszugeben.

Einlieferung

Tatsächliche Übergabe von Wertpapieren zur Verwahrung. → Auslieferung.

Einmalemittenten

Bez. f. Aussteller von Wertpapieren, die nur einmal oder selten an den Kapitalmarkt herantreten (im Gegensatz zu Daueremittenten).

Einmanngesellschaft

Bez. f. eine Gesellschaft, deren Anteile sich in einer Hand befinden, z. B. Einmann-GmbH.

Einnahmen, steuerlich

Einnahmen sind alle Güter, die in Geld oder Geldeswert bestehen und dem Steuerpflichtigen im Rahmen einer der Einkunftsarten zufließen.

einreiben

Jemandem entgegen dessen ursprünglicher Absicht Wertpapiere verkaufen.

Einschlag

→ Disagio.

Einschränkung des (Jahresabschluß-)Testats

Bei Verstößen gegen Rechnungslegungsvorschriften in begrenztem Umfang ist eine Einschränkung des Bestätigungsvermerks möglich, wenn der Prüfer sich im ganzen ein positives Urteil gebildet hat, aber auf Teilgebieten Einwendungen zu erheben sind. Sie kann individuell formuliert sein, sie muß jedoch die Art des Verstoßes und seine Bedeutung klar erkennen lassen. Der Bestätigungsvermerk ist dann einzuschränken, wenn bedeutende Mängel festgestellt wurden. Solche Mängel können sich beziehen auf die Führung von Handelsbüchern, Auslegung von Vorschriften über den Jahresabschluß, Nichtbeachtung von Satzungsvorschriften über den Jahresabschluß oder entsprechende HV-Beschlüsse, Mängel des Lageberichts sowie die Verweigerung von zur Beurteilung der Lage erforderlichen Auskünften seitens des Vorstandes.

Einschuß (1)

Beim Wertpapierkauf auf Kredit derjenige Betrag, den der Käufer mindestens einzahlen muß. Die Höhe ist von der Art der gekauften Effekten abhängig, aber auch von der Liquiditätssituation der Banken.

Einschuß (2)

Auch: Marge, margin. Im Börsengeschäft der Betrag, der für ein Geschäft einzuzahlen bzw. zu hinterlegen ist. Vor allem bei Termingeschäften an Börsen z. B. an der Deutschen Terminbörse (DTB) üblich. Bei Eröffnung einer Terminkontraktposition ist eine initial margin zu entrichten, die meist 2–7% des Kontraktvolumens beträgt. Die Wertentwicklung des Terminkontrakts wird durch die variation margin ausgeglichen. Bei ungünstiger Wertentwicklung hat der Terminhandelnde Nachschüsse zu leisten. An einigen Terminbörsen brauchen variation margins erst geleistet zu werden, wenn die maintenance margin unterschritten wird. Das margin account ist dann bis zur Höhe der initial margin aufzufüllen. → risk-based-margining.

einsteigen, Einstieg

Börsenausdruck f. Kauf von Wertpapieren (im Gegensatz zu aussteigen = Verkauf).

Einstellung der Kursnotierung

Ausschließen eines Wertpapiers vom amtlichen Handel: (1) nach Zurücknahme der Zulassung durch die Zulassungsstelle; (2) nach Eröffnung eines Konkursverfahrens über das Vermögen der AG; (3) nach einer Verschmelzung für die Aktien der aufgenomm. AG; (4) auf Antrag der AG, wenn die Gründe dazu ausreichen; (5) nach Beendigung der Abwicklung; (6) nach Beendigung eines Umtauschs in Aktien einer anderen AG; (7) bei Schuldverschreibungen 14 Tage vor dem Rückzahlungstermin, bei Wandelanleihen zum Kündigungstermin. → Börsenschließung → Aussetzen der Kursnotierung(-notiz).

Einstellung des Börsenverkehrs

Nach § 47 KWG kann die Bundesregierung durch Rechtsverordnung anordnen, daß die Wertpapierbörsen vorübergehend geschlossen bleiben. Die vorübergehende Schließung kann unabhängig von einer ebenfalls in § 47 KWG geregelten Schließung von Banken angeordnet werden, wird aber i. d. R. mit einer solchen fast immer verbunden sein. Eine solche Schließung kommt insbesondere dann in Betracht, wenn schwerwiegende Gefahren für die Gesamtwirtschaft zu erwarten sind, die einen geordneten Ablauf der Börsentätigkeit nicht erwarten lassen. Von der Einstellung zu unterscheiden ist die im BörsG geregelte Aussetzung der Kursnotiz.

Einz.

Abk. im Kursblatt für Einzahlung.

Einzahlungsverpflichtung der Aktionäre

Aktionäre müssen ihre Einlagen an die AG leisten, und zwar in Geld, sofern nicht Sacheinlagen nach der Satzung vorgesehen sind. Die Verpflichtung der Aktionäre zur Leistung der Einlagen wird durch den Nennbetrag oder den höheren Ausgabebetrag der Aktien begrenzt. Bei der die Aktien emittierenden Unternehmung sind die ausstehenden Einlagen auf das gezeichnete Kapital auf der Aktivseite vor dem Anlagevermögen gesondert auszuweisen und entsprechend zu bezeichnen; die davon eingeforderten Einlagen sind zu vermerken. Die nicht eingeforderten ausstehenden Einlagen dürfen auch von dem Posten „Gezeichnetes Kapital“ offen abgesetzt werden; der verbleibende Betrag ist dann als Posten „Eingefordertes Kapital“ auf der Passivseite offen auszuweisen. Darüber hinaus können Unternehmen als Zeichner von Anteilsscheinen diese nicht voll eingezahlt haben. Solche Verpflichtungen sind bei der AG im Geschäftsbericht zu erläutern, da sie Haftungsverhältnisse darstellen und den Charakter von Verbindlichkeiten haben. Eine Bilanzierung kann unterbleiben, jedoch ist eine Passivierung nicht eingezahlter Anteile unter „sonstigen Verbindlichkeiten“ dann erforderlich, wenn die Beteiligung in voller Höhe aktiviert wurde, d. h. auch mit dem noch nicht eingezahlten Betrag.

Einzeldepot
Übliche Form des Depots, bei dem eine Person verfügungsberechtigt ist. Gegens.: Gemeinschaftsdepot.

Einzelschuldbuchforderung
Schuldbuchforderung eines einzelnen Gläubigers. Gegens.: Sammelschuldbuchforderung.

Einzelunternehmung (-unternehmen)
Der Einzelunternehmer ist Vollkaufmann. Er ist alleiniger Inhaber seiner Unternehmung.

Einzelverwahrung
Verwahrung von Wertpapieren unter äußerlich erkennbarer Bezeichnung des Hinterlegers im Streifbanddepot. Gegens.: Sammelverwahrung.

Einzelwertberichtigung
Form der Wertberichtigung. Für bereits akut gewordene Risiken können Einzelwertberichtigungen zu Sachanlagen, Beteiligungen und Wertpapieren des Anlagevermögens gebildet werden. Die auf die einzelnen Posten und Unterposten der Aktivseite entfallenden Einzelwertberichtigungen sind in den jeweiligen Positionen der Aktivseite gesondert auszuweisen. Auf ausstehende Einlagen, langfristige Ausleihungen, zu Werten des immateriellen Anlagevermögens, zum Umlaufvermögen sowie zu den Rechnungsabgrenzungsposten dürfen dagegen keine Wertberichtigungen vorgenommen werden, sondern hier ist direkt abzuschreiben.

Einziehung von Aktien
Form der Kapitalherabsetzung bzw. Sanierung. Ihrer rechtlichen Natur nach die „Vernichtung" von Aktien durch Rechtshandlung der AG unter Aufrechterhaltung der übrigen Aktien, unter Fortbestand der AG, aber unter Herabsetzung des Grundkapitals. Durch die Einziehung erlischt die Mitgliedschaft des einzelnen Aktionärs im ganzen. Die einzelne Aktie hört mit ihrer Einziehung auf zu bestehen. Dadurch unterscheidet sich die Kapitalherabsetzung durch Einziehung wesentlich von den beiden anderen Arten der Kapitalherabsetzung: der durch Nennwertherabsetzung und der durch Zusammenlegung. Die Einziehung aller Aktien ist unzulässig. Das Grundkapital darf den gesetzlichen Mindestbetrag nicht unterschreiten. Zu unterscheiden sind Zwangseinziehung (ohne Einverständnis der betroffenen Aktionäre) und Einziehung nach Erwerb durch die AG (freiwillige Einziehung).

Eisbestände
Die Wertpapiersammelbanken vereinbaren nach Möglichkeit mit den Emittenten, daß von einer Trennung der Erträgnisscheine bei den Wertpapiersammelbanken ständig lagernder Wertpapiere abgesehen wird. Die Erträgnisse werden von dem Emittenten auf die Erklärung der Wertpapiersammelbank gezahlt, daß sie die betreffenden Wertpapiere verwahrt. Wenn alle Erträgnisscheine fällig waren, gibt die Sammelbank die Bogen in ihrer Gesamtheit an den Emittenten. Die in dieser Weise zu behandelnden Sammelbestände werden bei den Wertpapiersammelbanken nummernmäßig festgehalten, verpackt, plombiert und als „Eisbestände" besonders verwahrt.

Eisenbahnaktien
Früher wichtige Papiere im Börsenhandel. Da heute die meisten Eisenbahnen staatliche Unternehmen sind, sind Anteile an solchen zumindest in Europa nicht mehr an den Börsen zu finden, wohl aber noch in den USA.

EK
Abk. f. Eigenkapital.

EK 50, EK 36, EK 0
Da das Körperschaftsteuerrecht eine Vielzahl von Steuerermäßigungen kennt, die zu unterschiedlich hohen Tarifbelastungen führen, wird eine Vereinfachungsregelung vorgesehen, die es erlaubt, die ermäßigt belasteten Eigenkapitalanteile rechnerisch jeweils in 2 Gruppen aufzuteilen, so daß i. d. R. nur 3 Tarifbelastungen des Eigenkapitals übrigbleiben: Eigenkapital mit Tarifbelastung 50% (EK 50), mit Tarifbelastung 36% (EK 36) und solches, das unbelastet ist (EK 0). Um die Eigenkapitalteile, die eine Belastung unter 50%, aber über 0% aufweisen, hierauf aufzuteilen, ist entscheidend, ob die Tarifbelastung dieser Teile unter 36% oder über 36% liegt: Im ersten Fall ist der ermäßigt belastete Teilbetrag in einen Betrag, der mit 0% belastet ist, und einen, der mit 36% belastet ist, aufzuteilen; im letzteren Fall ist der ermäßigt belastete Teilbetrag in einen Betrag, der mit 50% belastet ist, und einen, der mit 36% belastet ist, aufzuteilen.

Ekart
→ écart.

Elektronische Börse Schweiz

Projekt zur Reform und Computerisierung der Schweizerischen Börsen. Soll den traditionellen Handel nach dem Zurufsystem „à la criée" vollständig ablösen. Ein Mischsystem von Börsenparkett und Elektronik als Zwischenschritt ist nicht auf Dauer – sondern nur übergangsweise für wenige Monate – vorgesehen, statt dessen soll 1995 ein System bereitstehen, mit dem auf einer Maschinerie Aktien und Obligationen sowie sämtliche Derivate (→ SOFFEX) sowohl order-driven als auch market-maker-driven gehandelt werden können. Der hohe Anspruch des Systems führte in der Vergangenheit zu Verzögerungen bei seiner Entwicklung, so daß der Starttermin von zunächst 1985 nun auf 1995 festgelegt wurde. Die Entwicklung und Implementierung der Elektronischen Börse Schweiz geht mit einer Konzentration des Schweizerischen Börsenwesens auf Zürich einher. Hinzu kommt die Schaffung der Schweizerischen Effektenbörse, die Schritt um Schritt alle börsenrelevanten Angelegenheiten auf sich konzentriert.

elektronisches Handelssystem (EHS)

Geplantes Computerhandelssystem, das alle Kassamarktsegmente an der Frankfurter Wertpapierbörse abdecken soll. Vor dem Hintergrund, daß das internationale Wettbewerbsumfeld von zunehmender Integration der Märkte und rasch voranschreitender Modernisierung der EDV-Infrastruktur der Weltbörsen geprägt ist, ist es das Ziel des EHS-Projekts, die Konkurrenzfähigkeit des Wertpapierhandels in Deutschland zu stärken. Insbesondere sollen die Wettbewerbsnachteile, die der Finanzplatz Deutschland im Vergleich zu London und Paris vor allem bei den börsenorganisatorischen Rahmenbedingungen aufweist, ausgeglichen werden. Zur Stärkung der Wettbewerbsposition sollen die bestehenden heterogenen Handelssysteme vereinheitlicht und die Systeminvestition effizient eingesetzt werden. Dies sind die Voraussetzungen für eine kostengünstige Abwicklung des Börsenhandels in deutschen Werten im kommenden Jahrzehnt. Darüber hinaus sind insbesondere die Marktqualität in puncto Liquidität, Transparenz und Transaktionskosten zu verbessern und gleichzeitig eine funktionsfähige Handelsüberwachung und Dokumentation sicherzustellen.

Elferausschuß

Bez. f. den Zentralen Kapitalmarktausschuß.

Elfter Mann

→ Arbeitnehmer und Arbeitnehmervertreter im Aufsichtsrat der AG.

Em.

Abk. f. Emission.

emerging markets

Bez. f. Aktienmärkte in Schwellenländern. Als emerging markets gelten insbesondere die Aktienmärkte in Argentinien, Brasilien, Chile, Kolumbien, Mexiko, Venezuela, Südkorea, den Philippinen, Taiwan, Indien, Indonesien, Malaysia, Pakistan, Thailand, Griechenland, Jordanien, Nigeria, Portugal, der Türkei sowie in Zimbabwe. Einige der genannten Märkte erreichen bereits hohe Kapitalisierungen und Umsätze, teilweise sind sie schon größer als traditionelle Börsenplätze in Europa. Mitunter werden auch die Aktienmärkte der mittel- und osteuropäischen Reformstaaten hinzugerechnet, vor allem: Ungarn, Polen und Tschechien. Die International Finance Corp. (IFC) veröffentlicht verschiedene Aktienindizes für Entwicklungsmärkte. Darüber hinaus werden → Emerging Markets Investable Indexes publiziert, die die Möglichkeiten des Zugangs ausländischer Investoren zu den jeweiligen Märkten sowohl auf Länder- als auch auf Unternehmensebene beachten.

Emerging Markets Investable Indexes

Von der International Finance Corp. (IFC) veröffentlichte Indizes, die die Möglichkeiten des Zugangs ausländischer Investoren zu den jeweiligen Märkten sowohl auf Länder- als auch auf Unternehmensebene beachten. Sie dienen als Maßstab für die Performance eines repräsentativen Auslandsanlegerportefeuilles für Entwicklungsmärkte. Damit verfügen institutionelle Anleger über eine Bezugsgröße bei der Performance-Messung. Die Notwendigkeit der Schaffung dieses Indextyps ergab sich daraus, daß für Kapitalanlagen von Ausländern – insbesondere Unternehmen – in bestimmten Ländern gesetzliche Beschränkungen bestehen, wie sie für einheimische Anleger nicht gelten. Emerging Markets Investable Indexes neutralisieren solche Einschränkungen; sie umfassen in jedem Entwicklungsmarkt eine repräsentative Zahl von Aktien und eine breite Auswahl von Teilmärkten und stellen einen neutralen, über Grenzen hinweg konsistenten Maßstab dar.

Emission (1)

Ausgabe neuer Effekten. Die neuen Wertpapiere (Aktien, Anleihen) werden den kapitalanlagesuchenden Kreisen i. d. R. über Banken angeboten, wobei ggfs. auch die Börse eingeschaltet wird. Eine Emission dient der Kapitalbeschaffung für Privatwirtschaft oder öffentliche Hand und erfolgt meist durch öffentliche Ausschreibung zur Zeichnung der auszugebenden Wertpapiere.

Emission (2)

Bez. f. die Gesamtheit der zu einer Ausgabe gehörenden Wertpapiere (z. B. 8% Pfandbriefe, Emission 43).

Emissionär

Beauftragter zur Durchführung einer Emission (1). → Emittent.

Emissionen der öffentlichen Hand

Die Bundesrepublik Deutschland (Bund), ERP-Sondervermögen, Fonds „Deutsche Einheit", Treuhandanstalt, Staatsbank Berlin, Bundesbahn und Bundespost (Sondervermögen des Bundes) sowie die Bundesländer und Gebietskörperschaften finanzieren einen Teil ihres Kreditbedarfes durch Begebung von festverzinslichen Wertpapieren und festverzinslichen Schuldbuchforderungen mit Wertpapiercharakter. Neben Schatzbriefen, Finanzierungsschätzen, Schatzanweisungen und Anleihen emittiert der Bund auch Bundesobligationen, die wie Bundesanleihen an allen Börsen eingeführt, amtlich gehandelt und reguliert werden. Beide Emissionstypen sind Wertrechtsanleihen. Bundesanleihen werden jeweils zeitlich begrenzt durch die Konsortialbanken dem Publikum angeboten, während die Bundesobligationen als Daueremission fortlaufend als Neuemissionen gezeichnet werden können. Weiter begibt der Bund fortlaufend Bundesschatzbriefe. Diese Papiere weisen im Gegensatz zu Anleihen mit einem festen Nominalzinssatz eine über die Laufzeit verteilte Staffelung steigende Nominalzinsen auf. Auch sie werden ausschl. als Wertrechte emittiert. Es erfolgt keine Börseneinführung; jedoch verpflichtet sich der Bund, sie nach Ablauf eines Jahres bis zu DM 10000 monatlich (innerhalb 30 Zinstagen) pro Gläubiger zu 100% und unter Verrechnung der Stückzinsen zurückzunehmen. Damit hat der Anleger nach einem Jahr im Fall der Veräußerung kein Kursrisiko zu tragen. Emittiert werden 2 verschiedene Typen: Typ A hat eine Festlaufzeit von 6 Jahren, Typ B von 7 Jahren. Bei Typ A werden die Zinsen jährlich nachträglich gutgeschrieben; bei Typ B erhält der Gläubiger Zinsen und Zinseszinsen erst bei Rückzahlung als Zuschlag auf den Kapitalbetrag. Für kurzfristige Anleger bietet der Bund Schatzwechsel mit Laufzeiten von wenigen Monaten (sog. Bu-Bills) sowie Finanzierungsschätze mit Laufzeiten von 1–2 Jahren an. Diese werden als nicht vor Fälligkeit rückgebbare unverzinsliche Schatzanweisungen angeboten. Die Verzinsung erfolgt durch Abzinsung vom Nominalwert und späterer Vergütung bei Fälligkeit durch Einlösung zu 100%. Sie werden stückelos in Girosammelverwahrung gutgeschrieben. Im Rahmen ihrer Offenmarktpolitik begibt die Bundesbank Bundesbank-Liquiditäts-U-Schätze (Bulis) mit Laufzeiten von 3 und 6 Monaten und U-Schätze des Bundes mit Laufzeiten von 6, 12, 18 und 24 Monaten. Die Mindestzeichnung muß bei Bulis DM 500000 und bei den sonstigen U-Schätzen DM 100000 betragen. Der Käufer kann zwischen rückgebbaren und nicht rückgebbaren U-Schätzen wählen: Erstere können der Bundesbank nach bestimmten Regeln jederzeit vor Fälligkeit zurückgegeben werden, während letztere nicht vor Fälligkeit von der Bundesbank aufgenommen werden; als Ausgleich dafür werden letztere höher verzinst.

Emission à la lyonnaise

Zu emittierende Wertpapiere werden den Banken eines Emissionskonsortiums entsprechend den Konsortialquoten zugeteilt.

Emission à la parisienne

Zu emittierende Wertpapiere werden für gemeinsame Rechnung des Emissionskonsortiums verkauft.

Emissionsabteilung

Organisatorische Einheit einer Bank, deren Aufgabe die Vorbereitung und Durchführung sowie die anschließende Kurspflege von Neuemissionen ist (auch: Konsortialabteilung). Größe und organisatorische Gestaltung hängen insbesondere davon ab, ob sie auch Funktionen eines Konsortialführers zu übernehmen oder internationale Aktivitäten zu entwickeln hat. In kleineren Instituten ist sie häufig der Effektenabteilung angegliedert. Zu ihren Aufgaben zählen u. a. die Ermittlung des Emissionskurses, -zeitpunktes sowie sonstiger Emissionsbedingungen und – nach Abstimmung mit dem Emittenten – der Ausgestaltung der Konditionen im einzelnen. Daneben sind auch die Beantragung der Zulassung auf Börseneinführung sowie Aushandlung der quotalen Beteiligung im Emissionskonsortium Teile ihrer Aufgaben.

Emissionsagio

→ Agio (Aufgeld bei Wertpapieren).

Emissionsarten

Bei der Emission von Wertpapieren bestehen die Möglichkeiten der Selbstemission und der Fremdemission. Im Rahmen der Selbstemission bemüht sich die emittierende Unternehmung eigenständig um die Plazierung der Wertpapiere im Markt. Aufgrund des dazu notwendigen standing der Unternehmung bleibt diese Methode im wesentlichen öffentlichen Körperschaften oder großen AG vorbehalten. Die gängige Emissionsart ist jedoch die Fremdemission, bei der zur Plazierung der Wertpapiere ein Kreditinstitut bzw. ein Bankenkonsortium eingeschaltet wird. Dabei gibt es 3 Möglichkeiten: 1. Die Bank tritt als Geschäftsbesorger auf. Ihre Funktionen beschränken sich dann lediglich auf Zeichnungs-, Vermittlungs- und Verwaltungstätigkeiten. Der emittierenden Unternehmung wird kein Kapital seitens der Bank zur Verfügung gestellt. 2. Die Bank führt den Verkauf kommissionsweise für Rechnung des Emittenten aus und erhält dafür eine Vergütung. 3. Die Bank tritt als Selbstkäufer auf, übernimmt die Wertpapiere zum Übernahmekurs und bietet sie zum höher liegenden Emissionskurs dem Publikum an.

Emissionsbank

An einer Wertpapieremission beteiligte Bank. Auch: Emissionsfirma, -haus.

Emissionsbedingungen, -einzelheiten

Bei Aktien: Betrag, Bezugskurs, Bezugsverhältnis, Bezugsfrist, Einzahlungstermine, Gewinnberechtigung der Aktien; bei Anleihen: Betrag, Ausgabekurs, Stückelung, Verzinsung, Laufzeit, Tilgung, Kündigungsrecht, Sicherung, Treuhänder. Bei beiden Formen: Angaben über Börseneinführung, falls beabsichtigt. Die erforderliche Ausgestaltung der Emissionsbedingungen hängt von der jeweiligen Marktlage ab. Ihre falsche Feststellung führt entweder zu Verlusten bzw. Erhöhung der Kapitalbeschaffungskosten der Unternehmung oder zu einem nicht vollständigen Absatz der angebotenen Effekten beim Publikum. Die entsprechende Beratung des Emittenten und geeignete Marktbeobachtung ist daher zentrale Aufgabe der Emissionsabteilung, insbesondere der konsortialführenden Bank.

Emissionsdisagio

→ Disagio.

Emissionsgenehmigung (staatliche)

Neue Emissionen festverzinslicher Inhaber- und Orderschuldverschreibungen der Wirtschaft (nicht auch öffentlicher Stellen) mußten früher vom Bundesfinanzministerium genehmigt werden. Mit Verabschiedung des Gesetzes zur Vereinfachung der Ausgabe von Schuldverschreibungen wurde die staatliche Genehmigungspflicht abgeschafft. → Emissionsgesetz.

Emissionsgeschäft

Die Übernahme und Durchführung von Emissionen durch Banken. Effekten werden durch ihre Emission in den Verkehr gebracht. Die Emission ist also der erste Verkauf von Wertpapieren. Bei Aktien kommen bei Neugründungen, neugegründeten und erstmals an den Markt tretenden Unternehmen sowie Kapitalerhöhungen einer AG neue Aktien an den Markt. Aktienemissionen im Zusammenhang mit Neugründungen kommen heute kaum noch vor. Dagegen hat das „going public" bereits existierender und in Familienbesitz befindlicher Aktiengesellschaften stärker zugenommen. Bei Kapitalerhöhungen sind die neuen Aktien zunächst den alten Aktionären anzubieten. So erklärt sich, daß Anlagesuchenden i. a. nur an der Börse gehandelte Aktien, aber nicht Emissionsstücke angeboten werden können. Dagegen müssen im Geschäft mit festverzinslichen Wertpapieren ständig neue Anleihen untergebracht werden; das Emissionsgeschäft hat hier überragende Bedeutung. Diese Unterschiede haben zur Folge, daß auch die rechtliche Ausgestaltung des Emissionsgeschäftes, die Durchführung der Emissionen und die Emittenten bei Schuldverschreibungen und bei Aktien unterschiedlich sind: → Emission von Aktien → Emission von Schuldverschreibungen.

Emissionsgeschäft der Deutschen Bundesbank

Die Bundesbank als Hausbank des Staates wirkt mit bei Kreditaufnahmen des Bundes und der Bundesländer am Markt. Anleihen, Schatzanweisungen und Schatzwechsel sollen in erster Linie durch sie begeben werden; andernfalls ist Benehmen mit ihr herzustellen. Bei den meisten der vom Bund begebenen Schuldtitel fungiert die Bundesbank als „fiscal agent": Sie verkauft die angebotenen Finanzierungsschätze, Bundesschatzbriefe und -obligationen für Rechnung des Bundes und übernimmt die Ausschreibung und Plazierung von Kassenobligationen. Als konsortialführende Bank im Bundesanleihekonsortium, über das alle Bundesanleihen einschl. der Anleihen von Bahn und Post emittiert werden, berät sie mit den übrigen Konsortialbanken, die sich zur Übernahme bestimmter Quoten verpflichten, die Ausstattung der Anleihen. Die Bundesbank betreibt auch die Kurspflege der Bundesanleihen. Die damit verbundenen laufenden Interventionen an der Börse, bei denen die Bundesbank öffentliche Anleihen kauft oder verkauft, sollen vor allem erratische Kursbewegungen ausgleichen und gewährleisten, daß die Anleihen auch in größeren Beträgen an der Börse jederzeit Käufer finden.

Emissionsgesetz

Kurzbez. f. → Gesetz über die staatliche Genehmigung der Ausgabe von Inhaber- und Orderschuldverschreibungen v. 1954. Die damit verbundene Genehmigungspflicht wurde inzwischen ersatzlos gestrichen.

Emissionshaus

Bei Wertpapieremissionen federführend beteiligte Bank.

Emissionskalender, -fahrplan

Zur Koordination der Inanspruchnahme des Kapitalmarktes ist es sinnvoll, nennenswerte Emissionsvolumina zeitlich gestreut an den Markt zu bringen. Zu diesem Zweck wurde der Zentrale Kapitalmarktausschuß gebildet, der sich aus Vertretern der Emissionsbanken und -gruppen zusammensetzt, über keine Sanktionskompetenzen verfügt, sondern nur die Synchronisierung geplanter Anleiheemissionen und damit die Festlegung eines Emissionskalenders zur Orientierung zum Ziel hat.

Emissionskonsortium

Bankenkonsortium, das die Emission von Wertpapieren übernimmt (Emissionssyndikat). In Deutschland werden Aktien- und Anleiheemissionen (außer Emissionen von Pfandbriefen, Kommunalobligationen und sonstigen Bankschuldverschreibungen, die von den jeweiligen Emissionsinstituten selbst vertrieben werden), i. d. R. über Bankenkonsortien verkauft. Gegen Vergütung (Bonifikation) übernimmt das Bankenkonsortium die gesamte Emission zum festen Übernahmepreis, um sie im Publikum unterzubringen oder – bei einer Emission von Aktien – den Altaktionären zum Bezug anzubieten. Die Konsortialbanken tragen das Emissionsrisiko, d. h., sie müssen, wenn die Unterbringung nicht erfolgreich ist, die übrig bleibenden Stücke in den eigenen Bestand nehmen. Zeitpunkt, Betrag und Konditionen von Aktien- und Anleiheemissionen werden mit dem Emittenten ausgehandelt. Für die Aufnahme in ein Emissionskonsortium ist vor allem das standing einer Bank entscheidend. So wird um die quotale Beteiligung am Emissionsvolumen sowie die Beteiligung eines Instituts an bedeutenden Emissionen oft stark gerungen. Emissionskonsortien sind daher i. d. R. recht starr und verändern sich nur geringfügig. Besonders zu erwähnen ist die Rolle des Konsortialführers in einem Konsortium, der alle zentralen Vorarbeiten im Zusammenhang mit einer Emission, etwa Prüfung der materiellen Verhältnisse der emittierenden Unternehmung, Erstellung des Emissionsprospektes, Marktbeobachtung und -pflege u. a. m. gegen besondere Vergütung übernimmt.

Emissionskontrolle (1)

Mittel staatlicher Kapitalmarktpolitik zur Prüfung der Bonität von Wertpapieremittenten. Ob darüber hinaus zur Schonung des Kapitalmarktes oder zu einer Kapitallenkung eine Emissionssperre verhängt bzw. ein Genehmigungszwang verfügt werden kann, ist strittig. Sie kann entweder auf freiwilliger Basis oder administrativ verfügt durchgeführt werden. So sind sowohl Übereinkünfte im Rahmen von gentlemen's agreements als auch Maßnahmen wie Genehmigungspflicht für Emissionen unter Emissionskontrolle zu subsumieren. Eine administrativ geregelte Emissionskontrolle bestand früher in Deutschland für Inhaber- und Orderschuldverschreibungen. Freiwillige Emissionskontrolle wird im Rahmen des Zentralen Kapitalmarktausschusses praktiziert. → Emissionsgesetz.

Emissionskontrolle (2)

In der Schweiz vom Bundesrat eingesetzte Kommission unter dem Vorsitz der Schweizerischen Nationalbank. Sie muß für öffentlich aufzulegende Anleihen schweizerischer Schuldner das Emissionsvolumen quartalsweise festlegen. Auch öffentliche Aktienemissionen schweizerischer Unternehmen unterliegen der Emissionskontrolle. Dagegen liegt die Genehmigung von ausländischen Emissionen (Anleihen, notes und Aktien) bei der Schweizerischen Nationalbank direkt.

Emissionskosten

(1) Emission von Industrieobligationen: Hierfür erhält das Emissionskonsortium i. d. R. eine Gesamtvergütung von 2–3% des Emissionswertes, wobei die genaue Höhe von der Marktstellung des Emissionshauses und des Konsortiums abhängt. Die Vergütung besteht im wesentlichen aus der Differenz zwischen Übernahmekurs des Konsortiums und Begebungskurs für das Publikum. Die Gesamtvergütung teilt sich hälftig in Konsortialnutzen zur Abgeltung der Wertleistung und Schalterprovision, die eine Vergütung für die erbrachte Betriebsleistung bei der Unterbringung der Effekten darstellt. Von der letztgenannten entfällt ⅛% auf den Konsortialführer als Führungsprovision zum Ausgleich der Aufwendungen für Geschäftsführung und Vertretung. Sind auch nicht im Konsortium vertretene Banken an der Plazierung beteiligt, wird ihnen eine Bankiersprovision von z. B. 1% aus der Schalterprovision weitergereicht. Großanlegern kann ebenfalls eine Vergütung bis zu ¾% gewährt werden. Zusätzlich zu den erwähnten fallen Kosten wie Börseneinführungsprovision, Provisionen für den Zinsscheineinlösungsdienst u. ä. an. (2) Bei Bundesanleihen beträgt die Gesamtvergütung nur 1–2% des Nominalbetrages, wobei der größere Teil – über 1% – auf die Schalterprovision entfällt. (3) Bei Aktienemissionen wird wegen des gleichhohen Bezugs- und Übernahmekurses die Vergütung in Form einer Provision von üblicherweise 4% gewährt, wovon der federführenden Bank vorab 10% überlassen werden. Auf Spaltung der Provision in Konsortialnutzen und Schalterprovision wird verzichtet. Verteilung erfolgt regelmäßig nach Maßgabe der Quoten.

Emissionskredit

(1) Der Kredit, den die Emissionsbank bzw. das Konsortium durch die feste Übernahme der Wertpapiere dem Emittenten gewährt. (2) Kredit i. S. v. Vertrauen, das der Emittent von Wertpapieren am Emissionsmarkt genießt und der sich in der Aufnahmebereitschaft des Marktes widerspiegelt.

Emissionskurs (-preis)

Kurs für den Erwerb neubegebener Wertpapiere, bei Aktien mind. der Nennbetrag, bei festverzinslichen Wertpapieren meist unter dem Nennbetrag (→ Disagio).

Emissionskurspolitik

Je nach Lage am Emissionsmarkt ist eine flexible Anpassung der Konditionen einer Emission angezeigt. Im Spannungsfeld zwischen dem Wunsch, einen möglichst hohen Emissionskurs durchzusetzen, um den Zufluß an liquiden Mitteln möglichst zu erhöhen sowie die Kapitalkosten relativ zu senken, und der mit steigendem Agio auf den Nennwert eines Wertpapiers abnehmenden Aufnahmebereitschaft der Anleger ist die Feinabstimmung des Emissionskurses Gegenstand der Emissionskurspolitik, wobei besonders auch langfristige Aspekte berücksichtigt werden müssen, da auch Wirkungen auf das Emissionsstanding der emittierenden Unternehmung sowie der Emissionsbank bedacht werden müssen. → Emissionspolitik.

Emissionsmarkt

Auch: Primärmarkt. Markt des ersten Absatzes der Wertpapiere. Gegens.: Umlaufsmarkt (Sekundärmarkt, Börse).

Emissionspause

Maßnahme eines oder mehrerer Daueremittenten zur Schonung des Kapitalmarktes. Auch für die Ausgabe neuer Aktien kann eine Emissionspause eintreten.

Emissionspolitik

Gegenstand sind vornehmlich Fragen des Emissionszeitpunktes sowie der Emissionsbedingungen im einzelnen, also etwa Ausgabekurs, laufende Verzinsung, Laufzeit u. a. m. Wie bei der Emissionskurspolitik sind Auswirkungen auf das Emissionsstanding des Emittenten und der Emissionsbanken zu beachten. Bei Bedarf an langfristigem Kapital kann es unter Beachtung der verfolgten Emissionspolitik angezeigt sein, eine Emission zurückzustellen und zunächst durch Bankkredite den Kapitalbedarf zu decken.

Emissionspreis (-kurs)

Kurs (Preis), zu dem eine Emission zur Zeichnung aufgelegt wird.

Emissionsprospekt

Zeichnungsprospekt bei Neuemissionen als Einladung zur Zeichnung bzw. zum Kauf. Zwang zur Veröffentlichung besteht nicht. Ansprüche aus einer evtl. Prospekthaftung können geltend gemacht werden, wenn es sich um einen Prospekt handelt, aufgrund dessen Wertpapiere zum amtlichen Handel zugelassen werden. Auch: → Börsenzulassungsprospekt, → Verkaufsprospekte bei Wertpapieren. Bei falschen und unvollständigen Angaben im Prospekt haften die emittierende Unternehmung und die unterzeichnende Bank als Gesamtschuldner für den Schaden, der dem Anleger infolge der Angaben erwächst. Staatsanleihen sind von der Prospektpflicht befreit; darüber hinaus kann die Zulassungsstelle gem. § 45 der Börsenzulassungs-Verordnung den Emittenten von der Pflicht, einen Prospekt zu veröffentlichen, in bestimmten Fällen befreien.

Emissionsprospekt bei Investmentgesellschaften

Enthält meist folgende wesentliche Angaben: Organisation des Fonds, Beschreibung des Anlageziels und der Anlagepolitik, Ausgabe und Rücknahme der Anteile, Organe des Fonds bzw. der KAG, Verwaltungsgebühren, Erträgnisausschüttungen, Depotbank, Rechenschaftsbericht, Wirtschaftsprüfer. Die deutschen Investmentgesellschaften sind an bestimmte Vorschriften bezüglich der Angaben im Emissionsprospekt gebunden (lt. KAGG).

Emissionsrecht

Bez. f. das Recht zur Ausgabe langfristiger Teilschuldverschreibungen (Pfandbriefe, Kommunalschuldverschreibungen, Rentenbriefe, Schiffspfandbriefe u. a.), deren Erlös von den Emittenten gegen Grundpfandrechte oder Schiffspfandrechte ausgeliehen wird. Emittenten: private Hypotheken- und Schiffspfandbriefbanken, öffentlich-rechtliche Grundkreditanstalten u. a. Banken.

Emissionsreste

Bez. f. die Teile der Emission, die nach Ablauf der Emissionsfrist noch nicht fest untergebracht sind.

Emissionsrendite

Rendite festverzinslicher Wertpapiere, die erstmals abgesetzt (von ihrem ersten Inhaber erworben) worden sind. Gegens.: Umlaufrendite.

Emissionssperre

Behördliche Maßnahmen zur Kapitalmarktlenkung. Kann bei geringer Aufnahmebereitschaft für neue Emissionen angeordnet werden. Emissionsgenehmigungen werden dann nicht mehr erteilt. → Emissionskontrolle (1).

Emissionsstanding

In Faktoren der emittierenden Unternehmung sowie in deren Verhalten begründete Anlagewürdigkeit in den Augen des Publikums. Es wird geprägt durch Faktoren, die auch die Kreditwürdigkeit des Emittenten bestimmen, daneben aber auch durch Maßnahmen der Kurspflege oder allgemein Auswirkungen der Emissionspolitik. Das Emissionsstanding ist eine nur langfristig beeinflußbare, recht empfindliche Komponente im Entscheidungssystem der Anleger und hat umgekehrt begrenzenden Einfluß auf die Emissionspolitik. Eine Unternehmung mit ausgezeichnetem Emissionsstanding hat unter sonst gleichen Bedingungen weniger Schwierigkeiten, eine Emission reibungslos zu plazieren als eine solche mit eher schlechtem. Evtl. erlaubt ein ausgezeichnetes Emissionsstanding auch für die Unternehmung günstigere Emissionsbedingungen.

Emissionsstatistik

Teil der Effektenstatistik, der wichtige Auskünfte über die Kapitalbildung in Wertpapieren gibt. Stellt die in einem Lande emittierten Wertpapiere dar, gegliedert nach Gattungen, Laufzeiten u. dgl.

Emissionsstau

Kann eintreten, wenn gleichzeitig mehrere Emissionen angeboten werden.

Emissionsstop

→ Emissionspause → Emissionssperre.

Emissionssyndikat

Schweizerische Bez. f. eine Bankengruppe, die sich zur festen Übernahme und Plazierung neu zu begebender Wertpapiere zusammenschließt (einfache Gesellschaft). Bezeichnung auch am Euromarkt üblich.

Emissionsverfahren

→ Emissionsarten.

Emissionsvergütung

→ Emissionskosten.

Emission von Aktien

Bei Kapitalerhöhungen durch Emission von Aktien wird das Grundkapital der AG aufgestockt. Die Kapitalerhöhung muß in der HV der AG beschlossen werden. I. a. ist eine Mehrheit von ¾ des bei Beschlußfassung vertretenen Grundkapitals erforderlich. Die Satzung der AG kann andere Bestimmungen treffen und besondere Erfordernisse aufstellen. Staatlicher Genehmigung bedarf die Kapitalerhöhung nicht. Bei Kapitalerhöhungen steht den Aktionären ein gesetzliches Bezugsrecht zu. Danach ist jedem Aktionär auf sein Verlangen ein seinem Anteil am bisherigen Grundkapital entsprechenden Teil der neuen Aktien zuzuteilen. Dieses Bezugsrecht kann nur unter besonderen Vorauss. ausgeschlossen werden. Der beabsichtigte Ausschluß des Bezugsrechts muß bei der Einberufung der HV ordnungsgemäß bekanntgemacht werden; der HV-Beschluß bedarf einer Mehrheit von mind. ¾ des bei Beschlußfassung vertretenen Grundkapitals. Das unmittelbare Bezugsrecht ist praktisch schwer abzuwickeln. Deshalb besteht die Möglichkeit, daß die neuen Aktien von einer Bank mit der Verpflichtung übernommen werden, sie den Aktionären zum Bezug anzubieten. Diese Regelung gilt nicht als Ausschluß des gesetzlichen Bezugsrechts; sie wird aus technischen Gründen meist gewählt. Bei größeren AG bildet die Hausbank mit anderen Banken zu diesem Zweck ein Konsortium. Dieses arbeitet ebenso wie das Emissionskonsortium bei festverzinslichen Wertpapieren. Von der federführenden Bank werden die Vereinbarungen mit der kapitalerhöhenden AG getroffen. Für den Aktionär beinhaltet das Bezugsrecht, daß er in einem bestimmten Bezugsverhältnis und zu einem bestimmten Bezugskurs innerhalb einer festgelegten Bezugsfrist Aktien der betreffenden AG beziehen kann.

Emission von Schuldverschreibungen

Bei der Emission von Schuldverschreibungen übernehmen der Zentrale Kapitalmarktausschuß und der Ausschuß für Kreditfragen der öffentlichen Hand wichtige Aufgaben. Ersterer (ZKMA) setzt sich nach freiwilliger Vereinbarung aus Vertretern der Verbände der Bankwirtschaft und der für namhafte Emissionskonsortien besonders in Frage kommenden Banken zusammen. In diesem Ausschuß werden Beträge und Zeitpunkte für die Ausgabe der Schuldverschreibungen der Privatwirtschaft und der Anleihen der öffentlichen Hand aufeinander abgestimmt, um das Angebot den Bedürfnissen des Kapitalmarktes anzupassen und somit zu große Belastungen dieses Marktes zu vermeiden. Der Ausschuß besitzt keine Weisungsbefugnisse, doch werden seine Empfehlungen stets befolgt. Im Ausschuß für Kreditfragen der öffentlichen Hand erfolgt eine Abstimmung der Emissionstätigkeit dieser Emittenten unter Berücksichtigung der jeweiligen Kapitalmarktsituation. Mitglieder sind der Bund, die Bundesländer sowie vom Bundesrat bestimmte Vertreter der Gemeinden und Gemeindeverbände. Auch die Bundesbank hat Teilnahmerecht. In den Sitzungen werden Empfehlungen bezüglich Reihenfolge, Ausstattung und Umfang der beabsichtigten Neuemissionen der öffentlichen Hand gegeben („Gänsemarschprinzip"). Bei einer Neuemission gibt es verschiedene Wege: Der Emittent der Anleihe kann den Verkauf der Wertpapiere selbst durchführen. Eine solche Selbstemission hat das Risiko, daß nicht der gesamte Emissionsbetrag untergebracht wird. Diese Form wird deshalb nur von Banken selbst bei eigenen Schuldverschreibungen gewählt. Der Emittent kann seine Anleihe auch durch einen Vermittler verkaufen, und so bedient er sich einer oder mehrerer Banken, die die Wertpapiere für ihn absetzen. Die Banken können die Wertpapiere unmittelbar im Namen und für Rechnung des Emittenten verkaufen. Sie können auch als Kommissionäre, also im eigenen Namen für Rechnung des Emittenten, den Verkauf vornehmen. In beiden Fällen trägt der Emittent das Risiko des Absatzes. Heute ist praktisch nur noch üblich, daß Emittenten (die nicht Banken sind), ihre Wertpapiere durch ein Bankenkonsortium fest übernehmen lassen. Dieses stellt dem Emittenten den Gesamtanleihebetrag zur Verfügung. Das Risiko des Absatzes liegt daher bei den Banken. Durch das Konsortium wird das Absatzrisiko auf eine Mehrzahl von Banken verteilt; diese beteiligen sich quotenmäßig an dem Konsortium je nach ihrer Größe und ihrem Interesse. Rechtlich ist ein solches Bankenkonsortium BGB-Gesellschaft. Gegenüber dem Emittenten wird das Konsortium durch die federführende (Konsortial-)bank vertreten. Diese trifft nach Abstimmung mit den übrigen Konsortialmitgliedern mit dem Emittenten die Vereinbarungen, zu welchen Bedingungen die Anleihe übernommen wird. Daneben wird unter den Konsorten der eigentliche Konsortialvertrag abgeschlossen. In ihm wird fixiert, welche Quoten die einzelnen Konsorten übernehmen, welche Rechte und Pflichten die Konsortialmitglieder haben, welche Vergütung sie erhalten und in welcher Weise die Abrechnung innerhalb des Konsortiums durchgeführt werden soll. Die federführende Bank hat den Schriftverkehr und die Abrechnungen mit dem Emittenten vorzunehmen und mit den übrigen Konsorten im Innenverhältnis abzurechnen. Sie unterstützt den Emittenten bei Herstellung der Anleihestücke und Börseneinführung. Meist übernimmt der Emittent gegenüber dem Konsortium auch Verpflichtungen zur Kurspflege der Anleihe; im Rahmen der getroffenen Vereinbarungen interveniert dann die federführende Konsortialbank, wenn der Kurs der Wertpapiere eine marktunübliche Entwicklung nimmt. Die Konsortien haben die Wertpapiere so zu plazieren, daß sie nicht innerhalb bestimmter Sperrfristen wieder zum Verkauf angeboten werden. Für das Übernahmerisiko sowie den Verkauf erhalten die beteiligten Banken eine Vergütung. Teile dieser werden an andere Banken und Versicherungen weitergegeben, die sich mit Großbeträgen an der Unterbringung beteiligen.

Emission von Wandel- und Optionsanleihen
Bei der Ausgestaltung der Emissionsbedingungen bzw. -konditionen von Wandel- und Optionsanleihen spielt der geplante Charakter der Emission eine wesentliche Rolle. Wird etwa bei einer Wandelanleihe die Differenz zum Aktienkurs durch ein entsprechend hohes Aufgeld beim Aktienbezug ausgeglichen, steht der Anleihecharakter im Vordergrund, während etwa bei im Zeitablauf steigendem Aufgeld bei Umtausch in Aktien der Aktiencharakter der Anleihen betont wird, da ein frühzeitiger Wandel sinnvoll wird. Für die emittierende AG ist die Ausgabe von Wandel- und Optionsanleihen allerdings mit gewisser Unsicherheit verbunden, da sie nach ihrer Ausgabe nicht mehr autonom die Höhe ihres Eigenkapitals bzw. ihre Kapitalstruktur bestimmen kann. Zur Durchsetzung einer Emission solcher Effekten ist ¾-Mehrheit der HV erforderlich, da hier eine bedingte Kapitalerhöhung durchzuführen ist. Die Satzung kann ein anderes Verhältnis bestimmen. Den Aktionären steht ein Bezugsrecht auf die Anleihen zu, das jedoch durch Beschluß der HV mit ¾-Mehrheit ausgeschlossen werden kann.

Emittent
Juristische Person des Privatrechts (meist AG) oder öffentlich-rechtliche Körperschaft, die Wertpapiere ausgibt. Emittent ist der Antragsteller der Wertpapiere (also z. B. bei Bundesanleihen der Bund, bei Aktien die AG). Daueremittent ist, wer oft mit Emissionen an den Kapitalmarkt herantritt wie z. B. die öffentliche Hand oder Realkreditinstitute.

emittieren
Eine Emission herausbringen, verkaufen, begeben.

endegültig
Bis Monatsende gültiger Auftrag zum Kauf oder Verkauf von Wertpapieren. → ultimogültig.

Endfälligkeit
Rückzahlungstermin einer Anleihe.

endorsement
→ Indossament (Giro).

Endwert einer Rente
Gesamtbetrag aller über eine Anzahl von Jahren anfallenden Raten unter Berücksichtigung von Zinsen und Zinseszinsen.

Energiefonds
Investmentfonds, dessen Anlagen sich auf Wertpapiere, vor allem Aktien von Unternehmen der Energiewirtschaft i. w. S. erstrecken (Spezialfonds), also Energiegewinnung (Erdöl, Erdgas, Kernenergie), -verarbeitung und -vertrieb.

enger Markt (des Wertpapiers)
Bez. im Wertpapierhandel, wenn von dem betreffenden Papier größere Beträge sich in festen Händen befinden und nur wenige Stücke im Umlauf sind. Die Kursentwicklung ist dann oft mit größeren Schwankungen verbunden.

Entlastung des Vorstands und des Aufsichtsrats der AG
Die HV der AG beschließt jährlich in den ersten 8 Monaten des Geschäftsjahrs über die Entlastung der Mitglieder des Vorstands und des Aufsichtsrats. Über die Entlastung eines einzelnen Mitgliedes ist gesondert abzustimmen, wenn die HV es beschließt oder eine Minderheit es verlangt, deren Anteile zusammen 10% des Grundkapitals oder den Nennbetrag von DM 2 Mio. erreichen. Durch die Entlastung billigt die HV die Verwaltung der AG durch die Mitglieder des Vorstands und des Aufsichtsrats. Die Entlastung enthält keinen Verzicht auf Ersatzansprüche. Die Verhandlung über die Entlastung soll mit der Verhandlung über die Verwendung des Bilanzgewinns verbunden werden. Der Vorstand hat den Jahresabschluß, den Lagebericht und den Bericht des Aufsichtsrats der HV vorzulegen. Niemand kann für sich oder für einen anderen das Stimmrecht ausüben, wenn darüber Beschluß gefaßt wird, ob er zu entlasten oder von einer Verbindlichkeit zu befreien ist oder ob die AG gegen ihn einen Anspruch geltend machen soll. Für Aktien, aus denen der Aktionär dementsprechend das Stimmrecht nicht ausüben kann, kann dieses auch nicht durch einen anderen ausgeübt werden.

Entnahmen
Herausnahme von Wirtschaftsgütern, wie Geld, Waren, Wertpapiere, Grundstücke oder Dienstleistungen aus dem Betrieb durch den Unternehmer. Entnahmen mindern nicht den steuerpflichtigen Gewinn.

Entschuldung
Gesetzliche Maßnahme zur Beseitigung übermäßiger Verschuldung. Auch: → Sanierung → Vergleich.

entsparen
Ein privater Haushalt entspart, wenn in einer Periode die Konsumausgaben größer sind als das verfügbare Einkommen und das Defizit nicht durch Kreditaufnahme, sondern durch Rückgriff auf früher gebildete Ersparnisse gedeckt wird.

Entwertung (1)
Wertminderung, d. h. der durch verschiedene Faktoren verursachte Wertverlust von Vermögensgegenständen. Ihren rechnerischen Niederschlag findet sie in Form der Abschreibungen.

Entwertung (2)
→ Kraftloserklärung von Aktien → abhanden gekommene oder vernichtete Schuldverschreibungen.

Entwicklungsmärkte
→ emerging markets

EOE
Abk. f. → Europäische Optionsbörse, Amsterdam.

EOE-Index
Von der EOE-Optiebeurs berechneter Aktienindex, der als Basiswert von Terminkontrakten dient. Setzt sich aus 25 führenden niederländischen Aktien bzw. Aktienzertifikaten, die an der Amsterdamer Börse notiert werden, zusammen. Überschreiten Dividenden- und Bonuszahlungen sowie Bezugsrechtsabschläge bestimmte Größen, erfolgt eine Indexkorrektur.

equipment bonds
Von US-Eisenbahngesellschaften emittierte Obligationen.

equipment trust bonds
→ secured bonds.

equipment trust certificates
Zertifikate, die von einem trustee, einer Trustgesellschaft o. ä. emittiert werden und zur Finanzierung von Investitionen US-amerikanischer Eisenbahngesellschaften dienen.

equity contract note
Angelsächsische Bez. f. einen Schuldtitel mit Eigenkapitalcharakter.

equity-linked issue
Anleihe mit Optionsscheinen auf Aktien.

equity-Methode
Bilanzierungsansatz bestimmter langfristiger Beteiligungen im Jahresabschluß der am stimmberechtigten Kapital einer anderen Unternehmung beteiligten Gesellschaft. Bei dieser auch „economic basis method" genannten Methode wird – anders als bei der Bilanzierung zu Anschaffungswerten – der Buchwert der Beteiligung laufend fortgeschrieben. Der Bilanzansatz entspricht damit dem Anteil am Reinvermögen (equity) der Beteiligungsgesellschaft. Die Fortschreibung selbst erfolgt in der Weise, daß zum Anschaffungswert der Beteiligung die Änderung im Nettovermögen, das anteilige Jahresergebnis und die anteilig ausgeschüttete Dividende addiert werden.

equity sweeteners
Optionsrechte auf Aktien.

equity warrants
Aktien oder Anleihen beigegebene, abtrennbare und selbständig handelbare Optionsscheine.

Erbauseinandersetzung
Hinterläßt ein Erblasser mehrere Erben, so wird der Nachlaß zunächst deren gemeinschaftliches Vermögen. Die Erbengemeinschaft existiert bis zur Auseinandersetzung (→ Gesamthandgemeinschaft). Steuerlich wird jeder Miterbe indessen so behandelt, als wäre er am Nachlaß nach Bruchteilen beteiligt. Sein Anteil ist deshalb zum steuerlichen Wert anzusetzen, der auf ihn entsprechend seiner Erbquote vom Nachlaß entfallen würde, wenn die Erbengemeinschaft am Todestag aufgelöst worden wäre. Somit kann eine Erbschaftsteuerveranlagung bereits vor der Auseinandersetzung durchgeführt werden. Steuerlich zu erfassen ist beim einzelnen Miterben jeweils der Wert seines Erbteils, nicht der Wert der ihm effektiv zugefallenen Vermögensgegenstände. Die Erbauseinandersetzung selbst hat noch keine einkommensteuerlichen Folgen. Gehört aber zum Nachlaß eine Unternehmung, die von den Miterben zunächst gemeinsam fortgeführt wurde, und kommt es hinsichtlich dessen erst nach längerer Zeit zur Auseinandersetzung, wird diese nicht mehr als Erbauseinandersetzung angesehen, sondern steuerlich so behandelt wie die Auflösung einer Personengesellschaft; daher kann es auch zu einem steuerpflichtigen Veräußerungsgewinn kommen.

Erbbaurecht
Belastung eines Grundstücks in der Weise, daß dem, zu dessen Gunsten die Belastung erfolgt (Erbbauberechtigter), das veräußerliche und vererbliche Recht zusteht, auf oder unter der Oberfläche des Grundstücks ein Bauwerk zu haben. Wird im Grundbuch eingetragen.

Erbbauzins
Der Grundstückseigentümer erhebt vom Erbbauberechtigten als Entgelt für das Zurverfügungstellen des Grundstücks einen bei Abschluß des Erbbauvertrages für die Erbbauzeit vereinbarten Erbbauzins.

Erbengemeinschaft
Hinterläßt ein Erblasser mehrere Erben, bilden diese als Miterben eine Erbengemeinschaft, die eine Gemeinschaft zur gesamten Hand darstellt. Mit dem Erbfall wird der Nachlaß ihr gemeinschaftliches Vermögen. Der einzelne Erbe kann zwar nicht über seinen Anteil am einzelnen Nachlaßgegenstand, jedoch über seinen Anteil am Gesamtnachlaß verfügen. Jeder Miterbe ist gegenüber den übrigen verpflichtet, Maßnahmen zuzustimmen, die zur ordnungsgemäßen Verwaltung notwendig sind. Eine Beschlußfassung bei Meinungsverschiedenheiten erfolgt durch Abstimmung; dabei richtet sich die Stimmenmehrheit nach der Größe der Anteile. Die laufende Verwaltung des Nachlasses steht den Miterben gemeinschaftlich zu, es sei denn, der Erblasser hat einem einzelnen Miterben besondere Verwaltungsrechte übertragen (z. B. zum Testamentsvollstrecker eingesetzt). Nachlaßschuldner können nur an alle Miterben gemeinschaftlich leisten. Über einen zum Nachlaß gehörenden Gegenstand können Miterben nur gemeinschaftlich verfügen. Die Erbengemeinschaft besteht bis zur Auseinandersetzung, deren Zweck ist, den Nachlaß nach Befriedigung der Nachlaßgläubiger unter die Miterben entsprechend ihren Erbteilen zu verteilen. Grundsätzlich kann jeder Miterbe jederzeitige Auseinandersetzung fordern. Die Erbengemeinschaft ist selbst nicht einkommensteuerpflichtig. Erträge, die ihr aus dem Nachlaß zukommen, werden zunächst wie bei einem Alleinerben ermittelt; sie werden dann nach dem Verhältnis der Erbteile auf die einzelnen Miterben aufgeteilt und bei diesen zur ESt herangezogen. Ermittlung und Aufteilung der steuerpflichtigen Einkünfte erfolgen im Grundlagenbescheid.

Erbfolge
Mit dem Tod einer (natürlichen) Person geht deren Vermögen (Erbschaft) als Ganzes auf den oder die Erben über. Dieser Übergang erfolgt kraft Gesetz. Erbe kann sowohl eine natürliche als auch eine juristische Person sein. Die Erbfolge beruht auf der in einem Testament oder Erbvertrag gemachten Verfügung von Todes wegen (gewillkürte Erbfolge), oder, falls eine solche nicht vorliegt, auf gesetzlicher Erbfolge (testamentarische Erbfolge, Erbvertrag, Vermächtnis). Ob die Erbregelung durch Testament oder Erbvertrag getroffen werden soll, ist einzelfallabhängig. Der Vorteil des Testaments besteht darin, daß es jederzeit widerrufen oder geändert werden kann; beim Erbvertrag ist dies nicht möglich, nur ausnahmsweise Rücktritt. Ein Erblasser ist an seine im Erbvertrag getroffenen Verfügungen von Todes wegen stärker gebunden als durch ein Testament. Ein Erbvertrag kommt in Betracht, wenn es für den Erben wichtig ist, daß ihm die Erbschaft auch mit Sicherheit zufällt.

Erbschaftsausschlagung
Die Erbschaft geht mit dem Erbfall ohne weiteres auf den (die) Erben über, ohne daß eine ausdrückliche Annahme erforderlich ist. Der Erbe kann aber die Erbschaft ausschlagen, sowohl bei der gesetzlichen wie der testamentarischen Erbfolge. In dieser Entscheidung ist er frei. Nimmt er die Erbschaft an (formlos möglich), ist der Erbschaftserwerb endgültig. Eine Erbschaftsausschlagung muß innerhalb 6 Wochen erfolgen (bei Aufenthalt oder Wohnsitz im Ausland 6 Monate). Bei Ausschlagung fällt die Erbschaft rückwirkend auf den Erbfallzeitpunkt dem zu, der als Erbe berufen gewesen wäre, wenn der Ausschlagende z. Z. des Erbfalls nicht mehr gelebt hätte (gesetzlicher Erbe oder testamentarisch bestimmter Ersatzerbe). Ausschlagung ist stets dann zu erwägen, wenn der Nachlaß überschuldet ist, die Schulden sehr hoch sind und der zu erwartende Vermögenszuwachs in keinem Verhältnis zu den mit der Nachlaßregelung verbundenen Schwierigkeiten steht u. ä. Manchmal kann es auch zweckmäßig sein, die Erbschaft wegen eigener Verschuldung auszuschlagen. Der überschuldete Erbe kann selbst dann ausschlagen, wenn er sich in Konkurs befindet, wodurch verhindert wird, daß die eigenen Gläubiger sofort die Erbschaft pfänden. Die Ausschlagung kann nicht an Bedingungen geknüpft werden, und es ist auch nicht

möglich, einen Teil anzunehmen, einen anderen auszuschlagen.

Erbschaftsteuer (ErbSt)

Rechtsgrundlage: ErbStG. Wird von dem Vermögen erhoben, das beim Tod einer natürlichen Person auf einen Dritten übergeht. Erbschaftsteuerpflichtige Vorgänge sind Erwerbe von Todes wegen, Schenkungen unter Lebenden und Zweckzuwendungen. Schenkungen, also unentgeltliche Zuwendungen unter Lebenden, werden wie Erwerbe von Todes wegen der ErbSt unterworfen. Zweckzuwendungen sind Zuwendungen, die von Todes wegen oder unter Lebenden erfolgen, jedoch nicht einer bestimmten Person zufallen, sondern zu einem bestimmten Zweck oder zugunsten eines unbestimmten Personenkreises gemacht werden. Als Erwerb von Todes wegen gilt der Erwerb durch Erbanfall, der Erwerb durch Vermächtnis und der Erwerb aufgrund eines geltend gemachten Pflichtteilanspruchs oder Erbersatzanspruchs, der Erwerb durch Schenkung auf den Todesfall und der Erwerb von Vermögensvorteilen, der aufgrund eines vom Erblasser geschlossenen Vertrages unter Lebenden beim Tode des Erblassers unmittelbar von einem Dritten gemacht wird. Bei der erbschaftsteuerlichen Bewertung des Erwerbs von Todes wegen sind alle Nachlaßverbindlichkeiten (Erblasserschulden) und alle sonstigen, dem Erwerber im Zusammenhang mit dem Erwerb erwachsende Aufwendungen (Erbfallschulden) zu berücksichtigen. Erbschaftsteuerlich werden nach dem Verwandtschaftsverhältnis des Erwerbers zum Erblasser 4 Steuerklassen unterschieden; nach diesen richten sich die persönlichen Freibeträge und die Höhe des Steuersatzes. Grundsätzlich wird der Erblasser nur mit den bis zu seinem Tode anfallenden Einkünften zur ESt veranlagt; alle späteren werden beim Erben zur ESt herangezogen. Gehört zum Nachlaß Grundbesitz, so hat dessen Übergang keine einkommensteuerlichen Folgen; auch wenn sich bei Veräußerung durch den (die) Erben ein Gewinn ergibt, löst dies keine ESt aus. Kreditinstitute sind im Todesfall ihres Kunden generell dazu verpflichtet, dem jeweils zuständigen Finanzamt für die Erbschaftsteuer eine Kontrollmitteilung zuzusenden. Daraufhin fordert das Finanzamt die Erben auf, eine Erbschaftsteuererklärung abzugeben. Anhand der Bankkontrollmitteilungen und der Erbschaftsteuererklärung können die Finanzbehörden die Steuerehrlichkeit der Erben überprüfen.

Erbschaftsteuerklassen

Entsprechend dem Verwandtschaftsgrad des Erwerbers zum Erblasser oder Schenker werden bei der ErbSt 4 Steuerklassen unterschieden, die maßgeblich sind für die Höhe der Freibeträge und des Steuersatzes: Steuerklasse I: Ehegatte, Kinder und Kinder verstorbener Kinder; als Kinder gelten eheliche und uneheliche Kinder, Stief- und Adoptivkinder sowie sonstige Personen, denen die rechtliche Stellung ehelicher Kinder zukommt; Steuerklasse II: Abkömmlinge der Kinder, soweit sie nicht Klasse I angehören; Steuerklasse III: Eltern, Vor- und Adoptiveltern, Geschwister und deren Kinder, Stiefeltern, Schwiegerkinder und -eltern sowie der geschiedene Ehegatte; alle übrigen Erwerber und die Zweckzuwendungen werden Steuerklasse IV zugeordnet.

Erbschaft- und Schenkungsteuer

Wie die VSt eine Abgabe auf das Vermögen; die Erträge daraus bleiben unberührt. Besteuert werden unentgeltliche Vermögensübergänge. Der Grad der Besteuerung richtet sich nach der Höhe des Erwerbes und dem Verwandtschaftsverhältnis der Beteiligten. Bei Vermögensübertragungen unter nahen Verwandten werden relativ hohe Freibeträge eingeräumt: Bei Ehegatten sind mind. DM 250000 steuerfrei, bei Kindern mind. DM 90000.

Erbschein

Ein Erbe benötigt gegenüber Behörden, Gläubigern, Schuldnern usw. den Nachweis, daß er tatsächlich Erbe ist, somit über die Erbschaft verfügen kann. Nachweis erfolgt durch Erbschein. Dieser begründet die Vermutung, daß der darin Genannte tatsächlich auch Erbe und nicht durch Anordnungen beschränkt ist, die im Erbschein nicht genannt sind. Ein Erbschein wird auf Antrag des Erben vom Nachlaßgericht ausgestellt. Sind mehrere Erben vorhanden, so kann ein gemeinschaftlicher Erbschein für alle Miterben oder aber auch ein Erbschein für jeden einzelnen ausgestellt werden. Für Miterben nennt er auch die Größe des jeweiligen Erbanteils.

ErbStG

Abk. f. Erbschaftsteuergesetz.

Erbvertrag

Ein Testament ist eine einseitige, jederzeit widerrufliche Verfügung eines Erblassers über seinen Nachlaß. Der Erbvertrag ist dagegen eine Vereinbarung des Erblassers mit einer oder mehreren anderen Person(en), in der wie im Testament Verfügungen von Todes wegen getroffen werden. Diese können einseitig sein, indem sie nur der Erblasser allein trifft, aber auch zweiseitig, indem auch der Vertragspartner solche trifft. Ein Erbvertrag kann i. d. R. nur notariell geschlossen werden. Der Erbvertrag bindet den Erblasser in seinen getroffenen erbrechtlichen Verfügungen grundsätzlich; sie können durch ihn nicht mehr einseitig widerrufen werden. Rücktritt ist nur möglich, wenn er ausdrücklich vorbehalten ist, wenn der Vertragspartner sich schwere Verfehlungen zuschulden kommen läßt oder eine als Gegenleistung eingegangene Verpflichtung (z. B. dem Erblasser für dessen Lebenszeit wiederkehr. Leistungen zu entrichten) fortfällt. Auch ein Erbvertrag hindert den Erblasser grundsätzlich nicht, zu Lebzeiten über sein Vermögen zu verfügen, es zu verbrauchen oder zu verschenken.

ERE

Abk. f. Europäische Rechnungseinheit (Recheneinheit).

Erfolgsbeteiligung der Arbeitnehmer

Vornehmlich aus Gründen der Mitarbeitermotivation angewandte Methode der Entlohnung und Kapitalbeteiligung. Neben der traditionellen Form der Erfolgsbeteiligung leitender Angestellter in Gestalt gewinn- bzw. umsatzabhängiger Tantiemen hat sich in jüngster Vergangenheit auch die Erfolgsbeteiligung der übrigen Mitarbeiter etwa in Form der Mitarbeiterbeteiligung durch Ausgabe verbilligter Belegschaftsaktien durchgesetzt.

Erfolgskennzahlen

Üblicherweise den zur Veranschaulichung des Erfolgs einer Unternehmung Kennziffern aus den Angaben des Jahresabschlusses gewonnen. Dabei ist immer die Abhängigkeit der verarbeiteten Bilanzgrößen von Bewertungsentscheidungen sowie der Niederschlag einmaliger Sonderbewegungen zu berücksichtigen. Dennoch bieten Erfolgskennzahlen besonders im Vergleich mehrerer Jahre recht guten, den tatsächlichen Verhältnissen angenäherten Einblick. In Betracht kommen vor allem Rentabilitätskennziffern, bezogen auf den Jahresüberschuß oder auch bezogen auf den cash-flow. Im einzelnen sind zu erwähnen Eigenkapitalrentabilität, Gesamtkapitalrentabilität sowie Umsatzrentabilität.

Erfolgskonsolidierung

Innerhalb der Rechnungslegung im Konzern kommt der Konsolidierung (Aufrechnung) des Erfolges neben der Kapital- und Schuldenkonsolidierung besondere Bedeutung zu, da aus den einzelnen Bilanzen der verschiedenen Konzernunternehmen die Ertragslage des gesamten Konzerns nicht ohne weiteres erkennbar ist. Realisiert ist ein Konzerngewinn erst dann, wenn er eine Folge eines Umsatzes mit außerhalb des Konzerns stehenden Wirtschaftseinheiten ist.

Erfolgsrechnung

Dient der Ermittlung des Erfolgs einer Unternehmung innerhalb eines Zeitintervalls. In einfachster Form als Vergleich der Anfangs- und Schlußbestände der Kapitalkonten denkbar. Zur Analyse der Quellen des Erfolgs ist eine differenzierte Gewinn- und Verlustrechnung erforderlich. Durch Trennung betrieblichen Aufwands und Ertrags von den neutralen Ergebnisbeiträgen wird ein weiterer Schritt zur Prognose des Zukunftserfolgs und zur Erkennung von Schwachstellen der Unternehmung gegangen.

Erfüllungsarten bei Börsengeschäften

→Börsengeschäfte, Erfüllungsarten.

Erfüllungsort

Platz, an dem ein Schuldner die Leistung zu erbringen und der Gläubiger sie anzunehmen hat. Jeder Ort kann dafür zwischen Käufer und Verkäufer vereinbart werden. Wird keine Vereinbarung getroffen und ergibt sich ein Erfüllungsort nicht aus den Umständen, gilt als gesetzlicher Erfüllungsort der Wohnsitz oder die gewerbliche Niederlassung des Schuldners bei Vertragsabschluß. Die Bedeutung des Erfüllungsortes liegt darin, daß er der Ort des Gerichtsstandes ist. Geld hat der Schuldner auf seine Gefahr und Kosten dem Gläubiger an dessen Wohnsitz zu übermitteln. Gem. AGB der Banken sind die Geschäftsräume einer Bank Erfüllungsort für alle Rechtsbeziehungen zwischen Bank und Kunde.

Erfüllungsrisiko

Risiko, daß der Geschäftspartner eines Geld-, Devisen- oder Wertpapiergeschäfts seiner Lieferverpflichtung nicht nachkommt.

Erfüllung von Börsen- (Effekten-, Wertpapier-)geschäften

Einzelheiten über Ort, Art und Zeit für die Erfüllung von Börsengeschäften enthalten die Börsenbedingungen (Börsenusancen).

Erfüllungsort bei Nettogeschäften zwischen 2 Banken ist der Niederlassungsort des Käufers, bei Nettogeschäften zwischen einer Bank und einer Nichtbank der Niederlassungsort der Bank. Bei Kommissionsgeschäften ist Erfüllungsort der Niederlassungsort des Kommissionärs. Erfüllung erfolgt in der Weise, daß der Verkäufer die verkauften Wertpapiere dem Käufer oder der Firma, die der Käufer bei Abschluß des Geschäfts oder spätest. am Tage vor der Lieferung aufgegeben hat, liefert oder liefern läßt. Lieferungen im Wertpapiergiroverkehr sind über die Wertpapiersammelbank abzuwickeln. Die Lieferung hat am 2. Börsentag zu erfolgen, den Tag des Geschäftsabschlusses nicht mitgerechnet. Die Bezahlung des Gegenwerts ist in deutscher Währung vorzunehmen.

Ergebnisabführungsvertrag

→ Gewinnabführungsvertrag.

Ergebnisbeteiligung der Arbeitnehmer

Erfolgt i. d. R. am Gewinn bzw. Jahresüberschuß einer Unternehmung; durch Barzahlungen (Tantiemen, Gratifikationen, Boni, Prämien) oder Überlassung eigener Aktien der AG gegen gegenüber dem Börsenkurs geringere Einzahlung oder auch gratis. → 936-Mark-Gesetz.

Ergebnis je Aktie nach DVFA bzw. DVFA/SG

→ DVFA-Formel → DVFA/SG-Methode.

erhöhte Absetzungen für Wohngebäude

Nach § 10e EStG können Bauherren und Käufer von selbstgenutztem Wohneigentum im Jahr der Herstellung und in den drei folgenden Jahren jeweils 6% und in den weiteren 4 Jahren jeweils 5% der steuerlich relevanten Bemessungsgrundlage wie Sonderausgaben vom zu versteuernden Einkommen abziehen. Die Bemessungsgrundlage berechnet sich aus den Herstellungs- oder Anschaffungskosten sowie der Hälfte der Grundstückskosten. Darüber hinaus zählen dazu die Notargebühren des Kaufvertrags, die Grunderwerbsteuer sowie mögliche Maklerprovisionen. Diese Nebenkosten müssen im Verhältnis Grundstücks- zu Gebäudewert aufgeteilt werden. Die Höchstgrenze für die Bemessungsgrundlage beträgt 330000 DM; dementsprechend ist in den ersten Jahren eine Absetzung von jeweils max. 19800 DM möglich. Die Grundförderung nach § 10e EStG kann nur einmal pro Person in Anspruch genommen werden. Die Vergünstigungen des § 10e EStG sind allerdings an bestimmte Einkommensgrenzen geknüpft: Die Einkünfte (nicht das zu versteuernde Einkommen) dürfen 120000 DM bei Ledigen und 240000 DM bei Verheirateten nicht überschreiten. Diese Einschränkung wird jährlich während der Förderungsdauer geprüft. Bei fremdgenutzten Immobilien bestehen unterschiedliche Abschreibungsmöglichkeiten. → Absetzung für Abnutzung (AfA).

Erhöhung des Grundkapitals

→ Kapitalbeschaffung der AG → Kapitalerhöhung.

erholt, Erholung

Tendenzbez. f. wieder anziehende Kurse an der Börse, die Vortagsverluste ganz oder teilweise wieder aufholen.

Erinnerungswert

Aktivposten, die noch im Anlagevermögen einer Unternehmung vorhanden sind, dürfen auch nach vollständiger Abschreibung nicht weggelassen werden, sondern sind in der Bilanz zu einem Erinnerungswert (Eine-Mark-Posten) anzusetzen. Die Differenz zwischen tatsächlichen Wert und Erinnerungswert bildet eine stille Reserve.

Erlebensfallversicherung

Form der Lebensversicherung, bei der die Versicherungsleistung nur fällig wird, wenn der Versicherte einen vertraglich festgelegten Zeitpunkt erlebt. Die reine Erlebensfallversicherung ist z. B. zweckmäßig, wenn ein Alleinstehender nur für das eigene Alter vorsorgen muß; wenn auch Hinterbliebene zu versorgen sind, empfiehlt sich meist eine gemischte Lebensversicherung auf den Todes- und Erlebensfall. Als Kapitalversicherung wird die reine Erlebensfallversicherung fast immer mit einer Rentenoption ausgestattet. Wird von letzterer Gebrauch gemacht, verwandelt sich die Versicherung praktisch in eine Rentenversicherung, Spezialfall der Erlebensfallversicherung.

Erlöschen von Börsenaufträgen

Nach den Geschäftsbedingungen der Börsen gelten mündlich und unbefristet schriftlich erteilte Aufträge als Tagesaufträge. Aufträge können in der Regel nicht über das Monatsende hinaus befristet werden. Schriftliche Aufträge, die ein Bezugsrecht betreffen, gelten bis einschl. des letzten Notierungstages dieser Rechte; wenn sie ein Limit haben, erlöschen sie jedoch schon mit Ablauf des vorletzten

Notierungstages. Aufträge in ausländischen Werten erlöschen mit Ablauf des letzten Börsentages vor dem Tag des Dividendenabschlags. Bei Einräumung eines Bezugsrechts erlöschen sämtliche Aufträge mit Ablauf des Börsentages vor Beginn der Bezugsfrist. Das gilt auch bei einer Kapitalerhöhung aus Gesellschaftsmitteln, wobei an Stelle der Bezugsfrist die Frist zur Abholung der effektiven Stücke oder zur Einreichung des Berechtigungsnachweises tritt. Aufträge in auslosbaren Papieren (→ Auslosung von Wertpapieren) erlöschen mit Ablauf des letzten Notierungstages vor der Auslosung.

Erlöschen von nicht ausgeführten Aufträgen im Aktienoptionshandel

→ Optionsgeschäfte, Erlöschen der Aufträge.

Erlöschen von nicht ausgeführten Aufträgen im Rentenoptionshandel

Ein Auftrag erlischt bei Aussetzung bzw. Einstellung der amtlichen Notierung des betreffenden Wertpapiers mit Ablauf des Börsentages vor der Aussetzung bzw. Einstellung. Dies auch dann, wenn die Aussetzung wegen besonderer Umstände im Bereich des Emittenten erfolgen sollte. Werden Umtausch- und Kaufangebote unterbreitet, die sich auf den gesamten Bestand einer Emission beziehen, erlischt der Auftrag mit Ablauf des Börsentages vor dem Beginn der Frist für die Annahme des Angebots. Bei Konversionen erlischt der Auftrag mit Ablauf des Tages ihrer amtlichen Bekanntmachung.

Ermächtigungsdepot

Im Rahmen der Wertpapierverwahrung, wenn die Bank durch den Hinterleger oder Verpfänder von Wertpapieren ermächtigt wird, anstelle der effektiv hinterlegten Stücke andere derselben Art zurückzugewähren. Gemäß DepG muß die Ermächtigung für das einzelne Verwahrungsgeschäft ausdrücklich und schriftlich abgegeben werden, um die Weiterverpfändung zu erschweren. → Tauschverwahrung.

Ermächtigung zur Verfügung

Ein Kunde kann seine Bank ermächtigen, anstelle der ihr zur Verwahrung anvertrauten Wertpapiere sich diese in bestimmten Fällen anzueignen oder das Eigentum an ihnen auf einen Dritten zu übertragen. Dabei handelt es sich nicht um Verpfändung der Wertpapiere, da nicht vorausgesetzt wird, daß die Bank dem Kunden Kredit gewährt hat. Die Effekten bleiben zunächst Eigentum des Kunden. Eignet sich die Bank aufgrund der erteilten Ermächtigung das Eigentum an den Wertpapieren an, hat der Kunde nur noch einen schuldrechtlichen Anspruch gegen seine Bank auf Lieferung entsprechender Papiere. Seine Ansprüche sind dann, da er kein Eigentum an den Wertpapieren mehr besitzt, in Wertpapierrechnung oder als Aberdepot zu verbuchen. Eine entsprechende Ermächtigung lassen sich Banken für Wertpapiere geben, die ihnen zur Verwahrung und Verwaltung oder zum Verkauf im Ausland eingeliefert werden, da es aufgrund des ausländischen Rechts i. a. nicht möglich ist, Wertpapiere im Ausland im Streifbanddepot i. S. d. DepG zu verwahren.

Ermattung

Tendenzbez. f. größere Kursrückgänge an der Börse.

Erneuerungsschein (Talon)

Auch: Zierleiste. Dient zur Entgegennahme neuer Gewinnanteil- oder Zinsscheinbogen. Der am unteren Ende des Bogens aufgedruckte Erneuerungsschein muß den Nennbetrag der Aktie oder Schuldverschreibung und den nächstfälligen Gewinnanteil- oder Zinsschein des neuen Bogens bezeichnen, bei Zinsscheinen auch die Zeit, für die der neue Bogen ausgegeben wird.

Eröffnungskurs

Erster Kurs im variablen Verkehr (erste Notierung) nach Börseneröffnung für ein bestimmtes Wertpapier.

erratische Kursschwankungen

Schwankungen von Kursen im Zeitablauf ergeben sich aus Änderungen des Angebots- und Nachfrageverhaltens der Marktteilnehmer. Unter ökonomischen Aspekten getroffene Entscheidungen orientieren sich dabei an Erwartungen bezüglich der künftigen Entwicklung sowie an eigenen Zielvorstellungen und Bedürfnissen. Solche Erwartungen sind jedoch nicht immer rational gebildet, sondern gelegentlich emotional beeinflußt und getrübt. Erratisch sind Kursbewegungen immer dann, wenn emotionale Elemente sich übermäßig auf das Marktverhalten auswirken und die rationale Überprüfung der Situation ein anderes Verhalten als richtig erweisen würde.

Ersatzaktie

Auch: Ersatzstück. Aktie, die ein Aktionär für ein beschädigtes, nicht mehr umlaufgeeignetes Stück gegen Kostenerstattung verlangen kann; auch für abhanden gekommene oder kraftlos erklärte Papiere. → Kraftloserklärung von Aktien im Aufgebotsverfahren → Ersatzstücke.

Ersatzansprüche aus Prospekthaftung

→ Ersatzpflicht wegen Prospekthaftung.

Ersatzansprüche, Geltendmachung

Die Ersatzansprüche der AG aus der Gründung gegen die verpflichteten Personen oder aus der Geschäftsführung gegen die Mitglieder des Vorstands und Aufsichtsrats müssen geltend gemacht werden, wenn es die HV mit einfacher Stimmenmehrheit beschließt oder es eine Minderheit verlangt, deren Anteile zusammen 10% des Grundkapitals erreichen. Das Verlangen der Minderheit ist nur zu berücksichtigen, wenn glaubhaft gemacht wird, daß die Aktionäre, die die Minderheit bilden, seit mind. 3 Monaten vor dem Tage der HV Inhaber der Aktien sind. Dazu genügt eidesstattliche Versicherung vor einem Notar. Der Ersatzanspruch soll innerhalb 6 Monaten seit der HV geltend gemacht werden. Zur Geltendmachung des Ersatzanspruchs kann die HV besondere Vertreter bestellen. Hat eine Minderheit die Geltendmachung des Ersatzanspruchs verlangt und hat die AG, weil sie im Rechtsstreit ganz oder teilweise unterlegen ist, Kosten des Rechtsstreits zu tragen, ist die Minderheit der AG zur Erstattung dieser Kosten verpflichtet. Ist die AG ganz unterlegen, ist die Minderheit der AG auch zur Erstattung der Gerichtskosten, die der AG durch die Bestellung besonderer Vertreter entstanden sind, sowie der baren Auslagen und der Vergütung der besonderen Vertreter verpflichtet.

Ersatzansprüche von Gesellschaftsgläubigern

Der Ersatzanspruch der AG kann auch von Gläubigern der AG geltend gemacht werden, soweit sie von dieser keine Befriedigung erlangen können. Den Gläubigern gegenüber wird die Ersatzpflicht weder durch Verzicht oder Vergleich der AG noch dadurch aufgehoben, daß die Handlung auf einem Beschluß der HV beruht. Ist über das Vermögen der AG das Konkursverfahren eröffnet, übt während dessen Dauer der Konkursverwalter das Recht der Gläubiger aus.

Ersatzdeckung

Die von den Realkreditinstituten emittierten Pfandbriefe und Kommunalobligationen unterliegen strengen Deckungsvorschriften. Im Rahmen der ordentlichen Deckung müssen Pfandbriefe in Höhe ihres Nennwertes jederzeit durch Hypotheken von mind. gleichem Betrag, mind. gleichem Zinssatz und gleicher Laufzeit gedeckt sein. Eine Ersatzdeckung darf vorübergehend und nur bis 10% des Umlaufs an Pfandbriefen oder Kommunalobligationen vorgenommen werden. Als Ersatzdeckung können dienen: (1) Schuldverschreibungen, Schuldbuchforderungen, Schatzwechsel und Schatzanweisungen, deren Schuldner der Bund, ein Sondervermögen des Bundes oder ein Bundesland sind; Schuldverschreibungen, für deren Verzinsung und Rückzahlung der Bund, ein Sondervermögen des Bundes oder ein Bundesland die Gewährleistung übernommen haben; (2) Guthaben bei der Bundesbank und geeigneten anderen Banken; (3) Bargeld; (4) Ausgleichsforderungen. Schuldverschreibungen dürfen höchstens mit einem Betrag in Ansatz gebracht werden, der um 5% des Nennwertes unter ihrem jeweiligen Börsenpreis bleibt, den Nennwert aber nicht übersteigt. Die Ersatzdeckung darf 10% des gesamten Umlaufs an Pfandbriefen oder Kommunalobligationen nicht übersteigen. Bei öffentlich rechtlichen Banken kann das BAK zulassen, daß die Ersatzdeckung bis zu 20% des gesamten Umlaufs der Pfandbriefe bzw. Kommunalobligationen beträgt, soweit dies erforderlich ist, um der Bank die Erfüllung von Aufgaben zu ermöglichen, die im öffentlichen Interesse liegen.

Ersatzmitglied im Aufsichtsrat der AG

→ Aufsichtsrat der AG, Ersatzmitglied.

Ersatzpflicht wegen Prospekthaftung

Aus der Prospekthaftung ergibt sich die Verpflichtung der Haftenden, dem Besitzer eines Wertpapiers den Schaden zu ersetzen, der ihm wegen der unrichtigen oder fehlenden Angaben im Prospekt erwächst. Die Ersatzpflicht erstreckt sich nur auf die Stücke, die aufgrund des Prospektes zugelassen und von dem Besitzer aufgrund eines im Inland abgeschlossenen Geschäfts erworben sind. Der Ersatzpflichtige kann der Ersatzpflicht dadurch genügen, daß er das Wertpapier gegen Erstattung des von dem Besitzer nachgewiesenen Erwerbspreises oder des Kurswertes übernimmt, den die Wertpapiere zur Zeit der Einführung hatten. Weitergehende Ansprüche, die nach Vorschriften des bürgerlichen Rechts aufgrund von Verträgen erhoben werden können, bleiben unberührt. Ersatzpflicht ist ausgeschlossen, wenn der Besitzer des Papiers die Unrichtigkeit oder Unvollständigkeit der Angaben des Prospektes beim Erwerb kannte. Gleiches gilt, wenn der Besitzer des Papiers bei dem Erwerb die Unrichtigkeit der Angaben des Prospektes bei Anwendung der Sorgfalt, die er in eigenen Angelegenheiten beobachtet, kennen mußte, es sei denn, daß die Ersatzpflicht durch böswilliges Verhalten begründet ist. Der Ersatzanspruch verjährt in 5 Jahren seit Zulassung der Wertpapiere. Für die Entscheidung über Ersatzansprüche ist ohne Rücksicht auf den Wert des Streitgegenstands ausschließlich das Landgericht des Ortes zuständig, an dessen Börse die Einführung des Wertpapiers erfolgte. Besteht an diesem Landgericht eine Kammer für Handelssachen, gehört der Rechtsstreit vor diese, Revision sowie Beschwerde gegen Entscheidungen des Oberlandesgerichtes an den BGH.

Ersatzstücke

Sind nur lieferbar, wenn das neue Stück mit dem Vermerk Ersatzurkunde versehen und mit rechtsverbindlicher Unterschrift des Ausstellers als Ersatzstück anerkannt ist. Ersatzstücke werden für abhanden gekommene und für beschädigte, nicht mehr zum Umlauf geeignete Stükke ausgegeben. Beim Neudruck von Wertpapieren lassen die Aussteller i. d. R. eine Anzahl Blanketts (Stücke ohne Nummern) herstellen, die als Ersatzstücke Verwendung finden können. Entspricht die neue Urkunde in ihrer Ausstattung den übrigen umlaufenden Urkunden derselben Wertpapiergattung und ist die Stücknummer eingedruckt, bedarf es keiner Kennzeichnung als Ersatzurkunde, sofern die alte, beschädigte Urkunde vernichtet wurde.

Ersatzurkunde

Bei in USA emittierten Wertpapieren wird bei glaubhaft gemachtem Verlust eine Ersatzurkunde gegen Sicherheitsleistung ausgegeben, die nicht als solche zu kennzeichnen ist. Wird auf eine in Kraft gebliebene verlorengegangene Urkunde Leistung verlangt, greift der Emittent auf die Sicherheitsleistung zurück. → Ersatzstükke.

Ersatzverwahrer

→ Drittverwahrung →Depotverwaltung.

Ersatz von Gewinnanteil- und Zinsscheinen

Bei Lieferung von Gewinnanteil- (Dividenden-) und Zinsscheinen darf: (1) der nächstfolgende Gewinnanteilschein oder nächstfällige Zinsschein durch einen anderen Gewinnanteil- oder Zinsschein ersetzt werden, sofern er zu dem gleichen Zeitpunkt fällig ist; (2) der nächstfällige Zinsschein fehlen, wenn sein Wert vergütet wird; (3) sofern Sammelbestandteile übertragen werden, vom Tage der HV an der Gewinnanteilschein in bar verrechnet werden, falls ihm nicht noch andere Rechte anhaften.

Erstabsatz

Veräußerung von Wertpapieren an Ersterwerber. War schon vor Abschaffung der BUSt börsenumsatzsteuerfrei.

Erstausgabe

Erstmaliges öffentliches Angebot zur Zeichnung von Anteilen eines neuen Investmentfonds zu einem festen Preis (Erstausgabepreis). Die aus dem Anteilsabsatz in der Erstausgabezeit zufließenden Gelder werden auf Treuhandkonto bei der Depotbank verzinslich angesammelt. Danach wird das Konto abgerechnet und der angesammelte Betrag in das Fondsvermögen übernommen. Erst dann kann die Fondsverwaltung über die Mittel verfügen.

Erstausgabepreis

Fester Ausgabepreis von Investmentanteilen, der über die Erstausgabezeit unverändert bleibt. Nach Ablauf der Erstausgabe wird er durch den normalen Ausgabepreis, der auf Basis des Inventarwertes errechnet wird, ersetzt.

Erstausgabe von Effekten

→ Wertpapieremission.

Erstausgabezeit

Zeitlich begrenzte Periode – meist 4–8 Wochen – der Erstausgabe von Anteilen eines Investmentfonds. Während dieser Zeit werden die Anteile zu einem festen Preis, dem Erstausgabepreis, ausgegeben. Rücknahme ist ausgeschlossen.

erste Adresse

Bez. f. einen bonitätsmäßig erstklassigen Schuldner oder Emittenten. → Adresse.

erste Hypothek

Auch: erststellige Hypothek. Durch Hypothek abgesichertes Darlehen, das im Grundbuch an 1. Stelle eingetragen ist und daher im Verwertungsfall zuerst getilgt wird. Die Beleihungsgrenze liegt meist bis 60% des Beleihungswertes. Für Pfandbriefe vorgeschriebene Deckung.

erste Notierung (Notiz)

Erster Kurs bei Neueinführung von Wertpapieren an der Börse. Auch: erster (Tages-)Kurs im variablen Verkehr.

erster Kurs im variablen Verkehr
Kurs der fortlaufenden Notierung bei Börsenbeginn (Anfangs-, Eröffnungskurs). Ist kein Anfangskurs festgesetzt worden, lautet die Notierung – (Strich) mit evtl. taxierter Kursangabe. → Kurszusätze.

Ersterwerber-Modell
Steuerlich induzierte Konstruktion zwischen Bauherrenmodell und herkömmlichem Immobilienerwerb. Man kauft – meist von einem Wohnungsbauunternehmen oder Bauträger – mit der Besonderheit, daß der Anleger nicht unbedingt neuerrichtetes Wohnungseigentum erwirbt, sondern auch eine schon vermietete Wohnung mit einer bereits einige Jahre alten Bausubstanz. Die hohen Steuervorteile des Bauherrenmodells liegen beim Erwerbermodell nicht voll vor, jedoch trägt der Käufer dafür keinerlei Bauherrenrisiko. Technisch erteilt der Anleger – in notarieller Form – einem Treuhänder eine Vollmacht zur Abwicklung des Objektes. Letzterer ist damit berechtigt, alle notwendigen Verträge abzuschließen und zur Beschaffung der Finanzierung evtl. notwendige grundbuchliche Absicherungen vorzunehmen. Steuerlich kann der Anleger sämtliche Aufwendungen absetzen, die nach dem Zeitpunkt des Erwerbs anfallen, sofern sie Werbungskosten sind. Mit dem Bauherren-Erlaß vom 31. 8. 1990 ist die sofortige Abzugsfähigkeit von Werbungskosten bei Erwerbermodellen erheblich eingeschränkt worden. Einzelne Werbungskosten sind unter anderem: Zinsen für die Zwischen- und Endfinanzierung, Zinsvorauszahlungen bis zu 12 Monaten, Zinsfreistellungsgebühren, marktübliches Damnum, Disagio und Bearbeitungs- und Auszahlungsgebühren, anteilige Notariats- und Grundbuchkosten für die Sicherung des Darlehens sowie bestimmte Geldbeschaffungskosten, Bürgschafts- und Garantiegebühren für die Endfinanzierung. Diese Kosten können im Jahr ihrer Entstehung voll als Werbungskosten abgesetzt werden.

erststellige Beleihung
Eine der relevanten Emissionsbedingungen bzw. -konditionen einer Anleihe ist ihre Besicherung. Hierzu eignet sich u. a. die grundbuchliche Eintragung einer Hypothek oder Grundschuld an 1. Rangstelle, so daß eine Befriedigung aus einem evtl. Verkaufserlös des Objektes wahrscheinlich erscheint. → erste Hypothek.

erststellige Hypothek
→ erste Hypothek.

erststelliger Beleihungsraum
→erste Hypothek.

Erstverwahrer
Eine Bank, die eingelieferte Effekten ihrer Kunden nicht an eine Wertpapiersammelbank oder einen anderen Drittverwahrer gibt, sondern die Verwahrung selbst vornimmt, gilt als Erstverwahrer. → Drittverwahrung → Zwischenverwahrer.

Erträge aus ausländischen Wertpapieren, Besteuerung
→ Besteuerung der Erträge aus ausländischen Wertpapieren.

Erträge aus inländischen Aktien, Besteuerung
→ Besteuerung der Erträge aus inländischen Wertpapieren.

Erträge aus inländischen festverzinslichen Wertpapieren, Besteuerung
→ Besteuerung der Erträge aus inländischen Wertpapieren.

Erträge aus inländischen Wertpapieren, Besteuerung
→ Besteuerung der Erträge aus inländischen Wertpapieren.

Erträge aus Wertpapieren des Betriebsvermögens, steuerlich
Wertpapiererträge, die zu Einkünften aus Land- und Forstwirtschaft, Gewerbebetrieb oder selbständiger Arbeit gehören, sind diesen Einkunftsarten zuzurechnen. Dabei sind nicht nur laufende Erträge, sondern auch besondere Entgelte und sonstige Vorteile zu erfassen, die sich bei Veräußerung der Wertpapiere oder bei Änderung in der Bewertung ergeben; ebenso sind auch sich ergebende Verluste zu berücksichtigen. Im übrigen gelten für die Erfassung der Erträge im wesentlichen dieselben Grundsätze wie bei der Erfassung der Erträge der zum Privatvermögen gehörenden Wertpapiere. Der Pauschbetrag für Werbungskosten und der Sparerfreibetrag können allerdings beim Betriebsvermögen nicht berücksichtigt werden. Zu den Erträgen aus Aktien, Beteiligungen, GmbH-Anteilen gehören vor allem ausgeschüttete Dividenden zzgl. der darauf anzurechnenden oder zu vergütenden KSt. Einbehaltene KSt kann dabei nicht abgezogen werden. Die Dividende ist daher mit dem Bruttobetrag anzusetzen. Bei Wertpapieren des Betriebsvermögens kann prinzipiell jede Veräußerung auch zu einem steuerpflichtigen Gewinn führen, was bei den Wertpapieren des Privatver-

mögens nur begrenzt möglich ist. Gewinn bei der Veräußerung ist jeweils der Betrag, um den der Veräußerungspreis nach Abzug der Veräußerungskosten den Buchwert übersteigt, mit dem die veräußerten Anteile usw. zuletzt in der Steuerbilanz anzusetzen waren. Steuerpflichtige, die Anteile an einer Kapitalgesellschaft veräußern, können den Gewinn, der sich bei dieser Veräußerung ergibt, von den in der Steuerbilanz anzusetzenden Anschaffungs- oder Herstellungskosten bestimmter mit dem Veräußerungserlös neuerworbener Wirtschaftsgüter ganz oder teilweise abziehen. Es werden also stille Reserven steuerneutral auf diese Wirtschaftsgüter übertragen. Bei diesen muß es sich um abnutzbare bewegliche Wirtschaftsgüter, Gebäude oder andere Anteile an Kapitalgesellschaften handeln; im letzteren Fall müssen jedoch Bundeswirtschafts- und Bundesfinanzministerium bescheinigen, daß der Erwerb dieser Anteile volkswirtschaftlich besonders förderungswürdig und geeignet ist, die Unternehmensstruktur des Wirtschaftszweiges zu verbessern oder breiter Eigentumsstreuung zu dienen. Die neuen Wirtschaftsgüter müssen im Jahr der Veräußerung angeschafft oder hergestellt worden sein; ist dies nicht der Fall, kann im Wirtschaftsjahr der Veräußerung in Höhe des Gewinns eine den steuerlichen Gewinn mindernde Rücklage gebildet werden (Sechs-b-Rücklage), deren Betrag dann bei den in den nächsten 2 Wirtschaftsjahren angeschafften Wirtschaftsgütern der genannten Art berücksichtigt werden kann. Bei Gebäuden und Schiffen verlängert sich diese Frist u. U. auf 4 Jahre. Voraussetzung für die steuerneutrale Übertragung der stillen Reserven ist, daß im Zeitpunkt der Veräußerung die Anteile mind. 6 Jahre zum Anlagevermögen des Betriebs gehört haben und auch die neu angeschafften Wirtschaftsgüter dazu gehören. Zu den steuerpflichtigen Betriebseinnahmen gehören Zinsen, aber auch Gewinne, die bei Veräußerung festverzinslicher Wertpapiere erzielt werden. Ebenso kann auch ein Verlust berücksichtigt werden. Steuerfreie Zinsen bleiben allerdings außer Betracht. Stückzinsen, die bei einer Veräußerung des Wertpapiers besonders berechnet und vergütet werden, gehören beim Veräußerer zu den Betriebseinnahmen, beim Erwerber zu den Betriebsausgaben. Zu den steuerpflichtigen Betriebseinnahmen gehören auch die auf den Investmentanteil entfallenden Ausschüttungen von Investmentfonds und die Gewinne, die sich bei Veräußerung des Anteils ergeben; auch ein Verlust kann in diesem Fall zu berücksichtigen sein. Anders als beim Privatvermögen rechnen hier aber auch die Teile der Ausschüttungen zu den steuerpflichtigen Betriebseinnahmen, die auf den Gewinn des Investmentfonds aus der Veräußerung von Aktien und Bezugsrechten sowie von anderen Wertpapieren entfallen. Steuerfrei bleiben jedoch auch hier die Teile der Ausschüttungen des Fonds, die auf steuerfreie Zinsen oder auf Erträge entfallen, die aufgrund eines DBA steuerfrei bleiben. Um bei Thesaurierungsfonds steuerliche Gleichbehandlung sicherzustellen, muß der Anteilsinhaber auch seinen Anteil an den vom Fonds vereinnahmten und nicht ausgeschütteten Zinsen und Dividenden versteuern. Bei zero-bonds (Null-Coupon-Anleihen) sind darüber hinaus auch die nicht vereinnahmten und demnach nicht ausgeschütteten (rechnerischen) Zinsen zu versteuern. Die Anteile an solchen Fonds haben den steuerlichen Vorteil, daß der Anteilseigner Veräußerungsgewinne, die das Fondsvermögen erzielt, auch dann nicht zu versteuern braucht, wenn die Investmentanteile zum Betriebsvermögen gehören. Bei zero-bonds umfaßt der Veräußerungsgewinn nur den Betrag, um den der Verkaufkurs den rechnerischen Kurs (zu ermitteln durch Diskontierung mit dem internen Zinfuß über n-Jahre) übersteigt. Anteile an offenen Immobilienfonds, die zum Betriebsvermögen gehören, sind wie Investmentanteile zu behandeln. Zu den Anschaffungskosten gehört hier auch der Teil des Kaufpreises, der für bereits angesammelte Erträge des Anteils mitgezahlt worden ist. Anteile an geschlossenen Immobilienfonds sind in gleicher Weise wie die entsprechenden Anteile zu behandeln, die zum Privatvermögen gehören. Hier sind jedoch auch Veräußerungsgewinne und Veräußerungsverluste sowohl des Immobilienfonds als auch des Anteilsbesitzers zu berücksichtigen. Zu den steuerpflichtigen Betriebseinnahmen gehören auch die Zinsen aus Sparbriefen, wenn diese zum Betriebsvermögen gehören. Bei einem Sparbrief, bei dem nur der abgezinste Betrag eingezahlt zu werden braucht, wird der jährliche Wertzuwachs in der Steuerbilanz berücksichtigt und damit jeweils als steuerpflichtige Betriebseinnahme erfaßt. Analog gilt dies für zero-bonds.

Erträgnisaufstellung

Von der depot- und kontenführenden Bank für einen Kunden angefertigte

Zusammenstellung der Erträge seiner Wertpapiere und Konten. Für steuerliche Zwecke. Von den Banken werden dafür Gebühren berechnet.

Erträgnisausschüttung

Auszahlung von anteiligen Erträgen einer Investmentgesellschaft an die Anteilsinhaber ihrer Fonds. Eine solche Ausschüttung wird von der KAG einige Zeit vor dem Ausschüttungstag bekanntgegeben. Zeitpunkt und Umfang der Erträgnisausschüttung sind durch Vertragsbedingungen bzw. Satzung und die von der Fondsleitung verfolgte Ausschüttungspolitik festgelegt. Zu unterscheiden ist zwischen ordentlichen Erträgen (Zinsen und Dividenden) und außerordentlichen Erträgen (realisierte Kursgewinne und Bezugsrechterlöse) des Fondsvermögens. Außer den Thesaurierungsfonds schütten die meisten Fonds die vereinnahmten ordentlichen Erträge an ihre Anteilsinhaber aus. Die Ausschüttung außerordentlicher Erträge wird unterschiedlich gehandhabt: In USA schütten die meisten Investmentgesellschaften die außerordentlichen Erträge aus steuerlichen Gründen voll aus; bei europäischen Fonds ist die Ausschüttung außerordentlicher Erträge weitgehend ins Ermessen der Fondsleitung gestellt. Die Auszahlung von Erträgnissen erfolgt bei Inhaberpapieren gegen Einreichung des betreffenden Ertragsscheins, bei Namenspapieren am Fälligkeitstag. Am Tag der Ausschüttung verringert sich der Inventarwert um den Betrag der Ausschüttung.

Erträgnisschein

Zinsschein, Dividendenschein. Wird bei Fälligkeit von dem Bogen getrennt und eingelöst.

Ertragsanalyse

Zur Aktienbewertung ist eine umfassende Analyse der Ertragsquellen, deren Bedeutung sowie deren erwarteter zukünftiger Entwicklung erforderlich.

Ertragsbeteiligung der Arbeitnehmer

→ Erfolgsbeteiligung der Arbeitnehmer.

Ertragskennzahlen

→ Erfolgskennzahlen.

Ertragskraft, -lage

Fähigkeit eine Unternehmung, Gewinne zu erzielen. Ausdruck für die Ertragskraft sind gegenwärtig und zukünftig zu erwartende Gewinne. Die langfristige Ertragskraft (→ Kurs/Gewinn-Verhältnis) bildet die Grundlage für die Aktienbewertung und ist ein wesentliches Kriterium bei der Auswahl von Aktien zur Kapitalanlage. Die Beurteilung der nachhaltigen Fähigkeit einer Unternehmung, gegenwärtig und zukünftig Erträge zu erwirtschaften und am Markt erfolgreich zu bestehen, orientiert sich an Kriterien des Absatzmarktes sowie an Kostenstrukturen und Potentialen der Unternehmung. Die Ertragslage ist Ausdruck der gegenwärtigen Situation und kann Folge geschäftspolitisch gewollter Entwicklungen sein oder sich ungesteuert und ungeplant in ihrer aktuellen Ausprägung ergeben haben. → Aktienanalyse.

Ertragsrechnung

→ Erfolgsrechnung → Gewinn- und Verlustrechnung (GuV-Rechnung).

Ertragsschein

Berechtigt zum Bezug einer Erträgnisausschüttung bei Investmentfonds.

Ertragswert

Auch: Erfolgswert. Vermögensanlagen erbringen i. d. R. laufenden oder einmaligen Ertrag. Für Ertragswertberechnungen kommen bei den einzelnen Anlageformen verschiedene Methoden in Frage. Aus den laufenden Erträgen einer Anlage kann mit Hilfe eines Kapitalisierungsfaktors der Ertragswert einer Anlage grob ermittelt werden. Er ist dann also der durch Kapitalisierung zukünftiger Erträge errechnete Gegenwartswert (Barwert):

$$R_o = \frac{E \times 100}{q}$$

Ro = Ertragswert, E = jährlich gleichbleibender Ertrag (Gewinn), q = Kapitalisierungszinssatz. Bei unregelmäßig oder einmalig anfallenden Erträgen muß der Ertragswert durch Einzeluntersuchungen und Vergleichsrechnungen festgestellt werden. Der Nettoertragswert wird (im Gegensatz zum Bruttoertragswert) nach Abzug der die Vermögensanlage betreffenden Kosten von den Erträgen errechnet.

Ertragswertberechnung

Die Ermittlung des Ertragswertes erfolgt durch Kapitalisierung der erwarteten durchschnittlichen Reinerträge während der Nutzungsjahre bestimmter Vermögensgegenstände (z. B. Grundstücke, Unternehmen, Aktien usw.) unter Anwendung des landesüblichen Zinsfußes. → Ertragswert.

Ertragswertverfahren

Vereinfachtes Wertermittlungsverfahren bei Grundbesitz für steuerliche Zwecke, bei dem die Jahresrohmiete mit einem gesetzlich bestimmten Multiplikator verknüpft wird und korrigiert um Zu- bzw. Abschläge einen Näherungswert des tatsächlichen Wertes darstellt.

Erw., Erw.-Ausg.

Abk. f. Erweiterungsausgabe.

Erwartungswert

Der mit zugehörigen Wahrscheinlichkeiten gewichtete durchschnittliche Wert aller möglichen Ausprägungen eines Zufallsexperimentes bzw. eines Ereignisses. Es ist der Wert, der im Durchschnitt erwartet werden kann. Kann bei Aktienbewertung zugrunde gelegt werden.

erweiterte beschränkte Steuerpflicht

Erweitert beschränkt steuerpflichtig sind deutsche Staatsangehörige, die in den letzten 10 Jahren, bevor sie ihren Wohnsitz ins Ausland verlegt haben, insgesamt mind. 5 Jahre unbeschränkt steuerpflichtig waren und nunmehr in einem niedrig besteuerten Gebiet ansässig sind (z. B. Bahamas, Bermudas, Liechtenstein, Monaco, Panama, Schweiz u. a.). Der Steuerpflichtige muß noch wesentliche wirtschaftliche Interessen im Bundesgebiet haben, z. B., wenn er noch einen Gewerbebetrieb im Inland hat, an einer inländischen OHG beteiligt ist, als Kommanditist mehr als 25% an einer KG oder als Gesellschafter mehr als 25% an einer Kapitalgesellschaft beteiligt ist, oder wenn seine erweiterten inländischen Einkünfte mehr als 30% der Gesamteinkünfte oder mind. DM 120000 betragen oder sein erweitertes Inlandsvermögen mehr als 30% des gesamten Vermögens oder mind. DM 300000 beträgt. Die gesamten inländischen Einkünfte müssen jedoch mind. DM 32000 ausmachen. Zusätzlich zu den inländischen Einkünften unterliegen der erweiterten beschränkten Steuerpflicht auch die Einkünfte aus Kapitalvermögen bei einem inländischen Schuldner, Einkünfte aus der Veräußerung von Wirtschaftsgütern, die zu einem ausländischen Betrieb gehören, sich jedoch im Inland befinden, z. B. auch aus der Veräußerung von Anteilen an einer inländischen Kapitalgesellschaft, die Einkünfte aus der Beteiligung an einer Zwischengesellschaft u. a. m. Die sich bei erweiterter beschränkter Steuerpflicht ergebende ESt darf einerseits nicht höher sein als die Steuer, die sich bei unbeschränkter Steuerpflicht ergibt, und andererseits nicht niedriger als die, die sich bei normaler beschränkter Steuerpflicht ergibt.

Erweiterungsausgabe

Fortsetzung oder Restbetrag einer Emission zu denselben Bedingungen wie die vorangegangene Teilemission (Tranche).

Erweiterungsemission

→ Nachemission → Erweiterungsausgabe.

Erweiterungsversicherung

Form der gemischten Lebensversicherung, bei der im Abstand von 4 Jahren eine automatische Erhöhung der Versicherungssumme in Kraft tritt (→ dynamische Lebensversicherung). Der max. Erhöhungsprozentsatz ist vertraglich vereinbart. Das Endalter (Ablauf) der Versicherung bleibt gleich. Die Beitragserhöhung ergibt sich aus der Erhöhung der Versicherungssumme und der Restlaufzeit.

Erwerb durch Erbanfall, erbschaftsteuerlich

Als Erwerb von Todes wegen gilt vor allem der Erbanfall, die infolge Erbanfalls eingetretene Nachfolge in das Vermögen eines Verstorbenen (kraft gesetzlicher Erbfolge oder letztwilliger Verfügung des Erblassers durch Testament oder Erbvertrag). Hinterläßt der Erblasser mehrere Erben, wird der Nachlaß zunächst gemeinschaftliches Vermögen der Erben; die Erbengemeinschaft besteht bis zur Auseinandersetzung (Gesamthandsgemeinschaft). Jeder Miterbe wird steuerlich aber so behandelt, als ob er am Nachlaß nach Bruchteilen beteiligt wäre. Sein Anteil ist mit dem Wert anzusetzen, der auf ihn entsprechend seiner Erbquote vom Nachlaß entfallen würde, wenn die Erbengemeinschaft am Todestag aufgelöst worden wäre. Danach richtet sich auch die Erbschaftsteuerveranlagung. Steuerlich erfaßt wird deshalb beim einzelnen Miterben jeweils der Wert seines Erbteils und nicht der Wert der ihm effektiv zugefallenen Vermögensgegenstände. Es wird deshalb der Nachlaß nach steuerlichen Grundsätzen bewertet und der ermittelte Wert auf die Miterben nach ihren Erbquoten aufgeteilt. Auf gemeinsamen Antrag der Miterben müssen Teilungsanordnungen des Erblassers auch steuerlich berücksichtigt werden. In diesem Fall wird dann jedem Miterben der Steuerwert des Nachlaßgegenstandes zugerechnet, den er danach zu beanspruchen hat. Auch der Vorerbe gilt als Erbe. Ebenso hat der Nacherbe nochmals den Erwerb voll zu versteuern.

Erwerb durch Vermächtnis, erbschaftsteuerlich

Als Erwerb von Todes wegen gilt auch der Erwerb aufgrund eines Vermächtnisses. Ein Vermächtnis liegt dann vor, wenn der Erblasser durch Testament oder Erbvertrag einem Anderen einen Vermögensvorteil zuwendet, ohne ihn zum Erben einzusetzen (z. B. Übertragung von Grundbesitz, von Wertpapieren, Begründung eines Nießbrauches u. a. m.). Zur Bewertung des Vermächtnisses kommt es allein auf den Anspruch an, wie er mit dem Tode des Erblassers zur Entstehung gekommen ist. Eine später getroffene, davon abweichende Regelung zwischen den Beteiligten ist ohne Bedeutung.

Erwerbermodell

Bereits fertiggestellte und vermietete Immobilien werden zum Erwerb angeboten. I. d. R. ist eine sofortige Eigennutzung nicht möglich. Interessant unter steuerlichen Gesichtspunkten, da Werbungskosten (z. B. Teile der Renovierungs-, Modernisierungs- und Finanzierungskosten) und erhöhte Abschreibungen geltend gemacht werden können. → Bauherrenmodell → Ersterwerbermodell.

Erwerbsansprüche

Als Ansprüche auf den Erwerb neuer Aktien werden Ansprüche auf neue Aktien in der Zeit zwischen der Ausübung des Bezugsrechts und der Einzahlung des Bezugspreises bezeichnet.

Erwerbskurs

Preis, der beim Kauf eines Wertpapiers tatsächlich zu bezahlen ist. Die Höhe wirkt sich auf die Rendite des Wertpapiers aus.

Erwerb von Todes wegen, erbschaftsteuerlich

Als Erwerb von Todes wegen gelten insbesondere Erwerb durch Erbanfall oder durch Vermächtnis, der Erwerb aufgrund eines Erbersatzanspruchs oder eines Pflichtteilanspruchs, der Erwerb durch Schenkung auf den Todesfall sowie auf den Todesfall sowie der Erwerb von Vermögensvorteilen, der aufgrund eines vom Erblasser mit einem Dritten geschlossenen Vertrages unter Lebenden mit dem Tode des Erblassers unmittelbar gemacht wird, u. a. m. Bei der Bewertung des Erwerbs von Todes wegen sind alle Nachlaßverbindlichkeiten (Erblasserschulden) und alle sonstigen dem Erwerber im Zusammenhang mit dem Erwerb erwachsenden Aufwendungen (Erbfallschulden) zu berücksichtigen. Zu den abzugsfähigen Erblasserschulden rechnen alle Verpflichtungen, die noch in der Person des Erblassers begründet worden und mit seinem Tode noch nicht erloschen sind. Erbfallschulden sind die Verbindlichkeiten des Erben, die unmittelbar aus Anlaß des Erbfalls resultieren. Vor allem gehören Verbindlichkeiten aus Pflichtrechten, Vermächtnissen sowie Auflagen u. a. m. dazu.

escompte

Veraltete Bez. f. Diskont.

Escompte-Geschäfte

Fixgeschäfte mit Zusatzvereinbarungen. Bei ihnen erwirbt der Käufer seinen Anspruch aus dem abgeschlossenen Festgeschäft mit der Maßgabe, daß er die Erfüllung des Vertrags bereits vor dem vereinbarten Erfüllungstag verlangen kann. Für die Gewährung dieses Rechts hat er dem Verkäufer eine Prämie zum Kaufpreis zu bezahlen (écart).

escomptieren

Ursprünglich: diskontieren. Heute verwendet i. S. v. Vorwegnahme künftiger Entwicklungen, Geschehnisse usw. an der Börse, in den Kursen usw. antizipieren.

ESt

Abk. f. Einkommensteuer.

EStG

Abk. f. Einkommensteuergesetz.

etwas bezahlt

Bei Kennzeichnung eines Kurses mit ebB = etwas bezahlt und Brief (weiteres Angebot zum notierten Kurs) wurden ausgeführt: Kaufaufträge: (1) unlimitierte, (2) zum Kurs oder höher limitierte; Verkaufsaufträge: (1) unlimitierte, (2) niedriger limitierte, (3) von den zum notierten Kurs limitierten Verkaufsaufträgen nur ein Teil. Bei Kennzeichnung eines Kurses mit ebG = etwas bezahlt und Geld (weitere Nachfrage zum notierten Kurs) wurden ausgeführt: Kaufaufträge: (1) unlimitierte, (2) höher limitierte, (3) von den zum notierten Kurs limitierten Kaufaufträgen nur ein kleiner Teil. Verkaufsaufträge: (1) unlimitierte, (2) zum Kurs oder niedriger limitierte. → Kurszusätze.

Euratom

Abk. f. Europäische Atomgemeinschaft. Emittent internationaler Anleihen.

Eurco

Abk. f. European combined unit, Europäische Währungseinheit.

Euro-Aktien
Bez. f. Aktien, die über international zusammengesetzte Emissionskonsortien international plaziert werden. Das hierbei angewandte konsortiale Distributionsverfahren entspricht grundsätzlich dem bei Euro-Anleihen verwendeten. Entsprechend werden auch bei internationalen Aktienemissionen management, underwriting und selling groups gebildet und die Trennung der Funktionen Distribution und Absatzrisikoüberahme vorgenommen. Bei der Konsortiumsbildung zu unterscheiden sind die Verfahren der three-tier syndication und der two-tier syndication. Analog zu Anleihen werden die international zu begebenden Aktien meist in Form des firm commitment durch die management group bzw. die underwriting group übernommen (→ Anleihekonsortium). Der bedeutendste Unterschied zwischen internationalen Aktien- und Anleiheemissionen besteht in der bei Aktienemissionen häufig zu beobachtenden Bildung regionaler Sub-Konsortien für einzelne Länder oder Ländergruppen sowohl im Hinblick auf die underwriting- als auch die selling group. Geführt werden diese regionalen Konsortien von in der Region domizilierenden Banken, die der management group angehören. Befürworter dieses regionalen Distributionsverfahrens versprechen sich hiervon einen geringeren Rückfluß der international emittierten Aktien an den Heimatmarkt des Emittenten (sog. flow-back). Seitens der Emittenten werden als Motive internationaler Aktienemissionen insbesondere ein zu enger Heimatmarkt, die Verbreiterung und Internationalisierung der Aktionärsbasis sowie die Möglichkeit der Kapitalaufnahme zum bzw. nahe beim Börsenkurs genannt. Internationale Aktienemissionen des Primärmarktes können jedoch nur in den wenigen Situationen durchgeführt werden, in denen der Ausschuß der Bezugsrechte zulässig ist oder die bisherigen Aktionäre auf die Ausübung der ihnen zustehenden Bezugsrechte verzichten. Häufig zu beobachten sind internationale Aktienplazierungen am Sekundärmarkt, vor allem infolge der Privatisierung von Unternehmen.

Euro-Anleihemarkt
→ Euro-Kapitalmarkt → Euro-Anleihen.

Euro-Anleihen
Anleihen am Euro-Kapitalmarkt in einer Währung, die nicht der Währung des Plazierungslandes bzw. der Plazierungsländer entspricht (Unterscheidung zu Auslandsanleihen), deren Emission i. d. R. über ein internationales Bankenkonsortium abgewickelt wird und deren Emittenten meist bonitätsmäßig einwandfreie Unternehmen, Banken, Staaten u. a. öffentliche Körperschaften sowie supranationale Institutionen sind. In geringerem Umfang kommen als Schuldner auch Entwicklungsländer in Betracht. Dominierende Anleihewährungen sind US-$, Yen und DM; ferner verwendet werden Schweizer Franken, Gulden, Sterling und ECU. Euro-Anleihen weisen aufgrund geringerer administrativer Anforderungen, entfallender KESt und größerer Handelsvolumina günstigere Renditen auf als vergleichbare inländische Anleihen. Ein Wechselkursrisiko kann insofern vermindert werden, als der Schuldner die Emissionwährung je nach Bedarf wählen kann. Begeben werden Euro-Anleihen meist mit langfristigen Laufzeiten von z. B. 15 Jahren, vereinzelt sind aber auch 5jährige Titel anzutreffen.

Euro-Banken
Internationale, bonitätsmäßig einwandfreie, renommierte Banken, die an den Euro-Märken vertreten sind und zu den Emissionskonsortien am Euro-Markt gehören. Aufgrund der großen zu plazierenden Volumina muß ihre Plazierungskraft besonders groß und damit die Mindestgröße der Euro-Banken entsprechend sein.

Eurobörse
Bez. für einen Service der deutschen Genossenschaftsbanken. Diese vermitteln ihren mittelständischen Kunden Kooperationspartner in anderen Ländern der Europäischen Gemeinschaft. Betreiber dieser Kooperationsbörse ist die Genossenschaftliche EG-Beratungs- und Informationsgesellschaft mbH (GEBI). Sie sammelt und vermittelt, nach Branchen gegliedert, aktuelle Wünsche zur Zusammenarbeit kleiner und mittlerer ausländischer Unternehmen.

Euro-Bondmarkt
→Euro-Kapitalmarkt.

Euro-bonds
→ Euro-Anleihen.

Euroclear
Führende Clearinggesellschaft für internationale Wertpapiertransaktionen mit Sitz in Brüssel, die den physischen Transport von Titeln stark reduziert. Der bereits früher praktizierte Abwicklungs- und Verwahrungsservice für internationale Anleihen wurde mittlerweile auch auf interna-

tional gehandelte Aktien ausgeweitet, so daß ein völlig automatisierter, zentraler Clearing-Dienst in verschiedenen Währungen bereitgestellt wird. Buchungsübertragungen mit Cedel, der zweiten großen Clearingorganisation mit Sitz in Luxemburg, werden ebenfalls getätigt. Mitglieder und Aktionäre von Euroclear sind europäische Banken und Effektenhändler.

eurocommercial

Am Euromarkt begebene kurzfristige Schuldverschreibung einer öffentlichen Körperschaft, Bank oder Unternehmung.

eurocommercial paper, ECP

Kurzfristige Schuldtitel, die bonitätsmäßig erstklassige Emittenten am Euromarkt begeben. Sie unterscheiden sich von den Euronotes dadurch, daß sie ohne Übernahmeverpflichtung einer Bank bzw. Bankengruppe begeben werden. Die Plazierung der Titel, deren Laufzeiten zwischen 7 Tagen und 6 Monaten schwanken, erfolgt über eine oder mehrere Händlerfirmen (dealers). Der Abgabepreis wird durch den Emittenten und/oder die Händlerfirma festgesetzt.

Eurocote

Notierungssystem, innerhalb dessen europäische Börsen auf elektronischem Wege Informationen über 40–50 Titel austauschen, die an mindestens fünf dieser Börsen gehandelt werden. Vorstufe zur Euroliste.

Euro-DMark

DMark-Forderungen und -Verbindlichkeiten gegenüber außerhalb der BR Deutschland domizilierenden Banken von Gebietsansässigen und Gebietsfremden unabhängig davon, ob die Euro-DMark-Geschäfte durchführende Bank deutscher oder ausländischer Herkunft ist.

Eurodollar

Guthaben, die in US-$ von Banken außerhalb des Währungsgebiets der USA gehalten werden. Von diesen Banken werden die US-$ an andere Banken oder bonitätsmäßig einwandfreie Schuldner kurz- und z. T. mittelfristig ausgeliehen.

Eurodollar-Bond-Index

Von Salomon Brothers entwickelter Index, in dem in US-Dollar denominierte Euroanleihen, Dollar-Globalanleihen und in Japan begebene Dollar-Anleihen (Dragons) sowie bestimmte Eurodollar-medium term notes und asset backed securities zusammengefaßt werden. Berücksichtigt werden nur Emissionen, die eine Restlaufzeit von mindestens einem Jahr haben, deren Emissionsvolumen mindestens US-$ 150 Mio. ausmacht und die bei rating-Agenturen als investitionswürdig gelten.

Eurodollar-futures-Kontrakt

Terminkontrakt zur Absicherung gegen Risiken aus Zinsänderungen, basierend auf einer dreimonatigen Eurodollareinlage, einer Mindestwertänderung von US-$ 25 je Basispunkt und US-$ 1 Mio. Kontraktvolumen. Preisquotierung: 100 minus Effektivverzinsung p. A.

Eurodollarmarkt

Markt für befristete Ausleihungen in US-$, i. d. R. mit kurzen Laufzeiten. Er entstand durch anhaltend hohe Zahlungsbilanzdefizite der USA und die dadurch sich ergebenden hohen, nicht in amerikanischem Besitz befindlichen Dollarguthaben. Die den amerikanischen Banken auferlegten Zinssatzbeschränkungen für Festgeldeinlagen in USA verhinderten eine Anlage dieser Mittel in Amerika. Durch Hinzutreten weiterer Währungen mit hohem standing entwickelte sich der Eurodollarmarkt weiter zum Euro-Geldmarkt bzw. zum Euro-Kapitalmarkt. Handelsplätze sind insbesondere London, Luxemburg, Zürich, Frankfurt u. a. m.

Eurodollar-Option

Existent sind sowohl Eurodollar futures-Optionen, bei deren Ausübung i. d. R. die Lieferung bzw. Andienung des Eurodollar-futures-Kontrakts erfolgt, als auch Eurodollar-physical-exchange-Optionen, basierend auf Dreimonats-Eurodollar-Einlagen.

Eurodollar straight

Festzinssatz-Eurodollarbond.

Eurodollar-Terminkontrakte

Als alternatives Sicherungsinstrument für eine längerfristige Festschreibung der Kosten für Fremdmittel bzw. der Erträge aus Mittelvergaben bietet der International Monetary Market (IMM) in Chicago Terminkontrakte für Festgeldeinlagen am Eurodollar-Markt an. Angebunden an den Index der Londoner Interbankenrate für Dollar-Einlagen (Libor) beläuft sich jeder Kontrakt auf den Zins, der für eine dreimonatige Eurodollar-Einlage im Volumen von 1 Mio. US-$ zu zahlen ist. Dabei bietet der Kontrakt allen am Euromarkt-Geschäft Beteiligten die Möglichkeit, sich gegen höhere Finanzierungskosten bzw. gegen niedrigere Erträge für ihre Einlagen zu schützen.

Euroemission
Meist festverzinsliche, quellensteuerfreie Anleihe für einen ausländischen Schuldner, die gleichzeitig in mehreren Staaten durch ein ad hoc gebildetes Emissionskonsortium angeboten und durch einen internationalen Verkaufsapparat plaziert wird. Es besteht kein zentraler Wertpapierhandel nach Emission (Sekundärmarkt), da dieser meist per Telefon und Telex zwischen Händlern in verschiedenen Staaten getätigt wird. Die meisten Euroemissionen sind notiert in London, Luxemburg und Frankfurt. Unterscheidet sich weitgehend in der Gestaltung der Konditionen und der Wahl der Emissionswährung, wodurch versucht werden soll, das Währungsrisiko zwischen den Parteien im gegenseitigen Interesse zu verteilen. Als Anleiheformen kommen normale Anleihen, Wandel- sowie Optionsanleihen in Betracht. Normale Anleihen sind i. a. langfristig mit Laufzeiten bis zu 20 Jahren. Bedeutende Währungen sind der US-$ und Yen. Durch Zinsanstiegstendenzen verursacht verkürzte sich die Laufzeit auf z. T. nur 3–5 Jahre. Solche kurzlaufenden Formen werden meist nicht öffentlich, sondern privat plaziert. Als Emissionstechnik kommt ausschl. die angelsächsische Form des underwriting zur Anwendung, bei der die Anleihe von den beteiligten Konsortialbanken nicht fest übernommen, sondern die Unterbringung in der Weise garantiert wird, daß die Emissionsbanken nicht plazierte Anleihestücke ins eigene Portefeuille nehmen.

Euro-Emissionsmarkt
Markt für regelmäßig längerfristige Anleihen unterschiedlicher Währungen, die durch Eurobanken öffentlich oder privat plaziert werden. Emittenten am Euro-Emissionsmarkt sind vor allem bedeutende staatliche und private Unternehmen, nationale Behörden westlicher Industrieländer, Ostblock- und Entwicklungsländer sowie internationale bzw. supranationale Organisationen. Aufnahme finden Euro-Emissionen u. a. bei Anlegern aus Ländern mit hohen Zahlungsbilanzüberschüssen. Die Emissionsvolumina haben steigende Tendenz, wobei auf US-$ und Yen der Hauptanteil entfällt.

euro equities
International plazierte bzw. gehandelte Aktien. → Euro-Aktien.

Euro-Finanzierung
Zur Beschaffung von Mitteln auf dem Euromarkt, d. h. einem keinerlei nationalstaatlichen Kontrollen unterliegenden Markt für Kapital verschiedener Fristigkeiten zu im Vergleich zu nationalen Finanzmärkten attraktiveren Konditionen, stehen 3 verschiedene Möglichkeiten zur Verfügung: Kurzfristige Mittelbeschaffung über den Euro-Geldmarkt, kurz-, mittel- oder langfristig über den Euro-Kreditmarkt unter Zwischenschaltung einer kreditgewährenden Eurobank und schließlich durch Emission von Euro-Anleihen am Euro-Kapitalmarkt.

Euro-Geldmarkt
Markt für Bankguthaben in den wichtigsten konvertierbaren Währungen. Bedeutendste Währung ist der US-$ vor Yen, DM und sfr. Der Euro-Geldmarkt unterliegt keiner Kontrolle einer nationalen oder internationalen Währungsbehörde. Abschlüsse – die Mindesthöhe beträgt 500 000 US-$ – werden per Telefon oder Telex ausgehandelt und anschließend schriftlich bestätigt. Marktteilnehmer sind nur erste Adressen, so daß eine Besicherung der Forderungen unterbleiben kann. Die Laufzeiten bewegen sich von 1 über 2 und 7 Tagen bis zu 1, 3, und 6 Monaten. Der Übergang zum Euro-Kapitalmarkt ist allerdings fließend, da auch längere Laufzeiten, etwa im Zusammenhang mit roll-over-Krediten, möglich sind. Als Möglichkeiten der Mittelaufnahme tritt neben die unverbriefte Form als Festgeld oder Kündigungsgeld die Ausgabe von Euro-Geldmarktpapieren (London Dollar certificates of deposit), die vom Inhaber bereits vor Fälligkeit verkauft werden können. Seine Entstehung verdankt der Euro-Geldmarkt vor allem den anhaltend hohen Zahlungsbilanzdefiziten der USA in den 50er Jahren, verbunden mit institutionellen Besonderheiten des Geldmarktes. Anleger sind vor allem ölexportierende Staaten, multinationale Unternehmen sowie Zentralbanken. Das Marktvolumen ist aufgrund der zahlreichen Zwischenhändler und den damit verbundenen Doppelzählungen kaum exakt zu bestimmen.

Euro-Kapitalmarkt
Kapitalmarkt für internationale Anleihen, 1963 als Folge der Zinsausgleichsteuer der USA entstanden und durch spätere Kapitalverlagerungsrestriktionen der USA weiter aufgewertet. Entscheidend ist die Mitwirkung internationaler, insbesondere US-Bankenkonsortien an den Emissionen. Diese erfolgen überwiegend in US-$ und Yen, aber auch in DM. Neuerdings wird sogar der portugiesische Escudo verstärkt als Anleihewährung genutzt. US-Unternehmen, deren Finanzierungsinstitute so-

wie supranationale Finanzinstitutionen und Länder beanspruchen den Euro-Kapitalmarkt zur Finanzierung. Aus vor allem steuerlichen Gründen sind viele Finanzierungsgesellschaften, die am Euro-Kapitalmarkt aktiv sind, in Luxemburg gegründet worden. Der Markt unterliegt wie der Euro-Geldmarkt keiner Aufsicht. Mit steigenden finanziellen Ungleichgewichten im internationalen Handel erhöhte sich auch seine Bedeutung stetig. Bedeutende Zentren sind London, Luxemburg, Zürich. Trotz der Ermöglichung eines internationalen Finanzausgleichs und den damit einhergehenden stabilisierenden Effekten geht vom Euro-Kapitalmarkt durch seine weitgehende Unabhängigkeit von Maßnahmen der nationalen Geldpolitik eine gewisse Gefahr auf die nationalen Märkte und deren Stabilität aus, durch die Möglichkeit, mit Hilfe des Euro-Kapitalmarktes die inländische Geldpolitik zu konterkarieren.

Eurolist

Projekt zur Entwicklung eines gemeinsamen europaweiten Börsenzulassungsverfahrens und zur Schaffung eines parallelen Wertpapierhandels an den EG-Börsen. Im Aufbau befindet sich eine Liste von sog. „European Blue Chips", d. h. europäischen Standardaktien, die eine Marktkapitalisierung von 1 Mrd. ECU und einen Umsatz von mindestens 250 Mio. ECU aufweisen müssen. Über die Zulassung zum Amtlichen Handel an der jeweiligen Börse im Heimatland soll der Emittent de facto eine Simultanzulassung im Segment Eurolist an den übrigen europäischen Börsenplätzen erhalten. Ein Eurolisting erhält der Emittent, wenn er unter den europäischen Börsenplätzen eine Mindestanzahl von vier (ausländischen) Börsen zusätzlich zur Heimatbörse ausgewählt hat.

Euromarkt

Ursprünglich als Eurodollarmarkt Inbegriff der Verlagerung von US-$-Beständen vom US-Geldmarkt nach Europa als Folge der US-Zahlungsbilanzdefizite, durch die in nichtamerikanischem Besitz US-$ Guthaben laufend zunahmen. Heute Sammelbegriff für den internationalen Geld- und Kapitalmarkt mit starker Fluktuation, bei dem zwar immer noch der US-$ dominiert, aber auch die wichtigsten Währungen europäischer Länder beteiligt sind (DM, sfr., hfl. u. a. m.). Im Laufe der Zeit hat sich der Euromarkt weltweit ausgedehnt; sein Schwergewicht ist aber weiter in Europa. Außereuropäische Zentren sind vor allem Nassau/Bahamas, Cayman-Islands, Singapur, Tokio und Hongkong, daneben die IBF in New York. Die Zentren des Euromarktes sind London für Eurodollar und Luxemburg für Euro-DM. Der Euromarkt war zunächst auf reinen Geldhandel beschränkt. Das große Potential dieses Marktes bewirkte aber, daß große Investitionsprojekte, für die sich inländische Finanzierungsmärkte als zuwenig ergiebig zeigten, über den Euromarkt finanziert wurden. So entstand zunächst das kurzfristige Kreditgeschäft und später die Ausdehnung auf immer längere Fristen (Euro-Kapitalmarkt). Der Euromarkt unterliegt keiner Kontrolle nationaler oder internationaler Währungsbehörden. Er erschwert durch seine Unübersichtlichkeit und seinen Umfang, vor allem aber seinen währungsmäßigen Einfluß die Konjunktur- und Währungspolitik der einzelnen Staaten. → Euro-Anleihen → Eurodollarmarkt → Euro-Emissionsmarkt → Euro-Geldmarkt → Euro-Kapitalmarkt.

euro notes

Kurzfristige, gewöhnlich in US-$, vereinzelt auch in DMark, Yen, Sterling oder Schweizer Franken denominierte Schuldtitel mit Laufzeiten von überlicherweise 1, 3, 6 und 12 Monaten. Begeben werden diese am Euromarkt von ersten Adressen (Banken, Unternehmen, Staaten etc.). Ihre Emission erfolgt häufig im Zusammenhang mit komplexen euro note facilities.

euro note facilities

Oberbegriff für die als revolving underwriting facilities (RUFs), note issuance facilities (NIFs), short term note issuance facilities (SNIFs), transferable revolving underwriting facilities (TRUFs) und unter ähnlichen Bezeichnungen bekannt gewordenen Finanzinnovationen an internationalen Finanzmärkten. Charakteristikum dieser Instrumente ist eine Verknüpfung von Komponenten des Konsortialkredits mit denen der Anleihefinanzierung. Abgesehen von geringen Modifikationen sind diese Finanzierungsformen dadurch gekennzeichnet, daß die Banken nicht unmittelbar als Kreditgeber fungieren, sondern die Schuldner benötigte Mittel über die Plazierung kurzfristiger notes aufnehmen. Gleichzeitig stellen die Banken den Kreditnehmern eine Refinanzierungsgarantie in Form einer back-up-Linie zur Verfügung, falls die Plazierung der notes am Markt nicht oder nicht vollständig gelingt. In diesen Fällen verpflichten sich die Banken, die notes zunächst in ihr eigenes Portefeuille aufzunehmen, um sie – falls möglich – selbst am Markt zu plazieren. Durch diese Unterlegung bzw. Verbriefung mit Wertpapieren werden traditionelle Finanzierungen handelsfähig gemacht (sog. securitization). Im Rahmen der verschiedenen Konstruktionen erreicht der Investor eine Diversifizierung im Anlagespektrum, erhält eine günstigere Verzinsung als bei Termineinlagen und verfügt zudem über eine jederzeit liquidierbare Anlage. Für den Kreditnehmer ergeben sich vergleichsweise geringe Abschläge bei den Finanzierungskosten, verbunden mit der Möglichkeit, die Finanzierungsfazilitäten flexibler zu nutzen. Die Banken erzielen zusätzliche Provisionseinnahmen, für die sie ihre Ertragsanforderungen grundsätzlich niedriger ansetzen können als bei bilanzwirksamen Krediten.

Europäische Aktiengesellschaft

And. Bez. Societé Européenne (SE). Geplante supranationale Rechtsform für Unternehmen aus der Europäischen Gemeinschaft. Sie soll die Leitung internationaler Konzerne erleichtern, da alle Gesellschaften eines Konzerns nach einem einheitlichen Konzept geführt werden können. Die neue Rechtsform soll selbständig neben anderen Gesellschaftsformen nationalen Rechts bestehen. Die Europa AG wird keine bindende Verpflichtung für die Kapitalgesellschaften in der EU sein. Das Statut der Europäischen AG ist fakultativ für Aktiengesellschaften aus mindestens zwei EU-Mitgliedsstaaten, die fusionieren oder eine Holding gründen wollen. Darüber hinaus steht das Statut allen Gesellschaften oder sonstigen juristischen Personen aus mindestens zwei EU-Ländern zur Errichtung einer gemeinsamen Tochtergesellschaft offen. Mit dem Status sollen rechtliche Schwierigkeiten, die mit einer Fusion von Gesellschaften aus verschiedenen EU-Staaten verbunden sind, überwunden werden. Als Organe sind die Hauptversammlung der Aktionäre sowie die mit der Geschäftsführung und der Vertretung der Europa AG beauftragten Gremien vorgesehen. Geschäftsführung und Vertretung können durch ein sog. dualistisches oder ein sog. monistisches System organisiert werden. Beim ersteren übernimmt ein Leitungsorgan, deren Mitglieder von einem Aufsichtsrat bestellt wurden, die Geschäftsführung. Der Aufsichtsrat wird von der Hauptversammlung gewählt. Beim monistischen System existiert nur ein einziges Verwaltungsorgan, das von der Hauptversammlung bestellt wird. Das Mindestkapital einer SE beträgt 100000 ECU, von denen 25% eingezahlt sein müssen. Der Sitz der Hauptverwaltung muß in der EU liegen. Die SE wird in ihrem Sitzstaat mit konstitutiver Wirkung in ein Register eingetragen. Die Zeichnung und der Erwerb eigener Aktien durch die Europa AG sind verboten.

Europäische Atomgemeinschaft (EAG)

Abk.: Euratom. Teilorganisation der Europäischen Gemeinschaften mit dem Ziel der Nutzbarmachung der Kernenergie für friedliche Zwecke. Emittent internationaler Anleihen.

Europäische Gemeinschaften (EG)

Entstanden als Zusammenschluß von Staaten in Westeuropa, die sich nach den Erfahrungen des 2. Weltkriegs zur Überwindung ihrer nationalen Gegensätze entschlossen. 3 Teilorganisationen: Europäische Wirtschaftsgemeinschaft (EWG), Europäische Atomgemeinschaft (EAG, Euratom), Europäische Gemeinschaft für Kohle und Stahl (EGKS, Montanunion). Emittenten internationaler Anleihen.

Europäische Gemeinschaft für Kohle und Stahl (EGKS)

Auch: Montanunion. Ermittent internationaler Anleihen.

Europäische Investitionsbank (EIB)

Gehört zu den durch EWG-Vertrag errichteten Institutionen. Mitglieder sind die Mitgliedsstaaten der EG. Die EIB gewährt Darlehen und Bürgschaften zur Finanzierung von Investitionsvorhaben, vor allem in der Industrie, Energieversorgung und Infrastruktur, die eine ausgewogene regionale Entwicklung fördern, von gemeinsamem Interesse für mehrere Mitgliedsstaaten oder die EG als Ganzes sind und zur Modernisierung und Umstellung der Industrie beitragen. Den größten Teil ihrer Mittel beschafft sich die EIB über internationale Anleihen an den Kapitalmärkten in und außerhalb der EG. Sie gehört zu den bekanntesten Anleihenehmern und verfügt über erstklassiges standing. Ihre Anleihen werden weltweit an wichtigen Börsen notiert.

Europäische Optionsbörse, European Options Exchange, EOE-Optiebeurs (EOE)

An der EOE werden folgende Kontrakte gehandelt: Aktienoptionen, Optionen auf Aktienindizes (EOE-Index, Dutch Top 5 Index, Major Market Index und Eurotop-100-Index), Anleiheoptionen, Optionen auf Zinsterminkontrakte, Währungsoptionen ($/hfl) und Goldoptionen. Anschrift: EOE-

Optiebeurs, Rokin 65, 1012 KK Amsterdam, Tel. (0031) 2055045 10, Telefax (0031) 206230012, Telex 15496.

Europäische Recheneinheit (ERE)

Entspricht einem Aggregat aus den verschiedenen Währungen der Mitgliedsstaaten der EG. Analog zum ECU wird ihre Wertrelation täglich neu entsprechend den Verhältnissen an den Devisenmärkten bestimmt, wobei die einzelnen Währungen mit festgelegten Quoten in die Wertermittlung eingehen.

Europäische Währungseinheit

→ ECU.

Europäische Wirtschaftsgemeinschaft (EWG)

Wichtigste Teilorganisation der EG. Emittent internationaler Anleihen.

Europaliste

→ Eurolist.

Europapaß

Bez. f. die vorgesehene gegenseitige Anerkennung der Zulassung und der Aufsichtssysteme im Wertpapierbereich innerhalb der Europäischen Union. Danach können künftig die in ihrem Herkunftsstaat zugelassenen Wertpapierfirmen in der Europäischen Union ihre Dienstleistungen durch die Gründung einer Zweigniederlassung anbieten.

European Composite Unit (EURCO)

Erstmals 1973 bei einer Anleihe der Europäischen Investitionsbank als Vertragswährung verwendet. Setzt sich aus festen Beträgen der 9 Währungen der erweiterten EG zusammen, orientiert an wirtschaftlichen Grundsachverhalten der einzelnen Länder. Die Zusammensetzung der EURCO ändert sich während der Laufzeit der Anleihe nicht. Der Wert der EURCO – ausgedrückt in einer der 9 Währungen oder einer anderen Valuta – variiert dagegen ständig infolge der Kursschwankungen am Devisenmarkt. Er wird in Einheiten jeder der 9 Währungen und in US-$ börsentäglich von der Luxemburger Börse aufgrund der jeweils geltenden Devisenkurse festgestellt.

European Currency Unit

→ ECU.

European Federation of Financial Analyst Societies (EFFAS)

Europäische Vereinigung der Finanzanalysten. Zu den Aufgaben zählt unter anderem die Schaffung europäischer Ausbildungsstandards für Analysten und Portfoliomanager.

European Monetary Unit (EMU), Europäische Währungseinheit (EWE).

Als internationale Anleihewährung verwendete Verrechnungseinheit. Unterscheidet sich von der RE insbesondere dadurch, daß das Bezugswährungs„bündel" aus den Währungen der EG-Länder besteht. Die Relationen zwischen EMU und diesen Währungen ergeben sich aus den rechnerischen Paritäten der EG-Währungen zum Zeitpunkt einer Anleiheemission. Im Gegensatz zur RE kann der Wert der EMU während der Laufzeit der Anleihe nicht geändert werden, so daß bei Gläubiger und Schuldner lediglich solche Kursverluste und -gewinne entstehen, die sich durch Paritätsänderungen ihrer Landeswährungen ergeben.

European option

Kauf- oder Verkaufsoption, die nur zu einem vereinbarten Endfälligkeitstermin ausgeübt werden kann. Gegensatz: American option.

European Options Exchange (EOE)

→ Europäische Optionsbörse, European Options Exchange.

European Unit of Account (EUA), Europäische Rechnungseinheit (RE)

Künstliche Währungseinheit bei internationalen Anleihen. Definition und Modalitäten der Einheit werden in Details zwar je nach Anleihe unterschiedlich festgesetzt; jedoch beruhen sie auf einer gemeinsamen Grundkonzeption. Eine Rechnungseinheit entspricht 0,88867088 g Feingold. Bei manchen Anleihen tritt ein Währungsoptionsrecht hinzu: Der Gläubiger kann dann aus dem Kreis der Bezugswährungen diejenige bestimmen, in der er die Zins- und Tilgungszahlungen zu erhalten wünscht.

European warrant

→ window warrant.

European Wholesale Market

Projekt zur Einrichtung eines „Großhandelsmarktes" für institutionelle Kapitalanleger in Europa, an dem europäische Aktien und festverzinsliche Wertpapiere gehandelt werden sollen.

Euroquote

Projekt zur Schaffung eines europäischen elektronischen Kursinformationssystems, an das sich alle EG-Börsen anschließen sollen. Frühere Bez. Price Information Projekt Europe (PIPE). Zunächst sollen die Informationssysteme der nationalen

Börsen verknüpft werden. Als Endstufe ist vorgesehen, das Europäische Börseninformationssystem zu einem Handelssystem weiterzuentwickeln. Träger dieses Systems soll die 1990 gegründete Gesellschaft „Euroquote S. A." werden. Euroquote stellt die Vorstufe zu einem Europäischen Börsensystem dar, mit dessen Hilfe ein Markt geschaffen wird, an dem große und kleine Aufträge problemlos ausgeführt werden können und bei dem sichergestellt sein soll, daß jeder Anleger unabhängig von seinem Standort in Europa stets den besten Preis für seinen Auftrag erhält.

Eurotop 100

→ Eurotop-100-Index.

Eurotop-100-Index

Gewichteter Index, der auf Aktien von 100 führenden europäischen Unternehmen basiert. In den Index fließen nur solche Werte aus OECD-Ländern ein, deren Marktkapitalisierung mehr als 2,5% der Gesamtmarktkapitalisierung beträgt. Folgende Länder werden bei der Berechnung des Index mit dem in Klammern angegebenen Gewicht berücksichtigt: Großbritannien (22), Deutschland (15), Frankreich (15), Schweiz (10), Italien (10), Niederlande (8), Spanien (8), Schweden (8) und Belgien (4). Die Zahl der pro Land berücksichtigten Aktien stimmt mit der dargestellten Ländergewichtung überein. Der Wert des Eurotop-100-Index wird in ECU ausgedrückt.

Eurotrack 100

Aktienindex der Londoner Terminbörse (LIFFE). Basiert auf den Kursen von 100 Aktiengesellschaften aus elf europäischen Ländern.

euro-warrants auf US Treasury-bonds

Warrants into negotiable Government-securities (Abk. wings). Optionsscheine, die von einem Emittenten (Stillhalter) emittiert werden und zum Bezug einer US-Staatsanleihe zu einem im voraus bestimmten Bezugspreis berechtigen (ähnlich warrants auf Euro-bonds). Die Emittenten sind nicht verpflichtet, entsprechende Beträge an US-Anleihen, zu deren Bezug die Optionsscheine berechtigen, zu hinterlegen oder anderweitig zu halten. Bei hoher Bonität der Emittenten ist das darin liegende Risiko aber für den Kapitalanleger nur gering. Sein eigentliches Risiko liegt in der Zinsentwicklung am US-Kapitalmarkt. Die Käufer erwarten, daß sich die Zinsen in USA während der Optionsfrist zurückbilden. Die Optionsscheine sind auch selbst handelbar.

evening up

Vereinzelt verwendete Bez. f. die Beendigung einer Terminposition durch Andienung bzw. Liquidation oder Glattstellung durch Aufbau einer Gegenposition.

E. v.

Abk. f. Eingang vorbehalten. Klausel bei Gutschriften der den Banken zum Inkasso eingereichten Werttitel (z. B. Dividenden-Zinsscheine).

EWE

Abk. f. Europäische Währungseinheit.

EWG

Abk. f. Europäische Wirtschaftsgemeinschaft.

ewige Anleihen

Auch: ewige Renten. Anleihen, bei denen der Rückzahlungstermin im voraus nicht bestimmt ist. Doch behält sich der Schuldner meist das Recht der Tilgung vor. In Deutschland sind sie ungebräuchlich; sie kommen begrenzt vor allem in Großbritannien und Frankreich vor.

ewige Rente

→ ewige Anleihen.

ewige Schuld

Bez. f. Schuldverschreibungen ohne bestimmten Rückzahlungstermin (ewige Anleihe, ewige Rente).

ex A

Abk. f. ex Ausschüttung. → Kurszusätze.

ex abc

Abk. f. ex verschiedene Rechte. → Kurszusätze.

ex Anrecht

→ ex Bezugsrecht.

ex Ausgleichszahlung

Ohne Ausgleichszahlung. Hinweis im Kursblatt auf die erste Notiz unter Abschlag einer Ausgleichszahlung. → Kurszusätze.

ex Ausschüttung

Ohne Ausschüttung. Hinweis im Kursblatt auf die erste Notiz unter Abschlag einer Ausschüttung. → Kurszusätze.

ex AZ

Abk. f. ex Ausgleichszahlung. → Kurszusätze.

ex BA

Abk. f. ex Berichtigungsaktien = ohne Berichtigungsaktien. Notierungszusatz im Kursblatt, wenn sich der Kurs ohne

Berichtigungsaktien versteht. → Kurszusätze.

ex Berichtigungsaktien

→ exBA. → Kurszusätze.

ex Bezugsrecht

Die Kursbezeichnung (Abk: exBR) sagt aus, daß bei der betreffenden Aktie der Bezugsrechtscoupon abgetrennt ist und der Erwerber der Aktie keinen Anspruch auf das Bezugsrecht mehr hat; dafür ist der Aktienkurs entsprechend tiefer, wobei das Bezugsrecht bis zum Schluß der Emissionsfrist separat gehandelt wird. → Kurszusätze.

ex BO

Abk. f. ex Bonusrecht. → Kurszusätze.

ex Bonusrecht

Ohne Bonusrecht. Hinweis im Kursblatt auf die erste Notiz unter Abschlag eines Bonusrechts. → Kurszusätze.

ex BR

Abk. f. ex Bezugsrecht. Notierungszusatz im Kursblatt am Tag des Bezugsrechtsabschlags. → Kurszusätze.

exchange (1)

Tausch, Tauschhandel, vor allem Devisenhandel (foreign exchange).

exchange (2)

Börse (stock exchange).

exchange privilege

Umtauschrecht, vor allem bei Investmentanteilen.

exchange rate

Wechselkurs.

exclusive, exklusiv (excl.)

ausschließlich, ohne.

ex D

Abk. f. ex Dividende = ausschließlich Dividende. Notierungszusatz im Kursblatt am Tag des Dividendenabschlags. → Kurszusätze.

ex Dividende

Wird eine Aktie ex Dividende gehandelt, heißt dies, daß an diesem Tag der betreffende Dividendenschein abgetrennt worden ist. Der Erwerber einer Aktie ex Dividende hat keinen Anspruch auf diese Dividende; dafür ist der Aktienkurs nach Abtrennung des Coupons entsprechend ermäßigt. → Kurszusätze.

Exekution (1)

Allgemein: Erzwingen einer geschuldeten Leistung im geordneten Verfahren. → Zwangsvollstreckung.

Exekution (2)

Zwangsweiser Verkauf von Wertpapieren eines Kunden, die zur Absicherung eines Kredits dienen. Zur Exekution kommt es dann, wenn der Beleihungswert durch Kursrückgänge unterschritten wird. Vor einer Exekution erfolgt seitens der Bank zunächst eine Mahnung an den Kunden, die vereinbarte Deckung wieder herzustellen. An der Börse findet Exekution statt, wenn sich die Lieferung von gekauften Wertpapieren verzögert; in diesem Fall kann sich der Käufer die Wertpapiere auf Kosten des säumigen Verkäufers selbst beschaffen.

exercise

Ausübung einer Option durch den Käufer.

exercise date

Verfalldatum einer Option.

exercise price

Basispreis einer Option. Der Preis, zu dem das der Option zugrundeliegende Basisobjekt (Aktien, Devisen, verzinsliche Wertpapiere) ge- oder verkauft werden können.

exit bonds

Von hochverschuldeten Ländern emittierte langfristige niedrig verzinsliche Anleihen, die von Gläubigerbanken gegen ihre Kreditforderungen eingetauscht werden. Erlauben Schuldnerländern eine Reduzierung ihrer kurzfristigen Tilgungs- und Zinsbelastungen, Banken erhalten handelbare Aktiva.

exklusive

→ exclusive, exklusiv (excl.).

Ex-Kurs

Kursangabe im Kursblatt als Hinweis auf den Ausschluß bestimmter Rechte. → Kurszusätze.

Exoten

Kurzbez. f. Wertpapiere von Ausstellern aus „exotischen" Ländern, d. h. kleinen, meist überseeischen Staaten ohne funktionstüchtigen Kapitalmarkt. Auch im Devisenhandel üblicher Ausdruck für Währungen jener Länder. Auch für spekulative Werte, die nicht amtlich notiert sind und außerhalb des Freiverkehrs nach Börsenschluß gehandelt werden.

Exotenfonds
Investmentfonds aus Ländern, die kein geregeltes Investmentwesen, vor allem keine (nennenswerte) Gesetzgebung aufweisen. → Exoten.

Expertensystem
Sammlung von Algorithmen („Regeln") zur Prognose oder Erklärung z. B. von Entwicklungen an Finanzmärkten, in der einfachsten Form nach dem Muster „wenn ... dann". Die Regeln werden von Ökonomen formuliert (und von einem sog. Wissensingenieur in die Datenbasis eingegeben), können aber auch anhand als falsch erkannter Aussagen vom Programm selbsttätig erweitert werden („Lernfähigkeit").

expiration date (month)
Verfalldatum (-monat), speziell bei Optionskontrakten. Letzter Tag, an dem eine Option ausgeübt werden kann.

Explorationsgesellschaften
Zur Finanzierung kapitalintensiver Rohstoffexplorationen, z. B. zur Finanzierung von Probebohrungen unter widrigen Bedingungen, wurden insbesondere in USA börsennotierte Gesellschaften gegründet. Die Anlage in solchen Werten ist aufgrund des hohen Risikos solcher Explorationen äußerst spekulativ und orientiert sich allein an vermuteten Erfolgsaussichten. Gewöhnlich handelt es sich um kleinere Gesellschaften, die speziell zur Erfüllung bestimmter Explorationsaufgaben gegründet werden und deren Liquidationswert im Falle eines Scheiterns vernachlässigbar klein ist. Bei erfolgreicher Erfüllung ihrer Erkundungsvorhaben haben solche Werte allerdings Kurssteigerungspotential.

Export-Emissionen
Bez. f. in Deutschland aufgelegte Auslandsanleihen.

Exposé
→ Gesellschaftsstudie.

ex SP
Ab. f. ex Splitting = ohne Splitting. → Kurszusätze.

ex Splitting
Ohne Splitting. Hinweis im Kursblatt auf die erste Notiz nach Umstellung des Kurses auf die geteilten Aktien. → Kurszusätze.

ex-Tag
Der Tag, von dem ab Wertpapiere „ex" gehandelt werden: → ex A, → ex abc, → ex AZ, → ex BA, → ex BO, → ex BR, → ex D, → ex SP, → ex ZS.

extendable equity warrant
Optionsschein, der bei Fälligkeit für eine weitere Laufzeit verlängert werden kann.

extendible bond
Anleihe, die dem Gläubiger der Anleihe das Recht auf eine Verlängerung der Anleihelaufzeit um eine festgelegte Anzahl von Jahren zu i. d. R. gleichen Konditionen gewährt.

externe Gewinnschätzung
Durch bilanzpolitische Maßnahmen der Unternehmen ist es für externe Analytiker schwer, den tatsächlichen Gewinn einer Unternehmung zu ermitteln. Hilfsweise kann man sich an den Aufwendungen für Steuern vom Einkommen und Ertrag orientieren, da der Zugang zur vollständigen Steuerbilanz, die wegen geringerer Bewertungsspielräume aussagekräftiger ist, verwehrt sein dürfte. Im übrigen können aus Erläuterungen im Anhang, etwa über eine Änderung des Abschreibungsverfahrens, bedeutsame Informationen über die tendenzielle Entwicklung und die ungefähre Höhe der tatsächlich erzielten Ergebnisse gewonnen werden.

Extremkurse
Höchster und tiefster bezahlter Kurs für ein Wertpapier innerhalb eines bestimmten Zeitraums.

ex verschiedene Rechte
Ohne verschiedene Rechte. Hinweis im Kursblatt auf die erste Notiz unter Abschlag verschiedener Rechte. → Kurszusätze.

ex ZS
Abk. f. ex Zinsen = ohne Zinsen. → Kurszusätze.

ex Zinsen
Ohne Zinsen. Hinweis im Kursblatt auf die erste Notiz unter Abschlag der Zinsen. Besagt, daß der fällige Coupon abgetrennt ist und das Wertpapier ohne Anspruch auf die fälligen Zinsen gehandelt wird. → Kurszusätze.

F

F

Abk. f. Folge; auch: Ausgabe, Litera, Reihe, Serie.

F/A

Abk. f. Zinstermin Februar/August bei Schuldverschreibungen, d. h. Zinszahlung am 1. 2. und 1. 8.

face amount

Zielsumme eines Sparprogramms in Investmentanteilen.

fällige Zins- und Dividendenscheine

Zins- und Dividendenscheine repräsentieren den Anspruch eines Wertpapierbesitzers auf Zahlung der fälligen Beträge durch die als Zahlstellen vereinbarten Banken. Zinsen und Dividenden sind an denjenigen zu leisten, der die entsprechenden Scheine vorlegen kann, ohne daß geprüft werden müßte, ob dieser rechtmäßiger Besitzer derselben ist. Im Normalfall legt der Inhaber von Wertpapieren (bei Eigenverwahrung) die fälligen Scheine seiner Bank vor, die ihm den Gegenwert per Fälligkeitstag gutschreibt und diese mit den als Zahlstellen fungierenden Banken, die i. d. R. an der Emission der entsprechenden Papiere beteiligt waren, abrechnet. Im Falle der Verwahrung durch die Bank wird sowohl die Einlösung fälliger Zins- und Dividendenscheine als auch die Beschaffung evtl. erforderlicher neuer Bogen (neue Scheine) von dieser besorgt, ohne daß hierzu ein besonderer Auftrag erforderlich wäre. Der Gegenwert wird dem Kunden in jedem Falle vorbehaltlich des Eingangs (E. v.) gutgeschrieben. Dividenden valutieren gewöhnlich 2 Tage nach Beschluß der HV.

Fälligkeiten

Im Börsensprachgebrauch Beträge, die an einem Fälligkeitstermin zu zahlen sind.

Fälligkeitstag

Bei futures- und Optionsgeschäften der letztmögliche Termin der Erfüllung.

Fälligkeitstermine im Aktienoptionshandel an den Wertpapierbörsen

Jeweils der 15. Kalendertag der Monate Januar, April, Juli oder Oktober. Neue Geschäftsabschlüsse können nur in Optionen der nächsten drei auf das Quartal des Geschäftsabschlusses folgenden Fälligkeitstermine getätigt werden.

Fälligkeitstermine im Rentenoptionshandel

Jeweils der 25. Kalendertag in den Monaten Januar, April, Juli oder Oktober. Neue Geschäftsabschlüsse im ersten Quartal eines Jahres können nur in Optionen mit Fälligkeit 25. Juni und 25. Januar des nächsten Jahres, Abschlüsse im zweiten Quartal eines Jahres nur in Optionen mit Fälligkeit 25. Oktober oder 25. April des nächsten Jahres, usw. getätigt werden.

Fälligkeitstermine von an der Deutschen Terminbörse (DTB) gehandelten Aktienoptionen

Der letzte Handelstag, an dem eine Optionsserie den Börsenteilnehmern zum letzten Mal im System der DTB und zum clearing zur Verfügung steht, ist der dritte Freitag eines jeweiligen Verfallmonats. Ist dieser Tag kein Börsentag, gilt der davorliegende Börsentag als letzter Handelstag. Verfalltag einer Optionsserie ist der Börsentag, der auf den letzten Handelstag folgt. An der DTB stehen Optionen mit Laufzeiten wie folgt zur Verfügung: Die drei aufeinanderfolgenden Monate sowie die nächsten beiden Monate aus dem Zyklus März, Juni, September, Dezember; d. h., es sind Laufzeiten von 1, 2, 3 sowie maximal 6 und maximal 9 Monaten verfügbar.

Fälligkeitstermine von an der Deutschen Terminbörse (DTB) gehandelten Optionen auf den Deutschen Aktienindex (DAX-Optionen)

Der letzte Handelstag, an dem eine Optionsserie den Börsenteilnehmern zum letzten Mal im System der DTB und zum clearing zur Verfügung steht, ist der dritte Freitag eines jeweiligen Abrechnungsmonats. Ist dieser Tag kein Börsentag, gilt der davorliegende Börsentag als letzter Handelstag. Für auslaufende Serien schließt der Handel um 13.30 Uhr. Da DAX-Optionen als europäische Optionen gestaltet sind, können Ausübungen nur am letzten Handelstag erfolgen. Verfalltag einer Optionsserie ist der Börsentag, der auf den Ausübungstag folgt. Erfüllungstag ist der Börsentag nach dem Ausübungstag. An der DTB stehen Optionen mit folgenden Laufzeiten zur Verfügung: Die drei aufeinanderfolgenden Monate sowie die nächsten beiden Monate aus dem Zyklus März, Juni, September, Dezember; d. h., es sind Laufzeiten von 1, 2, 3 sowie maximal 6 und maximal 9 Monaten verfügbar.

Fälligkeitstermine von an der Deutschen Terminbörse (DTB) gehandelten Optionen auf future-Kontrakte auf den Deutschen Aktienindex (Optionen auf den DAX-future)

Verfallmonate der Optionen auf den DAX-future sind die drei aufeinanderfolgenden Monate sowie die nächsten beiden Monate aus dem Zyklus März, Juni, September und Dezember. Der letzte Handelstag, an dem eine Optionsserie den Börsenteilnehmern zum letzten Mal im System der DTB und zum clearing zur Verfügung steht, ist abhängig von den Verfallmonaten: In den Verfallmonaten März, Juni, September oder Dezember ist der Börsentag vor dem Schlußabrechnungstag des future letzter Handelstag. Schlußabrechnungstag ist der dritte Freitag, sofern dies ein Börsentag ist, andernfalls der davorliegende Börsentag. Für die übrigen Verfallmonate gilt: Letzter Handelstag ist der dritte Freitag, sofern dies ein Börsentag ist, andernfalls der davorliegende Börsentag. Verfalltag von Optionen auf den DAX-future ist der auf den letzten Ausübungstag folgende Börsentag.

Fälligkeitstermine von an der Deutschen Terminbörse (DTB) gehandelten Optionen auf future-Kontrakte auf eine idealtypische langfristige Anleihe der BR Deutschland oder der Treuhandanstalt (Optionen auf den Bund-future)

Der letzte Handelstag, an dem eine Optionsserie den Börsenteilnehmern zum letzten Mal im System der DTB und zum clearing zur Verfügung steht, fällt auf den sechsten Börsentag vor dem ersten Kalendertag im Liefermonat des zugrundeliegenden Bund-future-Kontraktes. Verfalltag einer Optionsserie ist der Börsentag, der auf den letzten Handelstag folgt. An der DTB stehen Optionen für jeden Bund-future-Kontraktmonat (März, Juni, September und Dezember) zur Verfügung. Es werden Optionen für die drei nächsten aufeinanderfolgenden future-Liefermonate gehandelt.

Fälligkeitstermine von an der Deutschen Terminbörse (DTB) gehandelten Optionen auf future-Kontrakte auf eine idealtypische mittelfristige Anleihe der BR Deutschland oder der Treuhandanstalt (Optionen auf den Bobl-future)

Der letzte Handelstag, an dem eine Optionsserie den Börsenteilnehmern zum letzten Mal im System der DTB und zum clearing zur Verfügung steht, fällt auf den sechsten Börsentag vor dem ersten Kalendertag im Liefermonat des zugrundeliegenden Bobl-future-Kontraktes. Verfalltag einer Optionsserie ist der Börsentag, der auf den letzten Handelstag folgt. An der DTB stehen Optionen für jeden Bobl-future-Kontraktmonat (März, Juni, September und Dezember) zur Verfügung. Es werden Optionen für die drei nächsten aufeinanderfolgenden future-Liefermonate gehandelt.

Fälligkeitstermine von DAX-futures an der Deutschen Terminbörse (DTB)

Als letzter Handelstag eines Kontraktes gilt der Börsentag vor dem Schlußabrechnungstag. Dieser entspricht dem dritten Freitag eines jeweiligen Quartalsmonats (März, Juni, September und Dezember), sofern dieser ein Börsentag ist. Andernfalls ist der davorliegende Börsentag als letzter Handelstag anzusehen. Da an der DTB Laufzeiten bis zum letzten Handelstag des nächsten, übernächsten und drittnächsten Quartalsmonats zur Verfügung stehen, kann die längste Laufzeit eines Kontraktes neun Monate betragen. Der Erfüllungstag eines Kontraktes ist der zweite Börsentag nach dem letzten Handelstag. Die Erfüllung erfolgt durch Barausgleich. → Deutscher Aktienindex-(DAX-)Terminkontrakt.

Fälligkeitstermine von futures auf den Zinssatz einer idealtypischen DMark-Dreimonatseinlage (Fibor-futures)

Fibor-futures können im nächsten, übernächsten, dritt-, viert- und fünftnächsten Quartalsmonat (März, Juni, September, Dezember) verfallen. Die maximale Laufzeit beträgt dementsprechend 15 Monate. Während des jeweiligen Verfallmonats liegt der letzte Handelstag des Kontraktes zwei Börsentage vor dem dritten Mittwoch. Handelsschluß für den fälligen Kontrakt ist 11.00 Uhr des letzten Liefertages.

Fälligkeitstermine von futures auf eine langfristige Bundesanleihe (Bund-futures)

Langfristige Bund-futures können im nächsten, übernächsten oder drittnächsten Quartalsmonat (März, Juni, September, Dezember) verfallen. Die maximale Laufzeit beträgt dementsprechend neun Monate. Während des jeweiligen Verfallmonats liegt der letzte Handelstag des Kontrakts zwei Börsentage vor dem vorgesehenen Liefertag. Dieser entspricht dem zehnten Kalendertag; ist dies kein Börsentag, gilt der nächste danach liegende Börsentag als Liefertag. Handelsschluß für den fälligen Liefermonat ist 12.30 Uhr des letzten Handelstages.

Fälligkeitstermine von futures auf eine langfristige Schuldverschreibung der BR Deutschland oder der Treuhandanstalt mit fünfzehn- bis dreißigjähriger Laufzeit (Buxl-futures)

Buxl-futures können im nächsten, übernächsten oder drittnächsten Quartalsmonat (März, Juni, September, Dezember) verfallen. Die maximale Laufzeit beträgt dementsprechend neun Monate. Während des jeweiligen Verfallmonats liegt der letzte Handelstag des Kontrakts zwei Börsentage vor dem vorgesehenen Liefertag. Dieser entspricht dem zehnten Kalendertag; ist dies kein Börsentag, gilt der nächste danachliegende Börsentag als Liefertag. Handelsschluß für den fälligen Liefertag ist 12.30 Uhr des letzten Handelstages.

Fälligkeitstermine von futures auf eine mittelfristige Schuldverschreibung der BR Deutschland oder der Treuhandanstalt (Bobl-futures)

Bobl-futures können im nächsten, übernächsten oder drittnächsten Quartalsmonat (März, Juni, September, Dezember) verfallen. Die maximale Laufzeit beträgt dementsprechend neun Monate. Während des jeweiligen Verfallsmonats liegt der letzte Handelstag des Kontrakts zwei Börsentage vor dem vorgesehenen Liefertag. Dieser entspricht dem zehnten Kalendertag; ist dies kein Börsentag, gilt der nächste danachliegende Börsentag als Liefertag. Handelsschluß für den fälligen Liefermonat ist 12.30 Uhr des letzten Handelstages.

Fälschung von Wertpapieren

Zur Erhaltung der Funktionsfähigkeit des Wertpapiermarktes ist das unbedingte Vertrauen in die Echtheit der gehandelten Wertpapiere erforderlich. Aus diesem Grunde müssen börsennotierte Wertpapiere vor ihrer Zulassung zum amtlichen Handel auf ihre Fälschungssicherheit hin untersucht werden. Anhand vorzulegender Probedrucke entscheidet die Zulassungsstelle, ob die von der Börse zur Erschwerung von Fälschungen erlassenen Richtlinien, die für den Neudruck von Wertpapieren anzuwenden sind, beachtet wurden. → Richtlinien für den Druck von Wertpapieren.

fair value

→ fairer Wert.

fair value deviation

Prozentuale Abweichung des Marktpreises eines Instruments von seinem fairen Wert.

fairer Wert

Arbitragefreier Preis einer Option, eines Optionsscheins, futures und swaps. Wird anhand theoretischer Modellrechnungen bestimmt, in denen das bewertete Instrument dupliziert wird, z. B. bei Optionen und Optionsscheinen nach dem Modell von → Black/Scholes, bei futures nach den → costs of carry, bei swaps durch eine Reihe von Termingeschäften.

faiseur

Börsenspekulant.

faksimilierte Unterschrift (Faksimile)

Mechanisch hergestellte genaue Nachbildung einer Unterschrift mit Stempel oder Klischee. Faksimiles genügen zur Unterzeichnung bei Wertpapieren und Banknoten.

falsche Ausstellung oder Verfälschung von Hinterlegungsbescheinigungen

Wer über die Hinterlegung von Aktien oder Zwischenscheinen Bescheinigungen, die zum Nachweis des Stimmrechts in einer HV oder in einer gesonderten Versammlung dienen sollen, falsch ausstellt oder verfälscht, wird mit Freiheits- oder Geldstrafe bestraft, wenn die Tat nicht in anderen Vorschriften über Urkundenstraftaten mit schwererer Strafe bedroht ist. Ebenso wird bestraft, wer von einer falschen oder verfälschten Bescheinigung der vorbezeichneten Art zur Ausübung des Stimmrechts Gebrauch macht.

Falsifikat

Fälschung. → Fälschung von Wertpapieren.

Familien-Aktiengesellschaft

Als Familien-Aktiengesellschaften gelten solche AG, deren Aktionär eine einzelne natürliche Person ist oder deren Aktionäre natürliche Personen sind, die untereinander verwandt oder verschwägert sind. Unterschreiten die Familien-Aktiengesellschaften die Größenklassenkriterien des § 267 Abs. 1 bzw. Abs. 2 HGB, so gelten für sie bestimmte Vereinfachungen hinsichtlich der Aufstellung und dem Ausweis bestimmter Positionen in der Bilanz sowie der GuV-Rechnung. Diese Vereinfachungen für sog. kleine und mittelgroße Kapitalgesellschaften gelten regelmäßig dann nicht mehr, wenn Aktien der Gesellschaft oder andere von ihr ausgegebene Wertpapiere an einer Börse in einem Mitgliedsstaat der EG zum amtlichen Handel oder Geregelten Markt zugelassen oder in den geregelten Freiverkehr einbezogen sind oder die Zulassung zum amtlichen Handel oder Geregelten Markt beantragt ist. Bei einer Familien-AG mit weniger als 500 Arbeitnehmern werden die Vorschriften des BetrVG über die Beteiligung der Arbeitnehmer im Aufsichtsrat nicht angewendet. Gegensatz: Publikums-AG.

Familienpersonengesellschaften, steuerliche Anerkennung

Einer zwischen Familienangehörigen geschlossenen Personengesellschaft (OHG, KG, Gesellschaft bürgerlichen Rechts, atypische stille Gesellschaft) kann steuerlich Anerkennung nicht lediglich mit der Begründung versagt werden, daß außerbetriebliche, z. B. steuerliche und familienrechtliche Gesichtspunkte den Abschluß des Gesellschaftsvertrags veranlaßt haben. Die Anerkennung einer OHG oder KG setzt aber voraus, daß eine Mitunternehmerschaft vorliegt, also der Gesellschaftsvertrag auch verwirklicht wird und die tatsächliche Gestaltung der Dinge mit ihrer formellen Gestaltung übereinstimmt, insbesondere, daß die aufgenommenen Familienangehörigen auch volle Gesellschaftsrechte genießen. Unabhängig von der Anerkennung der Familiengesellschaft als solcher ist zu prüfen, ob auch die von der Gesellschaft vorgenommene Gewinnverteilung steuerlich zu übernehmen ist. Die Gewinnverteilung wird i. a. dann nicht beanstandet, wenn der vereinbarte Gewinnverteilungsschlüssel eine durchschnittliche Rendite von nicht mehr als 15% des tatsächlichen Werts der Beteiligung ergibt. Ist vertraglich bestimmt, daß der Gesellschafter nicht oder unter bestimmten Voraussetzungen nicht an den stillen Reserven beteiligt sein soll, ist ein Abschlag zu machen.

Familienversorgungsversicherung

Form der Lebensversicherung, die Elemente der gemischten Lebens-, der Renten- und der Termfixversicherung vereint. Erlebt der Versicherte den Ablaufzeitpunkt der Familienversorgungsversicherung, wird für die Altersversorgung die normale Versicherungssumme (einschl. Überschußbeteiligung) fällig; durch vorzeitigen Tod des versicherten Versorgers werden dagegen Leistungen fällig, mit denen eine bedarfsgerechte Versorgung der Familien erreicht werden.

fancy stocks

Börsenbez. f. unsichere Spekulationspapiere.

Fannie Mae

Börsenbez. f. Federal National Mortgage Association (USA).

f. a. q., f. a. qu.

Abk. f. fair average quality; Durchschnittsqualität im Warenhandel.

Farben-Liquis

Liquidationsanteilscheine der ehemaligen IG-Farben AG. → Farbennachfolger.

Farbennachfolger

Börsenmäßige Kurzbezeichnung für die aus der Entflechtung der IG-Farbenindustrie AG nach dem 2. Weltkrieg 1951 hervorgegangenen AG Badische Anilin- & Soda-Fabrik, Cassella Farbwerke Mainkur, Farbenfabriken Bayer, Farbwerke Hoechst.

Farbzusammenstellung

Beim Druck von Wertpapieren sind verschiedene Stückelungen derselben Emission durch verschiedene Farbzusammenstellungen zu unterscheiden. Gleiche Stückelungen verschiedener Emissionen desselben Ausstellers sollen die gleichen Farben enthalten. → Richtlinien für den Druck von Wertpapieren.

Fassongründung

Hat zum Ziel, zunächst nur einen Firmenmantel zu errichten, ohne daß alsbald ein gewerblicher Betrieb eröffnet werden soll. Es handelt sich jedoch nicht um eine Scheingründung, da eine tatsächliche Eröffnung des Betriebes in Aussicht genommen wird. Verstreicht nach Gründung allerdings eine unangemessen lange Frist, kann die Gesellschaft vom zuständigen Amtsgericht wieder aus dem Handelsregister gelöscht werden.

favorisierte Werte, Favoriten

Bez. f. Wertpapiere, die von den Käufern bevorzugt werden und daher meist besonders hoch notieren. Gegens.: vernachlässigte Werte.

F.A.Z.-Aktienindex

→ Frankfurter-Allgemeine-Zeitung-Aktienindex.

FDE

Abk. f. Fonds „Deutsche Einheit".

FDE-Schätze

Kurzbez. f. Bundesschatzanweisungen der Bundesrepublik Deutschland – Fonds „Deutsche Einheit".

Federation of European Stock Exchanges

Interessenverband Europäischer Wertpapierbörsen mit Sitz in Brüssel. Anschrift: 2, Rue du Midi, B-1000 Bruxelles, Tel.: 0032-2-5118335, Fax.: 0032-2-5145581.

Fédération Européenne des Associations d'Analystes Financiers

Union der europäischen Vereinigungen für Finanzanalyse; Zusammenschluß der entsprechenden nationalen Vereinigungen.

Fédération Internationale des Bourses de Valeurs (FIBV)

1961 gegründet. Zweck der Vereinigung: die Zusammenarbeit unter ihren Mitgliedern zu fördern und deren Interessen nach außen, insbesondere internationalen Organisationen gegenüber, wahrzunehmen. Der Vereinigung können außer ordentlichen auch korrespondierende Mitglieder mit beratender Stimme angehören. Mitglieder sind neben den deutschen Wertpapierbörsen die Börsen Amsterdam, Brüssel, Istanbul, Johannesburg, London, Luxemburg, New York (New York Stock Exchange), Paris, Teheran, Tokio, Toronto, Wien, die italienischen Börsen, die Schweizer Börsenvereinigung und die spanischen Börsen. Korrespondierende Mitglieder sind unter anderem Chicago Board Options Exchange (CBOE) und National Association of Securities Dealers (NASD). Insgesamt hatte die FIBV 1992 32 Vollmitglieder und 10 assoziierte Mitglieder. Anschrift: 22, Boulevard des Courcelles, F-75017 Paris, Tel.: 0033-1-40547800, Telex: FIBV 642720F, Fax.: 0033-1-47549422.

federführende Bank

Bank in einem Emissionskonsortium, die den Schriftverkehr besorgt, die Verhandlungen mit dem Emittenten und den Konsortialbanken leitet usw. → lead manager.

feeder fonds

Investmentfonds, die ausschließlich in Anteile eines anderen Fonds investieren. Können insbesondere zur Vereinfachung des grenzüberschreitenden Vertriebs von Investmentfonds dienen, weil für den Erwerb eines ausländischen Fonds durch einen inländischen Fonds nur ein inländischer Verkaufsprospekt zu erstellen ist. In Deutschland bzw. Europa derzeit wegen der Diversifizierungsvorschriften für Fonds nicht möglich. → Dachfonds.

fehlende Gewinnanteilscheine, fehlende Zinsscheine

Bei Lieferung von Wertpapieren, die auf DM lauten, darf der nächstfolgende Gewinnanteilschein oder Zinsschein durch einen anderen Gewinnanteilschein oder Zinsschein gleicher Art oder Stückelung ersetzt werden, der zum gleichen Zeitpunkt fällig ist. Bei Lieferung darf der nächstfällige Zinsschein fehlen, wenn sein Wert vergütet wird. Werden Sammelbestandsanteile übertragen, kann vom Tage nach der HV an der Gewinnanteilschein in bar verrechnet werden, falls ihm nicht noch andere Rechte anhaften.

Feingehalt, Feinheit

Anteil des reinen Edelmetalls an einer Metall-Legierung. Bezugsbasis: 1000 Gewichtsteile. Bei Gold gelten als „gute Lieferung" im internationalen Geschäft Barren von 12,5 kg (400 oz) mit einer Reinheit von mind. 995. Es wird nur die Feinheit bezahlt. Bei Silber, Platin und Palladium dagegen berechnet sich der Preis nach dem Bruttogewicht. → Carat (ct.) → Goldfeinheit.

Feingewicht

Produkt aus Rauhgewicht einer Metall-Legierung und Feingehalt.

Feingold

Gold mit Feingehalt von mind. 999/1000.

Feingoldemissionen

→ Sachwertanleihen.

Feingoldgehalt

Goldanteil in ‰ am Gewicht von Goldmünzen, -barren und -medaillen.

Feinheit

→ Feingehalt, Feinheit → Goldfeinheit.

Feinsilber

Silber mit einem Feingehalt von 999,9/1000.

Feinunze

Auch: troy-Unze. Kurzbez. f. Unze. Gewichtseinheit für Edelmetalle. 1 Feinunze = 31,04 g.

Ferienhauszertifikate

→ Immobilienfonds.

Ferienimmobilien

Sehr spezielle Kapitalanlagevariante. Derartige Objekte – Ferienhäuser oder -wohnungen – werden im Rahmen eines steuerlich begünstigten Bauherren- oder Ersterwerbermodells gekauft und (meist) durch Vermietungsgesellschaften für den Eigentümer vermietet. Letzterer verwendet sie zudem für die eigenen Ferien. I. d. R. ist eine solche Anlage von Kapital aber kaum unter Renditeaspekten empfehlenswert, allenfalls in sehr langfristiger Sicht.

Ferngiro

Zur Vereinfachung und Beschleunigung der Abwicklung von Kauf- und Verkaufsaufträgen ist der stückelose Effektengiroverkehr (bei Beständen innerhalb einer Wertpapiersammelbank) und der Effektenferngiroverkehr (bei Beständen, die zwischen verschiedenen Wertpapiersammelbanken verrechnet werden sollen) eingeführt worden. Der Effektenferngiroverkehr funktioniert in gleicher Weise wie der stückelose Verkehr innerhalb einer Wertpapiersammelbank, nur mit dem Unterschied, daß zusätzlich die Wertpapiersammelbank bei den anderen ein Girosammeldepot unterhalten muß. Zur Übertragung dieser Sammeldepotanteile dient ein Wertpapierfernscheck (nicht Scheck i. S. d. Scheckgesetzes, sondern Charakter einer Anweisung).

Ferngiro(sammel)verkehr

→ Ferngiro.

Fernscheck

→ Wertpapiersammelbanken → Wertpapiergiroverkehr.

fest, fester

Tendenzbez. f. Kurssteigerungen an der Börse.

feste Stücke im Noch

→ Nochgeschäft.

feste Übernahme

Ein Emissionskonsortium erwirbt eine Emission i. d. R. fest. Für den Fall, daß die Anleger nicht alle Titel zeichnen, bleiben die nicht gezeichneten Stücke im Besitz der Konsortialbanken. → Emissionsarten.

feste Wechselkurse

Wechselkurse, die aufgrund internationaler Absprachen oder institutionalisierter Vereinbarungen (IWF, EWS) zwischen den Ländern festgelegt sind und nicht oder nur sehr begrenzt – innerhalb enger Bandbreiten – schwanken können, was durch Marktinterventionen der Zentralbanken gewährleistet wird. Wie der Mißerfolg des IWF-Systems gezeigt hat, sind solche Wechselkurse bei stark unterschiedlichen Wirtschaftspolitiken in den beteiligten Ländern nicht aufrecht zu erhalten. → stufenflexible Wechselkurse → flexible Wechselkurse.

Festgeld, feste Gelder

Einlagen bei einer Bank, die für einen Zeitraum von mind. 30 Zinstagen hereingenommen und an einem festgelegten Tag zur Rückzahlung fällig werden. Gehören mit den Kündigungsgeldern zu den befristeten Einlagen. Die Verzinsung ist günstiger als bei Anlagen auf dem laufenden Konto und richtet sich nach den entsprechenden Geldmarktsätzen. → Termineinlage.

Festgeschäft

Form des Börsentermingeschäfts, bei dem nicht innerhalb einer bestimmten Frist erfüllt bzw. Erfüllung verlangt werden kann und evtl. ein Recht auf Nichterfüllung, d. h. Rücktritt von einer Kauf- oder Verkaufsabsicht möglich ist. Es wird per Ultimo oder Medio (Monatsende oder -mitte) ein Schluß oder ein Mehrfaches fest gekauft bzw. verkauft. Die Geschäfte können im Laufe des Monats an jedem Börsentag abgeschlossen werden; ihre Erfüllung erfolgt aber nur an einem einzigen Tag (Ultimo und Medio). Beide Parteien, Käufer wie Verkäufer, stehen sich mit gleichen Rechten und Pflichten gegenüber: Die eine Partei hat die Pflicht, am vereinbarten Termin die gehandelten Papiere zu liefern, die andere, sie abzunehmen und zu bezahlen. I. d. R. hofft aber jeder Kontrahent, im Verlauf des Monats noch vor dem Abrechnungstermin das eingegangene Engagement durch ein Gegengeschäft abdecken zu können. Wer keinen Deckungskauf bzw. -verkauf vorgenommen hat, ist von der Pflicht zur effektiven Erfüllung nicht befreit. Dieser Zwang macht die Festgeschäfte risikoreich, denn dadurch sind nicht nur die Gewinnchancen, sondern auch die Verlustmöglichkeiten theoretisch unbegrenzt.

Festjahre (bei Anleihen)

Bez. f. die Laufzeit einer Anleihe, in der sie nicht gekündigt werden kann (meist 3–5 Anfangsjahre).

Festlaufzeit

Bez. f. Anleihen, bei denen während der ganzen Laufzeit keine Kündigung oder sonstige Änderungen der Konditionen vom Anleiheschuldner erklärt werden können.

Festschreibung festverzinslicher Wertpapiere

Festschreibung von Inhaberschuldverschreibungen auf den Namen des Berechtigten. Durch die Vinkulierung verlieren die Urkunden ihren Wertpapiercharakter i. e. S., so daß bei Verlust gutgläubiger Erwerb durch Dritte nicht möglich ist.

Festsetzung, Feststellung der amtlichen Börsenkurse

Erfolgt an den Börsen durch den Börsenvorstand unter Mitwirkung der Kursmakler, in Frankfurt durch die Maklerkammer unter Aufsicht des Börsenvorstands.

Feststellung des Jahresabschlusses der AG

→ Jahresabschluß der AG.

Festverzinsliche

Kurzbez. f. festverzinsliche Wertpapiere, Renten(werte), Anleihen, Schuldverschreibungen, Obligationen.

festverzinsliche Wertpapiere

Mittel- und langfristige Schuldverschreibungen, die von der öffentlichen Hand, bestimmten Banken und größeren Industrieunternehmen ausgegeben werden. Im Unterschied zu Aktien garantieren sie gleichbleibenden Zinsertrag (daher die Bezeichnung Rentenwerte) während einer bestimmten Laufzeit (meist 6–15 Jahre). Sie verbriefen Gläubigerrechte. Festverzinsliche werden in der üblichen Stückelung, d. h. meist ab DM 100, emittiert. Sie werden an der Börse gehandelt. Die Zinszahlungen erfolgen halbjährig oder – wie meist – jährlich. Rentenwerte sind längerfristige Anlagepapiere. Beim Erwerb umlaufender Festverzinslicher entstehen als Kosten: Provision i. d. R. 0,5% vom Nennwert bzw. Kurswert, Maklergebühr (Courtage) ¾–⅜‰ (je nach Volumen) vom Nennwert bzw. Kurswert (bei größeren Posten weniger). Sofern Lieferungskosten entstehen, werden sie gesondert in Rechnung gestellt, ebenso Sonderkosten bestimmter Auslandsanleihen. Beim Erwerb von Neuemissionen entfallen Provision und Maklergebühr. Die Verwahrung bei Banken kostet bei Streifbandverwahrung i. d. R. 1–1,75‰ vom Nennwert bzw. Kurswert pro Posten (variabel), bei Sammelverwahrung i. d. R. 0,5–1,25‰ vom Nennwert bzw. Kurswert pro Posten. Die Tilgungsverpflichtungen des Schuldners können ganz oder teilweise durch Rückkauf der Wertpapiere am Markt (freihändiger Rückkauf) erfüllt werden. Die Urkunde besteht aus einem Mantel, der die Rechte aus der Schuldverschreibung verbrieft, und dem Zinsscheinbogen, der zum Empfang der laufenden Zinszahlungen berechtigt. Festverzinsliche werden am Kapitalmarkt als Inhaber- oder Orderschuldverschreibungen in Form von Teilschuldverschreibungen einer Gesamtemission aufgelegt.

festverzinsliche Wertpapiere als Kapitalanlage

Die Kapitalanlage in festverzinslichen Wertpapieren (Rentenwerten) gilt i. a. als ausgesprochen konservative Anlage, die eine gesicherte Rendite über die Laufzeit mit geringem oder keinem Risiko verbindet. Bei Ermittlung des Ertrags von Rentenwerten sind verschiedene Faktoren zu berücksichtigen: vor allem Verzinsung, Kurs, Besteuerung, Kosten des Kaufs und ggf. Kosten des Verkaufs. → festverzinsliche Wertpapiere, Ertrag. Die Ermittlung der Effektivverzinsung ist bei Rentenwerten bedeutsam, um den Wert der Anlage mit anderen Anlagen vergleichen zu können. Werden Anleihezinsen halbjährig gezahlt, ist zu berücksichtigen, daß der Zinsertrag für die 2. Jahreshälfte wieder verzinslich angelegt werden kann, z. B. auf Sparkonto. Auch Laufzeit, Kündigungsrecht des Emittenten und An- und Verkaufskosten sind für die Effektivverzinsung von Bedeutung. Werden festverzinsliche Wertpapiere mit kurzer Restlaufzeit gekauft, können zusätzlich steuerfreie Kursgewinne erzielt werden. Sicherheit heißt bei festverzinslichen Wertpapieren vor allem, daß der Anleger sein Geld bei Fälligkeit in Höhe des Nominalbetrages zurückerhält. Bei den in Deutschland umlaufenden Rentenwerten kann man, von einigen Ausnahmen abgesehen, davon ausgehen. Zudem sind Pfandbriefe, Kommunalobligationen und öffentliche Anleihen mündelsicher. Jedoch unterliegen die Rentenwerte dem Kursrisiko, das dann effektiv wird, wenn Anleger vor Fälligkeit ihre Papiere verkaufen wollen. Bei Auslandsanleihen können sich Risiken aus der Ausländereigenschaft des Emittenten ergeben. Die wichtigsten Gruppen langfristiger festverzinslicher Wertpapiere sind neben ausländischen Emissionen: (1) öffentliche Anleihen: Dazu gehören die Bundesanleihen, Länderanleihen und die von Kreisen, Städten und öffentlich-rechtlichen Zweckverbänden ausgegebenen Anleihen. Sie werden i. d. R. nicht durch besondere dingliche Sicherheiten sichergestellt; vielmehr haftet für die Erfüllung der Verpflichtungen aus diesen Anleihen die emittierende öffentliche Körperschaft mit ihrem gesamten Vermögen und der Steuerkraft. Durch sie wird die Bonität dieser Anleihen bestimmt. (2) Pfandbriefe und Kommunalobligationen: Pfandbriefe können nur von privaten Hypothekenbanken und von öffentlich-rechtlichen Banken ausgegeben werden. Es sind langfristige festverzinsliche Schuldverschreibungen, deren Emission strengen gesetzlichen Vorschriften unterliegt; sie bedarf zudem staatlicher Genehmigung. Die gesamte Pfandbriefemission muß durch erststellige inländische Hypotheken, also dinglich, in mind. gleicher Höhe und mit gleichem Zinsertrag innerhalb der Beleihungsgrenzen gesichert werden (Kongruenzprinzip). Daneben bestehen zahlreiche weitere gesetzliche Vorschriften, die den Schutz des Pfandbriefkäufers bezwecken. Die für die privaten Hypothekenbanken bestehende Vorschrift, daß zur Pfandbriefdekkung nur erststellige Hypotheken zugelassen sind, besteht für die öffentlich-rechtlichen Emittenten von Pfandbriefen nicht, weil hier die Haftung des Gewährträgers eingreift. Kommunalobligationen sind den Pfandbriefen verwandt. Während bei der Ausgabe von Pfandbriefen ein Hypothekarkredit an private Kreditnehmer zugrunde liegt, ist es bei Kommunalobligationen ein Kredit an eine Kommune (Kommunalkredit, -darlehen). Die Bonität beider Wertpapiergruppen wird für den Kapitalanleger auch mitbestimmt durch den Grad der Kurspflege, der von den Emissionsinstituten zur Vermeidung täglicher, zufalls-, nicht kapitalmarktmäßig (Änderung des landesüblichen Zinsfußes) bedingter Kursschwankungen angewendet wird. Daneben gibt es sonstige Bankschuldverschreibungen. (3) Industrieobligationen: Diese werden als langfristige festverzinsliche Schuldverschreibungen von Unternehmen aus Industrie und Handel zur Kapitalbeschaffung ausgegeben. Es sind Teilschuldverschreibungen insofern, als die an der Börse gehandelten Industrieobligationen auf einen bestimmten, auf volle DM 100 lautenden Teil der Gesamtanleihe ausgestellt werden. Für Industrieobligationen werden Sicherheiten bestellt, vor allem Grundpfandrechte und andere Pfandrechte; weiter kommen Bürgschaften sowie Negativklauseln (zusätzlich) vor, worin sich der Emittent verpflichtet, während der Laufzeit der Anleihe keine weitere Anleihe zu begeben oder bei Emission einer weiteren Anleihe den neuen Gläubigern keine bessere Sicherung einzuräumen als sie auch den bisherigen Gläubigern gewährt wird. Industrieobligationen genießen keine Mündelsicherheit wie die bisher genannten Festverzinslichen. Die in Deutschland am Markt befindlichen festverzinslichen Wertpapiere lassen sich zwar nach den genannten Gruppen unterscheiden, doch kaum in bezug auf Bonitätsunterschiede. Auch die von privaten Unternehmen ausgegebenen Industrieobligationen können keine minderwertigen Anlagewerte sein. Dafür sorgt u. a. der Zwang, daß die Emittenten Emissions- und Börseneinführungsprospekte veröffentlichen müssen. Hinzu kommt, daß Wertpapieremissionen in aller Regel nicht von einer Unternehmung direkt, sondern über ein Bankenkonsortium vorgenommen werden. Dabei wird der zu veröffentlichende Börsenzulassungsprospekt von den im Emissionskonsortium befindlichen Banken mitunterzeichnet, wodurch auch für diese eine Prospekthaftung begründet und damit das Eigeninteresse daran hervorgerufen wird, daß keine minderwertigen, zweifelhaften Emissionen angeboten werden. Dies alles bedeutet, daß der Kapitalanleger bei festverzinslichen Wertpapieren Analysen, die sich auf Bonität, Ertragskraft usw. des Emittenten erstrecken, zur Beurteilung der Sicherheit seiner Kapitalanlage nur begrenzt vorzunehmen braucht. Darüber hinaus ist auch die Ausstattung von in gleichen Zeiträumen emittierten festverzinslichen Wertpapieren aller Art fast gleich: Die Emittenten müssen sich bei Nominalzinssatz und Ausgabepreis, die beide den Effektivzins begründen, von der Lage am Kapitalmarkt und den dort herrschenden Zinssätzen leiten lassen. Nach diesen richten sich auch die Kursschwankungen der an der Börse gehandelten festverzinslichen Wertpapiere: Ein Ansteigen des langfristigen Kapitalzinses läßt die vorhandenen, niedriger verzinslichen Papiere im Kurs zurückgehen, bis der sich ergebende Effektivzins ungefähr dem langfristigen Kapitalmarktzins wieder entspricht, und umgekehrt. Immerhin ist diese Anpassung nicht exakt und von heute auf morgen voll feststellbar, so daß sich für den Kapitalanleger in festverzinslichen Wertpapieren gewisse Renditenauswahlmöglichkeiten ergeben, da ja in jedem Zeitpunkt solche festverzinslichen Wertpapiere zu erwerben sind, bei denen die feste Verzinsung nicht mehr „richtig" ist. Auch festverzinsliche Papiere in Form ausländischer und internationaler Anleihen stehen dem Anleger zur Verfügung: Schuldverschreibungen von ausländischen Schuldnern – Staaten, Gebietskörperschaften, supranationalen Organisationen, Industrieunternehmen –, die ihr Domizil außerhalb der deutschen Landesgrenzen haben. Dabei sind mehrere Anleihegruppen zu unterscheiden. Wird der Verkauf der Anleihestücke auf den Kapitalmarkt eines Landes begrenzt, wird meist die Valuta des Angebotslandes als Währungseinheit gewählt. Sollen aber mehrere nationale Kapitalmärkte angesprochen werden, bevorzugt man den US-$ (oder auch Rechnungseinheiten). Soweit Anleihen auf weniger stabile Fremdwährung lauten, teilt der deutsche Kapitalanleger das Schicksal dieser Währung, wenn deren Außenwert Änderungen unterliegt. Schuldverschreibungen haben längerfristigen Charakter. Man sollte Rentenwerte nicht kaufen, wenn man beabsichtigt, über sie kurzfristig zu verfügen, es sei denn, es werden Kurzläufer (Papiere mit kurzen Restlaufzeiten und Plantilgung) erworben. Grundsätzlich ist jedoch ein jederzeitiger Verkauf an der Börse möglich, da praktisch alle in Deutschland umlaufenden Festverzinslichen an den Börsen gehandelt werden. Bei neuen Emissionen, die noch nicht zum Börsenhandel zugelassen sind, findet i. d. R. zwischen den Banken Telefonhandel statt, der einen Verkauf ermöglicht.

festverzinsliche Wertpapiere, Ertrag

Durch den Kauf eines festverzinslichen Wertpapiers verschafft sich der Erwerber für einen bestimmten Zeitraum einen gleichbleibenden, zur Höhe seines eingesetzten Kapitals in Beziehung stehenden Ertrag. Wichtigste Komponente für die Berechnung der Rentabilität ist der Zinssatz. Er bestimmt vor allem die Effektivverzinsung. Die Zinsen können in unterschiedlicher Weise ausgezahlt werden: Am gebräuchlichsten ist die nachträgliche Zinszahlung, dabei die jährliche; eine halbjährige ist bei gleichem Zinssatz für den Wertpapierbesitzer günstiger als jährliche, weil er den nach einem halben Jahr gezahlten Teil der Zinsen in der zweiten Hälfte des Jahres zinstragend und damit zinseszinsenbringend wieder anlegen kann. Bei einer Reihe von Anleihen, insbesondere Ablösungsanleihen, erfolgt Zinszahlung erst nach einem längeren Zeitraum gleichzeitig mit der Kapitalrückzahlung. Bei anderen Werten fehlt die Verzinsung. Der Ausgleich für die fehlende Verzinsung liegt dann entweder in einer entsprechend höheren Kapitalrückzahlung oder aber in einem entsprechend niedrigeren Ausgabekurs (→ zero-bonds). Bei bestimmten Sonderkonstruktionen festverzinslicher Titel wird außer dem regelmäßigen Zins eine Zusatzverzinsung gezahlt: Industrieobligationen mit Zusatzverzinsung, die sich nach der Dividende der Aktien richtet (Gewinnobligationen), können nur mit Einschränkung als festverzinsliche Werte angesprochen werden, da sich die feste Mindestverzinsung des Anlagekapitals in nicht vorauszubestimmender Weise erhöhen kann. Auch bei Festverzinslichen braucht der Nominalwert (meist DM 100) nicht immer mit dem Markt- oder Kurswert übereinzustimmen. Für Festverzinsliche, die an der Börse gehandelt werden können, ergeben sich je nach Marktlage vom Nennwert abweichende Marktwerte. Das bedeutet, daß der Nominalzinsfuß eines festverzinslichen Papiers sich vom Effektivzinssatz unterscheidet: Während ersterer den von der emittierenden Unternehmung auf den Nennwert von DM 100 zu zahlenden von vornherein festen Zinssatz angibt, schwankt der Effektivzinssatz je nach Marktlage. Wenn der Börsenkurs unter DM 100 oder 100%, dem Pari-Kurs, liegt, ist der Effektivzinssatz höher als der Nominalzinssatz; liegt der Börsenkurs über dem Pari-Kurs, ist der Effektivzinssatz kleiner als der Nominalzinssatz. Nur wenn der Kapitalanleger das festverzinsliche Wertpapier zum Pari-Kurs von 100% kauft – über die Börse oder direkt vom Emittenten (durch Zeichnung der Wertpapiere bei einer Bank und Bezug über diese) – ist Effektivverzinsung = Nominalzinssatz. Dies hat auch Bedeutung für die häufigen Fälle, in denen eine Anleihe emittiert wird, die emittierende Unternehmung aber nicht zu 100%, sondern zu weniger, z. B. 98%, emittiert, obwohl sie jedes Anleihestück zu DM 100 zum Nominalzinssatz verzinsen und DM 100 je Anleihestück zurückzahlen muß. Es kann auch sein, daß eine Anleihe zu 100% emittiert wird (und somit DM 100 verzinst werden), aber Rückzahlung zu höherem Kurs, z. B. 102%, zugestanden wird. Die Effektivverzinsung eines festverzinslichen Wertpapiers ist in allgemeinster Form zu errechnen aus dem Ausdruck

$$\text{Effektivverzinsung in \%} = \frac{\text{Nominalzins} \times 100}{\text{Erwerbspreis d. Wertpapiers}} + \text{Rückzahlungsgewinn}$$

oder:

$$= \frac{\text{Zinssatz} \times 100}{\text{Anschaffungskurs}} + \frac{\text{Rückzahlungs- bzw. Verkaufskurs} - \text{Ankaufkurs}}{\text{Zahl der Jahre zwischen Ankauf und Rückzahlung bzw. Verkauf}}$$

Die Effektivverzinsung errechnet sich nicht nur aus dem Nominalzinssatz; hinzu kommen der Kurs (Preis), zu dem man das Papier erwirbt, Rückzahlungspreis und Laufzeit. Der Erwerbskurs (-preis) ist entweder der Preis, zu dem man das Papier bei seiner ersten Ausgabe kauft (zeichnet), oder der Kurs, den man dafür bezahlen muß, wenn man es über eine Bank an der Börse kauft. Die Effektivverzinsung ist somit der Jahreszinssatz, zu dem der Anschaffungspreis (Ankaufkurs) einer mit einer bestimmten Laufzeit, einem bestimmten Nominalzinssatz verzinslichen und zu einem bestimmten Kurs (Rückzahlungswert) fälligen Kapitalforderung verzinst wird. Rückzahlungsgewinne oder -verluste können nur dann der laufenden Verzinsung gleichwertig zu- bzw. abgerechnet werden, wenn sie zinsmäßig auf die gleiche Basis umgerechnet, d. h. auf die Jahre der Laufzeit verteilt und entsprechend abgezinst werden. Obige Berechnungsformel kann in vielen Fällen daher nur als Faustformel angesehen werden. Für die Höhe des in einem Zinssatz ausgedrückten Rückzahlungsgewinns oder -verlustes und damit für die Höhe der Effektivverzinsung ist die Laufzeit, also der Zeitraum, in dem das festverzinsliche Wertpapier vom Anleger gehalten wird, von großer Bedeutung. Die Errechnung einer Rendite oder Effektivverzinsung bezweckt, für mit verschiedenen Kursen notierte oder gehandelte Anleihen einen Vergleichsmaßstab für die Bewertung zu finden. Die Errechnung ist nur unter der Annahme möglich, daß der Anleger auf sein jederzeitiges Verkaufsrecht verzichtet und die vertragliche Rückzahlung abwartet. In diesem Fall kann er sich nach obigem einfachen Verfahren eine Mindesteffektivverzinsung ausrechnen, die bei unter dem Rückzahlungswert erworbenen Anlagen auf die späteste Fälligkeit abzustellen ist (frühere Rückzahlung kann die Rendite nur erhöhen), während bei über dem Rückzahlungskurs erworbenen Anlagen die Berechnung auf den frühestmöglichen Termin einer Rückzahlung zu erfolgen hat. Die Einzelverfahren hinsichtlich der Berechnung der Effektivverzinsung differieren mit der Konstruktion der Anleihe. In erweiterter Form ergibt sie bei jährlicher Zinszahlung als:

Effektivverzinsung =

$$\text{Nominalzins} + \frac{\text{Disagio}}{\text{mittlere Laufzeit}} \times \frac{100}{\text{Erwerbskurs}}$$

Darin ist Disagio = 100 – Erwerbskurs und mittlere Laufzeit = tilgungsfreie Jahre + (Tilgungsjahre + 1)/2. Wird eine Anleihe zu mehr als 100% zurückgezahlt – in vorstehender und folgender Formel unterstellt – ist statt Disagio einzusetzen: Rückzahlungspreis – Erwerbspreis. Man verteilt bei dieser Methode der Bestimmung der Effektivverzinsung das Disagio auf die mittlere Laufzeit des Wertpapiers. Will man für festverzinsliche Papiere, die keine tilgungsfreien Jahre aufweisen, die Effektivverzinsung errechnen, so wird

$$\text{mittlere Laufzeit} = \frac{\text{Laufzeit (Jahre)} + 1}{2}$$

Dieser Ausdruck kommt auch immer dann in Frage, wenn man Festverzinsliche nicht bei der Emission zeichnet, sondern an der Börse kauft und die Restlaufzeit keine tilgungsfreien Jahre mehr umfaßt. Dann ist also

$$\text{mittlere Laufzeit} = \frac{\text{Restlaufzeit (Jahre)} + 1}{2}$$

Bei festverzinslichen Anleihen, die nicht ratenweise getilgt, sondern am Ende der Laufzeit in einem Betrag zurückgezahlt (getilgt) werden, gilt

mittlere Laufzeit = tilgungsfreie Jahre + 1

Werden Zinsen nicht jährlich, sondern halbjährig nachschüssig gezahlt, wird die

Effektivverzinsung = Nominalzinssatz +

$$\frac{\text{Disagio}}{\text{mittlere Laufzeit}} \times \frac{100}{\text{Erwerbskurs} - 1/4 \text{ Nominalzinssatz}}$$

Anleihen, die am Ende der Laufzeit in einem Betrag zurückgezahlt werden, werden ebenfalls durch obige Formel erfaßt. Die Anzahl der Freijahre ist in diesem Fall um 1 niedriger als die Laufzeit. Erweiterte Formeln zur Berechnung des Effektivzinses sind die von Moosmüller und Braess/Fangmeyer. → Effektivzinsberechnung nach den Methoden von Moosmüller und Braess/Fangmeyer.

festverzinsliche Wertpapiere, einkommensteuerliche Behandlung

Die einkommensteuerliche Behandlung festverzinslicher Wertpapiere ist verschieden: (1) Bei tarifbesteuerten Anleihen unterliegen die Zinsen dem Zinsabschlag und werden im Rahmen der ESt bzw. KSt besteuert. (2) Bei steuerbegünstigten Titeln werden von den Zinsen 30% KESt einbehalten, womit ESt bzw. KSt abgegolten wird. (3) Bei steuerfreien Schuldverschreibungen sind die Zinsen kapitalertragsteuerfrei und unterliegen auch nicht der ESt bzw. KSt. Bei tarifbesteuerten Titeln werden die Zinserträge bei allen Steuerpflichtigen von der ESt erfaßt, die zur ESt veranlagt werden. Dabei wird der Zinsabschlag als Vorauszahlung auf die Einkommensteuer angerechnet. Steuerfrei bleiben Erträge in Höhe des Werbungskostenpauschbetrags von DM 100, bei Ehegatten, die zusammen veranlagt werden, DM 200. Steuerpflichtige, die Einkünfte überwiegend aus nichtselbständiger Arbeit haben, aber DM 27000 (bei Verheirateten DM 54000) nicht übersteigen, werden nicht veranlagt, wenn die Einkünfte, von denen kein Steuerabzug vom Arbeitslohn vorgenommen wurde, DM 800 nicht übersteigen. Steuerfrei bleiben also DM 800 + DM 100 bzw. DM 200. Bei Ermittlung der Einkünfte aus Kapitalvermögen kann nach Werbungskostenabzug ein Sparerfreibetrag von DM 6000 (Verheiratete DM 12000) abgesetzt werden. Kursgewinne aus Rentenwerten unterliegen nicht der ESt (mit Ausnahme der innerhalb 6 Monaten bei Wandelschuldverschreibungen und Auslandsanleihen realisierten). Daher kann es für Private vorteilhaft sein, Anleihen mit niedrigem Nominalzins und entsprechend niedrigem Kurs zu kaufen. Hiervon ausgenommen sind Anleihen mit sehr hohen Disagios, insbesondere zero-bonds (Null-Coupon-Anleihen). Sofern diese vom Zeitpunkt der Emission bis zu dem der Fälligkeit im Besitz des Anlegers waren, ist der Unterschiedsbetrag zwischen dem Emissionspreis und dem Rückzahlungspreis als steuerpflichtiger Kapitalertrag anzusehen. Der Kapitalertrag muß somit erst im Jahr der Fälligkeit versteuert werden; hierdurch ergibt sich ein Steuerstundungseffekt. Veräußert ein Anleger zero-bonds vor Fälligkeit, jedoch außerhalb der Spekulationsfrist, ist als steuerpflichtiger Kapitalertrag der Betrag anzusehen, um den der rechnerische, mit dem internen Zinsfuß abgezinste (somit fiktive) Verkaufserlös den Kaufpreis übersteigt. Gehören Anleihen zum Betriebsvermögen, sind Kursgewinne, aber auch Kursverluste steuerwirksam. Ferner sind auch nicht vereinnahmte Zinsen aus zero-bonds zu versteuern. Anzusetzen ist der rechnerische Zins (interner Zinsfuß). Bei Auslandsanleihen können auf Zins- und Tilgungszahlungen im Ausland Steuern (oder sonstige Abgaben) erhoben werden (Quellensteuerabzug). Bestehen zwischen den Ländern DBA, können Doppelbelastungen vermieden werden.

festverzinsliche Wertpapiere, vermögensteuerliche Behandlung

Für festverzinsliche Wertpapiere, die an der Börse amtlich, im Geregelten Markt oder im Freiverkehr gehandelt werden, werden vom Bundesfinanzministerium die vermögensteuerlich maßgeblichen Börsenkurse publiziert. Bei Bundesobligationen erfolgt, solange noch nicht zum Börsenhandel zugelassen, die Bewertung mit dem Ausgabepreis. Danach ist der jeweilige Kurswert des Stichtages relevant. Für die Erfassung der Zinsansprüche gilt dasselbe wie bei anderen festverzinslichen Wertpapieren, Sparbriefen, Sparguthaben u. dgl. Festverzinsliche, für die kein Kurs notiert wird, sind zum Nennwert anzusetzen, wenn nicht besondere Umstände eine niedrigere oder höhere Bewertung verlangen. I. d. R. können sie in Anlehnung an die Kursnotizen ähnlich ausgestatteter Titel bewertet werden. Tabellen mit der nach der jeweiligen Zinsausstattung üblichen Kursnotiz des Stichtages veröffentlicht das Bundesfinanzministerium. Die von Banken emittierten Sparbriefe, Bundesschatzbriefe u. ä. sind gleichfalls als Kapitalforderungen zu erfassen. Bundesschatzbriefe Typ A sind zum Nennwert anzusetzen; hier werden die Zinsen jeweils jährlich nachträglich gezahlt und von der depotführenden Bank gutgeschrieben. Aufgezinste Sparbriefe werden zum Nennwert verkauft und sind grundsätzlich zu diesem anzusetzen. Werden die Zinsen während der Laufzeit akkumuliert und erst zusammen am Laufzeitende mit dem Nennbetrag ausbezahlt, sind am Stichtag nur die Zinsen der abgelaufenen vollen Zinsjahre zu erfassen. Bundesschatzbriefe Typ B sind innerhalb der Sperrfrist für die Rückzahlung (außerhalb des Betriebsvermögens) zum Nennwert anzusetzen; nach der Sperrfrist sind sie mit dem Rückzahlungswert zu erfassen, wobei die Zinsansprüche jedoch nur angesetzt werden, wenn sie schon fällig waren oder für eine Periode geschuldet werden, die spätestens am Stichtag geendet hat. Bei abgezinsten Sparbriefen und Finanzierungsschätzen des Bundes ist wie bei Bundesschatzbriefen B vorzugehen. Bei abgezinsten Sparbriefen muß entsprechend der Nennwert wie eine unverzinsliche Forderung jeweils auf den Stichtag abgezinst werden. Vereinfachend kann der Unterschiedsbetrag zwischen dem Anschaffungspreis und dem Nennwert auf die gesamte Laufzeit gleichmäßig verteilt und der auf die Restlaufzeit entfallende Teil vom Nennwert abgezogen werden. Dabei werden die Zinsen nur erfaßt, soweit sie am Stichtag fällig waren oder auf einen schon abgelaufenen Zinszahlungszeitraum entfallen. Entsprechend ist auch bei den Finanzierungsschätzen des Bundes zu verfahren. Bei der kurzen Laufzeit kann die vereinfachte Wertermittlungsmethode, wonach das am Stichtag jeweils laufende Zinsjahr bei der Bewertung nicht berücksichtigt wird, bewirken, daß der Zinsanspruch evtl. vermögensteuerlich nicht angesetzt wird (→ sonstiges Vermögen, vermögensteuerlich). Festverzinsliche, die zum Betriebsvermögen gehören, werden wie beim Privatvermögen behandelt. Bei Bewertung festverzinslicher Wertpapiere mit Sonderausstattung, die von den ursprünglichen Ausgabebedingungen abweicht, ist entscheidend, ob die Sonderausstattung allgemein für alle Inhaber oder nur für bestimmte gilt: Im 1. Fall ist der Wert aus den Kursnotizen für Wertpapiere abzuleiten, die nach Zinsbedingungen und Laufzeit der Sonderausstattung entsprechen; im 2. Fall bleibt die Sonderausstattung bei der Bewertung unberücksichtigt, denn es handelt sich insoweit um eine Verfügungsbeschränkung in der Person des Wertpapierbesitzers, die bei Bewertung von Wertpapieren nicht zu berücksichtigen ist. Festverzinsliche unterliegen auch dann der VSt, wenn sie steuerbegünstigt oder steuerbefreit sind; dies bezieht sich nur auf die KESt bzw. ESt und KSt.

Festzinssatz

Zinssatz, der für eine bestimmte Laufzeit nicht veränderlich ist, während variable Zinssätze bis auf weiteres vereinbart werden. Nach dem inzwischen mit Wirkung vom 1. 1. 1987 aufgehobenen § 247 BGB können Darlehensverträge mit Festzinssätzen, die vor dem 1. 1. 1987 abgeschlossen wurden, gekündigt werden, sofern sie nicht zu einer gesetzlich vorgeschriebenen Deckungsmasse gehören.

Festzuteilung

I. d. R. erfolgt bei einer Emission die Zuteilung an die Zeichner erst nach Ablauf der Zeichnungsfrist; ausnahmsweise werden jedoch von Banken auch Festzuteilungen vor Ablauf der Zeichnungsfrist vorgenommen.

FEX

Abk. f. First European Exchanges.

ff.

Abk. f. und folgende oder fortfolgende; z. B. bei Zins- und Dividendenscheinen angegeben (Nr. 5 ff., 1984 ff. usw.).

Fibor

Abk. f. → Frankfurt interbank offered rate.

Fibor-futures

Bez. f. → Terminkontrakte auf den Zinssatz für eine DMark-Dreimonats-Einlage.

FIBV

Abk. f. → Fédération Internationale des Bourses de Valeurs.

FiFa

Abk. f. → Bundesverband Finanzdienstleistungen e. V., Berlin.

fiktiver Kurs

Angenommener, geschätzter Kurs, bezeichnet mit T = Taxe, Taxkurs. → Kurszusätze.

fill or kill

Begriff aus dem Terminhandel. Ausführungsbeschränkung für eingeschränkte limitierte Aufträge. Eine fill-or-kill-Order ist sofort vollständig auszuführen oder zu löschen. Gemäß „Bedingungen für den Handel an der Deutsche Terminbörse" können Aufträge über Optionskontrakte mit fill or kill versehen werden.

final take

Der Betrag eines internationalen Kredits oder einer internationalen Anleihe, den der Manager des Konsortiums nach der Syndizierung selbst in sein Portefeuille nimmt.

financial futures

Beruhen auf Konzepten der Terminkontrakte in Rohwaren, transformiert auf zinstragende Anlagen (Zinspapiere). Hauptziel z. B. der interest-rate futures ist Absicherung des finanziellen Risikos von Preis- bzw. Zinsschwankungen. Sie entstanden angesichts der zunehmenden Instabilitäten im Zins- und Fremdwährungs-, vor allem Dollarbereich. Wesentliche Gruppen von financial futures: foreign currency futures und interest-rate futures: Beide wurden als Instrument gegen negative Auswirkungen von Fluktuationen im finanziellen Sektor konzipiert. Sie beruhen auf den Prinzipien des Terminhandels. Kassa- und Terminmärkte reagieren prinzipiell auf die gleichen Preisdeterminanten. Financial futures haben also die Aufgabe, bei stark schwankenden Preisen für Devisen oder bei stark veränderlichen Zinssätzen sichere Entscheidungsgrundlagen zu schaffen. Dabei werden analog zu Warentermingeschäften im Zeitpunkt des Geschäftsabschlusses Kontrakte (standardisierte Geschäftsvolumina) mit festgelegtem zukünftigem Erfüllungstermin und fest vereinbarten Konditionen abgeschlossen. Der Unterschied zum traditionellen Terminkontrakt ist darin zu sehen, daß financial futures nicht auf die Erfüllung des Vertrages angelegt sind, sondern eine Stornierung des Kontraktes vor Fälligkeit beabsichtigt ist unter Zahlung eines sich ergebenden Differenzbetrages. Nur etwa 3% aller futures, die an der Chicago Mercantile Exchange gehandelt werden, werden bis zur Fälligkeit gehalten. Technisch ist zwischen Käufer und Verkäufer ein clearing house eingeschaltet, so daß jede Partei unabhängig vom ursprünglichen Vertragspartner aus dem Vertrag freikommen kann, da Leistung jeweils an das clearing house zu erbringen bzw. von diesem abzunehmen ist. Zur Stornierung eines Kontraktes reicht dann die Erklärung gegenüber dem clearing house aus; das Einverständnis des ursprünglichen Kontrahenten ist nicht erforderlich. Der Sicherungszweck wird durch die Entwicklung des Wertes der stets handelbaren futures erreicht. Foreign currency futures haben sich bisher kaum durchgesetzt. Zins-futures bestehen darin, ein zukünftiges Zinsrisiko durch Eingehen einer inversen Position am futures-Markt abzusichern (hedging). Dabei läßt sich das Risiko kaum total eliminieren; ein Basiszinsrisiko bleibt bestehen. Dieses ist aber niedriger als das absolute Zinsrisiko. Der Handel mit interest-rate futures entspricht hinsichtlich der Regulative denen bei US-Rohwarenfutures. Es sind initial margins und variation margins zu hinterlegen. Für die maximalen täglichen Preisschwankungen werden Bandbreiten festgelegt. Für europäische Interessenten am futures-Geschäft wurde 1982 die London International Financial Futures Exchange gegründet (LIFFE). In Deutschland werden an der Deutschen Terminbörse Terminkontrakte auf den Deutschen Aktienindex (DAX-futures), auf verschiedene Schuldverschreibungen des Bundes (Bobl-futures, Bund-futures, Buxl-futures) und auf den Zinssatz für Dreimonatsgeld gehandelt.

Financial Futures Market Amsterdam (FTA)

Niederländische futures-Börse, an der Terminkontrakte auf Aktienindizes (EOE-Index, Dutch-Top-5-Index und Eurotop-100-Index), auf eine langfristige Staatsanleihe (National Guilder Bond) sowie auf US-Dollar gehandelt werden. Adresse: P.O. Box 10220, 1001 EE Amsterdam, Tel. 0031-20-5504555.

Financial Instrument Exchange (FINEX)

Abteilung der New York Cotton Exchange, an der neben Kontrakten (Optionen und futures) auf 5jährige U.S. Treasury Notes auch futures auf ECU und einen US-Dollar-Index sowie futures auf 2jährige U.S. Treasury Notes gehandelt werden.

Financial Times Actuaries Weltindex

Der gemeinsam von der Financial Times, Goldman Sachs und Wood Mackenzie entwickelte und berechnete FT-Weltindex erfaßt 2500 Unternehmen aus 24 Ländern und repräsentiert ca. 70% der Börsenkapitalisierung dieser Länder. Darüber hinaus werden zahlreiche Länderindizes berechnet, die zusammen den Weltindex ergeben. Die Veröffentlichung der Länderindizes erfolgt zusammen mit dem Weltindex täglich in der Financial Times.

Finanzanalyse

Dient der Erarbeitung von Entscheidungsgrundlagen für Finanzdispositionen am Kapitalmarkt. Hat neben fundamentalen und charttechnischen auch marktpsychologische Aspekte der Aktien- und Rentenpapieranlage zu berücksichtigen. Zum Einsatz kommt die Finanzanalyse bei privaten Anlageentscheidungen, bei institutionellen Anlegern sowie im Rahmen der Anlageberatung von Banken. Ihre Aufgabe ist die Untersuchung der Bestimmungsgründe für die historische Entwicklung, die gegenwärtige Situation und die künftigen Aussichten einer Unternehmung oder allgemein Wertpapiere emittierender Institutionen. Die dahinterstehende Absicht ist, ein fundiertes Urteil über die Anlagequalität und damit über die Sicherheit und erwartete Wertentwicklung von Wertpapieren zu ermöglichen.

Finanzanalyst

Auch: Finanzanalytiker, Wertpapieranalyst, -analytiker. → Finanzanalyse.

Finanzanlagen der AG

Sind in der Bilanz wie folgt aufzuteilen: 1. Anteile an verbundenen Unternehmen; 2. Ausleihungen an verbundene Unternehmen; 3. Beteiligungen; 4. Ausleihungen an Unternehmen, mit denen ein Beteiligungsverhältnis besteht; 5. Wertpapiere des Anlagevermögens; 6. sonstige Ausleihungen.

Finanzanzeigen

Bez. f. die Bekanntmachungen der Wertpapieraussteller zur Unterbringung neuer Emissionen bzw. zur Unterrichtung der Besitzer und Verwalter von Aktien und Schuldverschreibungen (Einberufung der Hauptversammlung der AG, Veröffentlichung des Jahresabschlusses der AG, Ausgabe neuer Gewinnanteil- oder Zinsscheinbogen, Einlösung von Dividenden- und Zinsscheinen, Bekanntgabe des Auslosungsergebnisses und der Restantenliste usw.). Die Finanzanzeigen dienen zur Unterrichtung der Öffentlichkeit, haben aber auch evtl. Werbewirkungen → tombstone.

Finanz-basket

Bez. f. ein Wertpapierportfolio, das sich ausschließlich aus Titeln von Finanzdienstleistungsunternehmen wie Banken und Versicherungen zusammensetzt. Ein Finanzbasket kann als Basiswert von Optionsscheinen dienen.

Finanz-Derivate

→ derivative Finanzinstrumente.

FINANZ EXPO

Internationale Messe für Finanz- und Anlageberatung in Hamburg, findet in einem zweijährlichen Turnus statt. Aussteller kommen aus den Bereichen Finanz- und Anlageberatung, Allfinanz, Versicherung, Immobilienanlage, Investmentanlagen, Bausparen sowie Finanz-software. Angesprochene Zielgruppen sind private und professionelle Kapitalanleger. Veranstalter: Hamburg Messe und Congress GmbH, Jungiusstr. 13, 20355 Hamburg, Tel.: 040-35690, Fax.: 040-35692180.

Finanz-hedging

Sicherung des Wertes finanzieller Anlagen durch Abschluß eines hedge-Geschäftes, d. h. durch Aufbau einer entgegengesetzten Position z. B. an einer Terminbörse. Gegenstand kann demnach nicht nur Anlage in ausländischer Währung, sondern jegliche denkbare Anlage finanzieller Mittel sein. Wichtiges Sicherungsmittel für Anleger in ausländischen Wertpapieren.

Finanzierung

Neben der traditionellen Auffassung: Finanzierung als Beschaffung insbesondere langfristigen Kapitals, versteht man unter Finanzierung allgemein auch alle Maßnahmen zur Regulierung der Kapitalausstattung einer Unternehmung. Hierzu gehört neben der eigentlichen Beschaffung von Eigen- und Fremdkapital wesentlich auch die Festlegung einer angestrebten finanzwirtschaftlichen Struktur, die sich in etwa an der Bindungsdauer des investierten Kapitals oder an erwarteten zukünftigen Zahlungsströmen orientieren kann. Die Wahl dieser Struktur hat unmittelbaren Einfluß auf die Rentabilität des investierten Eigenkapitals aufgrund unterschiedlicher steuerlicher Behandlung von Eigen- und Fremdkapital sowie voneinander abweichender Verzinsung bzw. Dividendenrendite. Auf der anderen Seite beeinflußt sie auch die Kreditwürdigkeit einer Unternehmung und damit ihre Anfälligkeit bei unvorhergesehenen Störungen. Die Art der Finanzierung wird maßgeblich durch die zur Verfügung stehenden Möglichkeiten bestimmt. So stehen Instrumente wie Anleihen, Wandelschuldverschreibungen oder Aktien nur emissionfähigen, größeren Unternehmen zur Verfügung.

Finanzierungskennzahlen

Zur Beurteilung der Finanzstruktur einer Unternehmung, ihrer Kreditwürdigkeit und ihrer Eignung zur langfristigen Kapitalanlage wurden Normen formuliert, deren Einhaltung als Zeichen verantwortungsbewußter Unternehmensführung gilt. Hierzu gehören Kennzahlen, die Teile der Passivseite der Bilanz zu Positionen der Aktivseite ins Verhältnis setzen, z. B. die goldene Bilanzregel. Auch Relationen zwischen Positionen der Passivseite, also des Kapitals der Unternehmung, können den Finanzierungskennzahlen zugeordnet werden.

Finanzierungsmittelmärkte

Nicht jede Form der Finanzierung vollzieht sich im Rahmen eines geordneten Marktgefüges. So gibt es keinen Markt für die Finanzierung aus Anzahlungen, Lieferantenkrediten oder Abschreibungen. Unter Finanzierungsmittelmärkten werden daher nur geordnete Märkte (z. B. durch Usancen) für die Bereitstellung von Eigen- und Fremdkapital verstanden, wobei eine Verbriefung nicht erforderlich ist. Folglich zählt neben dem Emissionsmarkt für Aktien und Rentenwerte, dem Euro-Markt, dem Markt für Schuldschein- und andere verbriefte Darlehen u. a. m. auch der Kreditmarkt zu den Finanzierungsmittelmärkten.

Finanzierungspapiere

Geldmarktpapiere, die von öffentlichen Haushalten (Bund, Bundesländer, Sondervermögen des Bundes u. a.) zum Zwecke der Überbrückung von Kassendefiziten emittiert werden (Schatzwechsel und unverzinsliche Schatzanweisungen).

Finanzierungsrechnung

Gibt im Rahmen der Aktienanalyse unter Verwendung des cash-flow Auskunft darüber, wieviel % der Investitionen durch einbehaltene Mittel (cash-flow abzügl. Dividende) bzw. welcher Anteil von außen in Form von Eigen- oder Fremdkapital finanziert wird.

Finanzierungsregeln

Grundsätze zur Strukturierung der Passivseite der Bilanz einer Unternehmung, die anzustrebende Relationen zwischen Passivpositionen oder Passiv- und Aktivpositionen der Bilanz festlegen. Sie sollen Anhaltspunkte für die finanzielle Lage der Unternehmung geben und die Kreditwürdigkeit zum Ausdruck bringen. Die Regeln, die i. d. R. in Form von fixierten Finanzierungskennzahlen Grundlage einer Unternehmensanalyse sind, gelten in der Theorie als problematisch. Ihnen wird nur aufgrund ihres normativen Charakters Wirkung zugesprochen.

Finanzierungsschätze des Bundes

Nicht börsennotierte Finanzierungspapiere mit festen Laufzeiten von 1 oder 2 Jahren, die vom Bund ausgegeben werden. Kleinste Stückelung DM 1000. Sonderform der unverzinslichen Schatzanweisungen des Bundes. Entgegen ihrer Bezeichnung nicht unverzinslich, sondern mit einer abweichenden Verzinsungsart: Verzinsung erfolgt durch Zinsabzug (Diskont) vom Nominal- oder Einlösungswert (Abzinsungspapier). Dabei ist Erwerbspreis der um den Diskontabzug verringerte Einlösungs- oder Nominalwert.

Finanzinnovationen

Sammelbez. f. eine Vielzahl von an nationalen und internationalen Finanzmärkten offerierten Anlage- und Finanzierungsleistungen, die mannigfaltige Entwicklungen an diesen Märkten reflektieren. Hierzu gehören die zunehmende Internationalisierung der Geschäftstätigkeit der Anbieter von Finanzdienstleistungen, unterschiedliche Regulierungs- bzw. Deregulierungsmaßnahmen an einzelnen Finanzmärkten, die Globalisierung der Kapitalmärkte, die zunehmende Substitutionskonkurrenz sowie ein hiermit einhergehender Margenverfall in traditionellen Geschäftsbereichen u. a. m., die vornehmlich Banken dazu veranlaßt haben, durch eine Vielzahl neuer Dienstleistungsofferten ihr Aktions- und Reaktionspotential auszuweiten, um den unterschiedlichen Präferenzen der internationalen Marktteilnehmer entgegenzukommen. In einigen Bereichen handelt es sich hierbei jedoch nicht unbedingt um neu kreierte, innovative Leistungen, sondern z. T. um variantenreiche Modifikationen traditioneller Finanzdienstleistungen. Zu den deutschen Finanzinnovationen der vergangenen Jahre zählen unter anderem Nullkuponanleihen (zero-bonds), Doppelwährungsanleihen und DM medium-term notes.

Finanzinvestition

Anlage liquider Mittel in Form von Darlehen, Wertpapieren oder Beteiligungen. Der Investor übernimmt dabei nicht explizit das leistungswirtschaftliche Risiko, sondern lediglich das Bonitätsrisiko des Kapitalnehmers. Unternehmerischer Einfluß ist nicht Ziel einer Finanzinvestition; der Aspekt der Kapitalanlage steht im Vordergrund.

Finanzmakler

Zusammenfassende Bez. f. berufsmäßige Vermittler von mittel- und langfristigen Darlehen (vor allem Schuldscheindarlehen, Hypothekendarlehen), von Beteiligungen und ganzen Unternehmen. Oft mit Finanzberatung verbunden. Börsenmakler gelten im engeren Sinne nicht als Finanzmakler.

Finanzmarkt
→ Finanzierungsmittelmärkte.

Finanzmarktförderungsgesetz, Erstes
→ Gesetz zur Verbesserung der Rahmenbedingungen der Finanzmärkte.

Finanzmarktförderungsgesetz, Zweites
→ Gesetz über den Wertpapierhandel und zur Änderung des Börsengesetzes, des Gesetzes über Kapitalanlagegesellschaften, des Aktiengesetzes, des Depotgesetzes, des Wertpapier-Verkaufsprospektgesetzes sowie anderer wertpapierrechtlicher Vorschriften.

Finanzpresse
Bez. f. Zeitungen und Zeitschriften, die sich ausschließlich oder in starkem Maße mit Vorgängen im finanziellen Bereich der Wirtschaft, an den Finanzmärkten, den Börsen, im Geld- und Währungswesen usw. befassen.

Finanzstrukturkennzahlen
→ Finanzierungskennzahlen → Finanzierungsregeln.

FINEX
Abk. f. Financial Instrument Exchange.

Finnish-Options-Index (FOX)
Von dem Finnish Options Market berechneter Aktienindex, der auf 25 der an der Börse in Helsinki meist gehandelten finnischen Aktien basiert. Die Gewichtung der einzelnen Werte erfolgt anhand ihrer Börsenkapitalisierung. Basis ist 500 per 4. 3. 1988. Der FOX dient als Grundlage für den Indexterminhandel an dem → Finnish Options Market.

Finnish Options Market (FOM)
1987 gegründete Terminbörse in Finnland. Seit 1988 werden Optionen und futures auf den Finnish-Options-Index (FOX) gehandelt. 1990 wurde der Handel von Terminkontrakten auf Aktien (KOP, UBF, Kesko, Partek, Kymmene und Nokia) und 1992 der Handel von Aktienoptionen (Amer Group, Enso-Gutzeit, Huhtamäki, Kansallis Banking Group, Kesko Oy, Kone, Kymmene, Nokia, Okobank, Partek, Repola, Unitas Bank, Pohjola Insurance) aufgenommen. Darüber hinaus werden an der FOM Währungsoptionen und -futures gehandelt. Adresse: Box 926, SF 00101 Helsinki. Tel.: 00358 0 131211, Telefax: 00358 0 13121211.

fips
Abk. f. foreign interest payment securities: Doppelwährungsanleihen mit „ewiger" Laufzeit.

firm commitment
Festübernahme der Wertpapiere bei internationalen Aktien- und Anleiheemissionen durch die management group bei dem Verfahren der three-tier syndication bzw. underwriting group bei dem Verfahren der two-tier syndication. Zunächst wird die Garantie der Festübernahme von einzelnen wenigen Banken, die mit den Emissionsverhandlungen betraut sind, gegenüber dem Emittenten abgegeben. In einem zweiten Schritt laden diese weitere Banken ein, sich an der Emission zu beteiligen und die Übernahme der Emission zu garantieren.

firm deal
→ firm commitment.

Firmenmantel
Bez. f. sämtliche Anteilsrechte einer Kapitalgesellschaft; z. B.: Aktienmantel, GmbH-Mantel, insbesondere dann, wenn eine nicht mehr aktive Unternehmung veräußert werden soll, um einer neu in das Wirtschaftsleben tretenden Unternehmung Gründungskosten zu ersparen.

Firmenwert
Wertbestandteil einer Unternehmung, der die Summe ihrer einzelnen Vermögenswerte abzügl. ihrer Verbindlichkeiten übersteigt (auch: goodwill). Er ergibt sich aus immateriellen Elementen: Ruf der Unternehmung, Markennamen, Patente, Lizenzen usw., Geschäftsverbindungen, Kundenstamm, qualifiziertes Personal u. a. m. Bei Kauf oder Verkauf einer ganzen Unternehmung hat die Ermittlung des Firmenwerts hohes Gewicht. In die Bilanz darf ein Firmenwert nur eingesetzt werden, wenn bei der Übernahme einer Unternehmung hierfür bezahlt worden ist (derivativer Firmenwert); er ist innerhalb 5 Jahren abzuschreiben. Der originäre Firmenwert darf nicht in der Bilanz angesetzt werden. Eine Errechnung des Firmenwerts ist auch bei guter Kenntnis der Unternehmung nur näherungsweise möglich.

First European Exchanges (FEX)
1992 haben sich die vier europäischen Terminbörsen EOE-Optiebeurs in Amsterdam, OM Stockholm, OM London und SOFFEX auf eine Kooperation geeinigt und die Gründung der First European

Exchanges (FEX) beschlossen. Inzwischen ist auch die Österreichische Termin- und Optionenbörse (ÖTOB) Mitglied der FEX. Ziel der Kooperation ist die Verbesserung des grenzüberschreitenden Handels von Terminkontrakten der Mitglieder. Die Börsen bleiben weiterhin unabhängig und entwickeln weiterhin eigene innovative Kontrakte.

first notice day

Erster Tag, an dem Käufer oder Verkäufer von Terminkontrakten ihre Absicht der physischen Erfüllung gegenüber dem clearing house bekunden können.

fiscal agent

Bank, die die technische Abwicklung einer Emission einschl. Zahlstellendienst vornimmt.

fixed debt option

Option auf Umwandlung zinsvariabler Titel in Festsatz-bonds.

Fixed-Price-Reoffer-System

Verfahren zur Preisfindung von Anleihen bei Erstemission. Die Rendite einer neuen Anleihe wird dabei zunächst nicht absolut, sondern in Relation zu einer Referenzanleihe, wie z. B. Bundesanleihe oder Bundesobligation, festgestellt. Häufig werden DMark-Auslandsanleihen mit diesem Preisfeststellungsverfahren plaziert. Die Differenz, die zur Referenzanleihe gewählt wird, gilt als eine Art von Bewertung (rating) der Emission: Je größer die Differenz ist, desto schlechter wird die Bonität des Anleiheschuldners am Markt eingeschätzt.

fixed pricing option

Option auf Umwandlung eines zinsvariablen Kredites oder Schuldtitels in eine Festsatzverpflichtung.

fixed rate deal

Festzinssatz-Emission.

fixed trust, fund

Investmentfonds, bei dem die Anlageliste art- und mengenmäßig schon bei Gründung genau bestimmt ist. Im Gegensatz dazu kann bei flexiblen Trusts die Geschäftsführung die Wertpapierbestände auswechseln. Üblich sind Fonds, bei denen die Anlageliste nur in einem bestimmten Rahmen festgelegt ist (semiflexible trusts).

fixe Kurse

Wechselkurse, bei denen keinerlei Kursschwankungen gegen andere Währungen möglich sind. Kommen praktisch nur in Zentralverwaltungswirtschaften vor, wo ein striktes staatliches Devisen- und Außenhandelsmonopol besteht.

fixen

Verkauf von Wertpapieren, die der Verkäufer nicht besitzt, sondern erst zu einem späteren Termin kaufen (eindecken) will. Auch: leerverkaufen.

Fixer

Teilnehmer am Terminmarkt, der Leerverkäufe vornimmt. → fixen → Baissier.

Fixgeschäft

→ Festgeschäft → Termingeschäfte in Wertpapieren.

Fixgeschäft mit Nebenvereinbarungen

→ Nochgeschäft.

fixing

→ Gold-fixing → Goldmärkte.

fixing price

Amtlicher Preis für Barrengold an der Londoner Börse. Notiert in new pence per troy ounce (1 Unze = 31,1035 g). In der Finanzpresse wird i. d. R. der in US-$ umgerechnete Tageskurs genannt.

FK

Abk. f. Fremdkapital.

Flagge

Besondere Formation der technischen Aktienanalyse, nämlich eine Trendbestätigungsformation (Konsolidierungsformation). Die Hoch- und Tiefpunkte der Kursbewegung innerhalb eines ausgewählten Zeitintervalls werden miteinander verbunden und ergeben so eine bestimmte Formation. Je nach ihrer Form werden Keile, Dreiecke und Flaggen unterschieden. Flaggen sind dadurch gekennzeichnet, daß ihre Begrenzungslinien entgegen der Trendbewegung, aber parallel zueinander verlaufen. Flaggen, die Konsolidierungsphasen im Verlauf eines Aufwärtstrends markieren, sind abwärts gerichtet, wogegen in einer Erholungsphase im Verlaufe eines Abwärtstrends die Flaggen aufwärts gerichtet sind, d. h. von links unten nach rechts oben verlaufen.

flat

Kurs einschl. aufgelaufener Zinsen, im Gegensatz zu einem Kurs, bei dem aufgelaufene Zinsen (Stückzinsen) gesondert verrechnet werden. → flat-Notierung.

flat-Notierung
Bedeutet, daß beim Wertpapierhandel mit festverzinslichen Wertpapieren Pro-rata-Zinsen im Preis für den Titel inbegriffen sind.

flexible fund
→ flexible trust.

flexible exchange options
Börsengehandelte Alternative zu den an den OTC-Optionsmärkten gehandelten Optionen. Vor dem Hintergrund, daß Finanzdienstleister weltweit eigene Finanz-Derivate (Optionen, Futures, Swaps etc.) für ihre Kundschaft entwickelt haben, begann die CBOE mit der Entwicklung von flexible exchange options (flex-options). Während OTC-Derivate den Vorteil haben, daß ihre spezifischen Merkmale auf die Wünsche des Kunden zugeschnitten sind, weisen die börsengehandelten Terminkontrakte nur standardisierte Kontraktspezifikationen auf. Flex-Optionen bieten insbesondere institutionellen Marktteilnehmern die Möglichkeit, ihren Wünschen entsprechend eine Veränderung bestimmter Kontraktspezifikationen (Laufzeit, Basispreis, Optionstyp) vorzunehmen. Beispielsweise sind Laufzeiten von bis zu fünf Jahren realisierbar. Der Anleger kann sich für Optionen amerikanischen Typs (jederzeitige Ausübung) und Optionen europäischen Typs (Ausübung lediglich am Verfalltag) entscheiden. Die Transaktionen werden durch das clearing-Haus der Terminbörse abgewickelt und garantiert.

flexible trust
Investmentfonds mit beweglicher Anlagepolitik. Die Fondsleitung kann ohne satzungsmäßige Beschränkungen Wertpapiere kaufen und verkaufen. → semi-flexible trust → fixed trust fonds.

flexible Wechselkurse
Wechselkurse von Währungen, die sich laufend am Devisenmarkt aus Angebot und Nachfrage frei bilden können, also ohne Interventionen der Währungsbehörde. Allein Interventionen zur langfristigen Glättung, also Verhinderung von erratischen oder als zu hoch angesehenen Ausschlägen, vereinbaren sich mit dem Prinzip flexibler Wechselkurse. Gegens.: feste Wechselkurse.

flex-options
→ flexible exchange options.

Fließhandel
Bez. an der Wiener Börse für den variablen Aktienhandel.

flip-flop floating rate notes
Floating rate notes, bei denen der Anleger ein längerlaufendes Engagement in ein kürzerfristiges, aber niedriger rentierliches umwandeln kann.

flipper
→ dolphin.

floater
Kurzbez. f. floating rate note.

floating
Preisgabe des Systems fester Wechselkurse in der Form, daß die Kursentwicklung der Währungen frei nach Angebot und Nachfrage erfolgen kann (→ flexible Wechselkurse).

floating-fixed-Relation
Verhältnis von Zinszahlungsverpflichtungen aus zinsvariablen und festverzinslichen Verbindlichkeiten.

floating rate CD (certificate of deposit)
Am Euromarkt Bez. f. ein Depositen-(Einlagen)zertifikat (certificate of deposit), das variabel verzinslich ist. Die Anpassung der Zinssätze erfolgt üblicherweise auf der Grundlage von LIBOR alle 3 oder 6 Monate.

floating rate debt option
Option, die zum Tausch festverzinslicher in variabel verzinsliche Titel berechtigt.

floating rate notes (FRN) (bonds)
Zinsvariabler Schuldverschreibungstyp mit Laufzeiten von 5–10 Jahren. Dabei wird die Verzinsung meist alle 6 Monate an die Geldmarktverhältnisse angepaßt (mit bestimmter Marge über z. B. LIBOR oder FIBOR usw.). Meist ist Mindestverzinsung garantiert. Häufigste Schuldner sind Banken.

Floor
Bez. f. den Börsensaal der New York Stock Exchange.

floor (1)
An den Warenbörsen Bez. f. einen abgegrenzten Raum (Ring), um den sich die Makler zur Abwicklung von Termingeschäften zusammenfinden. An den Getreidemärkten auch pit (Höhle, Grube).

floor (2)
Zinsuntergrenze bei zinsvariablen Anleihen.

floor (3)

Mindestzins-Zertifikate; Zinssicherungs-Zertifikate. Inhaber eines bankemittierten floor erhalten dann eine Zahlung vom Emittenten, wenn ein Referenzzinssatz – z. B. Libor oder Fibor – einen in den Emissionsbedingungen festgelegten Satz unterschreitet. Diese Zahlung errechnet sich als auf einen Nominalwert bezogene Differenz der beiden Sätze; sie wird entweder für die gesamte Laufzeit oder für einzelne Zinsperioden errechnet und gezahlt. Floors eignen sich für spekulative Anleger und für solche Anleger, die ein zinsvariables Investment gegen stark fallende Zinsen absichern wollen.

floor broker

Broker an US-Börsen, die vor allem unlimitierte Aufträge ausführen. Auch: two dollar broker. → commission broker.

floor-Fonds

Innovativer Investmentfonds. Ein floor-Fonds will den Sicherheitsaspekt von Geldmarkt- und Kapitalmarktanlagen mit den Kurschancen internationaler Aktien- und Rentenmärkte verbinden. Ziel des Fonds ist es, eine vorher festgelegte Wertuntergrenze – floor – nicht zu unterschreiten. Üblich ist ein floor von 90% des jeweiligen Anteilswertes, d. h., der Anleger akzeptiert einen max. Verlust in Höhe von 10%. Der floor wird bei einer positiven Wertentwicklung des Fondsvermögens nach oben angepaßt. Bei Kursrückgängen bleibt die Wertuntergrenze konstant; sie wird nur bei einer evtl. jährlichen Ertragsausschüttung geändert.

floor-Zertifikate

Finanzinnovation. Es handelt sich um Zinsausgleichs-Zertifikate, die ihren Inhaber berechtigen, vom Emittenten i. d. R. halbjährlich eine Ausschüttung zu erhalten. Die Höhe der Zahlung errechnet sich aus der Differenz, um die bestimmte Geldmarktzinsen (üblich ist der 6-Monats-DM-Libor) unter einen Basissatz, den sog. floor, fallen. Wenn der Libor dem Basissatz entspricht oder darüber liegt, erhält der Investor für den entsprechenden Zeitraum keine Zahlung. Zusätzlich zu den Halbjahreszahlungen kann der Anleger bei einem Rückgang der kurzfristigen Zinsen von Kurssteigerungen der Zertifikate profitieren. Umgekehrt führt ein Anstieg der Geldmarktzinsen zu Kursverlusten. Floor-Zertifikate eignen sich zur dauerhaften Absicherung hoher Festgeldkonditionen.

flop

Bez. f. Mißerfolg o. ä., z. B. bei einem Börsengeschäft, einer Emission usw.

flop option

Option auf erneute Umwandlung eines Schuldtitels. → flip-flop floating rate notes.

flottantes (schwimmendes) Material

Nicht im Dauerbesitz befindliche Wertpapiere; meist Teilbeträge einer Emission.

flottante Wertpapiere

→ flottantes (schwimmendes) Material.

flow back

Rückfluß international emittierter Aktien an den Heimatmarkt. → Euro-Aktien.

flow-through shares

In Kanada offerierte Anlagemöglichkeit in Explorationskapital mit hohen steuerlichen Abschreibungsmöglichkeiten. Während diese Abschreibungsmöglichkeiten von den großen gewinnträchtigen Minen- und Bergbaugesellschaften selbst in Anspruch genommen werden, stehen diese der Vielzahl kleiner und mittlerer Explorationsgesellschaften kaum zur Verfügung, da sie bisher keine nennenswerten Gewinne ausweisen können. In diesen Fällen erlauben die zuständigen Finanzämter einen „flow-through", also einen Durchfluß der von der Gesellschaft nicht in Anspruch genommenen Steuerabschreibungen direkt zum Investor hin, der diese steuerlich nicht genutzten Abschreibungen in gleicher Höhe geltend machen kann. Als problematisch erweist sich jedoch bei dieser Anlagealternative, daß die Finanzbehörden die physische Ausgabe der Aktien erst dann zulassen, bis das Explorationskapital nachweislich investiert wurde. Bis zu diesem Zeitpunkt hat der Investor somit nicht die besonders geschützte Rechtsstellung eines Aktionärs, so daß diese Anlageform auch erhebliche Risiken aufweist.

Fluchtgelder

Als Folge erwarteter Verschärfung devisenrechtlicher Bestimmungen kann häufig eine i. d. R. stark überzogene Marktreaktion beobachtet werden. Das Bemühen, entsprechenden restriktiven Vorschriften zuvorzukommen, kann das Marktgeschehen so stark beeinflussen, daß es zu völlig von fundamentalen Gegebenheiten losgelösten Kursen kommen kann. Überstürzt liquidisierte Anlagen werden meist ins Ausland transferiert, evtl. auch illegal über die Grenze geschmuggelt. → Devisenbewirtschaftung → Kapitalflucht.

Fluchtkapital

→ Kapitalflucht → Fluchtgelder.

Flugzeugbeteiligung

→ Leasing-Fonds.

flüssige Mittel

In der Bilanz werden Kassenbestand, Postscheckguthaben, Bankguthaben, Schecks, Wechsel und meist auch Wertpapiere des Umlaufvermögens als flüssige oder liquide Mittel bezeichnet. Allgemein handelt es sich um Geld und Vermögenswerte, die relativ schnell und verlustlos in Geld umgewandelt (liquidisiert, monetisiert) werden können. Nach der Geldnähe eines Vermögenswertes richtet sich sein Liquiditätsgrad.

flüssiger Geldmarkt

Bez. f. die Geldmarktverfassung, die durch hohen Gesamtbestand an Zentralbankgeld der Geschäftsbanken und damit tendenz. sinkender Geldmarktzinssätze gekennzeichnet ist. Gegens.: angespannter Geldmarkt.

fLV

Abk. f. fondsgebundene Lebensversicherung.

Fördergesellschaft für Börsen und Finanzmärkte in Mittel- und Osteuropa mbH

1992 gegründete Gesellschaft, die den know-how-Transfer, die Errichtung von Börsen und die Konzeption von Kapitalmarktgesetzen in den Ländern Mittel- und Osteuropas unterstützen will. Zu den speziellen Aufgaben zählen Informationsbereitstellung, Beratung und technische Unterstützung. Der Wissenstransfer erfolgt über gezielte Ausbildungsmaßnahmen der Gesellschaft. Die Fördergesellschaft hat ein Stammkapital von 500000 DM. Daran sind die Deutsche Börse AG zu 80%, die Deutscher Kassenverein AG zu 14% sowie die Bundesverbände der Kurs- und Freimakler mit jeweils 3% beteiligt. Anschrift: Biebergasse 6–10, 60313 Frankfurt/M., Tel.: 069/288012, Fax: 069/29977465.

FOK

Abk. f. fill or kill.

Folge

Abk.: F. Unterscheidungsmerkmal bei Wertpapieren (entsprechende Bezeichnungen: Ausgabe, Emission, Litera, Reihe, Serie).

Fonds

Kurzbez. f. das Sondervermögen bei KAG. Veraltet versteht man darunter auch Obligationen. Allgemeine Bez. f. unter besonderer Verwaltung stehendes finanzielles Vermögen.

Fondsanlagen

Kapitalanlagen eines Investmentfonds.

Fondsbörse

Frühere Bez. f. Rentenbörse oder auch für Börse allgemein (im Gegensatz zur Warenbörse).

Fonds „Deutsche Einheit"

→ Sonderfonds „Deutsche Einheit".

fondsgebundene Lebensversicherung (fLV)

Lebensversicherung auf Investmentbasis als Form sachwertgesicherter Lebensversicherung. Eine gemischte Lebensversicherung, die teilweise oder ganz auf Basis von Anteilen eines Sondervermögens, speziell eines Investmentfonds, durchgeführt wird. Bietet anders als die konventionelle Lebensversicherung mit garantierter Versicherungssumme die Chance eines Wertzuwachses (Kurssteigerungen), aber auch das Risiko der Werteinbuße. Die fLV ist somit nur für den geeignet, der schon über sichere Altersversorgung verfügt. Grundtypen: Bei Modell A mit festem Beitrag wird der Sparbeitrag zum Erwerb von Fondsanteilen verwendet, die in ihrer Summe einschl. der Kapitalerträge die Erlebensfalleistung ergeben. Der Sparvorgang wird durch eine Risikolebensversicherung mit fallender Versicherungssumme ergänzt, die im Falle vorzeitigen Todes eine Mindestsicherheit geben soll. Für diese Zusatzleistung wird der Risikobeitrag verbraucht. Je nach Vereinbarung leistet der Versicherer im Todesfalle entweder eine feste Versicherungssumme in DM oder den höheren Tageswert der Fondsanteile (Deckungsrückstellung) (Modell A 1) oder den Tageswert der Deckungsrückstellung und zusätzlich das riskierte Kapital einer vergleichbaren konventionellen gemischten Lebensversicherung (Modell A 2). Bei Modell B wird die Sachwertbindung, d. h. die Technik der Versicherung, nicht auf Geldeinheiten, sondern auf Fondsanteilseinheiten angewendet, so daß Sparvorgang und Risikodeckung voll über Fondsanteile abgewickelt werden. Die Beitragsverpflichtung des Versicherungsnehmers ist eine bestimmte Anzahl Fondsanteile pro Jahr, wobei der zu zahlende DM-Beitrag mit dem Kurswert der Anteile schwankt. Im Versicherungsfall wird eine feststehende Anzahl von Fondsanteilen geleistet. Bei beiden Modellen sind die Gewinne aufgrund der damit verbundenen Lebensversicherung steuerfrei.

Fonds mit Garantiepreisen

Investmentfonds mit garantiertem Mindest-Rücknahmepreis. Insbesondere im Bereich geldmarktnaher Rentenfonds zu finden.

Fondsvermögen

Das Sondervermögen bei Investmentfonds; es umfaßt alle Vermögenswerte des Fonds.

force-majeure-Klausel

In Anleihebedingugen enthaltene Klausel, die Konsortialführern das Recht einräumt, eine bereits begebene Anleihe wieder zurückzunehmen. Sie wird sehr selten und nur in Zeiten starker Unsicherheit angewendet.

Forderungsabtretung, -zession

→ Abtretung von Forderungen (Forderungszession) → Zession.

Forderungspapiere

Wertpapiere, in denen Forderungsrechte verbrieft sind. Beispiele: Schuldverschreibungen, Wechsel, Schecks u. a. m. Dagegen sind z. B. Aktien, Mitgliedschafts- oder Anteilspapiere.

Forderungsrecht

Recht auf bestimmte Zahlungen, z. B. auf Rückzahlung des Nennbetrages einer Schuldverschreibung und laufende Zinszahlungen.

foreign currency option

Devisenoption, Währungsoption.

foreign exchange

→ Devisen.

Foreign Exchange Club (FOREX)

Vereinigung der Devisenhändler in Deutschland; Sitz: Düsseldorf. Er hat rd. 400 Mitglieder. Soll berufliche Anregungen vermitteln, den Kontakt untereinander verbessern und das Ansehen des Berufsstandes insgesamt fördern. Daneben dient er der Weiterbildung.

Foreign Stock Exchange

An der Londoner Börse der Markt der ausländischen Wertpapiere.

forex-Fonds

Investmentfonds, deren Vermögen überwiegend spekulativ an den Devisenterminmärkten, z. B. in Devisenterminkontrakten und börsengehandelten Devisenoptionen, zu einem kleineren Teil aber zumeist auch in inländischen Rentenwerten angelegt wird.

forex option

Devisenoption, Währungsoption.

forfeit

→ Reugeld.

Forint-Fonds

In Ungarn aufgelegte börsennotierte Investmentfonds. Sie weisen oft feste Laufzeiten von bis zu fünf Jahren auf und investieren überwiegend in Renten. Für Ausländer besteht über Forint-Fonds die Möglichkeit, an der Wertentwicklung ungarischer Anleihen zu partizipieren.

Format der Wertpapiere

Gemäß den Richtlinien der Wertpapierbörsen für den Druck von Wertpapieren müssen Mäntel und Bogen der Wertpapiere in DIN-A4-Format 21 × 29,7 cm angefertigt sein.

Formationen

I. S. d. Aktientrendanalyse häufige Erscheinungsformen von Kursverläufen insbesondere auch in Verbindung mit Umsatzverläufen. Es wird unterschieden zwischen trendbestätigenden (Rechteck, Dreieck, Flaggen, Wimpel) und Trendumkehrformationen (Bögen, Untertassen, M-Formationen, W-Formationen, Doppelspitze bzw. Doppeltief). → technische Aktienanalyse.

Formelanlageplan

→ Formelanlageplanung.

Formelanlageplanung

Die Zusammensetzung eines Portefeuilles ist keine einmalige, sondern eine Daueraufgabe. Die Anlagen müssen laufend überprüft und geboten erscheinende Anpassungen vorgenommen werden. Ein Spezialverfahren laufender Anlageplanung, das timing von Aktienkäufen und -verkäufen, ist Formelanlageplanung. Der Kapitalanleger muß: (1) qualitativ geeignete und seinen Anlagewünschen und -möglichkeiten entsprechende Aktien auswählen, (2) den geeigneten Zeitpunkt für Kauf und Verkauf bestimmen. Die erste Aufgabe fällt in den Bereich der Aktienanalyse. Die zweite Aufgabe ist ein Problem der Anlageplanung im Zeitablauf. Timing ist erforderlich, weil Aktien Kursschwankungen unterliegen, aus denen der Anlageplaner Nutzen ziehen will.

Um Fehlreaktionen – Anleger lassen sich oft von Stimmungen der Börse in ihren Kauf- und Verkaufsentschlüssen bestimmen – zu vermeiden, führt die Formelanlageplanung das timing der Aktienkäufe und -verkäufe auf eine gewissermaßen automatisch wirksame Formel zurück: Diese verlangt vom Anleger ein der allgemeinen Börsentendenz entgegengesetztes Verhalten. Der Satz: Kaufen, wenn die Kurse fallen, verkaufen wenn die Kurse steigen, wird bei der Formelanlageplanung nicht auf den gesamten Aktienbesitz bezogen, sondern auf einen Teil des Depots, und zwar so abgewandelt: (1) Eine bestimmte Anzahl Aktien kaufen, wenn die Kurse fallen; eine bestimmte weitere Anzahl kaufen, wenn sie weiter fallen, usw.; (2) eine bestimmte Anzahl Aktien verkaufen, wenn die Kurse steigen; eine bestimmte weitere Anzahl verkaufen, wenn sie weiter steigen, usw.; (3) diese Transaktionen langfristig nach einem bestimmten, vorher festgelegten Plan (Formelanlageplan) vornehmen. Die Formelanlageplanung – als automatische Planung und Durchführung von Käufen und Verkäufen – zwingt den Anleger, Aktien bei kursmäßig steigender Börse zu verkaufen, bei sinkender Börse zu kaufen. Geht der Formelanlageplan auf – Voraussetzung dafür ist seine geschickte Aufstellung und konsequente Beibehaltung –, zeigt sich für den Anleger, daß er Aktienpartien stets unter ihren durchschnittlichen Verkaufkursen zurückkauft. Langfristig wächst auf diese Weise sein Anlagekapital. Wer sich eines Formelanlageplans bedienen will, muß zunächst mit seinem Anfangskapital 2 verschiedene Wertpapierfonds bilden: einen aggressiven oder initiativen und einen defensiven oder konservativen Fonds. Der aggressive Fonds wird aus qualitativ guten Aktien gebildet, die erfahrungsgemäß Kursschwankungen aufweisen; Kursschwankungen sind für das Funktionieren der Formelanlagepläne Voraussetzung; andernfalls entsteht eine konstante Daueranlage. Der aggressive Fonds ist der eigentliche Operationsfonds. Dagegen hat der defensive Fonds die Aufgabe, zur Durchführung der laufenden Anlageplanung im aggressiven Fonds die Mittel zur Verfügung zu stellen bzw. aufzunehmen: Wenn der Kurswert des aggressiven Fonds fällt, werden mit Mitteln des defensiven Fonds weitere Aktien zu ersterem hinzugekauft; steigt der Kurswert des aggressiven Fonds und finden daraus Verkäufe statt, fließen die Erlöse in den defensiven Fonds zurück. Der defensive Fonds muß nicht nur liquide, sondern soll auch möglichst kurswertstabil und rentabel sein. Das Erfordernis der Liquidität und Kursstabilität erfüllt eine Barreserve am besten. Da jedoch nach dem Anlageplan zeitweilig ein großer Teil des Anlagekapitals in defensiver Form unterhalten werden muß, ist ausschließliche Barmittelhaltung aus Rentabilitätsgründen unangebracht. Auch verzinsliche Bankkonten – Spar- oder Terminkonten – sind nicht ohne weiteres geeignet, da meist Kündigungsfristen zu beachten sind. Letztlich kommen als Anlage im defensiven Fonds festverzinsliche Werte verschiedener Art in Betracht. Sie unterliegen zwar Kursschwankungen, doch sind diese i. a. gering. Da eben nur das Optimum aus Liquidität, Rentabilität und Kursstabilität angestrebt wird, kann der defensive Fonds neben Festverzinslichen auch eine Barreserve und Bankguthaben enthalten (insbesondere bei den Anlageplänen für kleine Kapitalien), um flexiblere Dispositionen zu ermöglichen. Das Grundprinzip – quasi automatische Käufe und Verkäufe aggressiver Papiere und damit Umschichtungen zwischen den beiden Teilfonds – verlangt, daß bei steigendem Kursniveau ein Teil der Aktien des aggressiven Portefeuilleteils zu im voraus zu bestimmten Verkaufszeitpunkten verkauft wird und der Erlös im defensiven Fonds angelegt wird. Umgekehrt müssen bei sinkendem Kursniveau aggressive Papiere jeweils zu bestimmten Kaufzeitpunkten gekauft und der hierfür erforderliche Geldbetrag aus der Liquidierung des dafür notwendigen Teils der defensiven Anlage gewonnen werden. Die Wahl der Zeitpunkte, zu denen eine Kauf- oder Verkauftransaktion vorgenommen werden soll, kann anhand eines bestimmten repräsentativen, börsentäglich ermittelten Aktienindex erfolgen: Immer dann, wenn der Index um z. B. 10 Punkte oder 10% gestiegen (gefallen) ist, werden die Portefeuilleteile in Gestalt eines Verkaufs (Kaufs) aggressiver Titel umgeschichtet. Wichtig ist dabei, daß sich der Kurswert des aggressiven Portefeuilleteils möglichst gleichläufig mit dem gewählten Index bewegt. Ein anderes Verfahren ist, den Kurswert des aggressiven Portefeuilles selbst zu beobachten und immer, wenn dieser um z. B. 10% steigt oder fällt, die entsprechende Umschichtung vorzunehmen. Die Spanne muß in jedem Fall so groß sein, daß der erzielbare Gewinn die durch die Umschichtung entstehenden Kosten übersteigt. Außer den Transaktionspunkten hat der Formelanlageplaner auch die Relation von aggressivem zu defensivem Fonds innerhalb des Gesamtportefeuilles festzulegen: Wer bei höheren Chancen ein höheres Risiko in Kauf nehmen will, muß den aggressiven Fonds größer als den defensiven wählen; wer weniger Risiko auf sich nehmen will und mit bescheidenerem Kapitalzuwachs zufrieden ist, wählt umgekehrt den aggressiven Portefeuilleteil kleiner als den defensiven. Man unterscheidet: (1) Der betragskonstante Formelanlageplan beläßt im aggressiven Fonds stets nur Aktien im Betrag des von vornherein festgesetzten Kurswertes. Ändert sich dieser, so wird er durch Käufe zu Lasten des defensiven Fonds bzw. durch Verkäufe, deren Erlös in den defensiven Fonds fließt, stets wieder hergestellt. (2) Beim verhältniskonstanten Formelanlageplan wird ein fixiertes Verhältnis zwischen aggressivem und defensivem Fonds aufrechterhalten. (3) Beim verhältnisvariablen Formelanlageplan variiert der Anlageplaner entsprechend den allgemeinen Kursveränderungen das Verhältnis von aggressivem zu defensivem Fonds bzw. zum Gesamtportefeuille. Bei steigendem (rückläufigem) Aktienkursniveau wird der prozentuale Anteil des aggressiven Fonds zugunsten (zu Lasten) des defensiven Fonds vermindert (vergrößert). Für die Kauf-/Verkauf-Schemata bei verhältnisvariablen Plänen ist festzulegen: (a) bei welchem Börsenkursniveau die Mindest- und Höchstbestände der Aktienposition des Gesamtportefeuilles erreicht werden sollen; (b) die Zahl der Transaktionspunkte zwischen diesen Mindest- und Höchstpositionen; (c) bei welcher Höhe des Börsenkursindex Umschichtungen zwischen den beiden Portefeuilleteilen vorgenommen werden sollen; (d) welches Aktien/Festverzinslichen-Verhältnis bei jedem Transaktionspunkt erreicht werden soll. Diese Formellanlagepläne sind vor allem für Anleger mit mittlerem bis größerem Kapital geeignet. Hinzu kommen in Einzelheiten anders ausgestaltete, aber vom Grundprinzip her gleiche Formelanlagepläne, die auf Anleger mit mittlerem bis kleinerem Anlagekapital zugeschnitten sind. Diese unterscheiden sich im wesentlichen so von den bisher dargestellten: (1) Die Anlageplanung erstreckt sich jeweils nur auf Aktien einer Unternehmung. Will der Anleger aus Risikogründen seinen Depotbesitz streuen, muß er für die Aktien jeder AG simultan je einen besonderen Plan durchführen. (2) Die Pläne bewirken, daß der Anleger auch bei steigenden Kursen bestimmte Käufe, bei sinkenden Kursen bestimmte Verkäufe tätigt. Dem liegt zugrunde, daß er bei sinkendem Kursniveau Aktien verkauft, um bei weiterem Sinken billiger zurückzukaufen.

fortlaufende Notierung (variabler Handel)

Aktien von AG mit größerem Aktienkapital (i. d. R. mind. DM 10 Mio.) sowie regelmäßig hohen Umsätzen können vom Börsenvorstand zu fortlaufenden Notierungen (zum variablen Handel) zugelassen werden. Für diese Papiere, die im amtlichen Kursblatt besonders kenntlich gemacht sind, können während der Börsenzeit jederzeit Kurse festgesetzt werden, sofern der Mindestschluß 50 Stück bei Aktien oder ein Mehrfaches umgesetzt wird. Zu fortlaufenden Notierungen sind auch Wandelanleihen und Optionsanleihen (Mindestschluß DM 5000 bzw. DM 6000 Nennbetrag oder ein Mehrfaches davon) zugelassen sowie umsatzstarke festverzinsliche Wertpapiere (Mindestemissionsvolumen 2 Mrd. DM), emittiert durch z. B. die Bundesrepublik Deutschland, Deutsche Bundespost und Deutsche Bundesbahn. Der Mindestschluß beträgt bei Anleihen 1 Mio. DM, die Notierung erfolgt in Schritten von 5 Pfennigen. Jedes Papier kann mehrmals an einem Börsentag notiert werden. Zu Beginn der Börsenzeit werden Anfangskurse, dann nach Bedarf weitere Kurse und gegen Ende der Börse Schlußkurse festgestellt. Gegensatz: Einheitskurse.

Fortschritt-Rückschritt-Linie

Bekanntere Bezeichnung: advance-decline-Linie (kurz: AD-Linie). Sie wird aus den Kursveränderungen aller am Markt befindlichen Aktien errechnet. Um zur Fortschritt-Rückschritt-Linie zu kommen, wird der Unterschied der Zahl der Aktien mit Kurssteigerungen zu der der Aktien mit Kursminderungen festgestellt. Um diesen Unterschied steigt oder fällt die Fortschritt-Rückschritt-Linie täglich. Die Linie zeigt i. a. Trendwechsel früh an. → technische Aktienanalyse.

forward exchange

→ Termingeschäfte in Devisen.

forward-Kontrakt

Transaktion, bei der sich unter individueller Ausgestaltung 2 Partner über Kauf und Verkauf eines future-Instruments zu einem künftigen Zeitpunkt einigen. Nicht börsenmäßig gehandelt.

forward market
Angelsächsische Bez. f. Terminmarkt.

FOX (1)
→ London Commodity Exchange (LCE).

FOX (2)
→ Finnish-Options-Index.

Frachtenbörse
Auch: Schiffer-, Schiffahrtsbörse. Eher fälschlich als Börse bezeichnete Marktveranstaltung für den Handel mit Frachtraten. Für die Seeschiffahrt in Hamburg, für die Binnenschiffahrt in Duisburg-Ruhrort. Auch: Bezeichnung für eine Informationseinrichtung des Straßentransportverkehrs in Frankfurt für Straßentransportunternehmer, Spediteure usw.

fractional interests
Teilrechte aus Ansprüchen auf Berichtigungsaktien.

fractional shares
Anteilsbruchteile bei Investmentfonds.

Fraktion
Börsenauftrag, der nicht einer vollen Schlußeinheit entspricht. Solche Aufträge können dennoch meist zu den offiziell bezahlten Kursen abgewickelt werden.

franco
Provisions-, kommissions-, gebührenfrei

franco courtage
Vermittlung des Maklers ohne Berechnung von Courtage (Maklergebühren).

franco Provision
Ohne Provisionsberechnung (bei Nettogeschäften).

Frankfurter-Allgemeine-Zeitung-(F.A.Z.-)Aktienindex
Der von der Frankfurter Allgemeinen Zeitung (FAZ) seit dem 4. 9. 1961 börsentäglich errechnete Aktienindex stellt eine weithin beachtete Kennziffer für die Kursentwicklung am deutschen Aktienmarkt dar. Gebildet wird der Index aus einhundert an der Frankfurter Wertpapierbörse gehandelten Publikumswerten anhand der von Paasche entwickelten Index-Formel.

$$\text{Index} = \frac{\Sigma_i N_i \cdot K_i}{\Sigma_i N_i \cdot C_i \cdot \pi_i Aij} \times 100$$

Dabei bedeuten

Σ_i = Summierung über die hundert erfaßten Aktien
$_i$ = laufender Zähler für eine einzelne Aktie
N_i = Grundkapital der Aktie $_i$ am Berechnungstag
K_i = Kurs der Aktie $_i$ am Berechnungstag
C_i = Kurs der Aktie $_i$ am Basistag (31. 12. 58)
π_i = Produktbildung der Ausgleichsfaktoren
j = laufender Zähler für einen einzelnen Ausgleichsfaktor
Aij = j-ter Ausgleichsfaktor der Aktie $_i$

Die Summe der Tageskurswerte wird durch die Summe der Kurswerte am 31. 12. 1958 geteilt und mit Hundert multipliziert. Verwandt werden jeweils Einheitskurse. Die Summe der Tageskurswerte ergibt sich aus den aktuellen Börsen-Einheitskursen multipliziert mit dem zum Börsenhandel zugelassenen Grundkapital, die Summe der Kurswerte am 31. 12. 1958 aus den bereinigten Kurswerten multipliziert mit dem zum Börsenhandel zugelassenen Grundkapital. Die Bereinigung der historischen Kurse erfolgt durch Ausgleichsfaktoren. Sie neutralisieren tendenzunabhängige Kurssprünge bei Kapitalveränderungen z. B. infolge der Gewährung von Gratisaktien oder Bezugsrechten bei Kapitalerhöhungen. Dagegen werden Kursabschläge infolge von Dividendenzahlungen als Kursverluste behandelt. In seiner derzeitigen, seit dem 3. 1. 1994 gültigen, Zusammensetzung beinhaltet der FAZ-Aktienindex die Aktien folgender Unternehmen und Branchen: siehe Tabelle auf den folgenden Seiten.

Zusammensetzung der F.A.Z.-Indizes
Anteile der einzelnen Aktien und Branchen in Prozent
am Index-Gesamtkurswert zum 3. 1. 1994

Wertpapier-Kenn-Nummer	Aktie	„Gewicht" der Aktie Anteil in Prozent im F.A.Z.-Aktienindex	F.A.Z.-Performance Index
Branchenindex Banken		16,41	16,99
Unterindex Großbanken		11,55	10,46
803200	Commerzbank	2,97	2,68
804010	Deutsche Bank	4,58	4,15
804610	Dresdner Bank	4,01	3,63
Unterindex Sonstige Kreditbanken		4,66	6,53
802000	Bayr.Hyp.- und Wechsel-Bank	2,40	2,17
802200	Bay.Vereinsbank	1,76	1,59
802500	BHF-Bank	0,70	0,64
802322	*Berliner Bank*	–	*0,84*
556040	*DSL Holding*	–	*0,18*
804700	*Depfa-Bank*	–	*0,26*
804550	*Deutsche Verkehrs Bank*	–	*0,14*
806330	*IKB Industriekreditbank*	–	*0,63*
811510	*Trinkaus & Burkhardt*	–	*0,08*
Branchenindex Versicherungen		2,75	4,30
840400	Allianz Holding	1,89	1,71
840000	Aachen-Münchner Bet	0,37	0,33
841000	Colonia Versicherung	0,23	0,21
841690	DBV Holding	0,26	0,23
842800	*Mannheimer Versicherung vinkNa*	–	*0,07*
843002	*Münchener Rück Namen*	–	*1,13*
843590	*Nürnberger Bet Inh*	–	*0,02*
845200	*Victoria Holding*	–	*0,24*
840450	*Volksfürsorge*	–	*0,18*
845600	*Württemb. AG Vers.-Bet.*	–	*0,18*
Branchenindex Elektroindustrie		7,43	6,85
503800	AEG	1,32	1,20
716463	SAP Vorzüge	0,08	0,07
723600	Siemens	5,34	4,83
500100	Varta	0,19	0,17
543770	Computer 2000	0,06	0,05
576690	Felten & Guilleaume	0,13	0,11
719340	Schneider Rundfunk	0,06	0,07
649030	Linotype	0,23	0,21
620110	*Ceag*	–	*0,07*
647600	*Leonische Draht*	–	*0,04*
697563	*Quante Vorzüge*	–	*0,02*
723633	*Signalbau Huber Vorzüge*	–	*0,01*
Branchenindex Bau- und Grundstückswerte		2,39	3,21
607000	Hochtief	0,58	0,53
608200	Holzmann	0,31	0,28
590900	Bilfinger + Berger	0,29	0,26
728300	Strabag	0,22	0,20
604700	Heidelberger Zement	0,34	0,31
626910	Kampa Haus	0,07	0,06
551800	DLW	0,14	0,12
588723	Glunz Vorzüge	0,08	0,07
590043	Grohe Vorzüge	0,10	0,09

Wert-papier-Kenn-Nummer	Aktie	„Gewicht" der Aktie Anteil in Prozent im F.A.Z.-Aktien-index	F.A.Z.-Performance Index
601300	Hamborn	0,07	0,07
765723	Villeroy & Boch	0,14	0,12
777190	Weru	0,05	0,05
500000	*Agab*		*0,22*
501903	*Agrob Vorzüge*	–	*0,02*
544400	*Concordia Bau und Boden*	–	*0,06*
550813	*Deut. Beteiligung AG Vorzüge*	–	*0,04*
557550	*Dyckerhoff & Widmann*	–	*0,11*
559103	*Dyckerhoff Vorzüge*	–	*0,10*
603400	*Harpener*	–	*0,22*
749400	*Triton Belco*	–	*0,04*
760070	*VBH*	–	*0,04*
766710	*Vossloh*	–	*0,06*
747750	*Walter-Bau Stämme*	–	*0,11*
777520	*Weslag + Gehalit Stämme*	–	*0,03*
Branchenindex Großchemie		17,87	16,17
515100	BASF	5,67	5,13
575200	Bayer	6,50	5,88
575800	Hoechst	5,70	5,16
Branchenindex Sonstige Chemiewerte		2,94	2,77
551200	Degussa	0,83	0,75
707200	Rütgerswerke	0,42	0,38
717200	Schering	0,66	0,60
760080	Altana	0,38	0,34
604843	Henkel Vorzüge	0,59	0,53
578583	Fresenius Vorzüge	0,06	0,05
540700	*Cassella*	–	*0,06*
579043	*Fuchs Petrolub Vorzüge*	–	*0,06*
Branchenindex Versorgungswerte		10,59	9,96
530300	Bewag	0,73	0,66
550400	Contigas	0,39	0,35
703700	RWE-Stammaktien	3,20	2,90
761440	Veba	4,71	4,26
761221	VEW	1,33	1,20
620570	Industrieverwaltungsgesellschaft	0,23	0,21
601200	*HEW*	–	*0,38*
Branchenindex Auto- und Zulieferindustrie		10,31	9,31
Unterindex Fahrzeugbau		8,85	8,00
519000	Bay Motoren-Werke Stämme	1,64	1,48
550000	Daimler-Benz	4,52	4,09
766400	Volkswagenwerk Stämme	2,62	2,37
693773	Porsche Vorzüge	0,07	0,06
Unterindex Zulieferer		1,46	1,31
543900	Continental	0,91	0,82
603100	Phoenix	0,15	0,13
760113	VDO A Schindling Vorzüge	0,14	0,12
632030	Kolbenschmidt	0,26	0,24
Branchenindex Maschinenbau		9,71	10,53
550700	Deutsche Babcock Stämme	0,56	0,50
620440	IWKA	0,22	0,20
527800	Buderus	0,25	0,22
593700	MAN-Stammaktien	1,07	0,97

Wertpapier-Kenn-Nummer	Aktie	„Gewicht" der Aktie Anteil in Prozent im F.A.Z.-Aktienindex	F.A.Z.-Performance Index
630500	KHD	0,92	0,84
527100	Bremer Vulkan	1,42	1,28
648300	Linde	0,66	0,60
703000	Rheinmetall Stämme	0,17	0,16
629200	KSB Stammaktien	0,09	0,08
550430	Deckel Stämme	0,07	0,06
656000	Mannesmann	3,54	3,20
702600	Rheinelektra	0,27	0,25
575470	FAG Kugelfischer Stämme	0,32	0,29
585703	Gea Vorzüge	0,15	0,13
516590	*Barmag*	–	*0,12*
555063	*Drägerwerk Vorzüge*	–	*0,06*
556520	*Dürr Beteiligung*	–	*0,11*
670000	*Ex-Cell-O*	–	*0,06*
587809	*Gildemeister*	–	*0,04*
621203	*Jagenberg Vorzüge*	–	*0,07*
621993	*Jungheinrich*	–	*0,11*
719353	*Koenig & Bauer Vorzüge*	–	*0,05*
633503	*Krones Vorzüge*	–	*0,01*
686500	*Orenstein & Koppel*	–	*0,21*
715160	*Sabo*	–	*0,03*
776480	*Weinig*	–	*0,08*
678000	*Klöckner-Werke AG*	–	*0,80*
Branchenindex Grundstoffe		10,34	9,74
695200	Preussag	1,45	1,32
716200	Kali + Salz	0,24	0,22
553700	Didier	0,24	0,21
660200	Metallgesellschaft	0,87	0,78
688950	PWA	0,62	0,57
762620	Viag	1,99	1,80
633540	Fr. Krupp Hoesch	1,83	1,71
748500	Thyssen	3,03	2,75
528570	*Bus Berzelius Stämme*	–	*0,15*
608360	*Honsel-Werke*	–	*0,05*
600300	*KM Kabelmetal*	–	*0,07*
785213	*Zanders Vorzüge*	–	*0,11*
Branchenindex Handel und Verkehr		6,11	6,19
608370	Horten	0,48	0,44
627500	Karstadt	0,81	0,74
781900	Kaufhof Stämme	0,72	0,65
609900	Douglas Holding	0,27	0,24
505710	Asko Stämme	0,30	0,27
608343	Hornbach Vorzüge	0,04	0,04
502820	Agiv	0,39	0,35
823210	Lufthansa Stämme	2,70	2,44
724693	Spar Handel Vorzüge	0,12	0,10
508850	Ava	0,28	0,25
646420	*Lehnkering*	–	*0,09*
646370	*Leffers*	–	*0,03*
629070	*Kaufring*	–	*0,16*
628130	*Kaufhalle*	–	*0,06*
657960	*Massa*	–	*0,33*

Wert-papier-Kenn-Nummer	Aktie	„Gewicht" der Aktie Anteil in Prozent im F.A.Z.-Aktien-index	F.A.Z.-Per-formance Index
Branchenindex Konsumgüter		3,17	3,97
Unterindex Bekleidung und Kosmetik		0,22	0,36
776583	Wella Vorzüge	0,08	0,07
696963	Puma Vorzüge	0,07	0,06
569213	Escada Vorzüge	0,07	0,06
524553	*Boss Vorzüge*	–	*0,03*
727700	*Stöhr & Co.*	–	*0,05*
764400	*Verseidag*	–	*0,09*
Unterindex Sonstige Konsumwerte		2,95	3,61
662230	Moksel	0,19	0,18
729700	Südzucker	0,35	0,31
730500	Salamander	0,16	0,15
520000	Baiersdorf	0,41	0,37
706200	Rosenthal	0,06	0,05
605310	Herlitz Stämme	0,16	0,15
646450	Leifheit	0,05	0,04
719230	Schmalbach-Lubeca	0,36	0,33
587300	Gerresheimer	0,22	0,20
555030	Brau und Brunnen	0,29	0,27
585800	Gehe	0,57	0,52
700790	O. Reichelt	0,13	0,12
504700	*Andreae Noris Zahn*	–	*0,08*
719500	*Binding Stammaktien*	–	*0,09*
554800	*Dortm. Actien Brauerei*	–	*0,06*
600173	*Hach Vorzüge*	–	*0,01*
661400	*Mineralbr. Über Kingen Stämme*	–	*0,05*
685160	*Oberland Glas*	–	*0,09*
716973	*Schaerf Vorzüge*	–	*0,03*
777300	*Sinn*	–	*0,05*
725090	*Springer*	–	*0,15*
780303	*WMF Vorzüge*	–	*0,04*
779810	*Wünsche*	–	*0,27*
Gesamtindex		100,00	100,00

Frankfurter-Allgemeine-Zeitung-(F.A.Z.-)Performance-Index

Zum Jahresbeginn 1994 eingeführter Index nach Paasche, der die Wertentwicklung eines Portefeuilles aus 167 an deutschen Börsen im Amtlichen Handel oder im Geregelten Markt gehandelten Aktien wiedergibt. Die Zusammensetzung ist in der Tabelle auf S. 287–290 dargestellt. Es wird also die Wiederanlage von Dividendenerträgen und Bezugsrechtserlösen berücksichtigt. Es werden zwölf Branchenindizes gebildet, die der Systematik des Frankfurter-Allgemeine-Zeitung-(F.A.Z.-)Aktienindex entsprechen. Der Index hat die Basis 30. 12. 1992 = 100 und wird bei variabel notierten Werten anhand der Schlußkurse, ansonsten mittels der Einheitskurse errechnet. Zum Jahreswechsel wird jeweils eine Korrektur der Dividendenfaktoren vorgenommen. Dabei wird zwischen den Branchenindizes differenziert, so daß die in einer Branche angefallenen Dividendenerträge eines Jahres gleichmäßig auf die Aktien dieser Branche verteilt werden, um auszuschließen, daß neben der Börsenkapitalisierung der Dividendenfaktor zur zweiten Mengenkomponente in der Indexformel wird.

$$I_t = \frac{\sum_{i=1}^{M} N_{it} \cdot K_{it}}{\sum_{i=1}^{M} N_{it} \cdot K_{i0} \cdot \prod_{j1=1}^{Jid} dij_i \cdot \prod_{ji=1}^{Jia} aij_i}$$

M = Anzahl der Unternehmen im Index
N_{it} = Für die Gewichtung im Zeitpunkt t verwendete Kapitalquanten der Unternehmung i
K_{it} = Kurs der Unternehmung i im aktuellen Zeitpunkt t der Indexberechnung
K_{io} = Kurs der Unternehmung i im Zeitpunkt 0 zu Beginn der Indexberechnung
aij_i = Ausgleichsfaktor der Unternehmung i bei Kapitalerhöhungsereignis j_i dieser Unternehmung
dij_i = Ausgleichsfaktor der Unternehmung i bei Dividendenzahlung j_i dieser Unternehmung
J_{id} = Anzahl der Dividendenbereinigungsfälle für Unternehmen i bis zum Zeitpunkt t
J_{ia} = Anzahl der Kapitalbereinigungsfälle für Unternehmung i bis zum Zeitpunkt t

Frankfurter Wertpapierbörse
Börsenplatz 6, 60313 Frankfurt. Tel.: 069/2197-1. Telex: 411412 borse d. Telegrammadr.: Wertpapierbörse Frankfurtmain. Börsenzeit: 10.30–13.30 Uhr.

Frankfurt interbank offered rate (Fibor)
Seit 1985 am Frankfurter Bankplatz werktäglich ermittelter Interbankenzinssatz für DM-Termingelder. FIBOR „alt“ wird von der Privatdiskont AG nach der Zinsmethode 360/360 Tage berechnet und ermittelt aus dem Mittel entsprechender Zinsmeldungen von 12 großen deutschen Banken, aus denen zuvor die beiden Extremsätze eliminiert wurden. Seit dem 2. Juli 1990 wird der FIBOR „neu“ von Telerate nach der Zinsmethode 365/360 Tage berechnet und auf einer verbreiterten Basis ermittelt. Referenzzinssatz für DM-Anleihen mit variablen Zinsen (DM-floating rate notes) neben dem etablierten Libor (ferner Sibor, Luxibor u. a.).

franko
→ franco.

Frauen-Investment-Club
Investment-Club, deren Mitglieder ausschließlich Frauen sind. 1993 existierten in Deutschland rund 50 reine Frauenclubs.

Freddy Mae
Börsenbez. f. Federal Home Loan Mortgage Corp. (USA).

Freiaktien
Aktien, die die bisherigen Aktionäre ohne Gegenleistung erhalten. Der Erwerb der neuen Aktien, die nach den Vorschriften über die Kapitalerhöhung aus Gesellschaftsmitteln ausgegeben werden, unterliegt nicht den Steuern vom Einkommen und Ertrag. → Gratisaktien.

Freiaktien und Freianteile, steuerliche Behandlung
Zu den besonderen Entgelten und Vorteilen, die steuerpflichtige Einkünfte aus Kapitalvermögen sein können, rechnen auch Freiaktien und evtl. sonstige Freianteile. Steuerlich wird so verfahren, als ob zunächst Dividende ausgeschüttet und diese dann zum Erwerb der neuen Aktien usw. verwendet würde. Erhöht eine AG aber das Nennkapital nach den Vorschriften des Kapitalerhöhungsgesetzes aus Gesellschaftsmitteln (aus Kapitalrücklagen und Gewinnrücklagen), unterliegt der Erwerb der neuen Aktien nicht der ESt.

freibleibend
Vorbehaltsklausel auch im Wertpapiergeschäft, wenn der Anbietende sich an das Angebot nicht fest binden will. Üblich auch Zusatz: Zwischenverkauf vorbehalten.

freie Aktionäre
Auch: außenstehende Aktionäre. Wenn sich ein Teil der Aktien einer AG in Streubesitz befindet, ansonsten aber ein Großaktionär oder mehrere Großaktionäre vorhanden sind, werden die Inhaber ersterer als freie Aktionäre bezeichnet, also Aktionäre, die nicht zur Gruppe der Mehrheitsaktionäre bzw. Verwaltungsgruppe und den ihr nahestehenden Aktionären gehören. Zuweilen wird ein Zusammenschluß der freien Aktionäre einer AG angestrebt, wenn Maßnahmen der Verwaltung bzw. der Mehrheitsaktionäre nicht im Interesse auch der übrigen Aktionäre zu liegen scheinen.

freie Makler (Freimakler)
Vermitteln an den Börsen Wertpapiergeschäfte vornehmlich zwischen den an der Börse vertretenen Banken. Sie sind frei von den Verpflichtungen, die den amtlichen Maklern (Kursmaklern) auferlegt sind. Die freien Makler tätigen auch Eigengeschäfte, meist aber nur in der Absicht, das eingegangene Engagement baldigst, möglichst noch am selben Börsentag, wieder zu lösen.

freie Rücklagen
Teil der offenen Rücklagen, der ohne gesetzlichen o. a. Zwang als Risikovorsorge nach altem Aktienrecht zu bilden war. Ausweis erfolgte in Jahresbilanz getrennt von der gesetzlichen Rücklage. Seit Inkrafttreten des Bilanzrichtliniengesetzes v. 1985 wird bei Kapitalgesellschaften unterschieden zwischen den Gewinnrücklagen und der Kapitalrücklage.

freie Stücke
Teile einer Emission, die von allen Interessenten erworben werden können, für die also kein Vorkaufsrecht irgendeiner Seite besteht.

freie Wechselkurse
In einem System freier, d. h. flexibler Wechselkurse (floating) bilden sich die Kursrelationen frei nach Angebot und Nachfrage. Für den Wechselkurs werden keine Paritäten gegenüber anderen Währungen oder sonstigen Maßstäben festgelegt. Interventionen von Notenbanken auf Devisenmärkten werden nur durchgeführt, um übertriebene, kurzfristige Kursschwankungen (erratische Schwankungen) zu glätten und für geordnete Marktverhältnisse zu sorgen.

freie Zeichnung
Emission von Wertpapieren, die allen Interessenten offensteht. Gegens.: private placement.

freihändiger Rückkauf
Tilgung von Schuldverschreibungen durch Käufe des Emittenten am Markt (Börse). Diese Tilgungsart wird gewählt, wenn der Tageskurs niedriger als der Rückzahlungskurs und/oder Tilgung durch Rückkauf in den Anleihebedingungen vorgesehen ist. Der freihändige Rückkauf ist vor allem für Emittenten sehr attraktiv, deren Anleihen weit unter pari notieren und die über entsprechende liquide Mittel verfügen. Durch das Rückkaufangebot können sie ihr Emissionsstanding verbessern und das Vertrauen bei den Gläubigern verstärken. Inhaber der entsprechenden Schuldverschreibungen besitzen die Chance, ihre Anteile zu einem höheren als den gegenwärtigen Börsenkurs an den Emittenten verkaufen zu können.

freihändiger Verkauf
→ Placierung, Plazierung → Emissionsarten.

Freijahre
Bei der Tilgung von Schuldverschreibungen üblich (→ Effektivverzinsung). Bei den meisten Emissionen bleiben die ersten 3–5 Jahre ohne Tilgung.

frei konvertierbare Währungen
Freie oder volle Konvertierbarkeit bedeutet für den Besitzer von Devisen oder von einheimischen Zahlungsmitteln das Recht, diese unbeschränkt, also auch ohne Ansehen des Verwendungszwecks, gegen inländische bzw. ausländische Zahlungsmittel einzutauschen.

Freimakler
→ freie Makler (Freimakler).

Freischreibungserklärung
Öffentlich beurkundete Erklärung, durch die – bei Verpfändung eines Rektapapiers – der Eigentümer dem Pfandgläubiger einen vollstreckbaren Titel auf Duldung der Zwangsvollstreckung einräumt. Auf diese Weise kann dieser im Falle des Verzuges ohne Klage und ohne Vorliegen einer Forderungsabtretung Befriedigung aus dem Pfand erlangen.

Freistellungsauftrag
Die 1993 eingeführte → Zinsabschlagsteuer erfaßt neben Zinsen aus Anleihen und Forderungen auch bestimmte Ertragsteile, die in Ausschüttungen von deutschen Investmentfonds enthalten sind oder thesauriert werden. Um den erhöhten Sparerfreibetrag mit Werbungskostenpauschale bei Einkünften aus Kapitalvermögen in Höhe von insgesmt 6100 DM bei Einzelveranlagung und 12200 DM bei gemeinsamer Veranlagung bereits beim Steuerabzug berücksichtigen zu können, muß der Anleger der konto- oder depotführenden Stelle (Bank, Bausparkasse, Kapitalanlagegesellschaft etc.) rechtzeitig einen Freistellungsauftrag vorlegen und sie anweisen, vom Steuerabzug Abstand zu nehmen bzw. – bei thesaurierenden Investmentfonds – die Zinsabschlagsteuer zu erstatten. Vom Bundesministerium der Finanzen (BMF) wurde für die Gestaltung der Freistellungsaufträge ein amtlicher Vordruck veröffentlicht. Danach muß der Freistellungsauftrag folgende Angaben beinhalten: Name, Geburtsname und Geburtsdatum des Gläubigers der Kapitalerträge und ggf. des Ehegatten, Höhe der Zinseinkünfte, bis zu der der Freistellungsauftrag Geltung haben soll, sowie Zeitpunkt, ab dem der Auftrag gültig sein soll. Freistellungsaufträge können zeitlich befristet werden; fehlt eine entsprechende

Angabe, besitzen sie unbefristete Gültigkeit bis auf Widerruf. Darüber hinaus muß der Antragsteller versichern, daß der Freistellungsauftrag zusammen mit anderen Freistellungsaufträgen den im Rahmen der Sparerfreibeträge geltenden Höchstbetrag nicht überschreitet. Der Freistellungsauftrag muß maschinell lesbar sein. Von dem amtlichen Muster soll nach Inhalt und Reihenfolge nicht abgewichen werden. Ergänzend können Banken, Bausparkassen, Kapitalanlagegesellschaften etc. bei der Erstellung der Formularvordrucke auch über das Muster hinausgehende Angaben, wie beispielsweise Konto-, Depot- und Stammnummer oder einen Anhang einfügen. Die Kunden erhalten i. d. R. eine Durchschrift oder Zweitausfertigung ihres Auftrags.

Freistellungsbescheinigung

Andere Bez. Nichtveranlagungsbescheinigung. Lohn- und Gehaltsempfänger, die unbeschränkt steuerpflichtig sind und nicht zur ESt veranlagt werden, erhalten auf Antrag vom zuständigen Finanzamt eine Freistellungsbescheinigung, gegen deren Vorlage ihnen von ihrer Bank Kapitalerträge ohne Abzug von KESt ausgezahlt werden.

Freistellungsmethode

Methode zur Vermeidung der Doppelbesteuerung. Dabei werden Einkünfte, für die der Quellenstaat Steuer erhebt, im Wohnsitzstaat von der Steuer freigestellt. Meist wird aber die Freistellungsmethode gemäß DBA mit Progressionsvorbehalt angewandt. Danach behält der Wohnsitzstaat das Recht, das übrige Einkommen mit dem für das Gesamteinkommen maßgeblichen Steuertarif zu belasten. Die Methode begünstigt den Kapitalexport in das betreffende Land.

Freiverkehr

Seit dem 1. Mai 1987 durch Zusammenfassung der bis dato existierenden Marktsegmente geregelter Freiverkehr und ungeregelter Freiverkehr neu konzipiertes Börsensegment. Ende 1992 wurden im Freiverkehr etwa 490 Aktien und 157 Rentenwerte notiert. Der Freiverkehr ist im Börsengesetz nicht genauer geregelt. Die Kursfeststellung obliegt Freimaklern, die Ausführung von Kundenaufträgen erfolgt im Eigenhandel. Zur Vermeidung von Unregelmäßigkeiten im Handel mit Freiverkehrswerten unterliegt der Freiverkehr einer Mißbrauchsaufsicht durch die Vorstände der einzelnen Börsen. Über die Einbeziehung von Wertpapieren in den Freiverkehr entscheidet ein besonderer Ausschuß an der jeweiligen Börse. Im Gegensatz zum Geregelten Markt und amtlichen Handel erfolgt die Aufnahme in den Freiverkehr i.d.R. nicht auf Antrag des emissionswilligen Unternehmens, sondern aufgrund eines seitens der Freimakler vermuteten Handelsbedarfs. Der Freiverkehr stellt somit ein Marktsegment dar, in das ein Unternehmen nicht eintritt sondern gebracht wird. Entsprechend braucht der Emittent auch nicht unbedingt und nicht aktiv der Kursfeststellung seiner Anteile im Freiverkehr zustimmen. Gewöhnlich wird allerdings gegen den Willen des Emittenten in seinen Werten kein Freiverkehrshandel aufgenommen. Für die Abwicklung des Handels sind von allen deutschen Börsen z. T. unterschiedliche Freiverkehrsrichtlinien entwickelt worden.

Freiverkehrausschuß

Ausschuß für Geschäfte in amtlich nicht notierten Werten. → Freiverkehr.

Freiverkehr-warrants

Bez. für Optionsscheine, die im Freiverkehr einer Wertpapierbörse gehandelt werden.

freiwillige Publizität

Viele Unternehmen, insbesondere größere AG, veröffentlichen über die Vorschriften des PublG hinaus weitere Daten ihrer Unternehmung. So werden z. B. viertel- oder halbjährlich Zwischenberichte herausgegeben, Aktionärsbriefe versandt, Meldungen über besondere Ereignisse der Presse mitgeteilt usw. Mit diesen Maßnahmen wird versucht, das standing der Unternehmung in der Öffentlichkeit zu verbessern, Aktionärspflege zu betreiben und marketingpolitische Ziele, insbesondere Werbung, zu realisieren.

Freizeichnungsklauseln

Bestimmungen, in denen die Bindung an ein Vertragsangebot oder die einem Geschäftspartner obliegende Haftung ausgeschlossen werden soll. Sie sind meist in allgemeinen Geschäftsbedingungen enthalten. Sie müssen sich im Rahmen des Grundsatzes von Treu und Glauben bewegen; andernfalls sind sie nichtig. Solche Klauseln finden sich auch in den AGB der Banken.

Fremdbesitz im Teilnehmerverzeichnis der HV

Im Teilnehmerverzeichnis einer HV ist Fremdbesitz gesondert anzugeben, wenn das Stimmrecht für die Aktien ausgeübt wird, die dem Teilnehmer nicht gehören. Die Namen der Aktionäre, die Vollmachten erteilt haben, brauchen nicht genannt zu werden. → Depotstimmrecht.

Fremddepot

Effekten, die der Bank von Treuhändern, insbesondere von Rechtsanwälten, Notaren, Wirtschaftsprüfern, Treuhandgesellschaften, für ihre Klienten eingeliefert werden. → Anderdepot (Anderverwahrung).

Fremdemission

→ Emissionsarten.

Fremdemissionskonsortium

→ Emissionskonsortium.

Fremdkapital (FK)

Sammelbezeichnung für alle in der Bilanz ausgewiesenen Schulden einer Unternehmung, d. h. Passiva abzügl. Eigenkapital, evtl. korrigiert um Wertberichtigungen. Fremdkapital steht der Unternehmung in Form von Anleihen oder Krediten mit verschiedenen Fristigkeiten zur Verfügung. Nach Fristigkeit ist zu unterscheiden: kurzfristiges Fremdkapital (z. B. Verbindlichkeiten aus Warenlieferungen, Wechselverbindlichkeiten, kurzfristig gewährte Bankkredite); langfristiges Fremdkapital (z. B. langfristige Kredite gegen Hypotheken oder Grundschulden, Ausgabe von Obligationen, Aufnahme von Schuldscheindarlehen); gelegentlich auch: mittelfristiges Fremdkapital.

Fremdkapitalkennzahlen

Kapitalkennzahlen, die die Höhe einzelner Fremdkapitalteile oder deren Gesamtheit ins Verhältnis zu einer anderen Bilanzgröße setzen, z. B. Fremdkapitalquote, Fremdkapitalrentabilität u. ä.

Fremdvermutung

Begrenzt im Depotrecht das Pfand- und Zurückbehaltungsrecht des Drittverwahrers (z. B. Wertpapiersammelbank) an Wertpapieren des Depotkunden einer Bank (Zwischenverwahrer). Vertraut der Verwahrer die Wertpapiere einem Dritten an, gilt es als diesem bekannt, daß die Wertpapiere dem Verwahrer nicht gehören. Pfand- und Zurückbehaltungsrechte können nur wegen solcher Forderungen gelt. gemacht werden, die mit Bezug auf diese Wertpapiere entstanden sind.

Fremdwährungsanleihen

Anleihen, die in einem Lande in einer fremden Währung aufgelegt werden, z. B. Auflegung einer Dollar-Anleihe in Deutschland.

Fremdwährungsguthaben

Guthaben – meist Bankeinlagen –, die über eine andere als die Inlandswährung lauten.

Fremdwährungskonto

Bankkonto, das auf ausländische Währung lautet.

freundlich

Tendenzbez. f. lebhaften Handel und steigende Kurse. Gegens.: lustlos.

FRN

Abk. f. floating rate note.

front-end load

Verfahren der Vorausbelastung von Ankaufsgebühren bei Sparprogrammen von Investmentfonds. Im deutschen Investmentwesen nur begrenzt zulässig.

front running

Spezielle Art des Insiderhandels. Es existieren üblicherweise zwei Varianten des front running: (1) Ein Bankmitarbeiter führt eine große Kundenorder erst aus, nachdem er eine identische Order zu eigenen Gunsten in den Markt gelegt hat; dem Kunden werden dann schlechtere Kurse abgerechnet. (2) Analysten handeln an den Märkten erst selbst nach jenen Vorschlägen, die sie später ihren Kunden als Empfehlung verkaufen.

FTA

Abk. f. Financial Futures Market Amsterdam.

FT-All-Share-Index

Von der Londoner Börse, der Financial Times und dem Verband der Versicherungsmathematiker (Institute of Actuaries) entwickelter Aktienkursindex, der die Aktienkurse von rd. 900 an der Londoner Börse notierten Aktiengesellschaften umfaßt. Der FT-All-Share-Index schließt die Verläufe des FT-SE-100, des FT-SE-Mid-250, des FT-SE-350 sowie des FT-SE-Small-Cap ein.

FT-SE-100

Von der Londoner Börse, der Financial Times und dem Verband der Versicherungsmathematiker (Institute of Actuaries) entwickelter Aktienkursindex, der die Aktienkurse der 100 größten an der Londoner Börse notierten Aktiengesellschaften umfaßt. Der FT-SE-100-Index wird minütlich berechnet.

FT-SE-350

Von der Londoner Börse, der Financial Times und dem Verband der Versicherungsmathematiker (Institute of Actuaries) entwickelter Aktienkursindex, der sich aus den beiden Indizes FT-SE-100 und FT-SE-Mid-250 zusammensetzt. Der FT-SE-350-Index wird minütlich berechnet.

FT-SE-Mid-250

Von der Londoner Börse, der Financial Times und dem Verband der Versicherungsmathematiker (Institute of Actuaries) entwickelter Aktienkursindex. Er erfaßt die Aktienkurse von 250 an der Londoner Börse notierten Unternehmen, deren Börsenkapitalisierung größenmäßig unterhalb der 100 im FT-SE-100 berücksichtigten Firmen liegt. Der FT-SE-Mid-250-Index wird minütlich berechnet.

FT-SE-Small-Cap-Index

Von der Londoner Börse, der Financial Times und dem Verband der Versicherungsmathematiker (Institute of Actuaries) entwickelter Aktienkursindex für die 500 bis 600 nach der Marktkapitalisierung kleinsten an der Londoner Börse notierten Unternehmen.

Führungsprovision

Besondere Vergütung, die dem Führer eines Emissionskonsortiums für die Übernahme der Konsortialführungsaufgaben zusteht. Beträgt ca. 10% des Konsortialnutzens.

fully underwritten

Bez. f. die Bereitschaft der führenden Banken eines internationalen Kredit- oder Anleihekonsortiums am Euromarkt, den Gesamtbetrag der Syndizierung zunächst selbst voll zu übernehmen.

Fundamentalanalyse

Methode zur Bewertung von Anlageobjekten, die nicht, wie die technische Analyse, an Kursverläufen der Vergangenheit orientiert ist, sondern sich auf eine Analyse direkt oder indirekt kausaler Faktoren beobachtbarer Entwicklungen stützt. Das Analyseobjekt wird bei der Fundamentalanalyse immer im Zusammenhang mit exogenen Bestimmungsgrößen betrachtet. Die Analyse selbst untergliedert sich dann in einen Diagnoseteil vergangener Entwicklungen mit der Festlegung relevanter Faktoren einerseits und deren Prognose andererseits. Beim Vergleich des so ermittelten Wertes mit dem Börsenkurs kann festgestellt werden, ob das Anlageobjekt über- oder unterbewertet ist. → Aktienanalyse → Wertpapieranalyse.

Fundamentalist

Vertreter der Fundamentalanalyse.

fundamentalanalytische Verfahren

Analyseverfahren, die an Einzelindikatoren von Ertragskraftdeterminanten ausgerichtet sind. Als solche kommen vor allem Indikatoren des Gewinns, des Wachstums und Fortschritts, der Stabilität, der Ausschüttung, der Finanzstruktur sowie der Kursbildung in Betracht.

fundamentals

Die den Wechselkurs einer Währung langfristig determinierenden realwirtschaftlichen Faktoren.

fundieren

Absichern, z. B. Zins- und Tilgungsdienst bei Anleihen; finanzielle Sicherstellung von Anleihen, insbesondere Staatsanleihen, deren Zins- und Tilgungsleistung durch bestimmte Einnahmequellen abgesichert werden soll. Daneben wird darunter auch die Überführung kurzfristiger in langfristig rückzahlbare Schulden, vor allem Anleihen, verstanden.

fundierte Schulden

Langfristige, oft wertpapiermäßig verbriefte Verbindlichkeiten, insbesondere Anleihen, die fundiert sind. → Fundierung.

Fundierung

Umwandlung von kurzfristigen Verbindlichkeiten in langfristige, i. d. R. durch Ausgabe von Anleihen. → fundieren.

Fundierungsanleihen (1)

In Anleihen umgewandelte kurzfristige Schulden. → fundieren.

Fundierungsanleihen (2)

Dreiprozentige Schuldverschreibungen der Bundesrepublik Deutschland, mittels derer seit 1990 die im Londoner Schuldenabkommen von 1953 verbrieften Zinsrückstände aus den Auslandsbonds des Deutschen Reiches – vor allem die Zinsrückstände der Dawes- und Young-Anleihen – getilgt werden.

fungibel

Börsengängig. → Fungibilität.

Fungibilität

Bez. für Waren, Devisen und Wertpapiere, bei denen die einzelnen Stücke oder bestimmte Mengen ohne weiteres ausgetauscht werden können. Fungibel sind vor allem Effekten. Vertretbarkeit des Wertpapiers durch ein anderes Wertpapier derselben Art und desselben Ausstellers über denselben Nennbetrag. Die Börse wird auch als Markt für fungible (vertretbare) Güter bezeichnet. Soweit bei Waren keine völlige Gleichmäßigkeit erwartet werden kann (z. B. bei Getreide, Tabak, Kaffee, Baumwolle), können sie durch Typisierung fungibel gemacht und damit börsenmäßig gehandelt werden. Der Inhaber eines Wertpapiers kann dessen Fungibilität aufheben, indem er ein ganz bestimmtes Stück mit Typenbezeichnung oder Nummer verlangt. Aktienemittenten können dies durch Vinkulation (→ vinkulierte Namensaktien).

Funktionsfähigkeit der Börse

Die Börse ist ein Handelsplatz, an dem die Preise für fungible (vertretbare) Waren gebildet werden. Fungible Waren sind Güter (Rohstoffe, Wertpapiere, Devisen), die nach Art, Maß, Gewicht und Zahl genau bestimmbar sind. Diese Fungibilität der Waren ist für die Börse entscheidend. Die Güter brauchen deshalb beim Börsenhandel auch nicht effektiv am Ort vorhanden zu sein; ihr geographischer Lagerort ist für die Preisbildung unwesentlich. Für die Funktionsfähigkeit der Börse können die gleichen Kriterien wie für die Funktionsfähigkeit des Kapitalmarktes herangezogen werden. Eine Börse ist dann funktionsfähig, wenn es gelingt, Angebot und Nachfrage nach den Marktobjekten effektiv auszugleichen. Dazu ist eine bestimmte Größe des Marktes notwendig, eine Flexibilität der Preisbildung, damit neue Informationen schnell verarbeitet und in den Preisen (Kursen) reflektiert werden können, eine Stabilität des Marktes, so daß exzessive Schwankungen vermieden werden können, und dies muß zu möglichst geringen Kosten ausgeführt werden.

Funktionsfähigkeit des Kapitalmarktes

Um die Funktionsfähigkeit des Kapitalmarktes beurteilen zu können, müssen Vorstellungen darüber bestehen, wie ein leistungsfähig und gut funktionierender (effizienter) Kapitalmarkt beschaffen sein und welchen Anforderungen er im Extremfall genügen sollte. Die Funktionsfähigkeit von Kapitalmärkten wird im wesentlichen von folgenden Faktoren bestimmt: Kapazität, Flexibilität und Stabilität des Marktes sowie Kosten der Kapitalbeschaffung. Bei der Bestimmung der Kapazität kann zwischen absoluter und relativer Kapazität unterschieden werden. Die absolute Kapazität ist für die Fähigkeit des Marktes wichtig, umfangreiche Finanztransaktionen durchführen zu können. Sie ist damit entscheidend für die Finanzierungsfunktion des Marktes. Der Maßstab für die absolute Kapazität ist der Umfang der Kapitalströme, die den Kapitalmarkt während einer bestimmten Periode passieren. Als Marktergebnis kann daher das Emissionsvolumen innerhalb eines Zeitraums aufgefaßt werden. Das Emissionsvolumen im Zeitablauf und im Vergleich zu anderen Kapitalmärkten kann Hinweise auf die relative Kapazität des Marktes geben. Sie ist definiert als absolute Kapazität des Marktes im Verhältnis zu anderen makroökonomischen Aggregaten, z. B. dem Bruttosozialprodukt oder der Bruttoersparnis. Bestimmungsfaktoren für die absolute Kapazität und damit für den Ausgleich von Angebot und Nachfrage sind auf der Angebotseite Kapitalquellen und Sparformen, auf der Nachfrageseite Finanzierungsbedarf sowie Bereitschaft, die Investitionen durch die Emission von Wertpapieren zu finanzieren. Flexibilität des Marktes gibt Auskunft, unter welchen Bedingungen der Ausgleich von Angebot und Nachfrage zustande kommt. Da dieser Ausgleich auf dem Kapitalmarkt über den Zinsmechanismus erfolgt, muß eine Analyse der Flexibilität aufzeigen, ob dieser Mechanismus in der Lage ist, Marktstörungen (z. B. Verschiebungen im Finanzierungsbedarf, Veränderungen in der Struktur der Ersparnisbildung, starke Änderungen der Inflationsraten) zu beseitigen, oder ob Hemmnisse vorliegen, die verhindern, daß es zu Anpassungsreaktionen kommt und der Markt in Richtung auf ein Gleichgewicht tendiert. Stabilität des Marktes wird hinsichtlich des Angebots an Finanzmitteln und der Bedingungen, unter denen diese Mittel bereitgestellt werden, beurteilt. Stabilität kann nicht bedeuten, daß sämtliche Schwankungen des Kapitalangebotes und der Nachfrage und damit der Zinsen verhindert werden sollen, sondern daß häufige und vor allem exzessive Schwankungen vermieden werden. Damit ist die Stärke der Zinsschwankungen Maßstab für die Stabilität des Kapitalmarktes. Ziel der Kostenbetrachtung ist es, Aussagen über die Höhe der Zinsen und sonstige Kosten zu machen, denn ein effizienter Kapitalmarkt sollte in der Lage sein, das Kapital zu relativ niedrigen Kosten zur Verfügung zu stellen. Die Höhe des Zinses als Preis für Kapital hängt von mehreren Faktoren ab.

Fünf-DM-Aktien

Bez. f. Aktien mit einem Nennwert von 5 DM.

Fusion

Zusammenschluß von 2 oder mehreren – bisher selbständigen – Unternehmen. Ziele von Fusionen sind z. B.: Rationalisierung, Verbreiterung des Angebots- bzw. Produktionsprogramms, Sicherung von Beschaffungs- oder Absatzmärkten, Marktbeherrschung oder Wettbewerbsaspekte, Sanierung, steuerliche Aspekte. Fusion kann im Wege der Aufnahme oder durch Neugründung erfolgen. Der Zusammenschluß größerer Unternehmen muß in Deutschland dem Bundeskartellamt angezeigt werden, u. a., wenn dadurch ein Marktanteil von mind. 20% erreicht wird. Beim Erreichen einer überragenden Marktstellung oder der weiteren Verstärkung einer schon vorhandenen wird die Fusion grundsätzlich untersagt, es sei denn, es wird eine ministerielle Ausnahmegenehmigung erteilt.

future rate agreement (FRA)

Am Interbankenmarkt gehandelter, primär in US-$ denominierter Vertrag über die Fixierung eines Zinssatzes für eine zukünftige fiktive Mitteleinlage oder -aufnahme. Das wesentliche Charakteristikum eines FRA besteht darin, daß zwischen den Vertragspartnern lediglich eine entsprechend der Laufzeit und des kontrahierten Betrages abgezinste Differenzzahlung, resultierend aus dem Unterschied zwischen Vertragszins und jeweiligem Marktzinssatz, erfolgt. Abgeschlossen wird diese börsenfreie Variante der Zins-Terminkontrakte zur Reduktion des Verlustrisikos aus Zinssatzänderungen. Vorteile gegenüber den börsengehandelten Terminkontrakten bestehen insbesondere hinsichtlich der Flexibilität in bezug auf Laufzeit und Volumen. Auch sind Einschußzahlungen nicht erforderlich.

future-Kontrakte auf den Zinssatz für eine idealtypische DMark-Dreimonats--Einlage

→ Terminkontrakte auf den Zinssatz für eine DMark-Dreimonats-Einlage.

future-Kontrakte auf eine idealtypische langfristige Anleihe der BR Deutschland oder der Treuhandanstalt

→ Terminkontrakte auf eine idealtypische langfristige Anleihe der BR Deutschland oder der Treuhandanstalt.

future-Kontrakte auf eine idealtypische besonders langfristige Schuldverschreibung der BR Deutschland oder der Treuhandanstalt

→ Terminkontrakte auf eine Schuldverschreibung des Bundes oder der Treuhandanstalt mit fünfzehn- bis dreißigjähriger Laufzeit.

future-Kontrakte auf eine idealtypische langfristige Schuldverschreibung des Bundes oder der Treuhandanstalt mit fünfzehn- bis dreißigjähriger Laufzeit

→ Terminkontrakte auf eine langfristige Schuldverschreibung des Bundes oder Treuhandanstalt mit fünfzehn- bis dreißigjähriger Laufzeit.

future-Kontrakte auf eine idealtypische mittelfristige Schuldverschreibung der BR Deutschland oder der Treuhandanstalt

→ Terminkontrakte auf eine idealtypische mittelfristige Schuldverschreibung der BR Deutschland o. d. Treuhandanstalt.

futures

Sammelbez. f. spezifische Terminkontrakte. Hierzu zählen Zinsterminkontrakte und Zins-futures (interest rate futures) als Termingeschäfte auf verzinsliche Positionen, currency futures (Devisenterminkontrakte) und stock index futures (Aktienindexterminkontrakte). Diese verschiedenen Terminkontrakte werden auch dem Oberbegriff „financial futures" subsumiert. Weitere futures-Kontrakte sind solche in Metallen, vor allem Edelmetallen, landwirtschaftlichen Produkten, Welthandelswaren usw. Kennzeichnend für den Handel mit futures ist zum einen dessen börsenmäßige Institutionalisierung und zum anderen seine weitgehende Standardisierung hinsichtlich Kontraktgröße, Art und Güte des Vertragsgegenstands, von der Börse genehmigter Lieferorte und -termine. Diese Merkmale bilden die wichtigsten Abgrenzungskriterien zum klassischen Terminhandel, der als Interbankenmarkt gilt und – abgesehen von Handelsusancen – grundsätzlich eine flexible Gestaltung jedes Einzelgeschäfts zuläßt.

futures-Börsen

Zu den wichtigsten Börsen, an denen der Handel in futures institutionalisiert wurde, gehören die Chicago Board of Trade (CBOT), der International Monetary Market (IMM) ebenfalls in Chicago, die London International Financial Futures Exchange (LIFFE), die New Yorker Börse Commodity Exchange (Comex), die den Handel mit Zinsterminkontrakten Ende der 70er Jahre aufnahm; 1980 kam die New York Futures Exchange (NYFE) als eine Division der New York Stock Exchange hinzu. Ferner sind zu nennen die Toronto Futures Exchange (TFE) sowie der Aufbau der Singapore International Monetary Exchange (SIMEX) im Jahre 1984. Darüber hinaus werden futures an folgenden Börsen gehandelt: Belgian Futures and Options Exchange (BELFOX), Bolsa Brasileira de Futuros (BBF), Bolsa Mercantil & de Futuros (BM & F), Hongkong Futures Exchange (HKFE), Irish Futures and Options Exchange (IFOX), Manila International Futures Exchange, Marché à Terme International de France (MATIF), Mercado Espanol de Futuros Financieros (MEFF), New Zealand Futures and Options Exchange (NZFOE), Österreichische Termin- und Optionen-Börse (ÖTOB), Swiss Options and Financial Futures Exchange (SOFFEX), Sydney Futures Exchange (SFE) und Tokyo International Financial Futures Exchange (TIFFE). Seit 1990 werden in Deutschland futures auf den Deutschen Aktienindex (DAX-futures) sowie auf eine langfristige Bundesanleihe (Bund-futures) an der Deutschen Terminbörse (DTB), Frankfurt, gehandelt. 1991 wurde an der DTB der Handel von Terminkontrakten auf eine mittelfristige Schuldverschreibung des Bundes (Bobl-futures) aufgenommen; seit 1994 werden ebenso futures auf Anleihen des Bundes und der Treuhandanstalt mit einer Restlaufzeit von 15 bis 30 Jahren (Buxl-futures) sowie futures auf eine dreimonatige DMark-Einlage (fibor-futures) gehandelt.

futures-call-Option

Der Käufer einer futures-call-Option hat gegen Zahlung der Optionsprämie das Recht, nicht aber die Verpflichtung, das Basisobjekt der Option, einen Terminkontrakt, zu einem im voraus vereinbarten Basispreis innerhalb einer durch die Börsenusancen determinierten Frist (europäische Option) bzw. innerhalb der Optionslaufzeit (amerikanische Option) zu kaufen. Der Verkäufer ist dann verpflichtet, den Terminkontrakt zu liefern.

futures close-out

→ futures reversal.

futures contract

Terminkontrakt. → futures.

futures exposure

Risiko aus Terminkontrakt-Positionen, auch: Engagement am Terminkontraktmarkt.

futures funds

Bez. f. spekulative Investmentfonds, die das Fondsvermögen überwiegend an Terminmärkten in futures und Optionen auf Aktien, Aktienindizes, Anleihen, Devisen, Metalle und Agrarprodukte anlegen. Futures funds können als offene und geschlossene Fonds oder als individuelle Vermögensverwaltungskonten konzipiert sein. Vorteile für den Anleger sind Zugang zu Termin- und Interbankenmärkten mit relativ kleinen Beträgen, oft der garantierte Verzicht auf Nachschußpflicht seitens des Kunden bei Termingeschäften sowie ein professionelles Portefeuillemanagement. Futures funds werden vor allem von renommierten US-amerikanischen Brokerhäusern angeboten. Die Fondsanteile werden über Konten geführt und nicht ausgeliefert. Darüber hinaus erfolgt keine Börsennotierung.

futures margin

Einschußzahlung auf einen Terminkontrakt.

futures option

Option auf einen Terminkontrakt.

futures pools

In den USA verbreitete Form von managed accounts, d. h. verwalteter Terminkonten. Wie bei futures funds wird das Kapital ganz oder teilweise in futures und Optionen investiert. Aufgrund der risikoreichen Anlage versprechen futures pools hohe Gewinne, aber auch hohe Verluste.

futures price

Terminkontraktpreis.

futures-put-Option

Der Käufer einer futures-put-Option hat gegen Zahlungen einer Optionsprämie das Recht, nicht aber die Verpflichtung, einen Terminkontrakt innerhalb einer durch die Börsenusancen determinierten Frist (europäische Option) bzw. innerhalb der Optionslaufzeit (amerikanische Option) zu verkaufen. Der Verkäufer ist dementsprechend im Obligo, den Terminkontrakt bei Andienung zu erwerben.

futures reversal

Schließen einer offenen Terminkontrakt-Position durch ein entsprechendes Gegengeschäft (Glattstellung).

futures trading

Handel in Terminkontrakten.

G

G

Abk. f. Geld = Nachfrage. → Kurszusätze. Es war zu diesem Kurs noch Nachfrage vorhanden, jedoch lagen keine Verkaufsangebote vor. – Auch: Abk. f. Gesetz.

Gänsemarschprinzip

→ Konjunkturrat der öffentlichen Hand.

Galeriebesucher

Um der Öffentlichkeit Einblick zu geben, haben die meisten Börsen Galerien, von denen aus Besucher, die sich informieren wollen, dem Börsengeschehen zuschauen können. Der Besuch ist kostenlos. Er bietet natürlich nicht die Möglichkeit, sich am Börsenhandel, der im Parkett der Börsensäle stattfindet, zu beteiligen.

Gamma-Faktor

Ausmaß der Veränderung des Delta-Faktors bei Schwankungen des Kurses des der Option zugrundeliegenden Basisobjekts. Mathematisch stellt der Gamma-Faktor die zweite Ableitung der Optionsprämie in bezug auf den Kurs des Basisobjekts dar. Der Gamma-Faktor kann mithin als der Delta-Faktor des Delta-Faktors angesehen werden. Der Gamma-Faktor wird bei long-Positionen (Erwerb von Kauf- oder Verkaufsoptionen) als positive Größe, bei short-Positionen (Leerverkauf von Kauf- oder Verkaufsoptionen) als negative Größe abgebildet, da sich eine positive Veränderung des Delta-Faktors zum Vorteil der long-Position auswirkt und umgekehrt.

Garantie bei Anleihen

Verpflichtung Dritter, Verzinsung und Tilgung der Anleihe zu übernehmen, falls der Emittent nicht (mehr) dazu fähig sein sollte.

Garantiefonds

Innovativer Investmentfonds mit garantierter Rückzahlung und begrenzter Laufzeit. Ist dadurch gekennzeichnet, daß der Investor nach Ablauf der Fondslaufzeit sein eingesetztes Kapital garantiert zurückerhält. Das Fondsvermögen wird in festverzinsliche Wertpapiere sowie in Optionen z. B. auf Aktienindizes investiert. Die Optionsprämien sind i. d. R. auf einen bestimmten Prozentsatz des Fondsvermögens begrenzt. Damit nimmt der Investor an der Aktienkursentwicklung teil. Der maximale Verlust ist auf die entgangenen Zinsen begrenzt. Garantiefonds werden in Luxemburg aufgelegt.

Garantiefunktion des Eigenkapitals

Eigenkapital von Unternehmen hat die Aufgabe, evtl. eintretende Verluste aufzufangen und die Gläubiger vor diesen zu schützen.

Garantiekapital

Das Eigenkapital einer Unternehmung als Träger der Garantie- und Haftungsfunktion. Speziell das Eigenkapital der privaten Hypothekenbanken.

Garantiekonsortium

Wird bei der Fremdemission von Wertpapieren gewählt, um dem Emittenten hinsichtlich des Plazierungsrisikos möglichst günstig zu stellen. Banken übernehmen dabei die Emission zunächst als Geschäftsbesorger (→ Geschäftsbesorgungsvertrag) und verpflichten sich, die nicht untergebrachten Teile der Emission als Selbstkäufer (Selbsteintritt) zu übernehmen. Der Emittent erhält sofort den vollen Gegenwert der Emission; die Banken tragen das Plazierungsrisiko.

Garantie(verpflichtung)

Meist für begrenzte Zeit übernommene gesetzliche oder vertragliche Verpflichtung, für etwas einzustehen oder einen entstehenden Schaden zu decken, im Sinne einer Gewährs- oder Haftungsübernahme. Bei Anleihen Verpflichtung Dritter, bei Zahlungsunfähigkeit des Emittenten für Verzinsung und Tilgung einzutreten.

Garantiezertifikat

Bez. f. eine innovative Optionsscheinform mit garantierter Rückzahlung. Als put- oder call-Indexoptionsschein konzipiert. Ein Garantiezertifikat berechtigt den Inhaber, am Fälligkeitstag sein eingesetztes Kapital zurückzuverlangen. Der Ausschüttungsbetrag erhöht sich gegebenenfalls um den Differenzbetrag zwischen Indexstand am Fälligkeitstag und dem in den Optionsbedingungen vereinbarten Basispreis. Allerdings ist der maximale Gewinn begrenzt. In der Regel erfolgt eine Börsennotierung.

GB

Abk. f. Geschäftsbericht.

gebäudeerrichtende Kommanditgesellschaft

Gegenstand sind vor allem Erwerb, Bebauung, Verwaltung von Grundbesitz. Rechtsform: GmbH & Co. KG; die Komplementär-GmbH beteiligt sich mit nur geringer Einlage, meist dem Mindestkapital von DM 50000. Ziel dieser Gesellschaft mit eigener Bautätigkeit ist es, ihren Kommanditisten möglichst hohe Abschreibungen auf ihr eingezahltes Eigenkapital zuweisen zu können. Dies läßt sich speziell durch Inanspruchnahme steuerlich zugelassener degressiver Abschreibungen und Sonderabschreibungen realisieren. Um den Steuerspareffekt zu verstärken, nimmt die Gesellschaft zur Finanzierung neben den Einlagen der Kommanditisten Fremdmittel in erheblichem Ausmaß auf. Die Beteiligung bietet dem Anleger eine steuerlich determinierte Rendite, die von dem ihm zuweisbaren Abschreibungsvolumen, seiner Steuerprogression sowie der Höhe seines steuerpflichtigen Vermögens abhängt. Der Vorteil für den Anleger besteht in der Möglichkeit, sein investiertes Kapital ganz oder teilweise aus nicht zu zahlender bzw. zu erstattender ESt und VSt zu finanzieren, sofern er Verrechnungsmöglichkeiten der Abschreibungsverluste mit anderen Einkünften und des Minusvermögens mit steuerpflichtigem Vermögen hat. Je höher Einkommen und Vermögen sind, desto größer sind die Vorteile aus der Anlage. Die Seriosität der Initiatoren der Gesellschaften war in der Vergangenheit nicht selten fragwürdig.

gebäudeerwerbende Kommanditgesellschaft

Anders als die gebäudeerrichtende Kommanditgesellschaft hat diese den Erwerb von schon errichteten und vermieteten Rentenhäusern sowie die Verwaltung eigenen und fremden Grundbesitzes zum Gegenstand, wobei sie sich auf eine überschaubare Anzahl von Objekten beschränkt. Sie erwirbt entweder nur lastenfreie Grundstücke oder löst vorhandene Lasten beim Erwerb sofort ab, finanziert also ausschließlich mit Eigenkapital. Die gebäudeerwerbende Gesellschaft bietet ihren Anlegern eine Verzinsung des investierten Kapitals, die eher der eines festverzinslichen Wertpapiers entspricht. Der Kommanditist muß nur die effektiven Einnahmen der Besteuerung unterwerfen. Im Gegensatz zur gebäudeerrichtenden Gesellschaft trägt hier die Unternehmung und damit letztlich auch der Kommanditist nicht die Risiken von Baukostenüberschreitungen, Zinsverteuerungen und rentabler Vermietung. Die Anteile sind allerdings von geringer Fungibilität. Die Seriosität der Anlage läßt sich nur von Fall zu Fall beurteilen.

geben

Verkaufen (an der Börse).

Geberseite

Bez. f. die verkaufenden Parteien an der Börse.

Gebietsansässiger

→ Deviseninländer.

Gebietsfremder

→ Devisenausländer.

geborenes Orderpapier

→ Orderpapiere.

Gebot (1)

Angebot des Käufers an der Börse. Wird mündlich abgegeben und kann nur sofort angenommen werden. Es richtet sich nicht wie der zeitlich befristete Auftrag nur an einen Makler, sondern an alle im Börsensaal am Handel teilnehmenden Personen. Gegens.: Offerte.

Gebot (2)

Geldbetrag, den ein Bieter bei einer Auktion nennt.

Gebrauchtpolicen

Bez. f. laufende Kapitallebensversicherungsverträge. Andere Bez. second-hand-Police.

Gebrauchtpolicen, Handel

Existiert insbesondere in Großbritannien. Während ein Versicherter nach Kündigung seiner Kapitallebensversicherung häufig nur einen niedrigen Rückkaufswert von der Versicherungsgesellschaft erhält, kann ein Verkauf des Lebensversicherungsvertrages an einen Dritten einen deutlich höheren Erlös bringen. Der Erwerber übernimmt die Verpflichtung der Prämienzahlung aus dem Lebensversicherungsvertrag bis zur Fälligkeit. Dafür erhält er im Todes- oder Erlebensfall des ursprünglich Versicherten die Versicherungssumme zuzüglich der – nicht garantierten – Gewinnanteile. Der Verkauf erfolgt über britische Auktionshäuser.

gebrochener Termin

Nicht gängige Nicht-Standard-Fälligkeit eines Devisentermingeschäfts.

gebundene (vinkulierte) (Namens-)Aktien

Im Gegensatz zu Inhaberaktien auf den Namen natürlicher oder juristischer Personen lautende Aktien, deren Eigentümer im Aktienbuch einer AG eingetragen und deren Übertragung infolge entsprechender Bestimmungen der Satzung von der

Zustimmung der Gesellschaft abhängig sind. Mit Hilfe vinkulierter Namensaktien kann eine Unternehmung einer möglichen Überfremdung vorbeugen und einen besseren Überblick über den Aktionärskreis behalten. Vinkulierte Namensaktien sind jedoch schwerer und nur mit höheren Kosten handelbar als Inhaberaktien.

gedeckter Kredit

(Bank-)Kredit, der besonders abgesichert ist, z. B. durch Verpfändung von Wertpapieren.

Gefälligkeitssparbuch

Sparbuch, das ohne eine entsprechende Einlage von einer Bank ausgegeben wird. Dies ist nach dem KWG unzulässig. Allerdings dürfen Geschenksparbücher ausgegeben werden.

Gegenantrag

→ Anträge von Aktionären für die Hauptversammlung der AG.

gegensätzliche Meinung

Als Grundbestandteil der Technischen Analyse gilt die sogenannte „gegensätzliche Meinung“ (contrary opinion). Dabei wird davon ausgegangen, daß die Erwartungen der Marktteilnehmermehrheit bereits in den Kursen berücksichtigt seien. Anhänger der „contrary opinion“ hoffen darauf, daß sich eine „herrschende Meinung“ weithin artikuliert. Sie beabsichtigen, sich rechtzeitig auf die Gegenseite zu schlagen, um Nutzen daraus zu ziehen, daß die Erwartungen der Masse enttäuscht werden.

Gegenstand der Unternehmung

Muß in der Satzung der AG bestimmt sein. Bei Industrie- und Handelsunternehmen sind Erzeugnisse und Waren, die hergestellt und gehandelt werden sollen, näher anzugeben.

Gegenwartswert

Auch: Zeitwert. Auf den heutigen Zeitpunkt abgezinster Zahlungsstrom. In der Bilanz entspricht der Gegenwartswert von Leistungen und Verbindlichkeiten ihrem Barwert. Pensionsverpflichtungen können mit ihrem Gegenwartswert bilanziert werden.

gehalten

Tendenzbez. an der Börse, wenn sich die Kurse gegenüber z. B. dem Vortag kaum verändert haben.

Geierfonds

Bez. f. Investorengruppen, die Schuldverschreibungen von Unternehmen kaufen, deren Fähigkeit zur Leistung von Zins zweifelhaft ist. Häufig wird vorab versucht, den Wert dieser Schuldverschreibungen durch Analysen und Indiskretionen zu drücken. Nach dem Erwerb der Papiere werden rechtliche Schritte gegen den Emittenten oder Bürgen unternommen, die den Marktwert der Papiere wieder steigen lassen. Engl. Bez.: vulture funds.

Geisterstunde

Bez. f. die Handelsstunde an den Terminbörsen, in der einmal pro Quartal Optionen auf Aktien sowie Optionen und futures auf Indizes gleichzeitig fällig sind. Sie ist i. d. R. von hohen Umsätzen begleitet. Der Tag der Geisterstunde wird auch als Hexentag bezeichnet. An der Deutschen Terminbörse (DTB) ist dies der dritte Freitag im März, Juni, September und Dezember.

gek., gk.

Abk. im Kursblatt für gekündigt (bei Anleihen).

gekappte floating rate notes

→ caps.

gekappte Optionsscheine

→ Optionsscheine, gekappte.

gekorenes Orderpapier

→ Orderpapiere.

gekündigte festverzinsliche Wertpapiere

Sind im amtlichen Kursblatt kenntlich gemacht (gek. z. Datum).

Geld

Der Kurszusatz G = Geld (Nachfrage) wird verwendet, wenn der amtliche Makler Umsätze nicht getätigt hat, obwohl Nachfrage vorlag. An der Berliner Börse werden Nicht-bezahlt-Kurse kursiv im Kursblatt ausgedruckt. Daher wird dort bei einem Bezahlt-Geld-Kurs nur G angegeben. An der Börse in München wird statt G die Abkürzung g verwendet.

Geldanlage

Bei Geldanlagen mit laufendem Ertrag erhält der Anleger meist Gläubiger- oder Eigentümer- bzw. Teilhaberstellung, vor allem bei folgenden Anlageformen: Darlehen, Bankkonten, insbesondere Sparkonten, festverzinsliche Wertpapiere, Rentenfonds, Bausparverträge, Lebensversicherungsverträge. Eigentümer- bzw. Teilhaberpositionen erhält der Anleger vor allem durch Erwerb von Anteilen an Gesellschaften, Haus- und Wohnungseigentum, Immobilienfonds. Geldanlagen ohne laufenden Ertrag sind Edelmetalle, Schmuck, Kunstwerke, Briefmarken, Antiquitäten u. dgl.

Geldbeschaffungskosten

Bei der Finanzmittelbeschaffung anfallende Kosten, wie z. B. Kosten der Besicherung, der Börseneinführung (einmalige Fremdleistungskosten), für die treuhänderische Verwaltung der Sicherheiten, der Tilgung (laufende Fremdleistungskosten). Im Gegensatz hierzu werden die Kosten, die durch die Nutzung des Kapitals verursacht werden (Zinsen und Dividenden), als Nutzungskosten bezeichnet.

Geldbriefträger

Scherzhafte Bez. f. einen Börsenhändler, der Geldkurse nennt, tatsächlich aber einen Verkaufsauftrag ausführen will.

Geldentwertung

Auch: Inflation. Verminderung der inländischen Kaufkraft des Geldes, i. d. R. durch zu starke Erhöhung der Geldmenge und/oder der Geldumlaufsgeschwindigkeit verursacht. Die unterschiedlichen Geldentwertungsraten verschiedener Länder sind langfristige Einflußfaktoren für die Wechselkurse.

Geldexport

Geldanlagen inländischer Wirtschaftseinheiten und Privater im Ausland.

Geld fest und täglich

Geldmarktkredit, der nach Ablauf einer festen Laufzeit täglich gekündigt werden kann. → Tagesgeld → tägliches Geld.

Geldhandel

Handel mit Zentralnotenbankgeld und Geldmarktpapieren unter Banken. Auch: Geldhandelsabteilung in Banken. Der Geldhandel wird über den Geldmarkt mittels telefonischer Absprache abgewickelt. Die Geldbewegungen werden über gegenseitige Kontoverbindungen oder Landeszentralbankkonten verrechnet.

Geldhortung

Prozeß der Ansammlung von Bargeld, das damit dem Geldkreislauf entzogen wird. Ähnlich: Sparen, bei dem das Bargeld allerdings wieder in den Geldkreislauf zurückfließt. Geldhortung kann bei seltenen, wertvollen Münzen und Geldscheinen oder in einer Deflation beobachtet werden.

Geldillusion

Verbreitete Fehleinschätzung von Einkommens- (Lohn-) und Preisänderungen, weil man sich in der Bewertung solcher monetären Größen ausschließlich oder weitgehend an den nominellen, nicht aber an den realen Änderungen orientiert (z. B. Nominallohn, Reallohn; Nominalzins, Realzins).

Geldkapital

Das in Geldwerten angelegte Vermögen. Auch: bereitstehende Kaufkraft in Geldform. Stammt aus nicht konsumiertem Einkommen der Haushalte. → Geldvermögen.

Geldkapitalbildung

Der Prozeß der Bildung von Geldkapital. Ist abhängig von der Menge des gesparten Geldkapitals und der Struktur des Sparens. Die individuelle Sparmenge hängt ab von der Differenz zwischen Einkommen und Konsumausgaben der privaten Haushalte. Die Struktur des Sparens hängt ab von der Liquiditätspräferenz der Sparer, der Rentabilität und der Sicherheit der Geldanlage. Formen: Geldtitel (z. B. Wechsel), Konten-, Bau- und Versicherungssparen, festverzinsliche Wertpapiere, Dividendenpapiere und physische Güter (z. B. Gold). Die Bundesbank zählt zur Geldkapitalbildung bei Banken aus inländischen Quellen: Termingelder mit Befristung von 4 Jahren und darüber, Spareinlagen mit vereinbarter Kündigungsfrist, Sparbriefe, umlaufende Inhaberschuldverschreibungen, Bildung von Eigenkapital und Rücklagen.

Geldkapitalbildung bei Banken

Aufkommen längerfristiger Mittel im Bankensystem. Wird durch private Spartätigkeit und Absatz von Bankschuldverschreibungen bestimmt.

Geldkurs (1)

Börsenkurs, zu dem Nachfrage besteht (Geld), aber kein Angebot. Gegens.: Briefkurs. → Kurszusätze.

Geldkurs (2)

Im Devisenhandel der Kurs, zu dem Banken Devisen ankaufen.

Geldmarkt

Markt für kurzfristige Guthaben bzw. kurzfristige Kredite u. ä. Ausleihungen. Am Geldmarkt im engsten Sinne sind nur Bundesbank und Banken, am Geldmarkt

i. w. S. in geringem Umfang auch große Industrieunternehmen beteiligt. Nach der Laufzeit unterscheidet man Tagesgeld (overnight money, bis 24 Stunden), tägliches Geld (day to day money, täglich kündbar), Monatsgeld, Dreimonatsgeld u. a. Formen. Die Geldmarktsätze als Zinssätze werden durch Angebot und Nachfrage bestimmt und variieren nach Laufzeiten. Geldmarktgeschäfte dienen der Liquiditätspolitik der Banken und damit der Geldversorgung der Wirtschaft. → Geldmarktpapiere, -titel.

Geldmarktabhängigkeit des Kapitalmarktes

Mit dem starken Engagement der Banken am Markt festverzinslicher Wertpapiere hängt zusammen, daß sich kreditpolitische Maßnahmen der Bundesbank, die die Liquidität der Banken verändern, meist rasch und relativ stark am Rentenmarkt auswirken. Bei liquiditätseinengenden Maßnahmen schränken die Banken zuerst ihre Wertpapierkäufe ein, während sie ihr Kreditgeschäft zunächst noch auf bisheriger Höhe zu halten oder auszuweiten suchen. Mit dem weitgehenden Wegfall der bankmäßigen Wertpapierkäufer entfällt ein großer Teil der bisherigen Wertpapiernachfrage, wodurch dort die Renditen steigen (die Kurse fallen), da die Nachfrage erst mit Verzögerung auf das geringer gewordene Angebot reagiert. Bei expansiver Politik der Bundesbank tragen umgekehrt die verstärkten Wertpapierkäufe der Banken zu relativ schneller Kapitalzinssenkung bei.

Geldmarktfonds

Investmentfonds, die sich auf Geldmarktpapiere und festverzinsliche Wertpapiere mit kurzen Restlaufzeiten konzentrieren. In Deutschland sind „reine" Geldmarktfonds verboten. Nach dem KAGG dürfen nur bis zu 49% des Wertes des Sondervermögens einer KAG in Bankguthaben, Einlagezertifikaten von Kreditinstituten, unverzinslichen Schatzanweisungen und Schatzwechseln des Bundes sowie in vergleichbaren Papieren anderer OECD-Staaten gehalten werden. Die genannten Geldmarktpapiere müssen im Zeitpunkt ihres Erwerbs eine Restlaufzeit von zwölf Monaten aufweisen. „Echte" Geldmarktfonds, die bis zu 100% ihrer Mittel in Geldmarktpapiere anlegen, werden in einigen EG-Ländern aufgelegt. Geldmarktfonds sind für Kapitalanleger interessant, die in Phasen unsicherer, tendenziell steigender Zinssätze sowie bei inverser Zinsstruktur eine geeignete Zwischenanlage mit attraktiver Rentabilität bei höchstmöglicher Liquidität suchen. Der Ausgabeaufschlag von Geldmarktfonds ist i. d. R. sehr gering und liegt häufig bei 0,5%.

Geldmarktfonds, synthetische

Investmentfonds, die unter Kombination von langlaufenden Rentenwerten mit innovativen Finanzinstrumenten versuchen, die Portfoliostruktur von „reinen" Geldmarktfonds nachzubilden.

Geldmarktkonten, ge-, versicherte

In USA werden Geldmarktkonten den Sparern auch als insolvenzgesicherte Anlagen angeboten.

geldmarktnahe Fonds

Investmentfonds, die das Fondsvermögen in Geldmarktpapiere und festverzinsliche Wertpapiere mit kurzen Laufzeiten unter Ausnutzung der im KAGG angegebenen Grenzen anlegen. Nach dem KAGG dürfen bis zu 49% des Sondervermögens in Bankguthaben und in Geldmarktpapieren wie Einlagenzertifikaten, commerical papers, unverzinslichen Schatzanweisungen und Schatzwechseln des Bundes oder der Bundesländer sowie in vergleichbaren Papieren von OECD-Staaten mit maximaler Restlaufzeit von 12 Monaten angelegt werden. Stellen eine Alternative zu den in Deutschland nicht gestatteten „reinen" Geldmarktfonds dar. Allerdings sind bei geldmarktnahen Fonds Ausgabeaufschläge i. H. v. 1% üblich. Andere Bez. Quasi-Geldmarktfonds.

Geldmarktpapiere, -titel

Dazu gehören Schatzwechsel, unverzinsliche Schatzanweisungen (U-Schätze), DM-commercial papers und DM-certificates of deposit. Geldmarktpapiere entstehen einmal aus der Kreditaufnahme öffentlicher Haushalte (Bund, Bundespost, Bundesbahn, Bundesländer): So begeben Bund u. a. öffentliche Stellen im Benehmen mit der Bundesbank Schatzwechsel und U-Schätze, um einen Teil des Kreditbedarfs kurzfristig zu finanzieren (Finanzierungspapiere). Bei U-Schätzen, die wie Schatzwechsel diskontiert werden, ist zu unterscheiden zwischen solchen, die in die Geldmarktregulierung der Bundesbank einbezogen sind, d. h. jederzeit bei ihr gegen Zentralnotenbankguthaben zurückgegeben werden können, und N-Titeln, die grundsätzlich nicht vor Fälligkeit von der Bundesbank zurückgekauft werden. Daneben entstehen Geldmarktpapiere auf

Initiative der Bundesbank. In die Geldmarktregulierung einbezogene Papiere hat die Deutsche Bundesbank allerdings schon seit längerer Zeit nicht mehr an Banken abgegeben. Um der Bundesbank unabhängig von Finanzbedürfnissen der öffentlichen Hand die Möglichkeit zu bieten, Schatzwechsel und U-Schätze zu Zwecken der Offenmarktpolitik zu verkaufen, kann die Bundesbank vom Bund verlangen, Schatzwechsel oder unverzinsliche Schatzanweisungen in einer von ihr gewünschten Stückelung bis zu einem Höchstbetrag von 50 Mrd. DMark bereitzustellen, die bei ihr zahlbar sind (Liquiditätspapiere). Die Deutsche Bundesbank ist gegenüber dem Bund verpflichtet, alle Verbindlichkeiten aus den von ihr übernommenen Liquiditätspapieren zu erfüllen. Schatzwechsel werden von der Bundesbank je nach der Geldmarktlage begeben. Sie haben i. a. eine Laufzeit von 30 Tagen und mehr. Um kurzfristige Liquiditätsüberschüsse der Banken zu absorbieren, bietet die Bundesbank allerdings von Zeit zu Zeit auch nicht rückgebbare Schatzwechsel mit Laufzeit von 10 Tagen oder weniger an. DM-commercial papers sind in DMark denominierte kurz- bis knapp mittelfristige Schuldverschreibungen mit Laufzeiten von sieben Tagen bis unter zwei Jahren, die im Rahmen eines zeitlich nicht begrenzten Emissionsprogramms von in der Regel bonitätsmäßig einwandfreien Unternehmen im Inland revolvierend emittiert werden. Besondere Merkmale dieser Inhaberschuldverschreibungen sind, daß keine besonderen Sicherheiten gestellt werden, daß keine laufenden Zinszahlungen erfolgen – der Zins wird bei der Emission im Diskontverfahren von der Emissionssumme abgezogen –, und daß im Regelfall keine Börsennotierung vorgesehen ist, d. h., für die Geldanleger besteht dann während der Laufzeit der Papiere keine Möglichkeit eines vorzeitigen Verkaufs am Sekundärmarkt. Die den DM-commercial papers sehr ähnlichen DM-certificates of deposit oder Einlagenzertifikate werden von Banken emittiert. Die Verzinsung der DM-commercial papers und der DM-certificates of deposit orientiert sich an bestimmten Referenzzinssätzen wie LIBOR oder FIBOR.

Geldmarktsätze

Zinssätze, die am Geldmarkt gebildet werden. Man unterscheidet Zinssätze für tägliches und Tagesgeld, Ultimogeld, Monatsgeld usw., Privatdiskontsatz, Zinssätze für Geldmarktpapiere der Bundesbank und solche für Pensionsgeschäfte.

Geldpolitik

Gesamtheit aller Maßnahmen, die die Geld- und Kreditversorgung einer Volkswirtschaft sowie die Geldmenge steuern sollen. Träger der Geldpolitik ist die Zentralnotenbank; sie bedient sich dazu ihres geldpolitischen Instrumentariums. Oberstes Ziel der Geldpolitik ist die Stabilität der Währung, wobei die übrigen gesamtwirtschaftlichen Zielvorstellungen mit zu berücksichtigen sind.

Geld über Jahresultimo

→ Ultimogeld.

Geld über Ultimo

→ Ultimogeld.

Geld verlost

Abk.: gv. Kurszusatz bei Kursnotierungen an der Bayerischen Börse, wenn Aufträge nicht mind. mit 1 Stück erfüllt werden konnten und die Zuteilung durch Los vorgenommen wurde. → Repartierung.

Geldvermögen

Vermögen der Nichtbanken und des Auslandes in Form von Geldanlagen bei Banken (Bargeld, Einlagen, Bausparen), bei Versicherungen, in Wertpapieren (festverzinsliche Wertpapiere, Dividendenpapiere) u. a. Forderungen (Kredite an andere Sektoren).

Geldvermögensbildung

Die korrespondierende Stromgröße zum Geldvermögensbestand. Sie gibt an, wie sich das Geldvermögen in einer bestimmten Periode z. B. 1 Jahr entwickelt hat. Außerdem lassen sich als Teilmengen die Entwicklung einzelner Elemente des Geldvermögens z. B. die Anlage in Aktien oder festverzinslichen Wertpapieren darstellen.

Geldwäschegesetz

→ Gesetz über das Aufspüren von Gewinnen aus schweren Straftaten.

Geldwert

Binnenwirtschaftliche Kaufkraft des Geldes, d. h. die Menge von Gütern, die man für eine bestimmte Geldmenge kaufen kann (Binnenwert). Steigen die Preise, sinkt der Geldwert. Außenwirtschaftlich: Wert einer Währung beim Tausch in fremde Währungen (Außenwert).

Gelegenheitsgesellschaft

Zeitlich begrenzter Zusammenschluß einzelner Personen oder Unternehmen zu einer Gesellschaft bürgerlichen Rechts, mit dem Zweck der Durchführung einzelner Geschäfte, z. B. Konsortialgeschäfte oder gemeinsamer Bewirtschaftung gleichartigen Besitzes. Im Gesellschaftsvertrag verpflichten sich die Gesellschafter, die Erreichung des gemeinsamen Zwecks in der vereinbarten Weise zu fördern.

Gemälde als Kapitalanlage

Die Anlage privater Gemäldesammlungen stößt zunehmend auf Schwierigkeiten. Da die Zahl berühmter Meisterwerke im Vergleich zu der international wachsenden Gemeinschaft kapitalkräftiger Interessenten gering ist, sind laufende Preissteigerungen zu verzeichnen. Die Besitzer von Spitzenobjekten sind heute auch nur selten bereit, diese selbst zu Phantasiepreisen herzugeben, da ihr ideeller Wert jenseits des Geldwertes liegt. Selbst moderne Gemälde verzeichnen in den letzten Jahren enorme Preissteigerungen. Allerdings besteht ein finanzielles Risiko rückläufiger Wertentwicklung, wenn der Trend sich ändert und andere Maler bevorzugt werden. Da die Veräußerbarkeit von Gemälden i. a. als begrenzt bis schlecht eingestuft werden kann und sie keinen laufenden Ertrag abwerfen, eignen sie sich nur begrenzt als Spekulationsobjekt.

gemeiner Wert

Steuerlicher Bewertungsbegriff. Entspricht i. a. dem Preis, der im praktischen Geschäftsverkehr nach der Beschaffenheit eines Wirtschaftsgutes bei dessen Veräußerung am Bewertungsstichtag zu erzielen wäre (Einzelveräußerungspreis, Verkehrswert).

gemeiner Wert von Aktien

Als gemeiner Wert ist der Betrag anzusetzen, den ein Käufer für den Erwerb eines Anteils aufwenden würde. Liegen keine Verkäufe vor, aus denen der gemeine Wert von Aktien u. a. Anteilen abgeleitet werden kann, ist er zu schätzen. Am Bewertungsvorgang sind beteiligt die AG selbst, der Gesellschafter, der Antrag auf Feststellung des gemeinen Wertes gestellt hat, und jeder andere Gesellschafter, der dem Finanzamt namhaft gemacht worden ist; letzteres sind i. d. R. Gesellschafter, deren Anteile mind. 5% des Nennkapitals ausmachen. Bei Ermittlung des gemeinen Wertes per Schätzung wird das Stuttgarter Verfahren angewendet, d. h., daß zunächst ein Vermögenswert und ein Ertragshundertsatz (Dividende) ermittelt und daraus der gemeine Wert errechnet wird. Grundlage für die Ermittlung des Vermögenswertes ist der Einheitswert des Betriebsvermögens. Um zum Wert des Gesellschaftsvermögens zu kommen, sind daran Korrekturen notwendig: So sind alle Teile des Gesellschaftsvermögens hinzuzurechnen, die bei der Ermittlung des Einheitswertes unberücksichtigt bleiben; dazu gehören vor allem der Wert steuerfreier Schachtelbeteiligungen und Auslandsvermögen, das nach DBA oder aus sonstigen Gründen außer Ansatz bleibt. Andererseits können die damit in wirtschaftlichen Zusammenhang stehenden Schulden und Lasten abgezogen werden. Zu erfassen sind auch alle immateriellen Wirtschaftsgüter außer dem Geschäftswert (goodwill). Korrekturen können auch an einzelnen Wertansätzen notwendig werden. Dies gilt vor allem für Grundbesitz, da es hier nicht auf den Einheitswert, sondern den Verkehrswert ankommt. Kann ein niedrigerer Verkehrswert nicht nachgewiesen oder glaubhaft gemacht werden, soll für das Grundstück der Einheitswert mit 250%, mind. der Steuerbilanzwert vom Stichtag angesetzt werden. Da das Gesellschaftsvermögen zuweilen für den Anteilseigner nicht denselben Wert hat wie für die Unternehmung selbst, soll das ermittelte Vermögen noch um 15% gekürzt werden. Der verbleibende Betrag ist in Relation zum Stammkapital zu setzen. Die Berechnung führt zum Vermögenswert eines Anteils im Nennwert von DM 100. Für die Ermittlung des Ertragsprozentsatzes kommt es auf den voraussichtlichen künftigen Jahresertrag an; er soll auf Grundlage des bisherigen Durchschnittsertrags geschätzt werden. Das errechnete Ergebnis ist um einen Zuschlag von 127% zu erhöhen; schließlich sind noch alle steuerfreien Einnahmen hinzuzurechnen. Vom Ergebnis ist ein Abschlag von 30% zu machen. Ein Käufer wird i. a. neben dem Vermögenswert auch die Ertragsaussichten berücksichtigen (Rendite des Kapitals zum Erwerb des Anteils); er wird daher die auf den Anteil entfallenden Erträge der AG mit den Zinsen vergleichen, die das von ihm aufzuwendende Kapital anderweitig erbringen würde. Gemeiner Wert (G) ist somit der Betrag, der sich ergibt, wenn der Vermögenswert (V) um den Unterschiedsbetrag zwischen dem Ertragsprozentsatz des Anteils, berechnet auf 5 Jahre (5 E), und der Verzinsung des aufzuwendenden Kapitals, ebenfalls berechnet

auf 5 Jahre $(5 \times \frac{10\,G}{100})$,
erhöht oder vermindert wird. Es ist deshalb unter Berücksichtigung gewisser Abrundung die Gleichung anzuwenden:

$$G = V + 5\,(E - \frac{10\,G}{100})$$
$$= \text{abgerundet}\ \frac{65}{100}\,(V + 5\,E).$$

Besondere Umstände, die in den Berechnungen von Vermögenswert, Ertragshundertsatz oder gemeinem Wert nicht hinreichend zum Ausdruck gekommen sind, können durch Zu- oder Abschläge berücksichtigt werden: ein Abschlag z. B., wenn die Erträge der AG nachhaltig unverhältnismäßig gering sind, auch bei Anteilen, deren Übertragbarkeit erheblichen Beschränkungen unterliegt. I. d. R. ist der gemeine Wert für sämtliche Anteile an einer AG einheitlich festzustellen. Im Gesellschaftsvertrag können jedoch für die einzelnen Anteile unterschiedliche Beteiligungen am Gewinn und Vermögen vereinbart worden sein; solche Abweichungen sind auch bei Ermittlung des gemeinen Werts zu berücksichtigen.

Gemeinschaftsanleihen

In Frankreich übliche Anleihen für einzelne Branchen. Auch Anleihen der Montanunion und Europäischen Investitionsbank sind praktisch Gemeinschaftsanleihen mit supranationalem Charakter.

Gemeinschaftsanleihen (der EG)

Durch Verordnung des EG-Ministerrats v. 1975 wurde die EWG ermächtigt, sich bis zum Gegenwert von 3 Mrd. US-$ für Kapital und Zinsen zugunsten von EG-Ländern zu verschulden. Dabei war zunächst nicht an die Emission von Anleihen, sondern an mittelfristige Kreditaufnahmen an internationalen Finanzmärkten oder unmittelbar bei Ölländern gedacht. Es zeigt sich aber, daß auf herkömmliche Emission von Anleihen nicht verzichtet werden kann.

Gemeinschaftsdepot (Und-, Oder-Depot)

Wertpapierdepot für gemeinsame Rechnung mehrerer Depotinhaber, die entweder nur gemeinschaftlich (Und-Depot) oder einzeln (Oder-Depot) über das Depot verfügen können. → Depotarten.

Gemeinschaftsdienst der Boden- und Kommunalkreditinstitute

Gegründet von den öffentlich-rechtlichen Kreditanstalten und privaten Hypothekenbanken. Sitz: Frankfurt. Wirbt für Pfandbriefe und Kommunalobligationen und trägt per Öffentlichkeitsarbeit zur Verbreitung des Sparens in diesen Wertpapieren bei.

Gemeinschaftsemission

Gemeinsame Emission mehrerer Emittenten. → Sammelanleihe.

Gemeinschaftskonto

Bankkonto für gemeinsame Rechnung mehrerer Kontoinhaber, die entweder nur gemeinschaftlich (Und-Konto) oder einzeln (Oder-Konto) über das Konto verfügen können.

Gemeinschaft zum Schutz der deutschen Sparer

Zusammenschluß von Spitzenverbänden der deutschen Sparkassen und Banken. Sitz: Bonn. Aufgabe: zum Schutz der Geldsparer für die Sicherheit der Währung einzutreten.

Gemeinschaft zur gesamten Hand

Rechtsgemeinschaft, der eine Vielzahl von Rechten bzw. ein Gesamthandvermögen zusteht. Rechtsträger ist die Gemeinschaft, also alle Gesamthänder zusammen. Prinzipiell können daher nur alle gemeinsam über das Vermögen verfügen. Das Gesamthandvermögen steht als Sondervermögen getrennt neben dem übrigen Vermögen der Gesamthänder.

Gemeinschuldner

Schuldner, über dessen Vermögen das Konkursverfahren eröffnet worden ist. Der Konkursverwalter verfügt während des Konkurses über das Vermögen des Gemeinschuldners, wobei er die Interessen der Gläubiger und des Gemeinschuldners wahrt.

gemischte Fonds

Investmentfonds, die festverzinsliche Wertpapiere, Stamm- und Vorzugsaktien, evtl. auch Immobilien enthalten.

gemischte Hypothekenbanken

Geschäftsbanken, die das normale Universalbankgeschäft mit dem der Hypothekenbanken, also auch die Pfandbriefausgabe usw., verbunden betreiben dürfen, da sie vor der Entstehung des Hypothekenbankgesetzes, das Spartentrennung vorschreibt, entstanden sind.

gemischte Lebensversicherung

Häufigste Form der Lebensversicherung. Kombiniert Eigenschaften einer Todesfall- und Erlebensfallversicherung. Die Versicherungssumme wird beim Tode des Versicherten sofort, spätestens mit Ablauf der Versicherung fällig. Ist gegen Einmalbeitrag möglich; gebräuchlich sind aber laufende Jahresbeiträge. Kann als vermögenswirksame und als dynamische Lebensversicherung abgeschlossen werden.

gemischte Schenkung

Form der Schenkung, bei der der Bedachte seinerseits dem Schenker eine Gegenleistung zu erbringen hat, deren Wert unter dem Wert der Zuwendung liegt.

genannt

→ genannter Kurs.

genannter Kurs

Auch: gesprochener Kurs. Zu diesem wurden zwar Wertpapiere an der Börse angeboten oder nachgefragt; zu Abschlüssen kam es jedoch nicht.

genehmigtes Kapital

Die Satzung kann den Vorstand einer AG für höchstens 5 Jahre nach Eintragung der AG ermächtigen, das Grundkapital bis zu einem bestimmten Nennbetrag durch Ausgabe neuer Aktien gegen Einlagen zu erhöhen. Die Ermächtigung kann auch durch Satzungsänderung für höchstens 5 Jahre nach Eintragung der Satzungsänderung erteilt werden. Der Beschluß der HV bedarf einer Mehrheit von mind. 3/4 des vertretenen Grundkapitals. Die Satzung kann eine größere Kapitalmehrheit und weitere Erfordernisse bestimmen. Der Nennbetrag des genehmigten Kapitals darf die Hälfte des Grundkapitals, das z. Z. der Ermächtigung vorhanden ist, nicht übersteigen. Die neuen Aktien sollen nur mit Zustimmung des Aufsichtsrats ausgegeben werden. Die Satzung kann auch vorsehen, daß die neuen Aktien an Arbeitnehmer der AG ausgegeben werden. Diese Art der Kapitalbeschaffung bietet den Vorteil, daß die AG eine günstige Lage am Kapitalmarkt zügig ausnutzen kann.

genehmigtes Kapital, Aktienausgabe

Für die Ausgabe der neuen Aktien bei genehmigtem Kapital gelten sinngemäß, soweit sich aus einschlägigen Vorschriften nichts anderes ergibt, die Bestimmungen über die Kapitalerhöhung gegen Einlagen. An die Stelle des Beschlusses über die Erhöhung des Grundkapitals tritt die Ermächtigung der Satzung zur Ausgabe neuer Aktien. Die Ermächtigung kann vorsehen, daß der Vorstand über den Ausschluß des Bezugsrechts entscheidet. Die neuen Aktien sollen nicht ausgegeben werden, solange ausstehende Einlagen auf das bisherige Grundkapital noch erlangt werden können. Für Versicherungs-AG kann die Satzung anderes bestimmen. Stehen Einlagen in verhältnismäßig unerheblichem Umfang aus, hindert dies die Ausgabe der neuen Aktien nicht. Vorstehendes gilt nicht, wenn die Aktien an Arbeitnehmer der AG ausgegeben werden.

Genfer Börse

Bourse de Genève. 8, rue de la Confédération, Case postale 228, 1211 Genève 11, Schweiz. Tel. 0041-22-280684.

Genossenschaft

Gesellschaft mit nicht geschlossener Mitgliederzahl, die die Förderung des Erwerbs und der Wirtschaft ihrer Mitglieder mittels gemeinschaftlichen Geschäftsbetriebs bezweckt. Die Firma muß die Bezeichnung „eingetragene Genossenschaft" oder kurz „eG" enthalten, jedoch darf kein Zusatz beigefügt werden, der darauf hindeutet, ob und in welchem Umfang die Genossen zur Leistung von Nachschüssen verpflichtet sind. Im Statut müssen jedoch Bestimmungen darüber enthalten sein, ob die Genossen für den Fall, daß die Gläubiger im Konkurs der Genossenschaft nicht befriedigt werden, Nachschüsse zur Konkursmasse unbeschränkt, beschränkt auf eine bestimmte Summe (Haftsumme) oder überhaupt nicht zu leisten haben. Die Genossenschaft, die mindestens 7 Mitglieder haben muß, hat einen Vorstand und einen Aufsichtsrat; Hauptorgan ist die Mitgliederversammlung (Generalversammlung). Sie ist in das Genossenschaftsregister einzutragen. Durch Beitrittserklärung kann man Mitglied der Genossenschaft werden. In der Generalversammlung können die Genossen ihre Rechte ausüben, wobei jeder Genosse unabhängig von der Höhe seines Geschäftsguthabens bzw. Anzahl seiner Geschäftsanteile nur 1 Stimme hat.

Genossenschaftsanteil

Geschäftsanteil, mit dem ein Mitglied an einer Genossenschaft beteiligt ist. Es ist der nominelle Betrag der Beteiligung, der die obere Grenze des Geschäftsguthabens darstellt und Basis für die Nachschußpflicht bildet. Die Satzung kann bestimmen, daß eine Beteiligung mit mehreren Geschäftsanteilen zulässig oder obligatorisch ist.

Genossenschaftsbanken

In der Rechtsform der eingetragenen Genossenschaft (eG) tätige Banken (Kreditgenossenschaften).

gentlemen's agreement

Formlose Vereinbarung zwischen 2 oder mehreren Parteien ohne rechtliche Durchsetzungsmöglichkeit. Auf die Einhaltung der vereinbarten Beschlüsse vertrauen die Partner gegenseitig.

Genüsse

In der Börsensprache Abk. f. Genußscheine bzw. Genußrechte.

Genußaktien

Mit Stimmrecht ausgestattete Genußscheine.

Genußrechte

Bei Genußrechten, die durch Genußscheine verbrieft werden, erhalten die Inhaber keine festen Zinsen, sondern Anteil am Reingewinn der betreffenden Unternehmung. Je nach Ausgestaltung weisen Genußrechte einen Beteiligungskapital ähnlichen Charakter auf. Genußrechte werden besonders bei Sanierungen oder der Abwicklung von Gesellschaften ausgegeben, wenn noch nicht feststeht, aber mit der Möglichkeit gerechnet wird, daß die sanierte Unternehmung Gewinne erwirtschaftet bzw. in Abwicklung befindliche Unternehmung noch zusätzliche Verwertungserlöse erzielt. Genußrechte dürfen nur mit Zustimmung der HV (3/4 Mehrheit) ausgegeben werden. Den Aktionären steht ein Bezugsrecht zu. → Partizipationsschein.

Genußrechtskapital

Eigenkapital, das durch die Emission von Finanzierungsgenußscheinen einer Unternehmung zufließt. Bei Banken begrenzt als haftendes Eigenkapital nach KWG anerkannt.

Genußscheine

Verbriefen die Genußrechte. Die Genußscheininhaber können an der HV nicht teilnehmen. Den Genußscheinen, die auf den Inhaber, Namen oder Order lauten, werden i. d. R. Gewinnanteilscheine beigefügt. Die in Deutschland börsenorientierten Genußscheine sind i. d. R. mit einer mehr oder weniger variablen Ausschüttung sowie mit einem Rückzahlungsversprechen versehen. Vier Genußscheintypen lassen sich anhand der Ausschüttungsbestimmungen unterscheiden: (1) Festverzinsliche Wertpapiere mit Beteiligung am Verlust, (2) Genußscheine mit Mindestausschüttung sowie dividendenabhängigen Bonus, (3) Genußscheine mit vollkommen dividendenabhängiger Ausschüttung, (4) Genußschein mit renditeabhängiger Ausschüttung, wobei sich die Rendite aus dem Verhältnis von Bezugsergebnis zu Bezugskapital (beides definiert in den Genußscheinbedingungen) zusammensetzt. Außerdem existieren Genußscheine mit Options- und Wandelrechten. Genußscheine sind also Wertpapiere, die Rechte verschiedener Art, wie Anspruch auf Anteil am Reingewinn und/oder Liquidationserlös, aber ohne Stimmberechtigung, gegenüber einer AG verbriefen, aber auch als quasi-Beteiligungskapital das Risiko des Kapitalverlusts beinhalten. Sie besitzen daher Eigenkapitalcharakter. Die Ausgabe von Genußscheinen ist für Emittenten attraktiv, weil die Ausschüttung auf Genußkapital als Betriebsausgaben anerkannt werden, wenn der Inhaber nicht am Liquidationserlös beteiligt wird und die Laufzeit des Genußscheins befristet ist bzw. dem Inhaber ein Kündigungsrecht eingeräumt wurde. Damit besitzen Genußscheine wesentliche Eigenschaften des Fremdkapitals. Genußscheine, normalerweise ohne Nennwert, werden auch als Entschädigung für einen Forderungserlaß bei Sanierungen oder als Dividendenausgleich zugunsten solcher Personen verwendet, die der AG durch frühere Kapitalbeteiligung, Aktienbesitz oder Gläubigeranspruch verbunden sind. Aufgrund des besonderen Charakters der Genußscheine sollten Kapitalanleger vor dem Kauf die Genußscheinbedingungen intensiv studieren. Börsenabkürzung: Genüsse.

Genußscheinfonds (1)

Neuere Investmentfondsvariante, die dadurch gekennzeichnet ist, daß das Fondsvermögen vor allem in Genußscheinen angelegt wird.

Genußscheinfonds (2)

In Österreich existierende Investmentfondsvariante. Sie ist so konzipiert, daß Anleger Mittel für zehn Jahre zur Verfügung stellen, die die Fonds für die Finanzierung von Unternehmen einsetzen. Nach Ablauf der zehn Jahre müssen die Finanzierungsmittel zurückgezahlt werden.

geregelter Freiverkehr

Mit Wirkung vom 1. Mai 1987 sind geregelter Freiverkehr und ungeregelter Freiverkehr zu dem einheitlichen Börsensegment Freiverkehr zusammengefaßt worden. Die vormals im geregelten Freiverkehr gehandelten Wertpapiere werden inzwischen überwiegend im Geregelten Markt gehandelt. Bis Ende April 1987 wurden im geregelten Freiverkehr vor allem solche amtlich nicht notierten Wertpapiere gehandelt, die geringe Umsätze oder einen geringen Bekanntheitsgrad aufwiesen, bereits an einer anderen Börse amtlich notiert wurden oder deren Emittenten die höheren Anforderungen des amtlichen Marktes nicht erfüllten bzw. die höheren Kosten einer Zulassung zum amtlichen Handel scheuten.

Geregelter Markt

Gewissermaßen zwischen dem amtlichen Handel und dem Freiverkehr angesiedeltes Börsensegment, eröffnet am 1. 5. 1987. Der Geregelte Markt soll solchen Unternehmen die Eigenkapitalzuführung ermöglichen, die die Anforderungen des amtlichen Marktes nicht erfüllen, ihre Aktien jedoch öffentlich auf einem gesetzlich geregelten Markt unter Aufsicht des Börsenvorstandes notieren lassen wollen. Außerdem soll der Geregelte Markt Unternehmen als Vorstufe zum amtlichen Markt dienen. Entsprechend weist der Geregelte Markt im Vergleich zum amtlichen Handel erleicherte Zugangsbestimmungen und niedrigere Zulassungsgebühren auf. So beträgt die Anforderung an den zeitlichen Mindestbestand des emissionswilligen Unternehmens im Geregelten Markt nur 1 Jahr, im amtlichen Handel hingegen 3 Jahre. Als Mindestnennbetrag reichen bei Erstemission im Geregelten Markt DM 0,5 Mio. aus (amtlicher Markt DM 2,5 Mio. erwarteter Kurswert). Die Anzahl der mindestens in den Handel einzubeziehenden Aktien beträgt 10000 Stück im Vergleich zu 50000 Stück im amtlichen Markt. Ein Jahresumsatz des emissionswilligen Unternehmens von mindestens DM 20 bis 30 Mio. wird erwünscht. Die Zulassungsgebühren wurden im Geregelten Markt auf die Hälfte der Gebühren des amtlichen Marktes festgesetzt. Die Publizitätsvorschriften sind im Geregelten Markt insofern geringer als im amtlichen Handel, da die Zwischenberichtspflicht nicht zwingend ist. Darüber hinaus werden geringere Anforderungen an den Emissionsprospekt gestellt. Die Entscheidung über die Zulassung zum Geregelten Markt erfolgt durch den Zulassungsausschuß der jeweiligen Börse. Nach erfolgter Zulassung zum Geregelten Markt nehmen Freimakler die nicht-amtliche Kursfeststellung vor. Die Kursfeststellung erfolgt nach den auch im amtlichen Handel angewandten Grundsätzen. Am Geregelten Markt wurden ein Jahr nach seiner Eröffnung bereits über 100 Aktien, 14 Genußscheine und 2030 festverzinsliche Wertpapiere notiert. Den Schwerpunkt bei Aktien bilden Unternehmen, die aus dem inzwischen geschlossenen geregelten Freiverkehr hinübergerwechselt sind.

Gericht für die AG

Wenn nichts anderes bestimmt ist: das Gericht des Sitzes der AG. Das Gericht bestellt die Gründungsprüfer, ein fehlendes Vorstandsmitglied, fehlende Aufsichtsratsmitglieder, Sonderprüfer, Abschlußprüfer, Abwickler. Das Landgericht, in dessen Bezirk die AG ihren Sitz hat, entscheidet u. a. über Zusammensetzung des Aufsichtsrats, Auskunftsrecht des Aktionärs, Abfindung außenstehender Aktionäre bei Beherrschungs- oder Gewinnabführungsvertrag, Abfindung ausscheidender Aktionäre bei Eingliederung durch Mehrheitsbeschluß, gerichtliche Auflösung der AG.

gerichtliche Auflösung der AG

Gefährdet eine AG oder KGaA durch gesetzwidriges Verhalten ihrer Verwaltungsträger das Gemeinwohl und sorgen Aufsichtsrat und HV nicht für Abberufung der Verwaltungsträger, kann die AG auf Antrag der zuständigen obersten Landesbehörde des Bundeslandes, in dem sie ihren Sitz hat, durch Urteil aufgelöst werden. Zuständig für die Klage ist das Landgericht, in dessen Bezirk die AG ihren Sitz hat. Nach Auflösung findet Abwicklung nach den Vorschriften des AktG statt.

gerichtliche Bestellung von Sonderprüfern

Lehnt die HV einen Antrag auf Bestellung von Sonderprüfern zur Prüfung eines Vorgangs bei der Gründung oder eines nicht über 5 Jahre zurückliegenden Vorgangs bei der Geschäftsführung ab, hat das Gericht auf Antrag von Aktionären, deren Anteile zusammen 10% des Grundkapitals oder den Nennbetrag von DM 2 Mio. erreichen, Sonderprüfer zu bestellen, wenn Tatsachen vorliegen, die den Verdacht rechtfertigen, daß bei dem Vorgang Unredlichkeiten oder grobe Verletzungen des Gesetzes oder der Satzung vorgekommen sind. Die Antragsteller haben die Aktien bis zur Entscheidung über den Antrag zu hinterlegen und glaubhaft zu machen, daß sie seit mind. 3 Monaten vor dem Tag der HV Inhaber der Aktien sind. Zur Glaubhaftmachung genügt eidesstattliche Versicherung vor einem Notar. Vorstehendes gilt nicht für Vorgänge, die Gegenstand einer Sonderprüfung wegen unzulässiger Unterbewertung sein können. Hat die HV Sonderprüfer bestellt, hat das Gericht auf Antrag von Aktionären, deren Anteile zusammen 10% des Grundkapitals oder den Nennbetrag DM 2 Mio. erreichen, einen anderen Sonderprüfer zu bestellen, wenn dies aus einem in der Person des bestellten Sonderprüfers liegenden Grund geboten erscheint, insbesondere, wenn der bestellte Sonderprüfer nicht die für den Gegenstand der Sonderprüfung erforderlichen Kenntnisse hat, oder wenn Besorgnis der Befangenheit oder Bedenken gegen seine Zuverlässigkeit bestehen. Der Antrag ist innerhalb 2 Wochen seit dem Tage der HV zu stellen. Das Gericht hat außer den Beteiligten auch den Aufsichtsrat und im vorstehenden Fall den von der HV bestellten Sonderprüfer zu hören. Gegen die Entscheidung ist sofortige Beschwerde zulässig. Die Kosten der Sonderprüfung und die gerichtlichen Verfahrenskosten trägt die AG.

gerichtliche Entscheidung über die Zusammensetzung des Aufsichtsrats der AG

Ist streitig oder ungewiß, nach welchen gesetzlichen Vorschriften der Aufsichtsrat einer AG zusammenzusetzen ist, entscheidet darüber auf Antrag das Landgericht (Zivilkammer), in dessen Bezirk die AG ihren Sitz hat. Die Landesregierung kann die Entscheidung durch Rechtsverordnung für die Bezirke mehrerer Landgerichte einem der Landgerichte übertragen, wenn dies der Sicherung einer einheitlichen Rechtsprechung dient. Sie kann die Ermächtigung auf die Landesjustizverwaltung übertragen. Antragsberechtigt sind: (1) Vorstand, (2) jedes Aufsichtsratsmitglied, (3) jeder Aktionär, (4) der Betriebsrat jedes Betriebes der AG, (5) der Betriebsrat jedes anderen Betriebes, dessen Arbeitnehmer nach den gesetzlichen Vorschriften, deren Anwendung streitig oder ungewiß ist, selbst oder durch Wahlmänner an der Wahl von Aufsichtsratsmitgliedern der AG teilnehmen, (6) mind. 1/10 oder 100 der Arbeitnehmer, die nach den gesetzlichen Vorschriften, deren Anwendung streitig oder ungewiß ist, selbst oder durch Wahlmänner an der Wahl von Aufsichtsratsmitgliedern der AG teilnehmen, (7) Spitzenorganisationen der Gewerkschaften, die nach den gesetzlichen Vorschriften, deren Anwendung streitig oder ungewiß ist, ein Vorschlags- oder Entsendungsrecht hätten. Dies gilt sinngemäß, wenn streitig ist, ob der Abschlußprüfer das nach dem Mitbestimmungsergänzungsgesetz maßgebliche Umsatzverhältnis richtig ermittelt hat. Entspricht die Zusammensetzung des Aufsichtsrats nicht der gerichtlichen Entscheidung, ist der neue Aufsichtsrat nach den in der Entscheidung angegebenen gesetzlichen Vorschriften zusammenzusetzen.

Gerichtsstand

Ort, an dem geklagt werden kann, wenn der Schuldner seinen Verpflichtungen nicht nachkommt. Als „allgemeiner Gerichtsstand" gilt der Sitz des Gerichts, in dessen Bezirk der Wohn- oder Aufenthaltsort des Beklagten liegt. Das Gericht, bei dem jemand diesen allgemeinen Gerichtsstand hat, ist für alle Klagen gegen ihn zuständig, sofern nicht für bestimmte Klagen ein „besonderer Gerichtsstand" begründet ist.

Ges.

Abk. f. Gesellschaft oder Gesetz.

Gesamtaktie

Auch: Gesamttitel. → Globalaktie.

Gesamteigentum

Art des Miteigentums, bei dem alle Miteigentümer zusammen Eigentümer des betreffenden Objekts sind, aber im Verhältnis zueinander zu einem bestimmten Anteil, der erst nach Auflösung der Gesamthandsgemeinschaft zum Tragen kommt.

Gesamtemission

Emission eines Emittenten, die von einem Käufer vollständig übernommen wird.

gesamtfällige Anleihen

Sind im Gegensatz zu Tilgungsanleihen zu einem Zeitpunkt in ihrer Gesamtheit zurückzuzahlen. Die Börsennotiz wird 14 Tage vor Fälligkeit eingestellt.

Gesamthandsgemeinschaft

Rechtsgemeinschaft, die sich auf einen Komplex von Rechten oder auf ein Vermögen bezieht. Rechtsträger ist nicht der einzelne Gesamthänder, sondern alle zusammen. Deshalb können i. d. R. auch nur alle Gesamthänder gemeinsam über die Rechte der Gemeinschaft verfügen. Ausnahmen hiervon sind durch Vollmachten möglich. Gesamthandsgemeinschaften sind: Gesellschaft bürgerlichen Rechts, OHG, KG, Erbengemeinschaft.

Gesamthandsvermögen
Sondervermögen, das von dem übrigen Vermögen der Gesamthänder zu trennen ist (Gesamthandsgemeinschaft). Es kann sich aus Gesamthandseigentum (Eigentum von mehreren Personen an einer Sache dergestalt, daß keinem Eigentümer ein bestimmter Anteil an der Sache zusteht), Gesamthandsforderungen (Forderungen von mehreren Personen dergestalt, daß der einzelne Gläubiger über die Forderung allein weder ganz noch teilweise verfügen kann) und Gesamthandsschulden (Schulden mehrerer, die gemeinsam schulden, d. h. die die Leistung nur gemeinsam aus dem Gesamthandvermögen zu bewirken brauchen) zusammensetzen.

Gesamtkapitalrentabilität
Rentabilität oder Rendite des in einer Unternehmung eingesetzten, sich aus Eigen- und Fremdkapital zusammensetzenden gesamten Kapitals.

Gesamtkonzernabschluß
Stehen in einem Konzern die Unternehmen unter der einheitlichen Leitung einer Kapitalgesellschaft (Mutterunternehmen) mit Sitz im Inland und gehört dem Mutterunternehmen eine Beteiligung nach § 271 Abs. 1 HGB an dem oder den anderen unter der einheitlichen Leitung stehenden Unternehmen (Tochterunternehmen), so haben die gesetzlichen Vertreter des Mutterunternehmens in den ersten 5 Monaten des Konzerngeschäftsjahrs für das vergangene Konzerngeschäftsjahr einen Konzernabschluß und einen Konzernlagebericht aufzustellen.

Gesamtkündigung
Rückzahlung des noch im Umlauf befindlichen Anleihebetrages im Gegensatz zur Teilkündigung, wo nur ein Teilbetrag zurückgezahlt wird.

Gesamtvermögen, vermögensteuerlich
Bei unbeschränkt Steuerpflichtigen wird das Gesamtvermögen zur Vermögensteuer herangezogen. Es wird ermittelt, indem einerseits der Wert aller zum steuerpflichtigen Vermögen gehörenden Wirtschaftsgüter angesetzt und andererseits der Wert aller abzugsfähigen Schulden und Lasten subtrahiert werden. Soweit für einzelne Wirtschaftsgüter ein Einheitswert festgesetzt wird, ist dieser anzusetzen. Beim Betriebsvermögen sind dies stets die Einheitswerte vom letzten Hauptfeststellungszeitpunkt, oder, ist inzwischen eine Fortschreibung erfolgt, vom letzten Fortschreibungszeitpunkt. Die zum sonstigen Vermögen gehörenden Wirtschaftsgüter sind jeweils mit ihrem gemeinen Wert anzusetzen. Gleiches gilt für ausländisches Grundvermögen, ausländisches land- und forstwirtschaftliches Vermögen und Betriebsvermögen, sofern nicht unter ein DBA fallend und es danach nicht angesetzt zu werden braucht. Bestimmte Wirtschaftsgüter bleiben bei Ermittlung des Gesamtvermögens außer Ansatz: alle Wirtschaftsgüter, die zwar nach BewG erfaßt werden müßten, jedoch nach VStG o. a. Gesetzen vermögensteuerfrei bleiben, u. a. Auslandsvermögen, das unter ein DBA fällt, Gegenstände, an deren Erhaltung öffentliches Interesse besteht (Grundbesitz, Kunstgegenstände, Kunstsammlungen u. a. m.); besteht an der Erhaltung zwar öffentliches Interesse, liegen aber die anderen Voraussetzungen der Steuerbefreiung nicht vor, sind sie mit 40% ihres steuerlichen Werts anzusetzen. Für die ganze wie für die nur teilweise Steuerbefreiung ist Voraussetzung, daß die jährlichen Aufwendungen i. d. R. die daraus erzielten Einnahmen übersteigen. Bei Ermittlung des Gesamtvermögens sind alle Schulden und Lasten abzugsfähig, soweit sie nicht schon bei Bewertung der auf der Aktivseite angesetzten Wirtschaftsgüter berücksichtigt worden sind. So können nicht mehr abgezogen werden Schulden und Lasten, die mit einem gewerblichen Betrieb in wirtschaftlichem Zusammenhang stehen und sich daher schon im Einheitswert dieses ausgewirkt haben. Ein Abzug dieser Betriebsschulden beim Gesamtvermögen könnte nur noch insoweit in Betracht kommen, als sie den steuerlichen Wert des Aktivbestandes des Betriebs übersteigen und deshalb zu einem negativen Einheitswert geführt haben. Schulden und Lasten, die u. a. mit Grundvermögen in wirtschaftlichem Zusammenhang stehen, sind nicht im Einheitswert berücksichtigt, sondern müssen i. d. R. bei der Ermittlung des Gesamtvermögens abgezogen werden. Schulden und Lasten können nicht abgezogen werden, wenn sie in wirtschaftlichem Zusammenhang mit Wirtschaftsgütern stehen, die nicht im Gesamtvermögen enthalten sind.

Gesamtwertmethode
Verfahren zur Ermittlung des Gesamtwertes einer Unternehmung, die neben den bilanzierungsfähigen auch die nicht bilanzierungsfähigen Werte enthält und bei der der nachhaltig erzielbare Reingewinn

kapitalisiert wird. Der Gesamtwert entspricht dann einem Kapitalbetrag, der bei Annahme eines bestimmten Kalkulationszinsfußes erforderlich wäre, um damit Zinserträge in Höhe der nachhaltig im Unternehmen zu erzielenden Gewinne zu verdienen.

Geschäftsanteil der Genossenschaft

Im Statut einer Genossenschaft festgelegte Beteiligung des Genossen an der Genossenschaft. Durch die Einzahlung auf die Geschäftsanteile erhält die Genossenschaft Eigenkapital (daneben durch Rücklagenbildung). Der auf den Geschäftsanteil einbezahlte Betrag ist das Geschäftsguthaben des Genossen. Ist der Geschäftsanteil voll einbezahlt, sind Geschäftsanteil und Geschäftsguthaben identisch.

Geschäftsanteil der GmbH

Bei der GmbH bestimmt sich der Geschäftsanteil jedes Gesellschafters nach dem Betrag der von ihm übernommenen Stammeinlage. Hierüber können von der GmbH Anteilscheine ausgestellt werden, die verkäuflich und vererblich sind, jedoch in Deutschland nicht zum Handel an der Börse zugelassen werden.

Geschäftsbedingungen der Börsen

→ Börsengeschäftsbedingungen.

Geschäftsbericht der AG

Umgangssprachliche Bez. f. publizierten Jahresabschluß einer AG. Im aktienrechtlichen Sinne veraltete Bez. f. Ergänzung zur Bilanz und GuV-Rechnung einer AG. Enthielt Erläuterungen zum Jahresabschluß und Geschäftsverlauf einer AG. An die Stelle des Geschäftsberichts treten nach neuen Rechnungslegungsvorschriften der Anhang zum Jahresabschluß und der Lagebericht. In ersterem sind Erläuterungen zu einzelnen Posten der Bilanz und der GuV-Rechnung aufzunehmen, in letzterem der Geschäftsverlauf und die Lage der Gesellschaft zu erläutern.

Geschäftsbesorgungsvertrag

Entgeltlicher Dienst- und Werkvertrag, durch den sich jemand zur Besorgung eines Geschäfts für einen anderen verpflichtet. Liegt bei Bankgeschäften vor, z. B. die Führung von Kontokorrentkonten und die Ausführung von Überweisungen, Effektenkommissionsgeschäften, Depotgeschäften. Die Bank ist dabei verpflichtet, den erteilten Auftrag entweder unverzüglich auszuführen oder abzulehnen.

Geschäftsführung der AG

Der Vorstand der AG hat unter eigener Verantwortung die AG zu leiten. Besteht er aus mehreren Personen, sind sämtliche Vorstandsmitglieder nur gemeinschaftlich zur Geschäftsführung berufen. Satzung oder Geschäftsordnung des Vorstands können Abweichendes bestimmen; es kann jedoch nicht bestimmt werden, daß ein oder mehrere Vorstandsmitglieder Meinungsverschiedenheiten im Vorstand gegen die Mehrheit seiner Mitglieder entscheiden.

Geschäftsführung der Börse

Im für 1994 zur Ratifizierung vorgesehenen zweiten Finanzmarktförderungsgesetz bzw. im novellierten Börsengesetz konzipiertes Börsenorgan: Die Geschäftsführung leitet die Börse in eigener Verantwortung. Sie kann aus einer oder mehreren Personen bestehen. Die Geschäftsführer vertreten die Börse gerichtlich und außergerichtlich.

Geschäftsguthaben

Bei Genossenschaften der Betrag, den ein Genosse auf die gezeichneten Geschäftsanteile eingezahlt hat. Er kann niedriger als der Geschäftsanteil sein, wenn dieser noch nicht voll einbezahlt ist, kann jedoch nicht über den Geschäftsanteil hinausgehen. Ein Genosse kann sein Geschäftsguthaben auf einen Dritten übertragen und hierdurch aus der Genossenschaft ausscheiden, sofern der Erwerber an seiner Stelle Genosse wird. Kündigt der Genosse, bekommt er nach Ablauf der Kündigungsfrist sein Geschäftsguthaben zurückgezahlt.

Geschäftsjahr der AG

Meist: Kalenderjahr. Im amtlichen Kursblatt der Börsen wird das Geschäftsjahr in einer besonderen Spalte mit der Ziffer des Anfangsmonats angegeben.

geschäftslos

Tendenzbez. an der Börse, wenn keine oder kaum Geschäftstätigkeit vorliegt. → lustlos.

Geschäftsverlauf

Bez. f. Darstellung der Lage und Entwicklung der Geschäfte einer Unternehmung.

Geschäftsverlauf an der Börse

Bez. f. die Beschreibung des Ablaufs der Börsentätigkeit in der Börsenberichterstattung.

Geschäftsvolumen
Bei Banken die Summe aus Bilanzsumme plus Eventualverbindlichkeiten. Größenkriterium für Banken.

Geschäftswert
→ Firmenwert.

Geschenksparbuch
Werbemittel der Banken, das nach den Wettbewerbsvorschriften eng begrenzt eingesetzt werden darf. Banken dürfen danach Spargutscheine auf max. DM 5 begrenzt zu ganz bestimmten Anlässen zur Begründung eines Sparkontos verschenken (bei Geburt, Einschulung, Konfirmation, Kommunion, Heirat, Lehrlingsfreisprechung u. ä.).

geschlossene Position (1)
In Devisenpositionen werden die zu zahlenden und die entgegenzunehmenden Devisenbeträge entweder einzeln (Bruttopositionen) oder saldiert (Nettopositionen) erfaßt. Nach Laufzeit der Devisengeschäfte können Kassa- und Terminpositionen unterschieden werden. Eine geschlossene Position kann daher eine geschlossene Teilposition bei verschied. Laufzeiten (Kassa[geschäft], 1, 2, 3, 6 o. a. Monate) bezeichnen, wenn für eine Laufzeit und eine Devise die zu zahlenden und entgegenzunehmenden Beträge genau ausgeglichen sind, oder eine geschlossene Gesamtposition, bei der sämtliche Laufzeiten der Devisenforderungen und -verbindlichkeiten ausgeglichen sind.

geschlossene Position (2)
Laufzeit- und zinsbindungskongruent strukturiertes Aktiv- und Passivgeschäft bei Banken. Es existiert somit kein Zinsänderungsrisiko.

geschlossene Position (3)
Bei Termingeschäften in Devisen, festverzinslichen Wertpapieren, Aktien oder Waren die Schließung (Glattstellung) einer Position durch Aufbau einer identischen, wertmäßig jedoch kompensatorisch wirkenden Terminposition.

geschlossener Fonds
Grundsätzlich ein open-end fund, der die Ausgabe von Investmentanteilen eingestellt hat, etwa wegen der satzungsmäßigen Begrenzung des Fondsvermögens oder auf Beschluß der Aktionärsversammlung (bei Investmentfonds des Gesellschaftstypus).

geschlossener Immobilienfonds
Ein in gesellschaftsrechtlicher Form geführter Immobilienfonds, der nicht unter das KAGG fällt, ist i. d. R. KG. Komplementäre bei der Fonds-KG sind entweder eine oder mehrere natürliche Personen, eine juristische Person oder eine natürliche und juristische Person, die zu Kapitaleinlagen weder berechtigt noch verpflichtet sind. Neben die Komplementäre tritt ein Treuhandkommanditist (Bank, Wirtschaftsprüfungsgesellschaft o. ä.), der im eigenen Namen, aber für Rechnung der Kapitalgeber das Kommanditkapital hält und Eigentümer der Fondsobjekte ist. Die Anteilseigner, denen Immobilienzertifikate über ihren Anteil am Kommanditkapital ausgehändigt werden, haben die Funktion von Treugebern. Sie bilden keine Bruchteilsgemeinschaft, sondern ihre Rechtsbeziehungen untereinander richten sich nach den Vorschriften des HGB. Gegenstand der fondsgebundenen Grundstücks-KG sind Erwerb, Bebauung und Verwaltung von Grundstücken, wobei das Schwergewicht auf der Bebauung liegt. Solche Fonds werden stets nur für einzelne Gebäude oder Gebäudekomplexe aufgelegt. Durch Aufnahme hohen Fremdkapitals und Inanspruchnahme von Sonderabschreibungen auf das gesamte Bauvolumen, die nur den Eigenkapitalgebern zugerechnet werden, ergibt sich die Rentabilität für den einzelnen Anleger. Eine Rückkaufverpflichtung haben geschlossene Fonds nicht, so daß die Verkehrsfähigkeit der Anteile stark eingeschränkt ist. Das Risiko nachhaltiger Erzielbarkeit der Rendite ist wesentlich abhängig von Gegenstand und Finanzierung der jeweiligen Rechtsform. Rechtlicher Eigentümer des/der Grundstücke ist der Treuhandkommanditist, der auch im Grundbuch eingetragen ist. Daher ist dingliche Sicherheit bei der Fonds-KG nur mittelbar gegeben. Für die Sicherheit des Anlegers ist deshalb die Seriosität der Fondsverwaltung entscheidend. Bei den Hauptformen der Fonds wird die Sicherheit durch Einschaltung namhafter Banken gesteigert. Die Bank tritt als Treuhandkommanditist bei Gesellschaften in der Rechtsform der KG oder als Treuhänder bei Fonds in Form des wirtschaftlichen Bruchteilseigentums (Bruchteilsfonds) auf. Bei der Form der BGB-Gesellschaft ist dagegen meist keine Bank als Treuhänder eingeschaltet; dem Sicherheitsbedürfnis der Anleger entsprechen viele Fondsträger auch dadurch, daß Abschlüsse von Wirtschaftsprüfern te-

stiert werden. Trotz aller gesellschafts- und vertragsrechtl. Absicherungen sollte aber in erster Linie die Anlage selbst auf Sicherheit geprüft werden. Die Verzinsung der Anteile setzt sich zusammen aus Barausschüttung, Steuervorteilen und Wertzuwachs. Die jährlichen, anfangs oft steuerfreien Barausschüttungen liegen meist bei etwa 5% des Zeichnungsbetrages, können aber durch Bewirtschaftungsüberschüsse auch darüber hinaus gehen. Der besondere steuerliche Anreiz liegt in erhöhten Abschreibungsmöglichkeiten. Bei Vermögen-, Erbschaft- und Schenkungsteuer bieten die Fonds auch beim Ansatz von erhöhten Einheitswerten Vorteile. Der Wertzuwachs der Anteile ergibt sich aus der planmäßigen Fremdmitteltilgung; danach erhöht sich meist die Barausschüttung; andererseits ist ein Wertzuwachs oft dann zu erwarten, wenn das Fondsmanagement als Standort wirtschaftliche Ballungs- oder Entwicklungsgebiete gewählt hat. Der Wert der Objekte wird einmal im Jahr von unabhängigen Gutachtern festgestellt.

geschlossener Immobilienfonds, steuerlich

Beim geschlossenen Immobilienfonds handelt es sich bei den Einnahmen um Einkünfte aus Vermietung und Verpachtung, vorausgesetzt die Tätigkeit der KG stellt keinen Gewerbebetrieb dar. Der Anteilsinhaber hat nicht die Barausschüttungen zu versteuern, sondern den Betrag, der von den steuerpflichtigen Einkünften des Fonds auf seinen Anteil entfällt. Diese sind als Überschuß der Miet- und Pachteinnahmen über die Werbungskosten zu ermitteln. Zu den Werbungskosten gehören auch die Absetzungen für die Abnutzung der Gebäude. Diese bemessen sich nicht nach dem investierten Eigenkapital, sondern nach den tatsächlichen Herstellungs- oder Anschaffungskosten, erfassen also auch das investierte Fremdkapital. Der Anteilseigner kann ungeachtet dessen, daß er gleichzeitig eine Barausschüttung erhält, den auf ihn entfallenden Anteil am Verlust aus Vermietung und Verpachtung bei seiner Veranlagung mit seinen anderen positiven Einkünften verrechnen. Die steuerpflichtigen Einkünfte der KG oder der Bruchteilsgemeinschaft werden in einem besonderen Verfahren einheitlich ermittelt und dann auf die Zertifikatsinhaber aufgeteilt. Die Geschäftsleitung des Fonds gibt den Beteiligten die Höhe der Einkünfte und ihrer Anteile daran jeweils bekannt.

geschlossener Investmentfonds

→ geschlossener Fonds → geschlossener Immobilienfonds.

geschlossener Markt

Markt, an dem durch (meist institutionelle) Zugangsschranken nur bestimmte Marktteilnehmer tätig werden können; z. B. die Börse und die meisten Finanzmärkte. Gegens.: offener Markt.

Gesellschaft (des) bürgerlichen Rechts (BGB-Gesellschaft)

Zusammenschluß von 2 oder mehr Personen zur gemeinsamen Verfolgung eines Ziels ohne eigene Rechtspersönlichkeit. Entsteht durch formlosen Vertrag, oft auch stillschweigend durch schlüssiges Handeln. Keine Registereintragung erforderlich. Enge und Festigkeit der gesellschaftlichen Bindung können je nach Gesellschaftszweck unterschiedlich sein.

Gesellschafter

Anteilseigner einer Unternehmung.

Gesellschafterdarlehen

Darlehen eines Gesellschafters an seine Gesellschaft. Bei Kapitalgesellschaften sind diese Kreditgewährungen echte Darlehen und unterliegen als Dauerschulden der GewSt. Bei KG ist die Darlehensgewährung bei Teilhaftern gegeben, wenn das Haftungskapital voll eingezahlt ist. Bei OHG und persönlich haftenden Gesellschaftern einer KG entstehen zwischen den Vollhaftern und der Gesellschaft i. d. R. keine Forderungen und Schulden. Bei persönlich haftenden Gesellschaftern gelten Gesellschafterdarlehen grundsätzlich als Einlagen und ihre Rückzahlung als Entnahmen.

Gesellschaft mit beschränkter Haftung (GmbH)

Kapitalgesellschaft mit eigener Rechtspersönlichkeit (juristische Person). Bestehen muß ein Gesellschaftsvertrag, der notariell beurkundet und ins Handelsregister eingetragen werden muß. Die Errichtung ist durch eine oder mehrere Personen möglich; auch eine Einmann-GmbH ist also möglich. Der/Die Gesellschafter der GmbH ist/sind an der Gesellschaft durch die Einlage(n) (Gesellschaftsanteil) beteiligt. Bei Errichtung ist jeder Gesellschafter durch jeweils nur 1 Stammeinlage beteiligt, die mind. DM 500 oder ein Mehrfaches, das durch 100 teilbar ist, beträgt. Bei Gründung ist ein festes Stammkapital von mind. DM 50000 vorgeschrieben. Die Einlagen können in Geld oder auch in Sachleistungen, wobei deren Wert in Geld festzustellen ist, erbracht werden. Das Gesellschaftsvermögen haftet in voller Höhe, nicht die Gesellschafter auch persönlich. Im Gesellschaftsvertrag kann aber eine beschränkte oder unbeschränkte Nachschußpflicht gegenüber der GmbH festgelegt werden. Die Rechte der Gesellschafter i. a. bestimmen sich, soweit nicht besondere gesetzliche Vorschriften bestehen, nach dem Gesellschaftsvertrag. Beschlüsse der Gesellschafter werden in der Gesellschafterversammlung gefaßt. Ist nach dem Gesellschaftsvertrag ein Aufsichtsrat vorgesehen, sind die entsprechenden Bestimmungen des AktG anzuwenden. Die Geschäftsführung liegt bei den bestellten, d. h. in der Gesellschafterversammlung eingesetzten Geschäftsführern.

Gesellschaftsanteile

Anteile an einer Gesellschaft. Verbriefen bestimmte Rechte und Pflichten des Gesellschafters, die in den zugrundeliegenden Gesetzen geregelt sind. Man unterscheidet Anteile von vollhaftenden Gesellschaftern an OHG oder KG, Kommanditanteile, Genossenschaftsanteile, Geschäftsanteile, Aktien u. a. m.

Gesellschaftsblätter

Für Veröffentlichungen der AG vorgesehene Publizitätsorgane. Sind i. a. in der Satzung bestimmt. Gesetzliche oder satzungsmäßig vorgeschriebene Bekanntmachungen sind in den Gesellschaftsblättern und im Bundesanzeiger abzudrucken.

Gesellschaftsmantel

→ Mantel (2).

Gesellschaftsrechte an Kapitalgesellschaften

Dazu zählen (1) Aktien und sonstige Anteile, (2) Genußrechte, (3) Forderungen, die eine Beteiligung am Gewinn der Gesellschaft gewähren, (4) Anteile der Kommanditisten an einer KG, wenn zu den persönlich haftenden Gesellschaftern eine Kapitalgesellschaft gehört. Als Gesellschafter gelten die Personen, denen die bezeichneten Gesellschaftsrechte zustehen.

Gesellschaftsteuer

Kapitalverkehrsteuer, zum 1. 1. 1992 abgeschafft (→ Finanzmarktförderungesetz).

Gesellschaftstypus

Bei Investmentfonds Grundtyp der Unternehmensform neben dem Vertragstypus. Juristische Person, meist AG. Das Fondsvermögen ist im Eigentum der Investmentgesellschaft, deren Aktien gleichzeitig Anteilscheine sind. Die Anleger sind Mitinhaber (Gesellschafter) der Gesellschaft und des Gesellschaftsvermögens, das mit dem Fondsvermögen identisch ist. Eine Investmentgesellschaft des Gesellschaftstyps kann nur dort als open-end fund eingerichtet werden, wo das anzuwendende Gesellschaftsrecht eine einfache Veränderung des Gesellschaftskapitals ermöglicht und den Gesellschaftern den Ankauf eigener Aktien erlaubt. In Deutschland sind diese Voraussetzungen im Gegensatz zu USA nicht gegeben, wo open-end-Investmentgesellschaften des Gesellschaftstypus weit verbreitet sind.

Gesellschaftsvertrag der AG

→ Satzung der AG.

Gesellschaftsvermögen

Bei OHG, KG und Gesellschaft bürgerlichen Rechts das Gesamthandsvermögen der Gesellschafter. Ein Gesellschafter kann weder über seinen Anteil an einzelnen Gegenständen noch über seinen Geschäftsanteil verfügen oder Teilung verlangen. Bei Kapitalgesellschaften ist es das in der Bilanz ausgewiesene Vermögen, das sich aus der Differenz sämtlicher Aktiva und Verbindlichkeiten ergibt.

gesetzliche Erbfolge

Wenn jemand stirbt, ohne ein Testament errichtet oder einen Erbvertrag abgeschlossen zu haben, kommt es zur gesetzlichen Erbfolge. Gesetzliche Erben sind die Verwandten des Erblassers, nach bestimmten Ordnungen zusammengefaßt. Danach gehören dazu: gesetzliche Erben 1. Ordnung: Abkömmlinge; 2. Ordnung: Eltern und deren Abkömmlinge; 3. Ordnung: Großeltern und deren Abkömmlinge; 4. Ordnung: Urgroßeltern und deren Abkömmlinge; 5. Ordnung: noch entferntere Verwandte und deren Abkömmlinge. Ein Verwandter wird solange nicht gesetzlicher Erbe, wie ein anderer gesetzlicher Erbe vorhergehender Ordnung vorhanden ist. Bei der 1. bis 3. Ordnung gilt die Erbfolge nach Stämmen. Danach treten an die Stelle eines zur Zeit des Erbfalls nicht mehr lebenden gesetzlichen Erben seine Abkömmlinge. Wer verschiedenen Stämmen angehört, erhält den ihm nach jeder Stammesfolge zustehenden Anteil. Zu den gesetzlichen Erben 1. Ordnung gehört auch das Adoptivkind. Das nichteheliche Kind ist ebenso wie das eheliche Kind gesetzlicher Erbe 1. Ordnung. Der überlebende Ehegatte erbt nur, wenn er bis zum Tode des Erblassers mit diesem in gültiger Ehe gelebt hat. Der Staat ist der letzte gesetzliche Erbe. Er kommt dann zum Zuge, wenn z. Z. des Erbfalls weder ein Verwandter noch ein Ehegatte des Erblassers vorhanden ist, noch sonst jemand Anderer zum Erben eingesetzt worden war. Grundlage seines Erbrechts bildet ein entsprechender Feststellungsbeschluß des Nachlaßgerichts. Erbe ist dann der Fiskus des Bundeslandes, in dem der Erblasser seinen letzten Wohnsitz hatte. → Erbfolge.

gesetzliche Rücklage

In der Bilanz des von AG aufzustellenden Jahresabschlusses ist eine gesetzliche Rücklage zu bilden. In diese sind nach § 150 AktG 5% des um einen Verlustvortrag aus dem Vorjahr geminderten Jahresüberschusses einzustellen, bis die gesetzliche Rücklage und die Kapitalrücklagen zusammen 10% oder den in der Satzung bestimmten höheren Teil des Grundkapitals erreichen. Übersteigen die gesetzliche Rücklage und die Kapitalrücklagen zusammen nicht 10% oder den in der Satzung bestimmten höheren Teil des Grundkapitals, so dürfen sie nur verwandt werden 1. zum Ausgleich eines Jahresfehlbetrags, soweit er nicht durch einen Gewinnvortrag aus dem Vorjahr gedeckt ist und nicht durch Auflösung anderer Gewinnrücklagen ausgeglichen werden kann; 2. zum Ausgleich eines Verlustvortrags aus dem Vorjahr, soweit er nicht durch einen Jahresüberschuß gedeckt ist und nicht durch Auflösung anderer Gewinnrücklagen ausgeglichen werden kann. Übersteigen die gesetzliche Rücklage und die Kapitalrücklagen zusammen 10% oder den in der Satzung bestimmten höheren Teil des Grundkapitals, so darf der übersteigende Betrag verwandt werden 1. zum Ausgleich eines Jahresfehlbetrags, soweit er nicht durch einen Gewinnvortrag aus dem Vorjahr gedeckt ist; 2. zum Ausgleich eines Verlustvortrags aus dem Vorjahr, soweit er nicht durch einen Jahresüberschuß gedeckt ist; 3. zur Kapitalerhöhung aus Gesellschaftsmitteln. Die Verwendung nach den Nummern 1 und 2 ist nicht zulässig, wenn gleichzeitig Gewinnrücklagen zur Gewinnausschüttung aufgelöst werden.

gesetzliche Rücklage bei Unternehmensverträgen

In die gesetzliche Rücklage sind anstelle des in § 150 Abs. 2 AktG bestimmten Betrags nach § 300 AktG einzustellen: (1) wenn ein Gewinnabführungsvertrag besteht, aus dem ohne die Gewinnabführung entstehenden, um einen Verlustvortrag aus dem Vorjahr geminderten Jahresüberschuß der Betrag, der erforderlich ist, um die gesetzliche Rücklage zzgl. der Kapitalrücklage innerhalb der ersten 5 Geschäftsjahre, die während des Bestehens des Vertrags oder nach Durchführung einer Kapitalerhöhung beginnen, gleichmäßig auf mind. 10% oder der in der Satzung bestimmten höheren Teil des Grundkapitals aufzufüllen, mind. aber der in (2) bestimmte Betrag; (2) wenn ein Teilgewinnabführungsvertrag besteht, der Betrag, der aus dem ohne die Gewinnabführung entstehenden um einen Verlustvortrag aus dem Vorjahr geminderten Jahresüberschuß einzustellen wäre; (3) wenn ein Beherrschungsvertrag besteht, ohne daß die AG auch zur Abführung ihres ganzen Gewinns verpflichtet ist, der zur Auffüllung der gesetzlichen Rücklage nach (1) erforderliche Betrag, mind. der in § 150 AktG oder, wenn die AG verpflichtet ist, ihren Gewinn z. T. abzuführen, der in (2) bestimmte Betrag.

Gesetz über das Aufspüren von Gewinnen aus schweren Straftaten

Danach ist die sog. Geldwäsche mit Strafe bedroht. Banken und Sparkassen sind verpflichtet, bei Tafelgeschäften und Bareinzahlungen ab 20000 DM ihren Geschäftspartner zu identifizieren. Stellt eine Bank fest, daß eine Geldwäsche nach § 261 Strafgesetzbuch bezweckt wird, muß sie unverzüglich Strafverfolger benachrichtigen. Bei Unterlassung einer Anzeige kann der Bankmitarbeiter wegen leichtfertiger Geldwäsche belangt werden.

Gesetz über den Wertpapierhandel (WpHG)

→ Wertpapierhandelsgesetz (WpHG).

Gesetz über den Wertpapierhandel und zur Änderung des Börsengesetzes, des Gesetzes über Kapitalanlagegesellschaften, des Aktiengesetzes, des Depotgesetzes, des Wertpapier-Verkaufsprospektgesetzes sowie anderer wertpapierrechtlicher Vorschriften (Zweites Finanzmarktförderungsgesetz)

Das zweite Finanzmarktförderungsgesetz umfaßt eine weitreichende Novellierung der deutschen Kapitalmarktgesetzgebung. Es enthält das Gesetz über den Wertpapierhandel sowie Änderungen des Börsengesetzes, des Gesetzes über Kapitalanlagegesellschaften, des Aktiengesetzes, des Depotgesetzes und des Wertpapier-Verkaufsprospektgesetzes. Damit wurde der ordnungspolitische Rahmen für den Kapitalmarkt in der Bundesrepublik weiterentwickelt. Insbesondere wurden die Aufsicht über den Wertpapierhandel ausgebaut sowie die EG-Insider- und die EG-Transparenzrichtlinie in deutsches Recht umgesetzt. Ziele des zweiten Finanzmarktförderungsgesetzes sind Verbesserung des Anlegerschutzes, Sicherung der Funktionsfähigkeit der deutschen Wertpapierbörsen, internationale Koordination der Aufsicht über den Wertpapierhandel, Erweiterung der Geschäftsmöglichkeiten von Kapitalanlagegesellschaften und Kursmaklern sowie Belebung des Wertpapierhandels durch Abbau von Beschränkungen im Depot- und Aktiengesetz. Herauszustellen sind (1) die Schaffung eines Bundesaufsichtsamtes für den Wertpapierhandel, (2) das mit Strafandrohungen untermauerte, von dem neuen Aufsichtsamt zu kontrollierende Verbot der Nutzung von Insiderinformationen durch Primär- und Sekundärinsider, (3) die Verschärfung der Publizitätspflichten börsennotierter Emittenten (Ad-hoc-Publizität und Anzeigepflicht bei Über- oder Unterschreiten von Beteiligungsschwellen ab 5%) sowie (4) die Senkung des Mindestnennbetrags für Aktien von 50 auf 5 DM. Darüber hinaus enthält das Gesetz den Ausbau der Länderaufsicht über die Wertpapierbörsen, Regelungen für die Ausführung von Kundenaufträgen, die Deifinition des „Börsenpreises" sowie die neue Organisationsstruktur der Wertpapierbörsen. Zudem wurden Bestimmungen zum Präsenz- und Computerhandel erlassen sowie die geschäftlichen Spielräume der Kursmakler und – in Gestalt der Wertpapierleihe und des Engagements an den Terminmärkten – der Kapitalanlagegesellschaften erweitert. Erwähnenswert ist auch die Verpflichtung der Banken, gewisse Wohlverhaltensregeln zu beachten: Sie sollen vor Ausführung von Kundenaufträgen in Kommission auf Eigengeschäfte verzichten (Verbot des → front running), es sei denn, sie hätten in Gestalt von chinese walls Kundengeschäfte und Eigenhandel im Hause streng getrennt.

Gesetz über die Rechnungslegung von bestimmten Unternehmen und Konzernen (Publizitätsgesetz)

Eine Unternehmung hat nach diesem Gesetz Rechnung zu legen, wenn an 3 aufeinanderfolgenden Abschlußstichtagen jeweils mind. 2 der 3 nachstehenden Merkmale zutreffen: (1) Die Bilanzsumme am Abschlußstichtag übersteigt DM 125 Mio.; (2) die Umsatzerlöse in den 12 Monaten vor dem Abschlußstichtag übersteigen 250 Mio.; (3) die Unternehmung hat in den 12 Monaten vor dem Abschlußstichtag durchschnittlich mehr als 5000 Arbeitnehmer beschäftigt. Für Banken gilt als Merkmal die Bilanzsumme zzgl. den Kreditnehmern abgerechnete eigene Ziehungen im Umlauf, Indossamentsverbindlichkeiten aus weitergegebenen Wechseln und Verbindlichkeiten aus Bürgschaften, Wechsel- und Scheckbürgschaften sowie aus Gewährleistungsverträgen, wenn diese DM 300 Mio. übersteigen. Die Unternehmung hat erstmals für den 3. der aufeinanderfolgenden Abschlußstichtage, an denen diese Vorausetzungen erfüllt sind, Rechnung zu legen.

Gesetz über Kapitalanlagegesellschaften (KAGG)

Dieses Gesetz soll Investmentsparer vor Mißbräuchen durch KAG, meist Investmentgesellschaften genannt, bewahren und eine Vertrauensbasis für die Geldanlage in Investmentzertifikaten schaffen. Für die Anlage in Wertpapieren sind genaue Vorschriften über Höchst- und Mindestanlagen und die Publizität der KAG fixiert.

Gesetz über Pfandbriefe und verwandte Schuldverschreibungen öffentlich-rechtlicher Kreditanstalten

Schuldverschreibungen, die von öffentlich-rechtlichen Kreditanstalten mit der Bezeichnung Pfandbrief ausgegeben werden, müssen nach diesem Gesetz durchbestimmte Vermögenswerte gedeckt sein. Die ordentliche Deckung wird nach Umfang und Zinshöhe durch Hypotheken erreicht, und die Ersatzdeckung kann in geringem Umfang durch genau vorgegebene andere Anlagen vorgenommen werden. Die nach diesem Gesetz bestellten Hypotheken sind in ein Hypothekenregister einzutragen, über das nur sehr beschränkt verfügt werden darf. Regelmäßig muß die Pfandbriefdeckung bekanntgegeben werden, und die Laufzeit der Pfandbriefe soll der der Hypotheken entsprechen. Weiterhin werden die Gewährung von Kommunaldarlehen und die Emission von Kommunalschuldverschreibungen, weitere Reallasten und Bezeichnungsschutz der Pfandbriefe geregelt.

Gesetz über Wertpapier-Verkaufsprospekte

→ Verkaufsprospekte bei Wertpapieren.

Gesetz zur Verbesserung der Rahmenbedingungen der Finanzmärkte (Finanzmarktförderungsgesetz)

Am 22. 2. 1990 beschlossen mit dem Ziel, die Attraktivität und internationale Wettbewerbsfähigkeit des Finanzplatzes Deutschland zu verbessern. Beinhaltet neben Änderungen des KAGG, des Auslandinvestment-Gesetzes, des 5. Vermögensbildungsgesetzes und Einkommensteuergesetzes vor allem die Abschaffung aller Kapitalverkehrssteuern (Börsenumsatzsteuer, Gesellschaftsteuer und Wechselsteuer).

gespaltener Körperschaftsteuersatz

Ab 1953 betrug der Normaltarif der KSt 51% für zurückbehaltene Gewinne und 15% für Ausschüttungen. Durch KStG v. 1977 wurde ein Anrechnungsverfahren verwirklicht. Die Steuerbelastung erfolgt heute bei Kapitalgesellschaften zum Normaltarif von 45% und reduziert sich auf 30% für den ausgeschütteten Betrag; Spaltung des Körperschaftsteuersatzes ist zwar weiterh. vorhanden, aber die vom Unternehmen zu entrichtende KSt von 30% auf den ausgeschütteten Gewinn wird wie eine Steuervorauszahlung an die Ausschüttungsempfänger behandelt; diese können sie bei ihrer Steuererklärung berücksichtigen.

gespaltener Rentenmarkt

Unterschiedliche Kursentwicklung bei festverzinslichen Wertpapieren mit gleicher Verzinsung und Tilgung als Folge unterschiedlicher steuerlicher Behandlung.

gespaltene Wechselkurse

→ multiple Wechselkurse.

gespannte Kurse

→ Spannungskurs.

gespannter Devisenkurs

Devisenkurs, der zwischen Mittelkurs und Geldkurs bzw. Briefkurs und Mittelkurs für eine Währung liegt.

gesperrtes Depot, Sperrdepot

Depot, dessen Herausgabe aufgrund spezieller Vereinbarung nur mit Zustimmung einer bestimmten dritten Person, z. B. eines Rechtsanwalts, Notars, Treuhänders usw. erfolgen darf.

gesperrte Stücke

Aktien oder Anteile an Anleihen, bei denen die Inhaber sich bei der Zeichnung verpflichtet haben, diese vor Ablauf einer bestimmten Zeit nicht zu veräußern. → Sperraktien → Sperrstücke.

gesprochene Kurse

Geschätzte, nur genannte Kurse ohne Umsätze. Abk. g.

gestrichen

Ein Kurs konnte nicht festgestellt werden. → Kursstreichung → gestrichener Kurs → Kurszusätze.

gestrichen Brief

Kurs bei oder wegen überwiegendem Angebot gestrichen (keine Umsätze); wird in den Kursblättern durch -B angezeigt. → Kurszusätze.

gestrichen Brief/Taxe

Kurshinweis, daß ein Kurs nicht festgestellt werden konnte, da der Preis auf der Angebotsseite geschätzt ist; wird in den Kursblättern durch -BT angezeigt. → Kurszusätze.

gestrichener Kurs

Wird in den Kursblättern durch einen Strich (–) angezeigt. Der Kurs wird gestrichen: (1) auf Anordnung der Aufsichtsbehörde, des Staatskommissars oder des Börsenvorstandes, wenn ein wichtiger Grund vorliegt; (2) bei Zurücknahme der Zulassung zum Börsenhandel durch die Zulassungsstelle; (3) bei auslosbaren Wertpapieren an den 2 Börsentagen vor der Ziehung. Der Kurs kann gestrichen werden: (1) wenn weder Kauf- noch Verkaufsverträge vorliegen; (2) wenn keine Aufträge auf vertretbarer Kursbasis vorliegen; (3) auf Veranlassung der Zulassungsstelle, wenn ein Emittent seinen Publikationsverpflichtungen nicht nachkommt; (4) auf Ersuchen eines Ausstellers von Wertpapieren, wenn seine Begründung ausreichend ist. Für Freiverkehrspapiere, für die Geld- und Briefkurse (Spannungskurse) veröffentlicht werden, wird oft nur ein Geldkurs oder ein Briefkurs bekanntgegeben und der andere Kurs gestrichen, wenn nur Nachfrage ohne Angebot oder nur Angebot ohne Nachfrage vorlag. → Kurszusätze.

gestrichen Geld

Kurs bei oder wegen überwiegender Nachfrage gestrichen (keine Umsätze); wird in den Kursblättern durch -G angezeigt. → Kurszusätze.

gestrichen Geld/Taxe

Kurshinweis, daß ein Kurs nicht festgestellt werden konnte, da der Preis auf der Nachfrageseite geschätzt ist; wird in den

Kursblättern durch -GT angezeigt. → Kurszusätze.

gestrichen Taxe, taxiert

Bei einer Kursstreichung gibt der Kursmakler manchmal zur Information einen nach seiner Markteinschätzung taxierten Kurs an, der aber unverbindlich ist. → Kurszusätze.

gestrichen Ziehung

-Z. Die Notierung des Kurses von festverzinslichen Wertpapieren wird ausgesetzt an den 2 Börsentagen vor dem Auslosungstag. → Kurszusätze.

gestrippte Anleihen

→ stripped bonds.

gesucht

Als Kurssatz mit G bzw. g ausgedrückt. Wenig gebräuchliche Bezeichnung für Geld. In der Börsenberichterstattung gelegentlich verwendet, um besondere Nachfrage nach bestimmten Papieren zu kennzeichnen.

Getreidebörse

I. d. R. Teil der Waren- oder Produktenbörse. Gehandelt werden Getreidearten in bestimmten Qualitätsstandards. Wichtigste Getreidebörsen: Chicago, New York, Winnipeg, Buenos Aires, London.

Gewährsträger bei Optionsgeschäften an den Wertpapierbörsen

Garantieren ordnungsgemäße Erfüllung der Optionsgeschäfte nach Ausübung der Option. Voraussetzung ist, daß sie auf die Meldungen bei Optionsgeschäften hin diese erfassen und überwachen. Dies gilt auch dann, wenn der Käufer der Option Teilnehmer eines anderen Gewährsträgers ist als der Stillhalter (Verkäufer der Option). Gewährsträger sind Spezialbanken; für Optionsgeschäfte an der Berliner, Bremer, Frankfurter, Niedersächsischen und Stuttgarter Börse ist die Lombardkasse AG, Frankfurt, Gewährsträger. Für Optionsgeschäfte an der Bayerischen Börse gewährleistet die Liquidationskasse für Zeitgeschäfte AG in München, für solche an der Hanseatischen Wertpapierbörse die Liquidations-Casse in Hamburg.

Gewährträger

Öffentlich-rechtliche Körperschaften (z. B. Landkreise, Gemeinden, Zweckverbände), die für die Verbindlichkeiten der von ihnen errichteten (öffentlich-rechtlichen) Sparkasse unbeschränkt haften.

Gewichte und Maße an den Warenbörsen

An internationalen Warenbörsen werden die standardisierten Kontrakte in bestimmten Gewichts- und Maßeinheiten gehandelt. Die wichtigsten sind: bushel (bu) = 36 Liter; d. h. bei Weizen und Sojabohnen: 1 bu = 60 lbs = 27,2 kg, bei Mais und Roggen: 1 bu = 56 lbs = 25,4 kg, bei Hafer: 1 bu = 32 lbs = 14,5 kg; long ton (LT) = 1016 kg; metric ton (MT) = 1000 kg = 2204,6 lbs; pound (lb) = 453,592 g (amerik. Pfund); troy ounce (oz) = 31,1 g.

Gewichtung

Statistisches Verfahren bei der Berechnung von Mittelwerten aus Einzelzahlen, die nach der Häufigkeit ihres Auftretens, nach Umsatzmengen u. ä. mit bestimmten Faktoren multipliziert werden (gewogenes Mittel). Zur Berechnung von Indexzahlen ist eine Gewichtung der Meßzahlen mit standardisierten Gewichten entweder vom Basisjahr oder vom Beobachtungsjahr aus üblich.

gewillkürtes Betriebsvermögen

Viele Wirtschaftsgüter gehören weder zum notwendigen Betriebsvermögen noch zum notwendigen Privatvermögen. Dies sind alle die, deren Art nicht eindeutig dem betrieblichen oder privaten Bereich zurechenbar ist. In derartigen Fällen steht dem Unternehmer ein Gestaltungsrecht zu, ob ein Objekt zum Betriebsvermögen oder zum Privatvermögen gehören soll. Behandelt er es als Betriebsvermögen, spricht man von gewillkürtem Beriebsvermögen. Wertpapiere, die aus betrieblichen Mitteln erworben sind und im Betriebsvermögen belassen werden, können i. d. R. als gewillkürtes Betriebsvermögen ausgewiesen werden. Gleiches gilt bei Einlage von Wertpapieren, wenn sie zur Finanzierung der Anschaffung von Betriebsgegenständen dienen oder das Betriebsvermögen aus anderen Gründen verstärken sollen.

Gewinn

(1) Unternehmensgewinn: Differenz zwischen Ertrag und Aufwand einer Periode, die in der GuV-Rechnung ermittelt wird. (2) Betriebsgewinn: Differenz zwischen Leistung (Betriebserlösen) und Kosten einer Periode, die in der kurzfristigen Erfolgsrechnung ermittelt wird. (3) Gewinn bei Wertpapiergeschäften: Der beim Kauf bzw. Verkauf von Aktien erzielbare Gewinn besteht zum einen aus der gezahlten Dividende, zum anderen aus Kursgewinnen. Gewinne aus Aktien sind jedoch

nicht verbrieft, sondern vom Unternehmenserfolg abhängig. Bei festverzinslichen Wertpapieren besteht der Gewinn zum größten Teil aus dem verbrieften Nominalzins. Weitere Gewinne sind möglich, wenn das Papier vor Fälligkeit zu einem Kurs über Einstandskurs verkauft wird.

Gewinnabführung bei Unternehmensverträgen

Eine AG kann, gleichgültig welche Vereinbarungen über die Berechnung des abzuführenden Gewinns getroffen worden sind, als ihren Gewinn höchstens den ohne die Gewinnabführung entstehenden Jahresüberschuß, vermindert um einen Verlustvortrag aus dem Vorjahr und um den Betrag, der in die gesetzliche Rücklage (→ gesetzliche Rücklage bei Unternehmensverträgen) einzustellen ist, abführen. Sind während der Dauer des Vertrages Beträge in freie Rücklagen eingestellt worden, können diese Beträge den freien Rücklagen entnommen und als Gewinn abgeführt werden.

Gewinnabführungsvertrag

Vertrag, durch den sich eine Gesellschaft verpflichtet, ihren ganzen Gewinn an eine andere Unternehmung abzuführen. → Unternehmensverträge.

Gewinnanspruch der Aktionäre

Die Aktionäre haben Anspruch auf den Bilanzgewinn, soweit er nicht nach Gesetz oder Satzung, durch HV-Beschluß oder als zusätzlicher Aufwand aufgrund des Gewinnverwendungsbeschlusses von der Verteilung unter die Aktionäre ausgeschlossen ist. Die HV kann im Beschluß über die Verwendung des Bilanzgewinns weitere Beträge in Gewinnrücklagen einstellen oder als Gewinn vortragen. Sie kann ferner, wenn die Satzung sie ermächtigt, auch eine andere Verwendung als die Verteilung unter die Aktionäre beschließen. Vor Auflösung der AG darf unter die Aktionäre nur der Bilanzgewinn verteilt werden.

Gewinnanteil

→ Dividende.

Gewinnanteile, Ausbeuten, Bezüge usw., steuerlich

Gewinnanteile (Dividenden), Ausbeuten und sonstige Bezüge aus Aktien und anderen Anteilsrechten (z. B. Wandelanleihen, Gewinnobligationen, Genußscheine, mit denen das Recht am Gewinn und Liquidationserlös einer Kapitalgesellschaft verbunden ist), unterliegen der ESt; das gilt auch für Ausschüttungen auf Anteilscheine an einem Grundstückssondervermögen. Die auf den Ausschüttungen lastende KSt ist auf die ESt anrechenbar. Zu den Einnahmen gehören auch verdeckte Gewinnausschüttungen. Zur einkommensteuerlichen Behandlung der Erträge aus inländischen Investmentanteilen werden Zusammenstellungen der Beträge aus den verschiedenen Investmentfonds, der steuerpflichtigen Beträge und der anrechenbaren Steuern von der Finanzverwaltung jährlich bekanntgemacht. Für die einkommensteuerliche Behandlung der Erträge aus ausländischen Investmentanteilen ist zu unterscheiden, ob die Anteile öffentlich vertrieben werden dürfen oder nicht; Zusammenstellungen der Erträge aus ausländischen Investmentanteilen werden ebenfalls von der Finanzverwaltung bekanntgegeben. Bezüge aufgrund von Kapitalherabsetzungen oder nach Auflösung von Körperschaften oder Personenvereinigungen gehören zu den Kapitaleinkünften. Die KSt, die auf die ESt der Anteilseigner anzurechnen oder den Anteilseignern zu vergüten ist, gehört zu den Einnahmen aus Kapitalvermögen. Ihre Steuerpflicht als Teil der Gewinnausschüttung ist Voraussetzung für ihre Anrechnung.

Gewinnanteilschein

→ Dividendenschein → Coupon (Kupon).

Gewinnanteilscheinbogen

Teil einer Aktienurkunde. Die Anteilscheine sind fortlaufend numeriert und werden unter ihrer Nummer zur Geltendmachung der Dividendenausschüttungen oder eines Bezugsrechts aufgerufen. Zudem enthält der Bogen einen Erneuerungsschein (Talon), mit dem ein neuer Gewinnanteilscheinbogen bezogen werden kann. → Ausstattung von Aktien.

Gewinnaufspürungsgesetz

→ Gesetz über das Aufspüren von Gewinnen aus schweren Straftaten.

Gewinnausschüttung

→ Dividende → Dividendenzahlung der AG.

Gewinnausschüttungspolitik

Teilbereich der Gewinnverwendungspolitik, auch Dividendenpolitik genannt. Steht in Wechselbeziehung zur Rücklagenpolitik. Ein Ziel der Gewinnausschüttungspolitik kann Dividendenkontinuität sein. Gewinne können auch aus den

Gewinnrücklagen ausgeschüttet werden. Einflußgrößen der Gewinnausschüttungspolitik sind steuerliche Überlegungen, Erfüllung von Erwartungen der Aktionäre, erwartete Wirkungen auf den Börsenkurs, Erhaltung der Unternehmenssubstanz u. a. → Dividendenpolitik.

Gewinnausweis

Der Bilanzgewinn ist am Schluß der Jahresbilanz auf der Passivseite ungeteilt und gesondert auszuweisen und stellt den Überschuß der Aktivposten über die Passivposten dar. Er stimmt mit dem Gewinn, der in der GuV-Rechnung ermittelt wird, überein.

Gewinnbeteiligung (1)

Maßnahmen, um Arbeitnehmer über den tariflichen oder vereinbarten Lohn hinaus am Ertrag der Unternehmung zu beteiligen. Auch: Bei von Unternehmen ausgegebenen Schuldverschreibungen kann Gewinnbeteiligung vorgesehen sein: Gewinnschuldverschreibungen, die neben festem Zins mit Anspruch auf Gewinnbeteiligung ausgestattet sind. Entsprechend auch bei der stillen Gesellschaft.

Gewinnbeteiligung (2)

→ Überschußbeteiligung in der Lebensversicherung.

Gewinnbeteiligung der Aktionäre

Richtet sich nach dem Verhältnis der Aktiennennbeträge und den auf die Aktien geleisteten Einlagen. Die Satzung kann eine andere Art der Gewinnbeteiligung bestimmen.

Gewinneinbehaltung

→ Gewinnverwendung → Selbstfinanzierung.

Gewinne mitnehmen, realisieren

→ Gewinnmitnahme.

Gewinngemeinschaft

Vertrag, durch den eine AG oder KGaA sich verpflichtet, ihren Gewinn oder den Gewinn einzelner Betriebe ganz oder z. T. mit dem Gewinn anderer Unternehmen oder einzelner Betriebe anderer Unternehmen zur Aufteilung eines gemeinschaftlichen Gewinns zusammenzulegen.

Gewinn je (pro) Aktie

Eine der wichtigsten Größen der Fundamentalanalyse. Anstelle den ausgewiesenen Bilanzgewinn einer AG als Grundlage zu nehmen, wird dieser in Deutschland in weiter Übereinstimmung nach der → DVFA/SG-Formel ermittelt. Der so geschätzte Gewinn wird durch die Anzahl der ausgegebenen Aktien dividiert.

Gewinnermittlung, steuerliche

→ steuerliche Gewinnermittlung.

Gewinnkennzahlen

Verhältniszahlen des absoluten Gewinnbetrages, um diesen mit anderen Unternehmen oder in der zeitlichen Entwicklung vergleichen zu können. Beispiele: Gewinn je Aktie, Kurs-Gewinn-Verhältnis, Rentabilität, Gewinn zu Steuern.

Gewinnmanipulation

I. w. S. sämtliche Veränderungsmöglichkeiten des Gewinnausweises. Vornehmlich die aktivischen und passivischen Bewertungs- und Bilanzierungswahlrechte, die in gesetzlich abgegrenzten Bereichen Gewinnbeeinflussung zulassen. Größeren Spielraum gegenüber den handelsrechtlichen Bestimmungen haben Banken.

Gewinnmarge

Gewinn in % des Umsatzes.

Gewinnmitnahme

Verkauf von Wertpapieren, um den erzielten Gewinn zu realisieren (profit taking).

Gewinnobligationen

→ Gewinnschuldverschreibungen.

Gewinnrealisierung

→ Gewinnmitnahme.

Gewinnrendite

Reingewinn pro Aktie in % des Aktienkurses. Nicht der ausgeschüttete Gewinn, die Dividende, wird hierbei in Beziehung zum Kurs gesetzt, sondern der gesamte erzielte Gewinn je Aktie. Umkehrwert der price-earnings-ratio (Kurs-Gewinn-Verhältnis).

Gewinnrücklagen

Als Gewinnrücklagen dürfen gemäß § 272 Abs. 3 HGB nur Beträge ausgewiesen werden, die im Geschäftsjahr oder in einem früheren Geschäftsjahr aus dem Ergebnis gebildet worden sind. Dies unterscheidet sie eindeutig von den Kapitalrücklagen, die von außen der Unternehmung zugeführt und nicht wie die Gewinnrücklagen innenfinanziert werden. Zu den Gewinnrücklagen gehören aus dem Ergebnis zu bildende gesetzliche oder auf Gesellschaftsvertrag oder Satzung beruhende Rücklagen, Rücklagen für eigene Anteile und andere Gewinnrücklagen. Mittelgroße und große Kapitalgesellschaften müssen diese Untergliederung in die Bilanz aufnehmen.

Gewinnschätzung bei AG
Verfahren, aus den publizierten Jahresüberschüssen von Aktiengesellschaften den tatsächlichen Gewinn, der ohne Gewinnmanipulation entstanden wäre, oder den Betriebsgewinn zu ermitteln. Als Verfahren bietet sich die DVFA/SG-Formel an; ferner wird versucht, die ausgewiesenen Steuern dafür zu verwenden.

Gewinnschuldverschreibungen
Schuldverschreibungen (auch: Gewinnobligationen), bei denen die Rechte der Gläubiger mit Gewinnanteilen von Aktionären in Verbindung gebracht werden, also z. B. durch eine dividendenabhängige Zusatzverzinsung. Dürfen nur aufgrund eines HV-Beschlusses ausgegeben werden. Der Beschluß bedarf einer Mehrheit, die mind. 75% des vertretetenen Grundkapitals umfaßt. Die Satzung kann eine andere Kapitalmehrheit und weitere Erfordernisse bestimmen. Sind mehrere Aktiengattungen vorhanden, ist die Zustimmung der Aktionäre jeder Gattung durch Sonderbeschluß erforderlich. Auf Gewinnschuldverschreibungen haben die Aktionäre ein Bezugsrecht.

Gewinnschwelle
Grenze bzw. Produktmenge, ab der ein Betrieb nicht nur seine Selbstkosten, sondern zudem auch Überschuß oder einen Gewinn erzielt (Nutzschwelle, break-even point). Sinngemäß übertragbar auf den Kapitalanleger.

Gewinnsparen
Von Sparkassen und Genossenschaftsbanken durchgeführtes System, bei dem der Sparkunde mit dem Erwerb einer Sparurkunde zugleich ein Lotterielos kauft. Letzteres nimmt an der monatlichen Auslösung von Gewinnen aus den so eingezahlten Beträgen teil. Nach 12 Einzahlungen kann sich der Gewinnsparer den Betrag der Sparurkunden auszahlen oder auf Sparkonto gutschreiben lassen. In letzterem Fall beginnt danach die Verzinsung.

Gewinnsteuern
Steuern, deren Bemessungsgrundlage der steuerlich ermittelte Gewinn ist. Bei juristischen Personen vor allem die KSt.

Gewinnthesaurierung
→ Selbstfinanzierung → Gewinnverwendung.

Gewinnthese
Theorie, daß allein der erwirtschaftete Jahresüberschuß und nicht seine Aufspaltung in Einbehaltung und Ausschüttung für die Höhe der Aktienkurse maßgebend ist. Die These wird damit begründet, daß die Gewinnthesaurierungen den Kapitalfonds einer Unternehmung erhöhen und über eine Stärkung der Ertragskraft zu einer proportionalen Steigerung des Kurswerts der Aktien führen. Da dieser Wertzuwachs in Form von Kurssteigerungen jederzeit realisiert werden kann, ist es den Aktionären grundsätzlich gleichgültig, ob ihnen die Erträge in Form von Dividendenzahlungen oder entsprechenden Kurswertsteigerungen zufließen. Da eine Reaktion der Aktionäre auf die Gewinnverwendung fehlt, übt die Aufspaltung der Gewinne in Ausschüttung und Selbstfinanzierung keinen Einfluß auf die Kursbildung aus. Gegens.: Dividendenthese.

Gewinnübernahmevertrag
Vertrag einer herrschenden mit einer beherrschten Gesellschaft, daß erstere sämtliche Gewinne (und Verluste) letzterer übernimmt. Bei der Unternehmensbewertung der herrschenden sind dann die Unternehmenswerte der beherrschten Gesellschaft mit zu berücksichtigen.

Gewinn- und Verlustrechnung (GuV-Rechnung)
Saldiert sämtliche Erträge und Aufwendungen einer Abrechnungsperiode und ermittelt so nicht nur den Erfolg der Unternehmung als Saldo, sondern zeigt auch die Quellen des Erfolgs auf und erklärt damit sein Zustandekommen. Im HGB sind Gliederungsvorschriften angeführt. Sie ist in Staffelform nach dem Gesamt- oder Umsatzkostenverfahren aufzustellen. Wichtige Posten sind: Umsatzerlöse, Bestandsveränderungen und aktivierte Eigenleistungen, die zusammen die Gesamtleistung ergeben. Abzgl. Materialaufwendungen ergibt sich der Rohertrag(-aufwand), von dem Zinsen, Löhne und Gehälter, Abschreibungen, Steuern u. a. abgehen. Addition dieses Betriebsergebnisses mit dem neutralen Ergebnis ergibt den Jahresüberschuß.

Gewinn- und Verlustrechnungskennzahlen
Kennzahlen, die einzelnen Positionen der GuV-Rechnung im Zeitablauf und Unternehmensvergleich vergleichbar machen sollen. Die Kennzahlen werden meist im Zusammenhang mit Umsatzerlösen, Gesamtaufwand, Materialeinsatz, einzelnen Ertrags- und Aufwandspositionen sowie Steuern ermittelt; z. B. Umsatzrentabilität, Personalkosten in % vom Reingewinn

oder cash-flow, Materialaufwand, Personalaufwand, Abschreibungen, Zinsen, Steuern oder Gewinn in % des Jahresgewinns. Für die Fundamentalanalyse wichtig.

Gewinnverteilung

Der Modus zur Aufteilung des erzielten Gewinns auf Gesellschafter bzw. Anteilseigner einer Unternehmung. Bei Kapitalgesellschaften stellen hierzu die Kapitalanteile die Grundlage dar. Der Gesetzgeber hat zur Gewinnverteilung in bestimmten Fällen konkrete Vorschriften erlassen (z. B. bei OHG und KG), die aber meist gesellschaftsvertraglich abdingbar sind. Bei Personengesellschaften vertraglich regelbar. Falls nicht bestimmt, hat bei der BGB-Gesellschaft ohne Rücksicht auf Art und Größe seines Beitrages jeder Gesellschafter gleichen Anteil an Gewinn und Verlust. Bei OHG und KG gebührt jedem Gesellschafter zunächst 4% auf den Kapitaleinsatz; der Rest wird nach Köpfen (oHG) bzw. entsprechend der Höhe der Gesellschaftsanteile (KG) verteilt. Bei der GmbH erfolgt die Gewinnverteilung im Verhältnis der Geschäftsanteile, was aber vertraglich abänderbar ist.

Gewinnverteilung nach Aktienrecht

Der festgestellte Bilanzgewinn ist auf die Aktionäre im Verhältnis ihrer Anteile am Grundkapital zu verteilen, falls die HV nicht weitere Beiträge in Gewinnrücklagen einstellen oder den Gewinn vortragen will. Hat eine AG Stamm- und Vorzugsaktien ausgegeben, kann sich eine unterschiedliche Gewinnverteilung auf diese beiden Gruppen ergeben.

Gewinnverwendung

Bei der AG beschließt die HV über die Verwendung des Bilanzgewinns, wobei sie an den festgestellten Jahresabschluß gebunden ist. Dabei sind steuerbar: Dividendenbetrag, Erhöhung der Gewinnrücklagen, Gewinnvortrag und zusätzlicher Aufwand aufgrund des HV-Beschlusses.

Gewinnverwendungsbeschluß der AG

Die HV beschließt bei der AG über die Verwendung des Bilanzgewinns. Sie ist hierbei an den festgestellten Jahresabschluß gebunden. In dem Beschluß ist die Verwendung des Bilanzgewinns im einzelnen darzulegen; namentlich sind anzugeben: (1) der Bilanzgewinn; (2) der an die Aktionäre auszuschüttende Betrag; (3) die in Gewinnrücklagen einzustellenden Beträge; (4) ein Gewinnvortrag; (5) der zusätzliche Aufwand aufgrund des Beschlusses.

Gewinnverwendungspolitik

Für die erzielten Gewinne einer Unternehmung nach Steuern gibt es grundsätzlich 2 Verwendungsmöglichkeiten: Entweder sie können an die Gesellschafter ausgeschüttet (Ausschüttungs-, Dividendenpolitik) oder im Unternehmen zurückbehalten (Selbstfinanzierung) werden. Beide Verwendungspolitiken stehen in Wechselbeziehung zueinander und sind Teile der allgemeinen Unternehmenspolitik. Dabei hat das Unternehmen seine Zielprioritäten zu beachten. → Dividendenpolitik.

Gewinnverwendungsvorschlag

Der Vorstand der AG hat dem Aufsichtsrat den geprüften Jahresabschluß mit einem Vorschlag über die Verwendung des Bilanzgewinns vorzulegen, der nach dessen Prüfung und Zustimmung als festgestellt gilt und der HV vorgetragen wird.

Gewinn vor Steuern

Die Bekanntgabe des Gewinns vor Steuern (Gewinn ohne Berücksichtigung steuerlicher Belastungen) durch die AG ermöglicht einen besseren Vergleich sowohl zu den Ergebnissen anderer Geschäftsjahre als auch zu den Ergebnissen anderer Unternehmen.

Gewinnvortrag

Die HV der AG, die über die Gewinnverwendung beschließt, kann auch einen Teil des Bilanzgewinns für einen Gewinnvortrag verwenden. Die betreffenden Beträge können in späteren Jahren zu Dividendenzahlungen ausgegeben werden.

gewöhnlicher Aufenthalt

I. S. d. Steuergesetze: Hat jemand dort, wo er sich unter Umständen aufhält, die erkennen lassen, daß er sich an diesem Ort oder in diesem Gebiet nicht nur vorübergehend befindet.

gewogenes Mittel, gewogener Durchschnitt

Gewogene Mittelwerte werden errechnet, indem die zu mittelnden Reihenwerte mit ihren Gewichten multipliziert werden und das Produkt durch die Summe der Gewichte dividiert wird.

gezeichnetes Kapital

Das Kapital, auf das die Haftung der Kapitalgesellschaft gegenüber den Gläubigern beschränkt ist. Bei AG entspricht das gezeichnete Kapital dem Grundkapital. Die ausstehenden Einlagen auf das gezeichnete Kapital sind auf der Aktivseite vor dem Anlagevermögen gesondert auszuweisen und entsprechend zu bezeichnen; die davon eingeforderten Einlagen sind zu vermerken. Die nicht eingeforderten ausstehenden Einlagen dürfen auch von dem Posten „Gezeichnetes Kapital" offen abgesetzt werden; in diesem Fall ist der verbleibende Betrag als Posten „Eingefordertes Kapital" in der Hauptspalte der Passivseite auszuweisen und ist außerdem der eingeforderte, aber noch nicht eingezahlte Betrag unter den Forderungen gesondert auszuweisen und entsprechend zu bezeichnen.

gezillmerte Lebensversicherung

→ Zillmerverfahren

GG

Abk. f. Grundgesetz für die Bundesrepublik Deutschland.

gilt edged

Hochwertige Wertpapiere (auch: blue chips). → goldgeränderte Papiere.

gilt-futures-Kontrakt

Auf kurz- bis langfristigen Staatsanleihen Großbritanniens (sog. gilts) basierender Zins-Terminkontrakt.

gilts

Bez. f. die kurz- und langfristigen Staatsanleihen Großbritanniens.

Ginnie Mae

Börsenbez. f. Anleihen der Government National Mortgage Association (USA).

Girant (Indossant)

Übertragender von Orderpapieren (bisheriger Inhaber).

Giratar (Indossatar)

Übernehmender von Orderpapieren (künftiger Inhaber).

girieren

Bei Namens-(Order-)papieren: Ausstellen eines Indossaments.

GIRO

Abk. f. guaranteed investment return options.

Giro (Indossament)

Schriftliche Übertragungserklärung auf einem Orderpapier.

Girokonto

Laufendes Konto, über das bar oder durch Scheck, Überweisung, Dauerauftrag, Lastschrift usw. verfügt werden kann. Die auf Girokonten befindlichen Guthaben sind täglich fällig (Sichteinlagen).

Girosammeldepot

→ Girosammelverwahrung → Sammelverwahrung.

Girosammeldepotstücke

Die im Sammeldepot (Sammelverwahrung) bei einer Wertpapiersammelbank befindlichen Wertpapiere einer bestimmten Gattung.

Girosammelverkehr

Buchmäßige Übertragung von Wertpapieren (Clearing), die in Girosammelverwahrung bei einer Wertpapiersammelbank verwahrt werden. Anstelle der Lieferung effektiver Stücke erfolgt die Übersendung eines Girosammelschecks. Er dient nur der Wertpapierübertragung zwischen Banken. Bewirkt erhebliche Rationalisierungsvorteile.

Girosammelverwahrung

Die Wertpapiersammelbanken sind Sammelverwahrer für die von den Kontoinhabern eingelieferten Wertpapiere. Die Wertpapiere (auch Globalurkunden) werden im Tresor der Wertpapiersammelbanken getrennt nach Gattungen verwahrt. Der Kunde der Bank erhält infolgedessen nur Gutschrift auf Girosammeldepot. Im Gegensatz zum Streifbanddepot verwahrt die Wertpapiersammelbank die Stücke jedoch nicht unter besonderer Bezeichnung der Hinterleger bzw. der als Zwischenverwahrer auftretenden Bank, sondern fügt die Stücke dem beim Kassenverein befindlichen Sammelbestand der betreffenden Wertpapiergattung bei und erteilt der Bank (Zwischenverwahrer) eine Gutschrift auf Girosammelkonto. Dieser Vorgang führt für den Depotkunden zum Miteigentum am Sammelbestand der betreffenden Wertpapiergattung. Infolgedessen darf die Girosammelverwahrung nur aufgrund einer schriftlichen, ausdrücklichen und besonderen Ermächtigung des Depotkunden erfolgen. Weil bei Girosammelverwahrung alle Wertpapiere derselben Gattung ungetrennt voneinander verwahrt werden, ergibt sich, daß der Depotkunde keine nummernmäßig bezeichneten Stücke aus dem Sammelbestand verlangen kann, sondern einen Anspruch auf Herausgabe von Stücken aus dem Sammelbestand in Höhe des Nennbetrages (bzw. bei Wertpapieren ohne Nominalbetrag in Höhe der Stückzahl) der für ihn deponierten Wertpapiere hat. Da der Hinterleger nicht die gleichen Stücke zurückerhalten kann, die für ihn bei der Wertpapiersammelbank eingeliefert worden sind, eignen sich zur Girosammelverwahrung nur vertretbare Wertpapiere. Festverzinsliche Wertpapiere, die nach erfolgter Auslosung zurückgezahlt werden, sind auch nach den tilgungsfreien Jahren sammeldepotfähig, wenn die Tilgung in einer beschränkten Zahl von Gruppen erfolgt und jede Gruppe über einen bestimmten Mindestbetrag lautet. Girosammelverwahrung ist Voraussetzung für den Wertpapiergiroverkehr (Girosammelverkehr).

Giroüberzugslombard

Laufend bestehende Lombardkreditfazilität von Banken bei der Bundesbank. Dazu haben Banken Pfänder (lombardfähige Wertpapiere) bei der LZB zu hinterlegen, für die ein Pfandschein (Giroüberzugspfandschein) ausgestellt wird.

Giroverkehr (1)

→ Wertpapiergiroverkehr → Girosammelverkehr.

Giroverkehr (2)

Bargeldloser Zahlungsverkehr, vor allem Überweisungsverkehr der Banken. I. w. S. auch Lastschrifteinzugsverkehr und Scheckverkehr.

Girozentralen

Ihre Aufgaben sind neben denen als Hausbank des betreffenden Bundeslandes die Sparkassenzentralbank ihres Landes u. a. m. Ihre Mittel beschaffen sie sich durch die Einlagen der Sparkassen, durch Geld- und Kapitalaufnahmen sowie durch die Ausgabe von Kommunalobligationen, Inhaberschuldverschreibungen und Pfandbriefen.

Giscard-Anleihe

→ Goldanleihen.

give-up-Funktion

→ give up trades.

give up trades

An der Deutschen Terminbörse (DTB) können mittels give up trades auf Weisung des Kunden Geschäftsübertragungen zwischen Kundenpositionskonten bei verschiedenen Börsenteilnehmern vorgenommen werden. Die Käufer und Verkäufer von DTB-Terminkontrakten erhalten dadurch zusätzliche Flexibilität. Sie können ihre Kauf- und Verkaufsaufträge an verschiedene DTB-Teilnehmer vergeben und über eine einzige Bank abwickeln lassen. Dies setzt voraus, daß ein Börsenteilnehmer einen Kundenauftrag ausgeführt hat, dieser durch das Computersystem der DTB mit einem anderen Auftrag oder quote zusammengeführt wurde, der Auftrag bei der Eingabe bzw. das zustande gekommene Geschäft nach dem matching als give up trade gekennzeichnet wurde und der andere Börsenteilnehmer eine Anzeige der Übertragung erhalten hat. Dieser muß die Übernahme des Geschäfts in sein Kundenpositionskonto bestätigen.

gläserne Bilanzen

Bez. f. Bilanzen, die auch dem Außenstehenden guten Einblick in die finanziellen Verhältnisse ermöglichen sollen.

Gläubiger

Natürliche oder juristische Person, die aufgrund eines Vertrages eine Leistung verlangen kann. Gegensatz: Schuldner. Gläubiger ist z. B. der Eigentümer eines festverzinslichen Wertpapiers gegenüber dem Emittenten.

Gläubigerkündigungsrecht

Möglicher Vertragsbestandteil bei Schuldverschreibungen. Z. B. dergestalt vorgesehen, daß dem Inhaber für verschiedene Zeitpunkte während einer zwanzigjährigen Laufzeit die Möglichkeit eingeräumt wird, die Schuldverschreibungen zum Nennwert zu kündigen. → Degussa-Klausel.

Gläubigerschutz

Wesentliche Bereiche: Schuld- und Konkursrecht, Recht der Sicherheiten und Ausgestaltung der Rechnungslegung von Kaufleuten. Die Sicherung von Ansprüchen durch das Schuldrecht und die darauf basierende Rechtssprechung sind eine der wichtigsten Formen des Gläubigerschutzes. Diese schuldrechtlichen Vorschriften dienen dazu, Entstehen und Erlöschen von Forderungen und Verbindlichkeiten sowie die Vollstreckung zu regeln. Dazu kommen spezielle Vorschriften für den Insolvenzfall. Die Gewährung von Sicherheiten basiert auf frei gestaltbaren Verträgen im Rahmen des BGB. Sie schützt einzelne Gläubiger, mindert aber den Schutz der nicht dinglich gesicherten Gläubiger. Im Bereich des Rechnungswesens sollen die GoB sowie die Rechnungslegungsvorschriften sicherstellen, daß Kaufleute sich selbst, ihre Gläubiger und den Staat zutreffend und richtig über den Geschäftsverlauf und die Entwicklung des Unternehmens informieren.

Gläubigerschutz bei der AG
U. a. vorgeschrieben bei Kapitalherabsetzung, Abwicklung der AG, Beendigung eines Beherrschungs- oder Gewinnabführungsvertrages, Eingliederung einer AG, Verschmelzung, Umwandlung einer AG in eine GmbH. Mittel des Gläubigerschutzes sind u. a. dreimalige Aufforderung in den Gesellschaftsblättern zur Anmeldung der Ansprüche, Sicherheitsleistung, Sperrjahr für Ausschüttungen an die Aktionäre bei einer Abwicklung der AG.

Gläubigerwahlrecht
Möglicher Vertragsbestandteil bei Schuldverschreibungen. Z. B. dergestalt vorgesehen, daß dem Inhaber für verschiedene Zeitpunkte während der Laufzeit die Möglichkeit eingeräumt wird, von einer festen auf eine variable Verzinsung zu wechseln.

glamour stocks
→ growth stocks.

glattes Bezugsverhältnis
→ Bezugsverhältnis, glattes.

glattstellen
Bez. f. Kauf bzw. Verkauf von Wertpapierbeständen (auch: Devisenbeständen) eines Händlers, um eine bestehende Verpflichtung durch ein Gegengeschäft auszugleichen.

Glattstellung
Ausgleich einer Marktposition durch An- oder Verkauf von Wertpapieren; z. T. auch für entsprechende Geschäfte bei Devisen verwendet.

Gleichbesicherungsklausel
Auch: Pari-passu-Klausel. Am internationalen Kapitalmarkt verwendete Klausel, nach der, wenn ein Kreditnehmer andere Verbindlichkeiten besichern sollte, er durch Gewährung gleichartiger Sicherheiten den Gleichrang aller Forderungen sicherstellt. Ähnlich: Negativklausel.

Gleichrangrahmen
Grundpfandrechtliche Sicherung der gegenwärtigen Gläubiger, die mit einem oder mehreren Rangvorbehalten für gleichrangige Grundpfandrechte verknüpft ist, die die künftigen Gläubiger zu sichern bestimmt sind. Alle einbezogenen Grundpfandrechte zusammen stellen den Gleichrangrahmen dar. Sein Umfang und damit der Gesamtbetrag der Forderungen richtet sich nach der Beleihungsgrenze.

gleitender Durchschnitt, gleitendes Mittel
Verfahren zur Ausschaltung unerheblicher Einzelschwankungen bei statistischen Zeitreihen. Tritt als ausgeglichener Wert an die Stelle des jeweils mittleren Gliedes. Wird angewendet bei der Zeitreihenanalyse, der Messung und Ermittlung von Saisonschwankungen und der Aktientrendanalyse. Bei letzteren werden gleitende Durchschnitte zusammen mit den Kursverläufen bei einzelnen Aktien in einem Kursbild (chart) dargestellt. Damit werden kurzfristige Kursbewegungen geglättet und die Erwartung verbunden, daß längerfristige Trends besser erkannt werden. Die gleitenden Durchschnitte werden für bestimmte Zeiträume, z. B. 30, 90, 200 Tage, aufgestellt. Zur Interpretation typischer Kursverläufe und gleitender Durchschnitte hat die technische Analyse ein reichhaltiges Instrumentarium entwikkelt. Nach Erfahrungen in USA soll der 200-Tage-(gleitende)-Durchschnitt besonders aussagekräftig sein, weil er eine längere Trendrichtung und -umkehr der Aktienkurse auszudrücken vermag.

Gleitzinsanleihe
Anleiheinnovation. Es handelt sich um eine spezielle Form der → Kombizinsanleihe. Die Laufzeit beträgt i. d. R. zehn Jahre. Grundsätzlich sind folgende Varianten möglich: (1) Die jährlichen Zinszahlungen steigen während der Laufzeit von z. B. 1,5% im ersten Jahr auf 28% im zehnten Jahr. (2) Die jährliche Verzinsung sinkt von z. B. 15% im ersten Jahr auf 2% im letzten Jahr. Die Emissionsrenditen orientierten sich am jeweils gültigen Marktzinsniveau. Aufgrund der sich jährlich ändernden Zinszahlungen kommt es zu starken Kursschwankungen bei beiden Gleitzinsanleihetypen.

Globalaktie
Sammelurkunde für mehrere Einzelaktien. Einige AG haben für Großaktionäre Globalaktien über DM 100000, 1 Mio. oder höhere Nennbeträge geschaffen, die jedoch an der Börse nicht lieferbar sind. Zum Börsenhandel zugelassen sind in solchen Fällen nur die für lieferbar erklärten Stükke. Auch: Gesamtaktie, Gesamttitel. In Deutschland sonst nur vorübergehend bis zum endgültigen Stückedruck neuer Aktien nach Kapitalerhöhungen und zur Verbriefung von Dauersitz gebräuchlich.

Globalanleihe

Bez. f. Anleihen mit hohem Emissionsvolumen, die in Europa, USA und Japan emittiert und über Zeitzonen hinweg gehandelt werden. Werden überwiegend von staatlichen und supranationalen Institutionen herausgegeben. Zur Erleichterung der Emission und des Handels von DM-Globalanleihen kann eine spezielle Verbriefungstechnik zur Anwendung kommen. Hierbei werden zwei → Globalurkunden, eine nach den Bedürfnissen des deutschen Marktes und eine nach den Bedürfnissen des US-amerikanischen Marktes, ausgestellt und hinterlegt. Die in Deutschland hinterlegte Globalurkunde lautet auf Inhaberschuldverschreibungen, während die amerikanische Globalurkunde, die bei einer amerikanischen Geschäftsbank in Deutschland für die Depository Trust Company hinterlegt wird, auf Namenspapiere ausgestellt wird; Konditionen und Anleihebedingungen sind darüber hinaus in beiden Urkunden identisch. Beide Urkunden sind als „bis-zu-Urkunden" ausgefertigt, d. h., sie können volumenmäßig schwanken. Die Salden der Globalurkunden ändern sich nur bei Wertpapierübertragungen zwischen dem deutschen und dem amerikanischen System, während Übertragungen innerhalb eines Systems die Salden nicht berühren. Die Systeme sind über ein Depotkonto der amerikanischen Geschäftsbank bei der Deutscher Kassenverein AG verbunden. Es erfolgt eine tägliche Abstimmung.

Globalgrundschuld

Eine solche wird im Grundbuch eingetragen, wenn ein Grundstück später geteilt werden soll, aber die erforderlichen Voraussetzungen dafür noch nicht gegeben sind. Dienen bei vermögensverwaltenden Kommanditgesellschaften als Darlehenssicherungsmittel. Die persönliche Haftung der Mitglieder wird auf den jeweiligen Darlehensbetrag begrenzt.

Globalisierung

Entstehung eines weltweiten internationalen Finanzmarktes, vor allem für Wertpapiere.

Globalstücke

Sammelbez. für einzelne Wertpapierglobalurkunden, die Globalaktien als auch Globalanleihen sein können.

Globalstücke bei Anleihen

Lauten über einen hohen Nennbetrag. Bei Anleihen der BR Deutschland, Bundesbahn und Bundespost gibt es z. B. börsenfähige Stücke über DM 100000 Nennbetrag und höher.

Globalurkunden

Bei der Girosammelverwahrung hat sich gezeigt, daß die bei den Wertpapiersammelbanken (Kassenvereinen) ruhenden Wertpapiere verhältnismäßig wenig bewegt werden. Aus Vereinfachungsgründen wird deshalb ein Teil der Wertpapiere als Globalurkunden (rechtstechnisch Sammelurkunden) gedruckt und bei den Kassenvereinen hinterlegt. Bei Neuemissionen werden bis zur Auslieferung der effektiven Stücke beim Kassenverein oft Globalurkunden eingereicht, damit sofort der Börsenhandel und die Kursnotierung erreicht werden können. Die emittierende Stelle verpflichtet sich, den Druck der Stücke innerhalb von ca. 3 Monaten sicherzustellen und damit die Globalurkunde abzulösen. → Globalaktie → Globalstücke bei Anleihen.

Globex

Gemeinsam von der Chicago Mercantile Exchange (CME) und Reuters entwickeltes elektronisches Handelssystem für futures-Kontrakte. Durch Einsatz von Globex sollen die bei dem bislang angewendeten open-outcry-System aufgetretenen Mißbräuche vermieden werden. Ferner eröffnet Globex bei Übernahme durch außeramerikanische futures-Börsen die Möglichkeit des Handels Rund-um-die-Uhr, Rund-um-den-Globus. Angeschlossen sind unter anderem die Terminbörsen New York Mercantile Exchange, MATIF und Sydney Futures Exchange.

GmbH, G.m.b.H., Ges.m.b.H.

Abk. f. Gesellschaft mit beschränkter Haftung.

GmbH-Anteil

Anteil an einer GmbH, der die entsprechenden Mitgliedschaftsrechte verbrieft. Nennwerttitel, der börsenmäßig nicht handelbar ist, sondern meist nur durch Zession übertragen werden kann.

GmbH-Anteile, vermögensteuerlich

GmbH-Anteile sind mit dem gemeinen Wert anzusetzen. Dieser ist primär aus den Verkäufen abzuleiten, die im Laufe des Jahres im gewöhnlichen Geschäftsverkehr stattgefunden haben. Meist fehlt es aber deshalb an brauchbaren Verkaufspreisen, weil entweder keine Verkäufe vorliegen oder persönliche Umstände den Kaufpreis beeinflußt haben. Dann wird der gemeine Wert meist vom Betriebsfinanzamt der Kapitalgesellschaft in einem besonderen Verfahren ermittelt und einheitlich festgesetzt. Der in diesem besonderen Feststellungsverfahren ermittelte Wert wird der Unternehmung und ihren Gesellschaftern mitgeteilt. Der gemeine Wert der Anteile beruht auf einer Schätzung, die auf Grundlage des Vermögens der Gesellschaft und ihrer Ertragsaussichten durchgeführt wird (Stuttgarter Verfahren). Bei Ermittlung des Vermögenswerts ist von dem Einheitswert für das Betriebsvermögen der Gesellschaft auszugehen, wobei meist Korrekturen vorgenommen werden. So sind z. B. alle steuerfreien und deshalb im Einheitswert noch nicht erfaßten Wirtschaftsgüter (z. B. Schachtelbeteiligungen, Auslandsvermögen) hinzuzurechnen. Entsprechend sind auch nichtberücksichtigte Schulden und Lasten abzuziehen. Auch an den Wertansätzen der einzelnen Wirtschaftsgüter können noch Korrekturen erforderlich werden. Der für den einzelnen Anteil, d. h. für je DM 100 des Nennkapitals geltende Vermögenswert errechnet sich nach

$$V = \frac{\text{Vermögen} \times 100}{\text{Nennkapital}}$$

Neben dem Gesellschaftsvermögen sind auch die Ertragsaussichten der Gesellschaft zu berücksichtigen; es soll deshalb der zu erwartende Betriebsgewinn geschätzt werden. Auszugehen ist dabei vom Steuerbilanzgewinn, bei dem die Einnahmen und Ausgaben, die bei der steuerlichen Gewinnermittlung außer Ansatz bleiben, hinzuzurechnen oder abzuziehen sind. Von dem Betrag, der als künftiger Betriebsgewinn gilt, ist ein Abschlag von 30% zu machen, weil eine GmbH regelmäßig nicht in der Lage sein wird, den erwirtschafteten Ertrag in vollem Umfang auszuschütten. Das Ergebnis ist der ausschüttungsfähige Ertrag. Vom tatsächlich ausgeschütteten Gewinn kann i. a. nicht ausgegangen werden, weil die Gewinnausschüttungen oft von den Gesellschaftern bewußt niedrig gehalten werden. Ein höherer Abschlag kann bei den Gesellschaften berechtigt sein, bei denen der Ertrag ausschließlich und unmittelbar von der Person der Gesellschafts-Geschäftsführer abhängig ist. Der für einen Geschäftsanteil, d. h. für je DM 100 des Nennkapitals, geltende Ertragshundertsatz wird errechnet nach:

$$E = \frac{\text{ausschüttungsfähiger Ertrag} \times 100}{\text{Nennkapital}}$$

Der gemeine Wert ergibt sich dadurch, daß zum Vermögenswert der Unterschied zwischen fünffachem Ertragshundertsatz und fünffachem Jahreszins des für den Erwerb des Anteils aufzuwendenden Kapitals hinzugerechnet (oder subtrahiert) wird; dabei wird von einem Jahreszins von 10% ausgegangen. Für die Berechnung wird unterstellt, daß ein Käufer für die Anteile einmal den errechneten Vermögenswert und darüber hinaus nur den Betrag bezahlen wird, der während der nächsten 5 Jahre voraussichtlich als Ertrag der Anteile über die Verzinsung seines nunmehr für den Erwerb der Anteile aufzuwendenden Kapitals hinausgeht. Zur Berechnung des gemeinen Werts (G) führt dies zu

$$G = V + 5\,(E - \frac{10 \times}{100}) = \frac{65}{100}\,(V + 5E).$$

Besondere Umstände, die bei der Berechnung des Vermögenswerts und des Ertragshundertsatzes nicht genügend zum Ausdruck kommen, können durch Zu- und Abschläge berücksichtigt werden. So kann ein Abschlag bis zu 30% des nach o. a. Formel errechneten Werts insbesondere bei Gesellschaften in Frage kommen, bei denen nachhaltig einem erheblichen Gesellschaftsvermögen unverhältnismäßig geringe Erträge gegenüberstehen. Schwere Verkäuflichkeit der Anteile und die Zusammenfassung aller oder mehrerer Anteile in einer Hand begründen nicht ohne weiteres einen Abschlag oder Zuschlag. Bei der Wertermittlung wird unterstellt, daß der einzelne GmbH-Anteil eine gewisse Einflußnahme auf die Geschäftsführung der GmbH ermöglicht. Das ist stets bei einem Anteilsbesitz von mehr als 25% der Fall. Ist jedoch z. B. das Stimmrecht ausgeschlossen oder vereinigt ein Gesellschafter mehr als 75% auf sich, ist für die in ihren Befugnissen beschränkten Anteile eine besondere Wertermittlung durchzuführen; dabei wird bei der Ermittlung des Vermögenswerts ein Abschlag von 25% gemacht und statt vom Ertragshundertsatz von der tatsächlich ausgeschütteten Dividende ausgegangen.

GmbH & Co

Rechtsform, die aus der Vermischung verschiedener Grundtypen entstanden ist. Sie ist als Personengesellschaft entweder OHG oder meist KG, bei der die GmbH i. d. R. einziger vollhaftender Gesellschafter ist. Die Gesellschafter der GmbH sind dann oft auch die Kommanditisten der KG. Diese Gesellschaftsform ermöglicht die

Bildung einer Personengesellschaft, ohne daß eine natürliche Person haften muß.

GmbH & Co. KG

KG, bei der Vollhafter eine nur beschränkt mit ihrem Vermögen haftende GmbH ist. Da auch die Kommanditisten nur mit ihren Einlagen haften, ist diese Unternehmungsform, obwohl Personengesellschaft und daher deren Vorteile gegenüber der Kapitalgesellschaft aufweisend, eine Gesellschaft, bei der niemand wirtschaftlich voll persönlich haftet (das Stammkapital der GmbH pflegt auf das gesetzliche Minimum von DM 50000 beschränkt zu werden). Wird i. d. R. für Abschreibungsgesellschaften u. ä. Konstruktionen verwendet; findet sich aber auch bei mittelständischen Unternehmen.

GNMA

Abk. f. Ginnie Mae.

goal

→ Anlegerziele. Auch: objective.

go-go-fund

Bez. für Investmentfonds mit dem Ziel überdurchschnittlichen Wachstums, das durch hochspekulative Anlagepolitik und große Umschlagsgeschwindigkeit der Anlagewerte erreicht werden soll. Go-go-Fonds stützen sich auf spekulative Titel, nehmen u. a. Kredite auf und arbeiten mit Leerverkäufen. Sie sind in dieser Form in Deutschland unzulässig.

going public

Bez. f. die Umwandlung einer Personengesellschaft in eine AG und die Zulassung der Aktien an der Börse. Auch: Zulassung von Aktien einer Unternehmung an der Börse, die bisher dort nicht vertreten war.

going-public-Anleihen

Bez. für Anleihen von noch nicht börsennotierten Unternehmen, die mittelfristig (während der Laufzeit der Anleihe) den Gang an die Börse planen, aber derzeit hiervon z. B. aufgrund der aktuellen Börsensituation und -tendenz noch absehen. Going-public-Anleihen besitzen i. d. R. Optionscharakter und werden als → going-public-Optionsanleihe oder als → going-public-Wandelanleihe emittiert.

going-public-Optionsanleihen

Going-public-Optionsanleihen eröffnen dem Emittenten im Vergleich zu straight bonds die Möglichkeit der zinsgünstigen Fremdmittelaufnahme am Kapitalmarkt. Ferner reduziert sich für den Emittenten das Plazierungsrisiko einer Aktienemission, da ein Teil dieser bereits (optionshalber) vorplaziert ist. Die Besitzer der Optionsscheine erwerben einerseits das Recht auf die zu emittierenden Aktien. Andererseits wird ihnen eine zeitlich erweiterte Zeichnungsfrist gewährt, die es ihnen ermöglicht, die Kursentwicklung der neu emittierten Aktien besser beurteilen zu können. Begibt der Emittent während der Laufzeit der Optionsanleihe keine Aktien oder verzichten die Obligationäre auf ihr Bezugsrecht, wird den Anlegern ein weit über pari liegender Rückzahlungskurs garantiert.

going-public-Wandelanleihen

Als going-public-Wandelanleihen werden → Wandelschuldverschreibungen noch nicht börsennotierter Unternehmen bezeichnet. Es handelt sich i. d. R. um festverzinsliche Schuldverschreibungen, die innerhalb einer bestimmten Frist zu im voraus festgelegten Bedingungen in Aktien der emittierenden Aktiengesellschaft umgewandelt werden können. Nach Ausübung des Wandlungsrecht gehen Rückzahlungs- und Zinsansprüche verloren; Fremdkapital wird in Eigenkapital umgewandelt. Vorteilhaft ist für den Emittenten, daß er sich zum Zeitpunkt der going-public-Wandelanleihenemission eine erhebliche Kapitalzufuhr zu i. d. R. günstigen Fremdkapitalkonditionen gesichert hat, ohne daß die Notwendigkeit besteht, bereits jetzt an den Aktienemissionsmarkt gehen zu müssen. Durch Bestimmung der Wandlungsfristen wird die Börseneinführung auf einen späteren Zeitpunkt verschoben. Darüber hinaus besteht für den Emittenten die Möglichkeit, über Staffelung der bei Ausübung des Wandlungsrechts fälligen Zuzahlung den Umtausch während der Wandlungsfristen zu beeinflussen. Attraktive Konditionen zu Beginn der Umtauschfrist führen in der Regel zu einer frühzeitigen Ausübung der Umtauschrechte seitens der Kapitalanleger. Verzichten diese auf eine Wandlung, wird die Wandelschuldverschreibung am Ende der Laufzeit vom Emittenten i. d. R. zum Nominalwert getilgt.

Gold

Chemisches Element der Gruppe Edelmetalle. Kommt in der Natur fast nur gediegen, nie rein vor. Wird insbesondere in Südafrika, USA, Australien und den GUS-Staaten gewonnen. Im internationalen Zahlungsverkehr spielte Gold zum Ausgleich von Zahlungssalden zwischen den Staaten eine wichtige Rolle, hat aber seit

1976 diese währungspolitische Bedeutung weitgehend verloren. Nach Schätzungen betragen die privaten Goldhorte ca. 25 000 t Gold. Es ist das für Geldanlagen am meisten bevorzugte Edelmetall.

Goldagio

Prämie, die beim Kauf von Gold insbesondere bei numismatischen Prägungen als Differenz zwischen Kaufpreis und Preis für Feingold zu entrichten ist.

Goldaktien

→ Goldminenaktien.

Goldaktien der Bank für internationalen Zahlungsausgleich (BIZ)

Eine besondere, dem Gold entstehende Anlageform sind die Aktien der in Goldfranken bilanzierenden Bank für internationalen Zahlungsausgleich (BIZ). Diese hat neben Zentralnotenbanken auch private Aktionäre; von den etwa 480 000 Aktien sind knapp 16% des Grundkapitals in Privatbesitz. Die privaten Anteilseigner sind dividendenberechtigt, dürfen aber nicht an der HV teilnehmen; ihre Rechte werden von den Zentralnotenbanken ihres Landes ausgeübt. Die Aktien der französischen Tranche werden in Paris offiziell gehandelt, die der US- und belgischen Tranche an der Vorbörse in Basel. Es sind vinkulierte Namensaktien, deren Besitzwechsel nur mit Zustimmung der BIZ erfolgen kann. Privaten wird sie i. d. R. ohne weiteres erteilt. Die Aktien sind zu 25% eingezahlt, wobei auf Verlangen der BIZ eine Nachschußpflicht von 3/4 des Aktiennennbetrages besteht. Der Besitz ist auf 25 pro Person beschränkt. Da der Titel über einen hohen Substanzwert verfügt – etwa 400 g Feingold je Aktie –, ist die Anlageattraktivität groß.

Gold als Kapitalanlage

Kapitalanlagen in Gold gelten als konservative Anlagen. Nichtsdestoweniger können sie bei Großanlegern oft als ausgesprochen spekulative Anlage angesehen werden. Entscheidend für diese Qualifizierung ist jeweils das Anlageziel des Anlegers. Goldbarren, -münzen und -medaillen sind ertraglos. Wertsteigerung bei Barren können sich aus Goldpreiserhöhungen ergeben; bei Münzen ist zudem ihr Seltenheitswert wesentlich. Medaillen haben keinen eigentlichen Markt, zudem oft überhöhte Verkaufspreise. Gold kann allerdings nicht als vollkommen risikolose Anlage gelten: Durch Einstellung des Goldverkaufs an Private durch die Notenbanken und Eröffnung eines freien Goldmarktes ist das Risiko für den Golderwerber gestiegen. Die Preissteigerungen haben zwar zu teilweise starken Wertzuwächsen geführt; ob sich die Entwicklung langfristig fortsetzt, ist unsicher. Durch Erwerb von Goldminenaktien ist auch ein indirektes Engagement möglich. Bei Münzen und Medaillen ist im Zweifel stets nur vom Materialwert auszugehen, da der Sammlerwert nicht kalkulierbare Schwankungen zeigt. Bei seltenen, gut erhaltenen Münzen, die nicht nachgeprägt werden, dürften aber langfristige Wertsteigerungen wegen der zunehmenden Seltenheit zu konstatieren sein. Die Liquidisierbarkeit des Goldes ist praktisch gewährleistet, kann jedoch nicht für alle Zukunft vorhergesagt werden, da Einschränkungen durch hoheitlichen Akt denkbar sind. Medaillen sind allerdings meist nur mit erheblichem Abschlag verkäuflich. Gold muß als Vermögensreserve für Notzeiten angesehen werden und ist nur als langfristige Anlage sinnvoll. I. a. sollte Gold dann als Geldanlage in Frage kommen, wenn schon ausreichende Anlagen in anderen Formen vorhanden sind. Zur Ausnutzung spekulativer Goldpreisveränderungen, die sich insbesondere in unsicheren Zeiten ergeben, bieten sich Goldtermingeschäfte an, die deutsche Banken inzwischen auch ihrer Privatkundschaft offerieren.

Goldanlage in den USA

Broker bieten die Möglichkeit, Gold in Form von Barren oder Münzen in den USA zu erwerben. Es wird dort im Namen des Kunden gekauft und gelagert. Der Anleger kann es sich jederzeit ausliefern lassen. Die Kosten sind allerdings wesentlich höher als z. B. in Luxemburg (bis 5% des Metallwerts).

Goldanlage, Sonderformen

Neben den üblichen Goldanlageformen gelten als Sonderformen dieser Anlage: Goldminenaktien, Goldanleihen, Warentermingeschäfte in Gold und Goldoptionen, ferner Aktien der in Goldfranken bilanzierenden BIZ.

Goldanlagen, Transaktionskosten

Kosten bei Käufen und Verkäufen von Gold sind kaum allgemeingültig zu beziffern, da diese je nach Anlageart sehr unterschiedlich sein können. Generell ist aber bei jeder Goldanlage zu berücksichtigen, daß die Wiederumwandlung in Liquidität mit Kosten zwischen rd. 6,5% und 17,5 % für Münzen, bei Goldbarren – insbesondere kleinen – mit etwa 20% verbunden ist.

Goldanleihen

Anleihen, deren Tilgungs- und Zinszahlungen an den Goldpreis gebunden sind: (1) Pinay-Anleihe: 1973 emittiert, an der Pariser Börse notiert, mit 41/2% verzinslich; der Rückzahlungsbetrag ist über eine Indexklausel an die tägliche Notiz der französischen Goldmünze Napoléon (20 FF) gebunden. Zweimal jährlich werden amtliche Rückzahlungskurse veröffentlicht, die auf dem Durchschnittskurs des Napoléon in einer bestimmten Periode basieren. (2) Giscard-Anleihe: 1973 emittiert, zu 7% verzinslich Rückzahlungskurse und laufende Zinszahlungen an den Marktpreis des Kilo-Barrens am Pariser Goldmarkt gekoppelt. (3) Nachdem schon eine Silberanleihe emittiert wurde, erschien 1981 in London die erste auf Gold lautende Euroanleihe. Dabei wird dem Anleger die Möglichkeit einer Zinszahlung in Feingold oder in US-$ auf Basis des Londoner Nachmittags-Goldfixings eingeräumt; diese Gold-bonds haben eine Laufzeit von 15 Jahren und repräsentieren 100000 Feinunzen. Emittent ist die Refinement International N.V. Es werden 100000 Feinunzen Gold bzw. das Äquivalent in Terminkontrakten plus der für Zinszahlungen erforderliche Betrag während der Laufzeit bei einer US-Bank verfügbar gehalten.

Goldarbitrage

→ Goldwährung, -standard.

Goldaufbewahrung

Im Goldhandel sind „gute Lieferung" nur solche Barren, Münzen und Medaillen, die keinerlei Beschädigungen aufweisen. Daher ist eine sachgerechte Aufbewahrung wichtig. Hinzu kommt der Sicherheitsaspekt. Geeignete Aufbewahrung kann erfolgen: (1) in privaten Tresoranlagen; (2) in Tresorräumen einer Bank, und zwar (a) im privaten Tresorfach des Kunden in einer von der Bank plombierten Verpackung; der Kunde verfügt allein über sein Gold; (b) als Einzeldepot; das Gold bleibt Alleineigentum des Kunden; es wird von der Bank gesondert verwahrt; (c) im Metallsammeldepot; der Kunde erwirbt einen Miteigentumsanteil an den im Sammeldepot verwahrten Edelmetallen. Zu unterscheiden ist dabei zwischen gattungsmäßig geführten Metallsammeldepots (für Barren und einige bullion coins) und gewichtsmäßig geführten Metallsammeldepots (meist für Banken und professionelle Edelmetallhändler).

Goldbarren

Feingoldblocks, die im Goldhandel in verschiedenen Gewichtsgrößen verwendet werden. Gegenüber Goldmünzen sind im Preis keine Prägekosten enthalten. Ab 500-g-Barren wird auf Wunsch ein Gehaltszertifikat ausgestellt (nicht zu verwechseln mit Goldzertifikaten). Als „gute Lieferung" gelten nur Barren mit einem Feingehalt von mind. 995 auf 1000, der durch den Stempel einer anerkannten assay-Firma bestätigt wird. International ist der 12,5-kg-Barren gebräuchlichere Einheit. Da so große Barren für die meisten Anleger zu teuer sind, sind vor allem seit Aufgabe des offiziellen Goldmarktes 1968 immer kleinere Goldbarren angeboten worden, die heute vom 12,5-kg- bis zum 1-g-Stück reichen. Die Handelbarkeit von Barren ist nur dann gewährleistet, wenn sie den Prägestempel einer seriösen Herstellerfirma tragen. Auf der Londoner Liste der accepted melters and assayers stehen Firmen, deren Stempelprägung die Barren als „good delivery bars" ausweist; so aus Deutschland Degussa, Heraeus, Norddeutsche Affinerie. Die kleinen Barren werden in Feinheit von 999,9/1000 hergestellt. Sie übertreffen damit in der Qualität die 995/1000 der normalen Abschlußeinheit, auf die der Marktpreis abstellt. Deshalb, aber auch wegen ihrer höheren Herstellungskosten haben sie ein Aufgeld gegenüber dem notierten Barrenpreis. Goldbarren werden in Deutschland von Edelmetallunternehmen und Banken verkauft. Der Preis für Feingoldbarren richtet sich nach den Kursen an den bedeutendsten Goldhandelsplätzen, insbesondere London, Zürich, New York, Hongkong, Frankfurt. Die amtliche Notiz an der Frankfurter Börse wird börsentäglich um 12 Uhr festgestellt.

Goldbarren als Kapitalanlage

Hat sich ein Kapitalanleger entschlossen, einen Teil seines Vermögens in Gold anzulegen, eignen sich Goldbarren recht gut hierzu, da sie in unterschiedlichen, standardisierten Größen (1 bzw. 10 bis 12500 g) mit genauen Gewichtsangaben (Fein[gold]gehalt) fungibel sind. Kapitalanlagen in Goldbarren erbringen allerdings keinen laufenden Ertrag. Die Wertsteigerungen des Goldes am freien Goldmarkt seit 1968 haben Goldanlegern beträchtliche Anlageerfolge gebracht. Wegen der oft erheblichen Preisänderungen ist Gold eher für risikofreudige als für rendite- und sicherheitsorientierte Kapitalanleger geeignet.

Golddeckung

Bei Goldwährung die Deckung des in Umlauf befindlichen Papiergeldes durch Goldbestände der Zentralbank.

Goldeigenschaften

Die Beliebtheit des Goldes als Anlage erklärt sich aus seinen spezifischen Eigenschaften. Es ist leicht formbar, widerstandsfähig gegenüber äußeren Einflüssen und von schöner Farbe mit starkem Glanz. Es läßt sich schwer durch einen anderen Rohstoff ersetzen. Seine Förderung ist beschränkt. Auf Preissteigerungen reagiert es daher allenfalls mit begrenzten Angebotsvermehrungen oder sogar mit Produktionskürzungen. Aufgrund solcher Eigenschaften hat das Gold im gesellschaftlichen Leben des Menschen schon früh eine besondere Stellung gewonnen. So hatte Gold denn auch stets einen Markt und Wert. Im Unterschied zu ihm sind alle anderen als Geld benutzten Waren verschwunden oder stark zurückgedrängt worden. Die besondere Qualifikation als Instrument langfristigen Vermögensschutzes hat es immer wieder bestätigt. Es dient weiter zur Herstellung von Schmuck, Münzen und Medaillen, wird in Elektrotechnik und Elektronik sowie Zahnmedizin verwendet, von privaten Anlegern als Schutz vor Geldentwertung und politischen Umwälzungen gehortet und nach wie vor auch von Notenbanken als Bestandteil der Währungsreserven gehalten.

goldene Bilanzregel

Besagt, daß langfristige Aktiva durch langfristige Passiva (Eigen- und Fremdkapital) gedeckt sein sollen. Kurzfristiges Vermögen kann durch kurzfristiges Kapital finanziert sein.

goldene Finanzierungsregel

Grundsatz der Finanzierung von Unternehmen, der besagt, daß langfristige Investitionen auch durch langfristige Mittel, i. d. R. durch Eigenkapital oder langfristiges Fremdkapital, nicht jedoch durch kurzfristiges Kapital finanziert werden sollen.

Gold Exchange of Singapore (GES)

Goldbörse von Singapur.

Goldfeinheit

Bei einem so wertvollen Metall wie Gold ist die Feinheit der gelieferten Ware wesentlich. Sie muß auf Goldbarren angegeben werden; häufig findet sich die Angabe auch auf Goldmedaillen und neu geprägten Goldmünzen. Reines Gold hat die theoretische Feinheit 1000. Die Feinheitsbezeichnung 999,9 (Handelssprache: „4 Neuner") besagt daher, daß die gelieferte Ware max. zu 1/10000 mit anderem Material versetzt ist. Bei kleineren Barren und neueren Medaillen ist die Feinheit 999,9 üblich. Handelsübliche Schlußeinheit ist der 12,5-kg-Barren mit einer Feinheit von 995,0; Barren, die diese nicht erreichen, sind keine „gute Lieferung"; sie werden meist durch Umschmelzen auf die erforderliche Reinheit gebracht.

gold fixing

Festsetzung des Goldpreises in London.

Goldfonds

Investmentfonds, der seine Anlagen ausschließlich oder überwiegend in Wertpapieren von Goldproduzenten, -verarbeitern, -händlern usw. tätigt.

Gold-futures

→ Goldmärkte.

Goldgehalt

Feingoldgewicht einer Goldmünze.

goldgeränderte Papiere

Deutsch für gilt edged: International gebräuchliche Bez. für Wertpapiere, die von bonitätsmäßig erstklassigen Emittenten ausgegeben werden und deren Besitz keine Gefahr für das investierte Kapital bedeutet.

Goldgeschäfte

Der Goldmarkt unterteilt sich in verschiedene Teilmärkte oder Geschäftsarten: (1) nach Art des gehandelten Objektes: (a) Handel mit Goldbarren, (b) Handel mit Münzen und Medaillen, (c) Handel mit Goldschmuck; (2) nach der Form der Geschäfte: (a) Kauf und Verkauf von physischem Gold (Münzen, Medaillen, Barren), (b) Kauf und Verkauf von Ansprüchen oder Wertpapieren, die indirekt Anspruch auf Gold vermitteln (nichtphysischer Goldhandel oder Handel mit „Papiergold").

Goldgewichte

Traditionell rechnet der Goldhandel in troy-Unzen; eine solche entspricht einem Gewicht von 31,10348079 g. Daneben hat sich als Gewichtseinheit auch das metrische System (g, kg, t) durchgesetzt. Im mittleren Osten wird auch mit der Gewichtseinheit Tola, im fernen Osten mit Tael gerechnet. Es ist: 1 troy ounce = 1,10348079 g, 1 kg = 32,1507425 t oz, 1 Tola = 11,6638 g, 1 kg = 85,7353521 Tola.

Goldgewinnung

Seit Ende der achtziger Jahre in den westlichen Ländern kontinuierlich gestiegen; liegt derzeit bei rund 1800 Tonnen pro Jahr. Hauptlieferländer sind Südafrika, USA und Australien. Hinzu kommen die weitgehend unquantifizierbaren Fördermengen aus China und den ehemaligen RGW-Staaten.

Goldhandel

Kauf und Verkauf von Gold ist nach den Handelsformen unterschiedlich. Lieferung gekauften Goldes – Barren, Münzen, Medaillen – erfolgt im Kassageschäft meist 2 Werktage nach Abschluß, bei anderen Geschäften zu dem vereinbarten Zeitpunkt. Seit Freigabe des Goldpreises haben sich aber auch Termin- und Optionsgeschäfte in Barren vor allem in den angelsächsischen Staaten und in Hongkong wesentlich entwickelt. In Europa dominiert auch am Barrenmarkt das Kassageschäft; im Handel mit Münzen und Medaillen ist es meist einzige Handelsform. Die Besonderheit des Münzen- und Medaillenhandels liegt darin, daß die Preisbildung sich, abgesehen von bullion coins, weniger am Goldgehalt als an anderen Qualitäten ausrichtet. Dies gilt vor allem für numismatische Münzen und alte Medaillen. Seltenheit und Qualität, aber auch Modetrends bei Sammlern bestimmen den Preis. Sie werden als Einzelstükke gehandelt, und Prägungsjahr, Schönheit, Herkunft sind weitere Bestimmungsfaktoren. Ähnliche Kriterien gelten bei halbnumismatischen Münzen und neu geprägten Medaillen. Allerdings spielt hier der Goldgehalt wegen des niedrigeren Agios bzw. Seltenheitswertes als preisbestimmender Faktor eine größere Rolle. Anders als Medaillen, numismatische und halbnumismatische Münzen werden kurante Münzen gattungsmäßig gehandelt. Zwar wird auch hier zwischen Jahrgängen und Münzbildern unterschieden, doch sind die Unterschiede meist weit weniger ausgeprägt. Auch orientiert sich der Preis mehr am Goldgehalt. Da sie nicht neu geprägt werden, besteht auch hier Seltenheitswert, der im Agio zum Ausdruck kommt, der Differenz zwischen dem Preis der Münze und deren Goldgehalt, berechnet zum Tagespreis des Goldes. Das Agio ist nach Seltenheit und Beliebtheit der einzelnen Münzen verschieden. Die jüngere Rückbildung des Agios kuranter Münzen beruht u. a. darauf, daß verschiedene Staaten Wiederausprägungen früher in Umlauf befindlicher Goldmünzen vornahmen (bullion coins). Im Handel mit Goldbarren bezieht sich die Preisangabe am Weltmarkt auf eine Unze mit der Feinheit von 995; in Westeuropa ist auch die Notierung von Gold der gleichen Feinheit je Kilogramm (= 32,1507425 Unzen) üblich. Bei der Notiz wird kein Stückpreis angegeben; nur die Unze fein (1000/1000), nicht aber der Barren wird notiert. Bei Auslieferung werden je nach größerer oder geringerer Feinheit der Barren entsprechende Anpassungen vorgenommen. Weitere Korrekturen erfolgen bei der Preisbildung kleinerer Barren als des Standardbarrens. Hier sind die Herstellungskosten zu berücksichtigen, die, auf den Barrenpreis bezogen, um so größer sind, je kleiner der Barren ist. Die Preisbildung erfolgt auf den einzelnen Märkten unterschiedlich. Bekannt ist das traditionelle tägliche Fixing in London. Hierbei werden bis zum Zeitpunkt des Fixing eingegangene Aufträge zu einheitlichen Preisen ausgeführt. Dagegen wird an anderen Plätzen jedes Geschäft einzeln ausgeführt und dafür der Preis festgelegt. Seit 1968 besteht an der Frankfurter Börse der amtliche Handel in Edelmetallen, und zwar zunächst für Gold. Dort werden zwei Preise notiert: für den 1-kg- und den 12,5-kg-Barren in DM pro kg fein. Goldbarren aller anderen Größen und Feinheiten sowie Goldmünzen werden zum Freiverkehrskurs gehandelt. In Deutschland ist der Handel mit Gold ohne Einschränkungen gestattet. Neben dem Kassamarkt hat sich, insbesondere in den USA, der Terminhandel entwickelt. Der Handel wird über Banken oder spezialisierte Broker abgewickelt. Meist heben sich die Abschlüsse von Terminkäufern und -verkäufern gegenseitig auf, was effektive Lieferung oder Abnahme von Gold an der Börse weitgehend überflüssig macht. Echter Terminhandel findet in Chicago, New York, Winnipeg, London, Singapur, Hongkong statt; in Zürich werden Terminkontrakte vermittelt, die aber den Charakter von cash-forward-Kontrakten (Kassageschäfte auf später) haben. Deutsche Kreditinstitute bieten privaten Kunden inzwischen auch Goldtermingeschäfte an. Die Preisbildung am Terminmarkt wird durch die Kosten der Finanzierung des Metalls in der entsprechenden Periode determiniert. Am Markt kann das Agio der Terminkurse von dem theoretischen Gleichgewichtskurs abweichen, vor allem aufgrund außerordentlicher Nachfrage- oder Angebotsbedingungen. Um schnelle und sichere Geschäftsabwicklung zu gewährleisten, sind Terminkontrakte weitgehend standardisiert; sie umfassen als normierte Bestandteile vor allem Erfüllungsort, Kontrakteinheit, Qualitätsstandard, Fälligkeiten; beim Geschäftsabschluß werden nur noch Menge oder Anzahl der Kontrakte, Preis und Lieferzeit festgelegt. Zudem muß vor Abschluß eines Termingeschäfts der Kunde ein Sicherheitsdepot (Einschuß) hinterlegen. Die Erfahrung hat gezeigt, daß alle größeren Finanzmärkte den Schritt vom Kassa- zum Terminmarkt und von dort aus zum Optionsmarkt und z. T. zum futures-Markt gemacht haben, so auch am Goldmarkt. Mit dem Instrument der Goldoption, 1976 eingeführt, können die Risiken des Goldterminmarkts limitiert werden.

Goldklausel

Vertragsbestimmung, nach der Tilgung und Verzinsung vom Schuldner in Gold bzw. Goldwert erfolgen sollen. Dient zur Wertsicherung einer Forderung in Inflationszeiten. In Deutschland sind Goldklauseln genehmigungspflichtig, wenn der Schuldner nicht im Ausland wohnt. Die für die Genehmigung zuständige Bundesbank erteilt diese praktisch nicht.

Goldkonten

Auf einem Goldkonto werden wie auf einem Girokonto Mindestmengen von Münzen oder Barrenteile zu- oder abgeschrieben. Auslieferung erfolgt grundsätzlich an dem vom Kunden gewünschten Ort. Der Goldkäufer hat die Möglichkeit, statt z. B. die eigenen Barren zu deponieren, die gekaufte Menge auf einem (persönlichen) Metallkonto gutschreiben zu lassen. Meist wird dabei ein bestimmter Mindestbestand verlangt. Goldkonten werden nur eröffnet für Goldbarren bestimmter Feinheit sowie für bestimmte Münzen in gewissen Mindestmengen. Das Guthaben auf Goldkonten kann durch Verkauf und durch Bezug von Barren oder Münzen aufgelöst werden. Deutsche Eurobanken in Luxemburg haben Verfahren entwikkelt, um auch Interessenten, die ihren Wohnsitz außerhalb Luxemburgs haben, Golderwerb zu ermöglichen. Bei den Goldkonten kann der nicht in Luxemburg ansässige Kunde die Zahlung des Kaufpreises z. B. bei einer Filiale der Mutterbank in Deutschland leisten. Er erwirbt einen Lieferungsanspruch gegenüber der Bank und erhält Gutschrift auf dem Goldkonto zum Tageskurs. Verkauf ist jederzeit zum Tageskurs möglich. Die Provisionen und Gebühren für den Golderwerb auf Goldkonto sind bei den Banken unterschiedlich, ebenso die erforderliche Mindestanlagesumme.

Goldmärkte

Wichtigste Träger des Goldgeschäfts sind in angelsächsischen Ländern spezialisierte Handelshäuser und brokers, in Kontinentaleuropa, asiatischen und lateinamerikanischen Ländern Banken. Zu unterscheiden sind Primär- und Sekundärmärkte. Ersteren fließt die Neuproduktion an Gold zu, das sie entweder direkt oder über Sekundärmärkte weiterverteilen. Diese Funktion wird heute vor allem von Zürich und London wahrgenommen. Sekundärmärkte befassen sich mit der Verteilung des auf den Primärmärkten erworbenen Goldes. Der Weltgoldmarkt besteht im wesentlichen aus 15 bedeutenden Einzelmärkten: 4 europäischen (Zürich, London, Frankfurt, Paris), 3 US-amerikanischen (New York, Chicago, Los Angeles), einem kanadischen (Winnipeg), 5 asiatischen (Singapur, Hongkong, Abu Dhabi, Kuwait, Tokio) und 2 südamerikanischen (Panama, Caracas). Daneben bestehen zahlreiche weitere weniger bedeutende nationale Märkte. Durch Zusammenarbeit dieser Plätze wird Gold rund um die Uhr gehandelt. Der größte Primärmarkt für Gold ist London. Dort findet das bekannte gold fixing statt, die Festsetzung des Goldpreises unter Mitwirkung der Bank of England, und zwar in den als „gute Londoner Lieferung" üblichen 400-Unzen-Barren (ca. 12,5 kg) von 995,0 fein. Verkäufer erhalten den Erlös zum fixing-Preis, ohne Abzug einer Provision, während Käufern ein Aufschlag zum fixing-Preis verrechnet wird. Natürlich wird Gold in London auch vor und nach dem fixing zum jeweiligen Marktpreis, also über oder unter dem fixing-Preis, gehandelt. Bis 1968 hatte der Londoner Goldmarkt praktisch keine Konkurrenz. Hierzu trug der 1961 geschaffene Goldpool der Zentralnotenbanken bei, der die damalige offizielle Goldparität von 35 US-$ je Unze aufrechtzuerhalten suchte und über London operierte (bis zur 1968 beschlossenen Einstellung der Operationen). Erhebliche Bedeutung hat seitdem der Züricher Goldmarkt gewonnen. Eine wichtige Neuerung war die Einführung eines Goldterminmarkts; zwar wird Gold auf Termin in Europa bereits seit langem gehandelt; seit 1982 ist London erster Markt auf dem europäischen Kontinent, wo Goldterminkontrakte marktmäßig gehandelt werden. Kontraktwährung ist der US-$, der 1982 das Pfund ablöste. Als weiterer Goldmarkt folgt mit Abstand Paris. 1968 wurde in Frankfurt ein Goldmarkt eröffnet. Nach vielen Jahren Unterbrechung wurde nach Freigabe des Goldbesitzes für US-Bürger 1975 auch der Goldhandel in USA wieder in größerem Maß aufgenommen. An 5 Börsenplätzen werden Goldterminkontrakte angeboten; wichtigste sind die New Yorker COMEX und der International Monetary Market in Chicago, die 97% des Umsatzes auf sich vereinigen. Ihr Geschäft wird durch die Goldterminbörse in Winnipeg ergänzt. Die nordamerikanischen Märkte funktionieren primär nicht als Aufbewahrungs- oder Auslieferungsorte von Goldbarren; sie sind spezialisierte Terminmärkte, auf denen die Operationen abgeschlossen und Differenzgewinne oder -verluste erzielt werden. Physische Lieferungen aufgrund von Terminkontrakten werden ausnahmsweise ausgeführt. Kunden können ihre Aufträge nur durch Makler (brokers) durchführen lassen. Dabei werden die Kauf- und Verkaufsaufträge in Form der Versteigerung mit offenem Ausruf abgewickelt. Der Ausgleich erfolgt über das Clearing-Haus, das die täglichen Geschäfte überwacht und als zentrale Verrechnungsstelle fungiert. Inzwischen hat als physischer Markt in New York auch der für bullion coins an Bedeutung gewonnen, desgl. in physischen Barren. Unter den asiatischen Märkten ist vor allem Hongkong zu nennen, insbesondere seitdem 1974 die Importrestriktionen für Goldbarren aufgehoben wurden. Alle Käufe und Verkäufe werden ohne spezifische Termindaten vorgenommen: Weder Käufer noch Verkäufer sind vertraglich verpflichtet, Zahlung oder Lieferung auf ein im voraus bestimmtes Datum hin zu leisten. Es findet allerdings auch ein fixing statt. Verkäufer, die Gold abgeben, und Käufer, die solches kaufen wollen, werden mit ihren Positionen erfaßt. Sind die Seiten nicht ausgeglichen, wird ein Zinsfaktor vorgeschlagen und so lange angepaßt, bis ein Gleichgewicht erreicht und ein Zinssatz festgelegt ist. Praktisch ist die Gold and Silver Society ein Terminmarkt, an dem die Kontraktbedingungen täglich auf roll-over-Basis festgelegt werden. Jedoch stehen hinter den Verträgen weit höhere physische Transaktionen als auf anderen Terminmärkten. In Singapur besteht seit 1968 ein Markt für physisches Gold; seit der Liberalisierung des Devisengeschäfts 1978 auch ein Terminmarkt. 1984 gründeten Banken und Kautschukbroker die Singapore Gold Exchange als internationalen Handelsplatz. Der Markt arbeitet nach dem Modell der New Yorker COMEX. Gehandelt werden bestimmte Termine auf Vorschußbasis. Kontraktgröße sind 3 Goldbarren zu 1 kg von 999/1000 Feinheit; die Notierung ist in US-$. 1982 wurde auch in Tokio ein eigentlicher öffentlicher Goldterminmarkt eröffnet. Die Preise werden in Yen pro g in der Handelseinheit 1 kg fixiert. Kontrakte können auf verschiedene Termine zwischen 1 und 6 Monaten abgeschlossen werden. Als Marge sind 20% der Kontraktsumme zu hinterlegen. An den Terminbörsen in New York, Winnipeg und Amsterdam werden neben Gold-futures auch standardisierte Goldoptionen gehandelt, die meist als american options ausgestaltet sind, also jederzeit während der Laufzeit ausgeübt werden können. Goldoptionen werden ferner von Banken als over-the-counter-Optionen angeboten.

Goldmarkt, freier

Der freie Goldmarkt funktioniert nach gleichen Gesetzen von Angebot und Nachfrage wie jeder andere Markt. Höhere Nachfrage oder geringeres Angebot lassen den Preis steigen. Da das Goldangebot relativ konstant ist, haben vor allem Nachfrageänderungen Einfluß auf den Goldpreis. Neben dem freien Goldmarkt gab es bis 1973 einen offiziellen Goldmarkt, auf dem sich die US-Zentralnotenbank bereit erklärt hatte, internationalen Währungsbehörden Gold zu einem festgelegten Preis (zuerst 35 US-$, später 42,22 US-$ je Feinunze) zu verkaufen. Dieser gespaltene Goldmarkt ist durch die Aufhebung der Einlösungsverpflichtung von US-$ in Gold aufgelöst worden.

Goldmedaillen

Münzartige Prägungen oder Güsse in Gold ohne Zahlungswertangabe, die auch von privaten Stellen hergestellt werden können. Seit langem ist es üblich, zu größeren Ereignissen besondere Erinnerungsmedaillen auszugeben, die zu über dem Metallwert liegenden Preisen verkauft werden. Seit einiger Zeit werden aber auch zu sehr vielen anderen Anlässen von privater Seite dem Publikum mit hohem Agio versehene Medaillen angeboten. Daher ist für Anleger bei heute geprägten Medaillen Vorsicht angeraten. Ihr Kauf ist meist nur gerechtfertigt, wenn Gewähr besteht, daß die Medaillen durch anerkannte Künstler hergestellt wurden und die Auflage wirklich eng begrenzt ist. Aber auch wenn diese Voraussetzungen gegeben sind, bilden Medaillen kurzfristig meist keine attraktive Vermögensanlage, zumal ein regelmäßiger Handel kaum erfolgt. Sind die Medaillen wirklich selten oder von einem Künstler entworfen, den man besonders schätzt, können sich längerfristig Wertsteigerungen ergeben. Anders als Goldmünzen waren Goldmedaillen nie gesetzliches Zahlungsmittel und somit auch nicht umlauffähig. Anders als Münzen und Goldbarren haben die Goldmedaillen keinen Markt, so daß ihre Wiederveräußerung oft schwierig ist. Banken übernehmen keine Rückkaufverpflichtung. Die Anlage in Goldmedaillen sollte eher als Liebhabersache angesehen werden denn als echte Kapitalanlage.

Goldminenaktien

Aktien von Goldminengesellschaften. Anlagealternative zum physischen Goldkauf. Vorteile gegenüber anderen Formen der Goldanlage liegen in der Verzinsung des eingesetzten Kapitals. Allerdings geht man ein Kursrisiko wie bei jeder Wertpapieranlage ein. Bleibt der Goldpreis längere Zeit unverändert, ist der Anleger beim Aktienkauf meist günstiger gestellt als beim direkten Golderwerb. Möglich sind Anlagen in südafrikanischen, kanadischen, amerikanischen und australischen Goldaktien, wobei die Goldminen Südafrikas mit etwa 70% der Produktion nichtkommunistischer Länder mit Abstand am bedeutendsten sind. Anlagekriterien beim Goldaktienkauf sind vor allem die Lebensdauer der Goldmine, Produktionskosten (in US-$ je Feinunze Gold), monatlicher Erzdurchsatz (present monthly mill capacity, tons milled), Ausbeutegrad (yield; in g Gold je t verarbeitetes Erz), Gewinne aus dem Goldgeschäft (working profit) als echtes Betriebsergebnis, Gewinne aus Uranverkäufen (uranium profit; Uran hat sich bei vielen südafrikanischen Minen zu einem lukrativen Beiprodukt entwickelt), politisches Risiko, das bei Minen in Südafrika höher eingeschätzt wird als bei amerikanischen, kanadischen oder australischen. Die südafrikanischen Goldminen haben wesentlich höhere Renditen als die anderer Länder. Dies ist u. a. auch bedingt durch die Devisenkontrollen des Landes: Investitionen, auch Aktienkäufe, können von Ausländern in Financial Rand vorgenommen werden, der mit einem Abschlag gegenüber dem Commercial Rand gehandelt wird. Dadurch sind die südafrikanischen Aktien für Nicht-Südafrikaner um den Abschlag billiger; da aber die laufenden Dividenden in Commercial Rand ausbezahlt werden, erhöht sich die Dividendenrendite prozentual um mehr als den Financial-Rand-Abschlag. Ca. 40% der südafrikanischen Goldminenaktien sind in amerikanischem Besitz, 20% bei Südafrikanern. Daher wird der Preistrend in erster Linie in New York bestimmt.

Goldmünzen

Ursprünglich zu Münzen geprägtes Gold, d. h. Nennwert der Münze und Goldwert entsprachen sich. Später wurde zum Erzielen eines Münzgewinns (Schlagschatz) der Goldwert verringert. Seit 1914, als die Goldwährung praktisch aufgehoben wurde, haben Goldmünzen als gesetzliches Zahlungsmittel keine Bedeutung mehr, gelten aber in einzelnen Staaten noch als solche und werden z. T. neu geprägt. Gängige Goldmünzen, mit deren Handel sich vor allem die Banken befassen, haben als Kapitalanlage Bedeutung gewonnen. Sie können in Deutschland ohne Beschränkungen gekauft und verkauft werden. Auch die Ein- und Ausfuhr ist frei. Der Preis der Goldmünzen setzt sich aus Goldwert, Prägekosten, Kosten für Zusatzmetalle und einem Aufpreis für Seltenheit und Beliebtheit zusammen. Gehandelt werden die gängigen Münzen im Telefonverkehr vornehmlich unter Banken. Raritäten mit hohem numismatischen Wert sind meist nur bei autorisierten Münzenhändlern und auf Auktionen zu bekommen. Im Gegensatz zu Medaillen eignen sich Goldmünzen wegen ihrer Fungibilität gut für die Vermögensanlage. Der Markt akzeptiert nur einwandfreie, d. h. unzerkratzte und auch nicht anders beschädigte Münzen als „gute Lieferung".

Goldmünzen als Kapitalanlage

Beliebtes und geeignetes Medium der sicheren Kapitalanlage. Im wesentlichen sind die vor 1804 – Regierung Napoléon – geschlagenen Goldmünzen sog. numismatische Münzen, alle später, aber vor 1850 geprägten halbnumismatische. Beide Kategorien werden als Einzelstücke gehandelt, haben daher ihren Preis weitgehend unabhängig vom Wert des Metalls. Nur halbnumismatische Münzen sind in größerer Zahl existent; ihr Kauf und Verkauf ist daher einfacher, und Sammlungen lassen sich leichter zusammenstellen. Numismatische Münzen sind sehr selten. Es sind Einzelstücke von ästhetischem oder historischem Wert, Antiquitäten, die oft den Charakter von Kulturgütern tragen; Goldhandel ist hier Antiquitätenhandel. Kurante Münzen sind Goldmünzen, die nach 1850 geprägt worden sind. Sie sollen im Prinzip während der Zeit der Goldwährung als Zahlungsmittel im Umlauf gewesen und seitdem nicht mehr nachgeprägt worden sein. Sie werden in größeren Mengen gehandelt, sind jederzeit in fast beliebiger Menge zu kaufen und zu verkaufen. Ihr Preis setzt sich aus dem Goldwert und dem Aufgeld zusammen, das je nach Höhe der Prägung und Beliebtheit des Stückes verschieden ist. Für einzelne Münzen hat der Markt besondere Namen entwickelt; sie gründen meist auf dem Münzbild. Die teils hohen Preise der kuranten Münzen haben Staaten veranlaßt, die Ausprägung alter Münzen, die als Zahlungsmittel gedient haben, wieder aufzunehmen. Da die Münzstätten aus dem Unterschied zwischen dem Preis der Münzen und dem verarbeiteten Gold Gewinn ziehen, setzen sie i. d. R. die Prägung neuer Stücke so lange fort, wie ihnen über die Prägekosten hinaus Gewinn verbleibt. Einzelne Münzstätten gaben, als die Ausprägung alter Stücke durch die Goldhausse zu teuer wurde, neue Münzen gleichen Namens mit niedrigerem Goldgehalt heraus. Größter Hersteller solcher bullion coins ist Südafrika. Aber auch England, Österreich, Mexiko und Rußland sind u. a. hier zu nennen. Goldmünzen sind vor allem über Banken zu kaufen und zu verkaufen. Die An- und Verkaufspreise gängiger Münzen werden in der Tagespresse veröffentlicht. Es existiert in Deutschland auch ein spezieller Goldmünzenindex, der sich auf verschiedene gängige Goldmünzen bezieht und mit deren Marktanteilen gewichtet ist. Zur Kapitalanlage und für Sammlerzwecke eignen sich ausschl. Originalmünzen und amtliche Neuprägungen. Allerdings werden auch sporadisch Goldstücke als Originalnachprägungen angeboten. Dies sind Nachahmungen und/oder Fälschungen; von einem Erwerb ist abzuraten, denn sie bringen erhebliche Nachteile, da sie sich nur zum Schmelzwert verwerten lassen, der wegen der Scheidekosten unter dem Metallwert liegt; zudem fehlen meist Gewähr für Gewicht und Feingehalt sowie Handelsfähigkeit. Moderne Goldmünzen haben meist Feingehalte von 900/1000, d. h. 900 Teile Gold, 100 Teile Legierung (Silber oder Kupfer). In Großbritannien und einigen anderen Ländern haben sie Feingehalt von 22 Karat oder 916⅔ Tausendstel. Dukatengold (Ausgaben aus Österreich-Ungarn) hat Feingehalt von 986 1/9 Tausendstel, alte spanische Goldmünzen (z. B. 80 Reales) von 21 Karat = 875/1000, ebenso u. a. in Mexiko. Bei Goldmünzen sind Preisveränderungen auch ohne bzw. zusätzlich zu Veränderungen des Goldpreises möglich. Der Preis wird am freien Markt durch Angebot und Nachfrage bestimmt; für den Wert der Goldmünzen ist meist nicht nur der Goldgehalt, sondern auch der Sammlerwert entscheidend. (Sammlerwert: Differenz zwischen reinem Goldwert und Marktpreis der Münze.) Dabei weicht die Höhe des Sammlerwertes bzw. des Verkaufspreises teilweise erheblich vom reinen Goldwert ab. Beim Goldmünzenkauf ist generell zu beachten, ob es sich um gängige Stücke handelt, die breiten Markt haben und deshalb auch leicht verkauft werden können.

Goldmünzen, Besteuerung

In Deutschland unterliegt der Erwerb aller Goldmünzen seit 1. 1. 1993 nicht mehr der Umsatz(Mehrwert)steuer.

Goldmünzen, Erhaltungsgrad

Bei numismatischen Münzen sind für die Bewertung verschiedene Faktoren maßgebend: so Prägeanzahl, Alter, Erhaltungsgrad usw. Die bekanntesten Erhaltungsgrade für Münzen sind: pp = polierte Platte: Einzelprägung von poliertem Stempel, Feld tiefglänzend, Relief vorwiegend matt, keine Beschädigungen; Sp = Spiegelglanz: Gesamtfeld tiefglänzend, keine Beschädigungen (Pl = proof like); St = Stempelglanz: Feld und Relief gleicher Ton, keine Beschädigungen, prägefrisch, unzirkuliert; v = vorzüglich: Münze war im Umlauf, Feld mit leichten Umlaufspuren, Relief tadellos, Konturen und Rand fehlerlos; ss = sehr schön: Konturen einwandfrei, sichtbare Gebrauchsspuren im Relief und am Rand; s = schön: deutliche Abnutzungsspuren, Randfehler, Verletzungen im Feld, Beschädigungen, Motiv aber erkennbar. Eine Einstufung in die Erhaltungsgrade erfolgt durch Goldprüfer. Erfahrungen der letzten Jahre zeigen, daß – mit steigendem Goldpreis – die Anforderungen an den Erhaltungsgrad zunehmen.

Goldmünzen, Nachprägungen

Für Sammler von Goldmünzen ist wesentlich, zwischen Fälschungen oder Nachprägungen und offiziellen Neuprägungen zu unterscheiden. Fälschungen sind alle Nachprägungen, die nicht von den dazu autorisierten staatlichen Stellen geprägt worden sind; es handelt sich um Imitationen mittels kopierter Stempel. Die Fälschungen haben i. d. R. den Goldgehalt der Originalmünze, so daß vom reinen Materialwert dem Käufer kein Schaden entsteht. Die rechtliche Zulässigkeit privaten Nachprägens deutscher Münzen ist umstritten. Die Gefahr, nachgeprägte statt echter Goldmünzen zu erwerben, besteht bei Banken praktisch nicht; alle angebotenen Stücke werden auf Echtheit geprüft. Davon zu unterscheiden sind offizielle Neuprägungen, d. h. von staatlichen Stellen unter Verwendung des Originalprägestempels hergestellte Münzen. Offizielle Neuprägungen alter früher in Umlauf gewesener Münzen werden von den Münzanstalten folgender Länder vorgenommen: England 1 Pfund (Georg V., Sovereign), Jahreszahl 1925; Frankreich: 20 Franken (Napoléon), Jahreszahlen 1907 bis 1914; Mexiko: 50 Pesos 1943–1945 und 1947, 20 und 10 Pesos 1959, 5 Pesos 1955, 2½ und 2 Pesos 1944–1948; Österreich: 100 und 20 Kronen 1915, 10 Kronen 1912, 1 und 4 Dukaten 1915, 4 und 8 Florin 1812; Spanien: 100, 25, 20 und 10 Pesetas. Neuprägungen sind erkennbar am neuen Prägejahr zwischen 2 Sternen, neben der ursprünglichen Jahreszahl; Schweiz: 20 Franken 1935 (Vreneli), gekennzeichnet mit L neben der Jahreszahl, 1947 und 1949; Türkei: 500, 250, 100, 50 und 25 Piaster, Jahreszahl 1923, zuzüglich einer weiteren Zahl, durch Addition ergibt sich das tatsächliche Prägejahr. Eine Unterscheidung zwischen alten und neugeprägten Münzen derselben Art ist nur teilweise möglich. Das Angebot an neugeprägten Goldmünzen ist z. T. nicht begrenzt, so daß der Sammleraufschlag als Entgelt für Seltenheit gering ist und auch kaum steigt. Unter deutschen Goldmünzen gibt es keine amtlichen Neuprägungen.

Goldoptionen

Die Erfahrung zeigt, daß alle größeren Finanzmärkte den Schritt vom Kassa- zum Terminmarkt und von da zum Optionsmarkt gemacht haben; so auch am Goldmarkt. Mittels Goldoptionen, 1976 eingeführt, können Risiken des Goldterminmarktes begrenzt werden: Der Käufer einer Option kann während der Laufzeit der Option das Gold jederzeit zu einem bestimmten Preis beziehen. Ein Optionsverkäufer kennt von vornherein den Ertrag, den er aus seinen Goldbeständen erzielt, und den Preis, den er bekäme, wenn seine Option ausgeübt würde. Es sind grundsätzlich 2 Arten des Goldoptionsgeschäfts zu unterscheiden: übliche Kaufoptionen (call option) und seltenere Verkaufsoptionen (put option). Der Käufer einer Goldkaufoption erwirbt das Recht (nicht die Pflicht), eine bestimmte Menge Gold zu einem im voraus bestimmten Preis jederzeit zwischen Abschluß- und Fälligkeitsdatum zu kaufen. Er wird seine Option ausüben oder sie dem Markt zurückverkaufen, falls der Goldpreis steigt; andernfalls läßt er bei sinkendem Preis die Option verfallen. Sein Risiko ist auf die Optionsprämie beschränkt, die er bei Abschluß der Transaktion bezahlt. Gewinn macht der Erwerber einer Kaufoption, wenn der Tagespreis des Goldes den der Option zugrundeliegenden Preis zzgl. Prämie überschreitet. Die Verkaufsoption gibt dem Käufer das Recht, eine bestimmte Menge Gold zu einem festen Preis am Fälligkeitsdatum der Option zu verkaufen. Sie kann während ihrer Laufzeit jederzeit am Markt zurückverkauft werden. Wird die Option ausgeübt, besteht für den Verkäufer Lieferverpflichtung. Daher wird bei Verkaufsgeschäften meist Hinterlegung des Goldes verlangt. Der Käufer eines put hat die Möglichkeit, bei fallenden Goldpreisen Gewinn zu erzielen. Sein Verlust ist höchstens auf die Prämie begrenzt, die er bezahlt hat. Er kommt in die Gewinnzone, wenn der Goldpreis unter den Basispreis minus die bezahlte Prämie fällt. Merkmale der Goldoption: (1) Fälligkeit: Jeder Kontrakt muß auf eine bestimmte Vertragsdauer lauten. Soll eine Option ausgeübt, also das Gold effektiv bezogen werden, muß dies einige Tage vor Fälligkeit erklärt werden. (2) Basispreis: der Preis, den der Käufer einer Option dem Verkäufer zahlen muß; er entspricht zu Beginn der Laufzeit der Option meist dem Kassapreis. (3) Optionsprämie: der Preis, den der Käufer einer Option dem Verkäufer für den Erwerb des Optionsrechts zahlen muß. Die Prämie ist um so höher oder geringer, je weiter der Marktpreis sich vom Basispreis entfernt. Grundsätzlich muß aber der theoretische Wert der Prämie mind. so hoch sein, daß sie den Unterschied zwischen Markt- und Basispreis einschl. der bis zur Kontraktfälligkeit auflaufenden Zinsen und Depotgebühren für das Gold deckt. Theoretischer Wert der Goldoptionsprämie ist also: Differenz zwischen Marktpreis und Basispreis + (Zinskosten und Depotgebühren, auf den Marktpreis berechnet). Es bestehen Mindestmengen für die Optionskontrakte. Anders als bei Terminkontrakten gibt es bei Goldoptionen keine Margeneinschußpflicht. Prämien müssen bis zum 2.

Geschäftstag nach Abschluß des Optionsvertrages bezahlt werden. Goldoptionsgeschäfte werden vor allem an folgenden Börsen durchgeführt: European Options Exchange, MidAmerica Commodity Exchange, Montreal Exchange, Vancouver Stock Exchange.

Goldparität

Wertverhältnis von 2 Währungen, das sich aus dem gesetzlich festgelegten Feingoldgehalt der Währungseinheiten ergibt. Da keine Goldwährung mehr existiert, wurden Goldparitäten fiktiv im IWF fixiert (Parität). Diese wurden 1971 durch Sonderziehungsrechte-Paritäten ersetzt.

Goldpreis

Der anläßlich der US-$-Abwertung 1934 festgesetzte offizielle Goldpreis (34,80 bis 35,20 US-$ pro Unze Feingold) ist bis 1968 konstant geblieben. Es war ein einheitlicher Preis für Währungs- und Warengold. Der Preis für Währungsgold war feste Grundlage für die Wechselkurse der westlichen Staaten: Nach dem Währungsabkommen von 1944 (Bretton-Woods-Abkommen) legten diese ihre Währungsparitäten über den US-$ zum Goldpreis fest. Damit war der Goldpreis Eckpfeiler des westlichen Währungssystems. Die Goldspekulation führte 1968 zu einer Spaltung des Preises für Währungsgold und Warengold. Das Währungsgold blieb preisgebunden, während sich der Preis des Warengoldes seitdem nach Angebot und Nachfrage richtet. 1975 beschloß der IWF eine Teilfreigabe amtlicher Goldbestände zu Marktpreisen, und der Interimsausschuß des IWF beschloß 1976, den bisherigen offiziellen Goldpreis von 42,22 US-$ für eine Unze Feingold abzuschaffen; Währungsgold wird seitdem zu Marktpreisen gehandelt.

Goldpreisbildung

Erfolgt heute an den Edelmetallbörsen, von denen die Londoner wohl die bedeutendste ist. Einfluß haben auch die US-Warenbörsen in New York und Chicago, an denen Warentermingeschäfte in Gold abgeschlossen werden können. Die Goldpreisbildung am freien Markt erfolgt nach Angebot und Nachfrage. Da das Angebot relativ stabil ist, sind die laufenden Goldpreisänderungen stark durch Nachfrageänderungen beeinflußt.

Goldprüfer, Goldprüfung

→ Goldmünzen, Erhaltungsgrad.

Goldreserven

Geschätzte abbaufähige und -würdige Lagerbestände an Gold.

Goldsparpläne

Werden Kapitalanlegern vor allem in Zeiten verstärkter Verunsicherung (Krieg, Inflation, etc.) von Kreditinstituten zur Zeichnung angeboten. Die Einzahlungen können wahlweise einmalig oder in Raten erfolgen; sie werden in Gold angelegt. Die Festlegungszeiten sind i. d. R. lang, die Kaufspesen hoch. Darüber hinaus fallen noch zusätzliche Gebühren an. Kommt es nicht zu deutlichen Goldkurssteigerungen, besteht für den Anleger die Gefahr, daß der später ausgezahlte Betrag kleiner ist als der ursprünglich eingezahlte.

Goldspekulation

Spekulationsgeschäfte in Gold. In der Hoffnung auf steigenden Goldpreis wird Gold gekauft oder in Erwartung fallenden Goldpreises wird Gold (leer) verkauft. Gute Möglichkeiten zur Goldspekulation ergeben sich an Warenbörsen im Terminhandel.

Goldstandard

→ Goldwährung, -standard.

Goldtermingeschäfte

Wie bei allen Rohstoffen ist es auch bei Gold möglich, an internationalen Börsen Termingeschäfte abzuschließen. Diese sind in USA entwickelt worden. In Deutschland werden Termingeschäfte in Gold wie auch in Silber oder Platin und Goldoptionen vor allem von Kreditinstituten und deutschen Repräsentanzen der US-brokers vermittelt. Der Käufer eines Goldterminkontraktes, der sein Gold zu einem Termin kauft, der einige Monate in der Zukunft liegt, und versucht, schon vor diesem Termin den Kontrakt mit Gewinn abzustoßen, braucht meist nur ca. ⅓ der Abschlußsumme einzuschießen. So können Veränderungen des Goldpreises während der Laufzeit zu hohen Gewinnen, aber auch Verlusten führen. Diese Anlageform ist sehr spekulativer Art. → Edelmetalltermingeschäfte.

Goldterminhandel

→ Goldtermingeschäfte → Goldoptionen.

Gold und Einkommensteuer

Da die Kapitalanlage in Gold keine Zinsen bringt (außer Goldanleihen u. a. Wertpapiere auf Goldbasis), Kapitalerträge also nicht anfallen, haben private Anleger in Edelmetallen also grundsätzlich keine

Ertragsteuern zu zahlen. Anders ist es, wenn sie das Gold innerhalb der Spekulationsfrist wieder mit Gewinn verkaufen. Die Steuerpflicht tritt erst ein, wenn alle Spekulationsgewinne des Anlegers nach Ausgleich mit Spekulationsverlusten DM 1000 p. a. überschreiten. Bei zusammenveranlagten Ehegatten gilt diese Freigrenze für jeden von ihnen. Ist diese überschritten, ist der gesamte Gewinn steuerpflichtig. Bei Ermittlung des Spekulationsgewinnes können Aufwendungen, die im Zusammenhang mit dem Spekulationsgeschäft stehen (z. B. Spesen, Provisionen), abgezogen werden. Für die Berechnung der 6monatigen Spekulationsfrist ist der Termin des jeweiligen schuldrechtlichen Geschäfts (Vertragsabschluß, Auftragserteilung) maßgebend. Spekulationsgeschäfte liegen auch dann vor, wenn das Veräußerungsgeschäft gleichzeitig mit oder vor dem Anschaffungsgeschäft abgeschlossen wird (Termingeschäft). Ist die Goldanlage im Betriebsvermögen, wird ein Gewinn aus dem Verkauf stets der ESt bzw. KSt unterworfen. Veräußerungsverluste, die im betrieblichen Bereich entstehen, sind ebenfalls steuerwirksam.

Gold- und Silberindex-Optionen

Optionsgeschäftsart an der Philadelphia Stock Exchange.

Gold und Umsatzsteuer

Goldkäufe unterliegen in der Bundesrepublik Deutschland seit 1. 1. 1993 nicht mehr der Umsatzsteuer.

Gold und Vermögensteuer

Gold gehört wie andere Edelmetalle, ungefaßte Edelsteine und Perlen uneingeschränkt zum sonstigen Vermögen. Dabei ist bei der Bewertung vom gemeinen Wert auszugehen, der bei Edelmetall i. d. R. dem Marktpreis (Ankaufspreis z. B. einer Bank) entspricht. Goldbarren, -münzen und -medaillen gehören zum sonstigen Vermögen, wenn ihr Wert insgesamt die Freigrenze von DM 1000 übersteigt. Ausnahmen: Münzen, die noch als Zahlungsmittel im Verkehr sind, sind nur anzusetzen, wenn der Betrag der in § 110 Nr. 2 BewG aufgeführten Gegenstände DM 1000 übersteigt. Ist Gold zu Schmuck oder anderen Gegenständen verarbeitet, bleibt dieses Vermögen steuerfrei, wenn der gemeine Wert, d. h. der bei regulärer Veräußerung erzielbare Preis, zusammen mit dem gemeinen Wert anderer Schmuckgegenstände, Gegenständen aus edlen Metallen und Luxusgegenständen DM 10000 (bei zusammenveranlagten Ehegatten und Kindern DM 20000) nicht übersteigt.

Goldzertifikate

Urkunden, die den Anspruch auf eine bestimmte (variierbare) Goldmenge verbriefen. Anleger in Gold, die dies über Zertifikate erwerben, sind nicht unmittelbar Eigentümer des Metalls, sondern erwerben einen Lieferanspruch über eine genau definierte Goldmenge an einem bestimmten Auslieferungsort. Goldzertifikate werden von Goldprägeanstalten und von Banken ausgestellt. Gegen Vorlage des Zertifikats wird das Gold ausgeliefert bzw. sein Gegenwert bezahlt. Unterschieden werden Inhaber- und Namenszertifikate. Die Rechte aus dem Zertifikat stehen im letzteren Fall dem zu, auf dessen Namen das Zertifikat lautet, im ersteren Fall dem, der das Zertifikat vorlegt. Dem Verkauf der Goldzertifikate wird der im Zeitpunkt des Erwerbs geltende internationale Goldpreis zugrunde gelegt; dazu kommen Spesen, d. h. Provisionen und Kosten für Versicherung und Lagerung. Die Zertifikate sind handelbar, leicht übertragbar und transportierbar. Sie besitzen aber keinen ähnlich breiten Markt wie Goldbarren, erbringen keinen laufenden Ertrag, können aber beliehen werden. Der Preis der Titel richtet sich nach dem Marktpreis des durch sie verkörperten Goldes minus Aufbewahrungs- und handling-Gebühren am Verkaufstag des Zertifikats. Im Zusammenhang mit dem beabsichtigten Vertrieb von auf den Inhaber lautenden, frei übertragbaren und handelbaren Goldzertifikaten hat in Deutschland die Bundesbank im Hinblick auf § 35 Bundesbankgesetz (unbefugte Ausgabe und Verwendung von Geldzeichen) deren Emission untersagt. Obwohl dies umstritten ist, sehen die Banken im Inland von der Ausgabe von Inhaberzertifikaten ab, und der Vertrieb von Goldzertifikaten wird durch die Mutterbanken der emittierenden Banken vor allem in Luxemburg vermittelt. Die Zertifikate lauten auf eine bestimmte Menge an Barren oder Münzen (z. B. Krüger-Rand, Tscherwonez, Maple Leaf). Eine Mindestmenge ist i. a. vorgesehen, wird aber bei den Banken unterschiedlich angesetzt. Dies gilt auch für berechnete Provisionen und Gebühren. Die Namenszertifikate enthalten überwiegend negative Orderklauseln, d. h., sie sind nicht an Order übertragbar (Rektapapier). Von einigen Banken werden auch Orderpapiere ausgegeben. Die Rechtsbeziehungen des Kunden zum Emittenten richten sich nach Luxemburger Recht und unterliegen besonderen Zertifikatsbedingungen, die im einzelnen unterschiedlich ausgestaltet sind. Der aus dem Zertifikat Berechtigte kann das Zertifikat jederzeit dem Emittenten durch Vorlage zum Rückkauf anbieten. Eine Auslieferung des Goldes in Luxemburg erfolgt entweder nach Vorankündigung oder jederzeit gegen Vorlage des Zertifikats. Nach besonderer Vereinbarung zwischen Bank und Kunde ist die Auslieferung des Goldes an andere Orte als Luxemburg gegen Erstattung der Versand- und Versicherungskosten möglich.

good till date

Begriff aus dem Terminhandel; übersetzt: gültig bis Fristablauf. Gültigkeitsbestimmung für einen uneingeschränkten limitierten oder unlimitierten Auftrag. Demnach ist eine good till date-Order bis Ablauf einer im voraus bestimmten Frist gültig. An der DTB sind good till date-Aufträge zugelassen.

good till cancelled

Begriff aus dem Terminhandel: Der Auftrag ist demnach solange gültig, bis er ausdrücklich widerrufen wird. Wichtig hierbei ist, daß der Widerruf (cancellation) eines Auftrages in allen Details erfolgen muß, also genau in der Form, in der er auch erteilt wurde.

good until cancelled order

→ open order.

good will

Geschäftswert, Firmenwert von Unternehmen.

Governments

Am Euromarkt Bez. f. von Staaten emittierte Anleihetitel.

grace period

Am Euromarkt Bez. f. tilgungs- bzw. zinszahlungsfreie Zeitspanne von Anleihen.

grantor

Angelsächsische Bez. f. den Optionsverkäufer.

Gratisaktien

Auch: Freiaktien, Berichtigungsaktien, Zusatzaktien. Oft fälschlich gebrauchter Ausdruck für aus einer Kapitalerhöhung aus Gesellschaftsmitteln resultierende zugeteilte Aktien, da die Aktien ohne Einzahlung von Kapital an die bisherigen Aktionäre ausgegeben werden, entsprechend ihren Anteilen am bisherigen Grundkapital. Echte Gratisaktien werden zu Lasten des Gewinns der Unternehmung verschenkt, z. B. an ausscheidende verdiente Mitarbeiter, Vorstandsmitglieder u. dgl.

Gratisgenußscheine

Genußscheine, die ohne direkte Gegenleistung der Aktionäre an diese ausgegeben werden.

grauer Kapitalmarkt

Unreglementierter, schwer abgrenzbarer Kapitalmarkt, auf dem Objekte gehandelt werden, die nicht auf dem organisierten Kapitalmarkt vertreten sind. Findet häufig in den Wochenendausgaben überregionaler Tageszeitungen statt, wo Anzeigen über Angebot und Nachfrage unterrichten. Nachteile dieses Marktes: fehlende Markttransparenz, unstandardisierte Kapitalobjekte und -transaktionen, oft hohe Risiken.

graue Zinsen

Zinsen, die am grauen Kapitalmarkt gezahlt und verlangt werden.

Grauzonen-bonds

Bez. f. eine geringe Anzahl amerikanischer Inlandsanleihen, die zwischen der Verabschiedung des amerikanischen Quellensteuergesetzes am 22. 6. 84 und seinem Inkrafttreten am 18. 7. 84 von ca. einem Dutzend amerikanischer Emittenten auch zum Erwerb durch Ausländer aufgelegt wurden, im guten Glauben, daß diese Titel bereits quellensteuerfrei seien. Da die zuständige amerikanische Steuerbehörde diesen Standpunkt nicht anerkennt, ist der Handel mit den betroffenen Emissionen verunsichert worden.

greenmail

Eine an der New Yorker Börse beliebte Abwandlung der leveraged buyouts. Von finanzstarken Spekulanten werden Minderheitsbeteiligungen an Aktiengesellschaften gekauft. Mit dem Hinweis darauf, das Unternehmen „auszuschlachten", vor allem aber das Management auszutauschen, führen sie „Scheinangriffe", die dann in vielen Fällen das Management der betroffenen Gesellschaft veranlassen, die Papiere zu den inzwischen hochgetriebenen Kursen zurückzukaufen. Dieses in Deutschland wegen § 71 AktG verbotene Geschäft (eine Aktiengesellschaft darf nur in Ausnahmefällen eigene Aktien erwerben) soll auch nach dem Willen der US-amerikanischen Börsenaufsicht SEC erschwert werden, indem dem Management des angegriffenen Unternehmens der

Rückkauf von Aktien zu erhöhten Preisen nicht mehr möglich sein soll.

„green“ warrants

Sonderform gedeckter Optionsscheine; es handelt sich um Optionsscheine auf einen „Aktienkorb“. Sie berechtigen zum Bezug eines ganzen Aktienportfolios, das sich aus Werten von Unternehmen zusammensetzt, die sich stark in dem Bereich Umwelttechnik/-schutz engagieren. → Korb-Optionsscheine → Optionsscheine, gedeckte.

greifbare Stücke

→ effektive, greifbare Stücke.

grey market

Angelsächsische Bez. f. grauer (Kapital-) markt. In Verbindung mit Emissionen der unreglementierte Handel in einer Neuemission vor ihrer Begebung.

GROI

Abk. f. guaranteed return on investment options.

Großaktionär

Aktionär, der über einen beträchtlichen Teil des Grundkapitals einer AG verfügt und deshalb i. d. R. im Aufsichtsrat vertreten ist. Oft sind AG die Großaktionäre anderer AG.

große Coupontermine (Kupontermine)

Termine, zu denen die Zinsen besonders vieler Schuldverschreibungen fällig sind. Vor allem 2. 1. und 1. 7. (J/J), 1. 4. und 1. 10. (A/O).

große Kapitalgesellschaften

Als große Kapitalgesellschaften gelten im handelsrechtlichen Sinne solche, die mindestens zwei der drei nachfolgenden Merkmale überschreiten: (1) 15,5 Mio. DM Bilanzsumme nach Abzug eines auf der Aktivseite ausgewiesenen Fehlbetrages; (2) 32 Mio. DM Umsatzerlös im Geschäftsjahr; (3) im Jahresdurchschnitt 250 Mitarbeiter. Kapitalgesellschaften gelten stets als große, wenn Aktien oder andere von ihr ausgegebene Wertpapiere an einer Börse in einem Mitgliedstaat der Europäischen Gemeinschaft zum amtlichen Handel oder Geregelten Markt zugelassen sind oder diese beantragt ist.

große Stücke

Im Gegensatz zu kleinen Stücken; i. a. werden Wertpapiere über DM 1000 oder einen höheren Nennwert so bezeichnet.

große Stücke im Sammeldepot

→ Globalurkunden → Wertpapiersammelbanken.

große Zinstermine

→ große Coupontermine (Kupontermine).

Großlebensversicherung

Das Angebot auf dem Lebensversicherungsmarkt wird nach Kleinlebens- und Großlebensversicherungen unterschieden. Unterscheidungsmerkmale sind Versicherungssumme und -bedingungen. Ab DM 20000 handelt es sich um Großlebensversicherungen; bei kleineren Summen nur dann, wenn die normalen Bedingungen zugrunde liegen.

growth and income fund

Form des mutual fund, dessen Portefeuille vor allem Standardaktien, Vorzugsaktien und Wandelanleihen enthält. Anlageziele sind Kapitalwachstum und hohe Ertrágnisausschüttungen.

growth fund

Wachstumsfonds, d. h. ein Investmentfonds, der in erster Linie auf langfristiges Kapitalwachstum abstellt.

growth stocks

Bez. f. Wertpapiere, die in der Zukunft ein überdurchschnittliches Gewinnpotential erwarten lassen. Demzufolge werden diese Werte von Anlegern präferiert, die in erster Linie einen Kapitalgewinn anstreben und sich weniger an einer in der Vergangenheit kontinuierlichen Ausschüttungspolitik der Unternehmen orientieren. Besonders wachstumsträchtige Gesellschaften bzw. deren Aktien werden häufig auch als glamour stocks oder highflyers bezeichnet. Wachstumsaktien (-werte, Wuchsaktien).

Grube

→ floor (1).

Gründer

Natürliche oder juristische Personen, die allein oder gemeinsam eine Unternehmung rechtlich gründen.

Gründeranteilschein

Anteilscheine für die Gründer einer Kapitalgesellschaft, die ausgegeben werden, um die Kapitalverhältnisse im Zeitpunkt der Unternehmensgründung zu dokumentieren, bevor die endgültigen Urkunden, die den Anteilsbesitz dauerhaft verbriefen, gedruckt werden.

Gründer der AG

Personen, die die Satzung einer AG in gerichtlicher oder notarieller Verhandlung festgelegt haben und die die Aktien übernehmen. Hierzu sind gesetzlich mind. 5 Personen erforderlich, von denen jeder mind. 1 Aktie erwerben muß. Die Gründer haben den Aufsichtsrat zu bestellen und eine Prüfungsgesellschaft zur Gründungsprüfung.

Gründerhaftung bei der AG

Haftung der Gründer für die Ordnungsmäßigkeit der Gründung der AG und des Gründungsberichts. Bei vorsätzlich falschen Angaben über die Umstände und Motive der Gründung, der Übernahme der Aktien und der Angemessenheit der gewährten Leistungen bei Gründerlohn und Sacheinlagen können die Gründer haftbar gemacht werden. Im Fall der Gründung einer AG werden die Angaben der Gründer durch eine gesetzlich vorgeschriebene Gründungsprüfung überprüft.

Gründerlohn bei der AG

Entschädigung der AG an die Gründer der AG für die Vorbereitung und Durchführung der Gründung. Ist in der Satzung unter Bezeichnung des Berechtigten aufzunehmen, weil er sonst gegenüber der AG unwirksam wäre.

Gründung der AG

An der Feststellung des Gesellschaftsvertrags (Satzung) müssen sich mind. 5 Personen (natürliche oder juristische) beteiligen, die die Aktien gegen Einlagen übernehmen. Der Mindestnennbetrag des Grundkapitals beträgt 100000 DM. Die Satzung muß durch notarielle Beurkundung festgestellt werden. Jeder einem einzelnen Aktionär eingeräumte besondere Vorteil muß in die Satzung unter Bezeichnung des Berechtigten aufgenommen werden. Sollen Aktionäre Sacheinlagen machen oder soll die AG vorhandene oder herzustellende Anlagen o. a. Vermögensgegenstände übernehmen (Übernahmen), ist das mit der Gegenleistung der AG in der Satzung festzuhalten. Die Gründer haben den ersten Aufsichtsrat und die Abschlußprüfer für das erste Voll- oder Rumpfgeschäftsjahr zu bestellen. Der Aufsichtsrat bestellt den ersten Vorstand. Über die Gründung haben die Gründer einen schriftlichen Gründungsbericht zu erstatten. Die AG ist von allen Gründern und Mitgliedern des Vorstands und Aufsichtsrats bei dem jeweils zuständigen Gericht zur Eintragung ins Handelsregister anzumelden. Ersatzansprüche der AG verjähren in 5 Jahren. Wer als Gründer zum Zweck der Eintragung der AG über die Übernahme der Aktien, die Einzahlung auf Aktien, die Verwendung eingezahlter Beträge, den Ausgabebetrag der Aktien, über Sondervorteile, Gründungsaufwand, Sacheinlagen und Sachübernahmen sowie im Gründungsbericht, im Nachgründungsbericht oder im Prüfungsbericht falsche Angaben macht oder erhebliche Umstände verschweigt, wird mit Gefängnis und Geldstrafe oder einer dieser Strafen belegt.

Gründungsarten

Unterscheidungskriterien: gewählte Rechtsform, Art der Kapitaleinlage und Zeitbezogenheit der Gründung. Bzgl. des 1. Kriteriums unterscheidet man die Gründung der Einzelfirma, einer Personengesellschaft (z. B. OHG, KG) und einer Kapitalgesellschaft (z. B. AG, GmbH); nach Art der Kapitaleinlage Bar- und Sachgründung (qualifizierte Gründung), von denen letztere durch Einbringung einz. Vermögenswerte (z. B. Grundstücke, Maschinen, Beteiligungen, Wertpapiere) oder durch Einbringung von Betriebsteilen oder ganzen Betrieben vorgenommen werden kann. Bei Einbringung von Betrieben kann Verschmelzung (Fusion) durch Neubildung oder eine errichtende Umwandlung (z. B. Umwandlung einer KG in eine GmbH, d. h. Gründung einer GmbH, in die die KG eingebracht wird) vorliegen. Nach dem Kriterium der Zeitbezogenheit wird zwischen Einheits-(Simultan-), Stufen-(Sukzessiv-) und Nachgründung unterschieden. Bei der Einheitsgründung wird das vorgesehene Beteiligungskapital von den Gründern sofort in vollem Umfang eingebracht; bei der Stufengründung übernehmen die Gründer nicht selbst alle Aktien des Grundkapitals. Dritte, meist Bankenkonsortien, zeichnen diese restlichen Aktien und bringen sie nach und nach an der Börse unter. Eine Nachgründung liegt vor, wenn innerhalb von 2 Jahren nach Gründung Vermögensgegenstände der Gründer durch die AG erworben werden, die 10% des Grundkapitals übersteigen.

Gründungsbericht

Schriftlich zu erstattender Bericht von den Gründern einer AG über den Hergang der Gründung. Er muß über alle für die Aktionäre wichtigen Umstände und wesentlichen Vorgänge Aufschluß geben. So sind insbesondere die wesentlichen Umstände darzulegen, von denen die Angemessenheit der Leistungen für Sacheinlagen oder Sachübernahmen abhängt.

Gründungsbilanz

Eröffnungs- oder Anfangsbilanz, die bei Errichtung einer Unternehmung zu erstellen ist. Bei einer Bargründung steht auf der Aktiva der Kassenbestand und auf der Passiva die Mittelherkunft. Bei einer Sachgründung muß eine ordnungsmäßige Inventur mit Bewertung der einzubringenden Sachen, Rechte, Betriebe oder Betriebsteile aufgestellt werden. Formvorschriften für einzelne Rechtsformen (z. B. Mindestkapital der AG von DM 100000 oder der GmbH von DM 50000, von denen der noch nicht eingezahlte Teil als ausstehende Einlagen zu aktivieren ist), müssen beachtet werden.

Gründungskonsortium

Gesamtheit aller Beteiligten, die die Aktien bei der Gründung der AG übernehmen. Dies sind entweder die mind. 5 Gründer der AG oder andere Personen oder eine Bank bzw. ein Bankenkonsortium. Bankenkonsortien übernehmen entweder alle oder nur einen Teil der Aktien, die die beteiligten Banken entweder im eigenen Wertpapierportefeuille behalten, oder sie versuchen, die Aktien über die Börse zu plazieren.

Gründungskosten, -aufwand

Bestehen in erster Linie aus Steuern, Notariats- und Gerichtskosten, Bankgebühren und Zinsen für die Übernahme der Anteile, Kapitalbeschaffungskosten und Prüfungsgebühren. Notariats- und Gerichtskosten fallen bei Beurkundung der Satzung, Erwerb von Grundstücken und Eintragung ins Handelsregister an. Die Gebühren der Gründungsprüfung sind bei Sachgründungen gewöhnlich höher als bei Bargründungen. Auch Druckkosten für Aktien und Interimsscheine, Satzung und erste Pflichtveröffentlichungen in Zeitungen u. ä. zählen zu den Gründungskosten.

Gründungsprüfer bei der AG

Die Gründung einer AG ist durch die Mitglieder des Vorstandes und Aufsichtsrates zu prüfen. Sie muß außerdem durch Gründungsprüfer überprüft werden, wenn ein Mitglied des Vorstandes oder Aufsichtsrates zu den Gründern gehört oder wenn sonstige Verbindungen zwischen diesen Organen und der Gesellschaftsgründung besteht oder auch wenn eine Sachgründung vorliegt. Werden durch Gericht bestellt nach Anhörung der IHK. Sie müssen bestimmte Qualifikationen haben.

grüner Wertpapierscheck, Effektenscheck

Wird nach den Geschäftsbedingungen der Deutscher Kassenverein AG zur Verpfändung von Sammelbestandanteilen verwendet. → Wertpapiergiroverkehr.

Grundbesitz

Besitz von Grundstücken: Bauland, Bauerwartungsland, land- und forstwirtschaftlich genutzte Flächen. I. w. S. auch Haus- und Grundbesitz mit allen Arten von Ein-, Zwei- und Mehrfamilienwohnhäusern, Büro- und Geschäftsgebäuden, Fabrikanlagen.

Grundbesitz als Kapitalanlage

Bei reinem Grundbesitz werden Einkommen (Renten u. a. Einnahmen aus der Verpachtung des Bodens) gezogen. Weiter können Vermögenssteigerungen durch Höherbewertung der Grundstücke erfolgen, deren Realisierung durch den Verkauf der Grundstücke möglich ist. Stärkere Steigerungen von Grundstückspreisen ergeben sich bei der Umbewertung von landwirtschaftlichen Nutzflächen in Bauerwartungsland und von diesem in Bauland. Bei Haus- und Grundbesitz ergeben sich zusätzliche Einkommen aus der Vermietung und Verpachtung der Wohn- und Geschäftshäuser oder der Fabrikanlagen. Neben der unmittelbaren Kapitalanlage in Grundstücken und Gebäuden, die häufig große Geldbeträge verlangt, besteht seit einigen Jahren die Möglichkeit auch für Kleinanleger, durch Kauf von Grundbesitz-Investmentfondsanteilen mit geringen Beträgen mittelbar Grundbesitz zu erwerben.

Grundbuch

Öffentliches Register, das beim Grundbuchamt (Abteilung des Amtsgerichts) über alle Grundstücke des betreffenden Bezirks geführt wird. Es ist nach Bezirken angelegt und gibt insbesondere Auskunft über Lage, Fläche, Größe, Eigentumsverhältnisse, Rechte und Lasten des Grundstücks. Einsicht ins Grundbuch wird jedem gestattet, der berechtigtes Interesse nachweist. Eintragungen erfolgen grundsätzlich nur auf Antrag. Das Grundbuch genießt öffentlichen Glauben.

Grunderwerbsteuer

Fällt beim Erwerb inländischer Grundstücke an (unbebaute und bebaute Grundstücke, Erbbau- und Erbpachtrechte sowie Gebäude auf fremdem Grund und Boden, jedoch keine Betriebsverrichtungen). Bemessungsgrundlage ist der Kaufpreis bzw. die ihm gleichgestellten Leistungen. Ist eine (Gegen-)Leistung nicht ermittelbar, ist der Einheitswert anzusetzen. Der Normaltarif beträgt einheitlich 2% der Bemessungsgrundlage.

Grundkapital der AG

Die AG hat ein in Aktien zerlegtes Grundkapital bzw. gezeichnetes Kapital (Nenn-, Nominalkapital). Dessen Mindestnennbetrag beträgt DM 100 000, ist in praxi aber meist wesentlich höher. Ein Aktionär ist an der AG im Verhältnis des Nennbetrags seiner Aktien zum Grundkapital der AG beteiligt. Die Verpflichtung der Aktionäre zur Leistung der Einlagen wird durch den Nennbetrag oder den höheren Ausgabebetrag der Aktien begrenzt. Das Grundkapital ist eine rechnerische Größe und in der Bilanz der Betrag für den gesamten Nennwert oder – bei nennwertlosen Aktien – den statutarischen Wert aller ausstehenden Aktien. In der Bilanz werden an erster Stelle ausgewiesen auf der Passivseite das Grundkapital und auf der Aktivseite ausstehende Einlagen auf das Grundkapital (davon eingefordert). In Bankbilanzen steht das Grundkapital nach den Verbindlichkeiten auf der Passivseite. Die Gesamtnennbeträge der Aktien jeder Gattung sind gesondert auszuweisen. Bedingtes Kapital ist mit dem Nennbetrag zu vermerken. Bestehen Mehrstimmrechtsaktien, sind beim Grundkapital die Gesamtstimmenzahl der Mehrstimmrechtsaktien und die der übrigen Aktien anzugeben. Grundkapital und Aktien müssen auf einen Nennbetrag in DM lauten.

Grundkapitalerhöhung

→ Kapitalerhöhung der AG.

Grundkapitalherabsetzung

Verminderung des Grundkapitals einer AG. Eine AG besitzt nach dem AktG 3 Möglichkeiten der Kapitalherabsetzung: (1) ordentliche Kapitalherabsetzung, mit Teilliquidation verbunden; (2) vereinfachte Kapitalherabsetzung, eine Maßnahme der Buchsanierung (nominelle Kapitalherabsetzung); (3) Kapitalherabsetzung durch Einziehung von Aktien.

Grundkapitalzusammenlegung

Ein Verlust einer AG läßt sich durch Grundkapitalherabsetzung (vereinfachte Kapitalherabsetzung) buchtechnisch beseitigen, indem die Aktien in einem bestimmten Verhältnis zusammengelegt werden. Zusammenlegung von Aktien ist jedoch nur zulässig, wenn durch Herabsetzung des Nennwertes der Mindestnennbetrag (DM 5) unterschritten würde. Diese Bestimmung soll verhindern, daß durch die Wahl von sehr ungeraden Zusammenlegungsrelationen die Kleinaktionäre benachteiligt werden.

Grundpfandrecht

Zusammenfassende Bez. f. Hypothek, Grundschuld und Rentenschuld. Grundpfandrechten ist gemeinsam, daß der Berechtigte (Hypotheken-, Grundschuldgläubiger) seine Forderung auf Darlehensrückzahlung bei Nichterfüllung aus dem belasteten Grundstück durch Zwangsvollstreckung betreiben kann. Gebräuchlich bei Anleihen, Schuldscheindarlehen sowie sonstigen Krediten.

Grundrente

Das Einkommen, das für die Nutzung des Produktionsfaktors Boden bezogen, d. h. der Preis, der für diese Nutzung gezahlt wird, also Einkommen aus Grund und Boden.

Grundsätze ordnungsmäßiger Berichterstattung (bei Abschlußprüfungen)

Neben den allgemeinen Berichtsgrundsätzen Vollständigkeit, Wahrheit und Klarheit bestehen weitere Grundsätze für den Prüfungsbericht einer AG, den Konzernprüfungsbericht und nicht gesetzlich vorgeschriebene Abschlußprüfungen. Bei der Prüfung des Jahres- und Konzernabschlusses beziehen sich allgemeine Angaben im Prüfungsbericht auf die erhältlichen Aufklärungen und Nachweise vom Vorstand, Erläuterungen des Jahres- und Konzernabschlusses, Feststellung der Gesetzmäßigkeit von Buchführung, Jahresabschluß und Lagebericht sowie zum Prüfungsergebnis.

Grundsatz der Vertragsfreiheit

→ Vertrag.

Grundschuld

Dingliche Belastung eines Grundstücks durch Eintragung im Grundbuch, so daß eine bestimmte Geldsumme aus dem Grundstück an den zu zahlen ist, zu dessen Gunsten die Belastung erfolgt. Die Grundschuld ist im Gegensatz zur Hypothek von einer bestehenden Forderung unabhängig (abstrakte Forderung). Sie kann als Brief- oder Buchgrundschuld bestellt werden. Sie kann auch dem Eigentümer zustehen (Eigentümergrundschuld); er sichert sich dadurch eine Rangstelle im Grundbuch. Der Eigentümer kann die Eigentümergrundschuld abtreten oder verpfänden und damit einen Realkredit absichern.

Grundsteuer

Bei ihr bildet der Grundbesitz den Steuergegenstand (Real-, Sachsteuer). Ein besonderes Merkmal besteht darin, daß der Grundbesitz ohne Rücksicht auf bestehende Belastungen ausschl. mit seinem Bruttowert der Grundsteuer unterliegt. Maßgebender Wert ist dabei der nach den Vorschriften des BewG festgestellte Einheitswert, bei dessen Ermittlung deshalb die Belastungen und sonstige, je nach den persönlichen Verhältnissen des jeweiligen Grundstückseigentümers unterschiedliche Wertbeeinträchtigungen oder Verfügungsbeschränkungen unberücksichtigt bleiben. Der Einheitswert bildet die Grundlage für den Grundsteuermeßbetrag, dieser diejenige für die Grundsteuerveranlagung. Der Grundsteuer unterliegen u. a. bebaute und unbebaute Grundstücke, Erbbaurechte, Eigentumswohnungen und eigentumsähnliche Dauerwohnrechte. Einheitswerte werden auf den Beginn eines Kalenderjahres festgestellt. Die im Kalenderjahr eintretenden Änderungen können durch Fortschreibung oder Nachfeststellung erst auf den Beginn des nächsten Jahres berücksichtigt werden. Die Höhe der Grundsteuer ergibt sich dadurch, daß ein besonderer Hebesatz auf den Grundsteuermeßbetrag angewendet wird, dessen Höhe durch das Gemeindeparlament für ein oder mehrere Kalenderjahre beschlossen werden muß. Grundsteuervergünstigung besteht darin, daß Grundsteuer für begünstigte Wohnungen auf 10 Jahre unerhoben bleiben kann.

Grundstimmung der Börse

Kursentwicklung bei der Mehrzahl der Wertpapiere. Abweichungen von der Grundstimmung werden mit „Sonderbewegungen" bezeichnet. Die Grundstimmung wird z. B. als „freundlich", „widerstandsfähig", „zuversichtlich", „gedrückt" usw. charakterisiert. → Tendenzbezeichnungen.

Grundstücke

Im privatrechtlichen Sinn begrenzte, durch Vermessung gebildete Teile der Erdoberfläche, die im Grundbuch als selbständige Grundstücke eingetragen sind. Im steuerrechtlichen Sinn wird bei der Bewertung die nach der Verkehrsauffassung vorhandene wirtschaftliche Einheit, die ggf. mehrere Grundstücke umfassen kann, zugrunde gelegt. Je nach Bebauung der Grundstücke wird u. a. unterschieden nach Mietwohngrundstücken, Geschäftsgrundstücken, gemischtgenutzten Grundstücken, Einfamilienhäusern, Zweifamilienhäusern und sonstigen bebauten Grundstücken.

Grundstücksbelastungen

Bestehen aus Lasten und Beschränkungen Dritter an dem belasteten Grundstück und aus Grundpfandrechten. Die Lasten können Nutzungsrechte, Erbbaurechte und Reallasten sein. Die Nutzungsrechte sind in Dienstbarkeiten (Grunddienstbarkeiten, persönliche Dienstbarkeiten), Dauerwohn- und -nutzungsrechte zu unterteilen. Weitere Lasten sind das Erwerbs- und Vorkaufsrecht. Verfügungsbeschränkungen können aufgrund gesetzlicher oder gerichtlicher Anordnungen ins Grundbuch eingetragen werden. Sie schränken die freie Verfügbarkeit über das Grundstück ein (z. B. teilweise Enteignung, Zwangsverwaltung, Zwangsversteigerung).

Grundstücksbewertung

Ermittlung eines Beleihungswertes, der einer Realkreditgewährung zugrunde zu legen ist. Nach Hypothekenbankgesetz darf der Beleihungswert eines Grundstücks den durch sorgfältige Ermittlung festgestellten Verkaufswert nicht übersteigen. Bei der Feststellung dieses Wertes sind nur die dauernden Eigenschaften des Grundstücks und der Ertrag zu berücksichtigen, den das Grundstück bei ordnungsmäßiger Wirtschaft jedem Besitzer nachhaltig gewähren kann. Als Verkaufs- oder Verkehrswert gilt der Preis, der sich bei einem Verkauf unter gewöhnlichen Umständen erzielen läßt. Da er sich praktisch vielfach nicht genau ermitteln läßt, wird häufig gefordert, bei der Grundstücksbewertung nur den Ertragswert, der sich aus den kapitalisierten zukünftigen Erträgen ergibt, zugrunde zu legen. Aber auch der Ertragswert hat relativen Charakter, weil sich der Kapitalisierungszinsfuß bei hypothekarischen Beleihungen nach dem Kapitalmarktzins (Hypothekenzins) richten muß. Je nach gewähltem Kapitalisierungszinsfuß können die errechneten Ertragswerte divergieren. Nach

Bundesbaugesetz existieren Richtlinien für die Ermittlung des Verkehrswertes von Grundstücken.

Grundstücksbewertung, steuerlich

Für die Wertermittlung bei bebauten Grundstücken gibt es 2 Verfahren: Ertragswert- und Sachwertverfahren. Nach BewG ist grundsätzlich ein Ertragswertverfahren anzuwenden. Ein Sachwertverfahren soll u. a. angewendet werden bei Einfamilienhäusern und Zweifamilienhäusern, die sich durch besondere Gestaltung oder Ausstattung wesentlich von den nach dem Ertragswertverfahren zu bewertenden Einfamilienhäusern und Zweifamilienhäusern unterscheiden; bei Geschäftsgrundstücken u. a. bebauten Grundstükken, für die weder Jahresrohmiete ermittelt noch übliche Miete geschätzt werden kann. Der für ein bebautes Grundstück anzusetzende Einheitswert darf nicht geringer sein als der Wert, mit dem der Grund und Boden allein als unbebautes Grundstück zu bewerten wäre. Bei Anwendung des Ertragswertverfahrens ergibt sich der Grundstückswert dadurch, daß bestimmte gesetzlich vorgeschriebene Vervielfältiger auf die Jahresrohmiete angewendet werden. Jahresrohmiete ist das gesamte Entgelt, das Mieter oder Pächter für die Benutzung des Grundstücks oder Grundstücksteils zu entrichten haben. Der Vervielfältiger richtet sich nach Grundstücksart, Bauart und Bauausführung, Baujahr sowie Größenklasse der Gemeinde. Der durch Anwendung des Vervielfältigers auf die Miete ermittelte Grundstückswert umfaßt auch den Bodenwert. Ledigl. wenn der Grundstückswert in einen Gebäudewert- und einen Bodenwertanteil aufgeteilt werden muß, ist letzterer noch besonders zu berechnen. Der errechnete Grundstückswert kann ermäßigt werden, wenn wertmindernde Umstände vorliegen, die sich weder in der Höhe der Jahresrohmiete noch des Vervielfältigers ausgewirkt haben. Das bedeutet, daß alle Umstände, die in den Vervielfältigern pauschal berücksichtigt worden sind (z. B. die Bewirtschaftungskosten), nicht mehr durch Abschlag nach den individuellen Gegebenheiten des einzelnen Falls berücksichtigt werden können. Erhöhung des ermittelten Grundstückswerts kommt nur in Betracht wegen der besonderen Größe der zum Grundstück gehörenden nichtbebauten Fläche und einer nachhaltigen Ausnutzung des Grundstücks für Reklamezwecke gegen Entgelt. Voraussetzung ist aber, daß die werterhöhenden Umstände nicht bereits in der Höhe der Miete berücksichtigt sind. Bei Anwendung des Sachwertverfahrens wird zunächst der Ausgangswert ermittelt; dieser setzt sich aus Boden-, Gebäude- und dem Wert der Außenanlagen zusammen. Er ist durch eine Wertzahl an den gemeinen Wert anzugleichen. Als Bodenwert ist der gemeine Wert anzusetzen, den der Grund und Boden als unbebautes Grundstück haben würde. Zur Ermittlung des Gebäudewerts ist von den Herstellungskosten auszugehen. Dabei werden jedoch nicht diejenigen zugrunde gelegt, die sich im Einzelfall tatsächlich ergeben haben; es kommt vielmehr auf die Gebäudenormalherstellungskosten an. Das sind die Herstellungskosten, die sich für das Gebäude nach den Baupreisverhältnissen von 1958 ergeben hätten. Zu diesen gehören auch Baunebenkosten. Die danach für 1 m^3 umbauten Raumes maßgebenden Herstellungskosten werden mit der Zahl der m^3 umbauten Raumes des Einfamilien- oder Zweifamilienhauses vervielfacht. Es ergibt sich der Gebäudenormalherstellungswert, von dem schließlich die Wertminderungen wegen Alters durch Abschreibungen zu berücksichtigen sind. Um nun zu dem Wert zu kommen, der dem tatsächlichen Alter des Gebäudes entspricht, muß noch die Wertminderung wegen Alters berücksichtigt werden. Diese bestimmt sich nach dem Alter des Gebäudes v. 1. 1. 1958 und der gewöhnlichen Lebensdauer von Gebäuden gleicher Art und Nutzung. Bodenwert, Gebäudewert und Wert der Außenanlagen ergeben zusammen den Ausgangswert, der noch an den gemeinen Wert anzugleichen ist. Diese Angleichung erfolgt durch Wertzahlen; es handelt sich dabei um Vomhundertsätze, die das Verhältnis zwischen gemeinem Wert und Ausgangswert ausdrücken sollen.

Grundstücksgesellschaft

Objektgesellschaft, die mit eigenem Stammkapital ausgestattet ist und zur Errichtung und Finanzierung von Kommunalbauten gegründet wird. Sie wird von einer Obergesellschaft für bestimmte, größere Objekte errichtet. Das Anlagevermögen der Grundstücksgesellschaft zählt nicht zum Anlagevermögen der Obergesellschaft, nur der Wert der Beteiligung.

Grundstückssondervermögen

Bei Immobilienfonds: Ein Grundstückssondervermögen muß mind. aus 10 Grundstücken bestehen, und keines darf zur Zeit des Erwerbs den Wert von 15% des Wertes des Sondervermögens übersteigen. Die KAG darf für das Grundstückssondervermögen nur folgende, im Geltungsbereich des KAGG belegte Grundstücke erwerben; (1) Mietwohngrundstücke, Geschäftsgrundstücke, gemischt genutzte Grundstücke; (2) Grundstücke im Zustand der Bebauung, wenn die genehmigte Bauplanung den unter (1) genannten Voraussetzungen entsprechen; (3) unbebaute Grundstücke, die für eine alsbaldige eigene Bebauung nach Maßgabe (1) bestimmt und geeignet sind; (4) Erbbaurechte unter den Voraussetzungen (1)–(3).

Grundstücksverwertungsgesellschaft

Gesellschaft, deren Aufgabe die Verwertung von Grundstücken ist. Die Verwertung kann bei unbebauten Grundstücken aus ihrer Bebauung, Verpachtung oder Verkauf bestehen. Bei bebauten Grundstücken kann eine Verwertung des Grundstücks in Änderung der Bebauungsart, Vermietung, Verpachtung oder Veräußerung bestehen. Ist eine Grundstücksverwertungsgesellschaft Eigentum einer Unternehmung, zählen die Grundstücke der Gesellschaft nicht zum Anlagevermögen der Unternehmung.

Grundstückswertklauseln

Wertsicherungsklauseln, die sich auf die Wertentwicklung von Grundstücken beziehen. Grundsätzlich bedürfen Wertsicherungsklauseln behördlicher Genehmigung. Nicht genehmigungsfähig sind (Grundstückswert-)Klauseln, nach denen die geschuldete Forderung von der künftigen Einzel- oder Durchschnittsentwicklung des Preises oder Wertes von Grundstücken abhängig sein soll. Eine Ausnahme besteht nur für Schuldverhältnisse, die sich auf eine land- oder forstwirtschaftliche Nutzung eines Grundstücks beschränken. Genehmigungsfrei sind Spannungsklauseln, nach denen eine Geldschuld nicht mit der Entwicklung des Preises oder Wertes andersartiger Güter oder Leistungen verknüpft wird, sondern mit dem Preis oder Wert gleichartiger oder vergleichbarer Güter oder Leistungen.

Grund und Boden

Hierunter ist nur der „nackte“ Grund und Boden (ohne Gebäude) zu verstehen. Er ist Teil des in der Bilanz auszuweisenden Anlagevermögens. Besondere Anlagen auf oder im Grund und Boden, die zum beweglichen Anlagevermögen oder zum Umlaufvermögen gehören, sind grundsätzlich als eigene Wirtschaftsgüter aktivierungspflichtig. Grund und Boden ist nicht nach den Vorschriften des bürgerlichen Rechts, sondern nach steuerrechtlichen Gesichtspunkten und nach den GoB abzugrenzen.

Grundvermögen

Im Steuerrecht, soweit es sich nicht um land- und forstwirtschaftliches Vermögen oder Betriebsvermögen handelt: (1) Grund und Boden, Gebäude und sonstige Bestandteile und Zubehör; (2) Erbbaurechte; (3) Wohnungseigentum, Teileigentum u. dgl. Jede wirtschaftliche Einheit des Grundvermögens bildet ein selbständiges Grundstück, für das ein Einheitswert festzustellen ist. Der Begriff Grundbesitz ist umfassender.

GTC

Abk. f. good till cancelled.

GTC-order

→ open order.

guaranteed investment return options (GIRO)

Innovative Optionsscheinform mit garantierter Rückzahlung. Häufig als Währungsoptionsscheine konzipiert. Sie berechtigen den Inhaber, am Fälligkeitstag einen im voraus bestimmten Mindestbetrag zu verlangen. Der Ausschüttungsbetrag erhöht sich gegebenenfalls um den Differenzbetrag zwischen Kassakurs des underlying und dem in den Optionsbedingungen vereinbarten Basispreis. Eine Börsennotierung im Freiverkehr ist i. d. R. vorgesehen. Es handelt sich quasi um eine festverzinsliche Anlage verbunden mit einem Optionsrecht.

Gültigkeitsdauer von Effektenaufträgen

In Effektenkauf- und -verkaufsaufträgen muß auch die Gültigkeitsdauer vermerkt werden. Erfolgt dies nicht, gelten briefliche und fernschriftliche Aufträge bis zum letzten Börsentag des betreffenden Monats. Der Auftrag erlischt also, wenn das Wertpapier nicht bis Ende des Monats gekauft bzw. verkauft werden konnte. Die Gültigkeitsdauer des Auftrages kann auf einen bestimmten Tag beschränkt werden (Tagesorder). Telefonische und telegrafische Aufträge gelten, sofern der Kunde keine andere Weisung erteilt, nur für den Empfangstag, jedoch werden Aufträge, die am Tage des Eingangs bei der Bank aus zeitlichen Gründen nicht mehr erledigt werden konnten, für den nächsten Börsentag vorgemerkt, hat der Kunde nicht eine entsprechende Weisung gegeben. Wenn die Gültigkeitsdauer des Auftrages abgelaufen ist, ist der Kunde nicht mehr an seinen Auftrag gebunden. Ist ihm weiterhin an Ausführung des Auftrags gelegen, muß er einen erneuten erteilen (Erneuerungsauftrag).

Guillochen

Schutzlinien beim Wertpapierdruck: Zartes, nach bestimmten geometrischen Gesetzen verschlungenes Schutzlinienwerk. Diese wellen-, bogen- und kreislinienförmigen Gebilde müssen auf mechanischem Wege hergestellt werden. Einzelheiten ergeben sich aus den Richtlinien für den Druck von Wertpapieren.

Gutachterausschuß

Bez. f. die Dreimännerkommission an einigen Börsen.

gut behauptet

Tendenzbez. bei geringen Kursveränderungen; dabei überwogen leichte Kursverbesserungen. → Tendenzbezeichnungen.

gute Adresse

Bez. f. bonitätsmäßig einwandfreie Schuldner im Kredit- und Anleihegeschäft.

gute Lieferung

→ Goldaufbewahrung → Goldmünzen.

guter Glaube

Auf Unkenntnis beruhende Annahme einer tatsächlich nicht gegebenen Tatsache. Die Rechtsfolgen sind unterschiedlich. Wertpapiere können unter bestimmten Umständen gutgläubig erworben werden.

gutgläubiger Erwerb von Wertpapieren

Im Zusammenhang mit Eigentumsübertragung von Wertpapieren ist der gutgläubige Erwerb besonders bedeutsam. Gehört ein Wertpapier, das veräußert worden ist, nicht dem Veräußerer, wird der Erwerber Eigentümer, wenn es ihm von dem Veräußerer übergeben wird oder, wenn der Veräußerer mittelbarer Besitzer ist, mit der Abtretung des Anspruchs, oder wenn er den Besitz des Papieres von dem Dritten erlangt. Das Eigentum erlangt der Erwerber in diesen Fällen jedoch nicht, wenn er zur Zeit der Übergabe oder der Abtretung oder des Besitzerwerbs nicht in gutem Glauben ist. Ein Erwerber ist dies nicht, wenn ihm bekannt oder infolge grober Fahrlässigkeit unbekannt ist, daß das Wertpapier nicht dem Veräußerer gehört. Wird ein Inhaberpapier, das dem Eigentümer gestohlen worden, verlorengegangen oder sonst abhandengekommen ist, an einen Kaufmann, der Bankier- oder Geldwechslergeschäfte betreibt, veräußert oder verpfändet, gilt dessen guter Glaube als ausgeschlossen, wenn zur Zeit der Veräußerung oder Verpfändung der Verlust des Papiers im Bundesanzeiger bekanntgemacht und seit Ablauf des Jahres, in dem die Veröffentlichung erfolgt ist, nicht mehr als 1 Jahr verstrichen ist. Inhaberpapieren stehen an Order lautende Anleiheschuldverschreibungen sowie Namensaktien und Zwischenscheine gleich, falls sie mit Blankoindossament versehen sind. Der gute Glaube des Erwerbers wird durch Veröffentlichung im Bundesanzeiger nicht ausgeschlossen, wenn der Erwerber die Veröffentlichung infolge besonderer Umstände nicht kannte und seine Unkenntnis nicht auf grober Fahrlässigkeit beruht. Auf Zins-, Renten- und Gewinnanteilscheine, die nicht später als in dem nächsten auf die Veräußerung oder Verpfändung folgenden Einlösungstermin fällig werden, auf unverzinsliche Inhaberpapiere, die auf Sicht zahlbar sind, und auf Banknoten sind diese Vorschriften nicht anzuwenden. Wesentlich ist, daß auch gestohlene, in Verlust geratene oder abhandengekommene Inhaberpapiere gutgläubig erworben werden können (anders also als sonstige Sachen).

GuV-Rechnung

Abk. f. → Gewinn- und Verlust-Rechnung.

GV

Abk. f. Generalversammlung.

H

H

Abk. im Kursblatt für hundert (bei der Stückelung).

Habenzins

Zins für Einlagen bei Banken. Die Höhe orientiert sich an allgemeinem Zinsniveau und der Dauer der Festlegung.

Händler (1)

Bez. f. Börsenhändler oder Rentenhändler.

Händler (2)

Ringvertreter (in der Schweiz).

Händler- und Beraterregeln

Volle Bez.: Regeln für Händler in Wertpapieren, die an deutschen Wertpapierbörsen notiert oder in der Bundesrepublik öffentlich mit dem Hinweis der beabsichtigten Einführung an einer deutschen Wertpapierbörse angeboten werden, und für Berater, die sich in der Bundesrepublik gewerblich in der Beratung zum An- oder Verkauf der genannten Wertpapiere betätigen. Nach diesen Regeln ist es Banken, die als Händler in Wertpapieren tätig, und Personen, die gewerbliche Anlageberater sind, nicht erlaubt, bestimmte unlautere Empfehlungen auszusprechen und bestimmte Eigengeschäfte vorzunehmen. Wird gegen diese Regeln durch Händler oder Anlageberater, die sich ihnen unterworfen haben (Verpflichtungserklärungen), verstoßen, leitet die Prüfungskommission gemäß der Insider-Verfahrensordnung ein Prüfungsverfahren ein. Die Händler- und Beraterregeln lassen § 88 BörsG und sonstige zivil- oder strafrechtliche Verstöße, die sich mit dem Anspruch auf kaufmännisches Vertrauen nicht vereinbaren lassen, unberührt.

Händler- und Beraterregeln, erfaßte Wertpapiere

Die Händler- und Beraterregeln gelten nur für den Handel und die Ratschläge wegen solcher Wertpapiere, die an deutschen Börsen zum Handel und zur amtlichen Notierung zugelassen sind oder öffentlich mit dem Hinweis der beabsichtigten Einführung an einer deutschen Wertpapierbörse angeboten werden. Auf Geschäfte in nur im Ausland notierten Wertpapieren und in Werten, die nur im Geregelten Markt, Freiverkehr oder im Telefonverkehr gehandelt werden, sind somit die Händler- und Beraterregeln nicht anzuwenden.

Hängeposition

Wertpapiere, die bei der Arbitrage oder bei einem Metageschäft zunächst nicht verkauft werden und daher „hängen bleiben", weil sich der Kurs nicht erwartungsgemäß entwickelt hat.

Häufigkeitsverteilung

Darstellung der Häufigkeiten, die aus einer statistischen Grundgesamtheit ermittelt oder zu deren analytischer Beurteilung herangezogen wird. Die Normalverteilung läßt sich vollständig durch ihre Parameter Mittelwert und Varianz beschreiben und ist Grundlage der portfolio-selection-Theorie der optimalen Portefeuille-Zusammenstellung.

Häuser als Kapitalanlage

→ Grundbesitz als Kapitalanlage → Immobilien als Kapitalanlage.

haftende Mittel

Sammelbez. für Kapitalbeträge, die den Gläubigern einer Unternehmung zur Erfüllung ihrer Verbindlichkeiten haften: ausgewiesenes Eigenkapital einschl. gesetzliche und freie Rücklagen sowie Gewinnvortrag bzw. abzgl. Verlust. Nicht zu den haftenden Mitteln gehören Wertberichtigungen, Unterbewertung von Aktivpositionen und Privatvermögen der Gesellschafter von Personengesellschaften. Häufig synonym für Haftungskapital verwendet.

haftendes Eigenkapital

Eingezahltes bzw. potentiell verfügbares Eigenkapital, das zunächst evtl. auftretende Verluste einer Unternehmung trägt. Umfaßt nicht die stillen Reserven und Wertberichtigungen der Unternehmung und nur in beschränktem Maße Haftungszusagen Dritter. Banken müssen zum Schutz ihrer Gläubiger und zur Sicherheit der ihnen anvertrauten Vermögenswerte ein angemessenes haftendes Eigenkapital nachweisen.

Haftsumme (1)

Betrag, mit dem die Mitglieder einer Genossenschaft über ihren Geschäftsanteil hinaus haften. Die Haftsumme muß bei Errichtung der Genossenschaft durch Statut bestimmt werden. Sie darf nicht niedriger sein als ein Geschäftsanteil und liegt durchschn. zwischen 100–200% desselben.

Haftsumme (2)

Bei der KG die Differenz zwischen Hafteinlage, d. h. der Einlage, auf die die persönliche Haftung des Kommanditisten mit seinem Privatvermögen gegenüber den Gläubigern der KG beschränkt ist, und bereits geleisteter Einlage. Die Hafteinlage ist im Gesellschaftsvertrag eindeutig zu bestimmen. Ist sie geleistet, ist eine weitere Haftung des Kommanditisten ausgeschlossen.

Haftung

(1) Verpflichtung, für eine Schuld einzustehen. (2) Unterworfensein des Vermögens unter den Zugriff des Gläubigers in der Zwangsvollstreckung. (3) Beim Pfandrecht der Inhalt des dinglichen Verwertungsrechtes.

Haftung bei der Anlageberatung

→ Verbraucherschutz bei der Anlageberatung.

Haftung beim Immobilienverkauf

Der Verkäufer einer Immobilie haftet für die zugesicherten Eigenschaften; er haftet aber nicht für fahrlässige oder wissentlich falsche Zusicherungen, die ein Makler, der keine Abschlußermächtigung hat, dem Käufer gemacht hat.

Haftung der AG

→ Bürgschaftsverpflichtungen der AG.

Haftung der Bank

Die Bank haftet ihren Kunden grundsätzlich für Vorsatz und grobe Fahrlässigkeit bei Aus- und Durchführung von Geschäften. Im Depotgeschäft haftet die Bank über die Sorgfalt hinaus, die sie in eigenen Angelegenheiten anzuwenden pflegt, den gesetzlichen Bestimmungen entsprechend für sichere Aufbewahrung der ihr anvertrauten Wertpapiere; keine Haftung besteht für höhere Gewalt. Die Bank darf Wertpapiere unter ihrem Namen an auswärtigen Plätzen und bei Dritten aufbewahren (Drittverwahrung); sie haftet dann für die sorgfältige Auswahl des Dritten. Handelt es sich bei dem Dritten um eine Wertpapiersammelbank, steht bei der Sammelverwahrung die Bank dem Depotkunden ausschl. für die Erfüllung der Verwahr- und Verwaltungspflichten der Wertpapiersammelbank ein. Bei der Vermietung von Schließfächern und der Annahme von Verwahrstücken haftet die Bank als Vermieter für die Anwendung der im Verkehr erforderlichen Sorgfalt, insbesondere für die Sicherheit des Schließfaches (Tresorsicherheit). → Haftungsausschluß. Darüber hinaus haftet die Bank bei Anlageberatungsfehlern. → Anlageberatung, Haftung.

Haftung des Kunsthandels

Nach einem Urteil des Bundesgerichtshofs haftet ein Kunsthändler für den Schaden seiner Kunden, wenn er eine Fälschung als echt verkauft. Dies gilt auch dann, wenn er es gutgläubig tut.

Haftung für unrichtige Prospektangaben

→ Prospekthaftung.

Haftung gegenüber der AG

Gründer, andere Personen neben den Gründern, Gründungsprüfer, Vorstand, Aufsichtsrat, Aktionäre beim Empfang verbotener Leistungen, Vormänner bei nicht voll eingezahlten Aktien, Abschlußprüfer.

Haftungsausschluß

Vertragliche Vereinbarung, die eine nach Gesetz begründete Haftung ausschließt. Sie ist zulässig, soweit die Vertragsfreiheit nicht eingeschränkt wird. Haftung für Vorsatz kann nicht ausgeschlossen werden, wohl aber für Fahrlässigkeit und das Verhalten von Erfüllungsgehilfen. Geschäftsbedingungen, insbesondere die AGB der Banken, enthalten oft einen weitgehenden Haftungsausschluß. So erteilen Banken Auskünfte und Ratschläge nach ihren AGB grundsätzlich unter Ausschluß jeder Verbindlichkeit. Bei der Vermietung von Schließfächern übernehmen Banken keine Haftung für den Inhalt, bieten ihren Kunden aber die Möglichkeit zum Abschluß von Versicherungen. → Haftung der Bank.

Haftungskapital

Besteht aus haftenden (Finanzierungs) Mitteln und Haftungszusagen Dritter. Zu letzteren zählen Haftungszusagen von Teilhaftern, Zubußen, freies Vermögen von Vollhaftern, Verlustübernahmeverträge u. ä.

Haftungsverhältnisse der AG

Im Anhang zum Jahresabschluß bzw. Konzernabschluß einer AG sind Angaben zu machen über die aus der Jahresbilanz (dem Konzernabschluß) nicht ersichtlichen Haftungsverhältnisse des Unternehmens einschl. der Bestellung von Sicherheiten für eigene Verbindlichkeiten. Es muß sich dabei um eine Haftung der AG selbst handeln. Für Haftungsverhältnisse ist zuerst zu untersuchen, ob eine Passivierung oder, wenn nicht, ob dann eine Einbeziehung der Verbindlichkeit in den Bilanzvermerk notwendig ist. Im Anhang zum Konzernabschluß sind nur solche Haftungsverhältnisse anzusetzen, die gegenüber konzernfremden Dritten bestehen.

H-Aktien

→ China-Aktien.

halbamtlicher Verkehr

And. Bez. f. Geregelter Markt.

Halbdeckung

Für den Stillhalter einer Kaufoption besteht die Möglichkeit, als Sicherheit nicht alle der Option zugrundeliegenden Aktien hinterlegen zu müssen. Es reicht, wenn die Hälfte hinterlegt wird.

Halbjahresbericht

Bei KAG Bez. f. Rechenschaftsbericht.

Halbjahrescoupon

Zinszahlungen bei Schuldverschreibungen gegen Vorlage fälliger Coupons, die halbjährig ausgezahlt werden.

halbnumismatische Münzen

→ Goldmünzen als Kapitalanlage.

Halslinie

Begriff aus der technischen Analyse. Im Rahmen der Kopf-Schulter-Formation Trendlinie, die das chart an den tiefsten Kursen zwischen Schultern und Kopf tangiert. Der Durchbruch der Halslinie gibt das Kaufsignal bzw. das Verkaufssignal, je nachdem, ob es sich um eine Spitzenformation oder Bodenformation handelt.

Hamburger Börse

→ Hanseatische Wertpapierbörse Hamburg.

Handbestände

→Stapelbestände.

Handel à la criée

→ criée.

Handel per Erscheinen

Handel in Wertpapieren vor dem Erscheinen der Stücke, d. h. bevor lieferbare Stükke zur Verfügung stehen. Lieferung erfolgt nach Erscheinen. Es kommt auch vor, daß „Wertpapiere“ gehandelt werden, die rechtlich noch nicht existieren und deren Ausstattung nicht hinreichend bekannt ist. In Anlehnung an angelsächsische Usancen werden solche Umsätze mit der Klausel „if and when issued“ getätigt. Wegen der damit verbundenen Unsicherheitsmomente verbieten Börsen oft Handel in solchen Werten in den Börsensälen.

Handel per Termin

→ Termingeschäfte.

Handelsbefugnis an der Börse

Berechtigung zur Teilnahme am Börsenhandel. Zulassung zum Börsenbesuch.

Handelsbilanz

Aus der Buchführung abgeleitete Bilanz einer Unternehmung; von der Steuerbilanz zu unterscheiden. Gegenüberstellung von Vermögen und Kapital. Die einzelnen Aktiv- und Passivpositionen sind nach handelsrechtlichen Bewertungsvorschriften bewertet. Oberstes Prinzip ist der Grundsatz kaufmännischer Vorsicht.

Handelsgesetzbuch (HGB)

Wesentlichstes (handelsrechtliches) Spezialgesetz für den Kaufmann v. 1897 mit späteren Änderungen.

Handelsmakler

Die Börsenmakler sind Handelsmakler. → Makler → Börsenmakler.

Handelsphasen an der Deutschen Terminbörse (DTB)

Der Handel an der DTB beginnt mit der pre-trading-Periode. Während dieser vorbörslichen Phase können Börsenteilnehmer Aufträge und quotes in das Handelssystem der DTB eingeben sowie Informationen abrufen. Es werden noch keine Abschlüsse getätigt. In der darauf folgenden opening-Periode (Eröffnungsphase) führt das System ein Ordermatching durch. Nach dem Meistausführungsprinzip wird der Eröffnungskurs ermittelt. Börsenteilnehmer können keine Aufträge eingeben oder ändern. Die anschließende trading-Periode (Handelsphase) kann von Börsenteilnehmern zur Eingabe von Aufträgen, Änderungen und Quotierungen genutzt werden. Stimmen Kauf- und Verkaufsaufträge überein, erfolgt automatisch eine Ausführung, die den Kontrahenten angezeigt wird. Während der abschließenden post-trading-Periode besteht für Börsenteilnehmer die Möglichkeit, Aufträge und Quotierungen in das System einzugeben; es werden jedoch bis zur nächsten Eröffnungsphase keine Geschäftsabschlüsse mehr getätigt. Nach Abschluß dieser Phase können ausschließlich Informationen über das System abgefragt werden.

Handelsrecht

Bürgerliches Sonderrecht der Wirtschaftsunternehmen. Regelt die Rechtsbeziehungen der Unternehmung zu ihren Geschäftspartnern sowie die wettbewerbs- und gesellschaftsrechtlichen Beziehungen zu anderen Unternehmen. Das Handelsrecht hat für alle Kaufleute Vorrang vor bürgerlichem Recht (BGB). Hauptrechtsquelle ist das HGB. Neben dem Handelsrecht bestehen Handelsbräuche (Usancen).

Handelsregister (HR)

Öffentliches Verzeichnis, in dem die rechtlichen Verhältnisse der Handelsgewerbe aufgezeichnet sind. Besteht aus den Abteilungen A: Einzelkaufleute und Personengesellschaften, B: Kapitalgesellschaften. Enthält insbesondere Angaben über Firma und Sitz der Unternehmung, Haftungsverhältnisse (Unternehmungsform, Namen voll haftender Gesellschafter), Höhe des Kapitals bei Kapitalgesellschaften, Angaben über die zur Vertretung einer Gesellschaft berechtigten Personen und Umfang der Vertretungsbefugnis. Wird vom zuständigen Amtsgericht geführt. Einsicht in das Handelsregister und in die eingereichten Schriftstücke ist jedermann gestattet. Von Eintragungen kann eine Abschrift gefordert werden, von Schriftstücken nur, sofern ein berechtigtes Interesse glaubhaft gemacht wird. Das Gericht hat die Eintragungen ins Handelsregister durch den Bundesanzeiger und durch mind. ein anderes Blatt bekanntzumachen. Bestimmungen darüber, was die AG dem Handelsregister anzumelden oder einzureichen hat, enthält das AktG. Dazu gehören Gründung der AG, Vorstands- und Aufsichtsratsveränderungen, Verhandlungsniederschrift der HV, Jahresabschluß und Lagebericht, Kapitalveränderungen, Auflösung der AG, Schluß der Abwicklung, Unternehmensverträge, Eingliederung von Gesellschaften, Konzernabschlüsse und Konzernlageberichte, Verschmelzungen, Umwandlungen.

Handelsregister-Einreichung, Jahresabschluß der AG

Der Vorstand der AG hat unverzüglich nach der HV über den Jahresabschluß den festgestellten Jahresabschluß mit Bestätigungsvermerk und den Lagebericht nebst dem Bericht des Aufsichtsrats zum Handelsregister des Sitzes der AG einzureichen. Der dem eingereichten Jahresabschluß beigefügte Bestätigungsvermerk muß von den Abschlußprüfern unterschrieben sein. Haben die Abschlußprüfer die Bestätigung des Jahresabschlusses versagt, muß dies auf dem Jahresabschluß vermerkt, der Vermerk von den Abschlußprüfern unterschrieben sein. Das Gericht hat zu prüfen, ob der eingereichte Jahresabschluß dem entspricht, ob er bekanntgemacht worden ist und die Bekanntmachung § 328 HGB entspricht. Es hat ferner zu prüfen, ob der Jahresabschluß offensichtlich nichtig ist.

Handelsüberwachungsstelle

Im für 1994 zur Ratifizierung vorgesehenen zweiten Finanzmarktförderungsgesetz bzw. im novellierten Börsengesetz konzipiertes Börsenorgan: Überwacht den Handel an der Börse und die Geschäftsabwicklung und muß insbesondere diesbezügliche Daten systematisch und lückenlos erfassen und auswerten. Kann von der Börsenaufsichtsbehörde und von der Geschäftsführung Weisungen erhalten. Stellt sie Tatsachen fest, die die Annahmen rechtfertigen, daß börsenrechtliche Vorschriften oder Anordnungen verletzt werden oder sonstige Mißstände vorliegen, hat sie die Börsenaufsichtsbehörde und die Geschäftsführung unverzüglich zu benachrichtigen.

Handel von Bank zu Bank

Handel außerhalb der Börse ohne Inanspruchnahme eines Maklers. → Telefonhandel, -verkehr.

Handel zu fortlaufenden Notierungen

→ fortlaufende Notierungen (variabler Handel).

Handschlußnote

Handschlußnoten der Makler statt maschineller Schlußnoten sind nach den Börsengeschäftsbedingungen nicht zulässig. Nur für Geschäfte, die nicht über die Datenverarbeitungsanlage abgewickelt werden können, sind sie zu verwenden.

Hang Seng Index (HSI)

Von der Hang Seng Index Services Ltd. unter Lizenz der Hang Seng Data Services Ltd. zusammengestellter, berechneter und veröffentlichter Index von 33 ausgewählten Hongkong-Aktien. Die Gewichtung der Aktien erfolgt nach ihrer Börsenkapitalisierung. Der HSI wird seit 1969 veröffentlicht. 1985 wurden vier Subindizes für die Branchen Finanzdienstleistungsunternehmen, Versorgung, Immobilien sowie Handel/Industrie eingeführt. Jede im HSI berücksichtigte Aktie ist in einem der Subindizes enthalten.

Hannoversche Börse

→ Niedersächsische Börse zu Hannover.

Hanseatische Wertpapierbörse Hamburg

Schauenburger Straße 47–49, 20095 Hamburg. Tel.: 040/367444. Telex: 213228 hhwb d. Telefax: 040/361302-23.

hara kiri

Form eines Yen/Dollar-swap.

harmless warrant

Optionsschein, der einem Eurobond beigegeben ist und der zum Bezug zusätzlicher Anleihestücke berechtigt. Dieses Recht kann von seinen Inhabern nur geltend gemacht werden, wenn zum Ausübungszeitpunkt die ursprüngliche Anleihe zurückgegeben wird. Damit wird verhindert, daß das Volumen von im Umlauf befindlichen Schuldverschreibungen eines Emittenten einen bestimmten Betrag überschreitet.

harte Patronatserklärung

Patronatserklärung, die eine Muttergesellschaft einem Kreditgeber ihrer Tochtergesellschaft gibt, woraus dieser Gewährleistungsansprüche gegen die Mutter ableiten kann. Von Patronatserklärungen werden diejenigen als hart bezeichnet, die sicherstellen, daß die Tochter ihren Verbindlichkeiten aus dem Kreditvertrag nachkommen kann. Harte Patronatserklärungen lösen zumindest Berichterstattung im Anhang zum Jahresabschluß der Mutter aus oder sind als Eventualverbindlichkeiten unter der Bilanz aufzuführen.

harte Währungen

Bez. f. frei konvertierbare Währungen.

Hartwährungsländer

Länder mit vollkonvertibler, mind. aber ausländerkonvertibler Währung, niedrigen Inflationsraten und Leistungsbilanzüberschüssen. Keinerlei Devisenbewirtschaftung. Die Währungen dieser Länder dienen oft als Währungsreserven und im internationalen Zahlungsverkehr, z. B. US-$, DM, sfr. Gegens.: Weichwährungsländer.

Hauptkommissionär

Gibt ein Kommissionär einen Kommissionsauftrag an einen auswärtigen Kommissionär weiter, ist letzterer Hauptkommissionär, ersterer Zwischenkommissionär.

Hauptpapier

Stammurkunde, Mantel eines Wertpapiers; im Gegensatz zum Nebenpapier, dem Bogen.

Hauptplätze

Im Devisenhandel sind diese Plätze für jedes Land festgelegt, weil dort Anschaffung und Auszahlung der gehandelten Währungsbeträge des betreffenden Landes zu erfolgen haben. In den Devisenkurszetteln werden häufig die Hauptplätze und nicht die Heimatländer der Währungen genannt.

Hauptversammlung (HV) der AG

Versammlung der Aktionäre und Organ der AG. Jeder Aktionär hat das Recht zur Teilnahme an der HV „seiner“ Unternehmung und zur Stimmabgabe, letzterer, sofern er nicht Inhaber stimmrechtloser Vorzugsaktien ist. Die HV wird durch den Vorstand mit einer Frist von mind. 1 Monat einberufen. In ihr üben die Aktionäre ihre Rechte in den Angelegenheiten der AG aus, soweit keine andere gesetzliche Regelung getroffen ist. Die Mitglieder des Vorstands und Aufsichtsrats der AG sollen an der HV teilnehmen. Der Vorstand ist auf Verlangen der HV verpflichtet, Maßnahmen, die in die Zuständigkeit der HV fallen, vorzubereiten. Das Gleiche gilt für die Vorbereitung und den Abschluß von Verträgen, die nur mit Zustimmung der HV wirksam werden. Der Beschluß der HV bedarf der Mehrheit, die für die Maßnahmen oder für die Zustimmung zu dem Vertrag erforderlich ist. Der Vorstand ist verpflichtet, die von der HV im Rahmen ihrer Zuständigkeit beschlossenen Maßnahmen auszuführen. Die Bestimmungen des AktG über die HV sind unterteilt in Rechte der HV, Einberufung der HV, Verhandlungsniederschrift, Auskunftsrecht in der HV, Stimmrecht, Sonderbeschluß, Vorzugsaktien ohne Stimmrecht, Sonderprüfung, Geltendmachung von Ersatzansprüchen.

Hauptversammlung der AG, Abstimmung

→ Abstimmungsverhalten in der Hauptversammlung der AG → Hauptversammlung der AG, Beschlußfassung.

Hauptversammlung der AG, Beschlußfassung

Die Beschlüsse der HV werden i. d. R. nach dem Grundsatz der Mehrheit der abgegebenen Stimmen, d. h. einfacher Stimmenmehrheit, gefaßt, soweit nicht Gesetz oder Satzung größere Mehrheit oder weitere

Erfordernisse vorschreiben. Für Beschlüsse besonderer Tragweite schreibt das AktG eine Kapitalmehrheit von mind. 75% des bei Beschlußfassung vertretenen Kapitals vor, insbesondere: (1) Beschlußfassung über die Nachgründung, d. h. über Verträge, aufgrund derer die AG innerhalb von 2 Jahren seit Eintragung ins Handelsregister Anlagen oder sonstige Vermögensgegenstände erwerben will, für die sie eine 10% des Grundkapitals übersteigende Vergütung zu leisten hat; (2) Beschlußfassung über Satzungsänderungen, soweit die Satzung keine andere Mehrheit vorsieht; (3) Beschlußfassung über Kapitalbeschaffungsmaßnahmen, und zwar (a) Kapitalerhöhung durch Ausgabe neuer Aktien gegen Bareinlagen, (b) bedingte Kapitalerhöhung, (c) genehmigtes Kapital, (d) Ausgabe von Wandel-, Options-, Gewinnschuldverschreibungen oder Genußrechten; (4) Beschlußfassung über eine Kapitalerhöhung aus Gesellschaftsmitteln durch Umwandlung von offenen Rücklagen in Grundkapital; (5) Beschlußfassung über Kapitalherabsetzungsmaßnahmen; (6) Beschlußfassung über die Auflösung der AG und die Fortsetzung der aufgelösten AG; (7) Beschlußfassung über Beherrschungs- und Gewinnabführungsverträge, Verschmelzung, Vermögensübertragung, Gewinngemeinschaft, Umwandlung.

Hauptversammlung der AG, Einberufung

→ Einberufung der Hauptversammlung der AG → Einberufung der Hauptversammlung der AG auf Verlangen einer Minderheit.

Hauptversammlung der AG, Mitteilungspflichten

Die Tagesordnung der HV ist schon bei ihrer Einberufung bekanntzumachen. Zu jedem Gegenstand, über den die HV beschließen soll, haben Vorstand und Aufsichtsrat bzw. zur Wahl von Aufsichtsratsmitgliedern und Prüfern der Aufsichtsrat in der Bekanntmachung der Tagesordnung Vorschläge zur Beschlußfassung zu machen. Über Gegenstände der Tagesordnung, die nicht ordnungsgemäß bekanntgemacht sind, dürfen keine Beschlüsse gefaßt werden. Innerhalb 12 Tagen nach Bekanntmachung der Einberufung der HV hat der Vorstand den Banken und den Vereinigungen von Aktionären, die in der letzten HV Stimmrechte für Aktionäre ausgeübt oder die die Mitteilung verlangt haben, die Einberufung der HV, die Bekanntmachung der Tagesordnung und Anträge und Wahlvorschläge von Aktionären einschl. des Namens des Aktionärs, der Begründung und einer etwaigen Stellungnahme der Verwaltung mitzuteilen. Das gleiche Recht auf gesonderte Unterrichtung haben Aktionäre, die (1) eine Aktie bei der AG hinterlegt haben, (2) es nach der Bekanntmachung der Einberufung der HV im Bundesanzeiger verlangen oder (3) als Aktionär im Aktienbuch der AG eingetragen sind und deren Stimmrechte in der letzten HV nicht durch eine Bank ausgeübt worden sind.

Hauptversammlungsbeschlüsse

Die HV beschließt in den im AktG und in der Satzung ausdrücklich bestimmten Fällen, insbesondere über (1) Bestellung der Mitglieder des Aufsichtsrats, soweit nicht von den Arbeitnehmern zu wählen; (2) Verwendung des Bilanzgewinns; (3) Entlastung der Mitglieder des Vorstandes und des Aufsichtsrates; (4) Bestellung der Abschlußprüfer; (5) Satzungsänderungen; (6) Maßnahmen der Kapitalbeschaffung und Kapitalherabsetzung; (7) Bestellung von Prüfern zur Prüfung von Vorgängen bei Gründung oder Geschäftsführung; (8) Auflösung der AG. Auch der Abschluß von Nachgründungs-, Verschmelzungs- und Unternehmensverträgen sowie Vermögensübertragungen sind nur mit Zustimmung der HV wirksam. Darüber hinaus fallen in Zuständigkeit und Beschlußfassung der HV die Abberufung von Aufsichtsratsmitgliedern, die Fortsetzung einer aufgelösten AG, die Eingliederung und die Umwandlung der AG. Beschlüsse der HV bedürfen i. a. der einfachen Stimmenmehrheit (Mehrheit der abgegebenen Stimmen), seltener der qualifizierten Mehrheit (3/4 der abgegebenen Stimmen oder des vertretenen Grundkapitals). Qualifizierte Mehrheit ist insbesondere erforderlich bei Satzungsänderungen, Abberufung von Aufsichtsratsmitgliedern, Kapitalherabsetzung, Fusion und Auflösung der AG. Die Beschlüsse bedürfen notarieller oder gerichtlicher Beurkundung.

Hauptversammlungsdurchführung

Die HV ist in den durch Gesetz oder Satzung bestimmten Fällen sowie dann einzuberufen, wenn das Wohl der AG es erfordert. Die HV wird grundsätzlich durch den Vorstand der AG durch Veröffentlichung einer Einladungsbekanntmachung einberufen. Die Bekanntmachung muß im Bundesanzeiger und in den Gesellschaftsblättern veröffentlicht werden. Sie muß Firma, Sitz der AG, Zeit und Ort der HV und die Bedingungen angeben, von denen Teilnahme an der HV und Ausübung des Stimmrechts abhängen. Wird in der Satzung nichts anderes bestimmt, soll die HV am Sitz der AG stattfinden. Sind die Aktien der AG an einer deutschen Wertpapierbörse zum amtlichen Handel zugelassen, kann die HV auch am Sitz der Börse stattfinden, wenn Satzungsbestimmungen dem nicht entgegenstehen. Die HV ist auch einzuberufen, wenn Aktionäre, deren Anteile zusammen 5% des Grundkapitals erreichen, die Einberufung schriftlich unter Angabe von Zweck und Gründen verlangen. Die HV ist mind. 1 Monat vorher einzuberufen. Falls die Satzung Teilnahme an der HV oder Ausübung des Stimmrechts davon abhängig macht, daß die Aktien bis zu einem bestimmten Zeitpunkt vor der HV hinterlegt werden, oder davon, daß sich die Aktionäre vor der HV anmelden, tritt für die Berechnung der Einberufungsfrist an die Stelle des Tages der HV der Tag, bis zu dessen Ablauf die Aktien zu hinterlegen sind oder sich die Aktionäre vor der HV anmelden müssen. Die Hinterlegung der Aktien bis nach der HV kann bei einem Notar, einer Wertpapiersammelbank oder einer der in der Einladungsbekanntmachung bezeichneten Hinterlegungsstellen vorgenommen werden, wobei es sich – abgesehen von der Gesellschaftskasse – um Banken handelt, mit denen die Unternehmung in Geschäftsbeziehungen steht.

Hauptversammlungspräsenz

Das auf der HV vertretene stimmberechtigte Kapital, meist ausgedrückt in % des gesamten stimmberechtigten Kapitals. Die Präsenz auf HV hängt ab vom Anteil von Großaktionären am Gesamtkapital der AG und von der Stimmrechtsvertretung der Kleinaktionäre durch ihre Depotbanken. Weicht die Präsenz in einem Jahr wesentlich von Vorjahren ab, sind Änderungen in der Aktionärsstruktur zu vermuten.

Hauptversammlungsprotokoll

Jeder Beschluß der HV ist durch eine über die Verhandlung gerichtlich oder notariell aufgenommene Niederschrift zu beurkunden. Das Verzeichnis der Teilnehmer an der HV sowie die Belege über die ordnungsgemäße Einberufung müssen der Niederschrift ebenfalls beigefügt werden. Der Vorstand der AG hat unverzüglich nach der HV eine öffentlich beglaubigte Abschrift der Niederschrift mit ihren Anlagen zum Handelsregister bei dem für die AG zuständigen Amtsgericht einzureichen.

Hauptversammlungsservice der Banken

Vor jeder HV erhalten Anleger, die ihre Aktien bei einer Bank verwahrt haben, Unterlagen. Es handelt sich vor allem um die Einladung zur HV, Bekanntmachung der Tagesordnung, etwaige Anträge von Aktionären sowie Stellungnahmen der Verwaltung dazu, häufig auch Kurzgeschäftsberichte, eigene Stimmvorschläge der Banken zu den Punkten der Tagesordnung sowie ein spezielles Formblatt, auf dem vom Bankenvorschlag abweichende Weisungen erteilt werden können. Eintritts- und Stimmkarten für die HV werden von den Banken kostenlos beschafft. Die Aktionäre müssen allerdings ihre Aktien ordnungsgemäß hinterlegt und die Karten rechtzeitig bestellt haben. Maßgebend ist dabei der in den offiziellen Verwaltungsmitteilungen bekanntgegebene letzte Hinterlegungstag. Befinden sich die Papiere schon im Bankdepot, müssen sie bis zum Ablauf der HV gesperrt werden. Sind sie jedoch zu Hause oder im Schrankfach einer Bank aufbewahrt, müssen die Aktienmäntel bei einer Bank oder den offiziellen bekanntgemachten Hinterlegungsstellen der Unternehmung bis zum Ablauf der HV in Verwahrung gegeben werden. In beiden Fällen ist eine Verfügung über die Aktien erst wieder nach der HV möglich, es sei denn, die Karte wird zurückgegeben. Die Karten können angefordert werden für den Deponenten selbst, bei Gemeinschaftsdepots für jeden Deponenten. Unterhalten Eheleute ein Gemeinschaftsdepot, können sie die vorhandenen Aktien aufteilen und getrennt Karten über die Teilbeträge ausstellen lassen. Die Karten können aber auch für jeden beliebigen Dritten und für eine Aktionärsvereinigung ausgestellt werden. Wer an bestimmten HV regelmäßig teilnehmen will, kann seiner Bank einen diesbezüglichen Dauerauftrag erteilen. Anleger, die die HV weder persönlich besuchen noch einen Beauftragten entsenden können, legen i. d. R. Wert darauf, die Stimmrechte im Rahmen von Bankvollmachten ausüben zu lassen. Die allgemeine Stimmrechtsvollmacht gilt für längstens 15 Monate, vom Datum der Ausstellung an gerechnet, für alle HV inländischer AG. Durch die Erteilung dieser Vollmacht ist der Kunde keineswegs gehindert, das Stimmrecht selbst auszuüben oder durch andere ausüben zu lassen; denn die Vollmacht kann jederzeit ganz oder auch für bestimmte HV widerrufen werden. Hat der Aktionär nicht schon vorher allgemein Stimmrechtsvollmacht erteilt, erhält er mit der erwähnten Zusendung eine Einzelvollmacht. Im Rahmen dieser Vollmachten kann der Kunde auf einem Formblatt zu den einzelnen Punkten der Tagesordnung spezielle Weisungen erteilen. Verfügt die Bank über eine Vollmacht ihres Kunden und reagiert dieser Kunde auf die Zusendung der HV-Unterlagen nicht, geht das Stimmrecht dennoch nicht verloren. Das Institut geht in diesem Fall davon aus, daß der Kunde sich den Vorschlägen der Bank anschließt und das Stimmrecht entsprechend ausgeübt werden soll. In der eigenen HV darf die bevollmächtigte Bank das Stimmrecht aufgrund von Vollmachten allerdings nur ausüben, soweit der Aktionär eine ausdrückliche Weisung zu den einzelnen Gegenständen der Tagesordnung erteilt hat.

Hauptversammlungsteilnahme

Nach den Satzungen der AG sind i. d. R. nur die Aktionäre zur Teilnahme an der HV und Ausübung des Stimmrechts berechtigt, die ihre Aktien ordnungsgemäß hinterlegt haben. Für die hinterlegten Aktien werden meist Stimmkarten ausgestellt, die den Namen des Hinterlegers oder eines von ihm zur Teilnahme an der HV und zur Ausübung des Stimmrechts bevollmächtigten Vertreters sowie den Aktiennennbetrag und/oder die Anzahl der Stimmen enthalten. Es reicht auch die Ausfertigung von Hinterlegungsbescheinigungen, in denen bestätigt wird, daß die Aktien bis zum Ablauf der HV gesperrt gehalten werden. Die Hinterlegung bankverwahrter Aktien wird durchweg so vorgenommen, daß die Aktien mit Zustimmung der benannten Hinterlegungsstellen bei der Depotbank bis zur Beendigung der HV im Sperrdepot gehalten werden. Auf dem Streifband- oder Girosammeldepotkonto des betreffenden Kunden braucht dann nur vorübergehend ein Sperrvermerk angebracht zu werden. Die Zulässigkeit dieses vereinfachten Verfahrens muß in der Satzung der AG festgelegt sein. Über die von den Hinterlegungsstellen ausgestellten Bescheinigungen wird ein Verzeichnis (Präsenzliste) aufgestellt, das die erschienenen oder vertretenen Aktionäre und Vertreter von Aktionären enthält. In das Verzeichnis sind Name, Wohnort und Betrag der von den einzelnen HV-Teilnehmern vertretenen Aktien unter Angabe ihrer Gattung aufzuführen. Kommt der Aktionär selbst oder schickt er einen Vertreter, so ist im Teilnehmerverzeichnis der Aktionär und im Vertretungsfalle zusätzlich sein Vertreter einzutragen. Sind einer Bank Vollmachten zur Ausübung des Stimmrechts erteilt worden und übt der Bevollmächtigte das Stimmrecht im Namen dessen aus, den es angeht, sind Betrag und Gattung der Aktien, für die ihm Vollmachten erteilt worden sind, zur Aufnahme ins Teilnehmerverzeichnis gesondert auszugeben. Die Namen der Aktionäre, die die Vollmachten erteilt haben, brauchen in diesem Fall nicht angegeben zu werden. Ist ein Teilnehmer ermächtigt, in eigenem Namen das Stimmrecht für Aktien auszuüben, die ihm nicht gehören, hat er Betrag und Gattung dieser Aktien als Fremdbesitz zur Aufnahme ins Verzeichnis ebenfalls gesondert anzugeben. Mit diesen Vorschriften soll erreicht werden, daß die Besitzverhältnisse ersichtlich sind und festgestellt werden kann, ob der Abstimmende sein Stimmrecht aus eigenem oder fremden Aktienbesitz herleitet. Das Verzeichnis erschienener oder vertretener Aktionäre und der Vertreter von Aktionären ist vor der Abstimmung zur Einsicht auszulegen; es ist vom Vorsitzenden der HV zu unterzeichnen.

Hauptversammlung, Stimmrechtsausübung

Das Stimmrecht ist das wichtigste Mitgliedschaftsrecht des Aktionärs. Mit ihm kann der Aktionär in der HV die Entwicklung „seiner" AG indirekt mit beeinflussen, ein Klein- oder Publikumsaktionär allerdings faktisch nicht. Jedoch kann die HV, die neben Vorstand und Aufsichtsrat oberstes Organ der AG ist, nicht in die Geschäftsführung der AG eingreifen; diese liegt vielmehr beim Vorstand, der die AG unter eigener Verantwortung zu leiten hat und hierbei vom Aufsichtsrat beaufsichtigt und beraten wird. Über Fragen der Geschäftsführung kann die HV nur entscheiden, wenn der Vorstand es verlangt. Das Stimmrecht wird in der HV nach Aktiennennbeträgen ausgeübt. Für den Fall, daß einem Aktionär mehrere Aktien gehören, kann die Satzung das Stimmrecht auch durch Festsetzung eines Höchstbetrages oder von Abstufungen beschränken. Das Stimmrecht kann durch einen Bevollmächtigten ausgeübt werden, wobei für die Vollmacht schriftliche Form erforderlich ist; die Vollmachtsurkunde ist der AG vorzulegen und bleibt in ihrer Verwahrung. Banken dürfen das Stimmrecht für Inhaberaktien, die ihnen nicht gehören, nur ausüben oder ausüben lassen, wenn sie schriftlich bevollmächtigt sind. Der Aktionär kann seiner Depotbank entweder Vollmacht für jede einzelne HV erteilen oder die Bank generell für längst. 15 Monate bevollmächtigen. Die Vollmacht ist schriftlich und nur einer bestimmten Bank zu erteilen; sie ist jederzeit widerruflich. Aufgrund der Vollmacht kann die Bank das Stimmrecht unter Benennung des Aktionärs in dessen Namen ausüben oder auch im Namen dessen, den es angeht, wobei im letzteren Fall der Name des Aktionärs bei Stimmrechtsausübung nicht genannt werden darf. Bei Ausübung des Stimmrechts ist die Bank an die Weisung des Aktionärs gebunden. Hat dieser keine Weisung erteilt oder nicht rechtzeitig mitgeteilt, hat die Bank das Stimmrecht grundsätzlich nach ihren eigenen, den Aktionären mitgeteilten Vorschlägen auszuüben. Eine Bank ist zur Annahme eines Auftrags zur Ausübung des Stimmrechts nur verpflichtet, wenn sie für den Aktionär Aktien der AG verwahrt und sich gegenüber anderen Aktionären der betreffenden AG zur Ausübung des Stimmrechts in derselben HV erboten hat. Die Verpflichtung besteht nicht, wenn die Bank am Ort der HV keine Niederlassung hat und der Aktionär die Übertragung der Vollmacht auf oder die Unterbevollmächtigung von Personen, die nicht Angestellte der Bank sind, nicht erlaubt hat. In der eigenen HV darf die bevollmächtigte Bank das Stimmrecht aufgrund der Vollmacht nur ausüben, soweit der Aktionär ausdrückliche Weisung zu den einzelnen Gegenständen der Tagesordnung erteilt hat. Ein Aktionär, der durch die Beschlußfassung entlastet oder von einer Verpflichtung befreit werden soll – z. B. als Mitglied des Vorstandes oder Aufsichtsrates –, kann bei dieser Beschlußfassung weder selbst das Stimmrecht ausüben noch kann er es durch einen Vertreter ausüben lassen. Die Stimmabgabe erfolgt bei kleineren AG meist durch Akklamation (Zuruf, Handzeichen), bei größeren auch durch die Stimmabschnitte der Stimmkarten.

Hausbesitzbrief

Verbriefter Anteil an bestimmten geschlossenen Immobilienfonds.

Hausfrauenbörse

Scherzhafte Bez. f. eine Situation an der Börse, bei der in einer allgemeinen Hausse-Stimmung alle Bevölkerungsschichten, also auch kleinste Kapitalanleger, zu kaufen und zu spekulieren beginnen. Auch: Dienstmädchenbörse.

Haussammelverwahrung

Sammelverwahrung, bei der die Bank die sammelverwahrfähigen Effekten im eigenen Haus behält und nicht bei einer Wertpapiersammelbank beläßt oder sie dort einliefert. Haussammelverwahrung ist kaum noch üblich.

Hausse

Allgemein: eine über die Erwartungen stark hinausgehende wirtschaftliche Aufwärtsentwicklung. An der Börse, wenn die Kurse der Wertpapiere allgemein oder in einem speziellen Marktbereich stark anziehen. Die Hausse ist von einer „freundlichen Kursentwicklung" nicht exakt abzugrenzen. Kennzeichnend für eine Hausse ist jedoch, daß sie sich über den gesamten Rentenmarkt, den gesamten Aktienmarkt oder zumindest wichtige Teilbereiche dieser Märkte erstreckt, nicht sich auf einzelne Papiere beschränkt („Kursausschläge"), also ein meist längere Zeit anhaltender allgemeiner Kursanstieg. Gegens.: Baisse. Die Spekulation à la hausse erwartet ein Steigen der Kurse und kauft daher in der Hoffnung, die Papiere später mit Gewinn wieder verkaufen zu können; à la hausse spekulieren heißt, als Käufer mit dem Steigen von Börsenkursen rechnen.

Hausseengagement

Im Terminhandel eingegangene Kaufverpflichtung in Erwartung von Kurssteigerungen. Bei Wertpapieren, Devisen oder Waren. Gegens.: Baisseengagement.

Hausseprämie

Im Optionsgeschäft Prämie an den Optionsverkäufer, der gegen deren sofortige Bezahlung die Lieferung der Optionspapiere zum Basispreis und das Risiko der Kurssteigerung übernimmt.

Haussespekulation

Spekulation auf Kurssteigerungen. (Spekulation à la hausse). Gegens.: Baissespekulation.

Haussier

Der mit starkem Kursanstieg rechnende Kapitalanleger. Er ist dann zu umfangreichen Wertpapierkäufen, auch auf Kredit, bereit. Beim Terminhandel kauft der Haussier Aktien per Termin in der Erwartung, daß die Kurse weiter ansteigen und er die Aktien zu dem vorgesehenen Termin zu höheren Kursen verkaufen kann. Aus dem Erlös kann er den Terminkauf bezahlen und darüber hinaus einen Gewinn für sich erzielen. Gehen die Meinungskäufe des Haussiers nicht auf, muß er das Termingeschäft prolongieren oder den Verlust tragen. Gegens.: Baissier.

haussierend

Tendenzbez. f. starke, meist allgemeine Kurssteigerungen an den Börsen. Gegens.: baissierend.

HBR

Kurzbez. f. Händler- und Beraterregeln.

heaven and hell bond

Form der Doppelwährungsanleihe, bei der der Wechselkurs für die Rückzahlung variabel ist entsprechend einem langfristigen Devisenterminkontrakt.

Hebel

Wird zur Bewertung von Optionen und Optionsscheinen herangezogen. Faktor, um den die Option bzw. der Optionsschein stärker fällt oder steigt als die zugrundeliegende Aktie. Beispielsweise bedeutet ein Hebel von drei, daß der Optionsscheinkurs bzw. die Optionsprämie theoretisch um drei Punkte steigen/fallen muß, wenn der Kurs der zugrundeliegenden Aktie um einen Punkt steigt/fällt. Verfeinerte Berechnung des Hebels:

$$\text{Hebel} = \frac{\text{S} \times \text{Aktienkurs} \times \text{Anzahl der Aktien pro OS bzw. Option}}{\text{Kurs des Optionscheins bzw. Optionsprämie}}$$

wobei bei einem Verhältnis Aktienkurs/Bezugspreis unter 1,5 gilt:
$S = -0{,}5 + \text{Aktienkurs/Bezugspreis}$.
Liegt das Verhältnis Aktienkurs/Bezugspreis über 1,5, gilt: $S = 1$.

Hebelwirkung

→ leverage.

hedge

→ hedging (hedge).

hedge fund

Investmentfonds, der durch hohe Umschlagsgeschwindigkeit der von ihm gehaltenen Kapitalanlagen und unter Benutzung aller Spekulationsmöglichkeiten wie Margenkäufe und Baissespekulationen möglichst rasche und starke Vermehrung des Vermögens anstrebt. Er betreibt also hochspekulative Anlagepolitik bei gleichzeitiger Begrenzung des Verlustrisikos. Echte hedge funds sind Anlagegemeinschaften (limited partnerships), die der KG deutschen Rechts ähnlich sind: Eine begrenzte Anzahl von etwa 25 bis 100 Anlegern gründet einen Fonds und überträgt die Geschäftsführung einem Fondsmanager, der für seine Tätigkeit eine erfolgsabhängige Vergütung, meist 20% vom jährlichen Wertzuwachs des Fondsvermögens, bekommt. Die Mindesteinlage beträgt meist US-$ 100000. Hedge funds in USA unterliegen nicht dem Investment Company Act. Spätere Konzepte des hedge fund, auch kleineren Anlegern zugänglich, wurden als mutual funds ausgestaltet, die mit den gleichen Anlagetechniken arbeiten. Die Anlagebeschränkungen des Gesetzes für diese erlauben aber nur eingeschränktes hedging.

hedge-Geschäft

Besondere Art des Termingeschäfts zur Ausschaltung von Preis-(Kurs-)Risiken. Wird insbesondere bei Rohstoffen angewandt, deren Preise starken Schwankungen unterliegen (z. B. Metalle, Wolle, Getreide). Der Verarbeiter der Rohstoffe geht ein Hedgegeschäft ein, indem er gleichzeitig mit dem Einkauf eine gleiche Menge des Rohstoffs als Termingeschäft zum beabsichtigten Veräußerungstermin der Fertigware verkauft. Fallen die Preise während der Verarbeitung, kann er die fertige Ware nur billiger absetzen, aber auch die zur Erfüllung des Termingeschäfts benötigten Rohstoffe entsprechend billiger einkaufen und dadurch den geminderten Gewinn des Produktionsgeschäfts durch den des Termingeschäfts ausgleichen. Umgekehrt bei Preissteigerungen.

hedge-Position

Options- oder Terminkontraktposition, die zur Absicherung einer Grundposition eröffnet wurde.

hedger

→ hedging (hedge).

hedging (hedge)

Wird an Devisen- und Finanzmärkten durchgeführt, um ein vorhandenes Risiko durch die Übernahme eines zweiten, kompensatorischen Risikos auszugleichen. Bei offenen (Devisen-)Positionen, z. B. Forderungen oder Verbindlichkeiten in fremder Währung, können zur Ausschaltung des Risikos von Wechselkursschwankungen bzgl. Laufzeit, Volumen und Währungsbetrag entgegengesetzte Geschäfte abgeschlossen werden (z. B. bei Forderungen in US-$ Aufnahme eines entsprechenden US-$-Kredits; bei Fremdwährungsverbindlichkeiten Erwerb und Anlage des entsprechenden Gegenwertes in der Fremdwährung), so daß Wechselkursänderungen beide Bilanzseiten gleichmäßig beeinflussen und Buchverluste auf der einen durch Buchgewinne auf der anderen Seite ausgeglichen werden. Auf Finanzmärkten entsprechend der kompensatorische Abschluß von variablen oder Festzinsgeschäften, um das Risiko von Zinssatzschwankungen (Zinsänderungsrisiko) auf beide Bilanzseiten gleich aufzuteilen, so daß z. B. Zinssatzsenkungen entweder gleichzeitig zur Verminderung von Zinsaufwand und -ertrag führen oder bei entsprechenden Festzinskompensation keinen Einfluß auf die Finanzposition haben oder daß z. B. Wertpapierkursverluste auf der einen Bilanzseite durch Kursgewinne auf der anderen Seite ausgeglichen werden.

Heimatbörse

Börsenplatz in räumlicher Nähe zum Emittenten, der Banken oder auch der Kunden. Eine Vielzahl von Wertpapieren wird nicht an allen Börsen notiert, sondern oft nur an Heimatbörsen. Insbesondere Papiere eher regional bekannter Unternehmen werden gehandelt.

Heimfallunternehmung

Private oder gemischtwirtschaftliche Unternehmen, die als Konzessionsnehmer vom Staat bzw. von einer Gemeinde einen Betrieb mit der Auflage führen, daß die Unternehmung mit allen Aktiva und Passiva nach Ablauf der Konzession ohne Gegenwert an den Konzessionsgeber zurückfällt.

heißes Geld

Geldkapitalien, die in Zeiten spekulativer Devisen- und Geldbewegungen sehr kurzfristig von einem in ein anderes Land in der Erwartung kurzfristiger Gewinne fließen (Kapitalflucht). Oft Fluchtgeld, das aus politischen, wirtschaftspolitischen oder steuerlichen Gründen außer Landes gebracht und kurzfristig da angelegt wird, wo gerade Gewinn erwartet wird. Bei den oft großen Umfängen kann es mitunter die Kursentwicklung der Wertpapiermärkte oder die Zahlungsbilanz eines Landes beeinflussen. Auch: hot money, schmutziges Geld.

Herabsetzung des Grundkapitals

→ Kapitalherabsetzung.

herauskommendes Material

Bez. f. Angebot von Wertpapieren.

herauslassen (aus einem Wertpapiergeschäft)

Verzicht auf Erfüllung eines Effektengeschäfts, wenn sich z. B. herausstellt, daß einem Partner des Geschäfts ein Irrtum unterlaufen ist. Herauslassen ist i. d. R. nur dann möglich, wenn beide Partner Eigenhändler sind.

herrschendes Unternehmen

Unternehmung, die auf eine andere Unternehmung einen beherrschenden Einfluß ausübt; z. B. durch Aktienbesitz. Auch: Ober-, Haupt-, Muttergesellschaft.

herrschendes Unternehmen, Einflußschranken

Besteht kein Beherrschungsvertrag, darf eine herrschende Unternehmung ihren Einfluß nicht dazu benutzen, eine abhängige AG oder KGaA zu veranlassen, ein für sie nachteiliges Rechtsgeschäft vorzunehmen oder Maßnahmen zu ihrem Nachteil zu treffen oder zu unterlassen, es sei denn, daß die Nachteile ausgeglichen werden. Ist der Ausgleich nicht während des Geschäftsjahres tatsächlich erfolgt, muß spätestens am Ende des Geschäftsjahres, in dem der abhängigen Unternehmung der Nachteil zugefügt worden ist, bestimmt werden, wann und durch welche Vorteile der Nachteil ausgeglichen werden soll. Auf die zum Ausgleich bestimmten Vorteile ist der abhängigen Unternehmung ein Rechtsanspruch zu gewähren.

herunterstempeln

→ Abstempelung von Wertpapieren.

heute gültig

Zusatz für Aufträge zum Kauf oder Verkauf von Wertpapieren. Sind nur für den Tag gültig, an dem der Auftrag erteilt wird. In der Schweiz: börsengültig.

Hexentag

→ Geisterstunde.

hfl

Abk. f. holländische Gulden.

HGB

Abk. f. Handelsgesetzbuch.

high flyers

Bez. f. Wertpapiere mit hohem Kursanstieg. Oft spekulative Aktien. Ihr Kurs orientiert sich weniger am derzeitigen Ertrag als an künftigen Ertragsaussichten.

hinkendes Inhaberpapier

Urkunde, bei der der Aussteller ohne Prüfung an den Vorlegenden leisten, aber auch Nachweis seiner Legitimation verlangen kann (Legitimationspapier). Übertragung erfolgt durch einfache Abtretung der verbrieften Forderung. Beispiel: Sparbuch, Depotschein, Pfandschein.

Hinterlegungsbescheinigung

Bescheinigung der Hinterlegungsstelle über hinterlegte Aktien zur Teilnahme an der HV. Ist beim Eintritt in den Versammlungsraum zur Aufstellung des Teilnehmerverzeichnisses abzugeben. Falsche Ausstellung oder Verfälschungen von Hinterlegungsbescheinigungen sowie die Ausübung des Stimmrechts mit falscher oder verfälschter Bescheinigung werden bestraft.

Hinterlegungsschein

Von gewerblichen Verwahrern Depotkunden erteilte Bescheinigung über hinterlegte Wertpapiere. Auf ihm werden Nennbetrag oder Stückzahl der Wertpapiere, Wertpapierkennummer, Verwahrungsart und Fälligkeit der Zinsscheine aufgeführt, darüber hinaus Hinweise auf die AGB der Banken über die Verwahrung und Verwaltung von Wertpapieren sowie Vermerke, daß die Bank berechtigt ist, die hinterlegten Papiere dem Vorzeiger des Hinterlegungsscheins herauszugeben.

Hinterlegungsstellen

Die Hinterlegungsstellen zur Teilnahme an der HV und Ausübung des Stimmrechts sind in der Einberufung der HV bekanntzugeben. Hinterlegungsstellen sind i. d. R. die Gesellschaftskasse und die von der AG beauftragten Banken. Die Hinterlegung bei einem Notar oder bei einer Wertpapiersammelbank ist ausreichend. → Hauptversammlungsteilnahme bei der AG.

Hinterlegung von Aktien

→ Hauptversammlungsteilnahme.

Hinweisanzeige, Hinweisbekanntmachung

Hinweis auf die Fundstelle der vollständigen Veröffentlichungen der AG.

historische Volatilität

Basiert i. d. R. auf den letzten 100 Schlußkursen des einer Option oder eines Optionsscheins zugrundeliegenden Basisobjekts. Die historische Volatilität geht in die Berechnung des fair value ein. Sie ist die vom Bewertungsmodell unterstellte Schwankungsbreite des Basisobjektkurses während der Restlaufzeit der Option oder des Optionsscheins.

historische Wertpapiere

Wertpapiere, die außer Kurs gesetzt sind, aber als antiquarische Stücke gehandelt werden und als solche z. T. beachtliche Liebhaberpreise erzielen.

historische Wertpapiere als Kapitalanlage

Aufgrund der Knappheit verfügbarer Stücke, ihrer optischen Aufmachung und den teils persönlichen Bindungen zu bestimmten Emissionsgesellschaften und deren oft berühmten Gründerpersönlichkeiten erfreuen sich historische Wertpapiere zunehmender Beliebtheit von Sammlern und Kapitalanlegern. Unter historischen Wertpapieren versteht man im allgemeinen Aktien und Anleihen, die an den Börsen nicht mehr gehandelt werden und demnach keinen (Börsenkurs)-Wert mehr besitzen. Die aus verschiedenen Gründen für kraftlos erklärten Titel werden seit längerem gesammelt, zunächst von Börsenhändlern selbst. In jüngster Zeit versuchen auch einzelne Banken, durch Ausstellungen die Sammelleidenschaft der Bankkunden zu wecken. Empfehlungen für eine Kapitalanlage in historischen Wertpapieren sind schwierig. In der Regel sind nur Titel mit geringer Verfügbarkeit und gleichzeitig bedeutendem geschichtlichem Hintergrund zu empfehlen. Wichtig beim Erwerb derartiger Stükke dürften letztlich jedoch der persönliche Bezug und die sachliche Auseinandersetzung zu/mit dem jeweiligen Exponat sein. Die Wertentwicklung einzelner Titel läßt offenbar den Schluß zu, daß der Erwerb historischer Wertpapiere neben reiner Sammelleidenschaft auch als Art der Kapitalanlage angesehen wird.

hit

Bez. f. ein besonders chancenreiches Wertpapier, eine besonders günstige Kapitalanlage usw.

HKFE

Abk. f. Hongkong Futures Exchange.

Hobby(kapital)anlage

Eine Kapitalanlage, bei der nicht oder kaum wirtschaftliche Gesichtspunkte, vor allem Rendite, eine Rolle spielen, sondern persönliche Liebhabereien, Neigungen, Sammelleidenschaft u. dgl. Der deutsche Fiskus unterstellt bei Kapitalanlagen, die nicht auf ernsthafte Ertragserzielungsabsicht schließen lassen, „Liebhaberei", wodurch die getätigten Aufwendungen aller Art steuerlich nicht abzugsfähig sind.

Hochzinspolitik

Zinspolitik von Zentralnotenbanken, die darauf gerichtet ist, die Zinssätze in einer bestimmten, subjektiv als hoch empfundene Höhe, zu halten.

Höchstbetragshypothek

Eine Sicherungshypothek kann als Höchstbetragshypothek bestellt werden, d. h., es wird zunächst nur festgelegt, bis zu welchem Höchstbetrag das betreffende Grundstück haften soll; die Feststellung der Forderung erfolgt erst später.

Höchststimmrecht

In der Satzung einer AG kann das Stimmrecht der mehrfachen Aktienbesitzer durch Festsetzung eines Höchstbetrages beschränkt werden. Da derartige Beschränkungen selten vorkamen, ist die früher notwendige ministerielle Genehmigung beseitigt worden. Das Stimmrecht kann für einz. Aktiengattungen oder auf einen Höchstbetrag pro Aktionär (z. B. 5% oder 10% des stimmberechtigten Kapitals) beschränkt werden.

Höhle

→ floor (1).

Hoffnungswerte

Aktien, denen normalerweise keinerlei Wert mehr beizulegen ist, die aber in der Hoffnung auf einen in der ferneren Zukunft liegenden Ertrag noch gehandelt und bewertet werden. Beispiel: Restquoten der früheren deutschen Großbanken, Anteile an nicht mehr existierenden Unternehmen früherer Zeit.

Holding(-Gesellschaft)

Erstellt selbst keine Güter oder Dienstleistungen, sondern verwaltet als Dachgesellschaft mehrere Unternehmen, an denen sie Anteile besitzt. Ist also die Führungsspitze eines Konzerns (Konzernobergesellschaft), zugleich Sonderform der Dachgesellschaft und Vorform des Trust. Ihre ökonomische Aktivität erstreckt sich auf Erwerb und Verwaltung der Vermögensanteile der von ihr beherrschten Unternehmen. Sie bestimmt deren Produktionsprogramm, soweit dies zur Marktbeeinflussung dient. Die rechtliche Selbständigkeit der beherrschten Unternehmen bleibt nach außen erhalten, während sie wirtschaftlich weitgehend oder ganz auf die Holding übergeht. Rechtsform: meist AG oder GmbH.

Holding-Gesetz

Kurzbez. f. Gesetz zur Ergänzung des Gesetzes über die Mitbestimmung der Arbeitnehmer in den Aufsichtsräten und Vorständen der Unternehmen des Bergbaus und der Eisen und Stahl erzeugenden Industrie v. 1956.

Holländisches (Auktions-)Verfahren

Zuteilungsverfahren im Rahmen der Plazierung von Wertpapieren durch die Deutsche Bundesbank. Dabei gibt die Bundesbank einen Mindestzinssatz für Bietungen der Banken vor. Diese geben bei Interesse an Abschlüssen ihre Gebote ab, zu denen sie zum Abschluß bereit sind. Die Zuteilung erfolgt beim holländischen Verfahren so, daß ein einheitlicher Zinssatz oder Preis oder Kurs errechnet wird, zu dem alle Wertpapiere abgesetzt werden können. → Zinstender.

Hongkong Futures Exchange (HKFE)

Terminbörse in Hongkong. Hauptsächlich werden Optionen und futures auf den Hang Seng Index (HSI) sowie futures auf die vier HSI-Subindizes Finanzdienstleistungsunternehmen, Versorgung, Immobilien sowie Handel/Industrie gehandelt. Adresse: 5/F, Asia Pacific Finance Tower, Citibank Plaza, 3 Garden Road, Hong Kong, Tel.: 00852 5 1005, Telefax: 00852 5 810589.

Hongkong Stock Exchange

2/f Hutchinson House, 12 Harcourt Road, Central Hong Kong. Tel.: 5-234543. Telex: 85070. Telegrammadr.: Stock Hongkong.

honorieren

Bezahlen, einen Wechsel einlösen, ein Wertpapier zurückzahlen usw.

Horchaktie

Nimmt ein Beobachter an einer HV teil (vielleicht um Interessenten schnell über den Verlauf der HV unterrichten zu können), werden die für den Beauftragten hinterlegten Aktien scherzhaft als Horchaktien bezeichnet. Oft wird zu diesem Zweck nur 1 Aktie angemeldet.

horizontaler Konzern

→ Konzern.

hors cote

Halbamtlicher, teilgeregelter Markt an der Pariser Börse.

Hortung

Übermäßiges Ansammeln von Bargeld in privaten Haushalten (Strumpfgeld) und Unternehmen (hohe Bargeld- bzw. Kassenhaltung). Durch Hortung wird das zum Umlauf bestimmte Geld stillgelegt, ohne daß die Verfügung aufgegeben wird (potentielle Kaufkraft), wodurch deflatorische Tendenzen entstehen können. Durch plötzliches Auflösen von Geldhorten, z. B. infolge Inflationsgerüchten, können diese Befürchtungen verstärkt oder erst ausgelöst werden. Das Ansammeln von Sicht-, Spar- oder Termineinlagen kann nicht als Hortung bezeichnet werden, da Banken diese Anlagegelder in Form von Krediten dem Geldkreislauf wieder zuführen.

host bond

Ein Eurobond mit einem warrant oder ähnlichem Instrument.

hostile take-overs

Unternehmensübernahmen gegen den Willen des Managements der zu übernehmenden Unternehmen. Eingeleitet werden unfreundliche Unternehmensübernehmen meist durch den verdeckten, sukzessiven Erwerb von Aktien am Sekundärmarkt. Ist ein entsprechend großes Aktienpaket aufgebaut, unterbreitet das kaufwillige Unternehmen den verbleibenden Aktionären des zu übernehmenden Unternehmens gegen den Willen des Managements dieses Unternehmens eine Abfindungsofferte, die über dem Börsenkurs der Aktien des zu übernehmenden Unternehmens liegt. Vereinzelt wird auch der Tausch in Aktien des kaufwilligen Unternehmens angeboten.

hot issues

Neuemissionen von Aktien und Obligationen, die stark überzeichnet werden und von denen man Preise im Börsenhandel erwartet, die sehr schnell und stark über dem Ausgabepreis liegen werden. Auch: Wenn Aktien neu gegründeter Unternehmen plaziert werden, wobei die Zeichner eine Art Gründerrisiko übernehmen. In USA spielt das Geschäft mit hot issues eine bedeutende Rolle.

hot money

Gelder, die ohne Rücksicht auf Verzinsung ständig auf der Suche nach größtmöglicher politischer und währungsmäßiger Sicherheit sind und entsprechend schnell disponiert werden. → heißes Geld.

HR, HReg

Abk. f. Handelsregister.

HSI

Abk. f. Hang Seng Index.

Huckepack-Anleihe

Bez. f. eine Anleihe, die auf eine bereits plazierte „gepackt“ wird. Die neue Anleihe wird zu den gleichen Bedingungen emittiert, wie die bereits aufgelegte. Entspricht einer nachträglichen Erhöhung des Anleiheemissionsvolumens. Eine Besonderheit kann darin bestehen, daß der Emittent den Anleihezeichnern eine Auswahl von mehreren schon emittierten Anleihen anbietet, auf die die gewünschten Schuldverschreibungen gepackt werden. Diese Emissionsform existiert beispielsweise in der Schweiz.

HV

Abk. f. Hauptversammlung.

hybrid bonds

Andere Bez. f. floating rate notes.

hybride Finanzierungsinstrumente

Finanzierungsinstrumente, bei deren Verwendung mehrere Finanzmarktsegmente angesprochen werden.

Hyperinflation

Extreme Form der Inflation. Monatliche Preissteigerungen von über 50% sind möglich; jedoch ist diese Form selten. Hyperinflation fand in Deutschland von 1920–1923 statt; z. Z. in einigen südamerikanischen Ländern.

Hypothek

Grund(-stücks-)pfandrecht. Ein Grundstück kann in der Weise belastet werden, daß an denjenigen, zu dessen Gunsten die Belastung erfolgt, eine bestimmte Geldsumme zur Befriedigung einer ihm zustehenden Forderung aus dem Grundstück zu zahlen ist. Die Hypothek kann auch für eine künftige oder eine bedingte Forderung bestellt werden. Bei der Eintragung der Hypothek im Grundbuch müssen der Gläubiger, der Geldbetrag der Forderung, ein vereinbarter Zinssatz sowie der Geldbetrag von Nebenleistungen angegeben werden. Arten der Hypothek: Verkehrshypothek (gewöhnliche Hypothek) und Sicherungshypothek. Die Verkehrshypothek ist in der Praxis meist eine Briefhypothek. Die Sicherungshypothek ist nur als Buchhypothek zulässig; ein Hypothekenbrief ist ausgeschlossen. Für die Forderung aus einer Inhaberschuldverschreibung kann nur eine Sicherungshypothek bestellt werden. Voraussetzung der Hypothek ist (im Gegensatz zur Grundschuld) das Bestehen einer Forderung. Dem Kreditgeber haftet nicht nur der Kreditnehmer persönlich, sondern auch das verpfändete Grundstück, und zwar nicht nur für den Schuldbetrag, sondern auch für die Zinsen, Beitreibungskosten u. ä. Mit Rückzahlung der Forderung entfallen auch die Rechte aus der Hypothek. Steht die Hypothek dem Eigentümer an seinem eigenen Grundstück zu, so wird sie, da ihr keine Forderung zugrunde liegt, zur (Eigentümer-) Grundschuld. Wie bei allen Grundpfandrechten ergibt sich die Rangstelle der Hypothek im Grundbuch aus der zeitlichen Folge der Eintragungen (erststellige oder erstrangige, zweitstellige Hypotheken usw.). Die Rangstelle bestimmt vor allem die Reihenfolge der Befriedigung der Gläubiger im Zwangsversteigerungs- oder Zwangsverwaltungsverfahren. Hypotheken an erster Stelle haben dabei Vorrang. So dürfen z. B. als Deckungsdarlehen der Realkreditinstitute für Pfandbriefe i. d. R. nur erststellige Hypotheken eingesetzt werden.

Hypothekenbanken

Privatrechtliche Banken (Realkreditinstitute), die Grundstücke beleihen und aufgrund der erworbenen Hypotheken Schuldverschreibungen (Hypothekenpfandbriefe) ausgeben. Ihr Pendant sind im öffentlich-rechtlichen Bereich die Grundkreditanstalten. Hypothekenbanken gewähren auch Kommunaldarlehen und geben gegen diese Forderungen Kommunalschuldverschreibungen aus. Der Gesamtbetrag der im Umlauf befindlichen Hypothekenpfandbriefe muß in Höhe des Nennwertes jederzeit durch Hypotheken von mind. gleicher Höhe und mind. gleichem Zinsertrag gedeckt sein (Kongruenzprinzip). Ebenso müssen Kommunalschuldverschreibungen durch Kommunaldarlehen gedeckt sein. Die Umlaufgrenze für Hypothekenpfandbriefe und Kommunalschuldverschreibungen beläuft sich auf das 60fache des haftenden Eigenkapitals.

Hypothekenbrief

Urkunde des Grundbuchamtes über eine im Grundbuch eingetragene Hypothek. Der Hypothekenbrief ist nicht nur für den Erwerb der Hypothek, sondern auch zur Übertragung der Hypothek von Bedeutung. Der Gläubiger erwirbt die Hypothek erst, wenn ihm der Hypothekenbrief vom Grundstückseigentümer übergeben wird. Die Erteilung des Briefes kann, auch nachträglich, ausgeschlossen werden. Ist der Hypothekenbrief abhanden gekommen oder vernichtet, kann er durch Aufgebotsverfahren für kraftlos erklärt werden.

Hypothekenklausel, negative

→ Negativklausel, -revers, -erklärung.

Hypothekenpfandbriefe

Schuldverschreibungen, die von privaten Hypothekenbanken und öffentlich-rechtlichen Grundkreditanstalten ausgegeben werden. Pfandbriefe sind mündelsicher, lombardfähig, deckungsstockfähig, sparprämienbegünstigt. Der Gesamtbetrag der im Umlauf befindlichen Pfandbriefe muß in Höhe des Nennwertes jederzeit durch Hypotheken von mind. gleicher Höhe und mind. gleichem Zinsertrag gedeckt sein. Die Ausgabe von Pfandbriefen, deren Einlösungswert den Nennwert übersteigt, ist nicht gestattet. Pfandbriefgläubiger haben kein Kündigungsrecht.

Hypothekenversicherung

Lebensversicherung, die bei Entstehung von Hypothekenschulden abgeschlossen wird. Dient vor allem der Tilgung der Hypothek im Todesfalle, aber auch der Nutzung steuerlicher Vorteile durch den Hypothekenschuldner und im Falle nachstelliger Hypotheken auch der Absicherung des Gläubigerinteresses. Zu unterscheiden: (1) Hypothekentilgungsversicherung als gemischte Lebensversicherung mit Sparvorgang: Diese wird auf die Hypothek derart abgestimmt, daß die Versicherungsleistungen den Tilgungsvereinbarungen nach Zeitpunkt und Höhe entsprechen; sie werden auf die Hypothek abgetreten oder verpfändet; handelt es sich um eine Festhypothek mit Tilgung in einem Betrag, wird die Versicherungssumme im Todesfalle oder spätestens bei Ablauf fällig und verrechnet. Bei Hypotheken mit laufender Tilgung (Annuitäten-, Amortisationshypotheken) wird die Versicherungssumme ratenweise fällig und im vorzeitigen Todesfalle z. T. noch einmal die gesamte Versicherungssumme geleistet. (2) Die Hypothekenrisikoversicherung mit fallender Versicherungssumme übernimmt die Restschuld beim Tode des Hypothekenschuldners, entweder durch Einmalzahlung (Restschuldversicherung) oder Übernahme der Annuitäten (Annuitätenversicherung).

I

i. A.

Abk. f. Firmenzusatz „in Abwicklung" (auch: i. L.).

I/B/E/S

Abk. f. Institutional Brokers Estimate System.

IBEX 35

Spanischer Aktienindex, der den FIEX 35 ersetzt hat. Der Index bezieht sich auf 35 im Hinblick auf Liquidität und Börsenkapitalisierung herausragende Unternehmen, die an den spanischen Börsen fortlaufend notiert werden. In den Index fließen unter anderem Telefonica de España mit einem Anteil von 13,4%, Repsol mit 9,6%, Endesa mit 9%, Banco Central Hispanoamericano mit 8%, Banco Bilbao Vizcaya mit 7,7% und Iberdrola mit 7% ein. Der IBEX 35 bildet die Basis für indexbezogene Optionen und futures, die an der spanischen Terminbörse Mercado Español de Futuros Financieros gehandelt werden.

IBIS

Abk. f. → Integriertes Börsenhandels- und Informations-System, vormals Inter-Banken-Informations-System.

IBRD

Abk. f. International Bank for Reconstruction and Development (Weltbank).

ICB

Abk. f. Immobilien-Computer-Börse.

icons

Abk. f. indexed currency option notes: Eurobonds mit einer langfristigen Währungsoption.

IDA

Abk. f. International Development Association.

Identitätsnachweis bei Wertpapieren

Nachweis bei Anschaffung von Wertpapieren des Anlagevermögens über deren Stückzahl oder Nennwert sowie deren Anschaffungskosten. Wertpapiere des Anlagevermögens können, im Gegensatz zu Wertpapieren des Umlaufvermögens, die nach dem Niederstwertprinzip bewertet werden müssen, mit durchschnittlichen Anschaffungskosten oder – mit entsprechendem Identitätsnachweis – zu individuellen Anschaffungskosten bewertet werden. Die individuellen Anschaffungskosten sind dann auch bei der Veräußerung zugrunde zu legen.

IDIS

→ Interbourse Data Information System (IDIS).

IDR

Abk. f. international depository receipt.

if and when issued

→ Handel per Erscheinen.

IFC

Abk. f. International Finance Corporation.

IFSC

Abk. f. International Financial Services Centre, Dublin.

IG

Abk. f. Interessengemeinschaft; z. B.: IG Farbenindustrie AG.

IG Liquis

Kurzbez. f. die Anteilscheine (Liquidationsanteilscheine) der in Liquidation gegangenen früheren IG Farbenindustrie AG.

IHK

Abk. f. Industrie- und Handelskammer.

IKB-MAX

Abk. f. IKB-Mittelstandsaktien-Index.

IKB-Mittelstandsaktien-Index (IKB-MAX)

Von der IKB Deutsche Industriebank in Düsseldorf entwickelter Aktienindex, der hundert deutsche Nebenwerte mit einer Börsenkapitalisierung von maximal 600 Millionen Mark erfaßt.

i. L.

Abk. f. in Liquidation als Firmenzusatz.

Illationsgründung

Sachgründung (von Unternehmen). → qualifizierte Gründung.

Illiquidität

Kennzeichen des Zustandes eines Wirtschaftssubjekts (privater oder öffentlicher Haushalt, Unternehmung, Bank), dem zur Fortführung seiner laufenden Geschäfte die erforderlichen liquiden Mittel fehlen. Illiquide können natürliche und juristische Personen werden sowie Staaten und Länder. Illiquidität hat je nach Wirtschaftssubjekt verschiedene Ursachen. Bei Unternehmen können Gründe für die Illiquidität in dauernden Betriebsverlusten oder in langfristiger Anlage kurzfristiger Verbindlichkeiten liegen. Für Banken bestehen besondere gesetzliche Vorschriften, die Illiquidität verhüten sollen. Außenwirtschaftliche Illiquidität von Staaten ist in ihrer mangelnden oder fehlenden Devisenschöpfungskraft bzgl. relativ konstanter bzw. ansteigender Devisenausgaben begründet. Illiquidität ist immer mit fehlender Kreditwürdigkeit verbunden, da kreditwürdige Personen, Unternehmen oder Staaten vorübergehende Zahlungsunfähigkeit, die nur durch Fehldispositionen und nicht durch fundamentale Ursachen begründet ist, durch Kreditaufnahmen überbrücken können. Gegens.: Liquidität, Zahlungsfähigkeit.

im Aufwind (Börse, Kurse)

Tendenzbez. f. die Entwicklung einzelner Wertpapierkurse (Aktienkurse) oder für Börsentendenzen (Aktienindex), die über einen längeren Zeitraum aufwärts gerichtet sind. Unterbrechungen des Aufwärtstrends oder geringe Rückschläge sind nur technische Korrekturen, die schnell wieder ausgeglichen werden.

Im-Geld-Option

Kaufoption, deren Basispreis unter dem aktuellen Preis des Basisobjekts (Terminkontrakt, Kassamarktinstrument) notiert. Verkaufsoption mit einem Basispreis über dem aktuellen Preis des Basisobjekts. Durch Ausüben einer Im-Geld-Kaufoption kann das Basisobjekt günstiger erworben werden als bei einem Kauf über die Kassabörse. Dabei ist allerdings die Optionsprämie zu berücksichtigen. Der Inhaber einer Im-Geld-Verkaufsoption erhält für die in seinem Besitz befindlichen Basisobjekte bei Optionsausübung mehr als bei einem direkten Verkauf über die Kassabörse. Auch hier muß die Optionsprämie beachtet werden.

im Markt sein (bleiben)

Bez. f. eine Verhaltensweise von Geld- und Devisenmarktteilnehmern, die sich am Handel beteiligen, ohne wirklichen Bedarf an Geld- oder Devisenanlage oder -aufnahme zu haben. Sie sind im Markt, um die Markt- und Preisentwicklungen laufend zu beobachten, damit Markttransparenz zu erhalten und Rückschlüsse auf ihre eigenen Positionen zu vermeiden, die gezogen werden könnten, wenn sie nur sporadisch bei tatsächlichem Anlage- und Aufnahmebedarf im Markt wären.

immaterielles Anlagevermögen

→ immaterielle Werte.

immaterielle Werte

Bei einer Unternehmung Aktiva, die sich nicht materiell niederschlagen, z. B. der Firmenwert, Patente, Lizenzen, Urheberrechte, Marken.

immediate or cancel

Begriff aus dem Terminhandel. Ausführungsbeschränkung für eingeschränkte limitierte Aufträge. Eine immediate-or-cancel-Order ist sofort so weit wie möglich auszuführen. Der nicht ausgeführte Teil wird gelöscht. Gemäß „Bedingungen für den Handel an der Deutsche Terminbörse" können Aufträge über Options-und Terminkontrakte mit immediate or cancel versehen werden.

Immobilien

Unbewegliche Güter, also vor allem Grundstücke und Gebäude. Im Gegensatz zu Geldvermögen ist der Eigentümer von Immobilien gegen die Auswirkungen einer Geldwertminderung (Inflation) geschützt; Immobilien gelten als besonders krisensichere Kapitalanlagen. Sie können i. d. R. leicht zur Sicherung von Darlehen verpfändet werden (Grundpfandrechte). Immobilienmakler vermitteln Grundstükke zwischen Käufer und Verkäufer. Im einzelnen gehören vor allem dazu: Eigentumswohnung und Einfamilienhaus, Mehrfamilienhaus (als Vermögensanlage, deshalb auch als Zinshaus bezeichnet), gewerblich genutzte Immobilienobjekte, Baugrundstücke (oft verbunden mit Erwartung auf Wertsteigerung), Anteilsrechte an Immobilienobjekten (Immobilienzertifikate). Gegens.: Mobilien.

Immobilien als Kapitalanlage

Immobilien gelten i. a. als langfristige, konservative Kapitalanlage („Betongold"). Sie ist in Deutschland besonders beliebt. Anlage in Haus- und Grundbesitz ist die „klassische" Sachwertanlage. Knappheit und Dauerhaftigkeit bedingen den Wert. Eine Beurteilung der Güte der Anlage hängt immer vom Einzelfall ab: Lage, Alter, Standorteigenschaften, Verkehrsverbindungen, Außenbelästigungen, Rechtsbeschränkungen usw. sind Beurteilungsfaktoren. Auch die Rentierlichkeit von Immobilien hängt vom Einzelfall ab. Die längerfristige gesamtwirtschaftliche Nachfrage nach Immobilien ist für die Entwicklung des Immobilienmarktes wichtig. Marktgängige Objekte sind meist ertragssicher, da für sie i. d. R. Nachfrage besteht. Außerdem ist erfahrungsgemäß für die Zukunft mit tendenziellem Anstieg der Preise für Immobilien zu rechnen, vor allem in Ballungsräumen. Für den anlagemäßig wichtigen Substanzwert eines Objektes sind Lage des Grundstücks, Größe und Zuschnitt, Bauart, Größe, Alter und Nutzungsart des Gebäudes entscheidend. Außer dem Boden- und Gebäudewert ist ebenso wichtig der Ertragswert. Beurteilungskriterien sind die jährlichen Miet- und Pachteinnahmen, denen Bewirtschaftungskosten, d. h. Instandhaltungs-, Betriebs-, Verwaltungskosten und Mietausfallwagnis gegenüberstehen; weitere Einflußgröße für den Ertrag sind die Finanzierungskosten, ferner Sozialkomponenten, etwa Mietpreisbindungen am Wohnungsmarkt. Um die Bautätigkeit anzuregen, werden staatliche Prämien und Vergünstigungen gewährt. In normalen Zeiten weisen Immobilienanlagen auch hohe Sicherheit auf. Als Sachwertanlagen sind sie durch weitgehende Unabhängigkeit von Geldwertschwankungen charakterisiert. Dennoch sind gewisse Risiken mit der Immobilienlage verbunden: Diese ergeben sich u. a. aus dem Standortproblem, aus Strukturveränderungen des Gebietes, dem Vermieterrisiko im Verhältnis von Angebot und Nachfrage, aus Schwankungen von Kosten und Arbeitsaufwand usw. Die Liquidisierbarkeit von Immobilien besteht grundsätzlich jederzeit. Allerdings lassen sich marktgängige Objekte leichter veräußern als hinsichtlich Lage und Bauart ausgefallene.

Immobilienanlage im Ausland

Bei einer Kapitalanlage in Immobilien im Ausland ist es zweckmäßig, sich möglichst intensiv über folgende Punkte zu informieren: anlage- und devisenrechtliche Bestimmungen des Landes, gesetzliche Eigentumsbestimmungen für Ausländer, gesetzliche Bestimmungen, die für den Fall gelten, wenn das betreffende Land in eine notstandsähnliche Situation (Krieg, Streiks, wirtschaftliche Krisen) kommt, die Bonität des Angebots, die Existenz der betreffenden Anlage überhaupt, Möglichkeiten von Wiederveräußerungen.

Immobilienbörse, Immobilienmarkt

Eigentlich nur Informationsstellen für den Handel mit Immobilien. Der Definition der Börse i. e. S. entsprechen Immobilienbörsen insofern nicht, als es sich bei den Objekten des Immobilienmarktes nicht um fungible Güter handelt: Die Objekte des Immobilienmarktes sind nicht vertretbar; sie haben im Gegenteil sehr individuellen Charakter. Außerdem werden an Immobilienbörsen keine Kaufverträge abgeschlossen, sondern allenfalls Voraussetzungen dafür geschaffen. Schließlich findet im Rahmen von Immobilienbörsen auch keine echte Preisbildung statt: Preisfestsetzung ist Angelegenheit der außerhalb der Börse zusammentreffenden Anbieter und Nachfrager, wenngleich Maklern dabei oft eine beratende Funktion zukommt, allerdings wohl nicht in sehr großem Umfang. Zahlreiche Objekte – vor allem Bauträgerobjekte – werden nämlich zu Festpreisen angeboten. Für Immobilienbörsen bestehen somit nur gewisse Anklänge an Effekten- und Warenbörsen in der Hinsicht, daß sich auch bei Immobilienbörsen eine Vielzahl von Geschäftsmöglichkeiten in Form von Angebot und Nachfrage konzentriert, die auf Deckungsgleichheit überprüft werden müssen. Außerdem kann die Existenz von Immobilienbörsen einen – wenn auch beschränkten – Einfluß auf die Preise ausüben. Schließlich sind auch die Immobilienbörsen ein Instrument, einen Überblick über die Lage eines Marktes, des Immobilienmarktes, zu vermitteln: Denn eine Immobilienbörse ist in praxi der Ort, an dem vor allem Grundstücksmakler zusammenkommen. Der eine Makler hat Objekte, für die er Käufer sucht, der andere Makler sucht ein bestimmtes Objekt zum Kauf. Das Immobiliengeschäft als Börsenhandel ist deshalb schwierig, weil es immer um ganz bestimmte individuell gestaltete Objekte geht, über die bis in alle Einzelheiten hinein informiert und verhandelt werden muß. Der Umfang des Angebots und der Nachfrage auf der einen Seite und die örtliche Gebundenheit der Makler auf der anderen Seite verhindert das Entstehen eines großen, durchsichtigen Grundstücksmarktes. Dieser Zustand grenzt die Geschäftstätigkeit der Makler ein, und sie erschwert es auch den Immobilienkunden, sich am Markt zu orientieren. Die Marktlage wird noch schwieriger zu beurteilen sein, wenn der Markt nicht statisch ist, sondern aufgrund der wirtschaftlichen Entwicklung in Bewegung kommt. Die Funktion der Immobilienbörse liegt in der Vermittlung von Verträgen, in der Zusammenführung von Käufern und Verkäufern und in der Ermittlung eines marktgerechten Preises. Es liegt im Interesse von Maklern und Kunden, einen größeren Markt mit besserer Transparenz herzustellen. Dazu dienen die Konzentration und Kooperation an der Immobilienbörse. Die

Börse kann darüber hinaus preisbildende und preisregulierende Funktion ausüben. Immobilienbörsen existieren heute in fast allen größeren deutschen Städten und werden vornehmlich in der Rechtsform von eingetragenen Vereinen oder durch Einrichtungen an den IHK betrieben. Eine Reihe von Maklern, die im Ring Deutscher Makler organisiert sind, hat in Frankfurt eine Immobilien-Computer-Börse (ICB) gegründet. In dieses Computerprogramm werden alle Objekte der beteiligten Makler eingespeichert. Jeder an die ICB angeschlossene Makler kann aus dem Angebot die geeigneten Objekte für seine Kunden heraussuchen bzw. für die von ihm eingebrachten Objekte geeignete Interessenten bei einem ICB-Partner finden. Unabhängigkeit und Selbständigkeit der Makler sollen jedoch wie bisher erhalten bleiben, lediglich soll die Einrichtung der ICB die Vermittlung von Kundenwünschen verbessern und die Markttransparenz erhöhen.

Immobilien-Computer-Börse (ICB)

→ Immobilienbörse, Immobilienmarkt.

Immobilienfonds

Besondere Art der Investmentfonds, bei denen das Fondsvermögen in Immobilien angelegt ist. Man unterscheidet verschiedene Immobilienfondsarten. Es handelt sich um Beteiligung an Sachwerten. Ausschüttungen auf Immobilienzertifikate werden i. d. R. aus Mieteinnahmen aus dem Fondsbesitz erwirtschaftet; darüber hinaus sind Wertzuwächse des Fondsvermögens möglich. Unseriöse Angebote, vor allem von Ferienhauszertifikaten, haben die Immobilienfonds z. T. in Mißkredit gebracht, was aber in genereller Form unberechtigt ist: Es existiert eine Anzahl erstklassig geleiteter Immobilienfonds mit rechtlich und steuerrechtlich unterschiedlichen Konstruktionen. Der Kapitalanleger muß sich daher individuell beraten lassen. Immobilienzertifikate sind vor allem für Anleger mit hoher Steuerprogression geeignet. Besitz an Immobilienzertifikaten sollte wegen des spezifischen Grundstückcharakters nicht mit Wertpapierbesitz, sondern eher mit Grundbesitz verglichen werden. Die Anteile können über Banken ge- und verkauft werden.

Immobilienfondsanteile

Anteile an Immobilienfonds. Auch: → Immobilienzertifikate.

Immobilienfondsanteile, steuerliche Behandlung

Erträge aus Zertifikaten offener Fonds sind einkommensteuerpflichtig. Erfaßt werden die Erträge aus Kapitalvermögen bei allen Steuerpflichtigen, die zur ESt veranlagt werden. Steuerfrei bleiben Erträge in Höhe des Sparerfreibetrags von DM 6000/12000 nach Abzug der Werbungskostenpauschale von DM 100, bei zusammenveranlagten Eheleuten DM 200. Die von offenen Immobilienfonds erwirtschafteten Erträge unterliegen allerdings seit dem 1. 1. 1993 der → Zinsabschlagsteuer. Die Ausschüttungen von ausländischen offenen Immobilienfonds unterliegen nicht dem Zinsabschlag, wenn die Anteile in einem ausländischen Depot verwahrt werden. Für die Ermittlung der VSt sind die Freibeträge und Freigrenzen von Bedeutung. Danach bleibt für bestimmte Kapitalanteile und Kapitalforderungen, zu denen auch die Immobilienzertifikate gehören, ein Betrag von DM 10000 (bei Zusammenveranlagung DM 20000) für die Ermittlung des sonstigen Vermögens außer Ansatz. Dieser Freibetrag wird nicht gewährt, wenn die Zertifikate nicht zum sonstigen Vermögen, sondern zu einer anderen Vermögensart i. S. d. BewG rechnen. Daneben werden die persönlichen Freibeträge vom Gesamtvermögen abgesetzt. Erträge aus geschlossenen Immobilienfonds fallen unter die Einkunftsart Vermietung und Verpachtung. Da der Anteilseigner Miteigentümer am Immobilienbesitz ist, kann er auch persönlich Abschreibungen und Steuervorteile geltend machen. Für die steuerliche Beurteilung ist neben dem Anteilskapital die Höhe des eingesetzten Fremdkapitals bestimmend. Zu berücksichtigen sind evtl. durch Verkauf innerhalb 2 Jahren seit Erwerb entstehende Spekulationsgewinne. Zurechenbare Verluste sind auf 100% der Einlage beschränkt. Bei Treuhandfonds ist bei Eigentümerwechsel Grunderwerbsteuer zu zahlen. Bei offenen Fonds stehen die steuerlichen Vorteile der Gesellschaft und damit indirekt dem Anteilseigner zu. Bei geschlossenen Fonds werden Abschreibungsmöglichkeiten und Steuervorteile anteilsmäßig auf die Zertifikatinhaber übertragen; dadurch wird für die ersten Jahre der Laufzeit (meist etwa 10–12 Jahre) i. d. R. eine steuerfreie Ausschüttung der Erträge erreicht bzw. entstehen Minusbeträge, die mit den anderen Einkunftsarten verrechnet werden können. Dies gilt auch für die VSt, da wegen der hohen Fremdfinanzierung und der relativ niedrigen Einheitswertfestsetzung meist Minusvermögen entsteht. Der Ersterwerb von Treuhandfonds ist grunderwerbsteuerfrei. Beim Zertifikaterwerb ist der Einsatz von Bausparmitteln zulässig, bei Treuhandfonds ohne prämienschädliche Wirkung auch vor Sperrfristablauf.

Immobilienfondsanteile, vermögensteuerlich

Der vermögensteuerliche Wert des Anteils an einem geschlossenen Immobilienfonds entspricht, gleichgültig, ob das Eigentum am Grundbesitz über Kommanditbeteiligung oder Bruchteilseigentum vermittelt wird, dem Anteil des nach vermögensteuerlichen Vorschriften bewerteten Fondsvermögens. Da hiernach der dazugehörende Grundbesitz mit dem Einheitswert (einschl. 40% Zuschlag) anzusetzen ist und der sich danach ergebende Steuerwert i. d. R. wesentlich niedriger ist als der Verkehrswert, die vom Fonds aufgenommenen Hypotheken aber als Schulden mit dem Nennbetrag abgezogen werden können, ergibt sich rechnerisch oft für den Anteil ein negativer Wert. Dieser kann bei Vermögensteuerveranlagung vom Zertifikatinhaber wie ein Schuldposten berücksichtigt werden. Der Freibetrag für das private Kapitalvermögen in Höhe von DM 10000 gilt allerdings nicht für die Anteile an einem geschlossenen Immobilienfonds, denn diese gehören zum Grundvermögen. Er gilt aber für Anteile an offenen Immobilienfonds.

Immobilienfonds, Arten

Man unterscheidet offene und geschlossene Immobilienfonds, wobei erstere laufend neue Anteilscheine emittieren können, je nach Nachfrage. (1) Offene Immobilienfonds weisen gleiche Rechtskonstruktion wie Wertpapierinvestmentfonds auf. Das Grundstücksvermögen, das aus mind. 10 Objekten besteht, wird von einer KAG als Sondervermögen verwaltet, die treuhänderischer Eigentümer der Immobilien ist. Die Anteilsinhaber sind in Höhe ihrer Einzahlung indirekt Mitbesitzer der Liegenschaften des Fonds. Anteile können unbeschränkt ausgegeben werden. Es besteht kleine Anteilstückelung (um DM 100), Risikostreuung durch Beteiligung an vielen unterschiedlich gelegenen und genutzten Objekten, Rücknahmeverpflichtung der Fondsgesellschaft für ausgegebene Anteile zum Tagespreis, Steuervorteile durch teilweise steuerfreie Ausschüttungen und steuerfreie Wertzuwächse bei den Anteilen. (2) Bei geschlossenen Immobilienfonds ist i. d. R. eine KG Eigentümer des Grundstücksvermögens. Die Anteilszeichner beteiligen sich über den Erwerb von Kommanditanteilen am Fonds. Zur Abwicklungsvereinfachung ist meist eine Bank eingeschaltet, die alle Kommanditanteile als Treuhandkommanditist für die Anteilszeichner hält. Der geschlossene Immobilienfonds wird meist zur Finanzierung eines einzelnen bestimmten Immobilienprojektes aufgelegt, das allerdings aus mehreren Immobilien an verschiedenen Standorten bestehen kann. Wenn das dafür erforderliche Kapital aufgebracht ist, werden von der Fondsgesellschaft keine Anteile mehr ausgegeben. Fortan können nur noch Anteile gehandelt werden, die ein anderer Anteilinhaber abgibt. Anteile werden meist ab DM 1000 und höher angeboten. Den Anteilinhabern werden die Einnahmen und Ausgaben, die die Grundstücke betreffen, insbesondere steuerliche Abschreibungen, direkt zugerechnet. Die Bewertung der Anteile für vermögensteuerliche Zwecke ist günstig. (3) Bei Bruchteilsfonds kommt hinzu, daß man Bausparguthaben vor Ablauf der steuerlichen oder prämienrechtlichen Sperrfrist zum Erwerb der Anteile verwenden kann. Dem steht der Nachteil der Grunderwerbsteuerpflicht bei Veräußerung der Anteile gegenüber. Bei den Immobilienfonds ist eine Anzahl unterschiedlicher Rechtskonstruktionen anzutreffen; es sind Varianten des Vertrags- und des Gesellschaftstypus. In Deutschland sind vor allem 3 Formen entwickelt worden: (1) der Bruchteileigentumsfonds: Eine Treuhandgesellschaft erwirbt die Gegenstände des Fondsvermögens und verwaltet sie treuhänderisch für die Anteilinhaber. Diese sind wirtschaftlich Bruchteilseigentümer an Grundstükken. Die steuerlichen Abschreibungen stehen den Anteilinhabern zu. Der Fonds übernimmt keine Verpflichtung zur Rücknahme der Anteile. (2) Der Kommanditfonds (Vertragstypus): Eine KG erwirbt die Gegenstände des Fondsvermögens. Durch Kauf eines Kommanditanteils erwirbt der Anleger wirtschaftliches Miteigentum am Fondsvermögen. Der Fonds übernimmt keine Verpflichtung zur Rücknahme von Anteilen. (3) Der open-end fund (Vertragstypus): Die KAG legt das Fondsvermögen in Beteiligungen an Grundstücksgesellschaften an, die ihrerseits Eigentümer der Grundstücke sind. Der Anleger erwirbt Wertpapiere, die einen Forderungsanspruch an die KAG verbriefen. Die steuerlichen Abschreibungen stehen der Grundstücksgesellschaft zu. Der Fonds unterhält ständig eine Barposition, um seine Verpflichtung zur Rücknahme der Anteile erfüllen zu können, die nur für relativ kurze Fristen aussetzbar ist.

Immobilieninvestmentgesellschaften

KAG i. S. d. KAGG, deren Vermögenswerte in Immobilien angelegt sind. Ihr Geschäftsbereich ist darauf gerichtet, bei ihnen eingelegtes Geld im eigenen Namen für gemeinsame Rechnung der Einlagen nach dem Grundsatz der Risikomischung in Grundstücken sowie Erbbaurechten gesondert von dem eigenen Vermögen anzulegen und über die sich hieraus ergebenden Rechte der Einleger (Anteilinhaber) Urkunden (Anteilscheine) auszustellen. Für die Immobilienfonds gelten, sofern nicht ausdrücklich etwas anderes bestimmt ist – so z. B., daß Gegenstände des Grundstückssondervermögens nur im Eigentum der KAG stehen können –, die Vorschriften für KAG mit Wertpapiersondervermögen sinngemäß. Immobiliengesellschaften, die jeweils nur ein oder wenig im voraus bestimmte Objekte finanzieren (geschlossene Immobilienfonds) und auf Dauer behalten wollen, bemühen sich weitgehend, die steuerlichen Vorteile zu nutzen, die sich aus dem Bau von Gebäuden ergeben können. Das gesamte Vermögen und der gesamte Ertrag des Fonds gehören unmittelbar den Anteilinhabern.

Immobilien-Leasing-Fonds

→ Leasing-Fonds.

Immobilienmakler

Vermittler am Markt für Immobilien.

Immobilienmarkt

Der vielseitige Handel mit Immobilien. → Immobilienbörse, Immobilienmarkt.

Immobilien-Uhr

Bez. f. eine Grafik, die vier verschiedene Entwicklungsstadien eines Immobilienmarktes (Wachstum, Reife, Konsolidierung und Entwicklung), die in vorgeblich logischer Reihenfolge durchschritten werden, verdeutlichen soll. Wird zur Beurteilung internationaler Immobilienmärkte eingesetzt. An der Immobilien-Uhr wird vielfach kritisiert, daß sie nur eine sehr pauschale Beurteilung der Märkte widerspiegelt.

Immobilienzertifikate

Anteile an Immobilienfonds. Verbriefen gestückelten Besitz an Immobilien. Der Zertifikatinhaber ist über die Immobilieninvestmentgesellschaft am Grundbesitz beteiligt. Die organisatorische Abwicklung unter Einschaltung einer Investmentgesellschaft sowie die kleine Stückelung der Zertifikate ermöglichen auch Sparern mit mittleren Einkommen einen Erwerb von indirektem Eigentum an Immobilien. Die in Deutschland vertriebenen Immobilienzertifikate stammen von: (1) offenen Immobilienfonds: Die Fondsgesellschaft legt die ihr zufließenden Mittel in Haus- und Grundbesitz an und gibt dafür Anteilscheine in kleiner Stückelung, schon ab DM 50, aus. Der Fonds kann sein Vermögen vermehren und unbeschränkt Zertifikate ausgeben. Die Steuervorteile kommen der Gesellschaft und damit dem Anleger zugute. Offene Fonds unterliegen dem KAGG; (2) geschlossenen Immobilienfonds: Für ein oder mehrere Objekte im Wohnungsbau oder bei gemischt genutzten Bauvorhaben wird ein eigener Fonds gebildet. Im Gegensatz zu offenen Fonds kann dessen Vermögen nicht weiter vermehrt werden. Die auszugebende Anteilszahl ist von vornherein begrenzt. Bei gesellschaftsrechtlich konstruierten Fonds ist der Grundstückseigentümer eine Personengesellschaft, an der die Zertifikatinhaber als Mitgesellschafter beteiligt sind. Bei Treuhandfonds erhält der Anteilseigner wirtschaftliches Bruchteilseigentum an den Fondsobjekten. Gegenüber der Gesellschaft, die rechtlicher Eigentümer der Objekte ist, erwirbt er einen Anspruch gegen den Fondsträger. Bei geschlossenen Fonds kann jeder Zertifikatinhaber selbst die Steuervergünstigungen geltend machen. Sie unterliegen nicht dem KAGG.

Immobilienzertifikate als Kapitalanlage

Anteile seriöser Immobilienfonds sind eine wertbeständige Anlage. Sie erreichen i. d. R. auch Wertzuwächse durch fortschreitende Tilgung ihres Fremdkapitals und steigende Bau- und Bodenpreise. Bei relativ geringem Verwaltungsaufwand gewähren sie regelmäßige Verzinsung. Bei offenen Fonds setzen sich die Erträge, die einmal pro Jahr an die Anteilsinhaber ausgeschüttet werden, vor allem aus Miet- und Pachteinnahmen des Fonds zusammen. Zum Erfolg gehört auch der steuerfreie Wertzuwachs. Die direkten Steuervorteile in Form von Abschreibungen werden von der Gesellschaft genutzt und kommen damit auch dem Anleger – durch erhöhte Ausschüttungen oder Wertzuwachs – zugute. Der geschlossene Fonds ist dagegen für steuerorientierte Anleger zweckmäßig. Da der Zeichner Miteigentümer am Immobilienbesitz wird, kann er auch Abschreibungen und Steuervorteile geltend machen. Die Erträge sind solche aus Vermietung und Verpachtung. Daneben erzielen die Fonds Wertsteigerungen; sie resultieren hier aus der Entschuldung des Grundbesitzes. Bei der Auswahl der Anlagen muß auf die Bonität der Verwaltungsgesellschaft und der Treuhänderbank geachtet werden. Echte Treuhandschaft ist nur gewährleistet, wenn die Fondsgesellschaft keinen Einfluß auf Entscheidungen und Beurteilung der Treuhänder bzw. des für die Bewertung der Vermögenswerte zuständigen Sachverständigenausschusses nehmen kann. Wenn sich Fondsgesellschaften und Treuhänder aus dem gleichen Personenkreis zusammensetzen, ist die Treuhandfunktion kritisch zu sehen. Bei offenen Fonds ist die Verfügbarkeit über die Anteile jederzeit gewährleistet, da die Immobiliengesellschaft zum Rückerwerb der angebotenen Anteile verpflichtet ist. Bei geschlossenen Fonds existiert kein geregelter Markt; die Gesellschaften sind jedoch meist bereit, beim Verkauf der Anteile als Vermittler tätig zu werden. Bei Treuhandfonds ist wegen des Anfalls von 7% Grunderwerbsteuer für Nacherwerber die Fungibilität ohnehin eingeschränkt. Zertifikate offener Fonds sind als längerfristige Geldanlage für solche Anleger geeignet, für die die persönliche Ausnutzung der mit dem Grundbesitz verbundenen Steuervorteile keine Bedeutung hat. Anteile geschlossener Fonds sind für Anleger interessant, die zur ESt und VSt veranlagt werden und wegen der Höhe ihrer steuerpflichtigen Einnahmen Steuervorteile persönlich nutzen wollen.

Immobilienzertifikate, Transaktionskosten

Im Ausgabepreis offener Immobilienfonds sind Ausgabekosten von rd. 3–5% enthalten (als Differenz zwischen Ausgabe- und Rücknahmepreis). Beim Kauf von Anteilen geschlossener Immobilienfonds wird meist ein Aufgeld von etwa 3% vom Nennwert berechnet. Bei Verkauf ergeben sich Kosten von etwa 2% vom Rückkaufswert. Bei Fonds ohne Rücknahmeverpflichtung werden die Rückkaufskosten frei vereinbart. Bei Treuhandfonds ist 2% Grunderwerbsteuer bei Eigentümerwechsel zu zahlen.

impact day

Erster Tag, an dem eine Emission gehandelt wird.

implicit forward rate

Aus der Zinsertragskurve errechenbare Verzinsung einer zukünftigen Periode. Kann durch zwei entgegengesetzte Termingeschäfte mit unterschiedlichen Laufzeiten realisiert werden.

implied volatility

Von Marktteilnehmern antizipierte Kursveränderungsrate des einer Option zugrunde liegenden Basisobjekts über die Restlaufzeit der Option.

implizite Volatilität

→ implied volatility.

im Schlepptau

Bez. f. eine Situation der Börse, bei der sich deren Kurse im Anschluß an die anderer, meist ausländischer Börsen, entwickeln.

im Verlauf erholt

Tendenzbezeichnung an der Börse für ein Wiedereinholen des zunächst zurückgegangenen Kursniveaus.

im Verlauf nachgebend

Tendenzbez. an der Börse, wenn während des Ablaufs der Börsenzeit eine meist leicht rückläufige Kurstendenz an allen Märkten feststellbar ist.

in Abwicklung (i. A.)

→ in Liquidation (i. L.).

in and out

Am Euromarkt Bez. f. Kauf und Verkauf von Wertpapieren innerhalb eines sehr kurzen Zeitraums.

in blanco (blanko)

→ Blankoverkäufe.

Inc.

Abk. f. Incorporated (adj.). Angelsächsische Bez. für „als Gesellschaft amtlich eingetragen". Entspricht der deutschen AG.

incl.

Einschließlich; z. B. inklusive Dividende, inklusive Bezugsrecht. Gegensatz: exklusive (excl.).

income debentures

Auch: income bonds. Anders als bei normalen debentures ist der Zinsanspruch des Obligationärs nicht fest vorgegeben, sondern ganz oder (meist) teilweise vom Gewinn der ausgebenden Gesellschaft abhängig. Income debentures können cumulative sein, d. h. nichtbezahlte Zinsen früherer Jahre müssen später bei guter Ertragslage nachgezahlt werden, oder non-cumulative, d. h. die nichtbezahlten Zinsen verfallen endgültig.

income fund

Investmentfonds, der ein möglichst hohes laufendes Einkommen, d. h. einen möglichst guten Barertrag, anstrebt (Einkommensfonds). Substanzvermehrung ist nur nachrangiges Ziel.

income shares (stocks)

Bez. f. Wertpapiere, die sich in der Vergangenheit durch eine kontinuierliche Ausschüttungspolitik ausgezeichnet haben und eine relativ hohe Rendite erwarten lassen. Diese Papiere werden zumeist von Anlegern präferiert, die mehr an einem möglichst gesicherten Einkommen interessiert sind als an Kursgewinnen.

incorporated company

Kapitalgesellschaft US-Rechts, die etwa der deutschen AG entspricht. Abk.: Inc.

incorporation

Amtliche Eintragung einer Gesellschaft.

IndEC

Von der IndEC Ltd. konzipierter Index, der die Entwicklung des gesamten EG-Aktienmarktes widerspiegeln soll. Der IndEC umfaßt 250 Aktien. Darüber hinaus wird das IndEC-Indexsystem ergänzt von dem blue-chip-Index „IndEC Blue“ mit 75 Werten sowie von nationalen und sektoralen Indizes. Die Gewichtung der einzelnen Länder erfolgt anhand ihres Bruttoinlandsprodukts und der Marktkapitalisierung. Der IndEC Blue berücksichtigt keine Nationalitäten. Es werden die 75 Aktienwerte aufgenommen, die zusammen mehr als 1 000 Mrd. US-Dollar Marktwert repräsentieren. Die Indizes werden in verschiedenen Währungen (US-Dollar, Yen und einem Währungskorb) berechnet. Basis ist der 1. 1. 1987 = 1000.

Index

→ Indexzahlen.

Indexanleihe

Anleihe, bei der die Höhe der Zinszahlungen – und/oder auch der Rückzahlungsbetrag – nicht bei der Ausgabe der Anleihe fest bestimmt ist, sondern sich nach den jeweils zu den betreffenden Zins-/Tilgungsterminen bestehenden allgemeinen wirtschaftlichen Verhältnissen, nach Aktienindizes, nach dem Lebenshaltungskostenindex u. a. richtet. Anleihen mit Indexklauseln werden an einigen Börsen gehandelt. Dabei wurden als Indizes gewählt: Monatsumsatz der Stahlindustrie, Preis der kWh, Preis der Eisenbahn-km, Umsatz der staatlichen Ölgesellschaften, Aktien- und Rentenindex, Goldpreis. Dadurch sollen die Anleihegläubiger gegen Geldwertverschlechterungen geschützt werden. In Deutschland sind solche Emissionen praktisch nicht zulässig, da die Ausgabe von Indexanleihen von der Bundesbank genehmigt werden muß, diese solche Genehmigungen aber nur selten erteilt.

Indexbindung

Bindung von Preisen an die Entwicklung bestimmter Indizes. So wird im Inland manchmal gefordert, im Ausland teilweise verwirklicht, die Veränderungen der Löhne und Gehälter an den Lebenshaltungskostenindex zu koppeln, Veränderungen der Mieten an einen Mietindex usw. Indexbindung von Preisen, Anleihen und sonstiger Geldforderungen wird wegen inflationsfördernder Wirkung meist negativ beurteilt. → Indexanleihe → Indexierung.

Index der Börsenumsätze

Errechnet die Frankfurter Wertpapierbörse börsentägig für die Umsätze in amtlich notierten deutschen Aktien. Entsprechend bei anderen Börsen.

Indexdividende

Zum Schutz von Minderheitsaktionären kann diesen die Bindung der auszuschüttenden Dividende z. B. an einen Dividenden- oder Aktienindex gewährt werden.

Indexfonds

Kapitalanlagefonds, deren Zusammensetzung denen ausgewählter Indizes entspricht. Im Gegensatz zu klassischen Investmentfonds erfolgt keine Umschichtung der im Fonds enthaltenen Titel entsprechend der erwarteten Kursentwicklung. Verfolgt wird die entgegengesetzte Strategie des buy and hold. Die in den USA erstmals Mitte der 70er Jahre gegründeten Indexfonds basieren auf der Annahme, daß selbst professionelle Portfolio-Manager infolge der Schnelligkeit der Informationsverarbeitung und zunehmenden Informationstransparenz durch aktives Portfolio-Management keine bessere performance erreichen können als Indizes nachgebildete, die durchschnittliche Marktentwicklung repräsentierende Fonds. Empirisch konnte nachgewiesen werden, daß nur eine geringe Zahl aktiv verwalteter Portfolios eine bessere performance als Indexfonds aufweisen. Vorteile der Indexfonds resultieren insbesondere aus den entfallenden Transaktionskosten der Umschichtungen und den entfallenden Kosten von Analyseabteilungen. Darüber hinaus kann der Anteil liquider, unverzinslicher oder niedrig verzinslicher Mittel an den Investmentanlagen geringer gehalten werden.

index futures

→ Aktienindexhandel → financial futures. Index-futures-Handel verschiedenster Art findet sich an den meisten großen internationalen Börsen und seit 1990 auch an der Deutschen Terminbörse (DTB).

index futures contract

Index-Terminkontrakt.

index futures option contract

Option auf einen Index-Terminkontrakt, z. B. Option auf einen Aktienindex-Terminkontrakt.

Indexierung

Koppelung bestimmter Größen an einen Index; Durchführung der Indexbindung.

Indexklausel

→ Wertsicherungsklausel → Indexbindung.

index option

Option auf einen Index.

Indexoptionsscheine

Ohne anhängende Anleihe begebene („nackte") Optionsscheine. Es lassen sich call- und put-Indexoptionsscheine unterscheiden. Call-(put-)Indexoptionsscheine berechtigen entweder zum Bezug (Verkauf) eines Aktienportfolios, das in seiner Zusammensetzung einem Aktienindex (z. B. DAX, S&P 500, Nikkei, NYSE) entspricht, zu im voraus festgelegten Preisen und Bedingungen oder zur Zahlung eines Differenzbetrags. Dieser errechnet sich aus dem Basispreis und dem am Ausübungstag gültigen Stand des zugrundeliegenden Index. Käufer von call-(put-) Indexoptionsscheinen erwarten während der Laufzeit steigende (sinkende) Kurse der in dem Index vertretenen Aktien. Die Laufzeiten der Indexoptionsscheine sind relativ kurz und betragen i. d. R. ein bis zwei Jahre. Emittenten sind häufig Banken. In Deutschland werden Indexoptionsscheine i. d. R. in den Geregelten Markt und/oder Freiverkehr eingeführt.

indexorientierter DAX-Werte-Fonds

Bez. f. einen Investmentfonds, der als → Indexfonds konzipiert ist. Die Zusammensetzung des Fondsvermögens entspricht annähernd der des Deutschen Aktienindex (DAX). Da aufgrund der KAGG-Vorschriften die Gewichtung jedes einzelnen Aktienwertes im Gesamtportfolio nicht höher als 5% liegen darf – in Einzelfällen ist ein Anteil bis 10% erlaubt, wobei die Summe der über 5% hinausgehenden Titel 40% des gesamten Sondervermögens nicht überschritten hat – besteht für das Fondsmanagement die Notwendigkeit, Werte mit hoher Marktkapitalisierung, wie z. B. Allianz, durch ähnliche Aktien zu substituieren. Da der Fonds eine mit dem DAX identische Kursentwicklung anstrebt, muß er zu nahezu 100% investiert sein.

Indexsparen

Bindung des Sparzinses an einen Index, z. B. den Index der Lebenshaltungskosten. Die Vereinbarung von Wertsicherungsklauseln im Zusammenhang mit Zahlungsverpflichtungen aus dem Geld- und Kapitalverkehr ist grundsätzlich nicht genehmigungsfähig.

Index-Terminkontrakte

→ Aktienindexhandel → financial futures.

Indexzahlen, -ziffern

Kennzahlen, die zu statistischen , zeitlichen und örtlichen Vergleichen dienen, z. B. zur Feststellung der Produktions-, Preis-, Lohn-, Kursentwicklung. Die Vergleichszahl eines Zeitpunkts oder Zeitabschnitts (Basiswert) wird = 100 gesetzt. Auf diesen Wert werden alle weiteren Vergleichszahlen bezogen. Hierdurch entsteht eine fortlaufende Reihe von Indexzahlen, die die Entwicklung über Zeitabschnitte bis zur Gegenwart kennzeichnen. Bei einem gewogenen Index werden die einzelnen Komponenten je nach ihrer Bedeutung schwächer oder stärker berücksichtigt. Beispiele: Aktienindex, Rentenindex, Börsenindex, Kursindex. Der vom Statistischen Bundesamt berechnete Aktienindex vermittelt einen Überblick über die Kursentwicklung der Aktien von über 30 Wirtschaftszweigen.

indifferente Geschäfte

Auch: durchlaufende Geschäfte. Bei einer Bank die Dienstleistungsgeschäfte im engeren Sinne, die also weder Kredit- noch Einlagengeschäft noch Eigengeschäfte sind und sich daher auch nicht in der Bilanz niederschlagen. Beispiele: Zahlungsverkehr, Effektenkommissions-, Depotgeschäft, Inkasso usw.

Indikator

Anzeichen einer Veränderung im Wirtschaftsablauf. Die technische Aktienanalyse hat ein ganzes System von Indikatoren entwickelt, das zur Vorbestimmung von Börsenkursverläufen dienen soll.

indirekte Abschreibung

Abschreibung mittels Wertberichtigungen. Gegens.: direkte Abschreibung, erfolgsrechnungsmäßig zum gleichen Resultat führend.

indirekte Notiz (Notierung)

→ Mengennotierung.

Individualfonds

Investmentfonds, der im Gegensatz zum Publikumsfonds nur für einen einzelnen Großanleger, z. B. eine Versicherungsgesellschaft, von einer KAG aufgelegt und verwaltet wird.

Individualversicherung

Sammelbez. der privatwirtschaftlichen Versicherung. Gegens.: Sozialversicherung. Träger sind Versicherungs-AG, VVaG, und öffentlich-rechtliche Versicherungsunternehmen.

indossable, indossierbare Wertpapiere

Durch Indossament übertragbare Wertpapiere, z. B. Wechsel, Namensaktien.

Indossament (Giro)

Schriftliche Übertragungserklärung bei Orderpapieren. Die schriftliche Erklärung ist meist auf der Rückseite des Orderpapiers anzubringen, wodurch Eigentum und die weiteren Rechte aus dem Wertpapier durch den bisherigen Inhaber der Urkunde (Indossant, Girant) auf einen anderen (Indossatar, Giratar) übertragen werden. Es braucht den Indossatar nicht zu bezeichnen, kann sogar nur aus der Unterschrift des Indossanten bestehen (Blankoindossament).

Indossant (Girant)

Übertragender von Orderpapieren (bisheriger Inhaber).

Indossatar (Giratar)

Übernehmender von Orderpapieren (künftiger Inhaber).

indossieren (girieren)

Ausstellen eines Indossaments.

industrial development bonds

US-amerikanische Anleihen, die für kleine und mittlere Unternehmen auch aus dem Ausland eine zinsgünstige Form der Investitionsfinanzierung darstellen. Sie können von Unternehmen für Investitionen bis zu 10 Mill. US-$ emittiert werden. Der Zinsvorteil gegenüber einer herkömmlichen Finanzierung liegt zwischen 1,5 und 3%. Er liegt darin begründet, daß die Käufer der bonds keine Steuern auf die Zinsen zahlen müssen. Die Laufzeiten liegen i. d. R. zwischen 10 und 30 Jahren.

Industrieaktien

Aktien von Industrieunternehmen im Gegensatz zu Bankaktien, Verkehrsaktien, Versicherungsaktien usw. Industrieaktien werden im amtlichen Kursblatt alphabetisch aufgeführt, wobei für die Reihenfolge der von der Firmenbezeichnung oft abweichende Börsenname bestimmend ist.

Industrieanleihe

→ Industrieobligation (-anleihe, -schuldverschreibung).

Industriegeldmarkt

Kurzfristiger Ausgleich von Liquiditätsüberschüssen und -defiziten zwischen Industrie- und Handelsunternehmen.

Industrieobligation (-anleihe, -schuldverschreibung)

Festverzinsliche Anleihe, deren Emittent (Schuldner) ein Industrieunternehmen ist. Diese Wertpapiere dienen der Beschaffung langfristigen Fremdkapitals, das meist für Investitionen benötigt wird. Besicherung erfolgt regelmäßig durch erststellige Grundschulden oder Sicherungshypotheken; in Ausnahmefällen kommen auch Bürgschaften von anderen Unternehmen, öffentliche Bürgschaften u. ä. in Frage. Bei bekannten Unternehmen unzweifelhafter Bonität werden auch Negativerklärungen abgegeben. Die Konditionen sind unterschiedlich; die Anleihebedingungen geben im einzelnen Auskunft darüber. Industrieobligationen werden an den Börsen meist amtlich gehandelt und notiert. Die deutschen Unternehmen haben in den letzten Jahren nur in wenigen Fällen von der Möglichkeit, Fremdkapital durch Auflegung einer Anleihe aufzunehmen, Gebrauch gemacht. Statt dessen sind die flexibleren und kostengünstigeren Schuldscheindarlehen sowie commercial paper stark in den Vordergrund gerückt.

Industrie- und Handelskammer (IHK)

Interessenvertretung der Gewerbe- und Handeltreibenden (nicht des Handwerks) in einem bestimmten Wirtschaftsbezirk i. d. F. einer Körperschaft öffentlichen Rechts. An manchen Börsenplätzen ist die IHK Rechtsträger der Wertpapierbörse. An einigen Börsen wirkt die IHK bei Zusammensetzung des Börsenvorstands sowie der Zulassungsstelle mit und ist zuständig für Beschwerden gegen Entscheidungen des Börsenvorstands und der Zulassungsstelle. Bei der Gründung einer AG werden Gründungsprüfer vom Gericht nach Anhören der IHK bestellt. Bei der IHK kann jedermann einsehen: den Bericht der Gründungsprüfer, den Prüfungsbericht bei einer Kapitalerhöhung mit Sacheinlagen, den Prüfungsbericht bei Umwandlung einer GmbH in eine AG.

Inflation

Übermäßige monetäre Ausweitungsprozesse, die zu einer Situation führen, in der die gesamte kaufkräftige Nachfrage nach Gütern und Diensten in einer Volkswirtschaft größer ist als das gesamte Angebot. Merkmale der Inflation sind steigende Preise (Geldentwertung) und, falls diese durch staatliche Maßnahmen gestoppt werden, Bildung eines schwarzen Marktes, Flucht in Sachwerte, was wieder erhöhte Umlaufgeschwindigkeit des Geldes und damit neuen Preisauftrieb zur Folge hat, letztlich Ersetzung des Geldes durch andere nichtmonetäre Tauschmittel. Durch Inflation werden die Gläubiger von Geldforderungen, vor allem Sparer und Rentner, benachteiligt, während der Kreditnehmer seine Schulden mit entwertetem Geld zurückzahlen kann und der Sachwertbesitzer seine Vermögenswerte behält oder sich verbessert. Halten sich die Geldentwertungsraten in engeren Grenzen, spricht man von schleichender Inflation, ansonsten von offener, galoppierender, Hyperinflation.

information memorandum

Ähnlich einem Anleiheprospekt am internationalen Kapitalmarkt ausführliche Informationen der führenden Bank über einen Kreditnehmer (auch Anleiheemittenten). Wird bei der Syndizierung an interessierte Banken verteilt.

Informationsvorsprung

Informationen, die bestimmte Personen zeitlich früher oder in höherem Maße als andere haben. Ziel der Insiderhandelsrichtlinien ist es, zu verhindern, daß Insider einen Informationsvorsprung durch Insiderinformationen zu Insidergeschäften ausnutzen.

Inforuf

Börseninformationssystem der Deutschen Bundespost Telekom. Marktberichte, Kursinformationen und Nachrichten zu den wichtigsten Weltbörsen werden über das Cityruf-Netz drahtlos übermittelt; dem Empfänger werden die Informationen auf einem handlichen pager angezeigt.

Inhaberaktie

Auf den Inhaber, nicht auf einen bestimmten Namen lautende Aktie. In Deutschland normale und vorherrschende Aktiengattung. Die Übertragung erfolgt formlos durch Einigung und Übergabe des Wertpapiers, so daß sie zur Anlage besonders geeignet sind. Das AktG sieht die Inhaberaktie als Regelfall vor. Gegens.: Namensaktie. Aktien sind als Inhaberaktien (Inhaberpapiere) auszustellen, wenn die Satzung der AG nichts anderes bestimmt. Die Satzung kann bestimmen, daß auf Verlangen eines Aktionärs seine Inhaber- in eine Namensaktie oder seine Namens- in eine Inhaberaktie umzuwandeln ist.

Inhaberklausel

Auf Inhaberpapieren der Vermerk, daß die betreffende verbriefte Leistung an den (unbenannten) Inhaber des Papiers erbracht werden kann.

Inhaberpapiere

Wertpapiere, in denen der Berechtigte nicht namentlich genannt ist und aus dem der jeweilige Inhaber das in der Urkunde verbriefte Recht geltend machen kann: Das Recht aus dem Papier folgt dem Recht an dem Papier. Das Papier wird nach sachenrechtlichen Grundsätzen durch Einigung und Übergabe auf einen neuen Eigentümer übertragen, ohne daß in der Urkunde eine Änderung erfolgen muß. Inhaberpapiere sind i. d. R. Kommunalschuldverschreibungen, Pfandbriefe, Obligationen, Inhaberaktien, praktisch aber auch mit Blankoindossament versehene Wertpapiere. Als hinkende Inhaberpapiere werden Urkunden bezeichnet, in denen der Aussteller einem namentlich benannten Gläubiger eine Leistung verspricht, gleichzeitig aber bestimmt ist, daß die Leistung an jeglichen Inhaber der Urkunde bewirkt werden kann; Übertragung wird nicht nur durch Einigung und Übergabe der Urkunde vorgenommen, sondern durch Abtretung der in der Urkunde verbrieften Forderung. Beispiel: Sparbücher.

Inhaberpapiere sind in Deutschland die meisten Aktien und Schuldverschreibungen. Es gibt Inhaberpapiere, die ein Forderungsrecht verbriefen (z. B. Inhaberschuldverschreibungen) und solche, die Mitgliedschaftsrechte verbriefen (z. B. Inhaberaktien). Auch Vorzugsaktien sind überwiegend Inhaberpapiere, gleichfalls die Anteilscheine der deutschen Investmentfonds. Gegens.: Namenspapiere.

Inhaberpapier, hinkendes

→ Inhaberpapiere → Legitimationspapier.

Inhabersammelzertifikate der Deutsche Auslandskassenverein AG

Für jede in den Treuhandgiroverkehr einbezogene ausländische Wertpapierart wird von der Deutsche Auslandskassenverein AG jeweils nur eine ausländische Lagerstelle festgelegt. Anstelle der von vielen einzelnen Banken im Ausland zu unterhaltenden Wertpapierdeckungsbestände werden diese einheitlich vom Auslandskassenverein unter seinem Namen im Ausland gehalten, und darüber werden Inhabersammelzertifikate ausgestellt. Die ausländischen Wertpapieran- und -verkäufe von Banken brauchen dann dort nicht jeweils in unmittelbare Stücketransaktionen umgesetzt zu werden, sondern werden zentral beim Auslandskassenverein verbucht.

Inhaberschuldverschreibungen

Inhaberpapiere, die ein Forderungsrecht – Geldforderungen – verbriefen; praktisch alle heute emittierten Anleihen. Die Verbindlichkeiten des Aussteller gegen den Inhaber regeln §§ 793 ff. BGB.

initial investment

Ersteinzahlung auf ein Investmentkonto oder -programm.

initial margin

Betrag, den Käufer und Verkäufer bei Eröffnung einer Terminkontrakt-Position gegenüber dem clearing house als Einschuß zu entrichten haben. Die Höhe dieser Sicherheitseinlage richtet sich insbesondere nach Laufzeit und Volatilität des Terminkontrakts. → maintenance margin.

initial offering

→ Erstausgabe.

initial offering period

→ Erstausgabezeit.

initial offering price

→ Erstausgabepreis.

initial public offerings (IPOS)

Am US-amerikanischen Markt: Neuemissionen von Aktien bislang nicht börsennotierter Unternehmen (going public).

initial underwriting

Verpflichtungserklärung der Führungsgruppe bei Kreditkonsortialgeschäften.

initiative Anlage

→ Kapitalanlagearten.

Inkasso

Einzug fälliger Forderungen, vor allem von Wechseln, Schecks, ausgelosten Wertpapieren, Coupons, Lastschriften usw. durch Banken oder sonstige Beauftragte. → Inkassogeschäft.

Inkassogeschäft

Einziehungsgeschäft, das sich mit dem Einzug von Lastschriften, Schecks, Wechseln, Zins- und Dividendenscheinen, Dokumenten, Sparbüchern befaßt. Meist werden Inkassogeschäfte durch Banken abgewickelt. Beim Inkasso von Zins- und Dividendenscheinen fungieren bestimmte Banken als offizielle Zahlstellen der verpflichteten Gesellschaften. Soweit eine Bank, die nicht selbst Zahlstelle ist, im Besitz fälliger Zins- und Dividendenscheine ist, wird sie einen dem Scheck- und Wechselinkasso ähnlichen Einzug veranlassen. Die Einlösung der Scheine erfolgt zu Lasten des Emissionshauses bei der als Zahlstelle dienenden Bank. Banken führen auch das Inkasso von Sparbüchern durch, wenn ein Kunde den Auftrag gibt, ein bei einer anderen Bank unterhaltenes Sparbuch einzuziehen.

Inkassoprovision

Einzugsgebühr für Inkassogeschäfte, die unterschiedlich und häufig vom Volumen des Arbeitsanfalls abhängig ist.

in Kost geben (1)

Kurzfristig verfügbare Devisen für ein swap-Geschäft verwenden.

in Kost geben (2)

Bei Prolongation von Wertpapiertermingeschäften: Sind die Hausseerwartungen eines Terminkäufers von Wertpapieren (noch) nicht in Erfüllung gegangen, kann er sich einen Geldgeber suchen, der die Wertpapiere per heute ankauft und per einen Monat später zu einem heute vereinbarten Kurs wieder verkauft. Der Rückkaufkurs wird i. d. R. über dem Ankaufskurs liegen.

Inkunabeln

Bez. f. Bücher aus der Frühzeit (vor 1500) des Buchdrucks. Besonders für Sammler interessant. Gut erhaltene Exemplare besitzen einen beträchtlichen Wert; sie werden häufig auf Buchversteigerungen angeboten.

Inländerkonvertibilität

Konvertierbarkeit der eigenen Währung eines Landes, begrenzt auf Inländer.

in Liquidation (i. L.)

Firmenzusatz bei Unternehmen, die sich im Stadium der Auflösung (Liquidation) befinden. Auch: i. A. (in Auflösung).

Innenfinanzierungskennzahlen

Kennzahlen, die über das Ausmaß der Innenfinanzierung Aufschluß geben sollen. Dazu können gebildet werden: einbehaltene Gewinne zu Jahresüberschuß, Abschreibungen oder Erhöhung der Rückstellungen zu Umsatzerlösen, Neuinvestitionen zu Erhöhung der langfristigen Verbindlichkeiten und Eigenmittel.

Innenkonsortium

Konsortium, daß durch das Fehlen einer gemeinschaftlichen Vertretung gekennzeichnet ist. Im Gegensatz zum Außenkonsortium tritt es nach außen nicht in Erscheinung. Alle Geschäfte mit Dritten werden im Namen des jeweiligen Konsorten abgeschlossen, obwohl sie im Innenverhältnis für Rechnung aller Konsorten gehen.

innerer Wert (1)

Eigentlicher Wert einer Aktie. Oft als Ertrags- oder als Substanzwert errechnet. Im ersteren Fall als Kapitalisierung zukünftiger Erträge, im letzteren als bilanziertes Nettovermögen (Buchwert) plus (geschätzte) stille Reserven, dividiert durch die Anzahl der emittierten Aktien der AG:

$$I_A = \frac{N+R}{A}$$

wobei: I_A = innerer Wert je Aktie, N = Nettovermögen, R = stille Reserven, A = Anzahl der Aktien. Bei der Bewertung von Aktien kommt der Ertragskraft (dem Ertragswert) große Bedeutung zu: Der innere Wert einer Aktie steigt mit steigender Ertragskraft der Unternehmung. Um die Ertragskraft einer Unternehmung und damit den inneren Wert einer Aktie ermitteln zu können, greift man zweckmäßig auf eine Reihe von Indikatoren zurück, die in ihrer Gesamtheit ein Bild darüber vermitteln, mit welcher price-earnings ratio die Aktie unter rationalen Gesichtspunkten vom Anleger bewertet werden kann. Diese Indikatoren lassen sich in 6 Gruppen zusammenfassen: (1) Ertragsfähigkeitsindikatoren, (2) Wachstums- oder Fortschrittsindikatoren, (3) Stabilitätsindikatoren, (4) Gewinnausschüttungsindikatoren, (5) finanzstrukturelle Indikatoren, (6) Kursbildungsindikatoren. Zur Anlageentscheidung wird dann der geschätzte innere Wert insofern verwendet, daß eine Aktie als preisgünstig und kaufenswert erscheint, wenn ihr Marktwert (Börsenwert) unterhalb ihres inneren Wertes liegt, und umgekehrt.

innerer Wert (2)

Der innere Wert einer Option errechnet sich als der Betrag, in dessen Höhe der Kurs des der Option zugrunde liegenden Basisobjekts bei Kaufoptionen den Basispreis der Option übersteigt, bei Verkaufoptionen hingegen geringer als der Basispreis der Option ist. Dementsprechend ist der innere Wert von in-the-money-Optionen positiv; bei at-the-money-Optionen und out-of-the-money-Optionen hat dieser einen Wert von null.

inoffizielle Börsentermingeschäfte

Termingeschäfte, deren Betreiben nicht offiziell zugelassen ist. Sie sind im Gegensatz zu offiziellen Börsentermingeschäften von der Benutzung der Börseneinrichtungen und von der Vermittlung durch Kursmakler ausgeschlossen. Sie sind aber unter den gleichen Voraussetzungen rechtsverbindlich wie offizielle Börsentermingeschäfte.

Insichgeschäft

Geschäft, das jemand mit sich selbst als Vertreter von 2 verschiedenen Personen oder in eigenen Namen bei gleichzeitiger selbständiger Vertretung eines Geschäftspartners abschließt. Grundsätzlich sind Insichgeschäfte verboten, es sei denn, daß die Vertragspartner das Selbstkontrahieren gestattet haben. Insichgeschäfte sind üblich beim Girosammelverkehr im Wertpapiergeschäft sowohl bei Zwischenverwahrern als auch beim Kassenverein. Im Effektenkommissionsgeschäft der Banken ist es möglich, vorliegende Kauf- und Verkaufaufträge durch Insichgeschäfte auszugleichen, evtl. auch durch Übernahme in den eigenen oder durch Hergabe aus dem eigenen Bestand.

Insider, Begriff

Nach dem WpHG ist Insider, wer (a) als Mitglied der Geschäftsführung oder des Aufsichtsorgans oder als persönlich haftender Gesellschafter des Emittenten oder eines mit dem Emittenten verbundenen Unternehmens, (b) aufgrund seiner Beteiligung am Kapital des Emittenten oder eines mit ihm verbundenen Unternehmens oder (c) aufgrund seines Berufs oder seiner Tätigkeit oder seiner Aufgabe bestimmungsgemäß Kenntnis von einer → Insidertatsache hat. Eine Bewertung, die ausschließlich aufgrund öffentlich bekannter Tatsachen erstellt wird, gilt nicht als Insidertatsache, selbst wenn sie den Kurs von Insiderpapieren stark beeinflussen kann.

Insider Dealing Group

Komitee der London Stock Exchange, das seit 1984 Insidergeschäfte verfolgt.

Insidergeschäfte, laufende Überwachung

Das börsliche und außerbörsliche Geschäft mit Insiderpapieren wird vom Bundesaufsichtsamt für den Wertpapierhandel überwacht. Es kann von inländischen Banken und Unternehmen, die an einer inländischen Börse zum Handel zugelassen sind, Auskünfte über Geschäfte in Insiderpapieren verlangen. Die Auskunftspflicht erstreckt sich auf den Bestand, die Zusammensetzung und die Veränderung ihrer Wertpapierdepots. Ergeben sich Anhaltspunkte für einen Insiderverstoß, so muß der Auskunftspflichtige auf Verlangen des Bundesaufsichtsamts die Identität der Auftraggeber und der aus den Geschäften berechtigten oder verpflichteten Personen sowie die Bestandsveränderungen bei Wertpapierdepots angeben. Emittenten von Insiderpapieren sind verpflichtet, dem Bundesaufsichtsamt Auskünfte über Insidertatsachen und über Personen zu erteilen, die von solchen Tatsachen Kenntnis haben.

Insidergeschäfte, Verbot

Insidern ist es nach dem WpHG verboten, 1. unter Ausnutzung ihrer Kenntnis von einer Insidertatsache Insiderpapiere für eigene oder fremde Rechnung oder für einen anderen zu erwerben oder zu veräußern, 2. einem anderen eine Insidertatsache unbefugt mitzuteilen oder zugänglich zu machen und 3. einem anderen auf der Grundlage ihrer Kenntnis von einer Insidertatsache den Erwerb oder die Veräußerung von Insiderpapieren zu empfehlen. Einem Dritten, der Kenntnis von einer Insidertatsache hat, ist es verboten, unter Ausnutzung dieser Kenntnis Insiderpapiere für eigene oder fremde Rechnung oder für einen anderen zu erwerben oder zu veräußern, sofern er weiß oder infolge von Leichtfertigkeit nicht Kenntnis davon besitzt, daß die Informationen über die Insidertatsache unmittelbar oder mittelbar von einem Insider stammen.

Insidergesetz

Andere Bez. f. Wertpapierhandelsgesetz.

Insiderpapiere

Nach dem WpHG zählen dazu Wertpapiere, die (a) an einer inländischen Börse zum Amtlichen Handel oder zum Geregelten Markt zugelassen oder in den Freiverkehr einbezogen sind, oder (b) in einem anderen EG-Land oder einem anderen Vertragsstaat des Abkommens über den Europäischen Wirtschaftsraum zum Amtlichen Handel oder zum Handel an einem anderen Markt zugelassen sind, der von staatlich anerkannten Stellen geregelt und überwacht wird, regelmäßig stattfindet und für das Publikum unmittelbar oder mittelbar zugänglich ist. Als Insiderpapiere gelten auch (1) Rechte auf Zeichnung, Erwerb oder Veräußerung von Wertpapieren, (2) Rechte auf Zahlung eines Differenzbetrages, der sich an der Wertentwicklung von Wertpapieren bemißt, (3) Finanzterminkontrakte sowie Rechte auf Zeichnung, Erwerb oder Veräußerung von Finanzterminkontrakten sowie (4) sonstige Terminkontrakte, die zum Kauf oder zum Verkauf von Wertpapieren verpflichten.

Insidervergehen, Bußgeldvorschriften

Handelt es sich bei einem Insidervergehen um eine Ordnungswidrigkeit gem. WpHG, kann diese mit einer Geldbuße von bis zu 500000 DM geahndet werden.

Insidervergehen, Ermittlungsverfahren

Das Bundesaufsichtsamt für den Wertpapierhandel hat Tatsachen, die den Verdacht einer Insiderstraftat begründen, der zuständigen Staatsanwaltschaft anzuzeigen. An den Ermittlungen der Staatsanwaltschaft oder der Polizei darf das Bundesaufsichtsamt teilnehmen. Die Anklageschrift und der Antrag auf Erlaß eines Strafbefehls sind dem Bundesaufsichtsamt mitzuteilen. Vor Einstellung eines Verfahrens durch die Staatsanwaltschaft ist das Bundesaufsichtsamt anzuhören.

Name

Vorname

Firma

Straße

PLZ/Ort

Datum Unterschrift

Verlag Wirtschaft
und Finanzen

Ein Unternehmen der
Verlagsgruppe Handelsblatt

Verlagsgruppe
Handelsblatt GmbH
Vertriebs-Service
Postfach 10 27 17

40018 Düsseldorf

BESTELLKARTE

Hiermit bestelle(n) ich (wir) zur sofortigen Lieferung gegen Rechnung (zzgl. Versandkosten):

_____ Expl. Art.-Nr. 78 100 31: Hans E. Büschgen,
Das kleine Bank-Lexikon
2. aktualisierte Auflage 1997. 1.488 Seiten,
gebunden, DM 98,–.

_____ Expl. Art.-Nr. 78 100 25: Hans E. Büschgen,
Das kleine Börsen-Lexikon
20. aktualisierte Auflage 1994. 856 Seiten,
gebunden, DM 45,–.

_____ Expl. Art.-Nr. 78 100 26: U. Rettberg/D. Zwätz,
Das kleine Terminhandels-Lexikon
4. aktualisierte Auflage 1995. 404 Seiten,
gebunden, DM 32,–.

_____ Expl. Art.-Nr. 78 100 32: Feldbausch/Feldbausch,
Bank-Wörterbuch Dtsch.-Engl./Engl.-Dtsch.
1. Auflage 1997. Ca. 450 Seiten, gebunden, ca. DM 52,–.
(Erscheint ca. Juli 1997)

_____ Expl. Art.-Nr. 78 100 28: Klaus-Dieter Schroth,
Das kleine Lexikon des Wirtschaftsrechts
1. Auflage 1995. 712 Seiten, gebunden, DM 58,–.

_____ Expl. Art.-Nr. 78 100 29: Geml/Geisbüsch/Lauer,
Das kleine Marketing-Lexikon
1. Auflage 1995. 452 Seiten, gebunden, DM 58,–.

Fax-Bestellung an: (02 11) 8 87 17 70.

Bitte unbedingt auch die Vorderseite dieser Karte ausfüllen.

Insidervergehen, Strafvorschriften
Wer als Insider oder als Dritter verbotene Insidergeschäfte tätigt, wird mit einer Freiheitsstrafe bis zu fünf Jahren oder mit Geldstrafe bestraft.

Insolvenz
Andauernde Unfähigkeit eines Wirtschaftssubjekts, seine fälligen finanziellen Verpflichtungen erfüllen zu können. Einzelwirtschaftlich führt sie fast immer zum Untergang der Wirtschaftseinheit des Schuldners. Gesamtwirtschaftlich verursachen Insolvenzen von Unternehmen und Privaten hohe Schäden, deren Ausmaß sich kann abschätzen läßt. Zur Insolvenzabwicklung dienen vor allem das gerichtliche Konkurs- und Vergleichsverfahren sowie der außergerichtliche Vergleich.

INSTINET
Abk. f. Institutional Network. Weitgehend automatisiertes, außerbörsliches Handelssystem in den USA.

Institutional Brokers Estimate System (I/B/E/S)
Von der I/B/E/S Inc. entwickelte computergestützte Datenbank für Unternehmensertragsprognosen. In den Kalkulationen werden publizierte Gewinnabgaben und Durchschnittswerte von Schätzungen für die Folgejahre, die von Analysten ermittelt wurden, berücksichtigt.

Institutional Network (INSTINET)
Elektronisches, außerbörsliches Handelssystem in den USA, welches auf Basis des Auktionsprinzips organisiert ist. Als Teilnehmer sind brokers, dealers, Banken und institutionelle Investoren zugelassen. INSTINET ermöglicht den direkten, automatisierten Handel von Aktien und Aktienpaketen. Die Teilnehmer sind über den Zentralcomputer miteinander verbunden. Kauf- und Verkaufaufträge sind limitiert einzugeben. Kurs- und Mengenverhandlungen zwischen den Teilnehmern als auch der Handelsabschluß selbst können direkt über den Computer erfolgen. Die Anonymität der Handelspartner bleibt soweit gewünscht gewahrt. Darüber hinaus ist der Zentralcomputer mit allen US-amerikanischen Wertpapiermärkten verbunden. Aufträge können somit auch direkt in die Computer der specialists an Börsen oder der market makers an OTC-Märkten (z. B. NASDAQ) eingegeben werden.

institutionelle Anleger (Investoren)
Kapitalsammelstellen wie Versicherungsgesellschaften, Pensionsfonds, Kapitalanlagegesellschaften u. a., manchmal auch Banken, die bei neuen Emissionen einen hohen Prozentsatz der neuen Wertpapiere dauerhaft übernehmen.

Integriertes Börsenhandels- und Informations-System (IBIS)
Seit 1991 Marktsegment der Frankfurter Wertpapierbörse, das Marktteilnehmern ganztägig im gesamten Bundesgebiet und zum Teil auch im Ausland zur Verfügung steht. Es handelt sich um eine Weiterentwicklung des → Inter-Banken-Informations-Systems, das von Kreditinstituten, Kursmaklern und freien Maklern angeboten wird. IBIS ermöglicht einen vollelektronischen Handel in den dreißig im DAX enthaltenen Aktien, in rund dreißig Emissionen der öffentlichen Hand sowie in weiteren 22 Aktien und Optionsscheinen. Wertpapiergeschäfte, die bisher außerbörslich getätigt wurden, können über IBIS ohne vorherigen telefonischen Kontakt abgeschlossen werden. Gleichzeitig wird die Geschäftsabwicklung (Geldabrechnung und Wertpapierlieferung) automatisch eingeleitet. Die Mindestabschlußgrößen betragen bei Aktienwerten, die weniger umsatzstark sind und für die an der DTB keine Aktienoptionen gehandelt werden, 100 Stück, bei Aktien mit DTB-Optionen 500 Stück, wobei die Aktie der Allianz in Einheiten zu 100 gehandelt werden können, und bei Renten 1 Mill. DM nominal. Handelszeit: 8.30 – 17.00 Uhr.

Interbank(en)handel
Handel von Geld, Wertpapieren und Devisen zwischen Banken. Zeichnet sich durch Einfachheit und Schnelligkeit aus. Die Abschlüsse erfolgen zunächst formlos im Telefonverkehr der Banken und werden später schriftlich bestätigt. Zeitlich nicht an die offiziellen Börsenöffnungszeiten gebunden; jedoch haben sich bestimmte Abschlußzeiten eingespielt.

Inter-Banken-Informations-System
1989 eingeführtes elektronisches Wertpapierhandelssystem, das zunächst als elektronisches Informationssystem für den außerbörslichen Handel konzipiert und später zum börslichen Handelssystem ausgebaut wurde. Ziel war es, eine erhöhte Transparenz im außerbörslichen Handel zu schaffen. So konnten Marktteilnehmer nicht verbindliche Geld- und Briefkurse für einen Mindestumsatz von 1000 Aktien

bzw. 1 Mio. DM bei Renten in den zentralen Computer des Systems eingeben. Diese Kursangebote standen den eigentlichen Handelspartnern, institutionellen Anlegern, Informationsdiensten u. a. zur Verfügung. Ein Geschäftsabschluß mußte zwischen den Kontrahenten telefonisch bestätigt werden. Preis und Umsatz eines Geschäftsabschlusses wurden sofort in die EDV eingegeben. Diese Informationen standen dem Markt anonym zur Verfügung. (→ Integriertes Börsenhandels- und Informations-System)

Interbank(en)markt

Der Markt, an dem der Interbankenhandel stattfindet, d. h. an dem Angebot und Nachfrage von Banken nach Geld, Devisen und Wertpapieren zusammentreffen. Geographisch und zeitlich ist er nicht abgrenzbar.

interbank rate

Refinanzierungszinssatz zwischen Banken. → Libor → Fibor u. a.

Interbourse Data Information System (IDIS)

Kommunikations- und Geschäftsabwicklungsverbundsystem zwischen den Börsen der Europäischen Gemeinschaft, das bei vollständiger Fertigstellung die intragemeinschaftlich einheitliche, automatisierte Orderdurchleitung bis zur Börsengeschäftsabwicklung umfassen soll. Derzeit realisiert ist die Übertragung von Kauf- und Verkaufkursen zwischen den Börsen Amsterdam, Brüssel, Kopenhagen und London.

intercommodity (intermarket) spread

Simultaner Kauf und Verkauf ähnlicher Terminkontrakte mit gleichem Fälligkeitsmonat zur Ausnutzung von Preisdifferenzen.

intercurrency spreading

Erwerb und Verkauf (im gleichen Zeitpunkt) von Devisen-Terminkontrakten, die sich nur hins. der Währung unterscheiden. Spreads weisen geringe Risiken bei begrenzter Gewinnchance auf. → intracurrency spreading.

Interesse (1)

Tendenzbez.: Wenn für eine Aktie oder für eine Wertpapiergruppe „Interesse“ konstatiert wird, liegen an der Börse Käufe dafür vor.

Interesse (2)

Bez. f. den Tatbestand einer vorliegenden oder kurz bevorstehenden Beteiligung an einer Unternehmung („Interesse haben“).

Interessengemeinschaft (IG)

Vertraglicher Zusammenschluß natürlicher Personen oder Unternehmen zur Wahrnehmung gemeinsamer Interessen. I. d. R. BGB-Gesellschaft. Meist Unternehmen aus demselben Wirtschaftszweig. Oft werden die nach einheitlichen Regeln ermittelten Gewinne oder Verluste zum Gesamtgewinn summiert, der nach vereinbartem Schlüssel auf die Mitglieder verteilt wird. Erzielt die IG vor allem bei gemeinsamem Absatz eine marktbeherrschende Stellung, entsteht ein Kartell.

Interessenkäufe

Aufkäufe von Aktien für bestimmte Zwekke, z. B. zur Bildung einer Mehrheit oder einer Minderheitsbeteiligung, um rechtlich oder wirtschaftlich Einfluß auf die Unternehmung zu erlangen.

Interessenkollision

Bez. f. eine Situation, in der eine Person oder ein Funktionsträger intrapersonal Konflikte austragen muß, bei denen die Entscheidung für eine Sache gleichzeitig eine andere, die auch in seinem Interesse liegen sollte, beeinträchtigt. Der Vorwurf der Interessenkollision wird Universalbanken im Rahmen der Verknüpfung ihres Kredit- und Effektenemissionsgeschäfts gemacht, da sie zum einen ein Interesse an der Vergabe von Krediten haben, aber auch an einer angemessenen Eigenkapitalausstattung ihrer Kreditnehmer haben sollten, sowie im Rahmen ihrer Anlageberatung, da sie sowohl das Interesse der Bank nach günstiger Refinanzierung als auch das Interesse ihrer Kunden nach optimaler Beratung und Anlageempfehlung beachten müssen.

Interessenwerte

Aktien, für die meist immer wieder oder wiederholt Nachfrage auftritt.

interessewahrend

Wenn ein Kauf- oder Verkaufsauftrag für Wertpapiere interessewahrend erteilt wird, überläßt es der Kunde seiner Bank, ob der Auftrag ganz oder in Teilbeträgen bzw. an einem Börsentag oder über mehrere Tage verteilt ausgeführt wird. Im Gegensatz zur festen Limitierung eines Börsenauftrags. Aufträge mit Zusatz interessewahrend sind meist unlimitiert (ohne Kursbegrenzung).

interest
Angelsächsische Bez. f. Zins, Verzinsung.

interest rate
Angelsächsische Bez. f. Zinssatz.

interest rate cap
Zinsobergrenze, Höchstzins.

interest rate collar
Zinsunter- und Obergrenze.

interest rate exposure
Zinsrisiko.

interest rate floor
→ Zinsuntergrenze.

interest rate futures
→ futures.

interest rate guarantee
Zinsgarantie. Hierbei handelt es sich um die börsenfreie Variante einer Zinsoption, mit der sich Kreditnehmer und/oder Gläubiger gegen negative Zinsentwicklungen absichern können.

interest rate option
Zinsoption.

Interimsdividende
Zwischendividende, d. h. Dividende, die schon während des Geschäftsjahres ausbezahlt wird. In USA zahlen viele Aktiengesellschaften jährlich dreimal Interimsdividende für jeweils 3 Monate und nach Beendigung des Geschäftsjahres Schlußdividende.

Interimsschein (Zwischenschein)
Bei Gründung einer AG oder nach einer Kapitalerhöhung dürfen bis zur endgültigen Herstellung der Aktien Interimsscheine ausgegeben werden. Diese treten zunächst an die Stelle der Aktien und sind für den Eigentümer eine vorläufige Bescheinigung. Es sind Wertpapiere; sie müssen auf den Namen des Inhabers lauten und sind durch Indossament übertragbar. Es sind geborene Orderpapiere. Sie berechtigen zum Bezug der Aktientitel.

Interkalarzinsen
→ Aktienzinsen.

intermarket frontrunning
Bez. f. spezielle Handelspraxis des dual trading. Beim intermarket frontrunning erwirbt ein Händler, der für einen Kunden eine große Kauforder ausführen soll, zuerst Wertpapiere für eigene Rechnung, um so von der zu erwartenden Kursbewegung zu profitieren, bevor er die Kundenorder ausführt.

intermarket trading system (ITS)
Von der New York Stock Exchange entwickelte Computerverbindung von US-Wertpapiermärkten als eine Art Informationssystem. Der eigentliche Börsenhandel wird weiter in traditioneller Weise abgewickelt; die Börsenmitglieder sind mittels des ITS jedoch in der Lage, sich über die jeweils günstigsten Geld- und Briefkurse an allen angeschlossenen Märkten zu informieren und ihre Orders dementsprechend zu plazieren.

International Association of Options Exchanges and Clearing Houses (IAOECH)
→ Internationale Vereinigung der Optionsbörsen.

International Bank for Reconstruction and Development (IBRD)
→ Weltbank.

international banking facilities (IBF)
Geldanlage- und -aufnahmefazilitäten von Banken in USA, die getrennt von den Büchern der bestehenden Bankinstitutionen geführt werden müssen. IBF von Banken können Einlagen von anderen IBF-Banken, von US- oder Auslandsniederlassungen von einer IBF-Bank-Obergesellschaft, von den US-Außenhandelsbanken, von Auslandsbanken oder von anderen Institutionen ohne betragsmäßige und zeitliche Beschränkung annehmen. Die Kreditvergabe von IBF ist an den gleichen Kundenkreis gestattet, vorausgesetzt, daß die Mittel für Auslandsgeschäfte benutzt werden.

international depositary receipts (IDR)
Bez. f. Zertifikate über die Hinterlegung von US- und Nicht-US-Dividendenwerten in einer Art Sammelverwahrung durch Eigentümer in Ländern außerhalb der USA. Werden von bedeutenden US-Banken ausgestellt. Diese auf den Inhaber lautenden Zertifikate dokumentieren die Hinterlegung einer beliebigen Anzahl von Aktien der in dieses System aufgenommenen Gesellschaften bei einer zum System gehörenden Hinterlegungsstelle (depositary) und sind handelbar. Sie sollen die Stücketransaktionen erleichtern, verbilligen und beschleunigen, weil die Versendung der hinterlegten Aktien entbehrlich wird und die Hereinnahme von IDR eintägig abgewickelt werden kann. Von Ein-

richtung der IDR machen vorwiegend institutionelle Anleger Gebrauch.

International Development Association (IDA)

→ Internationale Entwicklungsorganisation, International Development Association (IDA).

Internationale Aktionärsmesse

Abk.: IAM. Seit 1990 in zweijährlichem Turnus stattfindende internationale Messe in Düsseldorf. Ziel der Veranstaltung ist die Förderung des Beteiligungssparens. Aktionäre und Interessenten können sich über Entwicklungen der Finanzmärkte und einzelner Unternehmen umfassend informieren. Veranstalter ist die Düsseldorfer Messegesellschaft mbH – NOWEA, Postfach 320203, 40417 Düsseldorf, Tel.: 0211-4560-01, Fax.: 0211-4560-668.

internationale Anleihen

Anleihen, die außerhalb des Landes des Schuldners übernommen und verkauft werden. Zu unterscheiden von der klassischen Auslandsanleihe. Sie sind in Währungen ausgestellt, die nicht an die Emissionsländer gebunden sind und werden durch international zusammengesetzte Bankenkonsortien emittiert. Es gibt keinen eigentlichen zentralen „Heimatmarkt“ für Handel und Börsennotierung. Man spricht allerdings schon dann von internationalen Anleihen, wenn nur ein Teil der angeführten Kriterien erfüllt ist. Besondere Sicherheiten werden für internationale Anleihen nicht bestellt; teilweise finden sich Negativklauseln.

Internationale Bank für Wiederaufbau und Entwicklung

→ Weltbank.

Internationale Entwicklungsorganisation, International Development Association (IDA)

Schwesterinstitut der Weltbank. Dient der langfristigen Kreditierung von Projekten in Entwicklungsländern, die für diese wesentliche ökonomische Bedeutung haben, zu weichen Konditionen.

Internationale Finanz-Corporation (IFC), International Finance Corporation

Schwestergesellschaft der Weltbank. Soll privatwirtschaftliche Initiativen in Entwicklungsländern fördern, und zwar gemeinsam mit privaten Kapitalgebern. Die IFC beteiligt sich primär am Eigenkapital privater Unternehmen und unterstützt den Absatz von Aktien und Schuldverschreibungen derartiger Unternehmen durch Übernahmegarantien.

internationale Finanzmärkte

Unterscheiden sich von nationalen Finanzmärkten vor allem darin, daß die gehandelten Währungen nicht die Heimatwährung des Landes umfassen, in welchem der Markt stattfindet. Nach Handelsobjekten und Fristigkeiten können internationale Geld-, Kapital- und Kreditmärkte unterschieden werden, nach geographischer Lokalisation Euro-, Asien- und offshore-Märkte sowie international banking facilities, nach gehandelten Währungen Euro-Dollar-, Euro-DM-, Euro-Pfund-Märkte usw. Teilnehmer der internationalen Finanzmärkte sind internationale Banken, multinationale Unternehmen, Zentralnotenbanken, internationale Organisationen (z. B. die Weltbankgruppe, Internationaler Währungsfonds, Bank für Internationalen Zahlungsausgleich, Europäische Investitionsbank), autonome Staaten.

internationale Liquidität

Ein Land besitzt ausreichende internationale Liquidität, wenn ihm genügend Währungsreserven und Kreditmöglichkeiten, vor allem beim IWF u. a. supranationalen Institutionen, für einen reibungslosen Zahlungsausgleich mit anderen Ländern zur Verfügung stehen. Mangel an internationaler Liquidität besteht bei mangelnden Währungsreserven und Kreditaufnahmemöglichkeiten.

internationaler Anleihemarkt

Internationaler Kapitalmarkt, auf dem internationale Anleihen gehandelt werden.

internationaler Fonds

Investmentfonds mit Werten aus verschiedenen Ländern, also internationaler Anlage. Vertragsbedingungen bzw. Satzung erlauben die Anlage des Fondsvermögens ohne geographische Begrenzung. Gegens.: Länderfonds.

internationaler Geldmarkt

Entspricht nationalen Geldmärkten oder ausländischen Geldmärkten mit dem Unterschied, daß die auf ihm gehandelten Währungsbeträge nicht die Heimatwährung des Landes sind, in dem der Geldhandel stattfindet. Es ist in erster Linie ein Interbankenmarkt, zu dem zusätzlich nur eine kleine Anzahl bonitätsmäßig erstklassiger multinationaler Unternehmen Zugang hat. Wie die nationalen Geldmärkte dient er zur Überbrückung von Liquiditätsengpässen oder zur Anlage kurzfristig überschüssiger Liquidität. Es werden nur größere Transaktionen mit Mindestvolumen von ca. DM 1 Mio. oder entsprechend in ausländischer Währung abgeschlossen. Auf dem internationalen Geldmarkt werden sowohl Tages- als auch Termingelder mit einer Laufzeit von bis zu 1 Jahr sowie kurzfristige Geldmarktpapiere wie certificates of deposit (CD) und Treasury bills gehandelt. Eine Besonderheit des internationalen Geldmarktes besteht in der Mitwirkung von brokers, die als Vermittler ohne Übernahme eines eigenen Kreditrisikos oft in die Geldhandelsgeschäfte eingeschaltet werden, da es kleineren und nicht regelmäßig am internationalen Geldmarkt tätigen Instituten an der erforderlichen Markttransparenz fehlt. Hauptzentren sind London, vornehmlich für US-$, und Luxemburg für DM.

internationale Risikostreuung

→ Risikostreuung (-mischung).

internationale Unternehmen

→ multinationale Unternehmen.

International Financial Services Centre (IFSC)

In Dublin, Irland, im Frühjahr 1990 entstanden. Für Unternehmen aus dem Finanzdienstleistungsbereich aufgrund von Steuervorteilen interessant. Der Ertragsteuersatz liegt bei zehn Prozent, gültig bis zum Jahre 2005. Darüber hinaus bestehen weitere Beihilfen und Steuervergünstigungen.

internationaler Kapitalmarkt

Spezifischer Markt langfristiger Finanzierungsmittel, der nicht in einem bestimmten Land lokalisiert ist – wie es bei den nationalen Kapitalmärkten der Fall ist –, der von allen staatlichen und ähnlichen Zugangsbeschränkungen, Reglementierungen usw. frei ist und an dem internationale Finanzierungstitel in verschiedenen Währungen gehandelt werden. Da er überwiegend an europäischen Finanzzentren stattfindet, wird er mit dem – besser bekannten, aber nicht ganz zutreffenden – Namen Euro-Kapitalmarkt belegt. Handelsobjekte an diesem Markt sind ausschließl. effektenmäßig verbriefter Art; daher spricht man auch von einem Euro-Anleihemarkt oder Euro-Bondmarkt.

internationaler Kapitalverkehr

Umfaßt die Kapitalbewegungen zwischen Ländern mit verschiedenen Währungen. Unter internationalem Kapital versteht man dabei entweder kurz-, mittel- und langfristige Finanzierungsmittel (internationales Kapital i. w. S.) oder nur langfristige Finanzierungsmittel (internationales Kapital i. e. S.), die zwischen Staaten transferiert werden. Die internationalen Kapitalbewegungen schlagen sich in der Zahlungsbilanz eines Staates nieder. In der Marktwirtschaft wird der internationale Kapitalverkehr durch Angebot und Nachfrage auf den Geld-, Kapital- und Devisenmärkten gesteuert. Die internationalen Kapitalbewegungen folgen dem Zinsgefälle zwischen einzelnen Ländern und bewirken eine tendenzielle Angleichung. Bei Devisenbewirtschaftung sind die Marktregulatoren ausgeschaltet. Beim internationalen Kapitalverkehr i. e. S. handelt es sich um direkte Investitionen im Ausland, wenn der Investor unternehmerisch tätig wird, oder um Portfolio-Investitionen (Kauf von Aktien und Obligationen). Die langfristige Ausfuhr von Kapital wird durch (1) Gewährung von langfristigen Krediten an Ausländer von Inländern; (2) Erwerb von Eigentum an Sachgütern, die sich im Ausland befinden und dort verbleiben (z. B. Kauf von Grundstücken, Beteiligung an Unternehmen, Erwerb von Aktien); (3) Emission von Aktien oder Anleihen ausländischer Emittenten im Inland bewirkt.

Internationaler Währungsfonds (IWF), International Monetary Fund (IMF)

Internationale Organisation, deren Mitgliedsstaaten sich vertraglich zur Einhaltung vereinbarter Regeln und zu enger Zusammenarbeit in der internationalen Währungspolitik und dem zwischenstaatlichen Zahlungsverkehr verpflichtet haben und sich gegenseitig bei Finanzierung von Zahlungsbilanzdefiziten helfen.

internationales Schachtelprivileg

→ Schachtelprivileg(-vergünstigung).

internationales Währungssystem

Ein internationales Währungssystem soll auf internationaler Ebene die verschiedenen nationalen Währungssysteme verbinden und kompatibel gestalten. Bei den internationalen Währungssystemen können 2 Grundformen unterschieden werden: Währungssysteme mit festen, starren Wechselkursen und Währungssysteme, in denen die Wechselkurse (frei) flexibel sind und bei Änderungen von Angebot und Nachfrage nach Devisen schwanken.

internationales Zinsgefälle

Zinsunterschiede zwischen verschieden hohen nationalen Zinsniveaus. Ursachen für diese Zinsgefälle liegen in unterschiedlichen nationalen Wirtschaftspolitiken begründet, insbesondere in dem Bemühen um Geldwertstabilität. Geht man von einem international vergleichbaren Realzinsniveau aus, entsteht ein Zinsgefälle bei den Nominalzinsen durch unterschiedliche Inflationsraten zwischen den Ländern. Höhere Zinsniveaus bei gleichzeitig höheren Inflationsraten lassen langfristig eine Anpassung der Wechselkurse erwarten, so daß die Zinsvorteile durch eine Wertänderung der Auslandswährung ausgeglichen werden. Bestehen unterschiedliche Realzinsniveaus, werden die internationalen Kapitalströme in solche Länder mit hohen Realzinsen fließen. Bei festen Wechselkursen wird dies einen Druck auf den Wechselkurs des Niedrigzinslandes ausüben, die Zentralnotenbank zum Abbau der Währungsreserven oder zusätzlich zur Einschränkung des Geldumlaufs zwingen, so daß bei steigendem Zins und einem niedrigeren Zinsgefälle Wechselkursstabilität erreicht wird. Bei flexiblen Wechselkursen wird ein höheres Zinsniveau im Ausland tendenziell zu einem steigenden Preis für die ausländische Währung führen und bei Devisentermingeschäften für einen Deport der ausländischen Terminkurse sorgen.

Internationale Vereinigung der Optionsbörsen

Auf Initiative der European Options Exchange, Amsterdam, haben 8 Optionsbörsen und 4 Clearing-Organisationen aus USA, Australien, Kanada, Großbritannien und den Niederlanden die International Association of Options Exchanges and Clearing Houses (IAOECH) gegründet. Diese Vereinigung befaßt sich mit der Lösung von Problemen des Optionshandels, vor allem mit Fragen der Notierung, des Handels und des Clearing.

Internationale Vereinigung der Wertpapierbörsen

→ Fédération Internationale des Bourses de Valeurs (FIBV).

International Futures Exchange (INTEX)

Warenterminbörse in Hamilton/Bermudas mit EDV-automatisiertem Börsenhandel. Eröffnet wurde der Börsenhandel 1984 mit einem Goldterminkontrakt. Ein weiterer Handel erfolgt als Baltic Freight Index futures. Die Börsentätigkeit wird durch umfangreiche Bestimmungen kontrolliert, über die sich die INTEX mit der Währungsbehörde der Bermudas verständigt hat. Wichtig für die Börsenteilnehmer ist die Verbindung mit regionalen Datenzentren in New York, London und Singapur. Anschrift: PO Box HM 579, The Perry Building, 40 Church Street, Hamilton 5-24, Bermudas, Tel. 809-295-6400.

International Monetary Fond (IMF)

→ Internationaler Währungsfonds (IWF), International Monetary Fund (IMF).

International Organization for Standardization (ISO)

Organisation, deren Geschäftstätigkeit auf die Erarbeitung international einheitlicher Normen im Wertpapierverkehr und der Wertpapierverwaltung gerichtet ist. So hat die ISO in Zusammenarbeit mit SWIFT ein 12 Stellen umfassendes, international einheitliches Wertpapierkennnummernsystem erarbeitet. Ihre Vorschläge haben für die nationalen Wertpapierverwalter nur Empfehlungscharakter.

International Organization of Securities Commissions (IOSCO)

Zusammenschluß von Aufsichtsbehörden und Börsen aus mehreren Ländern, die sich mit Fragen des internationalen Wertpapiergeschäfts unter Aufsichtsrechtsaspekten befaßt.

International Petroleum Exchange of London (IPE)

In London anässige Terminbörse für Energieterminkontrakte. Gegründet 1980. Gehandelt werden futures auf unverbleites Benzin, Gas und Rohöl mit der Bezeichnung „brent“. Darüber hinaus findet ein Handel in Optionen auf Gas- und Rohölfutures statt. Adresse: International House, 1 St. Katharine's Way, London E1 9UN, England, Tel.: 0044 714810643, Telefax: 0044718485, Telex: 927479 oder: 11 West 42nd Street, New York, NY 10036, USA, Tel.: 0012127641748, Telefax: 001-212-921-1298.

International Securities Market Association (ISMA)

Vereinigung zur Selbstregulierung und Kooperation zwischen ihren Mitgliedern in allen Angelegenheiten, die den internationalen Rentenmarkt betreffen. Wichtigste Ziele: Untersuchung und Lösung technischer Marktprobleme, Erstellung und Einführung von Richtlinien für ein ordnungsgemäßes Funktionieren des Marktes, Förderung von Verbesserungen an internationalen Kapitalmärkten. Frühere Bez. Association of International Bond Dealers (A.I.B.D.).

International Society of Securities Administrators (ISSA)

Verein nach schweizerischem Recht, gegründet durch die Mitglieder der Vorläufer-Organisation, des International Symposium of Securities Administrators, welches in dreijährigem Rhythmus Kongresse zu Fragen und Problemen der internationalen Wertpapierverwaltung abhielt und durch privatwirtschaftliche Initiative der Deutschen Bank, der Schweizerischen Kreditanstalt und der Citibank gegründet wurde. Mitglieder der ISSA sind Wertpapierverwalter aus 30 Ländern. Die Geschäftstätigkeit der ISSA richtet sich auf den Informations- und Erfahrungsaustausch zwischen ihren Mitgliedern und der Formulierung von Empfehlungen zur Organisation des grenzüberschreitenden Wertpapierverkehrs.

International Swap Dealers Association (ISDA)

Vereinigung von swap-Händlern und im swap-Geschäft engagierten Banken zur Entwicklung international einheitlicher Normen im swap-Geschäft. So z. B. Standardisierung der Handelsusancen, swap-Verträge und Abwicklungsmodalitäten.

interne Fremdfinanzierung

Finanzierung über Dotierung von Rückstellungen.

Intervention(-spflicht)

An der Börse greifen Bundesbank, Banken und andere Börseninteressenten – z. B. Emittenten – in das Marktgeschehen ein, um unerwünschte starke Kursveränderungen zu verhindern. Interventionen sind vor allem an den Devisenbörsen laufend an der Tagesordnung, und zwar durch die Zentralnotenbanken, die – wie z. B. im Rahmen des EWS – dazu verpflichtet sind, Kurse innerhalb bestimmter Bandbreiten zu halten, oder dies freiwillig tun (z. B. gegenüber dem US-$), um starke oder erratische Kursschwankungen abzumildern oder auszuschalten. An der Börse dient die Intervention oft dem Versuch interessierter Gruppen, den Kurs bestimmter Wertpapiere durch Käufe oder Verkäufe in gewünschter Richtung zu beeinflussen. Emissionsbanken bemühen sich im Interesse des Emissionsstandings, die Kurse von ihnen bestellter Neuemissionen in der ersten Zeit nicht unter den Emissionskurs fallen zu lassen (→ Kurspflege).

Interventionspunkte

Tiefst- und Höchstkurse im Devisenhandel, die von der Währungsbehörde eines Landes zu beachten sind. Die Einhaltung von Bandbreiten wird durch die Währungsbehörden mit kursregulierenden Mitteln – also durch An- und Verkauf von Devisen – überwacht.

INTEX

Abk. f. International Futures Exchange, Hamilton, Bermudas.

in the money option

Kauf- bzw. Verkaufsoption, deren Basispreis kleiner bzw. größer ist als der aktuelle Preis des zugrundeliegenden Kassainstruments.

intracommodity (intramarket) spread (straddle)

Simultaner Kauf und Verkauf desselben Terminkontrakts mit differierenden Fälligkeiten.

intracurrency spreading

Devisen-Terminkontraktposition, bestehend aus dem Kauf und Verkauf (im gleichen Zeitpunkt) ähnlicher Kontrakte derselben Währung mit unterschiedlicher Fälligkeit. → intercurrency spreading.

intrinsic value (1)

→ innerer Wert.

intrinsic value (2)

Im Optionsgeschäft der Betrag, der bei sofortiger Ausübung einer „in the money"-Option realisiert würde.

Inventarwert

Wert des Fondsvermögens von Investmentgesellschaften. Wenn das Sondervermögen durch die Anzahl der umlaufenden Anteilscheine geteilt wird, entsteht der Inventarwert pro Anteil. Aus dem Inventarwert werden der Ausgabe- und der Rücknahmepreis bei den open-end-Fonds errechnet. Da bei den closed-end-Fonds keine unmittelbare Errechnung des Inventarwerts aus den Börsenkursen der im Fondsvermögen befindlichen Werte erfolgt, kann bei ihnen der Inventarwert von dem nach dem Börsenkurs des Anteils ermittelten Wert erheblich abweichen. Die Verwaltung oder die Treuhandbank ermittelt den Inventarwert bei den deutschen offenen Fonds, indem sie die Nominalwerte der im Fonds enthaltenen Wertpapiere mit ihren jeweiligen Kursen multipliziert.

inverse Zinsstruktur

Liegt vor, wenn die Renditen für kurzfristige Geldanlagen höher sind als für längerfristige.

inverted market

Finanzmarkt mit inverser Zinsertragskurve, an Terminmärkten häufig auch als backwardation bezeichnet. Finanztitel mit späteren Fälligkeiten weisen geringere Verzinsungen bzw. höhere Kursnotierungen als solche mit kürzeren Laufzeiten auf.

investiertes Kapital

Produktiv angelegtes Kapital (in Investitionsobjekten, Wertpapieren, Beteiligungen, Forderungen u. dgl.).

Investitionen, Investierung

Langfristige betriebliche Kapitalanlagemaßnahmen zur Erhaltung, Erweiterung und Verbesserung des wirtschaftlichen Produktionsapparates. Nettoinvestition bzw. -desinvestition ist der Zuwachs bzw. die Verminderung der Bestände (Erweiterungs-, Rationalisierungs-, Lagerinvestitionen = Vergrößerung der Lagerbestände). Ersatzinvestition ist die Ersatzbeschaffung von durch den Produktionsprozeß verbrauchten Produktionsmitteln. Bruttoinvestition ist die Summe aus Re- und Nettoinvestition. Als Investition – genauer: Finanzinvestition – ist auch die langfristige Kapitalanlage in Forderungen, Wertpapieren aller Art usw. zu verstehen.

Investitionsgüterindustrie

Industriezweige, die Produktionsgüter (Investitionsgüter), z. B. Maschinen, herstellen.

Investitionskennzahlen

Für eine Volkswirtschaft stellen z. B. die Investitionsquote, d. h. der Anteil der Bruttoinvestitionsausgaben am Bruttosozialprodukt, die Investitionsrate, d. h. der Quotient von Bruttoinvestitionen zum Bruttosozialprodukt, oder die Kapazitätsauslastung der Industrie wichtige Kenngrößen dar. Für einzelne Unternehmen können als Investitionskennzahlen das Verhältnis von Anlagevermögen zu Umlaufvermögen oder zu Umsatzerlösen verwendet werden oder der Deckungsgrad der Investitionen aus Abschreibungen, d. h. die Abschreibungen auf Sachanlagen zu Sachanlagenzugängen. Wesentlich in der Wertpapieranalyse.

Investitionsschutz(-abkommen)

Verträge der BR Deutschland mit Entwicklungsländern zum gegenseitigen Schutz von Kapitalanlagen. Durch diese Abkommen wird der Rechtsschutz der Kapitalanlagen im Vertragsland dadurch gestärkt, daß die völkerrechtlich wirksame Verpflichtung im Gegensatz zur nationalen Gesetzgebung nicht einseitig und damit unter Umständen zum Nachteil ausländischer Investoren geändert werden kann.

Investivlohn

Form der Entlohnung vor allem durch Gewinnbeteiligung der Arbeitnehmer, wobei der auf die Arbeitnehmer entfallende Gewinn ganz oder teilweise – bei nur sehr beschränkten Kündigungsmöglichkeiten – im eigenen Unternehmen investiert wird. Hierzu gehört auch die Gratis- oder verbilligte Ausgabe von Belegschaftsaktien.

investment

In angelsächsischen Ländern: Anlage von Geldkapital i. w. S. In Deutschland ist die Bez. meist nur im Zusammenhang mit Investmentfonds gebräuchlich.

investment advisor

In USA Anlageberater der Investmentfondsleitung. Vielfach broker.

Investmentanteile (Investmentzertifikate)

Miteigentumsrechtliche Wertpapiere. Werden von Investment- oder Kapitalanlagegesellschaften (KAG), die in Deutschland in der Form einer AG oder GmbH betrieben werden, ausgegeben. Die Gesellschaften dieser Art unterliegen dem Gesetz über Kapitalanlagegesellschaften (KAGG). Sie haben den Status von Kreditinstituten und unterstehen damit der Bankenaufsicht. Nur sie dürfen Wertpapiere unter der Bezeichnung Investmentzertifikate o. ä. ausgeben. Die KAG fassen die von ihnen gekauften Wertpapiere zu Fonds zusammen. Gesellschafter der KAG sind Banken. Die KAG bildet von ihren eigenen Vermögen getrennte Sondervermögen, die Wertpapierfonds. Diese werden von ihr verwaltet und überwacht. Die zum Sondervermögen gehörenden Gegenstände können sich nach Maßgabe der Vertragsbedingungen, nach denen sich das Rechtsverhältnis der KAG zu den Anteilinhabern bestimmt, im Eigentum der KAG oder im Miteigentum der Anteilinhaber befinden. Das Fondsvermögen haftet nicht für die Schulden der KAG; es ist ein Sondervermögen und wird bei einer Auflösung der KAG den Anteilinhabern entsprechend ihrer Beteiligung zugeteilt. Durch Zusammenfassung verschiedener Wertpapiere in einem Fonds wird das Risiko der Kapitalanlage verringert. Der Anteilinhaber ist, auch wenn er nur kleinere Beträge anlegt, Miteigentümer zahlreicher verschiedener Wertpapiere, so daß der Kursverfall eines einzelnen Wertpapiers ihm nur verhältnismäßig geringen Verlust zufügen kann. Daher sind die Zertifikate deutscher Investmentgesellschaften insbesondere für die Anlage auch kleiner Kapitalbeträge geeignet. Der Ausgabepreis der Zertifikate errechnet sich börsentägig nach dem Inventarwert pro Anteil. Dieser ergibt sich durch Division des Fondsvermögens (einschl. Barreserven) durch die Anzahl umlaufender Anteile. Durch das ständige Verändern der Börsenkurse für die im Fonds befindlichen Wertpapiere ändert sich laufend der Wert des Fonds. Dem Inventarwert pro Anteil wird bei Festsetzung des Ausgabepreises zur Abgeltung der Ausgabekosten ein Ausgabeaufschlag hinzugerechnet, dessen Höhe sich aus den Vertragsbedingungen ergibt. Die Investmentzertifikate, die die Ansprüche jedes Anteilinhabers gegenüber der KAG verbriefen, sind auf den Inhaber ausgestellt, somit sind sie auch girosammelverwahrfähig. Die Zertifikate können über einen oder mehrere Anteile lauten. Die Zertifikatsurkunden sind Wertpapiere und werden deshalb durchweg gemäß den gleichen Richtlinien gedruckt, wie sie für den Druck von börsengängigen Wertpapieren gelten. Damit wird gleichzeitig ihre Verkehrssicherheit erhöht. Mit Ausnahme der keine Ausschüttungen vornehmenden Thesaurierungsfonds werden bei allen deutschen Investmentfonds zu den Zertifikatsmänteln auch Ertragsscheinbogen ausgegeben, die fortlaufend numerierte Ertragsscheine und einen Erneuerungsschein enthalten. Auf der Rückseite der Zertifikatsmäntel sind die Vertragsbedingungen abgedruckt. Die deutschen Investmentzertifikate werden nicht an der Börse gehandelt. Der Kunde erteilt seiner Bank aber Aufträge zum Erwerb und Verkauf von Investmentanteilen in der gleichen Weise, wie dies auch sonst im Wertpapiergeschäft erfolgt. Die von einem Kunden erworbenen Investmentanteile werden zum Ausgabepreis abgerechnet. Die an den Fonds über Banken oder direkt zurückgegebenen Investmentanteile werden zum Rücknahmepreis entgegengenommen. Dieser wird ermittelt, indem vom Inventarwert die Rücknahmekosten und die Spesen für den Verkauf der im Fonds enthaltenen Wertpapiere abgezogen werden. Die Banken zahlen oft einen günstigeren Rückkaufspreis als den von der Fondsverwaltung ermittelten offiziellen Rücknahmepreis; in diesen Fällen geben sie die angekauften Stücke nicht an den Fonds zurück, sondern behalten sie bis zum Wiederverkauf im eigenen Bestand. Die Investmentfonds sind verpflichtet, neben dem Ausgabepreis börsentägig auch den offiziellen Rücknahmepreis bekanntzugeben. Um dem Erwerber von Investmentanteilen die Möglichkeit zu geben, sich umfassend über den Fonds zu informieren, insbesondere über die Anlagepolitik sowie die anfallenden Kosten, sind ihm bei Kaufabschluß die Vertragsbedingungen, ein Verkaufsprospekt der KAG und eine Durchschrift des Kaufantrages auszuhändigen. Die Vertragsbedingungen enthalten u. a., nach welchen Grundsätzen die Auswahl der zu beschaffenden Wertpapiere erfolgt, welche Vergütungen aus dem Sondervermögen an die KAG und an die Depotbank zu zahlen sind, wie hoch der Aufschlag bei Ausgabe der Anteilscheine ist, zu welchen Bedingungen und bei welcher Stelle die Rücknahme der Zertifikate erfolgt, in welcher Weise über die Entwicklung des Sondervermögens berichtet wird, ob und in welchem Umfang Erträge des Sondervermögens ausgeschüttet werden und wie die Veräußerungsgewinne verwendet werden. Der Verkaufsprospekt muß vor allem Angaben über Firma, Rechtsform, Sitz und Eigenkapital der KAG und der Depotbank enthalten. Dem Verkaufsprospekt ist außerdem der zuletzt veröffentlichte Rechenschaftsbericht sowie der anschließende Halbjahresbericht, sofern er veröffentlicht ist, beizufügen. Der Verkaufsprospekt muß auch eine Belehrung über das Recht des Käufers zum Widerruf im Falle eines Kaufabschlusses außerhalb der ständigen Geschäftsräume desjenigen, der die Anteilscheine verkauft, enthalten. Der Antragsvordruck für den Kauf von Investmentanteilen muß einen Hinweis auf die Höhe des Ausgabeaufschlags und auf die jährlich zu zahlende Vergütung enthalten. Die Anteilinhaber erhalten i. d. R. jährlich eine Ausschüttung. Dieser Betrag wird dafür aus den in dem betreffenden Geschäftsjahr eingegangenen Dividenden und Zinsen aus dem Fondsvermögen, aus den Verkaufserlösen von Bezugsrechten und Berichtigungsaktien sowie aus realisierten Kursgewinnen, soweit diese Beträge nicht zur Wiederanlage einbehalten werden, entnommen. Es gibt auch Investmentfonds, bei denen die gesamten Erträge wieder angelegt werden, so daß es zu keiner Ausschüttung kommt (Thesaurierungsfonds). Jeder Anteilinhaber kann verlangen, daß ihm gegen Rückgabe der Anteilscheine sein Anteil an dem Sondervermögen aus diesem ausgezahlt wird; Einzelheiten sind in den Vertragsbedingungen festgelegt. Nimmt die KAG mehr Anteilscheine zurück, als sie wieder verkaufen kann, muß sie den Fonds durch Verkauf von Wertpapieren verkleinern. Übersteigt die Neuausgabe den Rückfluß von Anteilscheinen, ist der Fonds durch Zukauf neuer Wertpapiere entsprechend zu vergrößern. Zu unterscheiden von den Wertpapierinvestmentanteilen sind die Anteilscheine von offenen Immobilienfonds, in denen Grundstücke, Rechte an Grundstücken und Darlehen an Grundstücksgesellschaften zusammengefaßt werden. Investmentzertifikate sind nennwertlos, stellen also eine quotenmäßige Beteiligung dar; ihre Preise können deshalb durch einfache Teilung der Zertifikate (split) ermäßigt werden. Deutsche Fonds dürfen nur nach open-end-Prinzip geführt werden; alle anderen sind keine i. S. d. KAGG.

Investmentanteile als Kapitalanlage

Investmentanteile sind eine Sparform vor allem für kleine und mittlere Kapitalanleger (von bestimmten Spezialfonds u. dgl. abgesehen). I. d. R. rangieren sie in der Abfolge der Anlagemöglichkeiten zwischen Sparguthaben und festverzinslichen Wertpapieren oder Aktien. Der Anleger sollte für diese Anlage bereits eine gewisse Wertpapierreife erlangt haben. Maßgebend für die Qualität eines Investmentfonds sind die Zusammensetzung des Fondsvermögens, die Leistung des Fondsmanagements, die Bonität der hinter der KAG stehenden Bank oder Bankengruppe. Die anlagepolitischen Maßnahmen der Fondsleitung müssen von der gesetzlich vorgeschriebenen Depotbank laufend auf ihre Recht- und Vertragsmäßigkeit überwacht und von Wirtschaftsprüfern überprüft werden. Die fachmännische Verwaltung des Wertpapiervermögens wird von Spezialisten durchgeführt. Ihr Ergebnis (performance) spiegelt sich entscheidend in der Entwicklung der Anteile wider. Die Höhe der Ausschüttung läßt keine Rückschlüsse auf die Güte eines Investmentfonds zu. Der Erfolg einer Investmentanlage wird nicht durch den Ausschüttungsbetrag allein, sondern auch durch die Anteilpreisveränderung während des Anlagezeitraums bestimmt. Beide Größen zusammen ergeben die Wertentwicklung als aussagekräftigen Beurteilungsmaßstab für die Qualität eines Investmentfonds. Will man Fonds miteinander vergleichen, müssen die jeweiligen Anlagestrukturen übereinstimmen. Darüber hinaus müssen die – möglichst längerfristigen – Vergleichszeiträume identisch sein. Kurzfristige Vergleiche können durch Sondereinflüsse verzerrt werden. Da es sich beim Investmentsparen um eine längerfristige Vermögensanlage handelt, ist der Vergleich um so aussagekräftiger, je länger der Vergleichszeitraum gewählt wird. Wichtigstes Kennzeichen der Investmentanteile ist die Minderung des Kursrisikos durch Mischung im Fondsvermögen (Diversifikation, Risikostreuung) bei gleichzeitiger Beteiligung am Wachstum der Wirtschaft. Die Anteile basieren also auf den Vermögenswerten und der Ertragskraft der Unternehmen, an denen die Investmentgesellschaft beteiligt ist. Kursschwankungen schlagen sich in den Preisen der Anteile nieder. Auch die Entwicklung ausländischer Investmentanteile ist wesentlich mit der wirtschaftlichen Entwicklung und der Börsensituation der jeweiligen Länder verbunden. Weitere Risikofaktoren können sich aus dem Management, den Rechtsvorschriften und dem Sitz der KAG ergeben; es gibt solche, die in Ländern mit unzureichender oder fehlender Investmentgesetzgebung domizilieren (Exoten- oder off-shore funds). Hier bedarf es besonders sorgfältiger Prüfung. US-Fonds unterliegen der Überwachung durch die SEC. Streng ist die Investmentgesetzgebung in EG-Staaten ähnlich in Österreich, Schweiz und einigen anderen Ländern. Zur Vereinheitlichung der Rechtsvorschriften für KAG innerhalb der Europäischen Gemeinschaft wurde die EG-Richtlinie des Rates zur Koordinierung der Rechts- und Verwaltungsvorschriften betreffend bestimmte Organismen für gemeinsame Anlagen in Wertpapieren (Investmentrichtlinie) am 20. 12. 1985 verabschiedet, die von allen EG-Mitgliedstaaten in nationales Recht umgesetzt werden muß. Bei offenen Fonds, die in Deutschland allein zulässig sind (sonst sind es keine Investmentanteile i. S. d. KAGG), besteht die Möglichkeit, Anteile jederzeit zur Rücknahme zu Lasten des

Fondsvermögens zu verkaufen. Die deutschen Investmentgesellschaften sind verpflichtet, die ihnen angebotenen Anteile zurückzunehmen. Außerdem besteht oft die Möglichkeit des freihändigen Verkaufs über die Depot- oder Gesellschafterbanken der Investmentgesellschaft. Aufgrund der divergierenden Ausgabe- und Rücknahmekurse ist meist eine längerfristige Anlage notwendig.

Investmentanteile, sonstige Kosten

Für Investmentanteile besteht die Möglichkeit der Streifbandverwahrung, Sammelverwahrung und privaten Verwahrung. Die Kosten für Streifbandverwahrung betragen i. d. R. 0,8‰ jährlich. Bei Girosammelverwahrung betragen die Verwahrungskosten 0,4‰.

Investmentanteile, Splitting

Investmentfonds splitten die Investmentanteile, wenn der Ausgabepreis für den einzelnen Anteil sich infolge von Kurssteigerungen der im Fondsvermögen befindlichen Wertpapiere erheblich erhöht hat. Bei einem solchen split ermäßigt sich der Ausgabepreis entsprechend dem Aufteilungsverhältnis, während der Anteilinhaber diesem Verhältnis entsprechend zu seinem alten Anteil ohne zusätzliche Zahlung einen oder mehrere Anteile dazu erhält.

Investmentanteile, steuerliche Behandlung

Die steuerliche Behandlung der Investmentanteile ist in Deutschland dem jeweiligen Jahresbericht der KAG zu entnehmen. Danach werden die Erträge aufgeteilt in solche aus Kursgewinnen und Bezugsrechtserlösen und solche aus Zinsen und Dividenden. Einkommensteuerpflichtige Privatpersonen versteuern nur ordentliche Erträge, d. h. hier Dividenden und Zinsen, die i. d. R. 50% bis 60% der Ausschüttung ausmachen. Seit 1. 1. 1993 unterliegen Erträge aus Anteilscheinen an inländischen Investmentfonds bei Verwahrung im Inland der → Zinsabschlagsteuer. Dies gilt nicht für Erträge aus dem Aktienbesitz der Fonds, da diese bereits mit Körperschaftssteuer belastet sind. Ausschüttungen auf zu einem Betriebsvermögen zählende Anteile sind voll steuerpflichtig. Erfaßt werden Zins- und Dividendenerträge bei allen Steuerpflichtigen, die zur ESt zu veranlagen sind. Durch das Gesetz über den Vertrieb ausländischer Investmentanteile ergeben sich für ausländische Investmentanteile 3 Formen der Besteuerung: (1) Fonds, die sich in Deutschland registrieren lassen und somit voll den hier geltenden gesetzlichen Bestimmungen entsprechen (Anlagepolitik, Vertrieb und Publizität), sind den deutschen Fonds steuerlich gleichgestellt; unabhängig davon, ob es sich um Ausschüttungs- oder Thesaurierungsfonds handelt, sind – sofern die Anteile nicht zum Betriebsvermögen gehören – nur Zinsen und Dividenden steuerpflichtig; Quellensteuern können auf die deutsche Besteuerung angerechnet werden. (2) Einige ausländische Fonds entsprechen deutschen Anlagevorschriften nicht. Soweit sie jedoch bereit sind, den deutschen Finanzbehörden detaillierte Unterlagen über alle Fondseinkünfte vorzulegen, werden beim deutschen Anteilinhaber die vollen Erträge (einschl. Kursgewinne und Bezugsrechtserlöse) besteuert, unabhängig davon, ob sie ausgeschüttet oder wiederangelegt werden; Quellensteuern können angerechnet werden. (3) Anteile ausländischer Fonds, die ihre Einnahmerechnung deutschen Behörden nicht offenlegen, werden pauschal besteuert. Die Beträge können u. U. sehr hoch sein: Zu versteuern sind neben der gesamten Ausschüttung 90% des Wertzuwachses im Kalenderjahr. Ergibt sich kein Wertzuwachs im laufenden Jahr, so sind 10% des Jahresschlußrücknahmepreises zu versteuern. KESt entfällt für deutsche Fonds. Ertragsausschüttungen erfolgen bei Vorlage eines → Freistellungsauftrags ohne jeden Abzug; sofern bei ausländischen Fonds eine Quellensteuer anfällt, kann sie auf die zu zahlende ESt angerechnet werden. Bei der Ermittlung der Einkünfte aus Kapitalvermögen kann nach Abzug der Werbungskosten (Pauschbetrag DM 100/200) ein Sparerfreibetrag von DM 6000 (bei Verheirateten DM 12000) abgezogen werden. → Investmentanteile, vermögensteuerlich.

Investmentanteile, Transaktionskosten

Es ist üblich, die Plazierungskosten von Investmentanteilen dem Anteilswert zuzuschlagen, der Bestandteil der Ausgabepreise ist. So erhält man den Ausgabepreis, zu dem der Anleger die Anteile erwerben kann. Die Rücknahme erfolgt zum Rücknahmepreis (zusammen mit dem Ausgabepreis veröffentlicht). Aus der Spanne zwischen Ausgabe- und Rücknahmepreis ist die Spesenbelastung ersichtlich: Diese beträgt i. d. R. 4%; daneben sind im Verkaufsfall unter Umständen ca. 1% Provision vom Preis zu zahlen. Die Spesenbelastung bei ausländischen Werten ist z. T. wesentlich höher als bei deutschen Fonds (meist zwischen 7,5 und 9%). Dabei sind die Sätze gestaffelt und nehmen bei zunehmender Anlagesumme ab. Dies sind Vertriebs-, keine Managementkosten. Laufende Verwaltungskosten werden dem Fondsvermögen belastet. Bei Sparplänen, bei denen also die Abnahme von Investmentanteilen über einen mehrjährigen Zeitraum vertraglich vereinbart wurde, müssen die Spesen gelegentlich zu Beginn des Vertrages aufgebracht werden. Bis zu 33 1/3% der ersten 12 Monatsraten dürfen für Kaufspesen verrechnet werden. Wird der Sparplan gekündigt, verliert der Sparer bei Ausscheiden nach dem ersten Jahr bis zu 33 1/3% seiner Einzahlungen.

Investmentanteile, vermögensteuerlich

Investmentanteile sind mit dem Rücknahmepreis vom Stichtag anzusetzen. Die zum 31. 12. geltenden Rücknahmepreise für inländische Investmentzertifikate und eine Reihe ausländischer sind in der Kursliste des Bundesministers der Finanzen angegeben. In anderen Fällen kann der Rücknahmepreis, soweit nicht bekannt, vom veröffentlichten Ausgabepreis abgeleitet werden. Bei ausländischen Fonds soll er i. a. um 5–8% unter dem Ausgabepreis liegen. Bei Anteilen an Immobilienfonds: Anteile an einem Fonds, bei dem der Anteilseigner nicht selbst, sondern nur mittelbar über eine Eigentümergesellschaft an dem Grundbesitz beteiligt ist, sind wie die Investmentanteile der Wertpapierfonds zu Rücknahmepreisen anzusetzen; bei einem Immobilienfonds, bei dem die Anteilseigner über eine BGB-Gesellschaft oder KG am Grundbesitz beteiligt sind, werden die Anteilsrechte vermögensteuerlich unabhängig vom Ausgabe- oder Rücknahmepreis anteilig mit dem Wert angesetzt, der sich für das Fondsvermögen bewertungs- und vermögenssteuerrechtlich ergibt; die Anteilswerte werden vom Finanzamt des Immobilienfonds festgestellt und den Anteilseignern von der Fondsverwaltung mitgeteilt. Für Investmentfondsanteile bleibt – wie für bestimmte Kapitalanteile und Kapitalforderungen – ein Betrag von DM 10000 (bei Zusammenveranlagung DM 20000) für die Ermittlung des sonstigen Vermögens außer Ansatz. Dieser Freibetrag wird nicht gewährt, wenn die Wertpapiere nicht zum sonstigen Vermögen, sondern zu einer anderen Vermögensart im Sinne des BewG rechnen. Daneben werden die persönlichen Freibeträge vom Gesamtvermögen abgesetzt.

investment bank(er)

Angelsächsische Bez. f. Emissionshaus.

investment banking

Der Begriff geht zurück auf das US-amerikanische Trennbankensystem mit investment banks, die das Wertpapieremissionsgeschäft und das Anlagegeschäft betreiben, sowie commercial banks, die Einlagen entgegennehmen und Kredite gewähren. Als investment banking gelten mittlerweile sämtliche Aktivitäten von Banken, die sich auf die Plazierung, den Handel sowie das damit verbundene Dienstleistungsgeschäft mit handelbaren Wertpapieren und wertpapierähnlichen Instrumenten beziehen. Zum weiteren Umfeld des investment banking zählen heute auch Bankgeschäftsarten wie Unternehmensberatung, mergers and acquisitions u. a.

Investmentclub

Vereinigung von Sparern mit dem Ziel, für gemeinsame Rechnung Wertpapiergeschäfte durchführen zu lassen. Dahinter steht, daß sich durch Zusammenlegen vieler kleinerer und mittlerer Sparbeträge eine für Börsengeschäfte interessantere Größenordnung ergibt. Meist BGB-Gesellschaft.

investment committee

→ Anlageausschuß.

investment company

Investmentgesellschaft. Bez. des US-Investment Company Act für Gesellschaften, die das Investmentgeschäft betreiben.

Investment Company Act (ICA)

Investmentgesetz der USA.

Investmentfonds

Zweckvermögen, das nach dem Grundsatz der Risikomischung in handelbaren und vertretbaren Werten angelegt ist. Es kommen in Betracht: Wertpapiere, Finanzterminkontrakte, Immobilien und – nicht in Deutschland – Warenkontrakte, Barrengold u. a. m. Das Fondsvermögen wird von Fachleuten angelegt und verwaltet. Die Erträge des Investmentfonds (Zinsen, Dividenden, realisierte Kursgewinne, Bezugsrechtserlöse) werden an die Käufer der Investmentanteile ausgeschüttet, bei einigen auch thesauriert (Thesaurierungsfonds), d. h. im Fondsvermögen belassen, was den Wert der Anteilscheine erhöht. Dieser wird börsentägig aus den Börsenkursen errechnet.

Investmentgesellschaft

Offiziell: Kapitalanlagegesellschaft (KAG), d. h. Gesellschaft, die einen oder mehrere Wertpapierfonds bildet, in den sie in- und/oder ausländische Wertpapiere, aber auch Immobilien, nach dem Grundsatz der Risikomischung aufnimmt, andererseits kleingestückelte Anteilscheine (Investmentanteile, -zertifikate) ausgibt, durch deren Erwerb die Inhaber (Kapitalanleger) mit geringem Kapitaleinsatz anteilig zu Miteigentümern am Fondsvermögen – einem gut gemischten Depot – werden. Die Rechtsverhältnisse der Investmentfonds sind durch KAGG v. 1957 geregelt (mit späteren Änderungen); dazu ist der Vertrieb ausländischer Investmentanteile und die Besteuerung ihrer Erträge geregelt; weiter wurde eine Regelung der Rechtsverhältnisse von Gesellschaften getroffen, die offene Immobilienfonds auflegen. Die deutschen Investmentgesellschaften sind Gründungen von Banken. Die deutschen Fonds sind Miteigentumsfonds, bei denen der Anteilinhaber seinen Zertifikaten entsprechend am Fondsvermögen beteiligt ist, während er in angelsächsischen Ländern oft an der Investmentgesellschaft als Aktionär beteiligt ist. KAG werden als GmbH betrieben; zulässig ist auch die AG. Jede KAG kann mehrere Sondervermögen (Fonds) verwalten, für die jeweils Investmentanteile ausgegeben werden. Die Fondsvermögen werden von Anlageausschüssen angelegt und überwacht. In Deutschland dürfen nur offene Fonds (open-end-Fonds) errichtet werden, die je nach Bedarf neue Anteile ausgeben und angebotene zurücknehmen. Im Ausland gibt es daneben geschlossene Fonds (closed-end funds), die einer Holding vergleichbar sind. Das KAGG enthält eine Reihe von Anlagevorschriften: So dürfen nicht mehr als 5%, unter Anzeige an das BAK und die Deutsche Bundesbank und nach Maßgabe der Vertragsbedingungen bis zu 10%, des Vermögens einer KAG in Papieren eines Ausstellers angelegt werden; auch dürfen in die Sondervermögen einer KAG zusammen nicht mehr als 10% des Grundkapitals einer Unternehmung aufgenommen werden. Bis zu fünf Prozent des Sondervermögens dürfen KAG in Anteile anderer Wertpapiersondervermögen investieren. Zusätzlich erlaubt sind der Erwerb von Geldmarktpapieren (max. 49% des Sondervermögens) sowie die Nutzung von Wertpapieroptionsgeschäften und Finanzterminkontrakten. Die Satzungen müssen vom BAK genehmigt werden. Bei den Investmentgesellschaften bestehen, je nach Domizilland, erhebliche Unterschiede der gesetzlichen Grundlagen, Rechtskonstruktion und Arbeitsweise.

Investmentgesellschaft, Anlagepolitik

→ Anlagepolitik von Investmentgesellschaften → Anlagegrundsätze von Investmentgesellschaften.

Investmentgesellschaft, Ausschüttungspolitik

Investmentgesellschaften verfolgen unterschiedliche Politiken der Ausschüttung von Erträgen auf die von ihnen emittierten Investmentanteile. Zu unterscheiden ist zwischen Fonds, die die im Laufe des Geschäftsjahres angefallenen Erträge ausschütten oder diese nicht oder nur teilweise ausschütten, sondern direkt zum Kauf weiterer Wertpapiere verwenden (thesaurieren). Man unterscheidet 2 Arten von Erträgen: ordentliche (Dividenden, Zinsen) und außerordentliche (realisierte Kursgewinne, Bezugsrechtserlöse). Ein Fonds, der Ausschüttungen vornimmt, muß die ordentlichen Erträge ausschütten, die außerordentlichen Erträge kann er ausschütten. Die Ertragsausschüttung wird in DM pro Anteil angegeben und erfolgt nach Abschluß des jeweiligen Geschäftsjahres. Am Tag der Ausschüttung ermäßigt sich der Anteilpreis um den entsprechenden Ausschüttungsbetrag, da die Erträge vorher dem Fondsvermögen zugeflossen waren und somit den Anteilpreis erhöht hatten. Seit 1. 1. 1993 unterliegen Ausschüttungen inländischer Investmentfonds bei Verwahrung im Inland der → Zinsabschlagsteuer. Dies gilt nicht für Erträge aus dem Aktienbesitz der Fonds, da diese bereits mit Körperschaftsteuer belastet sind.

Investmentgesellschaft, Rechenschaftslegung

Jede KAG ist gesetzlich verpflichtet, über jedes Sondervermögen für den Schluß eines jeden Geschäftsjahres einen Rechenschaftsbericht zu erstatten und im Bundesanzeiger bekanntzumachen. Er wird von der KAG durchweg in größerer Auflage gedruckt und für die Anteilinhaber zur Verfügung gehalten. Außerdem geben die KAG Zwischenberichte und vielfach Vierteljahresberichte heraus, in denen i. d. R. die Vermögensaufstellung abgedruckt und mitunter auch auf die zwischenzeitlichen Veränderungen im Fondsvermögen hingewiesen wird.

Investmentgesetz

→ Gesetz über Kapitalanlagegesellschaften (KAGG).

Investmentkonto

Depotkonto zur Ansammlung von Investmentanteilen. Bietet gegenüber dem Kauf einzelner Anteile als Vorteile: Depotverwahrung der Anteile, Erwerb und Buchung von Anteilsbruchteilen, automatische Wiederanlage der Erträgnisausschüttungen kann vereinbart werden. 3 Grundformen: das offene Konto (open account), den Sparplan (voluntary accumulation plan) und der automatische Abhebungsplan (automatic withdrawal plan).

investment letter

Vertragliche Vereinbarung, die dem Handel von letter stocks zugrunde gelegt wird. I. d. R. gewährt der Verkäufer einen Paketabschlag; als Gegenleistung verpflichtet sich der Erwerber, die Aktien innerhalb bestimmter Frist nicht zu veräußern.

investment objective (goal)

→ Anlegerziel.

Investmentprogramme

Anlageprogramme in Anteilen der Investmentgesellschaften: Programme mit einmaliger Einzahlung (single payment program), mit laufend gleichbleibenden oder wechselnden Einzahlungen (Sparprogramme, contractual accumulative program), mit gleichbleibend automatischem Abhebungsplan (automatic withdrawal plan). Manche Programme sehen Kopplung mit einer Risikolebensversicherung vor. Die Fondsleitungen bemühen sich, durch eine Vielzahl von Programmen verschiedener Art Anleger zu gewinnen. Wesentliche Merkmale: Depotverwahrung der Anteile, Erwerb und Buchung von Anteilsbruchteilen, Wiederanlage der Erträgnisausschüttungen zum Inventarwert, Möglichkeit von Teilliquidationen. Es gibt auch Programme mit der Möglichkeit, die Einzahlungen auf Anteile mehrerer Investmentfonds zu streuen: Mischprogramme.

Investmentrichtlinie

→ OGAW-Richtlinie.

Investmentsparen, Sparprogramme

→ Investmentprogramme → Investmentsparplan.

Investmentsparplan

Der Sparer schließt einen Sparplan über eine bestimmte Sparsumme ab und verpflichtet sich zu regelmäßigen Zahlungen an die Investmentgesellschaft, die die Beträge in Anteilen oder Bruchteilen davon anlegt. Auf diese Weise kommt der Sparer zu einem günstigen Durchschnittseinstandspreis, da bei hohem Preis relativ weniger Anteile erworben werden, und umgekehrt (→ Formelanlageplanung). Die Sparpläne ausländischer Gesellschaften arbeiten vielfach mit Vorabzug von Spesen, d. h., die Kosten für den gesamten Sparplan werden überwiegend im 1. Jahr der Laufzeit belastet, so daß nur etwa die Hälfte der Monatsraten in Anteilen angelegt werden kann. Bei den Sparplänen der deutschen Investmentgesellschaften werden die Kosten meist gleichmäßig auf die gesamte Laufzeit des Sparplans verteilt. Dies hat für den Sparer den Vorteil, daß von Anfang an gleich hohe Beträge in die Substanz gehen und bei Nichterfüllung des Sparvertrages die Kostenbelastung nicht progressiv wirken kann. Investmentsparpläne können mit einer Risikolebensversicherung gekoppelt werden.

Investment-Trust

Früher verwendete Bez. f. Investmentfonds bzw. -gesellschaften.

Investmentversicherung

Einige Lebensversicherungen bieten die Möglichkeit, die Versicherungssumme in einer bestimmten Anzahl von Investmentanteilen statt in einem Geldbetrag fixieren zu lassen. Im Versicherungsfall wird die vereinbarte Anzahl von Investmentanteilen an den Begünstigten ausgehändigt. → fondsgebundene Lebensversicherung (fLV).

Investmentzertifikate

→ Investmentanteile (Investmentzertifikate).

Investor, investor

Anleger, Kapitalanleger; jemand, der Sparkapital (längerfristig) in Wertpapieren oder sonstigen Kapitalanlagen anlegt (investiert).

investor relations

Pflege der Beziehungen einer AG zu ihren Aktionären (Anteilseignern, Investoren). Große Publikums-AG können durch planmäßiges Handeln das Vertrauen der Öffentlichkeit und insbesondere ihrer Kapitalanleger gewinnen, damit sie auf Dauer ihren Eigenkapitalbedarf über die Börse decken können. Investor relations sind Gegenstand der Dividenden- und Emissionspolitik einer AG und umfassen

Imagepflege, Kurspflege, laufende Information über die Unternehmung und die Geschäftsentwicklung. Bestes Mittel der investor relations ist ein gutes Geschäftsergebnis, das auch entsprechend ausgewiesen und publiziert wird. Bei Pflege der Anlegerbeziehungen ergibt sich für die AG ein Informationsproblem. Nicht nur positive Nachrichten, sondern auch schlechte Mitteilungen müssen Anteilseignern vermittelt werden. Den hierfür entstehenden Kosten stehen selten direkt zurechenbare Erträge gegenüber.

invitation telex

Am Euromarkt Fernschreiben an die in Betracht kommenden Mitglieder eines Emissionskonsortiums mit den Einzelheiten einer geplanten Transaktion.

IOSCO

→ International Organization of Securities Commissions (IOSCO).

Iowa Political Market

Von amerikanischen und europäischen Wirtschaftswissenschaftlern geschaffene Börse, an der Optionsscheine auf die Wahlergebnisse von Politikern und Parteien gehandelt werden. Zur Eröffnung einer Wahlbörse können Interessenten für einen Dollar ein Einheitsportefeuille erwerben, das einen Anteilschein für jeden Kandidaten bzw. jede Partei enthält. Diese Scheine werden gehandelt; ihre Inhaber bekommen nach dem Wahltag den jeweiligen Stimmenanteil in Cent ausgezahlt. Die Preise für die Anteilscheine spiegeln somit die aktuelle Einschätzung der Erfolgsaussichten der Kandidaten wider. Mit ihnen gelingen Wahlprognosen, die deutlich besser sind als die Ergebnisse traditioneller demoskopischer Verfahren.

IPE

Abk. f. International Petroleum Exchange of London.

Irish wolfhounds

In Irland begebene, auf Irische Pfunde lautende Auslandsanleihen.

ISMA

Abk. f. → International Securities Market Association.

issue

Angelsächsiche Bez. f. Ausgabe (Emission) von Wertpapieren.

issued stock

Besteht aus outstanding stock und treasury stock, d. h. umlaufenden und Vorratsaktien. → authorized stock.

issuer

Angelsächische Bez. f. Emittent.

issuer call option

Kündigungsrecht des Emittenten.

issuing house

Angelsächsische Bez. f. Emissionshaus.

ITS

Abk. f. intermarket trading system.

i. V.

Abk. f. im Vorjahr. Vorjahreszahlen.

J

Jahresabschluß
Zum Ende eines Geschäftsjahres (i. d. R. Kalenderjahres) nach handelsrechtlichen Vorschriften von Kaufleuten zu erstellende Jahresbilanz und Gewinn- und Verlust-Rechnung. Umfaßt bei Kapitalgesellschaften ferner den Anhang sowie den Lagebericht. Der Jahresabschluß ist nach den GoB in deutscher Sprache und DMark aufzustellen. Er muß klar und übersichtlich sein und soll ein den tatsächlichen Verhältnissen entsprechendes Bild der Vermögens-, Finanz- und Ertragslage der Gesellschaft vermitteln. In der Bilanz sind das Anlage- und Umlaufvermögen, das Eigenkapital, die Schulden sowie die Rechnungsabgrenzungsposten auszuweisen und hinreichend aufzugliedern. In der GuV-Rechnung sind die Erträge und Aufwendungen des abgelaufenen Geschäftsjahres auszuweisen; als Differenz ist der Erfolg eines Geschäftsjahres ermittelbar. Der Anhang erhält Erläuterungen zu einzelnen Positionen der Bilanz und GuV-Rechnung, insbesondere zu angewandten Wahlrechten. Im Lagebericht sind zumindest der Geschäftsverlauf und die Lage der Gesellschaft darzustellen. Eingehen soll der Lagebericht auf Vorgänge von besonderer Bedeutung, die nach Schluß des Geschäftsjahres eingetreten sind, die voraussichtliche Entwicklung der Gesellschaft und den Bereich Forschung und Entwicklung der Gesellschaft.

Jahresabschlußanalyse
Dient insbesondere der Beurteilung von Unternehmen im Rahmen der Fundamentalanalyse. Der Bilanzanalyse kommt dabei besondere Bedeutung zu. Ziel ist, einen Einblick in die Ertrags-, Vermögens-, Finanz- und Liquiditätslage zu erhalten, der durch den gesetzlich vorgeschriebenen Rahmen des Jahresabschlusses nur ungenügend erzielt werden kann. Von besonderem Interesse ist meist die Aufdeckung stiller Rücklagen, die Ermittlung der Schuldentilgungsfähigkeit (cash-flow-Analyse), die Analyse nicht ausgewiesener Verbindlichkeiten sowie die Untersuchung der Unternehmenslage mittels Kennzahlen und Indikatorgrößen. Verschiebungen in der Kapitalstruktur (z. B. Eigenkapitalquote, Fristigkeit der Fremdmittel) sind von Interesse. Darüber hinaus gilt es, die zukünftige Unternehmenslage zu prognostizieren (z. B. Extrapolationsverfahren) und mögliche Risiken aufzuzeigen. In neuerer Zeit gewinnen mathematisch-statistische Verfahren an Bedeutung.

Jahresabschluß der AG
Der Vorstand hat in den ersten 3 Monaten des Geschäftsjahrs für das vergangene Geschäftsjahr Jahresbilanz, GuV-Rechnung sowie einen Anhang zum Jahresabschluß und einen Lagebericht aufzustellen und den Abschlußprüfern vorzulegen. Der Jahresabschluß hat den GoB zu entsprechen. Er ist klar und übersichtlich aufzustellen und muß im Rahmen der Bewertungsvorschriften einen möglichst sicheren Einblick in die Vermögens-, Finanz- und Ertragslage der AG geben.

Jahresabschluß der AG, Bekanntmachung
Der Vorstand hat unverzüglich nach der HV über den Jahresabschluß den festgestellten Jahresabschluß in den Gesellschaftsblättern bekanntzumachen und die Bekanntmachung zum Handelsregister des Sitzes der AG einzureichen. Bei allen Veröffentlichungen und Vervielfältigungen des Jahresabschlusses, die durch Gesetz oder Satzung vorgeschrieben sind, sind folgende Vorschriften einzuhalten: (1) Der Jahresabschluß ist vollständig und richtig mit dem vollen Wortlaut des Bestätigungsvermerks wiederzugeben; haben die Abschlußprüfer die Bestätigung versagt, ist hierauf in einem besonderen Vermerk zum Jahresabschluß hinzuweisen; (2) die in Bilanz und GuV-Rechnung ausgewiesenen Posten müssen in der Weise untereinandergesetzt werden, daß jeder Posten mit dem dazugehörigen, in Ziffern ausgedrückten Betrag eine besondere Zeile erhält; (3) der Beschluß der HV über die Verwendung des Bilanzgewinns ist mitzuteilen; (4) alle zum Zeitpunkt der Veröffentlichung oder Vervielfältigung im Amt befindlichen Mitglieder des Vorstands und Aufsichtsrats sind mit dem Familiennamen und mind. einem ausgeschriebenen Vornamen anzugeben; die Vorsitzenden des Vorstands und Aufsichtsrats sind als solche zu bezeichnen. Wird der Jahresabschluß in Veröffentlichungen und Vervielfältigungen, die nicht durch Gesetz oder Satzung vorgeschrieben sind, nicht vollständig wiedergegeben, so ist in einer Überschrift zum Jahresabschluß ausdrücklich darauf hinzuweisen, daß es sich nicht um den vollständigen Jahresabschluß handelt. Der Bestätigungsvermerk darf nicht beigefügt werden. Es ist

jedoch anzugeben, ob die Abschlußprüfer den vollständigen Jahresabschluß bestätigt haben oder ob sie die Bestätigung eingeschränkt oder versagt haben. Ferner ist anzugeben, in welcher Nr. des Bundesanzeigers der vollständige Jahresabschluß bekanntgemacht worden ist.

Jahresabschluß der AG, Einreichung Handelsregister

→ Handelsregister-Einreichung, Jahresabschluß der AG.

Jahresabschluß der AG, Feststellung durch die Hauptversammlung

Haben Vorstand und Aufsichtsrat beschlossen, die Feststellung des Jahresabschlusses der HV zu überlassen, oder hat der Aufsichtsrat den Jahresabschluß nicht gebilligt, stellt die HV den Jahresabschluß fest. Die entsprechenden Vorschriften des AktG finden dann auf ihn Anwendung. Die HV darf bei Feststellung des Jahresabschlusses nur die Beträge in Gewinnrücklagen einstellen, die nach Gesetz oder Satzung einzustellen sind. Ändert die HV den vom Vorstand aufgestellten Jahresabschluß, haben die Abschlußprüfer ihn erneut zu prüfen, soweit es die Änderung fordert. Ein bereits erteilter Bestätigungsvermerk ist unwirksam. Vor der erneuten Prüfung gefaßte Beschlüsse der HV über die Feststellung des Jahresabschlusses und die Gewinnverwendung werden erst wirksam, wenn aufgrund der erneuten Prüfung ein hinsichtlich der Änderungen uneingeschränkter Bestätigungsvermerk erteilt wird.

Jahresabschluß der AG mit Bewertungsfehlern

Wegen Verstoßes gegen die Bewertungsvorschriften ist der Jahresabschluß nur nichtig, wenn Posten überbewertet oder Posten unterbewertet sind und dadurch die Vermögens- und Ertragslage der Gesellschaft vorsätzlich unrichtig wiedergegeben oder verschleiert wird. Überbewertet sind Aktivposten, wenn sie mit einem höheren Wert, Passivposten, wenn sie mit einem niedrigeren Betrag angesetzt sind, als nach §§ 253–256 HGB i. V. m. §§ 279–283 HGB zulässig ist. Unterbewertet sind Aktivposten, wenn sie mit einem niedrigeren Wert, Passivposten mit einem höheren Betrag angesetzt sind, als nach §§ 253–256 HGB i. V. m. §§ 279–283 HGB zulässig ist.

Jahresabschluß der AG mit Gliederungsmängeln

Wegen Verstoßes gegen die Vorschriften über die Gliederung des Jahresabschlusses sowie wegen der Nichtbeachtung von Formblättern, nach denen der Jahresabschluß zu gliedern ist, ist der Jahresabschluß nur nichtig, wenn seine Klarheit und Übersichtlichkeit dadurch wesentlich beeinträchtigt sind.

Jahresabschluß der AG, Prüfung durch Aufsichtsrat

Der Aufsichtsrat der AG hat den Jahresabschluß, den Lagebericht und den Vorschlag für die Verwendung des Bilanzgewinns zu prüfen. Ist der Jahresabschluß durch einen Abschlußprüfer zu prüfen, so hat der Abschlußprüfer auf Verlangen des Aufsichtsrats an dessen Verhandlungen über diese Vorlagen teilzunehmen. Der Aufsichtsrat hat über das Ergebnis der Prüfung schriftlich an die HV zu berichten. In dem Bericht hat der Aufsichtsrat auch mitzuteilen, in welcher Art und in welchem Umfang er die Geschäftsführung der Gesellschaft während des Geschäftsjahrs geprüft hat. Ist der Jahresabschluß durch einen Abschlußprüfer zu prüfen, so hat der Aufsichtsrat ferner zu dem Ergebnis der Prüfung des Jahresabschlusses durch den Abschlußprüfer Stellung zu nehmen. Am Schluß des Berichts hat der Aufsichtsrat zu erklären, ob nach dem abschließenden Ergebnis seiner Prüfung Einwendungen zu erheben sind und ob er den vom Vorstand aufgestellten Jahresabschluß billigt. Der Aufsichtsrat hat seinen Bericht innerhalb eines Monats, nachdem ihm die Vorlagen zugegangen sind, dem Vorstand zuzuleiten. Wird der Bericht dem Vorstand nicht innerhalb der Frist zugeleitet, hat der Vorstand dem Aufsichtsrat unverzüglich eine weitere Frist von nicht mehr als einem Monat zu setzen. Wird der Bericht dem Vorstand nicht vor Ablauf der weiteren Frist zugeleitet, gilt der Jahresabschluß als vom Aufsichtsrat nicht gebilligt.

Jahresabschlußprüfung, -prüfer

Der Jahresabschluß und der Lagebericht von Kapitalgesellschaften, die nicht kleine i. S. v. § 267 Abs. 1 HGB sind, sind durch einen Abschlußprüfer zu prüfen. Hat keine Prüfung stattgefunden, so kann der Jahresabschluß nicht festgestellt werden. Ebenso sind der Konzernabschluß und der Konzernlagebericht von Kapitalgesellschaften durch einen Abschlußprüfer zu prüfen. In die Prüfung des Jahresabschlusses ist die Buchführung einzubeziehen. Die

Prüfung des Jahresabschlusses und des Konzernabschlusses hat sich darauf zu erstrecken, ob die gesetzlichen Vorschriften und die ergänzenden Bestimmungen des Gesellschaftsvertrags oder der Satzung beachtet sind. Der Lagebericht und der Konzernlagebericht sind darauf zu prüfen, ob der Lagebericht mit dem Jahresabschluß und der Konzernlagebericht mit dem Konzernabschluß in Einklang stehen und ob die sonstigen Angaben im Lagebericht nicht eine falsche Vorstellung von der Lage des Unternehmens und im Konzernlagebericht von der Lage des Konzerns erwecken. Der Abschlußprüfer hat über das Ergebnis der Prüfung schriftlich zu berichten. Im Bericht (Prüfungsbericht) ist besonders festzustellen, ob die Buchführung, der Jahresabschluß und der Lagebericht, der Konzernabschluß und der Konzernlagebericht den gesetzlichen Vorschriften entsprechen und die gesetzlichen Vertreter die verlangten Aufklärungen und Nachweise erbracht haben. Die Posten des Jahresabschlusses sind aufzugliedern und ausreichend zu erläutern. Nachteilige Veränderungen der Vermögens-, Finanz- und Ertragslage gegenüber dem Vorjahr und Verluste, die das Jahresergebnis nicht unwesentlich beeinflußt haben, sind aufzuführen und ausreichend zu erläutern. Bei positivem Gesamturteil ist ein uneingeschränkter Bestätigungsvermerk (Testat) zu erteilen, ansonsten das Testat einzuschränken bzw. zu verweigern. Der Aufsichtsrat hat den geprüften Jahresabschluß sowie den Lagebericht bzw. Konzernabschluß und Konzernlagebericht und den Vorstandsvorschlag zur Gewinnverwendung erneut zu prüfen und das Ergebnis seiner Prüfung schriftlich der HV mitzuteilen.

Jahresabschlußtestat

Der bzw. die Abschlußprüfer haben durch folgenden Vermerk (Jahresabschlußtestat) den Jahresabschluß bzw. Konzernabschluß zu bestätigen, falls keine Einwendungen zu erheben sind: „Die Buchführung und der Jahresabschluß entsprechen/Der Konzernabschluß entspricht nach meiner/unserer pflichtgemäßen Prüfung den gesetzlichen Vorschriften. Der Jahresabschluß/Konzernabschluß vermittelt unter Beachtung der Grundsätze ordnungsmäßiger Buchführung ein den tatsächlichen Verhältnissen entsprechendes Bild der Vermögens-, Finanz- und Ertragslage der Kapitalgesellschaft/des Konzerns. Der Lagebericht/Konzernlagebericht steht im Einklang mit dem Jahresabschluß/Konzernabschluß.“ Sind Einwendungen zu erheben, so hat der Abschlußprüfer den Bestätigungsvermerk einzuschränken oder zu versagen. Die Versagung ist durch einen Vermerk zum Jahresabschluß oder zum Konzernabschluß zu erklären. Der Bestätigungsvermerk bzw. seine Einschränkung sowie Versagung ist vom Abschlußprüfer zu unterzeichnen und in den Prüfungsbericht aufzunehmen.

Jahresbericht

Bericht der Investmentgesellschaft über das abgelaufene Geschäftsjahr. Art und Umfang richten sich nach gesetzlichen Vorschriften des Sitzlandes bzw. der Publizitätsfreudigkeit der Gesellschaft.

Jahresbilanz

Bilanz, die am Ende eines Geschäftsjahres aufzustellen ist. In der Jahresbilanz sind die Aktiva und die Passiva der AG am Ende des Geschäftsjahres darzustellen. Eine Reihe von Posten ist gesondert auszuweisen. Eine Gliederung der Jahresbilanz ergibt sich aus den §§ 265, 266 HGB.

Jahrescoupon (-kupon)

Jährlich einmalige anstelle der früher üblichen zweimaligen Zinsenzahlung. Der Jahrescoupon führt zu einer geringen Ermäßigung der Rendite des Anlegers und durch die jährlich einmalige Couponeinlösung zur Kostenersparnis des Emittenten.

Jahresfehlbetrag

Der im Geschäftsjahr eingetretene Verlust vor Veränderungen der Rücklagen. Gegens.: Jahresüberschuß.

Jahresüberschuß

Weist den im Geschäftsjahr erzielten Gewinn vor Rücklagenbewegungen nach. Der ausgewiesene Betrag stellt bei der AG die Ausgangsgrundlage für den Gewinnverwendungsvorschlag der Verwaltung (Vorstand und Aufsichtsrat) einerseits und den HV-Beschluß andererseits sowie für die Gewinnbeteiligung der Vorstandsmitglieder dar. Es handelt sich um den auf das gezeichnete Kapital entfallenden Gewinn einer AG nach Abzug der Steuern und aller anderen Aufwendungen; er besteht demnach aus Dividende plus Rücklagenzuweisungen. Der Jahresüberschuß bildet die Grundlage für eine Reihe von Kennzahlen, auch für die Aktienanalyse. Gegens.: Jahresfehlbetrag.

Japan, Besteuerung von Kapitalerträgen

In Japan unterliegen Dividenden einer Kapitalertragsteuer von 20%. Sie wird durch DBA auf 15% ermäßigt. Bei einer deutschen Kapitalgesellschaft, der während der Dividendenzahlung unmittelbar vorausgehenden 12 Monate mind. 25% der stimmberechtigten Anteile der japanischen Gesellschaft gehörten, ist die japanische Steuer auf 10% gesenkt. Die Steuerermäßigung wird schon beim Steuerabzug durch einen entsprechend geringeren Steuereinbehalt berücksichtigt. Dazu muß sich der Aktionär an die japanische Gesellschaft wenden. Gleiches gilt für die Geltendmachung einer Steuererstattung, wenn die Steuer in voller Höhe von den Dividenden einbehalten worden ist. In Deutschland sind die Dividenden voll steuerpflichtig. Jedoch wird die nach DBA zugelassene japanische Steuer auf die ESt bzw. KSt angerechnet. Bei einer Kapitalgesellschaft, der mind. 25% der stimmberechtigten Anteile der japanischen Gesellschaft gehören, sind die Dividenden steuerfrei. Zinsen unterliegen einer Abzugsteuer von regelmäßig 20%, in Ausnahmefällen 15% oder 10%. Das DBA begrenzt die japanische Steuer auf 10%. Soweit sich daraus eine Steuerermäßigung ergibt, ist sie entsprechend dem für Dividenden vorgesehenen Verfahren geltend zu machen. In Deutschland sind die Zinsen voll steuerpflichtig. Jedoch wird die nach DBA zugelassene japanische Steuer auf die ESt oder KSt angerechnet.

Jakarta Stock Exchange (JSE)

Börse in Jakarta. Adresse: Bapepam/Bursa: JI. Medan Merdeka Selatan 14, Jakarta 10100, Tel.: 363060, Telefax: 350442. Handelszeiten: Montag bis Freitag: 10.00 – 12.00 Uhr und 14.00 – 16.00 Uhr.

J/D

Abk. f. Zinstermine Juni/Dezember bei Schuldverschreibungen, d. h. Zinszahlung am 1. 6. und 1. 12.

J/J

Abk. f. Zinstermine Januar/Juli bei Schuldverschreibungen, d. h. Zinszahlung am 2. 1. und am 1. 7. (häufigster Zinstermin).

jobber

Wertpapierhändler für eigene Rechnung an der Londoner Börse. Handeln nicht unmittelbar mit dem Publikum o. a. Auftraggebern, sondern mit den brokers oder miteinander; ihr Nutzen liegt im Kursschnitt. Ähnliche Funktion wie ein Freimakler an deutschen Börsen.

Johannesburg Stock Exchange

P. O. Box 11 74, Johannesburg 2000, Südafrika. Tel: 27-11/833-6580. Telex: 8-7663 sa. Telegrammadr.: jostockex.

joint stock company (corporation)

Kapitalgesellschaft in Großbritannien; ähnlich der AG. Anders als die US-corporation, die eine juristische Person ist.

joint venture

Angelsächsische Bez. f. Gemeinschaftsunternehmung. Oft werden joint ventures als spezielle Form der zwischenbetrieblichen Kooperation zwecks Durchführung eines einmaligen Vorhabens oder einer unbestimmten Zahl von Projekten mit i. d. R. kapitalmäßiger Beteiligung der Mitglieder des Vorhabens eingegangen.

jouissance

Beginn der Zinsberechtigung bei neu ausgegebenen festverzinslichen Wertpapieren.

JSE

Abk. f. Jakarta Stock-Exchange.

jüngste Aktien

Finden bei der AG in einem Geschäftsjahr 2 Grundkapitalerhöhungen statt, werden die Aktien daraus – bis zur börsenkursmäßigen Gleichstellung – als junge und jüngste Aktien bezeichnet und notiert.

Jumbo-Anleihe

Bez. f. eine Anleihe mit einem sehr hohen Emissionsvolumen. Wird überwiegend von Staaten oder supranationalen Institutionen emittiert.

junge Aktien

Neue, zur Erhöhung des Grundkapitals einer AG ausgegebene Aktien. Den Inhabern alter Aktien stehen i. d. R. Ansprüche auf den Bezug junger Aktien zu (Bezugsrecht). Sobald die jungen Aktien bzgl. der Dividende usw. den alten Aktien gleichstehen, entfällt die unterschiedliche Bezeichnung.

junge Aktien, vermögensteuerlich

Bei jungen Aktien, die noch nicht an der Börse eingeführt, aber schon voll dividendenberechtigt sind, ist der Kurs der alten Aktien zu übernehmen. Davon ist aber ein Abschlag von 10%, höchstens jedoch von 15 Punkten zu machen, weil sie noch nicht amtlich gehandelt werden. Bei jungen Aktien, die noch nicht an der Börse eingeführt sind und auch noch nicht voll dividendenberechtigt sind, kann außer diesem noch ein weiterer Abschlag von 10%, höchst. 15 Punkten gemacht werden. Für junge Aktien, die schon an der Börse eingeführt oder in den Freiverkehr einbezogen sind, ergeben sich die Kurse aus der Kursliste. Bezugsrechte, die am Stichtag selbständig gehandelt werden, sind mit dem für sie notierten Kurs bzw. gezahlten Preis zu bewerten.

Jungschein

→ stückelose Wertpapiere, stückeloser Handel, Verkehr.

Jungscheingiroverkehr

Soll die Zeit überbrücken, die bei einer Neuemission zwischen Bezug und Erscheinen der effektiven Stücke liegt. Dabei können die Vorteile der Girosammelverwahrung genutzt werden. Sobald sich der Emittent oder die federführende Bank eines Emissionskonsortiums durch ein Schreiben, den Jungschein, dem Kassenverein gegenüber unwiderruflich verpflichtet, nach dem Erscheinen der effektiven Stücke an ihn zu liefern, richtet der Kassenverein ein Jungscheinkonto ein, über das mit Wertpapierschecks, die den Vermerk Jungscheinkonto tragen müssen, wie im normalen Effektengiroverkehr verfügt werden kann.

Jungscheinkonto, -depot

Eine Wertpapiersammelbank richtet zugunsten einer federführenden Bank eines Emissionskonsortiums ein Jungscheinkonto ein, über das in gleicher Weise wie bei der Girosammelverwahrung durch Wertpapierschecks, die den Vermerk Jungscheinkonto tragen müssen, verfügt werden kann, wenn der Bezug neuemittierter Wertpapiere abgeschlossen ist und der Emittent sich durch einen Jungschein verpflichtet hat, der über die federführende Bank eines Emissionskonsortiums eingereicht wird, die effektiven Stücke nach Erscheinen zu liefern.

junk bonds

Wörtlich: Ramsch-, Schrott- oder Abfall-Anleihen. Es handelt sich hierbei um hochverzinsliche Schuldverschreibungen geringer Bonität, die zur Unternehmensübernahme von eigens für diesen Zweck gegründeten „Briefkastenfirmen" ausgegeben werden, die sonst kein Vermögen besitzen. Aus Anlegerschutzgründen und zur Eindämmung der dadurch induzierten Fusionswelle in den USA sind jedoch Beschränkungen dieser zu 100% fremdfinanzierten Unternehmensübernahmen beschlossen worden. So werden die junk bonds der seit 1934 geltenden Regelung unterworfen, derzufolge ein Aktienkauf nur zu 50% durch Kreditaufnahme finanziert werden darf. Diese Beschränkung soll dann jedoch nicht gelten, wenn kein Zweifel daran besteht, daß die Unternehmensübernahme gelingen wird, denn dann wird vermutet, daß die junk bonds nicht nur durch die erworbenen Aktien, sondern zusätzlich durch das Vermögen der übernommenen Gesellschaft gedeckt sein werden. Kritiker sehen in dieser Ausnahmeregelung jedoch eine Verwässerung der allgemein gültigen Vorschrift. Aufgrund der immanenten Risiken sind junk bonds primär für sehr risikofreudige Kapitalanleger geeignet.

juristische Person

Rechtsgebilde, das einer natürlichen Person gleichgestellt ist, also ebenfalls Rechte erwerben und Pflichten haben kann, d. h. rechtsfähig ist. Juristische Personen des Privatrechts sind u. a. der eingetragene Verein, AG, GmbH, eingetragene Genossenschaft. Juristische Personen öffentlichen Rechts sind u. a. Bund, Länder, Gemeinden, Zweckverbände, Landesversicherungsanstalten, Landesbanken (Girozentralen), Sparkassen, Deutsche Bundesbank, Stiftungen. Im Rechtsleben handeln nicht die einzelnen Mitglieder, sondern die juristische Person als Rechtseinheit. Die Rechtsverhältnisse der juristischen Personen sind z. T. durch spezielle Gesetze geregelt (z. B. AktG, GmbH, Gemeindeordnung, Sparkassengesetze).

K

K
Abk. f. → Karat (Carat).

Kabelkurs
Telegrafisch übermittelter Kurs, z. T. unter Verwendung eines Kabel-Code.

Kaduzierung
Entzug der Rechte des Aktionärs aus den Aktien durch Aufsichtsrat und/oder Vorstand der AG bei Versäumung der Ein- oder Nachzahlung.

Käufermarkt
Marktlage mit sinkenden Preisen (Gegens.: Verkäufermarkt). Entsteht, wenn das Angebot schneller steigt bzw. langsamer sinkt als die Nachfrage (Angebotsüberschuß bzw. Nachfragemangel), z. B. an Warenbörsen.

Kaffirs
Südafrikanische Minenaktien, vor allem Goldminenaktien.

KAG
Abk. f. Kapitalanlagegesellschaft.

KAGG
Abk. f. Gesetz über Kapitalanlagegesellschaften.

Kalendereffekt
Bez. f. die Beziehung von Kalendertagen und Aktienkursentwicklungen. Statistische Auswertungen haben unter anderem ergeben, daß im langfristigen Durchschnitt die deutschen Aktienkurse freitags am stärksten steigen; donnerstags und mittwochs ist der Anstieg der Kurse im Durchschnitt geringer. Dienstags stagnieren die Notierungen, und montags fallen sie sogar. Schwache Montage gelten als statistisch hochsignifikant. Feiertage gelten als Börsenstimulatoren. Nur der 1. Mai und Pfingsten sind keine Impulsgeber für steigende Aktienkurse in Deutschland.

Kalenderjahresgesellschaft
Gesellschaft mit Geschäftsjahr 1. 1. – 31. 12.

Kalkulationszinsfuß (-satz)
Gewünschte Mindestverzinsung eines Investors oder Opportunitätskostensatz. Ist der Barwert einer zum Kalkulationszinsfuß bewerteten Anlage (Kapitalwert) positiv, zeigt das an, daß die Investitionsrendite über der geforderten oder erwarteten Mindestverzinsung liegt.

Kanalinseln
→ offshore-Zentren.

Kansas City Board of Trade
Anschrift: Suite 303, 4800 Main Street, Kansas City, MO 64112. Tel. 816-753-7500, Telefax 816-753-3944 Große Warenbörse. Im futures-Geschäft werden gehandelt: financial futures (mini Value Line stock index futures), Getreide-futures (Weizen).

Kapazitätskennzahlen
Kennzahlen der Kapazitätsauslastung. Werden ermittelt, indem das Verhältnis von tatsächlich ausgelasteter Produktionskapazität zu der insgesamt verfügbaren gebildet wird. Dies kann für einzelne Unternehmen, Wirtschaftszweige und Volkswirtschaften erfolgen. Interessant in der Aktienanalyse.

KAPI
Abk. f. → Künstlicher Anleihe-Preis-Index.

Kapital
In verschiedenen Bedeutungen verwendeter Begriff. Oft Geld oder Vermögen gleichgesetzt. Volkswirtschaftlich einer der 3 Produktionsfaktoren neben Arbeit und Boden. Gesamtwert aller Güter, mit denen die Unternehmung arbeitet (Aktivseite der Bilanz). Buchhalterisch die Posten des Gesamtvermögens, die auf der Passivseite der Bilanz ausgewiesen werden, nach den Kapitalquellen Eigen- und Fremdkapital. Auch: für Investitionen zur Verfügung stehendes Geld (Geldkapital).

Kapitalanlage
Langfristige Anlage von Kapital zum Zweck der Werterhaltung und Erzielung einer Rendite; Verwendung von Ersparnissen zum Kauf von Vermögenswerten, mit dem Ziel, sich entweder langfristig ein stetiges Einkommen zu sichern und/oder den Wert der gebildeten Ersparnisse auf längere Sicht zu schützen oder zu erhöhen. → Geldanlage.

Kapitalanlagearten
Dem Anleger stellen sich unterschiedliche Anlageprobleme, je nachdem, ob er eine kürzer befristete – wenn ihm die anzulegenden Mittel nur bestimmte Zeit zur Verfügung stehen – oder längerfristige bzw. Daueranlage tätigen will. Unterschieden wird auch zwischen Einkommensanlage und Kapitalzuwachsanlage. Erstere, die festverzinsliche Wertpapiere oder Aktien oder beides umfaßt, soll dem Anleger vor allem hohe laufende Erträge in Form von

Zinsen und Dividenden bringen. Dabei soll der Kapitalwert der Anlage möglichst wenig Risiken, vor allem wenig Wertschwankungen ausgesetzt sein. Vor allem festverzinsliche Wertpapiere erfüllen diese Anforderungen. Bei Aktien muß es sich um solche von ertragsstarken, gut fundierten, keinen wesentlichen Konjunkturschwankungen unterliegenden Unternehmen handeln, die von ihren stabilen Erträgen einen guten Teil als Dividende ausschütten. Bei einer Kapitalzuwachsanlage verspricht sich der Anleger vor allem günstige Möglichkeiten des Wertzuwachses seines Portefeuilles. Offensichtlich erfüllt eine Anlage in guten Aktien dieses Ziel am besten. Dabei sollen die Aktien vor allem Wachstumswerte sein, also Anteile an Unternehmen, die im Augenblick zwar nur relativ geringe Teile ihrer Erträge als Dividende ausschütten – der größte Teil wird zur Finanzierung des weiteren Unternehmenswachstums zurückbehalten (Selbstfinanzierung) –, bei denen aber die thesaurierten Erträge zu starker Steigerung der Ertragskraft führen, was sich in steigenden Kursen niederschlagen wird. I. d. R. wird der Kapitalanleger beide Ziele anstreben, d. h., er wird sich um ein für ihn optimales Verhältnis von laufenden Erträgen und angemessenen Portefeuillewertsteigerungen bemühen. Die genannten Gesichtspunkte lassen sich auf 2 Kapitalanlageformen reduzieren: konservative und initiative Anlagen. Bei ersterer dominieren Erhaltung des Wertes des eingesetzten Kapitals und angemessener Kapitalertrag. Dieses Ziel soll möglichst unter Ausschaltung von Risiken erreicht werden. Vor allem kleinere Vermögen von Sparern, die auf Einkommen daraus angewiesen sind, werden so angelegt, da hier das Moment der Sicherheit vor dem der Gewinnchancen steht. Eine konservative Kapitalanlage erstreckt sich auf folgende Wertpapierarten: festverzinsliche Wertpapiere, Aktien von Unternehmen mit hohem Stabilitätsgrad, Aktien von Unternehmen mit überdurchschn. Entwicklungsaussichten und ggf. Investmentanteile. Die initiative Kapitalanlage verlangt im besonderen Maße stetiges Verfolgen der wirtschaftlichen Vorgänge in Unternehmen und Volkswirtschaft: Bei einer solchen Kapitalanlage sollen spezielle Gewinnmöglichkeiten erkannt und ausgewertet werden. Der initiative Kapitalanleger strebt vor allem eine Mehrung seines Kapitals an. Er interessiert sich für Unternehmen, die unter günstigen wirtschaftlichen Bedingungen hohe Ertragskraftsteigerungen aufweisen werden. Die initiative Kapitalanlage wird im Endergebnis oft ertragreicher sein als die konservative, da letztere den Faktor ständiger Sicherheit stärker betont und daher häufiger zu passivem Verhalten Anlaß gibt. Für die initiative Kapitalanlage kommen daher vor allem als Anlageobjekte in Frage: blue chips, also erstklassige Aktien führender, lange Zeit erfolgreicher und starker Unternehmen mit bedeutender Marktposition; weiter Aktien gut fundierter, wenn auch kleinerer Unternehmen, die in wirtschaftlich günstigen Perioden starke Aufbesserungen der Ertragskraft erwarten lassen; schließlich ausgesprochene Wachstumsaktien. Diese Kapitalanlagen, die ihrer Natur nach längerfristige Operationen sind, stehen im Gegensatz zur kurzfristigen Spekulation. Diese richtet sich auf möglichst kurzfristige und hohe Börsengewinne, verbunden mit der Inkaufnahme größerer Risiken.

Kapitalanlagebetrug

Wer im Zusammenhang mit 1. dem Vertrieb von Wertpapieren, Bezugsrechten oder von Anteilen, die eine Beteiligung an dem Ergebnis eines Unternehmens gewähren sollen, oder 2. dem Angebot, die Einlage auf solche Anteile zu erhöhen, in Prospekten oder in Darstellungen oder Übersichten über den Vermögensstand hinsichtlich der für die Entscheidung über den Erwerb oder die Erhöhung erhebliche Umstände gegenüber einem größeren Kreis von Personen unrichtige vorteilhafte Angaben macht oder nachteilige Tatsachen verschweigt, wird mit Freiheitsstrafe bis zu 3 Jahren oder mit Geldstrafe bestraft (§ 264a StGB).

Kapitalanlagegesellschaft (KAG)

Bez. des KAGG für Investmentgesellschaften, die Wertpapierfonds oder Immobilienfonds nach dem Prinzip des open-end-Fonds betreiben: Unternehmen, deren Geschäftsbereich darauf gerichtet ist, bei ihnen eingelegtes Geld im eigenen Namen für gemeinschaftliche Rechnung der Einleger nach dem Grundsatz der Risikomischung in Wertpapieren oder Grundstücken sowie Erbbaurechten gesondert vom eigenen Vermögen anzulegen und über die hieraus sich ergebenden Rechte der Einleger (Anteilinhaber) Urkunden (Anteilscheine) auszustellen. KAG dürfen nur in den Rechtsformen AG oder GmbH betrieben werden. Das Eigenkapital muß mind. DM 5000000 (in der Praxis mehr) betragen und voll eingezahlt sein. Die KAG hat einen Aufsichtsrat zu bilden, für dessen Zusammensetzung, Rechte und Pflichten die Bestimmungen des AktG gelten. KAG sind Kreditinstitute und unterliegen auch den für diese geltenden gesetzlichen Vorschriften. Das bei einer KAG gegen Ausgabe von Anteilscheinen eingelegte Geld und die damit angeschafften Wertpapiere und Bezugsrechte bzw. Grundstücke und Erbbaurechte bilden ein Sondervermögen. Die KAG hat über jedes Sondervermögen für den Schluß eines jeden Geschäftsjahres einen Rechenschaftsbericht zu erstatten und im Bundesanzeiger bekanntzugeben. Die KAG darf nur bestimmte Werte für die Sondervermögen erwerben, wie z. B. Aktien, Schuldverschreibungen, Investmentfondsanteile. Außerdem sind Höchstgrenzen von 5% für den Erwerb von Wertpapieren und Schuldscheindarlehen ein und desselben Ausstellers (Schuldners) vorgeschrieben, bzw. von 10%, wenn dies in den Vertragsbedingungen enthalten ist und der Gesamtwert der Wertpapiere und Schuldscheindarlehen dieser Aussteller (Schuldner) 40% des Wertes des Sondervermögens nicht übersteigt. Außerdem darf der Wert der erworbenen Wertpapiere zusammen mit dem Wert der bereits in dem Sondervermögen befindlichen Wertpapiere desselben Ausstellers 10% des Wertes des Sondervermögens nicht übersteigen und für alle verwalteten Sondervermögen darf der Gesamtnennbetrag der erworbenen Aktien desselben Ausstellers 10% des Nennkapitals der AG nicht übersteigen. Dabei sind für Freiaktien und den Bezug neuer Aktien Ausnahmen zugelassen. Ferner können von einer KAG Anteilscheine eines anderen Sondervermögens bis zur Höhe von 5% des verwalteten Sondervermögens erworben werden. Bis zu 49% des Sondervermögens darf eine KAG in Bankguthaben und in Geldmarktpapieren wie Einlagenzertifikaten, commerical paper, unverzinslichen Schatzanweisungen und Schatzwechseln des Bundes oder der Bundesländer sowie in vergleichbaren Papieren von OECD-Staaten mit maximaler Restlaufzeit von 12 Monaten anlegen. Die KAG ist berechtigt, im eigenen Namen für die zu einem Sondervermögen gehörenden Gegenstände nach Maßgabe des Gesetzes und der Vertragsbedingungen zu verfügen und alle Rechte aus ihnen auszuüben. Sie hat das Sondervermögen für gemeinschaftliche Rechnung der Anteilinhaber zu verwalten und deren Interessen zu wahren, insbesondere auch bei der Ausübung der mit dem Sondervermögen verbundenen Stimm- und Gläubigerrechte. Mit der Verwahrung des Sondervermögens hat die KAG eine Bank, die Depotbank, zu beauftragen. Das Sondervermögen steht den Anteilsinhabern als Miteigentum nach Bruchteilen zu. Dem Sondervermögen dürfen Kauf- und Verkaufsoptionen, financial futures sowie nicht börsennotierte und börsennotierte Wertpapiere zugeführt werden, wobei der Wert der Wertpapiere eines Ausstellers beschränkt ist, wodurch Mindestrisikomischung erfolgt. KAG können auch Grundstücksondervermögen halten. Die Anteilscheine verbriefen die Ansprüche der Anteilinhaber gegenüber der KAG und sind Wertpapiere. Die Anteilseigner können durch die Rechtsgeschäfte der KAG persönlich nicht verpflichtet werden. Sie haften selbst nicht für die Ansprüche der KAG aus den für gemeinschaftliche Rechnung der Anteilsinhaber getätigten Geschäften. Gegen Rückgabe der Anteilscheine können die Anteilinhaber verlangen, daß ihnen ihr Anteil am Sondervermögen ausgezahlt wird.

Kapitalanlagen, Diversifikation

Für den risikobewußten Anleger ist es wichtig, daß er eine angemessene Diversifikation (Portefeuille-, Risikostreuung, Depotmischung) praktiziert. Risiken treten in der Realität bei jedem wirtschaftlichen Vorhaben auf, bei der Wertpapieranlage gibt es sie jedoch in besonders ausgeprägter Form. Risikostreuung ist ein Pfeiler des Versicherungsgeschäfts und der Politik der Investmentfonds und sollte gleichermaßen auch bei überlegter individueller Kapitalanlage berücksichtigt werden. Die Bedeutung der Diversifikation variiert mit der Art der Kapitalanlagen. Breite Verteilung der Anlagen erhöht die Wahrscheinlichkeit, daß mögliche Rückschläge nur einzelne Anlagen oder Anlagekategorien, nicht aber deren Gesamtheit treffen. 3 Grundprinzipien: (1) die Kapitalanlage ist auf eine Mehrzahl von Wertpapierarten zu verteilen, so daß das Gesamtresultat des Portefeuilles einen Durchschnittswert der vielen Wertpapiere bildet; (2) die Wertpapiere sind sorgfältig nach ihren individuellen Vorzügen auszuwählen; (3) die Einzelpapiere in einem gut gestreuten Portefeuille sollten unterschiedliche und nicht miteinander in Zusammenhang stehende Risiken aufweisen; sie dürfen keine Kausalverbindung der Art aufweisen, daß die ungünstige Entwicklung bei einem Papier eine ungünstige Entwicklung bei einem anderen mit sich bringt. Methoden der Diversifikation, einzeln oder in Kombination anwendbar, sind vor allem die Verteilung der anzulegenden Mittel auf Wertpapiere von Unternehmen verschiedener Branchen, auf Unternehmen in verschiedenen Gebieten des Landes oder auf Unternehmen in verschiedenen Ländern, weiter die Verteilung der Mittel auf Aktien und Festverzinsliche der verschiedensten Art, schließlich die Aufteilung auf Wertpapiere privater Unternehmen und öffentlicher Körperschaften. Diversifikation erfordert vor allem eine angemessene Berücksichtigung der verschiedenen Anlagekategorien. Sie kann durch ein passendes Verhältnis zwischen Obligationen und Aktien erreicht werden. Zu einem abgewogenen Wertpapierportefeuille gehört ein angemessener Anteil an Festverzinslichen, wenn die Gefahr größerer Vermögenseinbußen bei einer Umkehr der Aktienkursbewegung in Grenzen gehalten werden soll. Auch innerhalb der Festverzinslichen muß bei der Wahl der einzelnen Posten eine Entscheidung getroffen werden, die nicht nur aufgrund der errechneten höchsten Rendite gefällt werden kann. Höher verzinsliche Anleihen notieren über dem Rückzahlungskurs. Sie erfüllen den Wunsch nach guter Rendite als auch nach Sicherheit, da höher verzinsliche Rentenwerte in Perioden rückläufiger Kurse weniger fallen als niedriger verzinsliche. Demgegenüber können Anleihen und Pfandbriefe, die mit einem unter dem Marktzins liegenden Zinssatz ausgestattet sind, zu Kursen gekauft werden, die z. T. wesentlich unter den Rückzahlungskursen liegen. Diese Werte bieten bei steigender Tendenz am Rentenmarkt die Möglichkeit, neben der laufenden Verzinsung gewisse Kursgewinne zu erzielen. In bezug auf Obligationen und sonstige festverzinsliche Anlagen ist weiter eine gewisse zeitliche Verteilung der Fälligkeiten angezeigt, um die Möglichkeit sich häufender Rückzahlungen zu einem ungünstigen Zeitpunkt auszuschließen. Außerdem wird es i. a. ratsam sein, bei niedrigen Zinssätzen die Anlagen mit kürzeren, bei höheren Zinssätzen die mit längeren Laufzeiten vorzuziehen. Investmentanteile bzw. -fonds bieten z. T. gute Beispiele für Wertpapierportefeuillestreuung unter Gesichtspunkten der Diversifikation. Der Anleger, der den größeren Teil seiner verfügbaren Mittel in Aktien anlegen will, sollte eine Aufteilung auf verschiedene Branchen vornehmen. Dies ist meist erst bei einem Kapital von gewissem Umfang möglich. Sind die verfügbaren Mittel dagegen beschränkt, so ist es vorteilhafter, die Gelder in wenigen, aber soliden und zukunftsreichen Unternehmen zu investieren, statt eine Verteilung auf viele kleine Posten vorzunehmen. Immerhin steht dem über beschränkte Mittel verfügenden Sparer, der eine konservative Anlage anstrebt, auch die Möglichkeit offen, Investmentanteile zu kaufen, die dem Erfordernis guter Diversifikation Rechnung tragen. Die Auswahlmöglichkeiten zwischen Werten mit offensichtlich unterschiedlichen Kursrisiken sind am Aktienmarkt viel größer als bei den Festverzinslichen. Jedoch sollte der Aktienkäufer, bevor er die letzte Entscheidung seinen Verhältnissen und seiner Risikofreudigkeit entsprechend fällt, genau bedenken, wie er sein Aktienportefeuille aufbauen will. Es wäre falsch, Aktien grundsätzlich nur nach ihrer optischen Kurshöhe auszuwählen. Eine Vermögensmehrung ist auf die Dauer nur bei Anlagen in Unternehmen mit guten wirtschaftlichen Zukunftsaussichten gegeben. Handelt es sich um bedeutendere Anlagebeträge, kann sich zur Verminderung der Risiken auch die räumliche Verteilung auf einen größeren Kreis von Ländern anbieten.

Kapitalanlagen, sonstige

Neben den „klassischen" Kapitalanlagen in Wertpapieren aller Art, Gold, Beteiligungen aller Art, Immobilien, Lebensversicherungen usw. gibt es eine kaum voll eingrenzbare Menge an Objekten, die ebenfalls – mehr oder weniger stark – als Kapitalanlagen gewählt werden. Beispiele: Edelmetalle, Edelsteine, Kunstwerke, Porzellan und alte Münzen haben besondere Attraktivität. Ihr Wert ergibt sich aus ihrer Seltenheit. Die spezifischen Eigentümlichkeiten sind jedoch i. d. R. nur Fachkundigen vertraut. Bei sorgfältiger Auswahl kann Kunst eine lohnende Kapitalanlage sein. Der Gewinn liegt hier im Wertzuwachs als Ausdruck der Seltenheit und der steigenden Nachfrage. Kunstwerke bringen dagegen keinen laufenden Ertrag. Nicht unproblematisch ist die Verfügbarkeit solcher Anlageobjekte. Kauf und Verkauf ohne Verlust setzen voraus, daß der Wertzuwachs die Belastungen übersteigt. Ein weiteres Problem ist, daß Angebot und Nachfrage oft von modischen Einflüssen geprägt werden. Damit variieren der Preis und somit der Wert der Anlage. Geldanlage in Kunstgegenständen und Edelsteinen kann man als Vermögensreserve für Notzeiten betrachten; sie kann als langfristige Anlage sinnvoll sein, sofern ein gut aufgebautes Vermögen in verschiedenen anderen Anlageformen vorhanden ist. Für die Beurteilung der Frage, ob Briefmarken eine gute Kapitalanlage sind, ist zunächst das Angebot bedeutsam; außerdem ist die Auflagenhöhe der Marken entscheidend. Schließlich ist die Nachfrage der Sammler für die Wert- und Preisentwicklung der Sammlermarken bedeutsam; diese ist größeren Schwankungen unterworfen. Der Wert der Sammlermarken ist als Liebhaberwert ohne ertragbringende Substanz anzusehen. Wertschwankungen sind nach oben und nach unten keine Grenzen gesetzt. Briefmarkenkauf als Kapitalanlage ist spekulativ. Ähnlich ist Porzellan zu beurteilen. Interessante, unbeschädigte Porzellanfiguren oder auch guterhaltenes Gebrauchsporzellan aus früheren Jahrhunderten sind nur noch selten zu bekommen, so daß es zu Preissteigerungen kommen kann. Auch Porzellane können also als Sammelobjekte mit Wertsteigerungsphantasie bezeichnet werden.

Kapitalanlagepolitik

Wird aus den Zielen der Kapitalanleger abgeleitet. Kapitalanlagepolitik wird von der Geschäftsleitung von Unternehmen, Banken, Versicherungen und KAG betrieben. Sie soll Handlungsanweisungen geben, nach welchen Grundsätzen das zur Verfügung stehende Kapital angelegt werden soll. Wesentlich für die meisten Kapitalanlagen ist die Rentabilität. Häufig kann eine hohe Rentabilität nur unter Inkaufnahme höherer Risiken und niedrigerer Liquidität erreicht werden.

Kapitalanleger

Natürliche und juristische Personen, die Kapitalanlagen tätigen (Investoren).

Kapitalanlegerziele

Die von Kapitalanlegern verfolgten Zielsetzungen, wobei i. d. R. bei einem vorgegebenem Risiko, das die individuelle Risikoeinstellung des einzelnen Kapitalanlegers widerspiegelt, die höchstmögliche zu erreichende Rendite (Ausschüttungen plus Wertzuwachs) angestrebt bzw. bei einem zugrunde gelegten Ertragserfordernis das geringste Risiko einzugehen versucht wird. Zielkonflikte entstehen dadurch, daß i. d. R. Erhöhung der Ertragschancen steigendes Risiko induziert. Zudem werden diese Gewinn- und Sicherheitszielsetzungen durch den geforderten Grad an Liquidisierbarkeit der Kapitalanlagen beeinflußt, d. h. innerhalb welchen Zeitraums und unter Inkaufnahme welcher Kosten Desinvestition möglich ist.

Kapitalausfuhr (-export)

Erfolgt in Form von: (1) Erwerb ausländischer Wertpapiere, (2) Anlage von Geldern bei ausländischen Banken und in ausländischen Geldmarktpapieren, (3) Errichtung von Niederlassungen und Tochtergesellschaften im Ausland, (4) im Inland aufgelegten Anleihen ausländischer Schuldner, (5) Beteiligung an ausländischen Gründungen sowie (6) Gewährung von Krediten für Lieferungen an ausländische Kunden. Gesamtwirtschaftlich bedeutet Kapitalausfuhr: (1) Verminderung der Währungsreserven und (2) gleichzeitig Verlagerung von Liquidität bzw. Vermögen in das Ausland. Kapitalexport ist allerdings bei anhaltend hohen Zahlungsbilanzüberschüssen notwendiges Regulativ. Je nach der Devisensituation können Kapitalexporte Beschränkungen oder Förderungen aufgrund von Bestimmungen des Gesetzgebers oder der Zentralnotenbank unterliegen. Gegens.: Kapitaleinfuhr (-import).

Kapitalbedarfskennzahlen

Betriebswirtschaftliche Kapitalbedarfskennzahlen, z. B. Kapitalbedarf je Arbeitsplatz, Kapitalbedarf je Umsatzeinheit, Kapitalbedarf je Betriebsstätte, sind Zahlen, die sich auf bestimmte betriebliche Kapitalbedarfsdaten beziehen und durch die relationale Verknüpfung mit verschiedenen betriebswirtschaftlichen Größen eine konzentrierte Aussagekraft besitzen.

Kapitalberichtigung

→ Kapitalerhöhung aus Gesellschaftsmitteln → Kapitalherabsetzung.

Kapitalberichtigungsaktien

Gratis-, Aufstockungs-, Frei- bzw. Zusatzaktien, die im Rahmen einer Kapitalerhöhung aus Gesellschaftsmitteln ausgegeben werden und den Aktionären entsprechend ihrer bisherigen Beteiligung am Grundkapital zustehen.

Kapitalbeschaffung

Alle Maßnahmen zur Finanzierung von Unternehmen mit dem Ziel, den Kapitalbedarf auf der Basis eines Finanzplans zu decken. Zu unterscheiden: (1) nach Art des Kapitals in (a) Beschaffung von Geld, (b) Beschaffung von Sachgütern, sowie (2) nach Herkunft des Kapitals in: (a) Beschaffung von Eigenkapital in Form von Beteiligungen und Einlagen, (b) Beschaffung von Fremdkapital über Kredite, Schuldscheindarlehen und Anleihen.

Kapitalbeschaffung der AG
Nach dem AktG Kapitalerhöhungen gegen Einlagen, bedingte Kapitalerhöhung, genehmigtes Kapital, Kapitalerhöhung aus Gesellschaftsmitteln, Emission von Wandelschuldverschreibungen, Optionsanleihen, Genußscheinen und Gewinnschuldverschreibungen.

Kapitalbeteiligung
Beteiligung am Grund- bzw. Stammkapital einer AG bzw. GmbH, den Geschäftsguthaben bei Genossenschaften sowie am haftenden Eigenkapital von Personengesellschaften, i. d. R. durch Kapitaleinlagen.

Kapitalbeteiligungsgesellschaften (KBG)
Unternehmen, deren Geschäftszweck darin besteht, kleinen und mittleren Unternehmen, die keinen Zugang zum organisierten Kapitalmarkt haben, zusätzliches Eigenkapital in der Form von Beteiligungen – Minderheitsbeteiligungen, oft stille Beteiligungen oder als Kommanditist – zu gewähren. Die Beteiligungen werden i. d. R. auf 10–15 Jahre eingegangen.

Kapitalbilanz
Teilbilanz der Zahlungsbilanz. Erfaßt Kapitalex- und -importe eines Landes und deren Saldo.

Kapitalbildung
Investition von erspartem Geldeinkommen und somit Erweiterung des gesamtwirtschaftlichen Produktionsfonds (Kapital) durch Neuinvestitionen. Das Verhältnis zwischen gesamtwirtschaftlichem Realkapital und Neuinvestitionen kennzeichnet den wirtschaftlichen Fortschritt. Kapitalbildung setzt Konsumverzicht zugunsten der Produktionsgütererzeugung voraus. Quellen der Kapitalbildung sind: (1) das bereits verteilte Einkommen (Lohn, Gehalt, Zins- und Unternehmereinkommen) durch Gewährung langfristiger Kredite und das Eingehen von Beteiligungen, (2) das noch nicht verteilte Einkommen bzw. Selbstfinanzierung sowie (3) das Einkommen des Staates durch (überwiegend) Steuereinnahmen (Zwangssparen).

Kapitalbindung
Existiert solange, wie die erwarteten Einnahmen (Kapitalfreisetzung, Desinvestition) aus einer getätigten Investition die Ausgaben noch nicht völlig abgedeckt haben (Kapitalbindungsdauer).

Kapitalbindungskennzahlen
→ Kapitalumschlagskennzahlen.

Kapitaldeckungskennzahlen
Kennzahlen bestimmter Deckungsverhältnisse ausgesuchter Teile der Aktiv- und Passivseite der Bilanz: so z. B. die Forderung nach Deckung des Anlagevermögens durch langfristiges Kapital und das Postulat der Überdeckung der kurzfristigen Verbindlichkeiten durch das Umlaufvermögen.

Kapitaldienst
Tilgungs- und Zinszahlungen des Schuldners für aufgenommene Anleihen und Kredite sowie laufend wiederkehrende Leistungen wie Renten, Pensionen usw. Bei der Annuitätenmethode bedeutet der Kapitaldienst den jährlichen Beitrag zur Tilgung und Verzinsung des noch in dem Investitionsobjekt gebundenen Kapitals.

Kapitaleinfuhr (-import)
Die Einfuhr von Kapital durch Ausländer erfolgt durch Erwerb inländischer Aktien und festverzinslicher Wertpapiere, Unternehmensgründung mit ausländischem Kapital, Auslandsbeteiligung an inländischen Unternehmen, Kreditgewährung an inländische Unternehmen sowie Erwerb von Grundbesitz durch Ausländer im Inland. Die ungehinderte Einfuhr ausländischen Kapitals in die BR Deutschland ist erst seit Inkrafttreten der Konvertibilität 1958 und der 1959 vorgenommenen Beseitigung der letzten Beschränkungen für den Kapitalverkehr mit dem Ausland möglich. Gegens.: Kapitalausfuhr (-export).

Kapitalerhaltung
Aufrechterhaltung des Wertes eines Geldkapitalbetrags im Zeitablauf. Zu unterscheiden: nominale Kapitalerhaltung als Erhaltung des nominalen Geldwertes des Kapitals ohne Berücksichtigung seiner Entwertung durch Geldentwertung (Inflation) bzw. Preisniveausteigerungen; reale Kapitalerhaltung als Erhaltung des Kaufkraftwertes eines Kapitals, d. h. unter Berücksichtigung von Geldwertverschlechterungen durch Preisniveausteigerungen, inflationäre Prozesse.

Kapitalerhöhung
Maßnahmen der Finanzierung der Unternehmung durch Erhöhung des Eigenkapitals. I. d. R. maßgebend für eine Kapitalerhöhung ist der Kapitalbedarf der Unternehmung; ansonsten besteht Gefahr der Überfinanzierung. Eine Kapitalerhöhung

erfolgt bei Personengesellschaften (1) durch Selbstfinanzierung (Nichtentnahme von Reingewinnen) oder (2) durch zusätzliche Kapitaleinlagen der bisherigen oder neuer Gesellschafter. Vertrag oder Satzung kann bestimmen, daß mit Rücksicht auf eine mögliche Verschiebung der Beteiligungsverhältnisse eine Kapitalerhöhung nur mit Zustimmung aller Gesellschafter möglich ist. Die Beschränkung der absoluten und quotalen Beteiligung kann vertraglich festgelegt werden. Für eine AG gibt es die Möglichkeit der Kapitalerhöhung gegen Einlagen, der bedingten Kapitalerhöhung, des genehmigten Kapitals sowie der Kapitalerhöhung aus Gesellschaftsmitteln. Bei der GmbH kann das Stammkapital erhöht werden (1) durch Erhöhung der Stammeinlagen; die Gesellschafter zahlen jedoch erst bei Verschuldung der Unternehmung ein. Zweck sind vor allem die Erhöhung der Kreditwürdigkeit sowie Ausweitung der Haftung; (2) Einforderung von Nachschüssen; (3) Kapitalerhöhung aus Gesellschaftsmitteln. Bei Genossenschaften (1) die Formen der unmittelbaren Kapitalerhöhung (a) durch Selbstfinanzierung, die neutrales Kapital (gesetzliche Rücklagen und andere Ergebnisrücklagen) ergibt; den Genossen wird bei Austritt nur das Geschäftsguthaben zurückgezahlt; (b) Aufruf von Nachschüssen; (c) Neuaufnahme von Genossen; (d) Zukauf neuer Anteile von bisherigen Genossen; (2) mittelbare Kapitalerhöhung durch Erhöhung der Nachschußpflicht, die zur Erweiterung der Kreditfähigkeit dient. Steuerliche Bewertung: Bareinlagen sind mit dem Nennwert einzusetzen, Sacheinlagen mit dem Teilwert im Zeitpunkt der Zuführung, höchstens jedoch mit dem tatsächlichen Anschaffungswert. Auf die eingehenden Beträge wird keine KSt erhoben. Bei Berichtigungsaktien wird die Kapitalerhöhung als Gewinnausschüttung angesehen. Für die bei einer Kapitalerhöhung aus Gesellschaftsmitteln ausgegebenen Freiaktien gelten Sonderregeln.

Kapitalerhöhung aus Gesellschaftsmitteln

Eine AG kann eine Kapitalerhöhung auch aus Gesellschaftsmitteln vornehmen. In diesem Fall fließen ihr keine neuen Mittel zu. Vielmehr werden Kapitalrücklagen und/oder Gewinnrücklagen in Grundkapital umgewandelt. Der Aktionär erhält neue Aktien, ohne Einzahlungen leisten zu müssen (Berichtigungs-, Aufstockungs-, Gratisaktien). Durch die Kapitalerhöhung wird nur eine Umschichtung innerhalb der Bilanz vollzogen. Sinn ist, das haftende Eigenkapital in ein angemessenes Verhältnis zu den Rücklagen und dem gesamten Geschäftsvolumen zu bringen. Daneben wird eine Kurssenkung der Aktie erreicht, die zur Folge hat, daß die Aktien leichter an der Börse umgesetzt und besser bei breiten Anlegerschichten plaziert werden können. Die Kursherabsetzung ist Folge der Auflösung der Rücklagen, die bei der bisherigen Kursfestsetzung mitbewertet worden sind: Jetzt steht dem Gesellschaftsvermögen, das nicht durch Einzahlungen erhöht worden ist, ein größeres Grundkapital, d. h. eine größere Anzahl von Aktien, gegenüber, so daß die einzelne Aktie einen kleineren Bruchteil des Gesamtvermögens repräsentiert. Die praktische Durchführung der Kapitalerhöhung aus Gesellschaftsmitteln entspricht im wesentlichen der bei der normalen Kapitalerhöhung. Jedoch wird das gesetzliche Bezugsrecht nicht ausgeschlossen: Jeder Aktionär erhält die ihm zustehenden Berichtigungsaktien. Es entstehen allerdings Teilrechte, wenn die Berichtigung nicht im Verhältnis 1:1 erfolgt; solche sind selbständig handelbar. Eine Kapitalerhöhung aus Gesellschaftsmitteln muß in einer HV mit einer Mehrheit von mind. ¾ des vertretenen Grundkapitals beschlossen werden, sofern die Satzung keine andere Mehrheit vorschreibt. Mit der Eintragung des Beschlusses ins Handelsregister ist das Grundkapital erhöht. Nach Eintragung hat die AG unverzüglich ihre Aktionäre aufzufordern, die neuen Aktien entgegenzunehmen. Diese Aufforderung ist in den Gesellschaftsblättern bekanntzumachen. Nach Ablauf eines Jahres seit Bekanntmachung hat die AG den Verkauf der nicht abgeholten Aktien anzudrohen. Diese Androhung ist dreimal zu wiederholen, wobei die letzte Bekanntmachung vor Ablauf von 18 Monaten seit Bekanntmachung veröffentlicht sein muß. Nach Ablauf eines weiteren Jahres sind dann die nicht abgeholten Aktien für Rechnung der beteiligten Aktionäre zu verkaufen, der Erlös ist gerichtlich zu hinterlegen. Mit dem Gesetz über die Kapitalerhöhung aus Gesellschaftsmitteln und über die Gewinn- und Verlustrechnung v. 1959 wurden steuerliche Erleichterungen für die Ausgabe von Aktien aus Gesellschaftsmitteln gewährt.

Kapitalerhöhung aus Gesellschaftsmitteln, Aktionärsaufforderung

Nach Eintragung des Beschlusses über die Kapitalerhöhung aus Gesellschaftsmitteln hat der Vorstand unverzüglich die Aktionäre aufzufordern, die neuen Aktien abzuholen. Die Aufforderung ist in den Gesellschaftsblättern bekanntzumachen. In der Bekanntmachung ist anzugeben, um welchen Betrag das Grundkapital erhöht worden ist und in welchen Verhältnis auf die alten Aktien neue Aktien entfallen. In der Bekanntmachung ist ferner darauf hinzuweisen, daß die AG berechtigt ist, Aktien, die nicht innerhalb eines Jahres seit Bekanntmachung der Aufforderung abgeholt werden, nach dreimaliger Androhung für Rechnung der Beteiligten zu verkaufen. Nach Ablauf eines Jahres seit Bekanntmachung der Aufforderung hat die AG den Verkauf der nicht abgeholten Aktien anzudrohen. Die Androhung ist dreimal in Abständen von mind. 1 Monat in den Gesellschaftsblättern bekanntzumachen. Die letzte Bekanntmachung muß vor Ablauf von 18 Monaten seit der Bekanntmachung der Aufforderung ergehen. Nach Ablauf eines Jahres seit der letzten Bekanntmachung der Androhung hat die AG die nicht abgeholten Aktien für Rechnung der Beteiligten zum amtlichen Börsenpreis durch Vermittlung eines Kursmaklers und beim Fehlen eines Börsenpreises durch öffentliche Versteigerung zu verkaufen.

Kapitalerhöhung aus Gesellschaftsmitteln, bedingtes Kapital

Bedingtes Kapital erhöht sich im gleichen Verhältnis wie das Grundkapital. Ist das bedingte Kapital zur Gewährung von Umtauschrechten an Gläubiger von Wandelschuldverschreibungen beschlossen worden, ist zur Deckung des Unterschieds zwischen dem Ausgabebetrag der Schuldverschreibungen und dem höheren Gesamtnennbetrag der für sie zu gewährenden Bezugsaktien eine Sonderrücklage zu bilden, soweit nicht Zuzahlungen der Umtauschberechtigten vereinbart sind.

Kapitalerhöhung aus Gesellschaftsmitteln, Gewinnbeteiligung

Die neuen Aktien nehmen, wenn nichts anderes bestimmt ist, am Gewinn des ganzen Geschäftsjahrs teil, in dem die Erhöhung des Grundkapitals aus Gesellschaftsmitteln beschlossen worden ist. Im Beschluß über die Erhöhung des Grundkapitals kann bestimmt werden, daß die neuen Aktien bereits am Gewinn des letzten vor der Beschlußfassung über die Kapitalerhöhung abgelaufenen Geschäftsjahrs teilnehmen. In diesem Fall ist die Erhöhung des Grundkapitals zu beschließen, bevor über die Verwendung des Bilanzgewinns des letzten vor der Beschlußfassung abgelaufenen Geschäftsjahrs Beschluß gefaßt ist. Der Beschluß über die Verwendung des Bilanzgewinns des letzten vor der Beschlußfassung über die Kapitalerhöhung abgelaufenen Geschäftsjahrs wird erst wirksam, wenn das Grundkapital erhöht ist. Der Beschluß über die Erhöhung des Grundkapitals und der Beschluß über die Verwendung des Bilanzgewinns des letzten vor der Beschlußfassung über die Kapitalerhöhung abgelaufenen Geschäftsjahrs sind nichtig, wenn der Beschluß über die Kapitalerhöhung nicht innerh. 3 Monaten nach der Beschlußfassung in das Handelsregister eingetragen worden ist. Der Lauf der Frist ist gehemmt, solange eine Anfechtungs- oder Nichtigkeitsklage rechtshängig ist.

Kapitalerhöhung aus Gesellschaftsmitteln, Rechtewahrung

Das Verhältnis der mit den Aktien verbundenen Rechte zueinander wird durch die Kapitalerhöhung aus Gesellschaftsmitteln nicht berührt. Ausgabe neuer Mehrstimmrechtsaktien und Erhöhung des Stimmrechts von Mehrstimmrechtsaktien bedürfen keiner Zulassung. Soweit sich einzelne Rechte teileingezahlter Aktien, insbesondere die Beteiligung am Gewinn oder das Stimmrecht, nach der auf die Aktie geleisteten Einlage bestimmen, stehen diese Rechte den Aktionären bis zur Leistung der noch ausstehenden Einlagen nur nach der Höhe der geleisteten Einlage, erhöht um den auf den Nennbetrag des Grundkapitals berechneten Prozentsatz der Erhöhung des Grundkapitals, zu. Werden weitere Einzahlungen geleistet, erweitern sich diese Rechte entsprechend. Der wirtschaftliche Inhalt vertraglicher Beziehungen der AG zu Dritten, die von der Gewinnausschüttung der AG, dem Nennbetrag oder Wert ihrer Aktien oder ihres Grundkapitals oder sonst von den bisherigen Kapital- oder Gewinnverhältnissen abhängen, wird durch die Kapitalerhöhung nicht berührt. Gleiches gilt für Nebenverpflichtungen der Aktionäre.

Kapitalerhöhung aus Gesellschaftsmitteln, teileingezahlte Aktien

Teileingezahlte Aktien nehmen entsprechend ihrem Nennbetrag an der Erhöhung des Grundkapitals bei der Kapitalerhöhung aus Gesellschaftsmitteln teil. Bei ihnen kann die Kapitalerhöhung nur durch Erhöhung des Nennbetrags der Aktien ausgeführt werden. Sind neben teileingezahlten Aktien volleingezahlte Aktien vorhanden, kann bei diesen die Kapitalerhöhung durch Erhöhung des Nennbetrages der Aktien und durch Ausgabe neuer Aktien ausgeführt werden; der Beschluß über die Erhöhung des Grundkapitals muß die Art der Erhöhung angeben. Soweit die Kapitalerhöhung durch Erhöhung des Nennbetrags der Aktien ausgeführt wird, ist sie so zu bemessen, daß durch sie auf keine Aktie Beträge entfallen, die durch eine Erhöhung des Nennbetrags der Aktien nicht gedeckt werden können.

Kapitalerhöhung aus Gesellschaftsmitteln, Teilrechte

Führt die Kapitalerhöhung dazu, daß auf einen Anteil am bisherigen Grundkapital nur ein Teil einer neuen Aktie entfällt, ist dieses Teilrecht selbständig veräußerlich und vererblich. Die Rechte aus einer neuen Aktie einschl. des Anspruchs auf Ausstellung einer Aktienurkunde können nur ausgeübt werden, wenn Teilrechte, die zusammen eine volle Aktie ergeben, in einer Hand vereinigt sind oder wenn sich mehrere Berechtigte, deren Teilrechte zusammen eine volle Aktie ergeben, zur Ausübung der Rechte zusammenschließen.

Kapitalerhöhung der AG

Als Kapitalerhöhung kann i. w. S. jede Erweiterung der Kapitalbasis einer AG durch Einbringung eigener oder Aufnahme fremder Mittel bezeichnet werden; gewöhnlich wird der Begriff aber enger gefaßt und nur für die Erhöhung des Eigenkapitals und i. e. S. für die Erhöhung des Nominalkapitals der AG verwendet. Unter letzteres fallen somit nur Kapitalerhöhung gegen Einlagen, bedingte Kapitalerhöhung, genehmigtes Kapital und Kapitalerhöhung aus Gesellschaftsmitteln, während bei der mittleren Fassung noch die Möglichkeiten der Selbstfinanzierung hinzutreten.

Kapitalerhöhung der AG, Aktienzeichnung

Die Zeichnung der neuen Aktien geschieht durch schriftliche Erklärung (Zeichnungsschein), aus der die Beteiligung nach der Zahl, der Nennbetrag und, wenn mehrere Gattungen ausgegeben werden, die Gattung der Aktien hervorgehen müssen. Der Zeichnungsschein soll doppelt ausgestellt werden. Er hat zu enthalten: (1) den Tag, an dem die Erhöhung des Grundkapitals beschlossen worden ist; (2) den Ausgabebetrag der Aktien, den Betrag der festgesetzten Einzahlungen sowie den Umfang von Nebenverpflichtungen; (3) die bei einer Kapitalerhöhung mit Sacheinlagen vorgesehenen Festsetzungen und, wenn mehrere Gattungen ausgegeben werden, den Gesamtnennbetrag einer jeden Aktiengattung; (4) den Zeitpunkt, an dem die Zeichnung unverbindlich wird, wenn nicht bis dahin die Durchführung der Erhöhung des Grundkapitals eingetragen ist. Zeichnungsscheine, die diese Angaben nicht vollständig oder die Beschränkungen der Verpflichtung des Zeichners enthalten, sind nichtig. Ist die Durchführung der Erhöhung des Grundkapitals eingetragen, kann sich der Zeichner auf die Nichtigkeit oder Unverbindlichkeit des Zeichnungsscheins nicht berufen, wenn er aufgrund des Zeichnungsscheins als Aktionär Rechte ausgeübt oder Verpflichtungen erfüllt hat. Jede nicht im Zeichnungsschein enthaltene Beschränkung ist der AG gegenüber unwirksam.

Kapitalerhöhung der AG, Beschlußanmeldung

Vorstand und Vorsitzender des Aufsichtsrats haben den Beschluß über die Erhöhung des Grundkapitals zur Eintragung ins Handelsregister anzumelden. In der Anmeldung ist anzugeben, welche Einlagen auf das bisherige Grundkapital noch nicht geleistet sind und warum sie nicht erlangt werden können. Hat das Gericht Zweifel, ob der Wert der Sacheinlage den Nennbetrag der dafür zu gewährenden Aktien erreicht, hat eine Prüfung durch einen oder mehrere Prüfer stattzufinden. Das Gericht hat die Eintragung abzulehnen, wenn der Wert der Sacheinlage nicht unwesentlich hinter dem Nennbetrag der dafür zu gewährenden Aktien zurückbleibt.

Kapitalerhöhung der AG, Durchführungseintragung

Vorstand und Vorsitzender des Aufsichtsrats haben die Durchführung der Erhöhung des Grundkapitals zur Eintragung ins Handelsregister anzumelden. Der Anmeldung sind für das Gericht des Sitzes der AG beizufügen: (1) die Zweitschriften der Zeichnungsscheine und ein vom Vorstand unterschriebenes Verzeichnis der Zeichner, das die auf jeden entfallenden Aktien und die auf sie geleisteten Einzahlungen angibt; (2) bei einer Kapitalerhöhung mit Sacheinlagen die Verträge, die den Festsetzungen zugrunde liegen oder zu ihrer Ausführung geschlossen worden sind, sowie die Bescheinigung, daß der Bericht der Prüfer der IHK eingereicht worden ist; (3) eine Berechnung der Kosten, die für die AG durch Ausgabe der neuen Aktien entstehen werden; (4) wenn die Erhöhung des Grundkapitals der staatlichen Genehmigung bedarf, die Genehmigungsurkunde. Hat das Gericht Zweifel, ob der Wert der Sacheinlage den Nennbetrag der dafür zu gewährenden Aktien erreicht, hat eine Prüfung durch einen oder mehrere Prüfer stattzufinden. Das Gericht hat die Eintragung abzulehnen, wenn der Wert der Sacheinlage nicht unwesentlich hinter dem Nennbetrag der dafür zu gewährenden Aktien zurückbleibt. Anmeldung und Eintragung der Durchführung der Erhöhung des Grundkapitals können mit Anmeldung und Eintragung des Beschlusses über die Erhöhung verbunden werden. Die eingereichten Schriftstücke werden beim Gericht in Urschrift, Ausfertigung oder öffentlich beglaubigter Abschrift aufbewahrt.

Kapitalerhöhung gegen Einlagen

Erhöhung des Grundkapitals gegen Einlagen kann nur mit einer Mehrheit der HV beschlossen werden, die mind. ¾ des vertretenen Grundkapitals umfaßt. Die Satzung kann eine andere, für die Ausgabe von Vorzugsaktien ohne Stimmrecht jedoch nur eine größere Kapitalmehrheit bestimmen. Sie kann weitere Erfordernisse aufstellen. Die Kapitalerhöhung kann nur durch Ausgabe neuer Aktien ausgeführt werden. Sind mehrere Gattungen von Aktien vorhanden, bedarf der Beschluß der HV zu seiner Wirksamkeit der Zustimmung der Aktionäre jeder Gattung. Über die Zustimmung haben die Aktionäre jeder Gattung einen Sonderbeschluß zu fassen (Mehrheiten wie angeführt). Sollen die neuen Aktien für einen höheren Betrag als den Nennwert ausgegeben werden, ist der Mindestbetrag, unter dem sie nicht ausgegeben werden sollen, im Beschluß über die Erhöhung des Grundkapitals festzusetzen. Das Grundkapital soll nicht erhöht werden, solange ausstehende Einlagen auf das bisherige Grundkapital noch erlangt werden können. Für Versicherungsgesellschaften kann die Satzung anderes bestimmen. Stehen Einlagen in verhältnismäßig unerheblichem Umfang aus, hindert dies die Erhöhung des Grundkapitals nicht.

Kapitalerhöhung gegen Einlagen, Durchführung

Eine – wie üblich – unter Einschaltung eines Bankenkonsortiums durchgeführte ordentliche Kapitalerhöhung wird i. a. so abgewickelt: Hat die HV der betreffenden AG die Erhöhung des Grundkapitals beschlossen, stellt, sobald die Kapitalerhöhungsmaßnahme durchgeführt werden soll, die konsortialführende Bank den Zeichnungsschein aus, mit dem sie die neuen Aktien zeichnet und für das Bankenkonsortium übernimmt. Gleichzeitig werden der Zeichnungspreis oder der gesetzlich geforderte Mindestbetrag von 25% des Nennbetrages der neuen Aktien und ein etwaiges Agio auf ein zins- und provisionsfreies Sonderkonto der AG eingezahlt. Außerdem muß der AG eine Bestätigung, daß sie in der Verfügung über die eingezahlten Mittel nicht beschränkt ist, eine Liste der Zeichner und eine Aufstellung der voraussichtlich anfallenden Kosten ausgestellt werden. Diese Schriftstücke sind bei der Anmeldung der Durchführung der Kapitalerhöhung zur Eintragung ins Handelsregister miteinzureichen. Die Bezugsaufforderung an die alten Aktionäre ist im Bundesanzeiger sowie in Gesellschafts- bzw. zuständigen Börsenpflichtblättern zu veröffentlichen. Die Bezugsfrist wird i. d. R. auf 3–4 Wochen festgesetzt. Der Bezugsrechtshandel erstreckt sich fast auf die gesamte Bezugsfrist. Lediglich die 2 letzten Tage der Bezugsfrist bleiben frei, damit die gehandelten Bezugsrechte innerhalb der Frist geliefert werden können. Demgemäß wird auch der Bezugsrechtsabschlag auf den Kurs der alten Aktien am 1. Bezugsrechtshandelstag und damit am 1. Tag der Bezugsfrist vorgenommen. Nach Ablauf der Bezugsfrist leistet die konsortialführende Bank die Resteinzahlung auf die neuen Aktien, während die Bezieher der neuen Aktien den Bezugspreis entweder bei der Bezugsanmeldung oder am Ende der Bezugsfrist oder an einem gesondert festgesetzten späteren Termin zu entrichten haben. Nach Ablauf der Bezugsfrist und der ihr meist folgenden internen Nachfrist werden die nicht bezogenen neuen Aktien vom Konsortium nach Weisung der Gesellschaft verkauft. Der dabei gegenüber dem Zeichnungspreis erzielte Mehrerlös wird an die AG abgeführt, die daraus i. d. R. noch für eine gewisse Zeit nach Ablauf der Bezugsfrist eine Barvergütung an die Aktionäre zahlt, die ihr Bezugsrecht nicht ausgeübt haben und dann noch den als Bezugsausweis dienenden Gewinnanteilschein einreichen. Die Börseneinführung der neuen Aktien wird so frühzeitig in die Wege geleitet, daß sie schon unmittelbar im Anschluß an die Bezugsfrist zum Handel und zur amtlichen Notierung zugelassen werden können. Regelfall ist, daß den Aktionären ein mittelbares Bezugsrecht eingeräumt wird, indem die neuen Aktien von einer Bank oder einem Bankenkonsortium mit der Verpflichtung übernommen werden, sie den Aktionären zu den beschlossenen Bedingungen anzubieten. Dies ist nicht als Ausschluß des Bezugsrechts anzusehen, wenn nach dem Beschluß die neuen Aktien von einer Bank mit der vorerwähnten Verpflichtung übernommen werden. Hätte jeder Aktionär sein Bezugsrecht unmittelbar auszuüben, müßte jeder beziehende Aktionär eine schriftliche Erklärung über die Zeichnung der neuen Aktien abgeben und einen gesonderten Zeichnungsschein ausstellen, der beim Registergericht einzureichen wäre. Ferner müßte jeder Zeichner mind. 25% des Nennbetrages sowie bei einer Überpariemission das Aufgeld einzahlen. Es vereinfacht deshalb wesentlich die Durchführung einer Kapitalerhöhung, wenn sämtliche neuen Aktien zunächst von einer Bank oder einem Bankenkonsortium übernommen werden.

Kapitalerhöhung gegen Sacheinlagen

Wird bei einer Kapitalerhöhung der AG eine Sacheinlage gemacht, müssen ihr Gegenstand, die Person, von der die AG den Gegenstand erwirbt, und der Nennbetrag der bei der Sacheinlage zu gewährenden Aktien im Beschluß über die Erhöhung des Grundkapitals festgesetzt werden. Der Beschluß darf nur gefaßt werden, wenn die Einbringung von Sacheinlagen ausdrücklich und ordnungsgemäß bekanntgemacht worden ist. Sonst sind Verträge über Sacheinlagen und die Rechtshandlungen zu ihrer Ausführung der AG gegenüber unwirksam. Ist die Durchführung einer Erhöhung des Grundkapitals ins Handelsregister eingetragen, wird die Gültigkeit der Kapitalerhöhung durch diese Unwirksamkeit nicht berührt. Der Aktionär ist verpflichtet, den Nennbetrag oder den höheren Ausgabebetrag der Aktien einzuzahlen. Die Unwirksamkeit kann durch Satzungsänderung nicht geheilt werden, nachdem die Durchführung der Erhöhung des Grundkapitals in das Handelsregister eingetragen worden ist.

Kapitalertrag

Verzinsung und Wertsteigerung eines angelegten Kapitalbetrages nach Abzug entstandener Kosten. Der Kapitalertrag kann negativ ausfallen bei relativ hoher Kostenbelastung oder bei Wertverlust der Anlage. Kapitalerträge werden meist in bestimmten Prozentsätzen ausgedrückt, die bei den verschiedenen Anlageformen allerdings nur bedingt vergleichbar sind.

Kapitalertragsteuer (KESt)

Besondere Erhebungsform der ESt; i. d. R. eine Art Vorauszahlung auf ESt oder KSt, die der Schuldner bestimmter Kapitalerträge oder ggf. die die Kapitalerträge auszahlende Stelle (i. d. R. Banken) für Rechnung des Gläubigers einbehält. KESt wird einbehalten von Dividenden und Zinsen. Es kommen inländische und in einigen Fällen auch ausländische Kapitalerträge in Betracht. Auch Körperschaften, Personenvereinigungen und Vermögensmassen unterliegen dem Kapitalertragsteuerabzug, grundsätzlich auch, wenn sie im übrigen steuerfrei bleiben. Schuldner der KESt ist i. d. R. der Empfänger der Kapitalerträge. Sie wird jedoch von dem Schuldner der Kapitalerträge oder von einer inländischen Bank für seine Rechnung einbehalten und an das Finanzamt abgeführt. Schuldner ist der Gläubiger der Kapitalerträge. Der Schuldner der Kapitalerträge oder die die Kapitalerträge auszahlenden Stellen haften gegenüber dem Finanzamt für die Einbehaltung und Entrichtung. Der Empfänger wird nur dann in Anspruch genommen, wenn der Schuldner oder die die Kapitalerträge auszahlende Stelle die Kapitalerträge nicht vorschriftsmäßig gekürzt hat oder wenn er weiß, daß der Schuldner oder die die Kapitalerträge auszahlende Stelle die einbehaltene KESt nicht abgeführt hat und dies dem Finanzamt nicht unverzüglich mitteilt, oder wenn die auszahlende Stelle die Kapitalerträge zu Unrecht ohne Abzug der KESt ausgezahlt hat. Der Schuldner der Kapitalerträge oder die die Kapitalerträge auszahlende Stelle haben den Steuerabzug vorzunehmen, sobald die Kapitalerträge dem Empfänger ausgezahlt oder gutgeschrieben werden. Sie haben die einbehaltenen Steuern innerhalb 1 Monat nach dem Zufließen der Kapitalerträge an das für ihre Besteuerung zuständige Finanzamt abzuführen. Sie sind verpflichtet, dem Empfänger eine Bescheinigung über die Höhe der Kapitalerträge, den Steuerabzug, den Zahlungstag und über die Zeit, für die die Kapitalerträge gezahlt worden sind, zu erteilen und das Finanzamt, an das die Steuer abgeführt worden ist, anzugeben.

Kapitalertragsteuer, Abstandnahme vom Abzug

Bei Kapitalerträgen i. S. d. § 43 Abs. 1 Satz 1 Nr. 3, 4 und 7 sowie Satz 2 EStG ist der Steuerabzug nicht vorzunehmen, wenn der Gläubiger im Zeitpunkt des Zufließens unbeschränkt einkommensteuerpflichtig ist und die Kapitalerträge den Sparerfreibetrag (6000 DM für Ledige und 12000 DM für Verheiratete) zuzüglich Werbungskosten-Pauschbetrag (100/200 DM) nicht übersteigen, oder anzunehmen ist, daß für ihn eine Veranlagung zur ESt nicht in Betracht kommt. Voraussetzungen dafür sind entweder ein → Freistellungsauftrag des Gläubigers der Kapitalerträge nach amtlich vorgeschriebenem Vordruck oder eine Nichtveranlagungs-Bescheinigung des für den Gläubiger zuständigen Wohnsitzfinanzamts. Ist der Gläubiger eine von der KSt befreite inländische Körperschaft, Personenvereinigung oder Vermögensmasse oder eine inländische juristische Person des öffentlichen Rechts, ist der Steuerabzug bei im § 43 Abs. 1 Satz 1 Nr. 4 und 7 sowie Satz 2 EStG bestimmten Kapitalerträgen nicht vorzunehmen. Dies gilt auch dann, wenn es sich bei den Kapitalerträgen um Gewinnanteile handelt, die der Gläubiger von einer von der KSt befreiten Körperschaft bezieht. Darüber hinaus ist kein Steuerabzug vorzunehmen, wenn Kapitalerträge im Sinne des § 43 Abs. 1 Satz 1 Nr. 7 und Satz 2 Betriebseinnahmen des Gläubigers sind und die KESt sowie die anrechenbare KÖSt bei ihm aufgrund der Art seiner Geschäfte höher wären als die gesamte festzusetzende ESt oder KÖSt. Grundsätzliche Voraussetzung für die Abstandnahme vom Abzug der KESt ist, daß Wertpapiere oder Einlagen im Zeitpunkt des Zufließens der Einnahmen unter dem Namen des Gläubigers der Kapitalerträge bei der die Kapitalerträge auszuzahlenden Stelle verwahrt oder verwaltet werden.

Kapitalertragsteueranrechnung

→ Anrechnung der Kapitalertragsteuer.

Kapitalertragsteuer bei Aktien und GmbH-Anteilen

Bei Aktien und GmbH-Anteilen unterliegen grundsätzlich alle Kapitalerträge der KESt. Im einzelnen gilt dies für Gewinnanteile, insbesondere Dividenden, für Bezüge, die aufgrund einer Kapitalherabsetzung oder nach Auflösung der Kapitalgesellschaft anfallen, sowie für Zinsen aus Aktien. Die anrechenbare KSt gehört zwar zu den Einkünften aus Kapitalvermögen, unterliegt aber nicht der KESt. Die KESt wird weiter einbehalten von Zinsen aus Teilschuldverschreibungen, bei denen neben einer festen Verzinsung ein Recht auf Umtausch in Gesellschaftsanteile (Wandelanleihen) oder eine Zusatzverzinsung eingeräumt ist, die sich nach der Höhe der Gewinnausschüttung des Schuldners richtet (Gewinnobligationen), sowie von Zinsen aus Genußscheinen. Optionsanleihen gehören nicht zu den Wandelanleihen, denn sie enthalten kein Umtauschrecht, sondern nur ein Wahlrecht zum Bezug von Aktien. Bei Wertpapieren mit einer Zusatzverzinsung ist der Steuerabzug auch dann vorzunehmen, wenn ein Zusatzzins tatsächlich nicht gewährt wird. Schließlich unterliegt auch die KSt, die an beschränkt steuerpflichtige Personen oder an steuerfreie Körperschaften vergütet wird, dem Steuerabzug. Der Abzug unterbleibt, wenn die einbehaltene KESt wieder erstattet werden müßte. Auch besondere Entgelte und Vorteile, die neben den genannten Kapitalerträgen oder an deren Stelle gewährt werden, unterliegen der KESt; hierzu gehören z. B. Sachleistungen, Genußscheine, Abfindungen, die an Inhaber von Genußscheinen gezahlt werden, und sonstige Vorteile, die wirtschaftlich als Ertrag der Aktien anzusehen sind. Auch Freianteile gehören dazu, soweit nicht steuerfrei. Einräumung eines Bezugsrechts wird nicht als Kapitalertrag angesehen.

Kapitalertragsteuer bei festverzinslichen Wertpapieren und Einlagen

Bei der KESt, auch als Couponsteuer bezeichnet, alter Art unterliegen die Zinsen der festverzinslichen Wertpapiere, die vor dem 1. 1. 1955 ausgegeben worden sind, soweit ihre Zinsen nicht von der ESt befreit bleiben. Die KESt beträgt hier 30% des Kapitalertrags und 42,85% des ausgezahlten Betrags, wenn der Schuldner die KESt übernimmt. Seit dem 1. 1. 1993 unterliegen Zinsen aus Anleihen und Forderungen, die in ein öffentliches Schuldbuch oder in ein ausländisches Register eingetragen oder über die Sammelurkunden oder Teilschuldverschreibungen ausgegeben sind, der KESt bzw. dem Zinsabschlag. Darüber hinaus zählen die von inländischen Banken gezahlten Zinsen auf Einlagen und Guthaben zu den Kapitalerträgen mit Steuerabzug. Bei ausländischen Banken gilt die inländische Zweigstelle als Schuldner der Kapitalerträge. Ein Steuerabzug ist nicht erforderlich, (1) wenn auch der Gläubiger der Erträge eine inländische Bank ist, (2) wenn es sich um Zinsen auf Sichteinlagen handelt, für die kein höherer Zins oder Bonus als 1% gezahlt wird, (3) bei Bausparguthaben, wenn im Kalenderjahr der Gutschrift der Steuerpflichtige für Aufwendungen an die Bausparkasse eine Arbeitnehmer-Sparzulage erhalten hat oder für ihn im Jahr oder im Vorjahr der Gutschrift eine Wohnungsbauprämie festgesetzt oder gewährt worden ist oder für die Guthaben kein höherer Zins oder Bonus als 1% gezahlt wird, (4) wenn die Kapitalerträge bei einzelnen Guthaben im Kalenderjahr nur einmal gutgeschrieben werden und 20 DM nicht übersteigen.

Kapitalertragsteuererstattung

KESt wird dem Steuerpflichtigen auf Antrag erstattet, wenn er einen Freistellungsauftrag erteilt oder nicht zur ESt veranlagt wird, wenn die Kapitalerträge inländischen Körperschaften zufließen, die gemeinnützigen Zwecken dienen. Von Kapitalerträgen kann die einbehaltene KESt wieder erstattet werden, wenn der Empfänger unbeschränkt einkommensteuerpflichtig ist und (a) einen → Freistellungsauftrag der die Erträge auszahlenden Stelle erteilt oder (b) eine entsprechende Bescheinigung des Finanzamts vorlegt, aus der sich ergibt, daß für ihn voraussichtlich eine Veranlagung zur ESt für die Kalenderjahre, für die die Bescheinigung gelten soll, nicht oder nur auf Antrag durchzuführen sein wird oder nicht zur Feststellung einer Steuer führen wird. Parallel mit der Erstattung der KESt läuft auch die Vergütung der sonst anzurechnenden KSt. Beide erfolgen zusammen in einem einheitlichen Verfahren. Eine Kapitalertragsteuererstattung mittels Freistellungsauftrag setzt voraus, daß der Gläubiger der Kapitalerträge der konto- oder depotführenden Stelle (Bank, Bausparkasse, Kapitalanlagegesellschaft etc.) rechtzeitig einen Freistellungsauftrag erteilt und sie angewiesen hat, die KESt zu erstatten. Alle in einem oder mehreren Freistellungsaufträgen erklärten Freibeträge dürfen 6100 DM bei Ledigen und 12200 DM bei Verheirateten (Sparerfreibetrag zuzüglich Werbungskosten-Pauschbetrag) nicht überschreiten. Eine Erstattung der KESt erfolgt auch bei Vorlage einer Nichtveranlagungs-Bescheinigung. Diese wird erteilt, wenn der zu versteuernde Einkommensbetrag voraussichtlich unter dem Betrag liegt, von dem ab nach der Einkommensteuertabelle erst eine ESt zu erheben wäre. Dieser Betrag liegt, wenn nur Einkünfte aus Kapitalvermögen vorhanden sind, bei 11814 DM jährlich. Er setzt sich zusammen aus dem Grundfreibetrag von DM 5616, dem Werbungskostenpauschbetrag und dem Sparerfreibetrag von zusammen 6100 DM, dem Sonderausgabenpauschbetrag von 108 DM. Die KESt wird auch erstattet, wenn die Kapitalerträge einer Körperschaft, Personenvereinigung oder Vermögensmasse zufließen, die ausschließlich und unmittelbar kirchlichen, gemeinnützigen oder mildtätigen Zwecken dient und deshalb von der KSt befreit ist. Die Erstattung, die hier durch das Bundesamt für Finanzen erfolgt, setzt voraus, daß die Körperschaft usw. dem Schuldner oder der die Kapitalerträge auszahlenden Bank eine entsprechende Bescheinigung des Finanzamts vorlegt. Unter denselben Voraussetzungen wird die KESt auch für inländische Stiftungen des öffentlichen Rechts erstattet, die ausschließlich und unmittelbar gemeinnützigen oder mildtätigen Zwecken dienen, sowie für andere inländische Körperschaften öffentlichen Rechts, die solchen Zwekken dienen. Die erforderliche Bescheinigung wird von dem für die Körperschaft usw. zuständigen Finanzamt ausgestellt. Sie gilt jeweils für 3 Jahre. Für andere steuerbefreite Körperschaften wird auf Antrag die Hälfte der einbehaltenen KESt erstattet.

Kapitalertragsteuer in Österreich

Beträgt seit 1. 1. 93 22%. Betrifft sämtliche Einkünfte aus Kapitalvermögen wie Zinsen und Dividenden. Dafür entfallen die Steuern aus Zinserträgen bei der Einkommen-, Vermögen- und Erbschaftsteuer. Ausländische Kapitalanleger, die nicht über einen Wohnsitz in Österreich verfügen, sind von der österreichischen KESt ausgenommen.

Kapitalertragsteuersätze

Die KESt beträgt: (1) in den Fällen des § 43 Abs. 1 Nr. 1 bis 4 EStG (a) 25% des Kapitalertrags, wenn der Gläubiger die KESt trägt, (b) 33⅓% des tatsächlich ausgezahlten Betrags, wenn der Schuldner die KESt übernimmt; (2) in den Fällen des § 43 Abs. 1 Nr. 5 EStG (a) 30% des Kapitalertrags, wenn der Gläubiger die KESt trägt, (b) 42,85% des tatsächlich ausgezahlten Betrags, wenn der Schuldner die KESt übernimmt; (3) in den Fällen des § 43 Abs. 1 Nr. 6 EStG 25% des Kapitalertrags; (4) (a) 30% des Kapitalertrags (Zinsabschlag), wenn der Gläubiger die KESt trägt, (b) 42,85% des tatsächlich ausgezahlten Betrags, wenn der Schuldner die KESt übernimmt. Bei Tafelgeschäften erhöht sich der Vomhundertsatz von 30 auf 35 sowie von 42,85 auf 53,84. Dem Steuerabzug unterliegen die vollen Kapitalerträge ohne Abzug.

Kapitalexport

→ Kapitalausfuhr (-export).

Kapitalexportbeschränkungen

In Deutschland können nach § 22 AWG bestimmte Arten der Kapitalausfuhr beschränkt werden. Um das Gleichgewicht der Zahlungsbilanz sicherzustellen, sind Beschränkungen zulässig für Rechtsgeschäfte zwischen Gebietsansässigen und Gebietsfremden, die: (1) den entgeltlichen Erwerb von Grundstücken in fremden Wirtschaftsgebieten und von Rechten an solchen Grundstücken durch Gebietsansässige, (2) den entgeltlichen Erwerb ausländischer Wertpapiere durch Gebietsansässige, (3) den entgeltlichen Erwerb von Wechseln, die ein Gebietsfremder ausgestellt oder angenommen hat, durch Gebietsansässige, (4) die Unterhaltung von Guthaben bei Banken in fremden Wirtschaftsgebieten durch Gebietsansässige oder (5) die Gewährung von Krediten sowie die Gewährung von Zahlungsfristen an Gebietsfremde zum Gegenstand haben. Um erheblichen nachteiligen Auswirkungen auf den Kapitalmarkt vorzubeugen oder entgegenzuwirken, ist es auch erlaubt, für Inhaber- und Orderschuldverschreibungen, die ein Gebietsfremder ausgestellt hat und in denen Zahlung einer bestimmten Geldsumme versprochen wird, das öffentliche Anbieten in Deutschland zu beschränken.

Kapitalfehlleitung (-lenkung)

Wenn Kapital nicht in die ertragreichste Anlagemöglichkeit innerhalb einer Volkswirtschaft investiert worden ist. Betriebswirtschaftlich: Fehlinvestitionen. Maßstab für den Ertrag: betriebswirtschaftlich Rentabilität, volkswirtschaftlich Produktivität.

Kapitalflucht

Übertragung von Vermögen, Geld oder Sachwerten außerhalb des normalen Kapitalverkehrs aus Gründen der Sicherheit, der Rentabilität, der Besteuerung oder Spekulation vom Inland ins Ausland. Die Überlegungen für Kapitalbewegungen sind z. T. von vorteilhaften Gewinn- oder Zinsaussichten geleitet, aber oft auch der spekulative Versuch, Vermögensteile aus politischen oder wirtschaftlichen Gefahrenzonen zu retten. Zur Kapitalflucht kommt es vor allem aus Furcht vor politischer Unsicherheit, vor Abwertungen von Währungen oder anderen Staatseingriffen (z. B. Devisenbewirtschaftung), aus Steuergründen und Spekulationsmotiven.

Kapitalflußrechnung

Zeigt nicht die Bestände an Vermögen und Kapital an einem Stichtag, sondern die Veränderungen dieser Bestände während einer Abrechnungsperiode, m. a. W.: Sie erfaßt sämtliche Zu- und Abgänge und stellt damit die Grundlage einer Bewegungsbilanz dar. Eine solche Rechnung ist bei entsprechender Ausgestaltung frei von Bewertungsproblemen, d. h., wenn die Kapitalflußrechnung nur auf Einnahmen und Ausgaben als den monetären Äquivalenten der Güterbewegungen und leistungsfreien Transaktionen und auf Ein- und Auszahlungen der Abrechnungsperiode aufbaut (retrospektive Kapitalflußrechnung).

Kapitalfreisetzung

Freisetzung des gebundenen Kapitals im Rahmen des Umsatzprozesses.

Kapitalforderungen, vermögensteuerlich

Kapitalforderungen müssen grundsätzlich mit ihrem Nennwert, also dem Betrag, der nach dem Inhalt des Vertrages vom Schuldner bei Fälligkeit der Forderung zu entrichten ist, angesetzt werden. Beim Fälligkeitsdarlehen, also einer Kapitalforderung, die während der ganzen Laufzeit in gleicher Höhe bestehenbleibt und am Ende der Laufzeit in einer Summe zurückzuzahlen ist, ist bis zum Ende der Laufzeit immer derselbe Wert anzusetzen. Beim Tilgungsdarlehen, einer Kapitalforderung, die während der Laufzeit in Raten getilgt wird, ist nur der am Stichtag noch nicht getilgte Restbetrag der Kapitalforderung anzusetzen (Restnennwert). Forderungen in ausländischer Währung sind mit dem jeweiligen am Stichtag maßgebenden Umrechnungskurs anzusetzen. Die Umrechnungskurse vom jeweiligen Stichtag ergeben sich aus einer im Bundessteuerblatt veröffentlichten Zusammenstellung. Besondere Umstände können eine unter dem Nennwert liegende Bewertung der Kapitalforderung rechtfertigen. Unverzinsliche, befristete Kapitalforderungen sind nicht mit dem Nennwert, sondern mit dem abgezinsten Betrag anzusetzen. Anzusetzen ist jeweils der Betrag, der nach Abzug von Zwischenzinsen unter Berücksichtigung von Zinseszinsen verbleibt. Eine Kapitalforderung kann auch dann unter dem Nennwert bewertet werden, wenn sie niedrig verzinst ist. Als dies gilt eine Kapitalforderung, wenn ihre Verzinsung unter 4% liegt und sie für längere Zeit unkündbar ist (frühestens nach 4–5 Jahren). Ein höherer Wertansatz als der Nennwert kann für eine Kapitalforderung dann in Betracht kommen, wenn sie eine Verzinsung von mehr als 10% hat und für längere Zeit unkündbar ist. Eine typische stille Beteiligung ist für die Vermögensbewertung wie eine Kapitalforderung regelmäßig mit dem Nennwert anzusetzen.

Kapitalgesellschaft

Gesellschaft, bei der, anders als bei Personengesellschaften, sämtliche Gesellschafter nicht mit ihrem Privatvermögen, sondern nur mit ihrer Kapitaleinlage haften und nur indirekt – über die Wahl eines Vorstandes, einer Geschäftsführung o. ä. – an der Geschäftsführung mitwirken (juristische Person). Da bei Kapitalgesellschaften die Kapitalbeteiligung und nicht die persönliche Mitarbeit der Anteilseigner ausschlaggebend ist, führt das Ausscheiden eines Gesellschafters nicht zur Auflösung der Gesellschaft. Bei Abstimmungen richtet sich die Stimmenzahl eines Gesellschafters nach der Höhe seiner Kapitalbeteiligung. Beispiele: AG, GmbH, KGaA, Reederei. Kapitalgesellschaften stellen als juristische Personen eigene Rechtspersönlichkeiten dar; sie sind damit auch selbständig steuerpflichtig. Die Geschäftsführer brauchen nicht aus dem Kreis der Gesellschafter zu kommen. Kapitalgesellschaften gelten als inländische, wenn sie ihre Geschäftsleitung oder ihren Sitz im Inland haben. Als ausländische Kapitalgesellschaften gelten Gesellschaften, die den o. g. Kapitalgesellschaften entsprechen und weder Geschäftsleitung noch Sitz im Inland haben.

Kapitalgewinn

Liegt vor, wenn durch eine Desinvestition ein höherer Kapitalbetrag erzielt wird, als für die vorausgegangene Investition eingesetzt wurde. Ein Kapitalgewinn wird so z. B. erzielt, wenn bei der Veräußerung eines Wertpapiers ein über dem Anschaffungspreis liegender Verkaufskurs realisiert wird.

Kapitalgewinnbesteuerung, -steuer

Kapitalgewinn aus privatem Wertpapiervermögen ist der bei der Veräußerung eines Wertpapiers über den Anschaffungspreis hinaus erzielte Mehrerlös. Er ist in Deutschland unter bestimmten Bedingungen als Spekulationsgewinn steuerpflichtig.

Kapitalherabsetzung

Wird durchgeführt, um einen Teil des Kapitals, der nicht mehr benötigt wird, an die Aktionäre zurückzuzahlen oder eine bei der AG entstandene Unterbilanz auszugleichen. Im letzteren Fall wird die Kapitalherabsetzung oft mit einer Kapitalerhöhung verbunden, um zunächst den Verlust zu tilgen und der AG darüber hinaus neue Mittel zuzuführen. Allgemein: Jede Verringerung des einer Unternehmung zur Verfügung stehenden Kapitals, z. B. auch Kreditrückzahlung.

Kapitalherabsetzung der AG

Kann geschehen durch ordentliche Kapitalherabsetzung, vereinfachte Kapitalherabsetzung und Kapitalherabsetzung durch Einziehung von Aktien. Der aus der Kapitalherabsetzung gewonnene Betrag ist in der GuV-Rechnung auszuweisen und im Anhang zum Jahresabschluß zu erläutern. Zu den Kenntnissen, die nicht von Insidern als Insiderinformationen in Insidergeschäften ausgenutzt werden dürfen, gehören auch die über Maßnahmen der Kapitalherabsetzung.

Kapitalherabsetzung durch Einziehung von Aktien

Aktien können zwangsweise oder nach Erwerb durch die AG eingezogen werden. Eine Zwangseinziehung ist nur zulässig, wenn sie in der ursprünglichen Satzung oder durch eine Satzungsänderung vor Übernahme oder Zeichnung der Aktien angeordnet oder gestattet war. Bei der Einziehung sind die Vorschriften über die ordentliche Kapitalherabsetzung zu befolgen. Für die Zahlung des Entgelts, das Aktionären bei einer Zwangseinziehung oder bei einem Erwerb von Aktien zum Zwecke der Einziehung gewährt wird, und für die Befreiung dieser Aktionäre von der Verpflichtung zur Leistung von Einlagen gilt Gläubigerschutz. Die Vorschriften über die ordentliche Kapitalherabsetzung brauchen nicht befolgt zu werden, wenn Aktien, auf die der Nennbetrag oder der höhere Ausgabebetrag voll geleistet ist, der AG unentgeltlich zur Verfügung gestellt oder zu Lasten des Bilanzgewinns oder einer freien Rücklage, soweit sie zu diesem Zweck verwendet werden können, eingezogen werden. Auch in den vorgenannten Fällen kann die Kapitalherabsetzung durch Einziehung nur von der HV beschlossen werden. Für den Beschluß genügt die einfache Stimmenmehrheit. Die Satzung kann eine größere Mehrheit und weitere Erfordernisse bestimmen. Im Beschluß ist der Zweck der Kapitalherabsetzung festzusetzen. Der Vorstand und der Vorsitzende des Aufsichtsrats haben den Beschluß zur Eintragung ins Handelsregister anzumelden. In den oben angeführten Fällen ist in die Kapitalrücklage ein Betrag einzustellen, der dem Gesamtnennbetrag der eingezogenen Aktien gleichkommt. Soweit es sich um eine durch die Satzung angeordnete Zwangseinziehung handelt, bedarf es eines Beschlusses der HV nicht. In diesem Fall tritt für die Anwendung der Vorschriften über die ordentliche Kapitalherabsetzung an die Stelle des HV-Beschlusses die Entscheidung des Vorstands über die Einziehung.

Kapitalimport (-einfuhr)

→ Kapitaleinfuhr (-import).

Kapitalimportbeschränkungen

→ Außenwirtschaftsgesetz §§ 22, 23.

Kapitalisierung (1)

Soll der Wert von Rentenzahlungen, von im Zeitablauf anfallenden Gewinnen oder sonstigen periodischen Zahlungen zu einem bestimmten Zeitpunkt festgestellt werden, muß dies mittels Kapitalisierung dieser Beträge erfolgen. Dies ist die Umrechnung der regelmäßigen Geldleistung auf den gegenwärtigen Kapitalwert mit Hilfe der Diskontierung der in der Zukunft liegenden Beträge. Die übliche Kapitalisierungsformel lautet in einfachster Form:

$$\frac{\text{Zahlungsbetrag} \times 100}{p}$$

(p = Zinssatz, der der Kapitalisierung zugrunde gelegt wird).

Kapitalisierung (2)

Börsenbewertung einer AG (Multiplikation des Aktienkurses mit der Anzahl der Aktien).

Kapitalisierungsfaktor

100 dividiert durch den Zinssatz.

Kapitalisierungszinsfuß (-satz)

Mit ihm werden die in Zukunft voraussichtlich anfallende Gewinne einer Unternehmung abgezinst, um (als Barwert) den augenblicklichen Wert (Ertragswert) der Unternehmung zu ermitteln. Als Zinssatz legt man den landesüblichen Kapitalmarktzins zugrunde, den man um einen Risikoaufschlag erhöht. Der Risikoaufschlag ist um so höher, je unsicherer die Zukunftserwartungen insbesondere hinsichtlich der Rentabilität der zu bewertenden Unternehmung sind.

Kapitalismus

Wirtschafts- und Gesellschaftsordnung der westlichen bzw. der meisten nichtkommunistischen (nichtsozialistischen) Länder, die durch die individuell erworbene und ausgeübte Verfügungsgewalt über die Produktionsmittel und das Gewinnstreben der Unternehmer gekennzeichnet ist. Kapital und Arbeit sind getrennt. Den „Kapitalisten" steht die Masse der lohnabhängigen Arbeitnehmer gegenüber.

kapitalistische Kommanditgesellschaft

→ Kommanditgesellschaft, kapitalistische.

Kapitalkennzahlen

Kennzahlen, die das Eigenkapital, Fremdkapital und Gesamtkapital einer Unternehmung in bestimmte Relationen setzen. Z. B.:

$$\text{Eigenkapitalquote} = \frac{\text{Eigenkapital} \times 100}{\text{Bilanzsumme}},$$

$$\text{Fremdkapitalquote} = \frac{\text{Fremdkapital} \times 100}{\text{Bilanzsumme}}$$

$$\text{Verschuldungsgrad} = \frac{\text{Fremdkapital} \times 100}{\text{Eigenkapital}}.$$

Kapitalkonsolidierung

Aufrechnung der Anteile konsolidierter Unternehmen an anderen Konzernunternehmen des Konsolidierungskreises mit dem Betrag des konsolidierungspflichtigen Kapitals dieser Unternehmen, das der prozentualen Höhe der Anteile des Konzerns entspricht. An die Stelle der Anteile an den übrigen einbezogenen Unternehmen treten die Vermögensgegenstände und Verbindlichkeiten, Sonderposten mit Rücklagenanteil, Rückstellungen, Wertberichtigungen und Rechnungsabgrenzungsposten aus den Bilanzen dieser Unternehmen.

Kapitalkonten

Finden sich nur in den Bilanzen der als OHG, KG oder Einzelkaufmann betriebenen Unternehmen. Weisen den Anteil des

Inhabers (oder Gesellschafters) am Vermögen aus. Für die Bilanzen der in diesen Rechtsformen betriebenen Banken sind besondere Vorschriften über eine Aufgliederung des Kapitalkontos nach Einlagen der unbeschränkt haftenden Gesellschafter und nach Einlagen der Kommanditisten oder der stillen Gesellschafter erlassen worden. Nicht eingezahltes Gesellschaftskapital ist in der Aktivposition „nicht eingezahltes Kapital" einzusetzen, stille Einlagen nur, wenn sie vollständig am Verlust partizipieren und die Gesellschafter sich vertraglich verpflichtet haben, ihre Einlagen so lange nicht zurückzufordern, bis die Gläubiger in voller Höhe befriedigt wurden; andernfalls sind sie unter den Verbindlichkeiten auszuweisen.

Kapitalkonzentration

Anhäufung (Konzentration) von Kapital in großem Umfange bei einzelnen und wenigen Wirtschaftssubjekten. Ursachen hierfür sind die steigenden Finanzierungsanforderungen der wachsenden Volkswirtschaften, vor allem im Verlauf ihrer Industrialisierung und des Ausbaus ihrer Verkehrswesen und sonstigen Infrastruktur.

Kapitallenkung

Gezielte Lenkung des Kapitals in bestimmte Investitionen. Dieses vor allem im Rahmen der staatlichen Wirtschaftspolitik eingesetzte Instrument bewirkt somit nicht unbedingt den Einsatz des Produktionsfaktors Kapital in seiner rentabelsten Verwendungsmöglichkeit, zumal andere Zielsetzungen als der Gewinn im Vordergrund stehen. Kapitallenkung kann sowohl im System der freien Marktwirtschaft als auch der Zentralverwaltungswirtschaft vorkommen.

Kapitalmarkt

Markt für langfristige Kredite und Beteiligungskapital. Über den Kapitalmarkt fließt den Unternehmen ein großer Teil der Mittel zur langfristigen Finanzierung ihrer Investitionen zu; er dient zugleich der langfristigen Finanzierung öffentlicher Aufgaben. Der Kapitalmarkt bietet ebenfalls Möglichkeiten der Vermögensbildung. Die Gelder, die auf dem Kapitalmarkt Anlage suchen, sind meist Spargelder, aber auch Gelder von Versicherungsunternehmen. Man unterscheidet den organisierten Kapitalmarkt der Banken und Börsen sowie den nichtorganisierten Kapitalmarkt, der ohne Mitwirkung der Banken und Börsen abläuft, z. B. über Annoncen, private Vermittler und Geldverleiher. Für den normalen Kapitalanleger ist praktisch nur der organisierte Teil des Kapitalmarktes interessant, insbesondere der Aktien- und Rentenmarkt, die Emissionsmärkte für börsengängige Wertpapiere und in gewissem Umfang der Markt für Schuldscheindarlehen. Genehmigungen offizieller Stellen und Prüfungen durch beteiligte Banken bieten hinreichende Gewähr für solide Anlagemöglichkeiten. An den Börsen selbst wird kein Kapital gebildet, sondern nur umgeschlagen; die Fungibilität der Anlage wird dort gewährleistet.

Kapitalmarktausschuß

Kurzbez. f. OECD-Ausschuß für Finanzmärkte.

Kapitalmarkteffizienz

Hypothese im Rahmen eines Erklärungsansatzes von Aktienkursentwicklungen. Unterstellt vollkommene Information aller Marktteilnehmer über alle kursbeeinflussenden Daten. Die Kapitalmarkteffizienz drückt aus, daß es keine allgemein zugänglichen Informationen gibt, die die Prognose von Kursänderungen – über eine risikomäßig adäquate Normalverzinsung hinaus – ermöglichen, daß es für die Übernahme von unsystematischen Risiken, die nur einzelne Wertpapiere betreffen und daher vom Kapitalanleger durch Streuung getilgt werden können, keine Risikoprämie am Markt gibt und daß es für systematische Risiken in Abhängigkeit zum Risikobeitrag einer Aktie zum vollkommen diversifizierten Portefeuille eine Prämie gibt.

Kapitalmarktförderung

Angesichts seiner großen Bedeutung für die Wirtschaft eines Landes bedarf der Kapitalmarkt besonderer Pflege zur Aufrechterhaltung seiner Funktionsfähigkeit. Der Staat fördert den Kapitalmarkt indirekt, z. B. durch Banken-, Versicherungs- und Börsenaufsicht, u. a. durch die Förderung des Sparens, insbesondere durch sparfördernde Steuermaßnahmen und durch Kurspflegemaßnahmen für staatliche Anleihen.

Kapitalmarktförderungsgesetz

→ Gesetz zur Verbesserung der Rahmenbedingungen der Finanzmärkte.

Kapitalmarktgeschäfte der Deutschen Bundesbank

Die Bundesbank darf zur Regelung des Geldmarktes auch langfristige Wertpapiere kaufen und verkaufen. Sie beschränkt sich bei dieser Art von Offenmarktgeschäften auf festverzinsliche Wertpapiere öffentlicher Emittenten. Anders als bei der Abgabe und der Rücknahme von Geldmarktpapieren entscheidet die Bundesbank bei diesen Transaktionen unmittelbar, welche Beträge sie erwirbt oder abgibt, während Auswirkungen auf die Kurse und damit den langfristigen Zinssatz sich nur indirekt ergeben. Daneben kauft die Bundesbank zeitweise lombardfähige festverzinsliche Wertpapiere von den Banken im Rahmen von Pensionsgeschäften an.

Kapitalmarktkommission

→ Zentraler Kapitalmarktausschuß (ZKMA).

Kapitalmarktlinie

→ capital-asset-pricing-Modell.

Kapitalmarktpapiere

Am Kapitalmarkt gehandelte Wertpapiere, also vor allem Aktien und Schuldverschreibungen verschiedener Art.

Kapitalmarktpolitik

Staat, Zentralnotenbank und sonstige Hoheitsträger sowie die Emissionsbanken sind bestrebt, angesichts der großen Bedeutung des Kapitalmarkts für die Volkswirtschaft dessen Funktionsfähigkeit aufrechtzuerhalten. Zielgrößen sind vor allem stabile Währung sowie marktkonforme Zinssätze mit entsprechendem Zinsgefälle zwischen Geld- und Kapitalmarkt. Kapitalmarktpolitik soll Kapitalfehlleitungen im Interesse der Gesamtwirtschaft und zum Schutze der Sparer verhindern helfen sowie dazu beitragen, die Emissionswünsche und die Aufnahmefähigkeit des Kapitalmarktes auszugleichen. Neben den kursbeeinflussenden Maßnahmen der Emissionshäuser sind es vor allem Staat und Zentralnotenbank, die den Kapitalmarkt beaufsichtigen und mittels gesetzlicher Bestimmungen lenken, z. B. Bankenaufsicht, Börsenaufsicht, staatliche Sparförderung, Zentraler Kapitalmarktausschuß.

Kapitalmarktreglementierung

Die Wertpapiermärkte, also der Markt für festverzinsliche Wertpapiere und der für Dividendenwerte, sind in Deutschland grundsätzlich keinen einengenden Vorschriften unterworfen, die den Zugang zum Markt allgemein oder für bestimmte Gruppen von Emittenten beschränken. Bestehende Rechtsvorschriften haben überwiegend ordnungspolitischen Charakter. Aufgrund des StabWG kann die Bundesregierung u. a. durch Rechtsverordnung mit Zustimmung des Bundesrats Kreditaufnahmen – also auch Anleihebegebungen – der öffentlichen Hand beschränken sowie Höchstbeträge für diese Anleihen und ihre Bedingungen festsetzen; die Maßnahmen sind auf längstens ein Jahr zu befristen. Das AWG gestattet in §§ 22, 23 der Bundesregierung, bei einem Zahlungsbilanzungleichgewicht oder bei einer Gefährdung der Kaufkraft der DM den Erwerb ausländischer Wertpapiere durch Inländer oder die Veräußerung inländischer Wertpapiere an Ausländer zu beschränken; das gleiche gilt bei erheblicher Gefahr für den Kapitalmarkt für das öffentliche Anbieten von Anleihen ausländischer Emittenten in Deutschland. Der EG-Vertrag schränkt jedoch die autonome Ausübung dieser Rechte ein. Im Zuge der fortschreitenden Deregulierung des deutschen Kapitalmarktes sind diverse Rechtsvorschriften abgeschafft oder entschärft worden. So wurde z. B. die staatliche Genehmigungspflicht für die Emission von Inhaber- und Orderschuldverschreibungen restlos gestrichen.

Kapitalmarktstatistik, Beiheft

Wird monatlich von der Deutschen Bundesbank aufgrund des § 18 des Gesetzes über die Deutsche Bundesbank in der Reihe „Statistisches Beiheft zum Monatsbericht" veröffentlicht. Es enthält unter anderem detaillierte Angaben über Brutto-/Netto-Absatz, Tilgung und Umlauf festverzinslicher Wertpapiere, Anleihen ausländischer Emittenten, Aktien inländischer Emittenten, Börsenumsätze, Options- und futures-Geschäfte und Kapitalanlagegesellschaften. Das Beiheft wird an Interessenten kostenlos abgegeben. Außerdem stellt die Bundesbank auf schriftliche Anforderung und gegen Kostenerstattung monatlich ein Magnetband mit den veröffentlichten Zeitreihen zur Verfügung.

Kapitalmarktzins

Zins für die Überlassung langfristigen Kapitals. Häufig werden die Emissionsrendite oder die Umlaufrendite festverzinslicher Wertpapiere als Indikator für den Kapitalmarktzins verwendet.

Kapitalmehrheit

In der HV der AG wird i. d. R. mit einfacher Mehrheit abgestimmt. In zahlreichen Fällen verlangt jedoch das AktG für den Beschluß der HV eine Mehrheit, die mindestens ¾ des bei Beschlußfassung vertretenen Grundkapitals umfaßt, z. B. bei Satzungsänderungen, Kapitalerhöhung, Kapitalherabsetzung.

Kapitalproduktivität

Volkswirtschaftliche Größe, die die Relation von Volkseinkommen zu Kosten angibt (Kehrwert: Kapitalkoeffizient).

Kapitalrentabilität

Einzelwirtschaftliche Größe, die den Periodenerfolg ins Verhältnis zum Kapital des Unternehmens setzt: Eigenkapitalrentabilität, Gesamtkapitalrentabilität.

Kapitalrücklage

Neben den Gewinnrücklagen, in die Beträge aus dem Jahresergebnis eingestellt werden, zweiter Bestandteil der offenen Rücklagen bei Kapitalgesellschaften. In die Kapitalrücklage dürfen nur Beträge eingestellt werden, die der Unternehmung von außen zugeflossen sind. Es handelt sich dabei um alle Einlagen der Gesellschafter, die nicht gezeichnetes Kapital sind. Hierzu gehören: Beträge, die bei der Ausgabe von Anteilen über den Nennbetrag hinaus erzielt werden (Agio); Beträge, die bei Ausgabe von Wandelschuldverschreibungen über den Rückzahlungsbetrag hinaus erzielt werden; Beträge von Zuzahlungen, die Gesellschafter gegen Gewährung eines Vorzugs für ihre Anteile leisten, sowie das eingeforderte Nachschußkapital bei GmbH. Die Kapitalrücklage ist auf der Passivseite gesondert auszuweisen. → Gewinnrücklage.

Kapitalrückzahlung

Allgemein: Begleichung von Verbindlichkeiten in Geldform. Speziell: Verminderung des haftenden Eigenkapitals durch Rückzahlung von Einlagen an Anteilseigner.

Kapitalrückzahlung an die Aktionäre

Den Aktionären dürfen die Einlagen nicht zurückgezahlt werden. Als Rückgewähr von Einlagen gilt jedoch nicht die Zahlung des Erwerbspreises beim zulässigen Erwerb eigener Aktien. Aufgrund der Herabsetzung des Grundkapitals dürfen Zahlungen an die Aktionäre erst geleistet werden, nachdem seit der Bekanntmachung der Eintragung 6 Monate vergangen sind und den Gläubigern, die sich rechtzeitig gemeldet haben, Befriedigung oder Sicherheit gewährt worden ist. Bei der Abwicklung der AG darf Vermögen erst verteilt werden, wenn 1 Jahr seit dem Tage verstrichen ist, an dem der Aufruf der Gläubiger zur Anmeldung ihrer Ansprüche zum dritten Mal bekanntgemacht wurde. Das Vermögen ist bei der Abwicklung nach dem Verhältnis der Aktiennennbeträge zu verteilen, wenn keine Aktien mit verschiedenen Rechten bei der Verteilung des Gesellschaftsvermögens vorhanden sind.

Kapitalsammelstellen

Institute, die anlagesuchendes Kapital (Spargeld) aufnehmen und es an Kreditsuchende weiterleiten, oder die aufgrund ihrer besonderen Funktion laufend Kapital sammeln und es in Wertpapieren anlegen, also Banken aller Art, Bausparkassen, Versicherungsunternehmen, Sozialversicherungsträger u. a. Kapitalsammelstellen treten andererseits auch wieder als Anleger am Geld- und Kapitalmarkt auf.

Kapitalschutzverträge (-abkommen)

Bilaterale Verträge zwischen der BR Deutschland und vor allem Entwicklungsländern über Förderung und gegenseitigen Schutz von Kapitalanlagen; auch Investitionsförderungsverträge genannt. Die Abkommen gehen vom Grundsatz der Gegenseitigkeit aus. Kapitalanlagen und deren Betreibung durch Staatsangehörige oder Gesellschaften der einen Vertragspartei im Hoheitsgebiet der anderen Vertragspartei dürfen keine schlechtere Behandlung erfahren als Kapitalanlagen der eigenen Staatsangehörigen und Gesellschaften. Ferner werden in den Abkommen die Voraussetzungen für eine Enteignung der Kapitalanlage und die zu gewährende Entschädigung sowie für den Transfer von Kapital, Erträgen, Liquidationserlösen und Enteignungsentschädigungen geregelt. Die Kapitalschutzabkommen sind praktisch Voraussetzung und Grundlage für die Übernahme von Bundesgarantien bei Kapitalanlagen im Ausland, die dem Investor die größtmögliche Sicherheit für seine Kapitalanlage bieten.

Kapitalstruktur

Zusammensetzung und Aufbau des der Unternehmung zur Verfügung stehenden Kapitals. Zum einen kann die Kapitalstruktur nach dem Kriterium Kapitalherkunft (Eigen- und Fremdkapital), zum anderen Fristigkeit (kurz-, mittel-, langfristig) untergliedert werden. Im Rahmen der Bilanzanalyse und Bilanzkritik werden diese Größen auch in Beziehung zum Gesamtkapital gesetzt.

Kapitalumschlag (turn over)

Verhältnis von Umsatz zu durchschnittlich investiertem Kapital, und zwar Kennzahl für Umschlagsdauer oder Umschlagshäufigkeit. Durch Rationalisierung kann der Kapitalumschlag beschleunigt werden, was vor allem für in hohem Maße fremdfinanzierte Unternehmen von Bedeutung ist. Bei hohem Kapitalumschlag reicht eine kleinere Gewinnspanne, um hohe Rentabilität zu erzielen.

Kapitalumschlagskennzahlen
Durch Inbeziehungsetzung von Eigenkapital bzw. Fremdkapital zum Umsatz gebildet. Geben an, wie oft diese im Rahmen des Umsatzprozesses umgeschlagen worden sind. Z. B. Umsatz zu Eigenkapital = Umschlagshäufigkeit des Eigenkapitals; Umsatz zu langfristigem Fremdkapital = Umschlagshäufigkeit des langfristigen Fremdkapitals.

Kapitalverkehr
Gesamtheit finanzieller Transaktionen, die nicht direkt durch den Waren- und Dienstleistungsverkehr bedingt sind. Wird unterteilt in nationalen und internationalen Kapitalverkehr. Der Kapitalverkehr umfaßt dabei alle Geld- und Sachleistungen zum Zweck der Kapital- und Vermögensanlage, z. B. Wertpapiergeschäfte, Immobilienkauf und -verkauf, Erwerb bzw. Veräußerung von Beteiligungen sowie alle Formen von Kapitalerträgen, Rückzahlungen und Tilgungen.

Kapitalverkehr, internationaler
Internationale Kapitalbewegungen bedeuten Kreditgewährung über die nationalen Grenzen hinweg und ändern Forderungen und Verbindlichkeiten gegenüber ausländischen Staaten. Diese werden in der Zahlungsbilanz, speziell der Kapitalverkehrsbilanz, erfaßt. Kapitalexport ist die Erhöhung der Forderungen oder Verminderung der Verbindlichkeiten des Inlandes gegenüber dem Ausland; Kapitalimport ist die Verringerung der Forderungen bzw. Erhöhung der Verbindlichkeiten gegenüber dem Ausland. Kurzfristiger Kapitalverkehr entsteht aus entsprechen Kreditbeziehungen im internationalen Handel, wenn nicht sofort bezahlt wird, und aus kurzfristigen Kapitalanlagen im Ausland. Langfristiger Kapitalverkehr entsteht aus Direktinvestitionen im Ausland, Effektenkäufen usw. Internationale Kapitalbewegungen sind mit Währungsrisiken behaftet. Soweit es sich um hot money (Kapitalflucht) handelt, sind die Kapitalbewegungen volkswirtschaftlich unerwünscht.

Kapitalverkehr mit dem Ausland, Beschränkungen
Für die BR Deutschland enthält das AWG selbst keine Einschränkungen des Kapitalverkehrs mit dem Ausland, sieht aber Möglichkeiten zur Einschränkung unter bestimmten Voraussetzungen vor. Die möglichen materiellen Einschränkungen können in Form einer Genehmigungspflicht oder eines Verbots, d. h. durch Beschränkungen, oder durch Begründung selbständiger Handlungspflichten eingeführt werden. Die Beschränkungen und Handlungspflichten sind nach Art und Umfang auf das Maß zu begrenzen, das notwendig ist, um den in der Ermächtigung angegebenen Zweck zu erreichen. Sie sind so zu gestalten, daß in die Freiheit der wirtschaftlichen Betätigung so wenig wie möglich eingegriffen wird. Abgeschlossene Verträge dürfen nur berührt werden, wenn der angestrebte Zweck durch sie erheblich gefährdet wird. Zum einen kann der Kapitalverkehr beschränkt werden, um die Erfüllung von Verpflichtungen aus zwischenstaatlichen Vereinbarungen zu ermöglichen, denen die gesetzgebenden Körperschaften in Form eines Bundesgesetzes zugestimmt haben. Auch kann der Kapitalverkehr beschränkt werden, um schädlichen Folgen für die Wirtschaft oder einzelne Wirtschaftszweige vorzubeugen oder entgegenzuwirken, wenn solche Folgen durch Maßnahmen in fremden Wirtschaftsgebieten drohen oder entstehen, die den Wettbewerb einschränken, verfälschen oder verhindern oder zu Beschränkungen des Wirtschaftsverkehrs mit der BR Deutschland führen, und um Auswirkungen von in fremden Wirtschaftsgebieten herrschenden, mit der freiheitlichen Ordnung der BR Deutschlands nicht übereinstimmenden Verhältnissen auf die BR Deutschland vorzubeugen oder entgegenzuwirken. Es kann vorgeschrieben werden, daß Gebietsansässige einen bestimmten Prozentsatz der nichtmindestreservepflichtigen Verbindlichkeiten aus den von ihnen unmittelbar oder mittelbar bei Gebietsfremden aufgenommenen Krediten während eines bestimmten Zeitraumes zinslos in DM auf einem Konto bei der Bundesbank zu halten haben (Bardepotpflicht), wenn die Wirksamkeit der Währungs- und Konjunkturpolitik durch Geld- und Kapitalzuflüsse aus fremden Wirtschaftsgebieten derart beeinträchtigt wird, daß das gesamtwirtschaftliche Gleichgewicht gefährdet ist. Als Kredite gelten dabei alle

Rechtsgeschäfte und Handlungen, die wirtschaftlich Kreditaufnahmen darstellen. Weiter kann der Kapitalverkehr beschränkt werden, um die Sicherheit der BR Deutschlands zu gewährleisten, eine Störung des friedlichen Zusammenlebens der Völker zu verhüten oder zu verhindern, daß die auswärtigen Beziehungen der BR Deutschland erheblich gestört werden. Zum anderen sind in den §§ 22 und 23 AWG besondere Einschränkungsmöglichkeiten enthalten, die nur den Kapitalverkehr betreffen.

Kapitalverkehr mit dem Ausland, Meldepflichten

In der BR Deutschland sind ein- und ausgehende Zahlungen, die DM 5000 oder den Gegenwert in ausländischer Währung überschreiten, zu melden (brutto). Meldepflichtige Zahlungen zwischen Gebietsansässigen und -fremden sind dabei nicht nur Überweisungen aus oder nach fremden Wirtschaftsgebieten, sondern auch Überweisungen von oder auf Konten Gebietsfremder bei inländischen Banken sowie Barzahlungen und Zahlungen mittels Schecks oder Wechsel zwischen Gebietsansässigen und -fremden. Meldepflichtig sind auch Zahlungen zwischen Gebietsansässigen, die für Rechnung von Gebietsfremden geleistet oder entgegengenommen werden, weiter Aufrechnung und Verrechnung sowie Einbringen von Sachen und Rechten in Unternehmen, Zweigniederlassungen und Betriebsstätten. Ausgenommen von der Meldepflicht sind Zahlungen, die die Gewährung, Aufnahme oder Rückzahlung von Krediten (einschließlich Begründung und Rückzahlung von Guthaben bei Banken) mit ursprünglich vereinbarter Laufzeit oder Kündigungsfrist bis 12 Monate zum Gegenstand haben; Zinsen für solche Kredite im Betrag von mehr als DM 5000 sind jedoch zu melden. Weiter ist der Stand der Forderungen und Verbindlichkeiten gegenüber Gebietsfremden zu melden, wenn diese Forderungen oder Verbindlichkeiten bei Ablauf eines Monats jeweils zusammen mehr als DM 500000 betragen. Meldepflichtig ist dabei einmal der Stand aller kurz- und längerfristigen Forderungen und Verbindlichkeiten aus Finanzbeziehungen mit Gebietsfremden. Dazu zählen alle Forderungen und Verbindlichkeiten gegenüber gebietsfremden Banken sowie Forderungen und Verbindlichkeiten aus Finanzbeziehungen mit gebietsfremden verbundenen Unternehmen und mit sonstigen Gebietsfremden. Nichteinzubeziehen sind nicht ausgenutzte Kreditzusagen, Kapitalbeteiligungen an ausländischen Unternehmen und Beteiligungen Gebietsfremder am Eigenkapital der berichtenden Unternehmung sowie in Wertpapieren verbriefte Forderungen und Verbindlichkeiten. Zum anderen sind meldepflichtig Forderungen und Verbindlichkeiten aus Zielgewährungen und Zielinanspruchnahmen für Warenlieferungen und Dienstleistungen einschließlich derartiger Forderungen und Verbindlichkeiten aus Wechseln sowie an Gebietsfremde geleistete und von Gebietsfremden empfangene Anzahlungen für spätere Warenlieferungen und Dienstleistungen, Forderungen und Verbindlichkeiten aus Finanzwechseln sowie Forderungen und Verbindlichkeiten, die lediglich mit Warengeschäften in Zusammenhang stehen. Neben diesen allgemeinen besteht eine große Anzahl spezieller Meldevorschriften. So sind Leistungen von Gebietsansässigen meldepflichtig, wenn die Anlage von Vermögen in fremden Wirtschaftsgebieten in Form von Direktinvestitionen in folgenden Formen damit bezweckt wird: (1) Gründung oder Erwerb von Unternehmen, (2) Errichtung oder Erwerb von Zweigniederlassungen, (3) Errichtung oder Erwerb von Betriebsstätten, (4) Erwerb von Beteiligungen an Unternehmen, (5) Ausstattung dieser Unternehmen, Zweigniederlassungen oder Betriebsstätten mit Anlagemitteln oder Zuschüssen, (6) Gewährung von Darlehen an Unternehmen, die dem gebietsansässigen Darlehensgeber gehören oder an denen er unmittelbar oder mittelbar beteiligt ist oder auf deren Geschäftsführung er infolge der Gewährung des Darlehens erheblichen Einfluß hat. Neben den Transaktionen für Direktinvestitionen Gebietsansässiger in fremden Wirtschaftsgebieten ist auch der Bestand an Direktanlagen Gebietsansässiger in fremden Wirtschaftsgebieten meldepflichtig. So sind Stand und ausgewählte Positionen der Zusammensetzung folgenden Vermögens Gebietsansässiger in fremden Wirtschaftsgebieten zu melden: (1) des Vermögens eines gebietsfremden Unternehmens, wenn dem Inländer mehr als 20% der Anteile oder der Stimmrechte an dem Unternehmen zuzurechnen sind (unmittelbare Beteiligung), (2) des Vermögens eines gebietsfremden Unternehmens, wenn mehr als 20% der Anteile oder Stimmrechte an dieser Unternehmung einem von einem Inländer abhängigen gebietsfremden Unternehmen zuzurechnen sind (mittelbare Beteiligung), (3) des Vermögens von Inländern in ihren gebietsfremden Zweigniederlassungen und auf Dauer angelegten Betriebsstätten. Ein gebietsfremdes Unternehmen gilt dabei als von einem Inländer abhängig, wenn letzteres mehr als 50% der Anteile oder Stimmrechte an dem gebietsfremden Unternehmen zuzurechnen sind. Weiter sind Leistungen Gebietsfremder meldepflichtig, die die Anlage von Vermögen im Wirtschaftsgebiet für Direktinvestitionen in folgenden Formen bezwecken: (1) Gründung oder Erwerb von Unternehmen, (2) Errichtung oder Erwerb von Zweigniederlassungen, (3) Errichtung oder Erwerb von Betriebsstätten, (4) Erwerb von Beteiligungen an Unternehmen, (5) Ausstattung dieser Unternehmen, Zweigniederlassungen oder Betriebsstätten mit Anlagemitteln oder Zuschüssen, (6) Gewährung von Darlehen an Unternehmen, die dem gebietsfremden Darlehensgeber gehören oder an denen er unmittelbar oder mittelbar beteiligt ist oder auf deren Geschäftsführung er infolge der Gewährung des Darlehens erheblichen Einfluß hat. Auch sind zu melden: (1) Veräußerung von Unternehmen, Zweigniederlassungen, Betriebsstätten oder Beteiligungen, (2) Auflösung von Unternehmen sowie die Aufhebung von Zweigniederlassungen oder Betriebsstätten, (3) Rückzahlung von Darlehen, wenn diese sich auf Vermögensanlagen im o. g. Sinne beziehen. Neben den Transaktionen für Direktinvestitionen Gebietsfremder im Wirtschaftsgebiet ist auch der Bestand an Direktanlagen Gebietsfremder im Wirtschaftsgebiet zu melden. Danach sind Stand und ausgewählte Positionen der Zusammensetzung folgenden Vermögens Gebietsfremder in der BR Deutschland zu melden: (1) des Vermögens einer in der BR Deutschland ansässigen Unternehmung, wenn dem Gebietsfremden oder einer Gruppe wirtschaftlich verbundener Gebietsfremder mehr als 20% der Anteile oder Stimmrechte an der in der BR Deutschland ansässigen Unternehmung zuzurechnen sind (unmittelbare Beteiligung), (2) des Vermögens einer in der BR Deutschland ansässigen Unternehmung, wenn mehr als 20% der Anteile oder Stimmrechte an dieser Unternehmung einer von einem Gebietsfremden oder einer Gruppe wirtschaftlich verbundener Gebietsfremder abhängigen, in der BR Deutschland ansässigen Unternehmung zuzurechnen sind (mittelbare Beteiligung), (3) des Vermögens Gebietsfremder in ihren in der BR Deutschland ansässigen Zweigniederlassungen und auf Dauer angelegten Betriebsstätten. In den meisten Fällen bestehen Ausnahmen von den Meldepflichten für kleinere Beträge.

Kapitalverkehrskontrollen

Instrument eines Staates, um möglichen Gefahren zu begegnen, die der Volkswirtschaft aufgrund des ansonsten grundsätzlich freizügigen Wirtschaftsverkehrs und somit auch Kapitalverkehrs im Inland und mit dem Ausland entstehen können. So kann der internationale Kapitalverkehr aufgrund von vorsorglich ins AWG aufgenommenen Vorschriften eingeschränkt werden, um einer Beeinträchtigung der Kaufkraft der DM entgegenzuwirken oder das Gleichgewicht der Zahlungsbilanz sicherzustellen.

Kapitalverkehrsteuern

Gesellschaftssteuer und BUSt. Sie wurden in Deutschland 1991/92 abgeschafft.

Kapitalvermögen

I. w. S. alles materielle Vermögen jedweder Art. I. e. S. Geldkapital im Gegensatz zum Sachkapital. Hierzu gehören Wertpapiere aller Art, jede vertraglich festgelegte Geldforderung einschließlich Schuldscheine, Schuldbuchforderungen usw.

Kapitalvernichtung

Tatsächlicher (nicht buchmäßiger) Substanzverlust von Kapital einer Unternehmung durch wirtschaftlichen Werteverzehr an Vermögensteilen, sofern ihr nicht durch entsprechende Wertberichtigung oder Substanzerneuerung (Reinvestition) Rechnung getragen wird.

Kapitalversicherung

Formen der Summenversicherung, bei denen die Versicherungsleistung in der einmaligen Zahlung eines vertraglich festgelegten Kapitals besteht. Wichtigste Form: gemischte Lebensversicherung.

Kapitalverwässerung

Entsteht bei der AG durch Ausgabe von Gratisaktien (Berichtigungsaktien) oder jungen Aktien unter dem Kurs der alten Aktien, wobei durch Auflösung von Rücklagen das Aktienkapital erhöht und damit das Verhältnis zwischen Unternehmenswert und Aktienkapital verschlechtert wird. Der auf die einzelne Aktie entfallende innere Wert wird dadurch kleiner. U. U. sinnvolle Maßnahme, wenn der Aktienkurs so hoch ist, daß die Fungibilität der Aktien beeinträchtigt ist.

Kapitalwert

Wird gebildet durch Kapitalisierung einer Reihe von Zahlungen, z. B. Dividenden oder Zinsen. Maßstab in der Wertpapierbewertung. Andere Bez.: → Barwert.

Kapitalwertmethode

Auch: Diskontierungs- oder Barwertmethode. Durch Diskontierung der Aus- und Einzahlungen auf den Zeitpunkt unmittelbar vor Beginn der Kapitalanlagen werden ihre Barwerte errechnet und verglichen. Die Abzinsung erfolgt mit einem Zinssatz, der als gewünschte Mindestverzinsung (Kalkulationszinsfuß) den Kapitalkosten des Anlegers entsprechen soll. Der Kapitalwert einer Investition ergibt sich als Differenz zwischen der Summe der Barwerte aller Einnahmen und der Summe der Barwerte aller Ausgaben, die auf diese Anlage zurückzuführen sind. Nach der Kapitalwertmethode ist eine Anlage vorteilhaft, wenn ihr Kapitalwert gleich Null oder positiv ist.

Kapitalwiedergewinnung

Für den Kapitalanleger kann von Interesse sein, die Höhe der durchschnittlichen Ausgaben für die und Einnahmen aus der Kapitalanlage zu ermitteln, beide pro Jahr der geplanten Anlagedauer umgerechnet. Diese Transformation nimmt man vor, indem man die auf den heutigen Zeitpunkt bezogenen Ausgaben und Einnahmen mit einem Kapitalwiedergewinnungsfaktor multpliziert. Dieser lautet bei einer endlichen Dauer der Kapitalanlage von n Jahren und bei einer vom Anleger gewünschten Rendite von p %:

$$\frac{\frac{p}{100}\left(1+\frac{p}{100}\right)^n}{\left(1+\frac{p}{100}\right)^n-1}$$

Bei bestimmter verlangter Rendite ist eine Kapitalanlage dann günstig, wenn die erwarteten durchschnittlichen jährlichen Einnahmen nicht kleiner sind als die durchschnittlichen jährlichen Ausgaben.

Kapitalzins

Zinssatz bzw. Verzinsung, der (die) für Kapital gezahlt wird: am Kapitalmarkt für ausgeliehenes oder aufgenommenes Kapital. Auch: effektive oder kalkulatorische Verzinsung von investiertem Kapital („abgeleiteter" Kapitalzins). Unter dem ursprünglichen Kapitalzins wird der Überschuß der Erlöse über die Kosten verstanden, der im wesentlichen aufgrund der höheren Rentabilität der kapitalistischen Produktionsweise gegenüber der kapitallosen Produktion entsteht.

Kapitalzusammenlegung

→ Kapitalherabsetzung.

Kapitalzuwachsanlage

→ Kapitalanlagearten.

Karachi Stock Exchange

Adresse; The Karachi Stock Exchange (Guarantee) Ltd., Stock Exchange Building, Stock Exchange Road, Karachi 2, Pakistan.

Karat (Carat)

Abk.: K. oder C. Das metrische Karat ist Gewichtseinheit für Juwelen (1 K = 0,205 g, z. T 0,2 g) und auch Maß für den Reingehalt einer Goldlegierung (24karätig = 1000 fein).

Kartellgesetz

Gegen Beeinträchtigungen des freien Wettbewerbs besteht in der BR Deutschland das Gesetz gegen Wettbewerbsbeschränkungen (GWB), das ein (durch Ausnahmen abgeschwächtes) grundsätzliches Kartellverbot ausspricht.

Kassageschäft

Abschlüsse an der Börse, die sofort oder ganz kurzfristig (innerhalb 2 Börsentagen) erfüllt werden müssen. Gegensatz: Zeit- oder Termingeschäft. An Warenbörsen: Loko- oder Effektivgeschäft.

Kassageschäfte in Devisen

Handel per Kasse in Devisen. → Devisenhandel.

Kassageschäfte in Wertpapieren

Beim Handel per Kasse sind die abgeschlossenen Wertpapiergeschäfte sofort zu erfüllen. Allerdings erfolgt nicht schon an der Börse die Abwicklung der getätigten Geschäfte. Vielmehr wird die Erfüllung von Bank zu Bank auf dem üblichen Lieferungs- und Verrechnungsweg durchgeführt. Nach den an den deutschen Börsen geltenden Usancen soll die Abwicklung am 2. Börsentag nach dem Tag des Geschäftsabschlusses durchgeführt werden. In der Praxis werden gewisse Überschreitungen dieser Frist hingenommen, da die von den Banken an den Börsen gehandelten Wertpapiere nicht immer bei den betreffenden Instituten verwahrt werden, sondern oft von anderen Aufbewahrungsorten abdisponiert werden müssen. Erfolgt bei einem Wertpapiergeschäft nicht prompte Erfüllung, kann die Bank, die nicht in Verzug ist, ihrem Vertragspartner schriftlich eine Nachfrist setzen und die Zwangsregulierung nach erfolglosem Ablauf der Nachfrist androhen. Verstreicht diese Nachfrist fruchtlos, so kann der Vertragsteil, der nicht in Verzug ist, sich anderweitig mit Wertpapieren eindecken oder – bei Nichtabnahme der verkauften Wertpapiere – sie erneut verkaufen. Den dadurch entstandenen Schaden hat der säumige Teil zu ersetzen. Alle an deutschen Börsen abgeschlossenen Effektengeschäfte sind solche Kassageschäfte. Ausnahme: Options- und future-Geschäfte.

Kassahandel

An den Börsen im Gegensatz zum Terminhandel alle Geschäfte, die unmittelbar nach Abschluß zu erfüllen sind. An den Wertpapierbörsen gilt zur Regulierung der Geldseite und zur Stückelieferung eine Frist von längstens 2 Börsentagen.

Kassakurs

Kurs bei Kassageschäften. Gegens.: Terminkurs.

Kassakurse im Wertpapierhandel

Kurse für Wertpapierumsätze in Kassageschäften im Gegensatz zu den Kursen für Termingeschäfte.

Kassamarkt

Beim amtlichen Handel ist nach den Unterschiedlichkeiten der Handelsusancen und der Kursnotierungen zu trennen zwischen Einheitsmarkt und variablem Markt. Beide Märkte zusammen bezeichnet man als Kassamarkt, dem der Terminmarkt gegenübersteht. Bei Kassageschäften erfolgen Erfüllung, also Lieferung und Abnahme der Wertpapiere sowie Bezahlung sofort, genauer: am 2. Werktag nach Geschäftsabschluß. Auch: Spot-, Loko-, Effektivmarkt.

Kassaobligationen

In der Schweiz: typische Form kurz- bis mittelfristiger Schuldverschreibungen der Banken. Kassaobligationen werden laufend ausgegeben. Die Laufzeit beträgt i. d. R. 3–8 Jahre; die Zinssätze sind nach der Laufzeit abgestuft. Kassaobligationen werden nicht an der Börse notiert, doch sind sie außerbörslich handelbar. Kassenobligationen als analoge Titel in Deutschland.

Kassascheine

→ Reskription.

Kassa-Ware

Effektive Ware, die i. d. R. am Kassamarkt zur sofortigen Lieferung bereitsteht. Man gebraucht diesen Begriff auch für Ware, die auf Ankunft ge- oder verkauft wird, d. h. auf Lieferung zu einem späteren Zeitpunkt.

Kasse

Bestand an Barmitteln (Banknoten, Scheidemünzen) einer Bank (Primärliquidität).

Kassenobligationen

Festverzinsliche Wertpapiere mit Laufzeiten von meist bis zu 4 Jahren. Werden sowohl von der öffentlichen Hand als auch von Banken ausgegeben. Zählen zu den Geldmarktpapieren. Werden hauptsächlich vom Bund, den Bundesländern, der Bundesbahn, Bundespost, von Landesbanken und einigen Spezialbanken emittiert. Wegen der großen Stückelung kommen als Abnehmer nur Großanleger (Kapitalsammelstellen) in Frage. Sie werden an der Börse im Freiverkehr gehandelt und sind lombardfähig. Von einigen Banken werden Kassenobligationen auch mit Laufzeiten von mehr als 4 Jahren ausgegeben; sie haben den Charakter von Inhaberschuldverschreibungen und nehmen eine Zwischenstellung zwischen üblichen Geldmarktpapieren und langfristigen Anleihen ein. Mittelfristige Laufzeit und die Rückzahlbarkeit in einem Betrag kennzeichnen diese Schuldverschreibungen als Geldmarktpapiere, während die Ausstattung mit einem festen Zinssatz derjenigen langfristiger Anleihen entspricht. Im Gegensatz zu den Schatzwechseln und unverzinslichen Schatzanweisungen, deren Abgabesätze der jeweiligen Geldmarktsituation entsprechend festgesetzt werden, paßt sich die Effektivverzinsung der Kassenobligationen den Geldmarktsätzen unter Berücksichtigung der Restlaufzeit über den Preis an.

Kassenquittung

Bei Wertpapieremissionen die Bestätigung über den für die gezeichneten Wertpapiere eingezahlten Betrag. Die vor dem Erscheinen der Stücke ausgestellten Kassenquittungen sind i. d. R. nicht übertragbar.

Kassenschein

Während der Zins bei Kassenobligationen auf Coupons vergütet wird, erfolgt die Zinszahlung bei Kassenscheinen durch Diskontierung.

Kassenverein

In der BR Deutschland gibt es die → Deutscher Kassenverein AG, Frankfurt am Main, die zusammen mit ihren Niederlassungen als Wertpapiersammelbank fungiert und als solche u. a. den Effektengiroverkehr, d. h. den stückelosen Wertpapierverkehr durchführt. Dieser wird durch die aufgrund des DepG zulässige Sammelverwahrung von Wertpapieren ermöglicht, bei der mit dem Zeitpunkt des Eingangs der Wertpapiere bei der Wertpapiersammelbank für den Kunden ein Miteigentumsanteil nach Bruchteilen an den zum Sammelbestand gehörenden Wertpapieren der gleichen Art entsteht. So kann ein Kommissionär sich von seiner Verpflichtung, dem Käufer Eigentum an bestimmten Wertpapieren zu verschaffen, dadurch befreien, daß er ihm Miteigentum an den zum Sammelbestand einer Wertpapiersammelbank gehörenden Stücken verschafft. In den von den Kassenvereinen unterhaltenen Girosammelverkehr werden vor allem Inhaberaktien einbezogen; unter bestimmten Bedingungen können auch Namensaktien und auslosbare Wertpapiere eingeliefert werden. Die Kontoinhaber bei den Kassenvereinen sind durchweg nur Banken; nach den Geschäftsbedingungen kann Kontoinhaber nur sein, wer der Depotprüfung unterliegt. Die zur Sammelverwahrung zugelassenen Wertpapierarten werden listenmäßig erfaßt und bekanntgegeben. Die Erfüllung von Wertpapiergeschäften in sammelverwahrfähigen Wertpapieren erfolgte lange Zeit mittels Wertpapierschecks. Für an Börsen getätigte Umsätze ist die Erfüllung inzwischen automatisiert, eingesetzt werden Liefer- und Gegenwertverrechnungslisten. Die Erstellung von Lieferlisten wird von Börsen aufgrund der gespeicherten Transaktionen getrennt für Käufe und Verkäufe vorgenommen. Banken erhalten sie noch am gleichen Tag, spätestens jedoch am nächsten Morgen, und können hieraus die usancegemäß zwei Börsentage nach Geschäftsabschluß zu erfüllenden Geschäfte ersehen. Nach Prüfung auf Ordnungsmäßigkeit und rechtsverbindlicher Unterschrift erhalten die Kassenvereine die Lieferlisten noch am 1. Arbeitstag nach Geschäftsabschluß und verwenden sie als Buchungsaufträge. Für in den Lieferlisten freigegebene Geschäfte erfolgen am 2. Arbeitstag nach Geschäftsabschluß die Belastungen der jeweiligen Depotkonten der Verkaufskommissionäre und Gutschriften auf den Depotkonten der Einkaufskommissionäre. Nicht freigegebene Geschäfte werden auf die Lieferlisten des nächsten Arbeitstages übertragen. Die Verzögerung der Erfüllung kann auftreten z. B. infolge von Eingabefehlern der Makler oder Unterdeckungen der Depotkonten. Die zur Erfüllung der Wertpapierverkäufe benötigten Wertpapiere sind somit erst noch effektiv einzuliefern oder bei anderen Kassenvereinen zu beschaffen. Bei nicht sammelverwahrfähigen Wertpapieren, also solchen, die in Sonderdepots der Verkaufskommissionsbanken lagern, erhalten die Kommissionäre zusätzlich zu Lieferlisten Durchführungsbelege, auf denen nach Entnahme der Wertpapiere aus der Streifbandverwahrung die Stückenummern, die Namen des Einreichers und Empfängers mit Kontonummern sowie der Geldgegenwert zu vermerken ist. Bei sonderverwahrten Wertpapieren erfolgt somit ein effektiver Austausch der Stücke. Die Verrechnung der Geldgegenwerte erfolgt bei sammel- als auch sonderverwahrten Wertpapieren über die von allen Banken bei Kassenvereinen zu unterhaltenden Geldkonten. Nach Rücklauf der Lieferlisten erstellen die Kassenvereine auf Basis aller freigegebenen Geschäfte Gegenwertverrechnungslisten. Spätestens am 2. Arbeitstag nach Geschäftsabschluß ist auf dem LZB-Konto des Kassenvereins der Sollsaldo anzuschaffen, der sich aus der Verrechnung der Verkaufserlöse ergibt. Weist das Geldkonto des Kommissionärs den für die Erfüllung der Geschäfte notwendigen Saldo nicht auf, erfolgt keine Gutschrift auf dem Depotkonto, da Kassenvereine keine Kredite gewähren dürfen. Wertpapier- oder Effektenschecks werden nach Einführung des automatisierten Effektengiroverkehrs nur noch für Depotübertragungen verwandt, denen keine Börsengeschäfte zugrunde liegen. Zu unterscheiden ist zwischen weißen, roten und grünen Wertpapierschecks. Weiße Wertpapierschecks werden verwendet, wenn ein Depotinhaber die effektive Auslieferung der bisher für ihn auf Girosammeldepotkonto verbuchten Wertpapiere aus dem Sammelbestand verlangt. Mit der Auslieferung scheiden die Stücke aus der Sammelverwahrung aus. Rote Wertpapierschecks dienen zur Übertragung des Mitbesitzes an den Wertpapieren des Sammelbestandes auf andere Kontoinhaber des Kassenvereins.Grüne Wertpapierschecks werden zur Verpfändung von Sammelbestandsanteilen verwendet. Von den Kassenvereinen wird ferner der Jungscheingiroverkehr betrieben, der dem Verkehr mit Wertpapieren vor ihrem Erscheinen dient. Er kommt dann in Frage, wenn neue Aktien bezogen oder Teilschuldverschreibungen gezeichnet wurden, die effektiven Stücke aber noch nicht ausgedruckt vorliegen. Der Kassenverein richtet auf Antrag dem führenden Emissionshaus ein Jungscheinkonto ein, wenn sich der Aussteller des Wertpapiers in einem von dem Emissionshaus einzureichenden Schreiben (Jungschein) dem Kassenverein gegenüber unwiderruflich verpflichtet, die Wertpapiere nach Erscheinen für Rechnung des führenden Emissionshauses an den Kassenverein zu liefern. Zu Lasten des dem führenden Emissionshaus eingerichteten Jungscheinkontos erhalten alle beteiligten Kontoinhaber ihrem Bezugs- oder Zeichnungsergebnis entsprechende Gutschriften. Die Kontoinhaber können über ihr Jungscheinguthaben mit den üblichen Wertpapierschecks verfügen (Vermerk „Jungschein"). Heute ist man dazu übergegangen, bei den Wertpapiersammelbanken statt des Jungscheins Globalurkunden zu hinterlegen, die auf den gesamten Nennbetrag der betreffenden Wertpapiere lauten. Auf diese Weise ist es möglich, die neuen Aktien oder Schuldverschreibungen sofort in den amtlichen Handel einzubeziehen und alle Geschäfte durch Erteilung von Girogutschriften zu erfüllen. Mit der Vereinheitlichung des deutschen Kassenvereinswesens wurden organisatorische Voraussetzungen für eine beschleunigte Wertpapiergeschäftsabwicklung geschaffen. Die Deutscher Kassenverein AG beabsichtigt, u. a. die Transaktionsgeschwindigkeit zu erhöhen und die Transaktionskosten zu senken mit dem Ziel, Attraktivität und internationale Wettbewerbsfähigkeit des Finanzplatzes Deutschland zu verbessern.

Katastrophenklausel

Bestimmung in den Vertragsbedingungen von KAG für open-end-Fonds, daß erst dann der Rücknahmepreis ermittelt und die Rücknahme vorgenommen wird, wenn durch entsprechende Verkäufe Anlagewerte in Barmittel umgesetzt worden sind. Die Klausel berechtigt die Investmentgesellschaft also im Interesse der Anteilinhaber, in bestimmten Fällen (z. B. Schließung der Börse, Zusammenbruch des Devisenmarktes, unnormale Kursstürze u. a.) die Ausgabe und Rücknahme von Anteilen vorübergehend auszusetzen.

Kaufinteresse

Tendenzbezeichnung an der Börse für leichte bis mittlere Nachfrage nach bestimmten Titeln oder allgemein.

Kaufkraft

Möglichkeit, mit Hilfe des Geldes eine bestimmte Menge Güter oder Dienstleistungen zu erwerben (Güterpreis des Geldes). Steht im umgekehrten Verhältnis zum Preisniveau; wird daher am Preisindex gemessen.

Kaufkraftparität

Intervalutarischer Kurs, bei dem die Kaufkraft zweier Währungen in 2 verschiedenen Ländern gleich ist, d. h. gleiche Kaufkraft des Geldes im In- und Ausland vorherrscht. Sie bestimmt nach der Kaufkraftparitätentheorie den Wechselkurs.

Kaufoption (call)

Der Käufer einer Kaufoption erwirbt das Recht, innerhalb der Optionsfrist jederzeit vom Verkäufer (Stillhalter) die Lieferung bestimmter zum Optionsgeschäft zugelassener Aktien zum vereinbarten Basispreis zu verlangen. An der DTB wird eine Kaufoption üblicherweise als call bezeichnet.

Kaufsignal

Begriff der technischen (Aktien-)Analyse. Bei Auftreten bestimmter Merkmale des Kursverlaufs, wie Formationen, Durchbrechen einer Trendlinie oder eines gleitenden Durchschnitts, gilt dieses dem Chartist als Hinweis zum Erwerb dieser Aktien. Gegensatz: Verkaufssignal.

Kauf- und Verkaufsaufträge von Wertpapieren

Mit Unterzeichnung des Auftrages zum Kauf bzw. Verkauf bestimmter Wertpapiere bindet sich der Kunde rechtlich gegenüber seiner Bank. Der damit erteilte Auftrag ist zu den vom Kunden gewünschten Bedingungen auszuführen. Diese Bedingungen sind genau festzulegen, damit zwischen den Vertragspartnern Klarheit über Umfang und Art des erteilten Auftrages besteht. Die Bank kann den Auftrag als reines Kommissionsgeschäft, als Kommissionsgeschäft durch Selbsteintritt und als Eigenhändlergeschäft abwickeln.

Kaufvertrag

Gegenseitiger Vertrag, durch den sich der Käufer zur Zahlung des in Geld bestehenden Kaufpreises (sonst: Tauschgeschäft) sowie der Verkäufer zur Übereignung und Übergabe einer Sache oder zur Übertragung eines Rechts verpflichten. Rechtsgrundlage ist das BGB. Gegenstand des Kaufvertrags sind alle verkehrsfähigen Sachen wie Grundstücke, Wertpapiere, Unternehmen u. a. auch zukünftig entstehende bzw. zu erwerbende Sachen, diese entweder unter der aufschiebenden Bedingung, daß sie überhaupt entstehen, oder aber unbedingt, so daß der Käufer lediglich die Chance erwirbt (Loskauf).

Der Abschluß ist i. d. R. formfrei, außer: öffentliche Beurkundung bei Grundstücksveräußerungen, Vermögensübernahme und Erbschaftskauf.

Kaution

Sicherheitsleistung durch Hinterlegung von Geld oder Wertpapieren, Eintragung einer Sicherungshypothek, Beschaffung einer Bürgschaft.

Kautionseffekten

Eigene Wertpapiere einer Bank, die bei Behörden und dgl. im Interesse eines Kunden als Sicherheit für die Erfüllung von Verträgen hinterlegt werden. Sie sind während der Dauer der Hinterlegung nur beschränkt verfügbar.

KCBOT

Abk. f. Kansas City Board of Trade

Kennummern für Wertpapiere

→ Wertpapier-Kenn-Nummern. Abk.: KN.

Kennzahlen

Verhältniszahlen, die Aussagen zu verschiedenen betriebswirtschaftlichen Sachverhalten ermöglichen: vor allem zur Ertragskraft, Wirtschaftlichkeit, Produktivität der Unternehmung bzw. einzelner Bereiche, zur Vermögens- und Kapitalsituation. Vor allem bei zwischenbetrieblichen Vergleichen und im Zeitvergleich sind Kennzahlen aussagefähiger als absolute Zahlen. Für die Wertpapieranalyse, zur Kennzeichnung der für Anlageentscheidungen wichtigen Entwicklungen der Konjunktur, einzelner Branchen und Unternehmen spielen sie eine große Rolle.

Kennzahlenvergleich

Verfahren, das mit Hilfe von Kennzahlen zur Erstellung von innerbetrieblichen (betriebsindividuellen), zwischenbetrieblichen (innerhalb einer Branche) und branchenübergreifenden Vergleichen dient. Kennzahlenvergleiche geben besser als absolute Zahlen den Aufbau und die Entwicklung einer Unternehmung, einer Branche oder einer Volkswirtschaft anhand von Maßzahlen in einem bestimmten Zeitpunkt bzw. im Verlauf einer bestimmten Periode wieder. Wichtig auch in der Wertpapieranalyse.

Kennziffern

→ Kennzahlen.

Kernkonsolidierung

Konsolidierungsform bei einem einstufigen Konzern, wobei die Konsolidierung aller Konzernunternehmen gleichzeitig durchgeführt wird.

Kerze

Bez. f. eine spezielle Darstellungsform von Kursveränderungen bei der technischen chart-Analyse. Der Körper der Kerze zeigt die Differenz zwischen Eröffnungs- und Schlußkurs; sind die Kurse gestiegen, wird der Körper weiß, andernfalls schwarz dargestellt. Die Dochte an der Kerze (oben und unten) zeigen die (wöchentlichen) Höchst- und Tiefstkurse an. Entstammt der japanischen Analyse-Technik und soll insbesondere die psychologische Verfassung des Marktes verdeutlichen.

KESt

Abk. f. Kapitalertragsteuer.

Kettenkonsolidierung

Konsolidierungsform in einem mehrstufigen Konzern, bei der die Konsolidierung der Konzernunternehmen, angefangen mit dem im Konzernaufbau am weitesten von der Obergesellschaft entfernten Konzernunternehmen mit dem über ihm stehenden Unternehmen, von unten nach oben bis hin zur Obergesellschaft vorgenommen wird.

KfW, KW

Abk. f. Kreditanstalt für Wiederaufbau.

KG

Abk. f. Kommanditgesellschaft.

KGaA.

Abk. f. Kommanditgesellschaft auf Aktien.

Kiew, Börse

Ukrainian Stock Exchange, 10, Prov. Rylsky, 252025 Kiew-25, Ukraine, Tel.: 007-044-2294158, Fax: 007-044-2285140. Einzelne Versteigerungen und Auktionen von Aktien privatisierter Unternehmen. Die Devisenbörse wurde geschlossen.

KISS

Abk. f. Kurs-Informations-Service-System. Erfaßt und übermittelt die Kurse aller an der Frankfurter Wertpapierbörse amtlich gehandelten Aktien seit dem 16. 9. 1987 real time (Echt-Zeit-System). Die Eingabe der Kurse erfolgt unmittelbar nach der Kursfeststellung durch den jeweiligen Kursmakler. Seit Anfang 1988 erfaßt KISS auch die Kurse von Wandelanleihen, Optionsanleihen und Optionsscheinen.

Auf Sonderseiten werden der Tageslauf des Deutschen Aktienindex (DAX) sowie ausgewählte Kurse aus dem CAC-System der Pariser Börse angezeigt. Darüber hinaus stellt KISS ein Informationssystem dar, indem durch Anzeige entsprechender Symbole auf stärkere Kursabweichungen, Rationierungen in der Zuteilung von Wertpapieren, Dividendenabschläge u. a. aufmerksam gemacht wird. Kurs- und Zusatzinformationen können sowohl innerhalb als auch außerhalb des Börsengebäudes von den abgeschlossenen Banken auf handelsüblichen Monitoren empfangen werden.

Kiwi bonds

Marktbez. f. auf neuseeländische Dollar lautende internationale Anleihen.

kK

Abk. im Kurszettel f. keine Kursnotiz (wenn die Börse geschlossen war). → Kurszusätze.

KLCE

Abk. f. Kuala Lumpur Commodity Exchange.

Kleinaktien

Bez. f. Aktien zum Nennbetrag von DM 5. Verschiedentlich werden aber auch Aktien mit einem Nennbetrag von bis zu DM 50 als Kleinaktien bezeichnet. Auch: Aktien mit niedrigerem Nennwert als es das AktG (Mindestnennbetrag DM 5) vorschreibt. Diese Vorschrift gilt nicht für Aktien, die aufgrund bis 1965 geltender Verordnungen emittiert wurden. Die Notwendigkeit zur Emission von Kleinaktien resultierte aus den Währungsumstellungen von 1923 und 1948. Im Gegensatz zum Ausland (insbesondere USA, Großbritannien) ist die Kleinaktie an deutschen Börsen ohne Bedeutung.

Kleinaktionär

Aktionär mit absolut wie relativ sehr geringem Aktienbesitz ohne Einflußmöglichkeiten.

Kleinaktionärsförderung

Maßnahmen, um auch Kapitalanleger mit lediglich kleineren Kapitalbeträgen zum Erwerb von Aktien und somit zur Bereitstellung von Risikokapital zu veranlassen. Umfangreiche Programme zur Förderung der Aktien und des Aktiensparens (Wertpapiersparen), die Ausgabe von Aktien mit niedrigem Nennwert (5-DM-Stücke) und die Schaffung von Volksaktien heben die Bedeutung dieser Aktionärsgruppe hervor. Dennoch nimmt sich das AktG der Kleinaktionäre nicht unmittelbar an. Doch enthält es verschiedene Bestimmungen, die den Aktionären, die eine Minderheit darstellen, besonderen Schutz gewähren.

kleine Aktiengesellschaft

Rechtsform für Gesellschaften mit weniger als 500 Beschäftigten; Einführung für 1994 vorgesehen. Kleine Aktiengesellschaften zeichnen sich durch erhebliche Vereinfachungen gegenüber dem für größere Gesellschaften geltendem Recht aus. So ist z. B. die Einpersonengründung zulässig und die Satzungsautonomie hinsichtlich der Gewinnverwendung und der Einzelverbriefung der Aktien gestärkt. Die Formvorschriften für die Einberufung und die Protokollierung der Hauptversammlung sind gelockert. Hinsichtlich der Mitbestimmung wird die kleine Aktiengesellschaft der GmbH gleichgestellt.

kleine Beträge ohne Umsatz

Wortlaut des Kurszusatzes, der bei den Kursen durch Sternchen gekennzeichnet wird und darauf hinweist, daß Kleinstorders (weniger als 10 Stück bzw. weniger als nominal DM 1 000) bei der Kursfeststellung unberücksichtigt sein können. → Kurszusätze.

kleines Geschäft, bei kleinem Geschäft

Geschäftsablaufsbezeichnung, wenn an der Börse kaum Umsätze stattgefunden haben. Meist mit nur geringen Kursveränderungen verbunden.

kleine Kapitalgesellschaft

Eine Kapitalgesellschaft gilt nach § 267 Abs. 1 HGB als klein, sofern mindestens zwei der drei nachstehenden Merkmale nicht überschritten werden: (1) 3,9 Mio. DM Bilanzsumme nach Abzug eines auf der Aktivseite ausgewiesenen Fehlbetrages; (2) 8 Mio. DM Umsatzerlöse im Geschäftsjahr; (3) im Jahresdurchschnitt 50 Mitarbeiter. Für kleine Kapitalgesellschaften existieren im Vergleich zu mittelgroßen und großen Kapitalgesellschaften zahlreiche Erleichterungen bzgl. Gliederung der Bilanz (§ 266 HGB), GuV-Rechnung (§ 276 HGB), Angaben im Anhang (§ 288 HGB), Prüfungspflicht (§ 316 HGB) und Offenlegungspflicht des Jahresabschlusses (§§ 326 f. HGB).

kleine Stücke

Bei Schuldverschreibungen Stücke unter DM 500 Nennbetrag. Abk. kS oder kl. St.

Kleinigkeiten

Geringes Umsatzvolumen in bestimmtem Wertpapier.

Kleinlebensversicherung

Auch: Volksversicherung, Sterbegeldversicherung. Lebensversicherung mit Versicherungssummen bis DM 5 000. Überwiegend als lebenslängliche Todesfallversicherung, aber auch als gemischte Lebensversicherung abgeschlossen. Sterbekassen sind Spezialversicherer für Kleinlebensversicherungen.

Kleinsparen

Sparformen, die vor allem von Sparkassen in Erfüllung ihres satzungsmäßigen Auftrags, den Sparsinn zu fördern, eingeführt wurden. Im Rahmen verschiedener Kleinsparformen – Sparen in Spardosen, Sparschränken, Sparmarken, Schulsparen, Vereinssparen, PS-Sparen/Sparen und Gewinnen u. a. – werden kleine und kleinste Beträge aufgebracht.

Kleinstücke

Bei Schuldverschreibungen Stücke unter DM 5 000 Nennbetrag.

KLOFFE

Abk. f. Kuala Lumpur Options and Financial Future Exchange.

kl. St., kS

Abk. f. kleine Stücke.

KN

Abk. f. Kenn-Nummer (von Wertpapieren).

knapp behauptet

Tendenzbez. f. im Börsenverlauf geringe Kursveränderungen, die zu geringen Kursabschwächungen führten.

knock-out-Option(sschein)

Innovative Optionsform. Können als Kauf- oder Verkaufsoption gestaltet sein. Knock-out-Optionen berechtigen den Inhaber – wie normale calls oder puts – zum Erwerb oder zum Verkauf eines bestimmten Basisobjektes zu einem im voraus bestimmten Kurs. Die Besonderheit der knock-out-Optionen liegt darin, daß sie nicht nur am Ende ihrer Laufzeit verfallen können, sondern auch schon früher, wenn der Kassapreis des Basisobjektes einen von Anfang an bestimmten Wert über- oder unterschreitet. Der Vorteil gegenüber normalen Optionen liegt in der geringeren Optionsprämie. And. Bez.: barrier option, up/out option (call) bzw. down/out option (put).

KO

Abk. f. Konkursordnung.

Kobenhavns Fondsbors

→ Kopenhagener Börse.

KO, KObl., KomObl.

Abk. f. Kommunalobligationen.

Kodex für öffentliche Kaufangebote für Obligationen

In der Schweiz einheitlicher Standard mit dem Ziel, daß sich die Adressaten öffentlich angebotener Schuldverschreibungen durch klare Informationen eine Meinung bilden und entsprechend über die Annahme oder Ablehnung des Angebotes entscheiden können. Gilt auch für nicht an der Börse oder Nebenbörse gehandelte Privatplazierungen. Die Mindestdauer eines Angebots ist auf zwei Wochen festgesetzt. Offengelegt werden muß die Identität des Anbieters und, ob er gemeinsam oder in Absprache mit dem Emittenten handelt. Hinzu kommt, daß das Angebot durch ein Mitglied der Vereinigung der Schweizer Börsen oder durch eine in der Schweiz ansässige Bank unterbreitet werden muß.

Königsberger Produktenbörse

Börse in Kaliningrad, Rußland, für Produkte aller Art. 1991 wiedereröffnet. Im Mittelpunkt steht Öl. Darüber hinaus werden Kohle, Nadelholz, Immobilien, aber auch Maschinen und Ausrüstungen sowie Erzeugnisse Königsberger und litauischer Textilunternehmen umgesetzt. Der Handel erfolgt in Form von Auktionen. Für die Umsätze gelten Freihandelsregelungen der Freihandelszone.

Körperschaft (des) öffentlichen Rechts

Juristische Person, die durch Gesetz bzw. staatliche Genehmigung entsteht. Nimmt öffentliche Aufgaben mit hoheitlichen Mitteln unter staatlicher Aufsicht wahr. Im Gegensatz zur Anstalt (des) öffentlichen Rechts hat die Körperschaft Mitglieder.

Körperschaftsteuer (KSt)

ESt der juristischen Personen. Wird vom Einkommen der juristischen Personen sowie der nichtrechtsfähigen Vereine, Stiftungen und sonstigen Vermögensmassen erhoben. Rechtsgrundlage: KStG, Körperschaftsteuerdurchführungsverordnung, Körperschaftsteuerrichtlinien; außerdem ist das EStG maßgeblich.

Körperschaftsteueranrechnung (-sverfahren)

Von der Kapitalgesellschaft werden vom ausgeschütteten Gewinn (Dividende) zunächst 30% als KSt abgeführt. Demgemäß werden an den Gesellschafter nicht 100%, sondern nur 70% des Gewinns ausgeschüttet. Gleichzeitig wird ihm aber eine Steuergutschrift von 30% des ausgeschütteten Gewinns erteilt. Diese gehört bei ihm ebenso wie der ausgeschüttete Teil des Gewinns zu den steuerpflichtigen Einkünften aus Kapitalvermögen. Sie kann aber auf die Einkommensteuerschuld des Gesellschafters angerechnet werden, gleichgültig, ob der Anspruch auf die Dividende beim Gesellschafter zum Privat- oder Betriebsvermögen gehört. Bezogen auf die ihm tatsächlich ausgeschüttete Dividende beträgt die Steuergutschrift stets 30/70 = 3/7 ersterer. Die durchschnittliche Einkommensteuerbelastung des Gesellschafters macht jedoch nicht 30% aus, sondern richtet sich nach dem Gesamtbetrag seines Einkommens. Ist sein Einkommensteuersatz niedriger als 30% führt die geringere Steuerbelastung einerseits und die Anrechnung der 30% andererseits zu einem entsprechendem Steuervorteil; liegt er über 30%, ergibt sich eine entsprechende Steuermehrbelastung.

Beispiel:

bei der AG:	auszuschüttende Dividende		100%
	KSt auf die Dividende		30%
	ausgeschüttete Dividende		70%
beim Aktionär:	erhaltene Dividende		70%
	Steuergutschrift		30%
	steuerpflichtig insg.		100%
Einkommensteuersatz des Aktionärs z. B.		45%	20%
Steuergutschrift		30%	30%
mehr oder weniger an ESt		+ 15%	− 10%

In gleicher Weise ist die KSt anzurechnen, wenn zu den steuerpflichtigen Einkünften aus Kapitalvermögen auch Einnahmen aufgrund einer Kapitalherabsetzung oder Bezüge nach Auflösung der Kapitalgesellschaft oder Einkünfte aus der Veräußerung von Dividendenscheinen gehören. Im letzteren Fall beträgt die anrechenbare KSt jedoch höchstens 3/7 des Betrags, der auf die veräußerten Anteile ausgeschüttet wird. Voraussetzung für die Anrechnung ist die Vorlage einer entsprechenden Bescheinigung, aus der sich die Höhe der Ausschüttungen und die Höhe der anrechenbaren KSt ergeben. Die Bescheinigung erteilt die Kapitalgesellschaft, wenn sie die Dividende unmittelbar an den Gesellschafter auszahlt, oder die Bank, bei der sich die Aktien und Anteile im Wertpapierdepot befinden. Eine Anrechnung der KSt auf die veranlagte ESt ist bei beschränkt steuerpflichtigen Personen nicht zulässig; Ausnahme: Die Gewinnanteile gehören zu den Betriebseinnahmen einer inländischen Betriebsstätte des beschränkt Steuerpflichtigen. Soweit die KSt nicht angerechnet werden kann und den beschränkt Steuerpflichtigen keine Steuergutschrift erteilt wird, bedeutet dies eine entsprechende Schmälerung der Rendite. Die folgende Beispielrechnung zeigt die Auswirkungen des Anrechnungsverfahrens auf den Nettoertrag aus Aktien für anrechnungsberechtigte Anteilseigner (30% des Gewinns nach Steuern thesauriert).

	DM
Gewinn der AG (vor KSt):	100,—
KSt: 47% v. DM 100	47,—
verfügbarer Gewinn (Jahresüberschuß):	53,—
Rücklagenzuweisung: $\frac{30 \times 70 \times 53}{(70 \times 53) + (30 \times 70)}$	19,16
zur Ausschüttung verwendbar:	33,84
KSt-Entlastung (17/53 v. DM 33,84):	10,85
Dividende (Bilanzgewinn):	44,69
KESt (25%):	11,17
Dividendengutschrift:	33,52
anrechenbare Steuern	
KESt	11,17
Steuerguthaben 3/7 v. DM 44,69	19,16
Gesamtertrag des Aktionärs:	63,85
Nettoertrag des Aktionärs (= Gesamtertrag ./. persönliche Einkommensteuerbelastung):	
bei einer ESt-Belastung von	
0%	63,85
19%	51,72
40%	38,31
53%	30,01

Körperschaftsteuer, Anrechnung ausländischer Steuern

Gehören zum steuerpflichtigen Einkommen auch Einkünfte, die in einem ausländischen Staat einer der KSt entsprechenden Steuer unterlegen haben, kann diese auf die deutsche KSt angerechnet werden. Ist eine inländische Kapitalgesellschaft, ein VVaG oder ein Betrieb gewerblicher Art, der einer Körperschaft öffentlichen Rechts gehört, nachweislich seit mindestens 12 Monaten ununterbrochen zu 10% an einer ausländischen Kapitalgesellschaft beteiligt, die eine aktive Tätigkeit ausübt, kann die ausländische KSt, die von der Tochtergesellschaft entrichtet wurde und anteilsmäßig auf die ausgeübten Gewinnanteile der inländischen Kapitalgesellschaft usw. entfällt, auf deren deutsche KSt angerechnet werden. Ebenso ist Anrechnung möglich, soweit in den Gewinnanteilen, die der inländischen Kapitalgesellschaft usw. von der Tochtergesellschaft zugeflossen sind, auch Ausschüttungen einer sog. Enkelgesellschaft enthalten sind, die ihrerseits aktive Tätigkeit ausübt. Diese Anrechnungsmöglichkeit gilt allerdings nur soweit, wie nicht in einem DBA für diese Schachteldividenden weitergehende oder völlige Steuerbefreiung vorgesehen ist.

Körperschaftsteueranrechnung, Ausschluß

Sind bei einem Anteilseigner die Einnahmen nicht steuerpflichtig oder werden sie bei der Veranlagung nicht erfaßt, sind die Anrechnung und Vergütung der anrechenbaren KSt ausgeschlossen. Die auf die Dividende entfallende KSt der ausschüttenden Kapitalgesellschaft wird beim Empfänger auf die veranlagte ESt angerechnet. Entsprechend kann sie, wenn Dividendenempfänger eine Körperschaft ist, auch bei deren Veranlagung auf die KSt angerechnet werden. Gehören jedoch Einnahmen aus Dividenden, Bezüge aus einer Kapitalherabsetzung usw. sowie anzurechnende oder zu vergütende KSt bei der Körperschaft nicht zu den steuerpflichtigen Einkünften oder bleiben diese Kapitalerträge bei ihrer Veranlagung unberücksichtigt, weil ihre eigene KSt mit der dafür einbehaltenen KESt abgegolten ist, ist eine Anrechnung oder Vergütung der darauf entfallenden KSt ausgeschlossen. Die Ausschüttungen einer Kapitalgesellschaft sollen auch bei Anwendung des Anrechnungsverfahrens nicht von jeder Steuerbelastung freigestellt werden. Diese Freistellung würde aber eintreten, wenn hier die Anrechnung nicht ausgeschlossen worden wäre. Bei beschränkt steuerpflichtigen Körperschaften können weder KESt noch KSt angerechnet werden.

Körperschaftsteueranrechnung und -vergütung bei Investmentfonds

Gehören zum Fondsvermögen bei deutschen Investmentgesellschaften Aktien und Anteile an einer unbeschränkt steuerpflichtigen Kapitalgesellschaft, wird die von der Kapitalgesellschaft entrichtete und deshalb anzurechnende KSt dem Investmentfonds ebenso wie die einbehaltene KESt vergütet. Der Fonds ist hinsichtlich dieser Ausschüttungen auch selbst steuerpflichtig: Er muß seinerseits für seine Ausschüttungen an die Inhaber der Investmentanteile jeweils 30% an KSt entrichten. Bei Thesaurierungsfonds gilt dies entsprechend für den nicht ausgeschütteten und auch nicht zur Kostendeckung verwendeten Teil. Beim Inhaber des Investmentanteils ist dann dieser Körperschaftsteuerbetrag anzurechnen oder zu vergüten. Er gehört andererseits bei ihm zu den steuerpflichtigen Einkünften aus Kapitalvermögen. Der anzurechnende oder zu vergütende Betrag, d. h. die Steuergutschrift für den einzelnen Anteil, wird jährlich von der Investmentgesellschaft mitveröffentlicht.

Körperschaftsteuer, Anrechnung von Kapitalertragsteuer

Auch bei der KSt kann die für Einkünfte aus Kapitalvermögen einbehaltene KESt angerechnet oder erstattet werden. Dies ist jedoch ausgeschlossen, soweit die KSt mit der KESt abgegolten ist. Das ist der Fall: (1) bei Körperschaften, die nur der KESt unterliegen, sonst jedoch von der KSt befreit sind; (2) bei Körperschaften, die nur beschränkt steuerpflichtig sind, also bei ausländischen Körperschaften, sofern die Einkünfte nicht im Rahmen eines inländischen Betriebs derselben anfallen; (3) soweit es sich um Zinsen aus Wertpapieren handelt, die noch der alten Couponsteuer unterliegen. In diesen Fällen kommt es praktisch zu einer Ermäßigung der Körperschaftsteuerbelastung auf den Steuersatz, der für die einbehaltene KESt gegolten hat. Die KSt ist weiter nicht abgegolten, wenn eine Kapitalgesellschaft Kapitalerträge, von denen die KESt einbehalten wurde, ihrerseits zur Ausschüttung verwendet. In diesen Fällen kann sie dann aber die KESt, die von ihren eigenen Kapitalerträgen einbehalten worden ist, auch auf ihre Körperschaftsteuerschuld anrechnen.

Körperschaftsteuer auf ausländische Einkunftsteile

Bei unbeschränkt Steuerpflichtigen, die mit ausländischen Einkünften in dem Staat, aus dem die Einkünfte stammen, zu einer der deutschen KSt entsprechenden Steuer herangezogen werden, ist die festgesetzte und gezahlte und keinem Ermäßigungsanspruch mehr unterliegende ausländische Steuer auf die deutsche KSt anzurechnen, die auf die Einkünfte aus diesem Staat entfällt. Ist eine unbeschränkt steuerpflichtige Körperschaft, Personenvereinigung oder Vermögensmasse (Muttergesellschaft) nachweislich ununterbrochen seit mindestens 12 Monaten vor dem Ende des Veranlagungszeitraums oder des davon abweichenden Gewinnermittlungszeitraums mindestens zu 10% unmittelbar am Nennkapital einer Kapitalgesellschaft mit Geschäftsleitung und Sitz im Ausland (Tochtergesellschaft) beteiligt, die ihre Bruttoerträge ausschließlich oder fast ausschließlich aus bestimmten aktiven Tätigkeiten oder aus bestimmten Beteiligungen bezieht, ist auf Antrag der Muttergesellschaft auf deren KSt von Gewinnanteilen, die die Tochtergesellschaft an sie ausschüttet, auch eine vom Gewinn erhobene Steuer der Tochtergesellschaft anzurechnen. Verdeckte Gewinnausschüttungen zählen nur zu den Gewinnanteilen, soweit sie die Bemessungsgrundlage bei der Besteuerung der Tochtergesellschaft nicht gemindert haben. Ausschüttbarer Gewinn ist der nach handelsrechtlichen Vorschriften ermittelte Gewinn des Wirtschaftsjahrs, für das die Tochtergesellschaft die Ausschüttung vorgenommen hat, vor Bildung oder Auflösung von offenen Rücklagen, erhöht um verdeckte Gewinnausschüttungen, soweit diese den Gewinn gemindert haben. Der anrechenbare Betrag ist bei der Ermittlung der Einkünfte der Muttergesellschaft den auf ihre Beteiligung entfallenden Gewinnanteilen hinzuzurechnen. Bezieht eine Muttergesellschaft, die über eine Tochtergesellschaft mindestens zu 10% an einer Kapitalgesellschaft mit Geschäftsleitung und Sitz im Ausland (Enkelgesellschaft) mittelbar beteiligt ist, in einem Wirtschaftsjahr Gewinnanteile von der Tochtergesellschaft und schüttet die Enkelgesellschaft zu einem Zeitpunkt, der in dieses Wirtschaftsjahr fällt, Gewinnanteile an die Tochtergesellschaft aus, wird auf Antrag der Muttergesellschaft der Teil der von ihr bezogenen Gewinnanteile, der der nach ihrer mittelbaren Beteiligung auf sie entfallenden Gewinnausschüttung der Enkelgesellschaft entspricht, steuerlich so behandelt, als hätte sie in dieser Höhe Gewinnanteile unmittelbar von der Enkelgesellschaft bezogen.

Körperschaftsteuer, Aufgaben der Banken

Das Verfahren der KSt, das für Anteilseigner ein Anrechnungsverfahren vorsieht, hat für die Banken insbesondere Auswirkungen für die Auszahlung von (1) Dividenden inländischer Kapitalgesellschaften, insbesondere AG, sowie (2) Erträgen inländischer Investmentfonds, soweit sie inländische Aktienerträge weiterleiten. Die Banken, die diese Erträge für Rechnung der ausschüttenden Unternehmen auszahlen, haben als Aufgaben: (1) Sie sind verpflichtet, den Anteilseignern die Bescheinigungen über die anrechenbare KSt und KESt auszustellen, die Voraussetzungen für die Geltendmachung dieser Steuerbeträge bei der Veranlagung zur ESt oder KSt sind. (2) Darüber hinaus sind sie unter bestimmten Voraussetzungen berechtigt, die Vergütung der KSt und Erstattung der KESt für Rechnung der hierfür in Betracht kommenden Anteilseigner durchzuführen.

Körperschaftsteuerbescheinigung

Erbringt eine unbeschränkt steuerpflichtige Körperschaft für eigene Rechnung Leistungen, die bei den Anteilseignern Einnahmen sind (z. B. Dividenden), ist sie verpflichtet, ihren Anteilseignern auf Verlangen die folgenden Angaben nach amtlich vorgeschriebenem Muster zu bescheinigen: Name und Anschrift des Anteilseigners, Höhe der Leistungen, Zahlungstag, Betrag der anrechenbaren KSt, Betrag der zu vergütenden KSt, Höhe des für die Leistungen als verwendet geltenden Eigenkapitals, soweit es auf den Anteilseigner entfällt.

Körperschaftsteuerbescheinigung von Banken

Ist die Leistung (z. B. Dividende) einer unbeschränkt steuerpflichtigen Körperschaft von der Vorlage eines Dividendenscheins abhängig und wird sie für Rechnung der Körperschaft durch eine inländische Bank erbracht, hat diese dem Anteilseigner eine Bescheinigung mit den vorgeschriebenen Angaben nach amtlich vorgeschriebenem Muster zu erteilen.

Körperschaftsteuerguthaben

AG müssen die KSt aus ihrem Gewinn bezahlen. Auf den ausgeschütteten Gewinnen (Dividenden) lastet also ein Steueranteil, den die Aktionäre auf ihre eigene Steuerschuld anrechnen lassen können oder unter bestimmten Umständen erstattet bekommen. Sie erhalten deshalb zusätzlich eine Steuergutschrift (anrechenbare KSt) in Höhe von 3/7 der Bardividende. Dieses Steuerguthaben wird mit der persönlichen ESt des Aktionärs verrechnet. Aktionäre, die nicht zur ESt veranlagt werden, bekommen den Betrag der anrechenbaren KSt gutgeschrieben, wenn sie eine Nichtveranlagungsbescheinigung vorlegen.

körperschaftsteuerliches Anrechnungsverfahren

→ Körperschaftsteueranrechnung(sverfahren).

Körperschaftsteuerpflicht

Unbeschränkt körperschaftsteuerpflichtig sind Kapitalgesellschaften, Erwerbs- und Wirtschaftsgenossenschaften, VVaG, sonstige juristische Personen privaten Rechts, nichtrechtsfähige Vereine, Anstalten, Stiftungen u. a. Zweckvermögen sowie Betriebe gewerblicher Art von Körperschaften öffentlichen Rechts, wenn sich Geschäftsleitung oder Sitz im Inland befinden. Die unbeschränkte Körperschaftsteuerpflicht erstreckt sich auf sämtliche Einkünfte. Beschränkt körperschaftsteuerpflichtig sind Körperschaften, Personenvereinigungen und Vermögensmassen, die weder Geschäftsleitung noch Sitz im Inland haben. Es sind dies i. d. R. ausländische Körperschaften usw. Hier erstreckt sich die Steuerpflicht nur auf die inländischen Einkünfte.

Körperschaftsteuerpflicht, beschränkte

→ beschränkte Körperschaftsteuerpflicht.

körperschaftsteuerpflichtige Einkünfte

Die KSt bemißt sich i. d. R. nach dem zu versteuernden Einkommen, das die Körperschaft innerhalb eines Kalenderjahres bezogen hat. Was als Einkommen gilt und wie dieses zu ermitteln ist, richtet sich nach den Vorschriften des EStG. Körperschaftsteuerpflichtig sind danach auch Einkünfte aus Kapitalvermögen und Einkünfte aus Vermietung und Verpachtung sowie aus Spekulationsgeschäften u. a. Bei Körperschaften, die nach handelsrechtlichen Vorschriften zur Führung von Büchern verpflichtet sind, insbesondere also bei den Kapitalgesellschaften, sind alle Einkünfte als Einkünfte aus Gewerbebetrieb zu behandeln. Für die Ermittlung des Einkommens ist es ohne Bedeutung, ob und wie es auf die Gesellschafter oder Mitglieder verteilt wird.

Körperschaftsteuerpflicht, unbeschränkte

→ unbeschränkte Körperschaftsteuerpflicht.

Körperschaftsteuersätze

Der generelle Tarifsteuersatz der KSt beträgt 47% und liegt damit unter dem Spitzensteuersatz von 53% bei der ESt. Die allgemeine KSt kommt für die Körperschaften in Betracht, die nicht einer ermäßigten Tarifbesteuerung unterliegen. Soweit sie Gewinne ausschütten, die bei den Beziehern zu Einnahmen führen, sind sie in das Anrechnungsverfahren einbezogen und somit zur Anrechnung von KSt berechtigt.

Körperschaftsteuervergütung (an Anteilseigner)

Einem Anteilseigner, der Einnahmen bezieht und im Zeitpunkt ihres Zufließens unbeschränkt einkommmensteuerpflichtig ist, wird die anrechenbare KSt auf Antrag vergütet, wenn ein → Freistellungsauftrag vorliegt oder wenn anzunehmen ist, daß für ihn eine Veranlagung zur ESt nicht in Betracht kommt. Die für die Höhe der Vergütung erforderlichen Angaben sind durch die Bescheinigung einer inländischen Bank nachzuweisen. Der Anteilseigner hat durch eine Bescheinigung des zuständigen Wohnsitzfinanzamts nachzuweisen, daß er unbeschränkt einkommensteuerpflichtig ist und für ihn eine Veranlagung zur ESt voraussichtlich nicht in Betracht kommt. Ihre Geltungsdauer darf höchstens 3 Jahre betragen. Für Arbeitnehmer, die Belegschaftsaktien besitzen, kann auch die Kapitalgesellschaft als Arbeitgeber oder ein für die Arbeitnehmer bestimmter Treuhänder einen Sammelantrag stellen. Die Vergütung an die Kapitalgesellschaft oder an den Treuhänder kann allerdings nur für Arbeitnehmer ausgezahlt werden, deren Einkünfte aus Kapitalvermögen im Kalenderjahr DM 100 nicht überstiegen haben. Eine unmittelbare Vergütung an die Kapitalgesellschaft aufgrund eines Sammelantrags ist auch für den Fall vorgesehen, daß die Zahl der Gesellschafter besonders groß ist, die Kapitalgesellschaft den Gewinn unmittelbar an diese ausschüttet und die o. g. Voraussetzungen erfüllt sind.

Körperschaftsteuervergütung aufgrund von Sammelanträgen

Wird in bestimmten Fällen der Antrag auf Vergütung von KSt in Vertretung des Anteilseigners durch eine inländische Bank gestellt, kann von den im KStG bezeichneten Bescheinigungen abgesehen werden, wenn die Bank versichert, daß eine Bescheinigung nicht ausgestellt oder als ungültig gekennzeichnet oder nach den Angaben des Anteilseigners abhanden gekommen oder vernichtet ist, die Aktie im Zeitpunkt des Zufließens der Einnahmen in einem auf den Namen des Anteilseigners lautenden Wertpapierdepot bei der Bank verzeichnet war, ihr eine Nichtveranlagungs-Bescheinigung oder ein Freistellungsauftrag vorliegt und die Angaben in dem Antrag wahrheitsgemäß nach bestem Wissen gemacht worden sind. Dies gilt entsprechend für Anträge, die u. a. eine Kapitalgesellschaft in Vertretung ihrer Arbeitnehmer stellt, soweit es sich um Einnahmen aus Anteilen handelt, die den Arbeitnehmern von der Kapitalgesellschaft überlassen worden sind und von ihr oder einer Bank verwahrt werden.

Körperschaftsteuervergütung über Banken, Sammelantragsverfahren

Inländische Banken sind berechtigt, die Vergütung der KSt und Erstattung der KESt in Vertretung des Anteilseigners im Wege von Sammelanträgen durchzuführen. Solange eine NV-Bescheinigung oder ein Freistellungsauftrag vorliegt, wird deshalb grundsätzlich die Dividende ohne Kapitalertragsteuerabzug unter zusätzlicher Vergütung der KSt ausgezahlt.

Kollektivsparen

Das Sparen über eine öffentliche Versicherung – Sozialversicherung –, aber auch über private Lebensversicherungen, Pensionskassen u. dgl. In ersterem Fall ist es Zwangssparen. Gegens.: individuelles Sparen.

Kombination

Begriff aus dem Terminhandel. Beinhaltet die gekoppelte Ausführung von zwei (Teil-)Aufträgen. Wird als ein Auftrag angesehen, d.h., es findet keine asymmetrische Erfüllung der (Teil-)Aufträge statt. Grundsätzlich mögliche Kombinationen sind (1) gleichzeitiger Kauf und Verkauf derselben Anzahl calls, (2) gleichzeitiger Kauf und Verkauf derselben Anzahl puts, (3) synchroner Kauf einer gleichen Anzahl calls und puts desselben Basiswertes sowie (4) synchroner Verkauf einer gleichen Anzahl calls und puts desselben Basiswertes. Die DTB bietet als Kombinationen an: (1) bull spreads (calls und puts), (2) bear spreads (calls und puts), (3) bullish time spreads nur mit calls, (4) bearish time spreads nur mit puts, (5) straddles und (6) strangles. → Strategien mit Optionen.

kombiniertes Übernahme- und Begebungskonsortium

Emissionskonsortium, bei dem die Banken dem Emittenten aufgrund eines Übernahmevertrages direkt den gesamten Gegenwert der Emission, berechnet zum Übernahmekurs, zur Verfügung stellen. Neben dieser reinen Übernahmefunktion erfüllt dieses Konsortium auch die Plazierungsfunktion. Die übernommenen Effekten werden von den Konsortialbanken sukzessive – bei Grundkapitalerhöhungen unter Beachtung des gesetzlichen Bezugsrechts der Altaktionäre – im Publikum plaziert. Dieser Konsortiumstyp entspricht am besten dem Universalbankcharakter der deutschen Emissionsbanken und ist daher hierzulande die gebräuchlichste Form der Fremdemission.

Kombizinsanleihe

Innovative Anleiheform. Es handelt sich um ein festverzinsliches Wertpapier, bei dem Perioden ohne Zinszahlungen und Perioden mit hohen Zinszahlungen kombiniert werden. → Gleitzinsanleihe.

Kommanditaktiengesellschaft

→ Kommanditgesellschaft auf Aktien (KGaA).

Kommanditaktionär

Aktionär einer Kommanditgesellschaft auf Aktien, der nicht persönlich für die Verbindlichkeiten der Gesellschaft haftet.

Kommandite

Frühere Bez. f. die Beteiligung an einer KG.

Kommanditeinlage

Einlage des Kommanditisten der KG.

Kommanditfonds

Immobilienfonds in der Rechtsform einer KG.

Kommanditgesellschaft (KG)

Personengesellschaft, deren Zweck der Betrieb eines Handelsgewerbes unter gemeinschaftlicher Firma ist und bei der die Haftung mindestens eines Gesellschafters (Kommanditist) gegenüber den Gläubigern auf den Betrag einer bestimmten Einlage, der Kommanditeinlage, beschränkt ist, während mindestens ein weiterer Gesellschafter unbeschränkt, d. h. auch mit seinem Privatvermögen, haftet (Komplementär). Der Komplementär führt die Geschäfte, wobei die Kommanditisten nur bei außergewöhnlichen Geschäften ein Widerspruchsrecht haben. Namen und Einlagen der Kommanditisten sind ins Handelsregister einzutragen. Die Zahl der Gesellschafter ist unbeschränkt; es können natürliche und juristische Personen sein.

Kommanditgesellschaft auf Aktien (KGaA)

Gesellschaft mit eigener Rechtspersönlichkeit (juristische Person), die i. w. S. als Kapitalgesellschaft gilt. Gesellschafter sind die Komplementäre und die Kommanditaktionäre. Erstere haften persönlich mit ihrem gesamten Privatvermögen für die Verbindlichkeiten der Unternehmung, die Kommanditaktionäre nur mit ihrer Einlage, die durch die Aktie verbrieft ist. Organe sind der Vorstand, der kraft Gesetzes aus den persönlich haftenden Gesellschaftern besteht, der Aufsichtsrat und die HV. Die Bestimmungen über die AG gelten sinngemäß. Nur die Rechtsbeziehungen der Gesellschafter untereinander und gegenüber Dritten richten sich nach den Vorschriften über die KG. Das Stimmrecht der persönlich haftenden Gesellschafter kann in der HV der Kommanditaktionäre beschränkt werden.

Kommanditgesellschaft, gebäudeerrichtende

→ gebäudeerrichtende Kommanditgesellschaft.

Kommanditgesellschaft, gebäudeerwerbende

→ gebäudeerwerbende Kommanditgesellschaft.

Kommanditgesellschaft, kapitalistische

KG, die statt – wie bei der ursprünglichen Form – nicht nur einige ganz wenige Kommanditisten hat, sondern sehr viele, oft mehrere 100. Daher auch: Publikums-KG. Gebräuchlich geworden bei Abschreibungsgesellschaften u. ä. Steuersparkonstruktionen.

Kommanditist

Gesellschafter einer KG, der nur mit einer bestimmten Einlage an der Handelsgesellschaft beteiligt ist. Im Handelsregister sind Name und Einlage einzutragen. Er ist nicht an der Geschäftsführung beteiligt und hat nur bei außergewöhnlichen Geschäften ein Widerspruchsrecht. Vom Gewinn werden zunächst 4% auf den Kapitalanteil verteilt; darüber hinaus nimmt der Kommanditist an der Gewinnverteilung in angemessenem Verhältnis teil. Er kann Auskunft über den Jahresabschluß verlangen und die Richtigkeit anhand der Geschäftsbücher prüfen. Seine Haftung ist auf die vereinbarte Einlage beschränkt. Soweit sie nicht voll einbezahlt ist, haftet er noch mit dem Differenzbetrag. Bei Ausscheiden besteht eine Nachhaftung.

Kommissionär

Selbständiger Kaufmann, der gewerbsmäßig Waren oder Wertpapiere für Rechnung eines anderen (Kommittenten) in eigenem Namen kauft oder verkauft. Der Kommissionär ist verpflichtet, das Interesse seines Auftraggebers wahrzunehmen und dessen Weisungen zu befolgen. Er kann, wenn das Geschäft zum Abschluß gekommen ist, Provision fordern. Aufträge zum Kauf oder Verkauf von Wertpapieren, die zum amtlichen Handel zugelassen sind, führen die Banken gemäß ihren AGB regelmäßig als Kommissionär durch Selbsteintritt aus.

Kommissionsgeschäft

Gewerbsmäßiger Abschluß von Geschäften mit Waren und Wertpapieren eines selbständigen Kaufmannes im eigenen Namen für Rechnung Dritter. Kauf- und Verkaufsaufträge der Kunden in Wertpapieren werden von den Banken regelmäßig als Kommissionsgeschäfte ausgeführt. Als Käufer oder Verkäufer tritt also die Bank auf; sie handelt im eigenen Namen, nicht als Vertreter ihres Kunden, aber das Geschäft wird für seine Rechnung getätigt. Der Kunde hat alle Vor- und Nachteile des Geschäfts zu tragen; er erhält die gekauften Wertpapiere und hat den Kaufpreis sowie Gebühren und Auslagen zu erstatten. Dem Kommissionär obliegt bei Ausführung der Aufträge die Sorgfaltspflicht eines ordentlichen Kaufmanns; er hat die Interessen des Kommittenten, des Auftraggebers, wahrzunehmen und dessen Weisungen zu befolgen. Über jedes Geschäft hat der Kommissionär Rechenschaft abzulegen. Dabei hat er seinem Auftraggeber den Dritten, mit dem er das Geschäft abgeschlossen hat, namhaft zu machen.

Kommissionsgeschäfte in Wertpapieren

→ Kommissionsgeschäft.

Kommissionsgut

Gegenstand des Kommissionsgeschäfts, z. B. Wertpapiere.

Kommissionsverwahrung

Verwahrung von Sachen im eigenen Namen für Rechnung eines anderen. → Depotgeschäft → Effektenverwahrung.

Kommittent

Auftraggeber eines Kommissionsgeschäfts.

Komm.-Obl.

Abk. f. Kommunalobligationen. Auch: KO, KObl.

Komm.-Sch., Komm.-Schuldv.

Abk. f. Kommunalschuldverschreibungen (Kommunalobligationen).

Kommunalanleihe

Schuldenaufnahme einer Kommune (Stadt, Gemeindeverband) durch Emission einer Anleihe (Schuldverschreibung) am Kapitalmarkt. → Kommunalobligation.

Kommunaldarlehen, -kredit

Darlehen, die an inländische Körperschaften und Anstalten des öffentlichen Rechts oder gegen Übernahme der Gewährleistung durch eine solche Körperschaft oder Anstalt gewährt werden.

kommunale Schuldverschreibungen, Prospektbefreiung

Für Schuldverschreibungen einer kommunalen Körperschaft, der Kreditanstalt einer solchen Körperschaft und einer kommunalständigen Kreditanstalt kann die Landesregierung anordnen, daß ein Prospekt nicht einzureichen ist.

Kommunalkreditinstitute

Institute, die das langfristige Kommunalkreditgeschäft, d. h. die Beschaffung langfristiger Darlehen gegen Hergabe von Kommunaldeckung, pflegen. Landesbanken, Girozentralen u. a. öffentlich-rechtlichen Banken befassen sich auch die privaten Hypothekenbanken durch Ausgabe von Kommunalschuldverschreibungen und Ausleihung der hierdurch erzielten Mittel an Gemeinden und Gemeindeverbände mit dem langfristigen Kommunalkreditgeschäft. I. w. S. sind auch die Sparkassen zu nennen.

Kommunalobligation, (-anleihe, -schuldverschreibung)

Festverzinsliche Schuldverschreibung ähnlich den Pfandbriefen. Sie sind mündelsicher. Ihre Emission erfolgt durch öffentlich-rechtliche Banken, vor allem Landesbanken/Girozentralen und private Hypothekenbanken. Die Emissionserlöse werden als Darlehen an inländische Körperschaften des öffentlichen Rechts (Länder, Gemeinden, Gemeindeverbände usw.) oder als kommunalverbürgte Kredite an andere Darlehensnehmer weitergegeben. Die Sicherung (Deckung) dieser Wertpapiere ist nicht wie bei Pfandbriefen durch Eintragung von Rechten auf Grundstücken gewährleistet, sondern durch die allgemeine Leistungs- und Steuerkraft der darlehensnehmenden bzw. -verbürgenden öffentlichen Körperschaft. Die Kredite dienen der Finanzierung öffentlicher Investitionen.

Kompensation

Im Börsenhandel Erledigung von Aufträgen durch Verrechnung gegen andere der Bank gleichfalls vorliegende entsprechend entgegengesetzte Aufträge. Die Banken haben in ihren AGB niedergelegt, daß Kundenaufträge über die Börse geleitet werden, sofern der Kunde keine andere Weisung erteilt. Banken nehmen also bei der Erledigung von Kundenaufträgen stets die Vermittlung eines Kursmaklers oder eines freien Maklers in Anspruch; insoweit wird also bei Kundenaufträgen eine Kompensation durch sie nicht (mehr) vorgenommen. Bringt eine Bank entsprechende Kauf- und Verkaufsaufträge (Kompensationsaufträge) zum Kursmakler, kann dieser die Aufträge zu einem von der Bank bestimmten Kurs nur ausführen, wenn ihm zu diesem Kurs keine anderen Aufträge vorliegen und nach der Marktlage nicht zu erwarten sind. Ggfs. muß sich der Kursmakler davon durch Kursausruf überzeugen.

Kompensationsgeschäft

Durch Selbsteintritt eines Kommissionärs am gleichen Tag, über denselben Betrag und zum gleichen Kurs durchgeführte Ankaufs- und Verkaufskommission.

Kompensationskurs

Kurs, auch Liquiditätskurs, zu dem die Endsalden ausgeglichen werden. Bei einer Liquidation über die Börse setzt der Börsenvorstand den Kurs fest.

kompensierte Valuta

Usance im Devisenhandel, die besagt, daß der Käufer einer telegrafischen Auszahlung den Gegenwert erst an dem Tage zu begleichen braucht, an dem die Auszahlung an dem ausländischen Platz erfolgt.

Komplementär

Persönlich haftender Gesellschafter einer oHG, KG, KGaA. Haftet unbeschränkt, also auch mit seinem Privatvermögen, für die Verbindlichkeiten der Handelsgesellschaft. Gleichzeitig liegt die Geschäftsführung in seinen Händen; er vertritt die Firma gerichtlich und außergerichtlich. Bei einer GmbH & Co. ist die GmbH Komplementär einer KG.

Komplementär-GmbH

Bez. f. eine GmbH, die als persönlich haftender Gesellschafter an einer KG beteiligt ist. Durch diese Konstruktion einer GmbH & Co. KG werden die steuerlichen Vorteile einer Personengesellschaft mit den Vorteilen einer Kapitalgesellschaft bzgl. der Haftungsbegrenzung verbunden, weil in diesem Fall neben den Kommanditisten auch der Komplementär in Gestalt der GmbH de facto nur beschränkt haftet.

Komptant

→ comptant.

Komptantgeschäfte

Kassageschäfte an der Zürcher Börse.

Komptantkurs

Kurs (Kassakurs) im Comptantgeschäft.

Konditionen

Bestimmende Daten (Ausstattung) von festverzinslichen Wertpapieren und neu emittierten Aktien, aber auch von Spareinlagen, Krediten u. ä. Geldforderungen. Wichtigste Konditionen: Zinssatz, Ausgabekurs, Laufzeit, Rückzahlungsmodalitäten (Tilgungsart, -kurs). Auch: Lieferungs- und Zahlungsbedingungen.

kongruente Deckung

Ist gegeben, wenn der Betrag der Deckung (Sicherheit) genau dem Betrag der Verpflichtung entspricht.

Konjunktur

Bez. f. die Schwankungen in der wirtschaftlichen Aktivität einer Volkswirtschaft, die durch bestimmte Indikatoren gemessen werden. Die Beobachtung konjunktureller Vorgänge ist für den Kapitalanleger insofern von Bedeutung, als sie Auswirkungen auf die Kursentwicklung von Wertpapieren zeigen.

Konjunkturindikatoren

Dienen im Rahmen der Konjunkturbeobachtung und -diagnose zum Erkennen und Messen von Konjunkturschwankungen. Zu den Frühindikatoren zählen Auftragseingänge, Kreditzusagen der Banken, Baugenehmigungen und Zahlungsmoral; Präsensindikatoren messen den augenblicklichen Stand der Produktion (Auslastung des Produktionspotentials), die Arbeitslosen, offene Stellen und Kreditinanspruchnahmen; Spätindikatoren sind Preisniveau, Tariflohnniveau, Außenhandel und Bundesbankausweis. Die sachgerechte Analyse der Indikatoren ist für langfristig orientierte Kapitalanleger besonders wesentlich.

Konjunkturprognose

Vorhersage über die zukünftige konjunkturelle Entwicklung. Sie kann zwar lediglich für einen begrenzten Zeitraum erstellt werden; doch kann eine auf sachkundiger Extrapolation (Trendextrapolation) ständig beobachteter, interdependenter Wirtschaftsreihen beruhende befristete Vorhersage, dennoch Gültigkeit besitzen, weil alle wirtschaftlichen Dispositionen Plancharakter haben, d. h. in die Zukunft gerichtet sind, und aus der Summe der einzelwirtschaftlichen Dispositionen die gesamtwirtschaftliche Entwicklung hervorgeht. Statistische Hilfsmittel zur Erstellung einer Konjunkturprognose ist das auf Trend- und Korrelationsrechnung beruhende Konjunkturbarometer.

Konjunkturrat der öffentlichen Hand

Berät die zur Erreichung der Ziele des StabWG notwendigen konjunkturpolitischen Maßnahmen sowie die Möglichkeiten zur Deckung des Kreditbedarfs der öffentlichen Haushalte, z. B. über Emission von Anleihen. Für die Emissionen der öffentlichen Hand kann der Konjunkturrat, falls notwendig, zeitliche Staffelung anordnen („Gänsemarschprinzip").

Konkurrenz

Wettbewerb zwischen Anbietern und Nachfragern an einem Markt. Die Intensität des Wettbewerbs hängt von der Zahl der Marktteilnehmer ab. Die Gefahr von Wettbewerbsbeschränkungen ist um so größer, je weniger Teilnehmer auf der Seite eines Marktes vorhanden sind. Auch an Finanzmärkten kann Konkurrenz bestehen oder fehlen.

Konkurs

Gerichtlich angeordnetes Zwangsverfahren über das Vermögen eines zahlungsunfähigen Schuldners (bei AG auch Überschuldung) zur Erreichung einer gerechten und gleichmäßgen Verteilung des noch vorhandenen Schuldnervermögens auf die Gläubiger, die kein bevorzugtes Befriedigungsrecht haben. Das Verfahren, das auf Antrag des Schuldners oder eines Gläubigers in Gang kommt (bei Banken nur das BAK), erfaßt das gesamte der Zwangsvollstreckung unterliegende Vermögen des Gemeinschuldners im Zeitpunkt der Eröffnung des Verfahrens (Konkursmasse). Verwertung und Verteilung der Konkursmasse obliegen dem vom zuständigen Konkursgericht bzw. von der Gläubigerversammlung eingesetzten Konkursverwalter, auf den die Verwaltungs- und Verfügungsrechte des Schuldners übergehen. Konkursgläubiger müssen ihre Forderungen beim Konkursgericht anmelden. Vermögenswerte Dritter werden ausgesondert; soweit Dritte an einzelnen Gegenständen ein besonderes Befriedigungsrecht geltend machen können, werden diese abgesondert. Auch der danach verbleibenden Konkursmasse werden in bestimmter Reihenfolge u. a. die Verfahrenskosten, die Verbindlichkeiten aus vom Konkursverwalter abgeschlossenen Rechtsgeschäften sowie zuletzt die verschiedenen Gruppen der Gläubiger des Gemeinschuldners befriedigt. Diese Rangordnung führt i. a. dazu, daß die Mehrheit der Konkursgläubiger, denen kein besonderes Vorzugsrecht zusteht, wegen vorzeitiger Ausschöpfung der Konkursmasse keine Zahlungen, allenfalls eine nur sehr geringe Konkursquote erhalten. Die ausfallenden Gläubiger können ihre Forderungen nach Abschluß des Verfahrens gegen den Schuldner weiter geltend machen; allerdings ergeben sich auch dann für sie nur noch selten Zahlungen.

Konkursantrag bei Banken

Entgegen sonst im Konkursrecht geltenden Vorschriften haben weder Inhaber oder Geschäftsleiter von Banken noch deren Gläubiger das Recht, bei Zahlungsunfähigkeit oder Überschuldung der Bank die Konkurseröffnung zu beantragen. Die Geschäftsleiter haben Zahlungsunfähigkeit oder Überschuldung unverzüglich dem BAK anzuzeigen. Allein das BAK ist berechtigt, Antrag auf Konkurseröffnung über das Vermögen von Banken zu stellen. Entscheidet sich das BAK dazu, ist das Gericht an diesen Antrag gebunden.

Konkursantragspflicht

Pflicht zur Stellung eines Konkursantrages hat: Vorstand der AG und der Genossenschaft, Geschäftsführung der GmbH, organschaftlicher Vertreter einer OHG und KG, sofern keine natürliche Person bei diesen persönlich haftenden Gesellschafter ist. Anders: → Konkursantrag bei Banken.

Konkurs der AG

Zahlungsunfähigkeit und Überschuldung der AG sind bei dieser materielle Konkursgründe.

Konkursforderung

Forderung – bevorrechtigte oder nicht bevorrechtigte – gegen den Gemeinschuldner bzw. die Konkursmasse.

Konkursgläubiger

Gläubiger, denen zum Zeitpunkt der Konkurseröffnung ein begründeter Vermögensanspruch, z. B. eine Kapitalforderung, an den Gemeinschuldner zusteht. Haben auch das Recht, ein Konkursverfahren zu beantragen.

Konkursgründe

In erster Linie Zahlungsunfähigkeit (Illiquidität), bei Kapitalgesellschaften, speziell AG, auch Überschuldung.

Konkursmasse

Vermögen des Gemeinschuldners, das zur Befriedigung der Konkursgläubiger zur Verfügung steht.

Konkursquote

Prozentsatz der Forderungen der nicht bevorrechtigten Konkursgläubiger, der im Konkurs befriedigt werden kann.

konservative Anlage

→ Kapitalanlagearten.

konservative Anlagepolitik

Im Gegensatz zur aggressiven versucht die konservative Anlagepolitik, bei Berücksichtigung der Kapitalanlegerziele, Risiken so weit wie möglich zu vermeiden und unter dieser Nebenbedingung höchstmögliche Erträge zu erzielen. Bei konservativer Anlagepolitik werden keine Spekulationsgeschäfte eingegangen, wodurch aber nicht nur die Risiken, sondern auch die Chancen einer Kapitalanlage weitgehend nivelliert werden. Konservative Anlagepolitik braucht sich deshalb aber nicht auf eine spezielle Anlageart, z. B. festverzinsliche Wertpapiere, zu beschränken, sondern auch innerhalb der verschiedenen Kapitalanlagen gibt es konservative und aggressive Anlagepolitik. So kann konservative Anlagepolitik sowohl zwischen verschiedenen Anlagearten (z. B. Renten, Aktien, Währungen, Grundstücke, Gold) die risikoarmen wählen, als auch innerhalb einer Anlageart: z. B. festverzinsliche Wertpapiere ohne Börsennotierung und Kursrisiko (Bundesschatzbriefe) oder Anleihen zweitklassiger Schuldner sowie Standardwerte (Blue chips) oder Spezialwerte.

Konsolidation

→ Konsolidierung (2).

konsolidierte Bilanz

Zusammenfassung der Einzelbilanzen von Konzernunternehmen zu einer Konzernbilanz. Es ist die zusammengefaßte Bilanz der Obergesellschaft und der anderen einzubeziehenden Konzernunternehmen eines Konzerns.

konsolidierte Gewinn- und Verlustrechnung
Zusammenfassung der einzelnen GuV-Rechnungen zu einer Konzerngewinn- und -verlustrechnung.

Konsolidierung (1)
Umwandlung schwebender in langfristige (fundierte) Schulden. → Fundierung.

Konsolidierung (2)
Zusammenfassung mehrerer älterer Anleihen zu einer einzelnen Anleihe, meist mit verändertem Zinsfuß. Auch: Konsolidation, Unifizierung u. a.

Konsolidierung (3)
Stabilisierung der Kursentwicklung an der Börse nach stärkeren Schwankungen.

Konsolidierung (4)
Zusammenfassung der Bilanzen und GuV-Rechnungen von Konzernunternehmen zur Konzernbilanz.

Konsolidierungsausgleichsposten
Ein aktiver Konsolidierungsausgleichsposten entsteht, wenn die Anteile an den einbezogenen Konzernunternehmen das entsprechende konsolidierungspflichtige Kapital übersteigen; ist dagegen dieser Kapitalanteil höher als der Buchwert der Anteile, entsteht ein passiver Ausgleichsposten.

Konsolidierungsformation
Im Zuge einer langfristigen Aufwärtsbewegung bei einzelnen Aktien oder Aktienindizes kommt es immer wieder zu kurzfristigen Kurskorrekturen und im Zuge einer Abwärtsbewegung zu Kurserholungen (technische Korrektur). Die Dauer solcher Kurskorrekturen und Kurserholungen ist unbestimmt; häufig aber vollziehen sich Kursänderungen schnell und plötzlich. Man bezeichnet diese Phasen daher auch als Konsolidierungsphasen, in denen sich der Markt an das neu gefundene Kursniveau gewöhnen muß. Solche Konsolidierungsphasen bilden sich in Konsolidierungsformationen ab. Konsolidierungsformationen entstehen durch ein Auf und Ab der Kurse, wobei die Kursbewegungen sich in einem bestimmten Bereich vollziehen. Diese Bereiche der Kursbewegungen werden dadurch gekennzeichnet, daß man die Hoch- und Tiefpunkte der Kursbewegung in diesen Zeitintervallen miteinander verbindet. Je nach der Form der Figuren können Dreiecke, Flaggen und Wimpel unterschieden werden.

Konsolidierungskreis
Konzernunternehmen, die in den Konzernabschluß einzubeziehen sind. In den Konzernabschluß sind alle in- und ausländischen Unternehmen einzubeziehen, die unter der einheitlichen Leitung einer Kapitalgesellschaft mit Sitz im Inland stehen und dieser eine Beteiligung nach § 271 Abs. 1 HGB an dem unter der einheitlichen Leitung stehenden Tochterunternehmen gehört. Neben dem Kriterium der einheitlichen Leitung besteht für ein Mutterunternehmen die Pflicht zur Aufstellung eines Konzernabschlusses, wenn ihr bei einem Tochterunternehmen alternativ 1. die Mehrheit der Stimmrechte der Gesellschafter zusteht, 2. das Recht zusteht, die Mehrheit der Mitglieder des Verwaltungs-, Leitungs- oder Aufsichtsorgans zu bestellen oder abzuberufen und das Mutterunternehmen gleichzeitig Gesellschafter ist oder 3. das Recht zusteht, einen beherrschenden Einfluß aufgrund eines mit diesem Unternehmen geschlossenen Beherrschungsvertrages oder einer Satzungsbestimmung dieses Unternehmens auszuüben. Eine Konsolidierungspflicht ist stets dann gegeben, wenn eines dieser drei Kriterien erfüllt ist unabhängig davon, ob eine einheitliche Leitung vorliegt. Ein Verbot der Einbeziehung eines Tochterunternehmens in den Konzernabschluß besteht dann, wenn sich dessen Tätigkeit derart von der Tätigkeit der anderen einbezogenen Unternehmen unterscheidet, daß die Einbeziehung zu einem falschen Bild der Vermögens-, Finanz- und Ertragslage des Konzerns führen würde (§ 295 Abs. 1 HGB). Außerdem werden in § 296 HGB für bestimmte Fälle Einbeziehungswahlrechte vorgesehen; schließlich existieren noch größenabhängige Befreiungstatbestände für die Pflicht zur Konzernrechnungslegung (§ 293 HGB).

Konsolidierungsmethoden, -verfahren
Es werden im wesentlichen 2 Methoden unterschieden, die durch die Behandlung der Veränderungen des konsolidierungspflichtigen Kapitals der übrigen einbezogenen Unternehmen sowie ggfs. durch die Behandlung der Aufrechnungsdifferenz voneinander abweichen. Bei der deutschen Methode werden die konsolidierungspflichtigen Anteile von Konzernunternehmen an den übrigen einbezogenen Unternehmen gegen das entsprechende Kapital dieser Unternehmen am jeweiligen Bilanzstichtag aufgerechnet. Die während der Konzernzugehörigkeit von den übrigen einbezogenen Unternehmen ge-

bildeten Rücklagen werden in der Konzernbilanz nicht als Rücklagen ausgewiesen, sondern gehen in den Konsolidierungsausgleichsposten ein. Grundlage der angelsächsischen Konsolidierungsmethode ist die Trennung zwischen Kapitalrücklagen (capital surplus) und Gewinnrücklagen (earned surplus) bei den übrigen einbezogenen Unternehmen. Dabei gilt als Kapitalrücklage das konsolidierungspflichtige Kapital im Zeitpunkt des Erwerbs der betreffenden Unternehmung. Gewinnrücklagen sind alle Erhöhungen des konsolidierungspflichtigen Kapitals nach dem Erwerbszeitpunkt, soweit sie nicht aus reinen Kapitaltransaktionen herrühren, z. B. Kapitalerhöhung gegen Einlagen. Bei der Konsolidierung von Bank-an-Bank-Beteiligungen sind durch die KWG-Novelle von 1984 zwei Verfahrensvarianten eingeführt worden. Beim Quotenkonsolidierungsverfahren hat das Mutterinstitut den seiner Beteiligungsquote entsprechenden prozentualen Anteil an den risikotragenden Aktiva und Passiva der Tochter- und Beteiligungsinstitute bei sich zusammenzufassen. Für den Fall, daß ein nicht ausreichender Informationsfluß über die Bilanzposition der Finanzbeteiligungen die Anwendung des Quotenkonsolidierungsverfahrens beeinträchtig, kommt als Hilfslösung das Abzugsverfahren in Betracht. Hierbei wird das Eigenkapital des Mutterinstituts um den Buchwert seiner Beteiligungen an anderen Banken gekürzt, ohne daß Kreditvolumen und Eigenkapital konsolidiert werden.

Konsolidierungsschwelle

Prozentsatz der Beteiligung am Kapital o. ä., von dem ab verbundene Unternehmen in den konsolidierten (Konzern-)abschluß einzubeziehen sind.

Konsols

Staatsanleihen, aus Konsolidierung, d. h. Umwandlung schwebender in fundierte Staatsschulden, entstanden (kurz- in langfristige).

Konsorten

Mitglieder eines Konsortiums, z. B. Konsortialbanken.

Konsortialabteilung

Abteilung größerer Banken, die die Bildung von Konsortien durchführt, ggfs. die Konsortialführung bei Emissionen übernimmt, Konsortialverträge ausarbeitet und die Angebote für Beteiligungen und Unterbeteiligungen bei Konsortialgeschäften prüft. Sie ist oft mit der Emissionsabteilung verbunden.

Konsortialbanken

An einem gemeinsam durchgeführten Emissions- oder Kreditgeschäft beteiligte Banken. Die einzelnen Institute übernehmen bestimmte (nicht notwendigerweise gleich hohe) Konsortialquoten.

Konsortialbüro

Andere Bez. f. Konsortialabteilung.

konsortialführende Bank

Federführende Bank, die die technische und verwaltungsmäßige Abwicklung der Geschäfte eines Bankenkonsortiums übernimmt. → Konsortialgeschäfte.

Konsortialführung

An der Spitze eines Emissionskonsortiums stehen eine oder mehrere Banken, die mit der Leitung des Konsortiums und der Abwicklung der Emission beauftragt sind. Der mit dem Schuldner seitens der Konsortialführung abgeschlossene Konsortialvertrag ist für das gesamte Konsortium verbindlich. Konsortialführer erhalten besondere Führungsprovision.

Konsortialgeschäfte

Von mehreren Banken für gemeinsame Rechnung durchgeführte Geschäfte z. B. zur Begebung (Emission) und zur Börseneinführung von Wertpapieren, zur Gewährung von Krediten, zur Übernahme von Bürgschaften. Der Anteil der einzelnen Banken wird quotenmäßig festgelegt (Konsortialquote). Eine Bank übernimmt i. d. R. die Konsortialführung (konsortialführende, federführende Bank), die bei längerer Dauer eines Konsortiums meist jährlich wechselt. Gewinne und Verluste aus dem Konsortialgeschäft werden nach dem Prozentsatz der Beteiligung auf die Konsortialmitglieder verteilt.

Konsortialkredit

Kredit, der von einem Konsortium zugesagt und vergeben wird.

Konsortialmitglieder

Konsorten: Mitglieder (z. B. Banken) eines Konsortiums.

Konsortialnutzen

Vergütung der Emittenten an das Bankenkonsortium. Entgelt für das Emissionsrisiko.

Konsortialquote

Prozentuale Aufteilung einer Wertpapieremission oder eines Konsortialkredits auf Konsorten. Sie wird i. a. bei jedem neuen

Konsortium vereinbart, kann aber auch bei standardisierten Konsortien festgelegt sein, z. B. beim Bundesanleihekonsortium.

Konsortialvertrag

Mitglieder eines Bankenkonsortiums schließen regelmäßig einen Konsortialvertrag mit den Regelungen für die Ausführung der vorgesehenen gemeinschaftlichen Geschäfte (Konsortialgeschäfte). Da die Konsortien überwiegend als BGB-Gesellschaften arbeiten, sind vor allem die Haftungsverhältnisse zu klären. Man arbeitet zumeist mit Quotenregelungen sowohl hinsichtlich Höhe der Beteiligung an den Geschäften als auch im Hinblick auf die Haftung.

Konsortium

Eine für einen begrenzten Zeitraum zur Durchführung eines oder mehrerer bestimmter Geschäfte gegründete Gesellschaft. Die Gesellschafter sind rechtlich und wirtschaftlich selbständige Unternehmen. Der mit der Geschäftsführung beauftragte Konsorte ist der Konsortialführer. Oft vorkommende Konsortien sind Emissionskonsortien der Banken zur Unterbringung einer Anleihe oder neuer Aktien am Kapitalmarkt, auch zur gemeinsamen Gewährung von Großkrediten und Übernahme von Bürgschaften. Das Konsortium ist eine Gelegenheitsgesellschaft (BGB-Gesellschaft).

Konsortiumsbildung, amerikanisches Verfahren

→ two-tier syndication.

Konsortiumsbildung, europäisches Verfahren

→ three-tier syndication.

konstituierende Sitzung

Sitzung eines Gremiums, z. B. des Aufsichtsrats, zur Wahl des Vorsitzenden des Aufsichtsrats und seiner Stellvertreter.

Konten, anonyme

→ anonyme Konten → Nummernkonto.

Kontensparen

Regelmäßige, gelegentliche oder einmalige Einlage von Geld auf ein Sparkonto (Sparbuch) bei einer Bank. Einfachste und für den Sparer problemloseste Form der Geldanlage. Das Kontensparen weist als Merkmale schnelle Verfügbarkeit, angemessenen Ertrag und größtmögliche Sicherheit auf. Bei dreimonatiger (früher: gesetzlicher) Kündigungsfrist kann ohne Kündigung innerhalb von 30 Tagen über Beträge bis DM 3000 frei verfügt werden; für höhere Abhebungen besteht eine Kündigungsfrist von 90 Tagen. Auszahlung ist i. d. R. aber auch bei Nichteinhaltung der Kündigungsfrist möglich; in diesem Fall werden Vorschußzinsen berechnet. Die Verzinsung der Spareinlagen richtet sich nach der vereinbarten Kündigungsfrist.

Kontenwahrheit

Niemand darf in der BR Deutschland unter falschem oder erdichtetem Namen oder nur unter einer Nummer ein Konto errichten oder Buchungen vornehmen lassen, Wertsachen (Geld, Wertpapiere, Kostbarkeiten) in Verwahrung geben oder sich ein Schließfach einrichten lassen. Wer Konten führt, Wertsachen verwahrt oder Schließfächer überläßt, also vor allem Banken, hat sich zuvor über Person und Anschrift des Verfügungsberechtigten zu informieren und die entsprechenden Angaben festzuhalten. Er hat sicherzustellen, daß er jederzeit Auskunft darüber geben kann, welche Person über Konten oder Schließfächer verfügungsberechtigt ist. Wenn gegen diese Vorschriften der AO verstoßen worden ist, dürfen Guthaben, Wertsachen und der Inhalt eines Schließfachs nur mit Zustimmung des für den Verfügungsberechtigten zuständigen Finanzamts herausgegeben werden. Dies soll verhindern, daß durch die Verwendung falscher Namen für Bankkonten die Nachprüfung der steuerlichen Verhältnisse erschwert wird.

Kontermine

Allgemein: Bez. f. die Börseninteressenten, die bei steigenden oder fallenden Kursen Gegengeschäfte abschließen. Speziell: Gesamtheit der Baissiers.

Kontoform

Früher zwingend vorgeschriebene Form zur Aufstellung von GuV-Rechnungen. Nach HGB ist für Kapitalgesellschaften nur noch die Staffelform erlaubt. Eine Ausnahme bilden Banken, die die GuV-Rechnung in Kontoform aufstellen (dürfen).

Kontokorrentkredit

Ein von Banken in laufender Rechnung gewährter kurzfristiger Kredit. Er kann über das Girokonto (Kontokorrentkonto) in wechselnder Höhe bis zum eingeräumten Kreditlimit beansprucht werden. Zinsen fallen aus dem jeweils beanspruchten Betrag an, daneben Kreditprovision, Spesen u. dgl.

Konto pro Diverse (CpD)
Zwischenkonto, über das Ein- und Auszahlungen von Nichtkunden erfolgen können. Wertpapier- und Devisenabrechnungen sowie Zahlungseingänge von Nichtkunden werden häufig über dieses Konto abgewickelt.

Konto- und Depotvollmacht
Vollmacht, die der Inhaber eines Bankkontos und -depots einer anderen Person – oder mehreren – erteilt, mittels der der Bevollmächtigte im Namen des Kontoinhabers Handlungen im Geschäftsverkehr mit der Bank vornehmen dar. Die Vollmacht kann eingeschränkt oder uneingeschränkt, als Einzel- oder als Gemeinschaftsvollmacht erteilt werden.

kontrahieren
Einen Kontrakt, Vertrag abschließen, z. B. über Lieferung bestimmter Mengen Wertpapiere.

Kontrakt (1)
Standardisierte Mengeneinheit einer bestimmten Ware, die durch zusätzliche Qualitätserfordernisse genauer spezifiziert wird, an den Warenbörsen.

Kontrakt (2)
Vorgeschriebene Abschlußeinheit an Terminbörsen aller Art. Die Kontraktgröße von an der DTB gehandelten Aktienoptionen beträgt in der Regel fünfzig Stück des Basiswertes. Terminkontrakte auf Bundesanleihen (Bobl-, Bund- und Buxl-futures) haben einen Nominalwert von DM 250.000, Fibor-futures von DM 1 Mio. Der Wert eines DAX-futures-Kontraktes beträgt DM 100 pro Indexpunkt.

Kontrakt (3)
Vertragliche, rechtlich bindende Vereinbarung.

kontraktgebundenes Sparen
Sparformen, bei denen sich der Sparer zu bestimmten, meist periodischen Zahlungen verpflichtet, z. B. Sparprogramme bei Kapitalsammelstellen, Versicherungssparen usw.

Kontraktspezifikationen für Aktienoptionskontrakte
→ Aktienoptionen, Deutsche Terminbörse

Kontraktwert
Wert eines an einer Terminbörse gehandelten Terminkontraktes. Beträgt bei an der DTB gehandelten DAX-futures DM 100 pro Indexpunkt. Liegt die futures-Notierung beispielsweise bei 1500, hat ein DAX-Terminkontrakt einen Wert von DM 150.000. Bei Kontrakten auf mittel- und langfristige Bundesanleihen (Bobl-futures und Bund-futures) sowie auf Bundesanleihen mit einer fünfzehn- bis dreißigjährigen Laufzeit (Buxl-futures) beträgt der Kontraktwert DM 250000, während er bei Fibor-futures DM 1000000 ausmacht.

Kontrollbeamter
Die Mäntel aller Wertpapiere müssen einen Vordruck für die handschriftliche Unterschrift des Kontrollbeamten und einen Vordruck zur Eintragung der Seite des Aktien- oder Schuldverschreibungsregisters tragen. Die beiden Vordrucke müssen auch dann ausgefüllt werden, wenn der Gesellschaftsvertrag dies nicht ausdrücklich vorschreibt. Sollte in einzelnen Fällen ein Aktien- oder Schuldverschreibungsregister nicht geführt werden, entfällt der Vordruck zur Eintragung der Seite. Auf die Unterschrift des Kontrollbeamten darf nur verzichtet werden, wenn die Wertpapiere bereits vom Wertpapieraussteller handschriftlich ausgefertigt sind. Der Emittent hat ggfs. den Nachweis für die Ausnahmefälle zu erbringen.

Kontrollmitteilungen
Im Rahmen der Außenprüfung von Unternehmen gewonnene Erkenntnisse über die steuerliche Situation Dritter. Die Auswertung dieser Informationen ist grundsätzlich zulässig, sofern sie für die Besteuerung der dritten Person von Bedeutung ist und das der Außenprüfung unterliegende Unternehmen kein Auskunftsverweigerungsrecht hat. Ein solches ist für Banken durch den Bankenerlaß vom 31. 8. 1979, der inzwischen in den gesetzlichen Rang der Abgabenordnung (§ 30a AO) gehoben wurde, gegeben. Finanzbehörden dürfen somit von Banken keine Mitteilungen über Konten bestimmter Art oder Einlagen bestimmter Art verlangen. Die bei einer Außenprüfung von Banken gewonnenen Erkenntnisse über Kunden dürfen somit nicht verwertet werden. Durch den Erlaß des Bundesfinanzministers ist die Bedeutung des Bankgeheimnisses für die geschäftliche Beziehung zwischen Kunde und Bank anerkannt worden. Gebrochen werden darf diese nur, sofern die Aufklärung des fragwürdigen Sachverhalts durch den Steuerpflichtigen zu keinem Erfolg geführt hat oder keinen Erfolg verspricht. Das System der Kontrollmitteilungen ist 1994 erheblich erweitert worden. So müssen auch Behörden – mit

Ausnahme der Sozialversicherungsträger – Kontrollmitteilungen an die Finanzverwaltung senden, wenn sie Zahlungen zugunsten von Steuerpflichtigen leisten, ohne daß dabei ein Steuerabzug vorgenommen wird, oder wenn sie Verwaltungsakte durchführen, die einen Wegfall von steuerlichen Begünstigungen nach sich ziehen können oder ein Gewerbe begründen. Betroffen sind Zahlungen der Wehrbereichsverwaltungen, die öffentlich-rechtlichen Rundfunkanstalten, die Denkmalschutzbehörden, die Gewerbeaufsichtsämter usw. Kontrollmitteilungen unterbleiben aber, wenn die Zahlungen im Kalenderjahr weniger als DM 3000 betragen.

Kontrollunterschrift

→ Kontrollbeamter.

Konversion (1)

Im allgemeinen Rechtsleben die Umdeutung eines aus formalen Gründen nichtigen Rechtsgeschäftes in ein anderes, dessen formale Voraussetzungen erfüllt sind.

Konversion (2)

Umwandlung einer Anleihe in eine andere mit geändertem Zinsfuß oder anderen Tilgungsbedingungen (Konvertierung): Konversionsanleihe. Dem Anleihegläubiger bleibt i. a. das Wahlrecht, entweder auf das Konversionsangebot einzugehen oder die Rückzahlung des Kapitals zu fordern; hat er dieses Wahlrecht nicht, liegt Zwangskonversion vor. Eine solche kann nur durch Gesetz verfügt werden. Zuweilen wird an die Besitzer der Anleihen, deren Ausstattung sich verschlechtert, eine Konversionsprämie gezahlt.

Konversion (3)

Im Optionshandel der Umtausch eines call in einen put bzw. eines put in einen call.

Konversionsanleihe

Neue Anleihe, die durch Umwandlung der Schuldbedingungen der alten Anleihe entstanden ist. Die Änderung der Anleihebedingungen (Zinssatz, Laufzeit, Tilgungsmodalitäten) zum Nachteil der Gläubiger ist rechtlich nur dann zulässig, wenn die ursprüngliche Anleihe kündbar ist. Häufig werden mehrere ältere Anleihen zu einer niedrigen verzinslichen zusammengefaßt. Bei Zwangskonversion wird die Zinssenkung gesetzlich verfügt. Veränderungen zum Vorteil der Gläubiger sind jederzeit zulässig.

Konversionsprämie

Wird oft als Ausgleichszahlung oder Vergütung Anleihegläubigern gewährt, die durch die Konversion einer Anleihe Nachteile auf sich nehmen müssen.

Konversionssoulte

Abrechnungsdifferenz bei einer Konversion: Differenz von Rückzahlungskurs der alten und Ausgabepreis der neuen Obligation unter Berücksichtigung fälliger Zinsgutschriften oder -belastungen.

Konvertibilität (Konvertierbarkeit)

Möglichkeit, Geld bzw. Devisen verschiedener Länder untereinander zum geltenden Kurs frei austauschen und darüber frei verfügen zu können. Volle oder unbeschränkte Konvertierbarkeit gibt jedem Besitzer von Devisen oder Zahlungsmitteln das Recht, diese unbeschränkt ohne Rücksicht auf den Verwendungszweck zum geltenden Marktpreis (-kurs) gegen andere in- oder ausländische Zahlungsmittel umtauschen zu können. Bei Konvertibilität kann beschränkt werden, entweder zu ungunsten des Inlands (Ausländerkonvertibilität) oder zuungunsten des Auslands (Inländerkonvertibilität) oder des Verwendungszwecks (z. B. beschränkt auf Zahlungen aus Waren- und Dienstleistungsgeschäften einschließlich Schuldendienst). Uneingeschränkte Konvertibilität haben nur wenige Staaten, darunter die BR Deutschland, realisiert. Vielfach bestehen solche für den grenzüberschreitenden Kapitalverkehr, z. B. auch gespaltene Wechselkurse. Volle oder beschränkte Konvertibilität ist wichtiges Kriterium für Möglichkeiten und Risiken der Kapitalanlage in ausländischen Werten. Da die DM uneingeschränkt konvertiertbar ist, hat der deutsche Anleger lediglich darauf zu achten, daß die Währungsbestimmungen der Länder, in denen er Geldanlagen vornehmen will, zumindest eine Ausländerkonvertierbarkeit vorsehen.

konvertible Obligationen

→ Wandelanleihe (-schuldverschreibung, -obligation).

konvertierbare Devisen, Währungen

Devisen oder Währungen, die frei und unbeschränkt zum geltendem Marktpreis in einheimische oder fremde Währungen oder Gold eintauschbar sind. Volle Konvertibilität haben nur wenige Mitgliedsländer des IWF, darunter sind aber die wichtigsten Industrieländer.

konvertierbare Schuldverschreibungen
Festverzinsliche Wertpapiere, die nach einer bestimmten Zeitspanne in Aktien umgewandelt werden können. → Wandelanleihe (-schuldverschreibung, -obligation). Am internationalen Kapitalmarkt auch solche Anleihen, die in andere umwandelbar sind.

Konvertierbarkeit
→ Konvertibilität (Konvertiertbarkeit).

Konvertierung (einer Anleihe)
Nachträgliche Änderung des Zinssatzes festverzinslicher Wertpapiere zur Anpassung an eine zwischenzeitlich veränderte Marktsituation. Soll dem Schuldner günstigere Bedingungen für die Verzinsung und Tilgung der Schulden verschaffen, wenn die Bedingungen der alten Anleihe den veränderten Kapitalmarktverhältnissen nicht mehr entspricht. Im Rechtsstaat erfolgt Konvertierung auf freiwilliger Basis. Eine Besserstellung der Anleihegläubiger, d. h. eine Zinskonversion nach oben, ist einfach durch entsprechende Erklärung des Schuldners realisierbar. Eine Schlechterstellung, d. h. Zinskonversion nach unten, kann nur vorgenommen werden, wenn dies in den Anleihebedingungen vorgesehen ist oder gesetzliche Zwangskonvertierung (nach Währungsreformen) erfolgt. Eine Defacto-Zinskonvertierung nach unten liegt vor, wenn der Schuldner von einem vorzeitigen Kündigungsrecht Gebrauch macht und den Altobligationären zu einem Vorzugspreis eine neue Anleihe mit niedrigerem Nominalzins anbietet.

Konvertierungsprämie
→ Konversionsprämie.

Konzentration
Zusammenschluß von Unternehmen zu größeren wirtschaftlichen Einheiten, auf gleicher Produktionsstufe (horizontale Konzentration) oder auf verschiedenen Produktionsstufen (vertikale Konzentration). Unerwünschter Konzentration wird durch die Kartellbehörde entgegenzuwirken versucht.

Konzern
Sind ein herrschendes und ein oder mehrere abhängige Unternehmen unter einheitlicher Leitung der herrschenden Unternehmung zusammengefaßt, bilden sie in einen Konzern; die eizelnen Unternehmen sind Konzernunternehmen. Unternehmen, zwischen denen ein Beherrschungsvertrag besteht oder von denen das eine in das andere eingegliedert ist, sind als unter einheitlicher Leitung zusammengefaßt anzusehen. Von einem abhängigen Unternehmen wird vermutet, daß es mit dem herrschenden Unternehmen einen Konzern bildet. Sind rechtlich selbständige Unternehmen, ohne daß das eine Unternehmen von dem anderen abhängig ist, unter einheitlicher Leitung zusammengefaßt, bilden sie ebenfalls einen Konzern; die einzelnen Unternehmen sind Konzernunternehmen. Die sich zusammenschließenden Unternehmen bleiben zwar rechtlich selbständig, unterstehen wirtschaftlich aber gemeinsamer Leitung und Verwaltung. In horizontalen Konzernen sind Unternehmen gleicher Produktionsstufen, in vertikalen verschiedener Produktionsstufen zusammengeschlossen. Diagonaler Konzern: Verbindung von Unternehmen unterschiedlichster Branchen („Ramschkonzern"). Konzerne entstehen meist durch gegenseitige Kapitalbeteiligung oder Errichtung einer Dachgesellschaft (Holding). Verbinden sich mit dem Konzern Marktbeherrschungsabsichten, entsteht ein Trust. Konzernbildung führt später manchmal zur Fusion. Es kommt bei Konzernbildung vor, daß außenstehende Aktionäre abgefunden („rausgeworfen") werden.

Konzernabschluß
Stehen in einem Konzern die Unternehmen unter der einheitlichen Leitung einer Kapitalgesellschaft (Mutterunternehmen) mit Sitz im Inland und gehört dem Mutterunternehmen eine Beteiligung nach § 271 Abs. 1 HGB an dem oder den anderen unter der einheitlichen Leitung stehenden Unternehmen (Tochterunternehmen), so haben die gesetzlichen Vertreter des Mutterunternehmens in den ersten fünf Monaten des Konzerngeschäftsjahres für das vergangene Konzerngeschäftsjahr einen Konzernabschluß (bestehend aus Konzernbilanz, Konzern-Gewinn und -Verlustrechnung und Konzernanhang) und einen Konzernlagebericht aufzustellen. Eine Kapitalgesellschaft mit Sitz im Inland ist stets zur Aufstellung eines Konzernabschlusses und eines Konzernlageberichtes verpflichtet (Mutterunternehmen), wenn ihr bei einem Unternehmen (Tochterunternehmen) 1. die Mehrheit der Stimmrechte der Gesellschafter zusteht, 2. das Recht zusteht, die Mehrheit der Mitglieder des Verwaltungs-, Leitungs- oder Aufsichtsorgans zu bestellen oder abzuberufen, und sie gleichzeitig Gesellschafter ist oder 3. das Recht zusteht, einen beherr-

schenden Einfluß aufgrund eines mit diesem Unternehmen geschlossenen Beherrschungsvertrages oder aufgrund einer Satzungsbestimmung dieses Unternehmens auszuüben. Außerdem enthält das HGB ein Einbeziehungsverbot (§ 295 Abs. 1 HGB), eine Reihe von Einbeziehungswahlrechten (§ 296 HGB) sowie größenabhängige Befreiungstatbestände für die Pflicht zur Konzernrechnungslegung (§ 293 HGB). → Konsolidierungskreis.

Konzernabschluß, Bekanntmachung

Der Vorstand der Obergesellschaft eines Konzerns hat unverzüglich nach der HV über den Jahresabschluß den Konzernabschluß mit Bestätigungsvermerk und den Konzernlagebericht zum Handelsregister des Sitzes der Obergesellschaft einzureichen. Der dem eingereichten Konzernabschluß beigefügte Bestätigungsvermerk muß von den Konzernabschlußprüfern unterschrieben sein. Haben die Konzernabschlußprüfer die Bestätigung des Konzernabschlusses versagt, muß dies auf dem eingereichten Konzernabschluß vermerkt, der Vermerk von den Konzernabschlußprüfern unterschrieben sein. Der Vorstand der Obergesellschaft hat den Konzernabschluß zusammen mit dem Jahresabschluß in den Gesellschaftsblättern der Obergesellschaft bekanntzumachen und die Bekanntmachung zum Handelsregister des Sitzes der Obergesellschaft einzureichen. Das Gericht hat zu prüfen, ob der eingereichte Konzernabschluß den o. a. Bedingungen entspricht, ob er bekanntgemacht worden ist und ob die Bekanntmachung den obigen Bestimmungen entspricht. Für die Veröffentlichungen und Vervielfältigungen des Konzernabschlusses und des Konzerngeschäftsberichtes gelten die Voschriften zur Jahresabschluß-Bekanntmachung sinngemäß.

Konzernabschluß, Vorlage

Unverzüglich nach Eingang des Prüfungsberichts der Konzernabschlußprüfer hat der Vorstand der Obergesellschaft Konzernabschluß, Konzernlagebericht und Prüfungsbericht dem Aufsichtsrat der Obergesellschaft zur Kenntnisnahme vorzulegen. Jedes Aufsichtsratsmitglied hat das Recht, von den Vorlagen Kenntnis zu nehmen. Die Vorlagen sind auch jedem Aufsichtsratmitglied auf Verlangen auszuhändigen, soweit der Aufsichtsrat nichts anderes beschlossen hat. Ist der Konzernabschluß auf den Stichtag der Jahresabschlusses der Obergesellschaft aufgestellt, sind der Konzernabschluß und der Konzernlagebericht der HV vorzulegen, die diesen Jahresabschluß entgegennimmt oder festzustellen hat. Weicht der Stichtag des Konzernabschlusses von dem des Jahresabschlusses der Obergesellschaft ab, sind Konzernabschluß und -lagebericht der HV vorzulegen, die den nächsten auf den Stichtag des Konzernabschlusses folgenden Jahresabschluß entgegennimmt oder festzustellen hat. Für die Auslegung des Konzernabschlusses und des Konzernlageberichts und für die Erteilung von Abschriften gelten die Vorschriften zur ordentlichen HV, ebenso für die Vorlage an die HV und für die Berichterstattung des Vorstands. Die Auskunftspflicht des Vorstandes der Obergesellschaft in der HV, der der Konzernabschluß und der Lagebericht vorgelegt werden, erstreckt sich auch auf die Lage des Konzerns und der in den Konzernabschluß einbezogenen Unternehmen.

Konzernabschlußprüfung

Jahresabschlußprüfung eines Konzerns.

Konzernanhang

In den Konzernanhang sind diejenigen Angaben aufzunehmen, die zu einzelnen Posten der Konzernbilanz oder der Konzern-Gewinn- und -Verlustrechnung vorgeschrieben oder die im Konzernanhang zu machen sind, weil sie in Ausübung eines Wahlrechts nicht in die Konzernbilanz oder in die Konzern-Gewinn- und -Verlustrechnung aufgenommen wurden. Die Angaben im Konzernanhang entsprechen z. T. denen des Einzelabschlusses mit der Maßgabe, daß auf den Konzern in seiner Gesamtheit abzustellen ist. Darüber hinaus wird mit Angaben über den Konsolidierungskreis und die angewandten Konsolidierungsgrundsätze den spezifischen Besonderheiten der Konzernrechnungslegung Rechnung getragen. Die in den Konzernanhang aufzunehmenden Pflichtangaben gehen wesentlich über den bisherigen Umfang der Erläuterungen im Geschäftsbericht hinaus. Eine Enumeration der notwendigen Erläuterungen zur Konzernbilanz und Konzern- Gewinn- und -Verlustrechnung, sowie sonstigen Pflichtangaben enthalten die §§ 313 und 314 HGB.

Konzernanteile

Kapitalmäßige Beteiligungen oder Einlagen von Konzernunternehmen bei anderen Konzernunternehmen. Hierzu gehören auch Einlagen bei Personengesellschaften unbeschadet der Frage, ob diese rechtlich als Anteile zu bezeichnen sind.

Konzernbeziehungen

In jedem Anhang zum Jahresabschluß der AG sind anzugeben die rechtlichen und geschäftlichen Beziehungen zu verbundenen Unternehmen, ferner geschäftliche Vorgänge bei diesen Unternehmen, die auf die Lage der AG von erheblichem Einfluß sein können. Die Auskunftspflicht des Vorstands in der HV erstreckt sich auch auf die rechtlichen und geschäftlichen Beziehungen der AG zu einer verbundenen Unternehmung.

Konzernbilanz

Aufstellung der Aktiva und Passiva aller in einem Konzern zusammengeschlossenen Konzernunternehmen, unter Eliminierung der konzerninternen Forderungen und Verbindlichkeiten. Die konsolidierte Bilanz soll der Konzernleitung und den Adressaten (außenstehende Dritte) einen Überblick über die wirtschaftliche Lage des Konzerns geben. Für die Konzernbilanz ist eine einheitliche Anwendung und Auslegung der Bewertungsvorschriften notwendig; es bestehen jedoch keine besonderen für ihre Aufstellung. Es gilt das Maßgeblichkeitsprinzip der Einzelbilanzen für die Konzernbilanz.

Konzernergebnis

Konzerngewinn bzw. -verlust. In der Konzernbilanz wird es in einer Summe ausgewiesen; in der Konzerngewinn- und -verlustrechnung in verschiedenen Abstufungen vom Jahresüberschuß (-fehlbetrag) bis zum Konzerngewinn (-verlust). Das Konzernergebnis kann aufgrund zeitlicher Verschiebungen zwischen Gewinnerzielung und -vereinnahmung, insbesondere in tief gestaffelten Konzernen sowie aufgrund von Konsolidierungsmaßnahmen, z. B. Eliminierung von Zwischengewinnen, von der Summe der Einzelergebnisse abweichen.

Konzernforderungen und -verbindlichkeiten

In der Konzernbilanz grundsätzlich als solche unter der Position Forderungen an bzw. Verbindlichkeiten gegenüber verbindung Unternehmen auszuweisen. Eine weitere Untergliederung nach den einzelnen Arten der Unternehmensverhinderung ist zulässig, sofern gesetzestechnische Ausdrücke verwendet werden. Auszuweisen sind sämtliche Forderungen an und Verbindlichkeiten gegenüber verbundenen Unternehmen, namentlich aus: (1) dem Waren-, Leistungs- und Finanzverkehr mit verbundenen Unternehmen; (2) Beteiligungen (Dividenden und andere Gewinnausschüttungen); (3) Unternehmensverträgen.

Konzerngewinn

Jahresgewinn eines Konzerns.

Konzern-Gewinn- und -Verlustrechnung

Faßt die auf den Stichtag des Konzernabschlusses aufgestellten GuV-Rechnungen der Obergesellschaft und der übrigen einbezogenen Unternehmen nach bestimmten Grundsätzen zusammen. Für die Konzern-GuV-Rechnung kann eine vereinfachte Form verwendet werden, wenn die Erträge aus Lieferungen und Leistungen zwischen den in den Konzernabschluß einbezogenen Unternehmen mit dem auf sie entfallenden Aufwendungen der Empfänger der Lieferungen und Leistungen verrechnet oder als Bestandsveränderungen oder als andere aktivierte Eigenleistungen ausgewiesen werden.

Konzernlagebericht

Im Konzernlagebericht sind zumindest der Geschäftsverlauf und die Lage des Konzerns so darzustellen, daß ein den tatsächlichen Verhältnissen entsprechendes Bild vermittelt wird. Der Konzernlagebericht soll zudem eingehen auf Vorgänge von besonderer Bedeutung, die nach dem Schluß des Konzerngeschäftsjahrs eingetreten sind, wie z. B. die voraussichtliche Entwicklung des Konzerns und den Bereich Forschung und Entwicklung des Konzerns. → Konzernanhang.

Konzernobergesellschaft

Übt die einheitliche Leitung eines Konzerns aus und ist, wenn sie ihren Sitz im Inland hat, i. d. R. zur Aufstellung eines Konzernabschlusses nach deutschem Konzernrecht verpflichtet. Konzernobergesellschaften sind in allen Rechtsformen gründbar.

Konzernrechnungslegung

Baut auf der Einheitstheorie auf, die besagt, daß die Positionen der Konzernbilanz und Konzern-GuV-Rechnung nicht nur additiv zusammengefaßt werden, sondern ein tatsächliches Bild über die Vermögens-, Finanz- und Ertragslage des Konzerns wiedergeben sollen. Es wird daher verlangt, daß auf die Doppelerfassung von Umsätzen und Beständen verzichtet und Gewinne ausgeschaltet werden, die nicht durch Lieferungen und Leistungen an Konzernfremde entstanden sind.

Konzernrecht

Das im HGB und AktG geregelte Recht der verbundenen Unternehmen, insbesondere die Bestimmungen über die Rechnungslegung im Konzern.

Konzernschulden

Verbindlichkeiten im Konzern gegenüber verbundenen Unternehmen. Sie sind in der Jahresbilanz der AG gesondert anzugeben.

Konzernunternehmen

Einzelne rechtlich selbständige Unternehmen eines Konzerns.

Konzernverlust

Jahresverlust eines Konzerns.

Konzernvermutung

Im AktG geregelte Vermutung, daß miteinander verbundene Unternehmen einen Konzern bilden. Eine Mehrheitsbeteiligung begründet die widerlegbare Vermutung für das Bestehen einer Abhängigkeit, diese wiederum die widerlegbare Vermutung für das Bestehen eines Konzerns. Mehrheitsbeteiligungen bei wechselseitiger Beteiligung begründen die unwiderlegbare Vermutung für das Bestehen einer Abhängigkeit. Beherrschungsverträge und Eingliederungen begründen die unwiderlegbare Vermutung für das Bestehen eines Konzerns.

Konzernzwischengewinn

Nichtrealisierte Gewinne, die aus Lieferungen und Leistungen zwischen Konzernunternehmen resultieren (Innenumsatzerlöse), aber im Konzernabschluß nicht ausgewiesen werden, da der Konzern als wirtschaftliche Einheit anzusehen ist.

Konzertaufträge, -orders

Bez. f. Börsenaufträge, bei denen der Käufer in Erwartung einer beschränkten Zuteilung dem Kursmakler einen höheren Nennbetrag aufgibt als eigentlich gekauft werden soll. Der Käufer ist an seinen Auftrag gebunden, wenn eine höhere Zuteilung erfolgt, als er erwartet hat.

Konzertzeichner

Bez. f. Zeichner von Neuemissionen von Wertpapieren in der Absicht, sie möglichst bald wieder mit Gewinn weiterzuverkaufen, die mehr Stücke, als sie eigentlich abzunehmen beabsichtigen, zeichnen, natürlich als Vorsorge gegen nur beschränkte Zuteilung.

Konzertzeichnungen

Über den eigentlichen Bedarf hinausgehende erhöhte Zeichnungen bei einer Neuemission in Erwartung beschränkter Zuteilung. Erfolgt jedoch volle Zuteilung, muß der gezeichnete Betrag voll abgenommen werden.

Kopenhagener Börse

Kobenhavns Fondsbors. Nikolaj Plads 6, Postbox 1040, DK-1007 Kopenhagen K., Dänemark Tel.: 33933366. Telefax: 33128613. Telex: 16496 costex dk. Telegrammadr.: Copenstock. Börsenzeit: Mo.–Fr. 10.30 bis etwa 16.00 Uhr.

Kopf-Schulter-Formation

In der technischen (Aktien-)Analyse eine Umkehrformation. Sie besteht aus einem Scheitelpunkt, um den sich links und rechts 2 niedrigere Scheitel gebildet haben. Die Tiefpunkte zwischen den Scheiteln und dem Kopf werden mit der Nackenlinie verbunden. Die Nackenlinie ist eine Linie, bei der der Kurs nach unten offenbar Widerstand findet. Durchbricht nun nach einer Kopf-Schulter-Formation der Kurs die Nackenlinie nach unten, ist dies ein Verkaufssignal. Bestätigt wird dieses Verkaufssignal, wenn der Kurs gleichzeitig eine Trendlinie oder einen gleitenden Durchschnitt nach unten durchbricht. Neben dem Bild (chart), das die Kurse liefern, wird dem Verhalten der Umsätze besondere Beachtung geschenkt. Das Umschlagen eines Aufwärtstrends in eine Abwärtsbewegung wird dadurch signalisiert, daß die Umsätze in der linken Schulter höher sind als in der Spitze und in der Spitze höher als in der rechten Schulter, daß sie aber beim Durchbrechen der Nackenlinien nach unten wieder zunehmen. Die Kombination dieser 3 Merkmale: Kursformation, Durchbruch durch eine Trendlinie und Umsatzverhalten, stellt das idealtypische Anzeichen einer Trendwende dar. Schlägt eine Abwärtsbewegung in einen Aufwärtstrend um, kommt die gleiche Formation als umgekehrte Kopf-Schulter-Formation vor. Ein Tief wird links und rechts von 2 höher liegenden Tiefpunkten flankiert. Die Hochpunkte zwischen Kopf und Schultern werden wiederum durch eine Nackenlinie verbunden. Die Umsätze sollen bei dem Durchbruch durch die Nackenlinie und einer evtl. Trendlinie wiederum hoch sein.

Korb-Optionsscheine

Sonderform gedeckter Optionsscheine. Andere Bez. basket warrants. Sie bieten

Inhabern die Möglichkeit zum Bezug eines ganzen Aktienportfolios, das sich in der Regel aus Aktien einer bestimmten Branche oder mit einem bestimmten „Thema" zusammensetzt. In Deutschland existieren Korb-Optionsscheine auf Aktien aus dem Bereich Umwelttechnik/-schutz (sog. „green" warrants), auf Aktien mit Ostphantasie (sog. „red" warrants) sowie auf Aktien aus dem Maschinenbaubereich. Korb-Optionsscheine bieten Anlegern den Vorteil, daß sie an der Kursentwicklung einer ganzen Branche bzw. eines ganzen „Themas" teilnehmen können. Allerdings ist zu bedenken, daß aufgrund der Portfoliostruktur mit einer weniger volatilen Kursentwicklung des Optionsscheinkurses gerechnet werden muß, da sich einzelne Kursgewinne und -verluste der im Portfolio enthaltenen Aktien aufheben können.

Korbwährungen

Bei künstlichen Währungseinheiten wie ECU und SZR die Währungen, aus denen sie errechnet werden („Währungskorb").

Korea Stock Exchange

1-116 Yeddio-Dong, Yeongdeungpo-Ku, Seoul, Korea, Tel.: 783-2271/5.

Korn

→ Feingehalt, Feinheit.

Korrekturposten zum Eigenkapital

Auf der Aktivseite der Bilanz ausgewiesener Posten „Ausstehende Einlagen auf das gezeichnete Kapital, davon eingefordert". Auch: ausgewiesene Verluste als Korrektur zum Eigenkapital.

Korrelation

Statistisches Maß für den Zusammenhang von wirtschaftlichen Größen in Form von Reihen. Einfache Korrelation: Zusammenhang von nur 2 statistischen Reihen. Multiple Korrelation: Zusammenhang zwischen mehreren Reihen, Abhängigkeit einer Variablen von 2 oder mehr Variablen. Beispiel: Abhängigkeit der Börsenkursentwicklung von der Liquidität der Wirtschaft, Auftragseingängen und Kurs des US-$.

Korrelationsanalyse

Untersuchungen über wechselseitige stochastische Beziehungen zwischen quantitativen Merkmalen einer Stichprobe. Dabei werden geeignete Koeffizienten für die Stärke des Zusammenhangs von Zufallsgrößen definiert und dann Schätzungen für diese Korrelationsmaße mit Hilfe von Stichprobenerzeugnissen ermittelt. Instrument der Aktienanalyse, vor allem der technischen Analyse.

Korrelationskoeffizient

Zahl, mit der in der Korrelationsanalyse die Stärke des Zusammenhangs zwischen Zufallsgrößen gemessen werden kann. Der Korrelationskoeffizient liegt zwischen + 1 und – 1. Bei + 1 herrscht vollkommene positive Korrelation, für – 1 vollkommene negative. Bei Null wird angenommen, daß die Zufallsgrößen unkorreliert sind und keine Abhängigkeiten zwischen den Merkmalen bestehen.

Kost

→ Kostgeschäft.

Kosten

U. a. Aufwendungen von Kapitalanlegern, Spekulanten usw. für ihre Geld- und Kapitalanlagen, Transaktionen usw. Transaktionskosten, Kosten bei Aktiengeschäften. Allgemein: Aufwendungen im Geld- und Kapitalverkehr.

Kostenkennzahlen

Meßzahlen zur Darstellung des Verhältnisses einzelner Kostenarten, Kostenstellen oder Kostenträger zu den Gesamtkosten bzw. ihres Anteils am Kostenaufbau. Als besonders aussagefähig werden Kosten über das Verhältnis von Kostenarten je Produkteinheit, Maschinenstunde oder Arbeitnehmer angesehen und das Verhältnis von Ist-Kosten zu Plan-Kosten. Kriterien in der Aktienanalyse.

Kostgeschäft

Termingeschäft in Wertpapieren oder Devisen, das der Verlängerung laufender Engagements dient (→ in Kost geben); Report- oder Deportgeschäft.

Kotierung, kotieren

Vor allem in der Schweiz verwendeter Begriff: Beschluß der Börse (Zulassungsstelle) über die Zulassung eines neuen Wertpapiers zum amtlichen Börsenhandel und Aufnahme in das amtliche Kursblatt.

Kp.

Abk. f. Kupon (Zinsschein, Coupon).

Kraftloserklärung von Aktien

Erfolgt, wenn eine Aktie (oder ein Zwischenschein) abhanden gekommen oder vernichtet ist und wenn der Inhalt von Aktienurkunden durch eine Veränderung der rechtlichen Verhältnisse unrichtig geworden ist. Besonders geregelt ist die Kraftloserklärung von Aktien bei Kapitalherabsetzung.

Kraftloserklärung von Aktien bei Kapitalherabsetzung

Sollen zur Durchführung der Herabsetzung des Grundkapitals Aktien durch Umtausch, Abstempelung oder ein ähnliches Verfahren zusammengelegt werden, kann die AG die Aktien für kraftlos erklären, die trotz Aufforderung nicht bei ihr eingereicht worden sind. Gleiches gilt für eingereichte Aktien, die die zum Ersatz durch neue Aktien nötige Zahl nicht erreichen und der AG nicht zur Verwertung für Rechnung der Beteiligten zur Verfügung gestellt sind. Die Aufforderung, die Aktien einzureichen, hat die Kraftloserklärung anzudrohen. Die Kraftloserklärung kann nur erfolgen, wenn die Aufforderung in der für die Nachfrist vorgeschriebenen Weise bekanntgemacht worden ist. Die Kraftloserklärung geschieht durch Bekanntmachung in den Gesellschaftsblättern. In der Bekanntmachung sind die für kraftlos erklärten Aktien so zu bezeichnen, daß sich aus der Bekanntmachung ohne weiteres ergibt, ob eine Aktie für kraftlos erklärt ist. Die neuen Aktien, die anstelle der für kraftlos erklärten Aktien auszugeben sind, hat die AG unverzüglich für Rechnung der Beteiligten zum amtlichen Börsenpreis durch Vermittlung eines Kursmaklers und beim Fehlen eines Börsenpreises durch öffentliche Versteigerung zu verkaufen. Ist von der Versteigerung am Sitz der AG kein angemessener Erfolg zu erwarten, sind die Aktien an geeignetem Ort zu verkaufen. Zeit, Ort und Gegenstand der Versteigerung sind öffentlich bekanntzumachen. Die Beteiligten sind besonders zu benachrichtigen; die Benachrichtigung kann unterbleiben, wenn sie untunlich ist. Bekanntmachung und Benachrichtigung müssen mind. 2 Wochen vor der Versteigerung ergehen. Der Erlös ist den Beteiligten auszuzahlen oder, wenn ein Recht zur Hinterlegung besteht, zu hinterlegen.

Kraftloserklärung von Aktien durch die AG

Ist der Inhalt von Aktienurkunden durch eine Veränderung der rechtlichen Verhältnisse unrichtig geworden, kann die AG die Aktien, die trotz Aufforderung nicht zur Berichtigung oder zum Umtausch bei ihr eingereicht sind, mit Genehmigung des Gerichts für kraftlos erklären. Beruht die Unrichtigkeit auf einer Änderung des Nennbetrags der Aktien, können sie nur dann für kraftlos erklärt werden, wenn der Nennbetrag zur Herabsetzung des Grundkapitals herabgesetzt ist. Namensaktien können nicht deshalb für kraftlos erklärt werden, weil die Bezeichnung des Aktionärs unrichtig geworden ist. Gegen die Entscheidung des Gerichts ist sofortige Beschwerde zulässig; eine Anfechtung der Entscheidung, durch die die Genehmigung erteilt wird, ist ausgeschlossen. Die Aufforderung, die Aktien einzureichen, hat die Kraftloserklärung anzudrohen und auf die Genehmigung des Gerichts hinzuweisen. Kraftloserklärung kann nur erfolgen, wenn die Aufforderung in der für die Nachfrist vorgeschriebenen Weise bekanntgemacht worden ist. Kraftloserklärung geschieht durch Bekanntmachung in den Gesellschaftsblättern. In der Bekanntmachung sind die für kraftlos erklärten Aktien so zu bezeichnen, daß sich aus der Bekanntmachung ohne weiteres ergibt, ob eine Aktie für kraftlos erklärt ist. Anstelle der für kraftlos erklärten Aktien sind neue Aktien auszugeben und dem Berechtigten auszuhändigen oder, wenn ein Recht zur Hinterlegung besteht, zu hinterlegen. Aushändigung oder Hinterlegung ist dem Gericht anzuzeigen. Soweit zur Herabsetzung des Grundkapitals Aktien zusammengelegt werden, gelten die Bestimmungen zur Kraftloserklärung von Aktien bei Kapitalherabsetzung.

Kraftloserklärung von Aktien im Aufgebotsverfahren

Ist eine Aktie oder ein Zwischenschein abhanden gekommen oder vernichtet, kann die Urkunde im Aufgebotsverfahren nach ZPO für kraftlos erklärt werden. Sind Gewinnanteilscheine auf den Inhaber ausgegeben, erlischt mit der Kraftloserklärung der Aktie oder des Zwischenscheines auch der Anspruch aus den noch nicht fälligen Gewinnanteilscheinen.

Kraftloserklärung von Schuldverschreibungen

→ abhandengekommene oder vernichtete Schuldverschreibungen.

Kraftloserklärung von Wertpapieren

→ Kraftloserklärung von Aktien → abhandengekommene oder vernichtete Schuldverschreibungen.

Kreditanstalt für Wiederaufbau

Die Kreditanstalt für Wiederaufbau (KfW) wurde 1948 durch Gesetz als Körperschaft des öffentlichen Rechts mit Sitz in Frankfurt a. M. errichtet. Die KfW ist eine Bank mit wirtschaftspolitischer Aufgabenstellung. Die erforderlichen Mittel beschafft sich die KfW durch Ausgabe von Inhaberschuldverschreibungen, die auch zur Anlage von Mündelgeld geeignet sind, sowie durch Aufnahme von Darlehen auf den Kapitalmärkten im In- und Ausland, beim Bund und beim ERP-Sondervermögen.

Kredite der EG

Ein EG-Mitgliedsstaat, der Zahlungsbilanzschwierigkeiten geltend macht, hat im Rahmen des EWG-Vertrages mehrere Möglichkeiten zum Rückgriff auf die Solidarität der Partnerländer. Ergänzend wurde nach der ersten Ölkrise (1973) das Instrument Gemeinschaftsanleihen (Ölfazilität) eingerichtet.

Kreditgenossenschaften

Bez. für die Institute des genossenschaftlichen Bankensektors (Volksbanken, Raiffeisenbanken, Spar- und Darlehnskassen usw.).

Kreditgewährung an Aufsichtsratsmitglieder der AG

Die AG darf ihren Aufsichtsratsmitgliedern, deren Ehegatten und deren minderjährigen Kindern Kredit nur mit Einwilligung des Aufsichtsrats gewähren.

Kreditgewährung an Vorstandsmitglieder der AG

Die AG darf ihren Vorstandsmitgliedern, deren Ehegatten und deren minderjährigen Kindern Kredit nur aufgrund eines Beschlusses des Aufsichtsrates gewähren.

Kreditinstitute

Sammelbegr. f. Unternehmen, die Bankgeschäfte betreiben, wenn der Umfang dieser Geschäfte einen in kaufmännischer Weise eingerichteten Geschäftsbetrieb erfordert (§ 1 KWG). Die Kreditinstitute sind den Vorschriften des KWG unterworfen. Synonym: Banken.

Kreditkosten

Die gesamten Kosten eines Kredits aus Kreditnehmersicht. Sie setzen sich aus Zinsen, Provisionen (z. B. Umsatz-, Überziehungs- und Kreditprovisionen) und Nebenkosten (z. B. Disagio, Bearbeitungsgebühren) zusammen. Neben den ausdrücklich ausgewiesenen Kreditkosten existieren implizite Kreditkosten (Kosten der Sicherung von Krediten).

Kreditor

Gläubiger.

Kreditsicherheiten

Dienen dem Kreditgeber zur Reduzierung seines Verlustrisikos. Typische Kreditsicherheiten: Grundpfandrechte (Grundschuld, Hypothek), (2) Pfandrechte an beweglichen Sachen und Rechten (Pfandrecht, Effektenlombard), (3) Bürgschaften und Patronatserklärungen, (4) Abtretung von Forderungen, (5) Sicherungsübereignungen beweglicher Sachen.

Kreditstatus

Aus der Bilanz abgeleitete Gegenüberstellung von Vermögens- und Schuldenpositionen mit dem Ziel, den Vermögensstand und die Kreditwürdigkeit zu ermitteln. Als Wertansätze sind Tageswerte zu wählen. Stille Rücklagen sind aufzulösen. Eine Gliederung der Aktiva und Passiva erfolgt zweckmäßigerweise unter dem Aspekt der tatsächlichen Bindungsdauer, um einen Einblick in Liquiditätslage und -veränderungen zu erhalten.

Kreditwesengesetz (KWG)

Gesetz v. 1961 zur Sicherung der Funktionsfähigkeit des bundesdeutschen Bankgewerbes. Grundsätzlich sind alle Banken dem KWG und der damit verbundenen staatlichen Aufsicht (Bankenaufsicht) unterworfen, die vom BAK ausgeführt wird und im einzelnen im KWG festgelegt ist. → Bankenaufsicht.

Kreditwürdigkeit

Eigenschaft eines Schuldners, die die Gewähr bietet, seinen Zahlungsverpflichtungen nachkommen zu können und zu wollen. Kriterium in der Wertapieranalyse.

Kreditwürdigkeitskennzahlen

Kennzahlen, die zur Kreditwürdigkeitsprüfung von Kreditnehmern verwendet werden. Häufig verwendete Kreditwürdigkeitskennzahlen bei Unternehmen sind z. B.: Betriebsergebnis, Jahresüberschuß, cash-flow zu Gesamtleistung (Umsatzerlöse) oder Gesamtkapital, Eigenkapital oder Fremdkapital zu Gesamtkapital, Jahresüberschuß plus Steuern und Zinsaufwendungen zu Gesamtkapital, Jahresüberschuß oder Gewinne zu Eigenkapital, Anlagevermögen zu Eigenkapital und langfristigem Fremdkapital. Wesentliche Kriterien für die Wertpapieranalyse.

Kreditwürdigkeitsprüfung, -analyse

Verfahren zur Abschätzung der sich aus der Kreditgewährung ergebenden Risiken (Kreditrisiken). Dabei werden die persönlichen und wirtschaftlichen Verhältnisse des Kreditantragstellers, seine Bereitschaft und Fähigkeit zur fristgerechten Vertragserfüllung geprüft und danach über die Kreditvergabe entschieden. Die Kreditwürdigkeitsprüfung umfaßt die

Prüfung der persönlichen Vertrauenswürdigkeit, z. B. Prüfung der Qualität des Managements, der Zahlungs- und Geschäftsmoral, der beruflichen Qualifikationen. Die Prüfung der rechtlichen Verhältnisse umfaßt die Rechts- und Geschäftsfähigkeit von natürlichen Personen und die Vertretungsberechtigten von juristischen Personen. Die Prüfung der wirtschaftlichen Lage von Unternehmen erstreckt sich bei einer Bilanzanalyse auf die Prüfung der Ertrags-, Liquiditäts-, Vermögens- und Finanzlage; bei natürlichen Personen auf die Höhe und Sicherheit ihres Einkommens und die laufenden Ausgaben. Z. T. Verfahren in der Wertpapieranalyse.

Kreuzparität

Ermittlung eines Wechselkurses von 2 Währungen mit Hilfe einer 3. Währung. Die Kreuzparität der DM und des US-$ läßt sich z. B. errechnen, indem die Parität der DM mit dem Pfund Sterling und die des US-$ mit dem Pfund Sterling ins Verhältnis gesetzt wird.

Kriegsanleihe

Frühere zur Finanzierung von Rüstung und Kriegführung begebene Staatsanleihe.

Kriegsfolgengesetz

Das Allgemeine Kriegsfolgengesetz (AKG) regelt die Ablösung von Kapitalanlagen, deren Schuldner das Deutsche Reich, die Deutsche Reichsbank, die Deutsche Reichspost oder der Freistaat Preußen waren.

Krisenstimmung

An der Börse ein Verhalten der Teilnehmer, das durch Branchen-, Unternehmenskrisen usw. bestimmt ist.

kritischer Zinssatz

Derjenige Zinssatz, der ein bestimmtes Risiko gerade abdeckt oder ab dem keine Verluste entstehen. Speziell der Zinssatz, der eine inflationsbedingte Vermögensminderung gerade abdeckt.

Krügerrand

Münze der bullion coins. Sie enthält 1 Unze Feingold. Die Münze enthält 916⅔ Tausendstel Gold; das entspricht 22 Karat. Die Beigabe unedler Metalle macht den Krügerrand etwas härter und resistenter als reine Goldmünzen, kann jedoch daher im Laufe der Zeit seine Farbe um Nuancen ändern. Den Krügerrand gibt es in unlimitierter Auflage seit 1970. Seit 1980 gibt Südafrika, das Ursprungsland des Krügerrands, Minikrügerrands aus, d. h. Münzen über ½, ¼ und ⅒ Unze. Der Grund dafür liegt in dem Preisanstieg des Goldes; der Kleinanleger soll nach wie vor in der Lage sein, südafrikanisches Gold zu kaufen. Die Motive auf den beiden Seiten der Münze zeigen das südafrikanische Staatswappen, den Springbock, und das Portrait des Burenführers Krüger. Die Münze ist gesetzliches Zahlungsmittel, ohne aber als solches verwendet zu werden.

krumme Aufträge (Orders)

Börsenaufträge, die nicht über übliche runde Schlußeinheiten lauten. Häufig kleine Aufträge.

krummes Bezugsverhältnis

Das Bezugsverhältnis ist das Verhältnis des bisherigen Grundkapitels einer AG zum neuen, erhöhten Kapitalbetrag bzw. die Anzahl der alten Aktien, die zum Bezug von neuen Aktien benötigt werden. Von einem krummen Bezugsverhältnis wird gesprochen, wenn dieses sich nicht rechnerisch einfach, z. B. 3:2, 6:1, sondern nur in kompliziertem rechnerischem Verhältnis, z. B. 13:9, 32:23 ausdrücken läßt.

krumm sein

Einen nicht in der fortlaufenden Notierung handelbaren Kundenauftrag haben.

KSE

Abk. f. Karachi Stock Exchange.

KSt

Abk. für Körperschaftsteuer.

KStG

Abk. f. Körperschaftsteuergesetz.

Kuala Lumpur Commodity Exchange (KLCE)

Warenterminbörse in Kuala Lumpur. Hauptsächlich gehandelt werden futures auf rohes Palmkernöl, Palmkernolein, Zinn und Kakao, Adresse: 4th Floor, City-point, Kompleks Dayabumi, Jalan Sultan Hishamuddin, P. O. Box 11260, 50740 Kuala Lumpur, Malaysia, Tel.: 00603/2936822, Telex: MA 31472, Telefax: 00603/2742215.

Kuala Lumpur Stock Exchange

3rd Floor, Block C, Damansara Centre, P. O. Box 1023, Kuala Lumpur, Malaysia. Tel.: 046815/947547. Telex: Ma 30241. Börsenzeit: 9.00–17.00 Uhr.

Kuckuck

Scherzhafte Bez. f. Pfandsiegelmarke.

Kündbarkeit von Schuldverschreibungen
Festverzinsliche Wertpapiere sind gemäß den Anleihebedingungen vom Schuldner i. d. R. nach einer Reihe von kündigungsfreien Jahren zu jedem Zinstermin kündbar. Der Anleihegläubiger hat nur ganz selten ein (ordentliches) Kündigungsrecht. Der Schuldner wird eine Anleihe oder bestimmte Teile davon kündigen, wenn er entweder das Kapital nicht mehr benötigt oder neues Kapital zu vorteilhafteren Bedingungen aufnehmen kann. Wichtig zur Berechnung von Effektivverzinsungen.

Kündigung
Einseitige Willenserklärung, mit der ein Vertragsverhältnis aufgelöst wird. Bedarf i. d. R. keiner besonderen Form (mündlich und schriftlich möglich). Ordentliche Kündigung: unter Einhaltung der dafür vorgesehenen Frist; außerordentliche Kündigung: vorzeitige, meist fristlose Vertragsauflösung, die einen wichtigen Grund voraussetzt. Bei Anleihen ist Kündigung die Möglichkeit zur vorzeitigen Rückzahlung (Tilgung), die in den Anleihebedingungen vorgesehen sein muß. Bei Kündigung wird – im Gegensatz zur ratenweisen Tilgung durch Auslosung – die gesamte Emission auf einmal zurückgenommen.

kündigungsfreie Jahre
Bei Schuldverschreibungen, die ein Schuldnerkündigungsrecht aufweisen (Regelfall), wird vorzeitige Kündigung meist für die ersten 3–5 Jahre der Laufzeit ausgeschlossen.

Kündigungsgelder
Einlagen (Termin-, befristete Einlagen) bei Banken, die der Kunde auf grundsätzlich unbestimmte Zeit festlegt, über die er erst nach Ablauf einer Kündigungsfrist, die er bei Anlage des Kündigungsgelds mit der Bank vereinbart hat, verfügen kann. Werden meist in größeren Beträgen mit Kündigungsfristen von mind. 1 Monat, 2, 3 bis zu 6 bzw. 12 Monaten angelegt. Der Zinssatz richtet sich nach Angebot und Nachfrage am Geldmarkt. Festgelder werden dagegen bis zu einem von vornherein mit der Bank vereinbarten Fälligkeitstag festgelegt.

Kündigungssperrfrist
Bei Spareinlagen mit vereinbarter Kündigungsfrist ist eine Kündigung erst nach mindestens 6 Monaten möglich.

Kündigung von Wertpapieren
Die Kündigung von festverzinslichen Wertpapieren (Anleihen, Schuldverschreibungen) ist dem Gläubiger fast nie gestattet. Der Schuldner kann sich dieses Recht in den Emissionsbedingungen einräumen lassen. Dabei muß genau festgelegt sein, ab welchem Zeitpunkt, meistens einem Zinstermin, die Wertpapiere kündbar sind. Hypothekenbanken dürfen auf das Recht zur Rückzahlung von Pfandbriefen höchstens für einen Zeitraum von 10 Jahren verzichten.

Kürzel
Zur einfachen Kennzeichnung der Aktien, insbesondere bei Eingabe in EDV, dienen Kurzbezeichnungen von Aktien, die nach Möglichkeit eine Kurzfassung des Namens der AG sind oder eine gedankliche Verbindung zu dem Namen ermöglichen. Solche Kürzel sind leichter zu behalten und zu verwenden als die sechsstelligen Wertpapier-Kenn-Nummern. Die Kürzel sind in Kürzellisten zusammengestellt.

Kürzelliste
→ Kürzel.

Kürzung
Maßnahme, wenn bei einer Wertpapieremission der zur Verfügung stehende Betrag überzeichnet wird; die eingegangenen Zeichnungen werden durch Kürzung auf die Höhe des Ausgabebetrages gebracht (Zuteilung, Repartierung, Rationierung).

kulanter Kurs
Günstiger Kurs für den Geschäftspartner bei einem Wertpapiergeschäft, vor allem im Freiverkehr. Er wird genannt, wenn Börsennotierungen fehlen und im Telefonverkehr oder Kundengeschäft trotzdem Wertpapiergeschäfte abgewickelt werden, deren Kursstellung für die Geschäftspartner günstig ist.

Kulisse
Bez. f. Börsenbesucher, die sich berufsmäßig für eigene Rechnung am Börsenhandel beteiligen (Banken, Makler), um Kursschwankungen auszunutzen. Die Kapitalbindung soll nur kurzfristig sein; der Ertrag des Wertpapiers ist gegenüber der Kursentwicklung ohne Bedeutung. Eine starke Kulisse ist deshalb erwünscht, weil die in ihr enthaltenen Kauf- und Verkaufsinteressenten den Markt verbreitern und dadurch auch zu den der wahren Marktlage entsprechenden Kursen führen. Hohe Kursausschläge wegen mangelnder ge-

gengerichteter Kundenorders werden durch Ein- oder Aussteigen der Kulisse aufgefangen.

Kulissenwerte, -titel

Aktien (u. a. Papiere) des nicht amtlichen Wertpapierhandels. → Kulisse.

kumulative Dividende

Bei Vorzugsaktien ohne Stimmrecht festgelegte Mindestdividende, die dem Vorzugsaktionär aus Geschäftsjahren, in denen die AG keinen Gewinn ausschütten kann, in späteren Jahren nachzuzahlen ist, und zwar bevor eine Dividende an die Stammaktionäre ausgeschüttet wird.

kumulative Vorzugsaktie

Vorzugsaktie, der meist das Stimmrecht fehlt und deren kompensatorischer Vorzug das Recht auf Nachzahlung der Dividende ist. → kumulative Dividende.

Kumulierungsverbot

Prinzip der staatlichen Sparförderung in Deutschland, wonach grundsätzlich für eine steuerbegünstigte Sparleistung die staatliche Förderung nur in einer Form in Anspruch genommen werden kann. Nach dem WoPG können Sparer für jedes Kalenderjahr entscheiden, ob sie für Bausparbeiträge eine Prämie oder den Sonderausgabenabzug erhalten wollen.

Kundenaufträge

Aufträge zum Kauf oder Verkauf von Wertpapieren können limitiert oder unlimitiert (mit oder ohne Kursbegrenzung, Limit) erteilt werden. Briefliche Kauf- oder Verkaufsaufträge ohne zeitliche Begrenzung werden bis auf Widerruf, längstens bis Monatsende, telefonisch, telegrafisch oder durch Fernschreiber erteilte Aufträge, sofern kein Termin vorgeschrieben wird, nur für den Eingangstag bzw. den nächsten Börsentag vorgemerkt, wenn die Aufträge am Eingangstag nicht mehr ausgeführt werden konnten. Aufträge für auswärtige Plätze werden mangels besonderer Weisungen nach dem Ermessen der Bank brieflich, telefonisch, telegrafisch oder durch Fernschreiber weitergegeben. Der Kunde kann auch Daueraufträge aufgeben, die am Monatsende nicht erlöschen. Wird ein Auftrag interessewahrend erteilt, bleibt es der Bank überlassen, ob der Auftrag in Teilbeträgen ausgeführt wird. Findet während der Gültigkeit eines limitierten Auftrags der Abschlag einer Gewinnausschüttung (Dividende, Bonus) statt, wird am Abschlagstag (Abschlag vom Börsenkurs) das Limit um die Höhe der Gewinnausschüttung ermäßigt. Über die 30 in den DAX-Index einbezogenen Werte können auch Stop-Loss- und Stop-Buy-Orders erteilt werden. Stop-Loss-Aufträge sind Verkaufsaufträge, die bestens auszuführen sind, wenn der Kurs das vom Verkäufer gesetzte Limit erreicht oder unterschritten hat. Ein Stop-Buy-Auftrag ist ein Kaufauftrag, der zu einer Billigstorder wird, wenn der Kurs ein gesetztes Limit erreicht oder überschritten hat.

Kundendepot

Offenes Depot bei der Hinterlegung von Wertpapieren, bei dem der Kunde mittelbarer Besitzer und Eigentümer der Wertpapiere bleibt und die Bank einen unmittelbaren Besitz erhält. Damit wird die Eigentümerstellung des Kunden im evtl. Konkurs des Verwahrers gesichert und eine schnelle Übertragung des Eigentums bei Wertpapierkommissionsgeschäften möglich.

Kundengeschäft

Anschaffungsgeschäft in Wertpapieren, bei denen nur ein Geschäftspartner Händler ist. Händlereigenschaft haben z. B. Banken und Kursmakler. Bei der Abwicklung von Kauf- und Verkaufsaufträgen von Kunden im Wertpapiergeschäft handelt die beauftragte Bank als Kommissionär mit Selbsteintrittsrecht. Sie braucht dem Kunden daher den Kontrahenten nicht zu nennen und auch nicht zu belegen, ob ein Deckungsgeschäft tatsächlich zum Abrechnungskurs zustande gekommen ist. Allerdings ist sie verpflichtet, bei amtlich notierten Werten evtl. nachzuweisen, daß der Abrechnungskurs auch festgestellt worden ist.

Kundenobligation

Von emissionsfähigen Unternehmen ausgegebene Obligation, deren Abnehmerkreis nur auf die Kunden der Unternehmung beschränkt ist. In der BR Deutschland wurden noch keine emittiert.

Kundentresor

→ Safe.

Kundenwertpapiere

Von Kunden bei einer Bank deponierte und von letzteren verwahrte sowie meist auch erwaltete Wertpapiere.

Kunstmarkt

Markt mit spezifischer Eigengesetzlichkeit. Kennzeichen für einen Kunstgegenstand ist insbesondere seine Einmaligkeit. Eine Typisierung, wie bei fungiblen

Gütern entwickelt, widerspricht seinem Wesen. Fehlende Typisierung bedingt aber auch begrenzte oder mangelnde Handelbarkeit. Dies bedeutet, daß bei der Preisbildung neben kunstdeterminierenden Faktoren auch markttechnische Größen wesentlich sein können, was sich meist in großen Spannen zwischen Angebots- und Nachfragepreis ausdrückt. Kunstgegenstände unterscheiden sich von monetären Gütern auch im Aufwand für Transport, Lagerung usw. Kunstgegenstände erzielen aus sich heraus keine Verzinsung; Rentabilität kann sich nur aus Preissteigerungen ergeben. Die Wertsteigerung von Kunstwerken erklärt sich vor allem daraus, daß der begrenzten Zahl von weltweit geschätzten Objekten eine steigende Zahl von Kunstliebhabern und -sammlern gegenübersteht. Der Unvermehrbarkeit stehen Mode- und Geschmacksströmungen als Risiken gegenüber. Stücke, die problemlos handelbar sind, dürften längerfristig gute Anlagen darstellen. Dabei sollte der Künstler im In- und Ausland bekannt sein und mind. eine bekannte Sammlung oder ein Museum ein Werk von ihm angekauft haben. Bei Radierungen und Lithographien sollte die Auflage einmalig und ihre Höhe auf ca. 200 Exemplare begrenzt sein; allerdings sollte sie eine bestimmte Mindestverbreitung von etwa 40–60 haben. Weitere, bei Sammlern beliebte Kunstobjekte mit Wertsteigerungsphantasie sind Glasvasen aus Venedig, Biedermeiermöbel, Fotografie des 20. Jahrhunderts, Graphiken der Wiener Werkstätten oder Keramik der zwanziger und dreißiger Jahre. Eine Dokumentation der Preisentwicklungen der Kunstmärkte in den achtziger Jahren bietet das Werk: Christian Herchenröder, Die neuen Kunstmärkte, Düsseldorf 1990.

Kunstsammlungen, vermögensteuerlich

Kunstgegenstände und Sammlungen unterliegen grundsätzlich der Vermögensteuer, wenn ihr Wert DM 20000 übersteigt. Ausnahmen gelten für die Werke von im Zeitpunkt der Anschaffung lebenden Künstlern sowie für den Fall, daß der Eigentümer gegenüber einer von der jeweiligen Landesregierung zu benennenden Stelle jeweils für mindestens fünf Jahre die unwiderrufliche Bereitschaft erklärt hat, seine Kunstgegenstände oder Handschriften unentgeltlich für solche Ausstellungen zur Verfügung zu stellen, deren Träger eine öffentliche Stelle oder eine regelmäßig öffentlich geförderte Stelle ist. Weiterhin gilt für den Fall, daß die jährlichen Kosten i. d. R. die jährlichen Einnahmen übersteigen: Gegenstände, Grundbesitz und Teile von Grundbesitz werden dann nur mit 40% ihres Werts angesetzt, wenn ihre Erhaltung wegen ihrer Bedeutung für Kunst, Geschichte oder Wissenschaft im öffentlichen Interesse liegt. Grundbesitz, Teile von Grundbesitz, Kunstgegenstände, Kunstsammlungen, wissenschaftliche Sammlungen, Bibliotheken und Archive werden bei der Vermögensteuer nicht angesetzt, wenn sie die folgenden Voraussetzungen erfüllen: (1) Ihre Erhaltung muß wegen ihrer Bedeutung für Kunst, Geschichte oder Wissenschaft im öffentlichen Interesse liegen. (2) Die Gegenstände müssen in einem den Verhältnissen entsprechenden Umfang den Zwecken der Forschung oder Volksbildung nutzbar gemacht werden. (3) Der Steuerpflichtige muß bereit sein, die Gegenstände den geltenden Bestimmungen der Denkmalspflege zu unterstellen. (4) Die Gegenstände müssen sich – wenn sie älter als 30 Jahre sind – seit mindestens 20 Jahren im Besitz der Familie befinden oder in das Verzeichnis national wertvollen Kulturgutes bzw. national wertvoller Archive eingetragen sein.

Kupon

→ Coupon (Kupon).

Kuponsteuer (Couponsteuer)

→ Kapitalertragsteuer bei festverzinslichen Wertpapieren.

kurante Goldmünzen

→ Goldmünzen als Kapitalanlage.

Kurantgeld

Als gesetzliches Zahlungsmittel (legal tender) umlaufendes Geld, das unbeschränkt angenommen werden muß.

Kurantmünzen

Vor allem Goldmünzen, die z. Z. der Goldumlaufwährung gesetzliche Zahlungsmittel darstellten.

Kurs

Marktpreis für die an einer Börse gehandelten Wertpapiere, Devisen und Waren, bezogen jeweils auf die übliche Handelseinheit. Kurse für festverzinsliche Wertpapiere werden in % des Nennwerts angegeben, für Aktien in Stücknotierung, in Anlehnung an internationale Gepflogenheiten. Die Stücknotiz wird jeweils nur für die Aktie mit dem niedrigsten Nennbetrag festgestellt, die die AG ausgegeben hat (meist DM 5). Der Kurs wird vom Makler anhand der vorliegenden Kauf- und Verkaufsaufträge so festgesetzt, daß ein möglichst großer Umsatz erreicht wird. Der ermittelte Kurs wird im amtlichen Kursblatt veröffentlicht. Gleichzeitig wird durch Kurszusätze angedeutet, wie bei dem ermittelten Kurs sich Nachfrage und/oder Angebot verhielten. Die Kursentwicklung spiegelt die Lage am Kapitalmarkt wider. Nur amtlich durch einen Kursmakler festgestellte Preise für Wertpapiere, Devisen und Gold sind i. e. S. Kurse und dürfen als solche bezeichnet werden.

Kursabschlag

Erfolgt auf ein Ereignis, das Anlaß zu einer niedrigeren Kursnotiz an der Börse gibt: Bezugsrechtabschlag, Dividendenabschlag, Zinsabschlag, Kursabschlag einer Liquidationsrate, Kursabschlag bei Ausgabe von Berichtigungsaktien u. a. m.

Kursabschlag bei Ausgabe von Berichtigungsaktien

Der Kurs versteht sich ex Berichtigungsaktien (exBA) am 1. Tag der Frist zur Abholung der effektiven Stücke oder zur Einreichung der Berechtigungsnachweise. → Kurszusätze.

Kursabschlag einer Liquidationsrate

Wird im Kursblatt und durch Aushang im Börsensaal bekanntgemacht. Der Kurs versteht sich von diesem Stichtag an ausschließlich (ex) Liquidationsrate. → Kurszusätze.

Kursabzug

Bez. f. die Kursminderung bei Abrechnungen von Wertpapierverkäufen zu Nettokursen.

Kursanomalie

Erheblicher, nicht rational erklärbarer Kursunterschied bei Wertpapieren mit überwiegend gleichen Bewertungsfaktoren.

Kursarbitrage

Arbitrage, bei der die Preis-(Kurs-)Differenz von börsennotierten Gütern (Wertpapieren, Devisen, Edelmetallen) zu gewinnbringenden Geschäften ausgenutzt wird. Die Kursarbitrage läßt sich immer dann mit Gewinn durchführen, wenn zu einem bestimmten Zeitpunkt zwischen örtlich getrennten Teilmärkten Bewertungsdifferenzen bestehen. Besonders häufig sind Kursarbitragegeschäfte am Devisenmarkt, wo nach der Anzahl der an einer Transaktion beteiligten Währungen zwischen Zweiwährungs-, Dreiecks- und Vielecks-Arbitrage unterschieden wird.

Kursaufschlag

Bez. f. die Kurserhöhung bei Abrechnung von Wertpapierkäufen zu Nettokursen.

Kursausruf

Im Börsenhandel gilt Ausrufen eines Kurses als Vertragsangebot gegenüber allen zur Teilnahme am Börsenhandel zugelassenen Besuchern für die zur fortlaufenden Notierung festgesetzte Mindeststückzahl. Dies gilt auch, wenn Kurse zum Aussuchen gestellt werden. Fragt ein Makler oder Händler auf einen ausgerufenen Geld- oder Briefkurs nach der Höhe des angebotenen oder gesuchten Betrages, ist er auf Verlangen des Ausrufenden verpflichtet, den Betrag anzunehmen bzw. abzugeben, der ihm auf seine Frage genannt wird; dies gilt nicht beim Ausrufen von Kurstaxen durch den Kursmakler. Nimmt ein Makler oder Händler das ihm durch Ausrufen eines Kurses gemachte Vertragsangebot ohne Nennung eines Betrages an, so ist er auf Verlangen des Aufrufenden verpflichtet, den Betrag anzunehmen bzw. abzugeben, der ihm von dem Ausrufenden genannt wird.

Kursaussetzung

→ Aussetzung der Kursnotierung (-notiz) → Kursstreichung.

Kursbasis

Zusammenstellung der Aufträge, nach der der Kurs festzustellen ist.

Kursbegrenzung

→ Limit.

Kursberechnung

→ Kursfeststellung an der Börse.

Kursberechnung bei Anleihen

Zur Errechnung eines gewünschten Kurses bei Anleihen, mit dem eine bestimmte Mindestverzinsung erreicht werden soll, ist die Formel zur Errechnung der Effektivverzinsung entsprechend umzustellen. Als Faktoren müssen restliche bzw. rechnerische (bei Tilgungsanleihen) Laufzeit, Nominalverzinsung, Rückzahlungskurs und erwartete Effektivverzinsung berücksichtigt werden. Der rechnerische Kurs einer Anleihe ergibt sich dann aus dem Zeit- oder Barwert (bezogen auf den Zinssatz) sämtlicher noch ausstehender Leistungen (Zinsen und Kursdifferenzen), gemessen in % des entsprechenden Nominalwertes dieser Leistungen.

Kursberichtigung
→ berichtigter Kurs → Kurszusätze.

kursbestimmende Faktoren am Aktienmarkt
Alle Faktoren, die Einfluß auf Angebot an und Nachfrage nach Aktien ausüben. Nach den Annahmen der Fundamentalanalyse sind Ertragskraft einer Unternehmung, innerer Wert bzw. innerer Wert einer Aktie, und damit erwartete, diskontierte Gewinne wesentliche Bestimmungsgrößen des Aktienkurses. Durch Diskontierung zukünftig zu erwartender Gewinne erhält auch das aktuelle Zinsniveau, das den anzusetzenden Abzinsungsfaktor bestimmt, entscheidende Bedeutung. Auf die Gewinnerwartungen wirken wieder eine Reihe von Faktoren, z. B. Auftragseingänge einer Unternehmung und der Gesamtwirtschaft, Geschäftserwartungen, Konjunkturaussichten, Kapazitätsauslastungen, Lohn- und Zinsniveaus, politische Konstellationen u. a. m. Auf das Zinsniveau wirkt die gesamtwirtschaftliche Liquidität, die Liquidität der Banken und die Zinsniveaus anderer Länder, die Nachfrage nach Krediten und das Angebot an Kapital. Nach den Annahmen der technischen (Aktien-)Analyse sind alle diese Faktoren schon im Kurs enthalten, und es gilt nur noch, aus den Erfahrungen vergangener Kursverläufe die Signale für den weiteren Kursverlauf richtig zu interpretieren. Bei einem entsprechend großen Kreis derart handelnder Anleger können aus charttechnischen Konstellationen weitere Einflüsse auf den Aktienkurs ausgehen. Darüber hinaus spielen auch psychologische Faktoren eine wichtige Rolle und allgemein politische Konstellationen. Auch der Einfluß ausländischer Anleger ist zu erwähnen. Ihr Engagement am inländischen Aktienmarkt hängt neben den dargestellten Faktoren auch von den jeweiligen Anlagemöglichkeiten im Heimatland der Ausländer ab und von erwarteten Wechselkursentwicklungen. Sind dort die Anlagebedingungen schlechter als im Inland, werden Investoren die nationalen Aktienmärkte wechseln. Dazu kommen in Auf- und Abschwungphasen selbstverstärkende Elemente sowie technische Marktreaktionen, die einer kontinuierlichen Aktienbewertung entgegenstehen.

kursbestimmende Faktoren am Devisenmarkt
Kursbestimmend am Devisenmarkt sind alle Faktoren, die Einfluß auf das Angebot an und die Nachfrage nach Devisen haben. In Währungssystemen mit festen Wechselkursen haben die Zentralnotenbanken die Aufgabe, Angebotsüberschüsse und Nachfragedefizite mit ihren eigenen Beständen zu regulieren. In Währungssystemen mit flexiblen Wechselkursen haben vor allem die Transaktionen der Außenhandelsteilnehmer: Exporteure und Importeure, der Kapitalanleger, Investoren und Spekulanten erheblichen Einfluß auf die Devisenkurse. Unter langfristigen Aspekten hat das Verhältnis der Preisniveaus zwischen 2 Ländern großen Einfluß auf den Wechselkurs ihrer Währungen (→ Kaufkraftparitätentheorie), unter kurzfristigen Gesichtspunkten spielen Zinseinflüsse (→ Zinsparitätentheorie) eine wichtige Rolle.

kursbestimmende Faktoren am Rentenmarkt
Kursbestimmend am Rentenmarkt sind alle Faktoren, die Einfluß auf das Angebot an und die Nachfrage nach festverzinslichen Wertpapieren haben. Wesentlich hierfür ist das Zinsniveau auf dem Rentenmarkt. Die Kapitalnachfrage wird hauptsächlich durch inländische öffentliche Haushalte (zinsunempfindlich), ausländische öffentliche Haushalte und durch Unternehmen ausgelöst (zinsempfindlich). Für die Kapitalbildung, das Kapitalangebot, ist vor allem die Ersparnisbildung der privaten Haushalte von Bedeutung. Da nicht ständig Kapitalanbieter und -nachfrager gleich stark am Rentenmarkt vertreten sind, haben Banken als Finanzintermediäre durch ihre Kapitalsammel- und -weiterleitungsfunktion oft einen dominierenden Einfluß. Bei hoher Bankenliquidität werden sie diese zunächst partiell am Rentenmarkt einsetzen, was kurssteigernde Wirkung hat. In offenen Volkswirtschaften spielt auch das Zinsniveau an ausländischen Kapitalmärkten eine Rolle, von dem Rückwirkungen auf das inländische Zinsniveau und damit auf die Kursbildung am Rentenmarkt ausgehen. Die Wertpapierkurse einzelner Emittenten hängen darüber hinaus von ihrer Bonität ab. Festverzinsliche Wertpapiere von erstklassigen Emittenten werden unter sonst gleichen Bedingungen höhere Kurse haben als von bonitätsmäßig nicht so guten Emittenten. Auch die Laufzeit von Wertpapieren hat Einfluß auf ihren Kurs. I. a. sind die Zinssätze für langlaufende Wertpapiere höher und bei gleichen Nominalzinsen ihre Kurse niedriger als bei kürzerlaufenden Wertpapieren. In Zeiten hoher kurzfristiger Zinssätze kann diese Zinsstruktur auch invers sein, d. h., daß für

kurzfristige Anlagen höhere Zinsen gezahlt werden als für langfristige.

Kursbezeichnungen

→ Kurszusätze.

Kursbildung am Aktienmarkt

Geschieht auf vielfältige Weise. Im amtlichen Handel werden die Kurse von amtlichen Maklern am Kassamarkt entweder als Einheitskurs oder variabel festgestellt. Der Einheitskurs wird nur einmal am Tag ermittelt und gibt den Kurs wieder, zu dem die größtmöglichen Umsätze der zu diesem Zeitpunkt vorliegenden Aufträge durchgeführt werden können. In der variablen Notierung können die Aktienkurse während eines Börsentages schwanken. Sind die jeweiligen Mindestvolumina für Abschlüsse vorhanden, stellt der Makler den Kurs amtlich fest, zu dem diese Aktienquantitäten den Besitzer wechseln. Am Geregelten Markt wird die Kursbildung ähnlich wie am Einheitsmarkt durch Freimakler vollzogen. Im Freiverkehr geben freie Makler Spannenkurse (Geld- und Briefkurse) an; sie können auch Geschäfte für eigene Rechnung abschließen. Der ungeregelte Freiverkehr findet zum größten Teil im Telefon- und Fernschreibverkehr zwischen Banken untereinander und mit Großanlegern außerhalb der gewöhnlichen Börsenzeiten statt. Am Terminmarkt der Wertpapierbörsen, der in Deutschland nur in Form von Optionsgeschäften durchgeführt werden kann, werden die Optionspreise auch je nach Angebot und Nachfrage von Maklern festgelegt.

Kursbildung am Devisenmarkt

Neben der amtlichen Kursfestsetzung am Devisenmarkt finden der Devisenhandel und die Kursbildung rund um die Uhr statt. Im Kassahandel, der vornehmlich im Telefon- und Fernschreibverkehr zwischen Banken abgewickelt wird, werden dem anrufenden potentiellen Kontrahenten Geld- und Briefkurse genannt, wobei aber nicht die gesamten Kurse ausgesprochen werden, sondern nur die letzten 2–3 Stellen des im Augenblick aktuellen Kurses. Seit Januar 1994 werden im amtlichen Handel die Kurse bis auf fünf Stellen hinter dem Komma festgestellt, nur Schweizer Franken werden mit sechs Stellen notiert. Im amtlichen Handel sind die Spannen zwischen Geld- und Briefkurs vorgegeben; sie betragen z. B. bei US-Dollar 0,008 DM, bei britischen Pfund 0,014 DM, bei Schweizer Franken 0,2 DM, bei Französischen Francs 0,12 DM und bei japanischen Yen 0,003 DM. Im außerbörslichen Devisenhandel können sich durch den permanenten, ganztägigen Handel im Laufe eines Tages bemerkenswerte Kursentwicklungen ergeben. Bei dem Versuch, eine Währungsposition auf- oder abzubauen, können die Banken ihre Kurse entsprechend festlegen oder Währungen zu den ihnen genannten Kursen beziehen oder abgeben. Wollen viele Banken zur gleichen Zeit eine Währungsposition auf- oder abbauen, hat das starken Einfluß auf die Kursentwicklung. Die Kursbildung am Devisenterminmarkt erfolgt entsprechend. Dabei werden aber häufig nicht die eigentlichen Tageskurse genannt, sondern die Swapsätze (Auf- bzw. Abschläge) zu den Kassakursen. Da die Swapsätze stärker von den Zinsdifferenzen zwischen den Währungsräumen als von den Kassakursen abhängen, ändern sie sich nicht so schnell wie die Terminkurse selber. Auch bei den Swapsätzen erfolgt eine Preisstellung durch die letzten 2 oder 3 Stellen, aus denen auch schon entnommen werden kann, ob es sich um einen Auf- oder Abschlag handelt.

Kursbildung am Rentenmarkt

Hängt wesentlich vom jeweiligen Angebot an und der Nachfrage nach Rentenwerten ab. Dabei fällt den kursbestimmenden Faktoren erhebliche Bedeutung zu. Die jeweiligen Rentenkurse resultieren aus der Kombination der Bonität des Schuldners, der augenblicklichen Rendite für „sichere" Kapitalmarktanlagen, Laufzeit und Nominalverzinsung der festverzinslichen Wertpapiere. Viele Rentenwerte werden auch außerbörslich – räumlich und zeitlich – im Telefonverkehr der Banken gehandelt. Damit können Banken flexibel ihre Liquiditätsdispositionen treffen, und die im Telefonverkehr vereinbarten Kurse haben wesentliche Bedeutung für die nachfolgende Börsensitzung.

Kursbildung an der Börse

An der Börse werden die Kurse von amtlichen und freien Maklern festgestellt. Diese haben vorrangig die Aufgabe, solche Kurse festzustellen, zu denen jeweils die höchsten Umsätze möglich sind. Die Kursbildung an der Börse ist auf die offiziellen Börsenzeiten beschränkt, wodurch – gerade im Devisenhandel – diese Kursbildung nur die in diesem Augenblick herrschende Marktlage wiedergeben kann.

Kursbildung an der Deutschen Terminbörse (DTB)

An der DTB erfolgt die Kursbildung bei Options- und futures-Geschäften unter

Mitwirkung von Maklern und market makers. Die Funktion eines Maklers besteht in der Ausführung von Kundenaufträgen. Dabei muß der Makler die Interessen seiner Kunden beachten; als Entgelt für ausgeführte Aufträge erhält er eine Provision. Market makers sind zuständig für die Bereitstellung von Geld- und Briefkursen für Terminkontrakte. Dafür erhalten sie die zwischen Geld- und Briefkursen bestehende Differenz. Market makers unterliegen der Verpflichtung, auf Anfrage quotes (= verbindliche Geld- und Briefkurse) zu stellen. Erfolgt eine quote-Anforderung (quote request), so muß der market maker innerhalb sehr kurzer Zeit Geld- und Briefkurse für die angefragte Menge nennen. Die Tätigkeit der market makers wird von der DTB on-line via Bildschirm überwacht.

Kursbildungstheorien

Sollen die Kursbildung an Wertpapier- und Devisenmärkten erklären; vor allem: portfolio-selection-Theorie und Effizienztheorie. Nach der portfolio-selection-Theorie versucht ein Kapital- oder Währungsanleger, sein Wertpapier- oder Währungsportefeuille nach den Kriterien erwartete Rentabilität und Risiko optimal zu strukturieren. Die Effizienztheorie besagt, daß auf effizienten Märkten verschiedene Informationen schon in den Kursen eskomptiert sind, so daß weitere Versuche, durch zusätzliche Informationsgewinnung bessere Entscheidungen zu treffen bzw. eine Kursentwicklung prognostizieren zu können, nur bei bestimmten Konstellationen möglich sind. In diesem Zusammenhang ist auch die random-walk-Theorie zu nennen, nach deren Annahmen Kursverläufe einem Zufallspfad folgen, der nicht genau prognostizierbar ist. Für den Aktienmarkt speziell gibt es Anhänger der Fundamentalanalyse einerseits und der technischen (Aktien-)Analyse andererseits, die über die zutreffenden Prognosemöglichkeiten von zukünftigen Kursentwicklungen unterschiedlicher Meinung sind. Für den Devisenmarkt können die Kaufkraftparitätentheorie, die Zinsparitätentheorie und die Theorie der Wechselkurserwartungen als Kursbildungstheorien genannt werden.

Kursblatt

Kurszettel oder Kursbericht einer Börse, in dem regelmäßig alle Kursnotierungen der jeweiligen Börse veröffentlicht werden. Jede der 8 deutschen Wertpapierbörsen gibt an jedem Börsentag dieses amtliche Organ heraus. Es enthält auch Ankündigungen des Börsenvorstandes und der Zulassungsstelle; außerdem werden die am Geregelten Markt ermittelten Kurse aufgeführt.

Kurs/cash-flow-Verhältnis

Aktienkurs geteilt durch cash-flow pro Aktie. Reziproker Wert der cash-flow-Rendite. Beide Werte können als Vergleichswerte für Unternehmen der gleichen Branche für eine Fundamentalanalyse herangezogen werden.

Kurs des Wertpapiers

Preis in DM für ein Stück. Bei Schuldverschreibungen wird der Kurs in % des Nennbetrags angegeben. Hat eine AG Aktien mit verschiedenen Nennbeträgen ausgegeben, bezieht sich der Preis auf ein Stück mit dem niedrigsten Nennbetrag.

Kursdurchschnitt

Summe der Kurse aller festverzinslichen Wertpapiere oder Aktien geteilt durch die Zahl der umlaufenden Stücke ergibt deren Durchschnittskurs. Solche werden für sämtliche festverzinslichen Wertpapiere sowie für alle Aktien und für Teilgruppen von Aktien berechnet, z. B. vom Statistischen Bundesamt, von der Bundesbank, verschiedenen Wirtschaftszeitungen u. a. m.

Kurseinbruch

Tendenzbez. f. beträchtlichen Kursrückgang.

Kurserholung

Tendenzbez. f. Kurserhöhungen nach vorangegangenen Kursrückgängen.

Kursermattung

Tendenzbez. f. größere Kursrückgänge.

Kursexplosion

Tendenzbez. f. unerwartete, plötzliche, sehr starke Kurssteigerungen.

Kursfestsetzung

Bez. f. die Kursbildung im amtlichen Börsenhandel. Die amtliche Kursfeststellung erfolgt durch den Börsenvorstand unter Mitwirkung der Kursmakler, in Frankfurt durch die Maklerkammer unter Aufsicht des Börsenvorstands.

Kursfestsetzung am Aktienmarkt

→ Kursfestsetzung am Einheitsmarkt → Kursfestsetzung am variablen Markt.

Kursfestsetzung am Devisenmarkt

Die amtliche Kursfestsetzung am Devisenkassamarkt erfolgt in Deutschland an 5

Devisenbörsen, unter Führung der Frankfurter Devisenbörse. Nach der Bekanntgabe des geschätzten Kurses für jede Währung durch den Devisenmakler geben die Devisenhändler der Banken ihre Kauf- und Verkaufsaufträge ab. Dann ermittelt der Devisenmakler den Kurs, zu dem die höchsten Devisenumsätze zustande kommen. Dabei können die Händler oder die Bundesbank neue Gebote einbringen. Der dann an der Frankfurter Börse ermittelte Devisenmittelkurs ist für jede amtlich notierte Währung maßgeblich für die weiteren Devisenbörsen und für die Geschäfte der Banken mit ihren Kunden. Veröffentlicht werden Geld- und Briefkurse, die sich durch eine geringe Spanne vom Mittelkurs unterscheiden. Die Kursfestsetzung am Devisenterminmarkt erfolgt nicht amtlich. Diese Kurse werden durch bestimmte Aufschläge oder Reports bzw. Abschläge oder Deports vom Kassakurs festgesetzt. Beim Händlergeschäft werden weniger die Devisenterminkurse gehandelt (genannt), sondern vielmehr die Auf- und Abschläge, die auch als Swapsätze bezeichnet werden.

Kursfestsetzung am Einheitsmarkt

Der Einheitskurs am Aktienmarkt ergibt sich aus der Vielzahl von Kauf- und Verkaufsaufträgen, die dem jeweiligen Kursmarkler von den Händlern genannt werden. Der Einheitskurs wird börsentäglich einmal ermittelt. Zur Festsetzung des Einheitskurses muß ein Makler folgende Bedingungen beachten: Zum Einheitskurs muß der größtmögliche Umsatz zustande kommen; alle Bestens- und Billigstaufträge sollen ausgeführt werden; alle über dem Einheitskurs limitierten Kaufaufträge und alle unter dem Einheitskurs limitierten Kaufaufträge sollen ausgeführt werden und alle zum Einheitskurs limitierten Aufträge sollen zumindest teilweise ausgeführt werden.

Kursfestsetzung am Kassamarkt

Kennzeichen des Kassamarktes ist, daß die geschlossenen Kauf- und Verkaufsaufträge sofort, d. h. innerhalb von 2 Börsentagen zu erfüllen sind, indem der Verkäufer die betreffenden Objekte liefert und der Käufer den Kaufpreis zahlt. Kassageschäfte kommen am Aktien-, Devisen- und Rentenmarkt vor. Neben dem Kassamarkt gibt es einen Terminmarkt für Aktien, Aktienindizes, festverzinsliche Wertpapiere und Devisen, auf dem unbedingte Kaufverträge mit der Maßgabe geschlossen werden, daß die Erfüllung (Lieferung und Zahlung) zu einem fest vereinbarten, zukünftigen Zeitpunkt erfolgen soll.

Kursfestsetzung am Rentenmarkt

Der Börsenkurs bei festverzinslichen Wertpapieren wird als Prozentkurs festgesetzt. Er bezieht sich auf je DM 100 Nennwert. Die Kauf- und Verkaufsaufträge von Rentenwerten gehen bei den Maklern ein, die dann den Kurs feststellen, zu dem die höchsten Umsätze getätigt werden.

Kursfestsetzung am variablen Markt

Am variablen Markt werden Aktienkurse, Wandelanleihen und festverzinsliche Wertpapiere fortlaufend notiert. Dabei müssen mindest. 50 Stück Aktien, DM 5000 Nennbetrag Wandelanleihen bzw. DM 1 Mio. Nennbetrag festverzinsliche Wertpapiere oder ein Vielfaches davon gehandelt werden. Die variable Kursfestsetzung erfolgt einzeln für jedes abgeschlossene Geschäft gemäß Angebot und Nachfrage zum Zeitpunkt des Abschlusses. Die Kursfestsetzung erfolgt während der gesamten Börsenzeit durch amtliche Makler.

Kursfeststellung, amtliche

→ Kursfeststellung an der Börse → Kursfestsetzung am Devisenmarkt.

Kursfeststellung an der Börse

An den deutschen Wertpapierbörsen erfolgt amtliche Feststellung der Kurse den Vorschriften der Börsenordnungen entsprechend durch Mitglieder des Börsenvorstandes unter Hinzuziehung von Kursmaklern (in Frankfurt nur durch die Kursmakler), die auch die Veröffentlichung der Kurse vornehmen. Die neben den Kursmaklern (im amtlichen Börsenverkehr) tätigen freien Makler haben nicht das Recht und die Pflicht zur Ermittlung und Feststellung von (amtlichen) Kursen. Für die Kursfestsetzung ist Voraussetzung, daß die Wertpapiere zum Handel und zur amtlichen Notierung an der Börse zugelassen sind und daß die Geschäfte in diesen Wertpapieren grundsätzlich über einen (amtlichen) Kursmakler zustandegekommen sind. Soweit Aktien zum Handel mit fortlaufender Notierung zugelassen sind, setzt der Kursmakler bei der betreffenden Aktienart während der Börsenversammlung stets dann einen amtlichen Kurs fest, wenn er zwischen 2 Kontrahenten ein Geschäft im Mindestnennbetrag von DM 3000 bzw. 50 Stück oder jeweils einem Mehrfachen davon vermittelt hat. Analog gilt dies für Wandelanleihen (Mindestschluß DM 5000) und festverzinsliche

Wertpapiere des Bundes, der Bahn und der Post (Mindestschluß DM 1 Mio. Nennwert). Dies bedeutet, daß während der Börsenzeit angegebene Kurse unterschiedlich sein können und dies meist sind. Für nicht zum Handel mit fortlaufender Notierung zugelassene Wertpapiere wird während der Börsenversammlung nur einmal ein amtlicher Kurs, der Einheits- oder Kassakurs, festgesetzt. In diesem Fall beruht die Kursfestsetzung anders als bei der variablen Notierung nicht darauf, daß der zwischen Käufer und Verkäufer vereinbarte Kaufpreis für ein einzelnes abgeschlossenes Geschäft mitgeteilt wird, sondern, daß der Kursmakler aus den verschiedenen ihm vorliegenden Kauf- und Verkaufsaufträgen den Kurs errechnet, zu dem der größte Teil der Aufträge ausgeführt werden kann, der dann für diesen Börsentag festgesetzt wird. Auch bei variabel notierten Wertpapieren wird für unter dem Mindestschluß liegende Orders und für Spitzenbeträge ein Einheitskurses festgesetzt. Für die Feststellung des Einheitskurses besteht eine Schlußfrist für die Annahme von Aufträgen. Die Kurse festverzinslicher Wertpapiere werden in % des Nennbetrags ausgedrückt; außerdem werden beim Kauf und Verkauf von Schuldverschreibungen zwischen den Zinszahlungsterminen Stückzinsen verrechnet: Da der Käufer den beim nächsten Zinstermin fälligen Zinsschein mitkauft und somit am Fälligkeitstag den vollen Zinsbetrag für die bei Kaufabschluß schon laufende Zinsperiode erhält, muß er dem Verkäufer den diesem zustehenden Zinsanteil vergüten. Die amtlichen Makler haben jeweils den Kurs als amtlichen Kurs festzustellen, der die Ausführung des größtmöglichen Auftragsvolumens ermöglicht. Unausgeführt bleiben die Verkaufsaufträge, deren Limit über dem festgesetzten Kurs, und die Kaufaufträge, deren Limit unter dem festgesetzten Kurs liegt. Die Marktlage muß durch Kurszusätze im Kursblatt zum Ausdruck gebracht werden.

Kursgarantie

Garantie eines Dritten, Wertpapiere zu einem bestimmten Kurs abzunehmen bzw. zu liefern. Meist befristet.

kursgepflegte Emissionen

Bez. f. Schuldverschreibungen, deren Kurse wegen guter Kurspflege keine oder nur unerhebliche Schwankungen aufweisen.

Kurs gestrichen

→ Kurszusätze → Kursstreichung.

Kursgewinn

Unterschied zwischen dem Endbetrag der Kaufabrechnung für Wertpapiere und dem höheren Endbetrag der Verkaufsabrechnung unter Berücksichtigung sonstiger Spesen, auch Zinsen.

Kursgewinne, nicht realisierte

Buchmäßige Gewinne durch Kursanstieg von Wertpapieren gegenüber dem Anschaffungskurs; sie werden erst beim Verkauf des Wertpapiers realisiert.

Kursgewinne, realisierte

→ realisierte Kursgewinne → Realisation.

Kurs-Gewinn-Verhältnis (KGV)

In der Aktienanalyse errechnet: Kurs geteilt durch Jahresüberschuß oder geschätzten Gewinn pro Aktie. Die Relation gibt an, wie viele Male der Reingewinn pro Aktie im Aktienkurs enthalten ist. Einer der gebräuchlichsten Maßstäbe bei der Beurteilung von Aktien. Zur Ausschaltung von periodenfremden, außerordentlichen und sonstigen Sondereinflüssen wurde von der DVFA eine Formel entwickelt. → price-earnings ratio (PER).

Kurshinweise

Erfolgen bei börsennotierten Werten dann, wenn kein Kurs festgestellt werden konnte, oder aus anderen Gründen. Es werden bundeseinheitlich folgende Hinweise verwendet: G = Geld: Zu diesem Kurs bestand nur Nachfrage; – G = gestrichen Geld: es lagen Billigst-Kauforders ohne Angebot vor; B = Brief: Zu diesem Kurs bestand nur Angebot; – B = gestrichen Brief: es lagen Bestens-Verkaufsorders ohne Nachfrage vor. – = gestrichen: Ein Kurs konnte nicht festgestellt werden; -T = gestrichen Taxe: Ein Kurs konnte nicht festgestellt werden, der Preis ist nur geschätzt; – gT = gestrichen Geld/Taxe: Ein Kurs konnte nicht festgestellt werden, da der Preis auf der Nachfrageseite geschätzt ist; – bT = gestrichen Brief/Taxe: Ein Kurs konnte nicht festgestellt werden, da der Preis auf der Angebotsseite geschätzt ist; ex D = ohne Dividende: Die erste Notierung nach Zahlung und Abschlag der Dividende; ex BR = ohne Bezugsrecht: Die erste Notierung nach Abschlag des Bezugsrechts; ex A = ohne Ausschüttung: Erste Notiz unter Abschlag einer Ausschüttung; ex abc = ohne verschiedene Rechte: Erste Notiz unter Abschlag verschiedener Rechte; ex AZ = ohne Ausgleichszahlung: Erste Notiz unter Abschlag einer Ausgleichszahlung; ex BA = ohne Berichtigungsaktien: Erste

Notiz nach Umstellung des Kurses auf das aus Gesellschaftsmitteln berichtigte Aktienkapital; ex BO = ohne Bonusrecht: Erste Notiz unter Abschlag eines Bonusrechts; ex SP = ohne Splitting: Erste Notiz nach Umstellung des Kurses auf die geteilten Aktien; ex ZS = ohne Zinsen: Erste Notiz unter Abschlag der Zinsen; ausg. = ausgesetzt: Die Kursnotierung ist ausgesetzt; ein Ausruf ist nicht gestattet; – Z = gestrichen Ziehung: Die Notierung der Schuldverschreibung ist wegen eines Auslosungstermins ausgesetzt. Die Aussetzung beginnt zwei Börsentage vor dem festgesetzten Auslosungstag und endet mit Ablauf des Börsentages danach; H = Hinweis: Auf Besonderheiten wird gesondert hingewiesen. → Kurszusätze.

kursieren

Umlaufen (von Geld, Münzen, Wertpapieren, Gerüchten an der Börse usw.).

Kursindex

Ein Index der Börsenkurse, der die Kursentwicklung aufzeigen soll. Er wird entweder aus sämtlichen an einer Wertpapierbörse notierten Werten gebildet oder aus einer repräsentativen Anzahl. → Deutscher Aktienindex (DAX); → Composite DAX (CDAX). Neben einem Gesamtindex werden auch verschiedene Branchenindizes gebildet. Die Bedeutung der Kursentwicklung der Aktien der in den Index aufgenommenen AG wird häufig nach der Höhe des Aktienkapitals dieser AG gewichtet. Zu einem bestimmten Zeitpunkt wird der Index gleich 100 gesetzt und die folgenden Daten in % der ersteren ausgedrückt. Für festverzinsliche Wertpapiere begnügt man sich häufig mit Zinsstrukturangaben, da die Kursentwicklung bei ihnen invers zur Zinsentwicklung verläuft. Seit 11. 6. 91 veröffentlicht die Frankfurter Wertpapierbörse den deutschen Rentenindex. → REX.

Kursintervention

Mittel der Kurspflege: Eingreifen an Börsen (Wertpapier-, Devisen-, Warenbörsen) von interessierter Seite, wenn unerwünschte Kursveränderungen eintreten. Typisch sind Kursinterventionen von Zentralnotenbanken an Devisenbörsen bei Wechselkurssystemen mit festen oder stufenflexiblen Wechselkursen. Aber auch Banken können im Rahmen der Emissionspflege verpflichtet sein, an Wertpapiermärkten kursstützend einzugreifen. Mit Kursinterventionen können meist nur kurzfristig bestimmte Marktentwicklungen geglättet, nicht aber dauerhaft aufgehalten oder sogar umgekehrt werden. → Intervention(spflicht).

Kurskorrektur (1)

Tendenzbez., wenn Börsenkurse, die offenkundig zu hoch oder zu niedrig scheinen, durch den Börsenhandel „korrigiert" werden.

Kurskorrektur (2)

Kurszusätze, die auf durch den Makler vorgenommene Kursabschläge hindeuten; z. B. als Bezugsrechtabschlag (exBR), ferner exBA, ex Zinsen, ex Liquidationsrate.

Kurslimit

→ Limitierung von Aufträgen.

Kursmachen

Bez. f. an der Börse faktisch kursbestimmende Käufer oder Verkäufer (meist bestimmte Banken).

Kursmakler

Amtlich bestellte und vereidigte Handelsmakler, die an der amtlichen Feststellung von Börsenkursen mitwirken. Sie müssen von jedem zur Teilnahme am Börsenverkehr Zugelassenen Aufträge in den Wertpapieren entgegennehmen, an deren amtlicher Kursfeststellung sie mitzuwirken haben, dürfen aber keine Eigengeschäfte vornehmen (bzw. nur sehr begrenzt). Werden von der Börsenaufsichtsbehörde auf Vorschlag des Börsenvorstands bestellt. Sie sind Kaufmann. Anspruch auf Berücksichtigung bei der amtlichen Feststellung des Börsenpreises haben nur die durch Vermittlung eines Kursmaklers abgeschlossenen Geschäfte. Auch: Sensal, Courtier.

Kursmaklerkammer

→ Maklerkammer.

Kursmaklerspezialist

Bez. f. einen Kursmakler, der die Betreuung eines oder mehrerer Wertpapiere übernommen hat. Er hat die Verpflichtung, bei temporären Marktungleichgewichten nach bestimmten Regeln einen Marktausgleich durchzuführen.

Kursmaklerstellvertreter (-substitut)

Stellvertreter eines Kursmaklers.

Kursmaklersubstitut

→ Kursmaklerstellvertreter (-substitut).

Kursmaklertagebuch

Der Kursmakler muß ein Tagebuch führen, in das die ihm erteilten Aufträge und die durch seine Vermittlung zustande gekommenen Geschäfte einzutragen sind. Das Tagebuch ist vor dem Gebrauch dem Börsenvorstand bzw. der Maklerkammer zur Beglaubigung der Zahl der Blätter vorzulegen. Stirbt ein Kursmakler oder scheidet er aus dem Amt aus, ist sein Tagebuch beim Börsenvorstand bzw. der Maklerkammer zu hinterlegen. Bei der Börsengeschäftsabwicklung mit einer Datenverarbeitungsanlage werden börsentäglich von dieser die einzelnen Tagebuchblätter ausgedruckt, die numeriert, gesammelt und später zum Kursmaklertagebuch gebunden werden.

Kursmarken, gleitende

Nachziehende Verkaufslimite, die bei steigenden Kursen laufend erhöht werden.

Kursniveau

Kursstand.

Kursnotierung, Kursnotiz

Bez. f. die Kursfestsetzung bzw. den festgestellten Börsenkurs.

Kursparität

Besteht zwischen 2 Währungen, wenn sie im gleichen Ausmaß von einem gemeinsamen Maßstab, z. B. Gold- oder Dollarparität, abweichen.

Kurspflege

Interventionen am Kapitalmarkt bzw. der Börse zur Regelung und Stützung der Wertpapierkurse, vor allem zur Verhinderung allzu heftiger Zufallsschwankungen. Sie werden i. d. R. von den Konsortialbanken vorgenommen, also von den gleichen Banken, die auch die Emission und die Börseneinführung der betreffenden Wertpapiere durchgeführt haben. Kurspflege, über die meist in den Konsortialverträgen Abreden über Ausmaß und Zeitpunkt vereinbart werden, geht auf Rechnung der Emittenten, mit Ausnahme von Aktien, bei denen wegen des grundsätzlichen Verbots des Erwerbs eigener Aktien eine Kurspflege nur auf eigene Rechnung der Konsortialbanken möglich ist. Von besonderer Bedeutung ist am Rentenmarkt vor allem die Kurspflege für die Anleihen der öffentlichen Hand. Sie wird für die Anleihen des Bundes und seiner Sondervermögen von der Bundesbank im Auftrag und für Rechnung der Emittenten durchgeführt. Gelegentlich nahm die Bundesbank allerdings auch Offenmarktgeschäfte in Anleihen des Bundes, der Bundesbahn und der Bundespost für eigene Rechnung vor. Kurspflege kann sich letztlich im wesentlichen nur auf zufällige und erratische, extreme, größere Kursschwankungen, die nicht der allgemeinen Marktlage entsprechen, beziehen, nicht aber eine falsche Markttendenz herbeiführen. Kurspflege ist bei Anleihen insbesondere dann erforderlich, wenn beabsichtigt ist, in absehbarer Zeit eine weitere Anleihe herauszugeben. Kurspflege erhöht die Fungibilität eines Wertpapiers; sie wird in Anpassung an die Marktlage flexibel und nicht starr betrieben. → Kursregulierung.

Kurspflegekonsortium

→ Kursstützungskonsortium.

Kursphantasie

Bei Aktien, wenn die betreffende AG entweder auf innovatorischen Märkten tätig ist oder mit neuen Produkten handelt, deren Gewinnpotential sich erst nach längerer Zeit aktualisieren läßt oder wenn bestimmte politisch, gesamtwirtschaftlich oder einzelwirtschaftlich signifikante Änderungen auftreten, deren volles Ausmaß z. Zt. noch nicht abzuschätzen ist. Die zukünftig möglichen, potentiellen Gewinne werden von den Marktteilnehmern unterschiedlich eingeschätzt und enthalten einen großen Bereich an Kursveränderungen, deren Adäquanz noch nicht festzulegen ist. Manchmal stellen sich als Ergebnis der Kursphantasie „Phantasiekurse" ein, die dann beträchtliches Kurspotential in die andere Richtung haben.

Kursprognose

Versuch, mit Hilfe von theoretischen Aussagen oder praktischen Erfahrungen zukünftige Kurse zu bestimmen. Grundlage der Kursprognose bilden häufig Kursbildungstheorien.

Kurspunkte

Auch: Punkte. Maß, in dem die Veränderung von Wertpapierkursen angegeben wird.

Kursregulierung

Wenn ein Emittent oder eine Bank die Kurse von Wertpapieren, meist Anleihen, unabhängig von der Tendenz, nicht unter einen bestimmten Punkt absinken läßt. → Kurspflege → Kursintervention.

Kursrendite

Aus dem Verhältnis von Kurs und der festen Verzinsung von Wertpapieren ermittelte Rendite. → Effektivverzinsung.

Kursreserve

Wenn der Tageskurs eines Wertpapiers Unterbewertung erkennen läßt.

Kursrisiko

Kapitalanlagen in marktmäßigen handelbaren Werten unterliegen einem Kurs- bzw. Preisrisiko, das besonders evident ist bei börsennotierten Wertpapieren. Das Kursrisiko von Wertpapieren und Devisen umfaßt i. a. auch gleichzeitig eine Kurschance, da die Kurse sich nicht immer nur ungünstig für den Wertpapier- oder Währungsbesitzer entwickeln können, sondern auch vorteilhaft. Risikoscheue Anleger suchen Anlagen mit geringem oder fehlendem Kursrisiko; Spekulanten nehmen i. a. hohe Kursrisiken in Kauf, weil sie nur an starken Kursschwankungen verdienen.

Kursschnitt

Kursaufschlag bzw. Kursabzug bei Nettogeschäften. Strafbar, wenn er von einem Kommissionär zum Nachteil des Kunden vorgenommen wird.

Kursschwankungen

→ Börsenmaßnahmen gegen größere Kursschwankungen.

Kursschwankungsbreite

In Währungssystemen mit festen oder stufenflexiblen Wechselkursen ist die Schwankung der Kurse auf die Bandbreite beschränkt, die durch 2 Interventionspunkte gekennzeichnet ist. Bei Aktien kann die Kursschwankungsbreite durch jährliche Höchst- und Tiefstkurse angegeben werden.

Kurssicherung

Maßnahmen von Importeuren und Exporteuren sowie im grenzenüberschreitenden Geld- und Kapitalanlagegeschäft zur Sicherung gegen schwankende Devisenkurse, vor allem mittels Devisengeschäften. Kurssicherung ist eine Bez. f. die Gesamtheit aller Maßnahmen zur Vermeidung von Wechselkursverlusten bei Devisengeschäften. Mit diesen Kurssicherungsmaßnahmen werden gleichzeitig auch mögliche Währungsgewinne ausgeschlossen.

Kurssicherungskosten

→ Währungsrisiko, Kurssicherungskosten.

Kursspanne

Der Kursmakler muß vor Feststellung des Eröffnungskurses und des Einheitskurses durch Ausrufen einer Kursspanne oder einer Kurstaxe die Marktteilnehmer über die Marktlage unterrichten. Kursspanne ist der Bereich, innerhalb dessen nach den dem Kursmakler vorliegenden Aufträgen der Kurs festzustellen sein wird. Die ausgerufene Kursspanne ist im Gegensatz zur Kurstaxe für den Kursmakler verbindlich.

Kurssprung

Tendenzbez. f. einen plötzlichen, starken Kursanstieg einer Aktie.

Kursstreichung

Erfolgt, wenn infolge unzureichenden Angebots oder ungenügender Nachfrage keine Kursfeststellung möglich ist oder wenn andere wichtige Gründe vorliegen. Bei Wertpapieren mit Spannungskursen (Freiverkehrswerte) werden nur der Geldkurs und der Briefkurs veröffentlicht.

Kursstützung

Käufe interessierter Kreise zur Vermeidung von Kursrückgängen. → Kurspflege.

Kursstützungskonsortium

Konsortium, das die Aufgabe hat, Wertpapiere gegen einen zu starken Fall nach unten zu stützen. Häufig sind die Konsorten auch die Mitglieder des Emissionskonsortiums, die sich bei der Emission des Wertpapieres dem Emittenten gegenüber verpflichtet haben, zu starke Schwankungen der Wertpapierkurse zu glätten. Ein Kursstützungskonsortium kann aber nicht sämtliche marktbedingten Schwankungen auffangen und erst recht keine dauerhaften, einseitigen Kursbewegungen verhindern.

Kurstaxe

Vom Kursmakler oder Marktparteien mündlich gegebene Taxe (Schätzung), um die Kursfeststellung vorzubereiten. Sie ist von dem Taxkurs zu unterscheiden, der als eine besondere Art der Kursangabe im amtlichen Kursblatt veröffentlicht wird.

Kursübertragung außerhalb der Börsenräume

Interessenten ist es möglich, sich der Kursanzeigeanlage der Börse anzuschließen, und zwar unmittelbar an die Kursanzeigeanlage oder an die Fernsehanlage. Beide Möglichkeiten werden von Banken genutzt.

Kursveränderungsankündigung

Bevorstehende größere Kursveränderungen in bestimmten Papieren werden an der Maklertafel mit Pluszeichen bzw. mit Minuszeichen angekündigt. → Börsenmaßnahmen gegen größere Kursschwankungen → Plus- und Minusankündigungen.

Kursverfall

Tendenzbez. f. stärkere Kursrückgänge.

Kursverlust

Unterschied zwischen höherem Ankaufskurs und niedrigerem Verkaufskurs unter Berücksichtigung aller Spesen, Provisionen und Wechselkursänderungen.

Kursveröffentlichung

Erfolgt für die amtlich festgestellten Kurse im amtlichen Kursblatt, für die am Geregelten Markt und im Freiverkehr ermittelten Preise ebenfalls im Kursblatt oder in einer Beilage zum amtlichen Kursblatt, für sonstige unnotierte Wertpapiere in Zusammenstellungen der Banken. Wertpapierkurse werden auch in der Presse, in Rundfunk und Fernsehen sowie im Fernsprechansagedienst und über BTX bekanntgegeben.

Kursverwässerung

Auch: Kapitalverwässerung. Verringerung des Börsenkurswertes von Aktien aufgrund der Emission von jungen Aktien, Kapitalerhöhung aus Gesellschaftsmitteln.

Kurswert

Wert eines Wertpapiers aufgrund des Börsenkurses (Nennwert). Auch: Betrag in DM, den ein bestimmter Posten Wertpapiere an einem bestimmten Tag wert ist. Bei Stücknotierung ist der Kurs dieses Titels mit seinem Kurswert identisch (Grundkapital umgerechnet in Stücke zum niedrigsten Nennbetrag). Wird der Kurs in % des Nennwerts angegeben, errechnet man den Kurswert aus

$$\frac{\text{Nennbetrag} \times \text{Kurs}}{100}$$

Der Kurswert ist maßgeblich für die steuerliche Bewertung von Aktien.

Kurswert-Milliardär

Bez. f. eine AG, bei der der Kurswert ihres Grundkapitals höher ist als DM 1 Mrd.

Kurswerttheorie

Inhalt einer Geldschuld nach dem jeweiligen Kurswert bzw. nach der Kaufkraft der Schuldsumme. → Mark-gleich-Mark.

Kurszettel

→ amtliches Kursblatt.

Kurszusätze

Um der interessierten Öffentlichkeit möglichst vollständige Einblicke in die Marktlage zu geben, reicht die Veröffentlichung allein der festgestellten Kurse nicht aus, sondern ist um die Situation am Markt und das Verhältnis zwischen Angebot und Nachfrage zu ergänzen. Daher werden die amtlich mitgeteilten Kurse mit Zusätzen versehen, die Hinweise darauf geben:

b oder Kurs ohne Zusatz: bezahlt, d. h. Angebot und Nachfrage waren ausgeglichen. Außer den unlimitierten Aufträgen sind auch alle zum und über dem festgestellten Kurs limitierten Kaufaufträge und alle zum und unter dem festgestellten Kurs limitierten Verkaufsaufträge ausgeführt.

bG: bezahlt und Geld, d. h., die zum festgestellten Kurs limitierten Kaufaufträge sind nicht vollständig ausgeführt; es bestand weitere Nachfrage.

bB: bezahlt und Brief, d. h., die zum festgestellten Kurs limitierten Verkaufsaufträge wurden nicht vollständig ausgeführt; es bestand weiteres Angebot.

ebG: etwas bezahlt und Geld, d. h., die zum festgestellten Kurs limitierten Kaufaufträge konnten nur zu einem geringen Teil ausgeführt werden.

ebB: etwas bezahlt und Brief, d.h ., die zum festgestellten Kurs limitierten Verkaufsaufträge konnten nur zu einem geringen Teil ausgeführt werden.

ratG: rationiert Geld, d. h., die zum Kurs und höher limitierten sowie die unlimitierten Kaufaufträge konnten nur durch beschränkte Zuteilung ausgeführt werden.

ratB: rationiert Brief, d. h., die zum Kurs und niedriger limitierten sowie unlimitierten Verkaufsaufträge konnten nur durch beschränkte Abnahme ausgeführt werden.

*: (Sternchen): Kleine Beträge konnten nicht gehandelt werden.

Darüber hinaus werden bei der Kursfeststellung von Wertpapieren → Kurshinweise verwendet.

Kurtage

→ Courtage (Kurtage).

Kurzbezeichnung der Wertpapiere

→ Kürzel.

kurzfristig

Bedeutet im Bankwesen Fristen bis unter 1 Jahr.

Kurzläufer

Bez. f. Schuldverschreibungen mit kurzer Laufzeit, i. d. R. bis zu 4 Jahren, die entweder direkt mit einer kurzen Laufzeit emittiert werden oder die ursprünglich längere

Laufzeiten aufwiesen, nun aber nur noch eine kurze Restlaufzeit haben.

Kux

Anteil an einer bergrechtlichen Gewerkschaft. Kuxe lauten auf keinen bestimmten Nennbetrag, sondern verkörpern einen Anteil am Vermögen der Gewerkschaft. Kuxe haben heute keine Bedeutung mehr, da die Rechtsform der Gewerkschaft inzwischen zugunsten der AG aufgegeben worden ist.

Kuxenbörse

Börse, an der Kuxe gehandelt werden. Heute ist das nicht mehr der Fall; früher in Düsseldorf und Hannover (Kalikuxe).

KW

Abk. f. Kreditanstalt für Wiederaufbau (auch: KfW).

KWB

Abk. f. Kammer für Wertpapierbereinigung.

KWG

Abk. f. Gesetz über das Kreditwesen (Kreditwesengesetz).

L

La Bourse de Commerce de Paris

→ Pariser Börse → Compagnie des Commissionaires Agrées.

Ladenhüter

Scherzhafte Bez. f. Wertpapiere, die trotz mehrfachen Anbietens keinen Käufer finden.

Länderanleihen, -obligationen

Festverzinsliche Schuldverschreibungen der Bundesländer. Sind an jeder Börse ohne Prospekt zugelassen.

Länderfonds

Investmentfonds, dessen Vertragsbedingungen bzw. Satzung eine vollständige oder weitgehende Konzentration der Anlagen auf ein bestimmtes Land vorschreiben oder zulassen. An einigen ausländischen Börsen, wie z. B. an der New York Stock Exchange, werden spezielle Länderfonds notiert. Es handelt sich dabei in der Regel um Aktiengesellschaften, deren Anteile bei interessierten Anlegern plaziert und an einer Börse eingeführt wurden. Die Zahl der umlaufenden Aktien, und damit das Fondsvolumen, steht bei Auflegung fest; diese Länderfonds besitzen daher den Charakter von geschlossenen Fonds. Das Vermögen wird überwiegend in Wertpapiere aus im voraus ausgesuchten Ländern/Ländergruppen investiert. Der Wert einer Länderfonds-Aktie läßt sich klar bestimmen; er ergibt sich aus dem Inventarwert des Fonds dividiert durch die Anzahl der Fondsaktien. Dieser „innere Wert“ einer Fondsaktie weicht zum Teil erheblich von dem an der Börse notierten Kurswert ab. Primäre Ursache für Auf- und Abschläge sind Erwartungen der Kapitalanleger.

Länderrisiko

Kann ein ausländischer Schuldner trotz Zahlungsfähigkeit aufgrund fehlender Transferfähigkeit oder -bereitschaft seines Domizillandes seine Zins- und Tilgungsleistungen nicht fristgerecht oder überhaupt nicht leisten, tritt neben das individuelle Bonitätsrisiko das Länderrisiko. Ist der Kreditnehmer eine staatliche Stelle oder ist der Kredit durch Staatsgarantie gesichert, fallen Bonitätsrisiko und Länderrisiko zusammen (Hoheitsrisiko, sovereign risk). Das Länderrisiko gliedert sich in ein wirtschaftliches und ein politisches Risiko. Die wirtschaftliche Komponente beschreibt die Gefahr einer zukünftigen Zahlungs- und Transferunfähigkeit mangels ausreichender Währungsreserven. Mit politischem Risiko bezeichnet man die Gefahr der politisch motivierten Zahlungs- bzw. Transferunwilligkeit, der i. d. R. politische Veränderungen (Umstürze, Interventionen) vorausgehen. Wesentlich für das internationale Anleihe-, Kredit-, Geldgeschäft.

Länderrisikobeurteilung

Bei Analyse des Länderrisikos muß zum einen die den Währungsreservenbestand determinierende Entwicklung des Außenhandels sowie der globalen Auslandsverschuldung des Landes beachtet und zum anderen ein Urteil über die innere und äußere Stabilität abgegeben werden. Dabei stellen sich 3 Problemfelder: Ermittlung der signifikanten Risikodeterminanten, Prognostizierung der Entwicklung dieser Determinanten und daraus folgend Ableitung der Risikohöhe. Das Fachmagazin Institutional Investor stellt alle sechs Monate eine Bonitäts-Rangliste für Staaten zusammen. Dabei werden nur die Anleihen jener Staaten, die mehr als 70 Index-Punkte erreichen, als für Anleger unbedenklich eingeschätzt. Mit mehr als 90 Punkten führen die Schweiz, Japan und Deutschland diese Rangliste vor den Niederlanden und den USA an. Mit größerer Vorsicht sind dagegen die Anleihen aus den Staaten der ehemaligen Sowjetunion zu behandeln, die auf den internationalen Kapitalmärkten mit hohen Zinsofferten dringend Geld für den Aufbau ihrer Wirtschaften suchen. Ebenso ist die Bonität der meisten lateinamerikanischen Länder immer noch als gering anzusehen.

LAG

Abk. f. Lastenausgleichsgesetz.

Lagebericht der AG

AG sind wie andere Kapitalgesellschaften gemäß § 264 Abs. 1 HGB zur Aufstellung eines Lageberichtes verpflichtet. Der Lagebericht ist kein Bestandteil des Jahresabschlusses der AG. Er enthält Informationen, die nicht unmittelbar die einzelnen Posten der Bilanz oder GuV-Rechnung betreffen, sondern der Gesamtbeurteilung der gegenwärtigen und künftigen wirtschaftlichen Situation des Unternehmens und seiner Marktstellung dienen. Dem Lagebericht kommt somit eine zusätzliche Informationsfunktion zu. Er entspricht weitgehend dem allgemeinen Teil des bisherigen aktienrechtlichen Geschäftsberichts. Sein Inhalt ist jedoch präziser umschrieben, insbesondere hat er ein den tatsächlichen Verhältnissen entsprechendes Bild der Gesellschaft zu vermitteln. Neben Pflichtangaben über den Geschäftsverlauf und die Lage der AG (Vermögens-, Finanz- und Ertragslage) existieren einige Sollvorschriften, so z. B. hinsichtlich Vorgängen von besonderer Bedeutung nach Ablauf des Geschäftsjahres, voraussichtliche Entwicklung der AG und Angaben zum Bereich Forschung und Entwicklung.

Lagerstellenverzeichnis

Verzeichnis der Depotbanken, bei denen Wertpapiere für Bankkunden in Drittverwahrung verwahrt werden können.

Landesbank

Öffentlich-rechtliche Bank (Anstalt oder Körperschaft öffentlichen Rechts), deren Kapitaleigner vor allem Bundesländer und/oder regionale Sparkassenorganisationen sind. Betreibt alle Bankgeschäfte einschl. Emission von Pfandbriefen, Kommunalobligationen und sonstigen Inhaberpapieren. Meist sind öffentliche Bausparkassen angegliedert. Zugl. Girozentrale.

Landesbodenbriefe

Mündelsichere, lombard- und deckungsstockfähige Schuldverschreibungen besonderer Art, die von der Bayerischen Landesbodenkreditbank, München, ausgegeben werden.

Landesrentenbriefe

Zur Finanzierung der ländlichen Siedlung und des sozialen Wohnungsbaus auf dem Lande von der DSL-Bank Deutsche Siedlungs- und Landesrentenbank emittierte Schuldverschreibungen.

Landesschuldbuch

Register, in das sämtliche Darlehensforderungen gegen ein Bundesland eingetragen werden, für die keine Schuldverschreibungen ausgestellt worden sind.

Landesschuldenverwaltung

Behörde des jeweiligen Bundeslandes mit der Aufgabe der Schuldenverwaltung und Führung des Landesschuldbuchs.

landesüblicher Zinsfuß (-satz)

Der für bonitätsrisikolose Anleihen (Staatsanleihen) am Kapitalmarkt herrschende Effektivzinssatz (Umlaufrendite). Er wird bei Ertragswertberechnungen zugrunde gelegt und erhält dabei, je nach Risiko einer Anlage, einen entsprechenden Risikozuschlag. Verändert sich der landesübliche Zins, ändern sich auch die Kurse der festverzinslichen Werte, bis die Effektivverzinsung sich dem landesüblichen Zins angenähert hat.

Landeszinsfuß (-satz)

→ landesüblicher Zinsfuß (-satz).

Landschaften

Öffentlich-rechtliche Banken zur Gewährung von Darlehen, die durch Hypotheken oder Grundschulden gesichert sind, an die Eigentümer beleihungsfähiger Grundstücke ihres Geschäftsbereichs. Die Mittel dazu werden durch die Ausgabe von Pfandbriefen beschafft.

Landwirtschaftliche Rentenbank

Anstalt des öffentlichen Rechts unter Aufsicht der Bundesregierung in Frankfurt. Ihre Kredite werden grundsätzlich über andere Banken unter deren Obligo gewährt. Zur Gewährung kurzfristiger Kredite refinanziert sich die Bank am Geldmarkt und bei der Bundesbank; die längerfristigen Mittel beschafft sie durch Aufnahme von Darlehen und durch Ausgabe von Schuldverschreibungen, darunter insbesondere Landwirtschaftsbriefe.

Landwirtschaftsbriefe

Von der Landwirtschaftlichen Rentenbank ausgegebene mündelsichere, lombard- und deckungsfähige festverzinsliche Schuldverschreibungen, für die gleiche Deckungsvorschriften gelten wie für die Deckung von Pfandbriefen und Kommunalobligationen.

lange Kasse

Devisenhandelsgeschäfte, die heute betrachtet, innerhalb 1 Woche fällig sind.

langfristig

Bedeutet im Bankwesen Fristen von 4 Jahren und länger.

Langläufer

Bez. f. Anleihen mit langer Laufzeit (15 Jahre und mehr).

Lastenausgleich

Gesetzlich geregeltes Verfahren, um Schäden und Verluste, die durch Vertreibung und Zerstörung in der Kriegs- und Nachkriegszeit sowie durch Härten bei der Währungsreform entstanden sind, abzugelten.

last trading day

Der Tag, an dem der letzte Handel von Termin- und Optionskontrakten erfolgt. Die hiernach noch bestehenden offenen Positionen werden durch physische Erfüllung geschlossen.

laufende Notierung

→ fortlaufende Notierungen (variabler Handel).

laufender Zins

Auch: Zins pro rata (temporis), p. r. t.; Stückzins. Bereits angefallener Zinsbetrag, der beim Handel mit Anleihen im Kurs berücksichtigt wird. → flat.

laufende Verzinsung

Weicht gewöhnlich vom Nominalzins einer Anleihe ab, da Wertpapiere zum Kurswert gekauft werden, der höher oder niedriger ist als der Nennwert, während Zinsen stets auf den Nennwert gezahlt werden. Die laufende Verzinsung wird aus

$$\frac{\text{Zinssatz} \times 100}{\text{Kurswert}}$$

berechnet.

Laufzeit

Zeit zwischen der Hergabe eines Kredits und seiner Rückzahlung. Bei festverzinslichen Wertpapieren Zeit zwischen der Emission (Ausgabe) eines Papiers und seiner Tilgung (Rückzahlung). Die möglichen Laufzeiten festverzinslicher Wertpapiere werden wesentlich durch die Marktverhältnisse bestimmt. Meist 5–10 Jahre. Das Ende der Laufzeit ist abhängig von der Form der Rückzahlung (Auslosung, Kündigung).

Laufzeit bei Optionsgeschäften

→ Optionsfrist bei Optionsgeschäften.

Laufzeit bei Schuldverschreibungen

Zeitspanne bis zu dem in den Anleihebedingungen bestimmten äußersten Rückzahlungstermin. Die Laufzeit kann durch vorzeitige Tilgung verkürzt werden. Längste Laufzeit gemäß Emissionsbedingungen ist der Zeitraum vom Beginn der bedingungsgemäßen Verzinsung bis zur Endfälligkeit der Anleihe.

Laufzeit(en)fonds

Investmentfonds mit begrenzter Laufzeit, d. h., nach einer im vorhinein bestimmten Frist wird der Fonds aufgelöst und der Anleger erhält sein eingesetztes Kapital zuzüglich angefallener Erträge zurück. Von deutschen Kapitalanlagegesellschaften werden Rentenfonds mit begrenzter Laufzeit angeboten. Häufig wird dem Anteilinhaber für das Laufzeitende ein Mindestrücknahmepreis in Aussicht gestellt.

Laufzeiten von Aktienoptionen an der Deutschen Terminbörse (DTB)

An der DTB stehen Aktienoptionen mit Laufzeiten von einem, zwei und drei Monaten sowie bis zu den beiden nächsten danach liegenden Quartalsverfalltagen (März, Juni, September, Dezember) zur Verfügung. Als Verfallstag einer Optionsserie gilt der auf den letzten Handelstag folgende Börsentag. Der letzte Handelstag fällt auf den dritten Freitag eines Verfallmonats. Ist dieser Freitag kein Börsentag, gilt der davor liegende Börsentag als letzter Handelstag. Abhängig vom Zeitpunkt des Optionserwerbs kann demnach die maximale Laufzeit bis zu neun Monate und sechs Börsentage betragen.

Laufzeiten von Aktienoptionen an den Wertpapierbörsen

Die Laufzeiten von Optionen enden für Kontrakte, die innerhalb des 1. Quartals abgeschlossen werden, am 15. 4., 15. 7. oder 15. 10. desselben Kalenderjahres; Kontraktabschlüsse im 2. Quartal enden jeweils am 15. 7. oder 15. 10. des Jahres oder am folgenden 15. 1. Die Laufzeit für Abschlüsse des 3. Quartals enden am 15. 10. des gleichen Jahres oder am 15. 1. bzw. 15. 4. des folgenden Jahres; die aus dem 4. Quartal datierenden Kontrakte laufen am 15. 1., 15. 4. bzw. 15. 7. des nächsten Jahres aus.

Laufzeiten von Bobl-futures an der Deutschen Terminbörse (DTB)

Die Laufzeiten von Bobl-futures enden am letzten Handelstag des nächsten, übernächsten und drittnächsten Quartalsmonats (März, Juni, September, Dezember). Der letzte Handelstag eines Kontrakts liegt zwei Börsentage vor dem Liefertag des jeweiligen Quartalsmonats. Der Liefertag ist der zehnte Kalendertag. Ist dies kein Börsentag, gilt der darauf folgende Börsentag als Liefertag. Somit kann die längste Laufzeit von Bobl-futures neun Monate betragen.

Laufzeiten von Bund-futures an der Deutschen Terminbörse (DTB)

Die Laufzeiten von Bund-futures enden am letzten Handelstag des nächsten, übernächsten und drittnächsten Quartalsmonats (März, Juni, September, Dezember). Der letzte Handelstag eines Kontrakts liegt zwei Börsentage vor dem Liefertag des jeweiligen Quartalsmonats. Der Liefertag ist der zehnte Kalendertag. Ist dies kein Börsentag, gilt der darauf folgende Börsentag als Liefertag. Somit kann die längste Laufzeit von Bund-futures neun Monate betragen.

Laufzeiten von Buxl-futures an der Deutschen Terminbörse (DTB)

Die Laufzeiten von Buxl-futures enden am letzten Handelstag des nächsten, übernächsten und drittnächsten Quartalsmonats (März, Juni, September, Dezember). Der letzte Handelstag eines Kontrakts liegt zwei Börsentage vor dem Liefertag des jeweiligen Quartalsmonats. Der Liefertag ist der zehnte Kalendertag. Ist dies kein Börsentag, gilt der darauf folgende Börsentag als Liefertag. Somit kann die längste Laufzeit von Buxl-futures neun Monate betragen.

Laufzeiten von DAX-futures an der Deutschen Terminbörse (DTB)

An der DTB gehandelte DAX-futures-Kontrakte haben Laufzeiten bis zum letzten Handelstag des nächsten, übernächsten und drittnächsten Quartalsmonats (März, Juni, September, Dezember). Letzter Handelstag ist der Börsentag vor dem Schlußabrechnungstag. Dieser ist der dritte Freitag des jeweiligen Quartalsmonats. Sofern dieser Freitag kein Börsentag ist, gilt der davor liegende Börsentag als Schlußabrechnungstag. Dementsprechend kann die maximale Laufzeit eines DAX-futures neun Monate betragen.

Laufzeiten von Fibor-futures an der Deutschen Terminbörse (DTB)

Die Laufzeiten von Fibor-futures enden am letzten Handelstag des nächsten, übernächsten, dritt-, viert- und fünftnächsten Quartalsmonats (März, Juni, September, Dezember). Der letzte Handelstag eines Kontrakts liegt zwei Börsentage vor dem Liefertag des jeweiligen Quartalsmonats. Der Liefertag ist der dritte Mittwoch des jeweiligen Erfüllungsmonats. Somit kann die längste Laufzeit von Fibor-futures 15 Monate betragen.

Laufzeiten von Optionen auf den Bobl-future an der Deutschen Terminbörse (DTB)

An der DTB stehen Optionen für jeden Bobl-future-Kontraktmonat (März, Juni, September und Dezember) zur Verfügung. Es werden Optionen für die drei nächsten aufeinanderfolgenden future-Liefermonate gehandelt. Als Verfallstag einer Optionsserie gilt der auf den letzten Handelstag folgende Börsentag. Der letzte Handelstag fällt auf den sechsten Börsentag vor dem ersten Kalendertag im Liefermonat des zugrundeliegenden Bobl-future-Kontraktes.

Laufzeiten von Optionen auf den Bund-future an der Deutschen Terminbörse (DTB)

An der DTB stehen Optionen für jeden Bund-future-Kontraktmonat (März, Juni, September und Dezember) zur Verfügung. Es werden Optionen für die drei nächsten aufeinanderfolgenden future-Liefermonate gehandelt. Als Verfallstag einer Optionsserie gilt der auf den letzten Handelstag folgende Börsentag. Der letzte Handelstag fällt auf den sechsten Börsentag vor dem ersten Kalendertag im Liefermonat des zugrundeliegenden Bund-future-Kontraktes.

Laufzeiten von Optionen auf den DAX-future an der Deutschen Terminbörse (DTB)

An der DTB stehen Optionen auf den DAX-future mit Laufzeiten von einem, zwei und drei Monaten sowie bis zu den beiden nächsten danach liegenden Quartalsverfallstagen (März, Juni, September, Dezember), zur Verfügung. Die Laufzeiten betragen dementsprechend 1, 2, 3 sowie 6 und maximal 9 Monate. Als Verfallstag einer Optionsserie gilt der auf den letzten Handelstag folgende Börsentag. Letzter Handelstag ist für die Verfallsmonate März, Juni, September und Dezember der Börsentag vor dem Schlußabrechnungstag des future. Schlußabrechnungstag ist der dritte Freitag, sofern dies ein Börsentag ist, andernfalls der davor liegende Börsentag. Für die übrigen Verfallsmonate ist der dritte Freitag, sofern dies ein Börsentag ist, andernfalls der davor liegende Börsentag, der letzte Handelstag.

Laufzeiten von Optionen auf den Deutschen Aktienindex an der Deutschen Terminbörse (DTB)

An der DTB stehen Optionen auf den Deutschen Aktienindex (DAX) mit Laufzeiten von einem, zwei und drei Monaten sowie bis zu den beiden nächsten danach liegenden Quartalsverfallstagen (März, Juni, September, Dezember) zur Verfügung. Die Laufzeiten betragen dementsprechend 1, 2, 3 sowie maximal 6 und maximal 9 Monate. Als Verfallstag einer Optionsserie gilt der auf den letzten Handelstag folgende Börsentag. Der letzte Handelstag fällt auf den dritten Freitag eines jeweiligen Monats. Ist dieser Freitag kein Börsentag, gilt der davor liegende Börsentag als letzter Handelstag.

Laufzeiten von Rentenoptionen an den Wertpapierbörsen
Die Laufzeit von Optionen endet für: im Januar, Februar und März begründete Optionen am 25. 7. desselben oder am 25. 1. des folgenden Jahres; im April, Mai und Juni begründete Optionen am 25. 10. desselben oder am 25. 4. des folgenden Jahres; im Juli, August und September begründete Optionen am 25. 1. oder am 25. 7. des folgenden Jahres; im Oktober, November und Dezember begründete Optionen am 25. 4. oder 25. 10. des folgenden Jahres.

Laufzeitzins
Anders als bei sonst üblicher Jahreszinsrechnung, die den Zins aus der jeweiligen Restschuldsumme ermittelt, wird der Laufzeitzins für jeden Laufzeitmonat gleichbleibend aus dem Ursprungskapital ohne Rücksicht auf zwischenzeitliche Tilgungen berechnet. Da der Laufzeitzins pro Monat gilt, ergeben sich nominal erheblich geringere Sätze, die sich nicht direkt mit den Sätzen der Jahreszinsrechnung vergleichen lassen. Maßgeblich für einen Vergleich ist der Effektivzinssatz (→ Effektivverzinsung).

Lausanner Börse
Bourse de Lausanne. Sekretariat: 9, rue Mauborget, CH-1003 Lausanne, Schweiz. Tel.: 021–201467.

LB
Abk. f. Lieferbarkeitsbescheinigung. Auch: Zusatz im Kursblatt bei RM-Werten, die mit Lieferbarkeitsbescheinigung lieferbar sind.

LB-Stücke
Bez. f. Wertpapiere mit Lieferbarkeitsbescheinigung.

lead manager
Der Manager oder Syndikatsführer einer Euroemission ist verantwortlich für den Kontakt mit dem Schuldner, Organisation, Vertrags- und Prospekterstellung, ebenso in erster Linie für die Zusammensetzung des Emissionssyndikats (co-manager, underwriter), der selling group und für die Plazierung. I. d. R. übernimmt der lead manager die größte Eventualverpflichtung zur Übernahme und Plazierung im Falle ungenügender Zeichnungen.

Leasing-Fonds
Steuerorientierte Anlagefazilität zur Refinanzierung von Leasingverträgen im Mobilien- und Immobilienbereich. Ein Leasing-Fonds wird initiiert, wenn eine Bank oder ein anderer arranger zur Refinanzierung neben Fremdkapital auch Kapital von Privatpersonen oder Unternehmen heranziehen will. Ein geschlossener Leasing-Fonds wird zumeist als vermögensverwaltende Kommanditgesellschaft („V + V-Fonds") – wobei die privaten Kommanditisten Einkünfte aus Vermietung und Verpachtung erzielen – oder seltener als GmbH & Co. KG konstituiert. Im letztgenannten Fall werden Einkünfte aus Gewerbebetrieb erzielt. Der Fonds wird rechtlicher und wirtschaftlicher Eigentümer des Leasing-Objekts. Aufgrund der hohen Abschreibungen erhalten die Investoren Verlustzuweisungen, die über Steuerstundungseffekte ihren effektiven Kapitaleinsatz verringern. Die Leasingraten fließen den Investoren aber nach Maßgabe ihres nominalen Anteils zu, wodurch sich eine hohe Nach-Steuer-Rendite ergibt. Des weiteren unterliegt ein möglicher Veräußerungsgewinn aus dem Verkauf des Leasing-Objekts am Ende der Laufzeit unter bestimmten Voraussetzungen nur dem halben Steuersatz, wenn die Beteiligung im Privatvermögen gehalten wird. Die Beteiligung am Leasing-Fonds stellt grundsätzlich eine langfristige Kapitalanlage dar, gleichwohl bestehen häufig Möglichkeiten, die Beteiligung – unter Verzicht auf Rendite bzw. Steuervorteile – vor dem Ende der ursprünglichen Vertragslaufzeit zu veräußern. Neben Immobilien sind typische Objekte für Leasing-Fonds Flugzeuge und Schiffe.

lebendes Depot, -buch
Veraltete Bez. f. das Depotbuch, in das die von einer Bank verwahrten Wertpapiere nach Namen der Kunden verbucht werden (→ Personendepot).

Lebenshaltungskosten
Statistisch der tatsächliche Aufwand, den Familien- und Einzelhaushalte im Rahmen ihres Einkommens bei ordnungsmäßiger Lebensführung für ihre Bedürfnisse aufbringen müssen. → Preisindex für die Lebenshaltung.

Lebensversicherung
Bedeutendste Form der Individualversicherung, bei der das Risiko in der Ungewißheit über die Dauer des Lebens liegt.

Lebensversicherung als Kapitalanlage
Die Kapitalanlage in Lebensversicherungsverträgen gilt – obwohl Sonderform der Kapitalanlage – als konservative Anlageform. Sie ist neben dem Sparkonto weitestverbreitete Anlageform als gegen Tod

oder Unfall abgesichertes Sparen. Abgesichert werden durch die Lebensversicherung: Vorsorge für den Todesfall, das Alter, die Versorgung von Kindern, für Invalidität usw. Daher gibt es eine Vielzahl von Versicherungsformen. Die Lebensversicherung als Kapitalanlage konkurriert allenfalls mit den von den Banken angebotenen Sparplänen mit Versicherungsschutz. Der Vorteil der Lebensversicherung liegt neben dem Versicherungsschutz in der Gewinnbeteiligung und in Steuerersparnissen. Erstere führt bei längerer Laufzeit zur Erhöhung des eingelegten Kapitals. Gewinnberechtigt ist die gesamte Versicherungsprämie. Die Höhe der Gewinnguthaben ist abhängig von der Ertragskraft jeder einzelnen Versicherungsgesellschaft. Nach dem Vermögensbildungsgesetz können Arbeitnehmer ihre vermögenswirksamen Leistungen auch auf Lebensversicherungsverträge einzahlen. Nach dem 5. VermBG erhalten sie aber keine Arbeitnehmersparzulage mehr. Voraussetzung sind, daß die Lebensversicherung eine Mindestvertragsdauer von 12 Jahren hat, die Beträge keine Anteile für Zusatzleistungen enthalten, die Gewinnanteile nur zur Leistungserhöhung (nicht zur Beitragskürzung) verwendet werden und der Vertrag schon im 1. Jahr zu einem nicht kürzbaren Sparanteil von mind. 50% der gezahlten Beiträge führt. Die Spargelder bei den durch das Bundesaufsichtsamt für das Versicherungswesen überwachten Versicherungsgesellschaften sind durch Ertragskraft und Vermögenswerte der jeweiligen Gesellschaft gesichert. Es besteht das Geldentwertungsrisiko; allerdings wirkt die Gewinnbeteiligung dem Kaufkraftschwund entgegen; außerdem besteht die Möglichkeit, die Versicherung durch Anpassung der Versicherungssumme an gestiegene Lebenshaltungskosten wertbeständig zu erhalten. Die Lebensversicherung ist eine langfristige Anlage. Es ist nicht vorteilhaft, eine Verkürzung der abgeschlossenen Vertragsdauer durchzuführen, da hierdurch hohe Einbußen eintreten. Bei vorzeitiger Verfügung verbleibt nur der Rückkaufswert dem Versicherten. Um Verluste durch vorzeitige Beendigung zu vermeiden, ist es meist vorteilhafter, zeitweilige Aussetzung oder Stundung der Prämienzahlungen zu vereinbaren. Die fälligen Versicherungsleistungen aus Kapitalversicherungen sind für den Versicherungsnehmer einkommensteuerfrei. Für die Ermittlung der VSt sind die Freibeträge und Freigrenzen von Bedeutung. Danach bleibt für noch nicht fällige Ansprüche aus Lebens-, Kapital- und Rentenversicherungen ein Betrag von DM 10 000 (bei Zusammenveranlagung DM 20 000) außer Ansatz; daneben werden persönliche Freibeträge vom Gesamtvermögen abgesetzt. Lebensversicherungen werden bei der VSt mit dem Rückkaufswert bewertet; als Bemessungsgrundlage können auch ⅔ der bezahlten Prämien angesetzt werden. Daneben gelten die allgemeinen Freibeträge. Die Prämien für Lebensversicherungen können im Rahmen fester Höchstbeträge als Sonderausgaben vom steuerpflichtigen Einkommen abgesetzt werden. In Deutschland können inzwischen auch Lebensversicherungen abgeschlossen werden, die auf eine ausländische Währung (z. B. britisches Pfund Sterling) lauten. Die laufend eingezahlten Spargelder werden in ausländischen Wertpapieren angelegt. Die Versicherungsbeiträge sind in der ausländischen Währung zu zahlen. Das Währungsrisiko trägt der Versicherte.

Lebensversicherung mit Teilauszahlungen

Form der gemischten Lebensversicherung. Die Versicherungssumme wird in Raten ausgezahlt, wenn der Versicherte vereinbarte Zeitpunkte während der Laufzeit des Vertrages erlebt.

Lebensversicherungsbeitrag

Hat 2 Bestandteile: Risikobeitrag und Betriebskostenzuschlag. Wo die Zahlungspflicht des Lebensversicherers gewiß ist – z. B. Lebensversicherung –, ist weiterer Beitragsbestandteil der Sparbeitrag. Die Beitragsleistung des Versicherungsunternehmers kann als Einmalbeitrag oder als laufend zahlbarer Beitrag vereinbart werden. Der materielle Unterschied wächst mit der Laufzeit eines Vertrages.

Lebensversicherung, vermögenswirksame Anlage

Vermögenswirksame Leistungen können als Beiträge zu Lebensversicherungen verwendet werden. Es muß sich um Kapitalversicherungen gegen laufenden Beitrag auf den Erlebens- und Todesfall handeln. Weitere Voraussetzungen sind, daß (1) die Versicherungsverträge eine Mindestvertragsdauer von 12 Jahren haben; (2) die Versicherungsbeiträge keine Anteile für Zusatzleistungen (z. B. Unfall, Invalidität, Krankheit) enthalten; (3) der Versicherungsvertrag schon im 1. Jahr der Vertragsdauer zu einem nicht kürzbaren Sparanteil von mind. 50% der gezahlten Beiträge führt.

lebhaftes Geschäft
Tendenzbez., wenn an der Börse relativ starke Umsatztätigkeit herrscht.

Leeraktien
Nicht voll eingezahlte Aktien einer AG, bei der auch voll eingezahlte Aktien vorhanden sind.

leere Obligation
Optionsanleihe (-obligation, -schuldverschreibung) nach Abtrennung des Optionsscheins.

leere Stücke
Optionsanleihen, deren Optionsrecht ausgeübt worden ist. Gegens.: volle Stücke.

Leerposition
Situation eines Marktteilnehmers, der einen Leerverkauf vorgenommen hat, d. h. zur Erfüllung seiner Lieferverpflichtung muß er noch eine Eindeckung vornehmen. Insbesondere im Terminhandel mit Wertpapieren von Bedeutung. → Leerverkauf → Blankoverkäufe → fixen.

Leerverkauf
Auch: Blankoverkauf, short sale, Verkauf à découvert. Verkauf von Wertpapieren oder Waren an der Börse, die der Verkäufer – noch – nicht im Eigentum hat. Der Begriff wird nur im Zusammenhang mit Transaktionen am Kassamarkt verwendet, weil Termingeschäfte immer erst später erfüllt werden. Der Verkäufer spekuliert beim Leerverkauf darauf, daß die Kurse bis zum Erfüllungszeitpunkt sinken und er sich daher billiger eindecken kann. Die Differenz zwischen Verkaufs- und Einkaufskurs verbleibt ihm als Gewinn bzw. Verlust. Leerverkäufe eröffnen Möglichkeiten zur reverse-cash-and-carry-Arbitrage zwischen Kassa- und Terminmarkt. Börsengeschäfte sind in Deutschland innerhalb von zwei Tagen zu erfüllen, deshalb können zeitlich über diese Frist hinausgehende Leerverkäufe nur durch Wertpapierleihe getätigt werden. Der Verkäufer liefert dann die geliehenen Papiere zur Erfüllung seiner Verkaufsverpflichtung und verschafft sich die Papiere zur Beendigung der Wertpapierleihe zu einem späteren Zeitpunkt.

legal tender
Gesetzliches Zahlungsmittel; in Deutschland: DM.

Legitimationsklausel
Bei Sparbüchern ist die Bank berechtigt, aber nicht verpflichtet, an jeden Vorleger des Sparbuches Zahlung zu leisten. Sinn ist, daß der Aussteller des Sparbuches zwar nur eine bestimmte Person (den Sparer) als materiell berechtigten Gläubiger der Spareinlage anerkennt, ihm aber die Bewirkung der versprochenen Leistung an jeden Vorleger des Buches ohne Prüfung seiner Legitimation gestattet sein soll, wobei er von seiner Verpflichtung aus dem Sparvertrag befreit wird. Allerdings wird die Bank dem wahren Berechtigten gegenüber von ihrer Verpflichtung nicht befreit, wenn sie in Kenntnis oder in schuldhafter Unkenntnis der Nichtberechtigung des Vorlegers an diesen leistet.

Legitimationspapier
Urkunde, in der eine Leistung mit der Maßgabe versprochen wird, daß sich der Schuldner durch Leistung an den Inhaber befreien kann. Sie dient u. a. der Ausweiserleichterung. Ihr Verlust bedeutet nicht zugleich den Verlust des zugrunde liegenden Rechts. Der Vorlegende kann allerdings nicht schon aufgrund des Papierbesitzes Leistung verlangen. Bei gewöhnlichen Legitimationspapieren kann der Gläubiger, solange der Schuldner durch Leistung an den Vorzeiger nicht frei geworden ist, den Nachweis seiner Berechtigung durch jedes beliebige Beweismaterial führen. Der Besitz des Papiers ist also nicht unentbehrliche Voraussetzung für die Geltendmachung der Gläubigerrechte. Dagegen ist bei qualifizierten Legitimationspapieren (z. B. Sparbuch) der Schuldner nur gegen Aushändigung der Urkunde zur Leistung verpflichtet. Qualifizierte Legitimationspapiere (auch: hinkende Inhaberpapiere) sind Wertpapiere i. w. S. Sie können im Wege des Aufgebotsverfahren für kraftlos erklärt werden; das Ausschlußurteil legitimiert dann zum Empfang der Leistung.

Legitimationsprüfung
Nach der AO sind die Banken verpflichtet, sich bei Errichtung eines Kontos oder Depots usw. über die Person des Verfügungsberechtigten zu vergewissern. Die Banken müssen darüber hinaus die Verfügungsberechtigten in einem besonderen Verzeichnis festhalten, damit sie jederzeit Auskunft geben können, über welche Konten, Depots oder Schließfächer eine Person verfügungsberechtigt ist. Daneben enthält die AO das Verbot, Konten unter falschem oder erdichtetem Namen zu errichten.

Legitimationswirkung
In gesetzlich bestimmten Fällen (z. B. beim Sparbuch) wird der Schuldner, der an den

Besitzer einer Urkunde leistet, von seiner Leistungsverpflichtung auch dann frei, wenn sich herausstellt, daß letzterer tatsächlich nicht berechtigt war, die Leistung entgegenzunehmen. Dem Schuldner muß die Nichtberechtigung des Leistungsempfängers allerdings unbekannt gewesen sein. → Legitimationspapier.

Lehman investment opportunity notes (LIONs)

Stripped bonds. Bei dieser Konstruktion erwirbt ein broker langlaufende Festsatzanleihen (i. d. R. Staatspapiere) und emittiert in Höhe des jährlich zu erwartenden Zinsertrages fristenkongruent laufende zero-bonds.

Leibrente

Leistungsangebot von Versicherungsgesellschaften. Abhängig von der Höhe des in Raten oder einmalig eingezahlten Kapitals erhält der Versicherungsnehmer nach Erreichen einer vertraglich festgelegten Altersgrenze eine (monatliche) Rente von der Versicherungsgesellschaft. Im Todesfall des Versicherungsnehmers wird die Rentenzahlung für eine bestimmte Anzahl von Jahren an die Erben fortgesetzt oder die eingezahlten Beträge werden abzüglich der bereits gezahlten Renten zurückerstattet. Die Beiträge für die Leibrente sind als Vorsorgeaufwendungen steuerlich absetzbar.

leicht, leichter, etwas leichter

Tendenzbez. f. die Börsentendenz bei rückläufigen Kursen.

leichte Papiere, Aktien

Bez. f. niedrig notierte Aktien.

Leichtermachen einer Aktie

Einen niedrigeren Kurs bzw. Preis zu erreichen, wird realisiert durch eine Kapitalerhöhung zu einem niedrigen Bezugskurs oder durch eine Kapitalerhöhung aus Gesellschaftsmitteln (bei nennwertlosen Aktien durch split).

leichtes Geld

→ billiges Geld.

Leihdevisen

Im Rahmen der Zinsarbitrage kurzfristig aufgenommene Gelder.

Leihgeschäft

→ Reportgeschäft.

Leipzig, Börse

→ Mitteldeutsche Börse in Leipzig.

Leiste

→ Erneuerungsschein (Talon) → Talon.

Leistungsfonds

Wachstumsfonds mit überdurchschnittlicher performance.

Leistungsprämie

Vergütung, die bei überdurchschnittlichen Wertsteigerungen (performance) des Inventarwertes an die Fondsverwaltung von Investmentgesellschaften zu zahlen ist. Als Bewertungsmaßstab der Leistung der Fondsverwaltung wird oft ein Aktienindex herangezogen. Die Prämie geht zu Lasten des Fondsvermögens.

Leistungsschein

Auch: Leiste. → Erneuerungsschein (Talon) → Talon.

Leistungsschuldverschreibungen

Besondere Art von Hinterlegungszertifikaten. Durch sie verpflichtet sich der Aussteller, die Leistungen, die auf die für die Schuldverschreibung hinterlegte Aktie erbracht werden, an den Inhaber der Schuldverschreibung weiterzugeben. Gegen Rückgabe der Schuldverschreibung übergibt der Aussteller die betreffende Aktie.

Leitbörsen

Börsen, deren Kurs- bzw. Preisentwicklung auf die anderen Börsen ausstrahlt. Als internationale Leitbörse gilt die New York Stock Exchange.

Leiter-Optionsschein

Optionsscheinvariante. Der zukünftige Kurs des Basiswertes bzw. der zukünftige Stand eines Index wird in eine Skala mit gleichen Abständen unterteilt. Der Inhaber erhält am Laufzeitende die Differenz zwischen dem Basispreis und der während der Laufzeit höchsten (call) bzw. niedrigsten (put) „Sprosse", d. h. Intervallgrenze, die der Kurs des Basiswertes bzw. der Indexstand über- bzw. unterschritten hat. Die Maximalzahlung ist begrenzt.

Leitung der AG

→ Vorstand der AG.

Leitung der Börse

Obliegt dem Börsenvorstand bzw. der Geschäftsführung.

Leitungsmacht

Besteht ein Beherrschungsvertrag, ist das herrschende Unternehmen berechtigt, dem Vorstand der AG hinsichtlich der Leitung der AG Weisungen zu erteilen. Bestimmt der Vertrag nichts anderes, so können auch Weisungen erteilt werden, die für die AG nachteilig sind, wenn sie den Belangen der herrschenden Unternehmung oder der mit ihr und der AG konzernverbundenen Unternehmen dienen. Der Vorstand ist nicht berechtigt, die Befolgung einer Weisung zu verweigern, weil sie nach seiner Ansicht nicht den Belangen der herrschenden Unternehmung oder der mit ihm oder der AG konzernverbundenen Unternehmung dient.

Leitwährung

Währung mit besonderer Stellung im internationalen Währungssystem, an deren Kursen sich andere Währungen orientieren. Heute kann nur der US-$ in gewissem Maße als Leitwährung angesehen werden.

Lesung

In der Schweiz laute Verlesung der kotierten Wertpapiere in der Reihenfolge ihrer Eintragung im Kursblatt durch den Börsenschreiber. An der Zürcher Börse erfolgen für Aktien jeweils 2 Lesungen pro Börsensitzung.

letter of comfort

Am Euromarkt eine Art der Patronatserklärung als begrenzt wirksamer Ersatz für eine formelle Haftungsübernahme, z. B. einer Muttergesellschaft für ihre Tochtergesellschaft.

letter of intent (intention)

→ Absichtserklärung.

letter stocks

In USA Bez. f. Aktien, die noch keine amtliche Zulassung für den Börsenhandel haben. Da für den Käufer solcher Aktien ein besonderes Risiko besteht, werden sie i. d. R. mit beträchtlichem Kursabschlag abgegeben. Auch: Sonderform des Pakethandels. Meist mit Paketabschlag direkt vom Emittenten erworben, wobei sich der Käufer mit einem investment letter verpflichtet, die Aktien innerhalb einer bestimmten Frist nicht zu verkaufen.

letzter Hinterlegungstag

→ Hauptversammlungsdurchführung bei der AG.

letzter Kurs (1)

Der am Börsentag im variablen Verkehr zuletzt notierte Kurs, der kein Schlußkurs zu sein braucht.

letzter Kurs (2)

Kurs vor einer Unterbrechung der Kursnotierung. Wird im Kursblatt mit Datum angegeben.

Letztkäufer bei festverzinslichen Wertpapieren

Käufer festverzinslicher Wertpapiere, die die Schuldverschreibungen zur Daueranlage erwerben.

leverage (1)

Wörtlich: Hebel(wirkung). Die bei ertragreichen Investitionen durch zinsgünstige Kreditfinanzierung entstehende rentabilitätserhöhende Wirkung auf das Eigenkapital, da nur dieses gewinnberechtigt ist, während das Fremdkapital nur auf Zinsen Anspruch hat. Manche ausländischen Investmentfonds (leverage fund, hedge fund) nehmen Fremdkapital zum Kauf von Wertpapieren auf, die bei steigenden Kursen den Wert des Fondsvermögens nach oben treiben. Bei fallenden Kursen wirkt das leverage in umgekehrter Richtung: Die auf Kredit erworbenen Wertpapiere rufen zusätzlichen Verlust hervor. In der BR Deutschland verboten, da sehr spekulativ.

leverage (2)

Hebelwirkung bei Optionsgeschäften. Gibt an, um wieviel die prozentuale Kursänderung einer Option größer ist als die der sie auslösenden prozentualen Kursänderung der Aktie. Der leverage einer Option (L) läßt sich berechnen durch Division der prozentualen Optionspreisänderung (fo) durch die prozentuale Kursänderung der Aktie (fa): $L = fo/fa$. Die Hebelwirkung kann niemals kleiner als eins sein. Daraus folgt für Optionsgeschäfte, daß, bei übereinstimmenden Anlagesummen, der absolute Gewinn/Verlust immer größer ist als bei Aktiengeschäften. Die Stärke des leverage ist von verschiedenen Faktoren abhängig. So weisen Optionen mit kürzerer/längerer Restlaufzeit einen höheren/niedrigeren leverage auf. Besitzen Optionen einen hohen/kleinen inneren Wert, ist die Hebelwirkung in der Regel eher gering/groß.

leveraged buyout

Mit Hilfe von Krediten finanzierter Kauf einer Unternehmung durch eine kleine Gruppe von Investoren, wobei die Schulden mit Einnahmen aus dem erworbenen Unternehmen oder dem Verkauf von dessen Aktiva zurückgezahlt werden. Der Erfolg einer solchen Transaktion hängt davon ab, ob der durch gezielte Maßnahmen – z. B. Reorganisation – erreichbare Wert der Unternehmung deutlich über dem Kaufpreis liegt. Das Risiko besteht darin, daß die Zinsbelastungen und die sonstigen Kosten des Erwerbs zu hoch sind, um schließlich noch einen Gewinn zuzulassen. Häufig wird ein leveraged buyout bei kleineren Unternehmen auch mit venture capital kombiniert, indem an die Stelle der nötigen Kredite haftendes Eigenkapital tritt. → greenmail.

leverage-Effekt bei Optionsgeschäften

→ leverage (2).

leverage fund

Investmentfonds, der Kredite zum Kauf von Anlagewerten einsetzt. Meist Indiz für spekulativ ausgerichtete Anlagepolitik. In der BR Deutschland unzulässig.

LGFM

Abk. f. GAFTA London Grain Futures Market.

Liberalisierung

Befreiung u. a. des internationalen Kapital- und Zahlungsverkehrs von Beschränkungen.

Liberierung

Bezahlung der bei einer Emission zugeteilten Titel. Erfolgt normalerweise in einem Betrag als Vollliberierung, seltener gestaffelt als Teilliberierung.

Libid

Abk. f. London interbank bid rate.

Libor

Abk. f. London interbank offered rate. Im Verkehr zwischen Banken am Londoner Geldmarkt angewendeter kurzfristiger Geldmarktzinssatz, zu dem eine Bank einer anderen erstklassigen Bank kurzfristige Einlagen überläßt bzw. Geldmarktkredite aufnimmt.

Libor-Anleihen

Am Euromarkt Schuldverschreibungen, bei denen die Verzinsung jeweils im Drei- oder Sechs-Monats-Abstand an den Geldmarktzins angepaßt wird.

Libor bonds

Andere Bez. f. floating rate notes.

Libor flat

Libor ohne Aufschlag, d. h. der üblicherweise auf Libor zu entrichtende spread oder margin entfällt.

Liebhaberei

Spezieller Begriff des Steuerrechts. Liebhaberei ist eine Tätigkeit aus privater Hingabe oder Neigung (Hobby) und ohne die Absicht, auf längere Sicht wirtschaftliche Vorteile zu erzielen. Entscheidend ist dabei der Gesamtplan. Keine Liebhaberei liegt vor, wenn der Verlust bloß die unbeabsichtigte Folge wirtschaftlicher Fehlentscheidungen oder Mismanagements ist. Typische Beispiele für Liebhaberei sind: Rennställe, Gestüte, Privatjagd, Bienenzucht, Kunstmalerei usw. Da in diesen Fällen keine langfristige Gewinnerzielungsabsicht vorliegt, sind positive oder negative Einkünfte (Verluste) weder ausgleichsfähig noch abzugsfähig im Hinblick auf die gesetzlich festgelegten Einkunftsarten.

lieferbare Wertpapiere

Wertpapiere, die nach Inhalt und Form den „Richtlinien für die Lieferbarkeit beschädigter, amtlich notierter Wertpapiere" entsprechen.

Lieferbarkeit beschädigter Wertpapiere

Wegen der Lieferbarkeit beschädigter Wertpapiere, die amtlich notiert werden, bestehen Richtlinien der deutschen Börsen, die auch für am Geregelten Markt gehandelte Wertpapiere angewendet werden. Danach ist ein Stück nicht mehr lieferbar, wenn: (1) ein wesentliches Merkmal des Wertpapiers verletzt ist. Das ist bei jeder Beeinträchtigung des Stückes, die die Erkennbarkeit eines wesentlichen Merkmals aufhebt oder erheblich vermindert, der Fall; (2) das Wertpapier in seiner Substanz beschädigt ist (→ Substanzschäden bei Wertpapieren); (3) das Wertpapier so erhebliche Schönheitsfehler (z. B. Verfärbungen, Verklecksungen, Knitter-, Stock- oder Rostflecke) aufweist, daß die Annahme des Stückes als ordnungsgemäße Lieferung nicht zumutbar erscheint. Zur Wiederherstellung der Lieferbarkeit eines Stückes sind Gültigkeitsvermerke des Wertpapierausstellers grundsätzlich nicht ausreichend; Ausnahmen erscheinen nur vertretbar, wenn besondere Schwierigkeiten bei Beschaffung von Ersatzstücken (z. B. bei Auslandsbonds) bestehen. Für die Lieferbarkeit beschädigter ausländischer Wertpapiere können im Zweifel die Usancen der Heimatbörse maßgeblich sein.

Lieferbarkeitsbescheinigung (Affidavit)

Schriftliche Bescheinigung, daß ein Wertpapier ordnungsgemäß erworben ist und allen Anforderungen eines börsenfähigen Wertpapiers genügt. Abk.: LB.

Lieferbarkeitsprüfung von Wertpapieren

Alle Wertpapiere, die einer Bank zum Verkauf für Kunden eingereicht werden und alle, die die Bank für den Kunden gekauft hat, werden geprüft auf Lieferbarkeit. Wertpapiere, die wegen größerer Beschädigungen nicht mehr als ordnungsgemäß angesehen werden können oder die der bisherige Inhaber verloren und deshalb gesperrt hat, gelten als nicht lieferbar. Die Prüfung auf Lieferbarkeit umfaßt im einzelnen, ob Wertpapiere beschädigt sind, zu dem Mantel der richtige Bogen geliefert ist, alle nicht fälligen Zins- oder Dividendenscheine vorhanden sind, die Wertpapiere mit Opposition belegt (gesperrt) sind, d. h. in den Listen abhanden gekommener Wertpapiere aufgeführt sind, gewährte Bezugsrechte ausgeübt sind, Orderpapiere mit einem ordnungsgemäßen Indossament versehen sind u. dgl. mehr. Der Kunde hat Anspruch darauf, daß die von ihm gekauften Stücke, die ihm ausgeliefert oder seinem Streifbanddepot beigefügt werden, in jeder Hinsicht ordnungsgemäß sind. Bei Wertpapieren, die sich in Sammelverwahrung befinden, ist eine solche Prüfung nicht notwendig.

Lieferbarkeit von Wertpapieren

Der Verkäufer eines Wertpapiers ist verpflichtet, dem Käufer das Eigentum an dem im Wertpapier verbrieften Recht zu verschaffen, indem er das Papier dem Käufer liefert. In den meisten Fällen wird nicht körperlich, sondern im Wertpapiergiroverkehr geliefert. Über die Lieferbarkeit von Wertpapieren, die zum Börsenhandel zugelassen sind, entscheidet in Zweifelsfällen die Dreimännerkommission (Vertrauensmännerausschuß). Bei Wertpapieren, die in den Freiverkehr einbezogen sind, trifft die Entscheidung im Zweifelsfall der zuständige Ortsausschuß. Entscheidungen des Ausschusses einer Wertpapierbörse über die Lieferbarkeit oder Nichtlieferbarkeit eines Wertpapiers sind für die übrigen deutschen Börsen verbindlich. Wird ein Wertpapier für nicht lieferbar erklärt, so sind die übrigen Börsen von dieser Entscheidung zu unterrichten. Anträge auf Entscheidung über die Lieferbarkeit eines Wertpapiers dürfen nur von einer an der jeweiligen Wertpapierbörse vertretenen Firma gestellt werden.

Lieferschein

Anläßlich der Liberierung von Aktien oder Obligationen von der Bank ausgestellte Bescheinigung, die zum späteren Bezug der definitiven Titel berechtigt.

Liefertag

Tag, an dem ein Termingeschäft durch Lieferung von Wertpapieren erfüllt werden kann. Entsprechend den Bedingungen für den Handel an der DTB ist der Liefertag für Bundesanleihen, durch welche ein Terminkontrakt auf eine langfristige Bundesanleihe (Bund-future) erfüllt werden kann, der zehnte Kalendertag des jeweiligen Fälligkeitsmonats (März, Juni, September, Dezember). Ist dies kein Börsentag, gilt der nächste danach liegende Börsentag als Liefertag. Dasselbe gilt für den Liefertag von mittelfristigen Schuldverschreibungen, durch welche ein Bobl-future erfüllt werden kann, sowie für die 15- bis 30jährigen Bundesanleihen, die für den Buxl-future lieferbar sind.

Lieferung

Zurverfügungstellung von Wertpapieren bzw. Gutschrift auf Depotkonto des Kunden.

Lieferung bei Börsengeschäften

→ Börsengeschäfte, Lieferung.

Lieferungssperre

Bei der Emission von Wertpapieren bisweilen angewendetes Mittel zur Verhinderung eines Verkaufsdrucks und Kurssturzes neuer Aktien. Die gezeichneten Stücke werden den Zeichnern erst nach einer gewissen Sperrfrist ausgehändigt. Wird häufig ersetzt durch schriftliche Verpflichtung der Zeichner, ihre erworbenen Stükke nicht vor Ablauf gewisser Frist zu veräußern. → Sperrstücke.

Lieferungstag

Tag, an dem die in einem Wertpapiergeschäft umgesetzten Titel vom Verkäufer dem Käufer geliefert werden müssen.

Lieferung von Wertpapieren

Beim Kauf von Wertpapieren ist dem Kunden das Eigentum an den erworbenen Papieren zu verschaffen. Das DepG stellt sicher, daß das Eigentum möglichst frühzeitig auf den Kunden übergeht. Dadurch soll erreicht werden, daß das übliche Depotgeschäft sich auf Verwahrung und Verwaltung von Wertpapieren beschränkt. Die Depotbank soll normalerweise nicht Eigentümer der vom Kunden gekauften Wertpapiere werden, da dieser als Eigentümer der Wertpapiere einen besseren Schutz bei einer Insolvenz seiner Depotbank besitzt, als wenn er nur einen schuldrechtlichen Anspruch gegen sie auf Herausgabe der Wertpapiere hätte. Die Verschaffung des Eigentums vollzieht sich auf verschiedene Art, je nachdem, welche der Kunde bei Auftragserteilung vorschreibt: (1) Verlangt er Aushändigung der gekauften Wertpapiere, erfolgt die Eigentumsübertragung durch Einigung und Übergabe. Einigung ist i. a. stillschweigend gegeben; die Übergabe erfolgt durch Aushändigung der Titel an den Kunden. (2) Sollen die Wertpapiere in Streifbanddepot des Kunden kommen, geht mit Absendung des Stückeverzeichnisses (Nummernverzeichnis) durch die Bank das Eigentum an den darin verzeichneten Wertpapieren auf den Kunden über. Die Bank muß dem Kunden innerhalb 1 Woche nach Ausführung des Auftrages das Stückeverzeichnis übersenden, wodurch erreicht werden soll, daß die Eigentumsübertragung nicht verzögert wird. (3) Will der Kunde, daß die Wertpapiere seinem Sammeldepotkonto gutgeschrieben werden, vollzieht sich die Eigentumsübertragung dadurch, daß die Bank ihm das Miteigentum an dem Sammelbestand verschafft, das mit Eintragung des Übertragungsvermerks im Verwahrbuch der Bank auf den Kunden übergeht. Die Bank muß dem Kunden die Verschaffung des Miteigentums unverzüglich anzeigen (i. d. R. durch Kaufabrechnung).

LIFFE

Abk. f. London International Financial Futures and Options Exchange.

Limean

Abk. f. London interbank mean rate.

Limit (1)

Allgemein: Preis- oder Mengengrenze. Im Handels- und Wertpapiergeschäft die Grenze, die der Käufer oder Verkäufer von Wertpapieren oder Waren dem Kommissionär oder Makler setzt. Im bankmäßigen Effektengeschäft vom Auftraggeber zum Kauf oder Verkauf von Wertpapieren vorgeschriebener Kurs, der beim Kauf nicht überschritten, beim Verkauf nicht unterschritten werden darf. Findet während der Gültigkeitsdauer eines limitierten Auftrages der Abschlag einer Gewinnausschüttung statt, so wird am Abschlagtag das Limit um die Höhe der Gewinnausschüttung ermäßigt. Aufträge in ausländischen Werten erlöschen mit Ablauf des letzten Börsentages vor dem Tag des Dividendenabschlags. Sämtliche Aufträge erlöschen bei einer Kapitalerhöhung mit Bezugsrecht am Börsentag vor dem Beginn des Bezugsrechthandels und bei einer Kapitalerhöhung aus Gesellschaftsmitteln am Börsentag vor dem Tage, von dem ab sich der Handel ex Berichtigungsaktien versteht.

Limit (2)

Im Terminhandel auch Bez. f. die Höchstzahl der futures-Kontrakte, die pro Person und Börsentag erworben werden dürfen.

limitada (Ltda.)

In Spanien Rechtsformbezeichnung von Unternehmen, deren Haftung beschränkt ist.

Limitbuch

Enthält die bei der Bank und dem Börsenmakler vorliegenden limitierten Aufträge mit Ausnahme der limitierten Tagesorders.

limited (Ltd.)

In Großbritannien, Kanada, Australien, Südafrika Rechtsformbezeichnung von Unternehmen, die in ein Register eingetragen und deren Haftung beschränkt ist. Diese Gesellschaften ähneln der deutschen AG und GmbH.

limited partnership

Unternehmung, die Einzelobjekte, vornehmlich Immobilien, erwirbt und diese Vermögenswerte durch die Kapitaleinlagen von Anlegern finanziert. Ein etwaiger späterer Veräußerungsgewinn wird auf die Anleger verteilt. Die bereitgestellten Kapitaleinlagen erhalten im allgemeinen eine marktübliche Verzinsung.

Limiterneuerung

Gegen Monatsende teilt die Bank den Kunden mit, daß die noch nicht ausgeführten Aufträge zum Kauf oder Verkauf von Wertpapieren am Ultimo erlöschen und ersucht um evtl. Limiterneuerung auf einem beigefügten Vordruck.

Limitgebühr

→ Limitierung von Aufträgen.

limitieren

→ Limit → Limitierung von Aufträgen.

Limitierung von Aufträgen

Kursbegrenzung eines Auftrages zum Kauf oder Verkauf von Wertpapieren. Wird kein Limit angegeben, so wird billigst gekauft oder bestens verkauft, d. h., die Bank führt den Auftrag unverzüglich zu dem an der Börse erreichbaren Kurs aus. Ergibt sich an dem betreffenden Tag ein Ausschlag im Börsenkurs nach unten oder oben, kann dem Kunden u. U. das Wertpapier zu einem unerwartet günstigen, möglicherweise aber auch zu einem ungünstigen Kurs abgerechnet werden. Dies wird vermieden, wenn der Auftraggeber in das Auftragsformular der Bank ein bestimmtes Limit einträgt. Dadurch wird bestimmt, daß der angegebene Kaufpreis nicht überschritten bzw. der Verkaufspreis nicht unterschritten werden darf. Das Limit wird bei Wertpapieren, die in % des Nominalwerts gehandelt werden, in Prozentsätzen, bei Wertpapieren, die nach Stückzahl gehandelt werden, in Preisen pro Stück angegeben. Die bei dem Geschäft entstehenden Kosten, Provisionen usw. werden beim Limit nicht berücksichtigt; sie sind von dem Auftraggeber gesondert zu tragen. Kann die Bank zu den angegebenen Bedingungen den Auftrag nicht ausführen, stellt sie ihn zurück: Sie nimmt ihn in nota. Sie versucht dann, wenn der Auftrag nicht ausdrücklich auf einen oder mehrere Tage beschränkt ist, die Ausführung bis Ultimo des betreffenden Monats. Das Limit wird während der Laufzeit des Auftrages ohne besondere Weisung des Kunden von der Bank geändert, wenn bei Aktien in dieser Zeit eine Dividende gezahlt wird. In diesem Fall ermäßigt sich vom Zeitpunkt des Dividendenabschlages das Limit um den Wert der Dividende. Bei Kapitalerhöhungen bzw. Kapitalberichtigungen erlischt der limitierte Auftrag zum Zeitpunkt des Bezugsrechts- bzw. Teilrechtsabschlages. Die Banken erheben i. d. R. eine Limitgebühr in den Fällen, in denen ein limitierter Auftrag nicht zur Ausführung gelangt. Die Laufzeit der Aufträge ist in der Regel bis Ultimo eines jeden Monats begrenzt.

limit order

Limitierter Börsenauftrag in den USA.

limit up, limit down

Maximal zulässige Preisbewegung vor allem an der Warenbörse innerhalb einer Börsensitzung in eine Richtung, nach oben (up) oder nach unten (down), gemessen am Schlußkurs des Vortags.

line chart

Häufig als bar chart bezeichnetes Instrument der technischen Aktienanalyse. Im Gegensatz zu point & figure charts werden sowohl die Auf- als auch die Abwärtsbewegungen durch vertikale Linien, der Übergang auf den nächsten Handelstag dagegen als horizontale Linie dargestellt.

LIONs

Abk. f. Lehman investment opportunity notes.

Li-Papiere

→ Liquiditätspapiere (Li-Papiere).

Liquidation (1)

Auch: Auflösung. Verfahren zur Auflösung von Rechtsgemeinschaften aller Art bzw. einer Unternehmung durch Verkauf der einzelnen Vermögensteile, meist zur Befriedigung der Gläubiger. Der Verkaufserlös muß zur Deckung der Verbindlichkeiten herangezogen werden. Der etwa verbleibende Überschuß steht dem Eigentümer der Unternehmung zu. Für die wichtigsten Handelsgesellschaften, Erwerbs- und Wirtschaftsgenossenschaften sowie eingetragenen Vereine ist die Liquidation gesetzlich geregelt.

Liquidation (2)

Bezahlung und Lieferung von Wertpapieren bei einem Termingeschäft an einem im voraus festgesetzten Börsentag gegen Ende jeden Monats. Auch: Skontration. Bei einem Prämiengeschäft erfolgt die Liquidation dreistufig: am Prämienerklärungstag, i. d. R. dem viertletzten Börsentag, muß sich der Käufer bzw. Verkäufer entscheiden, ob er die Titel beziehen bzw. liefern oder unter Bezahlung des vereinbarten Reuegeldes vom Geschäft zurücktreten will. 2 Tage später findet bei allen Termingeschäften die Einzahlung und Einlieferung der Titel statt, nochmals 1 Tag später die Bezahlung und Auslieferung der Titel.

Liquidation (3)

Verkauf von Vermögensgegenständen, z. B. Wertpapieren, anderen Gegenständen einer Liquiditätsreserve usw. → Liquidisierung → Monetisierung.

Liquidation der AG

Kann aus folgenden Gründen vorgenommen werden: Durch Ablauf der in der Satzung bestimmten Zeit, durch Beschluß der HV, durch Eröffnung des Konkursverfahrens über das Vermögen der AG, mit der Rechtskraft des Beschlusses, durch den die Eröffnung des Konkursverfahrens mangels einer den Kosten des Verfahrens entsprechenden Konkursmasse abgelehnt wird. Die Auflösung der AG ist durch den Vorstand zur Eintragung in das Handelsregister anzumelden. Nach Auflösung findet die Abwicklung statt, sofern nicht über das Vermögen der AG das Konkursverfahren eröffnet worden ist. Die Abwicklung besorgen die Vorstandsmitglieder als Abwickler, wenn nicht durch Satzung oder HV-Beschluß andere Personen bestellt worden sind. Das nach Tilgung der Schulden verbleibende Vermögen wird unter die Aktionäre verteilt. Die Verteilung darf aber nur erfolgen, wenn 1 Jahr nach dem Tag vergangen ist, an dem der Aufruf der Gläubiger zum drittenmal bekanntgemacht worden ist. Durch diese Gläubigerschutzvorschrift soll erreicht werden, daß alle Gläubiger ermittelt und befriedigt werden. Ist die Abwicklung beendet, so haben die Abwickler den Schluß zum Handelsregister anzumelden; er ist einzutragen und die AG zu löschen. → Abwicklung der AG → Liquidation (1).

Liquidationsanteilscheine

Wurden zur Durchführung der Aufspaltung von der IG Farbenindustrie AG i. L. und von den Vereinigten Stahlwerken AG i. L. ausgegeben. Die Farben-Aktionäre erhielten über den gleichen Nennbetrag der alten Aktien auf RM lautende Liquidationsanteilscheine, die an den deutschen Börsen amtlich notiert werden. Auch die Anteilscheine einer in Liquidation befindl. AG oder KGaA können unter den sonst gegebenen Voraussetzungen Insiderpapiere sein.

Liquidationsauszahlungskurs

Auch: Kompensationskurs. Vom Börsenvorstand festgelegter Kurs, zu dem im Terminhandel Geschäfte abgerechnet werden, die nicht durch ein Gegengeschäft kompensiert werden konnten. → Liquidation (3).

Liquidationsgebühr

Von manchen Investmentgesellschaften (z. B. no load funds) bei der Rücknahme der Investmentanteile berechnet. Wird vom Inventarwert abgezogen.

Liquidationskassen

Institute zur Gewährleistung der Erfüllung im früheren Terminhandel und im heutigen Optionsgeschäft. Sie garantieren den Beteiligten die Erfüllung der abgeschlossenen Geschäfte, da sie notfalls selbst für den säumigen oder leistungsunfähigen Partner des Geschäfts eintreten.

Liquidationsrate

Teilausschüttung bei Abwicklung der AG.

Liquidationsschuldverschreibung

Von Realkreditinstituten aufgrund der Aufwertungsgesetze von 1925 den Eigentümern ihrer Papiermarkschuldverschreibungen entsprechend den anteiligen Teilungsmassen ausgegeben, soweit diese nicht in bar ausgezahlt wurden.

Liquidationsüberschuß

Der bei der Liquidation entweder durch Realisierung stiller Rücklagen oder durch Erzielung von Gewinnen aus der Weiterführung der Unternehmung während der Liquidation erzielte Gewinn.

Liquidationsvergleich

Im Vergleichsverfahren überträgt der Schuldner sein Vermögen auf einen Treuhänder, der die Verwertung für die Gläubiger durchführt und den erzielten Erlös nach dem Verhältnis ihrer Forderungen verteilt. Der dabei nicht gedeckte Forderungsteil wird dem Schuldner erlassen. Ein Liquidationsvergleich ist nur zulässig, wenn zu erwarten ist, daß die Gläubiger mindestens zu 35% befriedigt werden; der Schuldner bleibt bei einem niedrigeren Verwertungserlös zur Zahlung der Differenz verpflichtet.

Liquidationswert

Summe der Veräußerungswerte aller Vermögensteile einer Unternehmung bei ihrer Liquidation.

Liquidator der AG

Bez. f. Abwickler der AG.

liquide Mittel

Bez. f. vorhandene flüssige Mittel, Zahlungsmittel, d. h. solche, die nicht in Geld umgewandelt werden müssen. Bei der Unterscheidung in primär- und sekundärliquide Mittel gilt das allerdings nur für erstere. Je nach Zeiterfordernis und Schwierigkeit dieser Umwandlung unterscheidet man liquide Mittel 1. Ordnung (Kassenbestand, Postscheck- und Bankguthaben, diskontfähige Wechsel), liquide Mittel 2. Ordnung (Forderungen, Effektenbestände, gut verkäufliche Halb- und Fertigwaren) und liquide Mittel 3. Ordnung (schwer verkäufliche Waren, Roh-, Hilfs- und Betriebsstoffe).

Liquidierung (1)
→ Liquidisierung → Monetisierung.

Liquidierung (2)
Verkauf eines zuvor gekauften Vertrages (long-Liquidierung) oder Rückkauf eines zuvor verkauften Vertrages (short-Dekkung) im Warentermingeschäft.

Liquidisierung
„Versilberung", d. h. Verkauf von Vermögensgegenständen, z. B. von Objekten der Liquiditätsreserve usw. Auch: Monetisierung.

Liquidität
Fähigkeit einer Unternehmung, alle notwendigen, d. h. berechtigten, fälligen Zahlungen fristgerecht zu leisten. Diese ist gewahrt, wenn ausreichend flüssige (liquide) Mittel für den laufenden Zahlungsverkehr vorhanden sind und zur Erfüllung zukünftiger Zahlungsverpflichtungen bereitstehen. Die Liquidität beeinflußt die Rentabilität, da flüssige Mittel i. d. R. unverzinslich oder nur gering verzinslich sind. Auch: die Zahlungsmittel selbst und die Eigenschaft eines Vermögensobjektes, in Geld umwandelbar zu sein. I. w. S. auch Gesamtheit aller flüssigen Mittel.

Liquidität, gesamtwirtschaftliche
→ Liquidität, volkswirtschaftliche.

Liquiditätsanalyse
Untersuchung der Ausstattung einer Unternehmung mit liquiden Mitteln und deren Struktur, vor allem mittels einer Liquiditätsbilanz.

Liquiditätsbilanz
Eine zur Darlegung der Liquidität einer Unternehmung erstellte Bilanz, meist in Form eines Finanzplans. Die Liquiditätsbilanz wird zweckmäßigerweise in verschiedene Liquiditätsgrade gegliedert.

Liquiditätsgrade
→ Liquiditätskennzahlen.

Liquiditätskennzahlen
Kennzahlen, die das Verhältnis von Zahlungsverpflichtungen zu vorhandenen flüssigen Mitteln ausdrücken. Man unterscheidet:

$$1.\ \text{Grad} = \frac{\text{Geldwerte} + \text{kurzfristige Forderungen} \times 100}{\text{kurzfristige Verbindlichkeiten}}$$

$$2.\ \text{Grad} = \frac{\text{kurzfristiges Umlaufvermögen} \times 100}{\text{kurzfristige Verbindlichkeiten}}$$

$$3.\ \text{Grad} = \frac{\text{gesamtes Umlaufvermögen} \times 100}{\text{kurzfristige Verbindlichkeiten}}$$

Liquiditätskonsortialbank GmbH
Spezialbank, die die Liquidität von ohne eigenes Verschulden in Zahlungsschwierigkeiten geratenen Banken sichern helfen soll. Gesellschafter sind alle Gruppen der deutschen Geschäftsbanken und die Bundesbank.

Liquiditätspapiere (Li-Papiere)
Neben Mobilisierungs- und Finanzierungspapieren der Bundesbank zur Verfügung stehende Wertpapiere in Form von Schatzwechseln und Schatzanweisungen des Bundes, die zur Abwicklung von Offenmarktgeschäften auf dem Geldmarkt dienen.

Liquiditätsreserve
Summe der liquiden oder kurzfristig liquidisierbaren Aktiva.

Liquiditätssicherung
Postulat der Aufrechterhaltung der Liquidität als Voraussetzung für die Existenzsicherung der Unternehmung. Demnach sind die geschäftspolitischen Aktivitäten einer Unternehmung so zu koordinieren, daß eine jederzeitige Zahlungsbereitschaft aufrecht erhalten wird.

Liquiditätsstatus
→ Liquiditätsbilanz.

Liquidität, volkswirtschaftliche
Besteht in der ausreichenden Versorgung der gesamten Wirtschaft mit Zahlungsmitteln. Es ist Aufgabe der Bundesbank, diese Liquidität unter Berücksichtigung von Konjunktur- und Saisonschwankungen zu sichern. Für die Entwicklung der Börsenkurse ist ausreichend vorhandene Liquidität dieser Art wesentlich.

liquidity ratio
→ Liquiditätskennzahlen.

Liquirate
Abk. f. Liquidationsrate.

Liquis
Abk. f. Liquidationsanteilscheine.

listed option
Börsennotierte Option.

Lit. A, Lit. B usw.
Abk. f. Litera A, Litera B usw.

Litera A, Litera B usw.

Unterscheidungsmerkmale bei Wertpapieren; z. B. Aktien Lit. A über DM 1000 Nennbetrag, Aktien Lit. B über DM 100 Nennbetrag. Abk.: Lit.

Llubljana, Börse

Llubljana Stock Exchange, Inc., Slovenska 56, 61000 Llubljana, Tel.: 0038-66-11710212, Fax.: 0038-66-11710213. Zweimal wöchentlich stattfindender Handel in 16 Aktien und 23 Anleihen.

LMFE

Abk. f. London Meat Futures Exchange.

lock-up Periode

Zeitraum zwischen dem Zeichnungsschlußtag und der Ausgabe der endgültigen Anleihezertifikate. In dieser Zeit wird die Anleihe durch ein Globalzertifikat (global bond) repäsentiert.

loco (loko) (1)

Preisnotierung loco bedeutet, daß die Ware spesenfrei am genannten Ort geliefert wird.

loco (loko) (2)

Beim Warengeschäft: sofort, gegen Kasse. Auch als Kurszusatz.

Locogeschäft (Lokogeschäft)

An Warenbörsen: zur sofortigen Zahlung und Lieferung fällig. → Kassageschäft.

Locomarkt (Lokomarkt)

→ Kassamarkt.

Löschung

Beendigung der Geltung einer in einem öffentlichen Register vorgenommenen Eintragung. So werden z. B. aufgelöste Unternehmen im Handelsregister und zurückbezahlte Hypotheken im Grundbuch gelöscht. Durch Löschungsvormerkung wird die künftige Löschung eines Rechts im Grundbuch (z. B. einer rangbesseren Hypothek) gesichert.

löschungsfähige Quittung

→ Quittung.

Lokalbankier

Im Depotgeschäft Bez. f. eine Bank, die nicht selbst an einem Börsenplatz vertreten ist und sich zur Ausführung ihrer Kundenaufträge einer an einem Börsenplatz domizilierenden Bank (Zentralbankier) bedienen muß. Da häufig die Zentralbankiers für die Lokalbankiers auch die Verwahrung ihrer eigenen und der Kunden-Wertpapiere im Eigen- oder Fremddepot vornehmen, obliegt dem Lokalbankier die Pflicht der Kennzeichnung der jeweiligen Wertpapiere als Institutseigentum oder Kundeneigentum, da bei Nichtangabe automatisch Fremdvermutung gilt.

Lokalbörse

Börse von nur geringer, lokal oder regional begrenzter Bedeutung.

Lokalpapiere, -werte

Wertpapiere, deren Interessentenkreis nicht groß ist und die i. d. R. nur an einer Börse gehandelt werden (Lokalbörse); Sammelbez. f. Aktien von Gesellschaften mit nur lokaler oder regionaler Bedeutung.

loko

→ loco (loko).

Loko(-geschäft), loco

An Warenbörsen im Gegensatz zum Termingeschäft ein Abschluß auf sofortige Lieferung. Insbesondere auch Ausdruck für den Börsenplatz, wie z. B. loko Düsseldorf = Börsenplatz Düsseldorf.

Lombard

→ lombardieren, Lombardierung.

Lombarddepot

Von den Banken bei der Bundesbank unterhaltenes Effektendepot, dessen Wertpapiere bei Bedarf sofort für einen Lombardkredit verpfändet werden können.

Lombardeffekten

Von einer Bank beliehene Wertpapiere, d. h. Wertpapiere, die bei Banken von ihren Kunden als Sicherheit für einen Lombardkredit hinterlegt worden sind. → lombardfähige Wertpapiere.

lombardfähig

Beleihbar.

lombardfähige Wertpapiere

Allgemein: Wertpapiere, die zur Aufnahme von Lombardkrediten beliehen werden können. Speziell: Wertpapiere, die die Bundesbank beleiht, d. h. die im Verzeichnis der Bundesbank aufgeführten festverzinslichen Schuldverschreibungen und Schuldbuchforderungen, die höchstens zu 75% ihres Kurswertes beliehen werden.

Lombardfähigkeit

Eigenschaft der bei der Bundesbank beleihbaren Wertpapiere. → lombardfähige Wertpapiere.

Lombardfähigkeit von Anleihen

→ Anleihen, Lombardfähigkeit → lombardfähige Wertpapiere.

lombardieren, Lombardierung

Beleihen von Waren, Wechseln, Wertpapieren usw. Gewährung eines Kredits gegen Pfandhergabe. I. d. R. wird darunter die Kreditgewährung durch eine Bank gegen Hinterlegung von Wertpapieren verstanden, vor allem auch durch die Bundesbank an Banken.

Lombardkasse

Abwicklungs- und Garantiestelle im Optionshandel. → Liquidationskassen.

Lombardkredit

Kreditgewährung gegen Verpfändung beweglicher Sachen, vor allem Waren, Wechseln, Wertpapieren, Edelmetallen. Im Bankgewerbe dominiert der Wertpapierlombard (auch: Effektenkredit). Die Beleihung erfolgt nur zu bestimmten Beleihungsgrenzen in % des ermittelten Beleihungswertes.

Lombardkredit der Deutschen Bundesbank

Die Bundesbank kann Banken verzinsliche Darlehen gegen Verpfändung bestimmter Wertpapiere und Schuldbuchforderungen gewähren, wobei die Beleihungsgrenzen je nach Pfandtyp unterschiedlich festgesetzt sind. Die Pfänder werden im Verzeichnis der bei der Bundesbank beleihbaren Wertpapiere (Lombardverzeichnis) angegeben.

Lombardsatz

Zinssatz der Bundesbank für die von ihr nur an Banken gewährten Lombardkredite. Liegt über dem Diskontsatz.

Lombard Street

Bankenstraße in London (City) in der Nähe der Londoner Börse. Auch: Bez. f. den Londoner Geldmarkt und die Londoner Bankenwelt.

Lombardverzeichnis der Deutschen Bundesbank

Enthält die bei der Bundesbank beleihbaren Wertpapiere.

Lombardzins (-satz, -fuß)

Allgemein der von Banken bei Gewährung von Lombardkrediten berechnete Zinssatz.

London Agricultural Futures Market

Londoner Börse für landwirtschaftliche futures. Anschrift: 28 St. Mary Axe, London EC 3A BEP, Umfaßt: London Meat Futures Exchange (LMFE), London Potato Futures Association (LPFA), GAFTA London Grain Futures Market (LGFM), GAFTA Soybean Meal Futures Association (SOMFA).

London Commodity Exchange (LCE)

Warenterminbörse in London. Entstanden aus der Fusion verschiedener Vorgängerbörsen, von 1987 bis 1993 als London FOX – The Futures and Options Exchange firmierend. Gehandelt werden u. a. futures und traded options auf Weizen, Roggen, Kakao, Kartoffeln, verschiedene Zuckerarten und Frachtraten. Anschrift: 1 Commodity Quay, St. Katharine's Docks, London E1 9AX, Tel.: 0044-71-4812080, Fax: 0044-71-7029923, Telex: 884370.

London Dollar-certificates of deposit

Seit 1966 am Finanzplatz London emittierte auf US-$ lautende certificates of deposit.

Londoner Wertpapierbörse

London Stock Exchange. Eine der größten und bedeutendsten Effektenbörsen der Welt mit Sitz in London. Gegründet: 1802. Börsenzeit: 10–16.30 Uhr mitteleuropäischer Zeit. Steuern: 0,5% Stempelgebühr zzgl. geringem Fixum. Wichtigste Europäische Börse. Anschrift: Corner Old Broad and Threadneedle Street, London EC2N 1HP. Tel. 44-1-588-2355. Bedeutender Markt für Optionen: financial options (FT-SE 100 index options, short gilt options, long gilt options) und currency options (verschiedene Dollar-DM-Optionen).

London FOX

→ London Commodity Exchange (LCE).

London gold futures market Ltd.

→ Goldmärkte.

London interbank offered rate (Libor)

Interbank-Geldmarktsatz in London, der sich frei zwischen den Euro-Banken bildet. Er hat insbesondere große Bedeutung bei roll-over-Krediten als Basis für die periodenweise Zinsberechnung. I. d. R. werden zu einer im Kreditvertrag fixierten Zeit die unterschiedlichen Libor-Sätze der benannten Banken erfragt und daraus das arithmetische Mittel als Referenzzinssatz verwandt.

London International Financial Futures and Options Exchange (LIFFE)

Erster, 1982 gegründeter europäischer Handelsmarkt für financial futures. Seit der 1992 erfolgten Fusion von LIFFE und

London Traded Options Market (LTOM) drittgrößte Börse der Welt. Gehandelt werden vor allem folgende futures (f) und Optionen (O) auf folgende Basiswerte: 3-month Sterling (f/O), 3-month Eurodollar (f/O), 3-month Euromark (f/O), 3-month Euroswiss (f/O), 3-month Eurolira (f), 3-month ECU (f), long gilt (f/O), langfristige (Bund) und mittelfristige (Bobl) DMark-Schuldverschreibungen des Bundes (f/O), langfristige italienische Staatsanleihen (f/O), FT-SE 100 (f/O) sowie verschiedene Aktien (O). Die Handelszeiten der Terminkontrakte sind unterschiedlich und liegen zwischen 7.30 Uhr und 16.15 Uhr Londoner Zeit. Verschiedene Kontrakte werden im ATP-System auch bis 18.00 Uhr gehandelt. Adresse: Cannon Bridge, London EC4R 3XX, Tel.: 0044-71-623-044, Telefax: 0044-71-5883624, Telex: 893894 liffe g.

London Meat Futures Exchange (LMFE)

Börse für Fleisch-futures. Anschrift: London Agricultural Futures Market, von der sie ein Teil ist. Gehandelt werden (lebende) Schweine- und Schweinefleisch-futures.

London Metal Exchange (LME)

Börse für Terminkontrakte auf Metalle. Gehandelt werden futures und Optionen unter anderem auf folgende Metalle: Aluminium, Kupfer, Blei, Nickel, Zinn und Zink. Plantation House, Fenchurch Street, GB-London EC3M 3AP, England. Tel.: 0044-71-626-3311. Telefax: 0044-71-626-1703. Telex: 8951367. Börsenzeit: 11.45–13.10, 15.20–16.35 Uhr.

London Potato Futures Association (LPFA)

Londoner Börse für Kartoffel-futures. Anschrift: London Agricultural Futures Market, von dem sie ein Teil ist.

London Stock Exchange

→ Londoner Wertpapierbörse.

London Traded Options Market (LTOM)

Londoner Optionsbörse, die 1992 mit der London International Financial Futures Exchange (LIFFE) verschmolzen wurde.

long (1)

Kaufposition im Terminhandel. Man nennt jemanden netto-long, wenn er mehr Verträge gekauft als verkauft hat. Gegensatz: short.

long (2)

Besitz von Rohstoffen am Kassamarkt.

long-call-Emission

Vorzeitig, aber erst nach mehreren Freijahren kündbare Anleihe.

long-call-Option

Kaufposition in Kaufoptionen.

long-futures-Kontrakt

Kaufposition in börsennotierten, standardisierten Terminkontrakten.

long hedge, long hedging

Absicherung eines Verlustrisikos – resultierend aus für den Absichernden ungünstig verlaufenden Zins-, Wechselkurs- oder Aktienkursentwicklungen – durch den Kauf von Options- oder Terminkontrakten an den jeweiligen Märkten. Gegensatz: short hedge, short hedging.

long-Position

Im Terminhandel Hausse-Position. Gegensatz: short-Position.

long-put-Option

Erworbene Verkaufsoption.

long straddle

Diese Optionsposition beinhaltet den gleichzeitigen Kauf von put- und call-Optionen mit identischen Basispreisen und Fälligkeiten. Ziel der Strategie ist die Teilnahme an kaum prognostizierbaren und durch starke Schwankungen gekennzeichneten Wechselkurs-, Zins- oder Aktienindexentwicklungen. Der maximale Verlust bei dieser Position ist auf die entrichtete Prämie beschränkt und wird im Falle nur geringerer Wertveränderungen des der Option zugrunde liegenden Basisobjekts realisiert.

long-term debt futures

Auf langfristigen Schuldtiteln begründeter Zins-Terminkontrakt (future).

look-back-Option(sschein)

Optionsscheinform, die als best-buy-Kaufoption oder best-sell-Verkaufsoption angeboten wird. Basiswert ist i. d. R. ein Aktienindex, die Erfüllung erfolgt durch Barausgleich. Der Basispreis wird erst bei Ausübung bzw. Fälligkeit festgestellt; bei Kauf- bzw. Verkaufsoptionen gilt der während der Optionslaufzeit (look back period) niedrigste bzw. höchste Kurs des Basiswertes als Basispreis. Der Inhaber einer Kauf- bzw. Verkaufsoption kann während der Laufzeit die Zahlung der Differenz zwischen dem seit Begebung der Optionsscheine niedrigsten bzw. höchsten und aktuellen Stand des Basiswertes vom Emittenten verlangen.

Loroguthaben

Einlagen einer Bank bei einer anderen Bank.

Losanleihen

Anleihen mit geringer oder fehlender Verzinsung. Der Erwerb wird durch Prämien angeregt, die bei der Auslosung fällig werden. Inhaberpapiere mit Prämien dürfen in der BR Deutschland nur als Staatsanleihen ausgegeben werden. Auch: Lotterie-, Prämienanleihen.

Loskurs

Ausgelost wird ein Kurs dann, wenn verschiedene Börsenhändler gleichzeitig in ein Börsengeschäft eintreten und die Zahl der in die Transaktion involvierten Titel nicht groß genug ist, um jeden Interessenten mit mindestens einer Schlußeinheit bedienen zu können.

Lotterieanleihen

Anleihen, bei denen aus den laufenden Zinsen Gewinnbeträge gebildet werden, die unter den Anleihegläubigern verlost werden. Auch: Los-, Prämienanleihen.

Louisdor

Eigentlich Louis d'or. Erstmals um 1640 von Ludwig XIII geprägte Goldmünze. Ihr Typus wurde in vielen Staaten nachgeahmt (Herrscherbildnis und Wappenschild). Sie war kein gesetzliches Zahlungsmittel.

lower priced common stocks

Niedrigkursaktien; i. d. R. Titel jüngerer oder kleinerer Unternehmen, deren Kurse relativ niedrig sind (oft 1–2 US-$).

LPFA

Abk. f. London Potato Futures Association.

ltd., Ltd.

Abk. f. limited. Zusatz zum Firmennamen in Großbritannien, Kanada, Australien, Südafrika bei Kapitalgesellschaften.

ltda.

Abk. f. limitada. Zusatz zum Firmennamen in Spanien bei Kapitalgesellschaften.

LTOM

Abk. f. London Traded Options Market.

lustlos

Tendenzbez. f. geringes Börsengeschäft bei nur geringen Kursveränderungen; nahezu umsatzlose Börsensitzung.

Luxemburg, Besteuerung von Kapitalerträgen

Von Dividenden wird gemäß DBA eine Steuer von 15% erhoben. Werden die Dividenden an eine deutsche Kapitalgesellschaft ausgeschüttet, der mind. 25% der stimmberechtigten Anteile der luxemburgischen Gesellschaft gehören, wird die Steuer nach DBA auf 10% herabgesetzt. Das Schachtelprivileg gilt nicht für spezielle luxemburgische Holding-Gesellschaften. In der BR Deutschland sind die Dividenden voll steuerpflichtig. Jedoch wird die luxemburgische KESt auf die ESt oder KSt angerechnet. Bei einer Kapitalgesellschaft, der mind. 25% der stimmberechtigten Anteile der ausschüttenden luxemburgischen Gesellschaft gehören, bleiben die Dividenden steuerfrei. Zinsen sind in Luxemburg steuerfrei; in der BR Deutschland unterliegen sie der vollen Besteuerung.

Luxemburger Börse

Société de la Bourse de Luxembourg. 11, Avenue de la Porte Neuve, L-2227 Luxembourg, Luxembourg. Tel.: 352-4779361. Telex: 2559 stoex lu.

Luxemburg interbank offered rate (Luxibor)

In Luxemburg zustande kommender Interbankenzinssatz. Dient als Basis für zinsvariable Anleihen und Kredite (analog → Libor).

Luxibor

Abk. f. Luxemburg interbank offered rate.

LZB

Abk. f. Landeszentralbank.

M

M

In englischen Kurszetteln Abk. f. money = Geld.

M1, M2, M3

Es ist in der Geldmengenstatistik definiert: M1 = Bargeld- und Sichteinlagenbestände inländischer Nichtbanken; M2 = M1 plus Termingelder inländischer Nichtbanken unter 4 Jahren; M3 = M2 plus Spareinlagen inländischer Nichtbanken mit dreimonatiger Kündigungsfrist. Diese Geldvolumensgrößen werden in ihrer Entwicklung monatlich im Rahmen der konsolidierten Bilanz des Bankensystems einschl. Bundesbank dargestellt und in deren monetärer Analyse kommentiert. Das jährlich von der Bundesbank vorgegebene Geldmengenziel bezieht sich auf M3.

MACE

Abk. f. → MidAmerica Commodity Exchange.

macro hedge

Absicherung genereller, d. h. nicht auf bestimmte Einzelpositionen bezogener Risiken mittels hedging. → micro hedge.

Madrider Börse

Bolsa de Comercio de Madrid. Plaza de la Lealtad 2, Madrid, Spanien. Tel.: 2326654. Telex: 27619 bolmd-e. Gründung: 1831. Börsenzeit: 10–13 Uhr mitteleuropäischer Zeit. Wertstellung: 3–7 Tage nach Abschlußtag. Spesen: 1,5–2%. Steuern: Stempelgebühr von ca. 0,1%.

Mängelstücke

Wertpapiere, bei denen die Nummer des Mantels nicht mit der des Bogens übereinstimmt oder bei denen Mantel oder Bogen fehlt. Sie sind an der Börse nicht lieferbar. Der Emittent muß den Ausgleich herbeiführen. Früher bestand in Berlin eine Zentralsammel- und Ausgleichstelle für Mängelstücke.

Mäntel der Wertpapiere

Urkunden über die erworbenen Rechte bei Aktien oder Schuldverschreibungen. Der Aktienmantel enthält die Firma des Ausstellers, die Nummer des Wertpapiers, den Nennbetrag (in Buchstaben und in Zahlen), Ort und Datum der Ausstellung, faksimilierte Unterschriften des Vorstandes und des Aufsichtsratsvorsitzenden. Bei Schuldverschreibungen kommen Zinssatz, Zinstermin, faksimilierte Unterschrift des Treuhänders bzw. der Gläubigervertreter hinzu. Auf der Rückseite und nötigenfalls auf einer Verlängerung (Allonge) sind die Anleihebedingungen, z. T. auszugsweise, abgedruckt. Jeder Mantel enthält in der linken unteren Ecke den Vordruck für die Kontrollunterschrift und muß mit einem Prägesiegel versehen sein. Mäntel von Inhaber- und Namensaktien sind im Querformat, Mäntel von Vorzugsaktien, Genußscheinen und Schuldverschreibungen im Hochformat herzustellen (Normalgröße: DIN A4 210 × 297 mm). Mäntel und Bogen müssen getrennt sein; Abweichungen nur in Ausnahmefällen, z. B. bei Schuldverschreibungen mit kurzer Laufzeit.

Magyarbonds

Bez. f. von der Ungarischen Entwicklungsbank ausgegebene Anleihen.

Mailänder Börse

Borsa Valori di Milano. Comitato Direttivo, Agenti di Cambio, Piazza degli Affari 6, 20123 Milano, Italien. Tel.: 8534. Telex: 321430 micom bi. Gegründet: 1801. Börsenzeit: 10–16.30 Uhr mitteleuropäischer Zeit. Wertstellung: Abrechnungsperiode vom 20. eines Monats bis zum 20. des Folgemonats, Wertstellung meist am Monatsultimo der Abrechnungsperiode. Spesen: 0,7%, mindestens 5000 Lire.

maintenance margin

In Verbindung mit Terminkontrakten der Mindesteinschuß, den ein Kunde im Hinblick auf eine offene Terminkontraktposition unterhalten muß.

Majorisierung (1), majorisieren

Einer (meist Aktionärs-)Minderheit ohne Rücksicht auf deren Interessen per Abstimmung den Willen der Mehrheit aufzwingen.

Majorisierung (2)

Zeichnung eines höheren Betrages, als tatsächlich gewünscht ist, in der Hoffnung, bei einer Kürzung den gewünschten Betrag zu erhalten.

Majorität

Synonym für Mehrheit. Man unterscheidet einfache Mehrheit (Mehrheit der abgegebenen Stimmen), absolute Mehrheit (mehr als die Hälfte der vorhandenen Stimmen) und qualifizierte Mehrheit (mehr als ¾ der Stimmen oder Kapitalanteile). Spielt vor allem eine wichtige Rolle in der HV der AG.

Majoritätskäufe

Aktienkäufe, um die Majorität bei einer AG zu erreichen oder auszubauen.

Major Market Index
Preisgewichteter Aktienindex der American Stock Exchange, dem zwanzig US-amerikanische Standardwerte zugrunde liegen. Korreliert zu 98% mit dem Dow Jones Index.

Makati Stock Exchange
MSE Bldg., Ayala Avenue, Makati, Metro Manila, Philippines. Tel.: 886411 + 887871. Börsenzeit: 8.00–17.00 Uhr.

making a market
Am Euromarkt: wenn ein Händler ständig Ankaufs- und Verkaufspreise quotiert.

Makler
Vor allem Handelsmakler. Person, die gewerbsmäßig für andere Personen die Vermittlung von Verträgen über Anschaffung oder Veräußerung von Waren, Immobilien, Wertpapieren, Versicherungen usw. übernimmt. Der Handelsmakler ist selbständig; die Vermittlung erfolgt fallweise, d. h., der Handelsmakler ist nicht ständig aufgrund eines Vertragsverhältnisses für Dritte tätig (wie Handelsvertreter). Der Makler hat Anspruch auf eine Vergütung (Courtage).

Maklerbuch
→ Kursmaklertagebuch.

Maklercourtage
→ Maklergebühr (-lohn) → Courtage (Kurtage).

Maklergebühr (-lohn)
An einen Makler zu zahlendes Entgelt für Vermittlung von Grundstücken, Gebäuden, Wertpapieren usw. Beim Börsenmakler richtet sich die Maklergebühr nach fest bestimmten Sätzen.

Maklergebühren an deutschen Börsen
Courtage: (1) Festverzinsliche Werte: (a) bei DM-Emissionen und unter Umstellungsgesetz fallenden RM-Emissionen: bei Beträgen bis einschl. nom. DM 50000 ¾‰ vom Nennwert, bei Beträgen von über nom. DM 50000 bis nom. DM 100000 (mind. DM 37,50) ½‰ vom Nennwert, bei Beträgen über nom. DM 100000 (mind. DM 50) 0,35 bis 0,075‰ vom Nennwert; (b) bei Auslandsbonds (nach Umrechnung in DM-Währung; mit Staffelung) ¾‰ vom Nennwert; (c) bei RM-Emissionen, die nicht unter das Umstellungsgesetz fallen, DM 0,20 pro nom. RM 1000. (2) Aktien: 1‰ vom ausmachenden Betrag, ebenso bei Bezugsrechten und bei Optionsscheinen. Mindestgebühr: allgemein DM 0,50 für jeden Schluß. An einigen Börsen bestehen geringe Abweichungen.

Maklergruppe
An den meisten Börsen ist das gesamte Marktgebiet in Gruppen aufgeteilt. 2 Kursmakler bilden i. d. R. eine Maklergruppe, die für die Kursfeststellung der ihr zugewiesenen Papiere zuständig ist.

Maklerkammer
Maklerkammern bestehen an den Börsen in Berlin, Düsseldorf, Frankfurt, Hamburg, München, Stuttgart. Der Maklerkammer, eine Körperschaft des öffentlichen Rechts, gehören alle Kursmakler an. Sie wird durch einen Vorstand vertreten. Die Kursmakler werden nach Prüfung ihrer fachlichen und persönlichen Eignung im Einvernehmen mit dem Börsenvorstand und dem Vorstand der Maklerkammer von dem zuständigen Minister bestellt und von dem Staatskommissar auf ihre Pflichten vereidigt. Der Vorstand der Maklerkammer hat als Aufgaben: Aufsicht über die Kursmakler, Verteilung der Geschäfte (Skontri) unter die einzelnen Kursmakler einschließlich der Gruppenbildung, Überwachung der amtlichen Kursfeststellung, Herausgabe des amtlichen Kursblattes, Schlichtung von Unstimmigkeiten unter den Kursmaklern und aus dem Auftragsverhältnis zwischen einem Kursmakler und dem Auftraggeber, sofern hierfür nicht das Schiedsgericht zuständig ist, Erhebung von Beiträgen und Umlagen bei den Kursmaklern, Erstattung von Gutachten.

Maklerkurtage, -lohn
→ Maklergebühr (-lohn) → Courtage (Kurtage).

Maklerordnung
Enthält nähere Bestimmungen über Bestellung, Entlassung, Vertretung der Kursmakler, ihre Rechte und Pflichten, über Geschäftsverkehr, Aufsicht und Disziplinarangelegenheiten. Die Maklerordnung wird von der Landesregierung genehmigt und in Kraft gesetzt.

Maklerschranke
Erhöhter fester Platz der Kursmakler im Börsensaal.

Maklerskontro
Hilfsbuch des Kursmaklers zur Kursermittlung. Auf der einen Seite werden Kaufaufträge und auf der gegenüberliegenden Seite Verkaufsaufträge eingetragen. I. w. S. werden auch die dem einzelnen Kursmakler bei der Skontriverteilung zur Kursfeststellung zugeteilten Wertpapiere Maklerskontro genannt.

Maklertafel
Tafel zum Anschreiben der Kurse, Kurstaxen und sonstigen wichtigen Hinweise (Pluszeichen, Minuszeichen, Kursabschlag der Dividende, des Bezugsrechts, der Berichtigungsaktien, der Liquidationsrate). Heute häufig elektronische Kursanzeigetafeln.

Maklertagebuch
→ Kursmaklertagebuch.

mala fides
Bösen Glaubens. Gegensatz: guten Glaubens (bona fides).

managed accounts
Terminbörsenkonten, die von professionellen Terminmarktteilnehmern verwaltet werden. Durch Kauf und Verkauf von Terminkontrakten wird versucht, eine überdurchschnittliche Rendite zu erzielen. Terminbörsenkonten sind als spekulativ einzustufen.

managed fund
Bez. f. d. Normaltyp des Investmentfonds, der durch Käufe und Verkäufe durch das Fondsmanagement in seiner performance günstig gestaltet werden soll.

managed futures funds
→ futures funds.

Management (1)
Bez. f. die Geschäftsführer, Unternehmensleiter, Vorstandsmitglieder von Kapitalgesellschaften, im Gegensatz zu geschäftsführenden Gesellschaftern von Personenunternehmen.

Management (2)
Aktive, auf Wertsteigerungen angelegte Verwaltung von Vermögen, meist Wertpapiervermögen; auch bei Investmentfonds.

management company
Verwaltungsgesellschaft eines Investmentfonds.

management fee (1)
Verwaltungsgebühr bei Investmentfonds.

management fee (2)
Führungsprovision, die einmalig vom Kreditnehmer bei internationalen Finanzierungen zu zahlen ist. Aufgeteilt in underwriting fee als Führungsprovision und Beteiligungsprovision bezogen auf final take (participation fee). Der verbleibende Betrag wird auf lead manager und manager des Konsortiums aufgeteilt; dabei erhält ersterer oft ein Präzipuum.

management group
Bei konsortialiter organisierten internationalen Wertpapieremissionen verantwortlich für die Koordination und ordnungsgemäße Durchführung der Emission, führt die Verhandlungen mit den Emittenten. Bei Bildung eines Emissionskonsortiums nach dem Verfahren der three-tier syndication verpflichtet sich die management group gegenüber dem Emittenten zur Übernahme und Plazierung der Wertpapiere. Bei einem nach dem Verfahren der two-tier syndication gebildeten Emissionskonsortium ist die management group ein Teil der underwriting group. Die Verpflichtung gegenüber dem Emittenten zur Übernahme und Plazierung der Wertpapiere erfolgt hier durch die underwriting group.

management record
Wertentwicklung einer Anlage in einem Investmentfonds, ausgerechnet für einen längeren Zeitraum unter Berücksichtigung der Erträgnisausschüttungen (performance).

management shares
Unternehmensanteile, insbesondere Aktien, im wirtschaftlichen Eigentum von Mitgliedern der Unternehmensleitung. Sie werden normal über die Börse erworben oder sind Gewinnbestandteile der Gehälter des Managements. Bei bestimmten HV-Beschlüssen kann das Stimmrecht für diese Aktien eingeschränkt sein.

Manila International Futures Exchange
Philippinische Terminbörse. Gehandelt werden unter anderem Warenfutures auf Zucker, Kaffee, Kopra, Sojabohnen und getrocknete Kokons, Währungsfutures auf britische £, Yen, DMark, Schweizer Franken und Peso sowie Zins-futures. Adresse: 7th Floor Producers Bank Centre, Paseo de Roxas, Makati, Metro Manila, Philippines, Tel.: 0063-28185496, Telefax: 0063-28185529.

Manila Stock Exchange
Manila Stock Exchange, Corner Muelle de la Industria Binondo, P.O. Box 4229, Manila, Philippines. Börsenzeit: 9.30–12.15 Uhr Ortszeit.

Mantel (1)
→ Mäntel der Wertpapiere.

Mantel (2)
Firmenmantel (GmbH-Mantel, Aktienmantel). Die Anteilsrechte an einer Kapitalgesellschaft (Gesellschaftsmantel) kön-

nen auch ohne das betriebliche Vermögen verkauft werden: als Mantel.

Mantelgründung
Formelle Gründung einer Unternehmung ohne Aufnahme eines Geschäftsbetriebs mit der alleinigen Zielsetzung der Schaffung eines Mantels, der nach der Gründung veräußert werden soll. Solche Scheingründungen sind rechtlich nicht zulässig und nichtig. → Fassongründung.

Mantelstücke
Bez. f. Wertpapiere, die an sich aus Mantel und Bogen bestehen, aber z. Z. ohne Bogen lieferbar sind.

Manteltresor
Tresor, in dem lediglich die Mäntel der Effekten, getrennt von den Zins- und Dividendenscheinen, die im Coupontresor lagern, aufbewahrt werden.

Maple Leaf
Eines der bedeutenden bullion coins. Der Maple Leaf wird von der Royal Canadian Mint in Hull geprägt und weltweit vertrieben. Die Münze enthält 1 Unze Feingold und wird in der höchstmöglichen Reinheitsstufe 999,9 entsprechend 24 Karat hergestellt. Diese hohe Reinheit soll den Maple Leaf von den übrigen Goldmünzen abheben. Als Motive auf den Münzseiten dienen das Ahornblatt als kanadisches Staatswappen sowie das Portrait von Elisabeth II. Der Maple Leaf ist gesetzliches Zahlungsmittel, ohne aber als solches verwendet zu werden.

Marché à Terme International de France (MATIF)
Französische Terminbörse, gegründet im Februar 1986. Der Handel erfolgt im open outcry Auktionsverfahren. Gehandelt werden Finanzterminkontrakte auf französische Staatsanleihen mit Restlaufzeiten von 7 bis 10 Jahren (futures und Optionen), Schuldverschreibungen des Staates mit Laufzeiten von über 15 Jahren (futures), italienische Staatsanleihen (futures), ECU-Anleihen (futures und Optionen), 3-Monats-Pibor (futures und Optionen) sowie auf den CAC-40-Aktienindex (futures). Neuerdings werden auch Optionen auf Kassadevisen, und zwar in den Währungsrelationen Dollar/DM und Dollar/FF, gehandelt. Außerdem werden Warenterminkontrakte auf Zucker, Kaffee und Kartoffeln angeboten. Adresse: 176, rue Montmartre, F-75002 Paris, Tel.: 0033-1-40288282, Telefax: 0033-1-40288001, Telex: 218362.

marché officiel
Amtlicher Markt an der Pariser Börse.

Marchzinsen
Schweizerische Bez. f. Stückzinsen. Beim Handel aller Obligationen werden in der Schweiz die Marchzinsen vom Datum des letzten Coupontermins bis zum Bankwerktag, der dem Börsenverkauf bzw. -verkauf von Obligationen folgt, berechnet.

Marge (1)
Spanne zwischen Kursen, An- und Verkaufspreisen oder Aufwands- und Ertragsposten. Z. B. die Zinsspanne, die sich aus der Gegenüberstellung von Zinsaufwendungen und -erträgen ergibt.

Marge (2)
I. S. v. Bareinschuß (margin requirement). Bei Wertpapierkäufen z. B. an der New Yorker Börse hat der Käufer einen bestimmten Prozentsatz (z. B. 50%) selbst aufzubringen (Margineinschuß); den Rest erhält er kreditiert. In USA ist die Veränderung dieser Marge ein Mittel der Währungspolitik der Notenbank.

Marge (3)
Bez. f. d. Einschuß, der an US-Warenbörsen bei Terminkäufen als Sicherheit zu leisten ist.

Marge (4)
Abschlag vom Marktwert eines zu beleihenden Pfandes (Wertpapiere, Waren), wobei der beleihungsfähige Betrag die Differenz von Marktwert und Abschlag (Marge) ist.

Marge (5)
Kursunterschied bei der Arbitrage.

Marge (6)
Kursspanne bei Nettogeschäften.

margin
Einschuß als Unterlage für die Sicherheit bei Ausführung eines Termingeschäfts zur Abdeckung möglicher Preisschwankungen. Sie wird von Teilnehmern am Terminhandel verlangt. Der Einschuß hat die Funktion eines Depots und ist keine Anzahlung. Die DTB Deutsche Terminbörse GmbH verlangt als clearing-Stelle beim Optionsgeschäft vom Verkäufer und bei futures-Geschäften von beiden Vertragspartnern eine entsprechende margin. Die Börsenteilnehmer sind verpflichtet, von ihren Kunden margins in mindestens gleicher Höhe zu fordern. Marginforderungen sind umgehend zu erfüllen, ansonsten erfolgt eine Zwangsliquidation der Ter-

minpositionen(en). Bei nicht ausreichenden Sicherheiten besteht eine Nachschußpflicht (margin call) für bereits abgeschlossene Termingeschäfte. Diese wird auf einem separaten Konto (margin account) verbucht. Bei futures werden Einschuß (initial margin) und Nachschuß (variation margin) unterschieden. Der Einschuß dient als Absicherung gegen kurzfristige Risiken, die aus offenen Positionen resultieren. Der Nachschuß ergibt sich aus den täglich berechneten Gewinnen bzw. Verlusten auf offene Terminkontraktpositionen. Grundlage dieser Berechnungen bildet der jeweilige Schlußkurs (settlement price). Gewinne/Verluste aus offenen Positionen werden täglich dem margin account gutgeschrieben/belastet. Die initial margin, die nur einen Bruchteil des Kontraktwertes ausmacht, wird bei Glattstellung der Position (closing transaction) dem margin account des Kunden wieder gutgeschrieben.

margin account

Konto, auf dem die margin unterhalten wird.

margin buying

Auf Marge kaufen: Kauf von Wertpapieren durch teilweise Kreditinanspruchnahme bei gleichzeitiger Verpfändung der gekauften Wertpapiere. Das margin gibt in % die Mittel des Käufers (Einschuß) an, die beim margin buying verwendet werden müssen. Das margin ist allgemein festgesetzt; in besonderen Fällen bestehen Ausnahmeregelungen.

margin call

Nachschußpflicht bei bereits abgeschlossenen Termingeschäften, wenn bereits bestehende Sicherheiten nicht mehr ausreichen.

margin requirements

Bez. f. die Quote, die ein Anleger auf seinen Wertpapierbesitz nicht beleihen kann. Beispielsweise bedeutet ein margin von 60%, daß der Anleger höchstens 40% des Wertes beleihen kann, also mind. 60% in bar bezahlen muß. Den Kredit in Höhe von 40% erhält er von einem broker, dem er als Sicherung die Wertpapiere verpfändet. Da die Wertpapierspekulation auf Kreditbasis vor allem in den 30er Jahren zu wirtschaftlichen Störungen führte, hat das US-Zentralnotenbanksystem das Recht, die unbeleihbare Quote bei Wertpapierkrediten vorzuschreiben.

margin trading

→ margin buying → short selling, sale.

market maker

Banken oder Wertpapierhäuser, die die Verpflichtung übernehmen, für einzelne oder auch mehrere von ihnen bekanntgegebene Handelsobjekte jederzeit für bestimmte Mindestmengen verbindliche An- und Verkaufkurse zu stellen und damit einen Markt in diesen Titeln zu unterhalten, ohne daß sie wissen, ob der Handelspartner kaufen oder verkaufen möchte. Handelsobjekte können sein Devisen, Aktien, verzinsliche Wertpapiere, Terminkontrakte und Optionen. Market makers sind insbesondere an over-the-counter-Märkten, so auch am Euromarkt, anzutreffen. Ferner sind einzelne Börsen nach dem market-maker-Verfahren organisiert, z. B. Deutsche Terminbörse, SOFFEX, NASDAQ, London Stock Exchange. Von Vorteil sind nach dem market-maker-Prinzip organisierte Märkte vor allem für institutionelle Investoren, die auf die jederzeitige Handelsbereitschaft angewiesen sind. Für private Investoren mit geringen Anlagevolumina und Marktmacht birgt das market-maker-Verfahren die Gefahr der Kontrahierung zu schlechteren Kursen als in nach dem Auktionsprinzip funktionierenden Märkten. Geeignet ist das market-maker-Verfahren für Sekundärmärkte in umsatzschwachen Wertpapieren, da nach dem Auktionsverfahren arbeitende Märkte hier die Gefahr der Ermittlung nicht repräsentativer Kurse bzw. Preise bergen.

market order

In USA unlimitierter Börsenauftrag.

Mark gleich Mark

Grundsatz der deutschen Rechtsordnung, der auch in inflationären Zeiten Index- oder Wertsicherungsklauseln verbietet und allein Nominalwertrechnung zuläßt.

Mark-gleich-Mark-Gesetz

Militärregierungsgesetz Nr. 51 v. 1947, das bestimmte, daß durch Goldklauseln gesicherte Verbindlichkeiten, insbesondere um 1923 ausgegebene Goldmarkschuldverschreibungen, in RM abgelöst werden konnten.

marking to market

Täglicher Bewertungsprozeß von Options- und futures- (Termin-) Kontrakten durch Vergleich von aktuellem und Vortagsschlußkurs.

Mark Lane
Straße in London mit der Corn Exchange. Allgemein als Bez. f. diese verwendet.

Markt
Allgemein das Zusammentreffen von Angebot und Nachfrage. Umfaßt die Gesamtheit aller Beziehungen zwischen Anbietern und Nachfragern eines Gutes, einer Gruppe solcher usw., von Finanzobjekten u. dgl. Der Begriff beschränkt sich nicht auf bestimmte tatsächlich stattfindende örtliche Veranstaltungen, sondern umfaßt auch abstrakte Formen (z. B. Wertpapiermarkt, Geldmarkt, Kapitalmarkt, Devisenmarkt, Weltmarkt usw.). In einer freien, auf Arbeitsteilung aufgebauten Wirtschaft ist der Markt wichtige Bedingung für den Leistungsaustausch (Marktwirtschaft). Ein wichtiger Spezialmarkt ist die Börse.

Markteffizienz
→ Markteffizienztheorie.

Markteffizienztheorie
Die allgemeine Aussage dieser Theorie lautet, daß sich an effizienten Märkten alle verfügbaren Informationen sofort und vollständig in den Kursen niederschlagen. Hierbei wird unterstellt, daß eine genügende Zahl an Marktteilnehmern mit ausreichendem Kapital vorhanden ist, die neu auftretende Informationen sofort in Börsentransaktionen umsetzen können. Die Zufälligkeit des Kursverlaufes resultiert also nach dieser Theorie nicht aus dem unvorhersehbarem Verhalten der Marktteilnehmer, sondern aus dem zufälligen Auftreten neuer Informationen. → efficient market theory → effizienter Markt.

Marktenge
Bei Wertpapieren mit regelmäßig nur geringen Umsätzen. Meist stehen nur geringe Teile des gezeichneten Kapitals des Emittenten für den Börsenhandel zur Verfügung.

Marktfähigkeit
Eignung von Objekten, am Markt gehandelt zu werden. Vor allem Börsenfähigkeit. → Fungibilität.

marktgängige Wertpapiere
Bez. f. leicht am Markt veräußerbare, fungible Wertpapiere. Als Merkmal marktgängiger Aktien sind anzusehen: Zulassung zum amtlichen Börsenhandel, tägliche Kursnotierung, regelmäßiger größerer Börsenumsatz, Streubesitz.

Marktgängigkeit
Grad der Fungibilität einer Kapitalanlage. Der Begriff findet i. d. R. Anwendung i. V. m. Wertpapieren. Hohe Marktgängigkeit ist bei kurzfristiger Kauf- und Verkaufsmöglichkeit der Anlagetitel, breitem Markt und geringen Transferkosten gegeben. → Börsengängigkeit.

Marktgebiete der Wertpapierbörsen
Einteilung in Anleihemarkt, Aktienmarkt, fortlaufende Notierungen (Schwankungsmarkt der zum variablen Verkehr zugelassenen Aktien), Einheitsmarkt, Geregelter Markt, Freiverkehr u. a.

marktgerechte (marktkonforme) Ausstattung von Anleihen
Zinssatz, Ausgabekurs, Laufzeit und Tilgung entsprechen den Verhältnissen am Rentenmarkt zum Zeitpunkt der Ausgabe der neuen Anleihe(n).

Marktkonformität (1)
Den Gesetzen des Marktes entsprechende Verhaltensweise der Marktteilnehmer.

Marktkonformität (2)
Den aktuellen Bedingungen (Zinssatz, Ausgabekurs, Laufzeit, Tilgung, Stückelung) des Kapitalmarktes entsprechende Ausstattung von Wertpapieren bei Begebung.

Marktpreis
Preis, der sich auf einem Markt bei freiem Wirksamwerden von Angebot und Nachfrage (Gleichgewichtspreis) ergibt. Zu diesem Preis wird am Markt der größtmögliche Umsatz erreicht, denn ein höherer Preis würde zwar ein höheres Angebot bewirken, jedoch ginge gleichzeitig die Nachfrage zurück (et vice versa). An den Finanzmärkten ist der Marktpreis der Zins(satz), an der Börse der Börsenkurs.

Marktsätze
Bez. f. sich am Markt herausbildende Zinssätze.

Marktwert
Preis, der am Markt für ein Gut erzielt werden kann. Als Marktwert einer AG wird das Produkt aus der Anzahl der ausgegebenen Aktien und dem aktuellen Börsenkurs bezeichnet. Dieser Wert entspricht in einem Zeitpunkt t_0 dem Barwert für das Sicherheitsäquivalent des Marktpreises einer Unternehmung, der zum risikolosen Marktzinssatz diskontiert wurde. Das Sicherheitsäquivalent besteht aus dem Erfahrungswert für den Marktwert des Unternehmens abzügl. eines Risikoabschlages. → Marktpreis.

Marktwertmaximierung
Zielsetzung, die auf die Maximierung des Marktwertes eines Kapitalbestandes ausgerichtet ist. In der Theorie der optimalen Kapitalanlage wird dieses Ziel dem Anleger unterstellt. Es wird somit auch zu einem derivativen Ziel der Unternehmensführung, den Marktwert der Unternehmung zu maximieren.

Masse
→ Konkursmasse.

Massegläubiger
Gläubiger eines Gemeinschuldners im Konkurs, die nach Berücksichtigung der Aus- und Absonderungsrechte beanspruchen können, vor allen anderen Gläubigern aus der Konkursmasse befriedigt zu werden (u. a. für Verfahrens- und Verwaltungskosten, rückständige Forderungen aus Arbeits-, Ausbildungverhältnissen und Betriebsrenten der letzten 6 Monate).

Masseneinkommen
Volkswirtschaftlich: Einkommen der breiten Bevölkerungsschichten. Die Gruppe ist nicht eindeutig abgrenzbar; i. d. R. werden ihr allein Arbeitnehmer, insbesondere Arbeiter und einfache Angestellte, zugerechnet.

Masseschulden
Verbindlichkeiten, die der Konkursverwalter im Rahmen seiner gesetzlichen Tätigkeit durch Rechtsgeschäfte oder Rechtshandlungen zu Lasten der Konkursmasse begründet (z. B. Kosten der Führung von Gerichtsprozessen, die die Konkursmasse betreffen). Am Anschlußkonkurs gehören hierzu auch Ansprüche aus Darlehen, die der Schuldner während des Vergleichsverfahrens zur Fortführung der Geschäfte aufgenommen hat. Auch: Ansprüche aus Verträgen, die während der Zeit zwischen Konkurseröffnung und Beendigung des Konkursverfahrens bestehen (z. B. Miet-, Dienst-, Gesellschaftsverträge). Auch: Ansprüche gegen die Konkursmasse aus ungerechtfertigter Bereicherung, soweit die Bereicherung während des Konkursverfahrens erfolgte. Auch: Ansprüche aus gegenseitigen Verträgen, soweit deren Erfüllung vom Konkursverwalter verlangt wird. Masseschulden werden vor Massekosten beglichen.

maßgebliche Beteiligung
Besteht, wenn die Beteiligung an einer Unternehmung 25% übersteigt. Bei Banken Beteiligungen ab 50%.

masterswap-Vereinbarung
In den USA durch die Bankaufsichtsbehörde Federal Deposit Insurance Corp. (FDIC) in Absprache mit der International Swap Dealers Association (ISDA) zugelassenes Verfahren, wonach Gewinne und Verluste aus swap-Geschäften mit einzelnen Kunden im Falle der Insolvenz einer Bank gegeneinander verrechnet werden können. Da die so verrechneten Positionen wesentlich geringer als die Summe der ursprünglichen Brutto-Positionen sind, kann das von Banken für swap-Risiken bereitzuhaltende Kapital verringert werden.

matching
Zusammenführung und Ausführung von Aufträgen/quotes; erfolgt an der DTB durch ein Computersystem. Sobald zwei in das System eingegebene Aufträge oder quotes sich ausführbar gegenüberstehen, führt das DTB-System diese nach den Prioritäten Preis und Zeit zusammen.

Material
An der Börse Bez. f. die angebotenen Wertpapiere.

Materialknappheit, -mangel
Bez. f. in Relation zur Nachfrage fehlendes oder unzureichendes Angebot an der Börse. Zuweilen muß der Kurs infolge Materialmangels gestrichen werden.

mathematischer Kurs
Kurs, der sich rechnerisch aufgrund quantitativer Preisbildungsgesetze ergibt.

mathematischer Wert des Bezugsrechts
Bezugsrechtswert, der sich mathematisch in der Höhe ergibt, daß Bezugskurs und Bezugsverhältnis keinen Einfluß auf das Endvermögen des Aktionärs nehmen. Demnach werden die voraussichtlichen Kursverluste nach Ausgabe der jungen Aktien, die sich wegen der Differenz zwischen aktuellem Börsenkurs und Emissionskurs ergeben, genau durch den Wert des Bezugsrechts kompensiert. Der mathematische Wert des Bezugsrechts ergibt sich aus:

$$\text{Bezugsrechtswert} = \frac{\text{aktueller Börsenkurs} - \text{Emissionskurs}}{\text{Bezugsverhältnis} + 1}$$

Es wird demnach unterstellt, daß der Börsenkurs nach der Kapitalerhöhung dem mit dem Bezugsverhältnis gewogenen Mittel aus aktuellem Börsenkurs und Emissionskurs entspricht. Demnach kann man den mathematischen Wert des Bezugsrechts auch wie folgt berechnen:

$$\text{Bezugsrechtswert} = \frac{\text{Kurs nach Kapitalerhöhung} - \text{Emissionskurs}}{\text{Bezugsverhältnis}}$$

MATIF

Abk. f. Marché à Terme International de France.

matt

Tendenzbez. f. größere Kursrückgänge an der Börse.

maxi floating rate note

Zinsvariabler Schuldtitel mit Zinsbegrenzung nach oben.

maximum spread

Höchstmögliche Spanne zwischen Geld- und Briefkursen, die von market makers gestellt werden dürfen. Verhindert zu große spreads, die insbesondere den Handel von Optionskontrakten einschränken können. Dient dem Anlegerschutz. Maximum spreads für an der DTB gehandelte Optionskontrakte sind nach Optionspreisen überwiegend wie folgt gestaffelt: von DM 0,1 bis DM 10 = DM 2, bei DM 10,1 bis DM 30 = DM 4, bei DM 30,1 bis DM 60 = DM 6, bei DM 60,1 bis DM 100 = DM 10 und bei einem Optionspreis von über DM 100 höchstens 10%. Damit soll die Liquidität des Marktes gesichert werden.

max return warrant

Optionsschein (call) mit Zwangsausübung, Basiswert ist i. d. R. ein Aktienindex. Der Optionsscheininhaber hat das Recht, während der Laufzeit die Zahlung der Differenz zwischen dem aktuellen Stand eines Aktienindex und dem Basispreis zu verlangen. Erreicht der Basiswert allerdings eine vorher festgelegte Höchstgrenze, erfolgt automatisch die Ausübung. Dadurch ist der maximale Gewinn auf die Differenz von Höchstgrenze und Basispreis abzüglich Optionsprämie begrenzt.

Medaille

Prägung aus Metall in Münzform ohne Nennwert oder gesetzlichen Kurswert.

Medien-Fonds

Steuerorientierte Anlagefazilität zur unternehmerischen Beteiligung an der Erstellung und Verwertung von TV- und Kinofilmen. I. d. R. in Form einer Beteiligung als Kommanditist an einer KG, die einen oder mehrere Filme produziert und über Filmverleiher bzw. Fernsehanstalten verwertet. Der Investor profitiert wegen anfänglicher Verlustzuweisungen von Steuerstundungseffekten, die seinen effektiven Kapitaleinsatz reduzieren. Anders als bei Immobilien-Fonds und Leasing-Fonds kann im Fall des Mißerfolgs bei der Verwertung – wenn der Film zum „flop" wird – nicht ein Vermögensgegenstand verkauft werden. Entsprechend ist die Fungibilität der Anteile sehr beschränkt; ein Investment hat immer langfristigen Charakter, weil sich die Verwertung über Jahre hinzieht. Zusagen über Höhe und Zeitpunkt des Kapitalrückflusses können nicht gemacht werden, da die Marktgängigkeit von Filmen kaum ex ante bestimmbar ist.

Medio

Der 15. des Monats. Ist dieser ein Feiertag, ist für die Abwicklung von Mediogeschäften der vorangegangene Werktag maßgebend.

Mediogeld

An Medio fällige Geldmarktmittel.

Mediogeschäfte

An Medio zu erfüllende Geldgeschäfte. Mediogeschäfte sind an den deutschen Börsen nicht möglich.

mediogültig

Geltungsangabe von Börsenaufträgen, die bis zum Medio laufen sollen.

Medioliquidation

Abrechnung eines Termingeschäfts an Medio.

medium term notes (mtn)

Inhaberschuldverschreibungen, die im Rahmen eines zeitlich nicht begrenzten Programms (Daueremission) revolvierend emittiert werden können. Exakte Laufzeit, Verzinsungsart und Betrag sind nicht standardisiert und können entsprechend den Wünschen des Emittenten und/oder der Kapitalanleger angepaßt werden. Die Laufzeit beträgt i. d. R. ein bis zehn Jahre; die Bonität des Emittenten ist i. d. R. erstklassig. Die Plazierung der Papiere erfolgt in Abhängigkeit von der Größe des mtn-Programms über eine oder mehrere Banken (dealer) auf best-effort-Basis. Der Emittent trägt das Plazierungsrisiko, d. h. für nicht plazierte mtn erhält er kein Geld. Entwickelt wurden mtn bereits 1972 in den USA. Entsprechend den Erklärungen der Deutschen Bundesbank zu DM-Auslandsemissionen vom 20. 6. 1989 ist die Ausgabe von → DM-medium term notes seit dem 1. 7. 1989 möglich.

MEFF
Abk. f. Mercado de Futuros Financieros.

MEGA-Zertifikate
Optionsscheinform mit garantierter Mindestverzinsung. Die Abkürzung steht für „Marktabhängiger Ertrag mit Garantie des Anlagebetrages“. Die Inhaber der Zertifikate erhalten eine im voraus festgelegte Mindestverzinsung für ihr eingesetztes Kapital. In Abhängigkeit von der Entwicklung des zugrunde gelegten Basiswertes (i. d. R. ein Aktienindex wie z. B. der DAX) erhalten sie einen höheren Ertrag.

Mehrheit
→ Majorität.

Mehrheit in der Hauptversammlung der AG
→ Aktienmehrheit → Dreiviertelmehrheit (¾-Mehrheit) → Kapitalmehrheit.

Mehrheitsaktionär
Wenn sich mindestens die Hälfte des Aktienkapitals einer AG in einer Hand oder im Besitz mehrerer Aktionäre, die sich zu einer Mehrheitsgruppe zusammengeschlossen haben, befindet, kann der Mehrheitsaktionär bzw. die Mehrheitsgruppe durch ihr Stimmrecht auf die AG weitgehend Einfluß ausüben. Die Interessen der Mehrheit decken sich nicht immer mit denen der anderen Aktionäre.

Mehrheitsbesitz
Gehört die Mehrheit der Anteile einer rechtlich selbständigen Unternehmung einer anderen Unternehmung oder steht einer anderen Unternehmung die Mehrheit der Stimmrechte zu (Mehrheitsbeteiligung), ist die Unternehmung ein in Mehrheitsbesitz stehendes Unternehmen, die andere Unternehmung eine an ihm mit Mehrheit beteiligte Unternehmung. Von einer in Mehrheitsbesitz stehenden Unternehmung wird vermutet, daß sie von dem an ihm mit Mehrheit beteiligten Unternehmen abhängig ist. Gehört einem wechselseitig beteiligten Unternehmen an der anderen Unternehmung eine Mehrheitsbeteiligung oder kann die eine auf die andere Unternehmung unmittelbar oder mittelbar beherrschenden Einfluß ausüben, ist das eine als herrschendes, das andere als abhängiges Unternehmen anzusehen. Gehört jedoch jedem der wechselseitig beteiligten Unternehmen an der anderen Unternehmung eine Mehrheitsbeteiligung oder kann jede Unternehmung auf die andere unmittelbar oder mittelbar beherrschenden Einfluß ausüben, gelten beide Unternehmen als herrschend und abhängig. Sobald einer Unternehmung eine Mehrheitsbeteiligung gehört oder nicht mehr gehört, hat sie dies der AG unverzüglich schriftlich mitzuteilen. Die AG hat solche Mitteilungen in den Gesellschaftsblättern bekanntzumachen.

Mehrheitsbeteiligung
→ Mehrheitsbesitz.

Mehrheitsgruppe
Gruppe von Aktionären, die bei einer AG zusammen eine Mehrheit bilden und wie ein Mehrheitsaktionär auftreten.

Mehrheitskäufe
Aktienkäufe zum Erreichen oder Verstärken der Mehrheit bei einer AG.

Mehrheitsverhältnisse
Relationen, die über die Höhe der Anteile einzelner Beteiligter Auskunft geben. Mehrheitsverhältnisse bei Beteiligungen an Gesellschaften, insbesondere AG, können sich sowohl auf die Anteile am Kapital als auch an denen an den Stimmrechten beziehen.

Mehrstimmrecht
Durch Vertrag kann bestimmt werden, daß der Anteil an den Stimmrechten den Anteil am Kapital übersteigt. Besondere Bedeutung findet das Mehrstimmrecht bei AG. → Mehrstimmrechtsaktien.

Mehrstimmrechtsaktien
Mehrstimmrechtsaktien, die in vielen Fällen während der Inflation 1920–1923 zum Schutz gegen Überfremdung ausgegeben worden sind, befinden sich i. d. R. im Besitz der Verwaltung der AG. Nach AktG sind Mehrstimmrechte unzulässig. Die für die Wirtschaft zuständige oberste Behörde des Landes, in dem die AG ihren Sitz hat, kann Ausnahmen zulassen, soweit dies zur Wahrung überwiegend gesamtwirtschaftlicher Belange erforderlich ist. Bei Versorgungsunternehmen sind sie zur Erhaltung des Kommunaleinflusses noch anzutreffen. Mehrstimmrechte, die vor dem Inkrafttreten des AktG rechtmäßig geschaffen worden sind, bleiben aufrechterhalten. In der Jahresbilanz sind beim Grundkapital die Gesamtstimmenzahl der Mehrstimmrechtsaktien und die der übrigen Aktien zu vermerken. Bei einer Kapitalerhöhung aus Gesellschaftsmitteln ist für die Ausgabe neuer Mehrstimmrechtsaktien und die Erhöhung des Stimmrechts von Mehrstimmrechtsaktien keine behördliche Zustimmung erforderlich. AG, die Vorzugsaktien ausgegeben haben, die an der Börse nicht gehandelt werden, sind in den Kursblättern der Börsen an dem Zeichen < zu

erkennen. In den meisten Fällen sind es Mehrstimmrechtsaktien.

mehrstufige Beteiligung

Mittelbares Beteiligungsverhältnis, bei dem eine Gesellschaft A an einer Gesellschaft B beteiligt ist, die wiederum an einer Gesellschaft C beteiligt ist. Bei der Bilanzierung ist zu beachten, daß bei mehrheitlicher Beteiligung nacheinander geschalteter Gesellschaften nicht nur die Anteile der unmittelbaren, sondern auch die der mittelbaren unter dieser Position auszuweisen sind.

mehrstufiger Konzern

Konzern, in dem die einzelnen Gesellschaften auf mehreren, hierarchisch geordneten Ebenen miteinander verbunden sind.

Meinungskäufe, -verkäufe

Käufe oder Verkäufe von Wertpapieren aus einem bestimmten Anlaß, etwa weil mit einem günstigeren oder ungünstigeren Jahresabschluß gerechnet wird. Auch: Aktienkäufe des Berufshandels in Erwartung eines schnellen Kursanstiegs.

Melbourner Börse

The Stock Exchange of Melbourne Ltd. 351 Collins St., Melbourne, Vic. 3000, Australien. Tel.: 03-6178611. Telex: 305550 stokkex. Telegrammadr.: stockex, Melbourne.

Mengenkurs

→ Mengennotierung.

Mengennotierung

Art der Devisenkursnotierung, bei der angegeben wird, welchen Betrag an ausländischer Währung man für die feststehende Inlandswährung erhält. Das umgekehrte Verfahren ist die Preisnotierung.

Mengentender

Tenderverfahren, bei dem der Preis von Wertpapieren (Zins bei Geldmarktpapieren) vorgegeben wird und die Verteilung anhand der georderten Menge entschieden wird. Wird von der Deutschen Bundesbank bei Wertpapierpensionsgeschäften eingesetzt.

menu approach

Im Rahmen der internationalen Schuldenkrise die Anwendung und Kombination verschiedener Finanzierungsinstrumente und -modalitäten zur Vermeidung von Liquiditätsengpässen und langfristigen Lösung der Schuldenkrise. Eingesetzt werden z. B. Umschuldungen, loan swaps, debt-equity swaps und exit bonds.

Mercado de Futuros Financieros (MEFF)

Spanische Terminbörse. 1989 gegründet. Als vollcomputerisierte Börse konzipiert. Gehandelt werden unter anderem folgende Terminkontrakte: futures und Optionen auf dreijährige und zehnjährige spanische Staatsanleihen (Bonos) und Madrid Interbank Offered Rate (MIBOR '90) sowie Währungsfutures (Ptas/$, Ptas/DM). Adresse: Via Laietana, 58, 6 a Planta, 08003 Barcelona, Spanien, Tel.: 0034-3-4121128, Telefax: 0034-3-2684769.

Mercato ristretto

Parallelmarkt an der Römischen Börse.

Merkmale eines Wertpapiers

Merkmale wesentlicher Art sind nach den Richtlinien für die Lieferbarkeit beschädigter, amtlich notierter Wertpapiere der deutschen Wertpapiererlösen: (1) Stücknummern (Nummern der Wertpapiere); (2) verwahrungstechnische Angaben (z. B. Nennwert, Reihe, Serie, Litera, Zinssatz, Fälligkeitstermin, Einlösungsbetrag, Fälligkeiten, Nummer des Gewinnanteils- oder Zinsscheins), bei Mänteln (Mantel) in der oberen Kante außerhalb der Umrahmung; bei Bogen in der rechten Ecke des Gewinnanteil-, Zins- oder Erneuerungsscheins; (3) Kontroll- und Treuhänderunterschriften; (4) Trockenstempel; (5) Blankoindossament und -zession bei Namensaktien und Orderteilschuldverschreibungen; (6) zusätzliche Stempelaufdrucke (z. B. Änderung des Nennwertes, des Namens des Wertpapierausstellers oder der Höhe der Einzahlung). Wenn die Börseneinführung festverzinslicher Wertpapiere ohne Prospekt vorgenommen wird (→ Prospektbefreiung), sind dem Börsenvorstand die Merkmale dieser Wertpapiere mitzuteilen.

Metageschäfte

Geschäfte, bei denen die Partner (Metisten) Gewinne oder Verluste teilen. Oft wird Wertpapierarbitrage à meta durchgeführt.

Metallbörse

Börse für den Handel in Metallen (nicht Eisen). Die bedeutenden Metallbörsen sind in New York und London. In der BR Deutschland gibt es eine Metallbörse in Hamburg, die der Effekten- und Warenbörse angegliedert ist.

Metisten
Partner bei Metageschäften.

M-Formation
Im Rahmen der technischen Aktienanalyse eine M-förmige Trendumkehrfunktion. Bei dieser Formation steigt der Kurs zunächst steil, fällt daraufhin etwas zurück und erholt sich wieder auf das hohe Niveau, bevor er endgültig stark abfällt. Der chart des Kurses verläuft somit in der Form eines großen lateinischen M. M-Formationen werden in reiner Form selten beobachtet.

MG Base Metal Index
Seit dem 19. 01. 1989 berechneter und veröffentlichter Index, der die 5 wichtigsten NE-Metalle enthält. Die Gewichtung erfolgt nach ihrem Verbrauchsanteil in der westlichen Welt. Per Januar 1989 enthielt der Index die NE-Metalle Aluminium zu 42,8%, Kupfer zu 25,6%, Zink zu 16%, Blei zu 13,7% und Nickel zu 1,9%. Börsentäglich wird durch die Frankfurter Metallgesellschaft eine Kassa- und eine Terminnotierung kalkuliert.

MICEX
→ Moskauer Börsen.

micro hedge
Absicherung spezifischer, auf einzelne Positionen bezogener Risiken mittels hedging. Gegensatz: macro hedge.

MidAM
Abk. f. MidAmerica Commodity Exchange.

MidAmerica Commodity Exchange
Bedeutende Warenbörse mit Sitz in Chicago. An ihr werden im Termingeschäft nahezu alle Welthandelswaren, die handelbar sind, umgesetzt. Überwiegend werden folgende futures in reduzierter (meist) halber Kontraktgröße gehandelt: financial futures (Eurodollar, US-Dollar Composite Index, Treasury Bill und Treasury Bond futures), currency futures ($/Can.$, $/DM, $/£, $/sfr., $/Yen futures), Metall-futures (Gold-, Platin-, Silber-futures), agricultural futures (Vieh-, Mais-, Schlachtschweine-, Hafer-, Reis-, Sojabohnen-, Weizen-futures). Dazu viele Optionsgeschäftsmöglichkeiten wie z. B. Optionen auf futures. Anschrift: 141 West Jackson Boulevard, Chicago, IL. 60604, Tel. 001-312-341-3000, Telefax: 001-312-339-1155.

Midas
Elektronisches Informations- und Handelssystem der deutschen Freimaklerschaft. Träger ist die von 16 Mitgliedsfirmen des Bundesverbandes der Freien Börsenmakler gegründeten Midas-GmbH. Über das System können bis zu 600 Handelswerte aus allen Handelssegmenten, einschließlich des Freiverkehrs, gehandelt werden. Darüber hinaus wird die Einbeziehung des Handels mit GmbH-Anteilen angestrebt. Bei Midas sind Auktions- und market-maker-Prinzip miteinander verbunden. Es besteht die Möglichkeit, zu festgelegten Zeitabschnitten automatisch den markträumenden Kurs nach dem Meistausführungsprinzip zu ermitteln, der von einem Kursmakler amtlich festgestellt werden könnte. Die im System enthaltenen Kurse sind verbindliche Nettopreise; daneben versenden Makler Courtagenoten. Während der börsentäglichen Systembetriebszeit von 8.00 bis 18.00 Uhr wird alle 60 Sekunden der spezielle Midas-Aktienindex (MAX) neu berechnet. Die Abwicklung der abgeschlossenen Geschäfte erfolgt über die DWZ oder über die Citibank.

Midwest Stock Exchange, Inc.
120 South LaSalle Street, Chicago, IL., 60603, USA. Tel.: 312-368 2222.

Mille
Bez. f. Tausend. Hat sich im Wertpapierhandel, bei Banken usw. eingebürgert. ‰ = promille.

Minderheit
Im AktG gebräuchliche Bez. f. eine relativ kleine Gruppe von Aktionären bzw. einer Beteiligung, die einen geringeren als 50% umfassenden Anteil am Grundkapital und/oder an Stimmrechten repräsentiert. Das AktG enthält eine Reihe von Rechten, die einer bestimmten Minderheit von Aktionären zustehen. → Minderheitsrechte der Aktionäre → Minderheitsaktionär → Minderheitsbeteiligung → qualifizierte Minderheit.

Minderheitsaktionär
Aktionär, dessen Anteil am Gesamtkapital und an den Stimmrechten zu gering ist, als daß er einen Einfluß auf die Geschäftsführung der Unternehmung oder auch nur auf Beschlüsse der HV nehmen könnte. Im AktG werden bestimmten Minderheiten bestimmte Rechte eingeräumt. → Minderheitsrechte der Aktionäre → Sperrminorität bei der AG.

Minderheitsbesitz
→ Minderheitsrechte der Aktionäre.

Minderheitsbeteiligung
Eine Minderheitsbeteiligung aufgrund einer Kapitalminderheit liegt vor, wenn

die Minderheit der Anteile an einem Unternehmen einem anderen gehört. Da das AktG keine andere Regelung trifft, ist davon auszugehen, daß eine Minderheitsbeteiligung bei einer Beteiligungsquote unter 50% vorliegt. Gegensatz: Mehrheitsbeteiligung.

Minderheitsrechte der Aktionäre

Das AktG gibt den in der Minderheit befindlichen Aktionären einer AG eine Reihe von Möglichkeiten, ihre Anträge gegen die Mehrheit durchzusetzen bzw. Anträge dieser zu blockieren. Minderheitsrechte haben Minderheiten, deren Anteile zusammen 10% bzw. 5% des Grundkapitals erreichen. Vielfach genügen auch Anteile, die den Nennbetrag von DM 1 Mio. bzw. DM 2 Mio. erreichen. Dadurch ist eine Oppositionsbildung bei Gesellschaften mit hohem Grundkapital erleichtert. In einigen Fällen wird verlangt, daß die Minderheit bis zur Entscheidung über ihren Antrag die Aktien zu hinterlegen und glaubhaft zu machen hat, daß die Aktionäre seit wenigstens 3 Monaten vor dem Tag der HV Inhaber der Aktien sind. Für den Nachweis genügt dann eine eidesstattliche Versicherung vor Gericht oder einem Notar. Im einzelnen gibt es folgende Aktionärsminderheiten, denen besondere Rechte zustehen: Eine Minderheit von Aktionären, deren Anteile zusammen: (1) 5% des Grundkapitals erreichen, kann die Einberufung einer HV schriftlich unter Angabe des Zwecks und der Gründe verlangen; (2) 5% des Grundkapitals oder den Nennbetrag von DM 1 Mio. erreichen, kann verlangen, daß von der Minderheit vorgeschlagene Gegenstände zur Beschlußfassung einer HV bekanntgemacht werden, kann bei Gericht beantragen, daß Sonderprüfer bestellt werden, wenn der Anlaß für die Annahme besteht, daß in einem festgestellten Jahresabschluß bestimmte Posten nicht unwesentlich unterbewertet sind oder der Anhang zum Jahresabschluß die vorgeschriebenen Angaben nicht oder nicht vollständig enthält und der Vorstand in der HV die fehlenden Angaben, obwohl nach ihnen gefragt worden ist, nicht gemacht hat und die Aufnahme der Frage in die Niederschrift verlangt worden ist, kann in vorerwähntem Fall gegen abschließende Feststellungen der Sonderprüfer innerhalb 1 Monat nach Veröffentlichung im Bundesanzeiger den Antrag auf Entscheidung durch das zuständige Gericht stellen und gegen die Entscheidung des Gerichts Beschwerde einlegen; kann beantragen, daß das Gericht bei Vorliegen eines wichtigen Grundes die Abwickler für eine aufgelöste AG bestellt und abberuft; (3) 10% des Grundkapitals erreichen, kann dem Verzicht der AG auf Ersatzansprüche widersprechen, die sich aus der Gründung, aus der Geschäftsführung oder aus bestimmten anderen Gründen gegen dabei in Frage kommende Personen ergeben können, kann verlangen, daß über den Antrag eines Aktionärs in der HV zur Wahl der von ihm in gesetzmäßer Form vorgeschlagenen Aufsichtsratsmitglieder vor dem Vorschlag des Aufsichtsrats beschlossen wird; kann Widerspruch erheben, wenn bei Vorliegen eines Beherrschungs- oder Gewinnabführungsvertrages die abhängige AG auf den Anspruch auf Ausgleich eines Jahresfehlbetrages verzichten oder sich über ihn vergleichen will; kann Widerspruch erheben, wenn beim Bestehen eines Beherrschungsvertrages die AG auf Ersatzansprüche, die aus einer Pflichtverletzung der gesetzlichen Vertreter der herrschenden Unternehmung entstanden sind, verzichten oder sich über sie vergleichen will; (4) 10% des Grundkapitals oder den Nennbetrag von DM 2 Mio. erreichen, kann verlangen, daß in der HV über die Entlastung eines einzelnen Mitgliedes des Vorstandes oder Aufsichtsrats gesondert abgestimmt wird; kann in dem Fall, daß die HV einen Antrag auf Bestellung von Sonderprüfern zur Prüfung eines Vorganges bei der Gründung oder eines nicht über 5 Jahre zurückliegenden Vorgangs bei der Geschäftsführung ablehnt, unter bestimmten Voraussetzungen bei Gericht die Bestellung von Sonderprüfern beantragen, ferner kann diese Minderheit bei Gericht die Bestellung eines anderen Sonderprüfers beantragen, wenn dies aus einem Grund geboten erscheint, der in der Person des von der HV bestellten Sonderprüfers liegt; kann bei Gericht beantragen, daß anstelle der zur Vertretung der AG berufenen Personen oder des von der HV bestellten besonderen Vertreters andere Personen zur Geltendmachung eines Ersatzanspruchs bestellt werden.

Mindestbetrag für die Kursfestsetzung

Bei fortlaufender Notierung von Aktien 50 Stück und verzinslichen Wertpapieren DM 1 Mio., ausgenommen Wandelanleihen DM 5000 und Optionsanleihen DM 6000 Nennbetrag. Die Feststellung eines Einheitskurses für verzinsliche Wertpapiere erfordert einen Mindestbetrag von DM 3000. Optionen auf Aktien müssen über mindestens 50 Stück, solche auf festverzinsliche Wertpapiere auf mindestens DM 100000 lauten.

Mindestbetrag für die Zulassung zum Börsenhandel

Ist an den meisten Börsen DM 250000, an einigen Plätzen ein höherer Betrag. Ausnahmen sind möglich.

Mindestgebühren bei Wertpapiergeschäften

Liegen bei inländischen Aktien zwischen 10 DM und 50 DM und bei inländischen Renten zwischen 5 DM und 25 DM. Sie gelten i. d. R. bei Orders von unter 5000 DM. Die Mindestgebühr bei Optionsgeschäften beträgt 10 DM bis 75 DM, bei Auslandsgeschäften 30 DM bis 150 DM. → Provision bei Börsengeschäften.

Mindestgründungskapital

Das zur Gründung einer Kapitalgesellschaft rechtlich vorgeschriebene Minimum an aufzubringendem Kapital. → Mindestgrundkapital der AG.

Mindestgrundkapital der AG

DM 100000 Mindestnennbetrag.

Mindestkapital

Für Unternehmen in der Rechtsform einer AG und einer GmbH bestehen gesetzliche Anforderungen an die Mindesthöhe des Kapitals. Demnach muß das Stammkapital einer GmbH mind. DM 50000 betragen, der Mindestnennbetrag des Grundkapitals einer AG DM 100000.

Mindestnennbetrag (-wert) des Grundkapitals der AG

DM 100000.

Mindestnennbetrag (-wert) des Stammkapitals der GmbH

DM 50000.

Mindestnennbetrag (-wert) von Aktien

DM 5. Höhere Nennbeträge müssen durch DM 5 oder ein Vielfaches davon teilbar sein.

Mindestnennwert

Mindestbetrag für nominal gebundene Kapitalbeträge, z. B. Aktien, Grundkapital. → Mindestnennbetrag (-wert) von Aktien → Mindestnennbetrag (-wert) des Grundkapitals der AG → Mindestnennbetrag (-wert) des Stammkapitals der GmbH.

Mindestschluß

→ Schluß.

Mindestschluß im Aktienoptionshandel an den Wertpapierbörsen

Entsprechend dem Mindestbetrag für Geschäfte am variablen Markt 50 Stück deutsche Aktien oder ein mehrfaches davon; bei ausländischen Aktien variiert die Stückzahl je nach Gattung.

Mindestschluß im Rentenoptionshandel an den Wertpapierbörsen

DM 100000 nominal, wobei die Optionsgeschäfte unteilbar sind.

Mindeststammkapital der GmbH

DM 50000.

Mindeststückzahl

I. d. R. wird bei der Stücknotierung 1 Stück notiert. Bei Emissionen mit wertmäßig sehr kleinen Stücken kann eine Notierung nicht pro Stück, sondern in einer größeren Stückzahl, z. B. in 100 Stück, bestimmt werden.

Mindestzins-Zertifikate

→ floor.

mini-max floating rate note

Floating rate note mit Höchst- und Mindestzinssatz. → collar.

Minneapolis Grain Exchange

Bedeutende Getreidebörse. Anschrift: 400 South Street 4th, Minneapolis, MN 55415. Tel.: 001-612-338-6212, Telefax: 001-612-339-1155. Handel verschiedener futures und Optionen.

Minorität

→ Minderheit. Gegensatz: Majorität.

Minoritätsrechte

Minderheitsrechte. Gegensatz: Majoritäts-, Mehrheitsrechte. → Minderheitsrechte der Aktionäre.

min return warrant

Optionsschein (put) mit Zwangsausübung, Basiswert ist i. d. R. ein Aktienindex. Der Optionsscheininhaber hat das Recht, während der Laufzeit die Zahlung der Differenz zwischen dem Basispreis und dem aktuellen Stand eines Aktienindex zu verlangen. Erreicht der Basiswert allerdings eine vorher festgelegte Untergrenze, erfolgt automatisch die Ausübung. Dadurch ist der maximale Gewinn auf die Differenz von Basispreis und Untergrenze abzüglich Optionsprämie begrenzt.

Minusankündigung (-zeichen)

Bei Kursrückgängen von mehr als 5% des Kurses einer Aktie von einem auf den anderen Börsentag muß der Makler diese Veränderung mit einem Minuszeichen an der Maklertafel ankündigen, bei Kursrückgängen von mehr als 10% mit einem doppelten Minuszeichen. Die Prozentsätze belaufen sich bei Wandelanleihen auf 2,5% bzw. 5%, bei Anleihen auf 1% bzw. 2%.

Minusstückzinsen

Zinsen für die Zeit von der Einzahlung bis zum Beginn der Laufzeit des Zinsscheins (bei der Zeichnung festverzinslicher Wertpapiere). Meist in Form eines Nachlasses auf den Zeichnungs- oder Kaufpreis gewährt. → Plus-Stückzinsen.

Minuszeichen

An der Maklertafel (einfach oder doppelt) kündigen sie größeren Kursrückgang in dem betreffenden Papier an.

Minuszinsen

Beträge, die einem Einlagekonto belastet werden, auf das Habenzinsen nicht gezahlt werden.

Mio

Abk. f. Million. Auch: Mill.

mirror contract

Angelsächsische Bez. f. ein Gegengeschäft.

Mischprogramm

Investmentprogramm mit Anteilen verschiedener Investmentfonds. Die geleisteten Zahlungen werden nach Abzug der Ankaufsgebühren nach einem vom Anleger bestimmten Schlüssel gleichzeitig in Anteile mehrerer Fonds investiert.

mismatch floating rate note

Floating rate note, bei der der Zinssatz monatlich auf Basis 6-Monats-Libor festgestellt wird. Er ist alle 6 Monate zahlbar.

mismatching

Im Finanzierungsgeschäft der Banken – vor allem Großfinanzierungen und im internationalen Geschäft – Tatbestand der nicht fristenkongruenten Refinanzierung des Aktivgeschäfts durch Passivpositionen.

mismatch-Risiko

Risiko aus einer offenen swap-Position, die nicht durch eine korrespondierende Transaktion geschlossen werden kann. Außerdem versteht man hierunter generell Risiken aus Inkongruenzen im Hinblick auf Laufzeit, Währung oder Betrag bei Finanztransaktionen.

mispriced bond

Anleihe mit marktunüblichen Konditionen.

mispricing

→ Fehlbewertung bei Optionen.

Mitarbeiterbeteiligung

Beteiligung der Mitarbeiter am Betriebsvermögen. Als Formen der direkten Mitarbeiterbeteiligung kommen sowohl Fremdfinanzierung (wie z. B. Mitarbeiterdarlehen, Schuldverschreibungen) als auch Beteiligungsfinanzierung (Belegschaftsaktien, stille Beteiligung, KG-Beteiligungen und GmbH-Beteiligungen) in Frage. Als Formen der indirekten Mitarbeiterbeteiligung können z. B. Belegschaftsfonds eingerichtet werden. Besondere Bedeutung im Rahmen der materiellen Mitarbeiterbeteiligungsformen kommt der Belegschaftsaktie zu, die gefördert wird: durch Vermögensbildungsgesetz und Gesetz über steuerliche Maßnahmen bei der Erhöhung des Nennkapitals aus Gesellschaftsmitteln und bei Überlassung von eigenen Aktien an Arbeitnehmer.

Mitbestimmung

Teilhabe am Entscheidungsprozeß der Unternehmung. Der Begriff findet Anwendung zur Bezeichnung der gesetzlich vorgeschriebenen Mitwirkung der Arbeitnehmer einer Unternehmung in personellen, sozialen und wirtschaftlichen Belangen (insbesondere Betriebsverfassungsgesetz, Montanmitbestimmung, Mitbestimmungsergänzungsgesetz, Mitbestimmungsgesetz). Die Ausübung der Mitbestimmung findet durch den Betriebsrat, den Wirtschaftsausschuß und durch die Arbeitnehmervertreter im Aufsichtsrat statt.

Mitbestimmung der Aktionäre

→ Aktionärsminderheiten → Aktionärsrechte → Aktionärsvertreter.

Mitbestimmung der Arbeitnehmer im Aufsichtsrat

Hierbei sind zu unterscheiden: (1) Unternehmen, die unter das Mitbestimmungsgesetz fallen: In diesen ist der Aufsichtsrat paritätisch zu besetzen. Unter den Arbeitnehmervertretern müssen sich Vertreter von Gewerkschaften befinden. Werden insgesamt 6 oder 8 Arbeitnehmer in den Aufsichtsrat gewählt, müssen jeweils 2 Gewerkschaftsvertreter unter ihnen sein; bei 10 Arbeitnehmervertretern sind 3 aufzunehmen. Als Arbeitnehmer im Sinne des Mitbestimmungsgesetzes gelten auch, im Gegensatz zum Betriebsverfassungsgesetz, die leitenden Angestellten. Die Wahl der Arbeitnehmervertreter wird in Betrieben mit mehr als 8000 Arbeitnehmern durch Wahlmänner organisiert, die wiederum auf dem Wege der Verhältniswahl von Arbeitern und Angestellten in getrennter und geheimer Wahl gewählt werden. Als gleichberechtigtes Mitglied des zur gesetzlichen Vertretung der Unternehmung befugten Organs (i. d. R. des Vorstandes) ist ein Arbeitsdirektor zu bestellen. Diese Regelung gilt allerdings nicht für Unternehmen in der Rechtsform einer KGaA. (2) Unternehmen, die unter das Montanmitbestimmungsgesetz (MontanMitbestG) fallen: In diesen ist der Aufsichtsrat paritätisch unter Hinzuziehung weiterer neutraler Mitglieder zu besetzen. (3) Unternehmen, die unter das Mitbestimmungsergänzungsgesetz fallen: In diesen ist der Aufsichtsrat paritätisch unter Hinzuziehung eines weiteren neutralen Mitgliedes zu besetzen. (4) Unternehmen, die unter keines der genannten Gesetze fallen: Bei diesen kommt eine Beteiligung der Arbeitnehmer nach BetrVerfG in Betracht. Danach ist ein Aufsichtsrat mit ⅓-Beteiligung der Arbeitnehmer zu bilden bei AG und KGaA mit bis zu 2000 Arbeitnehmern (außer Familiengesellschaften) mit weniger als 500 und bei GmbH mit bis zu 2000, aber mehr als 500 Arbeitnehmern. Besondere Regelungen gelten für konzernverbundene Unternehmen. → Arbeitnehmer und Arbeitnehmervertreter im Aufsichtsrat der AG.

Miteigentümer

→ Miteigentum.

Miteigentum

Gemeinsames Eigentum an einer Sache, bei dem jedem Miteigentümer ein bestimmter Bruchteil zusteht. Es entsteht u. a. durch Vertrag, wenn mehrere Personen gemeinsam einen Gegenstand erwerben. Der Miteigentümer kann zwar über seinen Anteil, nicht aber über die Sache selbst verfügen. Kommt im Wertpapierwesen vielfältig vor. Tritt auf als Miteigentum nach Bruchteilen und Gesamthandeigentum.

Miteigentum nach Bruchteilen

Miteigentum, bei dem jeder Eigentümer einen bestimmten Anteil hat, über den er frei verfügen kann, z. B. Anteilsrechte an Kapitalgesellschaften wie Aktie und GmbH-Anteil.

Miteigentumsanteile an (Inhaber-)Sammelzertifikaten der Deutsche Auslandskassenverein AG

Die Deutsche Auslandskassenverein AG führt u. a. einen Treugiroverkehr in Wertpapieren durch, die für deutsche Banken bei ausländischen Kreditinstituten verwahrt werden. Der Auslandskassenverein verwahrt die bei ihm verwahrten Wertpapiere grundsätzlich nicht selbst, sondern bedient sich in- und ausländischer Verwahrstellen. Für jede Wertpapierart wird grundsätzlich eine ausländische Verwahrstelle bestimmt. Im Rahmen seiner Treuhänderfunktion stellt der Auslandskassenverein Inhabersammelzertifikate aus (→ Inhabersammelzertifikate der Deutsche Auslandskassenverein AG), an denen den jeweiligen Depoteinlegern (nur Banken) Miteigentumsanteile eingeräumt werden. Mittelbar sind auch die Depotkunden der Banken Miteigentümer an den Zertifikaten.

Miteigentumsfonds

Rechtskonstruktion eines Investmentfonds des Vertragstypus, wobei die zum Sondervermögen gehörenden Anlagewerte im Miteigentum der Anteilinhaber stehen. Diese Form überwiegt in der BR Deutschland.

Mitgesellschafter

Einer von mehreren Gesellschaftern, vor allem bei Personengesellschaften.

Mitgliedschaftspapier

Beteiligungsrechtliches Wertpapier, vor allem die Aktie.

Mitgliedschaftsrechte des Aktionärs

In der Aktie verbriefte Rechte des Aktionärs auf Teilnahme an der HV, Stimm- und Wahlrecht, Recht auf Auskunft u. a. m. → Aktionärsrechte.

Mithaftung (1)

Übernahme einer Schuld durch mehrere Personen, die dann als Gesamtschuldner haften, oder Übernahme einer Bürgschaft oder Garantie.

Mithaftung (2)

Besondere Zugriffsrechte eines Gläubigers auf bestimmte Haftungsgegenstände. So haftet z. B. dem Gläubiger eines Grundpfandrechts nicht nur das belastete Grundstück selbst, sondern u. a. auch das Zubehör sowie die Forderung aus Vermietung und Verpachtung des Grundstücks.

Mitläufer

Wird angenommen, daß Aktien aufgekauft werden, beteiligen sich oft „Mitläufer“ oder „Trittbrettfahrer“, die dieselben Aktien kaufen, um sie mit Gewinn wieder verkaufen zu können. Dies gelingt nicht immer. Da der Mitläufer nicht weiß, wann die Aufkäufe beendet sind, kann er auch auf den Aktien „sitzenbleiben“. Zuweilen werden Aktienkäufe unterbrochen, um die Mitläufer abzuschütteln („abzuhängen").

Mitteilungen wegen der Hauptversammlung an Aktionäre und Aufsichtsratsmitglieder

Der Vorstand einer AG hat innerhalb 12 Tagen nach der Bekanntmachung der Einberufung der HV im Bundesanzeiger den Banken und den Vereinigungen von Aktionären, die in der letzten HV Stimmrechte für Aktionäre ausgeübt oder die die Mitteilung verlangt haben, die Einberufung der HV, die Bekanntmachung der Tagesordnung und etwaige Anträge und Wahlvorschläge von Aktionären einschl. des Namens des Aktionärs, der Begründung und einer etwaigen Stellungnahme der Verwaltung mitzuteilen. Die gleiche Mitteilung hat der Vorstand den Aktionären zu übersenden, die: (1) eine Aktie bei der AG hinterlegt haben, (2) es nach der Bekanntmachung der Einberufung der HV im Bundesanzeiger verlangen oder (3) als Aktionär im Aktienbuch der AG eingetragen sind und deren Stimmrechte in der letzten HV nicht durch eine Bank ausgeübt worden sind. Jedes Aufsichtsratsmitglied kann verlangen, daß ihm der Vorstand die gleichen Mitteilungen übersendet. (4) Jeder Aktionär, der eine Aktie bei der AG hinterlegt oder als Aktionär im Aktienbuch der AG eingetragen ist, und jedes Aufsichtsratsmitglied kann verlangen, daß der Vorstand ihm die in der HV gefaßten Beschlüsse schriftlich mitteilt.

Mitteilungspflicht von Beteiligungen

Eine Unternehmung, die mehr als 25% der Aktien einer anderen AG mit Sitz im Inland hält, muß dies der AG, an der sie beteiligt ist, unverzüglich schriftlich mitteilen; sobald dem Unternehmen eine Mehrheitsbeteiligung gehört, auch dies. Ebenso besteht eine Mitteilungspflicht, wenn die o. g. Tatbestände nicht mehr erfüllt werden. Analoge Mitteilungspflichten gelten für Beteiligungen an Kapitalgesellschaften in anderer Rechtsform als AG mit Sitz im Inland. Alle Mitteilungen sind zudem durch Bekanntmachung im Bundesanzeiger und in den Gesellschaftsblättern zu veröffentlichen. Rechte aus Anteilen, die einem mitteilungspflichtigen Unternehmen gehören, können für die Zeit, für die die Unternehmung die Mitteilung nicht gemacht hat, durch die Unternehmung selbst, durch eine von dieser abhängigen Unternehmung oder durch einen anderen für Rechnung der Unternehmung oder durch eine von dieser abhängigen Unternehmung nicht ausgeübt werden. Die Mitteilungspflichten wurden eingeführt, um Kapitalverschachtelungen von Unternehmen leichter durchschaubar zu machen. Wechselseitig beteiligte Unternehmen unterliegen einer besonderen Mitteilungspflicht in der Weise, daß sie sich den jeweiligen Stand ihrer Beteiligungen über 25% gegenseitig unverzüglich mitteilen müssen. → Mitteilungs- und Veröffentlichungspflichten bei Veränderungen des Stimmrechtsanteils an börsennotierten Gesellschaften.

Mitteilungs- und Veröffentlichungspflichten bei Veränderungen des Stimmrechtsanteils an börsennotierten Gesellschaften

Gemäß Wertpapierhandelsgesetz ist der Aktionär einer börsennotierten Gesellschaft zu einer Mitteilung verpflichet, sofern er durch Erwerb, Veräußerung oder auf sonstige Weise 5%, 10%, 25%, 50% oder 75% der Stimmrechte erreicht, überschreitet oder unterschreitet. Ein Meldepflichtiger hat der Aktiengesellschaft sowie dem Bundesaufsichtsamt für den Wertpapierhandel unverzüglich – innerhalb von 5 Werktagen – das Erreichen, Überschreiten oder Unterschreiten der o. a. Schwellen sowie die Höhe seines Stimmrechtsanteils unter Angabe seiner Anschrift schriftlich mitzuteilen. Für die Mitteilungspflicht stehen den Stimmrechten des Meldepflichtigen solche Stimmrechte gleich, (1) die von einem Dritten für die Rechnung des Meldepflichtigen oder eines von ihm kontrollierten Unternehmens gehalten werden, (2) die einem Unternehmen gehören, das der Meldepflichtige kontrolliert, (3) die einem Dritten gehören, mit dem der Meldepflichtige oder ein von ihm kontrolliertes Unternehmen eine Vereinbarung getroffen hat, die beide verpflichtet, gemeinschaftliche Ziele bezüglich der Geschäftsführung der börsennotierten Gesellschaft zu verfolgen, indem sie ihre Stimmrechte einvernehmlich ausüben, (4) die der Meldepflichtige einem Dritten als Sicherheit übertragen hat, es sei denn, der Dritte ist zur Ausübung der Stimmrechte befugt und bekundet seine Absicht, die Stimmrechte auszuüben, (5) an denen zugunsten des Meldepflichtigen ein Nießbrauch bestellt ist, (6) deren Übereignung der Meldepflichtige oder ein von ihm kontrolliertes Unternehmen verlangen kann und (7) die dem Meldepflichtigen zur Verwahrung anvertraut sind, sofern er die Stimmrechte aus diesen Aktien nach eigenem Ermessen ausüben kann, wenn keine besonderen Weisungen des Aktionärs vorliegen. Ein kontrolliertes Unternehmen ist ein Unternehmen, bei dem dem Meldepflichtigen (1) die Mehrheit der Stimmrechte zusteht, (2) das Recht zusteht, die Mehrheit der Mitglieder des Verwaltungs-, Leitungs- oder Aufsichtsorgans zu bestellen oder abzuberufen oder (3) aufgrund einer mit den anderen Aktionären des Unternehmens getroffenen Vereinbarung die Mehrheit der Stimmrechte allein zusteht. Die betroffene börsennotierte Gesellschaft hat die bei ihr eingehende Mitteilung unverzüglich in mindestens einem überregionalen Börsenpflichtblatt zu veröffentlichen. In der Veröffentlichung ist der Meldepflichtige mit Namen bzw. Firma und Wohnort bzw. Sitz anzugeben. Sind die Aktien in einem anderen Staat des Europäischen Wirtschaftsraums zum amtlichen Handel zugelassen, muß die Veröffentlichung auch dort erfolgen.

Mitteldeutsche Börse in Leipzig

Für den traditionsreichen Börsenplatz Leipzig ist die Gründung einer Börse vorgesehen, die möglicherweise schon im Laufe des Jahres 1994 ihre Tätigkeit aufnehmen soll. Sie wäre dann eine der deutschen Regionalbörsen.

mitteldeutsche Werte

Früher: Wertpapiere von Ausstellern mit Sitz außerhalb der BR Deutschland oder Berlin (West) sowie Wertpapiere von Ausstellern, die ihren Sitz in der BR Deutschland oder nach Westberlin verlagert haben, deren Vermögen bzw. Wirkungsbereich, worüber sie zur Zeit nicht verfügen können, sich jedoch größtenteils außerhalb jener befindet. Kurse sind von den Banken zu erfahren.

mittelfristig

Bedeutet im Bankwesen Fristen von 1 Jahr bis unter 4 Jahren.

Mittelfristige Bund-futures

And. Bez. Bobl-futures. → Terminkontrakte auf mittelfristige Schuldverschreibungen des Bundes.

mittelgroße Kapitalgesellschaft

Als mittelgroße Kapitalgesellschaft wird ein Unterehmen bezeichnet, das mindestens zwei der drei nachfolgenden Merkmale weder über- noch unterschreitet: (1) DM 3,9–15,5 Mio. Bilanzsumme nach Abzug eines auf der Aktivseite ausgewiesenen Fehlbetrages; (2) DM 8–32 Mio. Umsatzerlöse im Geschäftsjahr; (3) im Jahresdurchschnitt 50–250 Mitarbeiter. Für mittelgroße Kapitalgesellschaft gelten im Vergleich zur großen Kaptialgesellschaften geringfügige Erleichterungen im Hinblick auf die Gliederung der Bilanz und der GuV-Rechnung (Rohergebnis). Im auszustellenden Anhang kann die Aufgliederung der Umsatzerlöse nach Tätigkeitsbereich und geographisch bestimmten Märkten entfallen. Der Anhang braucht nicht im Bundesanzeiger publiziert zu werden.

Mittelkurs

Liegt auf der Mitte zwischen Geld- und Briefkurs. Im amtlichen Devisenhandel heißen die festgestellten Kurse Mittelkurse, weil sie zwischen Geld- und Briefkurs liegen, die durch Abziehen oder Hinzufügen gewisser, von der Bundesbank festgelegter Margen (je etwa ein Promille) von und zu den Mittelkursen errechnet werden. Diese Geld- und Briefkurse werden für die Abrechnung der Banken mit ihren Kunden verwendet.

Mittelwert

In der Statistik Bezeichung einer Durchschnittsgröße. Als Mittelwerte sind insbesondere zu unterscheiden: (1) Modus, der häufigste Wert in einer Verteilung; (2) Median (Zentralwert), der im Rahmen einer Gesamtverteilung den Wert bezeichnet, für den gilt, daß ebenso viele andere Werte der Verteilung größer sind als er wie kleiner; (3) arithmetisches Mittel (einfach oder gewogen); (4) geometrisches Mittel; (5) harmonisches Mittel, das sich als reziproker Wert des arithmetischen Mittels aus den reziproken Werten der Ursprungsreihe ergibt. Der Aussagewert von Mittelwerten wird durch zugehörige Streuungsmaße charakterisiert.

mittlere (rechnerische) Laufzeit

Arithmetisches Mittel aus frühest und spätest möglichem Rückzahlungstermin bei festverzinslichen Wertpapieren. Wesentlich für die Berechnung der Rendite.

mittlere Laufzeit bei Schuldverschreibungen

Sind bei der Ermittlung der Rendite von Rentenwerten Freijahre zu berücksichtigen – wenn z. B. die Emission in den ersten 5 Jahren nach der Ausgabe unkündbar ist, so daß während dieser Zeit keine Tilgung erfolgt –, ist die mittlere Laufzeit zu berechnen: Bei Rückzahlung mit 100% nach 15 Jahren (davon 5 Freijahre) beträgt die mittlere Laufzeit: tilgungsfreie Jahre plus Hälfte der um eins erhöhten Tilgungsjahre $5 + (10 + 1)/2 = 10{,}5$. Von der mittleren ist die rechnerisch exakte Laufzeit zu unterscheiden, die unter Berücksichtigung von Tilgungszeitpunkten und den an diesen zu zahlenden abgezinsten Tilgungsbeträgen üblicherweise nach finanzmathematischen Tabellenwerken errechnet werden muß (oder mit Rechnern).

mittlerer Verfalltag (mittlere Verfallzeit)

Mittlere Wertstellung mehrerer Forderungstitel – insbesondere Wechsel – mit verschiedenen Fälligkeiten. Um die Buchungsarbeiten zu vereinfachen, werden z. B. mehrere gleichzeitig eingegangene Wechsel mit unterschiedlichem Verfalltag in einer Position zusammengefaßt und mit einer Durchschnittsvaluta versehen.

Mitunternehmer

Im Steuerrecht: Bez. f. die Stellung der Gesellschafter von Personengesellschaften als Unternehmer und Betriebsinhaber. → Mitunternehmerschaft.

Mitunternehmerschaft

(1) Wirtschaftlich: Beteiligungsverhältnis an einer Gesellschaft, insbesondere Personengesellschaft, das über die Beteiligung an Gewinn und Verlust auch die Beteiligung an den Vermögenswerten beinhaltet und ggfs. auch die Übernahme unternehmerischer Funktionen. Beispiel ist die atypische stille Gesellschaft. (2) Steuerrechtlich: Hier ist unter Mitunternehmerschaft die Mehrheit von Betriebsinhabern und Unternehmern (i. d. R. in der Rechtsform der BGB-Gesellschaft, der OHG oder der KG, nicht aber einer typischen stillen Gesellschaft) zu verstehen, bei der jeder Mitunternehmer als Gewerbetreibender am Gewinn und an den Vermögenswerten der Unternehmung beteiligt ist. Alle Wirtschaftsgüter, die einer Mitunternehmerschaft gehören, sind im Rahmen der steuerrechtlichen Bewertung dem Betriebsvermögen zuzurechnen. Die Feststellung des Betriebsvermögens ergibt sich aus der Zusammenfassung der Betriebsvermögensmassen der einzelnen Mitunternehmer zu einer Einheit. Die Gewinnanteilsermittlung der Mitunternehmer erfolgt durch einheitliche Gewinnfeststellung. Aus einkommensteuerrechtlicher Sicht werden die Mitunternehmer wie die Inhaber einer Einzelunternehmung behandelt. Alle Bezüge aus der Gesellschaft werden als Einkünfte aus Gewerbebetrieb behandelt.

Mitverschluß

Bei Vermietung von Schließfächern durch Banken wird i. d. R. ein Mitverschluß in der Weise organisiert, daß der Kunde und ein Vertreter der Bank eine zweifache Verriegelung nur gemeinschaftlich öffnen können.

MMI-Aktienindex

Abk. f. Major Market Index.

MMP

Abk. f. money market preferred stocks.

M/N

Abk. f. Zinstermine Mai/November bei Schuldverschreibungen, d. h. Zinszahlungen am 1. 5. und 1. 11.

Mobilisierung

Vorgang, durch den Vermögensgegenstände, insbesondere Forderungstitel, ganz oder vorübergehend vor deren geplantem Liquidationszeitpunkt bzw. Fälligkeit übertragen werden, um so vorzeitig Zahlungsmittel zu erhalten (Monetisierung).

Mobilisierungsfunktion

Eigenschaft bestimmter Märkte, die Mobilisierung von Forderungstiteln oder Eigentumsrechten zu ermöglichen. So besteht z. B. die Mobilisierungsfunktion der Börse aus Sicht des Anlegers darin, daß er an diesem Markt seine Anlagetitel wiederveräußern kann, um so zu Zahlungsmitteln zu gelangen.

Moderne Technische Analyse

Neben der klassischen fundamentalen Aktienanalyse und der chart-Analyse dritte Disziplin der Wertpapieranalyse. Wird auch als Computergestützte Technische Analyse bezeichnet. Durch EDV-Einsatz gelingt es, vorherrschende Trends als auch extrem überzogene Börsensituationen methodisch zu definieren und nachzuweisen. Entspricht methodisch der statistischen Auswertung von Kurszeitreihen, die ohne technische Ausrüstung kaum zu bewältigen ist. Die Anfänge der Modernen Technischen Analyse fallen daher mit der Marktfähigkeit der ersten leistungsfähigen wissenschaftlichen Taschenrechner zusammen, mit denen statistische Zeitreihenanalysen ohne großen Aufwand erfolgen konnten. Einer der bekannteren Indikatoren, der von W. Wilder entwickelte Relative-Stärke-Index (RSI), stammt z. B. aus dem Jahr 1978. Die Aktienanalyse ist erst spät mit den neuen Methoden in Berührung gekommen; diese entstammen vielmehr dem Devisen- und Warenterminhandel.

Momentanverzinsung

Zinsrechnung, die in täglichen – theoretisch noch kürzeren – Zinsperioden Zinsen (und evtl. Zinseszinsen) rechnet.

Momentum

Indikator der technischen Wertpapieranalyse. Stellt i. d. R. die Veränderung eines Kurses K (t) gegenüber dem Kurs K (t – n) einer Vorperiode dar:

$$\text{Momentum} = \frac{K(t) - K(t-n)}{K(t-n)}$$

wobei gilt:
K(t) = Kurs (z. B. einer Aktie) am Tag t,
K(t – n) = Kurs der Aktie n-Tage vor t,
n = Bezugszeitpunkt (z.B. 10-Tage, 30-Tage, 200-Tage).

Die so berechnete Veränderungsrate ist ein Index, der um einen zentralen Referenzpunkt oszilliert. Dieser Referenzpunkt markiert ein Niveau, an dem der Kurs K (t) dem früheren Kurs K (t – n) entspricht. Der zuvor definierte Bezugszeitpunkt (n) kann gemäß dem individuellen Anlagehorizont (kurz-, mittel-, langfristig) gewählt werden. Das Momentum zeigt die Richtung und die Dynamik eines Trends an. Ein ansteigendes Momentum wird als Zeichen einer Hausse-Bewegung, ein fallendes als Baisse-Signal interpretiert. Darüber hinaus dient das Momentum als Indikator für eine bevorstehende Trendumkehr in der betrachteten Kurszeitreihe.

Monatsberichte der Deutschen Bundesbank

Offizielles Publikationsorgan der Bundesbank. Enthalten Ausführungen zur Ertrags- und Wirtschaftslage einzelner Branchen, Entwicklung von Finanzmärkten sowie Stellungnahmen zu währungs-, finanz- und konjunkturpolitischen Problemen. Darüber hinaus werden monatlich aufschlußreiche Statistiken zu den Bereichen Bankstatistische Gesamtrechnung, Deutsche Bundesbank, Kreditinstitute, Mindestreserven, Zinssätze, Kapitalmarkt, Öffentliche Finanzen, Allgmeine Konjunkturlage und Außenwirtschaft zusammengestellt. Detaillierte statistische Angaben befinden sich in den statistischen Beiheften Reihe 1–4 der Monatsberichte der Deutschen Bundesbank zu den Themen Banken, Wertpapiere, Zahlungsbilanz, Wirtschaftsentwicklung und Währungen der Welt.

Monatsgeld

Termingeld für 30 Tage und Einlagen mit monatlicher Kündigung.

Mond-Rendite

Scherzhafte Bez. f. ein weit über dem Marktniveau liegendes Renditeversprechen. Häufig ein Ansatzpunkt für Anlagebetrug.

MONEP

15, Rue du Faubourg Montmarte, F-75009 Paris, Tel.: 0033-1-45230504, Fax.: 0033-1-42468208. Französische Optionsbörse, gegründet 1987. Teil der Pariser Börse. Handelszeiten 10.00 – 17.00 Uhr. Dualer Handel. Notiert werden amerikanische Aktienoptionen sowie kurzfristige amerikanische und langfristige europäische Optionen auf den CAC 40-Aktienindex.

monetär

Allgemein das Geld, die Währung usw. betreffend.

Monetaristen

Vertreter einer Theorie, die davon ausgeht, daß Wertpapierkurse in erster Linie durch die vorhandene Liquidität (Geldvolumen in der Volkswirtschaft sowie Bankenliquidität) beeinflußt werden und weniger durch konjunkturelle oder unternehmens- und branchenspezifische Entwicklungen. Aus Sicht dieser Theorie kommt den geld- und währungspolitischen Entscheidungen der Notenbanken besondere Bedeutung für die Börse zu.

monetary-non-monetary-Methode

Methode zur Umrechnung von Fremdwährungspositionen in der Bilanz bzw. Konzernbilanz. Monetäre Werte (z. B. Forderungen und Verbindlichkeiten, liquide Mittel usw.) werden mit dem Wechselkurs am Bilanzstichtag umgerechnet, während alle nicht-monetären Werte (z. B. Sachanlagevermögen, Vorräte, bilanzielles Eigenkapital usw.) mit historischen Kursen umgerechnet werden. → closing-rate-Methode → temporal-principle-Methode → current-non-current-Methode.

Monetisierung

„Versilberung" von Vermögensgegenständen, vor allem von Wertpapieren u. a. Objekten einer Liquiditätsreserve.

money brokers

Finanzhäuser zur Lombardierung britischer Staatsschuldverschreibungen; sie halten diesen (Teil-) Finanzmarkt liquide.

money market fund

→ Geldmarktfonds.

money market preferred stocks (MMP)

An der New Yorker Börse offerierte Anlageform. Dabei handelt es sich um Vorzugsaktien, für die im Rhythmus von sieben Wochen Dividende gezahlt wird. Die Dividende ist nicht konstant, sondern variiert je nach aktueller Marktverfassung nach oben oder unten.

monitoring

→ venture fund.

Montags-Effekt

→ Kalendereffekt.

Montanindustrie

Zusammenfassende Bez. f. alle Unternehmen des Bergbaus und der darauf aufbauenden Betriebe der Schwerindustrie, z. B. der Hütten-, Gießerei- und Stahlindustrie.

Montanmitbestimmung

Durch Montanmitbestimmungsgesetz wurde die Mitbestimmung der Arbeitnehmer in den Aufsichtsräten und Vorständen der Unternehmen des Bergbaus und der Eisen und Stahl erzeugenden Industrie eingeführt. Das Gesetz findet Anwendung auf Montanunternehmen, die in der Rechtsform der AG, KGaA, GmbH geführt werden und mind. 1000 Arbeitnehmer haben. Die Mitbestimmung wird in erster Linie durch eine paritätische Besetzung des Aufsichtsrates und durch Stellung eines Vorstandsmitgliedes (Arbeitsdirektor), das für Personal- und Sozialfragen zuständig ist, realisiert. Neben einer gleich großen Anzahl von Vertretern der Arbeitnehmer und der Arbeitgeber ist ein weiteres, neutrales Mitglied in den Aufsichtsrat zu wählen, dessen Stimme bei Stimmengleichheit den Ausschlag gibt. → Mitbestimmung der Arbeitnehmer im Aufsichtsrat.

Montannachfolger

Aktien von AG, die aus der Aufspaltung (Entflechtung) der Montanindustrie hervorgegangen sind.

Montanunion

Europäische Gemeinschaft für Kohle und Stahl, Luxemburg. Emittent von Anleihen (internationale Anleihen).

Montanwerte

Aktien von Unternehmen der Eisen- und Stahlindustrie.

month order

In USA für 1 Monat gültiger Börsenauftrag.

Montrealer Börse

La Tour de la Bourse, CP61 800 Square Victoria, Montreal, Québec H4Z 1A9, Canada. Tel.: 001-514-871-2424, Telefax: 001-514-871-3533. Telex: 055-60586. Auch Handel von Optionen und futures auf langfristige kanadische Staatsanleihen sowie Aktienoptionen. Letztere haben Laufzeiten von bis zu 9 Monaten oder von bis zu 2 Jahren und 8 Monaten (Long-term Equity AnticiPation Securities [LEAPS]).

Moratorium

Zahlungsaufschub, der einem an sich kreditwürdigen Schuldner wegen vorübergehender Zahlungsschwierigkeiten durch den (die) Gläubiger gewährt wird (Stundung). Kann auch durch Gesetz zum Aufschub fälliger Zinsen und Kapitalrückzahlungen verfügt werden, sowohl für private als auch für staatliche Verpflichtungen.

Morgan Stanley Capital International Indices (MSCI-Indices)

Unter der Bez. MSCI-Indices errechnet Morgan Stanley 7 internationale Indizes, bestehend aus 1 Weltindex und 6 Regionenindizes, 20 Länderindizes und 38 internationale Branchenindizes. Alle MSCI-Indices haben als Basis den 1. 1. 1970. Sie sind voll vergleichbar und ergeben zusammen den Weltindex. Die Regionen-, Länder- und Branchenindizes können somit auch gegen den Weltindex als auch untereinander gemessen werden. MSCI-Indices sind kapital- und dividendenbereinigt. Sie erfassen ca. 1500 Unternehmen aus 20 Ländern und repräsentieren ca. 60% der Börsenkapitalisierung dieser Länder.

mortgage

Angelsächsische Bez. f. Hypothek.

mortgage backed securities

Durch einen Pool von Hypotheken besicherte Wertpapiere. Bei Finanzierungen mittels mortgage backed securities erwerben Banken Hypothekendarlehen und bringen diese in einen Pool ein, den sie an eine spezielle Finanzierungsgesellschaft weiterveräußern. Diese begibt durch den Pool besicherte Wertpapiere. Die Bedienung und Rückzahlung der Wertpapiere erfolgt entsprechend der Rückzahlung der Hypothekarkreditnehmer gewöhnlich in gleichmäßigen Raten.

mortgage bonds

In angelsächsischen Ländern hypothekarisch gesicherte Anleihen.

Mortifikation

Tilgung von Krediten, Schulden, Anleihen usw.

Moskauer Börsen

In Moskau existiert eine große Zahl von Wertpapier- und Warenbörsen, wobei laufend Fusionen, Schließungen und Neugründungen festzustellen sind. Als wesentliche Börsen sind anzusehen: (1) Russian Stock Exchange, 3/4 Novaya Ploshad, 101000 Moskau, oder: P.O. Box 45, 103009 Moskau, Tel.: 007-095-2903280, Fax.: 007-095-2302698. Voucherauktionen sowie zweimal wöchentlich stattfindender Handel in 15 Aktien. (2) Moscow Interbank Currency Exchange (MICEX), 12, Neglinnaya St., 103016 Moskau, Tel.: 007-095-9282335, Fax.: 007-095-2302271. Täglicher Handel von Rubel gegen Dollar, DM, Pfund, FF und Yen sowie Notierung von kurzfristigen Obligationen. (3) Russian International Money & Stock Exchange (RIMSE), 56, New Arbat, 121205 Moskau, Tel.: 007-095-2907373, Fax.: 007-095-2032804. Voucherauktionen, Handel mit Interbankkrediten sowie mit Depotzertifikaten und Wechseln. (4) Moscow Central Stock Exchange, Granovsky St., 5, Apt. 31, 103009 Moskau, Tel.: 007-095-2297635. Voucherauktionen sowie Handel in zehn Aktien. → Russische Börsen → St. Petersburger Börsen.

moyenne machen

Wenn eine Aktie nach dem Kauf sinkt, werden zusätzliche Titel zum billigeren Kurs hinzugekauft, um den durchschnittlichen Einstandspreis zu senken. Andere Bez.: verbilligen.

M/S

Abk. f. Zinstermine März/September bei Schuldverschreibungen, d. h. Zinszahlung am 1. 3. und 1. 9.

MSCI-Indices

→ Morgan Stanley Capital International Indices (MSCI-Indices).

Münchener Börse

→ Bayerische Börse zu München.

Mündel

Unter Vormundschaft stehende Person.

Mündelgeld

Das zum Vermögen eines Mündels gehörige Geld. Der Vormund hat dieses Geld sicher und verzinslich anzulegen, soweit es nicht zur Bestreitung von Ausgaben bereitzuhalten ist.

mündelsichere Wertpapiere

Zur Anlage von Mündelgeld geeignete festverzinsliche Wertpapiere. Mündelsichere Wertpapiere sind: (1) verbriefte Forderungen gegen den Bund oder ein Bundesland sowie Forderungen, die in das Bundesschuldenbuch oder in das Landesschuldbuch eines Bundeslandes eingetragen sind; (2) verbriefte Forderungen, deren Verzinsung vom Bund oder einem Bundesland gewährleistet ist; (3) Wertpapiere, insbesondere Pfandbriefe sowie verbriefte Forderungen jeder Art gegen eine inländische kommunale Körperschaft oder die Kreditanstalt einer solchen Körperschaft, sofern die Wertpapiere oder die Forderungen von der Bundesregierung mit Zustimmung des Bundesrats zur Anlegung von Mündelgeld für geeignet erklärt sind. In einigen Fällen ist die Mündelsicherheit von Schuldverschreibungen bestimmter Institute ausdrücklich festgelegt.

Mündelsicherheit

Besonders sichere Möglichkeit der Geldanlage, in der daher auch Mündelgeld angelegt werden darf. Um Vormund und Vormundschaftsgericht im Einzelfall der Nachprüfungspflicht zu entheben, ob die Sicherheit der Geldanlage gewährleistet ist, wird im BGB eine Reihe von Anlagearten genannt, in denen Mündelgeld angelegt werden darf. Dazu gehört u. a. Anlage in sicheren inländischen Hypotheken, Grund- und Rentenschulden, in Bundes- und Länderanleihen, in Pfandbriefen, Kommunalobligationen, als Spareinlagen bei inländischen öffentlich-rechtlichen Sparkassen, als Einlage bei der Bundesbank, der Deutschen Girozentrale, einer Staatsbank o. a. durch Landesgesetz als geeignet erklärten Banken. Andere Anlage von Mündelgeld bedarf der Genehmigung des Vormundschaftsgerichts.

Mündelsicherheit von Anleihen

→ Anleihen, Mündelsicherheit → mündelsichere Wertpapiere.

Münze

Staatlich geprägtes Metallstück, das in gesetzlich vorgeschriebener Form als Zahlungsmittel bzw. Geld vor allem für den täglich anfallenden kleineren Zahlungsverkehr dient (Metallgeld). Der Metallwert der heute in Deutschland umlaufenden Münzen ist niedriger als der aufgeprägte Nennwert (Scheidemünzen). Aus dem Prägen unterwertiger Scheidemünzen kann sich ein erheblicher Münzgewinn ergeben. In Deutschland sind – anders als Banknoten – Münzen nur im beschränkten Umfang gesetzliches Zahlungsmittel: So muß niemand (außer Staatskassen) mehr als DM 20 in Form von Münzen, die auf DM lauten, und mehr als DM 5 in Form von Münzen, die auf Pfennig lauten, annehmen.

Münzhandel

Handelsgeschäft mit Münzen, insbesondere numismatischen Münzen und Edelmetallmünzen. Institutionell: Unternehmen, das mit Münzen handelt.

multicurrency option
Klausel in internationalen Kredit- und Anleiheverträgen, die dem Schuldner die Möglichkeit gibt, zu Beginn einer Zinsperiode unter zwei oder mehr Währungen jeweils die auszuwählen, in der er den Kreditbetrag in Anspruch nehmen will.

multinationale Unternehmen
International tätige Unternehmen, die durch Tochtergesellschaften und/oder Niederlassungen in zahlreichen Ländern vertreten sind. Da es sich bei multinationalen Unternehmen i. d. R. um größere Konzerne handelt, wird ihnen häufig eine besonders große Marktmacht unterstellt. In begrenztem Maße ergeben sich für multinationale Unternehmen steuerliche Vorteile durch die Verrechnung konzerninterner Leistungen. Durch die Beteiligung an multinationalen Unternehmen kann der Kapitalanleger geographisch sowie i. d. R. auch andere indirekte Diversifikationseffekte erzielen.

multiple component facilities
Vor allem am Euromarkt gebräuchliche Form der „Paketfinanzierung", die sowohl klassische Finanzierungsinstrumente als auch innovative umfaßt. Vielfach kann Kreditnehmer auswählen zwischen roll-over-Krediten, euro-note facilities (RUFs, NIFs usw.) und eurocommercial papers sowie verschiedenen Währungen und Laufzeiten. Zugang zu solchen Paketfinanzierungen haben i. d. R. nur bonitätmäßig einwandfreie Unternehmen.

multiple option facility
Internationale Kreditlinie, bei der dem Kreditnehmer die Wahl eingeräumt wird, Mittel am Geld-, Kredit- oder Wertpapiermarkt aufzunehmen.

multiple Währungsklausel
Währungsklausel, die es dem Kreditnehmer im internationalen Kreditgeschäft, insbesondere bei roll-over-Krediten ermöglicht, die Währung, in der er den Kredit in Anspruch zu nehmen wünscht, zu wechseln. Der Kredit kann auch aus verschiedenen Währungen gleichzeitig zusammengesetzt werden. In Kreditverträgen als multicurrency option bezeichnet.

multiple Wechselkurse
Gespaltene Wechselkurse, bei denen Devisenkurse in verschiedener Höhe für unterschiedliche Arten von Grundgeschäften bestehen. Je nach wirtschaftspolitischer Zielsetzung werden für Waren-, Dienstleistungs- und Kapitaltransaktionen unterschiedliche Wechselkurse wirksam. Multiple Wechselkurse finden als Instrument der Außenhandelspolitik insbesondere Anwendung, um bestimmte Arten von Transaktionen zu diskriminieren bzw. zu subventionieren. Als Instrumente der Devisenbewirtschaftung sind sie nach den Statuten des IWF grundsätzlich untersagt. Neben der offenen Anwendung multipler Wechselkurse werden daher Techniken verschleierter multipler Wechselkurse praktiziert.

multiplier bond
Anleihe, bei der der Investor hinsichtlich des Schuldendienstes ein Wahlrecht zwischen Barzahlung und dem Bezug zusätzlicher Anleihestücke hat.

Multis
Abk. für multinationale Unternehmen.

municipal bond
Angelsächsische Bez. f. Kommunalanleihen.

Muttergesellschaft
Unternehmung, die eine oder mehrere Tochtergesellschaften wirtschaftlich beherrscht (Dach-, Holdinggesellschaft). → herrschendes Unternehmen.

mutual fund
In USA verwendete Bezeichnung für Investmentfonds des open-end-Typs. Die Bezeichnung findet auch Anwendung auf ähnlich konstruierte Fonds, die außerhalb der USA domizilieren. Mutual funds werden in der Rechtsform der AG betrieben.

mutual fund industry
In USA Sammelbegriff für die mutual funds, deren management companies und Vertriebsnetz.

N

N (1)

Zusatz im amtlichen Kursblatt. Bedeutet, daß in dem betreffenden Papier nur bestimmte Nummern oder Nummerngruppen lieferbar sind; z. B. nach einer Kapitalerhöhung, wenn die jungen Aktien noch nicht eingeführt wurden. Auch wenn nur bestimmte Serien lieferbar sind, wird der Zusatz verwendet.

N (2)

Abk. f. neue Aktien, die ausgegeben, effektiv aber noch nicht lieferbar sind; im Kursblatt hinter dem Namen der AG.

NA, N.-Akt.

Abk. f. Namensaktien.

Naamlose Vennootschap

Aktiengesellschaft in den Niederlanden. Abk.: NV, als Firmenzusatz.

Nachbezugsrecht

Kann die Satzung den Inhabern von Vorzugsaktien gewähren. Sie haben dann, wenn in früheren Jahren die Vorzugsdividende nicht oder nicht vollständig gezahlt worden ist, Anspruch auf Nachzahlung aus den Gewinnen folgender Jahre. Ein Nachbezugsrecht ist selbständig, wenn die Nachzahlung dem Inhaber des Dividendenscheins des Ausfalljahres versprochen worden ist und wenn die betreffende Satzungsbestimmung nur noch für die Zukunft eingeschränkt oder abgeändert werden kann.

Nachbörse

Wertpapiergeschäft bzw. Kursschätzungen nach der offiziellen Börsenzeit. Teil des Freiverkehrs, der sich nach Schluß der offiziellen Börsenzeit vollzieht. So wickeln sich nach den Schlußnotierungen an der Börse weiter Kauf- und Verkaufsaufträge direkt zwischen den Banken telefonisch ab. Darüber hinaus gewinnt das → Integrierte Börsenhandels- und Informations-System (IBIS) zunehmend an Bedeutung. Es ermöglicht einen nachbörslichen Handel bis 17.00 Uhr in zahlreichen Aktien, Anleihen und Optionsscheinen. Die Kursnotierungen der Nachbörse werden über elektronische Informationsdienste sowie in den Wirtschaftszeitungen veröffentlicht und geben bis zu einem gewissen Grad einen Hinweis darauf, wie sich die Kurse an dem auf die Nachbörse folgenden Tag entwickeln werden.

nachbörslicher Handel

→ Nachbörse.

Nachemission

Ausgabe von Wertpapieren zu denselben Bedingungen wie bei der vorangegangenen Emission. Auch: Erweiterungsemission.

Nachfolgegesellschaften

Bez. f. Gesellschaften, die aus der Aufspaltung der IG Farbenindustrie AG i. L. und der Montanunternehmen hervorgegangen sind.

Nachfrage nach Wertpapieren

→ Geld (1).

Nachfrageüberhang

Situation, in der das Volumen der Nachfrage das des Angebots übersteigt. In diesem Fall kann ein Teil der Nachfrage zum gegebenen Preis (Kurs) nicht befriedigt werden. Bei der Kursnotierung an der Börse wird im Fall eines Nachfrageüberhanges der Kurszusätze bG für bezahlt Geld, – G für gestrichen Geld oder ratG für rationiert Geld vermerkt. Gegensatz: Angebotsüberhang.

Nachfrage überwog

Tendenzbezeichnung, wenn an der Börse mehr Nachfrage als Angebot vorlag.

nachgebend

Tendenzbezeichnung, wenn die Kurse an der Börse rückläufig sind.

Nachgründung

Wenn eine AG in den ersten 2 Jahren nach ihrer Eintragung im Handelsregister Verträge schließt, nach denen sie Anlagen oder sonstige Vermögensgegenstände für eine den 10. Teil des eigenen Grundkapitals übersteigenden Vergütung erwerben soll, liegt eine Nachgründung vor. Derartige Verträge werden nur mit Zustimmung der HV und durch Eintragung in das Handelsregister wirksam. Bei Fehlen einer dieser Bedingungen sind auch die Rechtshandlungen zur Ausführung der Verträge unwirksam.

Nachgründungsbericht

Vor der Beschlußfassung der HV über eine Nachgründung vom Aufsichtsrat zu verfassender Bericht über die Prüfung des entsprechenden Vertrages. Für den Nachgründungsbericht gelten sinngemäß die Bestimmungen über den Gründungsbericht.

Nachgründungsprüfung
Vor der Beschlußfassung der HV über eine Nachgründung von mehreren Gründungsprüfern vorzunehmende Prüfung. Für die Nachgründungsprüfung gelten die Bestimmungen für die Gründungsprüfung sinngemäß.

nachkaufen, Nachkäufe
Geht der Kurs eines gekauften Wertpapiers zurück, kann durch Nachkaufen zu niedrigerem Kurs der für sämtliche Wertpapiere dieser Gattung angelegte Preis verbilligt werden.

Nachlaß (1)
Vermögen eines Erblassers im Augenblick seines Todes. Geht auf die Erben über.

Nachlaß (2)
Im Vergleichsverfahren der Verzicht der Gläubiger auf einen Teil ihrer Forderungen.

Nachlaßkonkurs
Konkurs über das Vermögen eines Verstorbenen mit dem Ziel, zugunsten der Erben die Haftung für Nachlaßschulden auf den Wert des Nachlasses zu beschränken. Konkursgrund ist Überschuldung des Verstorbenen. Antragsberechtigt sind Erbe, Nachlaßpfleger und jeder Nachlaßgläubiger. Grundsätzlich gelten für den Nachlaßkonkurs die allgemeinen konkursrechtlichen Vorschriften.

Nachlaßpflegschaft
Wird vom Nachlaßgericht angeordnet, wenn sich in der Zeit zwischen Erbfall und Annahme der Erbschaft niemand um den Nachlaß kümmert, z. B. weil die Erben unbekannt sind, oder wenn Personen Nachlaßgegenstände in Besitz nehmen, ohne dazu berechtigt zu sein, und das Nachlaßgericht die zur Sicherung des Nachlasses erforderlichen Maßnahmen treffen muß. Ein Nachlaßpfleger muß aber auch bestellt werden, wenn dies von einem Nachlaßgläubiger zum Zweck der gerichtlichen Geltendmachung eines ihm gegen den Nachlaß zustehenden Anspruchs beantragt wird.

Nachlaßverwaltung
Die Haftung des Erben für die Nachlaßverbindlichkeiten beschränkt sich auf den Nachlaß, wenn Nachlaßverwaltung angeordnet oder Nachlaßkonkurs eröffnet wird. Die Anordnung der Nachlaßverwaltung und die Eröffnung des Nachlaßkonkurses bewirken, daß der Nachlaß zum Zweck der Befriedigung der Nachlaßgläubiger von dem übrigen Vermögen des Erben getrennt wird. Der Erbe hat den Nachlaß an den Nachlaßverwalter oder Konkursverwalter herauszugeben. Die Nachlaßverwaltung als ebenfalls Nachlaßpflegschaft dient der Befriedigung der Nachlaßgläubiger bei ausreichendem, aber unübersichtlichem Nachlaß. Der Nachlaßverwalter hat den Nachlaß zu verwalten und die Nachlaßverbindlichkeiten zu berichtigen. Die Aufsicht über die Verwaltung steht dem Nachlaßgericht zu.

Nachmittagsbörse
→ Abendbörse.

nachrangiges (Haft-)Kapital
Quasieigenkapital, das betriebswirtschaftlich zwischen Eigenkapital und Fremdkapital steht. Haftet im Verlustfall nach den übrigen Bestandteilen des Eigenkapitals und wird im Liquidationsfall vor dem Eigenkapital befriedigt. Die i. d. R. feste Verzinsung des nachrangigen Haftkapitals liegt meist über der für die übrigen Bestandteile des Fremdkapitals. In Deutschland wird nachrangiges Haftkapital unter anderem in der Form nachrangiger Gesellschafterdarlehen praktiziert. Eine im Ausland, insbesondere in den USA, verbreitete Form sind subordinated debentures.

Nachschuß (1)
Verpflichtung zu zusätzlichen Einzahlungen auf Kapitalanteile, z. B. bei GmbH, Genossenschaft.

Nachschuß (2)
Sind Wertpapiere beliehen worden, ist bei Kursrückgängen Nachschuß zu leisten, damit der gewährte Kredit ausreichend abgesichert bleibt.

Nachschuß (3)
Im Terminhandel an Börsen die Verpflichtung, eine ungünstige Wertentwicklung der Terminkontraktposition durch Barzahlung (vereinzelt auch Beleihung von Wertpapieren) ausgleichen zu müssen.

Nachschußpflicht
Bei der GmbH durch die Satzung auferlegte Verpflichtung zur Leistung von Zahlungen (Nachschüssen) über den Nominalbetrag des Anteils hinaus. Die Nachschußpflicht kann sowohl beschränkt als auch unbeschränkt sein. Bei Genossenschaften sind die Genossen im Falle des Konkurses verpflichtet, einen Nachschuß zu leisten, wenn die Konkursmasse zur Befriedigung der Gläubiger nicht ausreicht. Neben einer unbegrenzten Nachschußpflicht sind auch

eine auf die Haftsummen beschränkte Nachschußpflicht sowie der Ausschluß der Nachschußpflicht möglich.

Nachteilsausgleich

Bei fehlendem Beherrschungsvertrag bestehende Verpflichtung der herrschenden Unternehmung, Nachteile auszugleichen, die einer von ihr beherrschten AG oder KGaA aus einem nachteiligen Rechtsgeschäft entstehen, zu dessen Vornahme die Gesellschaft von der herrschenden Unternehmung veranlaßt wurde.

Nachttresor

Einrichtung an Gebäuden von Banken zur Einzahlung von Geldern, auch Schecks und Wechsel, insbesondere außerhalb der Kassenstunden.

Nachzugsaktien

Bez. f. Aktien, die erst einen Anspruch auf Dividende haben, nachdem auf die Stammaktien eine Dividende ausgeschüttet wurde. Nachzugsaktien werden i. d. R. durch den Buchstabenaufdruck Lit. B von den Stammaktien unterschieden. Die in der BR Deutschland nicht gängige Aktienform ist im angelsächsischen Raum unter der Bezeichnung deferred shares verbreitet. Gegensatz: Vorzugsaktien.

nachzuzahlende (kumulative) Dividende

Mit nachzuzahlender Dividende sind i. d. R. Vorzugsaktien ohne Stimmrecht ausgestattet. Wird der Vorzugsbetrag in einem Jahr nicht oder nicht vollständig gezahlt und der Rückstand im nächsten Jahr neben dem vollen Vorzug dieses Jahres nicht nachgezahlt, haben die Vorzugsaktionäre das Stimmrecht, bis die Rückstände nachgezahlt sind. In diesem Fall sind die Vorzugsaktien auch bei der Berechnung einer nach Gesetz oder Satzung erforderlichen Kapitalmehrheit zu berücksichtigen.

Nackenlinie

→ Kopf-Schulter-Formation.

nackte (naked) warrants

Emission von warrants ohne bond-Emission.

N.-Akt., NA

Abk. f. Namensaktien.

Namensaktien

Geborenes Orderpapier. Im Gegensatz zur Inhaberaktie auf den Namen einer bestimmten natürlichen oder juristischen Person lautende Aktie, deren Eigentümer im Aktienbuch der AG eingetragen ist. Als Aktionär gegenüber der AG gilt nur der im Aktienregister Eingetragene. Die Eigentumsübertragung, die an sich durch bloßes Indossament möglich ist, kann durch die Satzung erschwert werden: vinkulierte Namensaktien. Zweck vinkulierter Namensaktien ist es, die Übersicht über den Aktionärskreis zu behalten und einer möglichen Überfremdung durch Aktienaufkauf an der Börse vorzubeugen. Die Satzung kann die Gründe bestimmen, aus denen die Zustimmung verweigert werden darf. Die AG ist verpflichtet, die Ordnungsmäßigkeit der Reihe der Indossamente und der Abtretungserklärungen, aber nicht die Unterschriften zu prüfen. Die Fungibilität von Namensaktien ist an sich wegen der notwendigen Umschreibungen eingeschränkt; dieser Mangel kann durch Blankoindossament weitgehend behoben werden: sie gleichen dann hinsichtlich der Übertragbarkeit den Inhaberaktien. Von den deutschen Börsengesellschaften haben vor allem Versicherungen Namensaktien ausgegeben. Namensaktien sind erforderlich, wenn der Gegenwert bei der Ausgabe nicht voll eingezahlt wird. Der Betrag der Teilleistungen ist in der Aktie anzugeben. Zwischenscheine müssen auf Namen lauten. Werden nicht voll eingezahlte Namensaktien an der Börse veräußert, hat der Käufer dem Verkäufer nachzuweisen, daß er die Umschreibung auf den neuen Aktionär (den Kunden der kaufenden Bank) bei der AG beantragt hat.

Namensanleihe

Anleihestücke, die auf den Namen des Berechtigten ausgestellt und durch Indossament übertragbar sind. Werden vor allem für Großzeichner ausgestellt. → Namenspapier.

Namenskommunalobligationen

→ Namensschuldverschreibungen.

Namenspapier

Wertpapier, das auf den Namen einer bestimmten Person lautet und bei dem nur namentlich genannte Inhaber oder sein Rechtsnachfolger zur Geltendmachung des verbrieften Anspruchs berechtigt ist. Können als Rekta- oder Orderpapiere ausgestaltet sein. Bei Rektapapieren ist die Übertragung des verbrieften Rechts nur durch Abtretung der Forderung möglich (Rektascheck, Hypothekenpfandbrief). Beim Orderpapier verspricht der Aussteller die Leistung an die im Papier genannte Person oder dem, den die im Papier genannte Person als Gläubiger angibt.

Orderpapiere dieser Art werden mittels Indossament übertragen (Wechsel, Namensaktie). Die Anteilscheine von Investmentfonds des Gesellschaftstypus sind i. d. R. Namenspapiere.

Namenspfandbriefe

→ Namensschuldverschreibungen.

Namensschuldverschreibungen

Werden bevorzugt von Hypothekenbanken in Form von Namenspfandbriefen und Namenskommunalobligationen ausgegeben. Dienen meist besonderen Refinanzierungen.

Napoléon

Französische 20-Francs-Goldmünze mit Feingehalt 5,8064 g. Sammlermünze.

NASD

Abk. f. National Association of Securities Dealers. Träger des NASDAQ-Systems, zugleich Aufsichtsinstanz des US-amerikanischen over-the-counter-Marktes.

NASDAQ

National Association of Securities Dealers Automated Quotations; OTC-Markt (Telefonhandel) für Aktien und junk bonds außerhalb der NYSE, seit 1980 stark expandierend. NASDAQ ist ein elektronisches Kursinformations- und Handelssystem, welches von der NASD betrieben wird. Market makers geben in level III-Terminals verbindliche Kauf- und Verkaufskurse ein. Brokers und dealers können auf level II-Terminals die gestellten Kauf- und Verkaufskurse empfangen und die jeweiligen Kurse stellenden market makers identifizieren. Level I-Terminals verbreiten repräsentative Kauf- und Verkaufskurse. Handelsabschlüsse erfolgen direkt über das System oder per Telefon. Darüber hinaus übernimmt NASDAQ die Orderabwicklung, Ausbuchung aus dem Bestand des einen Mitglieds sowie Zubuchung in das Portefeuille eines anderen. NASDAQ ist somit vollautomatisiert und stellt eine Computerbörse i. e. S. dar. Aufträge über kleine Stückzahlen werden vollautomatisch über das Computer Assisted Executive System (CAES) des NASDAQ-Systems abgewickelt. In diesem System haben die von market makers zu stellenden Kurse ebenfalls verbindlichen Charakter. NASDAQ ist elektronisch mit der Londoner Börse verbunden.

nasse Stücke

Pfandbriefe, die sich noch in der Verwahrung des Treuhänders befinden und noch nicht im Umlauf waren.

National Daily Quotation Service

Institution, die die täglich am US-amerikanischen over-the-counter-Markt genannten bzw. festgestellten Wertpapierkurse veröffentlicht.

National Futures Association (NFA)

Selbstregulierungsinstanz der US-amerikanischen Terminbörsen, gegründet 1982. Mitglieder sind Händler, brokers und Wertpapierhäuser. Die NFA sorgt für den ordnungsgemäßen Ablauf des Terminhandels und fungiert als Schiedsgericht bei Meinungsverschiedenheiten. Setzt ferner Mindestanforderungen für am Terminhandel Beteiligte und übt Aufsichtsfunktion aus.

National savings certificates

Mittelfristige Sparobligationen, die vom britischen Schatzamt erstmals 1916 zur Kriegsfinanzierung ausgegeben wurden. Die Papiere mit 10jähriger Laufzeit waren unverzinslich, ihr Ertrag beruhte allein auf dem nicht zu versteuernden Rückzahlungsagio. Spätere Emissionen durften z. T. nur bis zu einem Höchstbetrag pro Person erworben werden. In neuerer Zeit ist die Rendite der Papiere an die Entwicklung der Verbraucherpreise gekoppelt. Auch: granny bonds.

National Securities Trading System

Automatisiertes, elektronisches Handelssystem der Cincinnati Stock Exchange, organisiert auf Basis des Auktionsprinzips bei variabler Notierung. Mitglieder der Börse können ohne physische Präsenz im Börsensaal ihre Aufträge via Terminal direkt in den Börsencomputer eingeben, die entsprechend der Priorität Kurs und Eingabezeit geordnet werden. Sobald entsprechende Gegenaufträge vorliegen, führt der Computer die Aufträge automatisch aus und bestätigt den Abschluß.

Naturadarlehen

Von Pfandbriefinstituten vergebenes Hypothekendarlehen, das nicht in Bargeld, sondern in Form von Pfandbriefen vergeben wird. Der Schuldner kann diese Pfandbriefe entweder selbst am Markt veräußern oder sie durch die Bank verkaufen lassen. Das Naturadarlehen findet heute keine Anwendung mehr.

Naturaltilgung

Form der Tilgung von Hypothekarkrediten der Realkreditinstitute durch Pfandbriefe. Die Naturaltilgung ist für den Schuldner insbesondere dann vorteilhaft, wenn die entsprechenden Pfandbriefe unter pari notiert sind, da sie auf die Tilgung in Höhe des Nominalwertes angerechnet werden. Möglichkeit der Naturaltilgung muß durch Vertrag besonders vereinbart sein. Sie wird gegenwärtig praktisch nicht eingeräumt.

Naturalzins

→ Zins, Zinsen.

near-money

→ Quasigeld(-volumen).

near-the-market option

Option, deren Basispreis in etwa dem Marktpreis entspricht.

Nebenmetalle

Sammelbez. f. die an organisierten Märkten gehandelten Nichtedelmetalle, z. B. Kobalt, Nickel, Zinn, Molybdänoxid u. a. Im Gegensatz zum Handel mit den Edelmetallen Gold oder Silber stehen Spekulationsmotive im Hintergrund. Die Nachfrage wird in erster Linie durch die Verbraucher der jeweiligen Metalle bestimmt.

Nebenpapier

Bogen eines Wertpapiers im Gegensatz zum Hauptpapier, der Stammurkunde, dem Mantel.

Nebenrechte und -pflichten

Im Börsenhandel gelten im Verhältnis zwischen Käufer und Verkäufer alle Rechte und Pflichten, die für den Inhaber des Wertpapiers nach dem Tag des Geschäftsabschlusses entstehen oder fällig werden (z. B. aus der Abtrennung von Zins- und Gewinnanteilscheinen, aus Bezugsrechten usw.), als auf den Käufer übertragen. Die Parteien können andere Regelungen vereinbaren.

Nebenwerte

Aktien, die umsatzmäßig nicht zu bevorzugten Börsenpapieren zählen; oft von kleineren Unternehmen; Lokal-, Regionalwerte.

neckline

Angelsächsische Bez. f. Halslinie.

negative carry

Im futures-Geschäft Nettokosten des Haltens einer Kassaposition, wenn die Finanzierungskosten über den Erträgen des Instruments liegen.

negative Orderklausel

Klausel im Namenspapier, mittels derer die Übertragung durch Indossament ausgeschlossen werden soll: nicht an Order.

negative pledge

→ Nichtbesicherungsklausel (negative pledge) → Negativklausel, -revers, -erklärung.

negative Publizität

Bez. f. die für eine Unternehmung ungünstige Verlautbarung in der Öffentlichkeit. Übt u. U. negative Wirkungen auf den Kurs ihrer Aktien aus.

Negativerklärung, -klausel

Wird bei einer Anleihe anstelle einer besonderen Besicherung eine Negativklausel abgegeben, verpflichtet sich der Schuldner dadurch, die so ausgestattete Emission gleichrangig zu besichern, falls während der Laufzeit Vermögensteile belastet oder andere Schulden besonders besichert werden. Negativerklärungen werden nur von Unternehmen akzeptiert, deren Kapitalverhältnisse keine Bonitätszweifel zulassen.

negatives Kapitalkonto

Bei der KG kann durch Verlustzuschreibung der Kapitalanteil der Kommanditisten aufgezehrt und überkompensiert, d. h. negativ werden, ohne daß Nachschüsse zu leisten sind. Dieses Prinzip liegt auch gezielt den Abschreibungsgesellschaften zugrunde. Fallen Gewinne an, dürfen diese so lange nicht an die Kommanditisten verteilt werden, wie deren Kapitalkonten noch negativ sind.

negatives Kapitalkonto, steuerlich

Eine steuermindernde Verlustrechnung ist grundsätzlich ausgeschlossen, soweit durch den Verlust ein negatives Kapitalkonto entsteht oder sich erhöht. Der Begriff negatives Kapitalkonto ist steuerrechtlich zu interpretieren. Das für die Verlustrechnung des einzelnen Kommanditisten maßgebliche Kapitalkonto ist sein steuerrechtliches Kapital. Es umfaßt alle Konten (feste und Verrechnungskonten), die für ihn geführt werden, insbesondere die in das Gesellschaftsvermögen geleistete Einlage, die der Gesellschaft gegebenen Darlehen und das Sonderbetriebsvermögen des Gesellschafters, das steuerrechtlich in den Betriebsvermögensvergleich der KG einzubeziehen ist. Es schließt auch dann das Sonderbetriebsvermögen des Kommanditisten ein, wenn es negativ ist, z. B. wenn der Kommanditist seine Beteiligung durch Fremdkapital finanziert hat. Maßgeblich ist das Kapitalkonto des einzelnen Kommanditisten am Bilanzstichtag.

Negativklausel, -revers, -erklärung

Verpflichtung eines Schuldners, vor der vollständigen Tilgung seiner Verpflichtung keine weiteren durch Sicherheiten abgedeckten Verbindlichkeiten einzugehen oder dem alten Gläubiger eine gleichrangige Sicherung einzuräumen. So z. B. bei Anleihen die Verpflichtung des Emittenten, für die Laufzeit der Anleihe seinen Grundbesitz nicht oder nur gleichzeitig auch den bisherigen Anleihegläubigern zu verpfänden.

Negativzins

Maßnahme von Banken, unerwünschte Einlagen zu belasten, d. h. anstelle sonst üblicher Verzinsung eine Zins- oder sonstige Zahlung des Kontoinhabers zu verlangen. Von Bedeutung im Zusammenhang mit der Abwehr von Auslandsgeld, die währungspolitisch geboten sein kann. Indirekt durch geldpolitische Maßnahmen erreichbar, z. B. 100% Mindestreservepflicht auf Ausländereinlagen.

negotiable certificate of deposit

Certificate of deposit, das an Order oder auf den Inhaber ausgestellt ist. Kann durch Indossament übertragen werden. Die am Euromarkt ausgestellten negotiable certificates of deposit werden regelmäßig als Inhaberpapiere ausgestattet. Für sie besteht in London ein Markt.

Negotiation

Verkauf eines Wertpapiers im Wege der festen Übernahme durch eine Bank oder durch ein Bankenkonsortium, vornehmlich bei öffentlichen Anleihen.

Nennbetrag

→ Nennwert (Nominalwert).

Nennbetrag von Wertpapieren

Bei Aktien der betragsmäßige Anteil am Grundkapital, bei Schuldverschreibungen der Betrag, den der Schuldner verzinst und zurückzahlt, wenn der Rückzahlungskurs nicht höher ist als 100%. Bei Aktien und Schuldverschreibungen ist der Nennbetrag angegeben: auf dem Mantel, auf den Gewinnanteil- bzw. Zinsscheinen und auf den Erneuerungsscheinen. Der Nennbetrag der Wertpapiere ist an der oberen Kante des Mantels rechts außerhalb der Umrahmung zu wiederholen. Der Mindestnennbetrag einer Aktie ist seit 1994 DM 5; höhere Aktiennennbeträge müssen auf volle DM 5 lauten. Nennwertlose Aktien kennt das deutsche Aktienrecht nicht. Die Nennbeträge deutscher Aktien lauten in der Mehrzahl auf DM 50, 100, 1000; daneben gibt es auch Stückelungen über DM 200, 300, 400, 500, 600 u. ä. sowie neuerdings über DM 5. Nur in unbedeutenden Ausnahmefällen, die meist mit der Umstellung von RM auf DM nach der Währungsreform 1948 zusammenhängen, kamen vor 1994 Aktien mit Nennbeträgen von weniger als DM 50 oder mit nicht durch 100 teilbaren Nennbeträgen vor. Ähnliches gilt für die Stückelung von Obligationen. Der Mindestnennbetrag ist hier zwar nicht gesetzlich vorgeschrieben, jedoch aus praktischen Gründen – bis auf unbedeutende Ausnahmen – DM 100. Höhere Nennbeträge sind regelmäßig durch 100 teilbar, wobei ein Höchstbetrag von nominal DM 5000 bei der Mehrzahl der festverzinslichen Werte vorgesehen ist. Es kommen aber auch höhere Nennbeträge vor. Die Stückelungen der in den amtlichen Börsenverkehr aufgenommenen Aktien und Obligationen sind jeweils in den amtlichen Kursblättern vermerkt.

Nennkapital

Von Nennwert abgeleiteter Ausdruck für das Grundkapital bei AG und das Stammkapital bei GmbH.

Nennwert (Nominalwert)

Auch: Nennbetrag. Der auf einem Wertpapier aufgedruckte DM-Betrag des Papiers. Bei Aktien ist er ein Teilbetrag des Grundkapitals der AG. Bei Schuldverschreibungen wird die gesamte Anleihe in Teilbeträge von bestimmten Größenordnungen zerlegt; diese Teilbeträge sind die Nennwerte der Schuldverschreibungen. Der Marktwert (= Kurswert) der Wertpapiere kann vom Nennwert abweichen, da er sich nach der Nachfrage richtet. Die Summe der Nennwerte aller Aktien einer AG ist gleich ihrem Aktienkapital. Bei festverzinslichen Wertpapieren ist der Nennwert gleich der Summe, die der Emittent dem Inhaber des Papiers schuldet und die er ihm am Ende der Laufzeit voll zurückzahlt.

Nennwertaktien

Aktien, die auf Nennwerte lauten. In der BR Deutschland allein zulässig. Gegensatz: nennwertlose Aktien (USA, Großbritannien).

nennwertlose Aktien

Aktien, die nicht auf einen bestimmten Betrag, sondern auf einen Bruchteil am Kapital einer AG lauten. Sind in USA und Kanada gebräuchlich. Auch: Quotenaktien. Nennwertlose Aktien sind nach deutschem Recht nicht zulässig.

nennwertloses Wertpapier
Wertpapier, das nicht auf einen bestimmten Nennwert lautet, sondern auf einen Bruchteil eines Vermögens. In USA und Großbritannien übliche Form der Aktie; diese stellt einen quotenmäßigen Anteil an einem Unternehmen dar (Anteils-, Quoteaktie). In der BR Deutschland sind nennwertlose Aktien nicht zulässig. Jedoch sind Investmentanteile von deutschen Investmentgesellschaften nennwertlose Papiere.

Nennwertprinzip
Prinzip, nach dem der Nennwert einer Geldschuld ohne Rücksicht auf den realen Wert der Schuld bei der Entstehung und bei der Tilgung gleich hoch ist. → Mark-gleich-Mark-Gesetz.

Nennwerttheorie
Beinhaltet die Vorstellung einer unveränderten Geldschuld ohne Rücksicht auf den Realwert der Schuld bei Entstehung und Rückzahlung. → Mark-gleich-Mark-Gesetz.

net asset value
Inventarwert von Investmentanteilen bzw. -fonds.

net short position
In Verbindung mit Termin- und Optionskontrakten die Nettoverkaufsposition, also der Überschuß an Verkaufspositionen, der sich nach Aufrechnung der Kaufpositionen gegen die Verkaufspositionen ergibt.

Nettoabrechnung
Abrechnung von Wertpapiergeschäften in Form des Nettogeschäfts. Wird so vorgenommen, daß Maklergebühren, Bankprovision und ggfs. andere Spesen in die Abrechnung einbezogen werden. Bei im Freiverkehr netto abgerechneten Aufträgen erfolgt die Ausführung bei limitierten Geboten oder Angeboten erst dann, wenn die erforderliche Marge vorhanden ist. Wertpapiergeschäfte der Bankkunden werden normalerweise brutto, d. h. zum Börsenkurs unter Belastung der angeführten Kosten abgerechnet.

Nettoabsatz
Der Bruttoabsatz bestimmter Wertpapiere oder Wertpapiergruppen abzüglich Rückzahlungen (Tilgungen) im gleichen Zeitraum. Um den Nettoabsatz erhöht sich jeweils der Umlauf an Wertpapieren.

Nettobuchwert
Buchwert eines Vermögensgegenstandes, der sich nach Abzug der Abschreibungen ergibt.

Nettodividende
Dividende abzüglich 25% KESt oder Gewinnausschüttung bei Übernahme der KESt durch die Gesellschaft oder Auszahlung ohne Abzug von KESt nach Ausstellung einer Freistellungsbescheinigung (NV-Bescheinigung) durch das Finanzamt oder Vorlage eines → Freistellungsauftrags bei der depotverwaltenden Bank.

Nettogeschäft
Geschäft in Wertpapieren, die nicht zum amtlichen Börsenhandel zugelassen sind; werden i. d. R. zu Nettopreisen abgerechnet. Bei Nettogeschäften tritt die Bank als Eigenhändler auf.

Nettoinvestition
Teil der gesamten Investitionen, der der Vergrößerung der Kapazität der Unternehmung dient. Die Nettoinvestition ergibt sich rechnerisch aus der Differenz zwischen den gesamten Investitionen (Bruttoinvestition) und den Ersatzinvestitionen. Somit geben die Nettoinvestitionen Aufschluß über die Veränderung der Kapazität (Erweiterungsinvestitionen).

Nettokonsolidierung
Konsolidierungsverfahren, bei dem die in die Konzernbilanz zu übernehmenden Vermögens- und Schuldteile nicht mit ihrem vollen Wert übernommen werden, sondern nur mit dem prozentualen Anteil, der dem Prozentsatz der Beteiligungshöhe entspricht. Die Nettokonsolidierung entspricht der Quotenkonsolidierung. Gegensatz: Bruttokonsolidierung.

Nettorendite (von Wertpapieren)
Effektivverzinsung oder Rendite, berechnet nach anlegerindividueller ESt oder KSt.

Nettoverkaufskurs
Bei Ausgabe festverzinslicher Wertpapiere: Verkaufskurs abzüglich Bonifikation an Banken u. a. Kapitalsammelstellen.

Nettoverschuldung
Differenz zwischen gesamter Neuverschuldung und Tilgung vorher bestehender Schulden in einer Periode. Die Nettoverschuldung beinhaltet somit den Schuldenzuwachs der Periode.

Nettoverzinsung
Verzinsung von Wertpapieren nach Abzug der Steuern. Schuldverschreibungen, deren Zinsertrag steuerfrei ist, sind im Kursblatt der Börsen an dem Zusatz stfr. zu erkennen.

Nettozins(satz)
Im Rahmen kursgesicherter Anlagen in Fremdwährung die um die Kosten der Kurssicherung reduzierte Gesamtverzinsung.

net working capital
In USA gebräuchliche Liquiditätskennziffer, zu deren Ermittlung die kurzfristigen Verbindlichkeiten (current liabilities) vom Umlaufvermögen (current assets) abgezogen werden. Die Kennzahl gibt das zur Disposition verfügbare Vermögen an.

Neudruck von Wertpapieren
→ Druck von Wertpapieren.

neue Aktien
→ junge Aktien.

Neuemission
→ going public.

Neugiro
Die Sammelurkunde, die nach Durchführung der Wertpapierbereinigung für eine Wertpapierart ausgestellt wurde, gewährte dem, dessen Urkunden durch Kriegs- oder Nachkriegseinflüsse abhanden gekommen waren und dessen Recht im Wertpapierbereinigungsverfahren anerkannt worden war, zunächst nur Miteigentum in Höhe seines Anspruchs am Neugirosammeldepot. Es war daher für die Anteile am Neugiro eine besondere Börsennotiz erforderlich, die erst nach Umstellung auf DM-Urkunden aufgegeben werden konnte, da erst hierdurch Gleichstellung der Inhaber von Neugirosammelanteilen mit denen von RM-Einzelurkunden mit Lieferbarkeitsbescheinigung erreicht wurde.

Neugirosammeldepot (NGS)
Das aus Gutschriften anerkannte Recht in der Wertpapierbereinigung entstandene Sammeldepot erhielt die Bezeichnung Neugirosammeldepot (NGS), weil es sich nicht mehr auf einen Anteil am Sammelbestand kraftlos gewordener Wertpapiere, sondern auf einen Anteil an der RM-Sammelurkunde bezog. Inzwischen ist das NGS abgewickelt worden.

Neuinvestition
→ Nettoinvestition.

Neuprägung
Nachprägungen früherer Kurantmünzen durch staatliche Münzstätten.

Neuronales Netz
Bei der Wertpapieranalyse Instrument zur Mustererkennung; versucht, aus Trainingsdaten ein Verhaltensmuster etwa von Entwicklungen an Finanzmärkten zu erkennen, das in Form einer Prognose auf zukünftige Eingabewerte übertragbar ist. Zahl und Struktur der Daten müssen so beschaffen sein, daß das Neuronale Netz in der Lage ist, ein reproduzierbares Verhaltensmuster zu erkennen, ohne die Trainingsdaten „auswendig zu lernen". Eine inhaltliche Erklärung der Prognose kann nicht gegeben werden („black box"). → Expertensystem.

Neuzulassung
Zulassung einer neuen Emission zum Börsenhandel.

newcomer
An der Börse Bez. f. Aktien, die erst seit kurzer Zeit im Börsenhandel sind, oder für Personen, die erst seit kurzem an demselben teilnehmen (greenhorn). Gegensatz zum newcomer ist der oldy.

New York Cotton Exchange (NYCE)
Anschrift: Four World Trade Centre, New York, NY 10048, USA. Tel.: 001-212-938-27027. Telefax: 001-212-839-8061. Handel in Finex financial futures: US Dollar index futures, ECU futures, 2-year US Treasury Note futures, 5-year US Treasury Note futures, soft futures (Baumwolle, Orangensaft); Optionen.

New Yorker Wertpapierbörsen
American Stock Exchange, New York Stock Exchange.

New York Futures Exchange (NYFE)
Anschrift: 20 Broad Street, New York, NY 10005. Tel.: 001-212-656-4949. Telefax: 001-212-656-2925. Vor allem Aktienindexhandel: NYSE composite index futures, NYSE composite index options (futures). Darüber hinaus werden CRB Index futures und Optionen auf CRB Index futures gehandelt.

New York interbank offered rate (Nibor)
In New York zustande kommender Interbankenzinssatz (analog → Libor). Dient als Basis für zinsvariable Anleihen und Kredite.

New York Mercantile Exchange (NYM, NYMEX)

4 World Trade Center, New York, NY 10048, USA. Tel.: 001-212-938-2222. Telefax: 001-212-938-2985. Telex: 12491 NYMEX. Wichtige futures- und Optionsbörse. Gehandelt werden: Metall-futures (Palladium- und Platin-futures), Energie-futures (Rohöl-, Gas-, Propan-, unverbleites Gasolin-futures, Heizöl-futures) sowie Optionen auf Rohöl, unverbleites Benzin, Heizöl und Platin.

New York Stock Exchange (NYSE)

11 Wall Street, New York, NY 10005, USA. Tel.: 001-212-623-3000. Telefax: 001-212-256-5646. Telex: 645 951 ny stock. Bedeutendste Börse der Welt. Oft nur unter der Bezeichnung ihres Sitzes „Wallstreet" genannt. Gründung: 1792. Börsenzeit: 15.30–22 Uhr mitteleuropäischer Zeit. Wertstellung: 5 Tage nach Geschäftsabschluß. Spesen: frei vereinbar, Käufe von weniger als 100 Aktien pro Auftrag erhalten Kursaufschlag von ⅛ Dollar auf den Kurs; Richtwerte der Spesen bei Auftragsgegenwerten bis ca. 300 US-$ 10%, Aufträge bis 800 US-$ 2,7% und 8 US-$ Fixum, mindestens 30 US-$, Aufträge bis 2500 US-$ 1,7% und 20 US-$ Fixum, Aufträge bis 5000 US-$ ca. 1,2% und 30 US-$ Fixum, maximal 87 US-$, Aufträge über 5000 US-$ maximal 92 US-$. Alle Aufträge werden fortlaufend in der Reihenfolge ihres Eingangs abgewickelt, ein Kassakurs existiert nicht. Soweit Aufträge nicht vollständig ausgeführt werden konnten, wird der Restbetrag zum nächsten Kurs gehandelt. Das in Deutschland übliche Verfahren der Repartiierung existiert nicht.

New Zealand Futures and Options Exchange (NZFOE)

Neuseeländische Terminbörse. Handel in futures (90 Day Bank Accepted Bills, 5-year Government Stock, 10-year Government Stock, NZSE-40 Capital Share Price Index, NZS Baumwolle, US$, NZ$), Optionen auf futures (5-year Government Stock, 90 Day Bank Accepted Bills, NZSE-40 Capital Share Price Index) und Aktienoptionen. Adresse: 10th Level, Stock Exchange Centre, 191 Queen St., Auckland 1, Neuseeland, Tel.: 0064-9-3098308, Telefax: 0064-9-3098817. 1992 von der → Sydney Futures Exchange (SFE) übernommen; seitdem erfolgt zunehmend die Abwicklung für beide Börsen gemeinsam. NZFOE ist als Computerbörse vollautomatisch organisiert.

NFA

Abk. f. National Futures Association.

NGS

Abk. f. Neugirosammeldepot.

Nibor

Abk. f. New York interbank offered rate.

nicht an Order

Negative Orderklausel, durch die bei Orderpapieren die Indossierung untersagt werden kann. Die Papiere werden damit zu Rektapapieren, deren Übertragung durch Abtretung erfolgen kann. Die Klausel wird daher auch als Rektaklausel bezeichnet.

Nichtbesicherungsklausel (negative pledge)

Am internationalen Kapitalmarkt die Verpflichtungserklärung eines Kreditnehmers, andere existente oder später entstehende Verbindlichkeiten nicht zu besichern. Die Klausel hat in Eurokreditverträgen große Bedeutung, da sonstige Sicherheiten nur wenig in Frage kommen. Ähnlich: Negativklausel.

nicht eingezahltes Kapital

Teil des Grundkapitals einer AG oder des Stammkapitals einer GmbH, der am Bilanzstichtag noch nicht eingegangen ist. Das nicht eingezahlte Kapital wird bei der GmbH als Forderung an die Gesellschafter unter den Aktiva ausgewiesen, bei der AG als ausstehende Einlagen auf das gezeichnete Kapital. Die Aktien müssen, wenn das Grundkapital nicht voll eingezahlt ist, Namensaktien sein. Das nicht eingezahlte Kapital unterliegt der VSt und der Gewerbesteuer, wenn mit baldiger Einforderung zu rechnen ist.

nicht emissionfähige Unternehmen

Unternehmen, die sich wegen ihrer Rechtsform oder wegen ihrer wirtschaftlichen Verhältnisse nicht in der Lage befinden, Wertpapiere zur Eigenfinanzierung oder zur Fremdfinanzierung zu emittieren. Im Hinblick auf die Eigenfinanzierung sind alle Unternehmen nicht emissionfähig, die nicht AG sind. Die Emissionsfähigkeit zur Fremdfinanzierung orientiert sich stärker an wirtschaftlichen Kriterien. Kleine und mittlere Unternehmen sind i. d. R. nicht emissionsfähig. Ihnen fehlt somit der Zugang zum organisierten Kapitalmarkt.

Nichterfüllung von Börsengeschäften

→ Zwangsregelung, -regulierung.

nicht fundierte Schulden
Kurzfristige Verbindlichkeiten.

Nichtigerklärung der AG
Enthält die Satzung einer AG keine Bestimmungen über die Höhe des Grundkapitals oder sind die Bestimmungen der Satzung über den Gegenstand der Unternehmung nichtig, kann jeder Aktionär und jedes Mitglied des Vorstands und Aufsichtsrats darauf klagen, daß die AG für nichtig erklärt werde. Auf andere Gründe kann die Klage nicht gestützt werden. Besteht die Möglichkeit, den Mangel zu heilen, kann die Klage erst erhoben werden, nachdem ein Klageberechtigter die AG aufgefordert hat, den Mangel zu beseitigen, und sie innerhalb 3 Monaten dieser Aufforderung nicht nachgekommen ist. Die Klage muß innerhalb von 3 Jahren nach Eintragung der AG erhoben werden. Eine Löschung der AG von Amts wegen wird durch den Zeitablauf nicht ausgeschlossen. Der Vorstand hat eine beglaubigte Abschrift der Klage und das rechtskräftige Urteil zum Handelsregister einzureichen. Die Nichtigkeit der AG aufgrund rechtskräftigen Urteils ist einzutragen. → Nichtigkeit der AG, Wirkung.

Nichtigkeit
Rechtliche Unwirksamkeit eines Rechtsgeschäfts, aus dem daher auch keine Rechte und Pflichten resultieren. Nichtigkeit kann bestehen bei der AG, bei HV-Beschlüssen und beim festgestellten Jahresabschluß. Die Nichtigkeit von HV-Beschlüssen ist einmal allgemein geregelt; zum anderen sind bei gewissen HV-Beschlüssen besondere Bestimmungen getroffen.

Nichtigkeit der AG, Wirkung
Ist die Nichtigkeit einer AG aufgrund rechtskräftigen Urteils oder Entscheidung des Registergerichts in das Handelsregister eingetragen, findet die Abwicklung nach den Vorschriften über die Abwicklung bei Auflösung statt. Die Wirksamkeit der im Namen der AG vorgenommenen Rechtsgeschäfte wird durch die Nichtigkeit nicht berührt. Die Gesellschafter haben die Einlagen zu leisten, soweit es zur Erfüllung der eingegangenen Verbindlichkeiten nötig ist.

Nichtigkeit der Verwendung des Bilanzgewinns der AG
Der Beschluß über die Verwendung des Bilanzgewinns ist außer in den Fällen der §§ 173 Abs. 3, 217 Abs. 2, 241 AktG nur nichtig, wenn die Feststellung des Jahresabschlusses, auf dem er beruht, nichtig ist. Die Nichtigkeit des Beschlusses aus diesem Grunde kann nicht mehr geltend gemacht werden, wenn Nichtigkeit der Feststellung des Jahresabschlusses nicht mehr geltend gemacht werden kann. Für die Klage auf Feststellung der Nichtigkeit gegen die AG gilt § 249 AktG.

Nichtigkeit der Wahl von Aufsichtsratsmitgliedern der AG
Die Wahl eines Aufsichtsratsmitglieds durch die HV ist außer im Falle des § 241 Nr. 1, 2, 5 nur dann nichtig, wenn: (1) der Aufsichtsrat unter Verstoß gegen §§ 96 Abs. 2, 97 Abs. 2 S. 1, 98 Abs. 4 AktG zusammengesetzt wird; (2) die HV, obwohl sie an Wahlvorschläge gebunden ist, eine nicht vorgeschlagene Person wählt; (3) durch die Wahl die gesetzliche Höchstzahl der Aufsichtsratsmitglieder überschritten wird; (4) die gewählte Person bei Beginn ihrer Amtszeit nicht Aufsichtsratsmitglied sein kann. Für die Klage auf Feststellung, daß die Wahl eines Aufsichtsratsmitglieds nichtig ist, sind der Betriebsrat jedes Betriebs der AG, jede in den Betrieben der AG vertretene Gewerkschaft und deren Spitzenorganisation parteifähig. Erhebt ein Aktionär, der Vorstand, ein Mitglied des Vorstands oder Aufsichtsrats, der Betriebsrat eines Betriebs der AG, jede in den Betrieben der AG vertretene Gewerkschaft oder deren Spitzenorganisation gegen die AG Klage auf Feststellung, daß die Wahl eines Aufsichtsratsmitglieds nichtig ist, gelten die Bestimmungen zur Anfechtungsklage, zum Anfechtungsstreitwert, Anfechtungsurteil und zur Nichtigkeitsklage sinngemäß. Es ist nicht ausgeschlossen, die Nichtigkeit auf andere Weise als durch Erhebung der Klage geltend zu machen.

Nichtigkeit des festgestellten Jahresabschlusses der AG
Ein festgestellter Jahresabschluß ist außer in den Fällen des § 173 Abs. 3, §§ 234 Abs. 3, 235 Abs. 2 AktG nichtig, wenn: (1) er durch seinen Inhalt Vorschriften verletzt, die ausschließlich oder überwiegend zum Schutz der Gläubiger der AG oder sonst im öffentlichen Interesse gegeben sind; (2) er nicht vorschriftengemäß geprüft worden ist; (3) er von Personen geprüft worden ist, die nicht zum Abschlußprüfer bestellt sind oder nicht Abschlußprüfer sein können; (4) bei seiner Feststellung Bestimmungen des Gesetzes oder der Satzung über die Einstellung von Beträgen in Gewinnrücklagen oder über die Entnahme von Beträgen

aus Gewinnrücklagen verletzt worden sind. Ein von Vorstand und Aufsichtsrat festgestellter Jahresabschluß ist außerdem nur dann nichtig, wenn Vorstand oder Aufsichtsrat bei seiner Feststellung nicht ordnungsgemäß mitgewirkt hat. Ein von der HV festgestellter Jahresabschluß ist außer nach o. g. nur nichtig, wenn die Feststellung: (1) in einer HV beschlossen worden ist, die nicht vorschriftengemäß einberufen war, es sei denn, daß alle Aktionäre erschienen oder vertreten waren; (2) nicht vorschriftengemäß beurkundet ist; (3) auf Anfechtungsklage durch Urteil rechtskräftig für nichtig erklärt worden ist. Die Nichtigkeit aus vorgenannten Gründen kann nicht mehr geltend gemacht werden, wenn seit Bekanntmachung des Jahresabschlusses im Bundesanzeiger 6 Monate bzw. 3 Jahre vergangen sind. Ist bei Ablauf der Frist eine Klage auf Feststellung der Nichtigkeit des Jahresabschlusses rechtsanhängig, verlängert sich die Frist, bis über die Klage rechtskräftig entschieden ist oder sie sich auf andere Weise endgültig erledigt hat.

Nichtigkeitsgründe von Hauptversammlungsbeschlüssen bei der AG

Ein Beschluß der HV ist außer in den Fällen der §§ 192 Abs. 4, 212, 228 Abs. 2, 234 Abs. 3, 235 Abs. 2 AktG nur dann nichtig, wenn er: (1) in einer HV gefaßt worden ist, die nicht vorschriftengemäß einberufen war, es sei denn, daß alle Aktionäre erschienen oder vertreten waren; (2) nicht vorschriftengemäß beurkundet ist; (3) mit dem Wesen der AG nicht zu vereinbaren ist oder durch seinen Inhalt Vorschriften verletzt, die ausschließlich oder überwiegend zum Schutz der Gläubiger der AG oder sonst im öffentlichen Interesse gegeben sind; (4) durch seinen Inhalt gegen die guten Sitten verstößt; (5) auf Anfechtungsklage durch Urteil rechtskräftig für nichtig erklärt worden ist; (6) aufgrund rechtskräftiger Entscheidung als nichtig gelöscht worden ist.

Nichtigkeitsheilung bei der AG

Die Nichtigkeit eines HV-Beschlusses, der nicht oder nicht vorschriftengemäß beurkundet worden ist, kann nicht mehr geltend gemacht werden, wenn der Beschluß ins Handelsregister eingetragen worden ist. Ist ein HV-Beschluß nichtig, kann die Nichtigkeit nicht mehr geltend gemacht werden, wenn der Beschluß ins Handelsregister eingetragen worden ist und seitdem 3 Jahre verstrichen sind. Ist bei Ablauf der Frist Klage auf Feststellung der Nichtigkeit des HV-Beschlusses rechtshängig, verlängert sich die Frist, bis über die Klage rechtskräftig entschieden ist oder sie sich auf andere Weise endgültig erledigt hat. Löschung des Beschlusses von Amts wegen wird durch den Zeitablauf nicht ausgeschlossen. Vorstehendes gilt entsprechend, wenn in den Fällen der §§ 217, 228 Abs. 2, 234 Abs. 3, 235 Abs. 2 AktG die erforderlichen Eintragungen nicht fristgemäß vorgenommen worden sind.

Nichtigkeitsklage bei der AG

Erhebt ein Aktionär, der Vorstand oder ein Mitglied des Vorstands oder Aufsichtsrats Klage auf Feststellung der Nichtigkeit eines HV-Beschlusses gegen die AG, so gelten §§ 246 Abs. 2, Abs. 3 S. 1, Abs. 4, 247, 248 AktG sinngemäß. Es ist nicht ausgeschlossen, die Nichtigkeit auf andere Weise als durch Erhebung der Klage geltend zu machen. Mehrere Nichtigkeitsprozesse sind zur gleichzeitigen Verhandlung und Entscheidung zu verbinden. Nichtigkeits- und Anfechtungsprozesse können verbunden werden.

Nichtigkeit von Hauptversammlungsbeschlüssen bei der AG

Bestimmte Tatbestände bewirken nicht unmittelbar aus sich selbst heraus die Nichtigkeit, sondern lassen nur eine Anfechtung von HV-Beschlüssen zu. Auf die Anfechtungsklage erklärt dann das Gericht den HV-Beschluß durch Urteil für nichtig. Im übrigen kann die Nichtigkeit durch Nichtigkeitsklage oder auf andere Weise geltend gemacht werden. Besonders geregelt sind die Nichtigkeit der Wahl von Aufsichtsratsmitgliedern, Nichtigkeit der Verwendung des Bilanzgewinns der AG und Nichtigkeit des festgestellten Jahresabschlusses der AG.

nichtkotierte Wertpapiere

→ unkotierte Wertpapiere.

nichtnotierte Aktien

→ unnotierte Werte.

nicht notierte Aktien und Anteile, erbschaftsteuerlich

Der gemeine Wert nichtnotierter Aktien und Anteile wird bei der Erbschaftsteuer in gleicher Weise wie bei der VSt ermittelt. Danach ist der gemeine Wert zu übernehmen, der zuletzt vor dem Stichtag für vermögensteuerliche Zwecke festgestellt worden ist. Eine eigene Bewertung auf den erbschaftsteuerlich maßgebenden Stichtag ist aber dann durchzuführen, wenn dies beantragt wird.

nicht notierte Aktien und Anteile, vermögensteuerlich

Für Aktien, die nicht an der Börse oder am Geregelten Markt notiert werden und deshalb keinen Kurs haben, ist der gemeine Wert maßgeblich. Dasselbe gilt für GmbH-Anteile. Der gemeine Wert ist hier in erster Linie aus den bei Verkäufen erzielten Preisen abzuleiten. Ist dies nicht möglich, ist er unter Berücksichtigung des Vermögens und der Ertragsaussichten der Gesellschaft zu schätzen.

nicht organisierter Kapitalmarkt

Im Gegensatz zum organisierten Kapitalmarkt Markt für langfristige Kredite und Beteiligungskapital, der nicht über Banken und/oder Börsen abgewickelt wird. Umfaßt z. B. die Begebung von Direktanleihen von Versicherungen, die Suche und das Angebot von Finanzierungsfazilitäten über Annoncen in der Tagespresse, durch private Finanzmakler oder private Geldverleiher. Im Gegensatz zum organisierten Kapitalmarkt fehlt für den nicht organisierten institutionelle Beaufsichtigung.

Nichtveranlagungsbescheinigung (NV-Bescheinigung)

Aktionäre mit einem zu versteuernden Jahreseinkommen von weniger als DM 27000 (bei zusammen veranlagten Ehepaaren DM 54000), deren Nebeneinkünfte nach Abzug des Sparerfreibetrags (DM 6000/12000) und der Werbungskosten (DM 100/200) den Betrag von DM 800 nicht überschreiten, erhalten bei ihrem zuständigen Finanzamt eine Nichtveranlagungsbescheinigung. Sie ist höchstens 3 Jahre gültig. Gegen Vorlage dieser Bescheinigung bei der Bank wird den Aktionären der volle Gesamtertrag einer Gewinnausschüttung, also Dividende (ohne Abzug der KSt) plus Steuerguthaben direkt gutgeschrieben. Die NV-Bescheinigung gilt auch für Zinsen aus Anleihen und Forderungen sowie aus Wandel- und Gewinnobligationen, die dem Abzug von 25% KESt unterliegen, sowie für Erträge aus Investmentanteilen, soweit in den Ausschüttungen Zinsen aus Anleihen und Forderungen sowie Dividenden von inländischen AG enthalten sind. Die Wohnsitzfinanzämter stellen NV-Bescheinigungen auf Antrag aus, sofern der Anteilseigner unbeschränkt einkommensteuerpflichtig ist und angenommen werden kann, daß eine Veranlagung zur ESt nicht in Betracht kommt. → Körperschaftsteueranrechnung(sverfahren).

nichtzyklische Aktien

Aktien von Banken, Versicherungsunternehmen, Unternehmen der Nahrungsmittel- und Getränkeindustrie, der Kaufhäuser. Demgegenüber sind als zyklische Aktien die der Stahl- und Aluminiumindustrie, des Maschinenbaus, Baugewerbes, der Schwerindustrie anzusehen. Die Kursbewegung der Aktien der genannten Branchen läßt für zyklische und nichtzyklische Aktien deutliche Unterschiede im Grad der Abhängigkeit vom Konjunkturverlauf erkennen. Zyklische Aktien spiegeln in ihrer Kursbewegung im wesentlichen den unterschiedlichen Verlauf der Konjunkturkurve wider, normalerweise mit einem gewissen zeitlichen Voraus gegenüber den die Konjunkturlage charakterisierenden Indizes. Dagegen weisen nichtzyklische Aktien eine verhältnismäßig große Unabhängigkeit gegenüber Konjunkturverlaufsschwankungen auf. Die Kursentwicklung der nichtzyklischen Aktien ist zweifach charakterisiert: Durch höhere Widerstandsfähigkeit bei allgemeinen Kurseinbrüchen und durch gute Kursgewinne bei optimistischer Börsenstimmung. Es kann manchmal sogar beobachtet werden, daß sich nichtzyklische Werte einer günstigen allgemeinen Börsentendenz entziehen, kurswertstabil sind oder gar bei rückläufiger Allgemeintendenz noch einen Kursanstieg verzeichnen. Selbstverständlich gibt es innerhalb der genannten beiden Gruppen zyklischer und nichtzyklischer Aktien Einzelwerte, die der Gruppentendenz nicht folgen.

Niedersächsische Börse zu Hannover

Rathenaustr. 2, 30159 Hannover. Tel.: 0511/327661. Telefax: 0511/324915. Telex: 0922158. Börsenzeit: 10.30–13.30 Uhr.

Niedrigzinspolitik

Bez. für eine Politik der Notenbank, die darauf ausgerichtet ist, das Zinsniveau zu senken bzw. auf einem niedrigen Niveau zu halten. Ziel ist i. d. R. eine Belebung der Konjunktur durch Senkung der Finanzierungskosten. Für den Kapitalanleger ergeben sich aus der Niedrigzinspolitik Kurssteigerungserwartungen. Gegensatz: Hochzinspolitik.

Nießbrauch

Belastung einer Sache oder eines Rechts – z. B. eines Wertpapiers – mit der Folge, daß dem Begünstigten die Nutzungen – z. B. Zinsen, Dividenden – zustehen. Ein ordnungsgemäß bestellter und geübter Nießbrauch wird steuerrechtlich auch dann anerkannt, wenn er, um Steuern zu sparen, zugunsten von Kindern an Wertpapieren der Eltern bestellt worden ist.

Nießbrauch an Wertpapieren

Ein Nießbrauch kann sowohl an Orderpapieren als auch an Inhaberpapieren eingeräumt werden. An Papieren mit Blankoindossament erfolgt Bestellung des Nießbrauchs durch Einigung und Übergabe. Zinsen und Dividenden fallen dem Nießbraucher zu, so daß ihm auch der Besitz an den jeweiligen Nebenpapieren (Zinsscheine, Dividendenscheine) zusteht. Der Besitz an der Urkunde selbst sowie ggf. am Erneuerungsschein stehen Eigentümer und Nießbraucher gemeinsam zu. Dementsprechend kann jeder Teil mit der Bestimmung Hinterlegung verlangen, daß die Aushändigung nur an beide gemeinsam erfolgen kann. Nießbrauch an Namensaktien kann durch Einigung über die Nießbrauchbestellung und Übergabe des indossierten Papiers bestellt werden. Sonderregelungen gelten für Sparbücher, da diese hinkende Inhaberpapiere sind. Bestellt der Darlehensgläubiger einem Dritten einen Nießbrauch an einem Sparguthaben durch einfache Einigung, erstreckt sich der Nießbrauch auch auf das Sparbuch. Bei Aktien ist umstritten, wem bei einem Nießbrauch das Stimmrecht zusteht. Nach herrschender Ansicht kann das Stimmrecht nur durch den Aktionär oder dessen Bevollmächtigten ausgeübt werden, da es nicht zu den Nutzungen i. S. d. Nießbrauchs gehört. Widrigenfalls könnte der Nießbraucher über das belastete Recht zum Nachteil des Gesellschafters abstimmen. Auch das Bezugsrecht steht dem Aktionär, allerdings belastet mit dem Nießbrauch, zu.

Nießbrauch an Wertpapieren, steuerlich

Der Nießbrauch begründet ein dingliches Recht auf die Nutzung des belasteten Wertpapiers, die der Berechtigte selbst ziehen kann. Dies führt dazu, daß die Nießbrauchserträge unmittelbare eigene (originäre) Einkünfte des Nießbrauchers sind. Beim Nießbrauch an Aktien, GmbH-Anteilen u. a. Wertpapieren handelt es sich deshalb um Einkünfte aus Kapitalvermögen. Beim Nießbrauch an Kapitalvermögen fließen die Zinsen, Dividenden usw. i. d. R. in vollem Umfang dem Nießbraucher zu. Wenn Eltern an einem Wertpapierdepot zugunsten ihrer Kinder einen Nießbrauch bestellen, wollen sie meist damit erreichen, daß zwar die Erträge den Kindern zufließen, die Verfügungsmacht über das Depot jedoch nach wie vor bei ihnen verbleibt. Bei einem kurzfristigen Nießbrauch kann es allerdings zweifelhaft sein, ob er auch steuerlich anerkannt wird. Dies gilt aber nur, wenn er nicht mind. eine Gesamtdauer von 5 Jahren hat. Vermögensteuerlich gilt, daß, wenn an Wertpapieren Nießbrauch bestellt ist, beim Nießbrauchberechtigten das Nutzungsrecht zu erfassen und beim Eigentümer eine entsprechende Nutzungslast abzuziehen ist. Beide sind mit ihrem Kapitalwert anzusetzen, der sich nach dem Jahresertrag, der Laufzeit und einem Zinssatz von 5,5% richtet. Der Jahreswert von Nutzungen kann allerdings höchstens den Wert betragen, der sich ergibt, wenn der für das belastete Vermögen anzusetzende Steuerwert durch 18,6 geteilt wird. Diese Begrenzung ist aber nur dann von Bedeutung, wenn der tatsächliche Jahreswert der Nutzungen erheblich über 5,5% des Steuerwerts hinausgeht. Erbschaftsteuerlich erfolgt die Bewertung des Nießbrauchs in gleicher Weise wie bei der VSt.

NIF

Abk. f. note issuance facility.

Nikkei-300-Index

Seit 1993 an der Börse in Tokio berechneter Aktienindex. Gegenüber dem Nikkei-225-Index, der den Durchschnittskurs von 225 Aktien darstellt, berücksichtigt der Nikkei 300 die Börsenkapitalisierung der in den Index einbezogenen Werte.

Noch

→ Nochgeschäft.

Nochgeschäft

Entsteht aus Verbindung eines festen Termingeschäfts mit einem Nachforderungs- oder Nachlieferungsrecht (Fixgeschäft mit Nebenvereinbarungen). Kauf mit Noch bedeutet einen festen Kauf von Wertpapieren, der mit dem Recht des Käufers auf Nachforderung einer gleichen oder mehrfachen Menge verbunden ist. Er dient der Haussespekulation. Dementsprechend ist ein Verkauf mit Noch der Abschluß eines festen Verkaufs von Wertpapieren, verbunden mit dem Recht des Verkäufers auf Nachlieferung einer gleichen oder mehrfachen Menge. Der Verkauf mit Noch dient der Baissespekulation. Das Recht auf Mehrforderung oder das Recht auf Mehrlieferung erwerben Käufer bzw. Verkäufer durch Vereinbarung und Zahlung einer

Prämie. Die fest zu liefernden oder abzunehmenden Stücke heißen feste Stücke im Noch, die nach Wahl nachforder- oder nachlieferbaren Stücke Noch- oder Optionsstücke. Die Verlustgefahr ist bei Nochgeschäften nicht begrenzt. Der Inhaber eines Mehrforderungs- oder Mehrlieferungsrechts kann aber jederzeit durch entsprechende Gegengeschäfte sein Engagement in ein reines Prämiengeschäft mit begrenzter Verlustgefahr umwandeln, der Käufer, indem er die fest gekauften Wertpapiere wieder fest verkauft; er behält dann nur sein Recht auf Forderung. Umgekehrt macht es der Verkäufer, indem er die fest verkauften Wertpapiere fest zurückkauft; er behält dann nur sein Recht auf Lieferung.

no-load fund

Mutual fund, der keine Vertriebsgesellschaft hat. Die Anteile des Fonds werden zum Inventarwert, also ohne Ankaufsgebühren, emittiert.

NOM

Abk. f. Norwegian Options Market.

nom.

Abk. f. nominell; i. V. m. dem Nennbetrag (Nominalbetrag).

Nominalbetrag, -wert

→ Nennwert (Nominalwert).

Nominale

→ Nennwert (Nominalwert).

Nominaleinkommen

Das in Geld ausgedrückte Einkommen ohne Berücksichtigung seiner realen Kaufkraft. Gegensatz: Realeinkommen, das Einkommen unter Berücksichtigung seiner Kaufkraft.

Nominalkapital

Nennbetrag des Kapitals.

Nominalkapital der AG

→ Grundkapital der AG.

Nominalkapitalerhaltung

Erhaltung des Kapitals in Nominalwerten. Der Nominalkapitalerhaltung entspricht die Bewertungsvorschrift in der Bilanz, nach der ohne Rücksicht auf Geldwertschwankungen (Geldwertverschlechterung, Geldwertstabilität) die Anschaffungspreise den maximalen Wertansatz in der Jahresbilanz darstellen. Der Gewinn ergibt sich als positive Differenz zwischen Nominalkapital am Ende und Anfang der Periode. Im Gegensatz zur Nominalkapitalerhaltung beruht die Substanzerhaltung auf Wertansätzen zu Wiederbeschaffungspreisen.

Nominalkapitalhaftung

Funktion des Nominalkapitals der GmbH und der AG als Haftungskapital; d. h.: Über die Höhe ihres Anteils am Nominalkapital hinaus haften die Eigentümer der Gesellschaft nicht für deren Verbindlichkeiten.

Nominalprinzip (1)

→ Nennwertprinzip → Mark gleich Mark. Gegensatz: Indexierung, Wertsicherung.

Nominalprinzip (2)

→ Nominalkapitalerhaltung.

Nominalwert

→ Nennwert (Nominalwert).

Nominalwerte

Auf Geld lautende Forderungen, die somit dem Geldwertrisiko unterliegen. Z. B. alle festverzinslichen Wertpapiere. Speziell: Wertpapiere, die auf einen Nominalwert lauten. Hiervon zu unterscheiden: Wertpapiere, die auf einen Anteil lauten (Anteilsaktien) und Realwerte, bei denen es sich um Sachwerte handelt.

Nominalzins (-fuß, -satz)

Der auf das Kapital, den Nennwert bezogene Zins. Gegensatz: der auf den Kurswert eines Wertpapiers bezogene Zins (Realzins, Effektivverzinsung). Die Rendite eines Wertpapiers ergibt sich (beim Kauf) u. a. aus dem Realzins.

nominell

Nennwertbezogen, auf einen Nennwert (Nominalwert) lautend.

nomineller Kurs

Nur genannter Kurs (ohne Umsatz). Gegensatz: bezahlter Börsenkurs, dem ein Umsatz zugrunde liegt.

nominelles Eigenkapital

Das in der Bilanz auszuweisende Grundkapital der AG, Stammkapital der GmbH (gezeichnetes Kapital) usw.

non-call bullet

Vorzeitig nicht künd- oder tilgbare Anleihe, die bei Endfälligkeit insgesamt zurückgezahlt wird.

non-current-Methode

Methode zur Währungsumrechnung in der Bilanz, nach der alle Wertansätze zu historischen Kursen erfolgen. → current-noncurrent-Methode → closing-rate-Methode

→ monetary-non-monetary-Methode → temporal-principle-Methode.

non-diversified investment company

Investmentgesellschaft, deren Anlagen unter weitgehendem Verzicht auf das Prinzip der Risikomischung auf wenige Werte konzentriert werden. Gegensatz: diversified investment company.

non-issued stock

→ authorized stock.

non-legals

Am Euromarkt Bez. f. Wertpapiere, die nicht (voll) den rechtlichen o. ä. Vorschriften bestimmter Staaten für die Anlagen bestimmter, meist institutioneller Anleger entsprechen, etwa für Versicherungen, öffentlich-rechtliche Banken, Fonds usw.

non-leverage company

Im Gegensatz zur leverage company eine Investmentgesellschaft, die kein Fremdkapital zum Kauf von Anlagen einsetzt.

Nonsenskorrelation

In der Statistik Bez. f. eine rechnerisch vorhandene Korrelation, die aber der Sinnhaftigkeit entbehrt.

non-traded options

Von Banken angebotene, nicht standardisierte nicht börsenmäßig handelbare Optionen.

Nonvaleurs

Bez. für Wertpapiere, die keinen Börsenwert mehr haben. Manchmal werden Nonvaleurs wieder Wertpapiere, z. B., wenn ein Schuldner nach jahrelanger Unterbrechung Zinszahlungen und Tilgung für seine Anleihen wieder aufnimmt. Ansonsten historische Wertpapiere, die für Sammler durchaus Werte und Preise haben. → historische Wertpapiere als Kapitalanlage.

non-versé

In der Schweiz der nichtliberierte, d. h. nicht einbezahlte Teil des Nominalwertes einer Aktie. Aktien, deren Nominalwert nicht voll einbezahlt ist (Teilliberierung), müssen in der Schweiz auf den Namen lauten. Die Kursnotierungen an den schweizerischen Börsen lauten stets auf den Nennwert, so daß bei der Abrechnung und bei Renditeberechnungen das non-versé vom Kurswert abzuziehen ist.

Normalverteilung

Mathematische Formulierung einer theoretischen Häufigkeitsverteilung in der Statistik. Bei graphischer Darstellung der Normalverteilung ergibt sich eine symmetrische Glockenform, in deren Maximum arithmetisches Mittel, häufigster Wert (Modus) und mittlerer Wert (Median) zusammenfallen. In der Portefeuilletheorie und in der Kapitalmarkttheorie wird für die Häufigkeitsverteilung der Streuung um die Erwartungswerte der Erträge aus den einzelnen Wertpapieren Normalverteilung unterstellt.

Normung von Wertpapieren

Bestimmte Anforderungsmerkmale an Wertpapiere. Insbesondere im Wertpapierhandel und der Wertpapierverwahrung von Bedeutung. So gelten als wesentliche Merkmale notierter Wertpapiere die Stücknummer, verwahrungstechnische Angaben (Nennwert, Reihe, Serie, Litera, Zinssatz, Fälligkeitstermin, Einlösungsbetrag, Fälligkeiten, Nummern des Zins- oder Gewinnanteilsscheins), Kontroll- und Treuhänderunterschriften, Trockenstempel, Blankoindossament und -zession bei Namensaktien und Orderschuldverschreibungen, zusätzl. Stempelaufdrucke (Änderung des Nennwertes, des Namens des Wertpapierausstellers oder der Höhe der Einzahlung).

Nostroeffekten, -wertpapiere

Eigene Wertpapiere einer Bank.

Nostrogeschäfte in Wertpapieren

Wertpapiergeschäfte der Bank für eigene Rechnung. Allgemein: Geschäfte für eigene Rechnung eines Wertpapierhändlers.

Nostrokonto

Eigenes Konto einer Bank, das bei einer fremden Bank geführt wird.

note denomination

Stückelung der Schuldtitel.

note distribution

Verkauf, Distribution, Plazierung der Schuldtitel am Markt.

note issuance facilities (NIFs)

Eine Fazilität, die der Kreditnehmer über einen längeren Zeitraum hinweg mit Beträgen bis zu einer vorgegebenen Höhe durch wiederholte Begebung etwa von 3 oder 6 Monate laufenden Anleihen über den Markt in Anspruch nehmen kann. Für den Fall, daß die notes nicht zu einem bestimmten Mindestkurs am Markt untergebracht werden können, verpflichtet sich eine Gruppe von Instituten, die Titel zu einem vereinbarten Kurs zu übernehmen. Ein potentielles Risiko resultiert demnach für die Banken aus ihrer Übernahmeverpflichtung als underwriter der Emissionen.

Notenbankpolitik

Politik der Zentralnotenbanken zur Beeinflussung der Wirtschaftstätigkeit, vor allem über die Banken. Als zentraler Einflußfaktor auf die Geschäftspolitik der Banken und die Entwicklung des Geldmarktes sowie der Kapitalmärkte ist die Notenbankpolitik auch für den Kapitalanleger und die Börsenentwicklung sehr bedeutend.

notes

Bez. f. kurz- bis mittelfristige Anleihen, die häufig in einer Summe rückzahlbar sind und im Gegensatz zu den meisten langfristigen Anleihen nicht öffentlich, sondern privat plaziert werden.

notes over bonds

Bei Veränderungen von Marktzinsen steht i. a. zu erwarten, daß sich die Renditen von Papieren mit verschiedenen Laufzeiten in unterschiedlichem Maße verändern. Mittels eines gleichzeitigen Kaufs und Verkaufs entsprechender Terminkontrakte (sog. spreading-Strategie) wird versucht, von den unterschiedlichen Renditeänderungen zu profitieren. Der spreader wird in Erwartung einer Marktzinserhöhung einen Kontrakt auf mittelfristige Papiere (üblicherweise Treasury notes des US-Schatzamtes) erwerben und einen Kontrakt auf langfristige Treasury bonds verkaufen; bei erwarteter Zinssenkung vice versa.

Notgroschen

→ Reserve, eiserne.

Notierung, Notiz

→ Kursnotierung, Kursnotiz.

Notierungsarten

→ Kursnotierung, Kursnotiz → Prozentnotierung → Stücknotierung, -notiz.

Notierungsaussetzung

→ Aussetzung der Kursnotierung (-notiz).

Notierungseinstellung

→ Einstellung der Kursnotierung.

Notiz

→ Kursnotierung, Kursnotiz.

notleidende Anleihen

Anleihen, deren Zinsen oder Kapitalrückzahlungen nicht geleistet werden.

notleidende Geldanlagen

Geldanlagen, bei denen der Schuldner seinen vertragsmäßigen Verpflichtungen (Zins- und Tilgungszahlungen) nicht nachkommt.

notleidende Wertpapiere

Bez. f. Schuldverschreibungen, deren Zinsen- und Tilgungsdienst unterbrochen ist.

Notliquidation

Zwangsweise Verkauf von Vermögensgegenständen zur Gewährleistung der Liquidität. Bei der Notliquidation von Kapitalanlagen ergeben sich häufig Verluste, da der Veräußerer über eine schlechte Marktposition verfügt. Besondere Verlustrisiken ergeben sich bei allgemein schlechter Wirtschaftslage, wenn zahlreiche Kapitalanleger zur Vornahme von Notliquidationen gezwungen sind.

Notplazierung

Bez. f. eine Plazierung, die wegen Unterzeichnung auf der Basis der ursprünglichen Konditionen nur zu für den Emittenten ungünstigeren Bedingungen erfolgreich durchgeführt werden kann. Gründe für Notplazierungen können einerseits in massiven Veränderungen der Marktverhältnisse in unmittelbarer Folge der Festlegung der Emissionsbedingungen liegen, andererseits aber z. B. auch in einer verschlechterten Bonität des Emittenten.

notwendiges Betriebsvermögen

Wirtschaftsgüter, die ihrer Natur nach mit dem Betrieb eines Steuerpflichtigen eng zusammenhängen und für die Führung des Betriebs wesentlich oder unentbehrlich sind (Fabrikgebäude, Geschäftshäuser, für den Betrieb gebrauchte Maschinen, Büroinventar, Warenvorräte, Warenforderungen, Warenschulden, Patente usw.). Für die Zugehörigkeit von Wertpapieren zum notwendigen Betriebsvermögen gilt entsprechendes.

notwendiges Privatvermögen

Alle Wirtschaftsgüter, die ihrer Natur nach zum privaten Vermögen gehören. Insbesondere zählen hierzu alle, die nur für den persönlichen Gebrauch des Unternehmers oder seiner Angehörigen bestimmt sind oder die nur seinem privaten Lebensbereich zuzurechnen sind.

Novation

Schuldumwandlung in Form der Aufhebung eines Schuldverhältnisses und Begründung eines neuen an dessen Stelle.

Verfahren der Novation wird häufig zur Übertragung nicht wertpapiermäßig verbriefter Kreditverhältnisse, z. B. bei transferable loan certificates am Eurokreditmarkt angewandt.

nugget

Kaum mehr gebräuchliche Bez. f. Gold in Form von Körnern; jetzt allgemein als Granulat bezeichnet.

Nullbogen

Bez. f. Wertpapiermäntel und -bogen, bei denen keine Stücknummern, sondern Nullen eingedruckt sind. Nullbogen dienen als Belege, z. B. für die Zulassungsstelle. → Blankett.

Null-Coupon-Anleihen

→ zero-bonds.

Numismatik

Münzkunde.

numismatische Münzen

Münzen mit Sammlerwert, i. a. nicht mehr gesetzliches Zahlungsmittel. → Goldmünzen als Kapitalanlage.

Nummern

Andere Bez. f. Bezugsrechte.

Nummernaufgabe, -verzeichnis

→ Stückeverzeichnis

Nummern der Wertpapiere

Die Nummer des Stückes ist nur auf der rechten oberen Hälfte des Mantels anzubringen, um zu vermeiden, daß sie beim Falten des Stückes verletzt wird. Auf den Gewinnanteil- und Zinsscheinen ist die Nummer der Wertpapiere möglich auf der rechten Hälfte, jedoch so weit von der Umrandung anzubringen, daß beim Trennen der Scheine eine Beschädigung der Nummer vermieden wird. Der Druck der Nummern auf Mäntel und Bögen ist mit zwangsläufig gesteuerten im freien Handel nicht erhältlichen Spezialnumerierwerken auszuführen.

Nummernfolge, -kreis

Gibt eine AG Aktien über DM 1000, 500 und 100 aus, bleibt es ihr überlassen, ob die Numerierung bei jeder Stückelung mit 1 oder mit einer anderen Zahl beginnt, die jedoch außerhalb des Nummernkreises der anderen Stückelung liegen soll. Bei einer Kapitalerhöhung schließt die Numerierung der neuen Stücke an die alten über denselben Nennbetrag an. Reicht die Nummernreserve nicht aus, springt die Numerierung zu einer höheren Zahl über.

Nummernkonto

Anonymes (Bank-)Konto. Sein Inhaber hat sich der Bank gegenüber nicht ausgewiesen und ist ihr nicht bekannt. In der BR Deutschland – im Gegensatz zur Schweiz, Österreich, Dänemark u. a. – nicht zulässig.

Nummernreserve

→ Nummernfolge, -kreis.

Nummernsparbuch

In Sparbüchern (vor allem der Sparkassen) werden regelmäßig die persönlichen Angaben des Sparers eingetragen (Legitimationsprüfung). Daneben ist es auch zulässig, die Sparbücher lediglich durch fortlaufende Nummern zu kennzeichnen, sofern der Bank Name und Anschrift des Verfügungsberechtigten bekannt und auf dem Kontostammblatt eingetragen sind.

Nummernverzeichnis

Verzeichnis über Depotgeschäftsvorfälle. Entspricht inhaltlich weitgehend dem Stückeverzeichnis, erfüllt aber nicht dessen Funktion der Eigentumsübertragung, sondern dient allein der Dokumentation insbesondere für Zwecke der Depotprüfung. Enthält u. a. die verwahrten Wertpapiere nach Gattung, Nennbetrag, Nummern sowie Kunden.

NV

Abk. f. Naamlose Vennootschap: Aktiengesellschaft in den Niederlanden.

NV-Bescheinigung

Abk. f. Nichtveranlagungsbescheinigung.

NYCE

Abk. f. New York Cotton Exchange.

NYFE

Abk. f. New York Futures Exchange.

NYMEX

Abk. f. New York Mercantile Exchange.

NYSE

Abk. f. New York Stock Exchange. Häufige Bez. auch: Big Board, Wall Street.

NZFOE

Abk. für New Zealand Futures and Options Exchange.

O

o

Auch: off. Abk. f. offre in französischen Kurszetteln; entspricht Brief, Angebot, Briefkurs.

o. B.

Abk. f. ohne Bogen: bei bogenlosen (Namens-)Aktien.

Obergesellschaft

Kapitalgesellschaft mit Sitz im Inland, die in einem Konzern die Konzernunternehmen leitet. Auch: Muttergesellschaft. Die örtliche Zuständigkeit der Prüfungskommission für die Prüfung wegen eines Verstoßes gegen die Insiderhandelsrichtlinien bestimmt sich ggfs. nach den Aktien der Obergesellschaft.

objective

Anlageziel. Auch: goal.

objektives Risiko

Risiko, das sich im Gegensatz zum subjektiven Risiko aus objektiven Wahrscheinlichkeiten ergibt.

objektive Wahrscheinlichkeiten

Wahrscheinlichkeit, die sich aus der statist. Analyse empirisch meßbarer Merkmalsausprägungen ergibt. Objektive Wahrscheinlichkeiten unterliegen somit meßbaren Einflüssen, und zu ihrer Bestimmung bedarf es keiner Schätzung. Typische Beispiele für objektive Wahrscheinlichkeiten sind die Wahrscheinlichkeit des Gewinnes bei Roulettespielen u. ä. Im Rahmen der Gewinnerwartungsanalyse von Kapitalanlagen lassen sich objektive Wahrscheinlichkeiten für praktische Zwecke kaum bestimmen.

Obl.

Abk. f. Obligation.

Obligation (1)

Schuldverhältnis zwischen 2 (oder mehr) Personen, in dem eine Partei Schuldner, die andere Gläubiger ist.

Obligation (2) (Anleihe, Schuldverschreibung)

Wertpapiermäßige Urkunde, die ihrem Inhaber ein Forderungsrecht verbrieft, in dem sich der Aussteller zur Zahlung eines bestimmten Geldbetrags verpflichtet. Als Emittent (Herausgeber) von Obligationen, d. h. festverzinslichen Wertpapieren, treten die öffentliche Hand (Kommunalobligationen, Staats-, öffentliche, Länderanleihen usw.), verschiedene Banken (Bankobligationen, eigene Schuldverschreibungen, Pfandbriefe, Kommunalobligationen), und die Industrie auf (Industrieobligationen), die sich auf diese Weise direkt am Kapitalmarkt Fremdkapital beschaffen. Als Mittler sind i. d. R. Banken eingeschaltet. Der Gesamtbetrag einer Anleihe wird in Teilbeträge unterschiedlicher Nennwerte gestückelt, z. B. DM 10000, 1000, 500, 100. Der Erwerber erhält jährlich einen gleichen Zinsbetrag. Der Zinssatz wird bei Ausgabe der Papiere festgelegt. Rückzahlung erfolgt planmäßig in Teilbeträgen oder zu einem Gesamtfälligkeitstermin. Bei Ausgabe der Obligationen wird festgelegt und bekanntgemacht, nach wieviel Jahren die Tilgung beginnt und wie lange es dauert, bis die eingegangene Schuld vollständig getilgt ist. Obligationen sind i .d. R. Inhaberpapiere.

Obligationär

Besitzer (Inhaber) von Schuldverschreibungen (Obligationen).

Obligationenanleihe

In sich geschlossene Emission von Obligationen. Bei Jahresangaben: Die 1. Jahreszahl bezeichnet das Ausgabejahr, die 2. das Jahr der Endfälligkeit.

Obligationenrendite

→ Effektivverzinsung → Rendite.

Obligationenring

In der Schweiz Börsenring, an dem Obligationen gehandelt werden.

Obligationenverzinsung (-zinsen)

Zins auf Anleihen bzw. Schuldverschreibungen. Die Effektivverzinsung von Obligationen ergibt sich aus dem Zinsfuß einer Zahlungsreihe, an deren Anfang der Kaufpreis steht und an deren Ende nach den Zinszahlungen für die einzelnen Perioden der Rückzahlungskurs steht. Die Effektivverzinsung von Obligationen wird als repräsentativer Kapitalmarktzins angesehen. I. d. R. ergeben sich zwischen der effektiven Verzinsung umlaufender Obligationen und dem Emissionszins für Papiere mit gleicher Laufzeit nur sehr geringe Unterschiede. Im Gegensatz zum Rückzahlungsgewinn oder zu sonstigen Kursgewinnen unterliegt die Verzinsung von Obligationen regelmäßig den Ertragsteuern.

o. D.

Abk. f. ohne Dividendenschein (Coupon).

o. Db.

Abk. f. ohne Dividendenscheinbogen (Couponbogen).

odd lot

In USA Börsenaufträge i. d. R. über 1 bis 99 shares bzw. über eine nicht durch 100 teilbare Anzahl von Aktien an US-Börsen. Sie werden im Vergleich zum round lot beim Kauf mit einem Aufschlag und beim Verkauf mit einem Abschlag von jeweils ⅛ bis ¼ Punkt abgerechnet.

odd lot dealer

Spezialisierte Mitglieder der New Yorker Börse, die odd lots handeln. Ihr Verdienst ergibt sich aus der Spanne, die sie aus dem Kauf von odd lots zum Börsenkurs minus Kursabschlag und deren Wiederverkauf als round lot zum normalen Börsenkurs erzielen. Am Euromarkt ein Händler, der bereit und in der Lage ist, auch in geringeren als den an diesem Markt allgemein üblichen Größenordnungen Geschäfte abzuschließen oder zu vermitteln.

odd lot Index

Aktienindex, der speziell für Geschäfte in odd lots ermittelt wird.

Oder-Depot

Gemeinschaftsdepot; Depot mehrerer Personen bei einer Bank, über das jeder (Mit-)Depotinhaber einzeln verfügen kann.

OECD

Abk. f. Organization for Economic Cooperation and Development. → Organisation für wirtschaftliche Zusammenarbeit und Entwicklung in Europa.

OECD-Ausschuß für Finanzmärkte

Auch: Kapitalmarktausschuß. Ziele und Aufgaben: (1) ständige Beobachtung und Analyse der Entwicklung an inländischen und internationalen Geld- und Kapitalmärkten und der auf sie einwirkenden offiziellen Maßnahmen; (2) Untersuchung besonderer Aspekte der Funktionsweise finanzieller Institutionen und Märkte und der rechtlichen Rahmenbedingungen mit dem Ziel eines Vergleichs der nationalen Maßnahmen und der Vorbereitung von Entscheidungen und Empfehlungen des Rates; (3) Untersuchung der Verbindungen zwischen nationalen Kapitalmärkten und internationalen Kapitalbewegungen mit dem Ziel, den Zugang zu Kapitalmärkten zu erleichtern und Barrieren für internationale Kapitalbewegungen abzubauen; (4) Analyse der institutionellen und rechtlichen Rahmenbedingungen, der Funktionsweise der internationalen Geld- und Kapitalmärkte sowie der Devisenmärkte; (5) Entwicklung und Verbesserung finanzieller Statistiken zur Erfassung der Finanzierungsströme an inländischen und internationalen Märkten. Zur ständigen Beobachtung der Märkte dienen u. a. Treffen mit Vertretern privater Banken, die im internationalen Kreditgeschäft führend sind. Fünfmal pro Jahr erscheinen die „Financial Market Trends". Wegen des Anstiegs grenzüberschreitender Wertpapiertransaktionen hat sich der Ausschuß mehrfach mit der Harmonisierung ordnungspolitischer Regelungen beschäftigt. Auch erstellte er Standardregeln für die Tätigkeit von Investmentfonds, vor allem bei Anlagen in gebietsfremden Fonds. Weiter wurde ein Bericht über Mindestanforderungen bei öffentlichen Wertpapieremissionen erstellt und empfohlen, daß der Wertpapierkäufer höchstmöglichen Schutz genießen und die letzte Verantwortlichkeit auf diesem Gebiet bei den nationalen Stellen liegen solle. Es wurden „OECD Minimum Disclosure Rules Applicable to All Publicly Offered Securities" erarbeitet; diese beziehen sich auf die Information über den Wertpapieremittenten, den -prospekt und auf die Einhaltung von Mindestvorschriften.

OECD Minimum Disclosure Rules Applicable to All Publicly Offered Securities

Mindestanforderungskatalog für Emissionen von Wertpapieren, den OECD-Ländern empfohlen.

öffentliche Anleihen (Schuldverschreibungen)

Sammelbez. f. Anleihen des Bundes und seiner Sondervermögen (ERP-Sondervermögen, Fonds Deutsche Einheit, Treuhandanstalt, Ausgleichsfonds Währungsumstellung, Staatsbank Berlin, Bundesbahn, Bundespost, Deutsche Ausgleichsbank, Kreditanstalt für Wiederaufbau), der Bundesländer, der Kommunen und Kommunalverbände. Sie werden nicht dinglich besichert, sondern für sie haften Steuerkraft und Vermögen der betreffenden Gebietskörperschaften. Oft werden zusätzlich auch selbstschuldnerische Bürgschaften oder Garantien einer übergeordneten Gebietskörperschaft gewährt. Nach der Schuldenordnung kann die BR Deutschland sich Geldmittel im Wege des

Kredits gemäß Art. 115 GG durch Emission von Schuldverschreibungen und Schatzanweisungen, Eingehung von Wechselverbindlichkeiten oder durch Aufnahme von Schuldscheindarlehen beschaffen. Für die Ausstellung aller Schuldurkunden und deren Bedienung ist die Bundesschuldenverwaltung zuständig. Bei Begebung einer Anleihe bedient sich der Bund des von der Bundesbank geführten Bundesanleihekonsortiums, dem rd. 80 Banken angehören. Die Schulden des Bundes und der Länder können sowohl Brief- als auch Buchschulden sein: Briefschulden sind in Urkunden verbriefte Forderungsrechte, während Buchschulden im Bundes- oder Landesschuldbuch eingetragen werden; für Buchschulden werden keine Schuldurkunden ausgestellt, sondern die Forderungen gegen den Bund oder gegen das betreffende Bundesland werden durch Eintragung im Schuldbuch nachgewiesen. Den Anleihen des Bundes und der Länder entsprechen auf der Ebene der Städte und Gemeinden die Kommunalanleihen. Hierbei (Kreis- oder Stadtanleihen) haftet der Kreis oder die Stadt mit ihrem Vermögen und ihrer Steuerkraft. Die Mittel aus den Kommunalanleihen dienen gemeinnützigen und produktiven Zwecken. Öffentliche Anleihen sind ohne Prospekt zum Börsenhandel zugelassen.

Öffentliche (öffentlich-rechtliche) Banken

Bez. f. vom Staat oder öffentlichen Körperschaften errichtete und betriebene Banken. Sie werden i. d. R. als Anstalten oder Körperschaften des öffentlichen Rechts betrieben, aber auch z. T. als AG oder GmbH. Den bedeutendsten Teilbereich des öffentlich-rechtlichen Bankensektors bildet in der BR Deutschland die Sparkassenorganisation (Sparkassen, Landesbanken-Girozentralen, Deutsche Girozentrale). Daneben existieren zahlreiche öffentlich-rechtliche Spezialkreditinstitute, insbesondere Realkreditinstitute. Sie sind häufig Emittenten langfristiger Wertpapiere.

öffentliche Betriebe (Unternehmen)

Bez. f. vom Staat oder öffentlichen Körperschaften errichtete und betriebene Unternehmen. Die Errichtung konzentriert sich insbesondere auf solche Bereiche, in denen private Unternehmen nicht ertragbringend tätig werden können oder in denen eine Versorgung der Bevölkerung mit den entsprechenden Leistungen sichergestellt werden soll. Öffentliche Betriebe werden oft in der Rechtsform der Anstalt oder der Körperschaft öffentlichen Rechts geführt, aber auch z. T. als AG oder als GmbH, deren Anteile sich überwiegend oder ganz in Händen des Staates o. a. öffentlichen Körperschaften befinden. Bundesbahn und Bundespost treten als selbständige Emittenten von Inhaberschuldverschreibungen am Kapitalmarkt auf.

öffentlicher Glaube

Schutz desjenigen, der auf die Richtigkeit bestimmter öffentlicher Bücher (z. B. Register wie das Grundbuch) oder Urkunden (z. B. Erbschein) vertraut. Für den, der die Unrichtigkeit nicht kennt, gelten Eintragungen als richtig, auch wenn ihr Inhalt tatsächlich falsch ist.

öffentlicher Glaube des Grundbuchs

Vermutung hinsichtlich des Grundbuchs, daß eingetragene Rechte bestehen und gelöschte Rechte nicht mehr bestehen. Damit gilt der Inhalt des Grundbuchs im rechtsgeschäftlichen Verkehr als richtig und vollständig und ermöglicht weitgehend gutgläubigen Erwerb.

öffentlicher Vertrieb

Allgemein: Verkauf von Wertpapieren an das allgemeine Publikum. Ist bei ausländischen Investmentanteilen nur unter den Voraussetzungen des Auslandsinvestmentgesetzes zulässig.

öffentliche Zeichnung

Übliches Verfahren der Zeichnung, durch das im Rahmen der Subskription die Emission an das breite Publikum veräußert wird. Voraussetzungen sind Bekanntheit des Papiers, gute Vertriebsorganisation und effiziente Werbung.

öffentlich-rechtliche Grund- und Kommunalkreditanstalten

Juristische Personen öffentlichen Rechts, die gegen Eintragung grundbuchlich gesicherter Rechte Dauerkredite bewilligen und aufgrund der grundbuchlichen Sicherheiten Schuldverschreibungen ausgeben.

ökonomisches Prinzip

Streben, mit einer gegebenen Menge von Produktionsfaktoren den größtmöglichen Gütterertrag zu erwirtschaften bzw. für einen gegebenen Gütertrag die geringstmögliche Menge an Produktionsfaktoren einzusetzen. Wird dem homo oeconomicus als Handlungsprinzip unterstellt. → Wirtschaftlichkeitsprinzip.

Ölterminbörse, -handel

Termingeschäfte in Öl (Petroleum), die an einigen großen internationalen Warenbörsen zu finden sind.

Österreichische Kontrollbank AG, Wien

Institut, dem insbesondere die Funktionen einer Wertpapiersammelbank obliegen.

Österreichische Termin- und Optionenbörse (ÖTOB)

Österreichische Finanzterminkontrakt-Börse mit Sitz in Wien. Gegründet von österreichischen Banken; als Computerbörse auf Basis des market-maker-Prinzips konzipiert. Das technische Handelssystem betreibt die ÖTOB Clearing Bank AG. Darüber hinaus wirkt sie als clearing house. Das Stammkapital i. H. v. 50 Mio. Schilling halten 41 Banken und ein Makler. Gehandelt werden Optionskontrakte auf fünf österreichische Aktien sowie Optionen und futures auf den Fließhandelsindex ATX. Offizielle Handelszeit: 9.00–14.00 Uhr. Adresse: Strauchgasse 1–3, A-1014 Wien, Tel.: 0043-1-53165-0, Telefax: 0043-1-5329740.

Österreichische Vereinigung für Finanzanalyse und Anlageberatung

Die Österreichische Vereinigung für Finanzanalyse und Anlageberatung (ÖVFA) hat gemäß ihren Statuten Methoden zur Berechnung von Kennzahlen entwickelt, die eine möglichst objektive Beurteilung von Unternehmen und deren Beteiligungswerten erlauben. Eine der wichtigsten Kennzahlen ist die Gewinnschätzung, die basierend auf veröffentlichten Unternehmenskennzahlen nach einheitlichen Berechnungsmethoden versucht, Gestaltungsfreiräume, die den Unternehmen bei der Erstellung ihrer Rechnungsabschlüsse offenstehen, auf einen gemeinsamen Nenner zu bringen. Damit soll die Vergleichbarkeit von Unternehmensgewinnen erreicht werden.

ÖTOB

Abk. f. → Österreichische Termin- und Optionenbörse.

ÖVFA

Abk. f. Österreichische Vereinigung für Finanzanalyse und Anlageberatung.

OEX

Abk. f. an der Chicago Board Options Exchange (CBOE) gehandelte Optionen auf den Aktienindex Standard & Poor's 100. Bei Einführung weltweit erste Aktienindex-Option überhaupt, seither weltweit umsatzstärkste Option dieser Art.

off

→ o.

off-balance-(sheet-)Geschäfte

Bilanzunwirksame Geschäfte. Besondere Bedeutung haben diese Geschäfte im Rahmen des seit 1980 international zu beobachtenden Trends der Verbriefung von Kredit- und Einlagenpositionen erlangt. Die Substitution von Bankkrediten durch handelbare Wertpapiere, häufig von Banken ergänzt um back-up-Linien, also Kreditzusagen, falls die zu emittierenden Wertpapiere am Markt nicht plaziert werden können, bewirkt für Geld bzw. Kapital nachfragende Unternehmen eine Erhöhung der Flexibilität sowie Verringerung der Finanzierungskosten.

Offenbarungseid

Im Rahmen der Zwangsvollstreckung vom Schuldner abgegebene eidesstattliche Versicherung, daß ein von ihm vorgelegtes Vermögensverzeichnis vollständig und richtig ist.

offene Fonds

→ open-end fund. Gegensatz: geschlossene Fonds.

offene Handelsgesellschaft (OHG)

Im Handelsregister eingetragene Personengesellschaft. Ihr Unternehmenszweck ist auf den Betrieb eines Handelsgewerbes ausgerichtet. Die Gesellschafter haften gegenüber den Gesellschaftsgläubigern unmittelbar, solidarisch und unbeschränkt, d. h. auch mit ihrem Privatvermögen. Die Einlagen der Gesellschafter – das Eigenkapital der OHG – werden aus dem Jahresgewinn mit 4% verzinst; der weitere Gewinn – oder ein Verlust – wird gleichmäßig auf die Gesellschafter verteilt; abweichende Regelungen im Gesellschaftsvertrag sind zulässig. Auflösung der Gesellschaft: durch Beschluß der Gesellschafter, Konkurs oder Tod bzw. Kündigung eines Gesellschafters. In den beiden letzten Fällen kann der Gesellschaftsvertrag auch vorsehen, daß die OHG unter den weiteren Gesellschaftern fortbesteht bzw. der Gesellschaftsanteil auf die Erben übergehen soll, die dann die Stellung von Kommanditisten einnehmen.

offene Immobilienfonds

Arbeiten nach dem open-end-Prinzip. Das KAGG gilt auch für Grundstückssondervermögen bei offenen Fonds, d. h., es werden Gesellschaften, die Grundstücksondervermögen nach dem Grundsatz der Risikomischung bilden und nach dem open-end-Prinzip arbeiten, zu KAG erklärt und, soweit sich nicht Besonderheiten aus der Anlage in Grundstücken ergeben, den Vorschriften des KAGG für Wertpapier-KAG unterworfen. Rechtsformen: AG oder GmbH. Gelten als Kreditinstitute. Das Kapital der Anleger bildet ein von dem Kapital der Verwaltungsgesellschaft unabhängiges Gemeinschaftsvermögen. Gegenstand der offenen Fonds sind Erwerb und Verwaltung, in begrenztem Maße auch Bebauung von Grundstücken. In Frage kommen vor allem Miet- und Geschäftshäuser, die regelmäßige Mieteinnahmen erwarten lassen (Rentenhäuser). Die Zahl der geographisch gestreuten Grundstücke ist nicht begrenzt. Die Fonds nehmen die üblichen handelsrechtlichen Abschreibungen vor und schütten den nach Abzug aller übrigen Kosten verbleibenden Überschuß aus, während Abschreibungen gleichzeitig reinvestiert werden. Dadurch erfahren die Zertifikate Wertzuwachs. Die Fungibilität der Anteile eines offenen Fonds ist dadurch gegeben, daß die Möglichkeit besteht, bei jeder Bank die Zertifikate formlos zu erwerben und wieder zu veräußern. Die Fonds haben insoweit eine Rückkaufverpflichtung übernommen, für die sie verpflichtet sind, eine Liquiditätsreserve zu halten. Weiter wird das Fondsvermögen mindestens einmal pro Jahr durch ein unabhängiges Expertenkomitee nach objektiven Maßstäben bewertet und mittels Division durch die in Umlauf befindlichen Anteile der Rückkaufpreis errechnet. Die Sicherheit der offenen Immobilienfonds wird durch die Seriosität der Gründungs- und Treuhandbanken gewährleistet. Bedingt durch die Konstruktion des offenen Fonds sind mehrfache gesetzlich vorgeschriebene Kontrollen durchzuführen.

offene Immobilienfonds, steuerlich

Anteile an offenen Immobilienfonds werden steuerlich wie andere Investmentanteile behandelt. Die Erträge der Anteile gehören deshalb zu den Einkünften aus Kapitalvermögen. Steuerfrei bleiben die ausgeschütteten Erträge insoweit, als es sich um Gewinne aus Veräußerung von Grundstücken handelt, sofern der Zeitraum zwischen Anschaffung und Veräußerung mehr als 2 Jahre beträgt. Seit 1993 unterliegen die vom Fonds erwirtschafteten Mieten dem Zinsabschlag i. H. v. 30% bzw. 35%. Kein Zinsabschlag wird bei Erträgen aus Anteilscheinen an ausländischen offenen Immobilienfonds bei Verwahrung in ausländischen Depots erhoben. Die Immobilieninvestmentgesellschaft veröffentlicht jährlich die Höhe der steuerpflichtigen und steuerfreien Teile der Ausschüttungen und den Betrag einer etwa anzurechnenden ausländischen Steuer.

offene Immobilienfonds, vermögensteuerlich

Bemessungsgrundlage für die Behandlung der Anteile an offenen Immobilienfonds bei der Vermögen-, Erbschaft- und Schenkungsteuer bildet der festgestellte Rücknahmepreis.

offene Investmentfonds

Eine neben den geschlossenen Fonds übliche überwiegende Konstruktionsform von Investmentgesellschaften. Die offenen Investmentfonds sind dadurch charakterisiert, daß die Zahl der Teilhaber unbegrenzt ist, so daß die Gesellschaft beliebig viele neue Investmentsparer aufnehmen und an dem von ihr verwalteten Wertpapiervermögen beteiligen kann. Weiter verpflichtet sich die Gesellschaft den Sparern gegenüber, ihre Anteile zum jeweiligen Wert jederzeit wieder zurückzunehmen. Für den Investmentsparer besteht dadurch die jederzeitige Realisierungsmöglichkeit seiner Vermögensanlage (open-end-Prinzip).

offene Position (1)

Saldo, der sich bei Gegenüberstellung von Aktiva und Passiva einer Währungsposition (Einzel- oder Gesamtposition) ergibt. Sind die Aktiva größer als die Passiva, nennt man die Position aktiv oder Plusposition, umgekehrt passiv oder Minusposition. Offene Positionen unterliegen dem Wechselkursrisiko. Für den Kapitalanleger ergeben sich Wechselkursrisiken aus offenen Positionen bei ungesicherter Anlage in auf ausländische Währung lautenden Werten. Zur Begrenzung der Wechselkursrisiken ist der Umfang der offenen Währungspositionen bei Banken gesetzlich restringiert. Gegensatz: geschlossene Position.

offene Position (2)

Saldo, der sich bei laufzeitinkongruent strukturiertem Aktiv- und Passivgeschäft im Hinblick auf das Zinsänderungsrisiko ergibt. Unterschiedliche Zinsbindungsfristen im Aktiv- und Passivgeschäft bergen die Gefahr von Ertragseinbußen bei Veränderung der Marktzinsen, sofern Aktiv- und Passivpositionen divergierende Zinsreagibilitäten aufweisen. So kann eine Erhöhung der Zinsen im Passivgeschäft zu Ertragseinbußen führen, wenn die Zinserlöse im Aktivgeschäft aufgrund längerer Zinsbindungsfristen nicht gleichzeitig angehoben werden können.

offene Position (3)

Bei Options- und Termingeschäften in Währungen, Wertpapieren und Waren die Einnahme einer short-Position (Kauf einer Verkaufoption, Verkauf eines Terminkontrakts), sofern der die Position Eingehende über das zu liefernde Basisobjekt nicht oder noch nicht verfügt. Bei futures auch die Einnahme einer long-Position, sofern der Terminhandelnde durch das futures-Geschäft keine zukünftig zu begründende Kassaposition sichert.

offener Arrest

Verfügung des Konkursgerichtes an alle Personen, die zur Konkursmasse gehörende Sachen in Besitz haben oder ihr etwas schulden. Beinhaltet die Verpflichtung, dem Konkursverwalter in bestimmter Frist Anzeige über den Besitz der Sachen usw. zu machen.

offene Reserven

→ offene Rücklagen.

offener Markt

Markt, auf dem ohne Zugangsbeschränkungen Marktteilnehmer auftreten können. Bei Finanzmärkten selten. Gegensatz: geschlossener Markt.

offene Rücklagen

In den Bilanzen von Kapitalgesellschaften ausgewiesene Rücklagen. Offene Rücklagen entstehen entweder durch die Zurückbehaltung von Gewinnen (Gewinnthesaurierung, Gewinnrücklagen) oder durch Zuführung von Eigenkapital über das Haftungskapital hinaus, insbesondere bei besonderen Finanzierungsvorgängen, z. B. Agio-Beträge bei der Aktienemission, Zuzahlungen bei Sanierungen (Kapitalrücklage). Bestandteile der Gewinnrücklagen sind die gesetzliche Rücklage, die anderen Rücklagen sowie die statutarischen Rücklagen (satzungsgemäß zu bildende Rücklagen, für die allerdings in aller Regel keine besondere Position gebildet wird, sondern die in den gesetzlichen bzw. in den anderen Rücklagen enthalten sind) sowie die Rücklage für eigene Anteile. Die offenen Rücklagen sind ausgewiesene Bestandteile des Eigenkapitals. Insofern geben sie auch dem Kapitalanleger Aufschluß über die Finanzierungsstruktur.

offene Rücklagen der AG

Ergeben sich aus der Jahresbilanz einer AG. Als offene Rücklagen sind bei der AG auszuweisen: (1) Gewinnrücklagen, (2) Kapitalrücklagen (freie Rücklagen).

offenes Depot

Enthält Wertpapiere, die dem Verwahrer unverschlossen zur Verwahrung anvertraut worden sind (Regelfall der Verwahrung nach DepG). Gegensatz: verschlossenes Depot.

offene Selbstfinanzierung

Teil der Selbstfinanzierung, der vorliegt, wenn bei Einzelunternehmen oder Personengesellschaften der ausgewiesene Jahresüberschuß den Kapitalkonten gutgeschrieben wird, bzw. wenn bei Kapitalgesellschaften der Jahresüberschuß ganz oder teilweise den Gewinnrücklagen zugeführt wird. Diese Form der Selbstfinanzierung wird als offen bezeichnet, weil sie im Gegensatz zur stillen Selbstfinanzierung in der Bilanz ausgewiesen und daher für externe Bilanzleser erkennbar ist. AG sind aufgrund gesetzlicher Bestimmungen zur offenen Selbstfinanzierung in gewissem Umfang verpflichtet.

offenes Konto

→ open account.

Offenmarktgeschäfte

Kauf und Verkauf von Wertpapieren am offenen Markt, – d. h. an allen in Frage kommenden Teilnehmern zugängigen allgemeinen Geld- oder Kapitalmärkten bzw. an der Börse, meist durch die Zentralnotenbank.

Offenmarktgeschäfte am Geldmarkt

Betreibt die Bundesbank u. a., um den Banken verzinsliche Anlagemöglichkeiten für Liquiditätsüberschüsse zu bieten, die neutralisiert werden sollen. Diese Offenmarktgeschäfte werden in Liquiditätspapieren getätigt. Ferner bezieht die Bundesbank seit 1971 auch Nichtbanken in Offenmarktoperationen mit Geldmarktpapieren ein, und zwar in Form von Bundesbank-Schätzen (standardisierte, nicht vor Fälligkeit rückgebbare U-Schätze). In den letzten Jahren wendet die Bundesbank zur Feinsteuerung der Bankenliquidität neue Methoden der Offenmarktpolitik an: Offenmarktgeschäfte mit Rückkaufsvereinbarung über lombardfähige festverzinsliche Wertpapiere (Pensionsgeschäfte) wie auch über inländische Wechsel (Offenmarktgeschäfte auf Zeit). Sie stellen den Banken für befristete Zeit Zentralnotenbankguthaben zur Verfügung, sind kurzfristig reversibel und liegen in der Initiative der Bundesbank, wobei die Konditionen – Laufzeit, Zinssatzgestaltung, Gesamtbetrag – nach der Liquiditätslage variiert werden. Angewandt werden die Ausschreibungsverfahren: Mengentender (mit vorgegebenem Zinssatz) und Zinstender (mit Festlegung eines Mindestgebotssatzes).

Offenmarktgeschäfte am Kapitalmarkt

Offenmarktgeschäfte in langfristigen Wertpapieren betreibt die Bundesbank als Käufe und Verkäufe von öffentlichen Anleihen. Dabei hat sie bisher bei solchen Interventionen strenge Maßstäbe angelegt, weil bei einem stärkeren Engagement am Rentenmarkt der Eindruck entstehen könnte, die jeweilige Zinsentwicklung sei vor allem das Ergebnis geldpolitischer Maßnahmen und insofern von der Bundesbank zu verantworten, und zudem, daß die Bundesbank unzulässig hohe Staatskreditgewährung betreibe.

Offenmarktgeschäfte auf Zeit

→ Pensionsgeschäfte der Deutschen Bundesbank.

Offenmarktgeschäfte mit Rückkaufsvereinbarung

→ Pensionsgeschäfte.

Offenmarktpolitik

Währungspolitisches Steuerungsmittel der Zentralnotenbank. Sie beruht auf deren Befugnis, Wertpapiere am offenen Markt anzukaufen oder zu verkaufen, um die Entwicklung am Geld- und/oder Kapitalmarkt zu beeinflussen. Offenmarktgeschäfte können mit Wertpapieren durchgeführt werden, die teils dem Geldmarkt, teils dem Kapitalmarkt zuzuordnen sind.

offensive Anlagepolitik

Bez. f. eine risikofreudige Anlagepolitik. Kennzeichen einer offensiven Anlagepolitik ist Anlage in solchen Wertpapieren oder anderen Formen der Kapitalanlage, die ein hohes Gewinnschwankungsrisiko aufweisen. Dementsprechend bietet eine offensive Anlagepolitik einerseits die Chance hoher Gewinne, andererseits birgt sie allerdings auch hohe Verlustgefahren. Gegensatz: defensive Anlagepolitik.

offering price

Ausgabepreis. Auch: asked price.

offering prospectus

Emissionsprospekt. → Prospekt.

Offerte

Angebot des Verkäufers in Form einer empfangsbedürftigen, einseitigen Willenserklärung mit wesentlichen Einzelheiten des angebotenen Vertrags. Wird im Börsenhandel mündlich abgegeben und kann nur sofort angenommen werden. Richtet sich nicht wie der zeitlich befristete Auftrag nur an einen Makler, sondern an alle im Börsensaal am Handel teilnehmenden Personen.

offizieller Markt

→ amtlicher Handel, amtlicher Börsenverkehr.

offizielles Kursblatt

→ Kursblatt → amtliches Kursblatt.

offizielle Termingeschäfte

Die Zulassung von Wertpapieren zum Börsenterminhandel erfolgt durch den Börsenvorstand. Ein Terminhandel in Terminhandelswerten nach den für den Handel geltenden Geschäftsbedingungen der Börse führt zu offiziellen Termingeschäften. Für diese können die Börseneinrichtungen benutzt werden. Offizielle Termingeschäfte zwischen Parteien, die beide die Termingeschäftsfähigkeit besitzen, sind rechtsverbindlich. Das gleiche gilt für Geschäfte, bei denen zwar nur eine Partei termingeschäftsfähig ist, bei denen sich aber diese Partei von ihrem Vertragspartner eine Sicherheitsbestellung hat einräumen lassen. Privatpersonen (Nichtkaufleute) werden termingeschäftsfähig kraft Information, d. h., sie müssen schriftlich über die typischerweise mit Börsentermingeschäften verbundenen Risiken informiert werden. Offizielle Termingeschäfte sind in der BR Deutschland Optionsgeschäfte und futures-Geschäfte.

offset

Auch: closing out. Glattstellen einer futures- oder Optionsposition.

offshore fund

Investmentfonds, die aus steuerlichen Gründen oder um nicht den üblichen Aufsichtsbestimmungen zu unterliegen sich für ihren juristischen Sitz besonders geeignete Länder ausgesucht haben. Als solche gelten Bahamas, Bermudas, Antillen, Panama, Luxemburg u. a. m. Solche unterwerfen Ausländer keinen Devisenrestriktionen und weisen keine Abzugsteuern auf, bieten oft noch andere Steuervorteile und/oder haben nur lockere Aufsichtsvorschriften.

offshore-Geschäft

Spezifische Form des internationalen Bankgeschäfts, das von offshore-Banken an den offshore-Zentren betrieben wird. Das offshore-Geschäft wird getrennt vom inländischen Geld- und Kreditmarkt des Platzes abgewickelt, an dem die offshore-Banken domizilieren. Demnach können nur solche Aktiva und Passiva der offshore-Banken dem offshore-Geschäft zugerechnet werden, die Forderungen und Verbindlichkeiten gegenüber Nicht-Inländern (aus Perspektive des offshore-Platzes) beinhalten. Da die offshore-Geschäfte somit den inländischen Geld- und Kapitalmarkt nicht beeinflussen, werden sie von nationalen, insbesondere notenbankpolitischen Restriktionen nicht betroffen. Wegen der typischen Fristeninkongruenz des offshore-Geschäfts (kurz- bis mittelfristige Refinanzierung für langfristige Kredite) hat sich der roll-over-Kredit als spezifische Kreditform entwickelt, bei dem eine periodische Zinsanpassung an das aktuelle Zinsniveau erfolgt und somit das Zinsänderungsrisiko auf den Kreditnehmer abgewälzt wird. Gegensatz: on-shore-Geschäft.

offshore-Zentren

Zentren des internationalen Bankgeschäfts, an denen besonders günstige Rahmenbedingungen für offshore-Geschäfte bestehen. Charakteristisch für offshore-Zentren ist das Fehlen zentralbanklicher Reglementierungen (insbesondere Mindestreserve, aber auch Kapitalverkehrskontrollen) für offshore-Geschäfte, liberale Bankenaufsicht sowie günstige steuerliche Rahmenbedingungen (insbesondere fehlende Quellensteuern). Zu den etablierten offshore-Zentren wie London, Luxemburg, Bahamas, Hongkong, Singapur, Cayman-Inseln, Bahrein sowie einigen Kanalinseln haben in der jüngeren Vergangenheit wegen des steigenden Volumens der offshore-Geschäfte weltweit neue Plätze versucht, sich als offshore-Zentren zu etablieren (z. B. Nauru, Neue Hebriden, Manila, Caracas). Seit 1981 bestehen auch in New York besondere Rahmenbedingungen für offshore-Geschäfte (international banking facilities), so daß auch dieser Finanzplatz z. T. als offshore-Zentrum bezeichnet werden kann. 1982 wurden derartige international banking facilities auch in Tokio eingeführt. Bestimmte off-shore-Transaktionen sind neuerdings auch in den Niederlanden möglich. Neben dem sehr weitgehend für den DM-Bereich präferierten Luxemburg gewinnen für deutsche Anleger die europäischen offshore-Zentren an Bedeutung, die nicht den EU-Regeln unterliegen, aber sowohl räumlich nahe liegen als auch europäischen Usancen folgen. Es sind dies insbesondere die Kanalinseln Jersey und Guernsey, daneben die Isle of Man sowie das Irish Financial and Services Center (IFSC) in Dublin, dem eine bis 2005 befristete Ausnahmestellung hinsichtlich der EU-Regeln zugestanden wurde.

OGAW

Abk. f. Organismen für gemeinsame Anlagen in Wertpapieren. Begriff der Europäischen Union für Wertpapier-Fonds.

OGAW-Fonds

Investmentfonds, die als Dachfonds ausschließlich in andere, der EG-Harmonisierung unterliegende Investmentfonds investieren.

OGAW-Richtlinie

Kurzbez. f. Richtlinie 85/611/EWG des Rates vom 20. 12. 1985 zur Koordinierung der Rechts- und Verwaltungsvorschriften betreffend bestimmte Organismen für gemeinsame Anlagen in Wertpapieren. Wurde in Deutschland durch das Erste Finanzmarktförderungsgesetz in nationales Recht umgesetzt. Andere Bez.: Investmentrichtlinie.

OHG, oHG

Abk. f. offene Handelsgesellschaft.

ohne Kupon

Fehlt bei der Lieferung verkaufter Wertpapiere ein mitzuliefernder fälliger Zins- oder Dividendenschein, hat der Verkäufer dem Erwerber den Wert des fehlenden Scheins zu vergüten.

ohne mich

Erklärung eines Börsenhändlers, der Kauf- bzw. Verkaufsabsichten aufgibt, die er dem Makler des betreffenden Wertpapiers vor dem Kursausruf mitgeteilt hat. Ruft ein Makler für ein Papier steigende Kurse aus, um Verkäufer anzuregen, erklärt der Händler, sobald der Kurs erreicht ist, den der Händler nicht zahlen will, „ohne mich“.

ohne Notiz

→ gestrichener Kurs → Kursstreichung.

ohne Obligo

Abk.: o. O.; ohne Verbindlichkeit. Bei Erteilung von Auskünften Ablehnung der Haftung.

oHV

Abk. f. ordentliche Hauptversammlung.

Ombudsmann

Beim Bundesverband Deutscher Banken (BDB) in Köln angesiedelter Schlichter für Streitigkeiten zwischen Kunden und ihren privaten Banken. Er kann Kundenbeschwerden mit einem Streitwert bis zu DM 10000 außergerichtlich, aber für die betroffene Bank verbindlich, klären. Der Kunde kann nach der Schlichtung noch den Rechtsweg beschreiten. Die Kosten der Schiedsverfahren trägt der Bundesverband. Beschwerden werden beim BDB eingereicht und nach einer Prüfung an den Ombudsmann weitergeleitet.

OM Gruppen AB

Muttergesellschaft der Terminbörsen OM Stockholm und OM London, die zu der Börsen- und clearing-Division gehören. Weitere Divisionen dieser Gruppe sind Finanzen, OM Systems International sowie internationaler Verkauf. Adresse: Brunkebergstorg 2, Box 16305, S-10326 Stockholm, Tel.: 0046-8-7000600, Telefax: 0046-8-7231092.

OM London Ltd.

Computerisierte Terminbörse in Großbritannien, die zu OM Gruppen AB gehört; 1989 gegründet. Gehandelt werden futures und Optionen auf den schwedischen OMX-Aktienindex sowie auf 18 verschiedene schwedische Aktien. Der Handel an der OM London und an der OM Stockholm ist vernetzt, wodurch die Liquidität der gehandelten Terminkontrakte erhöht ist. Adresse: Milestone House 6th Floor, 107 Cannon Street, London EC 4, Tel.: 004-71-2830678. Telefax: 004-71-2830504.

OM Stockholm AB

Schwedische Terminbörse; vollcomputerisiert; 1985 gegründet. Gehandelt werden Optionen und futures auf Aktien und auf den schwedischen OMX-Aktienindex sowie Zinsoptionen auf 5jährige Staatsanleihen. Darüber hinaus bietet die OM Stockholm einen clearing-Service für den Interbankenhandel von futures auf Staatsanleihen, T-bills und Hypothekenpfandbriefe an. Seit 1991 können standardisierte Effektenlombardkontrakte über die Terminbörse abgewickelt werden. OM Stockholm ist eine Tochtergesellschaft der OM Gruppen AB, zu der auch die OM London gehört. Adresse: → OM Gruppen AB.

OMX-Aktienindex

Schwedischer Aktienindex, der die 30 meistgehandelten Aktien der Stockholmer Börse umfaßt.

on-balance-volume

Größe aus dem Bereich der technischen Aktienanalyse, von J. Granville entwikkelt. Dabei werden Umsätze dann kumulativ addiert, wenn der Schlußstand eines Index über dem Vortagesniveau liegt. Bei per saldo gefallenen Kursen muß der Umsatz vom kumulierten Volumen abgezogen werden.

one-off hedge (hedging)

Im Zinstermingeschäft Einsatz von Terminkontrakten mit nur einer, auf die letzte Fälligkeit zugeschnittenen Kassaposition.

onshore-Geschäft

Im Gegensatz zu offshore-Geschäften die Tätigkeiten im nationalen und internationalen Bankgeschäft, die den nationalen Reglementierungen usw. unterliegen.

o. O.

Abk. f. ohne Obligo.

Opal

Abk. f. Optimised Portfolios as Listed Securities.

open-end companies

→ open-end fund.

open-end fund

Offener (Investment-) Fonds, d. h. Fonds mit laufender Ausgabe und Rücknahme von Anteilen. Wesentliches Merkmal ist die gesetzliche bzw. satzungsmäßige Verpflichtung jederzeitiger Rücknahme der Anteilscheine. Kann im Ausland als Vertrags- oder Gesellschaftstypus organisiert sein; in letzterem Falle wird die fortlaufende Emission von Anteilen aus dem genehmigten Kapital vorgenommen. Grundlage für die Berechnung des Preises der einzelnen Zertifikate ist der Inventarwert, der sich aus dem jeweiligen Börsenwert der zum Fondsvermögen gehörigen Wertpapiere zzgl. anderer Vermögensteile zusammensetzt; er wird durch die Anzahl der umlaufenden Anteile dividiert. Hinzu kommen die Ausgabekosten. Bei Rücknahme werden die Rücknahmekosten abgezogen. Die deutschen Banken bieten vielfach günstigere Rücknahmepreise als die Gesellschaften, da sie die Stücke wieder plazieren. In der BR Deutschland dürfen nur open-end funds aufgelegt werden; auch im Ausland sind sie vorherrschende Fondsform. Die Zertifikate sind nennwertlos. Gegensatz: closed-end fund, geschlossener Fonds.

opening-Periode

Eröffnungsphase einer Terminbörse. → Handelsphasen an der Deutschen Terminbörse.

open interest

Offene Kontrakt-Positionen; die Zahl der noch nicht glattgestellten Kontrakte gilt als Indikator für die Liquidität eines Marktes.

open market policy

→ Offenmarktpolitik.

open order

Auf Widerruf gültiger, meist limitierter Börsenauftrag. Andere Bezeichnung: G.T.C.-Order (good till cancelled order).

open outcry

Ermittlung von Kontraktpreisen durch „offenen Zuruf" (Handzeichen oder Zurufe) auf dem Börsenparkett.

opération blanche

Allgemein gebräuchliche Methode, um die längerfristige Wertentwicklung von Aktien zu berechnen. Der Grundgedanke einer solchen Berechnung ist immer, ausgehend von einem bestimmten Anlagebetrag den Aktienbestand „aus sich heraus" wachsen zu lassen, d. h. ohne neue Mittel von außen zuzuführen. Die opération blanche bedingt i. d. R. zur Mitfinanzierung von neuen Aktien einen Teilverkauf von Bezugsrechten. Durch die Ansammlung von Dividendenerträgen kann jedoch ein Betrag zur Wiederanlage bereitstehen, der sogar einen Zukauf von Bezugsrechten ermöglicht. Damit kann die Zahl der zu beziehenden Aktien höher ausfallen. Um die Anzahl der zu beziehenden Aktien ermitteln zu können, geht man folgendermaßen vor: Zunächst benötigt man den Betrag, der zum Bezug der neuen Aktien zur Verfügung steht. Diesen erhält man dadurch, daß man alle Bezugsrechte zum jeweils ersten Kurs verkauft und den Saldenbestand hinzurechnet. Die nächste relevante Größe ist der Betrag, der zum Bezug einer Aktie, und zwar über den Kauf der entsprechend notwendigen Anzahl von Bezugsrechten, aufgewendet werden muß. Die Division der aus dem Bezugsrechtsverkauf plus Saldo zur Verfügung stehenden Summe durch den Kaufpreis einer Aktie ergibt die Anzahl der zu beziehenden Aktien. Am Ende des Betrachtungszeitraums folgt eine Aufstellung, die den Wert des aktuellen Aktienbestandes zuzüglich aufgelaufener Dividenden aufzeigt. Neben der Wertentwicklung läßt sich ein durchschnittlicher effektiver Jahreszins ermitteln, der sich durch folgende Formel ergibt:

$$r = \sqrt{\left(\frac{E}{A} - 1\right)} \times 100, \text{ wobei}$$

r = Rendite
n = Anzahl der Jahre
E = Endbetrag
A = Anfangsbestand.

Diese modellhafte Vorgehensweise ist jedoch nicht unbedingt auf die Praxis der Kapitalanlage anzuwenden, da es durchaus sinnvoll sein kann, sich zu bestimmten Zeitpunkten von Aktien zu trennen, umzuschichten oder eine Rentenanlage vorzuziehen. Dennoch kann das Verfahren der opération blanche Entscheidungshilfen im Rahmen der Aktienanlage liefern.

Opportunitätskosten

Bez. f. den entgangenen Erfolg (z. B. Gewinn) einer nicht realisierten alternativen Verwendung von Ressourcen. Für den Kapitalanleger bestehen entsprechend die Opportunitätskosten in der Verzinsung einer alternativen Kapitalanlage, die wegen der gewählten Kapitalanlage nicht realisiert wurde. Das vorrangige Problem der Rechnung mit Opportunitätskosten zur Bestimmung der optimalen Kapitalanlage besteht darin, daß der Grenzerfolg alternativer Anlagen i. d. R. ex ante nicht exakt bestimmt werden kann, insbesondere, daß auch das Gewinnschwankungsrisiko der unterschiedlichen Anlagealternativen durch die Opportunitätskostenbetrachtung nicht berücksichtigt wird.

Opposition

Bez. f. Anträge der Aktionäre in der HV der AG, die im Widerspruch zu den Verwaltungsvorschlägen stehen. Oppositionsanträge sind zusammen mit der Einberufung der HV unter Angabe des Namens des Aktionärs (Opponenten), der Begründung des Antrags und einer etwaigen Stellungnahme der Verwaltung – also von Vorstand und/oder Aufsichtsrat, je nachdem, von wem der Vorschlag, gegen den opponiert wird, ausging – durch den Vorstand spätestens 12 Tage nach Bekanntmachung der Einberufung der HV den Aktionären über Banken usw. zuzuleiten. Oppositionsanträge müssen nur dann in der genannten Frist mitgeteilt werden, wenn sie innerhalb 1 Woche nach Bekanntmachung der Einberufung der HV der AG zugegangen sind. Opposition zu Gegenständen der Tagesordnung kann jeder Aktionär auch ohne vorherige Bekanntmachung leisten. Zur Setzung von Gegenständen zur Beschlußfassung auf die Tagesordnung bedarf es einer Aktionärsminderheit, die über mind. 5% des Grundkapitals oder über Aktien im Nennwert von mind. DM 1 Mio. verfügt.

Oppositionsankündigung

→ Anträge von Aktionären für die Hauptversammlung der AG.

Oppositionsgruppe

→ Opposition.

Oppositionsliste

Sammelliste mit Opposition belegter Wertpapiere. Liste der für kraftlos erklärten oder gesperrten Wertpapiere.

Oppositionsmitteilung der Banken an Depotkunden

→ Weitergabe der Mitteilungen wegen der Hauptversammlung der AG.

optimale Kapitalstruktur

Die Kapitalstruktur, bei der die Summe der Kapitalkosten (Eigenkapitalkosten und Fremdkapitalkosten) minimiert wird. Die Situation der optimalen Kapitalstruktur entspricht der des optimalen Verschuldungsgrades.

optimale Liquidität

Situation, in der die Zahlungsfähigkeit der Unternehmung jederzeit gewahrt ist, gleichzeitig aber der Gewinn als Oberziel maximiert wird.

optimale Rentabilität

Situation, bei der weder durch eine Erhöhung oder Verminderung des Kapitaleinsatzes noch durch eine Umschichtung der Kapitalanlage eine Erhöhung der Eigenkapitalrentabilität erreicht werden kann.

optimaler Verschuldungsgrad

Unter der Zielsetzung der Maximierung der Eigenkapitalrentabilität der Verschuldungsgrad, bei dem die durchschnittlichen Kapitalkosten der Unternehmung minimiert werden bzw. bei dem der Marktwert des Gesamtkapitals der Unternehmung maximiert wird. Eine als traditionell bezeichnete Auffassung geht davon aus, daß mit beginnender Verschuldung die hierdurch zu erzielende Rentabilitätssteigerung zunächst durch das erhöhte Risiko nicht kompensiert wird. Demnach verringern sich in dieser Phase die durchschnittlichen Kapitalkosten, so daß der Marktwert der Unternehmung durch zusätzliche Aufnahme von Fremdkapital erhöht werden kann. Mit zunehmender Verschuldung jedoch bewirkt das zusätzliche Risiko für Fremd- und Eigenkapitalgeber ein Ansteigen sowohl der Fremdkapital- als auch der Eigenkapitalkosten, so daß die durchschnittlichen Kapitalkosten zunächst weniger stark sinken und von einem bestimmten Verschuldungsgrad an sogar absolut ansteigen. Das Minimum der Durchschnittskapitalkostenkurve kennzeichnet den optimalen Verschuldungsgrad. In einer neueren Theorie wird unterstellt, daß die durchschnittlichen Kapitalkosten der Unternehmung unabhängig von der Kapitalstruktur und damit vom Verschuldungsgrad sind und jederzeit gleich dem Kalkulationszinsfuß für den Einkommensstrom einer unverschuldeten Unternehmung der gleichen Risikokasse sind. Ein optimaler Verschuldungsgrad kann somit nicht existieren. Die These wird durch einen Beweis unterlegt, der allerdings die Existenz eines vollkommenen Kapitalmarktes unterstellt und zudem davon ausgeht, daß die Kapitalanleger zwar unterschiedliche Risikopräferenzen haben, jedoch gleichgerichtete Erwartungen hinsichtlich der Risiken und Chancen einer Unternehmung. Auch die Einteilbarkeit der Unternehmen in Risikoklassen wird als realitätsfremd kritisiert.

optimale Selbstfinanzierung

Unter der Zielsetzung der Gewinnmaximierung der Eigentümer der Unternehmung die Gewinnverwendung (Ausschüttung oder/und Thesaurierung), bei der die Grenzrendite des thesaurierten Gewinnanteils (Selbstfinanzierung) der Grenzrendite des möglichen alternativen Kapitaleinsatzes des ausgeschütteten Gewinnanteils entspricht. Demnach ist es aus der Sicht der Eigentümer solange sinnvoll, dem Unternehmen Gewinnanteile zur Selbstfinanzierung zu belassen, wie ihnen eine profitablere anderweitige Kapitalanlage nicht möglich ist. Dieser Maximierungskalkül unterstellt, daß sich die im Rahmen der Selbstfinanzierung im Unternehmen belassenen Gewinne im Marktwert der Unternehmung niederschlagen und somit bei Veräußerung des Anteils auch realisieren lassen.

optimale Sicherheit

Unter der Zielsetzung der Gewinnmaximierung die Situation, in der der Aufwand zur Realisierung eines höheren Sicherheitsgrades die hierdurch verursachte Steigerung der Gewinnerwartung übersteigt. Die Entscheidung darüber, welcher Sicherheitsgrad als optimal erachtet wird, hängt somit von der unternehmerischen Risikoeinstellung ab. Sie ist allerdings nicht nur psychologisch bestimmt, sondern auch durch die Handlungsalternativen, also die ökonomischen Gegebenheiten des Problems.

optimales Portefeuille

Das effiziente Portefeuille, das der Risikoeinstellung des Kapitalanlegers entspricht. Zur Ermittlung des optimalen Portefeuilles werden in Abhängigkeit von Gewinnerwartung und Gewinnschwankungsrisiko effiziente Portefeuilles und Nutzenindifferenzkurven entwickelt. Das optimale Portefeuille ist dann das Portefeuille, durch das das höchste Nutzenniveau realisiert werden kann. → portfolio-selection-Theorie.

optimales timing

Bez. f. eine Anlagestrategie, bei der Ankauf und Veräußerung der Kapitalanlagen unter Berücksichtigung der Anlegerziele zum optimalen Zeitpunkt erfolgt. I. e. S. auch allein auf das timing beim Ankauf und Verkauf von Aktien bezogen. Strategien für optimales timing werden insbesondere im Rahmen der technischen Analyse zu entwickeln versucht, bei der in Abhängigkeit von vergangenen Kursentwicklungen Signale (Kaufsignale und Verkaufsignale) ermittelt werden. Die Bestimmung eines optimalen timing bleibt allerdings wegen der mangelhaften Prognostizierbarkeit in der Praxis der Kapitalanlage ex ante ausgeschlossen.

Optimierungsmodelle

Bez. f. Modelle, mittels derer eine Optimierung durchgeführt werden kann. Optimierungsmodelle bedienen sich mathematischer Hilfsmittel, insbesondere solcher aus Statistik und Wahrscheinlichkeitstheorie, aus Gleichungslehre und Optimierungslehre (Extremwert-Methoden, lineare und nicht-lineare Optimierung, dynamische Optimierung, Spieltheorie). Grenzen der Anwendung von Optimierungsmodellen liegen insbesondere in der mangelnden Beschaffbarkeit und Prognostizierbarkeit der in die Modelle eingehenden Daten, in der Bestimmung eindeutiger funktionaler Zusammenhänge zwischen den einzelnen Modellvariablen sowie letztlich in der Rechenbarkeit komplexer Modelle. Optimierungsmodelle für den Kapitalanleger werden in der Theorie der optimalen Kapitalanlage beschrieben.

Optimised Portfolios as Listed Securities (Opal)

Für die speziellen Bedürfnisse institutioneller Investoren wurden die Optimised Portfolios as Listed Securities, kurz: Opal, mit dreijähriger Laufzeit entwickelt. Sie richten sich an Investoren, die Gelder international anlegen wollen, ohne sich selbst mit ausländischen Märkten befassen zu wollen. Ein Opal verbrieft einen Anteil an einem Korb mit ausländischen Aktien. Gegen eine Gebühr sind die Opale kündbar; ein Investor kann sie an den Emittenten zurückgeben und dafür Aktien erhalten. Die Mindestanlagesumme für einen Opal, in dem deutsche Aktien zusammengefaßt sind, beträgt 125000 Dollar. Die bisher aufgelegten Opale werden an den Börsen in London und Luxemburg notiert.

Option

Begrenztes Recht, ein nach Preis und Angebotsmenge vom Geschäftspartner festgesetztes Vertragsangebot zeitlich befristet anzunehmen oder abzulehnen. Bei Wertpapieremissionen Recht des Abnehmers, weitere Wertpapiere in bestimmter Höhe zu einem festgesetzten Kurs zu einem späteren Zeitpunkt zu beziehen, ohne über Einzelheiten noch verhandeln zu können. Im Börsenhandel ist zu unterscheiden zwischen Optionen aus besonders dafür abgeschlossenen Geschäften (Optionsgeschäfte) und Optionen aus Optionsscheinen von Optionsanleihen.

Optionen auf den Bobl-future

Optionen auf future-Kontrakte auf eine idealtypische mittelfristige Schuldverschreibung der BR Deutschland oder der Treuhandanstalt (Bobl-future).

Optionen auf den Bund-future

Optionen auf future-Kontrakte auf eine idealtypische langfristige Anleihe der BR Deutschland oder der Treuhandanstalt (Bund-future).

Optionen auf den DAX-future

Optionen auf future-Kontrakte auf den Deutschen Aktienindex.

Optionen auf Finanz-Terminkontrakte

Der Käufer dieser Optionen hat gegen Zahlung der Optionsprämie das Recht, nicht jedoch die Verpflichtung, das Basisobjekt der Option zu einem im voraus vereinbarten Basispreis entweder am Ende einer durch die jeweiligen Börsenregeln determinierten kurzen Zeitspanne (europäische Option) oder während der Optionslaufzeit (amerikanische Option) zu kaufen (futures-call-Option) oder zu verkaufen (futures-put-Option). Als Basisobjekt kommt ein bestimmter Finanz-Terminkontrakt in Betracht. Der Verkäufer, auch Stillhalter genannt, erhält die Optionsprämie und verpflichtet sich im Gegenzug, bis zur Ausübung oder Endfälligkeit der Option den Terminkontrakt auf Abruf zu liefern bzw. zu erwerben. Positionen in amerikanischen Optionen können durch den Aufbau einer konträr wirkenden futures-Oppositionsposition geschlossen werden. Zu unterscheiden sind je nach zugrunde liegendem Terminkontrakt Aktienindex-, Währungs- und Zinsoptionen, die von Unternehmen primär zur Reduktion der jeweiligen Verlustrisiken eingesetzt werden, jedoch gleichzeitig die Teilnahme an für sie günstig verlaufenden Kursentwicklungen erlauben. Im einzelnen eröffnen Aktienindex-Optionen sowohl die Chance, Aktiendepots gegen erwartete Kursrückgänge zu sichern als auch zukünftige Aktientransaktionen frühzeitig kursmäßig zu fixieren. Analog können Wechselkursrisiken durch den Einsatz von Währungsoptionen reduziert werden, ohne bestimmte Währungsbeträge kaufen oder verkaufen zu müssen. Optionen auf Zins-Terminkontrakte ermöglichen sowohl die Ertragsfixierung variabel verzinslicher Depots als auch die frühzeitige Kurssicherung zukünftiger Wertpapierkäufe und -verkäufe. Entsprechende Möglichkeiten bestehen für das Passivmanagement von Unternehmen. Notiert werden diese futures-Optionen primär in Chicago, New York, London und Amsterdam. An der Deutschen Terminbörse (DTB) werden Optionen auf den DAX-future, Bund-future und Bobl-future gehandelt. Bedingt durch die zunehmende Volatilität der Zins- und Wechselkursentwicklung hat sich in den letzten Jahren der Handel in standardisierten Optionen auf Finanz-Terminkontrakte als auch der in primär durch Banken offerierten over-the-counter-Optionen erheblich belebt. OTC-Optionen können dem Sicherungsbedarf einer Unternehmung besser angepaßt werden als standardisierte, börsennotierte Kontrakte.

Optionen auf Terminkontrakte

In USA Handel in Optionen auf Terminkontrakte in verschiedenen Welthandelswaren, Produkten in Goldterminoptionen an der New Yorker Commodity Exchange (Comex), in Zuckeroptionen u. a. m. Sehr spekulative, hoch risikobehaftete Geschäfte. Die Gefährlichkeit ist auch der Grund, daß die US-Aufsichtsbehörde für den Warenterminhandel (CFTC) die von den US-Börsenfirmen geforderte Genehmigung für diese Handelsform lange Zeit aufschob. Die Erfahrung zeigt, daß die Mehrzahl der Warenspekulanten Verluste einstecken muß. Bei den neuen Varianten des commodity-Geschäfts, die an den Börsen Chicago Board of Trade, Comex New York und New York Coffee, Sugar & Cocoa Exchange u. a. angeboten werden, wird mit der Bezahlung des Optionspreises das Recht erworben, einen Warenterminkontrakt zum vorher festgelegten Basispreis zu übernehmen. Das Verlustrisiko wird zwar damit auf den Einsatz begrenzt. Doch das dennoch hohe Risiko darf nicht übersehen werden: Der Einsatz kann schneller verloren sein als beim Kauf oder Verkauf eines Kontraktes. → financial futures.

Option auf Warentermine

Option, die das Recht, nicht jedoch die Verpflichtung beinhaltet, einen Warenterminkontrakt zu einem bestimmten Kurs (Basispreis) innerhalb einer bestimmten Zeitspanne (Optionsfrist) zu beziehen (Kaufoption, call) bzw. zu liefern (Verkaufsoption, put). Optionen auf Warentermine laufen grundsätzlich ab wie sonstige Optionsgeschäfte. Im Vergleich zu normalen Warenterminkontrakten wird bei Optionen auf Warentermine das Verlustrisiko auf die Höhe der zu zahlenden Optionsprämie begrenzt. Darüber hinaus besteht für den Optionskäufer das Risiko, daß der Stillhalter wirtschaftlich nicht zur Erfüllung in der Lage ist, wenn die Option ausgeübt werden soll. Der Optionsmarkt für Warentermine ist erheblich enger als der normale Warenterminmarkt, so daß ein Stillhalter häufig nicht gefunden werden kann.

option currency

Optionswährung bei z. B. Doppelwährungsanleihen.

option-exercise-(strike-)Preis

Ausübungs-(Basis-)preis von Optionen, zu dem das Basisobjekt ge- oder verkauft werden kann.

option expiration date
Laufzeitende der Option.

option exposure
Maximale Verlustgefahr, die aus offenen Positionen in futures-Optionen oder physical-exchange-Optionen resultiert.

option premium (price)
Optionsprämie.

Optionsanleihe (-obligation, -schuldverschreibung)
Anleihen mit Zusatzrecht(en). Der Besitzer der Optionsanleihe ist berechtigt, während einer feststehenden Frist Aktien des Emittenten der Optionsanleihe zu den von diesem angebotenen Bedingungen (Zuzahlungsbetrag), meist erst von einem festgesetzten Zeitpunkt an, zu erwerben. Optionsanleihen sind wie normale Anleihen ausgestattet: Sie lauten auf bestimmte Währung, haben feste Verzinsung und bindende Rückzahlungsmodalitäten. Sie unterscheiden sich von normalen Anleihen insofern, als ihnen Optionsscheine (warrants) beigegeben sind. Diese berechtigen den Anleger, innerhalb der Optionsfrist eine bestimmte Anzahl von Aktien einer AG zu einem vorher festgelegten Kurs zu erwerben. Mit Beginn der Optionsfrist kann über den Optionsschein getrennt verfügt werden. Es gibt dann an der Börse Notierungen der Anleihe mit (cum) und ohne (ex) Optionsscheine sowie des Optionsscheins selbst. Für den Emittenten liegen die Vorteile darin, daß er relativ zinsgünstiges Fremdkapital erhält und, falls die Option ausgeübt wird, Eigenkapital zu einem vergleichsweise hohen Ausgabekurs. Dem Anleger bietet die Optionsanleihe über ihre Laufzeit als Anleihe meist eine höhere Rendite als die Aktie. Sie ermöglicht Teilhabe an den Kurssteigerungen der Aktie bei begrenztem Kursrisiko: Steigt der Aktienkurs, steigt auch der Kurs der Anleihe „cum"; fällt dagegen ersterer, sinkt die Notierung der Optionsanleihe höchstens auf den Wert der „leeren" Obligation. Der Anleger kann über Optionsschein und Anleihe getrennt disponieren. Interessant ist vor allem die Hebelwirkung (leverage) von Veränderungen des Aktienkurses für die Kurse des Optionsscheins. Für die Vorteile zahlt der Anleger als Preis ein Aufgeld. Es entspricht dem Prozentsatz, um den der Bezug der Aktie über die Option teurer ist als der Direktkauf der Aktie.

Optionsausübung
Für börsengehandelte Optionen, otc-Optionen und Optionsscheine gelten jeweils verschiedene Ausübungsbedingungen. Der Kunde, der eine Option, die an den Wertpapierbörsen gehandelt wird, ausüben will, muß dies der Bank, die für ihn das Optionsgeschäft abgeschlossen hat, innerhalb der Optionsfrist mitteilen. Die Bank muß dann dem Stillhalter die Erklärung zugehen lassen, daß die Option ausgeübt wird. Die Erklärung muß dem Stillhalter spätestens eine halbe Stunde nach Börsenbeginn zugegangen sein. Sonst gilt die Erklärung für den nächsten Börsentag, sofern die Optionsfrist nicht abgelaufen ist. Die Erklärung ist nicht formgebunden, sie ist aber am gleichen Tag schriftlich zu bestätigen. Die Bank, die für den Kunden die Option erworben hat, ist auch bei einer günstigen Kurssituation vor Ablauf der Optionsfrist nicht verpflichtet, ohne ausdrücklichen Auftrag des Käufers die Option auszuüben. Der Optionsberechtigte kann mit der Bank vereinbaren, daß sie bei Vorliegen bestimmter Voraussetzungen für ihn die Option ausübt. Die Frage, ob eine Option auszuüben ist, richtet sich nach der Kursentwicklung der betr. Aktie. Liegt bei einer Kaufoption der Kurs der Aktie über dem Basispreis zzgl. der bei Ausübung der Option entstehenden Aufwendungen (Provision), ist die Ausübung der Option günstiger als das Verfallenlassen. Ein Gewinn für den Käufer einer Kaufoption tritt erst ein, wenn der Kurs höher ist als der Basispreis zzgl. des Optionspreises zzgl. der Ausübungsaufwendungen. Bei einer Verkaufsoption muß der Kurs der Aktie tiefer liegen als der Basispreis abzüglich der weiteren Aufwendungen, damit es für den Käufer einer Verkaufsoption günstiger ist, die Option auszuüben, als sie verfallen zu lassen. Ein Gewinn für ihn tritt ein, wenn der Kurs tiefer ist als der Basispreis abzüglich Optionspreis und abzüglich Ausübungsaufwendungen. Ist der Kurs bei einer Option nicht so, daß ein Gewinn entsteht, kann doch für den Käufer, wenn bei der Kaufoption der Kurs höher liegt als der Basispreis zzgl. Ausübungsaufwendungen (bei Verkaufsoption abzüglich Ausübungsaufwendungen), die Optionsausübung die Aufwendungen für die Option (Optionspreis) wieder einbringen.

Optionsausübung von an der Deutschen Terminbörse (DTB) gehandelten Aktienoptionen

Die Ausübung von an der DTB gehandelten Optionskontrakten ist in den „Bedingungen für den Handel an der Deutschen Terminbörse" geregelt. Demnach können an der DTB gekaufte Aktienoptionen vom Käufer an jedem Börsentag mit Ausnahme des Dividendenbeschlußtages bis zum Ende der post-trading-Periode ausgeübt werden (american style). Ist der Tag des Dividendenbeschlusses kein Börsentag, besteht an dem davor liegenden Börsentag keine Ausübungsmöglichkeit. Letzter Ausübungstag einer Option ist grundsätzlich der Verfalltag. Dieser entspricht dem auf den letzten Handelstag (= dritter Freitag eines jeweiligen Monats, sofern dies ein Börsentag ist; andernfalls der davor liegende Börsentag) folgenden Börsentag. Eine Option kann von ihrem Inhaber jedoch letztmalig am letzten Handelstag, also einen Börsentag vor dem letzten Ausübungstag, ausgeübt werden; damit wird die DTB in die Lage versetzt, die Option gegenüber dem jeweiligen Stillhalter fristgerecht, d. h. vor Verfall, auszuüben. Börsenteilnehmer werden von der DTB an jedem der letzten zehn Börsentage, die vor dem letzten Handelstag einer Optionsserie liegen, über fällig werdende Optionskontrakte informiert. Für die Ausübung der Optionen ist jeder Börsenteilnehmer selbst verantwortlich. Es erfolgt keine automatische Optionsausübung durch die DTB. Versagt die EDV, muß die DTB vor Ende der post-trading-Periode am letzten oder vorletzten Handelstag eines Optionskontraktes schriftlich (beispielsweise per Brief, Telex oder Telefax) über Ausübungswünsche der Börsenteilnehmer informiert werden.

Optionsausübung von an der Deutschen Terminbörse (DTB) gehandelten Aktienoptionen, Zuteilung und Lieferung

Stillhalter müssen während der gesamten Laufzeit eines Optionskontraktes, einschließlich des Verfalltages, damit rechnen, daß ihnen Optionsausübungen zugeteilt werden. Die Ausübungen von DTB-Optionen teilt die Deutsche Terminbörse GmbH den Stillhaltern nach Schluß der post-trading-Periode zu. Die Zuteilungen sind verbindlich. Eine Benachrichtigung der betroffenen Börsenteilnehmer und clearing-Mitglieder über die Zuteilung erfolgt während des Vormittages des auf den Zuteilungstag folgenden Börsentages. Die Zuteilung ausgeübter Optionsserien auf die Stillhalter erfolgt mittels eines Zufallsgenerators. Das Zuteilungsverfahren wird von der DTB näher bestimmt und den Börsenteilnehmern bekanntgegeben. Die aus Zuteilungen und Ausübungen resultierenden Lieferungen erfolgen zwischen den betroffenen clearing-Mitgliedern und der DTB. Lieferungen an Nicht-clearing-Mitglieder sowie an Kunden wikkelt das jeweils zuständige clearing-Mitglied ab.

Optionsausübung von an der Deutschen Terminbörse (DTB) gehandelten Optionen auf den DAX-future

Eine Option auf einen DAX-future kann durch den Käufer an jedem Börsentag bis zum Ende der post-trading-Periode ausgeübt werden (american style). Der letzte Ausübungstag ist grundsätzlich der Verfalltag. Letztmalig kann der Optionsinhaber diese jedoch am letzten Handelstag dieser Optionsserie ausüben. Liegt der letzte Handelstag im Quartalsmonat (März, Juni, September, Dezember) des zugrundeliegenden DAX-future-Kontrakts, so kann der Optionsinhaber diese letztmalig am Schlußabrechnungstag des DAX-future-Kontrakts ausüben. Die Börsenteilnehmer werden von der DTB an jedem der letzten zehn Börsentage vor dem letzten Handelstag über fällig werdende Optionskontrakte informiert. Eine automatische Ausübung von Optionskontrakten durch die DTB findet nicht statt. Bei einem EDV-Versagen muß die DTB spätestens bis Ende der post-trading-Periode am oder vor dem letzten Handelstag des Optionskontraktes einen schriftlichen Auftrag zur Ausübung vom betroffenen Börsenteilnehmer erhalten. Das Ausübungsbegehren wird von der DTB eingegeben, soweit dies mit einem zumutbaren Aufwand möglich ist. Ausübungen, die während des Ausübungstages eingegeben wurden, können bis zum Ende der post-trading-Periode des Eingabetages geändert werden.

Optionsausübung von an der Deutschen Terminbörse (DTB) gehandelten Optionen auf den DAX-future, Zuteilung und Positionseröffnung

Stillhalter müssen während der gesamten Laufzeit eines Optionskontraktes, einschließlich des Verfalltages, damit rechnen, daß ihnen Optionsausübungen zugeteilt werden. Die Ausübungen von Optionen teilt die Terminbörse den Stillhaltern nach Schluß der post-trading-Periode zu. Die Zuteilungen sind verbindlich. Eine Benachrichtigung der betroffenen Börsenteilnehmer und clearing-Mitglieder über die Zuteilung erfolgt während des Vormittages des auf den Zuteilungstag folgenden Börsentages. Die Zuteilung ausgeübter Optionsserien auf die Stillhalter erfolgt mittels eines Zufallsgenerators. Das Zuteilungsverfahren wird von der DTB näher bestimmt und den Börsenteilnehmern bekanntgegeben. Ausgeübte und zugeteilte Optionskontrakte werden durch Erfüllung einer long-Position (für den Käufer eines call) oder einer short-Position (für den Käufer eines put) bzw. einer short-Position (für den Stillhalter eines call) oder einer long-Position (für den Stillhalter eines put) im Anschluß an die post-trading-Periode des Ausübungstages erfüllt; die Eröffnung erfolgt durch das System der DTB. Erfolgt anstelle der Eröffnung einer future-Position ein Barausgleich, so erfolgt dieser zwischen den clearing-Mitgliedern und der DTB. Die Erfüllung gegenüber Nicht-clearing-Mitgliedern und eigenen Kunden ist Aufgabe des zuständigen clearing-Mitglieds.

Optionsausübung von an der Deutschen Terminbörse (DTB) gehandelten Optionen auf den Deutschen Aktienindex

DAX-Optionen können durch den Käufer grundsätzlich nur am Verfalltag ausgeübt werden (european style). Der Inhaber der DTB-Option kann diese jedoch nur am Ausübungstag dieser Optionsserie bis zum Ende der post-trading-Periode ausüben, damit die Option fristgerecht vor Verfall von der DTB gegenüber Dritten ausgeübt werden kann. Der Ausübungstag fällt auf den letzten Handelstag. Eine automatische Ausübung von Optionskontrakten durch die DTB findet nicht statt. Bei einem EDV-Versagen muß die DTB spätestens bis Ende der post-trading-Periode am Ausübungstag des Optionskontraktes einen schriftlichen Auftrag zur Ausübung vom betroffenen Börsenteilnehmer erhalten. Das Ausübungsbegehren wird von der DTB eingegeben, soweit dies mit einem zumutbaren Aufwand möglich ist. Ausübungen, die während des Ausübungstages eingegeben wurden, können bis zum Ende der post-trading-Periode geändert werden.

Optionsausübung von an der Deutschen Terminbörse (DTB) gehandelten Optionen auf den Deutschen Aktienindex, Zuteilung und Barausgleich

Stillhalter müssen nur am Ende der Laufzeit eines Optionskontraktes damit rechnen, daß ihnen Optionsausübungen zugeteilt werden. Die Ausübungen von DTB-Optionen teilt die Terminbörse den Stillhaltern nach Schluß der post-trading-Periode zu. Die Zuteilungen sind verbindlich. Eine Benachrichtigung der betroffenen Börsenteilnehmer und clearing-Mitglieder über die Zuteilung erfolgt während des Vormittages des auf den Zuteilungstag folgenden Börsentages. Die Zuteilung ausgeübter Optionsserien auf die Stillhalter erfolgt mittels eines Zufallsgenerators. Das Zuteilungsverfahren wird von der DTB näher bestimmt und den Börsenteilnehmern bekanntgegeben. Die Erfüllung des Kontraktes erfolgt durch Barausgleich zwischen den clearing-Mitgliedern und der DTB. Der Barausgleich an Nicht-clearing-Mitglieder und eigene Kunden ist Aufgabe des zuständigen clearing-Mitglieds.

Optionsausübung von an der Deutschen Terminbörse (DTB) gehandelten Optionen auf den langfristigen Bund-future und den mittelfristigen Bobl-future

Eine DTB-Option auf den langfristigen Bund-future und den mittelfristigen Bobl-future kann durch den Käufer an jedem Börsentag bis zum Ende der post-trading-Periode ausgeübt werden (american style). Der letzte Ausübungstag ist grundsätzlich der Verfalltag. Letztmalig kann der Optionsinhaber diese jedoch am letzten Handelstag ausüben. Die Börsenteilnehmer werden von der DTB an jedem der letzten zehn Börsentage vor dem letzten Handelstag über fällig werdende Optionskontrakte informiert. Eine automatische Ausübung von Optionskontrakten durch die DTB findet nicht statt. Bei einem EDV-Versagen muß die DTB spätestens bis Ende der post-trading-Periode am oder vor dem letzten Handelstag des Optionskontraktes einen schriftlichen Auftrag zur Ausübung vom betroffenen Börsenteilnehmer erhalten. Das Ausübungsbegehren wird von der DTB eingegeben, soweit dies mit einem zumutbaren Aufwand möglich ist. Ausübungen, die während des Ausübungstages eingegeben wurden, können bis zum Ende der post-trading-Periode des Eingabetages geändert werden.

Optionsausübung von an der Deutschen Terminbörse (DTB) gehandelten Optionen auf den langfristigen Bund-future und den mittelfristigen Bobl-future, Zuteilung und Positionseröffnung

Stillhalter müssen während der gesamten Laufzeit eines Optionskontraktes, einschließlich des Verfalltages, damit rechnen, daß ihnen Optionsausübungen zugeteilt werden. Die Ausübungen von Optionen teilt die Terminbörse den Stillhaltern nach Schluß der post-trading-Periode zu. Die Zuteilungen sind verbindlich. Eine Benachrichtigung der betroffenen Börsenteilnehmer und clearing-Mitglieder über die Zuteilung erfolgt während des Vormittages des auf den Zuteilungstag folgenden Börsentages. Die Zuteilung ausgeübter Optionsserien auf die Stillhalter erfolgt mittels eines Zufallsgenerators. Das Zuteilungsverfahren wird von der DTB näher bestimmt und den Börsenteilnehmern bekanntgegeben. Ausgeübte und zugeteilte Optionskontrakte werden durch Erfüllung einer long-Position (für den Käufer eines call) oder einer short-Position (für den Käufer eines put) bzw. einer short-Position (für den Stillhalter eines call) oder einer long-Position (für den Stillhalter eines put) im Anschluß an die post-trading-Periode des Ausübungstages erfüllt.

Options Clearing Corporation (OCC)

Von der Chicago Board Options Exchange 1973 gegründete zentrale Institution zur Verrechnung der Forderungen und verbindlichkeiten aus Optionskontraktgeschäften. OCC übernimmt inzwischen die Abrechnung des Optionshandels für alle US-amerikanischen Börsen, die der Aufsichtsbehörde Securities and Exchange Commission (SEC) unterstehen.

option seller

Optionsverkäufer, Stillhalter.

Optionsempfänger

Marktteilnehmer, der sich von seinem Kontrahenten Preis und Menge gleichzeitig vorschreiben läßt und sich selbst lediglich die Wahl zwischen Annahme und Ablehnung vorbehält. → Optionsfixierer.

Optionserklärung

→ Optionsausübung.

Optionsfixierer

Marktteilnehmer, der als Anbieter sowohl Preis als auch Menge gleichzeitig vorgibt und dem Nachfrager nur die Wahl zwischen Annahme und Ablehnung beläßt. → Optionsempfänger.

Optionsfrist bei Optionsgeschäften

Die Fristen, innerhalb derer die Optionen der Optionsgeschäfte ausgeübt werden können, richten sich nach der jeweiligen, dem Abschlußzeitraum zugeordneten Optionsfälligkeit. Fälligkeiten von Optionsgeschäften an den Wertpapierbörsen sind auf 4 Termine pro Jahr beschränkt, und zwar auf den 15. der Monate Januar, April, Juli und Oktober. Danach können Kontrakte, die innerhalb des 1. Quartals abgeschlossen werden, nur am 15. 4., 15. 7. oder 15. 10. desselben Jahres enden. Kontraktabschlüsse im Verlauf des 2. Quartals enden jeweils am 15. 7. oder 15. 10. des Jahres oder am folg. 15. 1. Folglich endet die Laufzeit für Abschlüsse des 3. Kalendervierteljahrs am 15. 10. des gleichen Jahres oder am 15. 1. bzw. 15. 4. des folgenden Jahres. Schließlich laufen Optionen, die aus dem 4. Quartal datieren, am 15. 1., 15. 4. bzw. 15. 7. des nächsten Jahres aus. Fällt eine Börsenfälligkeit auf einen Nichtbörsentag, kann die Option noch am nächsten Börsentag ausgeübt werden. Die Bank, die für den Kunden die Option erworben hat, ist ohne besonderen Auftrag nicht verpflichtet, ihn auf den Ablauf der Optionsfrist hinzuweisen. Ein Kauf oder Verkauf einer Option ist nur bis zum 3. Börsentag vor Fälligkeit möglich. An der DTB stehen Aktienoptionen mit Laufzeiten von einem, zwei und drei Monaten sowie bis zum nächsten und übernächsten danach liegenden Quartalsverfalltag (März, Juni, September, Dezember) zur Verfügung. Als Verfalltag einer Optionsserie gilt der auf den letzten Handelstag folgende Börsentag. Der letzte Handelstag fällt auf den dritten Freitag eines jeweiligen Monats. Ist dieser Freitag kein Börsentag, gilt der davor liegende Börsentag als letzter Handelstag. Abhängig vom Zeitpunkt des Optionserwerbs kann demnach die maximale Laufzeit bis zu neun Monaten und sechs Börsentagen betragen. → Laufzeiten im Bobl-future-Handel an der Deutschen Terminbörse (DTB) → Laufzeiten im Bund-future-Handel an der Deutschen Terminbörse (DTB) → Laufzeiten im DAX-future-Handel an der Deutschen Terminbörse (DTB) → Laufzeiten von Optionen auf den Bobl-future an der Deutschen Terminbörse (DTB) → Laufzeiten von Optionen auf den Bund-future an der Deutschen Terminbörse (DTB) → Laufzeiten von Optionen auf den DAX-future an der Deutschen Terminbörse (DTB) →

Laufzeiten von Optionen auf den Deutschen Aktienindex an der Deutschen Terminbörse (DTB).

Optionsgenüsse

→ Optionsgenußscheine.

Optionsgeschäft

Seit 1970 als Variante des Termingeschäftes in der BR Deutschland börsenmäßig wieder zugelassen. Danach ist es möglich, ein Anrecht (Option) darauf zu kaufen bzw. zu verkaufen, innerhalb einer bestimmten Zeitspanne (Optionsfrist) zu einem vorher vereinbarten Kurs (Basispreis) eine nach Gattung und Menge fixierte Anzahl von Aktien zu kaufen (Kaufoption) oder zu verkaufen (Verkaufsoption). Für den Optionshandel ist eine Reihe in- und ausländischer Aktien, die an deutschen Börsen amtlich notiert werden, zugelassen. Als wesentliche Voraussetzungen bieten diese ausreichende Marktbreite und Umsatzhöhe. Eine Option muß mind. die Anzahl von Aktien umfassen, die dem Mindestschluß im variablen Handel zugrunde liegt, d. h. bei deutschen Aktien 50 Stück; bei ausländischen Aktien variiert die Stückzahl je nach Gattung. Es ergeben sich 4 Grundpositionen: Kauf einer Kaufoption, Verkauf einer Kaufoption, Kauf einer Verkaufsoption und Verkauf einer Verkaufsoption. Die an den Wertpapierbörsen gehandelten Optionskontrakte müssen auf der Basis standardisierter Basispreise abgeschlossen werden, d. h. DM 2,50 oder ein Vielfaches hiervon bis zu einem Basispreis von einschl. DM 30 bzw. DM 35 oder ein höherer durch 5 teilbarer Betrag bis zu einem Basispreis von einschl. DM 100 bzw. ab DM 110 ein entsprechend höherer durch 10 teilbarer Betrag. Der Preis für ein Optionsrecht ist der Optionspreis. Der Erwerber einer Kauf- bzw. Verkaufsoption hat innerhalb der Optionsfrist die Möglichkeit, je nach der Kursentwicklung der dem Optionsgeschäft zugrundeliegenden Aktie die Option auszuüben oder unter Hinnahme eines Verlustes in Höhe des Optionspreises auf Ausübung zu verzichten. Des weiteren hat der Optionserwerber die Möglichkeit, während der Laufzeit seine Option wieder am Markt zu verkaufen. Er wird sich hierfür insbesondere entscheiden, wenn der Preis seiner Option gestiegen ist. Für den Käufer einer Kaufoption bringt die Ausübung der Option dann Gewinn, wenn der Kurs der Aktie höher ist als der Wert, der sich als Summe aus Basispreis plus anteiligem Optionspreis plus anteiligen Kosten ergibt. Der Käufer einer Verkaufsoption kann seine Aktie unter Ausübung des Optionsrechts erst dann mit Gewinn verkaufen, wenn der Börsenkurs im Vergleich zum Basiskurs mind. um den anteiligen Optionspreis sowie um die anteiligen Kosten gefallen ist. Gehen die Kurserwartungen der Käufer von Kauf- und Verkaufsoptionen innerhalb der Optionsfrist nicht auf, begrenzt sich der aus diesem Geschäft entstehende Verlust auf den des Optionspreises. Umgekehrte Kurserwartungen liegen bei den Verkäufern von Kauf- bzw. Verkaufsoptionen vor. Der Verkäufer einer Kauf- bzw. Verkaufsoption hat bei Ausübung der Option als Stillhalter zu erfüllen, d. h. die entsprechenden Aktien zu liefern bzw. zu erwerben. Dafür hat er seiner Bank entsprechende Sicherheiten zu leisten, da die jeweils beteiligte Bank gegenüber der Liquidationskasse als regulierende und zwischengeschaltete Stelle haftet. So sind bei einer Kaufoption als Sicherheiten Optionspapiere mind. in Höhe der Hälfte der das Geschäft bildenden Stückzahl vom Stillhalter zur Verfügung zu halten. Die sonstige Sicherheit muß mind. 30% über dem Basispreis der nicht durch Optionspapiere abgedeckten Stückzahl des Geschäftes liegen. Der Verkäufer einer Verkaufsoption hat als Sicherheit 30% des bei Ausübung der Option fällig werdenden Betrags auf seinem Konto als Sicherheit mit entsprechendem Sperrvermerk zur Verfügung zu halten oder ersatzweise bei der Bundesbank lombardfähige Wertpapiere in für die Besicherung ausreichender Höhe zu hinterlegen. Die Teilnahme am Optionshandel ist abhängig von der Termingeschäftsfähigkeit und, da der Geschäftsträger die Optionsgeschäfte absichert, von dessen Anerkennung. Der Teilnehmer am Optionshandel an der Börse übernimmt gegenüber dem Gewährsträger bestimmte Pflichten. Der Teilnehmer muß während der Optionsfrist, in der die Optionsausübung vorgenommen werden kann, die Optionsgeschäfte überwachen. Läßt der Optionsberechtigte die Optionsfrist ohne die Erklärung der Optionsausübung verstreichen, verfällt die Option ersatzlos. Übt er die Option aus, folgt die Erfüllung nach den für Kassageschäfte geltende Bedingungen. Im Jahre 1986 sind im börsenmäßigen Optionsgeschäftssinn in der BR Deutschland wichtige Neuerungen in Kraft getreten. Am 1. 4. 1986 wurde der Optionshandel in festverzinslichen Wertpapieren an den deutschen Börsen aufgenommen. Zum gleichen Zeitpunkt

traten folgende zusätzliche Neuerungen für Aktien- und Rentenoptionen in Kraft: Die zulässigen Basispreise orientieren sich stärker als bisher am aktuellen Kursverlauf des Optionspapieres; es stehen grundsätzlich jeweils drei Basispreisgruppen auf- und absteigend zur Verfügung. Bei limitierten Aufträgen gilt als Bezugsgröße der börsenseitig veröffentlichte Optionspreis. Käufe und Verkäufe von Optionen können brutto, d. h. unter gesondertem Ausweis von Preis, Provision und Nebenkosten, oder netto, d. h. unter Angabe eines einheitlichen Gesamtpreises, abgerechnet werden. Außerdem gelten ab 1. 4. 1986 für den Optionshandel in Aktien noch folgende Modifizierungen: Die Spannen der Basispreise werden ab den Preiskategorien von DM 200 an vergrößert; dadurch tritt eine deutliche Reduzierung der zur Verfügung stehenden Basispreisgruppen ein. Bei Gewährung von Bezugsrechten ermäßigt sich der Basispreis bereits am ersten Tag des Bezugsrechtshandels einheitlich um den an der Frankfurter Wertpapierbörse ermittelten Bezugsrechtspreis. Darüber hinaus nahm am 26. 1. 1990 die → Deutsche Terminbörse, die als vollcomputerisierte Börse konzipiert ist, den Handel mit Optionen auf. Standortunabhängig können Börsenteilnehmer via Handelsbildschirm von allen Orten der Bundesrepublik Kaufoptionen (calls) sowie Verkaufsoptionen (puts) auf umsatzstarke deutsche Aktien kaufen bzw. verkaufen. Außerdem können → Kombinationen in das DTB-Handelssystem eingegeben werden. Die Erfüllung aller an der DTB gehandelten Optionen garantiert die DTB Deutsche Terminbörse GmbH, die in ihrer Funktion als clearing-house in jedes abgeschlossene Optionsgeschäft als Kontrahent gegenüber beiden Vertragspartnern eintritt. Die Optionskontrakte sind stark standardisiert. Die Kontraktgröße beträgt i. d. R. 50 Aktien pro Kontrakt. Letzter Handelstag ist der dritte Freitag eines jeweiligen Monats. Ist dies kein Börsentag, gilt der davor liegende Börsentag als letzter Handelstag. Der darauf folgende Börsentag ist Verfalltag einer Optionsserie. Optionskontrakte haben Laufzeiten von einem, zwei und drei Monaten sowie bis zum nächsten und übernächsten danach liegenden Quartalsverfalltag (März, Juni, September, Dezember). Die maximale Laufzeit kann bis zu neun Monaten und sechs Börsentagen betragen. Auch die → Basispreise im Aktienoptionshandel an der Deutschen Terminbörse (DTB) sind vereinheitlicht. Weiteres besonderes Kennzeichen des Aktienoptionshandels an der DTB ist, daß market makers verpflichtet sind, auf Anforderungen verbindliche Geld- und Briefkurse (quotes) für die jeweils gewünschte Menge zu stellen. Damit wird die Liquidität von Optionsserien gesichert. Neben Aktienoptionen werden an der DTB → Optionen auf den Deutschen Aktienindex, → Optionen auf future-Kontrakte auf den Deutschen Aktienindex, → Optionen auf future-Kontrakte auf eine idealtypische langfristige Anleihe der BR Deutschland oder der Treuhandanstalt (Bund-future) sowie → Optionen auf future-Kontrakte auf eine idealtypische mittelfristige Schuldverschreibung der BR Deutschland oder der Treuhandanstalt (Bobl-future) gehandelt.
→ Optionshandel in Anleihen.

Optionsgeschäft, Abrechnung

Nach Abschluß des Optionsgeschäfts zeigt die Bank ihrem Kunden die Ausführung des Auftrags an und teilt ihm Einzelheiten des Abschlusses, wie sie sich aus der Schlußnote ergeben, mit. Gleichzeitig gibt sie dem Kunden den Optionspreis auf. Bei Optionsgeschäften kann die Bank als Eigenhändler tätig werden. Käufe und Verkäufe von Optionen werden durch Brutto- oder Nettoabrechnung ausgeführt.

Optionsgeschäfte an den Wertpapierbörsen, Erfüllung

Nach der Optionsausübung hat die Erfüllung des Geschäftes entsprechend den Bestimmungen für Kassageschäfte bzw. den Bedingungen für den Handel an der Deutschen Terminbörse zu erfolgen. Die betreffenden Wertpapiere sind zum Basispreis zu liefern. Wird die Option in der Zeit vom letzten Tag für die Hinterlegung der Aktien für die Teilnahme an der HV und dem Tag der HV ausgeübt, hat die Erfüllung am Börsentag nach der HV zu erfolgen. Wird dagegen die Option bis zum vorletzten Hinterlegungstag ausgeübt, ist das Geschäft den Börsenbedingungen entsprechend zu beliefern. Dann muß eine bereits ausgestellte Stimmkarte vom bisherigen Inhaber der Aktien zurückgefordert oder eine Anmeldung zur Stimmrechtsausübung aufgrund einer Stimmrechtsvollmacht rückgängig gemacht werden.

Optionsgeschäfte an den Wertpapierbörsen, Erlöschen der Aufträge

Aufträge, die in bezug auf den Basispreis und/oder Optionspreis limitiert sind, erlöschen bei Bezugsrechten, bei Kapitalerhöhungen aus Gesellschaftsmitteln, Aktiensplits u. ä. mit Ablauf des Börsentages vor dem Beginn der Bezugsfrist bzw. der Frist zur Abholung der effektiven Stücke oder zur Einrichtung der Berechtigungsnachweise; bei Kapitalherabsetzungen im Zeitpunkt der Aussetzung oder Einstellung der Börsennotiz; bei Aktienumtausch- und Abfindungsangeboten mit Ablauf des Börsentages vor dem Beginn der Frist zur Annahme des Angebotes. Entsprechendes gilt bei Aufforderung zur Abgabe derartiger Angebote. Bei ausländischen Werten erlöschen in bezug auf den Basispreis limitierte Aufträge auch dann, wenn Dividende oder sonstige Barausschüttungen anfallen. Ein Auftrag im Rentenoptionshandel erlischt bei Aussetzung bzw. Einstellung der amtlichen Notierung des betreffenden Papiers mit Ablauf des Börsentages oder der Aussetzung bzw. Einstellung der amtlichen Notierung.

Optionsgeschäfte an den Wertpapierbörsen, Melde- und Anzeigepflichten

Für Optionsgeschäfte, die an den Wertpapierbörsen abgeschlossen wurden, gelten folgende speziellen Melde- und Anzeigepflichten: Da der Gewährsträger (Lombardkasse, Liquidationskasse) wissen muß, für welche Optionsgeschäfte er zu gewährleisten und Sicherheiten zu verlangen hat, ist der Makler, der das Geschäft vermittelt hat, sonst der Verkäufer, zu gewissen Meldungen an den Gewährsträger nach den Bestimmungen des Regulativs verpflichtet. So sind Ausfertigungen der Schlußnoten dem Gewährsträger zu übersenden. Auch wenn ein anerkannter Teilnehmer mit einem Nichtteilnehmer ein Optionsgeschäft abschließt, ohne ein Deckungsgeschäft mit einem anderen Teilnehmer abzuschließen, ist das Geschäft in gleicher Weise dem Gewährsträger zu melden. Jeder Teilnehmer haftet dem Gewährsträger und dem anderen Vertragsteil für alle Schäden, die aus einer nicht rechtzeitigen oder unrichtigen Meldung entstehen. Nach vollständiger Abwicklung des Geschäfts aufgrund der Optionsausübung hat der Käufer der Option dies dem Gewährsträger anzuzeigen. Ist der Käufer kein anerkannter Teilnehmer, hat der Teilnehmer die Anzeige vorzunehmen. Die Übertragung der Option ist von dem bisherigen Berechtigten dem Stillhalter und dem Gewährsträger anzuzeigen. Erfüllt nach Ausübung der Option ein Vertragsteil seine Verpflichtungen aus dem Optionsgeschäft nicht, hat der andere Vertragsteil dies dem Gewährsträger bis zum Ablauf des 2. Börsentages nach dem Tage anzuzeigen, an dem das Optionsgeschäft spätestens hätte erfüllt werden müssen. Der Gewährsträger tritt dann in Erfüllung seiner Gewährleistungspflicht anstelle des Verkäufers in das Geschäft ein.

Optionsgeschäfte, Aufträge

Neben der Geschäftsart (Kaufoption, Verkaufsoption, Kombination, Optionsrecht, Übertragung) sind zur näheren Bezeichnung des Auftrags Basiswert, Stückzahl, Optionsfrist, Basispreis, der Optionspreis und Gültigkeitsdauer des Auftrags anzugeben. Basispreis und Optionspreis können mit einem Limit angegeben werden.

Optionsgeschäfte, Ausübung

→ Optionsausübung.

Optionsgeschäfte, Geschäftsarten

Im offiziellen Optionshandel sind an deutschen Börsen möglich: Kaufoptionen, Verkaufsoptionen, Übertragungen von Optionen und Kombinationen.

Optionsgeschäfte, Gewährleistung

Bei Optionsgeschäften, die offiziell Termingeschäfte sind, die also den Börsenbedingungen für Optionsgeschäfte entsprechen, gewährleistet der Gewährträger nach Maßgabe seines Regulativs die ordnungsgemäße Erfüllung durch den Verkäufer der Option nach deren Ausübung. Gewährsträger ist für die Optionsgeschäfte an der Berliner Börse, der Bremer Wertpapierbörse, der Frankfurter Wertpapierbörse, der Niedersächsischen Börse in Hannover und der Wertpapierbörse Stuttgart, die Lombardkasse AG in Frankfurt; für Optionsgeschäfte an der Hanseatischen Wertpapierbörse die Liquidations-Casse in Hamburg AG und für Optionsgeschäfte an der Bayerischen Börse die Liquidationskasse für Zeitgeschäfte AG in München. Die Gewährleistung des Gewährsträgers gilt nur in bezug auf Teilnehmer am Optionshandel, nicht also im Verhältnis zwischen Bank und Kunden. Die Erfüllung der an der Deutschen Terminbörse gehandelten Optionen garantiert die Deutsche Börse AG, die in ihrer Funktion als clearing-Stelle bei jedem Geschäft zum Kontrahenten beider Vertragsparteien wird.

Optionsgeschäfte, Limitierung

Aufträge zum Kauf oder Verkauf von Optionen können billigst bzw. bestens oder mit Limit gegeben werden. In das System der DTB können sowohl unlimitierte als auch limitierte Aufträge mit verschiedenen Gültigkeitsbestimmungen eingegeben werden. Unlimitierte Verkaufs- oder Kaufaufträge können mit good-till-cancelled (gültig bis auf Widerruf) oder mit good-till-date (gültig bis Fristablauf) versehen werden. Limitierte Aufträge können uneingeschränkt limitiert, eingeschränkt limitiert oder tagesgültig limitiert sein. Eine uneingeschränkte limitierte Order ist mit der Gültigkeitsbestimmung good-till-date oder good-till-cancelled zu versehen; ein eingeschränkter limitierter Auftrag besitzt die Ausführungsbeschränkung fill-or-kill (sofortige Gesamtausführung oder Löschung des Auftrags) oder immediate-or-cancel (sofortige Ausführung des Auftrags so weit wie möglich und Löschung des unausgeführten Teils). Limitierte Aufträge, die ohne Gültigkeitsbestimmung oder Ausführungsbeschränkung in das DTB-System eingegeben werden, sind tagesgültig, d. h. sie werden gelöscht, wenn sie nicht bis zum Ende der trading-Periode des betreffenden Börsentages ausgeführt werden konnten.

Optionsgeschäfte, Mindestbetrag

Entsprechen dem Mindestbetrag für Geschäfte am variablen Markt (z. Z. für deutsche Aktien 50 Stück). Nur über diese Mindeststückzahl oder einem Mehrfachen davon können Optionsgeschäfte abgeschlossen werden. Da an der Deutschen Terminbörse nur ganze Kontrakte gehandelt werden, müssen Aufträge mindestens über einen Kontrakt oder einem Vielfachen davon lauten. Ein Aktienoptionskontrakt bezieht sich in der Regel auf 50 Aktien. → Optionen auf den Deutschen Aktienindex, → Optionen auf future-Kontrakte auf den Deutschen Aktienindex, → Optionen auf future-Kontrakte auf eine idealtypische langfristige Anleihe der BR Deutschland oder der Treuhandanstalt (Bund-future), → Optionen auf future-Kontrakte auf eine idealtypische mittelfristige Schuldverschreibung der BR Deutschland oder der Treuhandanstalt (Bobl-future).

Optionsgeschäfte, Überwachung

Bei hinsichtlich des Options- oder des Basispreises limitierten Aufträgen ist börsentäglich von der beauftragten Bank zu versuchen, diese Aufträge auszuführen. Laufend ist zu überwachen, ob die Limitkurse zu ändern, ob Optionsfristen verkürzt worden oder ob Aufträge erloschen sind. Während der Laufzeit der Option sind die Sicherheitsleistungen für den Gewährsträger zu beaufsichtigen. Zudem sind Vorgänge, die bei der Optionsgeschäftsabrechnung oder der Optionsgeschäftserfüllung zu berücksichtigen sind, zu vermerken. Hat der Käufer hinsichtlich der Optionsausübung eine Weisung erteilt, hat die Bank darauf zu achten, daß sie bei den angegebenen Voraussetzungen handelt. An der DTB übernimmt ein Computersystem die wichtigsten Handels- und Überwachungsfunktionen. So vergleicht der Zentralrechner der DTB permanent in das System eingegebene quotes, Kauf- und Verkaufsaufträge und führt bei Übereinstimmungen sofort den Geschäftsabschluß durch. Darüber hinaus ist das Computersystem zuständig für Auftrags- und Positionsbuchführung, Prämienkontenführung, Festlegung und Überwachung von Positionslimits, Eröffnungspreis-Ermittlung, Aktualisierung der Daten über Kontrakte und Börsenteilnehmer, Marktkontrolle sowie Preisveröffentlichung. Für den reibungslosen Ablauf bei Abwicklung, Besicherung, geld- und stückemäßiger Regulierung von an der DTB abgeschlossenen Optionsgeschäften ist die DTB Deutsche Terminbörse GmbH in ihrer Funktion als clearing-Stelle verantwortlich.

Optionsgeschäftsabschluß

Optionsgeschäfte werden i. d. R. im Börsensaal abgeschlossen, allerdings nicht nach den Bestimmungen des amtlichen Handels (keine Kursfestsetzungen), sondern in der Art der Geschäfte des Freiverkehrs. Nur wer zur Teilnahme am Optionshandel zugelassen ist, kann an der Börse Kontrahent sein. Der Verkäufer bzw. der vermittelnde Makler haben eine Schlußnote zu erstellen oder deren maschinelle Erstellung zu veranlassen. Aufgabegeschäfte sind im Optionshandel nicht zulässig. An der DTB erfolgt der Abschluß von Optionsgeschäften dezentral über ein Computersystem. Börsenteilnehmer können unabhängig von ihrem Standort Aufträge und quotes in das DTB-Computersystem eingeben. Sobald sich Aufträge oder quotes ausführbar gegenüberstehen, erfolgt nach den Prioritäten Preis und Zeit die Zusammenführung (matching) durch das DTB-System.

Optionshandel

Allgemein: Handel mit Optionen. Speziell: Teil der Börse, an dem der Handel mit Optionen betrieben wird. In der BR Deutschland ist der Optionshandel auf den

Wertpapierbereich beschränkt, während an einigen ausländischen Börsen auch Optionen auf Warentermine, auf Zinstermine und auf Wechselkurstermine gehandelt werden. An deutschen Börsen sind zum Optionshandel allein eine gewisse Anzahl ausgewählter Aktien mit größeren täglichen Umsätzen sowie einige festverzinsliche Wertpapiere (öffentlicher Emittenten) zugelassen. An der Deutschen Terminbörse (DTB) werden Optionen auf 15 umsatzstarke Aktien gehandelt. Die minimale Stückzahl eines Geschäfts im Optionshandel beträgt 50 Stück Aktien bzw. DM 100000 nominal festverzinsliche Wertpapiere; die an der DTB gehandelten Kontrakte beziehen sich in der Regel auf 50 Aktien. Darüber hinaus werden an der DTB → Optionen auf den Deutschen Aktienindex, → Optionen auf future-Kontrakte auf den Deutschen Aktienindex, → Optionen auf future-Kontrakte auf eine idealtypische langfristige Anleihe der BR Deutschland oder der Treuhandanstalt (Bund-future) und → Optionen auf future-Kontrakte auf eine idealtypische mittelfristige Schuldverschreibung der BR Deutschland oder der Treuhandanstalt (Bobl-future) gehandelt. Zu den Bestimmungen für den Optionshandel gehören neben Regelungen des BörsG die Bedingungen der Wertpapierbörsen für Optionsgeschäfte, die (clearing-)Bedingungen für den Handel an der Deutschen Terminbörse, das Regulativ des Gewährsträgers (Lombardkasse, Liquidationskasse) sowie die Geschäftsbedingungen der Banken für Optionsgeschäfte. Die Verbindung zu dem Regulativ ergibt sich daraus, daß zum Optionshandel an den Wertpapierbörsen nur vom Gewährsträger zugelassene Teilnehmer partizipieren dürfen.

Optionshandel in Aktien

→ Optionshandel → Optionsgeschäft.

Optionshandel in Anleihen

Der Optionshandel in Anleihen (festverzinslichen Wertpapieren, Renten) ist in der BR Deutschland am 1. 4. 1986 aufgenommen worden. Der Optionshandel in festverzinslichen Wertpapieren lehnt sich in seiner Struktur und seiner effektentechnischen Abwicklung im wesentlichen an den bereits seit 1970 bestehenden Aktienoptionshandel an. Das gilt für die Geschäftsarten ebenso wie für die seit einiger Zeit maßgebliche Standardisierung der Basispreise und Fälligkeitstermine. Zur Gewährleistung der notwendigen Marktbreite konzentriert sich der Optionshandel in festverzinslichen Wertpapieren vorerst auf die umsatzstärkeren Anleihen von Bund, Bundesbahn und Bundespost, die ein Emissionsvolumen von mindestens nominal DM 500 Mill. aufweisen. Bei den zugelassenen Titeln muß eine vorzeitige Kündigungs- oder Tilgungsmöglichkeit ausgeschlossen sein. Die Restlaufzeit der Emissionen soll bei der Einbeziehung noch mindestens 3,5 Jahre betragen. Neben umlaufenden Anleihen (Altemissionen) mit unterschiedlichen Kupons, Zinsterminen und Restlaufzeiten werden auch jeweils geeignete Neuemissionen einbezogen. Entsprechend dem Optionshandel in Aktien ist beim Rentenoptionshandel zwischen Kauf- und Verkaufsoptionen zu unterscheiden. Bei einer Kaufoption erwirbt demgemäß der Käufer das Recht, bis zum Fälligkeitstag der Option jederzeit vom Stillhalter die den Gegenstand des Geschäfts bildenden festverzinslichen Wertpapiere zu dem vereinbarten Basispreis zu kaufen. Bei einer Verkaufsoption erwirbt demgegenüber der Käufer das Recht, bis zum Fälligkeitstag der Option die den Gegenstand des Geschäfts bildenden festverzinslichen Wertpapiere zu dem vereinbarten Basispreis zu verkaufen. Der Käufer einer Option kann sein Optionsrecht bis zum dritten Börsentag vor Fälligkeit übertragen. Die Optionsgeschäfte in festverzinslichen Wertpapieren lauten jeweils über einen Mindestschluß in Höhe von nominal DM 100000 und sind unteilbar. Die Fälligkeitstermine für laufende Optionen konzentrieren sich wie beim Aktienoptionshandel auf 4 Tage im Jahr. Sie fallen jedoch abweichend vom Aktienoptionshandel jeweils auf den 25. Kalendertag der Monate Januar, April, Juli oder Oktober. Die Basispreise sind ebenso wie beim Aktienoptionshandel standardisiert. Um eine Konzentration auf möglichst wenige Abschlußgrößen zu erreichen, wird für den Rentenoptionshandel lediglich eine Preisstaffel eingeführt, die in Anlehnung an die internationale Praxis den Abschluß von Optionsgeschäften nur zum Basispreis in der Bezugsgröße von DM 2 oder einem Vielfachen davon ermöglicht. Die Höhe des Optionspreises richtet sich wie bei allen Wertpapiergeschäften nach Angebot und Nachfrage. Der Optionspreis hängt von der Laufzeit der Option, dem vereinbarten Basispreis und der Kursbewegung des betreffenden Wertpapiers ab. Grundsätzlich gilt jedoch, daß längere Optionsfristen auch höhere Optionspreise zur Folge haben. Ein Auftrag in Rentenoptionen erlischt bei Aussetzung bzw. Einstellung der amtlichen Notierung des betreffenden Wertpapiers mit Ablauf des Börsentages vor der Aussetzung bzw. Einstellung der amtlichen Notierung. → Optionsgeschäft → Optionshandel.

Optionshandelsbestimmungen

Zu den Bestimmungen für den Optionshandel gehören neben den Regelungen des BörsG die Bedingungen der Wertpapierbörsen für Optionsgeschäfte, die (clearing-)Bedingungen für den Handel an der Deutschen Terminbörse, das Regulativ des Gewährsträgers (Lombardkasse, Liquidationskasse) und die Bedingungen der Banken für Optionsgeschäfte. Die Bedingungen der Wertpapierbörsen regeln die Rechtsbeziehungen zwischen den Teilnehmern am Optionshandel und seine Organisation. Die Verbindung zu dem Regulativ ergibt sich daraus, daß zum Abschluß von Optionsgeschäften an den Wertpapierbörsen nur zugelassen ist, wer von dem Gewährsträger als Teilnehmer am Optionshandel anerkannt ist. Die Rechtsbeziehungen zwischen Börsenteilnehmern, clearing-Mitgliedern und der DTB regeln die Börsenordnung, die Bedingungen für den Handel sowie die clearing-Bedingungen für den Handel an der DTB. Diese beinhalten u. a. Börsenorganisation, Handelsvorschriften, Auftragsarten und deren Ausführung, Kontraktspezifikationen, clearing-Lizenz/clearing-Mitgliedschaft, Haftung, Sicherheitsleistungen, Erfüllung von Kontrakten sowie Garantiefonds. Die Bedingungen der Banken befassen sich mit den Rechtsbeziehungen Bank – Kunde bei Optionsgeschäften.

Options-hedging

Absicherung der Verlustrisiken aus offenen Positionen durch Optionsstrategien.

Options Maklarna

Schwedischer außerbörslich organisierter Optionsmarkt, der von Banken getragen wird. Gehandelt werden schwedische Aktien und Staatsanleihen.

Optionsmarkt

Markt, Börse für den Handel mit Optionen.

options on cash currency

Devisenoptionen, denen eine physische Devisenmenge zugrunde liegt. Bei Optionsausübung wird der Stillhalter den Währungsbetrag zum vereinbarten Basispreis per Kasse bereitstellen bzw. übernehmen.

options on currency futures

Optionen auf Devisen-Terminkontrakte.

options on futures

Optionen auf Terminkontrakte. → Optionen auf future-Kontrakte auf den Deutschen Aktienindex, → Optionen auf future-Kontrakte auf eine idealtypische langfristige Anleihe der BR Deutschland oder der Treuhandanstalt (Bund-future), → Optionen auf future-Kontrakte auf eine idealtypische mittelfristige Schuldverschreibung der BR Deutschland oder der Treuhandanstalt (Bobl-future).

Optionspapiere

Wertpapiere, in denen Optionsgeschäfte abgeschlossen werden können. In der BR Deutschland Aktien und festverzinsliche Wertpapiere.

Optionspapiere im Aktienoptionshandel

Zum Aktienoptionshandel ist nur eine Reihe in- und ausländischer Aktien zugelassen, die an deutschen Börsen amtlich notiert sind und demnach ausreichende Marktbreite sowie Umsatzhöhe gewährleisten. An der DTB werden Optionen auf 15 umsatzstarke deutsche Aktien gehandelt.

Optionspapiere im Rentenoptionshandel

Der Rentenoptionshandel konzentriert sich zunächst auf eine Anzahl der umsatzstärksten Anleihen von Bund, Bundesbahn und Bundespost, die ein Emissionsvolumen von mind. nom. DM 500 Mill. aufweisen und keine vorzeitige Kündigungs- oder Tilgungsmöglichkeit vorsehen. Die Restlaufzeit zum Zeitpunkt der Einbeziehung muß noch mind. 3,5 Jahre betragen. Die Anleihen müssen zum amtlichen Handel an einer deutschen Wertpapierbörse zugelassen sein. Es ist vorgesehen, im Laufe der Zeit weitere optionsfähige Anleihen aufzunehmen.

Optionsperiode

Laufzeit der Option, Optionsfrist.

Optionsprämie

Optionspreis: Preis, den der Käufer einer Option (Kaufoption oder Verkaufsoption) dem Verkäufer (Stillhalter) zahlen muß, damit dieser ihm das Optionsrecht zum Basispreis einräumt. Die Höhe richtet sich nach den Kurserwartungen sowie nach der Zeitdauer, für die das Optionsrecht eingeräumt wird. Sie begrenzt aus der

Perspektive des Optionsempfängers das Verlustrisiko.

option spread(ing)

Gleichzeitiger Kauf und Verkauf einer Kaufoption oder einer Verkaufsoption.

Optionspreis (1)

Preis für die Kauf- und Verkaufsoption, der vom Käufer der Option bei Abschluß des Geschäfts zu zahlen ist. Es erfolgt Nettoabrechnung, es sei denn, der Kunde hat Bruttoabrechnung verlangt. Wird die Optionsfrist bei Umtausch- oder Abfindungsangeboten gekürzt, bleibt das auf den Optionspreis ohne Einfluß. Bei der Bemessung des Optionspreises sind für Käufer und Stillhalter bedeutsam der Basispreis, die Laufzeit der Option und die während der Laufzeit zu erwartende Kursbewegung des betreffenden Wertpapiers. Länger laufende Optionen haben meist höhere Preise als kürzer laufende. Da nach allgemeinen Erfahrungen bedeutend mehr Kauf- als Verkaufsoptionen gesucht werden, sind die Preise für Kaufoptionen fast immer höher als die für Verkaufsoptionen. Basispreis und Optionspreis stehen in Beziehung: Wird z. B. bei einer Kaufoption der Basispreis geringer vereinbart als der Tageskurs (als solcher wird meist der Einheitskurs genommen), so wird der entsprechende Optionspreis höher sein als der bei einem höherem Basispreis. Diese wirtschaftliche Abhängigkeit von Basispreis und Optionspreis gibt die Möglichkeit, als Basispreis den Tageskurs des Abschlußtages zu nehmen und die Zukunftserwartung mit dem Optionspreis zu bemessen. Ein solcher Basispreis läßt echte Vergleiche zu und gestattet leichter den Ausgleich zwischen Angebot und Nachfrage.

Optionspreis (2)

Preis, zu dem Aktien über die Bezugsrechtsausübung bei Optionsanleihen erworben werden können.

Optionspreise im Aktienoptionshandel

Die Optionskontrakte müssen auf der Basis standardisierter Basispreise abgeschlossen werden. → Basispreise im Aktienoptionshandel an den Wertpapierbörsen. → Basispreise im Aktienoptionshandel an der Deutschen Terminbörse (DTB).

Optionspreise im Rentenoptionshandel

Werden entsprechend der im deutschen Rentenhandel üblichen Prozentnotierung ebenfalls in % des Mindestschlusses mit jeweils 2 Nach-Kommastellen angegeben.

Optionsrecht (1)

Recht zur Ausübung einer Option im Optionsgeschäft.

Optionsrecht (2)

Das einer Optionsanleihe anhaftende Recht auf Bezug von Aktien einer AG (warrant). Kann mit der Anleihe verbunden oder als eigenständiges Recht gehandelt werden.

Optionsrecht (3)

Bei „nackten" Optionsscheinen das Recht, Währungsbeträge oder Wertpapiere zu im voraus festgelegten Bedingungen zu kaufen (call) bzw. zu verkaufen (put) oder die Zahlung von Differenzbeträgen zu fordern.

Optionsrecht, Übertragung

Der Käufer einer Option (Kauf- oder Verkaufsoption) kann sein Optionsrecht übertragen. Ist er nicht zur Teilnahme am Optionshandel berechtigt, muß er zur Übertragung die vorherige Zustimmung der Bank, die in seinem Auftrag für ihn die Option erworben hat, einholen. Das Optionsrecht aus Optionsgeschäften ist nicht verbrieft, im Gegensatz zum Optionsrecht aus dem Optionsschein bei Optionsanleihen (warrant) oder aus „nackten" Optionsscheinen.

Optionsscheine

Bei Optionsanleihen ist das Recht auf Ausübung der Option gesondert in Optionsscheinen verbrieft, die zwar zusammen mit den Teilschuldverschreibungen der Anleihe ausgegeben werden, aber selbständige Rechte beinhalten. Daher werden die Optionsscheine an der Börse gehandelt und können amtlich notiert werden.

Optionsscheine, gedeckte

Andere Bez.: covered warrants, „nackte" Optionsscheine. Werden ohne anhängende Anleihe/Genußscheine begeben. Gedeckte Optionsscheine berechtigen den Inhaber zum Bezug von bereits im Umlauf befindlichen Aktien, die in einem Sperrdepot des Emittenten festgelegt sind. Es sind selbständige Wertpapiere, die in der Regel von Banken begeben werden und u. a. folgende Ausstattungsmerkmale aufweisen. Die Laufzeiten sind kurz und liegen in der Regel zwischen 12 und 18 Monaten; es bedarf keiner bedingten Kapitalerhöhung der Aktiengesellschaft, deren Aktien bezogen werden können; die zu beziehenden Aktien sind meistens voll dividendenberechtigt. Bei einigen gedeckten Optionsscheinen haben sich Emittenten das Recht vorbehalten, statt Lieferung der zugrundeliegenden Aktien einen Barausgleich durchzuführen. Das Bezugsverhältnis ist häufig gering, d.h., zum Erwerb einer einzigen Aktie werden mehrere Optionsscheine benötigt. Aufgrund des geringen Bezugsverhältnisses sind die Optionsscheinkurse oft sehr niedrig, was häufig zu einer starken Überbewertung gedeckter Optionsscheine führt. Sonderform: → Korb-Optionsscheine.

Optionsscheine, gekappte

Innovative Optionsscheinform, die sowohl ein begrenztes Verlust- als auch – und das ist die Besonderheit – ein limitiertes Gewinnpotential aufweist. Während bei „normalen" Optionsscheinen für den Inhaber eine theoretisch unbegrenzte Gewinnmöglichkeit besteht, ist bei gekappten Optionsscheinen der maximale Gewinn nach Maßgabe der Optionsbedingungen von Anfang an begrenzt. Es werden call- und put-Optionsscheine so gekoppelt, daß der Käufer zum Ende der Laufzeit einen festen Betrag erhält. Basisobjekte sind vor allem Währungen und Aktienindizes.

Optionsscheine, „nackte"

Bez. für Optionsscheine, die nicht ursprünglicher Bestandteil einer Anleihe oder eines Genußscheins, d. h. „nackt" sind. Werden in der Regel von Banken emittiert. In Deutschland kommen sie vor als gedeckte Optionsscheine, Zinsoptionsscheine, Indexoptionsscheine und Währungsoptionsscheine. Sie berechtigen den Inhaber zum Erwerb (call) oder zum Verkauf (put) von Wertpapieren oder Währungsbeträgen zu im voraus festgelegten Preisen und Bedingungen oder zum Erhalt von Differenzbeträgen. „Nackte" Optionsscheine werden teilweise im amtlichen Handel oder am Geregelten Markt gehandelt.

Optionsschuldverschreibung (-anleihe, -obligation)

Schuldverschreibung, die dem Inhaber neben der Verzinsung das Recht einräumt, Aktien der emittierenden AG (evtl. auch anderer als der emittierenden Unternehmung) zu einem bestimmten Kurs (Optionskurs) in einem bestimmten Verhältnis (Optionsverhältnis) innerhalb festgelegter Frist (Optionsfrist) zu beziehen. Optionsschuldverschreibungen werden daher auch als Bezugsrechtsobligationen bezeichnet. Nach Ausübung der Option bleibt die Schuldverschreibung im Gegensatz zur Wandelschuldverschreibung bestehen, d. h. der Ausübende erwirbt die Aktien zusätzlich. In vielen Fällen kann allerdings die Optionsschuldverschreibung in Zahlung gegeben werden. Die Emission von Optionsschuldverschreibungen ist nur aufgrund eines Beschlusses der HV mit 75% des vertretenen Aktienkapitals zulässig und bedarf staatlicher Genehmigung. Den Aktionären ist ein Bezugsrecht auf die Optionsschuldverschreibung einzuräumen. Die Ausgabe von Optionsschuldverschreibungen wird insbesondere durch die Möglichkeit der bedingten Kapitalerhöhung erleichtert. Optionsschuldverschreibungen, aus denen das Optionsrecht noch nicht ausgeübt wurde, werden als volle Stücke bezeichnet, diejenigen, aus denen das Optionsrecht bereits ausgeübt wurde, als leere Stücke. Der Wert des Optionsrechts kann analog der Berechnung des Bezugsrechtswertes erfolgen. Entsprechend richtet sich der Kurs der vollen Stücke nach dem Kurs der Optionsaktie und dem Bezugsverhältnis, während die leeren Stücke wie gewöhnliche Schuldverschreibungen notieren. Wenn das Optionsrecht getrennt von der Anleihe gehandelt wird, erfolgen i. d. R. 3 Notierungen: für volle Stücke (cum Optionsrecht), für leere Stücke (ex Optionsrecht) sowie für das Optionsrecht selbst (warrant). Durch Emission von Optionsschuldverschreibungen besteht für die AG sowohl die Möglichkeit zur potentiellen Beschaffung von Eigenkapital wie auch eine günstige Möglichkeit der Fremdfinanzierung, da die Verzinsung von Optionsschuldverschreibungen regelmäßig niedriger als die solcher Schuldverschreibungen erfolgt, die kein Optionsrecht einräumen.

Optionsstrategien

→ Strategien mit Optionen.

option straddle

Gleichzeitiger Kauf oder Verkauf einer Kauf- und Verkaufsoption.

option swap

→ contingent swap.

Optionswährung

Anleger oder auch Emittent hat das Recht, Zinszahlungen und/oder die Rückzahlung der Anleihe in verschiedenen Währungen zu vereinbarten Wechselkursen zu verlangen bzw. vorzunehmen. Währungsoptions-Anleihen sind in den 70er Jahren gelegentlich emittiert worden.

option taker

Optionsnehmer, Optionserwerber.

option to double

Bei Anleihen, deren Tilgung durch Bildung eines Tilgungsfonds erfolgt, das Recht des Emittenten, die Anzahl der über den Tilgungsfonds zurückzukaufenden Anleihen je Periode zu verdoppeln.

option writer

Optionsverkäufer, Stillhalter.

orde

Einen Auftrag erteilen, vor allem zum Kauf oder Verkauf von Wertpapieren.

ordentliche Deckung bei Pfandbriefen und Kommunalschuldverschreibungen

Der Gesamtbetrag der in Umlauf befindlichen Pfandbriefe der Hypothekenbanken und der öffentlich-rechtlichen Kreditanstalten muß in Höhe des Nennwertes jederzeit durch Hypotheken von mindestens gleicher Höhe und mindestens gleichem Zinsertrag gedeckt sein. Die Beleihung, die auf inländische Grundstücke beschränkt und i. d. R. nur erststellig zulässig ist, darf die ersten 3/5 des Grundstückswertes nicht übersteigen. In Höhe des Nennwertes von mindestens gleicher Höhe und mindestens gleichem Zinsertrag müssen jederzeit auch Kommunalschuldverschreibungen (-obligationen) durch Kommunaldarlehen gedeckt sein sowie Schiffspfandbriefe durch Darlehensforderungen, die durch Schiffshypotheken gesichert sind. → Ersatzdeckung.

ordentliche Hauptversammlung (oHV) der AG

Unverzüglich nach Eingang des Berichts des Aufsichtsrats hat der Vorstand die HV zur Entgegennahme des festgestellten Jahresabschlusses und zur Beschlußfassung über die Verwendung des Bilanzgewinns einzuberufen. Die HV hat in den ersten 8 Monaten des Geschäftsjahrs stattzufinden. Jahresabschluß, Lagebericht, Bericht des Aufsichtsrats und Vorschlag des Vorstands für die Verwendung des Bilanzgewinns sind vor der Einberufung in den Geschäftsräumen der AG zur Einsicht der Aktionäre auszulegen. Auf Verlangen ist jedem Aktionär unverzüglich eine Abschrift der Vorlagen zu erteilen. Hat die HV den Jahresabschluß festzustellen, gelten für ihre Einberufung zur Feststellung des Jahresabschlusses, für die Auslegung der Vorlagen und die Erteilung von Abschriften die vorgenannten Bestimmungen sinngemäß. Die Verhandlungen über die Feststellung des Jahresabschlusses und über die Verwendung des Bilanzgewinns sollen verbunden werden. Mit Einberufung der HV zur Entgegennahme des festgestellten Jahresabschlusses oder, wenn die HV den Jahresabschluß festzustellen hat, der HV zur Feststellung des Jahresabschlusses sind Vorstand und Aufsichtsrat an die in dem Bericht des Aufsichtsrats enthalt. Erklärungen über den Jahresabschluß gebunden. Der Vorstand hat der HV die vorgeschriebenen Vorlagen vorzulegen. Zu Beginn der Verhandlung sollen der Vorstand seine Vorlagen, der Vorsitzende des Aufsichtsrats den Bericht des Aufsichtsrats erläutern. Der Vorstand soll dabei auch zu einem ausgewiesenen Bilanzverlust Stellung nehmen. Die Abschlußprüfer haben an den Verhandlungen über die Feststellung des Jahresabschlusses teilzunehmen. Sie sind nicht verpflichtet, einem Aktionär Auskunft zu erteilen.

ordentliche Kapitalerhöhung der AG

→ Kapitalerhöhung der AG.

ordentliche Kapitalherabsetzung der AG

Eine Herabsetzung des Grundkapitals kann nur mit einer Mehrheit der HV beschlossen werden, die mindestens 3/4 des vertretenen Grundkapitals umfaßt. Die Satzung kann eine größere Kapitalmehrheit und weitere Erfordernisse bestimmen. Sind mehrere Gattungen von Aktien vorhanden, bedarf der Beschluß der HV zu seiner Wirksamkeit der Zustimmung der Aktionäre jeder Gattung. Über die Zustimmung haben die Aktionäre jeder Gattung einen Sonderbeschluß zu fassen. Für diesen gilt das Gesagte. In dem Beschluß ist festzusetzen, zu welchem Zweck die Herabsetzung stattfindet, namentlich, ob Teile des Grundkapitals zurückgezahlt werden sollen. Das Grundkapital kann herabgesetzt werden durch Herabsetzung des Nennbetrags der Aktien oder durch Zusammenlegung der Aktien; dies ist nur zulässig, soweit der Mindestnennbetrag für Aktien nicht eingehalten werden kann. Der Beschluß muß die Art der Herabsetzung angeben. Beschlossene und durchgeführte Kapitalherabsetzung ist zur Eintragung in das Handelsregister anzumelden. Es bestehen Bestimmungen zum Gläubigerschutz: Den Gläubigern der AG ist für ihre Forderungen, die vor der Bekanntmachung der Eintragung des Beschlusses ins Handelsregister begründet worden sind, Sicherheit zu leisten, soweit sie nicht

Befriedigung verlangen können. Die Gläubiger müssen sich zu diesem Zweck innerhalb 6 Monate nach der Bekanntmachung melden. Diese Gläubiger sind zu befriedigen, ehe die AG irgend etwas an ihre Aktionäre zahlt. Wird die Herabsetzung des Grundkapitals in der Weise durchgeführt, daß die Aktien durch Umtausch, Abstempelung oder durch ein ähnl. Verfahren zusammengelegt werden, so kann die AG die trotz Aufforderung nicht bei ihr eingereichten Aktien für kraftlos erklären. Die anstelle der für kraftlos erklärten Aktien auszugebenden neuen Aktien sind zu gegebener Zeit von der AG für Rechnung der Beteiligten zu verwerten.

Order

Bez. f. den Auftrag, vor allem bestimmte Wertpapiere zu kaufen oder zu verkaufen.

Orderaktie

Auf den Namen des Berechtigten oder dessen Order lautende Namensaktie. Durch Indossament übertragbar.

Orderklausel

Möglichkeit der Indossierung bei nicht geborenen Orderpapieren durch den Vermerk oder Order (hinter dem Namen des Begünstigten). Wechsel und Scheck als von Gesetzes wegen Orderpapiere bedürfen der Klausel nicht. → Orderpapier.

Ordermangel

Tendenzbez. bei nur geringem Geschäft an der Börse.

Orderpapier

Wertpapier, das auf den Namen eines bestimmten Berechtigten lautet und durch schriftliche Erklärung auf dem Papier (Indossament, Giro) auf einen neuen Eigentümer an Order übertragen werden kann. Bei geborenen (gesetzlichen) Orderpapieren (Wechsel, Scheck, Namensaktie) bedarf es zur Übertragung keiner ausdrücklichen Orderklausel, es sei denn, daß dies durch die Erklärung nicht an Order (negative Orderklausel) ausgeschlossen wird. Zum Unterschied davon werden gekorene (gewillkürte) Orderpapiere (kaufmännische Anweisung, kaufmännischer Verpflichtungsschein, Konnossement, Ladeschein, Lagerschein, Transportversicherungspolice) erst durch die Klausel oder Order zum Orderpapier und damit indossierbar, da sie andernfalls Rektapapiere sind.

Orderpapier, geborenes (gesetzliches)

→ Orderpapier.

Orderpapier, gekorenes (gewillkürtes)

→ Orderpapier.

Orderschuldverschreibungen

Schuldverschreibungen, in denen der Schuldner sich verpflichtet, die in der Urkunde verbrieften Forderungen an einen bestimmten Gläubiger oder dessen Order zu zahlen. Somit eine Obligation, die auf eine bestimmte Person als Berechtigten ausgestellt wird. Übertragung erfordert Indossament (Giro).

ordinary shares (stocks)

Stammaktien.

Ordnungsbefugnis des Börsenvorstandes

Die Handhabung der Ordnung in den Börsenräumen obliegt dem Börsenvorstand. Er kann Personen, die die Ordnung oder den Geschäftsverkehr an der Börse stören, aus den Börsenräumen entfernen und mit zeitweiliger Ausschließung von der Börse oder Geldstrafe bestrafen. Das Höchstmaß beider Strafen wird durch die Börsenordnung festgesetzt. Die Ausschließung von der Börse kann mit Genehmigung der Börsenaufsichtsbehörde durch Anschlag in der Börse bekanntgemacht werden. Gegen die Verhängung der Strafen findet innerhalb einer durch die Börsenordnung festzusetzenden Frist die Beschwerde an die Börsenaufsichtsbehörde statt. Finden sich an der Börse Personen zu Zwecken ein, die mit der Ordnung oder dem Geschäftsverkehr an derselben unvereinbar sind, ist ihnen der Zutritt zu untersagen.

Ordnungsnummern für Wertpapiere

Wertpapier-Kenn-Nummern, die den Bankenverkehr in Wertpapieren erleichtern, stehen im Kursblatt in einer besonderen Spalte neben dem Wertpapier.

Ordnungsstrafen für Börsenbesucher

Kann der Börsenvorstand nach den Bestimmungen der Börsenordnung festsetzen. Besteht eine Maklerkammer, befindet sie über Ordnungsstrafen der Kursmakler.

Ordnungswidrigkeiten bei der AG

Vorsätzliche oder fahrlässige Rechtsverstöße von geringerer Bedeutung. Ordnungswidrig handelt, wer als Mitglied des Vorstands oder Aufsichtsrats oder als Abwickler: (1) Namensaktien ausgibt, in denen der Betrag der Teilleistung nicht angegeben ist, oder Inhaberaktien ausgibt, bevor auf sie der Nennbetrag oder der höhere Ausgabebetrag voll geleistet ist; (2) Aktien oder Zwischenscheine ausgibt, bevor die AG oder im Fall einer Kapitalerhöhung die Durchführung der Erhöhung des Grundkapitals oder im Fall einer bedingten Kapitalerhöhung oder einer Kapitalerhöhung aus Gesellschaftsmitteln der Beschluß über die bedingte Kapitalerhöhung oder die Kapitalerhöhung aus Gesellschaftsmitteln eingetragen ist; (3) Aktien oder Zwischenscheine ausgibt, die auf einen geringeren als den zulässigen Mindestnennbetrag lauten; (4) vorsätzlich oder leichtfertig nicht für die Einhaltung der Bestimmungen zur Jahresabschluß-Bekanntmachung, Konzernabschluß-Bekanntmachung, über Form und Inhalt der Bekanntmachung des Jahresabschlusses und des Lageberichts, des Konzernabschlusses und des Konzernlageberichts sorgt. Ordnungwidrig handelt auch, wer als Aktionär oder als Vertreter eines Aktionärs die in das Verzeichnis der Teilnehmer an der HV aufzunehmenden Angaben nicht oder nicht richtig macht. Die Ordnungswidrigkeit kann mit Geldbuße geahndet werden.

ordre lié

Auch: Zug um Zug. 2 Börsengeschäfte, meist ein Verkaufs- und ein Kaufauftrag, müssen gleichzeitig ausgeführt werden.

Organe

Die zur Bestimmung des Unternehmungsgeschehens berufenen Personengruppen. Dabei handelt es sich um die Geschäftsführung, Vertretung und Überwachung der Unternehmung. Die Organe einer AG sind HV, Aufsichtsrat und Vorstand. Das Handelsrecht beinhaltet teilweise sehr detaillierte Vorschriften über Art und Umfang von Rechten und Pflichten der einzelnen Organe bei Unternehmen.

Organe der AG

Institutionen, die die AG verfassungsmäßig leiten. Hierzu gehören Vorstand, Aufsichtsrat sowie HV. Neben den gesetzlich vorgeschriebenen Organen bestehen bei einzelnen AG's zusätzlich solche in Form von Beiräten u. dgl.

Organgesellschaft

Gesellschaft, die vertraglich verpflichtet ist, ihre Gewinne an das sie beherrschende Unternehmen abzuführen; bei Verlusten tritt die Unternehmung ein. Ein Organverhältnis hat die steuerliche Folge, daß in gewissem Maße auf die Doppelbesteuerung des Gewinns und des Umsatzes bei beherrschter und herrschender Gesellschaft verzichtet wird. Handelt ohne Verfolgung eigener Zwecke nach den Weisungen der Hauptgesellschaft.

Organhaftung

Haftung einer juristischen Person für das Verschulden ihrer gesetzlichen Vertreter. Sie kann sich dabei nicht darauf berufen, bei der Auswahl der gesetzlichen Vertreter die erforderliche Sorgfaltspflicht beachtet zu haben.

Organisation der AG

Rechtsgrundlage der Organisation der AG ist das AktG. Hiernach bestehen bereits für die Gründung der AG ausführliche Bestimmungen. Die unternehmensspezifischen Organisationsmerkmale der AG sind z. T. in der Satzung der AG festzuhalten (Firma, Sitz, Gegenstand der Unternehmung, Grundkapital, Nennwert der Aktien, Art der Zusammensetzung des Vorstandes, Form für die Bekanntmachungen der AG). Die Firma ist meist dem Gegenstand der Unternehmung angepaßt und muß den Zusatz AG enthalten. Ausführliche Regelungen bzgl. der Organe der AG finden sich im AktG. Auflösung der AG kann durch Ablauf der in der Satzung vorgesehenen Zeit, durch Beschluß der HV mit 75% Mehrheit des vertretenen Grundkapitals oder durch Eröffnung des Konkurses erfolgen. Sie hat Liquidation der AG zur Folge.

Organisation der Börse

Die Börse ist in den einzelnen Ländern unterschiedlich organisiert, wobei die Organisation in einigen Ländern sehr liberal ist (z. B. USA), während in anderen Ländern ein umfangreiches Regelwerk zur Organisation der Börse besteht. In der BR Deutschland bildet das BörsG die Grundlage der Organisation der Börse. Einzelheiten der Börsenorganisation werden in der Börsenordnung geregelt, deren Einhaltung vom Börsenvorstand zu überwachen ist. Der Börsenvorstand verfügt im Börsengebäude über ein Verwaltungsbüro und bildet für die Erledigung verschiedener Angelegenheiten diverse Kommissionen. Die Börsenversammlungen finden Mo.–Fr. jeweils 10.30–13.30 statt. An ihnen darf nur teilnehmen, wer die börsengesetzlichen Voraussetzungen erfüllt und durch den Börsenvorstand auf Antrag zugelassen wurde (Börsenhändler, Börsenmitglieder, Börsenmakler). In der Börsenhalle haben die einzelnen Marktgebiete (Aktienhandel, Rentenhandel, Optionshandel) bestimmte Plätze. In den Nebenräumen verfügen die größeren, zum Börsenhandel zugelassenen Unternehmen über eigene Räume (Börsenbüros): außerdem bestehen für den Nachrichtendienst eigene Post- und Telekommunikationsämter. Für geschäftliche Streitfälle bestehen an den einzelnen Börsen schiedsrichterliche Kommissionen (Börsenschiedsgerichte, Börsenehrenausschuß). Nicht zum Börsenhandel zugelassene Personen können das Börsengeschehen von der Börsengalerie beobachten (Börsenbesucher).

Organisation der Deutschen Terminbörse (DTB)

Die Organisationsform der DTB besitzt sowohl öffentlich-rechtlichen als auch privatrechtlichen Charakter. Die Börsenveranstaltung hat die Struktur einer unselbständigen Anstalt des öffentlichen Rechts. Börsenträgergesellschaft und Rechtsinhaber der DTB ist die privatrechtlich ausgestaltete, 1988 gegründete DTB Deutsche Terminbörse GmbH, Frankfurt am Main, die zum Jahresbeginn 1994 mit der Deutsche Börse AG fusioniert wurde. Sie unterliegt im wesentlichen der allgemeinen Staatsaufsicht. Ihr Stammkapital in Höhe von DM 10 Millionen gehört 17 Gesellschaftern, die in ihrer Zusammensetzung die Interessen des gesamten deutschen Kreditgewerbes repräsentieren. Die DTB Deutsche Terminbörse GmbH stellt personelle, sachliche und finanzielle Ressourcen zum Betrieb der Terminbörse bereit. Die Funktion einer clearing-Stelle übt ein organisatorisch selbständiger Geschäftsbereich aus. Öffentlich-rechtliche DTB-Funktionen nehmen hoheitlich handelnde Börsenorgane wahr. Der Börsenvorstand als oberstes Organ der DTB besteht aus 14 Mitgliedern, die von zugelassenen Börsenteilnehmern gewählt werden. In seinen Aufgabenbereich fallen u. a. Grundsatzentscheidungen, Überwachung der für die Verwaltung zuständigen Geschäftsführung, Zulassung/Ausschluß von Unternehmen und Personen zum Börsenterminhandel, Regelung der Organisation, des Geschäftsablaufs sowie der Börsenzeit der DTB, Festsetzung der Bedingungen für den Handel an der Terminbörse sowie Regelung der Ermittlung, Überwachung, Dokumentation und Veröffentlichung der Preise. Der vom Börsenvorstand berufene Börsenaufsichtsausschuß bestimmt, welches Mitglied dieses Ausschusses börsentäglich den ordnungsgemäßen Börsenterminhandel an der DTB überwachen muß (= Aufsichtsführender). Der börsentäglich zu bildende Eilausschuß setzt sich zusammen aus einem bestimmten Mitglied oder stellvertretenden Mitglied des Börsenvorstandes, dem Aufsichtsführenden und dem Börsengeschäftsführer. Er hat die Aufgabe, unaufschiebbare Maßnahmen der Börse und der clearing-Stelle gegenüber Börsenteilnehmern bzw. clearing-Migliedern durchzuführen. Ein Ehrenausschuß, seine Zusammensetzung, sein Verfahren einschließlich Beweisaufnahme und Kosten sowie die Mitwirkung der zuständigen obersten Landesbehörde kann von der Landesregierung durch Rechtsverordnung erlassen werden. Mit Ausnahme der Kursmakler können alle zum Börsenhandel zugelassenen Personen, die sich im Zusammenhang mit ihrer Tätigkeit an der Börse eine mit der Ehre oder dem Anspruch auf kaufmännisches Vertrauen nicht zu vereinbarende Handlung haben zuschulden kommen lassen, vom Ehrenausschuß mit Ordnungsgeld oder mit Ausschließung von der Börse belegt werden. Das Börsenschiedsgericht entscheidet über Streitigkeiten aus Börsentermingeschäften zwischen Börsenteilnehmern. Es kann auch, soweit vertraglich vereinbart, Streitigkeiten schlichten, die zwischen Börsenteilnehmern und ihren Kunden bei der Erteilung und Ausführung von Aufträgen für Börsentermingeschäfte entstehen. Die staatliche Aufsicht über die DTB übt der nach der Geschäftsordnung der Landesregierung zuständige Minister des Landes Hessen aus. Diese Börsenaufsichtsbehörde ist zuständig für die Genehmigung der DTB-Regelwerke. Darüber hinaus besitzt sie weitgehende Mitwirkungsrechte bei der öffentlich-rechtlichen Börsenverwaltung. Außerbörsliche Institutionen, die bei der Abwicklung von Börsentermingeschäften an der DTB in Anspruch genommen werden, sind die Deutscher Kassenverein AG sowie die Landeszentralbank in Hessen.

Organisation für wirtschaftliche Zusammenarbeit und Entwicklung (OECD)

Ihre Aufgaben reichen von der Zusammenarbeit in der allgemeinen Wirtschafts- und Währungspolitik über die Koordinierung der Hilfe für die Entwicklungsländer und die Erörterung handelspolitischer Fragen bis zur Behandlung politischer und technischer Probleme und der Liberalisierung des internationalen Dienstleistungs- und Kapitalverkehrs. Die dem Ausschuß für unsichtbare Transaktionen angehörenden Regierungs- und Notenbankvertreter überwachen vor allem die Einhaltung der von den Mitgliedsländern übernommenen Liberalisierungsverpflichtungen auf dem Gebiet des internationalen Kapital- und Dienstleistungsverkehrs und bemühen sich um ihre Erweiterung. Der Ausschuß für Finanzmärkte soll Maßnahmen untersuchen mit dem Ziel, die Wirkungsweise der nationalen Kreditmärkte der Mitgliedsländer und der internationalen Finanzmärkte zu verbessern.

organisierter Geldmarkt

Bez. f. den Teil des gesamten Geldmarktes, auf dem der Geldhandel (befristete Überlassung von Zentralbankgeld) zwischen Banken erfolgt. Früher wurde der organisierte Geldmarkt an der Börse abgewickelt, indem die Vertreter der Banken regelmäßig zusammentrafen. Heute findet er zwischen Banken fast ausschließlich im Telefonhandel statt. Er umfaßt den Handel in Wechseln sowie unmittelbar in Zentralnotenbankgeld. Da die Operationen am Geldmarkt und insbesondere Transaktionen zwischen Geschäftsbanken und Notenbank unmittelbaren Einfluß auf die Liquidität der einzelnen Banken bzw. des gesamten Bankensystems nehmen, gehen von ihnen auch Wirkungen auf die Interessen des Kapitalanlegers aus. So hat sich gezeigt, daß die Zinsentwicklung am organisierten Geldmarkt von fühlbarem Einfluß auf die Zinsentwicklung am Kapitalmarkt ist.

organisierter Kapitalmarkt

Bez. f. den Teil des Marktes für mittel- bis langfristige Fremdfinanzierung und Beteiligungen, der über Banken und Börsen abgewickelt wird. I. e. S. auch Bez. f. die Effektenbörse. Objekte des organisierten Kapitalmarktes sind Aktien, Investmentanteile, Bezugsrechte, Optionen sowie Inhaberschuldverschreibungen aller Art, soweit sie an der Börse zum Handel zugelassen sind. Der organisierte Kapitalmarkt unterscheidet sich gegenüber dem nicht organisierten Kapitalmarkt insbesondere durch hohe Marktgängigkeit der gehandelten Wertpapiere, hohen Grad der Regulierung und Standardisierung sowie hohe Publizität. Hierdurch gewährt er für den Kapitalanleger hohe Fungibilität seiner Kapitalanlage. Die Preisbildung am organisierten Kapitalmarkt schlägt sich in den Emissionskursen sowie in den laufenden Notierungen der gehandelten Wertpapiere nieder. Vielfach werden dem organisierten Kapitalmarkt auch der nachbörsliche Verkehr im Telefonhandel zwischen Banken sowie auch der Markt für Schuldscheindarlehen und sonstige Formen der langfristigen Vergabe von Darlehen (langfristige Kredite, Hypothekarkredite usw.) zugerechnet. Insbesondere wenn auch das nichtbörsliche Geschäft mit Nichtbanken einbezogen wird, spricht man vom organisierten Kapitalmarkt i. w. S. Neben den nationalen organisierten Kapitalmärkten haben sich an den internationalen Finanzplätzen auch internationale Kapitalmärkte gebildet, die z. T. einen noch höheren Organisationsgrad besitzen.

Organschaft (körperschaftsteuerlich)

Verpflichtet sich eine AG oder KGaA mit Geschäftsleitung und Sitz im Inland (Organgesellschaft) durch Gewinnabführungsvertrag, ihren Gewinn an eine andere inländische gewerbliche Unternehmung abzuführen, ist das Einkommen der Organgesellschaft dem Träger der Unternehmung (Organträger) zuzurechnen, wenn bestimmte Voraussetzungen erfüllt sind.

Organschaftsverhältnis

Bez. f. den Tatbestand, daß eine Kapitalgesellschaft nach dem Gesamtbild der tatsächlichen Verhältnisse finanziell, wirtschaftlich und organisatorisch in eine andere Unternehmung eingegliedert ist. Dabei wird die eingegliederte Gesellschaft als Organgesellschaft bezeichnet, die Unternehmung, in die die Kapitalgesellschaft eingegliedert ist, als Organträger. Organgesellschaft im Rahmen eines Organschaftsverhältnisses kann nur eine Kapitalgesellschaft, nicht eine Personengesellschaft oder natürliche Person sein, da Voraussetzung ist, daß das Organ über keinen eigenen Willen verfügt. Das Organschaftsverhältnis ist somit extreme Form eines Beherrschungsverhältnisses. Der Regelung des Organschaftsverhältnisses dient der Organschaftsvertrag. Organschaftsverhältnisse haben insbesondere steuerrechtliche Relevanz.

Organschaftsvertrag

→ Organschaftsverhältnis.

Organträger

→ Organschaftsverhältnis.

original margin

→ initial margin.

Osaka Stock Futures 50-Index

Basis für den Handel von Index-Terminkontrakten an der japanischen Börse Osaka. Der OSF50-Index umfaßt die 50 wichtigsten an der Osakaer Börse notierten japanischen Aktien und entspricht strukturell weitgehend dem Nikkei-225-Index. Im Gegensatz zu dem ebenfalls 1988 neu eingeführten Topix-Index sind im OSF50-Index und Nikkei-225-Index die sog. alten Industrien (Bergbau, Stahl) vergleichsweise stark gewichtet.

Osloer Börse

Oslo Børs, Tollbugaten 2, Postboks 460 Sentrum, N-0159 Oslo 1, Norwegen. Tel.: 0047-2-34-1700. Telex: 17242 boers n.

Ostaktien

Nicht mehr in Kurszetteln erscheinende Aktien von Unternehmen, die in den ehemaligen deutschen Ostgebieten und im Bereich der früheren DDR ihren Sitz hatten und keine Vermögenswerte in die BR Deutschland hinübergerettet haben. Man machte einen Unterschied zwischen Wiedervereinigungsaktien und solchen Papieren, die lediglich durch Grenzveränderung wieder zu Wert kommen würden. Der Handel mit solchen Papieren ist heute erloschen. In privat erstellten Listen werden die Ostwerte i. d. R. nur noch mit Erinnerungswerten aufgeführt, wohl um damit zu zeigen, daß ein Handel grundsätzlich möglich ist, aber der Preis im Einzelfall gefunden werden muß. Tatsächlich beschränkt sich die Nachfrage nach den Originalurkunden auf die Befriedigung von Sammlerwünschen.

Ostdepot

Depot bei einer Bank mit Sitz bzw. früherem Sitz außerhalb der alten BR Deutschland oder Berlin (West), dessen Sitz nicht verlegt worden ist.

Ostwerte

Wertpapiere von Ausstellern mit Sitz in deutschen Gebieten jenseits der Oder-Neiße-Linie, sofern der Sitz (2. Sitz) des Wertpapierausstellers nicht in die BR Deutschland verlagert worden ist. Kurse sind von den Banken zu erfahren.

Ost-West-Werte

Bez. f. Aktien von Gesellschaften mit Vermögensansprüchen in deutschen Gebieten außerhalb der BR Deutschland, sofern sich der Sitz, aber nur ein kleiner Teil des Vermögens in der BR Deutschland befinden. → mitteldeutsche Werte.

Oszillation

Schwingung. Der Begriff findet oft Verwendung in Verbindung mit Kursen für Wertpapiere usw. Gemeint ist dann die Schwingung des Kurses um einen Trend oder auch insgesamt die Auf- und Abbewegung der Kurse.

OTC calls

Nicht börsengehandelte Kaufoptionen.

OTC (market)

Abk. f. over the counter (-Markt).

OTC option

Nicht börsengehandelte Option.

OTC puts

Nicht börsengehandelte Verkaufsoptionen.

o. u. O.

Abk. f. ohne unser Obligo. Auch: o. O.

outerperformance warrant

Optionsscheinvariante, die dann Gewinnmöglichkeiten eröffnet, wenn sich der Kurs einer bestimmten Aktie relativ besser entwickelt als ein Aktienindex.

out of the money option

Kauf- bzw. Verkaufsoption, deren Basispreis größer bzw. kleiner ist als der aktuelle Preis des Terminkontrakts (out of the money call bzw. put).

out of town market

Zusammenfassende Bez. in USA für die Provinzbörsen.

outright-Devisengeschäft

Besteht darin, daß ein Devisenbetrag zu einem bestimmten Erfüllungstag entweder nur gekauft oder nur verkauft wird (im Unterschied zum swap-Geschäft, bei dem ein Devisenbetrag gekauft und gleichzeitig mit einer anderen Fälligkeit verkauft wird). Outright-Geschäfte kommen vor allem für die Sicherung von Währungsforderungen und -verbindlichkeiten aus Waren- und Dienstleistungsgeschäften in Betracht, zum Schutz von Devisenguthaben, Sortenbeständen, Währungswechseln und über fremde Währung lautenden Wertpapieren mit kurzen und mittleren Laufzeiten. Dagegen ist es häufig vorteilhafter, Währungsaktiva, die für Mehrjahreszeiträume oder unbefristet gehalten werden sollen, statt durch Devisentermingeschäfte durch Aufnahme von Währungskrediten zu sichern (hedging). Voraussetzung dafür ist allerdings, daß es möglich ist, solche Kredite mit den benötigten langen Laufzeiten und überdies möglichst mit einer über die gesamte Laufzeit gleichbleibenden Verzinsung zu erhalten.

outright-Geschäft

Geschäfte an einem Kassamarkt, denen keine entgegengesetzten Geschäfte am Terminmarkt gegenüberstehen, und umgekehrt. Der Begriff findet insbesondere im Devisenhandel Anwendung, läßt sich aber auch auf andere Märkte übertragen, für die ein Terminmarkt existiert (Warenmärkte, Warenterminhandel, Wertpapierbörse, Wertpapiertermingeschäfte usw.). Typisches Merkmal eines outright-Geschäftes ist, daß durch seinen Abschluß ein Preisänderungsrisiko entsteht, bzw. wenn eine entgegengesetzte Risikoposition bereits besteht, abgedeckt wird. Insofern kann durch ein outright-Geschäft sowohl eine offene Position geschaffen werden als auch eine solche geschlossen werden.

outright purchase

Kauf von Anteilen, Stückkauf.

outstanding stock

→ authorized stock → issued stock.

overbought

Bez. f. einen durch starke Kurssteigerungen gekennzeichneten Markt, wobei die Kursentwicklung mit fundamentalen Daten nicht begründet werden kann. Entsprechend wird zukünftig mit einer abwärts gerichteten Kursentwicklung gerechnet.

overnight money

Bez. f. Geldmarktkredit mit einer Laufzeit von 1 Tag.

oversold

Baisse, die einzig spekulativ, nicht jedoch fundamental zu begründen ist. Zukünftig wird eine Korrektur der Kursentwicklung in Form einer Hausse erwartet.

over spot

Angelsächsische Bez. f. Devisenterminkursnotierungen mit Report, d. h. über Kassakurs. Gegens.: under spot.

over the counter

US-Bez. f. außerbörslichen Handel. So werden alle die Wertpapiere in den USA gehandelt, die nicht zum offiziellen Börsenhandel zugelassen sind. Abk. OTC.

over the counter market

In USA Freiverkehrsmarkt. Die Zahl der dort gehandelten Emissionen wird auf rd. 50000 geschätzt, die von etwa 4500 Effektenhändlern gehandelt werden. Der OTC market ist ein Verhandlungsmarkt, d. h., der Preis wird jeweils ausgehandelt. Die Wertpapiergesetze haben auch Geltung für diesen Markt, der von der SEC durch ein spezielles Computer-System überwacht wird.

P

p. a.

Abk. f. pro anno oder per annum; auf das Jahr gerechnet.

Pacific Stock Exchange

Anschrift: 301 Pine Street, San Francisco, CA 94104. Tel. 001-415-393-4000; Telefax: 001-415-393-4018. Gehandelt werden auch Aktienindex-Optionen (technology stock index).

packager

Konsortialführer, Arrangeur.

packaging

Zusammenstellung komplexer, aus verschiedenen Finanzierungsinstrumenten bestehender Finanzierungsfazilitäten, so z. B. in Form der multiple component facilities.

Paket

Jede größere, aber nicht genau umrissene Menge von Aktien einer bestimmten Unternehmung im Besitz einer einzelnen Person oder anderen Unternehmung. → Aktienpaket.

Paketabschlag

Abschlag vom Tageskurs beim Pakethandel, wenn der Paketbesitzer einen Käufer sucht.

Pakethandel

Umsätze von größeren Aktienbeträgen (Aktienpaketen), meist außerhalb der Börse. Wird hauptsächlich von Banken und institutionellen Anlegern praktiziert, wobei nur in seltenen Fällen der Börsenwert der Aktien gezahlt wird. Meist wird Paketzuschlag bzw. -abschlag vereinbart.

Paketwechsel

Besitzwechsel eines größeren Aktienbetrages. Ist i. d. R. mit Veränderungen im Aufsichtsrat verbunden.

Paketzuschlag

Kurszuschlag beim Pakethandel, wenn die Initiative zum Erwerb eines Aktienpakets vom Käufer ausgeht.

Paketzuschlag, steuerlich

Besitzt ein Steuerpflichtiger Aktien, die mehr als 25% des Nennkapitals einer AG ausmachen, kann für die VSt ein Paketzuschlag in Betracht kommen, wenn aus diesem Grund der gemeine Wert seiner Beteiligung höher ist als der Wert, der sich insgesamt nach dem Kurs für die Aktien ergibt. Bei der Prüfung, ob eine Beteiligung vorliegt, sind neben den Aktien, die dem Steuerpflichtigen selbst gehören, auch die zu berücksichtigen, für die ihm die Ausübung der Aktionärsrechte ganz oder teilweise vorbehalten ist. Der Paketzuschlag ist dann bei allen Aktien zu machen, die bei der Beteiligung mitgerechnet worden sind. Als Paketzuschlag soll der Umfang der zu bewertenden Beteiligung, i. a. ein Zuschlag bis 25%, in Betracht kommen. Ist der Wert der Aktien aus Verkäufen abgeleitet worden, kommt ein Paketzuschlag nur in Betracht, wenn der Verkauferlös nicht bereits für eine Beteiligung gegolten hat. Bei Aktien, deren Bewertung nach dem Stuttgarter Verfahren erfolgt, wird dies unterstellt. Ihr gemeiner Wert wird deshalb wie bei GmbH-Anteilen ermittelt. Diese vermögensteuerlichen Grundsätze können für die Erbschaftsteuer nicht ohne weiteres übernommen werden. Das gilt insbesondere, wenn von einer bisher als Aktienpaket behandelten Beteiligung nur ein geringer Teil der Aktien oder nur einzelne Anteile verschenkt oder aufgrund eines Vermächtnisses übertragen werden. Dagegen wird beim geschlossenen Übergang eines ganzen Aktienpakets auch erbschaftsteuerlich dieses als Beteiligung bewertet werden müssen. Es kommt jedoch auf die Umstände des Einzelfalls an, ob und in welcher Höhe dann ein Paketzuschlag gemacht werden muß.

Panikkäufe, -verkäufe

Käufe bzw. Verkäufe von Waren oder Wertpapieren an den Börsen, wenn kurzfristig erhebliche Wert-, Preis- oder Kursanstiege bzw. -verfalle erwartet werden.

paper bid

Offerte an die Anteilseigner eines „Übernahmekandidaten“, ihre Aktien in Anleihen des übernehmenden zu tauschen.

paper rating

Einstufung einer Emission auf Basis der Bonitätsbeurteilung des Emittenten.

Papier

Abk. p oder P. Seltener Ausdruck für Brief.

Parallelanleihe

Anleihe, die in mehreren Ländern zu demselben Nominalzins und mit gleicher Laufzeit, aber wegen des unterschiedlichen Zinsniveaus zu verschiedenen Ausgabekursen aufgelegt wird. Typ einer internationalen Anleihe, mit der bei möglichst gleicher Ausstattung auf die jeweilige Landeswährung lautenden Teilbeträge einer Großemission an den Kapitalmärkten verschiedener Länder plaziert werden. Bei gleichem Nominalzins wird ein vorhandenes Zinsgefälle zwischen den verschiedenen nationalen Kapitalmärkten über den Ausgabepreis und die Laufzeit ausgeglichen.

Parallelfonds

Investmentfonds, dessen Portefeuille ausschl. Anteile eines anderen Fonds enthält (Dachfonds). Die Konstruktion wird vor allem aus steuerlichen Gründen gewählt. Deshalb haben Parallelfonds ihren Sitz meist in „exotischen" Ländern (offshore fund). In der BR Deutschland nicht zulässig.

Parallel Market

Parallelmarkt an der Amsterdamer Börse.

Parallelmarkt

Markt, der sich komplementär zu einem originären Markt für bestimmte Objekte gebildet hat. So kann z. B. der nachbörsliche Telefonhandel als Parallelmarkt zum Börsenhandel interpretiert werden. I. d. R. findet der Begriff Anwendung zur Bezeichnung für inoffizielle Devisenmärkte, die sich in Ländern mit Devisenbewirtschaftung – oft mit Duldung der Regierung – bilden. Darüber hinaus werden auch die Währungsaußenmärkte (Xenomärkte, Euromärkte) als Parallelmärkte (zu den nationalen Geld- und Kapitalmärkten) bezeichnet. Parallelmärkte unterliegen i. d. R. nicht den spezifischen Regulierungen, denen originäre Märkte unterliegen. Hieraus kann eines ihrer wesentlichen Entstehungsmotive abgeleitet werden. Die Preise auf einem Parallelmarkt können u. U. erheblich von denen auf dem originären Markt abweichen.

pari

Auch: al pari. Ein Börsenkurs oder ein Emissionspreis, der dem Nennwert des betreffenden Wertpapiers entspricht. Das Papier hat dann einen Kurs von 100 (% des Nennwerts), den Parikurs.

Pari-Emission

Ausgabe von Wertpapieren zum Nennbetrag. Aktien dürfen nicht unter pari ausgegeben werden; dagegen werden festverzinsliche Wertpapiere regelmäßig unter pari ausgegeben.

Parikurs

Kurs eines Wertpapiers, der dessen Nennwert entspricht.

pari-passu-Klausel

→ Gleichbesicherungsklausel.

Pariser Börse

SBF-Paris Bourse S.A., 39 rue Cambon, F-75001 Paris, Tel.: 0033-1-49271000, Fax.: 0033-1-49271171. Gegründet 1724; umfangreiche Reformen 1988 und 1991. Reine Computerbörse unter Einschluß der ehemaligen Präsenzbörsen in Bordeaux, Lille, Lyon, Marseille, Nancy und Nantes. Handelszeiten: 9.00 – 10.00 Uhr Vorbörse (nur Ordereingabe, kein Handel); 10.00 – 17.00 Uhr laufender Handel. In Nebenwerten Handel um 11.30 und 16.00 Uhr bzw. um 15.00 Uhr. Fixierte tägliche Maximalschwankungen. Drei Marktsegmente: Amtlicher Handel, Geregelter Markt und hors-cote-Markt. Im Amtlichen Handel sind Geschäftsabschlüsse auf der Basis einer monatlichen Abrechnung unter Leistung von margins möglich (règlement mensuel). Abrechnung und Lieferung drei Tage nach Abschluß. Organe, Systeme und Teilnehmer: (1) Sociétés de Bourse: Börsenmitglieder, seit 1988 auch Unternehmen, vorher: Agents de Change; (2) Conseil des Bourses de Valeurs (CBV): Börsenrat, legt die Börsen- und Handelsordnung fest; (3) Société des Bourses Françaises (SBF): Übernimmt die Handelsabwicklung und fungiert als clearing-Stelle; (4) Association Française de Société de Bourse (AFSB): Zusammenschluß der Sociétés de Bourse sowie der SBF, vertritt die französischen Börsen national sowie international und fungiert als Schiedsgericht; (5) Commission des Opérations de Bourse (COB): Börsenaufsichtsbehörde; (6) CAC: elektronisches Handelssystem. Weitere Börsen in Paris: MATIF für futures und MONEP für Optionen.

Paris interbank offered rate (Pibor)

Zwischen Banken am Pariser Geldmarkt verwendeter kurzfristiger Geldmarktzinssatz, zu dem Banken von Banken Geldmarktkredite aufnehmen oder an Banken Einlagen gewähren. Bildet sich als das arithmethische Mittel der von einer geringen Zahl führender Pariser Banken benannten Interbanken-Geldmarktzinssätze und stellt Referenzzinssatz dar.

Parität

Allgemein: Austauschverhältnis zwischen 2 Währungen. An der Börse der Kurs, der sich für ein ausländisches Wertpapier bei der Umrechnung der Notierung an der Heimatbörse aufgrund des Devisenkurses ergibt.

paritätische Beteiligung
Beteiligung, bei der 2 oder mehrere gleich einflußreiche Beteiligte vorhanden sind, von denen sich keiner gegen den Willen des anderen Teils durchsetzen kann, aber jede ihm nicht genehme Maßnahme zu blockieren vermag. Anders: Mehrheitsbeteiligung, Minderheitsbeteiligung.

paritätische Mitbestimmung
Form der Mitbestimmung, bei der eine gleiche Anzahl Arbeitnehmer und Eigentümer mit gleichem Stimmrecht in den Aufsichtsorganen der Unternehmung vertreten ist. Dementsprechend findet paritätische Mitbestimmung in den Unternehmen Anwendung, die dem Montanmitbestimmungs- bzw. Montanmitbestimmungsergänzungsgesetz unterliegen. Auch die Mitbestimmung nach Mitbestimmungsgesetz v. 1976 wird als paritätisch bezeichnet. Arbeitnehmer und Eigentümer entsenden die gleiche Anzahl Mitglieder in den Aufsichtsrat der Unternehmung. Allerdings hat der Aufsichtsratsvorsitzende bei Stimmengleichheit doppeltes Stimmrecht.

Paritätskurs
Bei Wertpapieren der Kurs, der dem Nennwert entspricht (Parikurs). Bei Devisenkursen in Systemen fester oder stufenflexibler Wechselkurse das Austauschverhältnis zwischen 2 Währungen, das ihrer festgelegten Parität (Goldparität, Dollarparität, SZR-Parität, Leitkurse im EWS) entspricht. → Kursparität.

Parketmarkt
Parallelmarkt an der Brüsseler Börse.

Parkett
Im Parkett des Börsensaales findet der Börsenhandel statt. Zu ihm haben nur die zugelassenen Börsenbesucher (Börsenmitglieder) Zutritt, die gelegentlich einzelne Gäste, für die sie die Verantwortung übernehmen, mitbringen dürfen. Andere Personen, die Einblick in die Börse nehmen wollen, können von der Galerie des Börsensaales dem Börsengeschehen zusehen (Galeriebesucher). Auch: technische Bez. f. den offiziellen Börsenverkehr in amtlich zugelassenen Werten durch die Kursmakler (Gegensatz: Kulisse).

parquet
→ Parkett.

Part, Parten
→ Partenreederei.

Partenbrief
→ Partenreederei.

Partenreederei
Unternehmungsform des Seehandelsrechts, bei der mehrere Eigentümer durch feste Anteile (Parten) an einem Schiff beteiligt sind. Die Höhe der einzelnen Parten wird in Partenbriefen beurkundet. Die Bereederung eines einer Partenreederei gehörenden Schiffs erfolgt meist durch einen Korrespondentreeder. Die Form der Partenreederei ist in der modernen Handelsschiffahrt weitgehend durch Aktienreedereien und Handelsgesellschaften verdrängt. Zeitweilig beliebte Kapitalanlageform.

partial withdrawal
Teilliquidation bei Investmentanteilen.

partiarisches Darlehen
Darlehen, bei dem der Gläubiger vom Schuldner anstelle von Zinsen einen im voraus festgelegten Anteil vom Gewinn oder Umsatz der Unternehmung erhält. Da die Vertragsparteien zur beliebigen Gestaltung des Vertrages berechtigt sind, sind die ökonomischen Unterschiede zwischen partiarischem Darlehen und stiller Gesellschaft oft kaum feststellbar. Partiarische Darlehen finden auch bei Mitarbeiterbeteiligung und bei Finanzierung durch Kapitalbeteiligungsgesellschaften Anwendung.

participating (participation) bonds
US-festverzinsliche Wertpapiere mit Gewinnbeteiligung. Die Zusatzverzinsung wird entweder nach der Höhe der Dividenden, des Reingewinns oder des Umsatzes bemessen.

participation cap
Gleichzeitiger Kauf eines cap und Verkauf eines floor mit der gleichen Zinsbegrenzung, aber unterschiedlichen Nominalbeträgen. Risikoprofil: Die effektive Zinsobergrenze liegt unterhalb der eines einfachen cap, während der Käufer des cap von Zinssenkungen nicht mehr in vollem Umfang, sondern nur anteilig, in Abhängigkeit vom Partizipationsanteil, profitiert.

Partizipationsgeschäft

Gemeinschaftsgeschäft, zu dessen Durchführung sich mehrere voneinander unabhängige Unternehmen vorübergehend zusammenfinden. Typisches Beispiel für ein Partizipationsgeschäft ist das Konsortialgeschäft der Banken. Je nach Art des Geschäfts können durch die Form des Partizipationsgeschäfts unterschiedliche Effekte realisiert werden (Risikoteilung, breite Streuung).

Partizipationsschein

Der schweizerische Partizipationsschein, eine Art des Genußscheins, verkörpert keine Mitgliedschaftsrechte, sondern nur Vermögensrechte, somit den Anspruch auf einen Anteil an dem Gewinn und an dem Vermögen der Gesellschaft, und bei einer Kapitalerhöhung auf ein Bezugsrecht. Der Partizipationsschein ist dem Genußschein ähnlich. Er bildet ebenso wie Namensaktien ein Mittel, die Überfremdung von AG zu begrenzen.

Partly Assisted Trading System (PATS)

Computergestütztes Aktien-Handelssystem an der Wiener Börse für den amtlichen Handel, den geregelten Freiverkehr und den sonstigen Wertpapierhandel.

Partnerinvestmentgesellschaft

Investmentgesellschaft, deren Geschäftsbetrieb darauf gerichtet ist, bei ihr eingelegtes Kapital in Beteiligungen an Einzelunternehmen und Personengesellschaften anzulegen. Nach KAGG nicht zulässig, aber als Unternehmensbeteiligungsgesellschaft.

partnership

In angelsächsischen Ländern eine der OHG ähnliche Unternehmensform. Limited partnerships verlangen allerdings nur beschränkte Haftung der partners; daher der KG ähnlich.

part-paid floating rate note

Floating rate note mit Teileinzahlung, die auf Anfordern des Emittenten vollzuzahlen ist.

parts

Gewinnanteilsscheine französischer Gesellschaften ohne Nennwert. Räumen dem Inhaber Anspruch auf einen bestimmten Anteil am Gewinn der Unternehmung ein. Sind i. d. R. Gründeranteilsscheine (parts de fondateurs). U. a. kommen sie auch bei den (verstaatlichten) französischen Banken vor.

par value

→ Nennwert (Nominalwert).

Passagekurs

Liquidationskurs an niederländischen Börsen.

Passiva, Passiven

Die auf der rechten Seite der Bilanz stehenden Bilanzpositionen, im wesentlichen Eigenkapital und Verbindlichkeiten. Die Passivseite der Bilanz zeigt die Quellen, aus denen die Unternehmung finanziert wird.

Passivzins

Der für eine Schuld zu zahlende Zins; bei Banken die den Einlegern zu zahlenden Habenzinsen. Gegens.: Aktivzins.

pass-through-Zertifikate

Titel, die durch eine hypothekarisch unterlegte Forderung gesichert sind. Zins- und Tilgungszahlungen aus dem Hypothekarkredit werden an die Zertifikatsinhaber weitergeleitet („pass through").

Paßwort

Spareinlagen können bei Vorlage des Sparbuchs an den Vorleger ausgezahlt werden (hinkendes Inhaberpapier). Der Sparkontoinhaber kann sich aber durch Vereinbarung eines Codeworts vor unberechtigten Verfügungen schützen, da dieses bei Auszahlungen angegeben werden muß. Auch bei Safes sind Paßwörter gebräuchlich.

Patronatserklärung

Im Anleihe- und Kreditgeschäft in zunehmendem Maße von Bedeutung. Rechtlich nicht in die herkömmlichen Sicherungsformen einzuordnen. Reicht von einer good-will-Erklärung praktisch ohne Sicherungswert bis zu einklagbarer Verpflichtung zur Schuldübernahme oder Forderungskauf. Werden i. d. R. von Muttergesellschaften, deren Tochtergesellschaften einen Kredit aufnehmen, ohne die erforderlichen Sicherheiten stellen zu können, abgegeben. Dabei kann sich die Erklärung direkt an die kreditgebende Bank richten. Denkbar ist aber auch eine Erklärung gegenüber der Tochtergesellschaft zugunsten der Bank. Tritt auch bei internationalen Anleihen am Euromarkt, bei Auslandsanleihen u. a. auf.

PATS

Abk. f. → Partly Assisted Trading System.

Pauschalierung
Vorgang, bei dem anstelle der exakten Summierung mehrerer Einzelpositionen die Ermittlung der Gesamtsumme durch Schätzverfahren erfolgt. Dabei können für das angewendete Schätzverfahren bestimmte Vorschriften bestehen. Die Pauschalierung hat wirtschaftlich besondere Bedeutung im Einkommensteuerrecht sowie in der Versicherungswirtschaft im Rahmen von Abreden über die Höhe künftig unter bestimmten Voraussetzungen entstehenden Schadensersatzansprüche. Für den Kapitalanleger ist insbesondere eine Methode der Pauschalierung im Außensteuerrecht relevant, durch die eine Doppelbesteuerung vermieden werden soll: Hierbei wird auf die ausländischen Einkünfte oder Vermögensteile nicht die volle Steuer, sondern eine ermäßigte pauschale Steuer erhoben.

Pauschalwertberichtigung
Im Pauschalverfahren ermittelte Wertkorrekturen auf Forderungen in den Jahresbilanzen. Hiermit soll berücksichtigt werden, daß erfahrungsgemäß ein Teil der Forderungen nicht oder nicht in voller Höhe eingehen wird. Gegensatz: Einzelwertberichtigung.

Pauschbeträge bei Kapitalerträgen
Für Werbungskosten bei den Einkünften aus Kapitalvermögen (z. B. Erträgnisse aus Wertpapieren). Ergeben sich aus EStG in Höhe von DM 100, bei zusammenveranlagten Ehegatten DM 200 pro Jahr.

payback
Kennzahl, die die Amortisationsdauer einer Investition angibt, d. h. den Zeitraum, in dem der Anschaffungswert durch die Nettoerträge wiedergewonnen werden kann. Die Kennzahl gibt Auskunft über das Risiko einer Anlage sowie über ihre Liquiditätswirkungen und kann ggfs. als Grundlage für die Ermittlung der Dauer einer Kreditaufnahme dienen.

pay day
Bez. f. den Erfüllungstag bei Abwicklung der Termingeschäfte an der Londoner Börse. Auch: account day.

paying agent
Konsortiumsmitglied bei internationalen Anleiheemissionen, das für die Abwicklung der Zinszahlungen und der Anleiherückzahlung zuständig ist.

PBOT
Abk. f. Philadelphia Board of Trade.

pcKISS
Abk. f. → Personalcomputer-Kurs-Informations-Service-System.

P/E
Abk. f. price-earnings ratio (Kurs/Gewinn-Verhältnis).

penny shares, penny stocks
In USA Bez. f. hochspekulative Aktien, insbesondere im Bereich der Minen- und Ölindustrie, oft mit Kursen weniger als 1 US-$.

penny stocks
Bez. f. US-amerikanische Aktien, die mit weniger als 5 US-$ pro Stück gehandelt werden. Im Gegensatz zu blue chips weisen penny stocks wesentlich höhere Risiken, jedoch auch Kurschancen auf. Dürfen an private Investoren nur noch verkauft werden, sofern diese vorher ausdrücklich schriftlich bestätigen, daß sie auf die Risiken hingewiesen und über die realen Chancen aufgeklärt worden sind.

Pensionsfonds
Fonds, der sich durch die Bildung von Pensionsrückstellungen ergibt. Er wird in seiner Höhe einerseits durch die Rückstellungsbildung, andererseits durch die Abflüsse durch Pensionszahlungen bestimmt. Werden die laufenden Pensionszahlungen in der gleichen Periode durch Zuführungen in den Pensionsfonds ausgeglichen, steht der Unternehmung ein Finanzierungsfonds in der Höhe zur Verfügung, in der sich in der Vergangenheit Pensionsrückstellungen durch Nettozuführungen angesammelt haben. Dieser Fonds ist gegenüber anderen Finanzierungsquellen relativ kostengünstig.

Pensionsgeschäfte
Geschäfte, bei denen der Besitzer (Pensionsgeber) von Vermögenswerten (z. B. Forderungen, Wertpapiere) diese an einen Dritten (Pensionsnehmer) für eine begrenzte Zeit unter Übernahme der Rückkaufverpflichtung veräußert. Der Zeitpunkt der Rückgabe ist von vornherein vereinbart oder wird später festgelegt. Werden vor allem von Banken untereinander getätigt; sie können sich dadurch vorübergehend Mittel beschaffen oder eine günstige Anlage finden. Sonderform: Pensionsgeschäfte in eigenen Schuldverschreibungen.

Pensionsgeschäfte der Deutschen Bundesbank

Art der Offenmarktpolitik der Bundesbank. Sie erklärt sich dabei bereit, zum Ausgleich besonderer Spannungen am Geldmarkt von den Banken bundesbankfähige Inlandswechsel außerhalb der Rediskontkontingente unter der Bedingung anzukaufen, daß der Verkäufer die Wechsel per Termin zurückkauft. Weiter kauft die Bundesbank von Banken, die zum Rediskont zugelassen sind, lombardfähige festverzinsliche Wertpapiere unter der Bedingung an, daß die Verkäufer sie gleichzeitig per Termin zurückkaufen. Die betreffenden Wertpapiere müssen an einer Börse amtlich notiert werden; einbezogen sind auch Kassenobligationen des Bundes, der Bundesbahn, der Bundespost und der Bundesländer, soweit sie am Geregelten Markt notiert werden. Wertpapierpensionsgeschäfte wurden bisher über Fristen von 1 Monat abgeschlossen. Pensionsgeschäfte über Wechsel und Wertpapiere sind Offenmarktgeschäfte auf Zeit. Sie haben die Eigenart, daß den Banken nur für befristete Zeit Zentralnotenbankguthaben zur Verfügung gestellt werden. Gegenüber definitiven Geschäften (outright-Transaktionen) haben sie den Vorzug, daß sie die Kurse am Rentenmarkt nicht berühren; sie sind ausschließlich liquiditätswirksam, dienen also nur der Regulierung des Geldmarktes. Ferner: Devisenpensionsgeschäfte der Deutschen Bundesbank.

Pensionsgeschäfte, echte

Pensionsgeschäfte, bei denen der Pensionsnehmer die Wertpapiere zurückkaufen muß.

Pensionsgeschäfte in Devisen

→ Devisenpensionsgeschäfte.

Pensionsgeschäfte in Effekten

Wirtschaftlich ein Leihgeschäft in Wertpapieren; rechtlich Verkauf mit Rücknahmeverpflichtung zu einem im voraus bestimmten Termin. Bis zur Rückgabe stehen dem Käufer auf Zeit die Erträgnisse (z. B. Zinsen) zu.

Pensionsgeschäfte in eigenen Schuldverschreibungen

Im Gegensatz zum normalen Pensionsgeschäft mit Vermögenswerten geben hierbei Emissionsinstitute, vor allem Hypotheken-, Schiffspfandbriefbanken, öffentlich-rechtliche Grundkreditanstalten u. a. eigene Schuldverschreibungen, insbesondere Pfandbriefe und Kommunalobligationen, in Pension, also Passiva: Sie verkaufen diese an sich langfristig laufenden Titel kurz- bis mittelfristig an andere Kapitalsammelstellen unter Übernahme der Rückkaufverpflichtung. Vor allem in schwierigen Kapitalmarktzeiten, wenn temporär Absatzschwierigkeiten auftreten. Später erfolgt dann laufzeitkonforme Plazierung.

Pensionsgeschäfte in Wertpapieren, vermögensteuerlich

Für Wertpapiere, die Gegenstand eines Pensionsgeschäftes sind, ist die Bewertung mit dem (niedrigsten) Börsenkurs vom Bewertungsstichtag vorgeschrieben. Diese Wertpapiere sind ungeachtet interner Zusatzvereinbarungen weiterhin Wertpapiere, die zum amtlichen Handel oder Geregelten Markt an einer Börse zugelassen oder in deren Freiverkehr einbezogen sind. Sie sind demzufolge bei dem, dem sie ertragsteuerlich zugerechnet werden, mit dem maßgeblichen Börsenkurs zu bewerten. Beim unechten Pensionsgeschäft kann, wenn der Börsenkurs am Bewertungsstichtag niedriger ist als der garantierte Rücknahmekurs – im umgekehrten Falle ist die Rücknahmegarantie praktisch bedeutungslos –, weder beim Pensionsnehmer eine entsprechende Forderung noch beim Pensionsgeber eine entsprechende Verbindlichkeit angesetzt werden. Beim echten Pensionsgeschäft ergeben sich, je nachdem, ob die Wertpapiere ertragsteuerlich dem Pensionsnehmer oder dem Pensionsgeber zugerechnet werden, bewertungsrechtlich unterschiedliche Folgen.

Pensionsgeschäfte, unechte

Pensionsgeschäfte, bei denen der Pensionsnehmer die Wertpapiere zurückkaufen kann, aber nicht muß.

Pensionskasse

Rechtsfähige Versorgungseinrichtung, die den Leistungsberechtigten (Arbeitnehmer und sonstige mit dem Betrieb verbundene Personen) auf ihre Leistungen einen Rechtsanspruch gewährt. Zu den Pensionskassen gehören auch nichrechtsfähige Zusatzversorgungseinrichtungen des öffentlichen Dienstes.

Pensionsrückstellungen

Betriebliche Leistungen zur Altersversorgung der Arbeitnehmer in Form der Bildung von Rückstellungen. Das Versorgungskapital, das zur Erfüllung rechtsverbindlicher Versorgungspflichten notwendig ist, wird während der Dauer des

Beschäftigungsverhältnisses versicherungstechnisch gleichmäßig angesammelt. Damit wird eine im Verhältnis zur geleisteten Arbeit periodengerechte Abgrenzung des Versorgungsaufwands erreicht. Zuführungen zur Pensionsrückstellung stellen beim berechtigten Arbeitnehmer keinen Arbeitslohn dar, auch wenn ihm die Versorgungsleistungen arbeitsrechtlich nicht mehr entzogen werden können. Hingegen gehören die späteren Versorgungsleistungen zum Arbeitslohn; sie sind nach Abzug des Versorgungsfreibetrages und der anderen für Arbeitnehmer in Betracht kommenden Ermäßigungen voll zu versteuern.

Pensionsrückstellungen, Höhe

Die Pensionsrückstellung kann in voller Höhe des sich ergebenden versicherungsmathematischen Wertes gebildet werden. Sie ist so zu bemessen, als ob die Pensionszusage bereits zu Beginn des Jahres gegeben worden wäre, in dem das Dienstverhältnis begonnen hat, frühestens mit dem Alter des Berechtigten von 30 Jahren. Bei der Ermittlung des Teilwerts der Pensionsanwartschaft ist das vertraglich vereinbarte Pensionsalter zugrunde zu legen. Bei der Berechnung des Teilwerts der Pensionsverpflichtung ist ein Rechnungszinsfuß von 6% zugrunde zu legen.

Pensionsrückstellungen, steuerlich

Für eine Pensionsverpflichtung darf i. a. eine Rückstellung (Pensionsrückstellung) nur gebildet werden, wenn: (1) der Pensionsberechtigte einen Rechtsanspruch auf einmalige oder laufende Pensionsleistungen hat; (2) die Pensionszusage keinen Vorbehalt enthält, daß die Pensionsanwartschaft oder die Pensionsleistung entzogen oder gemindert werden kann; (3) die Pensionszusage schriftlich erteilt ist. Eine Pensionsrückstellung darf erstmals gebildet werden: (1) vor Eintritt des Versorgungsfalls für das Wirtschaftsjahr, in dem die Pensionszusage erteilt wird, frühestens für das Wirtschaftsjahr, bis zu dessen Mitte der Pensionsberechtigte das 30. Lebensjahr vollendet; (2) nach Eintritt des Versorgungsfalls für das Wirtschaftsjahr, in dem der Versorgungsfall eintritt. Eine Pensionsrückstellung darf höchstens mit dem Teilwert der Pensionsverpflichtung angesetzt werden. Als Teilwert einer Pensionsverpflichtung gilt vor Beendigung des Dienstverhältnisses des Pensionsberechtigten der Barwert der künftigen Pensionsleistungen am Schluß des Wirtschaftsjahrs abzüglich des sich auf denselben Zeitpunkt ergebenden Barwert betragsmäßig gleichbleibender Jahresbeträge. Die Jahresbeträge sind so zu bemessen, daß am Beginn des Wirtschaftsjahrs, in dem das Dienstverhältnis begonnen hat, ihr Barwert gleich dem Barwert der künftigen Pensionsleistungen ist. Bei Berechnung des Teilwertes der Pensionsverpflichtungen sind ein Rechnungszinsfuß von 6% und die Regeln der Versicherungsmathematik anzuwenden. Eine Pensionsrückstellung darf in einem Wirtschaftsjahr höchstens um den Unterschied zwischen Teilwert der Pensionsverpflichtung am Schluß des Wirtschaftsjahrs und am Schluß des vorangegangenen Wirtschaftsjahrs erhöht werden. Verpflichtungen aus einer Pensionszusage sind abzugsfähig, sobald der Pensionsfall eingetreten ist. Bei Anwartschaft auf Kapitalleistungen ist 1/10 des zugesagten Kapitals als Jahresrente anzusetzen. Eine Pensionszusage, die sich auf Rentenleistungen und Kapitalleistungen erstreckt, ist nicht in einen Rententeil und einen Kapitalteil zu trennen, sondern einheitlich zu bewerten. Ist vorgesehen, daß Leistungen aus der Sozialversicherung auf die betriebliche Rente angerechnet werden, oder daß die Gesamtversorgung aus betriebliche Rente und Sozialversicherungsrente begrenzt wird, darf bei der Berechnung der im vertraglichen Pensionsalter erreichbaren Jahresrente nur die Nettobelastung der Unternehmung berücksichtigt werden. Unabhängig von dem Kapitalwert der bereits laufenden Pension ist auch noch eine besondere Rückstellung für Anwartschaft des Pensionärs auf Hinterbliebenenrente zu bilden, wenn die Pensionszusage eine solche Anwartschaft vorsieht oder eine solche Anwartschaft tatsächlich besteht.

Pensionssicherungsverein

Vom Verband der Lebensversicherungsgesellschaften, dem Bundesverband der deutschen Arbeitgeber und dem Bundesverband der Deutschen Industrie gemeinsam getragener Verein mit Sitz in Köln zur Gewährleistung der betrieblichen Altersversorgung im Fall der Insolvenz eines Mitgliederunternehmens.

Pensions- und Sterbekassen

→ Pensionskasse.

Pensionsverpflichtungen

Verpflichtungen einer Unternehmung aus der Zusage von Pensionen. Gegenstand der Verpflichtung können laufende gleichbleibende oder steigende Leistungen in Geld oder Sachwerten oder auch eine einmalige Kapitalabfindung sein. Für eingegangene Pensionsverpflichtungen müssen in der Bilanz Rückstellungen gebildet werden, allerdings nur für solche, die auf einer rechtsverbindlichen, vorbehaltlosen oder mit einem steuerunschädlichen Vorbehalt versehenen Versorgungszusage beruhen. Durch vertragliche Gestaltung ist es möglich, Pensionsverpflichtungen gegenüber noch aktiven Arbeitnehmern mit einem Vorbehalt zu versehen, der es unter bestimmten Voraussetzungen erlaubt, die Zusage zu widerrufen.

Pensionszahlungen

Im Jahresabschluß sind der Betrag der im Geschäftsjahr geleisteten Pensionszahlungen einschließlich der Zahlungen an rechtlich selbständige Versorgungskassen und in Prozentsätzen dieses Betrags die in jedem der folgenden 5 Geschäftsjahre voraussichtlich zu leistenden Zahlungen zu vermerken. Im Anhang sind anzugeben: Gesamtbezüge (Abfindungen, Ruhegehälter, Hinterbliebenenbezüge, Leistungen verwandter Art) der früheren Mitglieder des Vorstands und ihrer Hinterbliebenen. Erhalten frühere Mitglieder des Vorstands der Gesellschaft oder ihre Hinterbliebenen auch von verbundenen Unternehmen Abfindungen oder Ruhegehälter, sind diese Bezüge gesondert anzugeben.

Pensionszusagen

→ Pensionsverpflichtungen.

PER, P.E.R.

Abk. f. price-earnings ratio. Auch: P/E.

per annum

→ p.a.

per Arrangement

Abschlüsse an der Wiener Börse zur wöchentlichen Abwicklung durch das Arrangementbüro (Abrechnungsstelle der Österreichischen Kontrollbank AG) im Gegensatz zu Kassageschäften.

per Erscheinen

Handel in Wertpapieren, bevor Stücke tatsächlich zur Verfügung stehen. → Handel per Erscheinen.

perfekter hedge, perfektes hedging

Effiziente, vollkommene Absicherung einer offenen Position durch einen kongruenten, jedoch gegenläufig wirkenden Terminkontrakt. Die Verluste einer Position werden vollständig durch entsprechende Gewinne der Gegenposition ausgeglichen.

performance

Ertrag einer Kapitalanlage. Leistung des Kapitalanlage-Managements institutioneller Investoren, so z. B. von Investmentgesellschaften, Versicherungen, Vermögensverwaltungen. Gemessen wird der Wertzuwachs des verwalteten Vermögens als Leistung der Geschäftsführung, bei Investmentgesellschaften also die Wertentwicklung eines Investmentfonds oder einer Investmentanlage. Wird für eine bestimmte Referenzperiode unter Berücksichtigung der Erträgnisausschüttung berechnet und in % ausgedrückt. Für Referenzperioden bis 1 Jahr wird oft folgende Methode angewendet:

$$\frac{(\text{Inventarwert II} - \text{Inventarwert I} + \text{Ausschüttung}) \times 100}{\text{Inventarwert I}}$$

Für eine Berechnung über längere Zeiträume ist dieser Ausdruck nicht ausreichend, da im Falle der Wiederanlage der Kumulationseffekt unberücksichtigt bleibt. Zudem fehlt Vergleichsmaßstab. Hierzu wird bei Aktien ein Aktienindex verwendet, der die durchschnittliche Entwicklung eines Marktes widerspiegelt, so z. B. Deutscher Aktienindex (DAX), Commerzbank-Aktienindex, Morgan Stanley Capital International Indices oder Financial Times Index. Das Portfolio-Management wird somit nicht daran gemessen, welche Rendite es absolut erzielt hat, sondern daran, ob es besser oder schlechter als der Durchschnitt des Marktes gelegen hat.

performance bond

Urkunde, die der finanziellen Absicherung eines Käufers für den Fall dient, daß der Verkäufer seinen vertraglichen Pflichten nicht nachkommt. Während Liefer-, Leistungs- und Gewährleistungsgarantien jeweils nur einzelne Pflichten absichern, sichert der auch als Vertragserfüllungsgarantie bezeichnete performance bond die gesamte Vertragserfüllung ab. Der performance bond wird i. d. R. durch Banken im Auftrag eines ihrer Kunden ausgestellt.

performance fee

Leistungsprämie bei Investmentgesellschaften.

performance fund

Investmentfonds, der auf möglichst hohe Wertzuwächse hin gemanagt wird.

performance-Index
Bez. für Index, der sowohl um Kapitalveränderungen als auch um Dividendenzahlungen bereinigt ist. Stellt Maßstab für die Wertentwicklung an Wertpapiermärkten dar, der neben den Kursveränderungen weitere kauf- bzw. verkaufsrelevante Informationen liefert. So wurden z. B. aufgrund der seit den siebziger Jahren festzustellenden Kursvolatilität festverzinslicher Werte auch für den Rentenmarkt von verschiedenen Banken performance-Indizes kreiert. Ein solcher Index wird analog zum Rentenmarktindex gebildet, berücksichtigt aber zusätzlich zur Kursentwicklung als weitere Information die Komponente Zinseinkommen.

perpetual floating rate notes
Zinsvariable Schuldtitel mit „ewiger" Laufzeit. Aus Emittentensicht sind diese Papiere insbesondere im Fall der Anerkennung der Emissionserlöse als Eigenkapitalersatz interessant (so z. B. bei britischen Banken, die auf diesem Wege die Höchstkreditvolumen ausdehnen können). Häufig haben die Anleihegläubiger das Recht, zu festgelegten Terminen einen Umtausch in kurz- bzw. mittelfristige, meist niedriger verzinsliche Titel des gleichen Emittenten vorzunehmen.

perpetual floating rate notes swaps
Variante der loan swaps. Tausch von Forderungen gegenüber hochverschuldeten Ländern gegen von Banken emittierte variabel verzinsliche Wertpapiere mit unbegrenzter Laufzeit. Interessant gewordene swap-Variante aufgrund des Zusammenbruchs des perpetual floating rate notes-Marktes Ende 1986. Durch swaps können Banken diese Wertpapiere bei institutionellen Investoren gegen Erwerb von Länderkrediten plazieren. Im Rahmen anschließender cash swaps werden die Länderkredite gegen Barzahlung an andere Investoren weiterveräußert.

perpetuals
Kurzbez. f. Schuldtitel ohne Laufzeitbegrenzung.

persönliches (lebendes) Depotbuch
Muß jede Depotbank führen. Enthält die Namen der Depotkunden sowie Art, Nennbetrag oder Stückzahl, Nummern und sonstige Merkmale der verwahrten Wertpapiere. Gegensatz: Sachdepot (totes Depotbuch).

Personalaufwandskennzahlen
Kennzahlen zur Charakterisierung der unternehmensspezifischen Personalaufwendungen. Gebräuchliche Personalaufwandskennzahlen sind z. B. die durchschnittlichen Personalaufwendungen pro Mitarbeiter (= Gesamtpersonalaufwendungen/mittlere Belegschaftszahl), die auf die Gesamtpersonalaufwendungen bezogene Produktivität (= Umsatz/Gesamtpersonalaufwendungen). Letztere Kennzahl gibt Aufschluß über die Personalintensität der Leistungserstellung der Unternehmung. Weitere Personalaufwandskennzahlen sind cash-flow oder Jahresüberschuß in % der Gesamtpersonalaufwendungen. Wichtig in der Aktienanalyse.

Personalcomputer-Kurs-Informations-Service-System (pcKISS)
An der Frankfurter Wertpapierbörse entwickeltes System, das es ermöglicht, auf einem Personalcomputer Kurs- und Marktinformationen der deutschen Börsen, einschließlich der Daten aus IBIS und der Daten der Deutschen Terminbörse DTB, real-time zu empfangen. Basiert auf dem Kurs-Informations-Service-System KISS. Aktualisierung erfolgt automatisch. Die Übermittlung der Daten erfolgt neuerdings auch über Satellit und das Kabelnetz. Zum Empfang ist ein Personalcomputer (PC), eine Satellitenempfangsanlage bzw. ein Kabelanschluß sowie ein spezieller Dekoder notwendig, der bei den Vertreibern des Systems – der Reuters AG, Frankfurt, und der STS GmbH, Sulzbach/Ts. – gemietet wird. Abk. pcKISS.

Personalgesellschaft
→ Personengesellschaft, -handelsgesellschaft, Personalgesellschaft.

Personalkennzahlen
Kennzahlen zur Kennzeichnung der Personalstruktur einer Unternehmung. Beispiele für Personalkennzahlen sind: Anzahl der Arbeiter im Verhältnis zur Anzahl der Angestellten, Anzahl der in der Produktion beschäftigten Arbeitnehmer im Verhältnis zur Anzahl der in der Verwaltung beschäftigten Mitarbeiter, Umsatz im Verhältnis zur Anzahl der Mitarbeiter (Produktivität) oder Gewinn im Verhältnis zur Anzahl der Mitarbeiter. Wichtig in der Aktienanalyse.

Personalobligationen (-schuldverschreibungen)
Obligationen, die von emissionsfähigen Unternehmen ausgegeben werden und

deren Plazierung allein unter den eigenen Arbeitnehmern erfolgt. I. d. R. erfolgt die Ausgabe von Personalobligationen zu besonders günstigen Konditionen für die Mitarbeiter. Werden häufig auch als Gewinnobligationen oder Optionsanleihen ausgegeben und bieten somit eine Möglichkeit, die Arbeitnehmer am Wachstum oder am Gewinn einer Unternehmung zu beteiligen.

Personendepot

Im Gegensatz zum Sachdepot dasjenige Depotbuch (Verwahrbuch), das in der Depotbuchhaltung nach Deponenten geordnet zu führen ist. Früher auch als lebendes Depot bezeichnet. Neben den Namen der Depotkunden enthält es Art, Nennbetrag oder Anzahl der Stücke, Nummern sowie sonstige Merkmale der verwahrten Wertpapiere.

Personengesellschaft, Personenhandelsgesellschaft, Personalgesellschaft

Handelsgesellschaft ohne eigene Rechtspersönlichkeit, bei der Mitarbeit und Einfluß der Gesellschafter auf die Gesellschaft im Vordergrund stehen. Infolge ihrer engen Verflechtung mit der Unternehmung haften die Gesellschafter – außer Kommanditisten – unbeschränkt, d. h. auch mit ihrem gesamten Privatvermögen, für die Verbindlichkeiten der Gesellschaft. Zu Personengesellschaften gehören OHG und KG. Die stille Gesellschaft ist keine Personengesellschaft.

Personenquorum

Quorum, das als Voraussetzung der Beschlußfähigkeit die Anwesenheit eines Mindestprozentsatzes der abstimmungsberechtigten Personen (z. B. Aktionäre) oder zu deren Vertretung berechtigter Personen erfordert. Gesetzlich vorgeschrieben sind Personenquoren z. B. im französischen Aktienrecht für die Beschlußfähigkeit der HV. Im AktG ist ein Personenquorum nicht festgesetzt; es kann jedoch durch die Satzung der AG eingeführt werden. → Aktienquorum.

per ultimo

Bez. f. die Gültigkeitsdauer einer Wertpapierorder. Der aufgegebene Auftrag läuft bis zum letzten Handelstag des Monats und erlischt dann automatisch.

Pf.

Auch: Pfb., Pfbr., Pfdbr.: Abk. f. Pfandbrief.

Pfändung

Maßnahme der Zwangsvollstreckung, die wegen einer Geldforderung in das bewegliche Vermögen des Schuldners (Sachen, Forderungen, sonstige Rechte) durchgeführt wird und dem Gläubiger ein Pfändungspfandrecht (Pfandrecht), d. h. ein Recht zur Verwertung der gepfändeten Vermögenswerte verschafft. Bei der Pfändung nimmt der Gerichtsvollzieher die Sachen, soweit es sich um Geld, Wertgegenstände oder Wertpapiere handelt, an sich; im übrigen beläßt er sie zwar im Besitz des Schuldners, bringt aber eine Pfandsiegelmarke („Kuckuck") sichtbar an. Die Verwertung erfolgt im Wege öffentlicher Versteigerung. Geldforderungen werden durch gerichtlichen Beschluß gepfändet und den Gläubigern zur Einziehung überwiesen (Pfändungs- und Überweisungsbeschluß). Besonders geregelt ist die Gehalts- und Lohnpfändung. Pfändbar ist das (Netto-)Arbeitseinkommen, d. h. alle fortlaufenden Vergütungen in Geld für Dienstleistungen aller Art. Vom Netto-Arbeitseinkommen sind bestimmte Leistungen abzuziehen. Es bestehen Pfändungsgrenzen und Pfändungsschonung.

Pfändung von Sparguthaben

→ Sparguthaben, Pfändung.

Pfand

Dingliche Belastung einer beweglichen Sache oder eines Rechts zur Sicherung einer Forderung in der Weise, daß der Gläubiger berechtigt ist, die Befriedigung aus dem belasteten Gegenstand zu suchen. Der Gläubiger kann das Pfand verkaufen, sobald die Forderung ganz oder zum Teil fällig ist und der Schuldner sie nicht bezahlt. Bestellt wird das Pfandrecht durch Einigung (Vertrag zwischen dem Gläubiger und dem Eigentümer). Der Pfandgegenstand ist dem Gläubiger zu übergeben. Der Verkauf des Pfandes hat i. d. R. durch öffentliche Versteigerung zu erfolgen. Im Konkurs kann der Pfandgläubiger abgesonderte Befriedigung verlangen. Das Pfand an Grundstücken (Grundpfandrechte) ist in der Form der Grundschuld, Hypothek, Rentenschuld sowie als Schiffspfandrecht möglich. Häufig werden Wertpapiere, vor allem an Banken und zwischen ihnen, verpfändet.

Pfandbrief

Schuldverschreibungen, die von privaten Hypothekenbanken (Hypothekenpfandbriefe), öffentlich-rechtlichen Kreditanstalten und Schiffspfandbriefbanken

(Schiffspfandbriefe) aufgrund der für diese Banken geltenden Gesetze ausgegeben werden: Hypothekenbankgesetz, Gesetz über die Pfandbriefe und verwandten Schuldverschreibungen öffentlich-rechtlicher Kreditanstalten, Gesetz über Schiffspfandbriefbanken (Schiffsbankgesetz). Es sind festverzinsliche oder inzwischen auch variabel verzinsliche Wertpapiere. Sie dienen zur Refinanzierung von Hypothekarkrediten, vor allem für den Wohnungsbau. Die emittierten Pfandbriefe müssen zu jeder Zeit in gleicher Höhe durch Hypotheken von mind. gleichem Zinsertrag gedeckt sein, was ein Treuhänder kontrolliert. Sie sind mündelsicher. Die Besicherung der Pfandbriefe hat durch erststellige Hypotheken zu erfolgen. Pfandbriefe haben i. d. R. lange Laufzeiten, z. T. über 25 und mehr Jahre. Heute werden überwiegend Pfandbriefe mit kürzeren Laufzeiten und regelmäßigen Tilgungen emittiert, während die Normalausstattung lediglich die Endfälligkeit fixiert und keinen Tilgungsplan enthält. Pfandbriefe nehmen am deutschen Kapitalmarkt eine bedeutende Stellung ein. Sie werden an den Börsen amtlich gehandelt und notiert. Die Bezeichnung Pfandbrief genießt gesetzlichen Schutz, um eine mißbräuchliche Verwendung zu verhindern. Pfandbriefe sind eine sehr beliebte Kapitalanlage.

Pfandbriefanstalten, -banken

Bez. f. Pfandbriefinstitute (öffentlich-rechtliche Kreditanstalten, private Hypothekenbanken, Schiffspfandbriefbanken u. a.). Es sind Realkreditinstitute, die Pfandbriefe ausgeben dürfen.

Pfandbriefausgabe

→ Pfandbriefemission.

Pfandbriefbanken

Bez. f. Banken, die zur Emission von Pfandbriefen berechtigt sind (Pfandbriefprivileg). Zu den Pfandbriefbanken zählen insbesondere die Hypothekenbanken und die öffentlich-rechtlichen Realkreditinstitute.

Pfandbriefdeckung

→ ordentliche Deckung bei Pfandbriefen und Kommunalschuldverschreibungen → Ersatzdeckung.

Pfandbriefemission

Die Emission von Pfandbriefen ist solchen Instituten vorbehalten, die über das Pfandbriefprivileg verfügen (Pfandbriefbanken). Die Ausgabe erfolgt i. d. R. geringfügig unter pari, um eine Feinregulierung der Verzinsung zu ermöglichen, da der Nominalzins nicht in beliebig kleinen Intervallen variiert werden kann. Die Plazierung erfolgt i. d. R. durch Kommissionäre – vor allem Banken – gegen Bonifikation. Die Emissionen werden hierzu in Stückelungen von DM 100 bis DM 10000 eingeteilt. Der Emissionszins wird entsprechend der Umlaufrendite von festverzinslichen Wertpapieren mit vergleichbarer Restlaufzeit festgelegt.

Pfandbriefe, Erstabsatz

Veröffentlicht die Bundesbank in ihren Monatsberichten und in den Beiheften Reihe 2, Wertpapierstatistik.

Pfandbriefgesetz

Gesetz über die Pfandbriefe und verwandten Schuldverschreibungen öffentlich-rechtlicher Kreditanstalten (Neufassung 1963). Das Pfandbriefgesetz regelt die Ausgabe von Pfandbriefen und Kommunalobligationen der öffentlich-rechtlichen Realkreditinstitute analog der Regelung des Geschäfts der privaten Realkreditinstitute durch das Hypothekenbankgesetz. Unterschiedlich zur Regelung für die privaten Hypothekenbanken sieht das Pfandbriefgesetz keine Umlaufgrenze für umlaufende Schuldverschreibungen bei den öffentlich-rechtlichen Realkreditinstituten vor.

Pfandbriefhandel

Der Pfandbriefhandel ist wesentlicher Bestandteil des über die Börse abgewickelten Rentenhandels.

Pfandbriefinstitute

→ Pfandbriefbanken.

Pfandbriefmarkt

Teilgebiet der Wertpapierbörsen für Pfandbriefe.

Pfandbriefprivileg

Gesetzliche Berechtigung zur Emission von Pfandbriefen, die allein den öffentlich-rechtlichen Grundkreditanstalten (einschl. Girozentralen und Landesbanken) sowie den privaten Hypothekenbanken und Schiffspfandbriefbanken zusteht (Pfandbriefgesetz, Hypothekenbankgesetz, Schiffsbankgesetz). Andere als die hierzu gesetzlich berechtigten Institute dürfen grundsätzlich keine Pfandbriefe ausgeben. Gilt analog für Kommunalobligationen.

Pfandbriefumlauf

Veröffentlicht die Bundesbank in ihren Monatsberichten und in den Beiheften Reihe 2, Wertpapierstatistik.

Pfanddepot

→ Pfandverwahrung.

Pfandeffekten

Wertpapiere, die sich in Verwahrung einer Bank befinden und von den Eigentümern als Sicherheit z. B. eines Kredits verpfändet worden sind. → Lombardeffekten.

Pfandklausel

Klausel in den AGB der Banken, nach der Wertgegenstände jeder Art, die im Laufe der Geschäftsverbindung durch den Kunden oder für seine Rechnung durch Dritte in den Besitz der Bank gelangen (z. B. Wertpapiere, Schecks, Wechsel und sonstige Rechte), als Pfand für alle bestehenden und künftigen Ansprüche der Bank gegen den Kunden dienen können.

Pfandrecht

Eine Sicherheit für Kredite aller Art kann durch Verpfändung eines Vermögensgegenstandes gestellt werden. Die Begründung des Pfandrechts setzt einen Vertrag zwischen Pfandgeber (Eigentümer der Pfandsache) und Pfandnehmer (Gläubiger) voraus. Von dem vertraglichen Pfandrecht sind die gesetzlichen Pfandrechte zu unterscheiden, die kraft Gesetzes entstehen. Das Pfandrecht ist akzessorisch, d. h., entsteht die gesicherte Forderung nicht oder fällt sie weg, so besteht auch kein Pfandrecht bzw. es erlischt. Das Pfandrecht kann auch zur Sicherung künftiger oder bedingter Forderungen bestellt werden. Das Pfandrecht ist Besitzpfandrecht; der Pfandgeber muß die Sache dem Pfandnehmer daher übergeben (Faustpfandprinzip). Hat der Pfandnehmer bereits unmittelbaren Besitz, reicht die für alle Pfandbestellungen erforderliche Einigung über das Entstehen eines Pfandrechts, z. B. bei einer Bank, die Wertpapiere für den Kunden verwahrt. Die Übergabe kann auch durch Einräumung des Mitbesitzes ersetzt werden. Außer beweglichen Sachen können auch Rechte zur Sicherung einer Forderung verpfändet werden, also auch Forderungen und Wertpapiere. Die Befriedigung des Pfandgläubigers aus der verpfändeten Sache erfolgt durch Verkauf bei Pfandreife, und zwar im Wege öffentlicher Versteigerung durch einen Gerichtsvollzieher. Wertpapiere, die einen Börsen- oder Marktwert haben, können durch einen Handelsmakler freihändig verkauft werden. Die AGB der Banken enthalten eine Vereinbarung, daß die Bank an den Wertgegenständen des Kunden, die in ihren Besitz gelangen, ein Pfandrecht für ihre Forderungen aus der Geschäftsverbindung mit dem Kunden erwirbt.

Pfandrecht bei Wertpapieren

Zur Sicherung einer Forderung kann ein Wertpapier mit einem Pfandrecht belastet werden. Der Gläubiger ist ggf. berechtigt, Befriedigung aus dem Wertpapier zu suchen. Die Verpfändung erfolgt durch Einigung und Übergabe. Zins-, Renten- oder Gewinnanteilscheine müssen mit dem Papier übergeben werden. Zur Verpfändung eines Wertpapiers, das durch Indossament übertragen werden kann (Orderschuldverschreibungen, Namensaktien), genügt die Einigung des Gläubigers und des Pfandgläubigers und die Übergabe des indossierten Papiers.

Pfandreife

Tritt mit Fälligkeit der gesicherten Forderung ein und bezeichnet den Zeitpunkt, von dem an der Pfandgläubiger das Pfand verwerten darf.

Pfandverwahrung

Ausübung der Pflichten und Rechte eines Verwahrers durch einen Pfandgläubiger, der die ihm verpfändeten Effekten im Pfanddepot hält.

Pfandverwertung

Verfahren zur Befriedigung der Ansprüche des Pfandgläubigers wegen seiner durch das Pfand gesicherten Forderungen. Voraussetzung der Pfandverwertung ist die Pfandreife. Die Pfandverwertung kann grundsätzlich 1 Monat nach deren Androhung gegenüber dem Eigentümer des Pfandes erfolgen, wenn bis dahin die durch das Pfand gesicherte Forderung nicht beglichen ist. Verfahren der Pfandverwertung: (1) öffentliche Versteigerung, (2) freihändiger Verkauf durch einen hierzu berechtigten Handelsmakler oder eine zur Durchführung öffentlicher Versteigerungen berechtigte Person, (3) eine andere zwischen Eigentümer und Pfandgläubiger vereinbarte Art. Bei Verpfändung von Rechten erfolgt die Pfandverwertung durch Einziehung (speziell bei Forderungen) oder, soweit nicht anders vereinbart, nach den für die Zwangsvollstreckung geltenden Vorschriften. Demnach muß sich der Pfandgläubiger zunächst einen Duldungstitel (vollstreckbaren Titel) gegen den Rechtsinhaber verschaffen.

PfG, PfGes

Abk. f. Pfandbriefgesetz.

Pflegschaft

Erfaßt im Unterschied zur Vormundschaft nur die Fürsorge für bestimmte besondere Angelegenheiten eines Menschen und läßt grundsätzlich die Geschäftsfähigkeit des Pflegebefohlenen unberührt. Ein Volljähriger kann einen Pfleger für sein Vermögen erhalten, wenn er z. B. infolge körperlichen Gebrechens seine Angelegenheiten nicht besorgen kann. Für einen Abwesenden, dessen Vermögensangelegenheiten der Fürsorge bedürfen, kann ein Abwesenheitspfleger bestellt werden. Nachlaßpflegschaft wird auch angeordnet für unbekannte Erben.

Pflichtbekanntmachungen

Die Aussteller von Wertpapieren sind verpflichtet, die Bekanntmachungen, die zur Unterrichtung der Wertpapierbesitzer und Wertpapierverwalter dienen, z. B.: Einberufung der HV, Jahresabschluß, Aufsichtsratsveränderungen, Amtszeit der Aufsichtsratsmitglieder, Bezugsaufforderung, Verlosungsergebnisse, Restantenliste usw., in den Gesellschaftsblättern abdrukken zu lassen. Sind die Wertpapiere in den amtlichen Börsenverkehr eingeführt oder in den Geregelten Markt einbezogen worden, sind dieselben Veröffentlichungen in vollem Wortlaut auch in mindestens einem Pflichtblatt (Publikationsorgan) jeder beteiligten Börse vorzunehmen. Bei Neueinführungen ist (auch wenn Wertpapiere desselben Ausstellers bereits zum Börsenhandel zugelassen sind) im Börsenprospekt eine diesbezügliche Publikationsverpflichtung einzugehen. Dieselbe Erklärung ist erforderlich, wenn Wertpapiere in den Geregelten Markt aufgenommen werden sollen. Es liegt im Ermessen der Zulassungsstelle und auch des Wertpapierausstellers, über die Pflichtbekanntmachung hinaus weitere Veröffentlichungen vorzuschreiben bzw. vorzunehmen. Seit 1991 besteht in Deutschland grundsätzliche Prospektpflicht beim erstmaligen öffentlichen Anbieten von Wertpapieren. → Verkaufsprospekte bei Wertpapieren.

Pflichtblatt der Börse, Publikationsorgan der Zulassungsstelle

Für die Pflichtbekanntmachung der Wertpapieraussteller ist von jeder Börse mindestens eine am Börsenplatz erscheinende Zeitung zu benennen, die auch Publikationsorgan der Zulassungsstelle ist. → Börsenpflichtblatt.

Pflichtprüfung

Von Abschlußprüfern durchzuführende Hauptart der Wirtschaftsprüfung (Abschlußprüfung), über die ein Wirtschaftsprüferbericht zu erstellen ist, der einen Bestätigungsvermerk enthalten muß. Die Pflichtprüfung ist gesetzlich vorgesehen für AG, GmbH, Genossenschaften, Banken, Versicherungen, Bausparkassen, öffentliche Betriebe und Großunternehmen i. S. d. Publizitätsgesetzes.

Pflichtteil

Den Abkömmlingen des Erblassers, Eltern und Ehegatten steht der Pflichtteil zu, wenn sie an sich gesetzliche Erben wären, jedoch aufgrund einer Verfügung von Todes wegen von der Erbschaft ausgeschlossen worden sind. Er besteht in der Hälfte des Wertes des jeweiligen gesetzlichen Erbteils. Der Anspruch auf den Pflichtteil entsteht mit dem Erbfall. Es ist ein Geldanspruch und richtet sich gegen den Erben. Für den Fall, daß der Erblasser einem Dritten eine Schenkung gemacht hat, erhöht sich der Pflichtteil um die Hälfte des Wertes der Schenkung (Pflichtteilergänzungsanspruch). Der Pflichtteilanspruch wird vermögensteuerlich erst erfaßt, wenn er geltend gemacht ist.

Pfund Sterling

Abk.: £, £Stg., Währung in Großbritannien und Nordirland.

Pfund-Währung

Pfund ist Bezeichnung für die Währung vieler Länder.

Pfuschmakler

Scherzhafte Bez. f. freie Makler, weil diese den amtlichen Maklern angeblich ins Handwerk pfuschen.

Philadelphia Board of Trade (PBOT)

US-amerikanische Terminbörse; Tochtergesellschaft der Philadelphia Stock Exchange. An der PBOT erfolgt der Handel in futures auf den National over the counter index und in Währungsfutures ($/austr. $, $/£, SIC$, $/DM, $/ECU, $/SFr, $/FFr, $/Yen). Adresse: → Philadelphia Stock Exchange.

Philadelphia Stock Exchange (PHLX)

The Philadelphia Stock Exchange Bld., 1900 Market Street, Philadelphia, PA 19103-3584, USA. Tel.: 001-215-496-5357. Telefax: 001-215-496-5653. Telex: 902-636. Bedeutender Handel in Optionen: Index-Optionen (Gold- und Silberindex, National over the counter index, Value Line Index,

Philadelphia Stock Exchange/Keefe, Bruyette & Woods, Inc. bank index, PHLX utility index), Währungsoptionen (in $/C$, $/DM, $/FFr, $/£, $/SFr, $/Yen, $/austr. $, $/ECU, DM/Yen, £/DM, £/Yen). Am Philadelphia Board of Trade, einer Tochtergesellschaft der PHLX, werden unter anderem futures auf den National over the counter index und Währungsfutures gehandelt.

PHLX

Abk. f. Philadelphia Stock Exchange.

physical-exchange-Option

Bei Ausübung dieser auf einem Kassatitel basierenden Optionsart wird entweder das der Option zugrundeliegende Basisobjekt oder der Geldgegenwert übertragen.

Pibor

→ Paris interbank offered rate (Pibor).

Pinay-Anleihen

→ Goldanleihen.

pink sheets

Die am US-amerikanischen over-the-counter-Markt festgestellten bzw. genannten Wertpapierkurse werden vom National Daily Quotation Service in Form sog. pink sheets veröffentlicht. Diese enthalten zugleich auch die Namen der die Kurse stellenden und die Wertpapiere handelnden Wertpapierhäuser, z. T. auch getätigte Umsätze.

pip

Am Euromarkt 1/100 eines % des Nominalwertes eines Wertpapiers. → point.

PIPE

Abk. f. → Price Informations Project Europe.

Pistole

Im 16. Jahrhundert in Spanien geprägte Goldmünze.

pit

Handelsplatz in der Börse, an dem die Offerten abgegeben werden. → floor.

Placierung, Plazierung

Unterbringung (Verkauf) von Wertpapieren beim Publikum. Man spricht von guter Plazierung, wenn eine Emission von möglichst vielen Käufern erworben wird; dadurch wird die Gefahr eines Kursrückgangs durch plötzliches massives Verkaufsangebot des Papiers an der Börse verringert. Es ist üblich, daß Neuemissionen von einem Bankenkonsortium fest übernommen und anschließend im Publikum untergebracht werden. Da das Konsortium im voraus nicht weiß, ob es die Stücke verkaufen wird, erhält es von dem Emittenten eine Vergütung für das Plazierungsrisiko (Konsortialnutzen). Für die Plazierung von öffentlichen Anleihen und Obligationen kommen öffentliche Zeichnung und freihändiger Verkauf in Frage. Bei öffentlicher Zeichnung werden die Anleger aufgefordert, während einer bestimmten Zeichnungsfrist Teilbeträge der Anleihe zu zeichnen. Die Banken behalten sich vorzeitigen Schluß der Zeichnungsfrist sowie Repartierung einzelner Zeichnungen vor. Beim freihändigen Verkauf (heute üblich) erhalten die Konsortialbanken bestimmte Quoten von der Gesamtemission und bieten sie ihren Kunden an. Es gibt keine feste Zeichnungsfrist, sondern jede Bank verkauft von einem festen Termin an. Die Plazierung dauert also bei den einzelnen Banken je nach Plazierungskraft unterschiedlich lange. Aktienplazierungen aus ordentlichen Kapitalerhöhungen gibt es in dieser Form nicht, da die jungen Aktien den Altaktionären zunächst anzubieten sind. Zweitplazierungen von Aktienbeständen werden regelmäßig freihändig vorgenommen, wenn der unterzubringende Betrag groß genug ist.

Placierungskraft, Plazierungskraft

Fähigkeit einer Bank, Emissionen bei ihren Kunden zu plazieren.

Placierungsländer, Plazierungsländer

Länder, in denen Emissionen ausländischer Emittenten aufgelegt werden.

Placierungsprovision, Plazierungsprovision

Entgelt für die Bank für die Mitwirkung bei einer Wertpapieremission.

placing agent

Plazierungsinstitut.

placing memorandum

Am Euromarkt vertrauliches Dokument bei Privatplazierungen (private placements), in dem dem Bankenkonsortium und seinen Kunden alle wesentlichen Informationen über den Emissionsschuldner und die Plazierung der Emission gegeben werden.

plain-vanilla-Emission

Effektenemission herkömmlicher Struktur.

Platin

Wird hauptsächlich aus platinhaltigen Erzen, vor allem des Nickels, gewonnen.

Findet Verwendung bei der Schmuckherstellung und in der Industrie zur Herstellung von Schmelztiegeln, Drähten und Schalen. Besondere Bedeutung kommt dem Platin wegen des fast gleich hohen Ausdehnungskoeffizienten in der Glasindustrie und wegen seiner besonderen katalytischen Eigenschaften zu. Wegen letzterer Eigenschaften findet Platin u. a. auch bei der Abgasentgiftung für Kraftfahrzeuge Verwendung. Platin ist neben Gold, Silber und Palladium Handelsobjekt des Edelmetallhandels an den internationalen Rohstoffbörsen.

Platin als Kapitalanlage

Platin wird an den Rohstoffbörsen im Edelmetallhandel regelmäßig notiert. Wichtigste Handelsplätze sind in London und in New York. Der Handel in Platin konzentriert sich in starkem Maße auf Geschäfte per Termin. Die Mehrzahl der Teilnehmer am Platingeschäft der internationalen Rohstoffbörsen ist weniger an der tatsächlichen Lieferung aus den Termingeschäften interessiert, sondern versucht, durch Arbitrage oder Spekulation an räumlichen oder zeitlichen Preisdifferenzen zu verdienen. Vom freien Marktpreis (Börsenpreis), der sich an den internationalen Rohstoffbörsen bildet, unterscheidet sich der Produzentenpreis, der den Produzenten bei tatsächlicher Lieferung des Metalls in Rechnung gestellt wird, häufig nicht unerheblich. Insbesondere zeichnet sich der Direktmarkt zwischen Platinproduzenten und Großabnehmern durch eine wesentlich höhere Preisstabilität gegenüber dem durch Spekulationen oft destabilisierten Markt für Kapitalanlagen aus. Aus den zu erwartenden Nachfrageimpulsen für Platin wegen seiner Verwendung in industriellen Verfahren und insbesondere im Rahmen der Abgasentgiftung von Kraftfahrzeugen dürften sich Wirkungen auch für die Eignung des Platins als Kapitalanlage ergeben.

Platzscheck

→ Wertpapiergiroverkehr.

platzüberschreitender (Effekten-)Verkehr

Der Effektenverkehr zwischen verschiedenen Börsenplätzen wird im Rahmen des Effektenferngiroverkehrs abgewickelt. Zu dessen Durchführung unterhalten die Deutscher Kassenverein AG sowie ihre Niederlassungen in den Wertpapieren, für die ein breiterer Markt vorhanden ist, gegenseitig Girosammeldepots, durch die auf die Versendung der Wertpapiere im platzüberschreitenden Effektenverkehr verzichtet werden kann. Die Eigentumsübertragung erfolgt durch entsprechende Buchungen auf den Depotkonten.

Plazierung

→ Placierung, Plazierung.

Pleite

Saloppe Bez. f. Konkurs, Insolvenz („Pleitegeier").

Plusankündigung

Bei einem Kursanstieg um mehr als 5% des Kurses einer Aktie von einem auf den anderen Börsentag muß der Makler diese Veränderung mit Pluszeichen auf der Maklertafel ankündigen, bei Kurssteigerungen von mehr als 10% mit doppelten Pluszeichen. Die Prozentsätze sind bei Wandelanleihen 2,5 bzw. 5% und bei Anleihen 1 bzw. 2%.

Plusposition

→ Währungsposition (Valutaposition).

Plussparen

Viele Kunden verfügen so über ihre Guthaben auf Gehaltskonten, daß am Monatsende ein Restbetrag zur Verfügung bleibt. Beim Plus-Sparen buchen die Sparkassen das auf dem Girokonto verbleibende Kapital auf ein Sparkonto um.

Plus-Stückzinsen

Zinsen für die Zeit vom letzten Zinstermin bis zum Verkaufstag bei festverzinslichen Wertpapieren.

Plus- und Minusankündigungen

Bei starken Kursveränderungen muß der Makler vor der Kursfeststellung diese Tendenz durch Zeichen auf einer im Börsensaal angebrachten Tafel ankündigen. So werden Änderungen gegenüber dem Vortagskurs bei festverzinslichen Werten von 1–2% vom Kurswert und bei Aktien von 5–10% vom Kurswert durch + oder – (einfache Plusankündigung und einfache Minusankündigung) bekanntgegeben. Weicht der Kurs bei festverzinslichen Werten um mehr als 2% und bei Aktien um mehr als 10% vom Vortagskurs ab, erfolgt doppelte Plusankündigung (+ +) oder doppelte Minusankündigung (– –). Die Börsenhändler haben in diesen Fällen Gelegenheit, sich zu überlegen, ob sie ihre Aufträge zurückziehen wollen. In bestimmten Fällen setzen sie sich mit ihrem Auftraggeber in Verbindung, um zu klären, ob auch auf diese veränderten Grundlage unlimitierte Aufträge größeren Umfangs ausgeführt werden sollen.

Pluszeichen
→ Plusankündigung.

pm
Abk. f. premium.

p.m.
Abk. f. pro mille (pro tausend), ‰. Auch: pro Monat (bei Zinsberechnungen).

Pönale
Synonym für Strafe i. S. v. Buße. Der ansonsten eher veraltete Begriff findet im Vertragswesen Verwendung zur Bezeichnung von Vertragsstrafen in Form von Geldbußen, z. B. bei Termingeschäften.

point
Am Euromarkt 1% des Nominalwertes eines Wertpapiers. Am Terminmarkt die kleinstmögliche Veränderung der Kursnotierung eines Terminkontrakts. → pip.

point & figure charts
Instrument der technischen Aktienanalyse. Der point & figure chart dient sowohl zur Darstellung – z. B. einer Kursentwicklung – und gleichzeitig als Prognoseinstrument. Mit Hilfe der „points" werden in der Graphik die Auf- und Abwärtsbewegungen des Kurses nach bestimmten Regeln eingetragen. Üblicherweise verwendet man ein x für eine Aufwärtsbewegung, ein o für eine Abwärtsbewegung. Von einer Richtungsänderung im chart spricht man, wenn die Kursbewegung in die entgegengesetzte Richtung der bisherigen Kursbewegung eine bestimmte Mindestgröße (z. B. 3 Punkte) überschreitet. Die „figure", also das Gesamtbild des charts, kann weiterhin als Prognoseinstrument verwendet werden. Wird z. B. der Gipfelpunkt einer vorhergehenden Aufwärtsbewegung überschritten, kann dies als Verkaufssignal gedeutet werden. point & figure charts können nicht als sicheres Analyseinstrument angesehen werden, da die Zahl der Beobachtungen zu gering ist.

Policendarlehen
Lebensversicherungen gewähren ihren Versicherten i. a. Darlehen bis zur Höhe der aufgelaufenen Vermögensbeträge, indem sie den Versicherungsnehmern ihre Lebensversicherung (Police) beleihen, sobald diese rückkauffähig geworden ist. Der Versicherer gewährt ein Policendarlehen bis zur Höhe des Rückkaufwertes, wobei allerdings i. d. R. ein Sicherheitsabschlag vorgenommen wird.

Politik (des) billigen Geldes
Bez. f. eine Kreditpolitik der Banken oder auch der Notenbank, im Rahmen derer Kredite (bzw. zwischen Notenbank und Geschäftsbanken, Zentralnotenbankgeld) zinsgünstig zur Verfügung gestellt werden. Ziel einer Politik billigen Geldes aus der Perspektive der Notenbank kann eine gewünschte Geldmengen- und Kreditexpansion sein. → Niedrigzinspolitik.

Politik und Börse
Die Politik nimmt einerseits unmittelbar andererseits aber auch mittelbar Einfluß auf die Börse. Der Ordnungsrahmen, in dem sich das Börsengeschehen abspielt, ist letztlich ein politisch gesteuerter Gesetzbildungsprozeß. Politische und insbesondere wirtschafts- und finanzpolitische Entscheidungen haben oft gehobene Bedeutung für die Anbieter und/oder Nachfrager von Wertpapieren oder anderen an der Börse gehandelten Kapitalanlagen, so daß von ihnen vielfache Wirkungen auf die Börsenkurse ausgehen. Besonders starke Einflüsse auf die Kurse von Aktien ergeben sich bei branchen- oder gar unternehmensspezifischen wirtschaftspolitischen Entscheidungen. Einflüsse ergeben sich jedoch nicht nur am Aktienmarkt, sondern auch am Rentenmarkt, da politische Willensäußerungen und/oder Entscheidungen durchaus auch Wirkungen auf das Zinsniveau am Kapitalmarkt und auch am Geldmarkt zeitigen können. Umgekehrt können auch Einflüsse von der Börse auf die Politik ausgehen. So haben sich die Maßnahmen der Politik auch an konjunkturellen Rahmenbedingungen zu orientieren, für die die Börse oft als Barometer angesehen wird.

politisches Risiko
Sammelausdruck zur Bezeichnung solcher Risiken, die aus wirtschafts-, sozial-, verwaltungs- oder allgemeinpolitischen Gefahrentatbeständen resultieren. Zu solchen Risiken gehören Krieg, Bürgerkrieg, innere Unruhen, Streik, Aussperrung, Beschlagnahme und Verfügungen von hoher Hand wie z. B. die Einführung von Kapitalverkehrsbeschränkungen, Moratorien usw. Das politische Risiko besitzt insbesondere im grenzüberschreitenden Geld- und Kapitalverkehr Bedeutung. Sowohl bei Direktinvestitionen als auch bei Vergabe von Krediten und grenzüberschreitenden Portfolio-Kapitalanlagen sollten die politischen Risiken Berücksichtigung finden. Für den Kapitalanleger ergeben sich politische Risiken insbeson-

dere durch die potentielle Einführung von Kapitalverkehrskontrollen, aber auch durch die anderen o. g. Tatbestände. Die Versicherung gegen politische Risiken ist i. d. R. ausgeschlossen. Anhaltspunkte zur Quantifizierung des politischen Risikos bieten Bewertungssysteme, die von Banken und externen Informationsdiensten hierzu errichtet wurden. → Länderrisiko.

Pool (1)

Zusammenschluß von Unternehmen oder Aktionären zur Verfolgung gemeinsamer Interessen.

Pool (2)

Zuführung der von den Mitgliedern eines Pools (1) erwirtschafteten Gewinne in einen gemeinsamen Fonds, den Pool, die dann nach vorher festgelegtem Verteilungsschlüssel auf die Pool-Mitglieder verteilt werden. Also Art Gewinngemeinschaft. Gilt nach dem AktG als verbundene Unternehmung und unterliegt dem Kartellrecht.

Portefeuille

In Verbindung mit Wertpapieren: Bestand; z. B. Effektenportefeuille. Gesamtheit der Anlage in Wertpapieren, die ein Kunde oder eine Unternehmung besitzt. Beim Investmentfonds der Wertpapierbestand. Engl.: Portfolio.

Portefeuilleplanung

Planungen, deren Aufgabe die Zusammenstellung eines Portefeuilles ist, das dem Zielsystem des Anlegers optimal entspricht. Die Portefeuilleplanung beinhaltet nach Festsetzung der Anlegerzielsetzung die Bestimmung des Gesamtanlagevolumens und der potentiell geeigneten Anlagefazilitäten, Auswahl der in das Portefeuille aufzunehmenden Anlagen, Bestimmung des Anteils, den die einzelnen Anlagen am Gesamtvolumen ausmachen sollen, sowie in dynamischer Betrachtung Wahl des Zeitpunktes, zu dem die einzelnen Anlagen getätigt bzw. veräußert werden sollen. Insbesondere für die Planung der Portefeuillezusammensetzung und zur Bestimmung der Dispositionszeitpunkte (timing) wurden zahlreiche Modellansätze zur Unterstützung der Entscheidungsfindung geschaffen (Portefeuilletheorie, portfolio-selection-Theorie, Formelanlageplanung). Bei Vernachlässigung intuitiver – also nicht geplanter – Vorgehensweisen können die Portefeuilleplanungsansätze unter methodischen Gesichtspunkten in praktisch-normative und empirisch-deskriptive Modelle unterschieden werden. Dabei kommt den praktisch-normativen Modellen, mittels derer untersucht wird, wie bestimmte, in der Praxis vorgegebene Anlegerzielsetzungen am besten zu erreichen sind, wesentlichere Bedeutung zu. Im Rahmen der Portefeuilleplanung bedeutet dies insbesondere, die Mischung der Einzelanlagen so zu gestalten, daß auf der Basis vorgegebener Wahrscheinlichkeitsverteilungen für die Ertragserwartungen aus den einzelnen Anlagen angestrebt wird, daß der höchstmögliche Ertrag unter Berücksichtigung der individuellen Risikopräferenzen des Anlegers realisiert wird. Dabei ist neben den Risiken aus den einzelnen Anlagen auch deren Interdependenz zu berücksichtigen, um nicht lediglich eine Risikostreuung, sondern Diversifikationseffekte erreichen zu können. Effiziente Portefeuilleplanung dürfte wegen ihrer methodischen Anforderungen die Fähigkeiten des nicht professionellen Kapitalanlegers überfordern. Banken bieten ihre Durchführung im Rahmen der Vermögensverwaltung und bedingt auch der Anlageberatung an. Entsprechende Leistungen werden zudem von Anlageberatern angeboten. Inzwischen wurden einfachere Portefeuilleplanungsmodelle auch für den Kleincomputeranwender entwickelt. Der Einsatz komplexerer Modelle wird durch den sehr umfangreichen Datenbedarf erschwert. → effizientes Portefeuille → optimales Portefeuille.

Portefeuillestruktur

→ Portefeuillezusammensetzung.

Portefeuilletheorie

→ portfolio-selection-Theorie.

Portefeuillezusammensetzung

Die Zusammensetzung des Portefeuilles nimmt entscheidenden Einfluß auf Rentabilität und Risiko der Gesamtanlage. Im Rahmen der Portefeuilleplanung ist es daher vorrangige Aufgabe, eine dem Zielsystem des Kapitalanlegers entsprechende Portefeuillezusammensetzung zu realisieren. Mit der Bestimmung der optimalen Portfeuillezusammensetzung befaßt sich insbesondere die portfolio-selection-Theorie.

Portfolio

→ Portefeuille.

Portfolio-Investitionen

Wertpapierkäufe von Inländern im Ausland zur Kapitalanlage ohne Absicht der Einflußnahme (Beteiligung). Im Gegensatz zu Direktinvestitionen indirekte Form der Auslandsinvestition, im Rahmen derer Übertragungen inländischen Kapitals ins Ausland zum Zweck des Erwerbs von Forderungen erfolgen, die keine direkten Eigentumsrechte begründen. Beispiele für Portfolio-Investitionen: Kauf von Anteilen an Immobilienfonds im Ausland, Erwerb von Wertpapieren an ausländischen Märkten sowie Erwerb von Anteilen an Unternehmen, sofern hierdurch nicht ein wesentlicher Einfluß auf die Geschäftspolitik begründet wird (sonst Direktinvestitionen). Ziele von Portfolio-Investitionen können insbesondere die geographische und/oder politische Risikostreuung (Diversifikation) und die Ausnutzung von Zinsdifferenzen zwischen in- und ausländischen Märkten sein. Auch steuerliche Aspekte können zur Entscheidung für Portfolioinvestitionen beitragen.

portfolio management

Treffen von Kapitalanlageentscheidungen der portfolio manager im Rahmen der Vermögensverwaltung von Banken, Versicherungen und Investmentgesellschaften. Portfolio management umfaßt insbesondere die Disposition für den An- und Verkauf von Wertpapieren unter Diversifikationsaspekten.

portfolio manager

Portefeuilleverwalter, der die Dispositionen für den An- und Verkauf von Wertpapieren des Portefeuilles trifft, vor allem bei Investmentgesellschaften und Vermögensverwaltung.

portfolio-selection-Theorie

Theoretischer Ansatz zur Zusammenstellung optimaler Portefeuilles. Auf der Grundlage von Wahrscheinlichkeitsverteilungen für die Gewinnerwartung einzelner Anlagen und unter Berücksichtigung der subjektiven Risikopräferenz des Kapitalanlegers wird ein optimales Portefeuille zusammengestellt. Zur Kennzeichnung der Renditeerwartungen und deren Schwankungsrisiko bedient sich die portfolio-selection-Theorie des arithmetischen Mittelwertes und der Gewinnerwartung sowie der Varianz als Streuungsmaßstab der Gewinnerwartungen. Zudem werden die Kovarianzen der Renditeerwartungen aus den einzelnen Anlagemöglichkeiten ermittelt, unter deren Berücksichtigung das Portefeuille so gestaltet wird, daß durch die Gesamtertragsrisikorelation den Präferenzen des einzelnen Kapitalanlegers Rechnung getragen wird. Konkret wird aus der Menge der effizienten Portefeuilles dasjenige bestimmt, welches der individuellen Risikoneigung entspricht (optimales Portefeuille). Die Problematik der portfolio-selection-Theorie liegt in der Fülle der zu berücksichtigenden Daten, insbesondere in der Ermittlung der Kovarianzen. Auch die zur Ermittlung des optimalen Portefeuilles notwendige Schätzung einer Nutzenfunktion, die die individuelle Risikopräferenz des Kapitalanlegers charakterisiert, erschwert die Anwendung des Modells in der Praxis. Beinhaltet der Kreis der potentiellen Anlagetitel eine risikolose, festverzinsliche Anlagealternative, ist es möglich, durch Mischung dieser Anlageform mit einem bestimmten effizienten Portefeuille der individuellen Risikopräferenz gerecht zu werden. Das optimale Portefeuille der risikobehafteten Anlagen ist in seiner Zusammensetzung dann nicht mehr von der subjektiven Risikopräferenz – und damit von der Schätzung einer individuellen Nutzenfunktion – abhängig, sondern allein von der Höhe des Zinssatzes des risikolosen Papiers. Zur Vereinfachung des portfolio-selection-Modells wurden Ansätze entwickelt, bei denen an Stelle der Kovarianzen zwischen den Renditeerwartungen der Anlagemöglichkeiten deren jeweilige Beziehung zu einem Index berücksichtigt wird.

portfolio turnover

Umschichtung des Portefeuilles, vor allem von Investmentfonds.

Portfolio-Versicherungsstrategien

Automatisierte, auf mathematischen Programmen basierende computergestützte Strategien mit dem Ziel, Aktienportfolios gegen Kursverluste zu immunisieren. Erreicht werden soll dies durch Bildung sog. idealer Portfolios, die bei sinkenden Kursen zumindest nicht an Wert verlieren, hingegen bei steigenden Kursen an Wert gewinnen. Hierzu müssen Aktienportfolios permanent den Kursveränderungen angepaßt werden. Bei steigenden Aktienkursen werden Aktien gekauft und verzinsliche Wertpapiere verkauft bzw. Geldanlagen aufgelöst, bei fallenden Kursen umgekehrt. Erfolgt dies automatisiert, haben Erwartungen über die künftige Kursentwicklung keine Relevanz für Kauf- oder Verkaufszeitpunkt und -menge. Portfolio-Versicherungsstrategien führen zu einer Verstärkung der Aktienkurstrends und bewirken damit eine erhöhte Volatilität der Aktienkurse.

position close-out

Glattstellung einer Options- oder Terminkontraktposition.

Position halten
Festhalten an einem bestimmten Wertpapierengagement.

Position lösen (aufgeben)
Verkauf eines bestimmten Wertpapierbestandes.

Positionslösung
Glattstellung von Wertpapierengagements.

Positionsstärkung
Erhöhung eines Wertpapierengagements durch weitere Käufe.

position trader
Börsenteilnehmer, der eine Vielzahl von Kontrakten über Tage oder Wochen hält.

positive carry
Nettogewinn für das Halten einer Kassaposition im futures-Handel, wenn die Finanzierungskosten niedriger sind als die Erträge des Instruments.

Postanleihen
Anleihen, deren Emittent die Deutsche Bundespost ist.

posthedging transaction
Sicherungsgeschäft auf eine bereits eröffnete Grundposition.

Postsparkasse
Einrichtung der Postbank. Nimmt Spareinlagen entgegen. Rund 20000 Postämter und Poststellen stehen als Annahme- und Zahlstellen zur Verfügung. Die Freizügigkeit des Postsparbuchs wurde angesichts des ständig zunehmenden Reiseverkehrs ins Ausland auch auf Nachbarländer ausgedehnt.

post-trading-Periode
Nachbörsliche Phase einer Terminbörse. → Handelsphasen an der Deutschen Terminbörse.

potente Kapitalanleger
Bez. f. den Kreis der Kapitalanleger, der über ein so hohes Anlagepotential verfügt, daß er durch seine Dispositionen Einfluß auf die Preisbildung am Markt nehmen kann. Als potente Kapitalanleger sind insbesondere die institutionellen Anleger zu qualifizieren. Durch ihre Marktmacht übernehmen potente Kapitalanleger häufig die Rolle eines Marktführers.

PR
Abk. f. Public Relations.

praecipium
Anteil an der → management fee; wird dem lead manager von Kredit- und Effektenemissionskonsortien zugestanden. Das praecipium kann als Entgelt für die Generierung, Koordinierung und Durchführung des Geschäftes angesehen werden.

Prägestempel
Zur Erschwerung von Fälschungen sind Mäntel, Erneuerungsscheine und jeder einz. Gewinnanteil- oder Zinsschein mit je einem Prägestempel zu versehen. Der Prägestempel auf den Mänteln ist möglichst auf einem ausgesparten Raum derart anzubringen, daß er bei dem üblichen Falten des Mantels nicht beschädigt wird (am besten auf der linken Seite neben den Unterschriften des Wertpapierausstellers). Bei Gewinnanteil- und Zinsscheinen ist darauf zu achten, daß der Prägestempel soweit vom Rand der Scheine entfernt bleibt, daß er beim Trennen der Scheine nicht beschädigt wird oder ausbricht (notfalls innerhalb des Textes ohne Aussparung des Untergrundes). → Richtlinien für den Druck von Wertpapieren.

Prämie (1)
Im Versicherungswesen die regelmäßigen Leistungen des Versicherungsnehmers an den Versicherer. Die Prämie wird hier i. a. für 1 Jahr berechnet.

Prämie (2)
Zahlungen des Staates aus Steuermitteln an Sparer, die bestimmte Voraussetzungen erfüllen (z. B. Spar-, Wohnungsbauprämie).

Prämie (3)
→ Prämiengeschäft.

Prämienanleihen
Auch: Losanleihen, Lotterieanleihen. Anleihen, die nicht oder nur gering verzinst werden. Statt dessen werden Lotterieprämien gezahlt, die ausgelost werden. Daneben wird der Schuldbetrag voll zurückgezahlt. In der BR Deutschland wurde bisher nur einmal (1951) eine kleingestückelte Prämienanleihe aufgelegt (Baby-Bonds).

prämienbegünstigtes Sparen
→ Vermögensbildungsgesetz (936-DM-Gesetz).

Prämienerklärungstag
I. d. R. viertletzter Bankwerktag des Monats, an dem sich der Käufer bei einem Prämiengeschäft entscheiden muß, ob er die Aktien beziehen oder gegen Barzah-

lung der Prämie (Dont, Reuegeld) vom Geschäft zurücktreten will.

Prämiengeschäft

Termingeschäft mit begrenztem Risiko. Im Gegensatz zu der unbedingten Lieferungs- bzw. Abnahmepflicht bei Festgeschäften erwerben Käufer oder Verkäufer ein Wahlrecht, den Vertrag entweder dahingehend zu erfüllen, daß sie die Wertpapiere zum vereinbarten Kurs liefern oder abnehmen oder daß sie den Vertrag dadurch erfüllen, daß sie auf die Lieferung oder Abnahme der Wertpapiere verzichten (abandonnieren) und statt dessen eine vereinbarte Prämie zahlen. Wird der Vertrag erfüllt, indem Lieferung oder Abnahme erklärt wird, so weicht i. d. R. der Kauf- bzw. Verkaufspreis um den Betrag der Prämie von dem Kurs eines fest abgeschlossenen Termingeschäfts ab. Eine Prämie wird also von dem Inhaber des Wahlrechts auf jeden Fall gezahlt, gleich, für welche der beiden Erfüllungsarten er sich auch entscheidet. Die Differenz zwischen Festkurs und Prämienkurs heißt Ecart. Sie stimmt i. d. R. mit der im Fall des Verzichts zu zahlenden Prämie überein. Ergeben sich Unterschiede in der Höhe von Ecart und Prämie, spricht man von einem schiefen Prämiengeschäft; stimmen Prämienbasis und Tageskurs überein, liegt ein gerades Prämiengeschäft vor. In der Art der Prämienzahlung bestehen Unterschiede: Entweder erwirbt der Käufer durch sofortige Bezahlung eines gewissen Preises das Recht, bis zu einem festgelegten Termin eine bestimmte Menge Wertpapiere zu einem bestimmten Kurs fordern oder auch liefern zu können oder darauf zu verzichten (anglo-amerikanisches System). Es kann auch vereinbart werden, daß die Prämie erst am Ende der Liquidationsperiode fällig sein soll. Je nach Art der Erfüllung wird die Prämie dann entweder gezahlt, oder sie kommt bei Lieferung bzw. Abnahme der Wertpapiere im Kurs zum Ausdruck (kontinentales System), ein Verfahren, das früher auch an den deutschen Effektenbörsen bestand. Von den Kontrahenten bezeichnet man denjenigen, der das Wahlrecht besitzt, als den Wähler, den anderen, der die Entscheidung des Wählers abwarten muß, als den Stillhalter. An der Börse wird jeweils festgesetzt, wann der Besitzer des Wahlrechts die Erklärung, wie er von seinem Recht Gebrauch machen will, abzugeben hat. Dieser Tag liegt vor dem endgültigen Lieferungstermin und wird als Prämienerklärungstag bezeichnet. Durch ihre Konstruktion sind die Prämiengeschäfte geeignet, die Verlustgefahr und damit das Risiko des einen Kontrahenten, nämlich des Wählers, zu begrenzen, während seine Gewinnchancen theoretisch unbegrenzt bleiben. Entsprechend sind allerdings für den anderen Kontrahenten, nämlich den Stillhalter, die Gewinnchancen begrenzt, während das Risiko eines Verlustes für ihn theoretisch unbegrenzt ist. Doch hat der Stillhalter stets die Möglichkeit, seinerseits das einseitig unbegrenzte Risiko an jedem beliebigen Zeitpunkt durch entsprechende Gegengeschäfte einzuschränken. Formen der Prämiengeschäfte: (1) Vorprämiengeschäft: Der Käufer einer Vorprämie ist berechtigt, vom Verkäufer an einem festgelegten Termin die Lieferung des bestimmten Betrags eines Wertpapiers zu dem vereinbarten Kurs, der über dem Kurs am Tag des Geschäftsabschlusses liegt, zu verlangen oder gegen Zahlung der Prämie vom Geschäft zurückzutreten. Auf Lieferung wird verzichtet werden, wenn ein Kursrückgang eingetreten ist, der über die Prämie hinausgeht. (2) Rückprämiengeschäft: Der Verkäufer einer Rückprämie hat das Recht, zu einem Kurs zu liefern, der niedriger ist als am Tag des Geschäftsabschlusses, oder gegen Zahlung der Rückprämie auf Lieferung zu verzichten. (3) Stellagegeschäft (Stellgeschäft): Verbindung des Vor- und Rückprämiengeschäftes zu einem Geschäft. Der Käufer einer Stellage ist durch Zahlung des Stellgeldes berechtigt, die Wertpapiere zu dem vereinbarten niedrigeren Kurs zu liefern oder zu dem vereinbarten höheren Kurs abzunehmen. (4) Nochgeschäft: Prämiengeschäft im Verbleib mit dem Kauf oder Verkauf fester Stücke. Einer der beiden Partner ist berechtigt, an dem vereinbarten Erklärungstag den fest abgeschlossenen Betrag einmal, zweimal usw. nachzufordern bzw. nachzuliefern. Da bei den Prämiengeschäften auch die Ausübung von Rechten von einem Vertragspartner gewählt werden kann, sind die Prämiengeschäfte eine Art der Optionsgeschäfte. In der BR Deutschland dürfen an den Börsen keine Prämiengeschäfte betrieben werden.

Prämienkurs, -preis

→ Prämiengeschäft.

Prämienschatzanweisungen

Anleihetyp, der i. d. R. mit einer niedrigen, nicht marktgerechten Verzinsung ausgestattet ist. Die von Emittenten eingesparten Beträge werden bei der Tilgung der

Anleihe als Prämie auf einzelne, durch das Los bestimmte Stücke ausgeschüttet. In der BR Deutschland ist die Emission nur dem Staat gestattet.

Prämiensparen, PS-Sparen

Kombination aus einem Sparvertrag, der mit einer Sparkasse abgeschlossen wird, und einem Lotterievertrag, bei dem Vertragspartner der für die Sparkasse zuständige regionale Sparkassen- und Giroverband ist. Innerhalb einer Sparperiode sind mind. DM 8 als Sparrate und DM 2 als Lotterieeinsatz einzuzahlen. Hierüber wird dem Prämiensparer ein PS-Los mit anhängender Sparmarke ausgehändigt. Für jede Sparperiode findet eine Monatsauslosung und für jedes Sparjahr eine Jahresauslosung statt. Die eingezahlten Sparbeiträge werden gegen Rückgabe der Jahressparkarte auf Sparkonto gutgeschrieben oder ausgezahlt.

Prämiensparvertrag

→ Vermögensbildungsgesetz (936-DM-Gesetz).

Präsentationsfrist

Auch als Vorlegungsfrist bezeichneter Zeitraum, innerhalb dessen ein Wertpapier zur Wahrung bestimmter Rechtsansprüche vorgelegt werden muß.

Präsentationsklausel

Vereinbarung zwischen Schuldner und Gläubiger, daß der Schuldner nur bei Präsentation oder Rückgabe der Schuldurkunde leisten muß. Der Schuldner darf aber auch ohne Vorlage der Urkunde erfüllen. Durch die Präsentationsklausel werden Geldschulden, die normalerweise Bringschulden bzw. Schickschulden wären, zu Holschulden. Präsentationsklauseln finden sich regelmäßig bei Legitimationspapieren.

Präsenzbörse

Klassischer Typus der europäischen Börsenorganisation, bei der der Handel auf dem Börsenparkett, also im Börsensaal, stattfindet. Charakterisiert durch Präsenz der Händlerversammlung mit persönlicher Kommunikation, festen Geschäftszeiten und vielfach amtlicher Kursfeststellung. Häufig, jedoch nicht immer organisiert als Versteigerungs-, d. h. Auktionsbörse. Gegensatz: Computerbörse.

Präsenz in der Hauptversammlung der AG

Bez. f. die persönlich anwesenden oder vertretenen Aktionäre in der HV. Die Präsenz ist in einer Präsenzliste zu protokollieren. Sie ist Grundlage für die Feststellung der Abstimmungsergebnisse. Ihre genaue Ermittlung und Nachhaltung ist daher für die ordnungsgemäße Abwicklung der HV unabdingbar. Wird eine Pause eingelegt, in der die Aktionäre den Raum verlassen, für den die Präsenz ermittelt wurde, ist die Präsenz bei Wiederaufnahme der HV erneut festzustellen.

Präsenzliste

Verzeichnis der Anwesenden, speziell in der HV der AG. → Verzeichnis der Teilnehmer an der HV der AG.

Präzipium

→ praecipium.

Prager Wertpapierbörse

Prague Stock Exchange Ltd., Na mustku 3, 11000 Prag, Tel.: 0042-2-260091, Fax.: 0042-2-2356233. Tschechische Wertpapierbörse, gegründet im April 1993. Handel derzeit zweimal wöchentlich; ab Herbst 1994 täglich. Mitte 1993 sind 12 Aktienwerte gelistet, daneben 965 ungelistete, theoretisch handelbare Aktien. Handel in 6 Anleihen. Außerbörsliches Handelssystem RMS. Options- und futures-Börse in Planung. HN-Wood-Index der wichtigsten 50 Aktien. Präsenzbörse mit vollelektronischem OTC-Handel nach Nasdaq-Muster.

precious metal futures

Terminkontrakte auf Edelmetalle. Werden in standardisierter Form (Kontraktgröße, Fälligkeit, Erfüllung) insbesondere an den US-amerikanischen Warenterminbörsen gehandelt.

preference shares

Abk. pref. shares. Vorzugsaktien.

preferred stocks

Vorzugsaktien. Auch: preference shares.

Preisbildung an der Börse

→ Kursbildung → Kursbildungstheorien → Kursfestsetzung am Einheitsmarkt → Kursfestsetzung am Kassamarkt → Kursfestsetzung am variablen Markt → Kursfeststellung an der Börse.

Preisbildung für Devisen

→ Kursbildung am Devisenmarkt → Kursfestsetzung am Devisenmarkt → Devisenkursbildung.

Preisbildung für Festverzinsliche

→ Kursbildung am Rentenmarkt → Kursfestsetzung am Rentenmarkt.

Preisbildung für Investmentanteile

Beruht auf der Division des Gesamtwertes des Sondervermögens durch die Anzahl der Anteile. Der Preis des Investmentanteils ist somit unmittelbar abhängig vom Wert der Einzelposten des Sondervermögens. Für im Sondervermögen befindliche börsennotierte Werte (Aktien, festverzinsliche Wertpapiere usw.) ist der Börsenkurs zugrunde zu legen. Für Investmentanteile werden grundsätzlich 2 Preise festgelegt: ein Ausgabepreis, der neben dem rechnerischen Anteilswert einen vertraglich festgelegten Aufschlag enthalten kann, und ein Rücknahmepreis, der dem Anteilswert entsprechen muß. Beide Preise werden börsentätig auf der Grundlage der Werte der im Sondervermögen enthaltenen Vermögensgegenstände ermittelt und von der KAG bekanntgegeben.

Preiselastizität

Kennzahl, die die relative Veränderung der Angebotsmenge (Preiselastizität des Angebots) bzw. der Nachfragemenge (Preiselastizität der Nachfrage) als Folge einer relativen Preisveränderung angibt. Die Preiselastizität der Nachfrage ist i. d. R. kleiner als Null, da bei steigenden Preisen die Nachfrage sinkt; die Preiselastizität des Angebots ist hingegen größer als Null, da das Angebot mit steigenden Preisen i. d. R. steigt. Ist die Preiselastizität gleich Null, spricht man von starrer Nachfrage bzw. starrem Angebot. Ist die Preiselastizität des Angebots (der Nachfrage) größer Null (kleiner Null), aber kleiner als Eins (größer als minus Eins), spricht man von unelastischem Angebot (unelastischer Nachfrage). Kann für die Aktienanalyse bedeutsam sein.

Preis-Gewinn-Verhältnis

→ price-earnings ratio (PER).

Preisindex für die Lebenshaltung

Monatlich vom Statistischen Bundesamt erstellter und veröffentlichter Index, der ein (ungefähres) Maß für die Veränderung der Kaufkraft im Zeitablauf gibt. Aufgrund ermittelter Verbrauchsgewohnheiten wird ein Warenkorb erstellt und die Preise der darin enthaltenen Waren im Basisjahr = 100 gesetzt. Ein Nachteil von Preisindizes besteht darin, daß Änderungen in der Qualität einer Ware nur unvollständig erfaßt und Änderungen in der Zusammensetzung des Warenkorbs nicht berücksichtigt werden können, weil sonst die Vergleichbarkeit über einen längeren Zeitraum hinweg nicht mehr gegeben wäre. Dieser Mangel kann in größeren Zeitabständen durch Verwendung eines neuen Basisjahrs korrigiert werden.

Preisnotierung

Methode der Devisenkursnotierung, bei der angegeben wird, welcher Betrag der inländischen Währung für einen bestimmten Betrag (i. d. R. 100 Währungseinheiten) der Auslandswährung zu zahlen ist. Die Preisnotierung ist an den deutschen Devisenbörsen zur Ermittlung der amtlichen Devisenkurse üblich. Hingegen werden im angelsächsischen Raum die Devisenkurse in Form der Mengennotierung angegeben.

Preisschwankungen

Bez. f. die intertemporale Veränderung von Preisen, wobei Veränderungen in wechselnden Richtungen unterstellt werden. Für den Kapitalanleger sind mit Preisschwankungen seiner Kapitalanlage Risiken (Preisschwankungsrisiken) verbunden. Die Höhe der Preisschwankungen hängt grundsätzlich von der Art der Kapitalanlage ab. Die Theorie unterstellt grundsätzlich eine positive Korrelation zwischen erwarteter (mittlerer) Rendite und Preisschwankungsrisiko, d. h.: Grundsätzlich weisen Anlagen mit höherer Renditeerwartung auch ein höheres Preisschwankungsrisiko auf. Typisches Beispiel für das Preisschwankungsrisiko einer Kapitalanlage ist das Kursrisiko.

Preisstopp

Administrative Verordnung eines Höchstpreises, der nicht überschritten werden darf, bzw. eines Mindestpreises, der nicht unterschritten werden darf. Ein Dividendenstopp ist eine Art eines Preisstopps.

preliminary prospectus

Vorläufiger provisorischer Prospekt zur Vorbereitung der Erstausgabe von Wertpapieren.

premium (1)

Vor allem im Wertpapiertermingeschäft (Prämiengeschäft). Bei Kursen das Agio, das gegenüber der Parität für eine Devise oder dem Nennwert für ein Wertpapier zu zahlen ist. Agio (Aufgeld) bei Wertpapieren.

premium (2)

Preis der Option.

Premiumnotierung

→ Agio (Aufgeld) bei Wertpapieren.

present value

Gegenwarts-, Bar-, Kapitalwert.

Pressekommission

Kommission an manchen Börsen. Sie wird eingeschaltet bei Anträgen von Pressevertretern auf Zulassung zum Börsenbesuch, bei Standesfragen der Pressevertreter u. a. Anlässen.

Pressevertreter als Börsenbesucher

Vertreter von Zeitungen, Zeitschriften, Nachrichtenbüros u. a. Börsenpublizisten können auf Antrag zum Börsenbesuch ohne Handelsbefugnis zugelassen werden. Zeitungen mit breitem Wirtschaftsteil sind an den Börsen meist durch eigene Berichterstatter vertreten.

Pressevertreter in der Hauptversammlung

Pressevertreter nehmen an der HV teil, ohne daß sie sich als Aktionäre auszuweisen brauchen. Ausschluß der Öffentlichkeit ist selten.

pre-trading-Periode

Vorbörsliche Phase einer Terminbörse. → Handelsphasen an der Deutschen Terminbörse.

prêt participatif

In Frankreich nachrangige Schuldverschreibung mit teilweise gewinnabhängiger Verzinsung.

price-earnings ratio (PER)

Auch: Kurs-/Gewinn-Verhältnis. Vergleichsmaßstab der Preiswürdigkeit von Aktien. Besteht als Verhältnisziffer aus den beiden ihren Namen bildenden Komponenten: einer Kursziffer und einer Gewinnziffer. Die zur Anwendung kommende Kursziffer ist der Marktwert einer Aktie, ihr Börsenkurs, in DM pro Aktie, nicht in % ausgedrückt. Bei der hierzu ins Verhältnis zu setzenden Gewinnziffer handelt es sich um den Reingewinn, den eine AG jährlich erzielt; dabei wird dieser auf die Anzahl der Aktien umgerechnet, und zwar auf die Stammaktien und nur auf solche, die sich im Publikumsbesitz befinden. Setzt man den Reingewinn pro Aktie zu dem Börsenkurs der Aktie ins Verhältnis, so erhält man die PER. Es ist aber nicht üblich, die PER so zu verwenden. Vielmehr wird in der PER der Nenner = 1 gesetzt und der Zähler als Vielfaches davon ausgedrückt. Die PER ist also Verhältnis des Kurses einer Aktie zu dem auf diese Aktie entfallenden Reingewinn; sie gibt an, zum Wievielfachen dieses Reingewinns die Aktie gehandelt bzw. bewertet wird. Die PER repräsentiert m. a. W. den Betrag, den die Kapitalanleger für DM 1 Gewinn der AG zu zahlen bereit sind. Mit diesem Bewertungsfaktor ist zunächst nur etwas anzufangen, wenn der ermittelte Wert mit dem anderer AG und/oder früherer Jahre verglichen wird. Nur solche Gegenüberstellungen können i. d. R. ergeben, ob eine Aktie billig, d. h. ein relativ niedriger Gewinnmultiplikator bereits den Börsenkurs ergibt, oder ob die Aktie teuer ist, d. h. die auf sie entfallenden Gewinne der AG mit einer verhältnismäßig hohen Ziffer multipliziert werden müssen, um den Kurs zu erreichen, oder ob die Aktie sogar überbewertet ist. Das Gebiet der PER-Beurteilung zerfällt in 2 Teilbereiche: (1) das Verhalten der Kurse im Hinblick auf die PER; (2) Erwägungen darüber, wie die PER sein sollte. Zu unterscheiden: (1) mittlere (durchschnittliche) PER und (2) laufende (kurzfristige) PER. Die durchschnittliche PER einer Aktie findet man, indem man den durchschn. Kurs der zu untersuchenden Aktie im Zeitraum eines Jahres durch ihre in dem betreffenden Jahr erzielten Gewinne pro Aktie dividiert. Die laufende PER ist eine Schätzung, denn die genaue Höhe der Gewinngröße darin ist nicht bekannt. Man findet sie, indem man den laufenden Kurs einer Aktie durch ihre geschätzten Gewinne für das laufende Jahr dividiert. Die Tatsache, daß die PER ein Kapitalisierungsfaktor der Gewinne der AG ist, zeigt sich darin, daß durch sie ausgedrückt wird, wie viele Jahresgewinne pro Aktie den Börsenwert dieser Aktie ergeben. Die PER kann normalerweise um so höher sein, je größer die Ertragskraft der AG ist. Der Bewertung einer Aktie nach ihrer gesamten Ertragskraft liegt die Vorstellung zugrunde, daß auch der nicht ausgeschüttete Gewinn auf längere Sicht dem Aktionär zugute kommt, da durch ihn der Unternehmung Mittel zur weiteren Expansion zur Verfügung gestellt werden. Es ist somit die Ertragskraft, die es mit Hilfe der PER zu kapitalisieren gilt, will man zu einer „richtigen" Bewertung von Unternehmen und Anteilen an ihnen kommen; der Wert dieser Anteile spiegelt damit die gesamte langfristige Ertragskraft wider, nicht lediglich kurzfristige Gewinne. Die wichtigsten analytischen Elemente, die die PER determinieren bzw. beeinflussen, sind: Wachstum von Gewinnen und Umsätzen, Ertragsfähigkeit bzw. Ertragsrate auf das investierte Kapital, Stabilität der Gewinne in der Vergangenheit, Dividendensatz und

-entwicklung, Stärke der Finanzstruktur, Art und Aussichten der Branche, Wettbewerbsposition und individuelle Aussichten der Unternehmung, Qualität der Leitung der AG. In mehreren Ländern geben die Gesellschaften ihren Reingewinn regelmäßig selbst an, so daß die Berechnung der PER für Außenstehende (z. B. den Kapitalanleger) ohne Schwierigkeiten möglich ist. Demgegenüber ist in der BR Deutschland der externe Beobachter auf Schätzungen angewiesen, für die er z. B. ein von der DVFA entwickeltes Verfahren (DVFA-Formel) zugrunde legen kann.

Price Informations Project Europe (PIPE)

Früherer Arbeitstitel für ein Projekt zur Schaffung eines europäischen elektronischen Kursinformationssystems, an das sich alle EG-Börsen anschließen sollen. Heutige Bezeichnung → Euroquote.

primärliquide Mittel

Bez. f. Zahlungsmittel d. h. für solche Vermögenswerte, die ohne zeitliche Verzögerung und ohne vorherige Monetisierung zur Begleichung von Verbindlichkeiten herangezogen werden können. Dazu zählen Kassenbestände (Bargeld) sowie Sichteinlagen bei Banken. Die primärliquiden Mittel müssen entsprechend dem Liquiditätspostulat ausreichen, um fällige Zahlungsverpflichtungen zu erfüllen. → sekundärliquide Mittel.

Primärliquidität

Synonym für primärliquide Mittel.

Primärmarkt

Bez. f. Emissionsmarkt, d. h. die erstmalige Ausgabe von Wertpapieren (Emission) und deren Verkauf (Placement) an Anleger. Gegensatz: Sekundärmarkt, Umlaufmarkt.

Primärtrend

In der technischen Aktienanalyse Bezeichnung einer längerfristigen Kursschwankung (Trend) um den Basistrend. Der Primärtrend wird als Indikator für die langfristige zyklische Entwicklung der Ertragskraft der Unternehmung ausgelegt. Um den Primärtrend oszillieren Sekundärtrends und um diese wiederum Tertiärtrends.

Primapapiere

Bez. f. erstklassige Geldmarktpapiere, insbesondere Privatdiskonten.

primary dealers

Händler, die in Großbritannien mit der regulierenden Abwicklung von Emissionen staatlicher Mittelnehmer beauftragt sind. Sie können mit der Bank of England, die den britischen Finanzmarkt mit Staatspapieren beliefert, unmittelbar Geschäfte abschließen. Die Primärhändler fungieren zudem als market makers; sie sind somit gehalten, permanent bei Anforderung sowohl Ankaufs- als auch Verkaufskurse für die betreffenden Schuldtitel zu stellen und zu diesen zu kontrahieren.

primary underwriters

Mitgliedsbanken eines Emissionskonsortiums, die zunächst das Absatzrisiko vom Emittenten übernehmen und dieses später mit anderen Banken teilen.

prime

Angelsächsische Bez. f. Prämie.

prime rate

Zinssatz großer US-Geschäftsbanken für erstklassige Kreditnehmer. Art Leitzins.

principal issue

Emission der Wertpapierurkunde einer Festzinssatzanleihe, die zunächst von den Zinskupons getrennt und dann als „künstlicher" zero-bond veräußert wird.

Prioritäten

Anleihen, die als Schuld an erster Stelle stehen.

prioritätische Dividende

→ Vorzugsdividende.

Prioritätsaktien

Aktien mit Vorrechten, z. B. bei der Gewinnverteilung und/oder Abwicklung der AG. → Vorzugsaktien.

Privatbanken

Banken, deren Kapital und Leitung sich in den Händen Privater befinden. Gegensatz: öffentlich-rechtliche Banken.

Privatbörse

Nicht staatlich konzessionierte und beaufsichtigte Börsenveranstaltung. Im eigentlichen Sinne in Deutschland nicht errichtbar.

Privatdiskonten

Erstklassige Bankakzepte (Wechsel) der zum Privatdiskontmarkt zugelassenen Akzeptbanken, deren Aussteller Unternehmen unzweifelhafter Bonität und von einem das Geschäft rechtfertigenden standing sein. Privatdiskonten sind Geldmarktpapiere; sie werden zu einem Vorzugssatz, dem Privatdiskontsatz, der meist unter dem Diskontsatz der Bundesbank liegt, von der Privatdiskont AG diskontiert.

private placement

→ Privatplazierung.

Privatgeschäfte in Wertpapieren

Anschaffungsgeschäfte, bei denen kein Händler beteiligt ist.

Privatisierung

Vorgang, im Rahmen dessen öffentliches Eigentum in private Hände überführt wird. Im Rahmen ihrer Vermögensbildungspolitik nahm die Bundesregierung insbesondere zu Beginn der 60er Jahre die Privatisierung von Teilen mehrerer in ihrem Eigentum befindlicher AG vor. Mit Hilfe von Volksaktien, die stark überzeichnet wurden, gab sie vor allem Belegschaftsangehörigen der Unternehmen und sozial schwächeren Kreisen die Möglichkeit zur Beteiligung am Produktivvermögen. Von ausländischen Regierungen wurde eine Privatisierungspolitik u. a. auch mit dem Ziel betrieben, die marktwirtschaftlichen Elemente in der Volkswirtschaft zu kräftigen, aber auch, um aus den Verkaufserlösen die Finanzierung des Haushalts zu unterstützen. Eine Privatisierung von Eigentum, welches zuvor verstaatlicht worden war, wird als Reprivatisierung bezeichnet.

Privatisierungsfonds

Pool, aus dem Kredite zur Unterstützung der Transformation von Staatsbetrieben in private Unternehmen in mittel- und osteuropäischen Reformstaaten gegeben werden sollen.

Privatplacement

Mittelfristige Kapitalmarktpapiere. Im Gegensatz zu Anleihen (Obligationen) werden Privatplacements nicht öffentlich zur Zeichnung aufgelegt, sondern von Banken „unter der Hand“ plaziert. Die Stücke bleiben im Prinzip während der ganzen Laufzeit in den Händen der ersten Anleger. Bei Fremdwährungsprivatplacements besteht oft reger Telefonhandel für Privatplacements mit kleiner Stückelung.

Privatplazierung

Verfahren der Plazierung, im Rahmen dessen von Großkreditnehmern ausgestellte Schuldscheine von vermittelnden Banken nicht öffentlich zum Ankauf angeboten werden, sondern im Telefonhandel in der Privatkundschaft und bei institutionellen Anlegern plaziert werden. I. d. R. lauten die kleinsten Abschnitte im Rahmen von Privatplazierungen auf mind. DM 50000. Die plazierten Abschnitte sind nicht börsenfähig. Ihre Verzinsung liegt daher i. d. R. über dem Kapitalmarktzins. Abnehmer von Privatplazierungen sind insbesondere Kapitalsammelstellen, die die Papiere während der Laufzeit im Bestand halten.

Privatrecht

→ Zivilrecht (Privatrecht).

Problemländer

Im internationalen Anleihe- und Kreditgeschäft Bez. f. solche Länder, denen ein besonders hohes Länderrisiko beigemessen wird. Problemländer sind demzufolge insbesondere besonders hoch verschuldete Länder, die kaum mehr zur Leistung fälliger Zinszahlungen und der Tilgung in der Lage sind.

Produktenbörsen

→ Warenbörsen.

Produktionsgesellschaft

Im Rahmen einer Doppelgesellschaft die Teilgesellschaft, deren Zwecksetzung die Erstellung der zu produzierenden Güter ist. Bei Aufspaltung in eine Besitzgesellschaft und eine Produktionsgesellschaft wird die Produktionsgesellschaft, die von der Besitzgesellschaft die wesentlichen Teile des Anlagevermögens pachtet, regelmäßig in der Form der Kapitalgesellschaft geführt, da sie in diesem Fall das gesamte Betriebsrisiko übernimmt. Bei Aufspaltung in eine Produktionsgesellschaft und eine Vertriebsgesellschaft hingegen wird die Produktionsgesellschaft meist als Personengesellschaft geführt, die die produzierten Güter an die Vertriebsgesellschaft veräußert.

Produktionskennzahlen

Dienen hauptsächlich der Kontrolle der Arbeits- und Verfahrensabläufe. Zwar können sie auch auf Relationen zwischen reinen Wertgrößen basieren oder auf Mischverhältnissen zwischen Wert- und Mengengrößen, jedoch stellen sie i. d. R. Relationen aus reinen Mengengrößen dar. Eine der wichtigsten Produktivitätskennzahlen ist die Arbeitsproduktivität, die sich aus dem Quotienten aus Umsatz und Anzahl der Beschäftigten ergibt. Auch für Aktienanalyse von Bedeutung.

Produktivität

Die Ergiebigkeit der eingesetzten produktiven Faktoren. Man unterscheidet technische und ökonomische Produktivität: Technische Produktivität ist das Verhältnis von Mengenertrag zu Mengenaufwand beim Vergleich mehrerer Betriebe miteinander oder eines Betriebes zu verschiedenen Zeitpunkten. Ökonomische Produktivität strebt die bestmögliche Leistung an, gemessen an den Zielen der Gesamtwirtschaft. Im Bereich der technischen Produktivität kann für jeden eingesetzten Produktionsfaktor eine Produktivitätskennzahl gebildet werden. Die wichtigste ist die Arbeitsproduktivität. Durch Einsatz verbesserter Maschinen oder neuer Produktionsverfahren kann die Arbeitsproduktivität gesteigert werden. Wesentlich für die Aktienanalyse.

Produktivitätskennzahlen

→ Produktionskennzahlen.

Produktivkapital

→ Produktivvermögen.

Produktiv-(Produktions-)kredit

Kredit an erwerbswirtschaftliche Unternehmen zur Finanzierung der Gütererstellung. Typische Beispiele: Investitions- und Betriebskredite.

Produktivvermögen

Teil des Volksvermögens, der zur Leistungserstellung im Rahmen der Produktion dient. Setzt sich zusammen aus dem Sachproduktivvermögen (Anlagevermögen, Vorratsvermögen, Grund und Boden) und aus dem Arbeitsvermögen, wobei sich letzteres einer Quantifizierung weitestgehend entzieht. Vom Produktivvermögen zu unterscheiden ist das Gebrauchsvermögen. In volkswirtschaftlicher Terminologie als synonymer Begriff auch Produktivkapital.

Produktivvermögensbildung

Grundsätzlich der Teil der Vermögensbildung, der die Bildung von Produktivvermögen umfaßt. Im Sprachgebrauch wird der Begriff, ähnlich wie Vermögensbildung, meist allein auf die Bildung von Produktivvermögen bei den Arbeitnehmern bezogen und somit i. w. S. als Beteiligung der Arbeitnehmer am Produktivvermögen verstanden. Die Beteiligung der Arbeitnehmer am Produktivvermögen ist eines der Ziele staatlicher Vermögensbildungspolitik mit dem Ziel, den Konflikt zwischen den Zielen der Arbeitnehmer und der Eigentümer zu überwinden.

pro et contra

Bei der Zinsberechnung im Kontokorrentverkehr die beiden Kontoseiten, wenn auf beiden der gleiche Zinssatz berechnet wird.

professionelle Anleger

Berufsmäßige, meist Großanleger in Aktien und/oder Festverzinslichen.

Profit

Bez. f. Erträge aus Eigenkapital, Unternehmerlohn und Unternehmergewinn. Z. T. ideologisch abwertend.

Profitquote

Bez. f. das Verhältnis von Gewinn und eingesetztem Kapital. Entspricht der Rentabilität. → Profit.

Profitrate

Begriff aus der politischen Ökonomie zur Bezeichnung des Verhältnisses zwischen Mehrwert und vorgeschossenem Kapital. Die Profitrate drückt nach der Lehre des Marxismus den Verwertungsgrad des Kapitals aus, d. h., im Gegensatz zur Mehrwertrate, die den Ausbeutungsgrad des Kapitals ausdrückt, beinhaltet sie nicht allein das Resultat des in Arbeitskraft angelegten variablen Kapitals, sondern darüber hinaus auch das des konstanten Kapitals. Nach Marx weist die Profitrate eine im Zeitverlauf abnehmende Tendenz auf, die dadurch verursacht wird, daß die Konkurrenz den vermehrten Einsatz von konstantem Kapital im Verhältnis zu variablem Kapital erzwingt. Hierdurch nämlich verringere sich gleichzeitig der Anteil des allein den Mehrwert schaffenden variablen Kapitals in Form von Arbeitskraft. Die Profitrate ist nicht mit der Gewinnquote (auch Profitquote) zu verwechseln, die den Anteil des Einkommens aus Unternehmertätigkeit und Vermögen am Volkseinkommen bezeichnet.

profit taking

→ Gewinnmitnahme.

Prognose

Vorhersage eines Ereignisses. Wirtschaftsprognosen versuchen, aus vorliegenden statistischen Zahlen und Erfahrungen aus früheren vergleichbaren Wirtschaftslagen Vorhersagen zu treffen, z. B. über Konjunkturentwicklung, Beschäftigungslage, Marktverhältnisse usw. Prognosen und Projektionen, auch für die nähere Zukunft, sind naturgemäß unsicher. Das liegt nicht zuletzt daran, daß Eingriffsmöglichkeiten bestehen und die von verschiedenen Institutionen durchgeführten Maßnahmen nicht aufeinander abgestimmt werden. Im Bereich der Wertpapieranalyse dienen die Verfahren – vor allem in der technischen

Aktienanalyse – u. a. der Prognose der Börsenkurse.

Prognosemethoden (-verfahren)

Können in 2 Gruppen eingeteilt werden: in mathematische und in nichtmathematische Verfahren. Erstere bedienen sich z. B. der Meinungsumfrage oder der Expertenbefragung, um Erkenntnisse über die zukünftige Entwicklung von Sachverhalten zu gewinnen. Die mathematischen Verfahren der Prognoserechnung lassen sich in solche multivariabler und solche univariabler Prognose unterscheiden. Bei der multivariablen Prognose geht man davon aus, daß die zu prognostizierende Variable eine Funktion mehrerer unabhängiger Variablen ist. Zur Prognose der abhängigen Variablen genügt dann die Kenntnis bzw. die Schätzung der Entwicklung der unabhängigen Variablen. Die Ermittlung der Schätzfunktion für die abhängige Variable kann durch multiple Regression oder durch lineare Programmierung erfolgen. Bei der univariablen Prognose geht man davon aus, daß der zu prognostizierende Wert der Variablen eine Funktion von Vergangenheitswerten derselben Variablen ist. Als wichtigste Methoden sind hier die Trendrechnung und die Methode der exponentiellen Glättung zu nennen. Im Rahmen der Prognose von Aktienkursen können die fundamentalanalytischen Verfahren grundsätzlich als multivariable Verfahren, die Verfahren der technischen Analyse als univariable Verfahren klassifiziert werden.

Programmgesellschaft

Bez. f. Gesellschaften, die Investmentprogramme auflegen und vertreiben.

Programmhandel

Hierunter versteht man (1) die simultane Ausführung einer Vielzahl von Einzelaufträgen in verschiedenen Wertpapieren gewissermaßen auf „Knopfdruck", um durch Kauf oder Verkauf vorher zusammengesteller Aktienportfolios eine Aktienindex-Arbitrage vorzunehmen; (2) computergestützte Marktanalyseprogramme, bei denen die Kauf- oder Verkaufsentscheidung von Computern auf Basis vorher eingegebener mathematischer Modelle erfolgt. Kauf- und Verkaufsentscheidungen werden bei bestimmten Kursentwicklungen automatisch vom Computer getroffen, ohne daß Menschen hierauf Einfluß nehmen und Erwartungen über zukünftige Kursentwicklungen Bedeutung zukommt. In den USA wurde nach dem crash vom Oktober 1987 der Programmhandel an der Wall Street und an den Terminmärkten von Chicago beschränkt. „Programm-Geschäfte" müssen kenntlich gemacht werden, die Namen der größten Programmhändler werden veröffentlicht. In Phasen mit erhöhter Kursvolatilität werden Programm-Geschäfte vom Börsencomputer nur mit Verzögerung abgewickelt. Kleinaufträge (unter 3000 Aktien) werden in Wall Street generell bevorzugt und rasch ausgeführt. Wenn in Wall Street der Dow-Jones-Aktienindex gegenüber dem Vortag um 250 Punkte gefallen ist, wird der Handel für eine Stunde gestoppt. Hat der Dow-Jones-Aktienindex mehr als 50 Punkte verloren/gewonnen, dürfen Index-Arbitrage-Geschäfte nur dann ausgeführt werden, wenn der Index dadurch nicht weiter fällt/steigt. Ähnliche Regelungen gelten für andere Aktienindizes.

Programmzertifikat

Urkunde, die auf den Namen des Inhabers eines Investmentprogramms ausgestellt wird. Verbrieft schuldrechtliche Ansprüche des Programminhabers gegenüber der Programmgesellschaft bzw. Treuhandbank.

Progressionsvorbehalt

Bei DBA mit Freistellungsmethode wird dem Wohnsitzstaat gestattet, das übrige nicht freigestellte Einkommen mit dem für das Gesamteinkommen geltenden Steuertarif zu belasten. Mit dem sich aus der Steuertabelle für das Gesamteinkommen ergebenden Steuerbetrag wird ein (prozentualer) Durchschnittssteuersatz ermittelt. Bei der Freistellungsmethode mit Progressionsvorbehalt werden im Gegensatz zur Anrechnungsmethode die Einkünfte im Quellenstaat nur mit der Steuer des Quellenstaates belastet. Im Ergebnis ergibt sich kein Unterschied zur Anrechnungsmethode, wenn die Quellenstaatsteuer höher ist als die auf die entsprechenden Einkünfte entfallende Wohnsitzstaatsteuer.

Prolongation

Hinausschieben einer Erfüllungsfrist, insbesondere des Fälligkeitstermins für einen Kredit (Stundung). Auch: Prolongation eines Termingeschäfts. Im Terminhandel werden Prolongationsgeschäfte abgeschlossen, wenn die Abwicklung der Geschäfte nicht zum vereinbarten, sondern zum späteren Termin erfolgen soll.

Prolongationsgeschäfte

Dienen der Verlängerung von Termingeschäften. Das geschah in der früher an den deutschen Börsen geübten Form des Terminhandels meist durch ein Kostgeschäft (indirekte Prolongation durch Inanspruchnahme eines Dritten). Die von einem Haussier gekauften Wertpapiere wurden nicht von ihm, sondern von einem Dritten abgenommen, der sie dem Haussier gegen Entrichtung einer Vergütung (Report) am nächsten Ultimo zum Abnahmekurs wieder zur Verfügung stellte. Andererseits beschaffte sich der Baissier die verkauften Wertpapiere gegen Vergütung des Gegenwerts von einem Dritten mit der Vereinbarung, daß dieser die Stükke am folg. Ultimo zum gleichen Kurs wieder zurücknahm. Die dafür zu zahlende Gebühr ist der Deport.

Prolongationssatz

Gebühr bei Prolongationsgeschäften.

Prolongation von Effektentermingeschäften (Report- und Deportgeschäfte)

Von den im Laufe eines Monats getätigten Terminabschlüssen sind am Liquidationstermin nicht stets alle ausgeglichen, da die Spekulation in ihre Betrachtungen auch über die Liquidationsperiode hinausgehende längerfristige Entwicklungen miteinbezieht. Hat ein Haussier zu einem bestimmten Termin fest gekauft und will er bis zum Erfüllungstag nicht glattstellen, andererseits die Wertpapiere selbst auch nicht abnehmen, liegt es in seinem Interesse, die Abwicklung seines Engagements auf einen späteren Zeitpunkt zu verschieben (zu prolongieren). Grund für die Prolongationsabsicht kann sein, daß sich bis zum Erfüllungstermin die Erwartungen hinsichtlich Kurssteigerungen nicht oder nur teilweise erfüllt haben und bis zum nächsten Liquidationstermin eine Steigerung bzw. weitere Steigerung des Kurses erwartet wird. Dementsprechend kann auch ein Baissier, der Blankokäufe in Wertpapieren vorgenommen hat, an Hinausschiebung der Erfüllung seines Engagements interessiert sein. Die Prolongation eines Engagements geschieht durch ein Reportgeschäft. Indem dieses die Spekulation vom Zwang zur Glattstellung am ursprünglich vorgesehenen Abrechnungstermin befreit, ermöglicht es eine Hinausschiebung der am Liquidationstermin noch nicht ausgeglichenen Terminabschlüsse. Die technische Durchführung einer Prolongation erfolgt, indem der Haussier zum laufenden Termin die Wertpapiere an einen Geldgeber zu dem vom Börsenvorstand festgesetzten Liquidationskurs verkauft. Geldgeber sind i. d. R. Banken; es können aber auch Baissiers sein, die Leerverkäufe vorgenommen haben und diese Papiere zur Erfüllung ihrer Verbindlichkeiten am Liquidationstermin benötigen. Gleichzeitig kauft der Haussier vom Geldgeber die gleichen Wertpapiere zum folgenden Termin zum Liquidationskurs zurück. Zu diesem Rückkaufskurs wird von dem Geldgeber ein Zinsaufschlag bis zu diesem Termin (Report) hinzugerechnet. Entsprechend kann auch ein Baissier sein Engagement verlängern. Er muß die von ihm zu liefernden Wertpapiere bei einem Stückeverleiher zum Liquidationskurs kaufen und gleichzeitig zum nächstfolgenden Termin wieder verkaufen. Die Geldzinsen werden hier im Rückverkaufskurs berücksichtigt. Juristisch ist das Reportgeschäft im Falle des Hausseengagements ein Verkauf und ein gleichzeitig abgeschlossener späterer Rückkauf, das Baisseengagement, ein Kauf und ein gleichzeitig vereinbarter späterer Rückverkauf von Wertpapieren. Wirtschaftlich ist das Reportgeschäft ein Darlehensgeschäft, für das der Darlehensnehmer Zinsen zahlen muß. Es bietet gegenüber dem Lombarddarlehen den Vorzug, daß der Darlehensnehmer den ganzen Kurswert der Effekten beliehen erhält und nicht, wie bei den Lombarddarlehen, nur den der Beleihungsgrenze entsprechenden Teil, der bei Papieren mit stark schwankenden Kursen sehr niedrig sein kann. Die Prolongation von Hausseengagements ist davon abhängig, daß Reportgelder ausreichend zur Verfügung stehen. Bei der Prolongation von Termingeschäften handelt es sich nicht um eine Prolongation im „klassischen" Sinne, da zum Zwecke der Prolongation ein vom Grundgeschäft unabhängiges Geschäft abgeschlossen wird, während z. B. bei der Prolongation von Wechseln das zugrundeliegende Schuldverhältnis prolongiert wird.

prolongieren

Eine Prolongation vereinbaren.

Promesse

Im Rahmen des Effektengeschäfts eine Urkunde, in der Lieferung von Effekten versprochen wird.

pro mille

Pro tausend (‰). Abk.: pm.

Promptgeschäft

→ Kassageschäft.

Propergeschäft, -handel

→ Eigengeschäft.

property dividend

Sachwertdividende statt Bardividende. In USA Verteilung von Wertpapieren (keine eigenen Aktien) aus dem Bestand der Gesellschaft; z. B. bei Auflösung einer Holdinggesellschaft erfolgt die Verteilung der Aktien von Tochtergesellschaften.

pro rata temporis (p.r.t.)

Zeitanteilig, d. h. die Berechnung erfolgt – z. B. bei Zinsen – exakt für die betreffende Zeitspanne nach Tagen.

Prospekt

Bei Emissionen von Wertpapieren: Veröffentlichung bestimmter Angaben über die emittierende Unternehmung und Einladung zur Zeichnung. Seit 1991 besteht in Deutschland eine grundsätzliche Prospektpflicht beim erstmaligen öffentlichen Anbieten von Wertpapieren. Bei der Börseneinführung von Wertpapieren in den amtlichen Markt muß die emittierende Unternehmung ihre Vermögens- und Ertragsverhältnisse, den Verwendungszweck der Emission, die Sicherstellung, den Beleihungs- und Kündigungsmodus usw. in mindestens einer überregionalen Zeitung (Pflichtblatt) offenlegen und im Bundesanzeiger darauf hinweisen. Sind im Prospekt falsche Angaben enthalten, können die Unterzeichner (einschl. der mitunterzeichnenden Bank) für Schäden haftbar gemacht werden (Prospekthaftung). Befreiung vom Prospektzwang besteht für Bundes- und Länderanleihen. Bei der Börseneinführung von Wertpapieren in den Geregelten Markt ist ein Unternehmensbericht zu veröffentlichen. → Unternehmensbericht, → Börsenzulassungsprospekt → Verkaufsprospekte bei Wertpapieren.

prospektähnliche Bekanntmachung

Genehmigt die Landesregierung die prospektfreie Einführung von Wertpapieren in den Börsenhandel, verlangt die Börsenaufsichtsbehörde in den meisten Fällen die Veröffentlichung einer prospektähnlichen Bekanntmachung, die im Bundesanzeiger und in einem Pflichtblatt jeder beteiligten Börse abzudrucken ist und für die i. d. R. folgender Inhalt vorgeschrieben wird: Nennbetrag der zugelassenen Wertpapiere nebst Merkmalen (Betrag, Reihe, Nummern der Stücke), Verzinsung, Tilgung, Kündigung, Art der Sicherstellung, Angaben über die beauftragten Zahlstellen. Die prospektähnliche Bekanntmachung wird nur vom Wertpapieraussteller unterschrieben, im Gegensatz zum Börsenprospekt, der auch von der Bank zu unterzeichnen ist, die den Zulassungsantrag gestellt hat.

Prospektbefreiung

Wird beantragt, ein an einer deutschen Börse eingeführtes Wertpapier an einer oder mehreren anderen Börsen zuzulassen, kann die zuständige Landesregierung auf Antrag der betreffenden Zulassungsstelle genehmigen, daß von der Veröffentlichung eines Prospektes abgesehen wird. In diesen Fällen ist im Pflichtblatt der hinzukommenden Börse eine Bekanntmachung zu veröffentlichen, aus der hervorgeht, in welchen Zeitungen der vollständige Prospekt abgedruckt wurde und wo er erhältlich ist. Anleihen des Bundes, der Bundesländer, der Bundesbahn, der Bundespost, der Kreditanstalt für Wiederaufbau und der Deutschen Ausgleichsbank sind an jeder Börse zum Börsenhandel zugelassen. Ein Prospekt ist nicht einzureichen. Dem Börsenvorstand sind die Merkmale der Anleihe mitzuteilen. Für Schuldverschreibungen, deren Verzinsung und Rückzahlung vom Bund oder einem Land gewährleistet sind, und für Schuldverschreibungen einer kommunalen Körperschaft, der Kreditanstalt einer solchen Körperschaft, einer kommunalständischen Kreditanstalt oder einer unter staatlicher Aufsicht stehenden Pfandbriefanstalt kann die Landesregierung anordnen, daß kein Prospekt einzureichen ist. Mit dieser Anordnung gilt die Zulassung zum Börsenhandel als erfolgt. Dem Börsenvorstand sind der Betrag und die Merkmale der einzuführenden Wertpapiere mitzuteilen. Der Emittent hat eine Bekanntmachung mit den von der Landesregierung vorgeschriebenen Angaben (Nennbetrag, Merkmale, Verzinsung, Tilgung und Kündigung, Sicherstellung, Zahlstellen usw.) im Bundesanzeiger und im Börsenpflichtblatt zu veröffentlichen und die in der Anordnung der Landesregierung enthaltenen Verpflichtungen zu erfüllen.

Prospekt bei der Börseneinführung von Wertpapieren

→ Börsenzulassungsprospekt.

Prospekt bei der Emission von Wertpapieren

→ Emissionsprospekt.

Prospektbetrug

Wer in betrügerischer Absicht wissentlich unrichtige Angaben in einem Prospekt oder in öffentlichen Bekanntgaben macht, durch die die Zeichnung oder der Ankauf oder Verkauf von Wertpapieren herbeigeführt werden soll, wird mit Freiheitsstrafe oder Geldstrafe bestraft.

Prospekterleichterungen

Liegt die Prospektveröffentlichung eines Wertpapierausstellers nicht länger als 1 Jahr zurück, kann bei weiteren Einführungen des Emittenten in dem neuen Prospekt auf den früheren Prospekt verwiesen werden (Bezugnahmeprospekt). Eine Vereinfachung ist auch bei der Wiederzulassung nach einer Konvertierung (Veränderung des Zinssatzes) bzw. Kapitalherabsetzung zulässig. Ist nur eine Veränderung des Zinssatzes eingetreten, kann die Zulassungsstelle gestatten, daß in dem Prospekt nur die seit der ersten Zulassung der Anleihe eingetretenen Änderungen angegeben werden.

Prospekthaftung

Haftung von Emittent und Konsortialbanken aus absichtlich oder fahrlässig unrichtig oder unvollständig erteilten Angaben in Prospekten bei der Ausgabe von Aktien oder Obligationen als Gesamtschuldner für Schaden, der Aktionären oder Obligationären daraus entsteht. Sind in einem Prospekt Angaben, die für die Bewertung des Wertpapiers wesentlich sind, unrichtig oder unvollständig, so kann der Erwerber des Wertpapiers von denjenigen, die für den Prospekt die Verantwortung tragen, sowie von denjenigen, von denen der Erlaß des Prospekts ausgeht, als Gesamtschuldner die Übernahme des Wertpapiers gegen Erstattung des von ihm gezahlten Betrages bis zur Höhe des Ausgabepreises zuzüglich der mit dem Erwerb verbundenen Kosten verlangen. Ist der Erwerber zu dem Zeitpunkt, in dem er von der Unrichtigkeit oder Unvollständigkeit des Prospekts Kenntnis erlangt hat, nicht mehr Inhaber des Wertpapiers, so kann er die Erstattung des Betrages verlangen, um den der von ihm erhaltene Betrag den Ausgabepreis zuzüglich der mit dem Erwerb verbundenen Kosten des Wertpapiers unterschreitet. Der Prospekthaftung unterliegen auch schriftliche Darstellungen, die aufgrund einer gesetzlichen Bestimmung anstelle eines Prospektes veröffentlicht werden. Die Ersatzpflicht aus Prospekthaftung erstreckt sich auf Wertpapiere, die aufgrund eines Bezugsrechts, eines Zeichnungs- oder Verkaufsangebots oder innerhalb der für den Bezug die Zeichnung oder den Verkauf der Wertpapiere bestimmten Frist nach Veröffentlichung des Prospekts erworben werden. Aus Prospekthaftung kann nicht in Anspruch genommen werden, wer nachweisen kann, daß er die Unrichtigkeit oder Unvollständigkeit der Angaben im Prospekt nicht gekannt hat und diese Unkenntnis nicht auf grober Fahrlässigkeit beruht. Ebenso besteht keine Ersatzverpflichtung, wenn der Erwerber der Wertpapiere die Unrichtigkeit oder Unvollständigkeit des Prospekts beim Erwerb der Wertpapiere gekannt hat oder sie aufgrund eines in gleicher Form (wie der des Prospekts) veröffentlichten Nachtrags zum Prospekt oder aufgrund einer nachträglichen Veröffentlichung des Emittenten hätte kennen müssen. Ansprüche aus Prospekthaftung verjähren sechs Monate nach dem Zeitpunkt, in dem der Erwerber der Wertpapiere von der Unrichtigkeit oder Unvollständigkeit des Prospekts Kenntnis erlangt, spätestens aber fünf Jahre nach der Veröffentlichung des Prospekts. Ähnlich der Haftung für den Verkaufs-/Börsenzulassungsprospekt ist die Haftung für Verkaufsprospekte von KAG und für den Vertrieb ausländischer Investmentanteile geregelt. Die Prospekthaftung kommt auch dann zur Anwendung, wenn die Wertpapiere außerhalb der organisierten Märkte erworben werden und für deren Erwerb mit dem Prospekt geworben wird.

Prospektprüfung

Die Prüfung der Angaben im Börsenzulassungsprospekt bzw. im Emissionsprospekt durch die Zulassungsstelle muß sich auf die Vollständigkeit der zur Beurteilung der Verhältnisse des Emittenten erforderlichen Angaben sowie auf die Beurteilung selbst beschränken; materielle Prüfung des Prospektinhalts durch die Zulassungsstelle kann nicht erfolgen. Es obliegt daher sowohl dem Emittenten als auch den die Zulassung beantragenden Banken, den Prospektinhalt auf Richtigkeit zu prüfen. Dementsprechend besteht für die Richtigkeit der Angaben im Prospekt eine Prospekthaftung.

Prospektunterschriften

Der Börsenzulassungsprospekt ist vom Emittenten der Wertpapiere und von der den Zulassungsantrag stellenden Bank zu unterzeichnen; beim Verkaufsprospekt genügt Unterzeichnung durch den Emittenten. Durch die Unterschrift wird Richtigkeit der in dem Prospekt gemachten Angaben bestätigt. Hierdurch wird die Grundlage der Prospekthaftung geschaffen.

Prospektveröffentlichung

Gemäß Gesetz über Wertpapier-Verkaufsprospekte sind Emittenten von Wertpapieren grundsätzlich verpflichtet, beim erstmaligen öffentlichen Anbieten von Wertpapieren einen Verkaufsprospekt zu veröffentlichen. Von der Prospektpflicht befreit sind u. a. Wertpapiere öffentlicher Emittenten, Belegschaftsaktien, Bezugsrechte, Aktien aus einer Kapitalerhöhung aus Gesellschaftsmitteln, Wertpapiere, die aus der Umwandlung von Wandelschuldverschreibungen oder der Ausübung von Rechten aus Optionsscheinen stammen, Daueremissionen von Kreditinstituten, Anteilscheine von Kapitalanlagegesellschaften und ausländischen Investmentgesellschaften sowie Euro-Wertpapiere mit international zusammengesetzten Konsortien. Wenn ein an einer anderen deutschen Börse bereits zugelassenes Wertpapier an einer weiteren Börse zugelassen werden soll, kann die Landesregierung auf Antrag der Zulassungsstelle genehmigen, von der Veröffentlichung eines Prospektes abzusehen. Die Veröffentlichung des Prospekts hat in mindestens einem Pflichtblatt der Börse zu erfolgen, für die die Zulassung beantragt wird. Im Bundesanzeiger muß ein Hinweis auf die Veröffentlichung erfolgen; i. d. R. wird jedoch der gesamte Prospekt auch im Bundesanzeiger veröffentlicht. → prospektähnliche Bekanntmachung → Verkaufsprospekte bei Wertpapieren.

Prospekt zur Zeichnung von Wertpapieren

→ Zeichnungsprospekt.

protection position

Die protection position kann als Zuteilungsgarantie im Rahmen von tender panels bzw. als Ausschlußrecht bei konsortialiter durchgeführten Effektenemissionsgeschäften vereinbart werden. Damit wird den selling-group-Mitgliedern eine bestimmte Mindestquote zu einem bestimmten Preis zugewiesen, um diesen den Aufbau einer stabilen Investorenbasis zu ermöglichen.

Protest in der Hauptversammlung der AG

→ Widerspruch in der Hauptversammlung der AG.

Protokoll der Hauptversammlung der AG

→ Verhandlungsniederschrift der Hauptversammlung der AG.

Provinzbörsen

Bez. f. kleinere, abseits von den Hauptbörsenplätzen domizilierende Börsen.

Provision

→ Bankprovision → Provision bei Börsengeschäften → Provision im Wertpapiergeschäft.

Provision bei Börsengeschäften

Der Kunde hat für die Ausführung seines Kauf- oder Verkaufsauftrages an der Börse neben der Maklergebühr für die Leistung der Bank Provision zu zahlen. Sie beträgt i. a. bei Aktien etwa 1%, bei festverzinslichen Wertpapieren etwa 0,6% vom Kurswert, sofern die Mindestprovision überschritten ist. Manche Institute erheben für die Limitierung der Aufträge eine zusätzliche Gebühr. Daneben werden ggf. Spesen erhoben. Geschäfte an ausländischen Börsen können zu hohen Provisions- und Spesenbelastungen des Kunden in der BR Deutschland führen.

Provision im Wertpapiergeschäft

Vergütung für die Tätigkeit der Bank. Wird nach bestimmten Prozentsätzen vom Wert der gekauften oder verkauften Wertpapiere berechnet. Oft werden Maklergebühr und Provision zu einem Satz zusammengefaßt (Nettosatz). → Provision bei Börsengeschäften.

proxy

Vollmacht, insbesondere zur Vertretung eines Aktionärs in der HV einer Gesellschaft (proxy-Stimmrecht).

proxy cards

Stimmkarten im Rahmen des proxy-Verfahrens.

Prozent

Vom Hundert; Abk.: v. H., %.

Prozentkurs

Kurs, der in v. H. des Nennwerts ausgedrückt wird. Gegensatz: Stückkurs.

Prozentnotierung

In % des Nennbetrages von Wertpapieren angegebener Kurs. An den deutschen Börsen ist die Prozentnotierung bei festverzinslichen Werten die Regel, bei Aktien die Ausnahme. Gegensatz: Stücknotierung.

Prozentpunkte

→ Prozent- und Punkterechnung

Prozent- und Punkterechnung

Die Beurteilung von Börsenkursveränderungen wird oft nur auf Basis der Veränderung in (Kurs-)Punkten vorgenommen. Man vermeidet Fehlschlüsse, indem man sich beim Vergleich von Kursveränderungen stets auf den Ausgangswert, der sich verändert hat, bezieht und die Veränderung in % dieses Ausgangswertes ausdrückt. Für die Herstellung der Vergleichbarkeit von Kursveränderungen sind so 2 einfache Rechenoperationen erforderlich: (1) die Feststellung der Differenz in Punkten, d. h. das zahlenmäßige Zu- und Abnehmen des Kurses ausgedrückt entweder in % vom Nominalwert oder in DM, falls es sich um eine Stücknotiz handelt; (2) das Beziehen der ermittelten Differenz auf den Ausgangskurs, ausgedrückt in % von diesem. Dabei gibt erst die zweite Operation Aufschlüsse über die Kursveränderungen beim Vergleich verschiedener Aktien oder auch im Zeitvergleich.

p.r.t.

Abk. f. pro rata temporis.

prudent man rule

US-Standard für Anlagevorschriften bzw. -beschränkungen hinsichtlich bestimmter zu schützender Vermögen (z. B. mündelsichere Anlagen).

Prüfung der Probedrucke von Wertpapieren

Wertpapierblanketts für jeden Nennwert (Mäntel und Bogen aus dem Auflagedruck) sind als Anlage dem Zulassungsantrag beizufügen, damit die Zulassungsstelle prüfen kann, ob die Blanketts den Richtlinien für den Druck von Wertpapieren entsprechen.

Prüfung des Jahresabschlusses der AG

→ Jahresabschlußprüfung, -prüfer → Abschlußprüfer bei der AG.

Prüfung des Konzernabschlusses

Ist unter Einbeziehung des Konzernlageberichts durch einen oder mehrere Prüfer (Konzernabschlußprüfer) vorzunehmen.

Prüfung des Zulassungsprospektes

→ Zulassungsverfahren.

Prüfungsauftrag

Zwischen Prüfer und Auftraggeber abgeschlossener Vertrag, durch den der Prüfer zur Durchführung der Prüfung beauftragt wird. I. d. R. handelt es sich bei dem Prüfungsauftrag um einen Werkvertrag. Besondere Bestimmungen gelten für den Prüfungsauftrag zur Jahresabschlußprüfung. I. d. R. erfolgt die Erteilung des Prüfungsauftrages durch das vertretungsberechtigte Organ der Gesellschaft, bei der AG durch den Vorstand entsprechend der Wahl durch die HV. Die Bestellung kann aber ggf. auch durch das zuständige Registergericht erfolgen. In wessen Auftrag die Prüfung erfolgte, ist im Prüfungsbericht einleitend zu vermerken.

Prüfungsbericht

Ergebnisbericht der Prüfer über eine durchgeführte Prüfung. Für den inhaltlichen Aufbau des Prüfungsberichtes bestehen insbesondere bei Pflichtprüfungen umfangreiche Vorgaben. Der Inhalt des Prüfungsberichtes richtet sich nach der Art der durchgeführten Prüfung. Berichte sind z. B. bei der AG zu erstellen: von Vorstand, Aufsichtsrat und etwa bestellten Gründungsprüfern über die Gründungsprüfung; von den beauftragten Prüfern über eine von der HV angeordnete Sonderprüfung (Sonderprüfungsbericht) und gelegentlich der Jahresabschlußprüfung. Prüfungsberichte sind i. d. R. in Hauptbericht, Anhang und Anlagen zum Bericht untergliedert. Dabei enthält der Hauptbericht Informationen über den Auftraggeber, den Prüfungsumfang, die der Prüfung zugrunde gelegten Unterlagen und Auskünfte, über die Rechtsverhältnisse und wirtschaftlichen Grundlagen und über das Rechnungswesen. Zudem beinhaltet er eine kritische und vergleichende Würdigung des Jahresabschlusses hinsichtlich der Vermögenslage, der Liquidität, der Rentabilität und der Entwicklung des Umsatzes, den Lagebericht des Vorstandes sowie schließlich den Bestätigungsvermerk. Zuweilen beinhaltet der Hauptbericht auch Exkurse in steuerlichen Angelegenheiten. Im Anhang werden die einzelnen Positionen des Jahresabschlusses ausführlich erläutert. Die Anlagen enthalten insbesondere Bilanz, GuV-Rechnung und oft auch den Lagebericht der Unternehmung sowie ergänzende zahlenmäßige Übersichten. Stellen die Prüfer bei Wahrnehmung ihrer Aufgaben Tatsachen fest, die den Bestand der Unternehmung gefährden oder beeinträchtigen könnten, ist dies in den Prüfungsbericht aufzunehmen. Der Prüfungsbericht ist von den Prüfern zu unterzeichnen.

Prüfungsbericht über die Gründung einer AG

Der Bericht der Gründungsprüfer ist dem Börsenzulassungsantrag beizufügen, falls seit Eintragung der AG im Handelsregister noch nicht 2 volle Jahre vergangen sind. → Gründung der AG.

Prüfungsergebnis

Feststellungen, die ein Prüfer hinsichtlich des Gegenstandes seiner Prüfung getroffen hat sowie das Urteil, welches er sich durch Vergleich dieser Feststellung mit bestehenden Normen gebildet hat. Dabei können die Vergleichsnormen rechtlicher, betriebswirtschaftlicher oder auch technischer Art sein. I. d. R. ist das Prüfungsergebnis im Rahmen des Prüfungsberichtes schriftlich zu dokumentieren. Hier wird das Ergebnis zur Unterrichtung eines begrenzten Interessentenkreises breit ausgeführt und begründet, für einen weiteren Interessentenkreis in der Kurzform des Bestätigungsvermerks mitgeteilt. → Testat.

Prüfungspflicht

Der Gesetzgeber hat für zahlreiche Sachverhalte des Wirtschaftslebens Prüfungspflichten vorgesehen. Für die Rechnungslegung von Unternehmen besteht eine Prüfungspflicht insbesondere hinsichtlich des Jahresabschlusses und besonderer Vorgänge (Gründungsprüfung, Nachgründungsprüfung, Gründungsprüfung bei Verschmelzung, bei Umwandlung, Prüfung der Sacheinlagen bei Kapitalbeschaffungsmaßnahmen sowie zahlreiche Arten von Sonderprüfungen). Darüber hinaus bestehen für zahlreiche Wirtschaftszweige gesonderte Prüfungspflichten: so z. B. für Banken hinsichtlich Effekten- und Depotgeschäft (Depotprüfung). Ziel der Prüfungspflichten ist einerseits die Sicherstellung einer externen Kontrolle der Unternehmensführung im Hinblick auf deren Qualität, andererseits aber auch die externe Kontrolle der inhaltlichen und rechnerischen Richtigkeit der externen Berichterstattung der Unternehmung. Die Prüfungspflichten sind im HGB (§ 316) oder je nach Branche in den betreffenden Spezialgesetzen (KWG, VAG, KAGG usw.) festgelegt, z. T. aber auch in rechtsform- und branchenzugehörigkeitsunabhängigen Gesetzen.

Prüfungsrichtlinien

Neben allgemein gültigen Prüfungsvorschriften bestehen Durchführungsbestimmungen für die Prüfung von Banken, Kreditgenossenschaften, Sparkassen, gemeinnützigen Wohnungsbauunternehmen und Versicherungsunternehmen. Besonders detailliert sind die vom BAK erlassenen Richtlinien für den Inhalt der Prüfungsberichte zu den Jahresabschlüssen der Banken. Die Prüfungsrichtlinien sollen die allgemeinen Prüfungsvorschriften ergänzen, um die Prüfungsergebnisse für Zwecke der Aufsichtsführung besser nutzbar zu machen.

Prüfungstestat

Durch das Prüfungstestat zum Jahresabschluß unterrichten die Jahresabschlußprüfer die Adressaten der Rechnungslegung des Vorstandes über das Resultat der Jahresabschlußprüfung. Der Inhalt des Prüfungstestates entspricht der Funktion der Prüfung, d. h. festzustellen, ob Buchführung, Jahresabschluß und Lagebericht Gesetz und Satzung entsprechen. Wenn die Jahresabschlußprüfer nach dem abschließenden Ergebnis ihrer Prüfung keine Einwendungen zu erheben haben, sind sie verpflichtet, das Prüfungstestat zu erteilen. Sind Einwendungen zu erheben, kann das Prüfungstestat eingeschränkt oder versagt werden. Mit Hilfe des Testates bringt der Abschlußprüfer zum Ausdruck, daß er die Prüfung pflichtgemäß d. h. nach geltenden Berufsgrundsätzen durchgeführt und sich ein positives Gesamturteil über die Buchführung und Rechnungslegung des Vorstandes gebildet hat. Der Jahresabschlußprüfer übernimmt mit der Erteilung des Prüfungstestates zwar die Mitverantwortung für den Jahresabschluß und den Lagebericht, ohne daß hieraus allerdings eine Haftung gegenüber Dritten abgeleitet werden könnte. Die nicht selten in der öffentlichen und veröffentlichten Meinung anzutreffende Vorstellung, daß ein vom Abschlußprüfer uneingeschränkt bestätigter Jahresabschluß eine Garantie für die wirtschaftliche Gesundheit einer Unternehmung biete, verkennt die Funktion der Jahresabschlußprüfung und den Charakter des Prüfungstestates. → Bestätigungsvermerk.

Prüfungsumfang

Bei der Prüfung des Jahresabschlusses ist festzustellen, ob die Bestimmungen des Gesetzes und der Satzung über den Jahresabschluß beachtet wurden. Der Lagebericht ist darauf zu prüfen, ob die rechtlichen Vorschriften beachtet sind und ob die sonstigen Angaben im Lagebericht nicht eine falsche Vorstellung von der Lage der Gesellschaft erwecken. Wenn das Gesetz als Prüfungsobjekt auch nur den Jahresabschluß nennt, schließt seine Prüfung doch ebenfalls die Prüfung der gesamten Buchführung der Unternehmung ein.

Prüfungsvermerk

→ Prüfungstestat → Bestätigungsvermerk.

Prüfungsvorschriften für die AG

→ Jahresabschlußprüfung, -prüfer → Abschlußprüfer bei der AG.

PS-Sparen und gewinnen

Form des Gewinnsparens bei den Sparkassen. → Prämiensparen, PS-Sparen.

Psychologie und (der) Börse

Die sich direkt oder indirekt auf die Preisbildung an der Börse auswirkenden Kapitalangebots- und -nachfrageentscheidungen der Wirtschaftssubjekte werden nicht nur aufgrund der Bildung rationaler Erwartungen zur Entwicklung ökonom. Sachverhalte (Preis-, Zins-, Wachstums-, Beschäftigungserwartungen usw.) getroffen, sondern unterliegen je nach der politischen und ökonomischen Situation mehr oder weniger starken psychologischen Einflüssen, die teilweise kaum mehr rational erklärbar sind. So können beispielsweise Phänomene wie Angstsparen oder sachlich unbegründbare Kursschwankungen auf positive oder negative Stimmungen zurückgeführt werden, deren Entstehung ihrerseits durch fundamentale Entwicklungen nicht gestützt wird.

PublG

Abk. f. Publizitätsgesetz.

Public Relations

Abk.: PR. Information der breiten Öffentlichkeit über die eigene Unternehmung, ihren Markt, die Geschäftsentwicklung usw., um das Vertrauen der Öffentlichkeit zu erhalten. Auch: PR der Börse.

public utilities

Sammelbez. f. Versorgungsindustrien, d. h. insbesondere für Elektrizitäts-, Gas- und Wasserwerke.

Publikationen der Wertpapieraussteller

Veröffentlichungen des Wertpapierausstellers zur Unterrichtung der Öffentlichkeit und der Besitzer bzw. Verwalter der von ihm ausgegebenen Wertpapiere. Zu unterscheiden: (1) durch Gesetz oder Anordnungen und durch die Satzung vorgeschriebene Publikationen; (2) zusätzliche Publikationen der Wertpapieraussteller, deren Emissionen in den amtlichen Börsenverkehr oder Geregelten Markt eingeführt bzw. in den Freiverkehr einbezogen sind (Pflichtbekanntmachungen, Pflichtblatt der Börse); (3) weitere, freiwillige Publizität der Wertpapieraussteller durch Mitteilungen über den Geschäftsgang während des Jahres, Ausgestaltung des Lageberichts, Ausführungen in der HV, Zwischenberichte, Versand von Aktionärsbriefen usw.

Publikationspflicht

→ Publikationen der Wertpapieraussteller → Ad-hoc-Publizität.

Publikum

Umfassende Bez. f. alle Anlegerkreise. Insbesondere abgestellt auf Kleinaktionäre.

Publikumsaktien, -werte

Vom breiteren Publikum bevorzugte Börsenpapiere.

Publikumsfonds

Investmentfonds, die dem breiten Anlegerpublikum angeboten werden. Gegensatz : Spezialfonds.

Publikumsgesellschaft

Wenn das Grundkapital einer AG breit gestreut ist und kein Großaktionär eine beherrschende Stellung einnimmt. Die Aktien solcher AG zeichnen sich an den Börsen durch besonders breiten Markt aus.

Publikums-KG

Auch: kapitalistische Kommanditgesellschaft. KG mit oft mehreren 100 Kommanditisten; vor allem bei Abschreibungsgesellschaften.

Publikumstreuhand

Die Treuhandschaft (Treuhänder) im Gesellschaftsrecht kommt sowohl bei Kapital- als auch bei Personengesellschaften in Frage, wobei Fälle der Publikumstreuhand nur im Falle der treuhänderischen Übertragung von Gesellschaftsrechten bei Personengesellschaften möglich sind. In der Praxis kommt es nämlich häufiger vor, daß ein Treuhänder eine KG gründet oder in diese eintritt und nach außen hin die Stellung als Treuhandkommanditist einnimmt, der gegenüber der Gesellschaft und den Mitgesellschaftern alle Rechte des Kommanditisten wahrnimmt. Im Treuhandvertrag wird jedoch meist vereinbart, daß den Treugebern die Rechte der Kommanditisten eingeräumt werden und daß der Treuhandkommanditist ihren Weisungen und Anordnungen zu folgen hat, womit er i. d. R. auch von jeder Haftung, die sich aus seiner Stellung als Kommanditist ergeben würde, freigestellt ist. In letzter Zeit wird diese Konstruktion des Treuhandkommanditisten häufig dazu verwendet, im Rahmen von Abschreibungsgesellschaften, Bauherrengemeinschaften oder Immobilienfonds gleichzeitig die Interessen vieler Kapitalanleger zu wahren. Dabei kann der Treuhänder oft nur sein Stimmrecht auf die Mehrheit der Anleger stützen. In solchen Fällen der Publikumstreuhand sieht er sich mit einer erhöhten Verantwortung und einem größeren Risiko konfrontiert, das er durch eine Freizeichnungsklausel in den allgemeinen Geschäftsbedingungen kaum voll abwenden kann.

Publizität

Unterrichtung der Öffentlichkeit durch die Bekanntgabe, insbesondere auch über und durch die Presse, von interessanten Tatsachen. Im Wertpapier- und Börsenwesen ist zwischen der (handelsrechtlichen) Gesellschaftspublizität und der Börsenpublizität zu unterscheiden. Die gesellschaftsrechtliche Publizität richtet sich an die Aktieninhaber als Miteigentümer der AG. In gewissem Maße ist sie auch für die Vertragspartner der AG, insbesondere wenn diese deren Gläubiger sind, bestimmt. Die Börsenpublizität soll die an der Kapitalanlage interessierten Personen – Inhaber von Aktien und Kaufinteressenten – informieren. Da bei den deutschen AG die Aktionäre überwiegend Inhaberaktien halten, muß sich die handelsrechtliche Publizität der AG wie deren Börsenpublizität an die gesamte Öffentlichkeit richten. Deshalb ist die Unterscheidung zwischen den beiden genannten Arten der Publizität insoweit nicht gerechtfertigt, aber formal vorhanden. Die Überwachung der handelsrechtlichen Publizität ist Aufgabe des Registergerichts, die der Börsenpublizität der AG Aufgabe der Börsenorgane. Neben der Börsenpublizität der börsennotierten AG steht die Publizität der Organe der Börse selbst.

Publizität der AG

Unabhängig von im PublG festgelegten Merkmalen ist die AG verpflichtet, ihren Jahresabschluß (Bilanz und GuV-Rechnung und Anhang) sowie einen Lagebericht nach Prüfung durch einen Wirtschaftsprüfer zum Handelsregister einzureichen und zu veröffentlichen. Diese Veröffentlichung erfolgt zum Schutze der Gläubiger und der Aktionäre wie auch – vor allem bei Großunternehmen – im Interesse der Öffentlichkeit. Der Jahresabschluß der AG ist im Bundesanzeiger und in einer weiteren, in der Satzung benannten Zeitung bekanntzumachen.

Publizität der Börse

Im Wertpapier- und Börsenwesen ist zu unterscheiden zwischen Gesellschaftspublizität (Publizität der AG, Publizitätsgesetz) und Börsenpublizität. Die Börsenpublizität soll die an der Kapitalanlage interessierten Personen und -gruppen über Faktoren unterrichten, die für deren Entscheidungsfindung relevant sind. Da bei den deutschen AG die Aktionäre überwiegend Inhaberaktien halten, muß sich die handelsrechtliche Publizität der AG genauso wie deren Börsenpublizität an die gesamte Öffentlichkeit richten. Insofern ist die Unterscheidung zwischen den beiden genannten Arten der Publizität sachlich wenig gerechtfertigt, wenn auch formal vorhanden. Die Überwachung der handelsrechtlichen Publizität ist Aufgabe des Registergerichts, die der Börsenpublizität der AG der Börsenorgane. Neben der Börsenpublizität der börsennotierten AG steht die Publizität der Organe der Börse selbst.

Publizitätserleichterung

Gewisse Erleichterungen im Rahmen der Publizitätspflicht bestehen für Personenhandelsgesellschaften, Einzelkaufleute sowie kleine und mittelgroße Kapitalgesellschaften (§ 276 HGB).

Publizitätsgesetz

Abk.: PublG. Die Pflicht zur Veröffentlichung des Jahresabschlusses bestand zunächst nur für AG ohne Rücksicht auf die Betriebsgröße. Eine Erweiterung der Publizitätspflicht auch auf Unternehmen anderer Rechtsformen erfolgte durch das Gesetz über die Rechnungslegung von bestimmten Unternehmen und Konzernen 1969. Für dieses Gesetz sprechen insbesondere 2 Gründe: (1) Das Interesse an Jahresabschlüssen durch Eigentümer, Gläubiger und die Öffentlichkeit ist nicht in erster Linie von der gewählten Rechtsform abhängig, sondern von der Größe der Unternehmung. (2) Konkurse und Vergleichsverfahren sowie die Notwendigkeit staatl. Subventionierung von nicht rechenschaftspflichtigen Großunternehmen in der Vergangenheit sprachen für eine Erweiterung der Publizitätspflicht, von der man sich einen gewissen Kontrolleffekt erhofft. Das PublG sieht im einzelnen vor, daß Unternehmen unabhängig von der Rechtsform grundsätzlich dann öffentliche Rechenschaft abzulegen haben, wenn für einen Abschlußstichtag und i. d. R. für die 2 darauffolgenden Abschlußstichtage jeweils mind. 2 der 3 folgenden

Merkmale zutreffen: (a) die Bilanzsumme übersteigt DM 125 Mill.; (b) die Umsatzerlöse übersteigen DM 250 Mill.; (c) es werden mehr als 5000 Arbeitskräfte beschäftigt. Diese Vorschriften gelten für diejenigen Rechtsformen, die grundsätzlich nicht der vollen Publizitätspflicht des HGB unterliegen, also hauptsächlich Personenhandelsgesellschaften. Die Jahresabschlüsse der unter das PublG fallenden Unternehmen unterliegen einer Pflichtprüfung durch Wirtschaftsprüfer.

Publizitätspflicht

→ Publizität → Publizität der AG → Publizitätserleichterung → Publizitätsgesetz → Ad-hoc-Publizität.

Publizitätspolitik

Beinhaltet das zielbewußte Gestalten der Jahresabschlußinformationen, um bestimmte Einstellungen, Erwartungen und Handlungen der Informationsadressaten (Aktionäre, Lieferanten, Kunden, Mitarbeiter, Öffentlichkeit, Staat) zu erhalten oder zu modifizieren. In den meisten Fällen wird die Bilanzpolitik als wichtigstes Instrument eingesetzt.

Publizitätszwang

→ Publizität der AG → Publizitätserleichterung → Publizitätsgesetz.

Punkte

Bez. im Wertpapierverkehr für den Unterschied zwischen 2 Kursen.

purchase commitment

Kaufverpflichtung, Abnahmeverpflichtung. Im Rahmen von Devisentermingeschäften verpflichtet sich der Käufer einer Termindevise, diese zum vorher festgelegten Zeitpunkt zu einem bestimmten Preis vom Verkäufer zu übernehmen. Beim Optionsgeschäft verpflichtet sich der Verkäufer einer Verkaufsoption, innerhalb bestimmter Frist (Optionsfrist) jederzeit eine bestimmte Stückzahl eines Wertpapiers zu einem bei Abschluß vereinbarten Kurs (Basispreis) vom Käufer der Verkaufsoption zu erwerben.

purchase fund

Der Schuldner verpflichtet sich, innerhalb eines gewissen Zeitabschnitts einen bestimmten Betrag einer Emission zurückzukaufen, falls sich die Kurse der Obligationen unter 100% oder unter Emissionspreis bewegen.

purchase syndicate

→ Übernahmekonsortium.

pure hedge, pure hedging

Vollständige Sicherung einer Kassaposition durch kongruente, jedoch gegenläufig wirkende Terminkontrakte. Kassainstrument und Basisobjekt des Terminkontrakts sind hierbei identische Zinstitel bzw. Währungen. Bei einem cross hedge hingegen unterscheiden sich diese.

put (1)

Börsenbez. für → Verkaufsoption.

put (2)

Bez. f. Rückprämie im amerikanischen Wertpapierhandel. Der Verkäufer einer Rückprämie ist berechtigt, dem Käufer an einem festgelegten Termin die Wertpapiere zu dem vereinbarten Kurs zu liefern oder gegen Zahlung der Rückprämie davon Abstand zu nehmen.

put and call

Rück- und Vorprämiengeschäft im US-Wertpapierhandel. Gewöhnlich beträgt die Laufzeit 30, 60 oder 90 Tage. Geschäfte zu dazwischenliegenden Terminen sind möglich.

put bonds

Bez. f. eine bestimmte Form von zerobonds. Es handelt sich dabei um Anleihen, die der Käufer dem Emittenten oder Schuldner zu einem festgelegten Zeitpunkt vor Fälligkeit der Papiere zurückgeben kann, deren Nominalwert er dann ausgezahlt bekommt. Diese atypische Konstruktion, die dem Gläubiger die Hauptinitiative überläßt, resultiert aus der Ungewißheit über die längerfristige Zinsentwicklung. Sie soll das Zins- und Kursrisiko für den Anleger überschaubarer machen und ihm Dispositionsmöglichkeiten einräumen. Dem Emittenten bieten put bonds als Ausgleich für dieses Zugeständnis die Möglichkeit, einen etwas geringeren als den bei der Begebung herrschenden Zins zahlen zu müssen.

put-call-parity

Gleichgewichtsbedingung, die aussagt, daß eine Kaufoption (call) genausoviel kosten darf wie der Basiswert minus dem mit dem risikolosen Zins diskontierten Basispreis plus dem Preis der entsprechenden Verkaufsoption (put). Bei Ungleichgewichten setzt Arbitrage ein.

put exercise

Ausübung einer Verkaufsoption.

put warrant

Optionsschein, der den Verkauf eines genau definierten Gegenstandes (z. B. Anleihe, Währungsbetrag) zu einem ex ante fixierten Preis an einem bestimmten Termin bzw. innerhalb einer vereinbarten Frist erlaubt. → call warrant.

put writer

Bei einem Optionsgeschäft der eine Verkaufsoption verkaufende Partner.

pyramiding (1)

Bez. f. ein spekulatives Verhalten, das auf eine maximale Ausnutzung des von Banken für ein Aktienengagement gewährten Kreditlimits hinausläuft: indem bei ansteigenden Aktienkursen der sich dadurch evtl. erhöhende Kreditspielraum in Form der Beleihungsgrenze durch Aktienzukäufe immer wieder voll ausgenutzt wird.

pyramiding (2)

Kauf von Terminkontrakten in der Form, daß die hierfür erforderlichen Einschußzahlungen aus den Gewinnen bei den bereits existierenden Kontrakten getragen werden (z. B. Gutschriften des marking to market).

Q

qualifizierte Gründung

Die Gründung einer Unternehmung kann als Bargründung durch Einlage von Geldmitteln erfolgen; sie kann zum anderen als Sachgründung durch Einbringung einzelner Vermögenswerte oder von Betriebsteilen bzw. ganzen Betrieben vorgenommen werden. Von qualifizierter Gründung spricht man, wenn entweder Aktien nicht gegen bar, sondern gegen Hingabe von Sacheinlagen erworben werden, oder wenn den Gründern oder sonstigen Aktionären besondere Vorteile in Form eines Gründerlohns oder von Warenlieferungs- oder Warenbezugsverträgen eingeräumt worden sind. Verschärfte Prüfungsvorschriften bei qualifizierter Gründung sollen verhindern, daß bei Einbringung von Sachwerten durch Bewertungsmanipulationen einzelnen Aktionären auf Kosten anderer Vorteile eingeräumt werden oder daß durch Überbewertung von Vermögenswerten keine volle Deckung des Grundkapitals erreicht wird und insofern a priori eine Erhöhung des Risikos für die Gläubiger gegeben ist.

qualifizierte Mehrheit

Im Gegensatz zur einfachen Mehrheit – die mehr als die Hälfte der vertretenen Stimmen umfaßt – eine Mehrheit mit höherer Stimmenzahl oder auch eine nach anderen Faktoren als der Stimmenzahl errechneten Mehrheit, z. B. Zweidrittelmehrheit der abgegebenen Stimmen oder des vertretenen Kapitals, aber auch z. B. einfache Mehrheit des (vertretenen oder vorhandenen) Kapitals oder einfache Mehrheit der vorhandenen Stimmen. Das AktG schreibt zusätzlich zur einfachen Mehrheit der abgegebenen Stimmen Dreiviertelmehrheit des vertretenen Kapitals bei Satzungsänderungen, Kapitalerhöhung, Kapitalherabsetzung u. a. wichtigen Beschlüssen vor. Für einige wenige Fälle kann jedoch die Satzung einfache Kapitalmehrheit als ausreichend erklären. Stimmenmehrheit und Kapitalmehrheit können auseinanderfallen, wo Mehrstimmrechte oder Stimmrechtsbeschränkungen bestehen.

qualifizierte Minderheit

Qualifizierte Minderheitsrechte mit 5% des Aktienkapitals finden sich z. B. im Rahmen der aktienrechtlichen Vorschriften bzgl. der Einberufung der HV. Ein qualifiziertes Minderheitsrecht, dessen Ausübung 10% des Aktienkapitals oder den Nennbetrag DM 2 Mio. voraussetzt, steht z. B. im Zusammenhang mit der Abberufung von Aufsichtsratsmitgliedern zur Verfügung: Diese Minderheit hat nämlich die Möglichkeit, bei Gericht den Antrag auf Abberufung eines aufgrund der Satzung in den Aufsichtsrat entsandten Aufsichtsratsmitgliedes zu stellen. → Minderheitsrechte der Aktionäre → Sperrminorität bei der AG.

qualifizierte Mitbestimmung

Die gesetzlichen Regelungen zur Mitbestimmung der Arbeitnehmer unterscheiden sich: Die im Betriebsverfassungsgesetz und Tarifvertragsrecht geregelte Mitbestimmung wird i. d. R. als arbeitsrechtliche Mitbestimmung bezeichnet. Sie bezieht sich im Gegensatz zur unternehmerischen oder qualifizierten Mitbestimmung nicht auf Mitwirkung bei allen relevanten unternehmerischen Planungen und Entscheidungen. Ziel der qualifizierten Mitbestimmung ist weniger der Schutz der in einer „fremden" Unternehmung beschäftigten Arbeitskräfte, sondern vielmehr die Partizipation an Entscheidungen als Partner der Unternehmenseigentümer. Qualifizierte Mitbestimmung ist 1951 in den Unternehmen der Montanindustrie durch Gesetz über die Mitbestimmung der Arbeitnehmer in den Aufsichtsräten und Vorständen des Bergbaus und der Eisen und Stahl erzeugenden Industrie eingeführt worden. Es findet Anwendung auf Montanunternehmen, die in der Rechtsform der AG, KGaA, GmbH betrieben werden und mind. 1000 Arbeitnehmer beschäftigen. Das Mitbestimmungsgesetz v. 1976 dehnt die unternehmerische Mitbestimmung der Arbeitnehmer auf alle Unternehmen mit eigener Rechtspersönlichkeit aus. Voraussetzung ist, daß sie i. d. R. mehr als 2000 Arbeitnehmer beschäftigen. Das Gesetz findet keine Anwendung auf Unternehmen, die dem Montan-Mitbestimmungsgesetz unterliegen. Die unternehmerische Mitbestimmung wird nach dem Mitbestimmungsgesetz v. 1976 durch einen paritätisch besetzten Aufsichtsrat gewährleistet.

qualifiziertes Legitimationspapier

→ Legitimationspapier.

Quantitätsnotierung (-notiz)

Methode der Devisenkursnotierung (Mengennotierung), bei der angegeben wird, welchen Betrag an ausländischer Währung man für eine feststehende Einheit der

Inlandswährung erhält bzw. zu bezahlen hat. Gegensatz: Preisnotierung.

Quartalsbericht

Vierteljährliche (meist freiwillige) Zwischenberichterstattung von AG.

Quartalsdividende

Vor allem in USA üblich, wo die Dividende vierteljahrsweise und nicht für ein ganzes Geschäftsjahr festgesetzt und ausgezahlt wird. → Interimsdividende → Abschlagsdividende (1).

quarterly report

Vierteljahresbericht.

Quasi-Geldmarktfonds

→ geldmarktnahe Fonds.

Quellenlandprinzip

Besteuerung von Kapitalerträgen steuerlicher Ausländer nach dem Steuerrecht des Landes, in dem das Kapital investiert worden ist. Gegensatz: Wohnsitzlandprinzip.

Quellenprinzip

Steuertechnische Art der Erhebung von bestimmten Steuern: nämlich am Ort und zur Zeit des Entstehens der steuerpflichtigen Einnahme (Quellensteuer). Dabei muß der Schuldner der betreffenden Zahlung aufgrund gesetzlicher Verpflichtung den festgesetzten Steuerbetrag einbehalten und abführen. Typische Fälle: LSt, KESt.

Quellenstaat (Ursprungsstaat)

Im Außensteuerrecht der Staat, in dem ein Steuerpflichtiger zwar weder seinen ständigen Wohnsitz noch gewöhnlichen Aufenthalt hat, jedoch seiner wirtschaftlichen Tätigkeit nachgeht, die für ihn zugleich seine Einkommens- bzw. Vermögens„quelle" darstellt, in dem z. B. die Dividenden einer Kapitalgesellschaft gezahlt werden. I. d. R. unterwirft der Quellenstaat den Steuerpflichtigen mit seinen dortigen Einkünften/Vermögen der beschränkten Steuerpflicht. Gegensatz: Wohnsitzstaat.

Quellensteuer (1)

Nach dem Quellenprinzip erhobene Steuer, d. h. am Ort und zur Zeit des Entstehens der steuerpflichtigen Zahlung. Dabei wird der Schuldner dieser Zahlung gesetzlich zur Einbehaltung und Abführung des festgesetzten Steuerbetrags verpflichtet. Die bekannteste nationale Quellensteuer ist die ESt in Form der Lohnsteuer. Kapitalanleger verbinden mit dem Begriff der Quellensteuer vor allem die auf Dividendenerträge einbehaltene KESt. Die so einbehaltene Steuer wird auf die endgültige Steuerschuld des steuerpflichtigen Empfängers angerechnet, ggf. auch erstattet. → Besteuerung der Erträge aus inländischen Wertpapieren. → Zinsabschlagsteuer.

Quellensteuer (2)

Im Außensteuerrecht i. w. S. alle die Steuern, die vom Quellenstaat von steuerlichen Ausländern im Rahmen der beschränkten Steuerpflicht erhoben werden. I. e. S. handelt es sich um die Steuern, die der Quellenstaat von Steuerausländern im Rahmen der beschränkten Steuerpflicht ohne besondere Veranlagung durch Steuerabzug erhebt. Sie werden so in den meisten Staaten u. a. auf Dividenden und Zinsen erhoben. Besteht ein DBA mit der BR Deutschland, enthält es auch Bestimmungen über die steuerlichen Auswirkungen für die Aktionäre mit Wohnsitz in der BR Deutschland. → Besteuerung der Erträge aus ausländischen Wertpapieren.

Quellensteuer, fiktive

Auf Zinserträge aus Auslandsanleihen werden in einzelnen Ländern keine oder nur sehr geringe Quellensteuern (KESt) erhoben. Unabhängig davon unterliegen die im Ausland vereinnahmten Zinserträge bei unbeschränkt steuerpflichtigen Inländern im Inland grundsätzlich der KSt oder ESt. Mit einzelnen Ländern, insbesondere Entwicklungsländern, sehen jedoch die Doppelbesteuerungsabkommen die Berücksichtigung einer fiktiven Quellensteuer vor. Auch wenn im Ausland keine Quellensteuer erhoben wurde, wird somit im Inland bei der Ermittlung der individuellen Steuerschuld unterstellt, der Steuerpflichtige hätte im Ausland eine Quellensteuer gezahlt. Durch Anrechnung einer fiktiven Quellensteuer von meist 10–20% auf die Steuerschuld mindert sich somit die Steuerschuld in den Fällen, in denen der Steuerpflichtige im Ausland eine geringere oder keine Quellensteuer gezahlt hat. Zugleich erhöht sich hierdurch die Rendite einer Kapitalanlage nach Steuern.

Querformat

Gemäß den Richtlinien für den Druck von Wertpapieren der deutschen Wertpapierbörsen ist der Mantel von Aktien im Querformat DIN A4 (21:29,7 cm) zu drucken (außer Vorzugsaktien). Gegensatz: Hochformat.

quick ratio

Liquiditätsgrad: Verhältnis der Barmittel, Forderungen und Wertpapiere zu kurzfristigen Verbindlichkeiten.

Quittung

Schriftliche Empfangsbescheinigung des Empfängers einer Sach- oder Geldleistung. Der Überbringer einer Quittung ist im Zweifel zum Empfang der quittierten Leistung berechtigt. Sie dient als Beweismittel und soll verhindern, daß der Schuldner zur nochmaligen Zahlung gezwungen wird. Löschungsfähige Quittung kann gefordert werden, wenn die Schuld einer Hypothek bezahlt ist.

Quorum

In der Satzung u. a. der AG – in Abweichung vom Regelfall – zur Beschlußfähigkeit der HV vorgeschriebene Mindestzahl der vertretenen Stimmen bzw. der anwesenden Aktionäre oder Aktionärsvertreter. Erreicht auch eine 2. HV die Voraussetzung nicht, ist i. d. R. eine 3. HV ohne Quorum beschlußfähig. → Aktienquorum.

quotation

→ Kursfeststellung an der Börse.

Quote

Bez. für den Bruchteil eines Ganzen. Der Begriff ist gebräuchlich zur Kennzeichnung von Beteiligungsverhältnissen. Z. B. Beteiligung an einer AG, Beteiligung an einem Konsortialkredit usw., meist angegeben in %-Punkten.

Quotenaktie

In USA und Kanada übliche Aktie, die nicht auf einen bestimmten Nennbetrag, sondern einen Bruchteil am Gesellschaftsvermögen bzw. am Kapital einer AG lautet. In pro Stück börsennotiert. → nennwertlose Aktien.

Quotenkonsolidierung

Im Rahmen der Erstellung eines Konzernabschlusses wird nach dem Prinzip der Quotenkonsolidierung nur der Teil der Vermögensgegenstände und Verbindlichkeiten in die Konzernbilanz aufgenommen, der dem Beteiligungsumfang der Obergesellschaft entspricht. Ebenso gehen in die Konzern-GuV-Rechnung nur entsprechende Anteile an Aufwendungen und Erträgen ein. Quotenkonsolidierung schreibt das KWG für Bankkonzerne vor.

quotes

Verbindliche Geld- und Briefkurse. Market makers der DTB sind verpflichtet, auf Anforderung innerhalb kurzer Zeit gleichzeitig Geld- und Briefkurse für die jeweils gewünschte Menge zu stellen. Die Verpflichtung gilt nur für quotes, die sich auf individuelle Kontrakte beziehen.

quote request

Anforderung verbindlicher Geld- und Briefkurse. Verpflichtet einen market maker, für eine jeweils gewünschte Menge gleichzeitig Geld- und Briefkurse zu stellen. Wird in das System der DTB eine Bestens- oder Billigst-Order eingegeben, erfolgt automatisch die Auslösung der Funktion „quote request“.

quotieren

Auch: kotieren. Ausdruck für in Preisen, nicht in % notierte Kurse.

Quotierung, Quotation

Kursnotierung.

R

R

Abk. f. Reihe (Unterscheidungsmerkmal bei Anleihen).

r

Abk. f. rationiert oder repartiert. Auch: rat. oder rep. → Repartierung → Rationierung → Kurszusätze.

raider

Durch i. d. R. zunächst börsenmäßige Käufe von Aktien einer bestimmten Unternehmung auftretender Investor, der dann den übrigen Aktionären eine Übernahmeofferte unterbreitet.

Rand

Südafrikanische Währung. Bekannte Goldmünze (→ Krügerrand).

random-walk-Hypothese

Anhänger der random-walk-Hypothese sind davon überzeugt, daß Informationen über die Reihenfolge der vergangenen Börsenkursänderungen die Prognose zukünftiger Kursentwicklungen nicht verbessern können. Die Hypothese besagt allerdings nicht – wie oft angenommen wird –, daß es ein Zufallsmechanismus *ist*, der die Kursänderungen generiert, sondern sie behauptet lediglich, daß Kursänderungen sich so einstellen, *als* ob sie von einem Zufallsmechanismus hervorgebracht würden. Antwort auf die Frage, welche Faktoren die Zufallsbewegungen der Börsenkurse bewirken, gibt die random-walk-Hypothese nicht. Die Wahrheit der Aussage, daß Kurse Zeitpfade beschreiben, die random walks ähnlich sind, ist allerdings auch unabhängig davon, ob das Börsengeschehen von kühl kalkulierenden Investoren oder Zufallseinflüssen geprägt wird. Ob die random-walk-Hypothese empirisch richtig ist, ist allein an den Tatsachen zu überprüfen: Aktienkursverläufe sind in USA ausführlich mit präzisen statistischen Methoden untersucht worden, wobei die random-walk-Hypothese tendenziell bestätigt werden konnte.

range-forward-Kontrakt

Verbindung aus einer Option auf Devisen und eines Termingeschäfts in Devisen zur Absicherung gegen Risiken, die aus offenen Währungspositionen resultieren.

range warrants

Bandbreiten-Optionsscheine. Sie ermöglichen dem Anleger dann einen Gewinn, wenn ein bestimmter Aktienkurs bzw. Wechselkurs zu einem zukünftigen Zeitpunkt innerhalb einer vorab fixierten Bandbreite liegt; ansonsten erfolgt nur die Rückzahlung des eingesetzten Kapitals.

Rangrücktritt

Begründet allgemein die schuldrechtliche Verpflichtung eines Gläubigers, seine Forderung gegen einen bestimmten Schuldner erst dann geltend zu machen, wenn ein anderer Gläubiger wegen seiner Forderung gegen denselben Schuldner befriedigt ist. Der Rangrücktritt ist insbesondere im Grundbuchrecht im Zusammenhang mit Fragen des Rangverhältnisses unter mehreren Rechten von Bedeutung.

Rangverhältnis

Bestimmt Verhältnis und Reihenfolge, die verschiedene Gläubiger bei der Wahrnehmung ihrer Rechte an einem Gegenstand, vor allem Grundstücken, einnehmen; das rangbessere kommt vor dem rangschlechteren Recht. In der Zwangsversteigerung von Grundstücken fallen die dem betreibenden Gläubiger vorgehenden Rechte in das geringste Gebot; er selbst wird vor den nachfolgenden Gläubigern aus dem Erlös der Versteigerung befriedigt.

Rangvorbehalt

Der Eigentümer eines Grundstückes kann sich bei der Belastung dieses Grundstükkes mit einem Recht die Befugnis vorbehalten, ein anderes, dem Umfange nach bestimmtes Recht mit dem Range vor jenem Recht eintragen zu lassen. Dieser Rangvorbehalt bedarf der Eintragung in das Grundbuch.

Rangvormerkung

Zum Zweck der Sicherung eines Anspruchs auf Einräumung oder Aufhebung eines Rechts an einem Grundstück kann eine Rangvormerkung in das Grundbuch eingetragen werden. Diese Vormerkung kann z. B. auf Antrag des Grundstückskäufers eingetragen werden (Auflassungsvormerkung), um eine Verfügung des alten Eigentümers, die nach der Eintragung der Vormerkung getroffen wird, zu erschweren. → Rangvorbehalt.

RAS Commodity Exchange (RASCE)

Warenterminbörse in Singapur. Gehandelt werden u. a. futures auf Robusta-Kaffee und einen Kautschuk-Index.

rat.

Abk. f. rationiert (beschränkt zugeteilt, repartiert). Auch: r. → Rationierung → Repartierung → Kurszusätze.

rat B

Abk. f. rationiert Brief (beschränkte Abnahme). → Kurszusätze.

Rate

Teilleistung, -zahlung, -rückzahlungsbetrag.

rateably-secured-Klausel

Klausel, die eine rangmäßige Gleichstellung von Gläubigern vorsieht.

Ratenanleihe

Tilgungsanleihe, die in gleichen Tilgungsraten zurückgezahlt wird. Dagegen wird die Annuitätenanleihe in gleichen Jahresbeträgen (Tilgungs- und Zinsbeträge) zurückgezahlt.

Ratenscheine

Bez. z. B. f. die Abschnitte des Liquidationsanteilscheins der IG Farbenindustrie AG. i. L. Die Ratenscheine dienten zum Bezug weiterer Ausschüttungen.

Ratensparvertrag

Allgemein: Vertrag, in dem sich ein Sparer verpflichtet, regelmäßig der Höhe nach vereinbarte Sparleistungen zu erbringen, um ein Sparziel zu erreichen. Speziell beim prämienbegünstigten Sparen sind Sparverträge mit festgelegten Sparraten verbreitet: Der Sparer spart 6 Jahre lang monatlich oder vierteljährlich bestimmte Beträge in gleichbleibender Höhe. Nach 7 Jahren endet die reguläre Festlegungsfrist, so daß die anzusparenden Beträge im Durchschnitt 3½–4 Jahre festliegen. Die staatlichen Prämien (Sparprämien) werden nur gezahlt, wenn die Frist eingehalten wird. Ausnahmen gelten im Falle der Verheiratung nach Vertragsabschluß, bei völliger Erwerbsunfähigkeit des Sparers oder Tod des Ehegatten. Die Banken vergüten dem Sparer Zinsen; außerdem wird der Prämienbetrag verzinst.

Ratentilgung

Art der Rückzahlung von Verbindlichkeiten, bei der der Schuldner gleichbleibende jährliche Tilgungsraten bis zur vollständigen Tilgung zu entrichten hat. Da die Kapitalschuld und damit auch die jährliche Zinsschuld immer geringer werden, sinkt auch die sich aus Tilgung und Zins zusammensetzende Jahresleistung. Diese Art der Tilgung wird nicht selten bei der Rückzahlung von Schuldverschreibungen gewährt (Tilgungsanleihe). Die Rückzahlung der gesamten Anleihe zu einem festen Termin (Gesamtfälligkeit) ist die heute gebräuchlichste Form der Tilgung.

rat G

Abk. für rationiert Geld (beschränkte Zuteilung).

rating

Beurteilung und Klassifizierung der relativen und absoluten Bonität von Schuldtiteln und deren Emittenten anhand einheitlicher Maßstäbe. Die Bonitätseinschätzung erfolgt anhand verschiedener Kriterien. Neben unternehmens- und branchenspezifischen Besonderheiten finden auch Länderrisiken Berücksichtigung. Entsprechende Analysen werden von spezialisierten rating-Agenturen durchgeführt. Die von ihnen ermittelten Kennziffern, sog. ratings, spiegeln Einstufungen der Schuldner bzw. deren Schuldverschreibungen wider. Sie werden i. d. R. veröffentlicht. Potentiellen Kapitalanlegern wird dadurch die Möglichkeit gegeben, ein breites Spektrum von internationalen Anleihen hinsichtlich Risiko-Rendite-Relationen zu vergleichen. Sie erhalten von den Interessen der Emittenten und anderer Marktteilnehmer unabhängige Informationen über die Bonität vieler Schuldner, ohne daß sie Kreditwürdigkeitsanalysen von allen Emittenten und deren am Markt gehandelten Anleihen durchführen müssen. Große international tätige rating-Agenturen sind die privaten amerikanischen Organisationen Standard & Poor's sowie Moody's. Sie untersuchen ein sehr breites Spektrum internationaler Emittenten. Die Bewertungen von Moody's gehen bei langfristigen Wertpapieren von Aaa über 17 Abstufungen bis zu C, bei kurzfristigen Wertpapieren von Prime-1 über 2 Stufen bis zu Not Prime. Standard & Poor's verwenden für Anleihen mit einer Laufzeit von mehr als einem Jahr eine rating-Skala von AAA über 8 Stufen bis D; commercial-papers (kurzfristige Wertpapiere) werden mit den Symbolen A−1+(oberste Kategorie), A−1, A−2, A−3, B, C oder D versehen. Außerdem existieren rating-Agenturen u. a. in Korea (Korea Investors Service [KIS], Korea Management & Credit Rating Corporation [KMCC], National Information & Credit Evaluation Inc. [NICE]), in Hongkong (Capital Information Services Ltd. [CIS]), in Japan (Mikuni & Co. Ltd., Japan Credit Rating Agency [JCR], Nippon Investors Service und The Japan Bond Research Institute [JBRI]), in Indien (The Credit Rating Information Services of India Limited [CRISIL]) sowie in Frankreich (Euronotation France [ENF]). Die rating-Skalen dieser Agenturen sind i. d. R. mit denen von Standard & Poor's oder Moody's vergleichbar. Für Emittenten haben die Einstufungen der rating-Agenturen Einfluß auf die Zinshöhe und damit auf die Fremdkapitalbeschaffungskosten. So kann eine Unternehmung, die mit AAA bzw. Aaa bewertet wird, zu günstigeren Bedingungen eine Anleihe auflegen als ein mit D bzw. C bewertetes Unternehmen. Darüber hinaus besteht für Emittenten mit hohem rating die Möglichkeit, sich ein breiteres Anlegerpublikum zu erschließen. Zu beachten ist, daß ein rating nicht mehr als eine Orientierungshilfe sein kann, da die bewertenden Organisationen ebenso wie der Anleger auf Informationen über den Verlauf des Geschäftsjahres, der Gewinnentwicklung usw. der zu bewertenden Unternehmung angewiesen sind. Bis diese Informationen vorliegen, kann die Beurteilung bereits durch die Wirklichkeit überholt sein, da sich eine Verschlechterung von Unternehmenssituationen oft sehr schnell ergeben kann.

rationieren

→ Rationierung. Auch: repartieren. → Repartierung → Kurszusätze.

rationiert

Nur beschränkt zugeteilt. Abk. rat. oder r. → Rationierung → Kurszusätze.

Rationierung

Bez. f. beschränkte Ausführung der Aufträge an der Wertpapierbörse. → Repartierung → Kurszusätze → rat B → rat G.

Rauhgewicht

Auch: Schrot. Tatsächliches Gewicht einer Metallegierung, z. B. bei einer Münze. → Feingewicht.

RE

Abk. f. Rechnungseinheit.

real

Unter Berücksichtigung der Entwicklung des Geldwertes. Gegensatz: nominal. Z. B. Realeinkommen, Reallohn. → Realzins.

Realeinkommen

Nominaleinkommen eines Wirtschaftssubjektes oder einer Volkswirtschaft dividiert durch einen Preisindex, häufig durch den vom Statistischen Bundesamt berechneten der Lebenshaltung. Das Realeinkommen stellt einen Indikator für die reale Kaufkraft des Nominaleinkommens dar.

reale Kapitalerhaltung

Ist dann erfüllt, wenn die Kaufkraft des investierten (angelegten) Kapitals am Ende einer Wirtschaftsperiode gleich der Kaufkraft des Anfangskapitals dieser Periode ist.

real estate

Engl. Bez. f. Grundbesitz.

real estate fund

Engl. Bez. f. Immobilienfonds.

realignment

Bez. f. Neufestsetzung von Wechselkursen zwischen Währungen.

Realisation

Glattstellung eines Wertpapierengagements, um einen Gewinn sicherzustellen bzw. einen Verlust zu ermitteln.

Realisationsprinzip

Gewinne dürfen erst dann ausgewiesen werden, wenn sie durch Umsatz realisiert worden sind; drohende Verluste müssen dagegen schon ausgewiesen werden, wenn sie erkennbar sind (kaufmännisches Vorsichtsgebot).

realisieren

→ Realisation.

realisierte Kursgewinne

Kursgewinne, die beim Verkauf von Wertpapieren anfallen: Steigt der Kurs eines Wertpapiers über den Einstandspreis, ergibt sich zunächst ein buchmäßiger Kursgewinn, der durch Verkauf des Papiers realisiert wird.

realisierter Kursverlust

Der durch die Differenz zwischen Wertpapierankaufspreis (zzgl. Ankaufsspesen) und Verkaufspreis (abzgl. Verkaufsspesen) ggfs. entstehende Verlust gilt erst dann als realisiert, wenn er durch einen faktischen Wertpapierverkauf zu entsprechendem Zahlungsmittelzufluß (Rückzahlung des angelegten Kapitals – Verlustanteil) beim Anleger geführt hat.

Realkapital (Sachkapital)

Alle sich im Produktionsprozeß befindlichen Güter, wie z. B. Produktionsmittel (Maschinen, Anlagen usw.), Verkehrsmittel sowie die noch nicht dem Konsumtionsprozeß zugeführten Waren und Rohstoffe. Gegensatz: Geldkapital, Nominalkapital, Finanzkapital.

Realkapitalerhaltung

→ reale Kapitalerhaltung.

Realkreditgesetze

Hypothekenbankgesetz, Gesetz über die Pfandbriefe und verwandten Schuldverschreibungen öffentlich-rechtlicher Kreditanstalten, Gesetz über Schiffspfandbriefbanken (Schiffsbankgesetz), auch Bausparkassengesetz.

Realkreditinstitute

Zusammenfassende Bez. f. Bodenkreditinstitute, Hypothekenbanken, Rentenbanken, Schiffsbanken, Stadtschaften, auch Bausparkassen. Banken, die sich vor allem durch Emission von Pfandbriefen am Kapitalmarkt Mittel beschaffen, die im Aktivgeschäft als Hypothekarkredite herausgelegt werden.

Reallast

Belastung eines Grundstücks, bei der der Berechtigte Anspruch auf wiederkehrende Leistungen aus dem Grundstück hat. Kann bestehen in Renten von Geld und Naturalien, in Diensten, Verpflichtungen usw. Hauptsächlich als Rentenreallast, die auf regelmäßig wiederkehrende Geldleistungen (Grundrente) gerichtet ist. Eintragung im Grundbuch ist erforderlich.

Reallohn

Zeigt die reale Kaufkraft des Nominallohns auf. Wird errechnet, indem der Nominallohn durch einen Preisindex, häufig durch den der Lebenshaltung, dividiert wird.

reallowance

Bei internationalen Aktien- und Anleiheemissionen der Teil von Wertpapieren, den ein Mitglied der selling group an andere sellers weitergeben darf, sofern es diesen Teil nicht plazieren kann.

Realzins(-satz)

Zinsertrag einer Kapitalanlage, der sich bei der Berücksichtigung der Inflationsrate ergibt. Zu seiner Ermittlung muß man einerseits das investierte Kapital mit dem Nominalzins auf- und andererseits mit der Inflationsrate abzinsen. Gegensatz: Nominalzins(-satz).

Rechenschaftsbericht

Bericht der Verwaltung einer AG in der Hauptversammlung über den Ablauf des vergangenen Geschäftsjahres, verbunden mit der Vorlage des Jahresabschlusses.

Rechenschaftsbericht der Kapitalanlagegesellschaften

Eine KAG hat über jedes Sondervermögen für den Schluß eines jeden Geschäftsjahres einen Rechenschaftsbericht zu erstatten und im Bundesanzeiger bekanntzumachen. Der Rechenschaftsbericht hat eine Ertragsrechnung und eine Aufstellung der zu dem Sondervermögen gehörenden Wertpapiere und Bezugsrechte unter Angabe von Art, Zahl und Kurswert sowie den Stand der zu dem Sondervermögen gehörenden Konten zu enthalten. Bei Grundstückssondervermögen ist der Bestand der Grundstücke und sonstigen Vermögensgegenstände unter Angabe von Grundstücksgröße, Art und Lage, Bau- und Erwerbsjahr, Gebäudenutzfläche, Verkehrswert und sonstiger wesentlicher Merkmale aufzuführen. Für die Mitte eines Geschäftsjahres hat die KAG eine entsprechende Aufstellung im Bundesanzeiger zu veröffentlichen, sofern sie für diesen Stichtag nicht einen weiteren Rechenschaftsbericht erstattet. Der Bankenaufsichtsbehörde hat die KAG zweimal im Jahr ausführlich zu berichten.

Rechenschaftslegung der AG

→ Jahresabschluß der AG.

Rechenschaftslegung der Investmentgesellschaften

→ Investmentgesellschaft, Rechenschaftslegung.

rechnerische Restlaufzeit

Gibt an, wann eine Auslosungs- bzw. Tilgungsanleihe zurückgezahlt werden müßte, wenn man sie als eine gesamtfällige Anleihe mit gleicher Rendite betrachtet.

Rechnungseinheit (RE)

Kursbasis, die innerhalb eines Verrechnungsverfahrens zum Zwecke des Ausgleichs bzw. der Abwicklung von Forderungen und Verbindlichkeiten zwischen Partnern mit verschiedenen Währungen zugrunde gelegt wird. Eine solche Rechnungseinheit war im Rahmen der EZU vereinbart und bildete die Verrechnungsbasis im EWA, in der Europäischen Atomgemeinschaft und der EWG. Wegen der Gebräuchlichkeit besonders im europäischen zwischenstaatlichen Verkehr wurde nicht selten die Bezeichnung European Unit of Account verwendet. 1975 schloß sich die Europäische Rechnungseinheit an, die im Rahmen der Schaffung des EWS durch die Europäische Währungseinheit ergänzt wurde: das → ECU.

Rechnungseinheiten-Anleihe (RE-Anleihe)

Internationale Anleihen sind z. T. hinsichtlich ihres Währungswertes durch Bezugnahme auf Rechnungseinheiten abgesichert. Sie lauten dann nicht auf bestimmte Währungen, sondern einen künstlichen Währungsmaßstab. Die Europäische Rechnungseinheit (ERE, ECU)

z. B. entspricht dem Wert von 0,87978 g Gold und weist eine feste Parität gegenüber jeder ihrer Referenzwährungen aus. Rechnungseinheit ist auch das Sonderziehungsrecht, ebenso das ECU.

Rechnungslegung

Bez. f. die Unterrichtung von Öffentlichkeit, Aufsichtsbehörden, bestimmten Institutionen usw. durch Unternehmen wie AG, GmbH, Banken, KAG usw. Im einzelnen: (1) Rechenschaftspflicht der Geschäftsleitung, d. h. die Pflicht, eine die geordnete Zusammenstellung der Einnahmen und Ausgaben enthaltende Rechnung mitzuteilen und, soweit Belege erteilt zu werden pflegen, Belege vorzulegen. (2) Rechnungslegung gem. §§ 264 ff. HGB. (3) Rechnungslegung gemäß Publizitätsgesetz. (4) Rechnungslegung der Banken gemäß § 26 KWG und §§ 340 ff. HGB: Banken müssen demnach in den ersten drei Monaten des Geschäftsjahres für das vergangene Geschäftsjahr die Jahresbilanz und die Gewinn- und Verlustrechnung aufstellen und den aufgestellten sowie später den festgestellten Jahresabschluß und den Lagebericht, soweit ein solcher erstellt wird, dem BAK und der Bundesbank jeweils unverzüglich einreichen.

Rechnungslegung der AG

→ Jahresabschluß der AG → Jahresabschluß der AG, Bekanntmachung → Jahresabschlußprüfung, -prüfer.

Rechnungslegung der KAG

→ Investmentgesellschaft, Rechenschaftslegung.

Rechnungslegung im Konzern

Konzerne haben Konzernabschlüsse und Konzernlageberichte aufzustellen. Die Konzernunternehmen haben ihrer Obergesellschaft die Unterlagen für die Rechnungslegung im Konzern vorzulegen.

Rechnungszinsfuß

Rechnungsgrundlage für die Berechnung der Deckungsrückstellung und der Sparbeiträge (u. a.) in der Lebensversicherung. Durch Aufzinsung mit dem Rechnungszinsfuß summieren sich die Sparbeiträge bis zum Ablaufzeitpunkt auf die Höhe der Versicherungssumme. Wegen der Langfristigkeit der Lebensversicherungsverträge genehmigt die Aufsichtsbehörde nur einen vorsichtig bemessenen Rechnungszinsfuß von höchstens 3%. Die effektive Verzinsung der Sparbeiträge ergibt sich erst nach Berücksichtigung der Überschußbeteiligung.

Rechteck

Die Formation des Rechtecks ist ein spezifisches Erscheinungsbild von Kurs-Umsatz-Verläufen im Rahmen der technischen Aktienanalyse (chart-Analyse), bei dem sich die vorherrschende Bewegungsrichtung des Trends vorübergehend nicht fortsetzt. Es lassen sich die kurzfristigen Kursausschläge in der graphischen Darstellung nach oben und unten durch 2 parallele Geraden begrenzen. Innerhalb des Rechtecks herrscht labiles Gleichgewicht, so daß ein verhältnismäßig geringer Marktdruck ausreicht, um einen Ausbruch herbeizuführen. Der herrschende Trend wird mit dem Durchbruch durch die waagerechte Begrenzungslinie bestätigt, oder – in seltenen Fällen – umgekehrt.

Rechte der Hauptversammlung der AG

Die HV beschließt in den im Gesetz und in der Satzung ausdrücklich bestimmten Fällen, namentlich über: (1) Bestellung der Mitglieder des Aufsichtsrats, soweit sie nicht in den Aufsichtsrat zu entsenden oder als Aufsichtsratsmitglieder der Arbeitnehmer nach dem Mitbestimmungsergänzungsgesetz zu wählen sind; (2) Verwendung des Bilanzgewinns; (3) Entlastung der Mitglieder des Vorstands und Aufsichtsrats; (4) Bestellung der Abschlußprüfer; (5) Satzungsänderungen; (6) Maßnahmen der Kapitalbeschaffung oder Kapitalherabsetzung; (7) Bestellung von Prüfern zur Prüfung von Vorgängen bei Gründung oder Geschäftsführung; (8) Auflösung der AG. Über Fragen der Geschäftsführung kann die HV nur entscheiden, wenn der Vorstand es verlangt.

Rechtsbehelf

Prozessuale Mittel zur Verwirklichung eines Rechts (i. e. S. Berufung, Revision, Beschwerde). Kann sich gegen gerichtliche Entscheidungen richten, bevor diese rechtskräftig sind. Hemmt den Eintritt der formellen Rechtskraft. Sonstige Rechtsbehelfe sind z. B.: Klage, Antrag auf Wiedereinsetzung in den vorigen Stand (wegen Fristversäumung), Wiederaufnahme des Verfahrens (bei rechtskräftig abgeschlossenen Verfahren), Widerspruch gegen Verwaltungs- akte von Verwaltungsbehörden, in der Zwangsvollstreckung die Erinnerung des Schuldners gegen das Verfahren der Vollstreckungsorgane, Drittwiderspruchsklage. Kenntnis seiner Rechte ist für den Wertpapierbesitzer wichtig.

Rechtsform(en)

Ausdruck der gesetzlich umschriebenen Form, in der sich ein Unternehmen entfalten darf. Das folgende Schema gibt einen Überblick über die wichtigsten Rechtsformen privater und öffentlicher Unternehmen:

(I) *Private Unternehmen*
- (1) Einzelunternehmen (Einzelkaufmann, Einzelfirma)
- (2) Personengesellschaften (-unternehmen)
  - (a) Gesellschaft des bürgerlichen Rechts (GbR)
  - (b) offene Handelsgesellschaft (OHG)
  - (c) Kommanditgesellschaft (KG)
  - (d) Stille Gesellschaft
- (3) Kapitalgesellschaften
  - (a) Aktiengesellschaft (AG)
  - (b) Kommanditgesellschaft auf Aktien (KGaA)
  - (c) Gesellschaft mit beschränkter Haftung (GmbH)
  - (d) bergrechtliche Gewerkschaft
  - (e) Sonderformen (Reederei, Bohrgesellschaft)
- (4) Mischformen (Kombinationen von Personen- und Kapitalgesellschaften)
  - (a) AG & Co. KG
  - (b) GmbH & Co. KG
  - (c) Doppelgesellschaft
- (5) Genossenschaften
- (6) Versicherungsvereine auf Gegenseitigkeit (VVaG)

(II) *Öffentliche Unternehmen*
- (1) öffentliche Unternehmen in nichtprivatrechtlicher Form
  - (a) ohne eigene Rechtspersönlichkeit: Regiebetriebe, Eigenbetriebe, Sondervermögen
  - (b) mit eigener Rechtspersönlichkeit: öffentlich-rechtliche Körperschaften, Anstalten und Stiftungen
- (2) öffentliche Unternehmen in privatrechtlicher Form
  - (a) rein öffentliche
  - (b) gemischtwirtschaftliche; mit oder ohne Mehrheit der öffentlichen Hand.

Rechtsformenwahl

Die Wahl der Rechtsform zählt zu langfristig wirksamen unternehmerischen Entscheidungen. Die Frage, welche Rechtsform optimal ist, stellt sich nicht nur bei der Gründung einer Unternehmung, sondern muß jeweils neu überprüft werden, wenn sich wesentliche persönliche, ökonomische, juristische oder steuerliche Faktoren verändern, die zuvor bei der Entscheidung für eine bestimmte Rechtsform den Ausschlag gegeben haben. Ist die früher gewählte Rechtsform nicht mehr die zweckmäßigste, kann ein Rechtsformwechsel (Umwandlung) notwendig werden. Entscheidungskriterien, die bei der Wahl oder Änderung der Rechtsform abzuwägen sind, sind insbesondere: Rechtsgestaltung, insbesondere Haftung, Leitungsbefugnis, Gewinn- und Verlustbeteiligung, Finanzierungsmöglichkeiten, Steuerbelastung, Aufwendungen der Rechtsform (Gründungs- u. Kapitalerhöhungskosten; besondere Kosten der Rechnungslegung, wie z. B. Pflichtprüfung und Veröffentlichung des Jahresabschlusses), Publizitätszwang.

Rechtsformenwechsel

Der Wechsel der Rechtsform einer Unternehmung erfolgt i. d. R. aus steuerlichen, wirtschaftlichen und/oder rechtlichen Motiven (Erschließung neuer Finanzierungsmöglichkeiten, Erhöhung der Kreditwürdigkeit, Beschränkung der Haftung, Erbfolge, Ausweichen vor Publizitäts- und/oder Mitbestimmungsregelungen u. a.), da die ökonomischen und rechtlichen Faktoren, die bei der Gründung zu der Wahl einer bestimmten Rechtsform geführt haben, sich im Laufe der Zeit durch Änderung der allgemeinen Wirtschaftslage, durch Wechsel des wirtschaftspolitischen Kurses, durch Wachstum oder Schrumpfung der Unternehmung und nicht zuletzt durch Änderung von Steuergesetzen verschieben können. Die Überführung einer Unternehmung von einer Rechtsform in eine andere bezeichnet man als Umwandlung. Es muß unterschieden werden zwischen einer Umwandlung, die ohne Liquidation entweder im Wege der Gesamtrechtsnachfolge oder ohne Vermögensübertragung durch Satzungsänderung vollzogen werden kann, und einer Umwandlung, bei der eine formelle Liquidation der Rechtsform, d. h. eine Einzelübertragung der Vermögensteile auf eine andere Rechtsform erfolgt (Umgründung).

Rechtsgemeinschaft an einer Aktie

Steht eine Aktie mehreren Berechtigten zu, können sie die Rechte aus der Aktie durch einen gemeinschaftlichen Vertreter ausüben. Für Leistungen auf die Aktie haften sie als Gesamtschuldner. Hat die AG eine Willenserklärung dem Aktionär gegenüber abzugeben, genügt, wenn die

Berechtigten der Gesellschaft keinen gemeinschaftlichen Vertreter benannt haben, die Abgabe der Erklärung gegenüber einem Berechtigten. Bei mehreren Erben eines Aktionärs gilt dies nur für Willenserklärungen, die nach Ablauf eines Monats seit Anfall der Erbschaft abgegeben werden.

Rechtsstreitigkeiten des Emittenten

Vor der Zulassung zum Börsenhandel hat der Wertpapieraussteller der Zulassungsstelle die schriftliche Erklärung abzugeben, daß Rechtsstreitigkeiten von erheblicher Tragweite nicht schweben.

red chips

→ China-Aktien.

redemption

Rücknahme, z. B. von Anteilscheinen von Investmentfonds. Auch das Recht eines Emittenten, Anleihen vorzeitig zu tilgen.

redemption price

Preis bzw. Kurs, zu dem der Emittent die Anleihe oder Anteilsscheine vor Fälligkeit zurückaufen kann. redemption, redemption price als auch Zeitpunkt bzw. -raum des Rückkaufs müssen in den Emissionsbedingungen festgelegt sein.

redeemable preferred stock

Rückzahlbare Vorzugsaktien. → callable preferred stock.

red warrants

Sonderform gedeckter Optionsscheine; es handelt sich um Optionsscheine auf einen Aktienkorb. Sie berechtigen zum Bezug eines ganzen Aktienportfolios, das sich aus Werten von Unternehmen zusammensetzt, die stark von der Öffnung Osteuropas profitieren könnten. → Korb-Optionsscheine → Optionsscheine, gedeckte.

Reederei

Personengesellschaft aus der Vereinigung mehrerer Reeder zum gemeinsamen Betreiben von Schiffen. Heute fast nur AG. → Partenreederei.

Reentflechtung

Rückbildung der Entflechtung. Dekonzentration.

reference agent

Bei euro-note facilities die Bank, die auf Basis der von den ferner involvierten Banken genannten Zinssätze den in der nächsten Zinsperiode vom Emittenten zu zahlenden Zinssatz bestimmt, sofern der Emittent die euro-notes nicht direkt am Markt plaziert.

reference banks

Bez. f. eine Gruppe von 3 und mehr repräsentativen Banken, deren Interbank-Geldzinssätze der agent eines Kredit- oder Anleihekonsortiums bei der Festlegung des Zinssatzes zugrunde legt.

regelmäßige Verpfändung

Der Hinterleger ermächtigt seine Bank, seine Wertpapiere oder Sammelbestandsanteile bis zur Höhe des Kredites zu verpfänden, den die Bank für die Hinterleger (Depotkunden) eingeräumt hat. Die Bank ist berechtigt, alle ihre Kunden, die sie zur regelmäßigen Verpfändung ermächtigt haben, zu einer Gefahrengemeinschaft zusammenzuschließen: Sie darf diesen Kunden insgesamt eingeräumte Kredite zusammenrechnen und bis zur Höhe dieser Gesamtsumme Rückkredit aufnehmen. Die Wertpapiere der Kunden haften für diesen gesamten Rückkredit, der allerdings in seiner Höhe durch die Summe der von den Depotkunden in Anspruch genommenen Einzelkredite begrenzt ist. Die Ermächtigung zu regelmäßiger Verpfändung muß für das einzelne Verwahrungsgeschäft ausdrücklich und schriftlich erteilt werden.

regelmäßige Verwahrung

Hier hat der Verwahrer nach Ablauf des Verwahrungsvertrages den gleichen Gegenstand zurückzugeben. Beim Depotgeschäft ist unregelmäßige Verwahrung Regelfall, jedoch ist auch regelmäßige Verwahrung gebräuchlich. → depositum regulare.

Regionalbörsen

Bez. für die umsatzmäßig hinter der Frankfurter Wertpapierbörse liegenden, deutschen Wertpapierbörsen in Düsseldorf, München, Hamburg, Stuttgart, Berlin, Hannover und Bremen. Sind mittelbar an der Deutsche Börse AG beteiligt.

Regionalwerte (-aktien)

Bez. f. Aktien, deren Interessentenkreis über ein bestimmtes Gebiet nicht hinausgeht. Auch: Aktien nur regional bedeutsamer Unternehmen.

Register

Nach Formvorschriften und i. d. R. von Gerichtsbehörden (Amtsgericht, Registergericht) geführte öffentliche Verzeichnisse bestimmter Rechtsstellungen und Rechtsverhältnisse. Sie sollen dadurch beweisbar und offensichtlich gemacht werden (Publizitätsfunktion). Teilweise ist Eintragung im Register Voraussetzung für die Wirksamkeit einer materiellen Rechtsänderung, z. B. ist zum Übergang von Eigentum an einem Grundstück die Eintragung der Rechtsänderung im Grundbuch erforderlich. Außer dem Schiffsregister existieren Vereins-, Handels-, Genossenschaftsregister u. a. m.

Registergericht

Das für die Führung von Registern zuständige Gericht; vor allem Amtsgerichte (Genossenschaftsregister, Grundbuch, Güterrechtsregister, Handelsregister, Musterrolle, Patentrolle u. a.).

Registerpfandrecht

Besondere Form des Pfandrechts, da es nicht mit dem Besitz des verpfändeten Vermögensgegenstandes verbunden ist. In Deutschland existieren lediglich das Registerpfandrecht an Luftfahrzeugen sowie das Schiffspfandrecht. Zur Entstehung dieser Rechte bedarf es der Einigung des Eigentümers und des Gläubigers sowie der Eintragung des Registerpfandrechts in das am Sitz des Luftfahrtbundesamtes geführte Register für Pfandrechte an Luftfahrzeugen bzw. der Eintragung einer Schiffshypothek im Schiffsregister, sofern es sich um ein im Schiffsregister eingetragenes Schiff handelt. Beide Register genießen öffentlichen Glauben, d. h., die Eintragung von Pfandrechten begründet die Vermutung, daß dem Eingetragenen das entsprechende Recht zusteht. Das Registerpfandrecht ist vom Bestand der Forderung abhängig und entspricht der brieflosen Sicherungshypothek des BGB.

Regression

Betrachtet man an jedem Element einer statistischen Masse nicht nur 1 Merkmal mit den jeweiligen Merkmalsausprägungen, sondern erweitert man den Analyserahmen, indem an jedem Element der Masse 2 Merkmale (oder auch mehr) und deren Ausprägungen zugleich untersucht und nach einem evtl. Zusammenhang geforscht wird, spricht man von Regression und Korrelation. Die Regressionsrechnung untersucht die Art des Zusammenhangs, d. h., es wird die mathematische Funktion des Zusammenhang ermittelt, während die Korrelationsrechnung analysiert, ob zwischen Merkmalen überhaupt ein Zusammenhang besteht und vor allem, wie stark dieser ausgeprägt ist.

Regularien

Bez. f. feststehende Tagesordnungspunkte der ordentlichen HV einer AG: (1) Vorlage und Erläuterung des Jahresabschlusses mit dem Bericht des Vorstandes und Aufsichtsrats; (2) Beschlußfassung über die Gewinnverwendung (dazu der Vorschlag der Verwaltung); (3) Beschlußfassung über die Entlastung des Vorstands und Aufsichtsrats; (4) Wahl des Abschlußprüfers.

Regulativ

Der Gewährträger bei Optionsgeschäften regelt die Rechte und Pflichten zwischen dem Gewährträger und denjenigen, die zur Teilnahme am Optionshandel befugt sind und Optionsgeschäfte abschließen dürfen.

Reichsanleihen

Anleihen des ehemaligen Deutschen Reiches. Wurden in die Regelung der Währungsumstellung 1948 nicht mit einbezogen; der Handel und die Kursnotierung an den Börsen waren deshalb ausgesetzt worden. Durch Kriegsfolgengesetz (AKG) wurde die Ablösung im Verhältnis 10:1 geregelt.

Reichsbankanteile (-scheine)

Die Reichsbank wurde durch Bundesgesetz aufgelöst. Die ehemaligen Anteilseigner erhielten im Verhältnis 100:66⅔ Genußrechte der Bundesbank, die seit 1958 mit 6% des Nennbetrages verzinst wurden. Aus Mitteln eines Sonderfonds der Bundesbank sind sie durch Auslosung zu 150% eingezogen worden.

Reichsmarkaktien

Auf Reichsmark (RM) lautende Aktien. Nach der Währungsreform von 1948 auf DM umgestellt, soweit in Frage kommend.

Reifeaktien

Aktien von Unternehmen, deren Erträge ein Höchstmaß erreicht zu haben scheinen.

Reihe

Unterscheidungsmerkmal bei Schuldverschreibungen (entspricht Bezeichnungen wie Ausgabe, Emission, Litera, Serie).

rein Brief

Betonter, nachdrücklicher Hinweis des Maklers an der Börse, daß bei einem Wertpapier absolut nur Angebot vorliegt.

rein Geld

Betonter, nachdrücklicher Hinweis des Maklers an der Börse, daß bei einem Wertpapier absolut nur Nachfrage vorhanden ist.

Reingewinn
Positives Ergebnis eines Geschäftsjahres aus der Summe der Erträge abzüglich der Summe der Aufwendungen (Gegensatz: Reinverlust). Der Ausweis erfolgt bei Einzelunternehmen und Personengesellschaften in der GuV-Rechnung als Sollsaldo und in der Bilanz auf den Kapitalkonten bzw. beim Kommanditisten, der seine Einlage geleistet hat, auf einem Sonderkonto. Bei Kapitalgesellschaften erfolgt der Ausweis als Jahresüberschuß in der GuV-Rechnung. In der Bilanz geht der Jahresüberschuß in die Position Bilanzgewinn ein, nachdem der Jahresüberschuß um einen Gewinnvortrag aus dem Vorjahr und/oder um Entnahmen aus den Gewinnrücklagen erhöht oder um einen Verlustvortrag aus dem Vorjahr und/oder um Einstellungen in die Gewinnrücklagen vermindert wurde.

Reinverlust
Negatives Ergebnis eines Geschäftsjahres aus der Summe der Aufwendungen abzüglich der Summe der Erträge (Gegensatz: Reingewinn).

Reinvestition
Im Rahmen von Kapitalanlagen in Wertpapieren werden Kapitalrückflüsse z. B. Dividenden, Zinsen oder Tilgungen, wieder in neue Wertpapiere reinvestiert.

reinvestment warrant
Option, die es dem Anleger gestattet, die Zinsen in gleiche bonds zu reinvestieren (reinvestment bond).

reisen für
Bez. f. handeln für Rechnung von.

Rekonzentration
Wiederherstellung der durch das alliierte Kontrollratsgesetz aufgelösten Verbindungen zwischen Unternehmen. Bzgl. der Rekonzentration in der Bankwirtschaft entfielen durch das Gesetz zur Aufhebung der Beschränkung des Niederlassungsbereiches von Kreditinstituten v. 1956 alle einschränkenden Bestimmungen.

Rektaindossament
Durch Indossament „nicht an Order" kann bei Namenspapieren die Übertragung untersagt werden (Rektaklausel). Diese Papiere werden damit zu Rektapapieren, deren Übertragung nur nach den Vorschriften über die Abtretung von Forderungen erfolgen kann.

Rektaklausel
Mit dem Vermerk „nicht an Order" wird die Indossierung von Wertpapieren ausgeschlossen. Sie müssen nunmehr durch Abtretung übertragen werden. → negative Orderklausel.

Rektapapier
Wertpapier auf den Namen einer bestimmten Person, die allein zur Geltendmachung der in der Urkunde verbrieften Rechte berechtigt ist. Übertragung erfolgt durch Abtretung des Anspruchs (Zession). Rektapapiere sind: gekorene Orderpapiere, die nicht an Order gestellt sind, geborene Orderpapiere, bei denen die Übertragung durch Indossament ausdrücklich ausgeschlossen ist, Inhaberpapiere, die nachträglich auf einen bestimmten Namen umgeschrieben werden (Namenspapiere). Rektapapiere werden nicht nach sachenrechtlichen, sondern nach forderungsrechtlichen Grundsätzen übertragen. Grundsatz: Das Eigentum am Papier folgt dem Recht aus dem Papier.

Relative-Stärke-Index (RSI)
Größe der technischen Aktienanalyse; ergibt sich aus dem Verhältnis von durchschnittlichen Kursgewinnen und -verlusten für einen bestimmten Zeitraum und wird als gleitender Durchschnitt z. B. aus zehn Tageswerten berechnet.

Relative-Stärke-Methode
Methode der technischen Aktienanalyse. Dabei werden die Branchenindizes mit dem Gesamtindex verglichen, um die „starken" Branchen zu finden. Aus diesen werden dann die „starken" Aktienwerte herausgesucht, bei denen gegenüber dem Durchschnitt bessere Kursgewinne zu erwarten sind.

relative strength
→ Relative-Stärke-Methode.

Remisier
Vermittler von Aufträgen zum Kauf und Verkauf von Wertpapieren. Erhält von der Bank, durch die er die Aufträge ausführen läßt, Provisionsanteil.

Rendite
Ertrag (vor allem Dividende, aber auch Zinsen) ausgedrückt in % des investierten Kapitals. Zu unterscheiden sind Barrendite bzw. direkte Rendite und Anlagerendite. Bei Berechnung der Barrendite wird vereinfacht die in einem Jahr erhaltene Ausschüttung (Zins, Dividende) in % des Kurswertes des erworbenen Titels ausge-

drückt. Bei Obligationen, die der Schuldner zum Nennwert zurückzahlen muß, die am Markt aber zu Kursen über oder unter dem Nennwert gehandelt werden, sagt die direkte Rendite über die echte Rendite der Daueranlage (Anlagerendite) wenig aus. Vielmehr muß bei der Berechnung das Agio über dem Nennwert oder das Disagio unter diesem berücksichtigt und auf die verbleibende Laufzeit der Anleihe verteilt werden. Überschlagsmäßig erfolgt dies nach der Formel

$$r = \frac{a + \frac{d}{n}}{\frac{k + 100}{2}} \times 100$$

wobei r = Rendite, a = jährliche Ausschüttung, k = Kurswert des Papiers, d = Differenz zwischen Nennwert und Kurswert, n = ausstehende Laufzeit in Jahren.

$\frac{d}{n}$ muß im Fall eines Disagios addiert, im Falle eines Agios abgezogen werden.

$\frac{k + 100}{2}$ stellt den durchschnittlichen Kurswert dar. Man schreibt statt dessen auch die Faustformel:

$$\text{laufende Verzinsung} + \frac{\text{Disagio}}{\text{Laufzeit}} \times \frac{100}{\text{Kurswert}}$$

Exakte Rechnungen, die aber normalerweise für den Anleger nicht erforderlich sind, erfordern Rechnereinsatz. Im Unterschied zu den Obligationen, wo der Zinsfuß vertraglich fest vereinbart ist, steht die Dividende bei Aktien nicht auf längere Zeit von Jahren fest. Eine errechnete zukünftige Barrendite trägt daher Wahrscheinlichkeitscharakter. Oft wird bei Aktien auch die Anlagerendite ermittelt: Sie besteht aus der Barausschüttung zzgl. dem im betreffenden Jahr erzielten Kursgewinn bzw. abzgl. des Kursverlustes. Bei mehrjährigen Anlagen errechnet sich die näherungsweise Anlagerendite analog zu obiger Formel bei Obligationen, wobei a die Differenz zwischen Einstandspreis und Verkaufspreis und n die Besitzdauer des Titels in Jahren bedeuten.

Statt mit $\frac{k + 100}{2}$ ist mit dem Durchschnitt von Einstands- und Verkaufspreis zu rechnen. → Effektivverzinsung.

Renditedenken

Einstellung des Investors oder Kapitalanlegers, der im Rahmen der Formulierung seines Zielsystems dem Ziel der Erreichung eines hohen Gesamterfolges einer Investition oder Anlage – in % des investierten bzw. angelegten Kapitals ausgedrückt – große Bedeutung zumißt.

Rendite der Lebensversicherung

Die in der Lebensversicherung überwiegende gemischte Lebensversicherung beinhaltet einen Kapitalbildungsprozeß, so daß es sinnvoll ist, die Rendite im Vergleich zu alternativen Kapitalanlagen zu berechnen. Näherungsweise sind dabei zur Ermittlung des angelegten Kapitals die Bruttobeiträge um steuerliche Begünstigungen zu vermindern, während beim Ertrag die zur Auszahlung gelangende Gesamtleistung des Versicherers (Versicherungssumme plus Überschußbeteiligung) anzusetzen ist.

Rendite festverzinslicher Wertpapiere

Zu unterscheiden: Emissions-und Umlaufrendite. Veröffentlicht die Bundesbank in ihren Monatsberichten und den Beiheften Reihe 2, Wertpapierstatistik. → Effektivverzinsung.

Renditenübersicht

Eine Errechnung der Renditen (Effektivverzinsung) der wichtigsten deutschen festverzinslichen Wertpapiere nach den Kursen deutscher Wertpapierbörsen geben Wirtschaftszeitungen börsentäglich sowie die DWZ Deutsche Wertpapierdaten-Zentrale GmbH, Frankfurt, wöchentlich heraus. In der Übersicht werden im einzelnen für jede Anleihe angegeben: (Wertpapier-)Kenn-Nummer, Zinssatz in %, Wertpapierbezeichnung, Zinstermin, Tilgungsart, Fälligkeit, Rückzahlungskurs, kündbar ab, rechnerische Restlaufzeit, Tageskurs, laufende Verzinsung, Rendite (Effektivverzinsung) in %, Rendite Vorwoche und Renditeveränderungen bei ¼ Punkt Kursänderung. Zudem enthält die Renditenübersicht Durchschnittsrenditen aller in die Berechnung aufgenommenen Anleihen und die Durchschnittsrenditen von 6 Wertpapiergruppen. Ähnliche Statistiken werden auch von anderen Stellen publiziert.

Renditepapier

Obligation oder Aktie mit überdurchschnittlich hoher Rendite bzw. Effektivverzinsung.

Rentabilität

Kennzahl für den finanziellen Erfolg einer Unternehmung, der sich nach dem Verhältnis des erzielten Gewinns zum eingesetzten Kapital oder Umsatz bemißt: Kapitalrentabilität, Umsatzrentabilität. Bei der Kapitalrentabilität ist je nach Bezugsbasis zwischen Eigenkapital- und Gesamtkapitalrentabilität zu unterscheiden. Die Rentabilität ist analog dazu für Anleger hinsichtlich der von ihnen getätigten Kapitalanlagen von Bedeutung. So ergibt sich z. B. die Rentabilität einer Aktienanlage aus der Summe aus Dividendenzahlung und Kursgewinn im Verhältnis zum eingesetzten Kapital.

Rentabilitätsanalyse

Überprüfung der Resultate einer Rentabilitätsrechnung und Untersuchung der Determinanten der in die Rentabilitätsrechnung eingehenden Größen. Mit ihrer Hilfe soll ermittelt werden, welche Investitionen bzw. Kapitalanlagen die höchste Rentabilität aufweisen.

Rentabilitätskennzahlen

Kennzahlen zur Beurteilung der Rentabilität sollen Aufschluß geben über den Erfolg oder Mißerfolg der unternehmerischen Tätigkeit und Grundlage für unternehmerische Entscheidungen bilden. Wesentliche Größe für Rentabilitätsrechnungen ist der im Geschäftsjahr erwirtschaftete Jahresüberschuß, der dem Eigenkapital und Gesamtkapital gegenübergestellt wird. Im Einzelfall ist dabei zu prüfen, ob als Basisgröße Eigen- oder Gesamtkapital zum Bilanzstichtag, durchschnittlich während eines Geschäftsjahres gebundenes Kapital oder eine korrigierte Größe (unter Einschluß stiller Reserven) dienen soll. Folgende Rentabilitätskennziffern sind gebräuchlich:

$$\frac{\text{Jahresüberschuß} \times 100}{\text{Eigenkapital}} = \text{Eigenkapitalrentabilität in \%}$$

$$\frac{\text{Reingewinn} + \text{Fremdkapitalzinsen} \times 100}{\text{Gesamtkapital}} = \text{Gesamtkapitalrentabilität in \%}$$

Als weiterer Beurteilungsmaßstab für die Unternehmensanalyse und Aktienbewertung gilt die Dividendenrendite. Im Rahmen der Finanzanalyse erscheint eine Rentabilitätsbetrachtung, die sich allein auf den Gewinn beschränkt, zu eng: Zur besseren Beurteilung dieses komplexen und interdependenten Gebietes sollte daher auch der cash flow als umfassendere Größe verwendet werden. Er bildet einen weiteren Rentabilitätsmaßstab, bezogen auf das Unternehmenskapital:

$$\frac{\text{cash flow in DM} \times 100}{\text{Eigenkapital}} = \text{Eigenkapitalrentabilität in \%}$$

$$\frac{\text{cash flow in DM} \times 100}{\text{Gesamtkapital}} = \text{Gesamtkapitalrentabilität in \%}$$

Erfolg und Effekt der unternehmerischen Arbeit werden aber nicht allein am Verhältnis zum Kapital, sondern auch an dem zum Umsatz gemessen:

$$\frac{\text{Jahresüberschuß} \times 100}{\text{Umsatz}} = \text{Umsatzrentabilität in \%.}$$

Rentabilitätskontrolle

Vergleich der Abweichung zwischen einem für eine Planperiode vorgegebenen Rentabilitäts-Zielwert (Soll-Wert) und dem tatsächlich erzielten Rentabilitäts-(Ist-)Wert und Analyse der Abweichungsursachen. Zum Zwecke der Rentabilitätskontrolle wird nicht selten eine Formel angewendet, bei der sich die Rentabilität in % ergibt aus der Umsatzgewinnrate, die mit der Kapitalumschlagshäufigkeit zu multiplizieren ist:

$$\frac{\text{Erfolg} \times 100}{\text{investiertes Kapital}} = \frac{\text{Erfolg} \times 100}{\text{Umsatz}} \times \frac{\text{Umsatz}}{\text{investiertes Kapital}}$$

Durch weitere Zerlegungen lassen sich weitere Einflußgrößen auf die Rentabilität ableiten, was eine differenziertere Kontrolle der Rentabilität ermöglicht. Eine analoge Anwendung von Kontrollrechnungen ist auch für Kapitalanleger üblich, die somit Differenzen zwischen ihren erwarteten und den tatsächlich erzielten Renditen ermitteln.

Rentabilitätsmaximierung

Erzielung einer möglichst hohen Rentabilität im Rahmen der Kapitalanlage oder der Unternehmungs- und Investitionstätigkeit (erwerbswirtschaftliches Prinzip).

Rentabilitätsoptimierung

Im Gegensatz zur Rentabilitätsmaximierung ein Anlage-, Investitions- oder Unternehmungsverhalten, das zwar stark vom Rentabilitätsstreben beeinflußt wird, ohne jedoch bestimmte einzuhaltende Nebenbedingungen wie auch andere zu erreichende Ziele zu vernachlässigen.

Rentabilitätsrechnung

Setzt den durchschnittlichen Jahresgewinn einer Unternehmung, einer Investition oder einer Kapitalanlage zum Kapitaleinsatz ins Verhältnis. Das Resultat ist die durchschnittliche Verzinsung des eingesetzten Kapitals pro Jahr. Je nachdem, wie man die Begriffe Gewinn und Kapitaleinsatz definiert, läßt sich eine Reihe unterschiedlicher Rentabilitätsgrößen errechnen. Spielt auch insbesondere für Kapitalanleger zur Beurteilung des Erfolgs ihrer getätigten Anlagen eine Rolle.

Rente (1)

Allgemein: durch Gesetz oder Vertrag begründete regelmäßig wiederkehrende Geldleistungen. Nach dem Zeitraum der Zahlung können es ewige Renten, Leibrenten oder Zeitrenten sein; sie können konstant oder dynamisch sein.

Rente (2)

Festes und regelmäßig wiederkehrendes Einkommen aus angelegtem Kapitalvermögen, z. B. Einnahmen aus Pfandbriefen, Obligationen, Grundbesitz. Insoweit ist die Rente mit dem Zins vergleichbar.

Rente (3)

Kurzbez. f. festverzinsliches Wertpapier. → Rentenwerte → Rentenpapiere.

Rentenanleihe

Staatsanleihe, bei der sich der Staat zur Bezahlung von Zinsen (Renten) auf bestimmte Zeit verpflichtet. Eine Pflicht zur Rückzahlung des Kapitals besteht dagegen nicht (ewige Anleihe).

Rentenbarwert

Finanzmathematisch errechneter Bar- oder Gegenwartswert zukünftiger Zahlungen (Renten).

Rentenbriefe

Heute: Schuldverschreibungen der Deutschen Siedlungs- und Landesrentenbank.

Rentenendwert

Finanzmathematisch errechneter zukünftiger Gesamtbetrag von Zahlungen (Renten).

Rentenfonds

Investmentfonds, dessen Portefeuille ganz oder überwiegend festverzinsliche Wertpapiere (Rentenwerte) umfaßt. Gegensatz: Aktienfonds.

Rentenhändler

Börsenhändler in festverzinslichen Wertpapieren; auch: in Banken mit dem Handel in Festverzinslichen tätige Personen.

Rentenhandel

Abteilung in Banken, die sich mit den Eigengeschäften der Bank in festverzinslichen Wertpapieren befaßt.

Rentenindex

→ Rentenmarktindex.

Rentenmarkt

Bez. f. den Börsenmarkt der festverzinslichen Wertpapiere. Gegensatz: Aktienmarkt. Teil des börsenmäßig organisierten Kapitalmarkts. Besteht insbesondere aus dem Handel mit Anleihen der öffentlichen Hand (Bund, Bundesanstalten, Bundesländer, Gemeinden), Kommunalobligationen, Pfandbriefen (öffentlich-rechtlicher und privater Realkreditinstitute), Industrieanleihen, Kassenobligationen.

Rentenmarktindex

Aufgrund der seit einiger Zeit festzustellenden Kursvolatilität festverzinslicher Wertpapiere wurde von vielen Banken ein Pendant zu den bereits etablierten Aktienindizes geschaffen. Ein Rentenmarktindex zeigt die aktuelle Markttendenz, gemessen an der Kursentwicklung einer repräsentativen Auswahl von Schuldverschreibungen. Um dem Anleger weitere Entscheidungshilfen zu geben, wird dem Rentenmarktindex oft noch ein performance-Index zur Seite gestellt. → REX und → REX-Performanceindex.

Rentenoptionshandel

Optionshandel in festverzinslichen Wertpapieren. In der BR Deutschland sind als Optionspapiere zunächst nur Bundesanleihen zugelassen, deren Emissionsvolumen mind. 500 Mio. DM beträgt und bei denen vorzeitige Tilgung und Kündigung ausgeschlossen sind. Die Restlaufzeit soll bei Aufnahme in den Optionshandel rund 4 Jahre betragen.

Rentenpapiere

Gesamtheit der festverzinslichen Wertpapiere (Anleihen, Kommunalobligationen, Pfandbriefe, Schuldverschreibungen der Realkreditinstitute, Industrieobligationen u. a.). Der Handel mit Rentenpapieren ist Teil des börsenmäßig organisierten Kapitalmarktes. Aus Rentenpapieren fließt dem Inhaber ein regelmäßiges Zinseinkommen (Rente) zu.

Rentenrechnung

Neben Zinseszins-, Tilgungs- und Effektivverzinsungsrechnung eine der wichtigsten Grundlagen der Finanzmathematik. Grundformeln der Rentenberechnung:

nachschüssige Rente: $$R_n = r \frac{q_n - 1}{q - 1}$$

$$R_o = \frac{R_n}{q^n} = r\,\frac{q^n-1}{q^n(q-1)}$$

vorschüssige Rente: $$R'_n = r\,q\,\frac{q^n-1}{q-1}$$

$$R'_o = R_o\,q = r\,q\,a_n$$

ewige Rente: $$R_e = \frac{100\,r}{p}$$

Symbole: R_n = Endwert einer nachschüssigen Rentenreihe; r = jährliche Rente; q = nominaler, realer Aufzinsungsfaktor: $1+\frac{p}{100}$; n = Laufzeit in Jahren, Terminzahl, Rentenzahl; R_o = Barwert einer nachschüssigen Rente; R'_n = Endwert einer vorschüssigen Rente; R'_o-Barwert einer vorschüssigen Rente; $a_n = \frac{q^{n-1}}{q^n\,(q-1)}$ = Barwert einer vorschüssigen Rente von DM 1,—; p = Realzinsfuß, Effektivverzinsung, Zinsfuß (nominal).

Rentenrendite

Der Gesamterfolg eines festverzinslichen Wertpapiers (Rentenwert) setzt sich zusammen aus Zinszahlungen, Kursgewinnen/-verlusten und Differenzen zwischen Ausgabekurs und Nennwert. Zinszahlungen sind zu bestimmten Zeitpunkten und in bestimmter Höhe im voraus fixiert. Zur Anpassung an die aktuelle Kapitalmarktlage werden die Ausgabekurse durch Agio bzw. Disagio so gestaltet, daß die Effektivverzinsung dem Kapitalmarktzins gerecht wird und so eine Plazierung ermöglicht bzw. erleichtert wird. Kursschwankungen sind Ergebnis schwankender Kapitalmarktlagen und sich ändernder Risikopositionen. Der Kurs wird sich so einpendeln, daß bei festgeschriebenem Nominalzinssatz eine risikoadäquate Effektivverzinsung erzielt wird. Wesentliche Einflußfaktoren sind Erwartungen über zukünftige Zins- und Inflationsentwicklungen, die u. a. wesentlich von internationalen Entwicklungen geprägt werden.

Rentenschuld

Grundschuld, bei der nicht ein insgesamt zu zahlender Kapitalbetrag, sondern eine laufende Geldleistung (Rente) regelmäßig wiederkehrend aus dem Grundstück zu entrichten ist. Der Grundstückseigentümer kann sich durch Zahlung des im Grundbuch anzugebenden Ablösungsbetrags von der Belastung befreien.

Rentenschuldverschreibungen

Zur Finanzierung der ländlichen Siedlung und der Eingliederung vertriebener oder geflüchteter Landwirte von der DSL Bank Deutsche Siedlungs- und Landesrentenbank ausgegebene Schuldverschreibungen.

Renten, vermögensteuerlich

Eine Rente oder ein sonstiges Recht auf wiederkehrende Leistungen ist mit dem Kapitalwert anzusetzen.

Rentenverpflichtung

Verpflichtung eines Schuldners, die ihm gegenüber bestehende Forderung in Form von regelmäßig wiederkehrenden Leistungen in Geld oder sonstigen vertretbaren Sachen (Renten) zu begleichen.

Rentenversicherung

Private Lebensversicherung mit Rentenleistungen. Gegensatz: Kapitallebensversicherung. Rentenversicherungen bieten regelmäßig wiederkehrende Zahlungen (Renten), somit laufendes Einkommen, entweder lebenslänglich als Leibrente oder als Zeitrente.

Rentenwerte

Bez. f. festverzinsliche Wertpapiere. Die regelmäßig stets gleichbleibenden Zinsen kommen einer Rente gleich.

reoffer price

Preis, zu dem eine Anleihe plaziert wird, deren Rendite in Form eines Abstands zu einer Referenzanleihe bestimmt wird.

rep.

Abk. f. repartiert, d. h. beschränkt zugeteilt bzw. teilweise abgenommen (repG, repB).

repackaged securities

Internationale Anleihen, die durch Umwandlung bestimmter Komponenten anderer Anleihen entstehen (stripped bonds u. a.).

repackaging

→ repacked securities.

Reparationsschädengesetz (RepG)

Gesetz für Abgeltung von Reparations-, Restitutions-, Zerstörungs- und Rückerstattungsschäden, die einer natürlichen Person entstanden waren. Reparations-, Restitutions- und Zerstörungsschäden an Wertpapieren waren nur entschädigungsfähig, wenn sie in den unter fremder Verwaltung stehenden Ostgebieten oder in

Gebieten außerhalb des Deutschen Reiches entstanden waren.

repartieren

Auch: rationieren. Zuteilen (verteilen), etwas nach einem bestimmten Schlüssel umlegen. Wenn bei Wertpapieremissionen die Nachfrage größer ist als das Angebot, die Emission also überzeichnet ist, erhalten die Zeichner nur einen Teil der von ihnen gezeichneten Stücke. Im Börsenhandel Zuteilung von Teilbeträgen auf einzelne Börsenaufträge, wenn im Verhältnis zur Gegenseite zu große Nachfrage oder zu großes Angebot vorliegen bzw. vorübergehend auch, wenn eine zu starke Kursänderung eintreten würde.

Repartierung

Auch: Rationierung. Wird vorgenommen, wenn die Angebots- oder Nachfrageseite nur beschränkt befriedigt werden. Bei beschränkter Abnahme, mit bBr (bezahlt und Brief repartiert) im Kursblatt gekennzeichnet, wurden ausgeführt von den (1) Kaufaufträgen: unlimitierte, zum notierten Kurs oder höher limitierte; (2) Verkaufsaufträgen unlimitierte, zum notierten Kurs oder niedriger limitierte. Alle nur teilweise zur Zuteilungsquote. Bei beschränkter Zuteilung, mit bGr (bezahlt und Geld repartiert) gekennzeichnet, wurden ausgeführt von den (1) Kaufaufträgen: unlimitierte, zum notierten Kurs oder höher limitierte; alle nur teilweise zur Zuteilungsquote; (2) Verkaufsaufträgen: unlimitierte, zum notierten Kurs oder niedriger limitierte. Repartierung kann auch in der Weise erfolgen, daß die Aufträge bis zu einem bestimmten Nennbetrag ausfallen und nur solche Aufträge berücksichtigt werden, die über einen höheren Nennbetrag lauten. Andererseits können auch Aufträge bis zu einem bestimmten Nennbetrag voll oder mit einer höheren Quote ausgeführt werden als größere Aufträge. An den Wertpapierbörsen wird der Zusatz rationiert (Abk. rat oder r) verwendet. → Kurszusätze.

Repatriierung

Rückführung von im Ausland angelegtem Kapital ins Inland.

repo

Am Euromarkt Abk. f. repurchase agreement.

Report (1)

Im Wertpapiergeschäft Vergütung bei Prolongationsgeschäften. → Termingeschäfte in Wertpapieren → Reportgeschäft.

Report (2)

Im Devisengeschäft (→ Devisentermingeschäfte) Aufschlag des Terminkurses auf den Kassakurs. Gegensatz: Deport.

Reporteffekten

Die seitens einer Bank im Reportgeschäft von einem Kunden hereingenommenen Effekten. Reporteffekten sind rechtlich für die Dauer der Prolongation Eigentum der Bank, wirtschaftlich aber Lombardeffekte.

Reportgeschäft

Form der Prolongation eines Wertpapiertermingeschäfts. Geht eine Haussespekulation bis zum Erfüllungstag nicht auf und will der Käufer seine Titel nicht mit Verlust abstoßen, kann er das Termingeschäft verlängern, d. h. meist unter Einschaltung einer Bank reportieren. Diese übernimmt anstelle des Kunden die aus der Liquidation anfallenden Titel und verkauft sie dem Haussier gleichzeitig auf den nächsten Ultimotermin zurück. Kauf und Verkauf erfolgen i. d. R. zum Tageskurs des Prämienerklärungstages. Sachlich handelt es sich um eine Bevorschussung der Titel (Lombardkredit). Da der Report rechtlich nicht in Form eines Kreditgeschäfts, sondern eines Kaufvertrags gekleidet ist, kommen Zinskosten und Provisionen in einem Zuschlag zum Rückkaufpreis, dem Report, zum Ausdruck. Wird ein Baissegeschäft verlängert, tritt also eine Bank anstelle des Baissiers für die Titellieferung ein, hat dieser i. d. R. eine Leihgebühr, Deport genannt, zu bezahlen.

reportieren

→ Reportgeschäft.

Repräsentant

Voraussetzung der Zulassung zum öffentlichen Vertrieb ausländischer Investmentanteile ist nach dem Auslandsinvestmentgesetz u. a., daß die Investmentgesellschaft einen Repräsentanten benennt. Dieser muß eine inländische Bank oder eine zuverlässige fachlich geeignete Person mit Sitz oder Wohnsitz in der BR Deutschland oder West-Berlin sein. Der Repräsentant vertritt die ausländische Investmentgesellschaft gerichtlich und außergerichtlich. Er gilt als zum Empfang der für die Verwaltungsgesellschaft und die Vertriebsgesellschaft und die Vertriebsgesellschaft bestimmten Schriftstücke ermächtigt. Für Klagen gegen eine ausländische Investmentgesellschaft, eine Verwaltungsgesellschaft oder eine Vertriebsgesellschaft, die auf den Vertrieb von Investmentanteilen in der BR Deutschland Bezug haben, ist das Gericht zuständig, in dessen Bezirk der Repräsentant seinen Wohnsitz oder Sitz hat. Dieser Gerichtsstand kann nicht durch Vereinbarung ausgeschlossen werden. Der Name des Repräsentanten und die Beendigung seiner Stellung sind vom BAK im Bundesanzeiger bekanntzumachen.

representations and warranties

Am internationalen Kapitalmarkt Zusicherung des Kreditnehmers – sowie bei einer Garantie des Garanten –, daß bestimmte, das Kreditverhältnis betreffende Bedingungen gegeben sind, vor allem z. B., daß sein Vermögen nicht oder nur in dem angegebenen Umfang belastet ist.

Reprise

Börsenbez. f. Wiederanstieg, Erholung der Börsenkurse, durch die vorhergegangene Kursverluste wieder ausgeglichen werden. An der Zürcher Börse auch die 2. Lesung.

Reprivatisierung

Rückführung einer Unternehmung aus dem Besitz der öffentlichen Hand in Privateigentum.

Reproduktionswert

Ergibt sich, wenn die Anschaffungskosten i. S. v. Wiederbeschaffungskosten von Vermögenswerten addiert werden.

repurchase

Rückkauf, Rücknahme z. B. von Investmentanteilen.

repurchase agreement (repo)

Am Euromarkt Bez. f. den Verkauf eines Wertpapierpostens zur sofortigen Auslieferung bei gleichzeitigem Rückkauf per Termin. → Pensionsgeschäfte.

repurchase company

→ Rückkaufsgesellschaft.

research

Forschung. In der Wertpapieranalyse systematische Untersuchung wert- und kursbestimmender Faktoren (Wertpapierresearch).

Re-Regulation

Abgebaute staatliche und administrative Beschränkungen an den nationalen und internationalen Finanzmärkten werden schrittweise wieder eingeführt.

Reserve, eiserne

Guthaben, das der finanziellen Grundabsicherung dient. Wird i. d. R. in Form von Sparguthaben, aber auch in Form von Fondsanteilen oder Termineinlagen gehalten. Bei der Anlage stehen Sicherheit und Liquidität im Vordergrund. Verschiedenste Faustregeln existieren zur Bestimmung der angemessenen Höhe einer eisernen Reserve, häufig werden genannt: bei Alleinstehenden drei Monatsgehälter, bei Familien mit Kindern sechs Monatsgehälter, bei krisenanfälligen Berufen und über 50jährigen zwölf Monatsgehälter.

Reserven

Aus unverteiltem Gewinn gebildete Rücklagen (Gewinnrücklagen). Sind Eigenkapital. In der Bilanz ausgewiesene Reserven: offene Reserven; in der Bilanz nicht ausgewiesene Reserven; stille Reserven. Offene Reserven: gesetzliche und freiwillige (andere) Reserven. Die bei der Ausgabe von neuen Aktien bei Kapitalerhöhung verlangten Agios sind der Kapitalrücklage zuzuführen. Oft werden stille Rücklagen als (stille) Reserven, offene als Rücklagen bezeichnet.

Reservenauflösung

→ Rücklagenauflösung.

Reservenbildung

→ Rücklagenbildung.

Reservewährung

Eine Währung, die international als dominante oder zumindest gebräuchliche Transaktionswährung genutzt wird und gleichzeitig besondere Sicherheit und Wertbeständigkeit aufweist, kann zur Reservewährung werden, d. h. zu einer solchen Währung, in der die Zentralnotenbanken anderer Staaten vorzugsweise ihre Währungsreserven anlegen. Nachdem bis ins 19. Jahrhundert insbesondere das britische Pfund die Rolle einer Reservewährung einnahm, wurde im 20. Jahrhundert der US-$ mehr und mehr zur Reservewährung. In der jüngsten Vergangenheit ist auch der DM die Funktion einer Reservewährung zugekommen.

Reskription

Auch: Schatzanweisung oder Schatzschein. In der Schweiz ein kurz- bis mittelfristiges Papier, das von der öffentlichen Hand ausgegeben wird. Sonderfall sind die Sterilisierungsreskriptionen, die aus konjunkturpolitischen Gründen zur Abschöpfung flüssiger Mittel als währungspolitisches Instrument eingesetzt werden.

Respektbogen

Bogen für Übertragungserklärungen bei Wertpapieren. Den Mänteln der Inhaberaktien ist kein Respektbogen beizugeben. Bei Namensaktien oder durch Indossament übertragene Schuldverschreibungen ist es freigestellt, Respektbogen für etwaige Indossamente beizufügen.

Restanten

Ausgeloste oder gekündigte Wertpapiere, deren Rückzahlungsbetrag am Rückzahlungstermin von den Wertpapierinhabern noch nicht eingefordert ist.

Restantenliste

Verzeichnis ausgeloster oder gekündigter, aber noch nicht zur Einlösung vorgelegter Schuldverschreibungen (Restanten). Veröffentlichungen von Auslosungsergebnissen müssen auch Restantenlisten enthalten.

Restbuchwert

Buchhalterischer Wert eines Wirtschaftsgutes nach Abschreibung.

Reste

Abk. f. Restquoten der Großbanken; Farben-Reste: für Liquidationsanteilscheine der I. G. Farbenindustrie AG in Liquidation.

Resteemission

Restausgabe bei einer in Teilbeträgen durchgeführten Wertpapieremission.

Restlaufzeit

Verbleibende Laufzeit von Forderungen oder Verbindlichkeiten von einem Transaktionszeitpunkt oder einem anderen Termin an bis zu ihrer Endfälligkeit.

Restlaufzeit von Anleihen

Verbleibende Laufzeit vom gegenwärtigen Zeitpunkt an bis zur Endfälligkeit. Bei statistischen Zusammenstellungen, so auch bei solchen der Bundesbank, wird bei Tilgungsanleihen als Restlaufzeit der Zeitraum vom Berichtsmonat bis zur mittleren Fälligkeit des restlichen Umlaufsbetrages verstanden.

Restposten

Nicht abgesetzte Wertpapiere im Rahmen von Emissionen.

Restquote

Schlußzahlung bei Abwicklung der AG.

Restquoten der Großbanken

Bez. f. Reichsmarkaktien (Ausgabe 1952) der 3 Großbanken (Commerzbank, Deutsche Bank, Dresdner Bank). Diese RM-Aktien verbriefen die Rechte der Aktionäre an dem bei den Altinstituten verbliebenem Restvermögen. Die Kursnotierung erfolgt in DM für 100 RM Nennbetrag. Seit 1983 werden nur noch Restquoten der Commerzbank notiert.

Restschuldversicherung

Risikolebensversicherung mit fallender Versicherungssumme. Die Kürzungen werden abgestimmt auf die Tilgungsleistungen bei zugrundeliegenden Krediten, vor allem Anschaffungsdarlehen, Hypothekarkrediten usw. Bei Eintritt des Versicherungsfalles wird die Restschuld vollständig durch die abgetretene oder verpfändete Versicherungssumme getilgt. Risikolebensversicherungen mit fallender Versicherungssumme können auch zur Absicherung von Sparplänen genutzt werden. Sie decken dann das durch den Tod des Sparers entstehende Defizit an Sparbeträgen.

Restwert

Angenommener Wert eines abzuschreibenden Gegenstandes per Ende der geplanten Nutzungsdauer.

retention

Bei einer Emission feste Zuteilungsquote.

retractable maturity bond

Vorzeitig kündbare Schuldverschreibung.

retraction option

Engl. Bez. f. Kündigungsrecht.

return

→ Verzinsung (1) → Rendite → Ertrag.

return on capital employed

→ Kapitalrentabilität.

return-on-investment-Rechnung

Ein in USA verbreitetes Verfahren der Rentabilitätsrechnung, die in ihrer einfachsten Form den erwarteten Jahresgewinn alternativer Investitionsprojekte auf das investierte Kapital bezieht, d. h. deren Rentabilität vergleicht. Das Verfahren kann durch Berücksichtigung des Umsatzes aufschlußreicher gemacht werden:

$$\frac{\text{Gewinn}}{\text{Umsatz}} \times \frac{\text{Umsatz}}{\text{investiertes Kapital}} \times 100$$

Der 1. Faktor zeigt den Umsatzerfolg, der 2. den Kapitalumschlag. Multipliziert man beide Faktoren, ergibt sich als Produkt die jährliche Rentabilität des investierten Kapitals. Auch: return on capital employed.

Reugeld (Reuegeld)
Prämie, die vereinbarungsgemäß zu zahlen ist, wenn von einem vertraglichen Rücktrittsrecht Gebrauch gemacht wird, vor allem als Reugeld bei Termingeschäften.

Reugeld bei Termingeschäften
→ Prämiengeschäft.

Reuvertrag (Reuevertrag)
Vertrag, durch den eine Partei eines Geschäfts gegen Zahlung einer Prämie (Reugeld) berechtigt ist, vom Vertrag zurückzutreten. Vor allem im Termingeschäft mit Wertpapieren. → Prämiengeschäft.

Reuter-Index
Von der Nachrichtenagentur Reuters errechneter und publizierter Index der britischen Börsenpreise von 20 Rohstoffen auf der Basis 1931.

Reval, Börse
Börse in Tallinn. → baltische Börsen.

Revalvation
→ Aufwertung (Revalvation).

reverse-cash-and-carry-Arbitrage
Bez. im Terminhandel für Arbitrage zwischen Termin- und Kassamarkt, z. B. durch Kauf von futures und Verkauf des underlying am Kassamarkt. Nur möglich, wenn die Möglichkeit zu Leerverkäufen oder Wertpapierleihe am Kassamarkt besteht.

reverse dual currency bonds
Form der Doppelwährungsanleihe. Kauf und Rückzahlung erfolgen in der Anleihewährung (z. B. US-$), lediglich die Zinszahlungen werden in einer fremden Währung vorgenommen (z. B. DMark). Der Wechselkurs ist auch bei sehr langer Laufzeit der Anleihe schon bei der Begebung fixiert.

reverse floater
Floating rate notes, deren Zinssatz periodisch anhand eines den Marktzins repräsentierenden Referenzzinssatzes so festgelegt wird, daß mit fallenden Marktzinsen ihre Verzinsung steigt und umgekehrt. So wird zum Beispiel die Verzinsung bestimmt als ein festgelegter Zinssatz – der über dem Marktniveau liegt – abzgl. des Referenzzinssatzes, der eventuell verdoppelt wird. Geeignet für Anleger, die fallende Zinsen erwarten.

revolving underwriting facilities (RUFs)
Eine Variante der euro-note facilities. Die Grundkonzeption besteht darin, daß ein Kreditnehmer auf revolvierender Basis kurzfristige Schuldtitel (euro-notes) begibt, die von einer oder mehreren Banken am Markt plaziert werden. Gleichzeitig verpflichten sich die Banken (underwriter), die notes im Falle der Nichtplazierbarkeit selbst zu übernehmen bzw. die benötigten Mittel zu einem bestimmten Zinssatz zur Verfügung zu stellen. Bei den verschiedenen Varianten der euro-notes (NIFs, SNIFs, RUFs usw.) bestehen neben einer identischen Grundkonstruktion einzelne differierende Ausstattungsformen. So unterscheiden sich die RUFs von den SNIFs entweder durch unterschiedliche Absatzmethoden oder durch den Intensitätsgrad der Übernahmeerklärung der underwriter. Bei den RUFs wird regelmäßig unterstellt, daß der Übernahmeerklärung der underwriter garantieähnlicher Charakter beizumessen ist. → short term note issuance facilities (SNIFs).

REX
Geläufige Bez. f. den Deutschen Rentenindex REX. Seit Juni 1991 von der Frankfurter Wertpapierbörse veröffentlichter Kursindex. Indikator für den deutschen Rentenmarkt. Entspricht in seiner Zusammensetzung einem synthetischen Anleihenportfolio mit konstanter Laufzeitenstruktur. Aus 30 idealtypischen Anleihen mit ganzzahligen Laufzeiten von 1 bis 10 Jahren und den drei Kupontypen: 6%, 7,5% und 9% wird ein gewichteter Durchschnittskurs ermittelt. Die berücksichtigten Anleihen stellen einen repräsentativen Ausschnitt des deutschen Rentenmarktes dar; es handelt sich um Schuldverschreibungen von Emittenten mit höchster Bonität, für die ein liquider Markt mit realistischen Kursen existiert. Die Grundgesamtheit bilden alle Anleihen, Obligationen und Schatzanweisungen der Bundesrepublik Deutschland, des Fonds Deutsche Einheit und der Treuhandanstalt mit fester Verzinsung und einer Restlaufzeit von mehr als 0,5 Jahren. Jede der 30 Anleihen wird mit ihrem Marktanteil gewichtet. Der Marktanteil bemißt sich nach der Anzahl der Emissionen in jeder der 30 Laufzeit-/Kuponklassen in den letzten 20 Jahren. Die Gewichtung wird jährlich überprüft. Die Berechnung des REX erfolgt in fünf Schritten: 1. Aus den Schlußkursen der Grundgesamtheit werden die aktuellen Renditen errechnet. 2. Aus diesen Rendi-

ten wird in Abhängigkeit von Restlaufzeit und Kupon eine Renditestruktur berechnet. 3. Aus dieser dreidimensionalen Zins-/Kupon-/Laufzeitdarstellung werden die fiktiven Renditen der 30 synthetischen Anleihen abgelesen und in die entsprechenden Kurse umgerechnet. 4. Jeder der 30 Kurse wird mit seinem Gewicht multipliziert. 5. Die Summe der 30 gewichteten Kurse bildet den REX-Gesamtindex. Die Berechnung erfolgt täglich auf Basis der Schlußkurse. Mit weiteren drei Subindizes für die drei Nominalzinssätze und zehn Gruppenindizes für jede Laufzeit enthält der REX insgesamt ein umfangreiches System von Kennzahlen für die Rentenmarktanalyse. → REX-Performanceindex.

REX-Optionen

Von Banken emittierte Optionsscheine auf den Deutschen Rentenindex REX.

REX-Performanceindex

Seit April 1992 von der Frankfurter Wertpapierbörse veröffentlichter Index für die Wertentwicklung am deutschen Rentenmarkt. Basiert auf dem → REX. Pendant zum DAX, der ebenfalls ein Performanceindex ist. Neben der Kursentwicklung wird auch das Zinseinkommen berücksichtigt, wobei ein tägliches Reinvestment der Zinszahlungen angenommen wird. Beschreibt die Wertentwicklung eines Depots aus 30 idealtypischen Anleihen, Obligationen und Schatzanweisungen mit ganzzahligen Restlaufzeiten zwischen einem und zehn Jahren und drei Kupontypen (6%, 7,5% und 9%). Basis ist der 30. 12. 1987 = 100. Durchschnittliche Laufzeit = 5,49 Jahre; durchschnittlicher Kupon = 7,443%. Frei von Verzerrungen durch Laufzeitverkürzungen und Bonitätsveränderungen. Die Grundgesamtheit wird gebildet durch alle Anleihen, Obligationen und Schatzanweisungen der Bundesrepublik Deutschland und des Fonds Deutsche Einheit mit fester Verzinsung und einer Restlaufzeit von mehr als 0,5 Jahren. Die Gewichtung erfolgt anhand einer Gewichtungsmatrix, die aus den Marktstrukturen zweier kompletter Zinszyklen (seit 1968) ermittelt wird. Berechnungsschritte: 1. Berechnung des Kursindex REX, 2. Summation von Kursveränderungen und Zinsertrag. Performanceteilindizes für 30 idealtypische Anleihen in den Laufzeitklassen 1 bis 10 Jahre. Historische Monatsendstände errechnet von 1967 – 1987; Tagesschlußstände ab 30. 12. 1987.

REXP, REX-P

→ REX-Performanceindex.

Rezession

Phase im Konjunkturablauf, bei der das wirtschaftliche Wachstum gehemmt ist, ohne daß sich allgemeine große Krisenerscheinungen zeigen. Meist verbunden mit Kursverlusten an den Börsen.

rG

Abk. f. rationiert und Geld. Auch: ratG. → Kurszusätze.

Rheinisch-Westfälische Börse zu Düsseldorf

Ernst-Schneider-Platz 1, 40212 Düsseldorf. Tel.: 0211/1389-0. Telefax: 0211/133287. Telex: 8582600. Telegrammadr.: Börse Düsseldorf. Börsenzeit: 10.30–13.30 Uhr.

rich

Am Euromarkt Bez. f. einen relativ hohen Wertpapierpreis, verglichen entweder mit dem früheren Preis oder vergleichbaren Titeln.

richtig liegen

Börsensprachlich, wenn die Kursentwicklung zeigt, daß die vorgenomm. Käufe oder Verkäufe „richtig" gewesen sind. → Schieflage, schief liegen.

Richtlinien des Rates der Europäischen Gemeinschaften zum Börsenwesen

Die EG hat es sich zur Aufgabe gesetzt, den Kapitalverkehr in der EG zu erleichtern. Dieses Ziel soll u. a. durch die Harmonisierung von Vorschriften zum Gebiet des Wertpapier- und Börsenwesens erreicht werden. Deshalb hat der EG-Rat folgende Richtlinien verabschiedet: (1) Die Richtlinie des Rates v. 5. 3. 1979 zur Koordinierung der Bedingungen für die Zulassung von Wertpapieren zur amtlichen Notierung an einer Wertpapierbörse; (2) die Richtlinie des Rates v. 17. 3. 1980 zur Koordinierung der Bedingungen für die Erstellung, die Kontrolle und die Verbreitung des Prospekts, der für die Zulassung von Wertpapieren zur amtlichen Notierung an einer Wertpapierbörse zu veröffentlichen ist; (3) die Richtlinie des Rates v. 15. 2. 1982 über regelmäßige Informationen, die von Gesellschaften zu veröffentlichen sind, deren Aktien zur amtlichen Notierung an einer Wertpapierbörse zugelassen sind; (4) die Richtlinie des Rates v. 12. 12. 1988 über die bei Erwerb und Veräußerung einer bedeutenden Beteiligung an einer börsennotierten Gesellschaft zu veröffentlichenden Informationen; (5) Richtlinie des Rates

v. 17. 4. 1989 zur Koordinierung der Bedingungen für die Erstellung, Kontrolle und Verbreitung des Prospekts, der im Falle öffentlicher Angebote von Wertpapieren zu veröffentlichen ist. Durch diese Rechtsvorschriften der EG, die nach ihrer Verabschiedung durch den Rat der EG in nationales Recht umzusetzen sind, soll sichergestellt werden, daß die Kapitalanleger in allen Mitgliedstaaten der Gemeinschaft möglichst gleichwertige Informationen erhalten.

Richtlinien für den Druck von Wertpapieren

Die Zulassungsstellen und Börsenvorstände der deutschen Wertpapierbörsen haben diese zur Vermeidung von Fälschungen und Verfälschungen für verbindlich erklärt. Nach den Richtlinien darf der Wertpapierdruck nur erfahrenen Wertpapierdruckereien übertragen werden, die über die notwendigen sachlichen und personellen Möglichkeiten verfügen. Verschiedene Emissionen desselben Ausstellers sind nach Möglichkeit bei derselben Druckerei mit der gleichen Ausstattung zu drucken. Die Druckereien sollen die Wertpapiere verschiedener Emittenten durch vielfältige Merkmale unterscheidbar machen. Werden Wertpapiere verschiedener Emissionen eines Ausstellers nicht von derselben Druckerei erstellt, müssen sich die Guillochen deutlich unterscheiden. Die Druckereien müssen darüber hinaus gesetzlich geschützte unverkäufliche Wasserzeichenpapiere verwenden sowie ausschließlich im eigenen Betrieb hergestellte unverkäufliche Druckplatten benutzen. Die Firma der Druckerei ist auf Mantel, Erneuerungsschein und Gewinnanteil- bzw. Zinsscheinen anzubringen. Der Druck der Nummern auf Mäntel und Bogen ist mit Spezialapparaturen vorzunehmen; daneben sind Mäntel, Erneuerungsscheine und Kupons mit Prägestempel zu versehen.

Richtlinien für die Depotprüfung

Bei Banken, die Effekten- oder Depotgeschäfte betreiben, sind diese einmal jährlich zu prüfen (Depotprüfung). Hierzu erließ das BAK detaillierte Bestimmungen über Art, Umfang und Zeitpunkt der Depotprüfung in denen insbesondere konkrete Vorgaben zur Prüfungspflicht, Befreiungsmöglichkeiten von dieser Pflicht, Eignung und Bestellung sowie Rechten und Pflichten des Depotprüfers, Prüfungszeitpunkt bzw. -zeitraum, Prüfungsgegenstand und -umfang wie auch zu Prüfungsbericht und Mängelfeststellung fixiert sind.

Richtlinien für die Lieferbarkeit beschädigter, amtlich notierter Wertpapiere der deutschen Wertpapierbörsen

Beinhalten detaillierte Bestimmungen darüber, wann Stücke nicht mehr lieferbar sind. Gültigkeitsbestätigungen des Wertpapierausstellers sind i. d. R. zur Wiederherstellung der Lieferbarkeit eines Stükkes nicht hinreichend. Entscheidungen einer deutschen Börse sind auch für die übrigen Börsen maßgebend.

Riga, Börse

→ baltische Börsen.

right of accumulation

→ Akkumulationsrecht.

RIMSE

→ Moskauer Börsen.

Ring

→ Aktienring → Obligationenring.

Ringbeteiligung

Besitzt eine Gesellschaft A eine Beteiligung an B, wobei B wiederum an C beteiligt ist, und C eine Beteiligung an A hält, spricht man von Ringbeteiligung.

Ringfirmen

Schweizerische Bez. f. Banken, die an der Börse vertreten sind.

Ringvertreter

In der Schweiz im Besitz einer Börsenkonzession befindlicher Händler sowie deren Vertreter, die vom kantonalen Börsenkommissariat zugelassen sein müssen.

Risiken des Kapitalanlegers

Bei der Anlageplanung muß der Kapitalanleger stets entscheiden, welches Risiko er einzugehen gewillt ist. Dies gründet auf seiner Risikobereitschaft. Übersicht über die Risiken, denen sich der Anleger gegenübersieht: (I) Art des Risikos: (1) finanzielles Risiko: Ungewißheit über zukünftige Veränderungen der Fähigkeit der Unternehmung, an den Anleger Zahlungen (Zinsen, Dividenden, Kapital) zu leisten; (2) Zinsertragsrisiko: Ungewißheit über zukünftige Veränderungen der Zinssätze (Effektivverzinsung, Renditen); (3) Geldwert-, Kaufkraftrisiko: Ungewißheit über zukünftige Veränderungen des Preisniveaus, der Lebenshaltungskosten, d. h. des Geldwertes (Inflation); (4) Wechselkurs-, Währungsrisiko: bei Auslandsanlagen Ungewißheit über das zukünftige Austauschverhältnis der Währungen. (II) Einfluß der Risiken auf den Kapitalanleger: (1) finanzielles Risiko: (a) angelegtes Kapital: Der Marktpreis (Börsenkurs, Kurswert) kann mit Veränderungen der finanziellen Leistungsfähigkeit steigen oder fallen; (b) Einkommen aus der Kapitalanlage: Kann mit rückläufiger finanzieller Leistungsfähigkeit des Emittenten zurückgehen bis ausfallen; zunehmen kann es nur bei variabel verzinslichen Wertpapieren; (2) Zinsertragsrisiko: (a) angelegtes Kapital: Der Marktpreis kann mit Veränderungen des herrschenden Marktzinssatzes (z. B. landesüblicher Zins) steigen oder fallen; (b) Einkommen aus der Kapitalanlage: Die Rendite des Gesamtportefeuilles kann steigen oder fallen, je nachdem, ob Geld zu höheren oder niedrigeren Sätzen angelegt oder reinvestiert wird; (3) Geldwertrisiko: Die Kaufkraft sowohl des angelegten Kapitals als auch des Einkommens daraus kann mit Veränderungen des allgemeinen Preisniveaus steigen oder fallen. (4) Wechselkursrisiko: entsprechend (3) mit Veränderungen der Wechselkursrelationen. (III) Kompensation des übernommenen Risikos: (1) finanzielles Risiko: (a) angelegtes Kapital: Gewinnmöglichkeiten aus Wert-(Preis-, Kurs-)steigerungen, wobei die Höhe der potentiellen Gewinne mit der Höhe des übernommenen Risikos variiert; (b) Einkommen aus der Kapitalanlage: Je höher der Grad des Risikos, desto höher die Rendite, zu der Wertpapiere gekauft werden können, aber desto größer auch der Grad der Ungewißheit über die zukünftige Einkommenshöhe; Möglichkeit der Zunahme des Einkommensbetrags; (2) Zinsertragsrisiko: (a) angelegtes Kapital: Gewinnmöglichkeiten aus Wertsteigerungen, wobei die Höhe der potentiellen Gewinne mit der Frist oder Länge der Fälligkeitsdauer variiert; (b) Einkommen aus der Kapitalanlage: Die Rendite der Wertpapiere variiert mit der Frist oder Fälligkeitsdauer, aber das Einkommen aus kurzfristigen Portefeuilles ist unstabil; (3) Geldwertrisiko: Möglichkeit der Zunahme der Kaufkraft sowohl des angelegten Kapitals als auch des Einkommens daraus; (4) Wechselkursrisiko: analog (3).

Risiko, Risiken

Gefahr für wirtschaftlich Tätige, Verluste im wirtschaftlichen Handeln zu erleiden. In der Vielzahl der Auffassungen über den Begriff des Risikos im weitesten Sinne ist ein Unterschied terminologischer Art erkennbar: Manche unterscheiden nämlich zwischen Risiko und Wagnis bzw. zwischen Gefahr, Risiko i. e. S. und Wagnis; die Mehrzahl gebraucht aber die Termini Risiko und Wagnis synonym. Innerhalb der letztgenannten Gruppe lassen sich 3 Definitionsansätze unterscheiden: (1) Definitionen, die an die Risikowirkung anknüpfen (Risiko als Verlustgefahr); (2) Definitionen, die von der Ungewißheit über das Eintreten von Ereignissen als Quelle des Risikos ausgehen (Risiko als meßbare Ungewißheit); (3) Definitionen, die den engen Zusammenhang von Risiko und zukunftsgerichteter Entscheidung in den Mittelpunkt rücken: Wird mit dem Begriff Risiko ein Gefahrenmoment charakterisiert, setzt dies die Festlegung einer Wertbasis voraus, die, mit der Ziffer 0 versehen, als Trennungslinie zwischen Risiko und Chance fungiert. Man benutzt also eine wie auch immer geartete Zielsetzung als Wertbasis und versteht unter Risiko die Möglichkeit des Mißlingens einer zielgerichteten Maßnahme bzw. die Gefahr, daß ein Zielwert nicht erreicht wird. Ist die Zielsetzung/Wertbasis eines Entscheidungsträgers bekannt, lassen sich Umfang und Höhe seines Risikos als mögliche negative Abweichungen der tatsächlichen Ergebnisse von den als zielgerecht angesehenen Ergebnissen erklären. Damit hängen Risiko und Chance nur noch vom Erwartungswert, d. h. dem Anspruchsniveau des Entscheidenden ab; hochgesteckte Ziele implizieren hohe Risiken; sind hingegen Planziele sehr vorsichtig angesetzt, wird auch das Risiko gering sein. Ist im Extremfall die Wertbasis auf das maximal mögliche Ergebnis gerichtet, verbleibt nach dieser Definition keine Chance mehr (Risikodefinition i. e. S.) I. w. S. besteht auch die Möglichkeit, den Risikobegriff sowohl auf negative als auch auf positive Abweichungen eines eingetretenen Wertes von einem erwarteten Wert zu beziehen.

Risikoabwälzung

Strategie im System risikopolitischer Einzelmaßnahmen. Das Risiko wird entweder entgeltlich (Versicherung) oder unentgeltlich (Vertragsgestaltung) auf einen Dritten über- bzw. abgewälzt.

Risikoanalyse

→ Risikomessung.

Risikoanleihen

→ junk bonds.

Risikoaversion, -scheu

Fehlende oder nur sehr geringe Bereitschaft von Investoren und Kapitalanlegern, Risiken zu übernehmen, auch nicht gegen entsprechende Vergütung (Risikoprämie), evtl. nur begrenzt gegen überproportional hohe Risikoprämien.

risikobegrenzter Aktienfonds

Aktienfonds, der Anlegern hohe Chancen bei begrenztem Risiko bieten soll. Typischerweise wird in Standardwerte investiert, und das Investment wird durch den Einsatz derivativer Kurssicherungsinstrumente – etwa Optionsscheine, Kauf von Aktien-Verkaufsoptionen sowie Kauf von Indexterminkontrakten – gegen Kursverluste abgesichert. Diese Absicherung gilt für den gesamten Aktienbestand, aber auf einem etwas unter dem Kurswert liegenden Niveau. Wertzuwächse werden in die Absicherung einbezogen. Die Kurssicherungskosten mindern die Performance des Fonds.

Risikobegrenzung (-beschränkung).

→ Risikopolitik.

Risikobeitrag

Auch: Risikoprämie. Bestandteil des Beitrags für Versicherungsschutz, der zur Deckung des Risikos benötigt wird. Entspricht kalkulatorisch dem (Schaden-)Erwartungswert der Versicherung.

Risikobereitschaft

Ausmaß der Bereitschaft des Investors, Kapitalanlegers usw. zur Übernahme von Risiken: → Risikoaversion, -scheu → Risikofreude. Auch: Risikopräferenz.

Risikoeinstellung

Bez. f. eine Verhaltensbereitschaft eines Entscheidungsträgers bei der Entscheidungsfindung, wobei grundsätzlich risikoscheues, risikoneutrales und risikofreudiges Verhalten unterschieden werden kann. Die Risikoeinstellung beeinflußt bewußt oder unbewußt die Auswahl und Wertung von Informationen und Wahrnehmungsinhalten sowie die Art der Reaktion auf bestimmte Wahrnehmungen und Information.

Risikohäufung

Die Aggregation verschiedener Risiken wird als Risikohäufung bzw. -ballung bezeichnet. So kann sich das Anleiherisiko z. B. aus Bonitäts-, Währungs- und Länderrisiko zusammensetzen.

Risikokapital

Unternehmerische Definition des haftenden Kapitals. Charakteristisch für die unternehmerische Bedeutung des haftenden (Eigen-)Kapitals ist die Kombination von Chance und Risiko und die Nachrangigkeit gegenüber allen Ansprüchen von Gläubigern im Fall eines geschäftlichen Mißerfolges; positiv ausgedrückt: die Vertrauensbasis, die Eigenkapital für die Gewährung von Fremdkapital schafft.

Risikokennzahlen

Ziffern, die sich auf bestimmte Risikodaten einer Unternehmung beziehen und eine konzentrierte Aussagekraft über die Risikolage besitzen. I. d. R. Verhältniszahlen. Wichtig für die Wertpapieranalyse.

Risikokompensation

Einzelmaßnahme der Risikopolitik, indem bei der Entscheidung für eine bestimmte Handlungsalternative zugleich für die Durchführung von Maßnahmen Sorge getragen wird, mit denen ggfs. einer Abweichung von der erwarteten Entwicklung entsprochen werden kann (Risikoausgleich). Es handelt sich insbesondere um Möglichkeiten zur Schadensverringerung durch den Versuch, bestimmte Variable so zu gestalten, daß das gleiche (zufällige) Ereignis (z. B. eine Wechselkursänderung) einander weitgehend kompensierende, d. h. zugleich verlust- und gewinnerzeugende Wirkungen hervorruft. Das Währungsrisiko läßt sich z. B. ausgleichen, wenn die in einer Unternehmung in gleicher Fremdwährung und Fristigkeit bestehenden Forderungen und Verbindlichkeiten in ihrer Höhe einander angeglichen werden. Zur Risikokompensation kann ebenfalls ein Devisentermingeschäft abgeschlossen werden.

Risikokonzentration

Ballung, Kumulation von Risiken in einer Position bzw. bei einer Person. Während das Diversifikationsprinzip den konservativen, defensiven Anleger, der risikoscheu ist, charakterisiert, ist das Prinzip der Risikokonzentration die Politik des aggressiven, initiativen Anlegers, der risikofreudig ist. Risikokonzentration bedeutet bei der Kapitalanlage die Beschränkung auf nur eine Wertpapierart oder eine geringe Zahl. Das Ziel besteht darin, einen besseren als nur durchschnittlichen Wertzuwachs zu erzielen. Wenn Risikokonzentration erfolgreich ist, bringt sie bessere finanzielle Ergebnisse als Diversifikation, versagt sie, ist der Verlust größer. Wie stets, geht Rentabilität auch hier auf Kosten der Sicherheit, und umgekehrt.

Risikokumulation

Kombiniert man Einzelpositionen (z. B. Kapitalanlageobjekte, Investitionsprojekte), deren Ertrags- und Verlustmöglichkeiten positiv korreliert sind, sich also anhäufen, ergibt sich ein additiver Effekt, der auch als Risikokonzentration, -ballung oder -kumulation bezeichnet wird. Die Unsicherheitsstruktur der Gesamtposition weist ein ähnliches Bild auf, wie die Einzelpositionen; eine risikopolitische Beeinflussung ist auf diese Weise kaum möglich.

Risikolebensversicherung

Auch: Todesfallversicherung. Bietet für einen vertraglich festgelegten Zeitraum Versicherungsschutz im Todesfall. Hat besondere Bedeutung zur Absicherung von Sparplänen und Kredittilgungen. Bei Investmentprogrammen, die Sparprogramme sind, wird häufig die Erreichung des Sparziels durch Risikolebensversicherungen gesichert. Bei vorzeitigem Ableben des Anlegers füllt die Lebensversicherungsgesellschaft den am Sparziel noch fehlenden Betrag auf. Zugleich mit dem Sparprogramm wird mit gleicher Laufzeit ein Risikolebensversicherungsvertrag in Höhe der Zielsumme abgeschlossen. Im Verlaufe der Ansparzeit verringert sich die Versicherungssumme gleichmäßig, so daß am Ende der Laufzeit des Sparprogramms die Versicherungssumme gleich Null ist. Verstirbt der Anleger vor Ablauf des Versicherungsvertrages, zahlt die Versicherungsgesellschaft die zu diesem Zeitpunkt gültige Versicherungssumme auf das Programmkonto ein. So erhält der Programminhaber die Möglichkeit, die Erreichung des Sparziels, auch bei vorzeitigem Ableben, sicherzustellen.

Risikomessung

Unternehmungsleitung und Kapitalanleger können das Risiko eines Investitionsprojektes bzw. einer Kapitalanlage mit Hilfe der Standardabweichung als quantitativ ausgedrücktem Risikomaßstab ermitteln: Der Investor/Anleger hat zunächst den möglichen Renditen seines Engagements die Wahrscheinlichkeitskoeffizienten zuzuordnen, die sich zu 1 addieren lassen müssen. Sodann ist der Erwartungswert der Rendite zu ermitteln, der als die Summe der mit den jeweiligen Wahrscheinlichkeiten gewichteten Renditen sowohl die mögliche Höhe der Renditen als auch ihre Eintrittswahrscheinlichkeiten zum Ausdruck bringt. Es wird durch den Erwartungswert das Zentrum der möglichen Renditen angesprochen; über die erwartete Streuung der Renditen wird indessen nichts ausgesagt. Die Messung des Risikos bedeutet aber, etwas über das Ausmaß (die Dispersion) auszusagen, innerhalb dessen die Renditen vom Erwartungswert abweichen. Als Maßstab für die Dispersion dient die Standardabweichung, die sich ergibt als Quadratwurzel aus der Summe der ins Quadrat erhobenen Abweichungen der Renditen vom Erwartungswert, multipliziert mit den zugehörigen Wahrscheinlichkeitskoeffizienten. Geht man bei 2 Real- oder Finanzinvestitionsprojekten von einem gleich hohen Erwartungswert der Renditen aus, erfaßt die Standardabweichung die Instabilität oder Stabilität des Ertragspotentials.

Risikomischung (-streuung) bei Investmentfonds

Risikostreuung ist das Grundprinzip der Investmentidee: die jeder Kapitalanlage immanenten Risiken durch Diversifikation zu vermindern; ausschalten lassen sie sich nicht. Bei Wertpapierfonds sind 4 Ebenen der Risikostreuung zu unterscheiden: die Mischung verschiedener Wertpapierarten, Verteilung des Fondsvermögens auf Aktien und Anleihen mehrer Emittenten, Branchenstreuung und Streuung nach Ländern bei internationalen Fonds. Bei Immobilienfonds gibt es 2 Möglichkeiten der Risikostreuung: nach der Nutzungsart der Anlageobjekte, also Mietwohn-, Gewerbegrundstücke, und dem Standort der Anlageobjekte. Über Art und Umfang der Streuung eines Investmentfonds geben Rechenschaftsbericht, Vertragsbedingungen bzw. Satzung Aufschluß. In der Praxis gibt es auch einige Fonds, die durch Konzentration der Anlagen das Streuungsprinzip weitgehend aufheben (Branchenfonds, non-diversified investment company). Das KAGG erzwingt gesetzlich eine gewisse Risikostreuung deutscher Fonds. → Anlagepolitik von Investmentgesellschaften.

Risikopapier

Bez. f. die Aktie u. ä. Anteile, um damit ihre spezifischen Eigenschaften (Anteil an der Unternehmung und dessen schwankenden Gewinnen, Unternehmerrisiko) gegenüber anderen Effekten, z. B. festverzinslichen Wertpapieren, zu charakterisieren.

Risikopolitik

Gezielte Maßnahmen zur Veränderung eines Risikos, z. B. Risikobeschränkung, -streuung, -überwälzung usw. Soweit es sich um versicherbare Risiken handelt, ist die Versicherung ein risikopolitisches Instrument. Risikopolitik kann allgemein als Festlegung von Zielen und Strategien bzgl. des Verhaltens gegenüber dem Phänomen des Risikos verstanden werden, wobei einerseits die Risikobereitschaft (Risikoeinstellung, Risikofreude) festzulegen ist und andererseits Maßnahmen zur Ausschaltung oder Begrenzung des Risikos zu entwickeln sind. Eine differenzierte Analyse risikopolitischer Maßnahmen ergibt sich darüber hinaus, wenn von den Ursachen und den möglichen Auswirkungen des Risikos ausgegangen wird. Ursachenorientierte Risikopolitik versucht, den Grad der Ungewißheit herabzusetzen und/oder die Gefahr menschlichen Versagens zu verringern, während wirkungsbezogene Maßnahmen den möglichen Schaden zu verringern suchen oder doch zumindest darauf abzielen, den Entscheidenden gegen Schäden abzusichern (Risikostreuung, Diversifikation, Schaffung betrieblicher Elastizitäten, Risikokompensation, Risikozerfällung, Risikoüberwälzung, Selbstdeckung durch Selbstversicherung oder durch Bildung von Reserven).

Risikopräferenz

Grad der Risikobereitschaft. → Risikoeinstellung.

Risikoprämie (1)

Kapitalgeber besitzen unterschiedliche Möglichkeiten, das in einer Kapitalüberlassung liegende Risiko zu berücksichtigen, indem sie entweder das Risiko auszuschließen suchen oder eine Entschädigung (Risikoprämie) für die Risikoübernahme verlangen. Diese Entschädigung für das Risiko der Kapitalüberlassung liegt i. d. R. in einer Renditeforderung, in die eine Risikoprämie einkalkuliert ist, von der angenommen wird, daß sie zur Kompensation aller Risiken (Bonitätsrisiken, Zinsänderungsrisiken, Länderrisiko usw.) ausreicht. → Risikokosten.

Risikoprämie (2)

→ Risikobeitrag.

Risikostreuung (-mischung)

Teil der Anlagepolitik von Kapitalanlegern. Zur Verfügung stehende Mittel werden nicht nur in einer Wertpapierart eines Ausstellers angelegt, sondern im Rahmen der gegebenen Möglichkeiten werden verschiedene Wertpapiere, auch solche aus anderen Ländern, angeschafft (Diversifikation). Der einzelne Kapitalanleger kann durch die Anlage seines Kapitals in Anteilscheinen einer KAG mittelbar Risikostreuung erreichen.

Risikotransformation

Aufgabe der Banken ist es u. a., die Sicherheit der Einlagen zu gewährleisten, während andererseits mit der Kreditgewährung die Inkaufnahme von Ausfallrisiken unvermeidbar ist. Will man dieses Kreditrisiko nicht auf Dritte verlagern, womit eine Bank ihre genuine unternehmerische Funktion teilweise aufgeben würde, kann die Risikotransformation nicht grundsätzlich ausgeschaltet werden. Banken betreiben Risikotransformation, wenn sie gegebene und gewünschte Chancen-Risiken-Relationen zwischen Kapitalangebot und -nachfrage in Einklang bringen. Mittels Maßnahmen zur Risikostreuung, -diversifikation und -kompensation verringern sie die Risiken des Aktivgeschäftes und können daher Kapitalanlagemöglichkeiten geringeren Risikogrades offerieren.

Risikoüberwälzung

→ Risikopolitik.

Risiko-Umtausch-Versicherung

Auch: Umtauschversicherung. Form der Risiko-Lebensversicherung. Der Versicherungsnehmer kann die Versicherung während der Laufzeit bis spätestens zum Ablauf gegen eine Lebensversicherung anderer Art mit gleich hoher oder niedrigerer Versicherungssumme umtauschen. Als Anschlußversicherung kommt i. d. R. eine gemischte Lebensversicherung in Frage. Die Risiko-Umtausch-Versicherung bietet sofortigen Todesfall-Versicherungsschutz. Sobald sich die Sparfähigkeit oder die -willigkeit des Versicherungsnehmers verbessert hat, kann er auf eine Versicherung mit Altersversorgungscharakter übergehen.

Risikoverteilung

Wertpapieranlagen sollen sowohl in bezug auf Unternehmen und Branchen als auch – soweit möglich – hinsichtlich Währungen und Länder eine angemessene Streuung (Diversifikation) aufweisen. Für den Kleinanleger versucht insbesondere der Investmentfonds das Prinzip möglichst guter Risikostreuung zu verwirklichen. Übertriebene Risikoverteilung geht zu Lasten der Rentabilität.

Risikozerfällung

Zerlegung einer Chancen-Risiko-Position in qualitativ und quantitativ gleichartige oder unterschiedliche Anteile. Z. B. kann ein Großkredit von einem Konsortium vergeben werden, bei dem die einzelnen Konsorten gleich hohe oder unterschiedlich hohe Quoten zeichnen. I. w. S. die

Finanzierung von Unternehmen mittels verschiedener Finanzierungsinstrumente, die in unterschiedlichem Maße am Ertrag und Risiko partizipieren und so den individuellen Anlagebedürfnissen besser gerecht werden können.

Ritterschaften

Ritterschaftliche Kreditvereine (ähnlich den Landschaften), die zur Refinanzierung Pfandbriefe und Kommunalobligationen emittieren.

RM

Abk. f. Reichsmark.

RM-AK

Abk. f. Reichsmark-Aktienkapital.

RM-Schlußbilanz

Abk. f. Reichsmarkschlußbilanz zum 20. 6. 1948.

Römische Börse

Borsa Valori di Roma, Comitato Direttivo, Agenti di Cambio. Via de Burro 147, 00186 Roma, Italien. Tel.: 6790895 + 6792701 + 6791735. Telex: 612155 robors i.

Roggenpfandbriefe

Nach 1921 während der Inflation von Spezialbanken emittierte Pfandbriefe, die auf Zentner Roggen lauteten. Zinszahlungen und Tilgung erfolgten in Mark auf der Basis der amtlichen Notierung der Roggenpreise an der Berliner Warenbörse.

Rohgewicht

Tatsächliches Gewicht einer Münze.

Rohstoffbörsen

→ Warenbörsen.

Rohstoff-Fonds (1)

Investmentfonds, dessen Anlagen sich auf Wertpapiere, vor allem Aktien von rohstoffgewinnenden, -verarbeitenden und -handelnden Unternehmen erstrecken. → Spezialitätenfonds.

Rohstoff-Fonds (2)

Zur Finanzierung von Ausgleichslagern für bestimmte Rohstoffe von Entwicklungsländern eingerichteter „Gemeinsamer Fonds" im Rahmen der UNCTAD.

Rohstoffterminhandel

→ Warentermingeschäfte → Warenterminhandel.

Rohvermögen

Summe der einer Person zustehenden geldwerten Güter ohne Abzug der Schulden. In wirtschaftlicher Sicht lediglich die Aktivseite der Bilanz (Anlagevermögen, Umlaufvermögen). Subtrahiert man vom Rohvermögen die Schulden, ergibt sich das Reinvermögen.

RoI

→ return-on-investment-Rechnung.

rolling hedge (hedging)

Im Zinstermingeschäft eine Strategie, bei der das Gegengeschäft zu einer Kassaposition, die sukzessiv abgebaut werden soll, jeweils erst in diesen Zeitpunkten erfolgt.

rolling strip hedge (hedging)

Im Zinstermingeschäft Deckung des gesamten Kontraktbedarfs zu Beginn, Gesamtauflösung bei durch Kassamarkttransaktionen verringertem Bedarf und Wiederaufbau der restlichen erforderlichen Kontrakte.

roll up

Amerikanische Bez. für die Zusammenlegung von Limited Partnerships – vergleichbar Kommanditgesellschaften – zu Aktiengesellschaften, bei der für die Initiatoren i. d. R. hohe Gewinne in Form von Gebühren anfallen, die von den Anlegern zu tragen sind.

Roosa-bonds

Spezialzertifikate und -schuldverschreibungen des Schatzamtes der USA, die die US-Währungsbehörden verschiedenen Staaten in der Währung des betreffenden Landes seit 1962 anboten.

Rotation

In der technischen Aktienanalyse Bez. für eine Börsenkurssituation, bei der die kursfesten und kursschwachen Aktiengruppen „rotierend", in einer Art Turnus, abwechselnd steigen oder fallen, was somit in Kursindizes nicht oder kaum zum Ausdruck kommt. Ehemalige Marktführer „tauchen" korrigierend ab, während sich Nachzügler an die Spitze setzen. Wenn deren Zeit wieder vorüber ist, sind die ursprünglichen Spitzenreiter technisch so weit „geläutert", daß sie wieder die Spitzenposition einnehmen können (Gruppenrotation, konstruktive Rotation).

roter Effektenscheck

Die Erfüllung von Wertpapiergeschäften erfolgte lange Zeit mittels Wertpapierschecks, ist inzwischen jedoch automatisiert. → Kassenverein. Effektenschecks werden seither nur noch für Depotübertragungen verwandt, denen keine Börsengeschäfte zugrunde liegen. Unterschieden werden weiße, grüne und rote Effektenschecks. Der rote Effektenscheck bewirkt die Übertragung von Miteigentumsanteilen auf einen anderen Sammelverwahrer bei derselben Wertpapiersammelbank. Hierzu erteilt der Effektengirokunde mit Hilfe dieses Formulars den Auftrag, einen bestimmten Nenn- oder Stückbetrag eines Wertpapiers von seinem Sammeldepotkonto abzubuchen und dem Konto des neuen Eigentümers gutzuschreiben. Der Begünstigte erhält vom Kassenverein eine blaue Gutschriftsanzeige.

rote Zahlen

In wirtschaftlicher Umgangssprache Ausdruck für Verluste: Schließt ein Geschäft mit roten Zahlen ab, ist ein Verlust entstanden; eine Bilanz mit roten Zahlen weist einen Verlust aus.

rote Zahlen schreiben

Umgangssprachliche Bezeichnung für den Tatbestand, daß eine Person oder Unternehmung (momentan) wirtschaftliche Verluste hinnehmen muß.

roter Wertpapierscheck

→ roter Effektenscheck.

Rotgold

Legierung bestehend aus ¾ Gold und ¼ Kupfer.

round lot (1)

Handelseinheit an US-Börsen: üblicherweise 100 shares oder ein Vielfaches davon. Für einige wenige aktive stocks und für sehr hoch notierende stocks ist die round-lot-Einheit auf 10 shares festgesetzt. Gegensatz : odd lot.

round lot (2)

Übliches Handelsvolumen in einem bestimmten Options- oder futures-Kontrakt.

round trip

Kauf und Verkauf eines Termin- oder Optionskontraktes.

round turn

Begründung und Ausgleich einer long- oder short-Position. Kommissionen für futures-Geschäfte werden i. d. R. auf round-turn-Basis in Rechnung gestellt.

Rückbeteiligung

Aktien einer Konzernobergesellschaft, die sich im Besitz einer der in den Konsolidierungskreis einbezogenen Konzernunternehmungen befinden. Sie sind vom Prinzip der Einheit des Konzerns aus, das der Konzernrechnungslegung zugrunde liegt, wie eigene Aktien zu behandeln. Sie müssen also in die Konzernbilanz ohne Verrechnung mit dem eingezahlten Kapital der Obergesellschaft übernommen werden.

Rückdeckung

Vertrag zwischen einer Unternehmung und einer Versicherungsgesellschaft, in dem die Risiken aus betrieblichen Versorgungszusagen gegen entsprechendes Entgelt auf die Versicherung abgewälzt werden.

Rückflußstücke

Stücke einer Emission, die nicht zur Daueranlage erworben wurden und nach der Ausgabe bald zurückfließen. Nötigenfalls muß sie der Emittent aufnehmen, um einen Kursrückgang der Emission zu verhindern.

Rückgriff, Regreß

Allgemein Inanspruchnahme eines Dritten wegen einer bestimmten Forderung: z. B. aus Schadenersatz in Anspruch genommen gegenüber einem Dritten, der den Schaden verursacht hat, der in Anspruch genommene Bürge gegenüber dem Hauptschuldner, der in Anspruch genommene Gesamtschuldner gegen den Mitschuldner.

Rückkauf an der Börse, Tilgungsanleihen

Rückkauf von Tilgungsanleihen an der Börse durch den Emittenten ist eine Form der Rückzahlung von Verbindlichkeiten, deren Möglichkeit in den Emissionsbedingungen häufig vereinbart wird. Die Rückzahlung durch Rückkauf (freihändiger Rückkauf) wird nur bei für den Schuldner günstigen Börsenkursen durchgeführt (sinking fund).

Rückkauf an der Börse, eigene Aktien

Rückkauf eigener Aktien an der Börse durch den Emittenten ist grundsätzlich nicht zulässig. Eigene Aktien dürfen jedoch in folgenden Fällen erworben werden: (a) um schwere Schäden von der AG abzuwenden; (b) um den Arbeitnehmern Belegschaftsaktien anzubieten; (c) um außenstehende Minderheitsaktionäre eines Konzerns oder ausscheidende Aktionäre bei Eingliederung einer AG abzufinden; (d) wenn auf die Aktien der Nennbetrag oder der höhere Ausgabebetrag voll geleistet ist und der Erwerb unentgeltlich geschieht; (e) wenn eine Aktienbank mit dem Kauf eigener Aktien ein Kommissionsgeschäft für Kunden durchführt; (f) durch Gesamtrechtsnachfolge; (g) aufgrund eines Beschlusses der HV zwecks

Kapitalherabsetzung durch Einziehung von Aktien. → Rücklage für eigene Aktien.

Rückkaufdisagio

Entsteht für den Käufer von Tilgungsanleihen (Rückkauf an der Börse), wenn er Obligationen zwecks Tilgung unter pari zurückkauft. Dieser Disagiogewinn muß als außerordentlicher Ertrag in die GuV-Rechnung eingehen.

Rückkauf, freihändiger

→ Rückkauf an der Börse, Tilgungsanleihen.

Rückkaufgesellschaft

Tochtergesellschaft eines closed-end fund, die den Anteilinhabern des Fonds ein bedingtes Recht zur Rücknahme der Anteile gewährt. Diese Konstruktion wird von Gesellschaften mit Sitz in Luxemburg angewendet.

Rückkaufswert

Lebensversicherungsverträge können von den Versicherten unter Einhaltung der vorgesehenen Bedingungen gekündigt werden (Rückkauf). An den Berechtigten wird der Rückkaufswert ausgezahlt. Das Rückkaufsrecht ist zu Beginn einer Lebensversicherung mit laufender Beitragszahlung nichts wert; vielmehr hat wegen der Zahlung der Abschlußkosten und von Stornoabschlägen die Deckungsrückstellung zunächst einen negativen Betrag. Während dieser Zeit ist daher kein Rückkauf des Sparguthabens möglich. Wird die Versicherung dennoch aufgelöst, erlischt sie ohne Rückkaufswert. Die Wartezeit, nach der die Versicherung rückkaufsfähig wird, ist i. d. R. nach Ablauf von 1/10 der Laufzeit, spätestens nach 3 Jahren mit Beitragszahlungen erreicht. Dennoch ist ein Rückkauf in der ersten Hälfte der Versicherungsdauer nicht zu empfehlen, weil dem Versicherten dann noch meist Einbußen entstehen. Die vermögenswirksame Lebensversicherung ist bereits im 1. Jahr rückkaufsfähig.

Rückkauf von Lebensversicherungsverträgen

In allen Lebensversicherungsverträgen, in denen die Zahlungspflicht des Versicherers gewiß ist (z. B. gemischte Lebensversicherung), baut letzterer aus den Sparanteilen des Lebensversicherungsbeitrages eine Deckungsrückstellung auf. Auf dieses Sparguthaben hat der Versicherungsnehmer gesetzlich einen Auszahlungsanspruch, den er durch Auflösung des Vertrages geltend machen kann (Rückkauf). Er erhält den Rückkaufswert ausgezahlt.

Rückkauf von Schuldverschreibungen

→ freihändiger Rückkauf → Rückkauf an der Börse.

Rücklage, freie

→ freie Rücklagen → Rücklagen (2) (Reserven).

Rücklage für eigene Aktien

Durch die 2. EG-Richtlinie (Kapitalschutzrichtlinie) haben die Vorschriften des AktG, die den Erwerb und das Halten eigener Aktien betreffen, eine Reihe von Änderungen erfahren. Es wurden die Voraussetzungen für den Erwerb eigener Aktien erschwert und an den Besitz eigener Aktien teilweise neue Rechtsfolgen geknüpft: Werden auf der Aktivseite eigene Aktien und/oder Aktien einer herrschenden oder mit Mehrheit beteiligten Unternehmung ausgewiesen, ist in gleicher Höhe eine Rücklage für eigene Aktien als Position der offenen Rücklagen auszuweisen. Der Zweck dieser Rücklage ist, zu verhindern, daß ein der Aktivierung entsprechender Wert zu Ausschüttungen an die Aktionäre verwendet wird.

Rücklage, gesetzliche

→ gesetzliche Rücklage → Rücklagen (2) (Reserven).

Rücklage, offene

→ offene Rücklagen → Rücklagen (2) (Reserven).

Rücklagen (1)

Im täglichen Sprachgebrauch finanzielle Reserven, meist in Form von Sparguthaben, auf die in Notfällen rasch zurückgegriffen werden kann und soll.

Rücklagen (2) (Reserven)

Bei Unternehmen Kapitalreserven, die zum Ausgleich evtl. späterer Verluste dienen sollen. Rücklagen bedeuten zusätzliches Eigenkapital; sie werden auf der Passivseite der Bilanz, wenn es sich um offene Rücklagen handelt, nicht auf dem Eigenkapitalkonto, sondern auf gesonderten Rücklagekonten (Passivkonten) ausgewiesen (offene Rücklagen, meist gesetzliche oder satzungsmäßige Rücklagen); oder, wenn stille Reserven, treten sie überhaupt nicht in der Bilanz in Erscheinung, weil Vermögensteile unterbewertet oder sie in überhöhten Schuldposten, z. B. in Rückstellungen (versteckte Rücklagen), enthalten sind. Rücklagen haben in erster Linie die Aufgabe, bei Verlusten das Nominalkapital vor einer Reduzierung zu schützen. Sie stellen damit insbesondere eine Art Garantieposten für den Gläubiger dar, weil sie das Risiko eines Zusammenbruches der Unternehmung mindern. Sie entstehen neben Zurückbehalten von Gewinnen im Unternehmen (Selbstfinanzierung, Gewinnthesaurierung) gelegentlich auch durch Einlage von zusätzlichem Eigenkapital, so aus dem Agio bei Ausgabe junger Aktien über pari oder von Wandel- und Optionsanleihen. Es werden im wesentlichen unterschieden: (1) offene Rücklagen, die auf der Passivseite (Passiva) der Bilanz erkennbar ausgewiesen sind; (2) stille Rücklagen; sie erscheinen nicht offen in der Bilanz, sondern sind in Vermögensteilen enthalten, deren Bilanzwert z. B. wegen überhöhter Abschreibungen gegenüber dem tatsächlichen Wert zu niedrig ist (Unterbewertung); sie treten auch in Form überhöhter Passivposten (z. B. als Rückstellung für ungewisse Schulden) auf; (3) gesetzliche Rücklagen, vom Gesetzgeber vorgeschrieben; z. B. muß die AG einen bestimmten Teil des Gewinns der gesetzlichen Rücklage zuführen und in der Bilanz offen ausweisen; diese Rücklage darf nur zur Deckung von Verlusten herangezogen werden; (4) freie Rücklagen; sie können aus den verschiedensten Gründen gebildet werden; (5) Gewinnrücklagen; Oberbegriff für alle offenen Rücklagen, die im Geschäftsjahr oder früher aus dem Jahresergebnis gebildet worden sind wie z. B. die gesetzlichen Rücklagen, satzungsmäßige Rücklagen, andere Rücklagen; (6) Kapitalrücklage; umfaßt alle Beträge, die der Unternehmung von außen zugeflossen sind (Agios).

Rücklagenauflösung

(1) Gesetzliche Rücklagen und Kapitalrücklagen dürfen, wenn sie den 10. oder in der Satzung bestimmten höheren Teil des gezeichneten Kapitals nicht übersteigen, nur zur Erfüllung zweier Aufgaben aufgelöst werden: (a) zum Ausgleich eines Jahresfehlbetrages, wenn zuvor alle freien Gewinnrücklagen aufgelöst worden sind und ein aus dem Vorjahr vorhandener Gewinnvortrag zur Verlustdeckung herangezogen worden ist; (b) zum Ausgleich eines Verlustvortrages, soweit er nicht durch einen Jahresüberschuß gedeckt ist und soweit ein Ausgleich durch Auflösung anderer Gewinnrücklagen nicht möglich ist. Sind gesetzliche Rücklage und Kapitalrücklagen zusammen höher als 10%, so dürfen sie zwar auch nur zu den genannten Zwecken aufgelöst werden; jedoch ist vorherige Auflösung der Gewinnrücklagen in dem Umfange nicht erforderlich, in dem gesetzliche Rücklage und Kapitalrücklagen zusammen 10% des gezeichneten Kapitals übersteigen. Ausschüttung von Dividenden aus der gesetzlichen Rücklage oder der Kapitalrücklage zusammen ist in jedem Falle unzulässig. Eine Kapitalerhöhung aus Gesellschaftsmitteln durch Ausgabe von Gratisaktien aus dem den 10. oder in der Satzung bestimmten höheren Teil des gezeichneten Kapitals übersteigenden Betrag der gesetzlichen Rücklage und der Kapitalrücklage ist zulässig. (2) Satzungsmäßige Rücklagen und andere Gewinnrücklagen können zwar für jeden beliebigen Zweck eingesetzt werden, jedoch müssen alle Zweckbindungen hinter die Verwendung dieser Rücklagen zum Ausgleich von Verlusten zurücktreten. (3) Stille Rücklagen i. e. S., die nicht in der Bilanz enthalten sind, sind stets an konkrete Vermögenspositionen gebunden und lösen sich in vielen Fällen ohne Zutun des Betriebes auf, wenn z. B. unterbewertete Vorräte verkauft werden. Stille Rücklagen im nicht abnutzbaren Anlagevermögen werden u. U. erst bei der Liquidation des Betriebes aufgelöst. Auch versteckte Rücklagen, die in der Bildung zwar erscheinen, jedoch hier dem Fremdkapital und nicht dem Eigenkapital subsumiert werden, können sich quasi automatisch auflösen, so z. B. wenn mit einer überhöhten Garantierückstellung nur wenige Garantiefälle verrechnet werden können.

Rücklagenbildung

(1) Für AG schreibt das AktG vor, daß eine gesetzliche Rücklage in Höhe von 10% des gezeichneten Kapitals gebildet werden muß. Der gesetzlichen Rücklage sind Teile des Gewinns bzw. von Kapitaleinlagen zuzuführen: (a) Zuweisungen aus dem Jahresüberschuß: Bis die gesetzliche Rücklage aufgefüllt ist, müssen ihr jährlich 5% des ggfs. um einen Verlustvortrag geminderten Jahresüberschusses zugeführt werden. (b) Zuweisungen aus dem Emissionsagio: In die gesetzliche Rücklage sind Agio-Beträge einzustellen – auch wenn diese über 10% des gezeichneten Kapitals ansteigt –, die sich durch Überpari-Ausgabe von Aktien und im Zusammenhang mit der Ausgabe von Wandelschuldverschreibungen ergeben. (c) Zuzahlungen durch Aktionäre gegen Gewährung von Vorzugsrechten. (d) Zuführungen im Zusammenhang mit einer vereinfachten Kapitalherabsetzung. (e) Zuführungen im Zusammenhang mit der beschleunigten Aufful-

lung der gesetzlichen Rücklage bei Beherrschungs-, Gewinnabführungs- und Teilgewinnabführungsverträgen. (2) Freie Rücklagen sind offene Rücklagen, die nach freiem Ermessen der AG gebildet werden können. Die Bildung freier Rücklagen ist also Ergebnis der Gewinnverwendungspolitik. Vorstand und Aufsichtsrat dürfen jedoch, wenn sie den Jahresabschluß feststellen, nicht mehr als die Hälfte des um einen Verlustvortrag und die Zuführung zur gesetzlichen Rücklage verminderten Jahresüberschusses in die freien Rücklagen einstellen, es sei denn, sie sind durch die Satzung zur Zuführung eines größeren Teils ermächtigt. Die Einstellung eines die Hälfte des korrigierten Jahresüberschusses übersteigenden Teils ist allerdings nur solange zulässig, wie die gesamten freien Rücklagen nicht über die Hälfte des gezeichneten Kapitals angewachsen sind. Ist die Hälfte erreicht, darf nur noch maximal die Hälfte des (korrigierten) Jahresüberschusses zugeführt werden. (3) Stille Rücklagen i. e. S., die nicht in der Bilanz enthalten sind, können durch bilanzpolitisch bedingte Maßnahmen gebildet werden: (a) durch Unterbewertung von Vermögensgegenständen; (b) durch Nichtaktivierung aktivierungsfähiger Wirtschaftsgüter; (c) durch Unterlassen der Zuschreibung von Wertsteigerungen. Versteckte stille Rücklagen entstehen durch absichtliche und/oder unabsichtliche Überhöhung von Rückstellungen.

Rücklagenpolitik

Eines der wichtigsten Instrumente der Bilanzpolitik. Gegenstand ist die zweckmäßige Gestaltung der Rücklagen nach Art und Umfang zur Realisierung unternehmerischer Zielsetzungen, wie z. B. der Ziele der Kapitalsicherung, -erhaltung, -erweiterung und -umschichtung sowie der Liquiditätsverbesserung, der Steuerminimierung sowie der Ausschüttungsoptimierung. Dabei können gesetzliche Vorschriften den rücklagepolitischen Spielraum einengen oder erweitern. Einengung erfolgt z. B. durch Bewertungs- und Bilanzierungsvorschriften, Vorschriften über die Bildung und Verwendung der gesetzlichen Rücklage, über die Verwendung des Jahresüberschusses zur Bildung freier Rücklagen, ferner durch den Zwang zur Berichterstattung im Anhang zum Jahresabschluß über die Bildung und Auflösung stiller Rücklagen als Folge einer Veränderung der Bewertungs- und Abschreibungsverfahren gegenüber dem vorhergehenden Jahresabschluß. Beispiele für eine Erweiterung des Entscheidungsspielraums sind die Zulassung bestimmter Bewertungsfreiheiten und bestimmter steuerfreier Rücklagen in der Steuerbilanz aus wirtschaftspolitischen Überlegungen.

Rücklagen, stille

→ stille Rücklagen → stille Reserven.

Rücklagenumwandlungsverfahren

Instrument der unternehmerischen Finanzierungspolitik. Dabei wird zunächst der ausschüttungsfähige Gewinn einer AG oder ein Teil desselben einer offenen Rücklage zugeführt. Danach wird die Umwandlung dieser Rücklagen in Grundkapital durch Ausgabe neuer Aktien beschlossen, wobei die Höhe der freien Rücklagen ex ante auf die geplante Kapitalerhöhung abgestimmt ist. Die Aktionäre, die mit der Gewinneinbehaltung nicht einverstanden sind, können ihre zusätzlichen Aktien bzw. Bezugsrechte an der Börse verkaufen und damit ihre gewünschte Bardividende realisieren.

Rücklagenverwendung

→ Rücklagenauflösung.

Rücklagenzuführung

→ Rücklagenbildung.

Rücknahmepreis

Die KAG oder Depotbank hat mit dem Ausgabepreis auch den Preis bekanntzugeben, der bei der Rücknahme von jeweils höchstens 100 Anteilen berechnet worden ist. Der Rücknahmepreis von Investmentanteilen wird auf Grundlage des Inventarwertes des Sondervermögens errechnet. Vom Inventarwert des Anteils werden im Regelfall Verkaufsspesen und Rücknahmekosten abgesetzt. Da in der BR Deutschland viele Banken einen freien Markt in Investmentanteilen unterhalten, können Anteilinhaber ihre Anteile ggfs. an eine Bank verkaufen. Die dabei entstehenden Kosten sind meist niedriger, als wenn der Anteil entsprechend den Vertragsbedingungen der KAG zurückgegeben worden wäre.

Rücknahmesätze

Zinssätze, zu denen Geldmarktpapiere von der Bundesbank im Rahmen ihrer Offenmarktpolitik vorzeitig zurückgekauft werden, also vor ihrer normalfälligen Einlösung. Gegens.: Abgabesätze.

Rücknahmeverpflichtung (1)

Im Rahmen eines Pensionsgeschäftes verpflichtet sich der Pensionsgeber, Vermögensgegenstände (Wechsel, Forderungen,

Wertpapiere), die er gegen Zahlung eines Betrages auf den Pensionsnehmer überträgt, zu einem bestimmten Zeitpunkt zurückzunehmen.

Rücknahmeverpflichtung (2)
KAG, die Anteile an offenen Investmentfonds an Kapitalanleger verkauft haben, sind verpflichtet, diese Fondsanteile auf Wunsch des Inhabers des Zertifikates zum Rücknahmepreis zurückzukaufen. Der Rücknahmepreis von Investmentanteilen wird auf Grundlage des Inventarwertes des Sondervermögens errechnet.

Rücknahme von Investmentanteilen
Wenn ein Anteilinhaber an einem Investmentfonds sich von seinen Anteilen trennen will, kann er sie der betreffenden KAG zur Rücknahme zu Lasten des Fondsvermögens anbieten. Die Investmentgesellschaften sind gesetzlich verpflichtet, ihnen angebotene, von ihnen emittierte Anteile zurückzunehmen. Der Rücknahmepreis, der von den KAG laufend veröffentlicht wird, entspricht i. d. R. dem Anteilwert netto. Sollte es in besonderen Fällen nicht möglich oder im Interesse des Anteilinhabers nicht tunlich sein, Anlagepapiere der Fonds sofort zu verkaufen oder es auch nicht möglich sein, Kredit aufzunehmen, um den Auszahlungsbetrag für zurückzunehmende Anteile bereitzustellen, dürfen die KAG nach Maßgabe ihrer Vertragsbedingungen Rücknahme und Auszahlung zurückstellen, bis entsprechende Werte verkauft sind (Katastrophenklausel). Es ist aber nicht erforderlich, daß sich die Anteilinhaber wegen der Rückgabe von Anteilen unmittelbar an die Investmentgesellschaften wenden: Auch Banken, insbesondere die Gesellschafterbanken der Fonds, kaufen Zertifikate auf Basis des Anteilwertes zurück. Die Vertragsbedingungen der open-end funds sichern dem Anteilinhaber das Recht auf Rücknahme der Anteile zu Lasten des Fondsvermögens zum festgestellten Rücknahmepreis zu. Bei closed-end funds gibt es i. d. R. keinerlei Verpflichtung zur Anteilsrücknahme; Ausnahme: einige closed-end funds mit Sitz in Luxemburg, die eine Rückkaufsgesellschaft damit beauftragt haben. Die Vertragsbedingungen deutscher KAG müssen angeben, unter welchen Voraussetzungen, zu welchen Bedingungen und bei welchen Stellen die Anteilinhaber die Rücknahme der Anteilscheine der KAG verlangen können. Nach dem Auslandsinvestmentgesetz ist der öffentliche Vertrieb nur solcher Investmentanteile zulässig, bei denen der Anteilinhaber die Auszahlung der auf den Anteil entfallenden Vermögensteile verlangen kann.

Rückprämie
Im Rahmen von Prämiengeschäften können entweder Vorprämien oder Rückprämien abgeschlossen werden. Der Käufer einer Rückprämie erwirbt das Recht, zum Rückprämienkurs bestimmte vertretbare Vermögensobjekte (Effekten, Devisen u. a.) an den Verkäufer der Rückprämie (Stillhalter) zu liefern oder zu abandonnieren und die Rückprämie zu bezahlen. Die Erklärung des Rückprämienkäufers darüber, welche Art der Erfüllung er wählt, muß, je nach Usance, entweder an einem einheitlichen Erklärungstag kurz vor dem Erfüllungstermin für Festgeschäfte oder spätestens an diesem Erklärungstag erfolgen.

Rückprämiengeschäft
Effektentermingeschäft, bei dem der Verkäufer einer Option das Recht erwirbt, an einem bestimmten Tage entweder eine vereinbarte Menge bestimmter Wertpapiere zu einem vereinbarten Kurs an den Käufer (Stillhalter) zu liefern oder aber auf das Lieferungsrecht zu verzichten (abandonnieren) und statt dessen die vereinbarte Prämie zu zahlen. Macht der Verkäufer von seinem Lieferungsrecht Gebrauch, muß der Käufer an dem Tage abnehmen, der als Lieferungstag für Zeitgeschäfte festgesetzt wurde. Für das ihm eingeräumte Recht hat der Verkäufer, als Ausgleich für das Risiko des Käufers, an diesen die Prämie zu zahlen. Wie beim Vorprämiengeschäft tritt die Prämie im Verkaufskurs der Wertpapiere in Erscheinung, der in diesem Fall niedriger als deren Festkurs ist. Liefert der Verkäufer nicht, hat er nur die Prämie an den Käufer zu zahlen. Entsprechend der umgekehrten Spekulationsrichtung (Baissespekulation) erzielt der Verkäufer nicht beim Steigen, sondern beim Fallen des Kurses Gewinn. Die Entscheidung des Wahlberechtigten hängt analog dem Vorprämiengeschäft von der Kursentwicklung des betreffenden Wertpapiers ab. Auch hier ist eine ausdrückliche Erklärung darüber, ob Lieferung oder Prämienzahlung erfolgen soll nur dann von Bedeutung, wenn das Verhältnis zwischen Festkurs und Prämienkurs keinen eindeutigen Rückschluß auf die zu erwartende Entscheidung des Wählers zuläßt. Der Stillhalter besitzt kein Wahlrecht. Er hat die Entscheidung des Verkäufers abzuwarten und trägt theoretisch ein Risiko in

voller Höhe des vereinbarten Kurses. An deutschen Börsen nicht zulässige Geschäfte.

Rückstellungen

Auf der Passivseite der Bilanz als Sicherheitsreserve ausgewiesene Beträge, die zur Begleichung von Verbindlichkeiten gebildet werden, die am Bilanzstichtag bestehen oder erkennbar, aber in ihrer Höhe und evtl. Fälligkeit ungewiß sind (echte Verbindlichkeiten). Für Steuer-, Prozeß-, Lohnnachzahlungs- und Pensionsverpflichtungen, Avalverpflichtungen, Prüfungs- und Sachverständigengebühren, Steuern, Risiken aus Lieferungs- und Abnahmeverpflichtungen können Rückstellungen erforderlich sein. Rückstellungen belasten das Jahresergebnis, mindern also den Gewinn, auch steuerlich. Die Höhe der Rückstellung beruht meist auf Schätzungen; daher enthalten sie oft stille Reserven. Wesentlich in der Wertpapieranalyse.

Rückstellungen in der Jahresbilanz der AG

Rückstellungen dürfen für ungewisse Verbindlichkeiten und für drohende Verluste aus schwebenden Geschäften gebildet werden. Ferner dürfen Rückstellungen gebildet werden für im Geschäftsjahr unterlassene Aufwendungen für Instandhaltung oder Abraumbeseitigung, die im folgenden Geschäftsjahr nachgeholt werden, sowie für Gewährleistungen, die ohne rechtliche Verpflichtung erbracht werden. Diese Rückstellungen sind unter näherer Bezeichnung ihres Zweckes gesondert auszuweisen. Unter Pensionsrückstellungen sind die Rückstellungen für laufende Pensionen und die für Anwartschaften auf Pensionen auszuweisen.

Rückstellungsauflösung

Vorgang, durch den zuvor gebildete Rückstellungen ertragswirksam umgewandelt werden. Die Auflösung von Rückstellungen muß erfolgen: (1) wenn deren Bildung nicht dem Gesetz entspricht, auch dann, wenn das Finanzamt ihre Bildung geduldet hatte; (2) wenn nach dem Bilanzstichtag – aber vor der Bilanzaufstellung – Umstände bekannt werden, aus denen geschlossen werden muß, daß mit einer Inanspruchnahme nicht mehr zu rechnen ist. Die Auflösung erhöht im letztgenannten Fall auch dann den Gewinn, wenn und soweit die Rückstellungen in einer Eröffnungsbilanz gewinneutral gebildet wurden; (3) wenn der Fall, für den die Rückstellungen gebildet worden sind, eintritt. In diesem Fall bewirkt die Auflösung, daß der Aufwand, für den die Rückstellung gebildet wurde und der damit bereits der entsprechenden Periode zugerechnet wurde, für die laufende Periode gewinneutral bleibt.

Rückstellungsbildung

Rückstellungen werden in einer Rechnungsperiode dann zu Lasten von Aufwandskonten gebildet und passiviert, wenn Aufwendungen ihrer Verursachung nach der Rechnungsperiode zuzuordnen sind, jedoch erst in einer späteren Periode zu einer in ihrer Höhe und ihrem genauen Fälligkeitstermin am Bilanzstichtag noch nicht feststehenden Ausgabe oder Mindereinnahme führen.

Rückstellungspolitik

Eines der bilanzpolitischen Instrumente, die zur Erfolgsbeeinflussung eingesetzt werden können, wobei einerseits Passivierungswahlrechte und andererseits die Möglichkeiten zur zielgerichteten Gestaltung der Höhe von Rückstellungen genutzt werden können. Die Frage, ob eine Pflicht oder ein Wahlrecht zur Passivierung besteht, ist für die einzelne Rückstellung unterschiedlich zu beantworten. Die Höhe der anzusetzenden Rückstellungsbeträge ist abhängig von nach vernünftiger kaufmännischer Beurteilung durchzuführenden Schätzungen, wodurch sich Gestaltungsspielräume ergeben, wenn auch gefordert wird, daß die Umstände, die die Schätzung determinieren, objektiv nachprüfbar sein sollen.

Rückstellungsverwendung

Tritt in einer Rechnungsperiode die tatsächliche Inanspruchnahme für eine in einer Vorperiode gebildete Rückstellung ein, so kann die Auszahlung gewinn-, aber nicht liquiditätsneutral erfolgen. Ist z. B. nach der Bildung von Pensionsrückstellungen bei Arbeitnehmern der Versorgungsfall eingetreten, beginnen die zugesagten Pensionszahlungen. Da sie zwar Auszahlungen, aber nicht Aufwand der Periode sind, muß nun in Höhe des verwendeten Betrages die Rückstellung wieder aufgelöst werden. → Rückstellungsauflösung.

Rücktritt

Die Befugnis, durch einseitige empfangsbedürftige Willenserklärung ein Schuldverhältnis rückwirkend von Anfang an aufzuheben, so daß es als niemals vorhanden gewesen anzusehen ist. Das Rücktrittsrecht kann vertraglich vereinbart werden. Bei gegenseitigen Verträgen ist das Rücktrittsrecht im Falle des Verzuges und der Unmöglichkeit gesetzlich vorgesehen. Der Rücktritt hat nur schuldrechtliche Wirkung und ergreift nicht das bereits bewirkte Verfügungsgeschäft. Der Vertragspartner, der eine Leistung erhalten hat, ist infolge des Rücktritts ungerechtfertigt bereichert und deshalb zur Herausgabe verpflichtet.

Rücktrittsrecht

Ein Rücktrittsrecht besteht nur, wenn vertraglich vereinbart oder durch Gesetz ausdrücklich zugelassen (so bei Verzug des Schuldners nach Ablauf einer Fristsetzung zur Erfüllung der Leistung), bei Unmöglichkeit der Leistung im Falle eines vom Schuldner nicht zu vertretenen Umstandes bei einem gegenseitigen Vertrag, bei Rechtsmängeln der Sache, beim Ratenzahlkauf, falls der Käufer den Zahlungsverpflichtungen nicht nachkommt usw.

Rücktrittsrecht bei Termingeschäften

→ Termingeschäfte.

Rückversicherung

Mittel der Risikopolitik der Versicherer: wenn ein Versicherer (Zedent) für das durch Versicherung übernommene Risiko bei einem anderen Versicherer (Zessionar) Versicherungsschutz nimmt.

Rückzahlung

Vorgang und Ergebnis der Rückerstattung einer früher erfolgten Zahlung, in dem der Zahlungsmittelschuldner seine Zahlungsmittelverbindlichkeit an den Gläubiger durch Rückzahlung begleicht. Allgemein: Tilgung von Krediten u. a. Schulden aller Art. Speziell: Tilgung von Schuldverschreibungen (Anleihen) aller Art. Wird in den Anleihebedingungen festgelegt. Hierbei wird oft der gesamte Anleihebetrag zu einem einzigen Zeitpunkt zur Rückzahlung fällig. Bei vielen Emissionen wird Rückzahlung in Raten (Ratentilgung) oder in Annuitäten (Annuitätentilgung) vorgesehen (Amortisationsanleihen). Bei Auslandsanleihen ist der Schuldner oft verpflichtet, in einer Anzahl von Jahren vor Fälligkeit Titel bis zu für jedes Jahr festgelegten Maximalbeträgen zwecks Tilgung zurückzukaufen, wenn dies zu Kursen unter pari möglich ist. Meist sehen die Anleihebedingungen überdies vor, daß der Schuldner die Anleihe auf bestimmte, im Prospekt angegebene Termine vorzeitig kündigen kann.

Rückzahlungsagio

Agio von einigen Prozent, mit dem manche Schuldverschreibungen zurückgezahlt werden. Diese Form der Rückzahlung von Verbindlichkeiten war in der Vergangenheit weitaus weniger gebräuchlich als das Angebot eines Disagios bei Emission und Vereinbarung der Rückzahlung zum Nennbetrag.

Rückzahlungskurs bei Schuldverschreibungen

Der bei der Tilgung von Schuldverschreibungen zu zahlende Betrag. Beträgt i. d. R. 100%, d. h. der Nennwert; zuweilen einige Prozent über pari.

Rückzahlungstermin bei Schuldverschreibungen

In den Anleihebedingungen enthaltene Terminangaben für die Tilgung von Schuldverschreibungen.

Rückzahlung von Anleihen (Schuldverschreibungen)

Erfolgt aufgrund der Emissionsbedingungen entweder durch Tilgung zum Nennwert (oder wenn vereinbart über pari; Rückzahlungsagio), durch Einschaltung eines Tilgungsfonds oder durch Rückkauf. Die Rückzahlung kann zu einem einzigen Zeitpunkt für die gesamte Anleihe (gesamtfällige Anleihe) erfolgen oder nach einem ex ante festgelegten Plan (Tilgungsanleihe) sukzessiv stattfinden. Die Vereinbarung einer Gesamtfälligkeit ist die heute gebräuchlichste Form der Rückzahlung von Anleihen. Tilgungsanleihen, bei denen sich der Schuldner die Kündigung jederzeit vorbehalten hat, sind heute kaum mehr gebräuchlich. Eine planmäßige Rückzahlung der Tilgungsanleihen erfolgt entweder derart, daß jedes Jahr eine bestimmte konstante oder ansteigende Zahl von Stücken zu tilgen ist, oder aber nach dem System der Annuitäten. Bei beiden Verfahren erfolgt die Festlegung der zu tilgenden Stücke durch Auslosung oder Verlosung, indem entweder ganze Serien oder einzelne Nummern ausgelost werden. Die ausgelosten Nummern werden bekanntgemacht und zu dem festgelegten Termin eingelöst. Vom Einlösungstermin an findet Verzinsung nicht mehr statt, so daß ein Versäumnis dieser Termine mit Zinsverlust verbunden ist. Bei Rückzahlung der Anleihen durch Einschaltung eines Tilgungsfonds führt der Anleiheschuldner dem Tilgungsfonds regelmäßig bestimmte Tilgungsraten zu. Dem Management des Tilgungsfonds bleibt es überlassen, ob es Anleihestücke über die Börse erwirbt oder Auslosungen vornimmt. Die Rückzahlung durch Rückkauf an der Börse kann freihändig erfolgen (freihändiger Rückkauf) oder auf dem Submissionsweg, indem der Schuldner Angebote der Gläubiger einfordert. Häufig behält sich der Schuldner die Rückzahlung nach seiner Wahl entweder durch Rückkauf oder Auslosung vor; er wird jeweils den Rückkauf vorziehen, wenn das Papier an der Börse unter pari zu erwerben ist. Bei Prämien- oder Losanleihen findet die Rückzahlung durch planmäßige Verlosung mit Gewinnen statt. Während die Mehrzahl der gezogenen Nummern nur zum Nennwert oder mit geringem Agio eingelöst werden kann, entfallen auf andere mehr oder weniger hohe Gewinne.

Rückzahlung von Eigenkapital

Rückzahlung von Eigenkapital, die buchtechnisch zu einer Kapitalherabsetzung führt, kann bei Einzelunternehmen und Personengesellschaften relativ einfach vorgenommen werden, da eine nominelle Bindung der Kapitalanteile nicht existiert. Jede Privatentnahme der laufenden Rechnungsperiode, die den bis zu diesem Zeitpunkt erzielten Gewinn übersteigt, stellt eine Rückzahlung von Eigenkapital dar. Bei Kapitalgesellschaften kann eine Rückzahlung von Eigenkapital auf verschiedenen Wegen erfolgen: (1) über gewinnerhöhende Auflösung stiller Rücklagen und Ausschüttung des Gewinns; (2) über gewinnerhöhende Auflösung freier Rücklagen und Ausschüttung des Gewinns; (3) neben der vereinfachten Kapitalherabsetzung, die nur zur Verlustdeckung oder zur Zuführung eines Betrages in die gesetzliche Rücklage erlaubt ist, sieht das AktG die ordentliche Kapitalherabsetzung vor, die mit einer Rückzahlung von Mitteln verbunden sein kann. Eine Rückzahlung von Eigenkapital an die Aktionäre darf frühestens 6 Monate nach Bekanntmachung der verbindlich vorgeschriebenen Eintragung des Kapitalherabsetzungsbeschlusses ins Handelsregister erfolgen; (4) auch im Rahmen der Kapitalherabsetzung durch Einziehung von Aktien kann es zur Rückzahlung von Eigenmitteln kommen. Hierbei werden von der AG eigene Aktien an der Börse gekauft oder bei Rückzahlung des Kapitals zwangsweise eingezogen. Die Rückzahlung des Kapitals ist nur zulässig, wenn es in der ursprünglichen Satzung oder durch eine Satzungsänderung vor Übernahme oder Zeichnung der Aktien angeordnet oder gestattet war. Sie erfolgt nach den Vorschriften über die ordentliche Kapitalherabsetzung; (5) schließlich kann es zur Rückzahlung von Eigenkapital nach der Auflösung und Liquidation eines Unternehmens kommen, nachdem die vorhandenen Vermögenswerte veräußert wurden und der erzielte Erlös die Höhe der Verbindlichkeiten übersteigt.

Rückzahlung von Spareinlagen

Bei Spareinlagen mit dreimonatiger Kündigungsfrist dürfen innerhalb von 30 Zinstagen DM 3000 sowie alle mit einer Frist von 3 Monaten gekündigten Beträge nach Ablauf dieser Frist ausgezahlt werden. Bei Nichtausnutzen der Kündigung muß einen Monat nach Ablauf der Frist erneut gekündigt werden. Entsprechend ist es bei Spareinlagen mit längerer Kündigungsfrist. Nicht fällige Spareinlagen dürfen nur ausnahmsweise und in der Regel (außer in Notfällen u. ä.) gegen besondere Soll- (Vorschuß)zinsen ausgezahlt werden. Verfügungen über Sparzinsen innerhalb 2 Monaten nach Gutschrift werden weder auf die Freigrenze noch auf gekündigte Spareinlagen angerechnet.

Rüstungswerte, -aktien

Aktien von Unternehmen der Rüstungsgüterindustrie.

RUF

Abk. f. revolving underwriting facility.

Ruhegehälter

→ Pensionszahlungen.

ruhig

Tendenzbez. an der Börse. Kennzeichnet wenig lebhaftes Geschäft mit relativ geringen Umsätzen u. Kursschwankungen.

Rumpfgeschäftsjahr

Berichtsabschnitt der AG, der keine 12 Monate umfaßt.

run (1)

Ansturm von Gläubigern (Einlegern) einer Bank bei tatsächlichen oder vermeintlichen Liquiditätsschwierigkeiten, um über ihre Guthaben in bar zu verfügen. In der Bankenkrise versuchten die Bankkunden, durch run auf die Banken sich ihre Einlagen zu sichern. Ein rein psychologisch bedingter, fundamental nicht begründbarer run kann u. U. vorher nicht existierende Liquiditätsprobleme erst hervorrufen.

run (2)

Außerordentlich große Nachfrage nach einer Aktie. Bewirkt starke Kurssteigerungen (Hausse).

Runder Tisch

Bezeichnet i. d. R. mehr oder minder zwanglose Besprechungen der verschiedensten Art; im besonderen findet der Begriff Verwendung für das auf Veranlassung des Bundesministeriums für Wirtschaft gebildete Gremium aus Vertretern des Bundes, seiner Sondervermögen, der Bundesländer und Städte, das in gewissen zeitlichen Abständen zu Beratungen über die Lage des Kapitalmarktes und seine Funktionsfähigkeit und Beanspruchung zusammentritt mit dem Ziel, beratend und empfehlend Reihenfolge, Umfang und Ausstattung der geplanten Kreditaufnahmen der öffentlichen Hand unter Berücksichtigung der Marktverhältnisse abzustimmen. Die Institution Runder Tisch stellt eine Ergänzung zu Aufgaben des Zentralen Kapitalmarktausschusses dar.

Rund-um-den-Globus-Handel

Weitergabe von Handelspositionen in Effekten oder Devisen innerhalb einer multinationalen Unternehmung entsprechend den Zeitzonen von einem Haupthandelsplatz zu dem nächsten, z. B. von Frankfurt über New York, San Francisco, Tokyo zurück nach Frankfurt. Hierdurch wird erreicht, daß offene Handelspositionen permanent beobachtet und bei ungünstigen Kursentwicklungen geschlossen werden können.

Rund-um-die-Uhr-Handel

Bez. f. den Tatbestand, daß bestimmte Objekte (Gelder, Devisen, Effekten) durch die zwischen den internationalen Handelsorten bestehenden Zeitunterschiede praktisch 24 Stunden pro Tag handelbar sind.

runner

Angestellter einer broker-Firma, der Kundenaufträge direkt in den Börsensaal zu dem jeweiligen Händler bringt.

run the books

Am Euromarkt Bez. für das Übernehmen der Hauptverantwortlichkeit für Verkauf, Zuteilung, Zahlung und Auslieferung von Wertpapieren bei einer Neuemission. I. d. R. der lead-manager eines Syndikates. → federführende Bank.

Russische Börsen

Neben den → Moskauer Börsen und den → St. Petersburger Börsen existiert in Rußland eine Vielzahl von regionalen Wertpapierbörsen. So in Jekatarinburg, Krasnodar, Krasnojarsk, Nichnij Nowgorod, Nowosibirsk, Rostow/Don, Samara, Saratow, Tjumen, Wladiwostock und Woronech. Gehandelt werden nur wenige Aktien, vielmehr dominiert der Handel in Privatisierungs-Vouchers sowie in kurzfristigen Krediten und verbrieften Einlagen. Daneben existiert eine Vielzahl von Warenbörsen – in Moskau zeitweilig allein mehr als 35 –, die aber nur bedingt vergleichbar mit westlichen Warenbörsen sind; sie haben eher den Charakter von Auktionen oder Großmärkten. Solche Warenbörsen fanden im Zuge der wirtschaftlichen Umstrukturierung zunächst ein nahezu ideales Tätigkeitsfeld: Einerseits herrschte infolge der noch bestehenden staatlichen Preisreglementierung im traditionellen Distributionssystem ein großes Warendefizit; anderseits konnten die Warenbörsen bereits auf der Basis freier Preisbildung agieren, was Produzenten bzw. Zwischenhändlern große Gewinne ermöglichte. Dieses duale Preissystem wird aber durch Preisfreigaben zusehends überwunden, so daß die Auktionsbörsen zugunsten von Großhandlungen an Bedeutung verlieren. Hinzu kommen neuere gesetzliche Reglementierungen für Warenbörsen. Im Zuge dieser Entwicklungen kommt es zu einem Konzentrationsprozeß.

rz.

Kurszusatz für rückzahlbar.

S

S (1)

Abk. f. Serie bei Anleihen.

S (2)

Abk. f. seller; in angelsächsischen Kurszetteln für Brief.

$

Zeichen f. Dollar; Währungseinheit der USA (US-$) und vieler anderer Länder.

S. A.

Abk. f. société anonyme; Rechtsform französischer Gesellschaften, die in etwa der der AG entspricht. Desgleichen für sociedad anonima in Spanien und società anonima in Italien.

Sachanlagevermögen

Das Anlagevermögen umfaßt neben immateriellen Gütern (Rechte, Firmenwert, Patente usw.) die materiellen Gegenstände des Anlagevermögens. Das Sachanlagevermögen besteht aus unbeweglichen (Grundstücke, Gebäude) und beweglichen (Maschinen, Fuhrpark usw.) Vermögensobjekten sowie aus dauernden Beteiligungen und Finanzanlagen.

Sachauskehrung

Im Rahmen der Kapitalanlage eines bestimmten Anlegers oder eines Anlegerkreises in Spezialfonds hat der Anleger bzw. die Anlegergemeinschaft das Recht, unter Rückgabe sämtlicher Anteilscheine an die KAG zu fordern, daß ihm bzw. ihr zur gesamten Hand die Vermögenswerte des Sondervermögens ausgehändigt werden.

Sachdepot

Verzeichnis der von der Bank für die Kunden verwahrten Effekten, nach Wertpapieren verbucht. Auch: totes Depot(buch). Gegensatz : persönliches (lebendes) Depot(buch).

Sacheinlagen bei der AG

Sollen Aktionäre Einlagen tätigen, die nicht durch Einzahlung des Nennbetrages oder höheren Ausgabebetrags der Aktien zu leisten sind (Sacheinlagen) oder soll die AG vorhandene oder herzustellende Anlagen o. a. Vermögensgegenstände übernehmen (Sachübernahme), müssen in der Satzung festgesetzt werden: der Gegenstand der Sacheinlage oder der Sachübernahme, die Person, von der die AG den Gegenstand erwirbt, der Nennbetrag der bei der Sacheinlage zu gewährenden Aktien oder die bei der Sachübernahme zu gewährende Vergütung. Ohne diese Festsetzung sind Verträge über Sacheinlagen oder Sachübernahmen und die Rechtshandlungen zu ihrer Ausführung der AG gegenüber unwirksam. Ist die AG eingetragen, wird die Gültigkeit der Satzung durch diese Unwirksamkeit nicht berührt. Ist die Vereinbarung einer Sacheinlage unwirksam, ist der Aktionär verpflichtet, den Nennbetrag oder den höheren Ausgabebetrag der Aktie einzuzahlen. Bei einer Gründung mit Sacheinlagen und Sachübernahmen hat eine Prüfung durch gerichtlich bestellte Gründungsprüfer stattzufinden. → Kapitalerhöhung mit Sacheinlagen → Sachkapitalerhöhung → Sachkapitalzuführung → Sachübernahme → Gründung der AG.

sachenrechtliche Wertpapiere

Wertpapiere, die ein Sachenrecht verbriefen, wie z. B. Hypothekenbriefe und Grundschuldbriefe. Gegensatz: Mitgliedschaftspapiere (z. B. Aktie) und Forderungspapiere (z. B. Anleihe).

Sachgründung

Mögliche Form der Gründung einer Handelsgesellschaft, bei der Gründer als Eigenkapital teilweise oder ausschließlich anstelle von Geld Sacheinlagen (Fabrikanlagen, Patente, Maschinen, Grundstücke u. a.) einbringen. Zur Vermeidung von Bewertungsmanipulationen ist anläßlich der Sachgründung eine Gründungsprüfung durch unabhängige Prüfer erforderlich. Gegensatz: Bargründung.

Sachkapital

→ Realkapital (Sachkapital). Gegensatz: Geldkapital.

Sachkapitalerhöhung

Kapitalerhöhung einer Personen- oder Kapitalgesellschaft, die unter Einbringung von Sacheinlagen (Fabrikanlagen, Patente, Maschinen, Grundstücke) durchgeführt wird. Bei einer Sachkapitalerhöhung sieht das AktG verschärfte Anforderungen vor: So müssen der Gegenstand der Sacheinlage, die Person, von der die AG den Gegenstand erwirbt, und der Nennbetrag der bei der Sacheinlage zu gewährenden Aktien im Beschluß über die Erhöhung des Grundkapitals festgelegt werden. Diese Vorschrift gilt auch für die bedingte Kapitalerhöhung mit Sacheinlagen.

Sachkapitalzuführung
Einer Unternehmung wird Sachkapital zugeführt, wenn aktuelle oder potentielle Gesellschafter anstelle von finanziellen Mitteln Sacheinlagen (z. B. Grundstücke und Gebäude) einbringen. Der Prozeß der Sachkapitalzuführung führt i. d. R. zu einer Kapitalerhöhung, sofern es nicht gleichzeitig zur Rückzahlung von Eigenkapital kommt.

Sachübernahme
Übernahme von vorhandenen oder herzustellenden Anlagegütern oder sonstigen Vermögensgegenständen durch die AG bei Gründung. In der Satzung müssen festgesetzt werden: der Gegenstand der Sachübernahme, die Person, von der die AG den Gegenstand erwirbt und die bei der Sachübernahme zu gewährende Vergütung. Soll die AG einen Gegenstand übernehmen, für den eine Vergütung gewährt wird, die auf die Einlage des Aktionärs angerechnet werden soll, gilt dies nicht mehr als Sachübernahme, sondern als Sacheinlage. Sachübernahmen können nur Vermögensgegenstände sein, deren wirtschaftlicher Wert feststellbar ist; Verpflichtungen zu Dienstleistungen können nicht Sachübernahmen sein.

Sachwert
Auch: Substanzwert. Kapitalanlage in nicht oder wenig inflationsgefährdeten Werten wie Unternehmensanteilen, vor allem Aktien, Grundstücken und Gebäuden sowie Investmentfonds, deren Vermögen sich aus entsprechenden Werten zusammensetzt. Sachwerte verkörpern den Anspruch auf einen realen Wert. Gegensatz: Nominalwerte, die einen Anspruch auf eine bestimmte Geldsumme, ausgedrückt in nominellen Geldeinheiten, verbriefen. Sachwerte zeichnen sich dadurch aus, daß sie u. U. bei steigendem Preisniveau ebenfalls zu höherem Preis realisiert werden können, was bei den Nominalwerten nicht der Fall ist.

Sachwertanleihen
Bez. f. Schuldverschreibungen, die nicht auf einen Geldbetrag, sondern auf eine bestimmte Ware (Gewicht) Feingold, Holz, Kohle, Roggen, Zucker usw. lauten bzw. deren Geldforderung daran gebunden ist (Indexierung). Ausgegeben wurden solche Anleihen aufgrund des Gesetzes über die Ausgabe wertbeständiger Schuldverschreibungen v. 1923, das durch spätere Gesetze aufgehoben wurde. → Indexanleihe.

Sachwerte
Bez. f. Anteile von Unternehmen mit überwiegend wertbeständiger Substanz. Gegensatz: Nominalwerte.

Sachwerthausse
Bez. f. Kurssteigerungen, vor allem in Erwartung starker Geldentwertung in bestimmten Papieren am Aktienmarkt im Hinblick auf die Substanz der Unternehmen. Bei Sachwerterwägungen tritt die Rendite in den Hintergrund. Auch: besonders starke Nachfrage nach Sachwerten, z. B. Immobilien, Gold, Edelmetallen.

Sachwert-Investmentfonds
In der Schweiz gebräuchliche Immobilienfonds, deren Zertifikate Anteilscheine an dem aus Gebäuden und Grundstücken bestehenden Vermögen der Investmentfonds darstellen. I. d. R. ist eine meist vom Fonds gegründete Grundstücks-AG zwischengeschaltet; der Fonds hält die Aktien dieser AG und stellt ihr den Erlös aus den Zertifikaten als Darlehen zur Verfügung.

Sachwertpapier
Aktien u. a. Sachwerte verkörpernde Titel sowie durch Indexklauseln gesicherte Anleihen (Sachwertanleihen).

Sachwertverfahren
Methode zur Ermittlung des Wertes eines Grundstücks für steuerliche Bewertung nach dem BewG. Objekte, auf die das Sachwertverfahren angewendet wird, sind insbesondere u. a. Ein- und Zweifamilienhäuser, die ganz oder teilweise der Eigennutzung dienen und bei denen die Ertragserzielung nicht im Vordergrund steht.

säkulare Entwicklungen
Phänomene kultureller, wirtschaftlicher und sozialer Art, die sich innerhalb größerer raum/zeitlicher Ausdehnung vollziehen. Für längerfristig angelegte Aktienanalysen wesentlich.

SAEF
→ SEAQ Auto Execution Facility (SAEF).

Safe
Stahlschrankfach oder Schließfach, das von Banken an ihre Kundschaft zur Aufbewahrung von Wertgegenständen aller Art vermietet wird. Befinden sich meist innerhalb der Gesamttresoranlage der Banken, oft innerhalb eines abgeteilten Kundentresors. Safes stehen unter Doppelverschluß und können zusätzlich durch Kennworte

vor unbefugtem Zugriff gesichert werden.

Saisonbereinigung

Der Gesamtablauf einer die Entwicklung eines komplexen Geschehensbereiches beschreibenden Zeitreihe wird von gedanklich isolierbaren Bewegungskomponenten bestimmt (Trendkomponente, Einzelereignisse, Saisonschwankungen, Konjunkturschwankungen), deren jede einfacher und geschlossener ist als die gesamte Zeitreihe. Bei der Saisonbereinigung im Rahmen der Zeitreihenanalyse wird versucht, die Saisonschwankungen aus der Zeitreihe zu extrahieren. Die saisonale Glättung einer Zeitreihe wird i. d. R. mit Hilfe gleitender Durchschnitte vorgenommen. Verfahren bei der Aktienanalyse.

Saitori

Kursmakler an der Tokyo Stock Exchange.

Saldierung

Ermittlung des Saldos.

Saldo

Unterschiedsbetrag, der sich durch Aufrechnung der beiden Seiten eines Kontos ergibt. Wird nach der größeren Seite des Kontos bezeichnet: Haben-Saldo bei Verbindlichkeiten, Soll-Saldo bei Forderungen.

sales charge

Ankaufsgebühren bei Investmentanteilen.

Sally Mae

Börsenbez. f. Student Loan Marketing Association (USA) bzw. für Schuldverschreibungen dieses Emittenten.

Same-Day-Settlement (SDS)

Die Deutscher Kassenverein AG nimmt Aufträge an, die noch am gleichen Tag mit dem Geschäftspartner reguliert werden können. Die Aufträge müssen bis 10 Uhr beleglos über Terminal oder über Datenübertragung erteilt und vom Empfänger vor Ausführung bestätigt werden. Grundsätzlich bearbeitet die Deutscher Kassenverein AG Wertpapierbewegungen, die ihr täglich bis 17 Uhr zugehen, mit der Wertstellung „nächster Arbeitstag".

Sammelanleihe

Zusammenfassung einzelner Anleihen mehrerer Schuldner zu einer gemeinsamen Anleihe, die durch ein Zentralinstitut begeben wird.

Sammeldepot

Wertpapierdepot, bei dem die Bank die von verschiedenen Kunden hinterlegten Wertpapiere der gleichen Gattung zusammen aufbewahrt. Der Kunde erhält seinen Anspruch auf die Wertpapiere, hat aber anders als beim Streifbanddepot (Sonderverwahrung) kein Eigentumsrecht an bestimmten Wertpapieren, sondern ein Miteigentum zu Bruchteilen an dem Sammelbestand der Wertpapiere gleicher Gattung, in dem die von ihm hinterlegten Wertpapiere enthalten sind. Im Konkurs besteht ein Aussonderungsrecht. → Sammelverwahrung.

Sammeldepotfähigkeit

Da bei der Verwahrung von Wertpapieren im Sammeldepot der Hinterleger bei Einlieferung seiner Papiere das Eigentum an den betreffenden Stücken verliert und statt dessen ein Miteigentum an dem Sammelbestand des Verwahrers erwirbt und demzufolge nicht dieselben, sondern nur gleichartige Papiere zurückfordern kann, ist für einige Effekten die Sammeldepot- und -verwahrfähigkeit ausgeschlossen. Nur solche Papiere, die durch ihre Ausstattung den stückelosen Effektengiroverkehr möglich machen, werden für sammeldepotfähig erklärt und ins Girosammeldepot übernommen. Ausnahmslos sammeldepotfähig sind Inhaberaktien und festverzinsliche Werte, die mit keinem Einzelauslosungsrecht ausgestattet sind. Nach Serien auslosbare Wertpapiere können auch nach der 1. Verlosung in der Sammelverwahrung verbleiben, wenn die Anleihe in nicht mehr als 10 Serien eingeteilt ist und jede Serie einen Nennbetrag von mind. DM 5 Mill. erreicht. Aktien und Teilschuldverschreibungen, die an Order lauten, werden in Sammelverwahrung genommen, sofern sie mit einem Blankoindossament versehen sind. Namensaktien müssen zudem voll eingezahlt und an der Börse im amtlichen Handel oder am Geregelten Markt gehandelt werden. Aktien, die nicht voll eingezahlt sind oder deren Übertragung an die Zustimmung der AG gebunden ist (vinkulierte Namensaktien), können i. d. R. nicht in Sammelverwahrung überführt werden. Festverzinsliche Papiere mit Einzelauslosungsrecht werden nur dann als für die Sammelverwahrung geeignet angesehen, wenn die Auslosungen mind. 3 Monate vorher vom Emittenten bekanntgegeben werden, so daß die betreffenden Stücke im Auslosungszeitpunkt von Girosammel- auf Streifbanddepot umgebucht werden können.

Sammelliste mit Opposition belegter Wertpapiere
Hrsg.: Wertpapier-Mitteilungen. Enthält die aufgebotenen, für kraftlos erklärten und gesperrten Wertpapiere.

Sammelschuldbuchforderung
Die Schuldbuchforderung einer Mehrheit von Gläubigern, die durch einen Treuhänder vertreten werden, können als Sammelschuldbuchforderung auf den Namen des Treuhänders (z. B. einer Wertpapiersammelbank) in ein Schuldbuch eingetragen werden. Gegensatz: Einzelschuldbuchforderung.

Sammelschuldverschreibung
Schuldverschreibung, die aufgrund einer Sammelurkunde begeben wird. In der Sammelurkunde sind mehrere Einzelrechte verbrieft, die jeweils auch in selbständigen Wertpapieren verbrieft sein könnten.

Sammelurkunde
Urkunde über eine vollständige Wertpapieremission, die bei einer Wertpapiersammelbank hinterlegt wird. Anleihen, für die keine effektiven Stücke ausgedruckt werden (ähnlich wie bei Wertrechtsanleihen öffentlicher Stellen). Viele Käufer können Anteile (Wertrechte) an einer solchen Sammelurkunde erwerben. Die Ausgabe von Einzelurkunden ist ausgeschlossen. → Globalurkunden.

Sammelverwahrung
Sonderverwahrung von Wertpapieren ist umständlich und teuer. Um die Verwaltungsarbeit zu vereinfachen, besteht die Möglichkeit der Sammelverwahrung. Hierbei werden Wertpapiere nicht nach Eigentümern, sondern nach Gattungen geordnet aufbewahrt. Der Kunde erhält, wenn er seine Wertpapiere zurückverlangt, nicht die von ihm eingelieferten Stücke, sondern eine entsprechende Anzahl von Wertpapieren aus dem Sammelbestand der betreffenden Gattung. An die Stelle des Eigentums an dem bestimmten Wertpapier tritt das Miteigentum an allen Wertpapieren dieser Gattung. Der Kunde wird – gemeinsam mit allen anderen Kunden, die Wertpapiere dieser Gattung eingeliefert haben – Miteigentümer des Sammelbestandes. Auch bei Sammelverwahrung gibt es Eigenverwahrung und Drittverwahrung. Bei ersterer, der Haussammelverwahrung, bewahrt die Bank die Wertpapiere ihrer Kunden selbst in Sammelverwahrung auf. Diese Verwahrungsform hat kaum praktische Bedeutung: Die Banken lassen die Sammelverwahrung von der Deutscher Kassenverein AG und ihren Niederlassungen durchführen. Bei diesen liefern die Banken die Wertpapiere, die sammelverwahrt werden sollen, ein. In Depotbüchern wird festgehalten, zu welchem Bruchteil diese Bank Eigentum an dem Sammelbestand hat. Bei den jeweiligen Banken wird verbucht, in welchem Umfang jeder Kunde an diesem Miteigentum beteiligt ist. Die Verwahrung von Wertpapieren im Sammeldepot bedarf ausdrücklicher schriftlicher Ermächtigung des Kunden, für jedes Verwahrungsgeschäft gesondert. Nicht jedes Wertpapier kann in die Sammelverwahrung einbezogen werden. → Sammeldepotfähigkeit.

Sammelzertifikate
Urkunden, die anstelle einer Mehrzahl hinterlegter Wertpapiere ausgegeben werden. Haben den Charakter von Berechtigungs- oder Hinterlegungsscheinen. In der BR Deutschland werden Sammelzertifikate für ausländische Wertpapiere ausgegeben, die bei einer Wertpapiersammelbank hinterlegt sind und an der Börse gehandelt werden. Zur Erleichterung des Börsenverkehrs ist es darüber hinaus notwendig, Einzelzertifikate bei Bedarf auszugeben. In USA werden Sammelzertifikate für die bei bestimmten Banken im Ursprungsland im Depot befindliche Wertpapiere ausgegeben. Diese Zertifikate werden auf den Namen ausgestellt, sind aber mit einer Abtretungsklausel versehen und daher leicht übertragbar. Sammelzertifikate können auch Vorausscheine mit dem Anspruch auf spätere Auslieferung einer Mehrzahl effektiver Stücke einer Anleihe- oder Aktienemission sein. → Inhabersammelzertifikate der Deutsche Auslandskassenverein AG.

Samurai bonds
Bez. f. in Japan begebene Auslandsanleihen.

San Franciscoer Börse
Pacific Stock Exchange, Inc. 301 Pine Street, San Francisco, CA 94104, USA. Tel.: 001-415-393-4000. Telefax: 001-415-393-4018. Telex: 171 057.

Sanierung
Gesundungsverfahren für insolvente Unternehmen zur Wiederherstellung der Leistungsfähigkeit. Erfolgt buchtechnisch durch Verrechnung der in der Bilanz ausgewiesenen Verluste gegen das Eigenkapital, was eine Herabsetzung des Kapitals in Höhe des Verlustes bedeutet. Die Gesell-

schafter verlieren damit einen Teil ihrer Einlagen. Kann auch durch eine Deckung der Verluste durch Zuführung neuer Geldmittel durch die Gesellschafter erfolgen.

Sanierungsgenußschein

Urkunden, die Genußrechte am Reingewinn und/oder Liquidationserlös einer AG verbriefen und anläßlich der Sanierung der AG als Entschädigung der Aktionäre gewährt werden. Zur Ausgabe von Sanierungsgenußscheinen ist ein Beschluß der HV mit mind. ¾-Mehrheit des vertretenen Gundkapitals erforderlich. Die Aktionäre haben ein Bezugsrecht. Sanierungsgenußscheine dürfen keine Migliedschaftsrechte einschließen.

Sanierungsgesellschaft

→ Vergleichsverfahren.

S.A.R.L.

Abk. f. sociedado anomina de responsibilidade limitada; in Portugal der AG entsprechende Unternehmungsform.

Satzung

Die in einer Urkunde niedergelegte Verfassung (Statut) einer Gesellschaft, eines Vereins oder einer öffentlich-rechtlichen Körperschaft. Bei privatrechtlichen Gesellschaften, Genossenschaften und Vereinen sind Zustandekommen, Mindestinhalt und Grenzen der Satzung gesetzlich geregelt. Gegenüber den Mitgliedern der jeweiligen Organisation ist die Satzung verbindliches Recht; der Änderungsbeschluß bedarf einer qualifizierten Mehrheit. Für die meisten Satzungen besteht Publizitätspflicht. Die Satzung von AG und KGaA bedürfen ebenso wie die (Gesellschaftsvertrag) der GmbH öffentlicher Beurkundung. Bei der GmbH ist die Satzung von allen Gesellschaftern zu unterzeichnen. Die Satzung der Genossenschaft bedarf der Unterzeichnung durch alle Gründer und der Eintragung in das Genossenschaftsregister. Die Satzung öffentlichrechtlicher Körperschaften ist eine Anordnung mit verbindlicher Kraft, durch die innere Angelegenheiten der Körperschaften geregelt werden. Sie wird erlassen entweder von den Körperschaften bzw. deren Organen, sofern dies bei der Errichtung der betreffenden Körperschaft vorgesehen ist, oder von den Aufsichtsbehörden.

Satzung der AG

Bei Gründung der AG muß die Satzung (der Gesellschaftsvertrag) durch notarielle Beurkundung festgelegt werden. Bevollmächtigte bedürfen einer notariell beglaubigten Vollmacht. Die Satzung muß bestimmen: (1) Firma und Sitz der AG; (2) Gegenstand der Unternehmung; (3) Höhe des Grundkapitals; (4) Nennbeträge der einzelnen Aktien und Zahl der Aktien jeden Nennbetrags sowie, wenn mehrere Gattungen bestehen, Gattung der einzelnen Aktien. Die Satzung muß ferner Bestimmungen über die Form der Bekanntmachungen der AG enthalten. Sie kann von den Vorschriften des AktG nur abweichen, wenn es ausdrücklich zugelassen ist. Ergänzende Bestimmungen der Satzung sind zulässig, es sei denn, daß das AktG eine abschließende Regelung enthält. Jeder einem einzelnen Aktionär eingeräumte besondere Vorteil muß in der Satzung unter Bezeichnung des Berechtigten festgesetzt werden. Die Satzung enthält i. d. R. u. a. Bestimmungen für Vorstand, Aufsichtsrat, HV, Jahresabschluß, Gewinnverwendung, Satzungsänderung. Der Beschluß der HV verlangt eine Mehrheit, die mind. ¾ des bei der Beschlußfassung vertretenen Grundkapitals umfaßt. Die Satzung kann eine andere Kapitalmehrheit, für eine Änderung des Gegenstands der Unternehmung jedoch nur eine größere festsetzen.

Satzung der Investmentgesellschaft

Bei Investmentgesellschaften des Gesellschaftstypus sind die Rechtsbeziehungen zwischen der KAG und ihren Aktionären (Anteilinhabern) durch Satzung und Aktienrecht geregelt. In den meisten Ländern muß die Satzung durch die Aufsichtsbehörde genehmigt werden.

Satzungsänderungen bei der AG

Jede Satzungsänderung der AG bedarf eines Beschlusses der HV. Die Befugnis zu Änderungen, die nur die Fassung betreffen, kann die HV dem Aufsichtsrat übertragen. Der Beschluß der HV bedarf einer Mehrheit, die mind. ¾ des bei Beschlußfassung vertretenen Grundkapitals umfaßt. Die Satzung kann eine andere Kapitalmehrheit, für eine Änderung des Gegenstands der Unternehmung jedoch nur eine größere bestimmen; sie kann weitere Erfordernisse aufstellen. Soll das bisherige Verhältnis mehrerer Gattungen von Aktien zum Nachteil einer Gattung geändert werden, bedarf der Beschluß der HV zu seiner Wirksamkeit der Zustimmung der benachteiligten Aktionäre. Über die Zustimmung haben die benachteiligten Aktionäre einen Sonderbeschluß zu fassen; für diesen gilt das vorher Gesagte. Ein

Beschluß, der Aktionären Nebenverpflichtungen auferlegt, bedarf zu seiner Wirksamkeit der Zustimmung aller betroffenen Aktionäre, ebenso ein Beschluß, durch den die Übertragung von Namensaktien oder Zwischenscheinen an die Zustimmung der AG gebunden wird.

savings banks

Sparinstitute in England und USA: in England trustee savings banks als private Einrichtungen mit gemeinnützigem Charakter, in den USA mutual savings banks als private Sparkassen.

savonettes

Kleine, insbesondere 100 g schwere Goldbarren mit abgerundeten Ecken.

SBAI

Abk. f. → Swiss Bid-/Ask-Index.

SBF 120, SBF 250

Indizes der Pariser Wertpapierbörse. Der SBF 120 schließt die französischen Werte ein, über die regelmäßig Analysen erstellt werden. Der SBF 250 ist erheblich breiter angelegt; er umfaßt insbesondere auch die Aktienwerte, die im Zuge der letzten Privatisierungswellen an der Börse eingeführt wurden. Er wird nur zur Eröffnung und zum Schluß der Börse ermittelt.

scalper

Börsenteilnehmer, der auf eigene Rechnung handelt. Sein Ziel ist es, von sehr geringen Preisschwankungen zu profitieren. Da er als Börsenmitglied keine Kommissionen zu zahlen hat, bringen ihm kleinste Kursveränderungen Gewinne oder Verluste. Er versucht, sehr kurzfristige Preisschwankungen vorherzusehen und ist weniger an längerfristigen Trends interessiert; scalpers tragen durch ihre bis zu tausend täglichen Transaktionen zur Liquidität des Marktes bei.

scalping

Arbitragegeschäfte in Verbindung mit Terminkontrakten.

SCFA

Abk. f. Swiss Commodities and Futures Association.

Schachtel

Kurzbez. f. Schachtelbeteiligung.

Schachtelbeteiligung

Beteiligung einer Kapitalgesellschaft von mind. 10% an einer anderen.

Schachtelbeteiligung, vermögensteuerlich

Ist eine inländische Kapitalgesellschaft, ein Versicherungsverein auf Gegenseitigkeit oder eine Körperschaft des öffentlichen Rechts mind. zu 1/10 am Nennkapital einer inländischen Kapitalgesellschaft ununterbrochen seit 12 Monaten beteiligt, bleibt diese Beteiligung steuerfrei. Unter bestimmten weiteren Voraussetzungen kann auch die Beteiligung an einer ausländischen Tochtergesellschaft steuerfrei bleiben. Eine auf den Beginn oder das Ende eines Wirtschaftsjahrs veräußerte Schachtelbeteiligung wird für diesen Zeitpunkt noch dem Veräußerer zugerechnet. Dabei ist es gleich, in welchem Wirtschaftsjahr der Veräußerungsgewinn bei der Ertragsteuer erfaßt wird. Vermögensteuerlich ist sowohl beim Veräußerer als auch beim Erwerber so zu verfahren, als ob die Veräußerung noch nicht stattgefunden hätte. Der Erwerber erhält gleichwohl bei einem 12 Monate dauernden Wirtschaftsjahr die Schachtelvergünstigung bereits für den nächstfolgenden Abschlußzeitpunkt.

Schachteldividende

→ Körperschaftsteuer, Anrechnung ausländischer Steuern.

Schachtelgesellschaft

Kapitalgesellschaft, die an anderen oder an der andere Kapitalgesellschaften wesentlich, d. h. zu mind. 10% unmittelbar beteiligt ist (sind).

Schachtelprivileg (-vergünstigung)

Eine Schachtelbeteiligung braucht nicht angesetzt zu werden, bleibt also vermögensteuerfrei, wenn sie mind. seit 12 Monaten vor dem Abschlußzeitpunkt ununterbrochen bestanden hat. Die Schachtelvergünstigung wird unter bestimmten Voraussetzungen auch für Beteiligungen an ausländischen Tochtergesellschaften gewährt. Als internationales Schachtelprivileg wird die teilweise Milderung der Mehrfachbesteuerung von Gewinnen ausländischer Tochtergesellschaften durch DBA bezeichnet.

Schätze

Kurzbez. f. Schatzanweisungen, Bundesschatzbriefe.

Schaltergeschäft

Wertpapiergeschäft einer Bank mit einem Kunden, bei dem Leistung und Gegenleistung Zug um Zug erfolgen und die Transaktion nicht über das Kundenkonto und das -depot, sondern durch Barzahlung und die Aushändigung effektiver Stücke abgewickelt wird. Demzufolge ist eine Kontrolle des Schaltergeschäfts gegenüber der kontenmäßigen Geschäftsabwicklung nur begrenzt möglich. → Tafelgeschäft.

Schalterprovision

Vergütung für eine an einer Anleiheemission teilnehmende Konsortialbank. Diese Provision soll einerseits die bei der Begebung entstehenden Kosten abgelten, andererseits eine Prämie für die dauerhafte Anlage dieser Anleihen darstellen.

Schalterpublizität

Bez. f. die Veröffentlichung des Unternehmensberichts von im Geregelten Markt notierten Unternehmen bei den von diesen bestimmten und bekanntgegebenen Zahlstellen. Im Gegensatz hierzu besteht für Unternehmen, deren Wertpapiere zum amtlichen Handel zugelassen sind, die Pflicht, Prospekte, Jahresabschlüsse und Zwischenberichte im Börsenpflichtblatt zu veröffentlichen.

Schalterstücke

Bez. f. Pfandbriefe und Kommunalobligationen, die zum Verkauf am Schalter der Banken bereitliegen. Da der Treuhänder die Stücke ausgefertigt hat, befinden sie sich schon im Umlauf.

Schattenquote

Im Rahmen des Londoner Schuldenabkommens wurden die Ansprüche aus der Dawes- und der Young-Anleihe geregelt. Dabei wurden für Zinsscheinfälligkeiten 1945–1952 Schattenquoten geschaffen, die nach einer Wiedervereinigung Deutschlands zum Bezug von Fundierungsschuldverschreibungen berechtigen. Sie wurden oft nicht verbrieft, sondern durch Stempelaufdruck auf den Konversionsschuldverschreibungen festgehalten. → Auslandsbonds.

Schatzanweisungen

Kurz-, mittel- und längerfristige Schuldverschreibungen des Bundes, der Bundesländer, Bundesbahn, Bundespost u. a. Emittenten; auch unverzinsliche Schatzanweisungen (U-Schätze). Werden zur Finanzierung eines vorübergehenden Geldbedarfes emittiert. Bei unverzinslichen Schatzanweisungen wird der Zins durch Diskontierung vergütet (wie bei Schatzwechseln). Daneben gibt es auch festverzinsliche Schatzanweisungen.

Schatzbriefe

→ Bundesschatzbriefe.

Schatzscheine

→ Schatzwechsel → Schatzanweisungen.

Schatzwechsel

Werden vom Bund, den Bundesländern und der Bundesbahn ausgegeben. Die Zinsen werden vorweg vom Ausgabepreis abgezogen. Während Schatzwechsel Laufzeiten bis 6 Monate haben, haben Schatzanweisungen eine solche von 6 Monaten bis 2 Jahren. Daneben kann es längerfristige Schatzanweisungen geben. Schatzwechsel und U-Schätze des Bundes können auf verschiedene Art entstehen: einmal dadurch, daß sich der Bund im Benehmen mit der Bundesbank entschließt, einen Teil seines Kreditbedarfs durch Emission kurzfristiger Titel zu decken. Zum anderen kann – um der Bundesbank unabhängig von den Finanzbedürfnissen der öffentlichen Hand die Möglichkeit zu verschaffen, Schatzwechsel und U-Schätze zu Zwecken der Offenmarktpolitik abzugeben – die Bundesbank vom Bund verlangen, Schatzwechsel oder unverzinsliche Schatzanweisungen in einer Stückelung und Ausstattung nach ihrer Wahl als Liquiditätspapiere bis zum Höchstbetrag von 50 Mrd. DM zur Verfügung zu stellen.

Schaukelbörse

Tendenzbez. f. eine im Verlauf der Börsensitzung stärker hin und her schwankende Kurstendenz ohne klar ersichtliche Linie.

Scheingewinn

Treten in einer Rechnungsperiode Preissteigerungen ein, führt dies im Jahresabschluß der Unternehmung zum Ausweis von Preissteigerungs- oder Scheingewinnen, wenn der Betrieb seine zum gestiegenen Absatzpreis verkauften Güter noch zu relativ niedrigeren Beschaffungspreisen eingekauft hat. Bedeutsam für die Aktienanalyse.

Scheingewinnausschüttung

Gliedert man den Gewinn einer Unternehmung in Scheingewinne und echte Gewinne, führt jede über das Volumen der echten Gewinne hinausgehende Ausschüttung an die Eigentümer und/oder an den Fiskus zu einer substanzverzehrenden Scheingewinnausschüttung. Wesentlich für die Aktienanalyse.

Scheingewinnbesteuerung

Die steuerlichen Bewertungsvorschriften tragen dem Prinzip der Substanzerhaltung grundsätzlich nicht Rechnung, sondern basieren auf dem Prinzip nomineller Kapitalerhaltung. Die Besteuerung von Scheingewinnen muß als unzweckmäßig angesehen werden, da sie die betriebliche Stabilität der Unternehmung gefährdet und volkswirtschaftlich negative Implikationen nach sich ziehen kann. Trotzdem wird durch die steuerlichen Bestimmungen die Besteuerung der Scheingewinne nicht ausgeschlossen, da die Möglichkeiten der Bildung von Preissteigerungsrücklagen und eisernen Beständen begrenzt sind. Demgegenüber wird angeführt, daß ein Verzicht auf die Scheingewinnbesteuerung gegen die Gleichmäßigkeit der Besteuerung verstoßen würde, da bei allen anderen Einkunftsarten die Nominaleinkünfte besteuert werden. Würde ein Abgehen vom Nominal(wert)prinzip auf alle steuerpflichtigen Einkünfte übertragen, würde dies voraussetzen, daß das gesamte Verrechnungs- und Wertsystem der Wirtschaft in einheitlicher Weise dem Geldentwertungsprozeß laufend angepaßt würde.

Scheingründung

Gründung einer Kapitalgesellschaft, ohne daß bei den Gründern die Absicht besteht, eine normale Geschäftstätigkeit aufzunehmen. Es soll vielmehr zunächst nur die Rechtsfigur geschaffen werden, um den Mantel bei Gelegenheit zu verwenden. → Fassongründung → Mantelgründung.

Scheinkurs

Auch: Ausweichkurs. Nominell fixierter Geld- oder Briefkurs eines an der Börse gehandelten Wertpapiers, in dem kein Umsatz stattgefunden hat. Wird zu diesem Kurs ein Angebot gemacht, versucht der Handelspartner so lange „auszuweichen", bis der Kurs erreicht ist, zu dem er tatsächlich gewillt ist, ein Geschäft abzuschließen.

Schenkung

Unentgeltliche Zuwendung, durch die jemand aus seinem Vermögen einen anderen bereichert. Ein Vertrag, in dem eine Schenkung für die Zukunft versprochen wird, ist nur gültig, wenn er gerichtlich oder notariell beurkundet wird. Größere Schenkungen unterliegen der Schenkungsteuer.

Schenkungsteuer

→ Erbschaft- und Schenkungsteuer.

Schiedsgericht, Schiedskommission

Börsengremium zur Entscheidung von Streitigkeiten aus Börsengeschäften zwischen Börsenbesuchern. Bestimmungen enthalten die an den Börsen bestehenden Schiedsgerichtsordnungen.

Schiedsvertrag

Vereinbarung, nach der Rechtsstreitigkeiten statt durch das ordentliche durch ein Schiedsgericht entschieden werden sollen. Die Zulässigkeit des Börsenschiedsgerichtsverfahrens setzt den Abschluß eines Schiedsvertrages voraus. Solche sind in vergleichsgeeigneten, vermögensrechtlichen Streitigkeiten, um die es hier geht, nach der ZPO grundsätzlich zulässig. Soweit der Schiedsvertrag nicht für beide Teile ein Handelsgeschäft ist, muß er ausdrücklich, schriftlich und in einer besonderen Urkunde geschlossen werden. Liegt auf beiden Seiten ein Handelsgeschäft vor, gelten die Formvorschriften nicht. In diesen Fällen kann die Vereinbarung des Schiedsgerichts auch stillschweigend erfolgen.

Schiedswert

Gibt die in Geldgrößen ausgedrückte Bewertung der im Börsenschiedsgerichtsverfahren verhandelten vermögensrechtlichen Streitigkeiten an. Dient insbesondere zur Festlegung der beim schiedsgerichtlichen Verfahren zu erhebenden Gebühren, wobei Einzelheiten z. T. in der Schiedsgerichtsordnung sowie in der Vereinssatzung der Börse festgelegt sind.

Schiedswesen (an der Börse)

Auch: Arbitration. Dient zum Ausgleich von geschäftlichen Streitigkeiten, die sich auf die Lieferbarkeit von Wertpapieren oder Waren oder die Auslegung und Anwendung von Geschäftsbedingungen beziehen. → Schiedsgericht, Schiedskommission → Schiedsvertrag.

Schieflage, schief liegen

Börsenbez. f. den Tatbestand, daß Spekulanten Engagements eingegangen sind unter Erwartungen, die sich nicht erfüllt haben oder entgegengesetzt eingetreten sind.

Schiffahrtsbörse

Teil der Hamburger Börse.

Schifferbörse

In Duisburg-Ruhrort. → Frachtenbörse.

Schiffsbanken, -kreditbanken

Sammelbez. f. privatrechtliche Banken, die langfristige Schiffskredite gegen Schiffshypotheken gewähren und Schiffspfandbriefe ausgeben.

Schiffsbeteiligungen
Kapitalanlagefazilität. Wird u. a. von privatrechtlichen Vermögensanlagegesellschaften emittiert zur Finanzierung von Schiffsneubauten. Die Steuervorteile beruhen darauf, daß Verlustzuweisungen bis zu 150% des Anlagebetrages möglich sind, Sonderabschreibungen vorgesehen sind und Gewinne mit ermäßigten Sätzen besteuert werden. Das Konzept muß allerdings auch ohne die steuerlichen Wirkungen rentabel sein, um die notwendige Gewinnerzielungsabsicht zu gewährleisten. Die Steuervorteile laufen Ende 1994 aus.

Schiffshypotheken
Die nach dem Schiffsregistergesetz zulässige Schiffshypothek ist ein der Hypothek an Grundstücken (Grundpfandrecht) nachgebildetes dingliches Pfandrecht. Als Sicherungsmittel dient ein Schiff oder Schiffsbauwerk. Sie kann nur als Buchhypothek – nicht durch Ausstellung eines Hypothekenbriefs – begründet werden. Das Schiffsregister genießt gleichen öffentlichen Glauben wie das Grundbuch. Die Voraussetzungen für die Schiffshypotheken, die von den Schiffsbanken als Deckung für Schiffspfandbriefe verwendet werden können, sind im Schiffsbankgesetz enthalten.

Schiffspfandbriefbanken, Schiffshypothekenbanken
→ Schiffsbanken, -kreditbanken.

Schiffspfandbriefe
Schuldverschreibungen, die von Schiffsbanken aufgrund SchBG ausgegeben werden. Sie sind mündelsicher, lombardfähig, deckungsstockfähig. Der Gesamtbetrag der im Umlauf befindlichen Schiffspfandbriefe muß in Höhe des Nennwertes jederzeit durch Darlehensforderungen, die durch Schiffshypotheken gesichert sind, von mind. gleicher Höhe und mind. gleichem Zinsertrag gedeckt sein (ordentliche Deckung). Die Beleihung ist auf Schiffe und Schiffsbauwerke beschränkt, die voll versichert und in einem öffentlichen Register eingetragen sind. Die Beleihung, die i. d. R. nur erststellig zulässig ist, darf die ersten 3/5 des Wertes des Schiffes oder Schiffsbauwerkes nicht übersteigen und nur durch Gewährung von Abzahlungsdarlehen erfolgen. Die Darlehensdauer darf höchstens 12 Jahre betragen, in genehmigungspflichtigen Einzelfällen bis zu 15 Jahre. Die Schiffspfandbriefbank darf auf das Recht zur Kündigung der Schiffspfandbriefe höchstens für 10 Jahre verzichten. Die Schiffspfandbriefgläubiger haben kein Kündigungsrecht. Unzulässig ist die Ausgabe von Schiffspfandbriefen, deren Einlösungswert den Nennwert übersteigt.

schlank untergebracht
Redewendung, wenn eine neue Emission schnell gezeichnet worden ist. Gegensatz: schleppender Absatz.

schlechte Adresse
Bez. f. einen Schuldner – auch Anleiheemittenten –, dessen Bonität an den Geld- und Kapitalmärkten als fragwürdig angesehen wird. Gegensatz: gute Adresse.

schleppender Absatz
Redewendung, wenn eine neue Emission nur schwer, u. U. unter Kurskonzession, am Kapitalmarkt unterbringbar ist. Gegensatz: schlanke Unterbringung.

Schließfach
→ Safe.

Schluß
Abschluß eines Börsengeschäftes. Auch: Mindestbetrag für die Kursfestsetzung; beträgt i. d. R. bei fortlaufenden Notierungen 50 Stück bei Aktien; bei Werten mit Prozentnotierung DM 3000 Nennbetrag; bei Wandelanleihen DM 5000 Nennbetrag; bei Optionsanleihen DM 6000 Nennbetrag. Options- und futures-Geschäfte sind mind. über 50 Aktien bzw. über 1 Kontrakt abzuschließen.

Schlußabrechnungstag
Bez. für den Fälligkeitstag eines Terminkontraktes auf einen Aktienindex. Für an der DTB gehandelte DAX-futures gilt als Schlußabrechnungstag der dritte Freitag der Quartalsmonate (März, Juni, September, Dezember). Ist dieser Freitag kein Börsentag, gilt der davor liegende Börsentag als Schlußabrechnungstag.

Schlußdividende
Zahlt eine Unternehmung während des Jahres eine Zwischendividende (z. B. Quartalsdividende), erfolgt am Ende des Geschäftsjahres die Auszahlung einer Schlußdividende, deren Höhe sich nach dem Jahresergebnis richtet und die deshalb höher oder niedriger ausfallen kann, als aufgrund der Quartalsdividende veranschlagt.

Schlußeinheit

Anzahl der Titel, die mind. umgesetzt werden müssen, damit ein amtlicher Kurs notiert wird. → Schluß.

Schlußkurs

Letzter Kurs am Ende der Börsenzeit für ein Wertpapier bzw. gegen Börsenschluß in der fortlaufenden Notierung festgesetzter Kurs.

Schlußlesung

In der Schweiz verliest nach Börsenschluß der Börsenschreiber in Anwesenheit aller Ringhänder alle Abschluß- und die noch bestehenden Geld- und Briefkurse. Rektifikationen sind dabei möglich, wenn mind. 2 am Abschluß nicht beteiligte Börsenmitglieder die Richtigkeit der Änderung bestätigen.

Schlußnote (1)

Jeder Handelsmakler – abgesehen von im HGB genannten Ausnahmen – muß unverzüglich nach dem Abschluß eines Geschäfts jeder Partei eine von ihm unterzeichnete Schlußnote zustellen. Bei Wertpapiergeschäften besteht die Schlußnote aus 2 übereinstimmenden Hälften. Käufer und Verkäufer erhalten je eine Hälfte, die Namen und Wohnort der beiden Vertragsteile, Vermittler, Gegenstand und Bedingungen des Geschäfts, insbesondere Preis (Kurs) und Wert des Wertpapiers, bei anderen als Kassageschäften auch Termin und Lieferung enthalten. Die Schlußnote dient nur Beweiszwecken. Vor Abschaffung der Börsenumsatzsteuer mußte nach den Vorschriften zur Kapitalverkehrsteuer bei im Inland abgeschlossenen Privatgeschäften eine Schlußnote ausgestellt und mit den erforderlichen Börsenumsatzsteuermarken beklebt werden. Die Marken mußten so geklebt werden, daß jede Hälfte einer Schlußnote eine Hälfte derselben Marke trug. Zur Entwertung war an der durch Vordruck bezeichneten Stelle jeder Markenhälfte der Tag der Entwertung einzutragen. Eine versteuerte Schlußnotenhälfte war an den anderen Vertragspartner innerhalb 2 Wochen abzusenden. Schlußnoten müssen in deutscher Sprache, und, wenn es sich nicht um Geschäfte über ausländische Wertpapiere handelt, in deutscher Währung ausgestellt werden. Der Wert des Gegenstands des Geschäfts ist stets in deutscher Währung anzugeben. Bei elektronischer Datenverarbeitung werden Schlußnoten maschinell ausgedruckt.

Schlußnote (2)

In der Schweiz schriftliche Bestätigung der Ringbanken untereinander über abgeschlossene Börsengeschäfte.

Schlußtag

Tag, an dem ein Börsengeschäft abgeschlossen wurde.

Schlußzeit

Legt der Börsenvorstand für die Annahme von Aufträgen für den Einheitskurs fest. Nach Ablauf dieses Zeitpunktes 30 bzw. 45 Minuten nach Anfang der Börsenzeit beginnen die Kursmakler mit der Ermittlung der Einheitskurse.

schneppern

Börsenausdruck für den Versuch eines Maklers oder Börsenhändlers, sich von einem von ihm gestellten Geld- oder Briefkurs zu distanzieren.

Schranke

Erhöhter fester Platz der Kursmakler im Börsensaal.

Schrankenwerte

Amtlich notierte Wertpapiere an der Wiener Börse.

Schrankfach

Schließfach, das Banken an Kunden vermieten zur sicheren Aufbewahrung von Vermögensgegenständen. → Safe.

Schriftgrad bei Pflichtbekanntmachungen der Wertpapieraussteller und bei Börsenzulassungsprospekten

Darf nicht kleiner sein als Nonpareille.

Schrottanleihen

Deutsche Bez. für → junk bonds.

Schrot und Korn

Bez. f. Edelmetallhaltigkeit von Münzen. Dabei ist Schrot das Gesamt- oder Rauhgewicht, Korn der Edelmetallgehalt der Münze.

Schütt'-aus-hol'-zurück (-Verfahren)

Instrument der Finanzierungs- und Dividendenpolitik. Dabei werden von der Unternehmung zunächst Beträge als Dividende ausgeschüttet, die anschließend im Wege einer Kapitalerhöhung zurückgeholt werden. Dabei stimmen die Höhe der Kapitalaufstockung mit der Summe der zur Ausschüttung beschlossenen Dividende, abzüglich der bei Ausschüttung und Wiederanlage anfallenden Steuern i. d. R. überein. Beim einperiodigen Verfahren fallen Ausschüttung und Rückholung der Gewinne in dasselbe Jahr, während beim mehrperiodigen Verfahren die Kapitalerhöhung erst nach einigen Jahren bei fortlaufender Ausschüttung erfolgt. Der Vorteil dieses Verfahrens liegt darin, daß die Gewinne den Aktionären zugute kommen, ohne daß der AG auf lange Sicht Liquidität entzogen wird. Im Gegensatz zum Rücklagenumwandlungsverfahren muß die Dividende zunächst aber ausgeschüttet werden, bevor sie durch die Kapitalerhöhung in Form von Barmitteln wieder in das Unternehmen zurückfließt. Das Schütt'-aus-hol'-zurück-Verfahren kann wegen des höheren Steuersatzes für zurückbehaltene Gewinne kostengünstiger sein als eine volle Gewinnthesaurierung. Ob Ausschüttung und Wiedereinlage günstiger ist als Gewinnthesaurierung, hängt vom jeweiligen Einkommensteuersatz der Aktionäre ab. Unter der Zielsetzung der Minimierung der Gesamtsteuerbelastung ist bei Anteilseignern mit kleinen und mittleren Einkommen das Ausschüttungsrückholverfahren günstiger als Gewinneinbehaltung.

Schuldbuch

Darlehensforderungen gegen den Staat, für die keine Schuldverschreibungen ausgestellt sind, werden lediglich durch Eintragung in das (Staats-) Schuldbuch beurkundet. Für jeden Gläubiger wird ein Schuldbuchblatt geführt. Die Übertragung von Schuldbuchforderungen erfolgt durch Löschung des Kontos und Errichtung eines Kontos für den neuen Gläubiger oder durch Zuschreibung, falls dieser bereits ein Schuldbuchblatt hatte. Die Zahlung der Zinsen erfolgt auf dem Postwege, durch Abhebung oder Bankgutschrift. Die Voraussetzung für die Errichtung eines Bundesschuldbuches wurden durch Gesetz über die Errichtung einer Schuldenverwaltung des Vereinigten Wirtschaftsgebietes v. 1948 geschaffen. Auch Bundesländer schufen gesetzliche Grundlagen für die Errichtung von Landesschuldbüchern. Die im Schuldbuch eingetragenen Forderungen sind bei der Bundesbank lombardfähig; die Schuldbuchforderungen sind an jeder deutschen Börse zum Börsenhandel zugelassen.

Schuldbuchforderungen

Form des Verkehrs mit Wertrechten (stückeloser Wertpapierverkehr). Durch Eintragung im Staatsschuldbuch beurkundete Darlehensforderungen gegen den Staat, für die keine Schuldverschreibungen in Form von effektiven Stücken ausgestellt sind. Sie können durch Barzahlung oder Umwandlung und Einreichung von Anleihestücken (Anleihen) erworben, bei der Bundesbank beliehen werden und sind zum Börsenhandel zugelassen. → Schuldbuchgiroverkehr.

Schuldbuchgiroverkehr

Eingeführt, um die mit der Übertragung von Schuldbuchforderungen verbundenen Verwaltungsarbeiten zu vereinfachen. Umfaßt die Girosammelverwahrung und den Effektengiroverkehr von Schuldbuchforderungen. Der Zeichner einer im Bundesschuldbuch eingetragenen Anleihe kann zum einen direkt als Gläubiger in das Schuldbuch eingetragen werden, wenn er Wertpapiere des Bundes, der Bundesländer oder der Sondervermögen über die LZB erwirbt; zum anderen – falls der Anleihezeichner das Geschäft über seine Bank abwickelt – wird er nicht persönlich als Gläubiger ins Schuldbuch eingetragen. Eingetragener Gläubiger ist vielmehr die Wertpapiersammelbank, die der Bank des Zeichners (Depotkunden) angeschlossen ist. Die Wertpapiersammelbank fungiert als Treuhänder für die angeschlossene Bank und diese als Treuhänder für ihren Sammeldepotkunden. Der aus dem Handel mit in das Schuldbuch eingetragenen Forderungen resultierende Bedarf an Übertragungen von Wertrechten und Geld wird im Schuldbuchgiroverkehr nach dem Vorbild des Effektengiroverkehrs abgewickelt, wobei Einzelheiten in den allgemeinen Geschäftsbedingungen der Wertpapiersammelbanken geregelt sind. Für die Verwendung von Wertpapierschecks gibt es keine Einschränkung; sofern die Auslieferung von Schuldverschreibungen nicht durch die Anleihebedingungen ausgeschlossen ist, kann auch mit weißen Wertpapierschecks die Auslieferung von Schuldverschreibungen verlangt werden. Um die Verbindung zur Bundesschuldenverwaltung zu formalisieren, hat diese besondere Schuldbuchgiroschecks geschaffen: Mit dem Schecksatz I kann ein Sammelbestandsanteil in eine auf den Namen des Miteigentümers lautende Einzelschuldbuchforderung umgewandelt werden; soll eine Einzelschuldbuchforderung in einen Sammelbestandsanteil umgewandelt werden, ist Schecksatz II zu verwenden; Schecksatz III dient zur Übertragung von Sammelschuldbuchforderungen zwischen Wertpapiersammelbanken.

Schuldbuch-Treuhand- und Jungscheinverkehr

Bei der Emission von Schuldverschreibungen der öffentlichen Hand müssen die Zeichner oder Käufer der jungen Wertpapiere nach Entrichtung der von ihnen zu erbringenden Leistung meist längere Zeit warten, bis ihnen die effektiven Stücke – falls eine Ausgabe überhaupt vorgesehen ist – zur Verfügung stehen. Diese Wartezeit hängt mit den technischen Gegebenheiten beim Druck der Urkunden zusammen. Aus wirtschaftlichen Gründen besteht jedoch auch bei den ins Schuldbuch eingetragenen Forderungen meist das Bedürfnis, über die aus der Zeichnung oder dem Kauf erworbenen Rechte schon vor dem Erscheinen der effektiven Stücke verfügen zu können. Diesem Bedürfnis wird durch den Jungscheinverkehr Rechnung getragen. Der Emittent gibt gegenüber der Schuldbuchverwaltung eine schriftliche Erklärung ab, in der er sich unwiderruflich verpflichtet, die jungen Wertpapiere oder einen Teil nach Erscheinen an die Schuldbuchverwaltung zu liefern (Jungschein). Die Schuldbuchverwaltung richtet auf Antrag dem Emissionshaus ein Jungscheinkonto ein und erteilt darauf nach Eingang des Jungscheins eine entsprechende Gutschrift. Mit der Einrichtung des Jungscheinkontos wird die Schuldbuchverwaltung hinsichtlich der Ansprüche aus dem Jungschein Treuhänder der führenden Emissionsbank; sie fungiert aber auch als Treuhänder ihrer Kontoinhaber, zu deren Gunsten die führende Emissionsbank verfügt und denen infolgedessen Gutschriften auf Jungscheinkonto erteilt werden. Die Kontoinhaber können über ihr Jungscheinguthaben mit Wertpapierschecks verfügen, auf denen der Vermerk Jungscheinkonto anzubringen ist. Kraft Treuhandverhältnis ist die Schuldbuchverwaltung verpflichtet, den ihr gemäß Jungschein zustehenden Lieferungsanspruch für die Emissionsbank und die anderen Jungscheinkontoinhaber zu verwalten.

Schuldendienst

Vom Schuldner einer Verbindlichkeit zu leistende Zins- und Tilgungszahlungen.

Schuldenerlaß

Vereinbarung zwischen Gläubiger und Schuldner einer Leistung, in der der Gläubiger auf seine Forderung verzichtet. Die Forderung wird als nicht mehr existent betrachtet, so daß z. B. nach der erfolgreichen Abwicklung eines Vergleichsverfahrens und einer Überwindung der Krise durch die Unternehmung die Schuld sich nicht wieder zu einer realen Forderung entwickeln kann.

Schuldenkennzahlen

Kennzahlen, die verschiedene Größen der Verschuldung, also Verbindlichkeiten, (Fremdkapital) ins Verhältnis zueinander setzen, wie z. B. langfristige Verbindlichkeiten/kurzfristige Verbindlichkeiten; Verbindlichkeiten gegenüber Kreditinstituten/Verbindlichkeiten gegenüber Lieferanten usw. Verwendung in der Wertpapieranalyse.

Schuldenkonsolidierung

(1) Umwandlung schwebender Schulden öffentlicher Haushalte in langfristige Schulden (insbesondere Anleihen), wobei Zinsen und Tilgung für diese Schulden Positionen der ordentlichen Haushaltspläne darstellen. (2) Zusammenfassung mehrerer älterer Anleihen zu einer neuen einheitlichen Anleihe mit meist niedrigerem Gesamtzinsfuß. (3) Im Zusammenhang mit der Aufstellung eines Konzernabschlusses Aufrechnung der Forderungen und Verbindlichkeiten zwischen den in den Konsolidierungskreis einbezogenen Unternehmen.

Schuldenkrise, internationale

Ausgelöst durch eine expansive Schuldenpolitik vieler Entwicklungsländer in den siebziger Jahren bei zugleich unproduktiver Verwendung der aufgenommenen Mittel, einen weltweiten Ölpreisanstieg 1979 und Verfall der Rohstoffpreise, einen Zinsanstieg auf internationalen Finanzmärkten sowie protektionistischen Tendenzen in Industrieländern mit der Folge sinkender Exporteinnahmen und steigender Importausgaben der Entwicklungsländer, hat seit Anfang der 80er Jahre eine zunehmend größere Zahl von Entwicklungs- und Schwellenländern Schwierigkeiten bei der Erfüllung des Schuldendienstes. Offen zutage trat die internationale Schuldenkrise erstmals durch die Erklärung der Zahlungsunfähigkeit Mexikos im August 1982. Noch im gleichen Jahr folgten Argentinien, Brasilien und Polen. Zur Überbrückung der akuten Liquiditätsengpässe gewährte die Bank für Internationalen Zahlungsausgleich (BIZ) Überbrükkungskredite, die durch Beistandskredite des Internationalen Währungsfonds (IWF) unter gleichzeitiger Setzung wirtschaftspolitischer Auflagen abgelöst wurden. Durch Umschuldungen, also Verschiebungen anstehender Fälligkeiten auf spätere

Termine, wurde versucht, akute Zahlungsprobleme zu beseitigen. Weitere Ansätze des internationalen Schuldenmanagements bestehen in dem partiell praktizierten Schuldenerlaß sowie dem Einsatz innovativer Finanzierungsinstrumente. Hier zu nennen sind insbesondere debt-equity swaps und loan swaps in den verschiedensten Ausprägungen.

Schuldentilgung

→ Rückzahlung von Anleihen (Schuldverschreibungen) → Tilgung von Anleihen (Schuldverschreibungen, Obligationen).

Schuldentilgungsfähigkeit

Fähigkeit einer Unternehmung oder einer Person, die eingegangenen Verbindlichkeiten gemäß den vertraglich vereinbarten Modalitäten hinsichtlich Tilgungszeitpunkt und -volumen zurückzuzahlen. Die Schuldentilgungsfähigkeit der Unternehmung wird in erster Linie durch die Ertragskraft determiniert.

Schuldentilgung, steuerlich

Ausgaben zur Tilgung von Schulden können als außergewöhnliche Belastungen berücksichtigt werden, wenn und soweit die Schuldaufnahme durch Ausgaben veranlaßt worden ist, die solche Belastungen darstellen. Ausgaben zur Tilgung einer Schuld sind i. d. R. keine außergewöhnliche Belastung, soweit der Schuld eine Forderung gegenübersteht.

Schuldner

Rechtssubjekt, das verpflichtet ist, einem anderen (Gläubiger) eine Leistung zu erbringen. Insbesondere Personen, Unternehmen, staatliche Stellen usw., die Kredit aufgenommen haben und Zinsen und Rückzahlung schulden. Der Schuldner ist verpflichtet, dem Gläubiger den obligatorischen Anspruch, der diesem aus dem bestehenden Schuldverhältnis zusteht, zu erfüllen. Auch: Debitor. Gegensatz: Gläubiger.

Schuldnerverzug

Rechtswidrige Verzögerung einer geschuldeten Leistung. Tritt ein, wenn der Schuldner auf Mahnung des Gläubigers hin die fällige Forderung nicht erfüllt. Der Mahnung stehen Erhebung der Klage und die Zustellung eines Zahlungsbefehls gleich. Ist die geschuldete Leistung kalendermäßig bestimmt, kommt der Schuldner ohne Mahnung in Verzug, wenn er nicht zu der bestimmten Zeit leistet. Bei einer Geldschuld sind während des Verzugs Verzugszinsen zu zahlen.

Schuldschein

Vom Schuldner ausgestellte Urkunde, die eine Schuldverpflichtung, über eine Geldsumme lautend, begründet oder bestätigt und dem Gläubiger als Beweismittel dient. Der Schuldschein ist kein Wertpapier. Nach bewirkter Leistung ist der Schuldschein zurückzugeben.

Schuldscheindarlehen

Großdarlehen, die ähnlich den Anleihen und Industrieobligationen ausgestattet sind, werden gegen Schuldscheine von Banken und anderen Kapitalsammelstellen an Industrieunternehmen und öffentliche Hand (Bund, Länder, Gemeinden) gegeben. Der Schuldschein enthält die Verpflichtung zur Rückzahlung des Darlehens und zur Entrichtung der vereinbarten Kosten (Zinsen, Bearbeitungsgebühr) und dient zum Beweis für die Hergabe des Darlehens. Teilbeträge eines Gesamtdarlehens können abgetreten werden, bzw. es werden Schuldscheine über Teilbeträge ausgestellt. Schuldscheindarlehen sind nicht börsenmäßig handelbar; sie können per Zession und (meist) mit Zustimmung des Darlehensnehmers abgetreten werden. Bevorzugt werden sie von Lebensversicherungen, Pensionskassen u. dgl. zur Vermögensanlage gegeben, wobei i. d. R. Deckungsstockfähigkeit gegeben sein muß. Da für Schuldscheindarlehen keine Börsenpreise festgestellt werden, können sie von den Erwerbern zum Einstandspreis bilanziert werden, so daß sich auch bei Marktzinssteigerungen kein Abschreibungsbedarf wie bei börsengängigen Anleihen ergibt. Die Mindestdarlehensbeträge sind hoch. Als Finanzierungsinstrument hat es die Industrieobligation in der BR Deutschland weitgehend verdrängt.

Schuldtitel

→ Schuldverschreibung (Obligation, Anleihe) → Schuldschein.

Schuldurkunde

→ Schuldschein.

Schuldverhältnis

I. d. R. durch Vertrag begründete rechtliche Form eines Anspruchsverhältnisses zwischen Parteien.

Schuldverschreibung (Obligation, Anleihe)

Öffentliche oder private Anleihen, in denen sich der Aussteller zur Zahlung einer bestimmten Geldsumme (oder sonstigen Leistung) an den Gläubiger verpflichtet. Schuldverschreibungen zur

Deckung langfristigen Kapitalbedarfs sind Mittel der Fremdfinanzierung. Als Emittenten können auftreten: Regierungen von Staaten, Ländern, Provinzen (öffentliche Anleihen), Banken (Bankschuldverschreibungen), emissionsfähige Unternehmen (Industrieanleihen, -obligationen). Der Inhaber von Schuldverschreibungen ist Gläubiger einer Forderung. Diese richtet sich gegen den Aussteller (Emittenten) der Urkunde. I. a. handelt es sich um Wertpapiere mit festem Zinsertrag, d. h., der Zinssatz in % des Nennbetrages ist im voraus fest bestimmt. Die Laufzeiten betragen bis 15 Jahre; darüber hinausgehende Fristigkeiten (in der Vergangenheit bei Pfandbriefen und Kommunalanleihen 30 bis 40 Jahre) sind nicht immer plazierbar. Aufgrund der Zinsveränderungen am Kapitalmarkt und den damit einhergehenden steigenden Kursrisiken bevorzugen Käufer festverzinslicher Wertpapiere überschaubare Anlagefristen. Dominierender Emissionstyp ist die gesamtfällige Anleihe, d. h., der gesamte Betrag der Anleihe wird zu einem in den Anleihebedingungen festgesetzten Fälligkeitstermin geschlossen zurückgezahlt. Daneben gibt es Ratentilgung: Dabei beginnt die Tilgung meist 3 bis 5 Jahre nach Ausgabe der Anleihe (Freijahre). Die Tilgung erfolgt zu festgelegten Terminen und Tilgungsraten, durch Auslosung oder Rückkauf. Der Emittent behält sich gelegentlich in den Anleihebedingungen ein Kündigungsrecht vor. Dadurch kann er die Anleihe schon vorzeitig zurückzahlen, etwa wenn die Kapitalmarktzinsen stark gesunken sind, so daß durch Kündigung der Altanleihe und Umschuldung sich seine Zinsbelastung nachhaltig verringert. Die Schuldverschreibungen sind auf seiten des Gläubigers i. d. R. unkündbar. Er hat jedoch die Möglichkeit, sie und damit seine Forderung jederzeit zu verkaufen. Schuldverschreibungen werden zu diesem Zweck an der Börse eingeführt. I. a. erfolgt die Rückzahlung zum Nennwert (100%). In Einzelfällen wird ein höherer Betrag (z. B. 101, 102%) zurückgezahlt. Rückzahlung über pari erfolgt i. d. R., wenn der Emittent die Anleihe kündigt und vorzeitig zurückzahlt. Beim Kauf der Anleihe richtet sich der Preis nach dem Ausgabe- oder Börsenkurs. Der Kurs kann – je nach Börsenlage – unter oder über dem Nennbetrag liegen. Die Anleihebedingungen von Schuldverschreibungen sehen feste Zinstermine vor, zu denen die Zinsen, halbjährlich oder heute meist jährlich nachträglich gezahlt werden. Auszahlung erfolgt bei effektiven Stücken gegen Einreichung der Zinsscheine. Neben der eigentlichen Schuldverschreibungsurkunde (Mantel) besteht der Bogen, der die Zinsscheine und ggf. einen Erneuerungsschein (Talon) enthält. Für jeden Zinstermin ist ein Zinsschein vorgesehen. Nach Verbrauch der Zinsscheine erhält der Gläubiger durch Einreichen des Erneuerungsscheines einen neuen Bogen mit Zinsscheinen für die folgenden Zinstermine. Die abgetrennten Zinsscheine sind selbständige Wertpapiere, die bei Banken eingelöst werden können. Heute gibt es in starkem Maße Anleihen, für die keine effektiven Stücke ausgedruckt werden (Wertrechtsanleihen, Schuldbuchforderungen, stückelose Anleihen in Form der Sammel- oder Globalurkunde). Sie werden verwahrt und verwaltet wie Wertpapiere. Die Übertragung erfolgt wie die von Miteigentumsanteilen an Sammelbeständen. Sie werden rechtlich wie durch effektive Wertpapiere verbriefte Rechte behandelt.

Schuldverschreibungen, Sonderformen

Gewinnschuldverschreibungen, Optionsanleihen, Wandelschuldverschreibungen, zinsvariable Anleihen (floating rate notes), Nullkupon-Anleihen (zero-bonds), Doppelwährungsanleihen, ewige Anleihen, Indexanleihen u. a. m.

Schuldverschreibungsurkunden

Die über Teilschuldverschreibungen ausgestellten Urkunden bestehen aus dem die Forderungsrechte verbriefenden Mantel und einem Zinsscheinbogen. Für den Druck der Urkunden gelten die Richtlinien für den Druck von Wertpapieren. Während Aktienurkunden regelmäßig im Querformat gehalten sind (außer Vorzugsaktien), werden Anleiheurkunden im Hochformat gedruckt. Die einzelnen Zinsscheine eines Zinsscheinbogens tragen nicht wie die Gewinnanteilscheine der Aktienurkunden eine fortlaufende Nummer, sondern den jeweils zu zahlenden Zinsbetrag sowie das Fälligkeitsdatum. Die Zinsen der Anleihen sind entweder halbjährlich oder (meist) jährlich nachträglich zahlbar und werden bei Fälligkeit gegen Vorlage des betreffenden Zinsscheins ausgezahlt. Der Bogen enthält ggf. – bei langlaufenden Papieren – einen Erneuerungsschein (Talon).

Schuldversprechen

Vertrag, durch den eine Leistung unabhängig von einem bestimmten Schuldgrund (z. B. Kauf, Darlehen) versprochen wird. Die dementsprechende Erklärung des Schuldners bedarf i. d. R. der Schriftform. In einzelnen Fällen (z. B. Schenkungsversprechen) ist jedoch öffentliche Beurkundung vorgeschrieben. Wichtigste Formen des (abstrakten) Schuldversprechens sind Wechsel- und Scheckverpflichtungen.

Schuldzinsen, steuerlich

Schuldzinsen sind als Werbungskosten abziehbar, wenn sie mit Einnahmen aus nichtselbständiger Arbeit, Vermietung und Verpachtung, Kapitalvermögen usw. in wirtschaftlichem Zusammenhang stehen. Geldbeschaffungskosten (z. B. Gebühren für Hypothekenvermittlung, Notariats- und Gerichtsgebühren, Bereitstellungszinsen bei Bankkrediten für den Bau oder Erwerb eines Hauses) sind bei den Einkünften aus Vermietung und Verpachtung wie Schuldzinsen zu behandeln. Dasselbe gilt für das Damnum (Disagio). Stundungszinsen, Hinterziehungszinsen, Zinsen bei Aussetzung der Vollziehung, Säumniszuschläge, Verspätungszuschläge und Zwangsgelder können als Betriebsausgaben oder Werbungskosten abgezogen werden, wenn die zugrundeliegende Steuer zu den Betriebsausgaben oder Werbungskosten gehört. Für private Schuldzinsen kann ein Abzug als außergewöhnliche Belastung in Betracht kommen, soweit die ihnen zugrundeliegenden Verbindlichkeiten außergewöhnliche Belastungen darstellen.

Schutzaktien

Wurden insbesondere in der Inflationszeit 1920/23 zum Schutz gegen Überfremdung geschaffen, um den Einfluß der Verwaltung zu sichern. Die oft nur mit 25% eingezahlten Aktien wurden meist von einem Konsortium übernommen, das das i. d. R. erhöhte Stimmrecht im Sinne der Verwaltung ausübte. Heute nicht mehr zulässig. → Mehrstimmrechtsaktien.

Schutzgemeinschaften

Auch: Schutzvereinigungen. U. a. Zusammenschlüsse von Wertpapiereigentümern zur Wahrnehmung ihrer Interessen. Sie haben sich ursprünglich der durch die Kriegsereignisse geschädigten Wertpapiereigentümer angenommen und sich um die Wiederherstellung ihrer Rechte durch die Wertpapierbereinigung bemüht. Die in verschiedenen Städten entstandenen Schutzgemeinschaften haben sich 1956 zur Deutschen Schutzvereinigung für Wertpapierbesitz e. V., Düsseldorf, mit Landesgeschäftsführungen an allen Börsenplätzen in der BR Deutschland zusammengeschlossen. Die Schutzvereinigung ist Herausgeber der monatlich erscheinenden Zeitschrift „Wertpapier". Weiter: Schutzgemeinschaft der Kleinaktionäre.

Schutzklausel für die Berichterstattung im Anhang zum Jahresabschluß der AG und im Anhang zum Konzernabschluß

Die Berichterstattung hat zu unterbleiben, wenn es für das Wohl der BR Deutschland oder eines der Bundesländer erforderlich ist.

Schwäche (-tendenz)

Tendenzbez. f. (gegenüber dem Vortag usw.) rückläufige Börsenkurse.

schwach

Tendenzbez. f. erheblich rückläufige Börsentendenz.

Schwänze

Auch: corner. Bez. im Terminhandel für planmäßige Aufkäufe bestimmter Wertpapiere oder Waren, um die Glattstellung von Baisseengagements zu erschweren und kursgemäß zu beeinflussen. Die Fixer müssen sich dann zu den heraufgetriebenen Kursen eindecken, um liefern zu können. → aufschwänzen.

schwanger gehen

Börsenausdruck f. das Innehaben einer Hausseposition, die kurzfristig nicht aufgelöst werden kann.

schwankende Wechsel-(Devisen-)kurse

Auch: flexible Wechselkurse. Devisenkurse, die sich am Markt nach Angebot und Nachfrage frei bilden. Die Kursbildung wird nicht durch gesetzliche oder international vereinbarte feste Paritäten ersetzt, die durch Interventionen der Notenbanken gehalten werden müssen. Gegensatz: feste Wechselkurse.

Schwankungsbreite

Auch: Variationsbreite. Allgemein: einfaches Streuungsmaß, das die Differenz zwischen größtem und geringstem Merkmalsbetrag einer statistischen Reihe angibt. Speziell: Bandbreiten zulässiger Wechselkursschwankungen in Systemen temporär fester Leitkurse.

Schwankungswerte

In der technischen Aktienanalyse die zahlenmäßigen Werte, die die Schwankungsbreite bei den Kursverläufen angeben. Auch: volatility.

schwarze Börse

Staatlich nicht genehmigte Börseninstitution, an der den offiziellen Börsen vorbehaltene Geschäfte getätigt werden. Auch: Bez. f. Börsenzeiten mit erheblichen Kursstürzen.

schwarzer Freitag

An den Börsen eingetretene erhebliche Kursstürze (Börsenkrach), die auf Freitag fielen. Erster schwarzer Freitag war der 9. 5. 1873, der den konjunkturellen Umschwung in der Gründerzeit einleitete. Ein weiterer war der 13. 5. 1927, der an den deutschen Börsen einen gewaltigen Kurssturz und anhaltende Baisse brachte. Als eigentlicher schwarzer Freitag wird in Deutschland aber vor allem der 10. 7. 1931 angesehen, als die Reichsbank Schecks der Darmstädter und Nationalbank nicht mehr einlöste, was dazu führte, daß diese Bank ihre Zahlungen einstellte, danach viele andere, und damit eine allgemeine Bankenkrise in Deutschland begann. Diese war wesentlich eine Folge der US-Bankenkrise, da der folgenschwerste schwarze Freitag der 25. 10. 1929 an der New Yorker Börse war: An diesem Tag brach in den USA eine Börsenhausse der voraufgegangenen 2 Jahre zusammen, und in dieser Zeit fand der jahrelange Konjunkturaufschwung in USA sein Ende.

schwarzer Markt

Bei Devisenzwangswirtschaft illegaler Handel in Fremdwährungen.

schwarzer Montag

In Anlehnung an die Ereignisse des „schwarzen Freitags" am 25. 10. 1929 Bez. f. die starken Kurseinbrüche an den Weltbörsen am 19. 10. 1987, ausgelöst durch die Kursverluste an der New York Stock Exchange. → crash.

schwebende Schulden

Nicht fundierte Schulden.

schwebendes Engagement

Noch nicht abgewickelte Verpflichtungen aus Arbitrage, Metaverbindung u. a. Wertpapiergeschäften.

schwebende Verrechnungen

Können im Effektenkommissions- und Devisenhandelsgeschäft entstehen, wenn die erforderlichen Buchungen auf den Bestimmungskonten nicht tagesgleich erfolgen.

Schweden, Besteuerung von Kapitalerträgen

Gemäß DBA unterliegen Dividenden in Schweden einer Abzugssteuer von 15%, in der BR Deutschland erfolgt volle Besteuerung unter Anrechnung der tatsächlich gezahlten ausländischen Steuer. Bei zwischengesellschaftlichen wesentlichen Beteiligungen von mehr als 25% beträgt der Steuerabzug in Schweden 5%, in der BR Deutschland sind diese Dividenden steuerfrei. Zinsen, die an Gläubiger in der BR Deutschland gezahlt werden, sind in Schweden steuerfrei, müssen in der BR Deutschland jedoch voll versteuert werden.

Schweizerische Effektenbörse (SEB)

Der Verein Schweizerische Effektenbörse ist die Trägergesellschaft der Schweizer Börsen;er konzentriert zusehends alle börsenrelevanten Angelegenheiten auf sich.

Schweizerische Effekten-Giro AG

→ SEGA.

schweres Papier, schwerer Wert

Bez. f. ein Wertpapier – meist Aktie –, das, in DM ausgedrückt, absolut sehr hohen Kurs hat und daher an Handelbarkeit an der Börse einbüßt.

schwimmendes (flottantes) Material

Nicht in Dauerbesitz befindliche Wertpapiere.

Schwindelgründung

Die Entwicklung des Aktienwesens in der Gründerzeit wurde begünstigt durch das Reichsgesetz v. 1870, in dem die freie Bildung von privaten AG hemmenden Bestimmungen aufgehoben wurden. In dieser Zeit nahmen unsolide Gründungen überhand. Es handelte sich dabei um Schwindelgründungen, die nur im Hinblick auf den Gewinn der Gründer aus der Einbringung überbewerteter Sacheinlagen erfolgten. Ursachen des Gründungsschwindels waren das Fehlen staatlichen Konzessionszwanges für die Gründung von AG sowie der weitgehende Mangel an Bewertungs- und Publikationsvorschriften. Neben der Gesetzesnovelle von 1884 sind im Laufe der Zeit für AG weitere, verschärfte Regelungen getroffen worden, die neben anderem auch einem Auftauchen von Schwindelgründungen erfolgreich entgegenwirkten. In jüngerer Zeit sind jedoch Erscheinungen, die dem Gründungsschwindel „klassischer" Art nicht unähnlich sind, bei anderen Rechtsformen zu beobachten. Vom Phänomen des Gründungsschwindels sind dabei insbesondere die Rechtsformen der GmbH und GmbH & Co. KG betroffen. Ansatzpunkte der Schwindelgründung sind z. B. überhöhte Bewertung von Sacheinlagen in Verbindung mit frühzeitiger Rückzahlung von Eigenkapital.

Schwundaktien, -werte

Aktien von Unternehmen, deren Erträge anhaltendem Rückgang unterliegen.

scrip (1)

Interimsschein in England und USA für neu ausgegebene Wertpapiere.

scrip (2)

In USA kurzfristiger Dividendenschuldschein als Ersatz für Dividende bei mangelnder Liquidität einer Gesellschaft.

Scripophilisten

Bez. f. die Sammler historischer Wertpapiere.

SDR

Abk. f. special drawing rights. → Sonderziehungsrechte (SZR).

SEAQ

→ Stock Exchange Automated Quotation System (SEAQ).

SEAQ Auto Execution Facility (SAEF)

Elektronisches Handelssystem der Londoner Wertpapierbörse zur automatischen Ausführung kleinerer Aufträge privater Investoren. Makler geben hierbei Kauf- und Verkaufsaufträge für nicht mehr als 5000 Aktien pro Auftrag in einen Computer ein. Die Aufträge werden automatisch an den market maker weitergeleitet, der zum Zeitpunkt der Auftragseingabe den besten Kurs gestellt hat. Der Handel wird automatisch zu dem in den Computer eingegebenen Kurs abgeschlossen, beiden Seiten bestätigt, abgewickelt und der Börse gemeldet. SAEF erfaßt die 800 umsatzstärksten Aktien. Market makers sind verpflichtet, permanent während der Börsenöffnungszeit Kurse zu stellen.

seat (Sitz)

Mitgliedschaft an angelsächsischen, vor allem US-Börsen. Käuflich unter bestimmten Bedingungen.

SEB

→ Schweizerische Effektenbörse (SEB).

SEC

Abk. f. Securities and Exchange Commission. In USA Aufsichtsbehörde für das gesamte Wertpapiergeschäft. Im Optionshandel zuständig für solche Optionen, die nicht auf die Lieferung von futures-Kontrakten, sondern auf die Andienung von Kassamarkttiteln gerichtet oder in bar zu erfüllen sind.

Sechs-b-Vergünstigung

Nach § 6b EStG können Steuerpflichtige, die bestimmte Wirtschaftsgüter veräußern, im Wirtschaftsjahr der Veräußerung von den Anschaffungs- oder Herstellungskosten der Wirtschaftsgüter, die im Wirtschaftsjahr der Veräußerung oder im vorangegangenen Wirtschaftsjahr angeschafft oder hergestellt worden sind, einen Betrag bis zur Höhe von 50%, bei Grund und Boden, Aufwuchs auf oder Anlagen im Grund und Boden bis zur vollen Höhe des bei der Veräußerung entstandenen Gewinns abziehen. Der Abzug ist zulässig bei den Anschaffungs- oder Herstellungskosten u. a. von abnutzbaren beweglichen Wirtschaftsgütern, Grund und Boden, soweit der Gewinn bei der Veräußerung von Grund und Boden entstanden ist, Gebäuden, soweit der Gewinn bei Veräußerung von Grund und Boden, Anlagen darauf mit dem dazu gehörenden Grund und Boden, Gebäuden oder von Anteilen an Kapitalgesellschaften entstanden ist, oder Anteilen an Kapitalgesellschaften, soweit der Gewinn bei der Veräußerung von Anteilen an Kapitalgesellschaften entstanden ist und der Bundesminister für Wirtschaft im Benehmen mit dem Bundesminister der Finanzen und der von der Landesregierung bestimmten Stelle bescheinigt hat, daß der Erwerb der Anteile unter Berücksichtigung der Veräußerung der Anteile volkswirtschaftlich besonders förderungswürdig und geeignet ist, die Unternehmensstruktur eines Wirtschaftszweigs zu verbessern oder einer breiten Eigentumsstreuung zu dienen. Soweit Steuerpflichtige den genannten Abzug nicht vorgenommen haben, können sie im Wirtschaftsjahr der Veräußerung eine den steuerlichen Gewinn mindernde Rücklage bilden (Sechs-b-Rücklage). Bis zur Höhe dieser Rücklage können sie von den Anschaffungs- oder Herstellungskosten der Wirtschaftsgüter, die in den folgenden 2 Wirtschaftsjahren angeschafft oder hergestellt worden sind, im Wirtschaftsjahr ihrer Anschaffung oder Herstellung einen Betrag abziehen. Daneben bestehen weitere Voraussetzungen.

secondary placement

→ Zweitplazierung.

second marché (1)

Französischer Ausdruck für Sekundärmarkt, d. h. für den Markt, an dem bereits ausgegebene Wertpapiere gehandelt werden.

second marché (2)

Teilmarkt an der Pariser Börse für die Aktien neu zugelassener mittelständischer Unternehmen.

secured bonds

Industrieobligationen, die durch Verpfändung von Aktiva des Emittenten gesichert sind. Wichtigste Arten sind: mortgage bonds, gesichert durch Verpfändung von Grundvermögen, equipment trust bonds, gesichert durch Maschinen und Ausrüstungsgegenstände, collateral trust bonds, gesichert durch Wertpapiere.

securities

Wertpapiere, Effekten. Allgemein: Sicherheiten, Kautionen.

Securities Exchange of Thailand

2/f Sinphon Bldg., 132 Wireless Road, Patunwan, Bangkok, Thailand. Tel.: 2500001.

Securities and Exchange Commission (SEC)

Wertpapier- und Börsenaufsichtsbehörde der USA. Beaufsichtigt den gesamten Wertpapiermarkt. 1934 durch Bundesgesetz gegründet (Federal Securities Exchange Act).

securities lending

Bankdienstleistung im Wertpapiergeschäft: effektives Ausleihen von Eurobond-Stücken. Euro-bonds, die bei einer Bank gehalten werden, brauchen nicht ständig im Depot gehalten zu werden, sondern können vorübergehend durch Ausleihen aktiviert werden und so dem Kunden einen zusätzlichen Ertrag bringen. Die für das Ausleihen erzielten Gebühren können mit den Depotgebühren kompensiert werden, so daß bei entsprechend großem Leihgeschäft ein Wertpapierdepot kostenlos geführt werden kann und sogar darüber hinaus – neben den Zinsen – noch einen Ertrag erbringen kann. Die Idee für diese Dienstleistung basiert auf der Überlegung, daß Börsenmakler häufig ihren Lieferverpflichtungen für effektive Stücke nicht nachkommen können. Sie sind jedoch an einer schnellen Lieferung der Titel interessiert. Dieses Problem kann mit Hilfe des securities lending gelöst werden. Die Makler borgen sich die benötigten Wertpapiere bei einer dritten Person gegen Entgelt und müssen dafür Sicherheiten stellen. Zur Abwicklung der Euro-bonds-Leihtransaktionen steht die Luxemburger Cedel zur Verfügung, eine private Wertpapiersammel-Organisation, die die technische Abwicklung von Euro-bonds-Transaktionen übernommen hat.

Securities and Investments Board (SIB)

Aufsichtsbehörde für den Effektenmarkt in England. Sie akkreditiert zusammen mit dem Marketing of Investments Board freiwillige Selbstüberwachungsorgane auf dem Wertpapiersektor. Damit wird einerseits die Absicht verfolgt, Deregulierungstendenzen auf den Wertpapiermärkten zu steigern; andererseits sollen auch Selbstregulierungsinitiativen der Marktteilnehmer selbst unterstützt werden.

securitization

Allgemein: Verbriefung von Kredit- und Einlagenpositionen. Speziell: Wertpapiermäßige Unterlegung von Krediten, Substitution von Bankkrediten durch handelbare Wertpapiere.

SEGA

Abk. f. Schweizerische Effekten-Giro-AG. Gesamtschweizerische Wertpapieraufbewahrungsstelle der Banken entsprechend den Wertpapiersammelbanken, die es erlaubt, den physischen Transport von Wertpapieren auf ein Minimum zu reduzieren und einen Großteil der Buchungsvorgänge zu automatisieren, da die meisten Banken einen genügenden Teil der bei ihnen im Depot liegenden Titel bei der SEGA zentral deponieren. Die SEGA nimmt die Übertragungen von Titel zwischen Banken durch einfache Kontobuchungen vor.

sekundärliquide Mittel

Ergeben sich die einzelnen Liquiditätsgrade von Aktiva aus ihrer Geldnähe, die wiederum von dem zur Umwandlung erforderlichen Zeitbedarf (Bindungsfrist) sowie von den dabei anfallenden Verlusten und/oder Kosten abhängig ist, zählen zu den sekundärliquiden Mitteln alle Vermögenswerte, die zwar jederzeit und ohne Verlust, nicht aber unbedingt kostenfrei in Notenbankgeld umgewandelt werden können. Sekundärliquide Mittel sind z. B. Wechsel, Schatzwechsel und unverzinsliche Schatzanweisungen.

Sekundärliquidität

Summe aller sekundärliquiden Mittel.

Sekundärmarkt

Bez. f. den Umlaufmarkt der Wertpapiere, spez. die Börse bzw. den Börsenhandel. Auch: Markt außerhalb der Börse. Gegensatz: Primärmarkt, Emissionsmarkt.

Sekundärtrend

Grundgedanke der Dow-Theorie, der auch der technischen Aktienanalyse zugrunde liegt, ist die Beobachtung, daß Aktienkurse sich in Trends bewegen. Nach der Dauer der gleichgerichteten Kursbewegungen werden Primärtrends, Sekundärtrends und Tertiärtrends unterschieden. Sekundärtrends sind dabei mittelfristige Trends, die 2–12 Monate dauern.

selbständiger Börsenbesucher

Dauernd und mit der Befugnis zur selbständigen Teilnahme am Börsenhandel zugelassene Person.

Selbsteintritt

Auch: Applikation. Das reine Kommissionsgeschäft ist im Wertpapierhandel zwischen Kunden und Banken nicht üblich, da es unnötige Erschwerungen implizieren würde. Daher führen die Banken die Geschäfte in Wertpapieren, bei denen ein amtlicher Börsenkurs festgestellt wird, durch Selbsteintritt aus. Das Selbsteintrittsrecht gestattet dem Kommissionär, das Papier selbst zu liefern bzw. selbst zu übernehmen, wobei aber als Preis der an der Börse für den betreffenden Termin amtlich notierte Kurs zugrunde zu legen ist. Die Bank braucht keine Rechenschaft darüber abzulegen, ob und ggf. wie sie sich das Wertpapier beschafft hat (Dekkungskauf). Der Kommissionär muß dem Kommittenten ausdrücklich mitteilen, daß er selbst eintreten will. Da der Selbsteintritt im Wertpapierhandel üblich ist, haben die Banken die gesetzliche Regelung in ihren AGB ausgeschlossen, indem danach die Bank dem Kunden gegenüber stets als Selbstkontrahent auftritt, ohne daß es einer ausdrücklichen Erklärung bedarf. Auf diese Weise braucht die Bank nicht in jedem Einzelfall Rechenschaft über den Geschäftsabschluß und den Vertragspartner abzulegen. Die Banken haben sich in ihren AGB verpflichtet, Kundenaufträge in den amtlich notierten Aktien stets über die Börse zu leiten, wenn nicht andere ausdrückliche Weisung des Kunden vorliegt. Liegen einer Bank für dasselbe Papier gleichlautende Verkaufs- und Kaufaufträge vor, darf sie die Posten dennoch nicht kompensieren.

Selbstemission

Der Emissionsschuldner übernimmt hier die Unterbringung der Effekten direkt, ohne das Bankensystem als Zwischenstufe einzuschalten. Sie setzt gute Beziehungen zum Kapitalmarkt sowie Verfügbarkeit ausreichender Absatzwege voraus. Sie ist meist nur brauchbar, wenn der Kapitalbedarf nicht dringend ist, ein allmählicher Eingang des Emissionserlöses genügt und auch ein Mißerfolg in Kauf genommen werden kann. Andererseits ist die Selbstemission relativ kostengünstig, weil sie nicht durch das Fremdemissionssystem verteuert wird. Die Technik der Selbstemission ist in der BR Deutschland nicht üblich; lediglich Unternehmen des Banken- und Finanzsektors, für die die genannten Probleme nicht gelten, führen heute noch Selbstemissionen durch. Auch: → Eigenemission. Gegensatz: Fremdemission.

Selbstfinanzierung

Finanzierung des Betriebes aus eigener Kraft ohne Zuführung von Kapital von außen: (1) Selbstfinanzierung i. e. S. ist Finanzierung aus erwirtschafteten Gewinnen, und zwar als (a) offene Selbstfinanzierung (offene Gewinnthesaurierung) und (b) stille oder verdeckte Selbstfinanzierung (Bildung stiller Reserven). (2) Selbstfinanzierung i. w. S. ist Finanzierung aus Vermögensumschichtungsvorgängen, und zwar vor allem als (a) Finanzierung aus „verdienten" Abschreibungen (Abschreibungserlösen) und (b) als Innenfinanzierung aus Kapitalfreisetzungen aufgrund von Rationalisierungsmaßnahmen, Beschleunigung des Kapitalumschlags, Vermögensliquidationen usw. Die Innenfinanzierung in Form der Selbstfinanzierung i. e. S. – aus Gewinnen – gehört neben der Beteiligungsfinanzierung zur Eigenfinanzierung. Selbstfinanzierung als Kapitalbeschaffungsmethode ist nicht an bestimmte Unternehmensrechtsformen gebunden, sondern steht prinzipiell sämtlichen Unternehmen offen, unabhängig von Unternehmensgröße, Rechtsform usw.

Selbstfinanzierungsgrenzen

Die betriebswirtschaftlichen Grenzen der Selbstfinanzierung resultieren aus ihren spezifischen Gefahren: Da die Siebfunktion der Banken fehlt und die Unternehmungsleitung darüber hinaus nicht Rechenschaft über den beabsichtigten Einsatz der Mittel abzulegen verpflichtet ist – insbesondere bei verdeckter Selbstfinanzierung –, ist Gefahr der Fehlinvestition gegeben. Die Gefahr wächst, wenn durch stille Selbstfinanzierung die Beurteilung der Rentabilität der Unternehmung erschwert wird. Des weiteren besteht bei Selbstfinanzierung die Gefahr sinkender Fungibilität der Geschäftsanteile, weil die Gewinnausschüttungen unzureichend sind, wodurch das Interesse dividendenorientierter Kapitalanleger nachlassen kann, und im übrigen der Verkehrswert der Anteile gegenüber dem Nominalwert stark wächst.

Selbstfinanzierungskennzahlen

Kennzahlen mit Informationen über die relativen Selbstfinanzierungsverhältnisse der Unternehmen für Stichtage oder Zeiträume. Z. B. die Selbstfinanzierungsgrade (selbstfinanziertes Kapital : Gesamtkapital, selbstfinanziertes Kapital: Eigenkapital).

selbstkontrahieren, Selbstkontraktion

Vertragsabschluß oder ein anderes Rechtsgeschäft eines Vertreters im Namen des Vertretenen mit sich selbst im eigenen Namen oder mit sich selbst als Vertreter eines Dritten. Selbstkontrahierung ist unzulässig, soweit es nicht ausschließlich Erfüllung einer Verbindlichkeit ist. Der Vollmachtgeber kann allerdings dem Bevollmächtigten das Selbstkontrahieren gestatten oder das Geschäft nachträglich durch Genehmigung wirksam werden lassen.

selektive Anlage

Kauf ausgewählter Wertpapiere bzw. sonstiger Anlagewerte.

selektiv vorgehen

Wählerisch, besonders sorgfältig z. B. Kapitalanlagen tätigen.

self tender

Rückkauf eigener Aktien am Markt.

seller's option

Verkaufsoption. → Termingeschäfte.

selling concession

Bei internationalen Aktien- und Anleiheemissionen der Teil der Emissionsprovision, den Mitglieder der selling group für die Plazierung der Wertapiere erhalten.

selling group

Im angelsächsischen Emissionswesen beteiligen sich an einer Emission neben underwriters, die dem Emittenten die Übernahme der Emission garantieren, die Mitglieder der selling group, die den Verkauf der Wertpapiere betreiben. Auch die Wertpapiere am Eurokapitalmarkt werden meist durch underwriters und selling group begeben.

selling group members

Werden vom manager eingeladen, bei einer Plazierung mitzuwirken. Diese Gruppe setzt sich zusammen aus sämtlichen Syndikatsmitgliedern sowie weiteren Banken und Wertpapierhändlern. Das Mitglied der selling group meldet sein Zeichnungsergebnis dem manager und erhält darauf je nach Ergebnis, Stellung und Ruf als Plazierer eine Zuteilung.

sell in May and go away

→ Kalenderbörse.

sell out

Panikartiges Verkaufen an der Börse mit dem Ergebnis starker Kursstürze.

semi-annual report

Halbjahresbericht.

semi-discount bond

Variante der zero-bonds. Diese Papiere sind mit einem Kupon ausgestattet, der jedoch deutlich unter dem Renditeniveau vergleichbarer Papiere am Markt liegt. Die Differenz zwischen dem Kupon und der Marktrendite wird abgezinst und wie bei den zero-bonds in Form eines erhöhten Rückzahlungsbetrages vergütet.

semi-diversified investment company

Bez. des US-Investmentgesetzes für Investmentgesellschaften, die die Anforderungen des Gesetzes hinsichtlich der Risikomischung nur teilweise erfüllen.

semifixed trust

→ semi-flexible trust.

semi-flexible trust

Investmentsfonds, dessen Fondsvermögen ausschließlich in bestimmten Wertpapieren, die in einer Anlageliste aufgeführt sind, angelegt wird. Die Fondsleitung ist flexibel in der Bestimmung des Zeitpunktes zum Kauf bzw. Verkauf der Papiere sowie des prozentualen Verhältnisses der Wertpapiere untereinander.

Sensal

Amtlicher Makler an der Wiener Börse; Kursmakler.

Sensarie

Bez. für Courtage (Maklergebühr) in Österreich.

sentinals

Eine besondere Art von zero-bonds, die von kanadischen broker-Häusern angeboten werden. Sie bilden ein Pendant zu den cats und tigers US-amerikanischer broker-Häuser.

separate trading of registered interest and principal securities (strips)

„Gestrippte" zero-bonds auf der Grundlage von US-treasury bonds.

Serie

Unterscheidungsmerkmal bei Wertpapieren (Reihe), die aus unterschiedlichen Emissionen stammen.

settlement

Geschäftsabschluß, den Austausch von Handelsobjekt und Geldgegenwert beinhaltend.

settlement day

Tag des formalen Geschäftsabschlusses. Häufig auch Tag der wertstellungsmäßigen Geschäftserfüllung.

settlement-Preis

Im futures- und Optionshandel der Preis, der vom clearing house am Ende eines jeden Börsentages festgesetzt wird. Auf seiner Basis werden die Positionen im Rahmen des „marking to market" bewertet, die max. Preisfluktuationen für den folgenden Börsentag errechnet und bei Kontraktfälligkeit der Rechnungspreis ermittelt, den der Käufer für die Lieferung des Basisobjekts zu bezahlen hat.

SFE

Abk. f. Sydney Futures Exchange.

shareholder

Aktionär, Anteilhaber. Auch: stockholder.

shareholder value

Konzept der Unternehmensführung mit dem Ziel, den Marktwert des Eigenkapitals zu maximieren. Es wird verneint, daß der handelsrechtliche Gewinn die Größe ist, an der ein Unternehmenserfolg adäquat gemessen werden kann, weil für Eigenkapitalgeber ein Unternehmen nur dann erfolgreich ist, wenn sein ökonomischer Gewinn deren Renditeerwartung befriedigt. Zielgröße muß daher das shareholder value – das Aktionärsvermögen – sein, das es zu maximieren gilt. Das shareholder value eines Unternehmens oder Unternehmensteils ist der Preis, für den man den aus dem Unternehmensbesitz erzielbaren zukünftigen Zahlungsstrom bzw. einen Anteil daran kaufen kann. Dieser Zahlungsstrom, dessen Barwert dem gesuchten Preis entspricht, ist gleich dem zukünftigen finanzwirtschaftlichen Überschuß, vermindert um notwendige Ersatzinvestitionen. Dieser Überschuß wird als operating cash flow bezeichnet, er steht für Schuldentilgungen, Zinszahlungen, Dividendenzahlungen usw. zur Verfügung. Für die Barwertbildung werden die Gesamtkapitalkosten als Kalkulationszinsfuß angesetzt; entsprechend ergibt sich der Wert des Aktienkapitals als Differenz zwischen dem Wert des Gesamtkapitals und dem Wert des Fremdkapitals. Das Konzept fordert, über die Verwendung des um die Zinszahlungen für Fremdkapital reduzierten cash flow ausschließlich unter Maßgabe der Aktionärsinteressen zu entscheiden. Insbesondere muß bei der Entscheidung zwischen Gewinnausschüttung und -thesaurierung beachtet werden, daß Thesaurierungen aus Aktionärssicht nur dann sinnvoll sind, wenn die im Unternehmen getätigten Investitionen einen Zahlungsstrom induzieren, dessen Barwert über dem von im Ausschüttungsfall für die Aktionäre möglichen Finanzanlagen liegt.

shares

Aktien, Anteile, Auch: stocks.

shares III market (Børs 3)

Parallelmarkt an der Kopenhagener Börse.

shogun bonds, -Anleihen

In Japan auf Drittwährungen begebene Auslandsanleihen.

short

Verkaufsposition. Leerverkauf, d. h. ein Geschäft, das mit einem Verkauf beginnt und später durch einen Kauf abgeschlossen wird. Als short bezeichnet man jemanden, der einen Terminvertrag verkauft hat, der nicht die Liquidierung eines zuvor gekauften Vertrages auf den gleichen Liefermonat bewirkt; er verkauft also in der Erwartung, zu niedrigem Preis zurückkaufen zu können.

short calls

Verkaufte Kaufoptionen.

short futures contract

Verkaufsposition am Terminkontraktmarkt, verkaufter Terminkontrakt.

short gehen

Aktien, Terminkontrakte usw. leerverkaufen.

short hedge (hedging)

Im Zinstermingeschäft Leerverkauf von Kontrakten, die später gekauft werden. Gegensatz: long hedge, long hedging.

short-interest-Index

Ein sachliches Argument für die Entwicklung der zukünftigen Aktienkurse in der technischen Aktienanalyse ist die Anzahl der offenen Leerpositionen (short interest). Der short-interest-Index ist in diesem Zusammenhang ein statistisches Mittel, um die Bewegungen der short interests im Zeitablauf anschaulich darzustellen, indem die betrachteten Werte prozentual bzw. relativ auf eine Basisgröße bezogen werden, die =100% gesetzt wird. Der Markteinfluß der offenen Leerpositionen ergibt sich daraus, daß sie in jedem Falle zu einem zukünftigen Zeitpunkt gedeckt werden müssen. Sollten hohe Leerpositionen gleichzeitig mit einer Trendwende nach oben zusammenfallen, entsteht durch die steigenden Kurse ein starker Druck auf die Baissiers, die durch ihre Eindeckungen die Kurserholung beschleunigen.

short-Optionsscheine

Optionsscheine, die dem Anleger dann ein Gewinnpotential eröffnen, wenn ein Aktienkurs oder ein Index während der Laufzeit nicht steigt (short calls) oder nicht fällt (short puts).

short-Position

Wertpapierschuld nach einem Leerverkauf.

short puts

Verkaufte Verkaufsoptionen.

short selling, sale

Blankoverkäufe von Wertpapieren: Verkauf von Wertpapieren, die der Verkäufer nicht besitzt und sich zur Belieferung des Geschäfts leihen muß. Als Sicherheit für mögliche Kursschwankungen ist ein Einschuß zu leisten, entsprechend der jeweiligen Höhe beim margin buying.

short straddle

Diese Optionsstrategie beinhaltet den gleichzeitigen Verkauf von call- und put-Optionen mit identischen Basispreisen und Endfälligkeiten, um in Erwartung nur geringer Kursschwankungen die empfangene Optionsprämie als Gewinn einzubehalten. Das Risiko dieser Strategie ist bei stärkeren Kursänderungen theoretisch unbegrenzt.

short term note issuance facilities (SNIFs)

Eine Variante der euro-note facilities. Die Grundkonzeption besteht darin, daß ein Kreditnehmer auf revolvierender Basis kurzfristige Schuldtitel (euro-notes) begibt, die von einer oder mehreren Banken am Markt plaziert werden. Gleichzeitig verpflichten sich die Banken (underwriters), die notes im Falle der Nichtplazierbarkeit selbst zu übernehmen bzw. die benötigten Mittel zu einem bestimmten Zinssatz zur Verfügung zu stellen. Bei den verschiedenen Varianten der euro-notes (NIFs, SNIFs, RUFs etc.) bestehen neben einer identischen Grundkonzeption einzelne differierende Ausstattungsformen, über deren exakte Bestimmung sowohl in der Praxis als auch in der Literatur Meinungsverschiedenheiten bestehen. So unterscheiden sich die RUFs von den SNIFs entweder durch unterschiedliche Absatzmethoden oder durch den Intensitätsgrad der Übernahmeerklärung der underwriter. Bei den SNIFs wird regelmäßig unterstellt, daß die underwriters durch ihre Übernahmezusage lediglich ein Bemühen zum Ausdruck bringen, nicht jedoch wie bei den RUFs eine garantieähnliche Verpflichtung zur Übernahme der nicht am Markt plazierbaren Titel übernehmen. → revolving underwriting facilities (RUFs).

SIB

Abk. f. Securities and Investments Board.

Sibor

Abk. f. Singapore interbank borrowed rate.

sich drehen

Bez. für die Glattstellung eines bestehenden und das Eingehen eines entgegengesetzten Engagements.

Sicherheit

Im Zusammenhang mit der Unternehmensfinanzierung das Prinzip, die Dekkung von aufgenommenen Krediten durch realisierbare Vermögenswerte zu gewährleisten. Im Rahmen des Kreditgeschäftes die zur Verminderung des mit der Kreditgewährung verbundenen Risikos dem Kreditgeber eingeräumten Zugriffsrechte (Kreditsicherheiten). In der Statistik die Wahrscheinlichkeit, mit der eine richtige Annahme über Wahrscheinlichkeitsverteilungen oder deren Parameter aufgrund eines Testbefundes nicht verworfen werden kann (Sicherheitsgrad, Sicherheitswahrscheinlichkeit). Im Bankgeschäft eine der zentralen Aufgaben der Bankpolitik. Sicherheit im banktechnischen Sinn bezieht sich auf Einrichtungen zum Schutz gegen Beraubung und Unterschlagung.

Sicherheiten

→ Kreditsicherheiten.

Sicherheiten(be)stellung

Hingabe bzw. Bestellung von Kreditsicherheiten, Anleihesicherheiten und dgl.

Sicherheitsäquivalent

Auch: Gewißheitsäquivalent. Bei einer Wahrscheinlichkeitsverteilung ein (sicheres) Einkommen, das aus Sicht des Entscheidenden subjektiv denselben Wert hat wie ein anderes wahrscheinliches Einkommen. Allgemein hängt das Sicherheitsäquivalent vom Präferenzsystem eines Individuums ab.

Sicherheitsbestellung

In bestimmten Fällen ist im Terminhandel eine Sicherheitsleistung erforderlich, weil dann aus den Sicherheiten Befriedigung gesucht werden kann. Die Sicherheitsleistung muß aus Geld oder Wertpapieren, die einen Kurswert haben, bestehen. An deutschen Börsen zu tätigende Optionsgeschäfte sind so zu sichern, daß der Verkäufer einer Kaufoption (Stillhalter mit Wertpapieren) die betreffenden Optionspapiere als Sicherheit geben muß. Der Verkäufer von Verkaufsoptionen (Stillhalter mit Geld) hat die Sicherheit in Geld oder Wertpapieren zu leisten. Auch für an der DTB abgeschlossene Options- und futures-Geschäfte sind Sicherheitsleistungen (→ margins) zu erbringen. Die clearing-Stelle verlangt bei Optionsgeschäften sowie bei futures-Geschäften von den Vertragsparteien ausreichende Sicherheiten. Die Börsenteilnehmer sind gleichzeitig verpflichtet, von ihren Kunden margins in mindestens gleicher Höhe zu fordern. Die Marginforderungen sind umgehend zu erfüllen, da sonst die Bank des Kunden die Zwangsliquidation der Terminposition(en) durchführen muß. Bei nicht mehr ausreichenden Sicherheiten für abgeschlossene Termingeschäfte besteht eine Nachschußpflicht (margin call), die auf einem getrennten Konto (margin account) zur Überwachung und Kontrolle der geleisteten oder fälligen margins ausgewiesen wird.

Sicherheitsleistung für den Gewährsträger

Neben der generellen Sicherheit hat der Teilnehmer am Optionshandel der Wertpapierbörsen dem Gewährsträger Sicherheit zu leisten. Bei Kaufoptionen müssen die den Gegenstand des Geschäfts bildenden Wertpapiere beim Stillhalter zur Erfüllung des Geschäfts zur Verfügung stehen. Der Stillhalter hat dies dem Gewährsträger unverzüglich zu bestätigen. Dieser kann verlangen, daß ihm die Wertpapiere zur Verwahrung anvertraut werden. Bei Verkaufsoptionen hat der Stillhalter auf Verlangen des Gewährsträgers Sicherheit bis zur Höhe von 30% des Engagements zu leisten. Die Sicherheit kann in Geld, bei der Bundesbank lombardfähigen Wertpapieren oder sonstigen, dem Gewährsträger geeignet erscheinender Art geleistet werden. Dabei können Rentenwerte bis 90%, Aktien bis 75% ihres Kurswertes angerechnet werden. Verringert sich der Sicherungswert, ist auf Verlangen des Gewährsträgers Nachschuß zu leisten. Verringert sich der Sicherungswert um mehr als 1/10, hat dies unaufgefordert zu geschehen. Kommt ein Verkäufer seinen Verpflichtungen zur Sicherheitsleistung nicht nach, ist der Gewährsträger nach freiem Ermessen berechtigt, in das Optionsgeschäft einzutreten. Er hat dies gegenüber den Vertragsteilen schriftlich zu erklären.

Sicherheitspapier

Wertpapiere, bei denen der Kapitalanleger mit hoher Wahrscheinlichkeit damit rechnen kann, beim Verkauf den eingesetzten Nominalbetrag zurückerstattet zu erhalten. Sie unterliegen i. d. R. geringen oder keinen Kursschwankungen und erhalten ihre Sicherheit primär aufgrund der erstklassigen Bonität des Emittenten. Als Äquivalent für die relativ hohe Sicherheit des Papiers muß der Kapitalanleger allerdings i. d. R. einen mehr oder minder hohen Rentabilitätsabschlag in Kauf nehmen. Gegensatz: Spekulationspapier.

Sicherheitspräferenz

Steht ein Entscheidungsträger vor der Wahl zwischen den Alternativen 1 und 2, wobei die Ertragserwartungen in Geld ausgedrückt gleich sind, jedoch unterschiedliche Eintrittswahrscheinlichkeiten und damit einhergehend unterschiedliche Ertragserzielungsvolumina bestehen, bedeutet eine Entscheidung zugunsten der wahrscheinlicheren Alternative, die jedoch ein geringeres Ertragserzielungspotential beinhaltet, daß der Entscheidungsträger eine Sicherheitspräferenz hat.

Sicherheitsprämie

Im Gegensatz zur Risikoprämie, die der Kapitalanleger zu seiner Renditeforderung als Entschädigung für die Risiken der Kapitalüberlassung bzw. -bindung hinzuaddiert, impliziert die Sicherheitsprämie für den Kapitalanleger einen relativen Verzicht auf Renditebestandteile, da die Kapitalüberlassung nur mit geringen oder gar keinen Risiken behaftet ist.

Sicherstellung bei Schuldverschreibungen

→ Anleihebesicherung → Sicherung von Anleihen.

Sicherungsfonds der Freien Börsenmakler e. V.

Fonds, der die Verpflichtungen und Börsenverbindlichkeiten von freien Börsenmaklern über deren börsengesetzliche Sicherheitsleistung hinaus absichern soll. Dazu wurde eine Bürgschaft der Hermes-Kreditversicherungs-AG über DM 10 Mio. gezeichnet. Jedes Mitglied partizipiert an der Fondssumme in Höhe von 100% seiner individuellen Sicherheitsleistung gemäß Börsengesetz. Die Sicherheitsleistungen der angeschlossenen Maklerfirmen verdoppeln sich somit insgesamt.

Sicherungsgrundschuld

Grundschuld zur Sicherung einer Darlehensforderung. Bei ihrer Bestellung wird ein fester Zinssatz vereinbart, während der Zinssatz für das Darlehen entsprechend den Verhältnissen am Kapitalmarkt schwanken kann. Bei laufender Geschäftsbeziehung zwischen Kreditkunde und Bank sichert die einmal in bestimmter Höhe bestellte Sicherungsgrundschuld die Darlehensforderung in ihrer jeweiligen Höhe bis zum Betrag der Sicherungsgrundschuld.

Sicherungshypothek

Anders als bei der Verkehrshypothek ist bei einer Sicherungshypothek, die im Grundbuch bezeichnet sein muß, die Eintragung im Grundbuch für etwaigen gutgläubigen Erwerb wirkungslos. Die Verkehrsfähigkeit ist daher eingeschränkt. Sie kann nur als Buchhypothek bestellt werden; die Erteilung eines Briefes ist ausgeschlossen. Die Sicherungshypothek ist daher nicht zum Umlauf geeignet und hat in der Praxis nur geringe Bedeutung. Ausnahme: Sicherungshypotheken, die im Weg der Zwangsvollstreckung oder Arrestvollziehung sowie im Zwangsversteigerungsverfahren bei Nichtzahlung des Ersteigerungsbetrages durch den Ersteiger eingetragen werden.

Sicherungsscheine

Urkunden, die der Sicherung von Forderungen dienen; durch sie werden Gläubigern Rechte aus Versicherungen von Schuldnern übertragen.

Sicherungsverkäufe

Baissespekulation: Die Verkäufer erwarten Kursrückgänge und verkaufen deshalb frühzeitig Wertpapiere.

Sicherung von Anleihen

Als Sicherheiten kommen vor allem erstrangige Grundpfandrechte in Frage. Mit der – meist zusätzlichen – Vereinbarung einer Negativklausel verpflichtet sich der Anleiheschuldner, bestimmte Vermögenswerte – insbesondere nicht höher zu belasten bzw. anderen Gläubigern keine Sicherheiten zu gewähren. Die Sicherung von Anleihen erfolgt seltener durch Bürgschaften öffentlicher Stellen. Pfandbriefe und Kommunalobligationen sind durch Hypotheken bzw. durch die Garantie einer öffentlich-rechtlichen Körperschaft gesichert. Anleihen öffentlicher Haushalte erhalten ihre Sicherheit durch die Steuerkraft der Emittenten. Die Qualität der Anleihebesicherung entscheidet letztlich über die Deckungsstockfähigkeit und damit auch den Plazierungserfolg.

Sicht

Zahlung bei Sicht heißt, daß die Fälligkeit beim Schuldner im Augenblick der Vorlage des betreffenden Dokuments eintritt.

Sichteinlagen

Einlagen bei Banken, über die der Kunde jederzeit – z. B. durch Scheck, Überweisung, Barabhebung, Lastschrift, Wechseleinlösung – verfügen kann. Solche täglich fälligen Gelder sind Grundlage des bargeldlosen Zahlungsverkehrs. Sichteinlagen werden nicht oder nur gering verzinst.

SICOVAM

Abk. f. Société Interprofessionnelle pour la Compensation des Valeurs Mobilières, Aktiengesellschaft französischen Rechts in Paris, die den Abrechnungsverkehr der Geschäfte der Pariser Börse u. a. Aufgaben erledigt. Der Tätigkeitsbereich ist dem der Deutscher Kassenverein AG ähnlich.

side-by-side trading
Gleichzeitiger Handel z. B. von Aktien und Optionen.

Signal
Bei der technischen Aktienanalyse Anzeichen, das den Trend bestätigt oder eine Trendumkehr andeutet. Ein Signal kann sich z. B. ergeben aus dem Verlauf der Trendlinien, aus Formationen, aus dem Verhalten der gleitenden Durchschnitte und dem der Fortschritt-Rückschritt-Linie. Das Signal kann ein Kauf- oder Verkaufssignal sein.

Silber als Kapitalanlage
Silber dient – wie Gold – nicht nur als Währungsmetall, sondern insbesondere gegenwärtig auch als Kapitalanlageobjekt. Nachdem sich der Silberpreis bis 1970 relativ ruhig entwickelte, stieg er bis 1980, in einer geradezu legendären Hausse, auf über 50 US-Dollar pro Unze oder 2000 DM/kg. Auf diesen rasanten Preisanstieg folgte allerdings ein rapider Preisverfall, so daß die Notierungen heute um 5 US-Dollar/Unze schwanken. Lange Zeit erschien Silber im industriellen Bereich, in der Elektronik und der Phototechnik, aufgrund seiner Leitfähigkeit für Wärme und Elektrizität sowie aufgrund seiner optischen Eigenschaften als weitgehend unersetzlich. Dementsprechend wurden steigende Preise prognostiziert. In neuerer Zeit kommen jedoch technische Innovationen auf, bei denen Silber ersetzt wird. Eine feste Relation zwischen Gold- und Silberpreis läßt sich zwar nicht bestimmen, gleichwohl entwickeln sich die Märkte überwiegend parallel. Formen der Kapitalanlage in Silber sind das direkte Warengeschäft, die Anlage in Silberaktien, d. h. in Aktien von Bergbaukonzernen, die überwiegend Silber fördern sowie der Kauf von Silbermünzen, -medaillen und -barren. Für Silber gibt es keine amtliche Notiz; Silberbarren werden erst ab Gewichtsmengen von 50 g gehandelt; für Gold geltende Mehrwertsteuerbefreiungen (Geschäfte zwischen börsenzugelassenen Banken, Lieferung an Zentralnotenbanken) gelten nicht für Silber.

Silberhandel
Der Handel in Silber in Form des direkten Warengeschäftes wird über die internationalen Warenbörsen abgewickelt, wobei der New Yorker COMEX und der Zürcher Börse die größte Bedeutung zukommt. Der Handel in Aktien von Bergbauunternehmen, die überwiegend oder mit nennenswertem Anteil Silber fördern, findet vorwiegend an USA-Aktienbörsen statt.

Silberoptionen
Optionen auf Silber werden an der Europäischen Optionsbörse in Amsterdam gehandelt. Kontraktgröße: 250 Unzen. Die Börse hat mit der Effektenbörse von Vancouver eine Übereinkunft, mit ihr über 16 Stunden pro Tag einen Markt für Silberoptionen abzuhalten. In Vancouver gibt es ebenfalls Handel in Silberoptionen. Eine ähnliche Vereinbarung existiert zwischen der EOE und den Börsen Montreal und Vancouver für Goldoptionen.

Silberspekulation
Nennenswerte Spekulationsgeschäfte in Silberanlagen konnten bis Ende der 70er Jahre kaum beobachtet werden. Die 1979 einsetzende Silberpreishausse kann allerdings mit verstärkter Industrienachfrage, weltweitem Inflationstrend und der iranisch-amerikanischen Krise nicht ausreichend erklärt werden, sondern ist insbesondere auf das Verhalten einer internationalen Gruppe von Spekulanten zurückzuführen, die schon frühzeitig begonnen hatte, physisches Silber zu erwerben bzw. Terminkontrakte in Silber aufzukaufen. Die Terminkontrakte konnten dabei mit im Verhältnis zum Warenwert geringen finanziellen Mitteln erworben werden. Unabhängig davon, ob ein Verlust für den Erwerber entstand, stellte die Gruppe am Ende der Laufzeit diese Kontrakte nicht durch ein Gegengeschäft glatt, sondern verlangte die physische Auslieferung des Silbers. Dadurch wurde der traditionelle Zweck einer Terminbörse in das Gegenteil verkehrt, d. h., der Terminhandel wurde in gewissem Sinne zum Kassahandel. Die Terminverträge wurden gehortet, um bei Fälligkeit das Gesamtvolumen am Markt zu präsentieren, was zu erheblichen Preissteigerungen führte. Spekulanten, die Kontrakte ohne physische Deckung verkauft hatten, mußten nämlich um jeden Preis die kontrahierte Ware beschaffen. 1980 wurden von den Börsenvorständen der Silberterminbörsen Restriktionen erlassen; an der New Yorker COMEX wurde insbesondere die Möglichkeit nach einem Verlangen körperlicher Anlieferung der Ware aufgrund eines Terminkontraktes eingeschränkt. Der Silbermarkt brach schließlich zusammen, als ein Mitglied der Spekulantengruppe einer Forderung nicht nachkommen konnte und Silber verkauft werden mußte.

Simultangründung
Auch: Einheitsgründung. Heute in der BR Deutschland üblich und nach dem AktG allein zulässige Form der Gründung einer AG, bei der das gesamte Grundkapital von den Gründern fest übernommen wird. Gegensatz: Stufengründung.

Singapore interbank offered rate (Sibor)
In Singapur zustande kommender Interbankenzinssatz (analog → Libor). Basissatz für zinsvariable Anleihen und Kredite.

Singapore International Monetary Exchange (SIMEX)
Terminbörse in Singapur; gegründet 1984. Handel in folgenden futures: 3-month Eurodollar, 3-month Euroyen, 3-month Euromark, Nikkei Stock Average, High Sulphur Fuel Oil, Gasoil, Yen, DM, £ und Gold. Darüber hinaus werden Optionen auf Eurodollar futures, Euroyen futures, Nikkei Stock Average futures, DM-futures und auf Yen-futures gehandelt. Adresse: 1 Raffles Place # 07-00, OUB Centre, Singapore 0104. Tel. 0065-535-7382, Telefax 0065-535-7282, Telex RS 38000 Sinmex.

Singapurer Börse
Stock Exchange of Singapore Ltd., 16 Raffles Quay No. 16–03, Hong Leong Building, Singapore 0104, Singapore. Tel.: 2200455. Telex: rs 21853.

sinking fund (-Tilgung)
Tilgungsfonds für die Rückzahlung einer Anleihe. In ihn zahlt der Anleiheschuldner die Tilgungsraten ein. Der den Fonds verwaltende Treuhänder kauft aus den Mitteln des Fonds Anleihen zurück. I. a. kann auch der Anleiheschuldner von ihm zurückgekaufte Stücke dem Treuhänder zur Tilgung unter Anrechnung auf die an den Tilgungsfonds zu erbringenden Leistungen übergeben. Nur dann, wenn mit den zurückgekauften Stücken die nach dem Tilgungsplan erforderliche Tilgungsrate nicht erreicht wird, muß der Treuhänder Stücke auslosen und zum Nennwert einlösen. Tilgungen durch Rückkauf von Stücken über den Markt haben eine kursstützende Wirkung, da sich ständig ein Kaufinteressent am Markt befindet.

SIPC
Abk. f. Securities Investment Protections Corporation. US-amerikanische Gesellschaft, die sich insbesondere dem Aktionärsschutz widmet.

skip-day settlement
Regulierung eines Wertpapiergeschäftes zwei Geschäftstage nach dem Erfüllungstermin.

Skontration (1)
Saldierung im Abrechnungsverkehr. → clearing.

Skontration (2)
Abwicklung von Termingeschäften an der Börse, bei denen meist unter Einschaltung besonderer (Liquidations-)Vereinigungen Positionen zu liefernder und abzunehmender Wertpapiere einer bestimmten Art saldiert werden. Nur dieser Saldo wird zu einem vom Börsenvorstand festgesetzten Liquidationskurs effektiv ausgeglichen. Im Kassageschäft findet sich ein analoges Saldierungsverfahren.

Skontri-Kommission
Börsenkommission, die sich mit der Verteilung der Wertpapiere (Skontri) unter die einzelnen Kursmakler zur Kursfeststellung und Fragen, die die Kursmakler betreffen (Skontriverteilung), befaßt.

Skontro
Hilfsbuch der Bankbuchhaltung zum Nachweis des Bestandes und der Bestandsveränderungen; z. B. Wertpapierskontro, Devisenskontro usw. Auch: Hilfsbuch des Kursmaklers, in das für die Kursermittlung die Kauf- und Verkaufsaufträge eingetragen werden (Maklerskontro).

slip
Formularstreifen, insbesondere für die Weitergabe von Kauf- und Verkaufsaufträgen an den Börsenhändler.

slip book
Dient zur Sammlung der in der Buchhaltung aufbewahrten slips.

small business investment company
Sonderform des closed-end fund in USA. Das Prinzip der Risikomischung wird weitgehend aufgehoben zugunsten einer Konzentration des Fondsvermögens auf Anteile an mittelständischen Unternehmen.

SNIF
Abk. für short term note issuance facility.

SMI
→ Swiss Market Index (SMI).

Société de la Bourse de Luxembourg
→ Luxemburger Börse.

Société Européenne
→ Europäische Aktiengesellschaft.

Société Interprofessionelle pour la Compensation de Valeurs Mobilières
→ SICOVAM.

SOFFEX
→ Swiss Options and Financial Futures Exchange (SOFFEX).

Sofia, Börsen
(1) Sofia Stock Exchange, 14 Alabin Str., 1000 Sofia, Bulgarien, Tel.: 00359-2-545066, Fax.: 00359-2-872604. Neubeginn des Wertpapierhandels im Dezember 1993 nach einer einjährigen Umstrukturierung. (2) First Bulgarian Stock Exchange, 1, Macedonia Square, Fl. 12, 1000-Sofia, Bulgarien, Tel.: 00359-2-815711, Fax.: 00359-2-875566. Handel in neun Aktien. Weitere bulgarische Börsen in Plovdiv und Varna.

Sollzinsen
Im Bankverkehr Zinsen für den in Anspruch genommenen Kredit. → Kreditkosten. Gegensatz: Habenzinsen.

Sologeschäft
Auch: outright-Geschäft. Devisentermingeschäft ohne gleichzeitigen Abschluß eines Kassagegengeschäfts.

Solvenz
Zahlungsfähigkeit. Gegensatz: Insolvenz.

SOMFA
Abk. f. GAFTA Soybean Meal Futures Association.

Sonderabschreibungen
Abschreibungen, die von Unternehmen neben der normalen, an der Nutzungsdauer eines Vermögenswertes ausgerichteten Abschreibung aus besonderen betrieblichen oder außerbetrieblichen Gründen zusätzlich vorgenommen werden. Bei außerbetrieblichen Gründen handelt es sich insbesondere um steuerliche Sonderabschreibungen, als Motive z. B. Förderung eines bestimmten Wirtschaftszweiges, allgemeine Konjunkturförderung usw. Derartige Sonderabschreibungsmöglichkeiten haben Abschreibungs- oder Verlustzuweisungsgesellschaften entstehen lassen.

Sonderausgaben
Bestimmte Aufwendungen eines Steuerpflichtigen (§ 10 EStG), wenn sie weder Betriebsausgaben noch Werbungskosten sind.

Sonderausschüttung
Gewinnausschüttung, deren Höhe aufgrund der Erzielung eines außergewöhnlichen Reingewinns das Niveau normaler Geschäftsjahre überschreitet. Sonderausschüttungen werden u. a. in Form von Zusatz- oder Superdividenden gewährt, wenn die in der Satzung der AG festgelegten Voraussetzungen vorliegen.

Sonderbeschluß
Im AktG oder in der Satzung vorgeschriebene Sonderbeschlüsse gewisser Aktionäre sind entweder in einer gesonderten Versammlung dieser Aktionäre oder in einer gesonderten Abstimmung der HV zu fassen, soweit das Gesetz nichts anders bestimmt. Für die Einberufung der gesonderten Versammlung und die Teilnahme an ihr sowie für das Auskunftsrecht gelten die Bestimmungen über die HV, für die Sonderbeschlüsse die Bestimmungen über HV-Beschlüsse sinngemäß. Verlangen Aktionäre, die an der Abstimmung über den Sonderbeschluß teilnehmen können, die Einberufung einer gesonderten Versammlung oder die Bekanntmachung eines Gegenstands zur gesonderten Abstimmung, genügt es, wenn ihre Anteile, mit denen sie an der Abstimmung über den Sonderbeschluß teilnehmen können, zusammen die Summe der Anteile erreichen, aus denen bei der Abstimmung über den Sonderbeschluß das Stimmrecht ausgeübt werden kann.

Sonderbewegungen
Von der Gesamttendenz abweichende Kursentwicklung einzelner Wertpapiere.

Sonderdepot
Ein für bestimmte Zwecke eingerichtetes Depot aufgrund gesetzlicher Vorschriften oder Vereinbarungen zwischen Bank und Kunde, wie z. B. Treuhänderdepots, Gemeinschaftsdepots, Anderdepots. Häufig wird die Bezeichnung auch für den Begriff der Sonderverwahrung (Streifbanddepot) mißverständlicherweise angewendet.

Sondereigentum
→ Wohnungseigentum.

Sonderlombard(-kredit)
Die Bundesbank gewährt Lombardkredite nur dann, wenn es sich um die Überbrükkung eines vorübergehenden Liquiditätsbedürfnisses einer Bank handelt, wobei die tatsächliche Handhabung der Lombardfazilität den wechselnden geldpolitischen Erfordernissen angepaßt wird. Um übermäßige Spannungen am Geldmarkt aus-

zugleichen, gewährt die Bundesbank zuweilen Sonderlombardkredite. Die Verzinsung wird – im Unterschied zum normalen Lombardkredit – u. U. täglich geändert. Die Gewährung kann täglich widerrufen werden.

Sondermitteilung

→ Aktionärsrechte.

Sonderpfanddepot

Hierzu werden Wertpapiere verwahrt, die der Bank nur nach § 12 DepG verpfändet sein sollen, d. h., der Verwahrer darf auf die Wertpapiere oder Sammelbestandsanteile Rückkredit nur bis zur Gesamtsumme der Kredite nehmen, die er für die Hinterleger eingeräumt hat (beschränkte Verpfändung). Die Wertpapiere oder Sammelbestandsanteile dürfen nur mit Pfandrechten zur Sicherung dieses Rückkredits belastet werden. Der Wert der verpfändeten Wertpapiere oder Sammelbestandsanteile soll die Höhe des für den Hinterleger eingeräumten Kredits mindestens erreichen, soll diese jedoch nicht unangemessen übersteigen.

Sonderposten mit Rücklageanteil

Posten der Passivseite der Bilanz der AG und GmbH, die aufgrund steuerlicher Vorschriften erst bei Auflösung zu versteuern sind. Es handelt sich dabei in erster Linie um steuerfreie Rücklagen, die nach verschiedenen steuerlichen Vorschriften gebildet werden können. Sie stellen regelmäßig Mischposten aus Eigen- und Fremdkapital dar, weil sie nur z. T. Eigenkapital, zum anderen Teil aber eine in ihrer Höhe noch nicht exakt bestimmbare Verbindlichkeit enthalten.

Sonderprüfer

Die im AktG vorgesehenen Sonderprüfungen werden durch Sonderprüfer vorgenommen. Die Bestellung von Sonderprüfern wegen des Verdachts unzulässiger Unterbewertung erfolgt auf Antrag durch das Gericht. Sonderprüfer können nur Wirtschaftsprüfer und Wirtschaftsprüfungsgesellschaften sein. Die Abschlußprüfer der AG und Personen, die in den letzten 3 Jahren vor der Bestellung Abschlußprüfer der zu prüfenden Unternehmung waren, können nicht Sonderprüfer werden. Zur Prüfung von Vorgängen bei der Gründung oder der Geschäftsführung, namentlich auch bei Maßnahmen der Kapitalbeschaffung und Kapitalherabsetzung, kann die HV mit einfacher Stimmenmehrheit Sonderprüfer bestellen. Lehnt die HV einen solchen Antrag ab, hat das Gericht auf Antrag von Aktionären, deren Anteile zusammen den 10. Teil des Grundkapitals oder den Nennbetrag von DM 2 Mill. erreichen, Sonderprüfer zu bestellen, wenn Tatsachen vorliegen, die den Verdacht rechtfertigen, daß Unredlichkeiten oder grobe Verletzungen des Gesetzes oder der Satzung vorgekommen sind.

Sonderprüfung bei der AG

Zur Prüfung von Vorgängen bei Gründung oder Geschäftsführung, namentlich auch bei Maßnahmen der Kapitalbeschaffung und Kapitalherabsetzung, kann die HV mit einfacher Stimmenmehrheit Prüfer (Sonderprüfer) bestellen. Bei Beschlußfassung kann ein Mitglied des Vorstands oder Aufsichtsrats weder für sich noch für einen anderen mitstimmen, wenn die Prüfung sich auf Vorgänge erstrecken soll, die mit der Entlastung eines Mitglieds des Vorstands oder Aufsichtsrats oder der Einleitung eines Rechtsstreits zwischen der AG und einem Mitglied des Vorstands oder Aufsichtsrats zusammenhängen. Für ein Mitglied des Vorstands oder Aufsichtsrats, das nicht mitstimmen kann, kann das Stimmrecht auch nicht durch einen anderen ausgeübt werden. Die Sonderprüfer müssen bestimmte sachliche (Vorbildung und Erfahrung in der Buchführung) und persönliche (keine Beziehung zur zu prüfenden AG) Voraussetzungen erfüllen.

Sonderprüfung der Geschäftsbeziehungen der AG zu herrschenden Unternehmen

Auf Antrag eines Aktionärs hat das Gericht Sonderprüfer zur Prüfung der geschäftlichen Beziehungen zu dem herrschenden oder mit ihm verbundenen Unternehmen zu bestellen, wenn: (1) die Abschlußprüfer den Bestätigungsvermerk zum Bericht über die Beziehungen zu verbundenen Unternehmen eingeschränkt oder versagt haben; (2) der Aufsichtsrat erklärt hat, daß Einwendungen gegen die Erklärung des Vorstands am Schluß des Berichts über die Beziehungen zu verbundenen Unternehmen zu erheben sind; (3) der Vorstand selbst erklärt hat, daß die AG durch bestimmte Rechtsgeschäfte oder Maßnahmen benachteiligt worden ist, ohne daß die Nachteile ausgeglichen worden sind. Gegen die Entscheidung ist sofortige Beschwerde zulässig. Hat die HV zur Prüfung derselben Vorgänge Sonderprüfer bestellt, kann jeder Aktionär den Antrag stellen.

Sonderprüfungsbericht bei der AG

Der Vorstand hat den Sonderprüfern zu gestatten, die Bücher und Schriften der AG sowie die Vermögensgegenstände, namentlich die Gesellschaftskasse und die Bestände an Wertpapieren und Waren, zu prüfen. Die Sonderprüfer können von den Mitgliedern des Vorstands und Aufsichtsrats alle Aufklärung und Nachweise verlangen, die die sorgfältige Prüfung der Vorgänge notwendig macht. Sie haben die vorgenannten Rechte auch gegenüber einer Konzernunternehmung sowie gegenüber einer abhängigen oder herrschenden Unternehmung. Die Sonderprüfer haben über das Ergebnis der Prüfung schriftlich zu berichten. Auf Verlangen hat der Vorstand jedem Aktionär Abschrift des Prüfungsberichts zu erteilen.

Sonderprüfung wegen unzulässiger Unterbewertung bei der AG

Besteht Anlaß für die Annahme, daß: (1) in einem festgestellten Jahresabschluß bestimmte Posten nicht unwesentlich unterbewertet sind, oder (2) der Anhang vorgeschriebene Angaben nicht oder nicht vollständig enthält und der Vorstand in der HV die fehlenden Angaben, obwohl nach ihnen gefragt worden ist, nicht gemacht hat und die Aufnahme der Frage in die Niederschrift verlangt worden ist, hat das Gericht auf Antrag Sonderprüfer zu bestellen. Die Sonderprüfer haben die bemängelten Posten darauf zu prüfen, ob sie nicht unwesentlich unterbewertet sind. Sie haben über das Ergebnis der Prüfung schriftlich zu berichten. Gegen abschließende Feststellungen der Sonderprüfer können die AG oder Aktionäre, deren Anteile zusammen 5% des Grundkapitals oder den Nennbetrag von DM 1 Mio. erreichen, innerhalb 1 Monat nach Veröffentlichung im Bundesanzeiger den Antrag auf Entscheidung durch das zuständige Gericht stellen. Haben die Sonderprüfer in ihrer abschließenden Feststellung erklärt, daß Posten unterbewertet sind, und ist gegen diese Feststellung nicht der Antrag auf gerichtliche Entscheidung gestellt worden, sind die Posten in dem ersten Jahresabschluß, der nach Ablauf dieser Frist aufgestellt wird, mit den von den Sonderprüfern festgestellten Werten oder Beträgen anzusetzen.

Sonderrücklage

Der Vorstand der AG darf Bezugsaktien gegen Wandelschuldverschreibungen nur ausgeben, wenn der Unterschied zwischen dem Ausgabebetrag der zum Umtausch eingereichten Schuldverschreibungen und dem höheren Nennbetrag der für sie zu gewährenden Bezugsaktien aus einer (freien) Sonderrücklage oder durch Zuzahlung des Umtauschberechtigten gedeckt ist. Ist bedingtes Kapital zur Gewährung von Umtauschrechten an Gläubiger von Wandelschuldverschreibungen beschlossen worden, ist zur Deckung eines Disagios eine Sonderrücklage zu bilden.

Sondersparformen

Entsprechend den individuellen Bedürfnissen der Sparer nach Vermögensbildung bieten Banken, insbesondere Sparkassen, viele besondere Sparformen an: so Heirats-, Junghandwerker-, Versicherungs-, Wohnungsbau-, Prämien-, Schul-, Heim-, Abhol-, Schrank-, Kleinsparen u. a. m.

Sondervermögen (1)

Allgemeine Bez. f. bestimmte abgegrenzte Vermögensmassen. Speziell: → Sondervermögen der KAG.

Sondervermögen (2)

Sondervermögen des Bundes sind Ausgleichsfonds „Währungsumstellung", Bundesbahn, Bundespost, ERP-Vermögen, Fonds „Deutsche Einheit", Lastenausgleichsfonds, Staatsbank Berlin, Treuhandanstalt. Sie sind Emittenten von Anleihen.

Sondervermögen der KAG

Das bei der KAG gegen Ausgabe von Anteilscheinen eingelegte Geld und die damit angeschafften Vermögensgegenstände. Die KAG darf mehrere solcher Sondervermögen bilden, die sich durch ihre Bezeichnung zu unterscheiden haben und gesondert zu halten sind. Für ein Wertpapiersondervermögen dürfen grundsätzlich nur Wertpapiere erworben werden, die an einer deutschen oder einer ausländischen Börse gehandelt werden. Wertpapiere und Schuldscheindarlehen desselben Ausstellers dürfen grundsätzlich nur bis 5% des Wertes des Sondervermögens angeschafft werden. Ausnahmen bis 10% sind mit Genehmigung des BAK zulässig, wenn die Vertragsbedingungen der KAG diese höhere Grenze vorsehen. Für alle von ihr verwalteten Sondervermögen darf eine KAG höchstens 10% des Nennkapitals einer AG erwerben. Beim Erwerb von Freiaktien oder bei der Ausübung von Bezugsrechten dürfen diese Grenzen bis 6 Monate vorübergehend überschritten werden. Zur Ausübung des Stimmrechts aus den zu einem Sondervermögen gehörenden Aktien braucht die

KAG keine schriftliche Ermächtigung der Anteilinhaber. Im Regelfall soll die KAG das Stimmrecht selbst ausüben. Für ein Grundstückssondervermögen dürfen grundsätzlich nur Mietwohngrundstücke, Geschäftsgrundstücke und gemischtgenutzte Grundstücke erworben werden, Grundstücke im Zustand der Bebauung und unbebaute Grundstücke unter der Voraussetzung, daß sie alsbald Grundstücke einer vorgenannten Art werden. Zudem dürfen Erbbaurechte an Grundstücken, deren Erwerb zulässig wäre, erworben werden. Das Grundstückssondervermögen muß aus mind. 10 Grundstücken bestehen. Keines der Grundstükke darf z. Z. seines Erwerbs den Wert von 15% des Wertes des Sondervermögens übersteigen. Mit der Verwahrung von Sondervermögen sowie Ausgabe und Rücknahme von Anteilscheinen hat die KAG eine andere Bank, die Depotbank, zu beauftragen.

Sonderverwahrung

Bei Sonderverwahrung werden die Wertpapiere jedes Kunden gesondert von eigenen Beständen der Bank und den Beständen anderer Kunden aufbewahrt. Dazu müssen die Wertpapiere eines jeden Kunden äußerlich gekennzeichnet werden. Dies geschieht, indem die Wertpapiere in Mappen, Aktendeckel, Papierstreifbänder o. ä. gelegt werden, auf denen Wertpapierart, Menge, Kunde, Anschrift oder Kontonummer usw. vermerkt sind. Meist werden die Mäntel und Bogen der Wertpapiere aus Sicherheitsgründen getrennt aufbewahrt. Bei dieser Art der Aufbewahrung behält der Kunde an den von ihm eingelieferten Wertpapieren Alleineigentum. Ihm werden bei Auslieferung dieselben Papiere wieder ausgehändigt, die er eingeliefert hat. Die Banken sind verpflichtet, über die hinterlegten Wertpapiere Buch zu führen. In den Verwahrungsbüchern sind die Hinterleger sowie Art, Nennbetrag oder Stückzahl, Nummern oder sonstige Bezeichnungsmerkmale der für den betreffenden Hinterleger verwahrten Wertpapiere einzutragen. Sonderverwahrung kann als Eigenverwahrung oder Drittverwahrung erfolgen: Bei ersterer verwahrt die Bank die Wertpapiere in eigenen Tresorräumen; bei Drittverwahrung übergibt sie die Papiere einer anderen Bank zur Verwahrung. → Streifbanddepot (Sonderverwahrung).

Sonderziehungsrechte (SZR)

Special drawing rights (SDR). Rechnungs-, Kredit- und Zahlungseinheit des IWF für den Verkehr unter Zentralnotenbanken und internationalen Finanzinstitutionen, um in diesen Funktionen das Gold zu ersetzen. Sie werden aber auch als multiple Währungsklausel bei Anleihen u. a. privaten Kreditvereinbarungen zur Kurssicherung verwendet. 1 SZR besteht aus der Summe (Währungskorb) bestimmter Beträge von früher 16 Währungen, seit 1981 nur noch den 5 wichtigsten Währungen. Ein SZR setzt sich aus US-$, DM, Yen, FF und £-Sterling zusammen. Der Wert eines SZR, ausgedrückt in DM, wird ermittelt, indem die im SZR enthaltenen Währungsbeträge zum jeweils geltenden Devisenkassakurs in DM umgerechnet und addiert werden. Entsprechend ist zu verfahren, wenn der Wert eines SZR in einer anderen Währung festgestellt werden soll. Die SZR sind echte Währungsreserven, da über sie im Bedarfsfalle automatisch – d. h. ohne wirtschaftspolitische Auflagen – verfügt werden kann. Der Inhaber hat im Falle eines Finanzierungsbedarfs das Recht, gegen SZR allgemein verwendbare Währungen zu kaufen (Designierung).

Sonderzinsen

→ Vorschußzinsen.

sonstige Einkünfte, steuerlich

Zu sonstigen Einkünften i. S. v. § 22 EStG gehören u. a. Einkünfte aus Spekulationsgeschäften.

sonstiges Vermögen, vermögensteuerlich

Zum steuerpflichtigen Vermögen gehört außer u. a. Grundvermögen und Betriebsvermögen auch das sonstige Vermögen. Dieses besteht insbesondere aus Kapitalforderungen, Wertpapieren, Aktien, GmbH-Anteilen, Versicherungsansprüchen, Renten- und Nutzungsrechten u. a. m., soweit nicht bereits beim Betriebsvermögen berücksichtigt. Für das sonstige Vermögen wird kein Einheitswert festgestellt; es wird der Wert jedes einzelnen Wirtschaftsgutes für sich berücksichtigt. Zu den Kapitalforderungen gehören Darlehensforderungen, Hypotheken, Zinsforderungen und sonstige Geldforderungen, wie z. B. die Einlage des stillen Gesellschafters. Bestimmte Kapitalforderungen bleiben steuerfrei. Zu den Kapitalforderungen zählen auch festverzinsliche Wertpapiere, gleichgültig, ob Namens- oder Inhaberpapiere, ob Aussteller eine inländische oder ausländische Unternehmung. Zum sonstigen Vermögen gehören auch alle Spareinlagen. Dabei sind auch die gutgeschriebenen Prämien zu erfassen. Ebenso sind auch alle anderen Spar-, Bank- und Postscheckguthaben zum sonstigen Vermögen zu rechnen. Zu berücksichtigen sind auch laufende Guthaben, z. B. am Stichtag fällige, aber noch nicht ausgezahlte Zinsen. Nicht zum sonstigen Vermögen gerechnet werden vorhandenes Bargeld, Sparguthaben, Bankeinlagen usw., soweit sie zusammen den Freibetrag von DM 1000 nicht übersteigen (bzw. bei Ehepaaren, mit Kindern, das entsprechende Vielfache). Zum sonstigen Vermögen gehören auch die Geschäftsguthaben bei Genossenschaften, ebenfalls Investmentzertifikate. Für das zum sonstigen Vermögen gehörende Kapitalvermögen wird ein Freibetrag von DM 10000 gewährt. Dieser vervielfacht sich bei Zusammenveranlagung mit einem Ehegatten und Kindern nach der Zahl der zusammen veranlagten Personen. Von den noch nicht fälligen Versicherungsansprüchen sind vermögensteuerlich nur die Ansprüche aus einer Lebens- und Kapitalversicherung als sonstiges Vermögen zu erfassen. Der sich insgesamt für die noch nicht fälligen Lebens-, Kapital- und Rentenversicherungen ergebende Betrag ist nur insowert steuerpflichtig, als er einen Betrag von DM 10000 übersteigt, der bei Zusammenveranlagung von Ehegatten oder Eltern mit Kindern nach der Zahl der zus. veranlagten Personen vervielfacht wird. Unverarbeitete und ungefaßte Edelmetalle (z. B. Goldbarren), Edelsteine (z. B. Rohdiamanten) und Perlen (z. B. Zuchtperlen) sowie Münzen und Medaillen jeglicher Art gehören mit ihrem gemeinen Wert vom Stichtag zum sonstigen Vermögen, wenn eine Freigrenze von DM 10000 überschritten wird, die sich im Falle einer Zusammenveranlagung nach der Zahl der zusammen veranlagten Personen vervielfacht. Gegenstände aus edlem Metall, Schmuck- und Luxusgegenstände (z. B. besonders wertvolle Teppiche) unterliegen dann der VSt, wenn ihr gemeiner Wert insgesamt DM 10000 übersteigt. Der Betrag wird nach der Zahl der zusammen veranlagten Personen vervielfacht. Kunstgegenstände und private Sammlungen bleiben unter bestimmten Voraussetzungen steuerfrei.

Sorgfaltspflicht der Aufsichtsratsmitglieder der AG

Für Mitglieder des Aufsichtsrats der AG gelten besondere Sorgfaltspflichten und Verantwortlichkeiten, und zwar die zur Sorgfaltspflicht und Verantwortlichkeit der Vorstandsmitglieder der AG sinngemäß.

Sorgfaltspflicht der Vorstandsmitglieder der AG

Die Vorstandsmitglieder der AG haben bei ihrer Geschäftsführung die Sorgfalt eines ordentlichen und gewissenhaften Geschäftsleiters anzuwenden. Über vertrauliche Angaben und Geheimnisse der AG, die ihnen durch ihre Tätigkeit im Vorstand bekanntgeworden sind, haben sie Stillschweigen zu bewahren.

Sorgfaltspflicht der Bank

Aus den zwischen dem Kunden und der Bank bestehenden Vertragsverhältnissen ergeben sich Sorgfaltpflichten der Banken. Da das Bankgeschäft überwiegend ein Massengeschäft ist, werden die vertraglichen Beziehungen grundsätzlich durch AGB geregelt. In diesen versprechen die Banken, die Kundenaufträge mit der Sorgfalt eines ordentlichen Kaufmanns zu erledigen und das Interesse des Kunden zu wahren, soweit sie dazu im Einzelfall imstande sind. Die Bank hat also auch bei Wertpapierkommissions-, -emissions- und -depotgeschäften die Sorgfalt eines ordentlichen und in Bankangelegenheiten erfahrenen Kaufmannes anzuwenden. Hierzu kann im Einzelfall auch eine Beratung des Kunden gehören. Die Interessenwahrung findet dort ihre Grenzen, wo das Gesetz der Bank ein bestimmtes Handeln vorschreibt (z. B. bei Pfändungen); Grenzen sind ebenfalls dort, wo die Interessenwahrung aus praktischen Gründen nicht möglich ist, wenn also die Umstände, insbesondere die Mannigfaltigkeit der Geschäftsvorfälle, ihre große Zahl und Schnelligkeit, mit der sie meist erledigt werden müssen, eine Einschränkung der Haftung (z. B. in den AGB) notwendig machen. Eine Einschränkung findet die Wahrung der Kundeninteressen schließlich, wenn dies aus für die Bank wichtigen Gründen mit Rücksicht auf ihre eigenen Interessen geboten ist (z. B. bei Sicherheitenverwertung).

Sorgfaltspflicht des Bankkunden

Aus dem Vertragsverhältnis zwischen Bank und Bankkunden ergibt sich auch eine Sorgfaltpflicht des Bankkunden. Die näheren Einzelheiten sind den AGB der Banken zu entnehmen. Im wesentlichen sind für den Bankkunden Pflichten niedergelegt, die ohnehin jede am Rechtsverkehr teilnehmende Person hat. Bei Börsengeschäften sind Erinnerungen (Beanstandungen) gegen Anzeigen über deren Ausführung sofort nach Zugang der Ausführungsanzeige telegrafisch zu erheben. Erinnerungen wegen Nichtausführung von Börsenaufträgen sind sofort telegrafisch nach dem Zeitpunkt abzusenden, an dem die Ausführungsanzeige dem Kunden im gewöhnlichen Postlauf hätte zugehen müssen. Diese Bestimmungen hinsichtlich der Sorgfaltspflicht des Kunden sind gerechtfertigt, um durch Irrtümer oder Fehler entstandene Schäden unverzüglich zu erkennen, damit sogleich Maßnahmen zur Anwendung bzw. Minderung entstandener Schäden getroffen werden können.

Soulte

→ Konversionssoulte.

sovereign debt

Angelsächsische Bez. f. Schuldtitel staatlicher Kreditnehmer.

sovereign Euro-notes

Von staatlichen Schuldnern emittierte Euro-notes.

sovereign immunity

Rechtsgrundsatz vieler Staaten, wonach diese – u. U. auch staatsnahe Körperschaften – einer gerichtlichen Entscheidung nicht oder nur mit großen Einschränkungen unterworfen sind. Da am internationalen Kapitalmarkt vielfach Staaten selbst als Kreditnehmer oder Garanten auftreten, besteht das Erfordernis, im Kreditvertrag die Gerichtsunterworfenheit sicherzustellen. Dies wird durch den im Kreditvertrag zum Ausdruck gebrachten Verzicht des betreffenden Staates auf etwaige Immunitätsvorrechte zu erreichen versucht. Die rechtliche Haltbarkeit dieser Klausel ist indessen zweifelhaft.

Sozialaufwand

Alle Leistungen des Betriebes für die Betriebsangehörigen, die den Personalaufwand übersteigen. Der Sozialaufwand ist nicht leistungsbezogen. Er ist z. T. gesetzlich (Sozialabgaben) oder tarifvertraglich geregelt, beruht aber nicht selten auch auf freiwilligen Leistungen. Kriterium bei der Aktienanalyse.

Sozialbericht

Teil des Lageberichts, in dem neben den sozialen Verhältnissen die Leistungen der Unternehmung – die in dem Posten Aufwendungen für Altersversorgung und Unterstützung der GuV-Rechnung nur teilweise ausgewiesen werden – durch den Vorstand erörtert werden.

Sozialbilanzen

Dienen als Abschlußkonten des gesellschaftsbezogenen Rechnungswesens, i. w. S. der integrierten Darstellung verschiedener Kategorien von gesellschaftsrelevanten Umweltbeziehungen der Unternehmung: (1) gesellschaftsbezogene Aspekte unternehmerischen Handelns, die den Unternehmensgewinn langfristig positiv beeinflussen, aber nicht in gängigen finanziellen und ökonomischen Informationen enthalten sind; (2) externe Nutzen und Kosten, d. h. die gesellschaftlichen Auswirkungen der regulären Geschäftstätigkeit, z. B. Reduzierung von Luft- oder Wasserverschmutzung; (3) Erfolge und Aufwendungen bei der Lösung sozialer Probleme, z. B. Mitwirkung bei der Stadtsanierung usw. Ziel der Aufstellung einer Sozialbilanz ist die Ermittlung eines sozialen Nettonutzens der Unternehmenstätigkeit, wobei allerdings Erfassungs- und Bewertungsschwierigkeiten eine outputorientierte Rechnungslegung (noch) nicht zulassen, so daß z. Z. lediglich input-orientierte (Kosten-)Größen in Sozialbilanzen eingehen.

soziale Sicherung

Umfaßt alle sozialpolitischen Leistungen, die wirtschaftliche und soziale Existenzrisiken absichern sollen, wie Krankheit, Unfall, Invalidität, Kurzarbeit, Arbeitslosigkeit, Alter. Der Begriff der sozialen Sicherung fand Eingang in die 1948 beschlossene Erklärung der Menschenrechte der UN. Als Grundformen unterscheidet man Versicherungs-, Versorgungs- und Fürsorgeprinzip, die in der BR Deutschland bei Dominanz des Versicherungsprinzips nebeneinander bestehen.

Sozialisierung

Auch: Verstaatlichung, Vergesellschaftung. Überführung von Wirtschaftsgütern, vor allem Produktionsmittel und Boden, in Gemeineigentum. Dabei kann das Privateigentum vollständig aufgehoben werden oder in gemeinschaftlichen Formen beibehalten bleiben. Art. 15 GG läßt Sozialisierung von Grund und Boden, Naturschätzen und Produktionsmitteln durch Bundesgesetz zu, wobei Art und Ausmaß der Entschädigung zu regeln sind.

Sozialismus

Wirtschafts- und Gesellschaftsordnung, die durch Gemein- oder Kollektiveigentum an Produktionsmitteln sowie zentrale Planung und Koordination der Wirtschaftspläne charakterisiert ist. Marx hat, ausgehend von seiner Kapitalismuskritik, den wissenschaftlichen Sozialismus begründet. Nach seinen Vorstellungen folgt der Sozialismus im Geschichtsablauf notwendigerweise auf den Kapitalismus, wie dieser zuvor auf den Feudalismus gefolgt ist. Die Ursachen sieht er in den sozialen Ungerechtigkeiten, die mit der kapitalistischen Produktionsweise untrennbar verbunden seien: Konzentration wirtschaftlicher Macht bei wenigen, Ausbeutung der Lohnabhängigen, denen ein Teil des Wertes, den sie durch ihre Arbeitsleistung schaffen, vorenthalten wird (Mehrwert), Entfremdung, die bei arbeitsteiliger Produktion nur durch Aufhebung der Klassengegensätze beendet werden kann. Der Sozialismus ist als Durchgangsstadium durch Diktatur des Proletariats, Vorstufe der klassenlosen Gesellschaft und damit der kommunistischen Wirtschafts- und Gesellschaftsordnung, charakterisiert.

Sozialkapital

Sammelbegriff für Sozialrücklagen (z. B. für zusätzliche Unterstützung von Mitarbeitern bei langandauernden Krankheiten) und Sozialrückstellungen (für betriebliche Pensionskassen u. ä.) einer Unternehmung. Sozialrücklagen sind nicht frei verfügbar, während die fremdkapitalähnlichen Sozialrückstellungen größere Dispositionsfreiheit gewähren. Das Sozialkapital gewinnt durch seine starke Zunahme an Bedeutung. Das Sozialkapital kann – besonders bei Steuerbegünstigung – der Selbstfinanzierung dienen.

Sozialobligationen

In einigen Ländern staatliche Schuldverschreibungen, die von der Regierung den staatlichen Pensionskassen ausgehändigt werden, die in ihnen die aus Beiträgen zugeflossenen Mittel anlegen. Der Gegenwert der Sozialobligationen wird zur Finanzierung eines außerordentlichen Haushalts verwandt.

Sozialpfandbriefe

Bez. f. frühere Pfandbriefe, deren Emissionserlöse zu mind. 90% der Finanzierung des sozialen Wohnungsbaus und der durch ihn bedingten Kosten der Erschließungsmaßnahmen und Gemeinschaftseinrichtungen verwendet wurden.

Sozialplan

Planmäßige Zusammenfassung aller Maßnahmen zum Ausgleich oder zur Milderung der ökonomischen Nachteile, die Arbeitnehmern infolge geplanter Betriebsänderung (vollständige oder teilweise Stillegung, Einschränkung oder Verlegung des Betriebs; Zusammenlegung mit einem anderen Betrieb; grundlegende Änderung von Betriebszweck, -organisation oder -anlage; Einführung grundlegender neuer Arbeitsmethoden) entstehen. Beim Zustandekommen eines Sozialplanes hat der Betriebsrat erhebliche Mitbestimmungsrechte.

Sozialprodukt

Summe aller rechenbaren Wertschöpfungen in einer Volkswirtschaft. Der Wert aller Güter, die in einer Volkswirtschaft in einer Periode produziert werden, ist der Bruttoproduktionswert. Wenn man davon die in die Produktion eingegangenen Vorleistungen subtrahiert, erhält man den Nettoproduktionswert oder das Bruttoinlandsprodukt zu Marktpreisen. Zum Bruttosozialprodukt zu Marktpreisen gelangt man, indem man zu letzterem die Auslandseinkünfte der Inländer addiert und von dieser Summe die Inlandseinkünfte der Ausländer subtrahiert. Das Bruttosozialprodukt zu Marktpreisen umfaßt also: privaten und staatlichen Verbrauch, Außenbeitrag als Exporte minus Importe und Bruttoinvestitionen. Das Nettosozialprodukt zu Marktpreisen unterscheidet sich vom Bruttosozialprodukt dadurch, daß es nur die Nettoinvestition, also nicht auch die Abschreibungen, umfaßt.

Sozialrabatt

Nachlässe auf den Ausgabekurs, die bei der Ausgabe der Volksaktien an Bezieher niedriger Einkommen gewährt wurden.

Spätkapitalismus

Für sozialistische Autoren nach dem Früh- und Hochkapitalismus die Entwicklungsstufe kapitalistischer Wirtschafts- und Gesellschaftssysteme, die in vielen Staaten nach dem Ersten Weltkrieg begonnen hat. Im Spätkapitalismus werden ökonomische Prozesse nicht mehr mittels völlig unreglementierter Wirtschafts- und Marktkräfte gesteuert, sondern infolge der Wirtschaftskrisen greift der Staat mehr oder weniger stark in die Wirtschaftslenkung ein. Da der weltweite Untergang des Kapitalismus, den Marx an das Ende der Entwicklungsstufen des Kapitalismus stellte, bisher ausgeblieben ist, versucht die Theorie des staatsmonopolistischen Kapitalismus zu erklären, warum im Spätkapitalismus immer noch kapitalistische Marktwirtschaften existieren. Der monopolistische Kapitalismus, der im Hochkapitalismus vorwiegend als privatmonopolistischer Kapitalismus auftrat, ging nach der Stamokap-Theorie im Spätkapitalismus mit forcierter staatlicher Monopolförderung und weitgehender Verflechtung der privaten Monopole mit dem Staat in den staatsmonopolistischen Kapitalismus über. Dieser gilt als ein Herrschaftssystem, in dem sich die Staatsmacht mit dem Machtpotential der Monopole vereinigt, um das gesamte wirtschaftliche und gesellschaftliche Geschehen den Profit- und Machtinteressen der Monopolbourgeoisie zu unterwerfen.

Spanien, Besteuerung von Kapitalerträgen

Dividenden unterliegen gemäß DBA einer im Abzugsweg erhobenen Steuer von 15%. Als Ausnahme ermäßigt sich die Steuer auf 10%, wenn Dividendenempfänger eine deutsche Kapitalgesellschaft ist, der mind. 25% des Kapitals der spanischen Gesellschaft gehören. In der BR Deutschland sind die Dividenden voll steuerpflichtig. Jedoch wird die spanische KESt auf die ESt oder KSt angerechnet. Bei einer Kapitalgesellschaft, der mind. 25% der stimmberechtigten Anteile der ausschüttenden spanischen Gesellschaft, die aktiver Geschäftstätigkeit nachgeht, gehören, bleiben die Dividenden steuerfrei. Zinsen unterliegen in Spanien einer im Abzugsweg einbehaltenen Steuer von 10%. Für bestimmte Anleiheformen gelten Ausnahmeregelungen. In der BR Deutschland sind die Zinsen voll steuerpflichtig. Jedoch wird die spanische Steuer in der zugelassenen Höhe auf die ESt oder KSt angerechnet.

Spannung der Stellage

→ Stellagegeschäft (Stellgeschäft).

Spannungskurs

Bez. f. Geld- und Briefkurs bei unnotierten Wertpapieren und im Devisenhandel.

Sparaktien

Form der steuerbegünstigten Kapitalanlage in Italien. Sparaktien sind nicht stimmberechtigt. Entscheidend für die Attraktivität sind erhebliche steuerliche Vorteile.

Sparbeitrag

Bestandteil des Lebensversicherungsbeitrags in den Fällen, in denen der Eintritt der Zahlungspflicht des Versicherers gewiß ist (z. B. gemischte Lebensversicherung). Die Summe aller verzinslich angesammelten Sparbeiträge bildet die rechnungsmäßigen Deckungsrückstellung und erreicht unter Berücksichtigung des Rechnungszinsfußes von 3% im planmäßigen Ablaufzeitpunkt den Betrag der Versicherungssumme.

Sparbriefe

Von Banken ausgegebene Wertpapiere besonderer Ausstattung. Sollen den Kontensparer zum Wertpapier hinführen. Daher haben sie meist kürzere Laufzeiten und geringere Renditen als börsengängige Wertpapiere. Als Anreiz dient häufig eine im Laufe der Jahre steigende Verzinsung. Es sind meist Rektapapiere. Sie können nicht an der Börse eingeführt werden, sind frei von Kursrisiken. Man unterscheidet 2 Typen: Beim ersten wird der Nennbetrag eingezahlt, und die Zinsen werden halbjährlich oder jährlich gutgeschrieben; beim zweiten Typ zahlt der Sparer nur den abgezinsten Betrag ein; der Sparbrief wird aber auf den Nennbetrag ausgestellt; die Sparanlage erfährt hier jährlichen Wertzuwachs in Höhe der Jahreszinsen und der Zinseszinsen; der Sparer kann jedoch erst am Ende der Laufzeit darüber verfügen. Bei anderen Sparbriefen kann der Anleger nach einer Sperrfrist von 12 Monaten jederzeit die Rückzahlung des Sparguthabens und der bis dahin angefallenen Zinsen verlangen.

Sparbriefe, steuerlich

Beim Aufzinsungstyp der Sparbriefe gehören die Zinsen wie bei jeder Spareinlage einkommensteuerlich zu den Einkünften aus Kapitalvermögen. Sie unterliegen bei Depotverwahrung dem 30prozentigen Zinsabschlag. Beim abgezinsten Typ gehören die Zinsen für die gesamte Laufzeit, d. h. der Unterschied zwischen Nennwert und eingezahltem Betrag, zu den steuerpflichtigen Einkünften des Kalenderjahres, in dem die Laufzeit endet. Bei Auszahlung unterliegen die Zinsen dem 30prozentigen Zinsabschlag. Bei den übrigen Formen ist der Zinszuwachs jährlich zu versteuern. Sparbriefe, bei denen der Nennbetrag eingezahlt wird, sind auch bei der VSt mit dem Nennbetrag anzusetzen; das gilt auch für die aufgezinsten; in diesem Fall sind allerdings die Zinsen der am Stichtag bereits abgelaufenen vollen Zinsjahre jeweils dem Nennbetrag hinzuzurechnen. Bei abgezinsten Sparbriefen ist der Nennwert jeweils um die für die Laufzeit nach dem Stichtag offenen Zinsen und Zinseszinsen zu kürzen. Aus Vereinfachungsgründen kann dies so geschehen, daß der Unterschiedsbetrag zwischen Anschaffungspreis und Nennwert auf die gesamte Laufzeit gleichmäßig verteilt und der auf die Restlaufzeit entfallende Teil vom Nennwert abgezogen wird. Diese Vereinfachungsregelung kann auch für die Erbschaftsteuer angewendet werden.

Sparbuch

Urkunde, die von einer Bank, die Spareinlagen entgegennimmt, über eine Spareinlage auf den Namen des Kontoinhaber ausgestellt wird. In dem Sparbuch werden übereinstimmend mit dem Sparkonto alle Ein- und Auszahlungen, Zinsgutschriften usw. eingetragen. Ein Sparbuch ist Schuld- und Beweisurkunde und deshalb kein selbständiger Träger der Forderung aus der Spareinlage. Im Gegensatz zu echten Inhaberpapieren, die unmittelbar ein Forderungsrecht verbriefen (wobei der Eigentümer der Urkunde zugleich Gläubiger der Forderung ist), handelt es sich beim Sparbuch um ein hinkendes Inhaberpapier, dessen Eigentum dem Gläubiger der Spareinlage zusteht; anders als bei Inhaberpapieren folgt danach das Recht am Papier (das Eigentum am Sparbuch) dem Recht aus dem Papier (dem Anspruch aus dem Sparvertrag). Es ist kein Wertpapier i. e. S., denn die Bank kann zwar an jeden Inhaber ohne Prüfung der Person des Vorlegers befreiend leisten, kann jedoch die Leistung auch von der Legitimation des Inhabers abhängig machen (qualifiziertes Legitimationspapier). Die Übertragung von Sparguthaben kann nicht durch Einigung über das Eigentum am Sparbuch und Übergabe desselben erfolgen, sondern nur durch Abtretung der Forderung. Ebenso ist nur eine Verpfändung bzw. Pfändung des Sparguthabens und nicht des Sparbuchs möglich.

Sparbuch mit variablem Zins

Spareinlagen, deren Verzinsung an Veränderungen des Kapitalmarktes oder sonstiger langfristiger Zinsen variabel gekoppelt ist. Normalerweise wird der Spareinlagenzins autonom durch die Banken in Anlehnung an andere Zinssätze – auch der Zinspolitik der Bundesbank – festgesetzt und verändert.

Sparbuch, Verlust

Abhandenkommen oder Vernichtung eines Sparbuches ist der Bank unverzüglich anzuzeigen. Für die Ausstellung eines neuen Buches kommen Aushändigung ohne besondere Kraftloserklärung, vorherige Kraftloserklärung oder vorherige Durchführung eines Aufgebotsverfahrens in Frage.

Sparclub

→ Sparschrank.

Spareckzins

Zinssatz für Spareinlagen mit dreimonatiger Kündigungsfrist, also für normale Spareinlagen auf Sparbuch. Nach ihm richten sich die anderen Zinsen für Spareinlagen aus.

Spareinlagen

Auf Sparkonto eingelegte Spargelder, über die eine Urkunde, insbesondere ein Sparbuch, ausgestellt wird. Als Spareinlagen dürfen nur unbefristete Geldeinlagen angenommen werden, die der Ansammlung und Anlage von Vermögen dienen und nicht für laufenden Geschäftsbetrieb oder Zahlungsverkehr bestimmt sind. Die Rückzahlung von Spareinlagen erfolgt gegen Vorlage des Sparbuchs; Ausnahmen sind zulässig. Über Spareinlagen darf nicht durch Überweisung oder Scheck verfügt werden; Überweisungen von Kontokorrentkonten u. a. Girokonten auf das Sparkonto sind zulässig. Guthaben auf Sparkonto sind i. d. R. für die meisten Kapitalanleger der Grundstock für die Vermögensbildung. Sie unterliegen keinerlei Kursrisiken und sind leicht verfügbar. Über eine Spareinlage kann unter Berücksichtigung der Kündigungsfristen jederzeit verfügt werden: bei dreimonatiger Kündigungsfrist innerhalb 30 Tage bis zu DM 3000; für weitere Beträge besteht eine Kündigungsfrist von 90 Tagen. Auch bei Nichteinhaltung der Kündigungsfrist ist Auszahlung i. d. R. möglich. Dabei ist die Berechnung von Vorschußzinsen vorgesehen, von denen aber bei außergewöhnlichen Ereignissen (z. B. wirtschaftliche Notlage) abgesehen werden kann. Die Verzinsung der Spareinlagen richtet sich nach der vereinbarten Kündigungsfrist. Basis ist der Spareckzins, d. h. der Zinssatz, der für Spareinlagen mit dreimonatiger Kündigungsfrist gewährt wird; auf ihm bauen die weiteren Zinssätze auf. Der Zinssatz ist um so höher, je länger die Kündigungsfrist. Definiert werden Spareinlagen zum Zwecke ihrer Berücksichtigung bei den Liquiditätsgrundsätzen des BAK und bei der Mindestreserve in § 21 Abs. 4 der Verordnung über die Rechnungslegung der Kreditinstitute. Geldbeträge, die aufgrund von Vermögensbildungsgesetzen geleistet werden, gelten als

Spareinlagen, Bausparеinlagen hingegen nicht.

Spareinlagen, besondere Formen der Verfügung

Grundsätzlich können Abhebungen vom Sparkonto nur gegen Vorlage des Sparbuches und in bar erfolgen, um den besonderen Charakter der Sparkonten gegenüber Konten des Zahlungsverkehrs abzugrenzen. Hieraus folgt, daß z. B. Verfügungen über das Sparkonto per Scheck unzulässig sind, ebenso durch Überweisung u. ä. Ohne Vorlegung zur Eintragung sind Verfügungen über Spareinlagen nur in Ausnahmefällen erlaubt, z. B. wenn ein Sparer eine fällige Schuld durch Überweisung des Betrags von seinem Konto auf das Konto des Gläubigers erfüllen will. Sonstige Möglichkeiten von Verfügungen auch ohne Vorlage des Sparbuches: (1) Ausführung von Daueraufträgen, wenn der Sparer die kontoführende Bank ermächtigt hat, regelmäßig Geldbeträge von seinem Sparkonto auf ein anderes beim gleichen Institut geführtes Sparkonto zu überweisen; (2) Belastung wegen fälliger Forderungen der Bank gegen den Sparer (z. B. Hypothekenzinsen, Tilgungsraten, Depotgebühren, Tresormieten, Ansprüche aus dem Kauf von Wertpapieren); (3) Überweisung wegen persönlicher Verhinderung des Sparers; (4) Verlust des Sparbuchs, wenn er angezeigt worden ist.

Spareinlagen mit dreimonatiger Kündigungsfrist

Wird zwischen Sparer und Bank bei Begründung des Sparkontos keine besondere Vereinbarung über die Kündigungsfrist getroffen, gilt die Spareinlage als mit dreimonatiger Kündigungsfrist entgegengenommen. Die Einhaltung ist nicht nur bei Abhebung der ganzen Spareinlage, sondern auch bei Rückzahlung von Teilbeträgen erforderlich. Um Sparern sofortigen Rückgriff auf einen Teil ihrer Spareinlage zu ermöglichen, ist die kündigungsfreie Verfügung über einen monatlichen Freibetrag bis zu DM 3000 zugelassen. Unterhält ein Sparer mehrere Sparkonten, kann er den Freibetrag für jedes dieser Konten in Anspruch nehmen. Für über den Freibetrag hinausgehende Abhebungen sind Vorschußzinsen zu berechnen, die allerdings in besonderen Fällen – z. B. wirtschaftliche Notlagen des Sparers – entfallen können.

Spareinlagen, steuerlich

Von der ESt erfaßt werden die Zinserträge auf Spareinlagen bei den Steuerpflichtigen, die zur ESt zu veranlagen sind. Die Zinsen unterliegen dem 30prozentigen Zinsabschlag. Steuerfrei bleiben Erträge in Höhe des Werbungskostenpauschbetrages von DM 100, bei zusammen veranlagten Eheleuten DM 200. Steuerpflichtige, deren Einkünfte überwiegend aus nichtselbständiger Arbeit bestehen, aber DM 27000 (bzw. bei Verheirateten 54000), nicht übersteigen, werden nicht veranlagt, wenn die Einkünfte, von denen kein Steuerabzug vom Arbeitslohn vorgenommen wurde, DM 800 nicht übersteigen. Bei der Ermittlung der Einkünfte aus Kapitalvermögen kann nach Abzug der Werbungskosten ein Sparerfreibetrag von DM 6000, bei Verheirateten DM 12000, abgezogen werden. Die Zinsen aus Sparguthaben, die einer beschränkt steuerpflichtigen Person gutgeschrieben werden (kein Wohnsitz oder gewöhnlicher Aufenthalt im Inland), unterliegen nicht der ESt. Für die VSt sind Freibeträge und Freigrenzen von Bedeutung. Danach bleibt für Spareinlagen ein Betrag von DM 1000 + DM 10000 (bei Zusammenveranlagung DM 2000 + DM 20000) für die Ermittlung des sonstigen Vermögens außer Ansatz. Die Freibeträge werden nicht gewährt, wenn die Spareinlagen nicht zum sonstigen Vermögen, sondern zu einer anderen Vermögensart i. S. d. BewG rechnen. Die aufgrund eines Spar- oder Bausparvertrags übernommene Verpflichtung zur laufenden Einzahlung bestimmter Sparbeträge ist keine beim Gesamtvermögen abzugsfähige Schuld. → Sparerfreibetrag.

Spareinlagen, Verzinsung

Die von der Bank zu vergütenden Zinsen sind Entgelt für die ihr überlassene Kapitalnutzung. Der jeweils geltende Zinssatz ist durch Aushang im Kassenraum bekanntzumachen. Seit 1967 ist jede Art staatlicher Zinsbindung aufgehoben. Die Banken können seitdem die für Spareinlagen zu vergütenden Habenzinsen in eigener Verantwortung bestimmen. Dabei richtet sich die Höhe der Zinssätze nach der Länge der vereinbarten Kündigungsfrist (unter Berücksichtigung evtl. Zinsempfehlungen, die die Spitzenverbände des Bankgewerbes unter Berücksichtigung der Lage am Geld- und Kapitalmarkt bei Bedarf aussprechen). Die aufgelaufenen Zinsen werden am Schluß des Kalenderjahres dem Kapital zugeschrieben und mit diesem vom Beginn des neuen Kalenderjahres ab verzinst. Wird bei Spareinlagen vor Fälligkeit eine andere Kündigungsfrist vereinbart, gelten vom Zeitpunkt der Änderungsvereinbarung an die der neuen Kündigungsfrist entsprechenden Habenzinssätze. Erfolgt Rückzahlung der Spareinlage im Falle der Verkürzung der Kündigungsfrist innerhalb der vom Zeitpunkt der Verkürzung an gerechneten ursprünglichen Kündigungsfrist, sind bis zu deren Ablauf Vorschußzinsen auf der Grundlage des früher maßgeblichen Habenzinssatzes zu belasten. Jedoch kann den Sparern bei vorzeitiger Rückzahlung der Spareinlage nach vorausgegangener Verkürzung der Kündigungsfrist der bis zur vorzeitigen Rückzahlung angefallene Habenzinssatz auf der Basis der ursprünglichen, also vor der Änderungsvereinbarung getroffenen Zinsabrede vergütet werden. Die Bank kann Zinssatzveränderungen bei bestimmten Spareinlagen durch einseitige Änderungserklärung vornehmen, die durch Bekanntgabe der neuen Zinssätze mittels Aushangs im Kassenraum erfolgt.

Spareinlagen von juristischen Personen und Personenhandelsgesellschaften

Während der Gesetzgeber bei natürlichen Personen, die einen Betrag als Spareinlage einlegen, deren Sparabsicht bis zum Nachweis des Gegenteils unterstellt, dürfen Spareinlagen grundsätzlich nicht von Kapitalgesellschaften, Genossenschaften, wirtschaftlichen Vereinen, Personengesellschaften oder von Unternehmen mit Sitz im Ausland mit vergleichbarer Rechtsform angenommen werden. Ausnahmen bestehen für gemeinnützige, mildtätige oder kirchliche Unternehmen sowie dann, wenn es sich bei den von Unternehmen angenommenen Geldern um Sicherheiten gemäß § 550 b BGB (Mietkautionen) oder § 14 Abs. 4 Heimgesetz handelt.

Spareinlagen, vorzeitige Rückzahlung

Rückzahlungen von Spareinlagen vor Fälligkeit bedeuten Nichteinhaltung der Kündigungsfrist. In Fortschreibung der vormals bestehenden gesetzlichen Verpflichtung belegen Banken solche Verfügungen häufig aufgrund vertraglicher Vereinbarungen mit einem Vorschußzins. Dieser übersteigt regelmäßig die zu vergütenden Habenzinsen um mind. ¼ . Die Banken können einen darüber hinausgehenden Vorschußzins vorsehen. Als vorzeitige Rückzahlung von Spareinlagen kommen in Betracht: (1) Rückzahlung ohne vorherige Kündigung; (2) Rückzahlung nach Kündigung, jedoch vor Ablauf der Kündigungsfrist; (3) Rückzahlung nach Ablauf der Kündigungsfrist, wenn diese zuvor verkürzt wurde und die Rückzahlung innerhalb der vom Zeitpunkt der Verkürzung an gerechneten ursprünglichen Kündigungsfrist erfolgt. Für die Höhe des Vorschußzinssatzes ist der ursprünglich vereinbarte Habenzinssatz maßgebend. Auf die Berechnung von Vorschußzinsen wird häufig zur Vermeidung unangebrachter Härten in bestimmten Ausnahmefällen verzichtet. Es sind dies z. B.: (1) wirtschaftliche Notlage des Sparers: wenn der Sparer von einem unvorhergesehenen Ereignis betroffen wird, mit dem er nicht rechnete und auf das er sich infolgedessen nicht rechtzeitig durch fristgemäße Kündigung der Spareinlagen einstellen konnte; (2) wenn Spareinlagen vor Fälligkeit zum Kauf von Wertpapieren verwendet werden, da nur ein Wechsel der Sparform vorliegt; (3) Übertragung auf andere Spar- und Bausparkonten bei derselben Bank.

Sparen

Verzicht auf die konsumtive Verwendung eines Teiles des verfügbaren Einkommens eines Haushaltes in der Periode, in der er dieses erzielt. Die Summe der Ausgaben eines Haushaltes zum Kauf von Konsumgütern können kleiner, gleich oder größer sein als sein verfügbares Einkommen; sind sie kleiner; wird gespart; größer – weil Sparguthaben abgebaut oder Kredite aufgenommen werden –, wird entspart. Sparen ist wesentliche Voraussetzung für wirtschaftliches Wachstum. Neben freiwilligem Sparen (Konsumverzicht) gibt es Zwangssparen durch Kaufkraftentzug als Auswirkung der Inflation. Gründe für Sparen sind vielfältig. Der gesparte Teil des Einkommens, die Sparquote, ist abhängig von Sparfähigkeit und Sparwilligkeit der Einkommensbezieher.

Sparen mit Dauerauftrag

Der Sparer läßt zu vereinbarten Terminen einen gleichbleibenden Betrag von seinem Girokonto abbuchen und seinem Sparkonto gutschreiben. Voraussetzungen für den Abschluß eines derartigen Vertrags ist Vorhandensein eines Girokontos. Die Ausführung dieser Daueraufträge geschieht i. a. monatlich.

Sparen mit Versicherungsschutz

Verbindungen von Leistungen aus dem Sparbereich und dem Lebensversicherungsbereich werden von einzelnen Banken in verschiedenen Formen angeboten: Beim Kauf abgezinster Sparbriefe wird die Differenz zwischen Kaufpreis zzgl. bis zum

Todestag angesammelter Zinsen und Nennbetrag des Sparbriefes versichert. Wird bei Kauf des Sparbriefes der Nennbetrag versichert, wird beim Todesfall während der Laufzeit die Versicherungssumme in Höhe des Nennbetrages voll ausgezahlt. Zusätzlich erhält der Versicherungsbegünstigte den Sparbriefgegenwert zum vollen Nennbetrag am Ende der Laufzeit. Bei Sparprogrammen und Sparplänen mit festem Zahlungsplan wird die Differenz zwischen vereinbarten Sparziel und jeweils planmäßig eingezahlten Sparraten versichert. Die anfängliche Versicherungssumme fällt monatlich um die Sparrate. → Sparplan mit Versicherungsschutz.

Sparerfreibetrag

Bei Einkünften aus Kapitalvermögen zu berücksichtigen; beträgt DM 6000, bei Ehegatten DM 12000 jährlich. Ist bei Ermittlung der Einkünfte aus Kapitalvermögen nach Abzug der Werbungskosten bzw. des Werbungskostenpauschbetrags von den Einnahmen abzuziehen. Da der Werbungskostenpauschbetrag bei den Einkünften aus Kapitalvermögen DM 100 bzw. 200 beträgt, bleiben also Einnahmen aus Kapitalvermögen von DM 6100, bei Ehegatten DM 12100 steuerfrei. Der Sparerfreibetrag gilt nicht nur für Zinsen, sondern für alle Arten von Einkünften aus Kapitalvermögen.

Sparerschutz

Das Problem, die Gläubiger der Banken, insbesondere die kleinen und mittleren Sparer, vor Vermögensverlusten möglichst weitgehend zu schützen, hat den Gesetzgeber vielfältig beschäftigt. Es ist eines der Hauptanliegen des KWG. Zum Sparerschutz i. w. S. gehört insbesondere die Bankenaufsicht. Das BAK hat nämlich die Aufgabe, „Mißständen im Kreditwesen entgegenzuwirken, die die Sicherheit der den Kreditinstituten anvertrauten Vermögenswerte gefährden". Zulassungs- und Prüfungserfordernisse, Kreditbegrenzungen und Anzeigen-, Kontroll- und Eingriffssystem des KWG stellen entscheidenden vorbeugenden Sparer- bzw. Einlegerund Institutsschutz dar. Darüber hinaus gewährleistet das Institut der Gewährträgerhaftung den Schutz des Sparkassen- und Landesbankengläubigers, da der Gewährträger (z. B. die Kommune oder das Land) unbeschränkt für die Verbindlichkeiten des öffentlich-rechtlichen Instituts einstehen müssen. Die Praxis zeigt jedoch, daß Bankenaufsicht nicht in jedem Falle unsolide Geschäftspolitik erkennen und verhindern kann. Einlagensicherung i. e. S. erfolgt darüber hinaus mittels speziell für diese Zwecke kollektiv bereitgestellter liquider Mittel („Feuerwehrfonds") seitens der Mitgliedsinstitute der verschiedenen Bankenverbände. Die eingelegten (Spar-)Gelder von Nichtbanken werden durch kollektive Vereinbarungen und Vorkehrungen zwischen den Instituten der verschiedenen Bankengruppen gegen Verluste ganz oder weitgehend abgesichert, indem aus den eingerichteten Liquiditätspools die betreffenden bedrohten Banken gestützt (Institutssicherung) oder die Einleger fallierender Banken entschädigt werden (Gläubigersicherung).

Sparfähigkeit

Die Eröffnung und das Führen von Sparkonten ist grundsätzlich nur für natürliche Personen erlaubt. Kapitalgesellschaften, Genossenschaften, wirtschaftliche Vereine, Personengesellschaften oder Unternehmen mit Sitz im Ausland mit vergleichbarer Rechtsform dürfen nur dann Spareinlagen im Sinne des § 21 Abs. 4 der Verordnung über die Rechnungslegung der Kreditinstitute tätigen, wenn es sich um gemeinnützige, mildtätige oder kirchliche Unternehmen handelt oder dann, wenn es sich bei den von Unternehmen angenommenen Geldern um Sicherheiten gemäß § 550b BGB (Mietkautionen) oder § 14 Abs. 4 Heimgesetz handelt.

Sparförderung

→ Vermögensbildungsgesetz (936-DM-Gesetz).

Sparformen

Formen des Geldsparens sind insbesondere das weit verbreitete Sparbuch-(Konten-)sparen, Bausparen, Lebensversicherung als Kapital- oder Rentenversicherung, Kauf von festverzinslichen Wertpapieren, Aktienkauf als Beteiligung an einem Sachvermögen, Sachwertsparen i. S. des Hortens von Gold, Juwelen, Grundstücken usw. ist kein Sparen.

Sparfunktion

Art und Ausmaß der Abhängigkeit der Höhe der jährlichen Sparsumme von der Höhe des verfügbaren Einkommens eines privaten Haushaltes.

Spargeschenkgutscheine

Werbemittel der Banken, die bei bestimmten Anlässen (Geburt, Einschulung, Konfirmation, Kommunion usw.) Gutscheine über max. DM 5 an die betreffenden Personen zur Begründung eines Sparkontos verschenken. → Geschenksparbücher.

Sparguthaben

→ Spareinlagen.

Sparguthaben, Abtretung

Wird die Spareinlagenforderung an einen Dritten durch schuldrechtlichen Vertrag abgetreten, erwirbt der neue Gläubiger der Bank gegenüber die volle Gläubigerstellung, kann daher im Gegensatz zum Pfändungsgläubiger bei Fälligkeit die Auszahlung des gesamten Sparguthabens verlangen. Um die Forderung geltend machen zu können, ist Übergabe des Sparbuchs erforderlich.

Sparguthaben, Pfändung

Die Pfändung von Sparguthaben erfolgt nach den für die Vollstreckung in Geldforderungen maßgeblichen Vorschriften: Pfändungsbeschluß, für den i. d. R. das Amtsgericht am Wohnsitz des Schuldners zuständig ist, und durch Überweisung des gepfändeten Betrages an den Pfändungsgläubiger zur Einziehung oder an Zahlungs Statt. Die Pfändung ist bewirkt mit der Zustellung des Pfändungsbeschlusses an die Bank. Verfügungen des Schuldners über das Sparguthaben sind nach Zustellung des Beschlusses dem Pfändungsgläubiger gegenüber unwirksam. Die Pfändung hat die Beschlagnahme der Spareinlagenforderung und ein zugunsten des Gläubigers begründetes Pfändungspfandrecht zur Folge. Dabei erstreckt sich die Verpfändung von Sparguthaben nicht auf das Sparbuch, sondern auf die Forderung aus dem Sparvertrag. Eine Verpfändung des Sparguthabens ist nicht möglich, wenn die Abtretbarkeit der Spareinlagen durch entsprechende Vereinbarung zwischen Sparer und Bank ausdrücklich ausgeschlossen worden ist.

Sparkapitalbildung

Vollzieht sich, indem ein privater Haushalt sein verfügbares Einkommen nicht vollständig zum Kauf von Gütern und Leistungen verwendet, sondern einen bestimmten Anteil des Einkommens als Ersparnis anlegt.

Sparkassen

Öffentlich-rechtliche Banken (Anstalten; außer den freien Sparkassen). Sie haben einen Gewährträger (Land, Kreis, Gemeinde, Zweckverband), der einerseits die Ausfallhaftung, andererseits Mitwirkungsrechte hat. Einlagen usw. bei ihnen sind mündelsicher.

Sparkassenbriefe

Namensschuldverschreibungen (Rektapapier) der Sparkassen; Urkunden, die auf den Namen des Sparers ausgestellt werden. Stellen eine Geldanlage dar, die zwischen Sparbuch und Zinspapier steht, sich daher für Sparer eignet, die eine risikofreie mittelfristige Geldanlage wünschen. Sie lauten über feste DM-Beträge ab DM 100 oder einem Mehrfachen mit festvereinbarten Zinssätzen. Die Laufzeit beträgt i. d. R. 4–8 Jahre, aber auch weniger. Sparkassenbriefe werden in 2 Formen angeboten: (1) als normalverzinslicher Brief: Erwerb und Rückzahlung erfolgen in Höhe des Nominalbetrages; die Zinsen werden jährlich bzw. halbjährlich gutgeschrieben; (2) als Abzinsungsbrief: Beim Erwerb wird ein um die für die gesamte Laufzeit anfallenden Zinsen und Zinseszinsen gekürzter Betrag eingezahlt; am Ende der Laufzeit kommt der Nominalbetrag zur Auszahlung. Sparkassenbriefe sind mündelsicher: Es haftet der Gewährträger der Sparkasse mit seinem Vermögen und seinem Steueraufkommen. Die Rückzahlung in voller Höhe ist gewährleistet; es gibt kein Kursrisiko. Sparkassenbriefe haben feste Laufzeit; eine Verfügung vor Fälligkeit ist per Abtretung oder Verpfändung möglich. Sie sind zu 100% des Guthabens beleihungsfähig. Die festen Zinssätze richten sich nach der Laufzeit. Sie liegen i. d. R. über denen der höchstverzinslichen Spareinlagen und orientieren sich an den Konditionen des Kapitalmarktes.

Sparkassenbriefe, steuerlich

Die Besteuerung der Sparkassenbriefe ist unterschiedlich. Während bei normalverzinslichen Sparkassenbrief die Steuerpflicht im laufenden Veranlagungszeitraum entsteht, fällt sie beim Abzinsungsbrief im Jahr der Fälligkeit, d. h. des Zuflusses der Zinsen beim Steuerpflichtigen, an. Aus diesem Umstand können solche Anleger Nutzen ziehen, die die Fälligkeit des Briefes in einen Zeitpunkt verlegen, in dem sie voraussichtlich geringere zu versteuernde Einkünfte haben werden. Bei Auszahlung unterliegen die Zinsen dem 30prozentigen Zinsabschlag. Bei der Ermittlung der Einkünfte aus Kapitalvermögen kann nach Abzug der Werbungskosten ein Sparerfreibetrag von DM 6 000 (bei Verheirateten DM 12 000) abgezogen werden. Für die VSt sind die Freibeträge und Freigrenzen von Bedeutung: Danach bleibt für bestimmte Kapitalanteile und Kapitalforderungen, zu denen auch Sparkassenbriefe gehören, ein Betrag von DM

10000 (bei Zusammenveranlagung DM 20000) für die Ermittlung des sonstigen Vermögens außer Ansatz. Dieser Freibetrag wird nicht gewährt, wenn die Wertpapiere nicht zum sonstigen Vermögen, sondern zu einer anderen Vermögensart i. S. d. BewG rechnen. Daneben werden persönliche Freibeträge vom Gesamtvermögen abgesetzt. → Spareinlagen, steuerlich.

Sparkassen-Inhaberschuldverschreibungen

Eigene Schuldverschreibungen der Sparkassen mit mittel- bis langfristigen Laufzeiten. Je nach Sparkassenverordnung des Landes zum Börsenhandel zugelassen (z. B. Niedersachsen, Schleswig-Holstein, Baden-Württemberg, Nordrhein-Westfalen) und in den Geregelten Markt eingeführt. Sparkassen ohne eigene Börsenmitgliedschaft müssen Börsenmitglied zur Kurspflege in Anspruch nehmen.

Sparkassenobligation

Ein von einer oder mehreren Sparkassen gemeinsam ausgegebenes, über eine bestimmte Geldsumme lautendes festverzinsliches Wertpapier, das auf den Namen des Gläubigers oder dessen Order lautet. Es sind nicht börsengängige Orderschuldverschreibungen. Werden in Stücken zu i. d. R. DM 1000, DM 5000 und DM 10000 sowie in allen über DM 1000 liegenden durch 100 teilbaren Beträgen mit Festzinssatz angeboten. Ihre Laufzeit liegt i. d. R. zwischen 5–12 Jahren. Werden hinsichtlich der Verzinsung in 3 Formen angeboten: (1) normal verzinsliche Obligationen: Erwerb und Rückzahlung erfolgen in Höhe des Nominalbetrages; die Zinsen werden jährlich bzw. halbjährlich gezahlt; (2) aufgezinste Obligationen: Erwerb zum Nominalbetrag, Rückzahlung zum Nominalbetrag zzgl. anteilige Laufzeitzinsen (Aufzinsungsbetrag); (3) abgezinste Obligationen: Beim Erwerb wird ein um die für die Gesamtlaufzeit anfallenden Zinsen und Zinseszinsen gekürzter Betrag eingezahlt; am Ende der Laufzeit kommt der Nominalbetrag zur Auszahlung. Nach der Zahl der Emittenten unterscheidet man Einzel- und Sammelobligationen: Die Einzelobligation wird von einer Sparkasse allein emittiert; bei der Sammelobligation schließen sich mehrere Sparkassen zu einem Konsortium zusammen. Sparkassenobligationen sind mündelsicher. Es haftet neben dem Vermögen der Sparkasse der Gewährträger mit seinem Vermögen und Steueraufkommen. Bei der Sammelobligation haftet jeder Konsorte gesamtschuldnerisch für die Rückzahlung, d. h., jede beteiligte Sparkasse haftet für die gesamte Emission. Die Rückzahlung zu 100% ist gewährleistet; es gibt kein Kursrisiko. Viele Sparkassen verpflichten sich, ihre Obligationen auf Wunsch des Gläubigers nach 4 Jahren nach Ausgabe zu einem marktorientierten „Hauskurs“ zurückzunehmen. Sparkassenobligationen sind bis 100% beleihbar. Sparkassenobligationen haben feste Zinssätze, die sich nach Laufzeit und Kapitalmarktzins richten. Die Zinsen liegen i. d. R. über denen der Sparkassenbriefe. Börseneinführung ist nicht vorgesehen; die Sparkassenobligation besitzt größere Fungibilität als der Sparkassenbrief. Zwar ist sie für Gläubiger und Schuldner unkündbar, doch besteht nach 4 Jahren eine Rückgabemöglichkeit an die Sparkassen.

Sparkassenobligation, steuerlich

Die Besteuerung erfolgt nach allgemeinen Grundsätzen. Zu beachten ist, daß die Zinserträge aus normalverzinslichen Obligationen aufgrund des Zuflußprinzips in dem Jahr versteuert werden, in dem sie dem Steuerpflichtigen zufließen. Die Zinserträge aus auf- und abgezinsten Papieren werden im Fälligkeitsjahr der Obligationen versteuert. Dies kann für die Anleger von Nutzen sein, die im Jahr der Fälligkeit niedrigere Steuerprogression haben. Die Zinsen unterliegen bei Ausschüttung dem 30prozentigen Zinsabschlag (Depotverwahrung).

Sparkassenzertifikat

Bei verschiedenen Sparkassen Spareinlagen mit i. a. dreimonatiger Kündigungsfrist. Dabei wird für eine bestimmte Zeit von 3–5 Jahren ein von Jahr zu Jahr ansteigender Zinssatz fest vereinbart. Die Verbriefung erfolgt in Form einer wertpapierähnlich ausgestalteten besonderen Sparurkunde.

Sparkonto

Konto bei einer Bank für Geldeinlagen, die nicht dem Zahlungsverkehr, sondern der Geldanlage dienen (Spareinlage). Zur Eröffnung eines Sparkontos ist eine Mindesteinlage von DM 1 erforderlich. Über die geleistete Zahlung wird ein Sparbuch angefertigt. Das Sparbuch wird dem Einleger ausgehändigt; es gibt Auskunft über das jeweilige Sparguthaben. Auf dem Sparkonto finden alle Umsätze (Einzahlungen, Auszahlungen, Zinsgutschriften) des Sparers Niederschlag. Im Gegensatz zum Girokonto darf das Sparkonto keinen

Schuldsaldo aufweisen; auch unterliegt es Beschränkungen hinsichtlich Verfügungsarten und -möglichkeiten. → Spareinlagen.

Sparplan

Der Sparer verpflichtet sich zu regelmäßigen Sparleistungen. Kommen in verschiedenen Formen vor: allgemeine Sparverträge, Ratensparverträge zwecks Konten- und Bausparen, Investmentsparpläne.

Sparplan bei Investmentfonds

Investmentfonds zur Ansammlung von Investmentanteilen durch regelmäßige Zahlung eines bestimmten Betrages (Zahlungseinheit). Anders als beim Sparprogramm gibt es keine Zielsumme; daher ist auch nicht die Möglichkeit der Kombination mit einer Risiko-Lebensversicherung gegeben. Weiter sind keine Teilliquidationen möglich, wird keine front-end load berechnet und erfolg die Wiederanlage der Erträgnisausschüttungen meist unter Berechnung von Ankaufsgebühren.

Sparplan mit Versicherungsschutz

Sparpläne mit Versicherungsschutz werden von den Kreditinstituten als Kapitalanlagealternative angeboten, um der Konkurrenz der Versicherungsunternehmen, die mit ihren Kapitallebensversicherungen einen großen Anteil potentieller Refinanzierungsmittel der Banken absorbieren, zu begegnen. Sparpläne mit Versicherungsschutz werden bankindividuell ausgestattet. Grundsätzlich wird jedoch ein normaler Ratensparvertrag mit einer Laufzeit von ca. 8–12 Jahren, der zusätzlich zur Verzinsung mit einem Bonus bei Fälligkeit ausgestattet wird, zusammen mit einer Risikolebensversicherung angeboten, die ein mit der jeweiligen Bank kooperierendes Versicherungsunternehmen übernimmt. Der zusätzliche Abschluß der Risikolebensversicherung ist nicht zwingend; der Kunde kann auch allein den Sparvertrag abschließen. Ein direkter Vergleich der Rentabilität zwischen Kapitallebensversicherungen und Sparplänen mit Versicherungsschutz ist nur schwer möglich. Insbesondere weisen letztere auch nicht die steuerlichen Vorteile ersterer auf.

Sparprämie

→ Vermögensbildungsgesetz (936-DM-Gesetz).

Sparprogramm

→ Sparplan.

Sparprogramm bei Investmentfonds

→ Sparplan bei Investmentfonds.

Sparquote

Anteil des Volkseinkommens, der nicht verbraucht wird. Wird auch für private Haushalte so bezeichnet. Ersparnis in % des verfügbaren Einkommens.

Sparschrank

Von Banken für Sparclubs angeboten. In Gaststätten, Geschäften, an Arbeitsplätzen usw. angebracht. Jedes Mitglied erhält ein Fach. Gleichzeitig wird für den Club ein Sparkonto eingerichtet, auf das die Beiträge nach Entleerung der Fächer eingezahlt werden.

Sparschuldverschreibung

→ Sparbriefe → Sparkassenbriefe → Sparkassenobligation.

Sparvertrag

Allgemeine Bez. f. allgemeiner Sparvertrag, Ratensparvertrag, Wertpapiersparvertrag, Investmentsparvertrag u. a. m. I. e. S. Sparvertrag zwischen einer Bank und ihrem Kunden (Sparer). Letzterer wird i. d. R. dadurch begründet, daß der Kunde eine Einzahlung von Bargeld leistet und die Bank hierüber ein Konto eröffnet sowie ein Sparbuch anlegt, in dem der eingezahlte Betrag vermerkt ist. Das Sparbuch wird dem Kunden ausgehändigt. Rechtlich handelt es sich bei diesem Vertragsverhältnis um ein Darlehen, bei dem der Kunde Darlehensgläubiger und die Bank Darlehensschuldner ist.

Sparwilligkeit, -bereitschaft

Bereitschaft, Teile des verfügbaren Einkommens nicht zu verbrauchen, sondern zu sparen. Hängt in erster Linie von der Einstellung des Sparers ab. Motive zur Förderung der Sparwilligkeit liegen darin, daß Ersparnisse die Möglichkeit bieten, sich vor unvorhergesehenen Risiken abzusichern. Beeinträchtigt wird die Sparwilligkeit vor allem durch Furcht vor Inflation.

Sparzulage

→ Vermögensbildungsgesetz (936-DM-Gesetz).

special brackets

Besondere Hervorhebung der Namen von Banken in tombstones, ohne daß diese jedoch in die nächsthöhere Gruppe (lead-manager, manager, co-manager) eingegliedert werden.

special drawing rights (SDR)
→ Sonderziehungsrechte (SZR).

special fund
Spezialfonds.

special situation
Aus bestimmten Gründen kursmäßig besonders interessantes Wertpapier.

Spekulant
Der Spekulation Bestreibende.

Spekulation
Verhalten, das darauf ausgerichtet ist, aus erwarteten zeitlichen Preisunterschieden, vor allem bei Wertpapieren, Devisen, Grundstücken, Gewinn zu ziehen. Bei fallenden Börsenkursen kauft der Spekulant z. B. Wertpapiere in der Annahme, daß der Kurs in naher Zukunft steigen wird (und umgekehrt). Da das Risiko besteht, daß die Kurse weiter sinken, riskiert der Spekulant Verlust. Für den Marktausgleich ist die aus Banken, Börsenmaklern u. a. bestehende Berufsspekulation unentbehrlich (Kulisse). Die Spekulation belebt die Börse nicht nur, sondern verbessert auch die Handelbarkeit der Titel. Durch die Wirkung der Spekulation können Marktpreisschwankungen ausgeglichen werden, da die Spekulation dann kauft, wenn die Preise niedrig sind, mit der Folge, daß es zu Preissteigerungen kommt, und umgekehrt. Spekulation kann marktregulierend, preis- und risikoausgleichend wirken. Spekulationsgeschäfte sind u. a. Termingeschäfte in Wertpapieren.

Spekulation à la baisse
→ Baissespekulation.

Spekulation à la hausse
→ Haussespekulation.

Spekulationsfrist, einkommensteuerlich
Gewinne aus dem Verkauf von Wertpapieren u. a. Vermögenswerten sind in bestimmen Fällen einkommensteuerpflichtig. Realisierte Gewinne sind dann Spekulationsgewinne, wenn bestimmte Fristen unterschritten werden. → Spekulationsgeschäfte, steuerlich.

Spekulationsgeschäft, -handel
Allgemein Geschäftsabschluß, dem das Ziel der Ausnutzung von Preis- oder Kursunterschieden zwischen An- und Verkaufszeitpunkt zugrunde liegt und i. d. R. keine Absicht tatsächlicher Lieferung oder Abnahme besteht. Typisches Beispiel: Viele Termingeschäfte.

Spekulationsgeschäfte, steuerlich
Spekulationsgeschäfte sind: (1) Veräußerungsgeschäfte, bei denen der Zeitraum zwischen Anschaffung und Veräußerung beträgt: (a) bei Grundstücken und Grundstückrechten (z. B. Erbbaurecht, Erbpachtrecht), nicht mehr als 2 Jahre, (b) bei anderen Wirtschaftsgütern, insbesondere bei Wertpapieren, nicht mehr als 6 Monate; (2) Veräußerungsgeschäfte, bei denen die Veräußerung der Wirtschaftsgüter früher erfolgt als der Erwerb. Außer Ansatz bleiben die Einkünfte aus der Veräußerung von Schuld- und Rentenverschreibungen von Schuldner, die Wohnsitz, Geschäftsleitung oder Sitz im Inland haben, es sei denn, daß bei ihnen neben der festen Verzinsung ein Recht auf Umtausch in Gesellschaftsanteile (Wandelanleihen) oder eine Zusatzverzinsung, die sich nach der Höhe der Gewinnausschüttung des Schuldners richtet, eingeräumt ist oder daß sie von dem Steuerpflichtigen im Ausland erworben worden ist; (3) Forderungen, die in ein inländisches öffentliches Schuldbuch eingetragen sind. Gewinn oder Verlust aus Spekulationsgeschäften ist der Unterschied zwischen dem Veräußerungspreis einerseits und den Anschaffungs- oder Herstellungskosten und den Werbungskosten andererseits. Gewinne aus Spekulationsgeschäften bleiben steuerfrei, wenn der aus Spekulationsgeschäften erzielte Gesamtgewinn im Kalenderjahr weniger als DM 1000 beträgt. Verluste aus Spekulationsgeschäften dürfen nur bis zur Höhe des Spekulationsgewinns, den der Steuerpflichtige im gleichen Kalenderjahr erzielt hat, ausgeglichen werden.

Spekulationsgeschäfte in Wertpapieren, steuerlich
Veräußerungsgeschäfte von Wertpapieren, bei denen der Zeitraum zwischen Anschaffung und Veräußerung nicht mehr als 6 Monate beträgt oder die Veräußerung früher erfolgt als der Erwerb. Gewisse Wertpapiere bleiben bei der Besteuerung von Spekulationsgeschäften außer Ansatz. Gewinn oder Verlust aus Spekulationsgeschäften ist der Unterschied zwischen Veräußerungspreis einerseits und Anschaffungs- und Werbungskosten andererseits. Verluste aus Spekulationsgeschäften dürfen nur bis zur Höhe des Spekukationsgewinns, den der Steuerpflichtige im gleichen Kalenderjahr erzielt hat, ausgeglichen werden. Wurden Wertpapiere derselben Gattung an verschiedenen Tagen gekauft und in Teilbeträgen verkauft, wird für die Berechnung der

Steuerschuld ein modifiziertes Fifo-Prinzip angewendet, bei dem davon ausgegangen wird, daß die zuerst erworbenen Papiere zuerst wieder verkauft werden. Für die während der Sechsmonatsfrist erworbenen Papiere wird zur Berechnung der Steuerschuld ein durchschnittlicher Anschaffungskurs errechnet. Bis zu einem Urteil des Bundesfinanzhofes im Frühjahr 1994 verwendeten die Finanzbehörden das i. d. R. für den Anleger ungünstigere Lifo-Prinzip, das unterstellt, die zuletzt erworbenen Papiere würden zuerst verkauft. Sind aufgrund eines Depotbestandes junge Aktien bezogen werden, beginnt für diese jungen Aktien die Sechsmonatsfrist mit dem Bezug. Freigrenze: Hat der erzielte Gesamtgewinn im Kalenderjahr weniger als DM 1000 betragen, bleiben Gewinne aus Spekulationsgeschäften steuerfrei. Bei Erreichen dieser Grenze ist aber der gesamte Gewinn zu versteuern. Die Freigrenze steht bei zusammenveranlagten Ehegatten jedem der beiden bis zur Höhe seines Gesamtgewinns zu. Spekulationsgewinne sind grundsätzlich in dem Jahr zu versteuern, in dem sie zugeflossen sind. Seit 1994 unterliegen auch Spekulationsgewinne aus der Veräußerung von Schuldverschreibungen inländischer Emittenten der Steuerpflicht.

Spekulationskasse

Zahlungsmittelmenge, die von Wirtschaftssubjekten zu spekulativen Zwekken bzw. im Hinblick auf erwartete Preis- oder Kursänderungen gehalten wird. Steigt der Effektivzins infolge einer Senkung der Wertpapierkurse über eine als normal empfundene Höhe, wird durch den Kauf von Wertpapieren die Spekulationskasse pro Zeiteinheit reduziert, da man in Zukunft mit einer Zinssenkung auf das als normal betrachtete Niveau (also mit einer Kurssteigerung) rechnet. Fällt der Zins unter die als normal angesehene Rate, so wird die Spekulationskasse aufgestockt. Von einem bestimmten niedrigen Zins an wird die Geldnachfrage vollkommen zinselastisch. Jede Geldmenge, die nicht für Transaktionszwecke nötig ist, fließt in die Spekulationskasse.

Spekulationspapier

Aktien mit größeren Kursschwankungen, die auch durch stark wechselnde Gewinnausschüttungen hervorgerufen werden. Zuweilen führen mit Unterbrechungen vorgenommene Aufkäufe zu größeren Kursschwankungen.

Spekulationsteuer

ESt, die auf Spekulationsgewinne erhoben wird. → Spekulationsfrist, einkommensteuerlich → Spekulationsgeschäfte, steuerlich → Spekulationsgeschäfte in Wertpapieren, steuerlich.

spekulativ(e Börse)

Bez. f. einen Geschäftsablauf an der Börse, der stark durch spekulativ vorgehende Händler gekennzeichnet ist.

spekulative Aktien, Wertpapiere

Dividendenpapiere (gelegentlich auch festverzinsliche Wertpapiere), deren Kurse erfahrungsgemäß größeren Schwankungen unterliegen, weil ihre Kursbewegung von Faktoren beeinflußt wird, deren Bewertung durch die Kapitalanleger und Spekulanten stark schwankt. Bei Aktien können dies stark schwankende Ertragsaussichten sein, während sich starke Kursschwankungen bei festverzinslichen Wertpapieren aus der nicht mehr erstklassigen Bonität der Schuldner ergeben. Spekulationswerte sind darüber hinaus typischerweise Optionen und futures.

spekulative Blase

Marktpreisbildung, die von den Fundamentalwerten abweicht. Wird insbesondere dadurch ermöglicht, daß der Preis eines Gegenstandes maßgeblich durch die Preiserwartung beinflußt wird, wodurch ein dynamischer Prozeß initiiert wird, der zu selbsterfüllenden Erwartungen mit einem positiven feed back führt.

spekulieren

→ Spekulation.

Sperraktien

Bez. f. Aktien, bei deren Erwerb die Verpflichtung übernommen wird, sie bis zu einem bestimmten Termin zu behalten. Eine solche Vereinbarung erfolgt beispielsweise zuweilen bei der Ausgabe neuer Aktien, wenn den alten Aktionären kein Bezugsrecht eingeräumt wird, sondern die Aktien von interessierter Seite übernommen werden.

Sperrbescheinigung

Der Kontoinhaber kann bei der Wertpapiersammelbank die Sperre von Sammelbestandsteilen bis zur Beendigung der HV beantragen. Über die vorgemerkte Sperre wird eine Bescheinigung erteilt. Hat die AG die Wertpapiersammelbank ermächtigt, Stimmkarten auszustellen, erhält der Kontoinhaber statt der Sperrbescheinigung eine Stimmkarte.

Sperrdepot
Sonderdepot einer Depotbank, die für eine KAG Wertpapiere eines Sondervermögens verwaltet. Über das Sperrdepot kann die KAG nur mit Einverständnis der Depotbank verfügen. Hierdurch wird die Kontrolle durch die Depotbank gewährleistet. I. w. S. Depots, deren Papiere bis zu einem bestimmten Stichtag oder die aufgrund gesetzlicher Veräußerungsverbote (z. B. bei Belegschaftsaktien oder aufgrund Vermögensbildungsgesetz) gesperrt sind.

Sperren, Sperrung
(1) Bei Wertpapierdepots Regelung, daß Papiere an die berechtigten Personen nur mit Zustimmung einer bestimmten anderen Person herausgegeben werden dürfen. (2) Sperren abhandengekommener Wertpapiere durch Bekanntmachung im Bundesanzeiger. Ein Kaufmann, der Bank- und Geldgeschäfte betreibt, kann an solchen Papieren keine Eigentums- und Pfandrechte erwerben. Zur vereinfachten Überprüfung werden Sammellisten aufgerufener Wertpapiere veröffentlicht. (3) Für verlorengegangene Schecks mit der Wirkung einer sofortigen Zahlungssperre. (4) Bei Sparbüchern durch die betreffende Bank auf Verlustanzeige des Sparers.

Sperrfrist
(1) Zeitraum, in dem ein Wertpapier nicht veräußert werden darf. (2) Kündigungsfrist bei Spareinlagen mit dreimonatiger oder vereinbarter Kündigungsfrist von mehr als drei Monaten. (3) Zeitraum vom Druck bis Veröffentlichung von Lageberichten.

Sperrjahr
Nach AktG einjährige Frist, die bei der Auflösung der AG seit dem 3. Aufruf der Gläubiger vergangen sein muß, bevor Vermögen verteilt werden darf. Nach GmbHG Frist für die Anmeldung einer Stammkapitalherabsetzung zum Handelsregister, die erst nach der 3. Aufforderung an die Gläubiger, sich zu melden, erfolgen darf. → Abwicklung der AG.

Sperrminorität bei der AG
Mit dem Verfügungsrecht über Aktien, deren Nennbetrag zusammen mehr als 25% des gesamten Nennkapitals beträgt (in der Praxis genügt meist weniger), kann jede Satzungsänderung auch dann verhindert werden, wenn auf der Gegenseite Mehrstimmrechtsaktien bestehen. Da nämlich für alle Satzungsänderungen zusätzlich zur einfachen Stimmenmehrheit Dreiviertel-Mehrheit des vertretenen Kapitals verlangt wird, kann eine Stimmenmehrheit gegenüber einer Opposition von mehr als 25% des Kapitals keine Satzungsänderung durchsetzen. Andererseits ermöglicht die einfache Stimmenmehrheit aufgrund von Mehrstimmrechtsaktien wegen der auch bei Satzungsänderungen verlangten einfachen Stimmenmehrheit selbst bei geringem Kapitalbesitz eine Sperrminorität gegenüber dem u. U. viel stärkeren Block, der eine Satzungsänderung verlangt. Da in der Praxis das gesamte Kapital bzw. alle vorhandenen Stimmen in der HV nur selten vertreten sein werden, genügt i. d. R. schon ein geringerer Kapital- bzw. Stimmanteil zur Erreichung der Sperrfunktion. Andererseits hat ein Besitz von über 25%, jedoch unter 50% des Kapitals nur begrenzte Sperrfunktionen, wenn die Satzung einfache Kapitalmehrheit für Satzungsänderungen und verwandte Maßnahmen als ausreichend erklärt; eine solche Satzungsbestimmung ist jedoch nur für wenige Fälle zulässig (z. B. für die Kapitalerhöhung gegen Einlagen, nicht dagegen für das genehmigte Kapital).

Sperrstücke
Stücke einer Emission, die erst nach Ablauf einer bestimmten Frist wieder verkauft werden dürfen. Kommen die Stücke früher an den Markt und müssen sie dann vom Aussteller aufgenommen werden, ist die für die Übernahme der Sperrverpflichtung gewährte Vergütung ganz oder teilweise zurückzuzahlen. Bei festverzinslichen Wertpapieren wird meist die Bonifikation höher festgesetzt, wenn sie mit einer Sperrfrist für den Weiterverkauf der Wertpapiere verbunden ist.

Spesen beim Kauf oder Verkauf von Wertpapieren
Im Kommissionsgeschäft: Maklergebühren, Bankprovision, Abwicklungsgebühren, Gebühren für telefonische, telegrafische oder Fernschreiber-Übermittlung, bei Namensaktien auch Umschreibegebühren, ferner Gebühren im Treuhandgiroverkehr. Maklergebühren und Provision für die Bank werden oft in einer Summe angegeben (netto).

Spesenrechnung
Die bankmäßige Spesenrechnung ist eine Zusammenstellung der Auslagen und besonderen Gebühren, die bei der Ausführung eines Kundenauftrags entstehen. Wichtigste Spesenrechnung ist die im

Effektenkommissionsgeschäft. Bei Ausführung eines Börsenauftrags werden neben dem Kurswert Spesen in Form von Courtage und Provision berechnet und angegeben. Auch wenn die Ausführung des Auftrages durch Selbsteintritt erfolgt, werden die Spesen berechnet.

Spezialbanken

Banken mit besonderem Geschäftszweig; z. B.: Hypothekenbanken, Schiffsbanken, Teilzahlungsbanken, Wertpapiersammelbanken, Bausparkassen u. a. Gegensatz: Universalbanken.

Spezialfonds (1)

Investmentfonds, dessen Portefeuille hauptsächlich Wertpapiere nur bestimmter Branchen enthält. Widerspricht u. U. dem Grundprinzip des Investmentgedankens, der Risikostreuung. → Branchenfonds.

Spezialfonds (2)

Investmentfonds, die sich hinsichtlich Rechtsgrundlagen und Arbeitsweise nicht grundsätzlich von Publikumsfonds unterscheiden. Auch für sie gilt das KAGG. Anders als bei Publikumsfonds, deren Anteile von jedermann erworben werden können, werden Spezialfonds aufgrund schriftlicher Vereinbarung mit der Kapitalanlagegesellschaft von maximal zehn Anteilinhabern, die nicht natürliche Personen sind, gehalten, wobei die Kapitalanlagegesellschaft in Vereinbarung mit den Anteilinhabern sicherzustellen hat, daß die Anteile nur mit Zustimmung der Kapitalanlagegesellschaft von den Anteilinhabern übertragen werden dürfen. Ursprünglich handelte es sich hierbei ausschließlich um Institutionen, die gebundenes Vermögen zu verwalten haben, also Versicherungsunternehmen, Pensions- und Sterbekassen, Gemeinschaftseinrichtungen berufsständischer Organisationen, Arbeitgeber- und Arbeitnehmerorganisationen, kirchliche Verbände, Stiftungen, betriebliche Unterstützungskassen, Unternehmen, die eine Anlage für Pensionsrückstellungen oder die Mitarbeitervermögensbildung suchen usw. Seit der Novelle des KAGG von 1990 können Spezialfonds aber auch für alle anderen inländischen juristischen Personen und Personengesellschaften – also auch ohne einen sozialen Bezug – sowie für ausländische nicht-natürliche Personen aufgelegt werden. Da die Fondseigner mit ihren Anlagen spezielle Ziele verfolgen, meist auch gesetzliche Vorschriften und Anordnungen zu beachten haben und auf die eigene Satzung Rücksicht nehmen müssen, richtet sich die Anlagepolitik nach individuellen Erfordernissen. Mit der gesamten oder teilweisen Ausgliederung der Effektenverwaltung ersparen sich die Anleger Kosten. In regelmäßigen Zusammenkünften zwischen Repräsentanten des Anlegers und der KAG im Anlageausschuß hat der Anleger die Möglichkeit, auf die Portefeuillezusammenstellung Einfluß zu nehmen. Er kann darüber hinaus auch Zeitpunkt und Umfang der Ausschüttung, bis zu einem gewissen Grad auch deren Zusammensetzung mitbestimmen. Im Hinblick darauf sind zahlreiche Vorschriften des KAGG, die für den Anlegerschutz bei Publikumsfonds konzipiert wurden, für Spezialfonds außer Kraft gesetzt. So sieht das Gesetz bei den Vorschriften zur Genehmigung der Vertragsbedingungen und der Depotbank, bei der Prospektpflicht und bei einer Reihe von Melde- und Informationspflichten Befreiungen bzw. Sonderregelungen vor. Nach dem Niederstwertprinzip bilanzierende Anleger verbessern über Spezialfonds die Mobilität ihres Wertpapierbestandes. Durch Umschichtungen in den Fondspapieren wird der Buchwert der Fondsanteile nicht berührt. Als Zweckvermögen ist der Spezialfonds von allen Ertrag- und Vermögensteuern befreit. Über den Fonds werden Dividenden und Zinsen ohne Abzug von KESt gutgeschrieben und die anrechenbare KSt zur Geltendmachung vermittelt. Da bei Spezialfonds keine Vertriebskosten anfallen, werden die Anteile zum Inventarwert ausgegeben, d. h., es entfällt der Ausgabeaufschlag. Als Vergütung berechnen die KAG i. d. R. Promillesätze aus dem Fondsvermögen als Verwaltungsgebühr.

Spezialitäten

Börsenbez. f. bestimmte, nicht allgemein interessierende und gekaufte Wertpapiere.

Spezialitätenfonds

Investmentfonds, die sich auf Wertpapiere aus bestimmten Regionen oder bestimmten Branchen konzentrieren, z. B. Australian-Pazifik-Fonds, Rohstoff-, Technologie- und Energiefonds. Im Gegensatz zu den klassischen Investmentfonds, die seit der Auflage der Spezialitätenfonds auch als „Basisfonds" bezeichnet werden, setzt die neue Fondskonzeption bei den potentiellen Anlegern eine höhere Risikobereitschaft und ein höheres Maß an Flexibilität bei der Anlageentscheidung voraus. Diese Fonds wenden sich daher nicht an den langfristig orientierten Sparer, sondern in erster Linie an wertpapiererfahrene Kunden, die kürzerfristige Chancen in ausgewählten Märkten wahrnehmen wollen, sich somit durch ein höheres Maß an Risikobereitschaft auszeichnen und i. d. R. auch vergleichsweise höhere Anlagebeträge zur Verfügung zu stellen bereit sind.

Spezialwerte

Im Gegensatz zu Standardwerten Aktien kleinerer AG, meist mit nicht sehr breitem Markt und oft nur an einer (Regional-) Börse gehandelt.

SPI

Abk. für → Swiss Performance Index.

Spiel- oder Differenzeinwand

Durch Spiel oder Wette wird nach dem BGB eine Verbindlichkeit nicht begründet. Als Spiel ist auch ein Vertrag anzusehen, der auf Lieferung von Wertpapieren lautet, aber in der Absicht geschlossen worden ist, daß der Unterschied zwischen vereinbartem Preis und Börsen- oder Marktpreis der Lieferungszeit vom verlierenden an den gewinnenden Teil gezahlt werden soll (Differenzgeschäft). Ein solcher Vertrag gilt auch schon dann als Spiel, wenn nur die Absicht des einen Teils auf die Zahlung des Unterschieds gerichtet ist, der andere Teil diese Absicht aber kennt oder kennen mußte. Ist ein Geschäft als Spiel anzusehen, kann jede der Vertragsparteien einwenden, dieses Geschäft sei nicht verbindlich. Durch die Bestimmungen des BörsG über den Terminhandel wird der Anwendungsbereich des Differenzeinwandes eingeschränkt. Er kommt nur in Betracht bei Vertragsparteien, denen die Termingeschäftsfähigkeit fehlt, und bei inoffiziellen Termingeschäften. So ist im Hinblick auf den Spiel- oder Differenzeinwand bei einem Termingeschäft zwischen termingeschäftsfähiger und nicht termingeschäftsfähiger Partei die termingeschäftsfähige Partei nur befugt, aus einer Sicherheitsbestellung Befriedigung zu suchen, obwohl das Geschäft für sie verbindlich ist. Privatpersonen, d. h. Nichtkaufleute, erlangen Termingeschäftsfähigkeit kraft Information. Sie müssen ein Informationsmerkblatt unterschreiben, das über die typischerweise mit Termingeschäften verbundenen Risiken informiert. Das BörsG enthält eindeutig definierte Vorgaben für das Informationsmerkblatt.

Spielpapier

Andere Bez. f. Spekulationspapier.

Spitze

Bei Kapitalerhöhungen: Wenn die geplante Kapitalerhöhung nicht voll auf die ausstehenden Aktien verteilt werden kann, entsteht eine Spitze, über deren Verwendung die HV entscheiden muß. Beim einzelnen Kapitalanleger entsteht eine Spitze, wenn die Zahl seiner Bezugsrechte nicht zur Zeichnung einer neuen Aktie ausreicht. Es kommt dann zum Spitzenausgleich, indem Bezugsrechte an der Börse gekauft und verkauft werden. Allgemein: überschießende Beträge bei Aufrechnung.

Spitzenausgleich, -regulierung

An- und Verkauf von Spitzenbeträgen. Auch Ausgleich von Kleinstbeträgen, um eine Kursfeststellung zu ermöglichen.

Spitzen bei Wertpapieren

Wertpapierrechte, die durch vorhandene oder neu auszugebende Stücke nicht dargestellt werden können. Spitzen entstanden bei der Neufestsetzung des Grundkapitals in DM besonders dann, wenn das Grundkapital in einem anderen Verhältnis als 1 : 1 umgestellt wurde.

Spitzenbeträge

→ Spitze.

Spitzenwerte, -aktien

Bez. f. Aktien führender Gesellschaften.

split (splitting)

In USA Aktienteilung, eine nicht seltene Maßnahme. Erreicht wird höhere Stückzahl der Aktien und ein der Spaltung entsprechend niedrigerer Kurs, der meist zum Kauf anregt. Bei einem split 1 : 1 erhält ein Aktionär, der 1 Aktie besitzt, eine weitere Aktie ohne Gegenleistung. Diese Maßnahme ist keine Ausgabe von echten Gratisaktien, sondern führt bei Nennwertaktien zu einer dem Split-Verhältnis angepaßten Herabsetzung des bisherigen Nennbetrages. Bei nennwertlosen Aktien verringert sich nach einem split der Anteil der einzelnen Aktie am Gesellschaftsvermögen und am Ertrag. Deutsche KAG führen bei ihren Anteilscheinen splits durch.

Splitaktie

Aus einem split hervorgehende Aktie.

split issues

Aufteilung einer oder mehrerer Wertpapieremissionen innerhalb des Emissionskonsortiums. Die Aufteilung von Emissionsbeträgen richtet sich u. a. nach Größe und Geschäftsstrukturen der beteiligten Banken, Risikoübernahmefähigkeit und -bereitschaft, standing und Tradition.

splitting bei Investmentanteilen

Wächst der Preis eines Investmentanteils infolge Kurssteigerungen der Fondswertpapiere stark an, können die Anteilscheine aufgeteilt und damit auf ein niedrigeres Kursniveau zurückgeführt werden, mit entsprechend geringerem Inventarwert. Wird z. B. von der Investmentgesellschaft ein splitting im Verhältnis von 1:3 vorgenommen, erhält jeder Anteilinhaber für je einen alten Anteil 3 neue Anteile hinzu, so daß sich sein Bestand vervierfacht. Gleichzeitig wird der Inventarwert geviertelt. Dadurch ermäßigt sich der Anteilspreis, so daß die Anteile auch für den kleineren Sparer wieder attraktiver werden. Splittings sind vermögenswertneutral.

Splitting-Verfahren (Ehegattenbesteuerung)

Bei Ehegatten, die zusammen zur ESt veranlagt werden, beträgt die tarifliche ESt grundsätzlich das Zweifache des Steuerbetrags, der sich für die Hälfte ihres gemeinsam zu versteuernden Einkommens ergibt.

sponsor

Gründerfirma eines Investmentfonds in angelsächsischen Ländern. Übernimmt oft auch die Funktion des distributor oder underwriter.

spot basis

Sofortige Verrechnung, Regulierung.

spot cash

Sofort lieferbar oder zahlbar (im Warengeschäft). → spot-Markt.

spot-Geschäft

Geschäft an den internationalen Börsen gegen sofortige Bezahlung und Lieferung (Effektivgeschäft). Im Devisenhandel: Kassageschäft, im Unterschied zum Termingeschäft.

spot-Kurs

→ Kassakurs. → spot-Geschäft.

spot-Markt

An den internationalen Warenbörsen Bez. f. Geschäfte mit sofortiger Bezahlung und Lieferung. Es sind also reine Kassageschäfte. Im internationalen Rohölhandel Handelsplätze, an denen nicht vertraglich gebundene Rohölmengen meistbietend verkauft werden, unter Beteiligung von Ölexportländern, freien Händlern, nicht konzerngebundenen Raffinerien.

spot next

Swap-Geschäft, dessen Kassaseite normal valutiert ist, deren Terminseite aber einen Tag später fällig wird.

spot-Preis

→ Kassakurs.

spread (1)

Prämiengeschäft im US-Wertpapierhandel: Der Prämienzahler hat das Recht, am vereinbarten Termin zu einem höheren Kurs abzunehmen oder zu einem niedrigeren Kurs zu liefern. Spread entspricht dem Stellagegeschäft des deutschen Terminhandels früherer Art.

spread (2)

Vor allem am Euromarkt verwendete Bez. f. die Differenz zwischen 2 Zinssätzen, absolut oder in Prozent. Auch: Differenz zwischen Ankaufspreis und Verkaufspreis eines market maker.

spread (3)

Aufschlag auf einen bestimmten Kreditzinssatz, z. B. spread of ½% over Libor. Ferner: Zinsmarge; Bonifikation zugunsten einer Bank; Provision im Konsortialgeschäft.

spread (4)

Im Terminhandel die Differenz zwischen Geld- und Briefkurs. → maximum spread.

spread-Handel

→ Zinstermingeschäfte → Zinsterminkontrakte.

spread hedge (hedging)

Wenn im Zinstermingeschäft der hedger als Käufer des einen und als Verkäufer des anderen Zinsterminkontrakts auftritt.

spreading

Gleichzeitiger Kauf und Verkauf identischer oder nahezu identischer Options- oder Terminkontrakte mit unterschiedlichen Basispreisen und/oder Laufzeiten an einer oder auch verschiedenen Börsen. Je nach Art der eingenommenen Position können vertikale, horizontale, bullische und bearische spreads unterschieden werden. Ein bull spread besteht aus dem Kauf und Verkauf von Kaufoptionen. Die short-Position weist im Vergleich zur long-Position einen höheren Basispreis bei gleicher oder kürzerer Laufzeit auf. Bull spreads sind profitabel, wenn der Kurs des der

Option zugrundeliegenden Basisobjekts steigt. Das Risiko dieses spread ist auf die Differenz aus gezahlter und erhaltener Prämie begrenzt. Entsprechend setzt sich ein bear spread aus dem Kauf und Verkauf von Verkaufsoptionen zusammen. Der Basispreis der short-Position ist geringer als der der long-Position. Aus der Höhe der Differenz zwischen den Basispreisen der long- und short-Position resultiert die vertikale oder diagonale Ausdehnung des spread.

spreads

→ Arbitrage.

Sprechbörse

Bez. f. inoffizielle Börse.

Sprechkurs

→ gesprochene Kurse.

StA

Abk. f. Stammaktien.

staatliche Emissionsgenehmigung

Die inzwischen abgeschaffte staatliche Emissionsgenehmigung war kodifiziert im Gesetz über die staatliche Genehmigung von Inhaber- und Orderschuldverschreibungen v. 1954. Nach diesem war die Emission sowohl von Inhaber- als auch von Orderschuldverschreibungen genehmigungspflichtig. Schuldverschreibungen des Bundes und der Länder bedurften keiner Genehmigung; jedoch sollten sich die Länder mit dem zuständigen Bundesminister ins Benehmen setzen.

staatlich gewährleistete Schuldverschreibungen

Schuldverschreibungen öffentlicher Haushalte, Anstalten und Körperschaften wie auch privater Emittenten, für deren Rückzahlung und Verzinsung die Regierung eines Staates eine bürgschafts- oder garantieähnliche Erklärung abgegeben hat. Schuldverschreibungen werden i. d. R. nur dann gewährleistet, wenn dies aus konjunktur-, arbeitsmarkt-, wachstums- oder strukturpolitischen Erwägungen notwendig erscheint. Beispiele für staatlich gewährleistete Schuldverschreibungen sind insbesondere bestimmte Schuldverschreibungen von Kreditinstituten mit Sonderaufgaben oder Spezialkreditinstituten im öffentlich-rechtlichen Bereich; die Gewährleistungen werden ausgesprochen, weil sich der Staat dieser Institute zur Durchführung zahlreicher struktur- und prozeßpolitischer Aufgaben bedient.

staatliche Sparförderung

→ Vermögensbildungsgesetz (936-DM-Gesetz).

Staatsanleihen, -papiere

Vom Staat, d. h. Bund, Bundesländern u. a. Körperschaften ausgegebene kurz-, mittel- und meist langfristige Schuldverschreibungen. Sind an jeder Börse ohne Prospekt zum amtlichen Handel zugelassen. → öffentliche Anleihen (Schuldverschreibungen).

Staatsaufsicht, Börse

Staatliche Aufsicht über die Wertpapierbörsen, die ein zuständiger Landesminister ausübt, der einen Staatskommissar bestellt.

Staatsbankrott

Ausdruck für den Zustand der Zahlungsunfähigkeit eines Staates. Die Zahlungsunfähigkeit eines Staates wird insbesondere dann manifest, wenn er nicht mehr in der Lage ist, Auslandsschulden zu tilgen und zu verzinsen. In diese Situation kann ein Staat gelangen, wenn seine Devisenreserven aufgezehrt sind und er von ausländischen und internationalen Kreditgebern nicht mehr als kreditwürdig angesehen wird. Darüber hinaus kann ein Staat jedoch auch gegenüber inländischen Gläubigern zahlungsunfähig werden, wenn die staatlichen Einnahmen (einschl. Möglichkeiten zur Erhöhung der Haushaltdefizite) nicht ausreichen, um fälligen Verbindlichkeiten nachzukommen.

Staatsgarantie

Erklärungen einer Staatsregierung in Form von Gewährleistungen, Bürgschaften oder Garantien. Können z. B. auch für Schuldverschreibungen inländischer Emittenten übernommen werden wie auch im Rahmen der Förderung strukturschwacher und insolvenzgefährdeter Unternehmen oder zur Absicherung gegen politische Risiken bei Direktinvestitionen deutscher Unternehmen in Entwicklungsländern.

Staatskommissar an der Börse

Als Organ der Landesregierung zu bestellen. Er hat den Geschäftsverkehr an der Börse sowie die Befolgung der für die Börse erlassenen Rechtsvorschriften und Verwaltungsbestimmungen zu überwachen. Er kann den Beratungen der Börsenorgane (Börsengremien) beiwohnen und die Börsenorgane auf hervorgetretene Mißstände aufmerksam machen. Über Mängel und über die Mittel zu ihrer Abstellung hat er der Landesregierung zu berichten.

Staatsschuldbuch

Verzeichnis von Ansprüchen gegen den Staat aus Darlehen u. dgl., für die keine Schuldverschreibungen ausgestellt sind. Die Beurkundung dieser Schuldbuchforderungen erfolgt nur durch Eintragung in das Staatsschuldbuch.

Staatspapiere

Sammelbez. f. von staatlichen Stellen emittierte Schuldtitel, sowohl als kurz- und mittelfristige Schatzwechsel und Schatzanweisungen als auch als mittel- bis langfristige Kassenobligationen und Anleihen aller Art.

stabil

Tendenzbez. f. ansteigende Kurse.

stabile Wechselkurse

→ feste Wechselkurse → starre Wechselkurse.

Stadtanleihen

Anleihen von Städten, Kommunen usw. Sind bei der Einführung in den amtlichen Börsenverkehr prospektpflichtig, sofern die Landesregierung keine Prospektbefreiung anordnet. Der Prospekt muß eine Aufstellung über das Vermögen und die Schulden sowie über die Steuereinnahmen der Stadt enthalten. Auch die von der Stadt eingegangenen Bürgschaften sind anzugeben.

Stadtschaften

Rechtsfähige Kreditanstalten, die sich durch Ausgabe von Pfandbriefen Mittel beschaffen, um ihren Mitgliedern Tilgungsdarlehen zu gewähren, die durch Hypotheken oder Grundschulden gesichert sind.

Stämme

Im Aktienhandel zu Unterscheidungszwecken übliche Abkürzung für Stammaktien (wenn die AG auch Vorzugsaktien ausgegeben hat).

Ständige Kommission für Angelegenheiten des Handels in amtlich nicht notierten Werten

1912 gebildet, 1952 beim Bundesverband deutscher Banken neu konstituiert. Spitzenorganisation für die an jeder Börse bestehenden Ortsausschüsse für amtlich nicht notierte Werte. Zu ihren Aufgaben gehören: Richtlinien für die Einbeziehung von Wertpapieren in den Freiverkehr aufzustellen, Usancen für den Handel in amtlich nicht notierten Wertpapieren zu vereinheitlichen, die Innehaltung der von den Börsengesellschaften übernommenen Publikationsverpflichtungen zu überwachen u. a. m.

Staffelanleihe

Anleihe, deren Verzinsung gestaffelt ist und sich an festliegenden Terminen ändert.

stag

Engl. Ausdruck für Konzertzeichner.

Stagflation

Zusammentreffen einer Wachstumspause (Stagnation) und nachhaltiger Kaufkraftverluste des Geldes (Inflation). Meist mit negativen Börseneinflüssen verbunden.

stagging

Bez. f. eine besondere Art der Spekulation, die sich auf Neuemissionen am Aktienmarkt bezieht. Etwa seit Mitte 1983, mit der steigenden Zahl an Neuemissionen auch an den deutschen Börsen, macht sich stagging auch am deutschen Aktienmarkt bemerkbar. Die betreffenden Spekulanten zeichnen sämtliche Neuemissionen, die an die Börse kommen, in der Hoffnung, möglichst kurzfristig, in den ersten Tagen der Kursbildung, hohe Gewinne zu machen. Dazu werden die Neuemissionen teilweise schon vor Bekanntgabe der genauen Konditionen gezeichnet und die Aktien durch sog. Konzertzeichner zum Teil mehrfach überzeichnet. Es wird darauf spekuliert, daß die Kursanstiege aufgrund der tendenziell hohen Nachfrage nach Neuemissionen beträchtlich sind.

Stagnation der Kurse

Tendenzbez. f. Stillstand der Kurse, kaum veränderte Kurse.

Stahlfach

→ Schließfach → Safe.

Stahlkammer

Tresor. Besonders gesicherte Aufbewahrungsräume der Banken für Vermögenswerte ihrer Kunden.

Stahl-Liquis

Liquidationsanteilscheine der früheren IG Stahlindustrie.

Stammaktie

Aktie, die dem Inhaber die normalen, durch das AktG festgelegten Anteilsrechte gewährt. Normaltyp der Aktien; überwiegt weitaus. Gegensatz: Vorzugsaktie.

Stammaktionär

Inhaber von Stammaktien. Gegensatz: Vorzugsaktionär.

Stammeinlage

Anteil eines Gesellschafters an einer GmbH. Die Mindesteinlage beträgt DM 500.

Stammkapital

Das auf einen bestimmten Nennbetrag lautende Eigenkapital der GmbH, das sich aus der Summe aller Anteile der Gesellschafter ergibt. Muß mind. DM 50000 betragen.

Stammrechte

Hauptrechte aus einem Wertpapier. Werden in den Mänteln verbrieft, die Nebenrechte in den Bogen.

Standardabweichung

Statistisches Streuungsmaß: Wurzel aus der Varianz. Die Standardabweichung als absolutes Streuungsmaß wird gelegentlich dividiert durch einen geeigneten Mittelwert, etwa das arithmetische Mittel; dadurch entsteht der Variationskoeffizient, ein relatives Streuungsmaß.

Standardpapiere, -werte, -aktien

Bez. f. Aktien mit guten Dividendenerträgen und größeren Börsenumsätzen, die sich daher zur Kapitalanlage besonders eignen; überwiegend Aktien von bekannten Unternehmen mit hohem standing, vor allem die Aktien der großen Publikumsgesellschaften.

Standard & Poors 500-Index

Der 1957 von der Standard & Poors Company entwickelte Index umfaßt 500 US-amerikanische Aktien: 400 Industrie-Werte, je 40 Unternehmen der Versorgungsindustrie und Finanzbranche sowie 20 Transportgesellschaften. Im Gegensatz zum DOW Jones industrial-Index ist der S&P 500 nach dem Wert umlaufender Aktien jeder Gesellschaft gewichtet. Infolge dieser Gewichtung repräsentieren die 25% größten, im S&P 500 erfaßten Unternehmen 60% des Index. Besondere Bedeutung hat der S&P 500 erlangt, seitdem er als einer von zwölf leading indicators zur Beurteilung der US-amerikanischen Konjunktur kommender Monate verwandt wird. Ferner erfolgt an der Chicago Mercantile Exchange (CME) ein reger Handel in S&P 500-Terminkontrakten.

standby floating rate note

Die Kreditgarantie bzw. Übernahmeverpflichtung (auch: back-up-Linie), die eine Bank im Rahmen von NIFs, RUFs u. ä. Fazilitäten eingegangen ist, wird in einen zinsvariablen Schuldtitel (floating rate note) umgewandelt.

standing

Zusammenfassung aller Elemente, die einer Unternehmung besonderes Ansehen insbesondere an nationalen und internationalen Geld- und Kapitalmärkten verleihen. Als Determinanten für das von der Öffentlichkeit beigemessene standing kommen vor allem in Betracht: Eigenkapitalhöhe und -quote, Bilanzgewinn, Managementqualifikation usw.

Stapelbestände

Bestände von Wertpapieren bei einer Wertpapiersammelbank, die mangels Auslieferungsanforderungen nicht bewegt werden. Bilden mit den Handbeständen, aus denen erforderlichenfalls Herausgaben vorgenommen werden, die Sammelbestände einer Wertpapiersammelbank. Stapelbestände sind von dieser einfacher zu verwahren und zu verwalten als die Handbestände. Weitere Verwaltungsvereinfachung wird durch die Bildung von Eisbeständen erreicht.

starre Wechselkurse

Wechselkurse, die durch entsprechende Abkommen festgelegt und gegeneinander nicht schwanken können. Auch: feste, stabile Wechselkurse. Gegensatz: flexible, freie Wechselkurse. Eine Zwischenform ist die der stufenflexiblen Wechselkurse (→ EWS).

statement of source and application of funds

Angelsächsischer Begriff f. Bewegungsbilanz, Verwendungsnachweis bzw. finanzwirtschaftliche Bilanz, wobei insbesondere auf Quellen und Verwendungen von Finanzmitteln eingegangen wird.

statistische Erhebungen der Deutschen Bundesbank

Die Veröffentlichung statistischen Materials durch die Bundesbank stellt eine wichtige Informationsquelle für die an gesamtwirtschaftlich relevanten Daten interessierte Öffentlichkeit dar und ist von erheblichem Interesse auch für Kapitalanleger.

Status

Gegenüberstellung von Vermögen und Schulden zu einem bestimmten Stichtag und ohne Berücksichtigung der Bewertungsvorschriften für die Jahresbilanz. Eine Art fortgeschriebene Rohbilanz, bei der noch keine Abschreibungen, Wertberichtigungen, Kompensationen usw. erfolgt sind. Gibt Auskunft über den aktuellen Vermögensstand. Dient z. B. als Unterlage bei Vermögensauseinandersetzungen zwischen Gesellschaftern, bei Kreditgewährungen, bei Eröffnung eines Konkurs- oder Vergleichsverfahrens usw.

Statut

→ Satzung → Gesellschaftsvertrag.

Stellagegeschäft (Stellgeschäft)

Wertpapiertermingeschäft. Dient das Vorprämiengeschäft der Haussespekulation, das Rückprämiengeschäft der Baissespekulation, gibt das Stellagegeschäft die Möglichkeit, daß sich die Spekulation in dem gleichen Wertpapier nach beiden Richtungen engagiert und gleichzeitig ein Vorprämien- und ein Rückprämiengeschäft abschließt. Dies ist dann von Bedeutung, wenn die Spekulation mit starken Kursschwankungen rechnet, ohne daß eine feste Meinung hins. der Richtung der erwarteten Kursveränderungen besteht. Das Stellagegeschäft ist ein Wahlgeschäft zwischen Lieferung und Abnahme von Wertpapieren. Der Käufer der Stellage erwirbt das Recht, an einem vereinbarten Termin vom Verkäufer (Stillhalter) wahlweise die Lieferung einer bestimmten Menge von Wertpapieren zu einem festgesetzten oberen Kurs oder die Abnahme der gleichen Menge von Wertpapieren zu einem festgesetzten unteren Kurs zu verlangen. Dieses Wahlrecht ist verbunden mit der Pflicht des Käufers, sich in jedem Fall für die eine oder für die andere Möglichkeit zu entscheiden; Rücktritt vom Vertrag ist ausgeschlossen. Wann der Käufer einer Stellage von seinem Kaufrecht und wann von seinem Verkaufsrecht Gebrauch macht, hängt von der Kursgestaltung am Prämienerklärungstag ab. Er wird sich so entscheiden, daß er aus der Liquidation einen Gewinn erzielt oder einen etwaigen Verlust möglichst gering werden läßt. Der Käufer einer Stellage ist gleichzeitig Haussier und Baissier. Die Mitte der Stellage ist i. d. R. identisch mit dem Kurs für Festgeschäfte per Termin am Abschlußtag des Stellagegeschäfts (Stich- oder Stellkurs). Die Stellagemitte kann jedoch auch von dem entsprechenden Festkurs geringfügig nach oben oder nach unten abweichen (Stellage mit schiefer Mitte). Die für eine Stellage verlangte Prämie ist in Zeiten ruhiger Börsenentwicklung allgemein niedriger, als wenn in nächster Zukunft mit größeren Kursschwankungen gerechnet wird. Je länger der Zeitpunkt, an dem der Wähler seine Entscheidung abzugeben hat, hinausgeschoben wird, um so höher steigt i. d. R. die Spannweite der Stellage. Diese wird vor allem beeinflußt von: Art des Papiers und Lage der betreffenden Unternehmung, politischer und wirtschaftlicher Lage, Geldmarktlage, Kurshöhe des Papiers (je höher der Kurs, desto eher die Möglichkeit größerer Kursschwankungen, desto größer demnach auch die Spannung), Zeitraum bis zum Erklärungstage (die Schwankungsmöglichkeit wächst mit der Länge der Zeit). Innerhalb der Stellagespannung bestehen für den Käufer der Stellage nur Verlustmöglichkeiten. Sein höchster Verlust tritt ein, wenn Stichkurs und Ultimokurs einander gleich sind. Andererseits kann er mehr als die Differenz vom Mittelkurs bis zum Forderungskurs oder bis zum Lieferungskurs nicht verlieren. Die beiden Hälften der Stellagespannung stellen das Verlustrisiko des Stellagekäufers dar. Gewinnen kann der Stellagekäufer erst, wenn sich die Kurse über die beiden Extremwerte hinausbewegen. Der Verkäufer einer Stellage ist der Stillhalter. Sein Gewinn ist in Höhe der halben Stellagespannung begrenzt, seine Verlustmöglichkeit theoretisch unbegrenzt. Ein Verlust tritt aber erst dann ein, wenn sich die Kurse um mehr als die halbe Stellagespannung von dem Stichkurs entfernt haben. Während der Stellagekäufer gleichzeitig Haussier und Baissier ist und nur aus größeren Kursschwankungen einen Vorteil gewinnt, ist der Stellageverkäufer, was das betreffende Einzelgeschäft betrifft, keines von beiden. Er gewinnt nur bei geringfügigen Kursschwankungen bzw. bei gleichbleibenden Kursen.

Stellen

→ Devisenkursbildung.

Stellgeld (Spannung)

Differenz zwischen vereinbartem Lieferungs- und Abnahmekurs beim Stellagegeschäft.

Stellgeschäft.

→ Stellagegeschäft (Stellgeschäft).

Stellkurs (Stichkurs)

Im Stellgeschäft: Der Mittelwert zwischen Lieferungs- und Abnahmekurs im Stellgeschäft.

Stempelsteuern

Kapitalverkehrsteuern, die durch Erwerb, Aufkleben und Abstempeln oder sonstiges Entwerten von Steuermarken auf einer

Urkunde (einem Wertpapier) entrichtet werden. Bei Wertpapiergeschäften über Banken erfolgt die Versteuerung automatisch durch diese.

step-up-Anleihe

Festverzinsliche Schuldverschreibung mit über die Laufzeit steigenden Zinskupons.

Sterling-Silber

Silberlegierung mit einem Feingewicht von 925/1000. Der Feingehalt ist also gegenüber anderen Silberlegierungen besonders hoch.

Sternchen als Kurszusatz

Besagt bei den Kursen kleine Stücke ohne Umsatz bzw. kleine Beträge ohne Umsatz (d. h.: Aufträge über kleine Beträge konnten bei der Kursfeststellung nicht erledigt werden). → Kurszusätze.

Steueranrechnung(sverfahren)

→ Körperschaftsteueranrechnung(sverfahren) → Doppelbesteuerungsabkommen (DBA).

steuerbegünstigte Kapitalanlagen

Gesamtheit aller Kapitalanlagen, die eine Steuervergünstigung induzieren. Hierzu zählen insbesondere die Gewährung steuerbegünstigter Darlehen, die verschiedenen Formen steuerbegünstigten Sparens, der Erwerb steuerbegünstigter Wertpapiere sowie das Engagement in Verlustzuweisungs- und Bauherrenmodellen.

steuerbegünstigtes Sparen

→ Vermögensbildungsgesetz (936-DM-Gesetz)

steuerbegünstigte Wertpapiere

→ steuerbegünstigte Schuldverschreibungen.

Steuerbescheinigung

Voraussetzung zur Anrechnung des Körperschaftsteuerguthabens bei der Veranlagung zur ESt oder KSt ist Vorlage einer Körperschaftsteuerbescheinigung. Zum Nachweis des Kapitalertragsteuerabzugs bzw. des Zinsabschlags ist eine Kapitalertragsteuerbescheinigung vorzulegen. Die gleichen Unterlagen müssen für die Vergütung der KSt und Erstattung der KESt bzw. des Zinsabschlags eingereicht werden, falls diese nicht über eine Bank erfolgen, sondern von dem Anteilseigner selbst beim Bundesamt für Finanzen beantragt werden. Zur Ausstellung der Körperschaftsteuerbescheinigung und Kapitalertragsteuerbescheinigung ist die ausschüttende Unternehmung verpflichtet. Anstelle der Unternehmung haben die Banken die Bescheinigung auszustellen, wenn diese für Rechnung der Unternehmung die Dividende auszahlen. Körperschaft- und Kapitalertragsteuerbescheinigung werden zu einer einheitlichen Steuerbescheinigung zusammengefaßt. Steuerbescheinigungen sind nach amtlich vorgeschriebenem Muster zu erteilen.

Steuerbescheinigung bei Gutschrift von Investmenterträgen

(A) Körperschaftsteuer: KSt ist anrechenbar, soweit in den Ausschüttungen auf Anteile eines Wertpapiersondervermögens folgende Erträge enthalten sind: (1) Erträge des Sondervermögens, für die der Fonds die Vergütung von KSt an die Depotbank beanspruchen konnte; (2) oder der auf diese Erträge entfallende Teil des Ausgabepreises für ausgegebene Anteilscheine. Insoweit hat die KAG bei der Ausschüttung die Ausschüttungsbelastung von 36% herzustellen. Auch bei der Gutschrift von Ausschüttungen auf Investmentanteile ist den Depotkunden eine Steuerbescheinigung auszustellen. In dieser ist zusätzliche der Anteil der Ausschüttung gesondert anzugeben, der zur Anrechnung oder Vergütung von KSt berechtigt. Das Körperschaftsteuerguthaben ist zunächst pro Anteil zu berechnen und dann in der Steuerbescheinigung multipliziert mit der Anzahl der im Depot befindlichen Anteilscheine anzugeben. Da die steuerliche Behandlung der Ausschüttung von Investmentgesellschaften unterschiedlich ist, je nachdem, ob sich die Anteile im Privat- oder Betriebsvermögen befinden, kann der steuerpflichtige Gesamtertrag hierbei nicht angegeben werden. Insoweit ist auf den Rechenschaftsbericht der KAG zu verweisen. (B) Zinsabschlagsteuer: Neben der Belastung von Erträgen aus dem Aktienbesitz von Fonds mit Körperschaftsteuer wird seit 1993 die Ausschüttung der sonstigen Erträge aus Investmentanteilen mit einem 30prozentigen Zinsabschlag belastet, wenn weder ein Freistellungsauftrag noch eine Nichtveranlagungsbescheinigung vorliegt. Zahlstelle ist die depotführende Bank oder der auszahlende Fonds. Über den Zinsabschlag wird eine Steuerbescheinigung ausgestellt, die dem Finanzamt zur Erstattung oder Anrechnung des Zinsabschlags vorgelegt werden muß.

Steuerbescheinigung bei thesaurierenden Fonds

Für Anteile an thesaurierenden Investmentfonds fallen zwar keine Ausschüttungen an, jedoch gelten bestimmte Teile der Fondseinnahmen als beim Anteilseigner zugeflossen. Insoweit gelten die Regelungen über die Anrechnung der KSt und der ZASt entsprechend.

Steuerbescheinigung, berichtigte

Wurde eine unrichtige Bescheinigung ausgestellt, so ist diese Bescheinigung durch die Bank von dem Kunden zurückzufordern und durch eine berichtigte Bescheinigung zu ersetzen (Vermerk: Berichtigte Steuerbescheinigung). Wird die zurückgeforderte Bescheinigung nicht innerhalb 1 Monats nach Zusendung der berichtigten Bescheinigung an die Bank zurückgegeben, muß das für den Kunden zuständige Finanzamt benachrichtigt werden. Die Bank haftet für die aufgrund der falschen Bescheinigung verkürzte Steuer oder zu Unrecht gewährten Steuervorteile, wenn die Benachrichtigung des Finanzamtes nicht erfolgt. Wenn die Unrichtigkeit auf den Angaben der ausschüttenden Unternehmung beruht, haftet diese.

Steuerbescheinigung, Ersatzbescheinigung

Eine Ersatzbescheinigung darf nur ausgestellt werden, wenn die Urschrift nach Angaben des Kunden abhanden gekommen oder vernichtet ist. Über die Ausstellung von Ersatzbescheinigungen müssen Aufzeichnungen geführt werden.

Steuerbescheinigung, gekennzeichnete Bescheinigung

Wenn Aktien im Zeitpunkt des Zuflusses der Dividenden nicht in einem auf den Namen des Empfängers der Bescheinigung lautenden Wertpapierdepot bei der Bank verzeichnet sind, so muß die Bank die Bescheinigung durch einen entsprechenden Hinweis kennzeichnen. Dies betrifft insbesondere Schalterfälle sowie Sonderfälle, in denen nur Bogen oder nur einzelne Dividendenscheine im Depot verbucht sind. Bei Ausstellung einer gekennzeichneten Steuerbescheinigung ist Vergütung der KSt und Erstattung der KESt nicht zulässig.

Steuerbescheinigung in Sonderfällen

Das Verfahren, mit dem Steuerbescheinigungen erteilt werden, findet auch Anwendung, wenn ein Kunde mit ausländischer Anschrift ein Depot im Inland unterhält. Über die Verwendungsmöglichkeit der Steuerbescheinigungen entscheidet die Finanzverwaltung bei einem etwaigen Veranlagungsverfahren. Entsprechendes gilt, wenn ausländische Banken bei deutschen Banken Depots unterhalten. Hierbei wird die Steuerbescheinigung auf den Namen der ausländischen Bank, die Depotinhaber ist, erteilt. Richten ausländische Banken Unterdepots mit der Angabe von Namen usw. des Kunden ein, wird ebenfalls eine Steuerbescheinigung ausgestellt mit der Angabe des Namens der ausländischen Bank und einem Zusatz, für welchen Kunden das Depot unterhalten wird. Über die Verwendungsmöglichkeit der Steuerbescheinigung in einem Veranlagungsverfahren entscheidet die Finanzverwaltung. Ausländische Banken dürfen auch in diesen Fällen keine Steuerbescheinigung ausstellen. In der Steuerbescheinigung, die immer auf den Namen des Depotinhabers ausgestellt wird, kann – soweit bekannt – zusätzlich deutlich gemacht werden, daß es sich um ein Nießbrauchdepot handelt. Entsprechend kann bei Dividendenzahlung an Nutzungspfandgläubiger verfahren werden. Bei Depots auf den Namen von Personengesellschaften, Investmentclubs, Erbengemeinschaften usw. sowie bei Gemeinschaftsdepots wird von den Banken eine Steuerbescheinigung ausgestellt, die auf die Depotbezeichnung lautet. Diese Steuerbescheinigung ist Grundlage für die einheitliche Feststellung der Kapitaleinkünfte bzw. für die Zurechnung im Rahmen der Veranlagung. Ebenso wie bei Dividendengutschriften auf Aktienbestände von Kunden erteilt eine Bank eine Steuerbescheinigung auch bei Dividendengutschriften auf eigene Aktienbestände. Diese Steuerbescheinigung findet bei der Veranlagung des Instituts Anwendung. Eine Steuerbescheinigung wird bei Dividendengutschriften an andere inländische Banken nicht erteilt. Dies gilt für alle Fälle der Drittverwahrung und somit auch für Gutschriften durch eine Wertpapiersammelbank.

Steuerbilanz der AG

Grundlage für die Berechnung der Körperschaft- bzw. Ertragsteuern. In den meisten Fällen wird die Steuerbilanz von der Handelsbilanz abweichen, da die steuerlichen Bilanzierungsvorschriften ihrer Zweckbestimmung wegen andere Regelungen als die handelsrechtlichen beinhalten. Zur Berechnung der VSt wird eine gesonderte Vermögensteuerbilanz aufgestellt.

Steuerbilanzwert

Der Wert, mit dem Vermögensgegenstände und Schulden gemäß steuerlichen Bilanzierungsvorschriften in die Steuerbilanz aufzunehmen sind. I. d. R. ist der jeweilige Ansatz in der Handelsbilanz auch für die Steuerbilanz maßgeblich (Maßgeblichkeitsprinzip), soweit diesem nicht steuerliche Vorschriften entgegenstehen.

Steuerfahndung

Aufgabe: Erforschung von Steuerstraftaten und Steuerordnungswidrigkeiten, Ermittlung der Besteuerungsgrundlagen in diesen Fällen sowie Aufdeckung und Ermittlung unbekannter Steuerfälle. Die mit der Steuerfahndung betrauten Dienststellen der Finanzbehörden haben dabei die gleichen Befugnisse wie die Hilfsbeamten der Staatsanwaltschaft. Die Beteiligten haben Auskünfte zu erteilen und die erforderlichen Unterlagen zur Verfügung zu stellen, d. h., sie haben auch hier wie bei einer Außenprüfung eine Mitwirkungspflicht bei der Feststellung der für die Besteuerung erheblichen Sachverhalte. Ihre Mitwirkung kann allerdings nicht erzwungen werden, wenn sie sich dadurch der Gefahr aussetzen würden, sich selbst wegen einer Steuerstraftat oder -ordnungswidrigkeit zu belasten.

Steuerflucht

Verlagerung von Vermögen und Einkünften in Niedrigsteuerländer, Verlagerung von Wohn- und Geschäftssitz ins Ausland. Die hiermit verbundenen Vorteile sind jedoch durch das Außensteuergesetz nur begrenzt nutzbar, vielfach sogar in ihr Gegenteil verkehrt worden. Im Vorfeld der Einführung und nach der Einführung einer Zinsabschlagsteuer kam es zu einer Steuerflucht dergestalt, daß DMark-Finanzanlagen verstärkt im Ausland getätigt werden. Besondere Bedeutung kam hierbei den DMark-Investmentfonds von KAG zu, die als Tochtergesellschaften deutscher Banken in Luxemburg domizilieren.

steuerfreie Einnahmen

Im Einkommensteuerrecht die nicht der ESt unterliegenden Einnahmen im Gegensatz zu den gesetzlich fixierten 7 steuerpflichtigen Einkunftsarten. Zu den steuerfreien Einnahmen zählen z. B. einmalige Vermögensanfälle wie Schenkungen, Erbschaften, unter bestimmten Bedingungen Kapitalauszahlungen von Lebens- oder Unfallversicherungen sowie im EStG ausdrücklich enumerierte steuerfreie Einnahmen, zu denen auch Zinserträge bestimmter festverzinslicher Wertpapiere gehören.

steuerfreie Reserven

Oberbegriff f. die Rücklagen einer Unternehmung, die in Form stiller Reserven als nicht realisierte Vermögenszuwächse nicht oder noch nicht der Besteuerung unterliegen bzw. als steuerfreie offene Rücklagen erst in späteren Perioden gewinnerhöhend aufgelöst und der Ertragsbesteuerung unterworfen werden.

steuerfreie Rücklagen

Sonderform der Rücklagen einer Unternehmung, die (noch) nicht der Besteuerung unterworfen wurden. Die Bildung steuerfreier Rücklagen und deren bilanzieller Ausweis als Sonderposten mit Rücklageanteil führt aber nicht zu einer endgültigen Steuerbefreiung, sondern bewirkt lediglich temporäre Steuerverschiebung in spätere Perioden. Steuerfreie Rücklagen sind nur in steuerlich exakt determinierten Fällen zulässig, insbesondere bei der Veräußerung bestimmter Anlagegüter bei gleichzeitigen Reinvestitionsmaßnahmen, bei Erwerb von in ihrem Fortbestand gefährdeten Unternehmen und bei Auslandsinvestitionen.

steuerfreie Wertpapiere

→ steuerfreie Wertpapierzinsen.

steuerfreie Wertpapierzinsen

Einkommensteuerpflichtig sind grundsätzlich die Erträge aller inländischen und ausländischen Wertpapiere, gleichgültig, ob sie zum Betriebs- oder Privatvermögen gehören. Es gilt jedoch eine Reihe besonderer Befreiungen. Bei festverzinslichen Wertpapieren, deren Erträge nach dem EStG steuerfrei sind, handelt es sich im wesentlichen um folgende Gruppen: (1) Steuerfrei bleiben die Zinsen für Schuldbuchforderungen und Schuldverschreibungen nach LAG, deren Zinssatz nicht mehr als 4% beträgt. (2) Steuerfrei sind außerdem die Vorteile aus der Überlassung von eigenen Aktien an Arbeitnehmer zu einem Vorzugskurs nach Kapitalerhöhungsgesetz; (3) hierher gehören auch Steuerbefreiungen, die sich für die Erträge aus ausländischen Wertpapieren aufgrund von DBA ergeben.

Steuergeheimnis

Amtsträger – d. h. Finanzbeamte, Richter und sonstige Personen, die dazu bestellt sind, öffentliche Aufgaben wahrzunehmen – haben das Steuergeheimnis zu wahren.

Sie verletzen es, wenn sie: (1) Verhältnisse eines anderen, die ihnen im Rahmen eines Verwaltungs-, Straf- oder Gerichtsverfahrens oder aus anderem Anlaß durch Mitteilung einer Finanzbehörde oder durch die Vorlage eines Steuerbescheids oder eine Bescheinigung über die bei der Besteuerung getroffenen Feststellung bekanntgeworden sind, oder (2) ein fremdes Geschäftsgeheimnis, das ihnen in einem der genannten Verfahren bekanntgeworden ist, unbefugt offenbaren oder verwerten. Die Pflicht, das Steuergeheimnis zu wahren, gilt nicht, soweit Offenbarung der erlangten Kenntnisse der Durchführung eines Besteuerungs-, Steuerstraf- oder Bußgeldverfahrens dient oder durch Gesetz ausdrücklich zugelassen ist, weiter, wenn der Betroffene zustimmt oder an der Offenbarung zwingendes öffentliches Interesse besteht.

Steuerguthaben, -gutschrift

Im Wege des Anrechnungsverfahrens wird die auf Ausschüttungen lastende, von den Gesellschaften getragene KSt und von der Zahlstelle abgeführte Zinsabschlagsteuer auf die Steuern der Anleger angerechnet oder unter Umständen erstattet. Die Steuergutschrift beträgt bei Aktien 3/7 der Ausschüttung (= Bardividende), bei Investmenterträgen 3/7 der in der Gesamtausschüttung enthaltenen Bardividende sowie meist 30% bei depotverwahrten Zinspapieren oder 35% bei der Bareinlösung von Zinskupons. Die Steuergutschrift zählt zu den einkommensteuerpflichtigen Einnahmen aus Kapitalvermögen. Von der Steuergutschrift wird keine KESt einbehalten; die Besteuerung erfolgt erst im Rahmen der Einkommensteuerveranlagung. → Körperschaftsteuerguthaben.

Steuergutscheine

Unverzinsliche staatliche Inhaberschuldverschreibungen, die zu verschiedenen Terminen fällig sind und bei der Bezahlung von Steuern zu einem über dem Ausgabekurs liegenden Kurs verwendet werden können. Erstmalig wurden Steuergutscheine 1932 u. a. für Mehreinstellung von Arbeitnehmern ausgegeben. Für vom Bayerischen Staat ausgegebene Steuergutscheine werden an der Münchener Börse amtliche Kurse notiert.

Steuerkurse

Zum Zweck der Veranlagung der VSt und der Einheitsbewertung des Betriebsvermögens sind die auf den jeweiligen Bewertungsstichtag im amtlichen Börsenhandel oder am Geregelten Markt festgestellten niedrigsten Kurse maßgebend. Diese vermögensteuerlich maßgebenden Kurse werden vom Bundesminister der Finanzen in einer Liste (Steuerkurszettel) zusammengestellt und veröffentlicht, um sowohl Finanzämtern als auch Steuerpflichtigen die Ermittlung des richtigen Wertansatzes zu erleichtern. Andere Wertpapiere, soweit Anteile an Kapitalgesellschaften oder Forderungsrechte verbriefend, sind mit dem gemeinen Wert anzusetzen. Bei ausländischen Wertpapieren ist möglichst von den Kursen des Emissionslandes auszugehen. Für Wertpapiere, die Rechte der Einleger gegen eine KAG oder einen sonstigen Fonds verbriefen (Anteilscheine), gilt der Rücknahmepreis.

Steuerkurswerte

→ Steuerkurse.

Steuerkurszettel

Vom Bundesminister der Finanzen zusammengestellte und veröffentlichte Liste maßgeblicher Wertpapierkurse, zu denen Wertpapiere für die Vermögensveranlagung und zur Festsetzung des Einheitswertes des Betriebsvermögens zu bewerten sind.

steuerliche Bewertung des Betriebsvermögens

Für die Bewertung der Wirtschaftsgüter, die als Betriebsvermögen anzusetzen sind, gilt u. a.: (1) Wirtschaftsgüter des Anlagevermögens, die der Abnutzung unterliegen, sind mit Anschaffungs- oder Herstellungskosten, vermindert um die Absetzung für Abnutzung, anzusetzen. Ist der Teilwert niedriger, kann dieser angesetzt werden (Teilwert ist der Betrag, den ein Erwerber des ganzen Betriebs im Rahmen des Gesamtkaufpreises für das einzelne Wirtschaftsgut ansetzen würde; dabei ist davon auszugehen, daß er den Betrieb fortführt). Bei Wirtschaftsgütern, die bereits am Schluß des vorangegangenen Wirtschaftsjahrs zum Anlagevermögen des Steuerpflichtigen gehört haben, darf der Bilanzansatz nicht über den letzten Bilanzansatz hinausgehen. (2) Andere als die in (1) bezeichneten Wirtschaftsgüter (Grund und Boden, Beteiligungen, Geschäfts- oder Firmenwert, Umlaufvermögen) sind mit Anschaffungs- oder Herstellungskosten anzusetzen. Statt dieser kann der niedrigere Teilwert angesetzt werden. Bei Wirtschaftsgütern, die bereits am Schluß des vorangegangenen Wirtschaftsjahrs zum Betriebsvermögen gehört haben, kann der Steuerpflichtige in den folgenden Wirtschaftsjahren den Teilwert auch dann ansetzen, wenn er höher ist als der letzte Bilanzansatz; es dürfen jedoch höchstens die Anschaffungs- oder Herstellungskosten angesetzt werden. (3) Verbindlichkeiten sind unter sinngemäßer Anwendung der Vorschriften zu (2) anzusetzen. (4) Entnahmen des Steuerpflichtigen sind mit dem Teilwert anzusetzen. (5) Einlagen sind mit dem Teilwert für den Zeitpunkt der Zuführung anzusetzen; sie sind jedoch unter bestimmten Voraussetzungen höchstens mit Anschaffungs- oder Herstellungskosten anzusetzen. Ist die Einlage ein abnutzbares Wirtschaftsgut, sind die Anschaffungs- oder Herstellungskosten um AfA zu kürzen, die auf den Zeitraum zwischen der Anschaffung oder Herstellung des Wirtschaftsguts und der Einlage entfallen. (6) Bei Eröffnung eines Betriebs ist (5) entsprechend anzuwenden. (7) Bei entgeltlichem Erwerb eines Betriebs sind die Wirtschaftsgüter mit dem Teilwert, höchstens jedoch mit Anschaffungs- oder Herstellungskosten anzusetzen.

steuerliche Gewinnermittlung

In Steuergesetzen geregelte Methode zur Feststellung des steuerpflichtigen Gewinns von natürlichen Personen mit unternehmerischen Einkünften und Kapitalgesellschaften. Dabei ergibt sich der steuerpflichtige Gewinn als Unterschiedsbetrag zwischen dem Betriebsvermögen am Schluß zweier aufeinanderfolgender Wirtschaftjahre, modifiziert um etwaige Entnahmen und Einlagen sowie unter Berücksichtigung steuerlicher Bewertungs- und Abschreibungsvorschriften.

Steuern des Aktionärs

Die steuerliche Belastung des Aktionärs erstreckt sich auf Dividendenausschüttungen. So unterliegt die Summe aus Bardividende und Steuergutschrift beim Aktionär der Besteuerung von Einkünften aus Kapitalvermögen. In Ausnahmefällen, nämlich innerhalb der 1/2 Jahr betragenden steuerlichen Spekulationsfrist, wird ein Veräußerungsgewinn der ESt unterworfen.

Steueroasen

Bez. f. Länder mit relativ niedrigem Steuerniveau. Das niedrige Steuerniveau kann entweder auf einer allgemein niedrigen Steuerbelastung oder auf besonderen Steuer- und Abgabenprivilegien für bestimmte Steuersubjekte beruhen. Das im Verhältnis zu anderen Staaten niedrige Steuerniveau bietet Anreiz zur Verlagerung von Einkünften und Vermögen in diese Länder zum Zweck der Steuerersparnis, wobei diese Attraktivität durch die stark restriktiv ausgerichteten Vorschriften des Außensteuergesetzes erheblich geschmälert und z. T. sogar in eine erhöhte Belastung umgekehrt wird. Die Existenz derartiger Steueroasen kombiniert mit einer liberal gehandhabten Banken- und Börsenaufsicht hat zur dortigen Etablierung international tätiger Banken und Finanzunternehmen geführt, die mit den Standortvorteilen auch entsprechende Wettbewerbsvorteile im internationalen Finanzgeschäft zu realisieren versuchen.

Steuerordnungswidrigkeiten

Zuwiderhandlungen, die nach den Steuergesetzen mit Geldbuße geahndet werden können: leichtfertige Steuerverkürzung und Steuergefährdung. Leichtfertige Steuerverkürzung begeht, wer leichtfertig den Finanzbehörden über steuerlich erhebliche Tatsachen unrichtige oder unvollständige Angaben macht oder die Finanzbehörden über steuerlich erhebliche Tatsachen in Unkenntnis läßt und dadurch Steuern verkürzt oder nicht gerechtfertigte Steuervorteile erlangt. Kann mit Geldbuße bis DM 100000 geahndet werden. Steuergefährdung begeht, wer vorsätzlich oder leichtfertig unrichtige Belege ausstellt, buchungs- oder aufzeichnungspflichtige Geschäftsvorfälle oder Betriebsvorgänge nicht oder unrichtig verbucht oder verbuchen läßt und es dadurch ermöglicht, daß Steuern verkürzt oder nicht gerechtfertigte Steuervorteile erlangt werden; auch wer seiner Mitteilungspflicht über den Erwerb von bestimmtem Auslandsvermögen nicht nachkommt, die Pflicht zur Kontenwahrheit verletzt oder seiner Verpflichtung, Steuerabzugsbeträge einzubehalten und abzuführen, nicht nachkommt, kann mit Geldbuße bis DM 10000 bestraft werden.

Steuerprogression

Steuertarif, der gekennzeichnet ist durch wachsenden Durchschnittssteuersatz mit steigender Steuerbemessungsgrundlage bei direkten Steuern.

steuertechnisch bedingte Wertpapierverkäufe

In USA oft Begründung für Wertpapierverkäufe: Kursverluste werden realisiert, um Kursgewinne zu verringern und dadurch Steuern zu sparen.

Steuerverschiebung

Zeitliche Verschiebung des steuerpflichtigen Gewinns und damit der Besteuerung mittels bewertungs- und bilanzpolitischer Maßnahmen in spätere Perioden.

stfr.

Abk. f. steuerfrei in Kursblättern.

Stichcoupon

Bez. f. den letzten Kupon (Zinsschein) eines Bogens, der zum Bezug eines neuen Bogens zu verwenden ist. Auch: Erneuerungsschein (Talon).

Stichkurs

→ Stellkurs (Stichkurs).

Stichtag (1)

Im Prämiengeschäft der Börse der Prämienerklärungstag, der vom Börsenvorstand festgesetzt wird. Als Stichtag werden auch allgemein vom Börsenvorstand zur Abwicklung (Erfüllung) von Geschäften festgesetzte Termine bezeichnet. → Termingeschäfte.

Stichtag (2)

Vom Gesetz (vor allem HGB) vorgeschriebener oder sonstwie festgesetzter Tag (Datum) für die Aufstellung des Jahresabschlusses, von Zwischenabschlüssen, Berichten u. dgl.

Stichtagskursmethode

Verfahren bei der Bewertung bestimmter Bilanzpositionen bzw. zur Bestimmung des gesetzlich zugelassenen Bilanzwertes unter Zugrundelegung des Wertes am jeweiligen Bilanzstichtag. Die Stichtagskursmethode wird insbesondere angewendet bei der Umrechnung ausländischer Währungen in DM von in den Konzernabschluß einbezogenen Konzernunternehmen sowie zur Ermittlung des gemäß handelsrechtlichen Niederstwertprinzips maßgeblichen Wertes für die Wertpapiere des Umlaufvermögens.

Stichtagsprinzip

Prinzip, nach dem für die Bemessung der Wertansätze in der Bilanz der jeweilige Abschlußstichtag maßgeblich ist.

Stiftung

Vermögensmasse, bei der nach dem Willen des Stifters nur Teile der Substanz oder ihre Erträge einem bestimmten, i. d. R. gemeinnützigen Zweck zugeführt werden dürfen. Rechtsfähige Stiftungen sind juristische Personen, die schriftlich errichtet werden müssen und staatlicher Genehmigung bedürfen; nichtrechtsfähige (fiduziarische) Stiftungen sind Zuwendungen mit der Auflage, diese ausschließlich für den vorgesehenen Zweck zu verwalten bzw. zu verwenden. Beide können von natürlichen und juristischen Personen errichtet werden. Einzelheiten einer Stiftung, Verwaltung, Verwendung des Stiftungsvermögens und Kreis der Berechtigten werden in der Satzung (Grundbestimmung) festgelegt.

still

Tendenzbez., wenn an der Börse kaum Umsätze und Kursveränderungen stattfinden.

stille Abwicklung

Besondere Form der Auflösung einer Gesellschaft, wobei die Abwicklungsgeschäfte wie bei einer lebenden Gesellschaft durchgeführt werden und die besonderen Abwicklungsvorschriften daher keine Anwendung finden.

stille Beteiligung, Gesellschaft

Nach außen nicht in Erscheinung tretende und nicht in das Handelsregister eingetragene Beteiligung einer oder mehrerer (natürlicher oder juristischer) Personen an dem Handelsgewerbe eines anderen, wobei die Vermögenseinlage (Geld-, Sach- oder Dienstleistungen) des stillen Gesellschafters in das Vermögen des Geschäftsinhabers eingeht. Höhe der Vermögenseinlage, Dauer der stillen Beteiligung und Gewinn- bzw. Verlustanteil des stillen Gesellschafters richten sich nach den Bestimmungen im Gesellschaftsvertrag. Neben diesen dispositiven Gestaltungsmöglichkeiten enthält das HGB strikt einzuhaltende Vorschriften über die dem stillen Gesellschafter einzuräumenden Kontrollrechte hinsichtlich der Geschäftsentwicklung der Gesellschaft sowie über die besonderen Rechte des stillen Gesellschafters im Konkurs. Die stille Gesellschaft tritt nach außen nicht in Erscheinung. Der Kapitalgeber (stiller Gesellschafter) ist, sofern nicht Verlustbeteiligungen vereinbart wurden, im Konkurs Gläubiger des Unternehmers. Zu unterscheiden: typische und atypische stille Gesellschaft (Beteiligung am Geschäftsvermögen). Bei ersterer zahlt der stille Gesellschafter für sein Gewinneinkommen ESt aus Kapitalvermögen, bei der atypischen Steuern für Einkommen aus Gewerbebetrieb.

Stillegung

Planmäßige vorübergehende oder endgültige Nutzungsaufgabe noch gebrauchsfähiger Anlagen. Maßnahme der betrieblichen

Anpassung. Auch: Stillegung von Geldmitteln, die dem Wirtschaftskreislauf entzogen, also gehortet werden.

stille Reserven

Auch: stille Rücklagen. Entstehen durch Unterbewertung oder Nichtbewertung von Aktiva oder Überbewertung von Passiva. Eigenkapital, das in der Bilanz nicht ausgewiesen ist. Bei einer evtl. Auflösung unterliegen sie der Besteuerung.

Stille-Reserven-Politik

Bewußte Bildung oder Auflösung von stillen Reserven mit der Folge, daß der Bilanzgewinn oder das Eigenkapital geringer bzw. höher ausgewiesen werden als es der Wirklichkeit am Bilanzstichtag entspricht. Die Stille-Reserven-Politik wird kontrovers beurteilt, da der Bilanzleser nicht beurteilen kann, ob der ausgewiesene Gewinn effektiv erzielt wurde oder nur manipulierte Restgröße aus der Bildung bzw. Auflösung stiller Reserven darstellt.

stille Reserven, steuerfreie Übertragung

Steuerpflichtige, die Anteile an einer Kapitalgesellschaft veräußern, können den Gewinn, der sich bei dieser Veräußerung ergibt, von den in der Steuerbilanz anzusetzenden Anschaffungs- oder Herstellungskosten bestimmter mit dem Veräußerungserlös neu erworbener Wirtschaftsgüter ganz oder teilweise abziehen (6b-Vergünstigung). Es können die stillen Reserven, d. h. der Veräußerungsgewinn, bis zur Höhe von 50% steuerneutral auf die neuerworbenen Wirtschaftsgüter übertragen werden. Bei Veräußerung von Grund und Boden, Gebäuden, Aufwuchs auf oder Anlagen in Grund und Boden kann ein Betrag bis zur vollen Höhe des bei der Veräußerung entstandenen Gewinns abgezogen werden. Bei Veräußerung und anschließendem Neuerwerb von Anteilen an Kapitalgesellschaften muß der Bundeswirtschaftsminister im Benehmen mit dem Bundesminister der Finanzen und dem für Arbeit und Sozialordnung sowie einer Landesstelle bescheinigen, daß der Erwerb dieser Anteile volkswirtschaftlich besonders förderungswürdig und geeignet ist, die Unternehmensstruktur des Wirtschaftszweiges zu verbessern oder breiter Eigentumsstreuung zu dienen. Die neuen Wirtschaftsgüter müssen im Wirtschaftsjahr der Veräußerung oder im vorangegangenen Wirtschaftsjahr angeschafft oder hergestellt worden sein. Soweit dies nicht der Fall ist, kann im Wirtschaftsjahr der Veräußerung bis zur Höhe von 50 bzw. 100% des Veräußerungsgewinns eine den steuerlichen Gewinn mindernde Rücklage gebildet werden (Sechs-b-Rücklage). Der Rücklagebetrag kann dann bei den in den nächsten 2 Wirtschaftsjahren angeschafften Wirtschaftsgütern der genannten Art berücksichtigt werden. Bei Gebäuden und Schiffen verlängert sich diese Frist u. U. auf 4 Jahre. Die Rücklage mindert dann zu 50 bzw. 100% einerseits die Anschaffungskosten der neuen Wirtschaftsgüter, ist aber gleichzeitig auch zu 100% des berücksichtigten Betrags gewinnerhöhend aufzulösen. Kommt es nicht zu einer Übertragung der Rücklage auf neu angeschaffte Wirtschaftsgüter, ist sie spätestens Ende des 2. Wirtschaftsjahres aufzulösen. Voraussetzung für steuerneutrale Übertragung stiller Reserven ist, daß im Zeitpunkt der Veräußerung die Anteile mind. 6 Jahre zum Anlagevermögen des Betriebes gehört haben und auch die neu angeschafften Wirtschaftsgüter zum Anlagevermögen gehören.

Stiller

→ stille Beteiligung, Gesellschaft.

stiller Gesellschafter

→ stille Beteiligung, Gesellschaft.

stille Rücklagen

Nicht in der Bilanz erkennbare Rücklagen, die durch Unterbewertung von Aktiva oder Überbewertung von Passiva entstehen. → stille Reserven.

stille Selbstfinanzierung

Besondere Form der Selbstfinanzierung durch Bildung stiller Reserven. Die stille Form der Selbstfinanzierung hat gegenüber der offenen Form den Vorteil, daß sie aus unversteuerten Beträgen erfolgt. → stille Reserven → Stille-Reserven-Politik.

Stillhalteabkommen, -vereinbarung

Vereinbarung, in der sich die Gläubiger eines in finanzielle Bedrängnis gekommenen Schuldners bereit erklären, die geschuldeten Leistungen zu stunden. → Stundung → Moratorium.

Stillhaltekonsortium

Vereinigung von Kreditgebern mit der Übereinkunft, die von ihnen einem Dritten gewährten und an sich fälligen Kredite bis zu einem bestimmten Zeitpunkt offenzuhalten bzw. sich mit einer ratenweisen Tilgung zu begnügen. Stillhaltekonsortien können die Fortsetzung normaler Kreditkonsortien sein, werden aber vielfach von Banken und Großgläubigern eigens zum

Zweck der Stillhaltung bzw. allmählichen Abwicklung von Kreditengagements gegründet, wenn der Kreditnehmer seinen Verpflichtungen nicht termingerecht nachkommen kann.

Stillhalter

Beim Optionsgeschäft kann der Käufer der Option wählen, ob er die Erfüllung des Geschäfts verlangt oder nicht. Der Verkäufer der Option, der Stillhalter, unterwirft sich der Wahl des Käufers und erhält als Entgelt für sein Stillhalten den Optionspreis. Stillhalter in Wertpapieren ist der Verkäufer einer Kaufoption, Stillhalter in Geld ist der Verkäufer einer Verkaufsoption. Auch: Der Verkäufer in einem Prämiengeschäft, der sich der Wahl des Käufers unterwirft, also stillhält, bis der Käufer sich entschieden hat, ob er die Titel beziehen oder das Reugeld entrichten will.

Stillhalter in Geld

→ Stillhalter → Optionsgeschäft.

Stillhalter in Wertpapieren

→ Stillhalter → Optionsgeschäft.

stimmen, Stimme

Bez. f. Geltendmachung des Stimmrechts aus einer Aktie.

Stimmenfang

Vereinbarung zwischen Aktionären oder mit Dritten über die Ausübung des Stimmrechts in der HV einer AG. Derartige Vereinbarungen verstoßen gegen ein gesetzliches Verbot, wenn die Voraussetzungen des Stimmenkaufs vorliegen.

Stimmenkauf

Anbieten, versprechen oder gewähren besonderer Vorteile als Gegenleistung dafür, daß jemand bei einer Abstimmung seine Stimme nicht oder in einem bestimmten Sinne abgibt. Der Stimmenkauf stellt hinsichtlich der Abstimmung u. a. in der HV eine Ordnungswidrigkeit dar.

Stimmenkauf zur Abstimmung in der Hauptversammlung der AG

→ Stimmrechtsverletzung.

Stimmenmehrheit

→ Stimmrecht.

Stimmenthaltung

Bei Beschlußfassung einer Versammlung erfolgte Nichtabgabe der Stimme eines ansonsten stimmberechtigten Mitglieds. Nach h. M. gilt der sich der Stimme enthaltende Anwesende als erschienen, wenn es darum geht, ob die zur Beschlußfassung erforderliche Anzahl von Personen anwesend ist oder sie das zur Beschlußfähigkeit verlangte Kapital repräsentiert. Wird in gesetzlichen Regelungen auf die abgegebenen Stimmen abgestellt, entfällt die Berücksichtigung der nicht mit abstimmenden Personen; ihr Votum wird weder als Ja- noch Nein-Stimme gewertet.

Stimm(en)vertretung

Wahrnehmung des Stimmrechts mehrerer Stimmberechtigter in der Haupt- bzw. Generalversammlung einer Kapitalgesellschaft durch besonders bevollmächtigte Personen. Die Stimmenvertretung kommt insbesondere bei Banken im Rahmen des Depotstimmrechts vor. → Stimmrechtsausübung durch Banken.

Stimmkarte, Stimmschein

Zur Teilnahme an der HV einer AG erhält jeder Aktionär auf Wunsch eine Stimmkarte (Hinterlegungsschein), mit der er selbst oder ein bevollmächtigter Vertreter bei den Abstimmungen stimmen kann. Der zugrunde liegende Aktienbesitz bleibt bis zum Ablauf der HV gesperrt.

Stimmrecht

Recht des Aktionärs, in der HV der AG abzustimmen. Vorzugsaktien können als Aktien ohne Stimmrecht ausgegeben werden. Die Ausstattung von Aktien mit erhöhtem Stimmrecht (Mehrstimmrecht) ist unzulässig, sofern nicht behördliche Zustimmung vorliegt. Die Beschlüsse der HV bedürfen der Mehrheit der abgegebenen Stimmen (einfache Stimmenmehrheit), soweit nicht Gesetz oder Satzung eine größere Mehrheit oder weitere Erfordernisse bestimmen. Für Wahlen kann die Satzung andere Bestimmungen treffen. Das Stimmrecht wird nach Aktiennennbeträgen ausgeübt. Für den Fall, daß einem Aktionär mehrere Aktien gehören, kann die Satzung das Stimmrecht durch Festsetzung eines Höchstbetrages oder von Abstufungen beschränken. Die Satzung kann außerdem bestimmen, daß zu den Aktien, die dem Aktionär gehören, auch die Aktien rechnen, die einem anderen für seine Rechnung gehören. Für den Fall, daß der Aktionär ein Unternehmen ist, kann sie ferner bestimmen, daß zu den Aktien, die ihm gehören, auch die Aktien rechnen, die einem von ihm abhängigen oder ihn beherrschenden oder einem mit ihm verbundenen Unternehmen oder für Rechnung solcher Unternehmen einem Dritten gehören. Die Beschränkungen können nicht für einzelne Aktionäre angeordnet werden. Bei der Berechnung einer nach Gesetz oder Satzung erforderlichen Kapitalmehrheit bleiben die Beschränkungen außer Betracht. Das Stimmrecht kann durch einen Bevollmächtigten ausgeübt werden. Für die Vollmacht ist schriftliche Form erforderlich. Die Vollmachtsurkunde ist der AG vorzulegen und bleibt in ihrer Verwahrung. Die Form der Ausübung des Stimmrechts richtet sich nach der Satzung.

Stimmrecht, Ausübungspflicht

Eine Bank ist verpflichtet, den Auftrag eines Aktionärs zur Ausübung des Stimmrechts in einer HV anzunehmen, wenn sie für den Aktionär Aktien der AG verwahrt und sich gegenüber Aktionären der AG zur Ausübung des Stimmrechts in derselben HV erboten hat. Die Verpflichtung besteht nicht, wenn die Bank am Ort der HV keine Niederlassung hat und der Aktionär die Übertragung der Vollmacht auf oder die Unterbevollmächtigung von Personen, die nicht Angestellte der Bank sind, nicht gestattet hat. → Stimmrechtsausübung durch Banken.

Stimmrecht in der Hauptversammlung der AG

Das mit dem Erwerb einer Aktie verbundene Recht, an der Abstimmung in der HV über die relevanten Tagesordnungspunkte teilzunehmen, insbesondere über die Billigung des Reingewinns, die Dividendenverteilung und die Entlastung von Vorstand und Aufsichtsrat. Stimmrechtsausübung steht grundsätzlich dem Aktionär zu, der diese aber auf Dritte, insbesondere die depotführende Bank, durch schriftliche Vollmacht delegieren kann. Wesentlich für Bedingungen und Ausübung des Stimmrechts ist die Satzung. Sie kann die Ausübung des Stimmrechts von der Hinterlegung der Aktien bis zu einem bestimmten Zeitpunkt vor der HV abhängig machen, wobei die Hinterlegungsfrist mind. 1 Monat betragen muß. Enthält die Satzung keine derartige Bestimmung, müssen die Aktionäre zur Ausübung des Stimmrechts zugelassen werden, wenn sie sich nicht später als am 3. Tage vor der HV anmelden. Während die Ausgabe von stimmrechtsbegrenzenden Vorzugsaktien unter gewissen Voraussetzungen möglich ist, sind Mehrstimmrechtsaktien bis auf wenige spezielle Ausnahmen unzulässig.

Stimmrechtsaktie

Aktie, die gegenüber einer anderen Aktienkategorie dadurch begünstigt ist, als sie in der HV mehrere Stimmen oder trotz geringeren Nennwertes gegenüber einer anderen Aktienkategorie eine Stimme verkörpert. Stimmrechtsaktien müssen auf den Namen lauten und voll eingezahlt sein. Sind durch das AktG für unzulässig erklärt bzw. auf besonders zu genehmig. Ausnahmen beschränkt worden. Früher wurden sie vielfach als Instrument zur Abwendung unerwünschten fremden Einflusses geschaffen und sind heute weitgehend durch Ausgabe stimmrechtsloser Vorzugsaktien bzw. Höchststimmrecht verdrängt worden. → Mehrstimmrechtsaktien.

Stimmrechtsausschluß bei der AG

Niemand kann für sich oder für einen anderen das Stimmrecht ausüben, wenn darüber Beschluß gefaßt wird, ob er zu entlasten oder von einer Verbindlichkeit zu befreien ist oder ob die AG gegen ihn einen Anspruch geltend machen soll. Für Aktien, aus denen der Aktionär das Stimmrecht nicht ausüben kann, kann das Stimmrecht auch nicht durch einen anderen ausgeübt werden. Das Stimmrecht kann nicht ausgeübt werden für Aktien, die der AG oder einem abhängigen Unternehmen oder einem anderen für Rechnung der AG oder einem abhängigen Unternehmen oder einem anderen für Rechnung der AG oder einer abhängigen Unternehmung gehören. Ein Vertrag, durch den sich ein Aktionär verpflichtet, nach Weisung der AG, des Vorstandes oder des Aufsichtsrats der AG oder nach Weisung einer abhängigen Unternehmung auszuüben, ist nichtig, ebenso ein Vertrag, durch den sich ein Aktionär verpflichtet, für die jeweiligen Vorschläge des Vorstandes oder des Aufsichtsrates der AG zu stimmen.

Stimmrechtsausübung

Wahrnehmung des mit dem Erwerb eines Anteils an einer Kapitalgesellschaft verbundenen Rechts der Stimmabgabe in der HV bzw. Generalversammlung (Ausnahme: stimmrechtslose Vorzugsaktien). Die Stimmrechtsausübung steht grundsätzlich dem Aktionär bzw. Anteilseigner zu; nach schriftlicher Vollmachterteilung kann das Stimmrecht auch von einem Bevollmächtigten ausgeübt werden. Banken bedürfen zur Ausübung des Stimmrechts der Depotaktien (Depotstimmrecht) der schriftlichen Ermächtigung des Deponenten, die längstens 15 Monate gültig und jederzeit widerruflich ist. Dies gilt analog für Aktionärsvereinigungen und geschäftsmäßig Handelnde. Für Minderjährige wird das Stimmrecht durch den gesetzlichen Vertreter, bei Sicherungsübereignung durch den Treuhänder ausgeübt, es sei denn, er überläßt die Ausübung dem Treugeber.

Stimmrechtsausübung bei Auslandsaktien

→ Auslandsaktien, Stimmrechtsausübung.

Stimmrechtsausübung durch Banken

Eine Bank darf das Stimmrecht für Inhaberaktien, die ihr nicht gehören, nur ausüben oder ausüben lassen, wenn sie schriftlich bevollmächtigt ist. In der eigenen HV darf die bevollmächtigte Bank das Stimmrecht aufgrund der Vollmacht nur ausüben, soweit der Aktionär ausdrücklich Weisung zu den Gegenständen der Tagesordnung erteilt hat (Stimmrechtsvollmacht). Hat der Aktionär der Bank keine Weisung für die Ausübung des Stimmrechts erteilt, hat sie das Stimmrecht entsprechend ihren eigenen, den Aktionären mitgeteilten Vorschlägen auszuüben, es sei denn, daß die Bank den Umständen nach annehmen darf, daß der Aktionär bei Kenntnis der Sachlage die abweichende Ausübung des Stimmrechts billigen würde. Eine Bank darf das Stimmrecht für Namensaktien, die ihr nicht gehören, als deren Aktionär sie aber im Aktienbuch eingetragen ist, nur aufgrund einer schriftlichen Ermächtigung, wenn sie nicht als deren Aktionär eingetragen ist, nur unter Benennung des Aktionärs in dessen Namen aufgrund einer schriftlichen Vollmacht ausüben. Ist die Bank bei der Ausübung des Stimmrechts von einer Weisung des Aktionärs oder, wenn der Aktionär keine Weisung erteilt hat, von seinem eigenen, dem Aktionär mitgeteilten Vorschlag abgewichen, hat sie dies dem Aktionär mitzuteilen und die Gründe anzugeben. Die Verpflichtung der Bank zum Ersatz eines aus der Verletzung der Vorschriften entstehenden Schadens kann im voraus weder ausgeschlossen noch beschränkt werden.

Stimmrechtsausübung durch geschäftsmäßig Handelnde

Die Vorschriften zur Stimmrechtsausübung durch Banken gelten sinngemäß für die Ausübung des Stimmrechts durch: (1) Vereinigungen von Aktionären, (2) Geschäftsleiter und Angestellte einer Bank, wenn die ihnen nicht gehörenden Aktien der Bank zur Verwahrung anvertraut sind, (3) Personen, die sich geschäftsmäßig gegenüber Aktionären zur Ausübung des Stimmrechts in der HV erbieten. Dies gilt nicht, wenn derjenige, der das Stimmrecht ausüben will, gesetzlicher Vertreter oder Ehegatte des Aktionärs oder mit ihm bis zum 4. Grad verwandt oder verschwägert ist.

Stimmrechtsbeginn

Das Stimmrecht beginnt mit der vollständigen Leistung der Einlage. Die Satzung der AG kann bestimmen, daß das Stimmrecht beginnt, wenn auf die Aktie die gesetzliche oder höhere satzungsmäßige Mindesteinlage geleistet ist. In diesem Fall gewährt die Leistung der Mindesteinlage eine Stimme; bei höheren Einlagen richtet sich das Stimmenverhältnis nach der Höhe der geleisteten Einlagen. Bestimmt die Satzung nicht, daß das Stimmrecht vor der vollständigen Leistung der Einlage beginnt, und ist noch auf keine Aktie die Einlage vollständig geleistet, richtet sich das Stimmenverhältnis nach der Höhe der geleisteten Einlagen; dabei gewährt die Leistung der Mindesteinlage eine Stimme. Bruchteile von Stimmen werden in diesen Fällen nur berücksichtigt, soweit sie für den stimmberechtigten Aktionär volle Stimmen ergeben. Die Satzung kann Bestimmungen dieser Art nicht für einzelne Aktionäre oder für einzelne Aktiengattungen treffen.

Stimmrechtsbegrenzung

Beschränkung des Stimmrechts durch satzungsmäßige Festsetzung eines Höchstbetrages oder von Abstufungen für den Fall, daß einem Aktionär mehrere Aktien gehören. Die Satzung kann außerdem bestimmen, daß zu den Aktien, die dem Aktionär gehören, auch die Aktien rechnen, die ein anderer für Rechnung des Aktionärs hält, um eine Umgehung der Stimmrechtsbegrenzung zu verhindern. Die Stimmrechtsbegrenzung dient zum Schutz gegen Überfremdung sowie zur Angleichung des Stimmgewichts der einz. Aktionäre unabhängig der Anzahl der von ihnen gehaltenen Aktien.

Stimmrechtsbeschränkungen bei der AG

Die Satzung kann für den Fall, daß einem Aktionär mehrere Aktien gehören, das Stimmrecht durch Festsetzung eines Höchstbetrages oder von Abstufungen beschränken. → Höchststimmrecht → Stimmrechtsbegrenzung.

Stimmrechtsermächtigung

Die nach schriftlicher Vollmachtserteilung erfolgende Delegation der Stimmrechtsausübung in HV bzw. Generalversammlung von Kapitalgesellschaften an den Bevollmächtigten.

Stimmrechtsermächtigung der Banken

→ Stimmrechtsausübung durch Banken.

Stimmrechtskonsortium

Von Aktionären oder depotstimmberechtigten Banken gegründete Gesellschaft bürgerlichen Rechts zur gemeinsamen Wahrnehmung der Stimmrechtsausübung in der HV einer AG.

stimmrechtslose Vorzugsaktien

Eine gegen Beschränkung des Stimmrechts in der HV mit besonderen Vorrechten gegenüber den Stammaktien ausgestattete Gattung von Aktien. Zur Kompensation des fehlenden Stimmrechts müssen die stimmrechtslosen Vorzugsaktien mit einem nachzuzahlenden Vorzug bei der Gewinnverteilung verbunden sein. Dies bedeutet für den Aktionär, daß ihm die Dividende aus Geschäftsjahren, in denen die Unternehmung keinen Gewinn ausschüttet, in späteren Jahren nachgezahlt werden muß, und zwar bevor eine Dividende an die Stammaktionäre verteilt wird. Die Vorrechte hinsichtlich der Gewinnverteilung können sich außerdem dergestalt äußern, daß die Vorzugsaktionäre vorweg eine Dividende in bestimmter Höhe erhalten oder daß ihnen, nachdem auf alle Aktien eine gleiche Dividende in bestimmter Höhe verteilt ist, von dem Rest des verbleibenden Reingewinns ein bevorzugter Teil zufällt. Die mit einer Dividendengarantie ausgestatteten stimmrechtslosen Vorzugsaktien werden jedoch stimmberechtigt, sobald die rückständigen Dividenden nicht voll nachgezahlt worden sind. Im übrigen darf der Nominalbetrag der stimmrechtslosen Vorzugsaktien die Höhe des Gesamtnennbetrages der anderen Aktien nicht überschreiten. Stimmrechtslose Vorzugsaktien gelten als beliebtes Instrument der Eigenkapitalfinanzierung von Familienunternehmen, da sie eine Inanspruchnahme des Kapitalmarktes ermöglichen ohne Rückwirkungen auf bestehende Besitz- und Herrschaftsverhältnisse.

Stimmrechtsmehrheit

50% der Stimmrechte übersteigende Beteiligung einer natürlichen oder juristischen Person an einer Kapitalgesellschaft. Neben der Stimmrechtsmehrheit führt der Tatbestand der Anteilsmehrheit zum Vorliegen des aktienrechtlichen Begriffs der Mehrheitsbeteiligung. Nach AktG läßt das Vorliegen einer Mehrheitsbeteiligung ein Abhängigkeitsverhältnis, letzteres das Vorliegen eines Konzerns vermuten.

Stimmrechtsmißbrauch

→ Stimmrechtsverletzung → falsche Ausstellung oder Verfälschung von Hinterlegungsbescheinigungen.

Stimmrechtsverletzung

Ordnungswidrig handelt, wer: (1) Aktien eines Anderen, zu dessen Vertretung er nicht befugt ist, ohne dessen Einwilligung zur Ausübung von Rechten in der HV einer AG oder in einer gesonderten Versammlung benutzt; (2) zur Ausübung von Rechten in der HV oder in einer gesonderten Versammlung Aktien eines Anderen benutzt, die er sich zu diesem Zweck durch Gewähren oder Versprechen besonderer Vorteile verschafft hat; (3) Aktien zu dem in (2) genannten Zweck gegen Gewähren oder Versprechen besonderer Vorteile einem Anderen überläßt; (4) Aktien eines Anderen, für die er oder der von ihm Vertretene das Stimmrecht nicht ausüben darf, zur Ausübung des Stimmrechts benutzt; (5) Aktien, für die er oder der von ihm Vertretene das Stimmrecht nicht ausüben darf, einem Anderen zum Zweck der Ausübung des Stimmrechts überläßt oder solche ihm überlassene Aktien zur Ausübung des Stimmrechts benutzt; (6) besondere Vorteile als Gegenleistung dafür fordert, sich versprechen läßt oder annimmt, daß er bei einer Abstimmung in der HV oder in einer gesonderten Versammlung nicht oder in einem bestimmten Sinne stimmt; (7) besondere Vorteile als Gegenleistung dafür anbietet, verspricht oder gewährt, daß jemand bei einer Abstimmung in der HV oder in einer gesonderten Versammlung nicht oder in bestimmtem Sinn stimmt. Ordnungswidrigkeiten dieser Art können mit Geldbuße geahndet werden.

Stimmrechtsvertretung

Wahrnehmung des Stimmrechts in der HV usw. einer Kapitalgesellschaft als gesetzlicher Vertreter (eines minderjährigen Anteilseigners) oder als vom Stimmberechtigten nach schriftlicher Vollmachterteilung bestimmten Bevollmächtigten.

Stimmrechtsvollmacht

Die Vollmacht an Banken zur Stimmrechtsausübung darf nur einer bestimmten Bank und nur für längstens 15 Monate erteilt werden. Sie ist jederzeit widerruflich. Die Vollmachtsurkunde muß bei der Erteilung der Vollmacht vollständig ausgefüllt sein und darf keine anderen Erklärungen enthalten. Die bevollmächtigte Bank darf Personen, die nicht ihre Angestellten sind, nur unterbevollmächtigen, wenn die Vollmacht eine Unterbevollmächtigung ausdrücklich gestattet und die bevollmächtigte Bank am Ort der HV keine Niederlassung hat. Gleiches gilt für eine Übertragung der Vollmacht durch die bevollmächtigte Bank. Aufgrund der Vollmacht kann die Bank das Stimmrecht unter Benennung des Aktionärs in dessen Namen ausüben. Wenn es die Vollmacht bestimmt, kann die Bank das Stimmrecht auch im Namen dessen, den es angeht, ausüben. Übt die Bank das Stimmrecht unter Benennung des Aktionärs in dessen Namen aus, ist die Vollmachtsurkunde der AG vorzulegen und von dieser zu verwahren. Übt sie das Stimmrecht im Namen dessen, den es angeht, aus, genügt zum Nachweis ihrer Stimmberechtigung gegenüber der AG die Erfüllung der in der Satzung für die Ausübung des Stimmrechts vorgesehenen Erfordernisse. Enthält die Satzung darüber keine Bestimmungen, genügt die Vorlegung der Aktien oder einer Bescheinigung über die Hinterlegung der Aktien bei einem Notar oder einer Wertpapiersammelbank.

Stimmschein

Bescheinigung über die Hinterlegung von Aktien, ohne die das Stimmrecht in der HV einer AG nicht ausgeübt werden darf. Der Stimmschein wird ausgestellt von der als Hinterlegungsstelle eingesetzten Bank, einer Wertpapiersammelbank oder einem Notar je nach dem Betrag der hinterlegten Aktien für eine entsprechende Stimmenzahl. Um Doppelanmeldungen unmöglich zu machen, bleiben die Aktien bis zum Schluß der HV gesperrt.

Stimmung

Ausdruck, der mit positiven oder negativen Adjektiven kombiniert zur Beschreibung der Tendenz und der Geschäftstätigkeit an der Börse verwendet wird.

stock

Angelsächsische Bez. f. das Grundkapital einer Gesellschaft; auch für den Gesamtbetrag einer Anleihe.

stock broker

Angelsächsische Bez. f. einen Wertpapiermakler.

stock certificate

→ Aktienzertifikate.

stock corporation

US-Gesellschaftsform, die der deutschen AG in etwa entspricht.

stock dividend

In USA, Niederlande, Japan zusätzlich zur Bardividende oder anstelle einer Barausschüttung erfolgende Ausschüttung von Aktien in einem bestimmten Prozentsatz zum bisherigen Besitz.

Stock-Dividende

Vom Ausland übernommene Bez. f. eine Gewinnausschüttung in Aktien der AG statt in bar. In reiner Form in der BR Deutschland nicht zulässig, sondern praktiziert als Gewährung von Bonusaktien, die zum gleichen Ergebnis wie die Stockdividende führt; allerdings muß der Aktionär den für die Zug-um-Zug-Kapitalerhöhung vorgesehenen Bonus versteuern.

Stock-Dividenden-Politik

Einsatz des Instruments der Stock-Dividende im Rahmen der beteiligungsfinanzierungsrelevanten Entscheidungen bei der AG. Das häufig fälschlich als Stock-Dividende bezeichnete Verfahren der Kapitalerhöhung aus Gesellschaftsmitteln bietet sich insbesondere an, wenn eine Aktie aufgrund hoher Kursnotierung nur schwer handelbar ist. Außerdem dient die Stock-Dividenden-Politik zur Vorbereitung von Kapitalerhöhungen und führt auch dazu, daß sich die Dividende optisch verringert, ohne daß die Aktionäre Gewinneinbußen hinnehmen müssen.

stock exchange

Angelsächsische Bez. f. Wertpapierbörse.

Stock Exchange Automated Quotation System (SEAQ)

Kursinformationssystem der Londoner Wertpapierbörse, das die Kurse von ca. 3500 in- und ausländischen Wertpapieren erfaßt und verbreitet. Bedeutende Aktien sind mit einem Kürzel versehen, aus dem hervorgeht, welcher market maker welche der angezeigten Kauf- und Verkaufskurse gestellt hat. Die Handelsabschlüsse erfolgen per Telefon und werden nach Abschluß in das System eingegeben.

Stock Exchange of Melbourne

→ Melbourner Börse.

stockholder

Angelsächsische Bez. f. Aktionär, Anteilsinhaber.

stockholder relations

Bez. für alle Maßnahmen zur Pflege der Beziehungen der AG zu ihren Aktionären. → Aktionärspflege.

Stockholmer Börse

Stockholms Fondbörs, Källargränd 2, Box 1256, S-111 82 Stockholm, Sweden. Tel.: 0046-8-7878500; Fax.: 0046-8-211140; . Telex: 13551 bourse s. Telegrammadr.: Källargränd 2, S-11182 Stockholm. Gründung: 1901. Börsenzeit: 10–16.00 Uhr mitteleuropäischer Zeit. Wertstellung: 5 Tage nach Geschäftsabschlußtag. Spesen: 0,45% bei Aufträgen bis 500000 Schwedenkronen, darüber 0,3%, Mindestspesen 60 Schwedenkronen. Steuern: 1% Umsatzsteuer.

stock index futures

→ Aktienindexhandel.

stock index futures contract

Aktienindex-Terminkontrakt.

stock jobber

→ jobber.

stock option

Aktienbezugsrecht.

stock picking

Strategie bei der Aktienanlage, die darauf ausgerichtet ist, spezielle, einzelne Werte zu erwerben, bei denen davon ausgegangen wird, daß sie sich besser als der Gesamtmarkt entwickeln.

stock rights

In USA Bezugsrechte. Werden gewöhnlich in Form von warrants (von der Gesellschaft ausgestellte Berechtigungsscheine zum Bezug junger Aktien) ausgegeben und den Aktionären von ihren Banken zugesandt. Der Aktionär trägt seine Entscheidung (Zu- oder Verkauf von Bezugsrechten, Bezug junger Aktien) ein und gibt den warrant zur Ausführung des Auftrags einer Bank oder broker-Firma zurück. → Optionsschein (warrant).

stock split

→ split (splitting).

stock warrants

Optionsanleihen mit Aktienbezugsrecht, wobei die Schuldverschreibungen nach Ausübung des Bezugsrechts weiter bestehen.

stop buy order

Bei Erreichen oder Überschreiten eines vom Anleger festgesetzten Aktienkurses werden Kaufaufträge über 50 Aktien oder einem Mehrfachen zum nächsten erhältlichen Börsenkurs billigst ausgeführt, unabhängig davon, ob dieser aktuelle Kurs über oder unter dem vom Auftraggeber festgesetzten Kurs liegt. Diese im Börsenwesen allgemein als stop buy order – korrekt müßte von start buy order gesprochen werden – bezeichnete Auftragsform ist für Investoren interessant, die an unerwarteten Kurssteigerungen partizipieren wollen. Stillhalter von Kaufoptionen haben durch Setzen von stop buy orders die Möglichkeit, offene Positionen bei Kurssteigerungen ohne Realisierung größerer Verluste zu schließen. Gesamtwirtschaftlich wird als Folge der Einführung dieser neuen Auftragsform eine erhöhte Volatilität des deutschen Aktienmarktes erwartet. Gegensatz: → stop loss order.

stop loss order

Seit Anfang 1989 an den deutschen Aktienbörsen offiziell zugelassene Handelsmöglichkeit. Stop loss orders sind Verkaufsaufträge, die bestens ausgeführt werden, sobald der aktuelle Aktienkurs bei nachgebender Kursentwicklung einen vom Anleger bestimmten Mindestkurs erreicht oder unterschritten hat. Durch Setzen einer stop loss order soll ein bereits erzielter Gewinn weitgehend gesichert oder ein möglicher Verlust beschränkt werden. Der exakte Verkaufskurs kann nicht festgelegt werden. Die stop loss order wird nach Erreichen oder Unterschreiten des fixierten Mindestkurses zum nächsten aktuellen Börsenkurs ausgeführt. Stop loss orders können nur bei variabel handelbaren Auftragsgrößen von jeweils 50 Aktien oder einem Mehrfachen gesetzt werden, da nur im Rahmen der fortlaufenden Notierung eine direkte Reaktion auf Kursveränderungen notwendig und möglich ist. In diese für den deutschen Aktienmarkt neue Handelsform sind ausschließlich die 30 auch im Deutschen Aktienindex (DAX) enthaltenen Werte einbezogen. Die Überwachung dieser bedingten Aufträge obliegt den amtlichen Kursmaklern. Die Ausgestaltung der stop loss orders entspricht den Usancen der New York Stock Exchange. Gegensatz: → stop buy order.

stop order to buy

→ stop buy order.

Storno, Stornierung

Ausgleich eines Buchungsfehlers durch Streichung oder durch eine Buchung auf der entgegengesetzten Kontoseite. Stornierung eines Auftrags: Der Kunde zieht einen Auftrag zurück.

St. Petersburger Börsen

(1) St. Petersburg Stock Exchange, 103, V. O. Bolchoi pr., Exhibition complex, pav. 6, 199106 St. Petersburg, Tel.: 007-812-3555954, Fax: 007-812-3555988. Voucherauktionen sowie Handel in zunächst vier Aktienmärkten. (2) St. Petersburg Currency Exchange, Zagorodny Av. 68, 198013 St. Petersburg. Tel. 007-812-2725660, Fax: 007-812-2924031. Täglicher Handel von Rubel gegen US-Dollar und DMark. (3) Commodities and Stock Exchange St. Petersburg, V. O. 26th Linija, 15, 199026 St. Petersburg, Tel.: 007-812-3556854, Fax.: 007-812-3556563. Handel in Waren und zunächst zwei Aktienwerten.

straddle

Ein sell straddle besteht aus dem Verkauf einer gleichen Anzahl von Kauf- und Verkaufsoptionen mit identischen Kontraktspezifikationen. Der Verkäufer geht von einer annähernd stabilen Kursentwicklung aus. Bei größeren Kursschwankungen ist das Risiko der straddle-Position unbegrenzt. Ein buy straddle besteht aus dem Kauf identischer Mengen Kauf- und Verkaufsoptionen zu i. d. R. gleichen Konditionen. Das Risiko dieser Position ist auf die gezahlten Optionsprämien begrenzt. Der Käufer erwartet stärkere Kursschwankungen und möchte an diesen partizipieren.

Straf- und Bußgeldvorschriften des AktG

Betr. §§ 399–408 AktG. Tatbestände: falsche Angaben als Gründer, Mitglied des Vorstandes oder Aufsichtsrats und Abwickler; unrichtige Darstellung als Mitglied des Vorstandes oder Aufsichtsrats oder Abwickler; Pflichtverletzung als Mitglied des Vorstands, wenn unterlassen wird, der HV anzuzeigen, daß das halbe Grundkapital verloren ist; Pflichtverletzung als Mitglied des Vorstands oder Abwickler bei Überschuldung oder Zahlungsunfähigkeit der AG; falsche Ausstellung oder Verfälschung von Hinterlegungsbescheinigungen; Verletzung der Berichtspflicht als Prüfer oder Gehilfe eines Prüfers; Verletzung der Geheimhaltungspflicht als Mitglied des Vorstands oder Aufsichtsrats oder Abwickler, Prüfer oder Gehilfe eines Prüfers; Ordnungswidrigkeiten als Mitglied des Vorstandes oder Aufsichtsrats oder Abwickler, als Aktionär oder als Vertreter eines Aktionärs; Ordnungswidrigkeiten bei Ausübung von Rechten in der HV; Zwangsgelder gegen Vorstandsmitglieder oder Abwickler. Diese Straf- und Bußgeldvorschriften gelten sinngemäß für KGaA. Soweit sie Vorstandsmitglieder betrifft, gelten sie bei KGaA für die persönlich haftenden Gesellschafter.

Strafzinsen

→ Negativzins → Vorschußzinsen.

straight bonds, debt

Normale Schuldverschreibungen ohne Sonderausstattung im Gegensatz zu Wandelschuldverschreibungen (convertible bonds) u. ä. Anleiheformen.

straight debt securities

Festverzinsliche Schuldtitel, Festsatztitel.

straight equity issue

Aktienemission ohne Wandlungsrechte.

straight long

Ausschließliche Kaufposition.

straight short

Ausschließliche Verkaufsposition.

strangle

Gleichzeitiger Kauf oder Verkauf von call- und put-Optionen mit identischen Fälligkeiten, jedoch unterschiedlichen Basispreisen; diese liegen bei den call-Optionen oberhalb, bei den put-Optionen unterhalb des Marktpreises des Basisobjekts.

strap

Verbindung von 2 calls mit 1 put. Gegensatz: strip.

Strategien mit Optionen

Bei bestimmten Markterwartungen können Kapitalanleger versuchen, ihre Anlagezielsetzungen, wie z.B. Sicherheit, Rentabilität, durch bestimmte Käufe/Verkäufe von einzelnen Optionen oder Optionskombinationen zu realisieren. Basisstrategien mit Optionen sind der Kauf einer Kaufoption (long call), Verkauf einer Kaufoption (short call), Kauf einer Verkaufsoption (long put) und Verkauf einer Verkaufsoption (short put). Anlagestrategien mit Optionskombinationen sind u. a. vertical bull/bear spread und horizontal spread (→ spreading), long/short straddle (→ straddle), long/short strangle (→ strangle).

strategische Rohstoffe

Bez. f. solche Rohstoffe, die für die Rüstungsindustrie eines bestimmten Landes von besonderer Bedeutung sind. Meist wird auf das Bestreben der Regierung stets ein gewisses Mindestmaß an strategischen

Rohstoffen gelagert. Durch plötzlich steigende Nachfrage oder aber den Verkauf von nicht mehr als strategisch bedeutsam angesehenen Rohstoffen kann der organisierte Handel kurzfristig beeinflußt werden. → Warenterminhandel.

Streichung des Kurses

→ Kursstreichung.

Streifbanddepot (Sonderverwahrung)

Verwahrung von Wertpapieren unter äußerlich erkennbarer Bezeichnung jedes Hinterlegers gesondert von den eigenen Beständen der Bank oder denen Dritter. Der Name des Eigentümers wird auf dem Papierstreifen o. ä. vermerkt, der die Wertpapiere, Mäntel und Bögen getrennt – ähnl. gebündelten Banknoten – umgibt. Bei Streifbandverwahrung von Wertpapieren bleibt der Hinterleger Eigentümer seiner Stücke, die für ihn verwahrt werden.

Streitigkeiten aus Börsengeschäften

→ Schiedsgericht, Schiedskommission.

Streitwert

Wert einer Streitsache im Zivilprozeß, nach dem sich die Höhe der Prozeßkosten, teilweise auch die Zuständigkeit der Gerichte bestimmt. Bei Zahlungsklagen mit dem eingeklagten Betrag identisch; in sonstigen Fällen erfolgt Festsetzung durch das Gericht.

Streß

Entsteht im Börsengeschehen auf vielfältigste Art und Weise. Verpassen von Chancen, permanent drohender Ruin, Anpassungsunsicherheit sowie widersprüchliche Informationen sind als primäre Ursachen für die Entstehung von Streß anzusehen. Börsenakteure sind durch den Zwang der Antizipation von Ereignissen einem hohen Streßlevel ausgesetzt.

Streßfaktor

Bez. f. das Risiko einer Kapitalanlage. → Risikomessung.

Streubesitz von Aktien

Wenn sich die Aktien der AG oder ein Teil davon im Besitz vieler Aktionäre befinden. → Publikumsgesellschaft.

Streu(besitz)aktionär

Aktionär mit absolut und relativ sehr geringem Aktienbesitz.

strike price

→ exercise price.

strip

Verbindung von 1 call und 2 puts. Gegensatz: strap.

strip hedge (hedging)

Im Zinstermingeschäft An- oder Verkauf der gesamten benötigten Kontrakte zu Beginn, jedoch mit Staffelung der Terminmonate entsprechend den Erfordernissen des geplanten Kassamarktvorganges.

strip of futures contract

Mehrere hintereinandergeschaltete Terminkontrakte mit unterschiedlichen Liefermonaten.

stripped bonds

Bezeichnung für (internationale) Anleihen, bei denen der Zinskupon getrennt vom eigentlichen Kapital gehandelt werden kann. Im speziellen werden durch stripping festverzinsliche Anleihen in Nullkuponanleihen umgewandelt. Auch: repacked securities.

stripped coupons

→ stripped bonds.

stripping

Abtrennen von Zinsscheinen einer Anleihe. Grundsätzlich Vorgang der Abtrennung von Rechten aus Forderungs-, Beteiligungs- oder beteiligungsähnlichen Titeln.

strittige Börsengeschäfte

Wird das Zustandekommen eines Börsengeschäftes, das nach der Behauptung einer Partei zustande gekommen ist, von der anderen Partei bestritten, ist die erste berechtigt und auf Verlangen des anderen Teils verpflichtet, wegen Feststellung der Differenz sofortige Zwangsregulierung vorzunehmen.

Strohmann

Person, die nur nach außen hin als Träger von Rechten und Pflichten erscheint. Handelt aber im eigenen Namen für fremde Rechnung, z. B. bei der Gründung der AG, beim Aufkauf von Aktien usw.

Strukturanalyse

Bildung bestimmter Kennziffern und deren Untersuchung insbesondere im Bereich der Bilanzierung und Finanzierung von Unternehmen. Unter Anwendung von Bilanzierungs- und Finanzierungsrelationen horizontaler und vertikaler Art werden im Rahmen der Strukturanalyse Rückschlüsse auf die aktuelle und zukünftige allgemeine, insbesondere aber rentabilitäts- und liquiditätsmäßige Entwicklung einer Unternehmung vor allem im Rahmen der Bonitätsbeurteilung gezogen.

Strukturvertrieb für Finanzdienstleistungen

Zumindest formal unabhängige Vermittlung von Bank- und Versicherungsleistungen verschiedener Anbieter auf Provisionsbasis. In kundenbezogener Hinsicht ist Ziel, Nachfrager objektiv und umfassend zu beraten. Organisatorisch basieren Strukturvertriebe auf der Anwerbung neuer Berater durch die bereits gewonnenen Mitarbeiter („Schneeball-Prinzip"). Die Vergütung der Mitarbeiter bestimmt sich aus der Provision für die selbstvermittelten Finanzdienstleistungen und aus Anteilen an den Provisionen der angeworbenen Berater. Strukturvertriebe treten im Wettbewerb zumeist offensiv und abschlußorientiert auf.

Strumpfgeld

Bargeld, das zu Hause aufbewahrt und bewußt nicht bei einer Bank eingelegt wird.

Stücke

Wertpapiere, zugleich Mengenbez. f. Wertpapiere; z. B. 5 Aktien sind 5 Stück.

Stückekonto

Nicht mehr übliche Bez. f. Aberdepot. Bei Gutschrift auf Stückekonto besitzt der Berechtigte kein Aussonderungsrecht im Konkurs, sondern nur schuldrechtlichen Anspruch auf Rückgewähr desselben Betrages gleichartiger Wertpapiere, die eingeliefert worden sind.

stückelose Anleihen

→ Wertrechte.

stückelose Wertpapiere, stückeloser Handel, Verkehr

Werden Aktien oder festverzinsliche Wertpapiere neu emittiert, beginnt der Handel dieser i. d. R. schon, bevor die Urkunden gedruckt sind. Da dem Käufer, der den Gegenwert eingezahlt hat, die Wertpapiere noch nicht ausgehändigt werden können, wird die Zeit bis zur Lieferung effektiver Stücke durch verschiedene Lösungen überbrückt. Früher wurden dem Erwerber der Neuemissionen Kassenquittungen ausgehändigt, d. h. Urkunden, die von den Ausgebern der Aktien oder Schuldverschreibungen bzw. den eingeschalteten Banken unterzeichnet wurden und die Zeit von der Einzahlung des Kaufpreises bis zur Ausgabe der endgültigen Urkunden überbrücken sollten. Die Kassenquittungen wurden zugunsten des Einzahlers ausgestellt; sie waren meist nicht übertragbar, damit der Aussteller der Urkunde wußte, an wen er die Urkunde nach der Drucklegung ausliefern mußte. Wegen der sich daraus ergebenden Schwierigkeiten wurde der Jungscheinverkehr geschaffen. Bei ihm wird schon vor Ausgabe der Aktien- oder Schuldverschreibungsurkunden der Verkehr mit diesen Papieren dadurch ermöglicht, daß die AG sich in einem Schreiben, dem Jungschein, gegenüber einer Wertpapiersammelbank unwiderruflich verpflichtet, die Wertpapiere nach Drucklegung unmittelbar an diese auszuliefern. Die Wertpapiersammelbank schreibt den Banken, die den Verkauf der Wertpapiere übernommen haben, die Wertpapiere auf Jungscheinkonto gut. Die Banken können dann über diese Wertpapiere verfügen. Nach Erscheinen der Urkunden werden die Jungscheinkonten in Depotkonten umgeschrieben; an die Stelle der Jungscheine treten die Schuldverschreibungen oder Aktien. Als weitere Verfeinerung entwikkelte man die Globalurkunde, die der Emittent von Aktien oder Schuldverschreibungen bei der Wertpapiersammelbank bis zum Erscheinen effektiver Stücke hinterlegen kann. Sie dokumentiert und repräsentiert alle Rechte und Pflichten aus dem emittierten Aktienkapital bzw. dem Betrag der Schuldverschreibungen. Da der Aussteller sich verpflichtet, die Globalurkunde durch effektive Stücke zu ersetzen, können dem Kunden die Wertpapiere, die durch die Globalurkunde repräsentiert werden, unmittelbar gutgeschrieben und ihm dadurch das Miteigentum am Sammelbestand der Wertpapiergattung verschafft werden. Dieses Verfahren ist die Vorstufe zur Begebung stückeloser Aktien und Anleihen, wie sie schließlich durch eine Ergänzung des DepG über die Sammelurkunde ermöglicht wurde. Danach kann der Aussteller von Wertpapieren jederzeit und ohne Zustimmung der übrigen Beteiligten eine von der Wertpapiersammelbank in Verwahrung genommene Sammelurkunde ganz oder teilweise durch einzelne in Sammelverwahrung zu nehmende Wertpapiere oder einzelne Wertpapiere eines Sammelbestandes einer Wertpapiersammelbank durch eine Sammelurkunde ersetzen. Wird Auslieferung von Wertpapieren verlangt, hat der Aussteller die Sammelurkunde insoweit durch Wertpapiere zu ersetzen, als dies für die Auslieferung erforderlich ist. Während des zur Herstellung der Wertpapiere erforderlichen Zeitraums darf die Wertpapiersammelbank die Auslieferung verweigern. Ist der Aussteller nicht verpflichtet, an die Inhaber der in der Sammelurkunde verbrieften Rechte Wertpapiere auszugeben, kann auch von der Wertpapiersammelbank die Auslieferung von Wertpapieren nicht verlangt werden.

Stückelung

Aufteilung einer Emission in mehrere Nennbeträge. Verschiedene Stückelungen derselben Emission sind beim Wertpapierdruck durch veränderte Farbenzusammenstellungen zu unterscheiden. Gleiche Stückelungen verschiedener Emissionen desselben Emittenten sollen dieselben Farben erhalten. Gibt also auch an, in welchen Abschnitten Titel effektiv verfügbar sind.

Stückemangel

Bez. f. Mangel an Angebot in Wertpapieren.

Stückeverzeichnis

Im Depotgesetz vorgeschriebene Aufstellung der Bank über die für den Kunden gekauften und verwahrten Wertpapiere. Im Stückeverzeichnis sind die Wertpapiere nach Gattung, Nennbetrag, Nummern oder sonstigen Bezeichnungsmerkmalen aufzuführen. Ist vom Kommissionär, i. d. R. der Bank, dem Kommittenten – also dem Bankkunden – unverzüglich, spätestens binnen einer Woche zu übersenden. Mit der Absendung geht das Eigentum an den bezeichneten Stücken auf den Kommittenten über.

Stückezuteilung

Zuteilung der Stücke bei einer Wertpapieremission. Die Stückezuteilung wird teilweise bereits während der Zeichnungsfrist vorgenommen, i. d. R. aber erst nach Abschluß der Zeichnung, wenn sich das Ergebnis übersehen läßt. Bei Überzeichnung werden oft kleinere Zeichnungen bevorzugt berücksichtigt oder solche, bei denen man mit einer Dauerplazierung rechnen kann.

Stückkurse

→ Stücknotierung, -notiz.

Stücknotierung, -notiz

Börsennotierung für Wertpapiere in Stück pro Aktie usw. statt in Prozent. Früher war Prozentnotierung üblich; seit 1969 gilt für Aktien i. d. R. Stücknotierung, während festverzinsliche Wertpapiere in Prozent notiert bleiben. Die Notierung in Stück ist im Ausland überwiegende Regelnotierung bei Aktien und entsprechenden Wertpapieren.

Stückzinsabschlag

→ Zinsabschlag bei Stückzinsen.

Stückzinsen

Bei Abrechnung festverzinslicher Wertpapiere werden berechnet: die Zinsen vom letzten Zinszahlungstermin bis zum Tag der Ausführung des Wertpapierauftrages, die dem Kaufpreis zuzuschlagen sind, weil der Käufer den Zinsanspruch für diese Zeit miterwirbt. Er erhält nämlich, obwohl er den Betrag erst zwischenzeitlich aufgebracht hat, am ersten Zinstermin des folgenden Jahres die vollen Halbjahreszinsen. Dafür wird durch die Berechnung der Stückzinsen ein Ausgleich geschaffen. Diese Stückzinsen kommen dem Verkäufer der Anleihe zugute, der auf diese Weise im Zeitpunkt des Verkaufs die Zinsen für die Zeit vom letzten Zinstermin bis zum Verkaufstermin erhält. Eine Besonderheit gilt, wenn festverzinsliche Wertpapiere vor dem nächsten Zinstermin gekauft bzw. verkauft werden: Die Banken beginnen schon 15 Tage vor dem Zinstermin mit der Trennung der Zinsscheine. Die gekauften Wertpapiere können daher dem Käufer nur noch ohne Zinsschein für den bevorstehenden Zinstermin geliefert werden, während der Verkäufer bereits die Zinsen für das volle Halbjahr bzw. Jahr gutgeschrieben bekommen hat. Der Ausgleich wird dadurch herbeigeführt, daß Minus-Zinsen berechnet werden: Zinsen vom Tage des Geschäftsbeschlusses bis zum nächsten Zinstermin werden vom Kurswert abgezogen; der Verkäufer erstattet damit zugunsten des Käufers den ihm nicht mehr zustehenden Teil der erhaltenen Zinsen zurück (Marchzins). Anleihen ohne Stückzinsenberechnung (flat) sind im Kursblatt besonders gekennzeichnet.

Stückzinsen, steuerlich

Stückzinsen kann der Erwerber eines festverzinslichen Wertpapiers bei der ESt in dem Veranlagungszeitraum von den Gesamtzinsen absetzen, in dem der Zinsschein eingelöst wird. Dementsprechend muß der Verkäufer die besonders in Rechnung gestellten und vereinnahmten Stückzinsen als Einkünfte aus Kapitalvermögen versteuern. Fallen Stückzinsen und Fälligkeit der nächsten Zinszahlung in verschiedene Jahre, sind sie schon im Jahr des Erwerbs abzusetzen. Es handelt sich hierbei jedoch nicht um Werbungskosten, sondern um negative Einkünfte. Die abgesetzten Stückzinsen brauchen deshalb auch nicht auf den Werbungskostenpauschbetrag angerechnet werden. Ein Steuerpflichtiger, der Wertpapiere erwirbt, bei denen der Ertrag sich im Kurs ausdrückt – z. B. bei Aktien oder flat gehandelten Anleihen – darf von dem ihm später zufließenden Betrag den Mehrpreis, den er wegen der zu erwartenden Dividende entrichtet hat, nicht absetzen. Dasselbe gilt beim Erwerb von Anteilscheinen an einem offenen Immobilienfonds. Minusstückzinsen bestehen meist in einem Nachlaß auf den Kauf- oder Zeichnungspreis und können deshalb auch nicht als Zinsen aus Wertpapieren angesehen werden; es handelt sich vielmehr um Zinsen für ein Darlehen, das der Erwerber der Wertpapiere dem Emittenten zur Verfügung stellt. Sie gehören damit als Zinsen aus einer sonstigen Kapitalforderung ebenfalls zu den steuerpflichtigen Einkünften aus Kapitalvermögen. Stückzinsen, die zugunsten des Verkäufers eines Wertpapieres anfallen, unterliegen – wenn weder ein Freistellungsauftrag noch eine Nichtveranlagungsbescheinigung vorgelegt wird – der → Zinsabschlagsteuer, wobei das Entgelt für den Erwerb der Zinsscheine abzuziehen ist.

Stützungskäufe

Käufe zur Stabilisierung von Wertpapierkursen – auch Devisen –, um weiteres Zurückfallen des Kurses zu verhindern. → Kurspflege.

Stützungskonsortium

Gemeinschaft mehrerer Interessenten (nicht nur Banken) zur Stützung von Wertpapierkursen. → Kurspflege.

Stützungslinie

Begriff der technischen Aktienanalyse. Man spricht von einer Stützungslinie, wenn es sich um eine Linie handelt, in deren Nähe sinkende Kurse „Boden finden". Das bedeutet, daß in einer Hausse die Chancen gut stehen, daß Kursreaktionen in der Nähe der Stützungslinie aufgefangen werden und in einen erneuten Aufschwung umkehren. In einer Baisse dagegen stellt eine Stützungslinie ein zumindest vorübergehendes Hindernis für eine weitere Abwärtsentwicklung der Kurse dar.

Stufengründung

Gründung einer AG, bei der die Gründer nur einen Teil der Aktien übernehmen und den Rest durch Zeichnung unterbringen (auch: Sukzessivgründung). Früher relativ seltene Gründungsform und seit AktG v. 1965 unzulässig.

Stundung

Hinausschieben des Fälligkeitstermins einer Schuld. Während der Stundung ist die Verjährung unterbrochen.

Stuttgarter Verfahren

Steuerliches Verfahren zur Bewertung nichtnotierter Aktien und Anteile an Kapitalgesellschaften durch Schätzung. Dabei wird der anzusetzende Verkehrswert unter Berücksichtigung des Substanzwertes und der erwarteten Ertragsaussichten ermittelt.

subordinated debentures

Angelsächsischer Begriff für nachrangige Schuldverschreibungen. Zeichnen sich dadurch aus, daß ihre Inhaber im Liquidationsfall mit ihren Ansprüchen hinter die von Inhabern gewöhnlicher Schuldverschreibungen zurücktreten. Im Hinblick auf die Haftungsfunktion sind die subordinated debentures zwischen dem primär haftenden Eigenkapital und dem nicht haftenden Fremdkapital angesiedelt.

Subordination

In Anleihebedingungen enthaltene Bestimmung, wonach die Anleihe ausstehenden und zukünftigen Emissionen in einem Konkursverfahren im Range nachgeht.

subscriber

Zeichner.

subscription agreement

Bei konsortialiter organisierten Wertpapieremissionen nach dem europäischen Verfahren der three-tier syndication die Vereinbarung zwischen den Mitgliedern der management group und dem Emittenten bzgl. der Konditionen der Übernahme und Plazierung der Wertpapiere.

Subskribent

Zeichner bei einer Wertpapieremission.

Subskription (1)

Zeichnung von neu aufgelegten Wertpapieren. Auch: erstmaliger Verkauf einer Serie von Pfandbriefen oder Kommunalobligationen.

Subskription (2)

Einzahlungsbetrag eines Mitgliedslandes des IWF. Wird nach dessen Quote bemessen.

Substanz

Produktivvermögen einer Unternehmung: So kann die Substanz aus flüssigen

Mitteln wie Geld, Bankguthaben, Forderungen usw. bestehen oder aus Anlagen in Form von Maschinen, Werkzeugen, Gebäuden. Von der Substanz zehren heißt, daß das Eigenkapital der Unternehmung abnimmt. Ursachen für Substanzverluste können in Verlusten wegen rückläufiger Konjunktur, zu hohen Privatentnahmen, falscher Einschätzung der Lage usw. liegen.

Substanzausschüttung

Ausschüttung von nicht echt erwirtschafteten Gewinnen einer Unternehmung, die eine Schmälerung ihrer Substanz zur Folge hat. Um Substanzausschüttung zu vermeiden, sollte die Ertragskraft einer Unternehmung so groß sein, daß die erzielten Gewinne nicht nur ausreichend für die Erhaltung der Unternehmungssubstanz auch bei steigenden Wiederbeschaffungspreisen für Anlagen sind, sondern darüber hinaus den Beteiligungskapitalgebern eine äquivalente Rendite sichern.→ Substanzerhaltung.

Substanzerhaltung

Allgemeiner Bewertungsgrundsatz, der bedingt, daß nur die Mittel in Form der Gewinnausschüttung und Steuerzahlung die Unternehmung verlassen dürfen, die über die zur Substanzerhaltung erforderlichen Vermögenswerte benötigten Geldeinheiten hinaus erwirtschaftet worden sind. Im Bereich der Handels- und Steuerbilanz findet der Grundsatz der Substanzerhaltung Niederschlag in dem durch gesetzliche Bewertungsvorschriften fixierten Prinzip der nominellen Kapitalerhaltung. Jede auf eine längere Lebensdauer ausgerichtete Unternehmung muß so wirtschaften, daß die Substanz, d. h. das Produktivvermögen wenigstens erhalten bleibt. Dies gelingt nur über ausreichende Ertragserzielung. Aus der Sicht des Kapitalanlegers kann sich das Problem der Substanzerhaltung dergestalt ergeben, daß der Realwert seiner Anlage nicht sinkt. Zu berücksichtigen sind dabei insbesondere Kapitalrückflüsse, die zur Reinvestition bereitstehen können, und die Gesamtrendite einer Anlage im Vergleich zur Inflationsrate.

Substanzerhaltungsrücklage

Als nicht realisierte Gewinne gekennzeichnete und ohne Berührung der GuV-Rechnung einem besonderen Passivposten zugeführte Beträge zur Erhaltung der Unternehmenssubstanz. Substanzerhaltungsrücklagen entstehen dadurch, daß die Anschaffungswerte der Vermögensgegenstände zwar als solche fortgeführt werden, die Abschreibungen aber auf der Basis von Wiederbeschaffungswerten berechnet werden.

Substanzerhaltungstheorien

Auffassungen über die Einhaltung des bewertungsrelevanten Grundsatzes der Substanzerhaltung. Demnach liegt absolute Substanzerhaltung dann vor, wenn aus den Umsatzerlösen alle im Leistungserstellungsprozeß der Unternehmung verbrauchten Güter in gleicher Menge und Qualität wiederbeschafft werden können. Ein darüber hinaus erwirtschafteter Betrag kann als Gewinn die Unternehmung ohne Beeinträchtigung ihrer Leistungsfähigkeit verlassen. Demgegenüber verlangt die relative Substanzerhaltungstheorie, daß aus den Umsatzerlösen nicht nur die verbrauchten Produktionsfaktoren in unveränderter Form wiederbeschafft werden können, sondern Produktionsfaktoren in solcher Quantität und Qualität beschafft werden können, daß die Unternehmung ihre relative Stellung in der Gesamtwirtschaft durch Berücksichtigung des technischen Fortschritts und der allgemeinen Weiterentwicklung in der jeweiligen Branche aufrechterhalten kann.

Substanzschäden bei Wertpapieren

Sind nach den Richtlinien für die Lieferbarkeit beschädigter, amtlich notierter Wertpapiere der deutschen Börsen: (1) Löcher, soweit Rahmen- und Mittelfeldguillochen verletzt sind und es sich nicht nur um der Größe nach unbedeutende, z. B. nadelstichartige Verletzungen handelt. Die Lieferbarkeit wird nicht beeinträchtigt, wenn es sich um einmalige Lochung (durch Brieflocher) des Mantels im normalen Abstand vom Rand und der beiden Löcher untereinander handelt, auch wenn hierbei die Randguilloche beschädigt wird; (2) coupongroße Ausstanzungen, sofern es sich nicht um sauber verklebte coupongroße Ausstanzungen aus dem Erneuerungsschein handelt; Abrisse und Ausrisse, soweit Rahmen- und Mittelfeldguillochen verletzt sind; ohne deren Verletzung auch dann, wenn nicht das ab- oder ausgerissene Stück des Wertpapiers wieder paßgerecht und sauber verklebt ist; Einrisse und Einschnitte, die über die Mitte des Stückes hinausgehen oder bei geringerem Ausmaß nicht sauber verklebt sind; jede Art von Rasuren. Wertpapiere mit Substanzschäden sind nicht lieferbar.

substanzstarke Titel

Bez. f. Aktien, deren Bewertung schon aufgrund des Sachwertes, den sie anteilsmäßig an dem die Aktien emittierenden Unternehmen verkörpern, gerechtfertigt ist. Der Ertragskraft der Unternehmung kommt somit für die Bewertung der Aktien nur eine untergeordnete Bedeutung zu.

Substanzwert

Summe der Werte der Vermögensbestandteile einer Unternehmung abzüglich Schulden. Bei Bestimmung des Substanzwertes spielt die Ertragskraft der Unternehmung keine Rolle. Dem Substanzwert steht daher der Ertragswert gegenüber, der größer oder kleiner sein kann. Der Substanzwert wird bei der Unternehmensbewertung oft aufgrund von Fusionen oder Abfindungen an freie Aktionäre zugrunde gelegt. Ferner wird der Substanzwert dann börsenrelevant, wenn eine Unternehmung liquidiert wird bzw. Werte des Anlagevermögens veräußert und bei der Liquidierung bzw. beim Verkauf erhebliche stille Reserven realisiert werden, die im bisherigen Kurs noch nicht berücksichtigt worden sind.

Substanzwertanlage

Statt der Ertragskraft wird manchmal ein mehr oder weniger undeutlich definierter Substanz-, Real- oder Sachwert als Kriterium für die Anlageentscheidung bei Aktien in den Vordergrund gestellt. Weil sie einen Anteil am Sachwert darstellen, werden Aktien als Sicherung gegen Geldentwertung angesehen. Festverzinsliche Wertpapiere sind Geldforderungen und werden daher von einer inflatorischen Entwicklung besonders berührt. Demgegenüber sind Aktien in diesem Sinne keine Geldforderungen. Zwar haben sie als Titel mit Anspruch auf Dividende z. T. Geldforderungscharakter; aber im Prinzip ist die Aktie ein Miteigentumspapier an einer Unternehmung, hat also Sachwertcharakter. Der Besitz von Sachwerten gilt als Sicherung gegen Geldentwertung. Dies bedeutet aber nicht, daß der Anleger sich vom Kriterium Ertragskraft ab- und dem Kriterium Substanzwert zuwenden muß: Die Ertragskraft bleibt das entscheidende Kriterium; Substanz ohne Ertragsfähigkeit ist wertlos. Auch ist der Substanzwert einer Aktie nur aus den Anschaffungs- oder Herstellungskosten konkreter Vermögensgegenstände zu errechnen. Dies bedeutet, daß er stets an der Vergangenheit orientiert ist, während er dazu dienen soll, den heutigen bzw. zukünftigen Wert zu beurteilen. Weiter beruht er auf der Einzelbewertung von Vermögensteilen, vernachlässigt also den Wert, den die Gegenstände innerhalb der Unternehmungsorganisation besitzen usw. Die als Ausgangsbasis dienende Aktivseite der Bilanz zeigt das durch verschiedene Bewertungspraktiken bei Unternehmen unterschiedlich verzerrte Gesellschaftsvermögen, läßt aber kaum Schlüsse über Ertrag und Gewinn zu.

Substanzwerte

→ Sachwerte.

Substanzwertverfahren

Im Rahmen der Unternehmensbewertung praktiziertes Verfahren zur Bestimmung des Substanzwertes einer Unternehmung. Neben den zu beschaffungsmarktorientierten Tageswerten angesetzten bilanzierungsfähigen Wirtschaftsgütern und Schulden werden auch nicht bilanzierungsfähige Wirtschaftsgüter (Image, know-how, Kundenstamm u. a.) mit geschätzten Wiederbeschaffungskosten berücksichtigt. Der hieraus ableitbare Firmenwert einer Unternehmung kann als gedankliche Kontruktion zur Überwindung der Diskrepanz zwischen substanzabhängiger und ertragsabhängiger Unternehmensbewertung angesehen werden.

Substitut

Stellvertreter; z. B. Maklersubstitut.

sukzessiv

Nach und nach. Manchmal Zusatz bei Börsenaufträgen.

Sukzessivgründung

→ Stufengründung.

Summenaktie

Aktien nach deutschem Recht, die auf einen Nennbetrag in DM lauten müssen. Im Ausland sind z. T. Bruchteils- oder Quotenaktien (nennwertlose Aktien) zulässig.

Summendepot

Form der Verwahrung von Wertpapieren durch eine Bank, bei der der Depotkunde nur Anspruch auf Lieferung von Wertpapieren derselben Art und Menge hat.

Summenversicherung

Hier wird pro Schadenfall eine bestimmte Summe festgesetzt; Beispiel: Lebensversicherung.

Summenverwahrung

Der Kunde kann mit seiner Bank vereinbaren, daß das Eigentum an Wertpapieren sofort mit der Einlieferung auf seine Bank oder auf einen Dritten übergeht und die Bank nur verpflichtet ist, Wertpapiere derselben Art zurückzugewähren. Hier handelt es sich nicht mehr um ein eigentliches Verwahrungsgeschäft; vielmehr treten die Wertpapiere sofort in das Vermögen der Bank ein. Der Kunde hat nur schuldrechtlichen Anspruch auf Lieferung von Stükken derselben Art und Menge. Die Ansprüche des Kunden werden in Wertpapierrechnung oder auf Aberdepot verbucht. Die Ermächtigung des Kunden muß für jedes einzelne Verwahrungsgeschäft der Bank ausdrücklich und schriftlich erteilt werden.

Superdividende

Auch: Überdividende, Zusatzdividende. Zuschlag über die normale Dividende hinaus; sie kann auf Aktien mit Dividendenvorrecht bezahlt werden (Vorzugsaktien). Auch: größere oder außerordentliche Dividendenauszahlung anläßlich eines ungewöhnlich günstigen Geschäftsjahrs (Bonus).

surplus

Zunächst nicht verteilter, in einer Rücklage angesammelter Reingewinn. Oft später als Sonderdividende, Bonus o. ä. verteilt.

sushi bond

Eine Dollarbond-Emission einer japanischen Unternehmung, die von japanischen Institutionen gekauft werden soll.

S.V.N.

Sans valeur nominale, ohne Nennwert, Abk. in französischen Kurszetteln in der Spalte „Nominal“ bei nennwertlosen Aktien. Es handelt sich dabei ausschließlich um ausländische Aktien.

swap (1)

Sammelbez. f. Tauschoperationen im Devisenhandel. → swap-Geschäft.

swap (2)

→ Zins- und Währungsswaps.

swap-Abkommen

Internationale Kreditvereinbarungen, die den Währungsbehörden als Instrument zur Kursstabilisierung der Währungen dienen. Es sind Fazilitäten für Interventionen am Devisenmarkt.

swap-Anleihe

Sonderform eines Arbitragegeschäftes am Euromarkt, das einen Tausch von Zinsverbindlichkeiten aus kurz- und mittelfristigen Mittelaufnahmen zwischen verschiedenen Partnern beinhaltet, während die Anleihegläubiger vom swap-Geschäft nicht tangiert werden. Zugrunde liegt der Transaktion das Interesse der Tauschpartner an einer Umstrukturierung der Passivseiten ihrer Bilanzen hinsichtlich Fristigkeit und Zinsmodus ihrer Finanzierungsmittel. Auf der einen Seite steht z. B. eine Euro-Bank, die ihre langfristige Refinanzierungsbasis möglichst zu günstigen variablen Sätzen sichern möchte, während auf der anderen Seite z. B. eine US-Industrieunternehmung über langfristige US-$-Mittel zu variablen Sätzen verfügt oder beschaffen kann, selbst aber langfristige Festsatzmittel benötigt. Zwecks Überbrückung dieses Gefälles im Emissionsstanding legt die Bank eine Euro-Dollar-Anleihe mit festem Zinssatz auf und schließt zugleich mit einem swap-Partner, der an einer Umwandlung seiner Verbindlichkeit mit variablem Zins in solche mit einem Festzins interessiert ist, eine Tauschvereinbarung ab. Dabei verpflichtet sich einerseits der swap-Partner, Emissionskosten und Anleihezinsen an die Bank zu zahlen, während andererseits die Bank zur Zahlung von Zinsen an den Partner zu einem Satz von Libor oder einem Abschlag unter Libor verpflichtet ist, so daß beide Partner Vorteile aus dieser Transaktion ziehen.

swappen

Vornahme von Tauschoperationen am Devisenterminmarkt.

swap-Geschäft

Form des Devisenaustauschgeschäfts, bei dem ein Partner einem anderen sofort Devisen zur Verfügung stellt (Kassageschäft) und gleichzeitig Rückkauf zu festem Termin und Kurs vereinbart wird (Termingeschäft). Ein Devisenbetrag wird mit bestimmter Fälligkeit gekauft und im gleichen Geschäftsabschluß unter denselben Kontrahenten mit früherer oder späterer Fälligkeit verkauft. Dies führt dazu, daß durch diese Kombination zweier entgegengesetzter Devisengeschäfte mit unterschiedlichen Fälligkeiten für die vereinbarte Frist Beträge zweier Währungen unter den Kontrahenten ausgetauscht werden. Swap-Geschäfte kommen zur Kurssicherung vor allem von Finanzkrediten in Betracht, also von Kreditbeziehungen, die mit Geldzahlung des Kreditgebers begründet und mit Rückzahlung des Kreditnehmers beendet werden. Will der Kreditnehmer das Währungsrisiko ausschalten, wird er den Devisenverkauf und den Devisenkauf nicht im Rahmen zweier zeitlich auseinanderliegender Kassageschäfte tätigen, sondern beides gleichzeitig im Rahmen eines swap-Geschäftes vornehmen. Swap-Geschäfte lassen sich nicht nur zur Kurssicherung von Finanzkrediten verwenden, sondern können als Ersatz für solche dienen. Ein wichtiger Unterschied besteht allerdings darin, daß bei einem Kredit eine einseitige, bei einem swap-Geschäft dagegen eine wechselseitige Überlassung von Geldmitteln vorliegt. Der eine swap-Partner überläßt dem anderen für eine bestimmte Periode einen Geldbetrag in einer Währung, und gleichzeitig überläßt dieser ihm für denselben Zeitraum den Gegenwert in anderer Währung. Daher sind swap-Geschäfte als Ersatz für Kreditaufnahmen oder -gewährungen dann nicht geeignet, wenn eine Erhöhung oder Verminderung des gesamten Geldmittelbestandes angestrebt wird. Wohl aber stellt sich diese Alternative in den Fällen, in denen eine Änderung seiner währungsmäßigen Zusammensetzung gewünscht wird.

swap-Geschäfte der Deutschen Bundesbank

Zeitweilig bietet die Bundesbank inländischen Banken die Möglichkeit, mit ihr swap-Geschäfte in US-$ über Laufzeiten bis 3 Monaten, zeitweise auch bis 6 Monaten abzuschließen. Die Bundesbank macht von diesem Geschäft Gebrauch, um bei Intervention in Fremdwährungen Liquiditätszuflüsse aus dem Ausland zu neutralisieren, aber auch als Instrument des Geldmarktausgleichs. Solche Transaktionen werden jeweils zu Marktsätzen abgewikkelt; unmittelbare Kursentwicklungen am Devisenkassamarkt sind damit nicht verbunden.

swap-Satz (-Kurs)

Kursunterschied am Devisenmarkt zwischen dem Terminkurs und dem Kassakurs einer Währung. Sammelbez. f. Deport (Kursabschlag) der betreffenden Termindevise und Report (Kursaufschlag) gegenüber dem Kassakurs.

swap-(Satz-)Politik

Die von der Bundesbank nach deren Zielen autonom vorgenommene Festlegung des swap-Satzes im Rahmen ihrer swap-Geschäfte. Intendiert wird dadurch das Offerieren eines Zinsanreizes zur Beeinflussung des Umfangs und der Richtung zwischenstaatlicher Geldströme in währungspolitisch gewünschter Weise.

swaption

Recht auf Durchführung eines Zins- oder Währungsswap, welches zu einem bestimmten zukünftigen Termin oder innerhalb eines spezifischen Zeitraums ausgeübt werden kann. Andere Bez. swapoption.

SWIFT

Society for Worldwide Interbank Financial Telecommunication. Sitz: Brüssel. SWIFT ist ein von Banken Europas und Nordamerikas gegründetes System, um den internationalen Zahlungsverkehr zu beschleunigen und zu standardisieren. Über 600 Mitgliedsbanken in 28 Ländern. Das System wurde dahingehend erweitert, daß neben dem internationalen Zahlungsverkehr auch Inkasso- und Akkreditivgeschäfte, Wertpapier-, Devisen-, Edelmetall- und sonstige Geschäfte abgewickelt werden können.

Swiss Bid-/Ask-Index (SBAI)

Zweiteiliger Schweizer Index, der von der Association Tripartite Bource errechnet wird. Ergänzt den Swiss Performance Index (SPI) sowie den Swiss Market Index (SMI). Die Berechnung des Bid-Index erfolgt auf Basis der zuletzt verfügbaren Geldkurse, die des Ask-Index auf Basis entsprechender Briefkurse der im SMI berücksichtigten Schweizer Aktien. Der SBAI soll Marktteilnehmern in turbulenten Börsenzeiten ein zuverlässigeres Abbild des Marktes geben als ein auf bezahlten Kursen basierender Index. Bei Beendigung des Handels können Geld- und Briefkurse bessere Indikatoren sein als zuletzt bezahlte Kurse, die u. U. vom Vortag stammen. Darüber hinaus gibt der SBAI Hinweise auf die Marktliquidität; je kleiner die prozentuale Differenz zwischen dem Bid- und dem Ask-Index, desto besser die Liquidität des Marktes. Außerdem zeigt der SBAI an, zu welchen Preisen ein SMI-Portfolio gekauft bzw. verkauft werden kann.

Swiss Commodities, Futures and Options Association (SCFOA)

Vereinigung der sich in der Schweiz mit dem Terminhandel befassenden Verbände, Unternehmen und Institutionen. Größte Veranstaltung ihrer Art auf der ganzen Welt. Führende Vertreter der bedeutenden internationalen Terminbörsen, der

Banken, Ministerien und anderer Institutionen treffen sich, um Informationen und Anregungen über den Terminhandel und insbesondere die ständig neu aufgenommenen Produkte und Handelstechniken auszutauschen.

Swiss Market Index (SMI)

Von der Swiss Options and Financial Futures Exchange (SOFFEX) in Zusammenarbeit mit der Vereinigung Schweizerischer Effektenbörsen entwickelter Index, der als Basis für den Handel mit schweizerischen Aktienindex-Terminkontrakten dienen soll. Im SMI werden an den Börsen von Zürich, Genf und Basel variabel gehandelte marktbreite schweizerische Aktien erfaßt. Ihre Börsenkapitalisierung beträgt etwa 40% der aller amtlich notierten schweizerischen Aktien. Die Berechnung des SMI erfolgt laufend während der Börsenzeit.

Swiss Options and Financial Futures Exchange (SOFFEX)

Computerisierte Options- und Terminbörse, gegründet am 19. 5. 1988. Träger ist der Verein Schweizerische Effektenbörse (→ SEB). Durch Konzeption der SOFFEX als elektronische, automatische Börse können Marktteilnehmer landesweit und standortunabhängig über Computerterminals mit der Börse in Verbindung treten. Als direkte Marktteilnehmer der SOFFEX sind ausschließlich in der Schweiz ansässige Wertpapierhäuser zugelassen, die entweder als brokers Aufträge im eigenen Namen auf eigene Rechnung oder im Namen ihrer Kunden ausführen oder als market makers nur auf eigene Rechnung und im eigenen Namen handeln. Sämtliche Transaktionen müssen über die Börse abgewickelt werden. Es besteht somit auch ohne Existenz eines Börsenparketts „Börsenzwang". Elektronisch eingegebene Aufträge und Geld- und Briefkurse der market makers werden automatisch aufgezeichnet, sortiert und bei Vorliegen entsprechender Gegenorders ausgeführt. Die Abwicklung ausgeführter Aufträge erfolgt vollelektronisch über ein integriertes clearing-System. Mittelfristig soll die SOFFEX in die Tätigkeit der 1995 in Betrieb gehenden → Elektronische Börse Schweiz eingebunden werden. In einer ersten Phase wurden an der SOFFEX schweizerische Aktien-, Aktienindexfutures und -optionen gehandelt, deren Basiswerte ausschließlich schweizerische „blue-chips" darstellen. Zu einem späteren Zeitpunkt ist der Handel mit Zins-Terminkontrakten aufgenommen worden: Kontrakte auf langfristige Schweizerische Bundesanleihen (→ Conf-futures) sowie Kontrakte auf mittelfristige Schweizerische Bundesanleihen (→ 5 MIF-futures). Ein Terminkontrakt auf den Zinssatz von dreimonatigen Euro-sfr-Einlagen wurde wieder aufgegeben. Seit 1994 werden auch Optionen auf Conf-futures gehandelt. Aktienoptionen und Aktienindexoptionen sind in Form der american options konstruiert, können also während ihrer Laufzeit jederzeit ausgeübt werden. Als weitere Kontraktspezifikation der Aktienoptionen sind zu nennen: Kontraktgröße: 5 Titel pro Kontrakt; Verfall: 1, 2, 3 Monate sowie das darauf folgende Monatsende des Januars, Aprils, Julis oder Oktobers; Abrechnung: physische Lieferung. Kontraktgegenstand des Aktienindexfuture ist der Swiss Market Index (SMI). Die Kontraktgröße entspricht sfr 50 multipliziert mit dem Terminkurs des SMI. Die kleinste Preisveränderung beträgt 0,1 Punkte bzw. sfr 5. Es stehen, wie bei den Aktienoptionen, vier Laufzeiten zur Verfügung. Dies sind die folgenden drei Monate sowie der nächste Quartalsmonat (Januar, April, Juli, Oktober). Wie die SMI-Optionen werden die SMI-futures von 10–13 Uhr sowie von 14–16 Uhr gehandelt. Pro futures-Kontrakt ist eine Einschußmarge von sfr 5 000 zu hinterlegen. Täglich werden Gewinne und Verluste aus den Terminkontrakten ermittelt und als Nachschußmarge den Kunden gutgeschrieben bzw. belastet.

Swiss Performance Index (SPI)

Von der Vereinigung Schweizerischer Effektenbörsen berechneter und publizierter Aktienindex. Der SPI umfaßt alle an den drei großen Schweizer Börsen (Zürich, Genf, Basel) kotierten Aktien sowie die wichtigsten im Freiverkehr gehandelten Titel. Die Berechnung des SPI erfolgt in Abständen von 3 Minuten, erstmals jedoch 20 Minuten nach Beginn des Handels.

switch

Verkauf von Wertpapieren, deren Aussichten nicht mehr günstig erscheinen, und Anlage des Erlöses in andere, mehr Erfolg versprechende Wertpapiere.

switch factor

Gibt bei Aktienoptionsscheinen Aufschluß darüber, ob der indirekte Erwerb der Aktie via Optionsschein und Festzinsinvestment günstiger ist als der direkte Erwerb der Aktie. Im Verhältnis zum Direkterwerber verliert der indirekte Erwerber im schlechtesten Falle das gesamte Aufgeld des Optionsscheins, ihm verbleiben die Zinserträge aus dem Festzinsinvestment. Dem direkten Erwerber fließen die Dividenden mit oder ohne Steuergutschrift zu. Der switch factor gibt für den schlechtesten Fall die Relation zwischen den Erträgen aus dem indirekten und dem direkten Aktieninvestment an. Ein Faktor größer als eins bedeutet demnach, daß ein Tausch der Aktie in den Optionsschein plus Rentenwert lohnt. Bei einem Faktor kleiner oder gleich eins ist dies nicht zwingend der Fall. Bei der Berechnung wird unterstellt, das Aufgeld des Scheins würde über seine Restlaufzeit gleichmäßig abgebaut.

switch-Klausel

Änderungsklausel in Anleiheverträgen (z. B. Bereitstellung des Gegenwertes in einer anderen Währung).

Sydney Futures Exchange (SFE)

Australische Terminbörse, gegründet 1960. Handel in Terminkontrakten auf folgende Basiswerte: 10-Year Australian Treasury Bonds, 3-Year Australian Treasury Bonds, 90-Day Bank Accepted Bills, the All Ordinaries Share Price Index, the Fifty Leaders Share Price Index, Wolle und lebendes Vieh. Adresse: Grosvenor Street, Sydney NSW 2000, Tel.: 0061-2-2560555, Telefax: 0061-2-2560666.

Sydney Stock Exchange

Australische Wertpapierbörse. Adresse: 20 Bond Street, Sydney, NSW 2000, Australien, Tel.: 0061-2-2310066. Telex: 20630 stockex. Telegrammadr.: stockex, Sydney.

Sylvester-Anleihe

Bez. f. eine Anleihe der Bundesrepublik Deutschland, die am 31. 12. jedes Jahres emittiert wird.

syndicated loan

Angelsächsische Bez. f. Konsortialkredit.

Syndikat

Bez. f. Konsortium, vor allem am Euromarkt.

Syndikatskonten

Form der Vermögensanlage in Warenterminkontrakten, insbesondere für kleinere Kapitalanlagen. Jeder Beteiligte an einem solchen Konto erhält numerierte Zertifikate über nom. US-$ 1000, die wie Inhaberaktien behandelt werden sollen. Sobald ein Syndikatskonto geschlossen ist, bekommen alle Beteiligten den festen Syndikatsbetrag mitgeteilt. Die Zertifikate beurkunden dann den genauen Anteilswert am Gesamtkonto. Die Syndikatskonten werden wie persönliche Einzelkonten bei einem broker verwaltet.

Syndizierung

Im internationalen Kredit- und Anleihegeschäft (teilweise) Plazierung durch den lead manager bei anderen interessierten Banken. Allgemeiner auch Bez. f. konsortiale Emissionen.

Synodalanleihen (-obligationen, -schuldverschreibungen)

Schuldverschreibungen kirchlicher Institutionen.

SZR, SDR

Abk. f. Sonderziehungsrechte (special drawing rights).

T

T (1)

Abk. im Kursblatt für Taxe, Taxkurs, d. h. geschätzter Kurs.

T (2)

Abk. im Kursblatt für Tausend (bei der Stückelung).

Taaps

Abk. f. Treasury Automated Auction System.

Tabakbörse

In Bremen bestehender börsenähnlicher Handel mit Tabak. Träger: Bremer Tabakbörse GmbH.

tägliches Geld

Geld mit täglicher Kündigungsfrist. Wird nicht gekündigt, verlängert sich die Laufzeit jeweils um einen weiteren Werktag. Tagesgeld und tägliches Geld werden zur Überbrückung kurzfristigen Geldbedarfs vor allem unter Banken aufgenommen und ausgeliehen.

Tafelgeschäft

Wertpapier- oder Sortengeschäft, das bei Abschluß zwischen der Bank und dem Kunden durch Aushändigung der Stücke „am Schalter" gegen Barzahlung abgewikkelt wird. Auch: Schaltergeschäft.

Tagesauftrag, -order

Nur für einen Tag gültiger Auftrag zum Kauf oder Verkauf von Wertpapieren.

Tagesgeld

Geldmarktkredit, der von der aufnehmenden Bank der gebenden 24 Werktag-Stunden nach Hergabe wieder zur Verfügung zu stellen ist, sofern nicht Verlängerung vereinbart wird. → tägliches Geld.

Tagesgeldsätze

Zinssätze für Tagesgeld am Tagesgeldmarkt. Sie werden nicht offiziell festgesetzt oder notiert. → Geldmarktsätze.

Tageskurs

Kurs des Ausführungstages beim Kauf oder Verkauf von Wertpapieren.

Tagesorder (-auftrag)

Beschränkung von Effektenkauf- oder -verkaufsaufträgen auf einen bestimmten Börsentag.

Tagesordnung der Hauptversammlung der AG

Verzeichnis des Ablaufs der HV und Auflistung der zu beschließenden Vorschläge des Vorstands. Die Tagesordnung muß in der Einberufung der HV mind. 1 Monat vor der HV den Aktionären bekanntgemacht werden.

Tagesspekulation

Ausnutzung kurzfristiger Kursschwankungen. → Kulisse.

Tageswert

Der Preis oder Wert, den ein Gut jeder Art – auch Wertpapier – zu einem bestimmten Zeitpunkt am Markt aufweist (im Sinne von Marktwert). Auch: Zeitwert. Kann sich auch rechnerisch z. B. durch Ab- oder Aufzinsungsvorgänge ergeben.

Taipeh Stock Exchange (TSE)

Börse in Taiwan. Anschrift: 7–10th Floor, City Building, 85, Yen Ping South Road, Taipeh/Taiwan. Gegründet 1961. Handelszeiten montags bis freitags 9.00–12.00 Uhr Ortszeit, samstags 9.00–11.00 Uhr Ortszeit. Ausländern ist seit 1987 der indirekte Zugang über Länderfonds möglich, darüber hinaus haben ausländische institutionelle Investoren, die die Voraussetzungen der Central Bank of China (CBC) erfüllen, seit Ende 1990 auch direkten Zugang zur Börse. Börsenumsatzsteuer 0,3% des Auftragswertes. Wiedereinführung einer Kapitalertragsteuer auf Aktiengewinne zum 1. 7. 1994.

take-overs

Käufe von Unternehmen zur Nutzung und Beherrschung der Ressourcen der erworbenen Unternehmen. Zu unterscheiden sind sog. friendly und unfriendly (hostile) take-overs. Im Sprachgebrauch wird unter take-overs häufig letztere Variante verstanden.

Tal.

Abk. f. Talon.

Talent

Aus dem Orient stammender Gewichts- und Rechnungsbegriff der Antike; verwendet im Edelmetallhandel.

Tallinn, Börse

→ baltische Börsen.

Talon

Erneuerungsschein, der Zins- und Dividendenscheinbogen beigefügt ist und zum Bezug neuer Bogen berechtigt. Sind alle Dividenden- oder Zinsscheine abgetrennt und eingelöst, erhält der Wertpapierbesitzer gegen Vorlage des Talons den neuen Bogen; dies wird bei Depotverwahrung automatisch von den Banken erledigt.

Tantieme

Anteil am Jahresgewinn einer Unternehmung. Art der Gewinnbeteiligung für leitende Angestellte, Vorstands- und Aufsichtsratsmitglieder. Berechtigte kommen nur dann in den Genuß von Tantieme, wenn mit Gewinn abgeschlossen wird.

tap

Am Euromarkt Bez. f. das „Anzapfen" des Marktes mit Finanzierungstiteln. Auch: Emission in Teilbeträgen (Tranchen) entsprechend den Finanzierungsbedürfnissen.

tap certificates of deposit

Bei Bedarf ausgegebene Einlagenzertifikate.

tap issue

Daueremission. Tranchen werden je nach Marktlage und Kapitalbedarf begeben.

tar.

Abk. im Kursblatt für tariflich (besteuert).

targeted issue

Im Hinblick auf eine bestimmte Anlegergruppe begebene Emission.

targeted notes

Schuldtitel des US-Schatzamtes, die ausschließlich außerhalb der USA schwerpunktmäßig bei Nichtamerikanern begeben werden.

Tarifbelastung

→ Körperschaftsteuer.

Tarifbesteuerung

Besteuerung von Erträgen aus Wertpapieren entsprechend dem individuellen Einkommen- oder Körperschaftsteuertarif des Empfängers.

Tarifwerte

Bez. f. Versorgungswerte.

Taschkent, Börse

Uzbekistan Republican Currency Exchange, 6, Uzbekistani Av., 700001 Tashkent. Tel.: 007-3712-567900, Fax: 007-3712-327520. Handel von Usbekischen Rubel gegen DMark; Notierung von Wertpapieren ist geplant.

Tausch

Gegenseitiges Rechtsgeschäft in Form der Lieferung von Wertpapieren (Tauschgeschäft in Wertpapieren) oder Devisen (Usancetausch).

Tauschdepot

Spezielle Form der Sonderverwahrung im Streifbanddepot. → Tauschverwahrung.

Tauschgeschäfte in Wertpapieren

Verkauf von Wertpapieren und Kauf anderer Wertpapiere.

Tauschindikator

→ switch factor.

Tauschverwahrung

Bei dieser Verwahrungsart ermächtigt der Hinterleger den Verwahrer, anstelle der ihm zur Verwahrung anvertrauten Wertpapiere, Wertpapiere derselben Art zurückzugewähren. Eine solche Erklärung muß für das einzelne Verwahrungsgeschäft ausdrücklich und schriftlich abgegeben werden. Tauschverwahrung kommt nur bei der Sonderverwahrung (Streifbanddepot) in Betracht. Bei Sammelverwahrung ist der Hinterleger sowieso nicht Eigentümer bestimmter Wertpapiere, sondern Miteigentümer am Sammelbestand; er erhält daher ohnehin nicht die von ihm hinterlegten, sondern gleichartige Wertpapiere zurück. Bei der Tauschverwahrung kann die Bank das Eigentum an den vom Kunden hinterlegten Wertpapieren auf sich überführen, indem sie dem Kunden gleichzeitig das Eigentum an gleichartigen Wertpapieren verschafft. Der Kunde ist jedoch zu jeder Zeit Eigentümer bestimmter Wertpapiere.

Tauschwert

Geschätzter Vergleichswert eines Wirtschaftsgutes im Vergleich zu einem anderen Wirtschaftsgut oder der Gesamtheit aller Wirtschaftsgüter. Tauschwert beim Umtausch einer Währung in eine andere ist ihr Wechselkurs.

Taxierung, Taxation

Die von einer vereidigten und zu Schätzungen mit öffentlichem Glauben zugelassenen Person vorgenommene Wertbestimmung einer beweglichen oder unbeweglichen Sache.

taxiert

Vom Makler nach der mutmaßlichen Marktlage angegebener Schätzkurs ohne Umsatz. → Kurszusätze.

Taxkurs, Taxe

Liegen für ein bestimmtes Wertpapier weder Kauf- noch Verkaufsaufträge vor, so daß sich kein Kurs nach Angebot und

Nachfrage bilden läßt, wird für dieses Wertpapier der Kurs geschätzt (taxiert). Im Kursblatt steht hinter dem geschätzten Kurs T. → Kurszusätze.

Taxpreise

Durch Gesetz oder aufgrund von Gesetzen von Behörden festgesetzte (Fest-)Preise.

Techniker

Wertpapieranalytiker, der ausschließlich oder überwiegend die Methoden der technischen Aktienanalyse für seine Untersuchungen benutzt. → chartist.

technische Aktienanalyse

Methode der Aktienkursprognose, die sich im Gegensatz zur Fundamentalanalyse nicht auf gesamtwirtschaftliche und unternehmensspezifische Daten stützt, sondern ihre Erkenntnisse aus der Beobachtung der Kurs- und Umsatzverläufe der Aktien bezieht. Hierbei unterscheidet man verschiedene Methoden. Zum einen kennt man Verfahren, die Entwicklungen des Gesamtmarktes bewerten (→ advance-decline-Linie (AD-Linie), → short-interest-Index), zum anderen Methoden, die die Relation Kurs zu Index als Grundlage haben (relative Stärke), sowie schließlich Analyseansätze bei den Kursverläufen der Aktien (gleitende Durchschnitte, Trends, Formationen, Unterstützungs- und Widerstandslinien). Die Methoden gehen generell davon aus, daß am Aktienmarkt selbst kursbestimmende Tatsachen in den Kursen zur Geltung kommen und deshalb aus dem Markt in beträchtlichem Maße Schlüsse (Signale) auf die weitere Kursentwicklung gezogen werden können. Zum besseren Überblick werden die Kursindizes, die Kurse und die Umsätze graphisch in charts dargestellt.

technische Korrektur

Auch: technische Reaktion. Ausdruck, der eine kurzfristige, aber nicht anhaltende gegenläufige Kursentwicklung bezeichnet, die aber den grundsätzlichen Trend der Kursentwicklung nicht beeinflußt.

Technologiefonds

Investmentfonds, dessen Anlagen sich auf Wertpapiere, vor allem Aktien von Unternehmen erstrecken, die sich mit moderner Technologie befassen.

Teilausführung von Börsenaufträgen

Im Kursblatt mit dem Kurszusatz rep. oder r = repartiert bzw. mit rat. oder r = rationiert gekennzeichnet

Teilbeherrschungsvertrag

Vertragliche Teilunterstellung einer verbundenen Unternehmung unter einheitliche Leitung des Mehrheitsaktionärs.

Teileigentum

Das Wohnungseigentumsgesetz v. 1951 brachte mit dem Ziel breiter Streuung von Eigentum in der Bevölkerung die Möglichkeit, Eigentum an Teilen eines Gebäudes zu erwerben. Das Teileigentum ist Sondereigentum an nicht zu Wohnzwecken dienenden Räumen eines Gebäudes in Verbindung mit dem Miteigentumsanteil an dem gemeinschaftlichen Eigentum, zu dem es gehört.

teileingezahlte Aktien

Aktien, deren Nennbetrag von den Aktionären noch nicht voll eingezahlt worden ist. Teileingezahlte Aktien müssen Namensaktien sein. In der BR Deutschland z. T. bei Versicherungsgesellschaften anzutreffen, die für ihre Geschäftstätigkeit nicht das volle Grundkapital benötigen.

Teileinzahlung

→ teileingezahlte Aktien.

Teilemission

Durchführung einer Emission in Teilbeträgen, wenn die sofortige Unterbringung der Gesamtemission nicht beabsichtigt oder nicht möglich ist.

Teilgewinnabführungsvertrag

Vertrag, durch den sich eine abhängige Unternehmung verpflichtet, einen Teil ihres Gewinns an die Muttergesellschaft abzuführen.

Teilhaberpapiere

Bez. f. Titel, die Mitgliedschaftsrechte an einer Unternehmung verbriefen. Gleichzeitig Anteil am Kapital der Gesellschaft (Aktie).

Teilhaberversicherung

Auch Geschäftsteilhaberversicherung genannt. Der Tod eines Teilhabers an einer Personengesellschaft (OHG, KG) führt häufig zu Erbauseinandersetzungen. Die Auszahlung einer Abfindung an die Erben entzieht dem Unternehmen Kapital und gefährdet seine Liquidität. Der Zweck einer Teilhaberversicherung liegt folglich darin, für solche Fälle Auseinandersetzungsguthaben bereitzustellen, die die Substanz des Unternehmens nicht beanspruchen.

Teilhabe-Sparen

Ratensparsystem in Investmentzertifikaten. Man kennt die Varianten Einzahlpläne und Auszahlpläne. Bei ersteren legt der Sparer regelmäßig (z. B. monatlich) einen festen Betrag in Zertifikaten oder Bruchteilen davon an. Bei letzteren kann sich der Sparer bei Vorliegen eines ausreichenden Anlagebetrags regelmäßig Auszahlungen in Form einer Rente anweisen lassen.

Teilhafter

→ Kommanditist. Gegensatz: Vollhafter (Komplementär).

Teilkündigung

Kündigung eines bestimmten Teils einer Anleihe.

Teilliberierung

Liberierung, die nicht in einem Mal, sondern gestaffelt erfolgt.

Teilliquidation

Der Inhaber eines Investmentprogramms hat das Recht, aus seinem Anteilguthaben bis zu 90% des Kurswertes zu entnehmen und den gleichen Betrag ohne Ankaufsgebühren wieder einzulegen. Dieses Recht kann bei den meisten Investmentprogrammen einmal pro Jahr ausgeübt werden.

Teilnahme am Börsenhandel

Geregelt im BörsG. Die Teilnahme am Börsenhandel erfordert Zulassung durch die Geschäftsführung der Börse, die über die Zulassung zum Börsenbesuch hinausgeht, da diese z. B. auch Hilfspersonal oder Wirtschaftsjournalisten einschließt. Man unterscheidet das dauernde Recht zur Teilnahme am Börsenhandel, das Geschäftsinhabern, Geschäftsleitern, Vorstandsmitgliedern, Direktoren o. ä. zusteht, sowie zeitlich limitiertes Recht, im Namen und für Rechnung eines Börsenmitglieds am Handel teilzunehmen. Hierunter fallen alle Börsenvertreter (Aktienhändler, Rentenhändler) der Banken, Börsenbesucher, Börsenhändler.

Teilnahme am Börsenterminhandel der Deutschen Terminbörse (DTB)

Entsprechend der Börsenordnung für die DTB ist zur Teilnahme am Börsenterminhandel eine Zulassung erforderlich, über die die Geschäftsführung auf schriftlichen Antrag entscheidet. Mit der Börsenzulassung wird das antragstellende Unternehmen als Börsenteilnehmer zugelassen. Es ist damit sowohl zum Börsenterminhandel für eigene Rechnung als auch, soweit gesetzlich zulässig, zum Börsenterminhandel im Auftrag und für Rechnung von Kunden berechtigt. Die Börsenzulassung erstreckt sich auf die bei Antragstellung für den Börsenteilnehmer genannten Personen wie z. B. Geschäftsinhaber und -leiter. Darüber hinaus können Angestellte des zugelassenen Unternehmens eine zeitlich begrenzte Zulassung erhalten, wenn sie im Namen und für Rechnung des Börsenteilnehmers Termingeschäfte abschließen sollen.

Teilnahme am Optionshandel der Wertpapierbörsen

Jeder Kunde kann sich über seine Bank am Optionshandel beteiligen, indem er einen Auftrag erteilt. Nur wenn eine Bank zur selbständigen Teilnahme am Börsenhandel zugelassen und von dem Gewährsträger als Teilnehmer am Optionshandel anerkannt worden ist, kann sie Optionsgeschäfte an der Börse für ihre Kunden, für eine andere Bank oder für sich selbst abschließen. Voraussetzung der Anerkennung ist, daß der Teilnehmer eine generelle Sicherheit in Höhe von DM 10000 leistet. Diese wird nicht verzinst und erst beim Ausscheiden des Teilnehmers zurückgegeben. Der Teilnehmer hat Anspruch auf Gewährleistung durch den Gewährträger; dafür hat er gewisse Gebühren zu zahlen, Meldepflichten zu erfüllen und Sicherheit zu leisten. Auch Börsenmakler (Kursmakler, freie Makler) können als Teilnehmer am Optionshandel anerkannt werden.

Teilnehmerverzeichnis der Hauptversammlung der AG

→ Verzeichnis der Teilnehmer an der Hauptversammlung der AG. Wer als Aktionär oder als Vertreter eines Aktionärs die in das Verzeichnis aufzunehmenden Angaben nicht oder nicht richtig macht, handelt ordnungswidrig.

Teilrecht (an einer Aktie)

Entfällt bei Kapitalerhöhung aus Gesellschaftsmitteln auf einen Anteil am bisherigen Grundkapital der AG nur ein Teil einer neuen Aktie, sind die entstandenen Teilrechte, die meist auf einen besonders dafür bestimmten Gewinnanteilschein ausgegeben werden, getrennt handelbar, damit die Inhaber der Teilrechte diese veräußern oder weitere erwerben können, die zusammen zum Bezug einer neuen Aktie berechtigen. Nicht ausgenutzte Teilrechte werden regelmäßig der Hausbank zum Ausgleich übertragen.

Teilschuldverschreibung

Schuldverschreibungen werden i. a. in Serien mit einem Gesamtbetrag von mehreren Mill. DM aufgelegt. Für den Verkauf wird diese Summe in viele Teilbeträge gestückelt. Gebräuchlich sind Stückelungen zu DM 100, 500, 1000, 5000 und 10000. Legt der Sparer einen bestimmten Betrag in einer Emission an, erwirbt er ein verbrieftes Recht auf einen der Anlagesumme entsprechenden Teil der Emission. Die einzelnen Stücke oder Anteile werden daher Teilschuldverschreibungen genannt.

Teilwandelschuldverschreibungen

Wandelobligationen, bei der nur für einen Teil des Anleihebetrages ein Wandelrecht ausübbar ist.

Teilwert

Steuerlich der Betrag für ein Wirtschaftsgut, den ein Erwerber eines Betriebs im Rahmen des Gesamtkaufpreises für dieses Gut unter der Annahme, daß er den Betrieb fortführt, ansetzen würde. Bei Waren, Rohstoffen, Hilfsstoffen usw. gilt die Vermutung, daß der Teilwert den Wiederbeschaffungskosten entspricht, also dem jeweiligen Einkaufspreis, nicht dem Verkaufspreis. Bei nicht oder nur schwer verkäuflichen Waren u. ä. Gütern kann der Teilwert aber unter dem augenblicklichen Einkaufspreis liegen. Bei abnutzbaren Anlagegütern entspricht der Teilwert i. d. R. den jeweiligen Anschaffungs- oder Herstellungskosten, vermindert um AfA, die auf die bisherige Nutzungsdauer entfällt.

Teilwertabschreibung

Bilanzansatz zum niedrigeren Teilwert. Die Teilwertabschreibung entspricht der Differenz zwischen Buchwert und Teilwert des Wirtschaftsguts.

Teileinzahlungs-floating-rate-note

→ part-paid floating rate note.

Teilzertifikat

Wertpapier, das Anspruch auf eine bestimmte Quote der Vermögensrechte verkörpert, die mit einer entsprechenden ganzen Aktie verbunden sind. In der Schweiz übliche Teilzertifikate werden dort an den Börsen gehandelt und auf einer separaten Linie notiert.

Tele-Börse

Von dem Privatfernsehsender n-tv live ausgestrahltes Informationsmagazin, das mehrmals täglich über das deutsche und das internationale Börsengeschehen berichtet, die Kurstendenzen aufzeigt, Interviews mit Vertretern aus Politik und Wirtschaft führt sowie die Hauptereignisse des Weltwirtschaftsgeschehens kommentiert.

Telefonhandel, -verkehr

Wertpapierhandel am Telefon. Bez. f. den außerbörslichen Handel mit Wertpapieren, vor allem zwischen Banken. Der Telefonverkehr unterliegt keinen gesetzlichen Aufsichts- und Kontrollregelungen. Es haben sich einheitliche Handelsusancen zwischen den Beteiligten herausgebildet. Im außerbörslichen Handel, d. h. im Handel außerhalb der Börsenzeit und Börsenräume können grundsätzlich alle Wertpapiere umgesetzt werden, auch die im amtlichen Handel, Geregelten Markt oder Freiverkehr notierten. Insbesondere werden im Telefonverkehr Auslandsaktien gehandelt. Die Kurse des Telefonverkehrs werden in besonderen Listen veröffentlicht. → außerbörslicher Wertpapierhandel.

Telefonpapiere, -werte

Bez. f. Wertpapiere, die weder im amtlichen Verkehr noch am Geregelten Markt, sondern im Handel von Bank zu Bank, dem Telefonverkehr, gehandelt werden. Die Angebots- und Nachfragepreise sind von den Banken zu erfahren.

Telekurs AG

Von schweizerischen Banken und Börsen kontrollierte Gesellschaft in Zürich. Gibt Informationen über Börsenkurse an beteiligte Institute und Publikum durch Direktverbindung zu den wichtigsten Börsen der Welt.

Telquel-Kurs

Devisenkurs ohne Berechnung von Zinsen, Spesen u. dgl.

temporal-principle-Methode

Methode zur Umrechnung von Fremdwährungspositionen in der Bilanz bzw. Konzernbilanz, bei der mit differenzierten Wechselkursen nach dem Zeitbezug der einz. Bilanzpositionen umgerechnet wird. Die Methode basiert auf der Fiktion, daß die ausländischen Tochtergesellschaften von vornherein alle Vermögens- und Schuldposten in der Währung der Konzernobergesellschaft bilanzieren. Dementsprechend werden historische Anschaffungswerte (Sachanlagen) mit den historischen Kursen und gegenwarts- und zukunftsbezogene Werte (Forderungen, Verbindlichkeiten und liquide Mittel) mit dem Bilanzstichtagskurs umgerechnet. Die Methode berücksichtigt bei der Erstellung der Konzernbilanz das Anschaffungs- und Niederstwertprinzip auf Basis der Landeswährung der Konzerngesellschaft. → closing-rate-Methode → current-non-current-Methode.

Tendenz, tendieren

Bez. f. die Kursentwicklung an den Börsen. Die Tendenz umfaßt die Kurs- und Umsatzentwicklung im Wertpapiergeschäft nicht nur während der Börse, sondern auch vorbörslich und nachbörslich. → Tendenzbezeichnungen.

Tendenzbezeichnungen

Für die Charakterisierung der Tendenz verwendet die Börsensprache eine Vielzahl von Ausdrücken, z. B.: fest/freundlich (steigende Kurse), schwach/leichter (fallende Kurse), behauptet/gehalten (i. a. unveränderte Kurse), unregelmäßig (Kursausschläge nach oben und unten), lustlos (geringe Umsätze mit wenig Kursveränderungen). Hält eine bestimmte Tendenz über einige Zeit an, spricht man von einer längerfristigen Entwicklung oder dem herrschenden Trend.

Tender (1)

Gold, das zunächst auf Termin gegeben und bei Fälligkeit des Kontraktes physisch angedient wird.

Tender (2)

Im Rahmen der Offenmarktgeschäfte der Bundesbank werden den Banken über ein Ausschreibungsverfahren (sog. Tenderverfahren) Offenmarktpapiere angeboten. Hierbei kommen 2 Verfahrensvarianten in Betracht. Beim Mengentender werden der Zinssatz und die Laufzeit durch die Bundesbank vorgegeben. Die Banken reichen also die Gebote mit ihren Liquiditätswünschen ein, ohne das von der Bundesbank vorgesehene Ausmaß der Liquiditätsanreicherung (Betragsziel) zu kennen. Der Umfang der tatsächlich abgewickelten Geschäfte wird dann von der Bundesbank bekanntgegeben, oft wird dabei eine Repartierung vorgenommen. Bei der 2. Variante, dem Zinstender, ist zu unterscheiden zwischen dem Verfahren der holländischen und dem der amerikanischen Versteigerung. Bei Praktizierung des Zinstender-Verfahrens in Form der holländischen Versteigerung werden Mindestzins und Laufzeit durch die Bundesbank vorgegeben. Die Banken geben wiederum ihre Gebote ab und nennen dabei zusätzlich je nach Liquiditätsbedarf auch höhere Zinssätze als den Mindestzins. Die Zuteilung erfolgt unabhängig von dem von Banken gebotenen Zins zu einem für alle Teilnehmer einheitlichen Zins. Hingegen wird bei dem neuerdings auch von der Bundesbank praktizierten Verfahren der amerikanischen Versteigerung weder ein Mindestzins genannt noch erfolgt die Zuteilung zu einem für alle einheitlichen Zins. Die Offenmarktpapiere werden zu dem jeweils gebotenen Zinssatz zugeteilt. Die Bedienung der Bietenden erfolgt in Reihenfolge der Höhe ihrer Zinsgebote, beginnend mit dem höchsten Gebot.

tender issue

Emission, bei der die Zuteilung der Titel über ein Bietungsverfahren verfolgt.

tender offer

Übernahmeangebot.

tender panel

Bei Emissionen im Rahmen von euronotes-Fazilitäten und euro-commercial-paper-Programmen können die Mitgliedsbanken des tender panels durch eine Auktion die Schuldtitel erwerben, um diese (gegebenenfalls) zu plazieren. Die Führungsbank fordert die Mitglieder des Bietungskonsortiums zur Abgabe von Geboten auf. Die Zuteilung erfolgt auf der Basis der niedrigsten Gebote. Sollten allerdings keine Gebote abgegeben werden bzw. die Gebotssätze über einem mit dem Emittenten vereinbarten Höchstzinssatz liegen, sind im Rahmen von euronotes-Fazilitäten die underwriting-Banken aufgrund einer von ihnen eingegangenen Übernahmeverpflichtung gezwungen, die nicht plazierten Papiere zum vereinbarten Höchstzinssatz zu übernehmen. Das tender panel kann neben den underwriting-Banken auch weitere Institute umfassen, die, ohne eine Übernahmeverpflichtung abzugeben, lediglich als Bieter und Distributeure fungieren.

Tender(verfahren)

Verfahren zur Unterbringung einer bestimmten Emission von Wertpapieren. Es wird kein bestimmter Ausgabekurs festgelegt, sondern den Zeichnern nur ein Mindestkurs genannt. Je nach Interesse können die Zeichner ihre Gebote zu höheren Kursen abgeben. Ausgehend vom höchsten bis zum niedrigsten Gebot erfolgt dann die Zuteilung, soweit wie die Gebote von dem Emittenten angenommen werden müssen, um den Emissionsbetrag zu erreichen.

Terminclearing
Abrechnung der fälligen Positionen aus Effektentermingeschäften.

Terminbörse
Markt f. den Terminhandel an der Börse.

Termindevisen
Bez. f. gehandelte Devisen, die zu einem späteren Zeitpunkt zahlbar sind. → Devisentermingeschäfte.

Termineinlage
Geldanlage in Form von Depositen auf einem Konto, die zu einem vorher zwischen Anleger und Bank vereinbarten Termin fällig wird. Auch: befristete Einlagen. Werden auf Termingeldkonten angelegt, um kurzfristig einen Zins zu erbringen. Die Einlagen fließen den Banken meist von Unternehmen, aber auch von größeren Privatanlegern zu. Anders als Spareinlagen sind sie normalerweise nicht zur längerfristigen Geldanlage bestimmt. Arten: (1) Festgelder: Werden ab einem im voraus festgelegten Termin wieder als Sichteinlagen geführt; (2) Kündigungsgelder: Werden erst fällig, nachdem sie zuvor entsprechend der mit einem Kunden vereinbarten Kündigungsfrist gekündigt wurden. Die Laufzeit vom Termineinlagen beträgt höchstens bis zu 4 Jahren. Häufigste Laufzeiten sind 3–12 Monate. Vorzeitige Verfügung ist ausnahmsweise möglich; sofern die Verfügung zugelassen wird, erfolgt eine Zinskürzung. Die Zinssätze für Termineinlagen werden zwischen Bank und Kunde vereinbart. Sie orientieren sich an den Geldmarktsätzen.

Terminfonds
Investmentfonds, deren Vermögen überwiegend spekulativ an den Finanz- und/oder Waren-Terminmärkten, z. B. in Terminkontrakten und börsengehandelten Optionen, angelegt wird.

Termingeld
Einlagen bei Banken mit vereinbarter fester Laufzeit oder Kündigungsfrist. Oberbegriff für Festgeld und Kündigungsgeld. Auch: befristete(s) Einlagen (Geld). → Termineinlage.

Termingeldmärkte
Z. B. Märkte für Monats- oder Dreimonatsgeld. Dienen den Banken üblicherweise zum Ausgleich voraussehbarer Liquiditätsungleichgewichte. Die Zinsbildung an Termingeldmärkten verläuft stetiger als am Tagesgeldmarkt. Die Bundesbank kontrolliert weitgehend über ihre Zinssätzefestsetzung den Markt, indem sie den ungedeckten Bedarf an Zentralnotenbankgeld und die Refinanzierungskonditionen für die von den Banken aufzubringenden Mittel ihren geld- und kreditpolitischen Zielsetzungen entsprechend gestaltet.

Termingeschäfte
Zeitgeschäfte, vor allem, aber nicht notwendigerweise an der Börse, bei denen die Erfüllung des Vertrages, d. h. Abnahme und Lieferung der Ware, des Wertpapiers oder von Devisen zu einem späteren Termin zu dem vorher vereinbarten bzw. börsenmäßig festgestellten Kurs erfolgt. 1931 wurde in Deutschland diese Technik des Wertpapierhandels zunächst eingestellt. Wer seitdem deutsche Wertpapiere per Termin kaufen oder verkaufen wollte, hatte hierzu nur die Möglichkeit an ausländischen Börsen. 1970 wurde an den deutschen Börsen das Optionsgeschäft als erste Stufe des Terminhandels wieder eingeführt. Optionsgeschäfte können nur in Aktien abgeschlossen werden, die zum Optionshandel zugelassen sind (Optionspapiere). Die Voraussetzungen des BörsG zur Einbeziehung in den Börsenterminhandel müssen erfüllt sein. Im Jahre 1986 sind im börsenmäßigen Optionsgeschäft in der BR Deutschland wichtige Neuerungen in Kraft getreten. Am 1. 4. 1986 wurde der Optionshandel in festverzinslichen Wertpapieren an den deutschen Börsen aufgenommen (→ Optionshandel in Anleihen). Zum gleichen Zeitpunkt traten folgende zusätzliche Neuerungen für Aktien- und Rentenoptionen in Kraft: Die zulässigen Basispreise orientieren sich stärker als vorher am aktuellen Kursverlauf des Optionspapieres; es stehen grundsätzlich jeweils drei Basispreisgruppen auf- und absteigend zur Verfügung. Bei limitierten Aufträgen gilt als Bezugsgröße der börsenseitig veröffentlichte Optionspreis. Käufe und Verkäufe von Optionen können brutto, d. h. unter gesondertem Ausweis von Preis, Provision und Nebenkosten, oder netto, d. h. unter Angabe eines einheitlichen Gesamtpreises, abgerechnet werden. Darüber hinaus gelten ab 1. 4. 1986 für den Optionshandel in Aktien noch folgende Modifizierungen: Die Spannen der Basispreise werden ab den Preiskategorien von DM 200 an vergrößert; dadurch tritt eine deutliche Reduzierung der zur Verfügung stehenden Basispreisgruppen ein. Bei Gewährung von Bezugsrechten ermäßigt sich der Basispreis bereits am ersten Tag des Bezugsrechtshandels ein-

heitlich um den an der Frankfurter Wertpapierbörse ermittelten Bezugsrechtspreis. Am 26. 1. 1990 nahm die vollcomputerisierte → Deutsche Terminbörse (DTB) ihre Geschäftstätigkeit auf. Zunächst wurden nur standardisierte Optionen auf 15 umsatzstarke deutsche Aktien angeboten. Seit dem 23. 11. 1990 werden an der DTB Terminkontrakte auf den DAX (DAX-future) sowie auf eine langfristige Bundesanleihe (langfristiger Bund-future) gehandelt. Hinzu gekommen sind inzwischen Terminkontrakte auf eine mittelfristige Bundesanleihe (Bobl-futures), Terminkontrakte auf Bundesanleihen mit 15- bis 30jähriger Laufzeit (Buxl-futures) sowie Terminkontrakte auf den Zinssatz für eine DMark-Dreimonatseinlage (Fibor-futures). Daneben werden Optionen auf den DAX, Optionen auf DAX-futures sowie Optionen auf Bund- und Bobl-futures gehandelt. Diese Neuerungen dienen erklärtermaßen dazu, die Attraktivität des Finanzplatzes Deutschland auszubauen. Devisentermingeschäfte liegen vor, wenn die Erfüllung (Zahlung) zu einem späteren Termin erfolgt. Ebenso: Warentermingeschäfte. Anders als beim Prämiengeschäft müssen beim festen Termingeschäft am Erfüllungstermin die bei Geschäftsabschluß fixierten Bedingungen erfüllt werden, d. h. die Titel zum vereinbarten Kurs geliefert bzw. abgenommen werden. Allerdings besteht die Möglichkeit der Prolongation (Reportgeschäft). Die Erfüllung erfolgt bei Termingeschäften i. d. R. bis zum 15. (per medio) oder Letzten eines Monats (per ultimo). Der Vorteil solcher Geschäfte liegt darin, daß ein besserer Ausgleich zwischen Angebot und Nachfrage möglich ist, der zu einer stetigeren Kursentwicklung führen kann. Andererseits enthalten die Geschäfte wegen ihres spekulativen Charakters oft erhebliche Risiken, da die Kursentwicklung sich nicht auf längere Zeit voraussehen läßt und die Befreiung von der Pflicht zur sofortigen Erfüllung zur Übernahme größerer Risiken anreizen. Deshalb werden diese Geschäfte strengen Bedingungen unterworfen. In Deutschland dürfen an Termingeschäften im Handelsregister eingetragene Kaufleute teilnehmen, deren Gewerbebetrieb nach Art und Umfang einen in kaufmännischer Weise eingerichteten Geschäftsbetrieb erfordert. Zu den termingeschäftsfähigen Personen gehören ferner Unternehmen des Bundes, eines Bundeslandes oder eines inländischen Kommunalverbandes. Privatverpersonen, d. h. Nichtkaufleute, werden kraft Information termingeschäftsfähig, d. h., sie müssen vor Vertragsabschluß über die typischerweise mit Termingeschäften verbundenen Risiken informiert werden. Termingeschäfte können mit einem entgegengesetzten Geschäft kombiniert werden, und durch bedingte Termingeschäfte kann das Risiko eines Vertragspartners begrenzt werden. Gegensatz: Kassageschäfte.

Termingeschäfte in Wertpapieren

Termingeschäfte (auch: Zeitgeschäfte) sind in vielen Formen möglich. Gemeinsam ist ihnen, daß im Gegensatz zu Kassageschäften die Erfüllung erst zu einem späteren Termin vorgenommen wird. Durch Terminhandel können Geldbeträge, die zu einem späteren Termin eingehen, bereits früher in Wertpapieren angelegt werden bzw. Wertpapiere, deren Erlös erst zu einem späteren Termin gebraucht wird, schon vorher verkauft werden. Der Terminverkehr war früher ein Hauptgebiet der deutschen Effektenmärkte. Im Terminverkehr konnten große Wertpapierbeträge umgesetzt werden, ohne daß (in normalen Zeiten) erhebliche Kursveränderungen eintraten. Aus diesen Gründen ist an Auslandsbörsen der während des Krieges eingestellte Terminhandel inzwischen wieder aufgenommen worden. Der Terminhandel ist ein wichtiges Betätigungsgebiet der Berufsspekulation, deren Nutzen im Ausgleich von Kursübertreibungen (nach oben und unten) besteht. An deutschen Börsen wurden Termingeschäfte nur per Ultimo abgeschlossen; daher auch die Bezeichnung Ultimogeschäfte. An einigen Auslandsbörsen sind auch Mediogeschäfte zulässig (Abwicklung zur Monatsmitte). Bestimmungen für den deutschen Terminhandel in Waren und Wertpapieren, darunter über die Geschäftsfähigkeit zum Abschluß von Termingeschäften, enthält das BörsG. Man unterscheidet Termingeschäfte mit festen Abnahme- oder Lieferungsverpflichtungen (Fest- oder Fixgeschäfte) und solche, bei denen sich ein Partner das Recht vorbehält, gegen Zahlung einer Prämie vom Vertrag zurückzutreten (Prämiengeschäfte) oder das Recht auf die Option hat, die Lieferung oder die Abnahme der Wertpapiere zu verlangen (Optionsgeschäfte). Im deutschen Terminhandel früherer Art, der 1931 eingestellt wurde, waren Fixgeschäfte und Prämiengeschäfte zugelassen. Trat bei Prämiengeschäften bis zu dem vereinbarten Termin die vom Käufer erhoffte Kurssteigerung bzw. der vom Verkäufer erwartete Kursrückgang nicht ein, konnte das Geschäft, falls es nicht mit Verlust glattgestellt werden sollte, verlängert (prolongiert), d. h. die Abwicklung des Geschäfts zunächst auf den nächsten Ultimo hinausgeschoben werden (Prolongationsgeschäft). Wiederaufnahme des Terminhandels in Form von Optionsgeschäften ist 1970 vorgenommen worden. 1986 wurde der Aktienoptionshandel um den in festverzinslichen Wertpapieren ergänzt. Seit 1990 werden an der Deutschen Terminbörse (DTB) Optionen auf 15 umsatzstarke deutsche Aktien sowie Terminkontrakte auf den Deutschen Aktienindex (DAX) und eine langfristige Bundesanleihe gehandelt. Hinzu gekommen sind inzwischen Terminkontrakte auf eine mittelfristige Bundesanleihe (Bobl-futures), Terminkontrakte auf Bundesanleihen mit 15- bis 30jähriger Laufzeit (Buxl-futures) sowie Terminkontrakte auf den Zinssatz für eine DMark-Dreimonatseinlage (Fibor-futures). Daneben werden Optionen auf den DAX, Optionen auf DAX-futures sowie Optionen auf Bund- und Bobl-futures gehandelt. Die rechtlichen Regelungen über den Options- und futures-Handel enthalten u. a. das BörsG, die „Bedingungen für den Handel an der Deutschen Terminbörse", die „Clearing-Bedingungen für den Handel an der Deutschen Terminbörse" und die Optionshandelsbestimmungen.

Termingeschäftsarten

Formen des Termingeschäfts: (1) festes Termingeschäft: Lieferung bzw. Abnahme werden zu einem festen Termin vereinbart (Monatsmitte oder Ultimo). Beide Parteien haben die Möglichkeit, die Abwicklung des Geschäfts durch Prolongation hinauszuschieben; (2) bedingtes Termingeschäft: (a) Prämiengeschäfte geben einer der Vertragsparteien die Möglichkeit, zum vereinbarten Abwicklungstermin von der Erfüllung des Vertrages gegen Zahlung eines Reuegeldes zurückzutreten. Das Risiko ist auf die Prämie begrenzt; (b) Optionsgeschäfte unterscheiden sich gegenüber dem Prämiengeschäft dadurch, daß der Preis für das Wahlrecht (Option), das vereinbarte Geschäft durchzuführen oder nicht, bereits bei Vertragsabschluß fällig wird. Der Käufer einer Option kann während der Laufzeit des Vertrages von seinem Wahlrecht Gebrauch machen. Der Vertragspartner (Stillhalter) erhält für seine Erfüllungsbereitschaft die Optionsprämie. Ferner: Stellagegeschäfte (Wahlrecht der Lieferung zum höheren Kurs oder der Abnahme zum niedrigeren Kurs) und Nochgeschäfte (Kombination von Fixgeschäft mit Prämiengeschäft).

Termingeschäftsfähigkeit

Termingeschäfte, zu denen auch die Optionsgeschäfte zählen, sind verbindlich, wenn beide Vertragsparteien termingeschäftsfähig sind. Folgende Personen sind termingeschäftsfähig: Kaufleute, die ins Handelsregister eingetragen sind oder deren Eintragung gesetzlich nicht erforderlich ist (Unternehmen öffentlicher Körperschaften oder eingetragene Genossenschaften). Personen, deren Gewerbebetrieb über den Umfang des Kleingewerbes nicht hinausgeht, gehören, auch wenn sie ins Handelsregister eingetragen sind, nicht zu den Kaufleuten i. S. dieser Vorschrift. Den genannten Personen stehen gleich: Personen, die zur Zeit des Geschäftsabschlusses oder früher berufsmäßig Börsentermingeschäfte oder Bankgeschäfte betrieben haben oder zum Besuch einer dem Handel mit Waren der bei dem Geschäft in Frage kommenden Art oder einer dem Handel mit Wertpapieren dienenden Börse mit der Befugnis zur Teilnahme am Börsenhandel dauernd zugelassen waren. Auch Personen, die im Inland z. Z. des Geschäftsabschlusses weder Wohnsitz noch gewerbliche Niederlassung haben, sind termingeschäftsfähig. Privatpersonen, d. h. Nichtkaufleute, werden termingeschäftsfähig kraft Information. Sie erlangen Termingeschäftsfähigkeit, wenn sie vor Vertragsabschluß schriftlich über die typischerweise mit Termingeschäften verbundenen Risiken informiert wurden. Die in dem Informationsmerkblatt anzuführenden Angaben schreibt das BörsG vor.

Terminhandel

→ Termingeschäfte → Termingeschäftsarten → financial futures. Gegensatz: Kassahandel.

Terminhandel an ausländischen Börsen

Im Ausland hat die börsenmäßige Durchführung von Termingeschäften eine weitaus größere Bedeutung als in der BR Deutschland. Wichtigste Börsen: Chicago Board Options Exchange, European Options Exchange in Amsterdam, London Stock Exchange sowie die noch jüngeren Spezialterminbörsen Commodity Exchange in New York und London, International Financial Futures Exchange und International Petroleum Exchange in London.

Terminhandel in Anleihen
Termingeschäfte in festverzinslichen Wertpapieren. → Rentenoptionshandel.

Terminhandelspapiere, -werte
Wertpapiere, die an der Börse zum Terminhandel zugelassen sind. Die Zulassung von Wertpapieren zum Börsenterminhandel, zu dem auch die Optionsgeschäfte gehören, erfolgt durch den Börsenvorstand nach näherer Bestimmung der Börsenordnung. Der Börsenvorstand ist befugt, die Zulassung zurückzunehmen.

terminiertes Tagesgeld
Geldmarktkredit mit vereinbarter Laufzeit von weniger als 1 Monat.

Terminierung
Beim Kauf oder Verkauf von Wertpapieren kann auf der Order ein Kauf- bzw. Verkaufsdatum angegeben werden, bis zu dem der betreffende Auftrag auszuführen ist bzw. aufrechterhalten werden soll. Eine übliche Terminierung ist z. B. bis Ultimo.

Terminkontrakt
Bez. für ein abgeschlossenes Termingeschäft i. S. v. Vertrag. Üblicherweise speziell im Warentermingeschäft als Synonym für eine Mengenangabe, da die Warenterminbörsen in Standardkontrakten Menge, Wareneigenschaften, Liefertermin und -ort usw. vereinheitlicht haben, um den Handel zu vereinfachen. → financial futures.

Terminkontrakt auf den Deutschen Aktienindex DAX
An der Deutschen Terminbörse DTB seit 1990 notierter Index-Terminkontrakt. Kontraktspezifikationen: Kontraktwert DM 100 pro Indexpunkt des DAX, Notierung in DMark auf eine Dezimalstelle, geringste Kursveränderung (= tick-Größe) 0,5, entsprechend geringste Wertveränderung des Terminkontrakts DM 50 (= tick-Wert). Liefermonate: Die jeweils nächsten drei Quartalsmonate des Zyklus März, Juni, September und Dezember, entsprechend längste Laufzeit neun Monate. Erfüllung in bar (cash settlement) am zweiten Börsentag nach dem letzten Handelstag des jeweiligen Kontrakts. Letzter Handelstag ist der letzte Börsentag vor dem Schlußabrechnungstag im Liefermonat. Schlußabrechnungstag ist der dritte Freitag des jeweiligen Liefermonats. Ist dieser Tag kein Börsentag, gilt der davor liegende Börsentag als Schlußabrechnungstag. Berechnungsgrundlage bildet der Schlußabrechnungspreis, der auf Basis der Eröffnungskurse der DAX-Werte am Schlußabrechnungstag ermittelt wird. Der Einschuß (initial margin) beim Aufbau einer Position richtet sich nach der Volatilität des Kontrakts. Nachschüsse werden täglich neu berechnet und entsprechend der Wertentwicklung des Kontrakts eingefordert. Der tägliche Abrechnungspreis entspricht dem futures-Preis, der während der letzten 15 Handelsminuten bei einem Geschäft zustande gekommen ist. Eine Begrenzung der maximal zulässigen täglichen Kursschwankungen besteht nicht. Handelsphase: 9.30–16.00 Uhr. Auch: DAX-futures.

Terminkontrakte auf den Zinssatz für eine DMark-Dreimonats-Einlage
Zinsterminkontrakte auf den Zinssatz für DMark-Termingeldeinlagen mit dreimonatiger Laufzeit werden an der London International Futures and Options Exchange (LIFFE) und an der Deutschen Terminbörse (DTB) gehandelt. (1) Kontraktspezifikationen an der LIFFE (three months Eurodeutschmark interest rate futures): Basiswert ist BBAISR (British Banker's Association Interest Settlement Rate) für eine dreimonatige Euro-DMark-Einlage um 11.00 Uhr am letzten Handelstag. Kontraktgröße ist DM 1 Mio. Liefermonate sind die Quartalsmonate im Zyklus März, Juni, September und Dezember, wobei die nächsten vier Termine nebeneinander gehandelt werden; die längste Laufzeit beträgt demnach zwölf Monate. Die Notierung erfolgt in 100 minus Zinssatz auf zwei Dezimalstellen. Die geringste Preisänderung (tick-Wert) beträgt 0,01%, entsprechend einem tick-Wert von DM 25. Letzter Handelstag ist zwei Börsentage vor dem dritten Mittwoch des jeweiligen Quartalsmonats. Handelsschluß ist um 11.00 Uhr am letzten Handelstag. Die Erfüllung erfolgt in bar (cash settlement); Erfüllungspreis ist 100 minus BBAISR für dreimonatige Euro-DMark-Einlagen um 11.00 Uhr des letzten Handelstages auf zwei Dezimalstellen gerundet. Erfüllung erfolgt einen Tag nach dem letzten Handelstag. Handelszeiten sind 8.00–16.10 Uhr GMT bzw. 16.29–17.59 Uhr GMT im APT-System. (2) Kontraktspezifikationen an der DTB (Fibor-futures): Die Kontraktspezifikationen entsprechen weitestgehend denen an der LIFFE. Abweichend dient als Basiswert der Fibor-Satz für Dreimonats-Termingelder in DMark. Gehandelt werden jeweils der nächste, übernächste, dritt-, viert- und fünftnächste Quartalsmonat, so daß die maximale Lauf-

zeit 15 Monate beträgt. Der tägliche Abrechnungspreis entspricht dem Durchschnitt der Preise der letzten fünf zustande gekommenen Geschäfte oder dem Durchschnitt der Preise aller während der letzten Handelsminute zustande gekommenen Geschäfte, sofern in diesem Zeitraum mehr als fünf Geschäfte zustande gekommen sind. Ist eine derartige Preisermittlung nicht möglich oder entspricht der so ermittelte Preis nicht den tatsächlichen Marktverhältnissen, legt die DTB den Abrechnungspreis fest. Der Schlußabrechnungspreis wird von DTB nach dem Referenzzinssatz für Dreimonatstermingelder Fibor, wie er von Telerate ermittelt wird, festgelegt, dabei wird der Fibor kaufmännisch auf zwei Dezimalstellen gerundet und von 100 subtrahiert. Die Marginverpflichtung wird von der DTB mittels risk-based-margining ermittelt.

Terminkontrakte auf eine langfristige Schuldverschreibung des Bundes oder der Treuhandanstalt

Zinsterminkontrakte auf zehnjährige deutsche Staatspapiere werden an der London International Financial Futures and Options Exchange (LIFFE) und an der Deutschen Terminbörse DTB gehandelt. (1) Kontraktspezifikationen an der LIFFE: Basiswert ist eine fiktive Bundesanleihe mit zehnjähriger Laufzeit und einem sechsprozentigen Kupon. Kontraktgröße: DM 250.000. Liefer- bzw. Verfallmonate der Kontrakte sind März, Juni, September und Dezember; notiert werden fünf Termine nebeneinander. Liefertag ist der 10. des jeweiligen Liefermonats bzw. der nächstfolgende Frankfurter Arbeitstag. Zur Erfüllung eines Geschäfts sind alle bonifikationsfreien Bundesanleihen zugelassen, die am 10. Tag des Liefermonats eine Restlaufzeit von 8,5–10 Jahren aufweisen. Über ein Preis-Faktor-System werden die unterschiedlichen Ausstattungen (Kupon, Laufzeit, Zinstermin) der zur Erfüllung des Termingeschäfts zugelassenen Bundesanleihen umgerechnet und die Anleihen vergleichbar gemacht. Lieferung erfolgt über die Deutscher Kassenverein AG in Frankfurt und zwar über eine Bank, die ein Konto bei der Deutscher Kassenverein AG unterhält, Cedel oder Euroclear. I. d. R. wird jedoch vor Verfall des Terminkontrakts eine kompensierende Gegenposition aufgebaut. (2) Kontraktspezifikationen an der DTB: Die Kontraktspezifikationen entsprechen grundsätzlich denen der Bund-futures, die an der LIFFE gehandelt werden. Basiswert ist eine fiktive deutsche Bundesanleihe mit einer Nominalverzinsung von 6%; nach Handelsschluß des Kontraktes, d. h. am Liefertag, ist der Verkäufer verpflichtet, Bundesanleihen mit einer Restlaufzeit von 8,5 bis 10 Jahren im Nominalwert des Kontraktes (=250 000 DM) zu liefern. Die Notierung des Kontraktes erfolgt in % vom Nominalwert. Minimale Kursveränderungen betragen 0,01%; das entspricht einem Wert von 25 DM. Liefermonate sind März, Juni, September und Dezember. Es stehen Laufzeiten bis zum letzten Handelstag des nächsten, übernächsten und drittnächsten Liefermonats zur Verfügung. Dementsprechend kann die Kontraktlaufzeit maximal 9 Monate betragen. Letzter Handelstag ist der Börsentag, der zwei Tage vor dem Liefertag liegt. Damit ist der letzte Handelstag der DTB einen Tag später als der der LIFFE. Liefertag ist der 10. Tag des jeweiligen Liefermonats. Die Handelszeit für Bund-futures liegt an beiden Börsen zwischen 8.00 und 17.00 Uhr. Käufer und Verkäufer von Terminkontrakten auf Bundesanleihen müssen eine initial margin (=Einschuß) leisten, deren Höhe von der Volatilität des Kontraktes bestimmt wird. Börsentäglich findet eine Bewertung offener Positionen statt, die die Basis für Tagesabrechnungen bildet. Gewinne und Verluste, die sich aufgrund der täglichen Kursentwicklung ergeben haben, werden einem Konto gutgeschrieben bzw. belastet. Terminkontrakte auf Bundesanleihen eignen sich grundsätzlich zur Absicherung gegen Zinsänderungsrisiken, aber auch zur Spekulation. Auch: Bund-futures.

Terminkontrakte auf eine langfristige Schuldverschreibung des Bundes oder der Treuhandanstalt mit fünfzehn- bis dreißigjähriger Laufzeit

Zinsterminkontrakte auf sehr langfristige deutsche Staatspapiere werden an der Deutschen Terminbörse (DTB) seit 1994 gehandelt (Buxl-futures). Kontraktspezifikationen: Basiswert ist eine fiktive Schuldverschreibung des Bundes oder der Treuhandanstalt mit fünfzehn- bis dreißigjähriger Laufzeit und einem sechsprozentigen Kupon. Kontraktwert: DM 250000. Liefermonate sind die Quartalsmonate des Zyklus März, Juni, September und Dezember. Es werden jeweils der nächste, der übernächste und der drittnächste Liefermonat nebeneinander gehandelt, so daß die maximale Laufzeit neun Monate beträgt. Letzter Handelstag ist der Tag zwei Börsentage vor dem Liefertag des jeweiligen Quartalsmonats. Handelsschluß für den fälligen Liefermonat ist 12.30 Uhr. Liefertag ist der zehnte Kalendertag des jeweiligen Quartalsmonats, sofern dieser Tag ein Börsentag ist, andernfalls der darauffolgende Börsentag. Die Lieferung erfolgt über die Deutscher Kassenverein AG. Die Notierung erfolgt in Prozent vom Nominalwert auf zwei Dezimalstellen; die geringste Preisveränderung (tick-Größe) ist 0,01%, dies entspricht einem tick-Wert von DM 25. Der tägliche Abrechnungspreis entspricht dem Durchschnitt der Preise der letzten fünf zustande gekommenen Geschäfte oder dem Durchschnitt der Preise aller während der letzten Handelsminute zustande gekommenen Geschäfte, sofern in diesem Zeitraum mehr als fünf Geschäfte zustande gekommen sind. Ist eine derartige Preisermittlung nicht möglich oder entspricht der so ermittelte Preis nicht den tatsächlichen Marktverhältnissen, legt die DTB den Abrechnungspreis fest. Der Schlußabrechnungspreis wird analog, jedoch bereits um 12.30 Uhr des letzten Handelstages ermittelt. Die Marginverpflichtung wird von der DTB mittels risk-based-margining ermittelt.

Terminkontrakte auf eine mittelfristige Schuldverschreibung des Bundes

Auch: Bobl-futures. Zinsterminkontrakte auf mittelfristige deutsche Staatspapiere (Bundesobligationen und Bundesschatzanweisungen) werden an der Londoner International Financial Futures and Options Exchange (LIFFE) und an der Deutschen Terminbörse (DTB) notiert. (1) Kontraktspezifikationen an der LIFFE: Basiswert ist eine fiktive mittelfristige Schuldverschreibung des Bundes mit sechsprozentigem Kupon. Kontraktgröße DM 250000. Liefer- bzw. Verfallmonate sind März, Juni, September und Dezember. Liefertag ist der zehnte Kalendertag des Liefermonats. Ist dieser Tag in Frankfurt/M. kein Börsentag, gilt der nächste Frankfurter Arbeitstag als Liefertag. Letzter Handelstag ist drei Tage vor dem Liefertag, der Handel schließt um 11.30 Uhr Mitteleuropäischer Zeit. Die Notierung erfolgt in DMark pro DM 100 Kontraktwert. Die geringste Schwankung (tick-Größe) beträgt DM 0,01, der tick-Wert entsprechend DM 25. Lieferbar sind Bundesobligationen, Bundesschatzanweisungen und Schuldverschreibungen des Fonds Deutsche Einheit sowie u. U. der Treuhandanstalt, die am Liefertag eine Restlaufzeit von 3,5 bis fünf Jahren haben, die an der Frankfurter Börse notiert sind und ein Emissionsvolumen von mind. DM 4 Mrd. haben. Über ein Preis-Faktor-System werden die verschiedenen lieferbaren Schuldverschreibungen vergleichbar gemacht; eine Liste lieferbarer Schuldverschreibungen und der Preis-Faktoren wird zehn Tage vor dem Liefertag veröffentlicht. Lieferung erfolgt über die Deutscher Kassenverein AG in Frankfurt und zwar über eine Bank, die ein Konto bei der Deutscher Kassenverein AG unterhält, Cedel oder Euroclear. (2) Kontraktspezifikationen an der DTB: Die Kontraktspezifikationen entsprechen weitestgehend den Spezifikationen an der LIFFE. Bobl-futures wurden zunächst an der DTB und erst später an der LIFFE eingeführt; die DTB ist in diesen Kontrakten die umsatzstärkere Börse.

Terminkurs

Kurs bei einem Termingeschäft. Auch: swap-Satz. Gegensatz: Kassakurs.

Terminmarkt

Börsenbereich für die zum Terminhandel zugelassenen Wertpapiere. Allgemein auch: Markt der Termingeschäfte. Gegensatz: Kassamarkt.

Terminoptionen

→ Optionsgeschäft.

Terminwerte, -papiere

→ Terminhandelspapiere, -werte.

terms of payment

Zahlungsgewohnheiten und Zahlungsfristen.

terzo

Geschäft à terzo: Geschäft mit 3 Beteiligten.

Testament

Rechtsgeschäftliche Verfügung, die erst mit dem Tode wirksam wird. Schließt nicht aus, daß der Erblasser zu Lebzeiten frei über sein Vermögen verfügen kann. Ein Testament kann grundsätzlich jeder errichten, der das 16. Lebensjahr vollendet hat. Es kann in 4 Formen errichtet werden: Die beiden wichtigsten sind das öffentliche und das eigenhändige Testament, daneben das Nottestament vor dem Bürgermeister sowie 2 Zeugen und das Nottestament vor 3 Zeugen. Das öffentliche Testament wird vor dem Notar errichtet. Rechtlich gleiche Wirkungen hat auch das eigenhändige Testament. Ein Testament kann vom Erblasser jederzeit geändert oder widerrufen werden. Der Widerruf kann durch neues Testament, Vernichtung des alten oder Rücknahme eines öffentlichen Testaments aus der amtlichen Verwahrung erfolgen. Für Eheleute besteht die Möglichkeit eines gemeinschaftlichen Testaments. Regelmäßig wird der Erblasser in seinem Testament eine oder mehrere Personen zu Erben einsetzen; er kann dazu aber auch andere Verfügungen treffen, z. B. Vermächtnisse und Auflagen anordnen, einen Testamentsvollstrecker bestimmen, einen gesetzlichen Erben von der Erbfolge ausschließen und auf das Pflichteil setzen, einen gesetzlichen Erben auch vom Pflichtteil ausschließen, Teilungsanordnungen für die Erbauseinandersetzung treffen u. a. m. Das eigenhändige Testament hat den Vorteil, daß es zunächst keine Gebühren kostet, als Nachteil, daß es verloren gehen oder beseitigt werden kann. Dies läßt sich vermeiden, indem man das Testament in amtliche Verwahrung bringt oder mehrere Personen unterrichtet, wo es sich befindet. Das öffentliche Testament hat den Vorteil, daß seine Echtheit nicht bestritten werden kann. Kosten für einen Erbschein entfallen. I. a. genügt ein eigenhändiges Testament, wenn als Erbe nur Ehegatte und Kinder in Betracht kommen. Ist der Nachlaß umfangreich oder unübersichtlich, eine größere Zahl Erben beteiligt, soll der Bestand einer Unternehmung gesichert werden, wenn Grundbesitz zum Nachlaß gehört, ist ein öffentliches Testament zweckmäßig.

Testamentsanfechtung

Zu Lebzeiten des Erblassers kann das Testament nur von ihm selbst widerrufen werden; nach seinem Tod kann es nur noch unter bestimmten Voraussetzungen angefochten werden. Ist es wirksam angefochten oder ein Erbe für erbunwürdig erklärt, gilt der Erbfall als nicht erfolgt; die Erbschaft fällt demjenigen zu, der als gesetzlicher Erbe oder als testamentarisch benannter Ersatzerbe berufen wäre, wenn der eingesetzte Erbe zur Zeit des Erbfalls nicht gelebt hätte. Der Nächstberufene wird als unmittelbarer Erbe des Erblassers angesehen. Anfechtbar ist ein Testament, soweit der Erblasser über den Inhalt seiner Erklärung im Irrtum war oder eine Erklärung dieses Inhalts nicht abgeben wollte und anzunehmen ist, daß er bei Kenntnis der Sachlage auch anders verfügt hätte; weiter, soweit der Erblasser zu der Verfügung durch die irrige Annahme oder Erwartung des Eintritts oder Nichteintritts eines Umstandes oder widerrechtlich durch Drohung bestimmt worden war, sonst aber eine derartige Erklärung nicht abgegeben hätte; schließlich, wenn der Erblasser einen z. Z. des Erbfalls vorhandenen Pflichtteilsberechtigten übergangen hat, dessen Vorhandensein ihm bei der Errichtung des Testaments nicht bekannt war. Die Anfechtung ist ausgeschlossen, wenn anzunehmen ist, daß der Erblasser auch bei Kenntnis der Sachlage dieselben Verfügungen getroffen hätte. Wegen Erbunwürdigkeit kann zwar nicht das Testament, wohl aber der Erbschaftserwerb angefochten werden.

Testamentsvollstrecker, -vollstreckung

Der Erblasser kann in seinem Testament einen oder mehrere Testamentsvollstrecker ernennen. Testamentsvollstrecker haben die letztwilligen Verfügungen des Erblassers zur Ausführung zu bringen, ggfs. auch gegen den Willen der Erben. Sind mehrere Miterben vorhanden, ist insbesondere die Auseinandersetzung unter ihnen zu bewirken. Bei der Verwaltung des Nachlasses ist ein Testamentsvollstrecker berechtigt, über die Nachlaßgegenstände zu verfügen und Verbindlichkeiten einzugehen. Zur ordnungsgemäßen Verwaltung des Nachlasses gehört auch die Aufstellung eines Nachlaßverzeichnisses und bei längerer Verwaltung jährliche Rechnungslegung. Der Testamentsvollstrecker soll in erster Linie Erbstreitigkeiten verhindern und für die Erben die zweckmäßige Abwicklung der Erbschaft erreichen.

Testat

Bestätigungsvermerk des Wirtschaftsprüfers unter einer von ihm geprüften Bilanz und dem geprüften Jahresabschluß. Ein uneingeschränktes Testat besagt, daß der Jahresabschluß, die Buchführung und der Lagebericht nach pflichtgemäßer Prüfung Gesetz und Satzung entspricht.

Testateinschränkung

Hat der Wirtschaftsprüfer gegen die Ordnungsmäßigkeit der Bilanz oder des Jahresabschlusses Einwendungen, muß er sein Testat einschränken, d. h., er bestätigt die Bilanz in den kritisierten Punkten nicht.

Testaterteilung

Anbringung des Bestätigungsvermerks durch den Wirtschaftsprüfer unter einer von ihm geprüften Bilanz. → Testat.

Testatverweigerung

Hat der Wirtschaftsprüfer gegen die Ordnungsmäßigkeit der Bilanz oder des Jahresabschlusses so schwerwiegende Bedenken, daß er auch Teile der Bilanz nicht bestätigen kann, muß er sein Testat verweigern. → Testateinschränkung.

testierte Bilanz

Mit dem Bestätigungsvermerk eines Wirtschaftsprüfers versehene Bilanz.

TGV

Abk. f. Treuhandgiroverkehr.

The European Federation of Financial Analysts Societies

In Paris ansässige Europäische Vereinigung für Finanzanalyse, deren Mitglieder nationale Finanzanalysevereinigungen sind.

The Royal Exchange

Die Londoner Devisen- und Edelmetallbörse. Gegründet 1564. War ursprünglich alleinige Londoner Börse, von der sich anfangs des 18. Jahrhunderts die Wertpapierbörse abgespalten hat.

thesaurieren

Ansammeln von Edelmetallen, Münzen, Noten u. a. Schätzen durch Private (Hortung). Thesaurierung von Gewinnen ist Nichtausschüttung der Gewinne einer Unternehmung. Bei Investmentfonds gibt es Thesaurierungsfonds, die anfallende Erträge einbehalten.

Thesaurierung

Allgemein: → thesaurieren. Speziell: Wiederanlage von Zinsen u. a. Erträgen aus Wertpapieren in Wertpapieren. Auch: Gewinneinbehaltung durch eine Unternehmung (Selbstfinanzierung).

Thesaurierungsfonds

Investmentfonds, die keine Erträge ausschütten, sondern diese sofort wieder anlegen (thesaurieren). Ziel ist langfristiges Wachstum des Kapitals. Auch: Wachstumsfonds.

Thesaurierungsfonds, steuerlich

Wäre der Anteilsinhaber von Thesaurierungsfonds unmittelbar Eigentümer der Wertpapiere, müßte er, bevor er mit seinen Erträgen neue Wertpapiere kaufen kann, diese erst versteuern. Es stände ihm somit nur der um die Steuern gekürzte Betrag zur Verfügung. Um eine gewisse Gleichbehandlung sicherzustellen, muß deshalb der Anteilsinhaber auch die vom Thesaurierungsfonds vereinnahmten und nicht ausgeschütteten Zinsen und Dividenden versteuern, sofern diese Erträge vom Fonds nicht zur Kostendeckung benötigt werden und bei einer Ausschüttung nicht steuerfrei bleiben würden. Die danach steuerpflichtigen Erträge gelten mit dem Ablauf des Geschäftsjahrs, in dem sie vom Fonds vereinnahmt worden sind, als dem Anteilseigner zugeflossen. Die hiernach zu versteuernden Beträge werden von der Investmentgesellschaft jährlich veröffentlicht. Anlegern, die eine Nichtveranlagungsbescheinigung oder einen Freistellungsauftrag vorlegen, wird das Körperschaftssteuerguthaben aus Dividendenerträgen bzw. die abgeführte Zinsabschlagsteuer erstattet. Die übrigen Anleger können sich die entrichtete Körperschaft- und Zinsabschlagsteuer auf ihre Steuerschuld anrechnen lassen.

Theta-Faktor

Maß, mit dessen Hilfe die erwartete Veränderung des Zeitwertes einer Option in Abhängigkeit von Restlaufzeit der Option und Kursentwicklung des der Option zugrundeliegenden Basisobjekts zu quantifizieren versucht wird. Entsprechend der Wirkung des Zeitwertes auf den Wert einer Optionsposition wird Theta bei long-Positionen (Kauf von Kauf- oder Verkaufsoptionen) als negativer, bei short-Positionen (Verkauf von Kauf- oder Verkaufsoptionen) als positiver Wert ausgewiesen.

three-tier syndication

Verfahren der Konsortiumsbildung zur Begebung internationaler Aktien- und Anleiheemissionen. Hierbei führt der Emittent mit einzelnen wenigen Banken vorbereitende Emissionsverhandlungen. Diese Banken bilden, sofern das Emissionsvorhaben konkret wird, evtl. mit weiteren Wertpapierhäusern die management group. Sie ist zuständig für die Koordination und ordnungsgemäße Durchführung der Emissionsbegebung. Die Konditionen der Übernahme und Plazierung der Wertpapiere werden in einem zwischen den Mitgliedern der management group und dem Emittenten abzuschließenden subscription agreement festgelegt. Zur Verteilung des aus der Übernahme der Wertpapiere resultierenden Risikos lädt die management group weitere Banken und institutionelle Investoren als Garanten in die zu bildende underwriting group ein. Das Rechtsverhältnis zwischen der management group und der underwriting group wird in einem underwriting agreement festgelegt. Zwischen den Mitgliedern der underwriting group und dem Emittenten besteht somit kein direktes Rechtsverhältnis. In einem dritten Schritt lädt die management group brokers, dealers sowie weitere Banken zur Plazierung der Wertpapiere in die zu bildende selling group ein. Sofern Mitglieder der selling group nicht die gesamte Emission plazieren können, sind die Mitglieder der underwriting group verpflichtet, diesen nicht plazierten Teil in den eigenen Bestand zu übernehmen. Banken können sowohl Mitglied der management group, der underwriting group als auch der selling group sein. Bei internationalen Wertpapieremissionen vereinzelt angewandt wird auch das Verfahren der two-tier syndication.

Tibor

Abk. f. Tokyo interbank offered rate.

tick

Kleinste Preisveränderung von Terminkontrakten. Bildet die Grundlage für die Kalkulation von Gewinnen/Verlusten und Bareinschüssen. Es lassen sich tick-Größe und tick-Wert unterscheiden. Tick-Größe gibt die kleinste Preisänderung der Kontrakte an. Tick-Wert entspricht der kleinsten Änderung eines → Kontraktwertes. Die an der DTB gehandelten Zinsterminkontrakte haben eine tick-Größe von 0,01% und einen tick-Wert von DM 25. Die kleinste Preisveränderung bei Terminkontrakten auf den Deutschen Aktienindex (DAX-futures) beträgt 0,5 Notierungspunkte (=tick-Größe); das entspricht einem tick-Wert von DM 50.

ticker

Bez. f. die automatische Kursübermittlungsanlage mit Kursen und Umsatzangaben, speziell an der NYSE.

ticket, ticket-Schein

Bei der Liquidation von Zeitgeschäften an der Londoner Börse an dem dafür festgesetzten Tag (ticket day) zu übergebender Annahmeschein. Der Abnehmer übergibt das ticket an den Verkäufer (der Ware), usw., bis zu demjenigen, der nur zu geben hat. Dieser liefert dann an den Aussteller des ticket. Früher war auch an den deutschen Warenbörsen ein ticket-Verfahren üblich.

ticket day

Skontrierungstag bei der Abwicklung der Termingeschäfte an der London Stock Exchange.

TIFFE

Abk. f. → Tokyo International Financial Futures Exchange.

TIGRs

Abk. f. Treasury investment growth receipts.

Tilgung

Regelmäßige Ab- oder Rückzahlung einer langfristigen Schuld in Teilbeträgen, die verschieden berechnet werden können. Schuldverschreibungen (festverzinsliche Wertpapiere wie Anleihen, Pfandbriefe, Obligationen usw.) werden entsprechend den Emissionsbedingungen getilgt, die auf dem Wertpapier abgedruckt sind. Die Tilgung kann auch durch allmählichen Rückkauf über die Börse erfolgen. Tilgung kann in einem Betrag oder in Raten erfolgen. Bei langfristigen Darlehen wird meist ratenweise Tilgung vereinbart, wobei die Tilgungsrate i. d. R. als Prozentsatz der Darlehenssumme ausgedrückt wird. Tilgungsrate und Zeitabstände der Tilgung können in einem besonderen Tilgungsplan festgelegt werden.

Tilgungsanleihen

Anleihen, bei denen (im Gegensatz zu gesamtfälligen Anleihen) die Schuld nicht auf einmal bezahlt und alle Schuldverschreibungen zusammen eingelöst werden, sondern ratenweise.

Tilgungsarten (-formen)

Man unterteilt Tilgungsanleihen nach ihren Rückzahlungsmodalitäten in folgende Gruppen: Ratenanleihen (regelmäßige, gleichbleibende Tilgungsraten), Annuitätenanleihen (feste Rückzahlungsbeträge mit zunehmendem Tilgungsanteil und abnehmendem Zinsanteil) sowie Anleihen ohne festen Tilgungsplan. An Tilgungsformen kennt man die Auslosung von Einzelstücken, Serien oder Gruppen sowie Rückkäufe über den Markt in einen Tilgungsfonds oder Kauffonds, soweit der Börsenkurs unter pari liegt.

Tilgungsbedingungen festverzinslicher Wertpapiere

Sehen entweder Rückzahlung in einem Betrag oder regelmäßige bzw. unregelmäßige Tilgungen in Raten vor. Die regelmäßigen Rückzahlungen nach einem Plan stellen den Normalfall dar. Ein Tilgungsplan kann zu den verschiedenen Zeitpunkten ungleich hohe Raten zulassen. Die zu tilgenden Nummern oder Gruppen werden ausgelost. Anstelle der Auslosung können Käufe eines besonders zu schaffenden Tilgungsfonds treten, der von einer Treuhandbank (konsortialführende Stelle) gemanagt wird. In diesen Fällen beinhalten die Anleihebedingungen, daß der Anleiheschuldner anstelle der Auslosung die Tilgungsraten ganz oder teilweise an einen Tilgungsfonds (sinking fund) überträgt.

Tilgungsdienst

Durchführung der Tilgung bei Schuldverschreibungen.

Tilgungsfonds

Meist beim Anleihetreuhänder aus Mitteln des Emittenten zu bildender Fonds, zu dessen Lasten Rückkäufe vorgenommen werden, insbesondere wenn der Anleihekurs unter einen bestimmten Kurs sinken sollte. Meist werden Anleihebeträge solange am Markt gekauft, wie sich der Börsenkurs unter dem Rückzahlungspreis bewegt. Das Tilgungsfondssystem hat für den Anleger den Vorzug, daß während der gesamten Tilgungsperiode ein potenter Käufer im Markt ist (Kurspflege). Die Kurse solcher Anleihen sind daher meist relativ stabil.

Tilgungsgewinn

Gewinn, den Realkreditinstitute erzielen können, wenn ihre Emissionsbedingungen eine Tilgung der begebenen Pfandbriefe durch Rückkauf erlauben und dieser zu einem unter pari liegenden Kurs möglich ist, da diesem geringeren Aufwand ein unveränderter Ertrag in Form der Tilgungen der Hypothekenschuldner gegenübersteht.

Tilgungshypothek (Amortisationshypothek)

Bei diesem Hypothekarkredit wird die Kapitalsumme in regelmäßig wachsenden Tilgungsraten zurückgezahlt. Der Gläubiger erhält immer einen gleichen Betrag (Annuität), bei dem der Tilgungsanteil ständig zu-, der Zinsteil abnimmt. Üblich bei Realkreditinstituten.

Tilgungsfondshypothek

→ Tilgungshypothek (Amortisationshypothek).

Tilgungsplan

Enthält genaue Angaben über die Tilgung von langfristigen Schulden. Üblich ist Rückzahlung in einem Betrag zu einem bestimmten Termin (Festlaufzeit), Tilgung in gleichen Jahresraten nach Ablauf einer bestimmten Anzahl tilgungsfreier Jahre, Rückzahlung in unterschiedlichen Raten zu bestimmten Terminen oder Annuitätentilgung. Bei Anleihen in den Anleihebedingungen enthalten, die i. d. R. auf dem Mantel abgedruckt sind.

Tilgungsrate

Jährlicher Tilgungsbetrag. → Tilgung.

Tilgungsrechnung

Teilgebiet der Finanzmathematik. Mit Tilgungsrechnung ermittelt man Tilgungsdauer, Tilgungsrate, Restschuld, Zinsen und Annuität von ratenweise zu tilgenden Schulden. → Tilgung.

Tilgungsrückstände

Kennziffer der Realkreditinstitute in ihren Jahresberichten bezüglich der ausgebliebenen Leistungen ihrer Darlehensschuldner. Guter Hinweis auf Lage des Immobilienmarktes.

Tilgungsstücke

Vom Emittenten zur Tilgung einer Schuldverschreibungsemission zurückgekaufte Stücke, die entwertet werden.

Tilgung von Anleihen (Schuldverschreibungen, Obligationen)

Wird nach Maßgabe der Emissionsbedingungen entweder durch Rückzahlung zum Nennwert (oder ausnahmsweise über pari), Verwendung eines Tilgungsfonds oder freihändigen Rückkauf vorgenommen. → Tilgungsarten (-formen).

time decay umbrella

Die letzten 45 Tage vor dem Ablauf der Optionsfrist. In diesem Zeitraum sinkt der Zeitwert der Option besonders schnell.

time lag

Zeitliche Verzögerung.

time option

Möglichkeit der Wahl des Valutatages innerhalb einer vorgegebenen Zeitspanne.

time value

Betrag, um den der Optionspreis den „intrinsic value" übersteigt.

timing

Bez. speziell für die Wahl des richtigen Zeitpunktes zum Wertpapierkauf und -verkauf.

Tip

In der Börsensprache Informationen – oft auf Gerüchten und unbestätigten Meinungen beruhend –, die sich auf zu erwartende wirkliche oder vermutete Vorgänge bei Unternehmen beziehen, deren Aktien an der Börse usw. gehandelt werden. Sie vermögen deren Kursentwicklung oft stark zu beeinflussen, obwohl ihr Wert und Wahrheitsgehalt oft zweifelhaft sind.

TIPs

Abk. f. Toronto 35 Index Participation.

Titel

Bez. f. Wertpapiere (Aktien, Anleihen, Geldmarktpapiere usw., z. B. auch Kapitalmarkttitel, Geldmarkttitel).

Titelmantel

Eigentlicher Urkundenteil eines Wertpapiers, im Gegensatz zu Kuponbogen und Talon.

titre participatif

Form nicht stimmberechtigter Aktien in Frankreich.

titres

→ Titel.

TLC

Abk. f. transferable loan certificate.

TLF

Abk. f. transferable loan facility.

TLI

Abk. f. transferable loan instrument.

Tochter(gesellschaft)

Unternehmung, deren Kapitalmehrheit im Besitz einer anderen Unternehmung ist und die dadurch von dieser abhängig ist bzw. beherrscht wird.

Todesfallversicherung

Form der Lebensversicherung. Zu unterscheiden: kurzfristige Todesfallversicherung (Risikolebensversicherung) und lebenslängliche. Bei letzterer wird die Versicherungssumme erst nach dem Tod des Versicherten fällig, meist aber später mit Vollendung seines 65. Lebensjahres.

Tokyo interbank offered rate (Tibor)

Interbank-Geldmarktsatz in Tokio, zu dem Banken kurzfristig Geldmarktkredite von Banken aufnehmen bzw. entsprechend kurzfristige Einlagen bei Banken tätigen. Bildet sich frei am Markt.

Tokyo International Financial Futures Exchange (TIFFE)

2-2-2, Otemachi, Chiyoda-ku, Tokyo 100, Japan, Tel.: 0081-3-32752111, Fax.: 0081-3-32754840. Elektronische Terminbörse, gegründet 1989. Gehandelt werden Terminkontrakte auf den Zinssatz für Dreimonats-Euro-Yen-Einlagen, auf den Zinssatz für Einjahres-Euro-Yen-Einlagen, auf den Zinssatz für Dreimonats-Euro-Dollar-Einlagen sowie Devisen-futures auf US-Dollar. Hinzu kommen Optionen auf Dreimonats-Euro-Yen-futures. Handelszeiten: 9.00–12.00 Uhr, 13.30–15.30 Uhr und 16.00–18.00 Uhr Ortszeit, entsprechend 1.00–4.00 Uhr, 5.30–7.30 Uhr und 8.00–10.00 Uhr MEZ; am letzten Handelstag von 9.00–11.00 Uhr, entsprechend 1.00–3.00 MEZ.

Tokyo Stock Exchange (TSE)

2–1, Nihombashi-Kabuto-cho, Chuo-ku, Tokyo 103, Tel.: 0081-3-6660141, Fax.: 0081-3-6630625, Telex: 02522759 TKOSE, für Informationen auch: Tokyo Stock Exchange, London Research Office, 76, Cannon Street, London EC46AE, Tel.: 0044-71-2360885. Gegründet 1878. Börsenzeiten 9.00–11.00 Uhr und 12.30–15.00 Ortszeit, entsprechend 1.00–3.00 Uhr und 4.30–7.00 Uhr MEZ. Wertstellung: meist 3 Tage nach Geschäftsabschluß. Spesen: 1,25% bei Aufträgen bis zu 1 Mio. Yen, 0,3–1,05% bei Aufträgen bis 1 Milliarde Yen zuzüglich 2000–750000 Yen Fixum, darüber 0,25% zuzüglich 1,25 Mio. Yen Fixum, Mindestspesen 2500 Yen. Steuern: bei Verkauf 0,55% Börsenumsatzsteuer. Auch Handel in futures (f), options (o) und future options (f/o) auf zehnjährige japanische Staatsanleihen (f, f/o), auf zwanzigjährige japanische Staatsanleihen (f), auf US-T-Bonds (f) und auf Topix-futures (f, o).

Tola

Im mittleren Osten und indischen Subkontinent übliche Maßeinheit für Gold: 0,375 Feinunzen = 11,6639 g.

tombstone

Bez. f. die Veröffentlichung über eine abgewickelte Syndizierung eines Großkredits am Euromarkt oder einer internationalen Anleihe. Dabei werden viele der beteiligten Banken, brokers usw. angeführt, oft unter Angabe ihrer Funktionen.

tomorrow next (tom next)

Swap-Geschäft, dessen Kassaseite an dem auf den Abschluß folgenden Tag und dessen Terminseite am folgenden Geschäftstag fällig ist.

top

Bez. aus der technischen Aktienanalyse für den Gipfel (top) einer Haussebewegung. Das Ende einer Haussebewegung kann mehrere tops nebeneinander haben. Eine der bedeutendsten ist die Kopf-Schulter-Formation.

top down approach
Schrittweises, analytisches Vorgehen bei der Anlageentscheidung. Jeder Analyseschritt baut auf den Erkenntnissen der vorgehenden Stufe auf; es wird von der Beobachtung und Bewertung allgemeinerer Entwicklungen jeweils auf das Besondere geschlossen.

Topix-Index
Im September 1988 an der Börse von Tokio neu eingeführter Index für den aufgenommenen Handel mit Index-Terminkontrakten. Der Topix-Index enthält sämtliche 1111 Aktien-Werte der Ersten Sektion der Tokioter Börse (entspricht dem amtlichen Handel in Deutschland). Damit repräsentiert der Topix-Index die Kursentwicklung der 1111 wichtigsten Aktiengesellschaften Japans. Die Berechnung des Topix-Index erfolgt anhand folgender Formel: Tagesgesamtwert der 1111 Aktien (Aktienkurs mal Zahl ausgegebener Aktien) multipliziert mit Hundert und dividiert durch den Standardtagesgesamtwert (Basis 4. 1. 1968). Im Gegensatz zum Nikkei-225-Index und Osaka Stock Futuress 50-Index beinhaltet der Topix-Index vor allem moderne Industrien, so Finanzinstitute und Unternehmen der Elektroindustrie.

Toronto Futures Exchange
Exchange Tower, 2 First Canadian Place, Toronto, Ontario. Tel. 001-416-947-4487; Fax: 001-416-947-4788. Handel in financial futures (15-year Canadian bond, 91-day Treasury bill, TSE 300 composite index futures), Währungsfutures ($/kan.$) und in Metalloptionen.

Toronto 35 Index Participation
Von der Toronto Stock Exchange (TSE) emittierte Papiere, die einen Zehntel Anteil am 35 Aktien umfassenden „Toronto 35 Index" (TSE 35) verbriefen. Stellen quasi einen Länderfonds kanadischer Qualitätsaktien dar. Erwerber nehmen deckungsgleich an der Entwicklung des Index teil. Es werden keine Verwaltungsgebühren erhoben; die Anleger haben ein Rückgaberecht zum jeweiligen Inventarwert; es erfolgt eine vierteljährliche Dividendenausschüttung. Mit TIPs lassen sich zudem Engagements absichern und Arbitragegeschäfte tätigen.

Toronto Stock Exchange (TSE)
The Exchange Tower, 2 First Canadian Place, Toronto, Ontario M5X 1J2, Canada. Tel.: 001-416-947 4700. Telex: 062-17759. Gründung der Börse: 1852. Börsenzeit: 15.30–22 Uhr mitteleuropäischer Zeit; reine Computerbörse. Wertstellung: 5 Tage nach Geschäftsabschluß. Spesen: frei verhandelbar, als Richtwerte können gelten bei kleinen Aufträgen 3%, bei Aufträgen bis 5000 kanadische Dollar 2% zuzüglich 20 Cent je Aktie, darüber gestaffelt degressiv abnehmend. Steuern: keine. Auch Handel in Aktienindex-Optionen.

total return-Index
Vereinzelt gebrauchter Bez. f. → performance-Index.

totes Depot
→ Sachdepot.

totes Papier
Bez. f. ein Wertpapier, das längere Zeit keine oder nur sehr geringe Börsenumsätze hat.

T. Q., t. q.
Abk. f. telquel. → Telquel-Kurs.

traded option
Standardisierte, börsenmäßig gehandelte Option.

trader
Angelsächsische Bez. f. Händler. Speziell: Spekulativer Marktteilnehmer, der gezielt offene Positionen eingeht.

trader's equity
Einschußzahlungen, die ein Marktteilnehmer auf eine Kontraktposition geleistet hat.

trade (to the whole market)
Eine Option oder einen Terminkontrakt auf einen Aktienindex erwerben oder verkaufen. Der Kontraktinhaber partizipiert auf diese Weise an der Entwicklung des Gesamtmarktes.

trading
Bez. f. intensives Handeln i. S. v. Käufen und Verkäufen von Wertpapieren durch Verwalter von Vermögen, z. B. Investmentfonds.

trading limit
Im futures-Handel die max. erlaubte Preisfluktuation des betreffenden Terminkontrakts. Sie gilt für den jeweiligen Börsentag und wird auf der Basis des letzten settlement price festgelegt. Bei Erreichen des Limits wird der Handel in dem Kontrakt suspendiert, bis sich die Gebote wieder in der zulässigen Bandbreite bewegen. Kann der Handel am folgenden Tag nicht wieder aufgenommen werden, wird für den nächsten Tag i. d. R. eine erweiterte Bandbreite fixiert.

trading on the equity

Angelsächsischer Ausdruck für (rentabilitätserhöhende) Fremdfinanzierung. → leverage.

trading-Periode

Handelsphase einer Terminbörse. → Handelsphasen an der Deutschen Terminbörse.

trading positions

Spekulative Termingeschäfte tätigen.

trading unit

Kontraktgröße bei Terminkontrakten.

Traditionspapiere

Wertpapiere, die einen Herausgabeanspruch auf eine Sache verbriefen. Übergabe der Traditionspapiere ersetzt gleichzeitig die zum Eigentumserwerb ansonsten erforderliche Besitzübertragung. Traditionspapiere sind Orderpapiere, die durch Indossament übertragen werden müssen (z. B. Konnossemente, Ladescheine, Lagerscheine).

Träger der Börsen

Der Träger einer Börse stellt als Unternehmer der Börse Räume, Personal und sonstige Erfordernisse für den Geschäftsbetrieb bereit. In der deutschen Praxis kommen 3 Arten, privatrechtliche Börsenvereine, Kapitalgesellschaften und die örtlichen Industrie- und Handelskammern, vor. Letztere Börsenform, auch Kammerbörse genannt, existiert in Berlin.Träger der Frankfurter Wertpapierbörse und der Deutschen Terminbörse (DTB) ist die Deutsche Börse AG. Deren Aktionäre sind mit einem Anteil von insgesamt 80% in- und ausländische Banken, mit einem Anteil von 10% die Makler sowie ebenfalls mit einem Anteil von 10% die Deutsche Börsen-Beteiligungsgesellschaft mbH, die von den Regionalbehörden getragen wird.

Trägerunternehmen

Bez. f. die Unternehmung, die Zuwendungen an Pensions-, Unterstützungskassen usw. leistet.

Tranche

Teilbetrag einer Wertpapieremission, wenn die Anleihe in Zeitabständen in Teilbeträgen aufgelegt oder eine Gesamtemission zu gleicher Zeit und gleichen Bedingungen in verschiedenen Ländern ausgegeben wird, weil der Gesamtbetrag nicht auf einmal bzw. nicht in einem Land aufgebracht werden kann.

Transaktion

Bez. f. die Vornahme eines Wertpapiergeschäfts bzw. dessen Durchführung.

Transaktionskosten

Aufwendungen, die mittelbar durch die Vornahme von Transaktionen, hier insbesondere Gebühren, die im Zusammenhang mit Börsengeschäften anfallen, wie Courtage, Bankspesen. → Provision bei Börsengeschäften → Aktienkauf und -verkauf, Transaktionskosten.

Transfer (Transferierung)

Allgemein: Übertragung. Speziell: Zahlung (Überweisung) in fremder Währung. Auch: Zahlungen nach dem Ausland, wobei sie in der Währung des Empfängerlandes geleistet werden.

transferable loan certificates (TLCs)

Instrumente zur Übertragung von Kreditanteilen im Eurokreditgeschäft. → transferable loan facilities (TLFs).

transferable loan facilities (TLFs)

TLFs stellen besondere Ausprägungen von Euro-Konsortialkrediten dar, bei denen eine eventuell gewünschte Übertragung von Kredittranchen vereinfacht wird. Die Einholung der Zustimmung der übrigen Konsorten und/oder des Kreditnehmers, die bislang bei der Novation bzw. der Abtretung erforderlich war, wird hiermit hinfällig. Die TLFs können in der Form der transferable loan instruments (TLIs) sowie der transferable loan certificates (TLCs) auftreten. Das TLI basiert auf der Abtretung von Darlehensforderungen und hat Wertpapiereigenschaft. Die Übertragung wird durch die Übergabe des Instruments vollzogen. Dem TLC liegt eine Novation (Begründung eines neuen Schuldverhältnisses, das an die Stelle des alten tritt) zugrunde. Diese „Schuldumschaffung" wird bereits im Kreditvertrag vorgesehen. Mit der Übertragung von TLIs bzw. TLCs erhält der Erwerber einen unmittelbaren rechtlichen Anspruch gegen den Kreditnehmer. Er trägt nicht das Risiko des Ausfalls des Abgebenden (wie etwa bei der Unterbeteiligung).

transferable loan instruments (TLIs)

Instrumente zur Übertragung von Kreditanteilen im Eurokreditgeschäft. → transferable loan facilities (TLFs).

transferable revolving underwriting facilities (TRUFs)

Besondere Varianten der revolving underwriting facilities (RUFs), bei denen dem underwriter das Recht eingeräumt wird, seine Übernahmeverpflichtung bzw. Kreditzusage auf eine andere Bank zu übertragen.

transfer agent

Im angelsächsischen Bereich Übertragungsstelle für Namenspapiere. Entwertet das auf den Namen des Verkäufers lautende Zertifikat, führt die Umschreibung im Aktionärsregister durch und stellt ein neues Zertifikat auf den Namen des Erwerbers aus. Funktion von Banken, trust companies und Emittenten.

Transfergarantie

Garantie des Staates, aus dessen Gebiet Erträgnisse und Tilgungsraten von Krediten und Wertpapieren zu zahlen sind, zuzulassen, daß die zu zahlenden Beträge von seinem Währungsgebiet in das des Landes, in dem die Zahlungen zu leisten sind, übertragen (transferiert) werden. Wird bei Auslandsanleihen gegeben.

transferieren, Transferierung

Umwandeln, übertragen. → Transfer (Transferierung).

Transferklausel

Vereinbarung in internationalen Schuldenabkommen in Form einer Garantieklausel für die Zahlung von Kapitalerträgen (Dividenden, Zinsen) und für die Kapitalrückzahlung bei Auslandsanleihen und Auslandskrediten, nach der sich die zuständige Stelle des Schuldnerlandes verpflichtet, den Transfer dieser Beträge unter allen Umständen und ohne Rücksicht auf die Nationalität des Titelinhabers vorzunehmen.

Transfermoratorium

Einstellung des Transfers aller Zins- und Tilgungszahlungen o. a. Zahlungsverpflichtungen durch gesetzgeberische Initiativen des Schuldnerlandes. Erfolgte insbesondere in der Bankenkrise 1931 und den Kriegsjahren.

Transferrisiko

Im Zahlungsverkehr zwischen Ländern latent vorhandene Gefahr für das Gläubigerland, daß eine verifizierte und vom Schuldner in seiner nationalen Währung beglichene Forderung aufgrund mangelnder Devisenbestände des Schuldnerstaates nicht oder nicht zum fälligen Termin beglichen werden kann. → Länderrisiko.

Transitanleihen

Bez. f. Anleihen, die an einem bestimmten nationalen Kapitalmarkt in Landeswährung aufgelegt, aber vorwiegend von ausländischen Anlegern gezeichnet werden.

transnationale Unternehmen

Von den UN bevorzugte Bez. f. internationale Unternehmen bzw. multinationale Unternehmen.

Treasure Automated Auction System

Elektronisches Auktionssystem für Staatsobligationen in den USA. Primärhändler geben kompetitive oder nichtkompetitive Gebote ein. Das System ist ein Ausfluß der Marktreformen, die nach dem Auktionsskandal im August 1991 eingeleitet wurden. Nichtkompetitive Gebote konnten zwar schon vorher eingereicht werden, neu ist jedoch die Öffnung des Prozesses für die den Markt dominierenden Primärhändler. Ebenso wurde die Bearbeitungsdauer für Gebote und die Zuteilung beschleunigt. Die Primärhändler können ihre Gebote leichter bis zum letztmöglichen Augenblick zurückhalten. Kleinere Bieter brauchen mit ihren Aufträgen nicht mehr über ihre regionalen Reservebanken oder über ihre Händler zu gehen und können statt dessen ihre eigenen Computer nutzen. Die elektronische Erfassung der Bietdaten erleichtert der New Yorker Fed die Möglichkeiten zur Aufsicht über den Markt.

Treasury bills

In angelsächsischen Ländern kurzfristiges Geldmarktpapier – Laufzeit meist 90 Tage –, das der Staat zur Deckung seines Finanzbedarfs ausgibt.

Treasury bonds

In USA marktgängige Staatsschuldverschreibungen.

Treasury investment growth receipts (TIGRs)

Stripped bonds. Bei dieser Konstruktion erwirbt ein broker langlaufende Festsatzanleihen (i. d. R. Staatspapiere) und emittiert in Höhe des jährlich zu erwartenden Zinsertrages fristenkongruent laufende zero-bonds.

Treasury notes

US-Staatsanleihen mit Laufzeiten meist zwischen 1 und 7 Jahren mit Coupons.

treasury stock

→ authorized stock → issued stock.

Trend

Die aus Vergangenheit und Gegenwart abzuleitende langfristige Grundrichtung einer Entwicklung, die unter Verwendung statistischen Zahlenmaterials (Zeitreihen) berechnet wird. Läßt – vor allem bei Ausschaltung von Saison- und Zufallseinflüssen – die Entwicklung gesamt- und einzelwirtschaftlicher Einflußgrößen erkennen. Für die Aktienanalyse wichtiges Instrument. Auch die technische Analyse arbeitet stark damit. Speziell: Börsentrend: Entwicklungsrichtung der Börsenkurse.

Trendanalyse

Untersuchung im Rahmen der technischen Aktienanalyse zur Bestimmung des Trends einer Kursentwicklung. Nach Ermittlung des vorliegenden Trends mit Hilfe der Trendrechnung wird durch Trendextrapolation eine Kursprognose versucht.

Trendextrapolation

Rechnerische oder graphische Fortsetzung der ermittelten Trendlinie in die Zukunft. Eine mathematisch-statistische Trendextrapolation erhält man, wenn man in der zugrundeliegenden Trendgleichung den Zeitraumfaktor laufend vergrößert.

Trendformationen

Im Rahmen der technischen Aktienanalyse Bez. f. typische Kursverläufe, die sich als Trend und somit als Indiz für eine Trendextrapolation deuten lassen. Viele Trendformationen sind standardisiert und mit einer gewissen Kursentwicklungserwartung verknüpft. → chart reading.

trend fund

Variante eines Wachstumsfonds, der seine Anlagen im Schwerpunkt auf wenige Wachstumsbranchen konzentriert.

Trendkanal

→ Trendlinien.

Trendlinien

I. S. d. Aktientrendanalyse: alle Linien, die bei dem kurvenmäßig dargestellten Kursverlauf aus den bereits vorhandenen Kursen einen Schluß auf die weitere Entwicklung zulassen. Widerstandslinien werden aus und nach der Erfahrung gebildet, daß bestimmte Kursmarken psychologische Hemmnisse darstellen. Zwischen der oberen und der mittleren Widerstandslinie liegt die Widerstandszone. Schwankungsbereiche der Kurse lassen sich häufig durch Verbindung mehrerer Kursspitzen nach unten (innere Trendlinie) und durch Verbindung mehrerer Kursspitzen nach oben (äußere Trendlinie), die zueinander parallel zu ziehen sind, eingrenzen. Die so gezeichneten Trendkanäle sind meist schräg nach oben oder unten gerichtet. → technische Aktienanalyse.

Trendlinienmethode

Durch Verbindung markanter Punkte des bisherigen Kursverlaufs auf einem chart entstehen Linien, die als Leitlinien der zukünftigen Kursentwicklung interpretiert werden. So ermittelt man Unterstützungs- und Widerstandslinien, die mit hoher Wahrscheinlichkeit nicht unter- bzw. überschritten werden. Aus der Verbindung innerer und äußerer Kursspitzen durch 2 parallel verlaufende Linien ergibt sich ein Trendkanal, der nach den Regeln der technischen Aktienanalyse insofern von Bedeutung ist, als ein Ausbruch des Kurses nach oben oder unten aus diesem Trendkanal ein deutliches Kauf- bzw. Verkaufssignal bedeutet. → chart reading.

Trendrechnung

Mathematische Methodik der Trendanalyse. Die Statistik hat eine Reihe von Verfahren zur Errechnung von Zeitreihen entwickelt; das bekannteste und einfachste ist die Methode der kleinsten Quadrate, die über die Minimierung der Quadrate der Abstände der einzelnen Kurspunkte zur gesuchten Funktion die Trendlinie ermittelt.

Trendvarianten

Verschiedene langfristige Entwicklungsmöglichkeiten von z. B. Gewinn und Dividende, entsprechend dem Wahrscheinlichkeitsgrad ihres Eintreffens klassifiziert und beurteilt. Basierend auf einer so gewonnenen Bandbreite konkurrierender Entwicklungslinien versucht man, den wahrscheinlichen, optimalen oder idealen Wachstumswert zu finden. Zu unterscheiden: primäre oder Trendvarianten und sekundäre Varianten oder zyklische Schwankungsmöglichkeiten.

Trennung und Einlösung von Zins- und Dividendenscheinen

Bei der Verwahrung und Verwaltung von Wertpapieren sind Zins- und Dividendenscheine von den Wertpapierbögen abzutrennen und bei den Zahlstellen einzulösen. Bei Sammelverwahrung und stückelosen Emissionen ist die termingerechte Gutschrift der Zins- und Dividendenerträge durch die Wertpapiersammelbank zu überwachen und die Aufteilung auf die Depotkunden zu veranlassen. Als Zahlstellen fungieren meist Banken, die von den Schuldnern – Emittenten der Schuldverschreibungen bzw. AG – damit beauftragt sind, die Zins- und Dividendenscheine einzulösen. Den Gegenwert schreibt die Bank ihrem Kunden auf Konto gut oder zahlt ihn in bar aus. Bei festverzinslichen Wertpapieren stehen die Zinstermine fest; es sind meist jährliche, z. T. halbjährliche Termine, jeweils der 1. des betreffenden Monats; zu diesen Terminen werden die Zinsen für das abgelaufene ganze oder halbe Jahr ausgezahlt. Bei Fälligkeit zur Monatsmitte erfolgt der Handel ex Zinsschein ab 1. des Fälligkeitsmonats. Bei der Fälligkeit am Monatsende bzw. am Monatsanfang werden Stücke einen halben Monat vor der Fälligkeit, vom 16. des Monats an, ex Zinsschein gehandelt. Bei Aktien steht nicht von vornherein fest, ob bzw. wann Dividende ausgeschüttet wird. Die Auszahlung kann erst erfolgen, nachdem die HV über die Verwendung des Reingewinns beschlossen hat. I. d. R. ist die Dividende einen Tag nach der Beschlußfassung fällig. Da die HV nicht in jedem Jahr an demselben Tag stattfindet, sind die Fälligkeitstermine der Dividendenscheine unterschiedlich.

Treppenzins

Steigende Zinssätze während der Laufzeit eines Darlehens. Auch eine Anleihe kann mit Treppenzins ausgestattet werden.

Tresor

Anlage der Bank zur Verwahrung von Wertpapieren und anderen Wertgegenständen, vor allem der Kunden.

Tresorfach

Einzelnes Abteil eines Banktresors, das von der Bank einem Kunden zur Aufbewahrung von Wertgegenständen vermietet wird. → Tresor.

Tresorgeschäft

Vermietung von Schließfächern und Tresorfächern durch Banken an ihre Kunden. Neben diesen Mietgeschäften zählt zum Tresorgeschäft auch die Verwahrung von Verwahrstücken. → Vermietung von Safes (Schließfächern).

Tresorversicherung

Zusatzversicherung des Schließfachmieters bzw. des Hinterlegers von Verwahrstücken, da die Banken üblicherweise für den Inhalt ihrer Tresore nur haften, wenn sie ein Verschulden trifft und außerdem nur bis zu relativ geringen Höchstbeträgen. I. d. R. wird eine solche Versicherung im Rahmen eines Mantelversicherungsvertrages der Bank angeboten.

Treugeber

→ Treuhand(verhältnis).

Treugiroverkehr (TGV)

Spezielle Form des Effektengiroverkehrs, dessen Gegenstand nicht wie beim Effektengiroverkehr i. e. S. Wertpapiere sind, sondern Wertrechte, also Forderungen. Man kennt den Treugiroverkehr mit Schuldbuchforderungen der öffentlichen Hand und mit Jungscheinen.

Treuhänder

Natürliche oder juristische Person, die Rechte Dritter wahrnimmt. Nimmt bei Wertpapieren die Interessen der Gesamtheit der Anleihegläubiger oder der Anteilinhaber bei KAG wahr. Seine Rechte und Pflichten ergeben sich aus den Anleihebedingungen bzw. aus den Vertragsbedingungen der KAG.

Treuhänder bei Pfandbriefen

Bei jeder Hypotheken- und Schiffspfandbriefbank sind ein Treuhänder sowie ein Stellvertreter zu bestellen. Der Treuhänder hat insbesondere darauf zu achten, daß die vorschriftsmäßige Deckung für die ausgegebenen Pfandbriefe vorhanden und in das Deckungsregister eingetragen ist. Löschungen in diesem Register können nur mit seiner Zustimmung vorgenommen werden. Er wird bestellt vom BAK. Zweimal jährlich übergibt er der Aufsichtsbehörde eine beglaubigte Abschrift des Registers. Auf den emittierten Pfandbriefen hat der Treuhänder zu bescheinigen, daß die vorgeschriebene Deckung vorhanden und im Register eingetragen ist.

Treuhänderdepot (Treuhanddepot)

Depot, dessen Wertpapiere usw. nicht dem Hinterleger, sondern einem Dritten gehören.

Treuhänder des Deckungsstocks

Überwachungsorgan für die Einhaltung der strengen aufsichtsrechtlichen Vermögensanlage-Richtlinien bezüglich der Bildung und Verwaltung des Deckungsstocks bei Versicherungsunternehmen.

Treuhandanstalt

Dem Bundesfinanzministerium unterstehende Bundesbehörde für die Verwaltung, Abwicklung und Privatisierung von Betrieben und Volkseigentum der ehemaligen DDR mit Sitz in Berlin. Tritt an den Kapitalmärkten als Emittentin – vor allem von Anleihen und commercial papers – auf und verfügt hierbei über ein der Bundesrepublik Deutschland entsprechendes rating. Treuhandemissionen gehören zu den lieferbaren Anleihen für Buxl-, Bund- und Bobl-futures.

Treuhand(verhältnis)

Rechtsverhältnis, bei dem eine Person, der Treugeber, einer anderen Person, dem Treuhänder (trustee), ein Recht überträgt, wobei vereinbart wird, daß der Treuhänder das Recht im eigenen Namen, aber nur im bestimmten Sinne ausüben soll. Zu unterscheiden: uneigennützige (Verwaltungs-)Treuhand, bei der die wirtschaftlichen Vorteile der Rechtsausübung durch den Treuhänder dem Treugeber zugute kommen, und eigennützige Treuhand, bei der die Treuhänder mit der Rechtsausübung ein eigenes Interesse wahrnehmen (z. B. Sicherung der eigenen Darlehensforderung). Bei der uneigennützigen Treuhand hat der Treugeber im Konkurs Aussonderungsrecht, bei der eigennützigen Recht auf abgesonderte Befriedigung.

Treuhandfonds

→ Immobilienfonds, Arten.

Treuhandgeschäft

Geschäft, bei dem der Treuhänder (Fiduziar) Sachen oder Forderungen zu vollem Recht erwirbt, jedoch mit vertraglicher Verpflichtung, sie für Rechnung und Gefahr des Treugebers (Fiduzianten) zu verwalten und bei Beendigung des Treuhandverhältnisses zurückzugeben. Bei Banken u. a. in der Vermögensverwaltung.

Treuhandgesellschaft

Meist Wirtschaftsprüfungs- und/oder Steuerberatungsgesellschaften, die neben ihrem eigentlichen Geschäftszweck für ihre Klienten Funktionen eines Treuhänders ausüben.

Treuhandgiroverkehr (TGV)

→ Treugiroverkehr (TGV).

Treuhandkonstruktion

Rechtskonstruktion eines Investmentfonds des Vertragstypus, wobei die Investmentgesellschaft oder ein trustee das Eigentumsrecht am Fondsvermögen treuhänderisch verwaltet. Vor allem in angelsächsischen Ländern.

Treuhandvermögen

Vermögen, das Gegenstand einer Treuhandvereinbarung ist und der Disposition eines Treuhänders unterliegt.

Treu und Glauben

Das gesamte Recht beherrschendes, zugleich berechtigendes und verpflichtendes Grundprinzip. Verpflichtet die Teilnehmer am Rechtsverkehr zu einer Verhaltensweise, die der allgemeinen Gerechtigkeitsüberzeugung entspricht. Jedermann muß hinsichtlich der Verbindlichkeit seines Verhaltens sowie seiner Erklärungen sich so beurteilen lassen, wie es Menschen unter gleichen Umständen normalerweise tun.

trigger-Satz

→ drop-lock.

triple A

Bez. f. AAA. → rating.

triple witching hour

→ Geisterstunde.

Trittbrettfahrer

→ Mitläufer.

trockene Stücke

In Umlauf befindliche Pfandbriefe und Kommunalobligationen. Gegensatz: nasse Stücke.

Trockenstempel

→ Prägestempel.

troy-Unze (ounce)

Gewichtseinheit für das Währungssystem des IWF. 1 troy-Unze = 31,1035 g Feingold. Auch: Goldgewicht allgemein → Unze.

troz.

Abk. f. troy-Unze im Edelmetallhandel.

TRUF

Abk. f. transferable revolving underwriting facility.

Trust

Bez. f. Holdinggesellschaft in USA. Z. T. Vorläufer der heutigen Investmentfonds, die z. B. in der Schweiz als Investmenttrusts bezeichnet wurden.

trust company

In USA Vermögensverwaltungsgesellschaft.

trust deed

Treuhandurkunde, vor allem als Vertragsbedingungen des common law trust.

trustee

Treuhänder des US-Rechts. Seine treuhänderischen Funktionen umfassen u. a. Pfandhalterschaften, Treuhänderschaften bei Konsortialemissionen, Schutz der Inhaber ausländischer Wertpapiere, dagegen nicht Bilanz- und Buchprüfungen.

trustee bei Investmentgesellschaften

In USA hält beim common law ein unabhängiger trustee das Fondsvermögen treuhänderisch für die Anteilinhaber; meist eine Bank oder trust company. Die Rechtsbeziehungen zwischen trustee, Investmentgesellschaft (Sponsor) und Anteilinhaber sind im trust deed geregelt.

Tscherwonez

Russische Goldmünze, die heute – neben Krügerrand und Maple Leaf – für Anlagen in Gold sehr beliebt ist. Sie hat gegenüber dem Goldpreis nur ein geringes Aufgeld. Feingoldgehalt 7,74 g.

Tsd.

Abk. für Tausend.

TSE

Abk. f. (1) Taipeh Stock Exchange, (2) Tokyo Stock Exchange, (3) Toronto Stock Exchange.

TSE 35

Index der Toronto Stock Exchange (TSE), der die 35 am höchsten kapitalisierten Titel der Börse umfaßt.

TSE 100

Index der Toronto Stock Exchange (TSE), der die 100 umsatzstärksten Titel der Börse umfaßt.

TSE 300 composite index futures

Aktienindex-futures-Handel an der Toronto Stock Exchange (TSE).

turnaround situation

Gelegenheit zum Einsteigen an der Börse, weil sich eine Verbesserung der Lage innerhalb einer Branche, einer AG, des allgemeinen Börsentrends usw. abzuzeichnen scheint.

turn-over ratio

Umschlagsgeschwindigkeit einer Anlage von Wertpapieren innerhalb eines Jahres. Spekulative Investmentfonds versuchen, durch hohe Umschlagsgeschwindigkeit eine Steigerung der Fondserträgnisse zu erreichen. Bei closed-end funds wird sie berechnet aus:

$$\frac{\text{(Summe der Wertpapierkäufe + Summe der Verkäufe) : 2}}{\text{durchschnittliches Fondsvermögen}}$$

Bei open-end funds ergibt sich unter Berücksichtigung der Mittelzu- bzw. -abflüsse:

$$\frac{\text{(Summe der Käufe + Summe der Verkäufe – Mittelzufluß/-abfluß) : 2}}{\text{durchschnittliches Fondsvermögen}}$$

two-tier syndication

Konsortialiter organisiertes Verfahren der internationalen Emission von Aktien und Anleihen. Hierbei führen zunächst einige wenige Banken und Wertpapierhäuser die Emissionsverhandlungen mit dem Emittenten. Sofern die Emission begeben werden soll, schließen sich diese Banken und Wertpapierhäuser als auch weitere einzuladende Finanzinstitute in einer underwriting group zusammen. Die Übernahme und Plazierung der Wertpapiere wird im underwriting agreement zwischen den underwriters und dem Emittenten vereinbart. Zwischen diesen beiden Parteien besteht ein direktes Rechtsverhältnis. Aus ihrer Mitte bestimmen die underwriters im agreement among (by) underwriters die Mitglieder der management group. Diese stellt einen Teil der underwriting group dar und ist für die Koordination der Emission und Bildung der selling group verantwortlich. Mitglieder der selling group, die zugleich auch Mitglieder der underwriting group sein können, sind für die Plazierung der Wertpapiere zuständig. Im Gegensatz zu dem Verfahren der two-tier syndication wird bei internatinalen Emissionen häufig auch das Verfahren der three-tier syndication praktiziert.

two-tranche deal

Zweiteilige Emission.

typische stille Gesellschaft

Regelform der stillen Gesellschaft, in der die Einlage des stillen Gesellschafters in das Vermögen des Geschäftsinhabers übergeht. Im Gegensatz zur atypischen stillen Gesellschaft, in der Beteiligung am Gesellschaftsvermögen bestehen bleibt.

U

Überbewertung
Bilanzieller Wertansatz von Aktivposten mit einem höheren als dem zulässigen Wert. Bilanzielle Überbewertung führt zur Nichtigkeit des aktienrechtlichen Jahresabschlusses. Ferner ist der Begriff Überbewertung im Börsenwesen gebräuchlich für die Einschätzung, daß der Kurs einer Aktie deren inneren Wert übersteigt. Gegensatz: Unterbewertung.

Überdividende
→ Superdividende → Bonus.

Übereignung
Rechtsgeschäftliche Übertragung des Eigentums bei beweglichen Gegenständen durch Einigung und Übergabe, bei Grundstücken durch Einigung und Eintragung (Auflassung) im Grundbuch.

Überfinanzierung
→ Überkapitalisierung. Gegensatz: Unterfinanzierung.

Überfremdung
Zunahme ausländischen Einflusses auf inländische Unternehmen, i. d. R. durch Erwerb von Aktienpaketen, um die Majorität in der HV zu erhalten. Auch: Bei personenbezogenen Unternehmen Eindringen von außenstehenden Personen durch Kapitalübernahme.

Überfremdung einer AG
Wenn inländische oder ausländische Kreise, die bisher nicht zur Verwaltungsgruppe gehörten, durch starke Aktienkäufe Einfluß auf eine AG nehmen. Überfremdungsgefahr ist i. d. R. die Begründung für die Ausgabe von stimmrechtslosen Vorzugsaktien, vinkulierten Namensaktien und ggf. auch Mehrstimmrechtsaktien. Überfremdung kann sich zum Nachteil der bisherigen Verwaltungsgruppe auswirken, kann aber für die AG selbst und auch für die freien Aktionäre mit Vorteilen verbunden sein.

Überfremdungsabwehr
Maßnahmen einer Unternehmung zum Schutz gegen das Eindringen inländischen und ausländischen Einflusses auf bestehende Herrschafts- und Besitzverhältnisse. Als Instrumente der Überfremdungsabwehr kommt insbesondere in Frage die Ausgabe stimmrechtsloser Vorzugsaktien und vinkulierter Namensaktien. → Stimmrechtsbegrenzung.

überhängige Emissionen
Emission an Pfandbriefen und Kommunalobligationen, die sich nicht vollständig haben plazieren lassen, z. B. wegen nicht mehr marktgerechter Konditionen.

Überkapitalisierung
Wenn das Eigenkapital der AG im Verhältnis zum Geschäftsumfang und zu den Entwicklungsmöglichkeiten der Unternehmung zu groß ist. Überkapitalisierte AG zahlen i. d. R. nur geringe Dividenden. Auch: Überfinanzierung.

Überkreuzverflechtung
Personelle wechselseitige Verflechtung von Kapitalgesellschaften. Hierbei werden z. B. Mitglieder des Vorstands einer Bank-AG in den Aufsichtsrat einer Industrie-AG berufen und umgekehrt (interlocking).

Übermittlungsfehler
im Verkehr zwischen Kunde und Bank mit Dritten oder zwischen verschiedenen Zweigstellen der Bank gehen zu Lasten des Kunden, sofern der Schaden nicht von der Bank verschuldet ist.

Übernahmegründung
Gründung einer AG, bei der alle Aktien durch die Gründer übernommen werden. → Gründung der AG → Gründungsarten.

Übernahmekommission
Provision, die die Mitglieder eines Emissionskonsortiums für die feste Übernahme einer Emission erhalten.

Übernahmekonsortium
Form des Emissionskonsortiums, das gegen Zahlung des Kaufpreises neuemittierte Wertpapiere des Ausstellers übernimmt, um diese nur kurzfristig oder auf Dauer im Eigenbesitz zu halten. Im 1. Fall beauftragt das Übernahmekonsortium ein anderes, als reines Begebungs- oder Verkaufskonsortium bezeichnetes Konsortium, die Papiere auf seine Rechnung im Publikum zu plazieren. Im 2. Fall besteht nicht die Absicht, die Wertpapiere im Publikum unterzubringen, sondern das Übernahmekonsortium wird nicht nur Ersterwerber, sondern letzter Zeichner, so daß von einer abgeschlossenen Emission gesprochen werden kann. Zweck der Konsortialbildung ist dann die mit der Emission verbundene Anteilsbindung. I. d. R. sind jedoch die einem reinen Übernahmekonsortium angehörigen Banken ihrem Charakter als Universalbanken entspre-

chend gleichzeitig Mitglieder des Verkaufskonsortiums.

Übernahmekurs (-preis)

Kurs, zu dem eine Bank (Bankengruppe) Wertpapiere vom Aussteller fest oder in Kommission übernimmt.

Übernahme von Wertpapieren

Die gegen Zahlung des Übernahmekurses im Rahmen einer Wertpapieremission erfolgende Übertragung der Effekten an das Emissionskonsortium. Je nach Ausgestaltung des Übernahmevertrags verpflichten sich die Konsortialbanken gegenüber dem Emittenten, entweder die Wertpapiere gänzlich zu übernehmen oder aber Zeichner für den gesamten Emissionsbetrag zu beschaffen.

Überpari-Emission

Ausgabe von Wertpapieren zu einem über dem Nennbetrag (100%) liegenden Kurs, d. h. mit Agio. Gegensatz: Unterpari-Emission.

Überschuldung

Liegt vor, wenn die Verbindlichkeiten eines Schuldners sein Vermögen übersteigen. Sie ist Konkursgrund (Konkurs) u. a. bei AG, KGaA, GmbH sowie OHG und KG, wenn unter den persönlich haftenden Gesellschaftern keine natürliche Person ist, außerdem beim eingetragenen und nichteingetragenen Verein und bei der Genossenschaft, die sich in Liquidation befindet oder bei der keine Nachschußpflicht besteht.

Überschuldungsstatus

Vermögensübersicht, die die Überschuldung einer Unternehmung ausweist. Bei juristischen Personen ist der Überschuldungsstatus gleichbedeutend mit der Konkurs- bzw. Vergleichsbilanz, da der Tatbestand der Überschuldung juristische Personen zum Konkurs- bzw. Vergleichsantrag verpflichtet. Die Bewertung der einzelnen Bilanzpositionen erfolgt dabei zu Tageswerten, die die Höhe der etwaigen Liquidationserlöse transparent machen sollen. Auf der Aktivseite der Vermögensübersicht erscheint ein besonderer Ausgleichsposten, der die Höhe der Überschuldung angibt.

Überschußbeteiligung in der Lebensversicherung

Auch: Versichertendividende, Gewinnbeteiligung. In der Lebensversicherung werden Leistungen oft über Jahrzehnte hinweg zu konstanten Beiträgen garantiert. Die Entwicklung ist aber auf so lange Sicht nicht genau vorherzusehen. Damit die Lebensversicherer dennoch ihre Verpflichtungen erfüllen können, genehmigt die Aufsichtsbehörde nur sehr vorsichtig gewählte Rechnungsgrundlagen. Dadurch sind die Beiträge im Verhältnis zur garantierten Versicherungssumme voraussichtlich zu hoch. Um ein Gleichgewicht zwischen Beiträgen und Leistungen herzustellen, wird die Versicherungssumme durch eine in Aussicht gestellte und von der tatsächlichen Entwicklung abhängigen Zusatzleistung aus der Überschußbeteiligung ergänzt. Dabei kann es sich um Rückerstattung zuviel gezahlter Beiträge oder Erhöhung der Versicherungssumme handeln. Die Lebensversicherer sind verpflichtet, mind. 90% des erzielten Überschusses an die Versicherungsnehmer zu verteilen.

Überschußsparen

→ Sparen mit Dauerauftrag.

Übertragung von Aktien

→ Namensaktien → vinkulierte Namensaktien.

Übertragung stiller Reserven (Rücklagen), einkommensteuerlich

Stille Reserven werden aufgelöst, wenn das betreffende Wirtschaftsgut veräußert oder aus dem Betriebsvermögen entnommen wird. Es entsteht dann ein steuerpflichtiger Gewinn in Höhe des Betrages, um den das Entgelt oder der Teilwert bzw. der gemeine Wert den Buchwert des Gutes im Zeitpunkt der Veräußerung oder Entnahme übersteigt. Die Auflösung stiller Rücklagen soll bei bestimmten Steuerpflichtigen, deren Gewinn durch Vermögensvergleich ermittelt wird, nicht zu einem steuerpflichtigen Gewinn führen, wenn das Gut infolge höherer Gewalt oder zur Vermeidung eines behördlichen Eingriffs gegen Entschädigung aus dem Betriebsvermögen ausscheidet und im Laufe desselben Wirtschaftsjahres ein Ersatzwirtschaftsgut angeschafft oder hergestellt wird. Die stille Reserve darf in diesem Fall auf das Ersatzwirtschaftsgut übertragen werden. Das Ersatzwirtschaftsgut ist zu diesem Zweck in der Bilanz mit Anschaffungs- oder Herstellungskosten abzügl. des Betrages anzusetzen, um den die Entschädigung den Buchwert des ausgeschiedenen Gutes übersteigt. → 6-b-Vergünstigung.

überverkauft

Marktsituation nach bedeutenden Wertpapierverkäufen, insbesondere Leerverkäufen, in der man annimmt, daß es in absehbarer Zeit zu Deckungskäufen und damit zu einer technischen Erholung kommen wird.

Überverzinslichkeit

Wenn eine Anleihe, Forderung oder Schuld effektiv höher verzinslich ist als der allgemeine vergleichbare Zinssatz. Gegensatz: Unterverzinslichkeit.

Überwachung von Verlosungen und Kündigungen

Die Banken überwachen Verlosungen und Kündigungen festverzinslicher Wertpapiere, soweit darüber eine Bekanntmachung in den Wertpapier-Mitteilungen erscheint. Dies ist wesentlich, weil von dem Zeitpunkt an, zu dem die Verlosung oder Kündigung wirksam wird, Zinsen auf die Wertpapiere nicht mehr gezahlt werden. Der Kunde erhält von solchen Verlosungen und Kündigungen eine Benachrichtigung, damit er rechtzeitig Anweisungen über eine Neuanlage der durch die Rückzahlung der Schuldverschreibungen frei werdenden Beträge erteilen kann.

Überzeichnung (einer Emission)

Wenn der gezeichnete Betrag höher ist als der Ausgabebetrag. Es erfolgt entweder gleichmäßige prozentuale Zuteilung oder volle Berücksichtigung kleiner Zeichnungsbeträge und Kürzung bei großen Zeichnungen (Repartierung, Rationierung). Gegensatz: Unterzeichnung.

Ultimo

Bez. f. den Monatsletzten, evtl. auch Jahresletzten.

Ultimogeld

Am Monatsende ohne besondere Kündigung fälliges Leihgeld.

Ultimogeschäft

Zur Erfüllung am Monatsende abgeschlossenes Termingeschäft.

ultimogültig

Bis Monatsende befristete Aufträge zum Kauf oder Verkauf von Wertpapieren.

Ultimohandel, -verkehr

→ Termingeschäfte in Wertpapieren.

Ultimoliquidation

Erfüllung von Börsentermingeschäften am vereinbarten Liquidationstermin Ultimo zwecks Glattstellung eingegangener Positionen.

Umbrella-Fonds

Investmentfonds, der mehrere Fonds-Vermögen umfaßt. Ähnlich einem Dachfonds, aber zumeist mit der Möglichkeit, daß der Investor entscheiden kann, welche Unterfonds erworben werden, wobei ein späterer Wechsel zwischen den Unterfonds möglich ist.

Umgründung

Überführung einer Unternehmung aus einer Rechtsform in eine andere, meist aus der Einzelfirma oder Personengesellschaft in eine Kapitalgesellschaft bzw. umgekehrt. → Umwandlung.

Umkehrformation

Besondere Formation im Rahmen der technischen Aktienanalyse, die eine Trendwende ankündigt. Als typische Umkehrformation gelten dabei Kopf-Schulter-Formation, M- und W-Formation, Untertassen-Formation, V-Formation.

umlaufende Wertpapiere

Emittierte, bei Kapitalanlegern aller Art befindliche Wertpapiere.

Umlaufgrenze

Begrenzung des Umlaufs an eigenen Wertpapieren von Banken. Dient der Sicherheit der ausgegebenen Wertpapiere.

Umlaufgrenze bei Hypothekenpfandbriefen, Kommunalschuldverschreibungen und Schiffspfandbriefen

Der Gesamtbetrag der im Umlauf befindlichen Pfandbriefe und Kommunalschuldverschreibungen darf bei einer reinen Hypothekenbank den sechzigfachen Betrag des haftenden Eigenkapitals und bei einer gemischten Hypothekenbank den achtundvierzigfachen Betrag des haftenden Eigenkapitals nicht übersteigen. Die Summe der im Umlauf befindlichen Schiffspfandbriefe darf den dreißigfachen Betrag des eingezahlten Grundkapitals, der gesetzlichen Rücklage sowie anderer durch die Satzung oder durch Beschluß der Hauptversammlung ausschließlich zur Deckung von Verlusten oder zu einer Kapitalerhöhung aus Gesellschaftsmitteln bestimmter Rücklagen nicht übersteigen. Eigene Aktien der Bank sind bei Berechnung der Umlaufgrenze vom Grundkapital abzusetzen.

Umlaufkapital

Abstrakter kapitalmäßiger Gegenwert zum Umlaufvermögen.

Umlaufmarkt

Markt der umlaufenden Wertpapiere, die vom Schuldner emittiert sind, bei denen also der Erstabsatz stattfand (Sekundärmarkt) Gegensatz: Emissionsmarkt (Primärmarkt).

Umlaufrendite

Renditen festverzinslicher Wertpapiere, die sich im Umlauf befinden. Gegensatz: Emissionsrendite.

Umlaufvermögen

Im Gegensatz zum Anlagevermögen der Teil des betrieblichen Vermögens, der am Bilanzstichtag nicht zum dauernden Gebrauch im Betrieb, sondern zum Umsatz bestimmt ist. Schlägt sich auf der Aktivseite der Bilanz nieder und umfaßt Roh-, Hilfs- und Betriebsstoffe, halbfertige und fertige Erzeugnisse: Forderungen aus Warenverkäufen, Kassen-, Wechsel-, Scheck- und Bankguthabenbestände. Die Gegenstände des Umlaufvermögens sind i. d. R. zu Anschaffungs- oder Herstellungskosten anzusetzen, soweit nicht ein niedrigerer Wertansatz geboten oder zulässig ist.

Umrechnungskurs

Fester, im Kursblatt vermerkter Devisenkurs, zu dem die Börsenkurse auf fremde Währung lautender Wertpapiere in eigene Währung umgerechnet werden.

Umrechnungskursdifferenzen

Bei der Währungsumrechnung mit verschiedenen Kursen sich ergebende Differenzbeträge. Besondere Bedeutung werden den Umrechnungskursdifferenzen im Rahmen der Konzernrechnungslegung beigemessen. Die Behandlung der Umrechnungskursdifferenzen richtet sich dabei weitgehend nach deren Charakter, der insbesondere von der jeweils angewendeten Umrechnungsmethode abhängt. Bei der Ergebnisbeeinflussung durch aus der Währungsumrechnung resultierende Kursgewinne bzw. -verluste ist zu berücksichtigen, daß es sich dabei um rein rechnerische Größen handelt, die i. d. R. nur bei Beendigung der Unternehmenstätigkeit als Liquidationsreinerlös effektiv werden. Deshalb sollen wesentliche Kursgewinne durch einen Ausgleichsposten neutralisiert werden oder der mit dem Tageskurs in der Einzelbilanz transparent gemachte Gewinn durch erfolgsneutrale Behandlung der Umrechnungskursdifferenz bei der Umrechnung des Eigenkapitals aufgefangen werden. Aufgrund der Vielfalt möglicher Währungsumrechnungsmethoden bei Einbeziehung ausländischer Konzernunternehmen in die Konsolidierung ist eine Erläuterung der Umrechnungsmodalitäten im Konzernanhang geboten.

Umsatz

Summe der in einer Periode verkauften Produkte und Dienstleistungen einer Unternehmung (wertmäßig oder mengenmäßig). → Börsenumsätze.

Umsatzabgabe

In der Schweiz Abgabe, der alle Umsätze mit Wertpapieren und gleichgestellten Urkunden unterliegen, an denen ein inländischer Effektenhändler als Vertragspartei oder Vermittler beteiligt ist.

Umsatzerfolg

Differenz aus umsatzbedingten Erträgen und Aufwendungen einer Unternehmung in einer bestimmten Periode. Wichtig in der Wertpapieranalyse.

Umsatzerlös

Gegenwert aus der Veräußerung eines Gutes. Der handelsrechtliche Begriff Umsatzerlöse nach § 277 HGB ist enger gefaßt und bezieht sich nur auf Erlöse aus der Erzeugung, Fertigung oder Lieferung von Fertigfabrikaten und Waren sowie Vergütungen für Dienstleistungen u. a., die um Preisnachlässe und zurückgewährte Entgelte zu vermindern sind. Der in der GuV-Rechnung vorgeschriebene Bruttoausweis der Umsatzerlöse ermöglicht zum einen die Analyse der Marktstellung einer Unternehmung im Vergleich zu Konkurrenzunternehmen, zum anderen die tendenzielle wirtschaftliche Entwicklung der Unternehmung durch Vergleich mit den Umsatzzahlen früherer Perioden.

Umsatzgewinnrate (-marge)

Quotient aus Reingewinn umd Umsatz einer Unternehmung.

Umsatzkennzahlen

Aus den Umsatzzahlen gebildete Maßstabswerte einer Unternehmung, deren Vergleich mit früheren inner- und außerbetrieblichen Kennzahlen Rückschlüsse auf Stand und Entwicklung der Rentabilität des Umsatzes und der mit ihm zusammenhängenden Faktoren zuläßt. Wichtige Umsatzkennzahlen sind: Bruttogewinn zu Umsatz = Bruttogewinnsatz: Reingewinn zu Umsatz = Umsatzgewinn; Umsatz zu Eigenkapital = Umschlagshäufigkeit des Eigenkapitals. U. a. wichtig in der Wertpapieranalyse.

Umsatzrentabilität(-rendite)

Gewinn vor Steuern in % des Umsatzes. Je höher sie ist, desto stärker ist die Marktstellung der Unternehmung und desto eher können Kostenerhöhungen oder Preissenkungen verkraftet werden. Zum zwischenbetrieblichen Vergleich ist die Umsatzrentabilität nur mit Einschränkungen anwendbar, da Branche und Struktur der Unternehmung zu beachten sind. Auch die Umschlagsgeschwindigkeit des eingesetzten Kapitals findet in der Umsatzrentabilität keine Berücksichtigung. Wichtig in der Wertpapieranalyse.

Umsatzsteuer

Wird auf entgeltliche Lieferungs- und Leistungsumsätze erhoben. Sonderregelungen gelten im Geld- und Kapitalverkehr. Eine Reihe von Umsatz- und Vermittlertätigkeiten im Bankbereich sind umsatzsteuerbefreit. Von Bedeutung aber in den Bereichen: Vermietung von Schrank- und Schließfächern, Vermögensverwaltungen und Depotgeschäft.

Umschlagshäufigkeit

Rechnerisches Verhältnis, das angibt, wie oft Menge oder Wert einzelner Vermögens- oder Kapitalteile umgeschlagen (umgesetzt) werden. Sie wird z. B. ermittelt als Quotient aus Jahresumsatz und durchschnittlichem Warenbestand (Umschlagshäufigkeit des durchschnittlichen Warenbestandes) oder als Quotient aus Jahresumsatz und Eigenkapital (Umschlagshäufigkeit des Eigenkapitals).

Umschlagsgeschwindigkeit

→ Umschlagshäufigkeit.

Umschlagskennzahlen

Kennzahlen für bestimmte Vorgänge des betrieblichen Leistungserstellungsprozesses. Zum Umschlag gehören eine Bewegungs- und eine Bestandszahl, die bestimmte Lager- und Kapitalumschlagszahlen repräsentieren.

Umschreibung im Aktienbuch

→ Namensaktien → vinkulierte Namensaktien.

Umschreibung von Wertpapieren

Auf Antrag des Inhabers erfolgende Umwandlung von Inhaberpapieren in Namenspapiere. Durch Umschreibung einer Inhaberschuldverschreibung auf den Namen ihres Eigentümers verliert das Wertpapier jederzeitige Verkaufsmöglichkeit, gewährt dem Eigentümer aber größere Sicherheit gegen Verluste. Als Umschreibung von Wertpapieren wird auch eine durch den Verkauf von Namensaktien induzierte Änderung im Aktienbuch bezeichnet.

Umschuldung

Umwandlung kurzfristiger oder kurzfristig fälliger Kredite durch Verlängerung der Laufzeit in langfristige. Besondere Bedeutung hat das Instrument der Umschuldung im Rahmen der internationalen Schuldenkrise erlangt. Durch Umwandlung kurzfristiger Auslandsschulden in längerfristige konnte bei hochverschuldeten Ländern häufig die andernfalls notwendige Erklärung der Zahlungsunfähigkeit vermieden werden, da infolge der Umwandlung der kurzfristig zu erbringende Schuldendienst sinkt. I. w. S. auch Umwandlung von Fremdkapital in Eigenkapital, z. B. durch Ausgabe von Aktien und Verwendung des Erlöses zur Schuldentilgung.

umsteigen

In Börsensprache Bez. f. den Wechsel der Wertpapieranlage; z. B. werden Aktien veräußert und mit dem Erlös andere Aktien mit günstigeren Zukunftsaussichten erworben.

Umstellungsrechnung

Im Zuge der Währungsreform nach dem Zweiten Weltkrieg durch Umstellungsgesetz v. 1948 mit zahlreichen Durchführungsverordnungen geregeltes Verfahren, demzufolge Banken, Bausparkassen und Versicherungen in einer Sonderbilanz die Errechnung der ihnen zustehenden Ansprüche auf Ausgleichsforderungen gegen die öffentliche Hand vorzunehmen hatten. Für die Bewertung der Umstellungsrechnungspositionen waren die Vorschriften des DMBilG maßgebend. Das Gesetz zum Abschluß der Währungsumstellung 1975 brachte die Möglichkeit, die Umstellungsrechnung abzuschließen, ohne daß die Banken befürchten mußten, aus unbekannt gebliebenen Verbindlichkeiten in Anspruch genommen zu werden, so daß die Umstellungsrechnung heute als abgeschlossen angesehen werden kann.

Umstempelung von Wertpapieren

→ Abstempelung von Wertpapieren.

Umt.

Abk. im Kursblatt für Umtauschanleihe.

Umtauschangebot

Angebot zum Umtausch von Wertpapieren alter Ausgabe in neue oder in solche einer anderen Unternehmung. Wertpapierumtausch erfolgt nach einer Fusion durch Umtausch von Anteilspapieren der aufgenommenen Gesellschaft in solche der übernehmenden, bei einer Kapitalherabsetzung, bei der Abfindung von Anteilseignern u. a. Gründen. Die Aufforderung zum Umtausch ist in den Gesellschaftsblättern und bei Börsenpapieren in mind. 1 Pflichtblatt jeder beteiligten Börse zu veröffentlichen. Bei vorliegenden Umtauschangeboten wird die depotführende Bank den Kunden zu benachrichtigen versuchen. Treffen besondere Anweisungen des Kunden nicht rechtzeitig oder überhaupt nicht ein, handelt die Depotbank nach eigenem Ermessen.

Umtauschemission

Emission zur Durchführung eines Wertpapierumtauschs.

Umtauschrecht bei Investmentfonds

Recht des Anteilinhabers eines Investmentfonds, seine Anteile gegen die eines anderen Fonds ohne Ankaufsgebühren umzutauschen. Einige Programmgesellschaften gewähren ihren Anlegern Umtauschrecht, wenn mehrere Fonds im Rahmen von Investmentprogrammen verwaltet werden. Weiter bieten einige Investmentgesellschaften, die mehrere Fonds verwalten, Umtauschrecht innerhalb der Fondsgruppe.

Umtauschrecht bei Wandelschuldverschreibungen

→ Wandelanleihe (-schuldverschreibung, -obligation).

Umtausch von Aktien

→ Aktienumtausch.

Umwandlung

Überführung einer Unternehmung in eine andere Rechtsform, ohne daß die bisherige Unternehmung aufgelöst werden muß und die beabsichtigte gegründet werden muß. Gründe für die Umwandlung können u. a. die allgemeine Wirtschaftslage, Wechsel staatlicher Wirtschaftspolitik, Änderung von Steuergesetzen sein; ergeben sich oft auch aus Wachstum oder Schrumpfen der Unternehmung oder wegen Kapitalbedarfs, der durch Aufnahme neuer Gesellschafter gedeckt werden soll; auch sind persönliche Gründe der Eigentümer relevant oder der Wunsch nach Haftungsbeschränkung bei wachsender Unternehmung. Umwandlungen einer AG sind möglich in KGaA und GmbH. Eine KGaA kann umgewandelt werden in AG und GmbH. Eine GmbH kann umgewandelt werden in AG und KGaA. Eine Körperschaft des öffentlichen Rechts, ein Versicherungsverein auf Gegenseitigkeit und eine Genossenschaft können in eine AG umgewandelt werden. Weitere Umwandlungsmöglichkeiten enthält das Umwandlungsgesetz.

Umwandlungsarten

Zu unterscheiden: formwechselnde und übertragende Umwandlung. Bei ersterer ändert die Gesellschaft nur ihre Rechtsform. Daher findet keine Vermögensübertragung statt, und die Gesellschaft haftet in ihrer neuen Form für die Schulden weiter. Bei der übertragenden Umwandlung, bei der die übertragende Unternehmung als solche aufgelöst wird und ihr Vermögen auf ein anderes Rechtssubjekt, die übernehmende, übergeht, ist keine Liquidation der übertragenden Gesellschaft und keine Einzelübertragung ihrer Vermögensgegenstände erforderlich, sondern aufgrund des Umwandlungsbeschlusses und deren Handelsregistereintragung geht das gesamte Vermögen durch Gesamtrechtsnachfolge automatisch über. Weiter zu unterscheiden: verschmelzende und errichtende Umwandlung innerhalb der übertragenden. Bei ersterer wird das Vermögen der umzuwandelnden Gesellschaft auf eine bereits bestehende Gesellschaft oder Einzelperson, bei letzterer auf eine neue, erst zu errichtende Gesellschaft übertragen. Formwechselnde Umwandlungen sind im wesentlichen im AktG, übertragende im UmwG geregelt.

Umwandlungsbeschluß (1)

Der Beschluß des zuständigen Organs (z. B. HV bei der AG) über die Umwandlung einer Unternehmung. Die rechtlichen Vorschriften über die Modalitäten des Umwandlungsbeschlusses regelt das UmwG.

Umwandlungsbeschluß (2)

Für die Kapitalerhöhung aus Gesellschaftsmitteln notwendiger Beschluß der HV einer AG. Der Umwandlungsbeschluß kann nur mit einer Mehrheit von mind. 75% des bei der Beschlußfassung vertretenen Grundkapitals gefaßt werden. Außerdem sind die formellen aktienrechtlichen Vorschriften für die Kapitalerhöhung aus Gesellschaftsmitteln, insbesondere bzgl. der umwandlungsfähigen Rücklagen, zu beachten.

umwandlungsfähige Rücklagen

Die Kapitalrücklage und die Gewinnrücklagen, die in Grundkapital umgewandelt werden sollen, müssen in der letzten Jahresbilanz, wenn dem Beschluß eine andere Bilanz zugrunde gelegt wird, auch in dieser Bilanz unter den vorgenannten Rücklagen ausgewiesen sein. Grundsätzlich können andere Gewinnrücklagen in voller Höhe, die Kapital- und gesetzliche Rücklage nur, soweit sie 10% oder den in der Satzung bestimmten höheren Teil des bisherigen Grundkapitals übersteigen, in Grundkapital umgewandelt werden. Die Kapitalrücklage und die Gewinnrücklagen können nicht umgewandelt werden, soweit in der zugrunde gelegten Bilanz ein Verlust, einschl. eines Verlustvortrages, oder ein anderer Gegenposten zum Eigenkapital ausgewiesen ist. Gewinnrücklagen und deren Zuführungen, die für einen bestimmten Zweck reserviert sind, dürfen nur umgewandelt werden, soweit dies mit ihrer Zweckbestimmung vereinbar ist.

Umwandlungsgesetz (UmwG)

Regelt die Umwandlung von Kapitalgesellschaften in Einzelunternehmen oder in Personengesellschaften und umgekehrt. Umwandlung durch Mehrheitsbeschluß setzt grundsätzlich eine Mehrheit voraus, die 9/10 des Grundkapitals umfaßt. Die ausscheidenden Aktionäre haben Anspruch auf angemessene Barabfindung. Sie muß die Ertrags- und Vermögenslage der Gesellschaft berücksichtigen. Geregelt wird zudem die Umwandlung anderer Unternehmen. Das UmwG wird durch das Gesetz über steuerliche Maßnahmen bei Änderung der Unternehmensform ergänzt (Umwandlungssteuergesetz).

Umwandlungssteuergesetz (UmwStG)

Gesetz über steuerliche Maßnahmen bei Änderung der Unternehmensform. Gewährt u. a. bei Umwandlungen nach UmwG Steuerbegünstigungen.

unbeschränkte Einkommensteuerpflicht

Natürliche Personen, die im Inland Wohnsitz oder gewöhnlichen Aufenthalt haben, sind unbeschränkt einkommensteuerpflichtig. Unbeschränkt einkommensteuerpflichtig sind auch deutsche Staatsangehörige, die im Inland weder Wohnsitz noch gewöhnlichen Aufenthalt haben und zu einer inländischen juristischen Person öffentlichen Rechts in einem Dienstverhältnis stehen und dafür Arbeitslohn aus einer inländischen öffentlichen Kasse beziehen, sowie zu ihrem Haushalt gehörende Angehörige, die deutsche Staatsangehörigkeit besitzen. Dies gilt nur für natürliche Personen, die in dem Staat, in dem sie Wohnsitz oder gewöhnlichen Aufenthalt haben, lediglich in einem der beschränkten Einkommensteuerpflicht ähnlichen Umfang zu einer Steuer vom Einkommen herangezogen werden.

unbeschränkte Körperschaftsteuerpflicht

Unbeschränkt körperschaftspflichtig sind folgende Körperschaften, Personenvereinigungen und Vermögensmassen, die Geschäftsleitung oder Sitz im Inland haben: (1) Kapitalgesellschaften (AG, KGaA, GmbH); (2) Erwerbs- und Wirtschaftsgenossenschaften; (3) Versicherungsvereine auf Gegenseitigkeit; (4) sonstige juristische Personen des privaten Rechts; (5) nichtrechtsfähige Vereine, Anstalten, Stiftungen u. Zweckvermögen des privaten Rechts; (6) Betriebe gewerblicher Art von juristischen Personen öffentlichen Rechts. Die unbeschränkte Körperschaftsteuerpflicht erstreckt sich auf sämtliche Einkünfte.

unbeschränkte Vermögensteuerpflicht

Unbeschränkt vermögensteuerpflichtig sind natürliche Personen, die Wohnsitz oder gewöhnlichen Aufenthalt im Bundesgebiet haben. Auf ihre Staatsangehörigkeit kommt es dabei nicht an. Kapitalgesellschaften, juristische Personen des privaten Rechts, nichtrechtsfähige Vereine und Stiftungen usw. sind unbeschränkt vermögensteuerpflichtig, wenn sie Geschäftsleitung oder Sitz dort haben.

unbeschränkte Verpfändung

Der Kunde ermächtigt seine Bank, seine Wertpapiere oder Sammelbestandsanteile für alle Verbindlichkeiten der Bank und ohne Rücksicht auf die Höhe des dem Kunden eingeräumten Kredits zu verpfänden. Die Bank darf unter diesen Voraussetzungen die Wertpapiere des Kunden für ihre gesamten Verbindlichkeiten verpfänden, die soweit auch für die persönlichen Schulden der Bank haften. Voraussetzung für die Ausübung dieser Ermächtigung ist, daß der Verwahrer dem Kunden Kredit eingeräumt hat.

uncapped floating rate note

Zinsvariabler Schuldtitel ohne Zinsbegrenzung nach oben.

uncovered exposure

Ungedecktes Risiko.

undated floating rate note

→ perpetual floating rate note.

underlying instrument

In Verbindung mit Terminkontrakten Basisobjekt, Basisgröße.

Und-Depot

→ Gemeinschaftsdepot (Und-, Oder-Depot).

under spot

Angelsächsische Bez. f. Devisenterminkursnotierungen mit Deport, d. h. über Kassakurs. Gegens.: over spot.

underwriter

Meist Banken oder Makler, die sich verpflichten (beim angelsächsischen Emissionssystem), bestimmte Teile einer Emission zu übernehmen. Garantieren dem Emittenten die Unterbringung der Emission. Von den Mitgliedern der selling group zu unterscheiden, die den Verkauf der Wertpapiere an die Kapitalanleger übernehmen. Meist sind Banken, die als underwriter tätig werden, auch Mitglieder der selling group. Übliches Verfahren auch am internationalen Kapitalmarkt. Je nach Anleihe fungieren 30 bis 150 underwriters aus rd. 20 Ländern. Underwriters haben keinen Anspruch auf feste Vorzuteilung, sind also nicht Unterbeteiligte. In der Presse wird die gesamte Syndikatsgruppe in einem tombstone als Mitteilung einer bereits abgeschlossenen Emission nach Rang (lead manager, co-manager und underwriters) vorgestellt. Bei mutual funds ist der distributor meist auch underwriter.

underwriting

Angelsächsischer Begriff für: (1) die Emissionsform, bei der ein Bankenkonsortium die Garantie für die Plazierung einer Wertpapieremission übernimmt; (2) einen Kreditbetrag, zu dessen Übernahme sich lead manager und manager eines Kreditkonsortiums verpflichten. → underwriter.

underwriting agreement

Bei internationalen konsortialiter organisierten Aktien- und Anleiheemissionen (1) nach dem europäischen Verfahren der three-tier syndication der zwischen der management group und der underwriting group abgeschlossene Vertrag, der die Rechte und Pflichten der underwriters regelt; (2) nach dem amerikanischen Verfahren der two-tier syndication der zwischen Mitgliedern der underwriting group und dem Emittenten abgeschlossene Vertrag. Bei diesem Verfahren ist die management group ein Teil der underwriting group, das underwriting agreement der two-tier syndication entpricht dem subscription agreement der three-tier syndication. Entscheidend ist der Unterschied des Konsortiumsaufbaus in rechtlicher Hinsicht.

underwriting group

Angelsächsischer Begriff f. das Emissions- bzw. Übernahmekonsortium im Rahmen der Wertpapieremission und des Konsortialkreditgeschäfts. → underwriting.

uneigentliche Verwahrung

→ unregelmäßige Verwahrung.

uneinheitlich, unregelmäßig

Tendenzbez. f. Kursanstiege und Kursrückgänge der Wertpapiere, die sich in etwa die Waage halten.

unfreundliche Übernahmen

→ hostile take-overs.

unfriendly take-overs

→ hostile take-overs.

unfundierte Schuld

Auch: schwebende Schuld. Kurzfristig zu tilgende Verbindlichkeit. Gegensatz: fundierte Schuld, als durch langfristige Kredite, i. d. R. in Form von Anleihen, belegte Schuld.

ungerechtfertigte Bereicherung

Wenn jemand durch Leistung oder sonstige Art zu Lasten eines anderen Vermögensvorteile erlangt, ohne daß ihm darauf ein Rechtsanspruch zusteht, muß der Bereicherte den rechtsgrundlos erhaltenen Vermögensvorteil wieder herausgeben.

ungeregelter Freiverkehr

Ehemals Bez. f. außerbörslichen Handel von Wertpapieren, der keinen Formvorschriften unterlag. Wurde z. T. in den Börsenräumen, z. T. außerhalb abgewickelt. Überwachung durch den Börsenvorstand usw. existierte nicht. Mit Wirkung vom 1. Mai 1987 sind ungeregelter und geregelter Freiverkehr zu dem Börsensegment Freiverkehr zusammengefaßt worden. → Freiverkehr → außerbörslicher Wertpapierhandel.

unhedged currency exposure

Ungesicherte Währungspositionen.

Unifizierung

→ Konsolidierung (2).

unit trust

Engl. Bez. f. open-end fund.

Universalbanken

Banken mit umfassendem Geschäftsbereich: Durchführung aller Bankgeschäfte, soweit dafür nicht sondergesetzlich ein besonderes Institut verlangt wird. In der BR Deutschland herrscht der Typ der Universalbank absolut vor. Es sind die privaten Geschäftsbanken, Girozentralen, Sparkassen, Genossenschaftsbanken, genossenschaftlichen Zentralbanken. Insbesondere betreiben Universalbanken – im Gegensatz zu (vor allem angelsächsischen) spezialisierten Banken – Kredit- und Einlagengeschäfte (commercial banking) in einem Haus verbunden mit Wertpapiergeschäften aller Art.

Universalversammlung

HV, in der das gesamte Grundkapital vertreten ist. Auch: Vollversammlung.

unkotierte Wertpapiere

In der Schweiz: Wertpapiere, die nicht an einer Börse kotiert sind. Zu den nichtkotierten Titeln gehören vor allem Kassaobligationen von Banken, Eurobonds sowie meist Aktien von kleineren oder in Familienbesitz befindlichen Gesellschaften.

unlimitierte Aufträge

Börsenaufträge ohne Kursvorschrift zum Kauf oder Verkauf von Wertpapieren (Billigst- und Bestens-Aufträge).

unlock (to a fixed rate debt)

Eine Festsatzverbindlichkeit in ein zinsvariables Engagement umwandeln.

unnotierte Werte

Zusammenfassende Bez. f. die nicht amtlich notierten Wertpapiere.

unrealisierte Kursdifferenzen

Stille Reserven im Wertpapierbestand, vor allem bei Banken. Ergeben sich aufgrund der Unterbewertungsmöglichkeiten in der Bilanz: Bewertung zum Einstandskurs, aber gestiegener Kurs der Papiere seit Anschaffung.

unrealisierter Gewinn

Gewinn, der aufgrund gegebener Markt- und Tagespreise bei der Veräußerung von Vermögensgegenständen entstehen würde, die tatsächlich nicht oder noch nicht verkauft worden sind. Nichtrealisierter Gewinn darf sowohl handelsrechtlich als auch steuerrechtlich grundsätzlich nicht ausgewiesen werden, da die Anschaffungs- bzw. Herstellungskosten handelsrechtlich und nach GoB oberste Bewertungsgrenze bilden.

unrealisierter Verlust

Buchmäßiger Verlust, der dadurch entsteht, daß bei Wirtschaftgütern des Anlage- oder des Umlaufvermögens die Tageswerte unter die Anschaffungs- bzw. Herstellungskosten sinken. Bei Wirtschaftsgütern des Umlaufvermögens muß der unrealisierte Verlust bei der Bilanzierung als Folge des Niederstwertprinzips berücksichtigt werden; bei Wirtschaftsgütern des Anlagevermögens besteht Wahlrecht.

unregelmäßige Verwahrung

Zu vereinbarende Verwahrung von Wertpapieren in der Art, daß das Eigentum an den Wertpapieren sofort auf den Verwahrer oder einen Dritten übergeht und der Verwahrer nur verpflichtet ist, Wertpapiere derselben Art zurückzugewähren.

unrichtige Darstellung als Mitglied des Vorstandes oder Aufsichtsrats oder als Abwickler

Mit Freiheits- oder Geldstrafe wird bestraft, wer als Mitglied des Vorstands oder Aufsichtsrats oder als Abwickler: (1) die Verhältnisse der AG einschl. ihrer Beziehungen zu verbundenen Unternehmen in Darstellungen oder Übersichten über den Vermögensstand, in Vorträgen oder Auskünften in der HV unrichtig wiedergibt oder verschleiert; (2) die Verhältnisse eines Konzerns oder Teilkonzerns, für den die AG einen Konzernabschluß oder Teilkonzernabschluß aufzustellen hat, in Darstellungen oder Übersichten über den Vermögensstand des Konzerns oder Teilkonzerns unrichtig wiedergibt oder verschleiert; (3) in Aufklärungen und Nachweisen, die nach den Vorschriften des AktG bzw. HGB einem Abschlußprüfer oder sonstigen Prüfer der AG oder einer verbundenen Unternehmung oder einem Konzernabschlußprüfer zu geben sind, falsche Angaben macht oder die Verhältnisse der AG oder des Konzerns unrichtig wiedergibt oder verschleiert.

unrichtige oder unvollständige Angaben im Börsenprospekt

Können zu → Prospekthaftung führen.

unsicher

Tendenzbez. f. schwankenden Kursverlauf ohne klare Tendenz, aber überwiegend leicht nachgebenden Kursen.

unsichere Erwartungen

Fehlen einer Wahrscheinlichkeitsvorstellung über den Eintritt einer oder mehrerer Situationen seitens des Entscheidungssubjektes. Im Rahmen von zukunftsgerichteten Entscheidungen sind im Rahmen der Entscheidungstheorie Ansätze zur Quantifizierung des aus der Unsicherheit aller Zukunftserwartungen resultierenden Risikos entwickelt worden. Unsichere Erwartungen spielen insbesondere eine Rolle bei der Entwicklung zukunftsgerichteter geschäftspolitischer Strategien einer Unternehmung und im Rahmen der Beurteilung und Auswahl von Kapitalanlagemöglichkeiten sowie bei der Aktienkursprognose.

Unsicherheit

Unvorhersehbarkeit zukünftiger Ereignisse. Kann man unsicheren Entscheidungssituationen Wahrscheinlichkeiten zuordnen, spricht man von Risikosituationen. Zu unterscheiden sind subjektive Wahrscheinlichkeiten (i. S. v. eher individueller Erwartungen oder Schätzurteilen) und objektivierte Wahrscheinlichkeiten (gestützt auf statistisches Datenmaterial und Erfahrungswerte wie z. B. versicherungsmathematisch ermittelte Sterbewahrscheinlichkeiten). Ungewißheitssituationen können keine Wahrscheinlichkeiten zugeordnet werden.

Unsinnskorrelation

→ Nonsenskorrelation.

Unterbeteiligung

Zuteilung einer Quote der Emission durch Mitglieder des Emissionkonsortiums an andere Banken, die sie unter Übernahme des Emissionrisikos zu Emissionsbedingungen an das Publikum weiterverkaufen.

Unterbewertung

Vermögensteile sind auf der Aktivseite der Bilanz (Aktiva) nicht mit ihrem vollen, tatsächlichen Wert ausgewiesen: z. B. im Anlagevermögen überhöhte Abschreibungen, im Umlaufvermögen eine zu niedrige Bewertung von Forderungen. Damit ist zugleich das ausgewiesene Eigenkapital mit einem niedrigeren als seinem tatsächlichen Wert angesetzt. Bedeutet, daß die Bilanz stille Reserven enthält. Gegensatz: Überbewertung.

Unterbilanz

Jahresbilanz, die mit einem Bilanzverlust abschließt. Liegt bei der AG vor, wenn durch Verluste ein Teil des nominell ausgewiesenen Grundkapitals aufgezehrt wird. Eine Unterbilanz läßt sich durch Kapitalherabsetzung buchtechnisch beseitigen.

Unterbrechung der Verjährung

Tatbestand, durch den eine Verjährungsfrist erneut zu laufen beginnt. So wird sie unterbrochen, wenn der Schuldner dem Gläubiger gegenüber seine Schuld durch Abschlagszahlungen, Zinszahlungen, Sicherheitsleistung oder in anderer Form anerkennt, ebenso durch Erhebung der Klage, Zustellung eines Zahlungsbefehls, Anmeldung des Anspruchs im Konkurs. Gewöhnliche Mahnung bewirkt keine Unterbrechung.

unter Briefausschluß

→ Buchhypothek.

unterbrochene Nummernfolge

Numerierung neuer Stücke, schließt nicht an die Nummern alter Stücke an. Unterbrochene Nummernfolge kann entstehen, wenn von Aktien mit ursprünglich fortlaufenden Nummern einz. Stücke (z. B. bei freiwilligem Umtausch von Stücken zu DM 100 in Stücke zu DM 1 000) eingezogen und annulliert werden.

unter Druck

Tendenzbez. f. stärker rückläufige Börsenkurse.

Unterfinanzierung

→ Unterkapitalisierung.

Unterkapitalisierung

Mißverhältnis zwischen Betriebs- bzw. Umsatzgröße und Kapitalhöhe infolge unzureichender Kapitalausstattung bei Gründung, Anwachsen der Kapitalbedürfnisse oder starken Kapitalverlusten einer Unternehmung. Unterkapitalisierung äußert sich meist in einem Mißverhältnis zwischen zu großem Anlagekapital und zu kleinem Betriebskapital. Sie kann behoben werden durch Aufnahme neuen Kapitals oder durch Verringerung der Unternehmungskapazität. Auch: Unterfinanzierung. Gegensatz: Überkapitalisierung.

Unterkonsortium

Vor allem am internationalen Kapitalmarkt: Ein Emissionskonsortium beauftragt eine (andere) Bankengruppe, den Verkauf der emittierten Wertpapiere mit zu übernehmen.

Unternehmensbericht

Dem Antrag auf Zulassung zum Geregelten Markt beizufügen. Ist vom Emittenten zu unterschreiben und enthält Angaben über ihn und die in den Börsenhandel einzubeziehenden Wertpapiere, die für die Anlageentscheidung von Investoren von wesentlicher Bedeutung sind. Der Unternehmensbericht muß den letzten festgestellten oder veröffentlichten Jahresabschluß, Lagebericht und Bestätigungsvermerk eines Abschlußprüfers enthalten sowie insbesondere Angaben über Gründung, Sitz und Gegenstand der Gesellschaft, Kapitalverhältnisse, Organe der Gesellschaft, Zahl- und Hinterlegungsstellen, Ergebnisverwendung, Besitz- und Betriebsverhältnisse sowie Ursprung, Entwicklung, Produktionsstätten und Produktionsprogramm der Unternehmung. Für die Veröffentlichung des Unternehmensberichts ist es ausreichend, wenn dieser den Zahlstellen kostenfrei zur Verfügung gestellt wird (Schalterpublizität), eine Veröffentlichung in einem Börsenpflichtblatt ist mithin nicht notwenig.

Unternehmensbeteiligungsgesellschaft
Unternehmen, dessen Gegenstand sich ausschließlich richtet auf den Erwerb, die Verwaltung und die Veräußerung von Anteilen oder Beteiligungen als stiller Gesellschafter an insbesondere kleineren Unternehmen, die ihren Sitz und ihre Geschäftsleitung im Inland haben und deren Anteile im Erwerbszeitpunkt weder zur amtlichen Notierung oder zum Geregelten Markt zugelassen sind noch im Freiverkehr gehandelt werden. Unternehmensbeteiligungsgesellschaften sollen als Mittler kleinerer Unternehmen zum öffentlichen Kapitalmarkt dienen, mithin die Eigenkapitalausstattung insbesondere kleinerer Unternehmen verbessern. Gegenüber direkten Beteiligungen einzelner Gesellschafter weisen sie den Vorteil der Neutralität auf. Langfristig kann der Eintritt einer Unternehmensbeteiligungsgesellschaft eine Vorstufe zum Gang an die Börse darstellen. Zum Auf- und Ausbau von Beteiligungen darf eine Unternehmensbeteiligungsgesellschaft nichtbörsennotierte oder -gehandelte Aktien, Geschäftsanteile an Gesellschaften mit beschränkter Haftung, Kommanditanteile und Beteiligungen als stiller Gesellschafter an nichtbörsennotierten Unternehmen erwerben. Darlehen darf sie an Unternehmen gewähren, an denen sie Anteile hält oder als stiller Gesellschafter beteiligt ist. Liquide Mittel kann sie ferner bei Banken im Inland angelegen und zum Kauf von auf DMark lautenden, im amtlichen oder Geregelten Markt notierten Schuldverschreibungen verwenden, sofern dies keine Wandel- oder Gewinnschuldverschreibungen sind. Bei Erwerb und Ausbau von Beteiligungen hat eine Unternehmensbeteiligungsgesellschaft Anlagegrenzen einzuhalten. Zwar soll sie Anteile oder Beteiligungen als stiller Gesellschafter an mindestens 10 Unternehmen halten, sie darf diese jedoch nur insoweit erwerben, als zum Zeitpunkt des Erwerbs die Anschaffungskosten zusammen mit dem Buchwert der von ihr an diesem Unternehmen bereits gehaltenen Beteiligungen 20% ihres Eigenkapitals nicht überschreiten. Zugleich darf sie an dem beteiligten Unternehmen über nicht mehr als 49% der Stimmrechte verfügen, außer die Beteiligung besteht weniger als 5 Jahre. Aktien darf eine Unternehmenbeteiligungsgesellschaft insoweit erwerben, als Anschaffungskosten zusammen mit dem Buchwert der von ihr gehaltenen Aktien 50% ihres Eigenkapitals nicht übersteigen. Der Zweck dieser Anlegergrenzen liegt in der Sicherung der Selbständigkeit und einem Schutz vor Überfremdung der Unternehmen, in die Unternehmensbeteiligungsgesellschaften eintreten. Weitere Restriktionen sind bei der Vergabe von Darlehen, dem Erwerb von Schuldverschreibungen und der Aufnahme von Krediten zu beachten. Das Grundkapital einer Unternehmensbeteiligungsgesellschaft, die in der Rechtsform der AG zu führen ist, muß mindestens DM 2 Mio. betragen. Die Einlagen müssen voll eingezahlt sein. Innerhalb von 10 Jahren nach der Anerkennung als Unternehmensbeteiligungsgesellschaft müssen 70% ihrer Aktien öffentlich zum Erwerb angeboten werden. Dies ist regelmäßig zu wiederholen, bis 70% ihrer Aktien auf diese Weise veräußert sind. Unternehmensbeteiligungsgesellschaften müssen ihren Sitz und ihre Geschäftsleitung im Inland haben. Sie unterliegen dem Gesetz über Unternehmensbeteiligungsgesellschaften (UBGG) sowie der Aufsicht nach diesem Gesetz. Die Anerkennung als Unternehmensbeteiligungsgesellschaft wird nur auf Antrag erteilt.

Unternehmensbewertung
Nach besonderen Grundsätzen und zu bestimmten Anlässen erfolgende Wertbestimmung einer Unternehmung als Ganzes. Als Anlässe für eine Unternehmensbewertung kommen insbesondere Unternehmensveräußerung, Ein- und Austritt von Gesellschaftern, Umwandlungen, Fusionen, Erbauseinandersetzungen u. a. in Betracht. Im Rahmen der verschiedenen Unternehmensbewertungstheorien hat die Entwicklung der funktionalen Betrachtungsweise die langandauernden Auseinandersetzungen zwischen der objektiven und subjektiven Unternehmens-

bewertung abgelöst. Nunmehr orientiert sich die Bewertung einer Unternehmung an der Funktion, die ihr zugrunde liegt, wobei insbesondere die Beratungs-, Vermittlungs- und Argumentationsfunktion unterschieden werden. Im Rahmen der Beratungsfunktion ermittelt der Unternehmensbewerter für eine am Eigentumswechsel interessierte Partei einen Entscheidungswert, der beim Verkauf eine Unternehmung für den potentiellen Käufer die Preisobergrenze und für den Verkäufer die Preisuntergrenze angibt. Ausgangspunkt für die Ermittlung dieses Entscheidungswertes sind der künftige Erfolgsbeitrag der zu bewertenden Unternehmung für den Käufer bzw. Verkäufer sowie die alternativen Investitionsmöglichkeiten des jeweiligen Entscheidungssubjektes im Falle des Scheiterns der Kauf-/Verkaufsbemühungen. Zur Prognose der künftigen Gewinne wird häufig die Trendextrapolation der von einmaligen Einflüssen bereinigten Vergangenheitsgewinne benutzt. Bei Unternehmungsbewertung im Rahmen der Vermittlungsfunktion wird von der Aufgabenstellung eines unparteiischen Gutachters ausgegangen, der zwischen mehreren Parteien mit unterschiedlichen Interessenlagen und divergierenden Wertvorstellungen bzgl. der zu bewertenden Unternehmung eine Einigung herbeiführen soll. Der Unternehmenswert ist dabei ein angemessener Einigungswert, auch als Arbitriumwert bezeichnet, der zwischen der Preisobergrenze des Käufers und der Preisuntergrenze des Verkäufers unter bestimmten Gerechtigkeitspostulaten auszuwählen ist. Im Rahmen der Argumentationsfunktion stellt der ermittelte Argumentationswert eine Argumentationshilfe im Verhandlungsprozeß dar und soll ein bestimmtes Verhandlungsergebnis argumentativ unterstützen. Er dient als parteiischer Wert der Beeinflussung des Verhandlungspartners und basiert zwecks Erreichung des angestrebten Verhandlungserfolges auf als plausibel angesehenen Unternehmensbewertungsmethoden.

Unternehmenspublizität

Alle Maßnahmen, die der Unterrichtung der Anteilseigner, der Öffentlichkeit, evtl. von Aufsichtsbehörden und Prüfern über Lage und Entwicklung einer Unternehmung dienen. Das HGB schreibt für die AG ein Mindestmaß an Publizität vor. Für börsennotierte AG gelten darüber hinaus zusätzliche Publizitätsvorschriften. Außerdem: PublG., das für alle Unternehmen ab bestimmter Größenordnung Veröffentlichungspflichten vorschreibt. Unabhängig von gesetzlichen Publizitätsvorschriften veröffentlichen große Publikumsgesellschaften weitere Angaben (Quartalsberichte, Aktionärsbriefe), mit denen sie die interessierte Öffentlichkeit über bedeutende Vorgänge informieren.

Unternehmensverträge

Mit ihnen binden sich Unternehmen, speziell AG und KGaA, in bestimmter Form an eine andere Unternehmung beliebiger Rechtsform. Das AktG unterscheidet Beherrschungs-, Gewinnabführungsvertrag, Gewinngemeinschaft, Teilgewinnabführungs-, Betriebspacht-, Betriebsüberlassungsvertrag. Aufgrund eines Unternehmensvertrags kann der AG nicht die Weisung erteilt werden, den Vertrag zu ändern, aufrechtzuerhalten oder zu beendigen. Der Vorstand der AG hat die Beendigung eines Unternehmensvertrags, Grund und Zeitpunkt der Beendigung unverzüglich zur Eintragung ins Handelsregister anzumelden. Außenstehende Aktionäre haben bei Beherrschungs- und Gewinnabführungsverträgen besondere Ansprüche.

Unternehmensverträge der AG, Abschluß

Ein Unternehmensvertrag wird nur mit Zustimmung der HV wirksam. Der Beschluß bedarf einer Mehrheit, die mind. ¾ des bei Beschlußfassung vertretenen Grundkapitals umfaßt. Die Satzung kann eine größere Kapitalmehrheit und weitere Erfordernisse bestimmen. Auf den Beschluß sind die Bestimmungen des AktG und der Satzung über Satzungsänderungen nicht anzuwenden. Ein Beherrschungs- oder ein Gewinnabführungsvertrag wird, wenn der andere Vertragsteil eine AG oder KGaA ist, nur wirksam, wenn auch die HV dieser Gesellschaft zustimmt. Für den Beschluß gilt oben Gesagtes. Der Vertrag bedarf der schriftlichen Form. Er ist von der Einberufung der HV an, die über die Zustimmung beschließen soll, im Geschäftsraum der AG zur Einsicht auszulegen. Auf Verlangen ist jedem Aktionär unverzüglich Abschrift zu erteilen. In der HV ist der Vertrag auszulegen. Der Vorstand hat ihn zu Beginn der Verhandlung zu erläutern. Der Niederschrift ist er als Anlage beizufügen. Jedem Aktionär ist auf Verlangen in der HV, die über die Zustimmung zu einem Beherrschungs- oder einem Gewinnabführungsvertrag beschließt, Auskunft auch über alle für den Vertragsabschluß wesentlichen Angelegenheiten des Unternehmens zu geben, mit dem der Vertrag geschlossen werden soll. Der Abschluß eines Unternehmensvertrages wird erst wirksam, wenn sein Bestehen ins Handelsregister eingetragen ist.

Unternehmensverträge der AG, Kündigung

Ein Unternehmensvertrag kann aus wichtigem Grund ohne Einhaltung einer Kündigungsfrist gekündigt werden. Ein wichtiger Grund liegt namentlich vor, wenn der andere Vertragsteil nicht in der Lage sein wird, seine aufgrund des Vertrages bestehenden Verpflichtungen zu erfüllen. Der Vorstand der AG kann einen Vertrag, der zur Leistung eines Ausgleichs an die außenstehenden Aktionäre der AG oder zum Erwerb ihrer Aktien verpflichtet, ohne wichtigen Grund nur kündigen, wenn die außenstehenden Aktionäre durch Sonderbeschluß zustimmen. Die Kündigung bedarf schriftlicher Form.

Unternehmenswert

Der im Rahmen der Unternehmensbewertung nach bestimmten Grundsätzen ermittelte Wert einer Unternehmung als Ganzes. Der zu bestimmten Anlässen anzusetzende Unternehmenswert hängt insbesondere davon ab, in welcher Funktion der Unternehmensbewerter, i. d. R. ein Wirtschaftsprüfer, tätig wird.

Unternehmenszusammenschlüsse

Vertraglich festgelegte, freiwillige Vereinigungen von Einzelunternehmen zu größeren Wirtschaftseinheiten ohne Aufhebung der rechtlichen Selbständigkeit der beteiligten Unternehmen zur Realisierung bestimmter Ziele. Der Zusammenschluß kann dabei auf einer losen Verbindung basieren, wobei die wirtschaftliche Entscheidungsfreiheit der einzelnen Unternehmen weitgehend erhalten bleibt. Für einen derart ausgestalteten als Kooperation bezeichneten Unternehmenszusammenschluß gilt als Charakteristikum die befristete oder auf Dauer angelegte Zusammenarbeit, ohne daß sich die kooperierenden Unternehmen einer einheitlichen Leitung unterordnen. Unternehmenszusammenschlüsse können aber auch zu straffen wirtschaftlichen, insbesondere kapitalmäßigen und/oder vertraglichen Bindungen führen, die die wirtschaftliche Selbständigkeit der einzelnen Unternehmen einschränken oder aufheben, bei formeller Wahrung ihrer juristischen Selbständigkeit (z. B. Konzern). Hauptmerkmal derartiger Unternehmenskonzentrationen ist die organisatorische Unterordnung der zusammengeschlossenen Unternehmen unter eine einheitliche Leitung, die durch kapitalmäßige Beherrschung (Mehrheitsbeteiligung) oder vertragliche Vereinbarung zustande kommt und auch nachteilige Anweisungen an die abhängigen Unternehmen zum Vorteil für die Gesamtheit der zusammengeschlossenen Unternehmen anordnen kann. Geben die Unternehmen beim Zusammenschluß neben ihrer wirtschaftlichen auch ihre rechtliche Selbständigkeit auf, so daß nur noch ein Unternehmen existiert, handelt es sich um eine Unternehmensverschmelzung (Fusion). Die mit Unternehmenszusammenschlüssen verfolgten Zielsetzungen sind vielfältiger Natur, lassen sich aber im wesentlichen auf die Erhöhung des Gewinns oder auf das Verlangen nach einer wirtschaftlichen Machtposition reduzieren. Diese Zielsetzungen werden durch Ausnutzung von Rationalisierungs- und Risikokompensationseffekten bzw. durch wettbewerbseinschränkende und monopolbildende Maßnahmen zu realisieren versucht.

Unternehmertestament

Entsteht aus der Notwendigkeit, dafür zu sorgen, daß die zum Nachlaß gehörende Unternehmung erhalten bleibt. Diese muß so auf den Nachfolger übergeleitet werden, daß dadurch ihre Lebensfähigkeit nicht beeinträchtigt wird. Hierzu sind testamentarische Anordnungen notwendig, denn das Erbrecht macht keinen Unterschied zwischen Betriebs- und Privatvermögen. Daher würde jeder Erbe seiner Erbquote entsprechend an der zum Nachlaß gehörenden Unternehmung beteiligt sein, mit der Gefahr einer Zersplitterung.

unter pari

Unter Nennwert (100%), unter Nominalbetrag. Gegensatz: über pari.

Unterpari-Emission

Ausgabe von Wertpapieren zu einem Kurs unter 100%. Bei Schuldverschreibungen die Regel, bei Aktien unzulässig. Zulässig ist Überpari-Emission.

Unterpari-Emission, steuerlich

Grundsätzlich zählt das Emissionsdisagio, also der Abschlag vom Nennwert bei einer Unterpari-Emission festverzinslicher Wertpapiere, zu den steuerpflichtigen Kapitalerträgen und unterliegt damit der individuellen ESt bzw. KSt. Aus Vereinfachungsgründen sieht die Finanzverwaltung bei privaten Anlegern jedoch von einer Besteuerung ab, sofern das Disagio bestimmte Prozentsätze des Nennwertes der Anleihe in Abhängigkeit von ihrer Laufzeit nicht überschreitet. Besteuert wird das Disagio bei abgezinsten Finanzierungsschätzen, Sparbriefen und zerobonds, also bei solchen Titeln, die infolge eines marktunüblich niedrigen bzw. eines Null-Coupons ein entsprechend hohes Disagio aufweisen. Bei privaten Anlegern ist das Disagio in voller Höhe im Jahr der Einlösung, bei vorzeitiger Veräußerung anteilig im Jahr der Veräußerung, zu versteuern. Werden die abgezinsten Wertpapiere im Betriebsvermögen gehalten, ist das Disagio anteilig jedes Jahr zu versteuern. → zero-bonds → Besteuerung der Ertäge aus inländischen Wertpapieren.

Unterstützungskasse

Betriebliche Unterstützungskassen gewähren Leistungen ohne Rechtsanspruch. Sie beteiligen die Arbeitnehmer an der Finanzierung der späteren Leistungen nicht und sind auch nicht verpflichtet, ein nach versicherungsmathematischen Grundsätzen errechnetes Deckungskapital auszuweisen; dieses hat nur steuerlich für die Höchstgrenzen der begünstigten Zuwendungen des Trägerunternehmens Bedeutung. Das Fehlen eines Rechtsanspruchs hat heute nur mehr theoretische Bedeutung: Auch Unterstützungskassen sind nach der Rechtsprechung an die Grundsätze von Treu und Glauben gebunden, d. h. Kürzung oder Einstellung der Versorgungsleistungen sind nur zulässig, wenn sachliche Gründe sie unumgänglich machen. Rechtsformen: insbesondere rechtsfähiger Verein und GmbH. Vorteil der Altersversorgung über eine Unterstützungskasse ist für die Unternehmung die Möglichkeit, die angesammelten Mittel zur Stärkung der Liquidität in der eigenen Unternehmung zu behalten.

Unterstützungskasse, steuerlich

Zuwendungen an eine Unterstützungskasse dürfen von der Unternehmung, die die Zuwendungen leistet (Trägerunternehmen), als Betriebsausgaben abgezogen werden, soweit sie bestimmte Beträge nicht übersteigen. Anders als bei Pensionskassen kann Unterstützungskassen das Deckungskapital für ihre Leistungen von Trägerunternehmen mit steuerlicher Wirkung erst bei Eintritt des jeweiligen Versorgungsfalls zugewendet werden. Ist der Versorgungsfall noch nicht eingetreten, kann der Kasse nur der Beitragsaufwand für Rückdeckungsversicherungen, ein Abfindungsbetrag für ausgeschiedene Arbeitnehmer und daneben nur ein relativ geringes Reservepolster für die später zu erbringenden Leistungen zugewendet werden.

Untertasse

Besondere Formation des charts bei der technischen Aktienanalyse. Kennzeichen einer Trendumkehr, charakterisiert durch eine sich verlangsamende Abwärtsbewegung, die in einem bestimmten Punkt zum Stillstand kommt und dann in eine allmähliche Aufwärtsbewegung mündet. Die Formation kann als umgekehrte Untertasse auch als Zeichen des Umschwungs eines Aufwärtstrends in einen Abwärtstrend vorkommen. → Trendformationen.

Unterverzinslichkeit

Liegt vor, wenn Forderungen und Schulden, speziell Schuldverschreibungen, gegenüber dem herrschenden (Kapital-) Marktzins effektiv niedriger verzinslich sind. Gegensatz: Überverzinslichkeit.

Unterwerfungsklausel

Erklärung eines Schuldners in einer gerichtlichen oder notariellen Urkunde, daß er sich wegen eines Anspruchs, der auf Zahlung eines Geldbetrags oder auf Duldung der Zwangsvollstreckung aus einem Grundpfandrecht gerichtet ist, der sofortigen Zwangsvollstreckung unterwirft, ohne daß der Gläubiger eine gerichtliche Entscheidung bewirken muß.

Unterzeichnung

Bez. f. eine Wertpapieremission, bei der der angebotene Betrag nicht vollständig plaziert werden konnte. Der Restbetrag wird i. d. R. zurückgestellt, bis die Unterbringung möglich ist. Gegensatz: Überzeichnung.

Unterzeichnung von Wertpapieren

Zur Unterzeichnung von Wertpapieren und Zwischenscheinen genügt vervielfältigte (faksimilierte) Unterschrift. Aktien muß der Vorstand als gesetzlicher Vertreter der AG unterzeichnen. Prokuristen und Handlungsbevollmächtigte sind nicht dazu berechtigt. In den meisten Fällen unterzeichnet auch der Vorsitzende des Aufsichtsrats. Viele Satzungen enthalten eine diesbezügliche Bestimmung. Schuldverschreibungen tragen die Unterschriften der gesetzlichen Vertreter des Wertpapierausstellers. Auch der Namenszug von Treuhändern kann auf Schuldverschreibungen durch faksimilierte Unterschrift wiedergegeben werden. Dagegen ist die Kontrollunterschrift (in der linken unteren Ecke des Mantels) handschriftlich zu vollziehen. Nicht erforderlich ist, daß alle Mäntel einer Emission die gleiche Kontrollunterschrift aufweisen.

Untreue

Strafrechtliches Vergehen, das der begeht, der vorsätzlich die ihm durch Gesetz, behördlichen Auftrag oder Rechtsgeschäft eingeräumte Befugnis, über fremdes Vermögen zu verfügen oder einen anderen zu verpflichten, mißbraucht oder die ihm kraft Gesetzes, behördlichem Auftrag, eines Rechtsgeschäfts oder Treueverhältnisses obliegende Pflicht, fremde Vermögensinteressen wahrzunehmen, verletzt und dadurch dem, dessen Vermögensinteressen er vertritt, Nachteile zufügt (Treubruch). Sonderfälle der Untreue regeln § 95 BörsG (Kommissionsbetrug) und § 34 DepG (Depotunterschlagung).

unverbriefte Rechte

Rechte, die nicht urkundenmäßig bzw. durch Wertpapiere verbrieft sind; z. B. die üblichen Forderungen und Verbindlichkeiten. Im Einzelfall werden sie auch börsenmäßig gehandelt, z. B. Bezugsrechte, Schuldbuchforderungen.

unverzinsliche Schatzanweisungen

Abk.: U-Schätze. Kurz- bis mittelfristige Schuldverschreibungen des Bundes, der Bundesbahn und der Bundespost. Werden ohne Zinsscheine mit Laufzeiten von 3 und 6 Monaten, 1 Jahr, 1½ und 2 Jahren ausgegeben. Erwerber zahlen den Nennwert, verringert um den festgesetzten Abgabesatz, der in Prozent für ein Jahr angegeben wird. Die Sätze werden im Monatsbericht der Bundesbank veröffentlicht. → Geldmarktpapiere.

Unze

→ troy-Unze (-ounce). Ursprüngliche Bez. f. Gewichtseinheit: Das Goldgewicht wird meist in Unzen angegeben; dabei ist 1 Unze = 31,103 g. → Karat (Carat).

upside-downside-volume

Größe bei der technischen Aktienanalyse; ergibt sich aus den saldierten Umsätzen gestiegener und gefallener Aktien. Es wird angenommen, daß, solange das Handelsvolumen steigender Aktien höher ausfällt als der Umsatz fallender Papiere, ein Aufwärtstrend Bestand hat – und umgekehrt.

Urkunde

Schriftstück oder Verbriefung von Rechten. Zu unterscheiden sind öffentliche Urkunden (z. B. notarielle Beurkundungen) und private Urkunden. Insbesondere sind Wertpapiere Urkunden, zu deren Rechtsausübung der Besitz der Urkunde erforderlich ist.

USA, Besteuerung von Kapitalerträgen

In den USA wird für Dividenden und Zinsen eine Kapitalertragsteuer erhoben. Nach dem DBA v. 1989 ist sie für Steuerpflichtige in Deutschland bei Dividenden auf 15% begrenzt; bei Zinsen entfällt sie vollständig. In Deutschland werden Dividenden – ausgenommen Schachteldividenden – und Zinsen voll versteuert. Die in den USA für Dividenden einbehaltene Kapitalertragsteuer wird auf die deutsche Steuer angerechnet. Einbehaltene Kapitalertragsteuer, die über die nach dem DBA zulässigen Maximalbeträge hinausgeht, wird auf Antrag von der US-Finanzverwaltung erstattet. Antragsformulare können beim deutschen Bundesministerium für Finanzen angefordert werden.

Usance-Geschäft (-Handel)

Devisengeschäft, das in einer anderen als der Landeswährung abgeschlossen wird, z. B. Kauf von US-$ gegen DM in London durch eine schweizerische Bank.

Usance-Kurse

Im Devisenhandel üblicher Begriff für den Wechselkurs zwischen ausländischen Währungen.

Usancen

Feste Handelsbräuche, die sich zur Geschäftsabwicklung in vielen Bereichen der Wirtschaft, vor allem aber auch an den Effekten-, Devisen- und Warenbörsen herausgebildet haben. I. w. S. sind es Gewohnheiten und Gebräuche, die unter Kaufleuten im Handelsverkehr gelten, jedoch hinter gesetzlichen Bestimmungen und festen Vereinbarungen zurücktreten, aber vor allem bei der Auslegung von Verträgen zwischen Kaufleuten zu berücksichtigen sind.

Usancen der Börse

→ Börsengeschäftsbedingungen.

Usancenhandel

Handel in fremden Valuten, bei dem diese unmittelbar gehandelt werden, ohne Benutzung der eigenen Währung, also Währung gegen Währung.

U-Schätze
Abk. f. unverzinsliche Schatzanweisungen.

USt
Abk. f. Umsatzsteuer.

US-$
Abk. f. US-Dollar; 1 $ = 100 Cents (= 4 Quarters oder 10 Dimes oder 20 Nickels).

u. V.
Abk. f. unter Vorbehalt (z. B. bei Gutschriften durch eine Bank vor Eingang des Gegenwertes).

u. ü. V.
Abk. f. unter üblichem Vorbehalt. → u. V.

V

v

Abk. in der Dividendenspalte von Kursblättern für die Dividende, die vom Vorstand der betreffenden AG der noch stattfindenden HV vorgeschlagen wird.

V

Abk. f. Verlosung. → Kurszusätze.

VA

Abk. f. Vorzugsaktien.

VAG

Abk. f. Versicherungsaufsichtsgesetz.

vagabundierendes Kapital

Spekulative Gelder von Banken, Unternehmen und Privaten, die je nach Marktlage die rentabelste Anlage suchen und typischerweise kurzfristig Anlageform und Finanzplatz wechseln.

val. (val. p.)

Abk. f. valuta per; Bez. f. den Tag, an dem Gutschrift oder Belastung erfolgt(e).

valeurs

Werte, Valoren.

validation certificate

An Börsen der USA sind nach dem Bereinigungsgesetz für deutsche Auslandsbonds bereinigte Dollarbonds nur lieferbar, wenn sie mit einer Anerkennungsbescheinigung, dem validation certificate, verbunden sind.

Valor

In der Schweiz Bez. f. Wertpapier.

Valoren

Wertsachen einschl. Schmuck. Im Bankverkehr sind Valoren Wertpapiere, Banknoten, Schecks, Münzen, Dokumente aller Art, Urkunden und Edelmetalle in Barren. Im Handel als Bijouterie-Valoren: Gold- und Silberwaren, Edelsteine, Perlen, Schmuckstücke usw.

Valorennummer

Jedes Wertpapier trägt eine Nummer, um den Wertpapierverkehr zu erleichtern und es zu typisieren, z. B. bei Auslosung oder Verlust.

Valorenversicherung

Sonderzweig der Transportversicherung. Bietet Deckung für Wertgegenstände auf Transportwegen gegen Verlust, Minderung oder Beschädigung durch Raub, Diebstahl, Unterschlagung, Abhandenkommen, Feuer, Nässe oder Unfall des Transportmittels sowie durch Elementarereignisse und höhere Gewalt.

Valorisation

Beeinflussung der Preise bestimmter Waren zugunsten der Erzeuger – vor allem bei Rohstoffen der Entwicklungsländer –, indem größere Mengen aufgekauft und eingelagert werden, meist durch staatliche oder andere zu dem Zweck geschaffene Stellen. Dient vor allem dazu, die Preise für Erzeugnisse – speziell landwirtschaftlicher Art –, die starken Schwankungen am Weltmarkt unterliegen, zu stabilisieren. Auch die Vernichtung von Teilen der Ernte wird als Valorisation bezeichnet.

value based management

→ shareholder value.

Valuta (1)

Bez. im internationalen Geldhandel für das Währungsgeld eines Landes. Meist jedoch für ausländische Währungen angewendet.

Valuta (2)

Wertstellung eines Postens auf einem Konto, z. B. der Tag, von dem an ein Betrag verzinst wird (Valutierung).

Valuta(-Papiere) (3)

Ausländische bzw. auf ausländische Währung lautende Wertpapiere.

Valuta-Anleihen (-bonds)

Von deutschen Schuldnern ausgegebene, auf ausländische Währung lautende Schuldverschreibungen.

Valutacoupon

Zinsschein einer Valutaanleihe.

Valutageschäft

Umwechseln ausländischen Geldes in heimische Währung.

Valutaklausel (1)

Devisenklausel, die ein bestimmtes Verhältnis der eigenen zu einer ausländischen Währung fixiert. In Deutschland nicht zulässig.

Valutaklausel (2)

Klausel in Anleiheverträgen, die dem Gläubiger das Recht einräumt, von Fall zu Fall Zins- und Tilgungszahlungen in einer anderen als der vereinbarten Währung zu verlangen.

Valuta kompensiert

Im Devisenhandel Vertragsklausel, derzufolge die Lieferung von Devisen und die Bezahlung – Belastung oder Gutschrift – an demselben Tag erfolgen müssen.

Valutakonto

Auf fremde Währung lautendes Bankkonto. In der BR Deutschland dürfen In- und Ausländer Valutakonten unterhalten. Außerdem ist Inländern erlaubt, im Ausland bei dortigen Banken Valutakonten zu eröffnen. → Währungskonto.

Valutapapiere

Ausländische Wertpapiere, auf Fremdwährung lautend.

Valutapolitik

→ Währungspolitik.

Valutaposition

→ Währungsposition (Valutaposition).

Valutarisiko

Risiko, durch Änderung des Wechselkurses während des Zeitraums einer Anlage oder Kreditaufnahme in Fremdwährung einen Verlust zu erleiden. → Währungsrisiko (Valutarisiko).

Valutatag

In der Schweiz der an der Börse dem Geschäftsabschluß folgende Bankwerktag, an dem Comptant- (Kassa-)Geschäfte frühestens lieferbar und zahlbar sind. Allgemein: der Tag, an dem der Kunde bei einem Wertpapierkauf zahlen muß oder bei einem -verkauf den Erlös erhält.

Valuten (1)

Zinsscheine der Valutapapiere.

Valuten (2)

Allgemeine Bez. f. Währungen, Devisen.

Valutierung (1)

Wertstellung, d. h. Datum, von dem ab ein Betrag verzinst wird bzw. die Verzinsung endet.

Valutierung (2)

Bei Grundschulden Angabe, in welcher Höhe ein Gläubiger seine Grundschuld aufgrund der noch bestehenden Beanspruchung des gesicherten Darlehens geltend machen kann.

Vancouver Stock Exchange (VSE)

Stock Exchange Tower, PO Box 10333, 609 Granville Street, Vancouver, British Columbia, V7Y 1H1, Kanada. Tel.: 001-604-6893334, Fax.: 001-604-6886051. Handelszeit 6.30 – 13.30 Uhr Ortszeit. Neben dem Handel in Wertpapieren, bei dem venture capital eine besondere Bedeutung zukommt, auch Handel in Aktienoptionen und Optionen auf Gold.

vanilla issue

Routineemission.

variabel verzinsliche Anleihen

→ floating rate notes (FRN).

variable annuity

Bei Investmentfonds Rentenplan mit veränderlichen Auszahlungsbeträgen. Kombination von Lebensversicherung und Investmentanlage: Ein bestimmter Prozentsatz des Deckungsstocks, der überwiegend Investmentanteile enthält, wird als Jahresrente (annuity) vereinbart. Durch die Kursveränderungen der Investmentzertifikate ändert sich der Wert des Deckungsstocks und damit auch die Höhe der Rentenzahlungen. Für die Dauer des Vertrages hat der Anleger zudem Versicherungsschutz.

variable coupon certificate of deposit

Zinsvariables Einlagenzertifikat.

variable Kurse

Bei Wertpapieren, in denen an der Börse große Umsätze stattfinden, gibt es im Gegensatz zum Einheitskurs, der für alle Geschäfte an dem jeweiligen Börsentag gilt, für die jeweils erfolgten Abschlüsse fortlaufende Notierung der Kurse. → fortlaufende Notierungen (variabler Handel).

variable margin

Gewinne oder Verluste, die sich aus offenen Terminkontrakt- oder Optionspositionen aufgrund der täglichen Neubewertung der Positionen ergeben.

variable Notierung

Kursnotierung eines Wertpapiers, das zum variablen Handel zugelassen ist. Für jeden zustande gekommenen Umsatz wird der erzielte Preis notiert und veröffentlicht.

variabler Handel

→ variabler Markt (Handel, Verkehr) → fortlaufende Notierungen (variabler Handel).

variabler Kurs

→ variable Notierung.

variabler Markt (Handel, Verkehr)

Die Aktien bedeutender AG mit breitgestreutem Grundkapital und täglich großen Börsenumsätzen werden an den Börsen auf Antrag zum variablen Handel und zur Feststellung von variablen Kursen zugelassen. Der Kursmakler hat dabei den Anfangs-(Eröffnungs-)Kurs, den Kassa-(Einheits-)Kurs und den Schluß- (letzten amtlichen) Kurs jeweils in der Höhe festzustellen, zu dem der größte Umsatz erzielt werden kann. Außerdem setzt er fortlaufend immer dann Kurse fest, wenn er einen neuen Umsatz zu einem Kurs getätigt hat, der sich von dem vorangegangenen unterscheidet. Das Aushandeln der variablen Notierungen erfolgt einfach durch Zuruf. Eine Beteiligung am variablen Handel setzt bestimmte Mindestbeträge pro Auftrag voraus. Für die in Prozent notierten Aktien sind nom. DM 3000 oder ein Vielfaches davon und für die in DM pro Stück notierten Titel 50 Stück bzw. ein Vielfaches davon erforderlich. Die Kursbewegungen im variablen Markt spiegeln die Veränderungen der Marktsituation im Ablauf der Börsenzeit wider. Nicht variabel handelbare Beträge, d. h. Kleinaufträge und Spitzenbeträge größerer Orders, werden zum Einheitskurs ausgeführt, der etwa nach Ablauf der Hälfte der Börsenzeit festgestellt wird.

variabler Verkehr

→ variabler Markt (Handel, Verkehr).

variabler Zins(satz)

Anleihen können mit einem veränderlichen Zinsfuß ausgestattet sein, der zu bestimmten, in den Emissionsbedingungen festgelegten Terminen erhöht oder ermäßigt wird. Diese Ausstattungsvariante ist in der BR Deutschland selten, aber im Ausland als floating rate notes (FRN) häufiger zu beobachten.

variable Werte

Wertpapiere, die im variablen Handel gehandelt werden (mit fortlaufender Notierung).

variable Verzinsung

Veränderliche, i. d. R. mit der Laufzeit steigende Verzinsung von Anleihen. → Gewinnschuldverschreibungen → Zinsgleitklausel.

Varianz

Statistisches relativiertes Streuungsmaß, welches die Streuung von Verteilungen charakterisiert. Entspricht der quadrierten Standardabweichung. Bezeichnet X eine Zufallsvariable und steht E für Erwartungswert, so ergibt sich die Varianz der Zufallsvariable X als $E(X-EX)^2 = EX^2-(EX)^2$. Von besonderer Bedeutung in der Portfoliotheorie, in der das Risiko der Wertpapiere durch Varianzen beschrieben wird.

variation margin

→ variable margin → financial futures → Nachschuß (3) → Einschuß (2).

Variationskoeffizient

Quotient aus Streuungsmaß und Mittelwert, meist gebildet aus Standardabweichung zu arithmetischem Mittelwert.

VE

Abk. f. Verrechnungseinheit.

Vega-Faktor

Maß, mit dem die Schwankungsintensität eines einer Option zugrundeliegenden Basisobjekts gemessen wird. Mathematisch ausgedrückt, gibt der Vega-Faktor die Wirkung an, die von einer kleinen Änderung der Kursvarianz des der Option zugrundeliegenden Basisobjekts auf die Höhe der Optionsprämie ausgeht. Gemessen wird somit die Auswirkung einer steigenden oder fallenden Kursvolatilität des Basisobjekts auf den Wert der Optionsprämie. Vega wird bei short-Positionen (Verkauf von Kauf- und Verkaufsoptionen) als negativer Wert, bei long-Positionen (Kauf von Kauf- oder Verkaufsoptionen) als positiver Wert angegeben.

vendre

Verkaufen. Um Verwechslungen und Hörfehler zu vermeiden, bedient man sich vor allem im Telefonverkehr in der Schweiz dieses französischen Wortes. Gegensatz: acheter.

venture capital

Eine in USA entwickelte und in Europa noch im Aufbau befindliche Form der Eigenkapitalzuführung an wachstumsträchtige Unternehmen. Merkmal der venture-capital-Konzeption ist die Kombination von Risikokapitalbereitstellung und unternehmerischer Betreuung durch venture-capital-Unternehmen. Der Unterschied zur herkömmlichen Kreditfinanzierung liegt darin, daß nicht Sicherheiten beliehen werden, sondern daß eine Projektidee einer innovativen Unternehmung oder eine optimistische Absatzprognose einer expansiven Unternehmung honoriert wird. Der Ablauf einer venture-capital-Finanzierung stellt sich etwa wie folgt dar: Zunächst legt das federführende venture-capital-Unternehmen einen Fonds auf, den es bei institutionellen Anlegern wie Großunternehmen, Versicherungen, aber auch Banken, zu plazieren sucht. Nach Aufbringung des vorgesehenen

Fondsbetrages werden potentielle, i. d. R. junge Unternehmen vorwiegend aus Wachstumsbranchen wie EDV, Biochemie, Roboterbau o. ä. auf ihre Eignung als Investitionsobjekt geprüft. Hierbei analysiert man eingehend Kriterien wie Produktidee, Absatzchancen, Marktpotential, Managementeignung o. ä. Charakteristisch ist, daß die venture-capital-Unternehmung sich nicht wie ein stiller Gesellschafter verhält, sondern sich ausdrücklich eine Einflußnahme auf unternehmerische Entscheidungen vorbehält. In der take-out-Phase einer venture-capital-Anlage nach ca. 5–8 Jahren steht die Desinvestition des Investitionsbetrages mit der erhofften Realisation eines Gewinns. Im günstigsten Fall erreicht man dieses Ziel durch Börseneinführung der Unternehmung und einen Verkauf der Beteiligung an die Erstzeichner. Die Fondskonstruktion erlaubt es, über eine Vielzahl von Beteiligungen das im Einzelfall relativ hohe Risiko zu diversifizieren und einzelne Teil- oder Totalverluste durch stagnierende oder insolvente Beteiligungsunternehmen durch die überdurchschnittliche Rendite der erfolgreich verlaufenen Investitionen zu kompensieren oder erwünschtermaßen überzukompensieren.

venture fund

Wagnisfinanzierungsfonds in USA. Kapitalfonds (ähnlich einem Investmentfonds), dessen angesammelte Mittel in bestimmten unternehmerischen Projekten angelegt werden, die wegen ihres Novitätsgrades stärker risikobehaftet sind. Die venture-capital-Unternehmung sucht für die meist als partnership organisierten Fonds geeignete Teilhaber, die meist zwischen 5 und 50 Mio. US-$ pro Fonds aufbringen, u. U. aber auch den zu finanzierenden Unternehmen Hilfestellung als Vertriebspartner oder in Forschung und Entwicklung geben. In der Investitionsphase, die 2–3 Jahre dauert, legt der venture capitalist das Kapital sukzessiv in vorher nach bestimmten Kriterien definierten Unternehmen an. Dieses entscheidet auch über das unternehmensspezifische Finanzierungsarrangement aus Aktien und z. B. Wandelanleihen. Die Auswahl der Beteiligungen ist streng. In der Betreuungsphase (monitoring) hält der venture capitalist laufend Kontakt mit den finanzierten Unternehmen und unterstützt sie in kritischen Entwicklungsphasen. In der Desinvestitionsphase wird der eingetretene Wertzuwachs realisiert.

Veräußerung des Betriebes, steuerlich

Zu den Einkünften aus Gewerbebetrieb gehören auch Gewinne aus der Veräußerung (entgeltlichen Übertragung) eines ganzen Gewerbebetriebs oder eines gewerblichen Teilbetriebs an einen Erwerber. Im Rahmen von Betriebsveräußerungen existieren bestimmte Freibeträge.

Veräußerungserlös

In Geldeinheiten erzielter Preis beim Verkauf von Sachen, Forderungen o. ä. Bei Betrachtung eines Wertpapierverkaufs über die Börse stellt der Veräußerungserlös den erzielten Kurswert abzügl. aller Spesen und Gebühren dar, also den ausmachenden Betrag.

Veräußerungsgewinn

Betrag, um den der Veräußerungspreis nach Abzug der Veräußerungskosten den Wert des Betriebsvermögens oder den Wert des Anteils am Betriebsvermögen übersteigt. Als Veräußerung gilt auch die Aufgabe des Gewerbebetriebs. Werden die dem Betrieb gewidmeten Wirtschaftsgüter im Rahmen der Aufgabe des Betriebs veräußert, sind die Veräußerungspreise anzusetzen; werden die Wirtschaftsgüter nicht veräußert, ist der gemeine Wert im Zeitpunkt der Aufgabe anzusetzen. Der Veräußerungsgewinn wird zur ESt nur herangezogen, soweit er bei Veräußerung des gesamten Gewerbebetriebs DM 30 000 und bei Veräußerung eines Teilbetriebs oder eines Anteils am Betriebsvermögen den entsprechenden Teil von DM 30 000 übersteigt. Der Freibetrag ermäßigt sich um den Betrag, um den der Veräußerungsgewinn bei der Veräußerung des gesamten Gewerbebetriebes DM 100 000 und bei der Veräußerung eines Teilbetriebes oder eines Anteils am Betriebsvermögen den entsprechenden Teil von DM 100 000 übersteigt. An die Stelle der Beträge von DM 30 000 tritt jeweils der Betrag von DM 120 000 und an die Stelle der Beträge von DM 100 000 jeweils der Betrag von DM 350 000, wenn der Steuerpflichtige seinen Gewerbebetrieb nach der Vollendung seines 55. Lebensjahres oder wegen dauernder Berufsunfähigkeit veräußert oder aufgibt.

Veräußerungskosten

Alle Beträge, die mittelbar oder unmittelbar aus einem Verkauf resultieren. Beim Wertpapierverkauf insbesondere Bankspesen, Courtage. → Transaktionskosten.

Veräußerungssperre
Gebräuchliche Auflage beim Erwerb von Wertpapieren durch Arbeitnehmer aus vermögenswirksamen Leistungen nach dem Vermögensbildungsgesetz oder bei der Ausgabe von Belegschaftsaktien zu einem Vorzugskurs. Die Veräußerungssperre erlaubt den Verkauf der Papiere erst nach einer vereinbarten Frist, z. B. von 7 Jahren. Überwachung der Einhaltung von Veräußerungssperren ist Aufgabe der Depotverwaltung.

Veräußerungsverlust
Sollte ein erzielter Veräußerungserlös kleiner als der aufgewandte Anlagebetrag oder der aktuelle Buchwert der Anlage sein, stellt die Differenz der Beträge einen Veräußerungsverlust dar. Gegensatz: Veräußerungsgewinn.

Veräußerungswert
Preis, zu dem ein Gut, z. B. ein Wertpapier, verkauft wird. Wenn man von dem erzielten Veräußerungswert die Veräußerungskosten abzieht, erhält man den Veräußerungserlös.

Veräußerung von Anteilen an Kapitalgesellschaften bei wesentlicher Beteiligung, steuerlich
Zu den Einkünften aus Gewerbebetrieb gehört auch der Gewinn aus der Veräußerung von Anteilen an einer Kapitalgesellschaft, wenn der Veräußerer innerhalb der letzten 5 Jahre am Kapital der Gesellschaft wesentlich beteiligt war und die innerhalb eines Veranlagungszeitraums veräußerten Anteile 1% des Kapitals übersteigen (Aktien, Anteile an einer GmbH, Genußscheine o. ä. Beteiligungen und Anwartschaften auf solche Beteiligungen). Eine wesentliche Beteiligung ist gegeben, wenn der Veräußerer an der Gesellschaft zu mehr als 25% unmittelbar oder mittelbar beteiligt war. Veräußerungsgewinn ist der Betrag, um den der Veräußerungspreis nach Abzug der Veräußerungskosten die Anschaffungskosten übersteigt. Der Veräußerungsgewinn wird zur ESt nur herangezogen, soweit er den Teil von DM 20000 übersteigt, der dem veräußerten Anteil entspricht. Der Freibetrag ermäßigt sich um den Betrag, um den der Veräußerungsgewinn den Teil von DM 80000 übersteigt, der dem veräußerten Anteil an der Kapitalgesellschaft entspricht. Dies gilt entsprechend, wenn eine Kapitalgesellschaft aufgelöst wird oder wenn ihr Kapital herabgesetzt und zurückgezahlt wird. Besondere Vorschriften gelten nach UmwG.

Veräußerung einer 100%igen Beteiligung, steuerlich
Zu den Einkünften aus Gewerbebetrieb gehören auch die Gewinne, die bei einer Veräußerung eines Teilbetriebs erzielt werden. Als Teilbetrieb gilt auch die Beteiligung an einer Kapitalgesellschaft, wenn sie deren gesamtes Nennkapital umfaßt. Es gelten die steuerlichen Regelungen für den → Veräußerungsgewinn.

Verankerungsprinzip
Die Deutsche Bundesbank legt Wert darauf, daß der Markt für DMark-Emissionen im Inland verankert bleibt. DMark-Wertpapiere ausländischer Emittenten sollen nur unter Konsortialführung einer deutschen Bank, d. h. einer Bank mit eigener Rechtspersönlichkeit mit Sitz im Bundesgebiet, begeben werden. Im Falle einer Konsortialführung durch eine deutsche Tochtergesellschaft einer Auslandsbank sollen im Heimatland für in deutschem Besitz stehende Banken die gleichen Möglichkeiten bestehen.

verbilligen
(Nach-)Kauf von Wertpapieren zu niedrigeren bzw. sinkenden Kursen, um den durchschnittlichen Einstandspreis des Wertpapierbestandes, in dem zu höheren Kursen gekaufte Titel enthalten sind, zu senken.

Verbindlichkeiten
Schulden einer Unternehmung (aller Art). Sind auf der Passivseite der Bilanz auszuweisen. → Passiva, Passiven.

Verbindlichkeitserklärung
Ein nicht verbotenes Börsentermingeschäft – dazu rechnen auch Optionsgeschäfte – gilt als von Anfang an verbindlich, wenn der eine Teil bei oder nach dem Eintritt der Fälligkeit sich dem anderen Teil gegenüber mit der Bewirkung der vereinbarten Leistung einverstanden erklärt und der andere Teil diese Leistung an ihn bewirkt hat. Eine solche Erklärung verlangen die Banken grundsätzlich von ihren Kunden nach Abwicklung der Optionsgeschäfte.

verbotene Aktienausgabe
Verboten ist die Ausgabe von Aktien oder Zwischenscheinen vor Eintragung der AG ins Handelsregister, vor Eintragung einer durchgeführten Kapitalerhöhung gegen Einlagen, einer bedingten Kapitalerhöhung, einer Kapitalerhöhung aus Gesellschaftsmitteln.

verbotene Börsentermingeschäfte

Durch ein verbotenes Börsentermingeschäft wird eine Verbindlichkeit nicht begründet. Die Unwirksamkeit erstreckt sich auch auf die Sicherheitenbestellung.

Verbraucherschutz bei der Anlageberatung

Banken dürfen Auslandsanleihen nur dann empfehlen, wenn sie sich zuvor über die Bonität solcher Papiere sorgfältig informiert haben. Nach der ständigen Rechtsprechung des BGH müssen die Banken während der Anlageberatung über die Eigenschaften und Risiken des Anlageobjekts informieren. Bei der Aufnahme ausländischer Papiere in ihr Anlageprogramm muß sich die Bank selbst – nicht nur mittels der deutschen Wirtschaftspresse – über die Güte der Papiere informieren. Sie muß auch ausländische Quellen heranziehen. Es reicht nicht aus, daß die betreffenden Wertpapiere zum Börsenhandel zugelassen sind. Sofern die Bank den damit verbundenen Aufwand scheut und die Gefahren einer lückenhaften Unterrichtung ihrer Kunden nicht auf sich nehmen will, muß sie auf die Empfehlung solcher Papiere verzichten und Kunden, die nach solchen Papieren fragen, auf die nicht abzuschätzende Bonität hinweisen. Andernfalls haftet die beratende Bank wegen schuldhafter Schlechterfüllung des Beratungsvertrags, auch wenn ein solcher – wie bei Banken üblich – nicht explizit abgeschlossen wird; sie ist dann zu Schadenersatz verpflichtet. Die Reichweite der Beratungspflicht bestimmt sich subjektiv nach dem Kenntnisstand des Kunden, denn der Haftungsgrund liegt in dem Informationsgefälle zwischen Bank und Kunden. Zunächst ist daher zu ermitteln, ob und inwieweit der Kunde hinsichtlich der in Aussicht genommenen Anlageform aufklärungsbedürftig ist. Erweist sich der Kunde als erfahrener Anleger mit einschlägigem Fachwissen – oder täuscht er dies vor –, so kann keinerlei Aufklärung erforderlich sein. Im umgekehrten Fall eines vollkommen unerfahrenen Kunden kann jedoch auch die Vermittlung wirtschaftlicher Grundkenntnisse notwendig sein. Ebenso ist die Risikobereitschaft des Kunden zu ermitteln, die aus seinen Anlagezielen abgeleitet werden kann. Ferner muß die empfohlene Anlagefazilität auf seine individuellen Vermögensverhältnisse zugeschnitten sein. Der Verbraucherschutz in der Anlageberatung wurde bisher durch die Rechtsprechung entwickelt; seine gesetzliche Grundlage soll er in dem für 1994 zur Verabschiedung vorgesehen Wertpapierhandelsgesetz – innerhalb der dort formulierten Verhaltensregeln für die Erbringung von Wertpapierdienstleistungen – finden.

Verbriefung, verbriefen

Verkörperung von Rechten durch Urkunden mit Wertpapiercharakter. Zahlungsansprüche können durch Schuldverschreibungen verbrieft sein. Aktionärsrechte werden i. d. R. durch die Aktienurkunde verbrieft.

verbundene Unternehmen

Rechtlich selbständige Unternehmen, die: (1) im Verhältnis zueinander im Mehrheitsbesitz stehen, und mit Mehrheit beteiligte Unternehmen, (2) abhängige und herrschende Unternehmen, Konzernunternehmen, wechselseitig beteiligte Unternehmen, die Vertragsteile eines Unternehmensvertrags sind.

verdeckte Gewinnauschüttung

Vorteilszuwendungen an Gesellschafter, die den Begünstigten als Einkommensbestandteil zugerechnet werden. Formen verdeckter Gewinnauschüttung: Ausgabe von Gratisaktien, Ausgabe von Genußscheinen, zinslose Darlehen an Gesellschafter, überhöhte Zinszahlungen für Gesellschafterdarlehen, verbilligte Lieferungen und Leistungen an Gesellschafter, überhöhte Zahlungen für Lieferungen und Leistungen von Gesellschaftern, usw.

verdeckte Gewinnausschüttung, steuerlich

Verdeckte Gewinnausschüttungen sind beim Gesellschafter steuerpflichtige Kapitalerträge und bei der Kapitalgesellschaft nicht abzugsfähig. Verdeckte Gewinnausschüttungen sind für die Steuer insbesondere dann gegeben, wenn einem Gesellschafter von der Kapitalgesellschaft unangemessen hohe Gehälter, zu hohe Pachtvergütungen oder Kaufentgelte gezahlt oder wenn ihm zu ungewöhnlich niedrigen Preisen Wirtschaftsgüter verkauft, eigene Anteile zum Vorzugspreis überlassen oder Darlehen zinslos oder zu einem zu niedrigen Zinsfuß gewährt werden oder ein Darlehen des Gesellschafters unangemessen hoch verzinst wird; auch Erlaß einer Darlehensforderung gegenüber einem Gesellschafter kann verdeckte Gewinnausschüttung sein.

verdeckte Selbstfinanzierung

Form der Selbstfinanzierung durch Bildung stiller Reserven, also von Rücklagen, die einem externen Bilanzleser nicht ersichtlich sind. Die Bildung stiller Reserven erreicht man durch Unterbewertung von Vermögensgegenständen, Nichtaktivierung bestimmter Vermögensteile, Nichtzuschreibung von Wertsteigerungen in Vermögenspositionen sowie durch Überbewertung von Passiva, z. B. durch Bildung von übervorsichtig kalkulierten Rückstellungen.

verdecktes Stammkapital

Darlehen o.a. Forderungen von Gesellschaftern an eine GmbH, die Eigenkapitalcharakter haben und eine Erhöhung des Stammkapitals ersetzen. Der Grund für diese Konstruktion der Finanzierung liegt in steuerlichen Vorteilen des Fremdkapitals gegenüber dem Eigenkapital.

verdiente Abschreibungen

Gewinngröße, die betragsmäßig die Aufwandsgröße kompensiert, die als Abschreibungen auf das Anlagegut vorgenommen wurden, das diesen Gewinn erwirtschaftet hat.

Vereniging voor de Effectenhandel

→ Amsterdamer Börse.

vereinbarte Kündigungsfrist

Zwischen Gläubiger und Schuldner besonders vereinbarte Fristen zur Kündigung des Vertragsverhältnisses. Zur Rückzahlung muß zunächst Kündigung erfolgen.

vereinbarte Laufzeit

Zwischen Gläubiger und Schuldner fest vereinbarte Laufzeit eines Vertragsverhältnisses. Rückzahlung erfolgt am Laufzeitende, ohne daß es einer Kündigung bedarf.

vereinfachte Kapitalherabsetzung

Eine Herabsetzung des Grundkapitals kann in vereinfachter Form, d. h. ohne die strengen Gläubigerschutzvorschriften der ordentlichen Kapitalherabsetzung, vorgenommen werden, wenn sie dazu dienen soll, Wertminderungen auszugleichen, sonstige Verluste zu decken oder Beträge in die gesetzliche Rücklage einzustellen. Die vereinfachte Kapitalherabsetzung ist nur zulässig, wenn der Teil der gesetzlichen Rücklage, der 10% des nach der Herabsetzung verbleibenden Grundkapitals übersteigt, und die freien Rücklagen vorweg aufgelöst sind. Sie ist nicht zulässig, solange ein Gewinnvortrag vorhanden ist. Die Beträge, die aus der Auflösung von Rücklagen und aus der Kapitalherabsetzung gewonnen werden, dürfen nur zu einem der vorerwähnten Zwecke und nicht z. B. zu Zahlungen an die Aktionäre verwendet werden. Für die Art der Herabsetzung gelten die Vorschriften über die ordentliche Kapitalherabsetzung sinngemäß.

Vereinigung Schweizerischer Effektenbörsen

Dachorganisation der schweizerischen Effektenbörsen.

Vereinigung von Aktien

Zusammenführung von Aktien bisher unabhängiger Unternehmen zum Zweck einer Fusion oder Konzernbildung mit Ausgabe neuer Aktien der entstehenden Unternehmung. → Verschmelzung.

Verein Schweizerische Effektenbörse

→ Schweizerische Effektenbörse (SEB).

Verein zur Förderung der Wertpapiertechnik am Finanzplatz Deutschland

Am 16. 2. 1989 in Frankfurt gegründeter Verein mit dem Zweck, die Erhaltung und den Ausbau der wertpapiertechnischen Wettbewerbsfähigkeit des Finanzplatzes Deutschland gegenüber den anderen großen Finanzmärkten zu fördern. Der Verein soll insbesondere dem Informations-, Meinungs- und Erfahrungsaustausch über EDV-technische Konzepte und Probleme dienen, Anregungen geben und deren Umsetzung durch die Deutsche Wertpapierdaten-Zentrale DWZ begleiten.

Verfahrenskosten beim Auskunftsrecht der Aktionäre

Für die Kosten des Verfahrens gilt die Kostenordnung. Für das Verfahren des 1. Rechtszugs wird das Doppelte der vollen Gebühr erhoben. Für den 2. Rechtszug wird die gleiche Gebühr erhoben; dies gilt auch dann, wenn die Beschwerde Erfolg hat. Wird der Antrag oder die Beschwerde zurückgenommen, bevor es zu einer Entscheidung oder einer vom Gericht vermittelten Einigung kommt, ermäßigt sich die Gebühr auf die Hälfte. Der Geschäftswert ist von Amts wegen festzusetzen. Er bestimmt sich nach der Kostenordnung mit der Maßgabe, daß der Wert regelmäßig auf DM 10000 anzunehmen ist. Das mit dem Verfahren befaßte Gericht bestimmt nach billigem Ermessen, welchem Beteiligten die Kosten des Verfahrens aufzuerlegen sind.

Verfall

Rückzahlungstermin von Obligationen und sonstigen Verbindlichkeiten; auch von Forderungen.

Verfalltag, -termin
→ Verfall.

Verfügungsberechtigung, -recht
Befugnis zur Vornahme von Rechtsgeschäften, die bewirken, daß ein Recht unmittelbar geändert wird, erlischt oder auf einen anderen übergeht.

Verfügungsbeschränkung
Auf Gesetz beruhende Einschränkung der Verfügungsberechtigung eines Rechtsinhabers, z. B. Gemeinschuldner im Konkurs, Erben bei Testamentvollstreckung. Entgegen der Beschränkung vorgenommene Verfügungen sind meist unwirksam. → Verfügungsverbot.

Verfügungsverbot
Angeordnete Einschränkung der Verfügungsberechtigung eines Rechtsinhabers.

Vergesellschaftung
→ Sozialisierung.

Vergleich
Allgemein: Vereinbarung, durch die ein Streit oder die Ungewißheit von Beteiligten über die zwischen ihnen bestehenden Rechtsbeziehungen durch gegenseitiges Nachgeben beendet wird. Speziell: Vertrag zwischen einem in Zahlungsschwierigkeiten geratenen Schuldner und seinen Gläubigern, bei dem letztere auf einen Teil ihrer Forderungen verzichten, um den Fortbestand der Unternehmung zu ermöglichen und den Konkurs abzuwenden. Beim gerichtlichen Vergleich beantragt der Schuldner beim zuständigen Gericht die Eröffnung des Vergleichsverfahrens. Er muß dabei den Vergleichsgläubigern mind. 35% ihrer Forderungen erfüllen können. Ein Vergleichsverwalter überwacht die wirtschaftliche Lage des Schuldners während der Vergleichsdurchführung. Ein gerichtlicher Vergleich gilt für und gegen alle Vergleichsgläubiger, auch wenn sie an dem Verfahren nicht teilgenommen oder gegen den Vergleich gestimmt haben. Wird der Vergleich abgelehnt, weil die Gläubiger nicht mit qualifizierter Mehrheit dem Vergleichsvorschlag zustimmen, ist damit gleichzeitig über die Eröffnung des Konkursverfahrens entschieden. Außergerichtlicher Vergleich: wenn es dem Schuldner gelingt, in Verhandlungen mit einzelnen Gläubigern, also ohne Einschaltung des Gerichts, zu erreichen, daß sie auf einen Teil ihrer Forderungen verzichten, um ihm damit die Weiterführung der Unternehmung zu ermöglichen.

Vergleichsbilanz
Status insolvent gewordener Schuldner am Tag der Zahlungseinstellung. Die Vergleichsbilanz spiegelt das Vermögen unter Berücksichtigung seiner Belastung mit Schulden wider. Zur Bewertung in der Vergleichsbilanz werden stille Rücklagen und Wertberichtigungen aufgelöst und unter der Fiktion der Weiterführung der Unternehmung Tageswerte, nicht Liquidationswerte angesetzt.

Vergleichsquote
→ Vergleich.

Vergleichsverfahren
Verfahren zur Abwicklung eines Vergleichs, geregelt in der VerglO. Voraussetzung zur Einleitung eines Vergleichsverfahrens ist ein vom Vergleichsschuldner zu stellender Vergleichsantrag und das Vorliegen eines Konkursgrundes, also Zahlungsunfähigkeit oder Überschuldung. Soll bei sanierungswürdigen Schuldnern ein Konkursverfahren und damit eine Zerschlagung der Unternehmung verhindern. Es kann betrieben werden, wenn die wirtschaftlichen Verhältnisse die gesetzlich vorgeschriebene Mindestquote erfüllen lassen, d. h. 35% bei Bar-Befriedigung aller Gläubiger bzw. 40% bei mehr als einjährigen Zahlungsfristen. Es wird beim Vergleichsgericht (Amtsgericht) beantragt, und zwar durch den Vergleichsschuldner. Der Vergleichsvorschlag kann Erlaßvergleich (die Gläubiger sollen einen Teil ihrer Forderungen erlassen), Treuhand- (Liquidations-)vergleich (der Schuldner überläßt sein Vermögen einem Treuhänder zur Verwertung für die Gläubiger oder verpachtet es an eine Sanierungsgesellschaft) oder Stundungsvergleich (Moratorium) sein (die Gläubiger stunden ihre Forderungen für eine bestimmte Zeit); oft findet sich eine Kombination von Erlaß und Stundung.

Verhaltensregeln für die Erbringung von Wertpapierdienstleistungen
Gemäß Wertpapierhandelsgesetz (WpHG) ist, wer im Inland Wertpapierdienstleistungen erbringt, verpflichtet, (1) seine Tätigkeit mit der erforderlichen Sachkenntnis, Sorgfalt und Gewissenhaftigkeit im Interesse seiner Kunden auszuüben; (2) sich vor der Erbringung der Dienstleistung über die finanziellen Verhältnisse, die Erfahrung in Wertpapiergeschäften und die Anlageziele seiner Kunden zu unterrichten; (3) die Kunden in geeigneter Weise über die wichtigsten Aspekte der

Wertpapierdienstleistung zu unterrichten; (4) sich um die Vermeidung von Interessenkonflikten zu bemühen oder dafür zu sorgen, daß bei unvermeidbaren Interessenkonflikten die Kunden nicht benachteiligt werden; sowie (5) die für eine ordnungsgemäße Durchführung von Wertpapierdienstleistungen notwendigen Einrichtungen vorzuhalten und wirksam einzusetzen. Ein Wertpapierdienstleistungsunternehmen darf für eigene Rechnung innerhalb einer angemessenen Frist keine Geschäfte in Wertpapieren oder Derivativen abschließen, wenn das Unternehmen öffentlich eine Empfehlung zum Kauf oder Verkauf oder zu einem sonstigen Geschäft in diesen Wertpapieren oder Derivativen abgegeben hat oder abzugeben beabsichtigt, es sei denn, in dem Unternehmen sind Wertpapieranalyse und Kundenberatung vom Eigenhandel personell und räumlich voneinander getrennt. Ein Wertpapierdienstleistungsunternehmen darf vor der Ausführung eines Kundenauftrags über Wertpapiere oder Derivative als Kommissionsgesellschaft keine Geschäfte für eigene Rechnung in diesen Wertpapieren oder Derivativen tätigen, es sei denn, in dem Unternehmen sind Eigengeschäfte und Effektengeschäft personell und räumlich voneinander getrennt. Die beiden letztgenannten Verpflichtungen gelten auch für die Angestellten von Wertpapierdienstleistungsunternehmen. Ein Wertpapierdienstleistungsunternehmen hat die Kunden in geeigneter Art und Form über die Chancen und Risiken der Geschäfte, die Gegenstand der Wertpapierdienstleistung sind, zu unterrichten; über das für den Kunden abgeschlossene Geschäft ist unverzüglich eine Abrechnung zu erteilen. Es hat bei einer Vermögensverwaltung die Kunden in regelmäßigen Abständen und aus besonderem Anlaß über die Zusammensetzung des verwalteten Vermögens und die Wertentwicklung zu unterrichten. Ein Wertpapierdienstleistungsunternehmen ist verpflichtet, (1) für jede erbrachte Wertpapierdienstleistung eine Aufzeichnung über deren wesentlichen Inhalt und die Einhaltung der maßgeblichen Verfahrensregeln zu fertigen; (2) bei Wertpapierdienstleistungen, die den Kauf oder Verkauf von Wertpapieren oder Derivaten zum Gegenstand haben, die Identität der bei der Durchführung des Auftrages, der Vermittlung oder der Beratung beteiligten Personen festzuhalten. Des weiteren sind Eigengeschäfte, Geschäfte zur Kurspflege und Verstöße von Angestellten aufzuzeichnen. Das Bundesaufsichtsamt für den Wertpapierhandel überwacht die Einhaltung der Verhaltensregeln und kann z. B. die Vorlage von Unterlagen verlangen.

Verhandlungsniederschrift der Hauptversammlung der AG

Jeder Beschluß der HV ist durch eine über die Verhandlung notariell aufgenommene Niederschrift zu beurkunden. Gleiches gilt für jedes Verlangen einer Minderheit mit 10% des Grundkapitals oder DM 2 Mio. Nennbetrag (→ Entlastung des Vorstands und des Aufsichtsrats der AG), 10% des vertretenen Grundkapitals (→ Abstimmung über Wahlvorschläge von Aktionären), 10% des Grundkapitals (→ Ersatzansprüche, Geltendmachung). In der Niederschrift sind Ort und Tag der Verhandlung, Name des Notars sowie Art und Ergebnis der Abstimmung und Feststellung des Vorsitzenden über die Beschlußfassung anzugeben. Das Verzeichnis der Teilnehmer an der HV sowie die Belege über die Einberufung sind der Niederschrift als Anlagen beizufügen. Die Belege über die Einberufung brauchen nicht beigefügt zu werden, wenn sie unter Angabe ihres Inhalts in der Niederschrift aufgeführt werden. Die Niederschrift ist von dem Notar zu unterschreiben. Die Zuziehung von Zeugen ist nicht erforderlich. Unverzüglich nach der HV hat der Vorstand eine öffentlich beglaubigte Abschrift der Niederschrift und ihrer Anlagen zum Handelsregister einzureichen.

Verjährung

Infolge Zeitablaufs entgangenes Recht eines Gläubigers, einen Anspruch auf dem Wege der Klage geltend zu machen. Verjährte Forderungen können zwar vom Schuldner freiwillig erfüllt werden; der Gläubiger kann jedoch nicht mehr mit Erfolg auf Erfüllung klagen, wenn der Schuldner berechtigt von der Einrede der Verjährung Gebrauch macht. Der Eintritt der Verjährung kann durch Hemmung oder Unterbrechung der Verjährung verzögert werden.

Verjährungsfristen

Die regelmäßige Verjährungsfrist beträgt 30 Jahre (z. B. Darlehen) und beginnt mit der Fälligkeit des Anspruchs. Die häufigsten Geschäfte verjähren in 2, Ansprüche auf wiederkehrende Leistungen (z. B. Zinsen) nach 4 Jahren, jeweils beginnend mit dem Ende des Jahres, in dem der Anspruch fällig geworden ist. In Einzelfällen gelten noch kürzere Verjährungsfristen.

Verjährung der Ansprüche aus ausgelosten Wertpapieren

Die Verjährungsfrist bei ausgelosten Wertpapieren, die nicht zur Einlösung vorgelegt werden, beträgt 30 Jahre. Erfolgt die Vorlegung, verjährt der Anspruch in 2 Jahren ab Ende der Vorlegungsfrist.

Verjährung der Prospekthaftung

Prospekthaftungsansprüche i. e. S. verjähren in sechs Monaten seit Kenntnis des Prospektmangels. Verjährungsfristen der Prospekthaftung i. w. S. betragen 3,5 oder ggf. 30 Jahre. Die börsengesetzliche Prospekthaftung verjährt in 5 Jahren seit der Zulassung der Wertpapiere.

Verjährung fälliger Zins- und Dividendenscheine in 4 Jahren

Beginnt mit dem Schluß des Fälligkeitsjahres. Dauer und Beginn der Vorlegungsfrist können allerdings vom Aussteller in der Urkunde anders bestimmt werden.

Verkäufermarkt

Marktsituation, bei der das Geschehen stärker von den Anbietern (den Verkäufern) als von den Nachfragern, den Käufern, bestimmt wird. Auch im Wertpapiergeschäft bzw. an der Börse bei besonders drängender Nachfrage; verbunden mit Kurssteigerungen.

Verkaufsangebot

→ Emissionsprospekt → Verkaufsprospekte bei Wertpapieren.

Verkaufsauftrag (-order)

Bei der Bank schriftlich, fernschriftlich oder telefonisch eingehender Auftrag ihrer Kunden zum Verkauf von Effekten an der Börse. → Order.

Verkaufskommission

Kommissionsgeschäft, bei dem die dem Verkaufskommissionär übergebenen Waren, Wertpapiere usw. im Eigentum des Kommittenten bleiben, bis sie in das Eigentum eines Dritten übergehen. Anders als bei der Einkaufskommission erfolgt kein Zwischenerwerb des Kommissionärs.

Verkaufsneigung

Tendenzbez., wenn Verkäufe an der Börse überwiegen.

Verkaufsoption (put)

Beim Optionsgeschäft: Bei einer Verkaufsoption erwirbt der Käufer das Recht, innerhalb der Optionsfrist jederzeit vom Verkäufer (Stillhalter mit Geld) die Abnahme bestimmter, zum Optionsgeschäft zugelassener Wertpapiere zu dem vereinbarten Basispreis zu fordern.

Verkaufsprospekte bei Wertpapieren

Seit 1991 besteht in Deutschland eine grundsätzliche Prospektpflicht beim erstmaligen öffentlichen Anbieten von Wertpapieren. Rechtliche Grundlage bildet das Gesetz über Wertpapier-Verkaufsprospekte. Emittenten von Wertpapieren sind verpflichtet, einen Verkaufsprospekt zu publizieren, wenn die zu emittierenden Wertpapiere nicht zum amtlichen Handel an einer inländischen Wertpapierbörse zugelassen sind. Die Publizierung dieses Prospektes muß mindestens drei Börsentage vor Beginn der Zeichnungsfrist erfolgen. Hat der Emittent gleichzeitig die Einführung in den amtlichen Börsenhandel beantragt, stimmt der Verkaufsprospekt mit dem Börsenzulassungsprospekt überein. Sein Inhalt erfüllt die Vorschriften der Börsenzulassungsverordnung. Innerhalb von 15 Börsentagen nach Eingang müssen die Börsenzulassungsstellen über den Verkaufsprospekt entscheiden. Bei allen anderen Neuemissionen muß der Emittent entsprechend der seit 1. Januar 1991 rechtswirksamen Verordnung über Wertpapierverkaufsprospekte einen Prospekt veröffentlichen. An diesen werden im Vergleich zum Börsenzulassungsprospekt geringere Anforderungen gestellt. Sein Inhalt orientiert sich an dem Unternehmensbericht, der vor Einführung von Wertpapieren in den Geregelten Markt erstellt werden muß. Eine vorherige Prüfung des Verkaufsprospektes ist nicht vorgeschrieben. Von dieser Prospektpflicht sind u. a. folgende Wertpapiere befreit: Wertpapiere öffentlicher Emittenten sowie supra- und internationaler Organisationen, Belegschaftsaktien, Bezugsrechte sowie Aktien aus einer Kapitalerhöhung aus Gesellschaftsmitteln, Daueremissionen von Kreditinstituten sowie Schuldverschreibungen mit einer vereinbarten Laufzeit von unter einem Jahr, Anteilscheine von Kapitalanlagegesellschaften und ausländischen Investmentgesellschaften sowie Euro-Wertpapiere mit international zusammengesetzten Konsortien. Das bedeutet, daß Verkaufsprospekte de facto nur erforderlich sind bei der Neuemission von Aktien, die am Geregelten Markt oder im Freiverkehr gehandelt werden sollen, sowie bei Anleihen mit einer Laufzeit von mehr als einem Jahr, die von Nichtbanken herausgegeben werden. Die Haftung bei Verkaufsprospekten ist identisch mit der Prospekthaftung des Börsengesetzes. Verkaufsprospekte, die einmal in einem EG-Staat von einer zuständigen Stelle geprüft wurden, werden auch von den zuständigen Stellen anderer EG-Staaten akzeptiert. → Emissionsprospekt → Prospekt.

Verkaufsprospekt der KAG

Bei KAG muß der Verkaufsprospekt, der dem Erwerber eines Anteilscheines bei Vertragsabschluß auszuhändigen ist, alle Angaben enthalten, die im Zeitpunkt des Erwerbs für die Beurteilung der Anteilscheine von wesentlicher Bedeutung sind. Er muß insbesondere Angaben über Firma, Rechtsform, Sitz und Eigenkapital der KAG und der Depotbank sowie die gesetzlich geforderten Angaben der Vertragsbedingungen enthalten. Außerdem ist dem Verkaufsprospekt der zuletzt veröffentlichte Rechenschaftsbericht und der anschließende Halbjahresbericht, sofern er veröffentlicht ist, beizufügen. Der Verkaufsprospekt muß auch eine Belehrung über das Recht des Käufers zum Widerruf enthalten. Die Aufsichtsbehörde kann verlangen, daß in den Prospekt weitere Angaben aufgenommen werden, wenn sie annimmt, daß die Angaben für die Erwerber erforderlich sind. Für den Verkaufsprospekt ausländischer Investmentanteile mit öffentlichem Vertrieb gelten nach Auslandsinvestmentgesetz grundsätzlich die gleichen Regelungen wie für den der deutschen KAG. Insbesondere muß er Angaben enthalten über Name und Firma, Rechtsform, Sitz und Eigenkapital (Grund- oder Stammkapital abzügl. der ausstehenden Einlagen zuzügl. der Rücklagen) der ausländischen Investmentgesellschaft, der Unternehmung, die über die Anlage des eingelegten Geldes bestimmt (Verwaltungsgesellschaft), die den Vertrieb der Investmentanteile übernommen hat (Vertriebsgesellschaft) und der Depotbank; über Name und Firma, Sitz und Anschrift des Repräsentanten und der Zahlungsstellen; darüber, welche Gegenstände für das Vermögen erworben werden dürfen, nach welchen Grundsätzen sie ausgewählt werden, ob nur zum Börsenhandel und ggfs. an welchen Börsen zugelassene Wertpapiere erworben werden, wie die Erträge des Vermögens verwendet werden und ob und ggfs. innerhalb welcher Grenzen ein Teil des Vermögens in Bankguthaben gehalten wird; darüber, wie der Wert eines Investmentanteils sowie der Ausgabe und der Rücknahmepreis berechnet werden; über Art, Höhe und Berechnung sämtlicher Kosten, die dem Anteilinhaber in Rechnung gestellt werden, sowie sämtliche aus dem Vermögen an Dritte zu zahlende Vergütungen und zu ersetzende Aufwendungen; über die Voraussetzungen und Bedingungen, zu denen die Anteilinhaber die Auszahlung des auf den Anteil entfallenden Vermögensteiles verlangen können sowie über die hierfür zuständigen Stellen.

Verkaufspreis

Preis, der bei Verkauf eines Gutes erzielt wird. Auch: Veräußerungspreis.

Verkaufssignal

Begriff der technischen Aktienanalyse: eine Reihe standardisierter Formationen in den charts, denen Signalfunktion, also Vorhersage einer zukünftigen Baisse-Phase, beigelegt wird.

Verkauf von Anteilscheinen an Investmentfonds

Dem Erwerber eines Anteilscheins sind die Vertragsbedingungen, ein Verkaufsprospekt der KAG und eine Durchschrift des Antrags auf Vertragsabschluß auszuhändigen. Der Auftragsvordruck muß einen Hinweis auf die Höhe des Ausgabeaufschlags und auf die jährlich zu zahlende Vergütung enthalten. Gibt die KAG oder die Depotbank den Ausgabepreis bekannt, ist sie verpflichtet, dabei auch den Preis bekanntzugeben, der bei der Rücknahme berechnet worden ist.

Verkehrshypothek

Hypothek, bei der ein gutgläubiger Erwerber der Hypothek sich auf Eintragungen im Grundbuch berufen kann (Verkehrsschutz). Über sie kann auch ein Hypothekenbrief ausgestellt werden. Die Verkehrshypothek ist i. d. R. Briefhypothek, da durch den Brief die Übertragung und Belastung der Hypothek erleichtert werden soll. Bei Brieferteilung wird der gutgläubige Erwerber der Hypothek ebenso geschützt, als wäre der Besitzer des Briefes im Grundbuch eingetragen.

Verkehrssitte

Tatsächliches Verhalten i. w. S. innerhalb einer Rechtsgemeinschaft, und zwar entweder allgemein oder in besonderen Kreisen (z. B. Handelsbräuche unter Kaufleuten). Von rechtlicher Bedeutung, weil ein Richter auf sie Rücksicht zu nehmen hat: so zur Auslegung von Verträgen, zur Bestimmung von Art und Weise der geschuldeten Leistung usw.

Verkehrswert

Gibt an, was ein Wirtschaftsgut am Bewertungsstichtag wert ist, d. h., was im üblichen Geschäftsverkehr bei Veräußerung dafür zu erzielen wäre. Wird z. B. bei Bewertung von Grundstücken und Gebäuden, die zur Sicherung von Darlehen dienen sollen, verwendet. Entspricht bei marktgängigen Waren dem Marktwert. Bei anderen Wirtschaftsgütern kann er nur näherungsweise festgestellt werden, u. U. durch Schätzung von Sachverständigen.

verkürzter Prospekt

→ Prospekterleichterungen.

Verletzung der Berichtspflicht durch Prüfer oder Gehilfen eines Prüfers

Mit Freiheitsstrafe oder mit Geldstrafe wird bestraft, wer als Prüfer oder Gehilfe eines Prüfers über das Ergebnis der Prüfung falsch berichtet oder erhebliche Umstände im Prüfungsbericht verschweigt.

Verletzung der Geheimhaltungspflicht bei der AG

Mit Freiheits- oder Geldstrafe wird bestraft, wer ein Geheimnis der AG, namentlich ein Betriebs- oder Geschäftsgeheimnis, das ihm in seiner Eigenschaft als (1) Mitglied des Vorstands oder Aufsichtsrats oder Abwickler (Abwicklung), (2) Prüfer oder Gehilfe eines Prüfers bekanntgeworden ist, unbefugt offenbart. Ebenso wird bestraft, wer ein Geheimnis der in genannten Art, namentlich ein Betriebs- oder Geschäftsgeheimnis, das ihm unter den o. g. Voraussetzungen bekanntgeworden ist, unbefugt verwertet. Die Tat wird nur auf Antrag der AG verfolgt. Hat ein Mitglied des Vorstandes oder ein Abwickler die Tat begangen, ist der Aufsichtsrat, hat ein Mitglied des Aufsichtsrats die Tat begangen, sind Vorstand oder Abwickler antragsberechtigt.

verlorengegangene Wertpapiere

→ abhandengekommene oder vernichtete Schuldverschreibungen → Kraftloserklärung von Aktien im Aufgebotsverfahren.

Verlosung (1)

Verfahren der Rückzahlung von Anleihen, wenn diese nicht in einem Betrag, sondern in Teilbeträgen zurückgezahlt wird. → Auslosung von Wertpapieren.

Verlosung (2)

Zuteilung von Wertpapieren an der Börse, wenn Aufträge, die entsprechend dem festgestellten Kurs Ausführungsanspruch haben, nicht mit mind. 1 Stück ausgeführt werden können. Abk. V im Kursblatt; an der Bayerischen Wertpapierbörse: gV = Geld verlost und pV = Papier (Brief) verlost. → Kurszusätze.

Verlosungsliste

Verzeichnis der ausgelosten Wertpapiere. → Verlosung (1) → Ziehungsliste.

Verlust

In der GuV-Rechnung Überschuß der Aufwendungen über die Erträge. In der Bilanz Überschußbetrag der Passiv- über die Aktivposten nach Berücksichtigung von Abschreibungen, Wertberichtigungen, Rückstellungen und Rücklagen. Bei Einzelunternehmen und Personengesellschaften mindert der Verlust das Kapitalkonto unmittelbar; bei Kapitalgesellschaften wird er gesondert ausgewiesen.

Verlustabschluß der AG

Ist die Passivseite der Jahresbilanz der AG höher als die Aktivseite, ergibt sich ein Bilanzverlust, der durch verschiedene Ursachen entstanden sein kann (Umsatzrückgang, rückläufige Verkaufspreise, Preisrückgänge auf den Rohstoffmärkten, Verluste bei Beteiligungen o. a. Finanzanlagen, Ausfälle bei Forderungen usw.). Bei einem Verlustabschluß fällt die Dividende aus, sofern keine Dividendengarantie besteht.

Verlustanteil

Von einem entstandenen Verlust hat mangels besonderer Vereinbarungen jeder Gesellschafter den gleichen Anteil zu tragen. I. d. R. besteht jedoch wie für die Gewinnverteilung auch für die Verlustverteilung eine Vereinbarung. Kommanditisten nehmen am Verlust nur bis zur Höhe ihrer Einlage teil.

Verlustanzeige durch den Vorstand der AG

Ergibt sich bei Aufstellung der Jahresbilanz der AG oder einer Zwischenbilanz oder ist bei pflichtgemäßem Ermessen anzunehmen, daß ein Verlust in Höhe der Hälfte des Grundkapitals besteht, hat der Vorstand unverzüglich die HV einzuberufen und ihr dies anzuzeigen. Wird die AG zahlungsunfähig, hat der Vorstand ohne schuldhaftes Verzögern die Eröffnung des Konkursverfahrens oder gerichtlichen Vergleichsverfahrens zu beantragen. Zu Freiheitsstrafe bis 3 Jahren und mit Geldstrafe wird bestraft, wer es als Mitglied des Vorstands unterläßt, bei einem Verlust in Höhe der Hälfte des Grundkapitals die HV einzuberufen und ihr dies anzuzeigen.

Verlustausgleich (1)

Bei der steuerlichen Einkommens- und Gewinnermittlung unterscheidet man zwischen horizontalem Verlustausgleich (Saldierung der positiven und negativen Einkünfte innerhalb derselben Einkommensart) und vertikalem Verlustausgleich (Verrechnung des verbleibenden Verlustbetrages mit positiven Einkünften aus anderen Einkunftsarten).

Verlustausgleich (2)

Im Recht der verbundenen Unternehmen ist bei verschiedenen Unternehmensverträgen die herrschende Unternehmung zum Ausgleich von Verlusten bei der abhängigen Gesellschaft verpflichtet.

Verlustausweis

Ein Überschuß der Passivposten über die Aktivposten ist als Bilanzverlust am Schluß der Bilanz ungeteilt und vom vorjährigen Gewinn- und Verlustvortrag gesondert auszuweisen. Ein entstandener Verlust wird nur bei Kapitalgesellschaften gesondert in der Bilanz ausgewiesen; bei anderen Unternehmensrechtsformen erfolgt eine direkte Verrechnung des Verlustes mit dem Kapitalkonto.

Verlustbegrenzungsauftrag (-order)

→ stop loss order.

Verlustbescheinigung

Von Abschreibungsgesellschaften ihren Gesellschaftern übermittelter Beleg ihres Anteils am aufgelaufenen Verlust der Abrechnungsperiode.

Verluste bei Wertpapiergeschäften, steuerlich

→ Einkommensteuer bei Wertpapiererträgen natürlicher Personen.

Verluste bei beschränkter Haftung, steuerlich

Der einem Kommanditisten zuzurechnende Anteil am Verlust der KG darf grundsätzlich weder mit anderen Einkünften aus Gewerbebetrieb noch mit Einkünften aus anderen Einkunftsarten ausgeglichen werden, soweit ein negatives Kapitalkonto des Kommanditisten entsteht oder sich erhöht. Soweit der Verlust nicht ausgeglichen oder abgezogen werden darf, mindert er die Gewinne, die dem Kommanditisten in späteren Wirtschaftsjahren aus seiner Beteiligung an der KG zuzurechnen sind. Soweit ein negatives Kapitalkonto des Kommanditisten durch Entnahmen entsteht oder sich erhöht (Einlageminderung), ist dem Kommanditisten der Betrag der Einlageminderung als Gewinn zuzurechnen. Der zuzurechnende Betrag darf den Betrag der Anteile am Verlust der KG nicht übersteigen, der im Wirtschaftsjahr der Einlageminderung und in den 10 vorangegangenen Wirtschaftsjahren ausgleichs- oder abzugsfähig gewesen ist. Dies gilt sinngemäß für andere Unternehmer, soweit deren Haftung der eines Kommanditisten vergleichbar ist, insbesondere für: (1) stille Gesellschafter, die als Unternehmer (Mitunternehmer) anzusehen sind; (2) Gesellschafter einer BGB-Gesellschaft, bei der der Gesellschafter als Unternehmer (Mitunternehmer) anzusehen ist, soweit seine Inanspruchnahme für Schulden per Vertrag ausgeschlossen oder unwahrscheinlich ist; (3) Gesellschafter einer ausländischen Personengesellschaft, bei der der Gesellschafter als Unternehmer (Mitunternehmer) anzusehen ist, soweit die Haftung für Schulden der eines Kommanditisten oder stillen Gesellschafters entspricht oder soweit die Inanspruchnahme des Gesellschafters für Schulden durch Vertrag ausgeschlossen oder unwahrscheinlich ist; (4) Unternehmer, soweit Verbindlichkeiten nur in Abhängigkeit von Erlösen oder Gewinnen aus der Nutzung, Veräußerung oder sonst. Verwertung von Wirtschaftsgütern zu tilgen sind.

Verlustigerklärung

Rechtliche Form der Außerkraftsetzung von abhanden gekommenen Wertpapieren, insbesondere Kraftloserklärung von Aktien im Rahmen des Aufgebotsverfahrens für abhanden gekommene Wertpapiere. In Verlust geratene Wertpapiere werden im Rahmen eines Aufgebots im Bundesanzeiger bekannt gemacht. Meldet sich der Inhaber dieser Wertpapiere nicht vor Ablauf der Aufgebotsfrist, wird er seiner Rechte aus dem Wertpapier für verlustig erklärt.

Verlustnachversteuerung

Die Nachversteuerung erfolgt durch Gewinnzurechnung und ist zeitlich und betragsmäßig auf Verluste des Jahres der Einlageminderung und/oder der Haftungsminderung und der 10 davorliegenden Jahre begrenzt. Die hinzuzurechnenden Beträge können zeitlich unbegrenzt mit Gewinnen aus derselben Kommanditbeteiligung verrechnet werden. Einlageminderung liegt vor, wenn und soweit durch Entnahmen ein negatives Kapitalkonto des Kommanditisten entsteht oder sich erhöht. Dem Kommanditisten wird der Betrag der Einlageminderung bezüglich der nachgewiesenen Haftung als Gewinn zugerechnet. Dieser Betrag darf den Betrag der Anteile am Verlust der KG nicht übersteigen, der im Jahr der Einlageminderung und in den 10 vorangegangenen Wirtschaftsjahren ausgleichs- oder abzugsfähig gewesen ist. Haftungsminderung liegt vor, wenn und soweit der Haftungsbetrag gemindert wird. Dem Kommanditisten wird der Betrag der Haftungsminderung abzügl. der aufgrund der Haftung tatsächlich geleisteten Beträge als Gewinn zugerechnet.

Verlustübernahme bei Unternehmensverträgen

Besteht ein Beherrschungs- oder Gewinnabführungsvertrag, hat der andere Vertragsteil jeden während der Vertragsdauer sonst entstehenden Jahresfehlbetrag auszugleichen, soweit dieser nicht dadurch ausgeglichen wird, daß den freien Rücklagen Beträge entnommen werden, die während der Vertragsdauer in sie eingestellt worden sind. Hat eine abhängige Gesellschaft den Betrieb ihrer Unternehmung dem herrschenden Unternehmen verpachtet oder sonstwie überlassen, hat das herrschende Unternehmen jeden während der Vertragsdauer sonst entstehenden Jahresfehlbetrag auszugleichen, soweit die vereinbarte Gegenleistung das angemessene Entgelt nicht erreicht. Die Gesellschaft kann auf den Anspruch auf Ausgleich erst 3 Jahre nach dem Tage, an dem die Eintragung der Beendigung des Vertrags ins Handelsregister als bekanntgemacht gilt, verzichten oder sich über ihn vergleichen. Dies gilt nicht, wenn der Ausgleichspflichtige zahlungsfähig ist und sich zur Abwendung oder Beseitigung des Konkursverfahrens mit seinen Gläubigern vergleicht. Der Verzicht oder Vergleich wird nur wirksam, wenn die außenstehenden Aktionäre durch Sonderbeschluß zustimmen und nicht eine Minderheit, deren Anteile zusammen 10% des bei der Beschlußfassung vertretenen Grundkapitals erreichen, zur Niederschrift Widerspruch erhebt.

Verlustverteilung

→ Verlustanteil.

Verlust von Wertpapieren

Durch gutgläubigen Erwerb von Wertpapieren, wenn es sich um Inhaberpapiere handelt, können für den Eigentümer von abhanden gekommenen Wertpapieren große Nachteile eintreten. Für Kaufleute, die Bankgeschäfte betreiben, ist daher für Veräußerung oder Verpfändung von Inhaberpapieren der gute Glaube ausgeschlossen, wenn die Inhaberpapiere dem Eigentümer gestohlen worden, verlorengegangen oder abhanden gekommen sind, der Verlust des Papiers im Bundesanzeiger bekanntgemacht und seit Ablauf des Jahres, in dem die Veröffentlichung erfolgte, nicht mehr als 1 Jahr vergangen ist. Den Inhaberpapieren stehen an Order lautende Anleiheschuldverschreibungen sowie Namensaktien und Zwischenscheine gleich, wenn sie Blankoindossament tragen. Um den Banken das Auffinden solcher Verlustanzeigen zu erleichtern, werden alle Wertpapiere, deren Verlust angezeigt worden ist, in die Sammelliste mit Oppositionen belegter Wertpapiere aufgenommen, die von der Fachzeitschrift „Wertpapier-Mitteilungen" herausgegeben wird. Mit dem Namen der Wertpapiernummer in der Sammelliste ist gutgläubiger Erwerb durch eine Bank nicht mehr möglich. In Verlust geratene Wertpapiere können im Aufgebotsverfahren durch ein Ausschlußurteil für kraftlos erklärt werden; Zins- und Gewinnanteilscheinbogen sind davon ausgenommen. Auch Kraftloserklärung von Urkunden über Investmentanteile im Aufgebotsverfahren ist grundsätzlich zulässig. Öffentliche Bekanntmachung des Aufgebots erfolgt durch Bekanntgabe an der Gerichtstafel und in der Börse, wenn eine solche am Sitz des Aufgebotsgerichts besteht, sowie durch Bekanntgabe im Bundesanzeiger und ggfs. in den darüber hinaus in der Urkunde bezeichneten oder sonstwie vorgeschriebenen Blättern. In dem Aufgebot wird der Inhaber der Urkunde aufgefordert, spätestens im Aufgebotstermin, dessen Festsetzung von bestimmten Fristen abhängt, seine Rechte beim Gericht anzumelden und die Urkunde vorzulegen; gleichzeitig wird angedroht, daß die Urkunde für kraftlos erklärt wird. Nach der Kraftloserklärung der Urkunde kann beim Emittenten die Ausstellung einer neuen beantragt werden.

Verlustzuweisung

→ Abschreibungsgesellschaft → Verlustzuweisungsgesellschaft.

Verlustzuweisungsgesellschaft

Verlustzuweisungsgesellschaften sind Unternehmen, deren Tätigkeit darauf abzielt, durch Inanspruchnahme steuerlicher Bilanzierungs- und Bewertungsvorschriften Verluste zu erzielen. Diese Verluste werden dann den Beteiligten zugeteilt, die sie von ihren sonstigen Einkünften abziehen und auf diese Weise ESt bzw. KSt sparen. Verlustzuweisungsgesellschaften übten in der Vergangenheit besondere Anziehungskraft für Steuerpflichtige mit hohen marginalen Steuersätzen aus, da die Anfangsverluste aus dem Verlustzuweisungsprojekt oft weit höher waren als die Kapitalbeteiligung. Die Steuerersparnis überstieg i. d. R. die Höhe der Einlage mit der Folge, daß die Einlage voll aus der Steuerersparnis finanziert wurde und somit zusätzlich ein Liquiditätsvorteil entstand. Der Tätigkeitsbereich der Verlustzuweisungsgesellschaften wurde Anfang der 80er Jahre durch steuerpolitische Maßnahmen, insbesondere der Nichtanerkennung des negativen Kapitalkontos, erheblich eingeschränkt.

Vermächtnis

Wenn der Erblasser im Testament jemandem einen Vermögensvorteil zuwendet, ohne ihn als Erben einzusetzen. Während der Erbe Gesamtrechtsnachfolger wird, hat der Vermächtnisnehmer nur schuldrechtlichen Anspruch auf Leistung des vermachten Gegenstandes (z. B. Zahlung eines Geldbetrags, Übertragung eines Grundstücks, die Einräumung eines Rentenrechts usw.). Einem von mehreren Erben kann ein Vorausvermächtnis zugewendet werden (Geldbetrag, Schmuck usw.).

Vermietung von Safes (Schließfächern)

Vermietung von Safes bzw. Schließfächern ist eine spezielle Dienstleistung der Banken, die nicht mit dem Verwahrungsgeschäft zu verwechseln ist. Banken vermieten Safes bzw. Schließfächer zur sicheren Aufbewahrung von Wertpapieren, Dokumenten und Wertsachen. Die vermieteten Schließfächer stehen unter Doppelverschluß des Kunden und der Bank und können daher nur von beiden gemeinsam geöffnet werden. Die Bank hat an dem Inhalt der Safes kein Pfandrecht, da sie nur den Schließfachraum vermietet. Ihr steht allerdings das gesetzliche Vermieterpfandrecht für Forderungen aus dem Mietverhältnis zu.

Vermittlung von Bezugsrechten

Den Aktionären einer AG steht bei einer Erhöhung des Grundkapitals ein gesetzliches Bezugsrecht zu. Aus Vereinfachungsgründen wird i. d. R. eine Kapitalerhöhung so durchgeführt, daß die neuen Aktien einem Bankenkonsortium überlassen werden; dieses übernimmt die Verpflichtung, sie den alten Aktionären zu den vereinbarten Bedingungen anzubieten (indirektes Bezugsrecht). Dabei kann sich ergeben, daß bei einzelnen Aktionären zum Spitzenausgleich Bezugsrechte hinzugekauft oder verkauft werden müssen. Bei der Ankündigung von Bezugsrechten teilt die Bank dem Kunden mit, welche Möglichkeiten sich für ihn ergeben. Sie ersucht ihn um Entscheidung, ob er das Bezugsrecht ausüben will oder ob und ggf. in welcher Höhe Bezugsrechte verkauft oder hinzugekauft werden sollen. Sofern nicht bis zum festgesetzten Termin, spätestens am vorletzten Tag, an dem die Bezugsrechte an der Börse gehandelt werden, eine entsprechende Weisung des Kunden vorliegt, verkauft die Bank die Bezugsrechte für Rechnung des Kunden.

Vermögen

Gesamtheit aller wirtschaftlichen (geldwerten) Güter, die einer Person oder Unternehmung zu einem bestimmten Zeitpunkt gehören (ohne Abzug der Schulden). Zum Vermögen gehören nicht nur Sachen, sondern auch Ansprüche und sonst. Rechte. Betriebswirtschaftlich: die Aktiva, die als Anlage- und Umlaufvermögen auf der Aktivseite der Bilanz stehen. Steuerrechtlich: Summe der einzelnen Vermögensarten, vermindert um Schulden und Lasten.

Vermögensanlage

Das Gesamt der Geld- und Kapitalanlageformen. → Geldanlage → Kapitalanlage → Kapitalanlagearten.

Vermögensanlagen der Versicherungen

Die Vermögens- bzw. Kapitalanlage ist bei Versicherungsunternehmen ein bestimmter Abschnitt im Prozeß zur Herstellung von Versicherungsschutz. Da die Prämieneinzahlungen der Versicherungsnehmer und die im Versicherungsfall vom Versicherer zu erbringenden Versicherungsleistungen bei einigen Versicherungszweigen, insbesondere in der Lebens- und Krankenversicherung, zeitlich teilweise stark auseinanderklaffen, ist die Vermögensanlage bei Versicherungen zur Überbrückung dieser Zeiträume und zur Aufrechterhaltung der Leistungsfähigkeit zwingend erforderlich. → Vermögensanlagevorschriften für Versicherungen.

Vermögensanlagevorschriften

Da jede Vermögensanlage mit einem Risiko verbunden ist, ist im Interesse einer dauernden Erfüllbarkeit der Verbindlichkeiten vieler Kapitalsammelstellen – vor allem Versicherungen, Banken, Investmentgesellschaften u. a. – die Kapitalanlage dieser Unternehmen besonderen gesetzlichen und aufsichtsbehördlichen Vorschriften unterworfen. Allgemein gilt, daß bei der Anlegung des Vermögens die Grundsätze möglichst großer Sicherheit, Rentabilität und Liquidität unter Berücksichtigung angemessener Mischung und Streuung zu beachten sind. Speziell handelt es sich um rechtliche, satzungsmäßige oder vertragliche Regelungen zur Anlage überlassener Vermögensgegenstände sowie den damit verbundenen Dispositionsspielräumen seitens des Vermögensverwalters. Im wesentlichen dienen sie dem Schutz der Vermögenseinleger und zur Festlegung geschäftspolitischer Grundsätze der Vermögensverwaltung.

Vermögensanlagevorschriften für Versicherungen

Anlagegrundsätze sind im VAG geregelt. Unter Beachtung der obersten Bedingung Sicherheit sollen Anlagen unter dem Aspekt der Rentabilität bei jederzeitiger Liquidität unter Wahrung angemessener Mischung und Streuung ausgerichtet sein. Das Sicherheitspostulat verbietet die Anlage in spekulativen Engagements und verlangt eingehende Bonitätsprüfung und laufende -kontrolle. Rentabilitätsaspekte sind vor dem Hintergrund des Kapitalerhaltungsgedankens und des Wettbewerbsprinzips (Prämienkalkulation, Beitragsrückerstattungen usw.) zu sehen. Der Liquiditätsgrundsatz gestaltet sich für einzelne Versicherungszweige unterschiedlich. So müssen Schadensversicherer, etwa im Gegensatz zu Lebensversicherern, wesentlich leichter liquidisierbare Anlagen – insbesondere Wertpapiere – wählen. Anlageschwerpunkte für die Versicherungswirtschaft sind Namensschuldverschreibungen, Schuldscheinforderungen, Hypotheken-, Grund- und Rentenschuldforderungen, Grundstücke und grundstücksgleiche Rechte sowie bestimmte Wertpapiere. Besondere Beachtung verdient der Deckungsstock, ein Prämienreservefonds, für den besonders umfangreiche und streng überwachte Regelungen zu beachten sind.

Vermögensaufstellung

Aufstellung der Fondsvermögen der Investmentgesellschaften auf einen Stichtag. Viele unterrichten die Anteilinhaber quartalsweise oder halbjährlich mittels Vermögensaufstellung über die Entwicklung der Fonds, über Veränderungen des Portefeuilles usw.

Vermögensberater

Berater in (meist allen) Fragen der Geld- und Kapitalanlage sowie sonstiger Vermögensangelegenheiten. Es können sowohl Mitarbeiter von Banken im Rahmen ihres Berufs sein als auch freiberuflich tätige Personen mit eigener Praxis.

Vermögensberatung

Banken und Anlageberater bieten ihren Kunden auf vertraglicher Basis regelmäßig Beratung in allen Vermögensfragen. Sie arbeiten Anlagevorschläge aus, geben Empfehlungen zu Vermögensumschichtungen usw. Die Dispositionen sind jedoch vom Kunden selbst zu treffen: Er entscheidet im Einzelfall, ob er dem Vorschlag seiner Bank folgt oder nicht.

Vermögensbildung (in Arbeitnehmerhand)

Bildung von Vermögen bei breiten Bevölkerungsschichten durch Leistungen des Arbeitgebers (→ Vermögensbildungsgesetz (936-DM-Gesetz). Vereinbarte vermögenswirksame Leistungen, die der Arbeitgeber unmittelbar für den Arbeitnehmer erbringt, werden zum Teil steuerlich begünstigt (Sparprämiengesetz, Wohnungsbauprämiengesetz, Belegschaftsaktien u. a. m.).

Vermögensbildungsgesetz (936-DM-Gesetz)

Nach dem 5. Vermögensbildungsgesetz wird die Vermögensbildung von Arbeitnehmern durch vereinbarte vermögenswirksame Leistungen der Arbeitgeber bis zu einer Höhe von 936 DM gefördert. Die staatliche Förderung besteht zunächst einmal aus der sog. Arbeitnehmer-Sparzulage, die steuer- und sozialabgabenfrei ist und auf Antrag durch das für die Besteuerung des Arbeitnehmers nach dem Einkommen zuständige Finanzamt festgesetzt wird. Allerdings darf das jährlich zu versteuernde Einkommen die Grenze von 27000 DM bzw. 54000 DM bei Verheirateten nicht übersteigen. Die Zulage beträgt 10% der vermögenswirksamen Leistungen, die aufgrund eines Sparvertrages über Wertpapiere oder andere Vermögensbeteiligungen in Aktien, Genußscheinen, Gewinnschuldverschreibungen oder Aktienfonds-Anteilen angelegt werden. Für Anlagen vermögenswirksamer Leistungen bei Bausparkassen wird ebenso eine 10%ige Arbeitnehmer-Sparzulage gewährt. Vermögenswirksames Sparen auf

Sparkonten, mit Sparbriefen und festverzinslichen Wertpapieren sowie in Lebensversicherungen wird nicht mehr mit einer Sparzulage gefördert. Allerdings gelten für vermögenswirksame Sparverträge, deren Vertragsabschluß und Sparbeginn vor dem 31. 12. 1989 lagen, Übergangsvorschriften. Staatliche Prämien werden nur noch für Bausparer gezahlt. Diese können 800/1 600 DM (Alleinstehende/Verheiratete) pro Jahr prämienbegünstigt anlegen. Sie haben Anspruch auf 10% Wohnungsbauprämie. Derjenige, der aus steuerlichen Gründen auf die Prämie verzichten will, kann die Bausparbeiträge grundsätzlich auch bei den beschränkt abzugsfähigen Sonderausgaben steuerlich geltend machen. Natürlich können die Zahlungen für einen Bausparvertrag auch mit vermögenswirksamen Leistungen kombiniert werden. Bis zu 936 DM können hierbei vermögenswirksam angelegt werden, für die dann die staatliche Sparzulage von 10% gezahlt wird. Die Höhe der staatlichen Sparförderung ist heute unabhängig von der Zahl der Kinder.

Vermögensbildungspolitik

Beinhaltet i. w. S. alle staatlichen Maßnahmen zur Förderung der Vermögensbildung; i. e. S. umfaßt sie dagegen nur alle vermögensbildenden Maßnahmen zugunsten der Arbeitnehmer bzw. zugunsten der Bezieher niedriger und mittlerer Einkommen. Ziele der Vermögensbildungspolitik sind u. a.: Erweiterung des Wohlstandes, Verbesserung der sozialen und wirtschaftlichen Sicherheit, Abbau wirtschaftlicher und gesellschaftlicher Machtkonzentration und letztlich Aufrechterhaltung des sozialen und wirtschaftlichen Friedens. Als Instrumente der Vermögensbildungspolitik kommen u. a. in Frage: staatliche Sparförderung, vermögenswirksame Lohnpolitik, vermögenswirksame Gewinnbeteiligung, Privatisierung öffentlichen Vermögens sowie vermögenswirksame Besteuerung.

Vermögensrechte

Mit der Aktie verbundene Rechte auf Vermögensanteile, vor allem Anspruch auf Dividende, Recht auf Anteil am Liquidationserlös sowie Bezugsrecht.

Vermögensschaden

In der Haftpflichtversicherung der Schaden, der weder Personen- noch Sachschaden ist (= echter oder reiner Vermögensschaden). Unechter Vermögensschaden: kausaler Folgeschaden eines Personen- oder Sachschadens.

Vermögensstruktur

Die Untersuchung der Vermögensstruktur einer Unternehmung ermöglicht einen Einblick in die Schichtung des Vermögens, das angemessene Maß der Ausstattung der Unternehmung an Anlagen und Betriebsmitteln. Sie zeigt ferner die Dauer der Bindung der investierten Kapitalien der Unternehmung. Die Vermögensstruktur kann anhand bestimmter Bilanzkennzahlen analysiert werden. Die Analyse gewinnt an Aussagefähigkeit, wenn die für die Unternehmung ermittelten Kennzahlen mit denen von Unternehmungen ähnlicher Art verglichen werden.

Vermögensstrukturkennzahlen

Vermögensstrukturkennzahlen werden im Rahmen der Bilanzanalyse zur Beurteilung der Vermögensstruktur einer Unternehmung herangezogen. Die Bildung der Kennzahlen erfolgt, indem Vermögenspositionen bzw. -gruppen zueinander in Beziehung gesetzt werden.

Vermögensteuer

Laufend erhobene Steuer, deren Höhe sich nach dem Vermögen des Steuerpflichtigen am Beginn eines Kalenderjahres richtet. Bemessungsgrundlage für die VSt ist bei unbeschränkt Steuerpflichtigen das Gesamtvermögen, bei beschränkt Steuerpflichtigen das Inlandsvermögen, bei erweitert beschränkt Steuerpflichtigen das erweiterte Inlandsvermögen, jeweils ermittelt nach den Verhältnissen am Beginn des Kalenderjahres, für das die Veranlagung durchgeführt wird (Veranlagungszeitpunkt). Das Gesamtvermögen setzt sich zusammen aus dem Grundvermögen, dem land- und forstwirtschaftlichen Vermögen, dem Betriebsvermögen und dem sonstigen Vermögen. Zum sonstigen Vermögen gehören alle Wirtschaftsgüter, soweit sie nicht schon bei den anderen genannten Vermögensarten erfaßt worden sind. Insbesondere gehören dazu: Kapitalforderungen jeder Art, Spareinlagen, Bankguthaben, Zahlungsmittel, Aktien, GmbH-Anteile, festverzinsliche Wertpapiere, Investmentanteile, Nießbrauchsrechte u. a. m. Für das zum sonstigen Vermögen gehörende Kapitalvermögen wird ein Freibetrag von insgesamt DM 10000 gewährt. Von dem ermittelten Aktivvermögen sind alle Schulden und Lasten abzuziehen, soweit sie nicht bereits im Einheitswert des Betriebsvermögens berücksichtigt worden sind. Ehegatten, die nicht dauernd getrennt leben, sowie Eltern mit Kindern, die das 18. Lebensjahr noch nicht vollendet haben, werden ohne Einschränkung zusammen veranlagt. Mit Kindern, die das 27. Lebensjahr noch nicht vollendet haben und sich noch in Berufsausbildung befinden, können die Eltern auf gemeinsamen Antrag zusammen veranlagt werden. Bei der Zusammenveranlagung wird das Gesamtvermögen von Ehegatten, von Eltern und Kindern zusammengerechnet. Ebenso werden auch die ihnen zustehenden persönlichen und sachlichen Freibeträge zusammengerechnet. Beschränkt steuerpflichtige Personen sind von der Zusammenveranlagung ausgeschlossen.

Vermögensteuer bei Gegenständen, die im öffentlichen Interesse liegen

→ Kunstsammlungen, vermögensteuerlich.

Vermögensteuer, Vermögensbewertung

Das Vermögensteuerrecht kennt vier Vermögensarten, deren Bewertung wie folgt vorgenommen wird: (1) Land- und forstwirtschaftliches Vermögen wird zum Einheitswert versteuert. (2) Grundvermögen wird mit dem 1,4fachen Einheitswert bewertet. Die Einheitswerte für Grundvermögen entstammen den Jahren 1964 bzw. 1974; um zwischenzeitlichen Wertzuwächsen Rechnung zu tragen, erfolgt der 40%ige Zuschlag. (3) Betriebsvermögen wird mit 75% des den persönlichen Freibetrag für diese Vermögensart von DM 500000 übersteigenden Betrags in die Ermittlung der Vermögensteuerschuld einbezogen. (4) Sonstiges Vermögen wird zum Einzelverkaufserlös bewertet; es gelten verschiedene sachliche Freigrenzen und Freibeträge – auch für Kapitalvermögen.

Vermögensteuerpflicht

Vermögensteuerpflichtig sind natürliche und die meisten juristischen Personen. Ob tatsächlich VSt zu zahlen ist, richtet sich nach der Höhe des steuerpflichtigen Vermögens: Das Vermögen muß eine bestimmte Höhe übersteigen, wenn eine Steuerzahlungspflicht entstehen soll. Vermögensteuerzahlungspflichtig ist nur, wer zur VSt veranlagt worden ist. Erklärungspflichtig sind, d. h. eine Vermögensteuererklärung haben abzugeben: (1) natürliche Personen, die allein veranlagt werden, wenn ihr Gesamtvermögen vor Abzug der Freibeträge DM 70000 übersteigt; (2) natürliche Personen, die mit Ehegatten oder Kindern zusammen veranlagt werden, wenn das Gesamtvermögen der zusammen veranlagten Personen den Betrag übersteigt, der sich ergibt, wenn für jede beteiligte Person DM 70000 als Freibetrag angesetzt werden; die Freibeträge von DM 70000 pro Person werden ab 1995 auf jeweils DM 120000 erhöht. Weitere DM 50000 sind steuerfrei, wenn der Steuerpflichtige das 60. Lebensjahr vollendet hat oder voraussichtlich für mindestens drei Jahre zu 100% schwerbehindert ist. Werden mehrere Steuerpflichtige zusammen veranlagt, so wird dieser Freibetrag um die Anzahl der zusammen veranlagten über 60 Jahre alten bzw. schwerbehinderten Steuerpflichtigen vervielfacht. (3) Körperschaften usw. haben eine Vermögensteuererklärung abzugeben, wenn ihr Gesamtvermögen mind. DM 20000 beträgt; (4) beschränkt steuerpflichtige Personen haben eine Erklärung über ihr Inlandsvermögen abzugeben, sofern dieses insgesamt mind. DM 20000 beträgt; (5) jeder hat eine Erklärung abzugeben, der dazu vom Finanzamt aufgefordert wird.

Vermögensteuerfreibeträge (persönliche) in DM

Steuerpflichtige Personen	bis 1995	ab 1995
1. ledig, unter 60 Jahre alt; nicht schwerbehindert	70000	120000
2. ledig, über 60 Jahre alt bzw. schwerbehindert	120000	170000
3. verheiratet, beide Ehegatten unter 60 Jahre alt, nicht schwerbehindert	140000	240000
4. verheiratet, ein Ehegatte über 60 Jahre alt bzw. schwerbehindert	190000	290000
5. verheiratet, beide Ehegatten über 60 Jahre alt bzw. schwerbehindert	240000	340000
Für jedes Kind, das mit einem Steuerpflichtigen bzw. mit einem Ehegatten zusammen veranlagt wird, sind bis 1995 weitere DM 70000 bzw. ab 1995 weitere DM 120000 vermögensteuerfrei.		

Das Gesamtvermögen eines Steuerpflichtigen unterliegt nur insoweit der VSt, als es den persönlichen Freibetrag übersteigt. Dieser beträgt DM 70000. Ehegatten, die nicht dauernd getrennt leben, sowie Eltern mit Kindern, die das 18. Lebensjahr noch nicht vollendet haben, werden ohne Einschränkung zusammen veranlagt. Mit Kindern, die das 27. Lebensjahr noch nicht vollendet haben und sich noch in Berufsausbildung befinden, können Eltern auf gemeinsamen Antrag zusammen veranlagt werden. Bei der Zusammenveranlagung wird das Gesamtvermögen von Ehegatten, von Eltern und Kindern zusammengerechnet. Ebenso werden auch die ihnen zustehenden persönlichen und sachlichen Freibeträge zusammengerechnet. Beschränkt steuerpflichtige Personen sind von der Zusammenveranlagung ausgeschlossen. Für Körperschaften gilt eine Freigrenze von DM 20000, ebenso für beschränkt Steuerpflichtige.

Vermögensteuerpflicht, beschränkte

→ beschränkte Vermögensteuerpflicht.

vermögensteuerpflichtiges Vermögen

Bei unbeschränkt Steuerpflichtigen unterliegt das Gesamtvermögen der VSt. Unbeschränkt steuerpflichtig sind natürliche Personen, die Wohnsitz oder gewöhnlichen Aufenhalt im Inland haben. Das Gesamtvermögen umfaßt solche Wirtschaftsgüter, die unter eine der 4 Vermögensarten fallen. Güter, die hier nicht eingeordnet werden können, sind nicht Bestandteil des Gesamtvermögens. Das Gesamtvermögen errechnet sich nach dem Schema:

  Land- und forstwirtschaftliches Vermögen
\+ Grundvermögen
\+ Betriebsvermögen
\+ sonstiges Vermögen
= Rohvermögen
./. Schulden u. sonst. Abzüge (§ 118 BewG)
= Gesamtvermögen

Private Kapitalvermögen – festverzinsliche Wertpapiere, Aktien, Spareinlagen, alle verzinslichen und unverzinslichen Kapitalforderungen – gehören zum sonstigen Vermögen, u. a. m.

Vermögensteuer, sachliche Freibeträge

Bei der VSt werden für eine Reihe von privaten Wirtschaftsgütern sachliche Freibeträge gewährt. Hinsichtlich der zum Privatvermögen (nicht zum Betriebsvermögen) gehörenden Wertpapiere ergibt sich, daß diese zusammen mit Kontoguthaben (diese zuvor gekürzt um einen selbständigen Freibetrag von DM 1000 pro Person) und Kapitalforderungen bis zum Betrag von DM 10000 pro Person unberücksichtigt bleiben.

Vermögensteuersatz

Anders als für die ESt mit ihrem (überwiegenden) Progressionstarif gilt für die VSt ein proportionaler Steuersatz. Er beträgt ohne Rücksicht auf die Höhe des steuerpflichtigen Vermögens für natürliche Personen 0,5%, für Körperschaften einheitlich 0,6%. Eine gewisse Progression ergibt sich bei natürlichen Personen durch die Gewährung der persönlichen Freibeträge. Sie wirkt sich allerdings nur bei kleineren Vermögen aus.

Vermögensteuerveranlagung

Anders als bei der ESt, die rückwirkend für jedes einzelne Kalenderjahr veranlagt wird, erfolgt eine allgemeine Veranlagung der VSt (Hauptveranlagung) regelmäßig nur alle 3 Jahre. Dabei wird die VSt für 3 Kalenderjahre (Hauptveranlagungszeitraum) im voraus festgesetzt. Unter bestimmten Voraussetzungen kann es allerdings auch während des Hauptveranlagungszeitraums zu einer Veranlagung kommen (Neu-, Nachveranlagung). Neuveranlagung erfolgt von Amts wegen, wenn dem Finanzamt die über den Neuveranlagungsgrenzen liegenden Wertänderungen bekannt werden; dies gilt auch für Neuveranlagungen bei Vermögensermäßigungen, also zugunsten des Steuerzahlers. Nachveranlagung wird innerhalb eines Hauptveranlagungszeitraums durchgeführt, wenn die persönliche Steuerpflicht neu begründet wird, ein persönlicher Befreiungsgrund wegfällt, ein beschränkt Steuerpflichtiger unbeschränkt steuerpflichtig oder ein unbeschränkt Steuerpflichtiger beschränkt steuerpflichtig wird.

Vermögensübernahme

Vertragliche Übernahme des gesamten gegenwärtigen Vermögens eines anderen. Die Vermögensübernahme, die der öffentlichen Beurkundung bedarf, hat zur Folge, daß die Gläubiger trotz Fortdauer der Haftung des bisherigen Schuldners, vom Zeitpunkt des Vertragsabschlusses ab, ihre bestehenden Ansprüche auch gegen die übernehmende Person geltend machen können. Der Übernehmende kann allerdings seine Haftung auf den Bestand des übernommenen Vermögens und die ihm aus diesem Vertrag zustehenden Ansprüche beschränken.

Vermögensübernahme, körperschaftsteuerlich

Geht das Vermögen einer Kapitalgesellschaft durch Gesamtrechtsnachfolge auf eine unbeschränkt steuerpflichtige Kapitalgesellschaft oder auf eine sonstige unbeschränkt steuerpflichtige Körperschaft über, sind die nach KStG ermittelten Eigenkapitalteile der übertragenden Kapitalgesellschaft den entsprechenden Teilbeträgen der übernehmenden Körperschaft hinzuzurechnen. Übersteigt die Summe der zusammengerechneten Teilbeträge infolge des Wegfalls von Anteilen an der übertragenden Kapitalgesellschaft oder aus anderen Gründen das verwendbare Eigenkapital, das sich aus einer Steuerbilanz auf den unmittelbar nach dem Vermögensübergang folgenden Zeitpunkt bei der übernehmenden Körperschaft ergeben würde, sind in Höhe des Unterschiedsbetrags die nicht mit KSt belasteten Teilbeträge zu mindern. Reichen die nicht mit KSt belasteten Teilbeträge nicht aus, sind die neu entstehenden nicht der KSt unterliegenden Vermögensmehrungen um den Restbetrag zu mindern.

Vermögensübertragung

Ein Vertrag, durch den sich eine AG oder KGaA zur Übertragung des ganzen Gesellschaftsvermögens verpflichtet, ohne daß die Übertragung unter die Verschmelzung fällt, wird nur mit Zustimmung der HV wirksam. Der Beschluß bedarf einer Mehrheit, die mind. ¾ des bei der Beschlußfassung vertretenen Grundkapitals umfaßt. Die Satzung kann eine größere Kapitalmehrheit und weitere Erfordernisse bestimmen. Für den Vertrag gelten die Vorschriften zum Verschmelzungsvertrag. Der Vertrag ist von der Einberufung der HV an, die über die Zustimmung beschließen soll, in dem Geschäftsraum der AG zur Einsicht der Aktionäre auszulegen. Auf Verlangen ist jedem Aktionär eine Abschrift zu erteilen. In der HV ist der Vertrag auszulegen. Der Vorstand hat ihn zu Beginn der Verhandlung zu erläutern. Der Niederschrift ist er als Anlage beizufügen. Wird aus Anlaß der Übertragung des Gesellschaftervermögens die Auflösung der Gesellschaft beschlossen, gelten die entsprechenden Vorschriften des AktG. Der Anmeldung der Auflösung der Gesellschaft ist der Vertrag in Ausfertigung oder öffentlich beglaubigter Abschrift beizufügen.

Vermögensumschlag

Kennzeichnet meist eine Absatz- oder Umsatzgröße im Verhältnis zum vorhandenen Vermögen. Gibt in gewisser Weise Auskunft über Einsatz und Nutzungsintensität von Vermögensgegenständen bzw. auch die Kapitalintensität von Wirtschaftsprozessen. Häufig wird ein angemessener Vermögensumschlag als Zielgröße erwähnt und eine Beurteilung um so günstiger ausfallen, je höher der Vermögensumschlag ist. Wichtig in der Wertpapieranalyse.

Vermögensumschlagskennzahlen

Meist Stück- oder Wertgrößen des Absatz- oder Umsatzprozesses, die auf das gesamte Vermögen oder auf Vermögensteile, insbesondere das Anlage- oder Umlaufvermögen, bezogen werden. Z. B. Umschlagshäufigkeit des Warenlagers. Wichtig in der Wertpapieranalyse.

Vermögensumverteilung

Prozeß, durch den eine bestehende Vermögensverteilung in eine andere verändert wird. Liegt vor allem vor, wenn der Umverteilungsprozeß gelenkt oder zumindest beeinflußt wird. Vermögenspolitik, die Vermögensumwandlung als Ziel hat, geht davon aus, daß die gegebene Vermögensverteilung unbefriedigend ist, und von der Verpflichtung, diese in Richtung auf eine als angemessen zu betrachtende zu verändern. Die Veranlassung basiert auf außerwirtschaftlichen, nämlich sozialen, politischen, ethischen Überzeugungen. In den Ländern, in denen Privateigentum und das Erbrecht garantiert sind, bestehen nur wenige legale Möglichkeiten, durch Entzug von Vermögenswerten aus dem Bestand und deren Neuverteilung Vermögenspolitik zu betreiben. In der BR Deutschland setzen am Vermögensbestand Erbschaft-, Schenkung- und Vermögensteuer an. Verstaatlichung und Privatisierung haben gleichfalls verteilungspolitische Wirkung. Als Vermögensveränderungen setzen z. B. die staatliche Förderung von Sparen und Vermögensbildung, privatwirtschaftlich die Vereinbarung von Investivlöhnen u. a. Ergebnisbeteiligungen an.

Vermögensverlust

Ungewollte Schmälerung des Vermögens. Eng verwandt mit dem Verlust ist das jeder Anlageform inhärente Risiko des zufälligen oder nicht erwarteten (teilweisen)

Untergangs von Vermögenspositionen. Unter risikotheoretischen Aspekten ist die Wahrscheinlichkeit für Vermögensverluste eng korreliert mit der Wahrscheinlichkeit zur Erzielung höherer Renditen oder Vermögenszuwächse. Wichtige Ursachen können Geldentwertungen, Kurseinbrüche, Insolvenzen oder gesetzgeberische Restriktionen sein.

Vermögensvernichtung

Untergang des Gesamtvermögens oder Teilen daraus aufgrund außergewöhnlicher Ursachen wie z. B. Kriege, Naturkatastrophen oder Zusammenbrüche der Wirtschaft. Auch als Folge konjunktureller Kontraktionen.

Vermögensversicherungen

Versicherungen, die weder Sach- noch Personenversicherungen sind, also z. B. Haftpflicht- und Betriebsunterbrechungsversicherungen. I. e. S.: Schadenversicherungen.

Vermögensverteilung

Statistische Verteilung der Vermögensbestände in einer Volkswirtschaft auf Sektoren und die einzelnen Gruppen der Wirtschaftssubjekte.

Vermögensverwalter

Personen oder Institutionen, die Vermögensgegenstände (z. B. Wertpapiere, Geld, Immobilien oder Beteiligungen) verwalten. Insbesondere Banken, bestellte Nachlaßverwalter, Testamentsvollstrecker und Konkursverwalter.

Vermögensverwaltung durch Banken

Vermögensverwaltung (für Privatkunden) ist ein Dienstleistungsgeschäft der Banken. Die Bank verwaltet im Auftrag des Kunden dessen Wertpapiervermögen und andere Vermögensteile gegen Entgelt. Anders als bei der Anlage- bzw. Vermögensberatung trifft die Bank die Anlageentscheidung selbständig ohne Einzelabstimmung im Rahmen der mit dem Kunden vereinbarten Anlagegrundsätze. Die Geschäftssparte umfaßt vor allem Effektenvermögen, Beteiligungen, Testamentsvollstreckungen, Stiftungsverwaltungen. Das Schwergewicht liegt bei den Wertpapiervermögen. Die Banken verpflichten sich zu regelmäßiger, sachkundiger Überwachung und Betreuung der Depots. Die Gebühren werden am Vermögenswert bemessen und/oder als Erfolgshonorare erhoben. Die Verwaltung von Beteiligungen usw. erfordert von Fall zu Fall besondere Vereinbarungen zwischen den Beteiligten. Die Vermögensverwaltungsverträge sehen meist kurzfristige Kündigungsmöglichkeit für den Kunden und längerfristige für die Bank vor. Außerdem enthalten sie eine Freizeichnungsklausel, mit der die Bank ein Obligo ausschließt.

Vermögensverwaltung, steuerliche Abgrenzung

Ein Gewerbebetrieb ist bei gelegentlicher Vermittlung oder reiner Verwaltung eigenen Vermögens nicht gegeben. Auch ist eine Betätigung dann nicht gewerblich, wenn sie den Rahmen einer privaten Vermögensverwaltung nicht überschreitet. Erstellung und Veräußerung von Wohngebäuden und Eigentumswohnungen halten sich nur dann im Rahmen einer privaten Vermögensverwaltung, wenn sich die Bau- und Veräußerungsmaßnahmen noch als Nutzung von Grundbesitz i. S. einer Fruchtziehung aus zu erhaltenden Substanzwerten darstellen, dagegen nicht mehr, wenn die Ausnutzung substantieller Vermögenswerte durch Umschichtung entscheidend in den Vordergrund tritt. Auch durch besondere Aktivitäten bei Erschließung oder Verkauf von Grundstücken kann eine vermögensverwaltende Tätigkeit gewerblichen Charakter bekommen. Ob der An- und Verkauf von Wertpapieren als Vermögensverwaltung oder als gewerbliche Tätigkeit anzusehen ist, hängt, wenn eine selbständige und nachhaltige, mit Gewinnerzielungsabsicht betriebene Tätigkeit vorliegt, davon ab, ob die Tätigkeit sich auch als Beteiligung am allgemeinen wirtschaftlichen Verkehr darstellt. Der fortgesetzte An- und Verkauf von Wertpapieren reicht für sich allein, auch wenn er einen erheblichen Umfang annimmt und sich über einen längeren Zeitraum erstreckt, zur Annahme eines Gewerbebetriebes nicht aus, solange er sich in den gewöhnlichen Formen, wie sie bei Privatpersonen Regel bilden, abspielt, d. h. in der Erteilung von Aufträgen an eine Bank. Gewerbliche Tätigkeit ist aber gegeben, wenn jemand entweder ein Ladenlokal unterhält oder regelmäßig die Börse besucht oder wenn er in sonstiger Weise, d. h. nicht bloß seiner Bank gegenüber, unmittelbar oder über einen Dritten als An- und Verkäufer von Wertpapieren hervortritt.

vermögenswirksame Leistungen

→ Vermögensbildungsgesetz (936-DM-Gesetz)

vermögenswirksames Sparen

→ Vermögensbildungsgesetz (936-DM-Gesetz).

vernachlässigt (liegen)

Tendenzbez. f. Aktien, Rentenwerte oder ganze Teilmärkte, für die im Börsengeschäft kein oder kaum Kaufinteresse bestand und die daher im Kurs nachgaben.

Veröffentlichungspflicht

→ Publizität → Publizitätsgesetz.

Verordnung über die Rechnungslegung der Kreditinstitute

Vorschrift für den Jahresabschluß von Banken. Enthält die Definition für Spareinlagen, die für die Liquiditätsgrundsätze des BAK und die Mindestreserve der Deutschen Bundesbank maßgeblich ist und insofern den meisten Konten-Sparformen und -Verträgen zugrunde liegt.

Verpfändung

Dingliches Sicherungsmittel, vor allem für Bankkredite. Insbesondere Wertpapiere werden oft verpfändet (Lombardkredit). Ein Pfandrecht ist auch an Rechten möglich. Bestellung durch Vertrag; keine Schriftform erforderlich, aber üblich. Bei Forderungen nur wirksam, wenn dem Schuldner angezeigt. Das Pfandrecht ist akzessorisch: Es erlischt mit der Forderung, für die es besteht.

Verpfändung von Wertpapieren

Aufgrund der AGB haften die Wertpapiere, die ein Kunde von seiner Bank verwahren läßt, grundsätzlich für alle Verbindlichkeiten, die der Kunde ihr gegenüber hat: Die Bank hat an hinterlegten Wertpapieren also ein Pfandrecht. Aufgrund dessen kann sie unter bestimmten Voraussetzungen die Wertpapiere des Kunden verkaufen, wenn dieser ihm eingeräumte Kredite nicht vertragsgemäß zurückzahlt. Die Wertpapiere des Kunden können jedoch auch für die Verbindlichkeiten seiner Bank verpfändet werden. I. a. soll eine Mithaftung des Wertpapierbesitzers, des Kunden für die Verbindlichkeiten seiner Bank nur erfolgen, um letzterer die Möglichkeit zu geben, sich für dem Kunden gewährten Kredit zu refinanzieren.

Verpflichtungserklärungen bei der Börseneinführung

→ Zulassung (von Wertpapieren zum Börsenhandel).

Verrechnungssteuer

Die eidgenössische Verrechnungssteuer ist eine Quellensteuer (Abzugsteuer), die u. a. auf Zins- und Dividendenerträge schweizerischer Wertpapiere, auf Zinsen von Guthaben bei schweizerischen Banken, auf Erträge schweizerischer Investmentzertifikate u. a. m. erhoben wird. Der Satz der Verrechnungssteuer beträgt 35%. Die Steuer wird vom Schuldner des Ertrages entrichtet und durch Kürzung des Auszahlungsbetrages auf den Empfänger des Einkommens überwälzt. In der Schweiz wohnhafte Personen haben Anspruch auf Verrechnung bzw. Rückerstattung der Steuer. Ausländer müssen dagegen ihre Steuer als zusätzliche Einkommensbelastung tragen, sofern ihnen nicht nach einem DBA das Recht auf volle oder teilweise Entlastung zusteht.

Verrechnungstage

Tage vor dem Liquidationstermin von Termingeschäften, an denen die Skontrobogen einzureichen sind; i. d. R. 2 Tage vor dem Erfüllungstermin.

Verrentung

Transformation von Zahlungsströmen in Rentenzahlungen. → Rente.

verschlossenes Depot

→ Verwahrung von Wertpapieren.

Verschmelzung

Auch: Fusion. Vereinigung von Unternehmen ohne Abwicklung. Im AktG ist nicht nur die Verschmelzung von AG (Verschmelzung durch Aufnahme, Verschmelzung durch Neubildung) geregelt, sondern auch die Verschmelzung von AG mit KGaA, von KGaA miteinander und mit AG, von GmbH mit AG und mit KG, von einer bergrechtlichen Gewerkschaft mit AG und KGaA, die grundsätzlich wie die Verschmelzung von AG vorzunehmen sind mit den Abweichungen, die sich aus der betreffenden Gesellschaftsform ergeben.

Verschmelzung durch Aufnahme

Der Verschmelzungsvertrag wird nur wirksam, wenn die HV jeder Gesellschaft ihm zustimmt. Der Beschluß bedarf einer Mehrheit, die mind. ¾ des bei Beschlußfassung vertretenen Grundkapitals umfaßt. Die Satzung kann eine größere Kapitalmehrheit und weitere Erfordernisse bestimmen. Der Verschmelzungsvertrag ist von der Einberufung der HV an, die über die Zustimmung beschließen soll, im Geschäftsraum der AG zur Einsicht der

Aktionäre auszulegen. Auf Verlangen ist jedem Aktionär Abschrift zu erteilen. In der HV ist der Vertrag auszulegen. Der Vorstand hat ihn zu Beginn der Verhandlung zu erläutern. Der Niederschrift ist er als Anlage beizufügen. Jedem Aktionär ist auf Verlangen in der HV, die über die Verschmelzung beschließt, Auskunft auch über alle für die Verschmelzung wesentlichen Angelegenheiten der AG zu geben, mit der der Verschmelzungsvertrag geschlossen werden soll.

Verschmelzung durch Neubildung

Bei Verschmelzung von AG durch Bildung einer neuen AG gelten sinngemäß die Vorschriften zur Verschmelzung durch Aufnahme. Jede der sich vereinigenden AG gilt als übertragende und die neue AG als übernehmende. Die Verschmelzung darf erst beschlossen werden, wenn jede der sich vereinigenden AG bereits 2 Jahre im Handelsregister eingetragen ist. Die Satzung der neuen AG und die Bestellung ihrer Aufsichtsratsmitglieder bedürfen der Zustimmung der HV der sich vereinigenden AG. In die Bekanntmachung der Eintragung der neuen AG sind außer deren Inhalt u. a. aufzunehmen: Bestimmungen des Verschmelzungsvertrags über Zahl und, wenn mehrere Gattungen bestehen, Gattung der Aktien, die die neue AG den Aktionären der sich vereinigenden AG gewährt, und über Art und Zeitpunkt der Zuteilung dieser Aktien. Zugleich ist bekanntzumachen, daß die mit der Anmeldung eingereichten Schriftstücke beim Gericht eingesehen werden können.

Verschmelzungsmehrwert

Unterschiedsbetrag, der bei der Fusion zweier Gesellschaften entsteht, wenn der Wert des Reinvermögens der übertragenden Gesellschaft unter dem Wert der von der übernehmenden Gesellschaft gewährten Aktien liegt. Der Unterschiedsbetrag, der sich aus stillen Rücklagen und einem evtl. Firmenwert zusammensetzt, ist in der Fusionsbilanz unter die Posten des Anlagevermögens aufzunehmen.

Verschmelzung von Aktiengesellschaften

AG können ohne Abwicklung vereinigt (verschmolzen) werden. Die Verschmelzung kann erfolgen: (1) durch Übertragung des Vermögens der AG (übertragende AG) als Ganzes auf eine andere AG (übernehmende AG) gegen Gewährung von Aktien dieser AG (Verschmelzung durch Aufnahme); (2) durch Bildung einer neuen AG, auf die das Vermögen jeder der sich vereinigenden AG als Ganzes gegen Gewährung von Aktien der neuen AG übergeht (Verschmelzung durch Neubildung). Verschmelzung ist auch zulässig, wenn die übertragende AG oder eine der sich vereinigenden AG aufgelöst ist und die Fortsetzung der AG beschlossen werden könnte.

Verschuldung

Synonym für die Verbindlichkeitensituation einer Unternehmung. Entspricht dem aufgenommenen Fremdkapital. Im Rahmen der Bilanzanalyse spielen Verschuldungskennzahlen, die die Gesamtverschuldung oder Verschuldungsgrade bestimmter Fristigkeiten zum Inhalt haben, eine große Rolle. Die Einhaltung einer optimalen Verschuldung der Unternehmung ist eine schwierige Managemententscheidung, da dem positiven Rentabilitätseffekt einer erhöhten Verschuldung (leverage-Effekt) u. U. eine Verschlechterung der Kreditwürdigkeit gegenübersteht.

Verschuldungsgrad

Kennzahl, die im Rahmen der externen Bilanzanalyse zur Beurteilung der Kapital- und Finanzstruktur einer Unternehmung herangezogen wird. Es lassen sich verschiedene Begriffe unterscheiden: Der statische Verschuldungsgrad zeigt das Verhältnis von Fremdkapital zu Gesamtkapital bzw. Eigenkapital. Der dynamische Verschuldungsgrad spiegelt das Verhältnis von Nettoverschuldung zu cash flow wider. Der Begriff Verschuldungsgrad hat darüber hinaus im Rahmen der betrieblichen Finanzwirtschaft zentrale Bedeutung für die Herleitung von Kapitalstrukturmodellen bzw. Aufstellung von Regeln für die optimale Finanzierungsentscheidung. → optimale Kapitalstruktur → optimaler Verschuldungsgrad.

Verschwiegenheitspflicht

Verpflichtung von Beteiligten, über vertrauliche Angaben, Geschäftsgeheimnisse u. dgl. einer Unternehmung, die ihnen bekannt geworden sind, Stillschweigen zu bewahren. Ist u. a. gegeben beim Vorstand, Aufsichtsrat, Abschlußprüfer, Abwickler, Vertreter einer Gebietskörperschaft wegen deren Beteiligung an einer AG. Die Mitglieder der Prüfungskommission nach der Insider-Verfahrensordnung sind – soweit sich aus dieser nicht Ausnahmen ergeben – zur Verschwiegenheit verpflichtet. Die Kursmakler sind zur Verschwiegenheit über die Aufträge verpflichtet, sofern sie hiervon nicht durch die Parteien entbunden sind. Weitergehende

Verschwiegenheitspflichten bestehen im Bankwesen. → Bankgeheimnis

Versichertendividende

Bez. für die dem Versicherungsnehmer in einzelnen Versicherungszweigen, insbesondere in der Lebensversicherung, bedingungsgemäß zustehende Gewinnbeteiligung. → Überschußbeteiligung in der Lebensversicherung.

versichertes Interesse

Gesetzliche Bez. f. den Versicherungswert. Vom ursprünglichen Versicherungswert zu unterscheiden sind der Zeitwert als jeweiliger Wert und der Ersatzwert als das versicherte Interesse zur Zeit des Eintritts des Versicherungsfalls.

Versicherung

Leistungsprogramm der Versicherungsunternehmen. Zu unterscheiden: Sozial- und Individualversicherung; innerhalb letzterer als Zweige: gesetzliche Renten-, Unfall-, Kranken- und Arbeitslosenversicherung. Bei der Individualversicherung: ausgehend vom Versicherungsvertragsgesetz: Schaden- und Summenversicherung; daneben Sach-, Vermögens- und Personenversicherung; ansonsten Einteilung nach den vielen Versicherungszweigen, deren rechtliche Gestaltung weitgehend übereinstimmt und die daher auf denselben grundlegenden Bedingungen aufgebaut werden. Auch: Bez. f. Versicherer, Versicherungsunternehmung.

Versicherung auf verbundene Leben

Form der gemischten Lebensversicherung, die das Todesfallrisiko mehrerer versicherter Personen in einem Vertrag berücksichtigt (vor allem Ehegatten- und Teilhaberversicherung). Die Versicherungssumme wird beim Tode des zuerst sterbenden Versicherten oder spätestens bei Ablauf der Versicherung fällig.

Versicherungsaktien, -werte

Aktien von Versicherungsgesellschaften. Z. T. Namensaktien oder vinkulierte Namensaktien, deren Übertragung an die Zustimmung der AG gebunden ist. Bei der Bewertung ist die bisherige Einzahlung zu berücksichtigen, die im Kursblatt, das die Versicherungsaktien in einer Gruppe zusammenfaßt, angegeben ist. Leistung der fehlenden Einzahlung kann jederzeit angefordert werden. Umschreibung im Aktienbuch, die bei Namensaktien erst die Ausübung der Aktionärsrechte gegenüber der AG ermöglicht, wird erst vorgenommen, wenn das zuständige Organ den Rechtsübergang genehmigt hat. Die Zustimmung gibt der Vorstand, wenn die Satzung nichts anderes bestimmt. Versicherungsaktien befinden sich größtenteils in festen Händen, oft bei anderen Versicherungsgesellschaften.

Versicherungsaktiengesellschaft

In der Privatversicherung sind nur die Rechtsformen des Versicherungsvereins auf Gegenseitigkeit und der AG zulässig. Letztere bedarf der Erlaubnis zum Geschäftsbetrieb, die nur bei guter Eigenkapitalbasis und geeignetem Leitungspersonal erteilt wird. Das Grundkapital ist zu Beginn oft nur teileingezahlt, da die Erfüllung der Garantiefunktion des Grundkapitals auch bei Teileinzahlung (Nachschußpflicht) gewährleistet ist. Für die Finanzierung der Anfangsinvestitionen muß von den Aktionären ein zusätzlicher Organisationsfonds voll eingezahlt werden. Der laufende Geschäftsbetrieb unterliegt staatlicher Aufsicht.

Versicherungsansprüche, vermögensteuerliche Bewertung

Die noch nicht fälligen Ansprüche aus Lebens-, Kapital- und Rentenversicherungen werden mit dem Rückkaufwert bewertet. Es besteht ein Freibetrag von DM 10000, bei zusammen veranlagten Steuerpflichtigen von DM 10000 pro Person. Bei solchen Versicherungen, die keinen Rückkaufswert haben, weil im Falle vorzeitiger Aufhebung des Versicherungsvertrags von dem Versicherungsunternehmen nachweislich nichts oder noch nichts erstattet wurde, bleibt der Versicherungsanspruch außer Ansatz.

Versicherungsaufsicht

Die materielle Versicherungsaufsicht durch das Bundesaufsichtsamt für das Versicherungswesen (BAV) ergibt sich aus dem Versicherungsaufsichtsgesetz (VAG). Ziel ist die dauernde Erfüllbarkeit der Verträge. Die Unternehmen werden in Zeitabständen überprüft. Die Aufsicht kann in Einzelfällen in die Geschäftsführung eingreifen, Geschäftspläne ändern usw.

Versicherungsmathematik

Sie hat ihren Ursprung in der Wahrscheinlichkeitstheorie und der Finanzmathematik und dient sowohl der Schätzung der einzelnen Risiken und der sich anschließenden Prämienberechnung als auch der Untersuchung des Risikoausgleichsprozesses.

Versicherungsprämie
Beitrag für eine Versicherung.

Versicherungsprämien, steuerlich
Beiträge i. S. v. Versicherungsprämien zu Kranken-, Unfall-, Haftpflicht-, gesetzlicher Renten- und Arbeitslosenversicherung sowie bestimmte Versicherungen auf den Erlebens- oder Todesfall gehören zu den als Sonderausgaben berücksichtigungsfähigen Vorsorgeaufwendungen.

Versicherungsprogramm
Programme von KAG, bei denen die Erreichung des angestrebten Sparziels durch Lebensversicherungen gewährleistet wird. → fondsgebundene Lebensversicherung (fLV).

Versicherungsschein
Beweisurkunde über den Inhalt eines abgeschlossenen Versicherungsvertrages. Wird es auf den Inhaber ausgestellt: hinkendes Inhaberpapier.

Versicherungssparen
Sparform, in der Risikovorsorge und Vermögensbildung miteinander verknüpft sind. Der Versicherungsnehmer verfolgt mit dem Versicherungssparen u. a. folgende, meist langfristig ausgerichtete Ziele: wirtschaftliche Versorgung dritter Personen, Bereitstellung von Geldmitteln für die Berufsausbildung bzw. Aussteuer seiner Kinder sowie wirtschaftliche Sicherung des eigenen Lebensabends. Zur Erreichung dieser Ziele haben die Lebensversicherungsunternehmen zahlreiche Versicherungsformen entwickelt. Als Hauptversicherungen können dabei Kapitalversicherung und Rentenversicherung unterschieden werden.

Versicherungssumme
Zielbetrag bei Versicherungen. Meist eine der Grundlagen zur Bemessung der Prämie. Obergrenze für die Leistung im Versicherungsfall.

versicherungstechnisches Risiko
Spezifisches Risiko einer Versicherungsunternehmung, das sich aus den Besonderheiten des Risikokollektivs ergibt.

Versicherungswert
In der Sachversicherung festgelegter Wert, der für die versicherungsmäßige Behandlung von Sachen in Frage kommt. Vor allem gemeiner Wert (Verkehrs-, Verkaufswert), Zeitwert, Neuwert. Wird bei der Bemessung des Sachschadens herangezogen.

Versicherung und Kapitalmarkt
Die Versicherungsunternehmen, insbesondere die Lebensversicherungsunternehmen, zählen am Kapitalmarkt zu den wichtigsten Anlegergruppen. Da die Prämienzahlungen der Versicherungsnehmer und die im Versicherungsfall von den Versicherungsunternehmen zu erbringenden Leistungen zeitlich auseinanderklaffen, kommt es in einzelnen Versicherungszweigen zu einer langfristigen Kapitalbindung. Die Versicherungsunternehmen sind daher in der Lage, die ihnen zur Verfügung stehenden Geldmittel überwiegend am Kapitalmarkt, in erster Linie in Schuldscheindarlehen, Wertpapieren und Hypothekendarlehen, anzulegen.

Versorgungsfreibetrag
Von Versorgungsbezügen bleiben 40%, höchstens insgesamt DM 6000, im Kalenderjahr steuerfrei.

Versorgungslücke
Bez. für die Differenz zwischen dem letzten Einkommen aus der Berufstätigkeit vor dem Ausscheiden aus dem Berufsleben und den Zahlungen aus der gesetzlichen Rentenversicherung, die maximal bei DM 2400 monatlich liegen. Kann geschlossen werden durch private und betriebliche Altersvorsorge.

Verstaatlichung
Überführung von Unternehmen aus Privatbesitz in Eigentum der öffentlichen Hand, aus ideologischen Gründen oder um z. B. ausländischen Einfluß zu verdrängen. In der BR Deutschland ist im GG Entschädigung der alten Eigentümer vorgesehen. → Sozialisierung.

versteckte Rücklagen
→ stille Reserven.

Versteigerung (Auktion)
Verkauf einer beweglichen Sache, eines Grundstücks oder Rechts einschl. Wertpapieren zum höchsten von einem Bieter abgegebenen Gebot. Kann freiwillig oder gesetzlich angeordnet erfolgen. Freiwillige Versteigerungen können erfolgen, um Waren oder Wertpapiere abzusetzen, zur Verwertung geschuldeter Sachen bei Annahmeverzug des Gläubigers usw. Freiwillige Versteigerungen kommen aber auch vor, um Käufer anzuziehen und den höchsten Verkaufswert zu erzielen (bei Versteigerungen von Kunstgegenständen, Antiquitäten, Münzen, Medaillen usw.). Zwangsversteigerung erfolgt zwangsweise auf Betreiben des Gläubigers. So kann

eine gepfändete Sache versteigert werden. Durchgeführt wird die freiwillige Versteigerung durch einen Notar oder privaten Auktionator, die Zwangsversteigerung durch einen vom Gericht bestellten Zwangsversteigerungskommissar (Versteigerung eines Grundstücks) bzw. vom Gerichtsvollzieher (Versteigerung beweglicher Sachen).

Versteigerung von Wertpapieren

Öffentliche Verkäufe in den Börsen während der Börsenzeit dürfen nur von den Kursmaklern oder nach Einholung der Genehmigung durch den Börsenvorstand durch eine zur Versteigerung befugte Person abgehalten werden. An- und Versteigerungen sind spätestens vor Beginn des Handels in den betreffenden Werten durch öffentlichen Anschlag bekanntzugeben. Die An- und Versteigerungen müssen nach Feststellung der Tageskurse in den betreffenden Werten erfolgen.

verstimmt, Verstimmung

Tendenzbez., wenn durch Eintreffen ungünstiger Nachrichten Börsenkurse nachgeben.

Vertagung der Hauptversammlung der AG

Kann mit einfacher Mehrheit beschlossen werden.

Verteilung

→ Häufigkeitsverteilung → Normalverteilung.

Verteilung des Vermögens der AG

→ Abwicklung der AG.

Vertrag

Übereinstimmende Erklärung von 2 oder mehr Personen, in dem Willen abgegeben, einen bestimmten Rechtserfolg herbeizuführen. Ein Vertrag kommt durch Annahme eines Angebots zustande und bedarf – abgesehen von gesetzlichen Ausnahmen (Bürgschaft, Grundstückskaufvertrag u. a.) – keiner besonderen Form, kann also auch mündlich abgeschlossen werden. Aus Sicherheits- und Beweisgründen wird allerdings vielfach – vor allem im Bank-, Börsen- usw. -verkehr – die Schriftform gewählt.

Vertragsbedingungen der Kapitalanlagegesellschaften

Vor Ausgabe der Anteilscheine ist bei KAG das Rechtsverhältnis zwischen KAG und Anteilinhaber schriftlich festzulegen. Die Vertragsbedingungen bedürfen der Genehmigung des BAK, sofern es sich nicht um einen Spezialfonds handelt. Die Aufsichtsbehörde soll Vertragsbedingungen nur genehmigen, wenn in ihnen angegeben ist: (1) nach welchen Grundsätzen die Auswahl der anzuschaffenden Wertpapiere erfolgt (Anlagegrundsätze); (2) ob die zum Sondervermögen gehörenden Gegenstände im Eigentum der KAG oder im Miteigentum der Anteilinhaber stehen; (3) welcher Anteil des Sondervermögens höchstens in Bankguthaben gehalten werden darf; (4) ob und ggf. in welcher Höhe ein Mindestanteil des Sondervermögens in Bankguthaben gehalten wird; (5) welche Vergütungen aus dem Sondervermögen an KAG und Depotbank zu zahlen sind, wie sie berechnet werden und welche Aufwendungen aus dem Sondervermögen zu ersetzen sind; (6) wie hoch der Aufschlag bei der Ausgabe der Anteilscheine ist, welche weiteren Beträge von den Zahlungen des Anteilinhabers zur Deckung von Kosten verwendet und wie diese Kosten berechnet werden; (7) unter welchen Voraussetzungen, zu welchen Bedingungen und bei welchen Stellen die Anteilinhaber die Rücknahme der Anteilscheine von der KAG verlangen können; (8) in welcher Weise und zu welchen Stichtagen der Rechenschaftsbericht über die Entwicklung des Sondervermögens und seine Zusammensetzung erstattet und der Öffentlichkeit zugänglich gemacht wird; (9) ob oder in welchem Umfang Erträge des Sondervermögens auszuschütten und wie die Veräußerungsgewinne zu verwenden sind; (10) ob und in welchem Umfang für Rechnung des Sondervermögens Finanzterminkontrakte, Wertpapier-Optionsgeschäfte und Devisentermingeschäfte abgeschlossen werden können; (11) in welcher Weise das Sondervermögen, sofern es überwiegend in Schuldverschreibungen und Schuldscheindarlehen angelegt und nur für eine begrenzte Dauer gebildet wird, abgewickelt und an die Anteilinhaber verteilt wird.

Vertragskonzern

Bez. f. einen Konzern, bei dem die Zusammenfassung der Unternehmen auf einem Vertrag beruht (anders: faktischer Konzern). Es gibt vertragliche Unterordnungskonzerne und vertragliche Gleichordnungskonzerne. → Konzern.

Vertragstypus

Neben dem Gesellschaftstypus 2. Rechtsformmöglichkeit von Investmentfonds. Die Fonds des Vertragstypus haben keine eigene Rechtspersönlichkeit, sondern arbeiten auf Grundlage des Vertragsrechts. Durch Vertragsbedingungen werden die Rechtsbeziehungen zwischen Investmentgesellschaft, Depotbank und Anteilinhabern festgelegt. Hinsichtlich der Eigentumsverhältnisse am Fondsvermögen ist zu unterscheiden zwischen der Miteigentumsform, bei der die Anteilinhaber Miteigentümer bzw. Mitberechtigte nach Bruchteilen im Verhältnis ihrer Einlage am Fondsvermögen sind und das Verfügungsrecht bei der Investmentgesellschaft liegt, sowie der Treuhandkonstruktion, bei der die Investmentgesellschaft treuhänderisch das Eigentumsrecht am Fondsvermögen für die Gemeinschaft der Anteilinhaber verwaltet. Bei den common law trusts werden die Eigentumsrechte am Fondsvermögen einem unabhängigen trustee übertragen, der meist auch mit der Verwahrung der Fondswerte betraut ist; der trustee kann auf die Anlagepolitik keinen Einfluß nehmen. Investmentfonds des Vertragstypus sind nicht wie solche des Gesellschaftstypus in der Form einer juristischen Person organisiert, sondern auf der allgemeinen Grundlage des Vertragsrechts entwickelt. Der Vertrag, der die Rechtsbeziehungen zwischen den Beteiligten regelt, wird zwischen Fondsleitung, Depotbank und Anteilinhabern geschlossen. Beim Vertragstyp sind Fondsvermögen und sonstiges Vermögen der KAG nicht identisch. Die Eigentumsrechte am Fondsvermögen können entweder bei den Anteilinhabern oder als treuhänderisches Eigentum bei der KAG oder einem Treuhänder liegen.

Vertrauensmännerausschuß

→ Dreimännerkommission.

vertretbare Wertpapiere

Wertpapiere, die Fungibilität besitzen: alle im Kurszettel aufgeführten Papiere sowie mit Blankoindossament versehene Namensaktien. Voraussetzung zum börsenmäßigen Handel und zur Sammelverwahrung. → Effekten.

Vertretbarkeit

→ Fungibilität. Vertretbare Sachen sind im Verkehr nach Maß, Zahl oder Gewicht bestimmt. Keine individuelle Bestimmung, sondern lediglich Bezeichnung der Gattung nach.

Vertretung

Rechtsgeschäftliches Handeln mit Wirkung für und gegen einen anderen (Stellvertretung, Bevollmächtigung). Auch: Prozeßvollmacht.

Vertretung der AG

Erfolgt gerichtlich und außergerichtlich durch den Vorstand. Besteht der Vorstand aus mehreren Personen, sind, wenn die Satzung nichts anderes bestimmt, sämtliche Vorstandsmitglieder nur gemeinschaftlich zur Vertretung der AG befugt. Ist eine Willenserklärung gegenüber der AG abzugeben, genügt die Abgabe gegenüber einem Vorstandsmitglied. Zur Gesamtvertretung befugte Vorstandsmitglieder können einzelne von ihnen zur Vornahme bestimmter Geschäfte oder bestimmter Arten von Geschäften ermächtigen. Jede Änderung des Vorstands oder der Vertretungsbefugnis eines Vorstandsmitglieds hat der Vorstand zur Eintragung ins Handelsregister anzumelden. Für einen im voraus begrenzten Zeitraum, höchstens für 1 Jahr, kann der Aufsichtsrat einzelne seiner Mitglieder zu Stellvertretern von fehlenden oder behinderten Vorstandsmitgliedern bestellen.

Vertriebsgesellschaft

Nach Auslandsinvestmentgesetz die Unternehmung, die den Vertrieb von Investmentanteilen übernommen hat.

Vertriebsvoraussetzungen für ausländische Investmentanteile

Der Vertrieb ausländischer Investmentanteile ist nur zulässig, wenn eine Reihe von Voraussetzungen erfüllt ist: Die Investmentgesellschaft muß eine inländische Bank oder eine zuverlässige, fachlich geeignete Person als Repräsentant benennen. Die Wertpapiere des Fondsvermögens müssen bei einer Depotbank verwahrt werden, die die Anteilinhaber in einer den Bestimmungen über die Depotbank nach dem KAGG vergleichbaren Weise sichert. Bei Grundstücken muß eine Depotbank den Bestand überwachen. Die ausländische Investmentgesellschaft muß eine oder mehrere inländische Banken als Zahlstellen benennen. Neben diesen Voraussetzungen müssen die Vertragsbedingungen bestimmte Bestimmungen enthalten: Dem Käufer müssen unverzüglich nach Zahlung des Kaufpreises Anteile in entsprechender Höhe übertragen werden. Der Anteilinhaber muß die Auszahlung des auf den Anteil entfallenden Vermögensteils verlangen können; praktisch bedeutet das, daß nur der Vertrieb von open-end-Fonds zugelassen werden kann, nicht der von closed-end-Fonds. Bei mehrjährigen Sparverträgen darf die Kostenbelastung aus dem Gesamtvertrag im 1. Jahr nur bis zur Höhe von ⅓ der geleisteten

Zahlungen betragen. Der Sparer erwirbt somit auch im ersten Jahr für mind. ⅔ seiner Einzahlungen Investmentanteile. Anteile anderer Investmentgesellschaften dürfen nicht erworben werden; damit können Dachfonds nicht zum Vertrieb zugelassen werden. Zum Fondsvermögen gehörende Wertpapiere und Forderungen dürfen nicht verpfändet, sonstwie belastet, zur Sicherung übereignet oder zur Sicherung abgetreten werden. Kreditaufnahmen sind bei Wertpapierfonds auf Sonderfälle beschränkt und dürfen nur für kurze Zeit zu Lasten des Wertpapiervermögens bis zu 10% des Vermögens, zu Lasten von Grundstücksvermögen nur im Rahmen einer ordnungsmäßigen Wirtschaftsführung und mit Zustimmung der Depotbank zu den Darlehensbedingungen aufgenommen werden. Damit ist die Zulassung spekulativer Fonds zum Vertrieb nicht möglich. Leerverkäufe (Blankoverkäufe) dürfen nicht vorgenommen werden. Weitere Voraussetzung für die Zulassung des öffentlichen Vertriebs ist die Erfüllung gewisser Publizitätspflichten. Zum Schutz des Anlegers hat das BAK zu prüfen, ob die gesetzlichen Voraussetzungen für den Vertrieb ausländischer Investmentanteile vorliegen. Erfüllt eine ausländische Investmentgesellschaft diese nicht, kann das BAK den Vertrieb untersagen. → ausländische Investmentanteile, steuerlich.

Verwässerung

Aushöhlung des inneren Wertes einer Vermögensposition. → Kapitalverwässerung.

Verwässerungsschutzklauseln

Klauseln, die der Sicherung von Rechten aus Wertpapieren bei Kapitalerhöhungen und, damit verbunden, Schutz vor möglichen Kapitalverwässerungen dienen. Sie sollen tatsächliche oder potentielle Anteilseigner wie Aktionäre, Wandelobligationäre, Inhaber von Optionsschuldverschreibungen und u. U. von Gewinnschuldverschreibungen vor möglichen Verlusten schützen. Der Schutz des Aktionärs gestaltet sich durch das gesetzlich verankerte Recht zum Bezug von Bezugsrechten unproblematisch. Dem Wandelobligationär kann dieses Recht ex ante nicht eingeräumt werden, sondern erst bei Beschlußfassung über die Kapitalerhöhung festgesetzt werden. Ihm kann lediglich zugesichert werden, alles Mögliche zu unternehmen, ihm das Bezugsrecht einzuräumen. In der Praxis sind Klauseln üblich, die auf eine Veränderung der Wandlungsbedingungen oder eine Verminderung der Zuzahlungen abstellen. Gesetzlich vorgeschrieben ist, daß sich das bedingte Kapital im gleichen Verhältnis erhöht wie das Grundkapital. Die sich hieraus ergebende Verbesserung des Wandlungsverhältnisses gleicht Kapitalverwässerungseffekte für den Fall aus, daß keine Zuzahlung vereinbart worden ist. Sind Zuzahlungen vereinbart, kann als Schutzklausel vorgesehen werden, die Zahlungen um den theoretisch oder empirisch zu ermittelnden Bezugsrechtswert zu mindern. Problematisch gestaltet sich der Schutz von Optionsscheininhabern, da durch Kapitalverwässerung der Börsenkurs des Optionsobjektes sinkt und damit auch der Optionsscheinwert. Allgemein läßt sich sagen, daß eine Unternehmung daran interessiert ist, einen weitgehend möglichen Verwässerungsschutz zuzusichern und auch einzuhalten, um ihr Emissionsstanding nicht zu gefährden.

Verwahrer

Verwahrer i. S. des DepG ist ein Kaufmann, dem im Betriebe seines Handelsgewerbes Wertpapiere unverschlossen zur Verwahrung anvertraut werden; in erster Linie Banken. → Verwahrung von Wertpapieren.

Verwahrerkonkurs

Im Konkurs über das Vermögen eines Wertpapierverwahrers (meist eine Bank), eines Pfandgläubigers oder Kommissionärs sind bevorrechtigt: (1) Kommittenten, die bei Eröffnung des Konkursverfahrens das Eigentum oder Miteigentum an Wertpapieren noch nicht erlangt, aber ihre Verpflichtungen aus dem Geschäft über diese Wertpapiere dem Kommissionär gegenüber vollständig erfüllt haben, auch, wenn im Zeitpunkt der Eröffnung der Kommissionär die Wertpapiere noch nicht angeschafft hat; (2) Hinterleger, Verpfänder und Kommittenten, deren Eigentum oder Miteigentum an Wertpapieren durch eine rechtswidrige Verfügung des Verwahrers, Pfandgläubigers oder Kommissionärs verletzt worden ist, wenn sie bei Eröffnung des Konkursverfahrens ihre Verpflichtungen aus dem Geschäft über diese Wertpapiere dem Gemeinschuldner gegenüber vollständig erfüllt haben. Die Voraussetzung, daß die Gläubiger ihre Verpflichtungen gegenüber dem Gemeinschuldner vollständig erfüllt haben müssen, ist insofern modifiziert, als die o. g. Gläubiger auch bevorrechtigt sind, wenn der nicht erfüllte Teil ihrer Verpflichtungen bei Eröffnung des Konkursverfahrens

10% des Wertes ihres Wertpapierlieferungsanspruchs nicht überschreitet und wenn diese Restschuld innerhalb 1 Woche nach Aufforderung des Konkursverwalters bezahlt wird. Die bevorrechtigten Forderungen werden vor den Forderungen aller anderen Konkursgläubiger aus einer Sondermasse beglichen, die aus den in der Masse vorhandenen Wertpapieren derselben Art und aus den Ansprüchen auf Lieferung solcher Wertpapiere gebildet wird.

Verwahrgeschäft, Verwahrungsgeschäft

→ Verwahrung von Wertpapieren → Depotgeschäft.

Verwahrstelle

I. a. eine Bank, die vom Depotkunden hinterlegte Wertpapiere verwahrt und verwaltet. → Depotgeschäft.

Verwahrstücke

Handliche Sachen, die der Bank von ihrem Kunden zur Verwahrung im Tresor übergeben werden, z. B. Briefe, Pakete, Kisten, Koffer usw. Rechtliche Grundlagen für diesen Vorgang sind die Bestimmungen des BGB über den Abschluß eines Verwahrvertrages sowie die Bedingungen für die Annahme von Verwahrstücken der Banken.

Verwahrung

Vertragliche Verpflichtung, die bewegliche Sache eines Hinterlegers aufzubewahren. Insbesondere von Relevanz im Effektengeschäft. → Verwahrung von Wertpapieren.

Verwahrung ausländischer Wertpapiere

→ ausländische Wertpapiere, Verwahrung.

Verwahrungsbuch, Verwahrbuch

Handelsbuch, das nach DepG der gewerbliche Verwahrer zu führen hat. Im Verwahrbuch sind die Namen der Depotkunden und die von diesen hinterlegten Wertpapiere nach Art, Nennbetrag oder Stückzahl und die Nummern oder sonstigen Bezeichnungsmerkmale einzutragen.

Verwahrungskosten

→ Aktien, Verwahrungskosten.

Verwahrungspflicht des Kommissionärs

Ein Kommissionär hat nach DepG Pflichten und Befugnisse eines Verwahrers, sofern er Wertpapiere, die dem Kommittenten als Allein- oder Miteigentümer gehören, in seinem Besitz hat. Der Zweck dieser Vorschrift liegt darin, den Kommittenten davor zu schützen, daß der Kommissionär vor Aushändigung der Stücke an ihn über diese unzulässige Verfügungen trifft.

Verwahrungsvertrag

Legt dem Verwahrer die Pflicht auf, eine ihm vom Hinterleger übergebene bewegliche Sache aufzubewahren. Zusätzliche Bestimmungen für die Verwahrung von Wertpapieren enthält das DepG. → Depotgeschäft.

Verwahrung und Verwaltung von Wertpapieren

→ Verwahrung von Wertpapieren → Verwaltung von Wertpapieren.

Verwahrung von Wertpapieren

Beim Verwahrungs- oder Depotgeschäft bewahren Banken für ihre Kunden Wertgegenstände aller Art, insbesondere Wertpapiere, auf. Dabei ist die Bank Verwahrer, der Kunde Hinterleger des Objekts, das Gegenstand des Verwahrungsgeschäftes ist. Nach Art der Verwahrung ist zwischen offenen und verschlossenen Depots zu unterscheiden. Beim offenen Depot übergibt der Kunde Wertpapiere seiner Bank unverschlossen zur Verwahrung, bei verschlossenen Wertgegenstände aller Art – auch Wertpapiere – verschlossen zur Aufbewahrung. Bei verschlossenen Depots nimmt die Bank vom Inhalt, also den aufbewahrten Gegenständen, keine Kenntnis. Für die Verwahrung von Wertpapieren ist das offene Depot von eigentlicher Bedeutung. Nur auf dieses finden die Bestimmungen des DepG Anwendung. Verwahrer sind Kaufleute, denen im Betrieb ihres Handelsgewerbes Wertpapiere unverschlossen zur Verwahrung anvertraut werden (insbesondere Banken); darüber hinaus gilt das Gesetz für Wertpapiersammelbanken. Für die allgemeine Wertpapierverwahrung kommen vor allem Sonder- und Sammelverwahrung in Betracht; das DepG nennt zudem Tausch-, Pfand-, unregelmäßige Verwahrung und Wertpapierdarlehen. Bei der Sonderverwahrung ist der Hinterleger Eigentümer der bestimmten Stücke, die sich für ihn in Verwahrung befinden. Im Konkurs des Verwahrers ist er aussonderungsberechtigt. Der Verwahrer ist verpflichtet, die Wertpapiere jedes einzelnen Hinterlegers unter äußerlich erkennbarer Bezeichnung gesondert von seinen eigenen Beständen und von denen Dritter aufzubewahren. I. d. R. wird hierfür ein Streifband verwendet, auf dem Name des Kunden, Tag des Eingangs und jeweiliger Bestand vermerkt sind. Im Streifband können für den einzelnen Hinterleger Mäntel und Bogen zusammen verwahrt werden; aus Sicherheitsgründen bewahren sie die Banken aber getrennt auf. Zudem werden die für die einzelnen Kunden gebänderten Wertpapiere meist auch nach Wertpapierarten getrennt verwahrt. Verlangt der Hinterleger Auslieferung seines Bestandes, erhält er nummernmäßig dieselben Stücke, die er seinerzeit eingeliefert hat, wieder zurück (depositum regulare). Bei Sammelverwahrung, die wesentlich häufiger angewendet wird, werden vertretbare Wertpapiere derselben Art vom Verwahrer ungetrennt von seinen eigenen Beständen und denen Dritter verwahrt. Hier verliert der Hinterleger mit der Einlieferung in den Sammelbestand das Alleineigentum an den Wertpapieren. Dafür entsteht für den bisherigen Eigentümer Miteigentum nach Bruchteilen an den zum Sammelbestand gehörenden Wertpapieren derselben Art. Der Hinterleger kann vom Verwahrer nicht nummernmäßig dieselben Stücke, die er eingeliefert hat, zur Herausgabe verlangen, sondern hat Anspruch, aus dem Sammelbestand des Verwahrers Wertpapiere derselben Art in Höhe des Nennbetrages oder der Stückzahl der für ihn in Verwahrung genommenen zu bekommen (depositum irregulare). Die Verwahrung von hinterlegten Wertpapieren im Sammeldepot ist nur mit ausdrücklicher und schriftlicher Ermächtigung des Hinterlegers zulässig. Nicht alle handelbaren Wertpapiere sind girosammelverwahrfähig. So sind festverzinsliche Werte, bei denen die Tilgung nicht im voraus festgelegt ist (z. B. Pfandbriefe u. ä.) oder die sich in der Verlosungs- oder Kündigungszeit befinden, Namensaktien, insbesondere nicht voll eingezahlte und vinkulierte, zur Sammelverwahrung nicht zugelassen. Allerdings hat man bei vielen Anleihen von vornherein eine dem Tilgungsplan entsprechende Gruppenaufteilung vorgenommen, damit durch die Verbuchung nach den einzelnen Gruppen ab Beginn der Auslosung die Girosammelverwahrfähigkeit für die gesamte Laufzeit der Anleihe aufrecht erhalten werden kann. Der Verwahrer ist berechtigt, die Wertpapiere des Hinterlegers unter seinem Namen einem anderen Verwahrer zur Verwahrung anzuvertrauen (Drittverwahrung z. B. durch eine Wertpapiersammelbank), ohne daß das Einverständnis des Hinterlegers eingeholt zu werden braucht. Für drittverwahrte Wertpapiere gilt die Fremdvermutung: D. h., für den Drittverwahrer gelten die ihm zur Verwahrung anvertrauten Wertpapiere als nicht der hinterlegenden Bank gehörend, wenn ihm nicht ausdrücklich von dieser mitgeteilt wird, daß sie Eigentümer der Wertpapiere sei. Er kann daher an den Wertpapieren ein Pfand- oder Zurückbehaltungsrecht nur wegen solcher Forderungen geltend machen, die unmittelbar hinsichtlich dieser Wertpapiere bestehen. Jeder Verwahrer von Wertpapieren hat Bücher (Depotbücher) zu führen, in die jeder Hinterleger, Art, Nennbetrag oder Stückzahl, Nummern und sonstige Bezeichnungsmerkmale der für ihn verwahrten Wertpapiere einzutragen sind. Es werden zu Kontrollzwecken 2 Arten von Depotbüchern geführt: das persönliche und das sachliche Depotbuch; heute werden statt Bücher meist Karteien oder aus EDV gewonnene Magnetbänder, Plattenspeicher u. dgl. zur maschinellen Bearbeitung verwendet. Das persönliche Depotbuch ist nach den Namen der Depotkunden geordnet, das sachliche nach Wertpapierarten. In der Praxis des Effektenverkehrs von Bank zu Bank gibt es einheitliche Bezeichnungen für Depotkunden: Zur Aufnahme in Streifband- oder Girosammeldepot A bei einer anderen Bank sind eigene Wertpapiere der hinterlegenden Bank bestimmt sowie diejenigen aus Kundenbesitz, die der hinterlegenden Bank unbeschränkt verpfändet sind. Für Streifband- oder Girosammeldepot B beim Drittverwahrer sind die Wertpapiere von Kunden des Erstverwahrers bestimmt. Depot C sowie D spielen im Zusammenhang mit der Verpfändung von Wertpapieren eine Rolle. Bei der Tauschverwahrung handelt es sich um eine Ermächtigung des Verwahrers, anstelle ihm zur Verwahrung anvertrauter Wertpapiere solche derselben Art zurückzugewähren. Ein solcher Tausch findet z. B. statt, wenn kleine Stükke einer bestimmten Wertpapierart benötigt werden und diese nur dem Depot eines Hinterlegers gegen Einbringung des gleichen Nennbetrages in größerer Stückelung entnommen werden können.

Verwaltung der AG

Vorstand und Aufsichtsrat.

Verwaltungsaktien

Aktien, die bei der Emission von einem Dritten, vor allem einem Bankenkonsortium, für Rechnung des Emittenten übernommen und zur Verfügung der Verwaltung der Gesellschaft gehalten werden; sie entscheidet über ihre Verwendung. Nach der Zweckbestimmung sind es vor allem Schutzaktien – gegen Überfremdungsgefahr – oder Verwertungs- oder Vorratsaktien (z. B. auch zur Ausgabe von Belegschaftsaktien). Wegen aktiengesetzlicher Bestimmungen zur Verhinderung von Mißbräuchen heute nur noch sehr begrenzt möglich.

Verwaltungsgebühr

Steht Investmentgesellschaften nach ihren Vertragsbedingungen zu. Mit einem Prozentsatz der vereinnahmten Beträge oder mit einem Promillesatz vom jährlichen Durchschnittswert des Fondsvermögens berechnet und erhoben. Vergütung für die Leistung der Fondsverwaltung.

Verwaltungsgesellschaft

Nach dem Auslandsinvestmentgesetz die Unternehmung, die über die Anlage des in den Fonds eingelegten Geldes bestimmt.

Verwaltungstreuhand

→ Treuhand (verhältnis).

Verwaltung von Wertpapieren

Neben der Verwahrung von Wertpapieren übernehmen Banken auch deren Verwaltung. Die Wertpapierverwahrung im offenen Depot hat für den Hinterleger den Vorteil, daß die Verwaltung der Wertpapiere von der Verwahrbank mit übernommen werden kann. Diese Verwaltung erstreckt sich vor allem auf: Trennung und Einlösung fälliger Zins- und Gewinnanteilscheine sowie Besorgung neuer Ertragsscheinbogen, Verlosungskontrolle und Einzug ausgeloster und gekündigter Stükke, Umtausch von Wertpapieren bei Fusionen, Namensänderungen, Umtauschangeboten beim Erwerb von AG, Zinskonvertierungen, Umwandlungen von Wandelanleihen in Aktien, Abwicklung von Liquidationen und Konkursen von Gesellschaften, Unterrichtung des Kunden über auszuübende Bezugsrechte auf neue Aktien und Bezugsrechtsausübung oder -verwertung, Vertretung von Aktien in der HV (Depotstimmrecht) bzw. Besorgung von Stimmkarten. Für das Verwahrungsgeschäft sind in den AGB der Banken detaillierte Bedingungen festgelegt. Auch verloste oder gekündigte Wertpapiere, die auf ausländische Währungen lauten, sowie Zins- und Gewinnanteilscheine zu solchen Wertpapieren verwertet die Depotbank für Rechnung des Kunden, sofern ihr keine andere Weisung vorliegt, nach eigenem Ermessen. Den Gegenwert von Zinsscheinen, Gewinnanteilscheinen sowie verlosten und gekündigten Wertpapieren schreiben die Banken vorbehaltlich des Eingangs gut (E. v.). Bei Konvertierungen, Ausübung oder Verwertung von Bezugsrechten sowie Aufforderungen zu Einzahlungen auf teileingezahlte Aktien, bei Fusionen, Sanierungen, Zusammenlegungen, Umstellungen und Umtauschangeboten benachrichtigt die Bank, wenn eine Bekanntmachung in den Wertpapier-Mitteilungen erschienen ist, den Kunden. Sie erwartet die Weisung des Kunden und handelt, falls diese nicht rechtzeitig eintrifft, nach eigenem Ermessen. Vor allem behalten die Depotbanken sich vor, Bezugsrechte bestens zu verkaufen, sofern sie bis zu dem der letzten Notiz des Bezugsrechts vorhergehenden Börsentag keinen anderslautenden Auftrag des Kunden erhalten haben.

verwendbares Eigenkapital

Körperschaftsteuerlich ist Eigenkapital der Unterschiedsbetrag zwischen dem auf der Aktiv- und dem auf der Passivseite der Steuerbilanz ausgewiesenen Betriebsvermögen, das sich ohne Änderung der KSt ergeben würde. Das Eigenkapital ist zum Schluß jedes Wirtschaftsjahres in das für Ausschüttungen verwendbare und das übrige Eigenkapital aufzuteilen. Das verwendbare Eigenkapital ist der das Nennkapital übersteigende Teil des Eigenkapitals, der sich zum Schluß des letzten vor dem Gewinnverteilungsbeschluß abgelaufenen Wirtschaftsjahrs ergibt. Ist ein Gewinnverteilungsbeschluß nicht gefaßt, tritt an dessen Stelle die Gewinnausschüttung. Reicht für eine Gewinnausschüttung das verwendbare Eigenkapital nicht aus, erhöht sich die KSt (seit 1. 1. 94) um $3/7$ des Unterschiedsbetrags.

verwendbares Eigenkapital, Gliederung

Vorgeschriebene Gliederung des verwendbaren Eigenkapitals nach der Höhe der Körperschaftsteuerbelastung nach ungemildert, ermäßigt und nicht mit KSt belasteten Kapitalteilen.

verwendetes Eigenkapital

Mit KSt belastete Teilbeträge des Eigenkapitals gelten in der Reihenfolge als für eine Ausschüttung verwendet, in der die Belastung abnimmt. In welcher Höhe ein Teilbetrag als verwendet gilt, ist aus seiner Tarifbelastung abzuleiten. Als für die Ausschüttung verwendet gilt auch der Betrag, um den sich die KSt mindert. Erhöht sie sich, gilt ein Teilbetrag des Eigenkapitals höchstens als verwendet, soweit er den von ihm abzuziehenden Erhöhungsbetrag übersteigt.

Verwertungsaktien (Vorratsaktien)

Aktien, die im Interesse der AG verwertet werden sollen. Auch: Im Zuge einer Kapitalerhöhung können aufgrund des Erhöhungsverhältnisses Spitzenbeträge anfallen, die von der AG selbst mit der Maßgabe übernommen werden, sie über die Börse oder außerhalb zu verkaufen.

Verzeichnis der bei der Deutschen Bundesbank beleihbaren Wertpapiere

→ Lombardverzeichnis der Deutschen Bundesbank.

Verzeichnis der Teilnehmer an der Hauptversammlung der AG

In der HV der AG ist ein Verzeichnis der erschienenen oder vertretenen Aktionäre und der Vertreter von Aktionären mit Angabe ihres Namens und Wohnorts sowie des Betrags der von jedem vertretenen Aktien unter Angabe ihrer Gattung aufzustellen. Sind einer Bank oder Person Vollmachten zur Ausübung des Stimmrechts erteilt worden und übt der Bevollmächtigte das Stimmrecht im Namen dessen, den es angeht, aus, sind der Betrag und die Gattung der Aktien, für die ihm Vollmachten erteilt worden sind, zur Aufnahme in das Verzeichnis gesondert anzugeben. Die Namen der Aktionäre, welche Vollmachten erteilt haben, brauchen nicht angegeben zu werden. Wer vor einem Aktionär ermächtigt ist, im eigenen Namen das Stimmrecht für Aktien auszuüben, die ihm nicht gehören, hat den Betrag und die Gattung dieser Aktien zur Aufnahme in das Verzeichnis gesondert anzugeben. Dies gilt auch für Namensaktien, als deren Aktionär der Ermächtigte im Aktienbuch eingetragen ist. Das Verzeichnis ist vor der ersten Abstimmung zur Einsicht für alle Teilnehmer auszulegen. Es ist vom Vorsitzenden zu unterzeichnen.

Verzinsung (1)

Ertrag bzw. Rendite aus einem Wertpapier. Die Nominalverzinsung gibt den auf den Nennwert bezogenen Ertrag in % an. Die Effektivverzinsung zeigt den prozentualen Ertrag bezogen auf den Kurswert an. Die laufende Verzinsung beschreibt die jährliche Zinszahlung für überlassenes Kapital, wobei Zinseszinseffekte aus unterjähriger Zinszahlung unberücksichtigt bleiben. Ferner ist zu unterscheiden, ob die Verzinsung im voraus festgeschrieben ist (festverzinsliche Wertpapiere), aufgrund gewisser Bezugsgrößen variabel gestaltet wird (Dividenden, Erträge aus Investmentanteilen) oder aus teils fixen, teils variablen Elementen besteht (z. B. bei zinsvariablen Anleihen bzw. floating rate notes, Gewinnschuldverschreibungen, mit Einschränkung auch bei Vorzugsaktien).

Verzinsung (2)

Zahlung von Zinsen.

Verzinsungsverbot

Form der Kapitalverkehrskontrolle, die darauf abzielt, die Bildung von Bankguthaben durch Devisenausländer im Inland zu verhindern. Das Verbot besteht darin, daß von Ausländern gehaltene Guthaben im Gegensatz zum Guthaben der Inländer nicht verzinst werden dürfen.

Verzugszinsen

Vom Schuldner, der in Verzug ist, zu zahlende Zinsen.

Vier-Fälligkeits-Tag

Börsentag an der Frankfurter Wertpapierbörse, an dem DAX-futures, Optionen auf DAX-futures, DTB Aktienoptionen und DAX-Optionen fällig werden. → Geisterstunde.

vier Neuner

→ Goldfeinheit.

Vierteljahresbericht von Investmentgesellschaften

Bericht der Investmentgesellschaft über das vergangene Quartal in Kurzform. Enthält die Vermögensaufstellung zum Stichtag, Erläuterungen zu den im Berichtszeitraum vorgenommenen Umschichtungen des Portefeuilles u. a. m., oft auch Bilanzstatus mit GuV-Rechnung.

Vierteljahresdividende

→ Quartalsdividende.

Vilnius, Börsen

→ baltische Börsen.

vinkulierte Aktien, Namensaktien

Namensaktien, die nicht bzw. nur mit Zustimmung der AG übertragen werden können. Nicht voll eingezahlte Aktien müssen mit Vinculum versehen werden. Sie sind nur schwer oder nicht handelbar.

Vinkulierung

Festschreibung von Wertpapieren auf den Namen eines bestimmten Berechtigten.

virgin bond
→ back bond.

VO
Abk. f. Verordnung.

VOBAX
Abk. f. → Volksbank-Aktien-Index.

Volatilität
Schwankungsmaß von Aktien-, Devisenkursen und Zinssätzen. Die Berechnung erfolgt vielfach durch die auf 1 Jahr bezogene Standardabweichung der relativen Kursdifferenzen. Als Kennzahl wird häufig Beta verwandt, zu berechnen als Kovarianz eines Finanztitels mit einem Marktportfolio, bezogen auf die Varianz des Marktportfolios. Vielfach bezeichnet der Begriff Volatilität auch die Kurs- und Zinsschwankungen ganzer Märkte.

Volatilitätsindex
Börsenindex, der die durchschnittliche Volatilität an einem Optionsmarkt wiedergibt und damit die Erwartungen der Marktteilnehmer über Veränderungen des Kassamarktes ausdrückt. Die implizite Volatilität wird aus den Optionspreisen errechnet, bei deren Zustandekommen sie – neben dem Kassakurs, dem Ausübungspreis, der Restlaufzeit und dem Zinssatz – eine der Determinanten ist. Volatilitätsindizes werden veröffentlicht an der CBOE in Chicago und an der Deutschen Terminbörse (DTB). Der letztgenannte Index – 1994 vorgestellt – bezieht sich auf die Volatilität am DAX-Optionsmarkt; er soll den komplexen Bereich der Preisermittlung in diesem Marktsegment transparenter machen. Er wird zunächst nur einmal täglich ermittelt, soll später aber wie der DAX minütlich errechnet werden.

Volksaktien
Bez. f. Aktien, durch die breite Schichten der Bevölkerung zur Kapitalanlage in Wertpapieren veranlaßt werden. Meist den Empfängern niedriger Einkommen zu Vorzugskonditionen angeboten. Entstanden bisher durch die Teilprivatisierung bundeseigener Erwerbsunternehmen. Bestimmte Gruppen konnten Aktien mit Preisnachlaß und Ratenzahlungen zeichnen. Der Vorzugskurs war teilweise mit einer Verkaufssperre verbunden.

Volksaktionär
Käufer und Besitzer von Volksaktien.

Volksbank-Aktien-Index (VOBAX)
Regionaler Aktienindex; setzt sich aus marktbreiten und umsatzstarken baden-württembergischen Werten zusammen, die an der Stuttgarter Börse notiert sind. Die Konzeption orientiert sich am Aufbau des Deutschen Aktienindex (DAX).

Volksbanken
Banken in genossenschaftlicher Rechtsform.

Volkseinkommen
Summe aller Einkommen von Inländern, die während eines Jahres in einer Volkswirtschaft entstehen.

Volksvermögen
Bestand an wirtschaftlichen Gütern in einer Volkswirtschaft am Stichtag einer Bestandsaufnahme. Errechnet durch Konsolidierung der Vermögensrechnungen aller Wirtschaftssubjekte, einschl. der Forderungen und abzüglich der Schulden an das Ausland. Addition des Vermögens aller Bürger einschl. Staat, Gemeinden, Vereinen, Gesellschaften u. ä. Zusammenschlüssen sowie die Differenz zwischen Forderungen und Verpflichtungen gegenüber dem Ausland in einem bestimmten Zeitpunkt ergibt das Reinvermögen der Volkswirtschaft.

Vollausschüttung
Verteilung des gesamten erzielten bzw. ausgewiesenen Gewinns einer AG, der vereinnahmten Erträge einer Investmentgesellschaft usw.

volle Stücke
Optionsanleihen, aus denen das Optionsrecht (noch) nicht ausgeübt worden ist. Gegens.: leere Stücke.

Vollgeschäftsjahr
12 Monate umfassendes Geschäftsjahr. Gegensatz: Rumpfgeschäftsjahr.

Vollgiro
Auch: Vollindossament. Indossament, das Indossatar und Indossanten nennt. Gegensatz: Blankoindossament.

Vollhafter
Persönlich haftender Gesellschafter einer Personengesellschaft. Bei der OHG sind sämtliche Gesellschafter, bei der KG und KGaA der oder die Komplementär(e) Vollhafter. Darüber hinaus trifft Einzelunternehmer ebenfalls die volle, unmittelbare und uneingeschränkte Haftung für Verbindlichkeiten der Unternehmung.

Volliberierung
Liberierung, die auf einmal erfolgt.

Vollkonsolidierung

Im Gegensatz zum Quotenkonsolidierungsverfahren Methode der Bilanzkonsolidierung zur Erstellung einer Konzernbilanz, die sämtliche Aktiva und Passiva der Konzerngesellschaften ohne Herausrechnung der Kapitalbeziehungen zwischen den Gesellschaften berücksichtigt.

Vollmacht

Auf einer rechtsgeschäftlichen Ermächtigung beruhende Befugnis, im Namen und mit Wirkung für einen Dritten (Vollmachtgeber) Rechtsgeschäfte abzuschließen, Rechtshandlungen vorzunehmen und Erklärungen entgegenzunehmen. Entsteht i. d. R. durch entsprechende Erklärung des Vollmachtgebers gegenüber dem Bevollmächtigten und erlischt durch Widerruf (Rücknahme). Kann auf ein Einzelgeschäft beschränkt sein (Spezial-, Einzelvollmacht), sich auf bestimmte Geschäfte erstrecken (Gattungs-, Artvollmacht) oder die Vornahme aller Rechtsgeschäfte, soweit Vertretung überhaupt möglich, zum Gegenstand haben (Generalvollmacht). Erteilung ist formlos; bei Grundstücksgeschäften bedarf sie der notariellen Beurkundung.

Vollmachtdepot

Depot, bei dem die Vollmacht zur Stimmrechtsausübung in der HV an die depotverwaltende Bank gegeben wurde. → Depotstimmrecht.

Vollmachtindossament

Auch Prokuraindossament. Wertpapierrechtliche Bevollmächtigung. Durch einen Vermerk wie in Prokura, zum Inkasso o. ä. wird der Indossatar ermächtigt, alle Rechte aus dem Papier geltend zu machen; er wird aber nicht Inhaber des Wertpapieres.

Vollmachtstimmrecht

Auch: Depotstimmrecht. Vollmacht an die depotverwaltende Bank, den Aktionär in der HV durch Ausübung des Stimmrechtes zu vertreten. Bedarf ausdrücklicher, schriftlicher Vollmachtserteilung; kann als Einzelvollmacht für eine bestimmte HV oder als Dauervollmacht für höchst. 15 Monate erteilt werden. Die Bank hat dabei die Interessen des Aktionärs zu vertreten, ihm Stimmrechtsvorschläge zu unterbreiten und ggfs. Eigenvorstellungen zu beachten. Für Banken besteht insofern ein gewisser Kontrahierungszwang, als sie zur Übernahme der Stimmrechtsvertretung verpflichtet sind, sofern sie für ihren Kunden Aktien der entsprechenden AG verwahren und sich gegenüber anderen Aktionären der AG zur Stimmrechtsausübung erboten haben. Bezüglich der Vertretung in der eigenen HV schreibt das AktG ausdrückliche Weisungserteilung durch den Aktionär vor.

Vollregistrierung für ADR-Werte

In USA: Auch die ausländischen Gesellschaften für deren im Freiverkehr der US-Börsen in Form von ADR gehandelten Auslandsaktien dem US-Recht zu unterwerfen, indem die Gesellschaften veranlaßt werden, sich registrieren zu lassen.

vollstreckbarer Titel

Die Zwangsvollstreckung ermöglichende Urkunde. Die wichtigsten Vollstreckungstitel sind: rechtskräftiges oder für vorläufig vollstreckbar erklärtes Urteil (vorläufige Vollstreckbarkeit), Arrest, einstweilige Verfügung, Vollstreckungsbescheid, Schiedsspruch, Prozeßvergleich, Kostenfestsetzungsbeschluß, vollstreckbare Urkunde, Zuschlagsbeschluß bei der Zwangsversteigerung von Grundstücken, Auszug aus der Konkurstabelle oder dem Gläubigerverzeichnis.

Vollstreckungstitel

→ vollstreckbarer Titel.

Vollversammlung (Universalversammlung)

HV, in der sämtliche Aktien vertreten sind.

Vollzahlung der Aktien

Eine der Voraussetzungen für die Zulassung von Aktien zum Börsenhandel ist, daß die Wertpapiere vollgezahlt sind oder ihre Vollzahlung jederzeit zulässig ist. Auf Aktien und Interimsscheine von Versicherungsgesellschaften und auf bedingtes Kapital ist diese Vorschrift nicht anzuwenden.

voluntary accumulation plan

Sparplan mit freiwilligen Einzahlungsleistungen bei mutual funds. Gegensatz: contractual accumulation program.

von Ihnen

Mündliche Bestätigung eines Börsengeschäfts durch den Käufer. Der Verkäufer sagt: an Sie.

Vontobel Swiss Small Companies Index

Vom Zürcher Bankhaus J. Vontobel & Co. entwickelter Index für an schweizerischen Börsen gehandelte Nebenwerte. Abk.: VSC-Index.

Vorankündigung
Bei einer Anleihe: Enthält i. d. R. Anleihebetrag, Zinssatz, Zinstermin(e), Laufzeit, Tilgungsbedingungen, jedoch nicht den Tag des Verkaufsbeginns.

Vorbörse
Wertpapiergeschäfte bzw. Kursschätzungen vor der offiziellen Börsenzeit. Auch: Zusammenkommen von Börsenteilnehmern vor der eigentlichen Börsenzeit.

vorbörslich
Vor Beginn der offiziellen Börsenzeit.

vorbörslicher Handel
Außerbörslicher Handel in Wertpapieren vor Beginn der offiziellen Börsensitzung. Findet nicht unter Aufsicht statt; auch werden die vorbörslich zustande gekommenen Kurse nicht offiziell notiert und festgehalten.

Vorerbschaft
Der Erblasser kann im Testament bestimmen, daß jemand erst Erbe wird, nachdem zuvor ein anderer Erbe gewesen ist; der erste Erbe ist dann Vorerbe, der zweite Nacherbe. Mit dem Tode des Erblassers erwirbt zunächst der Vorerbe die Erbschaft, der Nacherbe erst im Nacherbfall. Letzterer tritt mit dem vom Erblasser bestimmten Zeitpunkt oder, wenn nicht bestimmt, mit dem Tode des Vorerben ein. Kommt es nicht innerhalb von 30 Jahren zum Nacherbfall, wird die Erbschaft grundsätzlich freies Vermögen des Vorerben.

Vorgeben von Wertpapieren
→ Blankoverkäufe.

Vorgesellschaft
Auch Vorgründungsgesellschaft. Nach Abschluß des Gesellschaftsvertrages entstandener nichtrechtsfähiger Verein, der bis zur Errichtung der Gesellschaft durch Eintragung ins Handelsregister besteht.

Vorjahreszahlen
Werden in Berichten von AG, Presse usw. oft als Vergleichsmöglichkeit mit den laufenden oder letzten Zahlen angegeben. Abk. oft: i. V. (= im Vorjahr).

Vorkäufe in Wertpapieren, vorkaufen
Wertpapierkäufe z. B. vor einem Zinstermin. Angenommen wird, daß die Zinseingänge zu verstärkter Nachfrage führen und die vorgekauften Wertpapiere mit Zugewinn verkauft werden können.

Vorkaufsrecht
Recht, einen Gegenstand zu den Bedingungen selbst zu kaufen, zu denen der Verkäufer mit einem Dritten einen Kaufvertrag abgeschlossen hat (z. B. bei Grundstücken üblich).

Vorlegungsfrist für den Jahresabschluß
Der Vorstand hat in den ersten 3 Monaten des Geschäftsjahrs für das vergangene Geschäftsjahr Jahresabschluß sowie Lagebericht aufzustellen und den Abschlußprüfern vorzulegen.

Vorlegungsfrist für Zinsscheine und Gewinnanteilscheine
→ Verjährung fälliger Zins- und Dividendenscheine in 4 Jahren.

Vormerkung
Eintragung im Grundbuch, aufgrund derer Ansprüche auf künftige Einräumung oder Aufhebung eines Rechts an einem Grundstück gesichert werden. Verfügungen, die nach Eintragung der Vormerkung getroffen werden, sind insoweit unwirksam, als sie den Anspruch vereiteln oder beeinträchtigen.

Vormundschaft
Allgemeine Fürsorge für die persönlichen und vermögensrechtlichen Angelegenheiten des Mündels. Die Vormundschaft steht unter staatlicher Aufsicht (Obervormundschaft), deren Organ das Amtsgericht als Vormundschaftsgericht ist. Die Vormundschaft wird vom Vormundschaftsgericht angeordnet über Minderjährige, die nicht unter elterlicher Gewalt stehen (Altersvormundschaft) oder über Volljährige, die entmündigt sind oder deren Entmündigung beantragt wurde (vorläufige Vormundschaft).

Vorprämie
Im Prämiengeschäft bei Hausse-Spekulation (Vorprämiengeschäft): Der Erwerber der Vorprämie schließt ein Termingeschäft zum Kauf von Wertpapieren ab. Er kann gegen Zahlung der Vorprämie vom Geschäft zurücktreten.

Vorprämiengeschäft
Hier erwirbt ein Käufer das Recht, an einem bestimmte Tage entweder eine vereinbarte Menge bestimmter Wertpapiere zu einem vereinbarten Kurs vom Verkäufer (Stillhalter) zu fordern oder aber auf die Forderung zu verzichten und statt dessen die vereinbarte Prämie zu zahlen (zu abandonnieren). Macht der Käufer von seinem

Forderungsrecht Gebrauch, muß der Verkäufer an dem Tage liefern, der von dem Börsenvorstand als Lieferungstag für alle Zeitgeschäfte auf Ende (Ultimo) oder Mitte (Medio) des betreffenden Monats festgesetzt wurde. Für das ihm eingeräumte Recht hat der Käufer als Ausgleich für das Risiko des Verkäufers an diesen ein Entgelt, die Prämie, zu zahlen. Soweit die Prämie meist nicht im voraus bei Abschluß des Geschäfts gezahlt, sondern erst am Erfüllungstag fällig und bei Abnahme der Wertpapiere im Kurs eingerechnet wird, weicht der Kaufpreis für Prämiengeschäfte i. d. R. von dem Kurs für feste Geschäfte per Ultimo ab, der als Grundlage für die Festlegung des Vorprämienkurses dient. Dementsprechend ist beim Vorprämiengeschäft der Kaufpreis um die Prämie höher als der Kurs für feste Geschäfte, der auch als Basis- oder Stichkurs bezeichnet wird. Stimmen Ecart und Prämie in ihrer Höhe nicht überein, liegt also die Prämienbasis unter oder über dem eigentlichen Festkurs, spricht man von einem schiefen Vorprämiengeschäft. Macht der Käufer von seinem Forderungsrecht keinen Gebrauch und verzichtet, hat er lediglich die vereinbarte Prämie an den Verkäufer zu zahlen. Das Vorprämiengeschäft, bei dem der Käufer auf ein Steigen der Kurse spekuliert, ist insbesondere in USA eine Form des Effektentermingeschäfts.

Vorratsaktien

Aktien, die ein Aktionär im eigenen Namen, aber für Rechnung der AG oder eines abhängigen oder einer im Mehrheitsbesitz der AG stehenden Unternehmung als Gründer, Zeichner oder in Ausübung eines bei der bedingten Kapitalerhöhung eingeräumten Umtausch- oder Bezugsrechts übernommen hat. → Verwertungsaktien (Vorratsaktien).

Vorratsemission

Verkauf von Pfandbriefen und Kommunalobligationen durch die Daueremittenten zeitlich vor dem eigentlichen Kapitalbedarf. I. d. R. dienen sie zum Ausnutzen günstiger Kapitalmarktsituationen.

Vorschußzinsen

Sonderzinsen, die bei vorzeitiger Rückzahlung von Spareinlagen für den vorzeitig zurückbezahlten Betrag auf die Restlaufzeit erhoben werden. Eine gesetzliche Verpflichtung, Vorschußzinsen zu berechnen, besteht seit 1993 nicht mehr, gleichwohl haben viele Banken entsprechende Bestimmungen in ihre Sparverträge aufgenommen. Dabei übersteigen i. d. R. die Vorschuß-(Soll-)Zinsen die zu vergütenden Spar-(Haben-)Zinsen um mind. ¼. Die Berechnung von Vorschußzinsen kann im Fall der wirtschaftlichen Notlage des Sparers sowie bei weiteren Tatbeständen unterbleiben. → Spareinlagen, vorzeitige Rückzahlung.

vorsichtige Rückkäufe

Tendenzbez., wenn die Börsenteilnehmer Wertpapiere auf – nach vorherigen Kursrückgängen – ermäßigter Basis wieder erwerben.

Vorsitzender der Hauptversammlung der AG

Das AktG bestimmt nur, daß ein Vorsitzender der HV vorhanden sein muß, nicht aber, wer den Vorsitz zu übernehmen hat. Im Regelfall ergibt sich aus der Satzung der Vorsitzende; es ist meist der Vorsitzende des Aufsichtsrats.

Vorsitzender des Vorstands der AG

→ Vorstand der AG.

Vorsitz im Aufsichtsrat der AG

Der Aufsichtsrat hat nach näherer Bestimmung der Satzung aus seiner Mitte einen Vorsitzenden und mind. 1 Stellvertreter zu wählen. Der Stellvertreter hat nur dann die Rechte und Pflichten des Vorsitzenden, wenn dieser verhindert ist.

Vorsorgeaufwendungen, steuerlich

Zu Vorsorgeaufwendungen, die nach dem EStG berücksichtigt werden können, gehören Beiträge zu Versicherungen und an Bausparkassen. Um sicherzustellen, daß nur die echte Altersvorsorge gefördert wird, ist die Begünstigung von Beiträgen zu Versicherungen auf den Erlebens- oder Todesfall nur bei folgenden Versicherungsarten möglich: Risikoversicherungen, die nur für den Todesfall eine Leistung vorsehen; Rentenversicherungen ohne Kapitalwahlrecht; Rentenversicherungen mit Kapitalwahlrecht gegen laufende Beitragsleistung, wenn das Kapitalwahlrecht nicht vor 12 Jahre ab Vertragsabschluß ausgeübt werden kann; Kapitalversicherungen gegen laufende Beitragsleistung mit Sparanteil, wenn der Vertrag auf mind. 12 Jahre abgeschlossen worden ist. Fondsgebundene Lebensversicherungen sind von den Vorsorgeaufwendungen ausgeschlossen. Beiträge zu Kranken-, Unfall- und Haftpflichtversicherungen sowie den gesetzlichen Rentenversicherungen sind ebenso wie die zur Arbeitslosenversicherung als Vorsorgeaufwendungen abzugsfähig. Beiträge an Bausparkassen zur Erlangung von Baudarlehen sind zu 50% als Vorsorgeaufwendungen abzugsfähig. Die Vorsorgeaufwendungen gehören zu den beschränkt abzugsfähigen Sonderausgaben. Deshalb gelten bestimmte Höchstbeträge. Diese gliedern sich in den Vorwegabzug und in die Höchstbeträge für Versicherungs- und Bausparbeiträge. An Vorsorgeaufwendungen können nach Abzug des verbleibenden Vorwegabzugs im Rahmen der Höchstbeträge für Versicherungsbeiträge (DM 6000/12000 [Alleinstehende/Verheiratete]) abzgl. 16% des Jahresarbeitslohns ein Grundhöchstbetrag von DM 2610 bei Alleinstehenden, von DM 5220 bei Ehegatten in Anrechnung gebracht werden. Die darüber hinausgehenden Aufwendungen können zur Hälfte, höchst. aber bis 50% der o. g. Höchstbeträge berücksichtigt werden.

Vorsorgepauschale

Hat der Steuerpflichtige Arbeitslohn bezogen, so wird für Vorsorgeaufwendungen eine Vorsorgepauschale abgezogen, wenn der Steuerpflichtige nicht Aufwendungen nachweist, die zu einem höheren Abzug führen. Die Vorsorgepauschale beträgt bei Rentenversicherungspflichtigen 18% des Brutto-Jahresarbeitslohns, maximal jedoch DM 6000 bzw. DM 12000 bei zusammen veranlagten Eheleuten abzgl. 16% des Brutto-Jahresarbeitslohns zzgl. maximal DM 2610 bzw. DM 5220, soweit der obige Teilbetrag überschritten wird, zzgl. der Hälfte bis DM 1305 bzw. DM 2610, soweit beide obigen Teilbeträge überschritten werden. Bei Nicht-Rentenversicherungspflichtigen – z. B. Beamten – beträgt die Vorsorgepauschale 18% des Brutto-Jahresarbeitslohns, maximal jedoch DM 2000 bzw. DM 4000 bei zusammen veranlagten Eheleuten. Bei Mischfällen – der Zusammen-Veranlagung eines rentenversicherungspflichtigen mit einem nicht rentenversicherungspflichtigen Ehepartner – werden die jeweiligen Pauschalen für einen einzelnen Steuerpflichtigen addiert.

Vorsorgesparen

Form des Zwecksparens mit dem Ziel der Altersvorsorge, für Notfälle usw.

Vorstand

Geschäftsführendes Organ bestimmter juristischer Personen, z. B. Stiftungen, Vereine, Genossenschaften und vor allem der AG.

Vorstand der AG

Hat unter eigener Verantwortung die AG zu leiten. Der Vorstand kann aus einer oder mehreren Personen bestehen. Bei AG mit einem Grundkapital von mehr als DM 3 Mio. hat er aus mind. 2 Personen zu bestehen, sofern nicht die Satzung nur 1 Person bestimmt. Die Vorschriften über die Bestellung eines Arbeitsdirektors bleiben unberührt. Mitglied des Vorstands kann nur eine natürliche, unbeschränkt geschäftsfähige Person sein. Er führt die Geschäfte und ist u. a. zur vierteljährlichen Berichterstattung an den Aufsichtsrat verpflichtet. Ebenso hat er innerhalb längerer Zeitabstände dem Aufsichtsrat einen Überblick über Geschäftspolitik und Rentabilität der AG sowie besonders wichtige Geschäfte zu verschaffen. Er vertritt die AG gerichtlich und außergerichtlich, handelt eigenverantwortlich und ist bei seiner Geschäftsführung an keine Weisungen des Aufsichtsrats oder der HV gebunden. Die HV kann für die AG eine Satzung beschließen, in der hinsichtlich der Rechte und Pflichten des Vorstandes und des Verhältnisses zwischen den Vorstandsmitgliedern vom AktG abweichende Regelungen getroffen werden. Vorstandsmitglieder erhalten für ihre Tätigkeit bei der AG i. d. R. festes Gehalt und Beteiligung am Jahresgewinn (Tantieme). Der Vorstand ist auf Verlangen der HV verpflichtet, Maßnahmen, die in die Zuständigkeit der HV fallen, vorzubereiten. Das gleiche gilt für Vorbereitung und Abschluß von Verträgen, die nur mit Zustimmung der HV wirksam werden. Der HV-Beschluß bedarf der Mehrheiten, die für die Maßnahmen oder für die Zustimmung zu dem Vertrag erforderlich sind. Der Vorstand ist verpflichtet, die von der HV im Rahmen ihrer Zuständigkeit beschlossenen Maßnahmen auszuführen. Der Aufsichtsrat bestellt die Vorstandsmitglieder und beruft sie ggf. ab.

Vorstand der AG, Amtszeit

→ Amtszeit der Vorstandsmitglieder der AG.

Vorstand der AG, Bekanntmachung des Jahresabschlusses

→ Jahresabschluß der AG, Bekanntmachung.

Vorstand der AG, Jahresabschluß

Der Vorstand hat in den ersten 3 Monaten des Geschäftsjahrs für das vergangene Geschäftsjahr Jahresbilanz, GuV-Rechnung und den Anhang (Jahresabschluß) sowie den Lagebericht aufzustellen und den Abschlußprüfern vorzulegen. Unverzüglich nach Eingang des Prüfungsberichts der Abschlußprüfung hat der Vorstand den Jahresabschluß, den Lagebericht, den Prüfungsbericht und seinen Vorschlag für die Verwendung des Bilanzgewinns dem Aufsichtsrat zu übermitteln. Sofort nach Eingang des Aufsichtsratsberichts hat der Vorstand die HV zur Entgegennahme des festgestellten Jahresabschlusses und zur Beschlußfassung über die Verwendung eines Bilanzgewinns einzuberufen. Die HV hat in den ersten 8 Monaten des Geschäftsjahrs stattzufinden.

Vortagsbasis, auf

Tendenzbez., wenn sich die Kurse nicht oder kaum von denen des vorhergehenden Tages unterscheiden.

Vorverkäufe von Wertpapieren

Wertpapiere, die effektiv noch nicht erschienen sind, werden bereits verkauft und gehandelt: Handel per Erscheinen. Auch: Verkäufe von Wertpapieren, die man noch selbst erwerben muß, in der Erwartung kurzfristig günstiger Eindekkungsmöglichkeit. → Leerverkauf.

vorzeitige Rückzahlung von Spareinlagen

→ Spareinlagen, vorzeitige Rückzahlung.

Vorzinsen

→ Minusstückzinsen.

Vorzüge

Abk. f. Vorzugsaktien.

Vorzugsaktien

Aktien mit Vorrechten bei der Gewinnverteilung, oft auch bei Abwicklung der AG. Für Aktien, die mit einem nachzuzahlenden Vorzug bei der Verteilung des Gewinns ausgestattet sind, kann das Stimmrecht ausgeschlossen werden. Vorzugsaktien ohne Stimmrecht dürfen nur bis zu einem Gesamtbetrag in Höhe des Gesamtnennbetrags der anderen Aktien ausgegeben werden. Aktiengesellschaften, die Vorzugsaktien ausgegeben haben, die an Börsen nicht gehandelt werden, sind im Kursblatt an dem Zeichen △ zu erkennen. Oft sind solche Aktien Mehrstimmrechtsaktien. Vorzugsaktien werden oft ausgegeben, wenn der Verkauf von Stammaktien z. B. wegen schlechter wirtschaftlicher Lage der Unternehmung auf Schwierigkeiten stößt (u. a. auch bei Sanierungen), damit ein Anreiz zum Erwerb neuer Aktien gegeben werden soll. Auch: Prioritätsaktien. Gegensatz: Stammaktien.

Vorzugsaktien ohne Stimmrecht

Für Aktien, die mit einem nachzuzahlenden Vorzug bei der Verteilung des Gewinns ausgestattet sind, kann das Stimmrecht ausgeschlossen werden. Vorzugsaktien ohne Stimmrecht dürfen nur bis zu einem Gesamtnennbetrag in Höhe des Gesamtnennbetrags der anderen Aktien ausgegeben werden. Die Vorzugsaktien ohne Stimmrecht gewähren mit Ausnahme des Stimmrechts die jedem Aktionär aus der Aktie zustehenden Rechte. Wird der Vorzugsbetrag in einem Jahr nicht oder nicht vollständig gezahlt und der Rückstand im nächsten Jahr nicht neben dem vollen Vorzug dieses Jahres nachgezahlt, so haben die Vorzugsaktionäre das Stimmrecht, bis die Rückstände nachgezahlt sind. In diesem Fall sind die Vorzugsaktien auch bei der Berechnung einer nach AktG oder Satzung erforderlichen Kapitalmehrheit zu berücksichtigen. Soweit die Satzung nichts anderes bestimmt, entsteht dadurch, daß der Vorzugsbetrag in einem Jahr nicht oder nicht vollständig gezahlt wird, noch kein durch spätere Beschlüsse über die Gewinnverteilung bedingter Anspruch auf den rückständigen Vorzugsbetrag.

Vorzugsaktien, vermögensteuerlich

Werden Vorzugsaktien an der Börse notiert, ist der für die vermögensteuerliche Bewertung maßgebende Kurs in der Kursliste angegeben. Werden sie nicht notiert, sind sie mit dem gemeinen Wert anzusetzen. Liegt zwar für Stammaktien, nicht aber für Vorzugsaktien ein Börsenkurs vor, ist der Wert dieser Vorzugsaktien aus dem Börsenkurs der Stammaktien abzuleiten. Sind die Vorzugsaktien mit einer besonderen Gewinnbeteiligung (Dividendenvorrecht, Dividendengarantie usw.) ausgestattet, ist der Wert in der Weise zu ermitteln, daß zum Kurs der Stammaktie ein Zuschlag oder Abschlag gemacht wird, dessen Höhe dem dreifachen Dividendenunterschied entspricht. Dabei ist die Dividende jeweils um die anzurechnende oder zu vergütende KSt zu erhöhen. Können die Vorzugsaktien jederzeit oder nach einer Reihe von Jahren gegen Zahlung des Nennwerts von der AG zurückgefordert werden, soll zum Nennwert oder zu dem sonstigen Betrag, der bei der Rückgabe gezahlt werden muß, ein Zuschlag in Höhe der dreifachen Dividende zuzüglich der anzurechnenden oder zu vergütenden KSt gemacht werden. Vorzugsaktien ohne Stimmrecht sind mit demselben Kurs anzusetzen wie die Stammaktien. Dasselbe gilt auch für Mehrstimmrechtsaktien. Hier kann allerdings ein Paketzuschlag in Betracht kommen, wenn auf den Aktienbesitz infolge des Besitzes der Mehrstimmrechtsaktien insgesamt mehr als 25% aller Stimmen entfallen.

Vorzugsaktionär

Inhaber von Vorzugsaktien.

Vorzugsaufhebung oder -beschränkung

Ein Beschluß, durch den der Vorzug bei der Vorzugsaktie ohne Stimmrecht aufgehoben oder beschränkt wird, bedarf zur Wirksamkeit der Zustimmung der Vorzugsaktionäre. Ein Beschluß über die Ausgabe von Vorzugsaktien, die bei der Verteilung des Gewinns oder des Gesellschaftsvermögens den Vorzugsaktien ohne Stimmrecht vorgehen oder gleichstehen, bedarf gleichfalls der Zustimmung der Vorzugsaktionäre. Der Zustimmung bedarf es nicht, wenn die Ausgabe bei Einräumung des Vorzugs oder, falls das Stimmrecht später ausgeschlossen wird, bei der Ausschließung ausdrücklich vorbehalten worden war und das Bezugsrecht der Vorzugsaktionäre nicht ausgeschlossen wird. Über die Zustimmung haben die Vorzugsaktionäre in einer gesonderten Versammlung einen Sonderbeschluß zu fassen. Er bedarf einer Mehrheit, die mind. ¾ der abgegebenen Stimmen umfaßt. Die Satzung kann weder eine andere Mehrheit noch weitere Erfordernisse bestimmen. Wird in dem Beschluß über die Ausgabe von Vorzugsaktien, die bei der Verteilung des Gewinns oder des Gesellschaftsvermögens den Vorzugsaktien ohne Stimmrecht vorgehen oder gleichstehen, das Bezugsrecht der Vorzugsaktionäre auf den Bezug solcher Aktien ganz oder z. T. ausgeschlossen, gilt für den Sonderbeschluß die entsprechende Vorschrift zum Bezugsrecht sinngemäß. Ist der Vorzug aufgehoben, gewähren die Aktien das Stimmrecht.

Vorzugsdividende

Gewinnausschüttung auf die Vorzugsaktien. In verschiedenen Formen möglich: als Vorweg-, garantierte Zusatzzahlung; mit Mindestbetrag, Höchstgrenze u. a. m.

Vreneli

Schweizerische Goldmünze über 20 Franken. Beliebtes Sammel- und Anlageobjekt, das am internationalen Goldmünzenmarkt gehandelt wird. Feingehalt 5,80 g, d. h. entsprechend den übrigen gleichwertigen Münzen der ehemaligen Lateinischen Münzunion.

VSC-Index

Abk. f. → Vontobel Swiss Small Companies Index.

VSt

Abk. f. Vermögensteuer.

vulture funds

→ Geierfonds.

VVaG

Abk. f. Versicherungsverein auf Gegenseitigkeit.

W

W

Abk. im Kursblatt der Wiener Börse für Ware; entspricht Brief (B).

WA

Abk. f. Wandelanleihe.

Wachstumsaktien (-werte, Wuchsaktien)

Aktien von AG, bei denen mit besonders guten Ergebnissen und/oder anderen Maßnahmen gerechnet wird, die sich für die Aktionäre günstig auswirken, so daß diese Aktien in einen höheren Kurs hineinwachsen werden. Also Aktien von Unternehmen, für die auf lange Sicht überdurchschnittliche Ertrags- und Expansionsmöglichkeiten aufgrund bestimmter Faktoren (z. B. neue Produkte, wachsende Märkte, hohe Investitionsquote usw.) erwartet werden.

Wachstumsanleihe

Anleihen, denen bis zum Rückzahlungstag ein Aufgeld zuwächst. Die Verzinsung ist meist geringer als bei anderen Anleihen.

Wachstumsfonds

Investmentfonds, deren Erträge nicht ausgeschüttet, sondern zur Wiederanlage dem Fondsvermögen zugeführt werden. An die Stelle der Ausschüttung tritt die Werterhöhung des Investmentanteils (Thesaurierung). Es sind Investmentfonds, deren Anlageziel vor allem Wachstum des angelegten Kapitals ist. → Thesaurierungsfonds.

Wähler

Der Partner beim Prämiengeschäft, der gegen Zahlung der Prämie abnehmen bzw. liefern oder zurücktreten kann.

Währung

Gesetzliche Geldordnung eines Staates. Wertmesser und gesetzliches Zahlungsmittel (Währungseinheit). Hat einen Außenwert (Valuta), der durch den Wechselkurs bestimmt wird, und einen Binnenwert, als Kaufkraft bezeichnet. Die Währungsordnung bestimmt die Währungseinheit nebst Name, Form, Festlegung der gesetzlichen Zahlungsmittel, den Annahmezwang, evtl. Eintauschmöglichkeit, Austauschverhältnis gegen andere Währungen (Währungsparität). Die Währung der BR Deutschland ist die Deutsche Mark (DM).

Währungsabwertung

Herabsetzung oder Sinken des Außenwertes einer Währung. Die sich ergebenden Änderungen können in mehr oder weniger fixierten Wechselkurssystemen auf administrative Anweisung hin erfolgen. I.w. S. spricht man auch von Währungsabwertungen, wenn im System flexibler Wechselkurse der Kurs der eigenen Währung in Relation zu anderen bedeutenden Vergleichswährungen des Auslands abfällt. Mögliche Folge können Importverteuerungen, Exportverbilligungen und damit eine Stärkung der heimischen Wirtschaft sein.

Währungsanleihen (1)

Auslandsanleihen, die von deutschen Emittenten im Ausland oder ausländischen Emittenten in der BR Deutschland begeben worden sind und auf eigene oder fremde Währung lauten. Problematisch ist das damit verbundene Währungs- bzw. Wechselkursrisiko. Als Emittenten treten Staaten, Städte, Banken, supranationale Institutionen sowie große Industrieunternehmen auf. → Auslandsanleihen.

Währungsanleihen (2)

Anleihen, die in einer anderen Währung als DM begeben werden. → Auslandsanleihen → internationale Anleihen.

Währungsaufwertung

Heraufsetzung (administrativ bedingt) oder ein Ansteigen (marktmäßig bedingt im System flexibler Wechselkurse) des Außenwertes einer Währung.

Währungseinheit

Bez. einer natürlichen oder künstlich geschaffenen Rechnungs- und Zahlungsmittelgröße. Gerade im internationalen Waren- und Kapitalverkehr sowie bei der Aufgabenerfüllung internationaler Institutionen kommt einer genauen Währungsspezifizierung große Bedeutung zu.

Währungs-futures

An Terminbörsen gehandelte, standardisierte Devisenterminkontrakte. → Devisen-futures.

Währungsgewinn

Gewinn, der durch die Verschiebung von Wechselkursen (Währungsparitäten) verursacht wird. Bedeutendes Anlagemotiv für Kapitalgeber aus abwertungsverdächtigen Währungsbereichen. Maßnahmen zur Erzielung von Währungsgewinnen können sein: Erwerb ausländischer Wertpapiere, Kreditvereinbarungen, die die

Rückzahlung in Fremdwährung vorsehen, oder das Halten von ausländischen Währungsbeträgen.

Währungsguthaben

Auf fremde Währung lautende Guthaben bei deutschen Banken. Können bei allen deutschen Banken unbegrenzt in jeder Währung auf Währungskonto unterhalten werden.

Währungsklausel

Vertragliche Vereinbarung, die vorsieht, daß die Höhe eines in einer bestimmten Währung (Vertragswährung) geschuldeten Betrages durch einen künftigen Kurs der Vertragswährung gegenüber einer anderen Währung oder mehreren anderen Währungen (Bezugswährung) bestimmt wird. Es handelt sich um auf die Bedürfnisse der Devisenkurssicherung abgestellte Wertsicherungsklauseln. Durch sie wird erreicht, daß der Vertragswährungsbetrag vor Kursverlusten geschützt wird, indem die Vertrags- an die Bezugswährung gebunden wird. Währungsklauseln, bei denen die DM Vertragswährung ist, bedürfen der Genehmigung der Bundesbank. Diese erteilt solche für Zahlungsverpflichtungen aus dem Geld- und Kapitalverkehr grundsätzlich nicht. Nach der Anzahl der Valuten, die als Bezugswährung bestimmt werden, lassen sich einfache und multiple Währungsklauseln unterscheiden. Währungsklauseln sind auch bei internationalen Anleihen die in den Darlehensbedingungen enthaltenen Klauseln über die bei den Zahlungen (Zinsen, Rückzahlung) maßgebenden Währungsbedingungen. In gewissen Fällen, vor allem bei den Währungsoptionsklauseln, auch bei den auf Rechnungseinheiten lautenden Anleihen, wird dem Obligationär ein Wahlrecht auf die zur Anwendung kommende Währung eingeräumt.

Währungsklauseln, einfache

Währungsklauseln mit nur einer Bezugswährung. Verschiedene Formen sind möglich. Statt einer Bezugswährung kann auch eine bestimmte Menge Feingold als Bezugsgröße verwendet werden, um den Vertragswährungsbetrag abzusichern (Goldklausel).

Währungsklauseln, multiple

Durch Bindung der Vertragswährung nicht an nur eine, sondern an mehrere Bezugswährungen wird eine Streuung des Währungsrisikos auf die Bezugswährungen erreicht. Als Vertragswährung kann eine Währung, die in einem Land gesetzliches Zahlungsmittel ist, vereinbart werden, aber auch eine fiktive Quasi-Währungseinheit (Rechnungsgröße), deren Wert durch Einheiten mehrerer echter Währungen (= Bezugswährungen) definiert ist. Von diesem Prinzip ausgehend, werden zur Kurssicherung der Gläubiger internationaler Anleihen durch vertragliche Vereinbarung geschaffene Rechnungsgrößen mit unterschiedlicher Konstruktion als Vertragswährungen verwendet. Sie kommen nicht nur für Anleihen, sondern auch für andere internationale Kreditbeziehungen, vor allem solche mit langen Laufzeiten, in Betracht. Zu diesen Rechnungsgrößen gehören ECU und SZR.

Währungskonto

Auf fremde Währung lautendes Bankkonto bei inländischen Banken. Nach AWG und der Konvertibilitätserklärung unterliegen Währungskonten von Gebietsansässigen, die bei in- oder ausländischen Banken in beliebiger Währung unterhalten werden, keinerlei Beschränkung. Auch Gebietsfremde können Konten in beliebiger Währung bei deutschen Banken unterhalten. Jedoch kann bei diesen nach den Bestimmungen des AWG die Verzinsung von Guthaben eingeschränkt oder verboten werden.

Währungskonvertibilität

→ Konvertibilität (Konvertierbarkeit).

Währungskorb

Zusammenfassung verschiedener Währungen in einem fest vorgegebenen Verhältnis zur Ermittlung oder Schaffung einer neuen Rechnungsgröße. Im Rahmen der EG wird das ECU bestimmt aus einem Korb von 9 Mitgliedswährungen. Die Berechnung des Wertes von Sonderziehungsrechten erfolgt ebenfalls anhand eines Währungskorbes. → Europäisches Währungssystem (EWS).

Währungskredite

Kredite, die auf Fremdwährung lauten. Die Vorteilhaftigkeit eines solchen Kredites ist vor dem Hintergrund internationaler Zinsdifferenzen und möglicher Währungsrisiken sowie den damit verbundenen Kurssicherungskosten zu sehen. Derartige Kreditbeziehungen eignen sich neben ihrem Finanzierungszweck zur Kurssicherung vieler Arten von Währungsaktiva und -passiva. Den Devisentermingeschäften sind sie insbesondere dann überlegen, wenn die Kurssicherung für lange Laufzeiten, mit denen Termingeschäfte nicht abgeschlossen werden können, erfolgen soll.

Währungsoption

Vertraglich begründetes Recht eines Gläubigers, vom Schuldner die Tilgung und/oder Verzinsung eines Kredits außer in der Kreditgewährung auch in einer bestimmten anderen Währung oder in einer von mehreren anderen Währungen zu verlangen (Optionswährungen). Für sie werden Umrechnungskurse vertraglich festgelegt. Gewöhnlich werden dafür die Devisenkurse, die für diese Währungen im Zeitpunkt des Vertragsabschlusses gelten, verwendet. Meist wird vereinbart, daß der Gläubiger das Optionsrecht bis zu einem bestimmten Zeitpunkt oder innerhalb eines bestimmten Zeitraums vor Fälligkeitstermin ausüben muß. Die Kurssicherungswirkung dieser Vereinbarung ergibt sich daraus, daß der Gläubiger die Möglichkeit hat, die Zahlung in der Optionswährung zu fordern, die sich relativ zu den anderen am wenigsten abgeschwächt bzw. am stärksten gefestigt hat. Hauptanwendungsgebiete der Währungsoptionsrechte sind internationale Anleihen. Grundsätzlich kommen sie aber auch für andere Kreditbeziehungen in Betracht. Besonders wichtig ist aus der Sicht des Gläubigers, daß seine eigene Landeswährung zu den Optionswährungen gehört, da andernfalls Kursverluste nicht mit Sicherheit verhindert werden. → Währungsklausel.

Währungsoptionsanleihe

Währungsanleihe, bei der den Kapitalgebern ein Wahlrecht (Option) bezüglich der Rückzahlungswährung eingeräumt wird. Für den Kapitalanleger bedeutet dies einen gewissen Schutz vor Wechselkursrisiken. → Währungsoption.

Währungsoptionsschein (1)

Teil des Anteilsscheins einer Währungsoptions-Anleihe. Verbrieft das Recht, Zinszahlungen in der Anleihewährung oder wahlweise in bestimmten anderen Währungen zu festgelegten Wechselkursen zu verlangen.

Währungsoptionsschein (2)

Ohne anhängende Anleihe begebener („nackter") Optionsschein. Kommt als call- oder put-Währungsoptionsschein vor. Ein call-(put-) Währungsoptionsschein berechtigt entweder zum Bezug (Verkauf) bestimmter Währungsbeträge zu im voraus festgelegten Preisen und Bedingungen oder zur Zahlung eines Differenzbetrags. Der Differenzbetrag errechnet sich aus dem Basispreis und dem am Ausübungstag gültigen (amtlichen) Devisenkurs des Basiswertes. Die Laufzeit ist relativ kurz und beträgt i. d. R. ein bis zwei Jahre. Währungsoptionsscheine werden häufig von Banken emittiert und im Geregelten Markt und/oder Freiverkehr eingeführt.

Währungspolitik

Gesamtheit aller Maßnahmen des Staates und/oder der Zentral(noten)bank zur Regelung des Geldumlaufs im Inneren und der monetären Außenwirtschaftsbeziehungen. Dient der Stabilhaltung der Währung nach innen (Geldwertstabilität) und nach außen (Wechselkursstabilität). Gehört zur allgemeinen Wirtschaftspolitik eines Staates. Wird, was die äußere Währungspolitik betrifft, oft wesentlich weiter verstanden: so auch auf die Zahlungsbilanzpolitik allgemein, auf Währungsreserven und auf das Währungsgeschehen generell bezogen.

währungspolitisches Instrumentarium der Deutschen Bundesbank

Maßnahmemöglichkeiten der Bundesbank, die auf eine Sicherung der Währung nach außen und innen abzielen.

Währungsposition (Valutaposition)

Saldo von über bestimmte Fremdwährungen lautenden Vermögensteilen und Verbindlichkeiten, die dem Währungsrisiko ausgesetzt sind. Ob ein Währungsgewinn oder -verlust entsteht und in welcher Höhe, hängt von der Höhe des Überschusses der Währungsaktiva über die -passiva ab. Die Währungsposition tritt als Einzel-, Gesamt- und Tagesposition auf. Bei der Währungseinzelposition handelt es sich um die Gegenüberstellung der über eine einzelne ausländische Währung lautenden Aktiva und der über die gleiche Währung lautenden Passiva, beides umgerechnet in die Inlandswährung. Die Währungsgesamtposition ist die Gegenüberstellung sämtlicher in Inlandswährung umgerechneter Währungsaktiva und -passiva, gleichgültig, über welche Währungen sie lauten. Sie ist also die Summe aller Einzelpositionen. Eine Währungsposition (Einzel-, Gesamtposition) wird als ausgeglichen bezeichnet, wenn die ihr zugehörigen Aktiva und Passiva gleich groß sind; ist dies nicht der Fall, spricht man von offener Position. Übersteigen die Währungsaktiva die -passiva, spricht man von aktiver oder Plusposition; übersteigen die Passiva die Aktiva, von passiver oder Minusposition. Ist eine Einzelposition passiv, entsteht ein Verlust bei einer Kurssteigerung und ein

Gewinn bei einem Kursrückgang der Auslandsvaluta gegenüber der Inlandswährung; umgekehrt, wenn die Einzelposition aktiv ist. Bei ausgeglichener Einzelposition entsteht weder Gewinn noch Verlust. Eine ausgeglichene Gesamtposition schützt dagegen nicht gegen Verluste aus Kursänderungen jeder in ihr enthaltenen Währung; dazu müßte auch jede Einzelposition ausgeglichen sein. Besteht zwischen Währungsaktiva und -passiva keine Fälligkeitskongruenz, entsteht ein Währungsrisiko auch dann, wenn die Position betragsmäßig ausgeglichen ist. Um vom Währungsrisiko bedrohte Währungsaktiva und -passiva zu erfassen, reicht es also nicht, diese ohne Berücksichtigung der Fälligkeitstermine gegenüberzustellen, sondern es müssen Tagespositionen gebildet werden: Dies ist die Gegenüberstellung der an einem bestimmten Tag fälligen Währungsaktiva und der am gleichen Tag fälligen Währungspassiva.

Währungsreform

Gesetzliche Neuordnung des Geldwesens eines Staates, meist nach Kriegen und Inflationen, um den zu großen Bestand an umlaufenden Zahlungsmitteln, den Geldüberhang, zu verringern. Bei der Währungsreform v. 20. 6. 1948 wurde in der späteren BR Deutschland die RM durch die DM abgelöst. Dabei wurden die Altgeldguthaben im Verhältnis 100:6,5 in DM umgetauscht, andere Reichsmarkverbindlichkeiten 10:1 umgestellt. Löhne, Gehälter, Miet- und Pachtzinsen, Renten, Pensionen u. ä. wurden 1:1, Schuldverschreibungen 10:1 umgestellt. Die Einführung der DM in der ehemaligen DDR am 1. 7. 1990 wird nur selten als Währungsreform, sondern zumeist als → Währungsumstellung bezeichnet, obwohl sie ökonomisch für die neuen Bundesländer einer Währungsreform entsprach.

Währungsrisiko (Valutarisiko)

An freien Devisenmärkten unterliegen die Wechselkurse Veränderungen, die erheblich sein können. Die aus solchen Devisenkursänderungen resultierende Gefahr von Verlusten wird als Währungsrisiko bezeichnet. Ihm korrespondiert die Währungschance als aus Devisenkursänderungen resultierende Gewinnmöglichkeit. Vom Währungsrisiko werden alle über fremde Währungseinheiten lautenden Vermögensteile (Währungsaktiva) und Verbindlichkeiten (Währungspassiva) betroffen. An einem Währungsaktivum entsteht ein Kursverlust, wenn der Devisenkurs, zu dem das Aktivum aufgelöst wird, niedriger ist als der Kurs, zu dem es begründet wurde, an einem Währungspassivum, wenn der Devisenkurs, zu dem es aufgelöst wird, höher ist als der Kurs, zu dem es begründet wurde. Umgekehrt entstehen Gewinne. Zu den dem Währungsrisiko ausgesetzten Vermögensteilen gehören Bankguthaben (Devisenguthaben bei ausländischen Banken und Währungsguthaben bei inländischen), Banknoten, Scheidemünzen, Forderungen aller Art, Beteiligungen, Wertpapiere aller Art (ausländische Aktien, über Fremdwährung lautende Schuldverschreibungen, unabhängig davon, ob der Emittent Inländer oder Ausländer ist, Wechsel usw.), Grundbesitz, der im Ausland gelegen ist. Zu den dem Währungsrisiko ausgesetzten Verbindlichkeiten gehören alle Fremdwährungsschulden, also Bankschulden (auch Währungsverbindlichkeiten gegenüber inländischen Banken), Verbindlichkeiten gegenüber Lieferanten, Vorauszahlungen von Abnehmern, eigene Währungsakzepte und -solawechsel, emittierte Schuldverschreibungen, die über fremde Währung lauten (auch soweit sie sich im Besitz von Inländern befinden), Eventualverbindlichkeiten in fremder Währung. Risikobelastet sind nicht nur gegenwärtig bestehende, sondern auch zu erwartende Währungsaktiva und -passiva.

Währungsrisiko, Kurssicherung (Absicherung)

Die Eliminierung des Währungsrisikos erfolgt, indem zu den vorhandenen Währungspositionen zusätzliche Währungsaktiva oder -passiva gebildet werden oder ihr Entstehen vermieden wird. Das Schwergewicht liegt bei der Bildung zusätzlicher Aktiva oder Passiva. Einmal besteht die Möglichkeit, sogleich bei der Entstehung eines Währungsaktivums (-passivums) ein Währungspassivum (-aktivum) in derselben Währung und mit der gleichen Fristigkeit zu bilden; zum anderen kann die Position insgesamt zum Ausgleich gebracht werden, wobei entgegengesetzte Posten nicht zu jedem einzelnen Währungsaktivum (-passivum), sondern nur in Höhe der zwischen den ursprünglichen Aktiva und Passiva bestehenden Salden geschaffen werden. Konkret kommen als Kurssicherungsinstrumente in Betracht: Fakturierung in Inlandswährung, Devisenkassageschäfte, Devisentermingeschäfte, Wechselkursversicherung, Diskontierung von Währungswechseln, Forfaitierung von Exportforderungen, Export-Factoring, Währungskredite, Währungsoptionsrechte, Währungsklauseln. Die einzelnen Instrumente sind nicht für alle Sicherungszwecke gleichermaßen geeignet. Außer der Aufnahme und Hergabe von Währungskrediten sind Devisentermingeschäfte das einzige zur globalen Kurssicherung verfügbare Instrument.

Währungsrisiko, Kurssicherungskosten

Kurssicherung durch Devisentermingeschäfte ist mit Kosten verbunden. Sie ergeben sich daraus, daß Devisenkassa- und -terminkurse einer Währung i. d. R. verschieden sind, ein Report oder Deport besteht. Bei Kurssicherung von Finanzkrediten durch swap-Geschäfte entstehen außer Gebühren u. a. Spesen; Kosten nur dann, wenn der Kurs, zu dem der Devisenbetrag gekauft wird, höher ist als der Kurs, zu dem er verkauft wird. Wird ein Devisenbetrag auf diese Weise befristet beschafft (z. B. Kassakauf und Terminverkauf der Währung), entstehen also Kosten, wenn die Währung einen Deport, und Erträge, wenn sie einen Report hat. Bei befristeter Überlassung von Fremdwährungsbeträgen (Kassaverkauf und Terminkauf) verhält es sich jeweils umgekehrt. Swap-Geschäfte sind meist mit Aufwendungen verbunden und erbringen nur ausnahmsweise Erträge. Bei outright-Geschäften zur Kurssicherung ist die Frage, ob Kosten entstehen und wie hoch diese sind, von der Differenz zwischen dem Kurs, zu dem in der Gegenwart das Termingeschäft erfolgt, und dem Kurs, zu dem später das Kassageschäft erfolgen könnte, abhängig. Da letzterer bei Abschluß des Termingeschäftes noch nicht bekannt ist, lassen sich etwaige Kosten nur ex post feststellen: Wird ein Fremdwährungsbetrag per Termin verkauft und ist der Kassakurs der Währung am Erfüllungstag höher als der Kurs, zu dem der Terminverkauf erfolgte, hat die Kurssicherung Kosten in Höhe des Differenzbetrages verursacht. Beim Kauf von Termindevisen entstehen, wenn der Kassakurs am Erfüllungstag niedriger ist als der dem Terminkauf zugrundeliegende Kurs, Kosten in Höhe der Differenz. Weitere Kosten entstehen, wenn die Bank, mit der das Termingeschäft getätigt wird, Sicherheiten fordert (z. B. Einschuß).

Währungsschulden, vermögensteuerlich

Schulden, die in ausländischer Währung oder wahlweise in deutscher oder ausländischer Währung zu erfüllen sind, sind nach dem Umrechnungskurs vom Stichtag in DM umzurechnen.

Währungsswap

Beim Währungsswap werden komparative Kostenvorteile, die eine oder beide Parteien im Hinblick auf den Zugang zu bestimmten Währungsmärkten besitzen, ausgenutzt. Im Grundsatz stellt ein Währungsswap den Tausch eines Kapitalbetrags und der aus diesem Kapitalbetrag resultierenden Zinsbeträge einer Währung in einen Kapitalbetrag und daraus resultierende Zinsen in einer anderen Währung dar. Damit dieser Tausch unter Kostengesichtspunkten für beide swap-Parteien vorteilhaft sein kann, müssen – ähnlich wie bei Zinsswaps – folgende Voraussetzungen erfüllt sein: (1) Zwei Unternehmen – i. d. R. in unterschiedlichen Domizilländern – haben hinsichtlich der Volumina, der Laufzeiten und der Zinsberechnungsbasen gleiche Finanzierungsinteressen, aber entgegengesetzte Valutabedürfnisse; (2) die Unternehmen können sich aufgrund ihres relativen Standingvorteils am Heimatmarkt günstiger verschulden als das jeweils andere Unternehmen. Unter Zugrundelegung dieser Voraussetzungen wird ein Währungsswap z. B. wie folgt abgewickelt: Ein deutsches Unternehmen und ein US-amerikanisches Unternehmen haben für den gleichen Zeitraum einen bestimmten Finanzierungsbedarf. Aufgrund des Standingvorteils am Inlandsmarkt ergeben sich für beide Unternehmen relative Zinsvorteile. Diese relativen Zinsvorteile können beide Unternehmen durch den Abschluß eines Währungsswaps in der Weise nutzen, daß sie sich jeweils an ihren Heimatmärkten verschulden, die aufgenommenen Mittel zum aktuellen Kassakurs tauschen, jährlich die entsprechenden Zinsverpflichtungen gegenseitig begleichen und am Ende der Laufzeit die Kapitalbeträge zum ursprünglichen Kassakurs zurücktauschen. Neben einer Absicherung des Währungsrisikos ermöglicht der Währungsswap den Parteien gegenüber einem Direktengagement auch einen kostengünstigeren Zugang zum jeweiligen Fremdwährungsmarkt.

Währungsumrechnung

Umrechnung eines Währungsbetrages in eine andere Währung. Grundlage dieses Transformationsprozesses ist die Kenntnis des jeweiligen Umrechnungskurses (Devisen-, Wechselkurs).

Währungsumrechnungskurs
Austauschverhältnis zweier Währungen zueinander. → Wechselkurs (Devisenkurs).

Währungsumrechnungsgewinn
Positiver Saldo bei der Umrechnung von Währungsbeträgen zu unterschiedlichen Zeitpunkten. Bedeutend für die Besteuerung internationaler Vermögenspositionen und Umsatztätigkeiten. Speziell: bei Umrechnungen von Einzel- in Weltbilanzen (Scheingewinn).

Währungsumrechnungsverlust
Verluste bei der Umrechnung von Währungsbeträgen Speziell: bei Umrechnung von Einzel- in Weltbilanzen (Scheinverlust).

Währungsumstellung
Mit Wirkung vom 1. 7. 1990 wurde die Währung der ehemaligen DDR auf DM umgestellt. Der allgemeine Umstellungssatz für Guthaben betrug 1 DM für 2 Mark der DDR. Ein bevorzugter Umstellungssatz von 1:1 galt (1) für Personen, die nach dem 1. 7. 1976 geboren wurden, für Kontoguthaben im Betrag von bis zu 2000 Mark der DDR, (2) für Personen, die zwischen dem 2. 7. 1931 und dem 1. 7. 1976 geboren wurden, für Kontoguthaben im Betrag von bis zu 4000 Mark der DDR, (3) für Personen, die vor dem 2. 7. 1931 geboren wurden, für Kontoguthaben im Betrag von bis zu 6000 Mark der DDR. Guthaben, die die bevorzugt umzustellenden Beträge übersteigen, wurden im Verhältnis 2:1 umgestellt. Die Umstellung von Kontoguthaben juristischer Personen und sonstiger Stellen erfolgte ausnahmslos im Verhältnis 2:1. → Währungsreform

Währungsverlust
Verlust, der sich aus einer Verschiebung der Währungsumrechnungskurse ergibt. Gegensatz: Währungsgewinn. Speziell: Bei Umrechnung von Einzel- in Weltbilanzen (Scheinverlust).

Wagnisfinanzierung, -kapital
Bereitstellung von Risikokapital zur Finanzierung von risikoreichen, aber innovativen und zukunftsträchtigen Investitionen. Von besonderer Bedeutung für nicht emissionsfähige Unternehmen. → venture capital → venture fund.

Wagnisfonds
→ venture fund.

Wahl des Abschlußprüfers
Die Bestellung der Abschlußprüfer für das 1. Geschäftsjahr erfolgt durch die Gründer der AG. In den folgenden Geschäftsjahren werden die Abschlußprüfer von der HV gewählt, jeweils vor Ablauf des Geschäftsjahres, auf das sich die Prüfungstätigkeit erstrecken soll. Das Wahlergebnis ist in die notarielle Niederschrift über die HV aufzunehmen. Danach hat der Vorstand den gewählten Prüfern unverzüglich den Prüfungsauftrag zu erteilen. Als Abschlußprüfer der AG kommen aber nur Wirtschaftsprüfer bzw. Wirtschaftsprüfungsgesellschaften in Frage, wobei das HGB eine Reihe von Bestimmungen enthält, die die Wahl eines bestimmten Abschlußprüfers aufgrund personeller oder wirtschaftlicher Verflechtung mit der zu prüfenden AG verbieten.

Wahl des Aufsichtsrats der AG
Die Mitglieder des Aufsichtsrates werden von der HV gewählt, soweit sie nicht in den Aufsichtsrat zu entsenden oder als Aufsichtsratsmitglieder der Arbeitnehmer zu wählen sind. An Wahlvorschläge ist die HV nur gemäß Mitbestimmungsgesetz gebunden. Ein Recht, Mitglieder in den Aufsichtsrat zu entsenden, kann, soweit es nicht Spitzenorganisationen der Gewerkschaften zusteht, nur durch Satzung und nur für bestimmte Aktionäre oder für die jeweiligen Inhaber bestimmter Aktien begründet werden. Inhabern bestimmter Aktien kann das Entsendungsrecht nur eingeräumt werden, wenn die Aktien auf Namen lauten und ihre Übertragung an die Zustimmung der AG gebunden ist. Die Entsendungsrechte können insgesamt höchstens für ⅓ der sich aus Gesetz oder Satzung ergebenden Zahl der Aufsichtsratsmitglieder der Aktionäre eingeräumt werden.

Wahlbörse
Börse, an der nach dem Vorbild des Iowa Political Market Optionsscheine auf die Ergebnisse politischer Wahlen gehandelt werden. In Deutschland erstmalig zur Bundestagswahl 1990 in drei Hochschulen eingerichtet, teilweise mit hoher Prognosegenauigkeit.

Wahlen in der Hauptversammlung der AG
Wahlen zum Aufsichtsrat und die Wahl des Abschlußprüfers erfolgen mit einfacher Stimmenmehrheit. Soweit Mitbestimmungs- oder Betriebsverfassungsgesetz Anwendung finden, wird zwischen den

Aktionärsvertretern und den Arbeitnehmervertretern unterschieden: Arbeitnehmervertreter im Aufsichtsrat aufgrund des Betriebsverfassungsgesetzes werden von den Arbeitnehmern der Betriebe der AG ohne Beteiligung der HV gewählt. Wahlkörper für die Arbeitnehmervertreter nach dem Mitbestimmungsgesetz ist dagegen die HV; die Wählbarkeit ist jedoch auf die zur Wahl präsentierten Kandidaten beschränkt.

Wahlvorschläge von Aktionären für die Hauptversammlung

Für den Vorschlag eines Aktionärs zur Wahl von Aufsichtsratsmitgliedern oder von Abschlußprüfern gelten die Vorschriften für Anträge von Aktionären für die HV sinngemäß. Der Wahlvorschlag braucht nicht begründet zu werden. Der Vorstand braucht den Wahlvorschlag auch dann nicht mitzuteilen, wenn der Vorschlag nicht die Angaben hinsichtlich der Bekanntmachung der Tagesordnung der HV enthält.

Wahrscheinlichkeit

Grundlegende Maßgröße in Risikotheorie und Versicherungswesen. Die Wahrscheinlichkeit eines künftigen Ereignisses wird durch eine Zahl zwischen 0 und 1 angegeben. Der Grenzfall 0 kennzeichnet ein unmögliches, der Grenzfall 1 ein mit Sicherheit eintretendes Ereignis. Faßt man die Menge der möglichen Ereignisse zusammen und ordnet den Ergebnissen die jeweiligen Wahrscheinlichkeiten zu, erhält man eine Wahrscheinlichkeitsverteilung, die eine Zufallssituation vollständig beschreibt.

Wahrscheinlichkeitsverteilung

→ Häufigkeitsverteilung.

wahrscheinlichster Wert

Auch: häufigster Wert, Modus. Er stellt den lagetypischen Mittelwert einer statistischen Verteilung dar und bezeichnet den Wert einer Variablen, der die größte Häufigkeit aufweist.

Wall Street

Straße im New Yorker Stadtteil Manhattan, an der die New York Stock Exchange liegt. Diese Börse wird in den USA häufig auch Big Board genannt, weil sie rd. ¾ aller Wertpapiertransaktionen abwickelt. Den ersten vollständigen Kurszettel gab es im Jahre 1815. Darauf standen die Notierungen von 24 Wertpapieren. Die moderne Geschichte der Wall Street begann mit dem Boom in den 20er Jahren des 20. Jahrhunderts, die zunächst 1929 in einer Katastrophe endete. Aus diesem Grund errichtete der Kongress die Securities and Exchange Commission (SEC), die bis heute weitgehend den Wertpapierhandel unter Kontrolle hat. Der Handel beginnt in Wall Street um 10.00 Uhr morgens und endet um 16.00 Uhr. → New York Stock Exchange.

Wandaktien

Scherzhafte Bez. f. außer Kurs gesetzte, als Antiquitäten von Liebhabern gesammelte Aktien (Nonvaleurs).

Wandelanleihe (-schuldverschreibung, -obligation)

Obligation einer AG, die dem Eigentümer das Recht einräumt, sie zu einem bestimmten Zeitpunkt in einem bestimmten Umwandlungsverhältnis in Aktien umzutauschen. Es wird so der Vorteil der Obligation, einen festen Zins zu ergeben, verbunden mit dem Vorteil der Aktie, einen Anteil am Vermögen der AG erlangen zu können. Da mit dem Wandelrecht keine Wandlungspflicht verbunden ist, bietet sich dem typischen Rentenanleger eine risikoarme Geldanlagemöglichkeit mit der Chance, bei entsprechender Kursentwicklung in die Aktienanlage umzusteigen und damit Zugang zu Substanz und Ertragskraft einer Unternehmung zu finden; verläuft die Entwicklung anders, verzichtet der Wandelanleihebesitzer auf sein Wandelrecht. Solche Anleihen dürfen nur aufgrund eines HV-Beschlusses ausgegeben werden. Der Beschluß bedarf einer Mehrheit, die mind. ¾ des vertretenen Grundkapitals umfaßt. Die Satzung kann eine andere Kapitalmehrheit und weitere Erfordernisse bestimmen. Die Vorschriften zur Kapitalerhöhung gegen Einlagen gelten auch hier. Da die Ausgabe von Wandelanleihen wegen des Umtauschrechts und der damit verbundenen Ausgabe neuer Aktien die Rechte der Aktionäre schmälert, haben bei Abgabe von Wandelschuldverschreibungen die Aktionäre ein Bezugsrecht. Zu den wichtigsten Bedingungen gehören der Wandlungspreis, d. h. der Betrag, der durch Einreichung der Obligation für eine Aktie i. d. R. zu entrichten ist, und die Wandlungsperiode, während der gewandelt werden kann. Wegen des Vorteils der Wandlungsmöglichkeit haben Wandelanleihen meist niedrigere Verzinsung als normale Obligationen. Andererseits liegt der Wandlungspreis i. d. R. über dem Aktienkurs zur Zeit der Anleiheausgabe; er weist somit ein Aufgeld (Wandlungsprämie) auf. Der Börsenkurs der

Wandelanleihe folgt, je nach der Höhe der Wandlungsprämie, mehr der allgemeinen Anleihemarktentwicklung oder den Schwankungen des Aktienkurses.

wandelbare Geldmarkteinheiten

→ convertible money market units.

Wandelgeschäft

Börsentermingeschäft in Wertpapieren, bei dem einem Partner das Recht eingeräumt wird, die Erfüllung des Geschäftes schon vor dem vereinbarten Termin zu verlangen. Die Abschlußformel solcher Geschäfte lautet per ultimo täglich oder per ultimo auf Kündigung.

Wandelobligation

→ Wandelanleihe (-schuldverschreibung, -obligation).

Wandelrecht

→ Wandelanleihe (-schuldverschreibung, -obligation).

Wandelschuldverschreibung

→ Wandelanleihe (-schuldverschreibung, -obligation).

Wandelschuldverschreibungen als Kapitalanlage

Die Wandelobligation steht zwischen Aktie und Obligation und vereinigt Vor- und Nachteile beider Wertpapierarten. Einmal besitzt die Wandelobligation alle Eigenschaften der echten Obligation, garantiert dem Anleger also feste Verzinsung und Kapitalrückzahlung. Wandelobligationen gelten als sicherer gegenüber Aktien, da die in ihnen verbriefte Forderung gegenüber der Unternehmung oft dinglich gesichert ist, wodurch das Risiko des Verlustes des Kapitals begrenzt wird. Kursverluste sind zudem durch die feste Verzinsung nach unten begrenzt: Da Wandelanleihen bis zum Wandlungszeitpunkt den Charakter von Festverzinslichen haben und, sofern sie nicht gewandelt werden, zum Nennwert zurückgezahlt werden, richtet sich ihr Kurs ungünstigstenfalls nach dem Kapitalmarktzins. Je näher der Wandelanleihenkurs sich an diesem Obligationskurs befindet, desto geringer ist das Kursverfallrisiko, desto geringer allerdings auch die Möglichkeit eines Umtauschgewinns bei der Wandlung. Liegt der Ausgabekurs einer Wandelobligation in Parinähe und wird der Unterschied zum Aktienkurs durch ein entsprechend hohes Wandlungsverhältnis und/oder eine hohe Zuzahlung ausgeglichen, hat die Wandelobligation zwischen Emissions- und Wandlungszeitpunkt mehr Obligationscharakter. Liegt ihr Börsenkurs dagegen – bei keiner oder nur geringer Zuzahlungspflicht – in der Nähe des Kurses der Aktie, hat sie in der Zwischenzeit mehr Aktiencharakter. Die Orientierung des Wandlungswertes am Aktienkurs bringt mit sich, daß mit steigendem Aktienkurs eine Umwandlung günstiger wird und daß durch diese Aussichten der Kurs der Wandelschuldverschreibung in die Höhe gezogen wird, weil anderenfalls die Spekulation den Kursunterschied für ihre Geschäfte ausnutzen würde. Je nach Festsetzung des Umtauschverhältnisses wird der Kurs der Wandelobligation ceteris paribus unter dem der Aktie bleiben. Trotz bestehender Umtauschmöglichkeit kann eine Wandlung den Anlegern uninteressant erscheinen, weil auch während der Zeit, da der Aktienkurs die Umtauschgrenze überschreitet, eine Analyse der Aktie ergibt, daß diese so gering zu bewerten ist, daß eine Wandlung sich nicht empfiehlt. Dies führt meist dazu, daß der Aktienkurs unter den Mindestkurs der Wandelobligation sinkt. Umgekehrt kann sich ergeben, daß eine Wandlung als so lohnend zu betrachten ist, daß der Kurs der Wandelobligation sogar über den der Aktien steigt. Derartige Entwicklungen leiten sich ab aus überdurchschnittlichen Renditen, besonderen, für die Aktienbesitzer in Aussicht gestellten Rechten, zu erwartendem Steigen des Aktienkurses u. a. m. Auch der Vergleich von Obligationszinsen und gezahlter Dividende wirkt sich auf den Kurs aus, besonders wenn die Wandelobligation einen höheren Ertrag bringt. Kleinere Unterschiede zugunsten des Aktienkurses können sich auch daraus ergeben, daß der Umtausch mit dem Anfall von Spesen usw. verbunden sein kann. Aus der Sicht des Wandelobligationserwerbers ist die Möglichkeit späteren Umsteigens in einen Sachwert der wichtigste Aspekt. Diese Möglichkeit wird im Kurs der Wandelanleihe eskomtiert, so daß der Wandelanleihekurs sich bei starken Kurssteigerungen der Aktien der Unternehmung ihnen in etwa paritätisch anpaßt. Im Verhältnis zur Aktie ist aber das Kursrisiko bei der Wandelobligation nach unten geringer. Wenn der Kurs der Aktien während des Wandlungszeitraums über die Wandlungsparität hinaus steigt, profitiert der Wandelobligationär ähnlich wie ein Aktionär von den Kurssteigerungen; zeigt aber der Aktienkurs einen ungünstigen Verlauf, so kann der Wandelobligationär weiter Anleihebesitzer bleiben. Die Wandelobligation bietet dem Besitzer also die Gewinnchancen des

Aktionärs ohne dessen Kursverlustrisiko, zusätzlich aber die Vorteile eines Gläubigers, der auf feste Zins- und Kapitalrückzahlung rechnen kann. Der Wandelobligationär wird vom Risiko der Aktienkursverschlechterung bis zum Zeitpunkt, in dem er die Wandlung vornimmt, direkt nicht berührt. Wandeln wird er, wenn der Börsenkurs den Wandlungskurs übersteigt; entweder kann er nach der dann erfolgten Wandlung den Unterschied zwischen Wandlungs- und Aktienkurs realisieren oder die Aktie im Besitz behalten. Der Anleger muß also beurteilen können, bei welcher Konstellation der Kurse eine Ausübung des Wandlungsrechts für ihn vorteilhaft ist. Der Egalisations- oder Paritätskurs ergibt sich, wenn man den Erwerbskurs der Obligation plus einer eventuellen Zuzahlung bei Wandlung als feste Größe ansieht und den dazugehörigen, gleichwertigen Aktienkurs rechnerisch ermittelt. Dieses Stadium des Gleichgewichts beider Kurse, die Gewinnschwelle, muß der Anleger mit dem während der Umtauschfrist notierten Börsenkurs vergleichen. Ist Aktienkurs < Paritätskurs, würde der Wandelobligationär bei einem Umtausch an Wert mehr hingeben als er eintauschen könnte; eine Wandlung kommt deshalb i. d. R. nicht in Betracht. Ist Aktienkurs = Paritätskurs, würde ein Umtausch weder Verluste noch Gewinne bringen; ausschlaggebend ist in diesem Fall ein Ertragsvergleich zwischen Effektiverzinsung der Obligation und der Aktie. Ist Aktienkurs > Paritätskurs, ist der Aktienkurs über die Gewinnschwelle gestiegen, ein Umtausch gewinnbringend.

Wandelschuldverschreibungen, Ausgabevoraussetzungen

Wandelschuldverschreibungen dürfen nur aufgrund eines Beschlusses der HV der betreffenden AG ausgegeben werden. Der Beschluß bedarf einer Mehrheit von mind. ¾ des vertretenen Grundkapitals. Die Satzung kann diese Mehrheit durch eine andere Kapitalmehrheit ersetzen u. a. Erfordernisse bestimmen. Für die Ausgabe von Wandelschuldverschreibungen ist staatliche Genehmigung erforderlich. Den Aktionären der AG steht ein Bezugsrecht auf die Wandelobligation zu. Dieses kann von der HV in dem Beschluß über die Ausgabe mit einer Mehrheit von mind. ¾ des vertretenen Grundkapitals ausgeschlossen werden.

Wandelschuldverschreibungen, Bezugsrecht

→ Wandelschuldverschreibungen, Ausgabevoraussetzungen.

Wandelschuldverschreibungen, Sicherung des Umtauschrechts

Zur Sicherung des Umtausch- oder Bezugsrechts der Wandelobligation ist eine bedingte Kapitalerhöhung erforderlich. Die HV beschließt hierzu eine Erhöhung des Grundkapitals, die nur insoweit durchgeführt werden soll, wie von dem Umtausch- oder Bezugsrecht auf die neuen Aktien, das die AG mit der Auflegung der Wandelanleihe den Obligationären einräumt, Gebrauch gemacht wird. Der Nennbetrag des bedingten Kapitals darf die Hälfte des zur Zeit des Beschlusses über die bedingte Kapitalerhöhung vorhandenen Grundkapitals nicht übersteigen. Auch der o.g. HV-Beschluß über sie bedarf einer Mehrheit von mind. ¾ des vertretenen Grundkapitals. Die Satzung der AG kann eine größere Kapitalmehrheit und weitere Erfordernisse bestimmen. Die bedingte Kapitalerhöhung wird erst mit Ausgabe der Bezugsaktien wirksam. Deshalb hat der Vorstand nach Ablauf eines Geschäftsjahres innerhalb 1 Monat zur Eintragung ins Handelsregister anzumelden, in welchem Umfang im abgelaufenen Geschäftsjahr Bezugsaktien ausgegeben worden sind und das Grundkapital hierdurch erhöht worden ist.

Wandelschuldverschreibungen, Verwässerungsschutz

Damit Wandelobligationäre durch zwischenzeitliche Kapitalerhöhungen der AG nicht benachteiligt werden, wird in die Bedingungen einer Wandelanleihe meist eine Verwässerungsschutzklausel aufgenommen. Eine Verwässerung, d. h. Beeinträchtigung des Wertes des Wandlungsrechts kann eintreten, wenn die AG bei der Kapitalerhöhung, wie üblich, den Emissionskurs niedriger als den Börsenkurs der Altaktien ansetzt. Der gleiche Effekt ergibt sich bei einer Kapitalerhöhung aus Gesellschaftsmitteln neben weiteren möglichen Verwässerungsursachen. Es gibt verschiedene Möglichkeiten, bei Eintritt solcher Ereignisse faktisch oder schon in den Anleihebedingungen Verwässerungsverluste der Wandelobligationäre auszuschalten: So wird ihnen ein solches Bezugsrecht auf junge Aktien eingeräumt, wie sie es haben würden, wenn sie im Zeitpunkt der Aktienkapitalerhöhung bereits Aktien auf ihre Wandelobligationen bezogen hätten;

oder der evtl. Großaktionär der AG verpflichtet sich, mit Hilfe seines Sperrminoritäts- oder höheren Aktienbesitzes gegen einen Beschluß zur Grundkapitalerhöhung zu stimmen, wenn den Wandelobligationären nicht das Bezugsrecht gewährt wird; oder es kommt die Verpflichtung eines Mehrheitsaktionärs in Frage, für die Gewährung eines Bezugsrechts an die Wandelobligationäre zu stimmen und dies damit durchzusetzen; oder der Vorstand der AG gibt gegenüber der federführenden Bank des die Anleihe übernehmenden und weiterverkaufenden Bankenkonsortiums die Erklärung ab, daß er im Falle einer Erhöhung des Grundkapitals der HV vorschlagen werde, den Wandelobligationären ein Bezugsrecht zum gleichen Bezugskurs einzuräumen; oder die Wandelobligationäre werden durch ein vorzeitiges Wandlungsrecht gesichert; oder die AG wird verpflichtet, nach einer Kapitalerhöhung die Umtauschbedingungen den neuen Verhältnissen anzupassen. Bei jüngeren Wandelobligationen hat man mit Gleitklauseln einen neuen Weg gewählt. Bei ihnen mindert sich die Zuzahlung um einen formelmäßig ermittelten Betrag: Der sich nach einer Kapitalerhöhung errechnende ermäßigte Wandlungspreis ergibt sich als Produkt des Wandlungspreises vor der Kapitalerhöhung mit dem Grundkapital am Tag vor der Beschlußfassung über die neue Kapitalerhöhung, vergrößert um das Produkt aus dem Nennbetrag des Teils der Kapitalerhöhung, der dem festgesetzten Bezugsrechtsverhältnis zum bisherigen Grundkapital entspricht, und dividiert durch die Summe des bisherigen Grundkapitals plus dem Nennbetrag des Teils der Kapitalerhöhung, der dem Bezugsverhältnis zum alten Kapital entspricht. Bei einer Kapitalerhöhung aus Gesellschaftsmitteln entstehen keine Verwässerungsprobleme, da das AktG zur Sicherung der Wandelobligationäre ein zusätzliches Bezugsrecht und eine automatische Aufstockung auch des bedingten Kapitals vorschreibt.

Wandlung

Umtausch von Wandelanleihen in Aktien. Das Recht zur Wandlung ist in der Anleihe verbrieft und nicht entziehbar. Sie kann nur zu den entsprechenden Wandlungsbedingungen durchgeführt werden.

Wandlungsbedingungen

Ausstattungsmerkmale der Wandelanleihe, indem die Bedingungen zur Wandlung spezifiziert werden. Dazu gehören Angaben zu dem Umtauschobjekt (Stammaktien, Vorzugsaktien, Aktien dritter Unternehmungen), der Sicherung des Umtauschrechts (eigene Aktien aus bedingter Kapitalerhöhung oder aus dem genehmigten Kapital, von Banken zur Verfügung gestellte Aktien), Festsetzung des Wandlungsverhältnisses und des Wandlungspreises sowie Angaben zum Wandlungstermin.

Wandlungspreis, -prämie

Zuzahlung des Wandelobligationärs, die neben der Einbringung der Wandelanleihen erforderlich ist. Sie sollte nicht zu hoch gewählt werden, um die Attraktivität der Anleihe nicht zu schmälern, andererseits aber auch nicht zu niedrig, um die Gefahr einer möglichen Kapitalverwässerung einzugrenzen. Der Wandlungspreis kann fest oder variabel vereinbart werden. Bei variablen Zuzahlungen kann der veränderliche Betrag exakt und im voraus fixiert sein (je nach Interessenlage steigende oder sinkende Zuzahlungen) oder in Abhängigkeit bestimmter Bezugsgrößen (z. B. Dividendenzahlungen oder Aktienkurs) gestaltet werden.

Wandlungsrecht

Das dem Inhaber einer Wandelanleihe verbriefte und nicht entziehbare Recht auf Wandlung gemäß den Wandlungsbedingungen.

Wandlungstermin

Termine und Fristen, zu denen Wandelanleihen in Aktien umgetauscht werden können. In den Wandlungsbedingungen kann eine Sperrfrist am Anfang und/oder vor Ablauf der Laufzeit vorgesehen werden. Bei vorzeitiger Kündigung oder Auslösung ist sicherzustellen, daß Wandelobligationäre noch bis zu einem bestimmten Termin wandeln können. Die Wandlungstermine sind i. d. R. auf bestimmte Kalenderzeiten beschränkt.

Wandlungsverhältnis

Verhältnis des Nominalbetrages einer Wandelanleihe zum Nominalbetrag oder zur Anzahl der dafür eintauschbaren Aktien. Es hängt maßgeblich von dem Kurs der Aktien, der Kapitalmarktlage und dem standing des Emittenten ab.

warehousing

Übernahme von offenen swap-Positionen.

Warenbörsen

Börsen, die sich mit dem Handel in Waren befassen. Warenbörsen sind teilweise organisatorisch mit Wertpapierbörsen verbunden. Gehandelt werden Welthandelswaren.

Warenfonds

In Deutschland nicht zulässige Investmentfonds, deren Fondsvermögen Welthandelswaren enthält. → commodity fund.

Warenterminbörsen

Wichtigste Börsenplätze für Warentermingeschäfte: Chicago, New York, London, Kansas City, Minneapolis, Winnipeg. Der Handel vollzieht sich i. d. R. unter brokers. Usancengemäß werden den brokers, seltener Banken, Aufträge telefonisch eingereicht, die oft innerhalb weniger Minuten an den Warenterminbörsen vorliegen. Werden Aufträge ausgeführt, erhält der Auftraggeber einen schriftlichen Bescheid (confirmation). Eine Order an einen broker sollte folgende Vertragsteile in spezifizierter Form enthalten: Kauf oder Verkauf, Anzahl der Kontrakte, Kontraktmonat, Art und Qualität der Ware, Börsenplatz, Preisangaben (insbesondere Limit- und Stop-Order), Gültigkeitsdauer. Im Warenterminhandel liegt etwa 99% der Geschäfte keine Warenlieferung zugrunde, sondern die Positionen werden vorzeitig wieder aufgelöst. Üblicherweise werden nur 5–10% des Kontraktwertes bei Vertragsabschluß fällig. Aufgrund starker Warenpreisschwankungen unterliegt der Warenterminhandel erheblichen Spekulationseinflüssen. Eine Warenterminbörse in Deutschland befindet sich in Planung.

Warentermingeschäfte

Termingeschäfte mit Welthandelsgütern (z. B. Öl, Getreide, Baumwolle, Kaffee, Kakao, Zucker, Metalle usw.), bei denen die Abwicklung (Lieferung, Abnahme, Bezahlung) der ge- bzw. verkauften Waren zu einem späteren Zeitpunkt vereinbart wird. Bedeutendes Instrument für Erzeuger, Produzenten oder Verarbeiter, sich gegen Preisschwankungen abzusichern. Darüber hinaus besonders interessant für Spekulanten, da Rohstoffpreise erfahrungsgemäß erheblich schwanken. Erfolgen im außerbörslichen Handel oder an → Warenterminbörsen.

Warentermingeschäfte in Deutschland

Obwohl die Bedeutung der Terminbörsen und des internationalen Warenterminhandels aufgrund der ständig steigenden Preis- und Kursrisiken kontinuierlich zunimmt, bleibt der Warenterminhandel in Deutschland noch von untergeordneter Bedeutung. Ursachen dafür sind die in der Vergangenheit aufgetretenen Unregelmäßigkeiten und eine für viele mangelnde Transparenz dieses Marktes. Warentermingeschäfte an ausländischen Börsen bieten häufig Vermittler an. Vor Vertragsabschluß müssen sie i. d. R. Kapitalanleger schriftlich über die mit Warentermingeschäften verbundenen Risiken informieren. Die Vermittlungsprovisionen sind häufig sehr hoch. Eine Warenterminbörse existiert in Deutschland noch nicht; die Gründung einer Deutschen Warenterminbörse DWB ist aber für 1995 vorgesehen. Zu diesem Zweck wurde der Trägerverein Warenterminbörse e. V. – unter maßgeblicher Mitwirkung der Deutsche Terminbörse DTB – gegründet, der das Projekt umsetzen soll. Ansatzpunkt sind die wesentlichen Änderungen in der europäischen Agrarpolitik, durch die Produzenten Preisrisiken ausgesetzt werden. Über die institutionelle Ordnung der DWB ist noch nicht entschieden worden, es gilt aber eine Angliederung an die DTB als wahrscheinlich. Es wird erwogen, den Handel zunächst mit futures auf Ölsaaten (Raps), Schweinehälften und Kartoffeln aufzunehmen.

Warenterminoption(sgeschäft)

Geregelter Börsenhandel mit Optionen auf Terminkontrakte in USA. Es gibt Kauf- (calls) und Verkaufsoptionen (puts). → financial futures.

war loan

Kriegsanleihe in Großbritannien.

warrant

Teil des Anteilscheins einer Optionsanleihe. Verbrieft das langfristige Anrecht auf Bezug von Aktien. Entsprechend den Emissionsbedingungen kann er ab einem bestimmten Zeitpunkt vom Optionsanteilschein abgetrennt und selbständig gehandelt werden. Gibt dem Inhaber das Recht, innerhalb bestimmter Frist eine bestimmte Anzahl Aktien der AG zu einem bestimmten Preis zu kaufen. Optionsscheine werden oft auch getrennt gehandelt; sie verkörpern keinerlei Vermögens- oder Mitgliedschaftsrechte. Werden sie innerhalb der für die Option bestimmten Periode nicht benutzt, werden sie wertlos. Sie können mit dem zugehörigen Wertpapier so eng verbunden sein, daß das eine nicht ohne das andere verkauft werden kann, oder sie sind selbständig verkäuflich und haben dann auch eigene Kurse. Der Abstand zwischen den beiden Kursen kann niemals größer sein als die Kosten der Ausübung der warrant-Rechte, denn andernfalls würden Arbitrage-Operationen einsetzen: Kauf der warrants, Ausübung der Rechte daraus mit weiteren Mitteln und Verkauf der Aktien mit Arbitragegewinn. Ebenso wie bei Wandelobligationen können auch die Rechte der warrant-Inhaber durch nach der Emission erfolgende Kapitalerhöhung verwässert werden; es gilt das dort Gesagte.

warrant bond

Optionsanleihe.

warrant offering price

Ausgabekurs der Optionsscheine.

warrant market line

Begriff in der technischen (Optionsschein-) Analyse. Beruht auf der Erkenntnis, daß das Verhältnis zwischen dem Hebel und dem break even eines Optionsscheins dessen performance stark beeinflußt, weil nur mit einem zunehmenden Hebel ein steigender break even vertretbar ist. Break even bedeutet hier die prozentuale Änderung im Marktpreis des Basiswertes, die notwendig ist, um ein indirektes Investment in diesem Wert mittels des Optionsscheins vorteilhafter als ein direktes Investment im Basiswert zu machen. Die durch eine lineare Regression bestimmte warrant market line ermöglicht es, gemessen am Marktdurchschnitt teure Optionsscheine – die oberhalb der Linie liegen – und billige Optionsscheine – die unterhalb der Linie liegen – zu identifizieren.

warrants

→ stock rights.

warrants into negotiable Government securities

Abk.: wings. Optionsscheine auf US-Staatsanleihen. Gehandelt an den Euromärkten in Zürich, London und Luxemburg. Spekulative, von US-brokers verkaufte Titel. → Euro-warrants auf US-Treasury-bonds.

warrant strike price

Zum warrant-strike-Preis als Optionspreis kann der jeweilige Erwerber die Option ausüben, d. h. die dem warrant zugrundeliegenden Aktien, Anleihen, Währungsbeträge o. a. kaufen bzw. verkaufen.

Warschauer Börse

Warschauer Wertpapierbörse, ul. Nowy Swiat 6/12, 00-400 Warschau, Tel.: 0048-2-6283188, Fax.: 0048-2-6282531. Polnische Wertpapierbörse mit Tradition seit 1817; offizielle (Wieder-)Eröffnung am 2. 7. 91. Handel dreimal wöchentlich in 22 Aktien und acht Anleihen; WIG-Börsenindex. Das Gesetz über den öffentlichen Handel mit Wertpapieren und Treuhändervermögen wurde vom Polnischen Parlament 1991 verabschiedet. Dieses Gesetz ist Rechtsgrundlage für Wertpapieraufsicht, Börsen, Wertpapierfirmen und Investmentfonds.

Wartestellung, Börse in

Tendenzbez., wenn an der Börse im Augenblick wenig Kauf- und Verkaufsneigung besteht.

Wasseraktien

Bez. f. Aktien einer AG, deren Kapital im Verhältnis zum inneren Wert der Unternehmung übermäßig hoch ist, deren Kapital aufgeschwemmt, also verwässert ist. Meist ist Sanierung notwendig.

Wechselbad (an der Börse)

Tendenzbez., wenn an der Börse ohne einheitliche Tendenz im Verlauf Kursanstiege und -rückgänge abwechseln.

Wechselkurs (Devisenkurs)

Preis der ausländischen Währungseinheit (Preisnotierung), ausgedrückt in inländischer Währung. Oder: Mengennotierung, die angibt, wieviel ausländische Währungseinheiten für die inländische Währung gezahlt werden. Auch: das Umrechnungsverhältnis einer Währungseinheit in eine andere. Es gibt feste (fixierte) Wechselkurse (meist verbunden mit Beschränkungen in der Kapitalein- und -ausfuhr) und flexible, die sich auf den Devisenmärkten frei durch Angebot und Nachfrage bilden.

Wechselkursrisiko

Auch: Währungsrisiko. Risiko, daß sich das Austauschverhältnis von Währungen ändert.

Wechselkurssicherung

→ Währungsrisiko, Kurssicherung (Absicherung) → Devisentermingeschäfte → Hedgegeschäft.

wechselseitig beteiligte Unternehmen

Unternehmen mit Sitz im Inland in der Rechtsform einer Kapitalgesellschaft, die dadurch verbunden sind, daß jeder Unternehmung mehr als 25% der Anteile der anderen Unternehmung gehört (Mehrheitsbesitz). Gehört einem wechselseitig beteiligten Unternehmen an der anderen Unternehmung eine Mehrheitsbeteiligung oder kann die eine auf die andere Unternehmung unmittelbar oder mittelbar beherrschenden Einfluß ausüben, ist das eine als herrschendes, das andere als abhängiges Unternehmen anzusehen. Gehört jedem der wechselseitig beteiligten Unternehmen an der anderen Unternehmung eine Mehrheitsbeteiligung oder kann das eine auf das andere unmittelbar oder mittelbar einen beherrschenden Einfluß ausüben, gelten beide Unternehmen als herrschend und abhängig.

wechselseitig beteiligte Unternehmen, Rechtsbeschränkung

Sind eine AG oder KGaA und eine andere Unternehmung wechselseitig beteiligte Unternehmen, können, sobald der einen Unternehmung das Bestehen der wechselseitigen Beteiligung bekannt geworden ist oder ihr die andere Unternehmung eine entsprechende Mitteilung gemacht hat, Rechte aus den Anteilen, die ihr an der anderen Unternehmung gehören, nur für höchstens 25% aller Anteile der anderen Unternehmung ausgeübt werden. Dies gilt nicht für das Recht auf neue Aktien bei einer Kapitalerhöhung aus Gesellschaftsmitteln. Die Beschränkung gilt nicht, wenn die Unternehmung ihrerseits der anderen Unternehmung eine Mitteilung gemacht hatte, bevor sie von der anderen Unternehmung eine solche Mitteilung erhalten hat und bevor ihr das Bestehen der wechselseitigen Beteiligung bekannt geworden ist. Sind eine AG oder KGaA und eine andere Unternehmung wechselseitig beteiligte Unternehmen, haben die Unternehmen einander unverzüglich die Höhe ihrer Beteiligung und jede Änderung schriftlich mitzuteilen.

wechselseitige Beteiligung

→ wechselseitig beteiligte Unternehmen.

wedding warrant

→ harmless warrants. So bezeichnet, weil sie einem bond zugehören, aber von ihm getrennt werden, wenn die Bezugsoption wirksam wird.

week order

In USA für 1 Woche gültiger Börsenauftrag.

weiche Patronatserklärung

Erklärung einer Muttergesellschaft gegenüber einem Kreditgeber, das Verhältnis zur Tochtergesellschaft positiv zu gestalten. Im Gegensatz zur harten Patronatserklärung stellt sie keine rechtliche Verpflichtung dar, sondern unterstreicht lediglich das standing der Tochtergesellschaft, indem sie aussagt, daß das Gesellschaftsverhältnis und der Unternehmensvertrag unverändert bleiben oder daß versprochen wird, auf die Tochter in Richtung Verbindlichkeitserfüllung einzuwirken.

weiche Währungen

Währungen, die im Gegensatz zu harten Währungen nicht jederzeit in andere Währungen konvertiert (umgewandelt) und transferiert (übertragen) werden können. Für Kapitalanlagen darin bestehen somit erhöhte Risiken.

Weichwährungsländer

Länder mit weichen Währungen. Haben hohe Inflationsraten, keine freie Konvertierbarkeit, unausgeglichene Staatshaushalte, unstabile Wechselkurse usw.

weißer Wertpapierscheck (Effektenscheck)

Wird zur Auslieferung von Wertpapieren aus dem Sammelbestand der Wertpapiersammelbank verlangt. → Wertpapiergiroverkehr.

Weißgold

Legierung aus 75% Gold und entweder 15% Nickel und 10% Kupfer oder 25% Palladium.

Weinbörse

In Mainz jährlich stattfindende Börse, auf der aus zahlreichen deutschen Anbaugebieten Weine vorgestellt und gehandelt werden. Teilnehmer sind die Gastronomie und andere Wiederverkäufer.

Weisung zur Stimmrechtsausübung

→ Weitergabe der Mitteilungen wegen der Hauptversammlung der AG.

Weitergabe der Mitteilungen wegen der Hauptversammlung der AG

Verwahrt eine Bank für Aktionäre Aktien der AG, hat sie die Mitteilungen wegen der HV an Aktionäre und Aufsichtsratsmitglieder unverzüglich an sie weiterzugeben. Beabsichtigt die Bank, in der HV das Stimmrecht für Aktionäre auszuüben oder ausüben zu lassen, hat sie dem Aktionär außerdem eigene Vorschläge für die Ausübung des Stimmrechts zu den Gegenständen der Tagesordnung mitzuteilen. Bei den Vorschlägen hat sich die Bank vom Interesse des Aktionärs leiten zu lassen. Sie hat den Aktionär um Erteilung von Weisungen für die Ausübung des Stimmrechts zu bitten und darauf hinzuweisen, daß sie, wenn der Aktionär nicht rechtzeitig eine andere Weisung erteilt, das Stimmrecht entsprechend ihren mitgeteilten Vorschlägen ausüben werde. Die Bank hat der Bitte um Erteilung von Weisungen ein Formblatt beizufügen, durch dessen Ausfüllen der Aktionär Weisungen für die Ausübung des Stimmrechts zu den einzelnen Gegenständen der Tagesordnung erteilen kann. Gehört ein Vorstandsmitglied der AG dem Aufsichtsrat der Bank oder ein Vorstandsmitglied der Bank dem Aufsichtsrat der AG an, hat die Bank auch dies mitzuteilen. Soweit ein Aktionär nach Einberufung der HV der Bank zu den einzelnen Gegenständen der Tagesordnung schriftliche Weisungen für die Ausübung des Stimmrechts erteilt hat, braucht die Bank keine eigenen Vorschläge mitzuteilen und den Aktionär nicht um Erteilung von Weisungen zu bitten. Die Verpflichtung der Bank zum Ersatz eines aus der Verletzung der vorgenannten Bestimmungen entstehenden Schadens kann im voraus weder ausgeschlossen noch beschränkt werden.

Weltabschluß (-bilanz)

Konzernabschluß, der auf konsolidierter Basis die inländischen Aktivitäten sowie ausländische Konzernunternehmen erfaßt. Mit der Umsetzung der 7. EG-Richtlinie in deutsches Recht ist die Einbeziehung ausländischer Konzernunternehmen Pflicht geworden.

Weltbank

Kurzbez. f. Internationale Bank für Wiederaufbau und Entwicklung (International Bank for Reconstruction and Development, IBRD). Sitz: Washington D. C. (USA). Die Weltbank wurde im Hinblick auf den für die Nachkriegszeit erwarteten großen Bedarf an langfristigem Kapital zum Wiederaufbau und zur wirtschaftlichen Entwicklung ihrer Mitgliedsländer geschaffen. Im Laufe der Zeit ergaben sich Verlagerungen der Zielsetzungen. Heute hat sie sich ganz überwiegend der Unterstützung der Entwicklungsländer zugewendet. Mitglieder bei der Weltbank können nur Staaten werden, die Mitgliedschaft beim IWF und die damit verbundenen Verpflichtungen hinsichtlich ihrer Devisen- und Wechselkurspolitik übernommen haben. Hauptfinanzierungsquelle der Weltbank ist die Emission von Schuldverschreibungen (Weltbankanleihen). Sie weisen AAA-rating auf.

Weltbankanleihen

Von der Weltbank emittierte Schuldverschreibungen.

Weltbankgruppe

Die Weltbankgruppe besteht aus 3 internationalen Finanzierungsinstitutionen: Internationale Bank für Wiederaufbau und Entwicklung (Weltbank), Internationale Entwicklungsorganisation (IDA) und Internationale Finanz-Corporation (IFC). Alle 3 Organisationen sind auf das gleiche Ziel ausgerichtet: ihren weniger entwikkelten Mitgliedsländern finanzielle und andere Hilfen zur wirtschaftlichen Entwicklung zu gewähren. Alle emittieren Schuldverschreibungen am internationalen Kapitalmarkt.

Weltspartag

30. Oktober. An diesem Tag soll besonders auf den ethischen und volkswirtschaftlichen Wert des Sparens hingewiesen und vor allem die Jugend mit dem Spargedanken vertraut gemacht werden.

Weltwährungsfonds

→ Internationaler Währungsfonds (IWF), International Monetary Fund (IMF).

Weltwirtschaftskrise

Weltweiter Zusammenbruch der Volkswirtschaften 1929–1932. Die Krise wurde durch Kursstürze an der New Yorker Börse am 24. 10. 1929, dem schwarzen Freitag, eingeleitet. Durch Kündigung kurzfristiger Kredite der USA, die die europäischen, insbesondere deutschen Banken zu langfristigen Ausleihungen benutzt hatten, griff die Krise auf Europa über. Dabei nahm die Zahl der Konkurse von Banken und Unternehmen zu, ebenso die Arbeitslosigkeit. In Deutschland war die Weltwirtschaftskrise zusätzlich verstärkt durch kriegs- und nachkriegsbedingte Störungen und Zerstörung internationaler Wirtschaftsbeziehungen; sie führte zur ausgeprägten Deflation und politischer Radikalisierung.

Werbungskosten

Steuerliche Aufwendungen zur Erwerbung, Sicherung und Erhaltung der Einnahmen. Sind bei der Einkunftsart abzuziehen, bei der sie entstehen.

Werbungskosten bei Einkünften aus Kapitalvermögen

→ Einkünfte aus Kapitalvermögen, Werbungskosten → Werbungskosten bei Wertpapiererträgen.

Werbungskosten bei Wertpapiererträgen

Einkünfte aus Kapitalvermögen sind insoweit steuerpflichtig, als der Überschuß der

Einnahmen die Werbungskosten übersteigt. Als Werbungskosten sind Aufwendungen abzugsfähig, die dem Erwerb, der Sicherung und der Erhaltung der Kapitaleinnahmen dienen. Abzug ist ausgeschlossen, soweit sie auf steuerfreie Kapitalerträge entfallen. Zu den abzugsfähigen Werbungskosten gehören alle Verwaltungskosten, z. B. Bank- und Depotgebühren einschl. Safemiete. Bei größerem Wertpapierbesitz können auch Ausgaben für eine Bürokraft, Büromiete, Fernsprecher, Wirtschaftszeitung u. dgl. dazugehören. Beim Besuch einer HV sind die erforderlichen Aufwendungen grundsätzlich abzugsfähig (Kosten für Fahrt, Unterbringung, Verpflegung). Von den Aufwendungen, die dem Erwerb, der Sicherung und Erhaltung der Einkünfte aus Kapitalvermögen dienen, sind die Aufwendungen zu unterscheiden, die ausschl. der Anschaffung, Sicherung oder Erhaltung des Kapitalvermögens dienen; dies sind keine Werbungskosten, können deshalb auch nicht abgezogen werden. Das gilt für Aufwendungen, die ausschl. zur Beschaffung oder Veräußerung von Wertpapieren gemacht werden. Nicht abzugsfähig sind deshalb z. B. Bankspesen, die beim An- und Verkauf von Aktien entstehen, Rechtsanwalts- und Prozeßkosten bei einem Rechtsstreit, der die Aktien selbst betrifft u. a. m. Schuldzinsen können auch dann zu den abzugsfähigen Werbungskosten gehören, wenn sie für einen Kredit zu entrichten sind, mit dem der Erwerb der Wertpapiere finanziert worden ist. Voraussetzung ist jedoch, daß im Zeitpunkt des Erwerbs mit einem Überschuß der Erträge über diese Schuldzinsen gerechnet werden konnte. In anderen Fällen ist der Abzug von Schuldzinsen auf den Betrag beschränkt, der dem Ertrag aus den Wertpapieren entspricht. Werden später die mit dem Kredit erworbenen Wertpapiere veräußert, ohne daß gleichzeitig dieser Kredit getilgt wird, entfällt der Zusammenhang zwischen Kapitaleinkünften und Schuldzinsen; sie sind daher nicht mehr abzugsfähig. Bei Einnahmen aus Kapitalvermögen kann für Werbungskosten ein Pauschbetrag von DM 100, bei zusammen veranlagten Ehegatten DM 200 abgezogen werden, wenn keine höheren Werbungskosten nachgewiesen werden.

Werbungskosten, Pauschbeträge

Für Werbungskosten sind bei der Ermittlung der Einkünfte folgende Pauschbeträge abzuziehen, wenn nicht höhere Werbungskosten nachgewiesen werden: von den Einnahmen aus nichtselbständiger Arbeit ein Arbeitnehmer-Pauschbetrag von DM 2000; aus Kapitalvermögen DM 100, bei Ehegatten, die zusammen veranlagt werden, DM 200. Die Pauschbeträge dürfen im ersteren Fall nur bis zur Höhe der um die Freibeträge geminderten Einnahmen, im letzteren nur bis zur Höhe der Einnahmen abgezogen werden.

Werksaktionäre

Arbeitnehmer der AG, denen Aktien der AG – meist zu Vorzugskursen – angeboten werden. → Belegschaftsaktien.

Werksparkasse

Früher Spareinrichtungen von Unternehmen zur Sparmöglichkeit der Werksangehörigen. Die angelegten Gelder wurden zur Darlehensgewährung an Mitarbeiter oder zu betrieblichen Zwecken verwendet. In Deutschland sind sie nach § 3 KWG verboten. Allerdings kann man Banken und Sparkassen in ihrer Eigenschaft als Bankverbindung der eigenen Angestellten faktisch als Werksparkassen ansehen.

Wert (1)

Allgemein: Eignung eines Gutes, zur Befriedigung der Bedürfnisse eines Wirtschaftssubjektes beitragen zu können. Der objektive Wert (Tauschwert) ist i. d. R. größer als der kleinste und kleiner als der größte subjektive Wert, der einem Gut beigelegt wird. Die Wirtschaftssubjekte, die einem Gut einen kleineren subjektiven Wert beimessen (denen das Gut also zu teuer ist), werden es nicht, die, die ihm einen größeren Wert beimessen, werden es erwerben. Es gibt eine große Fülle von Wertbegriffen.

Wert (2)

Bei Wertpapierabrechnungen der Banken der Tag, an dem auf dem Konto des Wertpapierverkäufers bzw. -käufers die Gutschrift bzw. die Belastung vorgenommen wird. Auch allgemein für alle Gutschriften und Belastungen im Bankgeschäft verwendet.

Wert bei Gutschriften und Belastungen

Bei einer Gutschrift der Tag, an dem der mitgeteilte Betrag von der Bank gutgeschrieben wird bzw. zur Verfügung des Kontoinhabers steht. Bei Belastungen ist es der Tag, an dem das Konto mit dem genannten Betrag belastet wird. Datum der Mitteilung und Wertstellung können voneinander abweichen.

Wertberichtigung

Wertkorrektur für Vermögensteile (Aktiva), die in der Bilanz zu hoch bewertet sind. Bei dieser Form indirekter Abschreibung wird nicht der zu hoch bewertete Aktivposten selbst verändert, sondern eine Wertberichtigung auf der Passivseite der Bilanz eingesetzt: Einzelwertberichtigungen korrigieren Posten für Wertminderungen oder Verluste aus ganz bestimmten Vermögensteilen (z. B. Forderungen): mit Sammelwertberichtigungen werden pauschal ermittelte Wertkorrekturen (z. B. auf den Gesamtbestand der Forderungen) vorgenommen. Wertberichtigungen auf Forderungen nennt man auch Delkredere. Beurteilungskriterium in der Wertpapieranalyse.

Wertberichtigungsaktien

→ Berichtigungsaktien → Kapitalerhöhung aus Gesellschaftsmitteln.

wertbeständige Anleihen

Wertgesicherte Schuldverschreibungen, die durch Bindung an bestimmte Warenpreise oder Indizes oder durch Valutaklauseln zusätzlich gesichert sind. Sie werden an den internationalen Kapitalmärkten kaum gehandelt. Ihre Ausgabe ist in der BR Deutschland nicht zulässig. → Sachwertanleihen → Indexanleihe.

Werte

Allgemein Bez. f. Wertpapiere; z. B. Börsenwerte, Freiverkehrswerte, Dividendenwerte, festverzinsliche Werte usw.; auch Elektrowerte, Chemiewerte, Bankwerte usw.

Wertfortschreibung

Wird steuerlich durchgeführt, wenn sich aufgrund einer Änderung der tatsächlichen Umstände die Höhe des Einheitswerts verändert, aber nur dann, wenn er in bestimmtem Umfang von dem bisherigen abweicht; ist dies nicht der Fall, bleibt der bisherige Einheitswert bestehen.

Wertpapier

Urkunde, die ein Vermögensrecht in der Weise verbrieft, daß das Recht ohne die Urkunde weder geltend gemacht noch übertragen werden kann; abhanden gekommene Wertpapiere müssen daher im Aufgebotsverfahren für kraftlos erklärt werden. Zu unterscheiden: sachenrechtliche Wertpapiere (Hypotheken-, Grundschuld-, Rentenbrief), schuldrechtliche Wertpapiere (Wechsel, Scheck, Inhaberschuldverschreibung), Mitgliedschaftspapiere (Aktien); daneben Mischformen (z. B. Wandelschuldverschreibungen, Optionsanleihen). Wertpapiere, die börsenfähig sind, sind die Effekten. Nach Übertragungsart: Inhaberpapiere, die im Wertpapierhandel dominieren (Inhaberschuldverschreibung, -aktie), Rekta- oder Namenspapiere (Namensaktie), die auf den Namen des Berechtigten, Orderpapiere, die an Order des Berechtigten lauten. Nach Art der verbrieften Forderung: Geldpapiere (Aktie, Wechsel, Schuldverschreibung, Scheck). Warenpapiere (Orderlagerschein, Konossement). Ferner: Gläubigerpapiere (Anleihen), Teilhaberpapiere (Aktien). Für den Wertpapierhandel kommen nur vertretbare Wertpapiere (Effekten) in Frage. Vertretbar sind alle beweglichen Sachen, die im Verkehr nach Zahl, Maß oder Gewicht bestimmt zu werden pflegen. Effekten sind daher die Wertpapiere, die im Verkehr nach allgemeinen Merkmalen wie Gattung und Nennbetrag oder Stückzahl bestimmt zu werden pflegen. Demnach scheiden für den Wertpapierhandel aus: Sparbücher, Depotscheine, Urkunden über Gesellschaftsanteile, Schuldscheine, Hypotheken- und Grundschuldbriefe, Wechsel, Schecks, Ladescheine, Lagerscheine, Versicherungsscheine, Konnossemente. Eng mit der Übertragbarkeit ist der wertpapierrechtliche Grundsatz verbunden, daß das Recht aus dem Wertpapier dem Recht an dem Wertpapier folgt.

Wertpapierabrechnung

→ Effektenabrechnung.

Wertpapierabteilung, Effektenabteilung

Abteilung einer Bank, die die Durchführung und Verwaltung des Wertpapier- oder Effektengeschäfts betreibt. Insbesondere Beratung, Anschaffung und Verkauf sowie das umfangreiche Depotgeschäft zählen zu den Tätigkeitsbereichen.

Wertpapieranalyse

Auch: Effektenanalyse. Systematische Analyse von Wertpapieren sowie der dahinterstehenden Emittenten bzw. Unternehmen mit der Absicht, Kapitalanlagemöglichkeiten zu bewerten. Im Mittelpunkt steht die Analyse von Aktien, jedoch auch Festverzinsliche (z. B. Schuldverschreibungen, Wandelanleihen, Optionsanleihen), Bezugsrechte oder Investmentzertifikate sind Untersuchungsgegenstand. Je nach Untersuchungsmethodik: Fundamentalanalyse, technische Analyse und Analyse psychologischer Faktoren. Wesentliche Beurteilungsgrößen sind Unternehmensgegenstand und -struktur, Gewinnindikatoren (Gesamtgewinn, Gewinn pro Aktie, Dividende, Kapitalrentabilität, cash-flow, Umsatzziffern), Wachstums- und Stabilitätsindikatoren, Risikoelemente, Finanzierungs- und Kapitalstruktur sowie Kursbildungsindikatoren (Kursschwankungen, Umsätze, Kursniveau usw.).

Wertpapieranalysten (-analytiker)

Personenkreis, der sich mit der Analyse von Wertpapieren befaßt. → chartist.

Wertpapieranlage, Effektenanlage

Vermögensanlage in Wertpapieren. Die Anlage setzt sich nach individuellen Anlagekriterien zusammen. Für institutionelle Anleger gelten häufig restriktive gesetzliche Anlagevorschriften. → Anlagevorschriften.

Wertpapieranlagen der Banken

Aktivgeschäft der Banken in Wertpapieren. Je nach Zielsetzung, Fristigkeit und Wertpapierart kann unterschieden werden in Kapitalmarktanlagen (Festverzinsliche, Dividendenwerte, Beteiligungserwerb an Banken und Nichtbanken) und Effekteneigengeschäfte auf Arbitrage- oder Spekulationsbasis. Festverzinsliche werden insbesondere auch unter Liquiditätsgesichtspunkten erworben und in geringerem Umfang aus Gründen der Kurspflege und wegen Plazierungsschwierigkeiten. Dividendenwerte, vor allem börsengängige Aktien, werden stärker unter Rendite- und Risikostreuungsmotiven erworben. Beteiligungen, oft in Form von Aktien, werden an Banken und Nichtbanken freiwillig oder unfreiwillig erworben. Bankbeteiligungen werden oft aus wettbewerbspolitischen Gründen zur Ausweitung und Stärkung des Leistungspotentials übernommen. Beteiligungen an Nichtbanken werden oft in Übereinstimmung geschäftspolitischer Zielsetzungen von Bank und Unternehmung vorgenommen (z. B. Vorbereitung von Fusionen, Stärkung der Eigenkapitalposition usw.). Ungeplant entstehen sie häufig im Zusammenhang mit Sanierungen. Die Art und der Umfang möglicher Wertpapieranlagen unterliegt, je nach Banktyp, unterschiedlichen, gesetzlichen Restriktionen.

Wertpapieranlagen der Versicherungen

Versicherungen als bedeutende Kapitalsammelstellen treten in erheblichem Umfang als Kapitalanleger am Wertpapiermarkt in Erscheinung. Ihre Anlagepolitik unterliegt umfangreichen, risikomindernden gesetzlichen Vorschriften. deckungsstockfähige Wertpapiere → Deckungsstock.

Wertpapierarbitrage, Effektenarbitrage

Ausnutzen der im gleichen Zeitpunkt bestehenden Kursunterschiede zwischen Börsenplätzen. Werden X-Aktien an der A-Börse zu einem höheren Kurs gesucht, als sie an der B-Börse angeboten sind, kauft die Arbitrage an der B-Börse und verkauft an der A-Börse, vorausgesetzt, daß der Kursunterschied nach Abzug der Spesen einen Gewinn bringt. Arbitragegeschäfte werden i. d. R. von einer Bank der A-Börse mit einer Bank der B-Börse mit Hilfe von Fernschreiber oder Telefon durchgeführt.

Wertpapierarten

Die Gesamtheit der Wertpapiere läßt sich nach verschiedenen Gesichtspunkten in unterschiedliche Wertpapierarten gliedern: (1) Nach der Art der Forderung: (a) Geldpapiere verbriefen eine Geldforderung oder einen in Geld bewerteten Anteil: z. B. Anweisung auf Geld, Scheck, Wechsel, Anleihe, Aktie, Hypothekenbrief; (b) Warenpapiere verbriefen eine Warenforderung: Anweisung auf Waren, Orderlagerschein, Ladeschein der Frachtführer, Konnossement. (2) Nach der Vertretbarkeit: (a) nicht vertretbare Wertpapiere: Hypothekenbrief, Scheck, Wechsel; (b) vertretbare Wertpapiere (Effekten): Anleihen, Aktien, Investmentzertifikate. (3) Nach der Form der Übertragung: (a) Inhaberpapiere: Der Berechtigte ist in der Urkunde namentlich nicht genannt, d. h., jeder Inhaber des Papiers ist berechtigt. Die Übertragung des Rechts aus dem Papier erfolgt nach der Einigung über die Eigentumsübertragung durch einfache Übergabe der Urkunde (Inhaberschuldverschreibung, Inhaberaktie, Inhaberscheck, Inhaber-Investmentzertifikat); (b) Orderpapiere lauten zwar auf den Namen des Berechtigten, doch können sie durch schriftliche Erklärung auf der Rückseite des Papiers (Indossament) übertragen werden (Wechsel, Orderscheck, Namensaktie, Interimsschein); (c) Rekta- oder Namenspapiere sind auf den Namen einer bestimmten Person ausgestellt; bei ihnen ist nur der namentlich genannte Inhaber oder sein Rechtsnachfolger zur Geltendmachung des verbrieften Anspruchs berechtigt. Die Übertragung erfolgt im Gegensatz zu Inhaber- und Orderpapieren durch schuldrechtliche Abtretung des Anspruchs (vertragliche Übertragung) und Übergabe des Papiers (Hypotheken- und Grundschuldbrief, Namensaktien, bei denen die Indossierung ausdrücklich ausgeschlossen ist).

Wertpapieraufsicht

Bez. f. die institutionalisierte Kontrolle von börsenmäßigen und außerbörslichen Wertpapiergeschäften.

Wertpapieraufsichtsamt

→ Bundesaufsichtsamt für den Wertpapierhandel.

Wertpapieraussteller

Aussteller von Wertpapieren → Emittent.

Wertpapierberatung, Effektenberatung

Erfolgt vor allem durch Banken, daneben durch Spezialdienste und Publikationsorgane („Tipdienste"). Letztere sind oft mit Vorsicht aufzunehmen. Bei der Beratung ist zu beachten, ob der Anleger eine kurzfristige oder Daueranlage plant.

Wertpapierbereinigung

Das inzwischen abgeschlossene Verfahren zur Wiederherstellung der Rechte von berechtigten Wertpapierinhabern, deren Papiere in Auswirkung des 2. Weltkrieges in außerordentlich großem Umfang in Verlust geraten waren. Dazu wurden in einem gleichsam kollektiven Aufgebotsverfahren alle vor 1945 ausgestellten, vertretbaren Inhaber- und Orderpapiere für kraftlos erklärt, während den Berechtigten unter Einschaltung von Banken als Annahmestellen Ersatzurkunden in neuer Währung verschafft worden sind. Das 4. Gesetz zur Änderung und Ergänzung des Wertpapierbereinigungsgesetzes 1964 beendete die Bereinigung der auf RM lautenden Wertpapiere. Personen, die ohne eigenes Verschulden ihre Rechte in der Wertpapierbereinigung nicht geltend machen konnten, erhielten Entschädigung aus dem Ausgleichsfonds des Lastenausgleichs, wenn ihre Rechte im Wertpapierbereinigungsverfahren anerkannt worden wären.

Wertpapierbewertung

→ Aktienbewertung → Anleihebewertung.

Wertpapierbörse, Effektenbörse

An Wertpapierbörsen werden vorwiegend Aktien, öffentliche Anleihen, Pfandbriefe, Kommunalobligationen, Industrieobligationen u. a. m. gehandelt. Die Kurse bilden sich nach Angebot und Nachfrage. In Deutschland bestehen acht Wertpapierbörsen (Berlin, Bremen, Düsseldorf, Frankfurt, Hamburg, Hannover, München, Stuttgart).

Wertpapierclearing, Effektenclearing

An verschiedenen Börsenplätzen bestehen besondere Abrechnungsstellen, bei denen die an der Börse gekauften und verkauften Wertpapiere unter den Börsenbanken ausgeglichen werden. Dabei werden Forderungen und Verbindlichkeiten gegenseitig verrechnet und nur die Salden den einzelnen Banken bei der Abrechnungsstelle gutgeschrieben bzw. belastet. Man unterscheidet das Comptant- und das Terminclearing, je nachdem, ob es sich um die Abrechnung von Comptant- oder Termingeschäften handelt.

Wertpapierdarlehen

Darlehen, das eine Bank ihren Kunden zwecks Kauf von Aktien und/oder festverzinslichen Wertpapieren einräumt. Üblich ist es, das Wertpapierdepot des Kreditnehmers bei Aktien bis zu 60% des Kurswertes und bei festverzinslichen Wertpapieren bis zu 80% des Kurswertes zu beleihen. Kommt es zu Kursrückgängen, kann die Bank einen Nachschuß, eine Zuzahlung verlangen. Erhöhen sich die Kurse, ergibt sich für den Wertpapierkunden ein zusätzlicher Kreditspielraum. Der Wertpapierkäufer rechnet grundsätzlich damit, daß seine Wertpapiere Erträge erbringen, die höher sind als die aufzuwendenden Darlehenszinsen und Spesen, so daß er insgesamt von einer Hebelwirkung (Verbesserung der Rentabilität seiner Eigenmittel) profitieren kann.

Wertpapierdienstleistungen nach Wertpapierhandelsgesetz

Wertpapierdienstleistungen im Sinne des Gesetzes über den Wertpapierhandel sind (1) die Anschaffung und die Veräußerung von Wertpapieren oder Derivaten für andere (Effektengeschäft), (2) die Vermittlung von Effektengeschäften, (3) die Anschaffung und die Veräußerung von Wertpapieren oder Derivativen für eigene Rechnung durch Unternehmen, die zur Teilnahme am Handel an einer Börse zugelassen sind, (4) die Übernahme von Wertpapieremissionen oder Plazierung solcher Emissionen, (5) die Verwaltung von in Wertpapieren oder Derivaten angelegten Vermögen für andere (Vermögensverwaltung), wenn die jeweilige Dienstleistung gewerbsmäßig erbracht wird.

Wertpapierdividende

→ Stockdividende → Gratisaktien.

Wertpapierdruck

Spezielles Druckverfahren zur fälschungssicheren Wertpapierherstellung. Regeln die Richtlinien für den Druck von Wertpapieren, die von den Börsenvorständen und den Zulassungsstellen der deutschen Wertpapierbörsen herausgegeben worden sind.

Wertpapierdruckerei

Spezialdruckerei zur fälschungssicheren Herstellung von Wertpapieren. Der Druck von Wertpapieren darf nur Druckereien übertragen werden, die über ausreichende Erfahrungen, moderne Maschinen und Apparate sowie die erforderlichen Kontrolleinrichtungen verfügen. → Richtlinien für den Druck von Wertpapieren.

Wertpapiere bei beschränkter Vermögensteuerpflicht

Bei beschränkt steuerpflichtigen Personen unterliegt nur das Inlandsvermögen der VSt. Bei diesen Personen ist Zusammenveranlagung ausgeschlossen, und es gilt nur eine Besteuerungsgrenze von DM 20 000. Beschränkt steuerpflichtig sind Personen, die im Inland weder Wohnsitz noch gewöhnlichen Aufenthalt haben. Die zum Inlandsvermögen gehörenden Wirtschaftsgüter sind u. a. inländisches Betriebsvermögen, inländischer Grundbesitz, auch Anteile an geschlossenen Immobilienfonds, Beteiligungen an inländischen Kapitalgesellschaften, Nutzungsrechte an Inlandsvermögen. Dazu gehören auch Kapitalforderungen, wenn sie durch inländischen Grundbesitz gesichert sind; dies gilt jedoch nicht für festverzinsliche Wertpapiere, z. B. Pfandbriefe. Schulden und Lasten sind nur soweit abzuziehen, als sie in wirtschaftlichem Zusammenhang mit dem Inlandsvermögen stehen. Die Beteiligung an einer inländischen Kapitalgesellschaft gehört zum Inlandsvermögen, wenn die dem beschränkt Steuerpflichtigen allein oder zusammen mit ihm nahestehenden Personen gehörenden Anteile mind. 10% des Nennkapitals ausmachen. Personen mit Wohnsitz im Ausland, die erweitert beschränkt einkommensteuerpflichtig sind, unterliegen auch bei der VSt der erweiterten beschränkten Steuerpflicht. Über das Inlandsvermögen hinaus unterliegen der erweiterten beschränkten Vermögensteuerpflicht Kapitalforderungen gegen Schuldner im Inland, also auch inländische festverzinsliche Wertpapiere, Sparguthaben usw. bei inländischen Banken, Aktien, Anteile an Kapitalgesellschaften im Inland, soweit es sich nicht bereits um eine zum normalen Inlandsvermögen gehörende Beteiligung handelt; dazu kommen Anteile an Zwischengesellschaften. Für das erweiterte Inlandsvermögen gelten ein Freibetrag von DM 60 000 und eine Freigrenze von DM 20 000.

Wertpapiere des Betriebsvermögens

Wertpapiere, die zum Betriebsvermögen gehören, werden einkommensteuerlich anders behandelt als Wertpapiere, die zum Privatvermögen gehören: Es werden nicht nur die Erträge der Wertpapiere als Betriebseinnahmen erfaßt, sondern auch stets die sich bei einer Veräußerung ergebenden Gewinne und Verluste berücksichtigt. Auch der fortgesetzte Ankauf und Verkauf von Wertpapieren reicht dazu noch nicht aus; dies gilt solange, wie er sich in der üblichen Form abspielt, wie für den privaten Wertpapierbesitzer Regel, durch Erteilung entsprechender Aufträge an eine Bank. Gewerbliche Tätigkeit wird angenommen, wenn jemand für seine Wertpapiergeschäfte ein eigenes Lokal unterhält, selbst die Börse besucht oder über einen Dritten, nicht nur über eine Bank, tätig wird. Wertpapiere gehören zu den Wirtschaftsgütern, deren Zurechnung zum betrieblichen oder privaten Bereich eines Steuerpflichtigen nicht immer ohne weiteres möglich ist, insbesondere wenn es sich nicht um notwendiges, sondern nur um gewillkürtes Betriebsvermögen handelt. Wertpapiere gehören zum notwendigen Betriebsvermögen, wenn sie ausschl. und unmittelbar für Zwecke des Betriebes genutzt werden. Sie gehören aber nicht schon deshalb zum notwendigen Betriebsvermögen, weil sie mit Mitteln des Betriebs erworben und im Betrieb belassen wurden oder der Sicherung betrieblicher Kredite dienen. Durch Verpfändung für Betriebskredite werden sie noch nicht zum notwendigen Betriebsvermögen, können allerdings gewillkürtes Betriebsvermögen werden. Bei einer Bank oder einem Börsenmakler gehört allerdings der An- und Verkauf von Wertpapieren zu den typischen Geschäften, demgemäß die Wertpapiere zum notwendigen Betriebsvermögen. Die Behandlung von Wertpapieren als gewillkürtes Betriebsvermögen setzt voraus, daß sie nach objektiver Beurteilung dazu bestimmt und geeignet sind, dem Betrieb zu dienen und ihn tatsächlich auch zu fördern. Außerdem müssen sie in Buchführung und Steuerbilanz als Betriebsvermögen ausgewiesen werden. Für die Beurteilung der Zugehörigkeit dazu kann auch die Frage bedeutsam sein, woher die für den Wertpapierankauf verwendeten Mittel stammen. Wurden sie mit betrieblichen Mitteln erworben und im Betriebsvermögen belassen, ist ein objektiver Zusammenhang zwischen den Wertpapieren und dem Betrieb und damit gewillkürtes Betriebsvermögen gegeben. Wertpapiere, die in das Betriebsvermögen eingebracht werden, können dann als gewillkürtes Betriebsvermögen behandelt werden, wenn sie der Anschaffung von Betriebsvermögen dienen sollen oder aus anderen Gründen dazu bestimmt sind, das Betriebsvermögen zu stärken. Wertpapiere ins Betriebsvermögen einzubringen kann dann zweckmäßig sein, wenn Kursverluste zu erwarten sind, denn beim Privatvermögen können diese steuerlich nicht berücksichtigt werden. Die Wertpapiere werden jedoch dann nicht als Betriebsvermögen anerkannt, wenn sie erst zu einem Zeitpunkt eingebracht werden, an dem bereits erkennbar ist, daß sie keine Überschüsse, sondern nur Verluste einbringen. Auch bei Angehörigen freier Berufe können Wertpapiere zum gewillkürten Betriebsvermögen gehören. Ist für Erträge aus Wertpapieren, die zum Betriebsvermögen gehören, KESt einbehalten worden, kann diese auf die veranlagte ESt angerechnet werden. Ebenso kann die anzurechnende KSt berücksichtigt werden.

Wertpapiere des Privatvermögens

Bei den Wertpapieren, die zum Privatvermögen gehören, sind die Erträge als Einkünfte aus Kapitalvermögen steuerpflichtig. Im einzelnen handelt es sich dabei um Gewinnanteile (Dividende), Zinsen und sonstige Bezüge aus Aktien, Genußscheinen, GmbH-Anteilen usw., Bezüge, die aufgrund einer Kapitalherabsetzung oder nach Auflösung der Kapitalgesellschaft anfallen, anzurechnende oder zu vergütende KSt, Einkünfte des stillen Gesellschafters, Zinsen aus Hypotheken und Grundschulden, Zinsen aus sonstigen Kapitalforderungen jeder Art, Zinsen aus den Sparanteilen bei bestimmten Versicherungsansprüchen, Diskontbeträge von Wechseln, Erträge aus Investmentanteilen. Zu den Einkünften aus Kapitalvermögen gehören auch alle besonderen Entgelte oder Vorteile, die neben den gen. Einkünften oder an deren Stelle gewährt werden, sowie die Einkünfte aus der Veräußerung von Dividenden- und Zinsscheinen. Auch bei beschränkt Steuerpflichtigen sind Einkünfte aus privatem Kapitalvermögen weitgehend steuerpflichtig. Dies gilt insbesondere für die Dividenden aus Aktien und Anteilen aus inländischen Kapitalgesellschaften und für die Zinsen aus festverzinslichen Wertpapieren.

Wertpapiere in der Jahresbilanz der AG

Der Ausweis der Wertpapiere in der Jahresbilanz der AG richtet sich nach § 266 HGB. Wertpapiere des Anlagevermögens sind als Finanzanlagen entweder Beteiligungen nach Gliederungsschema A III 3 oder Wertpapiere des Anlagevermögens nach A III 5. Wertpapiere des Umlaufvermögens sind entweder auszuweisen als Anteile an verbundenen Unternehmen (B III 1), als eigene Anteile (B III 2) oder als sonstige Wertpapiere (B III 3).

Wertpapiere, Lieferbarkeit

→ Lieferbarkeit von Wertpapieren → Lieferbarkeit beschädigter Wertpapiere.

Wertpapiere, körperschaftsteuerlich

Bei einer Kapitalgesellschaft gehören Wertpapiere stets zum Betriebsvermögen. Demgemäß sind auch die Erträge dieser Wertpapiere stets Einkünfte aus Gewerbebetrieb. Grundsätzlich gelten deshalb auch hier die Vorschriften über die einkommensteuerliche Behandlung der zum Betriebsvermögen zählenden Wertpapiere. Steuerpflichtig ist danach auch der Gewinn aus der Veräußerung von Wertpapieren.

Wertpapieremission, Effektenemission

Schaffung, Übernahme und Unterbringung von Wertpapieren. Die Emission erfolgt entweder auf direktem Weg als Selbstemission oder aber (Regelfall) durch Vermittlung von Banken als Fremdemission. Der Vertrieb der neuen Papiere erfolgt durch: (1) Auflegung zur öffentlichen Zeichnung zu einem festen oder einem beweglichen Emissionskurs (Tenderverfahren); (2) freihändigen Verkauf; underwriting. Als Vertriebsorganisation bei Fremdemission dient heute i. d. R. ein Emissionskonsortium, nicht eine einzelne Bank. Nach dem Zweck ihres Zusammenschlusses können Konsortien in Übernahme-, Begebungs- und Garantiekonsortien unterschieden werden. In der BR Deutschland tritt heute meist eine Kombination von Übernahme- und Begebungskonsortien auf, indem die zusammengeschlossenen Banken die Effekten als Käufer übernehmen und dann versuchen, diese weiter unterzubringen (zu begeben).

Wertpapiere nach Wertpapierhandelsgesetz

Wertpapiere im Sinne des Gesetzes über den Wertpapierhandel sind (1) Aktien, Zertifikate, die Aktien vertreten, Schuldverschreibungen, Genußscheine und Optionsscheine sowie (2) andere Wertpapiere, die mit Aktien oder Schuldverschreibungen vergleichbar sind, wenn sie auf einem organisierten Markt gehandelt werden.

Wertpapiererträge, Werbungskosten

→ Werbungskosten bei Wertpapiererträgen.

Wertpapiere, vermögensteuerlich

Die vermögensteuerliche Bewertung der Wertpapiere ist im BewG geregelt. Dabei ist zwischen den an der Börse im amtlichen Handel oder am Geregelten Markt oder im Freiverkehr notierten und den nichtnotierten Wertpapieren zu unterscheiden. Eine Unterscheidung zwischen Wertpapieren, die zum Betriebsvermögen, und solchen, die zum sonstigen Vermögen gehören, braucht dagegen nicht gemacht zu werden, denn für ihre Bewertung gelten jeweils dieselben Grundsätze. Wertpapiere, die an einer deutschen Börse zum amtlichen Handel zugelassen sind, werden mit dem am Stichtag im amtlichen Handel notierten Kurs angesetzt. Wurden unterschiedliche Kurse notiert, kommt es auf die niedrigste Kursnotierung an. Liegt am Stichtag eine Notierung nicht vor, ist der letzte innerhalb von 30 Tagen vor dem Stichtag im amtlichen Handel notierte Kurs anzusetzen. Entsprechend sind Wertpapiere zu bewerten, die zum Geregelten Markt zugelassen oder in den Freiverkehr einbezogen sind. Wertpapiere, für die weder am Stichtag noch in den letzten 30 Tagen zuvor eine amtliche Börsennotierung noch eine Preisfestsetzung am Geregelten Markt oder im Freiverkehr erfolgt ist, sind wie folgt zu bewerten: Aktien sind mit dem gemeinen Wert anzusetzen; für Schuldverschreibungen, Pfandbriefe usw. gilt der Nennwert, von dem allerdings auch abgewichen werden kann; für Investmentzertifikate ist der Rücknahmepreis maßgeblich. Das Bundesfinanzministerium stellt für die notierten Wertpapiere die vermögensteuerlich maßgeblichen Kurse und für Investmentanteile die maßgeblichen Rücknahmepreise vom 31. 12. in einer Liste zusammen und veröffentlicht diese zum Jahresbeginn im Bundessteuerblatt.

Wertpapiere per Erscheinen

→ Handel per Erscheinen.

Wertpapierfälschung

Nach §§ 146–152 StGB strafbare Handlung, die sich – neben Geld- und sonstige amtliche Wertzeichen – richtet gegen Schuldverschreibungen, Aktien, Zins- und Dividendenscheine u. dgl. § 151 stellt dabei Wertpapiere ausdrücklich dem Geld gleich und läßt ihnen damit den entsprechenden Strafschutz zukommen.

Wertpapierfernscheck

Dient zur Übertragung des Mitbesitzes an den Wertpapieren des Sammelbestandes einer Wertpapiersammelbank auf einen Kontoinhaber einer anderen Wertpapiersammelbank. → Wertpapiergiroverkehr.

Wertpapierfinanzierung, Effektenfinanzierung

→ Aktie als Finanzierungsinstrument → Anleihefinanzierung.

Wertpapierfirma

Unternehmen, das Wertpapierdienstleistungen erbringt. Begriff der Wertpapierdienstleistungsrichtlinie der EU. In Deutschland im Wertpapierhandelsgesetz berücksichtigt. → Wertpapierdienstleistung nach Wertpapierhandelsgesetz. → Wertpapiere nach Wertpapierhandelsgesetz.

Wertpapierfonds

Investmentfonds, dessen Sondervermögen sich aus Wertpapieren zusammensetzt.

Wertpapiergeschäft, Effektengeschäft

Banken, Makler, Unternehmen usw. i. w. S. mit Wertpapieren. Das Effekten- oder Wertpapiergeschäft der Banken umschließt folgende Bankgeschäfte und -leistungen: (1) kommissionsweiser An- und Verkauf von Wertpapieren (Effektenkommissionsgeschäft); (2) Eigengeschäft mit Effekten im Tafelgeschäft und im Spekulationsgeschäft für eigene Rechnung; (3) auftragsweise Effektenverwahrung und -verwaltung, wie z. B. Einziehung von Kupons und Dividendenscheinen, Durchführung des Wertpapierumtauschs bei Konversionen und Fusionen, Durchführung von Aufgaben bei Kapitalerhöhungen, Anmeldungen zu HV usw. (Depotgeschäft); (4) Emissionsgeschäft; (5) Beratung in allen Wertpapiergeschäften.

Wertpapiergeschäfte, Besteuerung

→ Besteuerung v. Wertpapiergeschäften.

Wertpapiergiroverkehr, Effektengiroverkehr

Buchungsmäßige Übertragung von Effekten von Konto zu Konto. Wertpapierschecks dienen der Übertragung der Sammeldepotanteile von einer Bank zur anderen, der vom Kontoinhaber A des Kassenvereins (Wertpapiersammelbanken) der überweisenden Bank zugunsten des Kontoinhabers B ausgestellt wird. Die überweisende Bank belastet daraufhin das Girosammeldepotkonto ihres Kunden. Der Kassenverein bucht zu Lasten des Kontoinhabers A und zugunsten des empfangenden Kontoinhabers B. Dieser erkennt das Girosammelkonto seines Depotkunden mit dem für ihn bestimmten Wertpapier. Die Lieferung erfolgt demnach wie beim bargeldlosen Zahlungsverkehr nur buchmäßig, so daß eine Lieferung der Stücke von Bank zu Bank mit den zahlreichen Arbeitsgängen und Risiken entfällt. Dies gilt nicht nur für den Giroverkehr an einem Ort, sondern auch für den Giroverkehr von Ort zu Ort. Das ist möglich, weil die Kassenvereine untereinander Sammeldepotkonten unterhalten. Im Wertpapiergiroverkehr werden mehrteilige, verschiedenfarbige Formularsätze verwendet (grüner, roter, weißer Wertpapierscheck). Der Wertpapierscheck für Übertragungen am Börsenplatz (Platzscheck) hat i. d. R. 4 Vordrucke. Bei Fernübertragungen erfolgt die Überweisung an eine andere Wertpapiersammelbank zugunsten des auswärtigen Kontoinhabers mit einem Wertpapierfernscheck. Bei der heute üblichen Geschäftsabwicklung mittels EDV entfällt im Regelfall die Ausstellung von Wertpapierschecks. Die Banken erhalten Lieferlisten, aufgrund derer dann umgebucht wird, wenn die Bank nicht unverzüglich eine andere Weisung erteilt hat. Wegen des Giroverkehrs vor dem Erscheinen der Wertpapiere. → Jungschein und Jungscheinverkehr.

Wertpapiergiroverkehr mit Namensaktien

Der Wertpapiergiroverkehr in Namensaktien hängt davon ab, ob diese Wertpapiere als vertretbare Effekten behandelt werden können und ob die Übertragung mit dem buchmäßigen Giroverkehr zu vereinbaren ist. Namensaktien sind vertretbar, sofern sie mit einem Blankoindossament versehen sind. Voraussetzung für die Girosammelverwahrung von Namensaktien ist, daß an die Stelle des Aktionärs entweder die Bank des Depotkunden oder die Wertpapiersammelbank (Kassenverein) als Treuhänder in das Aktienbuch der AG eingetragen wird. Vinkulierte und nicht volleingezahlte Namensaktien sind dagegen nicht sammeldepotfähig.

Wertpapierhandel, Effektenhandel

An der Börse haben sich verschiedene Arten des Wertpapierhandels herausgebildet: der Handel in amtlich notierten Papieren und der Handel am Geregelten Markt; daneben werden auch Werte im Freiverkehr gehandelt. Die Börsenusancen auf diesen Märkten stimmen nicht völlig überein. Gemeinsam ist allen Märkten, daß gem. § 29 BörsG als Börsenpreis derjenige Preis festzusetzen ist, der der „wirklichen" Geschäftslage an der Börse entspricht. Das wird i. d. R. der Preis sein, der unter Berücksichtigung der erteilten Limits (Begrenzung der Ankaufs- und Verkaufspreise) die Ausführung der meisten Aufträge zuläßt.

Wertpapierhandel, außerbörslich

→ außerbörslicher Wertpapierhandel → Freiverkehr → Telefonhandel, -verkehr.

Wertpapierhandelsgesetz (WpHG)

Bestandteil des zweiten Finanzmarktförderungsgesetzes, das zur Verabschiedung 1994 vorgesehen ist. Regelt insbesondere die institutionelle Wertpapieraufsicht, die Überwachung von Insidergeschäften, die Verhaltensregeln für die Erbringung von Wertpapierdienstleistungen und Mitteilungs- und Veröffentlichungspflichten bei Veränderungen des Stimmrechtsanteils bei börsennotierten Gesellschaften.

Wertpapierkäufe und -verkäufe, Verfügung

In den von Kunden erteilten Aufträgen muß auch die Verfügung über die Wertpapiere enthalten sein. 3 Möglichkeiten: (1) Die zu verkaufenden Wertpapiere sind bei der Bank über Girosammeldepotkonto verbucht; die Verfügung lautet: Stücke zu Lasten meines Girosammeldepots. (2) Die Wertpapiere werden bei der Bank im Streifbanddepot verwahrt; Verfügung: Stücke zu Lasten meines Streifbanddepots; handelt es sich um festverzinsliche Wertpapiere, so ist, falls nicht alle Wertpapiere dieser Gattung veräußert werden, anzugeben, welche Nummern dem Streifbanddepot entnommen werden sollen. (3) Der Kunde übergibt die Wertpapiere erst bei Auftragserteilung der Bank; dann ist zu vermerken: Stücke anbei. Bei den Kauf-

Wertpapier-Kenn-Nummer

Numerischer sechsstelliger Code zur Identifizierung eines jeden Wertpapiers; Wertpapier-Kenn-Nummern dienen der Erleichterung des Wertpapierverkehrs. Sie sind in folgende Nummernkreise gegliedert:

1. Festverzinsliche

000000–009999	frei zur bankinternen Belegung
010000–039999	nicht umgestellte RM-Papiere usw. – 010000–019999 Schuldverschreibungen öffentlicher Emittenten – 020000–034999 Schuldverschreibungen der öffentlich-rechtlichen und privaten Emissionsinstitute – 035000–039999 Industrie-Obligationen
040000–049999	frei
050000–099999	siehe unten
100000–199999	Schuldverschreibungen des Bundes, der Länder, der Gemeinden, der öffentlichen Verbände usw.
200000–349999	Schuldverschreibungen der öffentlich-rechtlichen und privaten Emissionsinstitute
350000–379999	Industrieobligationen
380000–399999	Bank-Schuldverschreibungen u. ä. (im Bereich 380000–390999 kommen Überschneidungen mit früher vergebenen Kenn-Nummern für Industrieobligationen vor)
400000–410499	nicht emissionsstatistikpflichtige Schuldverschreibungen
410500–416500	Wertpapiere, die von einem anderen als dem Schuldner ausgestellt sind (Zertifikate) (frei als Reserve nach Auslaufen der letzten Titel)
416501–449999	frei zur bankinternen Belegung
450000–489999	Ausländische festverzinsliche Wertpapiere
490000–499999	frei zur bankinternen Belegung

2. Aktien

050000–084999	nicht umgestellte RM-Papiere usw. – 050000–078999 Industrie-Aktien – 079000–079999 Kuxe – 080000–081999 Bank-Aktien – 082000–083999 Verkehrs-Aktien – 084000–084999 Versicherungs-Aktien
085000–099999	frei zur bankinternen Belegung
500000–789999	Industrie-Aktien
790000–799999	Kuxe
800000–819999	Bank-Aktien
820000–839999	Verkehrs-Aktien
840000–846999	Versicherungs-Aktien
847000–849999	Investment-Anteile
850000–879999	Ausländische Aktien und aktienähnliche Werte – davon 879500–879999 Zertifikate über deutsche Aktien
880000–909999	Bezugsrechte u. ä. zu 850000–879999
910000–939999	junge Aktien u. ä. zu 850000–879999
940000–969999	jüngste Aktien/weitere Bezugsrechte u. ä. (werden separat zugeteilt zusätzlich zu 880000–939999)
970000–979999	Ausländische Investment-Anteile
980000–984999	Inländische Immobilienfonds
985000–989999	Ausländische Immobilienfonds-Anteile
990000–999999	frei zur bankinternen Belegung

Bei deutschen Aktien bezeichnet die letzte der 6 Ziffern die Gattungen: 0 = Stammaktien, 1 = junge Aktien, 2 = jüngste Aktien, 3 = Vorzugsaktien oder Vorzugsaktien Lit A, 4 = Vorzugsaktien Lit B, 5 = Genußscheine, 6 = nach Wahl, 7 = konvertierte Vorzugsaktien, 8 = zweimal konvertierte Vorzugsaktien oder Bezugsrechte, 9 = konvertierte Stammaktien. Bei ausländischen Aktien können grundsätzlich die Kenn-Nummern für Bezugsrechte und junge Aktien aus den Kenn-Nummern der alten Aktien abgeleitet werden. Bezugsrechte haben eine um 30000 und junge Aktien eine um 60000 höhere Kenn-Nummer als die betreffenden alten Aktien. Die Wertpapier-Kenn-Nummern werden von den Wertpapier-Mitteilungen, Frankfurt a. M., vergeben.

aufträgen ist zu bestimmen, ob die angeschafften Wertpapiere auf dem Girosammeldepotkonto (Stücke zugunsten meines Girosammeldepots) oder auf dem Streifbanddepotkonto (Stücke zugunsten meines Streifbanddepots) verbucht werden sollen bzw. ob der Kunde sie ausgeliefert haben möchte (Stücke zur Auslieferung). Schließlich ist zu bestimmen, wie der Gegenwert für den Wertpapierankauf bezahlt bzw. wie der Verkauferlös verbucht werden soll. Bei Kaufaufträgen muß der Kunde angeben, welches Konto mit dem Anschaffungspreis belastet werden soll. Der Verkaufserlös wird, wenn der Kunde nichts anderes bestimmt, auf ein von der Bank für den Kunden geführtes Konto verbucht. Wenn der Kunde kein Konto führt, wird ihm der Gegenwert nach Durchführung des Geschäfts bar ausgezahlt oder überwiesen.

Wertpapierkommission, Effektenkommission

Kommissionsgeschäft in Wertpapieren als übliche Form der Ausführung des An- und Verkaufsauftrages eines Kunden der Bank.

Wertpapierkommissionär, Effektenkommissionär

Die Bank, die im eigenen Namen für Rechnung eines anderen (des Kommittenten), Wertpapiere kauft oder verkauft. → Effektenkommissionsgeschäft.

Wertpapierkonsignation

Besondere Art der Kommission. Der Konsignator (Kommissionär) verkauft die Wertpapiere, die bei ihm für den Konsignanten verwahrt werden, im eigenen Namen für Rechnung des Konsignanten. Das Eigentum an den Wertpapieren bleibt bis zur Lieferung an den Käufer bei dem Konsignanten.

Wertpapierkonto

Auch Effektenkonto. Bankkonto, auf dem börsengängige Wertpapiere nach ihrem Einstandspreis verbucht werden. Der Nostro-(Handels-)Bestand (Nostroeffekten, -wertpapiere) einer Bank und ihre Beteiligungen werden auf gesonderten Konten geführt.

Wertpapierkredit

Kredit, den eine Bank ihren Kunden zum Kauf von Wertpapieren gewährt. Dabei dienen die erworbenen Wertpapiere als Sicherheit (Lombardkredit). Die Beleihung erfolgt dabei in der Regel bis zu bestimmten Prozentsätzen des Kurs- bzw. Nennwertes der Effekten, z. B. bei Aktien bis 50/60%, bei festverzinslichen Wertpapieren bis 75/80%.

Wertpapierkurse

→ Börsenkurs → Kurs.

Wertpapierleihe

Übereignung von Wertpapieren auf Zeit mit der Verpflichtung, daß der Entleiher Papiere gleicher Art und Güte nach Ablauf der vereinbarten Frist zurückzuübereignen und für die Dauer der Überlassung ein Entgelt zu entrichten hat. Der Entleiher kann mit geliehenen Wertpapieren Lieferverzögerungen überbrücken, wie sie z. B. bei grenzüberschreitenden Geschäften vorkommen, sowie Arbitrage und Risikoabsicherung zwischen Kassamarkt und Terminmarkt durchführen. Die Deutscher Kassenverein AG, Frankfurt a. M., vermittelt entsprechend den „Bedingungen für Wertpapier-Leihgeschäfte" im Auftrag und Namen ihrer Kontoinhaber Wertpapierleihgeschäfte und übernimmt deren Abwicklung. Die Kontoinhaber erhalten auf schriftlichen Antrag die Zulassung zur Teilnahme am Wertpapier-Leihsystem des Kassenvereins. Bei entsprechendem Bedarf können sich Entleiher von Wertpapieren an den Kassenverein wenden. Die für Wertpapierleihgeschäfte zugelassenen Wertpapiergattungen sowie nennbetragsmäßige Höchstbeträge für das Gesamtvolumen der Ausleihung in einer Wertpapiergattung sowie nennbetragsmäßige Höchstbeträge für das Engagement der einzelnen Entleiher in der jeweiligen Wertpapiergattung werden vom Kassenverein festgesetzt. Wertpapiere können auf unbestimmte Zeit oder für einen bestimmten Zeitraum, aber längstens für sechs Monate entliehen werden. Wertpapierleihgeschäfte auf unbestimmte Zeit kann der Verleiher insgesamt oder teilweise kündigen. Die Kündigungserklärung ist gegenüber dem Kassenverein abzugeben. Der Entleiher ist verpflichtet, die Wertpapiere spätestens am fünften Börsentag nach der Kündigung durch den Kassenverein an den Verleiher zurückzugeben. Entleiher können Leihgeschäfte insgesamt oder teilweise jederzeit ohne Einhaltung einer Frist kündigen. Mit Zugang beim Kassenverein wird die Kündigungserklärung wirksam; der Rückgabeanspruch wird am darauffolgenden Bankarbeitstag fällig.

Wertpapiermärkte, Effektenmärkte

Sammelbegriff zur Bezeichnung der Gesamtheit der Wertpapierbörsen einschl.

des außerbörslichen Wertpapierhandels. → Aktienmarkt → Börse.

Wertpapier-Mitteilungen

WM. Fachorgan für das gesamte deutsche Wertpapierwesen. Nach ihren AGB sind die Banken im Rahmen der Sorgfaltspflicht gegenüber ihren Kunden im Depotgeschäft verpflichtet, den Inhalt der Wertpapier-Mitteilungen zu beachten. Erscheint in elf Teilausgaben: (1) WN Wertpapierberatung: Nachrichten, Kurse sowie Emissionsbedingungen unter Einschluß von Euro-Anleihen, Bezugsrechten sowie Wandelanleihen; (2) Teil I – Sammelliste mit Opposition belegter Wertpapiere: alle gerichtlich aufgebotenen sowie für kraftlos erklärten Wertpapiere und deutsche sowie ausländische Wertpapiere, die von ihren Besitzern als abhanden gekommen angezeigt wurden; wird täglich aktualisiert; (3) Teil II – Nachrichten über deutsche festverzinsliche Werte: Berichterstattung zu Zinsfälligkeits-Terminen, Kapitalveränderungen, Bogenerneuerungen, Girosammelverwahrung usw.; (4) Teil IIa – Neuemissionen-Schnelldienst: tägliche Neuemissionen deutscher festverzinslicher Wertpapiere (ohne commercial paper); (5) Teil IIb – Sammelliste gekündigter und verloster Wertpapiere: Zusammenstellung aller in effektiven Stücken verbriefter Emissionen, für die vor Fälligkeit eine Verlosung oder eine Teilkündigung stattgefunden hat; (6) Teil III – Nachrichten über deutsche Aktien, Anteile, Genußscheine und Optionsscheine: Berichterstattung über Dividenden, Hauptversammlungen, Kapitalveränderungen, Bogenerneuerungen, Girosammelverwahrung usw.; (7) Teil IV – Zeitschrift für Wirtschafts- und Bankrecht: Entscheidungen des BGH usw. zu Fragen des Wirtschafts-, Bank- und Wertpapierrechts; (8) Teil Va – Nachrichten über ausländische Aktien, Anteile, Optionsscheine und aktienähnliche Werte: Berichterstattung über Dividenden, Generalversammlungen, Kapitalveränderungen, Bogenerneuerungen, Namensveränderungen, Löschung und Neuvergabe von Wertpapier-Kenn-Nummern, Girosammelverwahrung usw.; (9) Teil Vb – Nachrichten über ausländische festverzinsliche Wertpapiere: Berichterstattung über Zinszahlungen, Kapitalveränderungen, Bogenerneuerungen, Namensveränderungen, Löschung und Neuvergabe von Wertpapier-Kenn-Nummern, Girosammelverwahrung usw.; (10) Teil VI – Nachrichten über Optionen und Futures – DTB Deutsche Terminbörse – Ausländische Terminbörsen: Bekanntmachungen der DTB, Nachrichten über Basiswerte der DTB, Nachrichten über an der DTB gehandelte Optionen und futures, statistische Daten, ausländische Terminbörsen, andere elektronische Märkte, Rechtsfragen, Rechnungswesen und Steuern usw.; (11) Allgemeine Verlosungstabelle: Verlosungen, Kündigungen und Fälligkeiten von allen deutschen und ausländischen festverzinslichen Wertpapieren, die eine Wertpapier-Kenn-Nummer haben. Anschrift: Wertpapier-Mitteilungen, Postfach 110932, 60044 Frankfurt/M., oder: Düsseldorfer Str. 16, 60329 Frankfurt/M., Tel.: 069/2732-187, Fax.: 069/273702, Telex: 416879 wmf fm d.

Wertpapiernumerierung

→ Wertpapier-Kenn-Nummer.

Wertpapierpensionsgeschäfte

→ Pensionsgeschäfte mit Wertpapieren.

Wertpapierpensionsgeschäfte der Deutschen Bundesbank

→ Pensionsgeschäfte der Deutschen Bundesbank.

Wertpapierrat

Im Wertpapierhandelsgesetz – im Zuge des zweiten Finanzmarktförderungsgesetzes – zur Mitwirkung bei der Aufsicht des Bundesaufsichtsamts für den Wertpapierhandel vorgesehenes Organ, das aus Vertretern der Länder gebildet wird. Jedes Land entsendet einen Vertreter. Die Bundesministerien der Finanzen, der Justiz und für Wirtschaft, die Deutsche Bundesbank und das BAK können als Gäste an den Sitzungen des Wertpapierrats teilnehmen. Der Wertpapierrat kann Sachverständige hinzuziehen. Er berät das Aufsichtsamt für den Wertpapierhandel insbesondere (1) bei der Aufstellung von Richtlinien für die Aufsichtstätigkeit, (2) bei der Aufstellung von Verhaltensregeln für Wertpapierdienstleistungsunternehmen, (3) hinsichtlich der Auswirkungen von Aufsichtsfragen auf die Börsen- und Marktstrukturen sowie den Wettbewerb im Wertpapierhandel, (4) bei der Abgrenzung von Zuständigkeiten des Bundesaufsichtsamtes und der Börsenaufsichtsbehörden. Der Wertpapierrat kann ferner beim Bundesaufsichtsamt für den Wertpapierhandel Vorschläge zur allgemeinen Weiterentwicklung der Aufsichtspraxis einbringen. Das Bundesaufsichtsamt für den Wertpapierhandel berichtet dem Wertpapierrat jährlich über seine Aufsichtstätigkeit und die Weiterentwicklung der Aufsichtspraxis. Er wird mindestens einmal jährlich einberufen, ferner auf Verlangen von einem Drittel seiner Mitglieder.

Wertpapierrechnung (WR)

In Wertpapierrechnung werden solche Wertpapiere gehalten, bei denen der Hinterleger mit dem Verwahrer vereinbart hat, daß das Eigentum sofort auf den Verwahrer oder einen Dritten übergeht und der Verwahrer nur verpflichtet ist, Wertpapiere derselben Art zurückzugeben. → Aberdepot, Aberverwahrung.

Wertpapierrecht

Oberbegriff, dem verschiedene Rechtsgebiete subsumiert werden: Wechsel- und Scheckrecht, die die kaufmännischen Orderpapiere betreffenden Rechtsnormen, die gesetzlichen Bestimmungen zu Inhaberschuldverschreibungen, Nebenpapieren (Zinsscheine, Erneuerungsscheine), Inhaberzeichen und hinkenden Inhaberpapieren (qualifizierte Legitimationspapiere) sowie die Bestimmungen über Aktien (Aktienrecht), Wandelschuldverschreibungen und Investmentanteile.

Wertpapierreife

Bez. f. den Tatbestand, daß ein Kapitalanleger nach Vorhandensein eines bestimmten Fundus an liquiden Vermögensanlagen, vor allem Sparkonten, auf die Anlage in Wertpapieren im Rahmen seiner Vermögensplanung übergehen kann.

Wertpapierresearch

→ research → Aktienanalyse.

Wertpapiersammelbanken

Auch: Kassenvereine. Spezialinstitute für die technische Abwicklung des Wertpapiergiroverkehrs und der Wertpapiersammelverwahrung (Girosammelverwahrung). Kontoinhaber bei einer Wertpapiersammelbank kann nur sein, wer der gesetzlichen Depotprüfung unterliegt. Von den Kassenvereinen als den unmittelbaren Verwahrern der Wertpapiere werden sämtliche Verwaltungsmaßnahmen durchgeführt, insbesondere die Abtrennung und Einlösung der fälligen Zins- und Dividendenscheine, die Besorgung neuer Zinsschein- und Gewinnanteilscheinbogen. Seit dem Zusammenschluß der bis dahin selbständigen an den deutschen Börsenplätzen bestehenden Wertpapiersammelbanken 1989 ist die für die Wertpapierlieferungs- und -verwahrgeschäfte in Deutschland zuständige Institution die Deutscher Kassenverein AG, Frankfurt/M., die von der Deutsche Börse AG getragen wird. Die Deutsche Auslandskassenverein AG und die Deutsche Wertpapier-Daten-Zentrale sind Tochtergesellschaften der Deutscher Kassenverein AG; die vormals selbständigen Wertpapiersammelbanken an den Börsenplätzen werden als deren Niederlassungen weitergeführt.

Wertpapierschecks, Effektenschecks

Urkunden zur Eigentumsübertragung oder zur Verpfändung von Effekten, die bei einer Wertpapiersammelbank im Girosammeldepot verwahrt werden. Der Wertpapierscheck ist kein Scheck i. S. d. Scheckgesetzes, auch keine Anweisung, sondern ein Auftrag oder nur eine Quittung.

Wertpapier-Service-System (WSS)

Datenpool der DWZ Deutsche Wertpapierdaten-Zentrale GmbH, in dem alle Kursinformationen aus den Handelsaktivitäten an den Börsen zusammengeführt sind. Zusätzlich sind Stamm- und Termindaten der Wertpapier-Mitteilungen sowie die durch den Kassenverein und Auslandskassenverein gepflegten Daten in dieser Datenbank gespeichert. Marktteilnehmer können online sowohl historische als auch real-time-Informationen, wie z. B. alle deutschen Kurse für den Renten- und Aktienmarkt sowie Preise für Optionen, Devisen und den Goldbereich, abfragen.

Wertpapierskontro

Dient in der Bankbuchhaltung zum Nachweis des Wertpapierbestandes und der Bestandsveränderungen.

Wertpapierspezialbank

Bank, zumeist Tochtergesellschaft einer Universalbank, die technisch orientierte Dienstleistungen der Wertpapierverwaltung und -abwicklung für Kunden, die Muttergesellschaft sowie konzernfremde Vermögensverwalter und Banken erbringt.

Wertpapiersondervermögen

Das bei einer KAG gegen Aushändigung von Anteilscheinen (Investmentzertifikate) eingezahlte Geld und die damit angeschafften Vermögenswerte bilden ein Sondervermögen, wobei es sich je nach Art und Vermögenswerte um Wertpapiersondervermögen oder Grundstückssondervermögen handelt.

Wertpapiersparen, Effektensparen

Anlage von Ersparnissen in Wertpapieren, nicht nur in Schuldverschreibungen, sondern auch in Aktien und in Anteilen von

Investmentgesellschaften. Unter bestimmten Vorauss. nach den Bestimmungen der Vermögensbildungsgesetze begünstigt. → Vermögensbildungsgesetz (936-DM-Gesetz).

Wertpapiersparer, Effektensparer

Kapitalanleger, der seine Ziele am ehesten i. d. F. des Individualsparens in Wertpapieren (im Unterschied zum Konten-, Versicherungs- und Bausparen) erreichen zu können glaubt. Das Wertpapiersparen hat sich u. a. durch die Investmentgesellschaften, die Privatisierung (Volksaktien), die Einführung von Belegschaftsaktien wie auch im Zuge der allgemeinen Einkommens- und Vermögensentwicklung der privaten Haushalte stark entwickelt. Das individuelle Wertpapiersparen wird den Kunden von Banken und Sparkassen offeriert, wobei die Qualität der Beratung in der jüngsten Vergangenheit im Rahmen der verstärkten Bemühungen um eine kundenorientierte Absatzpolitik ständig verbessert wurde. Im Vergleich zum Kontensparen ist beim Sparen in festverzinslichen Wertpapieren unter Inkaufnahme eines gewissen Kursrisikos durchweg höherer Zins zu erzielen. Beim Wertpapiersparen in Aktien ist die effektive Verzinsung (über Dividendenzahlungen) meist niedriger. Dafür gewinnen die Möglichkeiten, Kursgewinne zu realisieren, an Bedeutung. Allerdings ist das Risiko, Kursverluste hinnehmen zu müssen, ebenfalls vorhanden.

Wertpapiersparförderung

→ Vermögensbildungsgesetz (936-DM-Gesetz).

Wertpapiersparvertrag

Ein Arbeitnehmer kann mit den vermögenswirksamen Leistungen auch Wertpapiere kaufen. Dabei kann er den Kaufpreis entweder in beliebigen Raten nach Art des Sparvertrages über vermögenswirksame Leistungen oder auf einmal nach Art des allgemeinen Sparvertrags oder monatlich oder vierteljährlich in gleichbleibender Höhe nach Art des Ratensparvertrages einzahlen.

Wertpapiersteuer

Wurde bis 1965 erhoben bei Emission ausländischer Wertpapiere im Inland und Ausgabe von Industrieobligationen.

Wertpapiertausch, steuerlich

Der Tausch von Wertpapieren wird steuerlich dem Kauf gleichgestellt. Es wird daher so verfahren, als ob die getauschten Wertpapiere jeweils zu einem dem Teilwert entsprechenden Betrag veräußert worden wären. Beim Tausch von Wertpapieren bildet deshalb nicht der Buchwert, sondern der Teilwert der hingegebenen Wertpapiere die Anschaffungskosten für die eingetauschten neuen Wertpapiere. Ein Aufgeld erhöht die Anschaffungskosten der neuen Wertpapiere. Es kommt auch zu einer Realisierung der in umgetauschten Aktien enthaltenen stillen Reserven. Unter bestimmten Voraussetzungen können jedoch die stillen Reserven der alten Wertpapiere steuerneutral auf die neuen Wertpapiere übertragen werden. In diesem Fall ist der Buchwert der alten Wertpapiere gleichzeitig auch der Wert der Anschaffungskosten der neuen Wertpapiere. Voraussetzung hierfür ist, daß zwischen den getauschten Wertpapieren eine gewisse Art-, Wert- und Funktionsgleichheit besteht.

Wertpapiertermingeschäfte, Effektentermingeschäfte

→ Termingeschäfte → Termingeschäftsarten → Termingeschäfte in Wertpapieren → Terminhandelspapiere, -werte → Optionsgeschäft.

Wertpapierterminmarkt, Effektenterminmarkt

→ Terminmarkt → Termingeschäfte → Deutsche Terminbörse (DTB). In Deutschland durch Notverordnung 1931 während der großen Krise verboten. Seit 1970 können Optionsgeschäfte an den deutschen Wertpapierbörsen abgeschlossen werden. An der Deutschen Terminbörse werden seit 1990 Aktienoptionen sowie Terminkontrakte auf den Deutschen Aktienindex (DAX-futures) und eine fiktive deutsche Bundesanleihe gehandelt (Bund-futures).

Wertpapierumschreibung

Bei einem Besitzwechsel ist für einige Namenspapiere in den dafür vorgesehenen Verzeichnissen eine Umschreibung auf den Namen des Erwerbers erforderlich, damit dieser alle mit dem Besitz der Urkunde verbundenen Rechte erlangt. Bei Sammelverwahrung der Namensaktien können der Kassenverein oder die kontoführende Bank, bei Streifbandverwahrung die Depotbank als Aktionär in das Aktienbuch eingetragen werden. Dadurch wird die Umschreibung beim jeweiligen Besitzwechsel überflüssig. Zur Ausübung des Stimmrechts stellt der Kassenverein dem jeweiligen Kontoinhaber schriftliche Vollmachten für die HV zur Verfügung. Bei Auslieferung der Stücke findet Umschreibung auf den Namen des Kontoinhabers bzw. eines von ihm bezeichneten Dritten statt.

Wertpapierveräußerung, steuerlich

Die Übertragung von privatem Kapitalvermögen ist im Regelfall ohne einkommensteuerliche Auswirkungen. Das gilt sowohl für entgeltliche als auch für unentgeltliche Übertragung. Es wird weder ein Veräußerungsgewinn erfaßt noch ein Veräußerungsverlust berücksichtigt. Eine Ausnahme gilt für die Veräußerung einer wesentlichen Beteiligung und für die Veräußerung im Rahmen eines Spekulationsgeschäftes.

Wertpapierverkaufsprospekte

→ Verkaufsprospekte bei Wertpapieren.

Wertpapierverpfändung

→ Lombard → Lombardkredit.

Wertpapierverwahrung

→ Verwahrung von Wertpapieren.

Wertpapierverwaltung

→ Verwaltung von Wertpapieren.

Wertrechte

Urkundenlose Aktien und festverzinsliche Ansprüche (ähnlich den in festverzinslichen Wertpapieren verbrieften), die von einer Wertpapiersammelbank girosammeldepotgemäß verwaltet werden. Auch als Bucheffekten bezeichnet. Sind das Ergebnis des Bestrebens, den Kapitalverkehr zu entkörperlichen, ohne daß die verbrieften Rechte ihrer sachenrechtlichen Struktur (deren Ausfluß z. B. die Aussonderung des Rechts im Konkursverfahren des Verwahrers ist) entkleidet werden und nur noch Forderungsrechte schuldrechtlicher Art sind. 1972 wurde in der BR Deutschland begonnen, Anleihen zu emittieren, die nur in Anteilen (DM 100 oder ein Mehrfaches) an Sammelschuldbuchforderungen lieferbar sind. Sie sind in den Kursblättern besonders gekennzeichnet (mit W = Wertrechte).

Wertrechtsanleihe

Anleihe, für die keine effektiven Stücke ausgedruckt werden, sondern die Gläubiger – Anleihekäufer – in Schuldbüchern der Emittenten – Bund, Bundesländer, Bundesbahn, Bundespost – eingetragen werden. Bei der Wertrechtsanleihe wird im Schuldbuch des Emittenten als treuhänderischer Gläubiger für die Anleihe ein Kassenverein eingetragen. → Schuldbuchforderungen.

Wertrechtshandel

→ Jungscheingiroverkehr → Schuldbuchforderungen → Treugiroverkehr (TGV) → Wertrechte → Wertrechtsanleihe → Zuteilungsrecht.

Wertrechtslehre

Aufgrund der Gleichstellung von Schuldbuchforderungen und Schuldverschreibungen entwickelt. Während die herrschende Meinung, in der Gleichstellung der Rechte des Depotkunden bei stückeloser Verwahrung in Gestalt der Sammelverwahrung mit den wertpapierrechtlich verbrieften Forderungs- und Anteilsrechten, die den Depotkunden zur Aussonderung im Konkurs und zum Widerspruch bei der Einzelzwangsvollstreckung berechtigen, lediglich eine Fiktion sieht, geht die Wertrechtslehre in diesem Zusammenhang von einer echten Verdinglichung der Wertrechte aus, nachdem sie diese anfangs nur den Sachenrechten zugeordnet hatte.

Wertschriften

Schweizerische Bez. f. Wertpapiere (Effekten).

Wertschriftenclearing

In der Schweiz bestehen an den Börsenplätzen Abrechnungsstellen, bei denen die an der Börse gekauften und verkauften Wertpapiere unter den Börsenbanken ausgetauscht werden (entsprechend den deutschen Kassenvereinsabrechnungen). Dabei werden Forderungen und Verpflichtungen gegenseitig verrechnet und nur die Salden den einzelnen Banken bei der Abrechnungsstelle gutgeschrieben bzw. belastet. Man unterscheidet das Comptant- und Terminclearing, je nachdem, ob es sich um die Abrechung von Comptant- oder Termingeschäften handelt. In Zürich wird das Comptantclearing von der Nationalbank, das Terminclearing von der Schweizerischen Kreditanstalt besorgt. Die effektiven Titellieferungen sind spürbar zurückgegangen, seitdem die SEGA ihre Tätigkeit aufgenommen hat und die Börsenreglements die SEGA-Lieferung obligatorisch machen.

Wertschriftenfonds

Schweizerische Bez. f. einen Investmentfonds (Anlagefonds), dessen Vermögen in Wertpapieren angelegt ist.

Wertsicherung

Wertsicherungen ganz allgemein gibt es für viele Bedürfnisse in unterschiedlichen Formen. Im besonderen versteht man darunter die Sicherung gegen Geldentwertung. Das BGB stellt dem Vertragsschließenden nach dem Grundsatz der Vertragsfreiheit frei, ob und in welcher Form sie Bestimmungen über die Wertsicherung in ihre Verträge aufnehmen wollen. Es besteht aber Genehmigungsvorbehalt (seitens der Bundesbank). → Wertsicherungsklausel → Indexierung.

Wertsicherungsklausel

Vertragliche Abrede, wonach der Umfang einer geschuldeten Geldeinheit sich mit Preis oder Höhe eines anderen Gegenstandes (z. B. Feingold, Lebenshaltungskostenindex) verändert. Die Wertsicherungsklausel im eigentlichen Sinne (Gleitklausel), bei der die Änderung der Bezugsgröße automatisch eine entsprechende Veränderung der geschuldeten Geldleistung zur Folge hat, kann wirksam nur mit Genehmigung der Bundesbank vereinbart werden. Damit ist die Vertragsfreiheit des BGB bezüglich der Wertsicherungsklauseln beschränkt worden. Diese währungsgesetzliche Regelung erstreckt sich aber nur auf Geldschulden und läßt die Vertragsfreiheit für alle Schuldverpflichtungen anderer Art unberührt. Es gibt damit Wertsicherungen durch genehmigungsfreie Klauseln oder durch genehmigungspflichtige (genehmigungsfähige) Wertsicherungsklauseln, außerdem unzulässige und damit rechtsunwirksame Klauseln. Nicht genehmigungsfähig sind Wertsicherungen bei allen Zahlungsverpflichtungen im Geld- und Kapitalverkehr, z. B. aus Darlehen, Bankguthaben, Kapital-, Rentenversicherungen usw., genehmigungsfähig z. B. Leibrentenverträge, langfristige Miet- und Pachtverträge u. dgl.

wesentliche Beteiligung

Mittelbare oder unmittelbare Beteiligung von 25% an Kapitalgesellschaften.

West-Ost-Werte

Bez. f. Aktien von Gesellschaften mit Vermögensansprüchen in deutschen Gebieten außerhalb der BR Deutschland, sofern sich Sitz und überwiegender Teil des Vermögens in der BR Deutschland befinden. → Ostwerte → Ost-West-Werte.

W-Formation

Im Rahmen der chart-Analyse den Trendwendeformationen zuzuordnen. Die W-Formation zeichnet sich dadurch aus, daß 2, manchmal 3 Spitzen oder Böden im chart auf der gleichen Höhe liegen, wobei i. d. R. die Wandlung eines Abwärtstrends angezeigt wird. Um bei der Analyse einer W-Formation zu aussagefähigen Ergebnissen zu gelangen, sollte der Zeitraum des Herausbildens der Formation wenigstens 2 Monate betragen. → technische Aktienanalyse.

WG

Abk. f. Wirtschaftsgut.

when issued

Angelsächsische Bez. f. per Erscheinen.

Whisky-Fonds

Variante des commodity fund, dessen Fondsvermögen in Whisky bzw. Whiskyzertifikaten angelegt ist.

Whiskyzertifikate

Lagerscheine von Lagerhäusern, in denen vom Zertifikatinhaber als Kapitalanlage erworbener Whisky zum Ausreifen verwahrt wird. Auch während der Reifezeit können die Whiskybestände i. d. R. über Whiskybroker veräußert werden.

white knight

Investor, der im Gegensatz zum „black knight" den Anteilseignern einer Unternehmung ein Übernahmeangebot mit Zustimmung der betreffenden Unternehmungsleitung macht. Als „white knight" wird die Unternehmungsleitung denjenigen Investor ansehen, dessen Absichten voraussichtlich am weitestgehenden mit den Plänen des Managements übereinstimmen.

Widerruf gültig

Zusatz für Daueraufträge zum Kauf oder Verkauf von Wertpapieren. Der Börsenauftrag bleibt so lange gültig, bis er entweder ausgeführt werden kann oder vom Kunden widerrufen wird.

Widerrufsrecht im Investmentwesen

Der Käufer von Anteilscheinen von Investmentgesellschaften und von ausländischen Investmentanteilen kann einen abgeschlossenen Kaufvertrag widerrufen. Voraussetzung ist, daß der Käufer durch mündliche Verhandlungen außerhalb der ständigen Geschäftsräume desjenigen, der die Anteilscheine bzw. Anteile verkauft oder den Kauf vermittelt hat, dazu bestimmt worden ist, eine auf den Kauf gerichtete Willenserklärung abzugeben. Er ist an diese Erklärung nur gebunden, wenn er sie nicht gegenüber der KAG bzw. der ausländischen Investmentgesellschaft oder deren Repräsentanten in einer Frist von 2 Wochen schriftlich widerruft. Das Recht zum Widerruf besteht nicht, wenn der Verkäufer nachweist, daß der Käufer die Anteilscheine bzw. Anteile im Rahmen seines Gewerbebetriebes erworben hat oder daß er den Käufer zu den Verhandlungen, die zum Kauf geführt haben, aufgrund vorhergehender Bestellung aufgesucht hat. Zur Wahrung der Frist genügt rechtzeitige Absendung des Widerrufs. Der Lauf der Frist beginnt erst, wenn der Verkaufsprospekt dem Käufer ausgehändigt worden ist. Ist streitig, ob oder zu welchem Zeitpunkt die Aushändigung stattgefunden hat, trifft die Beweislast den Verkäufer. Hat der Käufer Zahlung geleistet und dann widerrufen, ist die KAG bzw. die ausländische Investmentgesellschaft verpflichtet, dem Käufer ggfs. Zug um Zug gegen Rückübertragung der bereits erworbenen Anteilscheine bzw. Investmentanteile die bezahlten Kosten und einen Betrag auszuzahlen, der dem Wert der bezahlten Anteile am Tage nach dem Eingang der Widerrufserklärung entspricht. Auf das Recht zum Widerruf kann der Käufer nicht verzichten.

Widerspruch in der Hauptversammlung der AG

Widerspruch zu einem Beschluß in der HV kann jeder stimmberechtigte Aktionär oder Aktionärsvertreter zur Verhandlungsniederschrift der HV erklären.

widerstandsfähig

Tendenzbezeichnung für relativ stabile Börsenkurse.

Widerstandslinie

Im Zusammenhang mit der Analyse der Marktentwicklung einzelner Aktien relevant. Mit Hilfe des Instrumentariums der chart-Analyse kommt den Phänomenen von Widerstand und Unterstützung eine wichtige, prognostisch relevante Bedeutung zu. Von Widerstand spricht man, wenn der Kurs nach einer Aufwärtsbewegung ein bestimmtes Kursniveau nicht überwinden kann (dieses Kursniveau wird im chart durch die Widerstandslinie angedeutet); von Unterstützung spricht man, wenn der Kurs nach einer Abwärtslinie nicht mehr unter ein bestimmtes Niveau sinkt. Der prognostische Gehalt dieses Konzepts besteht darin, daß prognostiziert wird, daß sich längerfristig Widerstandszonen in Unterstützungszonen wandeln und umgekehrt.

Wiederanlage

Anlage der Erträgnisausschüttungen von Investmentfonds in Anteilen desselben Fonds. Fortwährende Wiederanlage erzeugt einen Kumulationseffekt, der den Erfolg der langfristigen Investmentanlage steigern kann.

Wiederanlagerabatt

Preisnachlaß, der Anteilinhabern von Investmentfonds für die Wiederanlage der Erträgnisausschüttungen innerhalb einer bestimmten Frist auf den Ausgabepreis dafür gekaufter Anteile gewährt wird. Die meisten deutschen Fonds geben Anlegern einen Wiederanlagerabatt von 3% des Ausgabepreises.

Wiederbeschaffungskosten, -preis

Alle Ausgaben bzw. Kosten, die aufgewendet werden müssen, um ein ausgeschiedenes Gut zu ersetzen. Maßgebend ist dabei der Einkaufspreis am Bewertungsstichtag.

Wiedervereinigungsaktien

→ Ostwerte.

Wiener Börse

Wiener Börsekammer. Wipplinger Str. 34, A-1011 Wien, Österreich, Tel.: 0043-1-53499, Fax.: 0043-1-5356857. Kursauskünfte (Mo–Do.: 14.00–16.00 Uhr; Fr.: 14.00–15.00 Uhr) Tel.: 0043-1-5352790. Gegründet 1771. Handelszeiten: 9.30–13.30 Uhr. Spesen für Privatkunden bei Rentenpapieren und Investmentanteilen 0,75% sowie bei Aktien und Partizipationsscheinen 1,25% vom Kurswert. Mindestspesen bei Aktien ÖS 300, bei Rentenwerten ÖS 200. Diese Sätze sind unverbindliche Richtwerte. Börsenumsatzsteuer bei Staatsanleihen 0,4%, bei Schuldverschreibungen öffentlich-rechtlicher Banken 0,6%, bei anderen Schuldverschreibungen 1,0%, bei Investmentanteilen 1,2% und bei Aktien usw. 1,5%, jeweils vom Kurswert. Drei Marktsegmente: (1) Amtlicher Handel, in dem Sensale als Vermittler fungieren; (2) Geregelter Freiverkehr, in dem freie Makler agieren, und (3) Sonstiger Wertpapierhandel. Devisenausländer unterliegen keinen Beschränkungen. Gegen frei konvertierbare Währungen können in- und ausländische Werte unbeschränkt gekauft und verkauft werden.

WIG-Index

Warschauer Börsenindex.

wild cat

Bez. f. ein hoch risikobehaftetes, aber bei Erfolg auch sehr gewinnträchtiges Explorationsvorhaben (-unternehmen) für die Suche nach Erzen, Mineralien u. dgl.

Willkürreserven

→ stille Reserven.

Wilna, Börse

Börse in Vilnius, Litauen. → baltische Börsen.

Wimpel

Im Rahmen der Aktientrendanalyse eine trendbestätigende Formation. Die Formation erhielt ihren Namen, weil sie im Aussehen einem Wimpel gleicht. Das Charakteristikum dieses Kursbildes ist ein während weniger Tage auftretender steiler Kursanstieg mit einer nachfolgenden Konsolidierung. Beim Wimpel erfolgt die Konsolidierung, indem die Kursausschläge immer geringer werden und schließlich in eine Spitze hineinlaufen. Markttechnisch können diese Kursbewegungen wie folgt erklärt werden: Nach dem steilen Kursanstieg, der durch neue Käufer und Eindekkungen von Baissiers verursacht wird, bildet sich auf erhöhtem Niveau ein neues Gleichgewicht. Der Markt muß sich mit den höheren Kursen erst vertraut machen; es findet also ein Gewöhnungsprozeß statt. Die Umsätze, die beim Ausbruch stark anstiegen, gehen in der Konsolidierung zurück. Schließlich genügt ein relativ kleiner Nachfragestoß, um einen erneuten Kursanstieg zu verursachen. Erst mit diesem Anstieg ist die Formation beendet. Die Formation Wimpel tritt jedoch auch bestätigend im Abwärtstrend auf. Wenn vor der Vollendung der Formation ein Engagement eingegangen wird, besteht aber die Gefahr, daß eine Fehlinvestition vorgenommen wird. → technische Aktienanalyse.

Windaktien

Aktien von Unternehmen, denen nichts oder kaum mehr gehört als der „Wind", die also kein nennenswertes Vermögen (mehr) haben.

windfall profits

Marktlagengewinne, d. h. Unternehmungsgewinne, die nicht aufgrund betrieblicher Leistungen, sondern durch Veränderung der globalen Situation auf dem jeweiligen Markt entstehen. Besitzt eine Unternehmung z. B. Rohstoffreserven, deren Förderungskosten bei einem Anstieg der Weltmarktpreise nicht ansteigen, entstehen windfall profits. Beurteilungskriterium in der Aktienanalyse.

window dressing

Ein an Bilanzstichtagen – vor allem am Jahresende – festzustellendes Verhalten von Banken, aber auch anderen Unternehmen, das Bilanzbild möglichst günstig erscheinen zu lassen, ohne es zu fälschen.

window warrant

Optionsschein, dessen Recht an bestimmten Daten oder während bestimmter Perioden ausübbar ist. Auch: European warrant.

wings

Abk. f. warrants into negotiable Government securities.

Winkelbörsen

Nicht erlaubte, inoffizielle börsenähnliche Veranstaltungen.

Winnipeg Commodity Exchange

500 Commodity Exchange Tower, 360 Main Street, Winnipeg, Manitoba. Tel. 204-949-0495. Bedeutender Handel in Metall-futures (Gold, Silber) und vor allem in Getreide-futures (einheimische Futtergerste, Leinsamen, einheimischer Futterhafer, Rapssamen, Roggen, einheimischer Futterweizen).

wirtschaftlicher Geschäftsbetrieb

Steuerlich eine selbständige nachhaltige Tätigkeit, durch die Einnahmen oder andere wirtschaftliche Vorteile erzielt werden, wenn sie über den Rahmen einer Vermögensverwaltung hinausgeht. Absicht, Gewinne zu erzielen, ist nicht erforderlich. Eine Vermögensverwaltung liegt i. d. R. vor, wenn Vermögen genutzt, z. B. Kapitalvermögen verzinslich angelegt oder unbewegliches Vermögen vermietet oder verpachtet wird.

wirtschaftliches Eigentum

Steuerrechtlicher Begriff für Gegenstände, die zwar nicht im rechtlichen Eigentum des Steuerpflichtigen stehen, an denen aber eine eigentumsähnliche Sachherrschaft zu konstatieren ist. Hierzu zählen u. a. sicherungsübereignete Wirtschaftsgüter, von einem Treugeber zu treuen Händen übereignete Gegenstände, im Eigenbesitz befindliche sowie zur gesamten Hand zustehende Wirtschaftsgüter.

Wirtschaftlichkeit

Ausdruck für den Grad der Sparsamkeit und Ergiebigkeit der Produktion. Verhältnis von Leistung zu Kosten oder Ertrag zu Aufwand. Es gibt eine Reihe von Wirtschaftlichkeitskennziffern (vor allem: Produktivität). Kriterium in der Aktienanalyse.

Wirtschaftlichkeitsprinzip

Auch: ökonomisches Prinzip, Rationalprinzip. Verhaltensregel, nach der mit einem gegebenen Einsatz ein möglichst großer Ertrag erzielt werden bzw. ein bestimmter gegebener Ertrag mit dem geringstmöglichen Aufwand erwirtschaftet werden soll. → ökonomisches Prinzip.

Wirtschaftsbereich, -gebiet einer Börse

Grundsätzlich das Bundesland, das die Börsenaufsicht ausübt. Hinzugerechnet werden bei einzelnen Börsen angrenzende Gebiete anderer Bundesländer.

Wirtschaftsentwicklung und Börse

→ kursbestimmende Faktoren am Aktienmarkt → kursbestimmende Faktoren am Devisenmarkt → kursbestimmende Faktoren am Rentenmarkt → Kursbildung an der Börse → Börse und Politik → Börse und Wirtschaftsentwicklung.

Wirtschaftsgut

Abk.: WG. Alle Güter, die im wirtschaftlichen Verkehr nach der Verkehrsanschauung selbständig bewertungsfähig sind. Dazu gehören nicht nur Sachen, sondern auch Rechte u. a. m. Auch Schulden und sonstige Verpflichtungen stellen Wirtschaftsgüter dar (WG negativer Art).

Wirtschaftskriminalität im Wertpapierwesen

Betrugsaktionen von vor allem Wertpapierhändlern der Banken und an den Börsen. Beispiel für ein häufig gewähltes Betrugsverfahren: Bei Banken angestellte Händler in festverzinslichen Wertpapieren (Rentenhändler) schließen untereinander mündlich eine Art von Termingeschäften über Käufe und Verkäufe von festverzinslichen Wertpapieren ab, die vor allem von öffentlichen Emittenten – Bund, Bundesländer, Bahn, Post – angeboten werden. Der Unterschiedsbetrag zwischen dem vorher vereinbarten Kaufpreis und dem Tageskurs, zu dem das Geschäft verbucht wird, wird von den betrügerischen Akteuren auf ihren privaten Konten – und nicht zugunsten der Bank – vereinnahmt, die diese meist im Ausland führen. Hieraus erwachsen den Banken Einbußen an Erträgen. Wegen der Mißstände im Bereich des Rentenhandels der Banken hat das BAK Mindestanforderungen für die Dokumentation des Festverzinslichen-Handels entwickelt. Danach müssen bei den Banken Handel, technische Abwicklung und Verbuchung streng getrennt sein. Jedes Termingeschäft soll für die bankinterne Revision nachvollziehbar festgehalten werden. Dennoch ergeben sich immer wieder Betrugsfälle.

Wirtschaftskrise

Begriff der Konjunkturtheorie für einen depressiven Zyklus der phasenartigen Konjunkturentwicklung. Gekennzeichnet durch massenweise Insolvenzen von Unternehmen, hohe Arbeitslosigkeit, Unternehmenszusammenschlüsse, fallende Löhne, fallende Preise (deflatorische Erscheinungen). Bisher größtes Ausmaß in der Weltwirtschaftskrise 1929–1931.

Wirtschaftspolitik

Inbegriff aller Maßnahmen des Staates und anderer öffentlich-rechtlicher Körperschaften wie Zentralnotenbank, Tarifvertragsparteien usw., die der Gestaltung des Wirtschaftslebens i. S. bestimmter Zielsetzungen dienen. Für die Beurteilung der Aktienmarktentwicklung von großer Bedeutung.

Wirtschaftsprüfer

Freiberuflich tätige, nach der Wirtschaftsprüfungsordnung geprüfte und öffentlich bestellte unabhängige Wirtschaftssachverständige; mind. 6jährige praktische Tätigkeit im Wirtschaftsleben, davon mind. 4 Jahre Prüfungstätigkeit ist Voraussetzung. Aufgabe der Wirtschaftsprüfer ist es, objektive betriebswirtschaftliche Prüfungen, vorwiegend Pflichtprüfungen von Jahresabschlüssen, bei Unternehmen vorzunehmen und über Durchführung und Ergebnis dieser Prüfungen Bestätigungsvermerke abzugeben.

Wirtschaftsprüfertestat

→ Prüfungstestat → Testat → Testateinschränkung → Testatverweigerung.

Wirtschaftsprüfungsgesellschaft

Gesellschaften in der Form einer AG, KGaA, GmbH, OHG oder KG mit dem Unternehmenszweck der Wahrnehmung der Aufgaben eines Wirtschaftsprüfers. Bedürfen zur Anerkennung durch die Landesbehörde i. d. R. des Nachweises, daß die Gesellschaft von verantwortlichen Wirtschaftsprüfern geleitet wird.

withholding tax

Quellensteuer (Abzugssteuer) in USA und Kanada.

Wochenausweis der Deutschen Bundesbank

Zum 7., 15., 23., und Letzten jedes Monats veröffentlichter Überblick des Status der Bundesbank zur Beurteilung der Währungs- und Geldmarktlage. Hieraus ergibt sich, daß der Wochenausweis nicht nur Informationen über die Zentralbank als solche bietet, sondern daß in ihm wichtige wirtschaftliche Entwicklungen ihren Niederschlag finden. Für die Beurteilung der Wertpapiermärkte u. U. wichtige Informationsquelle.

Wohnsitz

I. S. d. Steuergesetze: Hat jemand dort, wo er eine Wohnung unter Umständen innehat, die darauf schließen läßt, daß er sie beibehalten und benutzen wird. → gewöhnlicher Aufenthalt.

Wohnsitzstaat

I. S. d. DBA: der Staat, in dem der Steuerpflichtige ansässig ist, seinen Wohnsitz oder ständigen Aufenthalt hat.

Wohnungsbauprämie

Nach dem Wohnungsbauprämiengesetz (WoPG) werden staatliche Zahlungen (Sparprämien) an unbeschränkt einkommensteuerpflichtigen Personen für bestimmte Aufwendungen zur Förderung des Wohnungsbaus gewährt. Zu den begünstigten Aufwendungen gehören neben Beiträgen von mind. DM 100 p. a. an Bausparkassen zur Erlangung von Baudarlehen Aufwendungen für den ersten Erwerb von Anteilen an Bau- und Wohnungsbaugenossenschaften, Beiträge aufgrund von mind. 3 Jahre und höchst. 6 Jahre abgeschlossenen Wohnungsbausparverträgen mit einer Bank, einem gemeinnützigen Wohnungsbauunternehmen oder einem Organ der staatlichen Wohnungspolitik. Als prämienbegünstigte Aufwendungen gelten nur die vom Arbeitnehmer zur Erreichung des Vertragszwecks gemachten Aufwendungen. Die Prämie selbst und die hierfür gutgeschriebenen Zinsen gehören nicht dazu. Für die Prämienbegünstigung der Beiträge an Bausparkassen ist Voraussetzung, daß vor Ablauf von 7 Jahren seit Vertragsabschluß (außer bei Tod oder mind. einjähriger Arbeitslosigkeit des Bausparers oder des Eintritts seiner völligen Erwerbsunfähigkeit) die Bausparsumme weder ganz noch z. T. ausgezahlt, geleistete Beiträge weder ganz noch z. T. zurückgezahlt oder Ansprüche aus dem Bausparvertrag nicht abgetreten oder beliehen werden. Prämienunschädlich sind die Auszahlung der Bausparsumme oder die Beleihung von Ansprüchen aus dem Bausparvertrag, wenn der Prämienberechtigte die empfangenen Beiträge unverzüglich und unmittelbar zum Wohnungsbau verwendet, und die Abtretung, wenn der Erwerber die Bausparsumme oder die aufgrund einer Beleihung empfangenen Beträge unverzüglich und unmittelbar zum Wohnungsbau für den Abtretenden oder dessen Angehörige verwendet. Bei Wohnungsbausparprämien ist unabdingbare Voraussetzung für die Prämienbegünstigung, daß der angesammelte Betrag und die Prämien zu den durch das Wohnungsbauprämiengesetz begünstigten Zwecken verwendet werden. Eine Prämie wird nur gewährt, wenn die Aufwendungen keine zulagebegünstigten vermögenswirksamen Leistungen sind und das zu versteuernde Einkommen des Sparers im Sparjahr DM 27000 nicht überschritten hat (bei Ehegatten DM 54000). Die Aufwendungen sind jährlich bis DM 800 prämienbegünstigt, bei Ehegatten DM 1600. Die Wohnungsbauprämie beträgt allgemein 10% der hiernach begünstigten Aufwendungen. Eine Wohnungsbauprämie wird nur gewährt, wenn die Einzahlungen nicht als Sonderausgaben geltend gemacht werden.

Wohnungsbauprämiengesetz (WoPG)

→ Wohnungsbauprämie → Wohnungsbauprämiengesetz, Anlagen.

Wohnungsbauprämiengesetz, Anlagen

Nach dem WoPG sind Beiträge an Bausparkassen zur Erlangung von Bauspardarlehen, soweit die an dieselbe Bausparkasse geleisteten Beiträge im Sparjahr mind. DM 100 betragen, prämienbegünstigt. Die Sperrfrist beträgt 7 Jahre seit Vertragsabschluß. Wird der Bausparvertrag vorher zugeteilt oder zwischenfinanziert, braucht der Arbeitnehmer die Sperrfrist nicht einzuhalten, wenn die Mittel unverzüglich und unmittelbar zum Wohnungsbau verwendet werden. Ferner entfällt die Sperrfrist, wenn der Bausparer oder sein Ehegatte stirbt oder völlig erwerbsunfähig wird oder wenn der Bausparer nach Vertragsabschluß arbeitslos geworden ist und die Arbeitslosigkeit mind. 1 Jahr lang ununterbrochen besteht.

Wohnungseigentum

An Gebäuden gibt es nicht nur (Allein-)Eigentum eines einzelnen oder Miteigentum mehrerer, vielmehr auch Sondereigentum an Teilen von Gebäuden, so auch Sondereigentum an einer in sich abgeschlossenen Wohnung, das mit dem gemeinschaftlichen Eigentum an Grund und Boden und sonstigen gemeinsamen Teilen verbunden ist. Der Wohnungseigentümer ist berechtigt, die Wohnung zu benutzen, vermieten, belasten, vererben. Teileigentum ist das

Sondereigentum an nicht zu Wohnzwekken dienenden Räumen eines Gebäudes in Verbindung mit dem Miteigentumsanteil an dem gemeinschaftlichen Eigentum. Gemeinschaftliches Eigentum sind das Grundstück sowie die Teile, Anlagen und Einrichtungen des Gebäudes, die nicht im Sondereigentum stehen. Das Eigentum an der Wohnung kann durch Auflassung und Eintragung im Grundbuch übertragen werden. Das Wohnungseigentum bildet eine Ausnahme von dem Grundsatz, daß die wesentlichen Bestandteile eines Grundstücks in das Eigentum des Grundstückseigentümers übergehen. Es wurde geschaffen, um breite Streuung von Wohnungseigentum zu ermöglichen.

women equity mutual fund

US-amerikanische Aktienfondsvariante, für die Aktien von solchen Unternehmen erworben werden, die sich in besonderer Weise um die Förderung von Frauen im Management verdient machen, sich der familiären Fürsorge widmen oder größere Summen für gemeinnützige Zwecke spenden.

WoPG

Abk. f. Wohnungsbauprämiengesetz.

working capital (ratio)

Eine im US-Rechnungswesen zur Beobachtung von Veränderungen der Liquidität gebräuchliche Kennzahl, die die Differenz zwischen Umlaufvermögen und kurzfristigen Verbindlichkeiten anzeigt. Das Verhältnis von Umlaufvermögen zu den kurzfristigen Verbindlichkeiten wird als working capital ratio bezeichnet.

WP

Abk. f. Wirtschaftsprüfer.

WP-Gesellschaft

Abk. f. Wirtschaftsprüfungsgesellschaft.

WPO

Abk. f. Wirtschaftsprüferordnung.

WpHG

→ Wertpapierhandelsgesetz (WpHG).

WR

Abk. f. Wertpapierrechnung.

writer

Optionsverkäufer, Stillhalter.

writing

Auch selling. Bez. f. den Verkauf einer Option.

WSS

Abk. f. → Wertpapier-Service-System.

Wuchsaktie

Aktie einer Unternehmung, der eine überdurchschnittliche Ertragskraft beigelegt wird. Auch: Wachstumsaktie. Diese Qualifikation hat zur Voraussetzung, daß die Branche, in der die Unternehmung tätig ist, ausgesprochen gute Entwicklungsmöglichkeiten besitzt. Zudem ist eine Wuchsaktie charakterisiert durch Kriterien wie: Die Unternehmung ist auf einem vielversprechenden Zukunftsgebiet tätig; Umsätze, Produktion, Vermögen und Gewinne weisen einen langfristig ansteigenden Trend auf. Ein Wuchsunternehmen sollte eine mehrjährige Periode hinter sich haben, die eindeutig als Wachstumsentwicklung identifiziert werden kann. Andernfalls besteht die Gefahr, daß die Kapitalanlage in einer zyklischen Situation getätigt wird. Obwohl in Einzelfällen Wuchsunternehmen auch in stationären Branchen zu finden sind, muß man die typische Wuchsunternehmung gewöhnlich in Industriezweigen suchen, die mit einer höheren Zuwachsrate wachsen als die Gesamtindustrie, die befähigt erscheinen, dieses Wachstum aufrechtzuerhalten und durch technischen Fortschritt besonders große Entwicklungsschancen bieten. Die Unternehmung sollte auf dem Markt eine Spitzenstellung einnehmen; ihre Forschungsarbeit, Produktions- und Absatzmethoden und -chancen sollten zeigen, daß ihr das Beibehalten dieser Position möglich sein wird. Das Kapital der AG sollte stets so hoch sein, daß es die Wachstumsrate bei allenfalls einem Minimum an Verwässerung des inneren Werts der Aktien aufrechterhalten kann. Die Leitung (Verwaltung) der Unternehmung muß vorsichtig, aber dynamisch, erfinderisch, leistungsfähig, dazu genügend groß sein, damit Personenwechsel keinen nachteiligen Einfluß auf die Entwicklung der Unternehmung ausüben können. Wuchsaktien werden zu höheren PER gehandelt als andere Werte. Sie bringen die Erwartung zum Ausdruck, daß bei diesen Unternehmen die außerordentlich günstige Entwicklung der bisherigen Zeit weiter anhalten wird. Unter den Wuchsaktien kann man solche mit stetigem Wachstum und solche mit zyklischem Wachstum unterscheiden: Erstere haben von der allgemeinen Konjunkturlage fast unabhängige Ertragskraft; bei letzteren unterliegen Umsätze und Erträge Schwankungen. Spekulative Wuchsaktien sind Aktien von

Unternehmen, die erst vor kürzerer Zeit gegründet worden sind und sich in Bereichen betätigen, die Wachstumschancen besitzen, aber trotzdem von konjunkturellen und politischen Faktoren recht unabhängig sind. Konservative Wuchsaktien sind Wachstumstitel, die an der Börse und beim Publikum weniger häufigem Tendenz- und Beurteilungswechsel ausgesetzt sind als die spekulativen Wuchsaktien. Die Unternehmen können zwar Konjunkturschwankungen unterliegen, doch werden die Verwaltungen dem mit finanziellen und organisatorischen Maßnahmen erfolgreich begegnen. Sie haben auch breitere Produktionsprogramme als die spekulativen Wachstumsunternehmen. Aggressive Wuchsaktien sind dadurch charakterisiert, daß selbst bei verlangsamter allgemeiner Wirtschaftskonjunktur oder Branchenentwicklung nicht mit Stagnation oder Rückgang von Produktion, Absatz und Gewinn gerechnet werden muß.

Wurzelaktien

Bez. f. eine Aktie, die ein Wachstumsaktie sein sollte, deren Kurs aber fällt, entsprechend einer Wurzel „nach unten wächst“.

X

x

Angelsächsische Bez. f. ex, exclusive = ohne, ausschließlich, als Kurszusatz.

X

→ x

Xc, XC

Angelsächsische Bez. f. ex coupon, ex dividend = ohne Dividendenschein, exD, als Kurszusatz.

Xi, XI, XIn, x/i

Angelsächsische Bez. f. ex interest = ohne Zinsschein, als Kurszusatz.

Xn

→ x rts (xn), x/r.

x rts (xn), x/r

An der New York Stock Exchange Bez. f. ex rights als Kurszusatz = Kurs ohne Bezugsrecht. → ex B, ex BR.

Y

Yankee bonds, -Anleihen

Von ausländischen Schuldnern begebene, SEC-registrierte, US-Dollar-Obligationen, deren Ertrag nicht dem US-Verrechnungssteuerabzug unterliegt.

Yankee certificates of deposits

Einlagenzertifikate, die von Niederlassungen ausländischer Banken in USA emittiert werden.

Yellow Book

Zusammenfassung der Vorschriften für die Börsennotierung von Wertpapieren an der Londoner Wertpapierbörse.

Yen

Währung Japans; 1 Yen = 100 Sen.

yield (1)

Angelsächsische Bez. f. Rendite.

yield (2)

Ausbeutegrad bei Goldminen.

Young-Anleihe

Internationale 5½% Anleihe des Deutschen Reichs von 1930 über 1,47 Mrd. Goldmark, die größtenteils zur Erfüllung von Reparationsleistungen aus dem 1. Weltkrieg bestimmt war. Die Anleihe wurde in USA, mehreren europäischen Ländern und Deutschland gezeichnet. Regelung des Anleihedienstes durch das Londoner Schuldenabkommen 1953. Angebote für die ausländischen Tranchen und Angebot an die Inhaber von Schuldverschreibungen der deutschen Ausgabe 1954. Die bis 1965 festgelegte Laufzeit der Anleihe wurde bis 1980 verlängert. Bekanntmachung über Umtausch der bisherigen Stükke und Wiederaufnahme des Zinsendienstes der deutschen Ausgabe 1955. Die Inhaber der alten Schuldverschreibungen erhielten 4½% Konversionsschuldverschreibungen Typ I oder Typ II sowie als rückständige Zinsen 3%ige Fundierungsschuldverschreibungen. Als Schattenquote besteht nach der Vereinigung Deutschlands das Recht zum Bezug von Fundierungsschuldverschreibungen für Zinsscheinfälligkeiten aus der Zeit 1945–1952. Der Fundierungswert der Young-Anleihe beträgt 36% des Nominalbetrags der ursprünglichen Anleihe (= 8 Zinsjahre à 4, 5 Prozent). In Höhe dieses Fundierungswertes hat die BR Deutschland nach der Vereinigung Schuldverschreibungen mit einer Laufzeit von 20 Jahren emittiert. Die Verzinsung beträgt 3% p. a.; Zinszahlungen erfolgen halbjährlich; Tilgungen setzen nach 5 Freijahren ein und betragen 1%.

Z

ZA
Abk. f. Zusatzaktien.

Zagreb, Börse
Zagreb Stock Exchange, Ksaver 208, 41000 Zagreb, Tel.: 0038-41-428455. Im Aufbau befindliche Wertpapierbörse von Kroatien.

Zahlstelle
Der Aussteller von Wertpapieren muß im Emissionsprospekt die Zahlstelle angeben, d. h. Banken, bei denen Zins- und Dividendenscheine, ausgeloste oder gekündigte Schuldverschreibungen usw. eingelöst werden können.

Zahlstellendienst
Bei Übernahme einer Anleihe durch ein Bankenkonsortium wird vertraglich festgelegt, daß bis zur Tilgung neben der Gesellschaftskasse vor allem die Mitglieder des Konsortiums als Zahlstellen für die Zinsen und für die zur Rückzahlung kommenden Teilschuldverschreibungen fungieren. Auch wirken sie bei erforderlicher Erneuerung der Zinsscheinbogen, Konvertierung einer Anleihe usw. mit.

Zahlstellengeschäft
→ Zahlstelle → Zahlstellendienst → Zahl- und Hinterlegungsstellen.

Zahl- und Hinterlegungsstellen
Jeder Aussteller von Wertpapieren, der die Papiere in den amtlichen Verkehr oder Geregelten Markt einführen oder in den Freiverkehr einbeziehen läßt, muß sich verpflichten, am Börsenplatz mindestens eine Bank zu bestimmen und bekanntzugeben, bei der die Besitzer der Aktien oder Schuldverschreibungen die Einlösung fälliger Gewinnanteilscheine oder Zinsscheine sowie ausgeloster oder gekündigter Stücke, die Aushändigung neuer Gewinnanteilschein- oder Zinsscheinbogen, die Hinterlegung von Aktien sowie die von einem Gesellschaftsorgan beschlossenen sonstigen Maßnahmen durchführen bzw. durchführen lassen können. In den Börsenzulassungsprospekt ist eine diesbezügliche Verpflichtung aufzunehmen. Bei ausländischen Investmentanteilen ist eine der Voraussetzungen für den öffentlichen Vertrieb in Deutschland die Benennung einer oder mehrerer inländischer Banken als Zahlstellen.

Zahlungsbereitschaft
Fähigkeit einer natürlichen oder juristischen Person, ihren Verpflichtungen betrags- und termingenau nachzukommen. Wichtiges Kriterium für die Wertpapieranalyse. Die Zahlungsbereitschaft wird ausgedrückt durch das Verhältnis von liquiden und liquidierbaren Aktiva zu den nach Fälligkeiten geordneten Schulden. I. w. S. kann unter Zahlungsbereitschaft der Grad der Zahlungswilligkeit bzw. -unwilligkeit verstanden werden. Mangelnde Zahlungsbereitschaft kann trotz vorhandener Zahlungsfähigkeit dazu führen, daß Verbindlichkeiten nicht termingerecht, nur teilweise oder gar nicht erfüllt werden.

Zahlungsbilanz
Zusammengefaßte Gegenüberstellung der Werte aller statistisch erfaßten wirtschaftlichen Transaktionen zwischen Inländern und Ausländern eines Staates in einer Periode. Umfaßt mehrere Teilbilanzen: Leistungsbilanz (Bilanz der laufenden Posten) mit Waren- und Dienstleistungsverkehr sowie Übertragungen, untergliedert in Handelsbilanz und Dienstleistungsbilanz; Kapitalbilanz, untergliedert in Bilanz des langfristigen Kapitalverkehrs und in die des kurzfristigen Kapitalverkehrs (Direktinvestitionen deutscher Investoren im Ausland und ausländischer Investoren im Inland, Wertpapier- bzw. Portfolioinvestitionen, d. h. DM-Auslandsanleihen, Dividendenpapiere, festverzinsliche Wertpapiere, deutsche Kredite an das Ausland, ausländische an das Inland, sonstige Transaktionen); Bilanz der unentgeltlichen Leistungen (private und öffentliche unentgeltliche Leistungen, wie z. B. Wiedergutmachung, Reparationen, Entwicklungshilfe); Devisenbilanz (Veränderungen in Gold- und Devisenbeständen).

Zahlungseinstellung
Tatbestand der Nichtbezahlung eines bedeutenden Teiles der fälligen Schulden eines Schuldners wegen Mangels an Geldmitteln. Der Mangel an Mitteln muß dabei als voraussichtlich andauernd angesehen werden; bei nur kurzfristiger Zahlungseinstellung findet eher der Begriff Zahlungsschwierigkeit Verwendung. Zahlungseinstellung ist entscheidender Indikator für die Zahlungsunfähigkeit und bedeutsam für die Konkursanfechtung sowie Bestrafung des Schuldners wegen Konkursdelikts.

Zahlungsfähigkeit
Auch: Solvenz. Fähigkeit einer Person oder einer Unternehmung, ihre fälligen und nicht aufschiebbaren Verbindlichkeiten sofort bzw. innerhalb absehbarer Zeit erfüllen zu können. Gegensatz: Zahlungsunfähigkeit, Illiquidität.

Zahlungsort
Ort, an dem Zahlung auf eine Forderung zu leisten ist.

Zahlungsschwierigkeit
Tatbestand einer Zahlungsstockung, der aus einem (vorübergehenden) Mangel liquider Mittel für die Erfüllung von Verbindlichkeiten resultiert. Wichtiges Kriterium für die Wertpapieranalyse.

Zahlungsunfähigkeit
Auch: Illiquidität. Dauerndes Unvermögen eines Schuldners, seinen fälligen Verpflichtungen nachzukommen. Konkursgrund. Gegensatz: Liquidität, Zahlungsfähigkeit.

Zahlungsunfähigkeit der AG
Wird die AG zahlungsunfähig, hat der Vorstand ohne schuldhaftes Zögern, spätestens 3 Wochen nach Eintritt der Zahlungsunfähigkeit, die Eröffnung des Konkursverfahrens oder des gerichtlichen Vergleichsverfahrens zu beantragen. Dies gilt sinngemäß, wenn das Vermögen der AG nicht mehr die Schulden deckt (Überschuldung). Der Antrag ist nicht schuldhaft verzögert, wenn der Vorstand die Eröffnung des gerichtlichen Vergleichsverfahrens mit der Sorgfalt eines ordentlichen und gewissenhaften Geschäftsleiters betreibt. Nachdem die Zahlungsunfähigkeit der AG eingetreten ist (oder sich ihre Überschuldung ergeben hat), darf der Vorstand keine Zahlungen mehr leisten. Dies gilt nicht für Zahlungen, die auch nach diesem Zeitpunkt mit der Sorgfalt eines ordentlichen und gewissenhaften Geschäftsleiters vereinbar sind. Dieselben Vorschriften gelten für Abwickler. Mit Freiheitsstrafe bis 3 Jahren oder Geldstrafe wird bestraft, wer es als Mitglied des Vorstandes oder Abwickler unterläßt, bei Zahlungsunfähigkeit (oder Überschuldung) die Eröffnung des Konkurs- oder gerichtlichen Vergleichsverfahrens zu beantragen. Handelt der Täter fahrlässig, ist die Strafe Freiheitsstrafe bis 1 Jahr oder Geldstrafe.

Zaren-bonds (-Anleihen)
Altanleihen russischer Emittenten aus der Zarenzeit. Nachdem die Sowjetunion britischen und französischen Eigentümern von Schuldverschreibungen des zaristischen Rußland in einigen Jahren eine Abgeltung zahlen will, hoffen Gläubiger dieser Anleihen auch in anderen Ländern auf eine Abfindung. Russische Emittenten haben damals nämlich in vielen Währungen, darunter auch in Mark, Deutsche Reichswährung, Anleihen begeben. Stücke dieser Anleihen werden in Deutschland als historische Wertpapiere gehandelt.

ZASt
Abk. f. Zinsabschlagsteuer. → Zinsabschlag, Erhebung.

zebras
Abk. f. zero-coupon Euro-Sterling bearer or registered accruing securities.

Zedent
Gläubiger, der seine Forderung durch Vertrag auf einen anderen (Zessionar) überträgt. → Abtretung (Zession) → Zession.

Z.-Anspr.
Abk. im Kursblatt für Zinsenanspruch.

zedieren
Abtreten von Forderungen und Rechten. Blankozession (ohne Namensangabe des Zessionars, des neuen Gläubigers) ist zulässig. → Zession.

Zehntel des Aktienkapitals
→ Minderheitsrechte der Aktionäre.

zeichnen, Zeichnung
Im Wertpapiergeschäft: sich durch schriftliche Erklärung auf dem Zeichnungsschein zur Übernahme eines bestimmten Betrags neu emittierter Wertpapiere (Aktien, Anleihen) verpflichten. Zeichnungsstelle ist die Bank, die mit der Entgegennahme von Zeichnungen auf neue Wertpapiere beauftragt ist.

Zeichner
→ zeichnen, Zeichnung.

Zeichnungsangebot (-offerte)
Angebot des Emittenten oder von Banken an eine oder mehrere Banken, sich an der Zeichnung von Wertpapieren zu beteiligen.

Zeichnungsbedingungen
Nähere Modalitäten der Emission von Wertpapieren, die in einem Emissionprospekt und meist einer Zeichnungseinladung bekanntgegeben werden. Dazu gehören bei festverzinslichen Wertpapieren Anleihenbetrag, Nominalzinssatz, Emissionskurs, Laufzeit, Stückelung, Tilgung, Sicherung u. a. m.; bei Aktien Emissions-

betrag, Bezugskurs und -verhältnis, Bezugsfrist, Gewinnberechtigung, Einzahlungsfrist usw.; bei Wandel-, Optionsanleihen und andere Titeln die zusätzlichen entsprechenden Angaben. → Emissionsbedingungen, -einzelheiten.

Zeichnungseinladung

Aufforderung eines Emittenten und evtl. der Emissionsbanken an potentielle Zeichner, sich bei dem Erwerb einer Anleihe bzw. auch einer Aktie (Altaktionäre über ihr Bezugsrecht) zu beteiligen.

Zeichnungsfrist

Zeitraum für die Zeichnung neu aufgelegter Wertpapiere.

Zeichnungspreis

→ Emissionspreis, -kurs.

Zeichnungsprospekt

Vom Wertpapieraussteller, einem Bankenkonsortium oder beiden gemeinsam herausgegebenes Angebot zur Zeichnung von Wertpapieren.

Zeichnungsschein

Urkunde, in der sich ein Zeichner verpflichtet, den darauf angegebenen Betrag der Emission zu übernehmen und zum vorgesehenen Zeitpunkt zu bezahlen. Enthält im wesentlichen Name und Anschrift des Zeichners, Anzahl der gezeichneten Wertpapiere, Angaben über die Lieferung der Stücke usw.

Zeichnungsstelle

Bank, die vom Emittenten beauftragt worden ist, Zeichnungen für eine Wertpapieremission zu den im Emissionsprospekt festgesetzten Bedingungen entgegenzunehmen.

Zeitgeschäft

→ Termingeschäfte.

Zeithandel

→ Termingeschäfte.

Zeitreihe

Statistische Zahlenreihe, bei der sich die Anordnung der Merkmalsausprägungen zwingend aus dem Zeitablauf ergibt. Beispiel: Zeitreihe der Aktienkurse.

Zeitreihenanalyse

Ermittlung von Regelmäßigkeiten in zeitlich geordneten statistischen Reihen in bezug auf jene Bewegungskomponenten, die als Einflußgrößen im Zeitablauf als „stabil" erscheinen: (1) Der säkulare Trend ist jene grundlegende Tendenz, die bei langfristiger Beobachtung eine Veränderung der Reihenglieder in einer bestimmten Richtung erkennen läßt (säkulare Entwicklung). (2) Die undulatorisch regelmäßigen, über eine Zahl von Jahren zyklisch auftretenden Auf- und Abschwünge, die als wirtschaftliche Wechsellagen Gegenstand der Konjunkturforschung sind. (3) Die periodisch regelmäßigen, innerhalb bestimmter Zeitabschnitte wiederkehrenden Bewegungen, die als Saisonschwankungen definiert sind. Außer diesen elementarstatistischen Methoden zur Bestimmung und Ausschaltung von Trend und Saisonnormale sind Versuche zur analytischen Bestimmung der Schwankungsbreite und zur Messung der Zufallsabhängigkeit der Bewegungskomponenten gemacht worden. Dabei bedient man sich der Theorie der stochastischen Prozesse, einem Teilgebiet der Wahrscheinlichkeitstheorie. Wesentliches Verfahren in der Aktienanalyse wie auch der Kurs- bzw. technischen Aktienanalyse.

Zeitrente

Auf eine bestimmte Anzahl von Zeitabschnitten zu entrichtende Rentenzahlung. Gegensatz: ewige Rente.

Zeitvergleich

Analysemethode, die durch Vergleich der Daten verschiedener Perioden Rückschlüsse auf Veränderungstrends zu ziehen versucht. Z. B. in der Bilanzanalyse.

Zeitwert (1)

Wert, der einem Vermögensgegenstand in einem bestimmten Zeitpunkt (z. B. Bilanzierungsstichtag) beizulegen ist. Bei Wechseln ist es der Barwert, der sich aus dem diskontierten Nennwert errechnet. Der Zeitwert ist i. a. größer als der gemeine Wert. Bei Kapitalanlagen ist Zeitwert der Wert, den eine heute erworbene Anlage an einem bestimmten künftigen Zeitpunkt aufgrund der bis dahin erwarteten Erträge erreicht haben wird.

Zeitwert (2)

Bei Optionen die Differenz zwischen dem inneren Wert der Option und der Höhe der Optionsprämie. Der Zeitwert beinhaltet die Chance, daß die Option während der Restlaufzeit der Option weiter im Wert steigt. Der Zeitwert einer Option nimmt am Ende der Optionslaufzeit überproportional stark ab. Gewöhnlich ist der Zeitwert bei Optionen „at the money" am höchsten. Tief „in the money" und „out of the money" befindliche Optionen weisen i. d. R. vergleichsweise geringe Zeitwerte auf.

Zentralbank
→ Zentralnotenbank (Zentralbank).

Zentralbankgeldmenge
Sie ist der Reflex der Geldbestände der Wirtschaft in der Bilanz der Notenbank. Zugleich stellt sie aber auch den unmittelbaren Beitrag der Bundesbank zur Geldschöpfung dar. Makroökonomisch ist bedeutsam, daß die Zentralbankgeldmenge auf längere Sicht eine relativ stabile Beziehung zum nominalen Bruttosozialprodukt aufweist. Kriterium für die Prognose von Börsenentwicklungen.

Zentralbankier
Kreditinstitute mit Sitz an einem Börsenplatz im Gegensatz zum Lokalbankier, der nicht an einem Börsenplatz domiziliert und sich zur Ausführung von Wertpapierorder eines Zentralbankiers bedienen muß.

Zentralbörse
Bestimmende Hauptbörse in einem Land (ansonsten Provinzbörsen). War früher in Berlin; heute nicht mehr so festlegbar: Bedeutende Börsen in Deutschland sind die in Frankfurt und Düsseldorf, ohne aber i. e. S. Zentralbörsen zu sein.

Zentraler Kapitalmarktausschuß (ZKMA)
Von den wichtigsten Emissionsbanken 1957 auf freiwilliger Grundlage gegründetes Gremium. An seinen Beratungen nehmen die Bundesbank und z. T. auch die Bundesregierung teil. Berät in Abständen über die Lage am Rentenmarkt und gibt – je nach der Marktlage – Empfehlungen über Reihenfolge und Zeitpunkt der Anleiheemissionen, um zu starke Häufung von Emissionen und damit Überforderung des Marktes zu vermeiden.

Zentraler Kreditausschuß (ZKA)
Mitglieder sind die Spitzenverbände des Bankgewerbes. Befaßt sich mit das Bankgewerbe gemeinsam berührenden Fragen, hat jedoch nur beratende Funktion.

Zentralnotenbank (Zentralbank)
Das staatliche Bankinstitut, das für die Währungs- und Kreditpolitik sowie den Zahlungsverkehr des Staates verantwortlich ist; sie hat meist das Banknotenprivileg.

Zentral(noten)bankguthaben-Markt
Der Geldmarkt in Deutschland umfaßt i. e. S. den Handel in Zentralnotenbankguthaben unter Banken. Banken stellen auf diesem Markt ihre temporär verfügbaren Zentralnotenbankguthaben anderen Banken zur Verfügung. Neben den Banken treten zwar auch Nichtbanken, vor allem große Industrieunternehmen, in gewissem Umfang als Geber und Nehmer am Geldmarkt auf. I. w. S. vollzieht sich daher über die Geldmarktgeschäfte der horizontale Liquiditätsausgleich innerhalb des Bankensystems. Je nach Fristigkeit der gehandelten Gelder unterscheidet man zwischen dem Markt für Tages-, Monats-, Dreimonatsgeld und den meist weniger aktiven Märkten für noch längere Laufzeiten.

zero(s)
Kurzbez. f. zero-bond(s).

zero-bonds
Auch: zero-coupon bonds, Null-Kupon-Anleihen u. ä. Anleihen, die keine Zinskoupons haben, also nicht laufend verzinst werden. Anstatt dessen werden sie stark unter pari emittiert und bei Fälligkeit zum Nominalwert eingelöst. Man kann sie also als Abzinsungspapiere ansehen. Wegen der stark unter pari liegenden Emissionskurse (z. T. 15–25%), die durch die Abzinsung zustande kommen, haben Veränderungen des Marktzinsniveaus wesentlich stärkere Auswirkung auf die Kurse der zero-bonds als auf die der üblichen Anleihen; diese Hebelwirkung ist dann von Vorteil, wenn zero-bonds in Hochzinsphasen emittiert wurden, das Marktzinsniveau aber während der Laufzeit der bonds sinkt. Eher spekulativ eingestellte Anleger stellen darauf ab, bei einer solchen Konstellation die zero-bonds vor Fälligkeit zu höheren Kursen verkaufen zu können. Allerdings kann der Hebeleffekt natürlich auch in entgegengesetzter Richtung wirken, d. h., daß die Kurse der bonds überproportional fallen.

zero-bonds, steuerlich
Zero-bonds werden in Deutschland steuerlich wie abgezinste Sparbriefe behandelt. Werden sie im Privatvermögen gehalten, ist der Diskontbetrag allerdings nicht auf die einzelnen Jahre der Laufzeit zu verteilen, sondern in voller Höhe im Jahr der Einlösung zu versteuern. Werden die Titel während der Laufzeit vorzeitig verkauft, gilt als steuerpflichtiger Ertrag der Teil des Diskontbetrages, der rechnerisch auf den Zeitraum entfällt, in dem das Papier gehalten wurde. Bei der Berechnung sind auch Zinseszinsen zu berücksichtigen, wobei die Besitzdauer auf volle Monate aufgerundet werden kann. Während der vergleichsweise langen Laufzeit wird es oft

vorkommen, daß das Zinsniveau ansteigt oder fällt. Bei Verkauf der Titel vor Endfälligkeit ist dann der erzielte Preis geringer oder höher als der seinerzeit erzielte Ankaufkurs plus der rechnerisch auf die Besitzdauer entfallenden Teile des Diskontbetrages. Steuerpflichtig ist gleichwohl stets der rechnerische Betrag. Ein Mindererlös kann einkommensteuerlich nicht abgezogen werden; dafür ist aber auch ein etwaiger Mehrerlös nicht steuerpflichtig. Damit wird der vorzeitige Verkauf von zero-bonds steuerlich so behandelt, wie wenn abgezinste Sparbriefe während der Laufzeit verkauft werden. Zerobonds unterliegen – wenn kein Freistellungsauftrag und keine Nichtveranlagungsbescheinigung vorliegt – in Höhe der rechnerisch auf die Besitzzeit entfallenden Teile des Diskontbetrages im Falle der Weiterveräußerung vor Fälligkeit oder bei Fälligkeit dem Zinsabschlag.

zero-cost collar

Kombination zweier entgegengesetzter Optionspositionen – short und long – in der Form, daß sich die zu zahlende und die empfangene Optionsprämie ausgleichen. Ergibt ein eingeschränktes Gewinnpotential bei begrenztem Risiko, weil sich die Basispreise unterscheiden. Anwendungsmöglichkeiten sind jedoch selten, da entweder eine entsprechend hohe Zinsobergrenze mit limitierter Zinssicherung oder eine hohe Zinsuntergrenze mit entsprechend geringem Gewinnpotential bei sinkenden Zinsen gewählt werden muß.

zero-coupon bonds

→ zero-bonds.

zero-coupon Euro-Sterling bearer or registered accruing securities (zebras)

Stripped bonds. Bei dieser Konstruktion erwirbt ein broker langlaufende Festsatzanleihen (Staatspapiere) und emittiert in Höhe des jährlich zu erwartenden Zinsertrages fristenkongruent laufende zerobonds.

Zertifikat (1)

Allgemein: Bestätigung, Beglaubigung, Bescheinigung. Speziell: Bestätigung für ausgegebene oder hinterlegte Wertpapiere.

Zertifikat (2)

→ Aktienzertifikate.

Zertifikat (3)

Bez. f. Anteilsscheine von Investmentfonds (Immobilien-, Investmentzertifikat).

Zertifizierung

Ausstellung von Zertifikaten.

Zession

Abtretung von Forderungen oder Rechten (durch den Zedenten) an einen Gläubiger (Zessionar). Mit Abschluß des Vertrags tritt der neue Gläubiger an die Stelle des bisherigen. Je nachdem, ob dem Schuldner der Forderungsübergang mitgeteilt wird oder nicht: offene oder stille Zession.

Zeta-Faktor

Von Analysten der Chicago Board of Trade synonym für Vega-Faktor verwendeter Begriff. → Vega-Faktor.

Zieher (Prämienzieher)

Auch: Steller. Beim Stellagegeschäft derjenige, der „stillhält": → Stillhalter.

Ziehung

→ Auslosung von Wertpapieren. Im Kursblatt: gestrichen Ziehung, ausgenommen Ziehung. → Kurszusätze.

Ziehungsliste

Auch: Verlosungsliste. Listenmäßige Zusammenstellung der ausgelosten Nummern einer Wertpapieremission. → Auslosung von Wertpapieren.

Ziehungsrechte (drawing rights)

Satzungsmäßiges Recht der Mitglieder des IWF zur Aufnahme von Krediten, wenn die eigenen Währungsreserven infolge Zahlungsbilanzdefiziten nicht ausreichen. → Sonderziehungsrechte (SZR).

Ziehungstag

→ Auslosung von Wertpapieren.

Ziel (1)

Absicht, Intention, Zweck. Z. B. eines Kapitalanlegers, das er mit seiner Kapitalanlage verfolgt. I. d. R. oberstes Ziel in marktwirtschaftlichen Ordnungen: Erzielung von Gewinn bzw. Rentabilität.

Ziel (2)

Termin, der für eine Zahlung vereinbart wird (Zahlungsziel).

Ziele von Kapitalanlegern

→ Kapitalanlegerziele.

Zielsumme

Vertragssumme eines Sparprogramms, insbesondere im Investmentwesen, die sich aus Anzahl und Höhe der Zahlungseinheiten errechnet.

Zillmerverfahren

Umlage der Abschlußkosten bei einer Lebensversicherung auf die laufende Versicherungsprämie. Höchstsatz („Zillmersatz") beträgt 3,5% der Versicherungssumme. Abschlußkosten fallen aber im Zeitpunkt des Versicherungsabschlusses an, so daß eine durch die laufende Prämienzahlung erst noch zu tilgende Forderung des Versicherungsunternehmens an den Versicherten entsteht. Wird die Prämienreserve um diese Restforderung gekürzt, ergibt sich am Anfang der Vertragslaufzeit eine negative Deckungsrückstellung („gezillmerte Prämienreserve").

Zins, Zinsen

Preis für die leihweise Überlassung von Kapital in Form von Geld- oder Realkapital. Wird i. d. R. in Geld bezahlt; bei Überlassung von Realkapital kann aber auch Naturalzins (z. B. ein Teil des Ertrags aus der Nutzung eines überlassenen Grundstücks) vereinbart werden. In der Unternehmung sind Zinsen Aufwand, wenn sie sie zu bezahlen hat, bzw. Ertrag, wenn es sich um Einnahmen handelt; Zinsaufwand stellt für die Unternehmung Kosten dar. Die Höhe des Zinses ergibt sich aus dem Kapitalertrag, der Laufzeit und dem Zinssatz (Zinsfuß). Er wird in % des überlass. Kapitals pro Zeiteinheit (Jahr, Monat) ausgedrückt. Einfache Zinsformel:

$$\text{Zins} = \frac{\text{Kapital} \times \text{Zinsfuß} \times \text{Zinstage}}{100 \times 360}$$

Bei Wertpapieren entspricht die effektive (tatsächliche) Verzinsung oft nicht der Nominalverzinsung, die sich aus Nominalwert und Nominalzinssatz, die auf der Urkunde aufgedruckt sind, ergibt. Bei der Effektivverzinsung müssen u. a. der Kurs beim Erwerb und die Laufzeit des Wertpapiers berücksichtigt werden. Die Zinshöhe wird maßgeblich von Angebot und Nachfrage bestimmt. Der marktmäßigen Zinsbildung wirken allerdings oft wirtschaftspolitische Maßnahmen von Bundesregierung und Bundesbank entgegen. Vor allem volkswirtschaftlich soll der Zins Kapital dorthin leiten, wo der höchste Ertrag erwirtschaftet wird. Im Bankgewerbe wird zwischen Aktiv-(Soll-)Zinsen und Passiv-(Haben-)Zinsen unterschieden. → Effektivverzinsung.

zinsabhängige Aktien (Werte)

Zinsreagible Aktien, deren Kurse oft auf Veränderungen des Marktzinsniveaus (Rentenzins) reagieren.

Zinsabschlag

→ Zinsabschlag, Erhebung.

Zinsabschlag, Ausnahmen

Ein Zinsabschlag erfolgt nicht bei Zinserträgen aus Sichteinlagen (Girokonten), wenn der Zins und/oder Bonus höchstens 1% beträgt, bei Zinsen aus Bausparguthaben, wenn der Zins und/oder Bonus höchstens 1% beträgt, bei Zinsen aus Bausparguthaben, wenn der Gläubiger im Jahr der Gutschrift Arbeitnehmer-Sparzulage erhält oder für das Kalenderjahr vor der Zinsgutschrift eine Wohnungsbauprämie gewährt wird, bei Zinszahlungen von Privatpersonen oder Unternehmen als Schuldner, bei Zinsen aus Schuldscheindarlehen von Nichtkreditinstituten, bei Vorliegen einer Nicht-Veranlagungsbescheinigung oder eines Freistellungsauftrags, bei Bagatellfällen – d. h., wenn der Zinsbetrag unter 20 DM je Konto liegt – sowie bei Erträgen aus Interbankengeschäften.

Zinsabschlag bei Investmentfonds

Ausschüttungen und Thesaurierungen von Investmentfonds – einschließlich offener Immobilienfonds – unterliegen dem Zinsabschlag wie folgt: Kein Abzug, soweit sie aus realisierten Kursgewinnen des Fonds stammen; 30% – bzw. 35% bei Tafelgeschäften – Kapitalertragsteuer, soweit sie aus Zins- oder Mieteinnahmen des Fonds stammen, 36% Körperschaftssteuer, soweit sie aus Dividendeneinnahmen des Fonds stammen. Zwischengewinne werden ebenso besteuert; der Zwischengewinn umfaßt das mit dem Anteilspreis bei der Rückgabe oder der Veräußerung der Fondsanteile zugeflossene Entgelt für die seit der letzten steuerpflichtigen Ausschüttung oder steuerpflichtigen Thesaurierung vom Fonds angesammelten Erträge. Der Zertifikatinhaber erhält eine Bescheinigung über die einbehaltenen Steuerbeträge, die er sich bei der Veranlagung auf seine Jahreseinkommensteuerschuld anrechnen lassen kann. Wer die Investmentzertifikate auf einem Depotkonto bei der Bank oder auf einem Anlagekonto unmittelbar bei der Investmentgesellschaft verwahren läßt und einen Freistellungsauftrag erteilt hat, bekommt die Erträge bis zur Höhe der mitgeteilten Freistellungsgrenze ungekürzt gutgeschrieben. Keine Kapitalertragsteuer fällt an, wenn inländische ausschüttende Fonds im Ausland verwahrt werden. Gleiches gilt, wenn ausländische thesaurierende Fonds im Inland (Depot- und Selbstverwahrung) verwahrt werden. Ein Abzug erfolgt, wenn inländische thesaurierende Fonds im Ausland verwahrt werden. Geschlossene Immobilienfonds unterliegen nicht dem Zinsabschlag.

Zinsabschlag bei losen Personenzusammenschlüssen

Für Sparklubs, Schulklassen, Sportgruppen usw. ist eine Vereinfachung bei der Zinsabschlagsteuer vorgesehen. Danach kann von einem Zinsabschlag abgesehen werden, wenn der Personenzusammenschluß mindestens sieben Mitglieder umfaßt und das betreffende Konto neben dem Namen des Inhabers einen Zusatz aufweist, der auf den Personenzusammenschluß hinweist. Außerdem dürfen die Guthaben aller Mitglieder den Betrag nicht überschreiten, der sich ergibt, wenn man DM 20 mit der Anzahl aller Mitglieder multipliziert; Maximalbetrag ist DM 600. Ferner muß der Kontoinhaber seiner Bank vor dem ersten Zahlungseingang in jedem Kalenderjahr eine Erklärung über die Mitgliederzahl vorlegen. Diese Vereinfachung gilt nicht für Grundstücksgemeinschaften, Erbengemeinschaften und gemeinschaftliche Mietkautionskonten.

Zinsabschlag bei Stückzinsen

Der Zinsabschlag erstreckt sich auch auf Stückzinsen, die beim Verkauf zwischen den Zinsterminen beim Verkäufer anfallen, wobei das Entgelt für den Erwerb der Zinsscheine abzuziehen ist (Nettolösung). Mit diesem Nettoprinzip soll eine Mehrfachbesteuerung derselben Kapitalerträge bei Weiterveräußerung eines Wertpapiers vermieden werden, da nur die Differenz zwischen eingenommenen und mit dem Kaufpreis gezahlten Stückzinsen dem Zinsabschlag unterworfen wird. Um dieses Prinzip handhabbar in die Praxis umzusetzen, wird für die Bemessung des Zinsabschlags der Abzug aller in einem Kalenderjahr gezahlten Stückzinsen von der Gesamtheit der im selben Jahr bezogenen Zinsen und Stückzinsen zugelassen. Ein etwa dann noch vorhandener Überhang an gezahlten Stückzinsen wird bei der Veranlagung zur Einkommensteuer berücksichtigt. Bei dieser „Topflösung" wird die Nettoberechnung vom jeweiligen Wertpapier gelöst. In der Praxis bedeutet dies, daß von der zur Einhaltung des Zinsabschlags verpflichteten Bank bei jedem Zufluß von Zinsen oder Stückzinsen zunächst ermittelt wird, ob der Kunde in diesem Kalenderjahr beim Erwerb eines Wertpapiers über dieses Institut bereits anteilige Stückzinsen gezahlt hat; dieser Betrag wird von den zugeflossenen Zinsen/Stückzinsen abgezogen und der Zinsabschlag nur auf die Differenz erhoben. Auch vergleichbare Kapitalerträge aus der Veräußerung auf- und abgezinster Papiere unterliegen dem Zinsabschlag.

Zinsabschlag, Erhebung

Mit dem Gesetz zur Neuregelung der Zinsbesteuerung (Zinsabschlaggesetz) hat der Gesetzgeber die durch das Urteil des Bundesverfassungsgerichts vom 27. Juni 1991 vorgegebenen Leitsätze zur Gleichbehandlung im Steuerrecht realisiert. Die Zinsabschlagsteuer (ZASt) wird seit 1. Januar 1993 von Kapitalerträgen erhoben, die ab diesem Tag fällig werden (Zuflußprinzip). Seit dem 1. 1. 1994 gibt es den Zinsabschlag auch auf Stückzinsen bei festverzinslichen Wertpapieren. Seit diesem Zeitpunkt werden auch die Erträge aus zwischenveräußerten auf- und abgezinsten Kapitalforderungen zeitanteilig erfaßt. Steuersystematisch handelt es sich beim Zinsabschlag um eine besondere Erhebungsform der Einkommen- oder Körperschaftsteuer; der Zinsabschlag ist eine voll anrechenbare Vorauszahlung auf die individuelle Steuerschuld. Im Gegensatz zu einer Quellensteuer, die am Sitz des Zinsschuldners oder Emittenten ansetzt und durch Ausweichen auf Fremdwährungsanleihen und Auslandsanleihen umgangen werden könnte, erfaßt der Zinsabschlag als Zahlstellensteuer grundsätzlich alle im Inland anfallenden Zinserträge oder im Inland eingelösten Zinsscheine, unabhängig vom Sitz des Emittenten. Ihm unterliegen sämtliche Erträge aus Forderungen, unabhängig davon, ob sie als Zinsen bezeichnet werden. Die Zahlstellen, also vor allem Banken, behalten den Zinsabschlag von zumeist 30% ein und führen ihn anonym an das Finanzamt ab. Der Zinsabschlag wird dann nicht erhoben, wenn ein Freistellungsauftrag oder eine Nicht-Veranlagungsbescheinigung vorliegt.

Zinsabschlag, Höhe und Handhabung

Die Handhabung des Zinsabschlags variiert nach Anlageformen. (1) *Girokonto:* Kein Kapitalertragsteuerabzug, wenn der Guthabenzins nicht über 1% liegt. (2) *Sparbuch:* Die jährliche Zinszahlung unterliegt dem Steuerabzug. Gutschriften im Rahmen einer Bagatellgrenze von 20 DM sind befreit. (3) *Bonussparen:* Neben den jährlichen Zinszahlungen unterliegen auch Bonuszahlungen bei Fälligkeit dem Steuerabzug. (4) *Festgeld:* Unabhängig von der Währung unterliegen Festgeldzinsen dem Abzug, wenn die Zinszahlung durch eine inländische Zahlstelle erfolgt. (5) *Sparbriefe:* Jährliche Zinszahlungen bzw. Zinszahlungen bei abgezinsten Sparbriefen unterliegen bei Fälligkeit dem Abzug. Bei abgezinsten Sparbriefen gilt dies auch für Erträge, die auf die Zeit vor dem 1. 1. 1993 entfallen. (6) *Bundesschatzbriefe Typ A:* Jährliche Zinszahlungen unterliegen dem Steuerabzug. *Bundesschatzbriefe Typ B:* Bei Rückgabe oder Fälligkeit unterliegt der Zinsanteil dem Abzug. (7) *Finanzierungsschätze:* Bei Fälligkeit wird die Steuer vom Zinsertrag einbehalten. (8) *Festverzinsliche Wertpapiere:* Jährliche Zinszahlungen unterliegen dem Abzug, gleiches trifft auf Stückzinsen seit dem 1. 1. 1994 (→ Zinsabschlag bei Stückzinsen) zu. *Zerobonds:* Bei Fälligkeit kürzt die inländische Zahlstelle die Rückzahlung um den Steueranteil. Berechnungsgrundlage ist der Emissionsdiskont. Dies gilt auch für Zinserträge, die auf die Zeit vor dem 1. 1. 1993 entfallen. Bei vorzeitiger Veräußerung unterliegt der Zinsertrag dem Vorwegabzug. *Tafelpapiere:* Werden Zins-/Dividendenkupons oder Ertragsscheine von Investmentzertifikaten im Rahmen eines Tafelgeschäfts erworben, nimmt die Bank immer den Abzug einer erhöhten Kapitalertragsteuer von 35% vor. Dieser erfolgt unabhängig vom Status (Steuerinländer/Steuerausländer) oder einem vorliegenden Freistellungsauftrag. (9) *DM-Auslandsanleihen:* Bei Auszahlung der Zinsen durch eine inländische Zahlstelle unterliegen alle Gutschriften dem Abzug. (10) *Fremdwährungsanleihen:* Bei Zinszahlung durch eine inländische Zahlstelle wird die Gutschrift um den Steueranteil gekürzt. (11) *Optionsscheine* sind kapitalertragsteuerfrei. (12) *Genußscheine/Wandelanleihen:* Erträge unterliegen wie bisher einem 25%igen Abzug. (13) *Optionsanleihen:* Zinszahlungen werden um den Steueranteil gekürzt. (14) *Aktien:* Sie unterliegen naturgemäß nicht dem Zinsabschlag, sondern wie bisher einer Kapitalertragsteuer von 25%. Die Bruttodividende wird auf den Freibetrag angerechnet. (15) *Berlin-Darlehen:* Die jährlichen Zinszahlungen unterliegen dem Zinsabschlag. (16) *Finanzinnovationen:* Kein Kapitalertragsteuerabzug, soweit es sich bei diesen Einkünften um sonstige Einkünfte handelt. (17) *Investmentzertifikate:* Ausschüttungen oder Thesaurierungen aus Zinseinkünften werden belastet (→ Zinsabschlag bei Investmentfonds). (18) *Bausparen:* Es wird kein Zinsabschlag erhoben, wenn der Bausparer eine Arbeitnehmer-Sparzulage oder eine Wohnungsbauprämie erhält oder wenn die Verzinsung nicht mehr als 1% beträgt. (20) *Lebensversicherungen:* Bei Laufzeiten von mehr als zwölf Jahren steuerfrei, bei Laufzeiten bis zu zwölf Jahren wird ein 25%iger Abschlag erhoben.

Zinsabschlag, Personenkreis

Dem Zinsabschlag unterliegen alle Steuerinländer, sowohl natürliche Personen als auch juristische Personen wie beispielsweise Unternehmen. Ausgenommen sind Geschäfte der Kreditinstitute untereinander (Interbankengeschäfte) sowie Steuerausländer, weil sie in der Regel aufgrund von Doppelbesteuerungsabkommen auch mit ihren Kapitaleinkünften materiell steuerfrei sind.

Zinsabschlagsteuer

→ Zinsabschlag, Erhebung.

Zinsabschlagsteuer, Freistellungsauftrag

→ Freistellungsauftrag.

Zinsabschlag, Verfahren zur Aussetzung

(1) → Nicht-Veranlagungsbescheinigung: Das Verfahren der Nicht-Veranlagungsbescheinigung befreit im Zuge ihrer bisherigen Wirkung einer Nicht-Veranlagung zur Einkommensteuer auch vom Zinsabschlag; die Bescheinigung beschränkt sich also nicht nur auf den Sparerfreibetrag. (2) → Freistellungsauftrag: Auftrag an die Bank, Kapitalerträge vom Zinsabschlag bis zum Freibetrag von maximal 6100 DM bei Alleinstehenden oder 12200 DM bei Zusammenveranlagung freizustellen.

Zinsabschlag, zeitanteilige Kapitalerträge

Der Zinsabschlag erstreckt sich auch auf zeitanteilige Kapitalerträge aus der Veräußerung oder Abtretung von auf- oder abgezinsten Wertpapieren, beispielsweise zero bonds.

Zinsänderungsanleihe

Schuldverschreibung mit einem Wechsel der Zinsbasis oder der Zinsbindungsfrist während der Laufzeit. Wird z. B. bei inverser Zinsstruktur dergestalt emittiert, daß für die ersten (beiden) Jahre eine variable Verzinsung nach Maßgabe des Libor erfolgt, während für die restliche Laufzeit (von acht Jahren) eine feste Verzinsung vorgesehen ist.

Zinsänderungsrisiko

Die Gefahren, die sich für die Gesamtrentabilität einer Bank aus einer wesentlichen Änderung der Geld- und Kapitalmarktzinsen bei laufzeitinkongruent strukturiertem Aktiv- und Passivgeschäft ergeben. So kann ein Rückgang der Zinsen im Aktivgeschäft zu Ertragseinbußen führen, während die Geldbeschaffungskosten wegen einer langfristigen Bindung des Fremdkapitals zu hohem oder konstantem Zins nicht in gleichem Umfang gesenkt werden können. Umgekehrt ist es möglich, daß die Zinssätze für Einlagen und aufgenommene Gelder steigen, während die Zinserlöse nicht oder nur in geringem Maße angehoben werden können, da etwa langfristige Kredite zu niedrigem Zins gewährt wurden oder Teile des Vermögens in festverzinslichen Wertpapieren gebunden sind.

Zinsanleihen

Anleihen, die nicht durch möglichst frühe Rückzahlungstermine (Auslosung, freihändiger Rücklauf) attraktiv sind, sondern den Gläubigern bis zu dem in den Anleihebedingungen festgelegten Rückzahlungszeitpunkt nur Zinsen bieten.

Zinsanpassung

→ Zinsanpassungsklausel → Konversion (2).

Zinsanpassungsklausel

Zur Vermeidung von Risiken im zinsabhängigen Geschäft behalten sich Banken oft die Änderung der Vertragsbedingungen unter der Voraussetzung des Eintretens besonderer Datenkonstellationen vor. So versuchen Banken, das Zinsänderungsrisiko durch Vereinbarung von Zinsänderungsklauseln auszuschalten. Bei einer Kreditvergabe wird beispielsweise vereinbart, daß nach einer bestimmten Kreditlaufzeit und/oder bei bestimmten (vorher zu fixierenden) Zinsvariationen der Kreditzins den (veränderten) Marktbedingungen angepaßt wird. Auch bei der Refinanzierung der Banken spielen Zinsanpassungsklauseln eine erhebliche Rolle: So wird z. B. die Verzinsung der den Banken überlassenen Spareinlagen nicht ex ante für eine bestimmte Periode festgelegt, sondern nur vorbehaltlich einer Änderung des Spareckzinses vereinbart.

Zinsarbitrage

Ausnutzen des Zinsgefälles an internationalen Geldmärkten, d. h. von Unterschieden, die oft zwischen den Zinssätzen verschiedener Finanzplätze, insbesondere verschiedener Länder bestehen. Nur bei freiem Devisenverkehr möglich.

Zinsausgleichsteuer

In USA: interest equalisation tax, 1963 in Kraft getreten. Z. Z. ohne Bedeutung, da die Sätze auf Null gesetzt sind. Erforderlichenfalls könnte ihr aber wieder Wirksamkeit gegeben werden. Belastet den Kauf ausländischer Aktien durch Staatsangehörige der USA sowie durch alle Personen mit Wohnsitz, Sitz oder Geschäftsleitung in USA mit z. B. 15%, den Kauf ausländischer Schuldverschreibungen mit einem Satz, der, gestaffelt nach Laufzeit, die Zinskosten jährlich um etwa z. B. 1%, höchstens jedoch mit z. B. 15% erhöht.

Zinsausgleichszertifikate

Gläubigerpapiere, die einen Anspruch auf die Differenz eines vorab fixierten Zinssatzes und des Marktzinses, bestimmt durch einen Referenzzinssatz, verbriefen. Entsprechen einer Reihe von Optionen mit gleichem Basispreis und steigender Laufzeit auf den künftigen Geldmarktzins und ermöglichen dem Käufer, mit geringem Kapitaleinsatz überproportional von einem Zinsrückgang teilzunehmen oder laufende Zinseinnahmen vor einem Rückgang der kurzfristigen Zinsen zu schützen. → cap → floor (3).

Zinsbegrenzungs-Zertifikate

→ cap.

Zinsbesteuerung in den USA

Ausgebautes System von Kontrollmitteilungen, das auch Gebietsfremde erfaßt und zu Rückmeldungen in dessen Heimatland berechtigt. Nur Ausländer zahlen bei Zinsen aus Wertpapieren 30% mit der Möglichkeit der Befreiung für bestimmte Wertpapiertypen.

Zinsbesteuerung in Europa

(1) *Belgien:* Auf Zinsen aus festverzinslichen Wertpapieren und aus Einlagen bei Kreditinstituten wird bei Zahlung an Inländer und Gebietsfremde eine Kapitalertragsteuer von 10% erhoben, die definitiv ist, sofern nicht für eine Veranlagung optiert wird. Es gibt keine Kontrollmitteilungen der Banken an die Finanzverwaltung. (2) *Dänemark:* Keine Kapitalertragsteuer auf Zinsen; es werden jedoch die von Inländern bezogenen Zinszahlungen der Finanzverwaltung mitgeteilt, so daß die vollständige Einkommensbesteuerung der Zinsen gesichert ist. (3) *Frankreich:* Keine Kapitalertragsteuer auf Zinsen aus festverzinslichen Wertpapieren und auf

Einlagenzinsen; bei Inländern kann aber unter Umständen für eine definitive, von der Einkommensteuer befreiende Quellensteuer optiert werden. Die Banken fertigen Kontrollmitteilungen an. Gebietsfremde zahlen eine Quellensteuer von 15% auf Wertpapier- und Einlagenzinsen. (4) *Griechenland:* Durchgängige Quellensteuer von 10% als Zinsabgeltungssteuer, sofern nicht eine Option für Einkommensteuerveranlagung ausgeübt wird. (5) *Großbritannien:* Durchgängig 25%, aber keine Quellensteuer auf Einlagenzinsen Gebietsfremder. (6) *Irland:* 29% Quellensteuer mit Ausnahme der Einlagenzinsen von Gebietsfremden, Befreiung für Zinserträge aus bestimmten, z. T. ausschließlich Ausländern vorbehaltenen Anleihen. (7) *Italien:* 12,5% definitive Quellensteuer für Wertpapierzinsen bei Inländern, 30% für Ausländer, 30% (definitiv) für Einlagenzinsen für Inländer mit Option auf Einkommensbesteuerung und 30% für Einlagenzinsen bei Ausländern. (8) *Luxemburg:* Weder Quellensteuer noch Kontrollmitteilungen, noch sonstige Kontrollmöglichkeiten der Finanzverwaltung. (9) *Niederlande:* Keine Quellenbesteuerung, aber Kontrollmitteilungen. (10) *Österreich:* 22% definitiv mit Abgeltung auch für Erbschaft- und Vermögensteuer. Von Ausländern wird diese Steuer nicht erhoben. Möglichkeit der Rückvergütung dieser Abgeltungsteuer. Keine Freibeträge. Die Möglichkeit besteht, Sparkonten anonym führen zu lassen. (11) *Portugal:* 25% definitiv mit Option für Wertpapierzinsen, 20% für Einlagenzinsen. (12) *Schweiz:* 35% auf alle Zinsen für In- und Ausländer, nicht definitiv. (13) *Spanien:* Durchgängig 25% mit Kontrollmitteilungen, Befreiung von Zinserträgen aus bestimmten, z. T. ausschließlich Ausländern vorbehaltenen Anleihen.

Zinsbesteuerung in Japan

Durchgängig 20% Quellensteuer.

Zinsbesteuerung in Kanada

Keine Quellensteuer für Inländer, 25% für Ausländer sowohl bei Wertpapier- wie bei Einlagenzinsen; Kontrollmitteilungen.

Zinsbesteuerung, Modelle

Zur Einbeziehung von Einkünften aus Kapitalvermögen in die Einkommensbesteuerung sind verschiedene Modelle denkbar: (1) Quellensteuer mit Anrechnung: Es wird von den Schuldnern (Quellensteuer i. e. S.) oder Banken (Zahlstellensteuer) ein Zinsabschlag erhoben und anonym an die Finanzverwaltung weitergeleitet. Die entrichtete Quellensteuer wird bei der individuellen Steuerbemessung als Vorauszahlung angerechnet. Freibeträge bzw. Freistellungen sind möglich. Diesem Modell wird in Deutschland gefolgt. (2) Quellensteuer mit Abgeltung (definitive Quellensteuer): Es wird von den Schuldnern oder Banken ein Zinsabschlag erhoben und an die Finanzverwaltung weitergeleitet. Mit dieser Zahlung gelten die Einkünfte aus Kapitalvermögen als versteuert; sie werden bei der individuellen Steuerbemessung nicht weiter berücksichtigt. Freibeträge bzw. Freistellungen sind möglich. Das Modell ist wegen der pauschalisierten Sätze unter Aspekten der Steuergerechtigkeit bedenklich, allerdings sind Freibeträge/Freistellungen oder Optionen zur individuellen Veranlagung für den Fall möglich, daß der individuelle Steuersatz unter dem Quellensteuersatz liegt. Diesem Modell wird in Österreich gefolgt. (3) Steuerfreiheit: Steuerfreiheit für Kapitaleinkünfte wird damit begründet, daß die Einkünfte aus der Anlage bereits versteuerten Kapitals stammen. Unter Aspekten der Steuergerechtigkeit gegenüber anderen Einkommensarten bedenklich. (4) Verzicht auf eine Quellenbesteuerung, aber Kontrollmitteilungen: Der Schuldner bzw. die Bank meldet der Finanzverwaltung detailliert die Zinseinkünfte für jeden Kunden unter Namensnennung. Diese Einkünfte sind dann im Rahmen der individuellen Steuererklärung zu versteuern. Dieses Modell führt zu einer hohen Steuergerechtigkeit, bedingt aber einen enormen administrativen Aufwand; es wird in den USA verfolgt. (5) Stichproben: Die Finanzverwaltung hat das Recht, bei Banken stichprobenartig Kontrollmitteilungen anzufordern und diese auszuwerten. Dieses Modell hat komplementären Charakter zu einer Quellenbesteuerung. (6) Weder Quellenbesteuerung noch Kontrollmitteilungen noch Stichproben: Dieses Modell vertraut der Steuerehrlichkeit. Es fand in Deutschland Anwendung bis zur Einführung der Zinsabschlagsteuer und wird in Luxemburg angewendet.

Zinsbindung

Als Folge der Bankenkrise 1931 wurden die Zinssätze der deutschen Banken erstmals staatlich festgesetzt, indem für Soll- und Habenzinsen Höchstsätze vorgeschrieben wurden. Nach Aufhebung der gesetzlichen Zinsbindung des KWG können die Banken seit 1967 ihre Zinsen wieder frei mit ihren Kunden vereinbaren.

Zins(schein)bogen

→ Bogen (der Wertpapiere) → Zinsschein → Ausstattung von Wertpapieren. Auch: Couponbogen.

Zins-caps

→ caps.

Zinscoupon

Den Obligationen zugehörende Urkunden, die zur Einziehung der jeweils fälligen Zinsen ermächtigen. → Zinsschein → Coupon (Kupon).

Zinsdifferenz-Zertifikate

→ cap oder → floor (3).

Zinsdivisoren

→ Zinsrechnung.

Zinsecart

→ Ecart.

Zinsempfindlichkeit

Zeigt an, mit welcher Geschwindigkeit und in welchem Ausmaß Konsum- und Investitionsverhalten im Hinblick auf Veränderungen des Zinsniveaus variiert werden. Es kann als gesichert gelten, daß in den marktwirtschaftlichen Bereichen der Volkswirtschaft die Investitions- und damit Kreditnachfragebereitschaft der Unternehmen eine Funktion der Gewinnerwartungen ist, d. h., es ist zu prüfen, welchen Einfluß Zinsänderungen auf die erwarteten Gewinne haben. Da der Zinsanteil an den gesamten Aufwendungen im Durchschnitt der Produktionsunternehmen gering ist, vermag eine Variation des Zinsniveaus die Kostensituation nur geringfügig zu beeinflussen. Kriterium in der Wertpapieranalyse.

Zinsendienst

Zahlung der fälligen Zinsen bei Anleihen durch den Emittenten mit Hilfe von Zahlstellen.

Zinsen und Dividenden, vermögensteuerlich

Zins- und Dividendenansprüche sind vermögensteuerlich nur zu erfassen, wenn sie am Stichtag entweder schon fällig waren oder auf einen Zeitraum entfallen, der spätestens am Stichtag geendet hat. In diesem Fall gehören sie ebenso wie bereits gutgeschriebene Zinsen und Dividenden zu den laufenden Guthaben. Sind Zinsen und Dividenden noch nicht fällig und ist der Zeitraum, auf den sie entfallen, noch nicht abgelaufen, ist auch noch kein Anspruch zu erfassen. Dies gilt insbesondere dann, wenn sich die Zinsen und Dividenden im Kurs des Wertpapiers niederschlagen. Der Anspruch des Veräußerers gegen den Erwerber des Wertpapiers auf Zahlung von Stückzinsen ist allerdings anzusetzen. Für laufende Guthaben und für Sparkonten, die bei einer Privatperson zum sonstigen Vermögen gehören, gilt ein besonderer Freibetrag von DM 1000. Zins- und Dividendenansprüche sind unter den genannten Voraussetzungen stets mit vollem Nennwert anzusetzen.

Zinseszins

Verzinsung von Zinsen, wenn diese nicht laufend, sondern erst nach Ablauf einer bestimmten längeren Frist ausgezahlt werden. Wird der fällige Zins z. B. für Spareinlagen nicht abgehoben, sondern zum Kapital geschlagen oder kapitalisiert, wird er als Kapitalzuwachs wie das Anfangskapital verzinst. Dadurch entstehen Zinsen aus den kapitalisierten Zinsen. Man berechnet

$$EK = AK \times (1 + \frac{p}{100})^n$$

wobei EK = Endkapital, AK = Anfangskapital, p = Zinssatz, n = Anlagezeit des Kapitals in Jahren. Als Hilfsmittel werden in der Praxis Zinseszinstabellen verwendet.

Zinseszinsverbot

Zinsen von Zinsen berechnen zu dürfen, kann zwischen Gläubiger und Schuldner nicht im voraus, also nicht vor Fälligkeit der Zinsrate, vereinbart werden, es sei denn, daß der Schuldner eine Bank ist, die ihren Kunden zusagt, am Saldierungstag nicht abgehobene Zinsen wie neue Einlagen zu verzinsen. Ist eine Bank berechtigt, verzinsliche Schuldverschreibungen auf den Inhaber für den Betrag der von ihr gewährten Darlehen auszugeben (z. B. Pfandbriefinstitute), darf sie sich die Verzinsung etwaiger rückständiger Zinsen auf die Darlehen im voraus versprechen lassen.

Zinsfestschreibung

Vereinbarung eines Festzinssatzes für eine bestimmte Zeit, wobei die Festschreibungsperiode i. d. R. unabhängig von der Kreditlaufzeit ist.

Zinsfuß

→ Zinssatz. Vomhundertsatz (Prozentsatz), zu dem ein Kapitalbetrag (Schuld, Forderung) für die Dauer seines Bestehens zu verzinsen ist. Soweit nichts anderes vereinbart, bezieht sich der Zinssatz auf 1 Jahr. Er ergibt sich zunächst nach der Vereinbarung der Parteien; ist kein Zins vereinbart, beträgt der Zins 4% (BGB), bei Vollkaufleuten 5% (HGB).

Zins-futures

An Börsen gehandelte Zinsterminkontrakte. Beinhalten die Verpflichtung, eine durch die jeweiligen Kontraktspezifikationen festgelegte Menge eines bestimmten Wertpapiers zu einem festgelegten Termin und einem vorher vereinbarten Kurs zu kaufen (Kauf von Zins-futures) oder zu verkaufen (Verkauf von Zins-futures). Zins-futures können an zahlreichen Terminbörsen der Welt auf kurz-, mittel- und langfristige Finanztitel abgeschlossen werden. In DMark denominierte Zins-futures werden insbesondere an der Deutschen Terminbörse (DTB) und der London International Financial Futures and Options Exchange (LIFFE) notiert. So werden in London Zins-futures auf eine fiktive langfristige sechsprozentige Schuldverschreibung des Bundes oder der Treuhandanstalt (Bund-futures), auf eine fiktive mittelfristige sechsprozentige Schuldverschreibung des Bundes (Bobl-futures) sowie auf den Zinssatz für eine dreimonatige Euro-DM-Einlage gehandelt. An der DTB können Zins-futures auf eine fiktive langfristige sechsprozentige Schuldverschreibung des Bundes oder der Treuhandanstalt (Bund-futures), auf eine fiktive mittelfristige sechsprozentige Schuldverschreibung des Bundes (Bobl-futures), auf eine fiktive langfristige sechsprozentige Schuldverschreibung des Bundes oder der Treuhandanstalt mit einer Restlaufzeit von 15 – 30 Jahren (Buxl-futures) sowie auf den Zinssatz für eine dreimonatige DM-Einlage (Fibor-futures) ge- und verkauft werden. Positionen in Zins-futures können sowohl unter Spekulationsgesichtspunkten als auch zur Absicherung von Wertpapierportfolios oder frühzeitigen Fixierung des Kurses zukünftiger Wertpapiertransaktionen aufgebaut werden. Die eingegangene Verpflichtung wird i. d. R. durch ein Gegengeschäft vor Fälligkeit der Kontrakte wieder aufgehoben. Bei long-Positionen geschieht dies durch den Verkauf, bei short-Positionen durch den Kauf identischer, jedoch wertmäßig kompensatorisch wirkender Terminkontrakte. Die Differenz zwischen Kauf- und Verkaufskurs entscheidet über Gewinn- und Verlust aus der Terminposition. Sofern Zins-futures zur Absicherung einer Kassaposition eingesetzt werden, ist die Terminposition hinsichtlich Kontraktvolumen, -fälligkeit und -art so zu gestalten, daß sich Gewinn und Verlust aus Kassa- und Terminposition möglichst weitgehend ausgleichen. Eine vollständige Kompensation ist aufgrund des Basisrisikos nicht zu erwarten.

Zinsgarantie (bei Anleihen)

Gewährleistung (zumeist durch selbstschuldnerische Bürgschaft) der vertraglichen Verzinsung von Schuldverschreibungen durch einen Dritten. Träger der Gewährleistung ist i. d. R. eine Gebietskörperschaft, aber gelegentlich übernehmen auch private Unternehmen Zinsgarantien, indem sie für die Anleihe einer Unternehmung, mit der sie personell, organisatorisch, kapitalmäßig oder auf andere Weise verflochten sind, die Zins- und häufig auch die Kapitalrückzahlung gewährleisten.

Zinsgefälle

Zinsunterschied zwischen Geld- und Kapitalmarkt oder zwischen mehreren Ländern bzw. Währungsgebieten (Finanzplätzen). Ermöglicht Zinsarbitrage.

Zinsgutschrift

Grundsätzlich jede Zubuchung von angefallenen Zinsen auf laufenden Konten. Im Rahmen der Depotverwaltung von Anleihen erfolgt die Zinsgutschrift durch die Banken vor dem Zahlungstermin mit Wertstellung des Fälligkeitstages der Zinsscheine unter Vorbehalt des Eingangs. Im Rahmen von Tafelgeschäften kann die Gutschrift für eingereichte Zinsscheine sowohl sofort als auch erst nach Auszahlung durch den Emittenten erfolgen.

Zinsindikation

Am Euromarkt unverbindliche Angabe einer Bank, zu welchen Konditionen einem Kreditnehmer zu einem bestimmten Zeitpunkt ein Kredit gewährt werden kann.

Zinsirritationen

Besonders erregte Stimmung an den nationalen und internationalen Geld- und Kapitalmärkten, wobei nicht selten aufgrund geringfügiger und fundamental bedeutungsloser Veränderungen ökonomischer, politischer und/oder psychologischer Faktoren erhebliche (erratische) Zinsniveauschwankungen induziert werden können.

Zinsklausel

→ Zinsanpassungsklausel → Zinsgleitklausel → Konversion.

Zinskonversion

Bei festverzinslichen Schuldverschreibungen die nachträgliche Änderung des

Nominalzinssatzes durch Konversion. Erfolgt, wenn sich nachträglich während der Anleihelaufzeit die Verzinsung deutlich als nicht mehr marktgerecht darstellt. Herunterkonvertierung ist heute nur noch durch Kündigung der Anleihe und Emission einer neuen (Konversionsanleihe) zulässig. Durch Gesetz kann allerdings eine staatliche Zwangskonversion erfolgen. → Konvertierung (einer Anleihe).

Zinskupon

→ Zinscoupon.

Zinsleiste

→ Erneuerungsschein (Talon).

Zinsmarge

→ Zinsspanne.

Zinsniveau

Der Zins für Kapital ist nicht zu allen Zeiten gleich hoch, sondern seine Höhe ergibt sich aus der jeweiligen Wirtschaftslage und wird zudem durch Maßnahmen der Notenbank und des Staates (Wirtschaftspolitik) beeinflußt. Im Rahmen des so gebildeten Zinsniveaus richtet sich die Höhe des Zinses im Einzelfall nach Laufzeit und Risiko, das der Geldgeber eingeht. Ändert sich das Zinsniveau nachhaltig, passen sich alle Effektivzinssätze an.

Zinsoption (1)

Bei internationalen Anleihen das vereinzelt eingeräumte Recht, die für die kommende Zinsperiode (z. B. 3 Monate) relevante Zinsbasis (Libor, Fibor etc.) wählen zu können. Eingeräumt werden Zinsoptionen häufiger Kreditnehmern im Rahmen von roll-over-Krediten oder Emittenten im Zusammenhang mit euro-note facilities. Erhalten hiermit das Recht, kurzfristige notes oder Kredite zu dem Referenzzins plazieren bzw. aufnehmen zu können, der ihren finanzwirtschaftlichen Interessen am ehesten entspricht.

Zinsoption (2)

Der Käufer einer Zinsoption hat gegen Zahlung einer Optionsprämie das Recht, nicht jedoch die Verpflichtung, festverzinsliche Wertpapiere zu einem im voraus vereinbarten Kurs innerhalb der Optionslaufzeit (american option) oder zu einem vereinbarten Fälligkeitstermin (european option) zu kaufen (Kauf einer Kaufoption) oder zu verkaufen (Kauf einer Verkaufoption). Der Verkäufer, auch Stillhalter genannt, erhält die Optionsprämie und verpflichtet sich im Gegenzug, bis zur Ausübung oder Endfälligkeit der Option die Finanztitel zu liefern (Schreiben einer Kaufoption) bzw. diese gegen Barzahlung zu erwerben (Schreiben einer Verkaufoption). Zinsoptionen können auf kurz-, mittel- und langfristige Zinstitel abgeschlossen werden. Im einzelnen eröffnen Zinsoptionen die Möglichkeit, sowohl Wertpapierportfolios gegen erwartete Kursrückgänge durch Kauf entsprechender Verkaufoptionen sichern als auch zukünftige Wertpapiertransaktionen frühzeitig kursmäßig fixieren zu können. Im Gegensatz zu Terminkontrakten bleibt die Chance der Teilnahme an günstigen Kursentwicklungen bestehen. Durch den Verkauf von Zinsoptionen kann die durchschnittliche Rendite in Höhe der erhaltenen Optionsprämie erhöht werden. Bei unerwartet ungünstigen Kursentwicklungen ist mit einer solchen Stillhalter-Strategie die Gefahr verbunden, daß die Option ausgeübt wird, die Wertpapiere mithin zu einem vergleichsweise ungünstigen Kurs zu liefern sind. Positionen in american options können jederzeit während der Optionslaufzeit geschlossen werden, bei european options besteht die Möglichkeit des Aufbaus einer Gegenposition. Zu unterscheiden ist zwischen börsengehandelten Optionen und solchen, die mit Banken abgeschlossen werden. Börsengehandelte Zinsoptionen sind durch eine Standardisierung bzgl. Kontraktvolumen, Fälligkeit und Erfüllung charakterisiert. Hingegen können mit Banken abzuschließende Zinsoptionen den individuellen Gegebenheiten der zu sichernden Kassaposition angepaßt werden. Sie weisen eine geringere Preistransparenz auf. In DMark denominierte, börsengehandelte Zinsoptionen werden insbesondere an der Deutschen Terminbörse (DTB) und der London International Financial Futures and Options Exchange (LIFFE) notiert. So werden in London Zinsoptionen auf Bund-futures sowie auf Euro-DM-futures gehandelt. An der DTB können Zinsoptionen auf Bund-futures und Bobl-futures ge- und verkauft werden.

Zinsoptionsscheine

Ohne anhängende Anleihe begebene („nackte") Optionsscheine. Es lassen sich call- und put-Zinsoptionsscheine unterscheiden. Call-(put-)Zinsoptionsscheine berechtigen entweder zum Bezug (Verkauf) bestimmter festverzinslicher Wertpapiere zu im voraus festgelegten Kursen und Bedingungen oder zur Zahlung eines Differenzbetrags. Dieser errechnet sich aus dem Basispreis und dem am Ausübungstag gültigen (amtlichen) Börsenkurs des Basiswertes. Häufige Basiswerte sind langfristige Bundesanleihen, Bundesobligationen, aber auch Bund-Futures. Käufer von call-/put-Zinsoptionsscheinen erwarten während der Laufzeit sinkende/steigende Zinsen. Die Laufzeiten der Zinsoptionsscheine sind relativ kurz und betragen i. d. R. ein bis zwei Jahre. Emittenten sind häufig Banken. In Deutschland werden Zinsoptionsscheine i. d. R. in den Geregelten Markt und/oder Freiverkehr eingeführt.

Zinsparität

Verhältnis zweier Zinssätze zueinander.

Zinsparitätentheorie

Grundlage ist die Annahme einer uneingeschränkt wirksamen Zinsarbitrage, die jedes Zinsgefälle zwischen Ländern durch entsprechende Stellung des swap-Satzes kompensiert. Danach muß eine Abweichung von der Zinsparität (Zinsparität meint die Parität der Nettozinssätze, also der um den swap-Satz korrigierten Bruttozinssätze) internationale Zinsausgleichsarbitragen hervorrufen, die durch die Kombination eines internationalen Geldmarktgeschäftes mit einer Devisenkurssicherung dieses Geldmarktgeschäftes gleichzeitig auf den Kassa- und den Terminkurs und auf das Zinsniveau in den beiden betrachteten Ländern einwirken, bis als Gleichgewichtszustand die Zinsparität wiederhergestellt ist.

Zinsperiode

Zeitraum zwischen 2 Zinszahlungsterminen. Neben jährlichen Perioden kommen halbjährige vor.

Zinspolitik der Deutschen Bundesbank

Die Festsetzung des Diskont- und Lombardsatzes sowie ggf. des Zinssatzes für Pensionsgeschäfte und eines Sonderlombardsatzes stellt den Kern der Zinspolitik der Bundesbank dar. Der Diskontsatz ist in einem Bankensystem, das laufend per Diskontkredit bei der Notenbank verschuldet ist, eine untere Grenze der Zinssätze für Monats- und Dreimonatsgeld. Der Tagesgeldsatz kann den Diskontsatz dagegen unterschreiten, da die Banken einmal in Anspruch genommene Diskontkredite nur entsprechend den Wechselfälligkeiten abbauen können. In Zeiten reichlicher Liquiditätsausstattung der Banken, wenn Lombardkredite kaum in Anspruch genommen werden, bildet der Lombardsatz eine Obergrenze für den Tagesgeldsatz, da normalerweise keine Bank bereit ist, am Geldmarkt höhere Zinsen zu zahlen, als sie für eine kurzfristige Inanspruchnahme des Lombardkredits bezahlen müßte. Ist dagegen die Liquidität der Banken stark angespannt und dabei der Lombardkredit bereits in größerem Umfang beansprucht, können die Tagesgeldsätze über den Lombardsatz ansteigen, da dann möglicherweise eine Reihe von Instituten ein weiteres Ausweichen auf den Lombardkredit zu vermeiden sucht. In einer solchen Situation wird der Lombardsatz vorübergehend zur Untergrenze des Tagesgeldsatzes, da ein stärkeres Angebot am Geldmarkt voll von Banken aufgenommen wird, die ihre Lombardverschuldung abdecken wollen. Seit Wiederherstellung des freien Kapitalverkehrs mit dem Ausland muß die Zinspolitik der Bundesbank neben binnenwirtschaftlichen Erfordernissen auch Auswirkungen auf Geldbewegungen vom und zum Ausland berücksichtigen. Die Zinspolitik ist ein wichtiges Beurteilungskriterium für Kurs- und Börsenentwicklungen.

zinsreagible Aktien

Aktien, deren Kursbildung stark von Veränderungen des Kapitalmarkt- bzw. Rentenmarktzinses beeinflußt wird.

Zinsrechnung

Die Zinsrechnung beruht auf der Formel:

$$z = \frac{k \times p}{100}$$

(z = Zinsen, k = Kapital, p = Zinssatz pro Jahr). Liegt das Kapital eine Anzahl von Tagen (t) fest und bezieht sich der Zinssatz auf das Jahr (= 360 Tage, Zinstage), lautet die Tageszinsformel:

$$z = \frac{k \times p \times t}{100 \times 360}.$$

Diese Formel wird in der Bankpraxis, um die Zinsrechnung auf den Konten zu erleichtern, umgestaltet:

$$z = \frac{k \times t}{100} : \frac{360}{p},$$

wobei der Ausdruck $k \times t : 100$ als Zinszahl bez. wird. Der Ausdruck 360:p ist der Zinsdivisor, so daß die Tageszinsen sich ergeben aus Zinszahl: Zinsdivisor. Vorteil dieser Bankformel: Bei der Verzinsung mehrerer Kapitalien mit verschiedenen Laufzeiten und gleichem Zinsfuß wird die Summe der Zinszahlen dieser Kapitalien durch den Zinsdivisor geteilt.

Zinsreduktion

Herabsetzung des Nominalzinssatzes von Anleihen und anderen Schuldtiteln. Kann bei normalen Anleihen nur zu den Kündigungsterminen erfolgen (Konversion); bei zinsvariablen Anleihen (floating rate notes u. a.) erfolgt sie entsprechend den Vertragsbedingungen.

Zinsregelung, -reglementierung

Die Festsetzung von verbindlichen Zins- und Provisionssätzen im Geschäftsverkehr der Banken kann durch eine Behörde erfolgen oder auch durch Vereinbarung der Banken bzw. ihrer Verbände. Nach § 23 KWG 1961 konnte der Bundesfinanzminister die Zins- und Provisionssätze für Banken und (bei Habenzinsen) durch Erlaß einer Rechtsverordnung im Benehmen mit der Bundesbank und nach Anhörung der Spitzenverbände und ggfs. der Bundespost festsetzen bzw. durch Rechtsverordnung seine Verordnungsermächtigung an das BAK übertragen. Die Banken können Zinsabkommen abschließen, die nach § 102 des Kartellgesetzes dem Kartellamt zu melden sind. Seit 1967 besteht völlige Zinsfreiheit. Heute werden auch von den Verbänden kaum noch Empfehlungen ausgesprochen; eine gewisse Ausnahme bilden die Zinsen für Spareinlagen; sie sind auch heute noch relativ einheitlich geregelt, wobei jedoch auch hier Differenzierungen auftreten. Durch KWG 1985 ist die o. g. Zinsverordnungsmöglichkeit ersatzlos gestrichen worden.

Zinsrückstände

bei den privaten Hypothekenbanken sind in der Jahresbilanz für jede Schuldnergruppe gesondert anzugeben.

Zinssatz

In Hundertteilen ausgedrückte jährliche Vergütung für geliehenes Geld oder Kapital (% p. a.) bzw. in Prozent des Nennwertes einer Schuld, z. B. Obligation, festgelegter Zins.

Zinsschein

Zu jedem festverzinslichen Wertpapier gehört ein Bogen mit Zinsscheinen, die, einzeln nacheinander an den (halbjährig oder jährlich) Zinsterminen fällig, vom Bogen abgeschnitten und von Banken eingelöst werden. Der Zinsschein (Normalgröße 100 bis 101 mm breit und 23 mm hoch) enthält: Name des Ausstellers, Zinssatz, Nennbetrag des Stückes, Ort und Datum der Ausstellung, Zinsbetrag, Fälligkeit, Stücknummer, Zinsscheinnummer und aufgrund der Richtlinien für den Druck von Wertpapieren einen Prägestempel. → Coupon (Kupon).

Zinsscheinbogen

Der Teil der Urkunde eines festverzinslichen Wertpapiers, auf den die Zinsen ausgezahlt werden. Die einzelnen Zinsscheine tragen keine fortlaufende Numerierung wie die Gewinnanteilscheine bei Aktien. Er umfaßt bei halbjähriger Zinszahlung i. d. R. 20 Zinsscheine (für 10 Jahre) und den Erneuerungsschein, wenn die Laufzeit länger ist als 10 Jahre. Werden die Zinsen einmal im Jahr gezahlt, enthält der Zinsscheinbogen i. d. R. Zinsscheine für die Laufzeit. → Bogen (der Wertpapiere) → Couponbogen (Kuponbogen).

Zinsscheinveräußerung, steuerlich

Zu den steuerpflichtigen Einkünften aus Kapitalvermögen gehören auch die Einnahmen aus der Veräußerung von Zinsscheinen, wenn das dazu gehörende festverzinsliche Wertpapier nicht mitveräußert wird. Dasselbe gilt für die Einnahmen aus der Abtretung von Zinsansprüchen, wenn die dazu gehörenden Kapitalforderungen nicht in Wertpapieren verbrieft sind, z. B. bei Schuldbuchforderungen, und diese nicht gleichzeitig mit abgetreten werden. Die Zinsen fließen zwar bei Fälligkeit dem Erwerber zu, sind für diesen aber keine steuerpflichtigen Einkünfte mehr.

Zinsscheinverjährung

Verjährung fälliger Zins- und Dividendenscheine in 4 Jahren.

Zinssicherungs-Zertifikate

→ floor.

Zinsspanne

Unterschied zwischen den im Aktivgeschäft von den Banken verlangten Sollzinsen und den im Passivgeschäft gewährten Habenzinsen (= Bruttozinsspanne). Wird errechnet, indem die Summe der erzielten Zinserträge zu dem Jahresdurchschnittsbestand der verzinslichen Aktivpositionen und die Summe der Zinsaufwendungen zu den entsprechenden Passivpositionen in Beziehung gesetzt und daraus ein durchschnittlicher Soll- bzw. Habenzinssatz ermittelt wird. Auch: Zinsmarge.

Zinsstruktur

In jeder Volkswirtschaft ist in jedem Zeitpunkt eine Vielzahl von Zinssätzen registrierbar. Zu unterscheiden sind z. B. die von der Notenbank festgesetzten Zinssätze wie Diskont- oder Lombardsatz und die Abgabe- bzw. Rücknahmesätze für Offenmarktpapiere von den Zinsen, die sich auf den Finanzierungsmittelmärkten bilden. Aus Sicht der Banken ergibt sich eine

Trennung nach den Kategorien Sollzinsen für das Aktivgeschäft und Habenzinsen für das Passivgeschäft. Das Verhältnis der einzelnen Zinssätze zueinander bezeichnet man als Zinsstruktur; die Theorie der Zinsstruktur hat das zu einem bestimmten Zeitpunkt gegebene Verhältnis und seine Konstanz bzw. Veränderung im Zeitablauf zu erklären. Ursachen für die Existenz verschieden hoher Zinsen bei den einzelnen Finanzaktiva sind z. B. die unterschiedliche Bonität der Kreditnehmer, die international unterschiedliche Geld- und Kreditpolitik, Verzerrungen im Wettbewerb, unterschiedliche steuerliche Belastungen der Zinserträge, Rücknahmegarantien des Schuldners sowie ähnliche Differenzen in der Ausstattung einzelner Finanzaktiva. Obwohl also ganz verschiedene Gründe für die Existenz differierender Zinsen verantwortlich sind, konzentriert sich die Theorie der Zinsstruktur vor allem auf die Erklärung der effektiven Zinssätze für festverzinsliche Wertpapiere, die sich nur durch ihre Restlaufzeit unterscheiden (zeitliche Zinsstruktur).

Zinsswap

Internationales Finanzierungsverfahren am Euromarkt (interest-rate swap). Hierbei vereinbaren zwei Parteien mit unterschiedlicher Bonität an den Finanzmärkten, ihre Zahlungsverpflichtungen, die aus der Aufnahme von Mitteln gleicher Währung, aber unterschiedlicher Zinsberechnungsbasen (festverzinslich versus variabel verzinslich) entstanden sind, gegenseitig zu übernehmen, d. h. auszutauschen, zu „swappen". Damit eine derartige swap-Transaktion für beide Parteien zu einer Verbilligung der Finanzierungskosten führen kann, müssen folgende Voraussetzungen erfüllt werden: (1) Zwischen den beiden swap-Partnern sollte ein merklicher, gleichwohl tragbarer Bonitätsunterschied bestehen; (2) die Differenz der Risikoprämien, die Gläubiger für zinsfeste Mittel von Schuldnern unterschiedlicher Bonität fordern, muß größer sein als die Differenz der Risikoprämien bei variabel verzinslichen Mitteln; (3) die swap-Parteien haben eine entgegengesetzte Interessenlage hinsichtlich ihrer jeweiligen Zinsberechnungsbasis. Der Finanzierungsvorgang läuft dementsprechend wie folgt ab: Zwei Parteien unterschiedlicher Bonität, bspw. eine Eurobank und ein Industrieunternehmen, vereinbaren einen Zinsswap. Während die Eurobank zur fristenkongruenten Refinanzierung ihres Aktivgeschäftes an variabel verzinslichen Mitteln interessiert ist, benötigt das Industrieunternehmen, um eine zuverlässige Kalkulationsbasis für seine Investitionsvorhaben zu erhalten, Festzinssatzmittel. Um den aus dem Bonitätsunterschied resultierenden Kostenvorteil der Bank gegenüber der Unternehmung als Schuldner zum beiderseitigen Nutzen realisieren zu können, emittiert die Bank eine Festzinsanleihe und verpflichtet sich gegenüber dem Industrieunternehmen, die Zinszahlungen aus einer von diesem emittierten floating-rate-note-Emission zu übernehmen. Zum Ausgleich übernimmt das Industrieunternehmen die Zinszahlungen aus der Festsatzanleihe und zahlt der Bank zusätzlich einen Aufschlag für deren indirekte Bonitätsüberlassung. Die Höhe dieses Aufschlages, also die Frage der Verteilung des Arbitragegewinns, hängt weitgehend von der Marktstellung der Beteiligten ab. Zweck dieser Transaktion ist, daß beide Parteien die von ihnen gewünschte Zinsberechnungsbasis erhalten sowie ihre Zinskosten gegenüber einer direkten Mittelaufnahme i. d. R. reduzieren können.

Zinstage

Zahl von Tagen, die der Zinsberechnung – vor allem bei Banken – zugrunde gelegt werden. Unsancemäßig werden der Monat mit 30, das Jahr mit 360 Zinstagen gerechnet.

Zinstender

Form der Unterbringung von regelmäßig verzinslichen oder abgezinsten Wertpapieren, bei der die Effekten auf schriftliche Gebote (Menge und Kurs, d. h. auch Effektivzins beinhaltend) hin den Meistbietenden verkauft werden (oft gibt es einen Mindestpreis, der geboten werden muß), indem vom Höchstgebot ab bis zu den Bietungen, die erforderlich sind, um das gesamte abzusetzende Volumen unterzubringen, zugeteilt wird. Hierbei ist zu unterscheiden zwischen dem Verfahren der holländischen und dem der amerikanischen Versteigerung. Bei ersterem erfolgt die Zuteilung zu dem für den Emittenten günstigsten Einheitskurs, zu dem die Gesamtemission abgesetzt werden kann, an denjenigen, der diesen Preis oder einen höheren geboten hat bzw. an denjenigen, der höchstens die entsprechende Verzinsung fordert. Hingegen erfolgt die Zuteilung bei dem Verfahren der amerikanischen Versteigerung zu dem jeweils gebotenen Zins. Seit 1967 werden in der BR Deutschland Kassenobligationen des Bundes, der Bahn und der Post als Zinstender bzw. im Tenderverfahren angeboten.

Zinstermin

Datum, an dem eine Zinszahlung fällig wird. Auf jedem festverzinslichen Wertpapier sind die entweder halbjährlichen oder jährlichen Zinstermine vermerkt: Es handelt sich i. d. R. um Monatserste. Hauptzinstermine sind 2. 1. und 1. 7. (J/J) sowie 1. 4. und 1. 10. (A/O). Zinstermine werden mit Anfangsbuchstaben der Fälligkeitsmonate abgekürzt: Januar/Juli = J/J, Februar/August = F/A, März/September = M/S, April/Oktober = A/O, Mai/November = M/N, Juni/Dezember = J/D. Bei Schuldverschreibungen mit Jahreszinsen gibt es nur 1 Zinstermin.

Zinstermingeschäfte

Terminhandel mit verzinslichen Wertpapieren und bestimmten Bankeinlagen für eine Anzahl Kreditinstrumente (US-amerikanische Schatzwechsel, Schatzscheine, Schatzanweisungen, modifizierte Government National Mortgage Association Certificates mit durch den Staat garantierten monatlichen Teilrückzahlungen von Kapital und Zinsen, commercial papers, DMark-Bundesanleihen, dreimonatigen Euro-DM u. a. m.). Grundsätzlich ist ein Zinstermingeschäft ein Vertrag über die Lieferung einer bestimmten Menge zu einem festgelegten Zeitpunkt in der Zukunft.

Zinsterminhandel

Börsliche Termingeschäfte in festverzinslichen Kapitalmarkt- und Geldmarkttiteln (i. w. S. auch in Devisen). → financial futures. Findet in Deutschland an der Deutschen Terminbörse (DTB) statt.

Zinsterminkontrakte

Terminkontrakte auf Zinspapiere, Zinsfutures.

Zinsüberschuß

Bei der Erfolgsrechnung der Banken ergibt sich der Zinsüberschuß aus der Differenz zwischen Zins- und zinsähnlichen Erträgen aus Kredit- und Geldmarktgeschäften sowie den Zins- und zinsähnlichen Aufwendungen. Wesentlich bei der Bankaktienanalyse.

Zins- und Währungsswaps

Kombination aus Zins- und Währungsswaps. Hierbei werden Festsatzverbindlichkeiten in Verbindlichkeiten mit variabler Verzinsung bei gleichzeitigem Valutawechsel getauscht. Damit können bei dieser swap-Konstruktion die Vorteile des Währungs- und des Zinsswaps kombiniert genutzt werden. → Zinsswap → Währungsswap.

Zinsunsicherheit

Starke Schwankung der Marktzinsen infolge einer Orientierungslosigkeit des Marktes über die weitere Zinsentwicklung. Häufig zu beobachten bei schwierig zu interpretierenden, gegenläufige Signale aussendende makroökonomischen Entwicklungen, auch in Erwartung geldpolitischer Maßnahmen.

zinsvariable Anleihe

→ floating rate notes.

Zinsverbot

Zinsen sind das Entgelt für die Nutzung geliehenen Kapitals. Im kanonischen (Kirchen-)Recht war das Zinsennehmen als unchristlicher Wucher verboten. Im Mittelalter durften daher die Christen für Darlehen keine Zinsen nehmen. Christliche Darlehensgeber pflegten das Zinsverbot durch zusätzliche Abreden zu umgehen, wie z. B. Rentenvereinbarungen, Ertrag an Pfändern u. dgl. Nach BGB ist die Vereinbarung wucherischer Zinsen nichtig, ebenso eine im voraus getroffene Vereinbarung von Zinseszinsen. Auch nach islamischer Lehre ist das Berechnen von Zinsen nicht erlaubt; so gibt es in streng islamisch ausgerichteten Staaten Banken, die nach diesem Grundsatz verfahren; sie erwirtschaften Erträge aus Gewinnanteilen.

Zinsverjährung

Vertragsmäßige Zinszahlungen sowie Verzugszinsen verjähren in 4 Jahren einschl. der Amortisationsquoten. Die Zinszahlungen verjähren außerdem zugleich mit dem Hauptanspruch. Die Vorlegungsfrist für Zinsscheine beträgt 4 Jahre.

Zinsverordnung

→ Zinsregelung, -reglementierung.

Zinswahlrecht

→ Zinsoption (1).

Zinswucher

Ein Darlehen, bei dem wucherische Zinsen ausbedungen wurden; wann konkret ein Zinssatz wucherisch ist, kann i. d. R. nur im Einzelfall entsprechend dem Verhältnis von Leistung und Gegenleistung festgestellt werden.

Zinszahlen

→Zinsrechnung.

Zinszuschüsse

Subventionen bzgl. der Deckung der für Finanzierungsmittel zu entrichtenden Zinsen, die aus wirtschafts-, konjunktur-, branchen-, regional- oder sozialpolitischen Gründen (z. B. im Rahmen der Wohnungsbauförderung oder der Innovationsförderung) aus öffentlichen Mitteln zur Verfügung gestellt werden.

Zirka-Auftrag (-Order)

→ Circa-Auftrag (-Order), -kurs.

Zirka-Kurs

Vorgebener Kurs auf einer Wertpapierorder, zu dem mit höchstens geringen Abweichungen der Auftrag ausgeführt werden soll. → Circa-Auftrag (-Order), -kurs.

Zirkulationsmarkt

Teil des Kapitalmarktes im engeren und engsten Sinne (Börse), auf dem umlaufende, also bereits emittierte Effekten gehandelt werden. Er umfaßt in der Hauptsache den börsenmäßigen Effektenhandel und den außerbörslichen Effektenhandel zwischen Banken und anderen Finanzinstitutionen. Auch: Sekundärmarkt.

Zitterbörse

Scherzhafte Tendenzbez. für die wegen der hohen Unsicherheit der weiteren Entwicklung unschlüssigen Börsenhandelsteilnehmer.

ZKA

Abk. f. Zentraler Kreditausschuß.

ZKMA

Abk. f. Zentraler Kapitalmarktausschuß.

Zögern, zögernd

Tendenzbez. für stärker zurückhaltende Stimmung an der Börse ohne klare Tendenz.

Zuckerbörsen

Auf den Zuckerhandel (Roh-, Verbraucherzucker) spezialisierte Warenbörsen (vor allem in New York, Chicago, London).

zudecken

Werden Kaufaufträge für Wertpapiere, die in Erwartung einer Repartierung aufgestockt wurden, wider Erwarten voll ausgeführt, werden die Käufer „zugedeckt". → Konzertzeichner.

Zürcher Börse

Effektenbörsenverein Zürich. Seinaustr. 32, CH-8021 Zürich, Tel.: 0041-1-2292111, Fax.: 0041-1-2292233. Gegründet 1876. Die Handelszeiten differieren zwischen den gehandelten Titeln, insbesondere nach der Herkunft des Emittenten; z. B. werden schweizerische Aktien von 10.00 – 13.00 und von 14.00 – 16.00 Uhr gehandelt; in einigen schweizerischen Aktienwerten findet zusätzlich um 9.15 Uhr eine Nebenbörse statt. Für Auslandsaktien und Obligationen gelten andere, weitgehend differenzierte Zeiten. Hinsichtlich der Festlegung von Spesensätzen sind die Banken seit der Aufhebung der Courtage-Convention frei, entsprechend unterscheiden sich die Sätze nach der beauftragten Bank und der Ordergröße. Die Börse in Zürich übernimmt zusehends die Rolle des zentralen Börsenplatzes in der Schweiz. → Elektronische Börse Schweiz.

Zufallsschwankungen (von Kursen)

→ random-walk-Hypothese.

Zugewinngemeinschaft

Gesetzlicher Güterstand, in dem das Vermögen der Eheleute getrennt bleibt und auch jeder sein Vermögen selbständig verwaltet. Bei einer Beendigung des Güterstandes wird ein evtl. Zugewinn, also der Betrag, um den das Endvermögen das Anfangsvermögen eines Ehepartners übersteigt, untereinander ausgeglichen.

Zug-um-Zug-Geschäft

Gleichzeitige Leistung bei gegenseitigen Verträgen. Üblich im Wertpapiergeschäft (Kassageschäft).

Zukunftserfolg(-swert)

Barwert der zukünftigen Gewinne einer untersuchten Unternehmung. Kapitalisierungsfaktor ist i. d. R. der landesübliche Zinsfuß.

Zukunftswerte (-aktien)

Aktien von Unternehmen, denen man zukünftig erhebliche Wachstumschancen einräumt (Wuchsaktien), u. a. weil sie in Branchen mit hohen Zukunftsaussichten tätig sind. Auch: abwertend für Titel, die gegenwärtig (scheinbar) ungerechtfertigt hoch bewertet werden, erst in weiter Zukunft diese Bewertung rechtfertigen können. → Hoffnungswerte.

Zulassungsantrag für Wertpapiere

Der Antrag auf Zulassung von Wertpapieren zum amtlichen Börsenhandel muß von einer an der Börse vertretenen Bank bei der Zulassungsstelle schriftlich eingereicht werden. In dem Antrag sind Betrag und Art der einzuführenden Wertpapiere zu bezeichnen. Der Antrag wird durch Aushang im Börsensaal, im Kursblatt, im

Börsenpflichtblatt und im Bundesanzeiger veröffentlicht. Der Antrag auf Zulassung von Wertpapieren zum Geregelten Markt kann auch von einer Nicht-Bank gestellt werden, sofern diese über die notwendige fachliche Eignung und Zuverlässigkeit verfügt. Der Unternehmensbericht braucht in keinem Börsenpflichtblatt veröffentlicht zu werden; ausreichend ist die Hinterlegung bei den Zahlstellen.

Zulassungsausschuß

Die Entscheidung über die Zulassung von Wertpapieren zum Geregelten Markt obliegt dem Zulassungsausschuß. Er besteht aus mindestens 20, höchstens 24 Mitgliedern, die vom Börsenvorstand auf die Dauer von drei Jahren gewählt werden. Dem Zulassungsausschuß müssen mindestens zur Hälfte Personen angehören, die nicht berufsmäßig am Börsenhandel mit Wertpapieren beteiligt sind. Für die Amtszeit, den Vorsitz, die Stellvertretung und das Beschlußverfahren gelten die Bestimmungen für die Zulassungsstelle entsprechend.

Zulassungsfrist

Für die Zulassung von Aktien einer zur AG umgewandelten Unternehmung zum Börsenhandel setzt das BörsG eine Karenzzeit von 1 Jahr nach Eintragung ins Handelsregister fest. Es muß ferner die erste Jahresbilanz nebst GuV-Rechnung veröffentlicht sein; Ausnahmen können durch die Landesregierung genehmigt werden.

Zulassungsgebühren für den Amtlichen Handel, Aktien

Bei der Zulassung oder Einführung von Aktien zur Amtlichen Notierung (an der Frankfurter Wertpapierbörse) sind für die Tätigkeit der Börsenorgane und für die Inanspruchnahme der Börseneinrichtungen Gebühren nach folgenden Gebührensätzen, mindestens jedoch DM 2000, die nicht ermäßigt werden, zu entrichten: Für je 5 angefangene Millionen DM des zuzulassenden Kapitals bis 25 Millionen DM jeweils DM 1500, über 25 bis 50 Millionen DM jeweils DM 1000, bei Beträgen über 50 Millionen DM für je 10 angefangene Millionen DM 1000. Die vorgenannte Regelung findet auch auf aktienähnliche Wertpapiere ausländischer Emittenten (z. B. Partizipationsscheine) Anwendung. Ausnahmen: Für die Einführung von Berichtigungsaktien wird ein Viertel der Gebühr erhoben. Bei der Zulassung von Aktien ausländischer Emittenten werden die Gebühren auf die Hälfte ermäßigt (Höchstgebühr nach Ermäßigung: DM 60000); entsprechendes gilt bei Berichtigungsaktien ausländischer Emittenten. Wird zusammen mit der Zulassung der Aktien aus einer Kapitalerhöhung beantragt, das bisher an einer anderen deutschen Börse notierte Kapital eines Emittenten zuzulassen, so ermäßigt sich für diesen Teil der einzuführenden Aktien die Gebühr auf ein Viertel der Normalgebühr.

Zulassungsgebühren für den Amtlichen Handel, besondere Fälle

Bei der Zulassung von Wertpapieren, die aus dem Geregelten Markt in die Amtliche Notierung an derselben Börse übernommen werden, wird der anläßlich der Einführung in den Geregelten Markt gezahlte Betrag auf die Zulassungsgebühren angerechnet. Wird infolge einer Schuldübernahme für eine bereits an der Frankfurter Wertpapierbörse zugelassene Anleihe ein neues Zulassungsverfahren durchgeführt, beträgt die Gebühr dafür ein Viertel der Normalgebühr. Sind seitens der Börse im Zusammenhang mit der Aufhebung einer Zulassung, einer Kapitalherabsetzung o. ä. eine oder mehrere Bekanntmachungen zu veröffentlichen, so kann neben dem Auslagenersatz für die Veröffentlichungskosten einmalig die Mindestgebühr erhoben werden. Bei der Zulassung von neugeschaffenen Finanzierungsinstrumenten – die in der Gebührenordnung noch nicht vorgesehen sind – wird die Gebühr für die Gattung von Wertpapieren erhoben, die in ihrer rechtlichen Ausstattung den neuen Wertpapieren am nächsten kommt. Die Berechnung der Zulassungsgebühr bei Wertpapieren, die nicht auf Deutsche Mark lauten, erfolgt aus der Umrechnung der jeweiligen Währung in Deutsche Mark, wobei möglichst der am Tag des Zulassungsbeschlusses an der Frankfurter Devisenbörse aus den amtlich festgestellten Kursen errechnete Mittelkurs zugrunde gelegt wird. Erfolgt keine Kursfeststellung, so bildet der von der Deutschen Bundesbank zu erfragende Umrechnungskurs die Berechnungsgrundlage.

Zulassungsgebühren für den Amtlichen Handel, Genußscheine und nicht auf einen Nennbetrag lautende Wertpapiere

Bei der Zulassung oder Einführung von Genußscheinen und von nicht auf einen Nennbetrag lautenden Wertpapieren zur Amtlichen Notierung (an der Frankfurter Wertpapierbörse) sind für die Tätigkeit der Börsenorgane und für die Inanspruchnahme der Börseneinrichtungen Gebühren nach folgenden Gebührensätzen, mindestens jedoch DM 2000, die nicht ermäßigt werden, zu entrichten: Bei Genußscheinen gelten grundsätzlich die Regelungen wie bei Schuldverschreibungen, aber ohne Laufzeitenregelung. Wenn Genußscheine nicht auf einen Nennbetrag lauten, gelten die Regelungen für Optionsscheine ohne selbständigen Ausgabepreis. Bei Optionsscheinen mit selbständigem Ausgabepreis wird die Gebühr für die Zulassung, unabhängig vom Gegenstand des Optionsrechts, nach dem Ausgabepreis berechnet (Anzahl der zugelassenen Stücke mal Ausgabepreis = Emissionssumme); hinsichtlich der Berechnungsgrundlage gelten die Bestimmungen für Aktien. Bei Optionsscheinen ohne selbständigen Ausgabepreis werden folgende Gebühren erhoben: für 1–100000 Optionsscheine DM 5000, darüber hinaus für je eine Million Optionsscheine DM 500. Die maßgebliche Zahl der Optionsscheine ergibt sich aus der Zahl der auf die Optionsscheine zu beziehenden Wertpapiere, Währungs- oder sonstigen Bezugseinheiten (Beispiel: ein Optionsschein mit Optionsrecht auf eine Aktie = ein Stück; ein Optionsschein mit Optionsrecht auf zehn Aktien = zehn Stück). Für den Fall, daß mehrere Optionsscheine zum Bezug eines Wertpapiers, einer Währungs- oder sonstigen Bezugseinheit erforderlich sind, wird der Berechnung jedoch die effektive Zahl der zugelassenen Stücke zugrunde gelegt. Bei der Einführung von Optionsscheinen ausländischer Emittenten werden die Gebühren auf die Hälfte ermäßigt.

Zulassungsgebühren für den Amtlichen Handel, Schuldverschreibungen

Bei der Zulassung oder Einführung von Schuldverschreibungen zur Amtlichen Notierung (an der Frankfurter Wertpapierbörse) sind für die Tätigkeit der Börsenorgane und für die Inanspruchnahme der Börseneinrichtungen Gebühren nach folgenden Gebührensätzen, mindestens jedoch DM 2000, die nicht ermäßigt werden, zu entrichten. Für je 10 angefangene Millionen einer Emission, gerechnet vom Nennwert, für die ersten 300 Mio. DM der Emission DM 1000, über 300 Mio. DM jeweils DM 500. Für Schuldverschreibungen des Bundes und seiner Sondervermögen sowie der Treuhandanstalt, die durch Gesetz an jeder Börse zugelassen sind, werden, sofern ihre Einführung an jeder Wertpapierbörse erfolgt, für je 10 angefangene Millionen einer Emission, gerechnet vom Nennwert, DM 250 erhoben. Die Höchstgebühr für Schuldverschreibungen und diesen gleichgestellte Wertpapiere des Bundes u. ä. beträgt DM 16250, bei Emissionen der Deutschen Bundesbahn und der Deutschen Bundespost DM 11375. Für Bundesobligationen werden für je 10 angefangene Millionen DM einer Emission, gerechnet vom Nennwert, DM 200 erhoben (Höchstgebühr: DM 7800). Für die Einführung deutscher Länderanleihen sind für jede angefangene Million DM einer Emission, gerechnet vom Nennwert, je nach Anzahl der Börsen, an denen sie eingeführt werden, zwischen DM 65 und DM 32,50 zu entrichten. Die Höchstgebühr errechnet sich aus dem Gebührensatz für einen Emissionsbetrag von DM 125 Mio. Für die Einführung oder für die Zulassung mit Einführung von Anleihen, deren Verzinsung von der Bundesrepublik Deutschland oder einem Bundesland gewährleistet ist, sind für je 10 angefangene Millionen einer Emission, gerechnet vom Nennwert, für die ersten 150 Mio. DM der Emission DM 750, über 150 Mio. DM der Emission jeweils DM 600, zu zahlen. Für die Einführung oder für die Zulassung mit Einführung von Anleihen kommunaler Körperschaften, von Pfandbriefen, Schiffspfandbriefen, Kommunalobligationen sowie sonstigen Schuldverschreibungen öffentlich-rechtlicher Kreditinstitute, privater Hypothekenbanken, der Deutsche Ausgleichsbank, der IKB Deutsche Industriebank Aktiengesellschaft und der Kreditanstalt für Wiederaufbau sind für je 10 angefangene Millionen einer Emission, gerechnet vom Nennwert, für die ersten 200 Mio. DM der Emission DM 600, über 200 Mio. DM bis 800 Mio. DM der Emission jeweils DM 300, über 800 Mio. DM jeweils DM 150 zu zahlen. Wird eine Emission in Teilbeträgen (wie Tranchen, Ausgaben) zugelassen bzw. eingeführt, gilt für die Gebührenberechnung jeder Teilbetrag als selbständige Emission. Die Gebühr für die Zulassung bzw. Einführung von Annuitäten- und Null-Kupon-Anleihen (zero-Bonds) wird auf der Grundlage des Ausgabepreises der Emission berechnet. Für Medium Term Notes ist bei Zulassung zunächst eine Festgebühr von DM 5000 zu zahlen. Bei der Einführung der einzelnen Tranchen (Ziehungen) sind für je eine angefangene Million der Tranche, gerechnet vom Nennwert, DM 150 zu entrichten. Für die Einführung oder die Zulassung mit Einführung von DM-Auslandsemissionen und von Fremdwährungsemissionen sind für je DM 10 Mio. einer Emission gerechnet vom Nennwert, DM 600 zu zahlen. Höchstgebühr: Gebührensatz für einen Emissionsbetrag von DM 200 Mio. Die Gebühren aus den vorgenannten Bestimmungen erfahren je nach Gesamtlaufzeit der Emission folgende Änderungen: bei einer Laufzeit von bis zu einschließlich 5 Jahren eine Ermäßigung um zwei Fünftel; bei einer Laufzeit von mehr als 5 bis einschließlich 10 Jahren keine Änderung; bei einer Laufzeit von mehr als 10 Jahren: Erhöhung um ein Fünftel.

Zulassungsgebühren für den Geregelten Markt

Für die Zulassung oder Einführung von Aktien in den Geregelten Markt sind für die Tätigkeit der Börsenorgane und für die Inanspruchnahme der Börseneinrichtungen Gebühren in Höhe der Hälfte der Gebühren zu entrichten, die bei einer Zulassung oder Einführung zur Amtlichen Notierung festzusetzen wären, mindestens jedoch DM 1000. Für die Zulassung oder Einführung von anderen Wertpapieren als Aktien werden 75% der Gebühren erhoben, die für den amtlichen Bereich zu entrichten sind. Die Festgebühr für Medium Term Notes unterliegt keiner Ermäßigung. Für die Zulassung eines Commercial-Paper-Programms wird zunächst eine Festgebühr in Höhe von DM 5000 und sodann bei Einführung der Wertpapiere je angefangene Million einer Ziehung ein Betrag von DM 20 erhoben. Die Mindestgebührenregelung findet keine Anwendung.

Zulassungsgebühren für Druckprüfung

Für die Prüfung der Druckausstattung der Wertpapiere gemäß Börsenzulassungsverordnung und Börsenordnung der Frankfurter Wertpapierbörse werden folgende Gebühren erhoben: Mantel und Bogen DM 500, Mantel oder Bogen DM 300; jeweils pro Emission. Die vorgenannten Gebühren werden auch dann erhoben, wenn die Börseneinführung der zur Prüfung eingereichten Wertpapiere nicht oder noch nicht vorgesehen ist.

Zulassungsprospekt

→ Börsenzulassungsprospekt → Unternehmensbericht.

Zulassungsstelle

Über die Zulassung von Wertpapieren zur Amtlichen Notierung entscheidet die Zulassungsstelle. Sie besteht aus mindestens 20, höchstens 24 Mitgliedern. Von ihnen müssen mindestens die Hälfte Personen sein, die nicht berufsmäßig am Börsenhandel mit Wertpapieren beteiligt sind. Die Mitglieder der Zulassungsstelle werden vom Börsenvorstand gewählt. Die Zulassungsstelle kann Entscheidungen auf aus ihrer Mitte gebildete Ausschüsse übertragen, die aus mindestens 5 Mitgliedern bestehen. Die Amtszeit der Mitglieder der Zulassungsstelle beträgt drei Jahre. Eine Wiederwahl bzw. Wiederernennung ist zulässig. Scheidet ein Mitglied vorzeitig aus, wird das nachfolgende Mitglied für die restliche Amtsdauer des Ausgeschiedenen bestellt. Die Zulassungsstelle wählt in ihrer ersten Sitzung, die einer Wahl folgt, für ihre dreijährige Amtszeit aus ihrer Mitte den Vorsitzenden und bis zu zwei stellvertretende Vorsitzende. Die Zulassungsstelle gibt sich eine Geschäftsordnung. Der Antrag auf Zulassung von Wertpapieren zur Amtlichen Notierung ist vom Emittenten der Wertpapiere zusammen mit mindestens einer Bank, die an einer inländischen Börse mit dem Recht zur Teilnahme am Handel zugelassen ist, schriftlich zu stellen; ist der Emittent eine Bank, so kann er den Antrag allein stellen. Von der Beratung und Beschlußfassung über den Zulassungsantrag sind diejenigen Mitglieder der Zulassungsstelle ausgeschlossen, die auf seiten des Emittenten an der Zulassung zur Amtlichen Notierung beteiligt sind. Als beteiligt gelten auch Mitglieder, die Organen des Wertpapierausstellers angehören oder in dessen Diensten stehen. Die Zulassungsstelle trifft ihre Entscheidungen durch Abstimmung nach mündlicher Verhandlung in Plenarsitzungen oder in Sitzungen der Ausschüsse oder durch schriftliche Abstimmung. Bei einer Abstimmung nach mündlicher Verhandlung ist die Zulassungsstelle beschlußfähig, wenn mindestens fünf stimmberechtigte Mitglieder anwesend sind. Für eine Beschlußfassung ist die Zustimmung der einfachen Mehrheit der anwesenden stimmberechtigten Mitglieder erforderlich. Bei Stimmengleichheit entscheidet die Stimme des Vorsitzenden bzw. des Sitzungsleiters. Ist dieser von der Abstimmung ausgeschlossen oder enthält er sich der Stimme, so gilt bei Stimmengleichheit ein Antrag als abgelehnt. Bei einer Abstimmung nach mündlicher Verhandlung ist ein Ausschuß beschlußfähig, wenn mindestens fünf stimmberechtigte Mitglieder anwesend sind; besteht ein Ausschuß aus fünf Mitgliedern, müssen alle Mitglieder anwesend und stimmberechtigt sein. Bei schriftlicher Abstimmung werden alle an der Beratung beteiligten Mitglieder der

Zulassungsstelle durch gleichlautende Schreiben zur Stellungnahme aufgefordert. Ein Beschluß ist gefaßt, wenn die Mehrheit der stimmberechtigten Mitglieder sich innerhalb der Abstimmungsfrist zu einem Antrag übereinstimmend geäußert hat. Im Falle einer schriftlichen Abstimmung kann jedes Mitglied der Zulassungsstelle verlangen, daß die Entscheidung durch Abstimmung nach mündlicher Verhandlung erfolgen soll. Einem solchen Antrag hat der Vorsitzende durch Einberufung einer Sitzung unverzüglich zu entsprechen. Die Einzelheiten des Verfahrens regelt die Geschäftsordnung der Zulassungsstelle. Die Zulassungsstelle kann zusätzlich Aufgaben übernehmen, die der Überwachung der Publizität von Wertpapierausstellern dienen, deren Emissionen an der Börse zugelassen sind.

Zulassungsverfahren

Auf den Zulassungsantrag hin prüft die Zulassungsstelle die vorgelegten Urkunden, die als Grundlage für die zu emittierenden Wertpapiere gelten. Sie sorgt dafür, daß das Publikum durch den Börsenzulassungsprospekt bzw. den Unternehmensbericht über alle zur Beurteilung der Wertpapiere notwendigen tatsächlichen und rechtlichen Verhältnisse soweit wie möglich informiert wird. Sie untersucht auch, ob die Emission erhebliche allgemeine Interessen schädigt oder offenbar zu einer Übervorteilung des Publikums führt. Bei Vorliegen der Voraussetzungen läßt die Zulassungsstelle das Wertpapier zum Börsenhandel zu. Andernfalls beschließt sie die Ablehnung des Zulassungsantrages. Die Zulassungsstelle kann zugelassene Wertpapiere vom Börsenhandel wieder ausschließen. Vor der Einführung ist ein Prospekt bzw. im Geregelten Markt ein Unternehmensbericht mit den Angaben zu veröffentlichen, die für die Beurteilung der einzuführenden Wertpapiere wesentlich sind. Ohne Mitwirkung der Zulassungsstelle werden Anleihen des Bundes, der Bundesländer, von Bundesbahn, Bundespost, Kreditanstalt für Wiederaufbau und Deutsche Ausgleichsbank an jeder Börse zum Börsenhandel zugelassen. Auch wenn die Landesregierung die Zulassung bestimmter festverzinslicher Wertpapiere anordnet, ist die Zulassungsstelle nicht beteiligt.

Zulassung von Wertpapieren in den Freiverkehr

→ Einbeziehung von Wertpapieren in den Freiverkehr.

Zulassung von Wertpapieren zum amtlichen Börsenhandel

(1) Die Gründung sowie die Satzung oder der Gesellschaftsvertrag des Emittenten müssen dem Recht des Staates entsprechen, in dem der Emittent seinen Sitz hat. (2) Bei der erstmaligen Zulassung von Aktien muß der voraussichtliche Kurswert – falls dieser nicht bestimmbar ist, das Eigenkapital – mindestens DM 2,5 Mio. betragen; bei anderen Wertpapieren muß der Gesamtnennwert mindestens DM 500000 betragen. (3) Die Gesamtstückzahl von Wertpapieren, die nicht auf einen Geldbetrag lauten, muß mindestens 10000 betragen. Hinsichtlich des Emissionsvolumens und der Stückzahl kann von den obigen Zahlen abgewichen werden, wenn die Zulassungsstelle überzeugt ist, daß sich für die zuzulassenden Wertpapiere ein ausreichender Markt bilden wird. (4) Das emittierende Unternehmen muß seit mindestens drei Jahren bestehen und seine letzten drei Jahresabschlüsse offengelegt haben; Ausnahmen sind bei Aktien möglich, wenn dies im Interesse des Emittenten und des Publikums liegt. (5) Die Wertpapiere müssen in Übereinstimmung mit dem für den Emittenten gültigen Recht ausgegeben werden und denen für das Wertpapier geltenden Vorschriften entsprechen. (6) Die Wertpapiere müssen frei handelbar sein; die Zulassungsstelle kann nicht voll eingezahlte Wertpapiere zulassen, wenn der Börsenhandel nicht beeinträchtigt wird und wenn im Zulassungsprospekt auf die fehlende Volleinzahlung hingewiesen bzw. das Publikum auf andere geeignete Weise unterrichtet wird. Ferner können vinkulierte Namensaktien zugelassen werden, wenn das Zustimmungserfordernis den Börsenhandel nicht stört. (7) Es muß ein Zulassungsantrag gestellt werden, der sich auf alle Wertpapiere derselben Gattung bezieht; soll bei Aktien die Börsenzulassung nur für einen Teil der Emission gelten – um einen beherrschenden Einfluß auf den Emittenten zu sichern oder für eine bestimmte Zeit den Handel der nicht zuzulassenden Aktien auszuschließen –, so ist darauf hinzuweisen und der Grund zu nennen. (8) Effektive Stücke der Emission müssen einen ausreichenden Schutz vor Fälschung bieten und eine sichere sowie leichte Abwicklung des Wertpapierverkehrs

ermöglichen. (9) Bei Aktien muß eine ausreichende Streuung im Publikum eines oder mehrerer Staaten der Europäischen Union erfolgt sein. Die Aktien gelten als ausreichend gestreut, wenn mindestens 25% des Gesamtnennbetrages, bzw. bei nennwertlosen Aktien der Stückzahl, der zuzulassenden Aktien vom Publikum erworben worden sind oder wenn wegen der großen Anzahl von Aktien derselben Gattung und ihrer breiten Streuung im Publikum auch bei einem niedrigeren Anteil gewährleistet ist. Ausnahmen gelten für Aktien, bei denen die breite Streuung erst über die Börsenzulassung erreicht werden soll und bei denen die Zulassungsstelle davon überzeugt ist, daß diese Streuung innerhalb einer kurzen Frist nach Einführung erreicht wird, ferner für Aktien, die innerhalb der Europäischen Union bereits amtlich notiert werden und dort eine ausreichende Streuung erreicht wird, sowie für Aktien, die außerhalb der Europäischen Union bereits amtlich notiert werden und dabei eine ausreichende Streuung im Publikum des jeweiligen Staates erreichen. (10) Options- und Wandelanleihen können nur zugelassen werden, wenn die Wertpapiere, auf die sich das Umtausch- oder Bezugsrecht bezieht, an einer inländischen Börse entweder zum Handel zugelassen oder in einen anderen organisierten Markt einbezogen sind bzw. gleichzeitig zugelassen oder einbezogen werden. Die erfolgte Zulassung wird von der Zulassungsstelle durch Börsenaushang und im amtlichen Kursblatt bekanntgegeben. Sodann ist der Prospekt im Bundesanzeiger sowie in einer von der Zulassungsstelle als Börsenpflichtblatt zugelassenen überregionalen Tageszeitung zu veröffentlichen. Der Einführung von Wertpapieren in den amtlichen Handel geht grundsätzlich ein Zulassungsverfahren voraus. Öffentliche Anleihen sowie Schuldverschreibungen, bei denen die Börsenaufsichtsbehörde die Einführung ohne Zulassungsverfahren anordnet, sind von einem Zulassungsverfahren befreit.

Zulassung von Wertpapieren zum Geregelten Markt

Die Zulassung von Wertpapieren ist vom Emittenten zusammen mit einer Bank zu beantragen, die an einer inländischen Börse mit dem Recht zur Teilnahme am Handel zugelassen ist. Auf Antrag kann auch ein anderes Unternehmen den Emittenten begleiten, sofern dieses die fachliche Eignung und die erforderliche Zuverlässigkeit für die Beurteilung des Emittenten aufweist sowie einen ordnungsgemäßen Börsenhandel gewährleistet. Die Entscheidung über die Zulassung von Wertpapieren zum Geregelten Markt obliegt einem an jeder Börse zu bildenden Zulassungsausschuß. Im Vergleich zum amtlichen Handel weist der Geregelte Markt erleichterte Zulassungsbedingungen auf. Als Mindestnennbetrag reichen bei Erstemissionen im Geregelten Markt DM 0,5 Mio. aus, im amtlichen Handel sind hingegen DM 2,5 Mio. Kurswert notwendig. Die Anzahl der mindestens in den Handel einzubeziehenden Aktien beträgt i. d. R. 10.000 Stück. Erwartet wird ein Jahresumsatz des Emittenten von ca. DM 20 Mio. Die Zulassungsgebühren wurden auf die Hälfte der im amtlichen Handel üblichen Gebühren festgesetzt. Eine Zwischenberichtspflicht ist im Geregelten Markt nicht zwingend. Ferner werden an den Unternehmensbericht im Geregelten Markt geringere Anforderungen als an den Emissionsprospekt im amtlichen Markt gestellt. Für das Zulassungsverfahren gelten im übrigen die Vorschriften für den amtlichen Markt.

Zulassung zum Börsenbesuch

Die Befugnis zum Börsenbesuch erteilt auf Antrag die Geschäftsführung der Börse. Zum Besuch der Börse und zur Teilnahme am Börsenhandel ist eine Zulassung durch die Geschäftsführung der Börse erforderlich. (1) Zulassung zur Teilnahme am Börsenhandel: Es darf nur zugelassen werden, wer gewerbsmäßig bei börsenmäßig handelbaren Gegenständen die Anschaffung und Veräußerung für eigene Rechnung oder im eigenen Namen für fremde Rechnung betreibt oder die Vermittlung von Verträgen über die Anschaffung und Veräußerung übernimmt. Die Zulassung eines Unternehmens zum Börsenhandel ist zu erteilen, wenn bei Unternehmen, die in der Form des Einzelkaufmanns betrieben werden, der Geschäftsinhaber, bei anderen Unternehmen die nach Gesetz, Satzung oder Gesellschaftsvertrag mit der Führung der Geschäfte betrauten und zu seiner Vertretung ermächtigten Personen zuverlässig sind und zumindest eine dieser Personen die für das börsenmäßige Wertpapier- oder Warengeschäft notwendige berufliche Eignung hat. Außerdem muß die ordnungsgemäße Abwicklung der Geschäfte am Börsenplatz sichergestellt sein und der Antragsteller, sofern er keine Bank ist, eine Sicherheit leisten, um die Verpflichtungen aus Geschäften, die an der Börse, in dem an der Börse zugelassenen elektronischen Handelssystem und außerhalb der Börse abgeschlossen und über die Börsendatenverarbeitung abgerechnet werden, jederzeit erfüllen zu können. Ferner muß der Antragsteller, sofern es sich nicht um eine Bank handelt, ein Eigenkapital von mindestens DM 100 000 vorweisen; es dürfen darüber hinaus keine Tatsachen die Annahme rechtfertigen, daß der Antragsteller unter Berücksichtigung des nachgewiesenen Eigenkapitals nicht die für den Börsenhandel erforderliche wirtschaftliche Leistungsfähigkeit hat. Die zu erbringende Sicherheit richtet sich nach Art und Umfang der erstrebten oder ausgeübten Geschäftstätigkeit und nach der Zahl der für das antragstellende Unternehmen zuzulassenden natürlichen Personen. Es dürfen höchstens DM 500 000 – wenn nur die Vermittlung von Verträgen über die Anschaffung und Veräußerung übernommen wird: maximal DM 100 000 – als Sicherheit verlangt werden; es können jedoch höhere Sicherheiten angeboten werden. Zu leisten ist die Sicherheit durch eine Garantieerklärung einer Bank oder durch eine Kautionsversicherung. Die Erbringung einer Sicherheit ist nicht notwendig, wenn die an der Börse abgeschlossenen Geschäfte des Antragstellers aufgrund eines in der Börsenordnung geregelten Systems zur Sicherung der Erfüllung der Börsengeschäfte durch den Eintritt einer Bank in diese Verbindlichkeit des Antragstellers nur zu einer Verbindlichkeit gegenüber der eintretenden Bank führen können. (2) Zulassung zum Börsenbesuch ohne Recht zur Teilnahme am Börsenhandel: Sie wird in der jeweiligen Börsenordnung geregelt. Zum Börsenbesuch ohne Handelsbefugnis können u. a. Angestellte von Börsenfirmen, Privatpersonen und Pressevertreter zugelassen werden. Voraussetzung für die Zulassung ist, daß die im BörsG bezeichneten Ausschlußgründe nicht vorliegen und daß keine Umstände bekannt sind, die befürchten lassen, daß der Antragsteller den Anforderungen, die an einen Börsenbesucher zu stellen sind, nicht entspricht. Inhaber von Börsenkarten dürfen Gäste zum Besuch der Börsenversammlungen einführen. Vom Börsenbesuch ausgeschlossen sind die im BörsG bezeichneten Personen. Die Geschäftsführung kann Börsenbesucher vorübergehend vom Börsenbesuch ausschließen und anordnen, daß das Recht zum Börsenbesuch ruht. Weitere Bestimmungen enthalten BörsG und Börsenordnung. Zu den Börsenbesuchern gehören auch neben den genannten Besuchern, die sich im Parkett der Börse aufhalten dürfen, die Galeriebesucher, denen die Geschäftsführung wegen ihres Informationsinteresses gestattet, von der Besuchergalerie aus dem Börsengeschehen zuzusehen.

Zulassung zum Börsenbesuch, berufliche Eignung

Bei Personen, die zum Börsenbesuch mit Recht zur Teilnahme am Börsenhandel zugelassen werden sollen, müssen eine hierzu notwendige Zuverlässigkeit und berufliche Eignung haben. Diese berufliche Eignung wird bei den gesetzlichen Vertretern eines Unternehmens dann als gegeben angesehen, wenn eine Berufsausbildung nachgewiesen wird, die für das börsenmäßige Wertpapier- oder Warengeschäft befähigt. Bei den Angestellten von zum Börsenhandel zugelassenen Unternehmen wird die berufliche Eignung angenommen, wenn fachliche Kenntnisse und Erfahrungen nachgewiesen werden, die zum Handel an der Börse befähigen. Der Nachweis über die fachlichen Kenntnisse wird insbesondere durch die Ablegung einer Prüfung vor der Prüfungskommission einer Börse erbracht; näheres wird in einer vom Börsenrat erlassenen, von der Börsenaufsichtsbehörde genehmigten Prüfungsordnung geregelt.

ZulSt

Abk. f. Zulassungsstelle.

zum Kurs anmelden

Auch: zum Kurs rufen lassen.

Zurechnung von Wirtschaftsgütern

Wirtschaftsgüter sind steuerlich grundsätzlich dem Eigentümer zuzurechnen. Da es jedoch für die steuerliche Erfassung nicht auf die äußere Rechtsform, sondern auf die tatsächlichen Verhältnisse ankommt, wie sie sich bei wirtschaftlicher Betrachtungsweise darstellen, gelten Ausnahmen: Übt z. B. ein anderer als der Eigentümer die tatsächliche Herrschaft über ein Wirtschaftsgut in der Weise aus, daß er den Eigentümer während der Nutzungsdauer von der Einwirkung auf das Wirtschaftsgut ausschließen kann, ist ihm das Wirtschaftsgut zuzurechnen. Wirtschaftsgüter, die mehreren zur gesamten Hand zustehen, werden den Beteiligten anteilig zugerechnet, soweit eine getrennte Zurechnung für die Besteuerung erforderlich ist.

Zurückbehaltungsrecht

Steht dem Schuldner zu, der aus demselben rechtlichen Verhältnis oder nach der Rechtsprechung aus einem innerlich zusammengehörenden Verhältnis einen fälligen Anspruch gegen den Gläubiger hat. Er kann dann, sofern nicht aus dem Schuldverhältnis sich anderes ergibt, die Leistung verweigern, bis die ihm gebührende Leistung bewirkt wird. Anders als beim Zurückbehaltungsrecht des § 273 BGB, das die Zurückbehaltung nur zur Sicherung, nicht zur Befriedigung gestattet, ist in dem in §§ 369–372 HGB geregelten kaufmännischen Zurückbehaltungsrecht Befriedigung aus dem zurückbehaltenen Gegenstand für die Forderung des Gläubigers möglich. Das Recht erstreckt sich wegen der fälligen Forderungen zwischen 2 Kaufleuten aus beiderseitigen Handelsgeschäften auf bewegliche Sachen und Wertpapiere des Schuldners oder auf Waren, über die der Gläubiger mittels Konnossement, Ladeschein oder Lagerschein verfügen kann. Der Schuldner kann die Ausübung des Rechts durch Sicherheitsleistung abwenden. In den AGB der Banken steht diesen ein Zurückbehaltungsrecht zu, das als vertragliches Zurückbehaltungsrecht ein vorläufiges Leistungsverweigerungsrecht beinhaltet. Die Bank kann danach grundsätzlich die Herausgabe verwahrter Gegenstände (z. B. auch in Safes), Sparbücher, Hypotheken- und Grundschuldbriefe u. Legitimationspapiere wegen eines ihr gegen den Kunden zustehenden Zahlungsanspruches verweigern.

zurückgebliebene Wertpapiere

Bez. f. Wertpapiere, deren Kurs sich bei allg. Aufwärtsbewegung der Kurse nicht oder nur wenig erhöht hat.

zurückgenommen (Kurse)

Tendenzbez. f. rückläufige Börsenkurse.

zurückhaltend, Zurückhaltung

Tendenzbez., wenn an der Börse wenig Umsatztätigkeit besteht.

zurücknehmen (des Kurses)

Tendenzbez. bei rückläufigen Börsenkursen.

Zusammenlegung von Aktien

Findet u. U. bei der Kapitalherabsetzung statt. Sie ist nur gestattet, wenn bei der Herabsetzung des Nennbetrages der Aktien der gesetzliche Mindestnennbetrag nicht eingehalten werden kann; man will durch diese Bestimmung die Kleinaktionäre schützen.

Zusammenveranlagung

Ehegatten werden steuerlich zusammen veranlagt, wenn beide unbeschränkt steuerpflichtig sind und nicht dauernd getrennt leben. Eltern werden mit einem Kind, das das 18. Lebensjahr noch nicht vollendet hat, stets zusammenveranlagt. Bei älteren Kindern ist dies, wenn bestimmte Voraussetzungen erfüllt werden, nur auf Antrag der Fall.

Zusatzaktien

Auch: Berichtigungsaktien, Gratisaktien. Aus einer Kapitalerhöhung aus Gesellschaftsmitteln resultierende Aktien. Ausgabe von Zusatzaktien dient oft dazu, eine „schwer" gewordene Aktie (sehr hoher Kurs) „leichter" zu machen.

Zusatzaktienverfahren

→ Rücklagenumwandlungsverfahren.

Zusatzdividende

→ Vorzugsdividende → Superdividende.

Zusatzzinsen bei Schuldverschreibungen

Zinsen, die neben der festen Verzinsung gezahlt werden. Die Höhe der Zusatzverzinsung ist i. d. R. von der Höhe der Dividende abhängig, die auf die Aktien der AG ausgeschüttet wird. → Gewinnschuldverschreibungen.

Zuschlag (1)

Abschluß eines Vertrags durch Annahme eines Angebots.

Zuschlag (2)

Bei Versteigerungen (auch Zwangsversteigerungen) Verkauf der Sache an den Meistbietenden, bei öffentlichen Ausschreibungen Vergabe des Auftrags an das günstigste Angebot.

Zuteilung

Bei Überzeichnung einer Emission bzw. Repartierung bei der Kursfeststellung: Übersteigen bei einer Wertpapieremission oder im Börsenhandel die bei den Banken eingehenden Zeichnungen die verfügbaren Beträge, können die Zeichnungen nur teilweise berücksichtigt werden. Bei der Verteilung der Titel auf die Zeichner müssen daher Kürzungen erfolgen. Die Zuteilung wird nach Zeichnungsschluß den Zeichnern mitgeteilt.

Zuteilungsquote

→ Repartierung.

Zuteilungsrecht

Recht, das auf dem Gebiet der Wertpapierbereinigung den Eigentümern der kraftlos gewordenen Wertpapiere oder den Miteigentümern eines Sammelbestandes an kraftlos gewordenen Wertpapieren durch das Wertpapierbereinigungsgesetz gegeben und auf Zuteilung eines Miteigentumsanteils an der neuen Sammelurkunde, die anstelle der kraftlos gewordenen Wertpapiere tritt, gerichtet ist.

Zuversicht, zuversichtlich

Tendenzbez. für eine freundliche Grundstimmung an der Börse.

zu versteuerndes Einkommen

Einkommen abzügl. der Sonderfreibeträge, des allgemeinen Tariffreibetrages, der Einkünfte, für die die ESt abgegolten ist, und des Ausgleichsbetrages. Wie folgt zu ermitteln

Summe der Einkünfte
\+ nachzuversteuernder Betrag
− Verlustabzugsbetrag
\+ Hinzurechnungsbetrag
− Altersentlastungsbetrag
− Ausbildungsplatzabzugsbetrag
− ausländische Steuern vom Einkommen
− Freibetrag für Land- und Forstwirte

= Gesamtbetrag der Einkünfte
− Sonderausgaben
− steuerbegünstigter nicht entnommener Gewinn
− Freibetrag für freie Berufe
− außergewöhnliche Belastungen
− Verlustabzug

= Einkommen
− Altersfreibetrag
− Haushaltsfreibetrag
− Einkünfte, für die die ESt abgegolten ist
− Ausgleichsbetrag

= zu versteuerndes Einkommen

Zuwachssparen

Bei den Sparkassen. Als Einmalanlage: Der Kunde zahlt auf einem Zuwachssparkassenbuch und für eine fest vereinbarte Laufzeit von i. d. R. 3–5 Jahren einen Sparbetrag ein; Mindesteinlage i. d. R. DM 2000–3000. Das Sparkonto wird als Konto mit dreimonatiger Kündigungsfrist geführt. Bei Vertragsabschluß wird ein jährlich steigender Zinssatz vereinbart. Oder als Ratensparen: Hier verpflichtet sich der Sparer, für die Dauer des Vertrages – i. d. R. bis 7 Jahre – regelmäßig die vereinbarten Sparleistungen zu erbringen (monatliche, vierteljährige, halbjährige Raten); Mindestsparbetrag i. d. R. DM 5 monatlich. Die Verzinsung setzt sich zusammen aus Grundzins – i. d. R. Zinssatz für Spareinlagen mit dreimonatiger Kündigungsfrist – und Zusatzzins, letzterer als jährlich steigender Bonus oder als Prämie am Ende der Vertragslaufzeit. Die Verbriefung der Einlage erfolgt in einem Zuwachssparkassenbuch oder einer wertpapierähnlich gestalteten Zuwachssparurkunde (Sparkassenzertifikat).

Zuzahlung

→ Optionsanleihe (-obligation, -schuldverschreibung) → Wandelanleihe (-obligation, -schuldverschreibung).

Zwangsanleihe

Anleihe, deren Zeichnung von Staat erzwungen wird. Der zu übernehmende Betrag richtet sich i. d. R. nach der Höhe des Vermögens oder Einkommens der zur Zeichnung Verpflichteten.

Zwangseinziehung (-amortisation)

Einziehung von Aktien oder Geschäftsanteilen der GmbH ohne Einwilligung der Anteilseigner. Muß durch die Satzung geregelt sein.

Zwangshypothek

Die Zwangsvollstreckung in ein Grundstück kann, wenn ein vollstreckbarer Schuldtitel vorliegt, durch Eintragung einer Sicherungshypothek i. F. d. Buchhypothek für die Forderung erfolgen. Sie wird auf Antrag des Gläubigers ins Grundbuch eingetragen.

Zwangskonversion (-konvertierung)

Durch Gesetz oder Verordnung verfügte Herabsetzung der Zinssätze für Schuldverschreibungen. → Konversion (2).

Zwangskurs

Staatlich festgelegter Wechselkurs einer Währung.

Zwangsregelung, -regulierung

Bei Börsengeschäften (Exekution): Ist ein Börsengeschäft nicht rechtzeitig erfüllt worden, kann der nicht säumige Teil dem anderen Partner die Zwangsregelung androhen, die nach erfolglosem Ablauf der gestellten Nachfrist unverzüglich vorzunehmen ist. Die Zwangsregelung ist auch dann zu betreiben, wenn der Partner zahlungsunfähig wird oder seine Zahlungen einstellt. Die Zwangsregulierung für amtlich notierte Wertpapiere kann unter Zugrundelegung des am Zwangsregulierungstag notierten Einheitskurses nach Wahl des nicht säumigen Teils durch Vermittlung eines Kursmaklers erfolgen. Bei Wertpapieren, die fortlaufend notiert werden, geschieht die Zwangsregelgung zu den fortlaufend notierten Kursen. Dem säumigen Teil ist die erfolgte Zwangsregelung durch einen spätestens am Tag nach der Zwangsregulierung bis Börsenbeginn abzusendenden Brief unter Angabe des Zwangsregulierungskurses mitzuteilen. Bei nicht rechtzeitiger Mitteilung oder Unterlassung der Mitteilung braucht der säumige Teil die Zwangsregulierung nicht gegen sich gelten zu lassen. Der Unterschied zwischen dem Zwangsregulierungskurs und dem Vertragskurs ist dem Teil, zu dessen Gunsten er sich herausstellt, von dem anderen Teil sofort zu zahlen. Nähere Bestimmungen enthalten die Geschäftsbedingungen der Börsen. Von Exekution spricht man auch, wenn eine Bank Wertpapiere eines Kunden verkauft, die einer Kreditdeckung dienen, weil die vereinbarte Deckungslinie durch Kursrückgänge unterschritten wurde. Kursrückgänge an den Börsen können durch solche Exekutionen verstärkt werden.

Zwangssparen

Durch gesetzliche Maßnahmen erzwungenes Sparen, z. B. durch staatliche Zwangsanleihen oder gesetzliche Verpflichtung zur Ansammlung von Sparkapital o. a. Formen (meist Abzug vom Lohn oder Gehalt). Auch: gesetzlich auferlegte Versicherungen (vor allem Altersversicherung). Auch: Bez. f. durch allgemeine Preiserhöhungen erzwungenen Konsumverzicht (Inflation).

Zwangsvergleich

Im Konkursverfahren zustande gekommener und vom Konkursgericht bestätigter Vergleich des Gemeinschuldners mit den nicht bevorrechtigten Konkursgläubigern über eine bestimmte, an die Stelle der Konkursverteilung tretende Befriedigung der Gläubiger. Setzt anders als das normale Vergleichsverfahren keine bestimmte Mindestquote voraus. Kommt zustande, wenn die Mehrzahl der betroffenen Gläubiger zustimmt und ihre Forderungen zusammen mind. 3/4 der Gesamtforderung ausmachen. Der Zwangsvergleich ist für alle Konkursgläubiger bindend, auch für die Minderheit, die gegen ihn gestimmt hat.

Zwangsversteigerung

I. w. S. Form der Zwangsvollstreckung in das bewegliche und unbewegliche Vermögen. Sie setzt einen Vollstreckungstitel voraus und findet durch den Gerichtsvollzieher in der Gemeinde statt, in der die Sache gepfändet wurde, frühestens 1 Woche nach der Pfändung. Gold- und Silbergegenstände dürfen bei der Versteigerung nicht unter ihrem Metallwert zugeschlagen werden. Wertpapiere mit Börsen- oder Marktpreis werden freihändig zum Tagespreis verkauft; andere können versteigert werden.

Zwangsverwaltung

Neben Zwangsversteigerung und Zwangshypothek 3. Art der Zwangsvollstreckung in das unbewegliche Vermögen eines Schuldners, bei der die Gläubiger nicht Befriedigung aus der Substanz des Grundstückes usw. suchen, wie bei der Zwangsversteigerung, sondern nur aus den Erträgnissen. Das Grundstück wird auf Antrag der Gläubiger durch Gerichtsbeschluß beschlagnahmt und von einem vom Gericht bestellten Zwangsverwalter verwaltet mit dem Ziel der Befriedigung der Gläubiger aus den laufenden Erträgnissen. Reichen diese zur Befriedigung der Gläubiger nicht aus, muß Zwangsverwaltung in Zwangsversteigerung übergeleitet werden.

Zwangsvollstreckung

Zwangsweise Durchführung einer gerichtlichen Entscheidung: wenn ein vollstreckbarer Titel, aufgrund dessen die Zwangsvollstreckung betrieben werden kann, vorhanden ist sowie die Vollstreckungsklausel vorliegt, die behördlich bescheinigt, daß der Titel besteht und vollstreckbar ist und dieser Titel dem Schuldner zugestellt wurde. In der ZPO geregeltes Verfahren. Zwangsvollstreckung in die beweglichen Sachen des Schuldners erfolgt durch den Gerichtsvollzieher per Pfändung und öffentliche Versteigerung. Forderungen und sonstige Rechte werden durch das Vollstreckungsgericht gepfändet und an den Gläubiger zur Einziehung überwiesen. Grundstücke kommen zur Zwangsversteigerung oder Zwangsverwaltung.

Zwanzigstel des Aktienkapitals

→ Minderheitsrechte der Aktionäre.

Zwecksparen

Auf ein bestimmtes Ziel hin ausgerichtetes individuelles Sparen (z. B. Altersvorsorge, Anschaffungen usw.).

Zwecksparunternehmen

Unternehmen, die Sparern bei ihnen rechtsverbindlich Kreditgewährung zusagen. Nach KWG generell verboten; Ausnahme: Bausparkassen.

Zweckverbände

Genossenschaften, Körperschaften des öffentlichen Rechts, Kommunalverbände usw., die sich die Mittel zur Durchführung ihrer Aufgaben u. a. durch die Ausgabe von Schuldverschreibungen verschaffen (Zweckverbandsanleihen).

Zweckverbandsanleihen

Schuldverschreibungen von Zweckverbänden.

zweifelhafte Forderungen

→ Dubiosen.

zweite Hand

→ Mitläufer.

zweite Hypothek

Im Grundbuch an 2. Stelle eingetragene Hypothek.

Zweitmarkt

Synonyme Bez. für nicht amtlichen Markt, Parallelmarkt. I. d. R. charakterisiert durch liberalere Zugangsvoraussetzungen und eigenständige Preisbildung der gehandelten Wertpapiere.

Zweitplazierung

Erneute Unterbringung von bereits in Umlauf befindlichen Aktien oder festverzinslichen Wertpapieren. Im Normalfall handelt es sich um Streuung von Aktienbeständen aus Einzel- (Großaktionärs-), Familien- oder sonstigen Gruppenbesitz. Mit der Zweitplazierung kann je nach Umfang eine einzelne Bank oder ein Bankenkonsortium betraut werden.

Zwischenbericht der AG

Während des Geschäftsjahres von einer Unternehmung veröffentlichte Berichte, die Aufschluß über den laufenden Geschäftsgang erteilen. AG, die Inhaberaktien ausgegeben haben und deshalb ihre Aktionäre im einzelnen nicht kennen, leiten Zwischenberichte ihren Aktionären durch die Banken zu, die solche Aktien für Depotkunden verwahren. Die deutschen Börsen vermerken in ihren Kursblättern jeweils bei den Kursen der AG, wann die AG ihren letzten Zwischenbericht herausgegeben hat.

Zwischenberichte der Investmentgesellschaften

Zur Mitte jeden Geschäftsjahres veröffentlichen die deutschen KAG einen Zwischenbericht. Der Bericht enthält Aufstellungen der zum Sondervermögen gehörenden Wertpapiere und sonstige Vermögenswerte mit Angaben über Nennbetrag oder Anzahl und Kurswert sowie Bestandsveränderungen gegenüber dem zum Abschluß des Vorjahres veröffentlichten Rechenschaftsbericht. Die Banken sind verpflichtet, ihren Depotkunden die Zwischenberichte zur Verfügung zu stellen.

Zwischenbilanz

Bilanzen, die während des Geschäftsjahres angefertigt werden (Monatsbilanzen, Tagesbilanzen, Halbjahres-, Quartalsbilanzen). Als Zwischenbilanzen können ebenfalls die unregelmäßig zu erstellenden Spezialbilanzen angesehen werden, so z. B. die für Kreditanträge aufgestellten Bilanzen der kreditsuchenden Unternehmung. Ferner wird bisweilen von den Zulassungsstellen bei der Einführung in den amtlichen Börsenverkehr eine Zwischenbilanz verlangt, wenn die letzte Abschlußbilanz zu weit zurückliegt.

Zwischendividende

→ Interimsdividende.

Zwischengesellschaft

Nach Außensteuergesetz Bez. f. eine Körperschaft, Personenvereinigung oder Vermögensmasse i. S. d. KStG, die weder Domizil noch Geschäftsführung im Inland hat und nicht von der KSt-Pflicht ausgenommen ist. Die Einkünfte der Zwischengesellschaft unterliegen unabhängig davon, ob sie ausgeschüttet werden oder nicht, der Besteuerung beim inländischen Gesellschafter.

Zwischengewinn bei Investmentfonds

→ Zinsabschlag bei Investmentfonds.

Zwischenkommissionär

Gibt ein Kommissionär einen Kommissionsauftrag an einen auswärtigen Kommissionär weiter, ist ersterer Zwischenkommissionär, letzterer Hauptkommissionär.

Zwischenrallye

Scherzhafte Börsenbezeichnung für in einer kurzen Zeit schnell steigende Kurse, ohne daß Nachhaltigkeit erwartet wird.

Zwischenscheine (Interimsscheine)

Anteilscheine, die eine AG bei Gründung oder Kapitalerhöhung vor der Ausgabe der Aktien ausstellt. Zwischenscheine, die auf den Namen lauten müssen, gewähren Aktionärsrechte. Auf den Inhaber lautende Zwischenscheine sind nichtig. Zur Unterschrift der Zwischenscheine genügt eine vervielfältigte Unterschrift (Faksimile). Für die Eintragung in das Aktienbuch, Übertragung und Umschreibung im Aktienbuch gelten für Zwischenscheine die Bestimmungen über Namensaktien sinngemäß. Ist ein Zwischenschein abhanden gekommen oder vernichtet, sind die Bestimmungen für die Kraftloserklärung von Aktien im Aufgebotsverfahren anzuwenden. Ist ein Zwischenschein so beschädigt oder verunstaltet, daß die Urkunde zum Umlauf nicht mehr geeignet ist, kann der Berechtigte die Vorschriften über beschädigte oder verunstaltete Aktien anwenden. Vor der Eintragung einer durchgeführten Kapitalerhöhung im Handelsregister dürfen Zwischenscheine nicht ausgegeben werden. → Interimsschein (Zwischenschein).

Zwischenverkauf vorbehalten

Vorbehalt für freibleibend bei einem Angebot an Wertpapieren.

Zwischenverwahrer

Bank, die eigene und fremde Wertpapiere durch eine andere Bank verwahren läßt (Drittverwahrung).

Zwischenverwahrung

→ Zwischenverwahrer → Drittverwahrung.

Zwischenzinsen

Diskont, den der Schuldner bei vorzeitiger Rückzahlung der Schuld abzuziehen berechtigt ist. Nach Abzug der Zwischenzinsen verbleibt der Gegenwartswert des Schuldkapitals. Der Schuldner hat jedoch nicht in jedem Fall das Recht zum Abzug von Zwischenzinsen (§ 272 BGB). Zwischenzinsen darf vielfach der Zeichner einer Wertpapieremission in Ansatz bringen, wenn er die Zahlung vor einem bestimmten Termin leistet.

ZWIST

Steuer auf Zwischengewinne bei Investmentfonds. → Zinsabschlag bei Investmentfonds.

zyklische Werte, Aktien

Aktien von Unternehmen, deren Gewinne innerhalb relativ kurzer Zeitspannen relativ starken Schwankungen unterliegen, etwa, weil sie sehr stark konjunkturabhängig, starken Absatzmarktschwankungen usw. unterliegen. Ihre Ergebnisse sind daher schwierig zu prognostizieren. Dementsprechend unterliegen ihre Börsenkurse einmal starken Schwankungen und sind zum anderen durch eine vergleichsweise niedrige Bewertung – Kurs-Gewinn-Verhältnis – charakterisiert. Sie sind besonders für kürzerfristige, auch spekulative Engagements geeignet. Der Langfristanleger in zyklischen Werten sieht seine Anlage im Zeitablauf mehreren Kurszyklen ausgesetzt. Gegensatz: nichtzyklische Aktien.

Zyklus

In relativ regelmäßigen Zeiträumen wiederkehrende Schwankungen zwischen Höchst- und Tiefstwerten, z. B. von Aktienkursverläufen. Wesentliches Kriterium für die technische Aktienanalyse.

zzgl.

Abk. f. „zuzüglich" in Wertpapierabrechnungen, Kurszetteln usw.

Literaturverzeichnis

Anhold, H.: Das neue Börsenlexikon, Frankfurt 1981.
Arbeitsgemeinschaft der deutschen Wertpapierbörsen: Jahresbericht.
Arbeitsgruppe Optionsgeschäft: Leitfaden für das börsenmäßige Optionsgeschäft, Stuttgart 1975.
Assmann, H.-D.; Schütze, R. A.: Handbuch des Kapitalanlagerechts, München 1990.
Bayerische Vereinsbank AG: Oft verwendet – kurz erklärt, 12. Aufl., München 1986.
Beer, A.: Das Wichtigste über das Renten-Optionsgeschäft, Stuttgart 1987.
Beyer, H.-T.: Finanzlexikon, München 1971.
Brestel, N.: Innovationen am Finanzmarkt, Zollikon 1987.
Büschgen, H.-E.: Bankbetriebslehre, 2. Aufl., Stuttgart 1989.
Büschgen, H.-E.: Bankbetriebslehre, 4. Aufl., Wiesbaden 1993.
Büschgen, H.-E.: Internationales Finanzmanagement, 2. Aufl., Frankfurt a. M. 1993.
Büschgen, H.-E.: Zinstermingeschäfte, Frankfurt 1988.
Commerzbank AG: Rund um das Geld. Stichworte aus den Bereichen Geld, Bank und Börse, 2. Aufl., Frankfurt a. M., o. J.
Deutsche Bank AG: Deutsches Optionsgeschäft, Frankfurt 1983.
Deutsche Bank AG: Der Devisenmarkt, Frankfurt 1979.
Deutsche Börse AG: Jahresberichte, Frankfurt a. M., verschiedene Jg.
Deutsche Terminbörse (Hrsg.): Die Deutsche Terminbörse im Überblick, Frankfurt a. M. 1989.
Deutsche Terminbörse (Hrsg.): Einführung in den Optionshandel, Wiesbaden 1989.
Doll, G. F.; Neuroth, H. P.: Internationale Optionsscheine, Köln 1991.
Eber, C.; Greil, W.-D.; Teufel, N.: Fachbegriffe der Betriebswirtschaft, 4. Aufl., Stuttgart o. J.
Ebneter, A.: Strategien mit Aktienoptionen, Zürich 1987.
Eller, R.; Kempfle, W.: Die Finanzkennzahl „Duration" in der Anlageberatung, in: Die Bank, o. O., 1989, Heft 12, S. 675–679.
Fischer-Erlach, P.: Handel und Kursbildung am Devisenmarkt, Stuttgart u. a. 1985.
Flemming, G.: Fachbegriffe der Volkswirtschaft, 7. Aufl., Stuttgart 1987.
Franke; Hidding; Padberg: Per Termin in die Kasse, Frankfurt a. M. 1989.
Fritsch, U.: Wirtschaft auf einen Blick, Köln 1983.
Gotthard Bank: Die Börse von A–Z. Ein Vademecum der Börsensprache, 2. Aufl., Bern 1982.
Hasche-Preuße, C.: Verkaufsprospekte bei Wertpapieren: Mehr Informationen für die Anleger, in: Die Bank, o. O., 1990, Heft 12, S. 713–714.
Heiduk, G.: Fachbegriffe der Außenwirtschaft, 4. Aufl., Stuttgart o. J.
Hielscher, U.: Fischer Börsenlexikon, Frankfurt a. M. 1992
Hoffmann, P.: Ramke, R.: Finanzinnovationen an der Deutschen Terminbörse (DTB), Berlin 1990.
Lindmayer, K. H.: Geldanlage und Steuern '94, Wiesbaden 1994.
Lingner, U.: Optionen, 2. Aufl., Wiesbaden 1991.
Loeb Rhoades, Hornblower & Co. GmbH: So funktioniert die Devisenterminbörse, o. O. 1987.
Merrill Lynch, Pierce, Fenner & Smith Inc.: Kaufs- und Verkaufsoptionen. Eine Einführung in den Optionshandel, Chicago 1981.
Müller, K.; Steuer, S.: Das börsenmäßige Optionsgeschäft auf einen Blick, Köln 1986.
Obermüller, W.; Schuster, L.: Das neue Bank- und Börsen-abc, Köln 1975.
Peat, Marwick, Mitchell & Co.: A Short Guide to the London International Financial Futures Exchange, London 1982.
Pellens, B.: Ad-hoc-Publizitätspflicht des Managements börsennotierter Unternehmen nach § 44a BörsG, in: Die Aktiengesellschaft, 36. Jg., 1991, Heft 2, S. 62–69.
Reichert, H.-J.; Zweig, G.: Der internationale Geld- und Devisenhandel, Stuttgart o. J.
Rettberg, U.; Zwätz, D.: Das kleine Terminhandels-Lexikon, 3. Aufl., Düsseldorf 1992.
Schwager, J. D.: A Complete Guide to the Futures Markets, New York u. a. 1984.
Schweizerischer Bankverein: Devisenhandel und Geldmarktgeschäfte, Basel 1981.
Schweizerischer Bankverein: Das Bankfachwort. Kleines Lexikon der Bank- und Finanzsprache, o. O. 1979.

Schwilling, W.: Lexikon der Geldanlage, München 1974.

Seidenzahl, F.; Weissenfeld, H.: Bank- und Börsen-Lexikon, 4. Aufl., Freiburg 1973.

Spiethoff, B.: Geld, Kredit, Währung, 4. Aufl., Stuttgart 1979.

Stützer, R.: Vom Geld und von den Geldgeschäften, 8. Aufl., Stuttgart o. J.

The European Federation of Financial Analysts Societies: Guide to European Domestic Bond Markets, 2. Aufl., o. O. 1982.

The International Society of Securities Administrators: The Euromarket, Zürich 1986.

Wagner, E.: Effektivzins von Krediten und Wertpapieren, Frankfurt a. M. 1988.

Wermuth, D.; Ochynski, W.: Strategien an den Devisenmärkten, 3. Aufl., Wiesbaden 1987.

Woll, A. (Hrsg.): Wirtschaftslexikon, 2. Aufl., München/Wien 1987.

Wolter, L.; Meyer, V.: Das Effektengeschäft, Frankfurt 1985.

Zahn, H. E.: Finanzinnovationen. Glossarium der neuen Hedging- und Finanzierungsinstrumente, Frankfurt 1986.

Zeep, W.-D.: Fachbegriffe der Geldwirtschaft, 12. Aufl., Stuttgart 1985.